Imprimerie de MIGNE, au Petit-Montrouge.

Préface.

L'ouvrage que nous publions est une vie des saints plus complète que toutes celles qui ont paru jusqu'ici. Il renferme ce qu'elles contiennent et il répare leurs omissions plus ou moins nombreuses. La Vie des saints de Godescard, laquelle avec les suppléments qui y ont été ajoutés successivement, est celle qui renferme le plus d'articles, n'en contient pas 3000, et dans notre Dictionnaire hagiographique on en trouvera plus de 6000, sans compter près de 2000 notices, qui, à vrai dire, ne sont guère que des articles du martyrologe arrangés d'après la forme nouvelle que nous avons donnée à notre œuvre. Depuis longtemps tous les recueils de biographie paraissent sous forme de dictionnaire, et les articles y sont classés par ordre alphabétique. Cette méthode a des avantages incontestables : elle se popularise tous les jours davantage ; ce qui le prouve, c'est qu'on l'applique à beaucoup d'ouvrages qui n'en paraissaient pas susceptibles. Mais elle s'adapte parfaitement à la vie des saints, et cet arrangement nous paraît bien préférable à l'ordre tracé par le calendrier, le seul qu'on ait suivi jusqu'à présent. Les raisons de cette préférence se font sentir d'elles-mêmes, sans qu'il soit besoin de les expliquer en détail.

Parmi les milliers d'articles qui paraissent ici pour la première fois, et qu'on ne trouve dans aucun autre recueil de ce genre, il en est un grand nombre qui sont très-courts, trop courts même ; mais il nous a été impossible de les faire plus longs, faute de documents. Combien de saints, dont le culte est public, immémorial et étendu dans plusieurs pays, dont on ne connaît guère que le nom et le titre qu'ils occupent dans la liturgie ! Et par titre liturgique nous entendons la qualité de martyr, confesseur, évêque, abbé, moine, etc. Nous n'avons rien négligé pour découvrir l'époque et le pays où ils vivaient, et quand nous n'avons pu, malgré nos recherches, atteindre à ce double résultat, cela ne nous a pas empêché de les nomenclaturer à leur place alphabétique, aimant mieux leur consacrer une ou deux lignes, que de les laisser dans l'oubli immérité où ils se trouvaient à l'égard de la presque totalité des catholiques. C'était pour nous une vraie jouissance que de pouvoir révéler l'existence de ces héros chrétiens dont les noms sont inscrits au livre de vie, pendant qu'ils ne sont pas connus sur la terre. En les faisant connaître il nous semblait que nous concourions à réaliser cette parole du roi-prophète : « La mémoire du juste est impérissable : IN MEMORIA ÆTERNA ERIT JUSTUS. »

Si nous nous sommes efforcé d'allonger certaines vies, qui, malgré cela, ne sont encore que des notices, à peine dignes de ce nom, à cause de leur brièveté, nous avons cherché, d'un autre côté, à restreindre les dimensions de certaines autres, sans cependant retrancher aucun fait important, ni aucun détail digne d'être conservé. Tel saint, qui a eu l'avantage d'avoir un ou plusieurs biographes contemporains, et dont la vie se compose d'un ou de plusieurs volumes, n'occupe quelquefois, dans notre Dictionnaire, que quelques colonnes, parce que notre plan n'était pas de faire un ouvrage trop volumineux, ni de mettre bout à bout, les unes à la suite des autres, ces monographies qui, au lieu d'un ouvrage, eussent composé une bibliothèque. Aussi avons-nous élagué tout ce qui était étranger au saint, ou qui ne se rapportait pas directement à lui, en laissant de côté tous les épisodes et les hors-d'œuvre dans lesquels ses historiens s'étaient complu. C'est toujours par suite de ce plan, qui consistait à dire le plus de choses avec le moins de mots possible, que nous nous sommes abstenu de toute réflexion, de quelque genre qu'elle fût, à moins qu'elle ne ressortit des faits comme une conséquence toute naturelle, ou qu'elle ne leur servît de principe.

Narrer avec concision, clarté et intérêt, sans autre ornement qu'une diction aussi simple et aussi limpide que cela nous a été possible, voilà tout notre style. Point de comparaisons, de métaphores, ni d'autres figures destinées à embellir le récit en l'allongeant. L'on se tromperait donc beaucoup si l'on s'attendait à trouver ici quelque chose de semblable à ce qu'ont fait les auteurs modernes des Vies de sainte Élisabeth de Hongrie et de sainte Catherine de Sienne : d'abord, parce que ce genre d'écrire n'est pas le nôtre, et parce qu'il nous eût conduit à tripler ou à quadrupler le nombre de nos volumes, sans profit pour les faits. Nous eussions pu, sans doute, donner plus de brillant à notre style, faire des phrases à effet et parsemer notre narration de certains agréments qui donnent des distractions au lecteur, et lui font penser à l'historien aux dépens de l'histoire. D'ailleurs, des ornements trop profanes, dans un sujet comme la vie des saints, nous paraissent quelque chose de moins séant qu'une noble simplicité, exempte de toute affectation.

ENCYCLOPÉDIE THÉOLOGIQUE,

OU

SÉRIE DE DICTIONNAIRES SUR TOUTES LES PARTIES DE LA SCIENCE RELIGIEUSE,

OFFRANT EN FRANÇAIS

LA PLUS CLAIRE, LA PLUS FACILE, LA PLUS COMMODE, LA PLUS VARIÉE
ET LA PLUS COMPLÈTE DES THÉOLOGIES.

CES DICTIONNAIRES SONT :

D'ÉCRITURE SAINTE, DE PHILOLOGIE SACRÉE, DE LITURGIE, DE DROIT CANON, D'HÉRÉSIES ET
DE SCHISMES, DES LIVRES JANSÉNISTES, MIS A L'INDEX ET CONDAMNÉS, DES PROPOSITIONS
CONDAMNÉES, DE CONCILES, DE CÉRÉMONIES ET DE RITES, DE CAS DE CONSCIENCE,
D'ORDRES RELIGIEUX (HOMMES ET FEMMES), DES DIVERSES RELIGIONS, DE GÉOGRAPHIE
SACRÉE ET ECCLÉSIASTIQUE, DE THÉOLOGIE DOGMATIQUE ET MORALE, DE
JURISPRUDENCE RELIGIEUSE, DES PASSIONS, DES VERTUS ET DES VICES,
D'HAGIOGRAPHIE, D'ICONOGRAPHIE CHRÉTIENNE, DE MUSIQUE
CHRÉTIENNE, DE BIOGRAPHIE CHRÉTIENNE, DES PÈLERINAGES
CHRÉTIENS, DE DIPLOMATIQUE, DE SCIENCES OCCULTES,
ENFIN DE GÉOLOGIE ET DE CHRONOLOGIE RELIGIEUSES.

PUBLIÉE

PAR M. L'ABBÉ MIGNE,

ÉDITEUR DE LA BIBLIOTHÈQUE UNIVERSELLE DU CLERGÉ,

OU

DES COURS COMPLETS SUR CHAQUE BRANCHE DE LA SCIENCE ECCLÉSIASTIQUE.

50 VOLUMES IN-4°.

PRIX : 6 FR. LE VOL. POUR LE SOUSCRIPTEUR A LA COLLECTION ENTIÈRE, 7 FR., 8 FR., ET MÊME 10 FR. POUR LE
SOUSCRIPTEUR A TEL OU TEL DICTIONNAIRE PARTICULIER.

TOME QUARANTIÈME.

DICTIONNAIRE HAGIOGRAPHIQUE.

TOME PREMIER.

A-I

2 VOL. PRIX : 15 FR.

CHEZ L'ÉDITEUR,
AUX ATELIERS CATHOLIQUES DU PETIT MONTROUGE,
BARRIÈRE D'ENFER DE PARIS.

1850

DICTIONNAIRE HAGIOGRAPHIQUE

OU

VIES DES SAINTS ET DES BIENHEUREUX,

HONORÉS EN TOUT TEMPS ET EN TOUS LIEUX,
DEPUIS LA NAISSANCE DU CHRISTIANISME JUSQU'A NOS JOURS.

AVEC UN

SUPPLÉMENT POUR LES SAINTS PERSONNAGES

DE L'ANCIEN ET DU NOUVEAU TESTAMENT,

ET DES DIVERS AGES DE L'ÉGLISE,

AUXQUELS ON NE REND AUCUN CULTE PUBLIC, OU DONT LE JOUR DE FÊTE EST INCONNU;

PAR M. L'ABBÉ PÉTIN,

PRÊTRE DU DIOCÈSE DE SAINT-DIÉ;

PUBLIÉ

PAR M. L'ABBÉ MIGNE,

ÉDITEUR DE LA BIBLIOTHEQUE UNIVERSELLE DU CLERGÉ,

OU

DES COURS COMPLETS SUR CHAQUE BRANCHE DE LA SCIENCE ECCLÉSIASTIQUE.

Voici les traces, les vestiges que les saints, en retournant à notre commune patrie, nous ont laissés pour nous servir de guides, afin que, les suivant sans aucune déviation, nous puissions arriver au souverain bonheur. (LIÈGE, *Serm. de Sanctis.*)

TOME PREMIER.

2 VOL. PRIX 15 FR

CHEZ L'ÉDITEUR,

AUX ATELIERS CATHOLIQUES DU PETIT-MONTROUGE,
BARRIÈRE D'ENFER DE PARIS.

1850

C'est par suite du même principe que nous avons évité le ton laudatif, à la différence de quelques auteurs, qui, enthousiasmés du saint qu'ils dépeignent, font de sa vie un panégyrique en style oratoire. Nous savons, *a priori*, qu'un saint, dès qu'il est en légitime possession de ce glorieux titre, a illustré sa vie par des vertus héroïques, et qu'il les a couronnées par la persévérance finale. Le titre de saint est donc un éloge qui renferme tous les autres, surtout aux yeux de la religion ; mais il est aussi un bouclier contre les traits de la critique. Que des historiens, guidés par l'ignorance ou la mauvaise foi, aient cherché à trouver des taches dans la conduite d'un saint, à montrer sous un jour peu favorable quelques-unes de ses actions, on peut leur répondre d'un seul mot que par là même qu'il est honoré comme saint, ce qu'on lui reproche n'est pas digne de blâme, ou que, s'il est réellement répréhensible, il l'a expié plus tard par la pénitence. Voilà pourquoi nous n'avons engagé aucune polémique pour venger quelques saints des attaques injustes auxquelles ils ont été en butte de la part des protestants, et même de la part de quelques catholiques peu dignes de ce nom.

Une vie de saint n'est pas un roman. Nous nous sommes donc fait un point de conscience, non-seulement de n'y insérer aucune particularité forgée à plaisir, mais même aucun détail dont la vérité nous eût paru suspecte, regardant comme une espèce d'impiété ce mélange du vrai et du faux confondus ensemble de manière à ce que le lecteur y soit trompé. C'est donc autant par scrupule religieux que par l'effet d'une saine critique que nous avons omis un certain nombre de faits, surtout de l'ordre surnaturel, qui nous paraissaient dénués de l'authenticité requise. Quant aux miracles attestés par des témoignages suffisants, nous eussions pu en citer un plus grand nombre ; mais l'ouvrage en eût été considérablement allongé, et nous n'eussions d'ailleurs pu le faire que pour les saints dont les miracles sont parvenus jusqu'à nous, et c'est le petit nombre, parmi ceux des premiers siècles de l'Eglise.

Notre principal soin a été de puiser aux bonnes sources, et si nous n'avons pas nommé, ni même indiqué ces sources, c'est que les trois quarts des lecteurs n'ont ni la volonté ni le pouvoir de vérifier des citations qui donnent une grande peine à l'auteur, sans grand profit pour l'ouvrage qu'elles défigurent, en quelque sorte, en détruisant la régularité du coup d'œil. Nous pensons qu'on nous fera grâce sur ce point, d'autant plus facilement, qu'après la lecture de quelques articles on sera convaincu de notre consciencieuse exactitude et de notre attachement à la vérité des faits.

Nous avons corrigé beaucoup de fautes, soit historiques soit chronologiques ; mais il nous en est échappé, sans doute, quelques-unes à nous-même. Une vie d'homme, quelque longue qu'on la suppose, ne suffirait pas à la tâche que nous nous sommes imposée. Plus de douze ans d'un travail assidu et de recherches infatigables ne nous donnent pas l'assurance que notre œuvre soit telle qu'on l'attend de nous ; mais si elle n'est pas complète dans toute l'étendue du mot, les quelques articles omis qu'on pourrait nous signaler sont, selon nous, bien peu de chose en comparaison de ces milliers d'articles qui apparaissent pour la première fois dans un recueil de ce genre.

Nous avons mis à la suite des vies des saints un supplément où figurent les saints personnages qui ne sont ni canonisés, ni béatifiés ; il renferme ceux qui ont le titre de vénérables et même un grand nombre de ceux qui, bien qu'ayant le titre de saints, ne sont pas honorés d'un culte public, ou dont le jour de la fête ne se trouve dans aucun martyrologe ni dans aucun calendrier. On donne à ces derniers le nom d'aémères, c'est-à-dire *sans jour* connu. Ce supplément nous a coûté bien des recherches, et c'est la première fois qu'un ouvrage hagiographique est complété par un semblable travail.

Il y a des articles qui sont dans le corps de l'ouvrage et que nous aurions peut-être mieux fait de mettre dans le supplément, et *vice versa;* mais la place qu'ils occupent ne doit préjudicier en rien aux titres que peuvent avoir à la vénération publique ceux qui n'occupent que le second rang.

D'après un décret d'Urbain VIII, quiconque écrit la vie d'un saint personnage doit protester que les titres de saint, de bienheureux, de vénérable, qu'il lui donne, ne sont que pour exprimer l'innocence de sa vie et l'excellence de sa vertu, sans nul préjudice de l'autorité de l'Eglise catholique à laquelle seule appartient le droit de déclarer les saints et de les proposer à l'imitation des fidèles. — Nous sommes sincèrement soumis à ce décret, et si nous y avions porté atteinte quelque part, nous protestons que c'est sans intention de désobéissance, mais par une erreur de bonne foi, que nous désavouons par avance. — Nous n'avons d'ailleurs employé aucun de ces titres de notre propre autorité, à l'exception de quelques vénérables que nous avons qualifiés bienheureux, parce qu'on les honore d'un culte public, et qu'ils sont réellement reconnus comme bienheureux, quoique le titre de vénérables leur ait été continué dans les martyrologes et les calendriers.

En mentionnant les ouvrages des saints Pères, nous n'avons pas parlé des différentes éditions de leurs écrits, parce que nous renvoyons ici, une fois pour toutes, à l'édition complète des Pères, c'est-à-dire au Cours de Patrologie que publie depuis plusieurs années M. Migne, éditeur du présent Dictionnaire ; entreprise gigantesque qui laisse bien loin derrière elle toutes les autres éditions, parce qu'elle est plus complète et plus parfaite sous tous les autres rapports.

PREFACE.

Nous avons ajouté à l'ordre alphabétique l'ordre chronologique dans le classement des saints qui portent le même nom ; mais cette méthode nous a quelquefois causé des difficultés presque insurmontables, surtout lorsqu'il s'agissait de certains martyrs : ne sachant sous quel persécuteur ils ont souffert, ni même dans quel siècle ils ont vécu, alors nous avons suivi, ordinairement, l'ordre du calendrier ; mais les recherches que nous avons été obligé de faire pour nous conformer à l'ordre chronologique nous ont servi à fixer l'époque de la mort d'un grand nombre de saints dans les siècles qui ont suivi les temps de persécution.

Il est des mots qui reviennent fréquemment dans nos articles, tels que *souffrit*, *florissait*, *est honoré* ; mais il nous eût été impossible de trouver des synonymes en assez grand nombre pour éviter cette fréquente répétition des mêmes mots, qui était nécessaire dans notre plan pour donner un sens complet à nos articles même les plus courts, à la différence des martyrologes et calendriers dont les articles sont ordinairement des phrases inachevées, parce que le verbe qui les compléterait y manque.

Nous avons ajouté au nom français le nom latin, et s'il y a quelques exceptions, c'est parce que le nom latin ne nous était pas connu, et que nous n'avons pas voulu le forger. Cette addition du nom latin a été faite dans l'intention d'être utile aux prêtres dans l'administration du baptême, et aux pasteurs, lorsqu'il s'agit de mettre en latin le nom des confirmants. — Enfin, une dernière chose qui a sans doute, par elle-même, peu de mérite, c'est l'explication des noms qui sont susceptibles d'être étymologisés. Le père qui donne un nom à son fils, la mère qui fait de même pour sa fille, seront quelquefois bien aises de connaître la signification de ce nom.

Nous avons mis au présent bien des circonstances et des détails qui, par suite des changements survenus depuis un demi-siècle, devraient peut-être ne se trouver qu'au passé. Ainsi quand nous disons que le corps de tel saint, que les reliques de tel autre, se gardent dans tel lieu, les habitants de la localité pourraient nous dire : cela n'est plus vrai. Mais à cet inconvénient nous n'avons point vu de remède. En employant le passé, nous serions tombé dans des erreurs de fait plus nombreuses encore ; car, grâces à Dieu et au zèle des bons chrétiens, les précieux restes des saints n'ont pas subi autant de profanations et de dévastations que l'impiété des terroristes de 93 se l'était proposé.

Les saints sont les héros du christianisme, des personnages hors ligne, qui, par leurs vertus, ont marché en tête de leurs contemporains ; mais souvent la gloire qui leur était due n'a éclaté qu'après leur mort. Puissent les exemples qu'ils nous ont laissés nous inspirer le désir de marcher, ne fût-ce que de loin, sur leurs traces ! Ils ont fait de leur sanctification une affaire capitale et en quelque sorte exclusive. Ils ont conquis le ciel par des efforts de tous les jours, de toutes les heures, et ils ont montré à quel haut point de perfection la nature humaine pouvait s'élever, aidée de la grâce divine. Quel est le chrétien, digne de ce nom, qui pourrait contempler cette longue galerie de tableaux édifiants, sans se sentir incité à devenir meilleur !

DICTIONNAIRE
HAGIOGRAPHIQUE.

> Voici les traces, les vestiges que les saints, en retournant à notre commune patrie, nous ont laissés pour nous servir de guides, afin que, les suivant sans aucune déviation, nous puissions arriver au souverain bonheur.
>
> Bède, *Serm. de Sanctis.*

A

AALEZ (la bienheureuse), religieuse, mourut vers l'an 880, et elle est honorée en Angleterre le 23 mai.

AARON (saint), *Aaron*, premier grand prêtre de l'ordre lévitique, né en Egypte, l'an 1574 avant Jésus-Christ, était le frère aîné de Moïse, législateur des Hébreux. Celui-ci, que Dieu avait chargé de tirer son peuple de la servitude des Egyptiens, obtint qu'Aaron lui serait associé dans cette œuvre difficile. S'étant rendus à la cour du roi, Aaron, qui s'énonçait avec plus de facilité que son frère, fut chargé de porter la parole devant ce prince, et la verge qu'il portait à la main fut l'instrument dont Dieu se servit pour opérer plusieurs miracles. Elle fut transformée en serpent, fit changer en sang les eaux du Nil, remplit l'Egypte de grenouilles et couvrit de moucherons tout le pays. Après le merveilleux passage de la mer Rouge, pendant que Moïse était sur la montagne de Sinaï, Aaron eut la faiblesse de céder aux instances d'une multitude indocile, qui demandait un dieu visible, et consentit à la confection du veau d'or; mais son repentir égala sa faute, et Dieu le choisit pour le premier grand prêtre de la religion judaïque. Cette préférence excita une révolte qui avait pour chefs Coré, Dathan et Abiron, trois ambitieux qui aspiraient à cette dignité et qui furent engloutis avec leurs familles dans les entrailles de la terre. Un grand nombre de leurs partisans furent consumés par des flammes qui s'echappèrent de l'autel, au moment où ils faisaient leurs encensements; d'autres, en plus grand nombre encore, périrent par le feu du ciel, qui eût exterminé tous ces rebelles, si Aaron ne se fût mis, l'encensoir à la main, entre les morts et les vivants, pour apaiser la colère céleste. Un nouveau miracle, moins terrible, mais non moins capable de réduire au silence les murmurateurs, vint confirmer son sacerdoce. On plaça, par l'ordre de Dieu, dans le tabernacle, les douze verges des douze tribus, et la souveraine sacrificature devait être déférée à la tribu dont la verge aurait fleuri pendant la nuit suivante. Le lendemain, la verge de la tribu de Lévi, c'est-à-dire celle d'Aaron, se trouva chargée de fleurs et de fruits. Il fut donc proclamé grand prêtre une seconde fois, et cette dignité qu'il exerça toute sa vie devint héréditaire dans sa famille. Lorsque le terme de sa carrière fut arrivé, Dieu dit à Moïse de le conduire sur la montagne de Hor et de le dépouiller des insignes du sacerdoce, pour en revêtir son fils Eléazar, qui devait lui succéder. Aaron n'eut pas la consolation d'entrer dans la terre promise, pour avoir manqué de foi à la parole de Dieu, qui lui commandait de frapper de sa verge le rocher de Cadès, afin d'en faire sortir de l'eau. Il frappa deux coups au lieu d'un qui lui était prescrit, et cette défiance fut punie dès ce monde; ce qui n'empêche pas qu'il n'ait été récompensé dans l'autre; car l'Eglise l'honore comme saint, et son nom se lit dans le martyrologe romain sous le 1er juillet. Il mourut à l'âge de cent vingt-trois ans, l'an 1452 avant J.-C., et le peuple porta son deuil pendant trente jours. —1er juillet.

AARON (saint), martyr en Angleterre avec saint Jules, s'étant converti à la religion chrétienne qui commençait à pénétrer dans ce pays, se rendit à Rome pour se perfectionner dans la connaissance de l'Ecriture sainte. De retour dans sa patrie, il fut dénoncé comme chrétien et arrêté pendant la persécution de Dioclétien. Conduit à Caërléon dans le comté de Monmouth, il y souffrit le martyre l'an 287, selon les uns, et, selon d'autres, l'an 304. On y bâtit plus tard, en son honneur, une église, dans laquelle on vénérait ses reliques et qui fut longtemps desservie par des chanoines réguliers. — 1er juillet.

AARON (saint), abbé en Bretagne, naquit en Angleterre sur la fin du ve siècle et fréquenta dans sa jeunesse les écoles de son pays, où il se distingua par ses talents et par sa piété. Mais le désir de servir Dieu dans une solitude éloignée le décida à passer en France; il aborda sur les côtes de l'Armorique et se fixa dans une île déserte, connue depuis sous le nom d'île Saint-Aaron. L'éclat de sa sainteté ayant attiré près de lui un grand nombre de disciples, il fonda un monastère dont il fut le premier abbé. Il reçut dans sa communauté saint Malo, son compatriote, qui était déjà prêtre et qui était venu en Bretagne pour y exercer les fonctions de missionnaire. Aaron le seconda dans ses travaux apostoliques, et lui confia, en mourant, le gouvernement de son monastère. Il mourut vers le milieu du vi^e siècle, quelques années avant saint Malo, qui avait fondé le siège d'Aleth. Ce siège fut transféré au milieu du xiie siècle dans l'île Saint-Aaron, où s'était formée peu à peu la ville de Saint-Malo, qui occupe actuellement toute l'étendue de l'île. Ce saint est honoré en Bretagne, principalement dans le diocèse de Saint-Brieuc, où il y a une paroisse qui porte son nom.—22 juin.

AARON (le bienheureux), évêque d'Auxerre, florissait au commencement du ixe siècle et mourut en 807. Son corps fut inhumé au prieuré de Saint-Gervais, et dans quelques manuscrits on lui donne le titre de saint. — 13 février.

ABACHUM (saint), *Abachum*, martyr à Rome, naquit en Perse vers le milieu du iiie siècle. Saint Maris, son père, qui était un noble persan, ayant résolu de faire par dévotion le voyage de Rome, se fit accompagner par ses deux fils Abachum et Audifax, et par sainte Marthe, leur mère. Arrivés dans cette ville sur la fin du règne de Claude II, leur principale occupation était de visiter les tombeaux des martyrs; mais Aurélien, successeur de Claude, ayant rallumé le feu de la persécution et fait brûler un grand nombre de chrétiens, Maris et ses enfants allaient recueillir les cendres des martyrs pour leur donner la sépulture. Macien, gouverneur de Rome, informé du fait, les fit arrêter, et voyant que les cruelles tortures qu'il leur avait fait subir étaient impuissantes pour leur arracher un acte d'apostasie qui les eût rendus à la liberté, il les condamna à perdre la tête. Abachum fut décapité avec son père et son frère, l'an 270, et leurs corps furent ensuite brûlés. — 19 janvier.

ABADIR (saint), martyr à Antinoé, en Egypte, était frère de sainte Iraïde, vierge d'Alexandrie, et ils furent conduits de cette ville à Antinoé sur un vaisseau où l'on avait embarqué des prêtres, des diacres et des vierges, qui tous furent livrés à de cruelles tortures et ensuite mis à mort pour la foi.— 22 septembre.

ABAIDE (saint), *Abaidus*, confesseur, est honoré chez les Ethiopiens le 31 octobre.

ABASHADE (saint), *Abashadius*, abbé en

Ethiopie, est honoré comme martyr le 23 décembre.

ABBAN, ou ABBAIN (saint), *Abbanus*, abbé en Irlande dans le vᵉ siècle, était fils de Cormac, roi de Leincester, qui avait épousé Mella, sœur de saint Ybar ou Yvor. Ce dernier ayant fondé le monastère de Beg-Erin, c'est-à-dire petite Irlande, saint Abban y fut élevé dans la piété et dans les sciences. Après la mort de saint Yvor, arrivée vers l'an 500, Abban fut choisi pour le remplacer dans le gouvernement de la communauté. Il marcha dignement sur les traces de son oncle, continua ses travaux apostoliques et convertit un grand nombre de païens. Il fonda deux monastères, l'un qui fut appelé de son nom Kill-Abbain, et l'autre Magharnoidhe. C'est dans ce dernier qu'il mourut au milieu du vɪᵉ siècle, un 27 d'octobre, jour où il est honoré. — 27 octobre.

ABBON (saint), *Abbo*, évêque de Metz, qu'il ne faut pas confondre avec saint Goéric, surnommé Abbon, aussi évêque du même siège, mais qui vivait un demi-siècle plus tôt, florissait au commencement du viiiᵉ siècle, et mourut l'an 705. — 15 avril.

ABBON (le bienheureux), évêque d'Auxerre, entra jeune dans l'abbaye de Saint-Germain d'Auxerre, où il prit l'habit. Son mérite et ses vertus le firent placer sur le siège de cette ville. L'humble religieux résista d'abord aux vœux du clergé et des fidèles; mais obligé de s'y soumettre en vertu de l'obéissance qu'il devait à ses supérieurs, il se laissa imposer le fardeau de l'épiscopat. Prenant pour modèle saint Germain, le plus illustre de ses prédécesseurs, il donna l'exemple de toutes les vertus qui font les saints évêques. Il continua de porter l'habit religieux et ne se relâcha en rien des austérités qu'il avait pratiquées dans son premier état. Il mourut dans le ɪxᵉ siècle, chéri et vénéré de son troupeau. Dans le xviiᵉ siècle on retrouva son corps bien conservé et couvert d'un cilice. — 3 décembre.

ABBON (saint), abbé de Fleury et martyr, naquit dans l'Orléanais avant le milieu du xᵉ siècle et fut élevé dans le monastère de Fleuri, appelé aussi Saint-Benoît-sur-Loire, et il y embrassa la vie religieuse. Il s'appliqua avec autant d'ardeur que de succès à l'étude des sciences cultivées de son temps, et il excella dans la grammaire, la rhétorique, la poésie, la dialectique, la théologie et même dans l'astronomie et la musique. Saint Oswald, évêque de Worchester, qui avait été, avant son élévation à l'épiscopat, moine de Fleury, et qui avait su apprécier les talents d'Abbon, le fit venir en Angleterre et le mit à la tête de l'école du monastère de Ramsey, qu'il venait de fonder (972). Abbon justifia le choix du prélat par la manière brillante dont il s'acquitta de cet emploi. Après la mort de saint Oswald (992), il revint à Fleury, dont il fut fait abbé. Sous son gouvernement, on vit refleurir la science, la piété et la régularité. L'évêque d'Orléans, dans le diocèse duquel était situé Fleury, ayant élevé sur le monastère des prétentions mal fondées, Abbon les combattit dans un *Mémoire* qu'il adressa au roi Hugues Capet et à Robert son fils. Quelques années après, lorsque ce dernier prince, à qui il avait aussi dédié un *Recueil de canons* sur les devoirs des rois et des sujets, fut monté sur le trône, il envoya à Rome le saint abbé qui avait toute sa confiance et qu'il chargea d'une mission importante auprès de Grégoire V. Il s'agissait d'apaiser ce pape irrité contre Robert, qui s'obstinait à ne pas se séparer de Berthe, à laquelle il était uni par un mariage incestueux. Abbon réussit dans sa négociation, et le roi, de son côté, fut fidèle aux promesses que son envoyé avait faites au pape de sa part. De retour en France, le saint abbé, qui était plein de zèle pour le rétablissement de la discipline, fut chargé de réformer le monastère de Squirs ou de la Réole en Gascogne. N'ayant pu terminer d'un premier voyage cette œuvre difficile, il y retourna quelque temps après, pour y mettre la dernière main; ses domestiques ayant eu avec les habitants du lieu une rixe qui dégénéra en voies de fait, pendant que le saint s'interposait pour arrêter la violence et empêcher l'effusion du sang, un gascon lui porta un coup de lance dont il mourut l'an 1004. Les miracles opérés par son intercession l'ont fait honorer comme martyr, et l'on trouve son nom dans les martyrologes de France et dans celui des bénédictins. La haute idée qu'on avait de lui le faisait consulter de toutes parts comme un oracle, et les réponses qu'il a données par écrit à ces consultations forment un recueil de lettres. Il a aussi laissé, outre les opuscules dont nous avons parlé, une collection de canons, dite *l'ancienne*, pour la distinguer de celle qu'il adressa au roi Robert. — 13 novembre.

ABDAS (saint), martyr en Afrique, souffrit avec saint Diodole et cinq autres. — 31 mars.

ABDAS (saint), *Abdas*, évêque de Cascar en Chaldée et martyr, fut arrêté pendant la grande persécution de Sapor II, roi de Perse, et conduit à Léda, capitale du pays des Huzites, où il fut mis à mort pour la foi avec vingt-huit chrétiens, la soixante-sixième année du règne de ce prince, c'est-à-dire l'an 375. — 15 mai.

ABDAS (saint), évêque en Perse, souffrit au commencement du règne d'Isdegerde, vers l'an 400. Les ménologes des Grecs le nomment le même jour qu'Abdas d'Afrique. — 31 mars.

ABDAS (saint), évêque persan et martyr, qui, d'après Théodoret, occupait le siège de la ville royale, c'est-à-dire Ctésiphon et Séleucie, avait rendu de grands services à l'Eglise de Perse par la confiance qu'il avait su inspirer au roi Isdeberge. Ce prince, qui suivait volontiers ses conseils, s'était montré bienveillant envers les chrétiens de ses Etats; mais le zèle imprudent d'Abdas alluma une persécution dont il fut une des premières victimes. Il fit réduire en cendres le Pyrée ou temple du Feu, qui était le principal édifice consacré à cette divinité, et comme le centre de l'idolâtrie en Perse. Isdeberge, ayant appris qu'il était l'instigateur de cet incendie, le fit venir en sa présence et le condamna à rebâtir le Pyrée, faute de quoi il ordonnerait lui-même la démolition de tous les temples des chrétiens. Abdas refusa d'obéir; en effet, il ne pouvait exécuter cet ordre sans concourir positivement à l'idolâtrie. Le roi, qui s'était contenu jusque-là, parce qu'il vénérait le saint évêque, et ne comprenant pas que son refus était dicté par sa conscience, entra dans une violente colère. Il fit abattre les églises et condamna à mort Abdas, après lui avoir fait subir d'horribles tortures. Le saint évêque fut exécuté avec sept prêtres, neuf diacres et sept vierges, l'an 420. — 16 mai.

ABDÉCALAS ou ABDAÏCLA (saint), *Abedechalas*, martyr en Perse, était l'un des douze prêtres de l'Eglise de Ctésiphon. Ayant été arrêté avec saint Siméon, son évêque, il imita sa constance, partagea sa captivité et ses autres supplices, et fut conduit avec lui à Léda, capitale de la province des Huzites, où se trouvait alors le roi Sapor II. Ce prince les fit décapiter l'un et l'autre, la trente-unième année de son règne et l'an 340 de J.-C. Les Grecs honorent ces martyrs le 17 avril, et les Latins le 21 du même mois.

ABDIAS (saint), *Abdias*, l'un des douze petits prophètes, vivait, selon l'opinion la plus commune, du temps d'Isaïe; cependant quelques commentateurs croient qu'il ne vécut qu'après la prise de Jérusalem par les Chaldéens. Sa prophétie, qui ne renferme qu'un seul chapitre, est remplie de menaces contre les Iduméens qui avaient ravagé la Judée et maltraité le peuple juif. Il leur prédit qu'on leur rendra les maux qu'ils ont causés à sa nation, et que celle-ci redeviendra florissante. Saint Jérôme parle de son tombeau que sainte Paule vit à Samarie; ce qui suppose qu'il mourut dans cette ville. — 19 novembre.

ABDIÈSE (saint), *Abdjesus*, diacre persan et martyr, souffrit la mort pour la foi chrétienne avec un grand nombre d'autres, tant évêques que prêtres, diacres et vierges, la trente-deuxième année du règne de Sapor II et l'an 341 de l'ère chrétienne. — 22 avril.

ABDIÈSE (saint), *Habedjusus*, évêque de Cascar en Chaldée et martyr en Perse, que plusieurs croient être le même que saint Abdas, fut condamné à mort avec une partie de son troupeau par ordre du roi Isdeberge. Les Grecs le nomment dans leur ménologe le 16 mai.

ABDON (saint), *Abdon*, martyr à Rome avec saint Sennen, était, comme lui, né en Perse. Ils firent ensemble le voyage de Rome, et ils y arrivèrent à l'époque où la persécution de Dèce était dans sa plus grande violence. Dénoncés comme chrétiens, ils furent arrêtés et livrés aux plus horribles supplices au milieu desquels ils rendirent leur âme à Dieu l'an 250. Après leur glorieuse mort, les chrétiens de Rome enlevèrent leurs dépouilles mortelles et les déposèrent dans la maison d'un sous-diacre nommé Quirin, d'où elles furent transportées, sous le règne de Constantin, dans le cimetière de Pontien, qui fut appelé depuis le cimetière des saints Abdon et Sennen. — 30 juillet.

ABEL (saint), archevêque de Reims, florissait au milieu du viiie siècle, et il jouissait d'une si grande considération parmi ses collègues dans l'épiscopat, qu'au concile de Soissons, tenu en 744 et présidé par saint Boniface, archevêque de Mayence, on lui conféra une juridiction extraordinaire sur une partie de la France, avec pouvoir de juger les causes entre les évêques, leur clergé et leurs diocésains, de rétablir la discipline dans les monastères d'hommes et de femmes, de faire restituer à ces établissements ainsi qu'aux églises les biens aliénés, et d'empêcher les abbés d'aller en personne à la guerre. Abel ne négligea rien pour répondre à la confiance du concile, et, pour récompenser son zèle, saint Boniface lui fit obtenir le *pallium*. Le saint archevêque de Reims éprouva de grandes difficultés dans son diocèse divisé par des factions puissantes. Les seigneurs qui avaient usurpé les biens de son église lui opposèrent un certain Milon, qui s'empara par violence de son siége, pendant qu'il exécutait au dehors la mission dont le concile l'avait chargé, et, à son retour, voyant sa juridiction entravée par la force, il se retira au monastère de Loches où il vécut en simple religieux jusqu'à sa mort. Il est honoré dans le Hainaut, principalement à Binche où son corps fut transporté, et son nom se trouve dans plusieurs martyrologes — 5 août.

ABELUZE (saint), *Abeluzius*, est honoré par les Ethiopiens le 15 janvier.

ABERCE (saint), *Abercius*, évêque d'Hériapolis en Phrygie, florissait du temps de Marc-Aurèle : tout ce que l'on sait de lui, c'est qu'il écrivit à cet empereur une lettre en faveur de la religion chrétienne. — 22 octobre.

ABIBE (saint), *Abibus*, martyr à Alexandrie avec saint Fauste et dix autres, fut décapité par ordre du président Valère, l'an 249, au commencement de la persécution de Dèce. — 6 septembre.

ABIBE (saint), diacre et martyr à Edesse, était lié d'une sainte amitié avec saint Gurie et saint Samone qui furent martyrisés en 306. Quoiqu'il vécût avec eux et qu'il partageât leur genre de vie, qui était à peu près celui des ascètes, il ne fut point arrêté avec eux et il profita de la liberté qu'on lui laissait pour soutenir le courage des chrétiens persécutés. Lorsque la paix eut été rendue à l'Eglise d'Orient, il continua à exercer ses fonctions de diacre jusqu'à ce que Licinius vint rallumer le feu de la persécution. Ce prince donna l'ordre d'arrêter Abibe et de le contraindre à sacrifier. Il eut le temps de se cacher, et les recherches pour le découvrir eussent peut-être été sans résultat ; mais, craignant de perdre la palme du martyre par sa faute, il se présenta à Théotecne, l'un des principaux officiers de Lysanias, gouverneur de la province, qui lui conseilla de retourner dans sa retraite, lui promettant de ne pas inquiéter sa famille à son sujet; mais sur ses instances, il le conduisit au gouverneur. Celui-ci, ne pouvant obtenir de lui qu'il sacrifiât, le fit suspendre par les bras à un poteau, pendant qu'on lui déchirait les côtes avec des ongles de fer : Lysanias le voyant couvert de sang lui demanda pourquoi il se laissait ainsi tourmenter, et Abibe répondit de manière à lui faire comprendre que sa résolution était inébranlable. Il fut donc condamné à être brûlé vif. Sa mère et ses parents eurent la permission de l'accompagner au lieu du supplice; et lorsqu'il fut arrivé près du bûcher il leur donna le baiser de paix, fit une prière fervente, après quoi on le précipita dans les flammes. Lorsqu'il eut cessé de vivre, ses parents retirèrent du brasier son corps, qui était resté intact, l'embaumèrent, et après l'avoir recouvert de riches étoffes, ils l'enterrèrent près de saint Gurie et de saint Samone, qui avaient souffert, à pareil jour, seize ans auparavant. Son supplice eut lieu le 15 novembre 322. — 15 novembre.

ABIBE (saint), moine d'Egypte, montra dès son enfance un goût bien décidé pour la solitude, mangeant peu, ne buvant que de l'eau et se retirant à l'écart pour prier. Son père, qui ne voulait pas qu'il se fît solitaire, lui offrit le choix de plusieurs états; mais ne pouvant le faire changer de vocation, il s'emportait en reproches et lui montrait l'exemple de ses frères qui s'adonnaient à des professions lucratives. Abibe ne répondait rien à ces paroles d'aigreur et supportait avec patience les effets de la colère paternelle. Comme il était aimé de tout le monde, lorsque son père tomba dangereusement malade, ses parents et ses amis vinrent le supplier de ne pas porter sa haine au delà du tombeau et de ne pas déshériter son fils, comme il avait plus d'une fois menacé de le faire. Là-dessus il fait appeler Abibe, qui s'attendait à être querellé comme à l'ordinaire; mais quelle ne fut pas sa surprise, lorsqu'il vit ce père mourant se lever avec peine et se jeter à ses pieds en lui disant : Pardonnez-moi, mon fils, les mauvais traitements que je vous ai fait subir et priez Dieu qu'il daigne me les pardonner. Vous ne cherchiez que Jésus-Christ, et moi je n'avais que des sentiments mondains. Ayant ensuite fait venir ses autres fils, il lui dit en montrant Abibe : Voilà votre père et votre maître; c'est lui que je charge de faire entre vous le partage de mes biens : obéissez-lui dans tout ce qu'il ordonnera. Après la mort de son père, Abibe partagea la succession par portions égales et donna la sienne aux pauvres. Il bâtit ensuite une petite cellule dans laquelle il passa le reste de ses jours; mais il ne l'habita pas longtemps, parce que Dieu l'appela à lui bientôt après, vers la fin du vi siècle, et il est honoré par les chrétiens d'Ethiopie le 22 octobre.

ABIBON (saint), *Abibo*, fils de saint *Gamaliel*, dont saint Paul avait été le disciple, quitta le judaïsme à l'exemple de son père.

Il mourut à l'âge de vingt ans, et conserva jusqu'à sa mort la grâce qu'il avait reçue par le baptême. Son corps fut inhumé près de celui de saint Etienne, premier martyr, à Caphargamala, bourg situé à vingt milles de Jérusalem. Nous apprenons ces détails par la révélation divine faite sur la fin de l'année 415 à Lucien, prêtre de ce bourg, révélation par laquelle furent découvertes les reliques de saint Etienne. — 3 août.

ABILAUDE (saint), *Abilaudius*, est honoré par les Ethiopiens le 10 mars.

ABILE (saint), *Abilius*, évêque d'Alexandrie, succéda à saint Anien, vers l'an 86; après un épiscopat de treize ans, il mourut sur la fin du 1er siècle, et il eut pour successeur saint Cerdon. — 22 février.

ABIPPE (saint), *Abippus*, est honoré chez les Grecs le 26 mars.

ABONDANCE (saint), *Abundantius*, martyr en Afrique, souffrit avec saint Léon et onze autres. — 1er mars.

ABONDANCE (saint), diacre et martyr à Rome avec saint Abonde, prêtre, eut la tête tranchée sur la voie Flaminienne, sous l'empereur Dioclétien. — 16 septembre.

ABONDANCE (sainte), *Abundantia*, vierge, est honorée à Spolette : il y a dans le diocèse d'Agen une paroisse qui porte son nom. — 26 décembre.

ABONDE (saint), *Abundius*, martyr à Rome, se signala pendant la persécution de Valérien, par son zèle envers les restes des martyrs auxquels il donnait la sépulture; ce zèle lui procura le bonheur d'être associé à leur triomphe. Ayant retiré d'un cloaque, où il avait été jeté, le corps de sainte Concorde, il y fut précipité, à son tour, tout vivant avec saint Irénée qui le secondait dans ses œuvres charitables. Le prêtre Justin retira leurs corps de ce lieu infect et les inhuma dans une crypte qui renfermait les dépouilles mortelles de saint Laurent. — 26 août.

ABONDE (saint), martyr à Rome, souffrit avec saint Alexandre et deux autres. — 27 février.

ABONDE (saint), martyr, souffrit avec saint Juste sous le règne de Numérien : le président Olybrius les condamna au supplice du feu et les fit précipiter dans les flammes d'où ils sortirent sans aucun mal. Olybrius, loin d'être touché de ce prodige, leur fit trancher la tête vers l'an 283. — 14 décembre.

ABONDE (saint), prêtre de Rome et martyr dans cette ville avec le diacre saint Abondance, fut décapité sous le règne de Dioclétien, et même, à ce qu'il paraît, par son ordre ; ce qui suppose que son supplice eut lieu vers l'an 287, époque où ce prince habitait Rome, ou vers l'an 304. L'an 1583, leurs corps furent transportés de l'église des saints Côme et Damien dans la basilique farnésienne. — 16 septembre.

ABONDE (saint), diacre de Rome et martyr, souffrit avec saint Carpophore, prêtre : arrêtés pendant la persécution de Dioclétien, leur refus de sacrifier aux idoles leur attira diverses tortures. Après les avoir accablés de coups de bâton, on les jeta dans un cachot où ils eurent beaucoup à souffrir de la faim et de la soif; mais, comme on ne pouvait vaincre leur constance par ce moyen, on les étendit sur le chevalet, et de là ils furent reconduits dans leur prison d'où ils ne sortirent que pour avoir la tête tranchée, l'an 303. — 10 décembre.

ABONDE (saint), évêque de Côme et confesseur, succéda à saint Amance vers l'an 446, et brilla par sa piété et par ses lumières; saint Léon, qui connaissait son mérite, l'envoya, en qualité de légat, au concile tenu à Constantinople l'an 450. Saint Abonde y fit souscrire aux Pères la lettre du pape à saint Flavien. Il fit décider aussi qu'on rétablirait sur leurs siéges les évêques, qui, ayant cédé à la violence de Dioscore, dans le faux concile d'Éphèse, se repentaient de leurs fautes et condamnaient l'hérésie d'Eutychès. Peu de temps après son retour en Italie, il assista, en 451, au concile de Milan, où il rendit compte de ce qui s'était passé dans celui de Constantinople. Théodoret, évêque de Cyr, lui écrivit une lettre qui est parvenue jusqu'à nous. Il mourut en 469. — 2 avril.

ABONDE (saint), mansionnaire de l'Eglise romaine, florissait dans le vi° siècle et mourut en 564. Saint Grégoire le Grand fait un bel éloge de ses vertus. — 14 avril.

ABONDE (saint), prêtre et martyr à Cordoue, sous le roi Mohamed, était curé d'une paroisse de la montagne voisine de cette ville. Il ne s'attendait pas au martyre, lorsqu'il fut entraîné par un perfide stratagème des musulmans; mais il s'y résigna de bonne grâce et fit volontiers à Dieu le sacrifice de sa vie, l'an 854. Lorsqu'il se trouva devant le cadi, il fit sa profession de foi avec un généreux courage et dit anathème à Mahomet et à ses sectateurs. Aussitôt, il fut décapité et son corps exposé aux chiens. — 11 juillet.

ABRACE (saint), *Abracius*, est honoré chez les Ethiopiens le 9 décembre.

ABRAHAM (saint), *Abraham*, né à Ur en Chaldée, l'an 1996 avant Jésus-Christ, était fils de Tharé. Comme sa famille était infectée du sabéisme, c'est-à-dire qu'elle adorait les astres, Dieu, pour le préserver de ce culte idolâtrique, lui ordonna de quitter sa patrie, et il se rendit à Haran, ville de la Mésopotamie, où son père qui l'avait suivi termina ses jours. Un nouvel ordre de Dieu lui fit quitter ce pays d'où il se rendit à Sichem avec Sara, sa femme, et Lot, son neveu. La famine l'ayant obligé de se rendre en Egypte, Pharaon lui enleva sa femme, croyant que c'était sa sœur; mais ce prince, détrompé par un prodige, la lui rendit avec des présents. Un pareil enlèvement eut lieu quelque temps après de la part d'Abimelech, roi de Gérare, et se termina de la même manière. Abraham étant venu ensuite se fixer à Bethel avec son neveu, leurs troupeaux, devenus trop nombreux pour les pâturages qui s'y trouvaient, les obligèrent de les conduire ailleurs. Lot alla s'établir à Sodome, d'où il fut quelque temps après emmené prisonnier par quatre rois du pays, dont le plus célèbre était Chodorlahomor. A cette nouvelle, Abraham, qui habitait la vallée de Mambré, arma ses domestiques, marcha contre les ravisseurs et les défit. Comme il revenait chargé de butin, Melchisedec, roi de Salem et prêtre du Très-Haut, vint à sa rencontre avec des provisions qu'il lui présenta et lui donna sa bénédiction. Abraham, à son tour, lui donna la dîme de tout ce qu'il avait pris à l'ennemi. Il eut ensuite une vision pendant laquelle Dieu lui apparut et changea son nom d'Abram en celui d'Abraham, lui prédit que Sara, qui était nonagénaire et qui avait été stérile jusqu'alors, aurait un fils d'où sortirait une nation puissante dont il lui prédit les destinées : il lui prescrivit en même temps, à lui et à ses descendants, la circoncision, comme le sceau de l'alliance qu'il contractait avec lui. Sara devint mère et mit au monde un fils qui fut nommé Isaac. Ce fils unique, qui faisait la joie et l'espérance de ses vieux parents, était parvenu à l'âge de vingt-cinq ans, lorsque Dieu ordonna au saint patriarche de le lui offrir en sacrifice. Cet ordre étrange n'était qu'une épreuve à laquelle Dieu voulait mettre la foi de son serviteur; mais Abraham, sans balancer, se mit en devoir de l'exécuter de la manière qui lui avait été prescrite, et il allait immoler son fils chéri, lorsque Dieu lui substitua une autre victime. Il avait cent trente-sept ans, lorsqu'il perdit sa femme qu'il enterra dans la caverne d'Ephron qu'il avait achetée pour sa sépulture. Trois ans après il maria son fils à Rebecca, petite-fille de Nachor son frère : il se remaria aussi lui-même à Céthura dont il eut six fils, sans compter Ismaël qu'il avait eu d'Agar, du vivant de Sara et du consentement de celle-ci. Si ce dernier trait choque les mœurs chrétiennes, n'oublions pas que l'Evangile n'était pas et ne pouvait pas être la règle de conduite des anciens patriarches, et sans cette règle que nous devons à Jésus-Christ, nous trouverions naturel, légitime même, ce qui nous paraît contraire à la sainteté du mariage. Abraham, âgé de cent soixante-quinze ans, mourut l'an 1821 avant J. C., après avoir institué Isaac son principal héritier, ne laissant à Ismaël et à ses autres fils que des meubles et des troupeaux. Les saints Pères ont donné de grands éloges à sa foi qui lui a mérité le titre de *Père des croyants*, et à son attachement au culte du vrai Dieu, au milieu d'un siècle plongé dans l'idolâtrie. Aussi le Seigneur l'en récompensa par des faveurs signalées et par des communications intimes, je dirais presque familières, témoin ce dialogue sublime au sujet de la destruction de Sodome. — 9 octobre.

ABRAHAM (saint), martyr en Ethiopie, souffrit avec saint Jacques et un autre. — 10 août.

ABRAHAM (saint), martyr en Perse, fut arrêté par ordre du roi Sapor II, et sur son refus d'adorer le soleil et le feu, il fut d'abord jeté dans un cachot. Dans un second interrogatoire, comme il persévérait à confesser

Jésus-Christ, Sapor lui fit crever les yeux avec un fer rouge, et il mourut deux jours après, l'an 339. — 30 novembre.

ABRAHAM (saint), *Abraamius*, évêque d'Arbelles et martyr, fut décapité pour la foi, pendant la persécution de Sapor II, roi de Perse, l'an 348. Son corps fut transporté à Telman, dans l'Assyrie, où il était honoré autrefois le 5 février.

ABRAHAM (saint), ermite, né à Chidane près d'Édesse en Mésopotamie, d'une famille riche et pieuse, fut élevé dans les sciences divines et humaines. Lorsqu'il fut parvenu à l'âge de s'établir, il se maria, contre son inclination et par déférence pour ses parents; mais le soir de ses noces il déclara à sa jeune épouse qu'il était décidé à garder la continence. L'ayant fait consentir à cette résolution, il quitta aussitôt la maison paternelle et alla se cacher près d'Édesse, dans une cellule inhabitée. Après dix-sept jours de recherches, sa famille parvint à découvrir sa retraite, mais rien ne put la lui faire abandonner. Pour se soustraire aux tentatives qu'on voudrait essayer à l'avenir, il mura la porte de sa cellule, n'y laissant qu'une petite ouverture pour y passer les aliments qu'on lui apportait. Pendant les cinquante ans qu'il y passa, il n'en sortit que deux fois : la première, par ordre de l'évêque d'Édesse, qui, après l'avoir élevé au sacerdoce, malgré sa résistance et ses larmes, l'envoya évangéliser une bourgade de son diocèse, dont les habitants étaient restés idolâtres, malgré tout ce qu'on avait pu faire pour les convertir. Abraham, après trois ans de peines et d'exhortations, parvint à les amener au christianisme, et sans perdre de temps, il retourna dans sa cellule. La seconde fois qu'il en sortit, ce fut pour courir après la brebis égarée et pour arracher au désordre sainte Marie, sa nièce.

Comme elle était encore très-jeune lorsqu'elle perdit ses parents, Abraham lui fit bâtir une cellule à côté de la sienne, afin de continuer son éducation et de la former à la vie anachorétique, à laquelle il la destinait. Marie fit d'abord de grands progrès dans les voies spirituelles; mais s'étant laissé séduire par un solitaire qui cachait des mœurs corrompues sous les dehors de la piété, cette faute fit sur elle une impression si forte, qu'elle s'enfuit désespérée, et se retira dans une ville éloignée, où elle se livra pendant deux ans aux plus honteux désordres. Abraham, qui pendant ce temps pleurait sa nièce et ne cessait de prier pour sa conversion, n'eut pas plutôt connu le lieu qu'elle habitait, qu'il se déguisa en homme du siècle et se rendit en toute hâte auprès d'elle. Les paroles touchantes qu'il lui adressa, firent renaître dans son cœur l'espérance du pardon et produisirent sur elle un changement si subit, qu'elle se décida sur-le-champ à retourner dans sa cellule. Elle y vécut encore quinze ans dans les larmes et la pénitence. Elle mourut de la mort des justes et l'Église l'honore comme sainte. Abraham lui survécut encore cinq ans et il alla la rejoindre dans la bienheureuse éternité, vers l'an 360. Après sa mort on accourut de toutes parts à sa cellule pour se procurer quelque partie de ses habillements dont le seul contact guérissait les malades. Sa vie a été écrite par saint Ephrem, son contemporain et son ami. — 15 mars et 27 octobre.

ABRAHAM (saint), *Abraames*, évêque de Carres en Mésopotamie, embrassa d'abord la vie solitaire; il alla ensuite annoncer l'Évangile dans un village du mont Liban où régnait encore le culte des idoles. Les habitants ne l'eurent pas plutôt entendu prêcher contre leurs dieux, qu'ils se jetèrent sur lui dans l'intention de lui ôter la vie. Mais la patience et la douceur qu'il montra au milieu des mauvais traitements dont ils l'accablaient, touchèrent tellement ces barbares, qu'ils renoncèrent à leur horrible projet. Un service important qu'il leur rendit, peu après, acheva de lui concilier tous les cœurs. Comme ils se trouvaient dans l'impossibilité de payer l'impôt et qu'ils allaient être conduits en prison par les agents du fisc, le saint missionnaire emprunta la somme réclamée et acquitta leurs charges. Alors pénétrés de reconnaissance et d'amour, ils prêtèrent une oreille attentive aux instructions de leur bienfaiteur et se soumirent avec docilité à la loi chrétienne. Abraham, après être resté trois ans au milieu du troupeau qu'il avait gagné à Jésus-Christ, le confia à un prêtre vertueux et retourna dans sa solitude; mais on l'en tira bientôt après, pour le placer, malgré lui, sur le siège de Carres. La dignité épiscopale ne changea rien à sa manière de vivre et ne fit qu'accroître son zèle pour la conversion des païens. Il extirpa les restes de l'idolâtrie qui infectaient encore son diocèse et réforma les mœurs des mauvais chrétiens. Il mourut en 422, à Constantinople, où il avait été mandé par Théodose le Jeune. Ce prince qui avait une grande vénération pour sa sainteté garda un de ses vêtements qu'il portait à certains jours comme une précieuse relique. — 13 février.

ABRAHAM (saint), abbé en Auvergne, né au commencement du v⁵ siècle sur les bords de l'Euphrate dans la haute Syrie, quitta son pays, à l'exemple du saint patriarche dont il portait le nom, pour aller visiter les solitaires d'Égypte; mais il fut arrêté en route et mis en prison. Ayant recouvré sa liberté au bout de cinq ans, il vint dans les Gaules et fonda, en Auvergne, un monastère près de l'église qu'on bâtissait alors en l'honneur de saint Cyrgues, martyr. Il lui vint un grand nombre de disciples qu'il gouverna jusqu'à sa mort, arrivée en 472. Son corps fut enterré dans l'église de saint Cyrgues qui devint une paroisse de Clermont. Saint Sidoine Apollinaire, alors évêque de cette ville, composa son éloge en forme d'épitaphe, et le Martyrologe romain le qualifie de confesseur illustre par sa sainteté et ses miracles. — 15 juin.

ABRAN (saint), *Abranus*, solitaire en Champagne, était frère de saint Gibrien. Né en Irlande, il vint en France sous l'épiscopat de saint Remi, avec ses six frères et ses trois sœurs, qui tous sont honorés comme saints dans l'Eglise. Le saint évêque de Reims leur procura des solitudes sur les bords de la Marne. Abran s'y sanctifia par les exercices de la piété chrétienne et par les pratiques de la pénitence. — 3 décembre.

ABRATÉE (saint), *Abrateus*, est honoré chez les Ethiopiens le 16 avril.

ABRE (saint), *Aper*, prêtre, honoré à Grenoble le 11 décembre.

ABRE (sainte), *Abra*, vierge issue d'une des plus illustres familles des Gaules, était fille de saint Hilaire, évêque de Poitiers, qui était marié avant son élévation à l'épiscopat et même avant sa conversion. Elle n'avait que treize ans, lorsqu'elle manifesta le désir de contracter un mariage avantageux. Son illustre père, qui était exilé pour la foi et qui se trouvait alors en Phrygie, informé de son projet, lui écrivit une lettre qui est parvenue jusqu'à nous et dans laquelle il lui dit que si elle était assez généreuse pour ne pas désirer un époux mortel, de beaux habits et tout l'attirail d'un luxe mondain, elle en serait récompensée par Jésus-Christ au delà même de ce qu'elle pouvait imaginer. « Pourriez-vous, ajoute-t-il, ne pas partager l'envie que j'ai de vous voir conserver l'inestimable trésor de la virginité? Je ne veux que votre bonheur et votre plus grand avantage. » De son côté, il s'adressa à Jésus-Christ, le conjurant de mettre au nombre de ses épouses une fille tendrement chérie, et sa prière fut exaucée. Abre suivit le conseil de son père et se consacra à Dieu en prenant le voile des vierges. Il y avait peu de temps que saint Hilaire était revenu de son exil et qu'il était de retour à Poitiers, lorsqu'elle mourut, vers l'an 361, à peine âgée de dix-sept ans. Elle est honorée à Poitiers le 13 décembre.

ABROSIME (saint), *Abrosima*, prêtre persan et martyr, était disciple de saint Milles, évêque de Suze, et faisait partie de son clergé. Pendant qu'ils étaient occupés à convertir les païens dans la province des Razichéens, ils y furent arrêtés pendant la persécution de Sapor II, par ordre du gouverneur, Hormisdas Guphrise (341), qui les fit charger de chaînes et conduire à Maheldagdar, capitale de la province. Sur leur refus de sacrifier au soleil, ils furent par deux fois fustigés cruellement et jetés dans un cachot. Abrosime en fut tiré quelque temps après et conduit avec saint Sina qui avait partagé ses souffrances, sur le haut d'une montagne où des soldats les lapidèrent; leurs corps, transportés à Malcan, furent déposés dans un tombeau qu'on leur avait préparé. Saint Abrosime est honoré chez les Grecs le 10 novembre et chez les Latins le 22 avril.

ABSALON (saint), *Absalom*, martyr en Cappadoce avec saint Luce, évêque: on croit qu'ils furent mis à mort par les Abares, qui ravagèrent la Cappadoce sous l'empereur Maurice à la fin du VI° siècle. — 2 mars.

ABSADE (saint), *Absadius*, prêtre, est honoré sur les confins de l'Egypte et de l'Ethiopie le 19 janvier.

ABSÉODE (saint), *Abseodus*, martyr près de Rome, souffrit avec plusieurs autres. — 29 juillet.

ABUDÈME (saint), *Abudemius*, martyr dans l'île de Ténédos, souffrit sous l'empereur Dioclétien. — 15 juillet.

ABYCE (sainte), *Abycia*, est honorée en Angleterre avec le titre de prieure; mais on ignore dans quel monastère elle exerçait ses fonctions. — 24 août.

ACACE (saint), *Acacius*, évêque d'Antioche en Phrygie et confesseur, fut surnommé Agathange, c'est-à-dire *bon ange*. Pendant qu'il s'appliquait à préserver son troupeau de l'hérésie des marcionites qui étaient en grand nombre dans son diocèse, et qu'il mettait tout en œuvre pour ramener ces derniers dans le sein de l'Eglise, survint la persécution de Dèce. Martien, gouverneur de la province, étant allé à Antioche, se fit amener le saint évêque et lui ordonna de sacrifier à l'empereur. Acace répondit qu'il offrait à Dieu des vœux pour le salut du prince, mais qu'on ne pouvait offrir des sacrifices à un homme. Martien lui proposant ensuite d'adorer les dieux du paganisme, entre autres Apollon, qui préserve les hommes de la famine, de la peste et des autres fléaux, qui éclaire et régit l'univers.— « Quoi! ce jeune fou, qui, épris de l'amour d'une fille, courait après elle, sans prévoir la manière dont elle allait échapper à sa poursuite. Il est constant qu'il n'était pas prophète, puisqu'il ignorait ce qui devait lui arriver: il n'était pas dieu non plus, puisqu'il se laissa tromper par cette fille. Mais ce ne fut pas le seul malheur qui lui arriva, ni la seule sottise qu'il fit. Tout le monde sait qu'il conçut une passion infâme pour le bel Hyacinthe, et qu'il fut assez maladroit pour lui casser la tête en jouant avec lui au palet. N'est-ce pas aussi ce prétendu dieu qui se fit maçon avec Neptune, autre dieu de la même espèce, et qui mit aux gages d'un roi pour bâtir les murailles d'une ville? N'est-ce pas lui encore, qui, chassé du ciel et se trouvant sans ressource, se vit réduit à garder les troupeaux du roi Admète? Et vous voudriez que je sacrifiasse à une telle divinité? Et pourquoi pas aussi à Esculape, quoique foudroyé par Jupiter, à Vénus malgré ses honteux désordres, et à cent autres monstres semblables? Ne croyez pas que la crainte de périr au milieu des supplices puisse jamais me décider à adorer ceux que je rougirais d'imiter. Si quelqu'un avait commis de pareils forfaits dans la province que vous gouvernez et qu'il essayât de se justifier par l'exemple de vos divinités, est-ce que vous le renverriez absous? Et cependant vous adorez dans ces dieux ce que vous puniriez sévèrement dans les hommes.—Je sais que vous autres chrétiens vous êtes dans l'usage d'insulter nos dieux, mais pour réparer cette faute, venez avec moi au temple de Jupiter et de Junon, rendre hommage à ces deux grandes divinités dans un banquet religieux.— Que je sacrifie à un homme dont le tombeau se voit encore aujourd'hui dans l'île de Crête! Est-ce que par hasard il serait ressuscité? — Tout cela n'aboutit à rien : il faut sacrifier ou mourir. — Vous parlez comme les brigands de la Dalmatie, qui, lorsqu'ils surprennent un voyageur dans les défilés de leurs montagnes, lui demandent la bourse ou la vie. Quoique vous me placiez dans l'alternative de mourir ou de commettre un crime, je vous déclare que cela ne m'effraye pas. Si j'étais coupable de quelque forfait, si j'avais à me reprocher des adultères, des vols ou des assassinats, je serais le premier à m'en punir, sans attendre votre jugement; mais si tout mon crime est d'adorer le vrai Dieu, et si pour cela je suis livré au dernier supplice, je serai condamné, non par les lois, mais par l'injustice du juge. — Je n'ai pas l'ordre de vous juger, mais de vous contraindre à sacrifier. Si vous ne le faites pas de bon gré, je saurai bien vous y forcer. — Moi aussi j'ai reçu un ordre qui me défend de renoncer à mon Dieu. Si vous croyez devoir obéir à un homme qui demain sera la pâture des vers, comment n'obéirais-je pas à un Dieu dont la durée est éternelle et la puissance infinie?... à un Dieu qui a déclaré qu'il renierait devant son Père celui qui le renierait devant les hommes! — Vous venez de proférer un mot qui touche à une erreur de votre secte et je désire depuis longtemps d'être éclairé sur ce point. Vous dites donc que Dieu a un fils? — Oui, il en a un. — Et qui est-il, ce fils? — Le Verbe de grâce et de vérité. — Est-ce ainsi qu'il s'appelle? — Vous ne m'avez pas demandé son nom, mais ce qu'il était. — Eh bien! son nom? — JÉSUS-CHRIST! — De quelle femme Dieu a-t-il eu ce fils? — Dieu n'engendre pas son fils à la manière des hommes. Le Verbe est sorti de l'intelligence de Dieu, selon cette parole des livres divins : mon cœur a produit une parole sainte. — Dieu a donc un corps? — Lui seul se connaît : pour nous, nous ne saurions dire quelle forme il a, parce qu'elle est invisible. Nous le connaissons cependant assez pour le confesser et l'adorer. — S'il n'a point de corps, comment peut-il avoir un cœur? — L'intelligence subsiste indépendamment des organes corporels et peut se passer de leur secours. — Martien, changeant de discours, lui proposa l'exemple des marcionites ou cataphryges, qui avaient sacrifié aux dieux, quoique chrétiens, et l'engagea à les imiter, ainsi que son troupeau. Acace répondit que les fidèles confiés à ses soins ne lui obéiraient pas s'il leur commandait des choses contraires à la loi divine. — Donnez-moi la liste de ces chrétiens. — Leurs noms sont écrits au ciel dans le livre de Dieu. — Où sont vos compagnons, qui comme vous exercent la magie pour tromper et séduire le peuple? — Il n'est personne qui ait plus d'horreur pour la magie que les chrétiens. — La religion que vous propagez n'est rien autre chose que de la magie. — Appelez-vous magie le pouvoir avec lequel nous renversons vos dieux, quelquefois d'un seul mot, ces dieux devant lesquels tremblent ceux qui les ont fabriqués? Pour nous, nous craignons, non les divinités de bois ou de pierre, mais le Dieu qui est le maître de la nature, qui nous a créés et qui nous a délivrés de la mort et de l'enfer. — Donnez-moi les noms que je vous demande, et craignez qu'un second refus ne vous coûte cher. — Vous voulez connaître les noms des autres ministres du Seigneur Comptez-vous donc pouvoir triompher de plusieurs, vous que je confonds, quoique je sois seul? En voici des noms, puisque vous en voulez : le mien est Acace, mais je suis plus connu sous celui d'Agathange; j'ai deux compagnons, Pison, évêque des Troyens, et Ménandre, prêtre de cette église. « Martien, après cet interrogatoire, le fit conduire en prison, avec ordre de l'y retenir, jusqu'à ce que l'empereur, à qui il envoyait les pièces du procès, eût prononcé sur son sort. Dèce ayant pris connaissance de l'affaire fut si frappé des réponses d'Acace, qu'il le fit mettre en liberté et voulut qu'on ne l'inquiétât plus sur sa religion. On ignore s'il survécut longtemps à cette glorieuse confession et en quelle année il mourut. Les Grecs l'honorent le 31 mars.

ACACE (saint), prêtre de Pruse en Bithynie et martyr, fut décapité pour la foi avec saint Patrice, son évêque, par ordre de Jules, gouverneur de la province, vers l'an 283, sous le règne de Numérien. — 28 avril.

ACACE (saint), martyr à Sébaste en Arménie, était prêtre des idoles et grand ennemi du christianisme, lorsqu'assistant au supplice de sept femmes qui n'avaient pas voulu renier Jésus-Christ, leur constance héroïque au milieu des tourments fit sur lui une impression telle, qu'il confessa Jésus-Christ en s'écriant qu'il était aussi son disciple. Un autre païen nommé Hérénarque imita son exemple. Le président Maxime les joignit à ces saintes femmes et les condamna à partager leurs supplices. Ils eurent la tête tranchée l'an 303, sous l'empereur Dioclétien. — 28 novembre.

ACACE (saint), l'un des quarante martyrs de Sébaste en Arménie, dont les noms nous ont été transmis par saint Basile le Grand, dans le panégyrique qu'il fit en leur honneur, était soldat comme ses compagnons, et se trouvait en garnison à Sébaste, lorsque parut, en 320, un édit de Licinius, qui ordonnait, sous peine de mort, d'adorer les dieux de l'empire. Toute l'armée s'y soumit à l'exception de ces quarante soldats, qui préférèrent la mort à l'apostasie. Lysias, leur général, n'ayant pu vaincre leur résistance, les livra à Agricolaüs, gouverneur de la province. Celui-ci leur ayant fait subir sans succès les plus cruelles tortures, les condamna à rester nus sur un étang gelé, par un froid très-intense, et il avait eu la perfide précaution de faire disposer près de là des bains chauds, pour recevoir ceux que la violence du froid aurait décidés à se soumettre à l'édit. Un seul succomba à la tentation et mourut aussitôt après qu'il fut entré dans le bain; mais le nombre de quarante n'en fut pas diminué; car cet apostat fut remplacé par un des gardes, qui était placé sur le bord de l'étang et qui avait vu quarante couronnes suspendues sur la tête des martyrs. Ce prodige le décida à prendre pour lui celle qui se trouvait vacante, et c'est ainsi qu'il réalisa le vœu de ces héroïques soldats qui avaient demandé à Dieu que leur nombre de quarante restât intact. Quand on les tira de dessus la glace, la plupart étaient morts : les autres étaient mourants. On les chargea tous sur des voitures et on les conduisit à un immense bûcher où ils furent livrés aux flammes. On jeta ensuite leurs restes dans le fleuve; mais les chrétiens parvinrent à soustraire quelques-uns de leurs ossements, et la ville de Césarée en possédait du temps de saint Basile. — 10 mars.

ACACE (saint), martyr à Milet dans l'Ionie, subit pour la foi diverses tortures, et fut ensuite jeté dans une fournaise ardente; mais les flammes ne lui ayant fait aucun mal, il fut décapité, vers l'an 321, pendant la persécution de l'empereur Licinius. — 28 juillet.

ACACE (saint), évêque d'Amide en Mésopotamie, florissait dans le ve siècle. Il s'illustra par ses vertus, mais surtout par sa charité. Il vendit jusqu'aux vases sacrés de son église pour racheter sept mille Persans qui avaient été faits prisonniers dans la guerre entre Vararanes et Théodose le Jeune, et qu'il renvoya au roi de Perse. Ce prince voulut voir l'auteur d'un acte de générosité si extraordinaire, et saint Acace profita de cette entrevue pour poser les bases de la paix qui fut conclue bientôt après entre la Perse et l'empire d'Orient. — 9 avril.

ACAFOXE (le bienheureux), martyr au Japon avec le bienheureux Cincoga et vingt-huit autres, fut mis à mort pour la foi chrétienne, vers le milieu du XVIIe siècle; et il est nommé, dans quelques calendriers, le 10 septembre.

ACAIQUE (saint), Achaicus, missionnaire en Grèce, fut l'un des premiers prédicateurs de l'Evangile dans cette contrée, où on l'honore le 15 juin.

ACAIRE (saint), Acharius, évêque de Noyon, quitta le monde de bonne heure et se retira au monastère de Luxeuil, où il reçut l'habit des mains de saint Eustase. Il fut tiré de sa solitude vers l'an 621, pour être placé sur le siége de Noyon, auquel était réuni celui de Tournai. Aidé de saint Amand de Maëstricht, qui n'était encore qu'évêque régionnaire, il convertit un grand nombre d'idolâtres. Il conseilla au roi Dagobert de nommer évêque de Térouanne saint Omer, qu'il avait connu à Luxeuil, et ce choix eut l'approbation universelle. Saint Acaire mourut en 639, et eut pour successeur saint Eloi. Il fut enterré dans l'église de Saint-Pierre et de Saint-Paul, située hors de la ville. — 27 novembre.

ACAS (le bienheureux), Achas, enfant, mourut en bas âge l'an 1220, après avoir donné des marques extraordinaires de piété. Il est honoré à Tourout en Flandre, sa patrie, où l'on garde ses reliques. — 11 juin.

ACATHE (saint), Acathius, centurion et martyr à Bysance, fut dénoncé comme chrétien par le tribun Firme. Après avoir subi la question à Périnthe, par ordre du juge Bibien, il fut conduit à Bysance, où le proconsul Flaccus le condamna à être décapité, en 303, pendant la persécution de Dioclétien. Son corps, qui avait été jeté à la mer, fut retrouvé dans le golfe de Squillace peu de temps après; et il est honoré dans cette ville, qui possède ses reliques. Il y avait à Constantinople une église de son nom qui tombait en ruines, et que l'empereur Justinien fit rebâtir. — 8 mai.

ACAUHE (saint), Acauhus, abbé en Ethiopie, est honoré le 23 janvier.

ACCA (saint), évêque d'Hagulstat ou d'Hexam, dans le Northumberland, était moine de Saint-Benoît et avait été missionnaire en Frise, lorsqu'il succéda, en 709, à saint Wilfrid, dont le diocèse comprenait tout le Northumberland. Hexam, il est vrai, en avait été démembré quelques années auparavant, et administré par saint Jean de Béverley; mais saint Wilfrid protesta contre cette érection, faite pendant son exil, et elle ne devint définitive qu'après sa mort. Acca fit le voyage de Rome, d'où il ramena des ouvriers qui rebâtirent l'église d'Hagulstat, dont il fit sa cathédrale. Il composa pour son Eglise des *offices* tirés en partie de la liturgie romaine. Il a aussi laissé un *Traité* des souffrances des saints, ainsi qu'un *Recueil* de lettres à ses amis, parmi lesquelles il s'en trouve adressées à saint Bède, surnommé le Vénérable, qui composa, à sa prière, son Commentaire sur saint Luc. Il mourut l'an 740, et il s'est opéré plusieurs miracles à son tombeau. — 20 octobre.

ACCURSE (saint), Accursius, religieux de l'ordre de Saint-François et martyr à Maroc, fut chargé par le saint fondateur d'aller, avec quatre de ses confrères, prêcher l'Evangile aux mahométans. Ils commencèrent leurs missions par les Maures de Séville, qui, après les avoir cruellement maltraités, les chassèrent du pays. Ils s'embarquèrent pour l'Afrique et pénétrèrent dans le Maroc, d'où ils furent aussi expulsés; mais y étant revenus une seconde fois, dans l'espérance d'y opérer quelques conversions, on les arrêta et on leur fit subir une flagellation si cruelle, que leurs côtes étaient à découvert. On versa sur leurs plaies de l'huile bouillante et du vinaigre; on les traîna ensuite sur des morceaux de pots cassés. Le roi les ayant fait venir en sa présence, il leur fendit lui-même la tête avec son cimeterre, l'an 1220. Leurs corps, qu'on avait rachetés, furent transportés à Coïmbre et déposés dans l'église de Sainte-Croix. Accurse fut canonisé avec ses compagnons, l'an 1481, par Sixte IV. — 16 janvier.

ACEPSIME (saint), Acepsimas, évêque d'Honite en Assyrie, et martyr, était âgé de plus de quatre-vingts ans lorsqu'il fut arrêté l'an 377, qui était la 57e de la grande persécution de Sapor II, roi de Perse. Chargé de chaînes et conduit à Arbelles, où se trouvait le gouverneur de la province, ce magistrat lui demanda pourquoi il n'adorait pas le soleil, divinité laquelle tout l'Orient rendait hommage. — « Je ne comprends pas comment des hommes raisonnables mettent la créature au-dessus du Créateur, et je me garderai bien de déshonorer ma vieillesse par une telle conduite. » — A cette réponse, le gouverneur lui fit lier les pieds avec de grosses chaînes; on le coucha par terre, et on lui donna tant de coups, que son corps ne paraissait plus être qu'une seule plaie. Après avoir passé la nuit en prison, il reparut le lendemain devant le tribunal; et, comme il persistait dans son refus de la veille, on l'étendit par terre et on lui lia le corps, les cuisses et les jambes avec des cordes, qu'on serrait au point de lui briser les os. L'officier qui présidait à la question l'ayant exhorté à se soumettre à l'édit du roi, Acepsime répondit, pour lui et pour deux autres martyrs qui partageaient ses tortures : « Nous mettons notre confiance en Dieu, et nous n'obéissons point à un édit impie. » Si on ne le condamna pas à mort sur-le-champ, ce fut pour lui faire souffrir des tourments plus terribles que la mort. Il resta trois ans en prison, et pendant ce temps il n'y eut point de mois où il ne fût appliqué à la torture, point de jour qu'il n'ait eu à lutter contre ses persécuteurs, point d'heure où il n'ait été sous la menace d'une mort cruelle. Sapor étant arrivé en Médie l'an 380, Acepsime fut tiré de son cachot et conduit, avec ses deux compagnons de captivité, devant Adarsapor, chef des gouverneurs de provinces. L'état dans lequel ils se trouvaient, par suite de ce qu'ils avaient souffert, faisait verser des larmes aux plus insensibles, même parmi les idolâtres. Adarsapor, entouré de satrapes et de gouverneurs, leur demanda s'ils étaient enfin disposés à obéir à l'édit du prince. « Si vous espérez, répondit le saint évêque, nous faire abjurer notre foi, votre espérance est vaine. Vous pouvez nous condamner à quel supplice vous voudrez, car nous avons appris à ne pas redouter la mort. — C'est le propre des criminels de la souhaiter : ils se trouvent par là délivrés des peines qu'ils méritent; mais vos désirs ne seront point satisfaits : vous vivrez, et votre vie, que je rendrai aussi insupportable qu'une mort continuelle, sera un exemple pour tous ceux de votre secte. — Vos menaces ne servent de rien ; Dieu, en qui nous mettons notre confiance, saura nous donner de la force et du courage. » — A ces mots, Adarsapor devint furieux, et jurant par la fortune du roi son maître, il protesta que si les martyrs n'obéissaient sans délai, il rougirait de leur sang leurs cheveux blanchis par l'âge, qu'il détruirait leurs corps, et ferait réduire en poudre jusqu'à la dernière parcelle de leurs cadavres. — « Nous vous abandonnons nos corps : quant à nos âmes, elles appartiennent à Dieu. Exécutez donc vos menaces, et vous mettrez le comble à nos désirs. » Adarsapor, toujours plus furieux, fit coucher par terre le saint vieillard, auquel on attacha des cordes que quinze hommes d'un côté et quinze de l'autre tiraient de toutes leurs forces, pendant que deux bourreaux le frappaient avec des courroies. Acepsime étant mort au milieu de cet affreux supplice, on mit des gardes auprès de son corps, pour empêcher les chrétiens de l'enlever. Mais ceux-ci étant parvenus à s'en emparer secrètement trois jours après, il fut enterré honorablement par les soins d'une fille du roi d'Arménie, qui se trouvait en otage chez les Perses. — 22 avril et 10 octobre.

ACEPSIME (saint), prêtre et anachorète en Syrie, qui florissait vers le commencement du ve siècle, habitait une petite maison qu'il tenait fermée, ne recevant aucune visite et ne parlant à personne. Ceux qui s'étaient chargés de lui porter sa nourriture la lui passaient par un petit trou percé obliquement, afin de n'être pas exposé aux regards de qui que ce fût, et cette nourriture consistait dans des lentilles trempées dans l'eau. On ne renouvelait sa provision qu'une fois par semaine. Quant à sa boisson, il se la procurait lui-même en allant puiser de l'eau à une fontaine qui coulait près de sa demeure. Sa réputation de sainteté s'était répandue dans tout l'Orient, et il était parvenu à un âge avancé lorsque, se sentant près de sa fin, il permit de le venir voir à tous ceux qui le désireraient, et il annonça aux premiers qui se présentèrent qu'il n'avait plus que cinquante jours à vivre. Son évêque se rendit près de lui, et le pria de se laisser ordonner prêtre. « Je n'ignore pas, mon père, lui dit-il, quelle est la grandeur de votre vertu et celle de ma misère ; mais c'est par le caractère épiscopal, et non par mon indignité, que je confère le sacerdoce. Veuillez donc le recevoir par le ministère de mes mains et par la grâce du Saint-Esprit. — J'y consens, parce que je n'ai plus que quelques jours à vivre ; car si mon séjour sur la terre devait encore se prolonger longtemps, je refuserais un fardeau aussi redoutable, ne pouvant penser, sans effroi, au compte que j'aurais à rendre d'un tel dépôt. » Ensuite, il se mit à genoux et reçut la prêtrise. Il mourut peu de temps après, et aussitôt les habitants du voisinage accoururent, se disputant l'honneur d'emporter chez eux ses restes mortels. Pendant cette contestation survint un homme qui leur assura que le saint l'avait obligé, par serment, de l'enterrer dans le lieu même où il serait mort; ce qui fut exécuté. C'est Théodoret qui nous a transmis ces détails sur saint Acepsime, qui est nommé dans les ménées des Grecs le 3 novembre.

ACESTE (saint), soldat et martyr, fut converti par l'apôtre saint Paul, qu'il était chargé de conduire au supplice, et il fut mis à mort peu de jours après. Il est un de ces trois soldats mentionnés dans le Martyrologe romain, qui ne donne pas leur nom. Il est honoré le 2 juillet.

ACHARD (saint), *Aicardus*, abbé de Jumièges, né vers l'an 624, sortait d'une des plus illustres familles du Poitou, et Anschaire, son père, était un des principaux seigneurs de la cour de Clotaire II. Il fut élevé à Poitiers dans le monastère de Saint-Hilaire, et il fit de grands progrès dans la science et la piété. A seize ans, son père voulut le produire à la cour, afin de le pousser vers les honneurs et les dignités ; mais Achard manifesta si vivement le désir de se consacrer à Dieu, qu'Anschaire le laissa libre de suivre sa vocation. Il prit l'habit dans l'abbaye de Jouin, située à l'extrémité du Poitou, et renommée par la sainteté des religieux qui l'habitaient. Ses parents ayant ensuite fondé l'abbaye de Quinçay, saint Philibert, abbé de Jumiéges, y plaça quelques-uns de ses religieux, à la tête desquels il mit Achard. Bientôt après, il le chargea du gouvernement de Jumiéges, qui renfermait alors 900 religieux. Saint Achard sut entretenir, dans une si nombreuse communauté, l'esprit de ferveur et le goût de l'étude. Lorsqu'il se sentit proche de sa fin, il fit venir ses religieux autour de son lit, et leur adressa, sur la charité fraternelle, une allocution qui les fit tous fondre en larmes. Il mourut à 63 ans, vers l'an 687, et fut enterré dans l'église de son abbaye. Deux siècles plus tard, on transféra son corps à Hâpres, prieuré dépendant de l'abbaye de Saint-Waast, pour le soustraire à la profanation des Normands qui ravageaient la Neustrie. — 15 septembre.

ACHE (saint), *Acius*, martyr, à Amiens, avec saint Acheul, souffrit vers l'an 290, pendant la persécution de Dioclétien. — 1er mai.

ACHEUL (saint), *Aciolus*, *Acheolus*, martyr à Amiens, souffrit avec saint Ache dont il est question dans l'article précédent. On bâtit sur le lieu où il avait été exécuté une église qui prit son nom et qui servit de cathédrale à la ville d'Amiens jusqu'à l'épiscopat de saint Salve. On fonda, près de l'église une abbaye, et il se forma un village qui porte le nom de Saint-Acheul. — 1er mai.

ACHILLAS (saint), *Achillas*, évêque d'Alexandrie, succéda à saint Pierre, martyrisé en 311. Le Martyrologe romain le qualifie d'homme recommandable par son érudition, sa foi, la sainteté de sa vie et la pureté de ses mœurs. Trompé par l'hypocrisie d'Arius, qui était alors diacre, il lui conféra le sacerdoce et l'établit curé d'une des principales paroisses d'Alexandrie nommée Baucale. Après un épiscopat de deux ans, il mourut l'an 313, et eut saint Alexandre pour successeur. — 7 novembre.

ACHILLE (saint), *Achillius*, évêque de Larisse en Thessalie, florissait au commencement du IVe siècle et mourut en 331. — 15 mai.

ACHILLÉE (saint), *Achilleus*, martyr à Terracine avec saint Nérée, son frère, était chambellan de sainte Flavie Domitille, petite-nièce de l'empereur Domitien. Sa maîtresse ayant été exilée pour la foi dans l'île de Pontia, sur la côte de Terracine, il la suivit d'autant plus volontiers qu'il était chrétien. C'est à Terracine qu'il fut d'abord flagellé par ordre du consulaire Minutius Rufus, ensuite étendu sur le chevalet et livré à d'autres tortures, qui se terminèrent par la décapitation. — On place son martyre sous le règne de Trajan, vers la fin du premier siècle. On bâtit à Rome, en l'honneur des saints Nérée et Achillée, une église qui devint un titre de cardinal. Comme elle tombait en ruines, le célèbre Baronius, qui l'avait eue pour titre de son cardinalat, la fit rebâtir avec magnificence. — 12 mai.

ACHILLÉE (saint), martyr à Valence en Dauphiné, était disciple de saint Irénée, évêque de Lyon. Il fut envoyé par ce prélat à Valence pour seconder les travaux apostoliques de saint Félix, qui était prêtre, et que saint Irénée avait établi chef de la mission de Valence. Le nombre des conversions devint si considérable que les païens en furent alarmés, ce qui détermina un magistrat de la ville, nommé Corneille, à arrêter ces missionnaires. Après les supplices du chevalet et des roues, ils furent frappés par le glaive, vers l'an 212, sous l'empereur Caracalla. — 23 avril.

ACHILLÉE (saint), confesseur, est honoré en Orient le 17 janvier.

ACINDINE (saint), *Acindinus*, martyr à Rome avec saint Victor et plusieurs autres, souffrit pendant la persécution de Dioclétien. — 20 avril.

ACISCLE (saint), *Acisclus*, martyr à Cordoue avec sainte Victoire, sa sœur, fut livré à de cruelles tortures et à la mort, par ordre du président Dion, l'an 304, pendant la persécution de Dioclétien. Il y avait à Cordoue une église de son nom qui renfermait ses reliques, et dans laquelle les chrétiens inhumèrent le corps de saint Parfait, martyrisé sous les Maures au milieu du IXe siècle. — 17 novembre.

ACRATE (saint), *Acrates*, est honoré en Ethiopie le 10 août.

ACROSIE (sainte), *Acrosia*, est honorée chez les Ethiopiens le 29 juin.

ACTINÉE (sainte), *Actinœa*, vierge et martyre à Volterre avec sainte Grécinienne, souffrit pendant la persécution de Dioclétien, comme on l'apprend par une inscription gravée sur une lame de plomb trouvée avec leurs corps dans l'église de Saint-Juste, l'an 1140. On mit ces corps sous l'autel de la même église, le 16 juin, jour où l'on célèbre la fête des deux saintes. — 16 juin.

ACUCE (saint), *Acutius*, martyr à Pouzzoles avec saint Janvier, évêque de Bénévent, fut arrêté par l'ordre de Draconce, gouverneur de la Campanie, en présence duquel il confessa généreusement sa foi. Timothée, successeur de Draconce, chargé d'exécuter la sentence qui le condamnait aux bêtes, le fit conduire, avec ses compagnons, dans l'amphithéâtre ; mais les bêtes ne leur ayant fait aucun mal, on leur trancha la tête l'an 305. — 19 septembre.

ACUTE (sainte), *Acuta*, martyre en Afrique, souffrit avec saint Statulien et plusieurs autres. — 3 janvier.

ACUTINE (sainte), *Acutina*, martyre avec saint Darius et soixante-dix-sept autres, est honorée chez les Grecs le 12 avril.

ACYLLIN (saint), *Acyllinus*, l'un des martyrs scillitains qui furent arrêtés à Scillite, leur patrie, et conduits à Carthage l'an 202, pendant la persécution de l'empereur Sévère. Le proconsul Saturnin les condamna à mort, et ils furent décapités au nombre de douze. — 17 juillet.

ACYNDINE (saint), *Acyndinus*, martyr en Perse avec saint Pégase et plusieurs autres, souffrit vers l'an 345, sous le roi Sapor II.— 2 novembre.

ACYNDINE, ou **AQUIDAN** (saint), *Acyndinus*, est honoré à Constantinople, où il a une église qui appartient aux Vénitiens et qui s'appelle l'église de Saint-Aquidan. Il est nommé dans les ménologes grecs sous le 20 avril et le 22 août.

ADALBAUD (saint), *Adalboldus*, mari de sainte Rictrude, était un des principaux seigneurs de la cour de Clovis II; mais ses vertus et surtout sa piété le rendaient plus illustre que sa noblesse et le titre de duc qu'il portait. — Tous ses enfants, au nombre de quatre, sont honorés d'un culte public : l'aîné, saint Mauront, fut abbé de Breuil ; la bienheureuse Clotsende fut abbesse de Marchiennes ; sainte Ysoie fut abbesse de Hamay, où la bienheureuse Adalsinde, sa sœur, était religieuse. Pendant qu'Adalbaud s'appliquait à se sanctifier, ainsi que sa famille, il fut assassiné par des scélérats vers l'an 645. Les miracles opérés à son tombeau l'ont fait honorer non-seulement comme saint, mais aussi comme martyr. Sainte Rictrude fit enterrer son corps dans le monastère d'Elnon, d'où il fut transféré à Saint-Amand, à l'exception de son chef, qui était resté en Aquitaine dans le lieu où il avait été massacré.— 2 février.

ADALBÉRON (saint), *Adalbero*, évêque d'Augsbourg, sortait de la famille des comtes de Dillingen. Il était encore jeune lorsqu'il quitta le monde pour prendre l'habit religieux dans le monastère d'Elwange, où il se distingua par ses vertus et par ses progrès dans l'étude de la religion. On le tira de sa solitude pour le placer sur le siège épiscopal d'Augsbourg. Comme il était un des hommes les plus instruits de son siècle, l'empereur Arnoul lui confia l'éducation de son fils Louis, et il le consultait souvent lui-même sur les affaires du gouvernement. Saint Adalbéron fut aussi chargé par ce prince de réformer l'abbaye de Lorche, qui était tombée dans un relâchement scandaleux. L'entreprise présentait de grandes difficultés ; mais le saint évêque réussit au delà même de ses espérances. Le temps dont il pouvait disposer, il le consacrait à la retraite. Il affectionnait surtout le monastère de Saint-Gall, où il se retirait souvent, et qu'il combla de ses libéralités. Protecteur éclairé des sciences et des arts, il les cultivait avec succès lui-même, surtout la musique, et il a laissé des tons pour quelques hymnes d'église. Il mourut l'an 909, et fut enterré dans l'église de Sainte-Afre. — 9 octobre.

ADALBÉRON II (le bienheureux), évêque de Metz, était fils de Frédéric, duc de la basse Lorraine, et de Béatrix, sœur de Hugues-Capet. Il fut placé sur le siège de Metz en 994. Sa douceur et ses manières affables lui gagnèrent bientôt l'affection de son troupeau, qu'il édifiait par ses vertus. Il recevait dans son palais tous les pauvres et tous les pèlerins qui se présentaient, leur lavait les pieds, et les servait lui-même à table. La terrible maladie connue sous le nom de feu sacré s'étant fait sentir à Metz, il changea son palais en hôpital pour les victimes de la contagion. Il pansait lui-même leurs ulcères, et les soignait avec une charité qui touchait tous les cœurs. Il ne célébrait jamais les saints mystères sans être revêtu d'un cilice et sans verser des larmes abondantes. Quoique sa vie fût une mortification continuelle, il redoublait cependant ses austérités les veilles de fêtes et le carême, qu'il avait coutume de passer dans l'abbaye de Gorze. — L'an 1000, il fit le pèlerinage de Rome, pour y gagner les grâces du jubilé, et satisfaire sa dévotion envers les saints apôtres. De retour à Metz, il fut attaqué de paralysie. Lorsqu'il vit que sa fin approchait, il distribua aux pauvres et aux églises le peu d'argent qui lui restait. Il mourut l'an 1005 et il fut inhumé dans l'église de Saint-Symphorien. Il est honoré comme bienheureux le 14 décembre.

ADALBÉRON III (le bienheureux), évêque de Metz, surnommé de Luxembourg, parce qu'il sortait de l'illustre famille de ce nom, florissait au milieu du XIᵉ siècle, et mourut en 1072. Il fit bâtir des lieux réguliers autour de l'église de Saint-Sauveur, afin que les chanoines de cette collégiale pussent mener la vie de communauté, à l'exemple de ceux de la cathédrale. Après sa mort, ses restes furent inhumés dans la chapelle du cloître de Saint-Sauveur, qu'il avait fait construire pour le lieu de sa sépulture ; et ses os ayant été levés de terre, on les plaça dans une châsse près du sanctuaire. On a conservé longtemps dans cette chapelle sa chasuble, qui était de soie violette, et l'on s'en servait à la messe le jour de sa fête, qui se célébrait à Metz le 13 novembre.

ADALBÉRON (saint), évêque de Wurtzbourg, né au commencement du XIᵉ siècle, était fils d'Arnold, comte de Schardingen et Lambach. Envoyé à Paris, pour y faire ses études, il se lia avec saint Altman et le bienheureux Gebhard, qui devinrent plus tard, l'un évêque de Passau, et l'autre de Salzbourg. Leur amitié toute sainte les maintint dans la piété au milieu d'une jeunesse déréglée. De retour dans sa patrie, il suivit l'attrait qui le portait vers le service des autels, et il reçut la prêtrise. Il exerçait à Wurtzbourg les fonctions du saint ministère, lorsque le clergé et le peuple de cette ville le choisirent unanimement pour évêque. Il justifia bientôt les grandes espérances que l'on avait conçues de son épiscopat, et se signala par un zèle aussi actif qu'éclairé. Un des premiers actes de son administration fut d'établir dans son château de Lambach douze prêtres chargés de desservir les bourgs et les villages d'alentour. Son attachement au saint siège et sa courageuse fermeté lui attirèrent une violente persécution. L'empereur Henri IV le fit chasser de son siège pour y placer un intrus. Adalbéron se retira à Lambach, au milieu des prêtres qu'il y avait établis; mais voyant que la vie de communauté portait quelque atteinte à la charité fraternelle, il plaça ces prêtres dans des postes séparés, et mit à Lambach une communauté régulière, qu'il dota richement. Il venait de faire rebâtir à ses frais l'abbaye de Schwarzach, détruite par un incendie, lorsque la défaite de Henri IV, par le duc Herman, lui permit de revenir à Wurtzbourg; mais la persécution ayant recommencé, il reprit le chemin de Lambach, et il y finit ses jours dans la prière et la pratique de toutes les vertus. Il mourut l'an 1090, avec la réputation d'un des plus fermes soutiens de l'Église d'Allemagne dans ces temps malheureux. — 6 octobre.

ADALBERT (saint), diacre et missionnaire, seconda les travaux apostoliques de saint Willibrod. Il mourut vers le milieu du VIIe siècle, et il est honoré à Egmont, en Hollande, le 25 juin.

ADALBERT (saint), *Adalbertus*, évêque de Prague et martyr, né vers l'an 956, d'une des plus illustres familles de la Bohême, fut attaqué dans son bas âge d'une maladie qui faisait craindre pour sa vie. Ses parents firent vœu, s'il en rechappait, de le consacrer au service des autels. Le jeune Adalbert guérit, et fut placé sous la conduite d'Adalbert, archevêque de Magdebourg, qui le prit en telle amitié qu'il lui donna son nom en lui administrant la confirmation. Le pieux archevêque étant mort en 981, son élève chéri retourna en Bohême, muni d'une bibliothèque qu'il s'était formée à grands frais. Diethmar, évêque de Prague, l'ordonna prêtre, et, après sa mort, Adalbert fut choisi pour le remplacer. Il fut sacré en 983 par l'archevêque de Mayence, et depuis lors, on ne le vit plus jamais rire, tant la responsabilité que lui imposait son élévation fit d'impression sur lui. Il fit son entrée nu-pieds dans sa ville épiscopale, et fut reçu avec une grande pompe par les habitants de Prague, ayant à leur tête le prince Boleslas. Le saint évêque fit quatre parts de ses revenus, la première pour l'entretien de l'église, la seconde pour le chapitre de sa cathédrale, la troisième pour les pauvres, et la quatrième pour sa maison et pour douze pauvres qu'il nourrissait tous les jours en l'honneur des douze apôtres. Il couchait sur un cilice ou sur la terre nue, affligeait son corps par les jeûnes et les austérités, prêchait presque tous les jours, et visitait souvent les malades et les prisonniers. Une vie si sainte aurait dû, ce semble, toucher le cœur de ses diocésains; mais, outre qu'il y avait encore beaucoup de païens qui ne voulaient pas quitter le culte des idoles, ceux mêmes qui professaient le christianisme déshonoraient leur foi par les plus honteux désordres. Adalbert mit tout en œuvre pour les changer; mais voyant qu'il avait affaire à un peuple incorrigible, il alla trouver à Rome, en 989, le pape Jean XV, qui agréa sa démission. Après un pèlerinage au Mont-Cassin, il revint à Rome, prit l'habit religieux, avec saint Gaudence, son frère, dans le monastère de saint Boniface. Il y passa cinq ans, se regardant comme le dernier des religieux, et donnant l'exemple de la plus profonde humilité. Ensuite le pape, sur ces représentations de l'archevêque de Mayence, lui enjoignit de retourner dans son diocèse, pour faire de nouvelles tentatives sur ces cœurs endurcis, en lui permettant, toutefois, de quitter son siège si son troupeau ne se montrait pas plus docile. Saint Adalbert revint donc à Prague, où il fut accueilli avec de grandes démonstrations; mais ces belles apparences furent bientôt démenties; en conséquence, il prit le parti de quitter pour toujours, comme il y était autorisé, un poste où il ne pouvait plus faire le bien. En retournant à son monastère de Rome, il passa par la Hongrie, où il convertit à la foi un grand nombre d'infidèles, et baptisa, sous le nom d'Etienne, le fils du duc Geysa, qui monta plus tard sur le trône de Hongrie, et que l'Église honore comme saint. Rentré dans son monastère, Adalbert exerça la charge de prieur, et fut honoré plusieurs fois de la visite de l'empereur Othon III, lors de son voyage à Rome. Grégoire V, qui avait succédé à Jean XV, l'obligea, d'après de nouvelles sollicitations de l'archevêque de Mayence, de retourner vers son troupeau. Adalbert se mit en devoir d'obéir, quoiqu'il prévît d'avance l'inutilité de sa démarche. Ses diocésains, qui ne voulaient plus du saint évêque, ayant appris son dessein, devinrent furieux; ils massacrèrent ses proches, pillèrent leurs biens et brûlèrent leurs châteaux. Le saint, informé en route de ces tristes nouvelles, alla trouver le prince Boleslas, qui envoya des députés aux habitants de Prague. Ceux-ci, craignant, ou feignant de craindre qu'Adalbert ne voulût venger la mort de ses parents, répondirent ironiquement qu'ils n'étaient pas dignes d'avoir un si saint évêque, et qu'ils étaient trop méchants pour qu'il pût vivre au milieu d'eux. Adalbert comprit alors qu'il ne lui était plus possible de remonter sur son siège; il résolut de travailler à la conversion de ceux des Polonais qui étaient encore idolâtres. Sa mission eut de grands succès. Plus tard, il pénétra en Prusse, avec son frère Gaudence, et un autre missionnaire nommé Benoît. Après avoir converti au christianisme la plupart des habitants de Dantzick, il arriva dans une petite île où il fut accablé d'outrages et de coups, et laissé pour mort. Etant revenu à lui, il alla dans un autre lieu, où il ne fut pas mieux reçu. Les infidèles qui l'avaient chassé voyant qu'il ne s'en allait pas aussi vite qu'ils l'auraient voulu, se saisirent de lui, le chargèrent de chaînes, ainsi que ses compagnons, tuèrent Adalbert à coups de lances, le 23 avril 997, et emmenèrent captifs Gaudence et Benoît. Boleslas, qui avait été l'ami du saint martyr, racheta son corps, qui fut placé dans l'église cathédrale de Gnesne, où il est exposé à la vénération des fidèles, et où il a été illustré par un grand nombre de miracles. — 23 avril.

ADALPRET (saint), *Adalpretus*, évêque de Trente, florissait dans le milieu du XIIe siècle. Il mourut en 1181, percé d'une lance par un de ses diocésains, qui en voulait à sa vie. Il est honoré comme martyr, près de Rouvrey, dans le Tyrol. — 27 mars.

ADALSINDE (la bienheureuse), *Adalsindis*, religieuse à Hamay, dans les Pays-Bas, était fille de saint Adalbaud et de sainte Rictrude. Digne imitatrice de la sainteté de sa famille, elle prit le voile dans le monastère de Hamay, qui avait été fondé par sainte Gertrude, son aïeule, et qui était gouverné par sainte Eusébie, sa sœur. Elle mourut vers l'an 715, et elle est honorée le 24 décembre.

ADAM (saint), *Adamus*, abbé de Saint-Sabin, dans la marche d'Ancône, est honoré à Fermo le 16 mai.

ADAM (le bienheureux), abbé du monastère de la Trappe, dans le Perche, est honoré le 7 mai.

ADAMNAN (saint), *Adamnanus*, abbé de Hy, monastère situé dans une petite île de ce nom, sur les côtes d'Ecosse, fut député en 701 par les Pictes, vers Alcfrid, roi des Northumbres. C'est pendant cette mission qu'il apprit des églises d'Angleterre la vraie manière de fixer le jour de la fête de Pâques. De retour à Hy, il voulut engager ses moines à se conformer, sur ce point, à la pratique de l'Eglise universelle ; mais il ne put les y déterminer. Etant passé en Irlande, sa patrie, il vint à bout d'établir dans toute l'île la célébration de cette fête le même jour qu'on la célébrait à Rome et dans le reste du monde chrétien. Il mourut dans son monastère de Hy, l'an 705. Il a laissé un traité du vrai Temps de célébrer la pâque, ouvrage qu'il avait composé pour ses moines, et qui les décida à se soumettre, après la mort de leur saint abbé, à une mesure qu'ils avaient repoussée de son vivant. Il avait aussi rédigé un recueil de canons, ainsi qu'une Vie de saint Colomb, fondateur du monastère de Hy. Son ouvrage le plus curieux est une description de la terre sainte, qu'il avait visitée, et qu'il dépeint telle qu'elle était de son temps. — 23 septembre.

ADAUCTE (saint), *Adauctus*, mot latin qui signifie *ajouté*, parce que, lorsqu'on conduisait au supplice saint Félix, qui fut martyrisé à Rome vers l'an 303, pendant la persécution de Dioclétien, un chrétien étranger à la ville s'étant trouvé sur son passage, et éprouvant à sa vue un vif désir de partager son triomphe et sa couronne, s'écria tout à coup : « Je professe la religion de cet homme; j'adore aussi Jesus-Christ, et je désire aussi donner ma vie pour lui ! » Le magistrat, irrité de sa hardiesse, ordonna de l'arrêter, et le fit décapiter avec Félix. Comme les fidèles de Rome ignoraient son nom, ils lui donnèrent celui d'*Adauctus* (ajouté), parce qu'il avait été *adjoint* à Félix, et c'est sous ce nom qu'il est honoré. — 30 août.

ADAUCTE (saint), martyr en Phrygie, souffrit l'an 303, pendant la persécution de Dioclétien. — 30 octobre.

ADAUQUE (saint), *Adaucus*, d'une illustre famille d'Italie, fut élevé par les empereurs à presque toutes les dignités de l'Etat, et il exerçait encore la charge de questeur en Phrygie, lorsque, pour la défense de la foi, il reçut la couronne du martyre pendant la persécution de Galère, l'an 310. — 7 février.

ADÉLAÏDE (sainte), impératrice, née en 931, était fille de Rodolphe II, roi de Bourgogne. Mariée à seize ans à Lothaire, roi d'Italie, elle en eut une fille, nommée Emma, qui épousa Lothaire, roi de France. Veuve à 18 ans, elle fut retenue en prison à Pavie par Bérenger III, qui venait de s'emparer du royaume de son mari ; mais ayant trouvé le moyen de s'échapper des mains de son oppresseur, elle se réfugia en Allemagne près de l'empereur Othon le Grand, qui prit sa défense, défit Bérenger et ne lui laissa le royaume d'Italie qu'à condition qu'il se reconnaîtrait vassal de l'empire. De retour de son expédition, il épousa Adélaïde, pour laquelle il venait de faire la guerre. Bientôt après il fut obligé de marcher une seconde fois contre Bérenger, le défit de nouveau et l'exila en Allemagne. Devenu ainsi maître de l'Italie, il fut couronné empereur à Rome. Adélaïde, loin de s'enorgueillir d'un changement de fortune si inespéré, ne se servit de sa puissance et de son crédit que pour faire du bien, surtout aux malheureux. Etant devenue veuve une seconde fois par la mort d'Othon Ier, elle s'appliqua avec soin à l'éducation de son fils, Othon II, dont le règne fut heureux tant qu'il se conduisit par les conseils de sa sainte mère ; mais s'étant laissé corrompre par des flatteurs, il oublia tout ce qu'il lui devait, et poussa l'ingratitude jusqu'à la bannir de sa cour. Le malheur lui ouvrit les yeux : il la rappela près de lui pour profiter de ses avis. Après sa mort, l'impératrice Théophanie, qui fut établie régente pendant la minorité d'Othon III, son fils, traita avec la dernière indignité sainte Adélaïde qu'elle haïssait ; mais ayant été enlevée par une mort subite, la régence fut confiée à sainte Adélaïde qui s'en acquitta à la satisfaction universelle. Son application aux affaires publiques ne lui fit pas négliger la piété. Elle se retirait souvent dans son oratoire pour prier. Son palais offrait l'image d'un monastère. Pleine de zèle pour détruire les abus, réprimer les désordres et convertir les infidèles qui se trouvaient encore dans l'empire, elle se faisait admirer et respecter de tous. Ayant entrepris, en 999, un voyage en Bourgogne, pour réconcilier avec ses sujets révoltés le roi Rodolphe, son neveu, elle tomba malade en route et mourut à l'abbaye de Selz en Alsace, qu'elle avait fondée. Sa vie fut écrite par saint Odilon, abbé de Cluny, qui l'assista dans ses derniers moments. — 16 décembre.

ADÉLAÏDE (sainte), *Adelais*, *idis*, abbesse, fille de Mégendose, comte de Gueldres, embrassa la vie religieuse et fut chargée, jeune encore, de gouverner le monastère de Bellich ou Vilich, situé sur le Rhin, près de Bonn. Son père, qui venait de le fonder, y introduisit la règle de saint Benoît. Adélaïde devint ensuite abbesse de Notre-Dame de Cologne, autre monastère fondé par son père : elle y mourut l'an 1015. — 5 février.

ADÉLAÏDE (sainte), veuve, est honorée à Bergame le 27 juin.

ADÉLARD (saint), évêque d'Erfurt, fut placé sur ce siège par saint Boniface, archevêque de Mayence, qui avait démembré cette partie de son diocèse en sa faveur. Il fut martyrisé avec le saint archevêque le 5 juin 755, et il n'eut point de successeur, Erfurt étant rentré sous la juridiction des archevêques de Mayence. — 5 juin.

ADÉLARD (saint), *Adalardus*, abbé de Corbie, né en 754, était fils du comte Bernard, et petit-fils de Charles-Martel. Il fut créé comte du palais par l'empereur Charlemagne, son cousin-germain. Dégoûté du monde, il quitta la cour à vingt ans, et prit l'habit monastique à Corbie. Chargé de la culture du jardin, il s'en acquittait avec beaucoup de zèle et d'humilité. Cette dernière vertu le porta à quitter Corbie pour se retirer au Mont-Cassin en Italie, afin de se soustraire aux égards que lui attirait sa haute naissance et son mérite éminent. Mais ayant été reconnu, on l'obligea à retourner à Corbie. Quoiqu'il eût renoncé à la charge qu'il occupait à la cour, Charlemagne, qui avait en lui une grande confiance, le consultait souvent. Il le fit même premier ministre de son fils Pépin, roi de Lombardie. Adélard, tout en travaillant au bonheur des peuples, ne négligeait pas sa propre sanctification. L'an 809, Charlemagne le députa à Rome vers le pape Léon III, au sujet de quelques discussions que faisait naître l'addition des mots *Filioque* dans le symbole de Nicée. L'année suivante, Pépin étant mort, Bernard son fils, qui devint roi de Lombardie, fut placé par Charlemagne sous la conduite de saint Adélard qui fut chargé du gouvernement pendant sa minorité. Après la mort de Charlemagne, Bernard ayant pris les armes pour soutenir ses prétentions à l'empire, fut défait par Louis le Débonnaire, son oncle, et perdit la couronne et la vie. Adélard, accusé faussement d'avoir approuvé les projets de son royal pupille, fut exilé à l'île d'Hero, aujourd'hui Noirmoutiers en Aquitaine, et sa famille fut enveloppée dans sa disgrâce. Cette épreuve qu'il supporta avec calme ne servit qu'à épurer sa vertu. L'empereur reconnut son innocence, et, pour réparer l'injustice qu'il avait commise, il le rappela à la cour. Mais Adélard, qui s'y sentait déplacé, obtint la permission de retourner à Corbie pour y reprendre le gouvernement de son abbaye. Il contribua à la fondation de la nouvelle Corbie, et fit deux fois le voyage de Saxe pour consolider ce nouvel établissement. Il faisait régner la plus grande ferveur, la régularité la plus édifiante dans les deux monastères. Il écrivit un livre de statuts pour obvier d'avance au danger d'un relâchement futur. Il composa aussi d'autres ouvrages dont il ne nous reste que des fragments. Il avait de vastes connaissances, et était un des hommes les plus savants de son siècle. Il contribua beaucoup, avec le célèbre Alcuin, qui l'appela son fils, à faire refleurir dans les monastères l'amour de la science et les bonnes études. Il mourut à l'ancienne Corbie, le 2 janvier 827, âgé de soixante et treize ans. Sa vie a été écrite par saint Paschase Rudbert, son disciple, et par saint Gérard, moine de Corbie et abbé de Saint-Sauve. — 2 janvier.

ADELBERT (saint), *Adelbertus*, missionnaire dans la Frise, était Anglais et sortait de la famille des rois de Northumberland. Ayant quitté le monde et son pays, il passa dans la Frise pour s'associer aux travaux apostoliques de saint Willibrord, archevêque d'Utrecht, son compatriote, dont il fut un des plus zélés collaborateurs. Il convertit une grande partie des habitants de la Hollande, et lorsque saint Willibrord eut établi son siège à Utrecht, il nomma Adelbert à l'une des principales dignités de son église. Le saint missionnaire mourut à Egmont vers l'an 740. Dans le xe siècle, le comte Thierri fonda, sous son invocation, une abbaye de Bénédictins. — 25 juin.

ADELBERT (le bienheureux), *Athelbertus*, premier archevêque de Magdebourg, né au commencement du xe siècle, quitta le monde, dès sa jeunesse, pour entrer dans l'abbaye de Saint-Maximin de Trèves, que l'empereur Henri l'Oiseleur venait de rétablir. Il y fit de grands progrès, non-seulement dans la science, mais aussi dans la piété. Il commençait et finissait ses études par la prière : il les interrompait même de temps en temps, pour élever son âme vers Dieu. Il se faisait remarquer par son humilité, par la mortification de sa volonté et de ses sens, et par un grand détachement des choses créées. Il était devenu le modèle de la communauté, lorsque ses supérieurs le chargèrent d'aller prêcher l'Évangile aux *Rugi*, qui avaient demandé des missionnaires à l'empereur Othon le Grand. Ces barbares, qui habitaient l'île de Rugen, avaient autrefois reçu le baptême, mais ils étaient retombés dans l'idolâtrie depuis plusieurs générations, et ils adoraient comme une divinité saint Vit, leur ancien patron, qu'ils appelaient le dieu *Swantewich*, corruption des mots *saint Vit*. Adelbert fut placé à la tête des hommes apostoliques qu'on leur envoyait et sacré évêque en 969. Mais cette mission, aux dépenses de laquelle l'empereur avait généreusement pourvu, n'obtint pas le succès qu'on en espérait. Les *Rugi* se montrèrent indociles aux instructions religieuses: ils poussèrent même la cruauté jusqu'à massacrer plusieurs des coopérateurs d'Adelbert; lui-même ne s'échappa qu'avec peine de leurs mains. En 9 0, il fut élu abbé de Wurtzbourg et quatre ans après il fut placé sur le siège de Magdebourg que le pape Jean XII venait d'ériger en métropole. Le saint archevêque fit bâtir un grand nombre d'églises auxquelles il donna des pasteurs capables d'instruire les Slaves nouvellement convertis et il travailla à la conversion de ceux qui étaient encore idolâtres, menant la vie d'un apôtre et opérant des miracles. Il enrichit sa cathédrale des reliques de saint Maurice d'Agaune et de plusieurs autres saints. Il faisait la visite du diocèse de Mersbourg, lorsqu'il fut attaqué d'une maladie grave. Il mourut dans cette ville le 20 juin 981. Sainte Adélaïde, qui vint rester à Magdebourg après la mort d'Othon son mari, avait pour lui la plus grande vénération et l'avait choisi pour son confesseur. Avant le luthéranisme on l'honorait à Magdebourg le jour de sa mort. — 20 juin.

ADÈLE (sainte), *Adelais*, abbesse, était fille de saint Dagobert II, roi d'Austrasie et sœur de sainte Irmine. Elle épousa un seigneur nommé Albéric, dont elle eut plusieurs enfants, et lorsqu'elle fut devenue veuve, elle fonda, près de Trèves, le monastère de Palatiole, aujourd'hui Pfaltz, et y prit le voile, vers l'an 700. Placée à la tête de la communauté, elle la gouverna saintement pendant plus de trente ans et mourut vers l'an 734. — 24 décembre.

ADÈLE (sainte), veuve, fut dans le monde un modèle des plus belles vertus. Elle épousa Baudoin IV, comte de Flandre, qu'elle perdit en 1067. Après la mort de son mari, elle fit un voyage à Rome et y reçut le voile des mains d'Alexandre II. Elle rapporta, en revenant dans sa patrie, les reliques de saint Sidrone, martyr, dont elle enrichit le monastère de religieuses Bénédictines, qu'elle avait fondé à Messène, à deux lieues d'Ypres, et dans lequel elle passa le reste de sa vie. — 8 janvier.

ADELHELM (saint), *Adelhelmus*, premier abbé d'Engelberg, fut mis, au commencement du XIIe siècle, à la tête de cette abbaye, que Conrad, baron de Seldenburen, venait de fonder dans le canton d'Underwald en Suisse. C'est sous son administration que l'abbaye qui s'appelait, au moment de sa fondation, Hennenberg ou Mont des Poules, prit le nom d'Engelberg, ou Mont des Anges, que Calixte II lui donna dans une bulle de 1124. Le saint abbé s'illustra par ses vertus pendant sa vie et par ses miracles après sa mort qui arriva l'an 1131. Il est honoré en Suisse le 25 février.

ADELHÈRE (saint), *Athalarius*, prêtre et martyr, fut un des principaux collaborateurs de saint Boniface, archevêque de Mayence et apôtre de l'Allemagne. Il avait établi son siège épiscopal à Ersford, et il fut le premier et le dernier évêque de cette ville, qui a toujours fait, depuis, partie du diocèse de Mayence. Il fut associé au martyre de saint Boniface qu'il accompagnait dans sa mission aux extrémités de la Frise, et il fut mis à mort avec lui et cinquante et un autres, par les infidèles, près de Dockum, le 5 juin 755. — 5 juin.

ADELIN (saint), *Adelinus*, prit l'habit monastique à l'abbaye de Lobes ; mais il se retira avec saint Landelin, son abbé, dans une épaisse forêt du Hainaut, et ils habitèrent des cellules construites avec des branches d'arbres ; ce qui donna naissance à l'abbaye de Crépin, dont saint Adelin fut un des premiers religieux. Il y mourut sur la fin du VIIe siècle, vers l'an 700, et l'on gardait ses reliques dans l'église abbatiale. — 27 juin.

ADELINDE (la bienheureuse), *Adelindis*, abbesse en Allemagne, fonda sur la fin du IXe siècle le célèbre monastère de Buchau en Souabe, dans lequel elle mit des chanoinesses, et dont elle fut la première abbesse. Après avoir gouverné saintement sa communauté, elle mourut un 28 août, dans le Xe siècle. On l'honorait surtout dans l'abbaye de Buchau, et sa fête est marquée dans plusieurs martyrologes le 28 août. — 28 août.

ADELMARE (saint), *Adelmarus*, prêtre et moine du Mont-Cassin, florissait dans le XIe siècle. Il est honoré à Bocquianigo, près de Chiéti, dans le royaume de Naples le 24 mars.

ADELME (saint), *Adelmus*, évêque de Sherburn en Angleterre, était proche parent d'Ina, roi des Saxons occidentaux. Il fut élevé dans le monastère de Saint-Pierre et Saint-Paul, à Cantorbéry, par saint Adrien, qui en était abbé. Il y prit le goût de la retraite, et se fit moine dans le monastère de Malmesbury, où sa capacité et sa vertu le firent choisir pour abbé, en 675. Administrateur habile et éclairé, il augmenta considérablement les revenus et les bâtiments de son abbaye et il en fit le plus bel édifice qu'il y eut alors en Angleterre. Ayant fait un voyage à Rome, il obtint du pape Sergius Ier un indult qui lui conférait de grands priviléges. Les grands exemples de vertus qu'il donnait à ses religieux par sa vie sainte et mortifiée, faisaient fleurir au milieu d'eux la ferveur et la régularité. Il sut allier l'amour des lettres à une tendre piété. Il fut le premier qui cultiva la poésie anglaise ou saxonne, et composa en prose plusieurs ouvrages, entre autres un traité des *Louanges de la virginité*. Après avoir été pendant trente ans abbé de Malmesbury, il fut fait évêque de Sherburn, qui venait d'être démembré du diocèse de Winchester ; et après cinq ans d'un épiscopat qui rappelait les plus beaux temps de l'Église, il mourut à Dullinge, dans le comté de Sommerset, l'an 709. Il opéra plusieurs miracles pendant sa vie et après sa mort. — 25 mai.

ADELPHE (saint), *Adelphus*, évêque, succéda à saint Ruf sur le siège de Metz, dont il fut le neuvième évêque. Il mourut à la fin du IVe siècle ou au commencement du Ve, et fut enterré auprès de plusieurs de ses saints prédécesseurs, aux catacombes de Metz, dans l'église de Saint-Pierre. Les reliques de saint Adelphe furent transférées, en 826, par ordre de Drogon, l'un de ses successeurs, à Neuvillers en Alsace, dans l'église qui porte son nom. — 29 août.

ADELPHE (saint), abbé du Saint-Mont près de Remiremont, était petit-fils de saint Romaric par sa mère Asselberge, fille de ce saint. Il naquit vers l'an 629, et, peu de temps après sa naissance, il fut envoyé par sa mère au Saint-Mont, pour y être élevé par son aïeul qui le fit baptiser, et saint Amé, premier abbé de ce monastère, fut son parrain. Lorsqu'il fut en âge d'apprendre les sciences divines et humaines, il fut placé sous la conduite de saint Arnould, évêque de Metz, qui avait quitté son siège pour venir fonder un petit monastère près du Saint-Mont. C'est là qu'il se forma à la vie spirituelle, et, de retour au Saint-Mont il reçut l'habit des mains de son aïeul qui était alors abbé de ce monastère. Saint Romaric étant mort en 653, Adelphe fut jugé digne de lui succéder. Il gouvernait la communauté des hommes pendant que sainte Gebétrude, sa sœur, gouvernait celle des religieuses, et ils rivalisaient l'un et l'autre de piété, de ferveur et de zèle. Les trois dernières années de sa vie, il se retirait dans les déserts qui entouraient le Saint-Mont, et il y passait des semaines entières, vivant en anachorète. Lorsqu'une maladie grave lui eut indiqué que sa fin approchait, il se fit conduire au monastère de Luxeuil, où il mourut peu de temps après y être arrivé, le 11 septembre, vers l'an 670. Lorsque la nouvelle de sa mort fut arrivée au Saint-Mont, Garichramne, qui lui avait succédé, s'étant rendu à Luxeuil avec une partie de ses religieux, le ramena avec une grande pompe et un grand concours de peuple à son monastère, et plusieurs miracles s'opérèrent à la cérémonie de ses funérailles. Son corps fut levé de terre en 1051 et placé dans une châsse par ordre de saint Léon IX qui, en montant sur le saint-siège, ne s'était pas démis de son évêché de Toul. — 11 septembre.

ADÉNÈTE (sainte), *Ada* ou *Adrechildis*, abbesse du monastère du Pré, au Mans, florissait dans le VII° siècle et mourut vers l'an 689. Ses reliques, qui se gardaient dans la cathédrale, furent brûlées au XVI° siècle par les calvinistes. — 4 décembre.

ADEODAT, ou DIEUDONNÉ (saint), *Adeodatus*, pape, succéda en 672 à saint Vitalien, et gouverna l'Eglise pendant 4 ans avec prudence et piété. Il mourut en 676, et il nous reste de lui une lettre adressée aux évêques de France sur les privilèges du monastère de Saint-Martin de Tours. Il est le premier des souverains pontifes, qui ait employé dans ses lettres la formule, *Salut et bénédiction apostolique*. — 26 juin.

ADERIT (saint), *Aderitus*, évêque de Ravenne et confesseur, succéda à saint Apollinaire, et florissait au commencement du II° siècle. — 27 septembre.

ADILE (sainte), *Adilia*, vierge, florissait dans le VIII° siècle. Elle se rendit célèbre par ses miracles et par la généreuse hospitalité qu'elle exerçait envers les prêtres hibernois, qui venaient prêcher l'Evangile dans la Frise. On l'honore à Orp-le-Grand, près de Judoque en Brabant, le 30 juin.

ADIPPE (saint), est honoré chez les Grecs le 26 mars.

ADJUTEUR (saint), *Adjutor*, martyr en Afrique, souffrit avec ses compagnons, au nombre de trente-quatre. — 18 décembre.

ADJUTEUR (saint), prêtre d'Afrique et confesseur, subit divers tourments pour la foi catholique durant la persécution des Vandales sous le roi Hunéric, l'an 483. Il fut ensuite exilé dans la Campanie, avec plusieurs autres confesseurs qui, s'étant dispersés dans le pays, remplirent les fonctions de pasteurs dans diverses églises et propagèrent merveilleusement la religion. Il est surtout honoré à Cave, et il y a près de cette ville une église qui porte son nom. — 1er septembre et 16 décembre.

ADJUTEUR (saint), florissait dans le VI° siècle, et il est honoré dans le diocèse de Bénévent le 19 novembre.

ADJUTEUR (saint), *Reclus*, était fils de Jean, seigneur de Vernon, et de Rosemonde de Blaru. Il fut formé, de bonne heure, à la vertu par sa pieuse mère. Ayant pris la croix, il passa en Palestine à la tête de deux cents hommes, pour combattre les Sarrasins, et il donna en plusieurs rencontres des preuves d'un brillant courage. Fait prisonnier par les infidèles, il subit avec constance plusieurs tourments pour la foi, durant sa captivité. Ensuite il revint en France, prit l'habit dans l'abbaye de Tiron, à laquelle il donna tous ses biens, et se fit construire, dans le voisinage de Vernon, une cellule et un oratoire, où il passa le reste de ses jours dans les exercices de la vie érémitique. Il mourut le 30 avril 1131, et fut enterré dans son oratoire : plus tard on plaça son tombeau dans la chapelle de sainte Magdeleine près de Vernon. — 30 avril.

ADOLPHE (saint), *Adolphus*, évêque d'Osnabruck, naquit au XI° siècle d'une famille riche et noble, qui lui fit faire de brillantes études. Malgré les avantages qu'il pouvait se promettre dans le monde, il s'engagea dans l'état ecclésiastique où l'appelait sa vocation. Nommé chanoine de Cologne, il faisait de fréquentes retraites dans le monastère de Camp, situé près de cette ville. C'est dans une de ces retraites qu'il prit la résolution de se démettre de son canonicat et d'embrasser un genre de vie plus austère, en entrant dans l'ordre de Cîteaux. A peine y eut-il fait profession que le peuple et le clergé d'Osnabruck le choisirent pour évêque. Il fut forcé d'accepter, malgré ses refus réitérés, et il se fit admirer par ses vertus et surtout par son immense charité. Il employait en bonnes œuvres, son patrimoine, qui était considérable, et les revenus de son évêché. Il visitait de préférence les hôpitaux, les prisons, les réduits de la misère. Sa plus douce jouissance était de soulager l'infortune et de consoler le malheur. Après avoir fait longtemps les délices et l'admiration de son troupeau, Dieu l'appela à lui le 11 février 1222. Les fidèles l'invoquèrent aussitôt comme un saint, et son culte est très-répandu en Allemagne. — 11 février.

ADON (saint), *Ado*, évêque de Vienne en Dauphiné et confesseur, d'une illustre famille du Gâtinais, naquit en 799 et fut élevé dans le monastère de Ferrières, où il prit le goût de la vie religieuse et y fit profession,

Marcuard, abbé de Prom, qui avait connu Adon à Ferrières, le demanda pour enseigner les saintes lettres à ses religieux. Adon s'acquitta de cet emploi avec tant de distinction qu'après la mort de l'abbé Marcuard, la jalousie se déchaîna contre lui et lui suscita des ennemis qui employèrent contre lui les outrages et la calomnie, et le chassèrent de Prom. Il se rendit à Rome pour visiter les tombeaux des apôtres, et séjourna cinq ans dans cette ville. A son retour d'Italie, Adon ayant passé par Lyon, saint Remi, archevêque de cette ville, le nomma, du consentement de l'abbé de Ferrières, curé de la paroisse de Saint-Romain, près de Vienne. Agilmar, évêque de cette dernière ville étant mort en 860, on élut pour le remplacer saint Adon, à qui le pape Nicolas Ier envoya le *pallium* avec les décrets d'un concile de Rome, destinés à remédier à certains abus qui s'étaient introduits dans quelques églises de France. — Adon s'appliqua avec zèle à réformer ceux qui se trouvaient dans son diocèse, à former un clergé qui joignît la piété à la science ecclésiastique, à instruire son troupeau; ses exemples donnaient beaucoup de poids à ses paroles, car sa vie était humble et mortifiée. D'une fidélité scrupuleuse à remplir ses devoirs, il craignait tellement de manquer en quelque point, qu'il avait chargé les ecclésiastiques attachés à sa personne de l'avertir de ses moindres fautes. Il parut avec éclat dans plusieurs conciles dont il était l'ornement par sa science et ses lumières; il en tint lui-même plusieurs à Vienne. Honoré de la confiance du saint pape Nicolas Ier, de celle des empereurs Charles le Chauve et Louis le Germanique, il eut beaucoup de part aux affaires publiques qui se traitèrent de son temps; mais ces nombreuses occupations ne nuisaient pas à son recueillement : il aimait à lire les Vies des saints, et il écrivit les Vies de saint Didier et de saint Chef, ainsi qu'un Martyrologe qui porte son nom, et qu'il composa sur un manuscrit qu'il avait trouvé à Ravenne, en revenant d'Italie. Il est aussi auteur d'une chronique universelle. Sa bienheureuse mort arriva le 16 décembre 875. — 16 décembre.

ADRAMAS (saint), martyr en Egypte, souffrit avec saint Pallade et 160 autres. — 23 juin.

ADRANIQUE (saint), *Adranicus*, est honoré chez les Ethiopiens le 3 janvier.

ADRASTE (saint), martyr, souffrit avec saint Léon, saint Carise et dix autres. — 1er mars.

ADRIANITE (saint), *Adrianitis*, martyr à Césène dans la Romagne, souffrit avec saint Typograte et quelques autres. — 21 juillet.

ADRIAS (saint), *Adrias*, martyr à Rome pendant la persécution d'Aurélien, était encore idolâtre, lorsqu'il épousa sainte Pauline, sœur de saint Hippolyte. Celui-ci, qui était un chrétien zélé, parvint à les convertir l'un et l'autre, et le pape saint Etienne les baptisa avec leurs enfants, Néon et Marie. Adrias, après son baptême, distribua aux pauvres tous ses biens et se prépara au martyre. Arrêté avec sa famille par ordre du juge Secondien, il fut renfermé, pendant trois jours, dans la prison Mamertine, d'où on le tira pour le livrer aux plus cruels supplices. Sainte Pauline expira entre les mains des bourreaux. Pendant que Néon et Marie étaient appliqués à la question sous les yeux de leur père, celui-ci les encourageait à persévérer jusqu'au bout; lui-même subit le supplice des torches ardentes et des fouets plombés, sous lesquels il expira, l'an 256, sous le règne de Valérien. — 12 décembre.

ADRIEN (saint). *Adrianus*, martyr à Marseille avec saint Hermès, est honoré le 1er mars.

ADRIEN (saint), martyr à Nicomédie avec vingt-trois autres, était officier et avait persécuté les chrétiens avant sa conversion. Marié à sainte Natalie, il la secondait dans les soins charitables qu'elle donnait aux confesseurs renfermés dans les prisons de Nicomédie, pendant la persécution de Dioclétien. Arrêté à son tour, il eut les jambes brisées et subit d'autres supplices, au milieu desquels il expira, l'an 303. Son corps fut ensuite transporté à Bysance et de là à Rome. On fait la fête de cette dernière translation le 8 septembre. — 4 mars.

ADRIEN (saint), martyr à Alexandrie avec saint Victor et un autre, souffrit au commencement du IVe siècle. — 17 mai.

ADRIEN (saint), martyr à Tarse en Cilicie avec sainte Sérène, est honoré le 3 juillet.

ADRIEN (saint), martyr à Césarée en Palestine, était de la ville de Mangane. Etant allé à Césarée avec saint Eubule, pour rendre ses devoirs aux confesseurs détenus dans les cachots par suite de la persécution de Galère, ils furent arrêtés aux portes de la ville. Interrogés sur le motif de leur voyage, ils n'en firent pas un mystère; en conséquence de cet aveu, ils furent conduits devant Firmilien, gouverneur de la province, qui les fit déchirer avec des ongles de fer et les condamna ensuite aux bêtes. Le surlendemain, jour où l'on célébrait des fêtes en l'honneur du génie public, Adrien fut livré à un lion, et cet animal ne lui ayant fait aucune blessure, il fut égorgé par les confecteurs, l'an 309. — 15 mars.

ADRIEN (saint), martyr à Nicomédie, était fils de l'empereur Probus. Sa haute naissance et son grade élevé dans l'armée lui donnant un libre accès auprès de l'empereur Licinius, il reprocha à ce prince la persécution qu'il avait excitée contre les chrétiens; c'est pourquoi, il fut mis à mort par son ordre, l'an 320. Domice, empereur de Bysance, son oncle paternel, le fit enterrer honorablement à Argyropole. — 26 août.

ADRIEN (saint), martyr près de Wintershowen, était l'un des principaux disciples de saint Landoald, missionnaire dans les Pays-Bas, qui le chargeait d'aller recevoir à Mastricht les aumônes et les secours que Childéric II, roi d'Austrasie, lui faisait remettre pour l'entretien de la mission. Un jour qu'Adrien revenait de cette ville à Wintershowen, il fut assassiné par des brigands, qui s'imaginaient qu'il était porteur d'une somme considérable. Ce crime eut lieu vers l'an 665, et Adrien est honoré comme martyr, et ses reliques furent transportées en 980 à l'abbaye de Saint-Bavon de Gand avec celles de saint Landoald, et l'on célèbre la fête de cette translation le 13 juin.

ADRIEN (saint), abbé en Angleterre, était Africain de naissance, et fut d'abord abbé de Néridan, près de Naples. Le pape Vitalien, qui connaissait sa science et sa piété, l'ayant nommé archevêque de Cantorbéry après la mort de saint *Deusdedit*, Adrien, qui redoutait un tel fardeau, proposa saint Théodore comme plus capable que lui de remplir ce siége important. Le pape y consentit, à condition qu'Adrien se joindrait à Théodore, et qu'il le seconderait dans le gouvernement de son diocèse. Ils partirent donc ensemble pour l'Angleterre en 667 et passèrent par la France. Ebroin, maire du palais, craignant qu'Adrien ne fût chargé de quelque mission contraire aux intérêts de la France, le retint plus d'une année avant de lui permettre de se rendre à Cantorbéry. Y étant enfin arrivé, saint Théodore le nomma abbé du monastère de Saint-Pierre et de Saint-Paul. Pendant trente-neuf ans qu'il exerça cette charge, il fit fleurir les bonnes études, la discipline et la piété. Il édifia non-seulement sa communauté, mais toute l'Angleterre par ses vertus sublimes, en même temps qu'il l'éclairait par une doctrine toute céleste. Il mourut l'an 710, le 9 janvier, jour où il est honoré. — 9 janvier.

ADRIEN (saint), évêque de Saint-André en Ecosse et martyr, florissait dans le IXe siècle. Son épiscopat fut troublé, à plusieurs reprises, par les incursions des Danois qui faisaient des descentes sur les côtes d'Ecosse, qu'ils pillaient, et dont ils massacraient les habitants. Plus d'une fois, il avait réussi à préserver son troupeau de la fureur de ces barbares : il en avait même converti un grand nombre et leur avait administré le baptême. Mais une bande plus nombreuse et plus cruelle s'étant répandue dans le pays, portant partout le fer et la flamme, Adrien se réfugia, avec une partie de son troupeau, dans l'île de May, située à l'embouchure du Forth. Les Danois ayant découvert sa retraite, le massacrèrent avec un autre évêque nommé Stalbrand et plus de six mille chrétiens. Ce tragique événement eut lieu l'an 874, sous Constantin II, roi d'Ecosse. Dans la suite, on bâtit dans cette île un monastère et une église en l'honneur de saint Adrien, et ses reliques, qui y étaient exposées à la vénération des fidèles, attiraient un grand concours de pèlerins. — 4 mars.

ADRIEN III (saint), pape, Romain de naissance, succéda en 884 à Marin, qu'il imita dans son zèle pour la défense de la foi contre l'impie Photius. Il ne voulut pas communiquer avec cet usurpateur, qui était remonté sur le siége patriarcal de Constantinople, et l'empereur Basile, voyant qu'il ne pouvait le gagner par des prières, lui écrivit des lettres injurieuses qui le trouvèrent mort, lorsqu'elles arrivèrent à Rome. Charles le Gros, empereur d'Allemagne, avait invité Adrien à se rendre en France pour déposer quelques évêques indignes et pour faire reconnaître héritier du royaume Bernard, son fils naturel. Le pape se mit en route, mais il mourut avant d'être sorti de l'Italie, le 8 juillet 885, après seize mois de pontificat, et fut enterré à Nonantola, monastère du diocèse de Modène, sans avoir pu, dans un si court espace de temps, réaliser toutes les espérances que ses vertus avaient fait naître. Il fit, avant de mourir, deux décrets importants, l'un qu'on consacrerait le pontife romain sans attendre l'empereur, ni aucun envoyé de sa part ; l'autre, que si l'empereur Charles venait à mourir sans enfants, le royaume d'Italie, avec le titre d'empereur, passerait à des princes de la nation italienne. Il est honoré à Siplimbert dans le même diocèse de Modène le 8 juillet.

ADRIEN BÉCAN (le bienheureux), l'un des martyrs de Gorcum, était de Hilvarembeck, et il s'était fait prémontré à l'abbaye de Middelbourg. Il desservait la paroisse de Munster, près de l'embouchure de la Meuse, lorsque se trouvant à Gorcum, lors de la prise de cette ville par les calvinistes, il fut jeté dans un cachot avec d'autres ecclésiastiques et eut à subir d'horribles tortures, parce qu'il ne voulait pas renoncer à la présence réelle de Jésus-Christ dans l'eucharistie, ni à la primauté du pape. Conduit à Bril, avec ses dix-huit compagnons, il fut pendu près de cette ville par ordre du comte de Lumay, le 9 juillet 1572. Ces dix-neuf martyrs ont été béatifiés en 1674 par le pape Clément X. — 9 juillet.

ADRIEN D'ASSENDELF (le bienheureux), martyr à Delf en Hollande, fut mis à mort pour la foi catholique avec le bienheureux Christophe Scagen, par ordre du comte de Lumay qui, de chanoine de Liége, était devenu calviniste et persécuteur des catholiques. — 24 septembre.

ADRIEN TISSERAND (le bienheureux), moine Hiéronymite et martyr en Hollande avec Jean Rixtel, son confrère, fut mis à mort pour la foi catholique en 1572, par ordre du comte de Lumay, et il est honoré le 25 novembre.

ADRIER (saint), *Adorator*, confesseur en Combraille, est honoré principalement à Loubersac, près d'Aubusson, dans le diocèse de Limoges, où se trouve son corps. — 3 mars.

ADULPHE (saint), *Adulphus*, évêque dans les Pays-Bas, était Anglais de naissance et frère de saint Botulphe. Ayant eu le bonheur d'être éclairé des lumières de la foi, à une époque où son pays était encore plongé dans les ténèbres du paganisme, il quitta sa patrie et passa avec son frère dans la Gaule belgique, pour s'y appliquer à l'étude de la religion sous d'habiles maîtres, qu'il lui eût été difficile de trouver alors en Angleterre. Il fit de tels progrès dans les sciences divines et dans la piété, qu'il fut jugé digne de l'épiscopat. Placé sur un siége, qu'on croit être celui de Maëstricht, il le gouverna son diocèse d'une manière si édifiante qu'on le mit au nombre des saints après sa bienheureuse mort, arrivée vers le milieu du VIIe siècle. — 17 juin.

ADULPHE (saint), est honoré à Auxerre le 15 novembre.

ADULPHE (saint), martyr à Cordoue avec saint Jean, son frère, souffrit en 852, pendant la persécution du roi Abdérame II.

Saint Euloge en fait mention dans son Mémorial des saints. — 27 septembre.

ADUMADE (sainte), *Hadumada*, est honorée à Gaudesheim le 29 novembre.

ADVENTEUR (saint), *Adventor*, martyr à Turin, avec saint Octave et un autre, souffrit en 286, sous l'empereur Maximien. Saint Maxime de Turin a laissé un panégyrique en leur honneur. — 20 novembre.

AÈCE (saint), *Aetius*, est honoré à Barcelone le 14 août.

AELRED (saint), *Aelredus*, abbé de Rieval en Angleterre, né l'an 1109 dans la partie du royaume qui confine à l'Ecosse, sortait d'une famille distinguée. Son mérite précoce et sa vertu le firent choisir par David, roi d'Ecosse, pour gouverneur de son palais. Son innocence ne reçut aucune atteinte au milieu des dangers de la cour. Il se faisait surtout remarquer par son humilité et par sa douceur. Un jour qu'un seigneur lui faisait des reproches injurieux en présence du roi, il l'écouta avec patience et le remercia de la charité qu'il avait de le reprendre de ses fautes. Cette conduite toucha tellement son ennemi qu'il lui demanda pardon sur-le-champ. Un autre jour, étant occupé à discuter une matière importante, il fut interrompu par quelqu'un qui l'accabla d'invectives. Aelred les écouta en silence, et reprit tranquillement le fil de son discours. Se sentant appelé à servir Dieu d'une manière plus parfaite encore, il quitta la position brillante qu'il occupait dans le monde et se retira dans le monastère de Riéval situé dans le comté d'York, où il se fit religieux Cistercien, à l'âge de vingt-quatre ans. Son tempérament faible et délicat ne l'empêchait pas de se livrer avec ardeur aux plus grandes austérités. La prière et les pieuses lectures absorbaient presque tout son temps et entretenaient dans son âme naturellement aimante le feu sacré de l'amour divin. En 1142, il fut obligé de prendre le gouvernement de l'abbaye de Revesby, dans le comté de Lincoln, qui appartenait aussi à l'ordre de Cîteaux, et l'année suivante on l'élut abbé de Riéval, où l'on comptait alors trois cents moines. Il refusa plusieurs fois l'épiscopat, pour ne pas se séparer de ses religieux qu'il gouverna avec autant de sagesse que de bonté pendant vingt-deux ans. Il mourut le 12 janvier 1066, à l'âge de cinquante-six ans. Le chapitre général de Cîteaux le mit au nombre des saints de l'ordre en 1250. Le nouveau Martyrologe cistercien, publié par Benoît XIV, fait un bel éloge de l'innocence, de l'humilité, de la patience et du savoir de saint Aelred. Il nous reste de lui plusieurs ouvrages sur l'histoire d'Angleterre et des traités ascétiques, entre autres le *Miroir de la charité*. — 12 janvier.

AETIUS (saint), patrice et martyr à Samarra en Syrie, était le plus illustre des officiers généraux qui furent faits prisonniers de guerre à Amorium, ville que le traître Badizès avait livrée au calife Moutassem, l'an 836. Ils étaient au nombre de quarante, avec le prêtre Théodore Cratère et un autre, que le calife fit conduire à Bagdad et jeter dans un cachot si obscur qu'ils ne pouvaient se reconnaître en plein midi qu'au moyen de la voix. On leur mit des entraves aux pieds et on ne leur donnait pour nourriture qu'un peu de pain et d'eau, que la terre nue pour lit, et pour habillement que des haillons pleins de vermine. Cette barbarie avait pour but d'affaiblir l'énergie de leurs âmes en affaiblissant leurs corps, afin qu'ils opposassent moins de résistance à l'apostasie. Quand le calife les crut domptés par le régime barbare auquel il les avait assujettis pendant plusieurs années, il leur envoya des docteurs de sa religion, qui échouèrent dans leurs tentatives, quoique répétées à différentes reprises et dirigées avec une habileté infernale. Moutassem étant mort en 842 eut pour successeur son fils Vatek, qui continua, mais sans plus de succès, le système de son père envers les prisonniers chrétiens. Il résolut donc leur mort; mais avant de les y livrer il essaya encore un dernier moyen; ce fut de leur envoyer Badizès, qui s'était fait musulman, et qui, affectant les marques de l'amitié la plus sincère, les prévint comme de lui-même, et dans leur intérêt, qu'il savait de source certaine qu'ils devaient être exécutés le lendemain, s'ils ne se décidaient à faire la prière avec le calife. « C'est pour vous sauver la vie que j'ai hasardé cette démarche, dit-il à celui à qui il parlait. Vous pouvez suivre le conseil que je vous donne, tout en conservant dans votre cœur la foi des chrétiens, et Dieu vous le pardonnera, à cause de la triste situation où vous vous trouvez. » C'est à Constantin, serviteur d'Aetius qu'il donnait cet avis perfide, afin qu'il le communiquât à son maître. Le patrice ayant connu, par là, que sa mort était résolue pour le jour suivant, en rendit grâce à Dieu, et dit : « Que la volonté du Seigneur soit faite ! » Il fit aussitôt écrire son testament par Constantin, et invita ses compagnons à chanter, toute la nuit, les louanges de Dieu; ce qu'ils firent. Le lendemain, un officier vint à la prison de la part du calife, avec une troupe de soldats, et ayant fait ouvrir les portes, il ordonna aux principaux prisonniers de sortir; ce qu'ils firent au nombre de quarante-deux; on referma ensuite les portes sur les autres détenus de moindre importance. Sur leur refus de faire la prière avec le calife, l'officier les exhorta par de grandes promesses et essaya de les séduire par les raisons les plus spécieuses à obéir à Vatek. La seule réponse des martyrs fut : « Anathème à Mahomet et à tous ceux qui le reconnaissent pour prophète ! » Alors l'officier leur fit lier les mains derrière le dos et conduire sur le bord du Tigre, afin de les faire exécuter. Comme Théodore Cratère était le premier en ligne, il voulut épargner au patrice Aetius la douleur d'être témoin du supplice de ses compagnons dont il était comme le père, et lui dit : « Seigneur, vous nous avez toujours précédé par votre dignité et par votre vertu, vous devez aussi recevoir, le premier, la couronne du martyre. » Le patrice, ne voulant pas le priver de cet honneur, lui dit d'avancer et qu'il le suivrait avec tous les autres, chacun selon son grade militaire. Ils reçurent donc tous, l'un après l'autre, le coup de la mort, l'an 845, avec une tranquillité et une fermeté qui étonnèrent l'officier ainsi que les exécuteurs. — 6 mars.

AFRE (sainte), *Afra*, veuve et martyre à Brescia, souffrit pendant la persécution de l'empereur Adrien, vers l'an 125. Les actes de son martyre qu'on trouve dans les œuvres de saint Philastre, évêque de cette ville, ne donnent pas de détails sur sa vie et ne paraissent pas authentiques. — 24 mai.

AFRE (sainte), vierge et martyre, est nommée dans le martyrologe de saint Jérôme, sous le 18 décembre.

AFRE (sainte), martyre dans l'île de Candie, est honorée chez les Grecs le 9 octobre.

AFRE (sainte), martyre à Augsbourg, en 304, pendant la persécution de Dioclétien, était une courtisane, connue de toute la ville par ses désordres. Convertie à la religion chrétienne par l'évêque saint Narcisse, qui lui donna le baptême, elle répara, par son changement de vie, le scandale de sa conduite précédente. Le juge Gaïus l'ayant fait arrêter comme chrétienne, elle confessa Jésus-Christ avec un saint courage. — « Sacrifiez aux dieux, lui dit le juge, car il vaut mieux conserver sa vie que de la perdre dans les supplices. — Hélas ! j'ai assez de mes anciennes fautes, sans y ajouter encore un nouveau crime ; ainsi ne comptez pas que je cède à vos instances. — Croyez-moi, allez au temple et adorez les dieux. — Jésus-Christ est mon Dieu : je le vois, je le contemple sans cesse ; je lui fais l'aveu de mes péchés avec un cœur repentant. Je suis indigne, il est vrai, de lui offrir un sacrifice, mais j'ai un vif désir de me sacrifier moi-même pour la gloire de son nom, afin que ce corps, que j'ai souillé tant de fois par mes impudicités, soit purifié dans mon propre sang. — A ce que j'entends, tu fais le métier de courtisane, et, cela étant, tu ne dois nullement prétendre à l'amitié du Dieu des chrétiens ; je te conseille donc de sacrifier à nos dieux, qui sont beaucoup plus indulgents. — Jésus-Christ, mon Seigneur, a déclaré qu'il était descendu du ciel pour les pauvres pécheurs, et dans l'Evangile nous apprend qu'il permit à une pécheresse comme moi de lui arroser les pieds de ses larmes et qu'il lui pardonna ses fautes. Loin de mépriser les pécheurs il leur parlait avec bonté et mangeait même à leur table. — Sacrifie du moins, afin d'obtenir des dieux des amants généreux qui te comblent de largesses. — Plutôt mourir que de recevoir un présent d'un homme. Je me suis dépouillée des richesses qui provenaient de mes désordres. Je voulais les donner à ceux des frères qui sont pauvres, mais ils les ont refusées ; j'ai donc été obligée de les jeter. Comment voulez-vous, après cela, que je reçoive des dons qui me sont odieux et que je ne regarde que comme de la boue ? — Mais ton Christ ne veut point de toi : il te méprise, et c'est en vain que tu l'appelles ton Dieu ; tu oses le dire chrétienne, toi ! une courtisane ! — Je ne mérite pas, j'en conviens, d'être aimée de mon Dieu ; mais je sais que pour aimer il ne consulte que sa miséricorde et non le mérite de ceux qu'il daigne honorer de son amour ; c'est ce qui me donne la confiance qu'il m'aime. — Et comment peux-tu avoir cette confiance ? — Une preuve qu'il ne m'a pas rejetée, c'est qu'il me permet de confesser son saint nom devant vous, et j'espère que cette confession m'obtiendra la rémission de mes fautes. — Chimère que tout cela ! Je te conseille de nouveau de sacrifier aux dieux qui seuls peuvent te rendre heureuse. — Vous vous trompez ; il n'y a que Jésus-Christ qui puisse faire mon bonheur, puisqu'il n'y a que lui qui puisse sauver mon âme.... — Sacrifie, ou je te fais fustiger en présence de tes amants. — Faites ce qu'il vous plaira, mais il n'y a plus maintenant que le souvenir de mes péchés qui puisse me causer de la confusion. — C'est une honte pour moi de contester si longtemps avec une prostituée : sacrifie, ou je te fais mourir. — Ah ! c'est la grâce que je désire de tout mon cœur, si toutefois j'en suis digne. — Sacrifie ! c'est la dernière fois que je te le dis, sinon les supplices vont commencer pour toi, et je te fais brûler vive. — Que ce corps, instrument de tant de crimes, souffre toutes sortes de supplices, même le feu, j'y consens, il l'a bien mérité ; mais mon âme ne se souillera pas par l'offrande d'un encens sacrilège. » Alors Gaïus porta contre elle cette sentence : « Nous ordonnons que la courtisane Afre, qui s'est dite chrétienne, soit brûlée vive, pour avoir refusé de sacrifier aux dieux. » Aussitôt les bourreaux la conduisirent au-dessous de la ville d'Ausbourg, dans une île formée par le Lycus, aujourd'hui le Lech, la dépouillèrent de ses vêtements et l'attachèrent au poteau. Là elle offrit à Dieu sa vie en expiation de ses anciens désordres, et lorsqu'on eut mis le feu au bûcher sur lequel elle était placée, et que les flammes l'entourèrent de toutes parts, elle renouvela son sacrifice et expira en invoquant le nom de Jésus. Après sa mort son corps se retrouva entier, et nullement endommagé par le feu. Sa mère, ayant appris ce prodige, le fit enlever secrètement, et le déposa dans le tombeau de sa famille, à deux milles d'Ausbourg, dont sainte Afre est la principale patronne. — 5 août.

AFRICAIN, (saint), évêque de Comminges, fut favorisé pendant sa vie du don des miracles dans un degré éminent. Il mourut dans le VIe siècle, et son corps fut enterré près de Vâbres dans le Rouergue. La dévotion attirant à son tombeau un concours immense de fidèles, il s'y forma une ville qui prit de lui le nom de Sainte-Afrique qu'elle porte encore aujourd'hui. — 1er mai.

AFRICAIN (saint), *Africanus*, martyr en Afrique avec saint Térence et plusieurs autres qui, après avoir été battus de verges, mis à la torture et tourmentés par d'autres supplices, eurent la tête tranchée sous le préfet Fortunatien, durant la persécution de l'empereur Dèce. — 10 avril.

AGABE (saint), *Agabus*, l'un des soixante et douze disciples mentionnés dans les Actes des apôtres par saint Luc, qui lui donne le titre de prophète, prédit la grande famine qui eut lieu en 42, sous l'empereur Claude. Il prédit aussi l'emprisonnement de saint Paul, qu'il alla trouver à Césarée, et prenant la ceinture de l'apôtre, il s'en lia les pieds et les mains, puis il s'écria : *Voici ce que dit l'esprit saint : C'est ainsi que les Juifs lieront à Jérusalem celui à qui appartient cette ceinture, et ils le livreront aux gentils.* Il souffrit le martyre à Antioche, et il est honoré le 13 février.

AGABE (saint), martyr à Carthage, souffrit avec saint Donat et un autre.—25 janvier.

AGABE (saint), *Agabius*, évêque de Vérone et confesseur, est honoré le 4 août.

AGAMOND (saint), *Agamundus*, moine de Croyland et martyr, avait cent ans lorsqu'il fut mis à mort avec saint Théodore, son abbé et plusieurs moines, l'an 870, lorsque Oskétule, prince danois, vint piller et incendier ce monastère. — 25 septembre.

AGAPE (saint), martyr à Edesse en Syrie avec saint Théogone et saint Fidèle, ses frères, était fils de sainte Basse, qui fut décapitée après eux, et qui les avait soutenus par ses exhortations, au milieu de leurs tourments. — 21 août.

AGAPE (saint), martyr à Tarse en Cilicie avec saint Aphrodise et un autre, souffrit l'an 304, pendant la persécution de Dioclétien. — 28 avril.

AGAPE (saint), *Agapius*, évêque et martyr en Afrique, confessa la foi pendant la persécution de Valérien, et fut condamné à l'exil. Mais la persécution devenant toujours plus violente, la peine à laquelle il avait été condamné parut trop légère aux ennemis du nom chrétien ; c'est pourquoi il fut arraché à son exil pour être conduit à Cirthe, capitale de la Numidie, où, après un long emprisonnement et de cruelles tortures, il fut décapité, l'an 259. — 29 avril.

AGAPE (saint), martyr à Césarée en Palestine, qu'il ne faut pas confondre avec le suivant : après avoir confessé Jésus-Christ une première fois, il fut traduit de nouveau devant Urbain, gouverneur de la Palestine, qui le condamna à la décapitation avec sept autres chrétiens, l'an 304. — 24 mars.

AGAPE (saint), martyr à Gaze en Palestine, fut arrêté pendant la persécution de Dioclétien par ordre d'Urbain, gouverneur de la province, qui le condamna à être exposé aux bêtes : ce qui fut exécuté l'an 304. — 19 août.

AGAPE (saint), martyr à Césarée en Palestine, avait été incarcéré trois fois pendant la persécution de Dioclétien. Il subissait un quatrième emprisonnement lorsque l'empereur Maximin, étant venu à Césarée l'an 306, voulut gratifier le peuple de cette ville de jeux et de spectacles. Mais comme il n'y avait point de spectacles plus agréable aux païens que de voir les martyrs exposés aux bêtes, on fit sortir de prison Agape, qui fut conduit à l'amphithéâtre, enchaîné à un scélérat accusé d'avoir tué son maître. Ce dernier obtint sa grâce de l'empereur, qui promit à Agape de lui accorder la même faveur, s'il voulait renoncer à sa religion. Mais le saint martyr répondit que sa longue détention ne provenait pas de ce qu'il eût commis quelque crime ; qu'il n'était coupable que d'adorer le vrai Dieu, et qu'il endurerait avec joie, pour une si bonne cause, tous les supplices imaginables. Alors l'empereur ordonna que la sentence qui le condamnait aux bêtes fût exécutée sur-le-champ. On lâcha contre lui un ours qui lui fit de cruelles blessures, au grand contentement du prince et du peuple. Comme on s'aperçut, en le relevant, qu'il respirait encore, on lui attacha aux pieds deux grosses pierres, et on le précipita dans la mer, l'an 406. — 30 novembre.

AGAPE (saint), *Agabius*, évêque de Novare, succéda à saint Gaudence en 418, et marcha dignement sur les traces de son prédécesseur. Il mourut l'an 438, après un épiscopat de vingt ans. — 10 septembre.

AGAPE (sainte), vierge honorée à Trèves, florissait dans le III siècle. — 8 août.

AGAPE (sainte), vierge martyre avec dix-huit autres, est honorée à Terni le 15 février.

AGAPE (sainte), *Agapes*, vierge et martyre à Nicomédie, eut à souffrir, pendant la persécution de Dioclétien, de rudes combats qui se terminèrent par une mort glorieuse, l'an 303. — 28 décembre.

AGAPE (sainte), *Agape*, vierge et martyre à Thessalonique, était sœur de sainte Chionie et de sainte Irène, avec lesquelles elle fut arrêtée pour avoir caché quelques volumes des livres saints et violé l'édit de Dioclétien, qui ordonnait de les livrer aux magistrats. Dulcétius, gouverneur de la Macédoine, les fit comparaître devant son tribunal et les interrogea sur le premier chef d'accusation, qui était leur refus de manger des viandes offertes aux idoles. Lorsque ce fut au tour d'Agape, elle répondit : « Je crois au Dieu vivant et n'ai point voulu, par une mauvaise action, perdre le fruit de toutes les bonnes œuvres que j'ai faites jusqu'ici. » Le gouverneur, après quelques questions adressées à ses compagnes, lui demanda quelle était sa dernière résolution ? — « Ne voulez-vous pas, lui dit-il, imiter notre fidélité et notre dévouement aux empereurs et aux Césars ? — Je ne suis pas d'avis de me dévouer au démon. — Mais qui vous a mis dans la tête cette obstination que je regarde comme une folie ? — Le Dieu tout-puissant a bien voulu nous éclairer de ses divines lumières. Alors Dulcéius, après lui avoir reproché, ainsi que sa sœur Chionie, l'opiniâtreté de leur désobéissance aux édits publics et aux avertissements particuliers, rédigea leur sentence qui les condamnait au supplice du feu. Elles furent exécutées le 3 avril de l'an 304. Jusqu'à son dernier soupir, Agape ne cessa de prier Dieu au milieu des flammes qui laissèrent son corps intact. — 3 avril.

AGAPET (saint), *Agapetus*, martyr à Préneste, aujourd'hui Palestrine, dans la Campagne de Rome, fut instruit dans la religion chrétienne par saint Porphyre, et il fut baptisé très-jeune. Il n'avait que quinze ans lorsqu'il fut arrêté, pendant la persécution d'Aurélien, et fustigé avec des nerfs de bœuf par ordre du préfet Antiochus. Sur son refus de sacrifier aux dieux, il fut exposé aux lions, qui ne lui firent aucun mal. On mit fin à ses tourments en lui tranchant la tête, vers l'an 273. Chélidoine, évêque de Besançon, rapporta de Rome le chef de saint Agapet en 445, et le déposa dans l'église de Saint-Etienne : il fut transféré depuis dans celle de Saint-Jean. — 18 août.

AGAPET (saint), martyr à Héraclée dans la Thrace, souffrit avec saint Basse et quarante-deux autres. — 20 novembre.

AGAPET (saint), pape, né à Rome, fut admis de bonne heure dans le clergé de cette ville. Attaché à l'église de Saint-Jean et Saint-Pierre, son mérite et sa sainteté le firent élever à la dignité d'archidiacre, et ensuite à la papauté, l'an 535, après la mort de Jean II. L'empereur Justinien, ayant appris son exaltation, lui envoya sa profession de foi qui fut trouvée orthodoxe. Ce prince sollicita du nouveau pape, et obtint la condamnation des acémètes, moines de Constantinople qui étaient infectés de l'hérésie nestorienne ; mais une autre de ses demandes lui fut refusée. Après la conquête de l'Afrique, que Bélisaire, son général, avait arrachée à la domination des Vandales par la défaite du roi Genseric, il aurait voulu qu'Agapet maintînt sur leurs sièges les évêques ariens qui se trouvaient dans cette partie de l'empire et qui voulaient abjurer l'hérésie. Mais le pape répondit qu'il fallait observer les saints canons, et que tout ce qu'on pouvait faire en faveur de ces prélats hérétiques, c'était d'admettre à la communion laïque ceux qui rentreraient dans le sein de l'Eglise, mais sans leur laisser leurs dignités, et même sans leur permettre de rester dans le clergé. L'acte le plus saillant du court pontificat d'Agapet fut son voyage à Constantinople, qu'il entreprit dans la vue de rétablir la paix entre Justinien et Théodat, roi des Goths d'Italie ; c'est Théodat lui-même qui l'avait prié de faire cette démarche en sa faveur. Le pape, en y condescendant, se proposait aussi de remédier aux maux dont l'Eglise d'Orient était affligée ; car il venait de recevoir de quelques abbés catholiques de Constantinople des lettres qui lui exposaient le triste état de la religion dans leur pays. Il partit donc et, arrivé en Grèce, il guérit un sourd-muet, en offrant pour lui le saint sacrifice. Il fit son entrée à Constantinople le 2 février 536, et fut reçu par l'empereur avec de grandes marques de respect et d'affection. On traita d'abord la question politique, mais Justinien ne voulut rien rabattre des dures conditions qu'il imposait à Théodat. Vinrent ensuite les affaires religieuses, dont la principale était la translation d'Anthime, évêque de Trébizonde, sur le siège de la ville impériale. Le pape refusa de ratifier cette translation, non-seulement parce qu'elle avait été faite en violation des lois canoniques, mais aussi parce qu'Anthime était partisan de l'hérésie d'Eutychès. L'impératrice Théodora, qui, par ses intrigues, avait opéré ce changement de siége, et qui tenait à ce qu'il réussît, eut beau presser le pape par elle-même et par l'empereur, Agapet ne se laissa pas ébranler par leurs instances réunies : il déclara même qu'il ne communiquerait pas avec Anthime, à moins qu'il ne souscrivît aux décisions du concile de Chalcédoine. Anthime, qui ne voulait pas donner cette marque de soumission à la foi orthodoxe, quitta Constantinople pour se soustraire à la mesure qu'on exigeait de lui. Le pape, informé de son départ subit, déclara Anthime excommunié aussi longtemps qu'il refuserait cette souscription. Il sacra donc patriarche de Constantinople saint Mennas, qui était aussi recommandable par sa science que par sa piété. Il écrivit ensuite une lettre circulaire par laquelle il annonçait au monde chrétien que l'évêque hérétique avait été déposé par l'autorité apostolique, de concert avec le très-religieux empereur. Le saint pape projetait encore d'autres mesures pour le bien de l'Eglise en Orient, lorsqu'il mourut à Constantinople le 17 avril 536, après avoir siégé onze mois et deux jours. Son corps, reporté à Rome, fut inhumé le 20 septembre suivant, jour où l'on fait sa fête, que les Grecs célèbrent le 17 avril. — 20 septembre.

AGAPIS (saint), martyr à Rome, était fils de saint Eustache et de sainte Théopiste, avec lesquels il fut condamné aux bêtes par ordre de l'empereur Adrien ; mais sorti sain et sauf de cette épreuve, il fut enfermé dans un bœuf d'airain, sous lequel on alluma un grand feu. — 20 septembre.

AGAPIT (saint), *Agapitus*, diacre et martyr à Rome avec le pape saint Sixte II, fut décapité dans le cimetière de Calixte, l'an 258, pendant la persécution de Valérien, et fut enterré avec le même pape dans le cimetière de Prétextat. — 6 août.

AGAPIT (saint), évêque de Synnade en Phrygie, se rendit si célèbre par ses miracles, que l'empereur Maximin, n'étant encore que soldat, voulut le tuer comme magicien ; mais le saint évêque échappa à la fureur de ce barbare et mourut en paix. Eusèbe parle de ses miracles. — 24 mars.

AGAPIT (saint), évêque de Ravenne et confesseur, florissait sous Constantin et ses fils. En 337, il assista au concile tenu à Rome par le pape saint Jules contre les ariens, et il mourut en 341. — 16 mars.

AGAPIT (saint), moine de Pieczary près de Kiowie dans l'Ukraine, et médecin, florissait sur la fin du xie siècle et mourut vers l'an 1100. Les Russes catholiques l'honorent le 1er juin.

AGAPITE (saint), *Agapitus*, martyr à Sébaste en Arménie avec saint Cartère et plusieurs autres, souffrit l'an 320, pendant la persécution de l'empereur Licinius. — 2 novembre.

AGATHANGE (saint), *Agathangelus*, martyr à Ancyre en Galatie pendant la persécution de l'empereur Galère, fut mis à mort par ordre du président Lucius, l'an 308. Les Grecs l'honorent le 5 novembre. Les Latins, qui rapportèrent ses reliques en Occident, après qu'ils eurent pris Constantinople, l'honorent le 23 janvier.

AGATHE (saint), *Agathus*, missionnaire et martyr en Égypte avec ses compagnons, au nombre de trente-six, divisés en quatre bandes de chacune neuf missionnaires, faisait partie de la première qui avait pour chef l'illustre Paul, que toutes reconnaissaient pour leur supérieur, et le théâtre de leurs travaux apostoliques était la partie orientale de l'Égypte. Le gouverneur de la province, informé des nombreuses conversions qu'ils opéraient, envoya des soldats pour les arrêter et les amener devant son tribunal. Lorsqu'ils comparurent, leur constance à confesser Jésus-Christ qu'ils avaient prêché, leur obtint une sentence de mort. Agathe fut condamné au supplice du feu avec ceux qui avaient évangélisé à l'est et au sud de la province. —16 et 18 janvier.

AGATHE (saint), évêque en Égypte et confesseur, montra beaucoup de zèle contre l'hérésie arienne, ce qui le fit exiler vers l'an 356 par l'empereur Constance. Il avait été moine avant son élévation à l'épiscopat. — 21 mai.

AGATHE (sainte), *Agatha*, vierge et martyre, née à Catane ou à Palerme en Sicile, sortait d'une famille illustre, et consacra à Dieu sa virginité dès ses plus tendres années. Comme elle était aussi belle que riche, Quintien, personnage consulaire, crut trouver dans les édits de l'empereur Dèce contre les chrétiens un moyen pour satisfaire son impudicité et son avarice. Il la fit donc comparaître devant son tribunal à Catane. Pendant qu'on l'y conduisait, la jeune vierge invoquait son céleste époux et lui demandait le courage dont elle avait besoin dans un moment aussi critique. Quintien la fit, après un premier interrogatoire, remettre entre les mains d'une femme nommée Aphrodisie, qui tenait une maison de débauche, et l'on s'imagine facilement quels assauts sa vertu eut à soutenir dans un tel lieu, où elle passa un mois entier. Mais sa confiance en Dieu et ses prières ferventes lui obtinrent la grâce d'en sortir sans que sa chasteté eût reçu aucune atteinte. Quintien, informé de sa constance inébranlable, la fit comparaître de nouveau. La seule réponse qu'il put obtenir d'elle, dans ce second interrogatoire, fut, que la vraie noblesse et la vraie liberté consistaient à servir Jésus-Christ. Le juge, irrité, l'ayant fait souffleter au point qu'elle avait le visage tout meurtri, ordonna qu'on la retînt en prison, où elle passa la nuit en invoquant le secours d'en haut. Le lendemain il la fit encore comparaître, et furieux de ne pouvoir vaincre sa résistance, il la fit étendre sur le chevalet où elle supporta la plus horrible torture avec une patience héroïque. Il lui fit ensuite couper les mamelles, et, pendant cet acte d'une cruauté inouïe, Agathe se contenta de lui dire : « Cruel tyran, ne devrais-tu pas avoir honte de me faire cet outrage, toi qui as sucé les mamelles de ta mère ? » Quintien la renvoya en prison, avec défense de panser ses plaies et de lui donner aucune nourriture ; mais le Seigneur n'abandonna pas la généreuse athlète : la nuit suivante, saint Pierre lui apparut dans une vision, la consola, guérit ses plaies et remplit son cachot d'une lumière éclatante. Quatre jours après, Quintien l'envoya chercher, et sans être touché d'une guérison si miraculeuse, il la fit rouler toute nue sur des têts de pots cassés, mêlés avec des charbons ardents. Après ce supplice, elle fut reconduite dans sa prison. Y étant arrivée, elle adressa à Dieu cette dernière prière : *Seigneur, mon Dieu, vous qui m'avez toujours protégée dès le berceau, vous qui avez arraché de mon cœur l'amour du monde et qui m'avez donné la patience pour supporter mes souffrances, recevez maintenant mon esprit.* Elle expira en disant ces derniers mots, l'an 251, sous l'empereur Dèce. Son nom, qui a été inséré dans le canon de la messe, se trouve dans tous les martyrologes. — 5 février.

AGATHE (sainte), mariée à Paul de Hildegarde, comte de Carinthie, habitait avec son illustre époux le château de Stein, au commencement du XIe siècle. Sans cesse occupée de bonnes œuvres, elle était la providence des pauvres et des infortunés. Ses jours s'écoulaient heureux et tranquilles dans la pratique de la vertu. Cependant une vie si pure ne fut pas à l'abri de la calomnie. Le comte, abusé par des rapports mensongers, suspecta la fidélité d'Agathe, et la jalousie l'aveugla tellement qu'il finit par croire coupable celle qui était l'innocence même. Il la renferma donc dans une tour du château, sans lui permettre un mot pour sa justification. Agathe subit avec une patience angélique la perte de sa liberté qu'elle ne regrettait qu'à cause des malheureux qu'elle ne pouvait plus soulager comme auparavant. Calme et résignée, elle consolait les domestiques chargés de lui porter sa nourriture, et leur disait : *Le Seigneur m'a élevée ; le Seigneur m'a abaissée ; que son saint nom soit béni.* Tout le monde au château était persuadé de son innocence ; mais le comte, dont les idées devenaient tous les jours plus sombres et dont la fureur était encore attisée par de perfides instigations, nourrissait des projets sinistres. S'étant rendu, un jour, à la prison d'Agathe, celle-ci, loin de se livrer à des plaintes ou à des reproches, lui fit un tendre accueil, heureuse de trouver enfin une occasion de le désabuser et de mettre son innocence dans tout son jour par une complète justification, pour laquelle il ne fallait que quelques mots ; mais le comte ne lui en laissa pas le temps. L'ayant conduite, sous le prétexte d'une promenade, sur la terrasse du donjon, il la précipite dans les fossés du château ; il jette ensuite un cri perçant, et, feignant un violent désespoir, il court annoncer à ses gens que la comtesse est tombée du haut des murs dans le fossé. Les domestiques courent sur le lieu de la chute, croyant ne plus trouver qu'un cadavre ; mais quelle ne fut pas leur surprise d'apercevoir Agathe à genoux et priant Dieu Ils croient voir un spectre et s'enfuient effrayés. Leurs cris la tirèrent du recueillement où elle était plongée. S'étant relevée, elle les rappela, et leur dit que s'étant recommandée à Dieu au moment de sa chute, il avait permis qu'elle tombât sans se faire aucun mal, et qu'elle était occupée à lui rendre grâce lorsqu'ils étaient accourus. Les exclamations d'étonnement et d'admiration que faisait pousser la vue d'un tel prodige ayant attiré sur les lieux le comte lui-même, il a peine à en croire ses yeux et demeure tout interdit : enfin pénétré de confusion et de repentir, il se jette aux pieds de son épouse et la conjure, avec larmes, de lui pardonner. Agathe s'empresse de le relever, lui accorde le pardon qu'il sollicite, à la seule condition que ses calomniateurs ne seront jamais recherchés ni punis. Dès lors aucun nuage ne troubla plus l'union des deux époux. Le comte employa le reste de sa vie à réparer ses torts ; et Agathe, de son côté, s'appliquait à le convaincre qu'elle les avait complétement oubliés. Elle reprit le cours de ses œuvres charitables, fonda des églises et des hospices, et mourut le 5 février 1024. Les miracles opérés à son tombeau attestèrent bientôt sa sainteté et son crédit près de Dieu. Elle est honorée comme patronne de la Carinthie le 5 février.

AGATHÉMÈRE (saint), *Agathemerus*, martyr dans la Mysie, souffrit dans le IIIᵉ siècle, et il est honoré chez les Grecs le 3 avril.

AGATHIMBRE (saint), *Agathimber*, évêque de Metz, florissait dans le VIᵉ siècle. — 12 mai.

AGATHIN (saint), *Agathinus*, martyr à Synnade en Phrygie avec quelques autres est honoré chez les Grecs le 20 septembre.

AGATHOCLIE (sainte), *Agathoclia*, vierge et martyre en Espagne, sortait d'une famille pauvre et entra au service d'une dame riche, qui était très-attachée au culte des idoles. Tant qu'Agathoclie fut païenne, elle se montrait légère, inconsidérée et peu appliquée à ses devoirs ; mais ayant été convertie à la foi chrétienne par une autre servante, elle changea entièrement de conduite. Sa maîtresse, surprise de ce changement, n'en eut pas plus tôt appris la cause, qu'elle lui fit souffrir toutes sortes de mauvais traitements, afin de l'obliger à renoncer au christianisme. Lorsqu'elle vit qu'elle n'en pouvait venir à bout, elle la signala comme chrétienne au préfet de la province; celui-ci fit fouetter la jeune vierge avec tant de cruauté que sa chair tombait par lambeaux. On l'emprisonna ensuite et on la tira de son cachot à plusieurs reprises pour la torturer, mais toujours elle confessa généreusement Jésus-Christ qu'elle invoquait sans cesse. Le préfet, irrité d'entendre répéter un nom qui lui était odieux, lui fit couper la langue ; ce qui ne l'empêcha pas de proférer, comme auparavant, ce nom adorable. Elle termina son martyre par le supplice du feu, dans le IIIᵉ siècle ou au commencement du IVᵉ. — 17 septembre.

AGATHODORE (saint), *Agathodorus*, martyr à Thyatire, était serviteur de saint Carpe, évêque de cette ville, lorsque celui-ci fut arrêté, vers l'an 165, pendant la persécution de Marc-Aurèle. Les soins qu'il donnait à son maître, détenu dans les fers, excitèrent contre lui la fureur de Valère, gouverneur de l'Asie Mineure, qui le fit déchirer à coups de nerfs de bœuf ; ce suplice lui fut administré d'une manière si cruelle qu'il était déjà mort pendant qu'on continuait encore à le frapper. Le gouverneur, dont la rage n'était pas apaisée, ordonna que son corps devint la pâture des chiens; mais les fidèles de la ville enlevèrent secrètement son corps et l'inhumèrent, la nuit, dans une caverne. — 13 avril.

AGATHODORE (saint), évêque et martyr dans la Chersonèse, avec saint Basile et plusieurs autres, souffrit au commencement du IVᵉ siècle. — 4 mars.

AGATHO (saint), *Agatho*, soldat et martyr à Alexandrie, ayant été chargé de garder les cadavres de quelques martyrs, empêcha les païens de venir les insulter. Cet acte d'humanité et de religion excita la fureur du peuple qui le conduisit devant le magistrat. Comme il ne craignit point de confesser Jésus-Christ, il eut la tête tranchée pendant la persécution de Dèce. — 7 décembre.

AGATHON (saint), exorciste et martyr à Alexandrie, avec saint Cyrion, prêtre, et plusieurs autres, subit le supplice du feu. — 1ᵉʳ février.

AGATHON (saint), martyr en Ethiopie, souffrit avec sainte Rafique, sa mère, et ses quatre frères. — 4 septembre.

AGATHON (saint), martyr en Sicile avec sainte Triphine, est honoré le 5 juillet.

AGATHON (saint), moine de Fontenelle, était proche parent de saint Vandrille, fondateur de ce monastère. Il mourut après le milieu du VIIᵉ siècle, et lorsqu'il fut mort, la perfection avec laquelle il avait rempli tous les devoirs d'un fervent religieux détermina le saint abbé à rendre un hommage public à sa sainteté. — 8 juillet.

AGATHON (saint), pape, né en Sicile, embrassa l'état ecclésiastique et devint trésorier de l'église romaine. Choisi en 679 pour remplacer Domnus sur la chaire de saint Pierre, il tint la même année un concile à Rome pour traiter l'affaire de saint Wilfred, évêque d'York, dont on avait démembré l'évêché, après l'avoir chassé de son siège. Le pape le rétablit dans ses droits. L'année suivante il en tint un autre dans la même ville, et le pape S' choisit pour le concile général de Constantinople des légats qu'il chargea d'une lettre pour ce concile. Dans cette lettre il développe avec clarté la doctrine catholique contre les monothélites, et prouve que comme les personnes divines n'ont qu'une seule nature, elles n'ont aussi qu'une seule volonté; mais que comme il y a deux natures en Jésus-Christ, il y a aussi deux opérations et deux volontés. Il appuie cette distinction des deux volontés sur des passages des Pères grecs et sur des passages des Pères latins, traduits en grec. Les Pères du concile en entendant la lecture de cette exposition de la foi, s'écrièrent que saint Pierre avait parlé par la bouche d'Agathon Cette lettre, ainsi que les autres qui nous restent de ce saint pape, sont d'un style moins pur que celles de ses prédécesseurs, comme il l'avoue lui-même; mais, ajoute-t-il, si nous n'avons pas les finesses du langage, nous conservons avec simplicité de cœur la foi que nos pères nous ont transmise. On admirait dans saint Agathon une humilité profonde, une grande douceur de caractère et un grand fonds de générosité. Il combla de ses bienfaits le clergé et les églises de Rome, et abolit le tribut que les papes payaient à l'empereur, au sujet de leur élection. Les miracles nombreux qu'il opéra lui méritèrent le surnom de Thaumaturge. Il mourut en 682, après un pontificat de deux ans et demi. — 10 janvier.

AGATHONICE (sainte), *Agathonica*, martyre à Pergame, était sœur de saint Papyle, diacre de Thyatire. Conduite avec son frère à Pergame, sa patrie, Valère, gouverneur de l'Asie, la condamna à être brûlée, ce qui fut exécuté pendant la persécution de Marc-Aurèle. — 13 avril.

AGATHONIQUE (saint), *Agathonicus*, martyr à Nicomédie, fut décapité à Lilybée, près de Bysance, avec saint Zotique et d'autres pendant la persécution de Maximien, par ordre du président Eutholome. L'empereur Justinien fit bâtir, à Constantinople, une église en l'honneur de ce saint martyr et de ses compagnons. — 22 août.

AGATHONIQUE (sainte), *Agathonica*, vierge et martyre à Carthage, avec sainte Basse et une autre, est honorée le 10 août.

AGATHOPE (saint), *Agathopus*, martyr en Crète, souffrit avec saint Théodule et plusieurs autres, pendant la persécution de Dèce, de cruels supplices qui se terminèrent par la décapitation. — 23 décembre.

AGATHOPODE (saint), *Agathopus*, diacre de l'église d'Antioche, et disciple de saint Ignace, accompagna jusqu'à Rome le saint évêque, qui parle de lui dans une de ses lettres. Il rapporta les restes précieux de l'illustre martyr, dont il écrivit les actes avec saint Philon, qui l'avait accompagné. Il mourut à Antioche avant le milieu du IIe siècle. — 25 avril.

AGATHOPODE (saint), diacre et martyr à Thessalonique avec saint Théodule, lecteur, pendant la persécution de Maximien, fut arrêté par ordre du président Faustin, qui le fit jeter dans la mer avec une pierre au cou. — 4 avril.

AGGÉE (saint), *Aggœus*, l'un des douze petits prophètes, florissait vers l'an 516 avant l'ère chrétienne. Il a laissé une prophétie qui contient deux chapitres, et dans laquelle il exhorte les Juifs à la reconstruction du temple, en leur prédisant qu'il surpasserait en gloire celui qui avait été bâti par Salomon. Cette prééminence du nouveau temple sur l'ancien, quoiqu'il lui fut inférieur à tous égards, annonçait qu'il devait être illustré par la visite de Jésus-Christ. — 8 juillet.

AGGÉE (saint), martyr à Bologne avec saint Hermès, souffrit sous l'empereur Maximien, l'an 304. — 4 janvier.

AGGIAS (saint), l'un des quarante martyrs de Sébaste en Arménie, servait avec ses trente-neuf compagnons dans la légion fulminante, sous l'empereur Licinius. Ce prince ayant porté un édit qui enjoignait de sacrifier aux dieux, ils refusèrent de se souiller de cet acte d'idolâtrie. Les promesses et les menaces ne pouvant vaincre leur résistance, Agricola, gouverneur de l'Arménie, les fit frapper à coups de fouet et déchirer leurs flancs avec des ongles de fer; après quoi on les chargea de chaînes et on les conduisit en prison. Lysias, leur général, étant arrivé de Césarée à Sébaste, essaya, à son tour, mais sans plus de succès, de leur arracher un acte d'apostasie. Alors Agricola les condamna à être exposés nus sur un étang gelé, qui se trouvait près de la ville, et il fit préparer, tout près, des bains chauds destinés à recevoir ceux d'entre eux que la violence du froid déterminerait à sa rifier. Lorsqu'ils furent arrivés sur l'étang, ils firent tous ensemble cette prière : *Seigneur, nous sommes entrés quarante dans la lice : Ne permettez pas qu'il y en ait moins de quarante de couronnés*. Cependant il y en eut un qui se laissa vaincre et se rendit dans le bain pour se réchauffer; mais à peine y fut-il entré qu'il expira. Ses compagnons, affligés de sa chute, en furent bientôt consolés par un de leurs gardes qui vint prendre sa place. Ce soldat qui se chauffait près du bain avait vu des anges descendre du ciel et poser des couronnes sur la tête des martyrs, à l'exception de celui qui devait venir au bain peu après. Ce prodige le convertit, et il vint se joindre aux trente-neuf, en leur disant qu'il était aussi chrétien. Lorsque le jour parut, on les chargea sur des voitures pour les conduire sur un vaste bûcher où ils devaient être brûlés et leurs cendres jetées dans le fleuve. La plupart étaient morts et les autres mourants, lorsqu'on les livra aux flammes. Les chrétiens parvinrent à soustraire une partie de leurs ossements et de leurs cendres. La ville de Césarée en possédait du temps de saint Basile, qui les regardait comme un boulevard assuré contre les ennemis les plus formidables. Ce saint docteur prononça devant ces reliques un panégyrique en l'honneur de ces saints martyrs, le jour de leur fête. — 10 mars.

AGIBOD (saint), moine de Bobbio en Italie, florissait dans le VIIe siècle, et fut l'un des principaux disciples de saint Bertulfe. Les miracles qu'il opéra pendant sa vie lui ont fait rendre un culte public après sa mort. Son corps fut levé de terre en 1482, le 31 août, jour où il est nommé dans le Martyrologe des Bénédictins. — 31 août.

AGILÉE (saint), *Agileus*, martyr à Carthage, fut enterré près de cette ville, sur les bords de la mer. On bâtit, sur son tombeau, une église dans laquelle saint Augustin fit un discours en son honneur, le jour de sa fête. Ses reliques furent portées à Rome sous le pontificat de saint Grégoire le Grand. Il était honoré, en Afrique, le 25 janvier, mais le Martyrologe romain le nomme sous le 15 octobre.

AGILOLF (saint), *Agilulfus*, premier évêque de Cologne, après avoir gouverné saintement son diocèse, se démit de son siège pour se préparer, dans la solitude, au passage de l'éternité. Il fut tué dans un bois par des scélérats, et il est honoré comme martyr le 13 mars.

AGLAÉ, dame romaine d'un rang illustre et d'une fortune si considérable qu'elle avait donné à ses frais les jeux publics, n'était pas mariée, ou du moins elle était veuve et vivait en concubinage avec son intendant nommé Boniface. La grâce ayant touché son cœur, elle prit la résolution de renoncer à sa vie criminelle et chargea son complice d'aller en Orient chercher les corps de quelques-uns des martyrs qu'on immolait journellement. Il paraît que c'était à l'époque de la persécution de l'empereur Galère, c'est-à-dire vers l'an 307. Boniface en partant lui dit : « Et si l'on vous rapportait mon corps, comme étant celui d'un martyr, le recevriez-vous comme tel ? » Aglaé prit cette question pour une mauvaise plaisanterie et lui fit une réprimande. Cependant il disait plus vrai qu'il ne pensait ; car arrivé à Tarse en Cilicie, où la persécution immolait journellement de nombreuses victimes, il fut martyrisé lui-même. Les domestiques qui l'accompagnaient rachetèrent, son corps, et l'ayant embaumé, ils le rapportèrent à Rome. Leur maîtresse, à la nouvelle qu'il approchait, alla au-devant de lui avec des ecclésiastiques qui portaient des flambeaux et des parfums et chantaient des hymnes. Ses saintes reliques furent déposées dans son tombeau sur la voie Latine, à un quart de lieue de la ville ; plus tard Aglaé y fit construire un oratoire, et elle s'y retira avec quelques-unes des filles qui la servaient. Elle y passa les quinze dernières années de sa vie dans les exercices de la pénitence, et après sa mort elle fut enterrée auprès de saint Boniface. On assure qu'il s'opéra des miracles par son intercession, et on lit son nom dans quelques calendriers, sous le 8 mai.

AGLIBERT (saint), *Aglibertus*, martyr à Créteil, près de Paris, était originaire des bords du Rhin. Étant venu s'établir à Créteil, avec saint Agoard, son compatriote, ils furent convertis l'un et l'autre à la foi chrétienne par saint Altin et saint Eoald ; mais animés, par suite de leur conversion, d'un zèle plus ardent que sage, ils renversèrent un temple d'idoles. Arrêtés pour ce fait, ils furent condamnés à mort et exécutés pendant la persécution d'Aurélien, vers l'an 273 ; d'autres placent leur martyre sous Dèce, vers l'an 250. On éleva depuis, sur leur tombeau une église dans laquelle on déposa leurs corps qui devinrent l'objet de la vénération des fidèles. — 24 et 25 juin.

AGLIBERT (saint), *Aglibertus*, évêque d'Angers, florissait sur la fin du VII° siècle et mourut vers l'an 700. Ses reliques furent découvertes un 6 de mars, jour où il est honoré à Saint-Sierge. — 6 mars.

AGMER (saint). *Agomarus*, évêque de Senlis, assista, en 625, au concile de Reims, où se trouvaient, entre autres illustres prélats, saint Arnoul de Metz et saint Cunibert de Cologne. Il mourut vers l'an 640. — 7 novembre.

AGNAN, ou AIGNAN (saint), *Anianus*, évêque d'Orléans, naquit à Vienne en Dauphiné, vers le milieu du IV° siècle, et se retira, jeune encore, dans une cellule près de cette ville, pour y vivre en reclus. Après quelques années de ce genre de vie, il se rendit à Orléans, attiré par la réputation de saint Euverte, évêque de cette ville. Euverte ne l'eut pas plutôt connu, qu'il l'ordonna prêtre et le fit abbé du monastère de Saint-Laurent des Orgerils, situé dans un des faubourgs de la ville. En 391, il le demanda et l'obtint pour son successeur, lui remit l'administration de son diocèse, et mourut peu de temps après. Saint Agnan justifia, par sa conduite, le choix de son saint prédécesseur. Il y avait près de soixante ans qu'il remplissait, avec une édifiante régularité, tous les devoirs de l'épiscopat, lorsque Attila, roi des Huns, vint assiéger Orléans. Le saint, qui avait prévu l'orage, était allé à Arles demander du secours à Aétius, général romain. Les barbares pressaient le siège, et le secours n'arrivait pas. Saint Agnan encourageait les assiégés et les exhortait à placer en Dieu leur confiance. Ils se mirent donc en prières, et lorsque tout semblait désespéré, les Romains parurent et défirent les Huns. On attribua cette victoire autant à la prudence et aux prières du saint évêque qu'à la valeur d'Aétius, qui soutenait seul l'empire sur le penchant de sa ruine. Saint Agnan mourut très-âgé, le 17 novembre 453. Son corps fut enterré dans l'église de Saint-Laurent, d'où il fut transféré depuis dans celle de Saint-Pierre, laquelle prit le nom de Saint-Agnan. Ses reliques furent brûlées par les calvinistes en 1562. — 17 novembre.

AGNAN (saint), évêque de Chartres, est honoré le 10 juin.

AGNAN (saint), évêque de Besançon, florissait dans le IV° siècle, et il est honoré le 5 septembre.

AGNAT (saint), *Agnatus*, martyr, est honoré le 17 août.

AGNEL (saint), *Agnellus*, abbé d'un monastère de Naples, florissait sur la fin du VI° siècle, et mourut en 596. Il s'illustra par ses vertus et par ses miracles, non-seulement pendant sa vie, mais aussi après sa mort. La ville de Naples se regarde comme lui étant redevable de sa délivrance dans plusieurs sièges où le saint abbé apparut, l'étendard de la croix à la main, et cette apparition mettait en fuite les assiégeants ; aussi l'honore-t-elle comme l'un de ses principaux protecteurs. — 14 décembre.

AGNÈS (sainte), vierge et martyre à Rome,

où elle était née, sortait d'une famille noble et riche qui l'éleva dans la piété. Sa naissance, ses richesses et sa beauté la firent rechercher en mariage par des jeunes gens de la première distinction; mais elle les refusa tous successivement, parce qu'elle s'était consacrée à Dieu dès son enfance. Ceux qui aspiraient à sa main, voyant qu'elle était inébranlable dans sa résolution de garder la promesse qu'elle avait faite au Seigneur, la dénoncèrent comme chrétienne, dans la pensée que les menaces et la vue des supplices la feraient changer d'avis. Symphrône, préfet de la ville, l'ayant fait venir, employa d'abord les voies de persuasion; mais Agnès, à toutes ses belles paroles, répondant toujours qu'elle n'aurait jamais d'autre époux que Jésus-Christ, il prit un ton menaçant, dans l'espérance de l'effrayer. Agnès montra, dans un corps faible et délicat, une constance invincible. Alors on fit allumer un grand feu, on apporta les ongles de fer, les chevalets et les autres instruments de torture. Agnès considéra ces terribles apprêts sans la moindre émotion. Elle n'attendit même pas que le signal fût donné pour se livrer aux exécuteurs, mais se présenta d'elle-même. On la traîna devant les idoles, et là, elle se servit, pour faire le signe de la croix de la main qu'on lui laissait libre, afin qu'elle pût offrir de l'encens aux dieux. Le préfet voyant que tout était inutile, menaça de l'envoyer dans un lieu de débauche où cette chasteté, qu'elle prisait tant, serait exposée aux outrages d'une jeunesse libertine. « Jésus-Christ, répondit Agnès, est trop jaloux de la pureté de ses épouses pour souffrir que cette vertu leur soit ravie..... Vous pouvez répandre mon sang; mais pour mon corps, qui est consacré à Jésus-Christ, jamais vous ne pourrez le profaner. » Symphrône, se croyant bravé, exécuta sa menace, et fit conduire la sainte dans un lieu de prostitution. Aussitôt de jeunes débauchés s'y rendirent dans la vue d'assouvir leur infâme passion; mais arrivés près d'elle, sa contenance leur inspira un tel respect qu'ils n'osèrent s'approcher. Un seul, plus déterminé que les autres, ayant voulu porter la main sur elle, fut frappé par un éclat de lumière qui le renversa à demi mort et le priva de la vue. Ses compagnons effrayés le relevèrent, et la sainte, par ses prières, lui rendit sur-le-champ la vue et la santé. Cependant le principal accusateur d'Agnès, furieux d'avoir manqué sa proie, excitait le juge contre elle. Celui-ci, outré d'avoir été vaincu par une jeune fille, n'avait pas besoin de cet aiguillon pour se porter aux dernières extrémités; il la condamna donc à perdre la tête. Comme elle allait au supplice avec une sainte joie, le bourreau l'exhorta encore à changer de résolution, mais Agnès répondit qu'elle ne trahirait jamais la foi qu'elle avait jurée à son divin époux. Arrivée sur le lieu de l'exécution, elle fit une courte prière, et baissa la tête tant pour adorer Dieu une dernière fois que pour recevoir le coup mortel. Après son martyre, qui eut lieu l'an 305, on enterra son corps près de la ville, sur le chemin de Nomento. Sous le règne de Constantin, on éleva sur son tombeau une église qui fut réparée au VII° siècle, par Honorius I°°, et qui subsiste encore aujourd'hui. Il y a dans l'intérieur de Rome une magnifique église bâtie par Innocent X, dans le lieu même où l'on croit que fut exposée la chasteté de la sainte. Saint Ambroise, saint Jérôme, saint Augustin, ont donné de grands éloges à cette illustre héroïne, qui couronna la gloire de la chasteté par la gloire du martyre. — 21 janvier.

AGNÈS (sainte), vierge et martyre en Angleterre, était originaire de cette île, d'où ses reliques furent apportées à Cologne; mais on ignore en quel siècle elle souffrit la mort pour Jésus-Christ : peut-être était-elle l'une des compagnes de sainte Ursule. — 28 août.

AGNÈS (sainte), abbesse de Sainte-Croix, à Poitiers, sortait d'une des premières familles de France. Lorsque sainte Radegonde eut fondé, en 559, le monastère de Sainte-Croix, où elle rassembla plus de deux cents vierges, elle plaça à leur tête Agnès, l'une d'elles, qu'elle jugea la plus digne de gouverner cette nombreuse communauté. Radegonde, qui l'avait formée elle-même à la vie religieuse, la secondait par ses avis. Elles firent ensemble le voyage d'Arles pour s'instruire à fond de la règle de saint Césaire, qu'elles avaient établie dans leur monastère. Sainte Radegonde étant morte en 587, Agnès demanda à Dieu de ne pas lui survivre longtemps, et sa prière fut exaucée. Elle mourut l'année suivante, 588, et elle est honorée à Poitiers le 13 mai.

AGNÈS (la bienheureuse), religieuse clarisse, était sœur de sainte Claire, et naquit à Assise vers l'an 1198. Elle n'avait que quatorze ans, lorsque, à l'exemple de sa sœur, elle s'enfuit de la maison paternelle pour aller la rejoindre au monastère de Saint-Ange de Pauso près de la ville, ses parents envoyèrent des hommes pour l'arracher à sa retraite et pour la ramener de force. Comme après l'avoir renversée par terre, ils l'entraînaient vers la porte, Agnès s'écria, en s'adressant à sainte Claire : « A mon secours! ma sœur; ne permettez pas que l'on me sépare de Notre-Seigneur Jésus-Christ ni de votre aimable compagnie. » Sa constance la rendit victorieuse, et saint François lui donna l'habit, malgré sa grande jeunesse. Plus tard il la plaça, en qualité d'abbesse, dans le premier monastère de Clarisses qu'il avait établi à Florence. Agnès le gouverna pendant quelques années; mais le désir d'être réunie à sainte Claire la fit revenir à Assise. Lorsqu'elle vit sa sœur toucher à son dernier moment, elle la conjura, avec larmes, de lui obtenir de Dieu la grâce de ne pas lui survivre. La sainte, pour la consoler, lui prédit qu'elle la suivrait de près. Depuis ce temps, Agnès ne fit plus que languir; et trois mois après, en 1253, elle alla rejoindre sa sœur dans le ciel. Leurs corps, sur la terre, furent réunis dans le même tombeau. Le pape Pie VI autorisa son culte le 3 décembre 1777. — 16 novembre.

AGNÈS (la bienheureuse), abbesse, fille de Primislas Ottokar, roi de Bohême, et sœur d'André, roi de Hongrie, naquit à Prague, en 1203, et fut élevée dans le monastère de Trebnitz. Rentrée dans le monde, la cour et ses pompes n'avaient aucun charme pour son cœur. Demandée en mariage par l'empereur Frédéric II, elle refusa cette illustre alliance pour entrer chez les religieuses clarisses, où elle prit l'habit. Elle devint plus tard supérieure générale de cet ordre, mais, malgré elle, et pour obéir à Grégoire IX, qui lui en avait fait un commandement exprès. Ce pontife lui écrivit plusieurs lettres qui témoignent de l'estime et de la vénération qu'il avait pour ses vertus. La bienheureuse Agnès joignait à une ferveur extraordinaire une douceur admirable qui lui gagnait tous les cœurs, et un grand zèle pour le maintien de la discipline dans les maisons de son ordre. Elle mourut saintement le 6 mars 1282, âgée de soixante-dix-sept ans. Son nom se lit dans plusieurs martyrologes le 6 mars.

AGNÈS (sainte), abbesse, née en 1277, à Monte-Pulciano, de parents fort riches, montra de bonne heure son mépris du monde et son goût pour la piété. Placée chez des religieuses, à l'âge de neuf ans, pour y perfectionner son éducation, son attrait pour les austérités qu'elle voyait pratiquer, et ses autres vertus firent d'elle en peu de temps un modèle accompli. La crainte de perdre son innocence en retournant dans le siècle, lui inspira la résolution de se retirer dans un cloître, et, à l'âge de quinze ans, elle entra chez les Dominicaines de Proceno, dans le comté d'Orviette. Quelque temps après avoir fait profession, elle fut nommée abbesse par le pape Nicolas IV. Cette dignité ne fit qu'augmenter son zèle pour la perfection et son attrait pour la vie mortifiée. Elle couchait sur la terre nue, et n'avait qu'une pierre pour oreiller. Pendant quinze ans elle ne se nourrit que de pain et d'eau; et quoique sa santé fût devenue d'une faiblesse extrême, il fallut un ordre exprès de son confesseur pour l'obliger à modérer ses austérités. Ses compatriotes, frappés de l'éclat de ses vertus et voulant la faire revenir à Monte-Pulciano, bâtirent un couvent dans un lieu qui était auparavant une maison de débauche, et le mirent à sa disposition; c'est ce qui détermina Agnès à retourner dans sa patrie avec des religieuses de Saint-Dominique, pour habiter le nouveau couvent. Elle y passa le reste de sa vie, affligée par des infirmités qu'elle supporta avec une résignation et une patience héroïques. Elle fut honorée, de son vivant, du don de prophétie et du don des miracles, et mourut le 20 avril 1317, dans la quarantième année de son âge. Clément VIII inséra son nom dans le Martyrologe romain, et Benoît XIII la canonisa en 1726. — 20 avril.

AGOARD (saint), *Agoardus*, martyr à Créteil, quitta les bords du Rhin, où il était né, et vint en France s'établir à Créteil, village du diocèse de Paris. C'est là qu'il fut converti à la foi chrétienne par saint Altin et saint Eoald. Peu de temps après, ayant renversé un temple d'idoles avec saint Aglibert, son compatriote et son compagnon, il fut mis à mort avec d'autres chrétiens, vers l'an 273, sous l'empereur Aurélien. Dans la suite on bâtit sur leur tombeau une église où l'on plaça leurs reliques. — 25 juin.

AGOBARD, ou AGUEBAUD (saint), *Agobardus*, archevêque de Lyon, ne dut son élévation qu'à son mérite et à sa piété. Saint Barnard, archevêque de Vienne, fit la cérémonie de son sacre. Ces deux prélats prirent parti pour les fils de Louis le Débonnaire, et lorsque celui-ci eut été rétabli sur son trône, en 834, ils se réfugièrent dans le royaume de Lothaire. Agobard avait d'autant plus à craindre le ressentiment de l'empereur, qu'il avait composé un ouvrage pour justifier la révolte de ses fils; mais il se repentit de sa faute, et il lui fut permis de rentrer dans son diocèse, en 837. Il mourut trois ans après, l'an 840, laissant plusieurs écrits dont les principaux sont un traité contre Félix d'Urgel, trois traités contre les superstitions des juifs, le livre des Sentences, où il combat les épreuves judiciaires par le feu et par l'eau, un traité des Priviléges et des Droits du sacerdoce, un autre sur la Dispensation des biens ecclésiastiques et le livre sur les Images. Il est honoré, sous le nom de saint Aguebaud, à Lyon et dans la Saintonge. — 6 juin.

AGOFROI (saint), *Agofredus*, abbé du monastère de Lacroix, en Normandie, était frère de saint Leufroi, des mains duquel il reçut l'habit monastique, et à qui il succéda en 738. On n'a aucun détail sur sa vie, et il n'est connu que par le culte qu'on lui rend dans le diocèse d'Évreux, et par la translation de ses reliques que la crainte des Normands fit transporter à l'abbaye de Saint-Germain-des-Prés, à Paris, vers la fin du IXe siècle. — 24 août.

AGON (saint), évêque, dont on ne connaît pas le siége épiscopal, est honoré à Poitiers, où il y avait une église de son nom. — 18 août.

AGRAT (saint), *Agratus*, confesseur, est honoré près de Vienne en Dauphiné, le 14 octobre.

AGRÈCE (saint), *Agræcius*, évêque de Trèves et successeur de saint Florentin, appartenait au clergé de Rome, lorsque, sur la demande de l'impératrice sainte Hélène, il fut placé sur le siége de Trèves, en 314, par le pape saint Silvestre, qui venait de monter sur la chaire de saint Pierre. La même année Agrèce assista au concile d'Arles contre les donatistes, et de retour dans son diocèse il travailla avec zèle à la conversion des idolâtres. A cette époque le paganisme dominait encore dans la Gaule Belgique, et quoique l'Évangile y comptât déjà beaucoup de disciples, le culte des idoles était encore celui du plus grand nombre de ses habitants. Il eut aussi à combattre l'hérésie d'Arius, qui commençait alors à pénétrer dans les Gaules. Tout en maintenant dans la pureté de la foi ceux qui étaient déjà chrétiens, il étendit au loin le règne de Jésus-Christ, par de nouvelles conquêtes. Ses prédications, auxquelles une vie sainte et le don des miracles donnaient un grand poids, convertirent presque tous les habitants des bords du Rhin et de la Moselle. Il mourut vers l'an 332, et il eut pour successeur saint Maximin, son disciple. — 13 janvier.

AGRÈVE (saint), *Agripanus*, évêque du Puy, florissait dans le VII° siècle. Il fut massacré avec saint Ursicin, son serviteur, par des scélérats à Chinac dans le Haut-Vivarais : ce lieu a pris, dans la suite, le nom de Saint-Agrève, qu'il porte encore aujourd'hui. On ne sait rien de plus de ce saint évêque dont les reliques sont à Notre-Dame-du-Puy, où il est honoré le 1er février.

AGRIANITE (saint), *Agrianitis*, martyr à Césène dans la Romagne, souffrit avec saint Typograte et quelques autres. — 21 juillet.

AGRICE (saint), *Agritius*, évêque de Sens, florissait dans le V° siècle, et mourut vers l'an 487. — 13 juin.

AGRICOL (saint), vulgairement saint Arègle, évêque de Châlons-sur-Saône, né vers la fin du V° siècle, appartenait à une famille distinguée, et reçut une éducation digne de sa naissance ; son mérite et ses vertus le firent placer sur le siége de Châlons en 532, et il montra dans ce poste éminent beaucoup de zèle pour l'instruction de son troupeau, pour la dignité des cérémonies de la religion et pour la décoration des églises. Il assista à plusieurs conciles, entre autres à celui de Clermont, tenu en 549, où l'on confirma les sages règlements établis dans le dernier concile d'Orléans, pour rétablir l'uniformité de la discipline et la pureté des mœurs. Il assista aussi au concile tenu à Paris en 555, et à celui de Lyon en 567. Saint Grégoire de Tours, avec qui il était étroitement lié, fait son éloge et dit que sa vie était très-austère. Il mourut l'an 580, à l'âge de quatre-vingt-trois ans, et il fut enterré dans l'église de Saint-Marcel. L'on y découvrit son corps en 878, et Girbold, alors évêque de Châlons, le tira de son tombeau pour le placer sur l'autel de Saint-Pierre. — 17 mars.

AGRICOL (saint), évêque d'Avignon, était fils de saint Magne, aussi évêque de cette ville, et sortait de la famille impériale des Albins. Il naquit à Avignon vers l'an 627 et fut élevé dans la maison paternelle sous les yeux de son père qui lui servit de maître dans les sciences divines et humaines. Grâce aux heureuses dispositions du jeune Agricol et aux habiles leçons de son père, cette éducation réussit au delà de toute espérance. A l'âge de quatorze ans, il prit la résolution de quitter le monde, qui ne lui inspirait que du dégoût, et de quitter ses parents, qui lui inspiraient la plus vive tendresse, pour se consacrer tout entier à Dieu. Malgré la douleur que sa démarche causait à sa famille, il obtint la permission d'entrer dans le monastère de Lérins, alors gouverné par saint Maxime. Il passa plusieurs années dans cette retraite où il devint bientôt un modèle parfait de toutes les vertus et un objet d'admiration pour toute la communauté. Ses progrès étonnants dans la science des saints et dans la connaissance des saintes Ecritures, déterminèrent ses supérieurs à l'élever au sacerdoce, malgré sa résistance. Saint Magne, son père, qui venait de monter sur le siége d'Avignon, l'appela près de lui. Agricol obéit, mais non sans une profonde douleur d'être obligé de quitter un asile si cher à son cœur. De retour à Avignon après une absence de seize ans, il se livra avec zèle aux fonctions inférieures du saint ministère qui lui avaient été confiées ; mais bientôt il fut chargé d'une partie de l'administration épiscopale et élevé à la dignité d'archidiacre. Dans ce poste important, il fut, selon l'expression des saints canons, l'œil de l'évêque, administrant, sous sa direction, les affaires spirituelles et temporelles du diocèse avec tant de prudence et de sagesse que tout le monde le désirait et le désignait par avance pour le successeur de son père. Saint Magne, que l'âge et les fatigues de l'épiscopat avaient beaucoup affaibli, se trouvant de plus dans la nécessité d'entreprendre un long voyage, voulut pourvoir à son remplacement. Ayant consulté son clergé et les principaux habitants de la ville, tous les suffrages se réunirent sur Agricol, qui fut proclamé coadjuteur d'Avignon. Le saint vieillard, heureux de pouvoir confier son troupeau à un second lui-même, formé à son école, partit pour Châlons-sur-Saône, où il assista au concile qui s'y tint vers l'an 650. De retour dans sa ville épiscopale, il vécut encore dix ans, ne s'occupant que des choses de l'autre vie. Il mourut en 660, léguant à son fils l'héritage de ses vertus, et à son peuple les exemples et ses saintes reliques. Agricol s'appliqua avec ardeur à continuer l'épiscopat de son père, à l'imiter, à le surpasser même. Ses efforts furent couronnés d'un tel succès que la cathédrale, la seule église qu'il y eût alors à Avignon, ne put bientôt contenir le nombre toujours croissant des fidèles. Agricol en fit construire à ses frais une plus spacieuse, la pourvut d'un clergé suffisant, qu'il prit parmi les religieux de Lérins, et la dota de ses propres fonds. Cette église, qu'il érigea en abbaye, prit ensuite son nom. Il établit encore d'autres églises dans la ville ; il introduisit dans sa cathédrale l'usage de chanter l'office divin alternativement et à deux chœurs, plus d'un demi-siècle avant que Pepin le Bref n'en eût fait une loi pour tout son royaume. Sentant approcher sa fin, il voulut ne plus s'occuper que de la grande affaire de son éternité : imitant donc l'exemple de son père, il se désigna un successeur, et son choix, qui tomba sur saint Vérédème, ermite dans le voisinage de la ville, fut ratifié d'une voix unanime par le clergé et le peuple. Il fonda aussi un service perpétuel pour le repos de son âme, légua tous ses biens à son église et à la très-sainte Vierge, affranchit et récompensa ses esclaves. Ayant réuni encore une fois son clergé et son peuple pour leur donner ses dernières exhortations, il mourut peu de jours après, le 2 septembre de l'année 700, à l'âge de soixante et treize ans, après quarante ans d'épiscopat. Son corps fut inhumé dans la chapelle de saint Pierre qu'il avait fondée. — 2 septembre.

AGRICOLAS (saint), *Agricolaus*, évêque de Maëstricht, succéda en 384 à saint Servais, et il est honoré le même jour que saint Amand, l'un de ses successeurs, c'est-à-dire le 6 février.

AGRICOLE (saint), martyr en Pannonie, est honoré le 3 décembre.

AGRICOLE (saint), *Agricola*, martyr à Bologne, était d'une famille noble de cette ville. Ayant embrassé le christianisme, il convertit saint Vital, son serviteur, avec lequel il fut martyrisé. La douceur de son caractère, ses aimables qualités et ses vertus le faisaient chérir de tous ceux qui le connaissaient, sans en excepter même les païens. Arrêté l'an 304 pendant la persécution de Dioclétien avec saint Vital, il eut la douleur et la consolation tout à la fois de voir son fidèle domestique expirer sous ses yeux pour la foi qu'il lui avait enseignée. On avait cru l'intimider par la vue de ce supplice ; mais comme il se montrait inébranlable, on l'attacha à une croix et on le perça d'une si grande quantité de clous que leur nombre surpassait celui de ses membres. Il fut enterré avec saint Vital dans un lieu qui servait de sépulture aux Juifs. Saint Ambroise ayant découvert leur tombeau, en 393, en tira un peu de sang qui se trouvait au fond avec la croix et les clous de son supplice. Il les plaça dans une église qu'on bâtissait à Florence et dont il fit lui-même la dédicace. — 4 novembre.

AGRICOLE (saint), martyr à Ravenne avec saint Valentin et plusieurs autres, pendant la persécution de Maximien. — 16 décembre.

AGRIPPIN (saint), *Agrippinus*, martyr à Sirmich avec saint Second et trois autres, souffrit au commencement du IV° siècle. — 15 juillet.

AGRIPPIN (saint), évêque de Côme, est honoré à Stabio, sur les bords du lac de Côme, le 17 juin.

AGRIPPIN (saint), évêque d'Autun, florissait au commencement du VI° siècle et mourut en 541. Tout ce que l'on sait de lui, c'est qu'il ordonna prêtre saint Germain, qui devint, dans la suite, évêque de Paris. — 1er janvier.

AGRIPPINE (sainte), vierge et martyre à Rome pendant la persécution de Valérien, était née dans cette ville, et elle y servait Dieu dans la piété, observant fidèlement le vœu de chasteté qu'elle avait fait dès son jeune âge. Arrêtée comme chrétienne, elle souffrit d'horribles tortures et enfin la mort, plutôt que de renoncer à la religion sainte qu'elle avait embrassée. Son corps fut, dans la suite, transporté en Sicile, et le château dans lequel on le gardait, ayant été pris par les Agarènes, ceux-ci périrent misérablement. On l'invoque, en Sicile, contre diverses maladies et surtout contre la lèpre. — 23 juin.

AGRIPPINE (sainte), *Agrippina*, vierge et martyre avec sainte Laurienne, est honorée à Corbie le 24 mai.

AGUILBERTE (sainte), *Aguilberta*, abbesse de Jouarre dans la Brie, florissait dans le VII° siècle. — 11 août.

AIBERT (saint), *Aibertus*, reclus, naquit en 1060 au village d'Espain dans le diocèse de Tournay. Il montra, dès son enfance, beaucoup d'inclination pour la retraite. Il passait une partie des nuits à genoux, et souvent il lui arrivait de se retirer dans des lieux écartés pour s'entretenir avec Dieu. Il jeûnait aussi en secret une grande partie de l'année. Un cantique qu'il entendit sur les austérités et les vertus de saint Thibaut, ermite mort depuis peu, lui fit prendre la résolution de renoncer entièrement au monde. Il alla donc trouver un saint reclus, nommé Jean, qui vivait au monastère de Crépin en Hainaut, et qui l'instruisit dans les voies de la perfection ; mais le disciple eut bientôt surpassé le maître. Il ne voyait jamais de feu, ne mangeait rien de cuit et ne se nourrissait que d'herbes sauvages. Il continua les mêmes austérités et même prit l'habit religieux dans le monastère de Crépin, où il fut fait prévôt et cellerier. La dissipation que lui occasionnaient ces deux charges ne lui fit rien perdre du recueillement intérieur de son âme. Il couchait sur la terre nue, et la nuit il récitait le psautier avant matines. Après vingt-cinq ans passés dans la communauté il obtint la permission de reprendre la vie de reclus. S'étant donc fait bâtir une cellule dans un lieu désert, il y continua ses austérités, et sur la fin de sa vie, il renonça à l'usage du pain, ne se nourrissant plus que d'herbes. L'éclat de sa sainteté se répandit au loin ; et comme on venait le consulter de toutes parts, Burchard, évêque de Cambrai, dans le diocèse duquel se trouvait située sa cellule, y fit bâtir une chapelle, ordonna prêtre Aibert, et lui conféra le pouvoir d'administrer les sacrements de pénitence et d'eucharistie, pouvoirs qui furent confirmés par les papes Pascal II et Innocent II. Saint Aibert disait, tous les jours, deux messes : l'une pour les vivants et l'autre pour les défunts. Il mourut le 7 avril de l'année 1140 âgé de quatre-vingts ans. — 7 avril.

AIDAME (saint), *Aidamus*, florissait dans le VII° siècle et mourut en 689. Il est honoré en qualité de pénitent, à Coldingham, près de Warwick en Ecosse, le 27 décembre.

AIDAN (saint), *Aidanus*, évêque de Lindisfarne en Angleterre, naquit dans une des îles Hébrides, après le milieu du VI° siècle, entra dans le monastère d'Iona, situé dans l'île de ce nom, et y prit l'habit religieux. Saint Oswald, roi des Northumbres, ayant demandé à Ségène, abbé d'Iona, quelques-uns de ses moines pour travailler à la conversion de ceux de ses sujets qui étaient encore idolâtres, Aidan fut établi chef de ces missionnaires, et à son arrivée en Angleterre, le roi lui fit don de l'île de Lindisfarne, située sur la côte du Northumberland, laquelle prit ensuite le nom de Holy-Island, c'est-à-dire, île sainte. Aidan y bâtit un monastère, qui devint bientôt florissant, et y fonda une école d'où sortirent plusieurs personnages célèbres par leur science et leur sainteté, entre autres saint Chad, évêque de Lichfield. Ayant été sacré évêque, sa conduite devint pour les pasteurs des siècles suivants un modèle accompli. Il obligeait les membres de son clergé à étudier assidûment l'Ecriture sainte et voulait qu'ils sussent par cœur tout le psautier. Le roi Oswald et les seigneurs de la cour lui faisaient souvent de riches présents qu'il distribuait aux pauvres ou qu'il consacrait au rachat des captifs. Le roi invitait fréquemment à sa table le saint évêque, qui se faisait accompagner par un ou deux de ses clercs et, aussitôt le repas fini, il retournait vaquer à ses occupations. Un jour qu'il dînait avec le prince, celui-ci fit mettre en pièces un plat d'argent et ordonna que les morceaux en fussent distribués aux pauvres. Alors saint Aidan, lui prenant la main droite, dit tout haut : Que cette main ne se sèche jamais. Bède qui rapporte ce fait, ajoute qu'après la mort de saint Oswald, son bras droit fut détaché du corps, et que, de son temps, il se conservait sans aucune marque de corruption. Il jeûnait jusqu'à none, tous les vendredis de l'année, excepté pendant le temps pascal et son exemple, en ce point, fut imité, non-seulement par ses prêtres et ses moines, mais aussi par beaucoup de fervents laïques. Bède le loue pour le zèle apostolique avec lequel il reprenait les vices des grands, pour sa chasteté, sa charité, sa piété, et pour avoir su inspirer ces mêmes vertus à un peuple grossier et barbare : il ajoute que Dieu le favorisa du don des miracles et de celui de prophétie. Saint Oswin, l'un des successeurs de saint Oswald, avait pour lui une vénération toute filiale. Un jour il lui fit don d'un beau cheval, richement caparaçonné. Aidan l'accepta, parce que son grand âge ne lui permettait plus d'aller à pied; mais ayant rencontré un malheureux plongé dans la plus grande misère, et ne pouvant le secourir autrement, il lui donna le cheval avec tous ses harnais. Le roi trouva cette charité déplacée et lui demanda pourquoi il s'était défait de son présent en faveur d'un gueux à qui un cheval commun aurait mieux convenu. Aidan répondit qu'un enfant de Dieu devait nous être plus cher que tous les chevaux du monde. Le roi l'ayant fait asseoir, eut regret de l'espèce de reproche qu'il lui avait fait et vint se jeter à ses pieds pour lui en demander pardon. Le saint, touché jusqu'aux larmes, s'empressa de le relever, et dit qu'on aurait bientôt le malheur de perdre un aussi bon prince. Il fut, effectivement mis à mort, peu après, par Oswi, roi de Bernicie, qui s'était emparé de ses Etats. Saint Aidan ne lui survécut que onze jours, et mourut le 31 août 651. Le Martyrologe romain, qui le nomme en ce jour, nous apprend que saint Cuthbert, alors berger, ayant vu son âme monter au ciel, abandonna son troupeau pour se faire moine. — 31 août.

AIGULFE (saint), *Aigulphus*, archevêque de Bourges, né vers le milieu du VIII° siècle, fut élevé avec soin dans les lettres divines et humaines. Il quitta le monde pour servir Dieu dans la retraite ; mais l'éclat de ses vertus le fit choisir pour évêque de Bourges en 811. Tiré malgré lui de sa solitude, il remplit pendant vingt-neuf ans tous les devoirs d'un saint évêque. En 835 il assista au concile de Thionville où fut condamné Ebbon, archevêque de Reims, qui avait osé déposer Louis le Débonnaire, son souverain légitime. Il mourut le 22 mai 840. On bâtit sur son tombeau une église qui porte son nom et dans laquelle on plaça ses reliques. Il est honoré le 22 mai.

AILBÉE (saint), *Ailbeus*, confesseur en Irlande, florissait au commencement du VIII° siècle, et il est honoré le 30 décembre.

AILE, ou AGILE (saint), *Agilus*, abbé de Rebais, était fils d'Agnoald, l'un des principaux seigneurs de la cour de Childebert II, et naquit vers l'an 584. Il profita si bien des premières leçons de piété qu'il recevait dans sa famille, que saint Colomban, abbé de Luxeuil, l'ayant vu, devina sa sainteté future, et conseilla à ses parents de lui permettre de l'emmener à Luxeuil et de lui donner l'habit monastique. Le jeune Aile accepta avec joie la proposition du saint abbé et partit avec lui. Il s'instruisit dans les sciences divines et humaines sous la direction de saint Eustase, qui devint ensuite abbé du monastère, après le départ de saint Colomban. Celui-ci, à la mort d'Agnoald, père de saint Aile, perdit son protecteur à la cour de Thierri, qui se laissait gouverner par Brunehaut, son aïeule. Cette princesse, furieuse de ce qu'on lui eût refusé l'entrée du monastère, parce que la règle n'en permettait l'entrée à aucune femme, fit exiler saint Colomban, et son ressentiment s'étendit à toute la communauté, qui reçut l'ordre de sortir de Luxeuil. A la réception de cet ordre injuste, toute la communauté fut dans la désolation et dans les larmes. Saint Aile, qui n'était que simple moine, mais dont la famille avait du crédit auprès de Thierri, alla trouver ce prince et obtint que le monastère ne serait pas évacué. Quelques années après ce service signalé, qu'il avait rendu aux religieux de Luxeuil, saint Aile fut chargé par les évêques du pays d'aller avec saint Eustase, son abbé, prêcher l'Evangile aux infidèles qui habitaient de l'autre côté des Vosges et du Jura. Ils pénétrèrent jusqu'en Bavière où leurs travaux produisirent les fruits les plus abondants. De retour à Luxeuil, Aile reprit avec une nouvelle ferveur les pratiques de la vie religieuse. En 636, il fut appelé au gouvernement de l'abbaye de Rebais que saint Ouen venait de fonder. Mais cette nomination souffrit des difficultés, parce que les villes de Metz, de Langres et de Besançon le demandaient pour évêque, et que d'un autre côté, les religieux de Luxeuil voulaient l'avoir pour abbé ; tant était grande l'idée qu'on avait de son mérite et de ses vertus ! Pour surmonter ces nombreux obstacles il ne fallut rien moins que la puissance royale et l'autorité du concile de Clichy, qui l'institua abbé de Rebais. Après avoir rempli pendant quatorze ans, avec une sagesse admirable, toutes les obligations que lui imposait sa charge de supérieur, saint Aile mourut à Rebais, l'an 650, âgé de soixante et six ans : il eut pour successeur saint Philibert. — 30 août.

AILLEIN (saint), *Ailleanus*, mentionné par saint Ainguis, dans son Martyrologe, est honoré en Ecosse le 24 juillet.

AIMARD (saint), abbé de Cluny, succéda à saint Odon en 942. Il sut se faire aimer et obéir de sa nombreuse communauté, à laquelle il procura plusieurs avantages spirituels et temporels, par les privilèges qu'il obtint du pape Agapet II et du roi Louis d'Outremer. Étant devenu aveugle, il fit nommer abbé à sa place, en 948, saint Maïeul, et ne s'occupa plus que du soin de sa propre sanctification. Un jour qu'il était à l'infirmerie, ayant demandé du fromage au cellerier, celui-ci le refusa avec dureté, disant qu'il ne pouvait obéir à tant d'abbés à la fois. Le saint vieillard en fut vivement affligé, et pensant que cette conduite du cellerier était autorisée par l'abbé Maïeul, il se fit conduire au chapitre ; et là, en présence de tous les religieux, il dit à l'abbé : « Frère Maïeul, je ne vous ai pas établi au-dessus de moi pour me persécuter, mais pour compatir, comme un fils, aux infirmités de votre père. Répondez-moi : Etes-vous mon religieux ? » Maïeul lui répondit avec une grande émotion : « Je le suis autant que je l'ai jamais été. — Eh bien, répliqua Aimard, si vous l'êtes en effet, quittez la place que je vous ai cédée, et reprenez la vôtre. » Maïeul obéit sans proférer une seule parole. Aimard reprit sa place d'abbé, fit appeler devant lui le cellerier, lui adressa une sévère réprimande sur sa conduite envers les malades, et après lui avoir imposé une pénitence, il descendit de la stalle et y fit remonter Maïeul. Il donna constamment l'exemple de la plus entière résignation jusqu'à sa mort, arrivée en 965. Il est nommé dans le Martyrologe bénédictin le 5 octobre.

AIMÉ (saint), *Amatus*, évêque de Nosque, mourut en 1093. — 31 août.

AIMÉ (le bienheureux), surnommé Ronconi, du nom de sa famille, naquit vers l'an 1200, à Saludez, petite ville de la Romagne, de parents distingués par leur noblesse et leur fortune. Son frère aîné, nommé Jérôme, avait résolu de lui faire épouser la sœur de sa femme. Aimé, qui voulait servir Dieu sans partage, quitta son frère pour se délivrer de ses importunités, et après avoir partagé avec lui la succession paternelle, il se retira dans une maison située sur le bord de la route, dans le dessein d'y exercer l'hospitalité envers les pauvres voyageurs. Il y menait une vie pénitente et mortifiée, tout en pratiquant la charité envers le prochain. Il poussait si loin cette dernière vertu qu'il aidait les laboureurs du voisinage dans leurs travaux les plus pénibles, et distribuait secrètement aux pauvres le salaire de ses journées. Des racines et des légumes composaient sa seule nourriture ; car il s'était interdit l'usage de la viande. Il ne faisait en outre qu'un seul repas, qu'il ne prenait jamais qu'à trois heures du soir. Tous les jours à neuf heures du matin, il se donnait la discipline en mémoire de la flagellation de J.-C., et sous ses habits grossiers il portait habituellement un rude cilice. Un genre de vie si extraordinaire l'exposa aux railleries du monde, et l'on voulut le faire passer pour fou : son propre frère et sa belle-sœur, qui lui en voulaient de n'avoir pas acquiescé au mariage qu'ils lui avaient proposé, contribuaient, par leurs propos injurieux, à accréditer cette fausse opinion. Le saint souffrit tout avec une patience angélique. Les faveurs signalées dont Dieu le gratifia servirent à détromper le public, qui finit par lui rendre justice. Mais son frère et l'épouse de celui-ci continuèrent à le décrier avec un nouvel acharnement. Ils inventèrent contre lui une calomnie si atroce que le juge du lieu crut de son devoir d'approfondir le fait. Il fit comparaître le bienheureux Aimé qui le convainquit de son innocence en opérant un miracle devant lui. Aimé retourna donc reprendre le cours de ses œuvres charitables. Un jour qu'il était occupé à semer des raves, il fut rappelé à la maison pour exercer l'hospitalité envers des indigents. N'ayant rien à leur offrir, il dit à sa sœur, nommée Claire, d'aller au jardin chercher des légumes ; elle lui fit observer qu'il ne s'y trouvait plus rien autre chose que les raves qu'il venait de semer. Dieu est puissant, répondit Aimé, et puisqu'il a, pendant quarante ans, nourri son peuple d'un aliment céleste, il peut aussi donner un accroissement miraculeux aux semences que je viens de confier à la terre. Claire, qui était une personne d'une grande piété, alla donc au jardin, sur la parole de son frère, et en rapporta des raves d'une grosseur prodigieuse. Ce miracle se répandit bientôt dans le pays par le moyen des pauvres qui en avaient été les témoins, et concilia au bienheureux une telle réputation de sainteté qu'on venait le consulter de toutes parts. Mais le serviteur de Dieu, qui avait supporté tranquillement les railleries et le mépris de ses concitoyens, ne put souffrir de même les marques de leur vénération ; ce fut pour s'y dérober qu'il fit quatre fois le pèlerinage de saint Jacques de Compostelle. A son retour il fonda, dans un terrain qu'il avait hérité de son père, un hôpital ouvert à tous les indigents qui se présenteraient. Il mourut vers l'an 1266 après avoir légué aux pauvres les biens qui lui restaient. Son culte a été approuvé par le pape Pie VI le 17 avril 1776. — 8 mai.

AINGUIS (saint), *Ængussius*, évêque en Irlande, était issu du sang royal et naquit dans le VIIIe siècle. Malgré les avantages temporels que pouvait lui procurer sa haute extraction, il quitta le monde pour prendre l'habit dans le monastère de Cluain Edneach, où il se fit admirer par l'étendue de ses connaissances et par son éminente sainteté. Pour se soustraire aux louanges qu'on lui donnait de toutes parts, il se déguisa et sortit secrètement de son monastère pour se rendre dans celui de Tamlach, près de Dublin. Admis en qualité de frère convers, il y passa sept ans inconnu, s'occupant des plus humbles travaux. On finit enfin par savoir qui il était et il retourna dans son premier monastère, dont il fut fait abbé. Il fut ensuite élevé à la dignité épiscopale, et il mourut vers l'an 824, dans un lieu où l'on bâtit un monastère qui porta son nom. Saint Ainguis a laissé deux Martyrologes, ainsi que quelques notices sur les saints d'Irlande. — 11 mars.

AIOU (saint), *Aigulphus*, d'abord moine de Fleury, et ensuite abbé de Lérins, fut placé à la tête de cette célèbre abbaye pour y rétablir la discipline monastique ; mais son zèle pour faire refleurir la régularité et pour corriger les abus qui s'étaient introduits, à la longue, dans une communauté jadis si fervente, lui coûta la vie. Quelques moines, furieux de voir qu'ils allaient être obligés de rentrer dans le devoir, et forts de la protection du comte d'Uzès et d'autres seigneurs qu'ils avaient trompés par d'atroces calomnies contre le saint abbé, se saisirent de lui ainsi que de trois des plus fervents religieux qui le secondaient dans ses projets de réforme, et les renfermèrent dans la prison du monastère. Ils les en tirèrent deux jours après, pour leur couper la langue et leur crever les yeux ; ensuite ils les conduisirent dans l'île de Capraia, sur les côtes de Toscane, où l'on mit fin à leurs supplices en leur ôtant la vie. Cet horrible attentat eut lieu le 3 septembre 676. Le corps de saint Aiou fut rapporté à Lérins : une partie de ses reliques fut, depuis, transportée chez les bénédictins de Provins. — 3 septembre.

AIRY (saint), *Agiricus*, évêque de Verdun, né vers l'an 517, dans le diocèse qu'il illustra plus tard par ses vertus, dut à une circonstance singulière d'avoir pour parrain le roi Thierri Ier. Il naquit dans un champ où sa mère travaillait, et le prince, qui chassait près de là, voulut tenir l'enfant sur les fonts. Il lui donna le nom d'Agérie, du mot latin *Ager*, champ, pour exprimer le lieu où il était né. Son royal parrain lui fit donner une éducation au dessus de sa naissance, et le jeune Airy, doué d'heureuses dispositions, fit de grands progrès dans les sciences humaines et surtout dans l'étude de l'Ecriture sainte. Il avait trente ans, lorsqu'il se décida à entrer dans l'état ecclésiastique. Désiré, évêque de Verdun, lui conféra le sacerdoce et l'attacha à son église. Airy lui succéda sur le siége de Verdun, en 550, et se fit admirer par sa charité pour les pauvres, par son zèle pour l'instruction de son peuple et pour la décence du culte divin. Fortunat de Poitiers et saint Grégoire de Tours lui donnent de grands éloges et reconnaissent en lui toutes les vertus d'un saint évêque. On lit dans ce dernier que saint Airy découvrit l'opération du démon dans la conduite d'une femme qui séduisait la foule par de prétendus oracles, et qu'il la fit chasser, non-seulement de son diocèse, mais même du royaume d'Austrasie, par l'autorité du roi Childebert II. Ce prince, qui était filleul du saint évêque, avait pour lui beaucoup de vénération et le révérait comme un père. Ce fut à sa prière qu'il fit grâce une première fois, à Gontran-Boson, qui s'était rendu coupable de lèse-majesté envers lui et envers Brunehaut sa mère ; mais ce général paya plus tard, de sa vie, d'autres crimes qu'il commit depuis son pardon. Saint Airy, eut la douleur de voir profaner sa chapelle épiscopale par le meurtre de Berthefroi, qui s'y était réfugié après sa révolte contre Childebert, pour se soustraire au supplice qui l'attendait et auquel toutefois il ne put échapper. Après un épiscopat de trente ans, il mourut en 588 et fut enterré dans la chapelle de Saint-Martin, qu'il avait fait bâtir, et près de laquelle on fonda, dans la suite, un monastère qui porta son nom. — 1er décembre.

AIRY (saint), abbé de Saint-Martin de Tours, mentionné par saint Ouen dans la vie de saint Eloi, florissait dans le VIIe siècle. — 11 avril.

AITALE (saint), *Aitalas*, prêtre et martyr en Perse, fut arrêté et mis en prison pendant la grande persécution de Sapor II. Comme sa détention se prolongeait, le chef des mages alla trouver le prince, qui lui donna plein pouvoir sur son prisonnier. Comme celui-ci refusait d'adorer le soleil, on l'étendit sur le chevalet, et on lui tira les bras avec tant de violence qu'on lui déboîta les os ; cette dislocation ne put jamais se remettre, et comme il lui était impossible de se servir de ses bras, on était obligé de lui mettre dans la bouche les aliments qu'il mangeait. Son martyre eut lieu l'an 342. — 22 avril.

AITHILAHAS (saint), diacre de Bethnuhadra en Perse, et martyr, se rendit célèbre par son savoir, son éloquence et la sainteté de sa vie. Il fut arrêté, la trente-septième année de la grande persécution du roi Sapor II, et conduit à Arbelles devant le gouverneur de la province, qui l'ayant fait comparaître, lui dit : « Il n'est pas question d'employer beaucoup de paroles, adore le soleil, qui est une divinité ; mange du sang, marie-toi, obéis au roi, et je te laisse la vie. » Aïthilahas répondit : « J'aime mieux mourir pour vivre éternellement, que de vivre aux conditions que vous me proposez, pour être ensuite condamné à une mort qui ne finira jamais. » Le gouverneur ordonna qu'on lui liât les mains sous les genoux et qu'on le mit sous une grosse poutre, dont on fit presser les extrémités par douze hommes. Il lui fit ensuite subir une cruelle fustigation, et ne cessa de le tourmenter que quand il vit ses os disloqués et sa chair en lambeaux ; ce qui mit le saint martyr dans un tel état qu'on fut obligé de le porter en prison. Le lendemain, il fut ramené devant le gouverneur, et comme les menaces les plus terribles n'étaient pas capables d'ébranler sa constance, on l'étendit par terre, on lui lia ensuite les côtes, les jambes et les cuisses avec des cordes que l'on serra si violemment qu'on entendait ses os se briser. Pendant ce temps, les officiers qui présidaient à la question, exhortaient Aïthilahas à obéir à l'édit du roi; mais ils n'en obtinrent que cette réponse : « Je mets ma confiance en Dieu et je n'obéirai point. » S'il ne fut pas condamné à mort sur-le-champ, c'est qu'un raffinement de cruautés lui destinait un genre de supplice plus cruel même que la mort. On le laissa trois ans entiers dans sa prison, privé de tout secours humain, d'une part, et de l'autre, en proie à toute la barbarie de bourreaux impitoyables. Le roi étant arrivé en Médie, on le tira de prison dans un état si triste qu'il n'avait plus que quelques traces de la figure humaine et qu'il tirait des larmes de tous les yeux. Ayant comparu devant Adar Sapor, qui lui demanda s'il professait la religion chrétienne, sur sa réponse affirmative, on l'étendit par terre, et trente hommes tiraient ses membres en sens opposé, quinze d'un côté, et quinze de l'autre, tandis que deux licteurs le frappaient avec des courroies. Pendant cet affreux supplice, Aïthilahas disait au juge : « Vos tortures sont trop douces, vous pouvez les augmenter tant qu'il vous plaira. » Adar Sapor, furieux, fit redoubler les tortures, et ajouta que s'il survivait à cette seconde question, il serait reconduit dans sa patrie pour y être exécuté; on le transporta donc à Arbelles, mais il eut beaucoup à souffrir en route. A son arrivée, une dame d'Arbelles, nommée Jazdundocte, obtint, au moyen d'une grosse somme d'argent, la permission de le garder chez elle. Elle pansa ses plaies et puisa dans ses instructions de nouveaux motifs pour s'attacher encore davantage au service de J.-C. Quelque temps après il fut conduit en prison, où il languit six mois privé de tout secours. Alors arrive un nouveau gouverneur, plus cruel encore que l'ancien, apportant un édit du roi, par lequel il était ordonné que les chrétiens condamnés à mort fussent lapidés par leurs coreligionnaires. Les fidèles prirent la fuite pour ne pas tremper leurs mains dans le sang des martyrs ; mais plusieurs furent arrêtés par les soldats qui étaient allés à leur poursuite. Le nouveau gouverneur ayant fait comparaître Aïthilahas, et l'ayant trouvé inébranlable, le fit suspendre la tête en bas; l'ayant fait détacher ensuite, dans l'espérance qu'il imiterait l'exemple d'un manichéen qui venait d'apostasier, et voyant son attente trompée il le fit fustiger avec tant de cruauté que le saint perdit connaissance. Tham Sapor étant venu dans un château près d'Arbelles, le gouverneur lui envoya Aïthilahas. On lui promit la liberté et la vie s'il voulait manger du sang des animaux ; ayant refusé, on se contenta d'exiger qu'il prît du jus de raisin, afin de faire croire au peuple qu'il avait pris du sang ; mais ayant encore refusé cette proposition, il fut condamné à être lapidé par les chrétiens ; ce qui eut lieu dans la province de Beth-Nuhadra l'an 380. Saint Maruthas rapporte qu'on entendit un concert des esprits célestes à l'endroit où il fut martyrisé, et qu'il s'y opéra plusieurs miracles. Il est nommé dans le Martyrologe romain le 22 avril. — 14 mars.

AIZAN (saint), *Aizanus*, roi des Ethiopiens, fut converti à la foi chrétienne par saint Frumence, qui avait été régent du royaume, pendant sa minorité. Frumence étant ensuite allé recevoir l'onction épiscopale à Alexandrie, revint fixer son siége à Axuma, qui était la capitale, et Aïzan, qui y faisait sa résidence, seconda de tout son pouvoir le zèle du saint apôtre des Ethiopiens. Une grande partie de la nation reçut le baptême, à l'exemple du roi et du prince Sazan, son frère, qu'il avait associé à la royauté. L'empereur Constance, qui haïssait saint Frumence, à cause de son attachement à la foi de Nicée et surtout, à cause de son amitié pour saint Athanase, écrivit aux deux princes une lettre pleine de menaces, pour leur ordonner de le livrer à Georges, patriarche intrus d'Alexandrie. Aïzan et Sazan, révoltés d'une pareille proposition, l'accueillirent avec le mépris qu'elle méritait et transmirent cette lettre de l'empereur à saint Athanase, qui l'inséra dans son apologie à Constance. Aïzan mourut sur la fin du IVe siècle, et les Ethiopiens l'honorent ainsi que son frère d'un culte public. Dans les hymnes composés pour leur office, il est dit qu'ils ne firent qu'un sur le trône, qu'ils partageaient en commun, et que non contents d'édifier des temples à Jésus-Christ, ils se firent prédicateurs de son Evangile et qu'ils s'appliquèrent surtout à la conversion des Juifs, qui étaient très-nombreux dans leurs Etats. — 1er et 4 octobre.

AJUDOU (saint), *Adjutor*, confesseur à Clermont en Auvergne, est honoré le 26 juin.

AJUT (saint), *Adjutus*, religieux et martyr, fut chargé, avec quatre autres franciscains, par saint François d'Assise, fondateur de leur ordre, d'aller prêcher l'Evangile aux Mahométans. Ils commencèrent leur mission par les Maures d'Espagne ; mais ayant été chassés de Séville, ils passèrent dans le royaume de Maroc, d'où ils furent encore chassés. Y ayant pénétré de nouveau on les saisit et on leur fit subir une cruelle fustigation. On versa sur les plaies que leur avait faites le supplice de l'huile bouillante et du vinaigre, et on les traîna sur des morceaux de pots cassés. Ils eurent ensuite la tête tranchée par le roi lui-même, le 16 janvier 1220. Leurs reliques furent portées à Coïmbre, dans l'église de Sainte-Croix, et le pape Sixte IV les canonisa en 1481. — 16 janvier.

ALACHRIN (le bienheureux), prieur de Case-Marie, maison de l'ordre de Cîteaux, dans le diocèse de Vérules, est nommé dans le ménologe cistercien, sous le 5 janvier.

ALAIN (saint), *Alanus*, surnommé de Courlay, est honoré comme confesseur, dans le diocèse de Quimper en Bretagne. — 27 décembre.

ALARICH, ou ADELRIC (le bienheureux), religieux et solitaire, né en 932, était fils de Bourcard II, duc d'Allemagne, et de sainte Régulinde. Il fut élevé dans l'abbaye d'Einsiedlen, où il prit l'habit religieux; mais le désir d'une plus grande perfection le porta à embrasser un genre de vie plus austère.— Il se retira donc, avec la permission de ses supérieurs, dans l'île d'Ufnau, sur le lac de Zurich, qui appartenait à l'abbaye d'Einsiedlen. Sa mère était morte dans cette île, où elle avait fait bâtir une église. C'est là qu'il vécut seul avec Dieu, uniquement occupé du soin de son salut, se livrant à la prière, aux exercices de la pénitence et à toutes les austérités des anachorètes. Dieu le favorisa du don des miracles, et la tradition du pays rapporte que des anges venaient lui porter de la nourriture, lorsque les eaux du lac étaient trop débordées pour qu'on pût pénétrer dans son île. Il était âgé de soixante-deux ans lorsqu'il mourut le 29 septembre 994, jour où il est honoré en Suisse et surtout à Einsiedlen, où se trouvent ses reliques, qui y furent portées d'Ufnau, en 1663. — 29 septembre.

— ALARIN (le bienheureux), *Alarinus*, surnommé Rambard, évêque d'Albe, dans le Montferrat, se rendit célèbre par sa sainte vie et mourut en 1456. — 21 juillet.

* ALBAN (saint), martyr à Rome durant la persécution de Dioclétien, fut mis à mort avec saint Cyriaque et plusieurs autres, l'an 303. — 8 août et 16 mars.

ALBAN (saint), martyr à Mayence, était Africain de naissance. Ayant été banni pour la foi, en 483, par Huneric (roi des Vandales), il se retira à Mayence, où il fut massacré par les Huns, et obtint ainsi la couronne du martyre après de rudes travaux et de longs combats pour la religion. On fonda dans cette ville en 804 un célèbre monastère qui prit son nom. Quelques hagiographes le confondent avec saint Alban d'Angleterre, mais à tort. Il est honoré le 21 juin, et à Mayence même le 1er décembre.

ALBAN (saint), *Albanus*, le premier et le plus illustre martyr de l'Angleterre, était d'une famille distinguée de Vérulam et se rendit à Rome, dans sa jeunesse, pour s'y perfectionner dans les sciences. Il revint ensuite dans sa ville natale ; et quoiqu'il ne fût pas encore chrétien, il était bon, charitable, hospitalier. Ces heureuses qualités contribuèrent beaucoup à sa conversion. Ayant accueilli dans sa maison un ecclésiastique nommé Amphibalus, qui cherchait à se soustraire à la persécution de Dioclétien, il fut tellement édifié de sa conduite, qu'il conçut le désir de connaître une religion qui opérait de tels effets, et s'étant fait instruire, il devint bientôt un chrétien fervent. Le gouverneur de la province, ayant appris qu'un prédicateur de l'Evangile était caché dans la maison d'Alban, y envoya des soldats qui ne le trouvèrent pas, parce qu'Alban l'avait fait évader, après lui avoir donné ses habits pour qu'il ne fût pas reconnu. S'étant revêtu de la longue robe de l'ecclésiastique, il se présenta, sans crainte, aux soldats qui se saisirent de lui et le conduisirent au juge, qui, dans le moment, offrait un sacrifice aux idoles. Aussitôt qu'il l'aperçut il lui reprocha avec colère sa conduite envers l'ecclésiastique, et l'ayant fait traîner devant les images de ses dieux : « Si vous refusez, lui dit-il, de participer aux cérémonies de notre religion, vous souffrirez le supplice destiné au sacrilége et au blasphémateur que vous avez eu l'audace de cacher. » Alban ayant refusé d'obéir, le juge lui demanda quelle était sa famille. — « Pourquoi me questionnez-vous sur ma famille ? Si c'est ma religion que vous voulez connaître, je suis chrétien. — Quel est votre nom ? — Je me nomme Alban, et j'adore le seul vrai Dieu, le Dieu vivant qui a créé toutes choses. — Sacrifiez aux grands dieux, ou attendez-vous à la mort. — Vos sacrifices sont offerts aux démons qui ne peuvent secourir leurs adorateurs, ni leur accorder l'effet de leurs prières. Les peines éternelles de l'enfer seront le partage de quiconque sacrifiera à vos idoles. » Le juge, outré de colère, le fit battre cruellement ; mais, voyant qu'il souffrait avec courage et même avec joie, il le condamna à être décapité. Pendant qu'on le conduisait au lieu du supplice, le peuple se porta en foule sur son passage, et lorsqu'on fut arrivé près de la rivière Dewerlame, le pont sur lequel il fallait passer se trouva obstrué, et la nuit serait venue avant que toute cette multitude eût passé sur l'autre rive. Impatient de recevoir la couronne du martyre, Alban s'approche de la rivière lève les yeux au ciel et fait une courte prière. Aussitôt l'eau se sépare en deux et ouvre passage au saint, ainsi qu'à mille personnes qui l'accompagnaient. A la vue de ce prodige, le bourreau se convertit, jette son glaive et se prosterne aux pieds d'Alban, demandant à mourir avec lui, ou plutôt à sa place. Cet incident ayant retardé l'exécution, le saint, toujours accompagné du peuple, gagne un lieu agréable situé sur la montagne, à cent pas de la rivière ; là, s'étant mis à genoux, il fait jaillir une fontaine, y étanche sa soif, et présente ensuite sa tête à celui qui venait de prendre la place du bourreau, et qui la lui trancha d'un seul coup ; mais à l'instant il fut renversé par terre et privé de la vue. Quant au premier bourreau, il fut aussi décapité, et reçut le baptême de sang avec la couronne du martyre. Plusieurs des assistants ouvrirent les yeux à la lumière de l'Evangile et passèrent avec le prêtre qui avait converti saint Alban dans le pays de Galles, où ils reçurent le baptême, et furent ensuite massacrés par les idolâtres. Saint Alban souffrit le martyre le 22 juin l'an 286, selon les uns, et l'an 303 selon l'opinion la plus commune. On bâtit, sous Constantin, une église magnifique à l'endroit où il avait été décapité. Il devint bientôt un des principaux patrons de l'Angleterre, et la ville de Vérulam, sa patrie, ayant été détruite par les Saxons, on bâtit, sur ses ruines, une ville nouvelle qui prit le nom de Saint-Alban. — 22 juin.

ALBÉE (saint), *Albœus*, évêque en Irlande, sa patrie, ayant été converti par des missionnaires bretons, fit un voyage à Rome, et, de retour dans son pays, il s'attacha à saint Patrice, apôtre de l'Irlande, qui le fit archevêque de la province de Munster. Il fixa son siége à Emmelly. Ses prédications, ses miracles et sa vie sainte contribuèrent à la conversion d'un grand nombre d'infidèles. Il fonda, dans l'île d'Arran, que le roi Engus lui avait donnée en toute propriété, un célèbre monastère et en confia le gouvernement à saint Enna ou Endée, qui l'avait aidé à le fonder. Saint Albée est auteur d'une règle qu'il donna aux moines d'Arran et qui fut longtemps en vigueur dans plusieurs monastères d'Irlande. Le désir de la retraite lui fit prendre la résolution de se démettre du fardeau de l'épiscopat, pour ne plus penser qu'à la mort; le roi fit garder tous les ports de ses Etats pour lui ôter tout moyen de fuir. Il mourut en 525, et la province de Munster l'honore comme son principal patron, le 12 septembre.

ALBERIC (le bienheureux), *Albéricus*, abbé de Cîteaux, quitta le monde pour se faire religieux à Molesme. Il y exerçait les fonctions de prieur, et saint Robert celles d'abbé, lorsque le déréglement et l'indocilité des religieux les décidèrent à quitter ce monastère pour se retirer, avec dix-huit religieux qui les avaient suivis, dans la solitude de Cîteaux. C'est dans ce désert marécageux, qui leur avait été cédé par le vicomte de Beaune, qu'ils construisirent un monastère ; et lorsqu'il fut terminé, ils y firent en 1098 une nouvelle profession s'engageant, par vœu, à suivre la règle de saint Benoît dans toute sa rigueur. Saint Robert ayant été obligé d'aller reprendre le gouvernement de Molesme , le bienheureux Albéric fut élu, à sa place, abbé de Cîteaux. Un an après sa fondation, le silence, le recueillement, l'esprit de charité et de mortification qui régnaient dans ce séjour, pénétrèrent d'admiration les légats du pape Pascal II, qui vinrent visiter Cîteaux. La vie toute céleste qu'on y menait, présentait le spectacle le plus édifiant et répandait au loin une odeur de bénédiction qui attirait journellement de nouveaux religieux. Parmi les personnages distingués qui vinrent alors y prendre l'habit, on cite Henri, second fils d'Eudes, duc de Bourgogne. Albéric obtint de Pascal II la confirmation de son ordre ainsi que l'approbation de quelques statuts qu'il avait dressés, et qui avaient pour but de faire observer à la lettre la règle de saint Benoît. Pendant son administration, qui dura dix ans, il établit deux choses qu'on a toujours maintenues depuis. Il changea la couleur de l'habit de ses religieux qui était brun et il leur en fit porter des blancs, et il choisit la sainte Vierge pour principale patrone de l'ordre. Il mourut en 1109 le 26 janvier, jour où il est honoré par les Cisterciens, avec un office particulier qui a été autorisé par un décret de la congrégation des rites.—26 janvier.

ALBÉRIQUE (saint) *Albéricus*, solitaire, est honoré à Bagno près de Camaldoli, dans le diocèse de Sarrina.—29 août.

ALBÉRON (le bienheureux), *Adalbero*, Ier du nom, évêque de Liége, florissait au commencement du XIIe siècle, et mourut l'an 1120. — 1er janvier.

ALBERON (le bienheureux), évêque de Verdun, mourut en 1158, et il était autrefois honoré le 2 novembre.

ALBERT DE GAMBRON (saint), *Albertus*, abbé de Noiseau dans l'Anjou, fonda quinze monastères tant d'hommes que de femmes, qu'il plaça sous la règle de saint Colomban. —29 décembre.

ALBERT (saint), abbé de Pontède, de l'ordre de Cluny, avait été moine à Cluny même et avait reçu l'habit des mains de saint Hugues, qui en était alors abbé. Il mourut l'an 1095 à Bergame, en Italie, où il est honoré le 1er septembre.

ALBERT (saint) évêque de Montecorvino, dans la Pouille, florissait au commencement du XIIe siècle et mourut en 1127. — 5 avril.

ALBERT (saint) évêque de Lodi, en Lombardie, florissait dans le XIIe siècle et mourut en 1180.— 4 juillet.

ALBERT (saint), évêque de Liége et martyr à Reims, était fils de Godefroy III, duc de Lorraine, et de Marguerite de Limbourg. Obligé de quitter son diocèse à la suite des troubles suscités par l'empereur Henri VI, il se réfugia en Champagne, auprès de l'archevêque de Reims, qui l'accueillit comme un illustre défenseur des droits de l'Eglise. Pendant qu'il vivait en paix dans cet asile, des misérables gagnés par l'empereur se rendirent à Reims, feignant de fuir aussi la vengeance du prince. Albert, qui ne soupçonnait pas leur perfidie, les admit dans son logement, comme des compagnons d'infortune, victimes comme lui de l'injustice de Henri, et partagea avec eux ses faibles ressources. Ces scélérats surent si bien se contrefaire, qu'ils obtinrent en peu de temps toute sa confiance. Un jour ils l'attirèrent hors de la ville, sous un prétexte spécieux, et le massacrèrent le 28 novembre 1192. En 1612, l'archiduc Albert donna son corps au couvent des Carmélites de Bruxelles qu'il venait de fonder, et le porta lui-même sur ses épaules, accompagné du nonce apostolique et d'un grand nombre de prélats et de seigneurs. Ces précieuses reliques furent transportées, en 1783, au couvent des carmélites de Saint-Denis, près de Paris, et reportées à Bruxelles sept ans après. Saint Albert est honoré, comme martyr, le 21 novembre.

ALBERT (le bienheureux) évêque de Riga en Livonie, avait été, avant son épiscopat, moine de l'ordre de Cîteaux. C'est pendant qu'il était supérieur du monastère de Brême qu'il affilia aux Cisterciens l'ordre des Porte-Glaives, et qu'il donna la règle et l'habit de Cîteaux à Engilbert et Thierry de Tryssenq et à plusieurs autres chevaliers du même ordre, qui firent leurs vœux entre ses mains, avant d'entreprendre une croisade contre les infidèles de Livonie. Il mourut vers l'an 1200. —1er juin.

ALBERT (le bienheureux), patriarche de Jérusalem, né vers le milieu du XIIe siècle, à Castro-di-Gualteri, dans le diocèse de Parme, de parents nobles, fit, dès sa jeunesse, de grands progrès dans la piété et dans les sciences, et s'appliqua avec succès à l'étude du droit civil et canonique. Il entra ensuite chez les chanoines réguliers de Mortara dans le Milanais, fit profession en 1180, et devint prieur de la communauté. Trois ans après, ayant été nommé évêque de Bobio, sa modestie fit naître tant de difficultés que, dans l'intervalle, le siége de Verceil étant venu à vaquer, on l'obligea à l'accepter. Il gouverna, pendant 20 ans, ce diocèse avec tant de zèle et de sainteté qu'il s'attira la vénération de tous ses diocésains. Sa prudence, sa droiture et son habileté dans les affaires le firent choisir par le pape Clément III, et l'empereur Frédéric Barberousse pour arbitre de leurs différends. Henri VI, successeur de Frédéric, le créa prince de l'empire, et lui accorda diverses faveurs pour son église. Il fut aussi comblé de bienfaits par Célestin III, et surtout par Innocent III qui l'employa avec succès dans des négociations importantes. Sa réputation étant parvenue jusque dans l'Orient, les chrétiens de Jérusalem le choisirent pour patriarche latin de cette ville, après la mort de Monaco. Ce choix fut approuvé par Innocent III, qui le fit venir à Rome et lui donna le *pallium*. Albert s'embarqua sur un vaisseau génois et arriva en Palestine, l'an 1206. Comme les Sarrasins étaient maîtres de Jérusalem, il établit sa résidence dans la ville d'Acre. Aux persécutions des infidèles, il joignit les travaux de l'apostolat et les austérités d'un anachorète. Les chrétiens le chérissaient comme un père et le vénéraient comme un saint. Les Sarrasins même le respectaient. Brocard, supérieur des Carmes, s'étant adressé au bienheureux Albert pour qu'il donnât une règle à son ordre, le saint patriarche dressa des constitutions pleines de sagesse, qui eurent l'approbation universelle. Innocent III l'avait invité au concile général qui se tint à Latran l'an 1215, mais le bienheureux Albert ne put s'y rendre. Pendant qu'il faisait à Acre la procession de l'Exaltation de la sainte croix, le 14 septembre 1214, il fut assassiné par un Piémontais qu'il avait repris et menacé pour ses crimes. —14 septembre et 8 avril.

ALBERT (saint), religieux de l'ordre de Vallombreuse, florissait dans la première partie du XIIIe siècle, et mourut en 1245. Son corps se garde à Savène, près de Bologne en Italie, dans une église bâtie en son honneur et qui porte son nom. — 20 mai.

ALBERT (saint), *Albertus*, évêque de Ferrare, mourut en 1274, et il est honoré le 14 août.

ALBERT (le bienheureux), laboureur, né au commencement du XIIIe siècle, à Ville-d'Ogna, près de Bergame, d'une famille de laboureurs, montra, dès sa plus tendre enfance, beaucoup d'attrait pour la piété. A sept ans, il jeûnait déjà trois fois par semaine, et se privait d'une partie de sa nourriture pour la donner aux pauvres. Il sanctifiait les travaux de l'agriculture par la méditation des vérités de la foi, et faisait tous les jours de nouveaux progrès dans la perfection. Un mariage qu'il contracta, loin de nuire à sa charité envers les pauvres, ne fit que la rendre encore plus active, au point que sa femme lui adressait souvent des reproches qu'il supportait avec patience, sans diminuer pour cela ses œuvres charitables. Dieu, pour l'en récompenser, daigna, plus d'une fois, multiplier miraculeusement ses ressources que d'abondantes aumônes avaient épuisées. Sa vertu fut mise à une rude épreuve. Des hommes puissants et cupides lui disputèrent le modeste héritage qu'il tenait de ses pères et vinrent à bout de l'en dépouiller, ce qui le réduisit à cultiver le terrain d'autrui en qualité de journalier. Mais tel était son amour pour les pauvres, qu'il trouvait encore moyen de les secourir, en partageant avec eux son modique salaire. Il fit les pèlerinages de Rome et de Compostelle, et édifia partout sur son passage. Sur la fin de sa vie, il embrassa le tiers ordre des Dominicains, et mourut à Crémone, l'an 1279. Son culte a été approuvé par Benoît XIV le 9 mai 1749. — 7 et 13 mai.

ALBERT LE GRAND (le bienheureux), évêque de Ratisbonne, naquit en 1193 à Laving en Souabe, et sortait de la noble famille des comtes de Bollstat. Après avoir fait d'excellentes études à l'université de Padoue, il entra, vers l'an 1222, dans l'ordre de Saint-Dominique. Il professa d'abord la théologie à Cologne, et vint exercer la même fonction à Paris, en 1245. Il avait reçu le grade de docteur dans cette dernière ville, lorsqu'en 1249 il retourna à Cologne, où il eut pour collègue, dans l'enseignement de la théologie, saint Thomas-d'Aquin qu'il avait eu pour élève et dont il avait prédit la future illustration. Elu provincial d'Allemagne dans le chapitre de son ordre, tenu en 1254 à Worms, il visitait les couvents à pied et vivant d'aumônes sur sa route. Le pape Alexandre IV l'envoya ensuite en Pologne, pour obtenir l'abolition de certaines coutumes barbares qui souillaient quelques localités, et qui consistaient à mettre à mort les enfants difformes et les vieillards décrépits. Appelé à Rome par le même pape en 1255, il y soutint la cause des religieux mendiants contre les docteurs séculiers de l'Université de Paris. Devenu maître du sacré palais, il expliqua à Rome l'Evangile selon saint Jean et les Epîtres canoniques. Au chapitre général de son ordre, tenu à Valenciennes, il fut nommé commissaire avec saint Thomas-d'Aquin, saint Pierre de Tarentaise et deux autres dominicains, pour rédiger un nouveau règlement des études. Il avait refusé plusieurs dignités ecclésiastiques, par humilité, car ses vertus égalaient sa science; mais le pape lui fit enfin accepter l'évêché de Ratisbonne, qu'il administra, pendant trois ans, avec beaucoup de zèle et de capacité. Mais les soins de l'épiscopat ne lui laissant pas assez de temps pour l'étude qui était devenue pour lui comme un besoin, il parvint à faire agréer au pape sa démission, et il se retira dans le couvent de Cologne pour y reprendre sa chaire de professeur et ses travaux d'écrivain. Il donna aussi des cours publics sur la religion à Hildesheim, à Strasbourg et en d'autres villes, et prêcha en Allemagne et en Bohême la croisade de 1270. Le pape Innocent IV l'avait appelé au concile général de Lyon en 1274, mais quelques auteurs doutent qu'il ait pu s'y rendre; du moins on ne trouve aucun monument qui fasse mention de sa présence dans ce concile. On rapporte que quelques années avant sa mort, dans une leçon publique, il perdit subitement la mémoire, effet qu'on attribue à la sainte Vierge, pour laquelle il avait toujours eu une tendre dévotion, et qui, en lui faisant oublier toutes ses notions sur les sciences, voulait qu'il s'occupât exclusivement des choses de Dieu, pour mieux le disposer au passage de l'éternité. Il mourut à Cologne, le 5 novembre 1280, à l'âge de quatre-vingt-sept ans. Le surnom de grand lui a été donné à cause de l'immensité de son savoir et de la pénétration de son esprit. Ses œuvres, en vingt-un volumes *in-folio*, renferment des commentaires sur Aristote, sur les livres attribués alors à saint Denis l'aréopagite, et sur le maître des sentences, et renferment une espèce d'encyclopédie sur toutes les sciences alors connues. En 1622, il fut proclamé bienheureux par le pape Grégoire XV, et l'on célèbre sa fête à Ratisbonne, à Cologne et dans l'ordre des dominicains, le 15 novembre.

ALBERT (saint), religieux de l'ordre des Carmes, né en 1212 à Trapano, en Sicile, était fils d'un seigneur de l'île, nommé Pierre Adalbati. Sa mère l'avait voué à Dieu avant même qu'il fût au monde, et il n'avait que huit ans lorsqu'il fut, en conséquence de ce vœu, placé chez les Carmes du mont Trapano, où il fit profession, lorsqu'il eut l'âge requis. Elevé ensuite au sacerdoce, ses supérieurs lui confièrent le ministère de la prédication. Messine fut surtout le théâtre de son zèle, et son éloquence y produisit d'autant plus d'effet qu'elle était soutenue par une vie sainte et même par des miracles. Devenu provincial de son ordre, il visitait à pied les couvents du royaume, accompagné d'un simple frère, qui portait un peu de pain pour toute provision. Lorsqu'il se sentit affaibli par l'âge et surtout par ses austérités, il se retira dans une solitude près de Messine, où il mourut le 7 août 1292, à l'âge de quatre-vingts ans, avec la réputation d'un des plus grands contemplatifs de son siècle. Outre le don des miracles, il fut aussi favorisé de nombreuses extases. Son corps fut enterré dans l'église des Carmes de Messine. Il a été canonisé vers le milieu du xve siècle, et il est honoré avec le titre de confesseur. — 7 août.

ALBERT BESUCE (le bienheureux), solitaire en Lombardie, se retira dans un ermitage sur les bords du lac Majeur, où il mourut en 1350. Il est nommé dans quelques calendriers sous le 3 septembre.

ALBIN DE TOMIÈRES (saint) est honoré comme martyr à Saint-Pons. — 23 octobre.

ALBIN (saint), *Albinus*, évêque de Lyon, succéda à saint Just, et florissait sur la fin du ive siècle. — 15 septembre.

ALBINE (sainte), *Albina*, vierge martyre dans les Gaules, était sœur de saint Paxent, qui souffrit, sous l'empereur Antonin, vers le milieu du iie siècle : elle partagea ses combats et son triomphe. — 23 septembre.

ALBINE (sainte), martyre à Lyon avec saint Pothin, évêque de cette ville, et quarante-cinq autres, eut la tête tranchée l'an 177, sous l'empereur Marc-Aurèle. — 2 juin.

ALBINE (sainte), vierge martyre à Formies, en Campanie, souffrit sous l'empereur Dioclétien. — 16 décembre.

ALBOIN (saint), *Albuinus*, évêque de Sabiona, aujourd'hui Sében, dans la Rhétie, florissait au commencement de xie siècle. Il transporta son siége à Brixen dans le Tyrol, où il mourut en 1015, après s'être illustré par de nombreux miracles. — 5 février.

ALBRIC (le bienheureux), *Albricus*, chanoine de la cathédrale d'Utrecht sous saint Grégoire, était occupé en Italie, pour des affaires importantes lorsque saint Grégoire tomba malade. Celui-ci le désigna pour son successeur dans la charge d'administrateur du diocèse, et, à son retour, il fut obligé de prendre en main le gouvernement de l'église d'Utrecht, et il s'en acquitta avec sagesse. Il mourut en 794, et il est honoré le 21 août.

ALCAS (saint), *Alchas*, évêque de Toul, succéda à saint Amon, et florissait vers la fin du ive siècle. Il eut saint Celsin pour successeur. — 28 septembre.

ALCIATRE (saint), *Alciator*, martyr en Afrique, souffrit avec plusieurs autres. — 21 février.

ALCIBIADE (saint), *Alcibiades*, l'un des martyrs de Lyon sous l'empereur Marc-Aurèle, menait depuis longtemps une vie très-mortifiée, ne se nourrissant que de pain et d'eau. Ayant été arrêté en 177 et incarcéré avec saint Pothin et un grand nombre d'autres, il continuait dans la prison les mêmes austérités. Saint Attale, qui était prisonnier avec lui, apprit par révélation que cette conduite d'Alcibiade était un sujet de scandale pour quelques-uns des frères qui, à cause de ces mortifications extraordinaires, le soupçonnaient d'être attaché à la nouvelle secte des Montanistes, dont le caractère le plus saillant était de se livrer à des jeûnes superstitieux. On n'eut pas plutôt averti Alcibiade de cette révélation, qu'il remercia Dieu de ce qu'il daignait faire connaître sa volonté par une voie miraculeuse, et se conformant au régime des autres, il mangea de tout ce qu'on lui présentait. Il ne fut tiré de sa prison que pour aller au martyre. — 2 juin.

ALCMOND (saint), *Alcmundus*, évêque d'Hexam, embrassa d'abord la vie religieuse; mais l'éclat de sa sainteté le fit tirer de la solitude pour remplacer, en 740, saint Acca sur le siége épiscopal d'Hexam. Il fonda un monastère à côté de sa cathédrale, et mourut saintement vers l'an 780. Ses reliques furent portées à Durham, dans le xie siècle, et plusieurs calendriers d'Angleterre indiquent sa fête au 7 septembre.

ALCMOND (saint), martyr en Angleterre, était fils d'Elred, roi des Northumbres. Il se sanctifia, au milieu des grandeurs, par sa piété, son humilité et le détachement des biens terrestres. Sa plus douce jouissance était de soulager les malheureux et de secourir les indigents. Il connut l'infortune à son tour. — Les Northumbres, poussés par les Danois, se révoltèrent contre le roi, son père, qui fut obligé de se réfugier chez les Pictes avec sa famille. Alcmond passa vingt ans dans cet exil, occupé à servir le roi du ciel. Au bout de ce temps, les Northumbres prirent de nouveau les armes; mais, cette fois, ce fut pour secouer le joug tyrannique des maîtres qui les avaient asservis. Ils invitèrent Alcmond à revenir au milieu d'eux pour se mettre à leur tête. Le saint accepta cette proposition dans la seule vue d'être utile à ses infortunés compatriotes. Il prit donc le commandement de leurs troupes et remporta plusieurs victoires sur l'armée des tyrans; mais, vers l'an 819, il fut assassiné par des traîtres et mourut martyr de son dévouement à son pays. Son corps fut enterré à Lilleshult, dans le Shropshire, d'où il fut transporté à Derby. Cette ville, avant la réforme, l'honorait comme son patron, le 19 mars.

ALD (saint), *Aldus*, confesseur à Pavie, est honoré dans l'église de Saint-Michel de cette ville, où se trouve son corps, qui était autrefois dans l'église de Saint-Colomban de la même ville. — 10 janvier.

ALDÉGONDE (sainte), *Aldegundis*, vierge, florissait au commencement du vii siècle, et mourut vers l'an 640. Elle est honorée à Dronghen, près de Gand, le 20 juin.

ALDÉGONDE (sainte), vierge et abbesse de Maubeuge, eut pour père le comte Walbert, qui était allié à la maison royale de France, et pour mère sainte Bertile, qui l'éleva, ainsi que sainte Waudru, sa sœur aînée, dans la pratique de la plus tendre piété. Aldégonde profita si bien de ces leçons, qu'à peine sortie de l'enfance, elle consacra à Dieu sa virginité, refusa les partis les plus avantageux, et vécut en religieuse dans le château de Coursolre qu'habitait sa famille. Après la mort de ses parents, qui, par ses exhortations et ses exemples, s'étaient dépouillés de leurs biens en faveur des pauvres et des églises, elle reçut, en 665, le voile des mains de saint Aubert, évêque de Cambrai. Elle se retira ensuite dans la forêt de Malbode, aujourd'hui Maubeuge, et fonda sur la Sambre un monastère dont elle fut la première abbesse. Dieu la favorisa de grâces extraordinaires, entre autres de plusieurs révélations. Ayant été attaquée par d'horribles calomnies, non-seulement elle supporta cette épreuve avec patience, mais elle conjura le Seigneur de lui en envoyer encore de plus rudes. Sa prière fut exaucée, car elle fut attaquée, au sein, d'un cancer qui lui causait de cruelles souffrances. Elle les supporta avec un courage héroïque, ainsi que les opérations chirurgicales qu'il lui fallut subir. Elle mourut le 30 janvier 680, et ses reliques furent déposées dans l'église de son monastère. — 30 janvier.

ALDÉMARE (le bienheureux), *Aldemarus*, diacre et abbé, était moine du Mont-Cassin, lorsqu'il fut élu abbé du monastère de Saint-Laurent de Capoue. Il passa ensuite avec la même qualité au monastère de Sainte-Euphémie, dans le duché de Bénévent. Il florissait dans le xi siècle; il mourut au bourg de Saint-Martin, et son corps fut inhumé dans le monastère qu'il avait fondé à Bocchianino, près de Chieti, dans l'Abruzze. Il est auteur d'un antiphonier qu'il avait composé pour le monastère de Saint-Libérateur, près de Sulmone. Bucelin lui donne le titre de saint, et les Bollandistes le nomment sous le 24 mars.

ALDÉRALD (saint), *Adroldus*, archidiacre de Troyes, sortait d'une famille noble et pieuse de cette ville, qui le fit élever dans un monastère. C'est dans cette solitude qu'il prit la résolution de se consacrer au service des autels, et lorsqu'il eut terminé, d'une manière brillante, son instruction cléricale, il fut élevé au sacerdoce et nommé ensuite chanoine de Saint-Pierre. Manassès, évêque de Troyes, qui appréciait son mérite et sa vertu, le fit son archidiacre et lui donna une grande part dans l'administration de son diocèse. C'est par le conseil d'Aldérald qu'il obligea les chanoines de sa cathédrale à vivre en communauté selon l'usage établi dans quelques églises. Aldérald se rendit surtout recommandable par son zèle, sa prudence, sa charité. Il mourut en 1004, et il est honoré à Troyes le 20 octobre.

ALDÉTRUDE (sainte), *Aldetrudes*, abbesse de Maubeuge, était fille de saint Mauger, plus connu sous le nom de saint Vincent de Soignies. Lorsque sainte Vaudru, sa mère, quitta le monde pour se faire religieuse, elle plaça sa fille dans le monastère de Maubeuge qui avait été fondé et qui était gouverné par sainte Aldégonde, tante d'Aldétrude. Celle-ci, imitant les exemples que lui donnait sa famille, prit aussi le voile. — Après la mort de sainte Aldégonde, arrivée en 680, elle fut élue abbesse de Maubeuge. Elle remplaça dignement sa tante, marcha sur ses traces dans les voies de la sainteté, et après avoir donné à la communauté, qu'elle gouvernait, l'exemple des plus parfaites vertus, elle mourut vers l'an 697. Elle est honorée à Maubeuge sous le nom de sainte Altrude, le 25 février.

ALDOBRAND (saint), *Aldobrandus*, évêque de Bagnarée dans les Etats-Romains, est honoré dans sa ville épiscopale, où l'on garde son chef. — 22 août.

ALDOBRAND (saint), *Aldobrandus*, évêque de Fossombrone, entra d'abord chez les chanoines réguliers de Saint-Augustin. Il était prévôt du chapitre de Rimini, lorsqu'il fut élu évêque de Fossombrone. Il gouverna longtemps son troupeau, qu'il édifia par ses vertus et qu'il instruisit par ses prédications. Il vivait dans son palais épiscopal comme il avait vécu dans son monastère, portant le cilice, couchant sur la dure, et se livrant à de grandes austérités. Il mourut très-âgé, dans le XIIe siècle, et les miracles qu'il avait opérés pendant sa vie et après sa mort l'ont fait honorer comme saint par la ville de Fossombrone et par les chanoines réguliers. — 1er mai.

ALDOBRANDESQUE (la bienheureuse), *Aldobrandisca*, veuve et religieuse du tiers ordre des Humiliés, florissait sur la fin du XIIIe siècle, et mourut en 1309. Elle est honorée à Sienne le 26 avril.

ALDRIC (saint), *Aldricus*, archevêque de Sens, né dans le Gatinois d'une famille noble qui exerçait de hautes fonctions à la cour de Pépin et de Charlemagne, fut placé, dès sa jeunesse, dans le monastère de Ferrières. Il y eut pour maître dans les sciences le célèbre Alcuin qui s'appliqua à former son cœur en même temps que son esprit, et qui réussit au delà même de ses espérances. Jérémie, évêque de Sens, l'ayant élevé au sacerdoce, il fut appelé à la cour aussitôt après son ordination, et quelques chartes, qu'il souscrivit alors, font penser qu'il exerça les fonctions de chancelier près de Pépin, roi d'Aquitaine. Après la mort de Jérémie, il fut élu par le peuple et le clergé de Sens pour le remplacer. Il se montra digne de ce choix par sa piété et par son zèle. Exempt du luxe et de l'ambition qu'on reprochait à plusieurs prélats de son siècle, uniquement appliqué à sa propre sanctification et à celle de son peuple, il s'acquitta fidèlement de tous les devoirs de l'épiscopat. Il obtint, en 829, de l'assemblée de Worms, l'autorisation de transférer à Varcilles le monastère de Saint-Rémi, qui était à l'entrée de la ville de Sens. Les troubles politiques qui eurent lieu sur la fin du règne de Louis le Débonnaire et au commencement du règne suivant, lui avaient fait naître le désir de renoncer à son siége pour retourner au monastère de Ferrières où il avait passé les premières années; mais sa mort, arrivée le 5 octobre 841, ne lui permit pas d'exécuter ce projet. Cependant, pour se conformer à son dernier vœu, on conduisit son corps à Ferrières où il fut inhumé. — 10 octobre.

ALDRIC (saint), *Aldericus*, évêque du Mans, issu d'une famille noble, l'an 800, entra fort jeune au service de Louis le Débonnaire, avant que ce prince fût parvenu à l'empire. Sa piété, sa capacité pour les affaires, son exactitude à remplir scrupuleusement les devoirs de sa charge, lui acquirent l'estime universelle. Mais loin de se laisser éblouir par l'éclat de la faveur, il quitta la cour et le monde à l'âge de vingt-un ans, et se plaça sous la conduite de l'évêque de Metz, qui menait, avec son clergé, la conduite la plus édifiante, et qui, après quelque temps d'épreuve, lui conféra les saints ordres. Louis le Débonnaire le rappela ensuite près de sa personne pour en faire son premier chapelain et son confesseur. L'église du Mans l'ayant demandé pour évêque, l'empereur à qui il en coûtait de se voir privé des services que lui rendait Aldric, consentit cependant à ce choix. Il voulut se rendre lui-même au Mans pour assister à son sacre, qui eut lieu le 22 décembre 832, et il passa les fêtes de Noël dans cette ville. Le nouvel évêque édifia son troupeau par une patience inaltérable, une humilité profonde, une douceur et une charité qui lui gagnaient tous les cœurs. Son crédit à la cour et ses grands biens étaient employés à soulager les malheureux, à racheter les captifs, à bâtir des églises et à fonder des monastères. Mais la persécution vint l'arracher, pour quelque temps, à son église. Le feu de la révolte ayant allumé des guerres civiles sur la fin du règne de Louis le Débonnaire et au commencement de celui de Charles le Chauve, Aldric, resté fidèle à l'autorité légitime, prêcha la soumission à son peuple; mais cette conduite irrita les révoltés qui l'expulsèrent de son siége et noircirent sa réputation par d'horribles calomnies. Son innocence fut bientôt reconnue, et il revint au Mans, après un an d'exil. Il profita du repos qui lui était rendu pour rétablir la discipline canonique parmi son clergé, et c'est dans cette vue qu'il composa un recueil de canons des conciles et de décrétales des papes, connu sous le nom de *Capitulaires* d'Aldric; mais il ne nous reste plus que le titre de cet ouvrage si précieux et si regrettable. Il fit aussi de sages règlements par rapport à la célébration de l'office divin, dont il reste quelques fragments. Le concile d'Aix-la-Chapelle, tenu en 836, le députa vers Pépin, roi d'Aquitaine, pour en obtenir la restitution des biens de l'Eglise, usurpés pendant les troubles qui avaient agité le royaume, et il réussit dans sa mission. Il assista ensuite au huitième concile de Paris en 846, et au concile de Tours tenu en 549. Nous avons de saint Aldric trois testaments qui témoignent de son zèle, de sa piété et de sa charité. Il mourut le 7 janvier 856, dans la cinquante-sixième année de son âge, après un épiscopat de vingt-quatre ans. Il fut enterré au Mans dans l'église de Saint-Vincent qui conserve ses reliques. — 7 janvier.

ALÉAUME (saint), *Adelelmus*, abbé, né à Loudun en Poitou, dans le XIe siècle, porta les armes dans sa jeunesse. La mort de ses parents l'ayant laissé maître d'une fortune considérable, il la distribua tout entière aux pauvres. Devenu pauvre lui-même, selon le conseil de l'Evangile, il fit la rencontre du bienheureux Robert, fondateur et premier abbé de la Chaise-Dieu, qui, voyant en lui toutes les marques d'une vocation religieuse, l'engagea à se fixer dans son monastère. Aléaume y consentit, mais auparavant il voulut faire le pèlerinage de Rome qu'il exécuta nu-pieds, pratiquant sur la route les austérités les plus extraordinaires. A son retour, il se rendit, selon sa promesse, au monastère de la Chaise-Dieu, y prit l'habit et se fit admirer de toute la communauté par son humilité, sa mortification et son obéissance. Il devint maître des novices et il fut élevé, malgré lui, au sacerdoce. Le bruit de sa sainteté et de ses miracles étant parvenu jusqu'en Espagne, Constance, épouse d'Alphonse VI, roi de Castille et de Léon, le fit venir dans ses États, pour y établir la vie monastique dans toute sa pureté, et pour combattre l'infidélité des Maures. Les libéralités de la reine le mirent en état de bâtir à Bourges, un hôpital, et d'y fonder un monastère dont il fut le premier abbé, et dans lequel il mourut vers l'an 1100. Il fut inhumé dans l'église de son monastère, d'où son corps fut tiré en 1480 pour être transporté hors de la ville dans une église paroissiale qui porte son nom. Il est honoré à Bourges comme patron sous le nom de saint Élesme. — 30 janvier.

ALEF (saint), *Alefus*, est honoré chez les Éthiopiens le 6 mars.

ALÈNE (sainte), *Alena*, vierge et martyre à Forest près de Bruxelles, souffrit la mort pour la foi, vers l'an 640. — 19 juin.

ALETTE ou ALIX (la bienheureuse), *Adelais*, mère de saint Bernard et épouse du bienheureux Técélin, naquit à Monthard, dans le duché de Bourgogne, d'une famille alliée aux ducs de Bourgogne et aux rois de Portugal. Mariée au seigneur de Fontaine, elle en eut plusieurs enfants de bénédiction dont le plus illustre est saint Bernard, qu'elle consacra à Dieu dès son jeune âge. Ses devoirs de maîtresse de maison ne l'empêchaient pas de vivre comme une religieuse, de jeûner, de prier et de se livrer aux œuvres de religion et de charité. Le soin de ses enfants ne lui faisait pas négliger les pauvres et les malades qu'elle se plaisait à visiter et auxquels elle portait des secours abondants. Elle avait une grande dévotion à saint Ambroise, et elle invitait tous les ans le clergé de Dijon à venir célébrer sa fête au château de Fontaine. En 1100, la veille de cette fête, qu'on célébrait le 4 avril, elle tomba malade et comprit que son heure était venue. Le lendemain elle se fit administrer l'extrême-onction et le saint viatique : on lui récita ensuite les prières des agonisants auxquelles elle répondit avec autant de ferveur que de présence d'esprit ; puis, ayant fait le signe de la croix, elle expira tranquillement.— 4 avril et 1er septembre.

ALEU ou ALOGE (saint), *Alodius*, évêque d'Auxerre, succéda à saint Germain en 448. Lorsqu'il fut élevé à l'épiscopat, il était abbé du monastère fondé à Auxerre par son illustre prédécesseur, et il compta parmi ses religieux saint Mamertin, qui fut abbé après lui. Saint Aleu mourut vers l'an 460. — 28 septembre.

ALEXANDRE (saint), *Alexander*, pape, successeur de saint Évariste, monta, en 109, sur la chaire de saint Pierre, qu'il occupa près de dix ans jusqu'en 119. Ayant été arrêté durant la persécution de l'empereur Adrien, il fut chargé de chaînes par ordre du juge Aurélien, et, après avoir enduré la prison, le chevalet, les ongles de fer et le feu, il fut percé par tout le corps de coups de poinçons qui lui arrachèrent la vie. Son nom a été inséré dans le canon de la messe.— 3 mai.

ALEXANDRE (saint), évêque et martyr à Rome sous l'empereur Antonin, supporta pour la foi de Jésus-Christ les chaînes, les coups de bâton, le chevalet, les lampes ardentes, les ongles de fer, les bêtes et les flammes, et fut décapité sur la voie Claudienne, près de la ville ; son corps fut rapporté dans la suite à Rome par le pape saint Damase. — 21 septembre.

ALEXANDRE (saint), martyr à Rome, était l'un des sept fils de sainte Félicité, qui versèrent leur sang pour la foi sous l'empereur Antonin, l'an 150. Arrêté avec sa mère et ses frères, il comparut devant Publius, préfet de la ville, qui lui dit : *Jeune homme, ta destinée est entre tes mains ; prends pitié de toi-même, sauve une vie qui ne fait encore que commencer et dont je ne pourrais m'empêcher de regretter la perte. Obéis aux ordres de l'empereur, et tâche, en sacrifiant, de mériter la protection des dieux et la faveur des Césars.* Alexandre répondit : *Je sers Jésus-Christ, qui est un maître plus puissant que l'empereur. Je le confesse de bouche et je l'adore dans mon cœur. Mon âge, qui vous paraît jeune et qui l'est en effet, aura pour moi les avantages d'un âge plus avancé, et surtout la prudence, si je demeure fidèle à mon Dieu. Quant à vos dieux, puissent-ils périr avec ceux qui les adorent !* Après avoir interrogé successivement les sept frères, le préfet envoya ces interrogatoires à l'empereur, qui porta contre eux la peine de mort. Les trois plus jeunes, du nombre desquels était Alexandre, furent décapités. — 10 juillet.

ALEXANDRE (saint), martyr à Lyon, était Phrygien de naissance et médecin de profession. Il habitait les Gaules depuis quelques années et s'était acquis l'estime universelle par ses vertus, son amour pour Dieu, son zèle apostolique et par la propagation de l'Évangile. Se trouvant à Lyon à l'époque du martyre de saint Pothin et de ses compagnons, c'est-à-dire en 177, lorsqu'on fit comparaître de nouveau, devant le tribunal du juge, ceux auxquels la crainte des supplices avait fait renier la foi, il les animait par signes, à réparer leur faute. Les païens remarquèrent son agitation, et, voyant que les apostats confessaient courageusement la foi qu'ils avaient reniée précédemment, ils s'en prirent à Alexandre de ce changement inattendu. Alors le juge lui demanda qui il était et ce qu'il faisait là. Alexandre déclara sans détour qu'il était chrétien, ce qui irrita tellement le magistrat, que, sans autre procédure, il le condamna aux bêtes. Le lendemain il fut conduit dans l'arène, et après divers tourments qu'il souffrit dans l'amphithéâtre, il périt par le glaive, sans faire entendre ni plainte ni soupir, tant son âme était intimement unie à Dieu ! — 2 juin.

ALEXANDRE (saint), martyr à Lyon avec saint Épipode, était Grec de naissance et d'une famille distinguée. Il habitait la ville de Lyon avec saint Épipode, son condisciple et son ami, lorsque la persécution, qui eut lieu sous l'empereur Marc-Aurèle, se fit seutir dans cette ville. Les deux amis, moins pour se soustraire au martyre, qu'ils désiraient, que pour suivre le conseil de l'Evangile, se cachèrent dans un bourg voisin de la ville, chez une veuve qui était chrétienne. Mais, ayant été découverts, ils furent arrêtés et conduits en prison. Après y avoir passé trois jours, le gouverneur les fit comparaître devant son tribunal. A peine eurent-ils confessé qu'ils étaient chrétiens, que le peuple jeta un cri d'indignation contre eux; et le magistrat furieux s'écria : *A quoi donc ont servi toutes les tortures que nous avons déployées, s'il est encore des hommes assez audacieux pour suivre la doctrine du Christ ?* — Il sépara les deux saints de peur qu'ils ne s'encourageassent mutuellement. Epipode ayant été condamné à perdre la tête, fut exécuté aussitôt. Deux jours après, le juge, s'étant fait amener Alexandre, tenta de l'effrayer par le récit des tourments d'Epipode; mais le courageux martyr répondit que tout cela, loin de l'épouvanter, ne faisait que l'enflammer du désir de marcher sur les traces de son ami. Le juge furieux ordonna qu'on lui tint les jambes écartées, et que trois bourreaux se relayassent pour le frapper sans discontinuation. Cette torture dura longtemps sans qu'il échappât à Alexandre un seul soupir; et, comme on lui demandait s'il persistait toujours dans sa première confession, il répondit : *Comment n'y persisterais-je point ? Les idoles des païens ne sont que des démons; mais le Dieu que j'adore, et qui est seul tout-puissant et éternel, me donnera la force de le confesser jusqu'à la fin.* Le juge, désespérant de le vaincre, le condamna au supplice de la croix, ce qui fut exécuté sur-le-champ; et il expira en invoquant le saint nom de Jésus, l'an 178. Saint Alexandre était dans la fleur de l'âge, ainsi que saint Epipode. Leurs corps furent enlevés secrètement par les chrétiens et enterrés sur une colline près de la ville, dans un lieu qui devint célèbre par la dévotion des fidèles et par les miracles qui s'y opérèrent. — 24 avril.

ALEXANDRE (saint), martyr à Apamée, était d'Eumènie, ville de la grande Phrygie, et fut condamné à mort pour la foi chrétienne. Il souffrit le martyre avec saint Caius, à Apamée, sous le règne de Marc-Aurèle, vers l'an 179. — 10 mars.

ALEXANDRE (saint), martyr à Edesse, était un vénérable vieillard qui, ayant été arrêté durant la persécution de Dèce, confessa généreusement la foi et expira dans les tortures, l'an 250. — 30 janvier.

ALEXANDRE (saint), évêque de Jérusalem et martyr, étudia les sciences divines et humaines sous saint Pantène et saint Clément, son successeur, dans la célèbre école d'Alexandrie, en même temps qu'Origène, avec lequel il contracta une étroite amitié. Il fut élevé, jeune encore, sur le siège épiscopal d'une ville de la Cappadoce dont on ignore le nom, et qu'on croit être sa ville natale. Il fut arrêté en 205, durant la persécution de l'empereur Sévère, chargé de chaînes et jeté dans une prison, où il resta sept ans. — Pendant sa glorieuse captivité, il écrivit une lettre à l'église d'Antioche pour la féliciter d'avoir élu patriarche saint Asclépiade. Ayant recouvré sa liberté en 212, il se rendit à Jérusalem pour visiter les saints lieux, d'après une révélation qu'il avait reçue d'en haut. Lorsqu'il approchait de la ville, l'évêque saint Narcisse et plusieurs fidèles eurent aussi une révélation à son sujet. Ils entendirent pendant la nuit une voix qui leur recommandait d'aller à la rencontre d'Alexandre, et de le recevoir comme celui qui devait être leur évêque. Saint Narcisse, qui avait alors plus de cent ans, fit Alexandre son coadjuteur, du consentement des évêques de la province qu'il réunit à ce sujet, et se déchargea sur lui des fonctions épiscopales, que son extrême vieillesse ne lui permettait plus d'exercer. — Saint Alexandre forma, à Jérusalem, une bibliothèque où il rassembla, entre autres livres, les ouvrages des plus grands hommes de son temps. Elle servit beaucoup à Eusèbe pour la composition de son Histoire ecclésiastique; Origène fit de lui un grand éloge, et loue surtout sa grande douceur. Arrêté de nouveau dans la persécution de Dèce, il fut conduit dans les prisons de Césarée, en Palestine, et y mourut l'an 251. — Il est honoré comme martyr le 18 mars.

ALEXANDRE (saint), martyr à Alexandrie avec saint Epimaque, fut arrêté comme chrétien par la populace, et conduit devant le magistrat. N'ayant pas voulu se soumettre aux édits de l'empereur Dèce, qui ordonnaient d'offrir l'encens aux dieux, il fut déchiré par les ongles de fer et les fouets plombés, et jeté vivant dans une fosse de chaux vive, où il expira l'an 250. — 12 décembre.

ALEXANDRE (saint), martyr à Rome, souffrit avec trente-huit autres. — 9 février.

ALEXANDRE (saint), martyr avec saint Ammone, souffrit à Sole, en Chypre. — 9 février.

ALEXANDRE (saint), martyr à Rome avec saint Abonde et deux autres, est honoré le 27 février.

ALEXANDRE (saint), martyr à Rome, souffrit avec saint Théodore. — 17 mars.

ALEXANDRE (saint), premier évêque de Pruse, en Bithynie, ville célèbre par ses eaux minérales, florissait dans le III° siècle, et versa son sang pour la défense de la religion, dont il était le digne ministre. Son nom ne se trouve pas dans les martyrologes latins, mais les Grecs l'honorent comme martyr. Il eut pour successeur saint Patrice. — 10 juin.

ALEXANDRE (saint), martyr au pays des Sabins, près de Rome, souffrit avec saint Hyacinthe et saint Tiburce. — 9 septembre.

ALEXANDRE (saint), martyr avec saint Victor et saint Marien, est honoré le 17 octobre.

ALEXANDRE (saint), évêque de Fermo, dans la marche d'Ancône, et martyr, est honoré le 11 janvier.

ALEXANDRE (saint), martyr en Orient avec saint Barbre et un autre, est nommé dans les ménées et les synaxaires des Grecs, le 14 mai.

ALEXANDRE (saint), martyr à Nicée, en Bithynie, souffrit avec saint Diomède et trois autres. — 9 juin.

ALEXANDRE (saint), martyr en Phrygie avec sainte Bysse, est honoré chez les Grecs le 28 juillet.

ALEXANDRE (saint), martyr à Césarée, en Palestine, vivait retiré à la campagne, près de cette ville, avec deux autres chrétiens, Prisque et Malch, lorsque l'empereur Valérien suscita une cruelle persécution. L'exemple des martyrs leur inspira la généreuse résolution de marcher sur leurs traces. Animés d'un saint courage, et inspirés d'en haut, ils se rendent à Césarée, se présentent au gouverneur et lui déclarent qu'ils sont chrétiens. Ce magistrat, irrité d'une démarche qui excitait l'admiration universelle, mais qu'il regardait comme une bravade insultante, les fit appliquer à divers genres de tortures, qu'ils souffrirent avec une constance héroïque, et les condamna ensuite à être dévorés par les bêtes. Leur martyre eut lieu en 260. — 28 mars.

ALEXANDRE, surnommé LE CHARBONNIER (saint), évêque de Comanes et martyr, sortait d'une famille illustre du Pont. Voulant suivre à la lettre le conseil de l'Evangile, il distribua aux pauvres tous ses biens, qui étaient considérables, et choisit l'état de charbonnier, afin d'être inconnu aux hommes et uniquement occupé du soin de son salut. — C'est à Comanes qu'il exerçait ainsi un état vil aux yeux du monde, mais qui lui paraissait précieux, parce qu'il lui fournissait encore le moyen de secourir les pauvres. Saint Grégoire Thaumaturge, évêque de Néocésarée, étant venu dans cette ville pour présider à l'élection d'un évêque, dont le besoin se faisait sentir, parce que le nombre des fidèles y était devenu considérable, assembla le peuple et le clergé pour procéder à l'élection; et, comme les principaux habitants de Comanes semblaient pencher pour un candidat, par la raison qu'il était d'une famille noble et riche, saint Grégoire leur en fit de graves reproches, et ajouta que les apôtres avaient été des hommes pauvres et de basse extraction. Alors un plaisant dit tout haut : « Puisqu'il en est ainsi, choisissez Alexandre le Charbonnier. » Saint Grégoire, sans doute par un mouvement de l'inspiration divine, demanda qu'on le fît venir. Alexandre se présenta, encore tout noirci par la poussière du charbon, et n'ayant pour vêtements que de misérables haillons; mais sa contenance et ses traits annonçaient quelque chose de noble et de distingué qui frappa Grégoire. L'ayant tiré à l'écart et l'ayant interrogé, Alexandre lui exposa avec simplicité qui il était, sa vie antérieure et les motifs qui lui avaient fait embrasser son état actuel. Il n'en fallut pas davantage pour déterminer le choix de Grégoire. Il reparut dans l'assemblée, à laquelle il fit part de ce qu'il venait d'apprendre, et sacra évêque Alexandre, aux applaudissements universels. Saint Grégoire de Nysse fait un grand éloge des vertus de saint Alexandre, qui souffrit le martyre pour la foi, et périt par le supplice du feu sous le règne d'Aurélien, ou sous celui de Numérien. Il s'était appliqué, dans sa jeunesse, à l'étude des sciences ; et le martyrologe romain lui donne le titre de philosophe très-habile, qui s'illustra par ses prédications lorsqu'il eut été élevé à l'épiscopat. — 11 août.

ALEXANDRE (saint), martyr à Edesse, en Syrie, avec saint Thalalée et plusieurs autres, souffrit vers l'an 283, sous l'empereur Numérien. — 20 mai.

ALEXANDRE (saint), soldat de la légion Thébéenne et martyr à Bergame, eut la tête tranchée par ordre de l'empereur Maximien, en 286, après avoir confessé Jésus-Christ avec une grande constance. — 26 août.

ALEXANDRE (saint), martyr à Trèves avec saint Maxence, souffrit sous le préfet Rictio-Vare, vers la fin du IIIᵉ siècle, sous les empereurs Dioclétien et Maximien. — 12 décembre.

ALEXANDRE (saint), martyr à Noyon, dans les Gaules, souffrit avec saint Amance et plusieurs autres. — 6 juin.

ALEXANDRE (saint), soldat et martyr à Marseille, gardait saint Victor dans sa prison, lorsque celui-ci fut visité, au milieu de la nuit, par des anges, avec lesquels il chantait les louanges de Dieu. Ces chants célestes et la lumière éclatante dont la prison fut remplie, frappèrent tellement Alexandre, que, se jetant aux pieds du saint martyr, il demanda le baptême. Victor, l'ayant instruit, à la hâte, des principales vérités chrétiennes, le fit baptiser la même nuit, sur le bord de la mer, par un prêtre. L'empereur Maximien, qui se trouvait alors à Marseille, instruit de cette conversion, fit comparaître Alexandre avec deux autres soldats qui s'étaient fait chrétiens avec lui; et sur leur refus de sacrifier aux dieux, il leur fit trancher la tête, l'an 290. — 21 juillet.

ALEXANDRE (saint), martyr à Constance, souffrit avec saint Constant. — 5 octobre.

ALEXANDRE (saint), martyr à Ostie, était fils de saint Claude et de sainte Prépédigne, et frère de saint Cutias. Il fut arrêté, pour la foi, avec ses parents qui étaient d'une naissance illustre, et que l'empereur Dioclétien condamna à l'exil, ensuite au supplice du feu, vers l'an 303 ; saint Alexandre partagea leur genre de mort. — 18 février.

ALEXANDRE (saint), soldat et martyr à Drusipare, en Pannonie, eut la tête tranchée par ordre du César Maximien, après avoir soutenu de rudes combats pour Jésus-Christ, et fait de nombreux miracles en présence de ses bourreaux. — 27 mars.

ALEXANDRE (saint), laboureur et martyr à Perge, en Pamphilie, eut la tête tranchée avec saint Léonce et plusieurs autres, par ordre du président Flavien, durant la persécution de Dioclétien. — 1ᵉʳ août.

ALEXANDRE (saint), martyr à Antioche de Pisidie, était frère de saint Marc, qui exerçait la profession de berger. Celui-ci, qui était chrétien, fut arrêté l'an 303, pendant la persécution de Dioclétien, et livré aux plus cruelles tortures ; mais les miracles qu'il opéra pendant qu'on le tourmentait, convertirent Alexandre, qui était présent, ainsi que deux autres de ses frères, Alphée et Zosime. Quoiqu'ils n'aient pas été martyrisés le même jour que Marc, ils sont nommés avec lui dans le martyrologe romain, le 28 septembre.

ALEXANDRE (saint), martyr à Césarée, en Palestine, était originaire de la ville de Gaze. Se trouvant à Césarée, et sachant que les chrétiens condamnés à mort devaient, aux premières fêtes, combattre contre les bêtes dans l'amphithéâtre, il se présenta avec cinq autres chrétiens, dont l'un s'appelait aussi Alexandre, à Urbain, gouverneur de la province, chargé de chaînes et demandant d'être exposé aux bêtes. Le gouverneur les fit jeter, enchaînés comme ils étaient, dans un cachot. Quelque temps près, il les fit décapiter, sous le règne des empereurs Dioclétien et Maximien. — 24 mars.

ALEXANDRE (saint), martyr à Césarée, en Palestine, mentionné dans l'article précédent, était Egyptien et souffrit le supplice de la décapitation, le même jour et la même année que son homonyme, au triomphe duquel il fut associé et avec lequel il est nommé dans le martyrologe romain. — 24 mars.

ALEXANDRE (saint), évêque et martyr chez les Grecs, souffrit avec saint Héraclius, soldat, au commencement du IVe siècle, pendant la persécution de Dioclétien. — 22 octobre.

ALEXANDRE (saint), martyr à Thessalonique, fut mis à mort l'an 304, par ordre de l'empereur Maximien. — 7 et 9 novembre.

ALEXANDRE (saint), soldat et martyr à Alexandrie, qui, voyant que la vierge Antonine, qui avait été condamnée par le président Festus à être prostituée, était conduite dans un lieu de débauche, l'en tira en changeant secrètement d'habits avec elle et en prenant sa place. Le président Festus leur fit subir à tous deux la torture ; on leur coupa les mains et on les jeta ensemble dans le même feu, sous l'empereur Maximin Daza, l'an 313. — 3 mai.

ALEXANDRE (saint), l'un des quarante martyrs de Sébaste, en Arménie, qui souffrirent sous l'empereur Liccinius, l'an 320, et qui, au sortir d'un étang glacé, furent jetés dans les flammes, était soldat de profession et Cappadocien de naissance. — 10 mars.

ALEXANDRE (saint), successeur de saint Achillas, fut élu patriarche d'Alexandrie en 313. Il se rendit recommandable par sa conduite vraiment apostolique, et surtout par son zèle à pourvoir son église de saints prêtres, et sa province de saints évêques, qu'il choisit principalement parmi les solitaires qui peuplaient les déserts de l'Egypte. Arius, qui avait été ordonné prêtre par saint Achillas, et qui, étant curé d'une paroisse d'Alexandrie, aspirait au siège épiscopal de cette ville, jaloux de voir qu'Alexandre lui avait été préféré, devint son plus mortel ennemi. Ne trouvant rien à reprendre dans ses mœurs qui étaient irréprochables, il attaqua sa doctrine qui était celle de l'Eglise catholique, et se mit à prêcher une doctrine contraire qui anéantissait la divinité de Jésus-Christ. Après avoir dogmatisé quelque temps en secret, il leva le masque en 319. Alexandre, ayant d'abord employé, mais sans succès, les voies de la douceur pour ramener Arius, fut obligé de le séparer de la communion de l'Eglise lui et ses partisans. Cette sentence fut ratifiée dans un concile de cent-un évêques tenu à Alexandrie sur la fin de l'an 320. Alexandre écrivit au pape saint Sylvestre pour lui rendre compte des erreurs d'Arius et de sa condamnation.

Il adressa aussi une lettre circulaire à tous les évêques catholiques sur le même sujet. Arius et plusieurs de ses sectateurs lui écrivirent aussi pour le prier de lever la sentence d'excommunication qu'il venait de porter. Constantin lui-même se mêla de l'affaire et députa au saint patriarche d'Alexandrie le célèbre Osius de Cordoue pour ménager une réconciliation entre Alexandre et Arius ; mais Osius, s'étant convaincu par lui-même qu'Arius niait la divinité de Jésus-Christ, et qu'Alexandre s'était conduit dans cette grave circonstance comme devait le faire un digne évêque, retourna vers l'empereur, lui fit part du résultat de ses informations, et l'exhorta, vu l'état des choses, d'assembler un concile général pour étouffer cette hérésie naissante qui menaçait l'Eglise des plus grands maux. Saint Alexandre avait déjà écrit à Constantin ; c'est ce qui détermina ce prince à convoquer à Nicée un concile de tous les évêques du monde chrétien. Saint Alexandre s'y rendit accompagné de son diacre Athanase qui réfuta complètement les erreurs d'Arius en plein concile, et qui se montra alors, comme depuis, leur plus redoutable adversaire. Après la clôture du concile, Alexandre reprit la route d'Alexandrie, où il fut reçu par les catholiques avec une grande joie ; mais il ne survécut pas longtemps à cette mémorable victoire de l'Eglise, victoire qu'il avait préparée en portant les premiers coups à l'hérésie ; il mourut l'année suivante, le 26 février 326, après avoir désigné saint Athanase pour son successeur. — 26 février.

ALEXANDRE (saint), évêque de Constantinople, était très-âgé lorsqu'il succéda à saint Métrophane, vers l'an 323, et ce fut dans le commencement de son épiscopat qu'il eut, par ordre de l'empereur Constantin, une conférence avec les plus célèbres des philosophes païens. Lorsque la séance fut ouverte, comme ces ardents défenseurs du paganisme voulaient parler tous à la fois, Alexandre leur proposa de choisir le plus habile d'entre eux qui soutiendrait en leur nom la discussion, ce qui fut accepté. Il allait donc prendre la parole, lorsque le saint évêque lui dit d'un ton imposant : « Au nom de Jésus-Christ je vous ordonne de garder le silence. » Aussitôt la langue de l'orateur se trouva comme paralysée, et quelqu'effort qu'il fît, il lui fut impossible d'articuler un seul mot. Ce miracle fit plus d'impression que les arguments les plus décisifs, et la conférence se trouva terminée à la gloire du christianisme. Alexandre assista en 325 au concile général de Nicée, et, de retour dans son diocèse, il s'appliqua avec zèle à en faire observer les décrets dans sa ville épiscopale que Constantin agrandit et dont il changea le nom de Byzance en celui de Constantinople. Il avait donc réussi à préserver la plus grande partie de son troupeau de l'hérésie arienne, lorsqu'Arius vint à Constantinople pour assister à un concile que ses partisans y tinrent en 336. Le but de cette assemblée était le rétablissement de l'hérésiarque dans la communion de l'Eglise, et ce but eût été atteint sans le crédit dont le saint évêque jouissait auprès de Dieu; car Arius avait su tromper Constantin par des semblants d'orthodoxie et par des professions de foi où le venin de son hérésie était couvert par des paroles tirées de l'Ecriture sainte. Ce prince ordonna donc à saint Alexandre de le recevoir dans son église, et fixa au lendemain la cérémonie de cette réception. Alexandre, pénétré de douleur alla dans son église, se prosterna au pied des autels la face contre terre, et conjura avec larmes le Seigneur de venir, par quelque signe éclatant, au secours de ses serviteurs. « S'il faut, lui disait-il, qu'Arius soit reçu demain dans l'église, délivrez-moi, mon Dieu, de la vie et ne perdez pas le juste avec l'injuste; mais si vous avez pitié de votre Eglise, et je sais, Seigneur, que vous en aurez pitié, ne permettez pas que votre héritage tombe dans le mépris. Otez Arius de ce monde, de peur que, s'il entre dans le lieu saint, il ne semble que l'hérésie y entre avec lui, et que l'impiété ne passe désormais pour la piété. » Sa demande fut exaucée. Le lendemain, comme Arius venait de parcourir en triomphe une partie de la ville, escorté de la foule de ses adhérents, et qu'il arrivait sur la grande place au fond de laquelle on voyait la basilique où allait se consommer l'acte impie de son rétablissement, il éprouva un besoin naturel et se retira dans un lieu destiné à satisfaire de semblables besoins. Comme il tardait d'en sortir, on alla voir ce qui était arrivé, et on le trouva sans vie : il venait de perdre une grande quantité de sang, et une partie de ses entrailles lui sortait du corps. Cette fin tragique, et qui passa pour miraculeuse, fut attribuée aux prières de saint Alexandre et à celles de saint Jacques de Nisibe qui se trouvait alors à Constantinople. Saint Alexandre était presque centenaire lorsqu'il mourut en 340, après avoir recommandé à son clergé de lui donner saint Paul pour successeur. — 28 août.

ALEXANDRE (saint), martyr à Alexandrie, sous Julien l'Apostat, vers l'an 362, souffrit avec saint Patermuthe et un autre.—9 juil.

ALEXANDRE (saint), martyr à Corinthe vers l'an 362, fut condamné à mort pour la foi chrétienne par ordre du président Saljuste, sous Julien l'Apostat. — 24 novembre.

ALEXANDRE (saint), martyr dans le diocèse de Trente, était originaire de la Cappadoce. Il quitta son pays avec Martyrius, son frère, et Sisinius, son compatriote, et passa en Italie, sous le règne de Théodose l'Ancien. Arrivés à Milan, ils furent reçus avec de grands égards par saint Ambroise. S'étant ensuite rendus à Trente, saint Vigile, évêque de cette ville, connaissant leur sainteté et leur zèle, ordonna Sisinius diacre, Martyrius lecteur, et Alexandre portier. Il les envoya prêcher la foi dans les Alpes, qui étaient encore presque entièrement habitées par des infidèles. Les saints missionnaires évangélisèrent les habitants du pays d'Anaune, aujourd'hui le val d'Anagni, et ils y furent d'abord en butte à toutes sortes de mauvais traitements; mais leur patience, leur douceur et leur charité finirent par toucher les cœurs, et ils opérèrent un grand nombre de conversions. Sisinius avait fait construire une église dans le bourg de Méthon; les païens, un jour qu'ils faisaient une espèce de procession avec leurs idoles, voulurent forcer les nouveaux chrétiens à prendre part à leur cérémonie, mais les missionnaires mirent tout en œuvre pour empêcher les nouveaux convertis de participer à cet acte idolâtrique. Les païens furieux s'en prirent aux missionnaires, et les ayant surpris dans l'église, pendant qu'ils étaient occupés à chanter les louanges de Dieu, ils s'emparèrent d'eux, et sur leur refus de sacrifier aux idoles, ils les accablèrent de coups et les laissèrent pour morts sur la place. Sisinius ne survécut que quelques heures à ce barbare traitement. Alexandre et Martyrius, son frère, se livrèrent le lendemain au chant des psaumes, selon leur coutume; ils prirent cependant la fuite à l'approche des païens qui revenaient à la charge, et qui, les ayant poursuivis, saisirent Martyrius. Après l'avoir mis à mort, ils s'emparèrent d'Alexandre, et s'efforcèrent de l'effrayer par d'horribles menaces; ils brûlèrent en sa présence les corps de Sisinius et de Martyrius, et le jetèrent lui-même dans le feu où il consomma son sacrifice, le 29 mai 397. Leurs cendres furent recueillies avec respect par les fidèles et portées à Trente. Saint Vigile envoya à divers évêques la relation de leur mort et fit bâtir une église dans le lieu où ils avaient été martyrisés. — 29 janvier.

ALEXANDRE (saint), évêque de Vérone, est honoré dans cette ville le 4 juin.

ALEXANDRE (saint), martyr à Riéti, avec saint Rufin, évêque des Marses, souffrit pendant la persécution de l'empereur Maximien. — 11 août.

ALEXANDRE (saint), sous-diacre à Auxerre, fut inhumé au Mont-Artre, près de cette ville, et il est honoré le 4 février.

ALEXANDRE (saint), évêque de Fiésoli en Toscane, et martyr, succéda à Létus sur le siège épiscopal de cette ville. Trouvant son église entièrement dépouillée de ses biens, il s'adressa à Autharic, roi des Lombards, pour en obtenir la restitution. Le roi, conseillé par la pieuse Théodelinde, son épouse, lui fit un accueil plein d'affection et obtempéra à sa demande. Mais ceux qui avaient usurpé ces biens, furieux de voir qu'ils allaient être forcés de les rendre, conçurent l'horrible projet d'assassiner le saint évêque, et l'exécutèrent aussitôt qu'ils eurent trouvé le moment favorable, sur la fin du vi° siècle. C'est ainsi qu'il fut victime de son zèle pour la cause de la justice et de son dévouement aux intérêts de son église. Il est honoré comme martyr le 6 juin.

ALEXANDRE (le bienheureux), évêque d'Alézia, surnommé *Sauli*, du nom de sa famille, qui était une des plus illustres de la Lombardie par sa noblesse et par les grands hommes qu'elle avait produits, naquit à Milan l'an 1530, et montra, dès son enfance, les plus heureuses dispositions pour la piété et pour la science que d'habiles maîtres cultivèrent avec succès. Il était bien jeune encore lorsque, voyant un jour le peuple rassemblé autour d'une troupe de comédiens, il s'avança au milieu de la foule, un crucifix à la main, et fit un discours si touchant sur la comédie et le danger de ces divertissements profanes, que les comédiens prirent la fuite et que les spectateurs se retirèrent touchés jusqu'aux larmes. Bientôt après il renonça au monde pour entrer dans l'ordre des Barnabites. Après sa profession, il se livra avec ardeur au ministère de la parole et de la réconciliation; il avait un talent particulier pour toucher et convertir les pécheurs. Chargé d'enseigner la philosophie et ensuite la théologie à Pavie, il continua ses fonctions de prédicateur et de confesseur, et l'on vit des communautés entières se mettre sous sa direction. Ayant été appelé à Milan pour prêcher dans la cathédrale, ses sermons produisirent des effets si admirables, que saint Charles Borromée en versa des larmes de joie, et félicita l'église d'avoir un tel ministre. — Alexandre n'avait que trente-deux ans lorsqu'il fut élu supérieur général des Barnabites; et la manière dont il s'acquitta de cette charge donna un nouvel éclat à son ordre; mais la Providence l'appelait à briller sur un autre théâtre. Le pape Pie V le nomma évêque d'Aléria, dans l'île de Corse. Cette église était depuis longtemps dans l'état le plus déplorable. Alexandre, ayant été sacré par saint Charles Borromée, partit sans délai pour son diocèse avec trois prêtres de sa congrégation. Son illustre père, qui touchait à ses derniers moments, et les corsaires mahométans qui infestaient les côtes de la Corse, ne furent pas des motifs capables de retarder un seul instant son départ. Il s'embarqua plein de confiance en Dieu, et la traversée fut heureuse. À peine arrivée, il trouva à peine dans toute l'étendue de son diocèse un lieu convenable pour faire l'office divin. Presque toutes les bourgades étaient inhabitées; les populations, plongées dans la plus grossière ignorance, ne connaissaient pas même les premiers éléments de la religion, et vivaient comme des sauvages dans les bois et sur les montagnes de l'île; le clergé n'était guère plus instruit que le peuple. Alexandre, sans église et même sans maison, fixa d'abord sa résidence à Talone, bourgade à quatre lieues des ruines d'Aléria. Il y tint un synode à l'instar de ceux de saint Charles à Milan, et y fit de sages règlements pour la réforme des abus. Il commença ensuite la visite de son diocèse, allant jusque dans les hameaux les plus écartés, jusque dans les lieux les plus inaccessibles, portant partout la lumière de la foi et le feu de la charité. Ses fatigues, son zèle, sa douceur firent une impression profonde sur tous les cœurs; on venait de toutes parts se jeter à ses pieds, avec la résolution de lui obéir en tout. Il profita de cette disposition des esprits, pour abolir des coutumes scandaleuses et réformer des abus invétérés, pour fonder de nouvelles églises et relever celles qui étaient en ruine, et pour établir des collèges et des séminaires. Les trois Barnabites qu'il avait amenés avec lui étant morts accablés sous le poids des fatigues du ministère, il se multiplia en quelque sorte pour suffire à tout, et ses immenses travaux ne l'empêchaient pas de se livrer à des austérités continuelles. Malgré la modicité de ses revenus, il faisait d'abondantes aumônes. Les descentes que les corsaires faisaient dans l'île l'obligèrent à transporter son séminaire et son clergé de Talone à Algagliola, ensuite à Corte, et enfin à Cervione, où il bâtit une cathédrale et fonda un chapitre de chanoines. Il adressa à son clergé des instructions sur la conduite à tenir dans l'exercice du saint ministère, et des entretiens sur la doctrine de l'Église. Le voyage de Rome, qu'il faisait de temps en temps, était pour lui une espèce de pèlerinage par la dévotion avec laquelle il y allait, et pour les autres une espèce de mission, par les heureux fruits que produisaient sur la route ses prédications et ses exemples. Les pêcheurs les plus endurcis, les hérétiques, les juifs même, ne pouvaient résister à la force et à l'onction de sa parole. Il refusa les évêchés de Tortone et de Gênes, ne voulant pas quitter sa première épouse; et il ne fallut rien moins qu'un ordre formel du pape Grégoire XIV pour lui faire accepter l'évêché de Pavie en 1591. Les habitants de la Corse, qui l'avaient surnommé l'*Ange de la paix*, furent dans la désolation en apprenant qu'ils allaient le perdre: il lui en coûta beaucoup à lui-même de se séparer d'un troupeau tendrement chéri. À peine arrivé à Pavie, il entreprit la visite de son nouveau diocèse. C'est à Calozzo, dans le comté d'Asti, qu'il fut attaqué de la maladie dont il mourut, le 23 avril 1592, à l'âge de cinquante-deux ans. Plusieurs miracles ayant attestés à sainteté, il fut béatifié en 1742 par Benoît XIV. — 23 avril.

ALEXANDRE (sainte), *Alexandra*, souffrit le martyre sous l'empereur Dioclétien, à Amide en Paphlagonie, avec six autres femmes. — 20 mars.

ALEXANDRE (sainte), vierge et martyre à Ancyre, capitale de la Galatie, fut arrêtée pour la foi, avec six autres saintes filles, en 303, durant la persécution de Dioclétien.

Théoctène, gouverneur de la Galatie, les condamna à perdre leur virginité, qu'elles avaient toujours conservée avec tant de soin, et les livra à une troupe de libertins qui, touchés de leurs prières et de leurs larmes, ne leur firent aucune violence. Théoctène ayant appris que leur vertu avait été respectée, les fit plonger dans un étang voisin de la ville, avec de grosses pierres au cou, et elles perdirent la vie au fond de l'eau, remportant ainsi la double couronne de la chasteté et du martyre. Les corps d'Alexandre et de ses compagnes furent retirés de l'étang par saint Théodote, cabaretier, et enterrés près de l'église des patriarches. — 18 mai.

ALEXIS (saint), martyr, avec saint Gallique et plusieurs autres, est honoré chez les Grecs le 7 mai.

ALEXIS (saint), *Alexius*, confesseur, était le fils unique d'Euphémion, riche sénateur de Rome, qui lui fit donner une éducation brillante. Il montra, dès sa plus tendre enfance, un grand amour pour les pauvres et une grande inclination à leur faire du bien. Ses parents ayant voulu l'engager dans les liens du mariage, Alexis se crut obligé de condescendre à leur désir; mais, après la cérémonie, et le jour même de ses noces, il s'enfuit secrètement, après avoir changé d'habits pour ne pas être reconnu. Il s'en alla dans un pays éloigné et se fixa dans une cabane près de laquelle se trouvait une église dédiée à la sainte Vierge. Sa vie sainte attira l'attention des habitants du pays qui, l'ayant étudié de plus près, remarquèrent qu'il devait être d'un rang distingué. Alexis, se voyant découvert, quitta sa retraite et revint dans sa patrie. Il se présenta sous un habit de pèlerin chez son père, qui ne le reconnut pas et qui lui donna un petit logement où il passa le reste de ses jours sans se faire connaître à personne, menant une vie toute céleste et pratiquant les plus sublimes vertus, surtout l'humilité. Son plus grand bonheur était de souffrir les injures, les mépris et les duretés des domestiques de son père. Lorsqu'il fut à ses derniers moments, il fit venir son père et sa mère et leur déclara qu'il était cet Alexis qu'ils avaient fait rechercher partout et qu'ils avaient tant pleuré. Il mourut vers l'an 416, sous le pontificat d'Innocent Ier, qui l'inhuma solennellement dans l'église du martyr saint Boniface, sur le mont Aventin; toute la ville de Rome assista à ses funérailles. On découvrit son corps en 1216, et l'on rebâtit, à l'endroit même, une église magnifique qui est devenue un titre de cardinal et qui porte le nom de saint Boniface et de saint Alexis. — 17 juil.

ALEXIS (saint), martyr à Constantinople, avec saint Julien et huit autres, fut mis à mort par l'ordre de Léon l'Isaurien, dans le VIIIe siècle, pour avoir placé l'image de Notre-Seigneur sur la porte d'airain. — 9 août.

ALEXIS (saint), métropolitain de Kiow, né en Russie de parents catholiques, au commencement du XIVe siècle, entra dans un monastère à l'âge de seize ans, et changea, en prenant l'habit, son nom d'Éleuthère qu'il avait porté jusque-là, en celui d'Alexis, sous lequel il est connu. Sa vie sainte, ses vertus et ses austérités lui attirèrent la vénération universelle. L'empereur Ywan, qui avait pour lui un grand respect, le nomma métropolitain de Kiow, et le chargea ensuite d'une ambassade près d'un roi de Scythie, qui était le fléau des peuples voisins, après l'avoir été de ses propres sujets. La mission d'Alexis obtint un demi-succès, ce qui était plus qu'on ne pouvait espérer. On rapporte que l'empereur des Turcs, informé de la sainteté d'Alexis, s'adressa à Démétrius, fils d'Ywan, et le pria de lui envoyer le saint évêque pour rendre la vue à sa fille unique, qui était aveugle de naissance. Le saint fit le voyage, et ses prières ferventes opérèrent le miracle qu'on lui demandait. Alexis mourut peu de temps après, vers l'an 1364. Il est honoré comme un des patrons de la Lithuanie, le 12 février.

ALEXIS FALCONIERI (le bienheureux), l'un des sept fondateurs de l'ordre des Servites, était de Florence et sortait d'une famille patricienne. Se trouvant dans une église de cette ville, le jour de l'Assomption, 1233, avec six autres patriciens, la sainte Vierge leur apparut et les exhorta à embrasser un genre de vie plus parfait. Aussitôt ils se retirèrent dans une petite maison à la campagne pour s'y livrer à la prière, au jeûne et à d'autres austérités. Après avoir passé une année dans les exercices d'une vie toute sainte, ils revinrent à Florence pour consulter le bienheureux Aringos, évêque de cette ville. D'après son conseil, les saints pénitents, qui se voyaient troublés dans leur retraite, allèrent se fixer sur le mont Senario, l'un des points les plus élevés de la Toscane. La sainte Vierge leur apparut encore dans ce nouveau séjour et leur fit connaître qu'ils devaient y honorer, d'une manière spéciale, la passion de Jésus-Christ ainsi que les douleurs de Marie au pied de la Croix, et leur indiqua l'habit qu'ils devaient porter. Ils quittèrent donc l'habit de couleur cendrée, qu'ils portaient alors, pour prendre l'habit noir et continuèrent leur genre de vie. Saint Pierre martyr, religieux dominicain, ayant entendu parler avec admiration des habitants du mont Senario, voulut voir par lui-même si ce que la renommée en publiait était véritable. Il les visita donc et s'assura par ses propres yeux que leur sainteté était au-dessus de leur réputation. La sainte Vierge lui apparut aussi et lui prédit que cette petite société deviendrait un ordre religieux dont le but serait de l'honorer et de procurer sa gloire; ce qui eut lieu, en effet, dans la suite. Le bienheureux Alexis Falconieri survécut aux autres fondateurs de l'ordre, et mourut à Florence à l'âge de cent dix ans, à la fin du XIIIe siècle. Son culte fut approuvé par Clément XI, l'an 1717. — 10 et 17 février.

ALFANO (le bienheureux), *Alfanus*, archevêque de Salerne, né au commencement du XIe siècle, fut d'abord moine au mont Cassin, ensuite abbé de Salerne. Le pape

Etienne IX le nomma à l'archevêché de cette ville et le sacra lui-même en 1057. Deux ans après, il assista au concile tenu à Rome sous Nicolas II. Il était philosophe, théologien, orateur, poëte, et surtout très-versé dans la connaissance des saintes écritures. Il a laissé des hymnes en l'honneur de plusieurs saints, l'histoire de l'abbaye du mont Cassin, quelques poëmes sur des sujets pieux, un livre sur le mystère de l'Incarnation et d'autres ouvrages. Il découvrit, en 1080, les reliques de l'apôtre saint Matthieu et il s'empressa d'en informer le pape saint Grégoire VII, qui lui écrivit une lettre pour le féliciter de cette précieuse découverte, lui commandant d'honorer dignement ces saintes reliques. Le bienheureux Alfano mourut l'an 1086, et il est honoré le 9 octobre.

ALFIER (saint), *Adalferius*, fondateur et premier abbé du monastère de Cave dans le royaume de Naples, naquit à Salerne, en 930, d'une famille noble, et se fit remarquer de bonne heure par la pénétration de son esprit et l'étendue de ses connaissances. Les princes de Salerne, dont il avait la confiance, le chargèrent de plusieurs missions délicates, et il s'en acquitta avec succès. Ayant été ensuite nommé ambassadeur à la cour de France, il tomba malade en se rendant à son poste, et fit vœu d'entrer en religion, s'il en réchappait. Après sa guérison, il se retira dans le monastère de Saint-Michel de Cuze. Saint Odilon de Cluny y ayant passé, l'amena avec lui en France. Alfier se fit religieux à Cluny où il comptait finir ses jours. Mais les princes de Salerne, qui connaissaient son mérite, le rappelèrent dans leurs États, pour travailler à la réforme des maisons religieuses. Alfier retourna donc à Salerne, et prit la direction de toutes les maisons religieuses de cette ville. Mais la réforme qu'il avait tentée lui paraissant impossible, il abandonna l'entreprise et se retira seul dans une petite cellule sur le haut des Apennins. Il se vit bientôt entouré d'un grand nombre de disciples parmi lesquels on remarquait saint Léon, qui fut, après lui, abbé de Cave, et Didier, fils du prince de Bénévent qui, plus tard, devint pape sous le nom de Victor III. Alfier construisit un monastère près de sa cellule : telle fut l'origine de la célèbre abbaye de Cave. Le nombre de ses disciples continuant toujours de s'augmenter, il fut obligé de construire d'autres monastères qu'il maintint dans la dépendance de celui de Cave, et sur lesquels il s'était réservé lui-même une supériorité générale. Saint Alfier parvint à une longue vieillesse, et mourut l'an 1050, à l'âge de cent vingt ans, après avoir été favorisé, pendant sa vie, du don des miracles et de celui de prophétie. — 12 avril.

ALFRED ou ALFRID, *Alfridus*, évêque de Hildesheim, florissait dans le IXe siècle. Tout ce qu'on sait de lui, c'est qu'il assista au concile de Pistes en Normandie, tenu sous Charles le Chauve, l'an 862. Il mourut vers l'an 869, et il est honoré dans le comté de Marck où reposent ses reliques.—15 septemb.

ALFRÈDE (sainte), *Alfreda*, qu'on nomme aussi Etheldrithe, vierge et recluse en Angleterre, était fille d'Offa, roi des Merciens, et de la reine Quindrède. Elle se consacra à Dieu dès sa jeunesse, et c'est par ce motif qu'elle refusa d'épouser Ethelbert, roi des Est-Angles. Offa, qui convoitait ce royaume pour le joindre à ses États, fit ensuite assassiner, en 793, Ethelbert, qui est honoré comme martyr. Alfrède, révoltée d'un pareil attentat, quitta la cour et se retira au milieu des marais de Croyland, pour y vivre en pénitente. Elle y pratiqua, pendant quarante ans, des austérités extraordinaires, et divers miracles attestèrent sa sainteté, avant et après sa mort, qui eut lieu vers l'an 834. — 2 août.

ALFRIC (saint), *Alfricus*, archevêque de Cantorbéry, succéda en 996 à Siric auquel il avait déjà succédé dans le siège de Wilton, en 989. Il se distingua par sa science et par sa vertu. On rapporte qu'il fit nu-pieds le voyage de Rome pour aller chercher le pallium. Il a laissé plusieurs ouvrages, entre autres une grammaire et un dictionnaire. Il traduisit en Saxon les premiers livres de l'Écriture sainte et les canons du concile de Nicée. Il composa aussi, dans la même langue, une histoire de son église et des sermons, au nombre de cent quatre-vingts. Il mourut en 1006 et eut pour successeur saint Elphège : il est nommé dans les calendriers d'Angleterre, le 28 août.

ALGIS (saint), *Adelgisus*, évêque de Novare, dans le Milanais, est honoré le 6 octobre.

ALGOT (le bienheureux), *Adelgotus*, évêque de Coire en Suisse, florissait dans le milieu du XIIe siècle, et mourut en 1160. Avant son élévation à l'épiscopat, il était religieux dans l'ordre de Cîteaux. — 17 janvier et 3 octobre.

ALIZ DE SCAREMBECH (la bienheureuse), *Adélaïs*, vierge et religieuse de la Cambre près de Bruxelles, monastère de l'ordre de Cîteaux, mourut vers l'an 1300, et elle est honorée le 11 juin.

ALLYRE (saint), *Allydius* ou *Illydius*, évêque de Clermont en Auvergne, naquit au commencement du IVe siècle, et se distingua de bonne heure par son éminente piété, ce qui le fit placer, malgré lui, sur le siège épiscopal d'Auvergne. Parmi les miracles qu'il opéra, on cite la délivrance de la fille de l'empereur Maxime, qui était possédée du démon. On ne connaît de lui que cette particularité, les autres détails d'une vie aussi édifiante n'étant pas parvenus jusqu'à nous. Il mourut en l'an 385, et ses reliques furent placées dans l'abbaye de son nom, située dans un des faubourgs de Clermont. Il est honoré dans son diocèse le 5 juin, quoique le Martyrologe romain ne le mentionne que le 7 juillet.

ALMAN (saint), évêque anglais, est honoré près d'Angers dans un village qui a longtemps porté son nom.

ALMAQUE (saint), *Almachus*, solitaire et martyr, embrassa d'abord la vie anachorétique en Orient; mais, pénétré de douleur en pensant aux combats sanglants des gladiateurs qui causaient la perte d'une infinité d'âmes, il quitta son désert et se rendit à Rome dans le dessein de faire cesser, s'il le pouvait, une coutume aussi barbare et aussi criminelle. Arrivé dans cette ville, il n'eut pas plutôt vu les gladiateurs prêts à s'entre-égorger, qu'il courut à eux pour les séparer; mais son zèle lui coûta la vie. Ils le renversèrent par terre et le mirent à mort par l'ordre du préfet Alype, le 1er janvier de l'année 404. Son sacrifice ne fut pas inutile, puisqu'il provoqua un édit de l'empereur Honorius, qui abolit ces combats meurtriers que plusieurs de ses prédécesseurs avaient déjà interdits, mais sans succès. — 1er janv.

ALMÈDE (sainte), *Almedis*, patronne d'une église dans la principauté de Galles, en Angleterre où il y avait une église de son nom, était tante de saint David, et florissait au commencement du VIe siècle. — 1er août.

ALMER (saint), *Almirus*, florissait au VIe siècle dans le diocèse de Chartres. Il fut tué par des voleurs avec saint Eman et saint Mauril, vers l'an 545. — 16 mai.

ALMÉRIDE (sainte), *Almerides*, martyre en Orient, avec saint Basilée, évêque, et plusieurs autres, est honorée chez les Grecs le 23 mai.

ALNÉE (saint), *Alneus*, solitaire à Ceaulcé, dans le Maine, florissait vers le milieu du VIe siècle. — 11 septembre.

ALNOTH (saint), solitaire en Angleterre, florissait vers la fin du VIIe siècle. Il fut massacré par des voleurs près de Bugbroc, dans le comté de Northampton, vers l'an 705. Son corps fut porté à Stow, où il est honoré le 25 nov.

ALODIE (sainte), *Alodia*, vierge et martyre à Huesca, en Espagne, était sœur de sainte Nunilon, et fille d'un père mahométan, qui tenait un rang distingué dans la Castille. Alodie et sa sœur eurent beaucoup à souffrir de la part de leur beau-père qui les persécutait pour les faire entrer dans le mariage, bien qu'elles eussent consacré à Dieu leur virginité. Enfin elles obtinrent la permission de se retirer chez une tante qui était chrétienne et qui leur laissa la liberté de suivre leur attrait pour la piété. Elles habitaient la ville de Barbice en Vervète, lorsqu'Abdérame, roi de Cordoue, fit publier ses édits contre les chrétiens. Les deux sœurs furent arrêtées des premières et conduites devant le juge. Les menaces et les promesses les ayant trouvées également inébranlables, on les livra à des femmes impies, dans l'espérance qu'elles viendraient à bout de les séduire; mais la grâce de Jésus-Christ les fit encore triompher de cette épreuve. On les condamna à être décapitées dans la prison où elles étaient détenues, le 22 octobre 851. Leurs reliques furent placées dans l'abbaye de Saint-Sauveur, à Léjer, dans la Navarre, où leur fête est célébrée par un grand concours de peuple, le 22 octobre.

ALOIN ou ALONE (saint), *Alonius*, abbé en Égypte, était frère de saint Pœmen ou Pastor, et quitta le monde à son exemple pour se retirer avec lui et cinq autres de ses frères, dans le désert de Scété. Il était à la tête d'un certain nombre de moines, lorsqu'il mourut, au commencement du Ve siècle. — 4 juin.

ALOIR (saint), *Alorus*, évêque de Quimper, en Bretagne, fut le successeur de saint Guénégan, et mourut en 462. — 27 octobre.

ALPERT (saint), *Alpertus*, prêtre et moine en Italie, est honoré, près de Tortone, dans une église abbatiale qui porte son nom. — 5 sept.

ALPHE (saint), *Alphius*, martyr à Lentini, en Sicile, avec saint Philadelphe et un autre, souffrit pendant la persécution de Dèce. — 10 mai.

ALPHÉE (saint), *Alphæus*, martyr à Antioche de Pisidie, était encore païen, lorsqu'assistant au supplice de saint Marc, son frère, il fut si frappé des miracles qu'il lui vit opérer pendant qu'on le tourmentait, qu'il se convertit ainsi que ses deux autres frères, Alexandre et Zozime. Quoiqu'ils n'aient pas souffert le même jour, ils sont nommés ensemble dans le Martyrologe romain, qui ne dit pas sous quel empereur ils furent martyrisés; mais, d'après Baronius, ce fut sous Dioclétien. — 28 septembre.

ALPHÉE (saint), martyr à Césarée, en Palestine, sortait d'une des premières familles de la ville d'Eleathéropolis. Il exerçait les fonctions de lecteur et d'exorciste dans l'église de Césarée, lorsqu'il fut arrêté au commencement de la persécution de Dioclétien, à cause du zèle qu'il déployait pour soutenir le courage des martyrs et des confesseurs. Ayant, dans un premier interrogatoire, confondu Flavien, gouverneur de la province, ce magistrat le fit mettre en prison. A la suite d'un second interrogatoire, il fut battu de verges et déchiré avec les ongles de fer; après quoi on le mit dans le même cachot que saint Zachée, diacre de Gadare, son parent, avec lequel il fut décapité quelque temps après, l'an 303. — 17 novembre.

ALPHONSE NAVARÈTE (le bienheureux), *Ildefonsus*, religieux dominicain et martyr, se consacra aux missions du Levant. Se rendit d'abord aux îles Philippines, d'où il passa au Japon; et, après des fatigues incroyables, au milieu desquelles il était soutenu par l'espérance du martyre qui animait son zèle, après avoir converti à la foi une multitude immense d'idolâtres, il obtint enfin ce qu'il désirait avec tant d'ardeur. Ayant été arrêté avec le père Ferdinand, religieux augustin, pendant qu'ils administraient les sacrements aux nouveaux chrétiens, ils eurent la tête tranchée le 1er juin 1617. Ce ne fut que deux ans après qu'on découvrit le lieu où les fidèles du Japon l'avaient inhumé, et l'on trouva son corps dans un état parfait de conservation. Il repose maintenant dans la cathédrale de Léopold, où il est l'objet de la vénération publique. — 1er juin.

ALPHONSE RODRIGUEZ (le bienheureux), coadjuteur temporel de la compagnie de Jésus, né à Ségovie, en 1531, exerça d'abord la profession de marchand dans cette ville. Mais, après des pertes considérables qu'il éprouva dans son commerce, après la mort de son épouse, d'une fille et d'un fils unique qui les suivit de près dans la tombe, Alphonse, voyant rompus tous les liens qui l'attachaient à la terre, tourna ses vues du côté du ciel et se livra aux œuvres de la pénitence, pratiquant les plus grandes austérités, et priant Dieu de lui faire connaître sa volonté sur lui. Après trois ans passés dans ce genre de vie, il entra, en 1569, dans la compagnie de Jésus, et prononça ses vœux en 1585. Envoyé par ses supérieurs au collège de Majorque, il exerça le reste de sa vie les humbles fonctions de portier, avec tant d'humilité, d'obéissance et de piété, qu'il s'éleva à une sainteté éminente. Sa complaisance, sa charité et sa douceur envers les étrangers, les habitants du collège et les écoliers qui le fréquentaient, ne se démentirent pas un seul instant. Plus d'une fois il fut ravi en extase dans l'oraison, mais ces faveurs extraordinaires, loin d'enfler son cœur, ne le rendaient que plus humble, et il se regardait comme le plus grand des pécheurs. Alphonse Rodriguez mourut le 31 octobre 1617, âgé de quatre-vingt-six ans, et fut béatifié par le pape Léon XII en 1224.—31 oct.

ALPHONSE-MARIE DE LIGUORI (saint), évêque de Sainte-Agathe et fondateur de la congrégation du Saint-Rédempteur, né en 1696, d'une famille noble de Naples, eut pour père don Joseph de Liguori, capitaine des galères d'Autriche, et pour mère Anne-Catherine Cavalieri, dame d'un grand mérite et d'une piété éminente, qui inspira de bonne heure à son fils les sentiments dont elle était elle-même pénétrée. A l'âge de dix ans, il entra dans l'association des jeunes nobles chez les Oratoriens de Naples, et s'y fit remarquer par sa candeur, son innocence et son horreur pour le péché. Jouant un jour au palet avec ses condisciples, l'un d'eux l'accusa d'avoir dit un mensonge pour décider la partie en sa faveur. Vivement affligé de cette fausse inculpation, le jeune Alphonse jeta la pièce de monnaie qu'il venait de gagner, en s'écriant : Croyez-vous donc qu'on puisse offenser la majesté de Dieu pour cette misérable pièce? Et aussitôt il se retira pour aller passer en prières le reste de la récréation. Revenu à la maison paternelle, où le rappelait la tendresse de ses parents, il y termina son éducation sous des maîtres habiles, qui lui enseignèrent le latin, le grec, la philosophie, le droit civil et canonique; il prit même, par déférence pour les volontés de son père, des leçons d'escrime et de danse. Mais l'étude des sciences ne lui faisait pas négliger les exercices de la piété : il communiait toutes les semaines et visitait tous les jours le saint sacrement. A l'âge de dix-sept ans, il fut reçu docteur en droit et embrassa la profession d'avocat. Sa bonne conduite, ses talents, l'étendue de ses connaissances qui lui avaient déjà concilié l'estime générale, lui présageaient les plus grands succès dans la carrière de la magistrature. Sa famille fondait sur lui les plus brillantes espérances ; déjà il était question d'un mariage avantageux ; mais le ciel avait d'autres vues sur Alphonse. Son père, lorsqu'il n'était pas en mer, allait tous les ans faire une retraite chez les Jésuites ou chez les prêtres de la Mission. En 1714, il y mena son fils qui avait dix-huit ans. Ce fut sans doute dans ces moments de calme et de recueillement qu'il conçut la première idée de la résolution qu'il exécuta quelques années après ; voici à quelle occasion. Il plaidait avec éclat une cause qu'il croyait avoir bien saisie, mais par une méprise involontaire, il fit perdre son client. Cet accident le dégoûta du barreau, et il se décida à entrer dans l'état ecclésiastique. Ce projet souleva contre lui de fortes oppositions. Il se retira dans la solitude pour éprouver sa vocation, et il disait souvent comme saint Paul : *Seigneur, que voulez-vous que je fasse?* Sa détermination une fois bien arrêtée, il reçut la tonsure, en 1724, et remplit les fonctions de clerc dans une église paroissiale ; ensuite il seconda, dans leurs fonctions, de saints prêtres qui donnaient des missions aux habitants des campagnes. Devenu prêtre lui-même, il continua à rester attaché aux missions, et il y déploya un zèle vraiment apostolique. Il donna avec un grand succès une retraite au clergé de Naples. Il prêchait sur les places publiques de la ville, et le peuple le suivait en foule. Il convertit deux célèbres brigands qui moururent plus tard en odeur de sainteté. Un jour qu'il donnait une retraite dans l'église du Saint-Esprit à Naples, son père ayant eu la curiosité d'aller l'entendre, s'écriait en sortant de l'église : Mon fils m'a fait connaître Dieu. Il lui témoigna ensuite combien il regrettait de s'être opposé à sa vocation. Après avoir édifié Naples par ses prédications, saint Alphonse se rendit dans les diocèses d'Amalfi et de Scala. Son but n'était d'abord que de prendre l'air de la campagne pour rétablir sa santé ; mais son zèle ne pouvait rester oisif, et bientôt il devint l'apôtre de ces contrées. Il allait dans les villages avec quelques prêtres évangéliser les laboureurs et les bergers, et leur administrait les sacrements de pénitence et d'eucharistie. Voyant le grand bien qui en résultait, il résolut de le perpétuer en fondant la congrégation de notre Très-Saint-Rédempteur, à peu près semblable à la congrégation de Saint-Vincent de Paul. Son projet éprouva bien des contradictions, qu'il surmonta avec l'aide de Dieu. Son institut fut d'abord peu nombreux, mais il s'accrut rapidement. Ce fut en 1742 que les associés s'engagèrent par des vœux simples, et nommèrent Liguori supérieur général de l'ordre, qui fut approuvé solennellement par Benoît XIV en 1749. Alphonse, qui ne négligeait rien pour rendre fructueuses les missions qu'on lui demandait de toutes parts, allait ordinairement à pied, ou monté sur un mauvais cheval. Etant arrivé, il commençait par recommander ses travaux à la sainte Vierge, puis il rassemblait le peuple et lui annonçait l'ouverture de la mission pendant laquelle il prêchait le matin et le soir, et faisait en outre le catéchisme à tous. Ses compagnons sortaient de l'église, le crucifix à la main, pour faire venir ceux qui n'avaient pas répondu au premier appel, et de retour à l'église, faisaient une espèce de pénitence publique en se frappant avec de grosses cordes. Malgré les fatigues d'un ministère pénible qui les tenaient occupés tout le jour et quelquefois une partie de la nuit, leur régime était très-austère : ils menaient une vie pauvre et mortifiée et vivaient aux dépens de leur congrégation sans rien recevoir des peuples. Chaque mission se terminait par la communion générale et par la plantation de la croix. Liguori gouvernait cette société de missionnaires avec autant de sagesse que de zèle ; il recommandait par-dessus tout l'obéissance, l'humilité et la pauvreté évangélique, donnant lui-même, le premier, l'exemple de ces vertus. L'amour du prochain, la charité pour les malades et pour les pauvres, étaient aussi des sentiments dont il était vivement pénétré et qu'il faisait régner dans sa congrégation. Mais pendant qu'il se dévouait ainsi sans réserve au bien spirituel de ses frères, il ne négligeait pas sa propre sanctification à laquelle il travailla toute sa vie avec une ardeur et une persévérance qui ne se démentirent jamais. Il consacrait chaque jour une partie de son temps à la méditation. Dieu le favorisa du don des miracles et de grâces extraordinaires : prêchant à Amalfi, il fut ravi en extase et on le vit élevé à plusieurs pieds de hauteur. Une statue de la mère de Dieu qui était à sa droite, devint toute resplendissante, et les rayons qu'elle lançait rejaillissaient sur le visage du saint. Le peuple, à la vue de ce prodige, se mit à crier miséricorde et miracle, et cette mission fut une de celles qui produisirent les plus admirables effets. Plusieurs églises d'Italie le demandèrent pour évêque, plusieurs évêchés et même l'archevêché de Palerme lui furent offerts ; il les refusa tous. Enfin Clément XIII le força, en 1762, d'accepter l'évêché de Sainte-Agathe-des-Goths, siège suffragant de Bénévent. Arrivé dans son diocèse, il y donna partout des missions. En 1766, il établit un institut de religieuses qui se consacraient aux œuvres de miséricorde temporelles et spirituelles envers le prochain. Il faisait de fréquentes visites pastorales, instruisait les peuples, établissait des paroisses, dirigeait et animait son clergé. Dur et sévère à lui-même, il était bon, indulgent et charitable pour les autres. Pendant une famine qui désola Naples, en 1664, il vendit tout son patrimoine et le distribua aux pauvres ; son cœur tendre et compatissant ne pouvait voir un malheureux sans être ému ; et ses aumônes étaient si abondantes, qu'elles tenaient en quelque sorte du merveilleux. Après treize ans d'épiscopat, il obtint enfin d'être déchargé de son évêché sur lequel il ne se réserva aucune pension. Ses diocésains n'eurent pas plutôt appris qu'ils allaient perdre leur saint évêque, qu'ils furent plongés dans l'affliction et les larmes. Il se retira à Nocéra, dans une maison de son ordre, où il continua encore quelque temps de gouverner en qualité de supérieur général ; mais il finit par s'en démettre. C'est dans cette maison qu'il composa un grand nombre d'ouvrages de théologie et de piété. Parmi ces derniers, les deux plus connus sont ceux intitulés : *Visites au saint sacrement* et les *Gloires de Marie*. Il avait une dévotion toute particulière au saint sacrement de l'autel, devant lequel il passait chaque jour huit heures à genoux, tant que ses infirmités le lui permirent, ensuite dans un siège, sur la fin de sa vie, et ce n'était jamais qu'avec regret qu'il quittait l'église. Le sacré cœur de Jésus, dont il établit la fête dans son diocèse, était également l'objet spécial de sa piété ; la passion du Sauveur était aussi le sujet ordinaire de ses méditations. Il assurait que les conversions opérées par le motif de Jésus crucifié étaient plus solides et plus durables que celles opérées par la crainte du jugement ou de l'enfer. Il faisait tous les jours le chemin de la Croix et jeûnait tous les vendredis de l'année. Il jeûnait aussi tous les samedis en l'honneur de la sainte Vierge, envers laquelle il avait aussi la dévotion la plus tendre. Chaque jour il récitait le Rosaire en entier ; il n'omettait jamais, dans ses missions, de prêcher un discours sur la confiance envers Marie. La délicatesse de sa conscience était si grande, qu'il avait en horreur la moindre faute ; aussi a-t-on cru avec raison qu'il ne perdit jamais l'innocence baptismale. Il se confessait tous les huit jours, et dans sa vieillesse, tous les jours. Une âme si dévouée à Dieu, fut cependant affligée par des peines intérieures ; mais il les supporta toujours avec patience et courage, et ne perdit jamais la confiance : *Toute mon espérance est en Jésus-Christ*, disait-il dans ces moments d'épreuve, *et après lui en Marie*. A l'âge de quatre-vingt-cinq ans, il était devenu tellement courbé, que sa tête lui tombait sur la poitrine ; sur les derniers temps il célébrait la messe dans sa chambre, mais lorsqu'il ne put plus sortir de son lit, il communiait souvent, entendait encore les confessions et donnait des avis spirituels à ceux qui recouraient à lui : le reste de son temps était consacré à la prière et à la méditation. Enfin il annonça un jour sa fin prochaine, et lorsqu'il fut à ses derniers moments, il montrait encore sa tendre dévotion par le respect avec lequel il baisait le crucifix et l'image de la sainte Vierge. Sur le point d'expirer, on lui voyait encore reprendre quelque force, lorsqu'on prononçait les noms de Jésus et de Marie. Il mourut le 1er août 1787, âgé de quatre-vingt-onze ans. Le peuple, en apprenant cette nouvelle, s'écriait : « Le saint est mort ; allons voir le saint. » Son corps fut enterré dans l'église de Saint-Michel de Pagani, près de Nocéra, et ses obsèques eurent plutôt l'air d'un triomphe que d'une cérémonie funèbre. Béatifié par Pie VII en 1816 et déclaré saint par Pie VIII en 1830, il fut canonisé solennellement par Grégoire XVI en 1839. — 2 août.

ALPIN (saint), *Alpinus*, évêque de Lyon, succéda à saint Just vers l'an 332, et mourut vers l'an 389, après sept années d'épiscopat. Son corps fut inhumé dans l'église où il avait fait bâtir en l'honneur de son prédécesseur, mort en Egypte, et dont on avait rapporté les restes mortels à Lyon. —15 sept.

ALFIN (saint), évêque de Châlons-sur-Marne, naquit à Baye, village du territoire de Châlons, d'une famille noble et pieuse qui le plaça sous la conduite de saint Loup, évêque de Troyes, pour lequel il conserva, toute sa vie, une affection filiale. La réputation de prudence et de sainteté qu'il avait acquise à une telle école et sous un tel maître détermina le clergé et le peuple de Châlons à l'élire, quoique absent et d'un âge peu avancé, pour remplacer l'évêque Provinetus, qui venait de mourir. Alpin, ayant appris cette nouvelle, voulut prendre la fuite; mais saint Loup lui commanda d'acquiescer à son élection. Arrivé dans son diocèse, il remplit avec un grand zèle tous les devoirs de sa charge et se montra puissant en paroles et en œuvres. Attila, suivi d'une armée de Barbares, étant venu fondre sur la Champagne en 451, commençait à envahir les plaines de Châlons, lorsque le saint évêque s'adressa à Dieu, et ses prières préservèrent son troupeau des malheurs dont il était menacé. On ignore les autres circonstances de sa vie et même l'année de sa mort, qu'il faut placer vers l'an 455. Il mourut à Baye où il était né et où il fut enterré. En 860, on transféra ses reliques à Châlons, et on les plaça dans l'église de saint André, qui s'appelle depuis l'église de saint Alpin. — 7 septembre.

ALPINIEN (saint), *Alpinianus*, prêtre, fut le coopérateur de saint Martial de Limoges, qui vint prêcher l'Evangile dans les Gaules, vers le milieu du III° siècle, comme le marque saint Grégoire de Tours. Au VIII° siècle, le corps de saint Alpinien fut transporté par Raymond, comte de Limoges, au prieuré de Ruffec, sur la Creuse. Il y a près d'Aubusson, une paroisse qui porte son nom. — 26 avril.

ALRUNE (la bienheureuse), *Aëldruna*, comtesse en Allemagne, est nommée dans le Ménologe de Bucelin sous le 19 juin; mais on l'honore aussi le 27 décembre.

ALTIGIEN (saint) *Altiginianus*, moine et martyr à Saint-Seine en Bourgogne, fut massacré avec saint Hilarin par les Sarrasins, l'an 731. — 23 août.

ALTIN (saint) *Altinus*, martyr, accompagna dans les Gaules saint Savinien, lorsque celui-ci, envoyé par le saint-siége, y vint prêcher l'Evangile, vers le milieu du III° siècle. Saint Savinien le chargea d'annoncer la parole de Dieu aux habitants de Chartres, et Altin en convertit un grand nombre. Il opéra aussi des conversions à Paris et à Orléans. Quelques auteurs le font évêque de cette dernière ville, mais sans fondement solide; il n'est pas même certain qu'il ait été revêtu du caractère épiscopal. A Créteil, près de Paris, il convertit saint Agoard et saint Aglibert. On croit qu'il souffrit pendant la persécution d'Aurélien, vers l'an 273. — 31 décembre.

ALTMAN (le bienheureux), *Altmannus*, évêque de Passau, né au commencement du XI° siècle, sortait d'une famille noble et riche de la Westphalie. Etant allé à Paris pour y terminer ses études il se lia d'une étroite amitié avec saint Adalbéron, qui devint plus tard évêque de Wurtzbourg et avec le bienheureux Gebhard qui fut ensuite élevé sur le siége de Saltzbourg. Après avoir embrassé l'état ecclésiastique, il fut fait chanoine de Paderborn, ensuite d'Aix-la-Chapelle. Nommé chapelain de la cour par l'empereur Henri III, il devint confesseur de l'impératrice Agnès, qui étant devenue veuve en 1056, lui donna toute sa confiance et ne voulut plus se guider que par ses avis. Elle le fit nommer évêque de Passau, au grand contentement de ce diocèse, qui connaissait la piété et la science d'Altman. C'était en effet l'un des plus saints et des plus savants hommes de son siècle. Mais les devoirs de l'épiscopat étaient difficiles à remplir dans ces temps d'ignorance et de désordre, où la corruption des mœurs, la simonie et le mépris des lois ecclésiastiques étaient protégés par le jeune empereur Henri IV et trouvaient même un appui dans quelques membres du clergé. Le saint pape Grégoire VII déployait, il est vrai, un zèle énergique contre ces abus scandaleux; mais ils avaient poussé des racines trop profondes pour qu'on pût les extirper tout d'un coup; d'ailleurs le pouvoir civil, loin de seconder les efforts du saint-siége, entravait son exercice et lui suscitait les plus graves embarras. Altman, placé, malgré lui, à la tête d'un vaste diocèse, ne négligea rien pour réformer les mœurs de son clergé et pour ranimer la piété parmi les fidèles. Il commença par rétablir l'ordre et la discipline dans les monastères: il en fonda un nouveau, celui de Kettewein, qu'il dota généreusement. Il s'appliqua ensuite à faire observer les lois de l'Eglise qui prescrivent la continence des clercs et le célibat des prêtres; mais cette tentative lui suscita des ennemis puissants et de violentes persécutions. On le calomnia auprès de l'empereur Henri IV, et on l'accusa de faire cause commune avec ses ennemis. Ce prince le fit chasser de son diocèse et s'empara de ses revenus. Altman se retira d'abord en Westphalie, dans sa famille; ensuite il se rendit à Rome pour se démettre de son évêché entre les mains du pape, non pour apaiser Henri, mais pour calmer sa propre conscience; car il craignait que son avènement à l'épiscopat ne fût entaché de simonie, parce qu'il n'avait eu lieu qu'à la recommandation de l'impératrice Agnès. Grégoire VII, à qui il s'en ouvrit, le tranquillisa sur ce point et le renvoya en Allemagne avec le titre de légat: c'est en cette qualité qu'il assista, l'an 1076 au concile de Tribur tenu contre les schismatiques et contre Henri lui-même qui les protégeait et qu'on menaça de déposition. L'année suivante il se trouva à l'assemblée de Forcheim tenue par les seigneurs d'Allemagne, pour aviser aux moyens de rétablir la paix entre l'Empire et le saint-siège. Altman prit une part active à toutes les affaires qui eurent lieu au sujet de cette fameuse querelle, et il ne négligea rien pour obliger Henri à respecter les droits et l'autorité de l'Eglise; aussi fut-il persécuté jusqu'à sa mort, sans qu'il lui fût possible de reprendre l'administration de son diocèse. Privé de ses revenus, que l'empereur s'était appropriés, il vivait pauvrement; ce qui ne l'empêchait pas de se montrer charitable; car dans une année de disette il vendit tous ses meubles et en distribua le prix aux indigents. Il mourut le 8 août 1091, et les nombreux miracles opérés à son tombeau, lui attirèrent bientôt la vénération des fidèles. Son culte a été approuvé par Boniface VIII et par Alexandre VI.—8 août.

ALTON (saint) *Alton*, abbé en Allemagne, né en Ecosse, prit l'habit monastique dans sa patrie, et passa ensuite en Allemagne, vers le milieu du VIIIe siècle. Il fonda, en Bavière, le monastère d'Alt-Munster, au moyen des libéralités de Pepin, roi de France. Sa piété, son humilité et ses autres vertus firent impression sur les idolâtres au milieu desquels il vivait avec ses religieux. Un grand nombre se convertirent au christianisme qu'ils voyaient pratiqué avec tant de perfection. Le saint abbé mourut vers l'an 760, et il est honoré en Allemagne le 9 février, quoique les calendriers d'Angleterre ne le nomment que le 5 septembre.

ALVAREZ DE CORDOUE (le bienheureux), dominicain, né vers le milieu du XIVe siècle, prit l'habit de Saint-Dominique en 1368, et son attrait pour les austérités lui faisait ajouter à la sévérité de la règle des pratiques très-rigoureuses. Il portait le cilice avec une chaîne de fer qui lui servait de ceinture. L'humilité, la charité, l'esprit d'oraison, telles étaient les principales vertus qu'on admirait en lui et qui éclatèrent aux yeux des peuples, lorsqu'il se livra au ministère de la prédication. Après avoir donné des missions dans les royaumes d'Andalousie et de Castille, et ramené à Dieu une grande multitude de pécheurs, il passa en Italie et de là en Palestine où les efforts de son saint ministère ne furent pas moins consolants. De retour en Castille, l'an 1405, il y reprit l'œuvre qu'il avait si heureusement commencée. Après la mort de Henri II, roi de Castille, la reine Catherine, sa veuve, le choisit pour son confesseur, lui donna toute sa confiance et le fit son conseiller intime. Il profita de sa position influente à la cour pour faire honorer la piété et la religion. Les fonctions qu'il exerçait auprès de la reine, lui devenant tous les jours plus difficiles, il obtint d'en être déchargé, et cette princesse, en le congédiant, le mit en état de bâtir un couvent de son ordre, se chargeant de contribuer à tous les frais de cet établissement. Alvarez le fit construire sur une montagne à deux lieues de Cordoue, et lui donna le nom de *Scala cœli*, c'est-à-dire Echelle du ciel; mais il refusa la riche dotation que la reine et le jeune roi Jean II, son fils, voulaient y attacher. Lorsqu'il s'y fut retiré, il vit bientôt arriver un grand nombre de religieux et de novices qui se présentaient pour vivre sous sa conduite. Il contribua beaucoup à l'extinction du schisme par les efforts qu'il fit pour détacher de Pierre de Lune les partisans nombreux qu'il conservait en Espagne. Digne imitateur de saint Vincent Ferrier, il faisait dans l'Andalousie ce que cet homme apostolique faisait dans différents royaumes, et ses missions ne finirent qu'avec sa vie. Il mourut le 19 février 1420, et divers miracles attestèrent sa sainteté. Bientôt on l'invoqua comme bienheureux, et son tombeau devint célèbre par le concours des pèlerins qui venaient réclamer son intercession. Son culte a été autorisé par Benoît XIV, qui l'a étendu à tout l'ordre de Saint-Dominique. — 9 février.

ALVERDE (la bienheureuse), *Alverdes*, vierge dont la sainteté est louée par Ditmar, est honorée à Magdebourg le 22 mai.

ALVÈRE (sainte), *Alvenera*, vierge, est honorée en Périgord, dans une petite ville qui porte son nom et où reposent ses reliques. — 9 mars

ALVIER (saint), *Albarius*, soldat de la légion Thébéenne et martyr, était parvenu à se sauver jusqu'à Fossano en Piémont, après le massacre de ses camarades; mais il fut poursuivi par des soldats qui l'atteignirent et le mirent à mort en 286, avec un autre nommé Sébastien. Leurs corps furent retrouvés dans des cercueils de pierre, sous le pavé de l'église d'un village, avec une inscription qui indiquait leur nom et leur martyre. Cette découverte eut lieu le 2 janvier 1427, et c'est en ce jour qu'on a placé leur fête. — 2 janvier.

ALVOLDE (le bienheureux), *Alvoldus*, évêque de Sherburn dans le comté de Dorset en Angleterre, florissait dans le XIe siècle et mourut en 1050. — 25 mars.

ALYPE (saint), *Alypius*, martyr, eut la tête écrasée sous une pierre pour la foi de Jésus-Christ, et il est honoré chez les Grecs le 27 mai.

ALYPE (saint), évêque de Tagaste en Numidie, né dans cette ville vers le milieu du IVe siècle, commença ses études dans sa ville natale, et alla ensuite les continuer à Carthage sous saint Augustin, son compatriote et son ami. Pendant son séjour à Carthage, il se passionna pour les divertissements du cirque. Augustin, dont il avait quitté l'école par ordre de son père, le voyant un jour au nombre de ses auditeurs, et voulant faire entendre plus clairement un passage qu'il expliquait, se servit d'une comparaison tirée des jeux du cirque, et lança en passant des railleries piquantes contre les amateurs de pareils spectacles. Il ne pensait pas à Alype dans le moment; mais celui-ci crut qu'il l'avait en vue, et prit la chose en bonne part. Il en profita pour se corriger, et renonça à la fréquentation du cirque. Il habitait encore Carthage lorsqu'un voleur se mit à couper avec une cognée des barreaux de plomb qui avançaient sur la rue. Le bruit qu'il faisait donna l'éveil, et voyant qu'on venait à lui, il prit la fuite, laissant là sa cognée. Alype, qui passait, la ramasse et continue son chemin. Il n'en fallut pas davantage pour faire croire qu'il était l'auteur du vol : on l'arrêta pour le conduire en prison et peut-être même à la mort; car la foule qui se rassemblait poussait des cris de fureur contre lui, lorsque l'architecte, chargé des bâtiments publics, vint à passer. Comme il connaissait Alype pour l'avoir vu souvent chez un sénateur de la ville, il fut tout surpris de le voir entre les mains de la justice, sous le poids d'une accusation déshonorante. Il invita les assistants à le suivre, promettant de prouver l'innocence d'Alype, et la chose eut lieu plus tôt qu'il ne le pensait; car en passant par hasard devant la maison du voleur, le fils de celui-ci, encore trop jeune pour calculer les suites de ce qu'il disait, reconnut la cognée et s'écria : « C'est la nôtre. » Alype fut donc relâché, et bientôt après il se rendit à Rome pour étudier le droit. Des amis voulant un jour le faire assister avec eux à un combat de gladiateurs, il refusa; mais ils l'entraînèrent malgré sa résistance. Quand le spectacle commença, il ferma les yeux, afin de n'y prendre aucune part. *Plût à Dieu*, dit saint Augustin, *qu'il se fût aussi bouché les oreilles !* En effet, les spectateurs ayant poussé un cri, Alype ouvrit les yeux pour en connaître la cause, s'imaginant qu'il serait toujours le maître de les refermer, mais il devint la victime de sa funeste curiosité. Un gladiateur venait d'être blessé, et Alype n'eut pas plutôt vu couler le sang que ses regards furent comme fascinés, et qu'il se sentit comme enivré du plaisir de ces combats cruels : il s'anima comme les autres, et sortit de l'amphithéâtre avec une passion effrénée pour ces spectacles barbares. Il y retourna donc aussi souvent que l'occasion s'en présenta, ainsi qu'aux jeux du cirque, pour lesquels il se passionna de nouveau. Cependant, il était réglé dans ses mœurs, et sa conduite n'offrait rien de répréhensible aux yeux du monde. Après avoir terminé d'une manière brillante son cours de droit, il fut nommé assesseur de justice dans la cour du trésorier de l'Italie, et donna, dans cette place, des preuves de sa probité et de son désintéressement, en résistant à un sénateur puissant qui voulait abuser de son crédit pour commettre des injustices. Ni les menaces ni les promesses ne purent le faire dévier de son devoir, et la justice triompha. Saint Augustin étant venu professer l'éloquence à Rome, ils resserrèrent encore les liens de leur ancienne amitié. Alype le suivit à Milan, et contribua pour quelque chose à sa conversion. Ils se firent inscrire l'un et l'autre parmi les compétents, au commencement du carême de l'an 387. Alype suivit avec exactitude et ferveur les exercices prescrits aux catéchumènes qui postulaient le baptême, et pratiquait de grandes austérités pour se disposer à ce sacrement, qu'il reçut avec saint Augustin la veille de Pâques. Ils retournèrent ensuite à Rome, où ils passèrent un an dans la retraite. Après avoir rendu les derniers devoirs à sainte Monique, ils repassèrent en Afrique, et vécurent trois ans ensemble dans une maison de campagne que saint Augustin possédait près de Carthage. Ils s'y livraient à la prière, à l'étude et à la méditation de l'Ecriture sainte et aux exercices de la pénitence. Quelques amis se joignirent à eux, et ils formèrent une communauté qui donna naissance à l'ordre des Ermites de saint Augustin. Lorsque saint Augustin eut conduit à Hippone cette pieuse colonie dont il était le fondateur et le chef, Alype fit par dévotion le voyage de la Palestine pour visiter les saints lieux. Il y vit saint Jérôme, avec qui il se lia d'une étroite amitié. A son retour en Afrique, vers l'an 393, il fut fait évêque de Tagaste, sa patrie. Il aida beaucoup saint Augustin dans ce qu'il fit, et écrivit contre les donatistes et les pélagiens. Il assista aux conciles qui se tinrent de son temps en Afrique, et il fut l'un des sept évêques catholiques choisis pour prendre part à la célèbre conférence avec les donatistes, qui se tint à Carthage l'an 411. Il fut ensuite chargé par l'église d'Afrique d'une mission auprès de l'empereur Honorius et du pape saint Boniface; cette mission ne fut pas la seule qu'il entreprit pour le bien de la religion. Saint Augustin, dans une lettre qu'il lui écrivit en 429, l'appelle vieillard; ce qui suppose qu'ils étaient à peu près de même âge, et on croit qu'il ne survécut guère à son illustre ami. — 15 août.

ALYPE le *Stylite* (saint), qui florissait dans le VIe et le VIIe siècle, naquit à Andrinople en Paphlagonie, et fut élevé par l'évêque de cette ville qui l'admit aux saints ordres et l'attacha au service de son église. A l'âge de trente-deux ans, se sentant appelé à imiter les Siméon et les Daniel qui s'étaient sanctifiés sur des colonnes, il distribua tous ses biens aux pauvres, et se fit construire une colonne sur le haut de laquelle il passa le reste de sa vie. On venait le trouver de toutes parts pour se recommander à ses prières et pour recevoir des avis spirituels. Sa vertu lui donnait un tel ascendant, qu'il réconciliait les ennemis, apaisait les querelles, et tout le monde se soumettait à ses décisions, comme si elles eussent été dictées par le ciel. Pendant les quatorze dernières années de sa vie, il fut affligé d'un mal qui l'obligeait à rester constamment couché dans la même position, et il supporta avec une patience admirable cette cruelle épreuve, répondant à ceux qui le plaignaient : *Le Seigneur est juste, et il punit justement.* Après un demi-siècle passé sur sa colonne il mourut plus qu'octogénaire. — 26 novembre.

AMA (sainte), vierge et martyre en Perse, pendant la persécution du roi Sapor II, eut la tête tranchée, l'an 346, par la main d'un prêtre, qui avait été arrêté avec elle et qui venait d'apostasier. — 6 juin.

AMABLE (saint), *Amabilis*, martyr en Afrique, avec plusieurs autres, est honoré le 20 juil.

AMABLE (saint), prêtre et patron de Riom en Auvergne, naquit dans cette ville et montra dès sa jeunesse des inclinations si vertueuses, qu'on le jugea digne du sacerdoce. Il administrait, depuis bien des années, l'église de Riom en qualité de pasteur, lorsque l'évêque d'Auvergne, qui était alors, à ce que l'on croit, saint Sidoine Apollinaire, le fit venir dans la ville épiscopale et le fit préchantre de sa cathédrale. Saint Amable mourut vers l'an 475, et son tombeau devint célèbre par un grand nombre de miracles. Dans le xe siècle, ses reliques furent transférées de Clermont à Riom, et placées dans l'église de Saint-Bénigne. On l'invoque surtout contre la morsure des vipères. — 11 juin et 1er novembre.

AMADOUR (saint), *Amator*, solitaire et confesseur, dans le Quercy, près de Cahors, quitta le monde pour mener la vie érémitique, dont il fut le premier exemple dans les Gaules, si, comme on le croit communément, il florissait sur la fin du IIIe siècle. Il bâtit à côté de sa cellule un oratoire à la sainte Vierge, qui fut consacré par saint Martial et qui devint bientôt un célèbre pèlerinage. Il mourut en récitant la Salutation Angélique, qui était sa prière de prédilection, et il fut enterré à l'entrée de son oratoire. En 1126, on retrouva son corps dans un état parfait de conservation ; ce qui donna lieu au dicton populaire : *En chair et en os comme saint Amadour.* — 20 août.

AMALBERGE ou AMELBERGE (sainte), *Amelberga*, veuve et religieuse, sortait d'une des plus illustres familles de France et était nièce de Pépin de Landen, maire du palais des rois d'Austrasie, qui se chargea de son éducation, lorsqu'elle eut perdu ses parents. Il la maria à Thierri, seigneur d'un rang distingué, dont elle eut sainte Faraïlde. Après la mort de Thierri, Pepin la remaria à Wetger, comte de Brabant, qui faisait sa résidence habituelle au château de Ham en Flandre. Elle eut de ce second mariage saint Emebert, évêque de Cambrai, sainte Gudule et sainte Renelde. Tout en formant à la sainteté ses enfants elle travaillait avec zèle à sa propre sanctification, donnant l'exemple des plus belles vertus et se livrant à la pratique des œuvres de miséricorde, de concert avec son mari. Celui-ci ayant pris l'habit monastique à l'abbaye de Lobes, Amalberge, qui avait beaucoup contribué à lui faire prendre cette pieuse détermination, reçut, de son côté, le voile des mains de saint Aubert, évêque de Cambrai ; elle se retira dans le monastère de Mauheuge, où elle passa le reste de sa vie dans de grandes austérités. Elle mourut vers l'an 680, et son corps fut transporté à Lobes, pour être inhumé à côté de celui de son époux, qui l'avait précédée dans la tombe. Dans la suite ses reliques furent transférées à Binche dans le Hainaut. — 10 juil.

AMANCE (saint), *Amantius*, tribun d'une légion romaine et martyr à Tivoli, ayant embrassé le christianisme, l'empereur Adrien donna l'ordre au consulaire Licinius de l'arrêter à la tête de sa légion. Il fut d'abord fouetté publiquement et ensuite emprisonné à Tivoli. Après vingt-sept jours de détention, on le livra aux flammes ; mais le feu ne lui ayant fait aucun mal, on lui brisa la tête à coups de bâton, vers l'an 119. Son corps, ainsi que celui de saint Gétule, son frère, qui avait souffert avec lui, furent enterrés par sainte Symphorose, épouse de ce dernier, dans une sablonnière qui lui appartenait. — 10 juin.

AMANCE (saint), martyr à Nirée avec saint Diomède et trois autres, est honoré chez les Grecs le 9 juin.

AMANCE (saint), martyr à Nyon dans les Gaules, souffrit avec saint Alexandre et leurs compagnons. — 6 juin.

AMANCE (saint), martyr à Rome avec saint Zotique et deux autres, souffrit l'an 304, pendant la persécution de Dioclétien. — 10 février.

AMANCE (saint), évêque de Côme et confesseur, florissait au commencement du Ve siècle, et mourut vers l'an 446 : il avait succédé à saint Félix et eut saint Abonde pour successeur. — 8 avril.

AMANCE (saint), évêque de Saint-Paul-Trois-Châteaux, florissait, dans le Ve siècle et il est honoré le 6 février.

AMANCE (saint), prêtre de Tiferno en Ombrie, se rendit célèbre par le don qu'il avait de guérir les malades rien qu'en les touchant avec sa main, ce qui lui avait fait donner le surnom de *Guérisseur*. Le pape saint Grégoire le Grand, informé de ce merveilleux privilège par Floride, évêque de Tiferno, fit venir à Rome le Thaumaturge et voulut qu'il logeât dans l'hôpital des malades, afin qu'il trouvât l'occasion de faire éclater le pouvoir surnaturel dont Dieu l'avait favorisé. La nuit suivante, Amance guérit un frénétique qui, par ses cris, troublait le repos des autres malades. De retour à Tiferno, il mourut au commencement du VIIe siècle et il y est honoré le 26 septembre.

AMANCE (saint), diacre de l'église romaine, fut envoyé avec saint Landoald, dans les Pays-Bas, par le pape saint Martin, vers le milieu du VIIe siècle, pour y travailler, en qualité de missionnaires, à la conversion des infidèles. Il remplit, avec zèle et succès, pendant de longues années, la mission qui lui avait été confiée par le saint-siège et qu'il exerçait sous la direction de saint Landoald et de saint Amand, évêque de Maestricht. Après sa mort, son tombeau fut illustré par de nombreux miracles, et il est honoré à Gand le 19 mars.

AMAND (saint), *Amandus*, évêque de Strasbourg et apôtre de l'Alsace, assista, en 346, au concile de Cologne et mourut vers le milieu du IVe siècle. Il s'est fait une translation de ses reliques qu'on célèbre le 26 octobre. — 6 févr.

AMAND (saint), évêque de Bordeaux et confesseur, né après le milieu du IVe siècle, servit Dieu dès sa plus tendre enfance et s'appliqua de bonne heure à l'étude des sciences divines. Après une jeunesse passée dans l'innocence et la piété, il fut ordonné prêtre par saint Delphin, évêque de Bordeaux, qui l'attacha à son église. Lorsqu'en 388, saint Paulin de Nole renonça au siècle pour servir Dieu dans la retraite, comme il n'était encore que catéchumène, il demanda le baptême à l'évêque de Bordeaux qui avait beaucoup contribué à sa conversion. Celui-ci, avant de lui conférer le sacrement, le mit quelque temps sous la conduite de saint Amand qui lui donna des instructions particulières sur la religion. Saint Paulin, reconnaissant de ce service, conserva toujours une vive affection pour Amand, et lui écrivit dans la suite, plusieurs lettres qui respirent la plus profonde vénération. Saint Delphin étant mort en 403, Amand fut élu pour lui succéder. Il se démit, bientôt après, de son siège en faveur de saint Séverin, évêque de Cologne, chassé de son siége par les Ariens et qui s'était retiré à Bordeaux sa patrie. Après la mort de saint Séverin, arrivée l'an 408, on obligea saint Amand à reprendre le gouvernement de son diocèse. Quelques auteurs lui attribuent la conservation des œuvres de saint Paulin et supposent par conséquent qu'il lui survécut, mais l'opinion la plus probable est qu'il précéda dans la tombe le saint évêque de Nole, qui mourut en 431. — 18 juin.

AMAND (saint), évêque de Rennes, succéda à Anthène et marcha sur les traces de ses saints prédécesseurs. Après un épiscopat, sous lequel on vit fleurir la religion et la piété, il désigna saint Mélaine pour son successeur et mourut vers l'an 505.—13 nov.

AMAND (saint), comte, florissait au commencement du vi^e siècle et mourut en 515. Il a donné son nom à une abbaye d'Italie et est honoré à Gisalbe dans le diocèse de Bergame, le 6 avril.

AMAND (saint), évêque de Maestricht, né en 585, près de Nantes, dans une terre dont son père était seigneur, quitta le monde, à l'âge de vingt ans pour se retirer dans le monastère d'Oye, petite île située près de celle de Ré. Son père, qui ignorait le lieu de sa retraite, le fit rechercher de tous côtés, et ce ne fut qu'au bout d'un an qu'il découvrit l'asile où il s'était réfugié. Il alla le trouver aussitôt et lui fit les plus vives instances pour l'engager à rentrer dans le monde et à reprendre le rang que lui donnaient sa naissance et sa fortune : il alla même jusqu'à la menace de le déshériter s'il ne reprenait l'habit séculier et s'il ne rentrait sous le toit paternel. Amand lui répondit respectueusement qu'il ne voulait pas quitter l'habit monastique et qu'il ne désirait point d'autre héritage que Jésus-Christ. Il quitta cependant sa solitude : non pour suivre son père, qui s'en retourna seul, mais pour faire un pèlerinage au tombeau de saint Martin de Tours, d'où il se rendit à Bourges. Il y passa près de quinze ans dans une petite cellule, voisine de la cathédrale, pratiquant les plus grandes austérités, ne se nourrissant que de pain d'orge et d'eau et portant toujours un rude cilice. Saint Austrégisile, qui le dirigeait dans les voies spirituelles, étant mort en 624, il quitta sa cellule et fit un pèlerinage à Rome. De retour en France, il fut ordonné, en 628, évêque régionnaire, avec mission de prêcher la foi aux infidèles. Il évangélisa les Flamands et les Slaves qui habitaient les bords du Danube. Il opéra dans ces pays de nombreuses conversions. Dagobert 1er, roi de France, qu'il avait repris courageusement de ses désordres, l'ayant exilé de ses États, il porta le flambeau de la foi chez les Basques et les Navarrais ; mais Dagobert, revenu à de meilleurs sentiments, le rappela de son exil et le fit venir à Clichy près de Paris. Il ne l'eut pas plutôt aperçu qu'il se jeta à ses pieds et lui demanda pardon de l'injustice dont il s'était rendu coupable envers lui. Il le pria ensuite de conférer le baptême à son fils Sigebert. La cérémonie se fit à Orléans, avec une grande pompe, et Charibert, roi d'Aquitaine, tint le jeune prince sur les fonts sacrés. Saint Amand entreprit ensuite une mission chez les Gantois, nation si barbare qu'aucun ouvrier évangélique n'osait aller les instruire. Il eut à souffrir au milieu d'eux les outrages et les mauvais traitements. On poussa même la cruauté jusqu'à le battre et le jeter à l'eau, sans que cela l'empêchât de continuer le cours de ses prédications. Les miracles, et surtout la résurrection d'un mort, qu'il opéra en présence des infidèles, les frappèrent tellement qu'ils renoncèrent à leurs superstitions, abattirent les temples de leurs idoles, et vinrent en foule demander le baptême. Saint Amand bâtit plusieurs églises et fonda à Gand deux monastères, celui de Blandinberg et celui de Saint-Pierre qui s'appela ensuite Saint-Bavon, du nom de ce saint qu'il avait converti, et qui, par ses libéralités, avait beaucoup contribué à sa fondation. — Quelque temps après, il fonda le monastère d'Elnon, près duquel s'est formée la ville de Saint-Amand, célèbre par ses boues minérales. Depuis qu'il avait reçu l'onction épiscopale, il n'avait été attaché à aucun siège ; mais en 649 il fut obligé d'accepter celui de Maestricht ; il s'en démit au bout de trois ans, après avoir désigné saint Rémacle pour son successeur, et reprit le cours de ses travaux apostoliques auprès des infidèles. Quand ses forces et son grand âge lui commandèrent le repos, il se retira dans son monastère d'Elnon, qu'il gouverna pendant les quatre dernières années de sa vie. Il y mourut en 675, à l'âge de quatre-vingt-dix ans, et y fut enterré. — 6 février.

AMAND (saint), missionnaire dans les Pays-Bas, était diacre et se trouvait à Rome, lorsque le pape saint Martin l'associa aux travaux apostoliques de saint Amand de Maestricht et de saint Landoald. Amand accompagna ce dernier, et en traversant les Gaules ils visitèrent divers monastères et s'arrêtèrent dans le pays situé entre la Meuse et l'Escaut. Ils convertirent un grand nombre de païens et ramenèrent à la pratique des vertus chrétiennes ceux qui précédemment avaient embrassé la foi. On croit que saint Amand survécut à saint Landoald, avec lequel il est honoré le 19 mars et le 13 juin.

AMAND (saint), abbé de Lérins, succéda dans le gouvernement de ce monastère à saint Aiou, ou Aigulfe, massacré en 676 par des moines pervers. Ce crime inouï jeta dans le plus grand désordre la communauté jadis si florissante et si exemplaire. Il fallait pour y rétablir la régularité et la ferveur, un abbé tel que saint Amand, qui, par l'ascendant de ses vertus, par une fermeté mêlée de douceur, remit le monastère sur son ancien pied. Il était à la tête de plus d'un millier de moines, lorsqu'il mourut, vers l'an 700. — 18 nov.

AMANDIS (saint), *Amandinus*, est honoré comme confesseur à Clermont en Auvergne le 7 novembre.

AMARANTHE (saint), *Amaranthus*, martyr, souffrit la mort pour la foi, dans un village près d'Alby, sous l'empereur Dèce selon les uns, et selon d'autres quelques années plus tard, lorsque Chrocus, roi des Allemands, vint ravager les Gaules et fit périr beaucoup de chrétiens. Son tombeau ayant été découvert dans la suite, les miracles qui s'y opéraient attirèrent un grand concours de fidèles. Saint Eugène de Carthage, exilé pour la foi par les Vandales, se réfugia dans les Gaules, et lorsqu'il se sentit proche de sa fin, il voulut mourir près du tombeau du saint martyr. Son corps ainsi que celui de saint Amaranthe furent, depuis, transférés dans la cathédrale d'Alby.—7 nov.

AMARIN (saint), *Amarinus*, martyr à Rome, souffrit avec saint Satur et plusieurs autres. — 20 juillet.

AMARIN (saint), solitaire et martyr, vivait en ermite dans une vallée de la Haute-Alsace, appelée depuis, de son nom, vallée de Saint-Amarin, lorsque saint Prix, évêque de Clermont, se rendant à la cour de Childéric II, roi d'Austrasie, pour les affaires de son église, alla le visiter dans sa retraite et le guérit miraculeusement d'une maladie grave dont il était attaqué. Saint Amarin, par reconnaissance, s'attacha à son bienfaiteur et l'accompagna à la cour. Hector, patrice de Marseille, ayant été condamné à mort quelque temps après, en punition de ses crimes, ses partisans s'imaginèrent que son supplice était une suite des plaintes que l'évêque de Clermont avait portées au roi contre lui ; en conséquence, ils résolurent sa perte. Ils trouvèrent bientôt l'occasion d'exécuter leur horrible projet. Comme on savait que saint Prix, en revenant dans son diocèse, devait passer par Volvic, Agrice, le plus acharné de ses ennemis, alla l'y attendre avec vingt hommes armés. Ils fondirent d'abord sur saint Amarin qu'ils avaient pris pour l'évêque, et le massacrèrent quelques instants avant ce dernier. Cet horrible assassinat eut lieu le 25 janvier 674.—25 janv.

AMASE (saint), *Amasius*, évêque de Thiano, dans la terre de Labour, succéda à saint Pâris, vers l'an 346, et après un épiscopat de sept ans, il mourut vers l'an 353. — 21 janvier.

AMASUIND (le bienheureux), *Amasuindus*, religieux de l'ordre de Saint-Benoît, est honoré le 22 décembre.

AMAT (saint), *Amatus*, pèlerin, patron de Saludez, près de Rimini, est honoré dans l'église de Saint-Blaise où son corps fut inhumé. — 8 mai.

AMAT (saint), *Amatus*, évêque de Nusco, en Italie, mourut en 1093, et il est honoré le 31 août.

AMATEUR (saint), *Amator*, évêque d'Autun, florissait dans le IVe siècle, et il est honoré dans cette ville le 26 novembre.

AMATEUR (saint), évêque d'Auxerre, sortait d'une famille illustre de l'Auxerrois, et il eut pour maître, dans l'étude de la religion, saint Valerien, son évêque. Lorsqu'il fut en âge de se marier, ses parents, qui n'avaient point d'autre enfant, lui firent épouser une jeune personne de la ville de Langres, nommée Marthe, qui joignait à une haute naissance des biens considérables. Amateur, qui n'avait consenti à ce mariage que par déférence pour ses parents, fit à son épouse, le jour même de ses noces, un éloge si touchant de la virginité, qu'elle entra dans ses vues, et qu'ils s'engagèrent, par vœu, à garder la continence toute leur vie. En conséquence, Marthe prit le voile dans une maison de vierges, et Amateur reçut la tonsure cléricale. Il entra ensuite dans les saints ordres, et fut élevé sur le siége d'Auxerre en 388, qu'il occupa pendant trente ans, instruisant son troupeau par ses prédications et l'édifiant par ses vertus. On ne sait si ce fut avant son élévation à l'épiscopat, ou après, qu'il fit un voyage en Orient d'où il rapporta les reliques de sainte Julitte et de saint Cyr, son fils. Le duc Germain, qui faisait sa résidence à Auxerre et qui était passionné pour la chasse, suspendait aux branches d'un grand arbre, qui était au milieu de la ville, la tête des bêtes qu'il avait tuées. Comme cette conduite tenait à une coutume usitée chez les païens, les fidèles en étaient scandalisés. Saint Amateur l'ayant averti plusieurs fois inutilement, fit abattre l'arbre en l'absence du duc, qui, à son retour, entra dans une grande colère et menaça le saint de sa vengeance. Alors Dieu fit connaître à saint Amateur qu'il mourrait bientôt et que Germain était destiné à être son successeur. Aussitôt le saint évêque va trouver à Autun Jules, préfet des Gaules, et obtient de lui la permission de mettre Germain au nombre des clercs. De retour à Auxerre, il fait réunir le peuple dans l'église : Germain y étant venu avec les autres, on ferme les portes, on se saisit de lui, par ordre de saint Amateur, qui lui confère la tonsure cléricale, le revêt de l'habit ecclésiastique et lui apprend qu'il doit lui succéder. Saint Amateur mourut peu de temps après, le 1er mai 418. — 1er mai.

AMATEUR (saint), prêtre et martyr à Cordoue, fut mis à mort pour la foi chrétienne en 855, sous Mohamed, roi de Cordoue. Saint Euloge le mentionne dans son Mémorial des saints. — 30 avril.

AMBASE (saint), *Ambasa*, abbé en Ethiopie, qu'on représente monté sur un lion, est honoré le 31 août.

AMBERT (saint), *Ambertus*, corévêque de Moissac en Quercy, florissait dans le milieu du VIIe siècle, et mourut vers l'an 680. Avant de recevoir l'onction épiscopale, il avait été premier abbé de ce lieu. — 30 septembre.

AMBIQUE (saint), *Ambicus*, martyr à Nicomédie, souffrit avec saint Victor et un autre. — 3 décembre.

AMBROIS (saint), *Ambrosius*, évêque de Cahors, fut élevé sur le siége de cette ville vers l'an 752. Il s'appliqua de tout son pouvoir à rétablir la discipline ecclésiastique et à réformer les mœurs de son troupeau; mais voyant l'inutilité de ses efforts, il quitta ses fonctions et se retira dans une grotte à quelque distance de sa ville épiscopale, pour s'y consacrer à la prière ainsi qu'aux pratiques de la pénitence, et pour pleurer sur l'endurcissement de son peuple. Sa retraite ayant été découverte quelque temps après, il fut impossible, malgré les plus vives instances, de le faire remonter sur son siége. Pour se soustraire à de nouvelles sollicitations, il quitta sa grotte, fit un pèlerinage à Rome, et un autre à Saint-Martin de Tours; ensuite il se construisit un ermitage, à quatre lieues de Bourges, dans un bourg nommé Sélissur-l'Ernon. C'est là qu'il mourut, vers l'an 770. On y bâtit, dans la suite, un monastère qui prit le nom de Saint-Ambrois, et l'on y plaça ses reliques. Elles furent profanées au milieu du xv siècle, par les huguenots, qui brisèrent sa châsse; mais les catholiques recueillirent ses ossements et les placèrent dans une nouvelle châsse. — 16 octobre.

AMBROISE (saint), *Ambrosius*, diacre et confesseur, était un des personnages les plus distingués d'Alexandrie par sa naissance et par ses richesses. Il parut avec éclat à la cour des empereurs, s'engagea dans le mariage et eut plusieurs enfants. Il était imbu des erreurs des Valentiniens lorsque Origène, qui était alors à la tête de l'école d'Alexandrie, eut occasion de le connaître et de lui ouvrir les yeux sur les égarements de son esprit. Après sa conversion, il se lia d'une étroite amitié avec celui qui l'avait amené à la connaissance de la vérité, et il se mit sous sa conduite pour l'étude de l'Ecriture sainte. Comme il était riche et qu'Origène ne l'était pas, il lui fournit des copistes et tout ce dont il avait besoin pour ses commentaires sur l'Ecriture sainte, qui lui sont presque tous dédiés. La science et la vertu d'Ambroise l'avaient fait élever au diaconat, lorsqu'il fut arrêté durant la persécution de l'empereur Maximin Ier. On confisqua ses biens et on l'exila en Germanie. Quand la paix, rendue à l'Eglise, lui eut permis de retourner à Alexandrie, il engagea Origène à réfuter Celse, philosophe épicurien qui avait composé un ouvrage contre la religion chrétienne. Il mourut vers l'an 251. — 17 mars.

AMBROISE (saint), centurion et martyr à Ferentino, souffrit divers supplices pendant la persécution de Dioclétien, entre autres celui du feu qui ne lui fit aucun mal, et celui de l'eau qui le conduisit au lieu du rafraîchissement éternel. —16 août.

AMBROISE (saint), archevêque de Milan et docteur de l'Eglise, était fils d'Ambroise, préfet du prétoire des Gaules, et naquit dans la ville où son père résidait, vers l'an 340. Il lui arriva, étant encore enfant, la même chose qu'à Platon : un jour qu'il dormait la bouche ouverte, dans une des cours du palais de son père, un essaim vint se poser sur sa tête, et les abeilles entraient et sortaient de sa bouche. Cet événement fut regardé comme un présage de la force et de la douceur de son éloquence future. Il perdit son père peu de temps après, et sa mère retourna à Rome, sa patrie, où elle s'occupa, avec soin, de l'éducation de ses enfants. Ambroise profita de ses instructions et de ses exemples pour faire de grands progrès dans la vertu. Il se livra ensuite à l'étude des sciences humaines, apprit le grec et s'exerça avec succès à la poésie et à l'éloquence. Etant allé à Milan, il y plaida quelques causes avec un tel éclat qu'il fut fait assesseur du préfet du prétoire, qui était Anicus Probus, ami d'Ambroise. Il fut nommé, bientôt après, gouverneur de la Ligurie et de l'Emilie. Probus, en se séparant de lui, à regret, lui adressa ces paroles que la suite rendit prophétiques : « Allez, et agissez plus en évêque qu'en juge. » La ville de Milan se trouvant sans évêque, les catholiques et les ariens qui voulaient un évêque de leur communion, ne pouvaient s'accorder sur le choix d'un candidat, et la fermentation des esprits faisait craindre une sédition. Le gouverneur Ambroise se rendit à l'église où se tenait l'assemblée, et adressa un discours plein de sagesse sur la modération avec laquelle il fallait procéder à l'élection. Pendant qu'il parlait encore, un enfant s'écrie qu'il fallait nommer Ambroise évêque. Aussitôt le tumulte cesse; ariens et catholiques se réunissent pour proclamer Ambroise, évêque de Milan. Ce choix inattendu le surprit tellement que, dans la vue de le faire révoquer, il se plaça sur son tribunal, et fit appliquer à la torture des criminels, afin que cette sévérité le fit passer pour un homme cruel et indigne de l'épiscopat; mais on devina le stratagème. Ambroise, pour dernière ressource, se sauva pendant la nuit, dans le dessein de gagner Pavie; mais il s'égara, et le lendemain il se retrouva aux portes de Milan. On mit donc une garde près de sa personne, de peur qu'il ne s'enfuît de nouveau; et l'on s'adressa à l'empereur, qui était à Trèves, pour qu'il approuvât ce qui s'était passé. Le prince répondit au clergé et au peuple qu'il voyait avec plaisir qu'on jugeât dignes de l'épiscopat ceux qu'il avait choisis pour gouverneurs, et chargea son vicaire d'Italie de veiller à ce que l'élection d'Ambroise eût son effet. Ambroise trouva l'occasion de s'échapper et alla se réfugier chez le sénateur Léonce. Mais le vicaire impérial ayant porté des peines sévères contre ceux qui le cacheraient ou qui, connaissant le lieu de sa retraite, ne l'indiqueraient pas, il fut impossible à Léonce de le cacher plus longtemps. Ambroise, ainsi découvert, représenta que les canons défendaient d'élever au sacerdoce celui qui n'était encore que catéchumène; mais on lui répondit que l'Eglise pouvait dispenser de ces canons dans des cas extraordinaires. Il fallut donc se soumettre. Après avoir reçu le baptême et avoir exercé successivement les fonctions de chacun des saints ordres, il fut sacré évêque le 7 décembre 374, étant âgé de trente-quatre ans.

Aussitôt après cette cérémonie, il donna aux pauvres et à l'Eglise, tous ses biens meubles et immeubles, ne réservant, sur ces derniers, qu'une rente viagère pour sa sœur Marcelline. Il chargea son frère Satyre de l'administration de son temporel afin d'être tout entier à ses fonctions épiscopales. Il écrivit ensuite à l'empereur une lettre conçue dans les termes les plus forts contre quelques magistrats prévaricateurs; Valentinien montre dans sa réponse, qu'il ne fut pas offensé de cette démarche hardie, et approuve son zèle. Saint Basile ayant appris sa promotion, lui écrivit pour l'en féliciter, ou plutôt pour en féliciter l'Eglise et l'exhorte à s'armer de courage pour combattre l'arianisme. Cette recommandation excita encore son zèle, et il s'appliqua à la conversion des ariens avec tant d'ardeur, qu'après vingt ans d'épiscopat, il ne restait plus dans la ville de Milan que quelques-uns de ces hérétiques, encore c'étaient des étrangers, comme nous l'apprenons de lui-même. A peine élevé à la dignité d'évêque, il se livra tout entier à l'étude de l'Ecriture sainte et des auteurs ecclésiastiques, surtout d'Origène et de saint Basile, sous la direction de saint Simplicien, prêtre de Rome et aussi savant que pieux, et qui devint, dans la suite son successeur sur le siège de Milan. Mais en s'instruisant lui-même, il ne négligeait pas l'instruction de son troupeau. Il prêchait tous les dimanches, comme nous l'apprenons de saint Augustin, qui, lorsqu'il professait la rhétorique à Milan, allait souvent l'entendre, attiré par le plaisir que lui causait son éloquence pleine de force et de douceur. Ses discours étaient appuyés par une conduite exemplaire, par de grandes mortifications et des jeûnes presque continuels. Il ne dînait que le dimanche et aux fêtes des principaux martyrs. Il offrait, tous les jours le saint sacrifice pour son peuple et consacrait à la prière une partie considérable du jour et de la nuit. Avare de son temps, le seul délassement qu'il se permit, c'était de varier ses occupations, soulager les pauvres qu'il appelait ses intendants et ses trésoriers, et entre les mains desquels il déposait ses revenus; consoler les affligés, en pleurant avec ceux qui pleuraient; accueillir avec patience et bonté tous ceux qui venaient le consulter, telle était l'occupation habituelle de sa vie, qui le faisait admirer et aimer de tout le monde. Il n'employait jamais le crédit dont il jouissait à la cour pour des affaires temporelles, si ce n'est quand il s'agissait d'implorer la grâce des criminels condamnés à mort. Dans ses instructions, il revenait souvent à l'excellence de la virginité, et plusieurs personnes de l'Italie et même de l'Afrique vinrent se mettre sous sa conduite, pour servir Dieu dans ce saint état. Sainte Marcelline sa sœur l'ayant prié de mettre par écrit ce qu'il avait dit en chaire sur ce sujet, il composa, en 477, son livre *des Vierges*, ouvrage admirable par l'élégance et l'onction qui y règnent d'un bout à l'autre; ouvrage auquel saint Jérôme et saint Augustin donnent, avec raison, les plus grands éloges. Peu de temps après, il composa son traité *des Veuves*, qui fut suivi du traité de la *Virginité*. Bonose, après Helvidius, ayant nié que la sainte Vierge eût vécu dans une perpétuelle virginité, saint Ambroise, pour le réfuter, composa son livre de l'*Institution d'une Vierge*; Gratien, ayant succédé à Valentien son père, en 475, passa en Orient deux ans après pour secourir Valens son oncle, attaqué par Fritigerne, roi des Goths. Mais avant son départ, il pria saint Ambroise, pour lequel il avait une grande vénération, de lui donner, par écrit, quelques instructions contre l'arianisme, pour se prémunir contre les pièges de Valens, qui s'était déclaré le protecteur des Ariens. C'est à cette occasion que le saint composa son *Traité de la Foi*, à *Gratien*, ou *de la Trinité*. Il composa ensuite les livres du *Saint-Esprit* et un livre sur l'*Incarnation*. Les Goths, après avoir défait Valens, qui fut brûlé ensuite dans une cabane où il s'était réfugié, ravagèrent la Thrace et l'Illyrie, et pénétrèrent jusqu'aux Alpes. Ambroise employa tout l'argent dont il pouvait disposer pour racheter les malheureux qu'ils avaient emmenés captifs. Les Ariens lui ayant fait des reproches de ce qu'il avait consacré à cette œuvre de miséricorde jusqu'aux vases de son église, il répondit qu'il valait mieux sauver des âmes que de l'or. Il convertit plusieurs de ces hérétiques qui avaient quitté leur pays pour se soustraire à la fureur des Goths et étaient venus se réfugier en Italie. Son zèle pour le salut des âmes était infatigable, et tous les carêmes il se donnait des peines incroyables pour instruire les catéchumènes. Il savait tellement se multiplier, qu'il faisait seul un travail que plusieurs évêques auraient eu de la peine à faire ensemble. En 379, il perdit son frère, saint Satyre, qui avait l'administration de ses affaires temporelles, et qui mourut à Milan, dans ses bras et dans ceux de sa sœur, sainte Marcelline, en leur laissant tous ses biens qu'ils distribuèrent aux pauvres. Ambroise fit célébrer ses funérailles avec une grande solennité et prononça son éloge funèbre. Sept jours après, on alla sur son tombeau répéter les prières de l'Eglise, selon l'usage du temps, et saint Ambroise prononça un autre discours *sur la Résurrection*. Satyre est honoré comme saint le 17 septembre. Saint Ambroise tint en 380 un concile à Milan contre l'hérésie d'Apollinaire, et assista, quelque temps après, au concile d'Aquilée, où Pallade et Secondien, évêques ariens, furent déposés. Dans un voyage qu'il fit à Sirmich, il procura à cette ville un évêque catholique, malgré les intrigues de l'impératrice Justine, qui était arienne, et qui voulait y faire mettre un évêque de sa secte. L'année suivante (382), il assista au concile tenu à Rome par le pape Damase pour remédier aux troubles qui agitaient l'Orient, au sujet du siège d'Antioche. C'est pendant qu'il était à Rome qu'il guérit une paralytique en lui imposant les mains et en priant pour elle. Ambroise, qui jouissait d'un grand crédit auprès de Gratien, lui fit porter plusieurs lois pleines de sagesse, une entre autres qui ordonnait de n'exécuter les criminels que trente jours après leur condamnation. Il obtint aussi de ce prince qu'on ôtât de la salle du sénat l'autel de la Victoire, que Julien l'Apostat avait rétabli. Mais Gratien ayant été vaincu dans les Gaules par Maxime, qui usurpa l'empire, fut tué par le général Andragace, et l'usurpateur menaça de passer les Alpes pour attaquer Valentinien, frère de Gratien. Justine, mère de celui-ci, députa vers Maxime saint Ambroise, qui s'acquitta de sa commission avec tant de succès, qu'il arrêta l'usurpateur qui déjà s'était mis en marche, et ils conclurent un traité plus favorable à Valentinien qu'on eût osé l'espérer. Il portait que Maxime aurait les Gaules, la Bretagne et l'Espagne; et que Valentinien aurait l'Italie et le reste de l'Occident. Saint Ambroise passa l'hiver à Trèves, où Maxime tenait sa cour; mais il eut le courage de ne pas communiquer avec un tyran, qui avait trempé ses mains dans le sang de son maître, et il l'exhorta fortement à fléchir la colère de Dieu par sa pénitence. Ayant appris que Symmaque, alors préfet de Rome, avait présenté une requête à Valentinien pour demander le rétablissement de l'autel de la Victoire, il adressa à l'empereur deux lettres ou apologies dans lesquelles il venge la religion chrétienne et se montre supérieur en éloquence à Symmaque, qui passait pour le premier orateur de son siècle. Elles produisirent leur effet et la requête fut rejetée. L'impératrice Justine, qui était arienne déclarée, mais qui n'avait pu agir ouvertement sous Valentinien et sous Gratien, qui étaient opposés à l'arianisme, profita de la paix qui régnait entre Valentinien et Maxime pour persécuter les catholiques. Oubliant que cette paix était l'ouvrage de saint Ambroise, ce fut par lui qu'elle commença. L'an 385, aux approches de Pâques, elle lui envoya demander la basilique Porcienne où elle voulait faire célébrer par des ariens le service divin, auquel elle assisterait ainsi que l'empereur son fils et quelques officiers de la cour. Ambroise répondit qu'il ne livrerait jamais le temple de Dieu à ses ennemis. Elle fit demander la basilique Neuve et reçut la même réponse. Nonobstant ce refus, l'impératrice donna l'ordre à des employés de la cour d'aller tendre des tapisseries dans la première de ces basiliques, comme pour en prendre possession, ce qui excita une émeute dans laquelle un prêtre arien, nommé Castule, fut arrêté. Ambroise, qui était à l'autel, priait Dieu avec larmes pour qu'il n'y eût point de sang répandu, et envoya des prêtres et des diacres pour faire relâcher Castule. Des comtes, des tribuns vinrent sommer Ambroise de céder la basilique, alléguant qu'elle appartenait à l'empereur. « Le prince, répondit le saint archevêque, n'a aucun droit sur ce qui appartient à Dieu. Voulez-vous mes biens, ma vie? je vous les abandonne, parce que je puis en disposer. » Il passa tout le jour dans la basilique; la nuit venue, il se retira dans la maison épiscopale comme à l'ordinaire afin qu'on le trouvât plus facilement si l'on venait pour l'arrêter. Le lendemain, qui était le mercredi saint, il se rendit de grand matin à la basilique, qui fut aussitôt investie par des soldats. Voyant cela, il envoya des prêtres dans la basilique Neuve pour y faire l'office. Ces prêtres remarquant qu'elle allait aussi être envahie par la troupe, menacèrent d'excommunication quiconque se porterait à la moindre violence. Les soldats, qui étaient catholiques, entrèrent paisiblement dans l'église et se mirent à prier. Le soir, saint Ambroise prêcha sur la patience, à l'occasion de l'histoire de Job, qu'on venait de lire. A peine avait-il fini son discours qu'un secrétaire de la cour demanda à parler à l'évêque et lui reprocha de se comporter en tyran. « Les évêques ne passent pas en tyrans, répondit Ambroise; mais ils ont quelquefois beaucoup souffert de la part des tyrans. » Comme la basilique était toujours entourée de soldats, le saint ne put retourner à sa maison et fut obligé d'y passer la nuit tout entière avec le peuple et le clergé, s'occupant à réciter des psaumes. Le jour suivant, qui était le jeudi saint, on apprit que l'empereur avait fait retirer les troupes. Alors chacun fit éclater sa joie et sa reconnaissance envers le Seigneur; saint Ambroise envoya la relation de ce qui s'était passé à sa sœur Marcelline qui était à Rome. Nous y apprenons que l'eunuque Calligone, grand chambellan de l'empereur, qui avait menacé le saint évêque de lui faire couper la tête, fut condamné bientôt après à être décapité pour un crime abominable. La haine de Justine pour le saint allait toujours en augmentant. Elle porta, sous le nom de son fils, une loi qui autorisait les assemblées religieuses des ariens. Cette loi avait été rédigée par Mercurin, que les ariens avaient fait évêque de Milan, et qui s'appelait Auxence II. Comme il y était défendu, sous peine de mort, de troubler les assemblées des hérétiques et que le carême suivant la cour demanda de nouveau pour eux la basilique Porcienne, on ne savait trop comment Ambroise ferait pour refuser. Mais il répondit : « Naboth refusa de livrer l'héritage de ses pères; et moi je livrerais l'héritage de Jésus-Christ, l'héritage de mes pères, de mes prédécesseurs, de saint Denis mort en exil, de saint Eustorge, de saint Mérocle ! » Le tribun Dalmace vint lui proposer, de la part de l'empereur, de choisir des juges comme Auxence en avait déjà choisi, lesquels décideraient la contestation en présence du prince; proposition qu'Ambroise ne pouvait accepter sans compromettre les droits de l'Eglise. Sa réponse à Valentinien contenait donc un refus motivé. Il se retira dans l'église, qui fut bientôt cernée par des soldats. Ceux-ci laissaient le peuple entrer, mais ne permettaient à personne de sortir. Le saint archevêque faisait aux fidèles des discours appropriés à la circonstance. Rien de plus admirable que celui qui a pour titre : *Il ne faut pas livrer les basiliques*. Le saint y déploie une éloquence, une intrépidité qui triomphèrent enfin de la persécution. Un nommé Euthime avait fait placer près de la basilique une voiture destinée à conduire le saint en exil ; mais l'année suivante il fut conduit lui-même en exil sur la même voiture, et Ambroise lui fournit de l'argent pour faire sa route. Pendant que le saint était dans les bâtiments attenant à l'église, un assassin entra dans sa chambre; mais au moment où il allait lui porter le coup mortel, son bras étendu resta sans mouvement, et il n'en recouvra l'usage que lorsqu'il eut avoué qu'il était envoyé par Justine, et qu'il eut manifesté un sincère repentir de son crime. Les soldats eurent enfin ordre de se retirer, et Ambroise put retourner dans sa maison. C'est pendant qu'il était ainsi assiégé dans l'église avec le peuple qu'il établit la psalmodie à deux chœurs comme cela se pratiquait déjà en Orient; cet usage se répandit depuis dans toutes les églises d'Occident. La découverte qu'il fit des reliques de saint Gervais et de saint Protais, en 486, fut une consolation que Dieu lui ménagea pour le récompenser de ce qu'il avait souffert. Il fit deux discours à cette occasion : il y parle du miracle opéré sur un aveugle nommé Sévère, très-connu dans la ville, et qui recouvra la vue en appliquant sur ses yeux un linge qui avait touché le cercueil dans lequel étaient renfermées les saintes reliques, lorsqu'on les transportait avec pompe dans l'église connue depuis sous le nom d'Ambrosienne, parce que saint Ambroise l'avait fait bâtir et qu'il y fut enterré. Plusieurs possédés du démon en furent aussi délivrés, et comme les ariens prétendaient qu'Ambroise avait gagné quelques personnes pour contrefaire les possédés, il réfuta, dans le second de ses discours, cette calomnie d'une manière si victorieuse, que ces hérétiques, réduits au silence, furent contraints de le laisser en paix. Maxime ayant de nouveau repris le projet d'attaquer l'Italie, Valentinien et Justine résolurent de députer une seconde fois vers lui saint Ambroise, qui, oubliant tout ce qu'on lui avait fait souffrir, se chargea de cette ambassade. Arrivé à Trèves, il fut introduit dans le conseil, et Maxime, qui était assis sur un trône, se leva pour lui donner le baiser, comme cela se pratiquait alors, envers les évêques et les personnages revêtus de fonctions éminentes; mais le saint resta debout, à une certaine distance, quoique l'empereur lui dit de s'approcher. Maxime lui reprocha de l'avoir trompé dans sa première ambassade, en le détournant de porter la guerre en Italie, dans un temps où rien ne pouvait s'opposer à ses armes. Ambroise n'eut pas de peine à se justifier, et après avoir plaidé la cause de Valentinien, il redemanda, au nom du prince, le corps de son frère Gratien. Maxime, déjà irrité, le fut encore davantage par le refus que fit Ambroise de communiquer avec lui et avec les Ithaciens qui étaient à la cour. Ayant voulu intercéder en faveur de l'évêque Hygin, condamné à l'exil, et ayant demandé qu'on lui fournît au moins quelques secours, il ne put rien obtenir ; mais il reçut lui-même l'ordre de partir. De retour à Milan, il rendit compte à Valentinien du mauvais succès de son ambassade, lui peignit Maxime comme un ennemi caché, qui méditait sourdement la guerre, et lui conseilla de se tenir sur ses gardes lorsqu'il aurait à traiter avec lui. La suite fit voir qu'il l'avait bien jugé. En effet, Maxime, abusant de la simplicité de Domnin, qui avait remplacé saint Ambroise dans son ambassade, le renvoya avec des paroles d'amitié pour son maître et le fit accompagner par un corps de troupes, sous prétexte d'aller au secours de Valentinien contre les barbares qui venaient de fondre sur la Pannonie. Mais ces troupes, arrivées aux Alpes, se saisirent de tous les passages. Maxime alla le joindre avec son armée, pénétra dans l'Italie sans éprouver la moindre résistance, et s'empara d'Aquilée. A cette nouvelle inattendue, Valentinien et sa mère se sauvèrent à Thessalonique, d'où ils envoyèrent demander du secours à Théodose, qui régnait en Orient, et qui devait l'empire à Gratien, dont il brûlait de venger la mort. Il marcha donc contre Maxime, et lui livra bataille dans la Pannonie, le défit, et le poursuivit jusqu'à Aquilée, où il se réfugia. Ses propres soldats le livrèrent à Théodose, et il fut décapité le 28 juillet 488, après un règne de cinq ans. Théodose se rendit ensuite à Milan, où il passa l'hiver. Pendant son séjour dans cette ville, il rendit une ordonnance qui enjoignait à l'évêque et aux fidèles de Callinique, en Mésopotamie, de rebâtir la synagogue des Juifs de cette ville, qu'ils avaient détruite pour se venger des Juifs qui les avaient insultés dans une procession religieuse. Cette mesure du prince pénétra de douleur tous les évêques de l'Orient ; ils écrivirent à saint Ambroise, afin qu'il agît près de Théodose, et le fît revenir sur cette décision. Ayant été refusé une première fois, il revint à la charge, et dans un discours qu'il adressa du haut de la chaire à l'empereur sur ce sujet, il déclara qu'il n'irait point à l'autel que l'évêque et les chrétiens de Callini que n'eussent obtenu la décharge d'une obligation que repoussait leur conscience. Théodose se rendit à la fin, et, grâce à saint Ambroise, l'ordonnance ne fut point exécutée. Les députés de Rome étant venus à Milan complimenter Théodose, lui demandèrent de ne pas faire ôter du sénat l'autel de la Victoire, qu'on y avait replacé avec la permission de Maxime ; mais saint Ambroise obtint du prince qu'on ne ferait pas droit à cette demande. Il tint, en 490, un concile à Milan, où il condamna de nouveau et anathématisa Jovinien, qui s'était réfugié dans cette ville après avoir été condamné à Rome par le pape Sirice. Le concile n'était point encore terminé lorsqu'on apprit, à Milan, la nouvelle du massacre commis à Thessalonique, par suite de l'emprisonnement d'un cocher du cirque, qui avait séduit une jeune domestique de la maison de Butheric, commandant général des troupes de l'Illyrie, et qui faisait sa résidence à Thessalonique. Le peuple, qui demandait la liberté du cocher, afin qu'il pût figurer dans une fête publique, et furieux de se voir refusé, se porta aux plus affreux excès, et massacra Buthéric et plusieurs officiers dont il traîna les corps par les rues de la ville. Théodose avait d'abord promis à saint Ambroise et aux évêques du concile la grâce des coupables; mais de perfides conseillers le firent changer de résolution, et il donna l'ordre barbare de faire massacrer sept mille des habitants de Thessalonique. Les soldats saisirent le moment où le peuple était rassemblé dans le cirque, et passèrent au fil de l'épée tous ceux qu'ils purent atteindre, au nombre de sept mille. Cette boucherie dura trois heures et fut accompagnée de circonstances horribles. Saint Ambroise, pénétré de douleur, sortit de la ville, lorsque Théodose, qui était alors absent, y rentrait, afin de ne pas le rencontrer, et lui écrivit une lettre dans laquelle il l'exhorte à faire pénitence. Il lui déclare qu'il ne pourra offrir les divins mystères en sa présence, ni recevoir son offrande à l'église, tant qu'il n'aura pas satisfait à la justice divine. Il ajoute qu'il est plein de respect pour l'empereur, mais qu'il doit à Dieu la préférence, et que l'amour qu'il lui porte doit se concilier avec le salut de son âme. Il revint ensuite à Milan, et Théodose s'étant présenté pour entrer à l'église, selon sa coutume, le saint alla à sa rencontre dans le vestibule, et lui défendit d'avancer plus loin. « Seigneur, lui dit-il, il semble que vous ne sentiez point encore l'énormité du massacre commis par vos ordres. L'éclat de la pourpre ne doit pas vous empêcher de reconnaître la faiblesse de ce corps si magnifiquement couvert. Vous êtes pétri du même limon que vos sujets; il n'y a qu'un Seigneur, qu'un Maître du monde..... Oserez-vous, en priant, lever vers lui ces mains encore teintes d'un sang injustement répandu? Retirez-vous donc, et n'allez pas aggraver par un nouveau crime celui dont vous êtes coupable. Recevez avec soumission le joug que le Seigneur vous impose; il est dur, mais salutaire, et il procure la guérison de l'âme. » Le prince ayant dit, pour s'excuser, que David avait péché, il lui répondit : « Puisque vous l'avez imité dans son péché, imitez-le dans sa pénitence. » Théodose se soumit, en effet, à la pénitence canonique qui lui fut imposée. Il passa huit mois retiré dans son palais, occupé des exercices propres aux pénitents publics. Lorsque la fête de Noël fut arrivée, il ne put s'empêcher de verser des larmes en se voyant exclus de l'assemblée des fidèles. Le fameux Rufin, maître des offices du palais, essaya vainement de le consoler; mais voyant qu'il n'y réussissait pas, il s'offrit d'aller trouver l'évêque pour solliciter son absolution. Théodose, qui ne comptait guère sur le succès de cette démarche, parce qu'il connaissait la fermeté d'Ambroise, finit toutefois par laisser faire Rufin. Il le suivit de loin, dans la pensée que l'évêque se laisserait peut-être fléchir; mais Ambroise n'eut pas plus tôt aperçu Rufin, qu'il l'apostropha en ces termes : « C'est vous qui avez conseillé le massacre, et c'est vous qui vous chargez encore d'en solliciter le pardon ! Vous ne tremblez pas au souvenir d'un si grand crime, et de l'outrage fait à l'image de Dieu ? » Rufin eut recours aux prières les plus pressantes, et ajouta que l'empereur allait venir bientôt. « Si cela est, dit Ambroise, je déclare que je ne laisserai point entrer dans le vestibule de l'église. S'il veut employer la force et agir en tyran, je suis prêt à souffrir la mort..... » Alors Rufin envoya dire à Théodose de ne pas sortir du palais; mais il était déjà en chemin. « J'irai, dit-il, recevoir l'affront que je mérite. » Il entra, non dans l'église même, mais dans la salle d'audience, et pria Ambroise de ne pas lui refuser l'absolution. « Quoi ! vous venez ici au mépris des saintes lois de Dieu ? — Je les respecte, et je ne violerai point les règles en entrant dans le vestibule; mais je vous prie de rompre ces liens, et de ne me pas fermer la porte que le Seigneur a ouverte à tous les pénitents. — Quelle pénitence avez-vous faite après un si grand crime ? — C'est à vous à me prescrire celle que je dois faire; appliquez à la maladie de mon âme les remèdes convenables, comme c'est à moi à me soumettre en accomplissant ce qui me sera ordonné. » Alors Ambroise lui dit de se placer dans l'église parmi les pénitents publics. L'empereur se mit donc à genoux à la porte de l'église, et resta prosterné parmi les pénitents, se frappant la poitrine, et demandant pardon à Dieu, avec une grande abondance de larmes. Ce spectacle attendrissant faisait pleurer tout le monde. Ambroise, en lui donnant l'absolution, lui enjoignit de porter une loi qui ordonnât de suspendre pendant trente jours l'exécution des jugements concernant la vie des citoyens ou la confiscation de leurs biens. Cette loi fut réunie à celle que Gratien avait portée sur le même sujet. Saint Ambroise eut encore une autre occasion de déployer la fermeté de son caractère envers Théodose. Un jour de fête que ce prince avait présenté son offrande à l'autel, il resta dans l'enceinte du sanctuaire. Ambroise lui ayant demandé s'il attendait quelque chose, il répondit qu'il restait pour assister au sacrifice et pour recevoir la communion. L'archidiacre alla lui dire de la part de l'évêque qu'il n'y avait que les ministres sacrés qui eussent le droit de rester dans le sanctuaire; il lui dit d'en sortir, et de retourner avec les fidèles. « La pourpre fait les princes, ajouta-t-il, mais non les prêtres. » Théodose répondit qu'il n'avait pas eu l'intention de violer les règles, mais qu'il avait cru pouvoir faire à Milan ce qu'il faisait à Constantinople. Ensuite il remercia Ambroise de ce qu'il l'avertissait de son devoir, sortit du sanctuaire, et se plaça parmi les laïques. De retour à Constantinople, comme il sortait du sanctuaire, après avoir déposé son offrande, le patriarche Nectaire lui envoya dire de rentrer, et de prendre sa place ordinaire. « Je connais maintenant, répondit l'empereur, la différence qu'il y a entre le sacerdoce et l'empire. Je suis environné de flatteurs, et je n'ai trouvé qu'un homme qui m'ait dit la vérité : je ne connais qu'un évêque au monde, c'est Ambroise. » Il ne se mit donc plus dans le sanctuaire, mais en dehors, près de la balustrade, un peu au-dessus des autres fidèles, et ses successeurs l'imitèrent en cela. Valentinien, que Théodose avait replacé sur le trône, étant revenu à Milan, en 489, se montrait catholique zélé, honorait saint Ambroise comme un père et l'aimait autant que sa mère Justine l'avait haï. Le comte Arbogaste, général de ses troupes, était un ambitieux qui visait au pouvoir suprême. Valentinien, que cette conduite avait indisposé, finit cependant par lui rendre ses bonnes grâces. Étant à Vienne, dans les Gaules, en 392, il pria saint Ambroise de venir l'y trouver pour cimenter leur réconciliation, et pour lui conférer le baptême. Il l'attendait avec impatience, et s'écriait souvent : « Serai-je assez heureux pour revoir mon père? » Hélas! il ne put avoir de bonheur. Arbogaste le fit étrangler le 15 mai 392, lorsqu'il n'était encore que dans sa vingtième année. Saint Ambroise, qui était déjà arrivé aux pieds des Alpes, apprenant cette nouvelle tragique, retourna sur ses pas, pénétré de la plus vive douleur. On rapporta le corps du prince à Milan, où il fut enterré à côté de Gratien, son frère. Saint Ambroise prononça son oraison funèbre, dans laquelle il dit que le désir qu'il avait témoigné de recevoir le baptême lui tiendrait lieu de ce sacrement devant le Seigneur, et que, pour lui, il se souviendrait toujours de ce prince dans ses prières et dans ses sacrifices. Arbogaste ne prit pas la couronne lui-même, mais il la mit sur la tête d'Eugène qui lui était entièrement dévoué. Ils écrivirent l'un et l'autre des lettres très-obligeantes à saint Ambroise pour le gagner à leur parti. Le saint était alors à Bologne, pour assister à la translation des reliques de saint Vital et de saint Agricole. De là il se rendit à Florence pour consacrer une église connue depuis sous le nom de basilique Ambrosienne. Pendant qu'il était dans cette dernière ville, le sénateur Décence, chez qui il logeait, perdit son fils qui était en bas âge. Sa mère porta le corps dans le lit d'Ambroise qui était sorti; en rentrant, le saint, au rapport de Paulin, s'étendit sur l'enfant, à l'exemple d'Élisée, et lui rendit la vie. — Théodose, ayant défait Eugène dans les plaines d'Aquilée, écrivit à saint Ambroise pour faire rendre à Dieu de solennelles actions de grâces de cette victoire; saint Ambroise offrit le saint sacrifice pour remercier le Seigneur, et fit porter à Théodose, par un de ses diacres, sa réponse dans laquelle il le félicitait du succès de ses armes, l'engageait à en rapporter à Dieu toute la gloire, et lui recommandait la clémence envers les vaincus. Ensuite il alla lui-même rendre visite à l'empereur qui était à Aquilée; leur entrevue fut très-touchante. L'archevêque se prosterna aux pieds de l'empereur, conjurant le Seigneur de le combler de ses bénédictions dans l'autre vie, comme il l'en avait comblé dans celle-ci. Théodose, à son tour, se jeta aux pieds d'Ambroise; attribuant à ses prières les faveurs qu'il avait reçues de Dieu, et le conjurant de s'intéresser au salut de son âme. Bientôt après Théodose vint à Milan, où il fut attaqué d'une hydropisie mortelle. S'étant fait conduire à l'église pour y recevoir la communion, il y reçut ses enfants et leur donna d'excellentes instructions sur la manière de gouverner. Puis, se tournant vers Ambroise : « Voilà, dit-il, les vérités que vous m'avez apprises, et que j'ai tâché de mettre en pratique. C'est à vous maintenant de les transmettre à ma famille et d'en instruire ces jeunes empereurs que je vous recommande. » Ambroise répondit qu'il espérait que Dieu leur donnerait un cœur aussi docile qu'à leur auguste père. Celui-ci, pendant sa maladie, s'entretint souvent de Dieu avec saint Ambroise, et mourut dans ses bras, le 17 janvier 395 : saint Ambroise prononça son oraison funèbre. La même année il fit, dans un jardin, la découverte des corps de saint Celse et de saint Nazaire, qu'il transféra dans la basilique des Apôtres; il délivra un possédé dans cette circonstance. Il ordonna au démon qui tourmentait ce malheureux en présence des saints corps, de se retirer, et le démon obéit à l'instant. Il livra aussi au démon un employé de Stilicon, ministre de l'empereur, qui, pour de l'argent, fabriquait de fausses nominations de tribuns et d'autres fonctionnaires. Le saint n'avait pas encore parlé que déjà le démon avait mis en pièces le faussaire. Il rendit aussi la santé à plusieurs malades par la vertu de ses prières. Sa réputation parvint jusque dans les contrées les plus reculées. Deux Persans, très-considérés dans leur pays, firent exprès le voyage de Milan, attirés par sa grande renommée; ils s'entretinrent avec lui un jour entier, au moyen d'un interprète, et s'en retournèrent remplis d'admiration. Fritigile, reine des Marcomans, ayant entendu parler de sa grande sainteté par des chrétiens d'Italie qui se trouvaient dans ses États, et désirant elle-même embrasser le christianisme, lui envoya des députés chargés de présents pour son église, le priant de mettre par écrit ce qu'elle était obligée de croire. Le saint lui adressa, dans une lettre que nous n'avons plus, un abrégé de la doctrine chrétienne. Fritigile l'ayant reçue, se mit elle-même en route pour Milan; mais lorsqu'elle y arriva, saint Ambroise était mort. Paulin rapporte qu'il se livrait avec beaucoup de zèle à l'administration du sacrement de pénitence. « Toutes les fois, dit-il, qu'un pénitent lui confessait ses péchés, il versait une telle abondance de larmes, qu'il le forçait à en répandre lui-même. Il composa les deux livres *de la Pénitence*, contre l'hérésie des Novatiens, et, en 387, le livre *des Mystères*, pour l'instruction des nouveaux baptisés. Saint Augustin et saint Alype, qui furent baptisés cette année, assistèrent à la plupart des instructions qui se trouvent dans ce livre. Il avait composé, un an auparavant, les trois livres *des Offices des ministres*, pour l'instruction de son clergé, et il mettait un soin tout particulier dans le choix des ministres de la religion. Il venait de faire le sacre de saint Honorat, évêque de Verceil, lorsqu'il prédit sa mort, quoiqu'il ne fût pas encore malade, et dit qu'il vivrait jusqu'à Pâques. Un jour qu'il dictait à Paulin, son secrétaire, l'explication du psaume XLVII, celui-ci vit sur la tête du saint une flamme qui représentait la forme d'un petit bouclier et qui pénétrait dans sa bouche, et son visage devint blanc comme la neige. Paulin fut tellement effrayé de cette vision, que tant qu'elle dura il ne put écrire ce qu'Ambroise lui dictait. Le saint archevêque fit encore l'ordination d'un évêque de Pavie, mais ensuite il se trouva si mal qu'il fut forcé de garder le lit. Stilicon, l'ayant appris, en fut vivement affligé, et alla jusqu'à dire que si ce grand homme venait à mourir, l'Italie était menacée d'une ruine prochaine. Il députa vers le saint les personnes qui avaient le plus d'ascendant sur lui, pour le conjurer de prier Dieu qu'il lui prolongeât la vie. Ambroise leur répondit : « Je me suis conduit au mileu de vous de manière à ne pas rougir de vivre plus longtemps, mais je ne crains pas de mourir, parce que nous avons un bon Maître. » Quatre diacres, qui étaient au bout de la galerie où il était couché, se demandaient à voix basse qui pourrait bien lui succéder? L'un d'eux ayant nommé Simplicien, Ambroise, quoique éloigné, cria par trois fois que Simplicien était vieux, mais homme de bien. Pendant qu'il était en prières, il vit le Sauveur qui s'approchait de lui avec un visage riant ; il le dit à saint Bassien, évêque de Lodi, qui priait avec lui, et qui le raconta depuis à Paulin, de qui nous apprenons ce fait. Le jour de sa mort, il tint, pendant plusieurs heures, les mains élevées en forme de croix ; le mouvement non interrompu de ses lèvres indiquait qu'il continuait toujours à prier, mais on ne l'entendait plus. Saint Honorat, évêque de Verceil, l'ayant quitté pour aller prendre un peu de repos dans une chambre haute, entendit, par trois fois, une voix qui lui cria : « Levez-vous promptement et descendez, car il va partir.» Il se hâta de descendre, et donna la sainte Eucharistie au saint qui ne l'eut pas plutôt reçue, qu'il expira, le 4 avril 497, à l'âge de cinquante-sept ans, et après vingt-deux ans d'épiscopat. Son corps, qui avait été enterré près des reliques de saint Gervais et de saint Protais, fut ensuite placé sous le grand autel de la basilique Ambrosienne. Il occupe le premier rang parmi les quatre grands docteurs de l'Eglise latine, et l'on fait sa fête le jour de son ordination, le 7 décembre. Huit ans après sa mort, lorsque Radagaise, roi des Goths, qui avait formé le projet de renverser la puissance romaine et d'abolir le christianisme, vint fondre sur l'empire avec une armée formidable, qu'il eut pénétré dans l'Italie et mis le siège devant Florence, Stilicon vint l'attaquer et le défit complètement, sans aucune perte du côté des Romains. Cette victoire miraculeuse, qui sauva l'empire et la religion, fut attribuée à saint Ambroise, parce que, la veille de la bataille, lorsque Florence était réduite à la dernière extrémité, il apparut à une personne de la maison de Décence, chez qui il avait autrefois logé, et lui promit que la ville serait délivrée le lendemain. Cet homme le dit aux habitants qui reprirent courage : le lendemain Stilicon arriva avec son armée, et la ville fut en effet délivrée. — Outre les ouvrages mentionnés plus haut, saint Ambroise en composa beaucoup d'autres sur l'Ecriture sainte et sur quelques personnages de l'Ancien Testament. Son style est élégant, ingénieux, fleuri, et, en même temps, plein de noblesse et de douceur. — 7 déc.

AMBROISE (saint), abbé du monastère d'Agaune, aujourd'hui Saint-Maurice, florissait sous saint Sigismond, roi de Bourgogne, qui fonda, ou plutôt qui rebâtit ce monastère en 515. Il succéda à saint Hymnémode, et eut pour successeur saint Achide. — 2 nov.

AMBROISE (saint), évêque de Sens, florissait dans le VIIIe siècle, et mourut vers l'an 755. Son corps fut inhumé dans l'église de Saint-Gervais, dite depuis, de Saint-Léon, et transféré plus tard à celle de Saint-Pierre-le-Vif. — 3 septembre et 3 octobre.

AMBROISE AUPERT (le bienheureux), abbé, naquit, vers le commencement du VIIIe siècle, d'une famille distinguée, et occupa un poste élevé à la cour de Pepin, roi de France. Ce prince, l'ayant envoyé en Italie pour des affaires qui concernaient sa charge, Ambroise s'arrêta quelque temps au monastère de Saint-Vincent, dans le duché de Bénévent. Touché de la piété des religieux au milieu desquels il se trouvait, il renonça au monde et à son emploi, pour passer sa vie avec eux. Il devint bientôt l'oracle de sa communauté, et en fut fait abbé. Il composa sur l'Ecriture sainte plusieurs ouvrages qui respirent une foi vive et une tendre piété. Sa bienheureuse mort arriva le 19 juillet 778. — 19 juillet.

AMBROISE DE SIENNE (saint), religieux dominicain, né à Sienne en 1220, était de l'illustre famille des Sansédoni ou Saint-Sidoine. Il passa sa première jeunesse dans l'innocence et la piété, et à dix-sept ans il prit l'habit religieux chez les Dominicains. Il enseigna ensuite la théologie et prêcha la parole de Dieu avec de grands succès. Les Siennois ayant été excommuniés deux fois, il vint à bout de les réconcilier avec le saint-siège, ce qui lui attira une haute considération. Il fut chargé de plusieurs autres négociations importantes dans lesquelles il réussit ; mais les rapports qu'il était obligé d'entretenir avec les séculiers ne l'empêchaient pas d'observer fidèlement tous les points de la règle qu'il avait embrassée. Dieu le favorisa, de son vivant, du don des miracles et du don de prophétie. Il mourut à Sienne le 20 mars 1286, à l'âge de soixante-six ans. Sa ville natale l'honore comme un de ses patrons, et, quoiqu'il n'ait pas été canonisé dans les formes, son nom se lit dans le Martyrologe romain le 20 mars.

AMBROISE LE CAMALDULE (le bienheureux), de l'illustre famille des Traversari de Ravenne, naquit à Portico, dans la Romagne, l'an 1378. Etant entré chez les Camaldules, son mérite et ses vertus le firent élever au généralat. Il était investi de cette dignité, lorsqu'il fut envoyé par Eugène IV au concile de Bâle. Il assista aussi à ceux de Ferrare et de Florence, et se il fit admirer dans ce dernier par sa facilité à s'énoncer en grec, ce qui fut cause qu'on le chargea de rédiger le décret d'union entre l'Eglise grecque et l'Eglise latine. Quoiqu'il fût dur à lui-même, et qu'il ajoutât aux austérités de son ordre des austérités particulières, ses qualités aimables et l'aménité de son caractère le faisaient universellement chérir. Il chercha à réconcilier le Pogge et Laurent Valla, qui s'étaient brouillés par suite de discussions littéraires ; mais n'ayant pu y réussir, il dit avec raison qu'on devait faire peu de cas de ces savants qui n'ont ni la charité d'un chrétien, ni la politesse d'un homme de lettres. Il mourut en 1459, et a laissé plusieurs traductions de Pères grecs, une Chronique du Mont-Cassin, des harangues, des lettres et l'*Hodœporicon*, ou Visites des monastères. Quoique le calendrier ne lui donne que le titre de *vénérable*, il est honoré dans son ordre le 20 novembre.

AMBROSIGNAN (saint), *Ambrosinianus*, patron de l'église de Fontaines, dans le diocèse de Langres, est honoré aussi à Saint-Etienne de Dijon, où il y a de ses reliques. — 1er septembre.

AMÉ ou AMÉE (sainte), *Ama* ou *Amata*, était sœur de plusieurs autres saintes, parmi lesquelles on cite sainte Lindru, sainte Ménéhould et sainte Pusinne. Elles furent formées à la piété par un prêtre nommé Eugène, et ayant consacré à Dieu leur virginité, elles reçurent le voile des mains de saint Alpin, évêque de Châlons-sur-Marne. Elles avaient fait de la maison paternelle un petit monastère, où elles vivaient dans les pratiques de la vie religieuse. Sainte Amée, qui florissait au milieu du Ve siècle, est honorée à Joinville où il y a une église de son nom. Ses reliques se gardaient dans l'église des Cordeliers de la même ville. — 24 septembre.

AMÉ (saint), *Amatus*, premier abbé du Saint-Mont, naquit à Grenoble, vers le milieu du VIe siècle, et fut élevé dans le monastère d'Agaune, où il prit ensuite l'habit monastique. Après avoir passé quelques années dans la communauté qu'il édifiait par sa ferveur et surtout par ses austérités, il se retira, du consentement de son abbé, dans une caverne située au haut d'un rocher, non loin du monastère. C'est dans cette affreuse solitude qu'il passa trois ans, occupé de la prière et du travail des mains, ne se nourrissant que de pain d'orge et ne buvant que de l'eau. L'an 614, saint Eustase, abbé de Luxeuil, qui revenait de visiter saint Colomban à Bobio, en Italie, passant par Agaune, décida saint Amé à le suivre à Luxeuil, et il l'associa à ses travaux apostoliques. Saint Amé, faisant une mission en Austrasie, vint loger chez saint Romaric, qui était un des principaux seigneurs du pays, et il le détermina à quitter le siècle pour se faire moine à Luxeuil. Vers l'an 620, ils allèrent fonder le monastère du Saint-Mont, près d'un château qui appartenait à saint Romaric. Ce monastère était double et renfermait deux bâtiments séparés, l'un destiné à une communauté d'hommes et l'autre à une communauté de vierges, mais sans aucune communication entre les deux établissements. Saint Amé gouverna le premier en qualité d'abbé, et il mit à la tête du second la bienheureuse Mactéflède ou Mafflée, qui se vit bientôt à la tête de quatre-vingt-quatre religieuses, divisées en sept chœurs de douze, qui se relayaient pour chanter sans interruption, le jour et la nuit, les louanges de Dieu. Lorsqu'il eut établi la règle de saint Colomban parmi ses religieux, et qu'il vit la discipline fidèlement observée, il se déchargea d'une partie de ses fonctions sur saint Romaric, et il se retira, comme il l'avait fait à Agaune, dans le creux d'un rocher un peu au-dessous du monastère. Il ne vivait que de pain et d'eau, qu'on lui descendait à certains jours, au moyen d'une corde. Il ne sortait de sa grotte que les dimanches et les fêtes, pour donner des instructions religieuses aux deux communautés. Son genre de vie et sa sainteté, prouvée par des miracles et par le don de prophétie, donnaient à ses paroles une grande autorité, et ses avis spirituels étaient reçus comme des oracles. Averti par révélation du moment de sa mort, lorsqu'il vit approcher sa fin, il se fit placer sur son cilice couvert de cendres, et ayant fait venir autour de lui ses religieux, il leur fit la confession publique de ses péchés et composa lui-même son épitaphe, qui respire la plus profonde humilité. Il mourut le 13 septembre 627, et fut enterré, selon son désir, à l'entrée de l'église du monastère ; mais l'année suivante, il fut transféré dans l'intérieur de la même église. On fit plusieurs autres translations de son corps ; la plus célèbre est celle qui eut lieu, en 1051, par ordre du pape saint Léon IX, qui avait été évêque de Toul, et qui, se trouvant dans son ancien diocèse qu'il continuait à administrer, fit informer sur les vertus et les miracles du saint abbé, ordonna que son corps fût levé de terre avec solennité, et que sa légende serait insérée dans l'office du bréviaire. Il se forma dans la suite, non loin de la grotte qu'il habitait, une paroisse qui porte le nom de saint Amé et dont il est patron. — 13 sept.

AMÉ (saint), évêque de Sion en Valais, né au commencement du VIIe siècle, sortait d'une famille distinguée qui ne négligea rien pour lui donner une bonne éducation. Après de brillantes études, sa piété et son amour pour Dieu le portèrent à embrasser l'état ecclésiastique, où il devint le modèle du clergé ; mais le désir d'une plus grande perfection le décida à se retirer au monastère d'Agaune. Après y avoir fait profession, il obtint de son abbé la permission de vivre en reclus dans une petite cellule près de laquelle il y avait un oratoire, l'une et l'autre taillés dans le roc. A la mort de cet abbé, il fut élu pour lui succéder, et vers l'an 669 il fut élevé sur le siége épiscopal de Sion. Il y avait cinq ans qu'il remplissait tous les devoirs d'un saint évêque, lorsqu'il fut accusé près de Thierri III, roi de France, de plusieurs crimes dont il était innocent. Ce prince, qui se laissait gouverner par Ebroïn, son maire du palais, ne voulut pas examiner si l'accusation était fondée, ni permettre au saint de se justifier; mais il l'exila à Péronne, dans le monastère fondé par saint Fursy, alors gouverné par saint Ultan. Quoiqu'on eût violé à son égard toutes les lois de la justice, il souffrait avec joie sa disgrâce, parce qu'elle lui procurait le moyen de suivre son attrait pour la retraite. Une chose l'affligeait cependant : c'était de voir son troupeau livré à un intrus. Saint Mauront, chargé après la mort de saint Ultan de la garde de saint Amé, eut pour lui les mêmes égards que son prédécesseur. Il le conduisit dans le monastère de Hamaye, dont saint Mauront était prieur. Ils se rendirent ensuite à celui de Breuil que le saint abbé venait de fonder dans sa terre de Merville, et dont il prit le gouvernement, s'estimant heureux d'avoir dans sa communauté un tel serviteur de Dieu. Il se démit en sa faveur de ses fonctions d'abbé. Saint Amé ne s'en chargea que malgré lui, et lorsqu'il vit la régularité parfaitement établie parmi les religieux, il renonça à son titre pour se retirer dans une cellule attenant à l'église du monastère. C'est là qu'il mourut le 29 avril 690, jour où il est nommé dans quelques calendriers avec la qualité d'évêque de *Sens*; ce qui est une méprise provenant de ce qu'on a confondu le mot *Sedunensis*, de Sion, avec *Senonensis*, de Sens. Saint Bain, évêque de Thérouanne, transféra, au commencement du VIII⁰ siècle, son corps de l'église de Saint-Pierre dans celle de Notre-Dame du Breuil, et pendant les incursions des Normands il fut porté à Soissons, ensuite à Douai. Il est patron de cette dernière ville, où il y avait autrefois une église de son nom. — 13 sept.

AMÉDÉE IX (le bienheureux), *Amedœus*, duc de Savoie, fils de Louis II, et d'Anne, fille du roi de Chypre, naquit à Thonon, le 1ᵉʳ février 1435. Elevé dans la piété par sa vertueuse mère, il répondit à ses soins et montra dès l'enfance un attrait marqué pour les saintes pratiques de la religion. Assister à la messe était pour lui le plus agréable des plaisirs, et il ne se délassait de ses études que par de pieuses lectures. Le fréquent usage des sacrements, des austérités secrètes, telles étaient les armes avec lesquelles il combattait les dangers de la cour et les séductions des grandeurs humaines. Parvenu au souverain pouvoir en 1465, jamais prince ne fut plus aimé et ne mérita mieux l'amour de ses sujets. Il épousa, à dix-sept ans, Yolande, fille du roi Charles VII et sœur de Louis XI, princesse qui partageait ses goûts vertueux. La cour d'Amédée présentait le spectacle le plus édifiant. Tous les vices en étaient sévèrement bannis, et l'on y voyait briller toutes les vertus, tant est puissant l'exemple d'un bon prince! Tous les jours le bienheureux Amédée, après sa prière du matin, faisait une lecture de piété, après laquelle il assistait au saint sacrifice avec tant de respect et de recueillement, qu'on avait coutume de dire qu'il suffisait de voir le duc de Savoie à la messe pour avoir de la dévotion. Il entrait ensuite au conseil, où les causes des pauvres, des veuves et des orphelins, étaient toujours rapportées les premières. Sa charité ne connaissait point de bornes: tous les jours il donnait à manger, dans son palais, à un grand nombre de pauvres. Les plus rebutants et ceux qui étaient d'un aspect plus désagréable étaient toujours les mieux reçus : quelquefois il les servait lui-même. Des courtisans lui ayant représenté que cette manière d'agir avilissait la dignité souveraine, il leur demanda s'ils croyaient à l'Evangile. « Souvenez-vous, ajouta-t-il, que Jésus-Christ regarde comme fait à lui-même ce que l'on fait au plus petit des siens, et quel plus grand honneur pour un prince que de servir Jésus-Christ ! » Ses ministres lui dirent un jour que ses aumônes épuisaient les finances, et qu'il serait plus utile de fortifier les places de guerre et de lever de nouvelles troupes que de nourrir tant de fainéants. « Je loue votre zèle, répondit Amédée; mais apprenez que les charités qu'un prince fait aux indigents sont les plus sûres fortifications d'un Etat; que les pauvres sont ses meilleures troupes. » La Savoie, sous son règne, fut appelée le paradis des pauvres. Un jour qu'il passait dans une rue de sa capitale, il entendit un artisan se plaindre d'un nouvel impôt. Sur-le-champ Amédée demande à ses ministres s'il ne serait pas possible de le diminuer; et comme ils alléguaient l'impossibilité d'un dégrèvement, alors, détachant le collier d'or qu'il portait à son cou, il ordonna de le convertir en monnaie, afin que ses sujets fussent soulagés d'autant. Il fit plusieurs fois à pied le voyage de Turin à Chambéry, pour y visiter la précieuse relique du saint Suaire. Quoique ennemi d'un luxe inutile et ruineux qu'il avait banni de sa cour, il savait dans l'occasion soutenir dignement l'éclat de son rang. Ainsi, lorsqu'il parut à la cour de France, il y déploya une magnificence royale. Il s'appliquait avec un soin tout particulier à l'éducation des princes ses fils, dans la pensée que le sort de son peuple allait un jour dépendre d'eux. Sur la fin de sa vie, il fut éprouvé par de graves infirmités, qu'il supporta avec autant de courage que de résignation ; elles ne lui firent rien diminuer de ses austérités habituelles, ni des jeûnes qu'il pratiquait auparavant. Lorsqu'il vit approcher ses derniers moments, il confia la régence de ses Etats à la duchesse Yolande, et ayant fait venir les principaux seigneurs de sa cour, qui fondaient tous en larmes, il leur dit : « Je vous recommande les pauvres et les malheureux ; répandez libéralement sur eux vos charités, et le Seigneur répandra abondamment sur vous ses bénédictions. Rendez la justice sans acception de personnes ; faites que la religion soit florissante, et que Dieu soit bien servi. » Il mourut à Verceil le 81 mars 1472, après avoir reçu avec une grande piété le saint viatique et l'extrême-onction, n'étant âgé que de trente-sept ans. Son corps fut enterré dans l'église de Saint-Eusèbe de Verceil, sous les marches du maître-autel, ainsi qu'il l'avait demandé. Sa sainteté fut bientôt attestée par un grand nombre de miracles, et Innocent XI autorisa son culte dans les États du duc de Savoie. —31 mars.

AMELBERGE (sainte), *Amelberga*, vierge, née dans le pays des Ardennes vers l'an 741, était d'une famille noble et riche, qui voulait l'élever pour briller dans le monde ; mais la jeune vierge avait d'autres vues et se proposait Jésus-Christ pour modèle. Lorsqu'on essayait de la parer de riches vêtements et de l'entourer de luxe, elle demandait si Jésus-Christ avait été traité de la sorte ; ce qui obligeait ses parents à lui laisser suivre son goût pour la simplicité chrétienne. Étant restée orpheline dans un âge peu avancé, elle vivait dans le monde comme dans un cloître, ne sortant que pour visiter les églises et les hôpitaux. Un seigneur, que quelques auteurs disent être l'un des fils du roi Pepin, étant devenu amoureux d'elle, la tourmenta pour qu'elle consentît à l'épouser, et sur son refus, il voulut employer la violence. Dans la lutte, Amalberge eut un bras cassé, et le jeune prince, honteux de sa brutalité, se retira pour ne plus revenir. Cette aventure la détermina à quitter tout à fait le monde pour prendre le voile dans le monastère de Munster-Bilsen, où elle mourut vers l'an 772, âgée d'environ trente-un ans. Son corps fut enterré à Tempeck sur l'Escaut, qui était une terre de son domaine, où elle avait fait bâtir une église qui a porté son nom dans la suite. — Le comte Baudouin, surnommé Bras-de-Fer, le fit transporter à l'abbaye de Blandinberg à Gand, où il fut brûlé par les calvinistes dans le xvi° siècle. — 10 juillet et 12 décembre.

AMÈLE (saint), *Amelius*, martyr avec saint Amique, souffrit dans un lieu situé entre Novarre et Pavie : ses reliques se gardent à Mortara dans la même contrée. —12 oct.

AMIC (saint), *Amicus*, confesseur, est honoré à Lyon le 14 juillet.

AMIDÉI (le bienheureux), *Amidæus*, l'un des sept fondateurs de l'ordre des Servites, sortait d'une des premières familles de Florence, de celles qu'on nommait patriciennes. Une apparition de la sainte Vierge le décida, ainsi que ses six compagnons, à quitter le monde pour se retirer sur le mont Senario. Ils y bâtirent des cellules et y vivaient en ermites, sous la direction de l'un d'eux, qui était le bienheureux Bonfilio Monaldi. Comme c'était la sainte Vierge qui avait déterminé leur vocation, l'ordre des Servites, qu'ils instituèrent en 1233, avait pour but d'honorer la Mère de Dieu et de lui former des serviteurs dévoués. Le bienheureux Amidei mourut dans le monastère qu'il avait contribué à fonder, et il y fut enterré. Benoît XIII approuva son culte en 1725, et son nom se lit dans le Martyrologe romain, avec le titre de confesseur, sous le 18 avril.

AMIQUE (saint), *Amicus*, martyr avec saint Amèle, est honoré à Mortara en Italie, où se gardent ses reliques. — 12 octobre.

AMIQUE (saint), solitaire à Avellano, dans le diocèse de Gubbio, florissait sous la fin du x° siècle, et mourut en 993. Il est mentionné avec éloges par Pierre Damien. — 2 novembre.

AMMIE (sainte), *Ammia*, martyre à Césarée en Cappadoce, pendant la persécution de l'empereur Aurélien, servit de mère à saint Mammès, orphelin dès sa naissance par le martyre de ses père et mère. On croit qu'elle souffrit avec son fils adoptif vers l'an 275. — 31 août.

AMMIEN (saint), *Ammianus*, martyr à Candaule avec saint Théodore et plusieurs autres, fut arrêté pendant la persécution de l'empereur Maximien. On lui coupa les pieds, et il subit ensuite le supplice du feu. — 4 septembre.

AMMON (saint), soldat et martyr à Alexandrie, l'an 249, pendant la persécution de Dèce. Se trouvant près du tribunal du gouverneur, lorsque celui-ci interrogeait un chrétien dont le courage faiblissait et qui commençait à se troubler, il s'efforçait, avec trois autres soldats, chrétiens comme lui, de ranimer par ses gestes et par ses signes la foi chancelante de ce timide confesseur de Jésus-Christ. Les païens, s'étant aperçus de cette pantomime, en avertirent le gouverneur par leurs cris ; et ils payèrent de leur vie le zèle charitable qu'ils avaient déployé pour empêcher une apostasie. — 20 décembre.

AMMON (saint), martyr à Membrèse en Afrique, souffrit, dans le III° siècle, avec un autre saint Ammon, qui est aussi honoré le même jour. — 9 février.

AMMON (saint), martyr en Éthiopie avec ses quatre frères et sainte Rafique, sa mère, est honoré le 4 septembre.

AMMON (saint), martyr à Alexandrie avec saint Nésèbe et plusieurs autres, est honoré le 10 septembre.

AMMON (saint), *Ammonius*, martyr en Égypte, s'associa à d'autres chrétiens pour aller travailler à la conversion des idolâtres dans la partie orientale de l'Égypte. Arrêté avec ses zélés collaborateurs, il fut condamné au supplice du feu. — 16 janvier.

AMMON (saint), martyr en Égypte, fut arrêté avec le précédent, dont il portait le nom et dont il partageait les travaux apostoliques. Il fut livré aux flammes avec lui ; mais on ignore pendant quelle persécution, et même en quel siècle, le III° probablement. — 16 janvier.

AMMON (saint), martyr à Alexandrie, souffrit avec saint Théophile et vingt-trois autres. — 8 septembre.

AMMON (saint), diacre et martyr à Héraclée, souffrit vers l'an 320, sous l'empereur Licinius, avec quarante vierges qu'il avait instruites dans la foi chrétienne. — 1er sept.

AMMON (saint), abbé en Égypte, naquit en 286, et appartenait à une famille noble et riche qui l'obligea à contracter, contre son inclination, un mariage avantageux, lorsqu'il n'avait encore que vingt-deux ans. Mais le jour même de ses noces il lut à son épouse l'éloge que saint Paul fait de la virginité, et obtint d'elle qu'ils vivraient dans une continence perpétuelle. C'est ainsi qu'ils passèrent ensemble dix-huit années, observant avec fidélité la résolution qu'ils avaient prise et se livrant à la pratique de ce que l'Évangile conseille de plus parfait. Ammon surtout, qui se proposait de se retirer dans la solitude, se préparait d'avance à la vie anachorétique en s'exerçant aux plus dures austérités, ne se nourrissant que d'herbes et de fruits. Il partageait ses journées entre le travail des mains et la prière, qu'il continuait une partie de la nuit. Devenu libre par la mort de ceux de ses parents qui s'opposaient à sa retraite, il se retira sur la montagne de Nitrie. Sa femme, de son côté, établit dans sa maison une communauté de vierges ferventes, qui, sous sa conduite, imitaient le genre de vie des anachorètes. Cette montagne, dont il fut le premier habitant, devint bientôt célèbre par le grand nombre de disciples qui vinrent s'y établir, dans des ermitages, pour y vivre sous sa conduite. Ils habitaient des cellules séparées; mais saint Antoine, qui les visita, donna le conseil à Ammon de fonder un monastère pour les réunir, et il en désigna lui-même l'emplacement en y plantant une croix. Ammon, qui ne faisait d'abord qu'un repas par jour, vers le soir, en vint à être quelquefois jusqu'à quatre jours sans prendre aucune nourriture. Saint Athanase rapporte que se trouvant sur le bord du Lycus, qui était alors débordé, et voulant le passer à la nage, il pria Théodore, son disciple, de s'écarter un peu, afin qu'il ne le vît pas nu; mais comme il lui en coûtait beaucoup de quitter complètement ses habits, ce qui ne lui était jamais arrivé, et qu'il hésitait, il se trouva tout à coup transporté de l'autre côté de la rivière. Il avoua le miracle à Théodore, qui était tout étonné; mais il lui fit promettre qu'il n'en parlerait à personne de son vivant. Saint Ammon et saint Antoine se visitaient souvent, quoiqu'ils fussent à treize journées de distance. Le premier mourut l'an 348, âgé de soixante-deux ans. Saint Antoine connut le moment de sa mort, et vit son âme monter au ciel. Saint Ammon fut le premier solitaire qui se soit retiré sur la montagne de Nitrie; et, vers la fin de sa vie, il eut la consolation de voir son désert peuplé par un grand nombre de monastères. Il est honoré chez les Grecs le 2 octobre.

AMMONARIE (sainte), *Ammonarium*, vierge et martyre à Alexandrie, fut tourmentée longtemps par le juge pendant la persécution de Dèce; mais on ne put lui faire proférer aucun blasphème contre Jésus-Christ, quoiqu'on redoublât les tortures pour arracher de sa bouche quelques paroles impies, qui l'eussent préservée du dernier supplice. Elle fut décapitée en 250. — 12 décembre.

AMMONARIE (sainte), martyre à Alexandrie, qui ne le cédait en rien au courage et à la constance de la précédente, dont elle portait le nom, fut décapitée quelques instants après elle, et on l'honore le même jour. — 12 décembre.

AMMONE (saint), *Ammonius*, soldat et martyr avec saint Mosée, fut d'abord condamné aux mines, et ensuite il subit le supplice du feu dans la province de Pont. — 18 janvier.

AMMONE (saint), martyr à Sole en Chypre, souffrit avec saint Alexandre. — 9 février.

AMMONE (saint), enfant et martyr à Alexandrie, souffrit avec saint Modeste, aussi enfant. — 12 février.

AMMONE (saint), martyr à Alexandrie, fut décapité avec saint Denis. — 14 février.

AMMONE (saint), lecteur et martyr dans la Pentapole de Libye, souffrit avec saint Théodore, son évêque. — 26 mars.

AMMONE (saint), prêtre et martyr à Alexandrie, fut arrêté avec saint Pierre, évêque de cette ville, l'an 311, pendant la persécution de Maximin II. Ce prince cruel étant venu à Alexandrie, les condamna, sans autre formalité, à avoir la tête tranchée. — 27 novembre.

AMMONE (saint), évêque en Egypte, fut l'un des Pères du concile de Nicée. Il était parvenu à un grand âge lorsqu'il fut exilé, en 356, par l'empereur Constance, à cause de son attachement à la foi orthodoxe, et il mourut sur les confins de l'oasis où il avait été relégué. — 21 mai.

AMMONE (saint), solitaire à Tone, est honoré chez les Éthiopiens le 15 mai.

AMMONIQUE (saint), *Ammonicus*, martyr à Alexandrie, souffrit avec saint Tharsice et plusieurs autres. — 31 janvier.

AMNÉE (sainte), *Amnœa*, martyre à Lyon avec saint Pothin, évêque de cette ville, et quarante-cinq autres, eut la tête tranchée en 177, sous l'empereur Marc-Aurèle. C'est la même qui est aussi nommée quelquefois Elpis. — 2 juin.

AMOLVIN (saint), *Amulguinus*, corévêque à Lobes, florissait dans le VIIIe siècle. Son corps se garde à Bins en Hainaut. — 7 février.

AMON (saint), *Amon*, évêque de Toul, succéda à saint Mausuy, premier évêque de cette ville, dont il avait été le disciple. Il continua l'œuvre de son saint prédécesseur; et par ses prédications, sa vie sainte et mortifiée, il convertit un grand nombre d'infidèles. Son goût pour la solitude lui avait fait construire, à quelque distance de sa ville épiscopale, un ermitage dans lequel il se retirait toutes les fois que les devoirs de sa charge ne l'appelaient pas ailleurs. C'est là qu'il se livrait à la prière et aux austérités de la vie anachorétique. Il mourut vers le milieu du IVe siècle, et son corps fut inhumé dans l'église de Saint-Pierre, que saint Mansuy avait fait construire à l'entrée de la ville, et où il avait été lui-même enterré. Le tombeau de ces deux saints évêques devint célèbre par un grand nombre de miracles, et il s'y faisait un grand concours de fidèles. Les reliques de saint Amon furent transférées dans l'église cathédrale vers le milieu du XIe siècle. — 23 octobre.

AMON (le bienheureux), évêque de Worms, ayant embrassé l'état monastique, devint abbé de Berg, près de Magdebourg. Il fut tiré de là pour être élevé sur le siége de Worms, qu'il illustra par ses vertus jusqu'à sa mort, arrivée en 874. — 24 décembre.

AMONE (saint), *Amonius*, martyr en Ethiopie avec saint Ammon, son frère, et sainte Rafique, sa mère, est honoré le 4 septembre.

AMOS (saint), l'un des douze petits prophètes, florissait sous Osias, roi de Juda, et Jéroboam II, roi d'Israël. Avant que Dieu ne le chargeât de la mission de prophète, il gardait les troupeaux à Técué, sa patrie. Quoique ses prophéties, renfermées en neuf chapitres, soient écrites dans un style simple, on y trouve des comparaisons tirées de son ancien état, et qui sont aussi justes que pittoresques. Des images puisées dans la vie pastorale donnent à sa diction un coloris qui ne manque ni de charme ni de vigueur. Amasias, prêtre de Bethel, l'accusa d'avoir prédit que Jéroboam mourrait par le glaive; et ce prince, pour se venger des menaces qu'il avait faites de la part de Dieu contre lui et contre le royaume d'Israël, voulait le bannir de ses Etats. Amasias lui conseillait de se réfugier dans le royaume de Juda; mais voyant qu'Amos ne voulait pas trahir sa mission, ni reculer devant le danger, il lui fit souffrir toutes sortes de mauvais traitements. Son fils Osias lui enfonça un épieu dans la tête, et le saint prophète fut transporté à demi-mort à Técué, où il mourut presque aussitôt, et fut enseveli dans le tombeau de ses ancêtres, l'an 785 avant Jésus-Christ. — 31 mars.

AMOUR (saint). *Amor*, massacré avec saint Viâtre par des scélérats, a donné son nom à une petite ville située au pied du Jura. Il est honoré comme martyr, en Franche-Comté, le 9 août.

AMOUR (saint), diacre, est honoré à Monstrebilse, près de Tongres, le 8 octobre.

AMPAMON (saint), martyr en Afrique, souffrit avec saint Victor et trente-trois autres. — 18 décembre.

AMPÈLE (saint), *Ampelus*, martyr à Messine en Sicile, souffrit avec saint Caïus. — 20 novembre.

AMPÈLE (saint), *Ampelius*, martyr à Carthage avec saint Saturnin et plusieurs autres, fut arrêté à Ahitine, sa patrie, pendant la persécution de Dioclétien. Tout son crime, ainsi que celui de ses compagnons, était d'avoir, contre les édits de l'empereur, célébré la collecte, c'est-à-dire assisté le dimanche à la célébration des saints mystères. Après avoir confessé Jésus-Christ à Ahitine, il fut chargé de fers et envoyé à Carthage. Lorsqu'il comparut devant le proconsul Anulin, comme les livres saints étaient à sa garde, il se fit gloire de cette honorable fonction; et, sur la demande de ce magistrat s'il avait assisté à la collecte, il répondit affirmativement, et ajouta qu'il était dépositaire des livres sacrés qu'Anuelin demandait, mais que ces livres étaient dans son cœur. Cette réponse lui valut plusieurs coups que le proconsul lui fit donner sur la tête par un soldat dont la main était revêtue d'un gantelet de fer. Il fut ensuite reconduit en prison, où il mourut par suite des tortures qu'il avait subies, l'an 304. — 11 février.

AMPÈLE ou AMPHÈLE (saint), *Amphelius*, solitaire, naquit en Egypte où il passa une grande partie de sa vie, exerçant l'état de forgeron. Son travail ne l'empêchait pas de pratiquer les vertus chrétiennes, et lui fournissait le moyen d'exercer la charité envers les pauvres. Voulant finir ses jours dans la solitude, pour ne plus s'occuper que de Dieu et de son salut, il distribua aux malheureux tout ce qu'il possédait, et, quittant son pays, il vint chercher une retraite dans un lieu désert, sur la côte de Gênes, où il mourut dans le v° siècle. — 4 octobre.

AMPÈLE (saint), archevêque de Milan, florissait dans le VII° siècle et mourut en 672. — 8 février.

AMPHIBAS (saint), *Amphibalus*, confesseur en Angleterre, florissait sur la fin du v° siècle, et il était honoré autrefois en Angleterre le 25 juin.

AMPHIEN (saint), *Amphianus*, martyr à Césarée en Palestine, est le même que saint Appien, dont nous parlons en son lieu, et qui est honoré le 2 avril.

AMPHILOQUE (saint), *Amphilocus*, chef de milice et martyr, souffrit, à ce que l'on croit, sous l'empereur Adrien, avec saint Philète, sénateur, et plusieurs autres. — 27 mars.

AMPHILOQUE (saint), évêque d'Icône en Lycaonie, au IV° siècle, sortait d'une famille distinguée de la Cappadoce. Après avoir étudié la rhétorique et le droit dans sa jeunesse, il se fit avocat : son talent et sa probité lui acquirent une grande célébrité. Lorsqu'il était dans le barreau, saint Grégoire de Nazianze lui recommanda les affaires de quelques-uns de ses amis. Quoique plus jeune que ce saint docteur, il était lié d'amitié avec lui et avec saint Basile. Ce fut par les conseils du premier qu'il se détermina à quitter le monde pour servir Dieu dans la retraite. Il se réfugia, vers l'an 370, dans un désert de la Cappadoce, nommé Ozizale, qui était si inculte qu'il ne pouvait point produire de blé. Saint Grégoire de Nazianze se chargea de lui en fournir, et le saint, en échange, lui envoyait des fruits et des légumes du jardin qu'il cultivait dans sa solitude. Son père, qui était venu habiter avec lui son désert, trouvà toujours en lui un fils aussi dévoué que respectueux. Lorsque saint Basile fut nommé archevêque de Césarée, Amphiloque, avec qui il était étroitement lié, l'aurait suivi volontiers, sans les soins qu'il devait à son père âgé et infirme, et sans la crainte que son illustre ami ne le forçât à entrer dans les saints ordres. Il s'abstint donc de tout rapport avec lui, lorsqu'il fut devenu métropolitain de la Cappadoce. Mais s'étant trouvé à Icône, en 374 lorsque ce siége était sans évêque, le clergé et le peuple l'élurent tout d'une voix. Amphiloque, qui ne s'y attendait nullement, voulut prendre la fuite, mais on l'en empêcha. Saint Basile, qui regardait son élection comme un effet de la Providence, lui écrivit pour l'exhorter à accomplir avec zèle les devoirs de l'épiscopat et à s'opposer avec courage aux vices, aux abus et aux hérésies, lui recommandant de gouverner par lui-même son troupeau et de ne pas se laisser gouverner par les autres. Son vieux père, qui se voyait par là privé de son fils, s'en plaignit à saint Grégoire de Nazianze qu'il soupçonnait avoir contribué à sa promotion. Amphiloque, après son sacre, alla voir saint Basile à Césarée. Il prêcha au peuple de manière à obtenir la satisfaction générale. Saint Basile, qu'il consultait dans les cas difficiles, et qui lui répondait avec autant de modestie qu'un disciple répond à son maître, l'ayant invité à la fête de saint Eupsyque, l'évêque d'Icône ne put se rendre à cette invitation, ni à une seconde qui eut lieu quelque temps après, parce qu'il en fut empêché par une maladie grave. Saint Basile étant tombé malade à son tour, lui recommanda le soin de son église, en cas qu'il vînt à mourir. Amphiloque tint un concile à Icône en 376, contre les macédoniens, qui niaient la divinité du Saint-Esprit ; en 381, il assista au concile de Constantinople, tenu contre les mêmes hérétiques, et à un autre concile tenu dans la même ville en 383. L'empereur Théodose, dans une loi portée en 381, le représente comme une des colonnes de la foi catholique en Orient. Pendant que saint Amphiloque se trouvait à Constantinople, il pria ce prince de défendre aux ariens de tenir leurs assemblées et de blasphémer le Fils de Dieu ; l'empereur crut qu'il était plus expédient d'user d'indulgence. Quelque temps après, se trouvant en présence de Théodose, il le salua sans paraître faire aucune attention à son fils Arcade, qui venait d'être proclamé auguste depuis peu. Comme l'empereur lui en témoignait sa surprise et son mécontentement : « Eh quoi ! dit Amphiloque, vous ne pouvez souffrir une injure faite à votre fils, et vous souffrez ceux qui déshonorent le Fils de Dieu. » L'empereur, frappé de cette réponse, porta une loi que nous avons encore, et qui proscrivait les assemblées des ariens et des autres hérétiques. Saint Amphiloque déploya son zèle contre une autre hérésie qui parut de son temps, celle des messaliens ou euchites, ainsi dite, parce que ceux qui en étaient infectés prenaient à la lettre les textes de l'Ecriture qui exhortent à prier sans interruption. Ces fanatiques n'admettaient que la prière, et rejetaient tous les autres exercices de la religion, même les sacrements. Il les fit condamner dans un concile tenu en 383, à Sydre en Pamphylie, et auquel il présida. Il composa plusieurs savants ouvrages pour les réfuter : ce qui lui fait tenir un rang distingué parmi les Pères grecs du IVe siècle. Saint Grégoire de Nazianze l'appelle un pontife irréprochable, un ange, un héraut de la vérité, et il lui attribue le don des miracles. Il mourut vers l'an 394, dans un âge fort avancé. — 23 novembre.

AMPHION (saint), *Amphion*, évêque d'Épiphanie en Cilicie, confessa la foi pendant la persécution de Galère. Il assista au concile d'Ancyre, tenu vers l'an 314, et à celui de Nicée en 325. Eusèbe de Nicomédie ayant été déposé à cause de son attachement à l'arianisme, dont il était comme le chef, Amphion fut choisi par le clergé de Nicomédie pour le remplacer. Il s'efforça de réparer le mal que son prédécesseur avait fait, et se montra zélé défenseur des décisions du concile de Nicée, dont il avait été l'un des ornements. Il est loué par saint Athanase. — 12 juin.

AMPLIAT (saint), *Ampliatus*, martyr, est mentionné dans l'Épître aux Romains par saint Paul, qui lui envoie un salut plein d'affection. Il fut mis à mort par les Juifs et les gentils en haine de l'Evangile. — 31 octobre.

AMPLIAT (saint), martyr, souffrit avec saint Théon et plusieurs autres. — 26 février.

AMPODE (saint), *Ampus*, *odis*, martyr en Cappadoce, souffrit avec quelques autres. — 14 octobre.

ANACLET (saint), pape et martyr, succéda à saint Clément vers la fin du 1er siècle, et gouverna l'Eglise environ neuf ans. Il eut la douleur d'être témoin des ravages causés dans le troupeau de Jésus-Christ par la persécution de Trajan, en 107, dont il eut beaucoup à souffrir lui-même ; ce qui fait que des martyrologes très-anciens lui donnent le titre de martyr. Il eut pour successeur saint Evariste. — 13 juillet.

ANAGAMPHE (saint), *Anagamphus*, évêque en Egypte et confesseur, montra un grand zèle contre les ariens. L'empereur Constance, qui le protégeait, l'exila vers l'an 356, et l'on croit qu'il mourut loin de son troupeau. — 21 mai.

ANANIE (saint), *Ananias*, dont le nom chaldaïque était Sidrach, fut l'un des trois jeunes Hébreux qui, pendant la captivité de Babylone, aimèrent mieux être jetés dans une fournaise ardente que d'adorer la statue de Nabuchodonosor. Pendant qu'ils étaient au milieu des flammes, ils chantaient les louanges de Dieu qui les préserva miraculeusement de l'atteinte du feu, au point que ni leurs habits ni même leurs cheveux ne furent brûlés. Ce prodige, qui eut lieu vers l'an 538 avant Jésus-Christ, frappa tellement le roi de Babylone, qu'il éleva en dignité ces fidèles adorateurs du vrai Dieu. Ils sont nommés dans le Martyrologe romain sous le 16 décembre.

ANANIE (saint), disciple des apôtres et martyr, se trouvait à Damas, sa patrie, lorsque Jésus-Christ lui apparut et lui dit d'aller baptiser saint Paul, alors connu sous le nom de Saul. Ananie, qui connaissait tout le mal qu'il avait fait aux fidèles de Jérusalem, et qui savait dans quel but il était venu à Damas, hésitait d'abord. Le Seigneur, pour le rassurer, lui dit : *Cet homme est un vase d'élection, destiné à porter mon nom devant les gentils, les rois et les enfants d'Israël*. Il alla donc le trouver et lui dit : *Mon frère Saul, le Seigneur Jésus, qui vous a apparu en route, m'envoie vers vous pour vous baptiser et vous donner le Saint-Esprit.* Ananie prêcha ensuite l'Evangile à Damas, à Eleuthéropolis et dans d'autres lieux. Il eut à subir diverses persécutions, et l'on croit qu'il fut lapidé à Damas par les Juifs et les païens. L'église de cette ville, où se trouvait son tombeau, a été convertie en mosquée par les Turcs. Les Grecs l'honorent le 1er octobre, et les Latins le 25 janvier.

ANANIE (saint), prêtre et martyr en Phénicie, souffrit avec saint Pierre le Clidophylace et sept soldats. — 26 janvier et 26 février.

ANANIE (saint), martyr à Arbelles en Perse, est honoré le 1er décembre.

ANANIE (saint), prêtre de Ctésiphon et martyr, fut arrêté avec saint Siméon son évêque, chargé de chaînes et conduit à Lédan, capitale des Huzites. Sapor II, qui se trouvait dans cette ville, fit comparaître le saint évêque et les prêtres qui l'accompagnaient, et après un premier interrogatoire, il les fit reconduire en prison, d'où on ne les tira que pour les conduire au supplice. Lorsque Ananie fut arrivé sur le lieu de l'exécution, un tremblement involontaire s'empara de lui au moment qu'on le dépouillait de ses habits. Pusice, surintendant des manufactures royales, craignant que le cœur ne lui manquât, lui cria de loin : *Courage, Ananie, fermez les yeux, et dans un instant vous verrez la divine lumière de Jésus-Christ.* Cette exhortation valut aussi à Pusice la couronne du martyre, peu de temps après le supplice de saint Ananie, en 341, la trente-unième année du règne de Sapor II. — 17 et 21 avril.

ANASTASE (saint), *Anastasius*, martyr à Camerino, dans la Marche d'Ancône, fut mis à mort pour la foi, par ordre du président Antiochus, sous l'empereur Dèce. — 11 mai.

ANASTASE (saint), martyr à Salone, exerçait les fonctions de greffier en chef du tribunal qui condamna à mort saint Agapet. La constance avec laquelle ce saint martyr, qui était encore très-jeune, souffrit divers tourments, fit sur Anastase une telle impression, qu'il embrassa le christianisme. L'empereur Aurélien, informé de cette conversion, ordonna qu'il fût livré au dernier supplice ; ce qui fut exécuté vers l'an 273. — 21 août.

ANASTASE (saint), soldat et martyr à Salone en Dalmatie, souffrit avec saint Domnion, évêque de cette ville. Il est un des huit soldats que mentionne le Martyrologe romain sans donner leur nom. Leurs corps furent apportés à Rome avec celui de saint Domnion, et placés par le pape Jean IV dans un oratoire qu'il avait fait bâtir près du baptistère de Constantin. — 11 avril.

ANASTASE (saint), martyr à Aquilée, exerçait, à ce que l'on croit, l'état de foulon. — 7 septembre.

ANASTASE (saint), martyr à Nicomédie, souffrit avec saint Cyriaque et plusieurs autres. — 19 décembre.

ANASTASE (saint), prêtre et martyr, souffrit avec saint Placide et plusieurs autres. — 11 octobre.

ANASTASE (saint), martyr avec saint Julien d'Hospitalier, souffrit vers l'an 313, pendant la persécution de Maximin II. — La tradition des Grecs porte que saint Julien le ressuscita et le convertit à la foi chrétienne. — 9 janvier.

ANASTASE (saint), pape, Romain de naissance, mérita par ses travaux et par ses combats pour la foi, de succéder au pape Sirice le 4 décembre 398. Saint Jérôme l'appelle un homme d'une vie sainte, d'une riche pauvreté et d'une sollicitude apostolique. Il condamna la traduction que Rufin avait faite du *Periarchon* d'Origène, ou les quatre livres *des Principes*. Quant au traducteur, il ne condamna pas sa personne, laissant à Dieu le soin de juger son intention, comme nous l'apprenons d'une lettre qu'Anastase écrivit à cette occasion, à Jean, évêque de Jérusalem, et dans laquelle il l'engage à veiller avec zèle au maintien de la foi de l'Évangile parmi toutes les nations de la terre, qu'il appelle *les parties de son corps*. Il mourut le 14 décembre 401, après un pontificat de trois ans et dix jours. Saint Jérôme assure que Dieu l'enleva de ce monde pour lui épargner la douleur de voir le sac de Rome par Alaric, en 410. L'église de Sainte-Praxède possède la plus grande partie de ses reliques. — 27 avril.

ANASTASE II (saint), pape, successeur de saint Gélase, en 496, était Romain de naissance. Il écrivit à Anastase, empereur d'Orient, pour lui recommander les intérêts de la religion catholique contre les ariens, et pour le prier d'interposer son autorité pour que le nom d'Acace, patriarche de Constantinople, qui était mort excommunié, fût rayé des diptyques. Il adressa aussi une lettre à Clovis, roi de France, pour le féliciter sur sa conversion. Il mourut en 498, et son pontificat fut de deux ans moins quelques jours. Son nom ne se trouve pas dans le Martyrologe romain, mais il est nommé dans plusieurs calendriers le 8 septembre.

ANASTASE (saint), évêque de Terni et confesseur, mourut en 553, et il fut enterré dans son église cathédrale, où l'on garde ses reliques. — 17 août.

ANASTASE (saint), confesseur dans la Pouille, est honoré à Troja, et une partie de ses reliques se garde dans l'église cathédrale de cette ville. — 12 septembre.

ANASTASE (saint), moine du monastère de Castel-Saint-Elie, près du mont Saint-Silvestre, connut d'avance le jour de sa mort par une voix du ciel qui l'appelait au séjour de la gloire. Il florissait dans le VIe siècle, et mourut vers l'an 577. Il est mentionné avec éloge par saint Grégoire le Grand. — 11 janvier.

ANASTASE Ier (saint), patriarche d'Antioche, fut élevé sur le siège de cette ville en 561. Parmi ses vertus, on admirait surtout le rare talent qu'il avait de consoler les affligés et son amour pour le silence qu'il ne rompait que quand la nécessité ou la charité l'y obligeait. L'empereur Justinien, sur la fin de sa vie, ayant adopté l'erreur des incorrupticoles qui s'imaginaient que Jésus-Christ, pendant sa vie mortelle, avait eu une chair incorruptible et incapable de souffrance, Anastase prit la plume pour combattre cette hérésie naissante. Son ouvrage, aussi solidement pensé qu'élégamment écrit, excita le ressentiment du prince qui se proposait de l'exiler, lorsqu'il mourut en 565. Justin II, son successeur, l'exila en 570, et fit mettre à sa place un intrus, nommé Grégoire. Il ne fut rappelé sur son siége qu'en 593, par l'empereur Maurice, qui le chargea de traduire en grec, pour l'usage des Églises d'Orient, le Pastoral de saint Grégoire. Saint Anastase, qui mourut en 598, a laissé plusieurs discours sur les mystères et sur les dogmes de la vraie foi; il avait aussi composé d'autres ouvrages, mais ces derniers ne sont pas parvenus jusqu'à nous. Quelques auteurs ont confondu ce saint avec saint Anastase le Sinaïte, quoiqu'ils vécussent à près d'un siècle de distance. — 21 avril.

ANASTASE II (saint), patriarche d'Antioche et martyr, succéda au précédent l'an 598, et s'efforça de marcher sur ses traces et d'imiter ses vertus, surtout son zèle pour la foi catholique. Dans une sédition qui eut lieu à Antioche l'an 609, il fut massacré par les Juifs au milieu du tumulte dont ils étaient les auteurs. — 21 décembre.

ANASTASE (saint), évêque de Brescia, en Lombardie, florissait sur la fin du VIe siècle, et mourut vers l'an 610. — 20 mai.

ANASTASE (saint), moine et martyr en Perse, naquit dans la province de Rasech, sur la fin du VIe siècle. Après avoir été instruit dans les sciences que cultivaient les mages, par son père, qui était mage lui-même, il prit le parti des armes; et il servait sous le roi Chosroës, dans l'expédition que ce prince entreprit contre la Syrie en 613. Ce prince s'étant rendu maître de plusieurs villes, et entre autres de Jérusalem, s'empara de la vraie croix et la fit transporter en Perse. Anastase, étonné de la grande vénération que les chrétiens avaient pour cet instrument de supplice, voulut en connaître le motif; il se mit donc à étudier la religion chrétienne, et il fut extrêmement frappé de la beauté de sa morale et de la sublimité de ses dogmes. Aussi, après une expédition contre les Romains, à laquelle il avait pris part, il quitta le service pour se retirer à Hiéraple, chez un monnoyeur persan, qui était chrétien et qui le conduisait souvent à la prière des fidèles. Les tableaux des martyrs dont les églises étaient ornées faisaient sur lui une impression profonde; et il ne pouvait se lasser d'admirer le courage de ces généreux soldats de Jésus-Christ, dont le sort lui paraissait digne d'envie. Animé du désir d'embrasser la religion, il vint à Jérusalem, où il fut baptisé par Modeste, qui administrait le diocèse pendant la captivité du patriarche Zacharie. C'est dans cette circonstance qu'il changea son nom persan de Magundat, qu'il avait porté jusqu'alors, en celui d'Anastase, qui signifie, en grec, résurrection. Rien de plus édifiant que la manière dont il passa le temps qui précéda et qui suivit son baptême. Il se retira ensuite dans un monastère, à deux lieues de Jérusalem. Justin, qui en était abbé, lui fit apprendre la langue grecque et le psautier; ensuite il lui coupa les cheveux et lui donna l'habit monastique, en 621. Anastase devint bientôt le modèle de la communauté. On le voyait toujours le premier à l'église, assistant aux divins offices, et écoutant la parole sainte avec la piété la plus édifiante. Il se livrait avec ardeur à l'étude de l'Écriture et à la lecture de la vie des martyrs; la vue de leurs combats et de leurs triomphes faisait couler ses larmes et l'enflammait d'un vif désir de verser son sang pour Jésus-Christ. Ayant connu, par révélation, que son désir serait exaucé, il quitta le monastère où il avait passé sept ans, et fit divers pèlerinages : à Diospolis, à Garizim et à Notre-Dame de Césarée, en Palestine. Pendant les deux jours qu'il passa dans cette dernière ville, qui était alors soumise aux Perses, ayant vu des soldats de sa nation qui faisaient des enchantements dans les rues, il leur représenta avec beaucoup de force toute l'impiété de semblables pratiques, ce qui le fit arrêter par les magistrats persans. Amené en leur présence pour y subir un interrogatoire, il avoua qu'il avait été lui-même mage autrefois, mais qu'il avait renoncé à ce vain titre pour devenir disciple de Jésus-Christ. On le conduisit en prison, où on le laissa trois jours sans lui donner aucune nourriture. Le quatrième jour, il comparut devant Marzabane, gouverneur de la ville, qui, le voyant insensible aux promesses les plus magnifiques et aux menaces les plus terribles, lui fit mettre une grosse chaîne à un pied et au cou; et l'ayant fait lier à un autre prisonnier, il le força à porter des pierres dans cette position gênante. Ses compatriotes l'accablaient d'insultes et de mauvais traitements, lui arrachant la barbe et lui reprochant d'être l'opprobre de son pays. Le gouverneur l'ayant fait de nouveau comparaître, voulut l'obliger de prononcer les paroles usitées dans les superstitions des mages; sur son refus, il le menaça d'en écrire au roi; et comme Anastase, pour toute réponse, ne cessait de répéter : « Je suis chrétien, » Marzabane le fit frapper avec des bâtons pleins de nœuds. Comme les bourreaux se disposaient à le lier, il leur dit que cette précaution était inutile, puisqu'il ôterait son habit, de peur qu'il ne fût profané. Ensuite il se couche par terre et reçoit, sans faire le moindre mouvement, les coups dont on l'accable. Le gouverneur l'ayant encore menacé d'écrire au roi, Anastase lui dit : « Qui devons-nous plutôt craindre, ou un homme mortel, ou Dieu qui a fait toutes choses de rien? » Et comme on le pressait de sacrifier au feu, au soleil et à la lune, il répondit : « Je ne regarderai jamais comme des divinités les créatures que le vrai Dieu a faites pour notre usage. » Après cela on le reconduisit en prison. L'abbé Justin ayant appris ce que son disciple souffrait pour Jésus-Christ, ordonna des prières dans la communauté, et lui députa deux religieux pour lui porter des secours et des consolations. Anastase continuait à porter des pierres tout le jour; il n'avait de relâche que la nuit, qu'il consacrait, en partie, à la prière. Sa patience et sa piété édifiaient ceux qui étaient emprisonnés avec lui : une nuit, ils le virent tout rayonnant de lumière et au milieu d'un chœur d'anges priant avec lui. Marzabane ayant écrit à Chosroës au sujet d'Anastase en reçut une réponse qui permettait d'user d'indulgence envers lui et de lui rendre la liberté, pourvu qu'il abjurât la religion, seulement de bouche. « Vous pourrez, ajouta l'envoyé du roi, obtenir une place parmi les premiers officiers, ou continuer à vivre en chrétien, et même en moine, si vous le préférez. D'ailleurs, vous ne renierez votre Christ qu'en présence d'un seul témoin, qui gardera le secret. Quelle injure lui ferez-vous, puisque vous lui resterez toujours attaché dans le fond du cœur? » Anastase ayant répondu qu'une telle dissimulation lui faisait horreur, le gouverneur, le voyant inflexible, lui déclara qu'il avait ordre de l'envoyer au roi, chargé de chaînes : « Il est inutile de m'enchaîner, dit le saint, puisqu'il s'agit de souffrir pour Jésus-Christ. J'irai avec joie au lieu de ma destination. » Marzabane ordonna qu'il partirait dans cinq jours. La fête de l'Exaltation de la sainte croix étant arrivée dans l'intervalle, il obtint, par l'entremise du receveur des tributs, qui était chrétien, la permission d'aller à l'église ce jour-là et d'assister à l'office divin : sa présence et ses exhortations produisirent sur les fidèles un effet salutaire, et toute l'assemblée fondait en larmes. Après l'office, le saint retourna gaiement en prison, et partit au bout de cinq jours avec deux prisonniers chrétiens et l'un des moines envoyés par l'abbé Justin. Partout sur son passage les chrétiens lui donnaient les plus grandes marques de respect, ce qui alarmait son humilité. Il écrivit à l'abbé Justin deux lettres pour se recommander à ses prières et à celles de sa communauté : l'une, datée d'Hiéraple, et l'autre, des bords du Tigre. Arrivé à Barsaloué, nommée depuis Sergiopolis, en Assyrie, il fut mis en prison, en attendant les ordres du roi. Chosroës y envoya un de ses officiers, qui employa, mais en vain, les promesses les plus séduisantes; le lendemain, il eut recours aux menaces qui ne furent pas plus efficaces. L'officier l'ayant fait fustiger trois jours de suite, et lui ayant fait mettre sur les jambes une grosse pièce de bois chargée de deux hommes qui pressaient de tout leur poids sur chaque extrémité, sans qu'Anastase perdit rien de sa patience et de sa tranquillité, il alla rendre compte au roi du résultat de ses tentatives, et lui demander de nouveaux ordres. Pendant son absence, le geôlier, qui était chrétien, laissa pénétrer dans la prison les fidèles qui venaient en foule baiser les pieds et les chaînes d'Anastase, emportant comme des reliques ce qui avait touché son corps, ou les instruments de son supplice; et cela, malgré le saint martyr, qui était confus de ces témoignages de vénération, qu'il eût bien voulu empêcher. L'officier, à son retour, le fit battre de nouveau, et Anastase souffrit ce cruel traitement avec autant de constance que si son corps eût été insensible. On le pendit par une main, après lui avoir attaché un gros poids aux pieds, et on le laissa deux heures dans cette situation. L'officier, désespérant de le vaincre, retourna vers le roi, qui donna l'ordre de le faire mourir avec les autres prisonniers chrétiens. Ceux-ci furent étranglés sur les bords de l'Euphrate, en présence d'Anastase, qu'on croyait ébranler par cet horrible spectacle. On fit encore une dernière tentative, qui fut inutile comme les autres. Il dit aux bourreaux qui se disposaient à l'exécuter : « Je pensais qu'on me réservait un genre de mort plus cruel, et que mon corps serait mis en pièces; mais puisque Dieu m'appelle à lui par une voie si facile, le sacrifice que je lui fais de ma vie ne me coûte rien : je le prie seulement de l'accepter. » A peine eût-il fini ces mots, qu'on l'étrangla; et ensuite on lui coupa la tête, le 22 janvier de l'an 628. Il avait prédit la chute de Chosroës; et dix jours après son martyre, l'empereur Héraclius entrait en Perse avec son armée. Cette expédition fut si heureuse, qu'il s'empara de la personne et des États de ce prince. Le corps du saint, qui avait été jeté aux chiens avec ceux des autres chrétiens qu'on venait d'étrangler, fut seul respecté par ces animaux. Les fidèles l'ayant racheté, l'enterrèrent dans le monastère de Saint-Serge, situé près de là. Sa tunique fut rapportée à son monastère par le moine qui l'avait accompagné. Dans la suite, son corps fut aussi transféré en Palestine, puis à Constantinople, et de là à Rome. — 22 janvier.

ANASTASE (saint), confesseur, étant allé à Rome avec saint Maxime, son abbé, y fut arrêté avec lui par ordre de l'empereur Constant, partisan déclaré des monothélites, et ramené à Constantinople, où il fut mis en prison. Ayant été conduit au palais avec saint Maxime, il fut introduit dans la salle du sénat. Interrogé après son maître, comme il ne pouvait élever la voix assez haut pour être entendu de toute l'assemblée, les gardes le souffletèrent si cruellement, qu'ils le laissèrent à demi mort. Il fut ensuite reconduit en prison ; après avoir subi un second interrogatoire, on l'exila dans la Thrace, sans provisions pour subsister et sans autres vêtements que quelques haillons. Environ un an après, il fut ramené à Constantinople et anathématisé dans un synode, avec saint Maxime, le pape saint Martin, et tous ceux qui leur étaient attachés. Après l'avoir fouetté, on lui coupa la langue et la main droite; il fut ensuite condamné au bannissement et à la détention perpétuelle chez les Lazes, dans la Sarmatie d'Europe. Arrivé à Sumas, lieu de son exil, le 8 juin 662, il y mourut le 24 juillet de la même année, par suite des tourments qu'il avait endurés et de la fatigue du voyage. — 13 août.

ANASTASE (saint), confesseur, autre disciple de saint Maxime, avait été apocrisiaire ou nonce de l'Église romaine. Arrêté à Rome avec saint Maxime et l'autre Anastase, dont il a été question dans l'article précédent; il supporta comme lui, pour la foi, l'exil et la mutilation, et mourut environ quatre ans après son illustre homonyme, dans la Sarmatie d'Europe, près des Palus-Méotides, où il avait été banni. — 13 août et 11 octobre.

ANASTASE LE SINAITE (saint), dut son surnom au long séjour qu'il fit sur le mont Sinaï. Né au commencement du VIIe siècle, il montra dès sa jeunesse de grands sentiments de piété. Il nous apprend lui-même qu'il écoutait la lecture de l'Evangile avec autant de respect que s'il eût entendu parler le Sauveur lui-même, et qu'il recevait l'Eucharistie avec autant d'amour que s'il eût reçu Jésus-Christ dans ses bras. Après avoir visité les saints lieux à Jérusalem, il se retira sur le mont Sinaï, dans une cellule à côté des saints solitaires qui y menaient une vie angélique. La prière, la mortification, l'obéissance, l'élevèrent à un haut degré de perfection. Il quittait quelquefois sa cellule pour voler au secours de l'Église, et pour employer à sa défense la science et la sagesse qu'il avait reçues d'en haut. Étant à Alexandrie, il confondit publiquement les acéphales, et leur prouva avec une si grande évidence qu'ils ne pouvaient condamner saint Flavien, sans condamner en même temps tous les Pères de l'Église, que le peuple indigné contre ces hérétiques voulait les lapider. Comme les acéphales venaient des eutychiens, il composa contre ceux-ci l'*Odégos*, ou le Guide du vrai chemin, dans lequel il établit des règles très-judicieuses contre toutes les hérésies. Il vivait encore en 678, et mourut sur la fin du VIIe siècle. Il nous reste de lui plusieurs autres ouvrages qui respirent la plus tendre piété, entre autres, le discours de la *Synaxe*, des considérations anagogiques sur l'*Hexaméron*, et les cent cinquante-quatre questions sur la vie spirituelle. — 21 avril.

ANASTASE (saint), évêque de Pavie, avait été engagé dans l'arianisme pendant sa jeunesse; mais, s'étant converti, il se consacra au service des autels, et devint évêque de Pavie. Il florissait sous Rothaire, roi des Lombards, et mourut vers l'an 680. — 30 mai.

ANASTASE (saint), prêtre de Cordoue, en Espagne, et martyr, était très-versé dans les sciences divines et humaines. Il fut chargé par son évêque de défendre la foi de Jésus-Christ et de préserver les chrétiens contre les séductions des musulmans. Ayant appris que Mahomet, roi de Cordoue, avait fait arrêter un grand nombre de chrétiens, il courut au palais pour soutenir leur courage et même pour partager leur sort, si telle était la volonté de Dieu. Ayant parlé publiquement contre l'absurde religion de Mahomet, il fut dénoncé pour ce fait, et le tyran le condamna sur-le-champ à avoir la tête tranchée, et son corps fut attaché au poteau. Il souffrit le martyre le 14 juin 853. — 14 juin.

ANASTASE (saint), évêque de Sens, s'illustra par sa vie austère et mortifiée. Son abstinence égalait celle des plus fervents anachorètes; mais autant il était dur à lui-même, autant il était bon pour les autres, et sa charité pour les pauvres était sans borne. Il jeta les fondements de la grande église de Saint-Etienne, de Sens, destinée à servir de cathédrale, et, après sa mort, arrivée en 977, il fut enterré dans l'église du monastère de Saint-Pierre-le-Vif. — 7 janvier.

ANASTASE (saint), ermite, né à Venise, au commencement du XIe siècle, s'appliqua pendant sa jeunesse à l'étude des sciences et y fit de grands progrès. Mais le désir d'une plus grande perfection lui ayant inspiré le dégoût du monde, il quitta sa patrie et vint en France prendre l'habit religieux dans le monastère de Saint-Michel. La sainteté de sa vie lui attira une telle réputation, que saint Anselme, alors abbé du Bec, voulut faire sa connaissance. L'abbé de Saint-Michel ayant été convaincu de simonie, Anastase quitta le monastère, et se retira dans une petite île, sur le bord de la mer, pour y mener la vie érémitique. Les instances de Hugues, abbé de Cluny, l'attirèrent ensuite dans ce monastère, d'où le pape Grégoire VII l'envoya en Espagne prêcher la foi aux musulmans. Revenu à Cluny, il accompagna l'abbé Hugues dans la visite qu'il fit des monastères, des congrégations, et faisait des instructions aux moines. Ayant obtenu la permission de vivre dans un désert, il se retira sur les Pyrénées, où il passa trois ans. Mais saint Hugues le pria si vivement de venir le rejoindre, qu'il quitta la solitude pour retourner à Cluny; mais il mourut en route à Doyder, dans le diocèse de Rieux, vers l'an 1085. Nous avons de lui une lettre sur l'eucharistie, dans laquelle il réfute l'hérésie de ceux qui prétendaient que Jésus-Christ n'est qu'en figure dans l'eucharistie, et prouve que ce même corps qui est né d'une vierge et a souffert pour nous, est réellement présent dans le saint sacrement. — 16 octobre.

ANASTASIE (sainte), *Anastasia*, martyre à Rome, était une dame d'une famille très-distinguée, et fut convertie au christianisme par les apôtres saint Pierre et saint Paul. Elle confessa avec constance la foi sous Néron, et eut ensuite la tête tranchée, après qu'on lui eut coupé la langue et les pieds. — 15 avril.

ANASTASIE L'ANCIENNE (sainte), vierge et martyre à Rome, sortait d'une illustre famille de cette ville. Elle fut élevée dans l'amour de la vertu et la pratique de la piété par des parents chrétiens. Anastasie, profitant de leurs leçons et de leurs exemples, n'éprouvait pour le monde que du dégoût, et vivait retirée dans la maison paternelle, vaquant à la prière et à d'autres pieux exercices qu'elle n'interrompait que pour se livrer à quelques ouvrages manuels destinés aux pauvres ou aux églises. Devenue orpheline à l'âge de vingt ans, elle profita de sa liberté pour se consacrer à Dieu d'une manière plus particullère encore, et pour entrer dans une communauté de vierges chrétiennes; mais elle était trop connue dans Rome, et son renoncement au monde avait fait trop de bruit pour qu'on ignorât sa retraite. Dès que la persecution de Dèce eut été allumée, le préfet Probus l'arracha de son asile pour la faire comparaître devant son tribunal. Frappé de sa beauté et de sa modestie, il lui demanda d'un ton bienveillant quel était son mari. — « Je m'appelle Anastasie et je suis chrétienne. — Tant pis pour vous; car cela suffit seul pour ternir toutes vos belles qualités. Je vous conseille, ma fille, de renoncer au plus tôt à une religion qui n'attire que des malheurs à ceux qui la suivent. Vous êtes en position d'aspirer à un rang honorable dans la société, et je me charge de votre fortune. Venez donc avec moi offrir un sacrifice à Jupiter, et j'attirerai sur vous toute la bienveillance de l'empereur. Mais je vous avertis d'avance que si vous êtes assez folle pour refuser ma proposition, il n'est point de tourments auxquels vous ne deviez vous attendre. — Je m'y attends, en effet, et je suis résolue à tout souffrir pour la gloire de mon Dieu. Ainsi, ne vous imaginez pas que je puisse être ébranlée par vos promesses ou par vos menaces. Le Dieu tout-puissant que j'adore, mon maître et le vôtre, saura bien soutenir ma faiblesse contre tous les efforts de vos bourreaux.... » Cette réponse rendit furieux le préfet; il la fit souffleter de manière que sa figure était tout en sang, et après l'avoir chargée de chaînes, il ordonna qu'on la conduisît en prison. Là on lui fit subir de nouvelles tortures; on lui brûla les côtés avec des torches ardentes; on lui arracha les ongles des pieds et des mains; on lui cassa les dents. Anastasie, au milieu de ces supplices, remerciait le Seigneur de ce qu'il l'avait jugée digne de souffrir pour son saint nom. Dieu récompensa sa constance en guérissant subitement toutes ses plaies. Ce miracle, qui aurait dû toucher et désarmer ses bourreaux, augmenta, au contraire, la rage de Probus. Il lui fit arracher la langue, et, comme elle élevait les mains vers le ciel pour invoquer le secours divin, qu'elle ne pouvait plus réclamer par des paroles, il les lui fit couper, ainsi que les pieds. Pour en finir, il ordonna qu'on lui tranchât la tête, ce qui fut exécuté vers l'an 249, sous l'empereur Dèce. Ses reliques furent transférées à Constantinople au milieu du v° siècle, et elles se sont gardées longtemps dans l'église de Sainte-Sophie. — 28 octobre.

ANASTASIE (sainte), martyre, sortait d'une illustre famille de Rome, et était fille de saint Fauste, qui l'éleva dans la plus tendre piété. Elle reçut ensuite les instructions de saint Chrysogone, son tuteur, et lorsqu'elle fut en âge de se marier, elle épousa Publius. Celui-ci, peu de temps après son mariage, la fit mettre en prison parce qu'elle était chrétienne, et Chrysogone venait, de temps en temps, fortifier ses généreuses dispositions. Lorsqu'il fut arrêté lui-même à Aquilée, pendant la persécution de Dioclétien, Anastasie se rendit dans cette ville pour lui porter des secours et des consolations. Arrêtée à son tour pour la religion, Florus, préfet d'Illyrie, après lui avoir fait subir diverses tortures, la condamna au supplice du feu : elle fut brûlée vive dans l'île de Parmaruala, l'an 304. Son nom a été inséré dans le Canon de la messe. Son corps fut reporté à Rome dans une église qui porte son nom, et dans laquelle les papes disaient autrefois la seconde messe de la nuit de Noël; c'est par suite de cet ancien usage qu'on fait mémoire de sainte Anastasie à la même messe. — 25 décembre.

ANASTASIE LA PATRICIENNE (sainte), recluse en Egypte, déguisa son sexe sous des habits de solitaire et s'enferma dans une cellule du désert de Scété, où elle pratiqua les plus étonnantes austérités. Elle mourut vers l'an 576, et elle est honorée le 10 mars.

ANASTASIE (sainte), abbesse, né dans l'île d'Egine, en Grèce, d'une famille noble, fut élevée dans la piété, et désirait se consacrer à Dieu; mais ses parents, qui avaient d'autres vues, lui firent prendre un époux. Celui-ci ayant été obligé de partir pour la guerre, seize jours après son mariage, fut tué dans une bataille. Anastasie, redevenue libre, aurait bien voulu effectuer son premier projet; mais elle fut encore obligée de contracter une nouvelle alliance. Après plusieurs années d'une union heureuse, qu'elle sanctifiait par la pratique des plus belles vertus, elle détermina son mari à entrer dans un monastère, et se retira elle-même à Thimie, dans une communauté de religieuses. Au bout de quatre ans, son mérite et sa sainteté la firent élever à la dignité d'abbesse. Elle se livrait à des austérités étonnantes, jeûnant presque toujours, priant une grande partie de la nuit et ne prenant qu'un peu de sommeil, la tête appuyée sur une grosse pierre. Elle mourut vers l'an 860, et aussitôt après sa mort, elle fut regardée comme une des protectrices de sa communauté. Une partie de ses reliques fut rapportée en France du temps des croisades. — 15 août.

ANASTASONE (sainte), *Anastaso*, *nis*, martyre dans l'île de Leucade sur les côtes de l'Epire, était une femme mariée. — 18 mai et 18 juillet.

ANASTE (saint), *Anastasius*, martyr à Pentina, dans l'Abruzze citérieure, qui, animé du désir de donner sa vie pour Jésus-Christ, s'offrit de lui-même aux persécuteurs, sous Julien l'Apostat, en 362. — 5 décembre.

ANATHALON (saint), *Anathalo*, second évêque de Milan, était disciple de l'apôtre saint Barnabé, qui, après avoir fondé et gouverné quelque temps l'église de Milan, l'établit son successeur. Les actes de saint Gervais et de saint Protais nous apprennent qu'il était Grec de naissance et qu'il eut saint Caius pour son successeur. — 25 septembre.

ANATOLE (saint), *Anatolius*, martyr en Syrie. — 20 mars.

ANATOLE (saint), *Anatolius*, évêque de Laodicée en Syrie, était né à Alexandrie, et c'est dans la célèbre école de cette ville qu'il étudia avec succès l'arithmétique, la géométrie, la physique, l'astronomie, la grammaire et la rhétorique. Il fut élevé sur le siége de Laodicée en 269. Il mourut l'an 283, laissant plusieurs ouvrages très-estimés des anciens et dont saint Jérôme fait l'éloge, mais qui ne sont pas parvenus jusqu'à nous, à l'exception de son traité de la Pâque. — 3 juillet.

ANATOLE (saint), martyr à Nicée en Bythinie, souffrit l'an 312, pendant la persécution de Maximin II, surnommé Daia ou Daza. — 20 novembre.

ANATOLE (saint), évêque d'Adana en Cilicie au commencement du ve siècle, préféra quitter ses fonctions que de communiquer avec Atticus, ennemi de saint Jean-Chrysostome et usurpateur de son siége. Il passa dans les Gaules et se retira dans une solitude près de Salins en Franche-Comté. Il est honoré dans cette ville. — 3 février.

ANATOLIE (sainte), *Anatolium*, martyre dans le Ier siècle, souffrit avec sainte Pholine de Samarie, qui, d'après les Grecs, est la Samaritaine de l'Evangile. — 20 mars.

ANATOLIE (sainte), *Anatolia*, vierge et martyre à Thore, ville d'Italie, sur les bords d'un des lacs du Vélino, souffrit pendant la persécution de Dèce. Dieu l'avait favorisée du don des miracles, et elle guérit, dans la Marche d'Ancône, qu'elle habitait, un grand nombre de personnes malades, et en convertit beaucoup au christianisme. Arrêtée par ordre du président Faustinien, elle fut livrée à toutes sortes de tortures. Un serpent, lâché sur elle, ne lui ayant fait aucun mal, comme elle priait les bras en croix elle fut percée du glaive. Saint Ambroise envoya une partie de ses reliques à saint Victrice, évêque de Rouen. — 9 juillet.

ANATOLIEN, ou ANTOLIEN (saint), *Anatolianus*, souffrit le martyre en Auvergne vers l'an 263. Ses reliques furent déposées dans une église bâtie en son honneur près du lieu où il avait été mis à mort pour la foi : elles furent depuis transférées dans l'église de Saint-Gal, et ensuite dans celle de Saint-Allyre. Il est honoré à Clermont sous le nom de saint Antholein. — 6 février.

ANDÉOL (saint), *Andeolus*, martyr, qu'on croit avoir été disciple de saint Polycarpe, fut envoyé dans les Gaules et prêcha l'Evangile à Carpentras et dans les lieux voisins. L'empereur Sévère, qui se proposait de passer en Angleterre, ayant rencontré Andéol dans un bourg du Vivarais nommé Bergoiate, près du Rhône, lui fit fendre la tête avec une épée de bois, l'an 207. Ses reliques furent déposées à Saint-Andéol, petite ville du diocèse de Viviers, à laquelle il a donné son nom. Le roi Childebert fonda à Paris, sous l'invocation du saint martyr, une chapelle qui est devenue l'église paroissiale de Saint-André des Arts, dont saint Andéol est le patron. — 1er mai.

ANDOCHE (saint), *Andochius*, prêtre et martyr, était disciple de saint Polycarpe comme saint Andéol, et vint porter le flambeau de la foi dans les Gaules, où il convertit un grand nombre d'idolâtres et bâtit plusieurs églises. Se trouvant à Saulieu, dans le territoire d'Autun, il fut arrêté avec saint Thyrse, son compagnon, et saint Félix, son hôte, et mis à mort pour la religion qu'il prêchait. Après avoir subi une longue et cruelle flagellation, ils furent suspendus en l'air pendant un jour entier et jetés dans un feu qui ne leur fit aucun mal. Ils furent enfin assommés à coups de leviers par les idolâtres, vers la fin du IIe siècle. — 24 septembre.

ANDRACT, ou AUDACTE (saint), *Andractus*, prêtre d'Afrique et martyr, était attaché à l'église de Thibare lorsqu'il fut chargé de chaînes et emprisonné au commencement de la persécution de Dioclétien, avec saint Félix son évêque, par ordre du magistrat Magnilien. Il fut ensuite exilé avec lui en Sicile, et martyrisé à Venouse, dans la Pouille, avec plusieurs autres, l'an 303. — 24 octobre.

ANDRÉ (saint), *Andræas*, apôtre, né à Bethsaïde, petite ville de Galilée, était fils d'un pêcheur nommé Jean ou Jonas, et frère de saint Pierre. Il vint s'établir avec lui à Capharnaüm, où ils exerçaient l'état de leur père. Jésus logeait chez eux lorsqu'il prêchait dans cette ville. André devint d'abord disciple de saint Jean-Baptiste, qui, voyant passer Jésus le lendemain de son baptême, s'écria : *Voici l'Agneau de Dieu*. André, à qui la grâce donna l'intelligence de ces paroles mystérieuses, quitta le saint précurseur avec un autre disciple pour suivre Jésus, qui, les voyant marcher à sa suite, leur demanda ce qu'ils cherchaient ; ils répondirent qu'ils désiraient connaître sa demeure. Jésus leur dit qu'ils pouvaient venir et voir. Ils vinrent donc jusqu'à son logement, et passèrent quelques heures avec lui. Cette entrevue combla André de joie et de consolation, et lui fit comprendre que Jésus était le Messie, le Sauveur du monde. Aussi fut-il le premier des apôtres qui s'attacha à lui. Il décida bientôt Simon, son frère, à imiter son exemple ; il l'amena à Jésus, qui lui donna le nom de Pierre. Les deux frères, dans le commencement, le quittaient par intervalle pour vaquer aux occupations de leur état. Ils se trouvèrent avec lui aux noces de Cana en Galilée, et lorsque Jésus, allant célébrer la Pâque à Jérusalem, baptisa quelques personnes dans le Jourdain, André et Pierre baptisèrent aussi en son nom. Quelques mois après, Jésus étant revenu dans la Galilée, et ayant vu Pierre et André qui pêchaient sur le lac, il les appela à lui d'une manière définitive et leur dit qu'il les ferait pêcheurs d'hommes. Les deux frères quittèrent tout pour le suivre, et ne se séparèrent plus de lui. Lorsque Jésus se trouvait dans le désert avec cinq mille personnes qui l'avaient suivi pour entendre ses instructions, ne voulant pas les renvoyer à jeun, de peur qu'elles ne mourussent de faim en route, André, prenant la parole, dit qu'il se trouvait là un jeune homme qui avait cinq pains d'orge et deux petits poissons, ajoutant toutefois que c'était bien peu pour tant de monde. Jésus se trouvant chez Lazare, des Grecs, que la fête de Pâque avait attirés à Jérusalem, vinrent à Béthanie pour avoir le bonheur de le voir. Ils s'adressèrent à Philippe, qui en fit part à André, et ils prévinrent le divin Maître, qui accorda à ces étrangers la faveur qu'ils demandaient. Après l'ascension de Jésus-Christ et la descente du Saint-Esprit, saint André alla prêcher l'Evangile dans la Scythie, dans la Sogdiane et la Colchide ; il vint ensuite dans la Grèce, en passant par le Pont, et porta le flambeau de la foi dans l'Epire et l'Achaïe. Prêchant à Argos, il réduisit au silence les philosophes de cette ville. Du temps de saint Philastre, la ville de Sinope se glorifiait de posséder encore le véritable portrait du saint apôtre et la chaire dans laquelle il avait annoncé la parole de Dieu. — Les Moscovites assurent que saint André porta l'Evangile dans leur pays, nommé anciennement la Scythie d'Europe, et cette assertion est confirmée par les Grecs qui croient qu'il planta la foi dans la Thrace et surtout à Byzance. Quoi qu'il en soit, il fut crucifié à Patras dans l'Achaïe. Le saint, voyant de loin la croix qui lui était destinée, s'écria : *Je vous salue, ô croix précieuse, qui avez été consacrée par le corps de mon Dieu, et ornée par ses membres comme avec de riches pierreries... Je m'approche de vous avec de vifs transports de joie : recevez-moi dans vos bras, ô croix salutaire....* Plusieurs calendriers parlent de la fête de la Chaire de saint André à Patras. En 357 son corps fut transféré de cette ville à Constantinople et déposé dans l'église des Apôtres, bâtie par Constantin. Après la prise de Constantinople par les croisés, le cardinal Pierre de Capoue transporta les reliques de saint André à Amalfi, et les plaça dans la cathédrale. La liqueur qui découle de son corps et qui guérit beaucoup de malades, attire dans cette ville un grand concours de pèlerins. Les Ecossais, qui honorent saint André comme leur principal patron, se glorifient de posséder l'un de ses bras. — 30 novembre.

ANDRÉ (saint), martyr à Troade dans l'Asie Mineure, fut arrêté à Lampsaque, pendant la persécution de Dèce, et conduit à Troade, où se trouvait le proconsul Optime avec saint Paul et un autre chrétien nommé Nicomaque. Celui-ci n'eut pas plutôt été appliqué à la question qu'il apostasia ; mais à peine eut-il sacrifié qu'il expira misérablement dans des transports frénétiques. Cet exemple terrible ne fit qu'augmenter le courage d'André, qui, après son interrogatoire, fut envoyé en prison. Le lendemain, la populace s'attroupa autour de la maison du proconsul, demandant à grands cris la mort d'André et de Paul. Le proconsul ayant fait comparaître les deux martyrs, leur dit : « Il n'y a qu'un moyen d'apaiser ce tumulte, c'est de sacrifier de suite à la grande Diane. — Nous ne reconnaissons point Diane pour une divinité... Nous n'adorons qu'un seul Dieu. » La foule, à cette réponse, redoubla ses clameurs, demandant qu'on lui livrât André et Paul, pour leur arracher la vie. Le proconsul les livra, en effet, après les avoir fait battre de verges. On les traîna hors de la ville et l'on fit pleuvoir sur eux une grêle de pierres sous laquelle ils expirèrent. — 15 mai.

ANDRÉ (saint), martyr en Afrique, souffrit avec saint Jean et deux autres. — 23 septembre.

ANDRÉ LE STRATIOTE (saint), martyr, est honoré chez les Grecs le 12 juillet.

ANDRÉ (saint), tribun et martyr en Cilicie, se convertit à la foi chrétienne avec plusieurs des soldats qu'il commandait : cette conversion fut produite par une victoire miraculeuse qu'il remporta sur les Perses. Dénoncés ensuite comme chrétiens, André et ses compagnons furent massacrés vers l'an 300 par les troupes du président Séleucus dans les défilés du mont Taurus, en Cilicie, et ce général n'agit de la sorte que pour exécuter les ordres secrets qu'il avait reçus de l'empereur Maximien. — 19 août.

ANDRÉ (saint), évêque de Florence et confesseur, succéda à saint Zénobe sur le siège de cette ville, au commencement du ve siècle. Il continua l'œuvre de son prédécesseur en travaillant à la conversion des idolâtres, dont le nombre allait toujours en diminuant, et qui finirent par disparaître entièrement de son diocèse. Il mourut en 407. — 26 février.

ANDRÉ (saint), moine de Délibanos, est honoré à Schève en Ethiopie, le 11 juillet.

ANDRÉ DE CRÈTE (saint), évêque métropolitain de cette île, était originaire de Damas en Syrie. Il quitta son siège pour se retirer dans un monastère de Jérusalem ; ce qui l'a fait surnommer l'Hiérosolymitain. Il mourut l'an 720 ou 722, laissant des *Commentaires* sur quelques livres de l'Ecriture sainte et des *Sermons*. Il est connu, non-seulement par ses écrits, mais encore par la dévotion particulière qu'il avait pour la sainte Vierge. — 4 juillet.

ANDRÉ (saint), prêtre et martyr à Constantinople avec saint Hypace, évêque en Asie, souffrit la mort pour le culte des saintes images. L'empereur Léon l'Isaurien ordonna qu'on enduisît de poix sa barbe et qu'on y mît le feu, qu'on lui arrachât la peau de la tête et qu'on lui coupât le cou : ce qui fut exécuté vers l'an 735. — 29 août.

ANDRÉ DE CRÈTE (saint), moine et martyr à Constantinople, se distingua par son zèle pour la défense des saintes images. Ce fut pour être plus à portée de combattre en faveur de ce point important du culte catholique, qu'il quitta son monastère et l'île de Crète, sa patrie, pour aller reprocher à Constantin Copronyme son attachement à l'hérésie des iconoclastes et sa persécution contre ceux qui restaient attachés à la doctrine de l'Eglise. Cet empereur affecta d'abord une certaine modération à son égard ; mais voyant qu'il ne pouvait l'amener à ses idées, il le fit accabler de mauvais traitements, et comme il restait inébranlable, il lui fit couper un pied, en attendant qu'il le condamnât au dernier supplice. Il fut mis à mort le 17 octobre 761. — 17 octobre.

ANDRÉ (saint), archidiacre de Fiésoli, surnommé le Scot, florissait sur la fin du viiie siècle, et mourut vers l'an 900. — 22 août.

ANDRÉ SALUS (le bienheureux), florissait dans la première partie du xe siècle, et mourut vers l'an 948, à Constantinople, où il est honoré le 28 mai.

ANDRÉ LE LIGURIEN (le bienheureux), abbé de Saint-Fidèle de Strumes, monastère de l'ordre de Vallombreuse, était originaire de Parme, et mourut en 1097. L'abbaye de Saint-Fidèle ayant été transférée à Poppi, on y transporta les restes du bienheureux André, qui se gardent dans quatre reliquaires. — 10 mars.

ANDRÉ DE BAUDIMENT (le bienheureux), premier abbé de Chaillis, près de Senlis, florissait dans le xiie siècle, et mourut en 1142. Il est honoré le 10 décembre.

ANDRÉ DE SIENNE (le bienheureux), de la noble famille des Galleran, avait embrassé la profession des armes, et s'était signalé, dans plusieurs circonstances, par une bravoure intrépide. Un jour qu'il entendit proférer un horrible blasphème, il en fut si révolté qu'il perça de son épée le blasphémateur. Ce meurtre, quoiqu'il fût l'effet d'un premier mouvement et que son motif le rendît en quelque sorte excusable, lui attira, de la part du magistrat public de Sienne, un arrêt de bannissement. Cette punition le fit rentrer en lui-même, et il résolut de consacrer le reste de ses jours à des œuvres de charité et de pénitence. S'il rentrait furtivement dans sa patrie, c'était pour y porter aux pauvres et aux malades des habillements, des remèdes et d'autres secours de tout genre. Il mourut à Sienne, le 19 mars 1251, et l'on rapporte de lui un grand nombre de miracles opérés avant et après sa mort. — 19 mars.

ANDRÉ HISPEL (le bienheureux), religieux de l'ordre de Saint-François, florissait dans le xiiie siècle, et mourut en 1264. Il est honoré dans le duché de Spolète en Italie, le 3 juin.

ANDRÉ CACCIOLI (le bienheureux), franciscain, né, sous la fin du xiie siècle, d'une illustre famille de Spello, en Ombrie, quitta le monde pour entrer dans l'état ecclésiastique et devint curé dans une paroisse du diocèse de Spolète, dont les habitants l'avaient demandé pour pasteur. La mort lui ayant enlevé sa mère et sa sœur, cette perte contribua à le détacher encore davantage des choses de la terre, et le détermina à quitter sa paroisse, à l'âge de quarante ans, pour entrer dans l'ordre de saint François, qui vivait encore; il eut le bonheur d'entendre ses dernières instructions et d'assister à ses derniers moments. André fut honoré du don des miracles et de faveurs extraordinaires. On rapporte que Jésus-Christ lui apparut sous la forme d'un enfant, et qu'André eut la force de s'arracher aux douceurs de cette vision pour se rendre à l'office qui allait commencer, et que, rentré dans sa cellule, ce divin enfant le félicita sur sa parfaite obéissance. Il se livra pendant longtemps, comme le saint fondateur, à la prédication, et convertit par ses discours un grand nombre de pécheurs. Il se retira ensuite dans un couvent solitaire pour ne plus penser qu'à son salut, et n'en sortit que pour travailler à la réforme d'un monastère de Spello, sa patrie, où se trouvaient des religieuses de sainte Claire : il mourut en 1294, âgé de plus de cent-dix ans. Le culte qu'on lui rend a été autorisé par Benoît XIV. — 3 juin.

ANDRÉ DE CONTI (le bienheureux), né à Anagni, dans le xiiie siècle, sortait de la famille des comtes de Segni, et entra dans l'ordre de Saint-François; mais, par humilité, il ne voulut d'autre qualité que celle de frère convers. Le pape Alexandre IV, son oncle, ayant voulu le faire cardinal, André s'y opposa, préférant l'obscurité du cloître à l'éclat de la pourpre. Il mourut dans un couvent, près d'Anagni, en 1302. Il est honoré, dans son ordre, comme *bienheureux*, le 1er février.

ANDRÉ DOTTI (le bienheureux), religieux servite, né vers l'an 1256, à Borgo-di-San-Sepolcro, en Toscane, de la noble famille des Dotti, avait environ dix-huit ans, lorsque, assistant un jour à un sermon de saint Philippe Benizzi, qui avait pris pour texte ces paroles de l'Evangile : *Quiconque ne renonce pas à tout ce qu'il possède ne peut être mon disciple*, il en fut tellement frappé, qu'il prit, à l'instant même, la résolution d'embrasser l'état religieux. Il alla donc se jeter aux pieds du saint prédicateur et lui demanda, avec instance, d'être admis dans son ordre, qui était celui des Servites. Après avoir fait profession dans le couvent de sa ville natale, André fut élevé au sacerdoce et travailla, avec un zèle infatigable, au salut de ses compatriotes. L'évêque de Citta-di-Castello, ayant réuni à l'ordre des Servites quelques maisons religieuses qui se trouvaient près des Apennins, André obtint de ses supérieurs la permission de se retirer dans cette solitude et y passa plusieurs années, menant une vie angélique et recevant du ciel les faveurs les plus extraordinaires. Ayant trouvé dans son ermitage des solitaires qui n'appartenaient à aucun ordre, il parvint à les rattacher à l'ordre des Servites, et fut mis à leur tête pour les gouverner. Mais ses supérieurs l'obligèrent à sortir de sa retraite pour se livrer à la prédication. Ses discours, animés par la charité et soutenus par une vie toute sainte, produisirent des fruits abondants. Après avoir consacré plusieurs années à ces travaux apostoliques, comme ses forces épuisées l'obligeaient à prendre du repos, il retourna avec joie dans son ermitage, pour s'y livrer à la prière, à la contemplation et à la pratique de la pénitence, afin de se préparer à la mort qu'il attendait et dont il avait d'avance annoncé le moment. Sentant qu'il touchait à sa dernière heure, il sort un matin, en bonne santé, monte sur un rocher et là il rend son âme à Dieu, le 31 août 1315, âgé d'environ soixante ans. Les solitaires s'y étant rendus pour assister aux conférences que le saint y faisait habituellement, le trouvèrent agenouillé, les yeux élevés vers le ciel, le visage animé et resplendissant, et les mains jointes. Ils crurent d'abord qu'il avait un ravissement, et furent quelque temps avant de s'apercevoir qu'il avait cessé de vivre. Le bruit de sa mort s'étant répandu dans le pays, le peuple accourut en foule à l'ermitage pour lui rendre les derniers devoirs. Son corps fut inhumé dans l'église de Borgo, et les miracles qui se sont opérés à son tombeau y ont constamment attiré, depuis, un grand concours de pèlerins. Le pape Pie VII, informé du culte qu'on rendait au bienheureux André, y donna son approbation. — 3 septembre.

ANDRÉ Corsini (saint), évêque de Fiésoli, né à Florence d'une famille illustre, l'an 1302, le jour de la Saint-André dont il reçut le nom au baptême, avait été consacré à Dieu, avant sa naissance, par ses parents qui le regardaient comme le fruit de leurs prières, et qui prirent un soin tout particulier de son éducation; mais ils eurent la douleur de voir leur fils, à peine sorti de l'enfance, se livrer à toutes sortes d'excès avec de jeunes libertins. Pérégrina, sa mère, ne cessait, comme une autre Monique, de pleurer sur ses égarements et de demander à Dieu sa conversion. Lui ayant rappelé un jour le vœu qu'elle et son père avaient fait, même avant sa naissance, de le consacrer à Dieu : « Pensez-vous, lui demanda-t-elle, avec larmes, que votre conduite s'accorde avec votre destination? » Ces paroles firent une telle impression sur le jeune André, qu'il se rendit sur-le-champ à l'église des Carmes, et après avoir prié quelque temps devant l'autel de la sainte Vierge, il prit la résolution de ne plus retourner chez son père et de rester dans le couvent. Il demanda aux Carmes l'habit religieux, et après son noviciat, il fit sa profession solennelle. Il se fit admirer par la pratique des vertus les plus difficiles, et s'étant livré avec ardeur à l'étude de l'Ecriture sainte et de la théologie, il fut ordonné prêtre à l'âge de vingt-six ans. Ses parents avaient tout disposé pour que sa première messe fut célébrée avec pompe et éclat; mais il alla en secret la dire dans un petit couvent hors de la ville. Après avoir prêché pendant quelque temps à Florence, il fut envoyé à l'université de Paris, où il passa trois ans, et prit quelques degrés; il se rendit ensuite à Avignon avec le cardinal Corsini, son oncle, pour y continuer ses études. De retour à Florence, il fut élu prieur de son couvent. Dieu lui accorda le don de prophétie et le don des miracles; il guérit son cousin, Jean Corsini, d'un ulcère qu'il avait au cou et le retira du désordre. Pendant qu'il édifiait sa patrie par ses exemples et ses instructions, le chapitre de la cathédrale de Fiésoli, qui venait de perdre son évêque, l'élut, d'une voix unanime, pour lui succéder. André n'eut pas plutôt appris son élection, qu'il se cacha, de manière que toutes les démarches pour découvrir sa retraite n'ayant pas réussi, le chapitre allait procéder à une nouvelle élection, quand Dieu permit qu'un enfant indiquât le lieu où il était. André, craignant alors de résister à la volonté du Ciel, consentit à recevoir l'onction épiscopale; cette cérémonie se fit en 1360. Il continua le même genre de vie qu'auparavant; il augmenta même ses austérités, ajoutant à son cilice une ceinture de fer, et se donnant tous les jours la discipline en récitant les sept psaumes de la pénitence avec les litanies des saints, et n'ayant pour lit que des sarments de vigne. Saintement avare de son temps, il le partageait entre la prière, les travaux de l'épiscopat et la méditation des saintes Ecritures. Il ne parlait que rarement aux personnes du sexe; plein de charité pour les pauvres et surtout pour les pauvres honteux, tous les jeudis il lavait les pieds à un certain nombre d'entre eux. Un jour, il s'en trouva un qui n'osait présenter ses pieds parce qu'ils étaient couverts d'ulcères; le saint l'y détermina enfin; mais à peine eurent-ils été lavés, qu'ils se trouvèrent guéris. Il donnait l'aumône à tous ceux qui se présentaient, et il arriva une fois qu'il multiplia miraculeusement le pain qu'il leur distribuait. Il possédait un talent tout particulier pour réunir les esprits; aussi apaisa-t-il toutes les séditions qui s'élevèrent de son temps, soit à Fiésoli, soit à Florence. C'est ce qui détermina le pape Urbain V à l'envoyer, en qualité de légat, à Bologne pour mettre fin aux troubles qui agitaient cette ville. Le saint rétablit entre le peuple et la noblesse une paix durable. L'an 1372, comme il chantait la messe de minuit, il se trouva mal et fut pris de la fièvre. Bientôt on perdit tout espoir de guérison. Pendant que tout le monde était dans les alarmes, le saint malade seul montrait de la tranquillité et même de la joie. Il mourut le 6 janvier suivant. Les miracles opérés à son tombeau le firent honorer comme saint par les fidèles immédiatement après sa mort, et il fut canonisé par Urbain VIII en 1629. — 4 février.

ANDRÉ (saint), enfant et martyr, né près d'Inspruck, perdit son père en bas âge, et fut élevé par son parrain. Un jour qu'André jouait dans la rue avec ses camarades, des juifs qui passaient, frappés de sa bonne mine, le demandèrent à son parrain, sous prétexte de soigner son éducation, et parvinrent à obtenir son consentement, moyennant une somme d'argent. Dès qu'ils eurent en leur possession le jeune André, ils le conduisirent dans une forêt et le circoncirent en proférant les plus horribles blasphèmes contre Jésus-Christ. L'enfant ayant crié pour appeler du secours, ils lui ouvrirent les veines, et après l'avoir attaché à un arbre, les bras étendus en forme de croix, ils prirent la fuite. Aussitôt que ce crime fut connu dans le pays, on vint détacher le corps du jeune martyr, qui fut inhumé à Rinn. Les guérisons miraculeuses qui s'opérèrent à son tombeau y attirèrent bientôt un grand concours de pèlerins. — 12 juillet.

ANDRÉ DE CHIO (le bienheureux), martyr, était né en 1438 dans l'île dont il porte le nom, et il souffrit la mort pour la foi chrétienne, à Constantinople, l'an 1465, à l'âge de vingt-sept ans. Son corps fut inhumé dans l'église de Notre-Dame de Galata, où il est honoré le 29 mai.

ANDRÉ DE MONTRÉAL (le bienheureux), ermite de Saint-Augustin, naquit l'an 1397, au bourg de Masciuni, près Montréal, en Ombrie, d'une famille pieuse, mais pauvre, qui l'employa dans son enfance à la garde d'un troupeau. Ayant rencontré, à l'âge de quatorze ans, le prieur d'un couvent d'Augustins, il se jette à ses pieds, lui demande instamment la grâce d'être admis dans son ordre, et lui promet d'en observer fidèlement la règle. Le prieur accède à ses désirs. Il fut donc admis au couvent. Après son noviciat, il fit sa profession, et, plus tard, il fut élevé au sacerdoce. Sa piété et sa science le firent parvenir aux principaux emplois de son ordre. Il devint provincial d'Ombrie, et fut choisi pour député au chapitre général de la congrégation, tenu à Bourges l'an 1444. Il avait déjà assisté, en 1430, au chapitre de Montpellier, où il reçut le titre de docteur. Il se livra à la prédication, tant en Italie qu'en France, pendant un demi-siècle, avec un merveilleux succès. Sa vie toute sainte et ses austérités donnaient un grand poids à ses instructions et lui attiraient la vénération des peuples. Il jeûnait au pain et à l'eau, trois fois par semaine, portait toujours un rude cilice, se donnait tous les jours la discipline, se frappait la poitrine avec un caillou, et couchait sur la paille, n'ayant qu'une pierre pour oreiller et ne donnant au repos qu'une partie de la nuit. Parvenu à l'âge de quatre-vingt-trois ans, il tomba malade et annonça, non-seulement le jour, mais l'heure de sa mort. Il reçut ensuite les derniers sacrements avec la plus touchante piété. Il recommanda aux religieux qui l'entouraient, l'exacte observance de leur règle; il récita ensuite les sept psaumes de la pénitence, et mourut le 11 avril 1479, en prononçant ces paroles de David : *C'est en lui que je dormirai et que je reposerai en paix.* On fut obligé, pour satisfaire à la dévotion publique, de laisser son corps exposé pendant trente jours à la vénération des fidèles. Plusieurs miracles vinrent bientôt prouver son crédit auprès de Dieu, et l'on commença dès lors à l'honorer publiquement comme *bienheureux.* Ce culte n'ayant pas été interrompu, Clément XIII l'approuva et le confirma en 1764. — 11 avril.

ANDRÉ PESCHIÉRA (le bienheureux), dominicain, né à Peschiéra, dans le diocèse de Vérone vers le commencement du XVe siècle, d'une famille pauvre mais vertueuse, après avoir passé ses premières années dans l'innocence et la piété, prit l'habit chez les Dominicains. Ayant été ordonné prêtre, il fut adjoint au P. Dominique de Pise, pour aller faire une mission dans la Valteline. André se proposa pour modèle saint Dominique, qui avait autrefois évangélisé cette contrée. Continuellement occupé à annoncer la parole de Dieu, les fatigues et les privations n'étaient pas capables d'arrêter son zèle. Il pénétrait dans les lieux les plus escarpés, visitait les cabanes des bûcherons et partageait souvent leur frugal repas. Il ne se nourrissait que de pain noir, de châtaignes et d'eau, ne couchait que sur la paille et se délassait des fatigues de son apostolat en visitant les pauvres et les malades, auxquels il distribuait des secours temporels et spirituels. Il fit construire dans le pays plusieurs églises et plusieurs monastères; mais son humilité et son ardeur pour la prédication lui firent refuser la direction de ces monastères; il ne se fixa même dans aucun : seulement il se retirait, de temps en temps, dans celui de Morbègue pour s'y livrer à la prière et à la contemplation. Il passa quarante-cinq ans dans la Valteline et les contrées d'alentour. Malgré les travaux d'un ministère aussi fatigant, il parvint à une grande vieillesse, et mourut le 18 janvier 1585. Les nombreux miracles qui illustrèrent son modeste tombeau lui attirèrent bientôt la vénération des fidèles du pays, qui lui élevèrent un monument plus somptueux. Le pape Pie VII autorisa son culte en 1820. — 19 janvier.

ANDRÉ HIBERNON (le bienheureux), frère lai de l'ordre de Saint-François, né en 1514 à Alcantarilla en Espagne, d'une famille noble, qui forma à la piété par sa pieuse mère, que ses vertus avaient fait surnommer la *Bonne Marie.* Ayant été placé près d'un de ses oncles pour l'aider dans son travail, il mettait en réserve, pour faire une dot à sa sœur, l'argent qu'il gagnait; et à l'âge de vingt ans, comme il rapportait cette somme à la maison paternelle, il fut volé par des brigands. Ce malheur, auquel il fut fort sensible, lui ayant fait faire des réflexions sérieuses sur la vanité des choses humaines, il se décida à quitter le monde pour entrer dans l'ordre de Saint-François. Il passa d'abord quelque temps dans une maison de Conventuels; mais la régularité qui régnait dans les maisons réformées par saint Pierre d'Alcantara, lui fit entrer ensuite dans un couvent où l'observance était ramenée à son austérité primitive, et il y prononça ses vœux. Il voulut toujours rester simple frère lai, et dans cette humble position, il donna l'exemple des plus sublimes vertus. Partageant son temps entre le travail et la prière, il alliait d'une manière admirable les distractions extérieures avec le recueillement de la vie contemplative, et sous des dehors simples il cachait une perfection peu commune. Son livre était le crucifix, au pied duquel il passait souvent une partie des nuits ; c'est là qu'il acquit cette science divine qui lui faisait parler de Dieu et des choses de la religion avec une telle sublimité, qu'on ne se lassait pas de l'entendre. Quoiqu'il ne fût pas dans les ordres sacrés, il travaillait avec zèle à la conversion des Maures. Envoyé dans plusieurs couvents de son ordre pour y soutenir la régularité par ses exemples, il y manifesta sa sainteté par d'éclatants miracles et par le don de prophétie. Attaqué d'une pleurésie, à l'âge de quatre-vingt-huit ans, il mourut dans le monastère de Gaudée, le 18 avril 1602. Pie VI le béatifia en 1791. — 18 avril.

ANDRÉ AVELLIN (saint), théatin, né en 1521 à Castro-Nuovo, petite ville de Sicile, montra, dès son jeune âge, une grande crainte de Dieu et une vive horreur pour le péché. Les agréments extérieurs dont la nature l'avait doué exposèrent son innocence à plusieurs périls dont il triompha par la prière et la fuite. Le désir de se consacrer à Dieu lui ayant fait embrasser l'état ecclésiastique, il se rendit à Naples pour étudier le droit civil et canonique, et lorsqu'il eut fini ses cours, il prit le degré de docteur. Il fut ensuite élevé au sacerdoce et devint avocat à la cour ecclésiastique ; mais, trouvant que cet emploi ne lui laissait pas assez de temps pour vaquer à la prière, il pensait déjà à le quitter, lorsqu'un jour qu'il plaidait, il lui échappa un mensonge, de peu d'importance il est vrai ; mais ayant lu bientôt après, ce passage de l'Ecriture : *La bouche qui profère le mensonge donne la mort à l'âme*, il en fut tellement frappé qu'il renonça pour toujours à la profession d'avocat, pour se consacrer uniquement à la pénitence et aux fonctions du saint ministère. L'archevêque de Naples, persuadé que sa vertu le rendait plus propre que tout autre à conduire les âmes à la perfection, lui confia la direction d'une communauté de religieuses. André s'appliqua avec zèle à rétablir dans cette maison la régularité et l'esprit de recueillement, et à réformer les abus, surtout ceux qui avaient lieu au parloir. Cette conduite lui attira des ennemis, qui jurèrent sa perte. Ayant échappé, une première fois, à leur fureur, il reçut, plus tard, trois coups au visage, et endura ce barbare traitement sans se plaindre. En 1556, il entra dans la maison des Théatins de Naples, et quitta le nom de Lancelot, qu'il avait porté jusque-là, pour prendre celui d'André. Lorsqu'il fit profession, il ajouta aux vœux ordinaires le vœu de combattre toujours sa propre volonté, et celui de tendre toujours, le plus qu'il serait en lui, à la perfection. Son amour pour les austérités corporelles et les mortifications extérieures ne le cédait qu'à son détachement de toutes les choses de ce monde. Ayant appris l'assassinat d'un de ses neveux, il sollicita avec les plus vives instances la grâce du meurtrier. Devenu supérieur de la maison de Naples, son exactitude à observer la règle et à la faire observer, son application à la prière et à la contemplation, son esprit de ferveur et de charité lui procuraient de grands succès dans la conduite des âmes, et le grand nombre de religieux et de séculiers qu'il éleva à une éminente perfection, prouve qu'il possédait l'art de former des saints. — Le cardinal d'Arezzo, archevêque de Naples, avait pour lui une telle estime qu'il le consultait dans les affaires les plus importantes. Saint Charles Borromée, qui avait pour lui une vénération particulière, s'adressa à lui pour fonder, à Milan, une maison de Théatins, dans la vue de fournir aux prêtres séculiers des modèles de toutes les vertus ecclésiastiques. André, qui n'avait rien de plus à cœur que la réformation du clergé, se prêta, avec empressement aux vues du saint archevêque. Appelé ailleurs pour établir d'autres maisons de son ordre, il vit toujours ses saintes entreprises favorisées par la protection du ciel, et Dieu voulut encore rehausser l'éclat de ses vertus par le don de prophétie et par le don des miracles. Parvenu à l'âge de quatre-vingt-sept ans, il fut frappé d'apoplexie au pied de l'autel, un jour qu'il commençait la messe : ayant répété trois fois : *Introibo ad altare Dei*, il ne put aller plus loin. Après avoir reçu avec la plus grande piété les sacrements d'eucharistie et d'extrême-onction, il mourut le dix novembre 1608, et son corps fut enterré dans l'église des Théatins de Saint-Paul de Naples. Béatifié, en 1624, par Innocent X, il fut canonisé par Clément XI en 1712. Il est un des patrons de la Sicile et de la ville de Naples. — 10 novembre.

ANDRONE (sainte), *Androna*, martyre en Grèce, est honorée chez les Orientaux le 3 novembre.

ANDRONIC (saint), *Andronicus*, l'un des premiers disciples des apôtres, était parent de saint Paul, qui en fait mention dans son Epître aux Romains, et qui nous apprend qu'il devint le compagnon de sa captivité ; qu'il était considéré parmi les apôtres, et avait embrassé la foi chrétienne avant l'an 34. On croit qu'il souffrit le martyre avec Junie, sa femme, à Jérusalem. — 17 mai.

ANDRONIC (saint), soldat et martyr à Alexandrie avec saint Fauste, prêtre, et dix autres, fut décapité par ordre du président Valère, pendant la persécution de l'empereur Dèce, l'an 250. — 6 septembre.

ANDRONIC (saint), martyr à Tarse, en Silicie, était d'une des premières familles d'Ephèse. Il fut arrêté à Pompéiopolis en Cilicie avec saint Taraque et saint Probe pendant la persécution de Dioclétien, et comparut devant Numérien Maxime, gouverneur de la province, qui le fit conduire à Tarse avec ses deux compagnons. Le gouverneur s'y étant rendu, fit subir à Andronic l'interrogatoire suivant : « Quel est ton nom ? — Mon vrai nom est chrétien, et celui que je porte communément parmi les hommes est Andronic. — Quelle est ta famille ? — Mon père est un des principaux habitants d'Ephèse. — Adore les dieux et obéis aux empereurs, qui sont nos pères et nos maîtres. — Le démon est votre père quand vous faites ces œuvres. — Jeune homme, tu fais l'insolent ; sais-tu que j'ai des tourments tout prêts ? — Je suis préparé à tout ce qui peut m'arriver. — Qu'on le déshabille, qu'on le ceigne et qu'on l'étende sur le chevalet. » Le centurion Démétrius ayant conseillé à Andronic d'obéir avant qu'on déchirât son corps : « J'aime mieux, dit le martyr, voir mettre mon corps en pièces que de perdre mon âme. » gouverneur lui dit alors : « Sacrifie, ou je te condamne à une mort cruelle. — Dès mon enfance je n'ai point sacrifié aux démons, et je ne commencerai pas aujourd'hui...... » Athanase, contrôleur de l'armée, lui ayant dit qu'étant assez vieux pour être son père, son âge l'autorisait à lui donner des conseils, et qu'il lui donnait celui d'obéir au gouverneur : « L'admirable avis que celui de sacrifier aux démons ! » — *Le gouverneur.* « Misérable, nous verrons si tu es insensible aux tourments : quand tu les sentiras, tu renonceras peut-être à ta folie. — Cette folie nous est avantageuse, à nous qui espérons en Jésus-Christ. La sagesse du monde conduit à la mort éternelle. — Tourmentez-le avec violence. — Je n'ai fait aucun mal, et cependant vous me tourmentez comme un meurtrier : je ne souffre que pour le culte qui est dû au vrai Dieu. — Si tu avais le moindre sentiment de piété, tu adorerais les dieux que les empereurs adorent si religieusement. — C'est une impiété d'abandonner le vrai Dieu, pour adorer le bronze et le marbre. — Tu oses dire que les empereurs sont coupables d'impiété ? Qu'on augmente ses tourments ; qu'on lui pique les côtés. — Je suis entre vos mains, et vous êtes le maître de mon corps. — Mettez du sel sur ses plaies, et frottez ses côtés avec des morceaux de tuiles cassées. — Vos tourments ont procuré à mon corps un vrai rafraîchissement. — Je te ferai périr par une mort lente. — Vos menaces ne m'effraient point : mon courage est au-dessus de tout ce que votre cruauté vous fera imaginer. — Mettez-lui des chaînes aux pieds et au cou, et gardez-le étroitement dans la prison. » Andronic conduit à Mopsueste, y subit un second interrogatoire avec ses deux compagnons. Maxime, siégeant sur son tribunal, les fit comparaître devant lui. Lorsque ce fut le tour d'Andronic, Maxime lui dit que ses compagnons, qui avaient d'abord refusé d'obéir, avaient fini par se soumettre aux empereurs, et que leur obéissance serait libéralement récompensée. « Si tu veux donc, ajouta-t-il, éviter les mêmes tourments, sacrifie aux dieux, et tu seras honoré par nos princes ; mais si tu persistes dans ton opiniâtreté, j'en jure par les dieux immortels, et par les invincibles empereurs, tu n'échapperas pas à ma juste indignation. — Pourquoi cherchez-vous à me tromper, en me déguisant la vérité? Mes compagnons n'ont pas renoncé au culte du vrai Dieu ; mais quand même ils l'auraient fait, je ne me rendrais jamais coupable d'une pareille impiété. Le Dieu que j'adore m'a revêtu des armes de la foi : Jésus-Christ mon Sauveur est ma force; je ne redoute ni votre pouvoir, ni celui de vos maîtres, ni celui de vos dieux. Vous pouvez me mettre à l'épreuve en me faisant subir toutes les tortures que vous inspirera la cruauté la plus raffinée. — Qu'on le lie à des pieux, et qu'on le frappe avec des nerfs de bœuf. — Il n'y a rien de nouveau, ni d'extraordinaire dans ce supplice..... — Qu'on lui frotte le dos avec du sel. — Ordonnez, je vous en prie, qu'on ne m'épargne point ; j'en serai plus sûrement préservé de la corruption et plus en état de supporter vos tourments. — Qu'on le retourne, et qu'on le frappe sur le ventre, pour rouvrir ses anciennes plaies. — Vous avez vu, lorsqu'on m'a conduit devant votre tribunal, que j'étais parfaitement guéri de mes premières plaies ; celui qui m'a guéri une fois peut encore me faire la même grâce. » — Alors Maxime, s'adressant aux gardes de la prison : « Traîtres que vous êtes, ne vous avais-je pas expressément défendu de laisser entrer personne pour le voir et pour panser ses plaies? » *Le geôlier Pégase :* « J'en jure par votre grandeur, personne ne l'a vu, personne n'a pansé ses plaies. On l'a gardé chargé de chaînes dans l'endroit le plus retiré de la prison. Si vous doutez de ma fidélité, voilà ma tête. — Comment donc se fait-il qu'on n'aperçoive plus aucune trace de ses plaies? — J'ignore comment il a été guéri. — *Andronic :* Aveugles que vous êtes, vous ne savez donc pas que le médecin qui m'a guéri est aussi puissant que bon ?..... Il guérit, non par l'application des remèdes, mais par sa seule parole. Quoiqu'il habite le ciel, il est présent partout; mais vous ne le connaissez point. — Ces vaines paroles ne te serviront de rien : sacrifie, ou c'en est fait de toi. — Mes réponses sont toujours les mêmes : je ne suis point un enfant, pour céder aux menaces ou aux caresses. — Ne flatte pas de l'emporter sur moi. — Vous ne me verrez jamais ébranlé par vos menaces. — Tu n'auras pas méprisé mon autorité impunément. — Il ne sera pas dit, non plus, que la cause de Jésus-Christ ait succombé sous votre autorité. — Qu'on prépare de nouvelles tortures pour le premier jour que je siégerai ; en attendant, qu'on le charge de chaînes, et qu'on le renferme dans un cachot, avec défense à personne de le voir. » Andronic subit un troisième interrogatoire à Anazarbe. Taraque et Probe ayant comparu les premiers, comme dans les interrogatoires précédents, le gouverneur dit : « Que l'on m'amène Andronic, qui est le plus opiniâtre des trois. » Lorsqu'il fut arrivé, il lui dit que ses deux compagnons avaient à la fin sacrifié aux dieux, et même aux empereurs. — Vous faites le personnage d'un adorateur du dieu du mensonge, et je reconnais, à cette imposture, que les hommes ressemblent aux dieux qu'ils servent. Que Dieu vous juge, ministre d'iniquité. » Maxime fit mettre le feu à des rouleaux de papier, avec lesquels on brûla le ventre du saint martyr. On lui brûla aussi les doigts avec des pointes aiguës qu'on avait fait rougir. Le juge lui dit : « Tu ne dois pas t'attendre à mourir tout d'un coup : tu vivras jusqu'au jour marqué pour les jeux, afin de voir tes membres dévorés les uns après les autres par des bêtes féroces. — Vous êtes plus barbare que les tigres et plus altéré de sang que les meurtriers. — Qu'on lui ouvre la bouche pour lui faire prendre de ce qui a été immolé aux dieux.—Voyez, ô mon Dieu, la violence qu'on me fait.—Que diras-tu maintenant que tu as goûté de ce qui a été offert sur l'autel? te voilà initié dans les mystères des dieux.—Sachez, tyran, que l'âme n'est point souillée pour subir, contre sa volonté, ce qu'elle repousse. Dieu, qui connaît le fond des cœurs, voit que le mien n'a point consenti à cette abomination. — Jusqu'à quand ton imagination sera-t-elle séduite par cette frénésie ? Elle ne pourra te délivrer de mes mains.—Dieu me délivrera quand il lui plaira.—Voilà une nouvelle extravagance ; je te ferai couper la langue pour te réduire au silence. — Je vous demande comme une grâce de faire couper ces lèvres et cette langue avec lesquelles vous vous imaginez que j'ai participé à vos abominables sacrifices.—Qu'on lui arrache les dents, et qu'on lui coupe, jusqu'à la racine, cette langue qui a proféré tant de blasphèmes ; qu'on les brûle ensuite, et qu'on en jette les cendres au vent, afin que ni homme, ni femme de sa secte impie, ne les ramasse et ne les garde comme quelque chose de précieux ou de saint. Qu'on le reconduise ensuite en prison, en attendant qu'il soit dévoré par les bêtes dans l'amphithéâtre. » Maxime fit préparer, pour le lendemain, le divertissement des jeux, et envoya ses gardes chercher les trois confesseurs qu'il avait condamnés aux bêtes. Leurs tourments les avaient mis dans un tel état, qu'ils ne pouvaient se soutenir : l'on fut obligé de les porter à l'amphithéâtre, qui était à un mille d'Anazarbe. A peine les aperçut-on, qu'il se fit un profond silence ; ensuite on proféra des murmures contre la barbarie du gouverneur, et beaucoup de spectateurs quittèrent les jeux pour retourner à la ville. Maxime, irrité, fit garder toutes les avenues, et ordonna de remarquer ceux qui voudraient s'en aller, afin qu'il pût les interroger après. Il fit aussitôt lâcher plusieurs bêtes, qui, retenues par une force invisible, n'approchèrent point des martyrs. Maxime, ne se possédant plus, fit battre les gardiens des bêtes, comme s'ils étaient responsables de ce prodige. On lâcha enfin un ours, qui, ce jour-là, avait déjà tué trois hommes, il s'approche doucement des martyrs, et se met à lécher les plaies d'Andronic, qui s'efforçait de le provoquer. Le gouverneur, hors de lui, fit tuer l'ours sur le lieu même. Alors l'inspecteur des jeux fit lâcher une lionne furieuse, dont les rugissements effrayaient les spectateurs ; mais quand elle fut auprès des martyrs, qui étaient étendus par terre, elle se coucha près de Taraque, et lui lécha les pieds. Maxime, écumant de rage, la fit provoquer ; alors elle fit entendre des rugissements si horribles que les spectateurs, effrayés, crièrent qu'il fallait lui ouvrir sa loge. Maxime ordonna aux confesseurs d'achever les martyrs : il fit mettre leurs corps avec ceux des gladiateurs qui avaient été tués, et placer six soldats pour les garder pendant la nuit, de peur que les chrétiens ne les enlevassent. Mais, à la faveur de l'obscurité et d'un violent orage qui dispersa les gardes, les fidèles distinguèrent les trois corps qui brillaient d'une lumière miraculeuse ; ils les emportèrent avec respect et les cachèrent dans une caverne située dans les montagnes voisines. Le martyre d'Andronic et de ses compagnons arriva en 304, le 11 octobre.

ANDRONIC (saint), époux de sainte Anastasie, était orfèvre et vivait dans le ive siècle. Il habitait Jérusalem, où il est honoré le 9 octobre.

ANDROPÉLAGE (sainte), *Andropelagia*, martyre à Alexandrie, avec saint Fauste, prêtre, et neuf autres, souffrit, l'an 250, sous le président Valère, pendant la persécution de Dèce. — 6 septembre.

ANECT (saint), *Anectus*, martyr à Corinthe, avec saint Codrat et quatre autres, donfessa Jésus-Christ pendant la persécution de Dèce ; mais il survécut à ses souffrances. Arrêté de nouveau pendant la persécution de Valérien, il fut décapité l'an 258. — 10 mars.

ANECTE (saint), *Anectus*, martyr à Césarée en Palestine, pendant la persécution de Dioclétien, fut arrêté par ordre d'Urbain, gouverneur de la province, parce qu'il exhortait les autres au martyre et qu'il avait renversé les idoles par la vertu de ses prières. Il fut condamné à être fouetté par dix soldats ; ayant eu ensuite les mains et les pieds coupés, il eut enfin la tête tranchée l'an 304. — 27 juin.

ANÈME (saint), *Antimius*, évêque de Poitiers, florissait dans le ve siècle, et il est honoré en Saintonge le 3 décembre.

ANEMPODISTE (saint), *Anempodistus*, martyr en Perse, avec saint Acyndine et plusieurs autres, souffrit sous le roi Sapor II, vers l'an 345. — 2 novembre.

ANÈSE (saint), *Anesius*, martyr en Afrique, avec saint Théodule et plusieurs autres, est honoré le 31 mars.

ANGADRÈME (sainte), *Angadrisma*, vierge et abbesse, était fille de Robert, grand référendaire ou chancelier du roi Clotaire III. Elle conçut, dès son jeune âge, la résolution de se consacrer à Dieu et de vivre dans une perpétuelle virginité. Ses parents voulurent la marier à saint Ansbert, qui était déterminé, comme elle, à vivre dans le célibat. La Providence permit qu'ils pussent suivre, l'un et l'autre, leur vocation ; car Angadrème s'étant trouvée tout d'un coup frappée de la lèpre, il lui resta, même après sa guérison, une si grande difformité, que sa famille demanda la rupture du mariage arrêté. Angadrème et Ansbert virent dans cet événement un effet de la bonté divine, et ils profitèrent de la liberté qui leur était rendue pour renoncer entièrement au monde. Angadrème se rendit à Rouen, et reçut le voile des mains de saint Ouen, évêque de cette ville. Elle fut ensuite chargée de gouverner, en qualité d'abbesse, le monastère d'Oroir, près de Beauvais, qui venait d'être fondé par sa famille. C'est là qu'elle passa le reste de sa vie, édifiant sa communauté par la pratique des vertus les plus sublimes. Elle mourut le

14 octobre, sur la fin du VIIe siècle. Lorsque les Normands vinrent ravager la France, ses reliques furent transférées dans l'église de Saint-Michel, à Beauvais, et cette ville l'honore comme sa patronne. — 14 octobre.

ANGE (saint), *Angelus*, franciscain et martyr à Ceuta en Afrique, était un des sept frères mineurs qui, sous la conduite de Daniel, provincial de Calabre, s'embarquèrent pour l'Afrique, se proposant d'aller annoncer l'Evangile aux mahométans. Arrivés à Ceuta, ils prêchèrent d'abord dans le faubourg qui était habité par des chrétiens; ils pénétrèrent ensuite dans l'intérieur de la ville pour évangéliser les infidèles; mais le peuple, furieux, s'attroupa, et leur fit subir toutes sortes d'outrages, les arrêta et les conduisit devant le prince, qui s'appelait Mahomet. Celui-ci, voyant leurs habits grossiers et leurs têtes rasées, les prit pour des insensés, et les renvoya au gouverneur de la ville pour leur faire subir un interrogatoire, par suite duquel ils furent fouettés et emprisonnés. Le roi les ayant fait venir de nouveau en sa présence, les condamna à perdre la tête, ce qui fut exécuté le 10 octobre 1221. Le Martyrologe romain les nomme le 13 octobre.

ANGE (saint), carme et martyr, né à Jérusalem de parents juifs, embrassa le christianisme et se joignit à quelques anachorètes qui menaient une vie très-austère sur les bords du Jourdain. Ensuite, il alla habiter avec les ermites du Mont-Carmel, et fut un des premiers religieux connus sous le nom de Carmes, ce qui fait penser qu'il était déjà au Mont-Carmel en 1206, lorsque le bienheureux Albert donna une règle aux ermites qui l'habitaient. — Ange, ayant passé en Europe, y prêcha l'Evangile avec beaucoup de zèle et de succès. Se trouvant en Sicile, il apprit qu'un des principaux habitants de l'île entretenait un commerce incestueux avec sa propre sœur. Il alla lui reprocher sa vie scandaleuse, et l'avertit, à plusieurs reprises, de renoncer à ses désordres. — La sœur profita des exhortations du saint pour se convertir; et son frère, ayant fait d'inutiles efforts pour la replonger dans le crime, furieux de se voir repoussé, s'en prit à Ange et jura sa perte. Des scélérats, qu'il avait apostés, le massacrèrent à Licate en 1225. — 5 mai.

ANGE DE FOURCI (le bienheureux), religieux augustin, étudia à Paris la théologie sous le célèbre Gilles de Rome, et procura ensuite à son ordre un nouveau couvent dans cette ville, qu'il habita longtemps. Il mourut en 1327 à Naples, où l'on faisait autrefois son office, avec sa son et hymnes propres, dans le couvent de Saint-Augustin. — 6 février.

ANGE DE PÉROUSE (le bienheureux), évêque de Solz, et ensuite de Grosseto, naquit à Pérouse, vers l'an 1290, et n'avait que treize ans lorsqu'il entra dans l'ordre de Saint-Dominique. Lorsqu'il eut terminé, avec succès, le cours de ses études, il professa pendant quelque temps, et se livra ensuite à la prédication dans plusieurs villes d'Italie. Pendant qu'il donnait une mission à Florence, ses discours y opérèrent une réconciliation universelle, en faisant disparaître les dissensions civiles et les haines politiques qui troublaient et ensanglantaient cette grande cité. Lorsque Jean XXII fut monté sur le trône pontifical, il nomma Ange de Pérouse pénitencier apostolique de l'église de Saint-Pierre à Rome; et l'an 1324, il le plaça sur le siége épiscopal de Solz en Sardaigne. Il y avait six ans qu'il était occupé à remplir exactement tous les devoirs de l'épiscopat, lorsque le même pape le transféra, en 1330, à l'évêché de Grosseto en Toscane, où il ne se montra ni moins zélé ni moins dévoué au salut des âmes. Il mourut en 1334, après que Dieu lui eut fait connaître, par révélation, l'heure de sa mort, et n'étant âgé que de quarante-quatre ans. Son corps, porté à Pérouse, fut inhumé dans l'église des Dominicains, où il avait pris l'habit dans sa jeunesse. Il a laissé quelques ouvrages qui n'ont pas été imprimés. — 22 février.

ANGE DE CINGOLI (le bienheureux), second supérieur de l'ordre des Clarins, institut qui porta d'abord le nom d'Ermites-Célestins, et qui était soumis aux ordinaires sous la règle de saint François, florissait au commencement du XIVe siècle, et mourut en 1337. Il est honoré à Sainte-Marie d'Aspre, dans la Basilicate, le 15 juin.

ANGE DE MASSACHE (saint), camaldule et martyr, fut mis à mort près d'Iési dans la Marche d'Ancône, par des hérétiques de la secte des Berlots. Il en avait converti un grand nombre par ses prédications; mais les plus endurcis, furieux de voir leur parti réduit presque à rien, voulurent en prévenir la ruine totale en massacrant le saint missionnaire. — 8 mai.

ANGE AUGUSTIN MAZZINGHI (le bienheureux), carme, né sur la fin du XIVe siècle, d'une famille distinguée de Florence, passa sa première jeunesse dans l'innocence, appliqué à l'étude et aux pratiques de piété. Parvenu à l'âge de choisir un état, il fit connaître à ses parents qu'il avait pris la résolution d'entrer dans l'ordre des Carmes. Comme il était fils unique, cette nouvelle les affligea vivement; mais, quand ils eurent reconnu que telle était la volonté de Dieu, ils finirent par donner leur consentement. Le jeune religieux fit de grands progrès dans les sciences et dans la perfection. Il fut fait lecteur en théologie, et élu, en 1419, prieur du couvent de Forêts, dans la Toscane, qu'il gouverna avec sagesse pendant onze ans; il devint ensuite prieur de la maison des Carmes de Florence, et enfin provincial de son ordre. Il se livra avec succès à la prédication, qu'il s'appliquait à rendre fructueuse par ses austérités et ses prières. Quelques couvents de l'ordre, du nombre desquels était celui de Forêts, étant revenus à l'ancienne observance, le bienheureux Ange, lorsqu'il eut cessé ses fonctions de provincial, retourna à Forêts, où il passa plus de vingt ans, occupé à consolider la nouvelle réforme, dont il fut un des plus fermes soutiens. Dans sa vieillesse, il revint chez les Carmes de Florence; mais le changement de maison et son grand âge ne lui firent rien diminuer de ses jeûnes et de ses pratiques de pénitence. Il avait eu, toute sa vie, une tendre dévotion envers la sainte Vierge. Il mourut en 1438, et les fidèles l'honorèrent bientôt après d'un culte public que Dieu se plaisait à autoriser par des miracles, et qui fut approuvé par Clément XIII en 1761. — 18 juillet.

ANGE DE CLAVASIO (le bienheureux), franciscain, né, en Piémont, d'une famille noble, fut formé à la piété, dès son enfance, par sa vertueuse mère, qui le surprit plusieurs fois, la nuit, priant à genoux devant le crucifix. La pensée des souffrances de Jésus-Christ et de l'amour qu'il a témoigné aux hommes dans le mystère de la rédemption, lui faisait souvent verser des larmes. Il renonça à toutes les espérances qu'il pouvait avoir dans le monde pour se consacrer entièrement à Dieu dans l'ordre de saint François, dont il fut l'ornement. Honoré de la confiance de son ordre, du pape et des princes d'Italie, il se montra toujours humble et modeste. Sa vie fut un modèle de candeur, de simplicité et d'innocence. Il mourut à Coni en Piémont, l'an 1495, et fut enterré, avec une pompe extraordinaire, dans l'église des Franciscains. Les habitants de cette ville l'invoquèrent presque aussitôt après sa mort, et plusieurs fois ils ont ressenti les effets de son crédit auprès de Dieu. Le culte solennel qu'ils lui rendent fut approuvé et autorisé par Benoît XIV. — 12 avril.

ANGE D'ACRI (le bienheureux), capucin, né à Acri, dans la Calabre citérieure, le 19 octobre 1669, entra dans l'ordre des Capucins à l'âge de vingt ans, et se livra pendant près de quarante ans aux missions avec un zèle infatigable. Ses discours, auxquels on accourait en foule, étaient ordinairement suivis de conversions éclatantes. Il avait surtout un talent particulier pour ramener à la foi les incrédules. Il prévit, un des premiers, les maux que le philosophisme du XVIII° siècle allait faire à la religion, ce qui lui faisait souvent verser des larmes. Il mourut, en odeur de sainteté, le 30 octobre 1739, et Léon XII le mit au rang des bienheureux le 18 décembre 1825. — 30 octobre.

ANGELAUME (saint), *Angelelmus*, était originaire de la Bavière et florissait dans le VIIe siècle. Il est honoré à Saint-Germain d'Auxerre, où il fut inhumé. Quelques auteurs lui donnent le titre d'évêque, et prétendent qu'il occupa le siège même d'Auxerre; mais le fait n'est pas certain. — 7 juillet.

ANGÈLE DE BOHÈME (sainte), *Angela*, religieuse carmélite, était fille de Wladislas II, roi de Bohême, et florissait dans le XIIe siècle. — 6 juillet.

ANGÈLE DE MÉRICI (sainte), vierge de l'ordre de Saint-François, naquit, vers l'an 1470, à Decenzano, près du lac de Garde, de parents pieux qui prirent le plus grand soin de son éducation. Angèle répondit parfaitement à leurs vues, et montra, dès l'âge le plus tendre, une vive horreur pour le péché, un grand éloignement pour le monde et ses dangers. Étant devenue orpheline, elle trouva chez un oncle, qui la recueillit, les mêmes encouragements à la vertu. Ayant perdu sa sœur, qui était élevée avec elle et qui partageait ses goûts et ses sentiments, elle en fut profondément affectée; mais elle se soumit à la volonté divine, et se consola dans l'espérance que celle qu'elle regrettait était allée, dans un monde meilleur, recevoir la récompense de ses vertus. Bientôt après, elle perdit encore son oncle. Voyant alors tous ses liens rompus et se trouvant libre de suivre son attrait pour la vie religieuse, elle entra dans le tiers ordre de Saint-François, dont elle voulut suivre la règle dans toute sa rigueur, ne vivant que de pain et d'eau et ne buvant un peu de vin qu'aux fêtes de Pâques et de Noël. Pendant le carême, elle ne prenait de la nourriture que de deux jours l'un. Angèle s'étant fixée à Brescia, plusieurs vierges chrétiennes, attirées par la sainteté de sa vie, demandèrent de vivre en communauté sous sa conduite; elle les engagea à rester dans le monde pour instruire les pauvres ignorants, visiter les hôpitaux et les prisons, et secourir les malheureux de toute espèce. Elle leur donna le conseil de s'associer par une simple promesse, et pour un temps très-court, sans se lier par des vœux; ce qu'elles firent. Angèle rédigea leur règle; mais prévoyant que le changement dans les mœurs et les usages pourrait nécessiter, dans la suite, plusieurs modifications, elle y inséra une clause expresse, qu'on y ferait, de temps à autre, les corrections que les circonstances exigeraient. Elue, malgré elle, supérieure de cette association, elle la mit sous la protection de sainte Ursule, et l'appela la Société des Ursulines, dans la crainte que, par la suite, on ne lui donnât son nom. Ces saintes filles produisirent un bien immense à Brescia et dans les environs. Angèle les gouverna pendant plusieurs années avec une rare prudence, et mourut le 27 janvier 1540. Saint Charles Borromée fit des démarches pour sa béatification, mais il n'eut pas la consolation de les voir couronnées de succès. Béatifiée par Clément XIII en 1768, elle fut canonisée par Pie VII en 1807. Les Ursulines ne furent admises au rang des ordres religieux que quatre ans après la mort de leur sainte fondatrice. — 27 janvier.

ANGÈLE DE FOLIGNY (la bienheureuse), veuve, née à Foligny, dans l'Ombrie, d'une famille distinguée, s'engagea dans le mariage, et oublia les devoirs de son état et ses obligations, pour se livrer aux désordres les plus criminels. Mais ayant perdu son époux et ses enfants, cette perte fut pour elle un coup de la grâce, qui la fit rentrer en elle-même. Touchée de ses fautes et voulant les expier, elle entra dans le tiers ordre de Saint-François, après avoir vendu tous ses biens, dont elle distribua le prix aux pauvres. Ses larmes et sa pénitence durèrent autant que sa vie : elle supportait avec une patience admirable les peines et les maladies par lesquelles il plut à Dieu de l'éprouver. Elle mourut saintement en 1388, et son culte fut autorisé en 1693 par Innocent XII. — 4 janvier et 30 mars.

ANGÉLINE DE CORBARA (la bienheureuse), *Angelina*, religieuse du tiers ordre de Saint-François, née en 1377 à Monte-Giove, près d'Orviette, était fille du comte de Corbara, et avait à peine quinze ans lorsque son père voulut la marier au comte de Civitella. Angéline, qui, depuis quelques années, avait pris la ferme résolution de n'avoir jamais d'autre époux que Jésus-Christ, refusa son consentement. Le comte, irrité, la menaça de la mort, si, au bout de huit jours, elle n'était pas décidée à obéir. Angéline, dans cette extrémité, eut recours à Dieu, qui lui fit connaître qu'elle pouvait, sans violer son vœu, se soumettre aux volontés de son père. Elle épousa donc le comte de Civitella, et, suivant l'usage, le jour de la noce se passa en divertissements et en fêtes. La jeune mariée ne partageait point ces plaisirs : elle se retira dans sa chambre de bonne heure; inquiète et ne sachant trop comment elle pourrait garder son vœu, elle se jette aux pieds d'un crucifix, priant avec larmes Notre-Seigneur de venir à son secours dans une circonstance aussi délicate. Au même moment, son époux entra dans la chambre, et, surpris de trouver sa jeune épouse dans la tristesse, il lui en demanda la cause. Angéline lui avoua l'engagement qu'elle avait pris avec Dieu, et l'embarras où elle se trouvait pour le remplir. Touché de sa vertu, le jeune comte fit de son côté le vœu de chasteté, pendant qu'Angéline renouvelait le sien, et il mourut saintement l'année d'après. Sa veuve, rendue à la liberté, entra avec les filles qui étaient à son service, dans le tiers ordre de Saint-François. Elle parcourut les diverses contrées de l'Abruzze avec ses compagnes, exhortant les pécheurs à la pénitence et inspirant à plusieurs personnes de son sexe la résolution de vivre dans la chasteté. La résurrection d'un jeune homme d'une des premières familles de Naples, qu'elle obtint par ses prières, lui donna une si grande réputation de sainteté qu'on la louait publiquement dans les églises. Ces témoignages extraordinaires de vénération alarmant son humilité, elle retourna à Civitella; mais elle n'y fit pas un long séjour. Les principaux seigneurs du pays s'étant plaints au roi qu'Angéline inspirait à beaucoup de jeunes personnes la résolution de faire vœu de chasteté et d'entrer dans des couvents, le roi la bannit de ses États, ainsi que ses compagnes. Obligée de s'expatrier, elle vendit tous ses biens, distribua aux pauvres une partie de l'argent qu'elle retira de cette vente, et ne garda que la somme qui lui était absolument nécessaire pour vivre dans l'exil. Elle se retira d'abord à Assise, et se rendit ensuite à Foligny pour y fonder un monastère de son ordre, sur un terrain donné par Ugolin de Trinci, seigneur de Foligny. Lorsque l'édifice fut achevé, Angéline alla l'habiter en 1397, avec ses premières compagnes, au nombre de six. Cinq autres personnes se joignirent à elle. L'évêque leur donna l'habit du tiers ordre de Saint-François, et l'année suivante elles firent profession, et ajoutèrent aux vœux ordinaires, celui de clôture perpétuelle. Le Seigneur répandit abondamment ses bénédictions sur cet ordre dont il avait inspiré l'idée à la bienheureuse Angéline ; bientôt après, il fallut construire une seconde maison à Foligny, pour répondre aux désirs d'un grand nombre de saintes filles qui venaient s'y consacrer à Dieu. Le pape Martin V autorisa la fondation de beaucoup d'autres couvents de la même congrégation dans différentes villes d'Italie. Angéline en établit un à Assise, et elle eut, avant sa mort, la consolation de voir son ordre prospérer et s'étendre dans différentes provinces. Elle mourut dans son premier couvent de Foligny, le 25 décembre 1435, à l'âge de cinquante-huit ans, et fut inhumée dans le couvent de Saint-François de la même ville. Bientôt les fidèles du pays l'invoquèrent et lui rendirent un culte public, qui fut approuvé par Léon XII en 1825. — 22 décembre.

ANGILBERT (saint), *Angilbertus*, abbé de Saint-Riquier, sortait d'une des plus illustres familles de France. Élevé à la cour de Charlemagne, il eut pour maître dans les sciences le célèbre Alcuin. Charlemagne, qui l'aimait beaucoup, lui donna en mariage la princesse Berthe, sa fille, et l'établit premier ministre de son fils Pepin, qu'il avait fait roi d'Italie. Angilbert eut un fils nommé Nithard, qui se rendit célèbre comme historien. Il renonça au monde, en 790, pour entrer, du consentement de son épouse, dans le monastère de Saint-Riquier, dont il fut élu abbé quelque temps après. Il y rétablit la règle, telle qu'elle avait été dans le principe et réussit d'autant plus facilement qu'il n'exigeait rien de ses religieux qu'il ne pratiquât lui-même le premier. Charlemagne, qui connaissait sa capacité et ses lumières, l'appelait souvent près de lui pour le consulter sur les affaires les plus importantes, et il le chargea de plusieurs négociations qui intéressaient l'Église et l'État : il le fit même son exécuteur testamentaire ; mais Angilbert ne survécut à ce prince que trois semaines, étant mort le 18 février 814. Il a laissé des poésies fort estimées de son temps, puisque Charlemagne le surnommait son Homère. Nous avons aussi de lui l'*Histoire du monastère de Saint-Riquier*. — 18 février.

ANGUERRAN (le bienheureux), *Angiltramnus*, d'abord chanoine, ensuite primicier du chapitre de Metz, devint prévôt de Gorze. Son biographe nous apprend qu'il ne se recouchait pas après l'office de la nuit, excepté les jours de *minution*, qu'il explique par les jours de saignée. Il est honoré à Gorze le 9 septembre.

ANGUERRAN (le bienheureux), moine de Saint-Riquier, florissait dans la première partie du xi° siècle et mourut en 1045. — 9 décembre.

ANICE LUCINE (sainte), *Anicia Lucina*, épouse du saint confesseur Falton-Pinien, donna la sépulture à saint Sébastien en 288. Elle est nommée sainte par Notker, qui la place, dans son Martyrologe, le même jour que son mari. D'autres martyrologes lui donnent aussi le titre de sainte et la nomment, les uns le 10 et les autres le 11 mai.

ANICET (saint), *Anicetus*, pape, était Syrien de naissance. Ayant succédé à saint Pie, il gouverna l'Eglise environ onze ans, depuis l'an 157 jusqu'en 168. Il combattit avec zèle les hérésies de Valentin et de Marcion, et arrêta, par sa vigilance, les ravages qu'elles faisaient parmi les fidèles. Il fut visité par saint Polycarpe, évêque de Smyrne, qui s'était rendu à Rome pour conférer avec lui sur la diversité des différentes églises relativement à la fête de Pâques. Celles d'Asie la célébraient, comme les Juifs, le quatorzième de la lune de mars ; celles de tout l'Occident et de l'Egypte ne la célébraient que le dimanche suivant. Les deux saints discutèrent ce point avec tant de calme et de modération, quoique chacun cherchât à faire prévaloir, comme la meilleure, la pratique de son Eglise, qu'ils décidèrent entre eux que cette diversité ne devait pas rompre les liens de la charité et de la paix, et que chaque Eglise pouvait continuer à suivre l'usage qu'elle avait toujours suivi jusqu'alors. Saint Anicet céda même à saint Polycarpe l'honneur de célébrer les saints mystères dans son église. Il mourut l'an 168, et quoiqu'il n'ait pas versé son sang pour la foi, les souffrances qu'il eut à subir et les dangers auxquels il fut exposé, lui ont mérité le titre de martyr dans plusieurs Martyrologes et notamment dans le Martyrologe romain. — 17 avril.

ANICET (saint), martyr, était revêtu de la dignité de comte et fut l'une des premières victimes de la persécution de Dioclétien, avec saint Pothin, son frère. Ils souffrirent à Nicomédie l'an 303. — 12 août.

ANIEN (saint), *Anianus*, évêque d'Alexandrie, était disciple de saint Marc et devint son successeur sur le siège de cette ville, où, avant sa conversion au christianisme, il exerçait la profession de cordonnier. Ayant été guéri d'un mal qu'il avait à la main, il crut en Jésus-Christ, et fit ensuite de si grands progrès dans la connaissance et la pratique de l'Evangile, que saint Marc l'établit évêque d'Alexandrie, l'an 62, pour le remplacer pendant son absence. Saint Marc ayant été martyrisé en 68, Anien gouverna seul son Eglise, l'espace de dix-huit ans et mourut le 16 novembre de l'an 86. Il est nommé dans le Martyrologe romain le 25 avril.

ANIEN (saint), martyr près de Wasserbourg en Bavière, souffrit avec saint Marin l'an 554. On ignore la cause et le genre de son martyre. — 15 novembre.

ANIMAÏDE (sainte), *Animaïs, dis*, martyre chez les Goths, était de cette nation et fut mise à mort pour la foi chrétienne, l'an 370, par ordre du tyran Vinguric, qui régnait sur les bords du Danube. — 26 mars.

ANINAS (saint), solitaire, vivait dans la Syrie euphratésienne et il est nommé dans les ménées grecques le 17 février.

ANINCAT (le bienheureux), *Anynchadus*, moine de Fulde et reclus, florissait dans la première partie du xi° siècle, et mourut en 1043. — 30 janvier.

ANNE (sainte), *Anna*, mère du prophète Samuel et épouse d'Elcana, était mariée depuis longtemps et n'avait pas encore eu le bonheur d'être mère, lorsqu'elle se rendit à Silo, où se trouvait l'arche du Seigneur. Là, elle adressa à Dieu de ferventes prières pour obtenir qu'il mît un terme à sa stérilité et s'engagea à lui consacrer le fils qu'elle lui demandait par ses larmes autant que par ses prières. Le grand-prêtre Héli, qui la voyait pleurer et remuer les lèvres sans entendre ses paroles, crut qu'elle était ivre, et lui fit des reproches dont elle n'eut pas de peine à se justifier. Alors il lui dit, en la quittant, que Dieu lui accorderait sa demande. En effet, elle eut un fils, qui fut nommé Samuel, et lorsqu'il fut sevré, elle le conduisit à Silo pour l'offrir au Seigneur, comme elle l'avait promis, et, en accomplissant son vœu, elle improvisa un cantique qui sera un témoignage éternel de sa reconnaissance, et que l'Eglise a adopté pour quelques-uns de ses offices. Elle eut encore trois fils et deux filles après Samuel, qui était né vers l'an 1155 avant Jésus-Christ. Elle est nommée dans plusieurs calendriers le 20 août et le 30 octobre.

ANNE (sainte), épouse de saint Joachim et mère de la sainte Vierge Marie, fut honorée d'un culte public dans l'Eglise, dès les premiers siècles ; mais on ignore les détails de sa sainte vie et l'année de sa mort. La tradition porte que son corps fut apporté de la Palestine à Constantinople en 710, et placé dans l'église que l'empereur Justinien avait fait bâtir en son honneur, vers l'an 550. Plusieurs églises d'Occident se glorifient d'avoir quelques portions de ses reliques. Il s'est opéré, dans tous les temps, beaucoup de miracles par l'intercession de sainte Anne, pour laquelle les fidèles ont toujours eu une grande dévotion. En 1584, Grégoire XIII ordonna que sa fête serait célébrée, à l'avenir, dans tout l'univers chrétien le 26 juillet.

ANNE LA PROPHÉTESSE (sainte), fille de Phanuel, de la tribu d'Aser, devint veuve après sept ans de mariage. Saint Luc nous apprend qu'elle passa le reste de sa vie dans le temple, occupée à jeûner et à prier. Elle était âgée de quatre-vingt-quatre ans, lorsque la sainte Vierge, après ses couches, vint se purifier, comme cela était prescrit dans la loi. Anne, voyant cette mère sans tache se rabaisser ainsi au niveau des femmes ordinaires, publia les merveilles du Seigneur, et annonça à tous ceux qui attendaient le salut d'Israël les grandes choses que devait opérer le divin Fils de Marie que le saint vieillard Siméon venait de prendre dans ses bras. Elle est honorée à Jérusalem le 1er septembre.

ANNE (sainte), vierge et martyre en Perse avec saint Boïthazate et plusieurs autres, souffrit dans le milieu du ive siècle pendant la grande persécution du roi Sapor II. — 20 novembre.

ANNE (sainte), martyre, souffrit avec saint Alexandre, évêque, et plusieurs autres. — 22 octobre.

ANNE (sainte), martyre chez les Goths avec plusieurs autres, fut mise à mort pour la foi orthodoxe sur les bords du Danube, vers l'an 370, pendant la persécution du tyran Vinguric. — 26 mars.

ANNE (sainte), se déguisa en eunuque et entra dans un monastère de moines à Constantinople, où elle se sanctifia sous le nom d'Euphémien. — 29 octobre.

ANNEMOND (saint), *Ennemundus*, abbé de Mairé, en Poitou, succéda en 587, à saint Junien, qui, avant sa mort, l'avait désigné pour le remplacer, comme celui de ses disciples qui était le plus capable de maintenir dans son monastère la régularité et la ferveur. Il mourut vers l'an 600, et il est honoré le 9 juillet.

ANNON (saint), évêque de Vérone, qui était frère de sainte Marie-Consolatrice, florissait dans le viie siècle et mourut vers l'an 780. — 23 mai.

ANNON (saint), évêque de Worms, avait embrassé l'état monastique et était abbé de Berg, près de Magdebourg, lorsqu'il fut tiré de sa solitude pour être élevé à l'épiscopat. Il se rendit recommandable par sa sainteté et il mourut en 874. — 24 décembre.

ANNON (saint), *Anno*, archevêque de Cologne, né au commencement du xie siècle, appartenait à une famille noble et prit, dans sa jeunesse, le parti des armes; mais les exhortations de son oncle, qui était chanoine de Bamberg, lui ayant inspiré le dégoût du monde, il entra dans l'état ecclésiastique. Ses vertus et sa science l'ayant fait connaître avantageusement à la cour l'empereur Henri III, dit le Noir, l'attacha à sa personne. Quelque temps après il lui donna la prévôté de Groslar, dans la Basse-Saxe, et en 1056 il le nomma archevêque de Cologne. Les larmes que répandit Annon, pendant la cérémonie de son sacre, justifièrent l'idée qu'on avait de son humilité et de sa piété. Dès qu'il fut revêtu de la dignité épiscopale, on le voyait fréquemment aux pieds des autels pour y puiser, dans ses entretiens avec Dieu, les secours et les consolations dont il avait besoin dans l'exercice de son ministère. Il distribuait aux pauvres d'abondantes aumônes, jeûnait très-souvent, portait un rude cilice sous ses vêtements, et donnait peu de temps au sommeil. Zélé pour l'instruction de son troupeau, il annonçait fréquemment la parole de Dieu. Il réforma tous les monastères de son diocèse, en fonda deux de chanoines réguliers à Cologne, et trois de l'ordre de Saint-Benoît dans d'autres lieux. Après la mort de Henri III, l'impératrice Agnès, sa veuve, le fit nommer régent et premier ministre, pour gouverner pendant la minorité de l'empereur Henri IV. Mais ce jeune prince, corrompu par les flatteurs et les compagnons de ses débauches, ne voulut bientôt plus supporter les remontrances du saint archevêque; il alla même jusqu'à lui ôter le gouvernement de l'État. Mais les injustices et les exactions de ceux auxquels il donnait sa confiance ayant soulevé un mécontentement général, Annon fut rappelé en 1072, et reprit l'administration de l'empire, jusqu'à sa mort, qui arriva le 4 décembre de l'an 1075. — 4 décembre.

ANOBERT (saint), *Anobertus*, évêque de Séez, né dans le pays Bessin, fut élevé sur le siège épiscopal de Séez, à la recommandation de Thierri III, roi de Neustrie et de Bourgogne. Peu de temps après son élévation à l'épiscopat, il assista au concile de Rouen, tenu en 689. Il se fit admirer par sa charité et ses abondantes aumônes, surtout pendant une disette qui affligeait le pays. Le saint évêque avait une grande vénération pour les vrais serviteurs de Dieu : il en attira plusieurs dans son diocèse, entre autres saint Evremond, fondateur du monastère de Fontenay, où il s'était fait religieux : Anobert l'établit abbé du monastère de Montmaire. Il mourut vers l'an 701, et il est honoré à Séez le 16 mai.

ANORÉE (saint), *Anoreus*, confesseur, est honoré en Ethiopie le 15 septembre.

ANSALOGUE (saint), *Ansalogus*, évêque de Saltzbourg, florissait dans le viie siècle. — 1er février.

ANSAN (saint), *Ansanus*, martyr à Sienne en Toscane, confessa d'abord Jésus-Christ à Rome, où il fut emprisonné pour la foi. Conduit ensuite à Sienne, il y confessa de nouveau, son divin Maître et il fut décapité, l'an 303, pendant la persécution de Dioclétien. On a fondé, à Sienne, une congrégation de clercs, qui porte son nom. — 1er décembre.

ANSBAUD (saint), *Ansbaldus*, abbé de Saint-Hubert, florissait dans le ixe siècle et mourut en 886. Il est honoré à Prom dans les Ardennes. — 12 juillet.

ANSBERT (saint), *Ansbertus*, évêque de Rouen, né à Chaussy, village du Vexin, d'une famille noble, reçut une éducation distinguée, et fit de grands progrès dans l'étude des sciences divines et humaines. Siwin, son père, qui le destinait à briller dans le monde, alarmé du goût qu'il manifestait pour la retraite, voulut l'engager dans les liens du mariage et lui choisit pour épouse sainte Angadrême, fille de Robert, chancelier de Clotaire III. Angadrême ayant été tout-à-coup atteinte de la lèpre, se fit religieuse. Ansbert vint à la cour de Clotaire où son mérite le fit universellement estimer. Ayant succédé à Robert, dans la dignité de chancelier, il alliait aux fonctions de sa charge la prière et les pratiques de la plus fervente piété. Mais l'attrait qu'il s'était senti, dès sa jeunesse, pour la vie solitaire devenant toujours plus vif, il résolut de quitter secrètement la cour pour se retirer dans l'abbaye de Fontenelle, et saint Vandrille, qui en était abbé, le reçut au nombre de ses religieux, après les épreuves ordinaires. Il se fit bientôt admirer par ses vertus, et surtout par son obéissance, son humilité et sa patience. Promu au sacerdoce par saint Ouen, évêque de Rouen, il s'appliqua avec ardeur à l'étude des livres saints, sans négliger, pour cela, le travail des mains. Un jour qu'il cultivait une vigne près du monastère, le prince Thierri, qui était à la chasse, s'arrêta pour converser avec lui. Ansbert lui donna quelques avis, et lui prédit qu'il monterait sur le trône, mais qu'il aurait beaucoup à souffrir de ses ennemis : la suite vérifia cette prédiction. Thierri régna, en effet, sous le nom de Thierri III, fut déposé et remonta sur le trône, quelques années après. Le saint, étant devenu abbé de Fontenelle en 678, pour remplacer saint Lambert, qui venait d'être élevé sur le siége de Lyon, gouverna sa communauté avec une sagesse admirable ; sa grande maxime était qu'un supérieur doit moins chercher à se faire craindre qu'à se faire aimer. Les fidèles du voisinage venaient en foule le consulter sur des affaires de conscience : le saint leur donnait des avis salutaires et entendait souvent leur confession. Plein de charité pour les pauvres, il bâtit trois hôpitaux, où il en nourrissait un grand nombre. Saint Ouen étant mort en 683, Ansbert fut élu pour lui succéder ; cette élection fit un singulier plaisir à Thierri III, qui était pénétré de vénération pour ses vertus, et qui l'avait choisi pour son confesseur. Ansbert fut sacré par saint Lambert de Lyon, à Clichy, où le roi avait convoqué les états du royaume. Le nouvel évêque se livra, avec zèle, à l'instruction de son troupeau, au soulagement des malheureux et à la réparation des églises. Il transféra, avec beaucoup de pompe, les reliques de saint Ouen, son prédécesseur, dans un lieu plus honorable. Il accorda aux religieux de Fontenelle le droit d'élire leur abbé, et ce privilége fut confirmé en 689 par le concile de Rouen. Quelque temps après, ayant été calomnié auprès de Pépin, maire du palais, ce ministre le relégua dans le monastère de Haumont en Hainaut. Saint Ansbert supporta cette injustice avec calme et résignation et édifia les religieux par ses vertus. Son innocence ayant été reconnue, on lui permit de retourner dans son diocèse, mais la mort l'empêcha de profiter de cette permission. Dieu l'appela à lui en 698. Son corps fut porté à l'abbaye de Fontenelle où il avait choisi sa sépulture. — 9 février.

ANSCHAIRE (saint), *Anscharius*, archevêque de Hambourg et de Brême, né en 798, quitta le monde pour entrer dans le monastère de l'ancienne Corbie. Il passa ensuite dans la nouvelle, que saint Adélard avait fondée dans la Saxe en 823, et qu'on appela Corvey. Il y fut chargé d'enseigner les sciences aux jeunes religieux et d'annoncer la parole de Dieu au peuple qui fréquentait l'église du monastère ; fonctions dont il s'acquitta avec autant de piété que de succès. Il accompagna, en qualité de missionnaire, Harold, prince de Danemark, qui avait embrassé le christianisme à la cour de Louis le Débonnaire, où il s'était réfugié. Anschaire prêcha l'Évangile, d'abord aux Danois, ensuite aux Suédois, et enfin aux peuples du nord de l'Allemagne, et Dieu bénit tellement ses travaux apostoliques, qu'un grand nombre d'idolâtres se convertirent. Grégoire IV le nomma à l'archevêché de Hambourg et le fit légat du saint-siége en 842. Hambourg ayant été brûlé par les Normands en 845, le pape Nicolas Ier réunit ce diocèse à celui de Brême, et confia à saint Anschaire le gouvernement des deux églises. Les peuples du Danemark et de la Suède étant retombés dans l'idolâtrie, Anschaire prit la résolution de retourner dans ces pays. Soutenu en Danemark par la protection du roi Horic, il vint à bout d'y faire refleurir la religion ; mais il rencontra plus de difficultés en Suède parce que Olas, prince superstitieux, voulait que le sort décidât si le christianisme devait être, ou non, autorisé dans ses États. Anschaire, qui voyait, avec la plus grande peine, la cause de Dieu soumise aux caprices du hasard, adressa au ciel des prières ferventes pour lui recommander le succès d'une décision si bizarre, et les choses tournèrent à l'avantage du christianisme. Les Suédois se convertirent en grand nombre, et Anschaire leur fit bâtir plusieurs églises qu'il pourvut d'excellents pasteurs. En travaillant au salut des autres, il ne négligeait pas sa propre sanctification. Il portait le cilice et ne se nourrissait que de pain et d'eau. Il ne commençait jamais aucune entreprise sans avoir auparavant imploré le secours céleste ; et quoiqu'il possédât, à un haut degré, le talent de la parole, il n'attendait que de Dieu le succès de ses prédications. Sa charité pour les pauvres ne connaissait point de bornes, et son plus grand plaisir était de leur laver les pieds et de les servir à table. Il avait désiré ardemment le martyre, et il s'était persuadé que ses péchés seuls l'avaient privé de cette grâce. Il s'était fait, pour son usage, un recueil de passages propres à inspirer la componction et l'amour de Dieu, qu'il avait placés à la fin de chaque psaume. Le savant Fabricius faisait un grand cas de ce recueil. Saint Anschaire a aussi laissé une vie de saint Willehad, premier évêque de Brême ; cet ouvrage, écrit avec beaucoup d'élégance, est précédé d'une préface qui peut passer pour un chef-d'œuvre, eu égard au siècle où vivait l'auteur. Il mourut à Brême en 865 dans la soixante-septième année de son âge, et après vingt-trois ans d'épiscopat. Saint Rembert, son successeur, qui écrivit sa Vie, parle des miracles opérés par son intercession. — 3 février.

ANSCON (saint), martyr à Rome, souffrit de cruels tourments avec sainte Maxime, sous l'empereur Dioclétien. Il est mentionné dans le Martyrologe romain sous le 2 septembre.

ANSELME (saint), *Anselmus*, premier

abbé de Nonantola, dans le duché de Modène, florissait sur la fin du viiiᵉ siècle et mourut en 803. — 3 mars.

ANSELME (saint), évêque de Lucques et confesseur, était neveu du pape Alexandre II, et naquit à Mantoue, au commencement du xiᵉ siècle. Il se livra d'abord à l'étude de la grammaire et de la dialectique; il embrassa ensuite l'état ecclésiastique, et s'appliqua avec ardeur à l'étude de la théologie et du droit canon, dans lesquels il fit de grands progrès. Badage, évêque de Lucques, son oncle, étant devenu pape en 1061 sous le nom d'Alexandre II, le nomma au siége qu'il venait de quitter et l'envoya en Allemagne pour y recevoir, des mains de l'empereur Henri IV, l'investiture de son siége, selon l'usage de ce temps; mais Anselme revint sans avoir voulu la recevoir aux conditions que lui proposait l'empereur, persuadé que ce n'était pas à la puissance séculière à conférer ainsi les dignités ecclésiastiques. Ayant été sacré par Grégoire VII en 1073, il consentit enfin à recevoir de Henri l'anneau et la crosse; mais il en eut des scrupules quelque temps après, et il alla se faire moine à Cluny; il fallut un ordre du pape pour lui faire reprendre le gouvernement de son diocèse. De retour à Lucques, il voulut, en 1079, obliger les chanoines de sa cathédrale à la vie commune, conformément à un décret du pape Léon IX. La comtesse Mathilde, souveraine de Lucques et d'une grande partie de la Toscane, le secondait dans cette entreprise; mais il ne put vaincre la résistance des chanoines, quoiqu'il eût déployé toute la sévérité des peines canoniques. Les chanoines se révoltèrent et excitèrent une sédition contre l'évêque, qui fut forcé de sortir de Lucques : il se retira auprès de la comtesse Mathilde, dont il était le directeur. Le pape ne le laissa pas longtemps dans la retraite qu'il s'était choisie : il le fit son légat en Lombardie, et le chargea de la conduite de plusieurs diocèses, que la fameuse querelle entre l'empire et le saint-siége, au sujet des investitures, avait laissés sans pasteurs. Il mourut à Mantoue le 18 mars 1086, et sa sainteté fut attestée par de nombreux miracles. Il en avait déjà opéré plusieurs de son vivant, ce qui l'a fait honorer d'un culte public en Italie et choisir par la ville de Mantoue pour son patron. Il était d'une vaste érudition et lorsqu'on le questionnait sur quelque passage de l'Ecriture sainte, qu'il savait tout entière, par cœur, il exposait, sur-le-champ, comment chaque saint Père l'avait expliqué. Parmi les ouvrages qu'il a laissés, nous citerons l'*Apologie pour Grégoire VII*, l'*Explication des Lamentations de Jérémie*, une *Collection de canons*, la *Réfutation des prétentions de l'antipape Guibert*, et l'*Explication des Psaumes*: il entreprit ce dernier ouvrage à la prière de la comtesse Mathilde, mais la mort ne lui permit pas de l'achever. — 18 mars.

ANSELME (saint), archevêque de Cantorbéry, né à Aoste en Piémont, l'an 1033, était fils de Gondulphe et d'Ermengarde, l'un et l'autre d'une famille noble et considérée dans le pays. Formé à la piété par sa vertueuse mère et instruit dans les sciences par d'habiles maîtres, il prit à l'âge de quinze ans la résolution d'embrasser l'état monastique; mais l'abbé auquel il se présenta refusa de l'admettre dans son monastère, parce qu'il craignait le ressentiment de Gondulphe. Anselme ayant perdu sa mère, négligea peu à peu ses exercices de piété et tomba insensiblement dans la tiédeur. Il alla plus loin, et se livra aux désordres d'un monde corrompu; il finit même par perdre le goût de l'étude. Revenu à Dieu plus tard, il ne cessa de déplorer les égarements de sa jeunesse qu'il a retracés dans ses *Méditations* avec les sentiments de la plus vive componction. Son père, irrité de son inconduite, l'avait pris en aversion. Anselme, après son retour à la vertu, voyant qu'il ne pouvait le fléchir et qu'il était même souvent en butte à de mauvais traitements, quitta la maison paternelle et sa patrie, et vint en Bourgogne où il reprit avec ardeur le cours de ses études. Après trois ans de séjour dans cette province, il se rendit à l'abbaye du Bec pour prendre des leçons du célèbre Lanfranc, qui en était prieur, et qui sut le distinguer de ses autres disciples. Il conçut bientôt pour lui une véritable affection. Gondulphe étant mort, Anselme hésita quelque temps sur le choix d'un état. Tantôt il était d'avis de rester dans le monde et d'employer sa fortune en bonnes œuvres; tantôt il inclinait pour la solitude, comme un moyen plus sûr de se sanctifier. Au milieu de ces perplexités, il pria Lanfranc de l'aider de ses conseils; mais celui-ci, craignant de trop écouter l'affection qu'il avait pour Anselme, le renvoya à Maurille, archevêque de Rouen, qui lui conseilla d'entrer dans l'ordre de Saint-Benoît. Il prit donc l'habit dans l'abbaye du Bec, alors gouvernée par l'abbé Herluin, et il fit profession en 1060, étant âgé de vingt-sept ans. Trois ans après, il remplaça Lanfranc dans la dignité de prieur. Sa jeunesse excita d'abord quelques murmures, mais par sa douceur et sa patience il vint à bout de gagner l'affection de toute la communauté. Il eut aussi le bonheur de retirer du déréglement et de faire rentrer dans les voies de la perfection un jeune moine nommé Osbern. Il avait un talent tout particulier pour connaître ce qu'il y avait de plus intime dans le cœur, et l'on eût dit qu'il lisait dans l'intérieur de chacun, ce qui lui servait beaucoup pour la conduite des âmes. La bonté, la charité tempéraient la rigueur des remèdes qu'il lui fallait employer quelquefois; car il n'était pas partisan de la sévérité, surtout envers les jeunes religieux. Un abbé du voisinage, qui était d'un avis différent sur ce point, ne l'eut pas plus tôt entendu, qu'il résolut de l'imiter, et l'expérience lui prouva qu'il avait bien fait. Les nombreuses occupations attachées à la charge de prieur n'empêchaient point Anselme de s'appliquer à la théologie. L'Ecriture et la Tradition étaient ses guides dans l'étude de cette science sur laquelle il composa des ouvrages qui portèrent au loin sa réputation et attirèrent beaucoup de personnes à l'abbaye du Bec. Herluin étant mort en 1078, Anselme, élu pour le remplacer, ne consentit que difficilement à son élection. Il confia la gestion du temporel de l'abbaye à des religieux versés dans cette partie, afin d'avoir plus de temps à donner au gouvernement spirituel. Comme la maison du Bec avait des propriétés en Angleterre, il y fit quelques voyages, ce qui lui fournissait l'occasion de revoir son ancien maître et ami Lanfranc, qui était devenu archevêque de Cantorbéry. Anselme recevait de la part des Anglais, lorsqu'il se trouvait dans leur île, des marques éclatantes d'estime et de vénération ; la noblesse et le clergé s'empressaient à l'envi de lui être utile ; le roi lui-même, qui était si peu accessible à ses sujets, s'humanisait avec l'abbé du Bec. Anselme, de son côté, tâchait de se faire *tout à tous* et il faisait tourner au profit de la religion l'ascendant qu'il avait sur les cœurs. Hugues, comte de Chester, qui avait conçu pour lui une profonde vénération, étant tombé dangereusement malade en 1092, lui envoya coup sur coup trois courriers pour le prier de passer en Angleterre, afin de le consulter sur la fondation d'un monastère qu'il faisait bâtir à Chester, et pour mourir entre ses bras. Anselme, qui avait appris qu'on voulait le faire archevêque de Cantorbéry, ne se souciait pas d'entreprendre le voyage, mais le désir de procurer à un ancien ami les secours qu'il réclamait l'emporta. A son arrivée il trouva le comte guéri. Il fut cependant retenu cinq mois en Angleterre, tant pour les affaires de son abbaye que pour celles du monastère que Hugues fondait à Chester. Guillaume le Roux, qui avait succédé en 1087 à Guillaume le Conquérant, son père, s'emparait des biens de l'Eglise et s'appropriait les revenus des sièges vacants, et afin d'en jouir plus longtemps, il défendit de remplacer les évêques qui venaient à mourir. C'est ainsi que l'Eglise de Cantorbéry resta cinq ans sans pasteur, après la mort de Lanfranc. Guillaume avait juré que ce siège ne serait jamais rempli de son vivant ; mais étant tombé malade à Glocester, la crainte des jugements de Dieu le fit rentrer en lui-même, et il promit, s'il guérissait, de réparer ses injustices envers les églises. Il commença par celle de Cantorbéry et y nomma Anselme. Ce choix fut approuvé de tout le monde, à l'exception du saint, qui alléguait son grand âge, sa mauvaise santé et son peu de capacité pour les affaires. Le roi, chagriné de ce refus, lui représenta que de son acceptation dépendait le salut de son âme : « Car je suis persuadé, disait-il, que Dieu ne me fera pas miséricorde, si le siège de Cantorbéry n'est pas rempli avant ma mort. » Les évêques et les seigneurs qui étaient présents joignirent leurs instances à celles du roi. « Si vous persistez dans votre refus, qui nous scandalise, dirent-ils à Anselme, vous serez responsable devant Dieu de tous les maux qui tomberont sur l'Eglise et sur le peuple d'Angleterre. » Ils le forcèrent à prendre la crosse, en présence du roi, et le portèrent ensuite à l'église, où ils chantèrent le *Te Deum*. Ceci arriva le 6 mars 1093. Anselme, qui ne se rendait pas encore, finit enfin par accepter, mais à deux conditions : la première, que le roi rendrait à son église tous les biens qu'elle possédait du temps de son prédécesseur ; la seconde, qu'il reconnaîtrait Urbain II pour pape légitime. Les choses ainsi arrangées, il se laissa sacrer le 4 décembre. Guillaume, à peine guéri, oublia ses bons sentiments et ses promesses. Ayant demandé à ses sujets de nouveaux subsides, Anselme lui offrit 500 livres d'argent, dont le roi parut d'abord se contenter ; mais bientôt après, il demanda encore à Anselme 1000 livres. Le saint répondit qu'il ne pouvait donner cette somme, parce qu'il n'était pas permis de disposer du bien des pauvres. Il l'exhorta à permettre aux évêques de tenir des conciles, comme cela s'était toujours pratiqué, et à donner des supérieurs aux abbayes vacantes ; mais le prince lui répondit avec colère qu'il ne se dessaisirait pas plus des abbayes que de sa couronne. Il ne négligea rien pour le déposséder de son siège : il défendit aux prélats qui lui étaient dévoués de le regarder comme archevêque et de lui obéir comme primat, alléguant pour raison qu'Anselme, pendant le schisme, avait été soumis à Urbain II, qui n'était point encore reconnu en Angleterre. Il essaya ensuite de gagner la noblesse ; mais la plupart des seigneurs répondirent qu'Anselme étant archevêque de Cantorbéry, et primat du royaume, ils lui obéiraient dans les choses de la religion ; que leur conscience ne leur permettait pas de se soustraire à une autorité légitime, vu surtout que celui qui l'exerçait n'avait été convaincu d'aucun crime. Le roi, n'ayant pu réussir dans son projet, envoya à Rome un ambassadeur qui reconnut Urbain, espérant, par cette démarche, mettre le pape dans ses intérêts et l'engager à se réunir à lui contre l'archevêque ; il lui offrit même une pension annuelle sur l'Angleterre, s'il voulait le déposer. Urbain envoya sur les lieux un légat qui déclara au roi que la chose ne pouvait se faire. Anselme, qui ignorait la trame ourdie contre lui, reçut du légat le *pallium* que le pape lui envoyait. Il écrivit à Urbain pour l'en remercier, et dans sa lettre il se plaint de la pesanteur du fardeau qu'on lui avait imposé, et témoigne un vif regret d'avoir été arraché à sa chère solitude. Voyant que Guillaume cherchait de nouveau à usurper les biens de son Eglise, et que toutes ses représentations n'étaient pas écoutées, il demanda avec instance la permission de sortir de l'Angleterre. Le roi la lui refusa par deux fois, et comme Anselme revenait à la charge, Guillaume lui déclara que s'il sortait de son royaume, il saisirait tous les revenus de son archevêché et qu'on ne le reconnaîtrait plus pour primat. Le saint, vivement affligé de l'oppression de son église qu'il ne pouvait plus empêcher, partit au mois d'octobre 1097, pour Rome, déguisé en pèlerin, et s'embarqua à

Douvres avec deux moines, dont l'un était Eadmer, qui écrivit sa Vie. Arrivé en France, il passa quelque temps à Cluny avec saint Hugues, qui en était abbé : de là il se rendit à Lyon, où l'archevêque Hugues lui fit un accueil distingué et le reçut avec de grandes marques de respect. Sa santé s'étant trouvée dérangée, il ne put partir de cette ville qu'au mois de mars de l'année suivante, ce qui fut un bonheur pour lui ; car s'il en fût parti plus tôt, il serait tombé dans les embûches que l'antipape Guibert lui avait dressées sur sa route, à la nouvelle de son voyage d'Italie. Le pape le reçut de la manière la plus honorable et le logea dans son propre palais. Anselme lui ayant appris tout ce qui s'était passé à son sujet, il lui promit sa protection, et écrivit au roi d'Angleterre une lettre très-forte pour l'engager à rétablir l'archevêque de Cantorbéry dans tous les droits dont ses prédécesseurs avaient joui. Anselme écrivit aussi, de son côté, afin de fléchir Guillaume. Comme l'air de Rome était contraire à sa santé, il n'y resta que dix jours, et se retira dans le monastère de Saint-Sauveur en Calabre, où il acheva l'ouvrage intitulé : *Pourquoi le Fils de Dieu s'est-il fait homme?* Charmé de sa nouvelle solitude, et n'espérant plus pouvoir jamais faire aucun bien à Cantorbéry, il pria le pape d'accepter sa démission ; mais le pape lui répondit qu'un homme de cœur ne devait point abandonner son poste ; qu'il n'avait eu d'ailleurs à essuyer que des menaces et des duretés. Anselme répondit qu'il ne craignait pas les souffrances ni les tourments, qu'il ferait même volontiers le sacrifice de sa vie pour la cause de Dieu ; mais qu'il lui serait impossible de faire aucun bien dans un pays où l'on foulait aux pieds toutes les règles de la justice. Il se soumit pourtant aux ordres d'Urbain, et en attendant, il alla demeurer à Sélanie, sur une montagne située près du monastère de Saint-Sauveur, et afin d'avoir le mérite de l'obéissance dans toutes ses actions, il demanda au pape pour supérieur Eadmer, qui ne l'avait pas quitté depuis son départ d'Angleterre. Il assista, au mois d'octobre de la même année (1098), au concile qu'Urbain II avait assemblé à Bari pour travailler à la réunion des Grecs. Ceux-ci ayant proposé leurs difficultés sur la procession du Saint-Esprit, embrouillaient la question par des longueurs interminables. Le pape, voulant mettre fin à ces disputes qui ne menaient à rien, s'écria : « Anselme, notre père et notre maître, où êtes-vous ? » Il le fit asseoir près de lui et l'engagea à déployer ses talents, lui représentant que l'occasion était belle et que Dieu l'avait ménagé à dessein pour venger l'Eglise des attaques de ses ennemis. Le saint archevêque prit aussitôt la parole, et s'exprima avec tant de force et de solidité qu'il réduisit les Grecs au silence. Dès qu'il eut cessé de parler, tous les assistants dirent anathème à quiconque nierait que le Saint-Esprit procède du Père et du Fils. On passa ensuite à l'affaire du roi d'Angleterre : on parla fort au long de ses menées simonia-ques, de ses injustices et de ses vexations envers l'Eglise, de ses persécutions envers l'archevêque de Cantorbéry, et de son opiniâtreté incorrigible malgré les fréquentes monitions qu'il avait reçues. Le concile fut d'avis d'agir avec la plus grande sévérité, et le pape allait prononcer contre lui une sentence d'excommunication, lorsque Anselme, se jetant à ses pieds, le conjura de ne point porter de censure. Cette démarche, en faveur d'un prince dont il avait tant à se plaindre, excita l'admiration de tout le concile, et l'on fit droit à sa demande. Après le concile, Anselme retourna avec le pape à Rome, où il recevait les témoignages les plus honorables de respect et d'affection. Les schismatiques eux-mêmes ne pouvaient refuser de rendre hommage à sa vertu et à son mérite. Il assista avec distinction au concile de Rome en 1099, et reprit ensuite la route de Lyon, où l'archevêque Hugues se faisait d'avance un plaisir de le recevoir. Il lui céda l'honneur d'officier dans son église, et le pria d'y exercer toutes les fonctions épiscopales, comme s'il eût été dans son propre diocèse. C'est dans cette ville qu'Anselme composa son livre *de la Conception de la sainte Vierge et du péché originel*. Après la mort d'Urbain, qui eut lieu au mois de juillet de la même année (1099), il écrivit à Pascal II, son successeur, pour l'instruire de son affaire. Il y avait déjà quelque temps qu'il était convaincu qu'il ne pourrait remonter sur son siége, tant que Guillaume vivrait, lorsqu'il apprit sa fin tragique, étant à l'abbaye de la Chaise-Dieu en Auvergne. Ce prince avait été tué à la chasse, sans avoir eu le temps de se reconnaître et sans avoir pu recevoir les sacrements de l'Eglise. Anselme pleura sa mort, dont les circonstances étaient si terribles aux yeux de la foi. Henri Ier, frère et successeur de Guillaume le Roux, rappela le saint, qui partit sans délai pour l'Angleterre et débarqua à Douvres le 23 septembre 1100. Son retour causa une grande joie dans tout le royaume ; le roi le reçut avec bonté ; mais ces dispositions bienveillantes ne durèrent pas longtemps. Henri exigea qu'Anselme lui demandât l'investiture de sa dignité et lui rendît hommage pour son siége. Anselme s'y refusa, se fondant sur le dernier concile de Rome qui le défendait sous peine d'excommunication. Le roi ne se rendant pas, on convint de part et d'autre qu'on s'adresserait au pape à ce sujet. Mais dans l'intervalle, Henri se vit sur le point de perdre sa couronne. Robert, duc de Normandie, son frère aîné, à son retour de la terre sainte, résolut de faire valoir ses droits au trône d'Angleterre dont on avait disposé en faveur de Henri pendant son absence. Il leva une armée dans son duché, passa la Manche et marcha contre Henri. Celui-ci, à la vue du danger qui le menaçait, fit les plus belles promesses à l'archevêque de Cantorbéry, s'engageant à suivre en tout ses conseils, protestant qu'il aurait toujours une déférence entière pour le saint-siége, et qu'il respecterait toujours les droits de l'Eglise.

Anselme lui resta fidèle, et fit tout ce qu'il put pour arrêter les progrès de la révolte, représentant aux seigneurs qui avaient juré fidélité à Henri l'obligation de tenir leur serment. Il publia même une sentence d'excommunication contre Robert, qui était regardé comme un usurpateur, et bientôt la cause du roi prit une tournure plus favorable. Robert, ayant fait sa paix avec son frère, retourna en Normandie. Le danger passé, le roi oublia les grandes obligations qu'il avait envers l'archevêque de Cantorbéry, ainsi que les promesses solennelles qu'il lui avait faites. Loin de rendre la liberté à l'Église d'Angleterre, il continua de s'arroger le droit de donner l'investiture des bénéfices. Le saint archevêque, de son côté, se montra ferme et refusa de sacrer les évêques nommés par le roi, contrairement aux règles canoniques. Il tint en 1102 un concile national dans l'église de Saint-Pierre, à Westminster, pour corriger les abus et pour rétablir la discipline ecclésiastique. La querelle des investitures s'envenimant de plus en plus, il fut enfin convenu qu'Anselme irait en personne consulter le pape sur cette question. Il s'embarqua, le 27 avril 1103, et se rendit à Rome, où le roi avait aussi envoyé un ambassadeur. Le pape, qui était Pascal II, ne fut point favorable à Henri; il porta même la peine d'excommunication contre ceux qui recevraient de lui l'investiture des dignités ecclésiastiques. Anselme se remit en chemin pour l'Angleterre; mais arrivé à Lyon, Henri lui fit défendre de rentrer dans son royaume, tant qu'il ne serait pas disposé à se soumettre. Il resta donc à Lyon, où l'archevêque Hugues, son ancien ami, s'efforça, par toutes sortes d'égards et de bons traitements, de lui faire oublier ses tribulations. Il se retira ensuite à l'abbaye du Bec, où le pape lui envoya une commission pour juger l'affaire de l'archevêque de Rouen, accusé de plusieurs crimes. Pascal lui permit aussi d'admettre à la communion ceux qui avaient reçu du roi l'investiture de leurs bénéfices. Henri fut si charmé de cette condescendance du pape, que, sur-le-champ, il envoya prier Anselme de revenir en Angleterre; mais une maladie grave ne lui permit pas de se rendre de suite aux désirs du roi. Après sa guérison, il retourna en Angleterre où il fut reçu comme en triomphe par tous les ordres du royaume et par la reine Mathilde, en l'absence du roi qui était alors en Normandie. Anselme, rendu à son siége, passa les dernières années de sa vie dans une langueur continuelle, et les six derniers mois qui précédèrent sa mort, il était tombé dans un tel état de faiblesse que, ne pouvant plus marcher, il se faisait porter tous les jours à l'église, pour y entendre la messe. Il mourut le 21 avril 1109, âgé de soixante-seize ans, et fut enterré dans la cathédrale de Cantorbéry, où se sont opérés plusieurs miracles par son intercession. Clément XI, par un décret de 1720, a placé saint Anselme parmi les docteurs de l'Église, et il méritait cet honneur par ses ouvrages en faveur de la religion. Les principaux sont : le *Traité de la Procession du Saint-Esprit*, contre les Grecs ; le *Traité du Pain azyme et du pain levé*, contre les mêmes ; le *Monologue* et le *Prologue sur l'existence et les attributs de Dieu*; le *Traité de la foi de la Trinité et de l'Incarnation*, contre Roscelin; les deux livres : *Pourquoi le fils de Dieu s'est-il fait homme?* le *Traité de la Conception virginale et du péché originel*; le livre *de la Volonté de Dieu*; des Homélies au nombre de seize; des Méditations au nombre de vingt et une; des Oraisons ou prières au nombre de soixante-quatorze, et quatre livres de Lettres. On remarque dans ses écrits polémiques une connaissance profonde de la métaphysique et de la théologie, l'élévation des pensées et la solidité des raisonnements jointes à un style clair et précis; quant à ses ouvrages ascétiques, ils sont instructifs, édifiants, plein d'onction et d'un tendre amour pour Dieu, qui échauffe les cœurs: dans ses Méditations, il déplore avec la plus vive componction les égarements de sa jeunesse. — 21 avril.

ANSÉRIC (saint), *Ansericus*, évêque de Soissons, dut à ses vertus et à son mérite d'être élevé sur le siége de cette ville. Il montra beaucoup de zèle et de capacité dans l'administration de son diocèse. Il fit construire à Soissons, la belle église de Saint-Étienne, et transféra avec beaucoup de pompe les corps de saint Crépin et de saint Crépinien, dans l'église qui porte leur nom. En 625, il assista au concile de Reims, tenu sous l'archevêque Sounace; on y fit vingt-cinq canons souscrits par un grand nombre de saints évêques de France, parmi lesquels Anséric tenait un rang distingué. En 649, il admit parmi les clercs de son église saint Drausin, qui devint son successeur après la démission de Bettolen. Il mourut l'an 634. — 5 septembre.

ANSIGISE (saint), *Ansigisus*, abbé de Saint-Vandrille ou de Fontenelle, était issu du sang royal et renonça au monde pour prendre l'habit monastique. Charlemagne, dont il était proche parent, et qui ne voulait pas laisser inutiles ses talents pour l'administration, le nomma intendant d'Aix-la-Chapelle, et lui conféra l'abbaye de Saint-Germer-en-Fley. Lorsque Ansigise prit en main le gouvernement de ce monastère qu'il fit rebâtir, il se démit de l'abbaye de Saint-Sixte près de Reims, et de celle de Saint-Memmie de Châlons dont il était abbé, et où il rétablit la régularité. Louis le Débonnaire le nomma, plus tard, aux abbayes de Luxeuil et de Fontenelle, qu'il fit également refleurir. Ce prince l'employa avec succès, dans différentes ambassades. Saint Ansigise, qui était le dix-huitième abbé de Fontenelle, mourut l'an 834, et fut enterré dans la chapelle de son abbaye. Il a laissé une compilation des Capitulaires de Charlemagne et de Louis le Débonnaire. — 20 juillet.

ANSILLON (saint), *Ansilio*, moine de Lagny, abbaye qui était alors du diocèse de Paris florissait dans le VII° siècle, et c'est dans le xi° que son corps fut levé de terre. — 11 octobre.

ANSOLF ou ANDELF (le bienheureux), *Ansulfus*, moine de Clairvaux, est honoré dans son ordre le 7 août.

ANSOVIN ou ANSOUIN (saint), *Ansovinus*, évêque de Camerino et confesseur, qui florissait au commencement du x° siècle, s'appliqua, dès sa jeunesse, à l'étude des sciences divines et humaines, dans une communauté des chanoines de Saint-Augustin. Ayant été fait prêtre, il fut élu évêque de Camerino, dans la Marche d'Ancône. L'empereur Louis IV, qui aimait et vénérait Ansovin, approuva son élection, et il reçut la consécration épiscopale des mains du souverain pontife. Dieu le favorisa du don des miracles pendant sa vie et après sa mort, qui arriva avant le milieu du x° siècle. — 13 mars.

ANSUÈRE (saint), *Ansuerus*, moine et martyr près de Ratzembourg dans le Mecklembourg, était un prêtre d'Allemagne, qui était venu dans le pays en qualité de missionnaire. Ceux des Slaves et des Vandales qui étaient encore païens, l'ayant arrêté avec plusieurs de ses disciples, l'an 1065, quelques semaines après la mort de saint Gothescalc, il demanda que ses compagnons, qui le regardaient comme leur père, fussent lapidés avant lui, ce qui lui fut accordé. Il voulait, par là, leur épargner la douleur que leur eût causée la vue de ses souffrances; mais il avait aussi un autre motif. Comme ils étaient néophytes, il craignait que quelques-uns ne manquassent de courage dans la confession de Jésus-Christ, et il désirait être là pour les exhorter et les affermir au milieu des assauts qui allaient leur être livrés. Quand son tour fut venu, il se mit à genoux et reçut la mort en priant pour ses bourreaux. On a conservé longtemps un de ses bras dans l'église de Stade en Saxe. — 15 juillet.

ANSURE (saint), *Ansurius*, évêque d'Orense en Gallice, florissait au commencement du x° siècle, et mourut en 922. Ses reliques se gardent à Saint-Estève-de-Ribe-de-Sil, avec celles de plusieurs autres évêques. — 26 janvier.

ANSUT (saint), *Ansutus*, martyr à Cadonac dans le Rouergue, souffrit avec saint Grat. — 16 octobre.

ANTÈGE (saint), *Antidius*, évêque de Langres, florissait dans le vii° siècle. Pendant les incursions des Normands, son corps fut porté à Bresse et placé dans l'église de Saint-Faustin. — 14 novembre.

ANTÉON (saint), martyr en Afrique, avec saint Quadrat et plusieurs autres, est nommé dans le Martyrologe de saint Jérôme. — 26 mai.

ANTÈRE (saint), *Anterus*, pape et martyr, était grec de nation et succéda en 235, à saint Pontieu. Son pontificat fut très-court et ne dura que quelques semaines. Les Martyrologes lui donnent le titre de martyr : il souffrit la mort sous l'empereur Maximin Ier, et fut inhumé sur le bord de la voie Appienne, dans un lieu nommé Paraphagène, qui, depuis, servit d'emplacement au cimetière de Saint-Calixte. — 3 janvier.

ANTHELME (saint), *Anthelmus*, évêque de Belley, né en Savoie, vers le commencement du xii° siècle, entra dans l'état ecclésiastique et fut pourvu de bonne heure de deux bénéfices. Sa conduite était irréprochable selon le monde ; on remarquait même en lui une grande charité pour les pauvres ; mais sa vie n'était cependant pas véritablement pieuse. Une visite qu'il fit à la Chartreuse de Portes lui inspira la résolution de renoncer aux biens de ce monde pour se livrer uniquement au service de Dieu, parmi les solitaires dont les exemples lui paraissaient si édifiants. Envoyé dans la Grande-Chartreuse, il y pratiqua les austérités de la règle avec une ferveur admirable, et il y exerça la charge de procureur, de manière à justifier la haute idée qu'on avait de son mérite. Elu général des Chartreux après la mort du bienheureux Guignes, il s'opposa avec vigueur à tous les abus qui pouvaient conduire au relâchement ; et les contradictions qu'il éprouva dans cette entreprise ne servirent qu'à mieux faire éclater sa patience et sa fermeté. La discipline étant rétablie, il se démit de sa dignité ; mais il ne jouit pas longtemps du repos que sa démission lui procurait, il fut obligé d'aller prendre le gouvernement de la Chartreuse de Portes. Il revint dans sa cellule en 1158, espérant qu'on lui permettrait de ne plus s'occuper que de son salut. Au milieu du schisme qui divisait alors l'Eglise, Anthelme, du fond de sa retraite, rendit de grands services à la cause d'Alexandre III, qui était le pape légitime, et contribua à ruiner le parti de l'antipape Victor qui était soutenu par l'empereur Frédéric Barberousse. On élut Anthelme évêque de Belley en 1163, mais il fallut un ordre du pape pour le faire acquiescer à son élection. Il commença la réforme de son diocèse par celle de son clergé. Il employa d'abord les exhortations et les conseils ; mais il fut forcé, pour réussir, d'avoir recours aux censures ecclésiastiques ; il défendit avec une fermeté inflexible les droits de son église contre Hubert, comte de Savoie. Voyant que ce prince ne voulait rien rabattre de ses injustes prétentions, il quitta son siége, que le pape l'obligea de reprendre, et le comte se réconcilia sincèrement avec lui quelque temps après. Saint Anthelme visitait souvent les monastères et surtout la Grande-Chartreuse. Comme le bon pasteur, il courait après les brebis égarées et accueillait avec bonté les pécheurs touchés de leur désordres : il avait aussi une tendre charité pour les pauvres, et versait dans leur sein d'abondantes aumônes. Il mourut l'an 1178. le 26 juin.

ANTHÉON (saint), martyr à Laodicée en Phrygie, est honoré chez les Grecs le 14 juin.

ANTHÈS (sainte), *Anthes*, martyre à Salerne avec saint Fortunat et une autre, souffrit sous le proconsul Léonce, durant la persécution de Dioclétien, l'an 304. — 28 août.

ANTHIE (sainte), *Anthia*, martyre dans la Pouille, ou à Messine en Sicile, était une dame romaine d'une naissance illustre. Elle épousa Eugène, personnage consulaire, dont elle eut un fils, saint Eleuthère, que le pape saint Anaclet sacra évêque et qu'il envoya prêcher l'Evangile dans l'Illyrie. Les nombreuses conversions qu'il opérait parmi les infidèles alarmèrent les ennemis du nom chrétien, qui le dénoncèrent aux magistrats. Arrêté et conduit en Italie, il subit les plus cruels supplices et enfin la mort en présence de sa mère. Celle-ci, qui invoquait hautement le nom de Jésus-Christ, et qui témoignait le désir d'être associée au triomphe de son fils, fut étranglée le même jour, au commencement de la persécution de l'empereur Adrien vers l'an 120. — 18 avril.

ANTHILLE (sainte), *Anthilia*, vierge et martyre à Arezzo, est honorée le 24 septembre.

ANTHIME (saint), *Anthimus*, évêque de Nicomédie et martyr, succéda à saint Cyrille et fut une des premières victimes de la persécution de Dioclétien : il fut condamné à avoir la tête tranchée, l'an 303. L'empereur Justinien fit bâtir en son honneur une église magnifique, vers le milieu du VIᵉ siècle. — 27 avril.

ANTHIME (saint), martyr, était frère de saint Côme et de saint Damien. Il souffrit, à ce que l'on croit, avec eux à Eges en Cilicie l'an 303, durant la persécution de Dioclétien. — 27 septembre.

ANTHIME (saint), diacre de l'Eglise de Nicomédie et martyr, fut arrêté pendant la persécution de Dioclétien, lorsqu'il portait des lettres aux martyrs. et lapidé l'an 303. — 23 décembre.

ANTHIME (saint), prêtre de Rome et martyr, brilla par ses vertus et par ses prédications. Arrêté pendant la persécution de Dioclétien, il fut précipité dans le Tibre, d'où il fut retiré miraculeusement par un ange qui le reconduisit dans son oratoire ; il eut ensuite la tête tranchée, l'an 304. Le bienheureux Pierre Damien a fait un discours en son honneur. — 11 mai.

ANTHUSE (sainte), *Anthusa*, martyre à Tarse en Cilicie, où elle tenait un rang considérable, avait été baptisée par saint Athanase évêque de cette ville. Elle souffrit vers l'an 258, pendant la persécution de Valérien, avec douze de ses domestiques. Les Grecs l'honorent le 22 février, et les Latins le 22 août.

ANTHUSE (sainte), surnommée la Jeune, martyre, fut précipitée dans un puits pour n'avoir pas voulu renoncer à la foi chrétienne. On ne connaît ni le lieu, ni le siècle où elle vivait. — 27 août.

ANTHUSE (sainte), vierge, se distingua par son attachement au culte des saintes images. Elle fut persécutée par l'empereur Constantin Copronyme, qui la fit fouetter publiquement à Constantinople, et l'envoya ensuite en exil où elle mourut après le milieu du VIIIᵉ siècle. — 27 juillet.

ANTHUSE (sainte), vierge, était fille de Constantin Copronyme, empereur d'Orient. Elevée dans la piété par l'impératrice Irène, sa mère, qu'elle perdit de bonne heure, elle persévéra dans la vraie foi, malgré l'impiété de son père. Ayant voué à Dieu sa virginité, elle ne voulut jamais se marier malgré les instances de l'empereur, et elle finit même par quitter la cour pour vivre dans la retraite. Après la mort de son père, arrivée en 775, elle distribua aux pauvres une partie de ses biens : elle employa le reste à rebâtir les monastères que Constantin avait détruits, et à racheter les captifs. Elle donna ses habits précieux pour l'ornement des églises et des autels. Elle faisait recueillir les enfants abandonnés, les élevait et les instruisait elle-même, se montrait la mère des orphelins et la consolatrice des mourants, qu'elle exhortait dans leurs derniers moments. Elle faisait placer dans des hospices les vieillards pauvres, qu'elle soignait de ses propres mains. Sur la fin de sa vie, elle s'enferma dans un monastère pour ne plus s'occuper de son salut. Elle mourut sur la fin du VIIIᵉ siècle. — 17 avril.

ANTIDE (saint), *Antidius*, évêque de Besançon, florissait au commencement du Vᵉ siècle. Les Vandales ayant fait une incursion dans son diocèse, il fut massacré par ces barbares l'an 411, à Ruffey en Franche-Comté, où l'on conserve ses reliques. — 16 et 25 juin.

ANTIGONE (saint), *Antigonus*, martyr à Rome, souffrit avec saint Alexandre et deux autres. — 27 février.

ANTIGONE (saint), époux de sainte Euphrasie l'Ancienne et père de sainte Euphrasie la Jeune, était proche parent de l'empereur Théodose et occupait, à la cour de Constantinople, un poste éminent. Plein de piété ainsi que sa jeune épouse, ils employaient en aumônes et en bonnes œuvres leurs revenus qui étaient considérables. Le Seigneur ayant béni leur union par la naissance d'une fille à qui l'on donna le nom de sa mère, leur premier soin fut de promettre à Dieu qu'ils ne l'élèveraient que pour son service et sa gloire. Ils s'engagèrent ensuite, par un vœu mutuel, à passer le reste de leur vie dans la continence, afin de ne plus s'occuper que de leur sanctification. Un an s'était à peine écoulé depuis l'émission de ce vœu, d'autant plus méritoire qu'ils étaient jeunes l'un et l'autre, qu'Antigone mourut de la mort des justes, l'an 381, précédant de quelques années dans le séjour de la gloire, son épouse et sa fille. Elles se retirèrent dans un monastère où Euphrasie la Jeune prit le voile. Euphrasie l'Ancienne se sentant près de sa fin, dix ans après qu'elle était veuve, recommanda aux religieuses de prier pour elle après sa mort et pour son mari ; mais la supérieure lui assura qu'elle avait vu Antigone couronné de gloire, et qu'il lui avait fait connaître que son épouse devait bientôt aller le rejoindre dans le sein de Dieu. On célèbre la fête de saint Antigone et de sainte Euphrasie, le 11 janvier, dans quelques églises, et dans d'autres, le 4 mars.

ANTINOGÈNE (saint), *Antinogenes*, martyr à Merida en Espagne, était frère de saint Victor et de saint Stercace, avec lesquels il souffrit pendant la persécution de Dioclétien. — 24 juillet.

ANTIOCHIEN (saint), *Antiochianus*, soldat et martyr, souffrit avec saint Domnion, évêque de Salone : leurs corps furent apportés de la Dalmatie à Rome sous le pontificat de Jean IV, et ce pape les plaça dans un oratoire qu'il venait de faire bâtir près du baptistère de Constantin. — 11 avril.

ANTIOCHUS (saint), martyr dans l'île de Sardaigne, souffrit sous l'empereur Adrien. — 13 décembre.

ANTIOCHUS (saint), tribun et martyr à Césarée de Philippes, souffrit sous Dioclétien. — 21 mai.

ANTIOQUE (saint), *Antiochus*, médecin et martyr à Sébaste, ayant été condamné à mort pour la foi par le président Adrien, l'exécuteur nommé Cyriaque, qui le décapita, voyant qu'il sortait de son corps du lait au lieu de sang, fut si frappé de ce prodige, qu'il se convertit et fut aussi martyrisé. — 15 juillet.

ANTIOQUE ou **ANTIOCHE** (saint), évêque de Lyon, était prêtre lorsqu'il fut député par le clergé de cette ville vers saint Juste, qui avait quitté son siège et son pays pour aller se cacher dans un monastère d'Égypte, en revenant du concile d'Aquilée, tenu en 381. Il était chargé de prier le saint évêque de venir reprendre le gouvernement de son église, mais ses instances furent inutiles. Quelque temps après son retour, il fut élu lui-même évêque de Lyon, et il se rendit recommandable par son zèle et par sa fermeté. Il mourut sur la fin du IVe siècle. — 15 octobre.

ANTIPAS (saint), évêque de Pergame et martyr, est ce témoin fidèle dont parle saint Jean dans l'Apocalypse. Il fut enfermé, à ce que l'on croit, dans un bœuf d'airain, sous lequel on alluma un grand feu, pendant la persécution de l'empereur Domitien. — 11 avril.

ANTIPATER (saint), évêque de Bostres en Arabie, est honoré chez les Grecs le 13 juin.

ANTOINE (saint), *Antonius*, martyr à Rome sous l'empereur Valérien, souffrit avec saint Irénée et vingt autres. — 15 décembre.

ANTOINE (saint), martyr à Alexandrie, fut jeté dans la mer avec deux autres saints martyrs nommés Bassus et Protolique. — 14 février.

ANTOINE (saint), martyr à Alexandrie, fut condamné au supplice du feu et jeté dans une fournaise. — 9 août.

ANTOINE (saint), martyr en Afrique, souffrit avec saint André et deux autres. — 23 septembre.

ANTOINE (saint), prêtre et martyr à Antioche avec saint Julien l'Hospitalier et plusieurs autres, souffrit l'an 313, sous l'empereur Maximin II. — 9 janvier.

ANTOINE (saint), martyr à Nicopolis, en Arménie, avec saint Léonce et plusieurs autres, subit diverses tortures et fut enfin jeté dans les flammes par ordre du président Lysias, vers l'an 320, pendant la persécution de l'empereur Licinius. — 10 juillet.

ANTOINE (saint), patriarche des cénobites, naquit en 251, au village de Côme, près d'Héraclée, dans la Haute-Égypte, de parents nobles, aussi distingués par leur piété que par leur fortune. Ils l'élevèrent eux-mêmes dans la maison paternelle afin de préserver son innocence des mauvais exemples que l'on ne rencontre que trop souvent dans les écoles publiques. Mais si Antoine ne s'appliqua pas à l'étude des belles-lettres, il fit de grands progrès dans la vertu. Dès l'âge le plus tendre, il pratiquait la mortification, était assidu aux offices de l'église, et d'une obéissance admirable envers ses parents. Leur mort l'ayant mis en possession de biens considérables, lorsqu'il n'avait pas encore vingt ans, il pourvut à l'éducation d'une sœur plus jeune que lui. Six mois après, ayant entendu lire dans l'église ces paroles que l'Évangile adresse à un jeune homme : *Allez, vendez tout ce que vous avez, donnez-le aux pauvres, et vous aurez un trésor dans le ciel*, il regarda ces paroles comme lui étant adressées à lui-même. De retour chez lui, il abandonna à ses voisins environ 140 arpents d'excellente terre, à la seule charge de payer pour lui et pour sa sœur tous les impôts publics. Il vendit le reste de son bien et en donna le prix aux pauvres, ne se réservant que ce qui était nécessaire à sa subsistance et à celle de sa sœur. Quelque temps après, ayant entendu dans l'église ces autres paroles de l'Évangile : *Ne soyez pas en peine du lendemain*, il se défit encore de ses meubles en faveur des pauvres et plaça sa sœur dans un monastère de vierges, où elle devint plus tard supérieure d'une nombreuse communauté de personnes de son sexe. Il se retira ensuite dans un désert du voisinage, afin d'imiter un saint vieillard qui y vivait en ermite. Là, il partageait son temps entre le travail des mains, la prière et la lecture. Lorsqu'il entendait parler de quelque anachorète, il allait le trouver pour profiter de ses instructions et de ses exemples, s'appropriant ce qu'il y avait de plus parfait dans chacun ; ce qui le rendit, en peu de temps, un modèle accompli de toutes les vertus. Le démon lui fit subir de rudes assauts : tantôt il lui représentait les bonnes œuvres qu'il aurait pu faire dans le monde au moyen de ses richesses, et tantôt les difficultés qu'il aurait à surmonter dans la solitude ; ensuite il le tourmenta par des pensées contraires à la pureté; mais Antoine surmonta cette tentation par le jeûne, l'humilité et la prière. Le démon l'attaqua par la vaine gloire : il prit enfin diverses formes pour le séduire ou pour l'effrayer ; mais tout fut inutile ; et il se vit même forcé d'avouer sa défaite. Antoine, pour se prémunir contre de nouveaux pièges, redoubla ses austérités, ne mangeant qu'un peu de pain avec du sel et ne buvant que de l'eau une fois seulement par jour après le coucher du soleil, ne faisant qu'un repas par jour, et passant quelquefois deux et même quatre jours sans prendre aucune nourriture. Souvent il passait les nuits sans dormir, et s'il prenait de temps en temps un peu de repos, c'était sur une natte de jonc ou sur un cilice, et même sur la terre nue. Ne trouvant pas sa première solitude assez profonde, il se retira dans un vieux sépulcre, où un ami lui portait du pain. Le démon vint l'attaquer de nouveau : il essaya d'abord de l'effrayer par un horrible vacarme, ensuite il l'accabla de coups ; et l'ami charitable qui pourvoyait à sa subsistance le trouva un jour à demi mort et couvert de blessures. A peine Antoine eût-il repris connaissance, qu'avant même de se relever il cria aux démons : « Eh bien! me voilà encore prêt à combattre. Non, rien ne sera capable de me séparer de Jésus-Christ mon Seigneur. » Les démons acceptent le défi, redoublent leurs efforts, poussent des rugissements effroyables et se revêtent des formes les plus horribles : le saint reste inébranlable, parce qu'il a mis en Dieu toute sa confiance. Un rayon de lumière céleste descend sur lui; et aussitôt les démons prennent la fuite. Alors Antoine, s'adressant à Dieu : « Où étiez-vous donc, mon Seigneur et mon Maître? Que n'étiez-vous ici dès le commencement du combat? Vous auriez essuyé mes larmes et calmé mes peines. » Alors une voix lui répondit : « Antoine, j'étais près de toi : j'ai été spectateur de tes combats; et parce que tu as résisté courageusement à tes ennemis, je te protégerai le reste de ta vie et je rendrai ton nom célèbre sur la terre. » Le saint, rempli de consolation et de force, témoigne sa reconnaissance à son divin Libérateur. Après avoir passé quinze ans dans des lieux solitaires, peu éloignés de sa patrie, il passa le bras oriental du Nil, s'enfonça dans le désert et se retira dans un vieux château situé sur le sommet d'une montagne, où il vécut près de vingt ans, n'étant visité que par l'homme qui lui apportait quelquefois du pain. Plus tard, le bruit de sa sainteté attira auprès de lui un grand nombre de disciples pour lesquels il fonda le monastère de Phaïum au pied de la montagne. Comme cette entreprise le distrayait de son recueillement habituel, il fut exposé à une tentation de désespoir, dont il se délivra par la prière et le travail des mains. Sa nourriture, lorsqu'il vécut en communauté, était la même qu'auparavant : seulement, il y ajoutait, de temps en temps, quelques dattes et un peu d'huile sur la fin de sa vie. Il avait pour tunique un cilice; et par dessus un manteau de peau de brebis. Ses austérités ne nuisaient pas à ses forces ni à sa gaieté ; son plus grand plaisir était de vaquer, dans sa cellule, aux exercices de la prière et de la contemplation. Quelquefois il sortait de table sans avoir rien mangé et versant des larmes à la pensée du bonheur des saints dont toute l'occupation dans le ciel est de louer Dieu sans cesse. Aussi recommandait-il souvent aux frères de ne donner aux soins du corps que le moins de temps possible, afin qu'il leur en restât davantage pour louer et adorer les grandeurs divines : non qu'il fit consister la perfection dans la seule mortification du corps, mais bien plutôt dans la charité, qu'il s'appliquait à établir de plus en plus dans son âme. Voici quelques-unes des maximes qu'il enseignait à ses disciples : Que le souvenir de l'éternité ne sorte jamais de votre esprit. — Pensez tous les matins que peut-être vous ne vivrez pas jusqu'à la fin du jour; et tous les soirs que peut-être vous ne verrez pas le jour suivant. — Faites chacune de vos actions comme si c'était la dernière de votre vie. — Veillez sans cesse contre les tentations et résistez courageusement au démon ; ..... il redoute le jeûne, la prière et l'humilité; ..... il est faible quand on sait le désarmer; et quoique je parle contre lui, il n'a pas la force de me fermer la bouche; ..... il ne faut que le signe de la croix pour dissiper ses prestiges et pour le faire trembler. — C'est par la prière que j'ai triomphé de tous ses assauts. Il me dit un jour, après s'être transformé en ange de lumière : « Antoine, demande-moi tout ce que tu voudras; je suis la puissance de Dieu. » Mais je n'eus pas plutôt invoqué le nom de Jésus, qu'il disparut. Il leur apprend ensuite la manière de discerner les anges de ténèbres des anges de lumière, par l'effet que leur apparition produit dans l'âme. « Les uns, dit-il, apportent le calme, la confiance, le désir du ciel ; tandis que les autres apportent le trouble, la frayeur, le découragement et le dégoût de la vertu. » L'empereur Maximin II ayant excité une persécution en 311, Antoine, désirant souffrir la mort pour Jésus-Christ, sortit de sa solitude et se rendit à Alexandrie pour y assister les chrétiens condamnés à la prison ou au travail des mines. Il les encourageait à rester inébranlables, et les accompagnait devant les tribunaux et jusqu'au lieu des exécutions, sans craindre que l'habit monastique, qu'il n'avait pas quitté, le fit arrêter. Cependant il ne voulut pas se livrer lui-même, persuadé qu'on ne doit le faire que par une inspiration particulière de Dieu. La persécution ayant cessé l'année suivante, il retourna dans son monastère, et fit murer la porte de sa cellule; mais il en sortit peu de temps après, laissant les déserts d'Arsinoé peuplés d'un nombre prodigieux de solitaires, au point que, peu de temps après sa mort, saint Sérapion était supérieur de dix mille moines. Saint Athanase, qui les visita plusieurs fois, en parle avec admiration. Saint Antoine, avant de les quitter, établit des supérieurs qui lui étaient subordonnés, se réservant l'autorité de supérieur général. Comme il craignait d'être tenté par la vanité, il résolut de pénétrer plus loin dans les déserts, pour y vivre seul avec Dieu, et il se retira dans un lieu de la Haute-Égypte où il n'y avait que des hommes sauvages. Arrivé sur les bords du Nil, il attendit quelque temps un bateau pour remonter le fleuve vers le sud; mais changeant de dessein par une inspiration particulière, il se joignit à des marchands arabes qui allaient vers la mer Rouge, du côté de l'Orient, et après trois jours de marche, il arriva sur le mont Colzin, appelé depuis le Mont-Saint-Antoine, situé à une journée de la mer Rouge : son élévation est telle qu'on l'aperçoit depuis le Nil, quoiqu'il en soit à plus de douze lieues. Antoine s'arrêta au pied de cette montagne, dans une cellule si étroite, qu'elle ne contenait que cinq ou six pieds carrés. Il y avait sur le sommet deux autres cellules taillées dans le roc, et où le saint se retirait lorsqu'il voulait se soustraire à la foule, qui vint bientôt le visiter ; car il ne put rester longtemps inconnu. Ses disciples, après bien des recherches, finirent aussi par le découvrir ; et ils s'offrirent à lui procurer le pain qui lui était nécessaire pour sa subsistance, mais il voulut leur épargner cette peine, et s'étant fait apporter une bêche, une cognée et un peu de blé, il le sema et il en récolta suffisamment pour sa consommation, très-satisfait de ce qu'il n'était plus à charge à personne. Les instances de ses disciples l'obligèrent à faire la visite de ses anciens monastères, où il fut reçu avec la joie la plus vive. Ce fut dans ce même voyage qu'il visita sa sœur, supérieure d'une communauté de vierges qu'elle édifiait par l'exemple de toutes les vertus. Son inspection terminée, il revint à sa montagne, où les solitaires et les personnes affligées venaient le consulter de toutes parts, les uns pour recevoir des avis salutaires, et les autres pour obtenir, par ses prières, la guérison de leurs maux. C'est ainsi qu'il guérit un membre de la famille impériale, nommé Fronton, tourmenté d'un mal si extraordinaire, qu'il se coupait la langue avec ses dents ; il guérit aussi une fille paralytique et plusieurs autres. Si quelquefois Dieu n'accordait point à ses prières la guérison des malades, il les envoyait à d'autres solitaires, ajoutant qu'il leur était bien inférieur en mérite, et qu'on devait s'adresser à eux préférablement à lui. Plusieurs de ses anciens disciples étant venus dans l'intention de se remettre sous sa conduite, ils ne purent obtenir la permission de s'établir sur sa montagne. Seulement il leur permit de bâtir le monastère de Pispir sur le bord du Nil, à douze lieues de sa cellule, et il s'y forma une communauté si nombreuse, qu'à la mort du saint, l'abbé Macaire y gouvernait cinq mille moines. Il y eut aussi un grand nombre de solitaires qui habitèrent plus tard, sur la montagne même d'Antoine, dans des cavernes d'où l'on avait extrait la pierre qui avait servi à construire les Pyramides. Les monastères d'Arsinoé étant trop éloignés pour qu'il pût les visiter souvent, il leur donnait des instructions par ceux des moines qui venaient le trouver de temps en temps, et il leur écrivait aussi quelquefois ; mais il se rendait fréquemment au monastère de Pispir ; ce fut là qu'il confondit les philosophes et les sophistes qui étaient venus pour disputer contre lui ; c'était là aussi qu'il donnait ses avis aux étrangers qui venaient le consulter, et surtout aux grands du monde qui ne pouvaient avec leur suite gagner le haut de la montagne, où l'on ne parvenait que par un sentier étroit et difficile. Macaire, son disciple, chargé de recevoir ces étrangers, était convenu avec lui d'appeler Egyptiens les personnes mondaines, et Jérosolymitains les personnes pieuses. Ainsi, lorsque Macaire prévenait son maître que des Jérosolymitains étaient venus pour le visiter, Antoine s'asseyait avec eux et leur parlait des choses de Dieu ; s'il lui disait, au contraire, que c'étaient des Egyptiens, il se contentait de leur faire une courte exhortation, et Macaire, en entretenant la conversation avec eux, leur préparait des lentilles. — Dieu ayant fait voir, un jour, à saint Antoine la terre toute couverte de pièges, il s'écria en tremblant : « Qui pourra donc, Seigneur, échapper à tant de dangers ? » une voix lui répondit : « Ce sera l'homme vraiment humble. » Il était lui-même un parfait modèle d'humilité, se regardant comme le dernier des hommes. Ses leçons sur cette vertu étaient aussi admirables que ses exemples. « Lorsque vous gardez le silence, disait-il un jour à l'un de ses disciples, ne vous imaginez pas pour cela faire un acte de vertu ; mais figurez-vous plutôt que vous n'êtes pas digne de parler. » Il cultivait près de sa cellule un petit jardin dont le produit servait aux personnes qui, pour venir le trouver, étaient obligées de traverser un vaste désert ; il s'occupait aussi à faire des nattes. Un jour qu'il s'affligeait de ce que son travail l'empêchait de se livrer à une contemplation continuelle, il vit un ange qui faisait une natte avec des feuilles de palmier, et qui cessait de temps en temps son ouvrage pour s'entretenir avec Dieu dans l'oraison. Après avoir ainsi entremêlé plusieurs fois le travail des mains et la prière, il dit à Antoine : « Faites la même chose, et vous serez sauvé. » Il profita de cet avis du ciel, et il tenait toujours son cœur uni à Dieu pendant que ses mains travaillaient. — Il priait habituellement depuis minuit jusqu'au jour, et souvent même jusqu'à trois heures après midi, à genoux, les mains élevées vers le ciel ; quelquefois il se plaignait de ce que le lever du soleil vint le rappeler à ses occupations journalières et l'arracher à ses sublimes contemplations. En partant de l'oraison, il disait que celle d'un moine n'était pas parfaite, lorsqu'en priant il s'apercevait qu'il priait. Il avait passé soixante-dix ans dans la solitude, lorsqu'il pensa que lui qui ne connaissait, avant lui, n'avait mené le même genre de vie, aussi longtemps et d'une manière aussi parfaite. Dieu, pour le guérir de cette tentation, lui apparut en songe (341) et lui apprit qu'il y avait au fond du désert un ermite qui l'emportait sur lui sous ces deux rapports. Dans cette vision, il reçut l'ordre d'aller trouver le serviteur de Dieu, et il partit le lendemain. Après une marche de deux jours et une nuit, il parvint à la demeure de celui qu'il cherchait ; c'était Paul, premier ermite, qui, après quelques difficultés, lui ouvrit la porte de sa caverne. Les deux saints s'embrassent et s'appellent par leur nom, que Dieu leur avait révélé. Après une conversation toute céleste, un corbeau qui passait au-dessus d'eux laissa tomber un pain entier : « C'est notre nourriture que Dieu nous envoie, dit Paul. Depuis bien des années il me fournit, chaque jour, un demi-pain ; aujourd'hui il a doublé, à cause de vous, la provision de son serviteur. » Après avoir fait leur prière, ils prennent leur repas sous un palmier, près de la fontaine et passent la nuit à prier. Le jour suivant, Paul dit à Antoine : « Je désire qu'après ma mort, mon corps soit enseveli dans le manteau qu'Athanase vous a donné. » Antoine retourna donc à sa cellule pour rapporter le manteau, et en arrivant il dit à ses disciples : « Je ne suis qu'un misérable pécheur, indigne d'être appelé serviteur de Dieu : j'ai vu dans le désert un Elie, un Jean-Baptiste ; j'ai vu Paul dans le paradis. » Après ces paroles énigmatiques, il prit le manteau d'Athanase, et sans prendre le temps de se reposer, il repartit sur-le-champ, dans la crainte de ne plus trouver Paul en vie, et cette crainte était bien fondée. En effet, il vit en route son âme monter au ciel, au milieu des anges, des prophètes et des apôtres. La vue d'un spectacle si ravissant ne l'empêcha pas de pleurer sur la perte d'un trésor qu'il n'avait fait qu'entrevoir. Arrivé à la caverne, il trouva le saint à genoux, la tête droite et les mains élevées vers le ciel. Il crut d'abord qu'il priait et se mit à prier aussi ; mais s'apercevant qu'il était mort, il le revêtit du manteau qu'il avait apporté et le porta hors de la caverne. Comme il n'avait rien pour creuser une fosse, Dieu eut pitié de son embarras et lui envoya deux lions qui grattèrent la terre avec leurs griffes et firent un trou assez profond pour contenir le corps d'un homme. Antoine y descendit celui du bienheureux Paul, après avoir récité, selon l'usage, les prières de l'Eglise. Il retourna ensuite dans son désert (341) emportant la tunique de Paul que celui-ci avait faite avec des feuilles de palmier, et il s'en revêtait tous les ans, aux fêtes de Pâques et de la Pentecôte. Dieu lui découvrit, dans une vision, deux ans d'avance, les horribles ravages que les ariens devaient faire dans la ville d'Alexandrie, en lui montrant des mulets qui renversaient un autel à coups de pieds, et il prédit clairement les excès auxquels ils se livrèrent. Il détestait, en général, tous les hérétiques ; il les chassait de sa montagne, il les traitait de serpents venimeux, et ne leur adressait la parole que pour les exhorter à rentrer dans le sein de l'unité. En 355 il se rendit à Alexandrie, à la sollicitation de quelques évêques qui l'y appelaient pour confondre les ariens qui se vantaient faussement qu'Antoine était pour eux. A peine arrivé dans cette ville, il se mit à prêcher hautement la foi catholique, enseignant que le Fils de Dieu n'est pas une simple créature, mais qu'il est consubstantiel au Père. Les idolâtres s'empressaient d'aller l'entendre, aussi bien que les chrétiens, et ils l'appelaient l'homme de Dieu ; plusieurs, frappés de ses discours et de ses miracles, se convertirent et demandèrent le baptême. Antoine fit une visite au célèbre Didyme, qui, quoique aveugle depuis l'âge de quatre ans, s'était rendu très-habile dans toutes sortes de sciences, et combattait avec courage pour la foi de Nicée contre les ariens : il le félicita sur son zèle, et lui dit, entre autres choses, pour le consoler de la perte de la vue, que la lumière de l'esprit était infiniment préférable à celle du corps. Le gouverneur d'Egypte fit de vains efforts pour le retenir à Alexandrie : il voulut retourner à sa cellule, disant qu'il en était d'un moine comme d'un poisson : l'un meurt s'il quitte l'eau, et l'autre, s'il quitte sa solitude. Saint Athanase le reconduisit, par respect, jusqu'aux portes de la ville, où Antoine guérit une fille possédée du démon. De retour à sa montagne, il fut visité par des philosophes curieux de voir un homme dont la renommée publiait tant de merveilles ; et ils étaient si ravis de la sagesse de ses discours, qu'ils s'en retournaient transportés d'admiration. Ayant appris que le duc Balac protégeait le faux patriarche Grégoire, qui persécutait avec fureur les catholiques, il lui écrivit, de la manière la plus pressante, pour l'exhorter à ne pas déchirer le sein de l'Eglise. Le duc n'eut pas plutôt reçu la lettre qu'il la mit en pièces, cracha sur les morceaux et les foula aux pieds ; il proféra même des menaces contre le saint ; mais la justice de Dieu ne tarda pas à l'en punir. Cinq jours après, comme il faisait une promenade à cheval avec le gouverneur d'Egypte, le cheval de celui-ci, quoique très-doux, se jeta sur Balac, le renversa par terre et lui fit plusieurs morsures à la cuisse. On rapporta à la ville le duc, qui mourut au bout de deux jours. Le grand Constantin et ses deux fils Constance et Constant se recommandèrent aux prières de saint Antoine, par une lettre qu'ils lui écrivirent en 337, lui demandant comme une grâce qu'il voulût bien leur adresser une réponse. Comme ses disciples étaient surpris de l'honneur que lui faisait l'empereur : « Vous ne devez pas vous étonner, leur dit-il, de ce que je reçois une lettre du prince : c'est un homme qui écrit à un autre homme ; mais étonnez-vous de ce que Dieu nous a fait connaître ses volontés par écrit, et de ce qu'il nous a parlé par son propre fils. » Il ne voulait pas répondre à Constantin, alléguant pour raison qu'il ne savait comment s'y prendre pour faire sa lettre. A la fin, cependant, vaincu par les instances de ses disciples, il écrivit à l'empereur et à ses fils une lettre que nous avons encore et dans laquelle il les exhorte à mépriser le monde et à ne jamais perdre de vue la pensée du jugement dernier ; il écrivit encore à Constantin en faveur de saint Athanase persécuté par les ariens. Il adressa à divers monastères d'Egypte plusieurs lettres où l'on trouve le style et les maximes des apôtres. Dans celle qu'il envoya aux moines d'Arsinoé, il insiste fortement sur la nécessité d'opposer aux tentations, la vigilance, la prière, la mor tification et l'humilité. Il ne paraît pas qu'il ait rédigé une règle pour ses disciples : ses exemples et ses instructions étaient une règle vivante, à laquelle les saints moines de tous les siècles ont toujours essayé de se conformer. Un jour que ses disciples se montraient surpris du grand nombre de personnes qui venaient pratiquer dans la solitude les plus dures austérités, il leur prédit la décadence future de l'état monastique : « Un jour viendra, leur dit-il, les larmes aux yeux, que les moines se construiront des bâtiments magnifiques dans les villes, qu'ils rechercheront la bonne chère, ne se distinguant des personnes du siècle que par leur habit. Cependant, au milieu de cette corruption générale, il s'en trouvera toujours quelques-uns qui conserveront l'esprit de leur état ; aussi leur couronne sera-t-elle d'autant plus grande que leur vertu aura résisté à la multitude des scandales. » C'est dans l'intention de prévenir ce malheur qu'il inculquait si fréquemment le mépris du monde, la pensée de la mort, le désir de tendre sans cesse à la perfection, et une vigilance continuelle contre les artifices du démon. Comme il sentait que sa fin approchait, il entreprit une dernière fois la visite de ses monastères, malgré les larmes de ses disciples, qui le conjuraient de ne plus les quitter. Craignant qu'on n'embaumât son corps, à la manière des Égyptiens, usage qu'il avait souvent blâmé comme étant inspiré par la vanité, et même par la superstition, il recommanda à ses deux disciples chéris, Macaire et Amathas, de l'enterrer comme les patriarches l'avaient été, et de garder le secret sur le lieu de son tombeau. Il tomba malade peu de temps après qu'il fut de retour dans sa cellule, et après avoir réitéré à ses deux disciples les ordres qu'il leur avait donnés relativement à sa sépulture, il ajouta : « Lorsque le jour de la résurrection sera venu, je recevrai de la main de Jésus-Christ ce corps devenu incorruptible. Partagez mes vêtements : donnez à l'évêque Athanase une de mes peaux de brebis, avec le manteau sur lequel je couche ; à l'évêque Sérapion l'autre peau de brebis, et gardez pour vous mon cilice. Adieu, mes enfants, Antoine s'en va, et n'est déjà plus avec vous. » — Macaire et Amathas l'embrassèrent en pleurant : il étendit ses pieds et s'endormit paisiblement dans le Seigneur, l'an 356, âgé de cent cinq ans. Malgré son grand âge et ses longues austérités, il n'avait éprouvé aucune de ces infirmités qui sont l'apanage ordinaire de la vieillesse. Son corps, qui avait été enterré de la manière qu'il avait prescrite, fut découvert en 561 et transféré, avec beaucoup de pompe, à Alexandrie, de là à Constantinople. L'empereur Constantin VIII en ayant fait présent à un seigneur du Dauphiné, nommé Josselin, celui-ci le déposa dans l'église priorale de la Motte-Saint-Didier, qui devint ensuite le chef-lieu de l'ordre des moines réguliers de Saint-Antoine. Les saintes reliques, à l'exception d'un bras, furent transférées de nouveau, sur la fin du xive siècle à l'abbaye de Montmajour, près d'Arles, et un siècle plus tard, à Arles même, dans l'église de Saint-Julien où elles furent enfermées dans un beau reliquaire en vermeil. Vers l'an 1089, un érysipèle contagieux, connu sous le nom de *feu sacré*, causa d'horribles ravages en France : un grand nombre de personnes s'étant trouvées miraculeusement guéries, en priant devant les reliques du saint, il se fit un concours prodigieux de processions et de pèlerinages à l'église de la Motte, où elles reposaient alors, et bientôt toute la France implora avec succès l'intercession du saint contre un mal qui prit de là le nom de *feu de Saint-Antoine*. Sa Vie a été écrite par saint Athanase, qui avait été quelque temps son disciple. — 17 janvier.

ANTOINE (saint), martyr à Ancyre avec saint Mélasippe, souffrit sous Julien l'Apostat, l'an 362. — 7 novembre.

ANTOINE RAVEH (saint), est honoré chez les Éthiopiens, le 20 février.

ANTOINE DE TAMOI (saint), est honoré comme évêque par les Éthiopiens, le 7 avril.

ANTOINE (saint), moine de Lérins, né en Pannonie, vers le milieu du ve siècle, n'avait encore que huit ans lorsqu'il perdit Secondin, son père, homme noble et considéré dans sa patrie. Saint Séverin, apôtre de la Norique, frappé des bénédictions dont le ciel l'avait prévenu, prédit qu'il deviendrait plus tard un grand saint. Vers l'an 482, le jeune Antoine se rendit près de l'évêque de Constance, son oncle paternel, et après y être resté quelque temps, il passa dans la Valteline, pour vivre sous la conduite d'un saint prêtre nommé Marius, et il y fit de grands progrès dans la perfection. Mais comme on voulait le promouvoir aux ordres sacrés, il s'enfuit dans les Alpes, du côté du Milanais, et se fixa sur une montagne déserte, près du tombeau de saint Fidèle, où il trouva deux ermites qui l'admirent dans leur solitude. La mort l'ayant privé de ses deux compagnons il résolut de rester seul, uniquement occupé à la prière et n'interrompant ses jeûnes que lorsque la nature épuisée l'y forçait. Un étranger qui paraissait être un ermite, étant venu lui demander l'hospitalité, Antoine le reçut comme un compagnon ; mais Dieu lui fit connaître que c'était un scélérat, qui, à la faveur de ce déguisement, voulait se soustraire aux poursuites de la justice. Il l'obligea donc à s'en aller. Ne pouvant plus supporter les visites que sa réputation de sainteté lui attirait, il s'enfonça dans le désert, et lorsqu'il eut encore été découvert dans cette retraite, il l'a quitta en 523, pour aller s'enfermer dans le monastère de Lérins, où il passa les deux dernières années de sa vie dans l'exercice de la prière et de toutes les vertus Les moines qui l'habitaient, et qui étaient eux-mêmes des modèles de toutes les vertus, ne le suivaient que de loin dans les voies de la perfection. Il mourut vers l'an 525, et son nom devint célèbre par un grand nombre de miracles. Sa vie a été écrite par saint Ennodé évêque de Pavie. — 28 décembre.

ANTOINE (saint), moine du monastère de Saint-André, à Rome, florissait dans le VIᵉ siècle, et il est mentionné avec éloge par saint Grégoire le Grand. — 17 janvier.

ANTOINE DU ROCHER (saint), solitaire à Saint-Pierre de Belle-Vallée en Touraine, florissait dans le VIIᵉ siècle. Ses reliques qui se gardaient dans l'église de Saint-Julien de Tours, furent profanées et dispersées par les calvinistes dans le XVIᵉ siècle. — 4 mai.

ANTOINE (saint), surnommé *Gaulée*, patriarche de Constantinople, né en 829, dans un château situé près de cette ville, de parents phrygiens, qui s'y étaient retirés pendant la persécution des Iconoclastes, fut élevé par son père dans la piété. Dès l'âge de douze ans, il se consacra à Dieu dans un monastère de Constantinople, dont il devint abbé plus tard. Etienne, patriarche de cette ville, et frère de l'empereur Léon VI, étant mort, Antoine fut élu pour lui succéder. A peine eut-il été élevé à ce poste important, mais que les circonstances rendaient difficile, qu'il s'appliqua avec zèle à rétablir l'unité et à pacifier les troubles produits dans l'église par Photius ; c'est lui qui présida le concile tenu pour remédier aux maux que son schisme avait causés dans tout l'Orient. Il fut sur le trône patriarcal ce qu'il avait été dans le cloître, un homme de prière, de mortification et de pénitence. Il mourut à l'âge de soixante-sept ans, le 12 février 896. — 12 février.

ANTOINE (saint), abbé du monastère des Cryptes en Russie, naquit vers le commencement du XIᵉ siècle. Il était encore jeune lorsqu'il se rendit au Mont-Athos en Macédoine et prit l'habit religieux dans un des nombreux monastères qui couronnent cette montagne. Revenu ensuite dans sa patrie, il fonda sur une montagne voisine de Kiow, le célèbre monastère de Pieczari ou des Cryptes, dont il fut le premier abbé. Il était patriarche ou archimandrite de tous les moines russes, lorsqu'il mourut, le 10 juillet 1073. Le monastère des Cryptes a été ainsi appelé à cause des voûtes souterraines dans lesquelles se conservent, sans corruption, depuis plus de six siècles, les corps de plusieurs saints et d'un grand nombre de moines qui y furent enterrés. Saint Antoine est honoré par les Russes le 10 juillet.

ANTOINE DE GIRACE (saint), moine de l'ordre de Saint-Basile, est honoré en Calabre, le 23 août.

ANTOINE (saint), religieux franciscain et martyr, souffrit à Arzinque, en Arménie, dans le XIIIᵉ siècle, avec saint Monaud et un autre religieux de son ordre. — 15 mars.

ANTOINE DE PADOUE (saint), religieux franciscain, était fils de Martin de Bullones, officier distingué, qui avait servi sous Alphonse Iᵉʳ, dans la guerre contre les Maures, et de Marie de Thévera, dame d'un grand mérite. Il naquit à Lisbonne l'an 1195, et reçut au baptême le nom de Ferdinand. Il fut élevé dans la communauté des chanoines de la cathédrale de Lisbonne, où il fit de grands progrès dans les sciences et la piété. A l'âge de quinze ans, il entra chez les chanoines réguliers de Saint-Augustin, près de la ville ; mais les distractions que lui causaient les visites de ses amis, l'empêchant de suivre son attrait pour la solitude, il obtint de ses supérieurs d'être envoyé dans le monastère de Sainte-Croix, à Coïmbre. C'est dans cette retraite qu'il s'appliqua avec ardeur à l'étude de l'Ecriture sainte, des Pères de l'Eglise et de la théologie, et qu'il se forma à ce genre d'éloquence nerveuse, populaire et persuasive qui, plus tard, devait produire des effets si merveilleux ; mais comme le propre de l'étude, même de celle qui a la religion pour objet, est de dessécher le cœur, Ferdinand avait soin d'entretenir en lui l'esprit de piété par la prière et la mortification. C'est ainsi qu'il jetait les fondements de cette sublime perfection à laquelle Dieu l'appelait. Il était à Coïmbre depuis environ huit ans, lorsque l'infant don Pédro y apporta les corps des cinq religieux franciscains qui avaient été martyrisés à Maroc. La vue de ces saintes reliques fit sur lui une vive impression, et lui inspira un désir ardent de verser son sang pour Jésus-Christ. Quelque temps après, des religieux de saint François, faisant la quête pour leur communauté, vinrent au monastère de Sainte-Croix. Ferdinand leur fit part du dessein qu'il avait d'embrasser leur institut, ils l'en félicitèrent, l'exhortant à suivre les mouvements de la grâce. Mais les religieux de son ordre n'eurent pas plutôt connaissance de son projet, qu'ils mirent tout en œuvre pour le faire échouer ; et comme ils virent que leurs observations ne produisaient sur lui aucun effet, ils eurent recours aux railleries et aux reproches. Ferdinand souffrit avec joie ces humiliations. Il implorait sans cesse les lumières de l'Esprit-Saint, afin de connaître de plus en plus sa vocation ; il sentait tous les jours s'accroître son inclination pour l'ordre de Saint-François. Enfin, après en avoir obtenu la permission de son prieur, il se retira dans un petit couvent de Franciscains, près de Coïmbre, et il y prit l'habit en 1221. Comme saint Antoine était patron de la chapelle de ce couvent, il changea son nom de Ferdinand en celui d'Antoine, par dévotion pour cet illustre patriarche des cénobites. Peu de temps après sa profession, Antoine, plein d'ardeur pour le martyre, obtint de ses supérieurs la permission d'aller prêcher l'Evangile aux Maures d'Afrique ; mais à peine fut-il arrivé au lieu de sa mission, que Dieu, satisfait de sa bonne volonté, lui envoya une maladie qui le força à repasser la mer pour rétablir sa santé. Le vaisseau sur lequel il s'était embarqué, contrarié par les vents, fut poussé vers les côtes de Sicile, et vint aborder à Messine. Antoine ayant appris que saint François tenait alors à Assise un chapitre général de son ordre, se rendit dans cette ville, quoiqu'il ne fût pas encore guéri, tant était grand le désir qu'il avait de voir le saint fondateur des Franciscains. Il trouva tant de charmes et de consolation dans ses entretiens, qu'il demanda de se fixer dans une des maisons d'Italie, afin d'être moins éloigné de lui ; mais aucun supérieur ne voulait se charger d'un sujet qu'il regardait comme un embarras pour sa maison ; car Antoine, par humilité, se présentait pour travailler à la cuisine. Toutefois, un gardien de la province de Romagne, nommé Gratiani, le prit par compassion, et l'envoya dans un petit couvent près de Bologne, qu'on appelait l'Ermitage du Mont-Paul. Antoine, content de pouvoir vivre ignoré, se livrait à la contemplation et aux austérités de la pénitence, tout en remplissant les humbles fonctions de son emploi de cuisinier, ne laissant rien échapper qui pût trahir ses talents et sa science. Il veillait aussi sur son intérieur, afin de cacher les communications sublimes que son âme entretenait avec Dieu ; mais une circonstance vint révéler à l'ordre de Saint-François le trésor ignoré qu'il possédait dans son sein. Des religieux de cet ordre se trouvant réunis avec des Dominicains, à Forli, ces derniers furent priés, comme étrangers, de faire une exhortation à l'assemblée ; mais ils s'en excusèrent tous, disant qu'ils ne s'étaient point préparés. Alors le gardien d'Antoine lui ordonna de parler et de dire tout ce que le Saint-Esprit lui suggérerait. Le saint représenta que le talent de la parole ne pouvait se trouver dans un religieux uniquement occupé au service de la cuisine ; et comme le supérieur insistait, il finit par obéir. Il parla avec tant d'éloquence, de force et d'onction, que tous les auditeurs furent frappés d'étonnement. Saint François, qui vivait encore, informé du fait, envoya Antoine, qui avait alors vingt-six ans, étudier la théologie à Verceil, et le chargea ensuite d'enseigner cette science. Dans une lettre qu'il lui écrivit à cette occasion, il lui recommande de prendre garde qu'une trop grande application à l'étude ne lui devint préjudiciable, et qu'elle n'éteignit l'esprit de prière en lui et en ceux qu'il instruirait. Antoine enseigna, avec de grands applaudissements, la théologie à Bologne, à Toulouse, à Montpellier, à Padoue, et jamais il ne voulut profiter des privilèges attachés à la place de professeur, observant tous les points de la règle avec autant d'exactitude que les autres religieux. Il savait si bien ménager son temps, qu'il en trouvait encore pour faire au peuple des instructions fréquentes, et il finit par quitter l'enseignement de la théologie pour se livrer exclusivement aux fonctions de missionnaire. La nature et la grâce semblaient l'avoir formé de concert pour cette œuvre importante : il avait un extérieur imposant et agréable, des manières aisées, une action pleine de grâce et de noblesse, le débit intéressant, la voix belle, claire et sonore, et il savait en varier les tons de manière à s'insinuer dans l'âme de ses auditeurs. Il faisait un emploi heureux de l'Ecriture sainte, qu'il possédait à fond, et qui lui fournissait des développements admirables ; mais ce qui dominait surtout dans son éloquence, c'était l'onction et la force, deux choses si difficiles à allier ensemble. Ses paroles étaient comme autant de traits qui allaient percer le cœur de ceux qui venaient l'entendre, et le feu de la charité divine qui l'embrasait intérieurement, il le faisait passer dans leurs âmes avec une ardeur à laquelle rien ne résistait. Ne cherchant que la gloire de Dieu et le salut des hommes, il était supérieur à toutes les considérations humaines, et annonçait aux grands comme aux petits la morale de l'Evangile, sans déguisement et sans détour. Ses instructions étaient tout à la fois sublimes et populaires ; le savant admirait la profondeur des pensées, la majesté des images, la dignité du style qui ennoblissait les choses les plus communes ; l'homme du peuple l'écoutait avec intérêt, parce qu'il ne trouvait rien qu'il ne pût comprendre, et parce que le saint savait se rendre intelligible aux esprits les moins cultivés, grâce à la clarté et à la simplicité avec lesquelles il traitait les matières les plus abstraites. Les pécheurs les plus endurcis, les hérétiques les plus opiniâtres venaient, au sortir de ses discours, se jeter à ses pieds et s'avouaient vaincus. Le pape Grégoire IX l'ayant entendu prêcher à Rome, en fut si touché que, dans un premier mouvement d'admiration, il l'appela *l'arche du Testament*. Sa vie toute sainte ajoutait beaucoup à la force de son éloquence. Son extérieur, grave et édifiant, était comme une prédication continuelle. Un jour il pria l'un des frères de venir prêcher avec lui, et comme il revenait au couvent sans avoir rien dit au peuple, le frère lui demanda pourquoi il n'avait pas prêché : « Croyez-moi, répondit Antoine, nous avons prêché par la modestie de nos regards et par la gravité de notre maintien. » Les miracles nombreux qu'il opérait contribuaient aussi à lui donner de l'ascendant sur les populations qu'il évangélisait. Quelquefois la foule réunie pour l'entendre était si considérable, qu'il ne se trouvait point d'église assez vaste pour la contenir. Alors le saint était obligé de prêcher en plein air, sur les places publiques et même dans les champs. Il parcourut, comme missionnaire, une partie des villes, des bourgs et des villages de l'Italie, de la France et de l'Espagne. Un jour, en France, il préserva, par la vertu de ses prières, son auditoire d'un orage qui était sur le point d'éclater. Outre le talent de la chaire, saint Antoine possédait à un haut degré celui de conduire les âmes et de diriger les consciences. Partout où il passait, il s'opérait un changement merveilleux ; au bout de quelques jours, on voyait les haines éteintes, les injustices réparées et les désordres corrigés. Les pécheurs de toute espèce se convertissaient et venaient lui demander des avis salutaires pour régler leur vie sur les maximes de l'Evangile. Étant en Lombardie, il exposa ses jours pour la défense des malheureux. Ezzelino, Allemand d'origine, et chef des Gibelins, s'était emparé de Vérone et de plusieurs autres villes qu'il tenait sous sa cruelle domination depuis quarante ans. Les anathèmes lancés contre lui par trois papes n'avaient fait sur lui aucune impression. La ville de Padoue ayant voulu secouer sa tyrannie, il fit mettre à mort, d'un seul jour, douze mille personnes de cette ville et du voisinage. Vérone, où il avait fixé sa résidence, était presque entièrement dépeuplée; on n'y voyait partout que des gardes armés, aussi féroces que leur maître. Antoine prit la résolution d'aller trouver le tyran, et, arrivé au palais, il sollicite une audience qui lui est enfin accordée. Introduit près d'Ezzelino, qui était assis sur un trône et environné de soldats, il osa lui dire que ses massacres, ses pillages et ses sacriléges criaient vengeance au ciel, et que tous ceux qu'il avait privés de la vie ou de leurs biens étaient devant Dieu comme autant de témoins qui demandaient justice. Il ajouta encore d'autres paroles non moins courageuses. Les gardes s'attendaient à tout moment qu'ils allaient recevoir l'ordre de massacrer le saint; mais quel ne fut pas leur étonnement lorsqu'ils virent Ezzelino descendre de son trône, pâle et tremblant, se mettre une corde au cou et se jeter aux pieds d'Antoine, le conjurant, avec larmes, de lui obtenir de Dieu le pardon de ses péchés! Le saint le releva, lui donna des avis appropriés à sa situation, et prit congé de lui. Quelque temps après, Ezzelino lui ayant envoyé un riche présent, il le refusa, et fit dire au prince que le présent le plus agréable qu'il pût lui faire était de restituer aux pauvres ce qu'il leur avait enlevé. Ce prince parut converti pendant quelque temps, mais il redevint bientôt le même qu'auparavant, et les princes confédérés de Lombardie s'étant rendus maîtres de sa personne, le retinrent en prison jusqu'à sa mort, qui arriva en 1259. Antoine, qui avait été gardien du couvent de Limoges, fut ensuite élevé aux premières dignités de son ordre, qu'il remplit avec autant de zèle que de sagesse, ayant une attention extrême à faire observer exactement la règle. C'est à lui, en grande partie, que l'ordre des Franciscains, encore tout récent alors, fut redevable de sa conservation. Elie de Cortone, qui en devint général après la mort de saint François, y laissa introduire des abus graves et qui étaient de nature à ruiner entièrement les constitutions fondamentales de l'ordre. Ses innovations avaient déjà rendu méconnaissables l'œuvre de saint François. Son goût pour le faste et la pompe du siècle, le luxe qu'il déployait, le mépris qu'il affichait pour la pauvreté scandalisaient la plupart des religieux; mais les uns applaudissaient par respect humain, et la crainte faisait taire les autres. Antoine, qui était alors provincial de la Romagne, et Adam de Mariscot, élevèrent courageusement la voix contre ces abus; mais les injures, les outrages et les mauvais traitements furent la récompense de leur zèle. Le général, de l'avis de plusieurs provinciaux, ordonna qu'ils fussent renfermés dans leurs cellules à perpétuité, et la sentence allait être exécutée, lorsqu'ils parvinrent à se sauver. Ils se rendirent à Rome, et s'adressèrent au pape Grégoire IX, qui les reçut avec bonté, et écouta leurs plaintes. Ensuite, il cita Elie à comparaître devant lui, et l'ayant trouvé coupable de tout ce dont on l'accusait, il le déposa du généralat. Antoine se démit de sa place de provincial, avec l'agrément du pape, qui voulut le retenir à Rome, et l'attacher à sa personne; mais il ne put décider le saint, qui se retira d'abord sur le Mont-Arverno, et ensuite au couvent de Padoue, où il prêcha le carême de l'année 1231 avec un grand succès. C'est alors aussi qu'il mit la dernière main à ses sermons. Ils ne contiennent guère que des plans et quelques idées générales dépourvues des fleurs et des ornements de l'éloquence; ces ornements et ces fleurs, le saint les ajoutait en chaire. A la fin du carême, voyant ses forces et sa santé très-affaiblies par les fatigues et les austérités, il se retira à Campietro, afin de se préparer à la mort, qu'il sentait prochaine. Comme son mal augmentait, il voulut se faire reporter au couvent de Padoue; mais l'affluence du peuple, qui s'empressait de baiser le bord de sa robe, était si considérable, qu'il fut forcé de s'arrêter dans le faubourg. On le mit dans la chambre du directeur des religieuses d'Arcela, où il reçut les sacrements de l'Eglise; il récita ensuite les sept psaumes de la pénitence et l'hymne *O gloriosa Domina*, en l'honneur de la sainte Vierge; puis il expira le 13 juin 1231, à l'âge de trente-six ans. Aussitôt que cette nouvelle fut connue dans la ville, on entendit les enfants s'écrier dans les rues: *Le saint est mort, le saint est mort!* Des prodiges sans nombre ayant attesté sa sainteté, Grégoire IX, qui l'avait connu particulièrement, et qui admirait ses vertus, le canonisa l'année suivante. En 1263, la ville de Padoue fit bâtir, en son honneur, une église magnifique, dans laquelle on déposa ses reliques. Le corps était consumé, à l'exception de la langue, qui paraissait aussi fraîche, aussi vermeille que si le saint eût encore été vivant. Saint Bonaventure, alors général des Franciscains, et qui assistait à la cérémonie de la translation, la prit dans ses mains, la baisa avec respect et s'écria, en fondant en larmes: *O bienheureuse langue, qui ne cessez de louer Dieu, et qui l'avez fait louer par un nombre infini d'âmes! on voit maintenant combien vous êtes précieuse devant Celui qui vous avait formée pour servir à une fonction si noble et si sublime!* La langue de saint Antoine se garde dans l'église de son nom, à Padoue, où elle est renfermée dans un reliquaire d'or. Les Français ayant pris Padoue, en 1797, voulurent s'emparer du précieux reliquaire; mais une souscription ouverte dans la ville fournit en peu d'heures la somme nécessaire pour le racheter. On voit dans la même église le mausolée du saint, orné d'un bas-relief qui excite l'admiration des connaisseurs. — 13 juin.

ANTOINE PATRIZZI (le bienheureux), ermite de Saint-Augustin, né à Sienne, vers le milieu du XIIIe siècle, d'une famille noble et pieuse qui l'éleva dans l'innocence et la pratique de la vertu, fut comblé, dès son jeune âge, de grâces précieuses auxquelles il voulut répondre en embrassant l'état religieux. Il entra dans l'ordre des ermites de Saint-Augustin, et fut envoyé par ses supérieurs dans le couvent de Montéciano, où il mena une vie si sainte, qu'on le regardait comme un modèle accompli de la perfection chrétienne. Il mourut en 1311, et le pape Pie VII permit, en 1804, de lui rendre un culte public. — 28 mars.

ANTOINE (saint), martyr à Wilna, vulgairement saint Kucley, était frère de saint Jean ou saint Milhey, et sortait d'une famille illustre de la Lithuanie. Il devint, ainsi que son frère, chambellan du grand duc Olgerd, père du fameux Jagellon. Ayant été élevé dans les superstitions de leur pays, ils adoraient le feu; mais ils eurent le bonheur d'être amenés à la connaissance du christianisme par un prêtre nommé Nestorius, qui leur donna le baptême et les rendit fervents chrétiens. Le refus qu'ils firent de manger du gras, un jour où l'Eglise défendait l'usage de la viande, leur procura la palme du martyre. Ayant été emprisonnés par ordre du grand-duc et livrés à de cruelles tortures, ils furent condamnés à mort et exécutés à différents jours. Antoine fut attaché à un grand chêne où l'on pendait les malfaiteurs. Les chrétiens de Wilna achetèrent l'arbre et le terrain d'alentour, et ils y bâtirent une église en son honneur. Son corps fut inhumé dans l'église de la Trinité et son chef porté dans la cathédrale. Son supplice eut lieu le 14 juin 1342. Alexis, patriarche catholique de Kiow, ordonna qu'il fût honoré d'un culte public, ainsi que son frère, et les habitants de Wilna l'ont choisi pour leur patron. —14 avril.

ANTOINE DE MONDOLA (le bienheureux), ermite de Saint-Augustin, né près de Mondola dans la Marche d'Ancône vers l'an 1260, fut instruit dans les lettres par un religieux augustin, ce qui contribua à lui inspirer la résolution d'entrer dans cet ordre, à l'époque où saint Nicolas de Tolentin l'illustrait par ses vertus. Antoine devint le fidèle imitateur de ce grand serviteur de Dieu, et se livra, comme lui, aux exercices de la plus austère mortification. Rempli de charité pour le prochain, il travaillait avec zèle à la conversion des pécheurs, consolait les affligés, visitait les prisonniers et soulageait les pauvres par des quêtes qu'il faisait pour eux. Ayant eu à supporter de grandes tentations, il triompha de toutes les attaques du démon. Il mourut en 1330, à l'âge d'environ quatre-vingt-dix ans. Le pape Clément XIII permit, en 1759, de l'honorer comme bienheureux dans son ordre le 6 février.

ANTOINE DE MONTICHAN (le bienheureux), de l'ordre des Ermites de Saint-Augustin, florissait dans le XIVe siècle, et il est honoré le 30 avril.

ANTOINE (le bienheureux), dominicain, de l'illustre famille des marquis de Chiésa de Roddi, né en 1394, à Saint-Germain, près de Verceil en Piémont, se sentit, dès son enfance, un attrait prononcé pour la vie religieuse, et après avoir triomphé, avec beaucoup de peine, de l'opposition de ses parents, il entra chez les Dominicains. Il devint bientôt, par ses progrès dans la vertu et dans les sciences, un des membres les plus distingués de son ordre et fut nommé, en 1422, prieur du couvent de Côme, dans lequel il fit revivre l'exacte observance de la règle de saint Dominique. Il établit aussi de salutaires réformes dans les monastères que les Dominicains avaient à Savone, à Bologne, à Florence, et pendant plusieurs années il partagea les travaux apostoliques de saint Bernardin de Sienne. Ses prédications produisirent un tel effet dans la ville de Côme, que les habitants changèrent leurs mœurs dissolues en une conduite exemplaire. Ses mortifications donnaient un grand poids à sa parole; elles étaient poussées si loin, que l'on a peine à concevoir comment sa santé pouvait y résister; mais Dieu montra qu'elles lui étaient très-agréables, et l'en récompensa, dès cette vie, par des grâces extraordinaires et par l'éminente sainteté à laquelle il l'éleva. Le bienheureux Antoine mourut à l'âge de soixante-quatre ans, le 22 janvier 1459, et fut inhumé dans l'église de Saint-Jean, près de Côme, où son corps resta jusqu'en 1810, qu'il fut transféré avec pompe dans l'église de Saint-Germain, sa patrie. Son culte fut approuvé par le pape Pie VII en 1819. — 28 juillet.

ANTOINE NAYROT (le bienheureux), dominicain et martyr, né à Rivoli dans le diocèse de Turin, d'une famille honnête, se fit religieux dans l'ordre de Saint-Dominique; étant encore très-jeune, et après sa profession, ses supérieurs l'envoyèrent à Naples. Pendant qu'il s'y rendait par mer, il fut pris par des corsaires de Tunis et emmené captif en Afrique. Le jeune religieux supporta d'abord avec courage les mauvais traitements qu'on lui fit endurer pour le forcer à embrasser le mahométisme; mais il eut ensuite le malheur d'apostasier. Au bout de quatre mois, touché de la grâce, il revint à Jésus-Christ, qu'il avait renié, et se prépara par la prière, les larmes et la mortification au combat qu'on devait bientôt lui livrer pour sa foi. Un jour, après avoir reçu les sacrements de pénitence et d'eucharistie, il se revêtit d'un habit religieux et alla se placer dans un lieu très-fréquenté par où devait passer le dey. Lorsque le prince parut, Antoine confessa publiquement le crime que la crainte des tourments lui avait fait commettre, et déclara que la religion chrétienne, qu'il avait eu la faiblesse d'abandonner, était la seule véritable. Le dey employa d'abord les promesses et les voies de douceur pour le regagner; mais, voyant qu'il ne pouvait y réussir, il le remit entre les mains du juge, qui l'enferma dans une obscure prison, et qui, pendant trois jours, employa toutes sortes de moyens pour le faire apostasier de nouveau; mais il ne put en venir à bout. Antoine distribuait aux pauvres les aliments que les chrétiens lui faisaient passer dans sa prison, se contentant de pain et d'eau pour toute nourriture. Le cinquième jour de sa détention, le juge le nt encore comparaître devant lui, et le trouvant inébranlable dans sa résolution, il le condamna à être lapidé. Lorsqu'il fut arrivé au lieu du supplice, il se mit à genoux, éleva ses mains vers le ciel, et pendant qu'il priait Dieu, dans cette posture, il reçut, sans faire le moindre mouvement, la grêle de pierres sous laquelle il expira le 10 avril 1460. Les mahométans ne purent brûler son corps, malgré leurs tentatives; ils le vendirent à des marchands génois qui se trouvaient à Tunis et qui le rapportèrent dans leur patrie, non sans remarquer la bonne odeur qu'il exhalait. En 1469, Amédée, duc de Savoie, le fit transporter à Rivoli. Plusieurs grâces obtenues par son intercession, portèrent les fidèles à lui rendre un culte public, qui fut approuvé, en 1767, par Clément XIII. Ce pape permit à tout l'ordre des Frères-Prêcheurs de célébrer la fête du saint martyr, le 26 avril.

ANTOINE DE STROCCONIO (le bienheureux), franciscain, né à Strocconio, dans l'Ombrie, en 1351, n'avait que douze ans lorsqu'il demanda d'être reçu dans un couvent de l'ordre de Saint-François. Le supérieur fit quelques difficultés à cause de la grande jeunesse du postulant; mais, touché de sa ferveur, il finit par céder à ses instances, l'admit au noviciat et ensuite à la profession. Le bienheureux Thomas Bellacio, sous la conduite duquel il passa plusieurs années, l'envoya en Corse, où Antoine établit plusieurs couvents de son observance. Revenu en Italie, il séjourna quelque temps en Toscane, d'où il retourna dans l'Ombrie, qu'il habita jusqu'à sa mort, pratiquant de grandes austérités et ne se nourrissant que de pain, d'eau et d'absinthe. Il avoua qu'il lui avait fallu quatorze ans pour s'habituer à l'amertume de cette plante. Parvenu à l'âge de quatre-vingts ans, il mourut en 1471, dans le couvent de Saint-Damien, près d'Assise. Son culte fut approuvé, en 1687, par un décret d'Alexandre VIII, que la congrégation des Rites, publia en 1760. — 7 février.

ANTOINE PRIMALDI (le bienheureux), martyr à Otrante, était simple artisan de cette ville recommandable par sa piété et son attachement à la religion. Parvenu à un âge très-avancé, lorsque la ville fut prise d'assaut par les Turcs, sous Mahomet II, les vainqueurs le firent prisonnier avec ceux des habitants qui avaient échappé au massacre. Ils les conduisirent, la corde au cou et les mains liées derrière le dos, dans la vallée qui se trouve au bas de la ville, et là on leur proposa de leur rendre leurs biens, leurs épouses et la liberté, s'ils voulaient embrasser l'islamisme. Alors Antoine, qui se trouvait placé près du pacha, prenant la parole au nom de ses infortunés compatriotes, répondit qu'ils confessaient tous que Jésus-Christ était le Fils de Dieu, le Seigneur et vrai Dieu lui-même; qu'ils aimaient mieux mourir mille fois que d'abjurer la foi chrétienne. Se tournant ensuite vers ses compagnons : « Mes frères, leur dit-il, jusqu'ici nous avons combattu pour défendre notre patrie et notre vie; maintenant nous devons combattre pour nos âmes et pour Jésus-Christ, qui, étant mort pour nous, mérite que nous mourions aussi pour lui...... Par cette mort temporelle, nous obtiendrons la véritable vie et la couronne du martyre. » Après cette chaleureuse allocution, ces généreux chrétiens, qui étaient au nombre d'environ huit cents, s'écrièrent, tous d'une voix, qu'ils préféraient mourir plutôt que de renier Jésus-Christ. Le pacha, furieux de cette sublime résolution, les condamna tous à avoir la tête tranchée, à commencer par Antoine Primaldi, comme ayant suggéré aux autres la réponse qu'ils avaient faite. Ce fut le 14 août 1480 que ces bienheureux confesseurs furent conduits sur la colline de Minerve, appelée depuis, à cause d'eux, la colline des Martyrs. Le massacre commença à l'instant même, et le premier frappé fut Antoine, qui n'avait cessé d'exhorter avec ardeur ses compagnons; il tenait les yeux élevés en haut, assurant qu'il voyait les cieux ouverts et les anges tout prêts à recevoir les âmes de ceux qui allaient répandre leur sang pour la foi. On rapporte que, malgré les efforts des Turcs pour le renverser, son corps, après qu'il eut été décapité, resta debout jusqu'à la fin de l'exécution. Les corps de ces martyrs, pendant treize mois que les Turcs furent maîtres du pays, restèrent là sans sépulture, et se conservèrent sans aucune trace de corruption et sans qu'aucun animal carnassier les approchât. Alphonse, duc de Calabre et fils du roi de Naples, ayant repris Otrante, en 1481, les fit transporter dans une belle chapelle de l'église métropolitaine de cette ville. Le culte du bienheureux Antoine et de ses compagnons s'établit bientôt après, à la suite de plusieurs miracles opérés par leur intercession, et Clément XIV l'approuva en 1771. — 14 août.

ANTOINE FATALI (le vénérable), évêque d'Ancône, avait d'abord été chanoine de cette ville. Il mourut en 1484, et son corps se conserve entier dans la cathédrale, où on l'honore comme bienheureux le 9 janvier.

ANTOINE DE WERDEN (le bienheureux), récollet et martyr, né à Werden, petite ville du pays de Horn, habitait le couvent de Gorcum, lorsqu'il fut arrêté dans cette ville par les calvinistes et conduit à Bril, où il fut pendu avec les autres martyrs de Gorcum, en haine de la religion catholique, le 9 juillet 1572. Il fut déclaré martyr et béatifié avec ses compagnons par Clément X, en 1674. — 9 juillet.

ANTOINE DE HORNAIRE (le bienheureux), né au village de Hornaire, près de Gorcum, entra dans l'ordre des Récollets, et fut arrêté par les calvinistes à Gorcum, où, après une longue captivité et des tortures affreuses qu'il subit avec ses compagnons, plutôt que de renier la présence réelle du corps de Jésus-Christ et la primauté du pape, il fut condamné par le comte de Lumey à être pendu, ce qui fut exécuté à Bril, le 9 juillet 1572. Une partie de ses reliques et de celles de ses compagnons se garde dans l'église des Franciscains de Bruxelles. Ils furent tous déclarés martyrs et béatifiés par le pape Clément X, en 1674. — 9 juillet.

ANTOINE DEYAN (saint), martyr japonais, fut crucifié près de Nangazacki, avec vingt-cinq autres, par ordre de l'empereur Taycosama, le cinq février 1597. Le pape Urbain VIII les mit au nombre des saints et fixa leur fête au 5 février.

ANTOINETTE ou ANTONIE (sainte), *Antonia*, vierge et martyre à Cyrthe en Numidie, souffrit avec sainte Tertulle, aussi vierge. Elles furent redevables du glorieux triomphe qu'elles remportèrent, aux prières de saint Agape, leur évêque, qui avait demandé à Dieu pour elles la grâce du martyre. Comme il persévérait dans sa prière, il entendit une voix du ciel qui lui apprit qu'elle était exaucée. Elles furent, en effet, mises à mort pour la foi, l'an 259, pendant la persécution de Valérien. — 29 avril.

ANTOINETTE (sainte), *Antonia*, martyre à Nicomédie, fut arrêtée au commencement de la persécution de Dioclétien et livrée à de cruelles tortures. Entre autres supplices qu'on lui fit subir, on la suspendit par un bras pendant trois jours, après quoi on la retint deux ans dans un horrible cachot. Comme elle continuait à confesser Jésus-Christ, elle fut brûlée vive par ordre du président Priscillien. — 4 mai.

ANTONIE (sainte), *Antonia*, martyre à Lyon avec saint Pothin, évêque de cette ville et quarante-cinq autres, souffrit l'an 177, sous le règne de Marc-Aurèle. — 2 juin.

ANTONIN (saint), *Antoninus*, martyr à Rome, n'ayant pas craint d'avouer hautement qu'il était chrétien, fut condamné par le juge Vitellius à être décapité sous l'empereur Commode, et son corps fut enterré sur la voie Aurélienne. — 22 août.

ANTONIN (saint), martyr à Rome, fut mis à mort avec sainte Lucille et plusieurs autres sous le règne de Gallien. Le bienheureux Damien a fait un discours en leur honneur, et la translation de leurs reliques eut lieu à Rome en 861, par ordre du pape Nicolas Ier. — 29 juillet.

ANTONIN (saint), soldat de la légion Thébéenne, et martyr en 286, est honoré à Plaisance le 30 septembre. Une partie de ses reliques fut envoyée à saint-Victrice de Rouen par saint Ambroise. — 30 septembre et 4 juillet.

ANTONIN (saint), martyr, honoré à Pamiers, dans le comté de Foix, souffrit en cette ville selon quelques auteurs, et, selon d'autres, ce fut à Apamée, en Asie. Cette diversité d'opinion sur deux localités aussi éloignées l'une de l'autre provient de ce que Pamiers et Apamée se disent tous deux en latin *Apamew*. Quoi qu'il en soit, il y avait au VIIIᵉ siècle, dans le pays de Foix, un monastère fondé sous l'invocation de saint Antonin, et qui possédait une partie de ses reliques. Il se forma à la longue autour du monastère, une ville qui fut érigée depuis en siège épiscopal sous le nom d'évêché de Pamiers. Il y a aussi sur l'Aveyron une petite ville qui porte le nom de Saint-Antonin. — 2 septembre.

ANTONIN (saint), enfant et martyr à Capoue, souffrit avec saint Aristée, évêque de cette ville, vers l'an 302, sous l'empereur Dioclétien. — 3 septembre.

ANTONIN (saint), prêtre et martyr à Nicomédie, fut arrêté au commencement de la persécution de Dioclétien, l'an 303, et fut décapité avec saint Anthime, son évêque. Il est nommé dans le Martyrologe de saint Jérôme. — 27 avril.

ANTONIN (saint), martyr avec saint Victor et plusieurs autres, souffrit durant la persécution de Dioclétien. — 29 avril.

ANTONIN (saint), martyr à Rome, fut décapité avec saint Claude et un autre, par ordre de l'empereur Maximien, l'an 304. — 26 avril.

ANTONIN (saint), martyr dans la Campanie, souffrit avec sainte Lucie et vingt autres, au commencement du IVᵉ siècle. — 6 juillet.

ANTONIN (saint), prêtre et martyr à Césarée, en Palestine, se présenta spontanément au préfet Firmilien, non précisément pour se déclarer chrétien et pour courir au-devant du martyre, mais pour lui reprocher son idolâtrie et les cruautés qu'il faisait subir à ceux qui ne voulaient pas renoncer à Jésus-Christ. Le préfet, irrité de cette sainte hardiesse, qu'il prit pour de l'insolence, le condamna à être décapité sur-le-champ, ce qui fut exécuté en 308, sous l'empereur Galère. — 13 novembre.

ANTONIN (saint), est honoré à Meaux, le 30 septembre.

ANTONIN (saint), évêque de Marseille, florissait au milieu du VIᵉ siècle, et mourut vers l'an 580. Son corps, qui avait été inhumé à Saint-Cannat, fut transféré en 1378, dans la grande église de Marseille.— 13 oct.

ANTONIN (saint), évêque de Milan et confesseur, florissait au milieu du VIIᵉ siècle et mourut en 677. — 31 octobre.

ANTONIN (saint), abbé de Saint-Agrippin, à Sorrento, né vers le milieu du VIIIᵉ siècle, quitta le monde pour prendre l'habit religieux dans un monastère de Sorrento, qui suivait la règle du Mont-Cassin, c'est-à-dire la règle de saint Benoît. Les ravages que la guerre produisait dans cette partie de l'Italie ayant obligé la communauté à se disperser pour un temps, il se réfugia à Stabies, près de Saint-Catel, évêque de cette ville, auquel il rendit de grands services dans l'administration de son diocèse. Lorsque l'orage fut passé, il revint à Sorrento et succéda à Boniface, abbé de Saint-Agrippin, et il s'illustra par sa sainteté et le zèle et la sagesse qu'il déploya dans la conduite de ses moines. Il mourut le 13 février, vers l'an 830, et fut inhumé le lendemain, jour où il est honoré. On bâtit depuis une église sur son tombeau, à Sorrento, et cette ville, qui l'a choisi pour un de ses patrons, a ressenti plus d'une fois les effets de sa protection, surtout pour la délivrance des possédés. — 14 février.

ANTONIN (saint), archevêque de Florence, né dans cette ville en 1389, était fils unique de Nicolas Pierrozi, qui tenait un rang honnête parmi ses concitoyens. Dès son bas âge, il se fit remarquer par sa modestie, sa candeur et sa docilité, son goût pour les exercices de la piété et son éloignement pour les amusements de l'enfance. Prier, converser avec les personnes pieuses, lire de bons livres, surtout les vies des saints et visiter les églises, telles étaient ses occupations favorites. Doué de dispositions peu ordinaires, il fit de grands progrès dans les sciences, et de plus grands encore dans la perfection. Ayant entendu prêcher le P. Dominici, religieux dominicain, le plaisir qu'il prenait à ses sermons lui fit lier conversation avec le prédicateur, et après plusieurs conférences avec lui, il le conjura de le faire admettre dans son ordre; mais sa grande jeunesse et la faiblesse de sa constitution firent craindre au P. Dominici qu'il ne pût observer une règle si austère; il lui conseilla donc d'attendre encore quelques années et ajouta qu'on le recevrait quand il saurait par cœur le décret de Gratien. Tout autre qu'Antonin aurait pris cette singulière condition pour un véritable refus; mais lui la prit au sérieux, et se mit en devoir de la remplir, joignant à l'étude du droit canonique la prière, le jeûne et la mortification, afin d'essayer, par avance, le genre de vie qu'il se proposait d'embrasser. Au bout d'un an, il vint se présenter de nouveau au P. Dominici, qui était prieur de Fiésoli, et qui fut fort étonné de la manière dont il répondit aux questions qu'on lui adressa sur tout le décret de Gratien. Alors il n'hésita plus, et lui donna l'habit, quoiqu'il n'eût encore que seize ans. Antonin, pendant son noviciat, observait la règle avec tant d'exactitude, qu'on l'admirait comme un modèle. Après sa profession, et lorsqu'il eut été élevé au sacerdoce, jamais il ne montait à l'autel que les yeux baignés de larmes. Son mérite et sa grande capacité suppléant à l'âge, on lui confia, malgré sa jeunesse, la conduite du grand couvent de la Minerve, à Rome; il fut ensuite prieur à Naples, à Gaëte, à Cortone, à Sienne, à Fiésoli et à Florence, faisant partout observer la règle avec une ponctualité d'autant plus facile à obtenir, qu'il était toujours le premier à donner l'exemple. Malgré ses nombreuses occupations, il trouvait encore du temps pour annoncer la parole de Dieu ; ce qu'il faisait avec un succès merveilleux. La profonde connaissance qu'il avait du droit canonique le faisait consulter de toutes parts, même de Rome, et ses décisions étaient regardées comme des oracles, ce qui lui mérita le surnom d'Antonin le Conseiller. Lorsqu'il était auditeur de Rote, il se montra, au rapport du cardinal de Luca, un des membres les plus distingués de cet auguste tribunal. Nommé supérieur général d'une nombreuse congrégation de son ordre, qui avait embrassé une réforme très-austère, il se trouvait toujours le premier à tous les exercices, malgré sa mauvaise santé, et toute sa vie, même lorsqu'il était malade, il ne couchait jamais que sur des planches. Le pape Eugène IV l'appela au concile de Florence, en qualité de théologien, et il prit une part active à toutes les discussions entre les Latins et les Grecs. C'est pendant le concile qu'il fut élu prieur du couvent de Saint-Marc à Florence, et la magnifique église de ce couvent, bâtie par le célèbre Cosme de Médicis, fut consacrée par Eugène IV. Pendant qu'il faisait la visite des couvents de son ordre, qui se trouvaient en Toscane et dans le royaume de Naples, le siége de Florence devint vacant par la mort de Barthélemy Zarabella. Eugène IV, pour déjouer les intrigues de quelques prétendants, y nomma Antonin; ce choix fut universellement applaudi, surtout par les Florentins, qui désiraient un compatriote; mais il plongea dans une profonde douleur le saint, qui était absent depuis deux ans, et s'il n'en eût été empêché, il prenait la fuite et se sauvait en Sardaigne. Il écrivit de Sienne une lettre au pape, le conjurant de ne pas lui imposer un fardeau qu'il ne pourrait porter à cause de sa faible santé, de ses fréquentes maladies; il alléguait aussi son incapacité et son indignité personnelle. « Voudriez-vous, disait-il au pape, traiter en ennemi un homme à qui vous avez donné tant de marques de bonté ? » Le pape fut inflexible, et lui ordonna de se retirer sans délai, au couvent de Fiésoli, pour se préparer à son sacre ; il manda aussi aux Florentins que leur archevêque était aux portes de leur ville. Aussitôt, les principaux personnages de Florence, ayant à leur tête Cosme de Médicis, se rendirent à Fiésoli pour complimenter Antonin; mais ils ne purent le décider à accepter sa nomination. Il fallut que le pape le lui enjoignît, par un ordre formel, le menaçant d'excommunication, s'il résistait à la volonté de Dieu. Antonin se soumit enfin, non sans verser beaucoup de larmes, se laissa sacrer, et prit possession au mois de mars 1446. Dans cette nouvelle dignité, il continua de pratiquer la règle de son ordre, autant que cela lui était possible. Sa table, ses habits, ses meubles étaient simples, modestes et même pauvres. Sa maison, dont la régularité édifiante retraçait les temps apostoliques, n'était composée que de six personnes, auxquelles il donnait des gages considérables, afin que, contentes de leur sort, elles ne fussent pas tentées de l'améliorer par des injustices. Il s'était d'abord choisi deux grands vicaires, mais il s'en tint à un seul, afin qu'il y eût plus d'uniformité dans l'administration diocésaine, à laquelle il s'appliquait beaucoup, expédiant lui-même presque toutes les affaires, après avoir préalablement pris l'avis de son conseil : quant au temporel de son archevêché, il s'en était déchargé sur un administrateur probe et intelligent. Il donnait audience chaque jour à tous ceux qui se présentaient, et les plus pauvres étaient les mieux reçus. Ce qu'il possédait était moins à lui qu'aux indigents, et lorsque ses ressources étaient épuisées, il donnait une partie de ses meubles et de ses habits ; il alla même plusieurs fois jusqu'à vendre sa mule pour en convertir le prix en aumônes. Des personnes riches de Florence l'achetaient alors et la rendaient au saint par forme de présent. On ne remarquait rien de précieux dans son palais, et jamais il n'eut ni chiens ni chevaux. Il fonda à Florence le collège de Saint-Martin, destiné au soulagement des pauvres honteux, établissement qui a produit un bien immense, et qui pourvoit encore aujourd'hui à l'entretien de plus de six cents familles. A tant de charité, Antonin joignait une patience inaltérable : il supportait non-seulement l'importunité, mais même l'insolence des pauvres; aussi cette patience opéra-t-elle des effets admirables sur ses ennemis. Un nommé Ciardi, à qui on imputait divers crimes, ayant été cité devant l'archevêque pour répondre aux accusations portées contre lui, forma l'horrible projet de l'assassiner, et lui porta un coup de poignard. Le saint, par une protection spéciale de Dieu, ne fut pas blessé, et, loin de livrer son assassin à la justice, ou de chercher à s'en venger, il lui pardonna généreusement et demanda à Dieu sa conversion. Ce malheureux se convertit bientôt après, et entra dans l'ordre de Saint-François. Son indulgence ne dégénérait pas en faiblesse, et il savait montrer de la fermeté, lorsque son devoir l'exigeait : il supprima les jeux de hasard et réforma plusieurs autres abus. Tous les ans, il faisait à pied la visite de son diocèse, annonçait au peuple la parole de Dieu tous les dimanches et les jours de fêtes. Outre l'office de l'église, il récitait chaque jour l'office de la sainte Vierge et les psaumes pénitentiaux, l'office des Morts deux fois la semaine, et le psautier tous les jours de fête. Eugène IV étant tombé malade, fit venir à Rome l'archevêque de Florence, lui fit sa confession, reçut de ses mains les sacrements de l'extrême-onction et de l'eucharistie, et expira entre ses bras le 28 février 1447. Antonin, lorsque sa présence ne fut plus nécessaire à Rome, se hâta de retourner dans son diocèse, après avoir demandé sa bénédiction au nouveau pape qui était Nicolas V. L'année suivante, il eut la douleur de voir son troupeau ravagé par la peste; le saint archevêque, disposé comme le bon Pasteur à donner sa vie pour ses brebis, brava courageusement la contagion, et montra à son clergé l'exemple du zèle et du dévouement. Après la famine, qui lui fournit une nouvelle occasion de déployer sa charité; et comme il ne pouvait suffire seul à soulager tant de misères, il fit un appel auquel on répondit de toutes parts. Il obtint de Rome des secours abondants, et le pape Nicolas V, qui avait pour lui une vénération singulière, lui accorda tous les secours qu'il avait demandés; il lui donna, sous un autre rapport, une marque de la haute idée qu'il avait conçue de lui, en décidant qu'on n'appellerait plus à Rome des sentences que l'archevêque de Florence aurait rendues. Lorsque la misère publique eut cessé, Antonin n'en continua pas moins ses libéralités envers les pauvres, mais avec le discernement qu'il employait dans les autres affaires. Ayant appris que deux mendiants aveugles avaient amassé, l'un 200 livres et l'autre 300 ducats, il leur enleva cet argent pour le donner à ceux qui en avaient réellement besoin, se chargeant toutefois de pourvoir à leur subsistance le reste de leur vie. Son humilité dérobait au public la connaissance de la plupart de ses bonnes œuvres, et lui cachait à lui-même l'excellence de ses vertus ; aussi était-il tout confus des éloges qu'on lui donnait. Après la peste et la famine, des tremblements de terre se firent sentir à Florence en l'année 1453 et les suivantes; l'un de ces tremblements fit écrouler tout un quartier. Le saint procura des logements aux plus nécessiteux, en attendant qu'il fît rebâtir leurs maisons. Ces calamités publiques lui fournirent la matière de plusieurs instructions, dans lesquelles il exhortait fortement son troupeau à désarmer le bras de Dieu par la pénitence et à vivre d'une manière plus conforme à l'Evangile. On était tellement convaincu du crédit que le saint avait auprès de Dieu, que Cosme de Médicis, chef de la république, ne craignait pas de dire qu'elle lui était redevable de sa conservation. Il voulait l'envoyer, en qualité d'ambassadeur, près de Frédéric III, empereur d'Allemagne, mais le saint refusa, parce qu'il craignait les honneurs et qu'il lui en aurait trop coûté de s'éloigner de son troupeau, qu'il aimait tendrement. Le dépérissement de sa santé allait toujours croissant, et bientôt on perdit tout espoir de le conserver : dans ses derniers moments, il répétait souvent sa maxime favorite : *Servir Dieu, c'est régner*. Il mourut le 2 mai 1459, dans la treizième année de son épiscopat et la soixantième de son âge : il fut inhumé, comme il l'avait demandé, dans l'église des Dominicains de Saint-Marc, et le pape Pie II, qui se trouvait alors à Florence, assista à ses funérailles. Les miracles opérés à son tombeau déterminèrent Adrien VI à le canoniser en 1523. Les principaux écrits de saint Antonin sont : 1° une *Somme théologique*, dont il fit un abrégé à l'usage des confesseurs; 2° un Abrégé d'histoire, depuis la création du monde jusqu'à l'an 1458, plus connu sous le nom de *Chronique tripartite*; 3° des Sermons et des Traités de morale. — 10 mai.

ANTONINE (sainte), *Antonina*, martyre à Cée, s'étant moquée des dieux des gentils durant la persécution de Dioclétien, fut, après divers tourments, enfermée dans un tonneau et submergée dans un marais près de cette ville. — 1er mars.

ANTONINE (sainte), martyre à Nicée, en Bithynie, pendant la persécution de Dioclétien et Maximien, fut condamnée par le président Priscillien à être frappée à coups de bâton, torturée sur le chevalet, et déchirée sur les côtes avec des ongles de fer. Après avoir été livrée aux flammes qui ne lui firent aucun mal, elle fut décapitée. — 12 juin.

ANTONINE (sainte), vierge et martyre à Byzance, pendant la persécution de l'empereur Maximin II, fut arrêtée par ordre du président Festus, qui, sur son refus de sacrifier aux idoles, la fit conduire dans un lieu de prostitution. Mais un soldat chrétien, nommé Alexandre, l'en tira secrètement en changeant d'habit avec elle et prit ensuite sa place. Ce pieux stratagème ayant été découvert, Festus, après les avoir appliqués l'un et l'autre à la torture, leur fit couper les mains et les condamna ensuite au supplice du feu, vers l'an 313. — 3 mai.

ANTONINE (sainte), vierge et martyre, qu'on croit avoir été l'une des compagnes de sainte Ursule, est honorée dans l'église de saint Jean-Baptiste à Cologne, le 12 mai et le 15 janvier.

ANUB BESSOY, martyr à Héliopolis en Egypte, est honoré chez les Grecs le 13 juin.

ANUB (saint), solitaire en Egypte, avait confessé la foi, mais on ignore pendant quelle persécution ; peut-être même que ce fut sous les Ariens. — 6 juin.

ANYSE (saint), *Anysius*, évêque de Thessalonique, succéda, en 384, à saint Ascole, dont il était le disciple, et il fut élu par les évêques de Macédoine, qui firent part de leur choix à saint Ambroise. Le saint évêque de Milan, dans sa réponse, les félicite sur cette élection, et fait d'Anyse un éloge complet. Il écrivit à ce dernier pour l'exhorter à marcher sur les traces de son prédécesseur. Le pape saint Damase l'établit son vicaire apostolique pour toute l'Illyrie orientale, lui recommandant surtout de veiller à l'observation des lois ecclésiastiques en ce qui concerne l'élection des évêques de sa province, et leur ordination. Anyse se montra un zélé défenseur de saint Jean Chrysostome, et il se rendit à Constantinople pour soutenir sa cause contre ses ennemis, à la tête desquels était Théophile d'Alexandrie. Il écrivit en sa faveur au pape Innocent Ier, pour invoquer l'autorité du siége apostolique, comme la seule digue capable d'arrêter les maux dont l'Eglise d'Orient était menacée. Il mourut, après le commencement du ve siècle, dans un âge avancé. — 30 décembre.

ANYSIE (sainte), *Anysia*, martyre à Thessalonique, souffrit sous l'empereur Maximien. — 30 décembre.

AOD (saint), *Aëdus*, évêque régionnaire en Irlande, florissait dans le viie siècle. Il est honoré dans le comté de Méath et la province de Connacie. — 10 novembre.

AOUT ou AUGUSTE (saint), *Augustus*, prêtre, né dans le Berri, vers le commencement du vi^e siècle, était tellement perclus des pieds et des mains, qu'il ne pouvait se mouvoir qu'en se traînant sur les coudes et sur les genoux. Comme on lui donnait des secours abondants, par la compassion qu'inspirait son triste état, il les employa à bâtir une chapelle en l'honneur de saint Martin, au village de Brives, près d'Issoudun. Sa piété fut récompensée par un miracle qui lui rendit l'usage de ses membres, et qui lui inspira envers Dieu une telle reconnaissance, qu'il résolut de se consacrer entièrement à son service, en embrassant la vie ascétique. Bientôt il lui vint des disciples, qu'il conduisit dans les voies de la perfection ; ce qui détermina Probien, évêque de Bourges, à lui donner le gouvernement du monastère de Saint-Symphorien situé près de cette ville ; mais Août n'abandonna pas, pour cela, ses premiers disciples, à la tête desquels il plaça un supérieur sous ses ordres. Il découvrit, par révélation, le lieu où était le corps de saint Ursin, premier évêque de Bourges. On croit qu'il mourut vers l'an 560. Les Martyrologes lui donnent la qualité de prêtre, et celui de France lui donne, de plus, celle d'abbé. — 7 octobre.

APAME (saint), *Apamius*, martyr en Campanie, souffrit avec plusieurs autres. — 6 juillet.

APELLE (saint), *Apelles*, l'un des premiers disciples de Jésus-Christ, mentionné par saint Paul dans son Epître aux Romains, fut, à ce que l'on croit, évêque de Smyrne, où il est honoré le 22 avril.

APELLE, (saint), *Apellius*, martyr en Bithynie, souffrit avec saint Luc et un autre. — 10 septembre.

APHRAATE (saint), *Aphraates*, anachorète en Syrie, né en Perse, vers le commencement du ive siècle, sortait d'une famille illustre, qui l'éleva dans les superstitions du paganisme ; mais il était jeune encore lorsqu'il eut le bonheur d'être éclairé de la lumière de l'Evangile. Il quitta sa patrie, où il n'y avait guère que des idolâtres, et alla se fixer à Edesse, en Mésopotamie, où le christianisme était très-florissant. Il se retira dans une petite cellule, hors de l'enceinte de la ville, pour se livrer aux exercices de la pénitence et de la contemplation. Après y avoir passé quelque temps, il se retira dans une autre cellule, proche d'un monastère, situé dans le voisinage d'Antioche en Syrie. Beaucoup de personnes venaient le consulter sur les affaires de leur conscience, et Aphraate leur donnait des avis salutaires. Il poussait si loin la mortification, que toute sa nourriture ne consistait qu'en un morceau de pain, qu'il mangeait après le coucher du soleil ; et ce ne fut que dans sa vieillesse qu'il y ajouta quelques herbes. Il n'avait pour reposer son corps qu'une simple natte, et pour le couvrir, qu'un habit d'étoffe grossière qu'il ne quittait que quand il était entièrement usé. Antème, qui fut depuis consul et gouverneur d'Orient, lui ayant offert, lorsqu'il revenait de son ambassade de Perse, une robe de soie, en lui disant que c'était une provenance de son pays, Aphraate refusa ce présent. « Serait-il raisonnable, lui dit-il, de renvoyer un vieux serviteur, d'une fidélité éprouvée, pour en prendre un nouveau, précisément parce que ce dernier serait un compatriote ? — Non, répondit Antème. — Eh bien ! remportez cette robe : j'ai un vêtement qui me sert depuis seize ans, et je ne veux point en avoir deux à la fois. » Les ravages que faisait l'arianisme, depuis, surtout, que l'empereur Valens s'en était déclaré le protecteur, firent sortir le saint de sa cellule, pour courir au secours des chrétiens d'Antioche : il réunit ses efforts à ceux de Flavien et de Diodore, qui gouvernaient le diocèse en l'absence

DICTIONN. HAGIOGRAPHIQUE. I.

de saint Mélèce, exilé par Valens. Ses austérités et ses miracles lui donnaient un grand ascendant sur le peuple, et il rendit de grands services à la cause catholique. Un jour que Valens regardait du haut de la terrasse de son palais, situé sur les bords de l'Oronte, il vit dans la campagne un vieillard pauvrement vêtu, qui marchait fort vite ; ayant demandé son nom, on lui répondit que c'était Aphraate, ce solitaire pour lequel le peuple avait tant de vénération. « Aphraate, lui dit Valens, où allez-vous si vite ? — Je vais prier pour la prospérité de votre règne. — Pourquoi vous, qui êtes moine, quittez-vous votre cellule, et menez-vous une vie vagabonde ? — Je suis resté dans la solitude tant que les brebis du divin Pasteur ont été en paix ; à présent qu'elles sont exposées aux plus grands dangers, pourrais-je rester tranquillement dans ma cellule ? Si une fille voyait le feu à la maison de son père, devrait-elle attendre, sur son siége, que les flammes l'y vinssent consumer ? ne devrait-elle pas plutôt courir chercher de l'eau pour éteindre l'incendie ? Je fais de même ; je cours pour éteindre le feu que vous avez mis dans la maison de mon père. » Le prince ne répondit rien ; mais un des eunuques du palais maltraita le saint et le menaça même de la mort. Etant allé ensuite voir si le bain de l'empereur était chaud, il tomba dans la cuve et y périt. Valens fut si frappé de cet accident, qu'il n'osa exiler Aphraate, quoiqu'il y fût poussé par les ariens. Il fut aussi vivement frappé des guérisons miraculeuses que le saint opérait par le moyen de l'huile où de l'eau sur laquelle il avait fait le signe de la croix. Le saint anachorète mit toujours le plus grand soin à fuir tout ce qui aurait pu donner la moindre atteinte à la vertu de chasteté : si quelquefois il était obligé de parler à des femmes, il se tenait à une certaine distance, et ne disait que ce qui était absolument nécessaire. La mort de Valens, arrivée en 378, ayant rendu la paix à l'Eglise, il retourna dans sa cellule, où il mourut bientôt après. « Je suis persuadé, dit Théodoret, en parlant de saint Aphraate, qu'il a plus de pouvoir devant Dieu, après sa mort, qu'il n'en avait lorsqu'il était sur la terre, et voilà pourquoi j'implore son intercession : » ce qui prouve, pour le dire en passant, la haute antiquité du culte des saints et de leur invocation. — 7 avril.

APHRODISE (saint), *Aphrodisius*, martyr en Cilicie, sous le gouverneur Denis, est honoré chez les Grecs le 21 juin.

APHRODISE (saint), geôlier et martyr à Césarée en Cappadoce, avec saint Longin, est honoré chez les Grecs le 1er septembre.

APHRODISE (saint), premier évêque de Béziers, fut ordonné par saint Paul de Narbonne : après avoir établi le christianisme en ce lieu, il mourut d'une mort paisible, vers la fin du IIIe siècle. — 22 mars.

APHRODISE (saint), martyr avec saint Caralippe et deux autres, souffrit l'an 304, sous l'empereur Dioclétien. — 28 avril.

APHRODISE (saint), prêtre et martyr à Alexandrie, souffrit avec trente autres, au commencement du IVe siècle. — 30 avril.

APHRODISE (saint), martyr en Afrique avec saint Pierre, fut mis à mort dans la persécution des Vandales, vers l'an 484. — 14 mars.

APHTONE (saint), *Aphthonius*, martyr en Espagne, souffrit avec un autre saint du même nom, et ils sont honorés le même jour. — 23 mai.

APHTONE (saint), martyr en Perse avec saint Acyndine et plusieurs autres, souffrit vers l'an 345, pendant la grande persécution du roi Sapor II. — 2 novembre.

APODÈME (saint), *Apodemius*, l'un des dix-huit martyrs de Saragosse en Espagne, dont Prudence a chanté le triomphe, fut mis à mort par l'ordre de Dacien, gouverneur de la province, l'an 304, pendant la persécution de Dioclétien. — 16 avril.

APOLLINAIRE (saint), *Apollinaris*, premier évêque de Ravenne, et disciple de saint Pierre, fut placé par cet apôtre sur le siège de cette ville, qu'il gouverna vingt ans. Il souffrit le martyre sous Vespasien, selon quelques auteurs. Saint Pierre Chrysologue, l'un des plus illustres de ses successeurs, dans un discours en son honneur, l'appelle *martyr*, il est vrai, mais il ajoute que, quoiqu'il eût, à différentes reprises, versé une partie de son sang pour Jésus-Christ, Dieu le conserva cependant à son Eglise et ne permit pas qu'il fût condamné à mort par les persécuteurs. Son titre de martyr n'empêche donc pas de penser qu'il n'ait survécu, du moins quelque temps, aux tourments qu'il avait soufferts. Son corps se gardait à Classe, ancien port de mer près de Ravenne, et qui est encore une espèce de faubourg de cette ville. En 549, on le transporta dans une voûte de l'église du lieu. Saint Fortunat exhortait ses amis à faire des pèlerinages au tombeau de saint Apollinaire, et saint Grégoire le Grand voulait qu'on fît jurer, devant le même tombeau, pour découvrir la vérité dans les procès embrouillés, ce qui prouve combien grande était la vénération qu'on avait pour ses saintes reliques. Vers l'an 630, le pape Honorius fit bâtir à Rome une église en son honneur. — 23 juillet.

APOLLINAIRE (saint), évêque d'Hiéraple en Phrygie, fut une des plus brillantes lumières de l'Eglise dans le IIe siècle. Eusèbe, Théodoret, saint Jérôme, lui donnent de grands éloges. Les hérétiques trouvèrent toujours en lui un redoutable adversaire : il composa, contre les encratiles et les montanistes, dits cataphryges, des traités qui ne sont pas parvenus jusqu'à nous : l'antiquité en faisait un grand cas, et Photius, bon juge en cette matière, les loue beaucoup, tant pour le style que pour le fond des choses. Apollinaire tint, vers l'an 170, dans sa ville épiscopale, un concile contre les mêmes hérétiques : il s'y trouva vingt-sept évêques, qui retranchèrent de la communion de l'Eglise Montan et ses sectateurs. Le saint évêque prit hautement la défense des chrétiens persécutés sous Marc-Aurèle, et adressa à cet empereur, vers l'an 177, une apologie, que nous n'avons plus, et dans laquelle il détruisait tous les prétextes dont les idolâtres coloraient leur injuste acharnement contre les disciples de Jésus-Christ. Il implorait ensuite la clémence du prince en faveur de ces derniers, qui avaient si bien servi l'empire par le secours de leurs prières. Il s'agit, dans ce dernier passage, de la pluie miraculeuse obtenue par la douzième légion presque toute composée de chrétiens. Lorsque l'armée romaine, cernée par les Quades et les Marcomans, souffrait horriblement, par le manque d'eau, cette légion, surnommée *Mélitine*, se met à genoux et implore le secours de Dieu. Aussitôt il tombe une pluie abondante, que les Romains, épuisés par la soif, reçoivent avec avidité dans leurs casques, et qu'ils boivent sans cesser de combattre, tandis que les barbares, accablés par la grêle, effrayés par les éclairs et les coups de tonnerre, se sauvaient en désordre. Marc-Aurèle, reconnaissant d'un miracle auquel il était redevable de son salut et de celui de son armée, défendit, sous peine de mort, de citer les chrétiens en justice pour cause de religion. Quelque temps après, le feu de la persécution se ralluma malgré cet édit; ce fut alors qu'Apollinaire composa son *Apologie*, dans laquelle il rappelle à l'empereur qu'il était redevable de l'empire et de la vie aux prières des soldats chrétiens. On ignore l'effet qu'elle produisit sur Marc-Aurèle; mais il y a lieu de croire qu'elle arrêta, en partie, la fureur des ennemis du christianisme. Apollinaire continua de gouverner tranquillement son diocèse jusqu'à sa mort, qui eut lieu sur la fin du second siècle, le 7 février, jour où il est honoré chez les Grecs.

APOLLINAIRE (saint), martyr en Afrique, souffrit avec saint Cyriaque. — 21 juin.

APOLLINAIRE (saint), martyr à Reims, où il exerçait les fonctions d'exécuteur, fut chargé par le juge de donner la torture à saint Timothée, qui venait d'être arrêté comme chrétien. Il fut tellement frappé de la constance du saint martyr et des miracles dont il fut témoin, qu'il se convertit au christianisme. Arrêté et incarcéré sur-le-champ, il fut baptisé dans sa prison la nuit suivante par saint Maur, prêtre qui fut martyrisé un jour avant Apollinaire. Celui-ci eut la tête tranchée avec saint Timothée, le 23 août de l'an 287, sous l'empereur Dioclétien et par ordre de Rictiovare, préfet des Gaules; cependant cette date n'est pas certaine. On bâtit sur leur tombeau, près de la ville, une église où il se faisait beaucoup de miracles. On fit, sous Charlemagne, une translation de leurs reliques. Celles de saint Apollinaire furent transférées, en partie, à Florines près de Liége, vers l'an 1012. — 23 août.

APOLLINAIRE (saint), sous-diacre de Triesle, est honoré à Vérone, où on garde ses reliques dans l'église de Saint-Ferme le Grand. — 6 décembre.

APOLLINAIRE (saint), évêque de Valence en Dauphiné, naquit vers le milieu du ve siècle d'une illustre famille de Rome, qui était venue s'établir en Auvergne. Il eut pour père saint Isique qui mourut évêque de Vienne, et pour frère saint Avit qui succéda à son père sur le même siége. Saint Mamert, leur prédécesseur, se chargea de l'éducation d'Apollinaire, l'instruisit dans la science de la religion, et après lui avoir conféré les saints ordres l'admit dans son clergé. Maxime, évêque de Valence, ayant été déposé pour ses crimes, Apollinaire fut choisi pour lui succéder, vers l'an 480. Son premier soin fut de réparer le mal que son prédécesseur avait fait dans le diocèse, et de réformer les abus qu'il y avait laissé introduire; mais ses travaux apostoliques furent interrompus par de fréquentes maladies dont l'une, qu'il essuya à Lyon, l'an 510, le mit aux portes de la mort. Son zèle lui suscita des ennemis puissants, qui parvinrent à le faire exiler. Etienne, trésorier des finances du roi de Bourgogne, étant devenu veuf, épousa Palladie, sœur de sa première femme. Plusieurs évêques s'assemblèrent pour faire cesser ce scandale. Le coupable fut excommunié et condamné à la pénitence canonique; mais il refusa de se soumettre au jugement du concile, et trouva des protecteurs à la cour du roi, qui était remplie d'ariens; et les évêques qui l'avaient condamné furent tous exilés. On chercha vainement à gagner l'évêque de Valence, qui était un des plus distingués d'entre eux; il répondit courageusement qu'il n'admettrait jamais à la communion Etienne, tant qu'il ne se serait pas soumis à la pénitence imposée. Enfin, sa constance triompha de ses ennemis, et il revint dans son diocèse. On assure que Dieu le favorisa du don des miracles, et que ses prières rendirent la santé au roi Sigismond, atteint d'une maladie dangereuse. Ce prince, après avoir abjuré l'arianisme, assembla un concile à Epaone, en 517, et tous les évêques du royaume de Bourgogne y furent invités. Saint Apollinaire y assista, et prit part aux règlements qui y furent faits sur la discipline ecclésiastique, sous la présidence de saint Avit, son frère. Il était lié d'amitié avec plusieurs illustres prélats des Gaules et surtout avec saint Césaire d'Arles qu'il visita pendant un voyage qu'il fit à Marseille. Il mourut vers l'an 525, et fut enterré dans l'église de Saint-Pierre et de Saint-Paul, située dans un faubourg de Valence. Son corps, qui avait été transféré dans l'église de son nom, fut brûlé par les huguenots au xvie siècle. — 5 octobre.

APOLLINAIRE (le bienheureux), abbé du Mont-Cassin, se rendit célèbre par son zèle pour la discipline monastique. Sur la demande de l'empereur Louis le Débonnaire, il fut chargé par le saint-siège de seconder les efforts que faisait saint Benoît d'Aniane, pour la réforme des maisons religieuses, et il mourut en 828. — 27 novembre.

APOLLINAIRE (sainte), *Apollinaris*, vierge, d'une des plus illustres familles de l'empire d'Orient, était fille d'Anthème, qui fut consul en 405 et régent de l'empire pendant la minorité de Théodose le Jeune. Elle consaera à Dieu sa virginité, et, fidèle à son vœu, elle refusa sa main aux plus grands personnages de l'Etat. S'étant retirée au désert de Scété, elle y mourut dans la première moitié du vᵉ siècle. — 5 janvier.

APOLLINE (sainte), *Apollonia*, vierge d'Alexandrie et martyre, plus recommandable encore par ses vertus que par son grand âge, fut arrêtée pendant la persécution qui s'alluma dans cette ville, en 249, sur la fin du règne de l'empereur Philippe. On lui cassa les dents en la frappant avec violence à la figure; ensuite on la conduisit hors de la ville, où l'on alluma un grand feu, dans lequel on menaça de la jeter si elle refusait de proférer certaines paroles impies. Apolline demanda quelques instants, comme pour délibérer sur le parti qu'elle voulait prendre, ce qui lui fut accordé. Alors, s'échappant tout à coup des mains de ceux qui la conduisaient, et se sentant embrasée du feu sacré que l'Esprit-Saint avait allumé dans son cœur, elle se jeta d'elle-même au milieu des flammes. Ses bourreaux demeurèrent tout interdits en voyant qu'elle avait montré plus d'empressement à souffrir la mort qu'eux-mêmes n'en avaient mis à la lui faire subir. On voit, à Rome, une église très-ancienne, dédiée à sainte Apolline: il y a aussi dans d'autres lieux des églises et des autels qui portent son nom. — 9 février.

APOLLON (saint), *Apollo*, martyr avec saint Isace et un autre, souffrit sous Dioclétien, l'an 302. — 21 avril.

APOLLON (saint), évêque en Orient, est honoré chez les Grecs le 10 juin.

APOLLONE (saint), *Apollonius*, l'un des quarante-sept martyrs de Lyon en 177, sous Marc-Aurèle, mourut en prison et il est honoré avec saint Pothin, évêque de cette ville, le 2 juin.

APOLLONE (saint), martyr, était un sénateur romain très-versé dans les belles-lettres et la philosophie. Il abjura l'idolâtrie et se convertit au christianisme par un effet de la grâce qui le destinait à être un ardent défenseur de la religion. A peine eut-il connu la vérité, qu'il s'appliqua, avec succès, à l'étude de l'Ecriture sainte. Il vivait paisible, se livrant à la pratique des vertus chrétiennes et des bonnes œuvres, lorsqu'un de ses esclaves, nommé Sévère, le dénonça pour cause de religion, près de Pérennis, préfet du prétoire. L'esclave fut condamné à mort, après avoir eu les jambes cassées, en vertu d'un édit de Marc-Aurèle, qui décernait la peine de mort contre les accusateurs des chrétiens; mais, comme les lois portées contre ces derniers n'avaient pas été révoquées, Apollone fut mandé devant le préfet qui l'exhorta vivement à quitter le christianisme, afin de conserver sa fortune et sa vie. Ne pouvant l'y déterminer, il renvoya l'affaire au sénat, pour que l'accusé y rendît compte de sa foi. Apollone fit, en plein sénat, une excellente apologie de la religion chrétienne. Saint Jérôme, qui l'avait lue, nous apprend que l'éloquence et la solidité s'y trouvaient réunies à une profonde connaissance de la littérature sacrée et profane. Apollone, inébranlable dans sa résolution, fut condamné à mort par le sénat et souffrit le martyre vers l'an 186, sous l'empereur Commode. — 18 avril.

APOLLONE (saint), martyr à Terni avec saint Procule et un autre, fut arrêté par ordre du proconsulaire Léonce, pendant qu'il priait auprès du corps du martyr saint Valentin, et ensuite décapité. — 14 février.

APOLLONE (saint), évêque et martyr en Afrique, souffrit avec saint Léonce. — 19 mars.

APOLLONE (saint), prêtre et martyr à Alexandrie, fut jeté dans la mer avec cinq autres, pendant la persécution de Maximien. — 10 avril.

APOLLONE (saint), martyr à Rome avec sainte Primitive, est honoré le 23 juillet.

APOLLONE (saint), martyr en Orient avec saint Euphème, est honoré chez les Grecs le 1ᵉʳ mai.

APOLLONE (saint), martyr en Campanie avec sainte Lucie et plusieurs autres, souffrit, à ce que l'on croit, au commencement du ivᵉ siècle. — 6 juillet.

APOLLONE (saint), martyr à Icône, au commencement du ivᵉ siècle, termina par le supplice de la croix les combats qu'il eut à soutenir pour le nom de Jésus-Christ. — 10 juillet.

APOLLONE (saint), martyr en Egypte avec saint Marcien et plusieurs autres, souffrit durant la persécution de Galère. — 5 juin.

APOLLONE (saint), *Apollonius*, diacre d'Egypte et martyr, se montrait zélé pour la gloire de Jésus-Christ. Ayant été arrêté à Antinoé, pendant la persécution de Galère, plusieurs païens s'attroupèrent autour de lui pour l'insulter. Un fameux joueur de flûte, nommé Philémon, poussait l'outrage envers le saint plus loin que tous les autres; il le traitait d'impie et de séducteur, digne de l'exécration publique. Apollone ne répondit à toutes ses injures que par ce peu de paroles: *Dieu veuille, mon fils, avoir pitié de vous, et ne pas vous imputer tous ces discours!* Philémon fut si vivement touché de cette douceur héroïque, qu'il renonça sur-le-champ au paganisme, et déclara qu'il était aussi chrétien. Conduits tous deux devant le juge, après plusieurs tortures, ils furent condamnés à être brûlés vifs. Lorsque Apollone fut près du bûcher, il fit à Dieu cette prière: Seigneur, ne livrez pas aux bêtes les âmes qui confessent votre nom, mais manifestez votre puissance. Aussitôt un nuage de rosée l'environna, ainsi que son compagnon, et éteignit le feu. Le juge et le peuple, frappés de ce prodige, s'écrièrent: *Le Dieu des chrétiens est grand, il est le seul Dieu*. Le préfet d'Egypte, informé du fait, se fit amener le juge et les deux martyrs, chargés de chaînes. Pendant le trajet d'Antinoé à Alexandrie, Apollone convertit les soldats de l'escorte. Le préfet, ayant essayé vainement d'ébranler leur constance, et, désespérant de les vaincre, les fit tous jeter dans la mer, vers l'an 311. Quelques jours après, on trouva leurs corps sur le rivage, et ils furent déposés, par les chrétiens, dans un même tombeau, où il s'opérait de nombreux miracles, au rapport de Ruffin, qui lui-même avait éprouvé les effets du crédit des saint martyrs auprès de Dieu. — 8 mars.

APOLLONE (saint), évêque de Brescia et confesseur, est honoré le 7 juillet.

APOLLOS ou APOLLON (saint), abbé dans la Thébaïde, naquit vers l'an 316, et dès l'âge de quinze ans il se retira dans un désert où il passa quarante ans seul, inconnu aux hommes. Lorsque Julien l'Apostat parvint à l'empire, poussé par une inspiration divine, il reparut dans les lieux habités afin de confondre les prétendus sages de l'Egypte, qui remettaient en honneur les absurdités du paganisme. Ayant appris qu'un solitaire avait été arrêté pour être envoyé comme soldat à l'armée impériale, il se rendit avec d'autres solitaires à sa prison pour le consoler et l'encourager dans son malheur. Dans le moment qu'il s'entretenait avec lui, l'officier chargé de lever des troupes entra dans la prison et l'y enferma avec tous les autres solitaires, bien résolu de les envoyer tous à l'armée ; mais le lendemain, au point du jour, il leur rendit la liberté en leur disant qu'un tremblement de terre venait de renverser sa maison et que plusieurs de ses serviteurs avaient été écrasés sous les ruines. Il lui vint des disciples en si grand nombre, qu'on en compta bientôt jusqu'à cinq cents. Ils habitaient avec lui sur une montagne près de la ville d'Hermopolis, et menaient une vie plus angélique qu'humaine. Apollon leur faisait tous les jours des instructions aussi solides que touchantes, leur parlant surtout de la sainte communion qu'ils recevaient tous les jours. Il les entretenait aussi des suites dangereuses de la tristesse, et si quelque frère paraissait moins gai qu'à l'ordinaire, il lui adressait quelques paroles, qui avaient la vertu de ramener dans son âme une joie toute spirituelle. « Que les païens s'affligent, disait-il souvent ; que les Juifs répandent des larmes ; que les méchants gémissent ; mais que les justes se réjouissent dans le Seigneur. » Lui-même possédait à un degré éminent cette joie sainte qu'il prêchait aux autres, et les étrangers le reconnaissaient à la gaieté qui éclatait sur son visage. Il fut honoré du don des miracles, et le démon, qui sortit par son ordre, du corps d'un possédé, rendit témoignage à ses vertus et surtout à son humilité. Il était si humble, en effet, qu'il se jugeait indigne d'être compté parmi les serviteurs de Dieu. Rufin rapporte que deux bourgs dont l'un était habité par des païens et l'autre par des chrétiens, ayant eu un différend, prirent les armes, et l'on était sur le point d'en venir aux mains, lorsque le saint abbé vint à passer. Après s'être informé du sujet de leur querelle, il les exhorta vivement à la paix. Le chef des païens, qui était l'auteur du trouble, ne voulut pas l'écouter et protesta qu'il mourrait plutôt que de céder. — « Ton désir sera réalisé, lui dit Apollon : il n'en coûtera la vie qu'à toi seul et ton corps aura ce destin que tu mérites. Au lieu d'avoir la terre pour sépulture, le ventre des bêtes féroces et les vautours lui serviront de tombeau. » Cette menace prophétique eut aussitôt son accomplissement : ce fier païen tomba mort et ceux de son parti le couvrirent de sable ; mais le lendemain on s'assura que les bêtes avaient dévoré son cadavre, et à cette vue le bourg tout entier se convertit et demanda le baptême. Saint Apollon vécut jusqu'à un âge très-avancé, et il était déjà presque octogénaire, lorsqu'il reçut la visite de saint Pétrone de Boulogne, vers l'an 392. Il est honoré chez les Grecs le 25 janvier.

APOTHÈME (saint), *Apothemius*, évêque d'Angers, florissait dans le v° siècle, et il est mentionné dans la vie de saint Convoyon, abbé de Rédon, qui mit une partie de ses reliques dans son église abbatiale, où il s'y fit plusieurs miracles par leur vertu. Au x° siècle, une autre partie des reliques du saint évêque fut portée à Paris et placée dans l'église de Saint-Magloire. Il est honoré le 20 novembre.

APOTHÈME (saint), *Apothemius*, évêque d'Angers. — 20 novembre.

APPIE (sainte), *Appias*, épouse de Philémon, disciple de saint Paul, et riche bourgeois de Colosses en Phrygie. L'Apôtre, dans l'Épître qu'il écrivit à son mari, donne à Appie le titre de sa chère sœur. Nous lisons, dans le Martyrologe romain, qu'elle fut fouettée par ordre du président Artoclès, ensuite enterrée vive jusqu'à la ceinture et accablée de pierres. — 22 novembre.

APPIEN (saint), *Appianus*, martyr à Alexandrie avec saint Mansuet et plusieurs autres, est honoré le 30 décembre.

APPIEN (saint), martyr à Césarée en Palestine, né, en Lycie, d'une famille noble et riche, était frère de saint Adèse. Il alla, très-jeune encore, à Béryte en Phénicie, ville renommée pour ses écoles dans lesquelles il se livra, avec succès, à l'étude de l'éloquence, de la philosophie et du droit romain. Ayant été éclairé de la lumière de l'Évangile, il prit le goût de la retraite et de la prière, ce qui le préserva des écueils contre lesquels la jeunesse des écoles vient trop souvent faire naufrage. De retour dans son pays, il s'appliqua à convertir ses parents, qui étaient idolâtres ; mais il eut le chagrin de les voir persister opiniâtrément dans les erreurs du paganisme, ce qui le détermina à les quitter. Il n'avait que dix-huit ans lorsqu'il alla se fixer à Césarée en Palestine, et suivit le cours d'Écriture sainte que professait saint Pamphile, homme également renommé pour sa science et sa piété. Galère, proclamé empereur, en 305, venait de rallumer le feu de la persécution : il avait envoyé des lettres aux gouverneurs des provinces et à celui de Césarée en particulier, pour obliger tous les sujets de l'empire à se trouver aux sacrifices offerts aux dieux. Appien n'attendit pas qu'on l'interrogeât sur ses sentiments ; mais il prit les devants. Il sortit sans avoir communiqué son dessein à personne, pas même à nous qui demeurions avec lui, dit Eusèbe, il alla au temple, s'approcha du gouverneur Urbain, et lorsqu'il le vit lever la main pour offrir le sacrifice, il le saisit par le bras, et l'arrêta en disant qu'on ne devait adorer que le vrai Dieu, et que le culte des idoles était une idolâtrie. Les gardes, indignés d'une telle hardiesse dans un jeune homme qui n'avait pas encore vingt ans, le renversent par terre, l'accablent de coups, le traînent dans une obscure prison et lui mettent les ceps aux pieds. Le lendemain il fut conduit devant le gouverneur qui lui fit déchirer les côtes avec des ongles de fer ; ce qui mit à découvert ses os et ses entrailles : on lui défigura tellement le visage, à coups de verges plombées, qu'il eut été impossible, même à ses amis, de le reconnaître. Ces horribles tortures ne purent lui arracher d'autres paroles que celles-ci, qu'il répétait de temps en temps : *Je suis le serviteur de Jésus-Christ*. Le gouverneur, furieux, lui fit envelopper les pieds d'un linge imbibé d'huile, auquel on mit le feu. La flamme consuma les chairs, pénétra jusqu'aux os, et l'on voyait la graisse distiller comme de la cire fondue. Les bourreaux, frappés d'étonnement à la vue d'une constance aussi héroïque, l'exhortaient à obéir aux ordres de l'empereur ; il leur répondit tranquillement : *J'adore Jésus-Christ qui est un même Dieu avec son Père*. Il fut ensuite reporté dans sa prison. Trois jours après, on le fit comparaître, de nouveau, devant le gouverneur, qui, ne pouvant vaincre sa résistance, le fit jeter dans la mer. On vit alors un prodige dont furent témoins tous les habitants de Césarée. Appien, qui avait de grosses pierres attachées aux pieds, ne fut pas plutôt tombé dans l'eau qu'un tremblement de terre ébranla toute la ville, et qu'il s'éleva une grande tempête : les vagues furieuses repoussèrent le corps du saint martyr jusqu'aux portes de Césarée, comme si la mer eût refusé de l'engloutir dans ses abîmes. Toute la population, accourue pour contempler ce prodige, rendit gloire au Dieu des chrétiens et confessa le nom de Jésus-Christ. Saint Appien reçut la couronne du martyre, le 2 avril 306, n'étant âgé que de 19 ans. Quelques auteurs l'appellent non pas Appien, mais Amphien ou Aphien. — 2 avril.

APRE (saint), *Aper*, prêtre, était autrefois honoré à Genève le 4 décembre.

APRIL (saint), *Aprilis*, martyr à Nicomédie avec saint Servule, souffrit l'an 303 au commencement de la persécution de Dioclétien. — 18 mars.

APRONCULE (saint), *Aprunculus*, évêque de Langres, fut élevé sur le siège de cette ville après le milieu du v° siècle, et il gouvernait son diocèse avec autant de zèle que de sagesse, lorsqu'il fut soupçonné par Gondebaud, roi de Bourgogne, de favoriser les entreprises du roi Clovis. Obligé de fuir pour échapper à l'injuste ressentiment du prince Bourguignon, il quitta secrètement Dijon, où il résidait quelquefois, et alla se réfugier dans les montagnes de l'Auvergne. Ses vertus lui eurent bientôt concilié la vénération publique, et saint Sidoine Apollinaire, évêque de Clermont, le désigna, en mourant, pour son successeur. Aproncule lui succéda en effet, l'an 482, et mourut le 14 mai 491. Les fidèles l'invoquèrent comme saint, aussitôt après sa mort, et son culte n'a jamais été interrompu depuis. — 14 mai.

APRONE ou EVRONIE (sainte), *Apronia*, vierge, naquit dans les environs de Trèves, vers le milieu du v° siècle. Elle sortait d'une famille distinguée et était sœur de saint Evre, évêque de Toul, qui lui donna le voile et la consacra à Dieu. Après une vie passée dans les exercices de la piété et la pratique des bonnes œuvres, elle mourut à Trèves au commencement du vi° siècle. Saint Gérard, évêque de Toul, au x° siècle, obtint de l'archevêque de Trèves les reliques de sainte Aprône et les plaça dans son église cathédrale. — 15 juillet.

APRONIEN (saint), *Apronianus*, geôlier à Rome et martyr, était encore païen lorsque, tirant de prison le martyr saint Sisine, pour le faire comparaître devant le préfet Laodice, il entendit ces paroles prononcées par une voix du ciel : *Venez, les bénis de mon Père, possédez le royaume qui vous a été préparé dès la création du monde*. Aussitôt il crut et fut baptisé ; et comme il persévérait à confesser le nom de Jésus-Christ, il fut condamné à avoir la tête tranchée, l'an 304, pendant la persécution de Dioclétien. — 2 février.

APSADE (saint), *Apsadius*, prêtre, est honoré sur les confins de l'Égypte et de l'Éthiopie, le 19 janvier.

APSÉE (saint), *Apseus*, diacre et martyr en Perse, souffrit avec saint Aïthalas. — 11 décembre.

APSELAME (saint), *Apselamus*, martyr à Césarée en Palestine, souffrit pendant la persécution de Maximin Daïa, et fut mis à mort, l'an 309, par ordre de Firmilien, gouverneur de la province. — 11 janvier.

APTAT (saint), *Aptatus*, évêque de Metz, florissait dans le vii° siècle. — 21 janvier.

APTON (saint), *Apto*, est honoré en Espagne le 23 mai.

APTONE (saint), *Aptonius*, évêque d'Angoulême, assista au v° concile d'Orléans, et mourut vers l'an 573. — 26 octobre.

APUAN (saint), *Apuanus*, moine de Saint-Augustin de Pavie, monastère de l'ordre de Saint-Benoît, florissait dans le viii° siècle, et il est honoré près de Comachio, dans le Ferrarais, le 6 novembre.

APULÉE (saint), *Apuleius*, martyr à Rome, s'était d'abord attaché à Simon le Magicien ; mais, à la vue des miracles opérés par saint Pierre, il embrassa la doctrine apostolique. Après le supplice de cet apôtre, il remporta lui-même la couronne du martyre sous le consulaire Aurélien. Il fut inhumé non loin de la ville. En 872, le pape Adrien II envoya à Louis II, empereur d'Allemagne, les reliques de saint Apulée et de saint

Marcel, qui avait souffert avec lui. Ce prince les fit placer dans l'église du monastère que l'impératrice Angilberte, son épouse, avait fondé à Plaisance. — 7 octobre.

AQUILA (saint), *Aquila*, disciple de l'apôtre saint Paul et époux de sainte Priscille, était juif de naissance. Il quitta le Pont, sa patrie, pour venir s'établir à Rome où il fabriquait des tentes. Les juifs ayant été bannis de cette ville sous le règne de Claude, Aquila et Priscille quittèrent l'Italie et se fixèrent à Corinthe. Lorsque saint Paul vint dans cette ville, il logea chez eux sans doute à cause qu'ils exerçaient la même profession et il les convertit à la religion chrétienne. Aquila et son épouse risquèrent leur vie pour sauver celle de l'apôtre, et lorsqu'il quitta Corinthe, ils le conduisirent jusqu'à Éphèse, et retournèrent à Rome où ils étaient, lorsque saint Paul les salue dans son Épître aux Romains. Les Grecs qui donnent à saint Aquila le titre d'apôtre, l'honorent le 18 juillet, et les Latins le 8 du même mois. On croit qu'il mourut à Rome, où se trouve la plus grande partie de ses reliques. — 8 juillet.

AQUILAS (saint), martyr, souffrit avec saint Domice et plusieurs autres. — 23 mars.

AQUILAS (saint), martyr à Philadelphie, en Arabie, avec saint Cyrille et quelques autres, est honoré le 1er août.

AQUILAS (saint), martyr dans la Thébaïde en 311, pendant la persécution de Maximin II, fut déchiré avec des peignes de fer, par ordre du président Arrien qui se convertit ensuite et souffrit aussi le martyre. — 20 mai.

AQUILE (saint), martyr à Trébizonde avec trois autres, est honoré chez les Grecs le 21 janvier.

AQUILIN (saint), *Aquilinus*, martyr à Fossombrone, avec saint Gémine et trois autres, est honoré le 4 février.

AQUILIN (saint), martyr en Isaurie, souffrit avec saint Victorien. — 16 mai.

AQUILIN (saint), martyr à Nyon en Suisse, avec saint Héracle et quatre autres, souffrit sous l'empereur Dioclétien. — 17 mai.

AQUILIN (saint), martyr en Afrique, souffrit la mort pour la foi orthodoxe, avec plusieurs autres, vers la fin du ve siècle, sous les rois vandales qui étaient partisans déclarés de l'arianisme. — 4 janvier

AQUILIN (saint), évêque d'Évreux, naquit à Bayeux, vers l'an 620, de parents nobles, qui lui donnèrent une excellente éducation et qui lui firent ensuite épouser une femme digne de lui. Il servit sous Clovis II pendant les guerres que ce prince fit aux barbares qui menaçaient les frontières de ses États. La campagne finie, il revenait dans ses foyers, lorsqu'en passant à Chartres il y trouva sa femme qui venait au-devant de lui. Ils remercièrent Dieu du bonheur qu'il leur accordait de se revoir et résolurent de ne plus vivre que pour le servir, et de passer le reste de leurs jours dans la continence. S'étant fixés à Évreux, ils firent de leur maison une espèce d'hôpital, employèrent leurs biens au soulagement des malades et des indigents, et leur temps à la pratique des bonnes œuvres. Saint Eterne, évêque d'Évreux, étant venu à mourir, saint Aquilin fut élu pour lui succéder. Il fit alors connaître qu'il vivait avec sa femme comme si elle eût été sa sœur. Il remplit, avec fidélité tous les devoirs de l'épiscopat, se proposant pour modèle saint Martin de Tours, et l'on voyait revivre en lui les vertus de son prédécesseur saint Germain d'Auxerre, dont la mémoire était en vénération. Comme il soignait que les fonctions du ministère n'affaiblissent en lui la ferveur, il se fit construire près de son église, une petite cellule où il allait, de temps en temps, ranimer sa piété et s'entretenir avec Dieu dans le recueillement. Il priait sans cesse pour les péchés de son peuple : il mortifiait son corps par le jeûne et les austérités, et son amour pour la pauvreté éclatait surtout dans ses habits. En 689, il assista au concile de Rouen qui avait été convoqué par saint Ansbert, évêque de cette ville. Dieu fit éclater sa sainteté par le don des miracles. Devenu aveugle sur la fin de sa vie, il n'en continua pas avec moins de zèle ses fonctions épiscopales, et cet accident loin de l'affliger lui paraissait une grâce du ciel, qu'il avait, dit-on, souvent demandée dans ses prières, afin d'être préservé de bien des dangers auxquels l'usage de la vue pouvait l'exposer. Il mourut vers la fin du viie siècle, vers l'an 684. — 19 octobre.

AQUILIN (saint), prêtre et martyr, d'une noble famille de la Franconie, naquit à Wurtzbourg, et alla faire ses études à Cologne. L'évêque de cette ville l'éleva aux ordres sacrés et l'admit au nombre des membres de son clergé. Lorsqu'il eut perdu ses parents, il distribua son patrimoine aux pauvres, et il fut ensuite élu prévôt du chapitre de Cologne. Après la mort de l'évêque il fut choisi pour lui succéder ; mais redoutant le fardeau de l'épiscopat, il prit la fuite et vint à Paris, alors ravagé par la peste. Il contribua par ses prières et ses jeûnes, à la cessation du fléau ; aussi voulut-on l'élever sur le siège de cette ville qui était vacant. Il fut donc obligé de fuir de nouveau et se rendit à Pavie, où il se livra à l'étude de l'Écriture et apprit l'italien. Étant allé à Milan faire un pélerinage au tombeau de saint Ambroise, il entra dans la congrégation des chanoines de Saint-Laurent, et combattit avec tant de zèle certains hérétiques qui renouvelaient les erreurs d'Arius, qu'il parvint à en convertir plusieurs. Les autres, poussés par leur haine contre Aquilin, l'attendirent, un matin qu'il allait faire sa prière dans l'église Ambrosienne et lui percèrent la gorge d'un coup d'épée. Il fut enterré dans l'église de Saint-Laurent, où son tombeau a été illustré par des miracles. — 29 janvier.

AQUILINE (sainte), *Aquilina*, martyre à Roda, près de Gironne en Catalogne, était la mère de saint Victor le Lévite. Forcée d'assister au supplice de son fils avec son mari, comme celui-ci essayait de s'échapper pour ne pas être témoin d'un aussi douloureux spectacle, elle le retint en disant : « Cher époux, soyons fermes dans la foi, et mourons pour Jésus-Christ. » Tous deux se mirent à genoux pour prier, et c'est dans cette posture qu'ils reçurent le coup mortel, par ordre de Rufin, gouverneur de la province, l'an 291, sous le règne de Dioclétien et Maximien. — 22 janvier.

AQUILINE (sainte), vierge et martyre à Biblis en Palestine, n'avait que douze ans lorsqu'elle fut arrêtée comme chrétienne, souffletée, battue de verges et percée avec des alènes rougies au feu. Ayant été ensuite frappée du glaive, par ordre du juge Volusien, elle remporta la double couronne de la virginité et du martyre, l'an 293, sous l'empereur Dioclétien. — 13 juin.

AQUILINE (sainte), martyre en Lycie fut convertie à la foi avec sainte Nicète par la prédication de saint Christophe, martyr : elles eurent, l'une et l'autre la tête tranchée. — 24 juillet.

AQUILLE (sainte), *Aquilla*, martyre à Césarée en Mauritanie, souffrit avec saint Séverien, son mari, le supplice du feu. — 23 janvier.

AQUILON (saint), *Aquilo*, confesseur, était honoré autrefois à Genève, le 19 octobre.

ARABIE (sainte), *Arabia*, martyre à Nicée, avec saint Theusétas et plusieurs autres, fut jetée dans les flammes pour avoir confessé Jésus-Christ. — 13 mars.

ARATOR, (saint), prêtre d'Alexandrie et martyr, mourut en prison avec plusieurs autres. — 21 avril.

ARATUS (saint), martyr en Egypte, était un de ces missionnaires qui, sous la conduite de saint Recombe, était allé évangéliser la partie septentrionale de l'Egypte. Arrêtés par des soldats que le préfet avait envoyés à leur poursuite, ils eurent la tête tranchée. — 16 janvier.

ARBOGASTE (saint), *Arbogastus*, évêque de Strasbourg, né en Aquitaine vers le milieu du vii° siècle, de parents distingués, quitta sa famille et son pays, vers l'an 666, et se retira dans une forêt de l'Alsace, à trois lieues d'Haguenau, qu'on appela depuis la Forêt-Sainte (*Heiligen Forst*), à cause des miracles qu'il opéra dans cette solitude, des anachorètes qui l'habitèrent, et des monastères qu'on y construisit. Le premier de ces monastères, qui prit le nom de Surbourg, de la rivière qui passait auprès, fut fondé par Arbogaste lui-même ; il y joignit une église qu'il plaça sous l'invocation de la Sainte Vierge et de saint Martin de Tours. Dagobert II qui venait d'être rétabli sur le trône d'Austrasie, lui fournit par ses libéralités de quoi subvenir aux dépenses de cet établissement. Arbogaste ayant guéri, par ses prières, le prince Sigebert d'une blessure grave qu'il s'était faite en tombant de cheval, pendant qu'il était à la chasse dans la forêt d'Ebersmunster, Dagobert reconnaissant de ce miracle opéré en faveur de son fils,

et rempli d'ailleurs de vénération pour les vertus du saint, le choisit, en 673, pour remplacer, sur le siége de Strasbourg, l'évêque Rothaire, qui venait de mourir. En 675, ce prince donna à la cathédrale de Strasbourg la terre de Rouffach et le palais d'Isembourg, avec le territoire qui en dépendait, et ce don royal fut fait en considération d'Arbogaste. Le saint évêque, après cinq ans d'un épiscopat employé à la sanctification de son troupeau, donna, avant sa mort, un rare exemple d'humilité, en demandant d'être enterré hors de la ville, sur une colline où l'on exécutait les criminels ; il mourut le 21 juillet 678 : les miracles qui s'opérèrent à son tombeau y attirèrent bientôt l'affluence des fidèles, et l'on y bâtit une chapelle sous l'invocation de saint Michel. Saint Florent, son successeur, leva son corps de terre, et l'exposa à la vénération publique ; il fut transféré, au ix° siècle, dans l'église abbatiale de Surbourg. Deux siècles plus tard, une partie de ses reliques fut placée dans le monastère de son nom, qui venait d'être fondé près de Strasbourg, pour des chanoines réguliers de l'ordre de Saint-Augustin ; mais les luthériens détruisirent, en 1530, le monastère et les reliques qu'il renfermait. Saint Arbogaste est patron du diocèse de Strasbourg. — 21 juillet.

ARBON (saint), *Arbo*, est honoré comme martyr le 3 mai.

ARBUR (saint), martyr avec saint Darius et plusieurs autres, est honoré chez les Grecs le 12 avril.

ARCADE (saint), *Arcadius*, martyr en Afrique, sortait d'une illustre famille, et il habitait la ville de Césarée en Mauritanie, lorsqu'éclata, contre les chrétiens, une violente persécution, qu'on croit être celle de Gallus ou celle de Valérien. Il quitta sa famille et ses biens, non par la crainte des tourments, mais pour servir Jésus-Christ avec plus de liberté, et il se retira dans un lieu solitaire où il vaquait à la prière et menait une vie austère et pénitente. Le rang distingué qu'il tenait dans la ville ne permit pas que sa disparition restât longtemps ignorée : le gouverneur, informé qu'il ne paraissait pas aux sacrifices, envoya à son domicile des soldats qui n'y trouvèrent qu'un de ses parents. Celui-ci fit tout ce qu'il put pour justifier l'absence d'Arcade ; mais les soldats, sans s'inquiéter de ses raisons, le conduisirent au gouverneur, qui le fit garder étroitement, jusqu'à ce qu'il eût indiqué le lieu où Arcade était caché. Arcade ayant appris le danger que courait ce parent à cause de lui, et désirant d'ailleurs le martyre, s'empresse de revenir à la ville, se présente, de lui-même, au juge et lui dit : « Si c'est à cause de moi que vous retenez mon parent dans les fers, accordez-lui la liberté..... Je viens vous déclarer qu'il ignorait le lieu de ma retraite, et que je suis prêt à satisfaire, en personne, à toutes les questions que vous jugerez à propos de me faire. —Je veux bien vous pardonner à tous deux, mais à condition que vous sacrifierez aux dieux. — Qu'osez-vous me proposer ? Connaissez-vous les chrétiens et croyez-vous que la crainte de la mort soit capable de leur faire trahir leur devoir? Jésus-Christ est ma vie, et la mort m'est un gain : inventez tel supplice qu'il vous plaira, jamais je ne serai infidèle à mon Dieu. » Le juge, qui se croyait brave et qui trouvait que les ongles de fer, les verges plombées et le chevalet n'étaient pas suffisants pour assouvir la rage dont il était animé contre le saint, cherchait dans son esprit quelque supplice extraordinaire, inouï. Après quelques moments de réflexion, il dit aux bourreaux : « Saisissez cet impie; faites-lui voir, faites-lui désirer la mort, sans qu'il puisse l'obtenir de longtemps. Coupez les articulations de ses membres, l'une après l'autre, et cela avec tant de lenteur, qu'il apprenne ce que c'est que d'abandonner les dieux de ses ancêtres pour adorer une divinité inconnue. » Aussitôt les bourreaux traînent Arcade dans le lieu où plusieurs martyrs avaient déjà été immolés. Arrivé là, le saint lève les yeux au ciel dont il implore le secours, et présente ensuite le cou, dans la pensée qu'on allait le décapiter; mais les bourreaux, se conformant aux ordres qu'ils venaient de recevoir, lui coupent successivement les articulations des doigts, des bras et des épaules, ils le couchent ensuite sur le dos et lui coupent celles des doigts de chaque pied, celles des jambes et des cuisses. Arcade présentait ses membres, les uns après les autres, avec une patience héroïque, et sa langue, qu'on avait oublié de couper, répétait par intervalles ces paroles : *Seigneur, enseignez-moi votre sagesse.* La vue de son corps, qui n'était plus qu'un tronc baigné dans son sang, tirait des larmes de tous les yeux. Les assistants ne pouvaient se lasser d'admirer une constance dont il n'y avait point d'exemples, et ils confessaient que le principe en était divin. Arcade, qui vivait encore, après cette horrible mutilation, offrait à Dieu ses membres épars çà et là : *Heureux membres,* s'écriait-il, *c'est à présent que vous m'êtes chers, puisque vous appartenez véritablement à mon Dieu, à qui vous avez été offerts en sacrifice! Et vous,* ajouta-t-il, en s'adressant au peuple, *vous qui avez été spectateurs de cette sanglante tragédie, apprenez que tous les tourments ne sont rien pour celui qui envisage une couronne éternelle. Vos dieux ne sont pas des dieux : renoncez donc à leur culte sacrilége. Il n'y a point d'autre Dieu que celui pour lequel je souffre et pour lequel je meurs. Lui seul me soutient et me console dans l'état où vous me voyez. Mourir pour lui, c'est vivre, et souffrir pour lui, c'est être dans les délices.* Tandis qu'il parlait ainsi, il expira doucement, le 12 janvier. Les idolâtres ne purent refuser leur admiration à son invincible patience. Les chrétiens glorifiaient Dieu qui fortifie ceux qui l'adorent et qui l'aiment ; ils ramassèrent toutes les parties de son corps et les renfermèrent dans un même tombeau. — 12 janvier.

ARCADE, (saint), martyr dans la Chersonèse, avec saint Basile, évêque, et plusieurs autres, souffrit au commencement du IVe siècle. — 4 mars.

ARCADE (saint), martyr, en Afrique, était Espagnol de nation. Se trouvant en Afrique pendant la persécution des Vandales, et ayant refusé d'entrer dans la secte impie des ariens, il fut d'abord proscrit par le roi Genseric, puis envoyé en exil, où on le fit mourir après d'horribles tourments, l'an 437. Il nous reste une lettre d'Antoine, évêque de Constantine, adressée à Arcade et à ses compagnons d'exil, par laquelle il les félicite de leur courage et les exhorte au martyre. — 13 novembre.

ARCADE (saint), évêque de Bourges, qui florissait dans la première partie du VIe siècle, donna la tonsure cléricale à saint Patrocle, reclus en Berri, et quelque temps après, il l'éleva au diaconat. Il mourut en 545 et son corps fut inhumé dans l'église de Saint-Ursain ; saint Désiré lui succéda. — 1er août.

ARCAN (saint), *Arcanus*, ermite en Toscane, est honoré à Borgo-di-San-Sépolcro en Italie ; il florissait dans le VIIe siècle. — 1er septembre.

ARCANGÈLE (la bienheureuse), *Archangela*, carmélite, née à Trino dans le Mont-Ferrat, au commencement du XVe siècle, fit ses vœux au monastère du Petit-Carmel, où elle passa saintement sa vie. Elle y mourut en 1480 et elle est honorée le 25 janvier.

ARCHÉLAIDE ou ARQUELAIDE (sainte), *Archelais, dis*, vierge et martyre près de Nole en Campanie, souffrit avec plusieurs autres. Leurs reliques se gardent dans l'église de Saint-Georges à Salerne, où elles sont honorées le 18 janvier.

ARCHÉLAUS (saint), diacre, et martyr à Ostie avec saint Quiriace, évêque, et plusieurs autres, souffrit sous le préfet Ulpien, du temps de l'empereur Alexandre Sévère. — 23 août.

ARCHELAUS, (saint), évêque de Cascar en Mésopotamie, au IIIe siècle, occupait paisiblement ce siége, lorsque des soldats de l'armée romaine, qui avaient leurs quartiers dans cette ville, firent prisonniers plus de sept mille chrétiens qui, pendant une grande sécheresse, s'étaient rendus à un pèlerinage célèbre, pour demander à Dieu de la pluie. Les soldats offrirent à Archélaüs de les mettre tous en liberté, s'il voulait payer leur rançon. Le saint, que sa pauvreté mettait dans l'impossibilité de faire, par lui-même, cette œuvre de miséricorde, la proposa à Marcel, habitant de Cascar, recommandable par sa naissance et ses richesses, mais plus encore par ses vertus et surtout par son immense charité. Marcel fournit la somme nécessaire. Ce trait de générosité fit connaître au loin Marcel, et l'hérésiarque Manès, qui s'était échappé de la prison où Sapor Ier, roi de Perse, l'avait fait enfermer, lui écrivit une lettre remplie d'éloges, mais dans laquelle il insinuait ses erreurs. Marcel fit part de cette lettre à Archélaüs, et ils convinrent entre eux d'attirer Manès à Cascar. Il y vint en effet, et dans les conférences publiques qu'il eut avec le saint évêque, en 277, il fut réduit au silence et couvert de confusion. S'étant réfugié à Diodoride, dans le même diocèse, le curé du lieu eut recours à son évêque et le pria de lui suggérer des réponses capables de confondre cet hérésiarque. Archélaüs lui envoya un précis de raisons qui démontraient l'impiété et l'extravagance du système de Manès, et se rendit lui-même à Diodoride, où il remporta une nouvelle victoire sur l'erreur. Il écrivit ensuite en syriaque l'histoire du manichéisme qu'il avait été à portée de connaître à fond. Cet ouvrage, qui fut depuis traduit en grec et en latin, a fait placer saint Archélaüs au nombre des auteurs ecclésiastiques par saint Jérôme. —26 décembre.

ARCHÉLAUS (saint), martyr avec saint Cyrille et un autre, est honoré le 4 mai.

ARCHÉLAUS (saint), martyr en Afrique, souffrit avec sainte Félicissime. — 5 mai.

ARCHINIME (saint), *Archinimus*, martyr en Afrique, était de la ville de Mascula en Numidie. Ayant été arrêté pour la foi catholique en 457, par les ordres de Genséric, roi des Vandales, qui persécutait avec un acharnement inouï tous ceux qui ne voulaient pas embrasser l'arianisme, il résista courageusement à tous les moyens qu'on employa pour le séduire, et après d'horribles tortures il fut condamné à avoir la tête tranchée. Déjà le bourreau tenait le glaive levé pour le frapper, lorsqu'on se décida à lui laisser la vie, non par humanité, mais parce que les ariens n'aimaient pas à faire des martyrs, de peur que leur cause ne devînt trop odieuse. On ignore ce qu'Archinime devint dans la suite ; mais le titre de martyr que l'Église lui donne et le culte qu'elle lui rend, prouvent qu'il persévéra jusqu'à la fin dans la foi de Jésus-Christ. — 29 mars.

ARCHIPPE (saint), *Archippus*, fut quelque temps le compagnon de saint Paul dans ses travaux : l'Apôtre fait mention de lui dans son Épître à Philémon et dans celle aux Colossiens. —20 mars.

ARCONCE (saint), *Arcontius*, martyr à Capoue, souffrit avec saint Quince et un autre. —5 septembre.

ARCOUS (saint), *Arcontius*, évêque de Viviers, florissait sur la fin du viie siècle et fut massacré vers l'an 800, pour avoir défendu avec zèle les libertés de son église. Son corps, honoré dans l'église de Saint-Vincent, qui est la cathédrale, fut brûlé par les calvinistes au xvie siècle. — 8 janvier.

ARDAING, (saint), *Ardagnus*, abbé à Tournus, florissait dans le xie siècle et mourut en 1056. Ses reliques ont été illustrées par plusieurs miracles. —11 février.

ARDALION (saint), martyr, était un bateleur qui, jouant sur le théâtre les cérémonies des chrétiens et, contrefaisant les martyrs au milieu des tortures, fut tout à coup changé de telle sorte qu'il en prouva ensuite la sainteté, non-seulement par ses paroles, mais encore par le témoignage de son sang. Il souffrit vers l'an 309.—14 avril.

ARDON, (saint), *Ardo*, surnommé Smaragde, abbé d'Aniane, se mit sous la conduite de saint Benoît d'Aniane, qui lui donna l'habit religieux, et qui lui confia ensuite le gouvernement de son monastère, lorsqu'il fut placé, vers l'an 813, à la tête des monastères de l'empire, par Louis le Débonnaire. Saint Ardon écrivit la Vie de son maître, et mourut le 7 mars de l'an 843. — 7 mars.

ARÉAPILE (sainte), vierge et martyre, était l'une des compagnes de sainte Ursule et fut martyrisée avec elle. Elle est honorée à Saint-Hubert dans les Ardennes. —21 octobre.

ARÈCE (saint), *Aretius*, martyr à Rome avec saint Dacien, fut inhumé sur la voie Appienne.—4 juin.

ARÈGE, ou AREY, (saint), *Aregius*, évêque de Nevers dans le vi^e siècle, succéda à Rustique, et assista au concile d'Orléans en 549, ainsi qu'à celui de Paris en 551. Il montra beaucoup de zèle pour extirper de son diocèse les restes de l'idolâtrie et pour faire disparaître l'hérésie et le vice. Il mourut le 16 août, vers l'an 638, après avoir désigné pour sa sépulture une chapelle de Desize, petite ville de son diocèse sur la Loire. — 16 août.

ARÈS (saint), martyr à Ascalon en Palestine pendant la persécution de Maximin II, fut livré aux flammes par ordre de Firmilien, gouverneur de la province, l'an 308.— 14 décembre.

ARÈSE (saint), *Aresius*, martyr en Afrique, souffrit avec saint Rogat et quinze autres.—10 juin.

ARÉTAS (saint), martyr à Rome, souffrit avec cinq cents autres. — 1er octobre.

ARÉTAS (saint), prince arabe et martyr, était gouverneur de Nagran, ancienne capitale du Yémen, lorsque le juif Duncan, qui s'était proclamé roi des Homérites et qui se proposait d'exterminer tous les chrétiens de ses États, vint mettre le siége devant cette ville. Mais voyant, après plusieurs assauts, qu'elle pouvait faire une longue résistance, il fit dire aux habitants qu'il ne leur serait fait aucun mal, s'ils voulaient lui ouvrir les portes. Cette proposition fut acceptée malgré les représentations d'Arétas, qui n'avait aucune confiance dans les promesses de Duncan; celui-ci ne fut pas plutôt entré dans la ville qu'il mit tout à feu et à sang. Tous ceux des habitants qui ne voulurent pas embrasser le judaïsme furent massacrés. Lorsqu'Arétas fut conduit devant le tyran, celui-ci l'insulta en lui disant que le Christ avait trahi la confiance qu'il avait mise en lui. « Reniez-le donc, ajouta-t-il, afin d'épargner à votre vieillesse le châtiment que je vais faire subir à ceux qui s'obstineront à croire en lui. » Le magnanime vieillard, qui avait quatre-vingt-quinze ans, non-seulement ne se laissa pas ébranler, mais il adressa une allocution énergique à tous les chrétiens qui se trouvaient présents, pour les exhorter au martyre. Duncan les condamna à mort et les fit conduire sur le bord d'un torrent, avec ordre de les égorger et de jeter leurs corps dans l'eau. Arétas fut exécuté le premier, et ensuite 340 des principaux habitants, l'an 523. Quelques années après, saint Elesbaan fit bâtir sur le lieu de leur supplice une église en leur honneur. — 24 octobre.

AREZ (saint), est honoré à Montpellier le 17 mai.

ARGÉE (saint), *Argeus*, martyr à Tomes, dans le Pont avec saint Narcisse, son frère, fut décapité vers l'an 321, pendant la persécution de l'empereur Licinius. — 2 janvier.

ARGENIS (sainte), martyre en Ethiopie, est honorée le 13 juin.

ARGYMIRE (saint), *Argymirus*, moine et martyr à Cordoue, avait exercé dans cette ville un emploi considérable. En ayant été dépouillé par les Maures, à cause de sa religion, il profita de cette disgrâce pour embrasser l'état monastique. Comme il prêchait avec zèle les vérités chrétiennes, quelques musulmans l'accusèrent devant le cadi, d'avoir traité Mahomet d'imposteur et de professer la divinité de Jésus-Christ. Il fut donc mis en prison, et le cadi n'ayant pu lui arracher, par les tortures, un acte d'apostasie, le fit transpercer d'un coup d'épée, l'an 856, sous le roi Mohamed, fils et successeur d'Abdérame II, qui continuait la persécution commencée par son père. Son corps fut inhumé dans l'église de Saint-Aciscle, près du tombeau de saint Parfait. Il est mentionné par saint Euloge dans son Mémorial des saints. — 28 juin.

ARIADNE (sainte), *Ariadna*, martyre en Phrygie, souffrit vers l'an 130, sous le règne d'Adrien. — 17 septembre.

ARIALD (saint), *Arialdus*, diacre et martyr, né dans un bourg près de Milan, après ses premières études, vint en France et fréquenta les écoles de Laon et de Paris, où il se rendit très-habile dans les sciences divines et humaines. De retour dans son pays, il fut fait diacre et obtint un canonicat. S'étant livré au ministère de la prédication, il se fit entendre surtout à Milan, où ses discours étaient fort suivis. S'étant élevé, un jour, contre les désordres des clercs, l'archevêque Guy lui fit des réprimandes sur son zèle et il alla ensuite jusqu'à l'excommunier. Alors Ariald se rendit à Rome près du pape Étienne IX, qui leva l'excommunication et le renvoya à Milan, l'exhortant à continuer ses efforts pour la réformation du clergé de cette ville. Ariald se mit à attaquer publiquement la simonie qui entachait l'archevêque et la plupart des prêtres milanais. Il y avait dix ans qu'il combattait avec un courage intrépide pour la cause de Dieu et de son Église, lorsqu'il obtint enfin la palme du martyre, qu'il désirait avec ardeur. Chaque fois qu'il rencontrait un vrai serviteur de Dieu, il lui disait : Je vous en conjure, par Jésus-Christ, de lui demander la grâce de sceller de mon sang sa parole que je prêche : sa demande fut enfin exaucée. L'archevêque Guy avait promis, avec serment, au légat du pape, le B. Pierre Damien, de ne plus rien accepter pour la collation des ordres et des bénéfices; mais lorsqu'il y eut des églises vacantes, il recommença d'en faire un indigne trafic. Alors Ariald envoya au pape son ami saint Herlembaud, pour lui signaler cette rechute dans la simonie. Herlembaud rapporta une sentence d'excommunication contre l'archevêque. Celui-ci ameuta le peuple dans l'église, et, dans le tumulte, saint Ariald fut blessé près de la balustrade où il priait. Lorsqu'il fut guéri de ses blessures, il se mit en route pour Rome; mais arrêté en chemin par des émissaires de Guy, il fut conduit sur les bords du lac Majeur et tué par deux clercs, qui le mutilèrent horriblement avant de lui arracher la vie, l'an 1066. Dix mois après, son corps fut trouvé au fond du lac et rapporté en grande pompe à Milan. Il resta exposé dans l'église de Saint-Ambroise, depuis l'Ascension jusqu'à la Pentecôte, et loin de sentir mauvais, malgré les chaleurs et le long séjour qu'il avait fait dans l'eau, il exhalait, au contraire, une odeur suave. Il fut ensuite enterré dans l'église de Saint-Celse, et, l'année suivante, Alexandre II le déclara martyr. — 27 juin.

ARIBERT (saint), évêque de Tortone, en Italie, est honoré le 5 mai.

ARIEN (saint), *Arianus*, martyr à Alexandrie, exerçait à Antinoé les fonctions de juge, et il venait de condamner saint Apollone et saint Philémon à être brûlés vifs. Les deux martyrs étaient près du bûcher allumé, lorsque saint Apollone fit à Dieu cette prière : Seigneur, ne livrez pas aux bêtes les âmes qui confessent votre nom, mais manifestez votre puissance. Aussitôt un nuage de rosée l'environna, ainsi que son compagnon, et éteignit le feu. Arien frappé de ce prodige s'écria : Le Dieu des chrétiens est grand; il est le seul Dieu. Il fut conduit à Alexandrie, avec les deux martyrs, par ordre du préfet d'Égypte qui, ne pouvant vaincre leur constance, les fit jeter dans la mer, vers l'an 311, pendant la persécution de Maximin. — 8 mars.

ARIGE (saint), *Aredius*, ou *Aregius*, évêque de Gap, était fils d'Aprocasius et de Sempronia, distingués l'un et l'autre par leur noblesse. Il naquit à Châlons-sur-Saône vers l'an 535, et fut baptisé par le bienheureux Didier, évêque de cette ville, qui se chargea du soin de son éducation. Arige fit, sous un tel maître, de grands progrès dans la piété et dans les sciences. Il mérita, par ses goûts vertueux et par l'innocence de ses mœurs, d'être élevé au sacerdoce. Il fut ensuite, pendant plusieurs années, curé de la paroisse de Morgey, dans le diocèse de Clermont en Auvergne. Sagittaire, évêque de Gap, ayant été déposé pour ses crimes, dans le concile tenu à Châlons en 579, Arige fut élu pour lui succéder. Arrivé dans son diocèse, il y trouva de grands désordres à réprimer et des abus graves à détruire, ce qu'il fit avec autant de zèle que de succès. Il exhortait les pécheurs à la pénitence, encourageait les faibles et entretenait les justes dans la persévérance. Il attachait une grande importance à l'éducation des jeunes clercs qui devaient, dans la suite, procurer de bons ministres à l'Eglise, et, tout en travaillant à la sanctification de son troupeau, il s'appliquait aussi à la sienne avec ardeur, affligeant son corps par les mortifications et les pratiques austères de la pénitence. En 584, il assista au concile de Valence, et l'année suivante, au concile de Mâcon. Il fit en 598 le pèlerinage de Rome, pour visiter les tombeaux des saints apôtres, et fut accueilli avec distinction par le pape saint Grégoire le Grand, qui conçut pour Arige une amitié si étroite qu'ils ne purent se quitter sans verser des larmes abondantes. Saint Grégoire lui écrivit ensuite plusieurs lettres remplies d'éloges et de témoignages d'affection : dans l'une il lui permet, ainsi qu'à son premier diacre, de porter la dalmatique dont l'usage n'était pas encore connu dans ce siècle. On croit qu'il mourut la même année que saint Grégoire, c'est-à-dire, l'an 604, âgé d'environ soixante-neuf ans. Lorsqu'il se sentit près d'expirer, il se fit porter devant l'autel de saint Eusèbe ; puis s'étant mis sur la cendre, il reçut le viatique du corps et du sang de Jésus-Christ, qui lui fut administré par Isicé, évêque de Grenoble. Il est honoré dans la Provence et le Dauphiné. Il y a près de Grenoble une paroisse qui s'appelle Saint-Arey, nom sous lequel saint Arige est connu dans plusieurs provinces. — 1er mai.

ARIGE (saint), évêque de Lyon, succéda à Secondin, l'an 603, et, la même année, il présida le concile de Châlons-sur-Saône où saint Didier de Vienne fut injustement déposé et envoyé en exil. On ignore quelle part Arige prit à cet acte d'iniquité, qui lui est reproché par quelques historiens. Peu de temps après, il fut envoyé par Thierri, roi de Bourgogne, en ambassade près de Belteric, roi d'une partie d'Espagne, pour demander en mariage la princesse, sa fille ; mais on ignore si la négociation réussit. Après la défaite de Théodebert, roi d'Austrasie, on retrouve à Metz un évêque du nom d'Arige, qui donna un coup de pied à saint Romaric. Était-ce l'évêque de Lyon ? Les uns disent qu'il était mort, les autres lui imputent encore cette brutalité. Ce qui inclinerait à croire que l'on a chargé mal à propos sa mémoire, c'est qu'il est honoré comme saint dans le diocèse de Lyon, où on lui rend un culte public. Il mourut à l'âge d'environ cinquante ans, et son corps fut inhumé dans l'église du monastère de Saint-Just, qu'il avait fondé. Il est nommé dans le Martyrologe de France, sous le 10 août.

ARILLE (saint), *Agricola*, évêque de Nevers, florissait sur la fin du vie siècle et mourut en 594. Il est honoré dans cette ville le 26 février.

ARION (saint), *Ario*, martyr à Sébaste, souffrit avec saint Décoron. — 22 mars.

ARISTARQUE (saint), *Aristarchus*, disciple de saint Paul, était juif et originaire de Thessalonique. Il accompagna, à Éphèse, l'apôtre des nations et y resta deux ans avec lui, partageant ses travaux et ses dangers : il faillit être massacré au milieu de l'émeute excitée par un orfèvre de cette ville, au sujet de la statue de Diane. Il partit d'Éphèse avec saint Paul pour se rendre à Corinthe et de là à Jérusalem. Il le suivit également dans son voyage de Rome, où il partagea sa captivité. On ignore ce qu'il devint après la mort de saint Paul. Les Grecs, qui l'honorent le 14 avril, lui donnent le titre d'apôtre et de martyr et le font évêque de Thessalonique. — 4 août.

ARISTE (saint), *Aristius*, évêque en Syrie, confessa la foi de Nicée sous l'empereur Constance et mourut dans le milieu du ive siècle. — 3 septembre.

ARISTE (saint), *Aristus*, est honoré chez les Éthiopiens le 19 septembre.

ARISTE (saint), était originaire de Béryte en Syrie, et il est aussi honoré chez les Éthiopiens. — 24 avril.

ARISTÉE ou ARECE (saint), *Aristeus*, l'un des quarante-sept martyrs de Lyon, mourut en prison l'an 177, sous l'empereur Marc-Aurèle. — 2 juin.

ARISTÉE (saint), évêque de Capoue, et martyr, souffrit l'an 303, pendant la persécution de Dioclétien. Il y a dans sa ville épiscopale une église magnifique qui porte son nom. — 3 septembre.

ARISTIDE (saint), *Aristides*, Athénien qui, s'étant converti au christianisme, en devint un des plus zélés défenseurs. Il présenta à l'empereur Adrien une Apologie de la religion, contenant un traité raisonné de notre croyance, et il prouva, par un discours éloquent, en présence d'Adrien lui-même, la divinité de Jésus-Christ. Il mourut dans le iie siècle. — 31 août.

ARISTION (saint), *Aristion*, l'un des soixante-douze disciples de Notre-Seigneur, est honoré à Salamine, dans l'île de Chypre, le 22 février.

ARISTOBULE (saint), *Aristobulus*, disciple des apôtres et martyr, prêcha l'Évangile en divers lieux et souffrit ensuite le martyre, sans qu'on sache en quel pays. — 15 mars.

ARISTOCLÈS (saint), prêtre et martyr à Constance, dans l'île de Chypre, souffrit sous l'empereur Galère. — 23 juin.

ARISTON (saint), *Aristo*, martyr à Rome, fut inhumé près de cette ville. — 13 décembre.

ARISTON (saint), martyr en Afrique, souffrit l'an 250, pendant la persécution de Dèce et fut l'un des compagnons de saint Mappalique. Son nom nous a été transmis par saint Cyprien. — 17 avril.

ARISTON (saint), martyr dans la Campanie avec plusieurs autres, souffrit l'an 286, pendant la première persécution de Dioclétien. — 2 juillet.

ARISTONIQUE (saint), *Aristonicus*, martyr à Mélitine en Arménie avec saint Hermogène et plusieurs autres, est honoré le 19 avril.

ARMENTAIRE (saint), *Armentarius*, premier évêque d'Antibes en Provence, a donné son nom à une ancienne église de Draguignan, où l'on célèbre sa fête de temps immémorial. — 30 janvier.

ARMENTAIRE (saint) évêque de Pavie, et confesseur, florissait au commencement du viiie siècle, et mourut en 730. — 30 janvier.

ARMOGASTE (saint), *Armogastes*, confesseur, était revêtu de la dignité de comte, et possédait une charge importante à la cour de Genseric, roi des Vandales en Afrique. Ce prince arien excita, en 457, une cruelle persécution contre les catholiques, et le comte Armogaste fut une des premières victimes de sa fureur. Genseric, après l'avoir dépouillé de sa charge, le fit serrer avec des cordes qui se rompaient toutes les fois que le saint levait les yeux vers le ciel; ensuite on le pendit par un pied, la tête en bas; il parut aussi tranquille dans cette position que s'il eût été couché sur un bon lit. Théodoric, fils du roi, voulait qu'on lui tranchât la tête; mais un prêtre arien, qui se trouvait là, le fit changer d'avis. *Si vous lui faites couper la tête*, dit-il au prince, *ceux de son parti l'honoreront comme martyr, et notre cause en souffrira*. Armogaste fut donc condamné aux mines, dans la Bisacène; on le relégua, plus tard, dans le voisinage de Carthage, où on l'employait à la garde des troupeaux, occupation bien vile aux yeux du monde pour un homme aussi distingué qu'Armogaste, mais bien noble aux yeux de la religion pour laquelle il souffrait. Quelque temps avant de mourir, il prédit l'heure de sa mort, et désigna le lieu où il voulait être enterré. Il alla ensuite recevoir dans le ciel la récompense des sacrifices qu'il avait faits pour la foi et des tourments qu'il avait endurés. — 29 mars.

ARNOALDE (saint), *Arnoaldus*, évêque de Metz, florissait sous Théodebert II, roi d'Austrasie, sur la fin du ve siècle, et mourut vers l'an 610. Il y avait autrefois, près de Sarrebourg, une collégiale qui portait son nom et qui fut détruite par les Luthériens au commencement de la réforme; mais l'église fut respectée. On croit qu'il y avait fondé une communauté de clercs, et qu'il y fut enterré. Quelques auteurs le font père de saint Arnould, mais le fait n'est pas certain. — 9 octobre.

ARNOLD (saint), *Arnoldus*, confesseur, était Grec d'origine et musicien de profession. Il fut un des ornements de la cour de Charlemagne qui l'estimait beaucoup à cause de l'innocence de ses mœurs et de ses vertus, dont la plus remarquable était sa charité pour les pauvres. Il édifia longtemps le village de Genetwillers, où il avait fixé sa demeure, et qui fut depuis appelé de son nom Arnold-Villers. Il mourut au commencement du ixe siècle. — 8 juillet.

ARNOUL (saint), *Arnulphus*, missionnaire et martyr, était engagé dans les liens du mariage, mais il se sépara de sainte Scariberge, son épouse, du consentement de celle-ci, pour entrer dans la cléricature et se faire prédicateur de l'Evangile. Il s'appliqua surtout à la conversion des Francs, qui étaient restés idolâtres après le baptême de Clovis. Ses travaux apostoliques furent traversés par de grandes contradictions qui se terminèrent par le martyre. Il fut mis à mort dans la forêt d'Yveline, sur la fin du ve siècle ou au commencement du vie, et il fut inhumé par les soins de sainte Scariberge. Il s'est formé, dans le lieu où il souffrit, une petite ville qui porte son nom. — 18 juillet.

ARNOUL (saint), évêque de Metz et solitaire, né au château de Lay, à quelques lieues de cette ville, vers l'an 575, sortait d'une des premières familles de l'Austrasie, et fut instruit avec soin dans toutes les sciences qu'on étudiait de son temps. Son mérite, sa capacité pour les affaires et sa valeur le firent parvenir aux premières dignités sous le roi Théodebert, qui le fit gouverneur de six provinces. Théodebert ayant été vaincu et détrôné en 612 par Thierri son frère, et celui-ci étant mort, l'année suivante, Clotaire devenu roi de toute la France, traita Arnoul avec la plus grande distinction et lui fit les offres les plus brillantes; mais le saint, qui dans sa jeunesse avait formé le projet de se faire moine à Lérins, et qui nourrissait toujours le désir de quitter le monde, en trouva l'occasion au moment où il s'y attendait le moins. Le clergé et le peuple de Metz l'élurent pour évêque, et Clotaire, qu'ils prièrent de ratifier cette élection, acquiesça à leur demande, tout en regrettant la perte d'un homme qui lui eût été si utile dans le gouvernement de ses vastes états. Arnoul se vit donc obligé d'accepter un fardeau qu'il redoutait d'autant plus qu'il était plus digne de le porter; et Dode, sa femme, de qui il avait eu deux enfants, saint Clou, qui fut depuis évêque de Metz, et Anségise, qui fut l'un des ancêtres de Charlemagne, prit le voile de religieuse dans un monastère de Trèves. Il fut sacré l'an 614, et quoique dans le siècle sa vie eût été celle d'un saint, il redoubla encore ses austérités, ne quittant jamais le cilice et passant quelquefois jusqu'à trois jours de suite sans manger, et encore ses repas ne se composaient ordinairement que de pain et d'eau. Ses propres revenus et ceux de son évêché étaient consacrés au soulagement des malheureux et à des œuvres de bienfaisance, et l'on ne pouvait comprendre comment il pouvait suffire à des aumônes aussi abondantes. Clotaire, qui n'avait consenti qu'à regret à son élection, ne voulut pas se priver de ses conseils et de son expérience, et lorsqu'en 622 il eut rétabli en faveur de Dagobert, son fils, le royaume d'Austrasie, il nomma tuteur du jeune prince et régent du royaume Arnoul et le bienheureux Pepin de Landen. Les grandes occupations que lui imposait sa double charge d'évêque et de ministre d'État faisait soupirer Arnoul plus vivement que jamais après la solitude; mais ce ne fut qu'en 629 qu'il put faire agréer à Clotaire sa démission. Comme ses diocésains lui témoignaient par leurs larmes le regret de perdre un si bon père, il dit à la foule des malheureux qui s'étaient réunis pour assister à son départ : « Cessez vos gémissements et vos pleurs ; Dieu vous donnera un pasteur qui aura pour vous des entrailles de miséricorde et qui vous secourra dans vos nécessités. » Ce pasteur, c'était saint Goéric, qui fut nommé peu de temps après. Saint Arnoul se retira sur une montagne voisine du monastère d'Habend, ou du Saint-Mont, alors gouverné par saint Romaric. Comme ils s'étaient connus à la cour de Théodebert, la sainte amitié qui les avait unis dans le monde ne fit que croître dans la solitude. Comme les deux montagnes qu'ils habitaient étaient très rapprochées, pour faciliter les fréquentes visites qu'ils se faisaient mutuellement, ils firent construire dans la vallée profonde qui sépare ces deux éminences une chaussée qui existe encore et qui est connue dans le pays sous le nom de *Pont des Fées*. Quand saint Arnoul arriva dans sa solitude avec quelques moines qui venaient partager son genre de vie, il y trouva des cellules que saint Romaric avait fait construire pour le saint évêque et ses compagnons. Arnoul y ajouta un hospice pour des lépreux : il les servait souvent à table et les soignait de ses propres mains. Ce dévouement sublime envers des infortunés qui inspiraient une répulsion universelle, joint à des austérités extraordinaires et au don des miracles, le mirent en grande vénération dans le pays. Pendant sa dernière maladie, saint Romaric ne le quitta plus. Quelques heures avant sa mort, saint Arnoul lui dit : «Vous qui êtes l'ami de Dieu, priez Jésus-Christ pour moi, car c'est aujourd'hui que je paraîtrai devant mon juge, et que deviendrai-je? Je n'ai rien fait de bon dans ma vie et je suis chargé de fautes pour lesquelles je vous prie d'implorer la clémence divine. » C'est dans ces sentiments de piété qu'il mourut, le 16 août 641. Saint Romaric fit transporter le corps de son ami dans son monastère d'Habend, et l'année suivante, saint Goéric, évêque de Metz, accompagné des évêques de Verdun et de Toul, vint chercher ces précieuses dépouilles et les reconduisit à Metz. Cette translation se fit avec une grande solemnité et fut illustrée par plusieurs miracles. Le saint corps fut déposé dans l'église des apôtres et comme cérémonie eut lieu le 18 juillet, c'est en ce jour que saint Arnoul est nommé dans le Martyrologe romain. Sa Vie a été écrite par saint Goéric, son successeur sur le siége de Metz. — 18 juillet.

ARNOUL (saint), évêque de Toul au milieu du IX° siècle, se distingua par ses vertus et surtout par la fermeté avec laquelle il s'opposa au divorce de l'empereur Lothaire, qui voulait répudier Thietberge pour épouser Valdrade. Le prince, irrité de la résistance du saint évêque, dépouilla son église d'une partie de ses biens. En 869, il assista, à Metz, au couronnement de Charles le Chauve, avec six autres évêques, et il mourut deux ans après, l'an 871. — 15 novembre.

ARNOUL (saint), évêque de Gap en Dauphiné, avait d'abord été religieux du monastère de la Trinité, à Vendôme. Il est honoré à Rome et l'on croit qu'il mourut dans cette ville où il était allé faire un pèlerinage en 1063. Il y a, près de Vendôme, dans le diocèse de Blois, une paroisse qui porte son nom. — 19 septembre.

ARNOUL (saint), martyr près de Chisoing en Flandre, était écuyer d'un seigneur du pays. Les ennemis de son maître l'ayant saisi, le pendirent à un gibet, dans le VIII° siècle, et les miracles qu'il opéra après sa mort le firent honorer comme martyr. Ses reliques, qui étaient l'objet de la vénération des fidèles, furent entièrement dispersées par les hérétiques dans le XVI° siècle. — 29 janvier.

ARNOUL (saint), martyr, en Champagne vers la fin du X° siècle, était fils de Hugues, comte de Chaumontois, et descendait, par son père, de saint Arnoul, évêque de Metz. Ayant été massacré par des scélérats, la comtesse Eve, sa mère, le fit enterrer dans l'abbaye de saint Arnoul de Metz. Ses reliques, portées depuis à l'église abbatiale de Mouson, furent placées dans une châsse d'argent, sous le grand autel. — 23 avril et 3 octobre.

ARNOUL (saint), évêque de Soissons, né au commencement du XI° siècle, d'une famille noble et riche, embrassa d'abord la profession militaire, et servit avec distinction sous les rois de France Robert et Henri I°°. Il quitta ensuite le parti des armes pour se retirer à l'abbaye de Saint-Médard de Soissons où il prit l'habit religieux. Lorsqu'il se fut exercé quelque temps à la vie monastique, il obtint de son abbé la permission de se renfermer dans une cellule du voisinage, et là il n'eut presque plus aucune communication avec les hommes, ne s'occupant que de la prière et des pratiques de la pénitence. Il y avait trois ans et demi qu'il habitait sa cellule, lorsqu'en 1082, le clergé et le peuple de Soissons le demandèrent pour évêque aux Pères du concile qui se tenait alors à Meaux. Les députés du concile étant venus lui faire part de son élection, il leur répondit : « Laissez un pécheur offrir à Dieu quelques fruits de pénitence, et ne forcez pas un homme tel que moi à se charger d'un fardeau qui exige tant de sagesse. » Il finit cependant par se rendre aux vives instances qu'on lui fit, et remplit saintement les devoirs de l'épiscopat. Mais l'impossibilité de remédier à des abus graves et la crainte du compte qu'il aurait à rendre à Dieu pour lui et pour son troupeau le décidèrent à quitter son siége. Il fonda ensuite un monastère à Aldenbourg, aujourd'hui Oudenbourg en Flandre. Il s'y retira et y mourut sur la cendre et le cilice, l'an 1087. Il fut enterré dans l'église de Saint-Pierre. L'an 1120, l'évêque de Soissons se trouvant au concile de Beauvais, demanda que son saint prédécesseur fût levé de terre, et présentant aux Pères du concile le livre qui contenait la Vie de saint Arnoul, il leur certifia que tout ce qui y était rapporté était véritable, et les pria d'examiner son contenu. « Si le corps de mon prédécesseur était dans mon diocèse, ajouta-t-il, il y a longtemps qu'il ne serait plus en terre. On fit droit à sa demande, et le concile fit savoir à l'abbé d'Oudenbourg le jour qu'on irait lever solennellement de terre le corps saint ; ce qui fut fixé au 1°° mai de l'année suivante. On le plaça dans une châsse et on l'exposa à la vénération des fidèles dans l'église de Saint-Pierre d'Oudenbourg. — 15 août.

ARNOUL, ou ARNOLD (saint), *Arnolaus*, archevêque de Mayence et martyr, était prévôt du chapitre de cette ville lorsqu'il fut élu archevêque en 1153. Il y avait déjà quelques années qu'il gouvernait son diocèse, lorsqu'il s'éleva entre lui et les bourgeois de la ville une discussion au sujet de certains priviléges que ceux-ci revendiquaient au détriment des droits du prélat. La querelle ayant dégénéré en émeute, Arnoul fut massacré dans le cloître de Saint-Jacques, l'an 1160. Son corps, après avoir été traîné nu dans les rues, fut jeté sur un fumier, ensuite mis en morceaux et enseveli sans honneurs. L'empereur Frédéric Barberousse, qui affectionnait le saint archevêque, résolut de tirer une vengeance éclatante de ce meurtre horrible. S'étant rendu à Mayence, l'an 1163, il condamna à mort et fit exécuter les trois principaux auteurs du crime, fit raser le cloître de Saint-Jacques qui en avait été le théâtre, anéantit tous les priviléges de la ville et fit démolir ses remparts. Saint Arnoul est honoré comme martyr, à Mayence, le 1er juillet.

ARNTON (saint), évêque de Wurtzbourg, en Allemagne, se distingua par ses vertus et se rendit célèbre par la reconstruction de sa cathédrale. Il fut massacré par des scélérats, à l'autel même, pendant qu'il disait la messe, et il est honoré, comme martyr, le 13 juillet.

ARONCE (saint), *Aruntius*, martyr à Potenza, dans la Basilicate, était fils de saint Boniface d'Adrumète et de sainte Thècle. Conduit à Carthage avec son père, sa mère et ses onze frères, pendant la persécution de Dèce, il confessa Jésus-Christ, et après avoir vu mourir la plus grande partie de sa famille, il fut relégué en Italie avec trois de ses frères, Honorat, Fabricien et Fortunatien, par ordre du juge Valérien. Ils furent décapités à Potenza, et leurs reliques se gardent à Bénévent. — 28 août.

ARPIN (saint), *Arpinus*, évêque, honoré à Naples, se rendit célèbre par sa sainteté et ses miracles. — 9 novembre.

ARPOLLIN (saint), *Arapollinius*, martyr en Egypte, avec trois autres, est honoré chez les Grecs, le 5 septembre.

ARPOTE (saint), *Arpotes*, confesseur a Alexandrie, est honoré chez les Grecs le 5 juil.

ARPYLE (saint), *Arpylas*, solitaire et martyr, était Goth de nation. Il souffrit la mort pour la foi, sur les bords du Danube, avec plusieurs autres, l'an 370. Il fut brûlé dans une église à laquelle on mit le feu, pendant la persécution du tyran Vinguric. —26 mars.

ARSACE (saint), *Arsacius*, confesseur, était Persan de nation et porta les armes dans sa jeunesse. Il occupait la place d'intendant du domaine impérial, lorsqu'il embrassa le christianisme, et il confessa Jésus-Christ, vers l'an 320, pendant la persécution de l'empereur Licinius. Il renonça ensuite à son emploi pour mener la vie de reclus dans une tour de Nicomédie, et sa sainteté éclata bientôt par des miracles et par des révélations. Il en eut une, entre autres, qui lui fit connaître que la ville de Nicomédie serait détruite par un tremblement de terre. Lorsque l'heure du désastre allait arriver, il courut à l'église et exhorta le clergé et les fidèles à se mettre en prières pour apaiser la colère céleste; mais on ne voulut pas croire au malheur qu'il prédisait, et personne ne s'en effraya. Voyant qu'on n'ajoutait pas foi à ses paroles, il retourna dans sa tour, et se prosternant la face contre terre, il pria Dieu en attendant l'heure fatale; et lorsqu'elle fut arrivée, de violentes secousses ébranlèrent toute la ville, dont une partie ne fut plus, l'instant d'après, qu'un monceau de ruines. Des feux souterrains consumèrent ce qui était resté debout, et la tour qu'habitait Arsace fut seule épargnée. On s'y réfugia en foule, et on le trouva mort, dans l'attitude d'un homme qui prie. Tout ceci arriva le 24 août 358; mais c'est le 16 du même mois que saint Arsace est honoré. — 16 août.

ARSALÈDE (saint), *Arsales*, edis, est honoré chez les Coptes le 9 janvier.

ARSÈNE (saint), *Arsenius*, martyr à Alexandrie, fut arrêté comme chrétien pendant la persécution de Dèce, et conduit devant le magistrat chargé de faire exécuter les édits du prince contre le christianisme. Sur son refus persévérant de sacrifier aux dieux il fut livré à de cruelles tortures et condamné au supplice du feu, l'an 249. — 14 décembre.

ARSÈNE (saint), diacre et anachorète en Egypte, né à Rome en 354, d'une famille alliée à des sénateurs illustres, reçut une excellente éducation, et montra, dès sa jeunesse, beaucoup d'ardeur pour la pratique de la vertu et pour l'étude des sciences. Il acquit une profonde connaissance des auteurs grecs et latins, et s'appliqua avec succès à l'étude de l'Ecriture sainte. Etant entré dans le clergé, il fut fait diacre, et vivait retiré à Rome, avec sa sœur, lorsque l'empereur Théodose, qui cherchait un précepteur pour ses enfants, s'adressa à Gratien, empereur d'Occident, le priant de consulter l'évêque de Rome sur le choix qu'il devait faire. Le pape, qui était alors saint Damase, parla d'Arsène comme de quelqu'un qui avait toutes les qualités que Théodose demandait. Gratien l'envoya donc à Constantinople, en 383, et Théodose le reçut avec distinction, l'éleva à la dignité de sénateur, et ordonna qu'il fût respecté comme le père de ses fils, dont il l'établissait tuteur et précepteur. Il lui donna un train magnifique, et attacha à son service cent domestiques richement habillés. L'empereur étant un jour allé voir les princes, pendant le moment de la leçon, et les ayant trouvés assis, tandis qu'Arsène leur parlait debout, il en fut si mécontent, qu'il les priva pour quelque temps des marques de leur dignité, et ordonna qu'à l'avenir ils fussent debout et Arsène assis, pendant la classe. Les embarras et l'assujétissement attachés aux fonctions d'Arsène contribuèrent encore à augmenter l'inclination qu'il avait toujours eue pour la solitude. Les titres et les honneurs dont il était comblé, le luxe et la pompe qui l'environnaient, étaient pour lui un fardeau insupportable. Il cherchait une occasion de rompre les chaînes brillantes qui l'attachaient à la cour, et il la trouva enfin. Arcade, l'un de ses élèves, ayant commis une faute grave, il l'en punit sévèrement ; mais le jeune prince, irrité par le châtiment, n'en devint que plus opiniâtre. Alors Arsène, ne sachant que résoudre, pria Dieu de lui faire connaître sa volonté, et une voix lui répondit : « Arsène, fuis la compagnie des hommes, et tu seras sauvé. » Il obéit sans délai à cette voix du ciel, s'embarqua sur un bâtiment qui faisait voile pour Alexandrie, d'où il se rendit au désert de Scété, pour y vivre en anachorète. C'était en 394 qu'il quitta la cour de Théodose, après y avoir passé onze ans, et il en avait alors quarante. Arrivé dans la solitude, après laquelle il avait tant soupiré, il consulta de nouveau le Seigneur dans la prière, et une voix lui répondit : « Arsène, fuis ; garde le silence, et sois en paix ; c'est là le fondement du salut. » En conséquence, il se retira dans une cellule écartée, pour n'être exposé à aucune visite ; il ne voyait même que rarement les autres anachorètes. Lorsqu'il était arrivé à l'église, distante de trente milles de sa demeure, il se plaçait derrière un pilier, afin qu'il ne vît personne et que personne ne le vît. Théodose, affligé de sa fuite, fit faire, sur terre et sur mer, les perquisitions les plus actives pour découvrir sa retraite, mais sans aucun résultat. Ayant appris plus tard qu'il était dans le désert de Scété, il lui écrivit pour se recommander à ses prières, et pour mettre à sa disposition les impôts de l'Égypte, l'autorisant à les employer, soit à pourvoir aux besoins des monastères, soit à soulager les pauvres. Arsène se contenta de répondre de vive voix à l'envoyé de l'empereur : « Je prie Dieu qu'il nous pardonne à tous nos péchés. Quant à faire des distributions d'argent, je n'y suis plus propre, étant déjà mort au monde. » Lorsqu'il s'était présenté aux supérieurs des solitaires de Scété, les priant de lui permettre de servir Dieu sous leur conduite, on le confia à saint Jean, surnommé *le Nain*, qui, le soir venu, s'assit avec les frères pour prendre un peu de nourriture, affectant de ne faire aucune attention à Arsène, qu'il laissa debout au milieu de la communauté. Pendant le repas, saint Jean jette à terre devant Arsène un morceau de pain, et lui dit avec un air d'indifférence qu'il peut manger s'il en a envie. Arsène se couche par terre et mange en cette posture. Saint Jean, charmé et édifié tout à la fois de la manière dont il avait subi ces deux épreuves, n'en exigea pas une troisième avant de l'admettre. « Allez, dit-il aux frères, retournez dans vos cellules avec la bénédiction du Seigneur, et priez pour nous. Cet homme est propre à la vie religieuse. » Arsène se distingua bientôt par sa ferveur et par son humilité. Dans les commencements, il se permettait, sans y penser, certaines choses dont il avait contracté l'habitude dans le monde, et qui, quoique innocentes en elles-mêmes, auraient pu dénoter dans un solitaire de la légèreté ou de l'immortification ; ainsi, par exemple, il lui arrivait souvent de tenir les jambes croisées. Les supérieurs, qui le respectaient beaucoup, ne voulurent pas l'en reprendre en public, dans la conférence où les frères étaient réunis ; mais l'abbé Pémen, ou Pastor, convint avec un frère qu'il croiserait lui-même les jambes, et qu'on l'en reprendrait comme d'une chose contraire à la modestie religieuse. Le frère reçut la réprimande, sans rien dire pour s'excuser, Arsène comprit que c'était une leçon indirecte qu'on lui donnait, et il en profita pour se corriger. Pour se punir de la magnificence dans laquelle il avait vécu à la cour, il voulut être le plus pauvrement habillé de tous les moines de Scété. Pendant qu'il s'occupait à faire des nattes avec des feuilles de palmier, il avait dans son sein un mouchoir dont il se servait pour essuyer les larmes abondantes que l'esprit de componction lui faisait continuellement répandre. Jamais il ne changeait l'eau dans laquelle il faisait tremper ses feuilles de palmier ; quoiqu'elle fût corrompue ; il se contentait d'en verser d'autre par-dessus, lorsqu'il n'y en avait plus suffisamment ; et comme on lui en demandait la raison, il répondit : Je dois, par cette mauvaise odeur, expier la sensualité qui m'a porté à user de parfums, quand j'étais dans le monde. Il se réduisit à la pauvreté la plus absolue, afin d'expier, disait-il, son ancien goût pour les superfluités, et ayant été atteint d'une fièvre violente, il se trouva réduit à recevoir, par aumône, les secours qu'exigeait sa position, et il en remerciait Dieu, regardant comme un bonheur l'extrême dénuement dans lequel il se trouvait. Sa maladie fut longue, et pour qu'il fût plus facile de le soigner, le prêtre du désert le fit transporter dans sa propre maison, près de l'église : on le coucha sur un petit lit, fait de peaux de bêtes ; et un des moines qui était venu le visiter, se scandalisa de le voir ainsi couché avec un oreiller sous sa tête. Alors le prêtre l'ayant tiré à part, lui demanda quelle profession il exerçait avant d'être moine. « J'étais berger, répondit-il, et j'avais beaucoup de peine à vivre. » — « Eh bien, reprit le prêtre, l'abbé Arsène que vous voyez là, était, dans le monde, le père des empereurs ; il avait à sa suite cent esclaves habillés de soie, et ornés de bracelets et de ceintures d'or ; il était mollement couché sur des lits magnifiques ; pour vous, qui étiez berger, vous vous trouviez moins à l'aise qu'ici. » Le bon moine, touché de ses paroles, se prosterna en disant : « Pardonnez-moi mon père, j'ai péché, et je reconnais qu'Arsène est dans la vraie voie de l'humiliation. » Il se retira ensuite extrêmement édifié. Un des officiers de l'empereur ayant apporté à Arsène le testament d'un sénateur qui était son parent, et qui l'avait institué son héritier, le saint allait déchirer cet acte, lorsque l'officier, se jetant à ses pieds, le pria de ne pas le faire, sans quoi il l'exposerait au danger de perdre la vie. Arsène ne le déchira point, pour ne pas exposer l'officier, mais il refusa d'accepter ce qui lui était légué. Je suis mort, dit-il, avant mon parent, et je ne puis, par conséquent, être son héritier. Ses jeûnes étaient poussés si loin, qu'on ne lui envoyait, par an, que la mesure de blé appelée thallin, et, non-seulement elle lui suffisait, mais il en faisait encore part à ses disciples, lorsqu'ils venaient le visiter. Si on lui apportait quelque fruit nouveau, il en goûtait en rendant grâces à Dieu, et n'en mangeait qu'autant qu'il fallait pour ne pas trop se singulariser. Il passait souvent toute la nuit en oraison, et lorsque le sommeil l'accablait, il dormait quelques instants assis, et reprenait ses exercices. Daniel, un de ses disciples, rapporte que, tous les samedis, il commençait, au coucher du soleil à prier, les mains élevées vers le ciel, et qu'il ne cessait ce saint exercice que le lendemain, lorsque les rayons du soleil venaient lui donner dans la figure. Il avait avec lui deux disciples qui étaient chargés des affaires du dehors, Alexandre et Zoïle. Plus tard, il en admit un troisième nommé Daniel. Tous les trois devinrent célèbres par leur sainteté, et les Vies des Pères du désert parlent souvent d'eux avec éloge. Arsène ne consentait que difficilement à recevoir la visite des étrangers, ne voulant, disait-il, se servir de ses yeux que pour contempler le ciel. Théophile, patriarche d'Alexandrie, étant allé le voir avec un officier et quelques autres personnes, le pria de les entretenir sur des choses relatives au salut. Arsène leur demanda s'ils étaient résolus à faire ce qu'il leur dirait, et tous ayant répondu affirmativement : « Eh bien, dit-il, je vous prie, en quelque lieu que vous appreniez que je demeure, de m'y laisser tranquille et de vous épargner à vous-mêmes la peine de venir me visiter. » Théophile lui ayant fait demander, une autre fois, s'il lui ouvrirait sa porte, en cas qu'il vînt le voir : « Oui, répondit-il, s'il vient seul ; s'il est avec d'autres personnes, je sortirai d'ici pour me retirer ailleurs. » Une dame romaine, nommée Mélanie, avait fait le voyage d'Égypte exprès pour voir Arsène, et, par le moyen du même patriarche Théophile, elle le rencontra lorsqu'il sortait de sa cellule, et se prosterna à ses pieds. Le saint lui adressa ces paroles : « Une femme ne doit pas quitter sa maison : vous avez traversé de vastes mers pour pouvoir dire à Rome que vous avez vu Arsène, et pour inspirer par là à d'autres la curiosité d'en faire autant. » Mélanie, toujours prosternée et toute confuse, le conjura de se souvenir d'elle et de prier pour son salut. « Je prie Dieu, répliqua le saint, qu'il me fasse la grâce de ne me souvenir jamais de vous. » Mélanie partit, très-affligée de cette dernière réponse, dont elle fit part à Théophile, à son arrivée à Alexandrie. Le patriarche la consola, en lui expliquant les paroles d'Arsène. « Il prie, lui dit-il, d'oublier votre personne, parce que vous êtes une femme ; quant à votre âme, ne doutez pas qu'il ne la recommande fortement à Dieu. » Jamais Arsène ne visitait aucun des frères en particulier, se contentant de se trouver avec eux aux conférences spirituelles qui se faisaient en commun. L'abbé Marc lui ayant demandé, un jour, au nom de tous les ermites, pourquoi il évitait ainsi leur compagnie : » Dieu sait combien je vous aime tous, répondit-il ; mais je sens que je ne puis être, tout à la fois, avec Dieu et avec les hommes, et il ne m'est pas permis de quitter l'un pour converser avec les autres. Saint Jean Climaque qui le propose comme un modèle accompli et qui le compare à un ange, dit que s'il fuyait la compagnie des hommes avec tant de soin, ce n'était pas par misanthropie, mais pour ne pas perdre de vue son Dieu, dont la pensée habituelle inondait son âme de délices ineffables. Cet isolement ne l'empêchait pas cependant de converser quelquefois avec les frères et de leur donner des leçons de spiritualité, lorsque l'occasion s'en présentait. L'on trouve plusieurs de ses maximes dans celles des anciens Pères, celle-ci entre autres : je me suis toujours un peu repenti d'avoir conversé avec les hommes, et jamais d'avoir gardé le silence. Il se disait souvent à lui-même, pour s'exciter à la ferveur : « Arsène, pourquoi es-tu venu ici ? » On lui demandait un jour pourquoi lui, qui était si versé dans les sciences, consultait un moine qui n'avait aucune teinture des lettres : « Je sais les sciences des Grecs et des Romains, répondit-il, mais je n'en suis pas encore à l'A B C de celle des saints, dans laquelle ce prétendu ignorant est un maître consommé. » Il craignait tellement le péché de vaine gloire, que quoiqu'il eût une profonde connaissance de l'Écriture et des maximes de la perfection chrétienne, il évitait l'occasion de parler sur ces matières, préférant, par humilité, écouter ceux qui en parlaient. Évagre de Pont, qui, après avoir brillé à Constantinople par son savoir, s'était retiré dans les déserts de Nitrie, témoignait au saint sa surprise de ce que tant de savants ne faisaient aucun progrès dans la vertu, tandis qu'un grand nombre d'Égyptiens, qui ne savaient pas même lire, parvenaient à un si haut degré de contemplation : « Ce qui fait que nous n'avançons pas dans la vertu, dit Arsène, c'est que nous nous contentons de cette science extérieure dont le propre est d'enfler le cœur, au lieu que ces bons Égyptiens sont convaincus de leur ignorance, de leur faiblesse et de leur misère, et qu'ils partent de là pour travailler à acquérir la vertu. » Souvent il s'écriait, les larmes aux yeux : « Seigneur, ne m'abandonnez pas ; je n'ai rien fait encore qui puisse vous être agréable, mais je vous conjure, par votre infinie miséricorde, de m'assister, afin que je commence présentement à vous servir avec fidélité. » Ces larmes, qu'il ne cessait de verser, avaient leur source dans l'ardeur avec laquelle il soupirait sans cesse après les biens éternels, et dans cet esprit de componction qui lui faisait déplorer continuellement ses fautes passées, ainsi que les manquements légers dans lesquels la fragilité le faisait encore tomber tous les jours. Il trouvait dans ces larmes une douceur inexprimable, comme il était facile de s'en apercevoir à cette sérénité majestueuse qui brillait sur son visage. Il y avait dans tout son extérieur quelque chose de céleste qui commandait la vénération : il était grand et bien fait ; seulement, sur la fin de sa vie, le poids des années l'avait un peu courbé : ses cheveux étaient devenus blancs ainsi que sa barbe, qui lui descendait jusqu'à la ceinture, ce qui contribuait encore à lui donner un aspect plus vénérable. Quelqu'un l'ayant consulté sur le meilleur moyen de se délivrer d'une tentation violente, occasionnée par des pensées impures, reçut cette réponse : « Que firent les Madianites ? Ils parèrent leurs filles, et les conduisirent aux Israélites, sans toutefois faire violence à ceux-ci : ceux d'entre eux qui traitèrent les Madianites avec sévérité, et qui lavèrent dans leur sang leur perfidie et leurs criminels desseins, ne tombèrent point dans le crime. Conduisez-vous de même à l'égard de vos mauvaises pensées ; repoussez-les vigoureusement, et punissez-vous vous-même d'avoir seulement été tenté par une révolte indélibérée de la chair. » Il avait toujours présentes à l'esprit la pensée de la mort et la crainte du jugement : aussi Théophile, patriarche d'Alexandrie, étant sur le point d'expirer, s'écria : « Heureux Arsène, d'avoir toujours eu ce moment devant les yeux ! » Il avait pour principe qu'un moine ne doit point se mêler d'affaires temporelles, ni jamais s'informer de ce qui se passe dans le monde. Il passa quarante ans dans le désert de Scété, excepté que vers l'an 395, il fut obligé d'en sortir pour quelque temps, à cause d'une irruption des Maziques, peuple barbare de la Lybie. Aussitôt que le danger fut passé, il revint à sa cellule qu'il quitta pour toujours vers l'an 434, à cause d'une seconde irruption de ces mêmes barbares qui massacrèrent plusieurs ermites : il se retira d'abord sur le roc de Troé, nommé aussi Pétra, près de Memphis, où il passa dix ans, ensuite à Canope près d'Alexandrie ; mais les distractions que lui causait le voisinage de cette ville l'obligèrent de retourner à Troé où il mourut. Se sentant près de sa fin, il dit à ses disciples : « Je prie votre charité de m'accorder une chose : c'est qu'après ma mort vous vous souveniez de moi dans le saint sacrifice ; si dans ma vie, j'ai fait quelque chose d'agréable à Dieu, puissé-je, par sa miséricorde le retrouver ! » Comme ses disciples fondaient en larmes, il ajouta : « Mon heure n'est point encore venue ; quand elle le sera, je vous en instruirai ; mais si vous souffrez qu'on garde comme relique quelque chose de ce qui est à moi, vous en répondrez au tribunal de Jésus-Christ. » Ceux-ci lui demandèrent, en pleurant : « Comment ferons-nous pour vous inhumer avec les cérémonies ordinaires ? car nous ne savons comment on enterre les morts ? — Attachez-moi une corde aux pieds, répondit-il, et traînez mon cadavre sur le haut de la montagne où vous me laisserez. » Comme il versait des larmes pendant son agonie, un des frères lui dit : « Pourquoi pleurez-vous, mon père ? vous êtes donc comme les autres hommes qui craignent de mourir ? — J'avoue, répondit Arsène,

que je suis saisi de crainte, et même que cette crainte ne m'a point quitté depuis que je suis venu dans le désert. » Ce sentiment ne l'empêcha point d'être calme et rempli de confiance en Dieu au moment de sa mort, qui arriva vers l'an 449 : il était âgé de quatre-vingt-quinze ans, et il en avait passé cinquante-trois dans le désert. L'abbé Pémen l'ayant vu expirer, s'écria : « Heureux Arsène, d'avoir pleuré sur lui-même tant qu'il a été sur la terre ! ceux qui ne pleurent point en cette vie, pleureront éternellement dans l'autre. » —19 juil.

ARSÈNE (saint), premier archevêque de Corfou, florissait dans le ixe siècle, et il est honoré chez les Grecs le 19 janvier.

ARTAXE (saint), Artaxes, martyr en Afrique, brûlé vif avec plusieurs autres, l'an 203, sous l'empereur Sévère. — 9 janvier.

ARTÉMAS (saint), disciple de saint Paul, fut envoyé dans l'île de Crète par cet apôtre, pendant l'absence de Tite, qu'il retint auprès de lui à Nicopolis. On ne sait ce qu'il devint après cette mission, laquelle prouve qu'il avait toute la confiance de saint Paul. Les Grecs l'honorent le 30 octobre.

ARTÈME (saint), *Artemius*, martyr à Antioche, avait pris dans sa jeunesse le parti des armes, et s'était élevé par son mérite aux premiers grades militaires, sous Constantin le Grand. Il fut nommé, sous Constance, duc d'Egypte, c'est-à-dire commandant des troupes de cette province. Ce prince arien le chargea de plusieurs commissions, entre autres de la recherche de saint Athanase, caché dans un monastère de Libye, ce qui le fit soupçonner de n'être pas bien disposé en sa faveur ; mais il est certain qu'il n'approuva jamais l'hérésie, et son attachement à la foi catholique parut avec éclat sous Julien l'Apostat. Les païens d'Egypte l'ayant accusé d'avoir démoli leurs temples et brisé leurs idoles, Julien le fit comparaître devant lui, à Antioche, l'an 362 ; et sur cette simple accusation, ce prince, qui en voulait déjà à Artème, parce qu'il lui avait reproché sa haine contre les chrétiens, le condamna, l'an 362, à perdre la tête, après lui avoir fait subir divers tourments. Les Grecs honorent saint Artème comme un des grands martyrs.—20 oct.

ARTÈME (saint), *Artemius*, évêque d'Auvergne, d'une famille illustre, s'était attaché au parti de Maxime, qui se fit proclamer empereur en 383, et qui tenait sa cour à Trèves. Ayant été envoyé par le prince en Espagne, il fut attaqué d'une fièvre violente, lorsqu'il passait par la ville épiscopale d'Auvergne, et il était sur le point de mourir, lorsque saint Népotien, évêque d'Auvergne, le guérit en l'oignant avec le saint chrême. Artème, pénétré de reconnaissance et docile aux instructions de Népotien, renonça aux grandeurs mondaines, et après s'être dépouillé de ses biens, il entra dans le clergé d'Auvergne dont il devint le modèle. Il mérita de succéder à saint Népotien, qui mourut vers l'an 388, et le disciple retraça dignement les vertus et les exemples de son saint maître. Il mourut sur la fin du ive siècle, et il eut pour successeur saint Vénérand. — 24 janvier.

ARTÉMIS (saint), *Artemius*, martyr dans le diocèse d'Amiens, souffrit avec saint Juste, son frère, et il est honoré à Montchel près de Conchy, le 17 octobre.

ARTÉMON (saint), évêque de Séleucie, est honoré chez les Grecs le 24 mars.

ARTÉMON (saint), prêtre de Laodicée et martyr l'an 303, sous l'empereur Dioclétien, termina par le supplice du feu les divers tourments qu'il eut à subir pour la foi. — 8 oct.

ARTHAULD (le bienheureux), *Arthaldus*, évêque de Belley, entra dans l'ordre de Saint-Bruno, et fonda la Chartreuse d'Arvières près de Genève. On le tira de sa solitude pour le placer sur le siége épiscopal de Belley, et il mourut l'an 1206. Les miracles opérés à son tombeau lui attirèrent la vénération des fidèles, et il est honoré comme bienheureux dans son ordre. — 6 octobre.

ARTHÉLAIDE (sainte), *Arthelais*, vierge de Bénévent, florissait dans le vi° siècle, et mourut en 571. — 3 mars.

ARTHÈME (saint), *Arthemius*, martyr à Rome pendant la persécution de Dioclétien, était mari de sainte Candide et père de sainte Pauline, qui furent martyrisées avec lui. Les instructions et les miracles de saint Pierre l'Exorciste l'avaient converti à la foi chrétienne avec sa famille, et il avait été baptisé par le prêtre saint Marcellin. Arrêté par ordre du juge Sérène, il fut battu avec des fouets plombés et ensuite décapité, l'an 304. — 6 juin.

ARTHÈME (saint), évêque de Sens, mourut en 609. — 28 avril.

ARTHÉMIDORE (saint), *Arthemidorus*, martyr en Orient, souffrit le supplice du feu au commencement du iv° siècle, et il est honoré chez les Grecs le 9 septembre.

ARTHONGATE (sainte) *Eorcungoda*, vierge et religieuse à Faremoutiers, était fille d'Ercombert, roi de Kent et de sainte Sexburge. Elle vint en France vers le milieu du vii° siècle, et prit le voile à Faremoutiers. Elle se sanctifia sous la conduite de sainte Sédride et de sainte Aubierge, qui étaient ses tantes, et qui gouvernèrent successivement ce monastère après sainte Fare. — 23 février.

ARTIPAS (saint), martyr en Afrique souffrit avec saint Pompin et plusieurs autres. — 18 décembre.

ARTOSE (saint), *Artosius*, martyr, souffrit avec plusieurs autres. — 21 août.

ARUSPIQUE (saint), *Aruspicus*, martyr à Antioche avec saint Marc et plusieurs autres de l'un et de l'autre sexe, souffrit au commencement du iv° siècle, sous Dioclétien ou ses successeurs immédiats. — 16 nov.

ARVE (sainte), est honorée chez les Ethiopiens le 25 mai.

ASAPH, (saint) *Asaphus*, évêque en Angleterre, entra dans le monastère d'Elwy fondé dans le pays de Galles, par saint Kentigern, évêque de Glascow en Ecosse. Les circonstances ayant permis à Kentigern de retourner dans son évêché, vers l'an 560, il choisit saint Asaph pour gouverner le monastère de Llan Elwy, ainsi que le siége épiscopal qu'il y avait établi. Saint Asaph se fit admirer par sa science, par sa piété et par son zèle pour annoncer la parole de Dieu. Il disait souvent que ceux qui s'opposent à la prédication de la parole divine sont envieux du salut des âmes. Il écrivit des canons ou règlements pour son église, et quelques ouvrages, entre autres une Vie de saint Kentigern, son prédécesseur. Il mourut sur la fin du vi° siècle, et le siége d'Elwy porta depuis le nom de Saint-Asaph. — 1er mai.

ASCARAN (saint), *Ascaranus*, est honoré en Ethiopie le 16 mars.

ASCHIRON (saint), soldat et martyr en Ethiopie, est honoré le 1er juin.

ASCLAS (saint), surnommé Sabin, martyr près d'Antinoé en Egypte, eut les membres déchirés et fut jeté dans le Nil, vers l'an 311, sous l'empereur Maximin II, par ordre du président Arien, qui, s'étant converti, souffrit aussi le martyre quelque temps après. Asclas est honoré chez les Grecs le 21 janvier et chez les Latins le 23 janvier.

ASCLÈPE (saint), *Asclepius*, évêque de Limoges, florissait au commencement du vii° siècle et mourut vers l'an 625. Une partie de ses reliques se garde dans l'église de Saint-Augustin de cette ville. — 23 décembre.

ASCLÈPE (saint), *Asclepius*, fondateur du monastère de Saint-Laurent de Bourges, florissait dans le viii° siècle. Ses reliques se gardaient dans l'église de l'abbaye, avec celles de saint Florent et de plusieurs autres saints — 2 janvier.

ASCLÉPIADE (saint), *Asclepias*, évêque d'Antioche et martyr, succéda à saint Sérapion vers l'an 211. Saint Alexandre, qui fut depuis évêque de Jérusalem, et qui se trouvait emprisonné par suite de la persécution de Sévère, n'eut pas plutôt appris son élection, qu'il écrivit à l'Eglise d'Antioche pour la féliciter de ce choix. Il dit, dans sa lettre, que cette nouvelle, qui est le comble de joie, a diminué le poids de ses chaînes et adouci la rigueur de son sort. Saint Asclépiade est honoré comme martyr, mais on ignore en quelle année et sous quel persécuteur il souffrit la mort : quelques auteurs prétendent que ce fut sous l'empereur Macrin, vers l'an 218. — 18 octobre.

ASCLÉPIADE (saint), martyr à Smyrne pendant la persécution de Dèce, fut arrêté avec saint Pione, prêtre, et sainte Sabine, le jour même qu'ils célébraient la fête de saint Polycarpe. Pione avait su, la veille, par révélation, qu'ils seraient pris ce jour-là, et il s'était procuré trois chaînes qu'ils se mirent au cou, afin que ceux qui viendraient se saisir d'eux les trouvassent tout prêts à partir. Polémon, garde d'un temple d'idoles, vint avec une troupe d'archers les arrêter, et les conduisit sur la grande place, où le peuple s'attroupa autour d'eux. Pione interrogé le premier, fit un discours en faveur de la religion chrétienne qu'il vengea des absurdes accusations dont on voulait la flétrir. Ce Polémon, qui jouait le rôle de magistrat, ayant demandé ensuite à Asclépiade quel était son nom. — Je m'appelle chrétien. — De quelle église ? — De la catholique. — Quel

Dieu adores-tu? — Jésus-Christ. — Quoi donc! est-ce un autre que le Dieu dont Pione vient de parler? — Non, c'est le même. Pendant qu'on les conduisait en prison, quelqu'un dit, en montrant Asclépiade : Ce petit homme va sacrifier. Non, dit Pione, il ne sacrifiera pas. Il y avait quelques jours qu'ils étaient emprisonnés, lorsque le proconsul, de retour à Smyrne, les fit comparaître devant son tribunal, les condamna à être brûlés vifs, ce qui fut exécuté l'an 250. — 1er février.

ASCLÉPIODOTE (saint), *Asclépiodotes*, martyr avec sainte Théodote et plusieurs autres, est honoré le 3 juillet.

ASCLÉPIODOTE (saint), martyr à Nicomédie, souffrit avec plusieurs autres, probablement pendant la persécution de Dioclétien. — 6 mars.

ASCLÉPIODOTE (saint), martyr à Andrinople, souffrit avec saint Maxime et un autre vers l'an 303, sous l'empereur Maximien et par son ordre — 5 septembre.

ASCLIPE (saint), *Asclepius*, florissait dans le vIIIe siècle, et il est regardé, par les religieuses de Saint-Laurent de Bourges, comme le fondateur de leur monastère ; on y conservait ses reliques avec celles de saint Florend et de plusieurs autres saints. — 2 janvier.

ASELLE (sainte), *Asella*, vierge romaine, née en 334, se consacra au Seigneur dès l'âge de dix ans, et à l'âge de douze elle se retira dans une cellule où elle couchait sur la terre nue. Elle jeûnait toute l'année au pain et à l'eau, et en carême elle passait quelquefois plusieurs jours sans manger. A la prière elle joignait le travail des mains, et ne sortait de sa retraite que pour se rendre dans les églises des martyrs, sachant se faire un désert au milieu de Rome même. Saint Jérôme qui l'avait connue, l'appelle l'ornement de la virginité. Remplie de charité pour les pauvres, elle ne dédaignait pas de les servir de ses propres mains, et le temps qu'elle ne donnait pas à des œuvres de bienfaisance ou à des exercices spirituels, elle le consacrait à la lecture des livres saints. Quoique accablée d'infirmités et succombant sous le poids de la vieillesse, elle ne cessait de parcourir les quartiers les plus éloignés de la ville pour porter des secours aux indigents. Sa charité fut souvent mise à de rudes épreuves par l'ingratitude de ceux là-mêmes à qui elle faisait le plus de bien ; mais soutenue par cette foi vive qui sait souffrir et pardonner elle ne tint nul compte du mépris des hommes, ne cherchant qu'à plaire à celui qui a dit : Ce que vous ferez au dernier des miens je le regarderai comme fait à moi-même. Sainte Aselle mourut dans un âge avancé, au commencement du ve siècle, vers l'an 406. — 6 décembre.

ASIMON (saint), évêque de Coire, mourut en 450, et il est honoré en Suisse le 19 janvier.

ASKER (saint), prieur de Croyland et martyr, fut massacré par les Danois avec saint Théodore, son abbé, et une partie de la communauté, l'an 870, lorsque ces barbares vinrent incendier le monastère. — 25 septembre.

ASPAIS (saint) *Aspasius*, confesseur à Melun, florissait vers le commencement du vIIIe siècle. — 1er janvier.

ASPÉDIE (saint), *Aspedia*, martyre, est nommée dans le Martyrologe hiéronymique sous le 14 décembre.

ASPREN, (saint) *Asprenas*, évêque de Naples, qui ayant été miraculeusement guéri par l'apôtre saint Pierre, reçut le baptême et fut ordonné premier évêque de cette ville par le saint apôtre. — 3 août.

ASTE (saint), *Astius*, évêque de Durazzo, pendant la persécution de l'empereur Trajan, fut frappé avec des cordes plombées et ensuite attaché à une croix, vers le commencement du IIe siècle. — 6 juillet.

ASTE (saint), martyr en Afrique, souffrit avec plusieurs autres. — 23 mai.

ASTE (sainte) *Aste*, vierge et martyre en Perse, souffrit avec saint Boïthazate et un grand nombre d'autres. — 20 novembre.

ASTÈRE (saint) *Asterius*, prêtre et martyr à Ostie, souffrit vers l'an 230 sous l'empereur Alexandre Sévère. Il est mentionné dans les actes du martyr de saint Callixte, pape. — 21 octobre.

ASTÈRE (saint), martyr à Césarée en Palestine, était un sénateur romain, distingué par sa naissance et ses richesses, et estimé des empereurs par son mérite. Se trouvant à Césarée en Palestine lorsqu'on trancha la tête à saint Marin, il chargea le corps du martyr tout sanglant sur ses épaules, sans crainte de tacher ses habits, l'emporta à la vue du peuple. Il l'enveloppa dans une étoffe précieuse et l'enterra d'une manière convenable. Rufin rapporte qu'Astère fut décapité pour cette action, l'an 262, sous l'empereur Gallien, et il est honoré comme martyr le 3 mars et le 7 août.

ASTÈRE (saint), soldat et martyr à Salone en Dalmatie, avec saint Domnion, évêque de cette ville, est un des huit soldats que mentionne, sans les nommer, le Martyrologe romain. Leurs corps, apportés à Rome dans le vIIe siècle, furent placés par le pape Jean IV dans l'oratoire qu'il avait fait bâtir près du baptistère de Constantin. — 11 avril.

ASTÈRE, martyr à Edesse en Syrie, avec saint Thalalée et plusieurs autres, vers l'an 283, pendant la persécution de l'empereur Numérien. — 20 mai.

ASTÈRE (saint), martyr à Èges en Cilicie, était frère de saint Claude et de saint Néon. Il fut arrêté dans cette ville pendant la persécution de Dioclétien et mis en prison jusqu'à l'arrivée de Lysias, gouverneur de la province. Lorsque celui-ci fut arrivé à Èges, il ordonna de faire comparaître devant son tribunal les chrétiens arrêtés par les officiers de la ville. Après l'interrogatoire de Claude, Euthalius, garde des prisons, conduisit Astère devant le proconsul, qui lui dit : « Suivez mon conseil et sacrifiez aux dieux. Vous voyez devant vos yeux les instruments des supplices qui vous sont préparés en cas de refus. — Il n'y a qu'un Dieu; il habite les cieux, et il n'y a point de créature qui ne dépende de son pouvoir. Mes parents m'ont appris à l'adorer et à l'aimer. Je ne connais point ces prétendus dieux qui sont l'objet de votre culte.» Lysias l'ayant fait étendre sur le chevalet, ordonna de lui déchirer les côtes jusqu'à ce qu'il sacrifiât. — « Je suis le frère de celui que vous venez d'interroger (Claude). Nous avons tous les deux les mêmes sentiments et la même religion. Mon corps est en votre pouvoir, mais vous ne pouvez rien sur mon âme. — Que l'on apporte des tenailles et qu'on lui serre les pieds, afin qu'il sente que je puis faire souffrir son âme et son corps. — Aveugle que vous êtes, pourquoi me tourmentez-vous? Vous ne voyez pas ce que Dieu vous prépare pour votre cruauté? — Mettez-lui des charbons ardents sous les pieds, et, pendant qu'on les lui brûlera, frappez-le à grands coups de nerfs de bœuf sur l'estomac et sur le dos. — La grâce que je vous demande, c'est que vous ne fassiez qu'une plaie de tout mon corps. — Qu'on le remette en prison avec les autres. » Astère fut crucifié avec ses frères à Eges, sous le consulat de Dioclétien et d'Aristobule, c'est-à-dire l'an 285, le 23 août.

ASTÈRE (saint), évêque de Pétra en Arabie, avait d'abord été engagé dans le parti des ariens, mais au concile de Sardique, tenu en 347, il se rangea du côté des orthodoxes et contribua à démasquer les intrigues et les fourberies des hérétiques. Son zèle pour la foi le fit ensuite exiler dans la Haute-Libye. Rappelé sous Julien l'Apostat, il assista, en 362, au concile d'Alexandrie, et il fut chargé par ses collègues de porter au clergé d'Antioche la lettre synodale que le concile adressait à cette Eglise, alors désolée par le schisme et l'hérésie. On croit qu'il mourut peu de temps après. Saint Athanase, dans sa lettre aux solitaires, fait l'éloge de sa foi et de ses vertus. — 10 juin.

ASTÈRE (saint), évêque d'Amasée et docteur de l'église, né dans le Pont, au ive siècle, s'appliqua dans sa jeunesse, à l'étude de l'éloquence et du droit, et exerça quelque temps la profession d'avocat; mais une voix intérieure lui disait sans cesse qu'il devait se consacrer au service spirituel du prochain, ce qui le détermina à quitter le barreau et tous les avantages du monde pour entrer dans l'état ecclésiastique. Il fut choisi pour succéder à Eulalius, sur le siège archiépiscopal d'Amasée, et montra beaucoup de zèle pour maintenir, parmi son peuple, la pureté de la foi et l'attachement à la religion. Il déploya aussi un grand talent pour la prédication, et les sermons qui nous restent de lui, quoiqu'en petit nombre, sont un monument impérissable de son éloquence et de sa piété. On peut juger, à l'énergie avec laquelle il y recommande la charité envers les pauvres, qu'il était lui-même très-charitable; il peint les vices avec des couleurs capables d'en inspirer la plus vive horreur.

Nous avons de lui un discours en l'honneur de sainte Euphémie, qui fut lu au iie concile de Nicée, tenu en 787, dans une église dédiée sous l'invocation de cette illustre martyre. Il a aussi laissé un panégyrique de saint Phocas le jardinier. Son style est élégant, naturel et énergique: il réunit à la vivacité des images la beauté et la variété des descriptions, ce qui prouve un génie vigoureux et fécond. Son homélie sur saint Pierre et saint Paul est très-remarquable; mais celle sur Daniel est un chef-d'œuvre. Il mourut au commencement du 5e siècle dans un âge avancé, puisqu'il parle de la persécution de Julien l'Apostat comme en ayant été le témoin. — 30 octobre.

ASTÉRIE (sainte), *Asteria*, vierge et martyre à Bergame, sous les empereurs Dioclétien et Maximien, souffrit au commencement du 4e siècle. — 10 août.

ASTIER (saint), *Asterius*, confesseur au Périgord, est honoré le 20 avril.

ASTION (saint), martyr à Almyride en Scythie, fut décapité pour la foi avec saint Epictète au commencement du ive siècle. — 8 juillet.

ASTRIQUE (saint), *Astricus*, premier archevêque de Strigonie, était moine de Saint-Alexis de Rome, monastère de l'ordre de Saint-Benoît, lorsqu'il se rendit en Hongrie, avec le pieux Théodat, comte d'Istrie, pour travailler à la conversion des Hongrois, commencée par saint Adalbert, archevêque de Prague. Le duc, saint Etienne, très-zélé pour la religion qu'il avait embrassée, fonda plusieurs évêchés, entre autres celui de Colocza, sur lequel Astrique fut placé. Etienne qui désirait ceindre la couronne royale, l'envoya à Rome en qualité d'ambassadeur, près du pape Sylvestre II, pour le prier de lui conférer le titre de roi et de confirmer les fondations qu'il venait de faire dans ses Etats. Le pape lui accorda ses deux demandes et lui envoya une riche couronne, ornée de pierreries. Lorsque le prince apprit que son ambassadeur approchait de Strigonie, il alla au-devant de lui, et il fut si content du succès de l'ambassade d'Astrique, qu'il voulut être couronné de sa main. Cette cérémonie, qui fut très-solennelle, eut lieu l'an 1000, et Astrique, qu'Etienne affectionnait beaucoup, et auquel il avait donné le nom d'Anastase, fut placé sur le siège de de Strigonie, qui était la capitale. Il continua dans ce poste éminent à étendre le règne de la religion, et il mourut en 1009. — 12 novembre.

ASYNCRITE (saint), *Asyncritus*, est mentionné par saint Paul dans son Epître aux Romains. — 8 avril.

ATER (saint), martyr à Alexandrie, souffrit avec saint Héron et plusieurs autres, l'an 250, pendant la persécution de Dèce. Après diverses tortures, il subit le supplice du feu, au rapport d'Eusèbe. — 14 décembre.

ATHANASE (saint), *Athanasius*, évêque de Tarse en Cilicie, et martyr, souffrit sous l'empereur Valérien, vers l'an 258. — 22 août.

ATHANASE (saint), *Athanasius*, greffier et martyr en Cilicie, avec saint Zozime, souffrit sous l'empereur Dioclétien. — 3 janvier.

ATHANASE (saint), martyr en Ethiopie avec saint Iraée, est honoré chez les Grecs le 30 octobre.

ATHANASE (saint), lecteur et martyr à Constance, dans l'île de Chypre, souffrit avec saint Aristoclès, prêtre, sous l'empereur Galère. — 23 juin.

ATHANASE (saint), l'un des quarante martyrs de Sébaste en Arménie, fut exposé nu sur un étang glacé avec ses compagnons, et ensuite brûlé par ordre du président Agricola, sous le règne de Licinius, l'an 320. — 10 mars.

ATHANASE (saint), patriarche d'Alexandrie et docteur de l'Eglise, né dans cette ville, l'an 296, de parents chrétiens qui prirent un soin tout particulier de son éducation, s'appliqua, dès son bas âge, à la grammaire et aux sciences. Saint Alexandre, qui n'était pas encore évêque, ayant remarqué ses rares dispositions, se chargea de diriger ses études, le prit chez lui, afin de l'avoir toujours sous ses yeux, et l'employa dans la suite comme secrétaire. Athanase, sous un tel maître, fit de grands progrès et lorsqu'il eut acquis une connaissance suffisante des belles lettres, il se livra à la lecture des bons écrivains de l'antiquité, ce qui contribua à rendre son style élégant, facile, clair et nerveux ; mais les études qui se rapportaient à la religion absorbaient la plus grande partie de son temps, surtout l'étude de l'Ecriture sainte. C'est là qu'il avait puisé cette profonde intelligence des mystères de la foi qu'on admire dans ses écrits: il cite si souvent et si à propos les livres sacrés, qu'on serait tenté de croire qu'il les savait par cœur. Il acquit aussi une grande connaissance du droit canonique, et même du droit civil ; ce qui lui a fait donner par Sulpice-Sévère le titre de jurisconsulte. Le désir de la perfection le conduisit dans le désert vers l'an 315, et il passa quelques années sous la conduite de saint Antoine. Il avait pour le saint abbé, dont il s'estimait heureux d'être le disciple, une vénération si profonde, qu'il regardait comme un honneur de lui donner à laver et de lui rendre d'autres services de ce genre. Il quitta la solitude pour entrer dans l'état ecclésiastique; et de retour à Alexandrie, après avoir passé par tous les degrés de la cléricature, il fut élevé au diaconat, vers l'an 319, par saint Alexandre, son ancien maître, qui occupait alors le siége de cette ville. Charmé de la capacité et de la vertu d'Athanase, il voulait toujours l'avoir près de lui, et ne décidait jamais rien sans l'avoir consulté, surtout pendant les troubles suscités dans l'Eglise d'Orient par le schisme des méléciens et ensuite par l'hérésie d'Arius. Il l'emmena avec lui au concile de Nicée, et Athanase, qui n'était encore que diacre, brilla du plus vif éclat dans cette illustre assemblée, et se fit admirer universellement par son zèle et par sa science. Il y confondit Arius et ses principaux partisans; il eut aussi beaucoup de part aux affaires qui furent agitées parmi les Pères du concile, et aux décisions qui y furent prises. Le triomphe qu'il remporta alors sur l'arianisme fut la source des persécutions qu'il essuya dans la suite, de la part des ariens. Saint Alexandre, qui mourut cinq mois après le concile, recommanda, avant de mourir, à son clergé et à son peuple, de lui donner Athanase pour successeur. Il répéta même son nom jusqu'à trois fois, et comme il était absent, il s'écria : Athanase, vous croyez réussir à vous échapper, mais vous vous trompez dans votre attente. Il fut élu en 326, quoique absent, par le clergé et le peuple, d'une voix unanime. Cette élection fut confirmée par les évêques d'Egypte, assemblés à Alexandrie. Elevé sur le trône patriarcal à l'âge de trente ans, son premier soin fut de pourvoir aux besoins spirituels des Ethiopiens : il sacra pour leur évêque Frumence, qui avait commencé leur conversion, et le leur renvoya. Après avoir établi le bon ordre dans la ville patriarcale, il entreprit la visite générale des églises de sa dépendance. Le schisme des méléciens ne finit pas à la mort de Mélèce ; Athanase essaya, mais inutilement, tous les moyens possibles pour les ramener à l'unité. Ils se réunirent aux ariens, et formèrent avec eux une ligue pour accabler le saint patriarche. Arius, qui avait été exilé en Illyrie par Constantin, obtint bientôt sa grâce, et voulut rentrer dans le sein de l'Eglise ; mais Athanase refusa de communiquer avec lui, et s'opposa avec force à sa réintégration. L'hérésiarque fit tant près de Constantin, que ce prince écrivit une lettre en sa faveur. Athanase répondit que l'Eglise catholique ne pouvait avoir d'union avec une hérésie qui attaquait la divinité de Jésus-Christ. Eusèbe de Nicomédie, qui avait été banni pour son attachement à la doctrine d'Arius, étant venu à bout de remonter sur son siége, écrivit au patriarche d'Alexandrie une lettre très-honnête, dans laquelle il essayait de justifier Arius ; mais cette démarche n'ayant pas réussi près du saint, Eusèbe écrivit aux méléciens qu'il était temps d'exécuter leurs desseins contre l'ennemi commun. Ceux-ci, n'étant pas d'accord entre eux sur la manière d'attaquer Athanase, députèrent à Nicomédie trois évêques de leur parti, qui accusèrent le patriarche d'avoir imposé au peuple une sorte de tribut, sous prétexte de pourvoir aux besoins de son Eglise, et d'avoir envoyé un coffre plein d'or à un certain Philomène, qui se proposait d'usurper l'autorité souveraine. Athanase, cité à comparaître devant l'empereur, se rendit à Nicomédie et plaida sa cause devant le prince, dans le palais de Psammathie, situé dans un faubourg. Il confondit tellement ses accusateurs, que Constantin, frappé de la force de ses raisons, reconnut hautement son innocence, et le renvoya en Egypte avec une lettre adressée aux fidèles d'Alexandrie, dans laquelle il faisait l'éloge du patriarche, lui donnant le titre d'*homme* *de Dieu* et *de personne vénérable.* Eusèbe ne se rebuta point du mauvais succès de ses intrigues; il fit accuser Athanase de plusieurs crimes, entre autres, de l'assassinat d'un évêque mélécien, nommé Arsène. Constantin, étonné d'une accusation aussi grave, ordonna au saint patriarche d'aller se justifier dans un concile qui devait se tenir à Césarée en Palestine; mais Athanase, persuadé qu'il n'aurait pas la liberté de se défendre, ne jugea pas à propos de s'y présenter. Ses ennemis firent envisager à l'empereur sa non-comparution comme l'effet d'une orgueilleuse opiniâtreté. Le prince, ainsi trompé sur son compte, convoqua un concile à Tyr, et lui ordonna de s'y trouver, sous peine d'encourir son indignation et d'être rigoureusement puni. Ce concile, composé de soixante évêques, presque tous dévoués aux ariens, commença au mois d'août 335, et saint Athanase s'y rendit quelque temps après, accompagné d'un grand nombre d'évêques de sa province, qui tous récusèrent pour juges de leur patriarche ceux qui se déclaraient ouvertement ses ennemis; mais les ariens, sans avoir égard à ces légitimes réclamations, procédèrent, avec autant de fureur que de désordre, à l'examen des divers chefs d'accusation intentés contre Athanase. Le premier chef était que Macaire, son député, avait commis un sacrilége, en brisant, par son ordre, le calice d'un certain Ischyras, pendant que celui-ci célébrait les saints mystères. Cette accusation avait déjà été démontrée calomnieuse; mais on envoya de Tyr des commissaires en Égypte, qui, à leur retour, montrèrent jusqu'à la dernière évidence la malice des calomniateurs. On reconnut aussi qu'Ischyras, qui se réconcilia avec le patriarche, avait été suborné par quelques évêques méléciens. Le saint fut accusé, en second lieu, d'avoir ravi l'honneur à une vierge consacrée au Seigneur. On introduisit donc au milieu du concile une femme de mauvaise vie, qui attesta avec serment qu'Athanase, qu'elle avait logé chez elle, lui avait fait violence, et qu'il avait ensuite tâché de l'apaiser par quelques présents. Alors Timothée, l'un des prêtres du saint patriarche, prenant la parole, dit à cette impudente : « Vous prétendez donc que j'ai logé chez vous et que je vous ai fait violence?—Oui, répondit-elle, en montrant Timothée; oui, c'est vous-même qui m'avez déshonorée. » Elle s'étendit ensuite sur les circonstances du lieu, du temps et de l'action. L'imposture étant ainsi dévoilée, les ariens furent couverts de confusion. Athanase voulait obliger cette femme à nommer ceux qui l'avaient subornée; mais ses ennemis la firent sortir de l'assemblée, en disant qu'ils avaient à lui reprocher des crimes bien plus graves, et dont l'évidence était si palpable, que tous ses artifices ne lui serviraient de rien pour s'en justifier. On en vint donc au prétendu assassinat d'Arsène, et pour preuve, on produisait une main desséchée, que l'on disait être celle de l'évêque assassiné, et que l'on accusait Athanase d'avoir coupée pour des opérations magiques. Cet Arsène, a qui ceux de son parti donnaient le titre d'évêque d'Hypsèle, se tenait caché, parce qu'il était tombé dans quelque irrégularité canonique, et l'on avait profité de sa disparution pour répandre le bruit de sa mort, qu'on attribuait au patriarche d'Alexandrie. Mais le saint, sachant qu'il vivait encore, avait trouvé le moyen de le faire venir secrètement à Tyr. Lorsqu'il eut obtenu un peu de silence, il demanda si quelqu'un de l'assemblée avait connu Arsène, et, comme plusieurs répondirent qu'ils l'avaient bien connu, il le fit paraître tout à coup au milieu du concile, et il montra ses deux mains. Ainsi ses accusateurs, qui avaient déjà été confondus sur les deux premiers chefs, le furent encore sur ce troisième d'une manière éclatante. Arsène se réconcilia sincèrement avec Athanase, et rentra dans le sein de l'Église catholique. Les ariens, ne sachant plus que dire ni que faire, traitèrent le patriarche de magicien, qui en imposait aux sens par ses prestiges; et, dans la fureur dont ils étaient animés contre lui, ils l'auraient mis en pièces, si le commissaire de l'empereur ne l'eût arraché de leurs mains. Athanase, voyant que sa vie n'était plus en sûreté, quitta Tyr et s'embarqua pour Constantinople. Quoiqu'il eût détruit toutes les accusations qu'on lui avait intentées, les ariens prononcèrent cependant contre lui une sentence de déposition, avec la défense de résider à Alexandrie, sous prétexte que sa présence pourrait y exciter de nouveaux troubles; et ils ne rougirent pas d'insérer dans la sentence dont ils le frappaient les calomnies qui avaient été pleinement réfutées dans le concile. Athanase, arrivé à Constantinople, demanda une audience à l'empereur, qui, le regardant comme coupable et comme justement déposé par le concile, ne voulut pas même le voir. Athanase, s'étant assuré qu'il ne pouvait être admis en la présence du prince, demanda d'être confronté avec ses juges et de pouvoir former ses plaintes contre eux. Constantin, trouvant juste cette requête, manda à Constantinople les évêques du prétendu concile de Tyr, pour y rendre compte de ce qu'ils avaient fait. Il n'en vint que six, qui étaient les plus intrigants, savoir : Eusèbe de Nicomédie, Théognis de Nicée, Maris de Chalcédoine, Patrophile de Scythopolis, Ursace de Syngidone et Valens de Murse. Arrivés là, ils abandonnèrent, il est vrai, leurs anciennes calomnies, mais ils en inventèrent une nouvelle qu'ils savaient devoir produire beaucoup d'impression sur l'empereur : ils dirent qu'Athanase avait menacé d'empêcher l'exportation du blé que l'on envoyait tous les ans d'Alexandrie à Constantinople. Le patriarche eut beau protester contre la fausseté de l'accusation, Constantin, prévenu contre lui, le jugea coupable et l'exila à Trèves, dans la Gaule Belgique. Le saint arriva dans cette ville au commencement de l'année 336, et fut reçu avec de grandes marques de respect par saint Maximin, évêque de Trèves, et par Constantin le Jeune, qui commandait les troupes de l'empire. Une chose qui le consolait dans son exil, c'est que son église refusait de communiquer avec Arius. Le peuple d'Alexandrie, inconsolable de l'absence de son pasteur, écrivit à l'empereur pour solliciter son rappel; saint Antoine, du fond de son désert, écrivit aussi au prince en faveur d'Athanase; mais tout fut inutile. Constantin répondit qu'il ne pouvait aller contre le jugement d'un concile. Cependant il reconnut plus tard l'innocence du saint, et donna même, avant de mourir, un ordre pour son rappel; mais cet ordre ne put être exécuté qu'après sa mort. Constantin, son fils, qui avait les Gaules dans son partage, rétablit Athanase sur son siége et le renvoya en Egypte avec une lettre dans laquelle il donnait de grands éloges à sa sainteté, et témoignait une vive indignation contre ses ennemis. Ce retour du patriarche mortifia sensiblement les ariens; aussi mirent-ils tout en œuvre pour le perdre dans l'esprit de Constance qui régnait sur l'Orient; ils le lui représentèrent comme un homme turbulent, qui, depuis son retour, avait excité des séditions, commis des violences et des meurtres, et vendu à son profit les grains destinés à la subsistance des veuves et des ecclésiastiques qui se trouvaient dans les contrées où il ne venait point de blé. Ils formèrent aussi les mêmes accusations auprès de Constantin et de Constant, qui renvoyèrent avec mépris leurs députés. Pour Constance, il se laissa tromper, surtout par rapport au dernier grief; Athanase ayant produit une attestation des évêques de la Libye, qui déclaraient avoir reçu la quantité ordinaire de froment, la calomnie se trouva démontrée; mais Constance, qui se laissait gouverner par Eusèbe de Nicomédie, ne fut pas complètement désabusé, et il en vint même jusqu'à permettre d'élire un nouveau patriarche d'Alexandrie. Aussitôt les ariens s'assemblent à Antioche, déposent Athanase, et élisent à sa place un prêtre égyptien de leur secte, nommé Piste, qui avait été condamné par le saint patriarche Alexandre et par le concile de Nicée. Le pape Jules refusa de communiquer avec cet intrus, et toutes les églises catholiques lui dirent anathème; aussi ne put-il jamais prendre possession. Athanase de son côté tint à Alexandrie un concile où se trouvèrent cent évêques qui prirent la défense de la foi et reconnurent l'innocence du patriarche. Ils écrivirent ensuite une lettre circulaire à tous les évêques, et nommément au pape Jules. Le saint se rendit lui-même à Rome, et y assista, en 341, à un concile de cinquante évêques, qui le justifièrent et le confirmèrent dans la possession de son siége: mais les ariens profitèrent de son absence pour tout bouleverser en Orient. Dans un concile tenu à Antioche la même année 341, on fit vingt-cinq canons touchant la discipline; mais après le départ des évêques orthodoxes, les ariens y en ajoutèrent un vingt-sixième, qui portait que si un évêque déposé justement ou injustement dans un concile, remontait sur son siége sans avoir été réhabilité par un concile plus nombreux que celui qui avait prononcé sa déposition, il ne pourrait plus espérer d'être rétabli, ni même d'être admis à se justifier. Ceci était évidemment dirigé contre saint Athanase; aussi les ariens élurent-ils un certain Grégoire de Cappadoce, qu'ils placèrent, par la force des armes, sur le siége d'Alexandrie. Athanase, qui était revenu de Rome, voyant que ses jours n'étaient plus en sûreté, y retourna une seconde fois et y passa trois ans, dans l'espérance que Dieu aurait enfin pitié de lui et de son troupeau. En 345, l'empereur Constant, qui se trouvait à Milan, y invita le saint et le reçut avec de grandes marques de vénération. Il écrivit à son frère Constance pour le prier de s'entendre avec lui sur la convocation d'un concile général pour remédier aux troubles qui affligeaient l'Eglise. Le concile se tint à Sardique, dans l'Illyrie, en 347. Il s'y trouva des évêques de l'Occident et de l'Orient au nombre d'environ 330. Comme Athanase y assistait, sa présence fut pour les ariens un prétexte de ne pas y paraître. Les Pères de Sardique proclamèrent son innocence et excommunièrent Grégoire de Cappadoce. Ils envoyèrent des députés à Constance, afin de presser l'exécution de leurs décrets : l'empereur Constant lui écrivit aussi, menaçant de lui déclarer la guerre s'il ne rétablissait promptement Athanase sur son siége, et s'il ne punissait ses calomniateurs. Grégoire de Cappadoce, qui avait exercé à Alexandrie toutes sortes de cruautés contre les catholiques, et fait battre saint Potamon au point qu'il en perdit la vie, étant venu à mourir quatre mois après le concile de Sardique, cette circonstance facilita le retour d'Athanase, et Constance, qui n'avait plus de prétextes pour s'y opposer, écrivit par trois fois au saint patriarche pour lui marquer le désir de le voir rétabli au plus tôt. Athanase alla prendre congé de Constant qui se trouvait alors dans les Gaules; de là il se rendit à Rome pour dire adieu au pape Jules; ensuite il partit pour l'Egypte, et prit sa route par Antioche, où se trouvait alors Constance, qui lui fit un accueil gracieux et l'assura de son amitié; seulement il lui demanda d'accorder aux ariens une église dans la ville d'Alexandrie; le saint répondit qu'en ce cas il fallait aussi en accorder une aux catholiques d'Antioche. Cette réponse déconcerta les ariens, et l'empereur n'insista pas davantage. Il donna les ordres nécessaires pour qu'Athanase fût bien reçu par les gouverneurs d'Egypte, et tout semblait annoncer qu'il était parfaitement réconcilié avec le saint. A peine Athanase était-il rentré à Alexandrie, qu'il y assembla un concile pour confirmer les décrets de celui de Sardique. Son zèle actif causait aux ariens de vives alarmes; ils craignaient qu'à la fin il n'entraînât la ruine de leur parti; ils essayèrent donc de prévenir de nouveau contre lui l'empereur, et ils n'y réussirent que trop. Constance, oubliant l'amitié qu'il lui avait jurée, redevint son persécuteur dès qu'il se vit maître de tout l'empire, et le fit condamner dans deux synodes, dont l'un à Arles, en 353, et l'autre à Milan, en 355. Il n'avait pas rougi de se faire lui-même son accusateur, et il exila plusieurs évêques catholiques qui refusaient de souscrire à la condamnation du saint patriarche, entre autres saint Eusèbe de Verceil, saint Denis de Milan et saint Paulin de Trèves. Il envoya ensuite un de ses chambellans à Rome, pour obtenir du pape l'approbation de tout ce qui venait d'être fait. Libère, qui occupait alors la chaire de saint Pierre, refusa courageusement de souscrire à cette iniquité. Constance, irrité de la fermeté du pape, le fit amener à Milan sous bonne escorte; il eut avec lui une conférence dans laquelle Libère dit au prince qu'Athanase ayant été déclaré innocent par le concile de Sardique, et ses ennemis reconnus pour calomniateurs, on ne pouvait le condamner. Constance répondit que si dans trois jours il n'avait pas souscrit à la condamnation d'Athanase, il l'exilerait à Bérée dans la Thrace : les trois jours expirés, le pape partit pour le lieu de son exil. Mais la rigueur avec laquelle il était traité à Bérée, jointe aux sollicitations de quelques évêques, ébranlèrent sa fermeté qui avait été jusque-là digne des plus grands éloges : il signa donc la condamnation d'Athanase. L'empereur, non content de bannir les évêques qui prenaient sa défense, condamna à des peines rigoureuses les officiers et les magistrats qui paraissaient lui être attachés et qui refusaient de communiquer avec les ariens. Athanase gémissait sur les maux de l'Eglise, et adressait à Dieu de ferventes prières pour la conservation de la foi; mais on ne le laissa pas longtemps tranquille à Alexandrie. Le duc Syrien eut ordre de le persécuter lui et son clergé. Constance envoya sur les lieux deux notaires pour s'assurer de l'exécution de cet ordre inique. On conseillait au saint de quitter la ville, mais il répondit qu'ayant été rétabli sur son siège par l'empereur, il ne l'abandonnerait que quand il y serait forcé par l'empereur, et jamais avant qu'on ne lui eût signifié un ordre formel de sa part; il ajouta cependant qu'il sortirait d'Alexandrie, si le duc Syrien ou le préfet Maxime lui en donnait l'ordre par écrit : aucun des deux ne l'ayant voulu faire, les choses en restèrent là pour le moment. Syrien lui assura même, par serment, de ne pas l'inquiéter et de laisser aux fidèles la liberté de tenir leurs assemblées de religion ; mais vingt-trois jours après, lorsque les catholiques étaient réunis dans l'église de Saint-Théonas, ils furent tout à coup investis par une troupe de gens de guerre commandée par Syrien lui-même. Les soldats forcèrent les portes de l'église, pénétrèrent dans l'intérieur et y commirent des désordres horribles. Athanase, qui se trouvait dans l'église, resta sur son siège, résolu de ne point abandonner son troupeau ; il ordonna à un diacre de chanter le psaume CXXXVI, et le peuple répétait à la fin de chaque verset: *Car sa miséricorde est éternelle.* Il dit ensuite aux fidèles de retourner chez eux, que pour lui il ne sortirait que le dernier; mais les clercs et les moines qui étaient restés auprès de lui, le forcèrent de se mettre au milieu d'eux, ce qui le fit échapper aux gardes qui étaient chargés de s'emparer de sa personne. Aussitôt qu'il eut disparu, les ariens mirent sur le siège d'Alexandrie un intrus nommé George, homme de basse extraction et d'un caractère féroce, qui se montra le digne successeur de Grégoire de Cappadoce. Athanase se réfugia dans les déserts de l'Egypte ; mais ses ennemis mirent sa tête à prix et ne lui permirent pas de jouir longtemps des douceurs qu'il goûtait dans la compagnie des saints solitaires qui lui avaient donné un asile. Des soldats chargés de faire partout des perquisitions pour le découvrir, eurent beau maltraiter les moines ; ceux-ci répondirent qu'ils aimeraient mieux souffrir la mort que de révéler sa retraite. Athanase résolut donc, quoiqu'à regret, de les quitter pour ne pas les exposer à de plus rudes souffrances, et se retira dans une cachette où il pouvait à peine y respirer. Un fidèle dévoué connaissait seul le lieu où il était; il lui apportait ses lettres et les choses les plus nécessaires, et cela au péril de sa vie, tant les ariens mettaient d'opiniâtreté dans leurs recherches. La persécution se ralentit un peu par la mort de Constance, arrivée le 3 novembre 361. L'année suivante, George, usurpateur du siège d'Alexandrie, fut massacré par les païens à cause de ses cruautés ; ainsi Athanase se vit délivré de ses principaux ennemis. Julien, successeur de Constance, permit aux évêques exilés de retourner dans leurs diocèses : saint Athanase, après une absence de plus de six ans, revint à Alexandrie au mois d'août de l'année 362, et son entrée dans la ville fut une espèce de triomphe. Les ariens se virent bientôt chassés de toutes les églises dont ils s'étaient emparés ; mais pour rétablir la foi dans toute sa pureté, saint Athanase convoqua, la même année, un concile à Alexandrie, où assista saint Eusèbe de Verceil qui revenait de la Thébaïde où il avait été exilé. On y condamna ceux qui niaient la divinité du Saint-Esprit, et on y décida que les auteurs de l'arianisme seraient déposés, et que, s'ils abjuraient leurs erreurs, ils ne seraient admis qu'à la communion laïque. On y décida aussi que les évêques qui s'étaient laissés séduire pour quelque temps, comme les Pères de Rimini, conserveraient leurs sièges, pourvu, toutefois, qu'ils donnassent des preuves de leur repentir. Cette décision fut admise presque partout; elle reçut même l'approbation de l'Eglise romaine, et le pape Libère ordonna qu'on la suivît en Italie. Les païens d'Alexandrie s'étant plaints à Julien l'Apostat de ce que le patriarche employait toutes sortes de moyens pour détruire le culte des idoles, et que s'il restait plus longtemps dans la ville, on y verrait bientôt les dieux sans aucun adorateur, Julien répondit qu'en permettant aux Galiléens, c'est ainsi qu'il nommait les chrétiens de revenir dans leur pays, il ne leur avait point accordé le droit de rentrer dans leurs églises; qu'Athanase surtout n'aurait pas dû porter la témérité si loin que les autres, lui qui avait été exilé par plusieurs empereurs. Il lui fit donc signifier de sortir de la ville, aussitôt l'ordre reçu, et cela sous peine d'être sévèrement puni : il chargea même un de ses officiers de lui faire subir la peine de mort. Lorsque cet ordre fut connu à Alexandrie, la douleur et la consternation devinrent générales. Athanase consola les fidèles et leur recommanda de mettre en Dieu leur confiance, leur assurant que l'orage passerait vite. Ayant ensuite confié son troupeau à des mains fidèles, il s'embarqua sur le Nil pour la Thébaïde. L'officier qui était chargé de le mettre à mort n'eut pas plutôt connu sa fuite qu'il se mit à sa poursuite. Le saint, averti de ce nouveau danger, loin de s'enfoncer dans les déserts, comme on le lui conseillait, voulut retourner à Alexandrie. « Montrons, dit-il à ceux qui l'accompagnait, que celui qui nous protège est plus puissant que celui qui nous persécute. » L'officier les ayant joints, sans les connaître, leur demanda s'ils n'avaient point vu Athanase. « Il n'est point loin d'ici, répondirent-ils, et pour peu que vous vous hâtiez, vous ne tarderez pas à l'atteindre. » L'officier poursuivit sa route, et Athanase revint à Alexandrie où il demeura quelque temps caché. Julien ayant donné de nouveaux ordres pour qu'on le mît à mort, il se retira dans les déserts de la Thébaïde, où il changeait souvent de demeure pour échapper aux perquisitions de ses ennemis. Lorsqu'il était à Antinoé, il reçut la visite de saint Théodore de Tabenne et de saint Pambon, qui le consolèrent en lui déclarant que ses peines allaient finir. Ils lui dirent aussi que Dieu leur avait révélé la mort de Julien, qui aurait pour successeur un prince religieux, dont le règne serait court. Ce prince, c'était Jovien, qui, à peine placé sur le trône, révoqua la sentence de bannissement portée contre saint Athanase, et lui écrivit une lettre dans laquelle, après avoir loué sa fermeté et ses autres vertus, il le prie de venir reprendre le gouvernement de son Eglise. Athanase n'avait point attendu la lettre de Jovien pour quitter sa retraite; car aussitôt qu'il eût appris la mort de Julien, il était revenu à Alexandrie, où son arrivée avait causé autant de joie que de surprise. L'empereur, qui le connaissait pour un des plus fermes soutiens de l'orthodoxie, le pria par une seconde lettre, de lui envoyer une exposition de la vraie foi, et de lui tracer le plan de conduite qu'il devait suivre par rapport aux affaires de l'Eglise. Athanase fit assembler quelques évêques pour concerter avec eux sa réponse, qui portait en substance qu'il fallait s'attacher à la foi de Nicée, qui était celle des apôtres, laquelle avait été prêchée dans les siècles suivants, et qui était encore la foi de tout l'univers chrétien, à l'exception d'un petit nombre de personnes qui avaient embrassé les sentiments d'Arius. Les ariens qui avaient essayé de noircir Athanase dans l'esprit de Jovien, ne retirèrent de leurs calomnies que de la confusion; ce prince, qui avait conçu du saint la plus haute idée, eut envie de le voir, et l'ayant fait venir à Antioche où il était alors, il lui donna mille marques d'estime et d'amitié. Athanase ayant satisfait aux désirs et aux consultations du prince, reprit le chemin d'Alexandrie. Jovien étant mort, Valentinien qui lui succéda donna l'Orient à Valens son frère, qui avait toujours eu du penchant pour l'arianisme, et qui en 365 publia un édit par lequel il bannissait tous les évêques que Constance avait privés de leurs siéges. Le peuple d'Alexandrie s'assembla en tumulte pour demander au gouverneur de la province qu'on lui laissât son évêque. Le gouverneur promit d'en écrire à Valens, et les esprits se calmèrent. Athanase voyant la sédition apaisée sortit secrètement de la ville et se cacha pendant quatre mois dans le tombeau de son père. La nuit d'après son départ, le gouverneur et le duc s'emparèrent de l'église où il officiait ordinairement ; mais il ne l'y trouvèrent plus. Dès qu'on connut la fuite du saint patriarche, le peuple témoigna sa douleur par des cris et par des larmes. On supplia le gouverneur de s'interposer pour ménager son retour, et Valens, informé de tout ce qui se passait, craignit une sédition ; c'est ce qui le détermina à laisser Athanase tranquille. Il revint donc à Alexandrie et reprit le cours de ses fonctions, sans être inquiété dans la suite. En 369 il tint un concile au nom duquel il écrivit aux évêques d'Afrique de ne pas se laisser surprendre par ceux qui préféraient les décrets du concile de Rimini à ceux du concile de Nicée. Il mourut le 2 mai 373, âgé de soixante-dix-sept ans, après un épiscopat de quarante-sept ans. Saint Grégoire de Nazianze fait de lui ce portrait : « Il était d'une humilité si profonde, que personne ne portait cette vertu plus loin que lui. Doux et affable, il n'y avait personne qui n'eût auprès de lui un accès facile. Il joignait à une bonté inaltérable une tendre compassion pour les malheureux. Ses discours avaient je ne sais quoi d'aimable, qui captivait tous les cœurs; mais ils faisaient encore moins d'impression que sa manière de vivre. Ses réprimandes étaient sans amertume, et ses louanges servaient de leçon ; il savait si bien mesurer les unes et les autres, qu'il reprenait avec la tendresse d'un père, et qu'il louait avec la gravité d'un maître. Il était, tout à la fois, indulgent sans faiblesse et ferme sans dureté. Tous faisaient leurs devoirs dans sa conduite, et quand il parlait, ses discours avaient tant de succès, qu'il n'était presque jamais obligé de recourir aux voies de rigueur. Les personnes de tout état trouvaient en lui de quoi admirer et de quoi imiter. Il était fervent et assidu à la prière, austère dans les jeûnes, infatigable dans les veilles, plein de charité pour les pauvres, de condescendance pour les petits, intrépide, lorsqu'il s'agissait de s'opposer aux injustices des grands... » Parmi les nombreux écrits de saint Athanase, nous citerons le *Discours contre les païens* et celui *sur l'Incarnation*, qui en est la suite ; plusieurs ouvrages contre les ariens, comme l'*Exposition de la foi*, son *Apologie contre les ariens*, son *Apologie à Constance*, l'*Apologie de sa fuite*, les quatre *Discours contre les ariens*, le *Livre de l'Incarnation du Verbe*, les deux livres *contre Apollinaire*, le livre *de la Trinité et du Saint-Esprit*, des *Commentaires sur l'Ecriture sainte*, des *Lettres* à différents personnages et sur différents sujets, et la *Vie de saint Antoine*. Son style est clair, élégant, plein de noblesse, de vivacité et de feu, sans rien de superflu. Photius et Erasme, bons juges en cette matière, en font un grand éloge. — 2 mai.

ATHANASE (saint), diacre de Jérusalem et martyr, soutint avec zèle la foi du concile de Chalcédoine, ce qui lui attira des persécutions de la part de Théodose, patriarche intrus de Jérusalem et chef du parti des eutychiens. Athanase lui ayant reproché les cruautés qu'il exerçait contre les orthodoxes, il le fit saisir par ses satellites, qui le déchirèrent à coups de fouet et lui coupèrent ensuite la tête, vers l'an 452. Son corps fut traîné par un pied dans les rues, et on le donna à manger aux chiens. — 5 juillet.

ATHANASE (saint), moine du Mont-Athos, était originaire de Trébizonde, et avant d'embrasser la profession religieuse, il s'appelait Abram. Il florissait dans la première partie du VI° siècle et mourut en 551. — 5 juillet.

ATHANASE (le bienheureux), économe du monastère de Médicion, sous l'abbé saint Nicéphore, florissait au commencement du IX° siècle, et mourut vers l'an 812. Il fut inhumé dans le lieu qu'il avait illustré par ses vertus ; et un cyprès qui était venu sur son tombeau fournissait aux pèlerins des branches qu'ils emportaient par dévotion, et qui servaient à la guérison des malades, au rapport du bienheureux Théostéricte. Ferrarius lui donne le titre de saint. — 26 octobre.

ATHANASE (saint), confesseur à Paulopètre en Bithynie, florissait dans le IX° siècle. Il est mentionné dans la lettre adressée à Naucrace par saint Théodore Studite. — 22 février.

ATHANASE LE THAUMATURGE (saint), florissait au milieu du IX° siècle, dans une île du fleuve Sangari ou Zagari en Natolie. Il se rendit célèbre par ses austérités et surtout par ses nombreux miracles, comme l'indique son nom de Thaumaturge. On place sa mort vers l'an 860. — 3 juin.

ATHANASE (saint), évêque de Naples, fut élevé sur ce siège en 850. Il était frère de Grégoire, gouverneur de la ville, et qui eut pour successeur son fils Sergius. Celui-ci, conseillé par sa femme, qui haïssait Athanase, le fit mettre en prison ; mais au bout de huit jours il fut obligé de lui rendre la liberté, parce que toute la ville le réclamait. Le saint, voyant que la liberté qu'on lui avait rendue n'était pas complète, et que les espions de Sergius, son neveu, le gardaient à vue, se réfugia dans l'île de Saint-Sauveur. Sergius promit de le laisser en paix s'il voulait donner sa démission et se faire moine ; mais il s'y refusa, et son indigne neveu vint l'assiéger dans sa retraite. L'empereur Louis II, ayant appris l'extrémité à laquelle il se trouvait réduit, envoya des troupes qui le délivrèrent et l'amenèrent à Bénévent, où il se trouvait, et il l'accueillit avec de grands égards. Sergius, furieux d'avoir manqué son coup, pilla le trésor de l'église épiscopale qu'Athanase avait mis sous le scellé, en menaçant de l'anathème quiconque romprait ce sceau, ce qui n'arrêta pas l'impie gouverneur, qui persécuta le clergé de Naples, et fit fustiger plusieurs prêtres, les chassa de leurs églises et donna leurs bénéfices à de simples laïques. Le pape Adrien II lui écrivit, ainsi qu'aux principaux habitants de Naples, leur enjoignant, sous peine d'excommunication, de recevoir leur évêque ; mais ils s'y refusèrent et l'anathème fut prononcé par des envoyés du pape, qui se rendirent sur les lieux. Athanase, en butte aux attaques de la femme de Sergius, qui avait juré sa perte, errait d'asile en asile, sans trouver de sûreté nulle part. Elle envoya des scélérats pour l'empoisonner à Rome où il se trouvait ; ce qu'ayant su, il se retira à Sorrento, dont son frère Etienne était évêque ; mais touché jusqu'aux larmes du triste état où se trouvait Naples, il retourna à Rome pour conjurer le pape de lever l'excommunication dont elle était frappée. Adrien eut égard à sa demande, et fit lever la censure. Comme le saint évêque retournait à Naples, reconduit par l'empereur en personne, qui s'était chargé de le remettre en possession de son siège, il tomba malade en route et mourut dans l'oratoire de Saint-Quirice, près du Mont-Cassin, l'an 872. Il fut inhumé à Véroli, où l'on garde son corps. — 15 juillet.

ATHANASE (saint), évêque de Modon dans la Morée, était originaire de Catane en Sicile, et mourut vers l'an 880. Il est honoré chez les Grecs le 31 janvier.

ATHANASE (saint), moine des Cryptes, près de Kiow en Russie, florissait dans le XII° siècle, et il est honoré par les catholiques russes le 2 décembre.

ATHANASIE (sainte), *Athanasia*, martyre en Egypte, fut arrêtée à Canope avec ses trois filles. Saint Cyr et saint Jean ayant appris leur arrestation, se rendirent près d'elles pour les exhorter à confesser courageusement Jésus-Christ. Cette démarche hardie les fit arrêter à leur tour, et leur procura peu après la palme du martyre. Athanasie et ses filles, témoins des tourments et de la constance de ces généreux chrétiens qui avaient volé à leur secours, ne purent s'empêcher de manifester la compassion qu'elles éprouvaient pour leurs souffrances, et elles furent aussi cruellement maltraitées. On brûla leurs côtés avec des torches ardentes ; on mit ensuite du sel et du vinaigre dans leurs plaies pour les rendre encore plus douloureuses; elles furent enfin condamnées à être décapitées quelques jours avant ces deux illustres martyrs. — 31 janvier.

ATHANASIE (sainte), *Athanasium*, épouse de saint Andromaque, orfèvre, mourut au commencement du v° siècle : elle est honorée chez les Grecs le 2 juillet, et chez les Latins le 9 octobre.

ATHANASIE (sainte), veuve et abbesse de Timie, naquit au commencement du IX° siècle, dans l'île d'Egine, et était fille d'un seigneur nommé Nicétas, qui l'éleva dans les principes de la piété. A sept ans elle savait par cœur tout le Psautier, et elle fit, dans la suite, de grands progrès dans la connaissance de l'Écriture sainte. Le dessein qu'elle avait formé de consacrer à Dieu sa virginité, en prenant le voile, fut encore fortifié par une vision qui lui fit voir la vanité des choses humaines. Mais ses parents, qui avaient sur elle d'autres projets, lui firent épouser, contre son gré, un officier qui fut rappelé à l'armée, seize jours après son mariage, et il fut tué dans une bataille contre les Sarrasins, sur les côtes de la Grèce. Athanasie, devenue libre de suivre son attrait pour la vie religieuse, se proposait d'entrer dans un monastère, lorsqu'un édit de l'empereur Michel le Bègue, qui ordonnait aux filles nobles et aux jeunes veuves de prendre des maris, fournit à ses parents un prétexte pour la rengager dans le mariage. Son nouvel époux, qui était très-vertueux, lui laissa la liberté de se livrer aux œuvres de religion et de charité. Elle faisait d'abondantes aumônes et assistait les malades, les prisonniers, les orphelins, les pauvres veuves, les étrangers et les religieux qui étaient dans le besoin. Les dimanches et les fêtes, après l'office, elle réunissait dans sa maison les femmes et les filles du voisinage pour leur faire la lecture de l'Ecriture sainte, suivie d'une explication et terminée par une exhortation pathétique. Son mari, qui assistait à ces assemblées, fut si touché des discours de sa femme qu'il quitta le monde pour se faire moine. Cette démarche, qui rendait de nouveau la liberté à Athanasie, lui permit de changer sa maison en un couvent, et les pieuses filles qui s'y rassemblaient déjà auparavant, formèrent le noyau de la nouvelle communauté. Elles se choisirent pour supérieure Athanasie, qui résista longtemps, mais qui fut contrainte de céder aux instances de ses compagnes. La règle qu'elles suivaient était très-austère, et, malgré cela, la sainte abbesse y ajoutait encore pour elle-même des austérités particulières. Elle ne vivait que de pain et d'eau, et ne mangeait qu'une fois par jour, après l'heure de none. En carême, elle ne prenait son repas que de deux jours l'un, et il ne se composait que d'herbes ou de racines crues, et jamais, en aucun temps, elle ne goûtait de fruits. Elle couchait sur la pierre, n'ayant pour s'envelopper qu'une mauvaise couverture, et, par dessous ses vêtements, elle portait un rude cilice. Il y avait quatre ans qu'elle gouvernait sa communauté, lorsqu'elle la transporta dans un lieu plus solitaire, parce que sa maison était trop exposée au tumulte du monde. Ce lieu, qui avait été choisi par un saint abbé, nommé Mathias, fut appelé Timie, c'est-à-dire lieu *honoré*, et pendant que les religieuses s'y rendaient, Mathias s'aperçut que toutes étaient exténuées et ayant même de la peine à marcher ; il les engagea donc à modérer leurs austérités afin de ménager leurs forces et de ne pas abréger leur vie. Bientôt les bâtiments se trouvèrent insuffisants pour contenir toutes les personnes qui venaient y prendre le voile, et il fallut les agrandir. Athanasie ne songeait guère à quitter sa solitude, lorsqu'elle fut appelée à Constantinople par l'impératrice sainte Théodora, qui avait entendu parler de sa sainteté, et qui voulut l'avoir auprès d'elle pour profiter de ses lumières et de ses conseils dans l'administration de l'empire. La sainte abbesse fut retenue sept ans à la cour, retirée dans une cellule où elle vivait comme à Timie. Lorsqu'il lui fut permis de retourner dans son monastère, elle s'empressa de rejoindre ses religieuses, qui regrettaient sa longue absence, mais qui eurent la douleur de la perdre bientôt après. Lorsqu'elle tomba malade, elle voulut continuer ses exercices religieux et ses prières comme auparavant, et le douzième jour de sa maladie, ayant commencé la récitation du Psautier, selon sa coutume, les forces lui manquaient pour continuer ; elle pria les sœurs d'aller l'achever pour elle à l'église. Lorsqu'elles en revinrent, elles la trouvèrent mourante, et n'eurent que le temps de recevoir sa bénédiction. Elle mourut le 15 août 860. Quelques calendriers l'appellent Anastasie. — 15 août.

ATHANATÉE (saint), *Athanateas*, évêque de Clisme en Egypte, est honoré le 12 juillet.

ATHÉNÉE (saint), *Atheneus*, martyr, est honoré le 31 mars.

ATHÉNODORE (saint), évêque dans le Pont, et martyr, était frère de saint Grégoire le Thaumaturge. Il naquit, au commencement du III° siècle, à Néocésarée, et fut élevé dans le paganisme. Il se rendit d'abord à Césarée avec son frère Grégoire, et de là à Béryte, où il y avait une célèbre école de droit romain, qu'il fréquenta quelque temps. Il revint ensuite à Césarée avec son frère, pour suivre les leçons d'Origène, qui avait ouvert une école dans cette ville. Ce grand homme, remarquant bientôt que les deux frères avaient une capacité peu commune pour les sciences et d'heureuses dispositions pour la vertu, leur donna des soins particuliers, afin de les amener à la connaissance de la vérité. Athénodore et son frère furent si frappés de la lumière qui brillait à leurs yeux, qu'ils se sentaient déjà disposés à tout abandonner pour ne plus s'occuper qu'à servir le Dieu qu'Origène leur avait fait connaître. Mais la persécution de Maximin s'étant allumée dans l'Orient, en 235, Origène fut obligé de quitter son école pour se cacher, et ses disciples se dispersèrent. On ignore les autres détails de la vie de saint

Athénodore ; on sait seulement que la grâce acheva en lui la conversion commencée par les instructions d'Origène, et qu'il devint évêque d'une ville du Pont. Il eut beaucoup à souffrir pour le nom de Jésus-Christ, et il fut martyrisé pendant la persécution d'Aurélien, vers l'an 273. Il est honoré chez les Grecs le 9 février, et chez les Latins le 18 octobre.

ATHÉNODORE (saint), martyr en Mésopotamie, vers l'an 304, pendant la persécution de Dioclétien, souffrit d'abord la question du feu sous le président Eleuse; il fut ensuite appliqué à d'autres tortures, et enfin condamné à perdre la tête; mais le bourreau étant tombé sans connaissance au moment où il allait le frapper du glaive, et personne n'osant le décapiter, il mourut en priant Dieu. — 11 novembre.

ATHÉNODORE (saint), évêque en Egypte, et confesseur, fut l'un de ces courageux prélats qui, sous les auspices de saint Athanase, défendirent avec zèle la foi de Nicée contre les ariens. L'empereur Constance les exila dans la province hammoniaque, aujourd'hui le désert de Barca, et ils sont nommés dans le Martyrologe romain sous le 12 mai.

ATHÉNOGÈNE LE THÉOLOGIEN (saint), *Athenogenes*, martyr dans le Pont, ayant confessé Jésus-Christ qu'il chantait dans ses vers, fut condamné au supplice du feu. Avant d'être jeté dans les flammes, il chanta une hymne, qu'il a laissée par écrit à ses disciples. Saint Basile le Grand le mentionne avec éloge dans son livre du Saint-Esprit. — 18 janvier.

ATHÉNOGÈNE (saint), chorévêque à Pédachthoé et martyr, fut brûlé vif pour la foi à Sébaste, et ses reliques furent portées dans une église bâtie sur les bords de l'Euphrate. — 17 juillet.

ATHRACTE (sainte), *Athracta*, vierge en Irlande, est honorée le 11 août.

ATHRÉ (saint), *Athre*, abbé en Egypte, est honoré chez les Grecs le 8 juin.

ATHUMAR (le bienheureux), premier évêque de Paderbornn, né en Saxe, dans le VIIIe siècle, sortait d'une des familles les plus distinguées du pays. Il était encore très-jeune lorsqu'il fut choisi pour être l'un des otages que Charlemagne exigea des Saxons, pour empêcher qu'ils ne se révoltassent, comme ils l'avaient déjà fait tant de fois, et il fut élevé par l'évêque de Wurtzbourg, qui l'instruisit des vérités chrétiennes, et lui donna le baptême. Comme Athumar faisait de grands progrès dans la vertu et les sciences, il fut ordonné prêtre et devint ensuite premier évêque de Paderbornn, qui venait d'être érigé en siège épiscopal. Il convertit la plus grande partie des peuples de son diocèse, qui avaient vécu jusqu'alors dans les ténèbres de l'idolâtrie, et fonda, par les libéralités de Charlemagne, un grand nombre d'églises. Il mourut dans un âge peu avancé, l'an 815 ou 816, le 9 août, jour où l'on a toujours célébré sa fête. — 9 août.

ATRASESSE (sainte), martyre en Ethiopie, souffrit avec sainte Jone. — 14 novembre.

ATRIEN (saint), *Atrianus*, martyr en Afrique, souffrit avec saint Victor et un autre. — 11 mars.

ATTALE (saint), *Attalus*, martyr à Lyon, était originaire de Pergame en Asie; il devint l'appui et l'ornement de l'Eglise de Lyon. C'était un personnage de distinction, qui jouissait, parmi les chrétiens de cette ville, d'une grande considération pour la sainteté de sa vie et pour son zèle à défendre la foi. Arrêté avec les autres martyrs de cette ville, en 177, il passa plusieurs jours en prison, et ayant été conduit à l'amphithéâtre, il y entra d'un air magnanime. On lui en fit faire le tour, précédé d'un écriteau qui contenait ces mots : Celui-ci est Attale le chrétien. Les païens étaient prêts à lui faire sentir tout le poids de leur rage, mais le gouverneur ayant appris qu'il était citoyen romain, il le renvoya en prison et écrivit à l'empereur pour lui demander ses ordres relativement à Attale et aux autres prisonniers. L'un d'eux, nommé Alcibiade, qui depuis longtemps ne vivait que de pain et d'eau, voulut continuer le même genre de vie dans la prison ; mais Attale ayant appris par révélation qu'Alcibiade était pour les autres un sujet de scandale, et qu'on le soupçonnait de favoriser la secte des montanistes, qui affectaient des pénitences extraordinaires, l'en avertit, et Alcibiade se conforma au régime de ses compagnons. La réponse de l'empereur, portant qu'on exécutât ceux qui persévéreraient dans leur confession, et qu'on élargît ceux qui auraient abjuré le christianisme, étant arrivée, le gouverneur profita d'une fête publique pour donner au peuple le spectacle du supplice des martyrs. Attale fut donc conduit de nouveau dans l'arène, et on lui fit subir les divers tourments que l'on souffrait d'ordinaire dans l'amphithéâtre. Pendant qu'il était sur la chaise de fer rougie au feu, et que sa chair brûlée exhalait une odeur insupportable, il se tourna vers les spectateurs, et, faisant allusion au reproche qu'on faisait aux chrétiens, de manger des petits enfants, il dit en latin : « Voilà ce qui s'appelle véritablement dévorer des hommes, et ainsi vous êtes coupables de cette action inhumaine; mais pour nous, nous ne sommes souillés ni de ce crime, ni d'aucune autre abomination. » Et comme on lui demandait quel était le nom de son Dieu, il répondit : « Dieu n'a point un nom comme les mortels. » Il termina son martyre par le glaive l'an 177, sous Marc-Aurèle. — 2 juin.

ATTALE (saint), martyr à Palestrine, souffrit vers l'an 273, sous l'empereur Aurélien. — 1er août.

ATTALE (saint), martyr à Nyon avec saint Zotique et un autre, est honoré le 4 juin.

ATTALE (saint), martyr à Catane en Sicile, souffrit avec saint Etienne et plusieurs autres. — 31 décembre.

ATTALE (saint), *le Thaumaturge*, fut ainsi surnommé à cause des nombreux miracles qu'il opérait. Les Grecs font sa fête le 6 juin.

ATTALE (saint), abbé de Bobio, né en

Bourgogne, au VI⁰ siècle, fut placé, dès son bas âge, sous la conduite de saint Arige, évêque de Gap. Il prit ensuite l'habit religieux dans le monastère de Lérins, qu'il quitta pour se retirer dans celui de Luxueil, gouverné alors par saint Colomban, qui en fut le premier abbé. Colomban ayant été banni par Thierri, roi de Bourgogne, se réfugia en Italie, et Attale l'accompagna dans son exil. Le saint abbé de Luxueil ayant fondé le monastère de Bobio, au milieu des monts Apennins, dans le Milanais, Attale en fut un des premiers religieux, et, après la mort de saint Colomban, arrivée en 615, il fut jugé digne de lui succéder dans le gouvernement du nouveau monastère. Quelques mauvais religieux mirent sa patience à de rudes épreuves, mais il vint à bout, par sa douceur, sa charité et sa sagesse, de les ramener à l'esprit de leur état. Il se fit admirer par son humilité, sa vie austère et mortifiée, et par une pénétration d'esprit peu commune. Honoré du don des miracles, pendant sa vie, il mourut le 10 mars 627.—10 mars.

ATTALE (sainte), *Attala*, était fille d'Adelbert, duc d'Alsace et de Gerlinde; elle naquit en 697, et perdit sa mère dans un âge encore tendre. Elle fut élevée dans la piété par sainte Adèle, sa tante, qui était abbesse de Hohenbourg. Adalbert ayant fondé le monastère de Saint-Étienne, à Strasbourg, mit à la tête des religieuses qu'il y établit, vers l'an 721, sa fille, qui avait alors vingt-quatre ans. Attale marcha sur les traces de sa pieuse tante, et sut allier, comme elle, la piété la plus fervente à la douceur la plus aimable. Cette bonté, qui la faisait chérir de toute la communauté comme une mère, ne nuisait en rien à l'exactitude et à la régularité qu'elle savait faire régner parmi ses religieuses, qu'elle conduisait dans les voies de la perfection par ses exemples plus encore que par ses instructions. Sainte Attale mourut l'an 741, n'étant âgée que de quarante-quatre ans. Ses vertus la firent bientôt honorer comme sainte, et son culte était déjà autorisé à la fin du VII⁰ siècle. Ses reliques furent déposées dans l'église paroissiale de Sainte-Magdeleine de Hohenbourg. —3 décembre.

ATTALEIN (saint), *Attalenus*, diacre et martyr à Menou, près de Faverney en Franche-Comté, souffrit vers l'an 715 avec saint Berthier, prêtre. Leurs reliques sont honorées à Florival, dans le duché de Luxembourg. —6 juillet.

ATTE (saint), *Attius*, laboureur, martyr à Perge en Pamphilie avec saint Léonce et plusieurs autres, souffrit sous le président Flavien, pendant la persécution de Dioclétien. —1er août.

ATTILAN (saint), *Attilanus*, évêque de Zamora, naquit à Tarragone vers l'an 939, d'une famille noble, et quitta le monde, à l'âge de quinze ans, pour entrer dans un monastère. Mais il en sortit pour se mettre sous la conduite de saint Froylan, qui le fit prieur du monastère qu'il gouvernait. Il fut nommé évêque de Zamora vers le même temps que son maître le fut de Léon, et l'on dit qu'ils furent sacrés ensemble, le jour de la Pentecôte 990. Il y avait dix ans qu'il gouvernait son église, lorsqu'il la quitta pour faire plusieurs pèlerinages de dévotion. Il revint au bout de deux ans et remonta sur son siége. Il mourut l'an 1009, âgé de soixante-dix ans et il fut canonisé par Urbain II sur la fin du même siècle.—5 octobre.

ATTIQUE (saint), *Atticus*, martyr en Phrygie, souffrit avec saint Janvier et plusieurs autres.—5 novembre.

ATTON (le bienheureux), *Atto*, évêque de Pistoie, florissait au milieu du XII⁰ siècle et mourut en 1155. Il avait été moine de l'ordre de Vallombreuse et il a écrit la vie de saint Jean Gualbert.—22 mai.

AUBERT (saint), *Autpertus*, évêque de Cambrai et d'Arras, né sur la fin du VI⁰ siècle, se consacra, dès sa jeunesse, au service de Dieu, et à mesure qu'il avançait en âge il se perfectionnait dans la vertu et dans la connaissance de la religion. Après avoir servi l'Église avec beaucoup de zèle pendant plusieurs années, il fut choisi pour être évêque de Cambrai et d'Arras, deux siéges qui se trouvaient alors réunis, et sacré le 21 mars 633. Son amour pour la retraite ne l'empêchait pas de remplir fidèlement tous les devoirs de l'épiscopat, il recevait avec bonté tous ceux qui avaient à lui parler: sa porte était ouverte à tous, mais particulièrement aux pauvres et aux affligés. Il s'appliquait à corriger les abus qui s'étaient glissés dans son troupeau, sans que les nombreux obstacles qu'il rencontra dans cette entreprise difficile pussent le décourager. Ses instructions, soutenues par la sainteté de sa vie, produisaient des effets merveilleux. Il surveillait avec soin l'éducation des jeunes clercs afin de les rendre dignes des fonctions sublimes auxquelles ils étaient destinés et de former des coopérateurs animés de son esprit et capables de le seconder dans l'exercice du saint ministère. Il avait un talent tout particulier pour ramener à Dieu les pécheurs, et la conversion de saint Landelin fut le fruit de ses prières et de ses larmes. Il détermina plusieurs personnes de l'un et de l'autre sexe à quitter le monde pour se consacrer à Dieu, entre autres saint Vincent, comte de Soignes, la bienheureuse Waldetrude, son épouse, et sainte Aldégonde, sœur de celle-ci, qui reçurent de ses mains l'habit religieux; il fonda plusieurs monastères et bâtit plusieurs églises. En 666 il fit la translation des reliques de saint Vaast, l'un de ses prédécesseurs, et concourut à la fondation du monastère qui porte le nom de ce saint. Le Hainaut et la Flandre changèrent de face sous son administration, et il y fit fleurir la religion, la piété et l'étude des saintes lettres. Il mourut en 668, après trente-six ans d'épiscopat, et fut enterré dans l'église de Saint-Pierre à Cambrai, où l'on bâtit, dans la suite, une abbaye qui portait son nom. Il eut pour successeur saint Vindicien, qui avait été son disciple.—13 décembre.

AUBERT (saint), *Aubertus*, évêque d'Avranches, au commencement du viiie siècle, s'illustra par ses vertus ; mais ce qui a surtout rendu son nom célèbre dans l'histoire, c'est la construction d'une église qu'il fit bâtir sur un rocher près de la mer. Il construisit cet édifice d'après une triple apparition de saint Michel, et il en fit la dédicace sous l'invocation de cet archange, le 16 octobre 709. Saint Aubert y plaça d'abord des chanoines qui furent remplacés, dans la suite, par des religieux bénédictins ; c'est là l'origine de la fameuse abbaye du Mont-Saint-Michel, devenue de nos jours une prison d'Etat. Les autres détails de la vie de saint Aubert ne sont pas parvenus jusqu'à nous et l'on ignore l'année de sa mort. Ses reliques ont été transportées dans l'église du Mont-Saint-Michel. Il a toujours été honoré comme saint, et l'on célèbre sa fête le 16 juin et le 10 septembre.

AUBERT (saint), *Albertus* moine, de Landevennec et chapelain des religieuses du monastère de Saint-Sulpice en Bretagne, florissait dans le xiie siècle et mourut en 1129. Il est honoré à Rennes le 1er février.

AUBEU (saint), *Autbodus*, confesseur dans le diocèse de Laon, florissait après le milieu du viie siècle et mourut en 690. Il est honoré particulièrement à Vaucourt, dans le diocèse d'Arras, où il avait mené quelque temps la vie de solitaire. — 21 novembre.

AUBIERGE (sainte). *Voy.* EDELBURGE (sainte). — 7 juillet.

AUBIN (saint), *Albinus*, évêque d'Angers, né en 468, sortait d'une famille noble, anglaise d'origine, et qui était venue s'établir en Bretagne. Il montra, dès son jeune âge, beaucoup d'inclination pour la vertu et beaucoup de ferveur pour les exercices de la religion. Loin de passer, comme tant d'autres, sa jeunesse dans les amusements et les plaisirs du monde, il consacrait à Dieu toutes ses affections. Ce fut dans la vue de le servir d'une manière plus parfaite encore qu'il se retira dans le monastère de Cincillac, nommé depuis Tintillane, près d'Angers. Il s'y fit admirer par son amour pour la prière, pour la mortification des sens et les austérités. Modèle parfait d'obéissance, sa volonté était toujours subordonnée à celle de ses supérieurs, ou plutôt il n'avait point de volonté propre. Tous les religieux, pénétrés de vénération pour sa sainteté, l'élurent pour abbé en 504. Saint Aubin, qui avait alors trente-cinq ans, ranima, par ses exemples et par ses leçons, la ferveur des tièdes et fit avancer dans la perfection ceux qui étaient déjà entrés dans cette voie. Les suffrages réunis du clergé et du peuple d'Angers l'élevèrent sur le siège épiscopal de cette ville en 529. Aubin voulut s'opposer à son élection, mais on ne tint pas compte de ses refus et il fut enfin obligé de se soumettre. Aussitôt après son sacre, il se mit à travailler au rétablissement de la discipline ecclésiastique dans son diocèse. Les fatigues et les travaux de l'épiscopat ne lui firent rien relâcher des jeûnes et des austérités auxquels il se livrait étant religieux. Respecté de tous, même des rois, et favorisé du don des miracles, il n'en était que plus humble et se regardait comme le dernier des hommes. Plein de douceur et de fermeté tout à la fois, il savait se faire aimer en maintenant les droits de Dieu et ceux de l'Eglise. Il assista au concile tenu à Orléans l'an 538, où il fit remettre en vigueur le trentième canon du concile d'Epaone, qui proscrivait les mariages incestueux. Il mourut à l'âge de quatre-vingt-un ans, le 1er mars 549. Son corps fut levé de terre en 556, par saint Germain, évêque de Paris, et placé dans une châsse en présence de plusieurs évêques, parmi lesquels se trouvait Eutrope son successeur. La plus grande partie de ses reliques fut mise dans l'abbaye que le roi Childebert fonda dans la ville d'Angers, et qui prit le nom de Saint-Aubin.

AUBRINX (saint), *Albericus*, patron de Montbrison en Forez, où il y a de ses reliques, est honoré dans cette ville le 2 janvier.

AUCTE (saint), *Auctus*, martyr à Amphipolis, aujourd'hui Emboli en Macédoine, souffrit avec saint Taurion et un autre. — 7 novembre.

AUDACTE (saint), *Audactus*, prêtre d'Afrique et martyr, souffrit d'abord dans sa patrie par ordre du *procurateur* Magnilien, au commencement de la persécution de Dioclétien. Il fut ensuite conduit en Sicile, puis dans la Pouille, avec saint Félix de Tubzoque et plusieurs autres. Comme ils persévéraient dans le refus de livrer les saintes Ecritures, ils achevèrent leur martyre par le glaive, à Venouser dans la Pouille, l'an 303. — 24 octobre,

AUDACTE (sainte), *Audacta*, martyre à Césarée, souffrit avec sainte Dorothée. — 28 mars.

AUDAX (saint) martyr à Thore, près du lac de Vélino, en Lombardie, assistait au supplice de sainte Anatolie, et à la vue des miracles opérés par cette illustre martyre, le convertit au christianisme. Ayant été mis en prison comme chrétien, il fut décapité pendant la persécution de Dèce, vers l'an 250. — 19 juillet.

AUDE ou ALDE (sainte), *Auda*, vierge, l'une des compagnes de sainte Geneviève, s'efforça de marcher sur ses traces et d'imiter ses vertus. Elle ne lui survécut pas longtemps, et, après sa mort, elle fut enterrée à côté d'elle dans l'église des apôtres saint Pierre et saint Paul. Elle est honorée le 10 et le 18 novembre.

AUDENCE (saint), *Audentius*, évêque de Tolède, mourut en 396. — 3 décembre.

AUDENCE (saint), confesseur à Milan, florissait dans la première partie du ve siècle, et mourut vers l'an 435. Son corps fut inhumé dans l'île Saint-Jules, au diocèse de Novarre. Les différents calendriers lui donnent le titre de sénateur et le nomment le 24 et le 26 novembre.

AUDIFAX (saint), martyr à Rome, était fils de saint Maris et de sainte Marthe, et frère de saint Abachum. Il quitta la Perse avec ses parents pour aller à Rome visiter les tombeaux des saints apôtres, sous l'empereur Aurélien, qui ralluma le feu de la persécution. Comme cette famille de saints se faisait un pieux devoir de recueillir les restes des martyrs et de les enterrer avec respect, elle fut arrêtée par ordre de Macien, gouverneur de Rome, et, après plusieurs tortures, Audifax eut la tête tranchée, avec son père et son frère, l'an 270. — 19 janvier.

AUDRI ou ALDRIC (saint), *Aldricus*, archevêque de Sens, né au VIIIe siècle, sous le règne de Charlemagne, sortait d'une famille noble du Gâtinais. Son amour pour la retraite lui inspira le désir de quitter le monde pour embrasser l'état religieux. Ayant obtenu, non sans peine, le consentement de ses parents, il alla prendre l'habit dans l'abbaye de Ferrières, qui portait encore son premier nom de Bethléem, et s'y distingua par sa science et sa piété. Jérémie, archevêque de Sens, l'ordonna prêtre et l'attacha à son église. Audri, qui était le modèle du clergé de Sens, par sa sagesse et son zèle, fut appelé à la cour de Louis le Débonnaire, où il réfuta solidement quelques libertins qui attaquaient les vérités de la religion. L'empereur, frappé de son mérite et de ses vertus, lui confia la surveillance des officiers de sa maison. Cette charge qui lui donnait entrée dans les conseils du prince, lui fournit l'occasion de rendre, par ses lumières et sa capacité, des services importants à l'État. Il était chancelier de Pepin, roi d'Aquitaine, lorsque les religieux de Ferrières l'ayant élu pour abbé, il obtint de Louis le Débonnaire la permission de quitter la cour pour aller prendre le gouvernement de son monastère : il y maintint la discipline et donna à ses religieux l'exemple de toutes les vertus. Élu en 828 archevêque de Sens, après la mort de Jérémie, il ne fut sacré qu'en 830 : il justifia par une conduite vraiment épiscopale, le choix du clergé et du peuple de Sens, et ses diocésains trouvèrent en lui un pasteur zélé, un père tendre, un médecin charitable. Il avait un talent particulier pour annoncer la parole de Dieu, et ses prédications opérèrent un grand nombre de conversions. Il rétablit la discipline dans le monastère de saint Denis, et il pensait retourner à Ferrières, pour y finir ses jours, lorsqu'il mourut le 10 octobre 840. On y transporta ses reliques, qui furent brûlées par les calvinistes en 1569, à l'exception de quelques ossements. — 10 octobre.

AUFIDE (saint) *Aufidius*, martyr en Afrique, est honoré le 16 octobre.

AUFIDIE (sainte) *Aufidia*, martyre à Milan, souffrit avec sainte Judith et plusieurs autres. — 6 mai.

AUFROY, ou ANSFRID (saint), *Ansfridus*, évêque d'Utrecht, de l'illustre famille des comtes de Brabant, né dans le Xe siècle fut élevé par Robert, archevêque de Trèves, son oncle. Il porta les armes dans sa jeunesse, sous les empereurs Othon III et Henri II, qui avaient en lui beaucoup de confiance et qui l'estimaient pour sa vertu et son mérite; le premier l'ayant fait comte de Huy et de Louvain, ce titre lui donna droit de siéger dans les diètes et les autres assemblées publiques, où il exerçait une grande influence. Il fonda; de concert avec Hilduinde, son épouse, le monastère de Thorren, dont sainte Benoîte, leur fille; fut la première abbesse. Hilduinde s'y étant aussi retirée pour y prendre le voile, il résolut de son côté d'embrasser la vie monastique ; mais avant qu'il n'eût mis son projet à exécution, Othon III le nomma évêque d'Utrecth, l'an 995. Aufroy ne pouvant décliner ce fardeau, malgré ses refus réitérés, se laissa sacrer et gouverna son diocèse avec beaucoup de sagesse, jusqu'à ce qu'étant devenu aveugle, il s'en démit pour se retirer dans le monastère de Marienberg, qu'il avait fondé dans cette intention, et il y plaça des moines de saint Benoît. C'est au milieu d'eux qu'il passa le reste de sa vie, les édifiant par son exactitude à suivre la règle de la communauté. Il mourut en 1010, et ses reliques furent déposées dans l'église d'Utrecht, où elles sont l'objet de la vénération des fidèles — 3 mai.

AUGE (sainte) *Augia*, martyre, honorée à Apt, en Provence le 14 mai.

AUGEBERT (saint), *Augebertus*, martyr, fut massacré par des voleurs dans le IXe siècle, près de Villers en Barrois. — 18 octobre.

AUGENCE (saint), *Augentius*, martyr en Espagne, souffrit avec quelques autres. — 11 janvier.

AUGER (saint), *Adelgarius*, évêque de Brême et de Hambourg, est honoré le 15 mai.

AUGER, ou OGER (saint), ermite près d'Epinal, était, à ce que l'on croit, un moine bénédictin, qui se retira dans une solitude à laquelle il a donné son nom. On bâtit une chapelle sur son tombeau, et ce lieu devint un pèlerinage très-fréquenté. Lorsque l'on fit la translation de ses reliques à Epinal, le 27 juin 1644, on trouva dans son tombeau un parchemin qui portait que, vingt-quatre, tant archevêques qu'évêques, avaient accordé des indulgences à ceux qui visiteraient ce pèlerinage, et cette pièce était scellée du sceau de Jean de Sierck, évêque de Toul, mort en 1307. La fête de saint Auger se célébrait autrefois à Epinal, le 1er décembre.

AUGIS (saint) *Adelgisus*, confesseur, florissait au VIIe siècle, dans le diocèse de Laon : son corps se garda dans l'église de Saint-Michel en Thiérarche. — 2 juin.

AUGULE (saint), *Augulius*, évêque et martyr en Angleterre, fut mis à mort pour la foi à Londres dans le commencement du IVe siècle, peu de temps après saint Alban. C'est le même qui est aussi appelé Aule. — 7 février.

AUGURE (saint), *Augurius*, diacre de Tarragone, en Espagne, et martyr, fut arrêté avec saint Fructueux, son évêque, et conduit en prison, l'an 259, sous les empereurs Valérien et Gallien. Six jours après, le gouverneur Emilien le fit comparaître devant lui avec Fructueux, qui fut interrogé le premier. Le gouverneur, s'adressant ensuite à Augure, lui conseille de ne pas s'arrêter à ce que Fructueux vient de dire, mais le courageux diacre répond, en peu de mots, qu'il adore aussi le Dieu tout-puissant. Il fut condamné à être brûlé vif avec son évêque. — 21 janvier.

AUGUSTE (saint), *Augustus*, martyr à Nicomédie avec ses frères Flavius et Augustin, est honoré le 7 mai.

AUGUSTE (saint), prêtre d'Afrique, fut exilé avec plusieurs autres, pour la foi, par les Vandales. Il aborda sur les côtes de la Campanie où il fut chargé du gouvernement d'une église, et mourut saintement sur la fin du ve siècle. — 1er septembre.

AUGUSTE (sainte), *Augusta*, est honorée dans la Marche Trévisane le 7 mars.

AUGUSTIEN (saint), *Augustianus*, martyr à Capoue avec quelques autres, souffrit au commencement du 4e siècle, sur la fin de la persécution de Dioclétien. — 16 novembre.

AUGUSTIN (saint), *Augustinus*, martyr à Nicomédie, était frère de saint Auguste et de saint Flavius, avec lesquels il souffrit. — 7 mai.

AUGUSTIN (saint), évêque d'Hippone et docteur de l'Église, était fils de Patrice, bourgeois de Tagaste, en Numidie, et de sainte Monique. Il naquit le 13 novembre 354. Dans sa jeunesse, il se livra à la fougue de ses passions et à tous les désordres auxquels elles entraînent un cœur devenu leur esclave. Il retrace, avec les plus vives couleurs, dans ses Confessions, l'abîme de misère où il était plongé, et avoue avec douleur qu'il a commencé à offenser Dieu dans un âge qu'on appelle, par abus des termes, l'*âge d'innocence*. Sa pieuse mère lui enseigna la religion chrétienne et lui apprit à prier; on le fit ensuite catéchumène. Pendant qu'il fréquentait les écoles de Tagaste, il fut atteint d'une maladie dangereuse, et demanda le baptême. Sainte Monique l'avait disposé de son mieux à ce sacrement, qu'on ne lui administra pas cependant, parce que le danger cessa tout à coup. Son père, qui était idolâtre, ne négligea rien pour cultiver les dispositions extraordinaires qu'on remarquait dans son fils; il lui fit apprendre les sciences, afin de lui frayer le chemin des honneurs. Pendant ses études, s'étant lié avec des jeunes gens plus âgés que lui, il contracta du goût pour les jeux publics et le théâtre. En apprenant à parler, il apprit le latin qui était comme sa langue maternelle; mais il avait dans son enfance une grande aversion pour l'étude du grec, et le peu de progrès qu'il fit dans cette langue ne lui permettait pas de goûter les beautés d'Homère; quant aux poètes latins, il en faisait ses délices. Cette lecture qu'il se reprochait dans la suite lui servit cependant à perfectionner son style et à développer ses facultés intellectuelles. Mais les comédies de Térence, la fréquentation du théâtre et les mauvaises compagnies l'entraînèrent, dès l'âge de seize ans, dans des désordres honteux, dans lesquels il persévéra jusqu'à sa conversion. Il quitta Tagaste pour aller à Madaure étudier la grammaire, la poésie et la rhétorique. Il revint ensuite passer une année dans la maison paternelle : et malgré les larmes et les avertissements de sa mère, il se lia avec des libertins : n'ayant d'ardeur que pour le plaisir, il se livrait à l'impétuosité de ses passions, avec d'autant moins de réserve que son père, qui s'inquiétait peu qu'il fût vertueux, pourvu qu'il fût éloquent, et qu'il réussît dans le monde, le laissait maître de ses actions. Il avait dix-sept ans lorsqu'il se rendit à Carthage : il y fit de grands progrès, surtout dans la rhétorique; mais il continua le cours de ses dérèglements. L'an 381, il perdit son père qui reçut le baptême avant de mourir. Étant encore à Carthage, il lut un ouvrage de Cicéron, intitulé *Hortensius*, qui n'est pas parvenu jusqu'à nous, et qui est une exhortation à la philosophie. Il en fut singulièrement touché : le désir de la sagesse remplaça dans son cœur le désir de la fortune et des dignités. A l'âge de vingt ans, ayant entendu ses maîtres vanter les *Catégories* d'Aristote, il se procura le livre, et le lut avec avidité. Cette lecture le conduisit à placer la divinité dans la catégorie de la substance, et à raisonner de Dieu comme d'un être corporel. Mais les philosophes païens le dégoûtèrent bientôt, parce qu'il ne trouvait pas dans leurs ouvrages le nom de Jésus-Christ, que sa mère lui avait appris à prononcer avec respect, dès qu'il avait pu parler. Il se mit à lire l'Écriture sainte; mais le style simple de ce livre divin choqua sa délicatesse, et son orgueil l'empêcha d'en pénétrer le sens. C'est peu de temps après qu'il tomba dans l'hérésie des manichéens : sa chute fut principalement causée par l'impureté, dont le propre est d'aveugler l'esprit, d'endurcir le cœur, de lui faire perdre le goût des choses spirituelles, et de dégrader les nobles facultés de l'âme. L'orgueil contribua aussi à sa perte. « Je m'imaginais, dit-il, que je pouvais prendre l'essor, et je tombai à terre. » Les manichéens flattaient sa vanité, en se vantant de lui faire connaître les choses dans leur nature, et en se moquant de ceux qui déféraient à l'autorité de l'Église catholique qu'ils accusaient de mettre des entraves à la raison. Ils lui promirent des démonstrations sur chaque chose, assurant qu'il n'y avait point de mystères, que la foi n'était qu'une faiblesse de l'esprit, et que l'homme, débarrassé d'une autorité *terrible*, pouvait, par le secours de la raison seule, arriver à Dieu et s'affranchir de toute erreur. Plus tard, il écrivait à Honorat, son ami et son compagnon d'hérésie : « Vous savez sur quel fondement nous nous sommes attachés à ces gens-là..... Je renonçai, pendant neuf ans, à la religion qu'on m'avait enseignée dans mon enfance, sur le reproche qu'ils nous faisaient de nous laisser entraîner par la superstition, et d'adopter, contre les lumières de la raison, ce que nous appelons la foi; tandis que chez eux on n'était obligé de croire que les choses qu'on avait examinées, et de la vérité desquelles on avait de bonnes preuves. Comment n'aurais-je pas été séduit par de semblables promesses, moi qui étais jeune, qui désirais connaître la vérité, et qu'une certaine réputation acquise dans les écoles avait rempli d'orgueil. » Deux questions, surtout, embarrassaient saint Augustin, et les manichéens lui promettaient de lui en donner la solution : la première, c'était l'origine du mal, et la seconde, la difficulté de comprendre ce que c'est qu'un esprit, d'où il avait fait Dieu corporel. Mais ses nouveaux maîtres le conduisirent d'absurdité en absurdité, au point que sa raison, naturellement droite, ne pouvait y acquiescer pleinement. Il s'aperçut bientôt que, malgré leur subtilité dans la dispute, ils ne prouvaient pas solidement la vérité de leur doctrine, et il resta toujours dans la classe des auditeurs, sans vouloir se faire initier parmi les élus. Cependant son orgueil était flatté du succès qu'il obtenait dans ses disputes avec les catholiques, et il en attira plusieurs dans le parti des manichéens, entre autres Alype, son ami, et Romanien, son bienfaiteur, qui l'avait logé chez lui pendant qu'il étudiait à Carthage. Ayant quitté cette ville après avoir terminé, de la manière la plus brillante, le cours de ses études, il revint à Tagaste, où il établit une école de grammaire et de rhétorique. Sainte Monique, qui pleurait sur les égarements de son fils, et qui ne cessait de demander à Dieu sa conversion, refusa de manger avec lui, à cause de son hérésie, espérant par là le faire rentrer en lui-même ; mais voyant que tout était inutile, elle alla trouver un évêque, et le conjura avec larmes d'entreprendre la conversion de son fils. L'évêque lui répondit qu'il n'était pas encore temps, parce qu'Augustin était encore trop attaché à la nouveauté de son hérésie et trop enflé des avantages qu'il avait remportés sur certains catholiques, plus zélés qu'instruits, qui avaient eu l'imprudence de disputer avec lui. « Contentez-vous, dit-il à Monique, de prier Dieu, qui lui découvrira peu à peu son erreur et son impiété. » Comme elle insistait pour qu'il essayât de convertir son malheureux fils : « Allez, lui dit-il, que le Seigneur vous bénisse ; un enfant de tant de larmes ne peut périr. » Monique regarda ces paroles comme un oracle du ciel. Un ami intime d'Augustin, son compagnon d'études pendant plusieurs années, qui s'était fait manichéen à sa persuasion, étant tombé malade, se convertit et reçut le baptême. Augustin ayant voulu lui en faire des plaisanteries, il lui répondit que s'il tenait à conserver son amitié, il fallait changer de langage, sans quoi il le fuirait avec horreur et le regarderait comme son ennemi. Bientôt après, il mourut dans de vifs sentiments de piété, et Augustin fut si affecté de cette mort, qu'il en devint comme inconsolable. Il quitta les lieux qui, en lui rappelant le souvenir de son ami, ne faisaient qu'entretenir sa douleur ; il retourna à Carthage, où il ouvrit une école de rhétorique qui lui valut de brillants succès. Il y remporta les premiers prix d'éloquence et de poésie ; mais toujours engagé dans les erreurs du manichéisme, il se laissa aller à des extravagances risibles, si elles n'eussent été déplorables. Il se livra aussi à l'étude de l'astrologie judiciaire ; mais il reconnut bientôt l'absurdité de cette prétendue science. A l'âge de vingt-sept ans, il composa un ouvrage qui n'est pas parvenu jusqu'à nous, intitulé : *De ce qui est beau et convenable dans chaque chose.* C'est vers le même temps qu'il commença à se dégoûter des histoires que les manichéens débitaient sur le système du monde, sur les corps célestes et sur les éléments. Il y avait alors en Afrique un évêque manichéen nommé Fauste, versé dans toutes sortes de sciences, et que ceux de sa secte regardaient comme un homme extraordinaire. Augustin désirait vivement de conférer avec lui, espérant qu'il éclaircirait tous ses doutes. Il s'empressa d'aller le trouver aussitôt qu'il fut arrivé à Carthage, et l'entretien qu'il eut avec lui le convainquit que Fauste était un beau parleur ; mais il n'en tira pas plus de lumières que des autres manichéens, quoiqu'il s'exprimât avec plus de grâce et de facilité. Cette conférence lui dessilla les yeux, et dès lors il se sentit beaucoup d'éloignement pour le manichéisme ; cependant ses préjugés contre la doctrine catholique n'étant pas encore dissipés, et ne sachant où trouver la vérité, il prit le parti de rester comme il était, en attendant qu'il pût rencontrer quelque chose de plus raisonnable et de plus satisfaisant. Au milieu de ces perplexités, il quitta Carthage pour se rendre à Rome sans avoir consulté sa mère. Il avait vingt-neuf ans quand il arriva dans cette ville, et alla se loger chez un manichéen qu'il connaissait. Peu de temps après, il tomba dans une maladie grave. « Si je fusse alors parti de ce monde, disait-il depuis, je ne pouvais que tomber dans les supplices que j'avais mérités par mes crimes. » Mais la santé lui fut rendue par les prières de sa mère, qui, quoique absente et ignorant le danger qui le menaçait, demandait alors au ciel sa conversion ; ce qu'elle ne cessa de faire tant qu'elle le vit éloigné de son Dieu, qu'elle aimait infiniment plus que son fils et qu'elle-même. Il ouvrit un cours de rhétorique qui fut bientôt suivi par tout ce qu'il y avait à Rome de plus spirituel et de plus distingué. On ne pouvait l'entendre sans admirer sa science et ses talents, qui étaient encore rehaussés par les qualités les plus aimables ; mais comme les étudiants s'adressaient souvent à de nouveaux maîtres pour se dispenser de payer ce qu'ils devaient aux anciens, cette injustice le dégoûta. Valentinien le Jeune ayant fait demander à Symmaque, préfet de Rome, un habile professeur de rhétorique, Symmaque, qui était lui-même un grand orateur et qui connaissait la capacité d'Augustin, fit choix de lui, et l'envoya à Milan, où on lui fit la réception la plus honorable. Il justifia bientôt la haute idée qu'on avait de son mérite. Saint Ambroise conçut pour lui une estime toute particulière, et Augustin, de son côté, désira se lier avec un homme qui lui montrait de l'amitié et qui jouissait d'une grande considération par son savoir et son éloquence. Il assistait souvent à ses sermons par curiosité, et pour voir, par lui-même, si son éloquence répondait à l'éloge qu'on lui en avait fait; il l'écoutait avec beaucoup d'attention, et le trouvait supérieur, en tout, à Fauste le manichéen, excepté qu'il avait moins de grâce dans le débit. Quoiqu'il ne cherchât que ce qui flatte l'oreille, la doctrine qu'annonçait saint Ambroise faisait insensiblement impression sur son cœur et y jetait une semence qui devait germer plus tard. Il comprit qu'il y avait de bonnes preuves en faveur de ce qu'il entendait, et que les manichéens avaient tort de mépriser la loi et les prophètes; mais il n'était point encore convaincu que la cause des catholiques fût la meilleure, et quoiqu'il vît bien que les manichéens défiguraient leur doctrine, il restait toujours dans le doute, par la crainte de tomber dans un précipice. D'un autre côté, le désir de se procurer un établissement avantageux dans le monde, d'acquérir de la réputation et de la fortune, le tourmentait beaucoup. Il eut aussi, pendant quelque temps, un autre sujet d'inquiétude : comme il devait prononcer, aux calendes de janvier 385, le panégyrique de l'empereur et du consul nouvellement élu, en présence de ce dernier, l'incertitude du succès lui ôtait le repos, et voyant, dans une rue de Milan, un pauvre qui était tout joyeux et qui se divertissait, le sort de ce pauvre lui paraissait digne d'envie, et il dit à quelques amis qui l'accompagnaient : « Toutes nos folies n'ont d'autre but que de nous procurer une satisfaction que nous n'obtiendrons peut-être jamais, et dont ce misérable paraît jouir au moyen de quelques aumônes qu'il a ramassées aujourd'hui. » La question de l'origine du mal lui faisait éprouver des perplexités et un trouble intérieur dont Dieu seul était témoin. Il avait aussi bien de la peine à concevoir que Dieu fût un pur esprit, s'étant accoutumé, depuis longtemps, à le considérer comme un être corporel et étendu, conformément à la doctrine des manichéens. La lecture des ouvrages de Platon et des philosophes platoniciens, qui parlent d'un verbe éternel et de substances incorporelles, lui fit réformer cette fausse idée; bientôt il en vint à admettre des substances spirituelles, et reconnut que Dieu est un pur esprit, éternel, infini, incompréhensible, immuable, et qu'il n'y a rien d'absolument mauvais dans la création. Il crut même entendre une voix du ciel qui lui criait : « Je suis la viande des forts et des hommes faits; croissez, et vous vous nourrirez de moi; mais vous ne me changerez pas en vous, comme il arrive aux aliments dont votre corps se nourrit; c'est vous, au contraire, qui serez changés en moi. » Trouvant que les philosophes platoniciens entretenaient son orgueil, lui inspiraient le goût d'une fausse sagesse, lui laissaient tous ses vices et ne lui apprenaient rien sur le mystère de la rédemption de l'homme, il se mit à lire le Nouveau Testament, surtout les Epîtres de saint Paul, qui lui causaient un grand plaisir. Il y vit le p- port admirable entre l'Ancien Testament et le Nouveau, la gloire du ciel déployée dans toute sa magnificence, et la voie qu'il faut suivre pour y arriver; il y apprit ce qu'il ressentait depuis longtemps, qu'il y avait dans ses membres une loi opposée à celle de l'esprit, et que la grâce de Jésus-Christ pouvait seule le délivrer de ce corps de mort. Il aperçut une différence infinie entre la doctrine de celui qui se nommait le dernier des apôtres et celle de ces philosophes orgueilleux qui se regardaient comme les plus grands hommes. Déjà il ne doutait plus de l'excellence et de la vérité de la loi divine, mais ses anciens préjugés lui faisaient penser qu'il ne pouvait la pratiquer. Dans cet embarras, il s'adressa à Simplicien, prêtre de Rome, que le pape Damase avait envoyé à Milan, pour instruire saint Ambroise, lors de son élection, et lui découvrit l'état de son âme. Il lui déclara qu'il s'était mis à lire les œuvres des philosophes platoniciens, qui avaient été traduits en latin par Victorin. Simplicien le loua de cette lecture, et lui raconta comment il avait lui-même contribué à la conversion de Victorin, qui avait été professeur de rhétorique à Rome, qui avait eu pour élèves les principaux sénateurs, et à qui on avait élevé une statue dans le forum. Il ajouta comme Victorin, dans la crainte de déplaire à ses amis et de s'attirer des persécutions de la part des idolâtres, voulait différer son baptême, lui, Simplicien, l'avait encouragé à vaincre cette tentation et à fouler aux pieds le respect humain; ce qu'il fit en se faisant administrer le sacrement de la régénération; et lorsque Julien l'Apostat eut défendu aux chrétiens d'enseigner les lettres et les sciences, il quitta son école avec joie, et mourut, quelque temps après, de la mort des justes. Augustin, frappé de ce récit, envia le bonheur de Victorin, mais il se sentait encore trop esclave de ses passions pour l'imiter. Il décrit dans ses Confessions le triste état où l'avaient plongé ses mauvaises habitudes qui étaient devenues comme une seconde nature, ou plutôt comme une espèce de nécessité. Pendant qu'il gémissait ainsi dans des liens qui le retenaient captif, un Africain, nommé Potitien, qui avait une charge à la cour et qui était fervent chrétien, vint rendre visite à Augustin et à Alype, son ami. Ayant trouvé sur la table les Epîtres de saint Paul, il prit de là occasion de leur parler de la vie de saint Antoine; mais il fut très-étonné de voir que, jusqu'à ce jour, ils n'avaient pas même connu le nom de ce saint, et de leur côté, ils marquèrent beaucoup de surprise au récit des miracles opérés récemment dans l'Eglise catholique. Potitien leur apprit aussi qu'il y avait hors des murs de Milan un monastère où vivaient dans une grande ferveur, sous la conduite de saint Ambroise, un grand nombre de serviteurs de Dieu; il leur raconta ensuite que quand la cour de l'empereur était à Trèves, lui, Potitien, se promenant, un jour, avec trois de ses amis, dans les jardins contigus à la ville, deux d'entre eux, errant à l'aventure, étaient entrés dans une cabane habitée par des solitaires qui pratiquaient cette pauvreté d'esprit à laquelle le royaume des cieux est promis; qu'ils y avaient trouvé la vie de saint Antoine, et que l'un d'eux, qui était *agent* de l'empereur, s'étant mis à la lire, il se sentit embrasé du désir d'embrasser le même genre de vie, et que se tournant vers son ami : « Où prétendons-nous arriver, lui dit-il, par toutes les fatigues que nous essuyons? A l'amitié de l'empereur?... Mais quoi de plus fragile et de plus difficile à obtenir ? Au lieu que, si je veux, je suis ami de Dieu dès ce moment même. » Et après quelques combats intérieurs, il dit à son ami : « C'en est fait ; je suis résolu de servir Dieu, et cela, ici et à l'heure même. » Son ami lui répondit qu'il ne le quitterait pas, et qu'il voulait partager son genre de vie, afin de partager sa récompense. Ce récit toucha singulièrement Augustin : il se voyait comme dans un miroir, et cette vue lui faisait honte à lui-même. Il avait autrefois demandé à Dieu la grâce de la continence, mais c'était, pour ainsi dire, en craignant d'être sitôt exaucé. Potitien ne fut pas plutôt parti qu'il dit à Alype : « Comment pouvons-nous souffrir que des ignorants s'élèvent et emportent le ciel, tandis qu'avec toute notre science... nous croupissons dans la chair et le sang? Rougirons-nous de les suivre, parce qu'ils nous précèdent? N'y aurait-il pas plus de honte à ne vouloir pas même les suivre ? » Il prononça ces paroles avec un ton de voix extraordinaire, et son visage paraissait changé. Il se retira ensuite dans un jardin dont il avait l'usage. Alype, étonné de ses paroles, de son ton et de l'agitation où il le voyait, le suivit. Augustin éprouvait des combats violents au dedans de lui-même. D'un côté ses passions faisaient un dernier effort pour le retenir dans ses anciennes habitudes, et de l'autre il lui semblait voir la continence qui l'invitait à venir à elle, et qui lui montrait une multitude de personnes de tout âge, des enfants, des jeunes gens, des filles, des veuves et des vierges, qui avaient passé leur vie dans la chasteté; elle lui disait : « Quoi! vous ne pourrez pas ce qui est possible à tant d'autres que vous voyez ? Est-ce par eux-mêmes qu'ils le peuvent, ou par la grâce que Dieu leur a donnée? Pourquoi vous appuyer sur vous-même ? Jetez-vous dans les bras du Seigneur sans craindre qu'il se retire et vous laisse tomber : jetez-vous-y hardiment ; il vous recevra et guérira vos plaies... » A la vue de son misérable état, il sentit qu'un torrent de larmes allait couler de ses yeux ; et comme on pleure plus librement quand on est seul, il s'éloigna d'Alype, qui le regardait avec étonnement, et se jetant par terre sous un figuier, il donna un libre cours à ses larmes. Tantôt il s'adressait à Dieu pour le fléchir, tantôt il s'adressait à lui-même, il se demandait : « Jusques à quand dirai-je, à demain, à demain? Pourquoi pas aujourd'hui ? pourquoi, dès ce moment même, ne mettrais-je pas fin à mes désordres ? » Pendant qu'il se parlait ainsi, il entendit d'une maison voisine, comme la voix d'un enfant qui chantait : *Prends et lis; prends et lis.* Il se mit aussitôt à penser s'il n'y aurait pas un jeu où les enfants auraient coutume de chanter ces paroles ; mais ne se rappelant pas avoir jamais entendu parler d'un jeu semblable, il cessa de pleurer et se leva, dans la pensée que c'était un avertissement du ciel. En même temps, il se souvint que saint Antoine s'était converti en entendant lire un passage de l'Évangile. Il retourna près d'Alype où il avait laissé les Épîtres de saint Paul. Ayant pris le volume, il l'ouvrit et lut ce passage qui se présenta à l'ouverture du livre : *Ne passez pas votre vie dans les festins et l'ivrognerie, ni dans la débauche et l'impureté, ni dans un esprit d'avarice et de contention : mais revêtez-vous de Notre-Seigneur Jésus-Christ, et gardez-vous de satisfaire les désirs déréglés de la chair.* Il n'eut pas plutôt achevé la lecture de ce verset, qu'un rayon de lumière vint rétablir le calme dans son cœur. Ayant fermé le livre, après avoir toutefois marqué l'endroit, il se tourna vers Alype, avec un visage tranquille, et lui dit ce qui lui était arrivé. Alype voulut voir le passage, il le lut ainsi que le suivant : *Recevez avec charité celui qui est encore faible dans la foi,* et il se les appliqua à lui-même. Comme il était d'un caractère naturellement porté à la vertu, il s'associa, sans hésiter, à la résolution que venait de prendre son ami. Ils allèrent aussitôt faire part de leur changement à Monique qui en fut transportée de joie. Elle avait suivi Augustin en Italie, et était arrivée à Milan, lorsque son fils venait de se détacher du manichéisme. Augustin, qui jusque-là avait pensé que la vie était impossible sans les plaisirs des sens, ne fut pas plutôt devenu catholique, qu'il renvoya en Afrique sa concubine avec laquelle il avait vécu quatorze ans, et de laquelle il avait eu un fils nommé Adéodat ; c'est alors aussi qu'il pensa à se marier, dans la persuasion que la chasteté conjugale était la seule possible pour lui. Alype, qui n'avait jamais suivi les désirs corrompus de la chair, était tout étonné de trouver dans son ami des inclinations aussi grossières ; cette surprise devint pour lui le principe d'une tentation délicate dont il fut délivré par la miséricorde divine. Monique avait ménagé à son fils un parti avantageux, et son choix était tombé sur une personne qui ne pouvait manquer de lui plaire. Mais quand il fut parfaitement converti, il résolut de vivre dans une continence absolue. Il n'eut pas plutôt été délivré de ses chaînes qu'il éclata en vifs transports de reconnaissance envers son Sauveur et son Dieu. Sa conversion eut lieu l'an 386, étant dans sa trente-deuxième année. Il prit alors la résolution de quitter son école, mais il en différa l'exécution jusqu'aux vacances qui arrivaient dans quelques semaines. Alors il se retira à la campagne, près de Milan, avec son ami Vérécundus, professeur de grammaire, et qui, peu de temps après, renonça au paganisme et reçut le baptême. Sainte Monique, sa mère, Navigius, son frère, Adéodat, son fils, Alype, son principal confident, Trigèce et Licentius, ses disciples, Lastidien et Rustique, ses parents, l'accompagnèrent dans sa retraite, où il s'occupait uniquement de la prière et de l'étude, se livrait aux austérités de la pénitence et pleurait amèrement sur ses misères spirituelles, conjurant le Seigneur de lui tendre une main secourable. Le principal objet de ses prières était la pureté de cœur et la divine charité. Il s'appliqua aussi à acquérir l'humilité, et tous ses écrits portent l'empreinte de cette vertu. Fidèle à cette maxime des livres saints fortement recommandée par les maîtres de la vie spirituelle, qu'il faut retrancher toutes les passions charnelles et préparer l'âme aux affections célestes par la pratique de l'abstinence et de la sobriété, il évitait avec soin l'excès du vin. « Pour l'excès des viandes, j'y tombe quelquefois, dit-il quelque part, mais j'espère, Seigneur, que vous ne permettrez plus que je m'y laisse aller. » Il avait contracté dans le monde l'habitude de jurer : après sa conversion il exhorte les autres à s'en corriger à son exemple. Dans sa retraite près de Milan, il avait coutume, après la prière du matin, de se promener avec ses amis, auxquels il faisait des conférences sur des sujets importants. L'amour des richesses et des honneurs était entièrement éteint en lui, mais il éprouvait encore quelquefois des tentations par rapport au vice honteux dont il avait été si longtemps l'esclave. Aussitôt qu'elles se faisaient sentir, il était pénétré d'une confusion si grande, qu'il en versait des larmes, et se jetait dans les bras de celui qui pouvait le guérir. Il lisait les psaumes de David avec une dévotion singulière : chaque mot de ces divins cantiques était comme un trait de feu qui pénétrait son âme. Ayant été pris d'un mal de dents, qui, par degrés, devint si violent, qu'il lui était impossible de parler, il écrivit sur des tablettes qu'il conjurait ses amis de demander à Dieu pour lui la guérison du corps et de l'âme : il se mit à genoux avec eux, et à peine la prière fut-elle commencée qu'il se sentit tout à coup délivré de son mal. Cette manifestation extraordinaire du pouvoir d'en haut le transporta de la plus vive reconnaissance, et lui fit espérer que Dieu le purifierait de ses péchés dans le sacrement de baptême qu'il devait bientôt recevoir. Il se rendit à Milan, au commencement du carême de l'année 387, pour se faire inscrire parmi les *compétents*, et après avoir suivi avec ferveur les exercices usités en pareille circonstance, il fut baptisé par saint Ambroise en même temps qu'Alype et son fils Adéodat. Il n'eut pas plutôt reçu le sacrement, qu'il se sentit délivré de toute inquiétude par rapport à ses fautes passées. Lors de la découverte des reliques de saint Gervais et de saint Protais, il fut témoin de plusieurs guérisons miraculeuses. Résolu de retourner en Afrique, pour y servir Dieu dans la solitude, il s'était rendu à Ostie pour s'embarquer, lorsque sa mère tomba malade et mourut dans cette ville. Saint Augustin lui ferma les yeux, et quoiqu'il fût pénétré de la plus vive douleur, il retint pourtant ses larmes, pensant qu'il ne convenait pas de pleurer une personne qui avait mené une vie si sainte. Mais quand on lui eut rendu les derniers devoirs et qu'il se trouva seul, il versa des larmes abondantes. « Si quelqu'un me reproche, dit-il, d'avoir pleuré quelques instants une mère qui avait pleuré tant d'années, pour m'obtenir, ô mon Dieu, la grâce de me voir vivant à vos yeux, je pense au moins qu'il ne se moquera pas de moi, et s'il a de la charité, il pleurera lui-même, afin que vous me pardonniez mes péchés. » Après la mort de sa mère, Augustin, au lieu de s'embarquer de suite, retourna d'Ostie à Rome où il passa quelques mois, qu'il employa à commencer plusieurs ouvrages qu'il acheva dans la suite, après quoi il s'embarqua pour l'Afrique avec Alype, Adéodat et quelques autres. Arrivé à Carthage, au mois de septembre 388, il alla loger chez un avocat d'une grande vertu, nommé Innocent, qui était attaqué d'une fistule dont plusieurs opérations n'avaient pu le délivrer ; on devait lui en faire une dernière qui était fort dangereuse. Innocent s'adressa à Dieu par une prière fervente : Sanin, évêque d'Uzale, Aurèle, qui fut depuis évêque de Carthage, et plusieurs autres ecclésiastiques avec qui il était lié et qui se trouvaient présents, se mirent à genoux avec lui et avec Augustin, qui rapporte que, le lendemain, le chirurgien qui devait faire l'opération étant venu avec quelques confrères et ayant défait les bandages, trouva la plaie parfaitement guérie et couverte d'une cicatrice très-ferme. Augustin se retira ensuite, avec quelques amis qui partageaient ses sentiments, dans une maison qu'il possédait à la campagne, où il passa près de trois ans, dans la pratique de l'oraison, du jeûne et des autres exercices de la pénitence, méditant, nuit et jour, la loi du Seigneur, et instruisant les autres par ses discours et par ses ouvrages. Détaché de toutes les choses de la terre, il donna ses biens à l'évêque de Tagaste, à condition que l'évêque lui fournirait annuellement ce qui était nécessaire à sa substance et à celle de son fils dans l'état qu'ils avaient embrassé. Tout était en commun parmi ces nouveaux religieux, et la maison se chargeait de pourvoir aux besoins de chacun. Augustin n'avait absolument rien en propre, et il avait aliéné jusqu'à la maison qu'il habitait. C'est de là que date l'ordre des ermites de Saint-Augustin. Lorsqu'il eut été ordonné prêtre, il se retira à Hippone avec plusieurs de ses religieux, et fonda, dans cette ville, avec le secours de Valère qui en était évêque, une nouvelle communauté d'où il sortit un grand nombre d'évêques qui, par leur science et leur sainteté, firent l'ornement de l'Eglise ; de ce nombre furent Alype de Tagaste, Evode d'Uzale, Possidius de Calame, Profuturus et Fortunat de Cirthe, Sévère de

Milève, Urbain de Sicca, Boniface et Pérégrin. Le saint fonda aussi un monastère de religieuses, dont il confia le gouvernement à sa sœur devenue veuve. Après la mort de cette première abbesse, la communauté s'étant divisée sur le choix d'une supérieure, Augustin écrivit deux lettres à cette occasion : dans l'une il exhorte fortement les religieuses à la régularité, à l'exercice de la prière publique, à l'esprit de pauvreté, au jeûne et à l'obéissance; dans l'autre, il trace un corps de règles monastiques, et il insiste principalement sur la pauvreté, l'obéissance, la modestie et l'humilité. C'est vers le même temps qu'il perdit son fils Adéodat, jeune homme qui donnait les plus belles espérances, et qui mourut dans la ferveur du sacrifice qu'il avait fait de sa personne en se consacrant à Dieu. Il eût été inconsolable de cette perte, s'il n'eût été en droit de penser qu'elle lui avait servi de passage à une vie meilleure. Dans sa jeunesse, il avait trouvé le style des Ecritures peu attrayant, parce qu'il ne pouvait souffrir aucun ouvrage latin, à moins qu'il n'y trouvât l'élégance de Cicéron : plus tard il revint de sa fausse délicatesse. Il reconnaît dans les livres de la *Doctrine chrétienne* qu'il y a dans les prophètes et dans saint Paul un sens plus profond que dans les plus sublimes orateurs de l'antiquité; que l'Apôtre est infiniment plus persuasif qu'eux; que le torrent de son éloquence entraîne le lecteur attentif; que loin de courir comme eux après les ornements étudiés, il ne se sert que de ceux qui se présentent d'eux-mêmes et qui découlent naturellement du sujet qu'il traite; et que, quoiqu'il déclare que sa prédication n'est pas appuyée sur le langage persuasif de la sagesse humaine, sa simplicité est bien plus sublime que les plus grands efforts du génie. Il y avait près de trois ans qu'il vivait dans sa retraite, lorsqu'un des agents de l'empereur à Hippone le pria de venir le trouver pour conférer avec lui sur l'état de son âme. Comme c'était un personnage de grande considération, estimé pour sa vertu, il ne pouvait guère se dispenser de se rendre à une telle invitation. Il avait soin de ne point aller dans les villes dont le siège était vacant, de peur qu'on ne l'élût pour le remplir; mais comme Hippone avait un évêque, il était sans inquiétude à cet égard, parce qu'il ignorait que Valère avait adressé au peuple d'Hippone un discours sur la nécessité où il se trouvait, à cause de son grand âge, d'ordonner un prêtre pour l'aider dans ses fonctions. Un jour donc qu'il entrait dans l'église de cette ville, les fidèles se saisirent de lui et le présentèrent à Valère pour qu'il lui imposât les mains. Le saint fondait en larmes, mais il fut forcé de consentir au vœu du peuple, et il reçut la prêtrise vers la fin de l'an 390. Les désordres de sa jeunesse l'auraient rendu inhabile au sacerdoce, s'ils n'avaient été antérieurs à son baptême; mais depuis sa conversion, il était devenu un homme tout nouveau, qui se distinguait par sa piété plus encore que par son savoir. Il écrivit à Valère une lettre très-touchante pour lui demander un délai avant d'exercer les fonctions sacerdotales, et il paraît que Valère eut égard à sa demande et qu'il ne fut employé dans le saint ministère qu'à la fête de Pâques de l'année 391, où il prononça son premier sermon. Comme l'évêque d'Hippone était Grec de naissance et qu'il ne parlait latin qu'avec beaucoup de difficulté, il chargea Augustin de prêcher en sa présence, c'était la coutume des évêques orientaux; mais c'était une nouveauté dans l'Occident, et Valère continua de prêcher quelquefois lui-même. Augustin continua le genre de vie qu'il avait mené dans sa retraite, et il fit bâtir dans les jardins de l'évêché une maison où il vivait en communauté avec quelques religieux. Persuadé que l'instruction du troupeau est le principal devoir du pasteur, il ne cessa, depuis ce temps jusqu'à sa mort, d'annoncer la parole de Dieu; aussi avons-nous de lui plus de quatre cents sermons, dont quelques-uns furent écrits par ses auditeurs et non par lui-même. Ce sont moins des discours en forme que des instructions familières. Il proposait simplement une vérité, la revêtait d'expressions agréables et l'inculquait dans l'esprit par des traits vifs et frappants. Si le saint employait ce genre qui est inférieur à celui des pères grecs, ce n'est pas qu'il ne connût parfaitement toutes les règles de l'éloquence qu'il avait professée avec succès et dont il a donné dans ses ouvrages les leçons aux orateurs sacrés; mais c'est qu'il voulait s'accommoder au génie des Africains qui écoutaient de tels discours avec de grands applaudissements, et qui en étaient souvent touchés jusqu'aux larmes. S'il ne parle pas la langue latine aussi purement qu'on la parlait du temps d'Auguste, c'est la faute de son siècle et non pas la sienne. Il possédait au plus haut degré le talent de la persuasion : il montre partout une grande pénétration d'esprit; il se fait admirer par la noblesse des pensées et l'élévation des sentiments; il s'exprime d'une manière affectueuse et touchante. Ses raisonnements sont en général pleins de force, et s'il donne un peu trop dans les interprétations allégoriques, quand il explique l'Ecriture, c'est toujours pour en tirer des instructions utiles, et s'il est presque toujours familier dans ses discours, il est souvent aussi il est sublime. Si l'on rencontre fréquemment dans son style l'interrogation, l'antithèse, la cadence des mots, c'est que ces figures passaient pour de grandes beautés chez les Africains de son temps. Jamais l'éloquence de Cicéron ne produisit des effets aussi frappants que celle de saint Augustin. En voici deux exemples. On avait coutume de célébrer les *agapes* dans les églises ou les cimetières, sur les tombeaux des martyrs ou des autres saints, mais souvent on n'y gardait pas les règles de la sobriété chrétienne. Le peuple d'Hippone était fort attaché à cette coutume qui, religieuse dans son principe, avait dégénéré en abus. Saint Augustin, qui n'était pas encore évêque, lut aux fidèles les menaces les plus terribles des prophètes : il les conjura ensuite par la croix et le sang de Jésus-Christ de ne pas se perdre eux-mêmes, d'avoir pitié de celui qui leur parlait avec tant d'affection et de montrer quelque respect pour leur vénérable évêque, qui, par tendresse pour eux, l'avait chargé de leur annoncer la vérité. « Ce n'est point, dit-il, en pleurant le premier que je les excitai à pleurer ; leurs larmes prévinrent les miennes, et quand nous eûmes pleuré ensemble, je les entretins de l'espérance que je concevais de leur changement. » Il eut effectivement la satisfaction de voir le peuple corrigé dès ce jour. Le second exemple n'est pas moins surprenant. Il y avait à Césarée en Mauritanie une coutume contraire à la nature et à l'humanité. Les pères, les enfants, les frères, les parents, se battaient à coups de pierres à certains jours de l'année. Le peuple qui assistait à ces combats y prenait un grand plaisir, et il était par conséquent bien difficile de l'en détourner ; cependant Augustin osa l'entreprendre. « Je me servis, dit-il, de tout ce que j'avais d'habileté ; j'employai les expressions les plus touchantes pour extirper un abus aussi cruel et aussi ancien ; je pensais n'avoir rien fait tant que je n'entendais que des acclamations : ils n'étaient point persuadés tant qu'ils s'amusaient à donner des applaudissements au discours qu'ils entendaient ; mais leurs larmes me firent concevoir quelque espérance, et me montrèrent que leurs esprits étaient changés. Lorsque je les vis pleurer, alors je crus que cette horrible coutume serait abolie..... et il y a présentement huit ans que, par la grâce de Dieu, il ne s'est plus rien fait de semblable. » Dans ses sermons, il développe les principales vérités de la foi, celles surtout que les hérétiques modernes rejettent comme une innovation. Il traite du purgatoire, et recommande la prière et le sacrifice pour le repos de l'âme des fidèles défunts ; il parle d'images qui représentaient le Sauveur, saint Étienne, saint Pierre et saint Paul, le sacrifice d'Abraham ; il dit qu'on doit respecter le signe de la croix, et rapporte des miracles opérés par ce signe sacré, ainsi que par les reliques des martyrs. Dans ses panégyriques des saints, il montre que nous devons honorer les martyrs ; il s'adresse à saint Cyprien et aux autres martyrs, afin d'implorer le secours de leur intercession. Il préchait toujours en latin, langue qui était entendue à Hippone ; il préchait souvent, et il y avait des jours qu'il préchait jusqu'à deux fois : il ne se dispensait pas de cette fonction, lors même que sa santé était si faible qu'il pouvait à peine parler. S'il allait dans d'autres diocèses, on le priait d'annoncer la parole de Dieu, et le peuple courait en foule à ses sermons ; on l'écoutait toujours avec admiration, et l'on battait souvent des mains, selon la coutume du temps. Entre autres conversions extraordinaires qu'il opéra, on compte celle d'un nommé Firme, qui était un des principaux chefs des manichéens. Etant entré dans l'église au moment où le saint faisait une sortie véhémente contre ces

hérétiques, il fut si touché, qu'aussitôt après le sermon il vint se jeter aux pieds d'Augustin, fondant en larmes, et il abjura ses erreurs. Il mena toujours depuis une vie fort édifiante et fut élevé au sacerdoce. Cependant Valère, qui se sentait accablé par le poids des ans et des infirmités, et qui craignait toujours qu'Augustin ne fût enlevé à son église pour être placé sur un siége épiscopal, résolut de le faire son coadjuteur, après avoir obtenu secrètement le consentement d'Aurélius, archevêque de Carthage, ainsi que l'approbation des évêques de la province et celle de son peuple. Augustin s'y opposa fortement, mais il fut obligé de se rendre pour ne pas résister à la voix du ciel, et on le sacra au mois de décembre 395, dans la quarante-deuxième année de son âge. Valère mourut l'année suivante. Augustin alla habiter la maison épiscopale, tant à cause de l'hospitalité que pour l'exercice de ses fonctions ; mais il engagea le clergé de son église à renoncer à toute propriété et à suivre la règle qu'il avait établie, n'admettant aux ordres que ceux qui promettaient de s'y soumettre. Ce fut là l'origine des chanoines réguliers de Saint-Augustin. Plusieurs évêques imitèrent son exemple, et cet ordre fut bientôt établi dans un grand nombre d'églises cathédrales. Ses meubles étaient simples, mais propres et décents : sa vaisselle était de terre, de bois ou de marbre. Il était très-hospitalier, mais sa table était frugale ; on y servait des légumes avec un peu de viande pour les étrangers et les malades ; la quantité du vin y était réglée pour tous les hôtes. Pendant le repas, on lisait ou l'on s'entretenait sur quelque matière importante, afin de bannir les discours inutiles. Il avait fait écrire au-dessus de sa table un distique dont le sens était que les médisants ne devaient point paraître chez lui.

Quisquis amat dictis absentum rodere vitam,
Hanc mensam indignam noverit esse sibi.

Si quelqu'un blessait la réputation du prochain en sa présence, il lui donnait aussitôt un avertissement, et afin de mieux marquer son horreur pour ce vice, il se levait et se retirait dans sa chambre. Tous les clercs mangeaient avec lui, et portaient, comme lui, des habits faits d'une étoffe commune. Il ne recevait aucune femme dans sa maison, pas même sa sœur et ses deux nièces qui étaient religieuses : il disait à ce sujet, qu'à la vérité on ne saurait le blâmer s'il conversait avec une sœur ou avec une nièce, mais qu'elles pourraient quelquefois attirer chez lui d'autres personnes de leur sexe. S'il était obligé de parler à des femmes, c'était toujours en présence de quelques-uns de ses clercs. Pour éviter tout ce qui eût été capable de le distraire de ses fonctions spirituelles, il avait chargé des membres de son clergé de l'administration de son temporel, ainsi que des établissements qu'il avait fondés pour les pauvres et pour la gloire de Dieu, et il leur faisait rendre compte à la fin de chaque année. Son désintéressement était tel, qu'il refusait toute donation qui pouvait léser les héritiers légitimes. Ce qu'il épargnait des revenus de son église était consacré au soulagement des pauvres, qu'il avait soin de faire habiller, tous les ans, dans chaque paroisse, selon une charitable coutume établie de son temps. Il lui arriva quelquefois de faire fondre des vases sacrés pour racheter les captifs, à l'exemple de saint Ambroise et de plusieurs saints évêques. Il n'avait rien tant à cœur que le bien spirituel de son troupeau, pour lequel son âme sensible était pénétrée d'une tendre affection qui avait son principe dans la charité divine. Il conversait volontiers avec les infidèles, et les admettait même à sa table; mais il refusait de manger avec les chrétiens qui étaient publiquement scandaleux, et les obligeait de subir les peines portées par les canons; toutefois sa sévérité envers les pécheurs était tempérée par la douceur et la charité. Les abus, autorisés par la coutume, donnaient souvent bien de l'exercice à son zèle: tantôt il craignait, en les attaquant de front, d'empirer le mal au lieu de le guérir, tantôt il tremblait de se rendre coupable par trop de ménagements, et dans ces perplexités, il avait recours à la prière et aux conseils des personnes sages et éclairées. Comme c'était alors l'usage d'appeler des juges séculiers aux évêques, il entendait les parties avec bonté, faisant tout ce qu'il pouvait pour les accommoder et pour les porter à servir Dieu. Il avait pour principe, à l'exemple de saint Ambroise, de ne point se mêler de mariages, de peur qu'ils ne fussent malheureux, de ne persuader à personne de prendre le parti des armes, et de ne jamais assister aux fêtes qui se donnaient à Hippone, de peur qu'elles ne devinssent fréquentes, ce qui aurait pu le faire tomber dans l'intempérance et lui occasionner une grande perte de temps; il ne faisait non plus aucune visite, que la charité ne lui en fît un devoir. Il s'est peint dans ses Lettres, où l'on trouve un grand nombre de traits qui servent à le faire connaître: nous y apprenons qu'il était d'une constitution faible et sujet à de fréquentes indispositions. La dispute qu'il eut avec saint Jérôme fit éclater, d'une manière qu'on ne saurait trop admirer, l'esprit de douceur et d'humilité qui l'animait. Il s'agissait d'un passage de l'Épître aux Galates, auquel saint Jérôme donnait une interprétation nouvelle: il prétendait que quand l'Apôtre dit, chap. XI, v. 11, qu'il reprit saint Pierre de ce qu'à l'arrivée des juifs convertis il avait cessé de manger avec les Gentils, cette réprimande n'était pas sérieuse; que saint Pierre et saint Paul pensaient de la même manière, et que ce n'était entre eux qu'une pure collusion, puisque l'un et l'autre permettaient alors l'observance des cérémonies légales. Saint Augustin, n'étant encore que prêtre, réfuta cette explication, dans une lettre écrite en 393, dans laquelle, tout en convenant que les deux apôtres étaient d'accord sur la doctrine, il soutenait que, dans la circonstance dont il s'agissait, on ne pouvait excuser saint Pierre, qui avait donné une occasion de scandale aux Gentils convertis; que si saint Paul n'eût pas agi sérieusement, il se serait rendu coupable d'un mensonge officieux, et qu'en admettant une pareille interprétation, il n'y a point de passage de l'Écriture dont on ne puisse éluder la force. Le porteur de cette lettre étant mort en route, elle ne fut point remise à celui à qui elle était adressée: quatre ans après, saint Augustin, qui était alors évêque, en écrivit une seconde sur le même sujet; il y montre que les apôtres tolérèrent quelque temps les cérémonies de la loi judaïque, afin d'*enterrer la Synagogue avec honneur*. Il conjure saint Jérôme d'oublier l'offense qu'il a pu recevoir de lui; il se soumet à son jugement; il lui proteste qu'il le regarde comme son maître; il le prie d'exercer à son égard l'office de censeur; il veut renoncer à cette discussion, si la rupture de leur amitié doit en être la suite, et s'il doit en résulter des inconvénients pour leur salut. Un autre accident fit tomber cette seconde lettre entre les mains de quelques personnes d'Italie, d'où elle fut envoyée en Palestine, à saint Jérôme, qui en fut offensé; ce qui détermina saint Augustin à lui écrire à lui-même. « Je vous conjure instamment, lui dit-il, de me relever avec confiance, quand vous voyez que je me trompe; car, quoique l'office d'un évêque soit de beaucoup au-dessus de celui d'un prêtre, cependant, à bien des égards Augustin est au-dessous de Jérôme. » Il s'attribue à lui-même tout le blâme de cette dispute, et le rejette principalement sur ce qu'il n'avait pas eu l'attention d'observer que la tolérance des cérémonies légales n'appartenait qu'au temps où la loi évangélique commença à être promulguée. Saint Jérôme revint depuis à l'opinion de saint Augustin, qui est celle qu'ont adoptée les théologiens. Vivement affligé de la dispute entre le même saint Jérôme et Rufin, au sujet de la doctrine d'Origène, il leur écrivit, les conjurant de s'interdire les invectives. Il craignait toujours que la vaine gloire ne se glissât dans les contestations littéraires. Quant à lui, il souffrait beaucoup de se voir estimé pour son savoir: il disait humblement qu'il ne savait rien, et soumettait avec docilité ses ouvrages à la censure des autres. Son humilité le détermina à publier ses Confessions; lorsqu'il les publia, il était universellement admiré pour la sainteté de sa vie. Son dessein était de faire connaître les fautes de sa jeunesse et les imperfections auxquelles il était encore sujet, afin d'engager tous les chrétiens à prier pour lui. En les envoyant au comte Darius, il lui écrit: « Voyez par ce livre ce que je suis: vous devez me croire quand je rends témoignage à moi-même, et ne point ajouter foi à ce que les autres en disent. » Les manichéens furent les premiers hérétiques qu'il combattit après sa conversion. Il n'était encore que prêtre, lorsqu'il eut une conférence avec Fortunat, leur chef. La dispute roula principalement sur l'origine du mal, et saint Augustin prouva qu'il venait du libre arbitre de la créature. Il confondit tellement son adversaire, que celui-ci n'osa plus rester à Hippone, et son départ fut suivi de la conversion d'un grand nombre de ceux qu'il avait séduits. Fauste de Milève, évêque des manichéens d'Afrique, qui était devenu l'idole de son parti, par son éloquence, par une modestie feinte et des manières polies, ainsi que par un extérieur agréable, attaqua, vers l'an 390, la foi catholique, par un livre rempli de blasphèmes contre la loi de Moïse, contre les prophètes et contre le mystère de l'Incarnation. Son style était clair et élégant, et il donnait un tour ingénieux à ses sophismes. Saint Augustin qui, en le réfutant, nous a conservé le texte de Fauste, triompha de lui, non-seulement par la force de la vérité, mais aussi par l'étendue et la profondeur de la science qu'il déploie dans l'ouvrage qu'il composa contre lui. En 404, il eut une autre conférence avec le manichéen Félix, et quoiqu'il fût plus subtil et plus rusé que Fortunat, sa défaite n'en fut pas moins complète. Comme la réputation de l'évêque d'Hippone avait pénétré jusque dans les pays les plus reculés du monde chrétien, Paul Orose, prêtre espagnol, fit le voyage d'Afrique en 415, et présenta au saint un mémoire contre les priscillianistes et les origénistes; ce qui fournit à celui-ci l'occasion de composer son ouvrage contre ces hérétiques. Le comte Pascentius, intendant du domaine impérial en Afrique, et arien déclaré, porta un défi au saint, et lui proposa une conférence qui fut acceptée. Comme il défiait Augustin de lui montrer dans l'Écriture le mot consubstantiel, celui-ci lui demanda de lui montrer le mot non-engendré, dont il se servait ; il lui prouva ensuite qu'il suffisait que les dogmes exprimés par ces termes y fussent quant au sens et en termes équivalents. Maximin, évêque arien, eut aussi avec le saint une conférence publique où l'avantage ne fut pas de son côté. Augustin composa contre les juifs un traité où il prouve que la loi de Moïse devait prendre fin pour être remplacée par une loi nouvelle. Il rendit de grands services aux juifs qui étaient en grand nombre à Madaure, et gagna leur affection, ce qui les disposa insensiblement à embrasser l'Évangile. Son zèle et sa douceur ramenèrent dans le sein de l'Église les tertullianistes et les abéloniens. Lorsque Rome fut prise et pillée par Alaric en 410, les païens rejetèrent sur le christianisme les calamités de l'empire, et ce fut pour réfuter leurs blasphèmes qu'il entreprit son ouvrage de la *Cité de Dieu*, auquel il travailla pendant treize ans. Il composa son livre *de la sainte Virginité* pour réfuter Jovinien, qui prétendait que le mérite des vierges consacrées à Dieu n'était pas plus grand que celui des personnes mariées. Cet hérésiarque avait déjà été réfuté par saint Jérôme, et condamné par le pape Sirice. Un concile de Milan, tenu par saint Ambroise, avait aussi proscrit ses erreurs ; mais il lui restait des disciples qui le défendaient, en disant qu'on ne pouvait rejeter sa doctrine sans condamner l'état du mariage.

C'est contre eux que saint Augustin composa son livre *de l'Avantage du mariage*. Les donatistes, qui avaient passé du schisme à l'hérésie, étaient très-nombreux en Afrique, où ils comptaient plus de cinq cents évêques de leur secte. Il y avait peu de catholiques à Hippone lorsque saint Augustin en devint évêque ; mais il déploya tant de zèle, il attaqua si vigoureusement l'hérésie par ses discours et par ses écrits, que les sectaires revinrent en foule à l'unité. Les plus entêtés des donatistes en étaient si furieux, qu'ils prêchaient publiquement que le tuer ce serait rendre un grand service à leur parti et faire une œuvre très-méritoire devant Dieu ; aussi, pendant qu'il faisait la visite de son diocèse, plusieurs de ceux qu'on appelaient circoncellions attentèrent-ils à sa vie. Un jour, il n'échappa à la mort que parce que son guide s'était égaré. L'empereur Honorius porta contre eux, en 405, des lois sévères qu'Augustin n'approuva pas d'abord, regardant comme une espèce de persécution la manière dont on les traitait ; mais il changea d'avis quand il vit que la crainte des châtiments contribuait à les ramener dans le bon chemin. Pour lui, il n'employait contre eux que la douceur et la charité ; souvent même il intercéda en leur faveur, et il obtint la remise d'une amende considérable à Crispin, évêque donatiste, coupable d'une tentative de meurtre sur la personne de Possidius, évêque de Calame. C'est ainsi qu'il rendait le bien pour le mal et qu'il demandait grâce pour eux dans le temps qu'ils méditaient de lui ôter la vie. Ce fut l'an 407 que se tint à Carthage une conférence célèbre entre les catholiques et les donatistes. Saint Augustin avait souvent proposé à ces derniers une dispute en règle sur les points controversés, en présence d'un certain nombre de juges compétents ; mais ils l'avaient toujours refusée, sous prétexte que l'évêque d'Hippone était plus éloquent. Les prélats catholiques, ayant à leur tête Aurèle de Carthage et Augustin d'Hippone, arrêtèrent dans un concile national qu'on enverrait des députés à tous les évêques donatistes de l'Afrique, pour leur demander le temps et le lieu où ils voudraient discuter les différents articles qui les divisaient ; mais ceux-ci répondirent qu'ils ne pouvaient s'assembler pour conférer avec ceux qui avaient succédé aux traditeurs et aux pécheurs, attendu qu'ils seraient souillés en communiquant avec eux. Enfin l'empereur Honorius donna, en 410, un rescrit par lequel il ordonnait aux donatistes de s'assembler dans quatre mois pour conférer avec les catholiques, et nommait en même temps le tribun Marcellin pour présider à la conférence qui s'ouvrit le 1er juin 411, et dura trois jours. Saint Augustin, qui eut la principale part à la dispute, démontra l'universalité de la véritable Église, et la victoire qu'il remporta eut pour résultat la conversion d'une multitude innombrable d'hérétiques. Cette conférence porta un coup mortel aux donatistes ; on les vit rentrer en foule dans le sein de l'Église. Plusieurs de leurs évêques se convertirent avec tout leur troupeau, et l'on confirma dans leurs dignités ceux qui avaient renoncé au schisme. Plusieurs de ceux qui étaient restés opiniâtres dans l'erreur s'étant attroupés auprès d'Hippone, tuèrent un prêtre catholique, nommé Restitut, crevèrent les yeux à un autre et lui cassèrent un bras. Ayant été arrêtés et conduits devant le tribun, ils confessèrent leur crime. Saint Augustin, craignant qu'on ne les punît selon la rigueur des lois, écrivit en leur faveur à Marcellin. « Nous ne les accusons point, lui dit-il, nous ne les poursuivons point, et nous serions très-affligés si les souffrances des serviteurs de Dieu étaient punies par la peine du talion. » Il demande seulement qu'on les empêche de nuire à d'autres en les renfermant dans une prison, ou en les faisant travailler aux ouvrages publics. Il écrivit aussi au proconsul Apringe, qui devait être leur juge et qui était frère de Marcellin ; il lui représente que les souffrances des catholiques ne devaient pas être souillées par le sang de leurs ennemis. Ces deux illustres frères, qui étaient unis à saint Augustin par les liens de l'estime et de l'amitié, ayant été accusés faussement par les donatistes d'avoir trempé dans la révolte du proconsul Héraclien, le comte Marin, qui avait vaincu ce dernier, les fit mettre en prison. Saint Augustin étant venu à Carthage démontra leur innocence, et fit promettre à Marin qu'il leur laisserait la vie ; mais le comte oublia sa promesse et les condamna l'un et l'autre à perdre la tête. Cette barbare exécution, que le saint attribua aux calomnies des donatistes, lui causa la plus vive douleur. Honorius disgracia Marin, qui était devenu l'objet de l'exécration publique, et donna le titre d'homme de glorieuse mémoire à Marcellin, que l'Eglise honore comme martyr. Sainte Démétriade, fille du consul Olibrius, ayant pris le voile à Carthage en 413, saint Augustin, qui, par ses exhortations, avait beaucoup contribué à la confirmer dans le dessein où elle était de se consacrer à Dieu, en fut informé par une lettre de Proba et de Julienne, l'une aïeule et l'autre mère de Démétriade. Dans sa réponse, il les remercie d'un petit présent qu'elles lui avaient envoyé, et les félicite d'avoir une telle fille. Pélage, qui était alors en Orient, écrivit aussi à Démétriade une lettre que nous avons encore, et où l'on trouve les semences de son hérésie ; c'est ce qui détermina Augustin et Alype à écrire conjointement une lettre à Julienne pour l'avertir de précautionner sa fille contre le poison artificieusement caché dans celle de Pélage. Cet hérésiarque, Breton de naissance, et moine de Bangor dans le pays de Galles, se mit à voyager, et passa quelque temps à Rome où il se fit une grande réputation de vertu. C'est dans cette ville qu'il se lia avec Rufin le Syrien, et que celui-ci lui communiqua, sur la nécessité de la grâce divine, les erreurs qu'il commença dès lors à répandre, se contentant d'abord de les faire proposer par ses disciples, afin de voir comment on les recevrait. Il entreprit ensuite un voyage en Orient, et passa par l'Afrique, en 409. Arrivé à Carthage, il y laissa Célestius, Ecossais d'origine, avec qui il avait fait connaissance à Rome, et qui s'était embarqué avec lui. Célestius fut accusé d'hérésie par Paulin, diacre de Milan, qui se trouvait à Carthage. Aurèle assembla un concile dans sa ville épiscopale, en 412, et Célestius y fut condamné et privé de la communion ecclésiastique. Pélage, qui était en Orient, n'échappa à une pareille condamnation qu'en abjurant ses erreurs, qui furent anathématisées dans le concile de Diospolis. Ils furent ensuite condamnés tous deux personnellement et excommuniés par les papes Innocent Ier et Zozime. Saint Augustin n'avait pas attendu jusque-là pour les combattre, tant dans ses sermons que dans ses lettres, et, en 412, il composa contre eux deux traités dans lesquels il ne nomme ni Pélage, ni Célestius, espérant par cette modération les ramener plus facilement à la vérité ; mais lorsqu'ils eurent été nommément flétris, il les attaqua sans ménagement et de manière à obtenir les applaudissements de toute l'Eglise. Boniface Ier, successeur de Zozime, le chargea de réfuter deux lettres où les pélagiens avaient répandu leurs erreurs, et il y répondit par les quatre livres à Boniface contre les pélagiens. Julien, évêque d'Eclane, le chef des dix-huit évêques d'Italie qui avaient refusé de souscrire à la sentence portée contre Pélage, ayant attaqué la doctrine catholique sur le péché originel, la concupiscence, la grâce et les vertus des infidèles, il le réfuta par les six livres contre Julien. L'hérésie pélagienne fut, après l'arianisme, celle qui fit le plus de ravage dans l'Eglise de Dieu, et cela n'est pas étonnant. Comme elle consistait principalement à nier l'existence du péché originel et la nécessité de la grâce divine, elle plaisait à l'orgueil de l'homme qui naît avec un penchant naturel pour le pélagianisme, et flattait l'opinion avantageuse qu'il a de ses propres forces. La Providence suscita donc saint Augustin pour terrasser ce monstre ; il excita le zèle des autres pasteurs et fut comme l'âme des conciles qui se tinrent en plusieurs lieux pour le foudroyer. Il composa contre les semi-pélagiens ses deux livres de la prédestination des saints et du don de la persévérance ; mais ces hérétiques, qui n'étaient autre chose que des pélagiens mitigés, lui survécurent près d'un siècle dans les Gaules surtout, où leur erreur avait pris naissance. De tous les ouvrages que saint Augustin a composés, celui qui lui fait le plus d'honneur c'est son livre des *Rétractations*. Il s'y propose de revoir ses nombreux écrits et d'en corriger les fautes, ce qu'il fit avec une sévérité et une candeur admirables. Afin d'avoir plus de temps à consacrer à cette œuvre, il se choisit, en 426, un coadjuteur nommé Erade ; c'était le prêtre le plus jeune de son clergé ; mais il se recommandait par une vertu rare et une prudence consommée. Le comte Boniface, qui commandait l'armée d'Afrique, ayant manifesté à saint Augustin et à saint Alype le désir qu'il avait de quitter le monde pour embrasser la vie monastique, les deux saints, persuadés qu'il rendrait de plus grands services à l'Eglise et à l'empire, en conservant son emploi, l'en détournèrent. Le comte oublia ensuite ses bonnes dispositions et se remaria avec une arienne, qui était parente des rois vandales. Aétius, son rival, prit occasion de cette alliance pour le rendre suspect à l'impératrice Placidie. Boniface, pour échapper au coup qui le menaçait, fit un traité avec les rois vandales d'Espagne, et défit trois généraux de l'empire envoyés pour le combattre. Saint Augustin lui écrivit pour lui donner des avis relatifs à sa position, l'exhortant à rentrer dans le devoir et à faire pénitence; mais il s'était trop avancé pour reculer. Ayant appelé les Vandales à son secours, ils vinrent d'Espagne en Afrique au nombre de 80,000, et y commirent partout les plus affreux excès, principalement contre les vierges consacrées à Dieu, les moines et les ministres des autels. De ce nombre prodigieux d'églises qu'il y avait alors en Afrique, trois seulement échappèrent à leur fureur, Carthage, Hippone et Cirthe. Dans cette désolation générale, deux évêques, Quodvultdeus et Honorat, consultèrent saint Augustin pour savoir si l'on pouvait prendre la fuite à l'approche des barbares. Dans sa réponse à Honorat, la seule qui soit parvenue jusqu'à nous, il assure qu'un évêque et un prêtre peuvent fuir, quand c'est à eux nommément qu'on en veut, et que le troupeau n'est pas exposé à manquer de secours spirituels ; que s'il en était autrement, le pasteur serait tenu de rester. Boniface ayant fait sa paix avec l'impératrice Placidie, fut réintégré dans son commandement militaire; Il voulut en chasser les Vandales qu'il y avait appelés, mais leur ayant livré bataille, il fut vaincu et se sauva à Hippone, la plus forte place de l'Afrique. Possidius et d'autres évêques s'y réfugièrent aussi. Le triste état où se trouvait sa patrie affectait vivement saint Augustin; Il priait Dieu de faire cesser de si grands maux ou de donner à son peuple le courage et la résignation dont il avait besoin. Il représentait à ses diocésains que ces fléaux étaient la punition de leurs péchés, et les exhortait à détourner par la pénitence les coups de la vengeance divine. Il conjurait le Seigneur de l'appeler à lui, afin de ne pas le laisser plus longtemps le spectateur oisif de tant de maux. Dieu exauça sa prière et lui épargna la douleur de voir sa ville épiscopale prise par les Vandales. Le troisième mois du siège qui en dura quatorze, il fut pris de la fièvre, et dès le principe de sa maladie il fut persuadé qu'il n'en guérirait pas. Au reste, la mort à laquelle il s'était continuellement préparé depuis sa conversion, n'avait rien qui l'effrayât ; il la voyait même venir avec joie. Sa ferveur, sa componction, son désir d'aller à Dieu ne faisaient qu'augmenter à mesure qu'il s'approchait de sa fin. Il fit écrire les sept psaumes de la pénitence sur les murs de sa chambre, afin qu'il pût les lire de son lit, et il ne les lisait point sans verser beaucoup de larmes. Les dix derniers jours, il défendit l'entrée de sa chambre à qui que ce fût, excepté dans les moments où les médecins venaient le voir et quand on lui apportait à manger. Cette défense, qui avait pour but de ne pas l'interrompre dans ses exercices de piété, fut exécutée ponctuellement. Il expira tranquillement le 28 août 430, à l'âge de soixante-seize ans, après en avoir passé près de quarante dans les travaux du saint ministère. Il ne fit point de testament, par la raison qu'il ne laissait rien qu'il pût léguer. Possidius, qui a écrit sa vie, dit que dans sa dernière maladie il imposa les mains à un malade qu'on lui avait amené en conséquence d'une vision, et qu'il lui rendit la santé ; il ajoute que plusieurs possédés furent délivrés du démon par ses prières, lorsqu'il était évêque et même lorsqu'il n'était encore que prêtre. Après la prise d'Hippone, son corps, qui avait été enterré dans l'église de Saint-Etienne, fut respecté par les Vandales, tout ariens qu'ils étaient ; la bibliothèque qu'il avait formée pour son église fut aussi épargnée. Ses reliques, portées en Sardaigne l'an 508, par saint Fulgence et quelques autres évêques exilés par Trasimond, furent rachetées des Sarrasins par Luitprand, roi des Lombards, en 722, et transportées à Pavie dans l'église de Saint-Pierre, qui prit le nom de Saint-Augustin. Le même prince les fit cacher dans un mur de briques, et ce précieux trésor fut trouvé intact en 1695. L'évêque de Pavie vérifia ces reliques en 1728, reconnut qu'elles étaient incontestablement du saint docteur, et sa sentence fut confirmée par le pape Benoît XIII. Une partie fut reportée en Afrique l'an 1842, par Mgr Dupuch, évêque d'Alger, et placées dans une chapelle sur le lieu où fut Hippone. Les papes, les conciles, l'Eglise entière, ont eu dans tous les siècles une grande vénération pour ce saint docteur, dont le nom seul est un éloge qui commande le respect et l'admiration. Les protestants eux-mêmes, si enclins à décrier les Pères, n'ont pu s'empêcher de lui rendre justice. L'Eglise, dit Luther, n'a point eu, depuis les apôtres, de docteur comparable à saint Augustin. Couel le regarde comme un homme qui, pour les sciences divines et humaines, l'a emporté sur tous ceux qui l'ont précédé ou qui le suivront, si l'on en excepte les auteurs inspirés. Il est, suivant Field, le plus grand de tous les Pères, et le plus grand théologien que l'Eglise de Dieu ait eu depuis les temps apostoliques. — 28 août.

AUGUSTIN (saint), apôtre de l'Angleterre et archevêque de Cantorbéry, était prieur du monastère de Saint-André, à Rome, lorsqu'il fut choisi par saint Grégoire le Grand pour chef de la colonie d'hommes apostoliques qu'il envoyait en Angleterre, afin de travailler à la conversion de cette île. Les missionnaires partirent avec joie, pleins d'ardeur, pour gagner des âmes à Dieu; mais, arrivés en France, on leur exagéra la barbarie et la férocité des Anglais, la difficulté d'apprendre leur langue et les dangers de la mer. Ils résolurent donc, avant d'aller plus loin, de députer Augustin vers le pape, afin de lui communiquer ces tristes renseignements et d'attendre ses ordres. Augustin, de retour à Rome, s'acquitta de sa commission. Saint Grégoire le renvoya avec une lettre pour les missionnaires, dans laquelle il cherchait à relever leur courage. « Quelle lâcheté, leur disait-il, d'abandonner une bonne œuvre commencée! Laissez dire les hommes, et méprisez ces discours dictés par une prétendue sagesse. Que ne puis-je avoir le bonheur de vous accompagner et de partager vos travaux! » Les missionnaires, ranimés par cette lettre, continuèrent leur voyage; et, s'étant embarqués, ils abordèrent à l'île de Thanet, à l'est du pays de Kent, dans l'année 596. Augustin envoya dire à Ethelbert, roi de Kent, qu'il venait de Rome lui apporter une heureuse nouvelle et lui assurer de la part de Dieu la possession d'un royaume qui ne finirait jamais. Le roi fit répondre aux missionnaires de rester dans l'île, et donna des ordres pour qu'on leur y fournît toutes les choses nécessaires à la vie, en attendant qu'il eût pris un parti. Berthe, son épouse, fille de Caribert, roi de Paris, était une chrétienne zélée, qui avait amené avec elle, pour lui servir d'aumônier, l'évêque Léiard; ce qui avait donné au prince quelque idée du christianisme. Il se rendit bientôt à l'île de Thanet et s'assit en plein air pour donner audience aux nouveaux venus, craignant, s'il se tenait dans une maison, d'être plus exposé aux opérations magiques d'Augustin, que la superstition lui faisait redouter. Les missionnaires se rendirent processionnellement près d'Ethelbert avec la croix et chantant des litanies. Arrivés près du roi, ils lui annoncèrent la parole de vie: le prince leur répondit que leurs discours étaient beaux et leurs promesses magnifiques, mais qu'elles lui paraissaient un peu incertaines; que puisqu'ils étaient venus de si loin pour l'amour de lui, il ne souffrirait pas qu'on les molestât, et qu'il leur permettait de prêcher dans ses Etats. Il leur assigna des fonds pour leur subsistance et voulut qu'ils se fixassent à Cantorbéry, sa capitale, où les missionnaires se rendirent en chantant des cantiques. Détachés de toutes choses, toujours disposés à sceller par leur sang la foi qu'ils prêchaient, ils retraçaient la vie des apôtres par la continuité de leurs veilles et l'austérité de leurs jeûnes. Ils s'assemblaient dans une ancienne église que les Bretons avaient bâtie en l'honneur de saint Martin, et qui était abandonnée; c'est qu'ils offraient le saint sacrifice, administraient les sacrements et annonçaient la parole de Dieu. Bientôt les infidèles vinrent en foule demander le baptême; la conversion d'Ethelbert entraîna celle d'un grand nombre de ses sujets. Augustin, voyant ces heureux commencements, se rendit auprès de Virgile d'Arles, pour recevoir la consécration épiscopale. Il s'adressa à Virgile, parce que celui-ci était vicaire du saint-siége dans les Gaules, et qu'il avait été spécialement recommandé à l'évêque d'Arles par saint Grégoire. Dans une lettre que ce pape écrivait à Euloge, patriarche d'Alexandrie, l'année suivante, c'est-à-dire en 598, il lui dit qu'Augustin a été sacré avec sa permission par les évêques germains, et qu'à la dernière fête de la Nativité le même Augustin, qu'il nomme son frère et son compagnon dans l'épiscopat, avait baptisé plus de dix mille personnes de la nation anglaise. A peine Augustin fut-il de retour en Angleterre après son sacre, qu'il envoya à Rome deux de ses missionnaires, Pierre et Laurent, pour demander au pape de nouveaux ouvriers évangéliques. Ils en ramenèrent plusieurs, entre autres Mellit, Juste et Paul, qui furent plus tard élevés à l'épiscopat, et Rufinien, qui fut dans la suite abbé du monastère de Saint-Augustin. Saint Grégoire envoya aussi à Augustin des vases sacrés, des parements d'autel, des ornements d'église, des vêtements pour les prêtres et les clercs, des reliques des apôtres et des martyrs, et un grand nombre de livres. Augustin écrivait souvent au pape pour lui faire part des succès de sa mission et pour le consulter sur les cas difficiles qu'il rencontrait, non qu'il manquât des lumières nécessaires pour prendre une décision, mais pour mettre en repos sa conscience qui était très-délicate. Ethelbert, après son baptême, se conduisait autant en missionnaire qu'en roi, et secondait de tout son pouvoir les travaux d'Augustin et de ses compagnons. En 599, saint Grégoire envoya à saint Augustin le *pallium*, avec pouvoir d'ordonner douze évêques sur lesquels il aurait le droit de métropolitain; il le chargea aussi d'ordonner un évêque d'York, quand les peuples du nord de l'Angleterre seraient convertis, et de lui donner douze suffragants. Le bruit des miracles du saint apôtre étant parvenu jusqu'à Rome, le pape lui écrivit pour lui donner des avis d'une profonde sagesse. « Prenez garde, lui disait-il, de tomber dans l'orgueil ou la vaine gloire, à l'occasion des miracles et des dons célestes que Dieu fait éclater au milieu de la nation qu'il a choisie..... Ayez toujours devant les yeux les fautes que vous pouvez avoir commises par paroles ou par actions, afin que le souvenir de vos infidélités étouffe les mouvements d'orgueil qui voudraient s'élever dans votre cœur. Au reste, vous devez vous persuader que le don des miracles que vous recevez ou que vous avez déjà reçu est une faveur accordée, non à vous, mais à ceux dont Dieu veut le salut.... Quand les disciples, pénétrés de joie, revinrent dire au Sauveur qu'en son nom les démons leur étaient soumis, il leur répondit avec un ton de réprimande: *Ce n'est pas de cela que vous devez vous réjouir, mais plutôt de ce que vos noms sont écrits dans le ciel.* » Saint Augustin sacra Mellit, évêque de Londres, et Juste, évêque de Rochester. Il entreprit ensuite la visite générale de l'Angleterre, en qualité de légat apostolique. Son zèle pour la conversion des idolâtres ne lui faisait pas perdre de vue le salut des anciens Bretons dont la plupart étaient chrétiens, et qui, lors de la conquête de leur île par les Saxons, s'étaient réfugiés sur les montagnes du pays de Galles; mais une haine implacable contre la nation qui les avaient vaincus leur aveugla l'esprit et leur endurcit le cœur. Lorsque Augustin fut arrivé sur les frontières de leur pays, il invita à une conférence les évêques et les docteurs bretons. Ceux-ci acceptèrent et se rendirent dans un lieu qui, du temps de Bède, s'appelait encore le *Chêne d'Augustin*. Le saint apôtre leur demandait trois choses : 1° qu'ils se joignissent à lui pour prêcher l'Évangile à ceux des Anglais qui étaient encore idolâtres; 2° qu'ils célébrassent la fête de Pâques, le jour où elle se célébrait dans les autres pays catholiques; 3° qu'ils se conformassent dans l'administration du baptême à la pratique de l'Église universelle. Ces trois points ayant été rejetés par les Bretons, Augustin, divinement inspiré, leur dit : « Qu'on amène un malade incurable, et qu'on adhère à la tradition de ceux qui le guériront par leurs prières. » Ils s'y refusèrent d'abord, et finirent enfin par accepter. On amène un aveugle qui est présenté aux prêtres bretons, dont les prières ne produisent sur lui aucun effet. Alors Augustin, se mettant à genoux, conjure le Seigneur de prendre en main les intérêts de sa propre gloire. A l'instant l'aveugle recouvre la vue, et les Bretons se soumettent aux articles proposés, ajoutant toutefois qu'ils ne pouvaient abandonner leurs anciennes coutumes sans le consentement de toute la nation. Ils assemblèrent donc un synode général dans leur pays, où il se trouva plusieurs évêques et un grand nombre de théologiens. Avant de s'y rendre, ils avaient envoyé demander à un ermite fameux dans toute la contrée, s'ils recevraient la doctrine d'Augustin ou s'ils s'en tiendraient à leurs anciens usages. Voici sa réponse : « Faites en sorte que cet étranger et ses compagnons arrivent les premiers au lieu du synode. S'il se lève pour vous recevoir, quand vous arriverez, regardez-le comme un homme humble; écoutez-le et soumettez-vous à lui ; mais s'il ne se lève pas devant vous qui êtes en plus grand nombre, vous n'avez qu'à le mépriser. » Les Bretons, résolus de s'en tenir à cette décision, se présentent à l'assemblée les derniers, et Augustin, qui ignorait ce qu'ils avaient concerté, ne se leva point ; les Bretons en tirèrent la conséquence que leur avait suggérée l'ermite, et tout fut rompu. Saint Augustin voyant leur opiniâtreté, leur prédit que s'ils refusaient de prêcher la parole de vie aux Anglais, ceux-ci les extermineraient par le fer. Cette prédiction eut son accomplissement, lorsque Ethelfrid, roi des Anglais du nord, qui étaient encore païens, défit les Bretons à la fameuse journée de Caerléon. Ce prince voyant de loin les moines de Bangor qui étaient en prières, s'écria : Les prières de ces gens-là ne peuvent être que des imprécations contre nous, et fondant sur eux avec son armée, il en tua mille deux cents ou même deux mille deux cents, selon Florent de Worcester. Quoique saint Augustin ait prédit ce massacre, on ne peut l'en rendre responsable, lui qui était si plein de charité pour tous les hommes, si éloigné de tout sentiment de vengeance et si enclin à pardonner à ses ennemis pour lesquels il eût volontiers donné sa vie ; il n'existait plus d'ailleurs quand sa prophétie reçut son accomplissement. Il mourut le 26 mai, la même année que saint Grégoire, selon l'opinion la plus probable, c'est-à-dire en 604, après avoir désigné Laurent pour son successeur sur le siège de Cantorbéry. Lorsque l'église de Saint-Pierre et de Saint-Paul qu'Ethelbert faisait alors construire hors des murs de la ville, fut achevée, on y plaça son corps avec cette épitaphe : *Ci-gît Augustin, premier archevêque de Cantorbéry, qui, ayant été envoyé dans ce pays par le bienheureux Grégoire, évêque de Rome, et soutenu de Dieu par le don des miracles, convertit le roi Ethelbert et son peuple de l'idolâtrie à la foi de Jésus-Christ, et après avoir achevé en paix les jours de son ministère, mourut le 7 avant les calendes de juin, sous le règne du susdit roi.* Ses reliques furent depuis transférées dans la ville, et déposées dans le porche de la cathédrale, en 1091. Elles furent introduites dans l'intérieur de l'église, et, en 1221, son chef plus placé dans une châsse enrichie d'or et de pierreries. Le second concile de Cloveshoe ou de Cliffe, dans le pays de Kent, ordonna, en 747, que la fête de saint Augustin fût d'obligation pour les ecclésiastiques et les religieux, et que son nom fût inséré dans les litanies immédiatement après celui de saint Grégoire. — 26 mai.

AUGUSTIN NOVELLO (le bienheureux), ermite de Saint-Augustin, né en Sicile, au commencement du XIII° siècle, d'une famille illustre, originaire d'Espagne, portait dans le monde le nom de Matthieu Termini. Après ses premières études, il alla étudier le droit à l'université de Bologne, et reçut le titre de docteur. Il y professa ensuite le droit civil et canonique ; mais après quelques années il quitta sa chaire et retourna en Sicile, alors gouvernée par Mainfroi. Ce prince, ayant entendu parler du mérite de Matthieu, le fit juge perpétuel de sa cour et son principal ministre d'État. Quoique dépendant d'un tyran qui avait usurpé le trône, il conserva dans son élévation une grande pureté de mœurs, une intégrité parfaite dans l'exercice de ses hautes fonctions, et une telle douceur, qu'il ne voulut jamais prendre part à aucune condamnation capitale. Ayant accompagné, en 1266, Mainfroi dans la guerre contre Charles d'Anjou, frère de saint Louis, il disparut après la perte de la bataille et fut compté parmi les morts ; mais il s'était sauvé en Sicile, où étant tombé dangereusement malade, il fut saisi d'une telle crainte des jugements de Dieu, qu'il résolut, s'il en revenait, de quitter le monde et d'entrer en religion. Aussitôt qu'il fut guéri, il entra, sans se faire connaître, au monastère de Rosia, chez les ermites de Saint-Augustin, sous le nom d'Augustin Novello. Il vivait confondu parmi les religieux en qualité de frère-lai, lorsqu'une circonstance particulière le fit connaître. Les religieux de Rosia avaient un procès considérable qui leur causait beaucoup d'inquiétude. Le saint religieux, touché de leur peine, se rend chez leur procureur et lui demande en secret du papier et de l'encre. Celui-ci, qui ne croyait pas même qu'Augustin sût écrire, se moqua d'abord de sa demande. Ayant enfin obtenu ce qu'il demandait, il rédigea, pour son couvent, un mémoire court, solide et si lumineux, que le procureur de la partie adverse, en ayant pris communication, ne put s'empêcher de dire : « Celui qui a fait ce mémoire est un démon ou un ange, ou le seigneur Matthieu de Termini, avec lequel j'ai étudié à Bologne, et qui est mort à la bataille de Bénévent. » Il voulut voir l'auteur, et l'ayant reconnu, il l'embrassa tendrement et ne put retenir ses larmes à la vue de son humilité. Augustin le priait de ne pas le faire connaître, pour ne pas troubler son repos ; mais celui-ci dit aux autres religieux : « Vous avez un trésor caché ; c'est le plus excellent homme du monde : traitez-le comme il mérite de l'être ; au reste vous avez gagné votre cause. » Le bienheureux Clément d'Osimo, général des ermites de Saint-Augustin, étant venu à Sienne, et ayant appris qui était ce frère Augustin, l'emmena avec lui à Rome, l'obligea à recevoir les ordres sacrés et se l'associa pour la révision des constitutions de l'ordre. Le pape Nicolas IV lui ayant demandé un religieux capable d'entendre les confessions de la cour pontificale, il lui présenta, en plein consistoire, frère Augustin, qui par la pauvreté de son habit et l'austérité de son visage frappa tellement les cardinaux, qu'ils demandaient de quelle forêt on l'avait fait venir. Il se trouva aux pieds du pape sans savoir de quoi il s'agissait ; mais voyant que le saint-père lui imposait les mains pour le faire son confesseur et lui donner l'emploi de pénitencier, il pleura si amèrement, qu'il arracha des larmes au pape et aux cardinaux, et plus ils le connurent, plus ils conçurent pour lui de respect et d'affection. Il remplit pendant vingt-deux ans la charge qui lui avait été confiée, et s'en acquitta avec une piété et une prudence qui justifièrent parfaitement l'idée qu'on avait de sa sainteté. Son zèle le portait à user envers le pape et les cardinaux, lorsqu'il les croyait répréhensibles dans leur conduite, non-seulement de prières, mais même de réprimandes qu'ils recevaient patiemment, tant ils avaient de vénération pour lui, respectant ses conseils, comme s'ils étaient venus du ciel. Le chapitre général des Augustins s'étant réuni à Milan en 1298, l'élut général de son ordre. Il voulut en vain repousser le fardeau qui lui était imposé ; le pape Boniface VIII lui ordonna de consentir à son élection. Il remplit sa charge avec beaucoup d'humilité, de fermeté, de zèle et de charité ; mais au bout de deux ans, ayant rassemblé le chapitre général à Naples, il se démit du généralat, malgré toutes les instances qui lui furent faites. Désormais, plus libre de suivre son attrait pour la vie solitaire, il se retira avec quelques religieux dans l'ermitage de Saint-Léonard, près de Sienne. Son séjour dans ce lieu fut pour les habitants de cette ville une source de bénédictions. Après avoir passé près de dix ans dans cet ermitage, il fut averti de sa fin prochaine : étant tombé malade, il reçut, avec une tendre piété, les sacrements de l'Église, et mourut le 19 mai 1309. Les miracles opérés à son tombeau portèrent les fidèles à l'honorer comme saint, et le culte qu'on lui rend, de temps immémorial, fut approuvé par Clément XIII en 1759.—28 avril.

AUGUSTIN DE GAZOTHE (saint), évêque de Zagrab en Esclavonie, ensuite de Nocera dans le royaume de Naples, naquit à Trau en Dalmatie, vers l'an 1259, d'une famille sénatoriale, qui l'éleva dans la crainte de Dieu et la piété. Le jeune Augustin profita si bien de cette éducation toute chrétienne, qu'il n'avait pas encore vingt ans lorsqu'il résolut de quitter le monde pour entrer chez les Frères Prêcheurs. Après son noviciat, ses supérieurs l'envoyèrent continuer ses études en Italie, ensuite à Paris. Lorsqu'il se rendait dans cette dernière ville, en 1286, avec un jeune religieux de son ordre, nommé Jacques des Ursins, ils furent attaqués par des brigands, près du Tésin, sur le territoire de Pavie. Le compagnon d'Augustin fut tué sur place, et lui-même fut laissé pour mort. Recueilli par un gentilhomme du voisinage qui le fit transporter dans son château, il put, au bout de quelques semaines, continuer son voyage pour la France. Il passa quelques années à l'université de Paris où il se distingua par d'éclatants succès. Après avoir reçu la prêtrise, il fut chargé du ministère de la prédication dans sa patrie, où il opéra de nombreuses conversions et où il fonda plusieurs couvents de son ordre. Il donna aussi plusieurs missions en Italie et il contribua puissamment à rétablir la paix dans plusieurs villes alors divisées par des factions politiques. Ses supérieurs l'envoyèrent en Bosnie pour y combattre les erreurs qui corrompaient la vraie foi, et ses efforts produisirent d'heureux résultats. De là il fut appelé en Hongrie en proie aux dissensions civiles, par le fait des prétendants à la couronne, qui, au nombre de trois, voulaient, chacun de son côté, faire triompher leur cause par la force. Le cardinal Bocasini, qui était alors légat du saint-siége en Hongrie, félicita Augustin sur son zèle et sa prudence, et l'encouragea à continuer ses travaux pour le triomphe de la paix et le bien de la religion. Ce légat étant devenu pape, sous le nom de Benoît XI, le fit venir à Rome pour le sacrer évêque de Zagrab, et le pape, après lui avoir donné l'onction épiscopale de ses propres mains, le fit partir aussitôt pour son église. Il commença par la réforme de son clergé et convoqua plusieurs synodes où l'on fit les plus sages règlements sur la discipline. Dans ses visites pastorales, il adressait aux fidèles des instructions qui produisaient d'autant plus d'effet qu'elles étaient soutenues par une sainte vie et par le don des miracles. Sa charité, son humilité, sa douceur et ses autres vertus lui conciliaient tous les cœurs. Il fonda dans son diocèse plusieurs couvents de Frères Prêcheurs, dans lesquels il aimait à se retirer, lorsque ses nombreuses occupations lui en laissaient le temps, pour vaquer à la prière et à la contemplation. Il assista aux conciles tenus à Bude et à Presbourg l'an 1309, et, en 1311, il se rendit au concile général de Vienne. A son retour, il fut persécuté par Miladin, gouverneur de la Dalmatie, à qui il avait fait des représentations sur ses injustices, ses exactions et son administration tyrannique ; mais la Providence le délivra des peines de tout genre que lui occasionnait cette lutte généreuse qu'il n'avait entreprise que pour défendre les droits spirituels et temporels de son troupeau. Robert, roi de Sicile, informé du mérite et de la sainteté de l'évêque de Zagrab, envoya des ambassadeurs au roi de Hongrie, pour solliciter sa translation à l'évêché de Nocera, et il obtint du pape Jean XXII un ordre qui enjoignait à Augustin d'acquiescer à cet arrangement. Le saint évêque fut donc obligé de quitter son troupeau en 1317, après avoir distribué aux pauvres tout ce qu'il possédait, n'emportant que son bréviaire. En se rendant à Nocera il passa par Trau, sa patrie, et ne put détacher ses compatriotes des intérêts de Miladin ; mais il leur prédit que Dieu punirait l'appui qu'ils prêtaient à ses brigandages, et bientôt l'événement justifia sa prédiction. Arrivé dans son nouveau diocèse, où il fut reçu comme un ange du ciel, il s'appliqua à déraciner les restes du mahométisme introduit dans cette ville par les Turcs qui l'avaient tenue assez longtemps sous leur domination ; ce qui lui avait fait donner le nom de Nocera des païens ; mais après qu'ils en eurent été chassés, on l'appela Sainte-Marie de la Victoire. Il fonda dans sa ville épiscopale un couvent de son ordre, où il se retirait aussi souvent qu'il le pouvait pour continuer son premier genre de vie. Le roi Robert et la famille royale étaient pénétrés pour lui de la plus profonde vénération toutes les fois qu'il se rendait à la cour, où il n'allait cependant que quand la nécessité l'y obligeait. Après avoir renouvelé la face du diocèse de Nocera, il avait renouvelé celle du diocèse de Zagrab, il mourut le 3 août 1323, à l'âge d'environ 64 ans. Son corps fut enterré dans l'église du couvent de Saint-Dominique, qu'il avait fait bâtir avec beaucoup de magnificence, et où les fidèles lui rendirent bientôt un culte qui fut approuvé par Jean XXII. Clément XI confirma ce culte et mit le bienheureux Augustin de Gazothe au nombre des saints. — 3 août.

AULE (saint), *Aulus*, évêque de Viviers, succéda à saint Eucher, et il y avait dans cette ville une ancienne église qui portait son nom. Ses reliques, qui se gardaient dans la cathédrale, furent brûlées dans le XVIe siècle par les calvinistes avec celles de saint Arcous. — 29 mars.

AULUCET (saint), *Aulucetus*, confesseur en Éthiopie, est honoré chez les Grecs le 12 novembre.

AUNAIRE (saint), *Anacharius*, évêque d'Auxerre, sortait d'une famille distinguée de l'Orléanais ; il était frère de sainte Austregilde et oncle de saint Leu de Sens. Il passa sa jeunesse à la cour de Gontram, roi de Bourgogne ; mais il quitta ensuite le monde et se mit sous la conduite de saint Syagre, évêque d'Autun. Placé sur le siège d'Auxerre, vers l'an 570, il assista au quatrième concile de Paris en 573, ainsi qu'à deux autres conciles tenus à Mâcon quelques années après. Il assembla dans son diocèse un synode où l'on dressa sur la discipline quarante-cinq statuts, dont le premier proscrivait les étrennes du premier jour de janvier. On admirait son zèle pour l'instruction de son troupeau, sa vigilance pour faire observer la loi de Dieu et pour maintenir la pureté des mœurs. Il fit composer, pour son instruction et celle des fidèles, les vies de saint Amat et de saint Germain, deux des plus illustres de ses prédécesseurs. Il s'appliqua à augmenter les revenus de son église, afin de donner plus de décence au culte divin. Saint Aunaire mourut un 25 de septembre vers l'an 605.

AUNOBERT (saint), *Aunobertus*, évêque de Sens, est honoré le 3 septembre.

AURE (sainte), *Aura*, vierge et martyre, sortait d'une famille impériale et fut exilée pour la foi chrétienne dans une terre qu'elle possédait près d'Ostie, où elle vivait avec d'autres vierges, occupée d'œuvres de charité et d'exercices de religion. Saint Censorin, maître des offices de l'empereur Claude II ayant été emprisonné comme chrétien par ordre de ce prince, Aure allait souvent le visiter dans son cachot à Ostie, lui portait des vivres et lui rendait tous les services qui étaient en son pouvoir. Claude, informé de cette conduite, chargea Ulpius Romulus, vicaire du préfet de Rome, de l'obliger, par les tourments, à retourner au culte des dieux. Ce magistrat la fit étendre sur le chevalet et lui fit subir le supplice du fouet et des torches ardentes : elle était à moitié brûlée, lorsqu'on la conduisit en prison. Après un second interrogatoire, elle fut frappée avec des lanières plombées et ensuite jetée dans la mer avec une grosse pierre au cou, l'an 269. Son corps ayant été rejeté sur le rivage, saint Hippolyte, surnommé Nonne, l'enterra dans la terre où elle avait été exilée ; plus tard il le plaça à Ostie dans une église bâtie en son honneur. — 24 août.

AURE (sainte), abbesse à Paris, était fille de Maurin et de Quirie, et consacra à Dieu sa virginité. Sa vertu était si éminente, que quand saint Éloi eut fondé à Paris, en 631, un monastère de vierges, le premier que cette ville ait possédé, il choisit Aure pour gouverner les trois cents religieuses qui y prirent le voile. Saint Ouen a cru ne pouvoir mieux faire l'éloge de cette sainte abbesse qu'en disant qu'elle était une fille digne de Dieu Elle fut le modèle de sa communauté, qu'elle gouverna trente-trois ans avec autant de prudence que de sainteté. Un an avant sa mort, elle eut une vision dans laquelle saint Eloi, mort depuis six ans, l'avertissait de se préparer au passage de l'éternité ainsi que ses religieuses. Remplie de joie à la vue de sa fin prochaine, elle tâcha d'inspirer à ses compagnes les sentiments dont elle était animée, en leur faisant sentir la grandeur de la félicité dont elles allaient bientôt jouir. Elle fut enlevée de ce monde par la peste avec cent soixante de ses religieuses, le 4 octobre 666 ; toutes furent enterrées dans le cimetière attenant à l'église de Saint-Paul, que saint Eloi avait destiné à la sépulture de la communauté ; mais cinq ans après, on rapporta le corps de sainte Aure dans l'église de Saint-Martial, près de son monastère. La ville de Paris a plusieurs fois ressenti les effets de la protection de cette sainte abbesse. — 4 octobre.

AURE (sainte), vierge et martyre à Cordoue, était sœur de saint Adolphe et de saint Jean. Elle avait pris le voile dans le monastère de Sainte-Marie de Cutédor, et il y avait trente ans qu'elle s'y sanctifiait par la pratique de toutes les vertus, lorsque de nobles Arabes de Séville d'où elle était originaire, et dont elle était parente, étant venus la visiter, ils furent très-surpris de voir qu'elle avait embrassé, non-seulement le christianisme, mais aussi la vie religieuse. Comme elle était, ainsi qu'eux-mêmes, parente du cadi, ils la lui dénoncèrent. Celui-ci lui reprocha la honte qu'elle faisait à sa famille, et il alla même jusqu'à la menacer de la mort, si elle n'abjurait pas le christianisme. Aure promit d'abord de se conformer à ses ordres, et là-dessus il lui rendit la liberté ; mais, de retour chez elle, elle continua de pratiquer sa religion comme auparavant, s'efforçant, par ses regrets et par ses larmes, d'effacer le scandale qu'elle avait donné par son manque de courage. Les infidèles ayant remarqué qu'elle ne cessait pas de fréquenter les églises, elle fut de nouveau déférée au cadi, qui lui reprocha d'avoir manqué à sa parole. Elle lui répondit qu'elle n'avait jamais renoncé à Jésus-Christ dans son cœur, quoiqu'elle eût eu la lâcheté de le renoncer de bouche. Le cadi la fit charger de chaînes et mettre en prison. Le lendemain elle fut condamnée à mort par ordre de Mahomet, roi de Cordoue, et suspendue à un gibet, la tête en bas. Après sa mort, son corps fut jeté dans le Guadalquivir, l'an 856. Saint Euloge la mentionne dans son Mémorial des saints. — 19 juillet.

AURÉ (saint), *Aureus*, évêque de Mayence au milieu du v° siècle, vivait avec sainte Justine, sa sœur, qu'il avait associée à une partie de ses bonnes œuvres, lorsque les Huns se mirent à ravager les Gaules et les bords du Rhin. A l'approche des barbares, Auré prit la fuite avec sa sœur ; mais il revint bientôt pour consoler son troupeau et le soulager au milieu des misères de tout genre qui l'accablaient. Un jour qu'il était à l'autel pour célébrer les saints mystères, il fut massacré par les Huns avec sa sœur et plusieurs autres chrétiens, l'an 451. Leurs reliques restèrent, jusqu'au VIII° siècle, dans un puits où on les avait jetées et d'où on les retira pour les placer dans l'église de Saint-Alban, qui venait d'être construite. — 16 juin.

AURÈLE (saint), *Aurelius*, évêque en Asie et martyr avec saint Publius, autre évêque de la même contrée, florissait sur la fin du II° siècle et écrivit contre les cataphryges, qui étaient une branche des montanistes. — 12 novembre.

AURÈLE (saint), évêque d'Ariarathe en Cappadoce, est surtout connu par la translation du corps de saint Denis, évêque de Milan, qui était mort en exil dans son diocèse, et qu'il renvoya à Milan, sur la demande de saint Ambroise. Il mourut en 383 et il est honoré dans cette dernière ville le 9 novembre.

AURÈLE (saint), évêque de Carthage, était archidiacre de cette ville, lorsqu'il fut choisi, en 388, pour succéder à saint Généthle. La juridiction de ce siége, presque égale à celle d'un patriarcat, s'étendait sur les métropolitains de plusieurs provinces d'Afrique. Il se lia d'une étroite amitié avec saint Augustin, qui lui donna de sages avis sur la conduite à tenir envers les donatistes. Son zèle pour ramener ces schismatiques, lui fit assembler plusieurs conciles pour discuter les difficultés qu'ils proposaient, et il réussit à en faire rentrer un grand nombre dans le sein de l'Eglise. Il porta le premier coup au pélagianisme, par la condamnation de Célestius, disciple de Pélage, dans un concile qu'il assembla à Carthage en 412. Il condamna Pélage lui-même dans un autre concile, tenu au même lieu en 418. Saint Fulgence donne les plus grands éloges à saint Aurèle, qui mourut en 423 et qui est nommé dès le VI° siècle dans le Martyrologe d'Afrique. — 20 juillet.

AURÈLE (saint), martyr à Cordoue pendant la persécution d'Abdérame II, roi des Maures, était fils d'un mahométan et d'une chrétienne, qui tenaient un rang distingué dans cette ville. Ayant perdu ses parents dans son bas âge, il fut élevé avec soin dans la religion chrétienne par une sœur de sa mère. Il épousa une infidèle nommée Sabigothon, qu'il eut le bonheur de convertir, et qui, après son baptême, portait le nom de Natalie. Ils firent l'un et l'autre vœu de continence ; Natalie se retira dans un monastère, et Aurèle resta dans le monde, donnant aux fidèles l'exemple de la plus grande ferveur. Comme il aimait à exercer l'hospitalité envers les étrangers, il reçut chez lui Georges, religieux du monastère de Saint-Sabas en Palestine, qui avait passé en Europe pour recueillir des aumônes. On s'assemblait ordinairement dans sa maison pour célébrer en secret les saints mystères. La persécution des Sarrasins s'étant ranimée en 852, Aurèle fut arrêté l'un des premiers avec sa famille, et souffrit la mort avec Natalie, sa femme, et deux de ses parents. Quant à Georges, les Sarrasins lui avaient d'abord laissé la liberté, comme étant étranger, mais il réclama contre cette faveur, qui n'en était pas une à ses yeux, et déclara publiquement qu'il était chrétien, et qu'il voulait être traité comme son hôte, ce qui lui fut accordé. Leur martyre eut lieu le 27 juillet 852. Saint Euloge écrivit leur Vie et se chargea des enfants qu'Aurèle avait eus de sa femme, avant que celle-ci ne fût entrée en religion. Ils sont honorés à Paris le 20 octobre. — 27 juillet.

AURÈLE ou AURÉLIE (sainte), *Aurelia*, vierge, florissait au commencement du xi° siècle, et mourut en 1027. Elle est honorée à Strasbourg le 15 octobre.

AURÉLIE (sainte), *Aurelia*, vierge, était fille de sainte Martane et parente de saint Adrias, qui avait souffert le martyre sous l'empereur Valérien. Elle vint de Grèce à Rome avec sa mère, et y arriva neuf mois après la mort de son parent. Les deux saintes apprirent avec joie qu'Adrias et sa famille avaient donné leur vie pour Jésus-Christ. Elles se fixèrent près de son tombeau, qui était une sablonnière voisine de la ville, veillant et priant nuit et jour pendant treize ans. Après leur mort, elles furent enterrées à côté de saint Adrias et elles sont honorées avec lui le 2 décembre.

AURÉLIE (sainte), vierge, est honorée à Anagni, avec sainte Néomésie, le 25 septembre.

AURÉLIE (sainte), *Aurelia*, vierge, était l'une des nombreuses compagnes de sainte Ursule. On croit qu'elle échappa au massacre que les Huns firent de ces vierges et qu'elle se retira à Strasbourg. Elle y est honorée le 15 octobre.

AURÉLIEN (saint), *Aurelianus*, martyr à Nicomédie, souffrit avec plusieurs autres. — 29 et 30 mars.

AURÉLIEN (saint), évêque d'Arles, fut élevé sur le siège de cette ville en 546, et Childebert, roi de Bourgogne, qui l'estimait singulièrement, demanda pour lui au pape Vigile le *pallium* et le titre de vicaire du saint-siège. Le pape, avant d'accorder ces faveurs, voulut obtenir l'agrément de l'empereur Justinien. Cette déférence était d'autant plus nécessaire que la ville de Rome étant soumise aux Grecs, Vigile aurait craint de paraître trop dévoué au prince français et de donner de l'ombrage à Justinien. Bélisaire, qui commandait en Italie, se chargea d'écrire à Constantinople, et dès que l'empereur eut donné son consentement, le pape déclara Aurélien son vicaire dans cette partie des Gaules, qui obéissait à Childebert; il lui donna le pouvoir de terminer, assisté d'un certain nombre d'évêques, les causes qui pourraient survenir entre les prélats soumis à sa juridiction. « Mais si, ce qu'à Dieu ne plaise, lui écrit-il, il s'élève des disputes sur la foi, ou s'il se présente quelque autre cause majeure, après avoir vérifié les faits et dressé votre rapport, réservez-en le jugement et la décision au siège apostolique ; car nous trouvons dans les archives de l'église romaine que c'est ainsi qu'en ont usé, à l'égard de nos prédécesseurs, ceux des vôtres qui ont été honorés de la qualité de vicaires du saint-siége. » Le pape ajoute que, pour rendre plus respectable la dignité qu'il lui confère, il lui accorde l'usage du *pallium*; il l'exhorte aussi à entretenir la paix entre Childebert et l'empereur, et finit par lui recommander de remercier Bélisaire qui avait bien voulu se charger de demander l'agrément de Justinien. Cette lettre est du 23 août 546. Le pape écrivit en même temps aux évêques des États de Childebert, pour leur notifier qu'il avait établi Aurélien son vicaire; qu'ils eussent à se rendre aux conciles qu'il convoquerait, et à recevoir de lui des *Lettres formées*, lorsqu'ils entreprendraient de longs voyages. Aurélien écrivit peu après à Théodebert, roi de Metz, une lettre dans laquelle il lui donne de grands éloges, accompagnés d'avis salutaires. Il l'exhorte à penser sans cesse au jour des vengeances du Seigneur, à ce jour où il n'y aura plus de distinction de rang ni de naissance, et où les richesses ne serviront de rien, excepté celles qu'on aura employées en bonnes œuvres. Aidé par les libéralités de Childebert, il fonda, en 548, un monastère à Arles. Il composa, pour les moines qu'il y établit, une règle pleine de sagesse, tirée en grande partie de celle de saint Césaire, un de ses prédécesseurs, et de celle de saint Benoît; il la termine par cette souscription : *Aurélien, pécheur*. Il plaça à la tête de ce monastère saint Florentin. Vers le même temps, il en fonda un autre de filles, qu'il mit sous la protection de la sainte Vierge, et donna aux religieuses une règle qui est la même que celle de ses moines, à quelques différences près, qui consistent dans le retranchement de certains points trop austères pour des filles, ou peu convenables à leur sexe. Saint Aurélien assista en 549 au cinquième concile d'Orléans où se trouvèrent cinquante évêques, dont neuf métropolitains : quelques écrivains avancent qu'il y présida, mais il est plus probable que ce fut saint Sacerdot de Lyon. Quoi qu'il en soit de ce point de fait, l'évêque d'Arles, toujours zélé pour le maintien de la discipline ecclésiastique, eut une grande part à ce qui fut réglé dans le concile pour réformer les mœurs et conserver la pureté de la foi dans les Gaules. Le pape Vigile, pendant son séjour à Constantinople, condamna les trois chapitres, avec cette réserve : *Sauf l'autorité du concile de Chalcédoine;* mais cette décision ne contenta personne. Rustique et Sébastien, diacres de l'église romaine, que Vigile honorait de sa confiance, mandèrent dans les provinces que le pape avait abandonné le concile de Chalcédoine; ils écrivirent dans ce sens à Aurélien, qui, en sa qualité de vicaire du saint-siège, voulut s'assurer de ce qu'il en était. Il envoya donc au pape Vigile un clerc de son église, avec des lettres que Vigile reçut à Constantinople le 14 juillet 549; mais comme il n'était pas alors dans une position à pouvoir exprimer librement sa pensée, à cause de l'espèce de captivité dans laquelle l'empereur le retenait, il ne répondit que l'année suivante;

encore Justinien ne lui permit-il que de s'exprimer en termes généraux. Après avoir marqué à Aurélien qu'il lui sait bon gré de sa sollicitude pour la saine doctrine et pour ce qui peut intéresser la foi, il lui dit : « Soyez assuré que nous n'avons rien fait qui puisse être contraire aux constitutions de nos prédécesseurs, ni à la foi des quatre conciles.....; que nous rejetons tous ceux qui n'adhèrent pas à la foi de ces conciles..... Que votre fraternité, en qualité de vicaire du saint-siége, avertisse tous les évêques qu'ils ne doivent point se laisser surprendre par les écrits supposés qu'on répand, ou par les faux bruits qu'on débite... Votre envoyé, Anastase, vous rendra compte de ce qu'il nous a été possible de faire pour défendre le dépôt de la foi qui nous a été transmis par les saints conciles et par nos prédécesseurs. Lorsque l'empereur nous aura permis de retourner en Italie, nous vous enverrons quelqu'un pour vous instruire plus en détail de ce qui se sera passé. » Il exhorte ensuite Aurélien à prier instamment Childebert de protéger l'Église dans la triste nécessité où elle se trouvait. Anastase, au rapport duquel le pape voulait qu'Aurélien ajoutât foi, ne méritait point cette confiance. Comme il ne pouvait obtenir la permission de sortir de Constantinople, il promit que si on le laissait retourner à Arles, il engagerait les évêques des Gaules à condamner les trois chapitres; alors on l'accabla de présents, et on lui fit jurer qu'il tiendrait sa parole. A son retour, il mit tout en œuvre pour rendre le pape odieux et pour séduire les évêques. Aurélien ne fut pas témoin de l'infidélité de son envoyé, étant mort le 16 juin 551, à Lyon, où il s'était rendu pour une raison que sa Vie ne fait pas connaître : peut-être était-ce pour s'acquitter de la commission dont le pape l'avait chargé près du roi Childebert. Il fut enterré dans l'église de Saint-Nizier de cette ville, et l'on découvrit son tombeau en 1308. — 16 juin.

AURÉLIEN (saint), évêque de Limoges, fut inhumé à Saint-Cessadre, où l'on retrouva ses reliques au XIVᵉ siècle. Elles furent transférées à Limoges dans une chapelle qui a pris son nom et où il est honoré le 8 mai.

AURÉLIEN (le bienheureux), évêque de Lyon, florissait dans le IXᵉ siècle. Il fonda le monastère de Saint-Benoît de Sessieu, dans le Bugey, et mourut l'an 895. — 4 juillet.

AURIE (la bienheureuse), *Auria*, recluse à Saint-Milhan de la Cogolle, du diocèse de Calahorra, florissait sur la fin du XIᵉ siècle et mourut vers l'an 1100. — 11 mars.

AURIGUE (sainte), *Auriga*, martyre en Éthiopie avec sainte Rutule et deux autres, est nommée dans le Martyrologe hiéronymique. — 2 janvier.

AUSANE (saint), *Ausanius*, est honoré chez les Éthiopiens le 19 février.

AUSGÈNE (saint), *Ausgenius*, martyr en Égypte, était parvenu à une grande vieillesse, lorsqu'il donna sa vie pour Jésus-Christ. Il est honoré par les Cophtes et par les Éthiopiens le 31 décembre.

AUSONE (saint), *Ausonius*, premier évêque d'Angoulême, convertit dans cette ville et dans les environs un grand nombre d'infidèles, au milieu desquels il se fixa pour travailler à leur sanctification et les former à la pratique des vertus chrétiennes. Il eut, à ce que l'on croit, la tête tranchée pour la foi de Jésus-Christ qu'il prêchait, mais on ignore en quelle année et même en quel siècle. Il y a, hors des murs d'Angoulême, une église paroissiale qui porte son nom. Ses reliques furent brûlées en 1568 par les huguenots, et l'on ne put en sauver que quelques ossements. — 22 mai et 11 juin.

AUSONIE (sainte), *Ausonia*, martyre à Lyon avec quarante-six autres, mourut en prison l'an 177, sous le règne de Marc-Aurèle. — 2 juin.

AUSPICE (saint), *Auspicius*, premier évêque d'Apt et martyr, souffrit vers l'an 398. — 2 août.

AUSPICE (saint), évêque de Toul, dans le Vᵉ siècle, était, selon saint Sidoine Apollinaire, l'un des plus illustres prélats des Gaules par sa science et sa sainteté. Le comte Arbogaste ayant demandé à saint Sidoine quelques explications des livres saints, celui-ci le renvoya à saint Auspice, comme étant plus capable que lui de satisfaire à ses questions. Auspice adressa, en effet une lettre en vers à Arbogaste, qui était alors gouverneur de Trèves. Saint Auspice mourut vers l'an 475, et fut enterré dans l'église de Saint-Mansuy. Son corps fut levé de terre et placé dans une châsse l'an 1107, par Richard, évêque d'Albano et légat du saint-siége. — 8 juillet.

AUSSILLE (sainte), *Auxilia*, vierge et martyre en Bourgogne, est honorée à Thil et à Précy le 4 septembre.

AUSTREBERT (saint), *Austrebertus*, évêque de Vienne, mourut en 744, et il est honoré à Verzy-sur-Seine le 5 juin.

AUSTREBERTE (sainte), *Austreberta*, vierge et première abbesse de Pavilly en Normandie, naquit vers l'an 630, dans le territoire de Thérouanne. Elle eut pour père le comte Baufroi, l'un des principaux seigneurs de la cour de Dagobert Iᵉʳ et pour mère sainte Frameuse qui descendait des rois allemands. Dès l'âge le plus tendre, elle montra une grande ferveur pour les exercices de piété, et surtout pour la prière et la méditation. Désirant consacrer à Dieu sa virginité, et ayant appris que le comte, son père, pensait à l'établir, elle alla trouver saint Omer, évêque de Thérouanne, qui, s'étant assuré de sa vocation, lui donna le voile, reçut son vœu de virginité perpétuelle, et la remit ensuite à ses parents, qui lui laissèrent la liberté de mener chez eux un genre de vie conforme au saint état qu'elle venait d'embrasser. Quelque temps après, Austreberte, pour rendre son sacrifice plus entier, se retira dans le monastère de Port, près d'Abbeville, où elle ajouta à son vœu de chasteté les vœux de pauvreté et d'obéissance. C'est là qu'elle donna l'exemple de toutes les vertus, et surtout de la mortification qu'elle portait plus loin qu'aucune des religieuses. Son humilité était extraordinaire; elle s'abaissait non-seulement devant la supérieure mais aussi devant la dernière personne de la communauté, ce qu'elle continua de faire, même après qu'elle eut été élue prieure. Saint Philibert, abbé de Jumiéges, ayant fondé le monastère de Pavilly, voulut en donner le gouvernement à la prieure de Port; elle refusa d'abord, mais vaincue par les instances du saint, elle se rendit avec deux de ses religieuses à Pavilly, dont elle fut établie première abbesse par saint Ouen. Elle s'appliqua avec zèle à sa propre sanctification et à celle de ses religieuses. Elle eut à essuyer des contradictions qu'elle surmonta avec autant de patience que de sagesse. Dure à elle-même, elle était pleine de bonté pour les autres et savait allier dans ses fonctions la douceur à la fermeté. Elle n'exigeait rien qu'elle ne le fît la première; elle allait même beaucoup au delà de ce qu'elle prescrivait aux autres. Le monastère de Pavilly répandait au loin la bonne odeur de Jésus-Christ. On voyait des parents y accourir à l'envi pour offrir leurs filles à la sainte abbesse, et les personnes du monde, touchées de ses exemples, embrassaient la pratique des conseils évangéliques. Sa dignité ne l'empêchait pas de profiter de toutes les occasions pour pratiquer l'obéissance; en voici un exemple : une nuit que les religieuses s'étaient recouchées après matines, elle visita le dortoir pour s'assurer si tout était dans l'ordre; mais ayant fait quelque bruit, la prieure s'éveilla, et s'imaginant que c'était une simple religieuse, elle la reprit de manquer ainsi à la règle et lui imposa pour pénitence d'aller prier devant la croix qui était dans le cloître; Austreberte obéit sur-le-champ et passa le reste de la nuit au pied de la croix. Le matin, la prieure se rendant à l'église avec les sœurs, reconnut sa méprise et lui demanda un pardon qui lui fut aisément accordé. La sainte, attaquée d'une fièvre qui annonçait une mort prochaine, se fit porter dans le lieu où s'assemblait la communauté, et y parla avec beaucoup d'onction des principales vérités du salut. Les jours suivants, elle n'interrompait ses entretiens avec Dieu que pour donner par intervalles aux religieuses les instructions qu'elle croyait les plus nécessaires. Enfin après avoir reçu le saint viatique et s'être munie du signe de la croix, elle mourut paisiblement, le 10 février 703, âgée d'environ soixante-treize ans. Elle fut enterrée dans l'église du monastère de Pavilly, et plusieurs miracles s'opérèrent à son tombeau. — 10 février.

AUSTRÉGILDE, ou AIDE (sainte), *Austregildis*, sœur de saint Aunaire, évêque d'Auxerre, et mère de saint Leu, évêque de Sens, florissait dans le vi° siècle, et vécut dans la pratique la plus parfaite du christianisme. Elle est honorée à Orléans, sa patrie, et ses reliques se gardent dans l'église de Saint-Aignan. — 9 octobre.

AUSTREGISILE, OUTRILLE, ou AUSTRILLE (saint), *Austregisilus*, évêque de Bourges, naquit, en 551, d'une famille noble, mais pauvre. Après s'être livré, dans sa jeunesse, à l'étude des lettres et de l'Écriture, il fut employé à la cour du roi Gontran, qui l'estimait beaucoup. Un nommé Bettelin, ayant détourné des fonds du trésor royal, rejeta son crime sur Austrégisile qui, étant innocent, repoussa la calomnie : le roi ne pouvant éclaircir l'affaire, en remit la décision au jugement de Dieu, et ordonna aux deux parties de se battre en duel ; mais, au jour marqué pour le combat, Bettelin fit une chute de cheval, et mourut misérablement ; ce qui fut regardé comme un effet de la vengeance divine. Austrégisile, résolu de garder la chasteté, refusa un mariage avantageux : il quitta même la cour pour embrasser l'état ecclésiastique. Saint Aunaire, évêque d'Auxerre, lui donna la tonsure et le fit sous-diacre : saint Etherè de Lyon l'éleva au sacerdoce, et le fit abbé de Saint-Nizier. Le siège de Bourges étant venu à vaquer par la mort d'Apollinaire, il fut sacré le 13 février 612 pour le remplir, et pendant les douze années qu'il exerça les fonctions épiscopales il donna l'exemple de toutes les vertus. Il mourut le 20 mai 624, âgé de soixante-treize ans. — 20 mai.

AUSTREMOINE (saint), *Austremonius*, premier évêque d'Auvergne, fut l'un des sept illustres missionnaires qui vinrent prêcher l'Évangile dans les Gaules, au milieu du iii° siècle. Il fonda l'église d'Auvergne, dont il fut le premier évêque. On ignore les détails de sa vie, mais on croit qu'il fut enterré à l'endroit où l'on bâtit, dans la suite, l'abbaye d'Issoire dans la Basse-Auvergne, où l'on conservait son chef; son culte était déjà fort célèbre en France, au viii° siècle, époque où le siège qu'il avait établi fut transféré à Clermont. — 1ᵉʳ novembre.

AUSTRICLINIEN (saint), *Austriclinianus*, prêtre, fut l'un des principaux coopérateurs de saint Martial de Limoges dans ses travaux apostoliques. Il florissait dans le iii° siècle, et il est honoré en Limousin le 5 et le 15 octobre.

AUSTRUDE (sainte), *Austrudis*, abbesse à Laon, naquit après le commencement du vii° siècle, d'une famille aussi recommandable par sa piété que par sa noblesse. Elle était fille de saint Blandin et de sainte Salaberge, qui fondèrent à Laon l'abbaye de Saint-Jean-Baptiste. Sainte Salaberge y ayant pris le voile, du consentement de son mari, Austrude la suivit et se consacra à Dieu dans cette maison, qui compta jusqu'à trois cents vierges sous la conduite de la sainte fondatrice. Celle-ci étant morte vers l'an 665, sa fille fut jugée digne de lui succéder. Son exactitude à remplir tous les points de la règle, le zèle tendre et éclairé avec lequel elle gouvernait sa communauté, sa charité sans bornes envers les pauvres, son application constante à la prière, et ses grandes austérités la firent parvenir à une haute sainteté. Elle ne prenait jamais de nourriture avant trois heures après midi, excepté les dimanches et le jour de Noël ; les jours de jeûne, elle ne mangeait qu'après le coucher du soleil. Elle passait souvent une partie des nuits en prières à l'église. Sa vertu fut perfectionnée par de rudes épreuves : son frère, saint Baudoin, fut indignement assassiné ; elle-même se vit sur le point d'être victime des fureurs d'Ebroin qui, touché, à la fin, de sa constance, lui rendit justice, et devint même son protecteur. Sainte Austrude mourut en 688. — 17 octobre.

AUSTRULFE (saint), *Austrulfus*, abbé de Fontenelle, sortait d'une famille noble du territoire de Courtray et fut consacré à Dieu dès sa plus tendre enfance par son père, qui le plaça dans le monastère de Fontenelle où il devint sous-prieur, ensuite abbé. Étant allé à Rome visiter les tombeaux des apôtres, il tomba malade en revenant d'Italie, et mourut au monastère de Saint-Maurice près d'Agaune, l'an 755. — 14 et 16 septembre.

AUTAL (saint), *Augustalis*, évêque et confesseur dans les Gaules, mais dont on ignore le siége, florissait au milieu du v⁵ siècle et assista en 441 au premier concile d'Orange. Il mourut à Arles l'an 460. — 7 septembre.

AUTEUR (saint), *Adinctor*, treizième évêque de Metz, florissait au milieu du vᵉ siècle. C'est sous son épiscopat que cette ville fut prise, en 451, par les Huns, ayant à leur tête le terrible Attila. Saint Auteur s'efforça de réparer les désastres de cette invasion. On ignore en quelle année il mourut. Drogon, l'un de ses successeurs et fils de Charlemagne, fit transporter, en 830, à l'abbaye de Marmoutier en Alsace, les corps de saint Auteur et de saint Céleste, second évêque de Metz, et les exposa dans deux belles châsses, à la vénération des fidèles. Les Rustaux, ainsi dits parce qu'ils étaient des paysans luthériens, s'étant emparés de l'abbaye, brisèrent les châsses et jetèrent les précieuses reliques sur le pavé. Lorsque les catholiques les ramassèrent, elles étaient tellement confondues, qu'il fut impossible de les démêler, et l'on ne sait plus ce qui appartient en particulier à chacun de ces deux saints évêques. Saint Auteur est honoré le 9 août.

AUTHAIRE (saint), *Autharius*, confesseur, était père de saint Ouen et proche parent de saint Faron, évêque de Meaux. Il vécut longtemps à la cour de Clotaire II et de Dagobert Iᵉʳ. Cependant il résidait par intervalles dans la Brie, où il avait de grandes propriétés, et habitait le village d'Ussy, près de la Ferté-sous-Jouare. Ce village l'a choisi pour son patron et l'honore sous le nom de saint Oys. — 24 avril.

AUTONOME (saint), *Autonomus*, évêque et martyr, occupait en Italie un siége qui n'est pas connu. Lorsque la persécution de Dioclétien éclata en 303, il quitta sa patrie et son troupeau pour passer en Orient, où, n'étant pas connu, il espérait pouvoir échapper plus facilement au glaive des bourreaux. Il s'était réfugié dans la Bithynie où se trouvaient encore beaucoup de païens. Il en convertit un grand nombre, et les autres, irrités contre le saint évêque, le massacrèrent à l'autel pendant qu'il célébrait les saints mystères. — 12 septembre.

AUXANE (saint), *Auxanius*, évêque de Milan, florissait dans le vıᵉ siècle, et il est honoré le 3 septembre.

AUXENCE (saint), *Auxentius*, martyr en Arménie, dans le pays des Aravraques, souffrit en 305, avec saint Mardacre et d'autres, sous le président Lysias, pendant la persécution de Dioclétien, continuée par Galère, l'un de ses successeurs à l'empire. Leurs corps ont été portés à Rome et déposés dans l'église de Saint-Apollinaire. — 13 décembre.

AUXENCE (saint), évêque de Mopsueste, en Cilicie, d'abord soldat sous l'empereur Licinius, préféra quitter le baudrier que d'offrir du raisin à Bacchus. Étant devenu ensuite évêque de Mopsueste, il mourut en paix vers le milieu du ıvᵉ siècle. — 18 décembre.

AUXENCE (saint), ermite en Bithynie, entra d'abord dans les gardes de Théodose le Jeune, et se montra aussi bon chrétien que brave officier. Il consacrait aux exercices de la piété tous les moments que son état lui laissait disponibles, et souvent il passait les nuits avec de pieux solitaires. Son attrait pour la retraite le fit renoncer à un monde dont il redoutait les dangers, pour se fixer sur la montagne d'Oxée, à quelques lieues de Constantinople. Il assista, par ordre de l'empereur Marcien, au concile de Calcédoine, tenu en 451, et se retira ensuite sur le mont Siope, près de cette ville, où un grand nombre de personnes venaient lui demander des conseils spirituels. Il mourut vers l'an 470. Le mont Siope, qu'il avait habité, a pris depuis, le nom de saint Auxence. Saint Étienne le Jeune plaça sous son invocation l'église de son monastère, et l'historien Sozomène, qui écrivait de son temps, fait de lui un magnifique éloge. — 14 février.

AUXIBE (saint), évêque de Soles en Chypre, florissait sur la fin du ıᵉʳ siècle, et mourut vers l'an 102. La tradition des Grecs porte qu'il fut baptisé par saint Marc. — 17 et 19 février.

AUXILE (saint), *Auxilius*, martyr à Antioche avec saint Basile évêque, et quelques autres, est honoré chez les Grecs le 21, et chez les Latins le 27 novembre.

AVACE (sainte), *Avatia*, est honorée à Bellune dans la Marche Trévisane, le 20 juin.

AVE (la bienheureuse), *Ava*, seconde abbesse du monastère de Denain, près de Valenciennes, florissait dans le ıxᵉ siècle, et elle est honorée le 29 avril.

AVELINE (sainte), *Avellina*, est honorée à Sens, où ses reliques se gardent dans l'église de Saint-Maurice. — 28 février.

AVENT (saint), *Adventus*, martyr en Syrie, souffrit avec saint Xyste et plusieurs autres. — 15 février.

AVENTIN (saint), *Aventinus*, fut choisi sur la fin du ıvᵉ siècle, pour remplacer saint Souleine, qui venait d'être ordonné, malgré lui, évêque de Chartres, et qui avait pris la fuite pour se soustraire au fardeau de l'épiscopat. Lorsqu'on eut découvert le lieu de sa retraite, on voulut qu'il reprît le gouvernement du diocèse de Chartres. Saint Aventin lui céda la place d'autant plus volontiers qu'il était exempt de toute espèce d'ambition. Il conserva cependant la dignité de corévêque, et fut fait inspecteur du Dunois, avec pouvoir d'exercer les fonctions épiscopales dans toute l'étendue du territoire. L'opinion de ceux qui prétendent qu'il fut véritablement évêque de Châteaudun n'est appuyée sur aucun fondement solide, quoiqu'on trouve dans les souscriptions des conciles du temps, son nom avec la qualité d'évêque, tantôt de Chartres, tantôt de Châteaudun : il ne paraît pas même qu'après la mort de saint Souleine, arrivée l'an 409, il soit remonté sur le siége de Chartres. On ignore en quelle année il mourut. — 4 février.

AVENTIN (saint), solitaire en Champagne, naquit à Bourges, dans le v⁵ siècle, de parents peu fortunés, et alla jeune encore, se placer sous la conduite de saint Loup, évêque de Troyes, qui le forma aux vertus cléricales. Etant devenu ensuite économe de l'église de Troyes, sous Camélien ou Camillon, successeur de saint Loup, il se démit de sa charge, et se retira dans une île déserte, pour y mener la vie anachorétique. Il ne mangeait que du pain d'orge avec des herbes et des racines, et ne buvait que de l'eau ; son habillement consistait en un rude cilice et, par-dessus, une tunique d'une étoffe pauvre et grossière. Plusieurs disciples vinrent se joindre à lui dans sa solitude, entre autres saint Falc ou Fidèle, et il les réunit en communauté. Il mourut vers l'an 540. Vincent, évêque de Troyes, fit bâtir une église sur le tombeau de saint Aventin, dont le culte devint très-célèbre. — 4 février.

AVERTIN (saint), *Avertinus*, diacre et chanoine régulier de la congrégation de Saint-Gilbert en Angleterre, suivit saint Thomas de Cantorbéry dans son exil, et partagea ses tribulations. Après la mort du saint archevêque, arrivée en 1170, il se retira dans le village de Vinzai en Touraine, et s'y consacra au service des pauvres et des étrangers. Il mourut vers l'an 1189. Il est patron de la paroisse de Bougival, au diocèse de Versailles ; il y a aussi, dans le diocèse de Tours, une paroisse qui porte son nom. — 5 mai.

AVIT (saint), *Avitus*, martyr en Afrique, souffrit dans le IIIᵉ siècle, et il est honoré le 27 janvier.

AVIT (saint), diacre, était autrefois honoré à Auxerre le 3 mai, jour où l'on avait fait la translation de ses reliques. — 3 mai.

AVIT (saint), solitaire en Périgord, servait dans l'armée d'Alaric, lorsqu'il fut fait prisonnier dans la bataille de Vouillé, en 507, et conduit à Paris par les soldats de Clovis. Ayant payé sa rançon, il prit l'habit monastique dans le Poitou ; il mena ensuite la vie érémitique à Mauroy, puis à Ruffec en Périgord, où il mourut en 518. — 22 mars.

AVIT (saint), évêque de Vienne en Dauphiné, sortait d'une illustre famille d'Auvergne, vers le milieu du vᵉ siècle. Il était frère de saint Apollinaire, évêque de Valence et fils de saint Isique, évêque de Vienne. Il succéda à ce dernier en 480, et il se fit admirer par sa piété, sa science et sa charité ; il racheta un grand nombre de prisonniers que les Bourguignons avaient emmenés de la Ligurie. Son éminente sainteté le fit respecter de Clovis, roi de France, et de Gondebaud, roi de Bourgogne, quoique le premier fût encore idolâtre, et que le second fût arien. Il confondit les évêques de cette secte dans une conférence qu'il eut avec eux à Lyon, l'an 501, et les réduisit au silence. Gondebaud qui y assistait fut si frappé de cet éclatant triomphe de la foi catholique, qu'il l'aurait embrassée, s'il n'eût été retenu par la crainte de choquer ses sujets. Sigismond, son fils et son successeur, fut plus courageux et abjura l'arianisme, grâces aux instances de saint Avit pour l'arracher à l'hérésie dans laquelle il avait été élevé. Lorsque ce prince, trompé par sa seconde femme, eut fait mourir son fils Sigéric, saint Avit lui fit sentir l'énormité de son crime, et lui inspira les sentiments d'une pénitence si vive qu'il se retira au monastère de Saint-Maurice, qu'il avait rebâti, et y passa quelque temps dans le repentir et les larmes. Saint Avit présida, en 517, au concile d'Epaone, où l'on fit quarante canons de discipline. Il mourut en 523. Il nous reste de lui quelques ouvrages, entre autres, un poëme à la louange de la virginité, des homélies sur les tentations et sur d'autres sujets, la conférence contre les ariens et plusieurs lettres. La manière dont ces ouvrages sont écrits fait vivement regretter la perte de ceux qui ne sont pas parvenus jusqu'à nous. — 5 février.

AVIT ou AVY (saint), abbé de Micy, naquit à Orléans, dans le vᵉ siècle. Il renonça au monde dans sa jeunesse, pour se retirer au monastère de Menat en Auvergne, où il prit l'habit religieux, en même temps que saint Calais, avec qui il s'était lié d'une étroite amitié. Ils quittèrent ensemble cette abbaye, avec l'autorisation de leurs supérieurs, pour se rendre dans celle de Micy ou de Saint-Mesmin, près d'Orléans. Saint Maximin, qui en était alors abbé, les reçut avec les témoignages de la plus cordiale charité ; mais ils n'y firent pas un long séjour, leur dessein étant de vivre dans une solitude plus entière. Après que l'évêque d'Orléans les eut élevés tous deux au sacerdoce, saint Avit, qui avait été élu abbé de Micy se démit de sa dignité peu après, et se retira dans le Perche avec saint Calais, et ils se séparèrent ensuite ; saint Avit se retira dans le Dunois, où il vécut en reclus. Clotaire Iᵉʳ, roi de Soissons, fonda à Châteaudun, pour saint Avit et pour les disciples qui étaient venus se placer sous sa conduite, un monastère et une église. Saint Avit mourut vers l'an 530 : son corps fut transporté à Orléans et enterré dans cette ville avec beaucoup de pompe. On bâtit depuis une église sur son tombeau. — 17 juin.

AVIT Iᵉʳ (saint), évêque d'Auvergne, succéda à saint Gal en 553 ; c'est lui qui ordonna diacre saint Grégoire de Tours. Après sa mort, qui eut lieu vers l'an 600, son corps fut inhumé dans l'église collégiale de Notre-Dame du Port, et il est honoré à Clermont le 21 août.

AVIT II, (saint), évêque de Clermont en Auvergne, était frère de saint Bonnet ou saint Bond, qu'il désigna pour son successeur ; il mourut en 689. — 21 janvier.

AVOYE ou AURÉE (sainte), *Avrea*, vierge et martyre, l'une des compagnes de sainte Ursule, était originaire de Sicile, et sortait d'une famille qui jouissait des droits de souveraineté sur une partie de l'île. Elle consacra à Dieu sa virginité et refusa tous les partis qui se présentaient. Elle se trouvait dans la Grande Bretagne chez sainte Ursule, qu'on croit être sa cousine, lorsque celle-ci, pour se soustraire aux poursuites d'un chef saxon qui voulait avoir sa main, quitta sa patrie avec un grand nombre de vierges qui, comme elle, ne voulaient pas devenir les épouses des oppresseurs de leur nation. Lorsqu'elles eurent débarqué en Allemagne, à l'embouchure du Rhin, elles remontèrent ce fleuve jusques vers Cologne ; mais étant tombées au milieu d'une troupe de Huns, qui dévastaient le pays, elles furent exposées à de nouveaux dangers et préférèrent la perte de leur vie à la perte de leur virginité. Avoye parvint à s'échapper des mains de ces barbares, et elle se réfugia dans une solitude près de la mer, du côté de Boulogne, où elle mena quelque temps la vie anachorétique. De nouveaux barbares ayant pénétré dans sa retraite, la massacrèrent après le milieu du Vᵉ siècle. Il y avait autrefois à Paris, une église qui portait son nom, et son culte était très-célèbre dans plusieurs diocèses de France. — 6 mai.

AYE (Ste), *Agia*, épouse du comte Saint-Hidulphe, vécut, ainsi que son mari, dans la pratique continuelle des bonnes œuvres ; mais le désir d'une plus grande perfection la porta à prendre le voile dans le monastère qu'elle avait fondé avec le comte Hidulphe, et qui était gouverné par sainte Vaudru ; le comte, de son côté, entra dans l'abbaye de Lobes. Sainte Aye mourut sur la fin du VIIᵉ siècle. — 18 avril.

AYME (saint), *Æmus*, était frère de saint Bermond, et ils fondèrent, sur la fin du VIIIᵉ siècle, le monastère de Saint-Victor de Mède, entre Côme et Milan, et ils y placèrent des religieuses. Ayme mourut vers l'an 800 et fut enterré à Mède même, ainsi que son frère. Leurs reliques furent visitées en 1581 par saint Charles Borromée. Frédéric Borromée, son successeur, en fit la translation solennelle et les plaça sous un autel de l'église abbatiale en 1626. — 13 février.

AYMON (saint), *Æmo*, est honoré à Villiers-le-Sec, près de Chaumont en Bassigny, le 23 octobre.

AZADANE (saint), *Azadanes*, diacre et martyr en Perse, souffrit divers tourments pour la foi et fut décapité pendant la grande persécution du roi Sapor II, l'an 342. — 22 avril.

AZADE (saint), *Azades*, eunuque de Sapor II, roi de Perse, fut emprisonné pour la foi chrétienne et souffrit ensuite la mort, l'an 342, parce qu'il refusait d'adorer le feu. Sapor ayant appris son exécution, ce prince qui l'aimait beaucoup, en fut si vivement affecté, qu'il publia un édit par lequel il restreignait la persécution aux évêques, aux prêtres et aux personnes consacrées à Dieu. — 22 avril.

AZARIAS (saint), l'un des trois jeunes Hébreux qui, pour n'avoir pas voulu adorer la statue de Nabuchodonosor, furent jetés dans une fournaise ardente ; mais ils en sortirent intacts, par un prodige qui frappa d'admiration le prince et toute sa cour. Azarias, dont le nom chaldaïque est Misach, se trouve nommé dans le Martyrologe romain le 16 décembre.

AZARIE (saint), *Azarias*, prophète, fils d'Obed, vivait sous Aza, roi de Juda. Le Seigneur l'envoya au-devant de ce prince, qui venait de remporter une grande victoire sur Zara, roi de Chus, afin de l'exhorter à rester fidèle au culte du vrai Dieu. Les exhortations du prophète firent une telle impression sur le prince qu'il fit disparaître tous les vestiges d'idolâtrie qui souillaient ses États. On croit qu'Azarie mourut dans le pays de Symbathe en Judée, et il est honoré chez les Grecs le 3 février.

AZAS (saint), soldat et martyr en Isaurie avec plusieurs autres, fut mis à mort par ordre du tribun Aquilin, vers l'an 304, sous l'empereur Dioclétien. — 19 novembre.

AZIRIEN (saint), *Azirianus*, martyr avec saint Epimaque, est honoré chez les Ethiopiens le 31 octobre.

B

BABOLEIN (saint), *Babolenus*, abbé de Saint-Maur des Fossés, fut d'abord moine de Luxeuil, et devint ensuite abbé de Saint-Pierre, depuis, Saint-Maur les Fossés. Ce monastère, fondé en 638 par Blidégisile, archidiacre de Paris, était situé dans une presqu'île formée par la Marne à deux lieues de Paris. Baholein y fit régner toutes les vertus et devint fort célèbre par sa sainteté. S'étant joint à saint Fursy de Lagny, il rendit de grands services au diocèse de Paris, par la fondation de plusieurs églises et de plusieurs hôpitaux, en quoi il fut secondé par le zèle et les libéralités de l'évêque Audebert et de saint Landri, son successeur. Parvenu à un âge avancé, il se démit de sa charge pour passer ses derniers jours dans la retraite. Il mourut dans le vii° siècle, vers l'an 671. — 26 juin.

BABYLAS (saint), le plus célèbre des évêques d'Antioche après saint Ignace, succéda à Zébin en 237, et gouverna treize ans cette église, avec autant de zèle que de sagesse. On lit dans la Chronique d'Alexandrie, que l'empereur Philippe se trouvant à Antioche, la veille d'une grande fête, voulut entrer avec l'impératrice sa femme dans l'église des chrétiens, mais que Babylas lui en refusa l'entrée, à cause de ses crimes. L'empereur, après la confession de ses fautes, se mit au rang des pénitents publics et resta à la porte de l'église. Ce trait, qui suppose que Philippe était chrétien, n'est pas admis par tous les historiens : Eusèbe ne le rapporte que comme un *on dit*. Quoi qu'il en soit, la paix dont l'Église jouissait alors fut bientôt troublée par la persécution de Dèce, meurtrier et successeur de Philippe. Saint Babylas fut emprisonné pour la foi en 250, et mourut par suite des mauvais traitements qu'on lui fit souffrir. Il demanda, avant sa mort, d'être enterré avec ses chaînes, qu'il regardait comme l'instrument de son triomphe. Les fidèles d'Antioche bâtirent une église sur son tombeau. Un siècle après, c'est-à-dire en 351, le césar Gallus fit transporter le corps de saint Babylas au bourg de Daphné, à deux lieues d'Antioche, afin de remédier aux abominations par lesquelles on prétendait honorer Apollon qui y rendait des oracles. C'est auprès du temple d'Apollon qu'il fit bâtir au vrai Dieu une église sous l'invocation de saint Babylas, et y mit ses reliques renfermées dans une châsse. Le voisinage du martyr rendit le démon muet. Julien l'Apostat étant venu à Antioche l'an 362, offrit des sacrifices à Apollon, afin d'apprendre la cause de son silence. Il lui fut répondu que ce qui faisait taire l'oracle, c'était le voisinage de certains cadavres. Julien entendit à demi-mot, et sans toucher à aucun des autres morts, il ordonna aux chrétiens d'ôter la châsse qui renfermait le corps de saint Babylas ; ceux-ci la placèrent sur un char, et la conduisirent en triomphe à Antioche, chantant des psaumes, et à chaque verset, le peuple répondait : « Que tous ceux qui adorent des ouvrages de sculpture, et se glorifient dans leurs idoles, soient couverts de confusion. » La nuit suivante, le feu du ciel tomba sur le temple d'Apollon et consuma tout, à l'exception des murs. — 24 janvier.

BACHTISOÈS (saint), martyr en Perse, souffrit avec saint Isaac et un autre, vers le milieu du iv° siècle, sous le roi Sapor II. — 15 mai.

BACLE (saint), *Baculus*, évêque de Sorrento, dans le royaume de Naples, florissait dans le iv° siècle. — 29 janvier.

BACQUE (saint), *Bacchus*, martyr à Rasaphe en Syrie, était un officier distingué qui souffrit de cruelles tortures pour la foi, sous l'empereur Maximien. On le meurtrit tellement à coups de nerfs de bœuf, qu'il en perdit la vie en confessant Jésus-Christ. Rasaphe, où son martyre eut lieu, prit ensuite le nom de Sergiopolis, de saint Serge, qui souffrit avec lui, et leur tombeau devint célèbre par les miracles qui s'y opérèrent. Dans le xi° siècle, l'église Saint-Benoît, à Paris, portait le nom de Saint-Bacque. Il est honoré avec saint Serge le 7 octobre.

BADÈME (saint), *Bademus*, abbé et martyr en Perse, naquit au commencement du iv° siècle à Bethlapète en Perse, d'une famille noble et riche. Il se consacra de bonne heure au service de Dieu, et bâtit, près de sa ville natale, un monastère qu'il gouverna avec beaucoup de sainteté. L'odeur de ses vertus était si puissante, que ceux qui l'approchaient se sentaient intérieurement portés à aimer Dieu. Il passait la plupart des nuits dans les veilles, et la plupart des jours sans prendre aucune nourriture, qui ne consistait que dans du pain et de l'eau. Ses religieux faisaient de grands progrès dans la perfection sous un tel maître. Ayant été arrêté avec sept de ses disciples la trente-sixième année de la persécution de Sapor II, roi de Perse, il fut chargé de fers et jeté dans un cachot horrible où il resta quatre mois, recevant tous les jours un certain nombre de coups de fouet. Un des seigneurs de la cour de Perse, nommé Nersan, et qui avait été aussi emprisonné à cause du refus qu'il avait fait d'adorer le soleil, se laissa effrayer à la vue des tortures et promit de faire tout ce qu'on exigeait de lui. Le roi Sapor, pour s'assurer de la sincérité de son apostasie, fit conduire Badème dans une chambre du palais de Lapète, qui servait de prison à Nersan, mit une épée dans la main de celui-ci et lui ordonna d'en percer le saint, ajoutant que c'était le seul moyen de recouvrer sa liberté. Nersan accepta la condition ; mais au moment où il levait le bras pour plonger le glaive dans le sein de Badème, une frayeur subite s'empara de lui et le rendit comme immobile. Le serviteur de Dieu lui dit : « Malheureux ! vous ne voyez donc pas l'abîme où vous précipite votre apostasie ? Je cours à la mort avec joie ; mais je voudrais la recevoir d'une autre main que de la vôtre. Pourquoi faut-il que vous me serviez de bourreau. » Nersan, qui, d'abord, n'avait le courage ni de se repentir, ni d'achever son crime, s'anima cependant du mieux qu'il put, et porta au martyr des coups mal assurés. Les assistants ne pouvaient voir, sans admiration, la patience de Badème couvert de blessures dont aucune n'était mortelle ; et ils avaient en horreur son meurtrier, qui finit enfin par abattre la tête du saint ; mais il ne tarda pas à éprouver les effets de la vengeance divine : disgracié au bout de quelque temps, il fut condamné à perdre la vie au milieu de la malédiction universelle. Saint Badème souffrit le 9 avril 376, et son corps, que les infidèles avaient traîné hors de la ville, fut enlevé secrètement par les chrétiens, qui lui rendirent les honneurs de la sépulture. Ses disciples restèrent en prison jusqu'à la mort de Sapor II, arrivée quatre ans après, en 380. — 3 et 8 avril.

BADILON (saint), *Badilo*, abbé de Leuse, près d'Ath, en Hainaut, est surtout connu pour avoir apporté de Jérusalem à Vézelay en Nivernais, le corps de sainte Marie de Béthanie. Il florissait dans le xı° siècle. — 8 octobre.

BADOU (saint), *Badulfus*, évêque dans les Gaules, dont on ignore le siège, est honoré le 22 juin.

BADOUR (saint), *Badulfus*, moine d'Ainay près de Lyon, florissait sur la fin du ıx° siècle, et mourut vers l'an 900. Il y a une église de son nom à Saint-Symphorien, entre Lyon et Vienne. — 19 août.

BAFROBIT (saint), *Bafrobitus*, martyr à Milan, souffrit avec sainte Judith et plusieurs autres. — 6 mai.

BAGNE (saint), *Bagnus*, moine de Fontenelle, était Anglais de naissance. Il mourut en 720, et fut enterré dans l'église de Saint-Paul. — 5 juin.

BAÏCHE (sainte), religieuse et martyre en Perse, souffrit avec saint Boïthazate et plusieurs autres, vers le milieu du ıv° siècle, sous le roi Sapor II. — 20 novembre.

BAIN (saint), *Baïnus*, évêque de Thérouanne, succéda en 696 à Drausion. Il transféra les reliques de saint Amé, évêque de Sion, du monastère de Breuil, dans l'église que saint Mouron avait fait bâtir à Douai. Il donna aussi une sépulture honorable à saint Luglius et à saint Luglien, son frère, massacrés dans son diocèse par des brigands. L'attrait qu'il avait pour la solitude le porta à se démettre de son évêché en 708, pour se retirer dans le monastère de Fontenelle en Normandie, où il avait été religieux avant son épiscopat, et dont il devint abbé. Comme il avait une grande dévotion envers les reliques des saints, il transféra, de la chapelle de Saint-Paul dans l'église abbatiale de Saint-Pierre, les corps de saint Vandrille, de saint Ansebert et de saint Wulfran. Pépin, duc des Français, ayant rebâti l'abbaye de Fleury, la plaça sous la conduite de saint Bain, qui mourut vers l'an 711. — 20 juin.

BAJULE (saint), *Bajulus*, martyr à Rome, souffrit avec saint Libérat. — 20 décembre.

BALAY, ou BALLEY (saint), *Biabailus*, moine en Bretagne, était seigneur de Rosmadeuc, lorsqu'il quitta le monde pour se mettre sous la conduite de saint Guignolé, abbé du monastère de Landevenec. Il mourut vers le milieu du vı° siècle, et il est patron de la paroisse de Ploubalay, près de Dinan. — 12 juillet.

BALBINE (sainte), *Balbina*, vierge et martyre à Rome, était fille de saint Quirin, tribun militaire, qui s'étant converti au christianisme, fut baptisé avec sa fille par le pape saint Alexandre. Balbine, quelque temps après son baptême, ayant été atteinte d'une maladie grave que toute la science des médecins ne put guérir, son père la fit conduire auprès du saint pape, alors prisonnier de Jésus-Christ, et le seul attouchement des chaînes du saint pontife lui rendit subitement la santé. Comme elle était noble et riche, elle fut recherchée en mariage par les jeunes gens les plus distingués de Rome ; mais elle ne voulut d'autre époux que Jésus-Christ. Elle fut arrêtée, avec son père, par ordre de l'empereur Adrien ; elle passa quelque temps en prison, et on la fit comparaître devant le magistrat. Son père, qui avait confessé Jésus-Christ avec courage, lui donna un exemple qu'elle suivit avec une sainte ardeur, et après diverses tortures elle fut décapitée, un jour après lui, vers l'an 132. Les chrétiens recueillirent leurs corps et les enterrèrent sur la voie Appienne, et ce lieu prit, dans la suite, le nom de cimetière de Sainte-Balbine. Son corps ayant été découvert sur la fin du vı° siècle, fut transporté à Rome, et l'on bâtit sur le mont Aventin une église qui prit son nom, et qui fut dédiée par saint Grégoire le Grand. Cette église, qui est devenue un titre de cardinal, renferme ses reliques, ainsi que celles de son père. — 31 mars.

BALDE (la bienheureuse), *Balda*, abbesse de Jouarre, florissait sur la fin du vıı° siècle, et elle est honorée dans cette abbaye et dans son ordre le 9 décembre.

BALDREDE (saint), *Baldredus*, successeur de saint Mungo sur le siège épiscopal de Glascow, en Écosse, fonda plusieurs monastères, et mourut dans la province de Laudon, vers l'an 608. Ses reliques, dispersées dans plusieurs églises d'Ecosse, y étaient autrefois vénérées avec beaucoup de dévotion. — 6 mars.

BALON (saint), *Balo*, confesseur en Connacie, province d'Irlande, florissait dans le vııı° siècle. — 3 septembre.

BALSAMINE ou BALSAMIE (sainte), *Balsamia*, vulgairement appelée sainte Nourrice, parce qu'elle fut la nourrice de saint Remy, évêque de Reims, était la mère de saint Celsin ou Soussin. La vénération que les fidèles avaient pour sa sainteté pendant sa vie, la fit honorer d'un culte public après sa mort, qui arriva dans le v° siècle. On bâtit, en son honneur, une église collégiale qui porte son nom et dont elle est patronne. Sainte Balsamine est principalement invoquée par les femmes enceintes et par celles qui sont en travail d'enfant. — 14 novembre.

BALSÈME (saint), *Balsemius*, était neveu de saint Basle, et alla mener la vie érémitique sous sa conduite. Basle étant mort vers l'an 620, Balsème hérita de sa cellule et de ses vertus, et mourut vers le milieu du vıı° siècle. Le Martyrologe bénédictin le nomme sous le 15 août, et comme on honore, ce même jour, saint Baussenge, dont le nom latin est le même que celui de Balsème, on les a souvent confondus, quoique ce dernier ait vécu plus de deux siècles après. — 15 août.

BALTHAZAR (saint), l'un des trois princes ou mages qui vinrent de l'Orient en Judée pour adorer Jésus-Christ, guidés par une étoile miraculeuse. De retour dans leur pays, ils furent, d'après une ancienne tradition, baptisés par saint Thomas, et prêchèrent eux-mêmes l'Evangile dans leur patrie, qu'on croit être la Perse. La même tradition porte que leurs corps furent transférés à Constantinople dans le IV° siècle, et de Constantinople à Milan, dans l'église de Saint-Eustorge. L'empereur Frédéric I°r ayant pris et rasé cette dernière ville en 1162, les fit transporter à Cologne, où ils sont l'objet de la vénération publique. — 6 janvier.

BANDRIZ (saint), *Bandarides*, évêque de Soissons, florissait dans le VI° siècle. — 1°r août.

BANTON (saint), *Banto*, confesseur, est honoré à Trèves le 31 juillet.

BAPTE (saint), *Baptus*, martyr à Antioche de Pisidie, avec saint Caralampe et plusieurs autres, qui sont honorés chez les Grecs le 10 février.

BARACHISE (saint), *Barachisius*, martyr avec saint Jonas, son frère, était de la ville de Beth-Asa en Perse. Lorsque Sapor II eut excité une persécution contre les chrétiens, en l'année 327, qui était la dix-huitième de son règne, Barachise et son frère étant accourus à Hubaham, pour servir et encourager les martyrs, furent arrêtés à leur tour, et conduits devant le juge, qui leur fit les plus vives instances pour les déterminer à obéir au roi, en adorant le soleil, la lune, le feu et l'eau. « Il est plus juste, répondirent-ils, d'obéir au roi immortel du ciel et de la terre, qu'à un prince soumis à la mort. » Les mages, irrités de cette réponse, furent d'avis qu'on séparât les deux frères ; ils firent renfermer Barachise dans une prison obscure et étroite. Il fut ensuite conduit devant les mages qui lui dirent que son frère avait sacrifié. « Il n'en est rien, répondit-il ; je le connais trop pour le croire capable de rendre les honneurs divins à de viles créatures. » Il s'étendit sur la puissance infinie du vrai Dieu, et la peignit avec tant de force et d'éloquence que les mages eux-mêmes en furent étonnés. Ne permettons pas, se disaient-ils entre eux, qu'il parle en public ; il serait à craindre que ses discours ne persuadassent ceux de notre religion. Il fut donc décidé que Barachise ne serait plus interrogé que la nuit. On lui appliqua sur chaque bras des lames de fer toutes rouges. « Si vous faites tomber une de ces lames, lui dirent les mages, vous renoncez à la foi des chrétiens. — Je ne crains point votre feu, et je ne secouerai point les instruments de mon supplice. Je vous prie seulement de me faire souffrir sans délai toutes les tortures que vous me préparez : on est plein de courage, quand on combat pour Dieu. » Les mages ordonnèrent aux bourreaux de verser du plomb fondu dans ses narines et dans ses yeux ; après quoi on le ramena en prison, où on le pendit par un pied. Le lendemain, Jonas ayant expiré au milieu des supplices les plus affreux, les juges exhortèrent Barachise à avoir pitié de son corps. Il répondit que Dieu qui l'avait formé, le ressusciterait, et qu'eux-mêmes et leur roi seraient un jour cités à son tribunal redoutable. Finissons, dit un des juges ; nos délais sont injurieux au roi, et l'on ne gagne rien avec cette espèce d'hommes, ni par les discours, ni par les tourments. On le fit battre avec des joncs dont la pointe était très-aiguë ; on couvrit ensuite son corps d'éclats de roseau, que l'on faisait entrer dans les chairs au moyen de cordes étroitement serrées, et quand son corps fut hérissé de ces éclats qui lui donnaient l'aspect d'un porc-épic, on le roula par terre. On lui versa dans la bouche de la poix bouillante et du soufre ; ce dernier supplice rejoignit le saint martyr à son frère. Abtusciatas, qui était leur ami, racheta des Perses leurs corps que les chrétiens inhumèrent avec respect. Leur martyre eut lieu le 24 décembre 327. — 29 mars.

BARACTAL (saint), martyr à Spolette, souffrit au commencement du IV° siècle. — 9 octobre.

BARADAT ou VARADAT (saint), *Baradatus*, anachorète dans le diocèse de Cyr en Syrie, vivait dans une espèce de cage ouverte de tous côtés, de sorte qu'il était exposé à toutes les intempéries de l'air, et n'avait pour vêtements que des peaux de bêtes sauvages. Il acquit, dans ses communications avec Dieu, une sagesse consommée et une connaissance parfaite des choses célestes. Quoique d'une faible complexion, il pratiquait toutes les austérités des plus fervents solitaires ; ce qui prouve que le feu de l'amour divin, qui brûlait dans son cœur, l'élevait au-dessus de sa faiblesse naturelle. L'évêque d'Antioche, pour mettre son obéissance à l'épreuve, lui ayant ordonné de quitter sa demeure, le saint obéit sur-le-champ. Il mourut avant le milieu du V° siècle. — 22 février.

BARBALABE (sainte), *Barbalabia*, martyre, est honorée chez les Grecs le 5 mars.

BARBARIN ou BARBERIN (saint), *Barbarinus*, prêtre que l'on croit avoir été martyrisé avec saint Numat et plusieurs autres, est mentionné dans quelques exemplaires du Martyrologe hiéronymique sous le 2 juin.

BARBARY (saint), abbé de Moutier-Roseille, dans la haute Marche, est honoré à Aubusson, où se trouve son chef. — 25 novembre.

BARBASCEMIN (saint), *Barbasceminus*, frère de saint Sadoth, évêque de Séleucie et de Ctésiphon, lui succéda en 342. Après quelques années d'épiscopat, ayant été accusé d'être l'ennemi de la religion persane, il fut arrêté en 348 avec seize personnes de son clergé, par ordre du roi Sapor II, qui, n'ayant pu l'ébranler par ses menaces, le fit renfermer dans une prison d'où s'exhalait une puanteur insupportable, et où le saint eut à souffrir la faim, la soif et d'autres tourments. Après y avoir passé onze mois, il comparut de nouveau avec ses compagnons devant Sapor, qui, persuadé que l'exemple de l'évêque serait imité par son clergé, offrit de riches présents à Barbascemin et lui promit une des premières places de l'empire, s'il voulait se faire initier aux mystères du soleil. Le saint répondit avec courage qu'il aimait mieux mourir que de violer la loi de Jésus-Christ, qui condamne les apostats à des supplices éternels. Il fut donc décapité avec ses compagnons, à Ledan, dans la province des Huzites, le 14 janvier 348. — 14 janvier.

BARBAT (saint), *Barbatus*, évêque de Bénévent, naquit dans le territoire de cette ville, l'an 612, de parents craignant Dieu, qui lui donnèrent une éducation chrétienne. Il montra, dès sa jeunesse, des dispositions qui présageaient l'éminente sainteté à laquelle il parvint dans la suite. L'innocence de ses mœurs, son ardeur pour la vertu, ses progrès dans les sciences et surtout dans l'étude de l'Ecriture sainte, le firent admettre aux ordres sacrés aussitôt qu'il eut l'âge prescrit par les canons. Comme il avait un rare talent pour la prédication, son évêque le chargea d'annoncer au peuple les vérités du salut, et le nomma ensuite curé de la paroisse de Saint-Basile à Morcone, petite ville dans le voisinage de Bénévent. Ses paroissiens livrés aux plus grands désordres, fermaient l'oreille aux instructions de leur pasteur, l'accusaient de troubler le repos public, et ne négligeaient aucune occasion de le maltraiter, afin de le forcer à quitter son poste. Mais voyant que le saint n'opposait à leur malice qu'une patience inaltérable, ils eurent recours à la calomnie et poussèrent les choses à un point qu'il fut forcé de quitter son église, et de revenir à Bénévent, où il fut bien accueilli par tous ceux qui connaissaient la sainteté de sa vie. Il se livra de nouveau à la prédication, et combattit fortement les abus et les superstitions qui déshonoraient, dans cette ville, la beauté du christianisme. Il ne se rebuta point du peu de succès de ses discours, et comme il savait que le changement des cœurs est un effet de la grâce, il s'efforçait, par des prières ferventes et des jeûnes rigoureux, d'obtenir pour les pécheurs des grâces de conversion. Il prédit les maux que l'armée de l'empereur Constant II devait faire à la ville de Bénévent. En effet ce prince vint bientôt assiéger cette ville, et la réduisit aux dernières extrémités. Les habitants, saisis de frayeur, rentrèrent en eux-mêmes et promirent d'abjurer les désordres et les superstitions auxquels ils s'étaient livrés jusqu'alors. Barbat ranima par des paroles de consolation les esprits abattus, et les assura que l'empereur lèverait le siége de la ville ; ce qui fut bientôt vérifié par l'événement. Le saint fut regardé comme un homme auquel le ciel s'intéressait, et l'on eut en lui une confiance entière qui lui rendit facile l'extirpation des abus et la correction des mœurs. L'évêque Ildebrand étant mort pendant le siége, aussitôt que la ville fut délivrée, on lui donna pour successeur Barbat, qui fut sacré le 10 mars 663. Il trouva dans son élévation de nouveaux moyens pour perfectionner le grand ouvrage qu'il avait si heureusement commencé, et il vint à bout de détruire jusqu'aux derniers vestiges de la superstition. Il assista en 680 à un concile de Rome, et l'année suivante au concile général, tenu à Constantinople contre les monothélites. Il mourut le 19 février 682, âgé d'environ soixante-dix ans. L'église de Bénévent l'honore comme un de ses principaux patrons. — 19 février.

BARBATIEN (saint), *Barbatianus*, prêtre et confesseur à Ravenne, florissait dans le ve siècle, sous le règne de Valentinien III. Saint Pierre Damien prononça un discours en son honneur, le jour de sa fête, qui tombe le 31 décembre.

BARBE (sainte), *Barbara*, vierge et martyre à Nicomédie, l'an 235, pendant la persécution de Maximin 1er, selon les uns et à Héliopolis en Egypte, l'an 306, sous Galère, selon les autres ; ce qui rend le premier de ces deux sentiments plus probable, c'est que la tradition porte qu'elle fréquenta l'école d'Origène et brilla parmi ses disciples. Sans décider sous quelle persécution elle souffrit, son martyre est un fait incontestable dont on connaît quelques circonstances. Après avoir été emprisonnée pour la foi et subi la torture des lampes ardentes, on lui coupa les mamelles et elle fut ensuite décapitée. Elle est honorée avec une dévotion particulière chez les Latins, les Moscovites, les Grecs, les Syriens ; et dès la fin du ive siècle, il y avait à Edesse un monastère qui portait son nom. — 4 décembre.

BARBÉE (sainte), *Barbea*, martyre à Edesse en Syrie, était sœur de saint Sarbel, avec lequel elle fut baptisée par le bienheureux évêque Barsimée. Elle obtint la palme du martyre au commencement du iie siècle, durant la persécution de Trajan, sous le président Lysias. — 29 janvier.

BARBRE (saint), *Barbarus*, martyr en Grèce avec saint Colluth et un autre, souffrit probablement à Modon en Morée, car c'est de cette ville que son corps fut apporté à Venise et placé au monastère de Saint-Laurent. Il est nommé dans les ménées et les synaxaires des Grecs le 14 mai.

BARDO (saint), évêque de Mayence, né sur la fin du xe siècle, fut élevé dans la célèbre abbaye de Fulde, où il puisa, avec les éléments des sciences profanes, ces germes féconds de piété et de vertu, dont le développement le rendit plus tard digne de l'épiscopat. Par une sorte de pressentiment de son élévation future, il étudiait, avec ardeur, dans sa jeunesse, les ouvrages de saint Grégoire le Grand ; et lorsque ses compagnons lui demandaient le motif de cette prédilection pour les écrits du saint pape ; vous verrez, leur répondait-il en riant, qu'un jour je serai évêque. L'empereur Conrad, qui l'affectionnait, et qui l'avait nommé successivement abbé de Kaiserswerth et de Hersfeld, le désigna en 1031 pour l'évêché de Mayence. Bardo continua, dans sa nouvelle dignité, le genre de vie simple et austère qu'il avait mené dans le cloître. Il ne mangeait jamais de viande, buvait à peine quelques gouttes de vin, jeûnait fréquemment et pratiquait beaucoup d'autres austérités, ce qui, joint à ses travaux habituels, altéra tellement sa santé que le pape Léon IX, qui le visita, en passant par Mayence, l'engagea fortement à suivre un régime moins rigoureux, afin de se conserver plus longtemps à son église. Sa charité pour les pauvres ne connaissait point de bornes ; son palais était continuellement rempli d'indigents qui venaient solliciter des secours, et quand il sortait, il était toujours escorté d'une foule de malheureux qui le comblaient de bénédictions. Au sacre de l'impératrice Agnès de Poitou, épouse de Henri III, au lieu de distribuer, selon l'usage, aux baladins et aux jongleurs qui étaient présents, les restes des tables de la cour, il conseilla de les donner aux pauvres, montrant par là combien il aimait les pauvres et combien il méprisait le vil métier de bouffon. Il fit élever et rebâtir, à ses frais, plusieurs églises ; il continua la belle cathédrale commencée par saint Willigis, un de ses prédécesseurs. Il prédit à Gebhard, évêque d'Eichstaedt, qu'il serait un jour pape ; il connut aussi par révélation le jour de sa mort, et il l'annonça publiquement, dans un sermon qu'il prêcha, le jour de la Pentecôte, à Paderborn, en présence de l'empereur Henri III. Il mourut en effet le 11 juin de la même année 1051. — 10 juin.

BARDOMIEN (saint), *Bardomianus*, martyr en Asie, souffrit avec saint Eucarpe et vingt-six autres. — 25 septembre.

BARHADBESCIABE (saint), diacre et martyr en Perse, ayant été arrêté à Arbelles la quinzième année de la grande persécution de Sapor II, fut étendu sur le chevalet, par ordre de Sapor-Tam-sapor, gouverneur de l'Adiabène. Pendant qu'on le torturait, les bourreaux ne cessaient de lui dire : « Adore le feu et l'eau, et mange du sang des animaux, par là tu vas recouvrer la liberté. » Mais le saint diacre, supérieur à la violence des tourments, montrait, par la douce sérénité qui était empreinte sur son visage, la joie intérieure qui inondait son âme. « Ni vos ordres, dit-il au juge, ni ceux du roi, ni les supplices, quelque grands qu'ils soient, ne seront capables de me séparer de l'amour de Jésus-Christ. » Le juge l'ayant condamné à perdre la tête, ordonna qu'il fût exécuté par un apostat nommé Aghée. Barhadbesciabe soupirait avec ardeur après le moment qui consommerait son martyre, mais l'apostat, dont la main tremblait, ne lui portait que des coups mal assurés. Ce ne fut qu'au huitième qu'il l'acheva en lui enfonçant son glaive dans le cœur, le 21 juillet 354. Le juge fit garder le corps du saint, de peur que les chrétiens ne vinssent l'enlever ; mais deux clercs l'emportèrent pendant la nuit et l'enterrèrent à la manière des Romains. — 21 juillet.

BARIQUE (saint), *Baricus*, martyr en Phrygie, avec saint Attique et plusieurs autres, est honoré le 6 novembre.

BARLAAM (saint), martyr, né dans un village près d'Antioche, au IIIe siècle, s'appliqua dès sa jeunesse à sanctifier, par la pratique des vertus, les travaux champêtres qui faisaient son occupation. Le zèle avec lequel il confessait Jésus-Christ le fit arrêter par les païens, durant la première persécution de Dioclétien, et il fut conduit dans les prisons d'Antioche où il fut détenu assez longtemps. Lorsqu'il fut conduit devant le juge, celui-ci le railla sur son extérieur agreste et sur la rusticité de ses manières, mais il fut étonné de trouver, sous des dehors aussi simples, tant de grandeur d'âme et de courage. On lui fit subir une cruelle flagellation, pendant laquelle il ne laissa échapper ni plainte, ni soupir. On l'étendit ensuite sur le chevalet, où presque tous ses os furent disloqués, et pendant cette horrible torture, il était aussi tranquille et aussi gai que s'il eût été assis à un banquet. Le juge le menaça de la mort et fit mettre sous ses yeux des glaives et des haches encore teints du sang des martyrs. Barlaam les regarda d'un air qui déconcerta ses persécuteurs. Le juge honteux d'avoir été vaincu par un paysan, chercha à inventer un nouveau genre de supplice, et l'on plaça le martyr devant un autel où étaient des charbons allumés. On lui étendit la main sur le feu, après l'avoir couverte d'encens et de charbons embrasés. On imaginait que la douleur lui ferait secouer la main, et l'encens venant à tomber dans le feu qui était sur l'autel, on pourrait dire qu'il avait sacrifié. Barlaam, qui savait que le moindre mouvement qu'il ferait serait regardé comme une apostasie, se laissa brûler la main sans la remuer. A la vue d'un tel courage, les railleries des païens se changèrent en admiration. Il mourut, peu de temps après, sur la fin du IIIe siècle. — 16 et 19 novembre.

BARLAAM (saint), solitaire en Perse, s'étant déguisé en marchand, pénétra dans un royaume des Indes, où il convertit le fils du roi, nommé Josaphat. Ce jeune prince, après avoir régné, du vivant de son père, sur une partie de ses Etats, renonça au trône pour aller passer le reste de sa vie dans la solitude, sous la conduite de Barlaam, qui avait été obligé de se sauver pour échapper aux persécutions du père de Josaphat. Les détails de sa vie se trouvent dans un ouvrage attribué à saint Jean Damascène, mais ils ne sont pas regardés comme authentiques. Quoi qu'il en soit, saint Barlaam est nommé dans le Martyrologe romain sous le 27 novembre.

BARNABÉ, (saint), *Barnabas*, apôtre, naquit dans l'île de Chypre où sa famille possédait une terre. Il porta d'abord le nom de Josué ou de Joseph ; mais après l'ascension du Sauveur, les apôtres changèrent son nom en celui de Barnabé qui signifie *fils de consolation*, à cause, dit saint Chrysostôme, du talent admirable qu'il avait de consoler les affligés ; selon saint Jérôme, Barnabé signifie aussi *fils de prophète*, et ce nom lui convenait parce qu'il excellait dans les dons prophétiques. Dans sa jeunesse, il se rendit à Jérusalem, et fréquenta, avec saint Paul, l'école du fameux Gamaliel ; il devint ensuite un des septante-deux disciples du Sauveur. Ayant vendu une terre qu'il possédait, il en déposa le prix aux pieds des apôtres ; son zèle et sa piété lui firent obtenir une grande part au gouvernement de l'Eglise naissante. Lorsque saint Paul, trois ans après sa conversion, vint à Jérusalem, les fidèles se rappelant la fureur avec laquelle il les avait persécutés, n'étaient pas disposés à l'admettre dans leurs assemblées; mais Barnabé, qui le connaissait particulièrement, le présenta à saint Pierre et à saint Jacques, et, d'après sa recommandation, le premier de ces deux apôtres, lui donna l'hospitalité dans sa maison. Quelques années après, le nombre des chrétiens à Antioche réclamant le ministère d'un personnage considérable, on y envoya Barnabé, qui, à son arrivée, fut rempli de joie à la vue des progrès qu'avait faits l'Évangile; il exhorta les nouveaux convertis à persévérer dans la ferveur, et ses prédications augmentèrent considérablement le nombre des disciples de Jésus-Christ, ce qui lui rendit nécessaire l'assistance d'un coopérateur. Il alla donc trouver saint Paul, qui était à Tarse, et l'invita à venir partager ses travaux à Antioche; saint Paul vint passer une année avec lui. Dieu bénit leurs efforts, et ce fut dans cette ville que les fidèles commencèrent à porter le nom de *chrétiens*. La famine, prédite par le prophète Agabe, s'étant fait sentir surtout en Palestine, les fidèles d'Antioche envoyèrent à ceux de Judée des secours abondants que saint Paul et Barnabé se chargèrent de porter à Jérusalem. Le dernier revint ensuite à Antioche avec Jean, surnommé Marc qui était son neveu. Le Saint-Esprit ordonna de séparer Paul et Barnabé pour l'œuvre à laquelle il les avait destinés, c'est-à-dire, à la conversion des Gentils. L'Eglise d'Antioche joignit le jeûne à la prière afin d'attirer sur cette importante entreprise la bénédiction du Ciel; ensuite Paul et Barnabé reçurent l'imposition des mains, et on les établit apôtres des gentils; car ni l'un ni l'autre n'était du nombre des douze. Ils prirent Jean-Marc avec eux et après avoir quitté Antioche ils allèrent à Séleucie, ville de Syrie située sur le bord de la mer, de là ils s'embarquèrent pour l'île de Chypre, et vinrent à Salamine, où ils prêchèrent Jésus-Christ dans les synagogues des Juifs, ensuite à Paphos, où ils convertirent le proconsul Sergius Paulus. De Paphos ils se rendirent à Perge en Pamphylie; c'est là que Jean-Marc les quitta pour retourner à Jérusalem: cette séparation affligea beaucoup Barnabé. De Perge, ils allèrent à Antioche de Pisidie, où ils prêchèrent dans les synagogues des Juifs; mais comme ceux-ci refusaient de les écouter, ils leur dirent que puisqu'ils refusaient la grâce qui leur était offerte, ils allaient annoncer la parole de vie aux gentils, comme le Seigneur l'avait ordonné par ses prophètes. Les Juifs irrités firent chasser de la ville les deux saints qui se rendirent à Icône, métropole de la Lycaonie, où ils prêchèrent quelque temps. Les Juifs du lieu, ayant formé le complot de les lapider, ils s'en allèrent à Lystre, autre ville de la même province, où saint Paul ayant guéri miraculeusement un homme perclus de ses membres, les idolâtres s'écrièrent que les dieux étaient venus parmi eux; ils l'appelaient Mercure, parce qu'il portait la parole; ils donnaient à Barnabé le nom de Jupiter, à cause de son extérieur imposant. Déjà ils se préparaient à leur offrir des sacrifices, et ce ne fut pas sans peine que les saints vinrent à bout de les en détourner. Mais les Juifs les ayant soulevés contre les apôtres, ils lapidèrent saint Paul, qui fut laissé pour mort. A l'approche des fidèles, qui venaient le relever, il se leva de lui-même et retourna avec eux à la ville, d'où il partit, le lendemain, avec Barnabé pour Derbe, où leurs prédications opérèrent un grand nombre de conversions. Ils retournèrent ensuite dans les villes qu'ils avaient déjà parcourues, afin de confirmer les fidèles dans la foi et d'établir des prêtres dans chaque église. Après ces courses apostoliques, ils revinrent à Antioche de Syrie, où ils passèrent quelque temps avec les disciples, rendant grâces à Dieu du succès de leur ministère. C'est alors que s'éleva la fameuse dispute sur l'observation des rites mosaïques. Saint Barnabé et saint Paul s'opposèrent à quelques Juifs convertis qui prétendaient qu'on était encore astreint, sous l'Évangile, aux pratiques cérémonielles de la loi ancienne. L'affaire fut portée à Jérusalem en 51, et les apôtres s'assemblèrent pour l'examiner mûrement. Saint Paul et saint Barnabé ayant rendu compte du succès de leurs travaux parmi les gentils, furent confirmés dans leur mission. Ils rapportèrent aux fidèles de Syrie la lettre synodale qui les exemptait des observances légales. Saint Paul proposa à saint Barnabé de faire la visite des Eglises qu'ils avaient fondées en Asie. Barnabé y consentit, mais à condition que Jean-Marc, qui était alors à Antioche, viendrait avec eux. Saint Paul fut d'un avis différent, et les deux apôtres se séparèrent, le Saint-Esprit le permettant ainsi, afin que l'Évangile pût être annoncé en un plus grand nombre de lieux. Jean Marc, qui avait d'abord montré peu de courage, parut tout autre, et mérita d'être compté parmi les prédicateurs les plus zélés. Saint Paul lui-même parle de lui d'une manière fort honorable dans son Epître aux Colossiens; et dans la seconde à Timothée, il charge Barnabé de venir le trouver à Rome et d'amener avec lui Jean-Marc qui pouvait rendre beaucoup de services dans le ministère : Barnabé se rendit avec son neveu dans l'île de Chypre; il rejoignit ensuite saint Paul, qui l'envoya à Corinthe, avec Tite. Quelques auteurs prétendent qu'il fit un voyage à Rome, et la ville de Milan, qui l'honore comme son patron, se fonde sur une ancienne tradition qui porte que cet apôtre prêcha la foi dans cette ville, et qu'il en fonda l'Eglise. Quoi qu'il en soit, le zèle pour le salut de ses compatriotes le fit retourner de nouveau en Chypre. L'opinion la plus probable est qu'il fut lapidé à Salamine, à l'instigation des Juifs. On découvrit dans la suite ses reliques près de cette ville, et l'on trouva dans son cercueil une copie de l'Evangile de saint Matthieu en langue hébraïque, écrite de la propre main du saint; elle fut envoyée à l'empereur Zénon, en 485. Nous avons en grec une Epître sous le nom de saint Barnabé; mais comme l'Eglise ne l'a jamais reçue dans le canon des saintes Ecritures, quelques critiques doutent de son authenticité, quoique le plus grand nombre la croient de saint Barnabé. — 11 juin.

BARNARD (saint), *Barnardus*, archevêque de Vienne en Dauphiné, né en 781, d'une des plus illustres familles du Lyonnais, fut élevé avec soin dans la connaissance des lettres et dans la pratique des vertus chrétiennes. Ses parents l'envoyèrent, à l'âge de dix-huit ans, à la cour de Charlemagne, et il y vécut comme il aurait fait dans un cloître. A des aumônes abondantes, il joignait le jeûne et la prière. S'étant marié par déférence pour sa famille, il détermina sa femme à prendre le voile et se retira lui-même, en 806, dans le monastère d'Ambournai qu'il avait fondé. Loin de tirer vanité de son titre de fondateur, il se regardait comme le dernier des frères; mais le premier abbé d'Ambournai étant mort, il fut forcé, malgré sa résistance, de le remplacer. Ses austérités étaient poussées si loin qu'elles paraissaient presque au-dessus des forces de la nature. Vers l'an 817, il fut élu pour succéder à Wolfère, sur le siége épiscopal de Vienne; mais il fallut, pour le faire acquiescer à son élection, un ordre exprès du pape Paschal Ier, qui lui envoya le *pallium*, et confirma tous les droits accordés à son église par le saint-siége. Les travaux apostoliques auxquels Barnard se livra et sa sollicitude pastorale ne lui firent rien relâcher des mortifications qu'il pratiquait dans le cloître. Il était rempli de la plus tendre compassion pour les pauvres et surtout pour les pécheurs; et lorsque quelqu'un venait lui confesser ses crimes, il en ressentait plus de douleur que le pénitent même. Barnard, qui s'était laissé entraîner dans la révolte des fils de Louis le Débonnaire contre leur père, ne le vit pas plutôt rétabli qu'il se réfugia en Italie dans les Etats de Lothaire, avec Agobard qu'il avait ordonné évêque de Lyon. Lothaire s'étant réconcilié avec son père, Barnard retourna dans son diocèse et expia sa faute par un sincère repentir. Il se rendait souvent dans le monastère de Romans, qu'il avait fondé, et s'y préparait à la mort par la prière et la pénitence. Quand il vit que sa fin approchait, il fit ses adieux à son troupeau par un discours qu'il prêcha dans sa cathédrale et se retira définitivement au monastère de Romans, où il passa trois jours et trois nuits en prières, prosterné sur son cilice. A l'entrée de la quatrième nuit, il entendit une voix qui lui disait : *Venez, on vous attend.* Il se fit administrer le saint viatique et expira tranquillement au point du jour, qui était un dimanche de l'an 842, à l'âge de 61 ans, et après vingt-six ans d'épiscopat. — 23 janvier.

BARONCE (saint), *Barontius*, martyr à Bettone, près d'Assise, souffrit avec saint Chrépold, évêque, et plusieurs autres. — 12 mai.

BARONT (saint), *Barontius*, ermite, né dans le Berri, vers le commencement du VIIe siècle, se maria, et eut un fils nommé Agloald, avec lequel il se retira dans l'abbaye de Lonrey ou de Saint-Cyran. Le désir d'assurer son salut l'avait porté à quitter le monde, et une vision qu'il eut dans le cloître le porta à embrasser un genre de vie encore plus parfait, et à se retirer dans un désert pour y vivre en ermite. Ses supérieurs y ayant consenti, il alla d'abord visiter, à Rome, les tombeaux des apôtres, et en revenant il se fixa sur le territoire de Pistoie, où il se bâtit une cellule entre deux montagnes. Il fut bientôt découvert, et l'éclat de sa sainteté attira sous sa conduite des disciples au nombre de cinq, dont le plus célèbre fut saint Dizier; ils menaient une vie angélique, servant Dieu dans les exercices de la pénitence et de la contemplation. Saint Baront mourut le premier et fut enterré dans l'église qu'il avait bâtie près de sa cellule. Saint Dizier, qui lui survécut, fut aussi placé, après sa mort, dans le même tombeau, où il s'opéra plusieurs miracles. Vers l'an 1018, on construisit sur l'emplacement de la cellule de Saint Baront un monastère qui porta son nom, et l'on transféra dans la nouvelle église leurs reliques. — 25 mars.

BARSABAS (saint), martyr en Perse, est honoré le 11 décembre.

BARSABIAS (saint), abbé d'un monastère en Perse, et martyr, fut arrêté au commencement de la grande persécution du roi Sapor II, avec les dix moines qu'il avait sous sa conduite; on les chargea de chaînes et on les conduisit au gouverneur de la province, qui faisait sa résidence à Astrahara, près des ruines de Persépolis, et qui imagina les supplices les plus cruels pour vaincre leur constance. Il leur fit écraser les genoux, casser les jambes, couper les bras, les côtés et les oreilles; on les frappa ensuite rudement sur les yeux et sur le visage. Comme ces horribles tourments n'avaient pu les ébranler, il les condamna à la décapitation. Les martyrs allèrent avec joie au lieu de l'exécution, en chantant des hymnes et des psaumes, au milieu de la foule qui les accompagnait. Barsabias demandait à Dieu que ses moines le précédassent dans le ciel, et sa prière fut exaucée. Lorsqu'on commençait l'exécution, un mage, qui passait à cheval, voyant le peuple attroupé, fend la presse et s'approche; il aperçoit le saint qui, prenant par la main ses moines, l'un après l'autre, les présentait au bourreau. Aussitôt il descend de cheval, change d'habit avec le domestique qui l'accompagnait, et prie Barsabias de l'admettre au nombre de ses disciples; celui-ci y consent, il le prend par la main, après le dixième, et le présente au bourreau qui lui coupe la tête sans le connaître. Le saint abbé fut décapité le dernier. Les corps de ces douze martyrs furent abandonnés à la voracité des bêtes, mais leurs têtes furent portées dans la ville et suspendues dans le temple de Nahitis, ou de Vénus. Leur supplice eut lieu le 3 juin 342, la trente-troisième année du règne de Sapor. — 20 octobre.

BARSANUPHE (saint), *Barsanuphius*, anachorète, né en Egypte sur la fin du v° siècle, quitta le monde et sa patrie pour se faire religieux dans le monastère de saint Séride, près de Gaze en Palestine. Il y passa plusieurs années avec le bienheureux Dosithée et saint Dorothée; mais l'amour de la contemplation le porta, en 540, à se retirer dans une cellule écartée, afin de n'avoir plus de commerce qu'avec Dieu, et il y passa les cinquante dernières années de sa vie. C'est dans sa cellule qu'il composa son traité contre les moines qui étaient tombés dans l'origénisme. Il mourut sur la fin du vi° siècle, âgé d'environ cent ans. Au ix° siècle, ses reliques furent transférées à Oria, près de Siponto, dans la terre d'Otrante, où il est honoré comme patron. Les Grecs avaient pour sa mémoire une si grande vénération, qu'ils placèrent son image dans la grande église de Constantinople, près de celles de saint Antoine et de saint Ephrem. Ils l'honorent le 6 février, et les Latins, le 11 avril.

BARSE (saint), *Barses*, évêque d'Edesse et confesseur, s'était acquis une grande réputation de sainteté par les guérisons miraculeuses qu'il opérait sur les malades, lorsque son attachement à la foi catholique et son zèle pour soutenir les décrets du concile de Nicée le firent exiler par l'empereur Valens, arien déclaré. Il fut relégué, vers l'an 370, sur les confins de la Libye, où il mourut quelques années après, et eut saint Euloge pour successeur. Les Grecs l'honorent le 15 octobre, et les Latins le 30 janvier.

BARSENORE (saint), *Borsenorus*, abbé de la Croix en Normandie, florissait sur la fin du vii° siècle. Son corps fut porté en plusieurs endroits, pendant les incursions des Normands; mais la plus grande partie de ses reliques resta définitivement à Fécamp. Il est honoré le 13 septembre.

BARSIMÉE (saint), *Barsimœus*, évêque d'Edesse et martyr, florissait au commencement du ii° siècle. Son zèle pour la propagation de l'Evangile et pour la conversion des païens lui coûta la vie. Le président Lysias le fit arrêter et le condamna à mort, l'an 114, sous le règne de Trajan. — 30 janvier.

BARSUSE (saint), *Barsusius*, confesseur, est honoré en Ethiopie le 9 décembre.

BARTE (saint), *Bartius*, évêque de Vaison succéda à saint Quiniz, vers l'an 579, et mourut sur la fin du vi° siècle. — 6 octobre.

BARTHE DE BARDEZ (la bienheureuse), abbesse de Vallombreuse, mourut en 1163, et elle est honorée le 24 mars.

BARTHÉLEMY (saint), *Bartholomœus*, apôtre, qu'on croit être le même que Nathanaël, né à Cana en Galilée, docteur de la loi, que saint Philippe amena à Jérusalem, et dont le Sauveur loua l'innocence et la simplicité de cœur, fut, avec les autres apôtres, témoin de la glorieuse résurrection de Jésus-Christ, et il est nommé parmi les disciples assemblés dans le cénacle, après l'Ascension. Il reçut le Saint-Esprit le jour de la Pentecôte, et, revêtu d'une force surnaturelle, il ne pensa plus qu'à porter le nom de Jésus-Christ jusqu'aux extrémités du monde. Il fit briller la lumière de l'Evangile dans les contrées les plus barbares de l'Orient, et pénétra jusque dans les Indes. Saint Pantène, étant allé dans l'Inde proprement dite, au commencement du iii° siècle, pour réfuter les brachmanes, y trouva des traces de christianisme, et des Indiens lui montrèrent une copie de l'Evangile de saint Matthieu, en hébreu, qu'on lui assura avoir été apportée dans le pays par saint Barthélemy lui-même, lorsqu'il y était venu planter la foi. Dans une de ses courses apostoliques, saint Barthélemy rencontra saint Philippe à Hiéraples en Phrygie, d'où il se rendit en Lycaonie, et saint Chrysostome assure qu'il instruisit les Lycaoniens dans la religion chrétienne. Etant venu dans la grande Arménie, pour y prêcher la foi à un peuple opiniâtrement attaché aux superstitions de l'idolâtrie, il y reçut la couronne du martyre, par ordre du gouverneur d'Albanopolis. Il fut crucifié, selon les uns, écorché vif, selon les autres; on peut concilier ces deux opinions, en disant que le saint apôtre subit l'un et l'autre supplice; ce qui est d'autant plus probable que les Egyptiens, et surtout les Perses, étaient dans l'usage d'écorcher vifs ceux qu'ils condamnaient au crucifiement. Il n'a rien laissé par écrit. Le faux évangile que plusieurs hérétiques avaient forgé sous son nom, fut déclaré apocryphe par le pape Gélase. Ses reliques, après plusieurs translations successives, sont à Rome, dans un monument de porphyre, placé sous le grand autel de la célèbre église qui porte le nom du saint. Lorsqu'elles se trouvaient à Bénévent, un évêque de cette ville envoya un bras de saint Barthélemy à saint Edouard le Confesseur, roi d'Angleterre, qui en fit présent à la cathédrale de Cantorbéry. — 24 août.

BARTHÉLEMY (saint), abbé de la *Grotte Ferrée*, près de Frescati, naquit à Rossane, en Calabre, après le milieu du x° siècle, fit de bonnes études et entra ensuite dans un monastère, qu'il quitta pour se mettre sous la conduite de saint Nil le Jeune, son compatriote. Il le suivit à la Grotte-Ferrée, et refusa, par humilité, d'être son successeur immédiat ; mais après la mort de deux abbés, il fut contraint d'accepter le gouvernement du monastère dont il acheva les constructions. Ses devoirs d'abbé ne l'empêchaient pas de s'appliquer, comme auparavant, à transcrire des livres, occupation dans laquelle il excellait. Il a composé aussi plusieurs chants religieux en l'honneur de la sainte Vierge et de plusieurs saints, notamment de saint Nil, dont il a écrit la vie, mais en grec; car c'était en cette langue qu'on célébrait l'office dans son monastère, qui était sous la règle de saint Basile. Il avait un talent particulier pour la conversion des pécheurs, et il détermina, en 1047, Benoît IX à quitter définitivement la chaire pontificale, qu'il déshonorait par ses vices. Après avoir entendu sa confession, il lui déclara qu'il ne lui était plus même permis d'exercer les fonctions du sacerdoce, et qu'il devait, conformément aux canons, passer le reste de ses jours dans la pénitence. Benoît se soumit, et prit l'habit monastique à la Grotte-Ferrée, où il mourut en 1054. Son tombeau y a été découvert dans la suite. On ignore si saint Barthélemy lui survécut. Il est honoré dans son monastère, le 11 novembre.

BARTHÉLEMY TOSTE (saint), solitaire dans l'île de Fairn, sur les côtes du Northumberland, florissait dans le XIIe siècle, et il est honoré en Angleterre le 24 juin.

BARTHÉLEMY, évêque de Paris, succéda, en 1219, à Guillaume II, qui avait pris la croix, et qui mourut au siége de Damiette. Il était doyen de Chartres, lorsqu'il fut élevé à la dignité épiscopale. Il déploya dans l'administration de son diocèse, une grande sagesse et une grande piété. Louis VIII, roi de France, l'honora, non-seulement de son estime, mais même de son amitié. Il mourut, en 1227, et le Martyrologe de Paris le nomme sous le 19 octobre.

BARTHÉLEMY de Brégance (le bienheureux), évêque de Vicence, sortait de l'illustre famille de Brégance, et naquit à Vicence, au commencement du XIIIe siècle. Il alla faire ses études à Padoue, et ne fit pas moins de progrès dans la piété que dans les sciences. Ayant entendu prêcher, dans cette ville, saint Dominique, il résolut de se consacrer à Dieu et d'entrer dans le nouvel institut que ce saint venait d'établir. Ayant reçu l'habit des mains du saint fondateur, il s'attacha à suivre ses leçons et à imiter ses vertus. Bientôt ses supérieurs le jugèrent digne d'être élevé au sacerdoce et d'enseigner l'Ecriture sainte, emploi dont il s'acquitta de manière à s'attirer des applaudissements universels. Il se livra aussi à la prédication, dans les villes de la Lombardie et de la Romagne, qui étaient alors infectées d'une foule d'erreurs et de vices; partout il opéra la conversion d'un grand nombre de pécheurs. Son mérite et sa sainteté le firent nommer vers l'an 1235, par Grégoire IX, maître du sacré palais, place importante qui avait été établie par Honorius III, en faveur de saint Dominique, qui l'exerça le premier. Le fidèle disciple, animé du même esprit que son saint prédécesseur, remplit avec zèle ses fonctions, et tout le temps qu'elles lui laissaient libre, il l'employait à la composition d'ouvrages de piété ou de science ecclésiastique. Il obtint la confiance d'Innocent IV, qui l'emmena avec lui à Lyon, sur la fin de l'année 1244, afin de l'avoir près de lui pendant le concile qui se tint dans cette ville, l'année suivante. Il fit, vers cette époque, un voyage à Paris, par l'ordre du pape, et le roi saint Louis, qui eut occasion de le connaître et de l'apprécier, le choisit pour son confesseur. Quelques années après, Innocent IV le nomma évêque de Nimésie, dans l'île de Chypre. Barthélemy alla vers le troupeau qui lui était confié, et se montra plein d'ardeur pour la sanctification de ses ouailles. Il y travaillait avec succès, lorsque Alexandre IV le nomma évêque de Vicence: mais il ne put que difficilement prendre possession de son nouveau siége, parce que Ezzelin régnait en maître dans cette ville. Ennemi déclaré de la religion et de ses ministres, ce tyran ne tarda pas à persécuter Barthélemy; il chercha même à le faire mourir. Le saint évêque, obligé de quitter Vicence, se retira auprès du pape Alexandre, qui, connaissant sa capacité, le chargea d'affaires importantes pour la religion, et l'envoya, en qualité de légat, vers les rois de France et d'Angleterre. Il accompagna ce dernier en France, et se trouva présent à l'entrevue qui eut lieu à Paris, entre les deux monarques. Saint Louis, qui n'avait point oublié son ancien confesseur, l'accueillit avec bonté, lui fit présent d'un morceau de la vraie croix, et d'une épine de la couronne du Sauveur, comme il le lui avait promis, lorsque, étant évêque de Nimésie, il était venu le visiter en Syrie. Dans l'acte de donation, que saint Louis fit sceller de son sceau, pour assurer l'authenticité de ces saintes reliques, ce prince déclare qu'il les avait accordées aux justes désirs de Barthélemy de Brégance, comme une preuve de la tendre affection qu'il lui portait. Enrichi de ce trésor, que sa foi lui rendait inestimable, l'évêque de Vicence reprit le chemin de son diocèse, et comme Ezzelin n'était plus, il s'appliqua à réparer les maux que la rébellion et l'hérésie avaient faits à son troupeau. Ses efforts furent si heureux que les Vicentins le prièrent de se charger du gouvernement civil, et de devenir leur seigneur, comme il était leur évêque. Barthélemy se rendit à leurs désirs, et mit tous ses soins à rétablir, dans sa pureté, la foi catholique, à réformer les mœurs du clergé et du peuple, à convertir les hérétiques et à calmer les dissensions, soit publiques, soit particulières. Il fit bâtir, dans sa ville épiscopale, une église magnifique, qui fut appelée *de la Couronne*, à cause de la parcelle de la sainte couronne qui y fut déposée avec le morceau de la vraie croix; il joignit à cette église un couvent pour les religieux dominicains. C'est ainsi que le bienheureux Barthélemy passa les dix dernières années de sa vie, uniquement occupé du salut de son peuple, qu'il édifiait par ses exemples autant que par ses instructions. Il eut, en 1267, la consolation d'assister à la seconde translation des reliques de saint Dominique, laquelle se fit à Bologne, et de voir rendre au fondateur de son ordre, qui avait été son maître dans la vie spirituelle, les honneurs qu'on n'accorde qu'aux plus illustres serviteurs de Dieu; il fut chargé de prêcher à cette cérémonie et de publier les indulgences accordées aux fidèles dans cette circonstance. Peu après, il fit son testament, qui contient un abrégé fidèle de sa vie; et, sentant sa fin approcher, il reçut les derniers sacrements, avec une ferveur admirable. Il mourut à Vicence en 1270, et fut enterré, sur sa demande, dans un lieu obscur de l'église de la Couronne; mais les Vicentins commencèrent bientôt à lui rendre un culte public. On fit la translation de ses reliques quatre-vingts ans après sa mort, et son corps fut trouvé sans aucune marque de corruption. Il fut déclaré bienheureux par le pape Pie VI. — 1er juillet et 23 octobre.

BARTHÉLEMY DE BOLOGNE (le bienheureux), aussi connu sous le nom de Bonaventure, évêque de Maraga, archevêque de Naksivan et apôtre des Arméniens, naquit après le milieu du xiiie siècle d'une famille noble de Bologne et entra dans le couvent des Dominicains de sa ville natale. S'étant acquis une grande renommée d'éloquence et de zèle par les missions qu'il donna dans différentes provinces d'Italie, il se sentit le désir d'aller évangéliser les Arméniens. Le pape Jean XXII, informé de cette vocation, le fit venir à Avignon, applaudit à son généreux dessein et le sacra, en 1318, évêque de Maraga, ville de la grande Arménie. Il partit avec quelques religieux dominicains et, arrivé en Arménie, il commença par apprendre la langue du pays. Il se mit ensuite à prêcher l'Evangile aux infidèles et aux chrétiens. Ces derniers étaient schismatiques, et la plupart d'entre eux avaient ajouté l'hérésie au schisme. Après de nombreuses conversions parmi les infidèles, mais surtout parmi les chrétiens séparés de l'Eglise, le supérieur général des moines de saint Basile, nommé Isaïe, lui députa Jean, abbé du monastère de Chernac, pour conférer avec lui sur les points en litige entre les Arméniens et les catholiques. Ces conférences eurent les plus heureux résultats, et beaucoup de ces moines étant rentrés dans le sein de l'unité, devinrent de fervents coopérateurs du saint missionnaire. Jean XXII, apprenant avec joie le succès de ses travaux apostoliques, le nomma archevêque de Naksivan ou Naxivan, ville d'Arménie, située au pied du Mont-Ararat, où il continua d'augmenter le royaume de Jésus-Christ. Il fit bâtir des églises et fonda des monastères dans cette nouvelle chrétienté. Ce fut par le conseil de l'abbé de Chernac qu'il institua la congrégation des Frères-Unis, composée des moines de Saint-Basile, auxquels il donna l'habit et la règle de saint Dominique; mais il ne vit que les commencements de cet établissement religieux, destiné à produire tant de bien dans l'avenir, et il mourut le 15 août 1333. Son tombeau a été illustré par un grand nombre de miracles opérés en faveur de ceux qui recourent à son intercession. Il traduisit en arménien plusieurs ouvrages de théologie, le bréviaire et le missel de son ordre, ainsi que la règle et les constitutions de saint Dominique. — 15 août.

BARTHÉLEMY D'ANGLARE (le bienheureux), religieux observantin, mourut en 1510, et il est honoré en Toscane le 18 mars.

BARTHOLOMÉE (la bienheureuse), *Bartholomæa*, de l'ordre des Servites, mourut en 1348, à Sienne, où elle est honorée le 19 mai.

BARTOLE (le bienheureux), *Bartolus*, solitaire à Saint-Geminien, près de Pougibouz en Toscane, florissait sur la fin du xiiie siècle et mourut en 1300. — 13 décembre.

BARUC (saint), *Barucus*, martyr en Afrique, souffrit pendant la persécution de Dèce, l'an 250, et il fut encouragé au milieu de ses tourments par saint Mapalique, qui mourut avec lui. — 17 avril.

BARUCH (saint), prophète et disciple de Jérémie, suivit son maître en Egypte. Il alla ensuite trouver ses compatriotes qui étaient captifs à Babylone, et leur fit part de ses prophéties, qui sont contenues en six chapitres. Son style a de la noblesse et de l'élévation : les fréquents hébraïsmes qu'on y rencontre prouvent qu'il a écrit en hébreu ; mais le texte original n'existe plus. Les Juifs, qui n'ont reconnu pour livres sacrés que ceux qu'ils avaient dans cette langue, n'ont pas placé dans leur canon le livre de Baruch. C'est par la même raison qu'on ne le trouve pas dans le catalogue des livres de l'Ecriture sainte dressé par Origène et plusieurs autres Pères ; mais s'ils ne font pas de lui une mention particulière, saint Augustin et d'autres Pères citent sa prophétie sous le nom de Jérémie. Cependant les prophéties de Baruch sont déjà distinguées de celles de son maître et nommées à part dans le concile de Laodicée; elles le sont également par saint Cyrille de Jérusalem, saint Athanase et saint Épiphane qui, dans leurs catalogues, nomment Baruch après Jérémie. — 28 septembre.

BARULAS (saint), enfant et martyr à Antioche, assistait au supplice de saint Romain qui lui demanda lequel était le plus raisonnable de n'adorer qu'un seul Dieu où d'en adorer plusieurs. Barulas répondit qu'il fallait n'en adorer qu'un seul, qui est le Dieu des chrétiens, et que c'était une idolâtrie de reconnaître plusieurs dieux. Il obtint, par cette réponse, d'être fouetté cruellement, et il fut ensuite condamné à être décapité. Sa mère, s'élevant par la foi au-dessus des sentiments de la nature, comme la mère des Machabées, ne cessait de l'encourager pendant qu'on le frappait ; elle lui vit couper la tête avec tranquillité, et même avec joie. Saint Barulas souffrit le martyre en 303, sous le règne de Dioclétien. — 18 novembre.

BARYPSABAS (saint), anachorète en Orient, est honoré comme martyr à Rome dans l'église de Saint-Athanase où il y a ses reliques. On l'invoque contre les maux incurables. — 10 septembre.

BASENDA (saint), évêque et martyr en Egypte, est honoré chez les Grecs le 7 juillet.

BASIEN (saint), *Basianus*, acémète à Constantinople, mourut dans cette ville vers l'an 450 et y fut enterré. L'empereur Marcien fit bâtir, sur son tombeau, une église en son honneur. — 10 octobre.

BASILE (saint), *Basilius*, martyr à Alexandrie, souffrit avec deux autres. — 17 mai.

BASILE (saint), martyr à Scythopolis, souffrit avec septante autres. — 6 juillet.

BASILE (saint), évêque d'Antioche et martyr, souffrit avec saint Auxèle et quelques autres. — 21 et 27 novembre.

BASILE (saint), évêque dans la Chersonèse et martyr au commencement du IV° siècle, fut mis à mort pour la foi avec plusieurs autres évêques. — 4 mars.

BASILE ou BASILÉE (saint), *Basileus*, évêque d'Amasée dans le Pont, s'attira la colère de Licinius pour avoir soustrait à sa lubricité une vierge chrétienne, nommée Glaphyre, dont il cherchait à ravir l'honneur, et qui était au service de l'impératrice son épouse. Licinius, pour se venger du saint évêque, le fit précipiter dans la mer, vers l'an 319 ; mais son corps fut découvert par Elpidophore, sur la révélation d'un ange, et enterré avec honneur. — 28 mars et 26 avril.

BASILE d'Orient (saint), est honoré chez les Grecs le 23 mai.

BASILE L'ANCIEN (saint), époux de sainte Emmélie et père de saint Basile le Grand, de saint Grégoire de Nysse, de saint Pierre de Sébaste et de sainte Macrine, homme illustre par sa noblesse, son éloquence et sa sainteté, fut banni pour la foi chrétienne pendant la persécution de Galère, et eut ses biens confisqués. Il se retira dans les forêts du Pont avec son épouse. Après que l'orage fut passé, il retourna à Césarée en Cappadoce, que l'on croit avoir été sa patrie. Il y mourut en paix au milieu du IV° siècle. — 30 mai.

BASILE (saint), évêque de Bologne, fut placé sur ce siège par le pape saint Sylvestre. Il sut, par ses instructions et par ses exemples, gouverner très-saintement l'Eglise qui lui avait été confiée. — 6 mars.

BASILE D'ANCYRE (saint), prêtre et martyr sous Julien l'Apostat, était un des principaux membres du clergé d'Ancyre, métropole de la Galatie. Il menait une vie sainte, et produisait des fruits merveilleux parmi les fidèles par ses prédications. Un arien qui portait le même nom que lui, ayant voulu dogmatiser dans cette ville, Basile, plein de zèle et d'intrépidité, ne cessait d'exhorter le peuple à rester inébranlable dans la foi catholique. Les ariens, qui le regardaient comme le plus dangereux adversaire de leur secte, lui défendirent, en 360, de tenir des assemblées ; mais il n'eut aucun égard à cette injuste défense, et il continua toujours de combattre l'erreur, même en présence de l'empereur Constance, qu'il confondit par ses courageuses réponses. Pendant que Julien l'Apostat travaillait à relever l'idolâtrie sur les ruines du christianisme, Basile courait par toute la ville, excitant les fidèles à combattre avec intrépidité pour la cause de Dieu, à ne pas se souiller par les cérémonies abominables des païens. Ceux-ci, furieux de cette hardiesse, se saisirent de lui et le conduisent devant le proconsul Saturnin, l'accusant d'avoir renversé les autels, détourné le peuple du culte des dieux et tenu des discours indécents contre l'empereur et sa religion. Saturnin lui demanda s'il ne regardait pas comme véritable la religion établie par le prince. « La croyez-vous telle, vous-même ? répondit Basile. Car enfin un homme raisonnable peut-il se persuader que des statues muettes soient des dieux ? » Le proconsul, irrité, le fit étendre sur le chevalet, et lui dit, pendant qu'on le tourmentait : « Connaissez-vous à présent jusqu'où va le pouvoir de l'empereur ?........ Obéissez au prince et sacrifiez aux dieux. » Basile ayant persisté dans son refus, le proconsul l'envoya en prison et informa l'empereur de tout ce qui s'était passé. Julien approuva la conduite de Saturnin et envoya deux commissaires pour examiner l'affaire sur les lieux. C'étaient deux apostats, qui, en passant par Nicomédie, s'adjoignirent Asclépius, prêtre d'Esculape. Arrivés à Ancyre, Pégase, l'un des commissaires, alla trouver Basile, dans sa prison, espérant le gagner par de belles promesses ; mais il eut la confusion de s'entendre reprocher son apostasie. Le saint fut étendu de nouveau sur le chevalet où on le tourmenta encore plus cruellement que la première fois ; il fut ensuite chargé de chaînes pesantes et reconduit en prison. Sur ces entrefaites, Julien ayant passé par Ancyre, il se fit présenter Basile, et affectant un air de compassion, il lui dit : « Basile, j'ai quelque connaissance de vos mystères ; je puis vous assurer que celui en qui vous mettez votre confiance est mort sous le gouverneur Pilate, et qu'on ne le compte plus parmi les vivants. — Je ne suis point dans l'erreur ; c'est vous, seigneur, qui y êtes, vous qui avez renoncé Jésus-Christ, dans le temps même qu'il vous donnait l'empire ; mais je vous déclare qu'il vous l'ôtera dans peu avec la vie. Il renversera votre trône comme vous avez renversé ses autels ; et parce que vous avez violé cette loi sainte que vous avez tant de fois annoncée au peuple en qualité de lecteur, et que vous l'avez foulée aux pieds, votre corps sera aussi foulé aux pieds, et restera sans sépulture. — Je voulais te sauver ; mais puisque tu rejettes mes conseils, et que tu oses même m'outrager, je te traiterai comme tu le mérites : ainsi j'ordonne qu'on lève, chaque jour, sept morceaux de ta peau, jusqu'à ce qu'il n'en reste plus. » Le comte Frumentin, capitaine de ses gardes, fut chargé d'exécuter la sentence impériale. Basile, après avoir souffert les premières incisions avec une patience admirable, demanda à parler à l'empereur. Le comte alla informer Julien, qui fit venir le saint dans le temple d'Esculape, et le pressa de sacrifier avec les autres ; Basile répondit qu'il n'adorerait jamais des idoles sourdes et aveugles ; et prenant un des morceaux de chair qu'on lui avait coupé ce jour-là, il le jette au visage de Julien qui devint furieux. Frumentin, craignant qu'on ne le rendît responsable de ce qui venait de se passer, résolut de venger avec éclat l'outrage fait au prince. Etant donc monté sur son tribunal, il ordonna de redoubler les tourments du martyr. On lui fit des incisions si profondes, qu'on lui voyait les entrailles, et les spectateurs ne pouvaient retenir leurs larmes à la vue d'un tel spectacle. Pour Basile, il priait tranquillement et ne poussait pas un soupir. Le soir venu, on le renvoya en prison. Le lendemain, Julien partit pour Antioche sans voir le comte, et celui-ci, qui craignait une disgrâce, voulut faire un dernier effort pour vaincre le martyr, ou du moins, pour assouvir sa fureur; mais il lui fut impossible d'ébranler sa constance. « Vous savez, lui dit Basile, combien de morceaux de chair on a enlevés de dessus mon corps. Eh bien! regardez mes épaules et mes côtés, et dites-moi s'il y paraît. Sachez que Jésus-Christ m'a guéri cette nuit : vous pouvez le mander à Julien, votre maître, afin qu'il apprenne quel est le pouvoir du Dieu qu'il a renoncé. Il a renversé les autels sous lesquels il trouva la vie, lorsque Constance le cherchait pour le mettre à mort; mais Dieu m'a découvert que la tyrannie serait bientôt éteinte avec son auteur. » Frumentin, n'y tenant plus, le fit coucher sur le ventre afin qu'on lui enfonçât dans le dos des pointes de fer toutes rouges. C'est dans cet horrible supplice que saint Basile expira, le 29 juin 362. Il est honoré chez les Grecs et les Latins le 22 mars.

BASILE LE GRAND (saint), évêque de Césarée en Cappadoce et docteur de l'Eglise, était fils de saint Basile l'Ancien et de sainte Emmélie. Il naquit dans cette ville l'an 329. Sainte Emmélie dut à ses prières la naissance de notre saint; mais à peine était-il né qu'il fut attaqué d'une maladie que les médecins jugèrent incurable, et il n'en réchappa que par une espèce de miracle qu'on attribua aux prières qui furent faites pour sa guérison. Il passa son enfance chez sainte Macrine l'Ancienne, son aïeule, qui restait près de Néocésarée dans le Pont, et dont les instructions et les exemples firent sur Basile une impression si profonde qu'il en conserva le souvenir toute sa vie. Son père, qui était l'ornement de sa province par sa naissance, sa piété et son éloquence, fut son premier maître et lui enseigna les éléments de la littérature. Après sa mort, le jeune Basile revint à Césarée, sa patrie, où les sciences étaient très-florissantes. Il surpassa tous ceux de son âge par la rapidité de ses progrès, en même temps qu'il s'attirait l'estime générale, par la régularité de sa conduite et par sa fervente piété. Les plus habiles maîtres de Césarée n'ayant plus rien à lui apprendre, il se rendit à Constantinople, où Libanius, le plus célèbre rhéteur de l'époque, donnait des leçons publiques qui obtenaient des applaudissements universels. Il sut distinguer Basile dans la foule de ses disciples, et il ne pouvait se lasser d'admirer en lui les plus heureuses dispositions pour les sciences et pour la vertu; ce qui lui fait dire dans ses lettres qu'il se sentait comme ravi hors de lui-même, quand il entendait Basile parler en public. Il entretint toujours depuis avec lui un commerce de lettres, et ne cessa de lui donner des marques de cette haute estime et de cette vénération profonde qu'il avait conçues pour son mérite. De Constantinople, Basile se rendit à Athènes, en 352, afin de perfectionner ses connaissances. Cette ville, depuis Périclès, était regardée comme le temple des muses : on s'y rendait de toutes parts pour y puiser cette pureté de langage et cette élégance attique qui distinguent les bons écrivains de la Grèce. Basile, qui avait alors vingt-trois ans, retrouva dans cette ville saint Grégoire de Nazianze, avec qui il avait déjà formé, à Césarée, la liaison la plus intime. Celui-ci, qui connaissait déjà les mœurs des Athéniens, donna de sages avis à Basile qui dut à sa gravité imposante et à l'idée avantageuse qu'on avait déjà de lui, d'échapper aux mauvais traitements que les anciens étudiants faisaient subir aux nouveaux venus dans les écoles publiques. L'amitié de nos deux saints, fondée sur le respect et l'estime mutuels, sur la conformité des penchants et des goûts, était bien différente de ces amitiés que l'on contracte ordinairement dans les écoles. Ils s'animaient, l'un l'autre, dans le service de Dieu, se livrant à la prière et à la mortification des sens. Ce qui contribua surtout à préserver leur innocence, au milieu des dangers de tout genre que renfermait une ville comme Athènes, ce fut leur fidélité à fuir les amusements et les plaisirs d'une jeunesse licencieuse, ayant soin de ne fréquenter parmi les étudiants que ceux dont la conduite était régulière. « Nous ne connaissons que deux rues de la ville, dit saint Grégoire de Nazianze, celle de l'église et celle des écoles publiques : nous laissons aux autres celles qui conduisaient aux théâtres, aux spectacles et aux lieux où se donnaient les divertissements publics. » Saint Basile se rendit fort habile dans les différentes parties de la littérature, dont la connaissance contribue beaucoup à étendre les facultés de l'esprit et dispose surtout à l'art oratoire. Il s'appliquait donc avec ardeur à l'étude de l'éloquence, afin de se mettre en état de servir utilement l'Eglise. Il fit aussi de grands progrès dans la poésie et la philosophie; il excellait dans la dialectique, et il était si habile dans l'art d'enchaîner les conséquences aux principes, qu'on ne pouvait résister à la force de ses raisonnements. Il prit une teinture générale de la géométrie, de la médecine et des autres sciences, guidé par ce principe, que pour bien savoir une chose, il faut les savoir un peu toutes. Il se livra ensuite à l'étude de l'Ecriture sainte et des saints Pères. Riche de tous ces trésors, il fut bientôt regardé à Athènes comme un oracle qu'on devait consulter sur les sciences divines et humaines; les maîtres et les étudiants voulurent le fixer dans cette ville; mais Basile crut qu'il était comptable à sa patrie des talents que Dieu lui avait donnés. Il se sépara, non sans une vive douleur, de son ami, et revint à Césarée en 355. Il y ouvrit une école de rhétorique et plaida au barreau; ces deux voies étaient alors les plus propres à conduire à la célébrité et aux honneurs les hommes de talent. Mais Basile, quoique jeune encore, se trouvait déjà élevé au-dessus de l'ambition, et n'aspirait qu'après le royaume de Dieu. Cependant l'accueil que lui firent ses compatriotes, et les applaudissements qu'il recevait de toutes parts l'exposèrent à une tentation de vaine gloire, qui jeta la frayeur dans son âme, et lui fit prendre la résolution de renoncer entièrement au monde. Sainte Macrine, sa sœur, contribua beaucoup à lui faire exécuter cette sainte résolution ; c'est d'après ses avis qu'il se détermina à donner aux pauvres la plus grande partie de ses biens, et à se vouer aux travaux de la pénitence, en embrassant la vie monastique. Libanius, qui était païen, fut singulièrement frappé d'un si généreux mépris du monde, et il ne pouvait se lasser d'admirer la grandeur d'âme qui en était le principe. Saint Basile visita, en 357, les moines et les ermites de la Syrie, de la Mésopotamie et de l'Egypte, afin d'acquérir une connaissance parfaite de ses nouveaux devoirs. Les exemples et les discours de ces saints solitaires l'édifièrent beaucoup et l'affermirent encore dans le genre de vie qu'il venait d'embrasser. De retour en Cappadoce, l'an 358, il fut ordonné lecteur par Dianée, évêque de Césarée ; mais comme ce prélat avait eu l'imprudence de s'engager dans de fausses démarches en faveur des ariens, et surtout de souscrire, en 359, la formule du concile de Rimini, dans laquelle on omit à dessein le mot *consubstantiel*, Basile, qui aimait et respectait Dianée, en ressentit une vive douleur et se sépara de sa communion. Il se retira dans le Pont, et fonda près du monastère de femmes que sa mère et sa sœur avaient établi, quelques années auparavant, un monastère d'hommes qu'il gouverna pendant quatre ans. S'étant fait ensuite remplacer par saint Pierre de Sébaste, son frère, il fonda, dans différents endroits du Pont, d'autres monastères d'hommes et de femmes sur lesquels il conserva toujours une inspection générale, même après son élévation à l'épiscopat. Ce fut pour leur instruction qu'il composa ses *grandes* et ses *petites règles*, qui sont encore suivies aujourd'hui par les moines d'Orient, même par ceux qui se disent de l'ordre de Saint-Antoine. Dans sa retraite il ne portait qu'une tunique et un manteau ; il couchait sur la dure, veillait quelquefois les nuits entières, ne faisait point usage du bain ; ce qui était une grande mortification, eu égard au pays et au siècle où il vivait ; il se couvrait, la nuit, d'un cilice qu'il quittait le matin pour cacher aux hommes son amour pour la pénitence. Il ne faisait, par jour, qu'un repas qui consistait en un peu de pain et d'eau ; seulement les jours de fêtes, il y ajoutait quelques herbes. A voir le peu de nourriture qu'il prenait, on aurait presque dit qu'il vivait sans manger ; aussi saint Grégoire de Nysse, son frère, comparait son jeûne à celui d'Elie. Cependant saint Basile était sujet à des infirmités continuelles, et il dit, dans une de ses lettres, que quand il se portait le mieux, il était plus faible que ne le sont ordinairement les malades abandonnés des médecins. Aux macérations corporelles il joignait la mortification intérieure et la pratique des vertus, surtout de l'humilité et de la chasteté, qu'il porta à un haut degré de perfection. Il était tellement détaché de tout, que dans une famine il se dépouilla du peu de biens qui lui restait, pour en assister les malheureux, et quand il fut élevé à l'épiscopat, il n'avait pour subsister que les libéralités de ses amis. S'efforçant d'imiter et même de surpasser les modèles qu'il avait vus en Syrie et en Egypte, il partageait son temps entre la prière, le travail des mains et la méditation de l'Ecriture. Souvent il allait dans les villages voisins pour enseigner les principes de la foi aux paysans, et pour les exhorter à la pratique de la religion. L'amitié qui l'unissait à saint Grégoire de Nazianze, loin de diminuer par l'absence, n'en était devenue que plus vive ; il lui écrivait des lettres pressantes pour l'engager à venir partager sa solitude. Grégoire se rendit à ses instances et alla le rejoindre. Renfermés l'un et l'autre dans une pauvre cabane, ces deux grands hommes menaient une vie angélique, cultivant de leurs propres mains un petit jardin, portant du bois, taillant des pierres et plantant des arbres, en chantant des psaumes dans les heures qui n'étaient pas consacrées à la prière, à la méditation des choses célestes, ou à l'étude de l'Ecriture sainte. En 362, Basile, que Grégoire avait été obligé de quitter, l'année précédente, retourna à Césarée, accompagné de quelques-uns de ses moines. Julien l'Apostat, à son avénement à l'empire, écrivit à Basile, qu'il avait connu à Athènes, de venir à sa cour. Le saint lui répondit par un refus motivé sur le genre de vie qu'il menait. Julien dissimula pour lors son ressentiment ; mais quand Basile fut arrivé à Césarée, il lui écrivit une seconde lettre pleine d'artifice, où, après lui avoir dit qu'il conservait toujours pour lui les mêmes sentiments, il lui enjoignait de payer mille livres d'or aux officiers chargés de ses finances, faute de quoi il ferait raser la ville de Césarée. Le saint, sans s'effrayer de cette menace, lui répondit que, loin d'être en état de fournir une telle somme, il n'avait pas même de quoi subsister pour un jour. Il lui dit ensuite qu'il est surpris de voir qu'il néglige les devoirs essentiels de la souveraineté, et qu'il allume contre lui la colère céleste, en méprisant ouvertement le culte du Seigneur. Celui-ci fut vivement piqué de ce nouveau refus, et il jura d'immoler saint Basile et saint Grégoire de Nazianze à son retour de l'expédition de Perse, d'où il ne revint pas. Dianée, évêque de Césarée, étant tombé malade, envoya chercher le saint, et lui protesta qu'en souscrivant la formule de Rimini, il n'en connaissait pas le venin ; qu'il n'avait jamais eu d'autre foi que celle des Pères de Nicée, à laquelle il était sincèrement attaché. Sur cette déclaration, Basile se réconcilia avec lui. Eusèbe, successeur de Dianée, l'éleva au sacerdoce, malgré sa résistance, afin d'avoir en lui un homme capable d'instruire le peuple, et de l'aider lui-même dans le gouvernement de son diocèse; mais, par une de ces faiblesses où tombent ceux qui n'ont pas soin de veiller sur eux-mêmes, il le prit en aversion et le chassa même de son église. Le peuple de Césarée se déclara hautement contre Eusèbe, et les évêques du voisinage condamnèrent cette conduite. Pour Basile, il ressentit une grande joie d'être rendu à la liberté, et après être sorti secrètement de la ville, il retourna dans le Pont, où saint Grégoire de Nazianze vint le rejoindre. Valens, devenu empereur d'Orient, se fit le protecteur des ariens, et se rendit à Césarée, en 366, dans l'intention de mettre les églises de cette ville entre les mains de ces hérétiques. Dans cette extrémité, l'évêque Eusèbe eut recours à Basile, qui arriva en toute hâte, et vint à bout d'empêcher les ariens de consommer leur projet. Ses discours ranimèrent dans les cœurs l'attachement à la vraie foi. La famine ayant désolé le pays, il procura d'abondants secours aux pauvres, poussant la charité jusqu'à leur laver les pieds, jusqu'à les servir à table et leur distribuer de ses propres mains les provisions qu'il avait recueillies pour leur subsistance. Une conduite si admirable lui gagna l'amitié et l'estime d'Eusèbe, au point qu'il n'entreprit plus rien d'important sans l'avoir consulté. Après sa mort, arrivée en 370, Basile fut élu pour lui succéder, et ce choix causa une vive satisfaction à saint Athanase, qui prédit alors les victoires que le saint remporterait sur l'hérésie régnante. Cette nouvelle dignité fit briller plus que jamais les vertus de Basile, qui parut autant se surpasser lui-même qu'il avait précédemment surpassé les autres. Il prêchait deux fois par jour, même pendant la semaine, et l'on courait en foule à ses discours. Il établit à Césarée plusieurs pratiques de dévotion qu'il avait vues observées en Egypte et en Syrie, comme de faire en commun la prière du matin dans l'église, et d'y chanter des psaumes avant le lever du soleil. Le peuple communiait le dimanche, le mercredi, le vendredi et le samedi, ainsi qu'aux fêtes des martyrs. La Cappadoce ayant été affligée d'une grande sécheresse, le saint évêque obtint, par ses prières, la cessation du fléau. Se regardant comme le père des pauvres, il fonda à Césarée un vaste hôpital, qui fut appelé Basiliade, en l'honneur du saint. Saint Grégoire de Nazianze l'appelle une nouvelle ville, et dit qu'il peut être compté parmi les merveilles du monde. Plein de compassion pour ceux que le vice ou l'hérésie avaient égarés, il n'épargnait rien pour les ramener dans la voie du salut. Valens voyant qu'il était le principal boulevard de la vraie foi, se rendit en Cappadoce, dans l'intention de se défaire, d'une manière ou d'une autre, de Basile. Il se fit précéder à Césarée par le préfet Modeste, qui avait ordre d'engager l'archevêque, par promesses ou par menaces, de communiquer avec les ariens. Le préfet, assis sur son tribunal, ayant autour de lui les licteurs armés de leurs faisceaux, fit comparaître devant lui Basile, qui se présenta avec un visage serein et tranquille. Modeste le reçut avec honnêteté, et l'excita, d'une manière pressante, à obéir à l'empereur; mais ce moyen n'ayant pas réussi, il lui dit, d'un ton menaçant et avec colère : « A quoi pensez-vous, Basile, de vouloir vous opposer à un si grand empereur, aux volontés duquel tout le monde se soumet ? Ne craignez-vous pas de ressentir les effets de la puissance dont nous sommes armés ? — A quoi peut donc s'étendre cette puissance ? — A la confiscation des biens, à l'exil, aux tourments et à la mort. — Menacez-moi de quelque autre chose; car rien de tout cela ne fait impression sur moi. — Que dites-vous là ? — Celui qui n'a rien est à couvert de la confiscation : je n'ai que quelques livres et les haillons que je porte; je ne m'imagine pas que vous soyez désireux de me les enlever. Pour l'exil, il ne vous sera pas facile de m'y condamner : c'est le ciel et non le pays que j'habite que je regarde comme ma patrie. Je crains peu les tourments : mon corps est dans un tel état de faiblesse qu'il ne pourra les souffrir longtemps : le premier coup terminera ma vie et mes peines. Je crains encore moins la mort, qui me paraît une faveur, et qui me réunira à mon Créateur, pour qui seul je vis. — Jamais personne n'a parlé à Modeste avec une telle audace. — C'est, sans doute, la première fois que vous avez affaire à un évêque... — Je vous donne jusqu'à demain pour délibérer sur le parti que vous avez à prendre. — Ce délai est inutile; je serai demain tel que je suis aujourd'hui. » Le préfet, qui ne pouvait s'empêcher d'admirer l'intrépidité de l'archevêque, alla trouver le lendemain l'empereur, qui venait d'arriver à Césarée, et l'informa de tout ce qui s'était passé. Valens, irrité du mauvais succès de cette conférence, voulut qu'il s'en tînt une autre, où il assista avec Modeste et Démosthène, officier du palais; mais elle ne réussit pas mieux que la première. Le préfet en fit une troisième, qui ne servit, comme les deux autres, qu'à couvrir le saint de gloire. Alors Modeste dit à Valens : « Nous sommes vaincus; cet homme est au-dessus des menaces. » L'empereur le laissa donc tranquille pour quelque temps, et étant allé à la grande église, le jour de l'Epiphanie, il fut aussi surpris qu'édifié de l'ordre et de la majesté avec lesquels on célébrait l'office divin. Il fut surtout frappé de la piété et du recueillement de l'archevêque à l'autel. N'osant se présenter à la communion, de peur qu'elle ne lui fût refusée, il fit son offrande, qui fut acceptée comme celle des orthodoxes, Basile ayant cru qu'il était de la prudence de ne pas observer, en cette circonstance, la discipline ecclésiastique dans toute sa rigueur. Cependant le prince, obsédé par les ariens, résolut de donner un ordre pour l'exil de l'archevêque; mais Dieu prit visiblement en main la cause de son serviteur. La nuit même du jour où l'ordre avait été expédié, Valentinien Galate, fils de Valens, âgé d'environ six ans, fut attaqué d'une fièvre violente, à laquelle les médecins ne purent apporter aucun remède. L'impératrice Dominica dit alors que cette maladie était une juste punition de l'exil du saint archevêque, ajoutant qu'elle avait été inquiétée elle-même par des songes effrayants; c'est ce qui détermina Valens à faire venir Basile, qui se préparait déjà à partir pour l'exil. Il ne fut pas plutôt arrivé au palais que le jeune prince se trouva mieux. Basile assura qu'il ne mourrait point, pourvu qu'on s'engageât à le faire élever dans la foi catholique. La condition ayant été acceptée, il se mit en prières, et l'enfant fût guéri. Valens, de nouveau circonvenu par les hérétiques, ne tint pas sa parole, et permit à un évêque arien de baptiser son fils qui mourut peu de temps après. Ce coup ne convertit point Valens, qui donna un second ordre pour l'exil de l'archevêque de Césarée; mais lorsqu'il voulut le signer, le roseau dont il se servait se rompit entre ses doigts; un second, un troisième qu'il demanda, se rompirent également. En ayant demandé un quatrième, il sentit dans sa main et dans son bras un tremblement et une agitation extraordinaires. Saisi de frayeur, il déchira l'ordre, et laissa l'archevêque en paix. Quant au préfet Modeste, ayant été guéri par les prières de saint Basile d'une maladie dangereuse, il publia hautement qu'il lui était redevable de la vie, et il se montra toujours depuis plein de reconnaissance et d'attachement pour lui. L'évêque de Tyanes ayant voulu partager avec celui de Césarée la juridiction de métropolitain, parce que sa ville épiscopale venait d'être érigée en capitale de province, saint Basile s'opposa d'abord à ses prétentions, mais il finit par consentir à ce qu'il exerçât les droits de métropolitain sur la seconde Cappadoce. Vers le même temps, il fit deux voyages en Arménie, pour remédier aux troubles et aux scandales que les hérétiques y avaient causés. Il fut attaqué, en 373, d'une maladie si dangereuse, qu'on désespéra de sa vie; on crut même, une fois, qu'il était mort. Il guérit cependant contre toute attente; mais, cinq ans après, il tomba de nouveau malade, et, cette fois, il sentit qu'il n'en reviendrait pas. A la nouvelle du danger qui menaçait leur saint pasteur, tous les habitants de Césarée furent plongés dans la consternation, et se portèrent en foule à la maison épiscopale. Saint Basile mourut le 1er janvier 379, à l'âge de cinquante ans. Il ne laissa pas de quoi se faire faire une tombe en pierre; mais ses diocésains honorèrent sa mémoire par de magnifiques funérailles, où se trouvait une foule immense. Chacun s'empressait de toucher le drap mortuaire qui le recouvrait, et le lit sur lequel il était porté. Les gémissements et les soupirs étouffaient le chant des psaumes: les païens et les juifs mêlaient leurs larmes à celles des chrétiens. Les Grecs, qui l'honorent le 1er juin, commencèrent à lui rendre un culte public presque aussitôt après sa mort. Parmi les nombreux ouvrages qu'il a laissés, on distingue, 1° l'*Hexaméron*, ou Discours sur l'ouvrage des six jours de la création, regardé comme son chef-d'œuvre, à cause de l'immense érudition qui y est déployée, et de l'élégance incomparable du style; 2° des *Homélies*; 3° les cinq livres contre *Eunomius*, qui contiennent une réfutation de l'arianisme; 4° les *Ascétiques*; 5° le livre du *Saint-Esprit*; 6° des *Lettres*, au nombre de 336, qui sont des modèles de style épistolaire; enfin, des Commentaires et des Traités de morale. Le style de saint Basile est plein d'élévation et de majesté. On peut le comparer aux plus célèbres orateurs de l'antiquité, et l'égaler aux Pères de l'Eglise les plus éloquents. Erasme le regarde comme l'orateur le plus accompli qui ait jamais paru, et dit que son style doit servir de modèle à ceux qui aspirent à la véritable éloquence. Rollin dit qu'on doit le placer dans la première classe des orateurs, et le regarder comme un des plus habiles maîtres de l'éloquence. Quiconque, dit Photius, veut devenir un panégyriste ou un orateur, n'aura besoin ni de Platon, ni de Démosthènes, s'il prend Basile pour modèle. Il n'y a point d'écrivain dont la diction soit plus pure, plus belle, plus énergique, et les pensées plus fortes et plus solides. Il réunit tout ce qu'il faut pour persuader, avec la douceur, la clarté et la précision. — 14 juin.

BASILE DE LUNE (saint), évêque de Sarzane, en Italie. La cathédrale de cette ville a longtemps porté son nom. — 29 octobre.

BASILE DE PAROS (saint), florissait dans le VIIIe siècle, et fut exilé par les Iconomaques, à cause de son attachement au culte des saintes images. Il est honoré à Constantinople le 12 avril.

BASILE (saint), confesseur à Constantinople, combattit avec courage pour la doctrine des saintes images sous l'empereur Léon l'Isaurien, et après avoir été cruellement persécuté, il mourut en paix vers l'an 750. — 27 février.

BASILE (saint), martyr à Constantinople, avec saint Etienne le Jeune et trois cent quarante-un autres, souffrit diverses tortures pour la cause des saintes images sous l'empereur Constantin Copronyme, qui le fit mettre à mort l'an 766. — 28 novembre.

BASILE (saint), évêque de Thessalonique et confesseur, était Athénien d'origine, et portait le surnom de David. Il eut beaucoup à souffrir pour la cause de saint Ignace, patriarche de Constantinople, et aussi pour avoir repris l'empereur Michel III de ses impiétés et de ses momeries sacriléges. Il mourut vers l'an 869, et il est honoré chez les Grecs le 1er février.

BASILE (saint), dit le Jeune, mena la vie anachorétique près de Constantinople, et mourut en 952. — 26 mars.

BASILLE (sainte), *Basilla*, est honorée à Smyrne, ou plutôt à Sirmich, d'après le martyrologe de saint Jérôme, qui la nomme sous le 29 août.

BASILÉE (saint), *Basileus*, martyr à Rome

avec saint Jovin, souffrit la mort sous les empereurs Valérien et Gallien, vers l'an 258. — 2 mars.

BASILÉE (saint), martyr en Espagne, souffrit avec saint Epitace, évêque. — 23 mai.

BASILÉE (saint), évêque et martyr en Afrique, souffrit avec sainte Alméride et plusieurs autres. — 23 mai.

BASILIDE (saint), *Basilides*, soldat et martyr à Alexandrie, était un des gardes d'Aquila, préfet d'Egypte. Ayant été chargé de descendre dans une chaudière de poix bouillante sainte Potamienne, qui venait d'être condamnée à cet horrible supplice, il eut pour la sainte les plus grands égards, la préservant des insolences de la populace qui insultait à sa pudeur par des propos obscènes. Potamienne, reconnaissante, lui dit de prendre courage, l'assurant qu'après sa mort elle lui obtiendrait la grâce du salut. Peu après le martyre de la sainte, les compagnons de Basilide ayant exigé de lui qu'il jurât par les faux dieux, il refusa de le faire, déclarant qu'il était chrétien. Ils crurent d'abord qu'il plaisantait ; mais, voyant qu'il persistait dans sa résolution, ils le conduisirent au préfet, qui le fit mettre en prison. Les chrétiens qui le visitèrent lui ayant demandé la cause d'un changement si subit, il leur répondit : « Potamienne m'est apparue la troisième nuit après son martyre ; elle m'a mis une couronne sur la tête, en me disant qu'elle m'avait obtenu du Seigneur la grâce du salut, et que bientôt je serais associé à son bonheur dans le ciel. » On lui administra le baptême pendant la nuit, et le lendemain, il confessa de nouveau la foi devant le tribunal du préfet, qui le condamna à être décapité. Il souffrit, l'an 205, pendant la persécution de l'empereur Sévère. — 30 juin.

BASILIDE (saint), martyr en Crète, avec saint Théodule et plusieurs autres, fut décapité, l'an 249, dans la persécution de l'empereur Dèce, après avoir souffert de cruels tourments. — 23 décembre.

BASILIDE (saint), martyr à Rome, avec plusieurs autres, fut mis à mort par l'ordre de Platon, préfet de la ville, sous l'empereur Aurélien, vers l'an 273. — 10 juin.

BASILIDE (saint), soldat et martyr à Rome, servait dans l'armée de Maxence, fils de Maximien Hercule, lorsqu'il fut arrêté comme chrétien, par ordre du préfet Aurèle, qui le fit déchirer par des scorpions et décapiter ensuite, vers l'an 309. Son corps fut inhumé sur la voie aurélienne. — 12 juin.

BASILIE (sainte), *Basilia*, martyre en Afrique, avec saint Apollone, est nommée dans le Martyrologe de saint Jérôme. — 19 mars.

BASILIEN (saint), *Basilianus*, martyr à Laodicée en Syrie, souffrit avec saint Théotime. — 18 décembre.

BASILISQUE (saint), *Basiliscus*, soldat et martyr à Comanes dans le Pont, était parent de saint Théodore, surnommé Tiron, et sortait de Cumiales, bourg de la Cappadoce. Arrêté, en 306, à Amasée dans le Pont, le juge Asclépiodote le tourmenta cruellement pour le faire renoncer au christianisme, et, sur son refus, il le fit jeter dans un cachot. Averti par un songe prophétique qu'il devait bientôt recevoir la couronne du martyre, il demanda et obtint la permission d'aller à Cumiales pour faire ses adieux à sa famille. Le jour même qu'il était parti, Agrippa, qui venait d'être nommé gouverneur de la province, arriva à Amasée, et, dès le lendemain, s'étant fait représenter la liste des détenus, il ordonna qu'on fît comparaître Basilisque. Un officier s'étant transporté à la prison, ne l'y trouva pas. Le gouverneur s'en prit au geôlier, et lui donna ordre de remettre Basilisque entre les mains des magistrats de Comanes, où il devait se rendre lui-même. Le geôlier le rencontra qui sortait de Cumiales pour retourner à Amasée, comme il l'avait promis, et se saisissant de lui, il le chargea de chaînes, lui fit chausser des brodequins garnis de clous en dedans, et pour hâter sa marche, il le frappait de verges. Arrivé à Comanes, où le gouverneur l'attendait, Basilisque fut conduit dans un temple, et Agrippa lui proposa de sacrifier aux dieux. Basilisque répondit qu'il adorait un Dieu à qui il offrait un sacrifice de louanges. Agrippa croyant qu'il allait sacrifier, lui dit qu'il avait le choix entre les dieux. Alors le généreux soldat, montrant une statue, demanda quel dieu elle représentait. On lui répondit que c'était Apollon. « C'est un nom de destruction et de ruine, » ajouta-t-il. Il expliqua ensuite quel dieu il adorait et le genre de sacrifice qu'il lui offrait. Agrippa, qui avait cru qu'il allait obéir, voyant qu'il n'en était rien, lui fit subir diverses tortures et porta contre lui une sentence de mort, qui fut exécutée près de la ville, dans un lieu nommé Discore, situé sur le bord de l'Iris. Le soldat, qui avait ordre de jeter son corps dans cette rivière, le vendit aux chrétiens, et il fut enterré dans un champ. — 3 mars.

BASILISQUE (saint), évêque de Comanes dans le Pont, fut arrêté, l'an 312, pendant la persécution de Maximin Daïa, et conduit à Nicomédie, où il souffrit avec saint Lucien, prêtre d'Antioche. L'année suivante, comme la persécution avait cessé, son corps fut reporté dans le Pont et enterré à deux lieues de Comanes ; l'on bâtit ensuite sur son tombeau une église qui porta son nom. Près d'un siècle plus tard, saint Basilisque apparut à saint Jean Chrysostome. Lorsque celui-ci, condamné à l'exil par les intrigues de l'impératrice Eudoxie, passa par Comanes, comme il prenait son repos la nuit, près du tombeau du saint martyr, il entendit ces paroles qu'il lui adressait : « Courage, mon frère ; demain, nous serons ensemble. » Le jour suivant, saint Jean Chrysostome mourut en effet, comme la chose lui avait été prédite. Saint Basilisque est honoré chez les Grecs le 21 juillet et chez les Latins le 22 mai.

BASILISSE (sainte), *Basilissa*, martyre à Rome, était d'une famille distinguée et fut instruite des vérités de la foi par les apôtres saint Pierre et saint Paul. Arrêtée, pendant la persécution de Néron, avec sainte Anastasie, elle confessa la foi au milieu des tourments les plus cruels. On lui coupa la langue et les pieds, et elle fut ensuite décapitée. On croit que ces deux saintes furent mises à mort pour avoir rendu les derniers devoirs aux corps des saints apôtres, l'an 66. — 15 avril.

BASILISSE (sainte), martyre à Corinthe, avec saint Calliste et huit autres, fut précipitée dans la mer vers le milieu du IIIe siècle. — 16 avril.

BASILISSE (sainte), vierge et martyre à Antioche, avec sainte Callinice, avait consacré à Dieu sa virginité lorsqu'éclata la persécution de Dioclétien. Arrêtée et mise en prison, elle en fut tirée pour comparaître devant les magistrats. Ceux-ci, à la vue de sa jeunesse et de sa beauté, l'engagèrent à se soumettre à l'édit des empereurs et à se marier. Basilisse répondit qu'elle avait choisi Jésus-Christ pour époux, et qu'elle était prête à mourir pour lui. Ni les menaces, ni les tourments ne purent abattre son courage, et elle fut condamnée à être brûlée vive, ainsi que Callinice, qui avait partagé ses tortures. — 22 mars.

BASILISSE (sainte), vierge et martyre à Nicomédie, n'avait que neuf ans lorsqu'elle fut arrêtée pendant la persécution de Dioclétien. Malgré son jeune âge, elle confessa Jésus-Christ avec une grande intrépidité. Le président Alexandre la fit fouetter, jeter dans les flammes, exposer aux bêtes, et c'est à la suite de ce dernier supplice qu'elle mourut en priant Dieu. — 3 septembre.

BASILISSE (sainte), vierge, était originaire d'Egypte et épousa saint Julien l'Hospitalier, avec lequel elle vécut dans la continence la plus parfaite à partir du jour même de leur mariage, qui eut lieu à Antioche, où ils résidaient. Uniquement occupés, l'un et l'autre, de leur sanctification, ils menaient la vie des ascètes. Ils firent de leur maison une espèce d'hôpital pour les pauvres et les malades : Julien avait soin des hommes, et Basilisse était chargée des personnes de son sexe. Elle mourut en paix au commencement du IVe siècle, après avoir essuyé toutefois de rudes persécutions pour Jésus-Christ. On bâtit, dans la suite, des églises et des hôpitaux sous l'invocation des saints époux. Il y avait, à Paris et ailleurs, des chanoinesses régulières du nom de sainte Basilisse. — 9 janvier.

BASILISSE (sainte), vierge et martyre, était, à ce que l'on croit, originaire de l'Armorique, et avait reçu le jour dans les environs de Rennes. Elle avait fait vœu de virginité, ainsi que sainte Oricule, sa sœur, et elles vivaient ensemble dans la retraite, lorsque des barbares, ayant fait une irruption dans le pays, les massacrèrent l'une et l'autre, en haine de la religion chrétienne, lorsqu'elles étaient à peine à la fleur de leur âge. — 8 novembre.

BASILISSE (sainte), abbesse du monastère de Horréen, à Trèves, florissait dans le IXe siècle. — 5 décembre.

BASIN (saint), *Basinus*, martyr à Meldeswelt, dans le diocèse de Gand, fut mis à mort vers l'an 685. Son corps se gardait dans l'abbaye de Dronghen, où il est honoré le 14 juillet.

BASIN (saint), évêque de Trèves, appartenait à l'une des meilleures familles de l'Austrasie. Il se fit religieux dans l'abbaye de Saint-Maximin de Trèves, dont il fut élu abbé. Il succéda ensuite, vers l'an 676, à saint Véomade sur le siège de cette ville, et conserva, après son élévation, cet esprit de prière et de mortification qui l'animait dans le cloître. Il fit de son palais une espèce de monastère, où il forma d'excellents sujets, entre autres saint Ludwin, son neveu, qui devint ensuite son successeur. Saint Basin, après plus de vingt ans d'épiscopat, se démit de son siège vers l'an 697, pour retourner à l'abbaye de Saint-Maximin, où il mourut le 4 mars vers 700, et où il fut inhumé. — 4 mars.

BASLE (saint), *Basolus*, ermite en Champagne, né vers le milieu du VIe siècle, d'une famille noble et riche du Limousin, quitta son pays natal pour aller visiter le tombeau de saint Remi de Reims. Gilles, évêque de cette ville, qui connaissait Basle pour avoir logé chez ses parents, lui fit un accueil paternel, et voyant qu'il était disposé à renoncer au monde, il l'encouragea dans sa généreuse résolution, et lui permit de choisir une retraite dans son diocèse. Basle prit l'habit religieux dans le monastère de Verzy, près de Reims, où il se distingua par sa ferveur et par son amour de la mortification. Il se retira ensuite dans une cellule qu'il se construisit sur une montagne du voisinage, et y passa quarante ans. Le démon lui livra de violents assauts dans sa solitude; mais il en triompha, comme saint Antoine, par la prière et le jeûne. Il mourut le 25 novembre vers l'an 620, et fut enterré dans la chapelle de son ermitage. Le monastère de Verzy fut transporté, dans le milieu du VIIe siècle, à l'ermitage de saint Basle, et l'on y conservait les reliques du saint, dont le nom devint célèbre par les miracles qui s'y opéraient. — 26 novembre.

BASOËS (saint), l'un des quarante-deux martyrs d'Amorio, qui, après la prise de cette ville par les Sarrasins, en 836, furent emmenés captifs à Bagdad par le calife Moutassem. L'empereur Théophile lui envoya des ambassadeurs pour réclamer ces illustres détenus, dont plusieurs tenaient de près à la famille impériale, et qui tous étaient des personnages considérables; mais le calife refusa de les rendre, et ne voulut pas entendre parler de rançon. Son but était de les contraindre à se faire mahométans, et il n'épargna, pour l'atteindre, aucune sorte de moyens. Plongés dans un affreux cachot, n'ayant pour nourriture que du pain et de l'eau, pour habillement que des haillons, ils passèrent ainsi plusieurs années, et de temps en temps on leur offrait la liberté, des richesses et des honneurs, s'ils voulaient apostasier. Moutassem étant mort en 842, Vatek, son fils et son successeur, continua le même système à l'égard de ces généreux confesseurs, mais sans plus de succès. Enfin, l'an 345, il les plaça de nouveau entre la mort et l'apostasie; sur leur refus, il les fit conduire sur les bords de l'Euphrate, où ils furent décapités. — 6 mars.

BASON (saint), *Baso*, confesseur, florissait dans le VIIe siècle. Son corps se garde à Laon dans l'église de Saint-Jean. — 7 mai.

BASSE (saint), *Bassus*, évêque de Nice et martyr, souffrit d'abord sous la persécution de Dèce; il fut ensuite arrêté sous celle de Valérien, par ordre du président Pérennius. Après avoir été tourmenté sur le chevalet, brûlé avec des lames ardentes, déchiré à coups de bâton, piqué par des scorpions et jeté dans le feu, dont il sortit sain et sauf, il fut percé de deux clous, et termina ainsi son glorieux martyre. — 5 décembre.

BASSE (saint), martyr à Alexandrie, fut jeté dans la mer avec deux autres, qui donnèrent, comme lui, leur vie pour Jésus-Christ. — 14 février.

BASSE (saint), martyr à Héraclée, avec saint Orion et un autre, est honoré chez les Grecs le 20 novembre.

BASSE (sainte), *Bassa*, martyre à Nicomédie, était femme de saint Claudien, avec lequel elle passa trois ans dans un affreux cachot. Elle eut à subir les plus cruels traitements, qui mirent fin à sa vie dans le IIIe siècle. — 6 mars.

BASSE (sainte), martyre à Edesse en Syrie, était la mère des saints martyrs Théogone, Agapit et Fidèle, qu'elle exhorta, à l'exemple de la mère des Machabées, à souffrir courageusement la mort pour Jésus-Christ. Elle fut exécutée après eux, sous l'empereur Maximien. — 21 août.

BASSIEN (saint), *Bassianus*, lecteur et martyr à Alexandrie, subit le supplice du feu avec saint Cyrion, prêtre, et plusieurs autres. — 14 février.

BASSIEN (saint), martyr en Afrique, souffrit avec saint Pierre et vingt-deux autres. — 9 décembre.

BASSIEN (saint), évêque de Lodi et confesseur, naquit en Sicile vers l'an 322, et était fils de Sergius, gouverneur de Syracuse. Il n'avait que douze ans lorsque son père l'envoya à Rome pour y faire ses études. Il y était depuis quelques années lorsqu'il fit la connaissance d'un prêtre nommé Gordien; celui-ci l'instruisit dans la religion chrétienne et lui conféra le baptême. Cette conversion ne put rester longtemps secrète, et lorsque Serge, qui était idolâtre, en fut informé, il donna des ordres pour le faire revenir à Syracuse, se proposant de lui faire quitter, de gré ou de force, la religion qu'il venait d'embrasser. Bassien, pour échapper à cette persécution domestique, alla se cacher près de Ravenne. L'évêque de cette ville l'éleva, malgré lui, au sacerdoce, et l'attacha au service de son église. Il avait cinquante-cinq ans lorsqu'il fut élu évêque de Lodi, au commencement de l'année 377. Bientôt il se lia d'une étroite amitié avec saint Ambroise de Milan, avec lequel il se rendit au concile tenu à Aquilée, en 381, et il assista aussi à celui de Milan, tenu contre Jovinien en 390. Il travailla, avec le saint docteur, à la réfutation des erreurs que cet hérésiarque débitait contre la virginité en général et contre celle de la sainte Vierge en particulier. A la nouvelle de la maladie de saint Ambroise, il se rendit près de lui, l'assista dans ses derniers moments, et reçut son dernier soupir. Il mourut lui-même dix-sept ans après, le 19 janvier 413, âgé de près de quatre-vingt-dix ans, et son corps fut enterré dans l'église des douze apôtres, qu'il avait fait construire. La ville de Lodi ayant été ruinée au milieu du XIIe siècle, l'empereur Frédéric Barberousse fit transporter ses reliques dans la nouvelle ville, et cette cérémonie fut présidée par l'antipape Victor. — 19 janvier.

BASSILLE (sainte), *Bassilla*, vierge et martyre, naquit à Rome vers l'an 240, et était fille d'un sénateur. Celui-ci, qui était idolâtre, la fit élever dans les superstitions du paganisme. Avant qu'elle fût en âge d'être mariée, il promit sa main à un chevalier romain, nommé Pompée; mais elle fut laissée orpheline par ses parents, qui, avant de mourir, la placèrent sous la conduite d'un chrétien, dont ils ignoraient la religion. Son tuteur la disposa, par ses instructions, à embrasser le christianisme; et Bassille, pour se perfectionner dans l'étude de la religion, fit prier sainte Eugénie de lui envoyer quelqu'un qui pût la préparer au baptême. Le jour de la cérémonie étant fixé, le pape saint Corneille se rendit chez Bassille et lui administra le sacrement. Elle se lia d'une sainte amitié avec Eugénie, et seconda son zèle pour la conversion des dames romaines, dont elles gagnèrent un grand nombre à Jésus-Christ. Pompée, informé par une servante de Bassille que sa fiancée était chrétienne, en fit de vifs reproches à son tuteur; il alla ensuite la trouver elle-même, espérant lui faire abandonner sa religion; mais Bassille refusa de le recevoir, parce qu'elle avait consacré à Dieu sa virginité. Elle lui fit dire qu'elle renonçait au mariage projeté par leurs parents, et qu'elle était résolue à garder le célibat toute sa vie. Pompée, qui regardait ce refus comme un outrage, jura qu'elle serait son épouse ou qu'elle mourrait. S'étant rendu au sénat, il se plaignit que les chrétiens lui avaient enlevé le cœur de sa fiancée et l'avaient entraînée dans leur secte. L'empereur Valérien, déjà irrité contre eux, fit ordonner à Bassille de retourner à la religion de ses pères et d'épouser Pompée, sous peine de la vie. La jeune vierge répondit qu'elle avait choisi pour époux le Roi des rois, et qu'aucun pouvoir humain ne pourrait la forcer à épouser un mortel. Sur cette réponse, elle fut conduite au supplice, et le bourreau lui passa son épée au travers du corps. Il y a un cimetière à Rome qui porte son nom. — 20 mai.

BASSUS (saint), martyr en Afrique, souffrit avec saint Mappalique et plusieurs autres, l'an 250, pendant la persécution de

Dèce ; et il est mentionné par saint Cyprien. — 17 avril.

BASSUS (saint), martyr à Rome, fut exécuté sur la voie *Salaria*, sous le règne de Dioclétien. — 11 mai.

BASTAME (saint), *Bastamus*, missionnaire et martyr en Egypte, secondait les travaux apostoliques de saint Recombe, avec lequel il était allé prêcher l'Evangile dans la partie septentrionale de la province. Il fut arrêté avec son chef et ses compagnons, et ils eurent tous la tête tranchée, dans le II° ou le III° siècle. — 16 janvier.

BASTAMON (saint), martyr avec le précédent, appartenait à une autre troupe de missionnaires, qui avait pour chef saint Théonas, et qui était allée planter la foi dans le midi de l'Egypte. Ceux qui la composaient, ayant été saisis et conduits devant le juge, furent condamnés au supplice du feu. — 16 janvier.

BATALAN (saint), martyr sur les confins de l'Egypte et de l'Ethiopie, est honoré chez les Grecs le 13 juillet.

BATAS (saint), martyr en Mésopotamie, était originaire de la Perse. Les Grecs l'honorent le 1er mai.

BATATZUN (saint), abbé en Ethiopie, célèbre par son abstinence, est honoré en Orient le 11 juin.

BATHILDE (sainte), *Bathildes*, reine de France et épouse du roi Clovis II, était fille d'un prince saxon. Dans son enfance, elle avait été enlevée sur les côtes d'Angleterre par des pirates et vendue à des marchands, desquels Archambaud, maire du palais de Neustrie, l'avait rachetée. La sagesse et la prudence de la jeune Bathilde inspirèrent à son maître tant d'estime, qu'il lui confia le gouvernement de sa maison; mais Dieu, qui l'appelait à d'autres destinées, permit que l'éclat de ses vertus se répandit dans toute la France. Quand Clovis II fut en âge de se marier, il épousa Bathilde, en 649, et ce choix fut universellement applaudi. La jeune reine ne s'enorgueillit point de son élévation, qui fit ressortir encore davantage son humilité, sa charité pour les pauvres et son zèle pour la religion. Clovis, qui connaissait ses inclinations, lui confia cette partie de son autorité qui avait pour objet la protection de l'Eglise, les établissements pieux et le soulagement des malheureux. Elle eut trois fils, qui portèrent successivement la couronne : Clotaire III, Childéric II et Thierry III. Etant devenue veuve en 655, elle fut chargée de la régence du royaume et de la tutelle de ses enfants, et soutint ce double poids avec une capacité qui faisait l'admiration des hommes d'Etat. Elle sut maintenir la paix et le bon ordre, abolit l'esclavage en France, et, de concert avec saint Eloi et saint Ouen, s'appliqua à bannir de l'Eglise la simonie. Elle fonda des hôpitaux et deux célèbres abbayes, celle de Corbie pour des hommes, celle de Chelles pour des femmes, et rebâtit plusieurs monastères, entre autres ceux de Saint-Martin, de Saint-Denis et de Saint-Médard. Lorsque Clotaire, son fils aîné, fut en état de prendre les rênes du gouvernement, elle alla s'enfermer dans l'abbaye de Chelles, où elle prit le voile. Ne se distinguant des autres religieuses que par son humilité, son recueillement et sa ferveur, elle obéissait à sainte Bertille, son abbesse, avec autant de ponctualité que la dernière des sœurs, et ne dédaignait pas les fonctions les plus basses et les plus rebutantes. Son plus grand plaisir était de visiter et de servir les malades, de les consoler par des exhortations pleines de charité. Dieu l'éprouva, sur la fin de ses jours, par des douleurs violentes et par des infirmités, qu'elle souffrit non-seulement avec résignation, mais encore avec joie. Dans ses derniers moments, elle donnait aux religieuses les avis les plus touchants, leur recommandant par-dessus tout l'amour des pauvres et la persévérance dans le service de Dieu. Elle mourut en 680; en 833, ses reliques furent transférées dans l'église de Notre-Dame de Paris. — 30 janvier.

BATHON (le bienheureux), de l'illustre famille des comtes d'Andech, fut gouverneur de la Bavière occidentale, aujourd'hui l'Autriche. Il remplit avec distinction ce poste important, et remporta plusieurs victoires sur les barbares sortis de la Pannonie, qui étaient venus attaquer les frontières du pays qu'il administrait. Mais il se rendit plus recommandable encore par sa piété que par sa valeur. Il fit un grand nombre de fondations religieuses, et entreprit par dévotion le voyage de la terre sainte. Il mourut le 17 juin 954, et c'est en ce jour qu'on trouve son nom dans plusieurs calendriers d'Allemagne. — 17 juin.

BAUDACAIRE (saint), *Baudacarius*, moine de Bobbio en Italie, florissait dans le VII° siècle, sous l'abbé Saint-Bertulfe. Tout ce qu'on sait de lui, c'est qu'il opéra des miracles pendant sa vie et après sa mort. On fit une translation de ses reliques le 31 août 1482, jour où il est nommé dans le martyrologe des bénédictins. — 31 août.

BAUDÈLE (saint), *Baudelius*, martyr à Nîmes, ayant refusé de sacrifier aux idoles, subit le supplice du fouet et d'autres tortures, au milieu desquelles il expira, sans qu'on sache pendant quelle persécution. Saint Grégoire de Tours rapporte que, de son temps, il s'opérait de nombreux miracles à son tombeau, qu'on voyait à Nîmes. On ignore ce que sont devenues ses reliques. Plusieurs églises, non-seulement de France, mais aussi d'Espagne, ont été placées sous son invocation. — 20 mai.

BAUDELIN (saint), *Baudelinus*, confesseur, florissait au commencement du VIII° siècle. Il est patron de la ville d'Alexandrie de la Paille, et on l'honorait autrefois dans l'ordre des Humiliés. — 10 novembre.

BAUDIME (saint), *Baudimius*, confesseur, est honoré à Saint-Nectaire en Auvergne. — 2 janvier.

BAUDIN (saint), *Baudinus*, évêque de Tours, florissait dans le VI° siècle. Il est honoré à Verneuil en Touraine, et son corps se garde à Loches. — 7 novembre.

BAUDOIN (saint), *Balduinus*, chanoine de Laon et mart: r, était fils de saint Blandin et de sainte Salaberge, et frère de sainte Austrude. Il fut assassiné par des scélérats, vers l'an 677. On croit qu'Ebroin, maire du palais de Thierri II, ne fut pas étranger à ce crime. — 8 janvier.

BAUDOIN (le bienheureux), abbé de Saint-Edmond, mourut en 1097, et il est honoré en Angleterre le 31 décembre.

BAUDOIN (le bienheureux), religieux de l'ordre de Citeaux, florissait à Riéti en Italie, du temps de saint Bernard, qui lui adressa une lettre. Il est honoré dans son ordre le 11 août.

BAUDRY (saint), *Baldericus*, fondateur et abbé du monastère de Montfaucon en Champagne, était prince du sang royal et proche parent du roi Dagobert Ier. Il fonda le monastère de Montfaucon, où il prit l'habit, et fut chargé du gouvernement de la communauté. Il fonda ensuite, en 639, un monastère de religieuses, dans un faubourg de Reims, où sainte Beuve, sa sœur, prit le voile. Il mourut dans cette ville, où il était venu faire un voyage, vers le milieu du VIIe siècle, et il y fut enterré. Dans la suite, les religieux de Montfaucon enlevèrent furtivement son corps et le transportèrent dans l'église de leur monastère. Il fut porté à Verdun pendant les incursions des Normands, et de là dans un lieu nommé *Vasticia*, sur le Rhin. Ces translations donnèrent lieu à plusieurs miracles, opérés par l'intercession de saint Baudry. — 8 octobre.

BAUDRY (saint), porcher à Sombernon, près de Saint-Seine, se sanctifia dans son humble état. Parmi ses vertus on admirait surtout son inaltérable pureté. Quoique marié deux fois, il mourut vierge, l'an 570. Ses reliques se gardent à Ogny, dans le diocèse d'Autun, où on l'honore le 8 juillet et le 16 octobre.

BAULE (saint), *Baula*, martyr en Egypte, est honoré chez les Grecs le 27 septembre.

BAULE (saint), surnommé le Juste, est honoré à Témeï, par les Coptes et par les Ethiopiens, le 4 octobre.

BAUMEZ (saint), *Baomadus*, solitaire dans le Maine, était originaire de l'Aquitaine et florissait dans le VIe siècle. Pendant les incursions des Normands, ses reliques, avec celles de saint Ulface, furent transportées à Tulle, où on le nomme saint Baumard. — 4 août.

BAUSSENGE (saint), *Balsemius*, qui florissait sur la fin du IVe siècle et mourut vers l'an 407, est patron de Ramerupt en Champagne, où se garde son corps. Son chef est à Paris. — 15 et 26 août.

BAVON (saint), *Bavo*, anachorète et patron de Gand, portait aussi le nom d'Allowin, et sortait d'une famille noble du Brabant. Il mena dans sa jeunesse une vie déréglée; mais étant devenu veuf, il résolut de se convertir, à la suite d'un sermon de saint Amand de Maëstricht. Cet homme apostolique avait à peine fini son discours, que Bavon vint se jeter à ses pieds, fondant en larmes; et après lui avoir fait l'humble aveu de ses désordres, il se soumit à la pénitence canonique. De retour chez lui, il distribua aux pauvres son argent et ses meubles; puis, ayant mis ordre à ses affaires, il se retira dans le monastère de Saint-Pierre de Gand, où il reçut la tonsure des mains de saint Amand, qui était le directeur de sa conscience. Bavon fit de grands progrès dans la perfection sous un tel maitre, qui, voyant sa ferveur et son attrait pour les austérités, lui permit de mener la vie érémitique. Il se retira d'abord dans le tronc d'un arbre qui était creux; ensuite il se construisit une cellule dans la forêt de Malmédun, près de Gand; et il ne se nourrissait que d'herbes sauvages, avec un peu d'eau. Saint Floribert, abbé du monastère de Saint-Pierre, lui permit de vivre en reclus dans une nouvelle cellule qu'il construisit près du monastère. Il y passa le reste de sa vie, uniquement occupé des biens invisibles, et n'ayant plus de commerce qu'avec Dieu. Saint Amand et saint Floribert, avec les moines de Saint-Pierre, assistèrent à sa mort, qui arriva le 1er octobre, vers le milieu du VIIe siècle. Soixante gentilshommes, touchés de son exemple, embrassèrent les austérités de la pénitence. Ils bâtirent à Gand une église en l'honneur de saint Bavon. Cette église fut d'abord desservie par des chanoines, ensuite par des religieux de Saint-Benoît. Ses reliques furent transférées plus tard dans l'église de Saint-Jean, qui prit son nom et qui devint cathédrale à l'érection du siége de Gand. Saint Bavon est patron de cette ville. — 1er octobre.

BAZALOTE (sainte), *Bazalota*, est honorée chez les Ethiopiens le 6 juin.

BÉAN ou **BÉARN** (saint), *Beanus*, évêque d'Aberdeen en Ecosse, florissait dans le XIe siècle et faisait sa résidence à Murthlac; car le siége d'Aberdeen n'avait point alors de place fixe, chaque évêque faisant sa résidence dans une ville ou dans une autre. — 16 décembre.

BÉAT ou **BIÉ** (saint), *Beatus*, anachorète, vint de Rome dans les Gaules vers le milieu du Ve siècle, après avoir distribué ses biens aux pauvres avant de quitter sa patrie. Il s'arrêta quelque temps à Nantes, où il porta plusieurs personnes à la perfection; mais, enflammé d'un désir ardent de se livrer entièrement à la contemplation, il se retira dans un lieu solitaire près de Vendôme. Il y passa le reste de sa vie, et après sa mort il y fut enterré. Son corps a été, depuis, transféré dans la cathédrale de Laon. Une église paroissiale de Vendôme porte son nom, et il y a près de Saint-Gaudens, dans le diocèse de Toulouse, une petite ville du nom de Saint-Béat. Dans le diocèse du Mans, il y a aussi une paroisse qui s'appelle de son nom, Saint-Bié en Bélin. — 8 et 9 mai.

BÉATE (sainte), *Beata*, martyre en Afrique, souffrit avec saint Cyrille, évêque, et plusieurs autres. — 8 mars.

BÉATRIX (sainte), martyre à Rome, était sœur de saint Simplice et de saint Faustin, qui furent décapités à Rome en 303, sous l'empereur Dioclétien. Elle retira leurs corps du Tibre, où on les avait jetés, et les enterra. Elle resta ensuite, pendant sept mois, cachée chez une sainte femme nommée Lucine; mais elle fut découverte et arrêtée sur la dénonciation d'un de ses parents, qui voulait s'approprier ses biens. Conduite devant le juge, elle protesta généreusement qu'elle n'adorerait jamais des dieux de bois et de pierre : en conséquence, elle fut condamnée à mort et étranglée dans sa prison. Lucine l'enterra près de ses frères. Le pape Léon transporta leurs reliques dans une église qu'il avait bâtie à Rome sous leur invocation. — 29 juillet.

BÉATRIX D'EST (la bienheureuse), fille d'Azelino, seigneur de Ferrare, fut mariée à Galéas Manfredo, seigneur de Vicence. Etant devenue veuve, elle résolut de renoncer au monde pour embrasser l'état religieux, malgré l'opposition de son père, qui finit par y consentir. Elle fonda à Ferrare un monastère de religieuses bénédictines, et y prit l'habit le 25 mars 1254. Elle y devint un modèle de toutes les vertus; on admirait surtout son humilité, son obéissance, et son amour pour la pauvreté et pour les mortifications. Elle mourut le 18 janvier 1262. Plusieurs miracles, opérés par son intercession, lui obtinrent la vénération des peuples, et Clément XIV approuva, en 1774, le culte qu'on lui rendait de temps immémorial. — 18 janvier.

BÉATRIX (la bienheureuse), religieuse de l'ordre de Citeaux, devint prieure du monastère de Nazareth à Lire, dans les Pays-Bas, et elle est honorée dans cette ville le 28 juillet.

BÉATRIX CASATE (la bienheureuse), épouse du comte Franchino Rusca, florissait dans le XVe siècle, et mourut en 1490. On l'honore à Milan, le 16 mars.

BEAUMER (saint), *Baudomirus*, diacre dans le Perche, florissait dans le VIe siècle : saint Innocent, évêque du Mans, lui confia les fonctions de catéchiste dans son église, et il s'en acquitta avec de grands succès. Se trouvant à Paris, pendant que le roi Childebert était malade, il le guérit par ses prières. Il est honoré près d'Autun dans le Perche, le 3 novembre.

BEBNUDA (sainte), est honorée par les Cophtes et les Éthiopiens, le 9 février.

BÈDE (saint), *Beda*, docteur de l'Eglise, surnommé le vénérable, naquit en 673, dans un village près du monastère de Jarrow, et fut placé, dès l'âge de sept ans, sous la conduite de saint Benoît Biscop, qui l'envoya ensuite continuer ses études sous saint Céolfrid abbé de Jarrow. Il apprit le chant ecclésiastique sous Jean, grand chantre de Saint-Pierre du Vatican et abbé de Saint-Martin de Rome, qui avait accompagné en Angleterre saint Benoît Biscop, et le grec sous saint Théodore, archevêque de Cantorbéry, et sous l'abbé saint Adrien. Il étudia aussi la poésie, et les vers qui nous restent de lui montrent qu'il était assez bon poète pour son siècle. — La science et la piété suppléant en lui au défaut de l'âge, saint Céolfrid voulut qu'il se préparât aux saints ordres, quoiqu'il n'eût encore que 19 ans. Il fut fait diacre en 691 et prêtre en 702, par saint Jean de Béverley, évêque d'Hexham. Les occupations de Bède dans le monastère de Jarrow étaient, outre le travail des mains, l'étude, la prière et la méditation. Souvent il copiait des livres. Après qu'il eut été élevé à la prêtrise, il fut placé à la tête d'une école nombreuse, d'où sortirent d'excellents sujets; il donnait aussi des leçons aux moines qui étaient au nombre de six cents. Il s'exerça avec succès sur toutes les parties de la littérature, la philosophie, la musique, l'astronomie, l'arithmétique, le calendrier, la grammaire, l'histoire ecclésiastique; cependant ses écrits ascétiques composent la principale partie de ses ouvrages, dans lesquels on ne trouve pas, il est vrai, les ornements de la rhétorique, mais beaucoup de précision et de clarté, un ton de candeur et de piété qui attache le lecteur. Si d'un côté il montre quelquefois peu de critique, comme historien, on ne peut, d'un autre, suspecter sa franchise et sa sincérité. La réputation de Bède s'étendit au loin; le pape Sergius Ier l'estimait singulièrement et lui écrivit une lettre, vers l'an 700, avant même qu'il fût prêtre, et dans laquelle il l'invite, en termes fort honorables, à venir à Rome, afin qu'il ait la satisfaction de le voir et de le consulter sur des affaires importantes. Bède par modestie supprima ce dernier trait de la lettre du pape, et ne fit pas le voyage de Rome; mais on ignore la raison qui l'en empêcha. Il ne paraît pas qu'il soit sorti de son monastère pour faire des voyages au loin. Seulement, Ecgbright, frère d'Eadbyrtht, roi de Northumberland, et qui avait été disciple de Bède, à Jarrow, ayant été élevé sur le siége d'York, en 734, invita son maître à venir le voir dans sa ville épiscopale. Bède se rendit à cette invitation, et passa quelques mois à York où il fonda une école qui devint très-florissante; Alcuin, qu'on croit avoir été quelque temps le disciple de Bède, en fut le plus bel ornement. Bède retourna à son monastère, où il mourut l'année suivante, 735, dans les sentiments de la plus tendre piété, après avoir reçu l'extrême-onction et le saint viatique. Lorsqu'il fut sur le point d'expirer, il se coucha sur le plancher de sa cellule et s'endormit paisiblement dans le Seigneur en récitant la doxologie *Gloria Patri*. Il mourut le 26 mai 735, à l'âge de 62 ans, et fut enterré dans l'église de son monastère. En 1020, ses reliques furent transférées à Durham, et, en 1155, Hugues, évêque de Durham les renferma dans une châsse magnifique, enrichie d'or et de pierreries, qui fut pillée, lors de la destruction des monastères sous Henri VIII. Ce ne fut qu'au IXe siècle qu'on lui donna le nom de *vénérable*; mais il était honoré comme saint, et on lui rendait un culte public plus d'un siècle auparavant. On trouve, dès ce temps, son nom dans les litanies de saint Gall et dans les martyrologes. Sa sainteté fut attestée par plusieurs miracles après sa mort, et même pendant sa vie, qu'il passa presque tout entière dans l'étude, mais qu'il sanctifia par un rare esprit de piété. Saint Bède a été l'un des modèles de perfection les plus rares que le cloître ait jamais produit. De son vivant même, il était regardé, sous le rapport littéraire, comme le plus grand homme de l'Angleterre, et son mérite lui attira les visites de ce qu'il y avait de plus illustre dans son pays, entre autres celle de Céolwulph, roi des Northumbres, à qui il dédia son histoire ecclésiastique d'Angleterre. Outre cet ouvrage, il a laissé une chronique ou traité des six âges du monde, un livre des saints lieux, des commentaires sur l'Ecriture sainte, qui ne le cèdent point en jugement et en solidité à ceux que nous ont laissés les plus habiles des Pères, des homélies et des sermons, divers traités sur la poésie, la grammaire, la rhétorique, l'astronomie, la musique et la composition des calendriers, un martyrologe, les vies de saint Cuthbert, de saint Félix de Nôle, de saint Benoît Biscop et de saint Céolfrid. Les écrivains anglais lui ont donné les plus grands éloges auxquels ont souscrit les étrangers. Lanfranc l'appelle le père et le docteur des Anglais; Cambden, une lumière singulièrement éclatante, et Léland, la gloire et le plus bel ornement de la nation anglaise, l'homme le plus digne qui fut jamais de jouir d'une réputation immortelle. Les protestants eux-mêmes, quoique ses écrits soient la condamnation de leur doctrine, n'ont pu s'empêcher de lui rendre justice. Bale, ennemi déclaré des moines et des Pères, dit qu'on trouvera, dans ses ouvrages, presque tout ce qui mérite d'être lu, dans ce que nous a laissé l'antiquité. Pitts avance que l'Europe n'a peut-être pas produit un écrivain qui lui soit comparable, et que déjà, de son vivant, ses écrits avaient tant d'autorité, qu'un concile ordonna de les lire publiquement dans les églises. Nous terminons par le portrait qu'en fait Tanner : « C'était un prodige de savoir, dans un siècle où l'on n'avait presqu'aucune teinture des lettres, et jamais nous ne pourrons assez admirer son érudition. Il peut lui être échappé quelque méprise, surtout par excès de crédulité; mais si nous examinons l'ensemble de ses écrits, nous conviendrons qu'il est seul une bibliothèque et un trésor de tous les arts alors connus. » — 27 mai.

BÈDE LE JEUNE (saint), moine en Italie, était, avant de quitter le monde, l'un des principaux seigneurs de la cour de l'empereur Louis le Débonnaire, et de celle de Charles le Chauve, roi de France. Après avoir passé quinze ans au service de ces deux princes, il se reprocha d'avoir négligé le service de Dieu et résolut de quitter ses richesses temporelles afin d'amasser des trésors pour l'éternité. Il se retira donc au monastère de Gavel, situé entre Venise et Ferrare, et malgré son âge avancé il ne laissa pas de pratiquer, avec la ferveur d'un novice, tous les exercices de la vie religieuse; ce qui le fit parvenir à une haute perfection. Son mérite et sa sainteté le firent nommer à plusieurs évêchés qu'il refusa par humilité. Il mourut le 10 avril de l'an 883. —10 avril.

BÉE (sainte), *Bega*, vierge en Angleterre, florissait dans le VIIe siècle et se retira dans la solitude pour servir Dieu loin des dangers du monde. Sous Henri Ier, on fonda, à Copeland, un monastère qui portait son nom et qui fut bâti en son honneur. Elle est honorée dans le comté de Northumberland le 31 oct.

BÉÉNAM (saint), martyr en Perse avec sainte Sara, sa sœur, souffrit vers l'an 400, sous le roi Isdegerde Ier. Il est honoré chez les Grecs le 10 décembre.

BÉGE ou BÉE (sainte), *Bega*, vierge, née en Irlande, mena, quelque temps la vie anachorétique en Ecosse : elle entra, ensuite dans le monastère de Hacanos près d'Egremont, dans le comté de Cumberland, où elle passa plus de 30 ans dans la fidèle pratique des vertus du cloître. Elle mourut dans le VIIIe siècle et elle est patronne du royaume de Norwège où elle est honorée le 6 septembre.

BÉGEE (saint), *Begeus*, abbé en Egypte, est honoré chez les Grecs le 23 décembre.

BEGGUE (sainte), *Begga*, veuve et abbesse, était fille du bienheureux Pépin de Landen et de la bienheureuse Itte. Elle épousa Anségise, fils de saint Arnould, qui de maire du palais était devenu évêque de Metz. De son mariage naquit Pépin d'Héristal, duc des Français et tige de la race cariovingienne. Anségise ayant été tué à la chasse, Beggue résolut de passer le reste de sa vie dans la retraite et les exercices de la pénitence. De retour d'un pèlerinage qu'elle avait fait à Rome, elle bâtit à Anden-sur-Meuse, sept chapelles, pour représenter, en quelque sorte, les sept églises principales de Rome. Près de ces chapelles, elle fonda un monastère dans le genre de celui que sainte Gertrude, sa sœur, gouvernait à Nivelle. C'est de là qu'elle tira ses premières religieuses, et la communauté qu'elle gouvernait était déjà nombreuse, lorsqu'elle mourut en 698. —17 décembre.

BEIMAS (saint), est honoré chez les Ethiopiens le 2 juillet.

BELANA (saint), prêtre en Ethiopie, est honoré dans ce pays le 2 juillet.

BELAPHE (saint), *Belaphius*, martyr en Egypte, souffrit avec saint Vacase. — 5 oct.

BELATIEN (saint), *Belatianus*, est honoré chez les Ethiopiens le 5 février.

BELLANDE (sainte), *Berelindis*, vierge et religieuse de Morzelle, florissait sur la fin du VIIe siècle, et mourut vers l'an 702. Elle est honorée à Morbec, dans le Brabant, le 3 février.

BELLIN (saint), *Bellinus*, évêque de Padoue et martyr, souffrit vers l'an 1149. — 26 novembre.

BELLINE (sainte), *Bellina*, vierge honorée comme martyre à Maure près de Troyes, où l'on garde son chef. — 8 septembre.

BELLIQUE (saint), *Bellicus*, martyr en Afrique, souffrit avec plusieurs autres. — 4 mai.

BELLIQUE (saint), martyr en Afrique avec saint Cyriaque et plusieurs autres, est honoré le 21 juin.

BELTRAM (le bienheureux), *Bertegrachmnus*, prêtre et religieux de l'ordre des Ermites de Saint-Augustin, mourut à Fermo l'an 1490, et il y est honoré le 1er juin.

BÉNÉDET (saint), *Benedictus*, médecin et martyr à Otricoli près de Rome, souffrit la mort pour Jésus-Christ, par ordre du juge Sébastien, sous l'empereur Antonin. — 26 juin.

BÉNÉDET (saint), évêque d'Albengue sur les côtes de Gênes, mourut vers l'an 900, et ses reliques sont honorées à Sainte-Marie-des-Fonts le 12 février.

BÉNÉDETTE (la bienheureuse), *Benedicta*, abbesse de Saint-Damien, monastère de Clarisses près d'Assise, succéda à sainte Claire en 1253, et marcha sur les traces de l'illustre fondatrice à l'école de laquelle elle avait été formée. — 16 mars.

BÉNÉDICTE (sainte), *Benedicta*, cinquième abbesse du monastère de Pavilly dans le pays de Caux, florissait au VIIIe siècle, et elle est honorée à Montreuil-sur-Mer le 11 novembre.

BÉNÉDIME (saint), *Benedimus*, martyr à Athènes avec saint Héracle, est honoré chez les Grecs le 15 mai.

BENEN (saint), *Benignus*, archevêque d'Armagh, en Irlande, était d'une famille distinguée de cette île. Son père, qui était idolâtre, accueillit très-bien saint Patrice et le logea dans sa maison; aussi fut-il récompensé de son hospitalité par le don de la foi qu'il reçut ainsi que toute sa famille qui était une des premières de l'Irlande. Benen, qui était alors très-jeune, conçut tant d'estime et d'affection pour le saint apôtre qui l'avait tiré des ténèbres du paganisme, qu'il voulut vivre sous sa conduite et devenir le compagnon de ses travaux. Saint Patrice prédit que Benen lui succèderait sur le siège d'Armagh, ce qui eut lieu, en effet, après la mort du saint apôtre de l'Irlande, arrivée vers l'an 464. Il gouverna dix ans cette église, et après s'être rendu illustre par sa sainteté et par ses miracles, il mourut vers l'an 474. — 9 novembre.

BÉNÉZET (saint), *Benedictus*, patron d'Avignon, naquit en 1165, à Avilat, dans le Vivarais, et fut employé, dans son enfance, à la garde des moutons. Il montrait déjà une piété bien au-dessus de son âge. Touché du danger que couraient les voyageurs, en passant le Rhône à Avignon, il entreprit de faire bâtir un pont sur ce fleuve : projet gigantesque que les Romains n'avaient pas osé tenter. Bénézet, qui n'avait alors que douze ans, prouva, par des miracles, que son idée venait de Dieu, et ayant obtenu l'approbation de l'évêque, il jeta, en 1177, les fondements de ce pont prodigieux qui fut poussé avec activité sous sa direction; mais il n'eut pas la satisfaction de le voir terminé, étant mort en 1184, à dix-neuf ans, après avoir fait le plus difficile. Son corps fut enterré sur le pont même, qui ne fut terminé qu'en 1188. Les nombreux miracles opérés à son tombeau portèrent la ville d'Avignon à bâtir sur le pont une petite chapelle où l'on plaça ses reliques. Elles y restèrent jusqu'en 1669, qu'une grande partie du pont étant tombée, on en retira son corps qui fut trouvé sans aucune marque de corruption : en 1674, il fut solennellement transféré dans l'église des Célestins à Avignon, par l'archevêque de cette ville, accompagné de l'évêque d'Orange et des principaux habitants du pays. Les Célestins avaient obtenu de Louis XIV l'honneur d'être les dépositaires de ce précieux trésor. — 14 avril.

BÉNIGNE (saint), *Benignus*, martyr et disciple de saint Polycarpe, selon la plupart des Martyrologes, vint prêcher la foi dans les Gaules avec saint Andoche et saint Thyrse. Il s'arrêta quelque temps à Autun, avec ses compagnons, et après la conversion de Fauste, père de saint Symphorien, Bénigne passa à Langres, et de là à Dijon où ses travaux apostoliques obtinrent de grands succès. Ayant été arrêté sous le règne de Marc-Aurèle, vers l'an 178, le juge Terence lui fit subir d'affreuses tortures. On distendit son corps au moyen de poulies; on le déchira avec des nerfs de bœuf; on lui enfonça des alènes sous les ongles; on lui scella avec du plomb fondu les pieds dans une pierre qu'on voyait encore du temps de saint Grégoire de Tours. Dans cet état on l'enferma avec des chiens furieux; on le battit ensuite sur le cou avec des barres de fer, et enfin on le perça d'un coup de lance. Au commencement du VIe siècle, saint Grégoire, évêque de Langres, dans le diocèse duquel se trouvait Dijon, fit bâtir une église sur le tombeau de saint Bénigne et voulut être enterré à côté du saint apôtre de la Bourgogne. Cette église a été à l'origine de la célèbre abbaye de Saint-Bénigne de Dijon. — 1er novembre.

BÉNIGNE (saint), martyr à Todi, est honoré dans l'église des religieuses de cette ville, où sont ses reliques. — 13 février.

BÉNIGNE (saint), martyr à Tomes, en Scythie, souffrit avec saint Évagre. — 3 avril.

BÉNIGNE (saint), diacre et martyr à Bevagna en Ombrie, souffrit avec saint Vincent, son évêque, l'an 303, pendant la persécution de Dioclétien. — 6 juin.

BÉNIGNE (saint), évêque de Milan, monta sur le siège vers l'an 460, durant les troubles excités par l'irruption des Barbares; il gouverna son église avec beaucoup de zèle et de piété. Il mourut en 477, et son corps fut inhumé dans l'église de Saint-Simplicien. — 20 novembre.

BÉNIGNE, ou **BERENG** (saint), *Benignus*, martyr en Touraine, fut mis à mort par les Goths, sous l'épiscopat de saint Martin, avec sainte Maure sa mère et ses huit frères, dont le plus connu est saint Epain, qui a donné son nom au bourg où ils souffrirent. — 25 octobre.

BÉNIGNE (saint), évêque et martyr, demanda à Pélage II la permission de quitter son siège pour un autre; mais le pape, dans la réponse qu'il lui adresse, l'exhorte à rester dans son diocèse. Ce diocèse était, selon certains calendriers, celui d'Utrecht, quoiqu'il ne paraisse pas que cette ville fût alors épiscopale. On ignore à quelle occasion il souffrit la mort sur la fin du vi⁵ siècle ; mais saint Grégoire de Tours, qui vivait de son temps, le mentionne avec éloge. Ses reliques furent apportées d'Italie à Utrecht l'an 996. — 28 juin.

BÉNIGNE (saint), diacre et moine de Moyenmoutier, était frère jumeau de saint Jean, prêtre et moine du même monastère. Saint Hidulphe leur donna l'habit et les éleva aux saints ordres, pour l'assister à l'autel. Ils moururent tous deux le même jour, l'an 707, quelques semaines après saint Hidulphe, et ils furent enterrés dans le même tombeau, qui devint bientôt célèbre par de nombreux miracles. — 21 juillet.

BÉNIGNE (saint), onzième abbé de Fontenelle, sous Chilpéric II, ayant pris parti pour Charles Martel contre Ragenfrid, fut exilé à Saint-Germer-en-Fley, près de Beauvais. Charles-Martel, après sa victoire, le rappela à Fontenelle, où il mourut en 725. Il fut enterré dans l'église de Saint-Paul, et l'on y conservait ses reliques dans une châsse près du grand autel. — 20 mars.

BÉNIGNE (saint), solitaire à Malsésine près de Vérone, florissait dans le ixᵉ siècle. Il eut pour disciple saint Lazare, qui est honoré avec lui le 26 juillet.

BÉNIGNE (sainte), *Benigna*, vierge et martyre à Breslau en Silésie, était religieuse de l'ordre de Cîteaux. Elle fut massacrée dans le xiiᵉ siècle, par les Tartares, avec plusieurs autres religieuses de son monastère. — 20 juin.

BÉNILDE (sainte), *Benildes*, martyre à Cordoue en Espagne, souffrit l'an 853, pendant la persécution du roi Mohamed, fils d'Abdérame II. Elle est mentionnée par saint Euloge dans son *Mémorial des saints*. — 15 juin.

BENINCOSA (le bienheureux), religieux servite, né à Florence, en 1376, de parents pieux, se consacra au service de Dieu dès sa jeunesse, et entra dans l'ordre des Servites. Après sa profession, ayant obtenu de ses supérieurs la permission de suivre son attrait pour la solitude, il se retira sur une montagne du diocèse de Sienne, où il mena la vie anachorétique, ne se nourrissant que de pain et d'eau. Comme les populations du voisinage le regardaient comme un saint, il quitta son ermitage, dans la crainte de succomber à la tentation de la vaine gloire, et alla se cacher dans une espèce de grotte située dans le diocèse de Pienza : cette grotte ressemblait à un sépulcre. Il y mourut, à cinquante ans, le 9 mai 1426. Sa grotte où il avait opéré plusieurs miracles pendant sa vie et après sa mort, fut changée en une chapelle qui lui est dédiée, et le culte qu'on lui rendait fut confirmé par Pie VIII en 1829. — 20 juin.

BENJAMIN (saint), diacre de l'Église de Perse, et martyr, ayant été arrêté pour la foi, sous le roi Vararane V, en 423, fut battu cruellement et mis ensuite en prison, où on le retint une année entière. L'ambassadeur des Romains, étant venu en Perse, demanda et obtint son élargissement, à condition que Benjamin n'instruirait aucun mage dans la doctrine chrétienne. L'ambassadeur en prit l'engagement, persuadé que le saint diacre ne le dédirait pas ; mais Benjamin, qui se regardait comme un ministre de l'Évangile, déclara qu'il ne retiendrait jamais la vérité captive, et qu'il ne s'attirerait pas la condamnation de ce lâche serviteur qui avait enfoui son talent. Il continua donc à prêcher les idolâtres, et le roi, en ayant été informé, le fit arrêter de nouveau et essaya de l'ébranler par l'intimidation. « Quelle idée auriez-vous, lui dit Benjamin, d'un de vos sujets, qui, renonçant à la fidélité qu'il vous doit, se rangerait du côté de vos ennemis? » Vararane, transporté de fureur, lui fit enfoncer des pointes de roseaux sous les ongles des pieds et des mains, ainsi que dans les parties du corps les plus sensibles, et cela à plusieurs reprises ; il le condamna ensuite à être empalé. Le saint expira au milieu de cet horrible supplice, l'an 424. — 31 mars.

BENJAMIN D'ÉLIM (saint), moine du Mont-Sinaï et martyr, fut massacré avec un grand nombre de ses frères par les Sarrasins dans le vᵉ siècle. — 14 janvier.

BENNON (le bienheureux), *Benno*, évêque de Metz, était originaire de la Souabe et proche parent de Raoul, roi de Bourgogne. Il entra dans l'état ecclésiastique et il était chanoine de Strasbourg, lorsqu'en 906 il se démit de son canonicat pour se retirer dans la solitude habitée un demi-siècle auparavant par saint Meinrad. Il trouva dans un état déplorable la cellule et l'oratoire du saint, qu'il reconstruisit, et c'est ainsi qu'il posa les fondements de la célèbre abbaye d'Einsiedeln, ou de Notre-Dame-des-Ermites. Il eut bientôt quelques disciples, et la petite communauté commençait à prospérer sous sa conduite lorsque l'empereur Henri l'Oiseleur le nomma, en 925, à l'évêché de Metz. Mais il ne conserva son siége que deux ans : son zèle pour détruire les abus, pour réprimer les vices et les désordres du troupeau qui lui était confié, lui suscita des ennemis puissants et audacieux, qui se saisirent de lui, lui crevèrent les yeux et le mutilèrent honteusement. L'assemblée de Duisbourg les excommunia la même année, et plusieurs des coupables furent condamnés à mort par l'empereur. Bennon retourna à Einsiedeln où il vécut encore treize ans. Il y mourut le 3 août 940. Le bienheureux Eberhard, son ami et son compagnon de solitude, l'enterra près de l'oratoire de la sainte Vierge construit par saint Meinrad. Bennon est honoré dans plusieurs églises avec le titre de bienheureux ; dans quelques autres on lui donne même la qualité de saint. — 3 août.

BENOIST (saint), *Benedictus*, solitaire dans la Campanie, florissait dans le milieu du viᵉ siècle. Saint Grégoire le Grand rapporte que sous le règne de Totila, les Goths mirent le feu à son ermitage dans l'intention de le faire périr lui-même, mais que les flammes le respectèrent et que son habitation ne fut pas même endommagée. Les barbares, loin d'être frappés de ce miracle, le tirèrent de sa cellule et le jetèrent dans un four qu'on venait de chauffer pour y cuire du pain, dont ils bouchèrent l'ouverture. Benoist fut encore préservé miraculeusement des atteintes du feu et il en sortit sain et sauf, sans que ses habits fussent endommagés. Il mourut environ 12 ans après. — 23 mars.

BENOIST DE MACÉRAC (saint), abbé d'un monastère de Bretagne, dans le diocèse de Nantes, florissait dans le IXe siècle et mourut en 845. — 1er octobre.

BENOIT (saint), *Benedictus*, patriarche des moines d'Occident, naquit à Norcia dans l'Ombrie en 480, et fréquenta, dans sa première jeunesse, les écoles publiques de Rome; mais comme il craignait pour son innocence, au milieu d'une foule d'étudiants, qui menaient, pour la plupart, une vie fort licencieuse, il résolut de faire un divorce éternel avec le monde, afin de se mettre à l'abri de ses dangers. Il était âgé d'environ quatorze ans lorsqu'il sortit de Rome; sa nourrice nommée Cyrille, qui l'aimait tendrement, voulut l'accompagner et le suivit jusqu'à trente milles de la ville; mais, arrivé au bourg d'Afile, Benoît trouva moyen de lui échapper et gagna les montagnes de Sublac, où il rencontra un ermite nommé Romain, qui lui donna l'habit religieux; il l'instruisit ensuite des devoirs de l'état qu'il voulait embrasser, et le conduisit à une caverne profonde, située au milieu de montagnes presque inaccessibles. C'est dans cette caverne, appelée depuis la sainte Grotte, que Benoît vécut pendant trois ans sans être connu de personne, excepté de Romain, qui lui avait promis le secret sur le lieu de sa retraite, et qui lui apportait, de temps en temps, une partie de ce qu'on lui donnait pour sa nourriture; il la lui descendait dans la caverne par une corde et l'avertissait au moyen d'une sonnette. Dieu permit qu'il fût découvert en 497, de la manière suivante : Un saint prêtre du pays, préparant son dîner le jour de Pâques, entendit une voix qui lui disait : « Vous préparez à manger pour vous, tandis que Benoît, mon serviteur, meurt de faim à Sublac. » Le prêtre se mit aussitôt à chercher le jeune ermite, et finit enfin par le trouver. Benoît, tout surpris de voir un homme venir à lui, ne voulut lui parler que lorsqu'ils eurent prié quelque temps, et leur conversation ne roula que sur les choses de Dieu. Le prêtre invita ensuite Benoît à manger, lui donnant pour raison qu'on ne devait pas jeûner le jour de Pâques, et le repas fini, il s'en retourna chez lui. Quelque temps après, des bergers aperçurent le saint près de sa caverne, et le prirent pour une bête sauvage, parce qu'il était vêtu de peau de bêtes, et qu'ils s'imaginaient qu'un homme ne pouvait habiter des rochers aussi affreux que ceux de Sublac. Mais s'étant assurés que c'était un serviteur de Dieu, ils conçurent pour lui le plus grand respect, et plusieurs d'entre eux touchés de ses discours, entrèrent avec ferveur dans les voies de la perfection. Le bruit de cette découverte s'étant répandu au loin, on s'empressa de visiter Benoît et de lui fournir les provisions convenables à son genre de vie; lui, de son côté, nourrissait, par des instructions touchantes, l'âme de ceux qui prenaient soin de son corps. Pendant qu'il vaquait ainsi à la contemplation des choses célestes, le démon s'étant présenté à lui sous une forme visible, il chassa le fantôme avec le signe de la croix. L'esprit de ténèbres eut recours à une autre ruse : il rappela au saint le souvenir d'une femme qu'il avait vue autrefois à Rome, et il en grava si fortement l'image dans l'esprit de Benoît, qu'il lui fit naître la tentation de quitter son désert; mais la grâce divine étant venue à son secours, il fut tout honteux de lui-même, et ayant ôté ses habits, il se roula tout nu dans des orties et des ronces qui se trouvaient là; il ne se releva que quand son corps fut tout en sang : c'est ainsi qu'il éteignit le feu impur de la concupiscence; et depuis il ne ressentit plus l'aiguillon de la chair. L'éclat de sa sainteté attira près de lui plusieurs personnes qui, touchées de ses exemples, renoncèrent au monde pour venir pratiquer, sous sa conduite, les austérités de la pénitence. Les moines de Vicovare l'ayant choisi pour abbé, il fut forcé, malgré son humilité, de céder à leurs instances; mais s'étant convaincu que les hommes qui l'avaient placé à leur tête n'avaient pas l'esprit de leur état; voyant d'ailleurs que son zèle leur déplaisait, et qu'ils se repentaient d'avoir choisi un abbé si rigide observateur des règles monastiques, il résolut de les quitter pour retourner dans son désert de Sublac. Ce qui hâta son départ, c'est que quelques-uns des plus mauvais, ayant pris la résolution de se défaire d'un supérieur qui gênait leurs désordres, mirent du poison dans le vin qu'il devait boire et le lui présentèrent. Benoît ayant formé, selon sa coutume, le signe de la croix sur le gobelet, il se cassa aussitôt, et le saint reconnut à ce prodige qu'il contenait du poison. Il dit ensuite aux moines, avec sa douceur et sa tranquillité habituelles : « Que Dieu vous le pardonne, mes frères; vous devez comprendre aujourd'hui combien j'avais raison de vous dire que vos mœurs ne pourraient pas sympathiser avec les miennes. » De retour à Sublac, il lui vint un grand nombre de disciples, pour lesquels il bâtit douze monastères, peu éloignés les uns des autres, et dans chacun desquels il mit douze religieux avec un supérieur. Dans l'un de ces monastères il se trouva un religieux qui, après la psalmodie, sortait de l'église, au lieu de rester à la méditation avec les frères. Averti de sa faute par Pompéien, son supérieur, il se corrigea pendant deux jours, mais le troisième il retomba. Benoît, qui en fut informé, se rendit au monastère et voulut examiner les choses par lui-même. Il aperçut, après la psalmodie, un enfant noir, qui tirait le moine par le bord de sa robe et l'entraînait hors de l'église. Saint Maur, qui était présent, vit aussi la même chose. Benoît, voyant que le moine continuait à s'absenter de la méditation, prit une baguette et l'en frappa ; alors le coupable fut délivré pour toujours de la tentation. Saint Grégoire, qui rapporte ce fait, parle aussi de plusieurs miracles opérés par le saint, vers le même temps. Les personnages les plus illustres de Rome et des autres pays venaient le visiter, se prosternaient humblement à ses pieds, lui demandant sa bénédiction et le secours de ses prières. Quelques-uns même lui amenaient leurs enfants, afin qu'il les instruisît et les formât à la pratique de la vertu : de ce nombre furent les sénateurs Equice et Tertulle, qui lui confièrent l'un son fils Maur, et l'autre son fils Placide. Le démon, jaloux du bien qu'il opérait, lui suscita de nouvelles épreuves et se servit d'un mauvais prêtre du voisinage, nommé Florent, qui publia d'horribles calomnies contre Benoît. Celui-ci, en vrai disciple du Sauveur, n'opposa que la douceur et le silence ; et dans la crainte d'aigrir davantage un homme acharné à le perdre, il quitta Sublac pour se retirer au Mont-Cassin. Peu de temps après ce départ, ayant appris que Florent avait été écrasé sous les ruines d'une galerie, il fut vivement affligé d'une fin aussi tragique, et imposa une pénitence à Maur, pour avoir donné à entendre qu'il n'était pas fâché que son maître fût délivré de son persécuteur. Il y avait sur le sommet du Mont-Cassin un temple et un bois consacrés à Apollon. Benoît prêcha l'Evangile aux idolâtres : ses discours et ses miracles opérèrent un grand nombre de conversions. Il brisa l'idole, coupa le bois, démolit le temple et éleva sur ses ruines deux chapelles sous l'invocation de Saint-Jean-Baptiste et de Saint-Martin. Telle fut l'origine du célèbre monastère du Mont-Cassin, dont il jeta les premiers fondements en 529. Tertulle, père de Placide, étant venu le visiter, donna au nouveau monastère les biens qu'il avait dans le voisinage, ainsi qu'une terre considérable située en Sicile. Il se trouvait parmi les premiers religieux du Mont-Cassin un vénérable ermite, nommé Martin, qui avait tant d'amour pour la solitude, qu'il s'était attaché le corps avec une chaîne de fer, afin de n'être pas tenté de quitter sa cellule. Benoît, craignant qu'il n'en agît de la sorte que dans la vue de se singulariser, lui dit : « Si vous êtes véritablement serviteur de Dieu, vous n'avez pas besoin de chaîne de fer ; celle de son amour suffira pour vous rendre inébranlable dans votre résolution. » Martin donna une preuve de son humilité en reprenant aussitôt la vie commune. Le saint fonda un monastère d'hommes à Terracine, pendant que saint Placide, son disciple, allait en fonder un dans la Sicile. Il gouvernait aussi un monastère de religieuses, peu éloigné du sien, le même probablement où se trouvait sainte Scolastique, sa sœur. Ayant quitté le monde trop jeune pour être versé dans les sciences profanes, il possédait en revanche la plus belle des sciences, celle des choses de Dieu. Il allait prêcher dans les lieux voisins du monastère ; ce qui tendrait à prouver qu'il était dans les ordres sacrés et même diacre, comme l'a établi le P. Mabillon. C'est au Mont-Cassin qu'il écrivit la règle qui a été adoptée par presque tous les cénobites d'Occident, pendant plusieurs siècles. On y remarque un homme consommé dans la science du salut, et suscité de Dieu pour conduire les âmes à la plus sublime perfection : elle est principalement fondée sur le silence, la solitude, la prière, l'humilité et l'obéissance. Il appelle son ordre une école où l'on apprend à servir Dieu, qui l'avait choisi, comme un autre Moïse, pour conduire un peuple d'élus dans la terre promise. Sa mission fut signalée par le don des miracles et par celui de prophétie. Un jour, en présence d'une grande foule, il ressuscita un novice qui avait été écrasé par la chute d'une muraille ; il prédit, plusieurs années d'avance, que le monastère du Mont-Cassin serait profané et détruit ; ce qui eut lieu sous les Lombards, en 580. Il avait aussi le don de connaître les choses cachées : un moine ayant mangé hors du monastère, dans une circonstance défendue par la règle, le saint, instruit de sa faute par révélation, la lui reprocha sévèrement, et pardonna cependant au coupable, dans l'espérance qu'il n'y retomberait plus. Un autre moine, qui avait fait des instructions à des religieuses, en reçut quelques petits présents, et fut fort surpris à son retour d'entendre le saint abbé lui reprocher cette transgression. Totila, roi des Goths, ayant pénétré en Italie, fut frappé des choses merveilleuses qu'on racontait du saint, et voulut le mettre à l'épreuve. Traversant la Campanie, en 542, il lui fit dire qu'il irait le visiter ; mais, au lieu d'y aller lui-même, il lui envoya un de ses officiers, nommé Riggon, qu'il avait fait revêtir de ses habits royaux, et à qui il avait donné une suite nombreuse. Benoît, qui était assis lorsque Riggon arriva, ne l'eut pas plutôt aperçu, qu'il lui cria de loin : « Quittez, mon fils, l'habit que vous portez, il n'est pas à vous. » Riggon, saisi de crainte, et confus d'avoir voulu jouer un si grand homme, se jeta à ses pieds avec son escorte, et lorsqu'il fut de retour près de Totila, il lui raconta ce qui s'était passé. Alors le roi se rendit en personne au Mont-Cassin, et dès qu'il vit le saint abbé, il se prosterna par terre, et y resta jusqu'à ce qu'il eût été relevé par Benoît, qui lui dit : « Vous faites beaucoup de mal, et je prévois que vous en ferez encore davantage. Vous prendrez Rome ; vous passerez la mer, et vous règnerez neuf ans ; mais vous mourrez dans la dixième année, et vous serez cité au tribunal du juste juge, pour lui rendre compte de toutes vos œuvres. » Totila, effrayé des prédictions du saint, se recommanda à ses prières et se montra moins cruel qu'auparavant ; car, ayant pris Naples, peu après, il traita les prisonniers avec une humanité qu'on ne devait pas attendre d'un barbare. Ce qui avait été prédit à ce prince lui arriva de point en point. L'évêque de Canuse, qui visitait souvent Benoît, lui dit un jour, que Totila ne ferait de la ville de Rome qu'un amas de ruines, et que désormais elle ne serait plus habitée. « Rome, répondit le saint, ne sera point renversée par ce prince; mais elle sera battue par les tempêtes, et ébranlée par les tremblements de terre....... » Saint Grégoire observe que cette prédiction eut son parfait accomplissement. Saint Benoît annonça d'avance à ses disciples le jour de sa mort, et fit creuser son tombeau, six jours avant le terme qu'il avait fixé. Le tombeau achevé, la fièvre le prit, et le sixième jour de sa maladie, il se fit porter à l'église pour recevoir la sainte Eucharistie. Il donna ensuite quelques instructions à ses religieux, et, s'appuyant sur l'un d'eux, il pria debout, les mains levées au ciel. C'est dans cette attitude qu'il expira tranquillement, le 21 mars 543, étant âgé de 63 ans, dont il en avait passé 14 au Mont-Cassin, où l'on voit encore la plus grande partie de ses précieuses reliques. Quelques-uns de ses ossements furent apportés en France vers la fin du VII° siècle, et déposés dans la célèbre abbaye de Fleury, qui a porté depuis le nom de Saint-Benoît-sur-Loire. — 21 mars.

BENOIT II (saint), pape, Romain de naissance, fut attaché au service de l'Église dès son jeune âge. Il étudia l'Écriture sainte avec beaucoup d'application, et se rendit fort habile dans la science du chant ecclésiastique. Il prenait un singulier plaisir à chanter les louanges du Seigneur, et regardait cette fonction comme un apprentissage de ce que font les bienheureux dans le ciel. Sa tendre piété et ses autres vertus le firent élever au sacerdoce, et il eut une grande part au gouvernement de l'Église sous les papes Agathon et Léon II. Après la mort de ce dernier, arrivée en 683, il fut élu pour lui succéder; mais son intronisation n'eut lieu que l'année suivante, parce qu'il fallut attendre le retour des envoyés qui étaient allés à Constantinople prier l'empereur Constantin Pogonat de confirmer son élection, selon l'usage qui se pratiquait alors. Benoît, secondé par ce prince, mit beaucoup de zèle à faire recevoir partout les décrets du concile général de Constantinople contre les monothélites. Les évêques d'Espagne s'assemblèrent à Tolède pour souscrire à la décision de foi faite à Constantinople, et ils envoyèrent au pape une copie de leur décret, avec un exposé de leurs sentiments sur le point controversé. Quoiqu'ils reconnussent deux volontés en Jésus-Christ, Benoît trouva cependant que les expressions, dont ils se servaient, n'étaient point assez claires, et il les pria de s'expliquer de manière à ne laisser aucun doute sur leur orthodoxie, ce qu'ils firent dans le quinzième concile de Tolède. Comme l'usage de demander à l'empereur, qui résidait à Constantinople, la confirmation de l'élection d'un nouveau pape entraînait de longs délais, qui étaient préjudiciables à l'Église, le saint pria Constantin d'y apporter remède, et le prince donna une loi adressée au clergé, au peuple et à l'armée de Rome, par laquelle il permettait de procéder sur-le-champ à l'intronisation de celui qu'ils auraient élu pour pape. Cet empereur avait beaucoup de vénération pour le saint : il lui en donna une preuve en lui envoyant, à Rome, une boucle des cheveux de ses deux fils, Justinien et Héraclius. C'était une espèce d'adoption usitée dans ce temps-là : celui qui recevait des cheveux d'un jeune homme était en quelque sorte regardé comme son père. Benoît II travailla beaucoup à la conversion des hérétiques, il s'appliqua aussi à réparer et à orner les églises. Il illustra par une multitude de bonnes œuvres son trop court pontificat, qui ne fut pas encore de onze mois entiers. L'humilité, la douceur, la patience, la mortification et l'amour des pauvres, telles étaient les principales vertus qui brillaient dans ce saint pape. Il mourut le 7 mai 685, et fut enterré dans l'église de Saint-Pierre. — 7 mai.

BENOIT BISCOP (saint), abbé en Angleterre, naquit dans cette île, au commencement du VI° siècle, d'une famille illustre, et obtint, jeune encore, une place distinguée parmi les officiers d'Oswi, roi de Northumberland, qui le prit en affection et le combla de richesses et d'honneurs. A l'âge de vingt-cinq ans, Benoît, dégoûté du monde et de la cour, prit la résolution de vivre uniquement pour Dieu. Il fit d'abord le pèlerinage de Rome, et, à son retour, il s'occupa plus que de l'étude de l'Écriture sainte et des autres exercices de la piété chrétienne. Quelque temps après, Alcfrid, fils du roi Oswi, eut envie de visiter les tombeaux des saints apôtres, et pria Benoît de l'accompagner; mais Oswi s'étant opposé au départ du prince, Benoît partit seul pour Rome, dans le dessein d'aller s'y perfectionner dans la science du salut. En revenant d'Italie, il passa par le célèbre monastère de Lérins, où il prit l'habit religieux, et où il séjourna deux années, s'appliquant à l'exacte observance de la discipline monastique. Il retourna ensuite à Rome, d'où le pape Vitalien le renvoya en Angleterre, l'an 667, pour accompagner saint Théodore, sacré archevêque de Cantorbéry, et pour lui servir d'interprète. Après avoir été quelque temps abbé du monastère de Saint-Pierre et de Saint-Paul, près de Cantorbéry, il s'en démit en faveur de saint Adrien, qui était venu de Rome avec saint Théodore. Benoît étudia sous ces deux saints l'Écriture sainte et les différents devoirs de la vie cénobitique. Au bout de deux ans, il fit un quatrième voyage à Rome, afin d'acquérir de nouvelles lumières sur la discipline de l'Église et sur les diverses constitutions monastiques; ce qui le détermina à séjourner en plusieurs endroits de l'Italie. Avant de revenir en Angleterre, il se procura un certain nombre de livres bien choisis, des reliques, des tableaux de Notre-Seigneur, de la sainte Vierge et des différents saints. De retour dans le Northumberland, il fonda en 674 le monastère de Wérémouth, avec l'aide du pieux Egfrid, fils et successeur d'Oswi, qui contribua par ses libéralités à la construction et à la dotation de cet établissement. Les bâtiments destinés aux religieux étant achevés, Benoît alla en France chercher des ouvriers capables de bâtir une église en pierre, dans le genre de celles qu'il avait vues à Rome; il en ramena aussi des vitriers : l'usage des vitres étant encore inconnu en Angleterre. De là il se rendit à Rome pour la cinquième fois, et en rapporta une nouvelle collection de bons livres, et surtout les écrits des saints Pères, avec des reliques et des tableaux de piété. Les moines de Wérémouth édifièrent bientôt tout le royaume par l'éclat de leurs vertus, ce qui détermina Egfrid à donner de nouvelles terres à Benoît pour fonder, en 682, le monastère de Jarrow, qui fut dédié à saint Paul, celui de Wérémouth l'étant à saint Pierre. Ces deux monastères n'en faisaient pour ainsi dire qu'un seul, et saint Benoît gouvernait l'un et l'autre. Chaque communauté avait cependant son abbé particulier, qui veillait, sous lui, à l'observation de la règle. Les tableaux qu'il s'était procurés à Rome lui servirent à orner les églises de ses deux monastères ; son zèle pour la décoration du lieu saint et pour la décence du culte extérieur lui avait fait demander au pape Agathon la permission d'emmener en Angleterre Jean, abbé de Saint-Martin de Rome et archichantre de l'église de Saint-Pierre; il le plaça dans l'abbaye de Wérémouth, afin qu'il enseignât à ses moines le chant grégorien et les cérémonies dont l'Eglise romaine se servait dans la célébration de l'office divin. Les trois dernières années de sa vie ne furent plus qu'un tissu d'infirmités, auxquelles vint se joindre une paralysie, qui le priva de l'usage de ses membres et l'obligea de garder le lit. Lorsqu'il fut ainsi dans l'impossibilité d'assister à l'office canonial, quelques moines, partagés en deux chœurs, venaient chanter dans sa chambre les psaumes de chaque heure du jour ou de la nuit. Il prenait part à cette récitation du mieux qu'il lui était possible, mêlant sa faible voix à celles des religieux. Il ne cessait de s'occuper avec Dieu que pour exhorter de temps en temps ses disciples à la perfection : « Mes enfants, leur disait-il, n'allez pas regarder comme une invention de mon esprit les constitutions que je vous ai données. Après avoir visité dix-sept monastères bien disciplinés, dont j'ai tâché de connaître parfaitement les lois et les usages, j'ai formé un recueil de toutes les règles qui m'ont paru les meilleures, et c'est ce recueil que je vous ai donné. » Il mourut peu de temps après avoir reçu le saint viatique, le 12 janv. 690. En 970, ses reliques furent transférées à l'abbaye de Torhey. Il eut pour successeur saint Céolfrid, abbé de Jarrow, qu'il établit supérieur de ses deux monastères, en 689, un an avant sa mort. La Vie de saint Benoît Biscop a été écrite par saint Bède, surnommé le Vénérable, qui avait été son disciple et qui fut le plus bel ornement du monastère de Jarrow. — 12 janvier.

BENOIT (saint), évêque de Milan, florissait au commencement du VIII° siècle, sous Aribert le Jeune, roi des Lombards. Il se rendit célèbre par sa piété, et mourut vers l'an 725. — 11 mars.

BENOIT D'ANIANE (saint), abbé en Languedoc, était fils d'Aigulfe, comte de Maguelone en Languedoc, et naquit vers l'an 750. Il fut échanson des rois Pepin et Charlemagne; mais, éclairé par la grâce, il résolut, à l'âge de vingt ans, de renoncer aux richesses, aux honneurs, pour se consacrer à Dieu. Il resta cependant encore trois années à la cour avant d'exécuter son projet, auquel il se disposait par une vie mortifiée et pénitente. Ayant manqué de périr en voulant sauver son frère, qui se noyait dans le Tésin, près de Pavie, cet accident le détermina à rompre tout à fait les liens qui l'attachaient encore au monde. De retour en Languedoc, il consulta un saint solitaire, nommé Widmar ou Guimer, qui l'affermit dans ses généreuses résolutions. Benoît partit donc de chez lui comme pour aller à Aix-la-Chapelle, où était la cour; mais il s'arrêta à l'abbaye de Saint-Seine, à cinq lieues de Dijon, où il prit l'habit monastique, en 774, étant âgé d'environ vingt-quatre ans. Il s'y montra le modèle des religieux par la pratique d'une rigoureuse abstinence et par la mortification la plus austère, traitant son corps comme un esclave rebelle et ne lui accordant pour toute nourriture que du pain et de l'eau, dormant peu, et souvent sur la terre nue, passant quelquefois toute la nuit en prière, nu-pieds, sur le pavé, même au plus fort de l'hiver. Il embrassait avec ardeur ce que la pénitence a de plus humiliant aux yeux du monde, souffrant avec joie les mépris et les insultes que lui attirait la singularité de son genre de vie. Car, non content d'observer avec ponctualité la règle de saint Benoît, qui était celle du monastère, il pratiquait en outre les austérités que prescrivent les règles de saint Basile et de saint Pacôme. Devenu cellérier, il s'acquitta de cet emploi d'une manière qui donna la plus haute idée de ses vertus et de sa capacité pour le gouvernement ; ce qui fit qu'après la mort de l'abbé, il fut choisi pour lui succéder ; mais il refusa cette dignité, parce qu'il connaissait l'aversion des religieux pour la réforme : il quitta même le monastère en 780, et retourna en Languedoc, où il bâtit, dans une de ses terres, un petit ermitage, près d'une chapelle de Saint-Saturnin, sur les bords du ruisseau d'Aniane. Il y vécut quelques années en anachorète, priant continuellement le Seigneur de lui faire connaître sa volonté. Il lui vint des disciples, qu'il refusa d'abord par humilité ; mais il en reçut ensuite quelques-uns, entre autres le saint vieillard Guimer. Tous ces solitaires ne vivaient que du produit de leur travail, et ne se nourrissaient que de pain et d'eau : seulement les jours de dimanche et de fêtes, ils y ajoutaient un peu de vin et de lait qu'on leur apportait par charité. Benoît, qui était leur supérieur, voyant s'augmenter le nombre de ses disciples, bâtit, dans le voisinage, un monastère plus grand, mais où tout respirait la bas-

vreté, au point que les calices dont on se servait à l'autel n'étaient que de bois, de verre ou d'étain; et quand on lui faisait don de quelques ornements précieux, il les distribuait à d'autres églises, les trouvant trop riches pour la sienne. Outre la conduite de ses religieux, dont le nombre monta bientôt à trois cents, il établit une réforme salutaire dans les monastères de Provence, de Languedoc et de Gascogne, sur lesquels il conserva une inspection générale, et qui tous le regardaient comme leur supérieur et leur père. Inviolablement attaché à la foi de l'Eglise catholique, il s'éleva fortement contre Félix d'Urgel, qui attaquait la filiation divine de Jésus-Christ. Il assista, en 794, au concile de Francfort où cet hérésiarque fut condamné: il le réfuta dans quatre traités, où il défend la vraie doctrine. Benoît était regardé comme l'oracle de la France, et il y jouissait de la plus haute considération; ce qui lui facilita les moyens d'introduire la réforme dans un grand nombre de monastères. Guillaume, duc d'Aquitaine, ayant fondé, en 804, le monastère de Gellone, qui fut depuis appelé de son nom *Saint-Guillem-du-Désert*, saint Benoît d'Aniane le peupla de fervents religieux. Louis le Débonnaire, frappé du grand bien qu'il avait opéré dans les cloîtres, l'établit inspecteur général de toutes les abbayes de ses Etats, et le fit venir à Marmunster en Alsace; mais pour le rapprocher davantage d'Aix-la-Chapelle, séjour ordinaire de la cour, il fonda pour le saint le monastère d'Inde, à deux lieues de la capitale. Le saint présida, en 817, une assemblée d'abbés, tenue pour le rétablissement de la discipline monastique, et fut le principal auteur des canons que fit la même année le concile d'Aix-la-Chapelle, pour la réformation du clergé et des moines. On adopta les statuts qu'il avait dressés à cet effet, et on les joignit à la règle de saint Benoît, patriarche des cénobites de l'Occident. Les dernières années de la vie de saint Benoît d'Aniane ne furent plus qu'une maladie continuelle, qu'il supporta avec une parfaite résignation. Il mourut au monastère d'Inde, appelé depuis de Saint-Corneille, le 11 février 821, à l'âge d'environ soixante-onze ans, et il y fut enterré. Ses reliques ont été illustrées par plusieurs miracles. Nous avons de lui un *Code de règles* qu'il écrivit étant encore simple moine à Saint-Seine; *un livre d'Homélies à l'usage des moines*; un *Pénitentiel*; une *Concorde des règles monastiques* où il montre la conformité de la règle de saint Benoît du Mont-Cassin avec celles de saint Basile et de saint Pacôme. — 12 février.

BENOIT (saint), évêque d'Angers, florissait au commencement du IX° siècle, et mourut en 823. Il est honoré dans l'église de Saint-Maurille, où il y a de ses reliques. — 15 juillet.

BENOIT (saint), ermite et martyr, fut tué par des voleurs, l'an 1004, avec trois de ses confrères à Brennove, près de Guesne, en Pologne. Ils étaient de l'ordre des Camaldules, et ils sont mentionnés par le bienheureux Pierre Damien, dans la vie de saint Romuald, où il est dit qu'il s'opérait des miracles à leur tombeau. — 12 et 16 novembre.

BENOIT (le bienheureux), abbé, né en 1033, fut élevé dans le monastère de Saint-Hilaire à Carcassonne, où il fit profession, lorsqu'il fut parvenu à l'âge requis; mais, peu satisfait de la régularité de cette maison, il alla en Italie, et se retira dans le monastère de Cluse, près de Turin, dont il devint abbé en 1066. Son zèle pour l'observation de la règle déplut aux religieux; mais il sut, par sa fermeté et sa prudence, les ramener à la discipline monastique. Il dissémina, dans plusieurs maisons de la province, les sujets mécontents, ou qui ne voulaient pas se soumettre, et ne garda à Cluse que ceux qui étaient sincèrement attachés à leur état. Ce moyen lui réussit au delà de toute espérance, et ses religieux devinrent bientôt des modèles d'obéissance et de ferveur. Benoit visitait souvent ceux de ses religieux qui étaient dans les fermes ou ermitages, et leur faisait observer exactement la règle de la maison. Il avait aussi un soin particulier des vassaux du monastère, et les assistait dans tous leurs besoins. On le voyait souvent entouré d'une foule de pauvres qui le regardaient comme leur père. Sa santé, quoique robuste, ne put résister, à la fin, à ses grandes austérités; mais, malgré l'affaiblissement de ses forces et de graves infirmités, il ne voulut rien diminuer de ses mortifications, ni prendre aucun remède; il ne permit pas même qu'on le saignât. Sa mort, qu'il attendait et à laquelle il était préparé, arriva le 31 mai 1091, à l'âge de cinquante-huit ans, et la 25° année de son administration. — 31 mai.

BENOIT XI (saint), pape, né en 1240 à Trévise, portait, avant son exaltation, le nom de Nicolas Bocasini. Après avoir commencé ses études dans sa patrie, il alla les achever à Venise, où il prit l'habit de Saint-Dominique, étant encore fort jeune, et fit de grands progrès dans les sciences divines et dans la vertu. Quatorze ans après son entrée en religion, il fut envoyé en qualité de professeur et de prédicateur, à Venise et à Bologne, afin qu'il fit part aux autres des trésors spirituels qu'il avait amassés dans le silence et la retraite. Nous avons encore plusieurs de ses sermons, ainsi que des commentaires qu'il composa sur l'Ecriture sainte. Ayant été élu général de son ordre, en 1296, il écrivit une lettre circulaire, dans laquelle il exhortait d'une manière fort touchante les Dominicains à l'amour de la pauvreté, de l'obéissance, de la retraite, de la prière et de la charité. L'année suivante, le pape Boniface VIII l'envoya en France, avec la qualité de nonce, pour être médiateur de la paix entre ce royaume et l'Angleterre, et pendant qu'il était occupé de cette importante affaire, il fut élevé au cardinalat. Cette nomination lui causa une vive douleur, parce qu'il redoutait les dignités ecclésiastiques; il versa même des larmes, et il n'aurait pas accepté s'il n'eût reçu un ordre formel du pape. Peu après, il fut nommé évêque d'Ostie et doyen du sacré collége. En 1301, il alla avec le titre de légat *a latere* en Hongrie, pour étouffer l'esprit de discorde qui régnait dans ce royaume, et qui avait enfanté diverses factions et produit de grands ravages. Il se conduisit avec tant de sagesse, que bientôt la paix succéda aux troubles : il abolit aussi plusieurs pratiques superstitieuses et d'autres abus, d'où résultaient de grands scandales. Les légations dont il fut chargé ensuite en Autriche et à Venise ne firent pas moins d'honneur à son habileté et à sa prudence. Onze jours après la mort de Boniface VIII, les cardinaux entrèrent au conclave, le 22 octobre 1303, et dès le lendemain Bocasini fut élu tout d'une voix. Cette élection lui causa une vive frayeur ; mais on l'obligea d'y acquiescer, et on l'intronisa le dimanche suivant. Devenu pape, il ne changea rien à sa manière de vivre. Sa mère s'étant présentée devant lui, avec des habits magnifiques, il refusa de la voir jusqu'à ce qu'elle eût repris des vêtements conformes à son état et à sa condition. La capitale du monde chrétien était alors déchirée par la faction des Colonnes, ennemis de Boniface VIII. Benoît, par sa prudence, sa modération et sa douceur, apaisa les dissensions et rétablit la paix publique. Il accorda une amnistie générale de laquelle ne furent exceptés que Sciarra Colonne et Guillaume de Nogaret, qui avaient outragé son prédécesseur avec la dernière brutalité. Il pacifia le Danemark et les autres royaumes du Nord ; il fit cesser les troubles civils et religieux qui agitaient la France, et révoqua les bulles que Boniface VIII avait lancées contre Philippe le Bel. Il réconcilia Venise et Padoue qui étaient sur le point de se faire la guerre, et travailla, de concert avec Félène, reine de Servie, à la conversion de son fils Orose ; enfin ce bon pape fut le martyr de la paix qu'il cherchait à établir partout, ayant été, dit-on, empoisonné par quelques scélérats, ennemis de la tranquillité publique. Il mourut à Pérouse le 6 juillet 1304, à l'âge de soixante-trois ans, après huit mois et dix-sept jours de pontificat. Il s'opéra à son tombeau des miracles dont l'authenticité fut constatée par l'évêque de Pérouse.— 7 juillet.

BENOIT DE SAINTE - PHILADELPHIE (saint), frère lai de l'ordre de Saint-François, né en 1526 au village de Sainte-Philadelphie, près de Messine, appartenait à une famille originaire de l'Ethiopie, et qui était esclave en Sicile. Il fut surnommé le *Maure*, dans son enfance, à cause de la couleur et du pays de ses parents. Elevé dans la religion catholique, il montra, de bonne heure, de grandes dispositions pour la piété. A l'âge de douze ans, il entra dans un institut de solitaires récemment établi ; mais Pie IV l'ayant supprimé et ayant ordonné aux membres qui le composaient d'entrer dans un ordre approuvé, Benoît se retira à Palerme chez les Frères Mineurs de l'Observance, où il fit profession en qualité de frère lai, et s'acquitta, avec une ferveur extraordinaire de tous les devoirs de l'état qu'il avait embrassé. Il s'abs-

tenait de viande pendant toute l'année, dormait peu, et toujours sur le plancher de sa cellule, portait les vêtements les plus grossiers, et priait continuellement. Il s'éleva, par ce genre de vie, à un degré éminent de contemplation ; et, bien qu'il ne fût que simple frère lai, sa science, ses vertus et surtout sa piété le firent nommer supérieur d'un monastère de son ordre. Il mourut le 4 avril 1589, dans sa soixante-troisième année. Trois ans après sa mort, son cercueil ayant été ouvert, son corps fut trouvé dans un état parfait de conservation, et exhalant une odeur très-agréable. Béatifié par Benoît XIII en 1743, il fut canonisé par Pie VII en 1807. — 4 avril.

BENOITE (sainte), *Benedicta*, vierge et martyre dans le III° siècle, était, à ce que l'on croit, née à Rome, et suivit saint Lucien et saint Quentin, lorsqu'ils vinrent prêcher l'Evangile dans les Gaules. Elle souffrit le martyre à Origny, près de Vervins, dans le diocèse de Soissons, où l'on conserve ses reliques. Bénédulfe, évêque de Laon, en fit la translation le 26 mai 876, et c'est en ce jour qu'on célèbre sa principale fête. — 26 mai, 8 octobre.

BENOITE ou BÉATE (sainte), vierge, honorée dans le territoire de Sens, florissait sur la fin du III° siècle. — 29 juin.

BENOITE (sainte), martyre à Rome, fut une des victimes de la persécution de Julien l'Apostat. Elle fut décapitée l'an 363, avec le prêtre saint Prisque, par ordre d'Apronien, gouverneur de la ville, qui avait juré haine aux chrétiens et qui profita des dispositions du prince pour la satisfaire. — 4 janvier.

BENOITE (sainte), vierge à Rome, se retira avec sainte Galle près de l'église de Saint-Pierre, où elles passèrent plusieurs années dans la prière, le jeûne, l'aumône et les autres exercices de la vie chrétienne. Elle mourut vers le milieu du VI° siècle, trente jours après sainte Galle, comme saint Pierre, en qui elle avait une grande dévotion, le lui avait révélé. Saint Grégoire le Grand la mentionne en termes très-honorables. — 6 mai.

BENU (sainte), martyre en Egypte, est honorée par les Cophtes le 15 janvier.

BÉRACH (saint), *Berachus*, abbé en Irlande, est honoré dans cette île le 15 février.

BÉRAIRE (saint), *Berarius*, évêque du Mans, succéda à saint Chadoine sur le siége de cette ville, vers l'an 653. Il fonda un monastère de religieuses près de la ville épiscopale ; et pendant qu'il était occupé à construire les bâtiments, il eut une inspiration relativement aux reliques de sainte Scolastique, sœur de saint Benoît. Il envoya en conséquence au Mont-Cassin des religieux qui rapportèrent des ossements de la sainte. Béraire les plaça dans l'église du nouveau monastère, et il allait souvent s'édifier au milieu de la pieuse communauté qu'il y avait établie. Il était le père et le modèle de ces saintes filles, ainsi que du troupeau confié à ses soins. Béraire mourut après vingt-sept ans d'épiscopat, et il a toujours été honoré comme saint dans le diocèse du Mans. Ses reliques se gardaient dans l'église d'un hôpital qu'il avait fondé près de cette ville. — 17 octobre.

BÉRARD (le bienheureux), *Berardus*, confesseur dans l'Abruzze Ultérieure, florissait au commencement du XII° siècle, et mourut l'an 1130. — 3 novembre.

BÉRARD (saint), frère mineur et martyr, que saint François d'Assise envoya, avec quatre autres religieux, prêcher l'Évangile aux Mahométans : ils commencèrent leur mission par les Maures de Séville en Espagne, qui les chassèrent du pays, après les avoir accablés de mauvais traitements. Ils s'embarquèrent ensuite pour Maroc, mais leurs prédications y furent encore plus mal accueillies. Après les avoir fouettés, on leur fit subir diverses tortures; le roi les fit venir en sa présence, et leur fendit la tête avec son cimeterre, le 16 janvier 1220. On racheta leurs reliques, qui furent placées dans l'église de Sainte-Croix à Coïmbre. Bérard et ses compagnons furent canonisés en 1481 par le pape Sixte IV. — 16 janvier.

BERCAIRE (saint), *Bercharius*, abbé de Hautvillers en Champagne, né vers l'an 636, d'une famille illustre de l'Aquitaine, fut placé sous la conduite de saint Nivard, archevêque de Reims, qui le fit élever dans les lettres et dans la piété. Son goût pour la vie religieuse le porta à se retirer au monastère de Luxeuil, alors gouverné par saint Walbert, et il s'y fit remarquer par son humilité et son obéissance. Étant revenu à Reims, il détermina saint Nivard à fonder le monastère de Hautvilliers, qu'il alla habiter avec quelques religieux. Le saint archevêque était leur abbé. Bercaire fonda lui-même dans la forêt de Der, deux monastères, celui de Puisye ou Moutiérender pour des hommes, et celui de Pellemoutier pour des filles. Il les enrichit de reliques qu'il avait rapportées de Rome et de Jérusalem, où il avait été en pèlerinage. Il donna à celui de Moutiérender, dans lequel il se retira, plusieurs terres dont il avait hérité de sa famille. Il mourut victime de son zèle pour la sanctification de ses religieux. Un moine, nommé Daguin, outré d'une correction que Bercaire lui avait infligée, alla, pendant la nuit, le percer d'un coup de couteau. L'assassin ayant été amené devant lui pour qu'il décidât lui-même du châtiment qu'il fallait lui faire subir, il se contenta de l'exhorter à la pénitence, et lui conseilla le pèlerinage de Rome. Daguin sortit du cloître, et on ne le revit plus. Quant à saint Bercaire, il ne survécut que deux jours à sa blessure, et mourut le 27 ou le 28 mars 696, âgé d'environ soixante ans. Ses reliques, après diverses translations, furent apportées à Moutiérender. — 26 mars et 16 octobre.

BERCAM (saint), *Bertichamus*, évêque des Orcades, florissait dans la première partie du IX° siècle, et mourut l'an 840. Il est honoré à Quircouaille en Écosse, le 6 avril.

BÉRENGER (saint), *Berengarius*, moine de Saint-Papoul, est honoré le 26 mai.

BÉRÉNICE (sainte), vierge et martyre, était fille de sainte Domnine et sœur de sainte Prosdocé, d'une des plus nobles et des plus riches familles d'Antioche. Elle s'enfuit avec sa mère et sa sœur à Édesse, en Mésopotamie, lorsque Dioclétien eut publié ses derniers édits contre les chrétiens. Sainte Domnine, dénoncée par son propre mari, fut arrêtée avec ses deux filles, et l'ordre fut donné de les conduire à Hiéraple, en Syrie : mais, pendant le trajet, elles se précipitèrent toutes les trois dans une rivière et y furent noyées, l'an 304. Elles ne se portèrent à cette extrémité que par l'inspiration d'en haut, et pour mettre leur vertu à l'abri de la brutalité infâme des soldats qui les accompagnaient. L'Église en a jugé ainsi, puisqu'elle les honore comme martyres. Saint Jean Chrysostome, lorsqu'il était à Antioche, prononça, en l'honneur de ces saintes, deux discours devant les châsses qui renfermaient leurs reliques. Elles sont honorées chez les Grecs le 4 octobre, et chez les Latins le 14 avril.

BERFONE (saint), *Berfonius*, est honoré chez les Abyssins le 27 février.

BERGIS ou BÉRÉGISE (saint), *Beregisus*, fondateur et premier abbé du monastère de Saint-Hubert dans les Ardennes, naquit vers le milieu du VII° siècle dans cette partie de l'Austrasie qui porta depuis le nom de Lorraine, fut élevé dans le monastère de Saint-Trou, où il prit l'habit religieux. Ayant été élevé au sacerdoce, il fut quelque temps le confesseur de Pépin d'Héristal, qui l'aida par ses libéralités à fonder un monastère dans la forêt des Ardennes. Bergis prit le gouvernement de la communauté qu'il y avait fondée et mourut sur la fin du VII° siècle. — 2 et 3 octobre.

BERIKERT (saint), *Berikertus*, solitaire en Irlande, est honoré le 16 décembre.

BÉRILLE (saint), *Berillus*, évêque de Catane en Sicile, fut ordonné par saint Pierre. Il mourut en paix dans une grande vieillesse, après avoir converti un grand nombre d'infidèles. — 21 mars.

BERMOND (saint), *Veremundus*, frère de saint Ayme, fonda avec lui le monastère de Saint-Victor de Méla, pour des religieuses. Il mourut vers l'an 800, et il fut enterré à Méda, à côté de son frère. Leurs corps furent visités en 1581, par saint Charles Borromée, et Frédéric Borromée, son successeur, en fit la translation l'an 1626 et les plaça sous un autel. Ils sont honorés le 13 février.

BERMOND (saint), abbé de Sainte-Marie d'Yrache, mourut en 1092, et il est honoré en Navarre le 8 mars.

BERNARD DE MENTHON (saint), archidiacre d'Aoste, et fondateur des hospices du Grand et du Petit Saint-Bernard, sortait d'une illustre famille de Savoie et naquit au château de Menthon, près d'Annecy, l'an 923. Il montra, dès son enfance, d'heureuses dispositions pour la piété et les lettres. Lorsqu'il fut en âge de se marier, il refusa un parti avantageux que son père lui proposait, et s'enfuit secrètement pendant qu'on faisait les préparatifs de son mariage.

Il se mit sous la conduite de Pierre, archidiacre d'Aoste sous lequel il se perfectionna dans la science religieuse et dans les autres sciences nécessaires à l'état ecclésiastique, vers lequel le portait sa vocation. Ayant été admis aux ordres sacrés, l'évêque d'Aoste le fit son diacre en 966, et Bernard remplit avec un zèle et une capacité remarquables les devoirs attachés à cette charge. Il exerça, pendant 42 ans, les fonctions de missionnaire dans les contrées voisines, employant la prière et le jeûne pour attirer les grâces du ciel sur les travaux apostoliques auxquels il se livra dans les diocèses d'Aoste, de Sion, de Genève, de Tarentaise, de Milan et de Novarre, d'où il bannit la superstition et l'ignorance, et dont il vint à bout de réformer les mœurs. Il renversa une fameuse idole de Jupiter, qui était sur une haute montagne du Valais, et ruina le crédit des prêtres de cette idole, en montrant qu'ils se plaçaient dans une colonne creuse pour rendre leurs prétendus oracles. Touché des dangers auxquels les pèlerins français et allemands étaient exposés en allant à Rome pour rendre leurs pieux hommages aux tombeaux des saints apôtres, il fonda, pour eux deux hospices, dits, de son nom, le Grand et le Petit Saint-Bernard, qu'il fit desservir par des Chanoines réguliers de Saint-Augustin. Il fut leur premier prévôt ou supérieur. Après être allé à Rome pour obtenir la confirmation de son institut, il revint cultiver les heureux fruits qu'avaient fait naître ses missions, et mourut à Novarre en 1008 âgé de 85 ans. Ses éminentes vertus et sa sainteté le firent canoniser, l'année suivante. L'établissement qu'il fonda et qui subsiste encore de nos jours, et qui a conservé son esprit primitif, a rendu d'immenses services à l'humanité. Il n'est personne qui n'ait entendu parler des religieux du mont Saint-Bernard, qui, secondés par des chiens intelligents, vont au secours des voyageurs égarés, transis par le froid ou enfoncés dans les neiges. — 15 juin.

BERNARD (saint), confesseur dans la Campagne de Rome, mourut à Serpino dans l'Abruzze, vers la fin du XIᵉ siècle. — 14 octobre.

BERNARD (saint), évêque de Carinola, dans la terre de Labour, et confesseur, florissait au commencement du XIIᵉ siècle et mourut l'an 1109. Il est honoré à Capoue où il mourut et où l'on garde son corps. — 12 mars.

BERNARD (saint), premier abbé de Tiron, naquit dans le Ponthieu, vers l'an 1046. Il quitta sa famille et son pays pour se retirer au monastère de Saint-Cyprien, dans le Poitou, où il fit ses vœux. Ses éminentes vertus et son mérite portèrent les religieux du monastère de Saint-Savin à l'élire pour leur abbé, mais il prit la fuite pour se soustraire à cette dignité, et étant allé trouver un saint ermite, nommé Pierre des Etoiles, celui-ci le conduisit dans la forêt de Craon en Anjou, où le bienheureux Robert d'Arbrisselles, qui y menait la vie anachorétique avec quelques solitaires, le reçut au nombre de ses disciples. Bernard, qui, pour ne pas être reconnu, avait pris le nom de Guillaume, les surpassa bientôt par ses austérités ; il priait sans cesse et méditait continuellement la loi de Dieu. Les moines de Saint-Savin, qui l'avaient cherché partout, le découvrirent enfin au bout de trois ans. Alors Bernard alla se cacher dans l'Ile de Chaussée, près de Coutances, où Pierre des Etoiles fut le trouver ; il lui apprit que les moines de Saint-Savin avaient élu un autre abbé et le ramena dans la solitude de Craon. Rainauld, abbé de Saint-Cyprien, usa d'une ruse innocente pour le faire revenir dans son monastère, et la communauté le reçut comme un saint : on lui ôta ses haillons et on lui coupa la barbe. Rainauld, qui avait le projet d'en faire son successeur, lui fit défendre par l'évêque de Poitiers, d'abandonner, dans la suite, son monastère. Il fut élu, en effet, après la mort de Rainauld ; mais il s'éleva de grandes difficultés au sujet de cette élection. Les moines de Cluny prétendirent que le monastère de Saint-Cyprien était de leur dépendance, et obtinrent du pape Paschal II des lettres qui interdisaient à Bernard toutes fonctions, s'il refusait de se soumettre à Cluny. Bernard se démit de sa dignité pour aller se joindre à Robert d'Arbrisselles et Vital de Mortain, qui faisaient des missions apostoliques dans le Maine ; il prêcha avec zèle contre l'incontinence des prêtres et en convertit plusieurs. Cependant les moines de Saint-Cyprien, munis des lettres de l'évêque de Poitiers vinrent le conjurer d'aller à Rome plaider leur cause et la sienne : il se rendit à leurs vœux, fit le voyage de Rome, monté sur un âne, et obtint du pape la permission de retourner dans son abbaye, où de nouvelles difficultés, qu'il n'avait pas prévues, l'attendaient encore ; ce qui le décida à quitter, pour toujours, le monastère et à retourner dans son île de la Chaussée. Rotrou, comte du Perche, lui abandonna une partie de la forêt de Tiron, et Bernard y fonda un monastère qui fut bientôt peuplé de nombreux disciples ; la première messe y fut célébrée par Yves, évêque de Chartres, le jour de Pâques de l'année 1109. Louis le Gros, roi de France, Henri Iᵉʳ, roi d'Angleterre, et David, roi d'Ecosse, firent de grandes libéralités au monastère de Tiron, où le saint passa le reste de sa vie dans un calme et une tranquillité dont il était privé depuis longtemps. Il mourut le 14 avril 1117 âgé d'environ 70 ans. — 14 avril.

BERNARD (saint), évêque de Parme et cardinal, né à Florence, après le milieu du XIᵉ siècle, entra dans l'ordre de Vallombreuse et fit profession dans le monastère de Saint-Salvi, fondé un siècle auparavant par saint Jean Gualbert. Ses vertus et son mérite le firent connaître au dehors. Le pape Urbain II le tira de son cloître pour le décorer de la pourpre romaine et le faire légat du saint-siège. Se trouvant à Parme pendant que le siège de cette ville était vacant, il fut élu évêque d'une voix unanime, et il gouverna ce diocèse avec beaucoup de zèle et de piété. Il mourut l'an 1133. — 4 décembre.

BERNARD (saint), abbé de Clairvaux et docteur de l'Eglise, naquit en 1091 au château de Fontaine, près de Dijon. Il eut pour père le bienheureux Técelin, seigneur du lieu, et pour mère la bienheureuse Alix, fille de Bernard, seigneur de Montbard, et alliée aux ducs de Bourgogne. Celle-ci, à la naissance de Bernard, ne se contenta pas de l'offrir à Dieu, comme elle avait fait de ses autres enfants, mais elle le lui consacra spécialement. Depuis cette consécration, qui eut lieu à l'église, elle ne le regarda plus que comme appartenant exclusivement au Seigneur, et ne négligea rien pour que son éducation le rendît digne d'être admis plus tard au service des autels. C'est dans cette vue qu'elle l'envoya chez les Chanoines Réguliers de Châtillon-sur-Seine, pour y suivre un cours de théologie et d'Ecriture sainte. Comme il était doué d'un esprit vif et pénétrant, ses progrès furent si rapides et si étonnants pour son âge, que ses maîtres en étaient dans l'admiration; mais s'il profitait beaucoup de leurs leçons, il profitait encore davantage des leçons de la grâce qui parlait à son cœur. Dès ses plus jeunes années, il aimait la solitude et le recueillement: il se montrait doux, affable, complaisant envers tout le monde, d'une modestie extraordinaire, plein de charité pour les pauvres, au point de leur donner tout l'argent qu'il recevait de ses parents; pénétré d'horreur pour le péché, ce qui lui faisait sans cesse demander à Dieu, dans ses prières, la grâce de ne jamais souiller son innocence baptismale. Une nuit de Noël qu'il attendait à l'église le commencement de l'office, il s'endormit, et pendant son sommeil, il eut une vision, dans laquelle l'enfant Jésus lui apparut. Sa beauté toute divine le charma tellement, que, depuis ce jour, il se sentit enflammé de la plus tendre dévotion pour le mystère du Verbe incarné, et toutes les fois qu'il avait occasion d'en parler, c'était toujours avec tant d'onction et de piété, qu'il semblait se surpasser lui-même. Son amour pour la chasteté le faisait veiller attentivement sur ses sens. Il réprimait avec tant de soin tout ce qui aurait pu allumer en lui le feu des passions, qu'on eût dit qu'il n'avait point de corps, tant il avait parfaitement soumis la chair à l'esprit. Il n'avait que dix-neuf ans lorsqu'il perdit sa vertueuse mère, et, comme il était de retour à Fontaine, après avoir terminé à Châtillon son cours d'études, il se trouvait maître de ses actions, parce que son père, occupé de ses affaires et obligé d'être à l'armée, ne pouvait veiller sur sa conduite. Bernard parut dans le monde avec tout ce qu'il faut pour être bien reçu: sa jeunesse, sa naissance, un esprit vif et cultivé, une prudence peu commune, une modestie naturelle, des manières agréables, un caractère doux et complaisant, une conversation spirituelle, lui gagnaient les cœurs de tous ceux qu'il fréquentait. Mais tous ces avantages pouvaient devenir des pièges, surtout de la part de ses amis, qui cherchaient à l'associer à leurs parties de plaisir. Il fixa des regards de curiosité sur une personne du sexe; mais s'étant aperçu que c'était une tentation, pour s'en punir, il s'enfonça jusqu'au cou, dans un étang dont l'eau extrêmement froide éteignit en lui le feu de la concupiscence. Une autre fois, une femme de mauvaise vie eut l'impudence de venir lui faire des propositions qui le révoltèrent: il chassa aussitôt de sa chambre la malheureuse qui fut obligée de prendre la fuite. Bernard, comprenant par là combien il serait exposé dans le monde, résolut de le quitter et de se retirer dans un monastère; mais comme il lui restait encore quelques irrésolutions, il alla trouver ses frères qui étaient avec le duc de Bourgogne, Hugues le Pacifique, au siège du château de Grançay. Ses perplexités ayant augmenté sur la route, il entra dans une église, où il pria Dieu avec larmes de lui faire connaître sa volonté et de lui donner le courage de la suivre. Sa prière finie, il se sentit fortement excité à embrasser l'institut des moines de Cîteaux. Il trouva de grandes oppositions dans sa famille; mais il plaida si bien sa cause que quatre de ses frères, qui l'avaient désapprouvé d'abord, imitèrent son exemple, ainsi que Gaudri, seigneur de Touillon, son oncle. Hugues de Mâcon, qui fonda depuis le monastère de Pontigni et mourut évêque d'Auxerre, n'eut pas plutôt appris la résolution de Bernard qu'il en ressentit une vive douleur, et la pensée qu'il allait être séparé pour toujours du plus tendre de ses amis, lui faisait verser des larmes. Ils eurent ensemble deux entrevues, à la suite desquelles Hugues suivit Bernard dans sa retraite. Ils se réunirent tous dans une maison de Châtillon et y passèrent six mois, pour arranger leurs affaires et pour se préparer, par divers exercices de piété, à leur consécration au service de Dieu. Ensuite ils se rendirent au château de Fontaine pour dire adieu à leur père et pour recevoir sa bénédiction, ne laissant pour consoler sa vieillesse, que Nivard, le plus jeune de ses fils. Celui-ci étant alors à jouer avec d'autres enfants de son âge, Gui, l'aîné des frères, lui dit: « Adieu, mon petit frère Nivard; vous aurez seul nos biens et nos terres.— Quoi! répondit l'enfant, avec une sagesse au-dessus de son âge, vous prenez le ciel pour vous, et vous me laissez la terre? Le partage est trop inégal.» Quelques années après, il quitta aussi le siècle et alla rejoindre ses frères. Bernard, avec les gentilshommes au nombre de trente qu'il avait gagnés à Dieu, arriva à Cîteaux en 1113. Ce monastère, fondé depuis quinze ans, était alors gouverné par saint Etienne. La sainte colonie se prosterna à la porte et demanda d'être admise dans la communauté. Etienne, voyant la ferveur des postulants, les reçut avec joie et leur donna l'habit. Saint Bernard, qui avait alors près de vingt-trois ans, était venu à Cîteaux dans le dessein d'oublier les hommes, de vivre ignoré et de ne plus s'occuper que de Dieu. Il se demandait souvent, à l'exemple de saint Arsène : Bernard, Bernard, pourquoi es-tu venu ici? Il pratiquait alors lui-même ce qu'il avait coutume de dire plus tard à ceux qui venaient se mettre sous sa conduite à Clairvaux : Si vous voulez vivre dans cette maison, il faut que vous quittiez vos corps; il n'entre ici que des esprits. Il s'appliquait à mourir à lui-même en toutes choses, et la pratique de la mortification lui devint comme naturelle. Son âme était tellement absorbée en Dieu, qu'il ne semblait ne pas s'apercevoir de ce qui se passait autour de lui ; ainsi, après une année de noviciat, il ne savait pas comment le haut du dortoir était fait, ni combien il y avait de fenêtres à l'un des bouts de l'église. Il tomba toutefois dans deux fautes : une fois il omit sept psaumes qu'il avait coutume de réciter tous les jours pour le repos de l'âme de sa mère. Saint Étienne, à qui Dieu avait révélé cette omission, lui dit le lendemain : « Frère Bernard, qui chargeâtes-vous hier de réciter pour vous les sept psaumes? » Le novice, surpris que l'on connût ce qu'il n'avait découvert à personne, fut pénétré de confusion, et se jetant aux pieds de l'abbé, il avoua sa faute et en demanda pardon. Une autre fois, des séculiers de ses parents étant venus le voir, il obtint la permission de s'entretenir avec eux, et prit trop de plaisir à entendre les questions et les réponses qu'ils lui faisaient ; mais ensuite il s'aperçut de sa faute, par la sécheresse où son cœur se trouva ; et pour s'en punir, il pria longtemps prosterné devant l'autel : il n'y eut que le retour des consolations spirituelles qui fit cesser ses larmes et ses gémissements, et depuis, il ne tomba plus dans de semblables fautes. Le temps de son noviciat expiré, il fit profession entre les mains de saint Étienne avec ses compagnons. Son sacrifice lui attira les grâces les plus abondantes, et il montra une ferveur admirable dans l'accomplissement de tous ses devoirs. Comme sa santé ne lui permettait pas de faire la moisson avec les autres frères, son supérieur lui imposa une autre sorte de travail ; mais il demanda au Seigneur la grâce de pouvoir suivre la communauté, et il l'obtint. Il ne perdait jamais Dieu de vue pendant les travaux les plus fatigants, et il disait quelquefois que les meilleurs maîtres pour donner l'intelligence de l'Écriture, étaient les hêtres et les chênes des forêts. En effet, cette science spirituelle qui le rendit l'oracle de l'Église, fut en lui un don de l'Esprit-Saint qui fut accordé à sa pureté angélique et à son amour pour la prière. Quoique son visage fût pâle et exténué par les jeûnes, et que tout son corps laissât paraître des marques visibles de ses austérités, sa figure portait l'empreinte de la paix et de la sérénité, et l'on remarquait en lui quelque chose de divin qui gagnait tous les cœurs. Son régime austère avait tellement dérangé son estomac, qu'il ne pouvait supporter aucune nourriture solide, et que presque toujours il éprouvait quelque infirmité corporelle ; mais il souffrait sans parler de ses maux et n'usait d'aucun adoucissement, à moins qu'il n'y fut forcé par ses supérieurs, qui connaissaient son état, et même alors il se faisait scrupule de manger un potage aux herbes, assaisonné d'huile et de miel, donnant pour raison que si un moine pensait à ses obligations, il ne mangerait pas un seul morceau de pain sans l'arroser de ses larmes. Nos pères, disait-il, bâtissaient leurs monastères dans des lieux humides et malsains, afin que les moines, étant souvent malades, eussent toujours devant les yeux l'image et la crainte de la mort. En effet, les anciennes maisons religieuses étaient ordinairement situées au milieu des déserts, sur des rochers arides ou dans des vallées marécageuses; mais les moines, par leur industrie, desséchèrent les marais et convertirent en jardins ou en prairies des lieux qu'on avait crus jusqu'alors inhabitables. Bernard, quoique ami de la pauvreté, l'était aussi de la propreté, et regardait le défaut contraire à cette dernière vertu comme un effet de la paresse ou de l'affectation. Il était si mortifié qu'il ne faisait aucune attention à ce qu'on lui servait à table, et qu'il semblait avoir perdu le sens du goût : ainsi il prenait souvent une liqueur pour une autre, et il lui arriva une fois de boire de l'huile pour de l'eau sans s'en apercevoir. Sa principale nourriture se composait de pain bis trempé dans de l'eau chaude. La contemplation faisait ses délices; le temps qu'il consacrait à ce saint exercice lui paraissait toujours trop court, et il se levait même au milieu des compagnies qu'il était obligé d'avoir; cependant il prenait part à la conversation par des paroles propres à édifier le prochain et adaptées au caractère de ceux qui l'écoutaient. Quoique ses écrits soient pleins d'onction, ils ne peuvent rendre la grâce et le feu de ce qu'il exposait de vive voix : ses citations de l'Écriture sainte étaient si bien amenées et si heureuses, qu'on les aurait crues dictées par l'Esprit-Saint lui-même. Hugues, comte de Troyes, ayant offert à saint Étienne un emplacement pour bâtir un monastère, le saint abbé de Cîteaux voyant les progrès merveilleux que Bernard avait faits dans la vie spirituelle, et connaissant sa capacité dans les affaires, le chargea de la fondation et le fit partir avec ses frères et quelques autres religieux au nombre de douze, et l'établit leur abbé. Ils sortirent de Cîteaux en procession et chantant des psaumes. Ils s'arrêtèrent dans une forêt qui servait de retraite à un grand nombre de voleurs : ce lieu désert, situé au diocèse de Langres, s'appelait la *Vallée d'Absinthe*. Aidés par l'évêque de Châlons et les habitants du pays, ils y bâtirent, en 1115, de petites cellules. Dans les commencements, ils se trouvèrent souvent réduits à manquer des choses les plus nécessaires; mais toujours la Providence vint à leur secours d'une manière subite et inattendue, ce qui fournissait à Bernard l'occasion de les exhorter à mettre leur confiance en Dieu. Animés par les exemples et les discours de leur chef, ils trouvaient du plaisir dans la pauvreté la plus extrême et dans les pratiques les plus pénibles de la pénitence. Le pain dont ils se nourrissaient était ordinairement d'orge, de millet ou de vesce, et leur potage était fait souvent de feuilles de hêtre. D'abord le saint se montra très-sévère sur les plus petites transgressions de la règle; et comme il n'avait pas assez égard à la faiblesse humaine, quelques religieux, très-fervents d'ailleurs, commençaient à tomber dans le découragement : il reconnut la faute que sa rigidité lui avait fait commettre, et pour s'en punir, il garda un long silence; mais ayant eu une vision, il reprit ses fonctions et prêcha d'une manière admirable. De toutes parts on parlait avec étonnement de la sainteté de Bernard, et son abbaye, qui prit le nom de Clairvaux, devint si célèbre, qu'on y compta jusqu'à cent trente religieux. Il tomba dangereusement malade sur la fin de l'année 1116; ce qu'on attribua à ses austérités, qui étaient poussées si loin qu'il sortait souvent du réfectoire sans avoir rien mangé, et qu'il ne dormait presque pas la nuit. Guillaume de Champeaux, évêque de Châlons-sur-Marne, craignant qu'il ne ménageât pas assez sa santé, se fit nommer, par le chapitre tenu à Cîteaux, supérieur de Clairvaux pour un an, et fit loger Bernard dans une petite maison située hors de l'enceinte du monastère, avec défense de suivre la règle pour le boire et le manger, et le déchargea entièrement du soin de la communauté. Le saint abbé se soumit, recevant avec une parfaite indifférence, des mains du médecin, tout ce que celui-ci jugeait convenable à sa situation. C'est alors qu'il fut visité par Guillaume, abbé de Saint-Thierri, qui donne à ce sujet une description de Clairvaux, et dit que le pain des moines semblait être de terre, et que leurs autres aliments n'avaient de goût qu'autant qu'une faim extrême ou l'amour de Dieu pouvait leur en donner, et que cependant les religieux les trouvaient encore trop délicats. Au bout d'un an, la santé de Bernard étant parfaitement rétablie, il reprit le gouvernement du monastère et recommença ses austérités. Técelin, son père, alors fort âgé, vint se mettre sous sa conduite, et après avoir reçu de ses mains l'habit monastique, il mourut bientôt après de la mort des justes. Bernard, revenu de sa première sévérité, suivait la maxime si souvent répétée dans ses ouvrages, qu'un supérieur doit plutôt gouverner en père que commander en maître : s'il reprenait quelque moine tiède, ou qu'il lui imposât une pénitence, il le faisait de manière à montrer qu'il en souffrait plus que le coupable. Dans ses exhortations, il se compare à une mère, et donne à ses disciples les noms les plus tendres. Ceux qui avaient d'abord été tentés de découragement reprirent confiance : le nombre de ceux que son gouvernement tout paternel attirait à Clairvaux allait toujours croissant, et l'on vit jusqu'à sept cents moines obéir au moindre signe de sa volonté, comme s'il eût été un ange envoyé du ciel. En 1118, il fonda le monastère des Trois-Fontaines au diocèse de Châlons, celui de Fontenay au diocèse d'Autun, et celui de Taronca en Portugal : en 1121, il fonda l'abbaye de Foigni au diocèse de Laon. C'est vers le même temps qu'il opéra son premier miracle, et voici quelle en fut l'occasion : Joubert de la Ferté, son parent, était depuis trois jours sans connaissance, par suite d'une maladie qui ne lui laissait plus qu'un souffle de vie. Sa famille, désolée de voir un homme dont la conduite n'avait pas été chrétienne, sur le point de mourir sans avoir reçu les sacrements de l'Eglise, envoya chercher Bernard, qui promit de lui obtenir la grâce de se réconcilier avec Dieu. Baudri, son oncle, et Gérard, son frère, le reprirent d'avoir fait une telle promesse qu'ils regardaient comme téméraire; mais le saint, inspiré d'en haut, loin de revenir sur ce qu'il avait dit, leur reprocha leur peu de foi, et ayant offert le saint sacrifice pour le malade, celui-ci reprit connaissance, se confessa, reçut les sacrements et mourut dans de vifs sentiments de piété. Saint Bernard eut diverses visions relatives à des âmes détenues en purgatoire. Il délivra aussi d'une manière miraculeuse l'église du monastère de Foigni d'une multitude incroyable de moucherons qui l'infestait. L'évêque de Paris l'ayant invité à venir dans cette ville, il fit le voyage en 1122 et y donna des instructions religieuses aux jeunes clercs que l'on disposait aux ordres sacrés. Plusieurs d'entre eux furent si touchés de ses discours, qu'ils le suivirent à Clairvaux et se placèrent sous sa conduite. Quelques seigneurs allemands étant venus vers le même temps visiter l'abbaye, ils furent tellement édifiés de la ferveur et du recueillement des moines, qu'après s'être déjà mis en route pour leur pays, ils retournèrent sur leurs pas, et conjurèrent le saint abbé de leur donner l'habit. Leur conversion fut d'autant plus admirable, qu'ils avaient été jusque-là remplis de l'esprit du monde et passionnés pour les extravagances de la chevalerie. Quoique Bernard fût le prédicateur le plus éloquent de son siècle, et que ses paroles fussent si affectueuses et si persuasives, qu'elles enflammaient les cœurs les plus glacés, il se croyait, par humilité, indigne d'annoncer la parole de Dieu; mais l'ardeur de son zèle et de sa charité ne lui permettait pas de garder le silence auquel il aurait bien voulu se condamner.

L'humilité, qui préserve de l'orgueil et de la présomption, préserve aussi de la pusillanimité et du découragement. De là ce courage invincible, cette grandeur d'âme, cette ferme confiance en Dieu que nous admirons dans la conduite et les écrits de saint Bernard, et dont il donna des preuves éclatantes dans une infinité de circonstances. Que n'aurions-nous pas à dire aussi de ses autres vertus, et surtout de son esprit de prière et de recueillement? Dans un de ses voyages, ayant marché tout le jour le long du lac de Lausanne, le soir, ses compagnons parlèrent de ce lac comme d'une curiosité remarquable; il parut tout surpris et dit qu'il ne s'était pas aperçu qu'il y en eût sur leur route. — Un autre jour, ayant emprunté le cheval d'un de ses amis, il se rendit à la Grande Chartreuse pour y faire une visite à Guignes, qui en était prieur, et avec qui il était intimement lié. Guignes lui voyant une belle bride, lui en fit la remarque. Bernard répondit avec simplicité qu'il n'avait fait attention ni à la selle, ni à la bride de son cheval : tant les objets extérieurs faisaient peu d'impression sur un esprit entièrement absorbé dans la contemplation des choses invisibles. On voit, par ses écrits, qu'il était pénétré d'une tendre dévotion pour la mère de Dieu. Pendant une de ses missions d'Allemagne, prêchant dans la grande église de Spire, il lui arriva de répéter par trois fois, avec une espèce de ravissement : « O Vierge Marie, pleine de clémence, pleine de bonté, pleine de grâce ! » paroles qui furent depuis ajoutées au *Salve, Regina*. C'est à cause de ce fait que la coutume de chanter tous les jours cette antienne s'établit dans la cathédrale de Spire. — Exempt de ce qu'on appelle esprit de corps, il recevait les religieux d'un autre ordre, il permettait aux siens de passer dans un autre, quand c'était le désir d'une plus grande perfection qui les guidait, et il lui arriva, plusieurs fois, de faire passer à d'autres ordres des fondations qu'on lui accordait pour le sien. Il refusa les évêchés de Langres et de Châlons, ainsi que les archevêchés de Gênes, de Milan et de Reims. Pendant une famine qui désola le pays, en 1125, il épuisa les provisions de son monastère pour secourir les malheureux. Étant tombé dangereusement malade, il perdit connaissance, et on crut qu'il était à l'agonie. C'est alors qu'il eut un ravissement durant lequel il lui sembla voir le démon qui l'accusait devant le trône de Dieu. Voici ce qu'il répondait à chaque chef d'accusation : « Je me reconnais indigne de la gloire du ciel, et j'avoue que je ne puis l'obtenir par mes propres mérites ; mais mon Seigneur la possède à un double titre, par le droit d'héritage, comme Fils unique du Père éternel, et par le mérite de sa passion comme Sauveur du monde. Il m'a transporté le second de ces titres, et c'est en vertu de cette cession que j'espère avec une ferme confiance, avoir part à la félicité céleste. » Le démon disparut plein de confusion, et la connaissance revint au serviteur de Dieu, qui fut bientôt parfaitement guéri. Il serait difficile de comprendre jusqu'où il portait l'esprit de componction, qui marche toujours à la suite de l'humilité. Il était pénétré de douleur et de confusion, lorsqu'on lui donnait des louanges ; elles lui rappelaient, non ce qu'il était, mais ce qu'il devait être. Malgré son amour pour la solitude, il était souvent obligé, soit par obéissance, soit par le désir de procurer la gloire de Dieu, de sortir de son monastère. Tantôt les princes le faisaient juge de leurs différends, tantôt les évêques lui confiaient les affaires les plus importantes de leurs diocèses, et recevaient ses décisions avec respect, tantôt les papes le consultaient comme une des principales lumières de la chrétienté : on peut dire de lui que du fond de sa cellule il gouvernait en quelque sorte le monde politique et religieux, et il n'en était que plus humble et plus recueilli. Une dispute qui s'était élevée entre l'archevêque de Reims et les habitants de cette ville, lui fournit la première occasion d'exercer son zèle au dehors : il réconcilia le pasteur et le troupeau. Il employait toute son influence pour empêcher qu'on élevât des sujets indignes à l'épiscopat et aux autres dignités ecclésiastiques, ce qui lui suscita des ennemis qui se déchaînèrent contre lui en disant qu'un moine devait vivre renfermé dans son cloître. A cela il répondait qu'un moine est soldat de Jésus-Christ, comme les autres chrétiens, et qu'en conséquence, il est obligé de défendre l'honneur du sanctuaire de Dieu. Il décida Henri, archevêque de Sens, et Étienne, évêque de Paris, à quitter la vie mondaine qu'ils menaient à la cour pour s'appliquer au gouvernement de leurs diocèses, et le célèbre Suger, abbé de Saint-Denis, lui fut redevable, après Dieu, de sa conversion. Premier ministre sous Louis le Gros, et régent du royaume sous Louis le Jeune, il tint d'une main ferme les rênes de la monarchie. Saint Bernard lui reproche, dans son apologie, son faste et sa magnificence ; il eut ensuite avec lui des entretiens particuliers qui le touchèrent au point qu'il quitta toutes ses places et retourna à son abbaye, où il établit une parfaite régularité, et où il mourut dans de grands sentiments de piété, en 1152. On pourrait citer un grand nombre de personnages distingués qui furent convertis par saint Bernard. Après la mort du pape Honorius II, le 14 février 1130, la majorité des cardinaux élut, le même jour, Innocent II ; mais la minorité ne voulut pas le reconnaître, et nomma le cardinal Pierre de Léon, qui prit le nom d'Anaclet et s'empara des places fortes situées dans le voisinage de Rome. Innocent, dont l'élection était canonique, fut obligé de s'enfuir à Pise. Les évêques de France tinrent, à ce sujet, un concile à Étampes et y invitèrent Bernard. Il parla fortement en faveur d'Innocent, qui fut reconnu pour pape légitime par le concile, et ensuite par toute la France. Et lorsque le pape vint dans ce royaume, Bernard le suivit à Chartres, où il trouva Henri Ier, roi d'Angleterre, qui avait d'abord incliné en faveur d'Anaclet ; mais, mieux informé des faits, il suivit l'exemple de la France. Saint Bernard accompagna Innocent en Allemagne et assista à la conférence qui eut lieu à Liége avec l'empereur Lothaire ; il sut, par sa prudence apaiser les différends qui s'étaient élevés entre le pape et l'empereur, au sujet de l'investiture des évêchés. Il revint en France avec le pape qui visita Clairvaux, où on le reçut processionnellement, mais sans éclat extérieur. Les moines, grossièrement vêtus, et précédés d'une croix de bois, chantaient modestement les louanges du Seigneur, sans lever les yeux pour voir qui était auprès d'eux. Cette modestie fit pleurer d'admiration le pape et plusieurs des assistants. Le pain qu'on lui servit à table était fait de farine dont on n'avait pas séparé le son, et le repas consistait en herbes et en légumes ; seulement on servit un plat de poisson à la table du pape. L'année suivante, saint Bernard accompagna Innocent en Italie et le réconcilia avec les Génois, et avec les habitants de quelques autres villes. Arrivé à Rome avec le pape, sur la fin de l'année 1133, il partit pour l'Allemagne au commencement de l'année suivante, afin de travailler à la réconciliation de l'empereur Lothaire et des deux neveux de Henri V, son prédécesseur. La paix entre ces princes se fit par son entremise, à la diète de Bamberg, au mois de mars 1133. Partout où il passa, il convertit plusieurs pécheurs, entre autres Aloïde, sœur de l'empereur et duchesse de Lorraine, qui se livrait depuis longtemps à une conduite scandaleuse. Les troubles d'Allemagne étant pacifiés, il retourna en Italie et assista en 1134 au concile de Pise, où l'antipape et ses adhérents furent excommuniés. Il se rendit ensuite à Milan pour réconcilier cette ville avec le saint-siége, et les Milanais renoncèrent au schisme, avec d'autant plus de facilité que les miracles qu'ils voyaient opérer au saint le leur faisaient regarder comme un ange descendu du ciel. Il revint à Clairvaux la même année, mais il fut obligé d'en sortir bientôt après pour faire un voyage en Bretagne, et de là en Guyenne. Guillaume VIII, duc de cette dernière province persécutait ceux qui obéissaient à Innocent II, et avait chassé de leurs siéges les évêques de Poitiers et de Limoges. Ce prince joignait à de grandes qualités des défauts et des vices encore plus grands. Saint Bernard se proposa de le convertir. Guillaume l'écouta avec beaucoup de respect pendant plusieurs jours, et parut touché de ses discours, mais il ne se convertissait point encore. Bernard redoubla ses efforts, ses prières et ses larmes et réussit enfin à le faire renoncer au schisme ; mais ne pouvant le décider à rétablir sur leurs siéges les prélats qu'il en avait chassés, il eut recours à des armes plus puissantes. Il offrit le saint sacrifice, pendant que le duc et sa suite se tenaient à la porte de l'église, ne leur étant pas permis d'y entrer, à cause de l'excommunication qu'ils avaient encourue par leur schisme. Après la consécration, et lorsqu'on eut donné la paix qui précède la communion, le saint abbé, portant la sainte hostie sur la patène, quitte l'autel, s'avance vers le duc, les yeux étincelants, le visage enflammé et lui dit : «Nous avons jusqu'ici employé les prières, et vous les avez méprisées. Plusieurs serviteurs de Dieu ont joint leurs supplications aux nôtres, et vous n'y avez eu aucun égard. Mais voici le Fils de la Vierge, le Seigneur et le Chef de cette Église que vous persécutez, qui vient voir, en personne, si enfin vous vous repentirez. C'est votre juge et celui au nom duquel tout genou fléchit, au ciel, sur la terre et dans les enfers. C'est le juste vengeur de vos crimes, celui dans les mains duquel tombera, un jour, votre âme si opiniâtre dans le mal. Aurez-vous la hardiesse de le traiter de la même manière que vous traitez ses serviteurs? » Le duc, interdit, tomba par terre, et perdit l'usage de la parole : Bernard le releva et lui dit de saluer l'évêque de Poitiers qui était présent. Le prince tendit la main à l'évêque, et le conduisit à sa place dans l'église, montrant, par cette action, qu'il le rétablissait sur son siége, pendant que Bernard retournait à l'autel pour achever le sacrifice. Ayant ainsi rendu la paix aux églises de Guyenne, il revint à Clairvaux. Guillaume retomba dans ses anciens crimes et commit de nouvelles violences. Le saint ne l'eut pas plutôt appris qu'il lui écrivit une lettre si forte et qui fit sur le prince une impression si profonde, qu'il se convertit cette fois pour ne plus retomber. Il se démit de ses États, renonça au monde et passa le reste de sa vie dans les pèlerinages et les exercices de la pénitence. Roger, roi de Sicile et duc de Calabre, s'étant déclaré le protecteur des schismatiques, le pape fit venir Bernard à Viterbe en 1137, et, après lui avoir donné ses instructions, il l'envoya vers ce prince, qui resta inflexible, parce qu'il voulait se maintenir dans le duché de Bénévent qu'il avait usurpé. Le saint, en le quittant, lui prédit qu'il serait défait par le duc Ranulphe, auquel il était sur le point de livrer bataille et qui avait une armée bien moins nombreuse que celle de Roger. La mort d'Anaclet, arrivée en 1138, contribua beaucoup à l'extinction du schisme, et Bernard intercéda auprès du pape en faveur de ceux qui avaient adhéré à cet antipape et au successeur qu'on avait voulu lui donner. Non moins zélé contre l'hérésie, il attaqua tous les novateurs qui parurent de son temps, entre autres le fameux Abélard, qui avait déjà subi une condamnation en 1121, dans le concile de Soissons, pour son livre *de la Trinité*. En 1139, Guillaume, abbé de Saint-Thierry, ayant découvert plusieurs principes erronés dans les ouvrages qu'il avait composés depuis, en informa saint Bernard et Geoffroy, évêque de Chartres et légat du saint-siége. L'abbé de Clairvaux écrivit à Abélard, qui, au lieu d'avouer qu'il s'était trompé, ne lui répondit que par des insultes. Bernard dénonça au pape Innocent II les erreurs dont il s'agissait, et en écrivit à plusieurs évêques de France, qui s'assemblèrent à Sens en 1140 ; il refusa d'abord de se rendre au concile, disant que cette affaire regardait les évêques ; mais comme Abélard triomphait de ce refus, et que ses partisans publiaient que l'unique raison qui l'empêchait d'y paraître était la crainte de se mesurer avec celui qu'il avait accusé, on l'obligea, pour faire cesser ces bruits, de venir au concile. Sa présence rendit Abélard beaucoup plus réservé ; il ne voulut donner aucune explication, quoiqu'il en eût la liberté et que ses juges lui fussent favorables ; mais après diverses subtilités, il en appela au pape, et sortit du concile avec ses partisans. Les évêques condamnèrent quatorze propositions extraites de ses ouvrages, et en écrivirent à Innocent, qui confirma leur sentence, imposa silence à Abélard et ordonna qu'on le mît en prison. Saint Bernard, qui ne s'était constitué son adversaire que par zèle pour la foi, l'accusait de nier la Trinité avec Arius, de détruire le mystère de l'Incarnation avec Nestorius, et d'anéantir la nécessité de la grâce avec Pélage. Abélard composa son apologie, et se proposait d'aller à Rome; mais en passant par Cluny, Pierre le Vénérable, qui en était alors abbé, lui persuada de rétracter ce qui avait scandalisé dans ses ouvrages, et d'attendre l'arrivée de saint Bernard. Il le fit, et se réconcilia avec l'abbé de Clairvaux. Il obtint ensuite du pape la permission de passer le reste de ses jours à Cluny où il vécut d'une manière édifiante. Peu de temps après, saint Bernard, par ses écrits et par ses démarches, s'opposa aux ravages que faisait dans l'église de Dieu Arnaud de Bresce, qui avait été disciple d'Abélard. Loin d'imiter la soumission et la pénitence de son maître, il soutint ses erreurs à main armée, d'abord en France, puis en Italie, prêchant, à la tête d'une bande indisciplinée, que le pape et le clergé ne pouvaient posséder des biens temporels, et agissant en conséquence de cette doctrine. Gilbert de la Porée, qui de professeur en théologie était devenu évêque de Poitiers, voulut soumettre à des raisonnements philosophiques les mystères de la religion ; il enseignait que la divinité ou la forme par laquelle Dieu est Dieu, est *réellement* distinguée de Dieu; que la sagesse, la justice, et les autres attributs de la divinité ne sont pas *réellement* Dieu lui-même, que la nature divine est *réellement* distinguée des trois personnes, etc. On commença l'examen de ses erreurs dans une assemblée d'évêques, tenue à Auxerre, en 1147, et continuée à Paris, en présence du pape Eugène III. Saint Bernard fut chargé de diriger l'accusation intentée par les deux archidiacres de Poitiers, contre leur évêque ; mais comme celui-ci niait avoir avancé les propositions qu'on lui attribuait, on décida qu'on examinerait ses écrits. L'affaire fut reprise, l'année suivante, dans le concile de Reims, et Gilbert soutint ouvertement les erreurs qu'il avait enseignées dans ses ouvrages. Le saint abbé de Clairvaux démontra qu'on ne pouvait admettre de distinction réelle entre la nature et les personnes divines, entre les attributs et la nature, que la distinction qu'il faut admettre entre les personnes divines n'est que de relation, etc. Le concile censura quatre propositions de Gilbert, qui les condamna lui-même et donna sa rétractation ; ce qui fit qu'on épargna sa personne. Quelques-uns de ses disciples ayant continué de défendre ses erreurs, saint Bernard les réfuta avec son éloquence et sa solidité ordinaires. La haute réputation de sainteté dont il jouissait attirait un grand nombre de novices à Clairvaux, qui renferma jusqu'à sept cents moines, dont un grand nombre de frères convers pour lesquels le saint abbé avait une tendresse toute particulière. Son plus grand plaisir était de les instruire dans les voies intérieures de la perfection. L'un d'eux, nommé Nicolas, qui avait engagé le monastère de quitter le monde, était pénétré de douleur de ce que, vivant dans la compagnie des saints, il avait le cœur si dur et si insensible. Saint Bernard le consola avec bonté, et ayant prié pour lui, il lui obtint l'esprit de componction dans un tel degré qu'il avait continuellement les yeux baignés de larmes. Innocent II ayant donné à l'abbé de Clairvaux le monastère des Trois-Fontaines, près de Rome, plus connu sous le nom de monastère des saints Vincent et Anastase, Bernard y envoya une colonie de religieux et leur donna pour abbé un de ses moines de Clairvaux, qu'on nommait Bernard de Pise, parce qu'il était natif de cette ville, homme d'un rare savoir et d'une grande vertu, qui fut élu pape en 1145, et succéda à Luce II, et qui prit le nom d'Eugène III. Saint Bernard n'eut pas plutôt appris cette étonnante nouvelle qu'il écrivit aux cardinaux pour les conjurer d'assister le nouveau pape de leurs conseils. Il fit plus, et composa pour son ancien disciple son traité *de la Considération*, dans lequel il lui représente, sans déguisement, les différents devoirs de sa place, lui recommande fortement d'employer tous les jours quelques moments à s'examiner lui-même et à descendre dans son cœur, parce que la multitude des affaires l'exposait, plus que tout autre, à tomber dans l'oubli de lui-même et dans l'insensibilité. La seule pensée de ce danger, lui disait-il, me fait trembler pour vous-même, et si vous ne trembliez pas continuellement pour vous, ce serait une preuve que votre cœur est déjà endurci. Cet ouvrage a été estimé singulièrement par la plupart des papes, qui en faisaient le sujet ordinaire de leurs lectures, et il passe pour le chef-d'œuvre de saint Bernard. Louis le Gros, roi de France, étant mort, Louis le Jeune son fils et frère du prince Henri, qui était religieux à Clairvaux, lui avait succédé en 1137. Il reçut, quelques années après, des ambassadeurs des princes chrétiens de l'Orient, qui demandaient du secours contre Noradin, soudan d'Alep, qui venait de s'emparer de la principauté d'Edesse. Le roi leur fit un accueil favorable, et le pape Eugène III, étant venu en France en 1147, tint plusieurs conciles relatifs à cet objet. Louis le Jeune demanda que l'abbé de Clairvaux fût chargé de prêcher une croisade. Bernard accepta la commission, et il obtint par ses prédications un succès extraordinaire dans toutes les provinces du royaume. Il parcourut ensuite les principales villes de l'Allemagne, où son zèle obtint des résultats aussi merveilleux, qu'il dut autant à sa réputation de sainteté qu'à son éloquence. L'empereur Conrad III, traita le saint de la manière la plus honorable, et convoqua une grande diète à Spire où il reçut la croix de ses mains. Il voulut aussi l'accompagner dans plusieurs villes d'Allemagne ; ce fut à Constance que commença cette longue suite de miracles que saint Bernard opéra sur son passage; à Bâle, il rendit la parole à un muet et la vue à un aveugle ; à Strasbourg, où il célébra la messe dans la cathédrale, il guérit une fille paralytique, et rendit le libre usage de ses jambes à un boiteux. Le roi de France prit aussi la croix dans une assemblée des princes et des évêques tenue à Vézelay en Bourgogne et suivit en Orient l'empereur d'Allemagne, après avoir établi l'abbé Suger régent du royaume. Cette expédition, loin d'avoir produit les heureux résultats qu'on en attendait, eut une issue malheureuse. Le mauvais succès de la croisade excita une violente tempête contre saint Bernard, qui semblait avoir promis qu'elle réussirait. Il se contenta de répondre qu'il avait espéré que la miséricorde divine bénirait une entreprise formée pour la gloire du Seigneur, et que les croisés devaient s'en prendre à leurs crimes de tous les malheurs dont ils se plaignaient. Cette épreuve, qu'il supporta avec patience et humilité, ne l'empêcha pas de travailler, avec son zèle ordinaire, à la conversion des pécheurs et des hérétiques. Un moine apostat, nommé Henri, disciple de Pierre de Bruys, avait répandu les erreurs de son maître dans l'Aquitaine et dans le diocèse du Mans, d'où elles pénétrèrent dans la Provence et le Languedoc. Ses sectateurs animaient le peuple par des satires amères contre le pape, les évêques et le clergé. Le cardinal Albéric, évêque d'Ostie, ayant été envoyé, en qualité de légat dans l'Aquitaine et le Languedoc, en 1147, pour arrêter les progrès du mal, prit saint Bernard avec lui, persuadé que ce serait le plus sûr moyen de réussir dans sa mission, et il ne fut point trompé dans son attente. L'abbé de Clairvaux, par la sainteté de sa vie, par son éloquence et par plusieurs miracles qui confirmèrent la doctrine qu'il préchait, fit rentrer dans le sein de l'Eglise un grand nombre d'esprits abusés. Parmi les miracles que le saint opéra dans cette circonstance, nous citerons les suivants. Etant à Sarlat, en Périgord, il bénit par le signe de la croix quelques pains et dit : Que ceux d'entre vous qui sont malades, mangent de ces pains, et vous connaîtrez quelle est la véritable doctrine, ou la nôtre ou celle des hérétiques. Geoffroi, évêque de Chartres, qui craignait que le saint ne se fût trop avancé, ajouta : Ceci signifie que ceux qui mangeront avec foi seront guéris. Ce n'est point là ce que je dis, reprit Bernard : je répète que ceux qui mangeront de ces pains recouvreront la santé, afin que l'on connaisse par là que nous sommes envoyés par une autorité qui vient de Dieu, et que nous prêchons sa vérité. Un grand nombre de malades furent guéris, comme il l'avait promis. Lorsqu'il logeait chez les Chanoines Réguliers de Saint-Saturnin à Toulouse, un de ces Chanoines était réduit à l'extrémité par une maladie qui le tenait immobile dans son lit. Bernard lui fit une visite, et ayant prié pour lui, il lui rendit une santé parfaite. A l'instant le malade se leva, se jeta aux pieds du saint et les embrassa avec un transport impossible à décrire. L'évêque de Toulouse, le légat et le peuple précédés du miraculé, allèrent à l'église pour remercier Dieu du prodige qui venait de s'opérer sous leurs yeux. Il en opéra de non moins éclatants à Meaux, à Spire, à Francfort, à Cologne, à Liége et à la cour de l'empereur Conrad. Il guérit, en le touchant, un enfant aveugle et boiteux; il guérit d'autres personnes sans les toucher et en prononçant quelques paroles ou en récitant une prière. Tous ces miracles étaient publics : les personnes les plus qualifiées de l'Eglise et de l'Etat en furent témoins et confessèrent avec admiration que la main de Dieu était avec son serviteur. Rien donc de plus incontestable que leur authenticité. En 1151, Gunard, roi de Sardaigne, étant venu visiter l'abbaye de Clairvaux, en fut si édifié qu'il y vint faire profession l'année suivante. Le pape Eugène III était venu aussi en 1147 visiter son ancien maître, et revoir sa première solitude. Saint Bernard avait perdu, en 1141, sa sœur Hombéline, que l'Eglise honore d'un culte public ; elle avait fait profession en 1114, dans un monastère qu'il avait fondé à Baillet ou Juilly, pour des religieuses de son ordre. Il la visita dans sa dernière maladie et lui survécut encore douze ans ; mais sa santé s'altéra d'une manière notable au commencement de l'année 1153 ; il perdit tout à fait l'appétit, et il éprouvait fréquemment des faiblesses. Il y avait longtemps qu'il habitait dans le ciel par ses désirs et qu'il soupirait après le moment où il verrait la fin de son pèlerinage ; mais il était si humble qu'il attribuait ces sentiments à la pusillanimité. Les saints, disait-il, demandent la dissolution de leurs corps, parce qu'ils désirent voir Jésus-Christ ; pour moi, je prie Dieu de me retirer du monde à cause de ses scandales ; car j'avoue que je suis vaincu par la violence des tempêtes et que je ne me sens pas assez de courage pour y résister. Sa maladie ayant beaucoup diminué, il attribua aux prières de ses religieux cette amélioration de sa santé, et s'en plaignit à eux. Pourquoi, leur disait-il, retenez-vous, plus longtemps sur la terre un misérable pécheur ? vos prières ont empêché l'effet de mes désirs ; ayez compassion de moi, et laissez-moi aller à Dieu. Il leur prédit ensuite que ses jours ne se prolongeraient pas au delà de six mois. Les habitants de Metz, ayant été attaqués et maltraités par des seigneurs du voisinage, résolurent d'en tirer une vengeance éclatante. L'archevêque de Trèves, prévoyant qu'il y aurait beaucoup de sang répandu, se rendit à Clairvaux, et se jeta aux pieds du saint, le priant, de la manière la plus pressante, de faire le voyage de Metz, afin d'empêcher les deux partis d'en venir aux mains. Bernard, oubliant ses infirmités, vola où la charité l'appelait, et, arrivé sur les lieux, il calma la fermentation des esprits et étouffa entièrement cette guerre naissante. A peine fut-il de retour à Clairvaux, que son mal empira. Il crut de son devoir d'user des remèdes communs et indispensables que lui prescrivaient les médecins; mais il rejetait ceux qui étaient extraordinaires et plus propres à flatter la nature qu'à procurer la guérison. Sa maladie parut bientôt incurable, son estomac était si faible qu'il ne pouvait supporter aucun aliment, même liquide. Comme l'enflure de ses jambes et divers autres symptômes présageaient une mort prochaine, il consolait ses religieux qui fondaient en larmes autour de son lit; il leur disait qu'un serviteur inutile ne devait pas occuper une place en vain, et qu'un arbre stérile méritait à juste titre d'être arraché. Si, d'un côté, la charité le portait à souhaiter de rester avec eux jusqu'à ce qu'ils fussent réunis à Dieu avec lui, de l'autre, il désirait ardemment de rejoindre Jésus-Christ. Après les avoir recommandés à la divine miséricorde, il se disposa à sa dernière heure par un redoublement de componction et d'amour. Il mourut le 20 août 1153, à l'âge de soixante-deux ans, et fut enterré à Clairvaux, dont il avait été abbé pendant trente-huit ans. Alexandre III le mit solennellement au nombre des saints en 1165, douze ans après sa mort. Son corps fut levé de terre pour la première fois, lors de la dispersion des religieux en 1792. La plus grande partie de ses reliques fut déposée dans l'église de Ville, paroisse voisine de Clairvaux : l'église cathédrale de Troyes en possède aussi une partie notable. L'abbaye de Clairvaux est aujourd'hui une maison de détention pour les condamnés. Saint Bernard, qui fut pendant sa vie l'ornement de son siècle et l'oracle de l'Église, continue encore après sa mort d'instruire et d'édifier les fidèles par ses écrits, dont voici la liste : divers traités sur les douze degrés d'humilité, sur l'amour de Dieu; Traité ou lettre à Hugues de Saint-Victor, sur les œuvres d'Abélard ; celui *de la Considération* ; le *livre de la Conversion des clercs* ; celui *des Commandements et des dispenses* ; celui *de la Grâce et du libre arbitre* ; cel i *du Devoir des évêques* ; son *Apologie*, l'*Exhortation aux chevaliers du Temple* ; des homélies et des sermons ; des lettres au nombre de quatre cent quarante. Le style de saint Bernard est plein d'une onction pénétrante qui n'exclut ni la vivacité, ni l'énergie. Tous ses ouvrages respirent l'humilité, la dévotion, la charité, et l'on y remarque un emploi fréquent et toujours heureux de l'Écriture sainte. Les protestants eux-mêmes n'ont pu s'empêcher de lui rendre justice. Luther dit de lui qu'il l'emporte sur tous les docteurs de l'Église : Bucer l'appelle un homme de Dieu ; OEcolampade le loue comme un théologien dont le jugement était plus exact que celui de tous les écrivains de son temps. — 20 août.

BERNARD LE PÉNITENT (le bienheureux), natif de Maguelone en Languedoc, embrassa la vie monastique, pour expier la vie peu chrétienne qu'il avait menée dans le monde, et mourut au monastère de Saint-Bertin l'an 1182 ; il est honoré à Saint-Omer le 19 avril.

BERNARD CALVOIN (le bienheureux), évêque de Vich en Catalogne, avait été religieux de l'ordre de Cîteaux. Il mourut en 1243, et son corps fut inhumé dans la principale église de Solsone, laquelle est devenue, dans la suite, cathédrale. — 16 octobre.

BERNARD-PTOLOMÉE (saint), instituteur des Olivétains, était de l'illustre famille des Ptoloméi de Sienne, et naquit dans cette ville, l'an 1272. Il reçut au baptême le nom de Jean, qu'il changea depuis en celui de Bernard, et fut élevé par Christophe Ptolomée son parent. C'était un religieux dominicain rempli de science et de piété, qui fut élevé dans la suite à l'épiscopat. Bernard fit de grands progrès dans les lettres et la vertu sous sa conduite, et remplit avec distinction les premières charges dans sa patrie ; mais le danger de la vaine gloire lui inspira la résolution de quitter le monde. Il vendit ses biens, en distribua le prix aux pauvres, et se retira, à l'âge de quarante-un ans, dans un désert, à dix mille de Sienne, où il pratiqua des austérités incroyables, et soutint, avec une constance héroïque, les assauts violents qui lui furent livrés par l'ennemi du salut. Quelques personnes s'étant jointes à lui, le pape Jean XXII, qui faisait sa résidence à Avignon, lui conseilla de choisir le genre de vie de quelque ordre religieux approuvé ; il adopta, en 1319, la règle de saint Benoît, et prit pour costume l'habit blanc. La même année, Gui, évêque d'Arezzo, dans le diocèse duquel il se trouvait, confirma son choix ainsi que ses constitutions. Le nouvel ordre qu'il venait de fonder, sous le nom de Congrégation de la Vierge Marie du Mont Olivet, fut successivement approuvé par les papes Jean XXII, Clément VI et Grégoire XI. Le saint fondateur des Olivétains possédait, à un degré éminent, l'esprit de prière, et avait une grande dévotion envers Jésus souffrant et envers sa sainte mère. Il mourut le 26 août 1348, âgé de 76 ans. La congrégation des Rites déclara, en 1644, que le bienheureux Bernard-Ptolomée était dûment vénéré parmi les saints, et en 1692, Innocent XII approuva un office et une messe pour sa fête dans son ordre. Le Martyrologe romain, qui ne lui donne que le titre de bienheureux, le nomme le 21 août.

BERNARD (le bienheureux), fils de Jacques, margrave de Bade, l'un des princes les plus accomplis de son siècle, et qui mérita d'être surnommé le Salomon de l'Allemagne, et de Catherine, fille de Charles, duc de Lorraine, naquit vers l'an 1430, et passa sa jeunesse dans la pratique des vertus chrétiennes et l'étude des lettres. Il fut fiancé, du vivant de son père, à la princesse Magdeleine, fille de Charles VII, roi de France ; mais l'amour qu'il avait pour la chasteté lui fit refuser cette illustre alliance ; son goût pour la retraite le porta même à céder à son frère Charles la part du margraviat qui lui était échue. Animé d'un saint zèle, il parcourut les différentes cours de l'Europe, pour les engager à entreprendre une croisade contre les Turcs, qui venaient de s'emparer de l'empire de Constantinople. L'empereur Frédéric IV entra dans ses vues, et mit à la tête de l'entreprise Charles de Bade, frère de Bernard. Celui-ci alla trouver ensuite Charles VII, qui le reçut très-bien, et Louis, duc de Savoie, qui ne lui fit pas un accueil moins honorable. Etant parti de Turin, au commencement de juillet 1458, pour se rendre à Rome, près du pape Calixte II, il tomba malade en route, et mourut au monastère des Franciscains de Montcalier, ville située sur le Pô, à quelque distance de Turin. La sainteté de Bernard éclata par les nombreux miracles qui s'opérèrent à son tombeau, et le pape Sixte IV le béatifia en 1481, du vivant de sa mère et de plusieurs de ses frères. Clément XIV, par une bulle donnée au commencement de son pontificat, confirma le décret de béatification et déclara le bienheureux Bernard, patron du margraviat de Bade. On conserve son cilice dans le trésor de Bade-Dourlach. — 15 juillet.

BERNARD DE SCAMMACA (le bienheureux), dominicain, né à Catane en Sicile, au commencement du xv° siècle, d'une famille riche et distinguée, s'abandonna, dans sa jeunesse, à toute la fougue de ses passions, et ne se refusait aucun des plaisirs ou des jouissances que pouvait lui procurer sa fortune. Dieu l'arrêta au milieu de ses désordres, en lui envoyant une maladie qui lui donna occasion de réfléchir sérieusement sur le triste état de son âme. Eclairé alors d'une lumière céleste, il résolut de renoncer à un monde dont il ne connaissait que trop, par sa propre expérience, la corruption et les dangers. Lorsqu'il fut guéri, il se présenta au couvent des Dominicains de Catane, et sollicita son admission avec tant d'instances, qu'elle lui fut enfin accordée. On put bientôt se convaincre que ce n'était pas une ferveur passagère qui l'avait porté à embrasser l'état religieux. Son obéissance, son humilité, sa douceur et ses autres vertus, qui, loin de se démentir dans la suite, allèrent toujours en augmentant, montrèrent à quel degré de perfection un pécheur converti est capable de s'élever, lorsqu'il revient à Dieu dans toute la sincérité de son cœur. Bernard, qui savait que le but principal de l'ordre des Frères Prêcheurs est de travailler au salut des âmes, se dévoua au service du prochain, afin de l'assister dans ses nécessités spirituelles; mais craignant de négliger sa propre sanctification en travaillant à celle des autres, et voulant, d'ailleurs, expier les péchés de sa jeunesse, il se livrait aux plus dures pratiques de la pénitence, affligeait son corps par de grandes austérités et le déchirait par de sanglantes disciplines. Etranger désormais aux choses de la terre, il ne suspendait ses œuvres de zèle que pour s'adonner, avec tant d'ardeur à la contemplation des choses célestes, qu'on le vit plusieurs fois, pendant son oraison, élevé de terre et entouré d'une lumière surnaturelle. Il mourut en 1486, dans un âge assez avancé. A peine sa mort fut-elle connue, que le peuple de Catane se porta en foule au couvent des Dominicains pour honorer son corps, tant on avait une haute idée de sa sainteté. Ayant été levé de terre quelques années après, pour être placé dans un lieu plus décent, il fut trouvé entier, sans aucune marque de corruption, et il s'est toujours conservé, depuis, dans cet état. Le pape Léon XII approuva, en 1825, le culte qu'on rendait au bienheureux Bernard de Scammaca, et permit aux Frères Prêcheurs et au diocèse de Catane d'en faire l'office. — 9 février.

BERNARD DE CORLÉONE (le bienheureux), frère lai de l'ordre de Saint-François, né en 1605, à Corléone, petite ville de Sicile, d'une famille d'artisans, reçut au baptême le nom de Philippe. Ses parents lui donnèrent une éducation chrétienne; et lorsqu'il fut en âge de choisir un état, ils lui firent apprendre celui de cordonnier. Son travail ne l'empêchait pas de fréquenter les églises, d'assister aux saints offices et de s'approcher des sacrements, avec une assiduité exemplaire. Il évitait avec soin les mauvaises compagnies ainsi que les excès auxquels les jeunes ouvriers de son âge ne sont que trop exposés. Mais il ne sut pas toujours conserver la sagesse et l'innocence qui avaient embelli ses premières années : l'orgueil et la paresse le dégoûtèrent d'un état humble et pénible, et l'envie lui prit de se faire soldat. Peu après son enrôlement, ayant frappé, dans une rixe, un officier, il fut emprisonné. Alors il se mit à réfléchir sur sa conduite, sur le danger de se livrer à ses passions et sur les grandes et terribles vérités que la foi nous enseigne. Voyant qu'il s'était écarté des voies du salut, il pensa que le seul moyen d'effacer ses fautes était de se vouer à la pénitence ; il prit donc la résolution de se retirer dans un monastère pour y consacrer sa vie au service de Dieu. Aussitôt qu'il fut rendu à la liberté, il se fit recevoir, en qualité de frère lai, dans un couvent de Capucins à Caltanisetta, petite ville de Sicile, où il fit profession, étant âgé de 27 ans. Depuis ce moment, sa vie ne fut plus qu'une pratique continuelle des devoirs d'un fervent religieux. Il pratiquait, sans réserve, la pauvreté prescrite par la règle, couchait toujours sur le plancher de sa cellule, et ne donnait jamais au sommeil plus de trois heures. Pendant une grande partie de l'année il ne mangeait qu'une fois par jour, et son repas se composait de pain et d'eau ; cependant il jouissait d'une bonne santé. Dieu récompensa, dès ce monde, la vertu de son serviteur, en le comblant de grâces extraordinaires, telles que le don de la contemplation, le don de prophétie et celui de faire des miracles ; mais loin de tirer vanité de ces avantages, il se regardait comme le dernier des hommes, ne recherchait, dans la communauté, que les emplois les plus vils et les plus fatigants, et supportait, avec une patience inaltérable, les croix et les tribulations par lesquelles Dieu le visitait. Sa réputation de sainteté se répandit au dehors. Les fidèles des environs venaient le consulter sur les affaires de leur salut et même sur leurs intérêts temporels. Il donnait son avis avec modestie, et se dérobait ensuite aux louanges et aux honneurs qu'on voulait lui prodiguer. Le bienheureux Bernard passa ainsi trente-cinq ans, toujours humble, toujours simple, éprouvant une sainte confusion de l'empressement qu'on avait à se recommander à ses prières. Dans sa dernière maladie, on l'entendit plusieurs fois s'écrier : « Passons, mon âme, passons de cette misérable vie dans l'éternelle félicité ; passons des souffrances à la joie, des illusions du monde à la contemplation de la céleste vérité. » Il mourut le 29 avril 1667, âgé de soixante-deux ans. En 1767, le pape Clément XIII le plaça au rang des bienheureux. — 16 février.

BERNARD D'OFFIDA (le bienheureux), frère lai, capucin, né près d'Offida en Italie, le 7 novembre 1604, était fils de Joseph Péroni et de Dominique d'Appignano, honnêtes paysans qui lui inspirèrent de bonne heure l'amour de la vertu. Sa docilité était admirable, et lorsqu'il voyait quelqu'un de ses frères ne pas obéir avec assez de promptitude à ses parents, il s'écriait aussitôt : « Je ferai ce que mon frère refuse de faire ; s'il mérite d'être puni, punissez-moi à sa place. » Chargé, dès l'âge de sept ans, de garder les troupeaux, il profitait des moments libres que cet emploi lui laissait, pour se livrer à l'oraison. Il avait beaucoup d'attrait pour ce saint exercice, et son exemple touchait les autres bergers, qui souvent venaient s'unir à lui pour méditer quelque vérité du salut ou pour réciter le rosaire. Il entra chez les Capucins en qualité de frère lai, et y remplit les offices de quêteur et de portier, à la grande édification de tous ceux qui avaient quelques rapports avec lui. Pie VI, dans le bref de sa béatification, rendu le 19 mai 1795, parle de lui en ces termes : « Bernard d'Offida passa son enfance et les jours dangereux de sa jeunesse sous le chaume paternel, dans l'innocence et la sainteté. Ensuite, inspiré d'en haut, il chercha à s'approcher plus près de Dieu, par une vie plus austère, et, dans cette vue, il entra chez les Capucins. Depuis ce moment jusqu'à sa mort, il ne cessa de combattre les convoitises de la chair, et il parvint à la réduire en servitude par des mortifications et des jeûnes continuels. Il témoignait la plus grande charité aux pauvres et à tous ceux qui éprouvaient des besoins. Bien qu'il fût doué de grâces merveilleuses et particulièrement du don de prophétie, il pensait humblement de lui-même, paraissait n'avoir jamais l'idée des grandes choses qu'il avait faites, et n'aspira jamais à la célébrité. C'est ainsi qu'il parvint à un si haut degré de vertu, que toute sa communauté et les étrangers le révéraient comme un saint déjà en possession de l'héritage céleste. » Il mourut le 22 août 1694, à l'âge de quatre-vingt-dix ans. — 22 août.

BERNARDIN (saint), *Bernardinus*, franciscain, de l'illustre famille des Albizeschi, naquit à Massa-Carrara, le 8 septembre 1380. Il perdit sa mère lorsqu'il n'avait pas encore trois ans, et son père, qui était premier magistrat de Massa, lorsqu'il entrait à peine dans sa septième année. Le jeune orphelin fut confié à une de ses tantes, nommée Diane, femme très-vertueuse, qui lui inspira une tendre piété envers Dieu et une dévotion particulière envers la sainte Vierge. Bernardin, doué des qualités les plus aimables, modeste, doux, pieux, faisait ses délices de la prière et de la visite des églises ; il se plaisait singulièrement à servir la messe. Comme il était doué d'une mémoire excellente, il répétait à ses camarades, avec autant de fidélité que de grâce, les discours de piété qu'il avait entendus. Un jour que sa tante avait renvoyé un mendiant, parce qu'il ne restait plus dans la maison qu'un seul pain pour le dîner de toute la famille, Bernardin, qui éprouvait déjà une grande charité pour les pauvres, lui dit : « Pour l'amour de Dieu, ma chère tante, donnons quelque chose à ce pauvre homme, sans quoi je ne pourrais ni dîner, ni souper, de toute la journée. » La tante, singulièrement touchée de ces sentiments, en prit occasion de l'encourager à la pratique des vertus chrétiennes et même à celle du jeûne, autant qu'il le pouvait porter la faiblesse de son âge, et Bernardin, docile à ces exhortations, s'accoutuma dès lors à jeûner, tous les samedis, en l'honneur de la sainte Vierge, et il conserva toute sa vie cette pieuse pratique. A onze ans, il se sépara de sa tante qui l'aimait comme son fils, et ses oncles le placèrent à Sienne, sous la conduite des plus habiles maîtres, qui ne se lassaient point d'admirer son intelligence précoce, sa mémoire, mais surtout sa docilité, sa modestie et sa piété. Il affectionnait tellement la belle vertu de pureté, que s'il entendait un mot qui lui portât la moindre atteinte, aussitôt son visage changeait de couleur, et il ne pouvait s'empêcher de montrer la peine qu'il en ressentait. Un homme de qualité ayant prononcé une parole libre en sa présence, il l'en reprit sévèrement, bien qu'il fût naturellement poli et respectueux. Cette réprimande de la part d'un enfant, frappa tellement le coupable qu'il ne retomba jamais plus dans la même faute. Quand on avait entamé quelque conversation peu chaste, et que le saint survenait, « Silence, s'écriait-on alors, voici Bernardin. » Il se conduisait, dans ces circonstances délicates, avec une dignité qui commandait le respect. Un libertin, ayant un jour essayé de le solliciter au crime, ne retira que de la confusion de son infâme tentative. Bernardin, non content de lui avoir témoigné toute son indignation, anima tellement ses compagnons contre lui, qu'ils le poursuivirent à coups de pierres. Sa beauté ne lui fut jamais préjudiciable, parce qu'il veillait continuellement sur lui-même, et qu'il réclamait, avec ferveur, la protection de la sainte Vierge. Après avoir fini son cours de philosophie, il étudia le droit civil et canonique ; il s'appliqua ensuite à acquérir la connaissance de l'Ecriture sainte, qui lui rendit insipides les autres sciences. A l'âge de 17 ans, il entra dans la confrérie de Notre-Dame, établie à Sienne, dans l'hôpital de la Scala, pour y servir les malades. Il commença, dès lors à mâter son corps par les jeûnes, les veilles, les cilices, les disciplines et autres austérités, pratiquant surtout la mortification intérieure; ce qui le rendait humble, patient et affable envers tout le monde. En 1400, la peste qui avait désolé une partie de l'Italie éclata à Sienne; il mourait chaque jour, à l'hôpital où il servait depuis quatre ans, jusqu'à dix-huit ou vingt personnes. Tous ceux qui administraient aux pestiférés les secours spirituels et corporels furent emportés par le fléau : Bernardin, resté presque seul, ne perdit pas courage ; il engagea douze hommes à se réunir à lui pour servir les malades, et par ses exhortations, ils se dévouèrent à un service pour imminente. Le saint, se trouvant chargé du soin de l'hôpital, y établit un ordre admirable, consacrant les jours et les nuits à consoler et à soulager, de tout son pouvoir, ceux qui avaient besoin de secours. Dieu le préserva des atteintes de la peste qui sévit pendant quatre mois, mais il était épuisé de fatigue, et, de retour chez lui, il fut attaqué d'une fièvre violente qui le retint quatre mois dans son lit. A peine fut-il rétabli qu'il reprit le cours de ses œuvres de charité, et rendit, pendant plus d'un an, de grands services à une de ses tantes, nommée Barthélemie, qui avait perdu la vue et qui était en outre affligée de maladies graves qui la conduisirent au tombeau. Lorsqu'elle fut morte, il se retira dans une maison du faubourg de Sienne, et se donna pour clôture les murs de son jardin, redoublant ses jeûnes et ses prières, afin d'obtenir de Dieu qu'il lui fît connaître sa vocation. Il crut enfin qu'il était appelé à l'état monastique dans l'ordre de Saint-François, et alla prendre l'habit chez les Franciscains de l'Étroite Observance. Il choisit le couvent de la Colombière, parce qu'il était situé dans un lieu solitaire, à quelques milles de Sienne, et y fit sa profession, en 1404, étant âgé de 24 ans. Cette cérémonie eut lieu le 8 septembre qui était le jour de sa naissance ; c'est aussi ce même jour qu'il choisit pour dire sa première messe et pour prêcher son premier sermon. La ferveur dont il était animé le portait à ajouter de nouvelles austérités à celles qui étaient prescrites par la règle et à rechercher les rebuts et les humiliations, n'étant jamais plus content que quand, en passant dans les rues, les enfants l'insultaient et lui jetaient des pierres. Un de ses parents lui ayant reproché qu'il déshonorait sa famille et ses amis, par le genre de vie abject qu'il avait embrassé, il montra la plus grande patience et supporta cette épreuve avec plaisir. C'est aux pieds du crucifix qu'il puisait l'humilité et les autres vertus. Un jour qu'il était prosterné devant cette image du salut, il crut entendre Jésus-Christ qui lui disait : « Mon fils, vous me voyez attaché à la croix; si vous m'aimez et si vous voulez m'imiter, clouez-vous aussi à votre croix et me suivez ; par là vous serez sûr de me trouver. » S'étant préparé, dans la retraite, au ministère de la prédication, ses supérieurs lui ordonnèrent de faire valoir le talent qu'il avait reçu de Dieu pour annoncer la parole sainte. La faiblesse de sa voix, jointe à un enrouement presque habituel, lui présenta, dans les commencements, de grandes difficultés ; mais il en fut bientôt délivré par l'intercession de la sainte Vierge, son refuge ordinaire. Après avoir prêché quatorze ans dans sa patrie, l'éclat de sa vertu et de son talent trahit son humilité, et il parut dans l'Eglise comme un astre brillant. Le succès de ses discours était tel qu'on ne pouvait l'entendre sans éprouver les plus vifs sentiments de religion, et que les pécheurs s'en retournaient chez eux fondant en larmes et fortement résolus de quitter leurs désordres. On demandait, un jour, à un célèbre prédicateur du même ordre, pourquoi ses sermons ne produisaient pas autant de fruits que ceux du saint. « C'est, répondit-il, que le père Bernardin est un charbon brûlant, et ce qui n'est pas si chaud ne peut pas, de même, allumer le feu dans les autres.» Le saint, ayant été consulté sur la vraie manière de prêcher, donna les règles suivantes : « Ayez soin de chercher, en tout, le royaume et la gloire de Dieu : ne vous proposez que la sanctification de son nom; conservez la charité fraternelle : pratiquez ce que vous voulez enseigner aux autres. Par là, l'Esprit-Saint deviendra votre maître; il vous donnera cette sagesse et cette force auxquelles personne ne peut résister. » Il s'appliquait surtout à inspirer le mépris du monde et l'amour de Jésus-Christ. Il aurait désiré avoir une trompette dont le son pût se faire entendre jusqu'aux extrémités de l'univers, afin de faire retentir aux oreilles de tous les hommes cet important oracle du Saint-Esprit : Enfants des hommes, jusqu'à quand aurez-vous le cœur endurci? pourquoi aimez-vous la vanité et cherchez-vous le mensonge?.. Le souvenir de l'incarnation et des souffrances du Sauveur l'élevait au-dessus de lui-même, et il ne pouvait prononcer le nom de Jésus sans éprouver des transports extraordinaires. Souvent, à la fin de ses sermons, il montrait au peuple ce nom sacré, écrit en lettres d'or sur un petit tableau, et il invitait ses auditeurs à se mettre à genoux et à se réunir à lui pour adorer et louer le Rédempteur des hommes. Quelques personnes malintentionnées critiquèrent sa manière de prêcher et donnèrent une interprétation maligne à certains termes dont il avait coutume de se servir : elles le peignirent même sous des couleurs noires au pape Martin V, qui, l'ayant fait venir devant lui, le condamna à garder le silence pour toujours. L'humble religieux se soumit sans rien dire pour sa justification ; mais le pape, après avoir examiné mûrement sa conduite et sa doctrine, reconnut bientôt son innocence, le combla d'éloges et lui permit de prêcher partout où il voudrait ; il le pressa même, en

1427, d'accepter l'évêché de Sienne ; mais le saint trouva moyen de faire agréer son refus : plus tard il refusa de même les évêchés de Ferrare et d'Urbin qui lui furent successivement offerts par Eugène IV. Étant venu prêcher à Milan, le duc Philippe-Marie Visconti, qui s'était laissé prévenir contre lui, à l'occasion de certaines matières qu'il avait touchées dans ses sermons, le menaça de la mort, s'il osait dans la suite tenir le même langage. Bernardin déclara que ce serait pour lui un grand bonheur de mourir pour la vérité. Le duc, pour l'éprouver, ou plutôt pour le surprendre, lui envoya cent ducats, lui faisant dire qu'il voulait, par ce présent, le mettre en état de donner aux pauvres des secours plus abondants. Le saint les refusa par deux fois ; enfin une troisième personne étant venue les lui rapporter, il les conduisit dans les prisons et les distribua, en sa présence, aux prisonniers détenus pour dettes, afin de hâter leur libération. Ce désintéressement dissipa les préventions du duc, qui conçut dès lors pour le saint beaucoup d'estime et de vénération. Bernardin prêcha dans la plupart des villes d'Italie, et partout il obtenait des succès merveilleux. Les plus grands pécheurs se convertissaient ; on restituait les biens mal acquis ; on réparait les injustices et les injures ; les ennemis se réconciliaient et la vertu prenait la place du vice. Les troubles causés par les Guelfes et les Gibelins donnèrent beaucoup d'exercice à son zèle. Ayant appris que ces deux factions agitaient Pérouse, il s'y rendit en toute hâte, et, à son arrivée, il dit aux habitants : « Dieu, que vous offensez grièvement par vos divisions, m'envoie vers vous comme son ange; pour annoncer la paix aux hommes de bonne volonté sur la terre. » Il prêcha ensuite quatre discours sur la nécessité d'une réconciliation générale, et à la fin du dernier il s'écria : « Que tous ceux qui ont des sentiments de paix viennent se ranger à ma droite. » Il ne resta à sa gauche qu'un jeune gentilhomme qui murmurait tout bas. Le saint lui fit une réprimande sévère, et lui prédit qu'il périrait misérablement ; ce qui ne tarda pas à se vérifier. L'empereur Sigismond, qui le vénérait singulièrement, voulut qu'il l'accompagnât à Rome, en 1433, pour assister à son couronnement. Bernardin revint ensuite à Sienne, où il revit ses ouvrages et y mit la dernière main. Il conserva toujours la plus profonde humilité, malgré les applaudissements et les honneurs qu'il recevait de toutes parts. Un religieux de son ordre lui demandant un jour ce qu'il fallait faire pour arriver à la perfection ; pour toute réponse il se jeta à ses pieds, montrant, par là, que l'humilité élève l'âme et la perfectionne. Il fut honoré du don de prophétie, et opéra des miracles, entre autres la guérison de plusieurs maladies incurables et la résurrection de quatre morts. Élu vicaire général de son ordre, il réforma les Franciscains de l'Étroite Observance et fonda un grand nombre de monastères. Au bout de cinq ans il se démit de sa dignité pour reprendre le cours de ses prédications dans la Romagne, le Ferrarais et la Lombardie. A la fin de l'hiver de l'année 1443, il se rendit à Massa, où il fit un discours fort pathétique sur l'union et la charité chrétienne. Attaqué ensuite d'une fièvre maligne, il se mit néanmoins en route ; mais il fut obligé de se mettre au lit en arrivant à Aquila dans l'Abruzze, où il mourut après avoir reçu les sacrements de l'Église, le 20 mai 1444, âgé de soixante-trois ans et huit mois. Son corps, renfermé dans une double châsse dont l'une est d'argent et l'autre de cristal, fut placé chez les Franciscains d'Aquila. Ses œuvres se composent de commentaires sur l'Apocalypse, de traités de piété et de spiritualité, qui ont principalement pour objet la prière, l'amour de Dieu, l'imitation de la vie de Jésus-Christ et les fins dernières. Les sermons qu'on a imprimés sous son nom ne paraissent pas être de lui. Le pape Nicolas V le canonisa en 1450. — 20 mai.

BERNARDIN (le bienheureux), franciscain, né en 1438, à Feltre dans la Marche Trévisane, d'une famille honnête, fit de bonnes études qui annonçaient du talent et le rendaient propre à occuper dans le monde un emploi honorable ; mais ayant entendu, à Padoue, où il achevait son cours de droit à l'université, un sermon de saint Jacques de la Marche, il prit la résolution de quitter le siècle pour embrasser la règle de saint François. Un de ses frères suivit son exemple, et trois de ses sœurs prirent aussi le voile. Quelques années après sa profession on voulut le faire prêcher ; mais son humilité était si grande, qu'il ne pouvait s'y résoudre. Son directeur étant enfin parvenu à vaincre sa répugnance, il opéra des merveilles par ses discours. Il prêcha devant le pape Innocent VIII et les cardinaux : les plus grandes villes d'Italie voulurent l'entendre, et partout l'on admira sa pieuse éloquence. Il déploya son zèle contre les usuriers qui, à Feltre surtout, se livraient aux plus criantes exactions et ruinaient des familles entières. Étant devenu gardien et ensuite provincial, il montra dans ces deux charges une grande prudence et beaucoup de capacité. Enfin, après une vie consacrée entièrement à la gloire de Dieu et au salut des âmes, il mourut à Pavie le 28 septembre 1494, étant âgé de cinquante-six ans. Le saint-siège a permis à son ordre d'honorer sa mémoire le 28 septembre.

BERNARDINE (la bienheureuse), *Bernardina*, du tiers ordre de Saint-François, est honorée en Espagne le 21 septembre.

BERNEU ou BERNOUF (saint), *Bernulfus*, confesseur, florissait dans le IXe siècle, et il est honoré à Mondovi en Piémont le 24 mars.

BERNIER (saint), *Bernerus*, confesseur au diocèse de Salerne dans le royaume de Naples, florissait dans le Xe siècle, et mourut en 980. — 20 novembre.

BERNOLD (le bienheureux), prêtre et religieux du monastère d'Ottobeurn en Souabe, s'illustra par sa vie pénitente et par l'éclat de ses vertus. Il mourut vers le milieu du xiᵉ siècle. En 1189, ses reliques furent exposées à la vénération des fidèles avec celles des bienheureux Hatton et Bruno, dans l'église du monastère : elles sont devenues célèbres par un grand nombre de miracles, et les fidèles de la contrée les visitent en foule avec une pieuse confiance. — 4 juillet.

BERNON (le bienheureux), *Berno*, premier abbé de Cluny, né en Bourgogne vers le milieu du ixᵉ siècle, quitta le monde pour embrasser l'état religieux. Il était abbé de Baume, lorsqu'il la donna, en 909, l'habit à saint Odon. L'année suivante, Guillaume le Pieux, duc d'Aquitaine, ayant fondé l'abbaye de Cluny, voulut que le gouvernement en fût confié à Bernon, qui avait rétabli, dans plusieurs monastères, la réforme selon la règle de saint Benoît d'Aniane. Bernon, qui était déjà à la tête de cinq communautés religieuses, accepta cette nouvelle dignité, sans quitter les autres qu'il ne gardait que pour y rétablir la discipline dans toute sa pureté. Il vint s'établir à Cluny avec saint Odon, son disciple, en faveur de qui il se démit de son abbaye, l'an 926. Il mourut l'année suivante, après avoir fait un testament qui est parvenu jusqu'à nous, et il est nommé, dans quelques calendriers, le 13 janvier.

BERNOUL (le bienheureux), *Bernulphus*, évêque d'Utrecht, au milieu du xiᵉ siècle, était curé du village d'Oosterbeck, près d'Arnheim, dans la province de Gueldre, lorsque l'impératrice, épouse de Conrad II, fit ses couches dans sa paroisse. Cette circonstance l'ayant fait connaître, il fut nommé par Conrad, évêque d'Utrecht, en 1026. La nomination à ce siège, vacant par la mort d'Adelbold, présentant des difficultés par la divergence des opinions de ceux qui avaient le droit d'élire, le choix en fut laissé à l'empereur, qui se détermina pour Bernoul. Celui-ci, que sa sainteté et son zèle rendaient digne de l'épiscopat, gouverna paisiblement son troupeau pendant vingt-sept ans. Il augmenta les revenus de son église, fonda deux collégiales, celle de Saint-Pierre et celle de Saint-Jean-Baptiste, et répara celles des églises de son diocèse qui étaient tombées en ruines. La dévotion qu'il avait pour saint Lebwin, patron de Déventer, le porta à transférer dans cette ville la moitié du chapitre de Saint-Sauveur d'Utrecht. Il mourut le 19 juillet 1054, et fut enterré dans l'église collégiale de Saint-Pierre. — 19 juillet.

BERNWARD (saint), *Bernuardus*, évêque d'Hildesheim, né vers le milieu du xᵉ siècle, d'une des premières familles d'Allemagne, eut pour précepteur Tagmer, bibliothécaire de l'église de Hildesheim. Osdag, évêque de cette ville, charmé de ses progrès dans les sciences et la piété, lui conféra l'ordre d'exorciste; quelque temps après, saint Willigis, archevêque de Mayence, lui conféra les ordres sacrés. L'empereur Othon II le choisit pour précepteur de son fils, et cette charge importante fit briller son mérite et ses vertus. Élu évêque d'Hildesheim, en 993, il voulut être sacré par saint Willigis, pour qui il avait une profonde vénération. La manière dont il remplit les devoirs de l'épiscopat le fit chérir et respecter de ses diocésains. Il rétablit la discipline ecclésiastique, et fit fleurir les lois, les sciences et les arts. Aussi zélé pour sa propre sanctification que pour celle de son troupeau, après avoir consacré le jour aux fonctions pastorales, il employait une partie de la nuit à la prière et à des lectures pieuses. Bon et compatissant, il se montrait le protecteur et le père des pauvres. Il rendit de grands services à son élève qui, en 996, devint empereur sous le nom d'Othon III. Ce prince honora toujours Bernward de sa confiance et il faisait un grand cas de ses conseils. Le saint évêque, quelque grandes que fussent sa douceur et sa modestie, savait soutenir ses droits avec fermeté. Il le montra dans une contestation qu'il eut avec l'archevêque de Mayence, au sujet du territoire de l'abbaye de Gandersheim, et qui fut décidée en sa faveur, dans un concile tenu à Rome, l'an 1001. Il s'y rendit en personne et plaida sa cause devant le pape Silvestre II en présence des Pères et de l'empereur. Le pape le confirma dans la possession du monastère avec ses dépendances, et lui donna le bâton pastoral, pour lui rendre sur ce monastère, l'investiture que saint Willigis, archevêque de Mayence, lui avait ôtée. Othon étant mort l'année suivante, il conserva le crédit dont il avait joui à la cour, et l'empereur Henri II avait pour lui une grande vénération. Pendant que Bernward était occupé à bâtir ou à réparer des églises et des monastères, il fut attaqué d'une maladie qui le fit beaucoup souffrir pendant cinq ans ; il la reçut comme une épreuve salutaire que Dieu lui envoyait pour purifier son âme. Il donna ses biens patrimoniaux au monastère de Saint-Michel qu'il avait fondé, et où il passa la dernière année de sa vie, après y avoir pris l'habit. Il mourut le 20 novembre 1024, et fut enterré dans l'église de son monastère. Le pape Célestin III le canonisa en 1194, et peu après, on fit une translation solennelle de ses reliques. — 20 novembre.

BÉRONIQUE (saint), *Beronicus*, martyr à Antioche, souffrit avec sainte Pélagie et quarante-neuf autres. — 19 octobre.

BERTAIRE ou BERTHIER (saint), *Bertarius*, abbé du Mont-Cassin et martyr, naquit au commencement du ixᵉ siècle et était issu du sang royal de France. Son illustre naissance lui promettait de grands avantages dans le monde, mais il quitta tout pour se faire moine au Mont-Cassin. L'abbé Basce étant mort en 856, il fut élu pour lui succéder. Il gouverna saintement cette maison et se montra le digne imitateur de saint Benoît. Les Sarrasins ayant fait une irruption en Italie ravagèrent tout le pays, incendièrent l'abbaye du Mont-Cassin et massacrèrent le saint abbé pendant qu'il faisait sa prière à genoux sur les marches de l'autel de saint Martin. Son martyre eut lieu le 22 octobre 884. Il a laissé des sermons, des homélies et quelques autres ouvrages. — 22 octobre.

BERTAUME (saint), *Bertelmus*, florissait dans le VIIIᵉ siècle, et il est honoré, avec le titre de pénitent, à Stafford en Angleterre. — 9 septembre.

BERTAUT (saint), *Berthaldus*, confesseur dans le Rethelois, florissait au commencement du VIᵉ siècle et mourut vers l'an 540. Son corps se gardait à la Piscine, monastère de Prémontré, près de Chaumont. — 16 juin.

BERTE (la bienheureuse), *Berta*, abbesse de Bardes, monastère de l'ordre de Vallombreuse, mourut en 1163, et elle est honorée le 24 mars.

BERTHE (sainte), *Bertha*, première abbesse d'Avenay, près de Reims, et martyre, naquit, vers le milieu du VIIᵉ siècle, d'une famille illustre de la Champagne, et épousa un jeune seigneur nommé Gombert, qui était proche parent des rois Clovis II et Sigebert II. Les deux époux prirent la résolution de vivre dans la continence, dès le premier jour de leur mariage. Saint Gombert, après avoir fondé à Reims le monastère de Saint-Pierre-les-Nonnes et après être entré dans l'état monastique, alla prêcher l'Evangile dans la Hollande où il obtint la couronne du martyre. Berthe, de son côté, prit le voile et fonda le monastère d'Avenay dont elle eut le gouvernement. Ayant appris la mort glorieuse de son époux, elle pria Dieu de lui accorder la grâce de verser aussi son sang pour sa gloire, et sa prière fut en quelque manière exaucée. Un jour qu'elle se trouvait seule dans sa chambre, elle fut assassinée, vers l'an 680, par des scélérats, qui étaient de ses parents, et qui ne voyaient pas sans dépit qu'elle employât ses grands biens en aumônes et en autres bonnes œuvres. Son corps fut enterré dans son abbaye où celui de saint Gombert fut aussi rapporté et placé auprès de sa sainte épouse. Ils sont honorés l'un et l'autre le 1ᵉʳ mai.

BERTHE (sainte), veuve et abbesse, née vers le milieu du VIIᵉ siècle, était fille du comte Rigobert et d'Ursane, qui lui donnèrent une éducation convenable à son illustre naissance : elle passa ses premières années dans l'innocence et la piété. A vingt ans, elle épousa Sigefroi, dont elle eut cinq filles, entre autres sainte Gertrude et sainte Déotile. Berthe fonda, vers l'an 682, le monastère de Blangy en Artois, et après la mort de Sigefroi, elle s'y retira pour y prendre le voile avec Gertrude et Déotile. Le comte Roger ou Rotgar, irrité de ce qu'il n'avait pu obtenir la main de Gertrude, calomnia sa mère auprès du roi Thierri III; Berthe, alors abbesse de Blangy, alla trouver le roi qui reconnut son innocence et la prit sous sa protection. De retour à son monastère, la sainte abbesse en acheva la construction et fit bâtir trois églises, l'une dédiée à saint Omer, une autre à saint Vaast et la troisième à saint Martin de Tours. Ayant ensuite mis un ordre excellent dans sa communauté, elle se démit de sa charge et établit abbesse à sa place sainte Déotile. Elle se retira dans une cellule pour ne plus s'occuper que de la prière. Elle mourut vers l'an 725. Le monastère de Blangy ayant été détruit par les Normands, les religieuses sauvèrent les reliques de sainte Berthe et de ses deux filles et les transportèrent, en 895, au monastère d'Erstein en Alsace : cette translation fut signalée par plusieurs miracles. Ces reliques furent rapportées à Blangy dans le XIᵉ siècle, après que le monastère eut été rebâti. — 4 juillet.

BERTHE DE MARBAIS (la bienheureuse), abbesse de Marquette, était proche parente de Jeanne, comtesse de Flandre, et illustra la noblesse de sa naissance par une piété humble et sincère. Elle épousa le seigneur de Molenbais, et lorsqu'elle fut devenue veuve, elle se fit religieuse à l'abbaye d'Aywières. La comtesse Jeanne ayant fondé, vers l'an 1227, le monastère de Marquette, y plaça Berthe en qualité d'abbesse. Cette dignité servit à faire éclater davantage ses vertus, qui la rendirent le modèle et l'édification de la communauté. Elle mourut en 1247. En 1630, Jean Dawin, évêque de Namur, fit insérer son nom dans la liste des saints et bienheureux de son diocèse, qui n'a pas cessé de lui rendre un culte public. — 8 juillet.

BERTHEVIN (saint), *Berthvinus*, est patron d'une paroisse qui porte son nom, près de Laval, dans le diocèse du Mans, où il est honoré avec le titre de martyr : il y a aussi dans le même diocèse une paroisse qui s'appelle Saint-Berthevin-la-Tannière. On fait sa fête à Lisieux le 11 juillet. — 8 septembre.

BERTHILIE (sainte), *Berthilia*, épouse du comte Walbert et mère de sainte Vaudru et de sainte Aldegonde, naquit dans le Hainaut, vers le commencement du VIIᵉ siècle, et appartenait à une des premières familles du pays. L'éducation qu'elle donna à ses filles en fit des saintes et elle était elle-même un modèle de vertu. Les exemples et les discours de sainte Aldegonde, qui vivait en religieuse dans la maison paternelle, lui firent encore faire de nouveaux progrès dans la perfection. Le château de Courtsolre qu'elle habitait avec son mari, devint une espèce de monastère où ils se livraient, l'un et l'autre, aux pratiques de la vie religieuse, après avoir distribué leurs grands biens aux pauvres et aux églises. Sainte Berthilie mourut vers l'an 660. — 11 mai.

BERTHILLE ou BERTILLE (sainte), *Berthilla*, abbesse de Chelles, d'une illustre famille du Soissonnais, née sous le règne de Dagobert Iᵉʳ, préféra, dès son enfance, les biens célestes à ceux de la terre, fuyant les vains amusements du monde, pour s'occuper d'objets sérieux et surtout de la prière. Les douceurs qu'elle goûtait en conversant avec Dieu lui inspirèrent le dessein de renoncer entièrement au siècle. Comme elle n'osait s'en ouvrir à ses parents, elle consulta saint Ouen qui la confirma dans sa pieuse résolution, et convint avec elle de consulter le Père des lumières, afin qu'il daignât manifester sa volonté. Berthille s'étant assurée, par cette précaution, que sa vocation venait du ciel, elle en fit part à ses parents, qui, touchés des saintes dispositions de leur fille, lui permirent de suivre les mouvements de la grâce, et la conduisirent eux-mêmes au monastère de Jouarre en Brie, que venait de fonder le bienheureux Adon, frère de saint Ouen. Sainte Téléhilde, qui en était la première abbesse, reçut Berthille avec empressement, et l'instruisit dans les voies de la perfection religieuse. La jeune novice, heureuse dans cette solitude, remerciait sans cesse le Seigneur de l'avoir soustraite aux tempêtes orageuses du monde; mais elle pensa qu'elle ne mériterait de devenir l'épouse de Jésus-Christ, qu'autant qu'elle s'efforcerait de le suivre dans la route des humiliations et des renoncements qu'il avait tracée. Elle se mit donc, par son humilité, au-dessous de ses compagnes, se jugeant même indigne de vivre dans leur société. Comme elle montrait une prudence et une vertu peu communes, on lui confia, malgré sa jeunesse, la charge de recevoir les étrangers, de soulager les malades et de veiller sur la conduite des enfants qu'on élevait dans le monastère. Elle s'acquitta si bien de ces divers emplois qui lui furent successivement confiés, qu'on l'élut prieure pour aider l'abbesse dans le gouvernement de la communauté. Dans ce nouveau poste elle se montra le modèle des religieuses qui se sentaient vivement excitées à suivre l'exemple de leur prieure, et à pratiquer, avec la même fidélité, toutes les observances de la règle. Sainte Bathilde, reine de France, ayant fondé, ou plutôt rebâti l'abbaye de Chelles, demanda à l'abbesse de Jouarre quelques-unes de ses religieuses pour établir, par leurs vertus et leur expérience, la régularité dans la nouvelle communauté qu'elle venait d'y établir. Berthille fut mise à la tête de la pieuse colonie, et arriva à Chelles en qualité d'abbesse, vers l'an 646. Sa réputation se répandit au loin, et le nombre des religieuses devint bientôt considérable. On y voyait régner la paix, la charité, la douceur, l'humilité et la mortification. Berthille, qui voyait parmi ses religieuses deux grandes reines, Héreswith, épouse d'Anna, roi des Est-Angles et Bathilde, épouse de Clovis II, loin d'en tirer vanité, ne cherchait à se distinguer que par un très grand amour de la perfection, montrant, par son exemple, qu'on ne sait bien commander que quand on a appris à obéir. Elle gouverna pendant quarante-six ans sa communauté, et les infirmités de la vieillesse, loin de ralentir son zèle et sa ferveur, ne firent, au contraire, que les augmenter jusqu'à sa bienheureuse mort qui arriva l'an 692. — 5 novembre.

BERTHOLD (le bienheureux), entra dans l'ordre de Saint-Benoît, et devint ensuite prieur de Golwin, dans la Forêt-Noire. Ottockar, margrave de Styrie, ayant fondé à Garsten, une maison religieuse pour des prêtres séculiers, qui ne répondirent pas à ses pieuses intentions, les remplaça par des moines de Saint-Benoît. Berthold fut chargé du gouvernement de cette nouvelle communauté, dans laquelle il établit la plus exacte discipline, par son zèle et sa fermeté. Il y fit fleurir aussi la piété, par ses exemples et par ses instructions. Le saint abbé de Garsten fit bâtir, près du monastère, un hospice où étaient reçus les malades des environs et les nombreux pèlerins que la dévotion attirait dans ce lieu. Dieu daigna, plus d'une fois, venir au secours de sa charité, en multipliant miraculeusement les ressources destinées aux pauvres qui affluaient de tous côtés. Berthold menait une vie fort pénitente, ne mangeant jamais ni viande ni poisson. Il se livrait à de grandes austérités, passait une partie des nuits dans les veilles, et partageait son temps entre l'étude, la prière et les soins de sa maison. On le respectait comme un saint dans tout le pays, et les fidèles accouraient en foule pour s'adresser à lui dans le tribunal de la pénitence, ou pour entendre ses pieuses exhortations et recevoir sa bénédiction. Il mourut vers l'an 1140. — 27 juillet.

BERTHOLD (saint), religieux de l'ordre de Prémontré, était frère de saint Menric, et florissait au XIIIe siècle, sous le règne de Frédéric II, empereur d'Allemagne. Le mont Hasley, en Westphalie, situé près du monastère de Scheide, où il avait pris l'habit, était souvent le théâtre de graves désordres, auxquels se livraient les habitants du voisinage, à certaines fêtes de l'année. Saint Berthold, dans la vue d'y mettre un terme, fit construire, au pied de cette montagne, une cellule et une chapelle, sous l'invocation de la sainte Vierge; il espérait, par ce moyen, y attirer les fidèles par un motif de piété, et diminuer ainsi le nombre de ceux qui se livraient à ces divertissements coupables; mais son zèle eut peu de succès, et il mourut sans avoir eu la consolation de voir cesser les scandales qui l'affligeaient. — 20 juin

BERTIER (saint), *Bertarius*, prêtre et martyr à Menou, près de Faverney en Franche-Comté, fut massacré par des scélérats, vers l'an 715, avec saint Attalein, diacre. Leurs reliques se gardent à Florival, dans le Luxembourg. — 6 juillet.

BERTILIE (sainte), *Bertilia*, vierge et veuve, née au commencement du VIIe siècle, sortait d'une des plus illustres familles de France. Ses parents, aussi recommandables par leur piété que par leur noblesse, l'élevèrent dans l'amour de Dieu et l'horreur du péché. Parvenue à l'âge de s'établir, elle aurait bien voulu se consacrer à Dieu sans réserve; mais, par déférence pour sa famille, elle fut obligée de donner sa main à un jeune seigneur, nommé Guthland, qui était d'une naissance égale à la sienne et d'une conduite exemplaire. Celui-ci, voyant de près les vertus de sa jeune épouse, résolut de les imiter, et consentit volontiers à la proposition qu'elle lui fit de passer toute leur vie dans la continence. Ils sanctifièrent leur union par la pratique des bonnes œuvres, distribuant en aumônes leurs immenses revenus, visitant les malades, exerçant l'hospitalité et répandant autour d'eux la bonne odeur de Jésus-Christ. Bertilie, ayant survécu à son pieux époux, se dépouilla de tous ses biens, à la réserve d'un acre de terre qu'elle possédait à Mareuil, près du mont Saint-Eloi, en Artois, où elle fit bâtir une église avec une petite habitation. C'est dans cette retraite qu'elle passa les dernières années de sa vie, faisant de la prière sa principale, ou plutôt son unique occupation. Un jour, après avoir prié plus longtemps qu'à l'ordinaire, elle fut atteinte d'une maladie dont elle ne se releva pas. Les souffrances qu'elle ressentait ne firent qu'augmenter sa ferveur, et plus ses forces diminuaient, plus son âme se fortifiait par l'espérance de la bienheureuse éternité. Elle mourut vers l'an 687. Son corps fut mis dans une châsse en 1228. — 3 janvier.

BERTIN (saint), *Bertinus*, abbé de Sithiu, d'une famille noble, établie dans le territoire de Constance en Suisse, naquit vers le commencement du VIIe siècle, et montra, dès son enfance, un grand amour pour la vertu et un grand éloignement pour le monde et ses vains plaisirs. Ses dispositions intérieures et l'exemple de saint Omer, son parent, qui s'était consacré à Dieu dans le monastère de Luxeuil, le portèrent à aller le rejoindre avec deux de ses amis, Mommolin et Ebertran. L'abbaye de Luxeuil, qui comptait déjà plus de cinq cents religieux, quoique fondée depuis peu de temps, était une excellente école où l'on enseignait tout ce qui a rapport à l'étude de la religion, et d'où sortirent bientôt un grand nombre d'évêques, célèbres par leurs vertus et leur savoir. Bertin, quoique très-jeune encore, se distingua par sa ferveur et ses progrès dans les sciences, surtout dans la science de la discipline ecclésiastique et de l'Ecriture sainte. Saint Eustase, qui était abbé de Luxeuil, lorsque Bertin s'y fit religieux, étant mort en 625, saint Walbert lui succéda, et, vers l'an 639, il envoya à saint Omer, son ancien religieux, qui, depuis deux ans, était évêque de Thérouanne, des coopérateurs pour le seconder dans le gouvernement de son diocèse. Bertin, Mommolin et Ebertran, choisis pour cette œuvre, arrivèrent chez les Morins, dont Thérouanne était la capitale. Ces peuples, qui avaient autrefois reçu la lumière de l'Evangile, étaient retombés dans l'ignorance, et, depuis près d'un siècle, ils n'avaient presque plus aucune connaissance de Jésus-Christ. Bertin et ses deux compagnons, travaillant sous les auspices de saint Omer, s'appliquèrent à faire disparaître l'idolâtrie, ainsi que les vices qui en sont la suite. Pour civiliser des populations à demi barbares, ils se montrèrent puissants en paroles et en œuvres, et ils firent une moisson abondante dans une terre ingrate et stérile. Nos saints missionnaires se bâtirent un monastère sur une petite montagne, à une lieue de Sithiu. C'était une solitude presque inaccessible, entourée,

d'un côté, par l'Aa, et de l'autre, par des marais. Saint Omer voulait établir abbé de ce monastère saint Bertin, qui refusa par humilité, alléguant pour raison sa jeunesse, et Mommolin fut choisi à sa place. Au bout de huit ans, le nombre des religieux devenant tous les jours plus considérable, l'emplacement manqua pour construire des cellules, et l'on sentit la nécessité de former un nouvel établissement. Bertin et ses compagnons étant donc entrés dans une petite barque, ils remontèrent l'Aa, et traversèrent quelques marais, en chantant des psaumes. Lorsqu'ils furent à ce verset : *C'est ici le lieu de mon repos ; je l'ai choisi pour y faire ma demeure*, ils s'arrêtèrent. Le lieu où ils se trouvaient était l'île de Sithiu : ils y bâtirent un monastère et une église, qu'ils dédièrent à saint Pierre. Saint Mommolin en eut le gouvernement ; mais ayant été élu évêque de Noyon et de Tournay, en 659, et ayant emmené avec lui Ebertran, qu'il établit premier abbé de Saint-Quentin, Bertin fut chargé par saint Omer de gouverner le monastère de Sithiu-en-l'Ile, qu'on appela, pendant plusieurs siècles, le monastère de Saint-Pierre, et qui prit ensuite le nom de Saint-Bertin. Il obtint bientôt la même célébrité que celui de Luxeuil, par la vie austère et fervente des moines qui l'habitaient. Des racines, des herbes et du pain, telle était leur nourriture, et l'eau composait leur unique boisson. Une prière presque continuelle sanctifiait le travail et les autres exercices extérieurs. Les moines, qui se relevaient les uns les autres, chantaient, nuit et jour, à l'église, les louanges du Seigneur. Des personnes de qualité, frappées du spectacle aussi édifiant, donnèrent au monastère des biens considérables, pour qu'ils fussent le patrimoine des pauvres. Un seigneur riche, nommé Hérémar, fit don à Bertin de sa terre de Wormhoult, en Flandre, et le saint abbé y fonda, en 695, le monastère de Berg-Saint-Winox, dont l'église fut dédiée à saint Martin. Un autre seigneur, le comte Walbert, ayant embrassé la religion chrétienne, fit aussi au saint des donations considérables, qui comprenaient le manoir d'Arques et la terre de Poperingue, que l'abbaye posséda jusqu'à sa destruction. Walbert, après sa conversion, choisit le saint abbé pour son directeur, et il voulut que son fils unique prit au baptême le nom de Bertin. Ce jeune seigneur embrassa l'état monastique et mena une vie sainte, sous la conduite de celui dont il portait le nom. Plusieurs autres seigneurs, qui venaient de renoncer au paganisme pour embrasser la foi, suivirent son exemple, et vinrent augmenter le nombre des religieux de saint Bertin, qui goûtait la douce satisfaction de voir revivre, dans son monastère, les merveilles que l'histoire rapporte des solitaires d'Egypte. Se sentant affaibli par l'âge, et voulant passer le reste de ses jours dans l'état de simple religieux, il se fit donner pour successeur un de ses disciples, nommé Rigobert, et alla se renfermer dans un petit ermitage, situé près du cimetière de ses moines et dédié à la sainte Vierge. Il y vaquait à la prière, le jour et la nuit, sans rien omettre des exercices de la discipline monastique qu'il pratiquait avec l'humilité et l'exactitude du novice le plus fervent. Rigobert s'étant aussi démis de sa charge d'abbé, notre saint le remplaça par un religieux nommé Erlefride, qui l'avait élevé dès l'enfance, et qui s'était acquis une grande réputation de sainteté, par une oraison continuelle et par le don des miracles dont Dieu l'avait favorisé. Saint Bertin mourut vers l'an 709, âgé de plus de cent ans, et fut enterré dans la chapelle de saint Martin, commencée, par son ordre, sous saint Rigobert, mais qui n'était pas encore achevée au moment de sa mort. Saint Folquin, évêque de Thérouanne, ayant caché, en 846, ses reliques dans l'église de Saint-Pierre, pour les soustraire à l'impiété des Normands, on les découvrit sous l'autel de saint Martin, lorsqu'on répara l'église, en 1050. Wido, archevêque de Reims, à la prière de l'abbé Bovon, les renferma dans une châsse, et la cérémonie se fit avec beaucoup de solennité. En 1237, Pierre, évêque de Cambrai et de Thérouanne, plaça les reliques de saint Bertin dans une nouvelle châsse très-riche, et en 1668, on en tira quelques ossements, qu'on transféra dans l'église paroissiale de Poperingue, dédiée à saint Bertin. L'île de Sithiû, où se trouvait l'abbaye de Saint-Bertin, servit d'emplacement à la ville de Saint-Omer. — 5 septembre.

BERTOARE (sainte), *Bertoara*, fondatrice du monastère de Notre-Dame-de-Sales, sous la règle de saint Colomban, mourut vers l'an 689, et elle est honorée à Bourges le 4 décembre.

BERTOLD (saint), *Bertoldus*, cordonnier à Parme, est honoré dans cette ville le 21 octobre.

BERTOLD (le bienheureux), prieur des Ermites du Mont-Carmel en Palestine, les réunit en communauté, quelques années avant que le B. Albert leur donnât une règle. Il mourut sur la fin du XIIᵉ siècle ou au commencement du XIIIᵉ et il est honoré dans l'ordre des Carmes le 29 mars.

BERTOUL ou BERTULFE (saint), *Bertulphus*, abbé dans l'Artois, naquit en Allemagne vers le milieu du VIIᵉ siècle, de parents idolâtres et peu riches. Il quitta son pays et se retira dans le diocèse de Thérouanne en Artois, où il se fit instruire de la religion chrétienne, après quoi il reçut le baptême. Le comte Wambert, seigneur d'une grande piété, lui confia l'administration de ses biens, emploi dont il s'acquitta avec autant de probité que de sagesse; ce qui inspira au comte tant d'estime pour Bertoul, qu'il le regardait plutôt comme un ami, ou comme un fils, que comme un domestique; il lui fit même don de sa terre de Renty, où le saint mit des religieux dont il eut la conduite, tout laïque qu'il était. Il avait pour eux la tendresse d'un père, et les gouvernait avec une douceur et une bonté qui le faisaient chérir de tous. Sa charité pour les pauvres était sans bornes, et il possédait dans un degré éminent l'esprit de prière et de mortification. Il mourut le 5 février, vers l'an 705. Ses reliques furent l'objet de plusieurs translations; les calvinistes les brûlèrent, dans le XVIᵉ siècle. — 5 février.

BERTRAN (saint), *Bertichramnus*, évêque du Mans, né dans le Poitou vers le milieu du VIᵉ siècle, se destina de bonne heure au service des autels et reçut la tonsure cléricale dans la ville de Tours. Saint Germain, évêque de Paris, l'attira ensuite dans son diocèse, lui conféra les ordres sacrés et le fit son archidiacre. En 586 il fut élu évêque du Mans, à la place de Baldégisile, qui avait gouverné cette église en mercenaire plutôt qu'en pasteur. Après avoir heureusement surmonté les obstacles qui rendirent très-difficiles les commencements de son épiscopat, il se livra tout entier à la sanctification de son troupeau. Il délivra son pays d'une guerre dont le menaçaient Waroc et Windimacle, princes bretons. Gontran, roi d'Orléans et de Bourgogne, le fit venir à sa cour pour régler quelques affaires qui intéressaient le bien de l'Église. Son testament qu'il fit en 616, et qui renferme des legs considérables aux églises et aux monastères, est devenu célèbre dans l'antiquité ecclésiastique par les indications précieuses qu'il contient. On y voit, entre autres, que Frédégonde favorisa et protégea le saint en toute occasion. Les guerres intestines qui troublaient alors la France, obligèrent Bertran à sortir, par trois fois, de son diocèse; mais, secondé par Clotaire, qui réunit à son royaume ceux de Bourgogne et d'Austrasie, il répara les désordres que le malheur des temps avait introduits dans son troupeau pendant son absence. Il mourut, à ce que l'on croit, le 30 juin 623, et il eut pour successeur saint Chadoin. Il est honoré le 5 juillet, jour de la translation de ses reliques. — 30 juin et 5 juillet.

BERTRAND (saint), abbé de Grandselves, monastère de l'ordre de Cîteaux, est honoré le 14 novembre.

BERTRAND (saint), *Bertrandus*, évêque de Comminges en Gascogne, fils d'Atton Raymond, comte de l'Isle, était, par sa mère, petit-fils de Guillaume Taillefer, comte de Toulouse. Il renonça de bonne heure aux avantages que pouvait lui procurer dans le monde son illustre origine, pour se consacrer à Dieu. Étant entré dans l'état ecclésiastique, il devint chanoine et archidiacre de Toulouse. Il fut ensuite élu évêque de Comminges, en 1073, à la place d'Otger qui venait de mourir. Il fit la guerre aux abus et aux vices avec tant de zèle et de succès qu'il eut bientôt changé la face de son diocèse. Il rebâtit sa cathédrale près de laquelle il fit construire un cloître pour les clercs attachés à son église et les assujettit à la vie commune. Il répara et agrandit la ville épiscopale et mérita d'en être regardé comme le second fondateur. Il mourut le 15 ou le 16 octobre, vers l'an 1123, après un épiscopat de cinquante ans, et fut enterré dans son église, devant la chapelle de la sainte Vierge. Guillaume, archevêque d'Auch, son neveu, sollicita et obtint sa canonisation. — 15 octobre.

BERTRAND (le bienheureux), patriarche d'Aquilée, sortait d'une famille noble de France, qui portait le nom de Saint-Geniez, d'un château qu'elle possédait près de Cahors; il naquit vers l'an 1260. Doué d'un esprit vif et pénétrant, il suivit avec succès un cours de droit civil et canonique à l'université de Toulouse et obtint le grade de licencié. Après avoir professé quelque temps dans cette école, il embrassa l'état ecclésiastique, et fut nommé ensuite doyen du chapitre d'Angoulême. Le pape Jean XXII, qui résidait à Avignon, et qui était son compatriote, le fit son chapelain et le nomma auditeur de rote. Il travailla, en cette dernière qualité, au procès de la canonisation de saint Thomas d'Aquin; ce qui lui inspira pour le docteur angélique cette tendre dévotion qui le porta à établir son culte dans son église, lorsqu'il fut élevé par le même pape sur le siége patriarcal d'Aquilée. Il s'appliqua, avec un zèle infatigable, à remplir tous les devoirs que lui imposait sa nouvelle dignité. Il commença par visiter son vaste diocèse. Il consacra ensuite des soins tout particuliers aux jeunes clercs qui se destinaient au service des autels, ne s'en rapportant qu'à lui-même de leur admission aux ordres sacrés. Il s'occupait aussi, avec beaucoup de sollicitude, des pénitents publics, assez nombreux alors, parce que la discipline ecclésiastique conservait encore, sur ce point, une partie de son ancienne vigueur. Il leur portait un intérêt si vif que quand il se trouvait en voyage, pendant le carême, il marchait le jour et la nuit, afin d'être arrivé à temps pour les réconcilier au jour fixé par l'Eglise. Il ne négligeait aucune occasion d'annoncer la parole de Dieu, non-seulement aux fidèles, mais encore aux personnes qui vivaient en religion. Il assemblait presque tous les ans des synodes où il adressait aux membres de son clergé les instructions les plus touchantes et les plus paternelles. Sa qualité de seigneur temporel lui imposait l'obligation de soutenir ses vassaux contre des attaques injustes, et plusieurs fois il les autorisa à repousser la force par la force. Lorsqu'on en venait aux mains, il se jetait à genoux, la tête nue, les mains élevées vers le ciel, et ne se relevait pas qu'on ne vînt lui annoncer l'issue du combat, d'où ses diocésains revenaient toujours victorieux; ce que l'on regardait comme une espèce de miracle qu'on attribuait à ses prières. La prévôté du chapitre de Cividale, ayant donné lieu à certains abus dont les chanoines étaient victimes, il la supprima et en affecta les revenus à douze places destinées à douze jeunes gens vertueux et capables, qui, par leur institution, devaient contribuer à la pompe du culte divin, et auxquels il donna le nom de clercs de Marie. Il procura aussi un autre avantage au même chapitre, en renonçant au droit de dîme sur les terres que les chanoines possédaient dans la Carniole; il ne mit à cet abandon d'autre condition que celle de chanter chaque jour, à la fin de l'office canonial, une antienne à la sainte Vierge, usage qui n'existait pas encore dans cette église. Le patriarche fonda aussi deux monastères dans son diocèse, celui de Saint-Nicolas, pour des religieuses de Saint-Augustin, et un autre pour des Célestins. Ne se regardant que comme dépositaire des revenus de son église, il les consacrait à des œuvres de religion et de charité. Son amour pour les pauvres était tel que, sans parler des secours considérables qu'il leur distribuait dans l'occasion, il en nourrissait, tous les jours, douze en l'honneur des douze apôtres, et les servait de ses propres mains. On porte à deux mille le nombre des malheureux qu'il nourrit pendant une longue famine. Protecteur des jeunes personnes honnêtes et sans fortune, il en dota un grand nombre, dont les unes s'engagèrent dans le mariage et les autres embrassèrent la vie religieuse. Le bienheureux Bertrand, qui se montrait si bon, si compatissant pour tous ceux qui souffraient, était dur à lui-même, dormait peu, et interrompait encore les courts instants qu'il donnait au sommeil, pour réciter l'office de la nuit. Quelquefois même, il restait à genoux sur le pavé de sa chambre, depuis le soir jusqu'au matin, occupé à prier. Lorsqu'il se trouvait à Aquilée pendant la semaine sainte, il renvoyait, le soir, ses domestiques, comme s'il eût voulu prendre du repos; mais il se rendait secrètement dans une église voisine et y passait toute la nuit à méditer sur la passion du Sauveur. Il fut chargé par Benoît XII d'examiner la demande en nullité de mariage, faite par Marguerite, fille du duc de Carinthie, contre son époux, Jean de Luxembourg. Clément VI, à son avénement au pontificat, l'envoya, en qualité de nonce, à la cour du roi de Hongrie. Quelques habitants d'Udine ayant accusé Bertrand auprès du même pontife, celui-ci rendit un éclatant témoignage à son innocence. Ses ennemis, irrités de la fermeté avec laquelle il soutenait les droits de son église, conspirèrent sa perte. Le saint patriarche, qui connaissait leur criminel projet, était disposé à souffrir, s'il le fallait, le martyre pour la justice, à l'exemple de saint Thomas de Cantorbéry qu'il avait pris pour modèle et pour protecteur. Etant allé à Padoue, en 1350, pour assister à une translation des reliques de saint Antoine, ainsi qu'au concile que tint, dans cette ville, le cardinal de Sainte-Cécile, légat de Clément VI, quand il fut question de partir, le bienheureux Bertrand éprouvait quelque répugnance à retourner dans son diocèse; mais cédant aux sollicitations des ecclésiastiques qui l'accompagnaient, il leur dit : « Je vais me sacrifier pour vous. » Il se confessa, célébra la messe, et partit avec sa suite. Le second jour de son voyage, lorsqu'il fut arrivé à Richinvelda, près de la forteresse de Spilimberg, une troupe de furieux, à laquelle s'étaient joints quelques soldats du comte de Goritz, vint fondre sur lui et mit en fuite son escorte. Resté seul entre les mains de ses ennemis, il reçut cinq coups d'épée dont il mourut, en recommandant son âme à Dieu, et en priant pour ses meurtriers, le 6 juin 1350, étant âgé de 90 ans. Ceux qui l'avaient assassiné, mirent son corps sur une charrette et l'envoyèrent à Udine, en faisant dire par dérision aux habitants : Recevez le corps de votre saint patriarche. Ils le reçurent, en effet, avec une profonde douleur et une grande vénération, et l'inhumèrent dans l'église principale où il fut trouvé sans corruption, un an après. Dès lors commença le culte du bienheureux Bertrand, qui ne fut cependant autorisé dans les formes qu'au XVIII° siècle. Benoît XIV approuva ce culte en 1756, et Clément XIII accorda au clergé d'Udine la faculté de célébrer sa fête sous le titre de bienheureux. — 6 juin.

BERTUIN (saint), *Bertuinus*, évêque régionnaire, né en Angleterre, au commencement du VII° siècle, embrassa l'état religieux dans sa patrie, et, après avoir édifié par ses vertus le monastère d'Othbelle, il vint dans les Gaules, d'où il se rendit à Rome. Il alla ensuite se fixer, avec quelques compagnons, entre la Sambre et la forêt de Malaigne, dans un lieu sauvage où il construisit une église et un couvent qui prit le nom de Malone ou Malaigne. Il fut aidé dans cette fondation par les libéralités de Pépin d'Héristal; et il mourut peu après, sur la fin du VII° siècle. On croit qu'il avait reçu l'onction épiscopale avant de quitter l'Angleterre. — 11 novembre.

BERTULFE (saint), abbé de Bobbio, sortait d'une noble famille de France, et était parent de saint Arnould, évêque de Metz, dont l'exemple et les conseils lui firent quitter la position brillante qu'il occupait dans le monde pour venir se mettre sous sa conduite à Metz. Il alla ensuite à Luxeuil, où il reçut l'habit monastique des mains de saint Eustase, successeur de saint Colomban. Saint Attale, successeur du même saint Colomban dans le gouvernement du monastère de Bobbio, en Italie, étant venu faire un voyage à Luxeuil, où il avait été quelque temps religieux, il fut si charmé de Bertulfe, qui faisait l'édification de la communauté, qu'il demanda et obtint la permission de l'emmener à Bobbio. Le saint religieux s'y fit admirer par ses vertus et son mérite non moins qu'à Luxeuil, et après la mort de saint Attale, arrivée en 627, il fut élu pour lui succéder. Peu de temps après, l'évêque de Tortone, sous prétexte que le monastère était situé sur son diocèse, prétendit que l'abbé et ses religieux devaient être sous sa dépendance. L'affaire fut portée devant Ariovald, roi des Lombards, qui, quoique arien, ne voulut pas décider la contestation, et renvoya l'affaire à un concile. La cause ayant été portée à Rome, ce prince fournit à Bertulfe l'argent nécessaire pour subvenir aux frais du procès. Celui-ci se rendit donc auprès du pape Honorius Ier, et se fit accompagner du moine Jonas, qui a écrit sa Vie. Le pape, connaissant la régularité du monastère et l'exactitude de la discipline qu'on y observait, l'exempta de la juridiction épiscopale, et déclara qu'il ne relèverait à l'avenir que du siège apostolique. Bertulfe, qui venait de gagner sa cause, tomba malade en revenant de Rome. La veille de la fête de saint Pierre, il fut guéri miraculeusement, et, sortant comme d'un profond sommeil, il demanda à Jonas l'explication de ce qu'il venait de voir et d'entendre ; celui-ci, qui n'avait rien vu ni rien entendu, ne sut quoi lui répondre. — Ne voyez-vous donc pas ce chemin de lumière par où saint Pierre s'en retourne? c'est lui qui vient de me guérir, et qui m'ordonne de retourner sans délai à mon monastère. » Il vécut encore douze ans, et il mourut le 19 août 640. Jonas nous apprend qu'il opéra plusieurs miracles dont il avait été le témoin oculaire. — 19 août.

BERTULIEN (saint), *Bertulianus*, martyr à Cologne, était, à ce que l'on croit, l'un des compagnons de saint Géréon, et souffrit l'an 287, sous le président Rictio-Vare, pendant la persécution de l'empereur Maximien. Son chef se gardait à Pont-aux-Dames, en Brie, et les religieuses de ce monastère l'appelaient le fiancé de sainte Cilie, dont elles possédaient aussi le chef. — 10 octobre.

BESAS (saint), soldat et martyr à Alexandrie, fut chargé d'accompagner les saints martyrs Julien et Chronion, lorsqu'on les conduisait au supplice ; et comme il s'efforçait, pendant le trajet, de les garantir des outrages d'une populace insolente, il fut arrêté lui-même comme ennemi des dieux. Conduit devant le juge, celui-ci, voyant que sa fermeté dans la foi était inébranlable, le condamna à perdre la tête. Son martyre eut lieu à Alexandrie l'an 250, pendant la persécution de l'empereur Dèce. — 27 février.

BESNARD (saint), *Besnardus*, confesseur à Vic, dans le diocèse de Nancy, florissait au X° siècle, et il est honoré le 15 juillet.

BESSAMONE (saint), missionnaire et martyr en Égypte, se rendit, avec plusieurs autres ouvriers évangéliques, dans la partie méridionale de ce pays, sous la conduite de saint Théonas, leur chef, pour y travailler à la conversion des idolâtres. Ils furent arrêtés au milieu de leurs travaux et de leurs succès. Conduits devant le juge, ils confessèrent avec courage la foi qu'ils avaient prêchée avec zèle, et ils furent condamnés au supplice du feu : on ne sait sous quelle persécution, ni même dans quel siècle, quoiqu'il y ait quelque raison de croire que c'était dans le III° siècle. — 16 janvier.

BESSARION (saint), anachorète, dans le désert de Scété, en Égypte, se rendit célèbre par sa grande abstinence et sa charité. Arrivant un jour dans un village, et voyant un cadavre nu sur la place, il se dépouilla de son manteau pour le couvrir. Un peu plus loin, il rencontre un pauvre qui n'était pas même revêtu de haillons ; le saint, à qui il ne restait plus que sa tunique, hésita quelque temps s'il la partagerait en deux pour en donner une moitié à ce malheureux, mais il se décida à la lui donner tout entière. Se trouvant alors aussi nu que l'était celui à qui il venait de donner son dernier habillement, il s'assit, et s'arrangea de façon à ne pas s'offrir aux regards des passants d'une manière indécente. Le chef de la justice du lieu vint à passer, et le reconnaissant, il dit à ceux qui l'accompagnaient : « Voilà le bon père Bessarion; » et, descendant de cheval, il lui demanda qui l'avait ainsi dépouillé : C'est cela, répondit le saint, en lui montrant le livre des Évangiles qu'il portait continuellement sous son bras, afin de conformer sa conduite aux préceptes et aux conseils de ce livre divin. Le juge s'empressa de lui donner son propre manteau, afin qu'il pût continuer sa route. Ayant une autre fois rencontré un pauvre, et ne sachant que lui donner, il courut sur la place, vendit son livre d'Évangiles, et lui en rapporta le prix. Comme on ne le voyait plus sous le bras, Dulas, son disciple, lui demanda ce qu'il en avait fait. Il répondit en souriant : « J'ai vendu ce livre, où sont écrites ces divines paroles : Vends tout ce que tu possèdes, et le donne aux pauvres. » Il florissait vers la fin du IVe siècle, et il est honoré chez les Grecs le 20 février et le 19 juin.

BESSE (sainte), *Bessa*, martyre en Afrique, souffrit avec saint Pompin et plusieurs autres. — 18 décembre.

BESSOI (saint), *Bessoius*, solitaire dans le désert d'Anub, en Éthiopie, est honoré le 2 juillet.

BÉTHAIRE ou BOAIRE (saint), *Bertharius*, archichapelain du roi Clotaire II, fut placé sur le siége de Chartres dans ces temps malheureux où les deux princes Clotaire et Thierri désolaient la France par la guerre civile. Le saint évêque, qui était un des plus grands prélats de son siècle, eut beaucoup à souffrir de ces troubles, et la sixième année de son épiscopat, il eut la douleur de voir la ville de Chartres ravagée, son église livrée au pillage, et une partie de ses diocésains emmenés prisonniers. Il fut pris lui-même, et conduit à Thierri, qui, touché de sa piété, et pénétré d'estime pour sa personne, le fit mettre en liberté ainsi que tous les autres prisonniers, restitua les trésors enlevés à l'église de Chartres, et renvoya le saint évêque comblé de présents. Saint Béthaire mourut dans le VIIe siècle, et son nom se lit dans plusieurs martyrologes, le 2 août.

BÉTON (saint) *Beto*, moine de Sainte-Colombe de Sens, devint ensuite évêque d'Auxerre. Il mourut en 918, et son corps fut trouvé revêtu d'un cilice 700 ans après sa mort. — 24 février.

BETRA (saint), abbé en Éthiopie, est honoré dans ce pays le 5 février.

BETS (saint), *Betesus*, est honoré comme confesseur à Saint-Denis, près de Paris, dans l'église de Saint-Marcel. — 22 avril.

BETTE (saint), *Bettus*, prédicateur évangélique dans le Northumberland, est honoré en Angleterre le 14 août.

BEUNON (saint), *Beounus*, abbé de Klynnog, dans le pays de Galles, sortait d'une illustre famille d'Angleterre, et ses ancêtres avaient été seigneurs de la principauté de Pawis. Il fut élevé dans le pays d'Arvon, près de l'île d'Anglesey, et l'on croit qu'il fut formé à la piété et aux sciences dans le monastère de Bangor. Il devint ensuite supérieur d'une communauté nombreuse de religieux, et fonda dans l'île d'Anglesey les monastères d'Aberfraw et de Trefdraëth, dont les églises l'ont toujours honoré comme patron, et sur le continent, les monastères de Clynnog-Féchan et de Clynnog-Fawr, vers l'an 617. Les moines de Bangor ayant été massacrés par les Anglo-Saxons du Northumberland, Cadvan, roi du North-Wales, défit les meurtriers des moines, et saint Beunon lui fit, à cette occasion, présent d'un sceptre d'or. Il reçut de ce prince et de Cadwallon, son fils et son successeur, de grandes libéralités, entre autres l'emplacement pour bâtir le monastère de Clynnog-Fawr, ainsi que des fonds pour le construire et le doter. On rapporte que saint Beunon guérit un malade en le touchant avec l'extrémité de son bâton, et que la personne ainsi guérie fonda, en reconnaissance de ce miracle, une église à quatre milles de Clynnog. On lit dans la vie de sainte Wenefride, nièce de saint Beunon, qu'il était prêtre, et qu'il annonçait la parole de Dieu au peuple. On croit qu'il mourut dans le milieu du VIIe siècle, mais on ignore en quelle année. Le monastère de Clynnog, dont l'église subsiste encore, ainsi que la chapelle du saint, où l'on voit son tombeau, porta, dans le principe, le nom du saint fondateur, et il ne prit le nom de Clynnoc ou Clunnoc, mot qui tire son origine de Cluny, que quand il eut passé dans la dépendance de cette célèbre abbaye. — 14 janvier et 21 avril.

BEUNON ou BENNON (saint), *Benno*, évêque de Meissen, né en 1010, à Hildesheim, dans la basse Saxe, d'une famille riche et puissante, qui lui laissa de grands biens, reçut une éducation toute chrétienne. Il fit de grands progrès dans la vertu et dans les sciences, sous la conduite de saint Bernward, son évêque, et sous celle de Wiger, prieur de l'abbaye Saint-Michel, où il passa sa jeunesse, ce qui lui inspira le désir de renoncer au monde pour s'y consacrer à Dieu. Ayant été ordonné prêtre, vers l'âge de vingt-cinq ans, il fut choisi, tout jeune qu'il était, pour successeur de l'abbé Adalbert, tant était grande l'idée qu'on avait déjà de son mérite et de sa vertu; mais l'humble religieux opposa une résistance si vive à son élection, qu'au bout de trois mois les moines de Saint-Michel firent une autre élection. Quelque temps après, il fut nommé chanoine de Gozlar, et chapelain de l'empereur Henri III, deux places qui conduisaient ordinairement aux premières dignités de l'Église, et qu'il occupa pendant dix-sept ans, c'est-à-dire, pendant tout le règne de Henri III. A la mort de ce prince, en 1056, le bienheureux Hannon, archevêque de Cologne, ayant été chargé du gouvernement de l'empire, pendant la minorité de Henri IV, fit placer Beunon sur le siége épiscopal de Meissen. A peine eut-il été sacré qu'il se sentit pénétré d'un esprit tout apostolique, ne respirant plus que pour le salut de son troupeau. Tous les ans il visitait son diocèse en entier, préchant dans tous les lieux où il passait, distribuant aux pauvres d'abondantes aumônes, consacrant des sommes considérables à la réparation des églises et des monastères, réformant les abus, et rétablissant la discipline partout où elle avait subi quelque altération. Il donna aussi une attention toute particulière au chapitre de sa cathédrale, ayant soin de n'y admettre que des ecclésiastiques recommandables par leur science et par leur vertu; aussi le clergé de son église épiscopale pouvait-il être proposé pour modèle au clergé de tout le diocèse. Saint Beunon fut enveloppé dans la disgrâce qui frappa tous les prélats d'Allemagne restés fidèles au saint-siége, pendant les trop fameux démêlés de l'empereur Henri IV avec les souverains pontifes. Il méritait, à double titre, l'animadversion de ce tyran couronné, et parce qu'il était de cette noblesse saxonne, si odieuse à Henri, et parce qu'il refusait d'entrer dans ses criminelles entreprises contre le saint pape Grégoire VII. Il fut donc exilé, mais il put bientôt revenir à Meissen, où il redoubla de zèle pour réparer les maux produits par son absence. Il se rendit ensuite à Rome pour assister au concile dans lequel Grégoire lança l'anathème contre Henri; saint Beunon souscrivit à toutes les résolutions qui y furent prises. De retour à Meissen, il gouverna encore plusieurs années son troupeau, et, parvenu à une grande vieillesse, il mourut l'an 1106, âgé de quatre-vingt-seize ans. Pendant son épiscopat, qui fut de près d'un demi-siècle, il fit plusieurs missions chez les Slaves, et il en convertit un grand nombre, plus encore par ses miracles que par ses prédications, ce qui lui a mérité le titre de patron de ce peuple. Le pape Adrien VI le canonisa en 1525, ce qui irrita tellement Luther qu'il publia un libelle contre le culte des saints, intitulé *la Nouvelle idole de Meissen*. Les reliques de saint Beunon furent transportées, en 1576, à Munich, où elles sont l'objet de la pieuse vénération des fidèles. — 16 juin.

BEURY (saint), *Baudericus*, berger, florissait dans le VIIe siècle; il est honoré à Memont, près du Russey, dans le diocèse de Besançon. Il y a, près de Semur, dans le diocèse de Dijon, une paroisse qui porte son nom. — 8 juillet.

BEUVE (sainte), *Bova*, vierge et abbesse à Reims dans le VIIe siècle, était sœur de saint Baudri et proche parente du roi Dagobert Ier. Née vers l'an 609, elle passa les trente premières années de sa vie dans le monde, qu'elle édifia par ses vertus. Comme elle était résolue à n'avoir jamais d'autre époux que Jésus-Christ, toutes les tentatives qu'on fit pour l'engager dans le mariage vinrent échouer contre cette résolution. Saint Baudri, fondateur et abbé du monastère de Mont-

fancon, ayant fondé dans les faubourgs de Reims, en 639, un monastère de filles sous l'invocation de la sainte Vierge, sa sœur y alla prendre l'habit. Loin de se prévaloir de son illustre naissance, elle se regardait comme la dernière des religieuses, ne se distinguant des autres que par plus d'obéissance, de douceur et de fidélité à tous les points de la règle. Elue abbesse, il fallut en quelque sorte lui faire violence pour la déterminer à se charger du gouvernement du monastère. Sainte Beuve mourut en 673; ses reliques ainsi que celles de sainte Dode, sa nièce, qui lui succéda, furent transférées dans l'abbaye de Saint-Pierre de la même ville. Il y a, près de Neufchâtel, dans le diocèse de Rouen, deux villages qui portent son nom, Sainte-Beuve-aux-Champs et Sainte-Beuve-en-Rivière. — 24 avril.

BEUVON (saint), *Bobo*, né dans le Xe siècle, d'une famille noble de la Provence, fut élevé chrétiennement et embrassa la profession des armes à l'exemple de son père. Il sut allier la pratique de la vertu aux talents militaires et à la bravoure du soldat qui lui attirèrent une grande considération dans le monde. Parvenu à un grade assez élevé, il eut plus d'une fois l'occasion de déployer un brillant courage pour la défense de son pays et pour la cause de Jésus-Christ. Les Sarrasins venus d'Espagne et d'Afrique faisaient des incursions dans la Provence et y causaient d'affreux ravages; Beuvon marcha contre ces infidèles à la tête d'une troupe de braves, les battit dans plusieurs rencontres et leur fit un grand nombre de prisonniers. Il les traita avec humanité, et plusieurs, touchés de ses bons procédés, embrassèrent le christianisme; car Beuvon, aussi bon que brave, se montrait partout le protecteur des faibles et le père des malheureux. Il renonça au monde, et menait depuis plusieurs années une vie austère et pénitente, lorsqu'étant sorti de sa solitude pour faire le pèlerinage de Rome, il tomba malade en route et mourut à Voghera, près de Pavie, l'an 985. On l'honore en Provence avec beaucoup de dévotion et sa fête était autrefois de précepte dans plusieurs lieux de la Lombardie. — 22 mai.

BÉVIGNATE (saint), *Bevignates*, moine, florissait sur la fin du Ve siècle et mourut en 501. Il est honoré à Pérouse le 14 mai.

BEZTERD (saint), évêque et martyr en Hongrie avec saint Gérard, évêque de Chonad, et un autre prélat hongrois. S'étant mis en route pour Albe-Royale, en 1046, dans le dessein de faire renoncer le roi André à la promesse impie qu'il avait faite en recevant la couronne de détruire le christianisme et de rétablir l'idolâtrie, arrivés à Giod, ils furent investis par une troupe de soldats au moment où ils se disposaient à passer le Danube; le duc Vatha, qui commandait cette troupe, donna l'ordre de fondre sur eux et ils furent percés à coups de lance.—24 sept.

BIAGE (saint), *Blasius*, évêque de Vérone, est honoré dans l'église de Saint-Etienne de cette ville, où l'on conserve son corps. — 22 juin.

BIANOR (saint), martyr en Pisidie avec saint Sylvain, souffrit d'affreux supplices pour le nom de Jésus-Christ au commencement du iv⁰ siècle et eut ensuite la tête tranchée. — 10 juillet.

BIBIANE (sainte), *Bibiana*, vierge et martyre à Rome, était fille de saint Flavien, chevalier romain, et de sainte Dafrose, qui avaient tous deux souffert le martyre pour Jésus-Christ. Se trouvant, ainsi que sa sœur, sainte Démétrie, plongée dans la misère par la perte de leurs parents et par la confiscation de leurs biens, elles firent un saint usage de cette épreuve. Apronien, gouverneur de Rome, non content d'avoir rendu orphelines les deux jeunes vierges en faisant périr ceux de qui elles tenaient la vie, voulut encore exercer sa rage sur ces innocentes victimes de sa haine pour le nom chrétien. Il avait d'abord espéré les vaincre par les horreurs de la pauvreté, mais voyant que ce moyen ne pouvait affaiblir leur constance, il les fit comparaître devant lui, et Dieu permit que Démétrie, après avoir généreusement confessé sa foi, tombât morte aux pieds du gouverneur. Celui-ci fit remettre Bibiane entre les mains d'une femme sans mœurs, nommée Rufine, qui employa toutes sortes d'artifices pour la séduire et la corrompre ; mais voyant qu'elle ne pouvait y réussir, elle eut recours aux traitements les plus indignes qui n'eurent pas plus de succès. Apronien, transporté de confusion et de fureur de se voir vaincu par une jeune fille, la condamna à mort. La sentence portait qu'elle serait attachée à un pilier et battue avec des fouets garnis de plomb, jusqu'à ce qu'elle expirât. Bibiane souffrit ce supplice avec joie et mourut sous les coups des exécuteurs, l'an 363, sur la fin du règne de Julien l'Apostat. On laissa son corps exposé afin qu'il fût dévoré par les bêtes ; mais un saint prêtre, nommé Jean, l'enleva secrètement deux jours après et l'enterra pendant la nuit près du palais de Licinius. Lorsque la liberté fut rendue aux fidèles, ils construisirent sur son tombeau une chapelle que le pape Simplice changea en une belle église, réparée dans le xiii⁰ siècle par Honorius III et rebâtie à neuf en 1628 par Urbain VIII, qui y plaça les reliques de sainte Bibiane, de sainte Démétrie et de sainte Dafrose, dont on venait de faire la découverte quelque temps auparavant. — 2 décembre.

BIBLIS (sainte), *Biblides*, martyre à Lyon avec saint Pothin et ses compagnons, avait eu le malheur de renier la foi dans une première épreuve. Le démon, qui se croyait assuré d'elle, voulut encore lui faire aggraver son crime en la portant à calomnier les chrétiens. Il se flattait que Biblis étant d'un caractère faible et timide, elle ne pourrait résister aux tourments d'une cruelle torture ; mais il fut trompé dans son attente. Biblis, appliquée à la question, se réveilla comme d'un profond sommeil, et la douleur d'un supplice passager lui rappelant les supplices éternels de l'enfer, elle s'écria : Peut-on accuser de manger des enfants ceux qui, par un motif de religion, s'abstiennent même du sang des animaux ? Depuis ce moment elle se déclara hautement chrétienne, et fut rangée parmi les martyrs qui furent mis à mort à Lyon, l'an 177, sous l'empereur Marc-Aurèle. — 2 juin.

BICOR (saint), évêque en Perse, souffrit la mort pour Jésus-Christ en 341, sous le roi Sapor II. — 22 avril.

BIÉ ou BÉAT (saint), *Beatus*, martyr en Touraine, fut mis à mort par les Goths sur la fin du iv⁰ siècle et sous l'épiscopat de saint Martin. Il souffrit avec sainte Maure, sa mère, et ses huit frères, dans un lieu qui s'appelle Saint-Epain, du nom de l'un de ces martyrs. — 25 octobre.

BIÉ ou BÉAT (saint), confesseur à Vendôme, florissait dans le v⁰ siècle. — 9 mai.

BIÉ (saint), prêtre du diocèse de Léon en Espagne et abbé de Saint-Tron, se distingua par son zèle à combattre l'hérésie de Félix d'Urgel et d'Elipand de Tolède. Il mourut en 798 et il fut inhumé à Valcabade. Son corps fut levé de terre trois ans après et placé dans un tombeau de marbre ; mais on détacha l'un de ses bras qu'on mit dans un reliquaire : ce qui prouve qu'on l'honora bientôt après sa mort. — 19 février.

BIENVENU (le bienheureux), *Benvenutus*, disciple de saint François, entra dans son ordre en qualité de frère lai, quoiqu'il fût noble et qu'il eût reçu une bonne éducation dans le monde. Il se fit remarquer par sa ferveur, son humilité, sa charité, son obéissance, et mourut à Corneto, dans la Pouille, en 1232. — 29 juin.

BIENVENU (le bienheureux), évêque d'Osimo, dans la marche d'Ancône, naquit à Ancône au commencement du xiii⁰ siècle. Il s'était fait religieux dans l'ordre des Franciscains et il se distingua tellement par son mérite et par ses vertus qu'Urbain IV le tira de son cloître pour le placer sur le siége épiscopal d'Osimo, dépendant de la métropole de Rome. Bienvenu conserva son habit de religieux et continua le genre de vie qu'il menait dans son couvent, autant que le lui permettaient les devoirs qu'on lui avait imposés malgré lui et qu'il n'avait acceptés que par obéissance. Après avoir gouverné son troupeau pendant environ douze ans, il mourut à Osimo le 22 mars 1276, et c'est en ce jour qu'il est honoré dans son ordre.

BIENVENUE BOJANO (la bienheureuse), vierge du tiers ordre de Saint-Dominique, née au milieu du xiii⁰ siècle, d'une des plus illustres familles du Frioul, montra de bonne heure son dégoût pour les vanités du siècle, en dédaignant les jeux et les autres amusements de l'enfance. Son plus grand plaisir était de se retirer dans un coin du jardin de son père, d'où l'on découvrait une église dédiée à la sainte Vierge ; elle y passait des heures entières à prier. Plus tard, elle se couvrit le corps d'un cilice, et se ceignit les reins d'une corde qui, ayant fini par entrer dans la chair, ne pouvait être ôtée sans le secours des chirurgiens; mais Bienvenue, craignant qu'on ne connût le genre de macération qu'elle s'était imposé, pria Dieu de la délivrer de son infirmité et obtint que la corde tombât d'elle-même à ses pieds. Elle embrassa la règle du tiers ordre de Saint-Dominique, et voulut imiter le genre de vie du saint patriarche dont elle devenait la fille; elle s'interdit l'usage du vin et de la viande et s'habitua à passer les nuits en prières, surtout les veilles des fêtes solennelles. Quand elle prenait un peu de repos, c'était sur la dure, n'ayant qu'une pierre pour oreiller : elle se donnait la discipline trois fois par nuit; son confesseur fut obligé de modérer ces pratiques de pénitence, surtout la dernière. De semblables austérités eurent bientôt épuisé ses forces et altéré sa santé. Elle tomba malade et il lui survint des ulcères si douloureux qu'on ne pouvait la remuer, même légèrement, sans lui faire éprouver les plus vives douleurs. Elle passa cinq ans dans cet état de souffrances; mais ayant ensuite fait vœu d'aller à Bologne visiter le tombeau de saint Dominique, on la transporta dans cette ville, et à peine fut-elle auprès des reliques du saint qu'elle se trouva tout à coup parfaitement guérie. De retour dans son pays, elle reprit son ancien genre de vie que ses infirmités l'avaient forcée d'interrompre; mais les veilles, les jeûnes et l'ardent désir qu'elle avait d'être réunie à Jésus-Christ l'eurent bientôt réduite à l'extrémité. Elle reçut avec une tendre dévotion les sacrements de l'Eglise et mourut, dans un âge peu avancé, le 29 octobre 1292. Son corps fut porté dans l'église des Dominicains où il s'opéra plusieurs miracles; bientôt les fidèles l'honorèrent comme une sainte, et le culte qu'on lui rendait fut approuvé par le pape Clément XIII en 1763. — 29 octobre.

BIÈTRE (saint), *Viator*, évêque de Bourges, florissait au milieu du IVe siècle et mourut vers l'an 354. — 5 août.

BIFAMON (saint), abbé en Ethiopie, est honoré le 22 janvier.

BILFRID (saint), *Bilfridus*, orfèvre en Angleterre, florissait au VIIIe siècle, dans le diocèse de Lindisfarne. Ses reliques ont été transférées à Durham. — 6 septembre.

BILHILDE (sainte), *Bilhildes*, fondatrice du monastère d'Alt-Munster à Mayence, naquit en 625 à Ocheim-sur-le-Mein, d'une des plus illustres familles du pays, et ses parents, quoique enveloppés de toutes parts des ténèbres de l'idolâtrie, avaient eu le bonheur de connaître la vérité et d'embrasser le christianisme. Bilhilde fut élevée à Wurtzbourg, chez une tante qui s'appliqua à l'instruire des principes de la foi et à lui faire pratiquer les devoirs qu'elle impose. Cette éducation toute sainte lui inspira un grand amour pour la virginité. Ce ne fut donc qu'à regret et pour complaire à ses parents qu'elle consentit à prendre un époux qui mourut bientôt après leur mariage. Bilhilde, rendue à la liberté, ne pensa plus qu'à se donner entièrement à Jésus-Christ. Elle vendit tous ses biens dont elle distribua le prix aux pauvres, et fonda à Mayence le monastère d'Alt-Munster où elle passa le reste de sa vie. Elle mourut sur la fin du VIIe siècle et fut honorée presque aussitôt après sa mort d'un culte public qui s'est continué sans interruption jusqu'à nos jours. — 27 novembre.

BIRIN (saint), *Birinus*, évêque de Dorchester en Angleterre au VIIe siècle, était un prêtre de Rome plein de zèle pour le salut des idolâtres, qui demanda au pape Honorius Ier la permission d'aller annoncer l'Evangile aux peuples de la Grande-Bretagne. Le pape lui accorda sa demande avec plaisir et le fit sacrer évêque. Birin ayant débarqué sur les côtes du royaume de Westsex ou des Saxons occidentaux y convertit un grand nombre de païens, entre autres le roi Cynegils, qui embrassa le christianisme vers l'an 635. Le saint apôtre fixa son siége à Dercis, aujourd'hui Dorchester. Il fit des conversions innombrables et bâtit beaucoup d'églises. Il mourut vers l'an 650 et fut enterré dans sa ville épiscopale. Ses reliques furent transférées à Winchester par l'évêque Hedda et déposées dans l'église de Saint-Pierre et de Saint-Paul. — 3 décembre.

BISOÉ (saint), soldat et martyr en Ethiopie, est honoré dans son pays le 23 juin.

BISOÈS (saint), solitaire en Egypte, fut l'un des principaux disciples de saint Sanudas. — 30 juillet.

BISTAMONE (sainte), martyre en Egypte avec quatre autres, est honorée chez les Grecs le 4 juin.

BLAISE (saint), *Blasius*, martyr avec saint Démètre, est honoré à Véroli dans la Campagne de Rome. — 29 novembre.

BLAISE (saint), évêque de Sébaste en Arménie et martyr, recueillit les reliques de saint Eustrate, martyrisé sous Dioclétien, et les réunit à celles de saint Oreste, comme saint Eustrate l'en avait prié. Il fut lui-même mis à mort après avoir subi de nombreux et de cruels supplices vers l'an 316, sous l'empereur Licinius, par l'ordre d'Agricolaüs, gouverneur de la Cappadoce et de la petite Arménie. Sa fête est d'obligation chez les Grecs, qui ont pour lui beaucoup de vénération. Ses reliques ayant été apportées en Occident à l'époque des croisades, son culte y devint célèbre, et plusieurs guérisons miraculeuses opérées par son intercession augmentèrent encore la dévotion des peuples pour ce saint martyr, qui est le patron d'un grand nombre de paroisses. — 3 février.

BLAÏTHMAC (saint), *Blaïtmacus*, fils d'un roi d'Irlande, devint abbé d'un monastère de l'île d'Hy à l'occident de l'Ecosse et fut martyrisé en 793 par les Danois, pour avoir refusé de leur livrer les trésors de son église. — 19 janvier et 6 décembre.

BLANC ou BLAAN (saint), *Blanus*, disciple de saint Comgall et de saint Kenneth, fut sacré évêque des Pictes, en Ecosse et fixa son siége à Kinngaradha. Il fit par dévotion le voyage de Rome et mourut sur la fin du VIe siècle. Le lieu où saint Blaan fut enterré et qui prit son nom, devint un siége épiscopal qui subsista jusqu'à la suppression des évêchés en Ecosse. Saint Blaan a laissé des hymnes sacrés, des instructions pour les catéchumènes, et quelques ouvrages de piété. — 10 août.

BLANC (saint), évêque en Ecosse, florissait dans le x⁰ siècle. La connaissance qu'il avait de l'Ecriture sainte et des belles-lettres le rendit illustre selon le monde ; mais il n'eut d'autre ambition que celle de connaître Jésus crucifié. Il fonda un monastère qui fut appelé, de son nom, Dun-Blain, et il y prit l'habit. L'amour de la retraite, loin de nuire à son zèle pour le salut du prochain, le rendait, au contraire, plus propre à annoncer la parole de Dieu, en lui inspirant cette éloquence céleste que l'on puise à l'école de la charité et dans l'exercice de la contemplation. Il fut élevé, malgré lui, à la dignité épiscopale, et il en remplit, plusieurs années, les devoirs avec une fidélité exemplaire jusqu'à sa mort qui arriva vers l'an 1000. — 10 août.

BLANCHARD (saint), *Blancardus*, confesseur à Néelles-le-Repos, près de Villenoce, en Brie, florissait au milieu du vii⁰ siècle, et mourut en 659. Il y a dans le diocèse d'Auch, près de Mirande, une paroisse qui s'appelle de son nom, Saint-Blanquard. — 10 mars.

BLANDE (sainte), *Blanda*, martyre à Rome, avec saint Félix, son mari, fut décapitée pour la foi sous le règne d'Alexandre-Sévère. — 10 mai.

BLANDIN (saint), *Blandinus*, époux de sainte Salaberge, et père de saint Baudouin, ainsi que de sainte Austrude, était digne d'être le chef d'une telle famille. Il consentit à ce que son épouse entrât en religion, et lui-même ne pensa plus qu'à travailler à sa propre sanctification. Il mourut après le milieu du vii⁰ siècle. On conservait dans le monastère que sainte Salaberge avait fondé à Laon, une partie de ses reliques avec celles de sa sainte famille. Saint Blandin est surtout honoré dans un village du diocèse de Meaux qui porte son nom. — 7 mai.

BLANDINE (sainte), *Blandina*, esclave et martyre à Lyon, fut arrêtée pour la foi avec saint Pothin et les autres martyrs de cette ville, en 177. Elle montra, par son exemple, que les personnes de la condition la plus vile aux yeux du monde, sont souvent très-estimables devant Dieu par la vivacité de l'amour qu'elles ont pour lui. Elle était d'une complexion si faible qu'on tremblait qu'elle n'eût ni la force ni la hardiesse de confesser sa foi. Sa maîtresse surtout, qui était du nombre des martyrs, craignait qu'elle ne pût résister aux assauts qui allaient lui être livrés ; mais Blandine se trouva, par le secours de la grâce, en état de braver les différents bourreaux qui la tourmentèrent depuis la pointe du jour jusqu'à la nuit. Ils s'avouèrent vaincus et marquèrent le plus grand étonnement de ce qu'elle vivait encore après tout ce qu'ils lui avaient fait souffrir. Elle puisait de nouvelles forces dans la confession de sa foi. « Je suis chrétienne, s'écriait-elle souvent, je suis chrétienne, et il ne se commet point de crimes parmi nous. » On eût dit que ces paroles émoussaient la pointe de ses douleurs et lui communiquaient une sorte d'insensibilité. On la jeta, avec ses compagnons, dans un cachot infect, les pieds enfermés dans des ceps de bois. On fixa le jour où leur mort devait servir de divertissement au peuple, et lorsqu'il fut venu, on les conduisit à l'amphithéâtre pour les exposer aux bêtes. Blandine fut attachée à un poteau pour être dévorée. Comme elle avait les bras étendus dans l'ardeur de sa prière, cette attitude, en rappelant aux fidèles l'image du Sauveur crucifié, leur inspira un nouveau courage. La sainte resta ainsi quelque temps exposée aux bêtes sans qu'aucune voulût la toucher, après quoi on la délia. Elle fut reconduite en prison et réservée pour un autre combat, où elle devait remporter une victoire complète sur l'ennemi qu'elle avait déjà vaincu plusieurs fois. Ainsi, une esclave pauvre et faible, en se revêtant de Jésus-Christ, déconcerta toute la malice de l'enfer, et mérita, par une constance inébranlable, de s'élever à une gloire immortelle. Le dernier jour des combats des gladiateurs, Blandine fut amenée de nouveau dans l'amphithéâtre, avec un jeune homme de quinze ans, nommé Pontique. On voulut les obliger à jurer par les idoles ; leur refus d'obéir et le mépris qu'ils marquèrent pour les prétendues divinités des païens, inspirèrent au peuple les plus violents transports de rage : il voulut que, sans égard pour la jeunesse de l'un et le sexe de l'autre, on épuisât sur eux tous les genres de tortures. En vain on les pressait, de temps en temps, de jurer par les idoles ; Pontique, encouragé par sa compagne, parcourut avec joie tous les degrés du martyre, et termina sa vie par une mort glorieuse. Blandine, qui souffrit la dernière, n'avait cessé d'exhorter ses frères, et les avait envoyés devant elle au Roi du ciel. Le moment d'aller les rejoindre approchait : elle fut fouettée, déchirée par les bêtes et assise dans la chaise brûlante, après quoi on l'enveloppa dans un filet pour être exposée à une vache sauvage qui la lança en l'air et la tourmenta pendant longtemps en lui faisant de cruelles blessures ; ensuite les confecteurs l'achevèrent. Les païens mêmes furent saisis d'étonnement à la vue d'une telle patience et d'un tel courage : ils avouaient qu'il ne s'était jamais rencontré parmi eux une femme qui eût souffert une si étrange et une si longue suite de tourments. Sainte Blandine fut martyrisée l'an 177, la dix-septième année du règne de Marc-Aurèle. Il y a deux paroisses qui portent le nom de Sainte-Blandine, l'une près de la Tour-du-Pin, dans le diocèse de Grenoble, et l'autre près de Melle, dans le diocèse de Poitiers. — 2 juin.

BLASTE (saint), *Blastus*, tribun et martyr à Rome, fut percé de flèches dans l'amphithéâtre, avec 259 soldats, par ordre de l'empereur Claude II, dit le Gothique, l'an 269. — 1er mars.

BLIDOU (saint), *Blidulphus*, prêtre et

moine de l'institut de saint Colomban, vécut sous la conduite de saint Attale, abbé de Bobbio, en Italie, et mourut vers l'an 630.— 2 janvier.

BLIDRAN (saint), *Blidramnus*, évêque de Vienne en Dauphiné, florissait au commencement du VIIIᵉ siècle, et mourut vers l'an 757. — 22 janvier.

BLIER (saint), *Blitarius*, confesseur à Verdey, près de Sezaine, en Brie, florissait dans le VIIᵉ siècle. — 11 juin.

BLIMOND (saint), *Blithmundus*, moine, fut l'un des plus illustres disciples de saint Valery. Animé d'un zèle ardent pour le salut des âmes, il se joignit à son maître qui annonçait l'Évangile aux idolâtres du nord de la France. Après avoir prêché la parole de Dieu avec un succès merveilleux, et converti une foule de païens, ils se retirèrent dans une solitude du Ponthieu, nommée Leuconay, qui leur avait été donnée par le roi Clotaire II. Berhard, évêque d'Amiens, leur permit d'y bâtir une chapelle avec des cellules. Ils évangélisaient les populations du voisinage, et continuaient à travailler à la conversion des païens. Bientôt il leur vint des disciples en grand nombre, ce qui nécessita la construction de nouvelles cellules, et donna naissance au monastère de Leuconay ou de Saint-Valery, autour duquel se forma la ville de ce nom. Blimond fut, par ses vertus, le modèle de cette communauté naissante. Toujours occupé à quelque travail des mains, lorsqu'il ne vaquait pas à la prière, ne buvant que de l'eau, ne mangeant qu'après le coucher du soleil, et passant quelquefois plusieurs jours sans prendre aucune nourriture; il retraçait, par ses austérités, le genre de vie des anachorètes de l'Orient. Son lit était la terre nue ou des branches d'arbres étendues dans un coin de sa cellule. Il donnait aux pauvres tout ce qui ne lui était pas absolument nécessaire pour le jour même, sans jamais songer au lendemain, ayant pour maxime que plus on donne aux malheureux, plus on a droit de compter sur l'assistance divine; aussi sa confiance en Dieu était inébranlable. Il survécut assez longtemps à saint Valery, et mourut vers le milieu du VIIᵉ siècle. — 3 janvier.

BLINLIVET (saint), *Blevileguetus*, évêque de Vannes en Bretagne, se démit de son siège pour se faire moine à Quimperlé, où il mourut dans le IXᵉ siècle. — 7 novembre.

BOAL (saint), martyr à Zançare, dans le royaume de Léon, en Espagne, est honoré le 16 avril.

BOBIN (saint), *Bobinus*, évêque de Troyes en Champagne, était originaire de l'Aquitaine, et florissait dans le IXᵉ siècle. Il fut inhumé à Monstier-la-Celle, où il avait été moine avant son élévation à l'épiscopat. —31 janvier.

BOBOLIN (saint), *Bobolinus*, second du nom, évêque de Vienne en Dauphiné, florissait au commencement du VIIᵉ siècle, et mourut vers l'an 718. — 26 mai.

BODARD (saint), *Bodoaldus*, confesseur, florissait dans le VIIᵉ siècle, et il est honoré en Poitou le 25 juin.

BODON ou LEUDIN (saint), *Bodo*, évêque de Toul, était frère de sainte Salaberge, et sortait d'une famille illustre, établie sur le territoire de Toul. Il s'engagea dans les liens du mariage, mais le désir d'embrasser un état plus parfait le porta à se séparer de son épouse Odile, du consentement de celle-ci. C'est saint Walbert, abbé de Luxeuil, qui les décida à passer le reste de leur vie dans la continence, et à se consacrer entièrement à Dieu. Bodon et son épouse, renonçant donc au monde et aux grands biens qu'ils possédaient, se rendirent à Laon pour y embrasser l'état religieux. Sainte Salaberge y avait fondé deux monastères, l'un de femmes et l'autre d'hommes: Odile prit le voile dans le premier, et Bodon prononça ses vœux dans le second, où, par ses vertus, il devint bientôt le modèle de la communauté. Son mérite et sa sainteté le firent placer sur le siége épiscopal de Toul. Il fonda trois monastères: celui d'Étival, dans une solitude des Vosges qui faisait partie de son diocèse, et dans lequel il mit douze chanoines qui furent remplacés, plus tard, par des bénédictins; celui de Bon-Moutier, à quelques lieues d'Étival, où il plaça des religieuses sous la conduite de Theltberge sa fille, et un troisième nommé Offonville. Après avoir rempli, avec autant de zèle que de piété, tous les devoirs d'un saint évêque, Bodon mourut vers l'an 673 et fut inhumé dans le cimetière de Saint-Mansuy. Plus tard, ses reliques furent transférées à Laon et réunies à celles de sainte Salaberge. —11 septembre.

BOGOMILE (le bienheureux), *Bogumilus*, archevêque de Gnesne, florissait après le milieu du XIIᵉ siècle. Sur la fin de sa vie, il se démit de son siége pour se faire religieux dans l'ordre des Camaldules, et il mourut en 1182. — 10 juin.

BOISIL (saint), *Boisilius*, embrassa jeune l'état monastique et devint prieur de Melross, abbaye située sur les bords de la Tweed, et gouvernée alors par saint Eate. La sainteté éminente de Boisil répandait un si grand éclat sur le monastère de Melross que saint Cuthbert, lorsqu'il quitta le siècle pour se faire moine, lui donna la préférence sur celui de Lindisfarne. La première fois que Boisil vit Cuthbert, il dit en le montrant: « Voilà un serviteur de Dieu. » Il s'appliqua avec soin à le guider dans les voies de la perfection et dans la connaissance de l'Écriture sainte. Lorsque Boisil prononçait le nom de Jésus, c'était avec tant de dévotion, et quelquefois avec une si grande abondance de larmes, que ceux qui l'entendaient en étaient vivement attendris. Sa dignité de prieur l'obligeant de donner des instructions aux moines, il s'acquittait de ce devoir avec autant de zèle que de succès. Il leur recommandait surtout de remercier Dieu de la grâce qu'il leur avait faite en les appelant à la vie religieuse, de pratiquer la mortification intérieure et le renoncement à la volonté propre, de tendre sans cesse à la pureté d'intention et de s'entretenir avec Dieu par une prière continuelle. Il allait aussi prêcher les paysans dans les villages, à l'exemple de Jésus-Christ qui faisait ses délices d'évangéliser les pauvres. Bède, qui donne les plus grands éloges à la sainteté de Boisil, rapporte plusieurs prédictions qui montrent qu'il était doué du don de prophétie. Saint Cuthbert ayant été attaqué de la peste qui ravagea l'Angleterre en 664, Boisil lui dit après son rétablissement : « Dieu vous a guéri, mon frère, et votre dernier moment n'est point encore arrivé. Pour moi, je mourrai dans sept jours; ainsi vous n'avez plus que ce temps pour m'entretenir et me consulter. — « Que pourrai-je lire dans un si court espace?—L'Evangile de S. Jean : sept jours suffiront pour le lire et pour faire nos réflexions. » Ses réflexions avaient pour objet d'accroître les lumières de la foi et d'en augmenter la vivacité. Le plaisir que Boisil trouvait à cette lecture provenait d'un ardent amour pour Jésus-Christ et du désir de s'exciter de plus en plus à la divine charité. Le disciple partagea les sentiments de son maître envers le saint évangéliste et l'on a retrouvé dans le tombeau de saint Cuthbert une copie latine de l'Evangile de saint Jean. Le septième jour étant arrivé, saint Boisil fut atteint de la peste, comme il l'avait prédit, et plus il voyait approcher ses derniers moments, plus il se réjouissait de la proximité de sa délivrance. Il répétait souvent, et avec une ferveur extraordinaire, ces paroles de saint Etienne : « Seigneur, recevez mon esprit. » Saint Boisil mourut en 664. Ses reliques furent transférées à Durham en 1030, et placées près de celles de saint Cuthbert son disciple.— 23 février.

BOITHAZATE (saint), *Boithazates*, martyr en Perse, souffrit avec sainte Suzanne et plusieurs autres saintes religieuses.— 20 novembre.

BOLCAIN (saint), *Bolcanus*, évêque en Irlande, qui avait passé en France une partie de sa vie, mourut vers l'an 500. — 20 février.

BOMMERCAT (saint), *Bommercatus*, qui est honoré comme martyr à Ferrare, fut mis à mort l'an 1378. — 19 juin.

BON (saint), *Bonus*, prêtre et martyr à Rome, souffrit l'an 257, pendant la persécution de l'empereur Valérien, et il fut exécuté sur la voie Latine. — 1er août.

BONAVENTURE (saint), *Bonaventura*, évêque d'Albano, cardinal et docteur de l'Eglise, naquit en 1221 à Bagnorea en Toscane. Son père s'appelait Jean de Fidenza et sa mère Marie Ritelli, tous deux recommandables par leur piété. Il reçut au baptême le nom de son père, mais il fut appelé ensuite Bonaventure, parce que saint François d'Assise, qui en 1226 l'avait guéri miraculeusement d'une maladie si grave que les médecins désespéraient de sa vie, l'ayant vu quelque temps avant de mourir, lui prédit toutes les grâces dont la miséricorde divine le comblerait, et s'écria tout à coup, dans un transport prophétique : *O buona ventura!* O la bonne rencontre! de

là le nom de Bonaventure donné à notre saint. Sa mère, afin de remercier le Seigneur d'une guérison aussi inespérée, le lui consacra par un vœu, et afin de le mettre en état de l'accomplir plus tard par lui-même, elle s'appliqua à l'exercer de bonne heure à la piété, à l'humilité, à l'obéissance et aux autres vertus. Bonaventure répondit parfaitement à ses vues, et parut enflammé d'amour pour Dieu aussitôt qu'il fut capable de le connaître. Il fit des progrès étonnants dans les sciences humaines, mais il en fit de plus étonnants encore dans la science des saints. Il entra dans l'ordre de Saint-François, à l'âge de 22 ans, et reçut l'habit des mains d'Haymon, qui en était alors général. S'il choisit cet institut, de préférence à tout autre, c'est par reconnaissance envers saint François qui lui avait conservé la vie par ses prières. Ses supérieurs l'envoyèrent à Paris pour y terminer ses études sous le célèbre Alexandre de Halès, surnommé le *docteur irréfragable*. La conduite du disciple était si angélique, ses passions étaient si parfaitement soumises, que son maître, qui lui portait une affection particulière, avait coutume de dire qu'il ne paraissait pas qu'il eût péché en Adam. Alexandre de Halès étant mort en 1245, Bonaventure continua son cours sous Jean de la Rochelle, son successeur. Il joignait à une grande pénétration un jugement exquis; ce qui faisait que dans les matières subtiles il savait démêler le vrai du faux que des sophistes pointilleux cherchaient à confondre. Il se rendit très-habile dans la philosophie scolastique et dans les parties les plus sublimes de la théologie; mais il rapportait toutes ses connaissances à la gloire de Dieu et à sa propre sanctification. Son attention à recourir à Dieu, par de fréquentes aspirations, à invoquer les lumières de l'Esprit-Saint, au commencement de toutes ses actions, l'entretenait dans la ferveur, et sa prière était en quelque sorte continuelle. Le souvenir des plaies de Jésus-Christ l'enflammait d'amour pour ce divin Sauveur au point que souvent ses yeux se remplissaient de larmes. Saint Thomas d'Aquin étant venu le voir et lui ayant demandé dans quel livre il avait puisé cette science sacrée qu'on admirait en lui, il lui répondit, en montrant le crucifix : voilà la source où je puise mes connaissances; j'étudie Jésus, et Jésus crucifié. Quoiqu'il possédât à un haut degré, l'esprit de mortification, et qu'il pratiquât des austérités extraordinaires, on remarquait sur son visage un air de gaieté qui provenait de la paix intérieure dont il jouissait : aussi disait-il souvent que la joie spirituelle est la marque la plus certaine que la grâce de Dieu habite dans une âme. Saintement avide d'humiliations, s'il s'agissait de servir les malades, il cherchait toujours à exercer les offices les plus bas et les plus rebutants, ne craignant point d'exposer sa vie, lors même qu'il s'agissait de maladies contagieuses. C'est par un sentiment profond et habituel d'humilité qu'il combattait la vaine gloire. A l'en croire, il était le plus indigne des pécheurs souvent il s'abstenait de la sainte communion, quoiqu'il brûlât du plus ardent désir de s'unir tous les jours à Jésus-Christ ; mais Dieu fit un miracle pour calmer ses frayeurs sur ce point. Un jour qu'il entendait la messe et qu'il méditait sur la passion de Jésus-Christ, le Sauveur, pour récompenser son humilité et son amour, mit dans sa bouche, par le ministère d'un ange, une partie de l'hostie consacrée que le célébrant tenait dans ses mains. Cette faveur l'enivra d'un torrent de délices ; depuis ce temps-là, il communia plus fréquemment, et chacune de ses communions fut accompagnée des plus douces consolations. Il se disposa au sacerdoce par le jeûne, la prière et d'autres bonnes œuvres ; il n'envisageait cette dignité qu'avec crainte et tremblement. Après qu'il en eut été honoré, toutes les fois qu'il montait à l'autel, ses larmes et tout son extérieur indiquaient assez les sentiments dont il était animé intérieurement pendant cette action sublime. Il composa, pour son action de grâces, après la messe, la belle prière, *Transfige, dulcissime Domine*, etc., dont l'Eglise recommande la récitation aux prêtres qui viennent d'offrir l'auguste sacrifice. Son zèle pour le salut du prochain le porta à se livrer à la prédication de la parole de Dieu ; ce qu'il faisait avec tant de force et d'onction qu'il allumait dans le cœur de ceux qui l'entendaient le feu sacré qui le brûlait lui-même. Il s'était composé, pour l'usage de la chaire, un livre intitulé *Pharetra*, c'est-à-dire *carquois*, qui n'était autre chose qu'un recueil de pensées vives et touchantes qu'il avait extraites des saints Pères. Après avoir professé quelque temps dans l'intérieur du couvent des Frères-Mineurs à Paris, il fut nommé pour remplir la chaire publique de l'université, à la place de Jean de la Rochelle, son ancien maître. Il n'avait que vingt-trois ans et il en fallait vingt-cinq pour exercer cet emploi ; mais on fit une exception en sa faveur, et ses rares talents lui eurent bientôt acquis l'admiration universelle. Alexandre IV, ayant terminé en 1256, le différend qui s'était élevé entre l'Université et les réguliers, on invita saint Thomas et saint Bonaventure à prendre ensemble le bonnet de docteur. Les deux saints, au lieu de se disputer le pas, établirent entre eux une lutte d'humilité, et Bonaventure insista si fortement que Thomas fut obligé de passer le premier. Saint Louis, qui avait une estime particulière pour notre saint, le faisait souvent manger à sa table, et le consultait sur les affaires les plus difficiles. Il composa, à la prière et pour l'usage du prince, un office de la Passion de Jésus-Christ ; il dressa aussi une règle pour la bienheureuse Isabelle, sœur du roi, et pour ses religieuses de Longchamp. Son livre du gouvernement de l'âme, ses méditations pour chaque jour de la semaine, et la plupart de ses autres petits traités de piété furent écrits à la demande de diverses personnes de la cour. Tandis qu'il enseignait la théologie à Paris, il fut élu général de son ordre, dans un chapitre qui se tint à Rome en 1256.

Quoiqu'il n'eût que trente-cinq ans, le pape n'en confirma pas moins son élection. Bonaventure, à la première nouvelle de son élévation, fut saisi d'une vive douleur ; il se prosterna par terre, les yeux baignés de larmes, et après avoir ardemment imploré le secours de Dieu, il se mit en route pour Rome. Sa présence, en Italie, était d'autant plus nécessaire que son ordre était troublé par des dissensions intestines ; il y avait des frères qui voulaient l'observation de la règle dans toute sa rigueur, et d'autres qui demandaient qu'on en adoucît la sévérité par quelques mitigations. A l'arrivée du nouveau général, ils se réunirent tous sous leur supérieur commun qui rétablit le calme par ses exhortations pleines, tout à la fois, de force, de douceur et de charité. Guillaume de Saint-Amour, membre de l'université de Paris, ayant composé, contre les ordres mendiants, une satire intitulée *Des dangers des derniers temps*, saint Thomas y fit une réponse ; saint Bonaventure réfuta aussi ce libelle dans son livre de la Pauvreté du Seigneur Jésus, et quoiqu'il eût affaire à un auteur plein de fiel, il ne s'écarta point des règles de la douceur chrétienne. En revenant à Paris, il visita tous les couvents de son ordre qui se trouvaient sur sa route, et montra qu'il n'avait accepté la place de premier supérieur que pour donner à tous l'exemple de la charité et de l'humilité, se regardant comme le serviteur de ses religieux, et les traitant tous avec une grande bonté. Ses nombreuses occupations ne lui faisaient rien omettre de ses exercices de piété et il savait si bien ménager son temps qu'il en trouvait pour chaque chose. Etant à Paris, il y composa plusieurs ouvrages. Souvent, afin d'être moins distrait, il se retirait à Mantes, et l'on y voit encore la pierre qui lui servait d'oreiller. En 1260, il tint un chapitre général à Narbonne où il donna, de concert avec les définiteurs, une forme nouvelle aux anciennes constitutions, y ajouta quelques règles et réduisit le tout à douze chapitres. De Narbonne il se rendit à Monte-Alverno, y assista à la dédicace d'une église, et voulut s'entretenir avec Dieu dans le petit oratoire bâti sur le lieu même où le saint fondateur de son ordre avait reçu les stigmates ou marques miraculeuses des cinq plaies du Sauveur. Il y écrivit son Itinéraire, ou la Voie de l'âme pour aller à Dieu. Comme les religieux de son ordre l'avaient prié d'écrire la Vie de saint François, il recueillit tous les matériaux nécessaires pour la composition de cet ouvrage. Un jour qu'il y travaillait, saint Thomas d'Aquin étant venu le voir, l'aperçut à travers la porte de sa cellule, entièrement absorbé dans la contemplation : Retirons-nous, dit-il alors, et laissons un saint écrire la vie d'un saint. En 1263 saint Bonaventure assista à la translation des reliques de saint Antoine de Padoue, et de cette ville il se rendit à Pise pour y tenir un chapitre général de son ordre. Il y insista principalement sur deux points, l'amour de la retraite et l'amour du silence, qu'il prêchait plus encore par ses exemples que par ses paroles ; il y donna aussi des preuves de sa dévotion envers la Mère de Dieu, sous la protection de laquelle il avait placé son ordre, aussitôt qu'il fut élevé au généralat. Il s'était tracé un plan d'exercices en son honneur, et composa son Miroir de la Vierge, où il développe les grâces, les vertus et les priviléges dont Marie a été favorisée : il paraphrasa aussi d'une manière fort touchante, le *Salve Regina*. Pour étendre les limites du royaume de Jésus-Christ, il envoya, par l'autorité du pape, de ses religieux prêcher l'Evangile parmi les infidèles, regrettant beaucoup de ne pouvoir les accompagner, et d'être privé du bonheur d'exposer sa vie pour Jésus-Christ. Un frère convers, nommé Gilles, qui était d'une simplicité admirable et qui avait été un des premiers compagnons de saint François d'Assise, dit un jour à saint Bonaventure : « Mon père, Dieu nous a fait une grande miséricorde et nous a comblés de beaucoup de grâces ; mais nous autres, qui ne sommes que des ignorants, comment pouvons-nous correspondre à son infinie bonté, et parvenir au salut ? — Quand même Dieu n'accorderait à un homme d'autre talent que celui de l'aimer, cela seul suffirait, et serait un trésor inestimable. — Quoi ! un ignorant peut l'aimer d'une manière aussi parfaite que le plus grand docteur ? — Certainement ; il y a même plus, c'est qu'une bonne femme peut aimer Dieu plus qu'un célèbre théologien. » Alors le frère Gilles, ne se contenant plus de joie, courut à la porte du jardin, qui donnait sur la route, et se mit à crier : « Venez, hommes simples et sans lettres, venez, bonnes femmes, venez tous aimer Notre-Seigneur, vous pouvez l'aimer autant et même plus que le père Bonaventure et les plus habiles théologiens. » Clément IV voulant faire un choix agréable à l'Angleterre nomma, en 1265, Bonaventure à l'archevêché d'York ; mais le saint n'en eut pas plutôt été informé qu'il pria Dieu de le préserver de ce terrible fardeau ; il alla ensuite se jeter aux pieds du pape, et par ses instances et ses larmes, il vint à bout de faire agréer son refus. Il se rendit à Paris, l'année suivante, et y tint un chapitre général. Dans un autre, tenu à Assise quelque temps après, il régla qu'on réciterait l'*Angelus*, tous les matins à six heures, pour honorer le mystère de l'Incarnation. Clément IV étant mort en 1268, le saint-siége resta vacant pendant plus de deux années ; enfin les cardinaux, qui ne pouvaient s'accorder sur le choix de son successeur, firent un compromis par lequel ils s'engageaient à élire celui que saint Bonaventure aurait désigné. Il proposa Thibaut, archidiacre de Liége, qui était alors en Palestine. Les cardinaux l'ayant élu en 1271, il prit le nom de Grégoire X. Saint Bonaventure, craignant que Grégoire, qui lui devait la tiare, ne voulût l'élever aux dignités ecclésiastiques, quitta l'Italie et vint à Paris, où il composa son *Hexaéméron*, ou explication des six jours. Il était encore dans cette ville, lorsqu'il reçut un bref du pape qui lui annonçait sa nomination au cardinalat et à l'évêché d'Albano, avec ordre au saint d'accepter et de se rendre immédiatement à Rome. Le pape fit partir deux nonces qui devaient le rencontrer en route, et lui remettre les insignes de sa nouvelle dignité de cardinal. Les nonces le trouvèrent à quatre lieues de Florence, dans le couvent des Franciscains de Migel, et lorsqu'ils entrèrent, il était occupé à laver la vaisselle du réfectoire, comme un simple religieux : il leur demanda la permission d'achever sa besogne et alla ensuite les trouver dans le jardin où ils étaient allés se promener en attendant qu'il eût fini. Alors il prend le chapeau, qu'on lui avait apporté, et va rendre aux envoyés du pape les hommages dus à leur caractère ; il continua ensuite sa route vers Rome, en passant par Florence. Le pape, qui était à Orviette, vint l'y trouver et voulut faire lui-même la cérémonie de son sacre. Il lui ordonna ensuite de se préparer à parler dans le concile général convoqué à Lyon pour la réunion des Grecs et des Latins. Michel Paléologue, empereur d'Orient, qui avait cette réunion fort à cœur, l'avait déjà mise en avant sous Clément IV ; Grégoire X poursuivit l'affaire avec zèle et convoqua le concile de Lyon où il invita les Grecs. Le pape se proposait aussi de prendre des mesures pour arracher la terre sainte à la domination des infidèles. Il se trouva au concile cinq cents évêques et soixante-dix abbés, un roi, Jacques d'Aragon, ainsi que les ambassadeurs de plusieurs princes. Saint Thomas d'Aquin, qui s'y rendait, mourut en route. Saint Bonaventure, qui accompagnait le pape, arriva à Lyon au mois de novembre 1273, mais l'ouverture du concile n'eut lieu que le 7 mai de l'année suivante. Entre la deuxième et la troisième session, il tint un chapitre de son ordre dans lequel il se démit du généralat. Quoiqu'il fût chargé d'une partie des affaires du concile, il trouvait encore du temps pour annoncer la parole de Dieu. Il établit à Lyon la confrérie *de la Gonfalonne*, qu'il avait déjà instituée à Rome : ceux qui y entraient s'obligeaient à s'acquitter tous les jours de certains exercices de piété, sous la protection de la sainte Vierge. Lorsque les députés des Grecs furent arrivés, Grégoire chargea saint Bonaventure d'avoir des conférences avec eux. Ceux-ci, charmés de sa douceur, et convaincus par la solidité de ses raisons, acquiescèrent à tout, et le pape, pour remercier le ciel d'un succès aussi heureux, chanta la messe en actions de grâces, le jour de la fête de saint Pierre et de saint Paul ; l'on y lut l'Evangile en latin et en grec, et le saint y prêcha sur l'unité de la foi. Le symbole fut aussi chanté dans les deux langues, et l'on répéta trois fois ces paroles : *Qui procède du Père et du Fils*. Saint Bonaventure tomba malade après la troisième session ; il assista cependant à la quatrième, mais le lendemain il fut obligé de garder la chambre. Dès lors il ne s'occupa plus que d'exercices de piété. Le pape lui administra lui-même le sacrement de l'extrême-onction. Durant sa maladie, il eut continuellement les yeux fixés sur un crucifix. Sa ferveur et son amour pour Dieu ne firent qu'augmenter dans ses derniers moments, et la sérénité qu'il conserva jusqu'au bout, empreinte sur sa figure, annonçait le calme de son âme au milieu des souffrances. Il mourut le 15 juillet 1274, âgé de cinquante-trois ans, et fut enterré chez les Cordeliers de Lyon. Le pape et tous les Pères du concile assistèrent à ses funérailles, qui furent magnifiques. Pierre de Tarentaise, depuis pape sous le nom d'Innocent V, prononça son oraison funèbre, et peignit d'une manière si touchante ses vertus et la perte que venait de faire l'Église, qu'il fit fondre en larmes toute l'assemblée. Le corps de saint Bonaventure fut transporté, en 1434, dans la nouvelle église des Cordeliers, et placé, en 1494, dans une belle chapelle que le roi Charles VII fit bâtir au pied du château de Pierre Encise : il enrichit la chapelle de Fontainebleau d'une partie de la mâchoire inférieure du saint. Venise et Bagnarea, sa patrie, obtinrent aussi quelques-unes de ses reliques. En 1562, les calvinistes brûlèrent son corps à l'exception de son chef et de quelques ossements qu'on parvint à soustraire à leur fureur. Saint Bonaventure fut canonisé en 1482 par Sixte IV, et Sixte V le mit au nombre des docteurs de l'Église. Les miracles opérés par son intercession sont en grand nombre : des villes ont été délivrées de plusieurs calamités publiques en recourant à son crédit auprès de Dieu ; la ville de Lyon entre autres, ayant été attaquée de la peste en 1628, fit une procession où l'on porta quelques-unes de ses reliques, et aussitôt le fléau cessa. Les ouvrages du saint docteur se composent : 1° de *Commentaires sur l'Écriture sainte* ; 2° de *Sermons* ; 3° de *Commentaires sur le maître des sentences* ; 4° de *Traités de morale et de piété* ; 5° d'*Opuscules ascétiques* ; 6° la *Vie de saint François d'Assise*. Il fut surnommé le docteur séraphique parce qu'il règne dans ses écrits une onction pénétrante qui attendrit les cœurs les plus insensibles et les échauffe du feu de l'amour divin. — 14 juillet.

BONAVENTURE BONACORSI (le bienheureux), servite, d'une des familles les plus distinguées de Pistoie en Toscane, naquit vers le milieu du XIII° siècle, et fut témoin, dès son enfance, des troubles suscités par les Guelphes et les Gibelins, deux partis opposés qui s'attaquaient avec fureur; et quand il fut en âge d'y prendre part, il se tourna du côté des Gibelins dont il devint un des principaux chefs. Pendant qu'il ne songeait qu'à soutenir avec ardeur la faction gibeline et qu'il contribuait par son acharnement à poursuivre ses ennemis, à augmenter les maux qui désolaient Pistoie, saint Philippe Beniti, qui s'était enfui de Florence dont on voulait le faire archevêque, vint dans cette ville et profita du séjour qu'il y fit pour exhorter les habitants à mettre fin à leurs discordes sanglantes. Ses exhortations simples, mais pathétiques, produisirent des effets merveilleux : plusieurs se convertirent et se réconcilièrent sincèrement avec leurs ennemis. Personne ne profita mieux du discours de saint Philippe que Bonaventure : pénétré de la plus vive douleur de sa conduite passée, il vint se jeter aux pieds du prédicateur, lui fit en public l'aveu de ses fautes, et lui demanda la faveur d'être admis dans son ordre. Le serviteur de Dieu l'embrasse avec effusion, et lui donne l'assurance que sa demande lui sera accordée, s'il se réconcilie sincèrement avec ses ennemis et surtout avec les partisans de la faction opposée auxquels il avait fait tant de mal, et s'il répare le dommage qu'il avait causé pendant le cours de la guerre civile. Bonaventure Bonacorsi promit tout et tint fidèlement sa promesse. S'étant prosterné devant tout le peuple, il demanda publiquement pardon du mal qu'il avait fait à sa patrie. Malgré son orgueil et sa fierté, il alla voir ses plus mortels ennemis, souffrit avec patience les rebuts de plusieurs d'entre eux, et répara largement les torts qu'il avait causés. Après une confession publique de ses désordres, il reçut l'habit des Servites, donnant ainsi un exemple héroïque qui trouva des imitateurs parmi ceux qui avaient partagé ses excès. Bonacorsi, qui, en entrant en religion avait pris le nom de Bonaventure, pour exprimer le bonheur qu'il avait eu de revenir à Dieu, se rendit au monastère de Senario, où il fit de si grands progrès dans la vertu, que saint Philippe Beniti le proposait pour modèle aux autres religieux. Les jeûnes, les veilles, la prière, la méditation de la mort, telles étaient ses pratiques favorites. Ayant été élevé au sacerdoce, il établit à Pistoie, sous la conduite de saint Philippe, la congrégation des Pénitents de Sainte-Marie; il fonda aussi dans cette ville et dans quelques autres, des maisons pour les religieuses du tiers ordre des Servites. Il avança tellement dans la perfection sous saint Philippe, dont il était rarement séparé, qu'après la mort de celui-ci, le général, qui lui succéda, l'établit supérieur de plusieurs couvents et lui confia les affaires les plus importantes de la congrégation; Bonaventure s'en acquitta à la satisfaction universelle. Il s'appliquait, en outre, au salut des âmes, ramenant les pécheurs à la pénitence et portant à une plus grande perfection ceux qui étaient déjà dans la bonne voie. Il fut chargé par l'évêque de Montpoliteano, lorsqu'il était prieur du couvent de cette ville, de recevoir les vœux de sainte Agnès, célèbre religieuse dominicaine, et de gouverner le monastère qu'elle avait fondé. La vénération des peuples lui décerna, dès son vivant, le titre de bienheureux. Il mourut à Orviette l'an 1313, et fut enterré dans l'église des Servites de cette ville, sous l'autel de la sainte Vierge. Il s'opéra un grand nombre de miracles à son tombeau, et le culte que les fidèles lui rendaient de temps immemorial, fut approuvé par Pie VII en 1822. — 14 décembre.

BONAVENTURE ou VENTURE DE MÉACO (saint), l'un des vingt-six martyrs du Japon, qui furent crucifiés près de Mangazacki, le 5 février 1597, par ordre de l'empereur Taycosanca, a été canonisé avec ses compagnons par Urbain VIII. — 5 février.

BONAVENTURE DE POTENZA (le bienheureux), Franciscain, né le 16 janvier 1651, à Potenza, dans le royaume de Naples, de parents pauvres, mais pieux, donna dès son enfance des marques de la sainteté à laquelle il parvint plus tard. On admirait en lui un grand amour pour Dieu et une vive horreur du péché. Les jeux et les amusements ordinaires de l'enfance n'avaient pour lui aucun attrait, et il n'éprouvait de goût que pour la piété. Il édifia tout le monde par la manière dont il se prépara à sa première communion et par les fruits visibles qu'il en retira. Avec de telles dispositions, sa place n'était pas au milieu du monde; aussi forma-t-il la résolution d'embrasser la vie religieuse, et il prit l'habit dans le couvent des Frères Mineurs de Nocera. Il aurait voulu, par humilité, n'être que frère convers; mais ses supérieurs, remarquant en lui des talents pour les sciences, lui firent faire ses études. Il prit le nom de Bonaventure lorsqu'il fit profession et se montra aussi fervent religieux qu'il avait été fervent novice, et porta à une grande perfection toutes les vertus de son état, mais surtout l'obéissance. Pénétré de la plus tendre dévotion envers la sainte eucharistie, son plus grand bonheur était de recevoir la sainte communion : il s'y préparait dès la veille, en passant la nuit au pied de l'autel. Ses études cléricales étant terminées, il fut élevé au sacerdoce et employé ensuite aux fonctions du saint ministère, ou occupé dans plusieurs couvents de son ordre. On lui confia la charge importante de maître des novices, dont il s'acquitta avec succès. Les travaux apostoliques auxquels il se livra en qualité de missionnaire, produisirent les plus heureux fruits, surtout à Naples. Pendant une maladie épidémique qui ravagea cette ville, la charité de Bonaventure envers les malheureux attaqués du fléau et ses efforts pour leur procurer les secours spirituels et temporels que réclamait leur triste situation, excitèrent l'admiration universelle. Il mourut le 26 octobre 1711 à l'âge de soixante ans. Les miracles qu'il opéra pendant sa vie et après sa mort, portèrent le pape Pie VI à le béatifier en 1773. — 15 octobre.

BOND (saint), *Baldus*, pénitent, florissait au commencement du VIIe siècle et mourut vers l'an 620. Il fut enterré près de Sens, et l'on bâtit dans la suite sur son tombeau, une église qui porte son nom. — 29 octobre.

BONET ou BONT (saint), *Bonitus*, évêque de Clermont en Auvergne, naquit en 623, d'une famille illustre, et fut d'abord référendaire ou chancelier de saint Sigebert, roi d'Austrasie : il remplit la même fonction sous les rois ses successeurs, qui savaient estimer son mérite et sa vertu. Thierri III ayant réuni l'Austrasie à la monarchie française après la mort de Dagobert II, le nomma, en 680, gouverneur de Marseille et de toute la Provence. Saint Avit II, évêque de Clermont et frère aîné de Bonet, se trouvant sur le point de mourir, le demanda pour son successeur, ce qui lui fut accordé. Bonet, devenu évêque en 689, justifia le choix de son frère par la manière édifiante dont il gouverna son troupeau pendant dix ans. Mais au bout de ce temps, il lui survint des scrupules au sujet de son élection, et personne ne lui paraissant plus propre à les éclaircir qu'un saint ermite, nommé Théau, qui menait la vie anachorétique près de l'abbaye de Solignac, il les lui soumit, et d'après son conseil, il se démit de son siège et se retira à l'abbaye de Manlieu, où il passa plusieurs années dans les pratiques de la plus austère pénitence. Ayant fait un pèlerinage à Rome, en revenant, il fut attaqué de la goutte à Lyon, et mourut dans cette ville, le 15 janvier 710, à l'âge de quatre-vingt-six ans. Ses reliques furent placées dans la cathédrale de Clermont. Il y avait à Paris une église de son nom qui possédait une petite partie de ses reliques. Plus de trente paroisses de France s'appellent Saint-Bonet, ce qui prouve que son culte est très-répandu. — 15 janvier.

BONFILIO MONALDI (le bienheureux), *Bonfilius*, l'un des sept fondateurs de l'ordre des Servites, était un noble patricien de Florence, qui, se trouvant le jour de l'Assomption, en 1233, dans une église de cette ville avec six autres patriciens, la sainte Vierge leur apparut et les exhorta à un genre de vie plus parfait. En conséquence, Bonfilio et ses compagnons, après avoir consulté le bienheureux Aringos, évêque de Florence, se retirèrent à la campagne, dans une petite maison près de Florence, pour se livrer, loin du tumulte du monde, à la prière, à la mortification et aux autres exercices de la pénitence. Ils passèrent ainsi une année, après quoi ils revinrent consulter le nouveau l'évêque de Florence. D'après ses conseils, ils allèrent se fixer sur le mont Sevorce, un des points les plus élevés de la Toscane. Ils y eurent une seconde apparition de la sainte Vierge qui leur fit connaître qu'ils devaient honorer d'une manière spéciale la passion de Jésus-Christ et la tristesse de Marie au pied de la croix ; elle leur indiqua la forme et la couleur de l'habit qu'ils devaient porter, comme une marque qu'ils compatissaient à ses douleurs et qu'ils étaient consacrés à cette mère affligée. Les saints solitaires quittèrent donc leurs vêtements de couleur cendrée pour en prendre de noirs. Bonfilio, qui était leur supérieur, reçut quelques disciples à Sénario, et ce lieu devint le berceau de l'ordre des Servites, qui adopta la règle de saint Augustin. Le bienheureux Bonfilio fonda, près d'une des portes de Florence, un petit monastère, qui fut plus tard le chef-lieu du même ordre. C'est dans la chapelle de ce couvent qu'il donna l'habit à saint Philippe Béniti, qui fut l'un des principaux ornements du nouvel institut. Bonfilio mourut en 1262, et il fut béatifié, avec cinq de ses compagnons, par le pape Benoît XIII, l'an 1725. — 1er janvier.

BONIFACE (saint), *Bonifacius*, martyr à Rome, souffrit avec saint Calliste et un autre. — 29 décembre.

BONIFACE (saint), martyr à Adrumète en Afrique, était le mari de sainte Thècle qui fut martyrisée avec lui ainsi que leurs douze enfants, l'an 250, pendant la persécution de Dèce. — 30 août.

BONIFACE (saint), soldat de la légion thébéenne et martyr à Trèves, souffrit avec saint Thyrse, son capitaine et plusieurs autres, sous le président Rictiovare, en 286. Saint Hidulphe transféra son corps de Trèves à Moyenmoutier, où il est honoré le 23 septembre. — 4 octobre.

BONIFACE (saint), martyr à Tarse en Cilicie, était intendant d'une dame nommée Aglaé, qui habitait Rome au commencement du IV° siècle et y tenait un rang distingué par sa naissance, sa fortune et sa beauté. Il se faisait remarquer lui-même par ses inclinations généreuses, aimant à exercer l'hospitalité et à soulager les malheureux. Il fournissait libéralement aux étrangers et aux voyageurs qu'il rencontrait ce dont ils pouvaient avoir besoin, et la nuit il allait par les places et les rues porter des secours aux pauvres; mais il ternissait ces belles qualités par des vices grossiers, il était adonné au vin et à la débauche, et vivait en concubinage avec Aglaé. Celle-ci, accablée de remords et touchée de la grâce, lui dit un jour : « Tu sais dans quel abîme nous nous plongeons, sans penser au compte que nous devons rendre à Dieu de nos crimes. J'ai ouï dire que si quelqu'un honore ceux qui souffrent pour le nom de Jésus-Christ, il aura part à leur gloire; j'ai appris aussi que les serviteurs de Jésus-Christ combattent en Orient contre le démon, et qu'ils livrent leurs corps aux tourments, pour ne pas renoncer à la religion qu'ils professent. Va donc, et nous apporte des reliques de quelques-uns de ces saints athlètes, afin que nous puissions honorer leur mémoire et être sauvés par leur intercession. » L'intendant fit ses préparatifs de départ et se munit d'une somme considérable pour racheter des bourreaux les corps des martyrs et pour distribuer en aumônes. Au moment de partir, il dit à Aglaé : « Si je peux me procurer des reliques, je ne manquerai pas d'en rapporter; mais si l'on vous apportait mon corps pour celui d'un martyr, le recevriez-vous ? » Aglaé regarda ce propos comme une plaisanterie déplacée et lui en fit une réprimande. Boniface, dont la conversion n'était pas encore parfaite, ne mangea cependant point de viande et ne but point de vin en faisant sa route; il joignait au jeûne la prière, les larmes et d'autres œuvres de pénitence. L'Orient gémissait sous la persécution de Maximien-Galère et de Maximin-Daïa; mais c'était surtout dans la Cilicie que les chrétiens étaient traités avec le plus de barbarie. Simplice, gouverneur de cette province, signalait sa cruauté par des supplices affreux. Boniface se rendit à Tarse qui en était la capitale, et après avoir envoyé ses domestiques et ses chevaux dans une hôtellerie, il alla trouver le gouverneur qui était assis sur son tribunal. Là il vit un grand nombre de martyrs qu'on tourmentait de diverses manières : l'un était pendu par un pied, et avait du feu sous la tête; un autre était attaché à des pieux extrêmement écartés; les bourreaux en sciaient un troisième; un quatrième avait les mains coupées; un cinquième avait la gorge traversée par un pieu qui le clouait à la terre; un sixième avait les pieds et les mains renversés et attachés derrière le dos, et les bourreaux le frappaient à coups de bâton. Ces martyrs, qui étaient au nombre de vingt, souffraient, avec une tranquillité inaltérable, des supplices qui glaçaient d'épouvante les spectateurs. Boniface alla droit aux martyrs, et après les avoir embrassés, il s'écria : « Qu'il est grand le Dieu des chrétiens! Qu'il est grand le Dieu des martyrs! Priez pour moi, serviteurs de Jésus-Christ, afin qu'étant réuni à vous, je combatte aussi contre le démon. » Simplice, qui se trouva insulté par cette démarche courageuse, devint furieux et demanda à Boniface qui il était. Je suis chrétien, répondit-il, et les tourments ne pourront me faire renier Jésus-Christ mon divin Maître. Simplice fit aiguiser des roseaux qu'on lui enfonça sous les ongles des mains; ensuite on lui versa du plomb fondu dans la bouche. Boniface, après avoir imploré le secours de Jésus-Christ, s'adressa aux autres martyrs qui étaient expirants, pour leur demander l'assistance de leurs prières. Le peuple, ému de pitié et révolté contre la cruauté du gouverneur, s'écria à son tour : « Qu'il est grand le Dieu des chrétiens! » Ces cris tumultueux effrayèrent Simplice qui se retira. Le lendemain, il remonta sur son tribunal et se fit amener Boniface, qui continua de confesser sa foi avec le même courage. Ayant été plongé dans une chaudière de poix bouillante, il en sortit sans aucun mal. Il fut enfin condamné à être décapité. Lorsque la sentence eut été rendue, il pria quelque temps, pour la rémission de ses péchés et pour la conversion de ses persécuteurs. Il présenta ensuite sa tête aux bourreaux qui la lui tranchèrent, vers l'an 307. Les compagnons de Boniface qui ne le voyaient point revenir à l'hôtellerie, le cherchèrent par toute la ville. Ayant appris que la veille, un étranger avait été décapité pour sa religion, ils se rendirent au lieu du supplice et ayant examiné la tête et le tronc de cet étranger, ils le reconnurent pour Boniface, l'achetèrent 500 pièces d'or, et l'embaumèrent. Ils le reconduisirent à Rome, louant Dieu de l'heureuse fin du saint martyr. Aglaé, instruite de tout ce qui s'était passé, remercia Dieu de la victoire qu'il avait accordée à son serviteur, et accompagnée de clercs et de pieux ecclésiastiques qui portaient des flambeaux et des parfums, elle alla au devant des saintes reliques et les plaça dans un tombeau qu'elle fit construire sur le bord de la voie Latine, à 50 stades de Rome. Plus tard, elle y construisit un oratoire, ou une chapelle. Les reliques de saint Boniface furent découvertes en 1603, dans l'église qui portait autrefois son nom et qui porte maintenant le nom de saint Alexis, parce que les reliques de ce dernier y furent aussi découvertes en même temps que celles de saint Boniface. Elles sont dans deux riches tombeaux de marbre, sous le grand autel. Pour Aglaé, elle passa le reste de sa vie dans la retraite et la pénitence; elle vécut encore quinze ans, et après sa mort, elle fut enterrée près des reliques de saint Boniface. — 14 mai.

BONIFACE (saint), pape, était un prêtre de Rome d'une vertu éminente et très-versé dans la connaissance de la discipline ecclésiastique, lorsqu'il fut élu, le 29 décembre, 418, pour succéder à Zozime. On voit, d'après la relation de son élection, envoyée à l'empereur Honorius par le clergé de Rome et les évêques voisins, que Boniface fut placé, malgré lui, sur la chaire pontificale. Trois de ces évêques et leurs partisans, mécontents de ce choix, donnèrent leurs suffrages à l'archidiacre Eulalius, homme intrigant et ambitieux, qui s'empara de l'église de Latran, ce qui occasionna un schisme dans l'Église. Symmaque, préfet de Rome, en instruisit Honorius, qui résidait à Ravenne, et ce prince fit assembler un synode qui décida la question en faveur de saint Boniface, et condamna juridiquement Eulalius. La douceur du saint pape et son amour pour la paix ne l'empêchèrent pas de réprimer avec fermeté les empiètements des patriarches de Constantinople sur l'Illyrie et sur d'autres provinces, qui avaient toujours dépendu du patriarcat d'Occident. Rufus, évêque de Thessalonique et vicaire du saint-siège dans la Thessalie et la Grèce, fut maintenu, ainsi que ses successeurs, dans le droit de confirmer les élections d'évêques faites dans ces contrées. Dans la lettre que saint Boniface écrivit à ce sujet, à Rufus, il lui dit : « Le bienheureux Pierre reçut de Notre-Seigneur le gouvernement de toute l'Église qui était fondée sur lui. » Il soutint aussi les droits des métropoles de Narbonne et de Vienne, et les affranchit de la juridiction du primat d'Arles. Son zèle contre les pélagiens et son estime pour saint Augustin, engagèrent ce dernier à lui dédier ses quatre livres contre Pélage. Saint Boniface mourut, dans un âge avancé, sur la fin de l'année 422, après un pontificat de quatre ans, et fut enterré dans le cimetière de Sainte-Félicité, qu'il avait réparé de son vivant. Il avait aussi fait réparer diverses autres églises de Rome, à la décoration desquelles, il consacra des sommes immenses. — 25 octobre.

BONIFACE (saint), diacre et martyr à Carthage, en Afrique, était moine du monastère de Capse dans la Bizacène, lorsqu'il fut conduit à Carthage avec saint Libérat, son abbé, et tous les autres moines du monastère, par ordre de Hunéric, roi des Vandales, prince arien qui faisait une guerre violente à ceux qui restaient attachés à la foi catholique. Les saints religieux, n'ayant pu être ébranlés ni par les promesses ni par les menaces, furent chargés de chaînes et jetés dans un noir cachot. Hunéric ayant appris que les fidèles, après avoir gagné les gardes, pénétraient jusqu'aux martyrs, les fit garder plus étroitement, et imagina pour les tourmenter des supplices d'une cruauté inouïe. Il les fit mettre ensuite dans un vieux bateau pour y être brûlés sur la mer, et lorsqu'on les eut liés sur le bois dont le bateau était rempli, on tenta à diverses reprises d'y mettre le feu ; mais il s'éteignit aussitôt, et il fut impossible de les brûler. Hunéric, couvert de confusion et transporté de rage à la vue de ce prodige, les fit assommer à coups de rames, et l'on jeta leurs corps dans la mer, qui les repoussa sur la côte, chose qui parut extraordinaire sur cette plage. Les catholiques les enterrèrent honorablement dans le monastère de Bigne, près de l'église de Saint-Célerin. Leur martyre arriva en 483. — 2 juillet et 17 août.

BONIFACE (saint), évêque de Trois-Châteaux, est honoré le 24 décembre.

BONIFACE (saint), martyr en Afrique sous Hunéric, roi des Vandales, souffrit de cruels supplices pour la foi catholique par ordre de ce prince arien, qui le fit mettre à mort avec quelques autres chrétiens vers l'an 484. — 6 décembre.

BONIFACE (saint), évêque de Férento en Toscane, florissait dans le vie siècle. Nous apprenons de saint Grégoire le Grand que, dès sa jeunesse, il s'était rendu célèbre par sa sainteté et par ses miracles. — 14 mai.

BONIFACE IV (saint), pape, était fils d'un médecin de Valéria, ville du pays des Marses et il succéda à Boniface III l'an 608. Il obtint de l'empereur Phocas le Panthéon de Rome, qu'il fit purifier et qu'il dédia à la sainte Vierge et à tous les Martyrs; c'est ce qui a donné lieu à la Toussaint ou fête de tous les saints. Ce chef-d'œuvre d'architecture, bâti par Marcus Agrippa, favori d'Auguste, et dédié à Jupiter Vengeur, fut appelé *Panthéon*, parce qu'on y plaça les statues des dieux. Il subsiste encore aujourd'hui sous le nom de Notre-Dame de la Rotonde, et fait l'admiration des voyageurs. Boniface tint, en 610, un concile à Rome, en faveur des moines auxquels on reconnut le droit de posséder des dignités ecclésiastiques, et l'on y traita des affaires de l'Église d'Angleterre. Il mourut en 614, et l'on fait sa fête, à Rome, le 8 mai, jour de sa mort. — 8 et 25 mai.

BONIFACE (saint), évêque de Ross, en Écosse, au commencement du viie siècle, était Italien de naissance, et quitta sa patrie pour aller prêcher l'Évangile dans le nord de la Grande-Bretagne. Ayant débarqué à l'embouchure de la Tees, il bâtit près de là une église sous l'invocation de saint Pierre; il en bâtit une autre à Tellein et une troisième à Restennet. Il opéra de nombreuses conversions dans les provinces d'Angus, de Buchan, d'Elgin, de Murray et de Ross. C'est dans cette dernière province qu'il établit son siége épiscopal, et il fit fleurir partout l'esprit de piété et de religion. On porte à cent cinquante le nombre des églises et des oratoires qu'il fonda en Écosse. Il mourut vers l'an 630, et, après sa mort, il s'opéra un grand nombre de miracles par son intercession. — 14 mars.

BONIFACE (saint), archevêque de Mayence, apôtre d'Allemagne et martyr, naquit vers l'an 680 dans le Devonshire, en Angleterre, et reçut au baptême le nom de Winfrid, qu'il changea plus tard en celui de Boniface, qui en est la traduction. Quelques moines qui faisaient des missions dans le pays étant venus chez son père, Winfrid, qui n'était encore qu'un enfant, fut tellement touché de leur conduite et de leurs discours, que dès ce moment, il forma la résolution d'embrasser l'état monastique. Son père n'attacha pas grande importance à cette idée, s'imaginant qu'elle se dissiperait avec l'âge; mais voyant qu'elle ne faisait que se fortifier, il employa toutes sortes de moyens pour en détourner son fils. Une maladie dangereuse, dont il fut atteint, lui fit comprendre que Dieu le punissait pour s'être opposé à la vocation de Winfrid, et il lui permit d'entrer dans le monastère d'Exeter, où il passa treize ans sous la conduite du saint abbé Wolphard. Il s'y appliqua d'abord à l'étude de la grammaire, qu'il sanctifiait par la prière, par les pratiques de piété et de mortification auxquelles il se livrait comme les plus fervents religieux, quoiqu'il fût encore trop jeune pour faire profession. Après que l'âge lui eut permis de faire ses vœux, il fut envoyé au monastère de Nutcell, gouverné par le célèbre Wimbert; il y fit dans la poésie, la rhétorique, l'histoire et l'Écriture sainte, des progrès si étonnants, qu'il fut ensuite chargé d'enseigner aux autres ces mêmes sciences. Il fut promu au sacerdoce à l'âge de trente ans, et employé au ministère de la parole et à la sanctification des âmes. Sa vertu et son mérite le firent choisir par ses supérieurs pour remplir près de Brithwald, archevêque de Cantorbéry, une mission importante et délicate, dont il s'acquitta avec tant de prudence, que l'archevêque et le pieux roi Ina conçurent pour lui une estime singulière; et que les évêques de la province l'invitèrent à tous leurs synodes, ne décidant rien dans ces assemblées sans lui avoir demandé son avis. Son zèle pour le salut du prochain le faisait gémir continuellement sur le malheur des peuples encore plongés dans l'idolâtrie. Il consulta le ciel pour connaître s'il n'était pas appelé à l'état de missionnaire, et lorsqu'il ne lui fut plus possible de douter de sa vocation, il s'adressa à son abbé en 716, et en obtint la permission d'aller prêcher l'Évangile aux infidèles de la Frise. La guerre que se faisaient alors Charles-Martel, maire du palais et Radbod, roi de la Frise, rendait son entreprise assez difficile. Winfrid étant arrivé à Utrecht, capitale du pays, il demanda à Radbod la permission d'annoncer la parole de Dieu; mais un refus formel l'obligea de retourner en Angleterre. L'abbé Wimbert étant mort, Winfrid fut élu pour lui succéder; mais il refusa cette dignité, alléguant pour raison qu'il était appelé à l'état de missionnaire. Les religieux voulant maintenir leur choix, il eut recours à Daniel, évêque de Winchester, qui reçut sa démission et consentit à une nouvelle élection. Deux ans après, il se rendit à Rome, afin de demander au pape, qui était alors Grégoire II, tous les pouvoirs dont il avait besoin pour prêcher l'Évangile aux infidèles. Grégoire l'autorisa à évangéliser tous les idolâtres de l'Allemagne, lui fit présent de beaucoup de reliques, lui donna sa bénédiction et lui remit des lettres de recommandation pour les princes chrétiens qui se rencontreraient sur sa route. Winfrid commença ses travaux apostoliques dans la Bavière et la Thuringe, et y baptisa un grand nombre de païens. Il trouva encore en Bavière quelques vestiges de christianisme; mais ce n'était plus dans le peuple qu'une foi éteinte, et sa conduite ne différait guère de celle des infidèles. Winfrid les ramena à la pratique de l'Évangile; et comme les évêques et les prêtres n'étaient guère plus chrétiens que le reste de la nation, il rétablit parmi eux la discipline de l'Église, que l'on violait ouvertement. Lorsqu'il eut appris que Charles-Martel était maître de la Frise par la mort de Radbod, il s'y rendit en 720, et travailla pendant trois ans, de concert avec saint Willibrod, à la conversion de ses habitants; mais ayant connu que saint Willibrod avait dessein de le faire son successeur sur le siège d'Utrecht, il le quitta pour se soustraire à cette dignité, et il parcourut la Hesse et une partie de la Saxe, baptisant les idolâtres et fondant des églises sur les débris des temples païens. Il envoya, par un de ses coopérateurs, au pape Grégoire II une relation du succès de ses travaux; il le consultait en même temps sur quelques difficultés relatives à l'exercice du saint ministère. Le pape, après avoir rendu gloire à Dieu des heureuses nouvelles qu'il recevait, écrivit au saint pour l'en féliciter et pour le mander à Rome. Winfrid, ignorant ce dont il s'agissait, partit sur-le-champ et arrivé à Rome en 723, Grégoire lui demanda sa confession de foi, comme cela se pratiquait à l'égard des évêques élus, et après l'avoir interrogé sur l'état des pays qu'il avait convertis, il le sacra évêque. Ce fut à cette occasion que le pape changea définitivement son nom de Winfrid en celui de Boniface, que le saint avait déjà pris dans quelques circonstances, comme on le voit par ses lettres. Le nouvel évêque, que nous appellerons désormais Boniface, fit entre les mains de Grégoire le serment de maintenir la pureté de la foi et l'unité de l'Église, et il en déposa une copie sur le tombeau du prince des apôtres. Le pape lui donna un recueil de canons choisis, pour lui servir de règle de conduite avec des lettres de recommandation pour Charles-Martel et les autres princes par les États desquels il devait passer. Boniface étant retourné dans la Hesse, continua ses travaux de missionnaire avec le même succès. Il fit abattre un chêne énorme consacré à Jupiter et le fit servir à la construction d'une chapelle en l'honneur de saint Pierre : il fonda aussi plusieurs églises ainsi qu'un monastère à Ordof; et comme la moisson devenait tous les jours plus abondante, il écrivit en Angleterre pour qu'on lui envoyât de nouveaux ouvriers, qu'il établit dans la Hesse et la Thuringe. Ayant rencontré de nouvelles difficultés dans l'exercice de ses fonctions ; il consulta Grégoire III, qui était devenu pape en 731, et qui reçut ses députés avec beaucoup de distinction. En les congédiant, il leur remit pour Boniface un *pallium*, dont il devait se servir dans la célébration des saints mystères et dans le sacre des évêques, l'établissant archevêque et primat de toute l'Allemagne, avec plein pouvoir d'ériger des évêchés, partout où il le jugerait à propos. En 738, Boniface alla lui-même à Rome pour conférer avec le pape sur les églises qu'il avait fondées. Grégoire le traita avec toute la vénération due à son éminente sainteté, et le nomma légat du saint-siége en Allemagne. A son retour de Rome, Odilon, duc de Bavière, l'appela dans ses Etats pour réformer plusieurs abus. Comme il n'y avait dans tout ce duché qu'un seul siége épiscopal, celui de Passau, le saint archevêque y en établit deux autres, celui de Frisingue et celui de Ratisbonne, et le pape confirma ces deux érections, l'année suivante. Boniface établit aussi l'évêché d'Erfurt pour la Thuringe, celui de Barabourg pour la Hesse, celui de Wurtzbourg pour la Franconie, et enfin un quatrième en Bavière, celui d'Aichstadt. Zacharie, qui succéda à Grégoire III, sur la fin de l'an 741, ratifia tout ce qui avait été fait par Boniface, qui tint en 744 un concile en Allemagne contre Adalbert et Clément, deux novateurs fanatiques qui troublaient l'Eglise et séduisaient les faibles. Après leur condamnation, ces deux imposteurs furent mis en prison par Carloman, fils de Charles-Martel. Outre ce concile, Boniface en tint plusieurs autres en Bavière, en Thuringe, en Austrasie et en Neustrie, et il y présida en qualité de légat du saint-siége. Carloman, dont nous venons de parler, et qui se conduisait en tout par les avis du saint archevêque, puisa dans ses entretiens le dégoût du monde, qu'il quitta pour entrer dans l'ordre de Saint-Benoît, laissant à Pepin le Bref, son frère, tous ses Etats. Pepin régna d'abord sous le titre de maire du palais; mais en 752 il fut élu roi de France, d'un consentement unanime, après que Childéric III, le dernier roi de la race mérovingienne, eut été détrôné et renfermé dans un monastère. Boniface, qui paraît avoir été étranger à cette révolution, fut chargé de sacrer le nouveau roi, et il dut cette préférence à l'éclat de ses vertus et à sa dignité de légat du siége apostolique, non-seulement pour l'Allemagne, mais aussi pour la France. Cette cérémonie eut lieu à Soissons, l'an 752, en présence de tous les ordres de la nation. Boniface, qui ne pouvait suffire à tout, pria Zacharie de nommer un légat en France; le pape lui refusa sa demande; mais, par un privilége extraordinaire, il lui permit de choisir lui-même qui il voudrait pour son successeur en Allemagne. Le saint, quoique évêque depuis longtemps, n'avait point encore de siége fixe. Le roi Pepin lui donna l'évêché de Mayence, que le pape Zacharie érigea de nouveau en métropole, l'an 751. Boniface fit venir d'Angleterre de saints moines et de saintes religieuses qu'il mit à la tête des monastères qu'il avait fondés dans la Thuringe, dans la Bavière et d'autres lieux : de ce nombre furent saint Wibert, abbé d'Ordof, puis de Fritzlar, et saint Burkard, qui fut depuis évêque de Wurtzbourg. Parmi les religieuses, on compte sainte Liobe, parente du saint, qu'il mit dans le monastère de Bischoffsheim, sainte Walburge, abbesse de Heidenheim, et sainte Thècle, abbesse de Kitzingen. Boniface avait jeté, en 746, les fondements de la célèbre abbaye de Fulde; il avait aussi fondé celles de Fritzlar et de Hamelbourg. Malgré les soins que lui demandaient ces établissements religieux et le gouvernement de plusieurs églises, il faisait encore sentir son zèle dans les contrées éloignées, et jusque dans sa patrie. Ayant appris, en 745, qu'Ethelbald, roi des Merciens, menait une conduite scandaleuse et que la corruption de ses mœurs avait des imitateurs, il lui écrivit, de la manière la plus forte et la plus pressante, pour l'exhorter à la pénitence. Il fit venir de son pays plusieurs livres, entre autres les ouvrages de Bède, qu'il appelle la *Lampe de l'Eglise;* il pria aussi l'abbesse Eddeburge de lui envoyer les épîtres de saint Pierre, écrites en lettres d'or, voulant, par là, inspirer à des hommes grossiers plus de respect pour nos divines Ecritures, et satisfaire sa propre dévotion pour le prince des apôtres, sous la protection duquel il avait placé sa mission. Il écrivit aux évêques, aux religieux et au peuple d'Angleterre une lettre circulaire par laquelle il recommandait ses travaux et ceux de ses coopérateurs aux prières de ses compatriotes. On voit, par d'autres de ses lettres, qu'il y avait union de charité entre les fidèles d'Allemagne et ceux d'Angleterre, et que de part et d'autre, on s'était engagé à recommander à Dieu les âmes de ceux qui sortiraient de cette vie. Dans celle qu'il adresse à l'abbé Adhérius, il le conjure de faire offrir le saint sacrifice pour les missionnaires morts depuis peu. Il profita de la permission que le pape Zacharie lui avait donnée de se choisir un successeur, et sacra, en 754, archevêque de Mayence saint Lul, son parent, qu'il avait fait venir d'Angleterre, en 732. Il le chargea du soin d'achever l'église de Fulde, ainsi que celles qu'il avait commencées dans la Thuringe. Il écrivit à Fulrad, abbé de Saint-Denis, pour le prier de faire agréer son choix à Pepin. « Mes infirmités, lui dit-il, m'avertissent que je n'ai plus longtemps à vivre; engagez le roi à prendre sous sa protection mes disciples, qui sont presque tous étrangers..» Pepin lui accorda ce qu'il demandait, et le pape Étienne II confirma aussi la nomination de saint Lul. Le saint archevêque, qui se sentait plus que jamais, embrasé du désir de verser son sang pour Jésus-Christ, continua de travailler, sans relâche, à la conversion des infidèles. Ayant un pressentiment secret que sa fin n'était pas éloignée, il mit ordre aux affaires de son église et partit, avec quelques missionnaires, pour aller instruire les peuples les plus reculés de la Frise ; un grand nombre se convertirent et reçurent le baptême. On choisit la veille de la Pentecôte pour leur administrer le sacrement de confirmation ; mais, comme on ne pouvait les faire tous entrer dans une église, à cause de leur nombre, on résolut de faire la cérémonie en plein air, dans une campagne, près de Dockum. Le saint y fit dresser des tentes, et s'y rendit au jour marqué. Pendant qu'il priait, en attendant l'arrivée des nouveaux chrétiens, il fut attaqué par une troupe d'infidèles, armés de lances, qui fondirent sur sa tente. Ses serviteurs voulaient repousser la force par la force, mais il s'y opposa en disant qu'il soupirait, depuis longtemps, après le jour qui devait le réunir à Jésus-Christ. Il les exhorta à souffrir la mort avec résignation et même avec joie, puisqu'elle allait leur ouvrir les portes du ciel. Les barbares massacrent Boniface et cinquante-deux chrétiens, le 5 juin 755. Les païens pillèrent les tentes ; mais au lieu des trésors qu'ils cherchaient ils n'y trouvèrent que des livres et des reliques qu'ils dispersèrent çà et là, et qu'on retrouva dans la suite. On montre encore à Fulde trois de ces livres, dont l'un est taché du sang du glorieux martyr. Son corps fut transporté à Utrecht, ensuite à Mayence et de là à l'église abbatiale de Fulde, où il a opéré un grand nombre de miracles. Il a laissé des lettres, des sermons ou homélies, ainsi qu'un recueil de canons pour la conduite de son clergé. Son style est clair, grave et simple. On remarque dans ses écrits beaucoup d'onction et un esprit vraiment apostolique. On voit, par ses lettres, qu'il se proposait en tout la gloire de Dieu. — 5 juin.

BONIFACE ou BRUNON (saint), religieux camaldule, apôtre de la Russie et martyr, naquit vers le milieu du xe siècle d'une des plus illustres familles de la Saxe et reçut une éducation en rapport avec sa haute naissance. Il étudia les belles-lettres sous les plus habiles maîtres, entre autres, sous Gui le Philosophe, et il fit de grands progrès dans les sciences et les beaux-arts cultivés de son temps, mais surtout dans la musique. Étant entré dans l'état ecclésiastique, l'empereur Othon III, dont il était proche parent, le fit son chapelain et lui donna la surintendance de la chapelle impériale. Boniface, par ses vertus et ses aimables qualités, eut bientôt gagné la confiance et l'affection de l'empereur, au point que celui-ci l'admit dans son intimité, le faisant manger à sa table et se plaisant à l'appeler son âme, terme d'amitié qui montrait l'intime familiarité qui régnait entre eux. Boniface, loin de s'enorgueillir de cette haute faveur, menait ; à la cour, une vie humble et mortifiée s'appliquant, par la vigilance sur lui-même, et par la prière, à se préserver des écueils dont il était entouré. Un jour qu'il se trouvait dans l'église dédiée à saint Boniface, archevêque de Mayence, et martyr, il se sentit tout à coup enflammé du désir de l'imiter. « Ne m'appelé-je pas aussi Boniface ! s'écria-t-il, dans un saint transport ; pourquoi donc ne serais-je pas martyr comme celui qu'on honore ici ? » Saint Romuald, fondateur des Camaldules, étant venu à la cour, en 993, Boniface prit la résolution d'entrer dans son ordre. Othon ne vit qu'avec peine partir un homme qui lui était si cher, et s'il ne s'opposa pas à son départ, ce fut uniquement par la crainte de résister à la volonté de Dieu. Boniface suivit saint Romuald au monastère de Classe et fit, sous sa conduite, les plus grands progrès dans la vertu. C'était sans doute un spectacle édifiant de voir un homme habitué aux jouissances du luxe et à toutes les douceurs de la vie, marcher nu-pieds, revêtu d'un vêtement pauvre et grossier ; le commensal de l'empereur ne se nourrir que d'herbes et de racines. Il lui arrivait souvent de ne manger que deux fois la semaine, le jeudi et le dimanche. Il couchait sur la dure et consacrait à la prière la plus grande partie de la nuit. Après quelques années d'un pareil régime, il demanda à saint Romuald, la permission d'aller prêcher l'Évangile aux infidèles, et s'étant rendu à Rome, le pape Jean XVIII, pour le mettre en état d'exécuter son pieux dessein, lui donna un bref qui portait qu'on ordonnerait Boniface évêque aussitôt qu'il aurait ouvert sa mission. Il traversa l'Allemagne au milieu d'un hiver très-rigoureux, sans chaussure, et comme il fit à cheval une partie du voyage, il fallait souvent prendre de l'eau chaude pour détacher ses pieds que le froid avait collés à ses étriers. Il alla trouver à Mersbourg l'empereur saint Henri, pour lui demander sa protection, et ayant commencé ses travaux apostoliques, il fut sacré évêque par Taymont, archevêque de Magdebourg, qui le décora du *pallium* que Boniface avait reçu du pape, pour le porter lorsqu'il serait sacré. Il se livra avec un zèle admirable, à l'œuvre à laquelle Dieu l'avait appelé, et malgré les fatigues et les peines qu'il avait à essuyer, il ne relâcha rien de ses austérités ordinaires. Ses courses multipliées n'interrompaient point sa prière : il récitait des psaumes en voyageant, et trouvait beaucoup de plaisir dans cette sainte occupation. Il y avait douze ans qu'il s'était mis sous la conduite de saint Romuald, lorsqu'il entra dans la Prusse, pays encore sauvage et dont les habitants se montrèrent peu dociles à ses instructions. Il aurait bien désiré, verser son sang pour Jésus-Christ, mais les Prussiens se rappelant que le martyre de saint Adalbert et les miracles opérés ensuite par son intercession, avaient procuré la conversion de plusieurs infidèles, lui refusèrent cette satisfaction. Le saint missionnaire, qui avait reçu de grandes marques de respect et des présents considérables de Boleslas, duc de Pologne, quitta la Prusse, où ses travaux ne produisaient aucun fruit, et pénétra dans la Russie encore plongée dans les ténèbres de l'idolâtrie. Les Russes n'eurent pas plutôt appris son arrivée qu'ils lui défendirent de prêcher et lui ordonnèrent de quitter le pays ; mais le saint, sans tenir compte de ces injonctions, alla trouver le roi d'une petite province, lequel avait manifesté le désir de l'entendre. Il se présenta nu-pieds et pauvrement vêtu ; ce qui lui attira le mépris du prince qui ne lui permit point de parler. Boniface se retira, et revint ensuite revêtu des vêtements dont il se servait pour célébrer la messe. Le roi le reçut mieux et lui dit qu'il se convertirait, s'il le voyait passer à travers d'un grand feu sans se brûler. Le saint, inspiré d'en haut, accepta la proposition et le miracle eut lieu en présence du prince, qui se fit instruire et reçut le baptême avec plusieurs de ses sujets. Mais les idolâtres, à la tête desquels étaient les frères du roi, furieux des progrès que faisait l'Evangile, menacèrent le saint des plus cruels tourments, s'il ne quittait la contrée, et voyant que leurs menaces ne produisaient aucun effet, ils se saisirent de lui et lui coupèrent la tête ainsi qu'à dix-huit chrétiens, l'an 1009. Il est nommé dans le Martyrologe romain sous le nom de Brunon, le 15 octobre, et sous celui de Boniface, le 19 juin.

BONIFACE (le bienheureux), évêque de Lausanne, né à Bruxelles en 1188, fut envoyé à Paris à l'âge de quinze ans, pour faire ses études dans la célèbre université de cette ville. Il sut conserver la pureté des mœurs au milieu d'une jeunesse peu réglée et avide de plaisirs. Il trouva dans la fidélité à la prière et dans la pratique des exercices de piété un préservatif contre les séductions du vice. Son ardeur pour la science et son application à l'étude contribuèrent aussi à la conservation de son innocence. Aussi fut-il bientôt, par ses vertus et sa bonne conduite, le modèle de ses condisciples. Il employait ses récréations à converser avec des savants et des hommes de lettres, qui se plaisaient beaucoup dans sa société, ou bien il les passait dans les églises. A peine eut-il achevé ses cours, qu'on lui confia une chaire de théologie. Il avait passé plus de trente ans à Paris, tant comme élève que comme professeur, lorsqu'il fut contraint de s'en éloigner à cause de quelques tracasseries qui lui furent suscitées par d'autres professeurs. Il sacrifia sa place à l'amour de la paix et se retira, en 1237, à Cologne. Comme il n'y avait point d'université dans cette ville, il enseigna, pendant deux ans, en son particulier, sans négliger le soin de sa propre sanctification. Il comptait y terminer ses jours, dans la tranquillité, lorsqu'il fut élevé, malgré lui, sur le siège épiscopal de Lausanne. Ayant voulu réformer les vices de son clergé, son zèle rencontra une résistance qu'il ne put surmonter, et il fut en butte à des haines et à des persécutions de tout genre. L'empereur Frédéric II, furieux de ce que Boniface avait souscrit, dans le concile général de Lyon, au décret d'excommunication porté contre ce prince, envoya à Lausanne des soldats qui se saisirent de Boniface et mirent ses effets au pillage. Après avoir essuyé plusieurs mauvais traitements de la part des officiers de l'empereur, il parvint à s'échapper de leurs mains et vint reprendre ses fonctions épiscopales ; mais il ne les exerça pas longtemps en paix. Des scélérats, envoyés par Frédéric, ou soudoyés par ceux qu'irritaient ses réformes, formèrent le projet de l'assassiner lorsqu'il se rendrait, de sa maison à l'église, pour y célébrer la messe. Cet abominable complot aurait été exécuté sans un religieux Franciscain, qui en eut connaissance assez à temps pour le faire manquer. Il parcourut la ville en criant que les jours du prélat étaient menacés, et aussitôt le peuple se porta en foule à la maison de l'évêque pour le défendre, et les assassins intimidés n'osèrent l'attaquer. Boniface, abreuvé d'amertumes et de chagrins, se rendit à Rome en 1247 et offrit au pape Innocent IV la démission de son siège. Le pape, qui l'avait d'abord refusée, finit enfin par l'accepter, et Boniface, après avoir passé un an à Rome, retourna à Paris, où il fut reçu avec distinction, et reprit, selon quelques auteurs, sa chaire de théologie. Mais vers la fin de l'année 1249, il se retira dans un couvent de religieuses, près de Bruxelles, et édifia singulièrement, par sa sainteté, les pieuses filles qui l'habitaient, et auxquelles il donnait des instructions religieuses. Il y mourut le 19 février 1266, âgé de 78 ans. Il fut enterré dans le chœur de l'église du monastère de Combre, où on lui érigea un mausolée en marbre. Le peuple l'invoqua, dès lors, contre les maladies et les afflictions ; mais ce ne fut qu'en 1603 qu'une ordonnance de l'archevêque de Malines permit de lui rendre un culte public. — 19 février.

BONIN (saint), *Boninus*, martyr à Pavie avec saint Soter et un autre, est honoré dans l'église de Saint-Gervais de cette ville, où l'on garde ses reliques. — 15 mai.

BONITE (sainte), *Bonita*, vierge, était originaire d'Alvier en Auvergne, et montra toute sa vie une grande dévotion envers saint Julien de Brioude. Elle fut inhumée dans l'église de Saint-Martin de cette ville. — 16 octobre.

BONIZELLE (la bienheureuse), veuve, avait épousé Naddo Picolomini, et mourut en 1300 à Belséder, dans le diocèse de Sienne. Son corps se garde dans l'église paroissiale de Tréquande, où l'on célèbre sa fête le troisième dimanche de mai. — 6 mai.

BONIZET ou BENOÎT (saint), *Benedictus*, confesseur en Poitou, florissait dans le VI siècle. Il est honoré, comme évêque, à Quinçay, dans le diocèse de Poitiers, et à Aisenay, dans celui de Luçon. — 23 octobre.

BONIZON, évêque de Plaisance et martyr, était évêque de Sutri lorsqu'il fut chassé de cette ville, en 1082, par l'empereur Henri IV, à cause de son attachement à saint Grégoire VII. Devenu évêque de Plaisance en 1089, il y avait à peine six mois qu'il occupait ce siége, lorsque les schismatiques, partisans de l'antipape Guibert, se saisirent de lui, le jetèrent dans un cachot, lui coupèrent ensuite les membres et lui arrachèrent les yeux. Il mourut par suite de ces horribles traitements, et son corps fut inhumé à Crémone. Il est auteur d'un Recueil des décrets des conciles et des papes, ainsi que d'une Vie abrégée des souverains pontifes, laquelle n'est pas parvenue jusqu'à nous. — 14 juillet.

BONNE (sainte), *Bona*, vierge, florissait dans le VIIe siècle, et elle est honorée à Trévise le 12 septembre.

BONNE (sainte), vierge à Pise, florissait sur la fin du XIIe siècle, et mourut l'an 1207. — 29 mai.

BONONE (saint), *Bononius*, abbé du monastère de Lucède, dans le diocèse de Verceil en Piémont, mourut en 1026, et il est honoré à Bologne le 30 août.

BONOSE (saint), *Bonosus*, officier dans le corps des *vieux herculéens*, et martyr, ayant reçu du comte Julien, oncle de Julien l'Apostat, l'ordre d'ôter, de l'enseigne de sa légion, le *labarum*, c'est-à-dire la croix et le nom de Jésus-Christ, pour y replacer l'image des dieux de l'empire, refusa de le faire, parce qu'il était chrétien zélé. Le comte lui commanda d'obéir à l'empereur et d'adorer les mêmes dieux que lui; mais Bonose répondit qu'il n'adorait pas l'ouvrage de la main des hommes. Alors Julien lui fit donner plus de trois cents coups avec des lanières de cuir plombées; et pendant ce supplice, Bonose souriait, sans faire attention à ce qu'on pouvait lui dire. On le plongea ensuite dans la poix bouillante, sans qu'il en reçût aucun mal. Ayant été mis en prison avec saint Maximilien, qui se trouvait dans la même position que lui et pour la même cause, il refusa de manger du pain marqué du sceau du comte, probablement parce qu'il portait l'empreinte de quelque idole. Le prince Hormisdas, frère de Sapor II, roi de Perse, le visita dans sa prison, et comme il était chrétien, il se recommanda à ses prières. Julien lui fit subir un second et un troisième interrogatoire, et Bonose répondit de nouveau qu'il était chrétien, qu'il voulait persévérer dans sa religion, et que l'empereur Constantin, quelque temps avant sa mort, lui avait fait jurer d'être fidèle à ses enfants et à l'Eglise, et que rien ne serait capable de lui faire violer son serment. Julien allait encore lui faire subir de nouveaux tourments; mais Second, préfet de l'Orient, désapprouva, quoique païen, une telle barbarie, et Bonose fut condamné sur-le-champ à être décapité, avec Maximilien et plusieurs autres chrétiens. Ils furent exécutés à Antioche, vers l'an 362. Saint Mélèce, patriarche de cette ville, les accompagna, avec quelques évêques, jusqu'au lieu du supplice. — 21 août et 20 septembre.

BONOSE ou VENOUX (saint), évêque de Trèves, gouvernait son diocèse dans les temps difficiles où l'empereur Constance favorisait de tout son pouvoir l'arianisme. Il eut le bonheur de préserver son troupeau de cette funeste hérésie, et d'augmenter le nombre de ses ouailles par la conversion de beaucoup d'idolâtres. Il montra aussi un grand zèle et une fermeté inébranlable sous le règne persécuteur de Julien l'Apostat, et mourut dans un âge avancé, le 17 février 381. Il fut inhumé dans l'église de Saint-Paulin. — 17 février.

BONOSE (saint), évêque de Salerne, est honoré dans cette ville le 13 mai.

BONOSE ou VENOUSE (sainte), *Bonosa*, martyre à Porto, était sœur de sainte Zozime. Elle souffrit pendant la persécution d'Aurélien, vers l'an 273. Le courage qu'elle déploya au milieu des tortures convertit cinquante soldats, qui, après avoir été baptisés par le pape saint Félix, furent martyrisés pendant la même persécution. — 15 juillet.

BORYSSE (saint), *Boryssius*, prince de Kiovie, était oncle paternel d'Anne de Russie, épouse de Henri Ier, roi de France. Son frère Zuentopelc le tua par trahison, vers le commencement du XIe siècle, et il est honoré en Wolhynie le 24 juillet.

BOSA (saint), diacre et martyr, accompagnait saint Boniface, archevêque de Mayence et apôtre de l'Allemagne, dans sa mission en Hollande, et il fut mis à mort avec lui, près de Dockum, le 5 juin 755. — 5 juin.

BOSA (saint), évêque d'York en Angleterre, avait d'abord été moine à Streaneshalch. Il florissait sur la fin du VIIe siècle, et il eut pour successeur saint Jean de Béverley. Bède, qui avait reçu de lui l'ordre du diaconat, fait un bel éloge de sa sainteté, et parle d'un miracle qu'il opéra en guérissant avec de l'eau bénite la femme d'un seigneur du voisinage, et de plusieurs autres guérisons miraculeuses. Aussi l'a-t-il placé dans son Martyrologe : ce qui prouve qu'on commença à l'honorer peu d'années après sa mort. — 2 novembre.

BOTUIDE ou BOTWIN (saint), *Botvidus*, martyr, naquit en Suède, dans la province de Sudermanie, de parents riches mais idolâtres, et fut élevé lui-même dans les erreurs du paganisme. Etant allé en Angleterre, il fit une partie du voyage avec un saint prêtre, qui l'instruisit des vérités chrétiennes. Botuide, touché de la grâce, embrassa la religion de Jésus-Christ. De retour dans sa patrie, il voulut rendre ses concitoyens participants de son bonheur, et se fit l'apôtre de la contrée. Son zèle obtint de grands succès, et il eut la consolation d'y détruire presque partout les superstitions du paganisme. Il fut victime de la charité sans bornes dont il usa envers un esclave. Ayant appris qu'il était traité durement par son maître, il le racheta, et, après lui avoir rendu la liberté, il l'instruisit dans la foi et s'embarqua avec lui pour le reconduire dans son pays, afin de le rendre à sa famille. Ce scélérat, monstre d'hypocrisie et d'ingratitude, affectait d'entrer dans tous les sentiments que son libérateur cherchait à lui inspirer, promettant d'être à jamais fidèle à la loi sainte qu'il venait d'embrasser. Mais un jour que Botuide et son compagnon Hesbern étaient descendus à terre pour se reposer à l'ombre, sous un arbre, et s'y étaient endormis, l'esclave saisit une hache et les tua tous deux. On retrouva bientôt le corps de Botuide, et les habitants du pays, qui avaient entendu parler de sa sainteté, l'inhumèrent avec respect. Ils firent ensuite bâtir une église sur son tombeau ; et depuis ce temps, c'est-à-dire depuis le XIIIe siècle, il n'a pas cessé d'être invoqué comme martyr et comme apôtre de la Sudermanie. — 28 juillet.

BOTULPHE ou BOTOLF (saint), *Botulphus*, abbé, né sur la fin du VIe siècle, était frère de saint Adulphe, et il eut le bonheur d'être éclairé des lumières de la foi dans un temps où l'Angleterre, sa patrie, était encore presque tout entière plongée dans les ténèbres de l'idolâtrie. Il passa, avec son frère, dans la Gaule Belgique, pour y trouver des écoles de vertu, qui étaient encore fort rares en Angleterre, et il fit des progrès si rapides dans la science des saints, qu'on le jugea bientôt capable d'en donner des leçons aux autres. Adulphe ayant été élevé sur le siège de Maëstricht, Botulphe retourna dans sa patrie, afin de faire part à ses compatriotes des trésors spirituels qu'il avait amassés. Il demanda au roi Ethelmond un emplacement pour fonder un monastère, et le prince lui donna le désert d'Ikanho, où Botulphe fonda une abbaye. Il lui arriva des disciples en grand nombre, et il les conduisait dans les voies de la perfection d'après les règles tracées par les Pères de la vie monastique. Tous le chérissaient à cause de son humilité, de sa douceur et de son affabilité. Ses exemples portaient à la vertu plus encore que ses discours, qui étaient toujours édifiants. Il parvint à un âge avancé, et dans sa vieillesse, il fut accablé d'une maladie longue et cruelle, qu'il supporta avec patience. Dans les souffrances et dans les afflictions, il remerciait Dieu et le bénissait, à l'exemple du saint homme Job. Il mourut en 655, et fut inhumé dans son monastère. Il y a eu peu de saints, en Angleterre, qui aient été honorés avec plus de dévotion que saint Botulphe, et beaucoup d'églises portent son nom. Son monastère ayant été détruit par les Danois, sur la fin du IXe siècle, une partie de ses reliques fut transportée à Ely et le reste à Thornez. Saint Edouard le Confesseur en donna, depuis, une portion à l'abbaye de Westminster. — 9 mars.

BOULOGNE (sainte), *Bolonia*, est honorée comme vierge et martyre dans le Bassigny, où elle a une église qui porte son nom. — 16 octobre.

BOURBAZ ou VULBAND (saint), *Vulbandus*, martyr dans le Bugey, était patrice de Bourgogne. Il fut mis à mort pour la justice par les émissaires d'Ebroin, vers l'an 660, et saint Eloi a fait son éloge. Il y avait dans le pays, qui fut arrosé de son sang, une église priorale, mentionnée par Leidrade, évêque de Lyon, dans une lettre à Charlemagne. — 10 mai.

BOURCHARD (le bienheureux), *Burcardus*, curé, né en Suisse dans le XIVe siècle, embrassa l'état ecclésiastique et devint curé de Reinwil, paroisse située sur une hauteur, à une demi-lieue de l'abbaye de Muri. Il remplit ses fonctions pastorales avec un zèle vraiment apostolique, et donna à ses paroissiens l'exemple de toutes les vertus. La vénération que les fidèles ont conservée pour sa mémoire, et les miracles nombreux opérés à son tombeau, attestent la sainteté d'une vie dont les détails ne sont pas connus. On lui donne le titre de saint dans une charte de 1505, et en 1586 on érigea en son honneur une confrérie, à laquelle le pape Paul V accorda une indulgence en 1616. Les papes Grégoire XV, Urbain VIII et Alexandre VII, accordèrent aussi à la même confrérie plusieurs faveurs spirituelles : ce qui fait supposer que le culte rendu au bienheureux Bourchard, depuis plusieurs siècles, a été autorisé par le saint-siège. — 20 août.

BOURGIN (saint), *Burginus*, confesseur à Thouarcé, dans l'Anjou, florissait vers la fin du VIe siècle. — 17 novembre.

BRAIN (saint), *Branus*, confesseur à Cléonanad en Lagénie, province d'Irlande, florissait sur la fin du VIe siècle, et mourut vers l'an 600. — 18 mai.

BRANCAS (saint), *Pancratius*, évêque de Taormine en Sicile, est honoré le 3 avril.

BRAQUE (saint), *Brachio*, honoré à Menat en Auvergne, mourut l'an 576. — 9 février.

BRAULE ou BRAULION (saint), *Braulius* ou *Braulio*, évêque de Saragosse, fut élevé sur le siège épiscopal de cette ville en 626. Son zèle ne se borna pas seulement à bien gouverner son diocèse ; il aida beaucoup saint Isidore de Séville, son ami, à établir par toute l'Espagne une discipline uniforme et telle que la prescrivaient les canons. C'était un prélat très-instruit pour son siècle. Il termina les vingt livres des Origines ou des Etymologies, auxquels l'évêque de Séville n'avait pu mettre la dernière main. Nous avons aussi de saint Braulion deux lettres au même saint Isidore ; un éloge de ce saint, avec le catalogue de ses ouvrages ; la Vie de saint Emilien, avec une hymne en vers iambiques en son honneur. Saint Braulion mourut en 646, après un épiscopat de vingt ans. — 18 et 26 mars.

BRAVY (saint), abbé en Auvergne, florissait dans le VIIIe siècle. Il est honoré à Ponzac, où l'on garde son corps. — 15 septembre.

BRÉACA (sainte), vierge et abbesse, naquit en Irlande dans le Ve siècle, et fut placée, dès sa jeunesse, sous la conduite de sainte Brigitte de Kildare, qui lui bâtit un oratoire séparé et un petit ermitage ; mais elle la tira ensuite de cette solitude pour la mettre à la tête d'un monastère qu'elle venait de fonder dans un lieu connu, depuis, sous le nom de *Field of Breaca*, c'est-à-dire Champ de Bréaca. Celle-ci passa ensuite dans la province de Cornouailles, et s'arrêta sur le terrritoire de Pembro qui prit son nom.

Elle y bâtit deux églises, l'une à Trenewith, et l'autre à Talmeneth. Elle mourut vers le milieu du VIe siècle. — 18 février.

BRÉGOUIN (saint), *Breguinus*, évêque de Cantorbéry, florissait dans le VIIIe siècle. Plusieurs des lettres qu'il écrivit à saint Lulle, archevêque de Mayence, sont parvenues jusqu'à nous. Il a été honoré en Angleterre jusqu'au schisme de Henri VIII. — 24 août.

BRENDAN ou **BRANDAN** (saint), *Brandanus*, abbé en Irlande, fut surnommé l'Ancien pour le distinguer de saint Brendan de Birre. Il naquit, en Irlande, l'an 485, et fut élevé au monastère de Clonard. Saint Finian, qui l'avait fondé en 520 et qui en était abbé, y avait établi une école célèbre, d'où sortirent plusieurs grands hommes aussi illustres par leur sainteté que par leur science : aussi, Brendan y eut pour condisciples saint Brendan le jeune ou de Birre, saint Kiéran, Colomb et Colomkille. La réputation de saint Gildas l'ayant attiré dans le pays de Galles, il passa quelque temps dans son monastère. Après avoir fondé, en Angleterre, l'abbaye d'Ailech et bâti une église dans le pays de Heth, il retourna en Irlande et se fixa dans le monastère de Llan-Carvan, dont il devint abbé, après la mort d'Ellène, auquel il succéda. Il fonda dans sa patrie plusieurs monastères, entre autres celui de Cluain-Fearta, aujourd'hui Cloafert dans le comté de Galloway : il établit aussi des écoles, dont la plus célèbre est celle de Ros-Carbre où il enseigna lui-même et dans laquelle il forma d'illustres disciples, parmi lesquels on cite saint Malo et saint Finian Lobhar. Il avait une sœur, nommée Briga, qui embrassa la vie monastique et pour laquelle il fonda, près de Tuam, le monastère d'Inachduin. C'est là qu'il mourut le 15 mai 578, à l'âge de quatre-vingt-trois ans. Saint Brendan avait composé une règle monastique, qu'il fit adopter dans ses monastères et qui fut longtemps observée en Irlande, quoiqu'elle fut d'une grande sévérité. Il y a près de Quintin, dans le diocèse de saint Brieuc, une paroisse qui porte son nom. — 16 mai.

BRENDAN DE BIRRE (saint), abbé en Irlande, naquit dans le comté de Kerry, sur la fin du Ve siècle et fut disciple de saint Finian en même temps que saint Colomkille, avec lequel il se lia d'une étroite amitié. Il alla dans la Counacie achever ses études qu'il avait commencées à Cluain-Raird, et eut pour maître saint Jarlath, évêque de Tuam. Il fonda ensuite, dans le comté de King, le monastère de Birre, dont il fut le premier abbé : il le dirigea saintement et y mourut en 561, ou, selon d'autres en 572. Saint Colomkille étant un jour en prière dans son monastère de Hy, fut instruit par une vision du moment où saint Brendan, son ami, mourait en Irlande. Il ordonna aussitôt à Dormit, son disciple, de tout préparer, afin qu'on célébrât la messe pour la *nativité* de l'abbé Brendan. Il entendait par *nativité* le passage du saint à la vie éternelle. La nuit dernière, ajouta saint Colomkille, j'ai vu les cieux s'ouvrir tout à coup, et les chœurs des anges venir au-devant de son âme, avec une lumière si éclatante que toute la terre en était remplie. Saint Brendan, patron titulaire de la cathédrale d'Arfeart, dans le Kerry, y est honoré le 29 novembre.

BRENDAN (saint), évêque des îles de Man, florissait dans le IXe siècle : il y avait dans l'île de Man une église placée sous son invocation, et qui s'appelait, de son nom, Kirk-Bradan. — 2 novembre.

BRETANNION (saint), *Vetrannio*, évêque de Tomes en Scythie, s'illustra par la sainteté de sa vie et par son attachement à la foi. Il est surtout connu dans les fastes de l'Église, par un trait qui honore à jamais sa mémoire. L'empereur Valens, protecteur des ariens, s'étant rendu à Tomes, sollicita le saint évêque de communiquer avec les prélats ariens qui l'accompagnaient. L'empereur se trouvait à l'église en présence d'une grande multitude, qui s'y était rendue pour voir le prince et sa cour. Bretannion, ainsi interpellé, profita de la circonstance pour faire valoir l'autorité du concile de Nicée ; et comme Valens insistait auprès de l'évêque, celui-ci sortit publiquement de l'église cathédrale pour se rendre dans une autre. Ce coup d'éclat irrita tellement l'empereur, qu'il eut recours à la violence pour venger l'affront fait à l'arianisme dans sa personne. Il donna l'ordre de se saisir de la personne de l'évêque et de le conduire en exil. Mais la nation des Scythes, qui n'avait qu'un seul évêque, celui de Tomes, et qui était fortement attachée à saint Bretannion, ne put longtemps supporter son absence sans se plaindre. L'empereur fut d'autant plus effrayé de ces murmures, que les Scythes étaient le seul rempart de l'empire contre les barbares. Il préféra donc la sûreté de l'État à l'intérêt de sa secte, et permit à l'évêque de retourner au milieu de son troupeau. Saint Britannion, qui a mérité le titre de confesseur, mourut vers l'an 380. — 25 janvier.

BRETOIN (saint), *Britonius*, évêque de Trèves, florissait après le milieu du IVe siècle, et assista l'an 374 au concile de Valence en Dauphiné. Il mourut en 386, et il eut pour successeur saint Félix. — 5 mai.

BRIACH (saint), *Briachus*, abbé de Guingamp en Bretagne, florissait au commencement du Ve siècle, et mourut en 627. Son corps est honoré dans une église qui porte son nom : une partie de ses reliques fut donnée à l'église de Saint-Magloire de Paris, sous le règne de Hugues Capet. — 17 décembre.

BRIAND (saint), *Briandus*, évêque de Cluainfert en Irlande, florissait dans le XIe siècle. Il est honoré principalement au bourg de Dallyne-Killy, où il y a une fontaine qui porte son nom et dont l'eau a servi à la guérison d'un grand nombre de malades. — 4 mai.

BRICE (saint), *Brictius*, évêque de Sainte-

Marie de Pontano et confesseur, fut arrêté pendant la persécution de Dioclétien et souffrit plusieurs tourments par ordre du juge Marcien. Ayant été rendu à la liberté, lorsque la paix fut donnée à l'Eglise, il reprit le gouvernement de son troupeau, convertit un grand nombre de païens et mourut sous le règne de Constantin. — 9 juillet.

BRICE (saint), *Briccius*, évêque de Tours, fut élevé par saint Martin dans le monastère de Marmoutier, près de cette ville. Il se relâcha de sa première ferveur et exerça longtemps la patience de son saint maître, qui, instruit par une révélation divine, prédit que Brice se convertirait et deviendrait son successeur. Il devint, en effet, évêque de Tours, après la mort de saint Martin, arrivée en 400. Dieu voulut lui faire expier par des tribulations ses fautes passées, et quoique depuis son élévation à l'épiscopat, rien ne fût plus édifiant que sa conduite, sa réputation fut attaquée par la calomnie la trente-troisième année de son épiscopat. Il fut accusé d'avoir séduit une fille du peuple, qui blanchissait son linge, ou selon d'autres, une vierge consacrée à Dieu. Le saint évêque, fort de son innocence, se fit apporter l'enfant dont on l'accusait d'être le père, et lui dit: « Je te conjure, au nom de Jésus-Christ, de dire, en présence de tout le monde, si tu es mon fils ; » et l'enfant, quoiqu'il n'eût que trente jours répondit : « Non, vous n'êtes pas mon père. » Malgré ce miracle qui le justifiait complètement, des hommes puissants qui le haïssaient, ameutèrent la populace et le firent chasser de la ville. Brice céda à l'orage et se rendit à Rome où il passa plusieurs années. Remonté sur son siége vers l'an 440, il reprit ses fonctions et continua de gouverner son diocèse avec une grande sainteté. Il fit construire un tombeau à saint Martin et bâtit, sur le lieu où il avait été inhumé, une église, qu'il dédia à saint Etienne. Il mourut en 444, et son culte devint bientôt célèbre, non-seulement en France, mais encore en Angleterre ; aussi les anglicans ont conservé son nom dans leur calendrier. Il y a en France au moins douze paroisses qui portent le nom de saint Brice. — 3 novembre.

BRICE (saint), *Brixius*, enfant et martyr à Esche près de Ninove en Flandre, était fils de sainte Craphaïlde ou Raphaïlde. Cette sainte femme avait reçu chez elle saint Livin, qui était venu annoncer l'Evangile aux Flamands, et qui avait baptisé son fils. Les païens ayant massacré le saint missionnaire, tournèrent aussi leur fureur contre Raphaïlde qui lui avait donné l'hospitalité, et la mirent à mort avec son fils, l'an 659. — 12 novembre.

BRIEUC (saint), *Briocus*, évêque régionnaire, né vers l'an 409, était d'une famille illustre de la Grande-Bretagne : son père se nommait Cerpus et sa mère Eldrude. Il s'attacha, à l'âge de vingt ans, à saint Germain-d'Auxerre qui était venu combattre les pélagiens en Angleterre, le suivit en France et devint un de ses principaux disciples. Ayant été ordonné prêtre, il retourna dans sa patrie, y convertit ses parents qui l'aidèrent à bâtir la célèbre église de Grande-Lann, près de laquelle il se fixa, donnant d'excellentes leçons de vertu à ceux qui vinrent se mettre sous sa conduite. Quelques années après il revint en France et s'établit dans l'Armorique. Il convertit, dans le territoire de Tréguier, un riche seigneur, nommé Conan, qui lui fournit des fonds pour bâtir un monastère dans la partie septentrionale de l'Armorique, et le nombre de ses religieux fut bientôt considérable. Après les avoir gouvernés quelque temps, il nomma un abbé à sa place et se retira ensuite chez Riwallon ou Rigold, prince de Domnonie dans la Grande-Bretagne, qui était venu depuis peu s'établir dans l'Armorique avec plusieurs de ses sujets. Saint Brieuc, qui était son parent et son ami, en obtint une maison avec un emplacement pour bâtir un monastère et une église, qui fut placée sous l'invocation de saint Etienne. Il gouverna lui-même ce monastère jusqu'à sa mort, qui arriva vers l'an 502, à l'âge de plus de quatre-vingt-dix ans. Ce monastère donna naissance à une ville considérable, qui porte son nom, et qui fut érigée en évêché, l'an 844. Saint Brieuc, qui en est regardé comme le premier évêque, avait, il est vrai, le caractère épiscopal, mais sans être attaché à aucune église particulière. Durant les incursions des Normands, ses reliques furent transportées, de son monastère, dans celui de Saint-Serge d'Angers, et l'église de Saint-Brieuc en récupéra une partie en 1210. — 1er mai.

BRIGIDE (sainte), vierge et martyre, que l'on croit être l'une des compagnes de sainte Ursule et sa parente, est honorée à Cologne dans l'église de Saint-Jean-Baptiste, où l'on garde son corps. — 4 février.

BRIGIDE (sainte), *Brigida*, vierge, abbesse et patronne de l'Irlande, naquit à Fochard dans la province d'Ultonie, et florissait au commencement du VIe siècle. Ayant renoncé au monde pour se consacrer à Dieu, elle reçut le voile des mains de saint Mel, neveu et disciple de saint Patrice, et s'étant construit sous un gros chêne une cellule, qu'on appela *Kill Dara* ou Cellule du Chêne, elle y passa quelque temps, menant la vie de recluse. Mais des personnes de son sexe étant venues se ranger sous sa conduite, elle les réunit en communauté, et fonda ainsi un couvent, le premier de toute l'Irlande ; il donna naissance à plusieurs autres, qui reconnaissaient sainte Brigide pour mère et pour fondatrice. On ignore les détails de sa vie ; mais on croit qu'elle mourut vers l'an 521. Son nom devint célèbre, à cause des nombreux miracles opérés par son intercession. Elle est nommée dans le Martyrologe de Bède et dans ceux qui ont été composés depuis. Il y avait plusieurs églises dédiées à sainte Brigide en Angleterre, en Allemagne et en France. On trouva son corps avec ceux de saint Patrice et de saint Colomb, sous une triple voûte de Down-Patrick, en 1185, et on le transporta dans la cathédrale de la même ville. Son chef est à Lisbonne, dans l'église qui appartenait aux Jésuites. — 1ᵉʳ février.

BRIGITE DE NOGENT (sainte), *Brigitta*, vierge, est honorée en Touraine. Saint Grégoire de Tours rapporte que son corps ainsi que celui de sainte Maure furent découverts sous l'épiscopat de saint Euphrone, son prédécesseur. On fait sa fête à Nogent-les-Vierges, près de Beauvais. — 3 juillet.

BRIGITE (sainte), *Brigidis*, vierge irlandaise, était sœur de saint André dit le Scot, qui devint archidiacre de Fiésoli, près de Florence. Il paraît qu'elle vint habiter l'Italie avec son frère, et qu'elle mourut à Fiésoli vers la fin du VIIIᵉ siècle. Il y a près de cette ville une église qui porte son nom, et elle est honorée le 1ᵉʳ février et le 31 décembre.

BRIGITE (sainte), *Brigitta*, veuve, fille de Birger, prince du sang royal de Suède et de Sigride, qui descendait des rois Goths, tous deux aussi illustres par leur piété que par leur haute naissance, naquit vers l'an 1302, et perdit sa mère peu de temps après. Une tante, recommandable par ses vertus, se chargea de l'éducation de Brigite, qui fut privée de l'usage de la parole jusqu'à l'âge de trois ans. Aussitôt qu'elle put parler, elle ne se servit de sa langue que pour louer Dieu et pour tenir des conversations édifiantes, et ne montrait d'inclination que pour les exercices de piété. Ayant entendu, à l'âge de dix ans, un sermon sur la passion, elle en fut si touchée que, la nuit suivante, elle crut voir Jésus-Christ attaché à la croix, tout couvert de plaies et de sang, qui lui disait : « Regardez-moi, ma fille. — Eh! Seigneur, qui vous a traité de la sorte? — Ceux qui me méprisent, et qui sont insensibles à mon amour. » — L'impression que fit sur elle ce songe mystérieux ne s'effaça jamais, et dès lors les souffrances du Sauveur devinrent le sujet continuel de ses méditations, et lui faisaient souvent répandre des larmes. A l'âge de seize ans, elle épousa, par obéissance pour son père, le bienheureux Ulphon, prince de Néricie, qui en avait dix-huit. Ils passèrent, d'un consentement mutuel, la première année de leur mariage dans la continence. Leur maison devint comme un monastère, où ils pratiquaient les austérités du cloître. Sainte Brigite eut huit enfants, dont le plus célèbre est sainte Catherine de Suède. Après la naissance du dernier, les deux époux firent vœu de continence pour le reste de leur vie; ils augmentèrent leurs aumônes et fondèrent un hôpital pour les malades, qu'ils allaient souvent servir eux-mêmes. Ulphon, pour ne plus s'occuper que de sa sanctification, se démit des places qu'il avait à la cour, et fit, accompagné de sainte Brigite, le pèlerinage de Compostelle. En revenant d'Espagne il tomba malade à Arras et y reçut les sacrements de l'Église des mains de l'évêque de cette ville. Le prince guérit, grâce aux soins et aux prières de Brigite, et de retour en Suède il entra dans le monastère d'Alvastre, de l'ordre de Cîteaux, et y mourut peu de temps après en odeur de sainteté, l'an 1344.

Il est nommé dans le Ménologe de Cîteaux le 12 février. Brigite, devenue veuve, partagea à ses enfants les biens de leur père, et renonça elle-même à tout ce qu'elle avait été dans le monde pour mener une vie pauvre et pénitente, ne portant plus de linge, à l'exception du voile qui lui couvrait la tête, et se revêtant d'habits grossiers, qu'elle attachait avec des cordes pleines de nœuds. Les austérités qu'elle pratiquait sont incroyables : les vendredis, elle ne vivait que de pain et d'eau. Ayant fondé le monastère de Wastein dans le diocèse de Lincopen, elle y établit un nouvel institut, destiné principalement à honorer la passion de Jésus-Christ, et qui pour cette raison fut nommé l'ordre du Sauveur. Elle lui donna la règle de saint Augustin, avec quelques constitutions particulières qui lui furent, dit-on, dictées par Jésus-Christ lui-même dans une vision. Elle mit à Wastein soixante religieuses, treize prêtres pour honorer les douze apôtres et saint Paul, quatre diacres pour représenter les quatre grands docteurs de l'Église, et huit frères convers. L'abbesse avait toute l'autorité temporelle, même sur les religieux, et ceux-ci étaient supérieurs spirituels des religieuses. Les deux sexes, quoique habitant le même monastère étaient séparés par une clôture inviolable et rien n'était commun entre eux que l'église, distribuée de manière que les uns ne pouvaient voir les autres. Sainte Brigite régla qu'il en serait de même pour les autres monastères qu'on fonderait dans la suite, voulant, en outre, qu'ils fussent placés sous la juridiction des évêques diocésains, et qu'on ne pût en ériger de nouveaux sans une permission expresse du pape. Tous ces règlements furent confirmés en 1363 par Urbain V. Sainte Brigite, après avoir passé deux ans à Wastein, alla faire un pèlerinage à Rome, afin de satisfaire le pieux désir qu'elle avait de prier sur le tombeau des Apôtres, et de vénérer les reliques de tant de saints que renferme la capitale du monde chrétien. Elle finit par y fixer son séjour, et s'y fit admirer par l'éclat de ses vertus, vivant dans la retraite, les veilles et les autres pratiques de la pénitence, visitant les églises et les hôpitaux. Dure à elle-même, et pleine de douceur pour les autres, toutes ses actions portaient l'empreinte de la charité et de l'humilité. On voit encore à Rome des monuments de sa pieuse munificence, entre autres une maison pour les étudiants et les pèlerins de sa nation. Les trente dernières années de sa vie, elle se confessait tous les jours, et communiait plusieurs fois la semaine. Les révélations dont elle fut favorisée, et qui avaient pour objet principal les souffrances du Sauveur ajoutèrent encore à sa réputation de sainteté. Sainte Brigite ne les écrivit pas elle-même, mais elle les dicta à Pierre, prieur du monastère d'Alvastre, et à Mathias, chanoine de Lincopen, ses directeurs. Elles furent examinées au concile de Bâle par le célèbre Jean de Turre-Cremata, depuis cardinal, qui les approuva comme utiles à l'instruction des fidèles; mais cette approbation, suffisante pour déterminer à y croire pieusement, n'entraîne pas l'obligation d'y soumettre son esprit comme à une décision de l'Eglise. L'ardent amour que sainte Brigite avait pour Jésus crucifié lui inspira la résolution de faire le pèlerinage de la terre sainte, à la suite d'une vision qu'elle eut en 1371. Quoique âgée de 69 ans, elle se mit en route avec sainte Catherine, sa fille, qui était allée la rejoindre à Rome depuis plus de vingt ans ; elle arrosa de ses larmes les lieux sanctifiés par la présence du Sauveur et teints de son sang, et visita, en revenant, les plus célèbres églises de Sicile et d'Italie. Attaquée de la fièvre sur sa route, elle hâta son retour, afin de pouvoir mourir à Rome. Dieu lui accorda cette satisfaction. Se sentant près de sa fin, elle donnait des avis fort touchants à son fils Birger et à sainte Catherine, qui l'assistaient dans ses derniers moments ; elle se fit ensuite étendre sur un cilice pour recevoir les sacrements de l'Eglise, et mourut le 23 juillet 1373, âgée de 71 ans. On l'enterra dans l'église de Saint-Laurent, qui appartenait aux pauvres Clarisses. L'année suivante, Birger et Catherine firent transporter son corps à son monastère de Wastein, en Suède. Les miracles opérés à son tombeau engagèrent le roi de Suède, les évêques et les grands du royaume à faire procéder à sa canonisation. Sainte Catherine fut chargée d'aller poursuivre l'affaire à Rome, où elle resta deux ans. Sainte Brigite fut canonisée en 1391 par Boniface IX ; mais comme ce pape n'était pas universellement reconnu, quand le grand schisme d'Occident fut terminé, le concile de Constance déclara, en 1415, que la bienheureuse Brigite avait mérité d'être insérée dans le Catalogue des saints, et, en 1419, Martin V confirma de nouveau sa canonisation. — 8 octobre et 23 juillet.

BRINOLF (saint), *Brinulfus*, évêque de Skar, en Suède, était né dans la province de Westrogothie. Il vint faire ses études à Paris, et pendant les dix-huit ans qu'il y séjourna, il édifia cette ville par ses vertus et s'y fit admirer par sa science. De retour dans sa patrie, il devint successivement chanoine de Skar, doyen de Lincopen, et enfin évêque de la première de ces deux villes, où il remplit avec zèle tous les devoirs d'un saint pasteur. Il mourut en 1317. — 6 février.

BRINSTAN ou BIRSTAIN (saint), *Biristanus* ou *Brinstanus*, évêque de Winchester, naquit sur la fin du IXᵉ siècle, et fut élevé dans le monastère de Winchester, sous saint Grimbald, qui en était le premier abbé. Ses vertus et ses lumières le firent placer sur le siège épiscopal de cette ville, en 931, après la démission du pieux Trithestan. Guillaume de Malmesbury fait un grand éloge de la sainteté de Brinstan, qui montrait surtout un grand zèle pour le soulagement des fidèles défunts. Il offrait tous les jours pour eux le saint sacrifice, et, pendant la nuit, il récitait encore des psaumes pour le repos de leurs âmes. Sa charité envers les pauvres n'était pas moins admirable : tous les jours il lavait les pieds à un certain nombre, et les servait ensuite lui-même à table. Lorsqu'ils étaient sortis, il se mettait en prières et occupait à ce saint exercice plusieurs heures de la nuit. Il mourut, jeune encore, sans avoir éprouvé aucune maladie, le 4 novembre 934, après un épiscopat de trois ans. — 4 novembre.

BRITHUN (saint), *Bercthunus*, premier abbé de Béverley, fut placé à la tête de ce monastère par saint Jean, évêque d'York, qui l'avait fondé, et dont il était le disciple. Il mourut en 733, et fut honoré le 15 mai.

BRITVOLD (saint), *Brithvoldus*, évêque de Vilton, en Angleterre, florissait au commencement du Iᵉʳ siècle, et mourut en 1045. Peu de temps après, ce siège fut transféré à Salisbury. — 22 janvier.

BRIVAUD ou BRITWALD (saint), *Brithwaldus*, archevêque de Cantorbéry, né dans le milieu du VIIᵉ siècle, fut d'abord abbé de Glastenbury ; mais il se démit de sa dignité pour se retirer dans le petit monastère de Riculf, près de l'île de Thouet, afin de se livrer tout entier, dans cette solitude, aux exercices de la pénitence et à l'étude de l'Ecriture sainte : il voulait aussi se rapprocher de saint Théodore, archevêque de Cantorbéry, pour lequel il avait une profonde vénération, mais il ne pensait guère que la Providence le destinait à devenir son successeur, et c'est cependant ce qui arriva en 692. Il édifia son troupeau par la pratique de toutes les vertus, et mourut, après un épiscopat de trente-neuf ans, l'an 731. Son corps fut inhumé, non dans le porche de l'église de Saint-Pierre et de Saint-Paul, où étaient inhumés ses prédécesseurs, à partir de saint Augustin, mais dans l'église même, ainsi que saint Talwin, son successeur. — 9 janvier.

BROCAN (saint), *Breccanus*, est honoré à Echdruim en Angleterre le 7 mai.

BROCARD (le bienheureux), *Brocardus*, prieur du Mont-Carmel, succéda au bienheureux Berthold dans le gouvernement des Ermites qui habitaient cette montagne célèbre, et qui ont donné naissance à l'ordre des Carmes. Ce fut sous Brocard, et sur sa demande, que le bienheureux Albert, patriarche de Jérusalem leur donna une règle, vers l'an 1209. Il mourut en 1231, et il est honoré dans son ordre le 2 septembre.

BRUNO (le bienheureux), surnommé le Grand, archevêque de Cologne et duc de Lorraine, était fils de Henri l'Oiseleur, empereur d'Allemagne et de sainte Mathilde. Il naquit vers l'an 925 et fut confié dès l'âge de quatre ans à Baudri, évêque d'Utrecht, qui mit tous ses soins à le former à la science et à la piété. Le jeune prince, doué d'heureuses dispositions, fit des progrès rapides dans l'étude de la littérature de la Grèce et de Rome. Les heures qu'il ne consacrait pas à la prière, il les employait à la lecture des classiques anciens, qui lui devinrent si familiers que sa conversation, lorsqu'il parut à la cour de l'empereur Othon, son frère, lui attirait l'admiration des hommes les plus savants ; mais il renonça aux grandeurs mondaines pour se consacrer au service des autels. Etant entré dans l'état ecclésiastique, son mérite plus encore que sa naissance le fit nommer en 953 à l'archevêché de Cologne. Il se livra avec zèle à tous les devoirs de l'épiscopat, mais surtout à la réforme du clergé et des ordres monastiques. Dans le tumulte des affaires politiques où il se trouva engagé comme duc de Lorraine, tant en Allemagne qu'en France, il ne négligea jamais les affaires de son diocèse qu'il menait de front avec les affaires de l'Etat, sans que les soins qu'il donnait aux unes fissent tort à ce qu'il devait aux autres, son génie vaste suffisant à tout. D'ailleurs il avait le talent de connaître les hommes et s'entourait de fidèles ministres en même temps qu'il pourvoyait les églises de dignes pasteurs. Il fit placer sur les sièges de Toul et de Cambrai des prélats recommandables et s'opposa à ce que Hugues, archevêque de Reims, qui avait été déposé, reprit ses fonctions après la mort d'Artauld qu'on lui avait donné pour successeur. Il y fit nommer, en 962, un prêtre pieux et savant, nommé Adalric ou Odalric, et le pape Jean XII confirma la déposition de Hugues et le déclara intrus. Bruno s'étant rendu en 965 au-devant de son frère Othon, qui s'était couvert de gloire en Italie, ils se rencontrèrent à Mayence, le jour de la Purification. Ils passèrent ensemble à Ingelheim le carême et les fêtes de Pâques dans des exercices de piété; ensuite ils descendirent le Rhin jusqu'à Cologne, où leur mère Mathilde et leur sœur Gerberge, mère du roi Lothaire, qui l'accompagnait, vinrent avec pompe à leur rencontre. Presque tous les membres de la famille impériale se trouvant réunis à Cologne avec les grands de l'empire, ils y célébrèrent les fêtes de la Pentecôte, à la grande édification des habitants. Ensuite Othon et Bruno, qui ne devaient plus se revoir, se séparèrent en versant des larmes que leur faisait répandre l'affection fraternelle. L'empereur partit pour le nord de l'Allemagne, et l'archevêque de Cologne, après avoir mis ordre aux affaires de son diocèse et donné des avis salutaires à son clergé et à son peuple, se mit en route pour Compiègne, afin d'aller pacifier, dans l'intérêt de l'Église et de l'Etat, certains différends qui s'étaient élevés entre ses neveux. Mais avant d'être arrivé au terme de son voyage, il fut attaqué d'une fièvre violente, et s'étant fait transporter à Reims, il y mourut le 11 octobre 965, après quelques jours de maladie, n'étant âgé que de quarante ans. Son corps fut reporté à Cologne, et enterré dans l'église de Saint-Pantaléon. Il avait employé son immense fortune à des œuvres pies, comme on le voit par son testament, et surtout en fondations de monastères. Quoique son nom ne se trouve pas dans le Martyrologe romain, on le lit dans la plupart des autres, et il est honoré comme saint de temps immémorial dans les provinces rhénanes. — 11 octobre.

BRUNO (le bienheureux), frère lai, du monastère d'Ottobuern, en Souabe, au commencement du XIᵉ siècle, donna l'exemple d'une sainteté extraordinaire, et s'éleva à une haute perfection. En 1189, ses reliques furent exposées à la vénération des fidèles, dans l'église de son monastère, où est son tombeau. Elles sont devenues célèbres par plusieurs miracles et par la dévotion des fidèles qui les visitent avec une pieuse confiance. — 4 juillet.

BRUNO (saint), évêque de Wurtzbourg, fils de Conrad, duc de Carinthie, et de Mathilde de Mansfeld, reçut une éducation digne de sa haute naissance. Étant entré dans l'état ecclésiastique, ses vertus et son mérite le firent nommer évêque de Wurtzbourg, en 1033. Il fit construire l'église cathédrale de cette ville et réparer à ses frais les églises de plusieurs monastères de son diocèse. En 1037, il accompagna l'empereur Conrad II, dit le Salique, son neveu, qui allait en Italie pour châtier les Milanais dont il était mécontent. Bruno, dans cette expédition, eut une vision dans laquelle saint Ambroise lui apparut pendant la nuit et lui recommanda d'enjoindre à l'empereur de ne faire aucun mal aux habitants de cette ville, s'il ne voulait encourir la vengeance du ciel. Conrad, effrayé de cette menace, leur pardonna. Le saint évêque de Wurtzbourg accompagna aussi, en 1045, l'empereur Henri III, dit le Noir, lorsque ce prince allait rétablir sur son trône Pierre, roi de Hongrie; et comme ils se trouvaient un jour au château de Rosenbourg, avec une suite nombreuse, et qu'ils étaient prêts à se mettre à table, le plancher de l'appartement s'enfonça : plusieurs de ceux qui se trouvaient là furent écrasés, d'autres blessés. Saint Bruno fut du nombre de ces derniers et mourut par suite de cet accident, quelques jours après, le 27 mai 1045. Il s'opéra un grand nombre de miracles sur son tombeau, et, en 1202, l'Allemagne demanda au saint-siége sa canonisation, qui n'eut lieu cependant que sous Innocent IV, vers l'an 1250. Saint Bruno a laissé sur l'Écriture sainte des commentaires qu'il ne faut pas confondre avec ceux de saint Bruno, instituteur des Chartreux; il fait usage des obèles et des astérisques, à l'exemple d'Origène, pour marquer les différences entre le texte hébreu et la version des Septante, et entre celle-ci et l'ancienne Vulgate. Il a aussi laissé une explication du Symbole des apôtres et de celui de saint Athanase, ainsi que plusieurs traités de piété, qui prouvent qu'il était aussi recommandable par sa science que par sa sainteté. — 17 mai.

BRUNO (saint), de l'ordre des Chartreux, né vers l'an 1035, à Cologne, d'une famille noble, montra, dès son enfance, une gravité supérieure à son âge, et fut placé dans l'école de saint Cunibert, à Cologne, où il fit des progrès rapides dans les sciences et la piété. Saint Annon, archevêque de cette ville, l'ayant nommé à un canonicat de son église, le jeune chanoine alla continuer ses études à Reims, ville alors célèbre par l'école de sa cathédrale. Il s'y distingua bientôt par ses succès, surtout dans la philosophie et la théologie : aussi ses contemporains lui donnent-ils le titre de Philosophe, de Théologien et même de Poëte. Ils le regardent comme un des plus illustres élèves de l'école de Reims, et font aussi l'éloge de ses vertus. Il fut choisi par l'archevêque Gervais pour écolâtre de Reims, dignité qui donnait au titulaire la direction des écoles publiques et l'inspection des études supérieures du diocèse. Bruno justifia ce choix par sa capacité et sa science. Ses leçons avaient pour but principal de conduire à Dieu, et de faire connaître et pratiquer ses lois. Il eut des disciples qui portèrent au loin sa réputation, entre autres Robert, de la famille des ducs de Bourgogne, depuis évêque de Langres; Eudes, qui devint cardinal-évêque d'Ostie, ensuite pape sous le nom d'Urbain II; Rangier, cardinal-évêque de Reggio, ainsi qu'un grand nombre de prélats et d'abbés. Il était regardé comme la lumière des églises, le docteur des docteurs, la gloire de l'Allemagne et de la France, l'ornement et le modèle de son siècle. Manassès I*er*, qui était parvenu par des voies simoniaques à s'élever sur le siége de Reims, après la mort de Gervais, opprima son troupeau par des vexations tyranniques et le scandalisa par des crimes qui lui attirèrent l'exécration publique. Bruno, qui avait conservé toutes ses places et surtout celle de chancelier du diocèse, ne put se taire longtemps sur l'indigne conduite du prélat. Les choses en vinrent au point que Hugues de Die, légat du pape Grégoire VII, cita Manassès à comparaître au concile d'Autun tenu en 1077. Trois chanoines de Reims, du nombre desquels était Bruno, se portèrent ses accusateurs. L'archevêque refusa de comparaître et fut déclaré par le concile suspens de ses fonctions. Le légat, dans la lettre qu'il écrivit à Grégoire VII pour lui rendre compte de cette affaire, fait le plus bel éloge de Bruno, l'appelle le plus digne docteur de l'église de Reims, et le recommande au pape comme un homme propre à donner d'excellents conseils, et à l'aider efficacement dans la réforme des Églises de France. Manassès, irrité contre les trois chanoines qui l'avaient accusé dans le concile, fit enfoncer leurs maisons, s'empara de leurs biens et vendit leurs prébendes. Ceux-ci se retirèrent au château du comte de Rouci, où ils restèrent jusqu'au mois d'août de l'an 1078, comme on le voit par une lettre que Manassès écrivit au pape contre eux. Bruno avait déjà formé, depuis quelque temps, le projet de quitter le siècle. Un jour qu'il s'entretenait avec Raoul, prévôt de l'église de Reims, et Fulcius, qui était aussi chanoine de cette église, la conversation tomba sur la vanité des biens terrestres et sur le bonheur du ciel. Les réflexions qu'ils firent sur ce sujet leur inspirèrent le désir de vivre dans la retraite; mais ils convinrent d'ajourner leur résolution jusqu'au retour de Fulcius, qui devait faire un voyage à Rome. Ce voyage ayant duré plus longtemps qu'on ne l'avait espéré, Raoul oublia son engagement. Il continua de vivre à Reims dont il devint plus tard archevêque. Bruno, persévérant dans son projet, l'exécuta à la grande surprise du public qui l'aimait et qui l'estimait; il était même alors question de lui pour remplacer Manassès, qui venait d'être déposé pour crime de simonie. Après avoir résigné son bénéfice et renoncé à tout ce qu'il possédait dans le monde, il alla se confiner, avec quelques amis, dans le château de Récinc en Champagne, appartenant au comte Ebal, qui s'était généreusement déclaré contre Manassès. Il fit ensuite un voyage à Cologne, repassa par Reims, et se retira à Saisse-Fontaine, au diocèse de Langres, avec quelques-uns de ses compagnons. Deux d'entre eux, Pierre et Lambert, y firent bâtir une église qui fut unie, depuis, à l'abbaye de Molesme. Bruno ayant consulté Robert, abbé de Molesme, célèbre par sa sainteté et par son expérience dans les voies intérieures, celui-ci lui conseilla de s'adresser à Hugues, évêque de Grenoble, grand serviteur de Dieu, et plus propre que personne à lui faciliter les moyens d'atteindre le but qu'il s'était proposé en quittant le monde. Bruno suivit ce conseil d'autant plus volontiers qu'il savait qu'il y avait dans le diocèse de Grenoble des montagnes solitaires et couvertes de bois; c'est un lieu semblable qu'il désirait pour réaliser le plan de vie qu'il avait formé: persuadé d'ailleurs que l'évêque lui serait favorable, il se mit en route avec six de ses compagnons. Arrivés à Grenoble vers le milieu de l'année 1084, ils se jetèrent aux pieds de Hugues, le priant de leur accorder dans son diocèse un lieu où ils pussent servir Dieu, loin du tumulte et des embarras du monde. Le saint évêque, ne doutant pas que ces sept étrangers ne vinssent de la part du Seigneur, les reçut avec bonté et leur expliqua la vision qu'il avait eue la nuit précédente. Il lui avait semblé voir Dieu lui-même se bâtir un temple dans le désert de son diocèse appelé Chartreuse, et sept étoiles, sorties de terre et disposées en cercle, aller devant lui, comme pour lui montrer le chemin qui conduisait à ce temple. Il les embrassa avec affection, loua leur pieux dessein et leur concéda le désert de la Chartreuse, avec promesse de les aider à y fonder leur établissement. Il ne leur dissimula pas que le lieu qu'il leur assignait avait quelque chose d'affreux, qu'il était situé au milieu de rochers arides, escarpés et couverts, pendant presque toute l'année, de neiges et de brouillards épais; mais cette description, loin de les effrayer, leur inspira, au contraire, beaucoup de joie en leur apprenant qu'ils avaient enfin trouvé une solitude telle qu'ils la désiraient et où ils seraient entièrement séparés de la société des hommes. Après quelques jours de repos, Hugues les conduisit au désert de la Chartreuse et leur céda tous les droits qu'il avait sur une partie de la forêt; l'autre partie leur fut également cédée par Siguin, abbé de la Chaise-Dieu en Auvergne. Bruno et ses compagnons construisirent un oratoire et de petites cellules séparées, à l'instar des anciennes laures de la Palestine. Ils bâtirent ensuite une église sur une hauteur voisine, avec des cellules à l'entour. Ils étaient d'abord deux dans chaque cellule, mais bientôt chacun eut la sienne. Ils chantaient vêpres et matines à l'église, et les autres heures canoniales chacun dans sa cellule. Ils ne faisaient qu'un seul repas par jour, mangeant seuls la portion qu'on leur passait par une ouverture qui donnait dans leurs cellules, excepté les principales fêtes, qu'ils mangeaient réunis au réfectoire. Tout, parmi eux, respirait la pauvreté, n'ayant ni or ni argent dans leur église, excepté le calice, toujours revêtus d'un rude cilice, n'ayant pour lit qu'une simple paillasse, s'abstenant de viande, même dans une maladie grave, jeûnant huit mois de l'année, ne mangeant ni œufs ni laitage en carême, en avent, ni les vendredis : tel était le régime de Bruno et de ses compagnons, qui paraissaient, dit un auteur, n'avoir de corps que pour le macérer par les austérités de la pénitence. Joignez à cela un silence rigoureux qu'on ne devait pas rompre sans la permission du supérieur, une grande partie du jour employée tant à la prière vocale qu'à l'oraison, le travail des mains qui consistait ordinairement à copier des livres dont le produit servait à l'entretien de la Chartreuse, un sommeil de peu d'heures encore interrompu par la récitation de l'office de la nuit : tel était l'emploi de leur temps. Ils suivaient ce genre de vie sans avoir de règle écrite, et ce ne fut qu'en 1228 que Guignes, cinquième prieur de la Chartreuse, mit par écrit un abrégé des usages et des pratiques établis par saint Bruno : plusieurs chapitres généraux y ajoutèrent ensuite des statuts, ce qui forma un code complet qui fut approuvé, en 1688, par le pape Innocent XI. L'exemple de Bruno et de ses compagnons présentait un spectacle si frappant, qu'on vit bientôt accourir dans leur désert des disciples qui demandaient à partager leur pénitence. Saint Hugues, qui avait conçu une vive affection pour Bruno, allait souvent le visiter, malgré la difficulté des chemins, et il le choisit pour directeur de sa conscience. Le comte de Nevers alla aussi passer quelque temps sous sa conduite, afin d'apprendre à servir Dieu avec plus de ferveur : à son retour à Nevers, il envoya à la Chartreuse de riches présents qui furent refusés ; alors le comte y fit transporter une grande quantité de parchemins pour servir à la transcription des ouvrages qu'on y copiait. Le saint fondateur avait passé près de six ans à la Chartreuse, lorsque Urbain II, qui avait été son élève à Reims, lui manda de se rendre à Rome, afin de l'aider de ses conseils dans le gouvernement de l'Eglise. Il en coûtait beaucoup à saint Bruno de quitter sa chère solitude ; il obéit cependant, et après avoir nommé prieur de la Chartreuse Landuin, l'un de ses premiers compagnons, il partit pour l'Italie en 1089. Tous ses disciples, qui le chérissaient comme un père, étaient plongés dans la douleur et les larmes. Bruno s'efforçait de les consoler en leur promettant qu'il reviendrait le plus tôt qu'il lui serait possible ; mais plusieurs voulurent le suivre à Rome. Le pape reçut son ancien maître avec de grandes marques d'estime et d'affection, et voulut qu'il logeât dans son palais, afin d'être plus à portée de le consulter sur les affaires de sa conscience et sur celles de l'Eglise. Les solitaires qui l'avaient accompagné habitèrent une maison à part, et ils eurent la liberté de continuer le genre de vie qu'ils menaient à la Chartreuse ; mais ils reconnurent bientôt qu'il ne leur était pas aussi facile que dans leur désert d'éviter les distractions et de garder ce silence perpétuel qui avait pour eux tant de charmes. Ils pleuraient, ils gémissaient à la vue d'un changement qui nuisait à leur sanctification. Bruno, vivement touché de leurs regrets, eût bien voulu les reconduire dans leur solitude ; mais n'ayant pas la permission de quitter le pape, il les fit repartir pour la France, et ils allèrent rejoindre leurs compagnons. Bruno lui-même ne pouvait s'habituer à sa nouvelle position ; l'agitation de la cour papale faisait un si grand contraste avec le calme de la Chartreuse, qu'il soupirait sans cesse après sa liberté ; mais Urbain II l'aimait trop pour la lui rendre ; il le pressait même d'accepter l'archevêché de Reggio. Le saint fit des instances si vives et si souvent réitérées, que le pape lui permit de se retirer, non à la Chartreuse, mais dans quelque désert de la Calabre. Bruno ayant trouvé dans le diocèse de Squillace une solitude telle qu'il la désirait, il s'y établit, en 1090, avec les nouveaux disciples qui s'étaient attachés à lui en Italie, et y reprit les exercices de la vie solitaire avec plus de joie et de ferveur que jamais. Il écrit à Raoul, prévôt de Reims, pour lui rappeler ses anciens engagements, l'exhortant à venir le joindre. Après lui avoir fait sentir l'obligation de remplir sa promesse, il lui fait une peinture charmante de sa solitude, où il goûtait un bonheur et des délices inconnus à ceux qui n'en avaient pas fait l'expérience. On voit, par la tournure de cette lettre, aussi élégante qu'affectueuse, que le caractère de saint Bruno était fort éloigné de la mélancolie et de la tristesse, et qu'une aimable gaieté est la compagne ordinaire de la vertu. Landuin, qu'il avait établi prieur de la Chartreuse, vint le trouver en Calabre pour le consulter sur la conduite qu'on devait tenir en France. Saint Bruno lui donna, pour les solitaires, une lettre qui leur fut remise en 1099, et dans laquelle il leur donnait des avis spirituels, des consolations et des encouragements. Il ne pensait plus qu'à vivre inconnu au monde dans sa nouvelle Chartreuse de Squillace, lorsqu'il fut découvert par Roger, comte de Sicile et de Calabre, un jour qu'il était allé chasser de ce côté-là. Ce prince fut si édifié de l'entretien qu'il eut avec lui, qu'il résolut de lui donner des marques efficaces de son estime. Il lui offrit de riches présents, que Bruno refusa ; mais il consentit à baptiser le fils de Roger, dont la vénération pour le saint augmenta encore par un événement merveilleux, qu'il raconte lui-même dans sa charte de fondation du nouveau monastère de Squillace. Lorsqu'il assiégeait Capoue, en 1099, ayant donné ses ordres pour que l'armée fût prête à monter à l'assaut le lendemain, il alla prendre du repos. En dormant, il eut un songe où il crut voir Bruno fondant en larmes; et comme il lui demanda quelle était la cause de sa douleur, il lui répondit : Je pleure la mort de tant de chrétiens, et la vôtre en particulier; mais levez-vous sur-le-champ, et prenez vos armes; peut-être Dieu permettra-t-il que vous sauviez votre vie et celle de vos soldats. Roger obéit, appelle ses officiers, et leur dit de faire armer les troupes, pour s'assurer si la vision était réelle. Or, un de ces officiers, nommé Sergius, qui commandait deux cents Grecs, avait promis aux Lombards, moyennant une somme d'argent, de passer de leur côté pendant l'attaque, et de leur livrer le comte pour qu'ils lui ôtassent la vie. Le traître, saisi de frayeur à ce signal imprévu, et se croyant découvert, prend la fuite et se sauve dans la ville avec ses hommes; mais le comte les poursuit, et plusieurs ayant été blessés et faits prisonniers, il se convainquit, par leurs aveux, de la réalité du complot. Après s'être emparé de Capoue, il alla visiter le pape Urbain II, qui se trouvait à Salerne, et se rendit de là à Squillace, où il passa quinze jours, parce qu'il y était tombé malade. « Le vénérable Père Bruno, dit-il dans la même charte, vint me voir avec quatre de ses religieux, et me consola par des discours remplis de piété et d'édification. Je lui contai ce qui m'était arrivé devant Capoue, et le remerciai de ce que, même étant absent, il prenait soin de moi dans ses prières. Il me répondit, avec son humilité ordinaire, que les choses n'étaient pas telles que je le croyais, et que j'avais vu l'ange de Dieu qui protége les princes dans la guerre. Je le priai d'accepter, pour l'amour de Dieu, les biens que j'avais dans le territoire de Squillace; mais il les refusa..... et j'eus beaucoup de peine à lui faire accepter un don peu considérable. » Deux ans après, le comte ajouta à la donation de Squillace celle du désert *della Torre*, où saint Bruno fonda une Chartreuse; l'église fut dédiée sous le titre de Sainte-Marie de l'Ermitage. Quoique éloigné de la Chartreuse de Grenoble, il ne la perdait pas de vue; il en était toujours regardé comme le père, et il ne s'y faisait rien d'important sans ses conseils; en sorte qu'il y avait uniformité entre les Chartreux de France et ceux d'Italie, qui étaient tous animés du même esprit et se livraient aux mêmes pratiques. Le saint fondateur fut atteint d'une maladie grave, sur la fin du mois de septembre 1101, et sentant sa fin approcher, il assembla sa communauté autour de son lit et fit une espèce de confession publique de toute sa vie, ainsi qu'une profession de foi dans laquelle il condamne formellement l'hérésie de Bérenger, qui troublait alors le monde chrétien. « Je crois, y est-il dit, les sacrements que croit l'Église, et, en particulier, que le pain et le vin, consacrés sur l'autel, sont le vrai corps de Notre-Seigneur Jésus-Christ, sa vraie chair et son vrai sang, que nous recevons pour la rémission de nos péchés et dans l'espérance de la vie éternelle. Il mourut le 6 octobre 1101. Les Chartreux *della Torre* annoncèrent sa mort dans une lettre adressée aux églises et aux monastères du voisinage, qui y firent des réponses où l'on fait le plus bel éloge des vertus et de la science du saint. Il fut enterré dans le cimetière de Notre-Dame *della Torre*, et l'on y découvrit son corps en 1515. L'année d'auparavant, Léon X avait permis qu'on récitât un office propre en son honneur, ce qui fut regardé comme une vraie béatification. En 1623, Grégoire XV donna un nouveau degré d'authenticité à son culte, en étendant à toute l'Église l'office dont nous venons de parler. Saint Bruno a laissé des commentaires sur les Psaumes et sur les Épîtres de saint Paul, dans lesquels il se montre l'homme le plus savant de son siècle. On voit qu'il entendait le grec et l'hébreu, et qu'il était très-versé dans la connaissance des Pères. Rien de plus solide, de plus lumineux, de plus concis et de plus clair que son commentaire sur les Psaumes; il décèle un écrivain rempli de l'esprit de Dieu et instruit dans toutes les sciences. Nous avons aussi de lui une élégie en quatorze vers sur le mépris du monde. Mais son plus bel ouvrage est la fondation de son ordre, le seul des anciens ordres religieux qui n'ait point été réformé, parce qu'il n'a jamais eu besoin de réforme, et l'un de ceux que notre siècle a vus reparaître avec le plus de satisfaction sur le sol français, où il avait pris naissance. — 6 octobre.

BRUNO, ou BRUNON DE SÉGNI (saint), évêque de Ségni en Italie, sortait de l'illustre famille des seigneurs d'Asti, en Piémont. Il naquit vers le milieu du XIe siècle, et fit ses études au monastère de Sainte-Perpétue, dans le diocèse d'Asti. Fidèle à la vocation qui le portait à se consacrer au service de Dieu, il reçut les saints ordres, et fut nommé ensuite chanoine de Sienne. Ayant assisté au concile tenu à Rome contre Bérenger, en 1079, le talent avec lequel il défendit la doctrine catholique sur l'Eucharistie, le fit singulièrement estimer de Grégoire VII, qui le nomma, deux ans après, évêque de Ségni, dans la Campagne de Rome. Bruno fit tout ce qu'il put pour éviter cette dignité, mais le pape le força de l'accepter. Il gouverna son troupeau avec autant de piété que de sagesse, et rendit, en plusieurs circonstances, des services importants à l'Église universelle par la confiance qu'avait en lui Grégoire VII. Il fut aussi très-considéré de ses successeurs, Victor III et Urbain II. En 1095, il accompagna ce dernier en France, et assista, l'année suivante, au concile de Tours, où Philippe Ier fut absous de son excommunication et la première croisade résolue. De retour en Italie, il reprit le gouvernement de son diocèse avec son zèle accoutumé; mais ne pouvant tenir plus longtemps contre l'attrait qu'il se sentait pour la solitude, il se démit de son évêché, et alla prendre l'habit au Mont-Cassin l'an 1104. Ses diocésains, que son départ plongeait dans la douleur, le redemandèrent au pape; mais celui-ci, vaincu par les sollicitations de plusieurs cardinaux et par les instances d'Odérise, abbé du Mont-Cassin, en faveur de Bruno, consentit à le laisser dans sa retraite. Le successeur d'Odérise étant mort en 1107, on élut Bruno pour abbé du Mont-Cassin. Il gouvernait depuis quatre ans ce célèbre monastère, lorsque Pascal II, successeur d'Urbain, l'obligea de retourner dans son diocèse, qui n'avait cessé de le réclamer. Bruno revint donc à Ségni, et édifia son troupeau jusqu'à sa mort, qui arriva en 1125. Il fut canonisé par Luce III, dans un concile tenu à Ségni même, en 1183. Il a laissé des sermons, des lettres, des traités dogmatiques, la Vie de saint Léon IX, celle de saint Pierre d'Anagni, et des commentaires sur différentes parties de l'Ecriture sainte. Muratori a prouvé que le commentaire sur le Cantique des cantiques, qui commence par ces mots: *Salomon inspiratus*, et qu'on trouve dans les OEuvres de saint Thomas d'Aquin, est du saint évêque de Ségni. — 18 juillet.

BRUNON (le bienheureux), chapelain des religieuses de Saint-Antoine-des-Champs, à Paris, mourut en Grèce l'an 1227. — 30 mars.

BRUNON (le bienheureux), de l'ordre de Saint-Dominique, mourut à Lubeck en 1325, et il est honoré chez les Dominicains le 11 novembre.

BUBUTZIQUE (saint), *Bubutzicus*, l'un des quarante-deux martyrs d'Amorio, qui furent faits prisonniers, par trahison, dans cette ville, en 836, et livrés au calife Moutassem, qui les fit conduire à Bagdad et jeter dans un cachot. Ce prince ne négligea aucun moyen pour leur extorquer un acte d'apostasie, mais il mourut 6 ans après, en 842, sans avoir pu ébranler leur constance. Vatek, son fils et son successeur, renouvela les mêmes tentatives, mais sans plus de succès. Furieux de leur résistance, il les condamna à mort, et ils furent exécutés l'an 845 à Samarra en Syrie. — 6 mars.

BUDOCK (saint), *Budocus*, évêque dans le territoire de Vannes, né dans la Grande-Bretagne avant le milieu du vi° siècle, s'engagea dans l'état monastique et se distingua par sa piété et par sa science. Obligé de quitter sa patrie pour se soustraire à la fureur des Saxons, il vint, avec d'autres moines, chercher un asile sur les côtes de l'Armorique où s'étaient déjà réfugiés précédemment beaucoup de ses compatriotes. Il fonda, dans l'île des Lauriers, près de celle de Bréhat, un monastère où il ouvrit une école qui devint célèbre et d'où sortit saint Guignolé. Saint Magloire, s'étant démis de l'épiscopat, se choisit pour successeur Budock dont il connaissait le zèle et la vertu. Celui-ci marcha sur les traces de son prédécesseur qui, ne trouvant pas dans sa retraite le calme et la tranquillité qu'il désirait, à cause de l'affluence continuelle de ceux qui venaient troubler sa solitude, consulta Budock pour savoir s'il ne serait pas bien de se fixer dans un lieu plus désert. Budock le rassura en lui faisant entendre que les bonnes œuvres qu'il opérait, devaient lui faire sacrifier son goût pour la retraite. Saint Budock mourut vers la fin du vi° siècle, et il est honoré à Vannes le 9 décembre.

BUÉLE (saint), *Bodogesilus*, confesseur dans le diocèse de Metz, mourut en 823, et il est honoré à Saint-Avold le 18 décembre.

BULD (saint), évêque en Hongrie et martyr avec saint Gérard, évêque de Chonad, fut mis à mort par des soldats païens commandés par le duc Vatha, le 24 septembre 1046. — 24 septembre.

BURCHARD, ou BURCARD (le bienheureux), *Burchardus*, archevêque de Vienne en Dauphiné, occupait ce siège depuis assez longtemps et gouvernait saintement son troupeau, lorsqu'il assista, en 1025, au concile d'Ause, où il donna une grande preuve de son humilité. Ganglin, évêque de Mâcon, se plaignit de ce que, sans sa permission, il eût ordonné prêtres des moines de Cluny, abbaye située dans le diocèse de Mâcon. Burchard répondit: Le seigneur abbé Odilon, ici présent, qui m'a prié de faire ces ordinations, est prêt à en soutenir la légitimité. Alors saint Odilon se leva et montra aux Pères du concile le privilège par lequel le pape lui permettait d'appeler tel évêque qu'il voudrait pour ordonner ses religieux ; mais les évêques, ayant examiné le privilège en question, le déclarèrent abusif et contraire aux canons du concile de Chalcédoine, qui veulent qu'en chaque pays les abbés et les moines soient soumis à leur propre évêque. L'archevêque de Vienne reconnut qu'il avait manqué à ce point de la discipline, et quoique sa faute n'eût pas été commise avec mauvaise intention, il en demanda pardon à Ganglin, et promit, pour la réparer, d'envoyer tous les ans, à Mâcon, de l'huile d'olive pour faire le saint chrême; mais la mort ne lui permit pas de remplir son engagement, car il paraît qu'il mourut cette même année 1025. C'est en sa considération que Rodolphe III, roi de Bourgogne, donna aux archevêques de Vienne le titre de comte que le bienheureux Burchard porta le premier et qui passa à plusieurs de ses successeurs. — 19 août.

BURCKARD (saint), évêque de Wurtzbourg, était Anglais de naissance, et il quitta sa patrie avec saint Wigbert l'an 732, pour venir partager les travaux apostoliques de saint Boniface, apôtre de l'Allemagne, qui les avait demandés en qualité de missionnaires. Pépin, qui n'était encore que duc des Français, sut apprécier le mérite de Burckard, et l'envoya au pape Grégoire III pour traiter d'affaires importantes. Il s'acquitta de cette mission à la satisfaction du prince, qui le fit placer, à son retour, sur le siège de Wurtzbourg, que saint Boniface venait d'ériger. Burckard, par son zèle et ses efforts, vint à bout de gagner à Jésus-Christ la vaste contrée qui composait son diocèse; mais après dix ans de travaux et de fatigues, ses forces se trouvèrent entièrement épuisées. Il renonça à l'épiscopat, du consentement du roi Pépin, et obtint pour successeur Mégingand, disciple de saint Wigbert. Il se retira dans une solitude de Hohenbourg, qui faisait partie de son diocèse, et y passa le reste de sa vie avec six moines ou six ecclésiastiques fervents. Il mourut le 2 février 752, et fut enterré près de Saint-Kilien, sur le mont Sainte-Marie, où il avait fondé un monastère sous l'invocation de saint André. Hugues, évêque de Wurtzbourg, ayant obtenu l'autorisation du pape Benoît VII, fit la translation des reliques de son saint prédécesseur l'an 983; et comme cette cérémonie se fit le 14 octobre, la fête de saint Burckard a été célébrée le même jour depuis ce temps. — 14 octobre.

BURIENS (sainte), *Buriena*, vierge en Irlande, florissait dans le viie siècle : elle est honorée dans le pays de Cornouailles en Angleterre, où il y a un village qui porte son nom. — 29 mai.

BUSIRIS (saint), confesseur à Ancyre en Galatie, florissait sur la fin du IIe siècle. Il fut quelque temps engagé dans l'hérésie des encratites ou continents, qui était une branche des montanistes, mais il revint sincèrement à la foi catholique, et expia ses erreurs par une rude et longue pénitence. Il mourut vers l'an 385, et il est honoré chez les Grecs le 21 janvier.

BUZEU (saint), *Budocus*, évêque en Bretagne, était originaire de l'Angleterre et fut quelque temps disciple de saint Gildas, après qu'il eut passé dans l'Armorique. Il s'associa aux travaux apostoliques de saint Magloire auquel il succéda dans le gouvernement du monastère de Dol et ensuite dans le gouvernement du troupeau qui s'était formé autour de cet établissement. Il mourut vers l'an 600, et il eut saint Genevé pour successeur dans son monastère. Pendant les ravages des Normands, ses reliques, avec celles de plusieurs autres saints, furent transportées à Paris, dans une église qui prit le nom de saint Magloire. — 19 et 24 novembre.

BYSSE (sainte), *Byssa*, martyre à Laodicée en Phrygie, avec plusieurs autres, est honorée chez les Grecs le 28 juillet.

C

CADE (saint), *Chadus*, évêque de Bourges, florissait dans le ve siècle et mourut en 472. Son corps se garde dans l'église de Saint-Sulpice de cette ville. — 28 décembre.

CADELUBEC (saint), *Cadilubicus*, évêque de Cracovie, est honoré en Pologne le 9 février.

CADEOL (saint), *Cadoltus*, *Cadealdus*, évêque de Vienne en Dauphiné, florissait au milieu du viie siècle. Il se rendit recommandable par son mérite et ses vertus, mais surtout par la fondation de plusieurs monastères d'hommes et de femmes, parmi lesquels on cite ceux de Saint-Marcel et de Sainte-Blondine, dont il confia le gouvernement à saint Clair. Il consacrait à ces pieux établissements non-seulement son superflu, mais encore son nécessaire, menant une vie pauvre et mortifiée, afin d'avoir plus de ressources pour ses bonnes œuvres. Il mourut très-âgé, et il est honoré dans son diocèse ainsi que dans l'ordre des Bénédictins. — 13 et 14 janvier.

CADO, ou SOPHIA (saint), évêque de Bénévent, mourut en 490, et il est honoré comme martyr dans son diocèse le 24 janvier.

CADOC (saint), *Cadocus*, abbé dans le pays de Galles, était fils de saint Gondèle ou Gundlée, prince du pays de Galles, et de Gladuse, sœur de sainte Keyne. Il succéda, en qualité de fils aîné, à son père, qui s'était fait ermite; mais il quitta bientôt le gouvernement de ses États pour embrasser la vie monastique, et se mit sous la conduite de saint Tathai, moine irlandais, qui avait ouvert une école célèbre à Gwent dans le comté de Monmouth. Il y fit de si grands progrès, qu'étant retourné dans le comté de Glamorghan, sa patrie, il répandit partout la bonne odeur de Jésus-Christ, par sa science et par sa sainteté. Il fonda, à trois milles de Cowbridge le célèbre monastère de Llan-Carvan, dont il fut le premier abbé. Il y établit une école qui fut longtemps une pépinière de grands hommes et de grands saints. Le plus illustre de ses disciples fut saint Iltut, à qui il inspira la généreuse résolution de quitter la cour et le monde pour venir apprendre, à Llan-Carvan, la science du salut, et, plus tard, il l'aida dans la fondation du monastère de Llan-Iltut. Saint Gildas, l'Albanien, à son retour d'Irlande, vint passer quelque temps avec saint Cadoc, et donna, pendant un an, des leçons dans son école. Ils se lièrent d'une étroite amitié et formèrent le projet de choisir une retraite plus profonde pour y servir Dieu d'une manière encore plus parfaite. Cadoc se démit donc, en faveur d'Ellène, l'un de ses principaux disciples, du gouvernement de sa communauté, et alla s'établir, avec saint Gildas, dans l'île de Ronech et ensuite dans celle d'Echni ; mais les pirates, qui infestaient ces côtes, les ayant obligés d'abandonner leur retraite, ils se séparèrent, et saint Cadoc vint se réunir à saint Dubrice, évêque de Landaff. On lit dans la Vie de saint Iltut qu'il lui succéda dans ses fonctions épiscopales avant saint Thélian; mais cet épiscopat ne paraît appuyé sur aucun fondement. Quoi qu'il en soit, il était encore avec saint Dubrice à Landaff, lorsque saint Gondèle, son père, qui avait quitté ses Etats pour se faire ermite, se sentant près de mourir, les fit venir l'un et l'autre, afin qu'ils l'aidassent par leurs exhortations et leurs prières à faire une sainte mort; ils se rendirent à son invitation, et saint Gondèle expira entre les bras de son fils, sur la fin du ve siècle. Saint Cadoc lui survécut plusieurs années; il mourut à Benevenne, aujourd'hui Wedon, dans le comté de Northompton, peu de temps après saint Gildas, qui était mort en 512. Il est probable que saint Cadoc est le même que saint Cazou, honoré dans le Northampton ce même jour.—24 janvier.

CADROE, ou CADROEL (saint), *Cadroès*, abbé de Saint-Clément de Metz, né en Ecosse, d'une famille noble, au commencement du xe siècle, alla prendre l'habit monastique en Irlande. Il quitta cette île avec saint Macclain et saint Forannan pour passer dans la Gaule Belgique. Le premier ayant été établi abbé du monastère de Vasoncour ou Vascour sur la Meuse, dans le diocèse de Namur, donna, en 946, la dignité de prévôt à Cadroé. Celui-ci, qui était alors religieux au monastère de Saint-Benoît-sur-Loire, se rendit à Vascour; mais l'année d'après, Adalbéron III, évêque de Metz, le nomma abbé de Saint-Clément, abbaye située à Metz même et qui portait alors le nom de Saint-Félix. Cadroé y fit refleurir la discipline et l'esprit de ferveur pendant son administration, qui fut de trente-deux ans. Etant allé faire une visite à l'impératrice sainte Adélaïde, il tomba malade pendant son voyage et mourut à Néristein en Alsace, le 6 mars de l'an 978. Son corps fut rapporté dans son monastère où l'on fait sa fête en ce jour: il est aussi honoré le 26 mars.

CADUCAN (saint), évêque de Bangor en Angleterre, se démit de son siége pour se faire moine à Douvres, où il était honoré autrefois le 17 juin.

CAIOLE (sainte), *Caiola*, martyre en Afrique, est honorée le 3 mars.

CAIUS (saint), disciple de saint Paul, était originaire de Macédoine et habitait Corinthe lorsque l'Apôtre y vint prêcher l'Evangile. C'est chez lui qu'il logea pendant son séjour dans cette ville, et c'est dans sa maison qu'il écrivit son Epître aux Romains. Il le récompensa de son hospitalité en le rendant chrétien. Caïus quitta Corinthe avec saint Paul et l'accompagna en Asie, en Syrie, en Judée, partageant ses fatigues et ses dangers. A Ephèse les orfèvres de la ville ayant excité une sédition contre les prédicateurs de l'Evangile, Caïus fut entraîné au théâtre par la populace, qui se proposait de se venger sur lui de la prétendue injure faite à leurs dieux et surtout à Diane; mais le magistrat parvint à apaiser l'émeute, et Caïus fut relâché. On ignore ce qu'il devint dans la suite. —4 octobre.

CAIUS (saint), évêque de Milan et disciple de saint Barnabé, eut beaucoup à souffrir pendant la persécution de Néron : il ne versa pas cependant son sang pour la foi qu'il prêchait, et il mourut en paix.—27 septembre.

CAIUS (saint), martyr à Apamée en Phrygie, était originaire d'Euménie, ville de la même province. Ayant été arrêté avec saint Alexandre, il fut mis en prison. Comme la Phrygie était alors infestée par les erreurs des montanistes, Eusèbe observe que les martyrs catholiques ne voulaient pas être confondus avec ces hérétiques, lorsque ceux-ci étaient persécutés comme chrétiens ; aussi Caïus, qui se trouvait renfermé avec quelques-uns d'entre eux, protesta qu'il n'avait pas la même doctrine. D'après le Martyrologe romain, il souffrit sous l'empereur Marc-Aurèle, mais il y a des auteurs qui mettent son martyre vingt ans plus tard, sous l'empereur Sévère.—10 mars.

CAIUS (saint), martyr à Alexandrie avec saint Céréal et deux autres, souffrit pendant la persécution de Dèce ou pendant celle de Valérien, quelques années après le milieu du IIIe siècle. — 28 février.

CAIUS (saint), prêtre et martyr avec saint Léon, sous-diacre, souffrit dans le IIIe siècle. —30 juin.

CAIUS (saint), martyr en Orient avec saint Denis et sept autres, souffrit de cruelles tortures pendant la persécution de Dèce. Ayant été exilé en Libye ainsi que ses compagnons, il fut arrêté de nouveau avec eux par ordre du président Emilien, qui les condamna, sous l'empereur Valérien, à périr lentement dans un cachot où ils languirent encore douze ans.—3 octobre.

CAIUS (saint), martyr à Messine en Sicile, souffrit avec saint Ampèle.—20 novembre.

CAIUS (saint), pape et martyr, était originaire de la Dalmatie et proche parent de l'empereur Dioclétien. Il succéda, en 283, à saint Eutychien, et s'appliqua à réparer les maux que les dernières persécutions venaient de faire souffrir à l'Eglise ; mais le calme ne fut pas de longue durée. Bientôt commença la première persécution de Dioclétien, laquelle dura deux ans. Le saint pape ne cessait d'encourager les confesseurs et les martyrs, et s'il prit quelques précautions contre l'orage, ce ne fut pas par la crainte de la mort, mais afin de prêter assistance aux chrétiens persécutés. Il eut à essuyer, lui-même, pour la foi, plusieurs tourments, qui lui ont mérité le titre de martyr, quoiqu'il ait fini ses jours en paix. Il signala son pontificat par une loi qui a toujours été observée depuis et qui ordonne aux clercs de recevoir les quatre ordres mineurs et les trois ordres sacrés avant de pouvoir être ordonnés évêques. Il mourut le 21 avril 296, après avoir siégé douze ans et quelques mois. Il fut enterré le lendemain, jour où il est nommé dans les Martyrologes.—22 avril.

CAIUS (saint), officier du palais de l'empereur Dioclétien et martyr, fut précipité dans la mer avec vingt-sept autres.—4 mars.

CAIUS (saint), martyr à Nicomédie avec saint Dase et plusieurs autres chrétiens : après avoir souffert divers tourments, ils furent condamnés à mort et on les jeta dans la mer, l'an 303, pendant la persécution de Dioclétien. — 21 octobre.

† CAIUS (saint), martyr à Mélitène en Arménie, souffrit avec saint Hermogène et quelques autres. — 19 avril.

CAIUS (saint), martyr à Bologne avec saint Hermès, sous l'empereur Maximien, l'an 304. — 4 janvier.

CAIUS (saint), l'un des dix-huit martyrs de Saragosse en Espagne, souffrit d'abord de cruels supplices, par ordre de Dacien, gouverneur de la province. Il eut ensuite à soutenir un second combat, plus violent que le premier et qui lui mérita la couronne du martyre, l'an 304, sous le règne de Dioclétien. — 16 avril.

CAIUS (saint), martyr à Salerne avec saint Fortunat et un autre, eut la tête tranchée par ordre du proconsul Léonce, pendant la persécution de Dioclétien, vers l'an 304. Son corps repose dans la crypte inférieure de l'église cathédrale de Salerne. — 28 août.

CAIUS (saint), l'un des quarante martyrs de Sébaste en Arménie, qui, pendant la persécution de l'empereur Licinius, furent condamnés par Agricola, gouverneur de la province, à passer la nuit au milieu d'un étang glacé, près de la ville. Le lendemain ils étaient tous morts ou mourants : on les chargea sur des charrettes et on les jeta dans un feu allumé pour consumer leurs corps. Leur martyre eut lieu l'an 320. — 10 mars.

CAIUS (saint), évêque en Egypte et confesseur, fut exilé vers l'an 356, par l'empereur Constance, et l'on croit qu'il mourut dans le lieu de son exil. Il est mentionné avec plusieurs de ses collègues dans le Martyrologe romain. — 21 mai.

CAIUS (saint), l'un des vingt-six martyrs du Japon, fut crucifié près de Nangazacki, par ordre de l'empereur Taycosama, l'an 1597. Il fut déclaré martyr et mis au nombre des saints avec ses compagnons par Urbain VIII. — 5 février.

CALAIS (saint), *Calerifus*, premier abbé d'Anille dans le Maine, né en Auvergne après le milieu du v° siècle, fut élevé dans le monastère de Ménat où il fit la connaissance de saint Avit, religieux du même monastère. Quelques années après qu'il y eut fait profession, il quitta, avec la permission de ses supérieurs, le lieu où il avait été élevé : saint Avit l'accompagna, et ils vinrent se fixer dans l'abbaye de Micy, près d'Orléans. Saint Maximin ou Mesmin, qui en était alors abbé et qui lui donna son nom, les reçut avec bienveillance, et après quelque temps de séjour dans son abbaye, il les fit élever au sacerdoce par l'évêque d'Orléans ; mais le désir d'une plus grande solitude porta saint Calais à quitter Micy, et, suivi de deux compagnons, il se retira dans le Maine, où il retraça la vie des premiers anachorètes. Le nombre de ses disciples, qui allait toujours en s'augmentant, l'obligea à bâtir un monastère sur un emplacement qui lui fut donné par le roi Childebert I°r, et qui s'appela Anisole ou Anille, du nom de la rivière sur le bord de laquelle il était situé. Il gouverna avec beaucoup de sagesse la communauté qu'il avait formée, montrant une grande exactitude à observer lui-même, le premier, ce qu'il prescrivait aux autres. Il donna un bel exemple de fermeté en refusant à la reine Ultrogothe, épouse de Childebert, l'entrée de son monastère, qui était interdit aux femmes sans exception. Saint Lubin, qui fut depuis évêque de Chartres, l'ayant consulté sur le choix du monastère où il devait se retirer, saint Calais se borna à lui recommander de ne pas choisir un monastère dont la communauté serait trop peu nombreuse, parce que, d'ordinaire, la règle y est mal observée. Il mourut en 542 et fut enterré dans son monastère, qui a donné naissance à la ville de Saint-Calais. Ses reliques furent, depuis, transférées à Blois ; mais au commencement de la révolution française, les habitants de Saint-Calais obtinrent qu'elles leur fussent rendues. — 1er juillet.

CALAMANDE (sainte), *Calamandis*, vierge et martyre, était l'une des nombreuses compagnes de sainte Ursule qu'elle suivit d'Angleterre en Allemagne. Elle fut mise à mort avec elle par les Huns, vers l'an 453, près de Cologne. Son corps a été porté, dans la suite, en Espagne, et il se garde à Calaffe, dans la Catalogne. — 5 février.

CALATRIQUE (saint), *Calatricus*, martyr à Eleuthéropolis en Palestine, avec saint Florien et cinquante-huit autres, fut massacré pour la foi de Jésus-Christ par les Sarrasins, dans la première partie du vii° siècle, sous le règne d'Héraclius. — 17 décembre.

CALENDION (saint), martyr à Hippone en Afrique, avec saint Fidence, évêque, et dix-neuf autres, souffrit dans le iii° siècle. Il est mentionné, avec ses compagnons, par saint Augustin, qui prêcha en leur honneur un sermon, dans l'église dédiée sous leur invocation. — 15 novembre.

CALÉPODE (saint), *Calepodius*, prêtre de l'Eglise romaine et martyr, se distingua par son zèle pour la conversion des païens. Il en baptisa un grand nombre qu'il avait instruits des mystères de la foi, et parmi lesquels se trouvaient des personnes illustres de Rome, dont la conversion fit de l'éclat. L'empereur Alexandre-Sévère, excité par le préfet Ulpien, qui haïssait les chrétiens, ordonna que le saint prêtre fût mis à mort, et que son corps, après avoir été traîné par la ville, fût jeté dans le Tibre. Cette exécution eut lieu le 22 avril 222, et le 10 mai suivant, le pape saint Calixte, ayant retrouvé ses restes, les fit enterrer dans le cimetière qui porta ensuite le nom de saint Calépode, sur l'emplacement duquel on a bâti l'église de Saint-Pancrace. Dans le viii° siècle, les reliques du saint martyr furent transférées dans l'église de Sainte-Marie, au delà du Tibre. — 10 mai.

CALÉTRIC, ou CALTRY (saint), *Chaletricus*, évêque de Chartres, né dans cette ville, en 529, d'une famille noble, se rendit de bonne heure recommandable par sa piété et ses autres vertus. Ayant été attaqué d'une maladie dangereuse, Mallegonde, sa sœur, fit prier saint Lubin, évêque de cette ville, et qui était alors absent, de lui envoyer de l'huile bénite. Lubin, à son retour, l'apporta lui-même ; puis, ayant fait sur le malade une onction accompagnée d'une prière fervente, il lui rendit la santé. Après la mort du saint évêque de Chartres, arrivée en 557, Calétric fut élu pour lui succéder, quoiqu'il n'eût encore que vingt-sept ans. Il assista au concile de Paris, tenu la même année contre ceux qui s'emparaient des biens de l'Église et qui la troublaient par leur ambition, et au concile tenu à Tours, l'an 567, sur la discipline. Il mourut la même année, à l'âge de trente-huit ans. Fortunat de Poitiers loue sa douceur et sa charité pour les malheureux, qui trouvaient en lui un père plein de bonté et de compassion. Lorsqu'on démolit, en 1703, la chapelle du palais épiscopal de Chartres, on y trouva le tombeau de saint Calétric, qui était vide. La plus grande partie de ses reliques est à la cathédrale de cette ville. — 8 octobre.

CALIDE (sainte), *Calis-dis*, martyre à Corinthe, avec saint Calliste et plusieurs autres, fut jetée dans la mer pour la foi de Jésus-Christ, dans le IIIe siècle. — 16 avril.

CALIMER (saint), *Calimerius*, évêque de Milan et martyr, ayant été arrêté pendant la persécution de l'empereur Antonin, fut accablé de coups et de blessures, eut ensuite la gorge percée par le glaive, et son corps fut précipité dans un puits, où il acheva son glorieux martyre, vers le milieu du IIe siècle. — 31 juillet.

CALLACH (le bienheureux), *Callachus*, évêque d'Armagh en Irlande, florissait au commencement du XIIIe siècle, et mourut l'an 1228. Il est honoré à Ard-Patrick, dans la province de Mommonie. — le 1er avril.

CALLINICE (sainte), *Callinica*, vierge et martyre à Antioche, souffrit, à ce que l'on croit, pendant la persécution de Dioclétien, avec sainte Basilisse. Arrêtée au commencement de la persécution, et conduite devant le magistrat, celui-ci, à la vue de sa jeunesse et de sa beauté, l'engagea à se soumettre aux édits impériaux et à se marier. Callinice, qui avait fait en secret le vœu de virginité, répondit qu'elle avait choisi un époux immortel, et que, quant à sacrifier aux dieux, elle était disposée à donner sa vie, plutôt que de renoncer à Jésus-Christ. Les tourments qu'on lui fit subir n'ayant pu ébranler sa résolution, elle fut condamnée à être brûlée vive ; ce qui fut exécuté. — 21 mars.

CALLINIQUE (saint), *Callinicus*, martyr à Apollonie en Phrygie, souffrit d'affreux tourments pendant la persécution de Dèce, et eut la tête tranchée l'an 251. — 28 janvier.

CALLINIQUE (saint), martyr à Gangres en Paphlagonie, fut battu de verges de fer et tourmenté par d'autres supplices ; il fut enfin jeté dans une fournaise ardente, où il rendit son âme à Dieu. Dans la suite, on bâtit, à Gangres, une église qui porta son nom, et dans laquelle on gardait ses reliques. — 29 juillet.

CALLIOPE (saint), *Calliopus*, martyr en Cilicie, subit divers tourments pour la foi, et fut ensuite crucifié, la tête en bas, par ordre du président Maxime, l'an 304, pendant la persécution de Dioclétien. — 7 avril.

CALLIOPE (sainte), martyre, eut les mamelles coupées et les chairs brûlées : elle fut ensuite roulée sur des têts de pots cassés, et enfin décapitée. — 8 juin.

CALLISTE (saint), *Callixtus*, pape et martyr, Romain de naissance, succéda à saint Zéphirin, le 2 août 217. Alexandre-Sévère, qui fut fait empereur en 222, honorait le saint pontife et admirait la prudence avec laquelle il savait choisir ceux des chrétiens qu'il élevait au sacerdoce ; souvent même il proposait son exemple au peuple, lorsqu'il était question d'élire les magistrats civils. Les Pontificaux attribuent à saint Calliste un décret qui ordonne le jeûne des Quatre-Temps ; ce qui est confirmé par d'autres monuments. Il opposait le jeûne et les larmes aux désordres et aux folles joies des païens, et mettait tout en œuvre pour étendre le royaume de Jésus-Christ. Son zèle apostolique fut couronné par le martyre le 12 octobre 222. Il fut enterré dans le cimetière de Saint-Calépode, à côté de ce saint martyr, à qui il avait lui-même donné la sépulture quelques mois auparavant. Les reliques de ces deux saints furent transférées, au VIIIe siècle, dans l'église Sainte-Marie au delà du Tibre. Le martyrologe romain, qui le nomme le 14 octobre, jour où il fut inhumé, dit qu'il fut mis en prison, où on lui fit souffrir la faim, et où on l'accablait de coups de bâton, par ordre d'Alexandre, et qu'il fut précipité d'une fenêtre de sa prison dans un puits. Mais ce prince ne persécuta pas les chrétiens, et s'il y eut des martyrs sous son règne, ce fut par un effet de la haine que les principaux fonctionnaires de l'empire portaient au christianisme. Au reste, il paraît, par les Actes de saint Calixte, qu'il fut mis à mort dans une émeute populaire. Ce pape agrandit un des cimetières de Rome, qui porta longtemps son nom, et où furent enterrés un grand nombre de martyrs. Ce cimetière, situé sur la voie Appienne, qui conduisait à Brindes et à Capoue, porte aujourd'hui le nom de Catacombes de Saint-Sébastien. Vers le milieu du IXe siècle, le comte Everard obtint du pape Léon IV le corps de saint Caliste et le mit dans l'abbaye de Cisoin ou Chisoing, qu'il avait fondée à quatre lieues de Tournay ; l'église abbatiale lui fut dédiée et porta son nom. Il fut ensuite transporté à Reims, lors de l'invasion des Normands. — 14 octobre.

CALLISTE (saint), martyr à Corinthe, avec huit autres, fut noyé dans la mer, vers le milieu du IIIe siècle. — 16 avril.

CALLISTE (saint), martyr à Rome, souffrit avec saint Félix et un autre. — 29 décembre.

CALLISTE (saint), évêque de Todi et martyr, souffrit, l'an 528, sous les Goths ariens. — 14 août.

CALLISTE LE TURMARQUE (saint), l'un

des quarante-deux martyrs d'Amorio, qui, en 836, furent livrés par trahison au calife Motassem, qui les conduisit à Bagdad et les mit dans un horrible cachot. Il employa ensuite les promesses, les menaces et les privations de tout genre pour leur faire embrasser la religion de Mahomet. Vateck, son fils, qui lui succéda en 842, continua le même système de persécution, mais il ne put vaincre la constance de ces généreux chrétiens, qu'il finit par livrer au dernier supplice. Conduits à Samarra en Syrie, ils furent décapités sur les bords de l'Euphrate, l'an 845. — 6 mars.

CALLISTE (sainte), martyre à Césarée en Cappadoce, était sœur de sainte Christine. Elles avaient eu, l'une et l'autre, le malheur de renoncer Jésus-Christ, au commencement de la persécution de Dioclétien. Saprice, gouverneur de la province, leur confia la jeune vierge Dorothée, que les tourments n'avaient pu vaincre, et il les chargea de mettre tout en œuvre pour obtenir d'elle un acte d'apostasie. Pendant plusieurs semaines, elles employèrent les promesses, les présents et les démonstrations d'amitié plus engageantes pour réussir ; mais, loin de la gagner, ce fut la sainte, au contraire, qui les ramena à la foi chrétienne, qu'elles n'avaient abjurée que par la crainte des tourments. Le gouverneur, furieux d'un résultat aussi opposé à celui qu'il espérait, condamna les deux sœurs à être brûlées vives ; ce qui fut exécuté en présence de sainte Dorothée, l'an 304. — 6 février.

CALLISTE (sainte), martyre à Syracuse, était sœur de saint Evode et de saint Hermogène, avec lesquels elle souffrit la mort pour Jésus-Christ. — 25 avril et 2 septembre.

CALLISTHÈNE (sainte), est honorée chez les Grecs le 4 octobre.

CALLISTRATE (saint), *Callistrates*, martyr à Rome, ayant été mis dans un sac et jeté dans le fleuve, sortit de l'eau sain et sauf. Ce miracle convertit quarante-neuf soldats qui en furent témoins, et ils furent mis à mort avec lui, pendant la persécution de Dioclétien. — 26 septembre.

CALMELE (saint), *Calmelius*, moine et fondateur du monastère de Manzac, était d'une famille noble et riche. Ayant entrepris par dévotion le pèlerinage de Rome, il passa par Lérins où il séjourna quelque temps, et fut si édifié de la conduite des religieux, qu'à son retour d'Italie, il en demanda quelques-uns, pour les établir dans l'abbaye qu'il se proposait de fonder dans le Velay, et qui fut nommée dans la suite Moustier-Saint-Chaffre. Il fonda aussi le monastère de Manzac en Auvergne, où il se retira lui-même, pour embrasser la vie religieuse. Loin de se prévaloir de son titre de fondateur et de bienfaiteur de la communauté, il ne se distinguait des autres religieux que par une plus grande humilité et une plus grande abnégation de soi-même. Il mourut vers le commencement du VIIIe siècle. — 22 novembre.

CALOCER (saint), *Calocerus*, martyr à Bresse en Lombardie, fut converti à la foi par saint Faustin et saint Jovite ; il souffrit généreusement la mort pour Jésus-Christ, sous l'empereur Adrien, vers l'an 120. — 18 avril.

CALOCER (saint), évêque de Ravenne et confesseur, succéda à saint Apollinaire, et mourut, l'an 132, sous le règne d'Adrien. — 11 février.

CALOCER (saint), chef des camériers de la femme de l'empereur Dèce, fut mis à mort, à Rome, sur la voie Appienne, pour n'avoir pas voulu sacrifier aux idoles. Il fut inhumé dans le cimetière de Calliste. — 18 avril et 19 mai.

CALOGER (saint), *Calogerus*, ermite à Xacca en Sicile, florissait dans le Ve siècle, et sa sainteté brilla par les nombreux miracles qu'il opéra pendant sa vie et même après sa mort, qui eut lieu vers l'an 486. On l'invoque surtout pour la guérison des énergumènes. Clément VIII a fait mettre son nom dans le Martyrologe romain. — 18 juin.

CALUPAN (saint), *Caluppa*, prêtre et reclus en Auvergne, florissait dans le VIe siècle, et mourut en 576. — 3 mars.

CAMÉLIEN (saint), *Camillianus*, évêque de Troyes, succéda, en 478, à saint Loup, dont il avait été le disciple, et mourut vers l'an 520. — 22 mars.

CAMELLE (sainte), *Camella*, vierge de l'ordre de Cîteaux, fut martyrisée, près de Mirepoix, par les Albigeois, dans le XIIIe siècle. — 16 septembre.

CAMERIN (saint), *Camerinus*, martyr en Sardaigne, avec saint Luxore, l'an 303, sous le président Delphes, pendant la persécution de Dioclétien. — 21 août.

CAMILLE DE LELLIS (saint), fondateur de l'ordre des Clercs Réguliers pour le service des malades, né en 1550 à Bacchianico, petite ville de l'Abbruzze, dans le royaume de Naples, d'un officier qui avait servi dans les guerres d'Italie, perdit sa mère presque aussitôt après sa naissance, et son père à l'âge de six ans. Ayant appris à lire et à écrire, dans son enfance, il embrassa la profession de soldat, aussitôt qu'il fut en âge de porter les armes ; mais il quitta le service à 24 ans. Il avait contracté pour le jeu une passion violente, qui lui fit éprouver des pertes si considérables, qu'il se trouva enfin réduit, pour vivre, à travailler, comme manœuvre, à un bâtiment que faisaient construire les Capucins. Déjà il faisait des réflexions sur les suites funestes de ses égarements, et il méditait des projets de changement, lorsqu'une exhortation pathétique, que lui fit un jour le gardien des Capucins, décida sa conversion. Touché de la grâce, il fond en larmes et déteste tous les crimes de sa vie passée. Dans la ferveur de sa pénitence, il entra comme novice chez les Capucins, en 1575, et ensuite chez les Cordeliers : mais un ulcère, qu'il avait à la jambe, et que les médecins jugeaient incurable, l'empêcha d'y être admis. Il se rendit donc à Rome, et y servit, l'espace de quatre ans, les malades de l'hôpital de Saint-Jacques, les veillant nuit et jour, s'attachant surtout aux moribonds, et tâchant de leur procurer tous les secours corporels et spirituels, et de leur suggérer tous les actes de vertu relatifs à leur situation. Il priait continuellement, affligeait son corps par des instruments de pénitence et communiait tous les dimanches et toutes les fêtes, sous la direction de saint Philippe de Néry, son confesseur. Sa charité, son zèle et sa prudence le firent nommer directeur de l'hôpital. La douleur de voir les malades mal soignés par des domestiques lui inspira le projet d'instituer une association de personnes qui se dévouassent avec lui, par le seul motif de la charité, à cette bonne œuvre. Il trouva des associés tels qu'il les désirait; mais il rencontra de grands obstacles dans l'exécution de son dessein. Pour se mettre en état d'assister plus utilement les malades, il résolut de se faire prêtre, et se mit à étudier la théologie avec une ardeur incroyable; et il eut bientôt le degré de science nécessaire pour entrer dans les saints ordres.

Après son élévation au sacerdoce, il fut chargé, en 1584, de desservir la chapelle de Notre-Dame-aux-Miracles, ce qui le força de quitter la direction de son hôpital. Ce fut la même année qu'il institua sa congrégation pour le service des malades. Il donna aux membres qui y furent admis l'habit noir avec un manteau de la même couleur. La règle sous laquelle ils s'engageaient ne renfermait que quelques articles. Ils allaient tous les jours à l'hôpital du Saint-Esprit, où ils servaient les pauvres, comme si c'eût été Jésus-Christ en personne; ils faisaient les lits des malades, leur rendaient les services les plus rebutants, et les disposaient, par les exhortations les plus touchantes, à recevoir dignement les derniers sacrements. Saint Camille rencontra des ennemis de son œuvre, qui lui suscitèrent de grandes difficultés; mais il en triompha par sa confiance en Dieu, et, en 1585, ses amis lui procurèrent une maison convenable pour loger sa congrégation. Encouragé par ces premiers succès, il voulut qu'elle s'engageât à servir en outre les pestiférés, les prisonniers et même les malades à domicile. Son but principal était de secourir les âmes, en suggérant aux malades des actes de religion convenables à leur état. Il procura aux prêtres de son ordre les livres de piété les plus propres à atteindre ce but, et leur recommanda de se faire, d'après les Psaumes, un recueil de ces prières courtes et touchantes que l'on appelle jaculatoires, pour s'en servir dans l'occasion. Il leur ordonna de donner de préférence leurs soins aux moribonds; de leur faire régler de bonne heure leurs affaires temporelles, afin qu'ils n'eussent plus ensuite à s'occuper que de celle de leur salut; de ne pas les laisser trop longtemps avec des parents ou des amis, qui pourraient les troubler par un excès de tendresse; de leur inspirer de vifs sentiments de pénitence, de résignation, de foi, d'espérance et de charité; de leur apprendre à accepter la mort en esprit de sacrifice et en expiation de leurs péchés, et à demander miséricorde, par les mérites du Sauveur agonisant. Il composa un livre de prières, qu'on devait réciter pour les personnes qui étaient à l'agonie. Le pape Sixte V confirma, en 1586, ce nouvel établissement, qui prit le nom de congrégation des Clercs Réguliers pour le service des malades, et ordonna qu'elle serait gouvernée par un supérieur triennal. Saint Camille fut le premier qui occupa cette charge : on lui donna, pour son usage et celui de ses confrères, l'église de Sainte-Marie-Madeleine. En 1588, il fut invité à aller fonder à Naples une maison de son institut; il s'y rendit avec douze *serviteurs des malades*, comme ils s'appelaient eux-mêmes; ils se rendirent sur les galères, qu'on n'avait pas voulu laisser aborder à Naples, parce qu'elles étaient infectées de la peste, et deux d'entre eux moururent victimes de leur dévouement à secourir les pestiférés. Une maladie contagieuse s'étant déclarée à Rome, à deux reprises, le saint fondateur montra le même zèle et le même courage. Grégoire XIV érigea, en 1591, la congrégation en ordre religieux, avec tous les priviléges des ordres mendiants, mais avec l'obligation d'ajouter aux vœux de pauvreté, de chasteté et d'obéissance, le vœu de servir les malades, même ceux qui seraient attaqués de la peste, et avec défense de passer dans d'autres communautés religieuses, excepté chez les Chartreux. En 1592 et en 1600, Clément VIII confirma le même ordre et lui accorda de nouveaux priviléges. Saint Camille ayant découvert que, dans les hôpitaux, on enterrait quelquefois des personnes dont la mort n'était qu'apparente, ordonna à ses religieux de continuer les prières des agonisants, quelque temps encore après qu'elles auraient rendu le dernier soupir, et de ne pas permettre qu'on suivît la coutume de leur couvrir le visage aussitôt après leur mort. Mais son attention à soigner les âmes l'emportait de beaucoup sur celle qu'il avait de soulager les corps. Il parlait aux malades avec une onction à laquelle il était impossible de résister; il leur faisait réparer les défauts de leurs confessions passées, et les disposait à bien mourir. Tous ses discours roulaient sur l'amour de Dieu, et, s'il entendait un sermon où il n'en fût point parlé, il disait que c'était un anneau auquel il manquait un diamant. Il n'obligea point à la récitation du bréviaire ceux de ses religieux qui n'étaient pas dans les ordres sacrés, mais il leur prescrivit de se confesser et de communier tous les dimanches et toutes les grandes fêtes, de faire, chaque jour, une heure de méditation, d'entendre la messe, de réciter le chapelet et quelques autres prières. Au milieu des nombreuses infirmités qui l'accablèrent sur la fin de sa vie, ce qui l'affligeait le plus, c'était de ne pouvoir plus servir les malades comme auparavant; mais il les recommandait fortement à la charité de ses religieux, et se traînait encore lui-même, de lit en lit, pour voir si rien ne leur manquait, leur suggérant des sentiments appropriés à leur situation. Souvent on l'entendait répéter ces paroles de saint François : Le bonheur que j'espère est si grand, que toutes les peines et toutes les souffrances deviennent pour moi un sujet de joie. L'humilité profonde dont il était animé le porta à se démettre du généralat, en 1607. Il avait établi des maisons de son ordre à Bologne, à Milan, à Gênes, à Florence, à Ferrare, à Messine, à Mantoue et dans plusieurs autres villes d'Italie. L'évêque de Nole nomma le saint fondateur son vicaire général, lorsque cette ville fut attaquée de la peste en 1600, et il se dévoua généreusement au service des pestiférés : ses religieux imitèrent son exemple, et il en coûta la vie à cinq d'entre eux. Dieu récompensa le zèle et la charité de son serviteur par le don de prophétie, celui des miracles, et par plusieurs autres grâces extraordinaires. Saint Camille assista au cinquième chapitre de son ordre, qui se tint à Rome en 1613, et visita ensuite, avec le nouveau général, les maisons de la Lombardie. Etant tombé malade à Gênes, il n'était pas encore bien rétabli, lorsqu'il s'embarqua pour Civita-Vecchia, d'où il se rendit à Rome. Après avoir fait la visite des hôpitaux, il retomba malade, et les médecins désespérèrent de sa vie. Le cardinal Ginnasio, protecteur de son ordre, lui administra les derniers sacrements. A la vue de la sainte Eucharistie, il s'écria : « Je reconnais, Seigneur, que je suis le plus grand des pécheurs, et que je ne mérite pas de recevoir la faveur que vous daignez me faire; mais sauvez-moi par votre infinie miséricorde. Je mets toute ma confiance dans les mérites de votre précieux sang. » Lorsqu'on lui administra le sacrement de l'extrême-onction, il adressa à ses religieux un discours fort touchant. Il mourut, comme il l'avait prédit, le 14 juillet 1614, à l'âge de 65 ans, et fut enterré près du grand autel de l'église de Sainte-Marie-Madeleine. Plusieurs miracles s'étant opérés à son tombeau, on leva son corps de terre, et on le mit sous l'autel même : on le renferma, depuis, dans une châsse. Benoît XIV béatifia le saint fondateur en 1742, et le canonisa en 1746. — 14 juillet.

CAMILLE (sainte), *Camilla*, vierge à Ecoulives, près d'Auxerre, mourut en 437. — 3 mars.

CAMMIN (saint), *Caminicus*, abbé en Irlande, renonça au monde dans sa jeunesse, et se retira dans la solitude pour y mener la vie érémitique. Le lieu qu'il avait choisi était une petite île nommée Inish-Kaltair, située au milieu du lac de Derg. Plusieurs disciples étant venus se placer sous sa conduite, il fonda un monastère qui fut longtemps célèbre. L'église de cette île s'appelle encore aujourd'hui *Tempul-Cummin*, c'est-à-dire temple de Cammin. Il mourut vers l'an 653. — 25 mars.

CANCE (sainte), *Cantia*, florissait dans le IVᵉ siècle, et elle est honorée comme vierge et martyre à Toscanelle, entre Bologne et Florence. — 20 novembre.

CANDIDE (saint), *Candidus*, martyr à Rome, souffrit avec saint Fortunat et deux autres. — 2 février.

CANDIDE (saint), martyr à Alexandrie avec saint Pipérion et vingt autres, est honoré le 20 mars.

CANDIDE (saint), martyr en Afrique avec saint Faustin et cinq autres, souffrit dans le IIIᵉ siècle. — 13 décembre.

CANDIDE (saint), martyr en Afrique, souffrit avec saint Statulien et plusieurs autres. — 3 janvier.

CANDIDE (saint), martyr en Afrique avec le précédent, est honoré le même jour. — 3 janvier.

CANDIDE (saint), martyr à Rome, est honoré le 3 octobre.

CANDIDE (saint), l'un des principaux officiers de la légion thébéenne, avait le titre de sénateur des troupes, et fut mis à mort avec les soldats de cette légion qui refusèrent de prendre part à un sacrifice offert aux dieux. Ce massacre eut lieu à Octodurum, ancienne ville située sur le Rhône, au-dessus du lac de Genève, vers l'an 287, par ordre de l'empereur Maximien. Les corps de saint Candide et ceux des principaux officiers furent placés, en 515, dans l'église d'Agaune, bâtie par saint Sigismond, roi de Bourgogne. — 22 septembre.

CANDIDE (saint), soldat de la légion thébéenne, qu'il ne faut pas confondre avec l'officier de ce nom qui souffrit avec saint Maurice, fut mis à mort en Allemagne, par ordre du préfet Rictiovare, avec saint Victor, et il est honoré à Vasour sur la Meuse le 16 janvier.

CANDIDE (saint), martyr à Trébizonde avec saint Eugène et deux autres, est honoré le 21 janvier.

CANDIDE (saint), martyr à Sébaste en Arménie, l'un des quarante soldats cappadociens que le juge Agricolaüs, gouverneur de la province, fit mourir du temps de l'empereur Licinius. Ces généreux soldats, ayant refusé de sacrifier aux idoles, eurent la corps meurtri à coups de fouet et les côtés déchirés avec des ongles de fer. Ils furent ensuite chargés de chaînes et mis en prison. Quelque temps après, le gouverneur les fit exposer nus sur un étang glacé, et fit placer des bains chauds près de là pour recevoir ceux qui voudraient sacrifier. Ils restèrent là trois jours et trois nuits exposés à un froid si rigoureux, que leurs membres gelés tombaient les uns après les autres. Comme ils étaient quarante, ils avaient prié Dieu que ce nombre ne souffrît aucune atteinte. Seigneur, s'écrièrent-ils, nous sommes entrés quarante au combat, ne permettez pas qu'il y en ait moins de quarante de couronnés. L'un d'entre eux, vaincu par le froid, alla se réchauffer dans le bain, ce qui était une marque d'apostasie; mais il n'y fut pas plutôt entré qu'il expira. Ses compagnons, vivement affligés de cette désertion, en furent bientôt consolés par un événement merveilleux : un des gardes chargés de veiller sur les martyrs vit des esprits célestes qui distribuaient des couronnes à ces généreux soldats, excepté à celui qui devait lâchement trahir sa foi. Cette vision miraculeuse le convertit, et il vint se joindre aux trente-neuf en s'écriant qu'il était chrétien comme eux. Le lendemain le juge ordonna qu'on les plaçât sur des chariots et qu'on les jetât dans le feu; ils étaient tous morts ou mourants, à l'exception du plus jeune qui était encore plein de vie. Après que leurs corps eurent été brûlés, on jeta leurs cendres dans le fleuve; mais les chrétiens sauvèrent quelques-unes de leurs reliques, et la ville de Césarée en possédait du temps de saint Basile, qui a fait un discours en leur honneur. — 10 mars.

CANDIDE (sainte), *Candida*, habitait Naples, et fut la première personne que saint Pierre convertit, lorsqu'il arriva dans cette ville pour y prêcher l'Évangile. Elle reçut de lui le baptême et mourut saintement. — 4 septembre.

CANDIDE (sainte), vierge et martyre à Carthage, reçut la couronne sous l'empereur Antonin, après avoir eu le corps tout déchiré et couvert de plaies. — 20 septembre.

CANDIDE (sainte), vierge et martyre, souffrit à Rome. Dans la suite, son corps fut transféré dans l'église de sainte Praxède, par le pape Paschal Ier. — 29 août.

CANDIDE (sainte), martyre à Rome, souffrit avec saint Luce et plusieurs autres. —1er décembre.

CANDIDE (sainte), martyre à Rome avec sainte Pauline, sa fille, était épouse de saint Arthème. Après le martyre de son mari, arrivé l'an 304, pendant la persécution de Dioclétien, elle fut renfermée, par ordre du juge Sérène, dans une grotte près de Rome, avec sa fille, et elles y furent écrasées avec des pierres et du sable que l'on jeta dans la grotte. — 6 juin.

CANDIDE (sainte), était une des nombreuses compagnes de sainte Ursule, et souffrit avec elle vers l'an 453. Son corps se garde à Fribourg en Brisgaw, où elle est honorée le 22 octobre.

CANDIDE LA JEUNE (sainte), florissait à Naples sur la fin du VIe siècle, et se rendit illustre par ses miracles. — 4 septembre.

CANDIDIEN (saint), *Candidianus*, martyr en Afrique, est honoré le 11 novembre.

CANDRE (saint), *Candidus*, évêque régionnaire, et honoré à Maestricht dans le territoire duquel il exerça son zèle apostolique, florissait dans le Ve siècle. Il y avait à Rouen deux églises érigées sous son invocation. — 1er décembre.

CANIDE (saint), *Canides*, confesseur en Cappadoce, florissait sous Théodose le Grand, et se rendit célèbre par son abstinence. — 10 juin.

CANIOU (saint), confesseur, sous l'invocation duquel est placée l'église métropolitaine de Cirenza dans la Basilicate. 25 mai.

CANNAT (saint), *Cannatus*, évêque de Marseille, mourut vers l'an 487, et il est honoré dans l'église cathédrale de cette ville où se gardent ses reliques. Il y a près d'Aix une petite ville qui porte son nom. — 15 octobre.

CANNÈRE (sainte), *Canneria*, vierge, est honorée dans l'île d'Iniscath sur les côtes d'Irlande. — 28 janvier.

CANOC (saint), *Canaucus*, abbé dans le pays de Galles, est honoré le 18 novembre.

CANT (saint), *Cantius*, martyr à Aquilée, sortait de la famille des Anices, l'une des plus illustres de Rome, et il était proche parent de l'empereur Carin. Au commencement de la persécution de Dioclétien, comme il était chrétien ainsi que saint Cantien, son frère, et sainte Cantienne, sa sœur, ils vendirent les biens immeubles qu'ils possédaient à Rome, et se retirèrent à Aquilée avec Protus, leur gouverneur, qui les avait instruits des vérités du christianisme, et à qui ils étaient redevables de leur conversion. Mais les édits du prince les avaient devancés dans cette ville. Sisinnius, général des troupes, et Dulcidius, gouverneur de la province, recherchaient de toutes parts les fidèles et en remplissaient les prisons. Aussitôt qu'ils eurent appris leur arrivée, ils les firent comparaître pour sacrifier, et en même temps ils demandèrent à l'empereur quelle conduite on devait tenir envers des personnages de ce rang. Le prince répondit qu'il fallait les décapiter, s'ils refusaient d'adorer les dieux. Saint Cant voulut quitter Aquilée avec son frère et sa sœur, mais le cheval qui les conduisait ayant éprouvé un accident, ils ne purent aller qu'au bourg d'*Aquæ Gradatæ*, où Sisinnius se transporta pour leur signifier l'ordre de l'empereur, et les engager à s'y soumettre. Les promesses, les menaces, tout fut inutile; les saints répondirent qu'ils ne trahiraient jamais leur religion et qu'ils ne voulaient point s'exposer aux supplices éternels destinés à ceux qui adoraient les idoles. Ils furent donc décapités avec Protus, leur gouverneur, vers l'an 304. Un prêtre nommé Zoel embauma leurs corps et les enterra dans un même tombeau. — 31 mai.

CANTIANILLE (sainte), *Cantianilla*, vierge et martyre, était sœur de saint Cant et de saint Cantien qu'elle accompagna, lorsqu'ils quittèrent Rome pour se réfugier à Aquilée, lorsqu'éclata la persécution de Dioclétien, et elle fut décapitée avec eux sur son refus de sacrifier aux dieux. — 31 mars.

CANTIDE (saint), *Cantidius*, martyr à Antioche, était Égyptien de naissance, et souffrit vers l'an 362, sous le règne de Julien l'Apostat. — 5 août.

CANTIDIEN (saint), *Cantidianus*, aussi martyr à Antioche, était d'Égypte ainsi que saint Cantide, dont il était sans doute parent et avec lequel il souffrit sous l'empereur Julien l'Apostat. — 5 août.

CANTIEN (saint), *Cantianus*, martyr, était frère de saint Cant, et fut martyrisé avec lui au bourg d'*Aquæ Gradatæ*, qui fut dans la suite appelé San-Cantiano, du nom de ce saint martyr. — 31 mai.

CANUT IV (saint), *Canutus*, roi de Danemark et martyr, était fils naturel du roi Suenon II, qui, n'ayant point d'enfants légitimes, prit un soin tout particulier de son éducation et lui donna d'habiles maîtres, sous lesquels il fit de grands progrès. Il alliait les plus belles qualités de l'âme à celles du corps, et se faisait surtout admirer par une éminente piété qui rehaussait encore ses autres vertus. Placé, jeune encore, à la tête des armées danoises, il se conduisit en héros aussi brave que prudent; il purgea les mers des pirates qui les infestaient et soumit les peuples voisins qui désolaient le Danemark par leurs incursions. Suénon étant mort en 1074, une partie de la nation, frappée des grandes vertus et des belles qualités de Canut, voulait le placer sur le trône; mais cette tentative n'eut point de succès, parce que le peuple redoutait son caractère guerrier, et Harald VII, son frère, eut la préférence. Canut se retira en Suède, près du roi Halstan, qui lui fit un accueil digne de sa naissance et le traita comme un ami. Ayant voulu l'engager à prendre les armes contre son frère, Canut refusa, et loin de se montrer l'ennemi de sa patrie, il ne négligea aucune occasion de rendre service à ses compatriotes. Une conduite aussi noble lui gagna tous les cœurs, et les Danois le choisirent pour roi après la mort de Harald, en 1080. A peine sur le trône, il remporta des victoires signalées sur les Sembes, les Estons et les Curètes, qui ravageaient ses États; mais la gloire militaire ne l'enivra point: on le voyait avec admiration, au milieu de ses triomphes, déposer humblement son diadème aux pieds de Jésus crucifié, et présenter au Roi des rois l'offrande de sa personne et de son royaume. Canut épousa Alise ou Adélaïde, fille de Robert, comte de Flandres, dont il eut, entre autres enfants, le bienheureux Charles, surnommé le Bon, qui fut depuis comte de Flandres. Il réforma la législation du Danemark, porta des lois sévères pour remédier aux abus qui s'étaient glissés dans l'administration de la justice : les meurtres et les autres crimes furent réprimés par la peine du talion, et les faibles trouvèrent en lui un protecteur contre l'oppression et l'injustice. Il avait nommé Eigill gouverneur de l'île de Bornholm, pour le récompenser des services importants qu'il avait rendus à son père ainsi qu'à lui-même; mais ce seigneur, s'étant ruiné par son faste, voulut se procurer des ressources en se livrant à la piraterie. Canut, l'ayant appris, lui envoya l'ordre de supprimer une partie de son train et de diminuer ses dépenses, espérant remédier au mal en détruisant la cause qui le produisait. Eigill promit d'obéir, mais il n'en fit rien, et bientôt en mer avec dix-huit vaisseaux pour aller piller les Vandales. Après cette criminelle expédition un vaisseau norwégien, chargé de marchandises précieuses, ayant passé le détroit du Sund, vint échouer sur la côte de l'île de Bornholm. Eigill, à la tête d'une troupe d'hommes armés, fond sur l'équipage, le fait prisonnier, enlève les marchandises et brûle le vaisseau avec les matelots qui y étaient enchaînés, afin de ne laisser aucune trace de son crime. Le roi Canut en eut cependant quelques soupçons : il chargea son frère Benoit d'aller sur les lieux et de se saisir de la personne du gouverneur. Eigill se laissa conduire devant le roi, sans faire la moindre résistance; il avoua tout et chercha à se justifier par des raisons qui paraissaient assez spécieuses; mais Canut n'en fut point satisfait, et comme les principaux officiers de sa cour, qui presque tous étaient les parents ou les amis du coupable, offraient une somme d'argent considérable pour lui obtenir la vie sauve, « Non, dit le roi, je ne veux point participer à une pareille atrocité, et il mourra. Si c'est déjà un crime capital de tuer un seul homme, quel supplice ne mérite pas celui qui en a fait périr un si grand nombre pour s'emparer de leurs richesses ? » Personne n'osa répliquer. Eigill fut condamné à être pendu, et ses complices subirent aussi une punition proportionnée à la part qu'ils avaient prise au crime. N'ayant d'autre but que de rendre heureux ses sujets, il s'appliqua à établir l'ordre dans son royaume et commença par régler son propre palais. Joignant aux vertus qui font les grands rois, celles qui font les grands saints, il matait son corps par le jeûne, la discipline et le cilice, s'entretenait fréquemment avec Dieu par la prière, et s'efforçait de mettre en honneur la piété, non-seulement par son exemple, mais aussi par la protection et les honneurs dont il environnait les serviteurs de Dieu et surtout les membres du clergé, qui reçurent de grandes marques de sa libéralité et qu'il combla d'immunités et de privilèges, afin de les rendre plus respectables à un peuple grossier et peu civilisé. Zélé pour l'accroissement du royaume de Jésus-Christ, il fit porter le flambeau de la foi dans la Courlande, la Samogitie et la Fionie, provinces encore peuplées d'idolâtres qu'il contribua puissamment à amener à la connaissance de l'Évangile. Il fonda plusieurs églises qu'il fit décorer avec une munificence toute royale, et fit présent à l'église de Roschild en Zélande, sa capitale, de la couronne royale qu'il avait coutume de porter. Guillaume le Conquérant s'étant emparé de l'Angleterre en 1066, saint Canut voulut faire valoir, par la force des armes les droits qu'il pouvait avoir sur ce royaume, où quelques-uns de ses ancêtres avaient régné. Il y envoya des troupes; mais elles furent défaites parce que sa cause ne trouva point de partisans parmi les Anglais. En 1085, des Anglais, réfugiés à sa cour, le sollicitèrent d'envoyer une seconde expédition; il leva donc une puissante armée et équipa une flotte considérable, destinée à faire une descente en Angleterre, pour en chasser les Normands. Mais ces grands préparatifs échouèrent par la trahison de son frère Olas, duc de Sleeswig, dont les délais et les lenteurs affectés firent perdre un temps précieux, et retardèrent tellement le départ de la flotte, que lorsqu'elle voulut sortir de Lymfiord, les troupes avaient presque toutes déserté. Le saint roi, qui tenait beaucoup à l'établissement des dîmes destinées à fournir à la subsistance de ceux qui s'étaient dévoués au service des autels, crut la circonstance favorable pour les établir dans ses États. Il ordonna donc qu'en punition de cette désertion, on payerait ou les dîmes ou une taxe considérable. Les Danois, qui avaient une aversion prononcée contre les dîmes, préférèrent la taxe, quelque grande qu'elle fût. Le prince, mortifié de ce choix, voulut qu'on levât cet impôt avec une certaine rigueur afin de décider ses sujets à préférer les dîmes comme moins onéreuses. Les collecteurs de la taxe commencèrent leur opération par la Fionie et la Jutie; étant arrivés dans la petite province de Wensyssel, qui était la plus pauvre du Danemark, elle se révolta à l'instigation des gouverneurs, qui se mirent à la tête des révoltés, et marchèrent contre les troupes du gouvernement. Saint Canut, instruit de leur approche, passa à Sleeswig et delà en Fionie avec une armée, et manda à la reine de se retirer en Flandre avec ses enfants. Arrivé à Odensée, il résolut d'aller livrer bataille aux insurgés; mais ceux-ci, quoique supérieurs en nombre, n'osèrent en venir aux mains avec des troupes bien disciplinées et commandées par un chef plein de bravoure et d'habileté. Ils eurent donc recours à la perfidie et envoyèrent au roi un d'entre eux nommé Asbiorn, pour lui dire que son peuple était rentré dans le devoir, ce qu'il affirma par plusieurs serments. Le roi crut le fourbe, malgré tout ce que put lui dire son frère Benoît, pour l'empêcher de tomber dans le piége; mais il fut bientôt détrompé, à la vue des rebelles qui marchaient sur Odensée pour le surprendre. Loin de se troubler, il se rendit à l'église de Saint-Alban pour y entendre la messe; elle était à peine finie, qu'on lui annonça que les rebelles avançaient à grands pas. Comme le comte Eric lui conseillait de prendre la fuite, « Non, je ne fuirai pas, répondit-il: j'aime mieux tomber entre les mains de mes ennemis que d'abandonner ceux qui me sont attachés; d'ailleurs on n'en veut qu'à ma vie. » Le saint roi, ne pensant plus qu'à se préparer à la mort, alla se prosterner devant l'autel, où, après s'être confessé et avoir déclaré qu'il pardonnait à ses ennemis, il communia avec la plus grande tranquillité et se mit à réciter des psaumes. Les rebelles investissent l'église dont les portes étaient défendues par le prince Benoît qui fit des prodiges de valeur avec le peu de monde qu'il avait sous ses ordres. Pendant ce combat, Canut fut atteint à la tête d'une pierre laucée du dehors par une fenêtre de l'église, et sans interrompre sa prière il se contenta de porter la main à son front pour arrêter le sang qui coulait en abondance. Les rebelles ne pouvant forcer les portes eurent encore recours à la trahison. Un de leurs chefs, nommé Egwind Bifra ou Blancon, demanda à parler au roi, sous prétexte de lui porter des conditions de paix. Canut ordonna de le laisser entrer, malgré les observations de Benoît qui soupçonnait encore quelque perfidie. L'infâme Egwind s'étant baissé profondément devant le roi, comme pour le saluer, tira, en se relevant, un poignard de dessous son manteau et le lui plongea dans le sein; il monta ensuite sur l'autel pour se sauver par la fenêtre; déjà il était sorti à moitié; mais Palmar, un des officiers du roi, le coupa en deux d'un coup de sabre, et une partie de son corps retomba dans l'église et l'autre en dehors. Ce spectacle ranime la fureur des scélérats; ils jettent par les fenêtres des briques et des pierres qui renversent les châsses qui renfermaient les reliques de saint Alban et de saint Oswald, que Canut avait rapportées d'Angleterre. Le saint, les bras étendus en croix devant l'autel, attendait la mort avec résignation, lorsqu'un javelot lancé par une fenêtre acheva son sacrifice. Son frère Benoît périt aussi avec dix-sept personnes. Ce massacre arriva le 10 juillet 1086. Le ciel attesta la sainteté de Canut par plusieurs guérisons miraculeuses qui s'opérèrent à son tombeau; ce qui fit qu'on leva de terre son corps pour le placer dans un lieu plus honorable sur la fin du règne d'Olas IV, son successeur. Eric III, aussi son frère et successeur d'Olas, envoya des ambassadeurs à Rome avec les preuves des miracles opérés par le bienheureux Canut, et le pape Grégoire V, après avoir examiné les pièces, autorisa son culte et permit de l'honorer comme premier ou principal martyr du Danemark. On fit, à cette occasion, une translation solennelle de ses reliques, qui furent mises dans une très-belle châsse, laquelle fut retrouvée à Odensée en 1582, lorsqu'on réparait le chœur de l'église de Saint-Alban. Elle était de cuivre doré, enrichie de pierres précieuses ainsi que d'autres ornements d'un très-beau travail, avec l'inscription suivante : L'an de Jésus-Christ 1086, dans la ville d'Odensée, le glorieux roi Canut, saint comme Jésus-Christ à cause de son zèle pour la religion et de son amour pour la justice, par Blancon, l'un de ceux qui mangeaient à sa table, après s'être confessé et avoir participé au sacrifice du corps de Notre-Seigneur, eut le côté percé et tomba contre terre devant l'autel, les bras étendus en croix. Il mourut pour la gloire de Jésus-Christ, et reposa en lui le vendredi 7 juin, dans la basilique de saint Alban, martyr, dont quelque temps auparavant il avait apporté des reliques d'Angleterre en Danemark. — 19 janvier.

CANUT (saint), roi des Slaves, second fils d'Eric le Bon, roi de Danemark et neveu de saint Canut IV, fut fait duc de Sleeswig, lorsque Nicolas, son frère aîné, monta sur le trône, en 1103. Il s'appliqua à faire régner la paix et la justice dans son duché et à réprimer le brigandage auquel les seigneurs de ce temps n'avaient pas honte de se livrer. Ayant un jour condamné plusieurs brigands à être pendus, l'un d'eux s'écria qu'il était du sang royal et parent de Canut lui-même. Le prince lui répondit qu'à cause d'une origine si illustre, il le distinguerait de ses compagnons en le faisant pendre au grand mât de son vaisseau; ce qui fut exécuté. Canut monta sur le trône des Slaves, après l'extinction de la famille de Henri, leur dernier roi, dont il était le neveu. L'empereur Lothaire II, à la cour duquel il avait passé une partie de sa jeunesse, le combla d'honneurs, le couronna lui-même roi des Obotrites ou Slaves occidentaux et reçut de lui le serment et l'hommage accoutumés. Le nouveau roi se fit chérir de ses sujets par sa valeur, sa sagesse et sa bonté. Mais il fut bientôt ravi à leur amour, ayant été assassiné, le 7 janvier 1130, par les Danois que la jalousie avait armés contre lui. Il laissa un fils qui monta sur le trône de Danemark en 1158 sous le nom de Waldemar surnommé le Grand, et sous le règne duquel saint Canut fut canonisé en 1130 par le pape Innocent II. — 6 et 7 janvier.

CAPILÉE (saint), *Capileus*, martyr à Antioche, souffrit avec saint Phébus et plusieurs autres. — 15 février.

CAPITOLIN (saint), *Capitolinus*, martyr avec saint Quintil, évêque, est honoré chez les Grecs le 8 mars.

CAPITOLINE (sainte), *Capitolina*, martyre en Cappadoce avec sainte Érithoïde, sa servante, souffrit l'an 303, pendant la persécution de Dioclétien. — 27 octobre.

CAPITON (saint), *Capito*, martyr chez les Grecs, est honoré le 12 août.

CAPITON (saint), martyr en Orient, souffrit avec saint Ménée. — 24 juillet.

CAPITON (saint), évêque et martyr dans la Chersonèse, souffrit avec plusieurs autres saints évêques au commencement du IVᵉ siècle. — 4 mars.

CAPITON (saint), martyr à Talgue en Espagne, souffrit avec saint Lélius et un autre. — 27 juin.

CAPITON (saint), évêque et confesseur en Orient, est honoré chez les Grecs le 22 décembre.

CAPRAIS (saint), *Caprasius*, martyr à Agen, se retira sur une montagne près de cette ville, lorsque la persécution de Dioclétien sévissait dans toute sa force, et pour s'y soustraire il se cacha dans une caverne. Regardant un jour, du haut de la montagne, ce qui se passait dans la ville, il fut témoin des tortures qu'on faisait subir à sainte Foi, jeune vierge qui était sa compatriote. Frappé de sa constance au milieu des tourments, il se jette à genoux et demande à Dieu la grâce de l'imiter. « Seigneur, dit-il, si vous faites couler de l'eau de la pierre de ma caverne, ce sera une preuve que ma prière est exaucée. » Le miracle se fit et l'eau coula en abondance. Caprais, animé par ce prodige, va trouver Dacien, gouverneur de la province Taragonnaise, qui se trouvait alors à Agen, et déclare qu'il est chrétien. Il est aussitôt saisi, chargé de chaînes et livré aux plus cruels supplices ; mais rien ne pouvant vaincre sa résolution, il eut la tête tranchée. La nuit suivante les chrétiens enlevèrent son corps et l'enterrèrent honorablement. Au commencement du Vᵉ siècle, Dulcide, évêque d'Agen, fit transporter ses reliques dans sa ville épiscopale et les plaça dans une église à laquelle on donna son nom. Il y a dans le diocèse d'Agen deux paroisses qui portent son nom, Saint-Caprais de Lerm et Saint-Caprais du Temple. — 20 octobre.

CAPRAIS (saint), solitaire et abbé, né vers le milieu du IVᵉ siècle, sortait d'une famille distinguée. Il étudia dans sa jeunesse l'éloquence et la philosophie ; mais, dégoûté du monde, il distribua aux pauvres ce qu'il possédait et se retira dans la solitude. L'éclat de sa sainteté lui attira des disciples, dont les plus célèbres furent saint Honorat et saint Venance, deux jeunes seigneurs, dont la famille était originaire de Rome et qui venaient le consulter, sur le dessein qu'ils avaient formé de se donner entièrement à Dieu. Caprais, après les avoir instruits dans les voies intérieures pendant quelque temps, quitta sa retraite pour les accompagner dans divers pèlerinages en pays étrangers. Ils se trouvaient à Modon dans la Grèce, lorsque Dieu appela à lui saint Venance sur la fin du IVᵉ siècle. Cette circonstance détermina Caprais et Honorat à repasser la mer. À leur retour dans les Gaules, Léonce, évêque de Fréjus, leur donna le conseil de s'établir dans l'île de Lérins, alors inhabitée. Ils y fondèrent le célèbre monastère de ce nom, et Honorat en fut le premier abbé. Ayant été nommé ensuite à l'évêché d'Arles, il laissa à Lérins saint Caprais, qui y mourut l'an 430, un an après saint Honorat. — 1ᵉʳ janvier.

CARADEU (saint), *Caradocus*, ermite, né dans le XIᵉ siècle, d'une famille illustre du comté de Brecknock, dans le pays de Galles, reçut une éducation qui répondait à sa naissance et obtint une place à la cour de Rées ou Résus, prince des Gallois méridionaux, qui l'honora de sa confiance ; mais ayant eu le malheur de déplaire à ce prince pour un sujet assez léger, cette disgrâce lui fit comprendre combien peu on doit compter sur la faveur des grands de la terre. Il résolut donc de s'attacher au roi du ciel, dont les promesses sont infaillibles et les récompenses éternelles. Il s'engagea, par vœu, à vivre dans une continence perpétuelle et embrassa l'état religieux. S'étant ensuite retiré à Landaff, l'évêque de cette ville lui conféra la tonsure cléricale, et Caradeu fut employé quelque temps au service de l'église de Saint-Théliau ; mais comme il voulait vivre entièrement séparé du commerce des hommes, il se bâtit, dans un lieu solitaire, une petite cellule où il passa plusieurs années. Il y avait, près de là, une église abandonnée qui avait été dédiée à saint Kined, et où il allait faire sa prière. Sa réputation de sainteté s'étant répandue dans le pays, l'archevêque de Ménévie, ou de Saint-David, le fit venir et l'ordonna prêtre. Saint Caradeu passa ensuite, avec quelques disciples, dans l'île d'Ary pour y vaquer uniquement à la contemplation des choses célestes. Il fut pris par des pirates norwégiens qui l'emmenèrent, lui et ses compagnons ; mais le lendemain ces barbares, frappés de la crainte des jugements de Dieu, les déposèrent sur le rivage sans leur avoir fait aucun mal. Caradeu se retira, par l'ordre de l'archevêque de Ménépéc, dans le monastère de Saint-Hismaël, vulgairement appelé Ysam, dans le pays de Ross. Henri Ier, roi d'Angleterre, ayant chassé de cette contrée les anciens Bretons qui l'habitaient, il y mit de nouveaux habitants dont le saint et ses compagnons eurent beaucoup à souffrir, surtout de Richard Tankard, le plus puissant d'entre eux. Celui-ci étant tombé dangereusement malade, il eut recours à saint Caradeu, qui le guérit par ses prières, rendant ainsi le bien pour le mal. Tankard, touché de ce miracle, protégea toujours depuis le monastère et lui fit ressentir les effets de sa libéralité. Saint Caradeu mourut le 13 avril 1124 et fut enterré, avec honneur, dans l'église de Saint-David, et il s'opéra plusieurs miracles à son tombeau. Plusieurs années après sa mort, son corps ayant été trouvé sans aucune marque de corruption, on en fit la translation avec beaucoup de solennité. — 13 avril.

CARALAMPE (saint), *Caralampus*, martyr à Antioche de Pisidie, souffrit avec saint Porphyre et quatre autres, dont trois femmes. — 10 février.

CARALAMPODE (saint), *Caralampus, podis*, martyr à Nicomédie avec sainte Christine et plusieurs autres, fut brûlé pour la foi de Jésus-Christ au commencement du IVe siècle. — 30 mars.

CARALIPPE (saint), *Caralippus*, martyr avec saint Aphrodise et deux autres, souffrit à Tarse, l'an 304, pendant la persécution de Dioclétien. — 28 avril.

CARÊME (sainte), *Carissima*, vierge du diocèse d'Alby, florissait dans le VIe siècle. — 7 septembre.

CARENEC (saint), *Carentocus*, abbé à Kernacle en Irlande, florissait dans le VIe siècle. — 16 mai.

CARIESSE (sainte), *Chariessa*, martyre à Corinthe, dans le IIIe siècle, fut noyée dans la mer avec saint Calliste et plusieurs autres. — 16 avril.

CARINE (sainte), martyre à Ancyre en Galatie, souffrit en 362, sous l'empereur Julien l'Apostat. — 7 novembre.

CARION (saint), anachorète en Orient, est honoré chez les Grecs le 24 novembre.

CARISE (saint), *Charisius*, martyr à Corinthe avec saint Calliste et d'autres, fut jeté dans la mer, vers le milieu du IIIe siècle. — 16 avril.

CARISE (sainte), *Carisia*, martyre à Rome, souffrit avec saint Léon et plusieurs autres. — 1er mars.

CARITE (sainte), *Charis*, martyre qui eut les pieds coupés pour avoir confessé Jésus-Christ, est honorée chez les Grecs le 28 janvier.

CARITON (saint), *Caritonius*, martyr à Nicomédie, souffrit durant la persécution de Dioclétien, l'an 303, et fut jeté dans une fournaise ardente. — 3 septembre.

CARITON (saint), célèbre instituteur de Laures en Palestine, florissait sur la fin du IVe siècle, et il est honoré chez les Grecs le 28 septembre.

CARMÉRY (saint), *Calminius*, duc d'Aquitaine, fonda l'abbaye de Mozac en Auvergne et celle de Monestier-Saint-Chafre en Vélay. Il mourut dans le VIe siècle et son corps fut inhumé à Mozac, à côté de celui de saint Austremoine. — 19 août.

CARMONDIQUE (sainte), *Carmondica*, recluse en Egypte, est honorée chez les Grecs le 10 septembre.

CARNÉ (saint), *Carnetus*, est honoré comme martyr à Dinan en Bretagne, le 15 novembre.

CARPE (saint), *Carpus*, disciple de saint Paul, habitait Troade, lorsque l'Apôtre vint dans cette ville, et c'est chez lui qu'il laissa ses effets et ses livres, qu'il charge Timothée de lui apporter en venant le rejoindre. Les Grecs pensent que saint Carpe devint évêque de Bérée. — 13 octobre.

CARPE (saint), originaire de Pergame, était évêque de Thyatire dans l'Asie Mineure, lorsqu'il fut arrêté durant la persécution de Dèce, par ordre de Valère, gouverneur de la province. Celui-ci, après lui avoir fait subir trois interrogatoires, endurer plusieurs tourments et l'avoir retenu en prison à Thyatire et à Sardes, le fit conduire à Pergame, patrie du saint, où il se rendait lui-même. Arrivé dans cette ville, il le fit battre avec des baguettes hérissées de piquants, brûler les côtés avec des torches, et mettre du sel dans ses plaies, afin de les rendre plus douloureuses. Quelques jours après, on le coucha sur des pointes de fer; on lui déchira de nouveau les côtés et on le condamna enfin à expirer dans les flammes, l'an 251. — 13 avril.

CARPON (saint), *Carponius*, martyr à Césarée en Palestine, était frère de sainte Fortunate, de saint Evariste et de saint Priscien; il fut décapité avec eux, l'an 303, pendant la persécution de Dioclétien. — 14 octobre.

CARPOPHORE (saint), *Carpophorus*, martyr à Capoue avec saint Ruf, souffrit pendant la persécution de Dioclétien et Maximien. — 27 août.

CARPOPHORE (saint), soldat et martyr à Côme en Lombardie, servait dans l'armée de Maximien, lorsque ce prince exigea de ses troupes qu'elles sacrifiassent aux dieux; c'est ce qui détermina Carpophore à quitter le service avec saint Fidèle et un autre, pour se réfugier à Côme. Le prince envoya à leur poursuite des soldats qui se saisirent d'eux et les conduisirent au magistrat. Ils furent condamnés à mort et décapités l'an 304. Le corps de saint Carpophore se gardait à Arone et il fut transféré à Milan avec celui de saint Fidèle l'an 1576. Cette cérémonie fut faite par saint Charles Borromée. — 7 août.

CARPOPHORE (saint), médecin arabe et martyr à Aquilée, est honoré le 20 août.

CARPOPHORE (saint), martyr, était frère de saint Sévère, de saint Sévérien et de saint

Victorius, dits les quatre Couronnés. Il occupait, à Rome, une place distinguée lorsqu'il fut arrêté pendant la persécution de Dioclétien, pour s'être déclaré contre le culte des idoles. Il fut frappé avec des lanières plombées jusqu'à ce qu'il eût cessé de vivre. On l'enterra avec ses frères, sur la voie Lavicane, et l'on bâtit, en leur honneur, une église dont saint Grégoire le Grand fait mention. Léon IV la fit réparer en 841 et on y transféra leurs reliques. Cette église, qui est un ancien titre de cardinal, ayant été détruite par un incendie, Pascal II la fit rebâtir, et l'on découvrit les reliques des quatre frères qui étaient renfermées dans deux urnes, l'une de porphyre et l'autre de marbre serpentin, enfouies dans une voûte sous l'autel. Elles furent retrouvées dans la même situation sous le pontificat de Paul V. — 8 novembre.

CARPOPHORE (saint), prêtre et martyr, qui ayant été déchiré de coups de bâton dans la persécution de Dioclétien, fut jeté dans une prison où on lui fit souffrir la faim et la soif. On le tourmenta ensuite sur le chevalet, on lui arracha les ongles, on lui appliqua des torches ardentes sur les côtés, et il expira dans ce dernier supplice, l'an 303. — 10 décembre.

CARTHAG LE JEUNE (saint), *Carthacus*, surnommé Mochuda, évêque en Irlande, après avoir été disciple de Carthag l'Ancien et de saint Comgall, prêcha l'Evangile dans le territoire de Kiarraigh en Irlande, où il reçut l'ordination épiscopale. Il fonda, dans le West-Méath, le grand monastère de Rathenin ou Raithin, qui devint la plus nombreuse et la plus célèbre école de piété et de science qu'il y eût alors dans toute l'Europe. Il le gouverna pendant plus de quarante ans, et composa pour ses religieux, en ancienne langue irlandaise, une règle qui est parvenue jusqu'à nous. Les moines de Raithin menaient une vie fort austère, ne se nourrissant que d'herbes et de racines et travaillant des mains, tous les jours, tant pour avoir de quoi subsister que pour soulager la misère des pauvres. Les persécutions d'un roi du voisinage ayant obligé saint Carthag à prendre la fuite, il se retira, avec ses disciples, dans la province de Leinster, et fonda un monastère à Lismore, dont il est regardé comme le premier évêque : il y mourut le 14 mai 637. La grande église de cette ville était dédiée sous son invocation et la ville elle-même fut appelée de son nom Lismore-Mochuda. — 14 mai.

CARTAUD ou Catas (saint), *Cataldus*, évêque de Tarente du royaume de Naples, était, à ce que l'on croit, originaire d'Irlande et se rendit célèbre par ses miracles. Il est honoré à Sens, où il y avait une église de son nom, et à Bonneville. — 8 mars et 10 mai.

CARTÈRE (saint), *Carterius*, prêtre et martyr à Césarée en Cappadoce, souffrit l'an 304, sous le règne de Dioclétien. — 8 janvier.

CARTERE (saint), confesseur en Palestine, fut envoyé dans les mines de Phenne avec saint Eupsyque, après qu'on les eut fait eunuques par ordre de l'empereur Maximin Daza, parce qu'ils avaient refusé de sacrifier aux dieux. On ignore ce qu'ils devinrent dans la suite ; mais ils sont nommés dans les ménées des Grecs le 5 novembre.

CARTÈRE (saint), martyr à Sébaste avec plusieurs autres, souffrit sous l'empereur Licinius, vers l'an 319. — 2 novembre.

CASAIL (saint), *Casalius*, abbé de Saint-Philippe à Argyron en Sicile, mourut vers l'an 800. — 2 mars.

CASARIE (sainte), *Casaria*, vierge, florissait dans le vi^e siècle et mourut en 586. Elle est honorée à Saint-André près de Villeneuve-d'Avignon le 8 décembre.

CASDOÉ (sainte), martyre, était épouse de saint Dadas, parent de Sapor Ier, roi de Perse, et mère de saint Gabdélas. Après avoir été dépouillés de leurs biens et de leurs dignités, ils furent livrés à diverses sortes de tortures et subirent une longue détention. Ils furent enfin condamnés à mort par ordre du prince, leur parent, qui leur fit trancher la tête vers le milieu du iiie siècle. — 29 septembre.

CASIE (sainte), *Casia*, martyre à Thessalonique, fut arrêtée avec sainte Agape et cinq autres saintes femmes, pour avoir refusé de manger des viandes offertes aux idoles, et conduite devant Dulcétius, gouverneur de la province, qui lui demanda pourquoi elle ne voulait point toucher au vin et aux viandes qu'on avait offertes aux dieux, elle répondit : « C'est parce que je veux sauver mon âme. » Le gouverneur, lui ayant proposé de participer aux sacrifices, n'en obtint qu'un refus positif. Elle fut condamnée à rester en prison jusqu'à nouvel ordre, et l'on ignore si elle y mourut ou si elle subit une nouvelle condamnation. Ce fut pendant la persécution de Dioclétien, l'an 304, qu'elle confessa Jésus-Christ. — 3 mars.

CASILDE (sainte), *Casilda*, vierge, est honorée au lieu dit le Lac-Saint-Vincent, près de Burgos, où il y a une église de son nom. — 9 avril.

CASIMIR (saint), *Casimirus*, fils de Casimir IV, roi de Pologne, et d'Elisabeth d'Autriche, né le 5 octobre 1458, montra, dès son enfance, les plus heureuses dispositions pour la vertu. Il fut élevé, ainsi que les princes ses frères, par Jean Dlugloss, chanoine de Cracovie, homme d'une grande vertu et d'un mérite peu commun, qui refusa plusieurs fois l'épiscopat. Le jeune Casimir fit, sous un aussi habile maître, de grands progrès, tant dans les sciences que dans la piété. Placé sur les marches du trône, il n'éprouvait que du dégoût pour le luxe et les grandeurs de la cour ; il portait un cilice sous ses habits, qui étaient toujours fort simples, couchait ordinairement sur la terre nue et passait une grande partie de la nuit à prier ou à méditer principalement sur la passion de Jésus-Christ, car il avait une dévotion toute particulière pour Jésus souffrant, et il ne pouvait penser au mystère de notre rédemption, sans verser des larmes. La visite des églises, l'assistance aux offices divins et surtout au saint sacrifice, faisaient son bonheur. Pénétré d'une confiance toute filiale envers Marie, il composa, en son honneur, l'hymne qui porte son nom, et qui commence par ces mots : *Omni die, dic Mariæ*, etc., et à sa mort il voulut qu'on en mît une copie dans son tombeau. Sa tendre charité pour les pauvres le faisait vivement compatir à leurs misères, et, non content de leur distribuer tout ce dont il pouvait disposer en leur faveur, il plaidait leur cause avec chaleur près du roi son père et de son frère Wladislas, roi de Bohême. En 1471, les Hongrois, mécontents de Mathias, voulurent élire saint Casimir à sa place, et envoyèrent, à cet effet, une députation au roi son père. Le jeune prince, qui n'avait pas encore treize ans, eût bien voulu refuser la couronne qu'on lui offrait ; mais son père accepta en son nom, et l'envoya en Hongrie avec une armée pour soutenir son élection. Arrivé sur les frontières de ce royaume, le saint apprit que Mathias avait regagné le cœur de ses sujets et qu'il avait une armée de 16,000 hommes à lui opposer. Il fut informé aussi que le pape Sixte IV s'était prononcé en faveur de Mathias, et qu'il avait envoyé une ambassade au roi de Pologne pour le faire renoncer à son projet sur la Hongrie. Ces nouvelles lui causèrent une joie secrète, car il ne s'était prêté à cette entreprise qu'avec beaucoup de répugnance. Il demanda donc à son père la permission de ne pas aller plus loin, et de revenir en Pologne ; ce qu'il n'obtint qu'avec beaucoup de difficulté. Ne voulant pas, par sa présence, augmenter le chagrin que Casimir IV avait de voir son entreprise échouer, il s'abstint de reparaître aussitôt à la cour, et, au lieu de se rendre à Cracovie, il se retira au château de Dobzki, qui en est à une lieue, et y passa trois mois dans les exercices de la piété et dans les pratiques de la pénitence. Quelques années après, les Hongrois lui ayant offert une seconde fois la couronne de Hongrie, il refusa net, malgré les sollicitations et les ordres réitérés de son père, parce qu'il comprenait alors l'injustice de l'expédition qu'on lui avait fait entreprendre contre le roi Mathias. Il exhortait souvent son père à gouverner ses sujets selon les règles de la justice, et comme il s'y prenait avec beaucoup de respect, le roi écoutait volontiers ses observations et suivait la plupart de ses conseils. Saint Casimir était plein de modestie, d'affabilité, d'un accès facile envers tout le monde et surtout envers les faibles et les petits, qui trouvaient toujours en lui un protecteur et un ami. Il avait fait vœu de continence, dans un âge encore tendre, et rien ne put lui faire enfreindre cet engagement sacré, ni les sollicitations de sa famille, qui voulait l'établir d'une manière digne de sa naissance, ni les avis des médecins qui croyaient l'accomplissement de ce vœu funeste à sa santé, qui allait toujours en dépérissant. Le saint préféra mourir martyr de la chasteté, qu'il avait promise à Dieu, que de vivre infidèle à sa promesse ; aussi a-t-il mérité, par son admirable conduite, d'être proposé aux jeunes gens comme un parfait modèle de pureté. Il mourut de phthisie à Wilna, capitale de la Lithuanie, le 4 mars 1483, n'étant pas encore âgé de vingt-cinq ans. Il avait prédit le jour de sa mort, et s'y était préparé par un redoublement de ferveur et par la réception des derniers sacrements. On l'enterra dans l'église de Saint-Stanislas, et il s'opéra bientôt à son tombeau un grand nombre de miracles. Son corps fut trouvé sans aucune marque de corruption, 120 ans après sa mort, et malgré l'humidité du caveau, les riches étoffes dont on l'avait enveloppé étaient parfaitement conservées. Ses reliques furent alors déposées dans une magnifique chapelle de marbre construite en son honneur. Saint Casimir, qui est le patron de la Pologne, fut canonisé en 1522 par le pape Léon X. — 4 mars.

CASSIEN (saint), *Cassianus*, martyr à Imola dans la Romagne, exerçait, dans cette ville, les fonctions d'instituteur, et enseignait à lire et à écrire aux enfants, lorsqu'il fut arrêté comme chrétien, pendant la persécution de Dèce ou celle de Valérien. Interrogé par le gouverneur de la province, il confessa Jésus-Christ avec courage, et refusa de sacrifier. Alors ce juge ordonna que ses élèves le piquassent avec leurs stylets jusqu'à ce qu'il fût mort, et son supplice fut d'autant plus long et plus douloureux que ceux qu'on lui donnait pour bourreaux lui portaient des coups plus faibles. Exposé nu au milieu d'une troupe de deux cents enfants qui le perçaient avec leurs stylets à écrire, déchiraient ses chairs par lambeaux et se faisaient un jeu barbare d'écrire sur sa peau, il les encourageait avec un calme et une patience admirables, leur disant de ne rien craindre et de ne pas l'épargner. Ce n'est pas qu'il eût l'intention d'applaudir à leur crime qu'il détestait, mais il voulait montrer par là le désir ardent qu'il avait de mourir pour la foi et la joie qu'il éprouvait de souffrir pour une si belle cause. Après sa mort, les chrétiens d'Imola l'enterrèrent, et ses reliques furent, depuis, renfermées dans un mausolée. Saint Prudence, ayant fait le voyage de Rome, visita le tombeau de saint Cassien devant lequel il pria avec beaucoup de larmes, comme il le rapporte lui-même, et exhorte les fidèles à l'invoquer. Il parle aussi d'un tableau placé au-dessus de l'autel, qui représentait le martyr du saint tel que nous l'avons décrit. — 13 août.

CASSIEN (saint), martyr à Rome, avec saint Lucius et deux autres, est honoré le 1er décembre.

CASSIEN (saint), martyr à Rome, souffrit avec plusieurs autres. — 21 mars.

CASSIEN (saint), greffier criminel et martyr à Tanger, en Afrique, ayant refusé d'écrire la sentence portée contre saint Marcel, le centurion, et ayant même jeté à terre ses tablettes, Agricolaus, vicaire du préfet du prétoire, se levant de son siège, lui demanda avec colère pourquoi il en agissait de la sorte. « C'est, répondit Cassien, que la sentence que vous avez dictée est injuste. » On le mit en prison où il passa un mois ; ensuite on lui fit subir un interrogatoire pendant lequel il montra une fermeté à toute épreuve. Il fut condamné à la décapitation sous les empereurs Dioclétien et Maximien-Hercule, l'an 298, le 3 décembre. — 3 décembre.

CASSIEN (saint), l'un des quarante-neuf martyrs d'Abitine en Afrique, qui, après avoir été arrêtés dans cette ville, un jour de dimanche, pendant qu'ils assistaient à la célébration des saints mystères, furent chargés de fers et conduits à Carthage. Le proconsul Anulin les interrogea, en commençant par Saturnin et Datif, les plus considérés d'entre eux, dont l'un était prêtre et l'autre sénateur. Ils furent ensuite envoyés en prison, où Cassien mourut par suite des tourments qu'on lui avait fait subir, l'an 304, pendant la persécution de Dioclétien. — 11 février.

CASSIEN (saint), évêque d'Autun était Égyptien de naissance, et reçut, à ce que l'on croit, la consécration épiscopale en Orient. Une vision le détermina à passer en Europe, lorsque Constantin se fut déclaré en faveur du christianisme. Étant venu dans les Gaules, saint Rhétice, évêque d'Autun, se l'adjoignit dans le gouvernement de son église, et après sa mort, arrivée quelque temps avant le 1er concile de Nicée, saint Cassien, qui s'était fait universellement respecter par ses vertus, fut choisi pour son successeur. On ignore la durée de son épiscopat ainsi que l'année de sa mort, qu'on place vers l'an 330. Il est nommé dans plusieurs martyrologes le 5 août.

CASSIODORE (saint), *Cassiodorus*, martyr à Saint-Marc en Calabre, souffrit avec sainte Dominale, sa mère, et deux de ses frères. — 14 septembre.

CASSIUS ou CASSI (saint), prêtre et martyr en Auvergne, fut, à ce que l'on croit, élevé au sacerdoce par saint Austremoine, apôtre de l'Auvergne, et premier évêque de cette province. Ayant converti saint Victorin, il en fit le compagnon de ses travaux évangéliques et de son martyre, qui eut lieu vers l'an 266. Une église paroissiale de Clermont porte le nom de saint Cassi. — 15 mai.

CASSIUS (saint), martyr à Damas en Syrie, souffrit avec saint Sabin et quatorze autres. — 20 juillet.

CASSIUS (saint) martyr à Nicomédie avec saint Saturne et plusieurs autres, souffrit l'an 303, sous l'empereur Dioclétien.—6 juin.

CASSIUS (saint), soldat et martyr à Bonn, en Allemagne, souffrit avec saint Florent et quelques autres, l'an 303, et fut mis à mort par ordre de l'empereur Maximien. — 10 octobre.

CASSIUS (saint), martyr à Côme, avec saint Carpophore et saint Fidèle, souffrit l'an 304, sous l'empereur Maximien et par son ordre. — 7 août.

CASSIUS (saint), évêque de Narni dans le duché de Spolette, fut élevé sur le siège épiscopal de cette ville en 537. Saint Grégoire le Grand rapporte qu'il ne passait presqu'aucun jour de sa vie sans offrir au Dieu tout puissant l'hostie d'expiation. Sa conduite répondait à cette sainte pratique : il fondait en larmes tout le temps du sacrifice et il donnait aux pauvres tout ce qu'il possédait. Enfin, un jour de la fête des apôtres, jour où il avait coutume de se rendre à Rome, chaque année, ayant célébré la messe et donné aux assistants le corps du Seigneur, il rendit son âme à Dieu l'an 558. Son corps fut reporté à Narni et ses reliques se gardent dans la cathédrale de cette ville. — 29 juin.

CASTE (saint), *Castus*, martyr en Afrique avec saint Émile, fut arrêté pour la foi et céda d'abord à la violence des tourments ; mais, dans un second combat, il triompha du supplice du feu auquel il avait été condamné, et mérita ainsi la couronne pendant la persécution de Dèce, vers l'an 250. Saint Cyprien et saint Augustin, qui parlent de sa chute, font un grand éloge du courage avec lequel il la répara. — 22 mai.

CASTE (saint), martyr, souffrit avec saint Maing et un autre. — 4 septembre.

CASTE (saint), martyr à Sinuesse en Campanie, souffrit avec saint Secondin. — 1er juillet.

CASTE (saint), martyr à Capoue avec saint Marcel et quelques autres, souffrit au commencement du IVe siècle. — 6 octobre.

CASTE (saint) est honoré à Milan dans l'église de Saint-Ambroise le 9 mai.

CASTOR (saint), martyr à Tarse en Cilicie, souffrit avec saint Dorothée. — 8 mars.

CASTOR (saint), aussi martyr à Tarse en Cilicie, souffrit avec saint Étienne.—27 avril.

CASTOR (saint), martyr en Afrique avec saint Victor et un autre, est honoré le 28 décembre.

CASTOR (saint), martyr à Nicomédie, souffrit avec saint Asclépiodote, et il est honoré chez les Grecs le 16 mars.

CASTOR (saint), prêtre et solitaire, né au commencement du IVe siècle, étudia les belles-lettres à la célèbre école de Trèves, et s'appliqua plus encore à acquérir la science des saints que les sciences humaines. Ayant été élevé au sacerdoce par saint Maximin, évêque de cette ville, le désir d'une plus grande perfection et la crainte des dangers du monde le portèrent à se retirer dans une solitude, appelée depuis Cardon, sur les bords de la Moselle, où il mena la vie anachorétique, se livrant à la contemplation des vérités éternelles, et macérant sa chair par les austérités de la pénitence. Ce genre de vie extraordinaire, qu'il embrassa un des premiers en Occident, ne resta pas longtemps caché aux habitants du voisinage. Ayant été découvert, il lui vint bientôt des disciples qui demandaient à vivre sous sa conduite. Castor aurait préféré n'avoir que Dieu pour témoin de ses actions, mais il consentit toutefois à recevoir ceux qui se présentaient pour profiter de ses instructions et vivre sous son obéissance. Il bâtit, à côté de la demeure commune, une église dans laquelle il fut enterré. Saint Castor, qu'on peut regarder comme ayant donné, le premier, l'exemple de la vie cénobitique en Occident, mourut vers l'an 389. — 13 février.

CASTOR (saint), évêque d'Apt, était frère de saint Léonce, évêque de Fréjus, et naquit à Nîmes, vers le milieu du IVe siècle, d'une famille illustre, qui lui fit donner une éducation soignée. Il montra, dès sa jeunesse, beaucoup de piété et une grande charité pour les pauvres. Ayant épousé une personne vertueuse, fille unique d'une riche veuve de Marseille, qui aspirait comme lui à la perfection, ils résolurent, d'un commun accord, de vivre dans la continence, et bientôt après, ils embrassèrent, l'un et l'autre, l'état religieux. Castor fonda le monastère de Manancha, à deux lieues d'Apt en Provence, et il en fut le premier abbé ; mais on le tira bientôt de sa retraite pour le placer sur le siége épiscopal d'Apt, où l'appelaient les vœux du peuple et du clergé. En vain il voulut se cacher, à la nouvelle de son élection ; Dieu permit qu'il fût découvert. Voyant donc qu'il ne pouvait se soustraire au fardeau de l'épiscopat, il ne pensa plus qu'à en remplir dignement les fonctions. Plein de zèle pour le salut des âmes, il se rappelait souvent ces paroles de saint Augustin : « Attirez à Dieu toutes les âmes que vous pourrez. Criez à tous : Aimons Dieu de toutes nos forces ; aimons tous ensemble celui qui est tout aimable, tout adorable. » Ses nouveaux devoirs ne lui firent pas perdre de vue son monastère : il regardait au contraire ceux qui l'habitaient comme la portion la plus précieuse de son troupeau, et ce fut pour eux que le célèbre Cassien, abbé de Saint-Victor de Marseille, son ami, composa, à la prière de saint Castor, ses *Institutions monastiques*, qu'il lui dédia, ainsi que ses *Conférences*. Le saint évêque d'Apt étant mort avant que ce dernier ouvrage ne fût terminé, Cassien le dédia à saint Léonce de Fréjus, son frère. Saint Castor mourut le 2 septembre, vers l'an 420. Il est patron de la cathédrale d'Apt ; il y a aussi, à Nîmes, une église paroissiale, placée sous son invocation ; il est honoré, dans ces deux villes, le 21 septembre.

CASTORE-GABRIELLI (la bienheureuse), veuve, du tiers ordre de Saint-François, mourut en 1391, et elle est honorée à Macerata dans la Marche d'Ancône le 15 juin.

CASTORIN (saint), évêque de Trois-Châteaux, est honoré le 24 février.

CASTORIUS, ou CASTORE (saint), sculpteur et martyr à Rome, souffrit l'an 286, pendant la première persécution de Dioclétien ; il avait été converti par saint Sébastien et baptisé par saint Polycarpe, prêtre de l'Église romaine. Il fut arrêté pendant qu'il était occupé à rechercher les corps des martyrs pour leur donner la sépulture, et comme il refusait de faire des idoles, il fut livré aux plus cruelles tortures. Le juge Fabien essaya, pendant dix jours, de le gagner par des promesses ou de l'intimider par des menaces ; mais ne pouvant l'ébranler, il le fit jeter dans le Tibre. Le pape Léon IV fit placer ses reliques, vers le milieu du IXe siècle, dans l'église des Quatre-Couronnés. — 7 juillet et 8 novembre.

CASTRENSE (saint), *Castrensis*, prêtre d'Afrique et confesseur, souffrit d'abord plusieurs tourments pour la foi catholique par ordre de Hunéric, roi des Vandales ; il fut ensuite exilé par ce prince en 483, avec un grand nombre de prêtres et d'évêques ; il aborda en Campanie et fut chargé du gouvernement de l'église de Capoue. On conserve son corps dans l'église cathédrale de Mont-Réal en Sicile, où il y a une église qui porte son nom. — 11 février et 1er septembre.

CASTRILIEN (saint), *Castrilianus*, évêque de Milan, gouverna cette église dans des temps difficiles et brilla par ses vertus ainsi que par ses bonnes œuvres. On croit qu'il vivait dans le IIe siècle. — 1er décembre.

CASTULE (saint) *Castulus*, martyr en Afrique, souffrit avec saint Zotique et un grand nombre d'autres. — 12 janvier.

CASTULE (saint), martyr avec saint Saturnin et deux autres, est honoré à Terni le 15 février.

CASTULE (saint), martyr en Syrie, souffrit avec saint Avent et huit autres. — 15 février.

CASTULE (saint), martyr à Rome, était intendant des étuves du palais impérial. Ayant logé chez lui des chrétiens, entre autres saint Marc et saint Marcellien, il fut, pour ce fait, trois fois suspendu en l'air, trois fois interrogé par le juge ; et comme il persévérait à confesser la foi de Jésus-Christ, on le jeta dans une fosse, où, accablé par une quantité de sable qu'on fit tomber sur lui, il fut enterré tout vivant, l'an 286, sous Dioclétien. — 26 mars.

CASTULE (saint), martyr à Rome avec saint Euprépile, est honoré le 30 novembre.

CASTULE (sainte), *Castula*, florissait dans le IVe siècle ; elle est honorée à Capone et son nom se lit dans le Martyrologe dit de saint Jérôme. — 25 janvier.

CAT (saint), *Catus*, martyr en Afrique, souffrit avec saint Paul et plusieurs autres. — 19 janvier.

CATANE (saint), soldat et martyr à Salone en Dalmatie, souffrit avec saint Domnion, évêque de cette ville. Il est un des huit soldats dont parle le Martyrologe romain sans les nommer. Leurs corps, ainsi que celui du saint évêque, furent apportés, de la Dalmatie à Rome, sous le pontificat de Jean IV, et ce pape les mit dans l'oratoire de Saint-Venance qu'il venait de faire bâtir. — 11 avril.

CATEL (saint), *Catellus*, évêque de Castellamare ou Stabies, près de Naples, florissait au commencement du IXe siècle. C'est auprès de lui que se réfugia saint Antonin, abbé de Sorrento, lorsque les ravages de la guerre l'eurent chassé de son monastère. — 19 janvier.

CATERVAL (saint), *Catervalis*, était honoré autrefois à Reims le 10 novembre.

CATHERINE (sainte), *Catharina*, vierge et martyre, qui, sous l'empereur Dioclétien et le consulaire Domitius, fut jetée dans le feu et ensuite précipitée dans la mer, d'où étant sortie saine et sauve, elle eut les mains et les pieds coupés, les dents arrachées, et mourut en priant Dieu, l'an 303. — 5 octobre.

CATHERINE (sainte), vierge et martyre, que les Grecs nomment *Æcatherine*, était de race royale, selon ce qu'on lit dans le ménologe de l'empereur Basile, et avait des connaissances rares dans une personne de son sexe. On rapporte que l'empereur Maximin II l'ayant obligée de disputer avec des philosophes païens, non-seulement elle les réduisit au silence, mais elle les convertit au christianisme et les associa à son martyre. On lit dans ses actes qu'elle fut attachée à une machine composée de plusieurs roues et garnie de pointes aiguës; mais que les cordes qui devaient faire agir la machine s'étant rompues, la sainte n'eut aucun mal, et qu'elle fut condamnée à la décapitation, vers l'an 311. Eusèbe parle d'une vierge d'Alexandrie, qu'il ne nomme pas, distinguée par son illustre naissance et par ses richesses, laquelle eut le courage de résister à la lubricité du tyran Maximin, qui se faisait un jeu de déshonorer les femmes les plus honorables de cette ville; qu'elle joignait aux autres avantages dont elle jouissait un savoir peu commun; mais qu'elle préférait à tout l'amour de la chasteté, et que, quoique Maximin n'eût pu la séduire, il se contenta de confisquer ses biens et de l'envoyer en exil. Comme tous ces traits, excepté le dernier, conviennent à sainte Catherine d'Alexandrie, le savant Joseph Assémani pense que c'est d'elle qu'Eusèbe a parlé, et cette conjecture a été accueillie par la plupart des hagiographes. Le corps de la sainte fut découvert par les chrétiens d'Egypte, au VIIIe siècle, et transporté au monastère que sainte Hélène avait fait bâtir sur le mont Sinaï en Arabie. Dans le XIe siècle, Siméon, moine du mont Sinaï, apporta à Rouen une partie de ses reliques, lorsqu'il vint en France pour percevoir le secours que Richard, duc de Normandie, donnait annuellement à son monastère. Les vastes connaissances de sainte Catherine et le saint usage qu'elle en fit l'ont fait choisir, dans les écoles, pour le modèle et la patronne des élèves en philosophie et des philosophes chrétiens. — 25 novembre.

CATHERINE DE SIENNE (sainte), vierge, née en 1347, d'un riche teinturier de cette ville, nommé Benincasa, montra, dès l'âge le plus tendre, les plus belles qualités de l'esprit et du cœur; aussi ses parents, qui aimaient tous leurs enfants, se sentaient une prédilection particulière pour Catherine: on ne pouvait la voir sans éprouver pour elle le plus vif intérêt, et on lui donna le surnom d'*Euphrosyne*, qui signifie en grec la joie de l'âme. Elle ne fut pas plutôt capable de connaître Dieu qu'elle en reçut les grâces les plus abondantes, auxquelles elle répondait avec une fidélité au-dessus de son âge. Elle se retirait souvent dans une petite solitude, où elle retraçait de son mieux la vie des Pères du désert, et rapportait dans le sein de sa famille, le recueillement qu'elle y avait puisé. La prière, les exercices de piété et la mortification faisaient ses plus chères délices. Elle fit vœu de virginité avant d'être sortie de l'enfance; mais sa résolution fut mise à une rude épreuve. Elle avait à peine douze ans que ses parents voulurent la marier, malgré toutes ses représentations. Ils mirent tout en usage pour lui faire perdre le goût de la solitude auquel ils attribuaient sa répugnance pour le mariage, dérangèrent ses pratiques de dévotion et lui ôtèrent la petite chambre dans laquelle elle avait coutume de se retirer seule, de temps en temps. Outre ces précautions, ils la chargèrent du soin de la maison, et exigèrent d'elle les services ordinairement réservés à une servante. Ces tracasseries et ces fonctions humiliantes, qui l'exposaient au mépris et aux railleries de ses sœurs, furent pour Catherine une nouvelle source de mérites. Saisissant avec ardeur toutes les occasions de satisfaire l'amour qu'elle avait pour les croix, elle supportait tout avec douceur et patience. La seule chose qu'elle regrettait, c'était sa chère solitude, mais elle sut s'en faire une dans son propre cœur. Le Seigneur, dit-elle, m'avait enseigné le moyen de me bâtir une retraite dans mon âme.... et il m'avait promis, en même temps, de m'y faire trouver une paix et un repos qu'aucune tribulation ne pourrait troubler. Cependant ses sœurs et quelques amies lui tendirent un piège bien dangereux. « La vraie vertu, lui dirent-elles, ne doit point être sauvage : il faut donc vous humaniser. Quel mal y a-t-il à prendre un air de gaieté et à se parer honnêtement? » Leur but était de l'entraîner dans les amusements du monde et de lui inspirer le goût de la vanité. Catherine, qui ne se défiait de rien, les écouta et montra moins d'éloignement pour la parure; mais elle s'aperçut bientôt du danger qu'elle courait; elle se repentit de sa complaisance et la déplora toute sa vie. Bonaventure, sa sœur aînée, étant venue à mourir sur ces entrefaites, ce triste événement contribua beaucoup à l'affermir dans son mépris pour les choses de ce monde. Son père, édifié de la soumission et de la patience qu'elle avait montrées, lui rendit son amitié et lui permit de reprendre ses anciennes pratiques de dévotion. Catherine, redevenue libre de suivre l'attrait qui la portait vers les œuvres de charité et de mortification, faisait aux pauvres d'abondantes aumônes, servait les malades, portait des consolations aux prisonniers et aux malheureux. Sa nourriture se composait d'herbes bouillies : rarement elle se permettait l'usage du pain. Elle portait un cilice avec une ceinture de fer garnie de pointes aiguës, et prenait sur la terre nue le court sommeil qu'elle ne pouvait absolument refuser à la nature. Elle n'avait que quinze ans lorsqu'elle commença ce genre de vie. Les maladies dont elle fut affligée, vers la même époque, ne servirent qu'à faire éclater sa force d'âme et à épurer les affections de son cœur. A dix-huit ans, elle entra dans le tiers ordre de Saint-Dominique. Son plus grand plaisir était de rester dans sa cellule occupée à la prière, à l'exercice de la contemplation, qui absorbait une grande partie de ses journées et même de ses nuits. Ses mortifications allaient toujours en augmentant : elle garda pendant trois ans, un silence absolu, qu'elle n'interrompait que pour parler à Dieu et à son directeur. Le démon, jaloux d'une vertu aussi extraordinaire, lui livra de rudes assauts, remplit son imagination de fantômes impurs, attaqua son cœur par les tentations les plus humiliantes pour une vierge, et remplit son esprit d'épaisses ténèbres. La prière, l'humilité, la résignation et la confiance en Dieu, telles furent les armes auxquelles elle eut recours pour triompher de ces attaques et la victoire lui resta. Le Sauveur ayant visité Catherine, après ce combat terrible, elle lui dit : *Où étiez-vous, mon divin époux, tandis que je me voyais dans une situation si affreuse? — J'étais avec vous. — Quoi! vous étiez au milieu des abominations qui couvraient mon âme? — Ces abominations ne vous ont point souillée parce qu'elles vous faisaient horreur; ainsi le combat que vous avez soutenu a été pour vous une source de mérites, et c'est à ma présence que vous avez été redevable de la victoire.* Elle eut aussi de violentes tentations d'orgueil dont elle triompha par la pratique constante de l'humilité. Sa charité envers les pauvres ne connaissait point de bornes, et Dieu la récompensa plus d'une fois par le don des miracles, en multipliant entre ses mains les secours destinés au soulagement des malheureux. Les murmures et les reproches des ingrats qu'elle soulageait ne la rebutaient point, parce qu'elle ne voyait que Jésus-Christ dans la personne des pauvres : ainsi une vieille femme, nommée Tocca, tellement infectée de la lèpre que les magistrats de Sienne l'avaient fait sortir de la ville, de peur qu'elle ne communiquât son mal aux autres, et qui était l'objet des soins les plus assidus de Catherine, n'avait aucune reconnaissance pour sa bienfaitrice; elle l'accablait même de reproches et d'injures. Cette conduite révoltante ne fit sur elle aucune impression, et elle s'en vengea que par un redoublement de bonté et de douceur. Elle fut encore plus mal récompensée des services qu'elle rendait à une femme dont le sein était rongé par un horrible cancer et qui était abandonnée de tout le monde. Cette malheureuse ne se contenta pas de la maltraiter de paroles; mais elle porta la méchanceté jusqu'à la noircir par des calomnies atroces qu'elle débita de concert avec une sœur du couvent. Catherine souffrit avec patience l'atteinte portée à sa réputation, laissant à Dieu le soin de sa justification. Ses prières fléchirent le ciel en faveur de ses calomniatrices : toutes deux se convertirent et rétractèrent hautement leurs horribles imputations. Sainte Catherine, dans l'exercice de son ardente charité, avait plus

en vue encore les âmes que les corps : de là ce zèle infatigable pour la conversion des pécheurs. Elle offrait à Dieu, dans cette intention, des larmes, des prières, des jeûnes, des veilles et d'autres austérités. Ses actions, ses discours, son silence même, avaient une puissance secrète pour porter les cœurs à la vertu; ce qui fait dire au pape Pie II qu'on ne pouvait approcher d'elle sans devenir meilleur. Un des principaux habitants de Sienne, nommé Nannès, entretenait des discordes scandaleuses : Catherine lui parla fortement pour le faire rentrer en lui-même; mais voyant qu'elle avait affaire à un cœur endurci, elle interrompit ses pressantes exhortations pour recourir à la prière. Aussitôt Nannès ouvrit son cœur à la grâce et donna des marques d'une parfaite conversion : il se réconcilia avec ses ennemis, et mena toujours depuis une conduite très-édifiante. Par reconnaissance il donna à Catherine une belle maison, située à deux milles de la ville, laquelle fut convertie en un couvent par l'autorité du pape. La conversion de Jacques Tholomée et de ses sœurs, celle de Nicolas Tuldo et de plusieurs autres furent aussi l'ouvrage de Catherine. Ses discours étaient si persuasifs que les plus grands pécheurs n'y pouvaient résister. Deux fameux assassins qu'on avait essayé en vain de ramener à Dieu, avant de le conduire au supplice, ne répondaient à toutes les exhortations que par d'horribles blasphèmes, et ne montraient d'autres sentiments que ceux de la rage et du désespoir. Catherine, vivement touchée du déplorable état de leur âme, se mit en prières pour eux : à l'instant, la grâce amollit la dureté de leurs cœurs; ils confessèrent leurs crimes avec une grande componction et moururent en donnant toutes les marques d'une sincère pénitence. Le pape Grégoire XI chargea le Père Raymond de Capoue et deux autres dominicains d'entendre à Sienne les confessions de ceux que Catherine avait déterminés à changer de vie, et le nombre en était si grand, que ces religieux étaient au tribunal de la pénitence nuit et jour, et pouvaient à peine suffire à entendre ceux qui ne s'étaient pas confessés depuis longtemps et ceux qui avaient fait de mauvaises confessions. Pendant la peste de 1374, sainte Catherine se dévoua généreusement au service des pestiférés, et obtint de Dieu la guérison de plusieurs. Elle insistait principalement sur la nécessité d'apaiser la colère céleste par de dignes fruits de pénitence. On accourait de toutes parts pour l'entendre et même pour la voir. Ceux qui avaient eu ce bonheur s'en retournaient glorifiant Dieu, et bien résolus de mener à l'avenir une vie plus chrétienne. Elle se rendit à Monte-Pulciano pour assister à la prise d'habit de deux de ses nièces qui entraient dans l'ordre de Saint-Dominique. Elle fit ensuite, par l'ordre de ses supérieurs, un voyage à Pise, où elle était attendue avec impatience; elle y rendit la santé à un grand nombre de malades et y procura la conversion de beaucoup de pécheurs. Pendant qu'elle était dans cette ville, les villes de Florence, de Pérouse, une grande partie de la Toscane et de l'Etat ecclésiastique formèrent une ligue contre le saint-siége. Les Guelfes et les Gibelins, si longtemps divisés, s'étaient enfin réunis contre le pape, afin de le dépouiller de tout ce qu'il possédait en Italie. Sainte Catherine, qui avait prédit cette révolte trois ans auparavant, en fut vivement affligée et réussit à retenir dans la fidélité au souverain pontife les villes de Sienne, de Lucques et d'Arezzo. Les hostilités commencèrent en 1373 et le parti du pape remporta plusieurs avantages. Les Florentins, qui étaient à la tête de la ligue, voyant la division se mettre parmi les confédérés, et épuisés par une guerre ruineuse, résolurent de déposer les armes et d'implorer la clémence du pape; en conséquence, les magistrats de Florence envoyèrent des députés à Sienne, afin d'engager Catherine à se faire leur médiatrice. Elle se rendit à Florence où on lui fit une réception distinguée. On lui donna plein pouvoir de traiter avec le pape et on la laissa maîtresse des conditions de la paix. Des ambassadeurs devaient être envoyés à Avignon pour ratifier et pour signer tout ce qu'elle aurait jugé à propos de conclure. Catherine fut reçue avec de grands honneurs à Avignon, où elle arriva le 18 juin 1376. Le pape, dans une conférence qu'il eut avec elle, admira sa prudence et sa sainteté. « La paix, lui dit-il, est l'unique objet de mes désirs : je remets toute l'affaire entre vos mains, je vous recommande seulement l'honneur de l'Eglise. » Les Florentins n'avaient pas des dispositions aussi pacifiques et continuaient à intriguer contre le saint-siége pour lui enlever ses possessions d'Italie. Leurs ambassadeurs, arrivés à Avignon, parlèrent avec insolence, et l'accommodement ne put avoir lieu. Sainte Catherine profita de son séjour à Avignon pour décider Grégoire XI à revenir à Rome. Grégoire, qui avait fait secrètement le vœu d'y retourner, mais qui n'avait pas encore osé l'accomplir, dans la crainte de déplaire à sa cour, ayant consulté la sainte sur la conduite qu'il devait tenir : « Faites, lui répondit-elle, ce que vous avez promis à Dieu.» Le pape, qui n'avait découvert son vœu à personne, vit bien qu'elle ne pouvait le connaître que par révélation, ce qui augmenta encore la vénération qu'il avait conçue pour elle. La sainte, après son départ, lui écrivit encore plusieurs lettres pour le presser de hâter son retour. Grégoire quitta Avignon le 13 septembre 1376, et rejoignit sainte Catherine à Gênes, où elle passa quelques jours. Revenue à Sienne, elle reprit son premier genre de vie, continuant à servir les malades, dont elle guérit plusieurs par ses prières, à convertir les pécheurs et à réconcilier les ennemis. La profonde connaissance qu'elle avait des choses célestes lui avait acquis une grande réputation. Quelques docteurs d'Italie, qui en étaient jaloux, vinrent la trouver pour avoir une conférence avec elle, espérant la trouver en défaut sur quelque point, et la convaincre d'ignorance; mais leur démarche tourna à leur confusion, et ils ne purent s'empêcher d'admirer ses réponses. La même chose était déjà arrivée à Avignon. Trois prélats, ne pouvant souffrir le crédit qu'elle avait sur le pape, lui firent des questions très-captieuses sur la vie spirituelle et sur divers autres sujets; mais elle leur répondit avec tant de sagesse, qu'ils avouèrent au pape n'avoir jamais vu personne aussi éclairé dans les voies de Dieu, ni aussi solidement établi dans l'humilité. Un sénateur de Sienne, nommé Etienne, se trouvant réduit à la dernière extrémité par des ennemis puissants, s'adressa à sainte Catherine, dans l'espérance qu'elle pourrait lui être d'un grand secours. Il ne fut point trompé dans son attente : la sainte, par ses prières, fit entrer dans de meilleurs sentiments ceux qui le persécutaient, et calma tout à coup leur fureur. Elle obtint aussi pour Etienne le mépris du monde et de ses vanités. Il s'attacha à sa libératrice, et lui servait de secrétaire pour écrire ses lettres. Il la suivit dans ses voyages, assista à ses derniers moments et se chargea d'écrire sa Vie.

Comme les troubles continuaient à désoler l'Italie, Catherine écrivit au pape Grégoire pour l'exhorter à faire cesser la guerre. Grégoire ne demandait pas mieux, mais les Florentins s'opiniâtraient dans leur rébellion. Il leur envoya Catherine, pensant qu'elle réussirait mieux que personne à réconcilier les esprits. Elle trouva Florence dans l'état le plus affreux; on ne voyait de toutes parts que meurtres et que confiscations. Ses jours y coururent de grands dangers; mais elle se montra intrépide, même au milieu des épées qu'on tira contre elle. Les rebelles, touchés de son courage et de ses instances, se soumirent enfin au pape, et la paix se fit en 1378. Catherine, après cette heureuse négociation, retourna à Sienne et rentra dans sa solitude, s'occupant de la prière et de la contemplation. Dieu lui découvrit, dans cet exercice, des mystères ineffables, et lui donna l'intelligence des choses célestes dans un degré si éminent, qu'on ne pouvait l'entendre sans admiration expliquer les choses du salut. Son union intime avec son Dieu ne fut jamais troublée ni interrompue au milieu des affaires importantes dont elle fut chargée dans l'intérêt public ou dans celui des particuliers. Sa vie paraissait un miracle perpétuel : elle passa plusieurs années dans l'abstinence la plus rigoureuse; il lui arriva même, une fois, de jeûner depuis le mercredi des cendres jusqu'à l'Ascension, et de ne prendre, pendant tout ce temps, que la sainte eucharistie. Les épreuves qu'elle eut à subir, et surtout les calomnies auxquelles elle fut en butte, firent voir jusqu'à quel point elle portait l'amour des croix et des humiliations. Notre-Seigneur lui apparut dans une vision, et lui présenta une couronne d'or et une couronne d'épines, lui ordonnant de choisir celle qui lui plairait le plus. Elle choisit la couronne d'épines et l'enfonça sur la tête. Elle eut beaucoup à gémir sur le grand schisme qui désola l'Eglise pendant de longues années, et qu'elle vit commencer en 1378. Les cardinaux, qui avaient élu Urbain VI, après la mort de Grégoire XI, choqués de la dureté de son caractère et de la sévérité de son administration, déclarèrent nulle son élection cinq mois après, et nommèrent Clément VII, qui alla résider à Avignon avec eux. Sainte Catherine ne se contentait pas de pleurer en secret les maux de l'Eglise, elle fit tous ses efforts pour en arrêter le cours. Elle écrivit les lettres les plus fortes et les plus touchantes aux cardinaux pour leur reprocher cette seconde élection, et pour les faire rentrer dans l'obédience d'Urbain, qu'ils avaient d'abord reconnu unanimement pour pape légitime; elle recommanda sa cause aux princes de la chrétienté; enfin, elle écrivit à Urbain lui-même pour l'encourager, dans les malheureuses circonstances où il se trouvait placé, ajoutant, avec une généreuse liberté, qu'il devait couper la racine du mal et se corriger de cette dureté de caractère qui lui avait attiré tant d'ennemis, et qui empêchait encore une partie considérable du monde chrétien de le reconnaître. Urbain eut égard à ces représentations, et manda Catherine à Rome, afin d'être plus à portée de suivre ses conseils. Il avait même formé le projet de la députer, avec sainte Catherine de Suède, vers Jeanne, reine de Sicile, qui s'était déclarée pour Clément VII; mais cette députation n'eut point lieu, parce qu'on craignit d'exposer la vie des deux saintes à de trop grands dangers. Sainte Catherine de Sienne, qui se vit avec peine ravir cette occasion de souffrir pour la cause de l'Eglise, écrivit à la reine de Sicile ce qu'elle ne pouvait lui aller dire de vive voix. Elle adressa aussi des lettres au roi de France, à celui de Hongrie et à plusieurs princes du parti de Clément, pour les exhorter à renoncer au schisme. Les peines qu'elle se donnait pour faire reconnaître Urbain VI, aggravèrent ses infirmités habituelles; elle y succomba enfin, et mourut à Rome le 27 avril 1380, à l'âge de trente-trois ans. Elle fut enterrée dans l'église de la Minerve, où l'on conserve son corps sous un autel, à l'exception de son crâne, qui est chez les Dominicains de Sienne. On voit encore, dans cette ville, sa maison, ses instruments de pénitence et quelques autres reliques. Elle fut canonisée par Pie II en 1461, et sa fête fut fixée au 30 avril par Urbain VIII. Peu de saintes ont été favorisées d'un aussi grand nombre d'extases, de ravissements et d'autres grâces extraordinaires que sainte Catherine; peu ont opéré un aussi grand nombre de miracles. Elle a laissé six traités en forme de dialogues, un discours sur l'Annonciation de la sainte Vierge, et trois cent soixante-quatre lettres très-bien écrites et qui décèlent un génie supérieur: l'on y trouve, ainsi que dans ses autres écrits, le langage de la vraie piété. — 30 avril.

CATHERINE DE SUÈDE (sainte), vierge, née en 1330, était fille d'Ulphon de Guthmarson, prince de Néricie, en Suède, et de sainte Brigite. Placée, à l'âge de sept ans, dans le monastère de Risberg, elle y fut élevée dans la pratique de toutes les vertus. Quoiqu'elle eût pris la résolution de consacrer à Dieu sa virginité, ses parents la marièrent à un jeune seigneur nommé Egard; et comme il était rempli de piété, les deux époux s'engagèrent, le jour même de leurs noces, à passer leur vie dans la continence. La prière, la mortification, la charité envers les pauvres et les autres bonnes œuvres, telles étaient leurs plus chères occupations. Sainte Brigite étant allée se fixer à Rome après la mort d'Ulphon, sainte Catherine obtint d'Egard la permission d'aller passer quelque temps avec sa mère. Elle arriva à Rome en 1348, et satisfit sa dévotion par la visite des églises et des hôpitaux. Lorsqu'elle se disposait à retourner en Suède, sainte Brigite la retint, dans la confiance que le mari de celle-ci ne trouverait pas mauvais qu'elle restât à Rome pour se livrer avec elle aux exercices de la pénitence et de la charité. Egard mourut bientôt après, et alla recevoir dans le ciel la récompense de ses vertus. Catherine, devenue veuve, se vit exposée à la poursuite de jeunes seigneurs qui demandaient sa main. Un certain comte dressa même une embuscade pour l'enlever lorsqu'elle se rendrait à l'église de Saint-Sébastien pour entendre la messe, et le coup ne manqua pas parce qu'il se trouva dans la rue un embarras qui donna à Catherine le temps de se réfugier dans une maison. Cette tentative lui fit prendre plus de précautions; elle se condamna à une retraite plus rigoureuse encore, ne sortant plus que pour se rendre dans les églises les plus voisines, et s'occupant chez elle à la prière, à la méditation et au travail des mains, qu'elle n'interrompait que pour distribuer des secours et des instructions aux pauvres et aux étrangers, surtout aux Suédois et à ceux des autres pays du Nord. Sainte Brigite ayant formé la résolution de faire le pèlerinage de la terre sainte, Catherine voulut accompagner sa mère, qui tomba malade en revenant, et qui mourut à Rome l'an 1373. Sainte Catherine, qui lui était tendrement attachée, supporta cette perte douloureuse avec cette résignation et cette soumission à Dieu qu'inspire la véritable piété; et, après avoir fidèlement exécuté ses dernières volontés, elle retourna en Suède, et se retira, en 1374, dans le monastère de Watzen, fondé par sainte Brigite. Les religieuses l'ayant élue supérieure, elle s'appliqua avec zèle à leur sanctification en se sanctifiant elle-même, et leur donna la règle du Saint-Sauveur, qu'elle avait pratiquée à Rome pendant vingt-quatre ans, sous la conduite de sa sainte mère. Les miracles qui s'opéraient au tombeau de sainte Brigite, dont le corps avait été reporté en Suède, vinrent troubler le repos que sa fille goûtait à Watzen et la tirer de sa retraite. Le roi de Suède, les évêques et les grands du royaume la chargèrent de retourner à Rome, où elle passa deux ans à poursuivre la canonisation de sa mère. Elle avança beaucoup l'affaire, mais elle n'eut pas la consolation de la voir entièrement terminée. Sa mauvaise santé l'ayant obligée de retourner en Suède, elle rentra dans sa chère solitude de Watzen, et, après neuf mois d'une maladie qui faisait cruellement souffrir son corps, sans que son esprit en parût affecté, conservant toute sa force et toute sa tranquillité, et s'occupant avec Dieu comme à l'ordinaire, elle mourut le 24 mars 1382, âgée de cinquante et un ans. Durant les vingt-cinq dernières années de sa vie, elle n'avait passé aucun jour sans se purifier, par le sacrement de pénitence, de ces fautes légères qui échappent même aux plus justes. Elle avait composé un livre intitulé : *La consolation de l'âme*, qui n'est qu'un recueil de maximes tirées de l'Ecriture et de quelques traités de piété, comme elle le dit elle-même dans sa préface. — 22 mars.

CATHERINE DE BOLOGNE (sainte), abbesse des Clarisses de Bologne, née dans cette ville en 1413, sortait d'une famille illustre, et montra, dès son enfance, de grandes dispositions pour la vertu. Placée, à l'âge de douze ans, en qualité de dame d'honneur auprès de la princesse Marguerite, fille de Nicolas d'Est, marquis de Ferrare, elle y resta deux ans. Le mariage de la princesse lui ayant rendu sa liberté, elle en profita pour se retirer dans une société de filles du tiers ordre de Saint-François à Ferrare. Cette société ayant été érigée en monastère sous la règle de sainte Claire, Catherine y prononça ses vœux et y resta jusqu'à la fondation du couvent des Clarisses de Bologne, dont elle fut la première prieure. Le gouvernement de sa communauté ne l'empêchait pas de s'appliquer avec zèle à la conversion des pécheurs, qu'elle ne cessait de solliciter par ses larmes et par ses prières. Son amour pour l'oraison et sa patience au milieu des épreuves intérieures qu'elle eut à souffrir étaient admirables; son humilité lui faisait rechercher les occasions de servir ses religieuses, et de se livrer aux plus abjectes fonctions de la communauté; son éminente sainteté fut récompensée, dès cette vie, par le don de prophétie, par celui des miracles et par des révélations. Elle mourut le 9 mars 1463, à l'âge de cinquante ans. Son nom fut inséré dans le Martyrologe romain par Clément VIII en 1592, et Benoît XIII la canonisa en 1723. Son corps, qui est encore entier, se garde dans l'église des Clarisses de Bologne, renfermé dans une niche vitrée et grillée. Sainte Catherine de Bologne a laissé, outre ses révélations, qui n'ont pas été écrites de sa main, quelques traités en latin et en italien, dont le plus célèbre est son livre des *Sept Armes spirituelles*. — 9 mars.

CATHERINE DE PALENZA (sainte), religieuse de Saint-Augustin, né à Palenza dans le diocèse de Novare, était encore en bas âge, lorsque la peste lui enleva ses parents. Elle fut élevée à Milan par sa marraine, qui la forma à la pratique des vertus chrétiennes. Ayant perdu cette seconde mère qu'elle chérissait beaucoup, elle voulut entrer dans une maison religieuse; mais son tuteur refusa son consentement, et elle fut obligée de rester dans le monde, en attendant que les circonstances lui permissent d'exécuter sa sainte résolution. Le bienheureux Albert de Sarzane, Frère Mineur de l'Etroite Observance et prédicateur célèbre, étant venu à Milan, fit un sermon sur les souffrances de Notre-Seigneur. Catherine en fut si touchée, que, de retour à la maison, elle se prosterna devant un crucifix, et fit vœu de chasteté perpétuelle. Elle se retira ensuite, en 1452, sur le mont Varèse, près d'une église de la sainte Vierge, et se joignit à quelques femmes qui y menaient la vie solitaire. Catherine sentait bien tout ce qu'avait de pénible le genre de vie qu'elle allait embrasser sur cette montagne nue et aride, qui ne présentait pour abri que quelques cabanes : aussi, en entrant dans son ermitage, fit-elle au Seigneur cette prière : *O Dieu éternel, tout-puissant, créateur et rédempteur, voici votre humble servante qui est venue dans ce lieu sauvage, afin de faire plus parfaitement votre volonté. Je vous recommande mon âme et mon corps; protégez-moi, défendez-moi, gouvernez-moi, car, sans vous, je ne puis rien faire. Mais, ô mon unique espoir, je peux tout avec votre secours.* Elle passa le premier jour à nettoyer et à arranger sa pauvre demeure; et, le soir de son arrivée, elle était encore à jeun. Elle se mit en prière et trouva ensuite un morceau de pain qu'elle regarda comme un présent de la Providence. Elle passa les six premières années de sa solitude dans des austérités extraordinaires, ne mangeant que ce qui lui était absolument nécessaire pour ne pas mourir de faim, et pour combattre la sensualité elle mêlait de cendres le peu d'aliments qu'elle prenait. Trois fois le jour elle se déchirait le corps par de sanglantes disciplines, et pendant dix-sept ans, elle porta un cilice serré sur son corps par une corde de crin. Elle dormait peu, et lorsque la nature la forçait à prendre quelques instants de repos; la nuit, elle s'écriait, en versant des larmes : *O dur lit de mon bien-aimé! les renards ont leurs tanières et les oiseaux du ciel leurs nids; mais le Fils de l'homme n'a pas où reposer sa tête, et moi, misérable pécheresse, je couche sur la paille, afin d'être plus à l'aise.* Elle pensait habituellement aux souffrances du Sauveur, et chaque jour elle lisait la passion selon saint Jean, non sans verser beaucoup de larmes. Ses vertus la firent établir supérieure, par les saintes filles qu'elle avait trouvées sur le mont Varèse : de nouvelles compagnes vinrent se joindre aux premières, et Catherine les portait à la perfection par ses discours et plus encore par ses exemples. Un jour, ayant reçu un soufflet, elle présenta tranquillement l'autre joue, sans faire paraître le moindre trouble. Elle avait un talent particulier pour convertir les pécheurs : elle leur parlait d'une manière si forte et si persuasive tout à la fois, qu'elle en ramena un grand nombre dans la chemin du salut. Les filles qui vivaient sous sa conduite avaient conçu pour elle tant d'estime et d'affection qu'elles résolurent de se fixer irrévocablement dans sa solitude; mais comme elles n'appartenaient à aucun ordre religieux, quelques gens en murmuraient et prétendaient même qu'elles étaient excommuniées. Catherine souffrit d'abord cette calomnie avec sa patience ordinaire; elle s'employa ensuite à faire régulariser sa position, et, après de longues et ferventes prières, elle sollicita de Sixte IV la permission, pour elle et ses compagnes, de faire des vœux solennels. Le pape y consentit et chargea l'archevêque de Milan de changer en monastère l'ermitage du mont Varèse. La bienheureuse Catherine, qui en fut élue supérieure en 1476, embrassa la règle de saint Augustin, et pendant les vingt mois qu'elle gouverna encore sa communauté elle ne cessa de donner à ses religieuses les plus beaux exemples de perfection et surtout d'une patience héroïque, au milieu des infirmités qui l'accablaient. Sentant approcher sa fin, elle annonça à ses sœurs qu'elle allait les quitter, leur donna les avis les plus salutaires, et fixant les yeux sur le crucifix, elle mourut le 6 avril 1478. Les miracles opérés par son intercession déterminèrent Clément XIV à approuver, en 1769, le culte qu'on lui rendait. — 6 avril.

CATHERINE DE GÊNES (sainte), veuve, était fille de Jacques Ficschi, vice-roi de Naples, et naquit à Gênes en 1447. Dès l'âge le plus tendre, elle se montra exempte des petits défauts auxquels l'enfance est sujette, et se fit admirer par son amour pour la prière, la mortification, et par la pratique des plus héroïques vertus. Elle avait à peine douze ans lorsque Dieu commença à la favoriser des grâces les plus extraordinaires, et l'attrait qu'elle éprouvait pour la vie contemplative la portait à se consacrer à Dieu dans l'état religieux. Mais ses parents et ses directeurs s'opposèrent à sa résolution. On lui fit épouser, à seize ans, un jeune seigneur de Gênes, nommé Julien Adorno, qui était porté aux plaisirs et dominé par l'ambition, ce qui fut pour Catherine une source de peines qu'elle supporta avec une patience admirable et qu'elle fit servir à sa sanctification. Son mari, par ses prodigalités, dissipa son patrimoine et la dot de sa femme. La vie déréglée d'Adorno l'affligeait beaucoup plus vivement que la perte de son bien; elle ne cessait de demander tous les jours au ciel sa conversion, et ses prières furent, à la fin, exaucées. Son mari fit pénitence de ses égarements, et entra dans le tiers ordre de Saint-François où il mourut dans de grands sentiments de piété. Catherine, affranchie des liens qui la retenaient dans le monde, résolut de ne plus vivre que pour Dieu. Elle délibéra quelque temps sur la meilleure manière d'accomplir son dessein, et se décida enfin pour la réunion de la vie active à la vie contemplative. Elle s'attacha donc au grand hôpital de Gênes où elle servit plusieurs années les malades avec une charité et un zèle incroyables, sans se laisser vaincre par les répugnances de la nature. Le désir de servir Jésus-Christ, dans la personne de ses membres souffrants, lui faisait surmonter tous les dégoûts; on la voyait remplir, avec joie, avec amour, les fonctions les plus rebutantes. Les malades de la ville étaient aussi l'objet de ses soins; ils ne lui étaient pas plutôt signalés qu'elle s'empressait de leur procurer des secours: elle se fit surtout admirer pendant la peste qui fit à Gênes de terribles ravages en 1497 et en 1501. Ses austérités étaient telles qu'elle passa vingt-trois carêmes et autant d'avents sans prendre aucune nourriture: seulement elle communiait tous ces jours-là, et les hosties qu'on donnait alors aux laïques étaient beaucoup plus grandes qu'elles ne le sont aujourd'hui. Après la communion, on lui présentait aussi un calice, où il y avait du vin, pour lui faciliter les moyens d'avaler les saintes espèces. Elle buvait, de temps en temps, un verre d'eau mêlée avec un peu de vinaigre et de sel. Malgré cela, ce jeûne absolu de quarante jours, répété tant de fois, paraîtrait incroyable, s'il n'était attesté par des auteurs contemporains et dignes de foi. Souvent après ses communions, il lui arrivait d'avoir des ravissements. Dans ces transports de l'amour divin, elle invitait les créatures, même inanimées, à bénir et à louer le Dieu qui s'était donné à elle; elle disait alors des choses ineffables. Elle ne pouvait considérer, sans verser des larmes, l'insensibilité des hommes pour Dieu, elle qui ne pouvait s'imaginer qu'il fût possible d'aimer autre chose que Dieu. Elle possédait, à un degré éminent, la vertu d'humilité, et lorsqu'on lui adressait quelque reproche immérité, elle ne cherchait jamais à s'excuser, ni à se justifier, mais elle était toujours la première à se condamner elle-même, et à se reconnaître des torts qu'elle n'avait pas. Accomplir en toutes choses, la volonté divine, tel était l'unique objet de ses désirs: aussi avait-elle pris pour devise cette demande de l'oraison dominicale: *Que votre volonté soit faite en la terre comme au ciel.* Elle mourut le 14 septembre 1510, à l'âge de soixante-trois ans, après une maladie longue et douloureuse qu'elle supporta avec la patience la plus édifiante. Bientôt sa sainteté fut attestée par plusieurs miracles, et dix-huit mois après sa mort, son corps ayant été levé de terre, fut trouvé sans corruption. Dès lors on commença à l'honorer comme bienheureuse; en 1737, le pape Clément XII la canonisa solennellement, et Benoît XIV fit insérer son nom dans le Martyrologe romain sous le 22 mars. — Sainte Catherine de Gênes a laissé un *Traité* sur le Purgatoire et un *Dialogue* où elle insiste particulièrement sur la nécessité de la mortification universelle et de l'humilité parfaite, qu'elle avait si bien pratiquée elle-même, et qui l'avaient élevée à un amour pour Dieu si pur et si sublime. — 14 septembre.

CATHERINE DE RACONI (la bienheureuse), religieuse du tiers ordre de Saint-Dominique, née à Raconi, en Piémont, l'an 1486, d'une famille qui n'était ni riche ni noble, eut en partage, au lieu des avantages de la naissance et de la fortune, des faveurs spirituelles beaucoup plus précieuses, dont elle fut comblée dès son enfance. Sa vie est remplie de traits qui font connaître avec quelle libéralité Dieu versait ses grâces sur cette âme pure, et avec quelle fidélité elle y répondait. Ayant embrassé le tiers ordre de Saint-Dominique, elle s'appliqua à imiter sainte Catherine de Sienne, sa patronne, qui avait embrassé la même règle, et elle y réussit à un point qui a fait dire qu'entre Catherine de Sienne et Catherine de Raconi, il n'y avait de différence que la canonisation. Entre les vertus dont elle donna l'exemple, on admirait surtout son ardeur pour le jeûne et pour les austérités les plus rigoureuses. Profondément affligée des maux que la guerre causait à sa patrie, elle s'offrit à Dieu comme une victime de propitiation, et après une longue maladie qui la fit souffrir cruellement, elle mourut à Carmagnole, l'an 1547. Cinq mois après, son corps ayant été transporté à Garezzo, dans le comté d'Asti, il s'opéra plusieurs miracles pendant cette translation. La vénération des fidèles et le culte qu'on lui rendait allant toujours croissant, le pape Pie VII permit, en 1819, de faire son office, et sa fête a été fixée au 5 de septembre.

CATHERINE GRAVEL (la bienheureuse), est honorée, dans le Beauvoisis, le 25 juillet.

CATHERINE THOMAS (la bienheureuse), née le 10 avril 1533, à Valdemuza, petit village de l'île de Majorque, eut le malheur de perdre ses parents dans son bas âge, et fut élevée par un oncle maternel. Elle se fit admirer de bonne heure par son amour pour la prière, pour les offices de l'Eglise et pour la prédication de la parole de Dieu : humble et modeste, appliquée au travail, fuyant le monde et ses dangers, elle n'avait de goût que pour la piété, et répondait, avec une grande fidélité, aux grâces que Dieu lui prodiguait. Elle supportait, avec une patience angélique, la conduite odieuse de son oncle, qui l'accablait de travaux et de mauvais traitements. Chargée de la garde des troupeaux, elle trouvait le temps et les moyens de se livrer à son attrait pour la piété ; et, afin de mieux se rappeler la présence de Dieu, elle éleva, sous un olivier, un petit autel qu'elle décora d'un crucifix grossièrement sculpté et de quelques fleurs. C'est là qu'elle se retirait de temps en temps pour prier à genoux, et, pour goûter en silence les douceurs de la contemplation, toutes les fois qu'elle pouvait, sans inconvénients, s'éloigner un peu de son troupeau. Son oncle voulut un jour s'assurer par lui-même de la manière dont Catherine s'acquittait de ses fonctions de bergère ; il se rendit au pâturage, et trouva sa nièce à genoux sous l'olivier, et tellement absorbée dans la contemplation qu'elle ne s'apercevait pas de sa présence. Cet homme brutal la frappe rudement avec une verge qu'il tenait à la main, et l'accable de reproches ; la jeune fille, sans se troubler, le conduit vers les troupeaux et le convainc, par ses propres yeux, qu'ils sont dans le meilleur état. Elle avait eu le bonheur de trouver un directeur pieux et éclairé, qui la conduisait, avec beaucoup de prudence, dans les voies de la perfection ; cependant les consolations et les grâces extraordinaires dont Dieu la favorisait, la douceur et la paix de l'âme qu'elle trouvait dans ses exercices de piété, étaient souvent troublées par les tracasseries qu'elle éprouvait de la part de ceux avec qui elle vivait : tantôt son oncle tournait en ridicule sa dévotion, tantôt il feignait de n'y voir que de l'hypocrisie, et il allait jusqu'à lui défendre de fréquenter les églises, de se confesser et de faire ses prières accoutumées. Quelquefois sa tante se joignait à son mari, et reprochait à Catherine la simplicité de ses goûts, la modestie de ses habits et son éloignement pour le monde. Autorisés par leurs maîtres, les domestiques se permettaient de la censurer, et même de la maltraiter : mais, toujours calme, toujours paisible, elle redoublait de soumission et de prévenances pour ceux qui se montraient si injustes envers elle, et priait pour eux. A seize ans, elle quitta la maison de son oncle et entra chez les Chanoinesses Régulières de Saint-Augustin, à Palma. Bientôt ces religieuses connurent le trésor qu'elles possédaient, et lui témoignèrent l'estime et l'affection qu'elle leur inspirait : mais l'humble Catherine, confuse des égards qu'on lui prodiguait, et qu'elle croyait ne pas mériter, imagina, pour s'y soustraire, de contrefaire l'insensée, parlant d'une manière singulière, faisant des questions ridicules, et imitant la naïveté grossière des habitants de la campagne. D'abord on fut dupe de cette pieuse fraude, qui, du reste, ne tarda pas à se découvrir, et lorsqu'on en eut pénétré le motif, Catherine n'en devint que plus chère à ses compagnes. Le mépris d'elle-même et l'abnégation de sa propre volonté furent les deux vertus qu'on admira le plus dans la fervente chanoinesse. L'une de ses consœurs s'oublia un jour jusqu'à lui dire qu'elle serait toujours à charge à la communauté. Catherine, loin de témoigner la moindre peine d'un pareil reproche, remercia sa compagne de l'avis qu'elle en recevait, et lui promit de faire des efforts pour se rendre plus utile à l'avenir. Un signe de ses supérieures suffisait pour lui faire exécuter leurs ordres sur-le-champ, et lorsque ses nombreuses infirmités l'eurent dispensée, sur la fin de sa vie, de vaquer aux diverses occupations de la communauté, elle continua toutefois de donner l'exemple de la ponctualité, en se rendant exactement à tous les offices et à toutes les assemblées, s'appuyant sur des crosses et se glissant le long des murs ; et si souvent elle arrivait une des dernières au lieu de la réunion, ce n'était pas à la tiédeur de son zèle qu'il fallait l'attribuer, mais à l'impossibilité physique d'arriver plus tôt. Sa réputation de sainteté se répandit au loin, et l'on vit souvent des personnes très-respectables venir la consulter, et suivre ses avis salutaires. Ses compagnes, pénétrées d'admiration pour ses vertus, l'élurent supérieure de leur maison; mais Catherine, qui se croyait indigne de cette dignité, fit tant d'instances près de l'évêque diocésain, qu'il donna l'ordre d'élire une autre abbesse. Quoique dans un âge peu avancé, cette âme privilégiée soupirait sans cesse après un monde meilleur, où elle serait unie éternellement à son céleste Époux. Le Seigneur exauça ses vœux et l'appela à lui le 5 avril 1574, lorsqu'elle n'avait encore que 41 ans. Plusieurs miracles ayant attesté sa sainteté, Pie VI l'inscrivit au nombre des bienheureux, l'an 1792. — 5 avril.

CATHERINE DE CARDONE (la bienheureuse), vierge, naquit à Naples en 1519, et sortait d'une famille distinguée de cette ville. Elle quitta de bonne heure le monde, où elle pouvait jouer un rôle brillant, et se consacra à Dieu par le vœu de virginité. Son attrait pour les austérités les plus étonnantes l'avait rendue un objet d'admiration pour tous ceux qui la connaissaient, lorsqu'en 1560 elle fut appelée à la cour d'Espagne par Philippe II, qui lui confia l'éducation de don Carlos, son fils; mais le genre de vie qu'elle était obligée de mener au milieu des grandeurs humaines contrariait son goût pour la solitude; d'ailleurs les vices grossiers de son élève ne lui laissant aucun espoir d'en faire un prince digne des destinées qui l'attendaient, elle se décida à renoncer au poste qu'elle occupait près de lui, et elle alla se cacher dans une retraite inconnue, où elle retraçait la vie austère des anciens anachorètes. Elle n'avait pour lit que la terre nue, et d'autre nourriture que l'herbe des champs. Son habillement se composait d'une tunique de crin, hérissée à l'intérieur de morceaux de fer, qui pénétraient dans son corps. Elle resta ainsi cachée pendant trois ans; mais un berger ayant découvert sa retraite, les habitants du pays accoururent en foule pour contempler ce prodige de pénitence. Pour se soustraire à la vénération dont elle était l'objet, elle accepta un asile chez les Carmes Déchaussés, qui lui creusèrent une grotte dans l'enceinte de leur monastère, situé près de là. Catherine y passa les sept dernières années de sa vie, et mourut en 1577, à l'âge de 58 ans. Sainte Thérèse parle d'elle avec éloge, et l'appelle une grande sainte. Quoiqu'elle n'ait pas été béatifiée dans les formes, les fidèles d'Espagne l'invoquent dans diverses maladies, et célèbrent sa fête le 12 mai.

CATHERINE DE RICCI (sainte), dominicaine, née à Florence en 1522, était fille de Pierre de Ricci et de Catherine Bouza, qui tenaient un rang distingué dans la Toscane, et reçut, au baptême, le nom d'Alexandrine. Ayant perdu sa mère dans un âge très-tendre, elle fut élevée par sa marraine, dame d'une grande vertu, qui cultiva avec soin les heureuses dispositions que sa filleule manifestait pour la piété. Vers l'âge de sept ans, son père la mit en pension dans le couvent de Monticelli à Florence, où sa tante, Louise de Ricci, était religieuse. Elle se trouvait heureuse dans ce saint asile, et se livrait avec ardeur à l'attrait qu'elle se sentait pour les exercices de la religion. Rappelée plus tard dans le monde par son père, elle s'efforça de continuer le genre de vie qu'elle menait au couvent, mais les difficultés qu'elle rencontrait lui firent prendre la résolution de s'ensevelir pour toujours dans la retraite. Ayant obtenu, non sans peine, le consentement de son père, elle se retira chez les Dominicaines de Prat, en Toscane, dirigées alors par Timothée de Ricci, son oncle. Elle y prit le voile à l'âge de quatorze ans, et c'est alors qu'elle changea son nom d'Alexandrine en celui de Catherine. Dieu l'affligea par de rudes épreuves, qu'elle supporta avec une patience évangélique. Atteinte, pendant deux ans, de plusieurs maladies, qui la faisaient souffrir beaucoup, et que tout l'art des médecins ne pouvait guérir, Catherine, loin de murmurer, se réjouissait d'être associée aux souffrances de Jésus-Christ. La santé lui fut enfin rendue, comme par miracle, mais elle ne s'en servit que pour se livrer à des austérités étonnantes, jeûnant au pain et à l'eau deux ou trois fois la semaine, passant même quelquefois les jours entiers sans prendre aucune nourriture. Elle châtiait son corps par la discipline, et se meurtrissait les reins par une grosse chaine de fer. A ces pratiques de pénitence elle joignait une obéissance parfaite, une douceur inaltérable et la plus profonde humilité. Elle s'appliquait constamment à purifier son cœur de toute affection terrestre, afin de pouvoir s'unir à Dieu par l'amour le plus intime, puisant dans l'oraison ce goût intime des vérités célestes, cet esprit d'abnégation et de détachement, cette ardeur de charité pour Jésus-Christ pauvre, souffrant, anéanti, qui l'élevèrent à un si haut degré de perfection. D'abord maîtresse des novices, ensuite sous-prieure, on l'élut prieure perpétuelle, à l'âge de vingt-cinq ans. Sa réputation de prudence et de sainteté lui attira la visite d'un grand nombre de princes, d'évêques et de cardinaux. Elle était en relation de lettres avec saint Philippe de Néri, et comme ils avaient l'un et l'autre un grand désir de se voir, Dieu leur accorda cette satisfaction, par le moyen d'une vision, pendant laquelle ils s'entretinrent longtemps ensemble, comme on le rapporte de saint Jean d'Égypte. Ce prodige fut attesté par saint Philippe lui-même, et il est rapporté comme indubitable dans la bulle de sa canonisation, donnée par Grégoire XV. Dieu favorisa sainte Catherine de fréquents ravissements, surtout lorsqu'elle méditait sur la passion de Jésus-Christ. Elle mourut à l'âge de soixante-sept ans, le 2 février 1589. Béatifiée par Clément XII, en 1732, elle fut canonisée en 1746, par Benoît XIV, qui fixa sa fête au 13 février.

CATON (saint), *Cato*, martyr en Afrique, avec plusieurs autres, souffrit dans le IIIe siècle. — 28 décembre.

CATULE (sainte), *Catula*, martyre en Afrique, dans le IIIe siècle, souffrit avec saint Rogat. — 24 mars.

CATULIN (saint), *Catulinus*, diacre de Carthage, dont saint Cyprien fit l'éloge dans un de ses sermons, fut inhumé dans la basilique de Fauste. — 15 juillet.

CATUN (saint), *Catunus*, laboureur et martyr à Perge, en Pamphilie, fut décapité avec saint Léonce et sept autres, par ordre du président Flavien, au commencement du IVe siècle, pendant la persécution de Dioclétien. — 1er août.

CAUSTE (saint), *Caustus*, est honoré chez les Ethiopiens, le 16 janvier.

CECARD (saint), *Cecardus*, évêque de Lune, ville d'Italie, aujourd'hui ruinée, florissait sur la fin du VIIIe siècle. Il est honoré comme martyr, parce qu'il fut mis à mort par quelques-uns de ses diocésains qu'il reprenait de leurs désordres. Son corps est gardé à Carrare en Toscane, dans l'église de Saint-André. — 16 juin.

CECILE (saint), *Cœcilius*, évêque en Espagne, fut ordonné à Rome par les apôtres, et envoyé en Espagne pour y prêcher l'Evangile. Après avoir annoncé la parole divine dans plusieurs villes, et converti un grand nombre d'idolâtres, il mourut en paix : il est regardé comme le premier évêque d'Elvire, dans le royaume de Grenade, et il est honoré le 1er février et le 15 mai.

CECILE (saint), martyr avec sainte Félice et plusieurs autres, est honoré le 14 mai.

CÉCILE (sainte), *Cœcilia*, vierge romaine d'une famille patricienne, fut élevée dans la connaissance du christianisme, et remplit toujours, avec fidélité les devoirs qu'il impose. Elle fit vœu, dans sa jeunesse, de rester vierge toute sa vie, mais ses parents l'ayant forcée à se marier avec un jeune homme d'une naissance illustre, nommé Valérien, elle le convertit à la religion chrétienne et obtint de lui, dès le premier jour de leur mariage, qu'ils vivraient dans la continence. Elle gagna aussi à Jésus-Christ Tiburce, frère de Valérien, et un officier nommé Maxime. Ces conversions ayant été connues, ils furent arrêtés tous les trois comme chrétiens, condamnés à mort et exécutés. Cécile remporta aussi la couronne du martyre quelques jours après, sous Alexandre-Sévère, selon les uns, et sous Marc-Aurèle, c'est-à-dire un demi-siècle plus tôt, selon d'autres. Le corps des saints martyrs et celui de sainte Cécile furent enterrés dans une partie du cimetière de Calixte, qui porta dès lors le nom de la sainte. Son nom fut inséré dans le canon de la messe dans les premiers siècles de l'Eglise. Nous apprenons de ses actes qu'elle se plaisait à chanter les louanges du Seigneur et qu'à la musique vocale elle joignait souvent la musique instrumentale, dans laquelle elle excellait : aussi les musiciens l'ont-ils choisie pour leur patronne. Le pape Symmaque tint, en 500, un concile à Rome dans une église dédiée à sainte Cécile. Le pape Pascal la fit rebâtir au IXe siècle ; et comme il cherchait à découvrir les reliques de sainte Cécile, elle lui apparut en songe et lui indiqua le lieu où elles étaient dans le cimetière de son nom. Son corps était enveloppé dans une robe de tissu d'or, et l'on trouva, aux pieds, des linges teints de sang. Le corps de saint Valérien était à côté de celui de sa sainte épouse. Pascal les transféra dans l'église de Sainte-Cécile, en 821, et fonda, près de cette église, un monastère où l'office divin se célébrait la nuit et le jour. Il orna cette église avec beaucoup de magnificence et y fit de riches présents. Comme elle est le titre d'un cardinal-prêtre, le cardinal Paul-Emile Sfondrate, neveu de Grégoire XIV, qui portait ce titre, la rebâtit de nouveau, la décora avec une richesse qui étonne les spectateurs, et fit placer les reliques de la sainte dans un magnifique caveau, connu aujourd'hui, sous le nom de *Confession* de sainte Cécile. Il y a deux autres églises à Rome qui portent son nom. La cathédrale d'Alby, dont sainte Cécile est patronne, possède, depuis 1466, l'os d'un de ses bras et une partie de sa mâchoire. — 22 novembre.

CÉCILE (sainte), l'une des quarante-neuf martyrs d'Abitine, fut arrêtée dans cette ville, un dimanche, pendant qu'elle assistait à la célébration des saints mystères. Conduite à Carthage, avec ses compagnons, dont les principaux étaient Saturnin, prêtre, et Datif, sénateur, elle comparut devant le proconsul Anulin et confessa Jésus-Christ avec le même courage qu'elle l'avait déjà confessé devant les magistrats d'Abitine. Après avoir été cruellement torturée elle fut jetée dans un cachot, où elle mourut peu de temps après, par suite des tourments dont on l'avait accablée, l'an 304, sous l'empereur Dioclétien. — 11 février.

CÉCILIEN (saint), *Cœcilianus*, l'un des quarante-neuf martyrs d'Abitine en Afrique, qui furent arrêtés un dimanche, l'an 304, pendant la persécution de Dioclétien, et conduits à Carthage, chargés de chaînes. Après un interrogatoire subi devant le proconsul Anulin, Cécilien fut mis en prison où il mourut par suite des tortures qu'il avait endurées. — 11 février.

CÉCILIEN (saint), un des dix-huit martyrs de Saragosse qui furent mis à mort pour la foi dans cette ville en 303, par ordre du gouverneur Dacien, un des plus cruels ministres de la persécution de Dioclétien.— 16 avril.

CÉCILIENNE (sainte), *Cœciliana*, martyre en Afrique, souffrit avec saint Nondinaire et plusieurs autres.—16 février.

CÉCILIUS (saint), prêtre de Carthage, fut élevé dans les superstitions du paganisme, auxquelles il renonça plus tard pour embrasser le christianisme. Il était marié et père de plusieurs enfants, lorsque sa science et ses vertus lui firent conférer le sacerdoce. S'étant lié d'amitié avec saint Cyprien, qui professait la rhétorique dans cette ville, et qui était encore engagé dans les ténèbres de l'idolâtrie, il lui fit connaître l'excellence de la religion chrétienne et la sainteté de la morale évangélique. Cyprien ouvrit les yeux à cette lumière divine et s'étant fait chrétien, il honora toujours comme un père Cécilius, qui avait été l'auteur de sa conversion, et joignit par reconnaissance son nom au sien, se faisant toujours appeler depuis, Cécilius-Cyprianus. Cécilius, de son côté, avait beaucoup d'estime pour son fils spirituel et lui donna, en mourant, une marque de sa confiance en lui recommandant sa femme et ses enfants. Pontius, auteur de la Vie de saint Cyprien, dit, en parlant de saint Cécilius, que c'était un homme juste..., et digne de vivre éternellement dans la mémoire des hommes. Baronius et plusieurs autres hagiographes ne doutent nullement que notre saint ne soit ce Cécilius qu'Octave et Minutius Félix convertirent dans cette fameuse conférence que ce dernier a rapportée dans le *dialogue* intitulé *Octavius*, ouvrage le plus parfait peut-être que nous ait laissé l'antiquité chrétienne, tant par l'élégance et la douceur admirables du style que par la beauté des pensées et la force des raisonnements. — 3 juin.

CEDDE (saint), CEDDA ou CEDDUS, évêque de Londres, était frère de saint Chade évêque de Lichtfield, et naquit vers le commencement du viie siècle. Il passa sa jeunesse dans le monastère de Lindisfarne, sous la conduite de saint Aidan, et s'y fit admirer par la pratique de toutes les vertus. Son éminente sainteté le fit élever au sacerdoce, et il fut chargé, avec trois autres missionnaires, d'aller prêcher la foi dans les Etats du roi Péade, qui venait d'embrasser le christianisme, et bientôt l'on vit les populations suivre l'exemple de leur prince, et renoncer à leurs superstitions pour recevoir le baptême. Cedde et ses compagnons évangélisèrent aussi cette partie de la Mercie qui était soumise au roi Penda, qui, quoique païen, ne mit aucune entrave à leur zèle. Sigbrecht, roi des Saxons orientaux, ayant été converti par Oswi, roi de Northumberland, lui demanda des hommes apostoliques pour établir la religion chrétienne dans son royaume. Oswi lui envoya saint Cedde avec un autre prêtre qui convertirent une foule presqu'innombrable de païens. Cedde fonda plusieurs églises afin de rendre durable le succès de sa mission. Etant ensuite allé à Lindisfarne pour consulter sur quelques difficultés, l'évêque Finan, celui-ci, assisté de deux autres prélats, le sacra évêque des Saxons orientaux. Cedde revint ensuite continuer l'ouvrage qu'il avait si heureusement commencé; il bâtit un grand nombre d'églises qu'il pourvut de saints ministres, et fonda deux monastères, dont l'un était près de la Tamise, à Tillaburg, aujourd'hui, Tilbury. On croit qu'il fixa sa résidence à Londres, capitale du royaume de Sigbrecht et qu'il y établit son siège épiscopal. Edilwald, fils d'Oswal, qui régnait sur les Déirois dans le comté d'York, frappé de la sagesse et de la sainteté de Cedde qu'il avait eu occasion de connaître, lui offrit un emplacement pour bâtir un monastère. Le dessein de ce prince était d'y aller souvent prier avec les moines, pendant sa vie et d'y être enterré après sa mort. Cedde se rendit sur les lieux et choisit un endroit sauvage sur des montagnes escarpées; mais avant d'y construire son monastère, il résolut de consacrer, en quelque sorte, ce lieu, en y passant tout le carême dans le jeûne et la prière. Tous les jours, excepté le dimanche, il ne faisait qu'un repas vers le soir, et ce repas était composé d'un œuf, avec un peu de pain et de lait mêlé d'eau. Le roi Sigbrecht l'ayant rappelé pour des affaires pressantes, dix jours avant la fin du carême, il chargea son frère Célin de l'achever à sa place. Le monastère, qui prit le nom de Lestingay, ne fut terminé qu'en 658. Cedde y mit des moines tirés de Lindisfarne, à la tête desquels il plaça saint Chad, son frère, mais il en resta toujours le premier supérieur, et il allait quelquefois en faire la visite. On voit, par le trait suivant, avec quel zèle le saint évêque de Londres veillait au maintien de la discipline ecclésiastique. Ayant excommunié un des principaux seigneurs de la cour, qui avait contracté un mariage incestueux, il défendit à tous les fidèles d'entrer dans sa maison et de manger avec lui. Le roi lui-même viola cette défense et Cedde le rencontra au moment qu'il sortait de chez le seigneur excommunié. Sigbrecht, tout déconcerté, descend de cheval en tremblant, et se jette aux pieds du saint, lui demandant pardon de sa faute. *Prince*, lui dit Cedde, en le touchant du bout de la baguette qu'il tenait à la main, *vous mourrez dans la maison de cet excommunié, où vous avez eu la hardiesse d'entrer*. L'événement vérifia cette prédiction, et le roi fut assassiné, quelque temps après, en 661, par ce même seigneur, aidé d'un de ses parents. Saint Cedde assista, en 664 au synode de Strenesnalch, et y abandonna la pratique des églises d'Ecosse touchant la célébration de la fête de Pâques, pour se conformer à ce qui avait été réglé là-dessus par les canons. Peu de temps après, il fut attaqué de la peste qui ravageait alors l'Angleterre et mourut au monastère de Lestingay le 26 octobre 664, et y fut inhumé. Plus tard on transféra son corps, du cimetière dans le côté droit de l'église. — 7 janvier, et 26 octobre.

CÉDRÈNE (saint), *Cedrenus*, confesseur en Abyssinie, est honoré le 15 juin.

CÉLÉRIN (saint), *Celerinus*, diacre et confesseur en Afrique, se trouvant à Rome, confessa glorieusement Jésus-Christ dans la persécution de Dèce, en 250. Ayant été arrêté et conduit devant le juge, il montra un courage inébranlable, malgré sa jeunesse, et fut jeté dans une prison obscure où on lui fit souffrir, pendant dix-neuf jours, la faim et la soif; ce qui le rendit d'une maigreur affreuse. Les fers dont on l'avait chargé imprimèrent sur ses membres des marques qu'il porta le reste de sa vie. On le mit ensuite en liberté sans qu'on en connaisse la raison, et il n'eut pas le bonheur qu'il ambitionnait, de donner sa vie pour Jésus-Christ. La chute de sa sœur, qui se trouvait aussi à Rome, et que la violence des tourments fit sacrifier aux idoles, lui causa une telle douleur qu'il se revêtit d'un cilice, se couvrit de cendres, et passa les jours et les nuits dans les larmes, sans interrompre sa pénitence, même pendant les fêtes de Pâques, résolu de la continuer jusqu'à ce qu'il eût obtenu la grâce de sa sœur, par la miséricorde de Jésus-Christ et par l'intercession des martyrs. Il en écrivit à un de ses amis, nommé Lucien, qui était dans les fers, pour la foi, à Carthage, la recommandant à ses prières et à celles des autres confesseurs, et leur demandant la grâce de l'indulgence pour elle et pour deux autres femmes qui étaient dans le même cas; car, pendant les persécutions, les martyrs étaient dans l'usage de donner à ceux qui étaient tombés, des billets de recommandation pour les évêques qui y avaient égard et abrégeaient la durée de la pénitence canonique. Saint Cyprien ayant lu la lettre de Célérin, loua la modestie et l'humilité du saint confesseur. Saint Célérin étant venu à Carthage sur la fin de la même année 250, alla trouver, dans sa retraite, saint Cyprien, qui s'était soustrait à la fureur des idolâtres, et qui ordonna lecteur de son église et ensuite diacre, afin qu'on entendît tous les jours l'Évangile de Jésus-Christ de la bouche de celui qui l'avait si généreusement confessé. Célérin s'opposa tant qu'il put à son ordination, et il fallut, pour le décider, que Dieu lui-même, dans une vision, lui fit un commandement exprès de se soumettre. Saint Cyprien, qui se proposait de l'élever au sacerdoce lorsqu'il aurait atteint un âge plus avancé, voulut, en attendant, qu'il eût la même part que les prêtres dans les revenus de l'église de Carthage. C'est tout ce qu'on sait de certain sur saint Célérin; et l'on ne connaît ni le jour, ni même l'année de sa mort. Le pape saint Corneille, qui le connaissait, parce qu'il lui avait apporté à Rome des lettres de saint Cyprien, en parle avec éloge dans sa lettre à l'évêque d'Antioche, et saint Augustin nous apprend qu'il y avait à Carthage une église qui portait son nom. — 3 février.

CÉLÉRINE (sainte), *Celerina*, aïeule de saint Célérin, reçut la couronne du martyre en Afrique, sa patrie, dans le IIIe siècle, longtemps avant que son petit-fils ne confessât lui-même Jésus-Christ. Elle est mentionnée avec éloge dans une lettre de saint Cyprien. — 3 février.

CÉLESTE ou CELSE (saint), *Cœlestis*, martyr à Rome avec saint Clément. — 21 novembre.

CÉLESTE (saint), *Cœlestius*, évêque de Metz, succéda à saint Clément, premier évêque de cette ville, et florissait sur la fin du IIIe siècle. En 832, Drogon, évêque de Metz et frère de l'empereur Louis le Débonnaire, fit transporter à Maurmoutier en Alsace son corps, ainsi que celui de saint Auteur, autre évêque de Metz. Ces saintes reliques se gardaient dans l'église abbatiale, lorsqu'en 1525 les luthériens d'Alsace, surnommés les Rustaux, brisèrent leurs châsses et jetèrent leurs reliques sur le pavé. Cette profanation confondit ces précieux restes, et l'on ne put discerner ensuite, parmi les ossements épars, ceux qui appartenaient à saint Céleste. — 14 août.

CELESTIN (saint), *Cœlestinus*, martyr à Rome avec saint Saturnin et plusieurs autres, mourut en prison, après avoir souffert de cruelles tortures. — 2 mai.

CELESTIN (saint), confesseur, eut les pieds percés pour la foi. Les Grecs l'honorent le 25 mai.

CELESTIN (saint), pape, était Romain de naissance, et il fut élu, d'une voix unanime, le 13 septembre 422, pour succéder à saint Boniface. Aussitôt que saint Augustin eut appris son exaltation, il lui écrivit pour l'en féliciter, le conjurant en même temps, par la mémoire de saint Pierre, de ne pas accorder sa protection à l'évêque de Fussale, condamné par un concile de Numidie pour ses rapines et ses extorsions. Cet évêque, nommé Antoine, avait d'abord été disciple de saint Augustin, qui contribua à son élévation à l'épiscopat; mais sa dignité lui fournit l'occasion de satisfaire son penchant à l'orgueil et à l'avarice, qui l'entraînèrent dans des excès criants. Saint Augustin, qui craignait qu'on ne le rendît responsable des crimes d'un homme à l'élection duquel il avait beaucoup contribué, fut un des premiers à s'élever contre lui et à le faire condamner dans le concile de Numidie. Antoine, qui avait gagné le métropolitain de cette province, en appela à Rome, dans l'espérance de gagner aussi saint Boniface. Ce pape, ayant lu les lettres de recommandation qu'il avait obtenues de son primat, écrivit en sa faveur aux évêques de Numidie, leur mandant même de le rétablir sur son siége, pourvu, toutefois, que l'exposé de l'affaire qu'on lui avait transmis fût conforme à la vérité. Antoine revint à Fussale, et menaça les habitants de se faire recevoir de force, s'ils s'opposaient à son retour. Boniface étant mort sur ces entrefaites, saint Augustin informa son successeur de tout ce qui s'était passé, et Célestin confirma la sentence du concile, et déposa le coupable. Il écrivit ensuite aux évêques d'Illyrie, pour leur apprendre qu'il maintenait à l'archevêque de Thessalonique la dignité de vicaire du saint-siége dans cette province. Par une autre lettre, il exhorte fortement les évêques des provinces de Vienne et de Narbonne à corriger plusieurs abus. *Ma vigilance pastorale*, leur écrit-il, *n'est point bornée par les lieux; elle s'étend dans toutes les contrées où on adore Jésus-Christ*. Il leur enjoint, entre autres choses, d'accorder l'absolution à tous les pécheurs qui la demanderaient sincèrement à l'article de la mort, vu que la contrition dépend moins du temps que du cœur. Nestorius, patriarche de Constantinople, voyant que les Orientaux se prononçaient contre sa doctrine, écrivit à Célestin deux lettres où il lui déguisait ses sentiments sous des expressions captieuses; mais saint Cyrille, patriarche d'Alexandrie, écrivit, de son côté, pour apprendre au pape les artifices de l'hérésiarque et les erreurs qu'il répandait. Célestin fit donc assembler, en 430, un concile à Rome, contre Nestorius : on y examina ses écrits, et l'on y condamna ses blasphèmes contre l'unité de personne en Jésus-Christ. Le patriarche y fut déclaré excommunié, s'il ne se rétractait, dans les dix jours qui suivraient la notification qui lui aurait été faite de la sentence portée contre lui. Saint Cyrille fut chargé de son exécution et nommé, à cet effet, commissaire du pape en Orient. Nestorius n'ayant pas voulu se rétracter, on assembla, l'année suivante, un concile général à Éphèse. Célestin y envoya trois légats : les évêques Arcade et Projecte, et le prêtre Philippe ; les instructions qu'il leur donna portaient qu'ils devaient s'entendre avec saint Cyrille, et agir de concert avec lui. Il écrivit aussi au concile une lettre, où il disait qu'il avait commis ses légats pour exécuter ce qu'il avait déjà décrété dans le synode de Rome, exhortant les Pères d'Éphèse à cette charité si fortement recommandée par l'apôtre saint Jean, dont les reliques, présentes à leurs yeux, étaient l'objet de leur vénération : *cujus reliquias præsentes veneramini*. La lecture de cette lettre fut suivie de grandes acclamations de la part du concile, qui se tint dans la grande église de la sainte Vierge. La première session commença le 22 juin 431, et il s'y trouva cent quatre-vingt-dix-huit évêques. On cita Nestorius, qui était dans la ville ; mais il refusa de comparaître, et son opiniâtreté à soutenir une doctrine impie le fit excommunier et déposer par le concile. Célestin entreprit de rétablir la paix dans l'Église d'Orient, et d'éteindre les divisions qui régnaient parmi quelques évêques, par suite de la condamnation du nestorianisme ; mais ce ne fut qu'avec beaucoup de peine qu'il y réussit. Il écrivit aux évêques des Gaules, pour leur prescrire de réprimer la témérité scandaleuse de certains prêtres qui persistaient à blâmer la doctrine de saint Augustin sur la nécessité de la grâce. *Nos prédécesseurs*, y disait-il, *l'ont toujours regardé comme un des plus célèbres docteurs de l'Église, et la mémoire de ce grand homme ne pourra jamais être flétrie par les clameurs de quelques particuliers.* Ayant appris qu'un certain Agricola propageait le pélagianisme en Angleterre, et qu'il troublait, par ses erreurs, les Églises britanniques, il envoya sur les lieux le diacre Pallade, qui fut dans la suite évêque des Scots ; mais celui-ci ne pouvant remédier efficacement au mal, il en écrivit au pape, et le pria d'avoir pitié de tant d'âmes que le poison de l'erreur mettait en danger de périr. Célestin manda, en 429, à saint Germain d'Auxerre d'aller au secours des Bretons, et lui donna le titre de vicaire apostolique, et cette mission, à laquelle s'adjoignit saint Loup de Troyes, porta au pélagianisme un coup dont il ne se releva pas. Ce fut aussi de saint Célestin, selon plusieurs historiens, que saint Patrice, apôtre de l'Irlande, reçut sa mission vers l'an 431. Il mourut, après un pontificat de près de dix ans, le 1er août 432, et fut enterré dans le cimetière de Priscille, où il avait fait peindre le concile d'Éphèse, afin de témoigner par là le respect qu'il avait pour cette auguste assemblée. Plus tard, ses reliques furent transférées dans l'église de Sainte-Praxède. Son épitaphe, qui est authentique, porte qu'il fut un excellent pontife, chéri et honoré de tout le monde, et qu'en récompense de la sainteté de sa vie, il jouit de la vue de Jésus-Christ dans l'éternelle félicité. — 6 avril.

CÉLIEN (saint), *Cœlianus*, martyr à Trieste avec saint Prime et deux autres, souffrit vers l'an 121, sous l'empereur Adrien. — 10 mai.

CÉLIEN (saint), martyr en Afrique avec saint Faustin et cinq autres, souffrit dans le IIIe siècle. — 15 décembre.

CÉLINE (sainte) *Cœlinia*, mère de saint Remi, évêque de Reims, et de saint Principe, évêque de Soissons, est honorée à Laon le 21 octobre.

CÉLINE, ou CELINIE (sainte) *Cœlinia*, vierge, née à Meaux, fut élevée dans la piété. Elle était déjà fiancée à un jeune homme de la même ville, lorsque sainte Geneviève vint à Meaux. Céline ne fut pas plutôt instruite de son arrivée, qu'elle alla lui demander l'habit dont elle avait coutume de revêtir les personnes qui voulaient vivre sous sa conduite. Dieu montra qu'il approuvait son dessein, en la préservant miraculeusement des poursuites et de la vengeance de son fiancé. Sainte Geneviève rendit la santé à la servante de Céline, qui était attaquée d'une maladie dangereuse. Pour Céline, elle passa le reste de sa vie dans la pratique de toutes les vertus, uniquement occupée à plaire au céleste époux auquel elle avait consacré sa virginité. On ignore l'année de sa mort, mais elle florissait sur la fin du Ve siècle. Il y avait un prieuré de son nom à Meaux, où elle est honorée le 21 octobre.

CELSE (saint), *Celsus*, enfant et martyr, s'était placé sous la conduite de saint Nazaire, qui était allé prêcher l'Évangile à Milan ; il fut arrêté avec lui dans cette ville, et ils furent l'un et l'autre condamnés à mort par le juge Apolin, pendant la persécution de Néron, vers l'an 68, et on les enterra séparément dans un jardin, hors de la ville. En 395, saint Ambroise, archevêque de Milan, découvrit leurs corps, les leva de terre et les transféra dans la basilique qu'il venait de bâtir en l'honneur des apôtres, près la porte de Rome. Ils sont honorés à Beaucaire et à Béziers. — 28 juillet.

CELSE (saint), enfant et martyr à Antinoé, en Égypte, avec sainte Marcianille, sa mère, fut mis à mort par ordre du président Marcien, l'an 313, sous l'empereur Maximin II. — 9 janvier.

CELSE (saint), confesseur, honoré à Trèves, fut, à ce que l'on croit, évêque de cette ville. Son corps fut découvert en 978, lorsqu'on creusait les fondations de l'église de Saint-Eucaire, et l'on en fit la translation solennelle en 990. — 4 janvier.

CELSE (saint), archevêque d'Armagh, en Irlande, se rendit célèbre par sa science et sa piété. Il fut le maître de saint Malachie, qu'il éleva au sacerdoce et qu'il établit son vicaire, non-seulement dans son diocèse, mais dans toute l'île dont il était primat. Lorsqu'il se sentit attaqué de la maladie dont il mourut, il le désigna pour son successeur, et conjura, au nom de saint Patrice, fondateur du siége d'Armagh, les membres de son clergé, qui entouraient son lit de mort, de concourir de tout leur pouvoir au succès de cette élection. Il écrivit aussi aux rois du haut et du bas Munster, pour leur recommander, sur ce point, ses dernières volontés. Celse mourut l'an 1128, et saint Bernard, dans la Vie de saint Malachie, lui donne de grands éloges. — 6 avril.

CELVULF, ou CEOLWULPH (saint), *Celvulphus*, roi des Northumbres, dans le VIIIe siècle, fut sur le trône un modèle de piété. Il avait pour saint Bède, surnommé le Vénérable, une estime toute particulière, et il alla lui faire visite dans son monastère. C'est à sa prière que le saint religieux de Jarrow composa son Histoire ecclésiastique, qu'il dédia à son royal ami. Ce prince laissa, en 738, la couronne à son fils Edbert, pour se faire moine à Lindisfarne, où il mourut deux ans après, et où il est honoré le 15 janvier.

CEMON (saint), *Ceodmannus*, chantre du monastère de Sainte-Hilde, à Witby, florissait dans le VIIe siècle, et mourut vers l'an 680. Sa vie a été écrite par le vénérable Bède, et il est honoré à Witby, en Angleterre, le 11 février.

CENSURE (saint), *Censurius*, évêque d'Auxerre, succéda à saint Germain sur le siége épiscopal de cette ville, en 448, et hérita de son zèle et de ses vertus. Il eut la consolation de voir paraître, sous son épiscopat, la Vie de son illustre prédécesseur, que Constance, prêtre de Lyon, écrivit à la prière de saint Patient, son évêque, à qui il la dédia, ainsi qu'à saint Censure. Celui-ci s'appliqua, non-seulement à en recommander la lecture à ses diocésains, mais il la lisait souvent lui-même, afin de se conformer, de plus en plus, à ce beau modèle des évêques, dont il s'efforçait de retracer la conduite et de continuer l'administration. Il assista à la dédicace de l'église qu'avait fait construire à Lyon saint Patient, qui mourut en 480. Saint Censure mourut six ans plus tard, en 486, après un épiscopat de 38 ans, et il fut enterré dans l'église de Saint-Germain, construite par ses soins. Il nous reste une lettre que lui écrivit saint Sidoine Apollinaire. — 10 juin.

CENTOLLE (sainte) *Centalla*, martyre, à Burgos, en Espagne, souffrit avec sainte Hélène ; il se fit une translation solennelle de leurs reliques dans le XIIIe siècle, sous le règne d'Alphonse X, roi de Castille. — 13 août.

CEOLFRID, GEOFROY ou CEUFROY (saint), *Ceolfridus*, abbé des monastères de Jarrow et de Weremouth, en Angleterre, naquit en 642, et était parent de saint Benoît Biscop, avec lequel il quitta la cour du roi de Northumberland, pour faire par dévotion le voyage de Rome. De retour dans sa patrie, il renonça entièrement au monde et concourut, avec le même saint Benoît, à la fondation du monastère de Weremouth, où il prit l'habit en 674. Il était déjà prêtre lorsqu'il fit profession, et il se fit admirer par son amour pour la pénitence et le recueillement, par sa ferveur et son humilité, ce qui décida saint Benoît Biscop à l'établir abbé de Jarrow, fondé aussi par saint Benoît en 682, et qui renferma, dès le principe, 70 religieux. En 689, il fut établi supérieur des deux monastères de Jarrow et de Wiremouth, qui étaient peu distants l'un de l'autre et qui étaient unis par des liens très-étroits : il les gouverna pendant vingt-huit ans avec autant de zèle que de prudence. Saint Bède, surnommé le Vénérable, qui fut quelque temps son disciple à Jarrow, fait un grand éloge du savoir, des belles qualités et des vertus de son maître. Comme saint Céolfrid aimait surtout les sciences qui avaient la religion pour objet, il forma de bonnes bibliothèques dans ses deux monastères, composées de livres convenables à des religieux, et Bède, le plus illustre de ses disciples, est un exemple du succès avec lequel on étudiait dans les communautés qui lui étaient soumises. Naïtan, roi des Pictes, l'ayant consulté sur l'époque où l'on devait célébrer la fête de Pâques, et sur la forme à donner à la tonsure cléricale, le saint abbé lui répondit qu'il fallait se conformer, sur ces deux points, à la pratique de l'Eglise romaine. Naïtan reçut cette décision avec respect et la rendit obligatoire pour ses sujets. Céolfrid lui envoya aussi, sur sa demande, des ouvriers pour bâtir une église en pierre, que le roi fit dédier au prince des apôtres. L'âge et les infirmités ayant épuisé les forces de saint Céolfrid, il ne se trouva plus capable de gouverner ses monastères, qui renfermaient alors six cents moines, et donna sa démission, malgré les instances les plus pressantes de ses religieux, qui le conjuraient de ne pas les quitter. Il désigna pour son successeur un de ses disciples, nommé Huethbert ou Hubert, qui fut élu à l'unanimité ; il fit ensuite aux deux communautés un discours pathétique pour les exhorter à vivre dans l'union et la charité. Il annonça ensuite qu'il allait entreprendre le voyage de Rome, afin de visiter encore une fois, avant de mourir, les tombeaux des saints apôtres, et comme il craignait que la vénération qu'on avait pour lui n'inspirât à l'idée de le retenir dans le royaume, il partit sur-le-champ, accompagné d'une suite de vingt-quatre personnes. Pendant sa route, il ne se contentait pas de dire chaque jour l'office divin, il récitait en outre deux fois tout le psautier : il célébrait aussi la messe régulièrement, et n'y manqua qu'une seule fois pendant la traversée d'Angleterre en France, et les trois jours qui précédèrent sa mort. Etant arrivé en Champagne, il tomba malade à Langres et y mourut le 25 septembre 716, à l'âge de soixante-quatorze ans. Il fut enterré dans l'église des Trois-Jumeaux, où des saints Speusippe, Eleusippe et Méleusippe, laquelle devint dans la suite un prieuré de Chanoines

Réguliers, connu sous le nom de Saint-Jeome. Ses reliques furent transportées plus tard, à Jarrow, puis à Glastenbury, à cause des Danois qui ravageaient le pays. Sa vie a été écrite par saint Bède. — 25 septembre.

CÉRAUNE (saint), *Ceraunus*, vulgairement appelé saint Céran, succéda à Simplice sur le siége épiscopal de Paris, vers le commencement du viie siècle, et se rendit recommandable par sa piété, son zèle et sa charité. Il avait une grande dévotion pour les saints martyrs; c'est ce qui lui inspira le dessein de recueillir leurs actes. Warnahaire, clerc de Langres, à qui il avait écrit à ce sujet, lui envoya les actes de saint Didier, évêque de cette ville, et ceux des trois jumeaux saint Speusippe, saint Eleusippe et saint Méleusippe, avec une lettre à saint Céran, dans laquelle il donne de grands éloges à ses vertus. Saint Céran assista, en 615, au cinquième concile de Paris où se trouvèrent soixante-dix-neuf évêques : aussi le concile tenu à Reims en 625 lui donne-t-il le nom de concile général. Mais saint Céran ne vivait plus à l'époque de ce dernier concile, puisqu'on y voit figurer, parmi les évêques présents, Leudebert, son successeur. Il fut enterré dans l'église qui se trouvait sous celle des apôtres, et placé à gauche du corps de sainte Geneviève. Ses reliques furent mises dans une châsse au xiiie siècle. — 28 septembre.

CÉRAS (saint), *Ceratius*, évêque de Grenoble, est honoré le 6 juin.

CERBON (saint), *Cerbonius*, évêque de Vérone, est honoré le 10 octobre.

CERBONEY (saint), *Cerbonius*, évêque de Piombino sur la côte de Toscane, dans le vi^e siècle, se fit admirer par ses vertus, et surtout par son hospitalité. Pendant que Totila ravageait la Toscane, Cerboney accueillit des soldats romains, et des Goths, qui étaient à leur poursuite, étant accourus pour les massacrer, le saint évêque les déroba à leur fureur. Totila, irrité contre lui, se le fit amener, et ordonna qu'il fût exposé à un ours qu'on lâcha sur lui; mais l'animal ne fut pas plutôt près du saint qu'il perdit toute sa férocité et se mit à lui lécher les pieds. Le roi barbare, touché de ce miracle, lui fit grâce et se recommanda même à ses prières. Cerboney revint donc à Piombino; mais les incursions des Lombards l'obligèrent à se réfugier à l'île d'Elbe, où il mourut après le milieu du vi^e siècle. Son corps fut rapporté à Piombino, comme il l'avait demandé, et déposé dans une église qu'il avait fait bâtir, et où il avait fait construire son tombeau. C'est saint Grégoire le Grand qui nous apprend le peu que nous savons de ce saint évêque, qui est honoré chez les Chanoines Réguliers le 12 octobre. — 10 octobre.

CERÉ (saint), *Ceratus*, premier évêque d'Eause, est honoré dans le pays d'Astarac où l'on gardait son corps dans l'abbaye de Simorre, près de Lombez. — 24 avril.

CÉRÉAL (saint), *Cerealis*, officier chargé par l'empereur Adrien d'arrêter saint Gétule et saint Amance, son frère, tous deux officiers aussi, et qui avaient embrassé le christianisme; il fut converti par les deux frères. L'empereur, vivement irrité de ce qui venait de se passer, chargea Licinius de les condamner à mort tous trois, à moins qu'ils n'abjurassent la religion qu'ils venaient d'embrasser. C'est pour obtenir cette abjuration qu'on les retint en prison à Tivoli pendant vingt-sept jours; ils furent décapités, vers l'an 118, après avoir souffert différentes tortures. — 10 juin.

CÉRÉAL (saint), soldat et martyr à Rome, était époux de sainte Sallustie. Ils furent convertis l'un et l'autre par le pape saint Corneille, avec lequel ils souffrirent la mort, l'an 252, sous l'empereur Gallus. — 14 septembre.

CÉRÉAL (saint), martyr à Alexandrie avec quelques autres, est aussi nommé Céler. — 28 février.

CÉRÉAS (saint), martyr en Afrique, souffrit dans le iiie siècle avec deux cent soixante-neuf autres. — 16 octobre.

CÉRÉMONE (saint), *Ceremonius*, martyr à Nicomédie avec saint Eustorge, est honoré le 11 avril.

CÉRÉNIC, ou SÉLÉRIN (saint), *Cerenicus*, reclus dans le diocèse de Séez en Normandie, était frère de saint Sérène, et il naquit à Spolette, d'une famille noble, vers le commencement du viie siècle. Après avoir étudié, dans sa jeunesse, l'Ecriture sainte et les ouvrages des Pères, il renonça au monde et quitta sa patrie, avec son frère, pour se rendre à Rome, où ils perfectionnèrent leurs études. Le pape, instruit de leur mérite et de leur sainteté, les ordonna diacres-cardinaux, dont les fonctions consistaient alors à être chargés du soin des pauvres et des étrangers. Mais l'estime et la vénération qu'on leur témoignait alarmant leur humilité, les deux frères sortirent secrètement de Rome, passèrent en France et vinrent se fixer à Saulge, village du diocèse du Mans. Cérénic, trouvant ce lieu trop commode pour la vie pénitente qu'il voulait mener, quitta son frère, et accompagné d'un jeune homme, nommé Flavard, qu'il avait élevé dans la piété, il se retira dans une presqu'île, formée par la Sarthe, au territoire d'Hyesme, dans le diocèse de Séez, et il y construisit un petit ermitage pour lui et son disciple. Son dessein était d'y vivre inconnu aux hommes, dans la prière et les austérités; mais ayant été découvert, la charité et le zèle dont il était animé ne lui permirent pas de refuser ceux qui venaient se placer sous sa conduite, et il fut obligé de changer son ermitage en monastère. Il jeta aussi les fondements d'une église en l'honneur de saint Martin, qui fut achevée par Milehard, évêque de Séez. Son humilité le fit rester, toute sa vie, dans le diaconat, et en faisait tous les jours les fonctions, servant le prêtre qui célébrait la messe. L'étude et la méditation des livres saints occupaient tous les moments qu'il pouvait dérober à la prière et au gouvernement de sa communauté, qui prospéra tellement par ses soins, qu'au moment de sa mort, on y comptait cent quarante religieux, tous remplis de son esprit et dignes imitateurs de ses exemples. Saint Cérénic mourut vers l'an 669. Le diocèse de Séez, qui compte trois églises de son nom, l'honore le 7 mai.

CÉRIN, ou QUIRIN (saint), *Cerinus*, prêtre et martyr, était compagnon de saint Nicaise; il le seconda avec zèle dans ses travaux apostoliques, et fut arrêté, avec lui, à la Roche-Guyon, sur la Seine, par les païens, qui les décapitèrent, sous le président Fescennin, à l'endroit où se trouve aujourd'hui le bourg de Gany sur l'Epte. Leurs corps furent enterrés dans une île, et l'on bâtit une église sur leur tombeau. On place leur martyre vers la fin du IIIe siècle. — 11 octobre.

CÉRON (saint), archevêque de Cologne, mourut en 970, et il est honoré le 28 juin.

CÉSAIRE (saint), *Cæsarius*, martyr à Césarée en Cappadoce, souffrit pendant la persécution de Dèce, avec saint Germain et deux autres; il est honoré chez les Grecs le 3 novembre.

CÉSAIRE (saint), martyr à Damas, souffrit avec saint Dase et cinq autres. — 1er novembre.

CÉSAIRE (saint), diacre d'Afrique et martyr, se trouvant à Terraine en Italie, et ayant été témoin d'un sacrifice offert à Apollon par un jeune homme qui se donnait ensuite volontairement la mort, en se précipitant dans la mer, ne put voir sans horreur une coutume aussi barbare et une superstition aussi abominable, et il s'en expliqua hautement. Le prêtre de l'idole l'ayant fait arrêter, on le conduisit devant le gouverneur, qui ordonna qu'on le renfermât dans un sac, ainsi que le prêtre Julien, et qu'on les jetât dans les flots, ce qui fut exécuté l'an 300, sous l'empereur Dioclétien. Saint Grégoire le Grand nous apprend qu'il y avait, à Rome, une ancienne église dédiée à saint Césaire. Clément VII, ayant fait débarrasser les ruines qui la recouvraient, la fit rebâtir avec magnificence au XVIe siècle, et la donna pour titre de cardinal-diacre à son petit-neveu Sylvestre Aldobrandini. — 1er novembre.

CÉSAIRE (saint), martyr avec saint Victor et plusieurs autres, souffrit pendant la persécution de Dioclétien. — 20 avril.

CÉSAIRE (saint), martyr à Arabisse, dans la basse Arménie, souffrit sous l'empereur Galère, vers l'an 309. — 28 décembre.

CÉSAIRE (saint), médecin, frère de saint Grégoire de Nazianze et de sainte Gorgonie, né vers l'an 320, alla étudier dans la célèbre école d'Alexandrie, et s'appliqua avec succès à l'éloquence, à la philosophie, et surtout à la médecine, pour laquelle il avait un goût et une aptitude remarquables. Très-jeune encore, il éclipsait déjà les plus fameux médecins de son siècle. Avant de retourner dans sa patrie, il voulut faire quelque séjour à Constantinople, afin de se perfectionner de plus en plus dans la profession qu'il avait choisie. Son mérite et ses belles qualités lui concilièrent l'estime et la considération publiques, au point que l'empereur Constance lui fit offrir, s'il voulait se fixer dans la capitale, une alliance illustre, de plus la dignité de sénateur et le titre de son premier médecin; mais le désir de retourner dans son pays, joint aux instances de son frère Grégoire, qui était venu au-devant de lui jusqu'à Constantinople, lui firent refuser ces offres magnifiques. Il revint donc à Nazianze, et consacra au soulagement de ses compatriotes les prémices de son art. Dans la suite, il forma le projet de retourner à Constantinople; mais saint Grégoire, son père, sainte Nonne, sa mère, et son frère, essayèrent de l'en détourner, dans la crainte que l'air de la cour ne fût préjudiciable à son salut. Césaire ne crut pas leurs appréhensions fondées, et se rendit à la capitale où il s'acquit, en peu de temps, la plus brillante réputation. Julien l'Apostat, qui l'estimait singulièrement, le fit son premier médecin, et l'excepta toujours dans les édits qu'il porta contre les chrétiens. Il eût bien voulu gagner à sa cause un homme d'un aussi rare mérite et l'arracher au christianisme; mais Césaire était inébranlable dans son attachement à la foi, et il repoussa généreusement les tentatives d'apostasie et les caresses séduisantes de l'empereur. Cependant sa pieuse famille craignit le danger qu'il courait et l'excitait à s'éloigner d'une cour idolâtre et persécutrice; c'est ce qu'il fit. Il reparut à la cour de Jovien et de Valens qui, tous deux, l'honorèrent de leur confiance. Le dernier le créa trésorier de son domaine, puis intendant de Bithynie. Saint Grégoire, son frère, et saint Basile, son ami, lui écrivaient souvent pour l'engager à quitter le monde afin de ne plus vivre que pour Dieu. Césaire recevait fort bien ces avis, mais il ne se pressait pas de les mettre à exécution. La Providence se servit, pour briser les liens qui le retenaient dans le siècle, du tremblement de terre qui arriva, en 368, à Nicée, où il résidait, et auquel il n'échappa que par une espèce de miracle, ayant été enseveli sous des ruines d'où on le retira légèrement blessé. Saint Grégoire et saint Basile profitèrent de cette occasion pour renouveler leurs instances. Ce dernier lui écrivit une lettre très-pressante, dans laquelle il lui dit qu'il est obligé, plus que tout autre, de se donner entièrement à Dieu, puisqu'il venait de le retirer de la mort. Césaire se rendit enfin et se disposa à recevoir le sacrement de la régénération qu'il n'avait pas encore reçu, quoiqu'il eût déjà mérité le titre glorieux de confesseur de la foi. Il écrivit à son frère qu'il allait quitter le service du roi de la terre pour servir uniquement le roi du ciel; mais le Seigneur se contenta de sa pieuse résolution et ne lui laissa pas le temps de l'exécuter, l'ayant appelé à lui au commencement de l'année 369. Saint Grégoire prononça une oraison funèbre, et dans le détail qu'il donne de ses vertus, il remarque qu'au milieu des honneurs il regarda toujours l'avantage d'être chrétien comme la première des dignités et le plus glorieux de tous les titres. Il s'étend aussi sur son désintéressement et sa générosité. Non-seulement il soulageait les pauvres, mais il se montrait libéral envers tout le monde. La bonté de son cœur et ses manières obligeantes lui faisaient des amis de tous ceux qui le connaissaient. Il exerçait sa profession sans aucune vue de gain, même à l'égard des riches. Il était le père des pauvres, et outre les soins gratuits qu'il leur consacrait dans leurs maladies, il leur distribuait encore la plus grande partie de ses revenus, et les institua ses héritiers quelque temps avant sa mort. — 25 février et 9 mars.

CÉSAIRE (saint), évêque d'Arles, né en 470, au territoire de Châlons-sur-Saône, d'une famille recommandable par sa piété, montra de bonne heure des inclinations vertueuses, et surtout une tendre charité pour les pauvres, se dépouillant de ses propres habits pour les en revêtir. Après avoir fait ses études avec succès, il résolut de renoncer au monde, et, à l'âge de dix-huit ans, il alla se présenter à saint Sylvestre, évêque de Châlons, pour lui demander la tonsure et l'habit clérical. L'évêque l'admit dans son clergé et l'attacha au service de son église. Deux ans après, le désir d'une plus grande perfection le porta à quitter secrètement sa patrie, et il alla au monastère de Lérins. L'abbé Porcaire le reçut au nombre de ses religieux, et Césaire y devint un modèle de vertus. Ayant été fait cellérier, quelques moines l'accusèrent d'une excessive sévérité. Pour faire cesser leurs plaintes, Césaire quitta son emploi, ce qui lui laissa plus de temps pour vaquer à la contemplation et aux pratiques de la pénitence. Mais l'épuisement où ses austérités l'avaient réduit ayant fait craindre pour sa vie, il fut obligé d'aller consulter les médecins d'Arles. Ce voyage lui procura l'occasion de voir saint Éone, évêque de cette ville, son parent et son compatriote, qui le retint près de lui, du consentement de l'abbé de Lérins, et lui conféra le diaconat, puis la prêtrise, et lui confia ensuite le gouvernement d'un monastère, situé dans une île formée par le Rhône, aux portes de la ville. Éone, se sentant près de sa fin, demanda Césaire pour son successeur. Celui-ci n'en fut pas plutôt informé, qu'il alla se cacher dans des tombeaux romains qui se trouvaient près d'Arles; mais, y ayant été découvert, on le força d'acquiescer aux vœux du peuple et du clergé qui voulaient l'avoir pour pasteur. Césaire avait trente ans lorsqu'il fut élevé à l'épiscopat en 501. Il commença par introduire dans son église cathédrale le chant quotidien de *Tierce, Sexte* et *None :* avant lui, on ne chantait cette partie de l'office divin que le samedi et le dimanche. Il engagea les laïques à assister, autant qu'ils le pourraient, à ces offices du jour et même à ceux de la nuit, et de chanter avec le clergé les hymnes et les psaumes. Afin d'avoir plus de temps à consacrer à sa sanctification et à celle de son troupeau, il se déchargea du soin de son temporel sur des administrateurs d'une probité reconnue, et il employait une grande partie de ses revenus à soulager les pauvres et à fonder des hôpitaux. Il avait pris ses mesures pour que les malades pussent, du lieu où ils étaient placés, entendre la messe et les autres parties de l'office divin. Les pauvres avaient aussi un libre accès auprès de sa personne, et il envoyait de temps en temps ses domestiques à la porte de sa demeure, afin d'introduire ceux que la crainte aurait empêchés de pénétrer jusqu'à lui. Il fonda aussi un monastère de religieuses, à la construction duquel il voulut travailler de ses propres mains. L'église, qui était très-vaste, renfermait trois parties; celle du milieu fut dédiée à la sainte Vierge, et les deux autres à saint Jean l'Évangéliste et à saint Martin. Ce monastère, situé à Arles même, fut d'abord connu sous le nom de Saint-Jean; mais il porta dans la suite celui de Saint-Césaire. Césarie, sœur du saint fondateur, et qui avait pris le voile à Marseille, en fut la première abbesse. Le saint composa une règle que nous avons encore, et qui prescrivait aux religieuses de faire elles-mêmes leurs vêtements et de travailler à divers ouvrages en laine. Chacune avait sa tâche réglée pour chaque jour, et les ouvrages, surtout de broderie, qui n'étaient pas nécessaires à la communauté, se vendaient aux personnes du dehors. Quelques-unes d'entre elles s'occupaient à copier l'Écriture sainte en beaux caractères. Toutes faisaient une lecture de deux heures par jour, et on lisait aussi pendant le travail des mains. Cette règle de saint Césaire fit place, dans la suite, à celle de saint Benoît que le monastère adopta pour se conformer aux autres communautés religieuses. Saint Césaire prêchait ordinairement le matin et le soir, surtout les jours de dimanche et de fête, et lorsqu'il ne pouvait prêcher lui-même, il faisait lire au peuple, par un de ses prêtres ou de ses diacres, les homélies des Pères. Cette lecture se faisait après matines et après vêpres, afin que ceux qui se trouvaient à ces offices ne sortissent point sans recevoir quelque instruction. Dans ses prédications, il répétait souvent à ses auditeurs que le plus terrible effet des jugements du Seigneur est une famine spirituelle de la parole divine. Il s'élevait avec force contre les vices dominants et surtout contre le délai de la pénitence; il détournait du péché véniel par la crainte des peines du purgatoire, et enseignait les moyens de se purifier, chaque jour, de ses fautes légères; il revenait souvent sur la nécessité de la prière, du jeûne, de l'aumône, principalement pendant le carême et dans les autres jours consacrés à la pénitence. Il présida à un concile tenu à Agde, sur la discipline, en 506, et dans lequel il fit plusieurs règlements sur la réformation des mœurs. Comme Arles était sous la domination d'Alaric, roi des Visigoths, qui possédait une partie de la Provence, et que saint Césaire était né sujet du roi de Bourgogne, le prince visigoth s'imagina que l'évêque d'Arles avait dessein de livrer cette ville aux Bourguignons : rien n'était plus éloigné de la pensée du saint, mais il n'en fut pas moins exilé à Bordeaux, où il éteignit, par ses prières, un incendie qui faisait de grands ravages. Alaric, ayant reconnu son innocence, le rétablit sur son siège, et condamna ses accusateurs à être lapidés ; mais saint Césaire fit tant qu'il les préserva du dernier supplice. Lorsqu'il revenait à Arles, le peuple alla au-devant de lui, en chantant des psaumes ; tous les habitants tenaient à la main des cierges allumés, et ils attribuèrent à ses prières la cessation de la sécheresse qui, depuis longtemps, désolait leurs campagnes. Les Français et les Bourguignons ayant remporté, en 507, une victoire complète sur Alaric, qui resta sur le champ de bataille, son fils Amalaric s'enfuit en Espagne où les Visigoths le proclamèrent roi à la place de son père. L'année suivante les Français et les Bourguignons ayant formé le siège d'Arles, les Goths renfermés dans la ville mirent en prison saint Césaire, sous prétexte qu'il était d'intelligence avec les assiégeants. Son innocence ne tarda pas à être reconnue, et on lui rendit la liberté. La ville ne fut pas prise, et lorsque le siège eut été levé, on conduisit dans les églises les prisonniers qu'on avait faits dans plusieurs sorties. Le saint évêque, touché du sort de ces malheureux qui manquaient de tout, épuisa, pour les soulager, le trésor de son église, et fit fondre même les ornements d'argent qui étaient aux grilles et aux piliers, ainsi que les encensoirs, les calices et les patènes, et leur en distribua le prix. Notre-Seigneur, dit-il, à cette occasion, n'avait que des vases de terre pour faire la dernière cène : n'ayons donc point de scrupule de donner ces vases précieux pour la rançon de ceux qu'il a rachetés aux dépens de sa propre vie. Je voudrais bien savoir ceux qui nous censurent ne seraient pas charmés qu'on les rachetât eux-mêmes de la même manière, en supposant qu'ils fussent tombés dans un semblable malheur. Amalaric étant mort, Théodoric, roi des Ostrogoths en Italie, qui l'avait protégé, s'empara de ce que les Visigoths possédaient en Espagne et en Provence. La charité de saint Césaire pour les prisonniers qui étaient la plupart ses compatriotes, lui parut suspecte ; il le fit donc arrêter et conduire à Ravenne, où il résidait. Lorsqu'il le vit, il fut singulièrement frappé de son air vénérable et majestueux, ainsi que de son intrépidité ; il se leva, et ôtant l'ornement qui lui couvrait la tête, il le salua d'une manière très-obligeante, s'entretint avec lui pendant quelque temps, et le saint se retira. Alors Théodoric dit à ceux qui l'entouraient : *Puisse le ciel punir ceux qui ont été cause qu'un si saint homme ait fait un si long voyage sans nécessité! Lorsqu'il s'est présenté devant moi, je tremblais ; il avait l'air d'un ange ; et je ne puis penser à l'inquiéter.* Il lui envoya un bassin d'argent, du poids de soixante livres, avec 300 pièces d'or, et il ordonna au porteur de lui dire : *Saint évêque, le roi votre fils vous prie d'accepter ce présent et de vous servir du bassin pour l'amour de lui.* Césaire, qui ne faisait aucun usage des choses de prix, vendit publiquement le bassin et employa à racheter plusieurs captifs la somme qu'il en retira. Le roi en fut bientôt informé ; il apprit aussi qu'il y avait à sa porte un si grand concours de pauvres qu'il était impossible d'en approcher. Cette charité fit une si grande impression, que les sénateurs et les principaux habitants de Ravenne lui envoyèrent des secours abondants avec prière de les distribuer aux malheureux. Ils allaient jusqu'à dire qu'une des plus grandes grâces que Dieu leur eût faites, était de leur avoir accordé l'avantage de voir un homme si digne des temps apostoliques. Saint Césaire se servit des fonds qu'on lui avait remis si libéralement pour délivrer les prisonniers qui se trouvaient de l'autre côté de la Durance, et leur donna en outre de quoi pouvoir regagner leur patrie. Pendant son séjour à Ravenne, il rendit la santé au fils d'une pauvre veuve qui par reconnaissance le pria de prendre à son service et d'emmener avec lui, dans les Gaules, celui qu'il venait de guérir. De là il se rendit à Rome où il fut honorablement reçu par le pape Symmaque, par le clergé, la noblesse et le peuple, qui tous désiraient ardemment de jouir de sa présence. Symmaque lui donna le pallium, et l'on croit qu'il fut le premier évêque d'Occident qui ait été décoré de cet ornement : il confirma aussi, en sa faveur, les privilèges de l'église d'Arles. Il l'établit vicaire apostolique avec le droit d'inspection générale sur toutes les affaires ecclésiastiques de l'Espagne et des Gaules : il permit aussi aux diacres d'Arles de porter la dalmatique comme la portaient les diacres de l'Église romaine. L'année suivante, c'est-à-dire l'an 514, saint Césaire revint dans son diocèse et continua, avec le même zèle, à remplir tous les devoirs de l'épiscopat. Il tint un concile à Arles, l'an 524, où l'on fit certains règlements sur les ordinations. Il présida, en 529, au concile d'Orange et en dressa lui-même les canons. On y condamna les semi-pélagiens qui enseignaient que le premier désir ou le commencement des bonnes œuvres venait de nous : on y anathématisa ceux qui disaient que Dieu prédestine certains hommes à la damnation, et l'on y décida que Dieu inspire, par sa grâce, le commencement de la foi et de la charité. Saint Césaire envoya les décrets du concile à Rome, et ils furent confirmés par le pape Félix IV. Il y avait plus de quarante ans qu'il était évêque, lorsque son âge et ses infirmités l'avertissant qu'il approchait de sa fin, il demanda si la fête de saint Augustin arriverait bientôt : *J'espère*, ajouta-t-il, *mourir ce jour-là ; vous savez combien j'ai toujours aimé la doctrine vraiment catholique de ce saint évêque.* Il se fit ensuite porter chez les religieuses du monastère qu'il avait fondé, afin de les exhorter à ne pas trop s'affliger de sa mort ; mais ce qu'il leur dit ne servit qu'à augmenter le regret qu'elles avaient de le perdre : après leur avoir donné sa bénédiction il se fit reporter dans son église où il mourut en présence de plusieurs évêques et de plusieurs prêtres, la veille de la fête de saint Augustin, le 27 août 542, à l'âge de 71 ans. Sa sainteté fut attestée par un grand nombre de miracles, avant et après sa mort. Saint Césaire, honoré du titre de docteur de l'Eglise, a laissé des homélies, au nombre de deux cent deux, et plusieurs traités de piété. Son style est simple, naturel et plein de charmes, ses pensées nobles, ses raisonnements solides, et toujours à la portée de ses auditeurs. — 27 août.

CESARIE (sainte), *Cæsaria*, martyre, est honorée le 25 mars.

CESARIE, ou Césaire (sainte), vierge et première abbesse du monastère de Saint-Jean à Arles, était sœur de saint Césaire, évêque de cette ville. Elle naquit dans le territoire de Châlons-sur-Saône, quelques années après son frère, c'est-à-dire vers l'an 475, et, à son exemple, elle quitta le monde de bonne heure pour se faire religieuse dans un monastère près de Marseille, qu'on croit être celui fondé par Cassien. Lorsque saint Césaire, devenu évêque d'Arles, en 501, eut fondé un monastère dans sa ville épiscopale, il en confia le gouvernement à sa sœur, non parce qu'elle était sa sœur, mais parce qu'elle lui paraissait plus capable que toute autre d'exercer les fonctions d'abbesse. En effet, elle se montra digne de ce choix. On croit qu'elle mourut avant son frère, dont on met la mort en 542, et une autre Césarie lui succéda dans sa dignité d'abbesse. — 12 janvier.

CESARIENNE (sainte), *Cæsariana*, martyre à Césène dans la Romagne, est honorée le 21 juillet.

CESIDE (saint), *Cæsidius*, prêtre et martyr à Transaque au pays des Marses, près du lac de Célano, était fils de l'évêque saint Ruffin, et souffrit avec plusieurs autres sous l'empereur Maximien l'an 310. — 31 août.

CESLAS (saint), dominicain, sortait de la famille des comtes d'Oldrovans, l'une des plus illustres de la Silésie. Il était fils du comte Eustache de Konski et frère puîné de saint Hyacinthe. Il naquit vers l'an 1187, et après de bonnes études, il se consacra à Dieu en entrant dans l'état ecclésiastique. Son savoir, sa piété et l'innocence de ses mœurs le firent nommer, très-jeune encore, chanoine de Cracovie, puis conservateur de Sandomir. Il menait la vie la plus édifiante et la plus mortifiée, employant ses revenus en bonnes œuvres et surtout au soulagement des pauvres. Ives de Konski, son oncle, chancelier de Pologne, qui venait d'être élevé sur le siège épiscopal de Cracovie, ayant entrepris le voyage de Rome, emmena avec lui ses neveux Ceslas et Hyacinthe, qui entrèrent dans l'ordre de Saint-Dominique, et reçurent l'habit des mains du saint fondateur, dans le couvent de Sainte-Sabine de Rome, au mois de mars 1218 : ils obtinrent dispense pour prononcer leurs vœux, après un noviciat de six mois au lieu d'un an que prescrivait la règle. Ayant ensuite quitté l'Italie, saint Ceslas annonça la parole de Dieu, avec un succès merveilleux, dans l'Allemagne et la Pologne. En 1222, il fonda, à Prague, un couvent de son ordre, où il rassembla cent vingt religieux, du nombre desquels se trouvait André, évêque de cette ville : il fonda aussi, au même lieu, un couvent de dominicaines, où la reine Marguerite, veuve de Henri, roi des Romains, et fille de Léopold, archiduc d'Autriche, fit depuis profession. Saint Ceslas envoya prêcher la foi dans la Bosnie par vingt-sept de ses religieux, qui tous reçurent la couronne du martyre. Il prêcha lui-même dans la Silésie et résida longtemps à Breslaw, où il conduisit dans les voies de la perfection sainte Hedwige, duchesse de Silésie. Il peupla les royaumes du Nord de fervents serviteurs de Dieu, qui fit briller sa sainteté en lui accordant le don de prophétie et celui des miracles. La ville de Breslaw fut attaquée, en 1241, par les Tartares d'Asie, qui étaient venus fondre sur l'Europe avec une armée de cinq cent mille hommes, et avaient ravagé la Russie, la Pologne et les pays voisins. Les habitants de la ville, après avoir brûlé ou caché leurs effets les plus précieux, se renfermèrent dans la citadelle, et saint Ceslas les y accompagna pour les assister et les consoler. Les prières ferventes qu'il ne cessait d'adresser avec eux au Seigneur pour obtenir leur délivrance furent enfin exaucées. Lorsque les barbares, après avoir fait une large brèche, se disposaient à monter à l'assaut, Ceslas, qui venait de célébrer les saints mystères, n'eut pas plutôt paru sur les murailles qu'il tomba du ciel, sur le camp des Tartares, un globe de feu qui porta dans leurs rangs la terreur et le désordre. Les infidèles, dont plusieurs périssaient au milieu des flammes, voyant que le ciel combattait visiblement contre eux, levèrent le siège et prirent la fuite. C'est ainsi que cette horde de barbares, semblable à un torrent dévastateur, fut arrêtée dans sa marche par les prières d'un humble serviteur de Dieu, qui, en cette occasion, renouvela les prodiges d'Elie et d'Elisée. Ce miracle est attesté par d'anciens monuments qui se gardent encore dans les archives publiques de Breslaw. On le trouve aussi rapporté par Martin Curmer, évêque de Wormie, dans son Histoire de Pologne, et par d'autres historiens. Saint Ceslas mourut peu de temps après, au mois de juillet 1242, et fut enterré à Breslaw où l'on garde ses reliques. Le culte qu'on lui rendait de temps immémorial fut approuvé par Clément XI en 1713. — 20 juillet.

CEZADRE (saint), *Cessator*, évêque de Limoges, mourut vers l'an 730, et il est honoré à Malemort le 15 novembre.

CHAD, ou Ceadde (saint), *Ceadda*, évêque de Lichfield, était frère de saint Cedde, évêque de Londres. Né vers la fin du VIᵉ siècle, il fut élevé dans le monastère de Lindisfarne, par saint Aïdan. Il passa ensuite en Irlande, avec saint Egbert, pour se perfectionner dans l'Ecriture sainte et dans la science des saints. Saint Cedde, ayant fondé le monastère de Lestingay en 658, le rappela pour l'aider à y établir une bonne discipline, et le chargea de gouverner, sous lui, la nouvelle communauté. Saint Chad répondit dignement à la confiance de son frère, et s'acquitta de ses fonctions d'une manière qui donna la plus haute idée de ses vertus. Alcfrid, roi des Northumbres, ayant nommé évêque d'York saint Wilfrid, il l'envoya en France afin qu'il reçût l'onction épiscopale des mains d'Agilbert, son ancien ami, qui le sacra à Compiègne, assisté de douze évêques. Mais le long séjour de Wilfrid en France ayant fait désespérer de son retour, le roi Oswi, père d'Alcfrid, nomma, pour le remplacer, saint Chad, qui fut sacré, en 666, par Wina, évêque de Winchester, assisté de deux évêques bretons. Plein de zèle pour la sanctification du troupeau confié à ses soins, il visitait à pied les différentes parties de son diocèse, annonçant partout la parole de Dieu, et s'appliquant, de préférence, à l'instruction des pauvres et des ignorants. On le voyait parcourir les villages et entrer jusque dans les cabanes pour y porter les lumières et les consolations de la foi. Cependant saint Wilfrid, après une absence de deux ans, revint en Angleterre, et voyant son siège occupé par notre saint, il ne fit aucune réclamation, et se retira au monastère de Rippon. Mais saint Théodore, archevêque de Cantorbéry et primat de l'Eglise britannique, jugea, lors de sa visite générale, que le siège d'York appartenait à saint Wilfrid déclarant que l'ordination de Chad était irrégulière, et que ceux qui l'avaient sacré n'en avaient pas le droit. Celui-ci répondit : Si vous croyez que mon ordination ne soit pas canonique, je renonce volontiers à l'épiscopat dont je n'ai jamais été digne, et que je n'ai accepté que malgré moi et par obéissance. Le primat fut charmé d'une réponse si pleine de candeur et de modestie. Saint Chad retourna avec joie à son monastère de Lesingay, mais on ne l'y laissa pas longtemps. Saint Théodore, qui avait conçu pour lui une grande estime, le nomma, en 670, évêque des Merciens après la mort de Jaruman, et lui défendit, à cause de son grand âge, de faire à pied la visite de son diocèse qui était très-vaste, voulant par là conserver plus longtemps à cette église un pasteur si capable de la bien gouverner. Saint Chad allait passer avec quelques moines qui vivaient près de sa cathédrale les moments qu'il pouvait dérober aux fonctions de son ministère, et il puisait au milieu d'eux de nouvelles forces et de nouvelles grâces pour reprendre ses travaux. La pensée des jugements de Dieu faisait une forte impression sur son esprit, et lorsqu'il entendait gronder le tonnerre, il se rendait à l'église pour prier et pour réfléchir à ce jour formidable où Jésus-Christ viendra juger tous les hommes. Wulfère, roi de Mercie, dont saint Chad avait baptisé les deux fils, Wulfate et Rufin, qui sont honorés comme martyrs, et qui furent mis à mort aussitôt après, par l'ordre de leur père qu'on avait abusé sur leur compte, voulant calmer les remords de sa conscience, donna au saint évêque le terrain et les fonds nécessaires pour fonder le monastère de Barrow. Saint Chad ayant connu, par une révélation du ciel, qu'il mourrait bientôt, tomba malade et se recommanda aux prières de ses religieux : il reçut ensuite le corps et le sang de Jésus-Christ, et mourut le 1er mars 673, après avoir gouverné deux ans et demi son diocèse. Il avait fixé son siège à Lichfield où résidèrent ensuite ses successeurs. On l'enterra dans l'église de Notre-Dame, mais il fut transporté, peu de temps après, dans celle de Saint-Pierre. Ses reliques furent transférées, plus tard, dans l'église de la Sainte-Vierge et de Saint-Chad, bâtie en 1148, et qui est devenue la cathédrale de Lichfield, où elles ont été, jusqu'à la prétendue réforme, l'objet de la vénération des fidèles. Bède parle de plusieurs miracles opérés par son intercession.—2 mars.

CHADOIN (saint), *Caduindus*, évêque du Mans, au VIIe siècle, était Irlandais, selon les uns, et Français selon d'autres : il dut à son mérite et à ses vertus d'être choisi pour succéder à saint Bertran sur le siège du Mans, l'an 623, et il en fut le douzième évêque. Il assista, en 625, au concile tenu à Reims, sous l'archevêque Honorius, où l'on fit de sages règlements sur la discipline ecclésiastique. De retour dans son diocèse, il répara plusieurs monastères et fit revivre, dans tous, l'ancienne régularité ; il fonda celui d'Evron, à dix lieues du Mans, et contribua, par ses libéralités, à la fondation de celui de la Boisellière, qui eut saint Longis pour premier abbé. En 642, il fit son testament, qui est devenu fort célèbre par les détails qu'il contient, et dans lequel il réglait la destination de ses biens après sa mort : il y institue la cathédrale du Mans pour son héritière, et fait aussi plusieurs legs aux monastères de Saint-Vincent et de la Couture. N'ayant pu se rendre en personne au concile tenu à Châlons-sur-Saône, en 644, il y assista par député. On croit qu'il mourut le 20 août 653, avec la réputation d'un des plus saints et des plus illustres prélats du VIIe siècle, et après un épiscopat de trente ans. Il fut enterré dans l'ancienne église des Apôtres, près de saint Victor, l'un de ses prédécesseurs. Son corps fut transféré, en 835, avec ceux de plusieurs autres saints évêques de la même ville ; il eut saint Bérard pour son successeur.—20 août.

CHAFFRE, ou THÉOFROI (saint), *Theofridus*, abbé de Carmeri en Velay et martyr, naquit à Orange après le milieu du VIIe siècle. Il était fils de Leufroi, gouverneur du pays d'Orange, qui lui fit donner une éducation soignée. Il montra de bonne heure un goût prononcé pour les exercices de piété et un grand éloignement pour le monde. Eudes, son oncle, qui était abbé de Carmeri en Velay, ayant fait un voyage au monastère de Lérins, passa quelques jours à Saint-Paul-Trois-Châteaux. Leufroi accompagné de son fils alla lui faire une visite dans cette ville, et le jeune Chaffre communiqua à son oncle le dessein qu'il avait formé d'embrasser la vie religieuse. Eudes examina sa vocation et reconnut qu'elle venait du ciel. Leufroi, qui regardait son fils comme le soutien et l'espérance de sa famille, refusa d'abord son consentement; mais il le donna à la fin, et Chaff e suivit son oncle à Carmeri, où il reçut l'habit monastique. Il conserva, après sa profession, la ferveur qu'il avait montrée pendant son noviciat, et, bientôt après, il fut chargé des affaires extérieures de son monastère, fonction qui répondait à celle de procureur. Ayant rencontré un jour saint Ménelé, qui s'était enfui secrètement de la maison paternelle pour se soustraire à un mariage auquel ses parents voulaient le contraindre, malgré ses inclinations qui le portaient à vivre dans la continence, celui-ci pria saint Chaffre de lui indiquer une maison où il pût se faire instruire dans la piété. Chaffre lui persuada de le suivre, et le présenta à son oncle qui lui donna l'habit. L'abbé Eudes, se sentant près de sa fin, désigna son neveu pour successeur, et toute la communauté applaudit à ce choix. Saint Chaffre justifia, par sa conduite, la haute idée qu'on avait conçue de ses vertus et de sa capacité : il fut le père et le modèle de ses religieux. Comme l'entrée du monastère était interdite aux femmes, il leur permettait de venir près de la porte, afin qu'elles pussent recevoir des instructions sur les vérités du salut. Les Sarrasins étant venus fondre sur le Velay, en 728, il fit cacher ses moines dans une forêt voisine, et lorsque les barbares vinrent au monastère, il se tint prosterné dans l'église, disposé à tout événement : furieux de le trouver seul, ils l'accablèrent de coups et le laissèrent à demi mort. Le lendemain, qui était le jour de leur fête principale, ils se disposèrent à la célébrer par des pratiques impies. A cette vue, le saint ranima ses forces, et leur reprocha, avec autant de zèle que de courage, leur culte superstitieux. Les Sarrasins, étonnés de le revoir après le traitement de la veille, lui en firent subir un plus cruel encore; mais un orage, qui survint tout à coup, ne leur laissa pas le temps d'incendier le monastère, comme ils se l'étaient proposé, Saint Chaffre ne survécut que quelques jours à ses blessures, et mourut le 19 octobre 728. On l'honore comme martyr de la vérité et de la charité. Il s'est formé autour de son monastère une ville qui a pris le nom de Monastier Saint-Chaffre. — 19 octobre.

CHAGNOALD (saint), *Chainoaldus*, vulgairement appelé saint Chagnon ou Cannoald, évêque de Laon, était fils d'Agnéric, l'un des plus illustres seigneurs de la Brie, et l'un des principaux officiers de la cour de Théodebert II, roi d'Austrasie. Il était frère de saint Faron, évêque de Meaux, et de sainte Fare, abbesse de Faremoutiers. Il quitta le monde et se fit moine à Luxeuil, vers l'an 594. Saint Colomban, qui en était abbé, conçut pour lui beaucoup d'estime et d'affection, et lorsqu'il eut été exilé de Luxeuil, en 610, par Thierri, roi de Bourgogne, ou plutôt par Brunehaut, son aïeule, il prit Chagnoald pour compagnon de voyage, lorsqu'il se rendit en Suisse, pour prêcher l'Évangile aux infidèles. Chagnoald revint ensuite à Luxeuil, et accompagna saint Eustase, successeur de saint Colomban, qui avait été chargé, en 614, par Clotaire II, d'aller à Bobio, en Italie, pour prier saint Colomban de revenir en France. A leur retour, ils passèrent quelques jours chez Agneric, qui restait dans une terre à deux lieues de Meaux. Saint Eustase guérit sainte Fare, sœur de Chagnoald, d'une maladie de langueur qui faisait craindre pour sa vie, et obtint d'Agneric qu'il la laisserait libre d'exécuter la résolution qu'elle avait prise de consacrer à Dieu sa virginité. Agneric fonda pour elle le monastère de Faremoutiers, et comme il était double, saint Chagnoald quitta Luxeuil pour venir y établir une communauté de religieux. Il la gouverna jusqu'en 620, qu'il fut élevé sur le siége épiscopal de Laon. Il assista au concile tenu à Reims, en 625, et souscrivit, en 631, aux titres de la fondation de l'abbaye de Solignac, en Limousin, faite par saint Eloi, qui était encore laïque. Saint Chagnoald mourut d'apoplexie vers l'an 633, comme nous l'apprenons d'une lettre de saint Paul de Verdun à saint Didier de Cahors. — 4 et 6 septembre.

CHAIRBRE (saint), *Carpreus*, fondateur d'un monastère en Irlande, était, selon quelques auteurs, Breton de naissance, et florissait sur la fin du VIᵉ siècle. L'église de son monastère porte son nom, et il est honoré dans le pays de Tirflachre en Connacie, le 1ᵉʳ novembre.

CHAMANS (saint), *Amandus*, moine de Genouillac, fonda un monastère qui porta son nom. Il florissait dans le VIᵉ siècle, et il est honoré le 25 juin.

CHAMANT, ou AMANT (saint), *Amantius*, évêque de Rodez, né dans cette ville, entra de bonne heure dans l'état ecclésiastique. Sa science et sa sainteté décidèrent ses compatriotes à l'élire pour leur évêque, et à peine eut-il reçu l'onction épiscopale qu'il s'appliqua avec un zèle infatigable à la conversion des idolâtres, dont son diocèse était rempli. Ses instructions et ses miracles en gagnèrent un grand nombre à Jésus-Christ. Sa douceur et sa charité furent aussi pour beaucoup dans les conversions qu'il opéra. Il trouvait le moyen d'allier aux fatigues de l'apostolat les austérités de la pénitence, et il avait un attrait particulier pour la mortification. On place sa mort vers la fin du Vᵉ siècle. Saint Quintien, son successeur, voulut lever de terre son corps, en 511, et faire la translation de ses reliques; mais nous apprenons de saint Grégoire de Tours que le saint évêque apparut en songe à Quintien, le reprit d'avoir remué ses os, et lui prédit qu'il serait lui-même ôté de sa place, pour être évêque ailleurs, ce qui fut vérifié par l'événement. — 4 novembre.

CHARITÉ (sainte), *Charitas*, vierge et martyre à Rome, était fille de sainte Sophie et sœur de sainte Foi et de sainte Espérance.

Elle fut élevée dans la piété par sa mère, qui l'exhorta elle-même à confesser Jésus-Christ avec courage, et à verser son sang pour la religion. Elle souffrit le martyre avec ses sœurs, sous l'empereur Adrien, dans le IIe siècle, vers l'an 137. — 1er août.

CHARITINE (sainte), *Charitina*, martyre à Rome, y fut arrêtée avec saint Justin, apologiste de la religion chrétienne, et plusieurs autres. Rustique, préfet de la ville, les ayant fait comparaître devant son tribunal, les interrogea l'un après l'autre, et lorsque le tour de Charitine fut venu, il lui demanda si elle était chrétienne ; elle répondit : Je suis chrétienne par la miséricorde du Seigneur. Le préfet, ne pouvant la décider à sacrifier aux dieux, la condamna à être battue de verges et à être ensuite décapitée. Elle subit son supplice l'an 167, sous le règne de Marc-Aurèle. Les Grecs l'honorent le 1er juin, et elle est nommée dans le Martyrologe romain le 13 avril.

CHARITON (saint), martyr à Rome, avec sainte Charitine, de laquelle la ressemblance des noms ferait croire qu'il pouvait être parent, comparut devant le préfet Rustique avec saint Justin. Le préfet lui ayant ordonné de sacrifier aux dieux et d'obéir à l'édit des empereurs, Chariton répondit qu'il était chrétien par la grâce de Dieu. Rustique lui ayant représenté ainsi qu'à ses compagnons que s'ils refusaient d'obéir ils seraient traités sans miséricorde, saint Justin, prenant la parole pour tous, répondit : *Nous ne souhaitons rien tant que de mourir pour Jésus-Christ!* En conséquence, ils furent condamnés à être fouettés et à perdre la tête, l'an 167, sous l'empereur Marc-Aurèle. Les fidèles ayant enlevé secrètement leurs corps, leur donnèrent la sépulture. — 13 avril et 1er juin.

CHARLEMAGNE (le bienheureux), *Carolus Magnus*, roi de France et empereur d'Allemagne, naquit en 742, lorsque Pépin le Bref, son père, n'était encore que maire du palais de Neustrie. Pépin étant monté sur le trône, en 752, envoya l'année suivante au-devant du pape Etienne II, qui venait implorer son secours contre Astolphe, roi des Lombards, son fils Charles, qui n'avait que onze ans. Le jeune prince rencontra le pape à Thionville, et l'accompagna jusqu'à Ponthyon, près de Langres, d'où Pépin le conduisit à Paris. Etienne sacra Charles et Carloman, son frère, et les créa patrices de Rome. Après la mort de leur père, en 768, Charles fut de nouveau sacré roi de Neustrie, et Carloman roi d'Austrasie. Le commencement de leur règne fit craindre une mésintelligence entre les deux frères, parce que Carloman se plaignait d'avoir été lésé dans son partage ; mais Bertrade, leur mère, réussit à les réconcilier. L'Aquitaine s'étant révoltée, ils marchèrent contre les insurgés ; mais Carloman se brouilla de nouveau avec Charles, et arrivé en face de l'ennemi, il donna à ses troupes l'ordre de rétrograder. Charles, resté seul, n'en livra pas moins la bataille qu'il gagna, et, pour tenir en bride les habitants du pays, il bâtit, au confluent de l'Isle et de la Dordogne, un fort qu'il nomma Franciac, et qui a donné naissance à la petite ville de Fronsac. Il avait épousé, du vivant de son père, Hirmétrude ou Himiltrude, dont il eut Pépin le Bossu. Bertrade entreprit de la lui faire répudier, pour le marier à Hermangarde, fille de Didier, roi des Lombards. Le pape Etienne III ayant eu connaissance de ce projet d'union, écrivit à Charles qu'il ne pouvait passer à de secondes noces du vivant de sa première femme, et il menaça même de l'anathème ceux qui oseraient favoriser son divorce. Bertrade, qui avait à cœur cette affaire, alla trouver à Rome le pape, qui trouva sans doute ses raisons bonnes, puisqu'elle ramena en France Hermangarde, que Charles épousa en 769 ; mais un an après, il la répudia, alléguant qu'elle avait des infirmités qui ne lui permettaient pas d'avoir des enfants bien constitués, et il épousa, en 771, Hildegarde, fille de Childebrand, duc des Suèves. Cette princesse, pendant douze ans qu'elle vécut après son mariage, conserva l'estime et l'affection de son époux, et lui donna trois fils et trois filles, sans compter trois enfants qui moururent en bas âge. L'Église l'a mise au nombre des saints, et elle est honorée le 30 avril. Charlemagne se trouvait à Carbonnac, près de Valenciennes, où il tenait une assemblée générale des grands de son royaume, lorsqu'il apprit la mort de son frère Carloman. Il le fit inhumer, avec une grande pompe, à l'abbaye de Saint-Remi de Reims, et promit de servir de père à ses enfants ; mais les évêques et les seigneurs d'Austrasie étant venus lui offrir la couronne, des raisons majeures, qu'il est facile de comprendre, la lui firent accepter. La monarchie française, à l'époque où il en devint le chef unique, se composait, outre la France, telle qu'elle existe aujourd'hui, de l'Helvétie, de la Belgique et d'une partie de l'Allemagne ; mais il l'agrandit beaucoup dans la suite par ses conquêtes en Espagne, en Italie, et de l'autre côté du Rhin. La première guerre qu'il entreprit, après la mort de Carloman, fut celle contre les Saxons ; elle dura trente ans, et exigea dix-huit grandes expéditions. Ce qui la rendit si longue, ce fut moins la valeur de ces barbares que leur perfidie : combien de fois, vaincus et suppliants, ne s'abandonnèrent-ils pas à la merci du vainqueur? et cependant il ne se passait point d'année qui ne fût signalée par quelque révolte nouvelle. Sans entrer dans les détails de cette lutte terrible, nous nous contenterons d'énoncer ici son résultat, qui fut la conversion de ces idolâtres, leur entrée dans la famille chrétienne et dans la civilisation. La première campagne contre les Saxons était à peine terminée qu'il marcha contre Didier, roi des Lombards, qui menaçait les domaines du saint-siège. Avant de porter au pape Adrien Ier le secours qu'il réclamait, il convoqua à Genève une assemblée générale de la nation, qui approuva cette guerre. Aussitôt Charlemagne franchit les Alpes, à la tête d'une armée, et vint mettre le siége devant Pavie, où Didier s'était enfermé. Pendant le siége de cette ville, dont il confia la direction à son oncle Bernard, Charlemagne se rendit à Rome, et y fut reçu avec de grands honneurs. Ayant été conduit par le pape au tombeau de saint Pierre, il y renouvela solennellement la donation faite au saint-siége par Pépin, son père, qu'il augmenta considérablement en y ajoutant l'exarchat de Ravenne, les duchés de Spolette et de Bénévent, ainsi que plusieurs autres territoires. Il signa cet acte, le fit signer par les seigneurs qui l'accompagnaient, le déposa sur l'autel, et ensuite on l'enferma dans le tombeau des saints apôtres. A son retour devant Pavie, il força Didier à capituler, et l'envoya en France, où il finit en paix ses jours dans un monastère. Ayant ainsi mis fin au royaume des Lombards, il se fit couronner roi d'Italie par l'archevêque de Milan. Pendant ce même temps, les Saxons, animés par Witikind, le plus entreprenant et le plus indomptable de leurs chefs, s'insurgèrent de nouveau. A cette nouvelle, le prince quitte l'Italie, et vient les faire rentrer dans le devoir. Rotgaud, duc de Frioul, profite de son départ pour se proclamer roi, et Charlemagne est obligé de repasser les Alpes pour lui arracher le sceptre et la vie. L'année suivante (777), il tint à Paderbornn un champ de mai, où il reçut la soumission des Saxons, et la plupart renouvelèrent leur serment de fidélité, et se firent chrétiens. En 778, il marcha contre les Arabes d'Espagne, franchit les Pyrénées, par la vallée de Roncevaux, s'empara de Pampelune et de Saragosse, et, après avoir conquis l'Aragon et la Catalogne, il fut rappelé sur le Rhin par une révolte des Saxons. En repassant la vallée de Roncevaux, son arrière-garde fut attaquée et pillée par les Basques, et c'est là, dit-on, que périt le fameux Roland, le plus célèbre des héros de la chevalerie. Au printemps de l'année 779, nouvelle paix avec les Saxons, qui reçoivent le baptême en grand nombre. Le prince, de concert avec le pape, établit dans leur pays des évêchés, y érige des paroisses, y fonde des monastères. L'Italie, qui commençait à remuer, exigeant sa présence, il se rendit à Pavie, et de là à Rome, où le pape Adrien baptisa ses deux fils, Carloman et Louis. Le premier, qui reçut au baptême le nom de Pépin, fut sacré roi d'Italie, et Louis, roi d'Aquitaine. Dans une assemblée tenue à Mayence, en 788, Tassilon, duc de Bavière, fut accusé par ses propres sujets du crime de trahison et de lèse-majesté contre Charlemagne : convaincu de ce double crime, il fut condamné à mort ; mais son souverain lui fit grâce de la vie, à condition qu'il s'enfermerait dans un monastère. Après la mort de sainte Hildegarde, il avait épousé Fastrade, fille du comte Rodolphe, princesse altière et ambitieuse, qui eût troublé l'Etat sous un roi moins ferme et moins habile. La haine qu'on lui portait fit naître deux conspirations, dont la dernière eut pour chef Pépin le Bossu, fils aîné de Charlemagne, qui lui fit remise de la peine capitale qu'il avait méritée. Fastrade étant morte en 794, l'année suivante il épousa Luitgarde, fille d'un seigneur allemand. Ce fut peu après qu'il jeta les fondements d'Aix-la-Chapelle, où il se plaisait à résider lorsque ses expéditions militaires ou les affaires publiques ne l'appelaient pas ailleurs. Le pape Léon III, successeur d'Adrien Ier, ayant été traité à Rome avec la dernière indignité, s'échappa de la prison où il avait été renfermé, et vint implorer l'assistance de Charlemagne, en 799. Ce prince le fit reconduire à Rome, et le délivra de ses ennemis. Il se rendit lui-même dans la capitale du monde chrétien, où il arriva en 800, quelque temps avant Noël. S'étant rendu à l'église, où le pape officiait, le jour même de Noël, Léon III, qui lui devait son rétablissement sur le saint-siége, le couronna empereur des Romains, sans que ce prince s'y attendît ; car il protesta qu'il se fût abstenu de paraître à la solennité s'il eût prévu ce qui devait arriver. Il est vrai que cette dignité n'ajoutait rien à sa puissance, mais elle lui conférait des priviléges qui n'étaient pas à dédaigner, et le pape, en prenant cette mesure, consultait autant les intérêts du saint-siége que ceux du prince son bienfaiteur. Ce rétablissement de l'empire d'Occident n'éprouva aucune difficulté de la part des empereurs de Constantinople, les seuls qui eussent intérêt à s'y opposer. Charlemagne, en revenant de Rome, perdit Luitgarde qui l'avait accompagné dans son voyage. Il épousa successivement des personnes d'un rang inférieur, auxquelles les historiens donnent, pour cette raison, le nom de concubines, quoique leur mariage fût légitime aux yeux de l'Eglise. Il fut marié huit fois, et des écrivains lui en ont fait un reproche ; mais, à l'exception de ses deux premières femmes, qu'il répudia, Himiltrude, par déférence pour sa mère, qui voulut, par des motifs politiques, lui faire épouser Hermangarde, fille du roi Didier, et celle-ci, par des raisons qui ne nous sont pas bien connues, peut-être parce que cette union était nulle ; les autres, c'est la mort qui les lui enleva, et l'on ne voit pas qu'il ait jamais manqué à la fidélité conjugale. On ne peut donc l'accuser d'incontinence ou de déréglement dans ses mœurs, ou si dans sa jeunesse il pécha en quelque chose sur ce point, il l'expia dans la suite par la pénitence. Quatre ans après que Léon l'eut sacré empereur, ce pape vint en France pour conférer avec Charlemagne d'affaires dont l'histoire ne nous a pas conservé le détail. En 806, ce prince convoqua à Thionville une assemblée des grands de l'empire, à laquelle il communiqua son testament, par lequel il partageait ses Etats entre ses trois fils, Pépin, Charles et Louis. Ce partage fut approuvé et signé par les membres de l'assemblée. L'année suivante, il reçut de Haroun-al-Réchid, roi de Perse, une ambassade avec de riches présents, parmi lesquels on remarquait une horloge d'eau, un jeu d'échecs, des plants de fruits et de légumes, alors inconnus en Europe. Pépin étant mort en 810, et Charles, l'année suivante, le partage souscrit à Thionville se trouva dérangé. Bernard, fils naturel de Pepin, obtint l'Italie : Louis fut associé à l'empire, en 813, et son père se déchargea sur lui du gouvernement, ne s'occupant plus qu'à se préparer à la mort par des prières, des aumônes et des œuvres de pénitence. Un an après, il fut pris de la fièvre à Aix-la-Chapelle, en sortant du bain; le septième jour de sa maladie, il se fit administrer les derniers sacrements, et il expira ensuite le 28 janvier 814, en disant : « Seigneur, je remets mon âme entre vos mains. » Il était âgé de soixante-onze ans, et il en avait régné quarante-sept. Son corps fut enterré dans la magnifique église d'Aix-la-Chapelle, qu'il avait fait bâtir, et l'on plaça sur son tombeau cette épitaphe : *Ci-gît Charles, grand et orthodoxe empereur, qui a étendu glorieusement le royaume des Français, et qui l'a heureusement gouverné pendant quarante-sept ans*. Le surnom de Grand est tellement incorporé à son nom, qu'on ne peut plus l'en séparer, et ce titre il l'a mérité à tous égards. Grand dans la guerre, une partie de sa vie se passa à remporter des victoires ; grand dans la paix, il se montra habile administrateur, et fit faire de notables progrès à la civilisation. Le bonheur des peuples et le bien de la religion, tel fut le double but auquel il dévoua sa vie : de là ces règlements admirables et ces capitulaires qui rendront sa mémoire immortelle, comme législateur. Ennemi de l'ignorance et de la barbarie de son siècle, il protégea les sciences et les arts, établit des écoles dans les cathédrales et les monastères de son empire. Il fonda aussi des écoles publiques dans les grandes villes, entre autres celle de Paris, qui est devenue si célèbre sous le nom d'Université. Il institua aussi une espèce d'académie, dont les séances se tenaient dans son palais, et il en était un des membres les plus distingués. Ses principaux délassements étaient l'étude et la lecture. Il se plaisait tant à lire la *Cité de Dieu*, de saint Augustin, qu'il la plaçait la nuit sous son chevet, afin que, s'il venait à s'éveiller, il en pût lire quelque chose. Plein de zèle pour la pureté de la foi, les erreurs de Félix d'Urgel et d'Ellipand de Tolède, sur la filiation de Jésus-Christ, n'eurent pas plutôt commencé à se répandre, qu'il fit assembler, pour les proscrire, plusieurs conciles, et il assista lui-même, en 794, à celui de Francfort, qui anathématisa les blasphèmes de ces deux hérésiarques. Non moins zélé pour le rétablissement de la discipline ecclésiastique, plusieurs conciles furent tenus par ses soins, afin d'atteindre ce résultat si précieux pour le triomphe de la religion et l'honneur de l'Eglise. Dans sa vie privée, il se montrait fidèle observateur des devoirs du chrétien, assistait régulièrement à l'office divin, dont il rehaussa la pompe en y introduisant le chant grégorien. Il décora avec magnificence une infinité de temples, qu'il pourvut de vases sacrés et d'ornements qui répondaient à la majesté du culte de Dieu. Ses vertus allaient de pair avec ses grandes qualités : sobre, tempérant et ennemi de la bonne chère, non-seulement il observait les jeûnes prescrits par l'Eglise, mais il pratiquait des mortifications volontaires, et sanctifiait ses repas par des lectures de piété. Il se montrait affable envers tout le monde et compatissant envers les malheureux. Charlemagne a laissé, outre ses capitulaires, plusieurs lettres qui sont des espèces de traités sur diverses matières, et quelques poésies latines. Les *Livres Carolins* ne sont pas de lui, quoiqu'il ait permis qu'ils parussent sous son nom. L'empereur Frédéric Barberousse fit faire la levée de son corps en 1165. Ce fut, il est vrai, en vertu d'un décret de canonisation, donné par l'antipape Pascal III ; mais ce décret n'a pas été contredit par les papes légitimes, qui ont constamment toléré le culte public que lui rendent plusieurs églises d'Allemagne et de France. Benoît XIV dit que cette tolérance suffit pour autoriser les honneurs que lui rendent ces églises, et qu'elle équivaut à une béatification. Louis XI, roi de France, ordonna que sa fête serait célébrée le 28 janvier, et, en 1661, l'Université de Paris le choisit pour son patron. — 28 janvier.

CHARLES LE BON (le bienheureux), comte de Flandre et martyr, naquit vers l'an 1083 ; il eut pour père saint Canut, roi de Danemark, et pour mère Alise ou Adélaïde de Flandre. Il n'avait que quelques années lorsqu'il perdit son père, et son enfance fut exposée à bien des dangers. Il accompagna Robert, son oncle, en Palestine, et s'y distingua par son courage. A la mort de Baudouin, il refusa la dignité impériale et le trône de Jérusalem, pour venir gouverner, en 1119, le comté de Flandre que Baudouin lui avait légué. Les Flamands le reçurent avec joie, précédé qu'il était par la réputation de ses exploits et de ses vertus. Parmi celles-ci on admirait surtout son humilité et sa charité; plus d'une fois il épuisa ses finances pour soulager les malheureux, et lorsqu'il n'avait plus rien à leur donner, il faisait vendre jusqu'à ses habits. On rapporte que, se trouvant à Ypres dans un temps de disette, il distribua d'un seul jour jusqu'à 7,800 pains. Il avait soin de tenir le blé et les autres denrées à bas prix, afin que les pauvres ne se ressentissent de la misère. Il porta aussi des lois très-sages pour garantir les faibles de l'oppression des grands, et il fut victime de son zèle pour le bien public. Parmi les oppresseurs du peuple qu'il s'appliqua à réprimer, se trouvait en première ligne Bertulphe, ou Bertoul von der Strate, qui avait usurpé la prévôté de Saint-Donatien de Bruges, à laquelle la dignité de chancelier de Flandre était attachée. Afin de se venger du comte qui avait pris des mesures pour arrêter ses injustices, il forma l'horrible projet de lui ôter la vie, et il en confia l'exécution à quelques scélérats qui se postèrent dans l'église de Saint-Donatien, où le comte allait faire sa prière tous les matins. On avait averti Charles du danger qui le menaçait, mais il fit cette réponse : *Nous sommes sans cesse en* vironnés de périls; pour nous rassurer, il suffit que nous ayons le bonheur d'appartenir à Dieu. Si d'ailleurs c'est sa volonté que nous perdions la vie, pouvons-nous la perdre pour une meilleure cause que pour celle de la justice et de la vérité? Il se rendit donc à l'église comme à l'ordinaire, et pendant qu'il récitait les psaumes de la pénitence devant l'autel de la sainte Vierge, ses assassins se jetèrent sur lui et le percèrent de coups, le 2 mars 1124. Ils l'enterrèrent secrètement dans l'église, craignant la fureur du peuple, si leur crime venait à être découvert avant qu'ils ne se fussent mis en lieu de sûreté. La postérité l'a surnommé le Bon, et ses sujets le vénérèrent bientôt après sa mort comme un saint et comme un martyr. La châsse qui renfermait ses précieux restes fut placée sur l'autel de la sainte Vierge par Rodoan, évêque de Bruges, au commencement du XVIIe siècle, et, depuis l'an 1610, on célèbre sa fête et l'on y chante la messe de la Trinité. On lit son nom dans le Martyrologe de Molanus sous le 2 mars.

CHARLES BORROMÉE (saint), cardinal, archevêque de Milan, était fils de Gilbert Borromée, comte d'Arone, et de Marguerite de Médicis, aussi recommandables par leurs vertus que par leur noblesse. Il naquit au château d'Arone, le 2 octobre 1538, et donna dès son enfance des indices de la sainteté à laquelle il devait parvenir dans la suite. Il aimait les exercices de piété, s'appliquait à l'étude, et ses amusements mêmes avaient quelque chose de religieux. De si heureuses dispositions firent juger à ses parents qu'il était né pour l'état ecclésiastique, et on le tonsura, qu'il n'avait encore que dix ans. Charles, à cet âge, comprenait déjà la sainteté de l'état qu'il embrassait et donnait des marques d'une véritable vocation. Il n'avait que douze ans, lorsque son oncle, Jules-César Borromée, lui résigna la riche abbaye de Saint-Gratinien d'Arone, qui était possédée depuis longtemps par des ecclésiastiques de la famille. Charles représenta respectueusement à son père qu'après avoir prélevé sur son bénéfice de quoi fournir à son éducation et aux réparations de l'église abbatiale, le reste appartenait aux pauvres. Le comte Gilbert pleura de joie en entendant parler ainsi son fils. Il se chargea de l'administration des biens de l'abbaye pendant la minorité de Charles, mais il tenait un compte exact de la dépense, et laissait à son fils la liberté d'employer le surplus en aumônes. Charles apprit la grammaire et les humanités à Milan : il alla ensuite à Pavie étudier le droit civil et canonique sous François Alciat, célèbre canoniste, qu'il fit depuis élever à la dignité de cardinal. Comme le jeune élève avait de la difficulté à parler, et que d'ailleurs il aimait à garder le silence, on crut d'abord qu'il avait peu de dispositions pour l'étude du droit; mais comme il joignait à une application soutenue un jugement solide, il y fit de grands progrès. Sa piété, sa sagesse, sa conduite exemplaire, le rendirent bientôt le modèle des étudiants de l'université de Pavie. Plusieurs fois on tendit des pièges à son innocence, mais la prière, la vigilance sur lui-même et la retraite le firent triompher de tous les attraits du vice. Il communiait tous les huit jours, à l'exemple du comte son père, et mettait la plus grande régularité dans ses exercices religieux, évitant les liaisons ou les visites qui auraient pu nuire à leur exact accomplissement. La mort de son père, arrivée en 1558, l'ayant obligé de revenir à Milan pour mettre ordre aux affaires de sa famille, il les régla avec une sagesse surprenante, et retourna ensuite à Pavie, où il prit le grade de docteur, après avoir achevé son cours de droit en 1559. Le cardinal de Médicis, son oncle, lui avait résigné une abbaye et un prieuré; mais les pauvres seuls gagnèrent à cette augmentation de revenus. Charles n'avait même accepté ces bénéfices que dans l'intention de fonder un collège à Pavie. De retour à Milan, il apprit que le cardinal, son oncle, venait d'être élevé à la papauté, sous le nom de Pie IV. Comme le nouveau pape était patricien de Milan, il y eut, à cette occasion, de grandes réjouissances dans cette ville, et les autorités vinrent en cérémonie complimenter ses neveux; mais Charles ne donna aucun signe de joie extraordinaire : il persuada même au comte Frédéric son frère de s'approcher avec lui des sacrements de pénitence et d'eucharistie. Le jeune comte fit ensuite le voyage de Rome pour aller complimenter son oncle, tandis que Charles continuait, à Milan, son genre de vie ordinaire. Pie IV lui manda de venir à Rome, et le fit cardinal le dernier jour de l'année : le 8 février de l'année suivante 1560, il le nomma archevêque de Milan; il le créa, en même temps, protonotaire et le chargea de rapporter les affaires de l'une et l'autre signature. Le pape le nomma aussi aux légations de Bologne, de la Romagne et de la Marche d'Ancône, le fit protecteur de la couronne de Portugal, des Pays-Bas et des cantons catholiques de Suisse, des ordres religieux de Saint-François, des Carmes, des chevaliers de Malte, etc. Charles mit tout en œuvre pour ne point accepter ces dignités ainsi accumulées sur une tête de vingt-deux ans; mais la confiance que son oncle avait en lui était sans bornes, et le jeune cardinal la méritait. Il s'appliquait avec zèle aux affaires de l'Église, les discutait avec une grande sagesse et en préparait la décision : il était l'appui et comme le bras droit du pape et gouvernait en quelque sorte la chrétienté sous le nom de son oncle; il ne se proposait en tout que la gloire de Dieu, et l'on ne pouvait s'empêcher d'admirer son parfait désintéressement et sa rare impartialité qu'aucune considération humaine ne pouvait ébranler. Les États pontificaux le regardaient comme un père : le bas prix des subsistances, la prompte et intègre administration de la justice, le faisaient bénir dans ses légations. L'activité qu'il mettait dans l'expédition des affaires était incroyable; mais aussi, il savait distribuer son temps et n'en perdait aucune partie dans des amusements inutiles : il trouvait encore, au milieu de ses occupations multipliées, des moments pour la prière, pour l'étude et pour la lecture des livres de piété et même de philosophie ; il avouait depuis, qu'il avait beaucoup profité de l'*Enchiridion* d'Épictète et des ouvrages philosophiques de Cicéron. Protecteur éclairé des gens de lettres dont les travaux avaient pour but l'utilité publique, il excitait parmi le clergé l'amour des sciences relatives à la religion, et c'est dans cette vue qu'il établit au Vatican une académie composée d'ecclésiastiques et de laïques, où l'on tenait de fréquentes conférences propres à favoriser les progrès des sciences et surtout de la science religieuse. Il sortit de cette académie des évêques, des cardinaux et un pape, Grégoire XIII. C'est dans ces conférences qu'il contracta l'habitude de parler avec facilité ; chose qu'il avait toujours désirée, afin de pouvoir annoncer dignement la parole de Dieu. Pour se conformer à l'usage de la cour romaine, il se logea dans un beau palais meublé avec magnificence, se procura un brillant équipage et un train proportionné à son rang, et une table somptueuse. Mais il était humble et mortifié au milieu du faste qui l'entourait ; loin que son cœur en fût épris, il soupirait après le moment où il pourrait en être débarrassé, et il n'y avait que l'obéissance au chef de l'Église qui pût le retenir à Rome. Comme il ne pouvait gouverner par lui-même le diocèse de Milan, il demanda pour évêque suffragant Jérôme Ferragata, afin qu'il y exerçât les fonctions épiscopales en son nom, et lui donna pour vicaire général Nicolas Ormanetto, ecclésiastique d'un grand savoir et d'une grande piété. Malgré toutes ces mesures, il avait toujours des inquiétudes sur le chapitre de la résidence, quoique son éloignement ne fût pas volontaire et qu'il eût pour objet le bien de l'Église universelle. Il s'en ouvrit à Barthélemy des Martyrs, archevêque de Brague, qui était venu de Trente à Rome, et lui soumit ses doutes comme à un vrai serviteur de Dieu. Le pieux archevêque le tranquillisa et rendit la paix à son âme. Mais elle fut cruellement bouleversée par une perte bien sensible, celle du comte Frédéric, son unique frère, qui mourut à la fleur de l'âge en 1562. Il la supporta avec une résignation surprenante, et vit dans ce malheur une nouvelle preuve de l'instabilité des choses humaines. Ses amis, le pape lui-même, le pressèrent de quitter l'état ecclésiastique et de se marier pour être le soutien et la consolation de sa famille, désolée d'avoir perdu celui qui devait perpétuer le nom illustre des Borromée. Charles, pour se délivrer de toute sollicitation semblable, se hâta de s'engager dans les saints ordres et reçut la prêtrise avant la fin de la même année, et peu de temps après, il fut fait grand pénitencier et archiprêtre de Sainte-Marie-Majeure. Il fonda, en 1563, un collège à Pavie, pour l'éducation des jeunes clercs de Milan, et obtint diverses bulles pour la réformation de plusieurs abus qui s'étaient introduits dans la discipline ecclésiastique. Il eut, cette même année, la consolation de voir se terminer le concile de Trente ; son zèle et sa prudence avaient beaucoup contribué à en accélérer la clôture. La dernière session eut lieu le 4 décembre, et Charles s'empressa d'en faire publier les décrets dans son diocèse et d'y faire exécuter ceux qui avaient pour objet la réformation de la discipline. Ce fut par son conseil que le pape exhorta fortement les évêques à établir des séminaires, conformément au vœu du concile. Les Pères de Trente avaient aussi recommandé la composition d'un catéchisme : saint Charles se chargea d'y faire travailler, et employa à cet ouvrage François Foreiro, religieux de l'ordre de Saint-Dominique et théologien du roi de Portugal, qui fut aidé dans son travail par Léonard Marini, archevêque de Lanciano, et par Gilles Forscarari, évêque de Modène. Ce catéchisme fut publié par ses soins en 1566. Il ne se borna pas à prescrire la réforme à son clergé : pour donner lui-même l'exemple, il réforma sa maison, réduisit son train, renvoya jusqu'à quatre-vingts de ses domestiques, leur donnant à chacun une récompense honnête, renonça à l'usage de la soie dans ses habits, supprima la somptuosité de sa table, jeûnant au pain et à l'eau deux jours par semaine, et faisant chaque jour deux méditations d'une heure. Il donna aux Jésuites l'église de Saint-Vit ainsi qu'une maison à Milan, afin qu'elle leur servît de point central pour donner des missions dans tout le diocèse. Ormanetto, qui s'appliquait avec zèle à exécuter tout ce que le saint archevêque lui recommandait pour le bien de son troupeau, lui écrivit pour lui représenter que sa présence était nécessaire à Milan pour rétablir l'ordre, et qu'il y avait des abus auxquels lui seul pouvait remédier. Charles, vivement affligé de cette nouvelle, fit de nouvelles instances auprès de son oncle, et obtint enfin la liberté d'aller à Milan pour tenir un concile provincial et pour faire la visite de son diocèse. Le pape le créa son légat *a latere* pour toute l'Italie. Vers le même temps, Philippe II, roi d'Espagne, lui assura une pension considérable et maintint en sa faveur la donation de la principauté d'Oria, qu'il avait faite au comte Frédéric, son frère. Saint Charles partit de Rome le 1er septembre 1565, et s'arrêta quelques jours à Bologne dont il était légat. Les Milanais le reçurent avec une joie et une pompe qu'on ne saurait imaginer : le peuple s'écriait dans son enthousiasme que c'était un autre saint Ambroise que le Seigneur lui envoyait. L'archevêque se rendit à la cathédrale avant d'entrer dans son palais. Ne pouvant se dispenser de recevoir les visites d'usage, il en abrégea le cérémonial le plus qu'il lui fut possible. Le dimanche suivant, il fit un discours très-pathétique. Il ne tarda pas à s'occuper de la convocation de son concile provincial, auquel assistèrent onze suffragants de Milan et deux cardinaux étrangers à la province. Les sages règlements qui s'y firent, avaient principalement pour objet la réception et l'observance du concile de Trente, la réformation du clergé, la célébration de l'office divin, l'administration des sacrements, etc. Le concile terminé, il entreprit la visite de son diocèse; mais il l'avait à peine commencée qu'il fut obligé d'aller à Trente pour recevoir, au nom du pape, les sœurs de l'empereur Maximilien II, Barbe, duchesse de Ferrare, et Jeanne, duchesse de Florence. Il accompagna la première jusqu'à Ferrare, la seconde jusqu'à Fiorenzuola, où un courrier vint lui annoncer que le pape était dangereusement malade. Il partit aussitôt pour Rome, et, à son arrivée, ayant appris des médecins que la maladie de Pie IV était mortelle, il se rendit auprès de lui, et lui montrant un crucifix qu'il tenait à la main : *Très-saint-père, lui dit-il, tous vos désirs et toutes vos pensées doivent se tourner vers le ciel. Voilà Jésus-Christ crucifié, l'unique fondement de notre espérance : il est notre médiateur, notre avocat et la victime qui a été immolée pour nos péchés : il est la bonté et la patience même; sa miséricorde se laisse toucher par les larmes des pécheurs, et jamais il ne refuse le pardon à ceux qui le lui demandent avec un cœur véritablement contrit et humilié.* Il le conjura ensuite de lui accorder une faveur au-dessus de toutes celles qu'il avait jamais reçues de Sa Sainteté. Le pape lui ayant répondu qu'il lui accorderait tout ce qui serait en son pouvoir : *Ce que je vous demande, dit le saint, c'est que vous mettiez à profit le peu de temps qui vous reste à vivre; que vous ne vous occupiez plus que de l'affaire de votre salut, et que vous vous prépariez, le mieux qu'il vous sera possible, au passage de l'éternité.* Le pape ayant reçu cet avis avec reconnaissance, son neveu donna les ordres les plus précis pour que personne ne l'entretint de choses qui n'eussent point de rapport à sa situation. Il ne le quitta point dans sa maladie, afin d'être toujours là pour le fortifier dans ses bons sentiments; il lui administra lui-même le saint viatique et l'extrême-onction. Le pape étant mort le 10 décembre 1565, le sacré collège entra au conclave pour lui donner un successeur. Le saint cardinal pensait d'abord à élire le cardinal Morone, qui s'était rendu très-recommandable à Trente, par sa modération, son zèle et son expérience, ou le pieux cardinal Sirlet. Mais se voyant arrêté par divers obstacles, il s'employa efficacement à faire élire Pie V, quoiqu'il fût attaché aux Caraffes, qui étaient ennemis de son oncle et de sa famille, preuve évidente qu'il n'était mû que par la gloire de Dieu et le bien de l'Église, et qu'aucun intérêt humain n'avait dicté son choix. Le nouveau pape, élu le 7 janvier 1566, s'efforça de retenir le saint à Rome, et de lui faire accepter tous les emplois qu'il avait eus sous son oncle; mais Charles demanda si instamment la permission de retourner dans son diocèse, qu'elle lui fut enfin accordée. Il arriva à Milan dans le mois d'avril 1566, et, voulant réformer son troupeau, il commença par régler son palais. La plupart de ceux qui composaient sa maison étaient des prêtres édifiants, qui se confessaient toutes les semaines et disaient la messe tous les jours. Les autres personnes attachées à son service se confessaient tous les mois et communiaient de sa main. Tous assistaient à la prière du matin et à celle du soir, à la méditation et à la lecture spirituelle. On pratiquait l'abstinence tous les mercredis de l'année et pendant tout l'avent, et l'on jeûnait les veilles de certaines fêtes, outre celles qui étaient de précepte, et le soir on ne servait point de collation; seulement, ceux qui avaient besoin de prendre quelque chose, se contentaient d'une once et demie de pain. Tous avaient des honoraires honnêtes, afin qu'ils ne fussent pas tentés de recevoir des présents, et, pour éviter l'oisiveté, le saint voulait que si quelqu'un n'était pas occupé pour le moment, il employât son temps à des lectures pieuses. Son palais ressemblait à une communauté régulière, et cette communauté de prêtres et de clercs donna à l'Église douze évêques, deux nonces et d'autres sujets distingués. Le règlement qu'il s'était prescrit était plus sévère encore que celui qu'il avait imposé à ceux qui habitaient avec lui. D'abord, ses jeûnes furent modérés, parce qu'il voulait s'exercer à la mortification par degré et de manière à ne pas se rendre incapable de remplir ses fonctions pastorales; mais, plusieurs années avant sa mort, il s'était fait une loi de jeûner tous les jours au pain et à l'eau; seulement, les dimanches et les fêtes, il y ajoutait des légumes ou quelques fruits : en carême, il ne mangeait point de pain, et ne vivait que de fèves bouillies et de figues sèches, et en quelque temps de l'année que ce fût, il ne mangeait qu'une fois par jour. Cette abstinence le délivra, sans autre remède, d'une pituite opiniâtre et violente, qui était la suite d'une maladie dont il avait été atteint, lorsqu'il étudiait à Pavie. — L'archevêque de Valence en Espagne, Louis de Grenade, et plus tard le pape Grégoire XIII, lui écrivirent pour lui faire modérer ses austérités, lui représentant que ce genre de vie était incompatible avec les travaux de l'épiscopat. Le saint répondit qu'il savait par sa propre expérience qu'un régime sobre et frugal contribuait à la santé. Il portait toujours un rude cilice, donnait peu de temps au sommeil, et passait en prières les nuits qui précédaient les grandes fêtes. Il dormait assis ou couché sur un lit fort dur, sans quitter ses habits. Comme on lui représentait que les casuistes les plus exacts permettaient et même exigeaient pour la santé au moins six heures de sommeil, il répondit qu'un évêque devait être excepté de cette règle; cependant, ses suffragants obtinrent, non sans peine, qu'il prendrait son repos d'une manière plus prolongée et moins pénible à la nature, et qu'il coucherait au moins sur une paillasse. Il supportait avec une patience étonnante le froid et les autres rigueurs des saisons. Un jour qu'on voulait lui bassiner un lit, il dit en souriant : *Le* meilleur moyen ae ne pas trouver le lit froid, c'est de se coucher plus froid que n'est le lit. L'évêque d'Asti, dans son oraison funèbre, dit que tout ce qu'il employait de ses revenus pour son usage personnel se bornait au pain qu'il mangeait et à la paille qui garnissait son grabat. A cet amour des austérités se joignait une humilité si profonde, que les hautes dignités dont il était revêtu ne lui inspirèrent jamais le moindre sentiment de vanité ; il les regardait comme un fardeau pesant, et il ne les avait acceptées que par pure obéissance, et dans la seule vue d'être utile à l'Eglise. Il fit ôter de son palais archiépiscopal les statues, les tableaux et les tapisseries qui le décoraient. Il ne laissa mettre nulle part les armes de sa famille, mais seulement celles de l'archevêché. Les riches habits que sa dignité l'obligeait de porter en cachaient de pauvres qu'il appelait *les siens* ; ils étaient ordinairement si vieux et si usés, qu'un mendiant, à qui on les offrit un jour, n'en voulut point. Il avait grand soin de cacher les grâces extraordinaires qu'il recevait dans la prière, et il ne parlait de son intérieur que pour consulter les autres ou pour se condamner lui-même. Il avait chargé deux prêtres, en qui il avait pleine confiance, d'observer ses actions, et de lui dire ce qu'ils y trouveraient de répréhensible ; souvent aussi il priait les étrangers de lui rendre le même service, et il était plein de reconnaissance pour ceux qui l'avertissaient de quelque faute qui lui serait échappée. Dès sa jeunesse, il était un modèle de douceur, et déjà tellement maître de lui-même, qu'on ne le vit jamais se livrer à un seul mouvement de colère envers les jeunes gens de son âge ; cette vertu s'était tellement perfectionnée en lui, avec le temps, que les injures les plus atroces, les accusations les plus calomnieuses, les traits de la plus noire ingratitude, ne purent jamais troubler la paix de son âme. Il brûla, sans les lire et sans en rechercher les auteurs, des libelles diffamatoires, écrits dans le but de flétrir sa réputation, et garda constamment dans sa maison un prêtre qui saisissait toutes les occasions de critiquer sa conduite ; il lui témoignait même beaucoup d'égards et lui assura une pension par son testament. Plein de candeur et de sincérité, toutes ses paroles et ses actions partaient d'un cœur franc et ouvert ; ses promesses étaient inviolables, ce qui faisait qu'on avait en lui une confiance sans bornes. Plein de droiture et d'équité, aucune considération humaine n'eût été capable de le faire dévier de la ligne du devoir ; mais s'il était obligé de refuser des demandes auxquelles sa conscience ne lui permettait pas d'acquiescer, il le faisait avec tant d'égards, qu'on finissait par être de son avis et qu'on se retirait content. Son désintéressement n'était pas moins admirable. Aussitôt qu'il fut arrivé à Milan, il se réduisit au simple revenu de son archevêché et à deux pensions, l'une qu'il s'était réservée sur les biens de sa famille, et l'autre qu'il tenait du roi d'Espagne. Il résigna la plupart de ses bénéfices et employa la totalité des revenus de ceux qu'il conserva à fonder des séminaires et des collèges pour l'éducation des jeunes clercs. Il céda à Frédéric Ferrier, son parent, le marquisat de Romagonora, et aux comtes de Borromée, ses oncles, les terres qu'il possédait dans le Milanais, et cela sans se rien réserver de l'usufruit, qu'il aurait pu conserver intégralement toute sa vie. Ayant vendu la principauté d'Oria, qu'il possédait dans le royaume de Naples, on lui en apporta le prix convenu ; mais il ne put tenir contre la vue d'un trésor déposé dans la maison d'un évêque, et il fit sur-le-champ distribuer la somme entière aux pauvres et aux hôpitaux ; comme la liste de distribution excédait cette somme, il dit que l'erreur était trop à l'avantage des pauvres pour la corriger : il y suppléa par une addition de fonds, et le tout fut distribué le même jour. Les officiers de Philippe II, roi d'Espagne, s'étant emparés du château d'Arone, qui était le titre le plus honorable de la famille des Borromée, et le lieu de la naissance de Charles, il ne voulut faire aucune démarche pour le revendiquer. A la mort du comte Frédéric, son frère, il vendit une quantité d'effets précieux provenant de sa succession, et en distribua le prix aux pauvres. A son arrivée à Milan, il vendit de même sa vaisselle d'argent et tous ses meubles de quelque valeur, pour soulager les pauvres familles de son diocèse. Virginie de Rovera, sa belle-sœur, lui ayant légué en mourant vingt mille écus, ils furent aussitôt distribués en aumônes. Outre les distributions mensuelles de secours qu'il faisait faire à tous les indigents de la ville, il ne voulait pas qu'on renvoyât aucun pauvre sans l'avoir assisté. Il exerçait l'hospitalité noblement, mais sans faste, recevant honnêtement tous ceux qui se présentaient à sa table, qui était toujours servie avec simplicité, quels que fussent ses hôtes, et, pendant qu'ils avaient la liberté de manger ce qui leur convenait, il suivait son attrait pour la mortification, faisant ce qu'il pouvait pour qu'on ne s'en aperçût pas. Il fit éclater sa libéralité par un grand nombre de monuments, dont la plupart subsistent encore. Il fit rebâtir, presque à neuf, et embellir l'église de Sainte-Praxède à Rome, qui était son titre de cardinal, et décora l'église de Sainte-Marie-Majeure dont il était archiprêtre. Pendant qu'il était légat à Bologne, il y fit construire, par les artistes les plus célèbres, une fontaine et des écoles publiques ; mais c'est à Milan surtout qu'il multiplia les établissements qui avaient pour objet l'utilité publique et celle de l'Eglise. Il décora magnifiquement la cathédrale et fit construire auprès, des maisons pour tous les chanoines, de sorte qu'ils pouvaient se rendre à l'église sans être vus de personne : il procura aussi des logements aux autres ecclésiastiques attachés au service de la cathédrale. Il reconstruisit le palais archiépiscopal, avec toutes ses dépendances ; fonda cinq séminaires, dont deux à Milan, ainsi qu'un couvent de Capucins, avec des logements pour les ecclésiastiques qui désiraient y faire des retraites, une maison de Théatins, une d'Oblats et celle des Jésuites, à laquelle il unit les biens de son abbaye de Saint-Gratinien d'Arone, pour servir de dotation à leur noviciat ; il fonda aussi un couvent de Capucines, un autre d'Ursulines pour l'éducation gratuite des filles pauvres, et un hôpital pour les indigents qu'on renvoyait du grand hôpital, lorsqu'ils entraient en convalescence. Il serait trop long d'énumérer les églises, les hôpitaux et les édifices publics qu'il répara ou qu'il embellit. Il avait confié l'administration des biens de l'archevêché à des économes qui lui rendaient compte tous les ans, et il faisait trois parts des revenus qui en provenaient : l'une pour l'entretien de sa maison, une autre pour le soulagement des pauvres, et la troisième pour la réparation des églises ; il poussait le scrupule jusqu'à soumettre à ses conciles provinciaux l'emploi qu'il en avait fait, disant qu'il n'en était que l'administrateur. Quoiqu'il eût une vive affection pour ses parents, il allait rarement les voir, et s'ils lui recommandaient quelque affaire, c'était une raison pour qu'il l'examinât avec plus de soin qu'une autre, de peur de s'écarter de cette impartialité qui doit présider à toutes les décisions d'un évêque. Il ne prit aucun ecclésiastique de sa famille pour l'aider dans le gouvernement de son diocèse, et ne leur résigna aucun de ses bénéfices ; il se chargea seulement de l'éducation de Frédéric Borromée, son cousin, en le plaçant dans le collége qu'il avait fondé à Pavie. Il était très-ménager de ses paroles et surtout de son temps, qu'il employait tout entier à des occupations sérieuses. A table, il se faisait lire quelque livre de piété ou dictait des lettres et des instructions. Lorsqu'il mangeait seul, il lisait lui-même pendant son repas, et si c'était l'Ecriture sainte, il la lisait à genoux. Après dîner, il donnait audience aux prêtres de son diocèse. Il ne prenait jamais d'autre délassement que celui qui résulte de la diversité des occupations. En voyage, il priait ou il étudiait sur la route. Comme on l'exhortait à donner au moins quelques instants à la lecture des journaux, où il puiserait des connaissances qui pourraient lui servir dans l'occasion, il répondit que plus un évêque évitait les vaines curiosités du monde, plus son esprit et son cœur étaient à Dieu. Il se confessait tous les matins, avant de célébrer la messe, et faisait, tous les ans, deux retraites avec une confession générale dans chacune, s'accusant des fautes les plus légères, avec de vifs sentiments de componction, et souvent avec une grande abondance de larmes. Il avait pour confesseurs, à Milan, le P. François Adorno, jésuite, et le P. Alexandre Sauto, barnabite, qui fut depuis évêque de Pavie ; mais son confesseur ordinaire était Gryffrydh Robert, prêtre anglais du pays de Galles et chanoine théologal de Milan. Un jour qu'il donnait la communion, il laissa tomber une hostie, par la faute de celui qui l'assistait ; il en ressentit une si vive douleur qu'il s'abstint, pendant quatre jours, de dire la messe, et qu'il passa la semaine entière dans un jeûne rigoureux. Excepté cette circonstance, il ne manqua jamais de célébrer tous les jours, même en voyage et au milieu des plus grandes occupations, à moins qu'il ne fût malade, et alors il recevait la communion. Le temps qui précédait sa messe, il le passait dans le silence, la prière et la méditation, et il avait coutume de dire qu'un prêtre ne devait point s'occuper d'affaires temporelles avant qu'il eût rempli un devoir si important. Il récitait toujours l'office divin à genoux et la tête nue. Pour mieux fixer son attention, il lisait tout son bréviaire et ne récitait rien par cœur, pratique qu'il recommandait à son clergé. La maladie ne lui fit jamais rien omettre de son office, et, la veille même de sa mort, il le fit réciter près de lui par son chapelain, qu'il écoutait avec beaucoup de dévotion. Il disait, autant que possible, chaque heure canoniale à l'heure du jour qui lui correspondait. Les dimanches et fêtes, il assistait à tout l'office dans sa cathédrale, et priait longtemps, à genoux, devant quelque autel particulier. Il avait une grande dévotion à saint Ambroise, aux saints honorés dans son église, et surtout à la sainte Vierge, sous la protection de laquelle il avait mis ses établissements d'instruction publique. Il avait aussi beaucoup de vénération pour les reliques des saints, et portait toujours un morceau de la vraie croix avec une petite image de saint Ambroise ; mais la passion de Jésus-Christ était le plus cher objet de sa piété. Il priait avec un recueillement admirable, et son attention à veiller sur ses sens lui rendait facile la pratique de l'union intime avec Dieu. Il passait souvent plusieurs heures dans les églises, et il disait à ce sujet que ses plus grandes délices étaient d'être au pied de l'autel : quand il était obligé de s'en arracher, il y laissait son cœur. Il s'acquittait de ses fonctions avec une sainte gravité, sans aucune marque de précipitation, quelque longues que fussent les cérémonies. Les sentiments intérieurs dont il était animé communiquaient à ses paroles une vertu secrète qui échauffait les cœurs, et souvent un seul mot de sa part embrasait de zèle les prêtres qui en avaient montré le moins jusque-là. Lorsqu'il était arrivé dans son diocèse, il l'avait trouvé dans l'état le plus déplorable. L'ignorance, la superstition, la négligence des sacrements, un clergé sans lumières et sans mœurs, les monastères sans régularité, sans parler des désordres, des vices et des abus sans nombre que son zèle entreprit de faire disparaître du milieu de son troupeau. C'est dans cette vue qu'il tint six conciles provinciaux et onze synodes diocésains, où l'on fit les règlements les plus sages pour la réformation des mœurs du clergé et du peuple. Il publia aussi, pour le même objet, des mandements et des instructions pastorales qui sont des modèles en ce genre. Il éprouva des difficultés pour l'exécution des décrets portés dans ses conciles ; mais il en triompha par sa fermeté, sa douceur et sa prudence, et finit par faire plier les volontés rebelles. Il annonçait la parole de Dieu, avec une ardeur infatigable, le dimanche et les fêtes ; dans ses visites, il prêchait souvent jusqu'à deux ou trois fois par jour. Ses sermons, solides et touchants, réunissaient la force et l'onction ; aussi produisaient-ils des impressions profondes sur les esprits et sur les cœurs. Saint Charles fonda, en 1578, la congrégation des Oblats de Saint-Ambroise. C'étaient des prêtres séculiers, ainsi dits, parce qu'ils *s'offraient* à l'évêque pour travailler sous ses ordres, et qu'ils s'engageaient, par un vœu simple d'obéissance, à exercer toutes les fonctions auxquelles il voudrait les appliquer pour le salut des âmes. Il leur céda l'église du Saint-Sépulcre et les logea dans un bâtiment commode qui lui était contigu, et leur donna des règlements remplis de sagesse. Cette congrégation, à laquelle il confia la direction de ses séminaires et de ses collèges, lui fournit un grand nombre de bons curés, de bons vicaires et de bons missionnaires. Il forma aussi, à Milan, une association de femmes pieuses, qui s'assujettissaient à des exercices réglés, et dont l'exemple produisit d'excellents fruits. Elles étaient assidues à l'église, et assistaient à tous les sermons ; dans leurs maisons, elles étaient toujours occupées à quelque chose de sérieux et d'utile, et s'interdisaient les vains amusements du siècle. Saint Charles ayant commencé la visite de son diocèse par la ville de Milan, plusieurs monastères de religieuses refusèrent de le recevoir et de se soumettre aux règlements de réforme qu'il leur prescrivait, sous prétexte qu'elles ne dépendaient que des supérieurs de leur ordre ; mais il finit par triompher de cette opposition, et il y eut même de ces communautés religieuses qui renoncèrent à leur exemption et sollicitèrent des bulles pour se mettre sous la juridiction de l'ordinaire. La réformation du chapitre de sa cathédrale avait précédé toutes les autres : les abus qui s'étaient introduits dans la célébration de l'office divin furent corrigés, et les chanoines obligés d'assister au chœur avec assiduité. Saint Charles fonda trois nouvelles prébendes, une pour un théologien, qui devait donner, deux fois la semaine, des leçons de théologie et un sermon tous les dimanches ; une pour un pénitencier, auquel devaient s'adresser les personnes coupables de cas réservés et qu'on était toujours sûr de trouver au tribunal de la pénitence, et la troisième pour un docteur en droit, qui enseignait le droit canonique aux jeunes clercs. Il fit aussi des règlements pour assurer à la cathédrale le respect dû à la sainteté du lieu, et en fit réparer le chœur. Il eut, en 1567, une contestation avec les officiers de justice de la ville. Ayant averti quelques hommes mariés, qui vivaient publiquement dans un commerce adultère et gardaient chez eux leurs concubines, de faire cesser le scandale ; comme ses remontrances restaient sans effet, il fit emprisonner les coupables : mais le bailli de la cour archiépiscopale fut arrêté par ordre du sénat et condamné à une peine flétrissante qu'il subit sur la place publique. L'archevêque, sans rien perdre de sa tranquillité ordinaire, n'en prononça pas moins les peines canoniques contre ceux qui avaient condamné l'officier de sa cour ecclésiastique. L'affaire fut portée au roi Philippe II, qui en renvoya la décision au pape. Quelque temps après, il fut en butte à une tempête plus violente encore. Désirant réformer les chanoines de la collégiale de Sainte-Marie *della Scala*, dont plusieurs tenaient une conduite qui n'était nullement conforme à la sainteté de leur état ; comme ils se glorifiaient de leur exemption et des privilèges qu'ils avaient obtenus du saint-siége, par l'entremise de François Sforce II, duc de Milan, le saint consulta les plus habiles canonistes et le pape lui-même, sur les moyens de remédier au mal. Il lui fut répondu qu'il avait, en sa qualité d'archevêque, le droit de faire la visite de cette église, et de procéder contre les coupables. Il se rendit donc à la collégiale ; mais on lui en refusa l'entrée : la croix qu'on portait devant lui, et qu'il avait prise dans ses mains pendant le tumulte, fut même renversée. Un des chanoines fit sonner la cloche, et osa dire que l'archevêque avait encouru la suspense et les autres censures, pour avoir violé les privilèges du chapitre. Le grand-vicaire excommunia sur-le-champ les auteurs de l'insulte faite au premier pasteur, et celui-ci confirma cette sentence, le lendemain, dans sa cathédrale. Les juges royaux et le sénat prirent avec chaleur le parti des chanoines, et envoyèrent à la cour d'Espagne des mémoires violents, où ils accusaient l'archevêque d'ambition et de haute trahison, le représentant comme usurpateur des droits du souverain, parce que l'église *della Scala* était placée sous la protection et le patronage du roi. D'un autre côté, le gouverneur de Milan écrivit à Pie V dans les termes les plus forts, et lui peignit le cardinal comme un traître, qui méritait qu'on l'exilât. Le pape répondit qu'il serait bien glorieux au cardinal de souffrir pour la gloire de Dieu ; que son zèle n'avait d'autre objet que d'extirper le vice et les abus du milieu du sanctuaire, et que la persécution qu'il éprouvait venait du démon, qui cherchait à empêcher l'effet de ses pieux efforts. Le saint n'opposait à l'animosité de ses ennemis que la patience et la modération, et dans l'apologie de sa conduite, qu'il envoya à Madrid et à Rome, il ne parla d'eux qu'avec charité, et dans son particulier, il ne cessait de prier pour eux. Le roi d'Espagne ordonna au gouverneur de révoquer un édit injurieux à l'autorité ecclésiastique, qu'il avait publié, et de soutenir l'archevêque dans le pieux dessein qu'il avait formé de rétablir la régularité dans le chapitre *della Scala*. Le gouverneur se réconcilia alors avec Charles ; le prévôt du chapitre, qui était le moins coupable, demanda et obtint l'absolution des censures qu'il avait encourues : les chanoines, après avoir persisté quelque temps dans leur opposition, se soumirent aussi, et furent absous par l'archevêque, qui se chargea même d'intercéder auprès du pape, afin d'épargner aux coupables une punition exemplaire. Cette affaire n'était pas encore finie lorsqu'on attenta à la vie du saint. Comme il était protecteur de l'ordre des Humiliés, et que ces religieux étaient tombés dans un tel relâchement que leurs quatre-vingt-dix monastères ne comptaient plus que cent soixante-dix religieux, il entreprit de les réformer. Après avoir obtenu du pape deux brefs qui l'autorisaient à faire ce qu'il jugerait convenable, il fit assembler à Crémone le chapitre général dans lequel il publia des règlements propres à ranimer la ferveur primitive de l'institut. Les religieux les reçurent avec plaisir, mais les prévôts ou supérieurs et les frères convers refusèrent de s'y soumettre, et firent jouer mille ressorts pour éluder l'effet de la réforme. Voyant qu'ils n'y pouvaient réussir, ils devinrent furieux, et trois prévôts résolurent la mort du réformateur. Un prêtre de l'ordre, nommé Farina, se chargea, moyennant une somme d'argent, d'exécuter cet horrible attentat, s'imaginant qu'on en ferait retomber le soupçon sur quelques-uns des officiers du roi, à cause de leurs démêlés avec l'archevêque. Le 26 octobre 1569, il se posta à l'entrée de la chapelle archiépiscopale, pendant que le saint faisait la prière du soir avec sa maison. On chantait alors une antienne, et l'on en était à ces mots : *Que votre cœur ne se trouble point et qu'il soit sans crainte.* L'assassin, éloigné seulement de cinq ou six pas, tire un coup d'arquebuse chargée à balle sur l'archevêque, qui était à genoux devant l'autel. La détonation fit cesser le chant, et la consternation fut générale. Le saint, sans changer de posture, fait signe de se remettre à genoux, et continue sa prière avec autant de calme que s'il ne fût rien arrivé. L'assassin profite de cette circonstance pour se sauver. La prière finie, Charles, qui se croit mortellement blessé, lève les mains et les yeux au ciel pour offrir à Dieu le sacrifice de sa vie; mais s'étant levé, on trouva à ses pieds la balle qu'on lui avait tirée dans le dos, et qui avait laissé une empreinte noire sur son rochet. Quelques grains de plomb avaient percé ses vêtements et pénétré jusqu'à la peau. Lorsqu'il fut rentré dans sa chambre, on visita la partie blessée et il s'y trouva une légère contusion avec une petite tumeur qui dura tant qu'il vécut. Ce qui prouve que Dieu avait visiblement protégé son serviteur, c'est qu'un autre projectile perça une table épaisse d'un pouce, et alla ensuite frapper fortement dans la muraille. A la nouvelle de cet attentat, le duc d'Albuquerque, gouverneur de Milan, accourut chez l'archevêque et le pressa de lui permettre de faire des perquisitions dans son propre palais, afin de s'assurer si l'on n'y découvrirait pas le coupable; mais Charles ne voulut jamais y consentir. Après avoir rendu au ciel de solennelles actions de grâces pour sa conservation miraculeuse, il alla passer quelques jours à la Chartreuse de Carignan, et y renouvela le sacrifice qu'il avait fait à Dieu de sa vie. Le rochet de saint Charles devint un proverbe en Italie pour désigner une chose à l'épreuve de la balle. Les Chartreux de Bordeaux obtinrent ce rochet, et la balle fut placée dans l'église des Oblats de Milan. Le saint connut bientôt les auteurs du crime, mais il ne voulut faire aucune poursuite. Le juge, cependant, profita de certains mots échappés à quelques religieux de l'ordre des Humiliés pour arriver à la découverte des coupables, qui furent saisis et convaincus. Ils avouèrent leur crime avec les marques d'un sincère repentir ; deux, qui étaient nobles, eurent la tête tranchée ; les deux autres furent pendus. Le saint, malgré toutes ses démarches, n'ayant pu les sauver de la mort, prit soin de leurs parents. Un cinquième, moins coupable, avait été condamné aux galères ; mais on adoucit cette peine, par égard pour le saint archevêque, et après avoir passé quelque temps dans un monastère, il fut rendu à la liberté. Pie V, pour marquer l'horreur que lui causait un crime aussi atroce, supprima l'ordre des Humiliés, malgré les supplications de Charles, et employa leurs revenus à des œuvres pies. Le saint, autorisé par le pape à réformer les Franciscains conventuels, les convoqua en chapitre, à Milan, et leur proposa de nouveaux règlements, propres à remédier aux abus qui s'étaient introduits dans leur congrégation. A cette proposition, quelques frères poussèrent des cris de rage ; ils coururent sonner les cloches, excitèrent une émeute, et menacèrent de se porter aux dernières extrémités contre l'archevêque, s'il osait exécuter son projet. Il crut devoir céder à l'orage, pour le moment, et se retira tranquillement ; mais il revint à la charge plus tard, réussit dans son entreprise et réunit en un seul corps plusieurs branches de Franciscains. Il fit deux fois la visite générale de son diocèse, et une fois, celle de sa province. Dans ces visites, il allait toujours à cheval ou à pied, jamais en voiture, et ceux qui l'accompagnaient faisaient porter avec eux ce qui leur était nécessaire. Il logeait chez les curés, quelque misérable que fût leur presbytère. A dîner, il se faisait servir un potage, un plat et quelques fruits ; mais comme, dans les dernières années de sa vie, il ne vivait que de pain et d'eau, il prenait à part son frugal repas, et ne paraissait point à table. Il se faisait précéder, dans le lieu où il devait arriver, par quelques prêtres, qui disposaient le peuple à la sainte communion, qu'il distribuait lui-même à tous ceux qui se présentaient. Il pourvoyait aux besoins spirituels et corporels des habitants de chaque paroisse, après en avoir pris note, et voulait qu'on lui mandât ensuite si les abus qu'il avait remarqués étaient véritablement corrigés. Il entreprit, au mois d'octobre 1567, la visite des vallées de Leventine, de Brégno et de Riparie, soumises aux trois cantons d'Uri, de Schwitz et d'Underwald ; car le diocèse de Milan s'étendait jusqu'au mont Saint-Gothard. Pour ne point donner ombrage aux magistrats suisses, il les pria de lui donner un député qui l'accompagnerait; ce qu'ils firent avec beaucoup d'obligeance. De grands désordres régnaient dans ces vallées, et les prêtres étaient encore plus corrompus que le peuple. Charles prêcha et catéchisa partout : il remplaça les prêtres ignorants ou scandaleux par des ministres dont le zèle et les lumières fussent capables de faire refleurir les mœurs et la piété. Il convertit aussi plusieurs zuingliens, les réconcilia à l'Église, et prit des précautions contre les progrès de l'hérésie. Étant retourné une seconde fois dans ces vallées, il fit une visite aux premiers magistrats de chacun des cantons catholiques de la Suisse, et leur inspira une vive ardeur pour réprimer certains désordres qui faisaient le scandale de la religion.

La récolte ayant manqué en 1569, on éprouva, l'année suivante, une grande disette. Le saint cardinal prodigua les secours les plus abondants aux pauvres de son diocèse, et montra, de nouveau, que sa charité était sans bornes. Cette même année, il assista, dans ses derniers moments, le duc d'Albuquerque. Il abolit les désordres du carnaval, et leur substitua des processions, des prières publiques et d'autres cérémonies religieuses; il prit aussi des mesures contre la criminelle coutume de blasphémer le saint nom de Dieu.

Dans un concile provincial, qu'il tint en 1569, il n'eut aucun égard aux prétextes qu'alléguait, pour se dispenser d'y assister, un évêque de sa province, qui était cardinal. Il obligea aussi à venir au concile un autre évêque, qui était ambassadeur d'un prince; il l'obligea même de quitter son ambassade, qui ne pouvait s'accorder avec la résidence. Ayant appris qu'un de ses suffragants avait dit qu'il n'avait rien à faire, il lui rappela fortement les besoins de son troupeau, et la multitude des devoirs de l'épiscopat. L'évêque se contenta de répondre froidement que le cardinal Borromée portait trop loin sa sollicitude. Celui-ci, vivement affligé d'une telle réponse, lui écrivit une longue lettre, dans laquelle il parcourait les nombreuses obligations d'un évêque, et à chacune, il terminait par ces mots : « Est-il possible qu'un évêque dise qu'il n'a rien à faire? » Un cardinal, évêque d'un petit diocèse, ayant dit que son siège était trop peu considérable pour exiger une résidence habituelle, Charles lui répondit qu'une seule âme était d'un si grand prix qu'elle méritait la résidence et tout le temps du plus grand homme de l'univers. La mort de Pie V, arrivée en 1572, obligea le cardinal à se rendre à Rome, pour lui donner un successeur. Il concourut puissamment à l'élection du cardinal Buon-Compagno, qui prit le nom de Grégoire XIII, et qui eut pour le cardinal Borromée les mêmes sentiments que ses prédécesseurs, pour ne pas dire plus. Il le retint quelque temps à Rome pour le consulter, et à son départ, il le nomma visiteur apostolique des diocèses de ses suffragants. Charles retourna à Rome, en 1575, pour gagner le jubilé, et il en fit l'ouverture à Milan l'année suivante. Il ne put, à cette occasion, empêcher les joûtes, les tournois et autres divertissements profanes : il menaça donc son peuple de la colère de Dieu, et lui prédit clairement l'arrivée prochaine du plus redoutable des fléaux. Il était à Lodi, pour assister à la mort de l'évêque de cette ville, lorsqu'il apprit que la peste avait éclaté dans son diocèse. De retour à Milan, il alla visiter le lieu où les magistrats envoyaient les pestiférés et il pourvut à tous leurs besoins spirituels et temporels. Il demanda ensuite à son conseil ecclésiastique, qu'il consultait ordinairement dans les cas difficiles, s'il devait rester où était la peste ou se retirer dans quelque autre partie de son diocèse. Le conseil répondit qu'il devait prendre le dernier parti, afin de conserver à son peuple une vie aussi précieuse. Charles, loin d'être de cet avis, soutint, au contraire, qu'un évêque, qui doit donner sa vie pour ses brebis, ne pouvait, sans prévarication, les abandonner au moment du danger; et comme on tombait d'accord que cela était plus parfait, *Eh! quoi*, reprit le saint, *un évêque n'est-il pas obligé de choisir le plus parfait?* Comme les fléaux sont, en général, la punition du péché, il exhortait les Milanais à désarmer la colère du Seigneur par la prière et la pénitence. Il ordonna trois processions générales, auxquelles il assista nu-pieds, la corde au cou, et tenant dans ses mains un crucifix, sur lequel étaient constamment fixés ses yeux baignés de larmes, s'offrant à Dieu comme une victime pour les péchés de son peuple. Tant que dura la contagion, il prêchait presque tous les jours et administrait lui-même les derniers sacrements aux pestiférés. Pour procurer des secours à ceux qui étaient dans le besoin, il fit fondre sa vaisselle d'argent, et donna tous ses meubles, sans en excepter son lit. Les magistrats ayant blâmé les processions et les assemblées de piété que le saint prescrivait, sous prétexte qu'elles contribueraient à étendre la contagion, il se justifia par l'exemple de saint Grégoire, de saint Mamert et de plusieurs autres grands évêques, ajoutant que quand ces remèdes humains étaient impuissants, il fallait recourir à ceux qu'offre la religion ; et que les exercices de piété, qui donnaient de l'inquiétude à quelques personnes, loin d'augmenter le mal, le feraient cesser. Ce fut une véritable prophétie : en effet, le fléau épargna ceux qui assistèrent aux processions et ceux qui accompagnèrent l'archevêque, lorsqu'il visitait les malades. Il ne mourut que deux personnes de sa maison, encore n'avaient-elles point été dans les lieux où se trouvaient les pestiférés. Quelques pécheurs endurcis, cherchant à se persuader que le plaisir et la joie étaient les meilleurs préservatifs contre le fléau, se retirèrent dans un lieu agréable près de la ville, où ils se livrèrent à toutes sortes d'excès et de débauches. Ils restèrent sourds aux avertissements du saint qui cherchait à les faire rentrer en eux-mêmes; mais ils ne jouirent pas longtemps de l'impunité. La peste gagna le quartier qu'ils habitaient, et ils périrent tous. Enfin, la violence du fléau, qui sévissait depuis quatre mois, se ralentit en novembre, et cessa tout à fait au commencement de l'année suivante. Le cardinal en rendit à Dieu de solennelles actions de grâces, et ordonna, pendant trois jours, des prières publiques pour ceux qui étaient morts de la peste. Les deux gouverneurs qui succédèrent, l'un après l'autre, au duc d'Albuquerque, suscitèrent des contradictions au saint archevêque, tant pour l'abolition des désordres du carnaval, que pour la réforme des abus qui se passaient le premier dimanche de carême. Mais le roi d'Espagne lui rendit publiquement justice, et le nouveau gouverneur, qui était le duc de Terra-Nuova, plein d'estime et de respect pour le saint, vécut toujours avec lui dans une parfaite harmonie. Outre les soins généraux que le saint archevêque consacrait à son diocèse, il donnait des soins plus particuliers à quelques personnes dont il dirigeait la conscience avec une prudence singulière, surtout en ce qui regardait les visions, les extases et autres états extraordinaires. Une jeune dame de Milan parlait beaucoup des faveurs qu'elle recevait, disait-elle, du ciel. Le père Adorno, qui l'examina, crut à leur réalité. On pressa l'archevêque de l'aller voir ; mais il s'y refusa et donna même l'ordre de l'enfermer dans un monastère, regardant comme une illusion tout ce qu'elle disait lui arriver. L'événement montra qu'il ne s'était pas trompé. Il n'apportait pas moins de soin dans l'examen des miracles et dans la vérification des reliques. Il aimait, comme il le disait lui-même, à assister les personnes mourantes. Ayant appris, en 1583, que le duc de Savoie était tombé malade à Verceil, et que les médecins désespéraient de sa vie, il alla le voir aussitôt et le trouva presque expirant. A peine fut-il entré dans la chambre du duc que celui-ci s'écria : « Je suis guéri. » Le lendemain, saint Charles lui donna la sainte communion, et ordonna les prières de quarante heures pour son rétablissement. Le duc fut toujours persuadé, depuis, qu'après Dieu, c'était aux mérites de son serviteur qu'il devait sa guérison ; aussi, après la mort de saint Charles, il envoya, en reconnaissance de ce bienfait, une lampe d'argent pour être suspendue sur son tombeau. Le saint, qui choisissait de préférence des lieux solitaires pour faire ses retraites, se rendit, en 1584, avec le P. Adorno, son confesseur, au mont Varalli, dans le diocèse de Novarre. Il avait prédit à plusieurs personnes sa mort prochaine; aussi, pendant sa retraite, redoublait-il de ferveur dans ses austérités et dans ses autres exercices, paraissant plus que jamais absorbé en Dieu et dégagé de toutes les choses de la terre. Il versait une telle abondance de larmes pendant la célébration de la messe, qu'il était obligé de s'arrêter souvent. Il passa la plus grande partie de sa retraite dans la chapelle de *la Prière*, au *jardin* et dans celle du *Sépulcre*, où par un parfait renoncement à lui-même, il se mettait dans un état de mort avec le Sauveur, demandant avec instance que tout ce qui restait en lui du vieil Adam pût être entièrement détruit par la mort de Jésus-Christ. Le 24 octobre, il fut pris d'une fièvre tierce; mais il cacha son mal. Le 26, il eut un second accès, et il abrégea ses prières, par l'ordre du P. Adorno : il consentit à ce que l'on mît un peu de paille sur les planches qui lui servaient de lit et à ce qu'on lui servît une nourriture plus appropriée à son état de souffrance. Le 28, il pria huit heures à genoux, sans s'apercevoir qu'il eût prié si longtemps ; il fit ensuite sa confession annuelle, et le lendemain 29, il partit pour Arone, et descendit chez le curé, où il prit une panade. Quoique la nuit fût venue, il passa le lac pour aller finir la fondation du collège d'Ascone, prit un peu de repos dans la barque, et le 30 au matin, il termina l'affaire du collège. Il se rendit, par eau, à Connobio, malgré la fièvre qui était revenue, et le 31, il revint à Arone. Comme c'était la veille de la Toussaint, il jeûna à son ordinaire ; il prit cependant les remèdes que les médecins lui avaient prescrits ; mais au lieu de loger au château, comme René Borromée, son parent, l'en pressait, il alla chez les Jésuites, où il passa une nuit assez tranquille. Il se leva à deux heures du matin pour prier, selon sa coutume, se confessa et dit la messe, le jour de la Toussaint. Les médecins lui défendirent de sortir, parce que c'était le jour de la fièvre, et ils lui firent boire une grande quantité de tisane, qui ne produisit d'autre effet que d'augmenter la fièvre et de la rendre continue. Le jour des Morts, il se fit porter en litière à Milan. Les plus habiles médecins ayant été appelés, il promit de suivre fidèlement tout ce qu'ils lui prescriraient. Ils jugèrent sa maladie très-dangereuse; mais la fièvre ayant beaucoup diminué, le lendemain, on conçut des espérances : le malade n'en témoigna aucune joie et continua ses exercices, se faisant aider par le P. Adorno et par d'autres pieux ecclésiastiques. Le redoublement de la fièvre s'annonça par des symptômes si fâcheux que les médecins perdirent tout espoir. Charles l'apprit avec une tranquillité surprenante, et se fit administrer les derniers sacrements. Il mourut la nuit du 3 au 4 novembre, en prononçant ces mots : *Ecce venio*, voici que je viens. Par son testament, il laissa son argenterie à la cathédrale, sa bibliothèque au chapitre, ses manuscrits à l'évêque de Verceil, et toute sa fortune au grand hôpital de Milan. Il régla aussi ses funérailles et y prescrivit la plus grande simplicité. Il avait choisi, pour sa sépulture, un caveau près du chœur du saint, d'autre inscription que celle qui se lit encore aujourd'hui sur une petite pierre de marbre et qui est ainsi conçue : *Charles, cardinal du titre de Sainte-Praxède, archevêque de Milan, implorant le secours des prières du clergé, du peuple et du sexe dévot, a choisi ce tombeau, de son vivant*. On y fit cette addition : *Il vécut quarante-six ans, un mois, un jour ; il gouverna cette église vingt-quatre ans, huit mois, vingt-quatre jours, mourut le 4 novembre 1584*. Peu de temps après sa mort, le P. Adorno eut un songe où il le vit environné de lumière et de gloire; le saint lui dit : *Je suis heureux, vous me suivrez bientôt.* Adorno raconta ce fait à ses amis et l'attesta, une fois, en public, dans un sermon. Etant retourné à Gênes, sa patrie, il y mourut bientôt après, en odeur de sainteté. Il s'opéra plusieurs guérisons miraculeuses par l'intercession de saint Charles. En 1601 le cardinal Baronius envoya au clergé de Milan un ordre du pape Clément VIII pour qu'on substituât la messe du saint à celle de *Requiem*, que Charles avait fondée et qui devait se dire à perpétuité le jour anniversaire de sa mort. En 1610, il fut solennellement canonisé par Paul V. Ses reliques, renfermées dans une châsse très-précieuse, furent placées dans une chapelle souterraine, bâtie sous la coupole de la grande église, et richement décorée. Saint Charles, le modèle des évêques et le restaurateur de la discipline ecclésiastique, a laissé, outre les Actes de ses conciles, un grand nombre de mandements et d'instructions pastorales, entre autres les *Instructions aux confesseurs*, et des *sermons* en italien qu'il fit traduire en latin et qui ont été imprimés par les soins de Saxius. — 4 novembre

CHARTIER (saint), *Carterius*, prêtre à Lugny, bourg près de la Châtre en Berry ; c'est aujourd'hui une petite ville qui s'appelle Saint-Chartier. Il florissait dans le VI° siècle. — 1er février.

CHAUMOND ou ENNEMOND (saint), *Enemundus*, évêque de Lyon et martyr, le même que saint Delphin, naquit vers le commencement du VII° siècle d'une des plus illustres familles des Gaules et occupait un poste important à la cour de Clovis II, lorsque ce prince, qui le respectait singulièrement, à cause de ses vertus, le choisit pour être parrain du premier enfant qu'il eut de son mariage avec sainte Bathilde, et qui, né en 650, devint roi sous le nom de Clotaire III, en 655, n'étant âgé que de 5 ans. Le mérite et la sainteté de Chaumond l'ayant fait demander pour évêque par le clergé et le peuple de Lyon, Clovis II, tout en regrettant d'être privé de ses services, agréa ce choix, et le nouvel évêque remplit, avec exactitude, tous les devoirs de la charge pastorale. Il acheva les bâtiments de la maison de Saint-Pierre et y établit une communauté de vierges qui se consacraient particulièrement aux œuvres de charité : il fut secondé, dans cette pieuse fondation, par le zèle et les libéralités de deux de ses sœurs. Il n'y avait pas longtemps qu'il occupait le siège de Lyon, lorsque saint Benoît Biscop et saint Wilfrid, qui se rendaient à Rome, passèrent par cette ville. Saint Chaumond leur accorda l'hospitalité la plus généreuse et les retint pendant une année. Il avait conçu tant d'estime et d'affection pour saint Wilfrid, qu'il lui offrit sa nièce en mariage, avec la promesse d'un emploi considérable ; mais Wilfrid, qui n'avait pas encore vingt ans, avait déjà formé la résolution de se consacrer à Dieu, et continua son voyage pour Rome. Cependant les liens d'amitié qui l'unissaient à l'évêque de Lyon le déterminèrent à repasser par cette ville, à son retour d'Italie : il passa trois ans avec le saint qu'il honorait comme son père et qui lui conféra la tonsure cléricale. Il se proposait de le faire déclarer son successeur, afin de pouvoir toujours le conserver près de lui; mais la mort ne lui permit pas de mettre à exécution ce projet. Ebroin, maire du palais de Clotaire III, craignant que le saint ne fît connaître à son royal filleul et à sainte Bathilde, sa mère, qui était régente du royaume, les vexations dont le peuple de Lyon était accablé, résolut de lui ôter la vie. Il eut d'abord recours à la calomnie et l'accusa du crime de lèse-majesté. Ayant appris qu'il s'était soustrait, par la fuite, aux injustes persécutions dont il était menacé, il mit à sa poursuite une troupe de soldats qui l'atteignirent près de Châlons-sur-Saône, et le massacrèrent en 657. Saint Wilfrid, qui l'accompagnait, et qui aurait bien voulu lui sauver la vie aux dépens de la sienne, ramena son corps à Lyon et le fit enterrer honorablement dans l'église de Saint-Pierre, qui possède encore la plus grande partie de ses reliques. Ce saint, qu'on invoque contre l'épilepsie, a donné son nom à la ville de Saint-Chamond, dans le Lyonnais, et à une congrégation religieuse de filles, connues d'abord sous le nom de *filles de l'Union chrétienne*. — 28 septembre.

CHEF (saint), *Theuderius*, abbé en Dauphiné, naquit, au commencement du VI° siècle, d'une des meilleures familles de Vienne, et renonça aux avantages qu'il pouvait se promettre dans le monde, pour servir Dieu dans la solitude où il s'exerça longtemps aux pratiques de la vie religieuse. De retour à Vienne, ses vertus attirèrent auprès de lui un grand nombre de disciples, auxquels il fit construire des cellules ; mais l'affluence toujours croissante de ceux qui venaient se placer sous sa conduite, le détermina à fonder, près de la ville, un monastère dont il fut le premier abbé. Il était alors d'usage, dans les monastères les plus réguliers, que le religieux qui était chargé de dire la messe aux frères passât dans la retraite, occupé de la prière, de la contemplation et des exercices de la pénitence, la semaine où c'était son tour de célébrer ; mais à Vienne, on faisait plus encore : on choisissait un moine qui avait une grande réputation de sainteté : il se renfermait dans une cellule, afin de vivre en reclus et d'implorer la miséricorde divine pour lui et pour son pays. On fit choix de saint Chef pour cette vie de prière et de pénitence, et il ne mit aucunes bornes à ses larmes et à ses mortifications. Dieu fit éclater sa sainteté par le don des miracles et l'appela à lui vers l'an 575. On l'enterra dans le monastère de Saint-Laurent, et ses reliques furent transportées, dans la suite, à l'église collégiale qui porte son nom et qui a donné naissance à la petite ville de Saint-Chef, à huit lieues de Vienne. — 29 octobre.

CHELIDOINE (saint), *Chelidonius*, soldat dans l'armée romaine, souffrit le martyre à Calahorra en Espagne, et déploya, au milieu des tourments, un courage qui couvrit de confusion ses bourreaux. Prudence rapporte que les païens, honteux de leur défaite, brûlèrent les actes de son martyre et de celui de saint Emètre (Emethère), ou Madir, son compagnon; il ajoute que leur fête était célébrée en Espagne avec une dévotion particulière; qu'on venait de toutes parts visiter leurs reliques et qu'on éprouvait visiblement les effets de leur puissante intercession. On ignore l'année et même le siècle de leur mort; cependant il est probable que ce fut en 304, sous l'empereur Dioclétien. — 3 mars.

CHÉLIDOINE (sainte), *Chelidonia*, florissait dans le Ve siècle. Elle est honorée à Sublac dans la Campagne de Rome. Son corps se garde dans l'église de Sainte-Scolastique. — 13 octobre.

CHÉLIS ou CHÉLY (saint), *Hilarius*, évêque de Javoux, aujourd'hui Mende, mourut vers l'an 540. Il a donné son nom à deux villes qui s'appellent Saint-Chély, l'une dans le diocèse de Mende et l'autre dans celui de Rodez. Il est honoré dans le Gévaudan le 25 septembre et le 25 octobre.

CHÉRÉMON (saint), *Chæremon*, évêque de Nilopolis en Egypte, était très-avancé en âge lorsque la persécution de Dèce l'obligea à se cacher dans les montagnes d'Arabie pour se soustraire à la rage des persécuteurs; mais il fut mis à mort par les habitants du pays, en haine de Jésus-Christ, au milieu du IIIe siècle. Saint Denys d'Alexandrie en parle comme d'un saint vieillard et le cite parmi les nombreux martyrs qui furent immolés à cette époque. On lit son nom dans le Martyrologe d'Adon. — 22 décembre.

CHÉRÉMON (saint), diacre ou même prêtre d'Alexandrie, souffrit le martyre dans cette ville, avec plusieurs autres, pendant la persécution de l'empereur Valérien. — 4 octobre.

CHÉRON (saint), *Ceraunus*, martyr, né dans les Gaules au Ve siècle, ne fut pas plutôt maître de sa fortune, par la mort de ses parents, qui étaient chrétiens, qu'il la distribua aux pauvres, pour aller servir Dieu dans la solitude. L'évêque du lieu ayant découvert sa retraite et reconnu son mérite, l'ordonna diacre. Saint Chéron résolut alors de se consacrer à la prédication de l'Evangile, et après avoir parcouru, en qualité de missionnaire, plusieurs provinces des Gaules, il pénétra dans le pays Chartrain, où il ne trouva qu'un petit nombre de chrétiens dont les ancêtres avaient été convertis autrefois par saint Potentien et saint Altin, apôtres du pays: ses prédications en eurent bientôt augmenté le nombre. Dans la vue de propager de plus en plus la connaissance de Jésus-Christ, il se dirigea vers Paris, avec quelques compagnons qu'il s'était associés; mais à peine était-il à trois lieues de Chartres, qu'il fut attaqué par une troupe de voleurs. Il conseilla à ses disciples de se cacher dans la forêt voisine, pendant qu'il amuserait les brigands. Ceux-ci ne lui ayant pas trouvé autant d'argent qu'ils en désiraient, se jetèrent sur lui avec fureur et le tuèrent. Ses disciples enterrèrent son corps près de Chartres, sur une éminence qui prit depuis le nom de *Montagne sainte*. Quelque temps après, on y bâtit une église qui devint célèbre par les pèlerinages de ceux qui venaient honorer le tombeau de ce martyr de la charité. Une communauté d'ecclésiastiques fut chargée de la desservir, et, en 1137, elle fut remplacée par des Chanoines Réguliers. On fonda, près de Chartres, une abbaye qui porta son nom, et où l'on plaça ses reliques. En 1681, le président de Lamoignon en obtint un os dont il fit présent à la paroisse de Saint-Chéron de Mont-Couronne. — 28 mai.

CHIGNAN (saint), *Anianus*, second évêque de Périgueux, fut le successeur de saint Front; mais on ignore dans quel siècle il vivait. Il est honoré le même jour que saint Agnan d'Orléans, c'est-à-dire le 17 novembre.

CHIMOIA (saint), l'un des vingt-six martyrs du Japon en 1597, souffrit de cruels tourments pour la foi sous l'empereur Taycosama, et fut crucifié près de Nangazacki. Il eut ensuite le côté percé d'une lance, ainsi que ses compagnons. Ils ont été déclarés martyrs, et canonisés par Urbain VIII, qui a fixé leur fête au 5 février.

CHIONIE (sainte), *Chionia*, martyre, sœur de sainte Agape et de sainte Irène, née à Thessalonique de parents idolâtres, ayant, ainsi que ses sœurs, caché, en 303, quelques volumes des saintes Ecritures, malgré les édits de Dioclétien qui le défendaient sous peine de mort, elles furent arrêtées l'année suivante pour avoir refusé de manger des viandes immolées aux dieux, et conduites devant le gouverneur Dulcétius. Chionie, ayant été interrogée sur ce refus, répondit : *Je n'ai pas obéi à l'empereur, parce que je crois au Dieu vivant*. Après quelques questions adressées à ses sœurs, le gouverneur, revenant à Chionie, lui demanda quelle était sa dernière résolution. — *Je persiste toujours dans les mêmes sentiments.* — *N'avez-vous point quelques-uns de ces livres ou de ces écrits qui traitent de la doctrine impie des chrétiens?* — *Nous n'en avons point. On nous les a enlevés par ordre de l'empereur.* — *Mais qui vous a déterminée à donner dans de pareilles rêveries?* — *C'est au Dieu tout-puissant et à son Fils Jésus-Christ Notre-Seigneur que nous sommes redevables de la sainte doctrine que nous professons.* Dulcétius, voyant qu'il ne pouvait vaincre sa résolution, la condamna à être brûlée vive avec sa sœur Agape, ce qui fut exécuté, à Thessalonique, le 3 avril 304. — 3 avril.

CHRÉMÈS (saint), abbé de l'ordre de Saint-Basile, mourut en Sicile, où il est honoré le 6 novembre.

CHRÉPOLD (saint), *Chrispolytus*, évêque et martyr, honoré à Bettone, près d'Assise en Ombrie, était frère de sainte Teutèle, qui souffrit avec lui. — 12 mars.

CHREST (saint), *Chrestus*, martyr en Afrique, avec saint Pompin et plusieurs autres, est honoré le 18 décembre.

CHRÉTIEN (saint), *Christianus*, prêtre de Douai et confesseur, était attaché au service de l'église de Saint-Aubin de cette ville, et se rendit célèbre par ses vertus, mais surtout par sa charité envers les pauvres. Quoiqu'on ignore les détails de sa sainte vie, ainsi que l'époque de sa mort, le culte qu'on lui rend et les confréries érigées en son honneur prouvent que les fidèles ont reconnu, de tout temps, sa sainteté. On portait autrefois ses reliques aux processions de la ville, et l'on voyait, près de l'église de Saint-Aubin, un clos appelé le Jardin de saint Chrétien. Il est invoqué par les femmes en travail d'enfant et par ceux qui sont attaqués de fièvres opiniâtres. — 7 avril.

CHRÉTIENNE ou CHRISTIENNE (sainte), *Christiana*, a mérité le beau surnom d'apôtre des Ibériens, parce qu'elle fut l'instrument dont Dieu se servit pour éclairer cette nation des lumières de la foi. Elle professait le christianisme lorsqu'elle fut emmenée captive chez les Ibériens, peuple qui habitait entre le Pont-Euxin et la mer Caspienne. La fidélité avec laquelle elle pratiquait sa religion, ses vertus, sa fidélité envers ses maîtres et surtout son application à la prière, à laquelle elle consacrait une partie des nuits, frappèrent d'admiration ces infidèles. Ils lui firent de nombreuses questions sur cette conduite, et elle leur en donna l'explication en leur exposant les motifs qui la faisaient agir. Quelque temps après, un enfant étant tombé malade, sa mère, selon la coutume, le porta de maison en maison, pour qu'on lui indiquât un remède ; mais personne ne connaissait rien à la maladie. On le présenta à la captive, qui assura que Jésus-Christ, qu'elle adorait, pouvait rendre la santé aux malades les plus désespérés, et prenant l'enfant, elle le posa sur le cilice qui lui servait de lit ; faisant ensuite une prière sur lui, elle le délivra de tout mal, et le rendit à sa mère parfaitement guéri. Ce miracle parvint aux oreilles de la reine, qui était atteinte d'une maladie grave, et elle donna ordre de lui amener la captive ; mais celle-ci refusa de se rendre à la cour, non par entêtement, mais par humilité et dans la crainte de tenter Dieu en entreprenant la guérison qu'on attendait d'elle. La reine fut donc obligée de se faire porter chez la captive, qui la plaça dans son lit. Elle fit ensuite une prière à Jésus-Christ, et la malade se trouva guérie. Le roi voulut lui témoigner sa reconnaissance par de riches présents ; mais la reine lui dit que la captive ne les recevrait pas, et que la seule reconnaissance qu'ils pussent lui témoigner, c'était d'embrasser la religion qu'elle pratiquait. Le prince ne fut pas disposé à suivre ce conseil pour le présent, et lorsque la reine revenait à la charge, il éludait ses instances par de nouveaux délais. Un jour qu'il chassait dans une forêt, il se trouva tout à coup enveloppé de ténèbres si épaisses, qu'il s'égara et se trouva seul sans savoir de quel côté se diriger. Alors il se souvint du Dieu de la captive, et il lui promit que s'il le débarrassait de ces ténèbres, il n'adorerait plus que lui. Aussitôt le jour reparut, et il retrouva sa suite et sa route. Arrivé au palais, il raconta à la reine ce qui lui était arrivé, et il fit venir la captive pour apprendre d'elle la manière de servir Jésus-Christ. Elle s'acquitta de cette fonction du mieux qu'il lui fut possible, et enseigna les éléments du christianisme à la famille royale. Le roi expliqua à ses sujets ce que le Dieu des chrétiens avait fait pour lui et pour la reine. Il se chargea ensuite de catéchiser les hommes, pendant que la reine catéchisait les femmes. La captive avait tracé le plan d'une église, à laquelle chacun s'empressa de travailler. Les murailles s'élevaient, et l'on avait déjà posé deux colonnes, lorsqu'à la pose de la troisième on éprouva des difficultés insurmontables. La nuit étant venue sur ces entrefaites, chacun s'en retourna tout préoccupé de cet obstacle étrange. La captive passa seule la nuit dans l'église, et ne cessa de prier. Le lendemain, le roi étant revenu avec les ouvriers, quelle ne fut pas sa surprise en voyant la colonne dressée, mais suspendue au-dessus de sa base à la hauteur de plus d'un pied ! Tout le peuple fut témoin du prodige, et chacun s'écria que la religion de la captive était la seule véritable. La colonne s'abaissa ensuite toute seule et se posa sur sa base sans que personne y mît la main. Lorsque le bâtiment fut terminé, le roi, d'après le conseil de la captive, envoya une ambassade à l'empereur Constantin, pour lui demander des évêques et des prêtres qui achevassent l'œuvre de sa conversion et de celle de ses sujets. Constantin ressentit une grande joie de cette bonne nouvelle, et il accorda au prince ibérien au delà même de ce qu'il lui demandait. Les missionnaires qu'il y envoya n'éprouvèrent aucune difficulté dans l'exercice de leur ministère, et, en peu de temps, la nation entière avait reçu le baptême. Quant à la captive, elle n'est connue dans l'histoire que sous le nom appellatif de Chrétienne, qui est devenu comme son nom propre, faute de connaître celui qu'elle portait. Sa vie sainte et les miracles qu'elle opéra l'ont fait honorer d'un culte public. — 15 décembre.

CHRÉTIENNE DE SAINTE-CROIX (la bienheureuse), *Christiana*, vierge, née en 1259, à Sainte-Croix petite ville de Toscane, près de Florence, reçut au baptême le nom d'Oringa. Ses parents, qui étaient d'honnêtes cultivateurs, l'employèrent, dès son bas âge, à la garde des bestiaux, et Oringa trouvait dans ces humbles fonctions la facilité de se livrer à la méditation des choses divines, sans autre maître que l'Esprit-Saint. Prévenue des bénédictions du ciel, elle conçut, de bonne heure, un grand amour pour Dieu et une si grande estime pour la pureté que, s'il lui arrivait d'entendre des paroles peu honnêtes ou d'être témoin de quelque action trop libre, elle en avait une telle horreur, qu'elle en devenait malade. Étant devenue orpheline, ses frères voulurent la contraindre à se marier ; mais leurs mauvais traitements et les coups dont ils l'accablèrent ne furent pas capables de lui faire violer l'engagement qu'elle avait pris de n'avoir d'autre époux que Jésus-Christ. Pour mettre sa vocation en sûreté, elle crut devoir prendre la fuite. Ayant rencontré sur sa route une rivière sans aucun moyen pour la traverser, on assure que, pleine de confiance en Dieu, elle la passa à pied sec. Arrivée à Lucques, elle entra au service d'un noble, homme honnête et pieux, à qui elle ne demanda, pour tout salaire, que la nourriture et des vêtements simples et communs. C'est alors qu'elle commença cette vie austère et mortifiée qu'elle continua jusqu'à sa mort, marchant toujours nu-pieds, même pendant l'hiver, couchant constamment sur la dure, quelque fatiguée qu'elle fût, jeûnant tous les jours, et ne prenant, le soir, de la nourriture que de la grosseur d'une noix. La beauté du visage, qui est pour tant d'autres un sujet de vanité, n'était pour Oringa qu'un sujet de peine; aussi employait-elle, pour la détruire, autant de soins que d'autres en prennent pour la conserver, tant elle craignait d'être, pour qui que ce fût, une occasion de péché. Tout occupée de Dieu, elle ne connaissait pas même les plus proches voisins de son maître. Lorsqu'elle parlait à quelqu'un, ce qu'elle ne faisait jamais sans une nécessité indispensable, c'était avec tant de modestie que, quoique d'une figure agréable, elle n'inspirait d'autre sentiment que le respect. Elle savait profiter de ces occasions pour donner des avis salutaires à ceux avec qui elle s'entretenait; car elle parlait des choses spirituelles avec une facilité et une exactitude surprenantes, et c'était une chose merveilleuse de voir une pauvre fille, qui ne savait pas même lire, expliquer les points les plus relevés de la religion, de manière à étonner les hommes instruits. Son humilité s'alarma de l'estime générale que ses vertus lui avaient acquise; elle résolut donc de s'y dérober en quittant le pays. Elle fit un pèlerinage au mont Gargan, dans la Pouille, pour visiter la célèbre église de saint Michel, qu'elle honorait comme son protecteur, et par l'intercession duquel elle avait obtenu de Dieu une grâce particulière. De là elle se rendit à Rome pour y vénérer la cendre des martyrs. Elle fit, dans cette ville, la connaissance d'une veuve noble et pieuse, qui la prit à son service. Cette dame, dont la fortune égalait la naissance, voulut qu'Oringa prît des vêtements conformes à sa nouvelle position. La sainte fille n'y consentit qu'avec peine; et, quelques jours après, elle donna ses habits neufs à une pauvre étrangère qu'elle rencontra, et reprit les vieux qu'elle avait quittés. Sa maîtresse, qui savait déjà l'apprécier, loin d'être mécontente d'une telle action, n'en conçut que plus d'estime et d'affection pour elle; aussi, loin de vouloir en être servie, elle allait jusqu'à la servir elle-même. L'humble servante fut bientôt regardée comme une sainte dans toute la ville, et le peuple lui donna le surnom de Chrétienne de Sainte-Croix, surnom qui lui resta et sous lequel elle est connue. Après avoir passé quelque temps à Rome, elle alla visiter le tombeau de saint François d'Assise; sa maîtresse, qui ne voulait plus se séparer d'elle, l'accompagna. Chrétienne s'étant mise en prière dans l'église du saint, elle eut une extase pendant laquelle Dieu lui fit connaître qu'il l'avait choisie pour fonder un monastère dans son pays natal : il lui fit voir aussi, dans la même circonstance, la gloire des saints dans le ciel, et cette vue la charma tellement, qu'elle en conserva pendant plusieurs mois la plus douce impression. Elle revint à Sainte-Croix pour accomplir l'ordre de Dieu; mais pauvre et sans appui, elle rencontra d'abord des difficultés qui paraissaient insurmontables. Les habitants du lieu et l'évêque de Lucques, de qui dépendait Sainte-Croix, étaient opposés à son dessein; cependant, elle triompha de tous les obstacles par sa confiance en Dieu et par sa patience. Le monastère fondé, sous le nom de sainte Marie la Neuve, elle y introduisit la règle de saint Augustin, et dressa pour les religieuses des constitutions si sages qu'on les adopta plus tard dans d'autres communautés du même institut. Sa qualité de fondatrice lui donnait des droits au gouvernement de la maison, mais on ne put vaincre son humilité sur ce point; elle ne voulut même accepter aucun emploi, se regardant comme la dernière de la communauté. Si elle croyait avoir désobligé quelqu'une des sœurs, elle se jetait à genoux devant elle pour lui demander pardon. Elle ne voulut rien rabattre de ses premières austérités, continuant à coucher sur la terre nue, comme elle le faisait à Lucques; mais autant elle était sévère pour elle-même, autant elle était tendre et compatissante pour les pauvres. Elle allait jusqu'à se dépouiller de ses vêtements pour les leur donner, et, une fois, elle disposa en leur faveur, de la seule pièce d'argent qui se trouvait dans la maison. Pendant une disette, elle fit placer dans le seul champ que la communauté possédât, et qui était ensemencé de fèves, un écriteau pour avertir que ces fèves étaient à tous ceux qui voudraient en prendre. Des laboureurs, touchés de cet exemple, l'imitèrent. Le champ de Chrétienne parut jouir d'une fertilité miraculeuse et satisfit à tous les besoins de ceux qui y eurent recours; c'est ainsi qu'elle eut la consolation d'avoir sauvé la vie à beaucoup de malheureux qui, sans cela, seraient morts de faim. Dieu la favorisa du don des miracles et de celui de prophétie : elle fit plusieurs prédictions qui, toutes furent accomplies : l'architecte de son monastère s'étant enfoncé un clou dans le pied, elle le guérit de sa blessure. Trois ans avant sa mort, elle fut frappée d'une paralysie qui la rendit percluse de tout le côté droit. Dans cet état pénible, elle montrait une patience et même un contentement qui avait sa source dans une parfaite soumission à la volonté divine. Après avoir annoncé l'heure précise de sa mort, et reçu avec ferveur les derniers sacrements, elle mourut l'an 1310, à l'âge de 70 ans. Son corps était resté flexible et sans aucune marque de corruption jusqu'en 1514, qu'un incendie le consuma presque entièrement ainsi qu'une partie du monastère. Le culte de la bienheureuse Chrétienne fut approuvé, en 1776, par le pape Pie VI. — 18 février.

CHRISTANTIEN (saint), *Christantianus*, confesseur à Ascoli dans la Marche d'Ancône, est honoré le 13 mai.

CHRISTE (sainte), *Christa*, martyre, souffrit avec saint Expergence et plusieurs autres. — 4 juin.

CHRISTÈTE (sainte), *Christeta*, vierge et martyre à Avila en Espagne, était sœur de saint Vincent et de sainte Sabine, qui souffrirent avec elle, pendant la persécution de Dioclétien, vers l'an 304. Arrêtée par ordre du président Dacien, ce magistrat la fit étendre sur le chevalet au point que ses membres se disloquèrent; son corps fut ensuite déchiré à coups de fouet. Dacien voyant que ces tortures ne pouvaient la déterminer à sacrifier aux dieux, lui fit briser la tête à coups de levier, et ordonna que son cadavre restât exposé aux bêtes; mais les chrétiens parvinrent à s'en emparer, et l'ensevelirent secrètement. La ville d'Alve possède ses reliques et célèbre sa fête le 27 octobre.

CHRISTIEN (saint), *Christianus*, martyr avec quelques autres souffrit vers l'an 245, sous le règne des Philippes. — 4 décembre.

CHRISTIEN ou **Chrétien** (le bienheureux), évêque d'Auxerre, naquit au commencement du IXe siècle, et entra, dans sa jeunesse, à l'abbaye de Saint-Germain d'Auxerre. Il s'y fit remarquer par son admirable simplicité et son humilité profonde. Il se livrait avec ardeur à la prière, à l'étude et aux pratiques les plus austères de la pénitence : ses vertus, son mérite et ses aimables qualités le firent élever malgré lui à la dignité d'abbé, et plus tard, à l'épiscopat. Devenu évêque d'Auxerre, il marcha sur les traces de ses saints prédécesseurs et s'efforça d'imiter leur zèle pour le salut du troupeau. Il prononçait souvent le nom de Jésus et avouait qu'il trouvait dans ce mot divin un charme ineffable. Il souscrivit au concile de Tousy, tenu en 860, et il mourut vers l'an 873. Son nom se trouve inscrit dans plusieurs calendriers avec le titre de bienheureux. — 22 décembre.

CHRISTIN (saint), *Christinus*, ermite de Brennove en Pologne et martyr, fut tué par des voleurs avec plusieurs de ses confrères, en 1004. — 12 novembre.

CHRISTINE (sainte), *Christina*, martyre à Lampsaque, est honorée chez les Grecs, le 15 mai.

CHRISTINE (sainte), martyre à Nicomédie, fut brûlée vive pour la foi, avec saint Caralampode et plusieurs autres, pendant la persécution de Dioclétien. Elle est honorée chez les Grecs et principalement à Constantinople. — 30 mai.

CHRISTINE (sainte), martyre à Césarée en Cappadoce, était sœur de sainte Callixte, et toutes deux elles avaient eu le malheur de renoncer à Jésus-Christ et de retourner à l'idolâtrie, au commencement de la persécution de Dioclétien. Fabrice ou Saprice, gouverneur de la province, fit remettre entre leurs mains sainte Dorothée, qu'il n'avait pu décider à obéir aux édits, et il les chargea de la décider à imiter leur apostasie. Elles employèrent plusieurs semaines à la séduire, ne ménageant ni les promesses ni les exhortations les plus pressantes. Ce furent elles, au contraire que Dorothée regagna à Jésus-Christ. Le gouverneur, furieux d'un résultat aussi opposé à celui qu'il s'était promis, les condamna toutes deux à être brûlées vives, et il voulut que sainte Dorothée assistât à leur supplice. Elle le fit d'autant plus volontiers que cela lui fournissait l'occasion de les prémunir contre une seconde apostasie. C'est ainsi que par leur mort glorieuse elles réparèrent abondamment le scandale qu'elles avaient donné. — 6 février.

CHRISTINE (sainte), vierge et martyre, souffrit diverses tortures pour la foi, fut condamnée à une mort cruelle sous l'empereur Dioclétien, et exécutée à Tyro, ville située dans une île du lac de Bolsène en Toscane, qui a été depuis engloutie par les eaux du lac. On garde ses reliques à Palerme, en Sicile. Cette sainte, dont le nom se lit dans les plus anciens martyrologes, a toujours été en grande vénération chez les Grecs et les Latins. — 24 juillet.

CHRISTINE (sainte), vierge et martyre en Perse, est honorée le 13 mars.

CHRISTINE (la bienheureuse), vierge et religieuse, fut surnommée l'admirable, à cause des faveurs extraordinaires dont Dieu la combla, et des choses merveilleuses que renferma sa vie. Elle vivait dans la première partie du XIIIe siècle, et l'on croit qu'elle est cette même Christine que sainte Ludgarde consulta pour savoir si elle devait se soumettre à son directeur, en entrant dans un ordre religieux pour lequel elle éprouvait moins d'attraits que pour un autre ordre qu'elle avait choisi. Christine lui fit cette réponse : *J'aimerais mieux être en enfer avec Dieu, qu'en paradis sans Dieu, fût-ce en la compagnie des anges et des saints* : voulant lui faire comprendre qu'elle devait obéir à Dieu dans la personne de son ministre. Elle avait connu, dans sa jeunesse, sainte Marie d'Oignies, et elle est mentionnée avec les plus grands éloges dans la Vie de cette dernière. — 23 juin.

CHRISTINE DE BRUZO ou **DE STOMMELEN** (la bienheureuse), vierge, naquit en 1252 à Stommelen, village du duché de Juliers, et se distingua par ses vertus et par ses miracles. Elle mourut à soixante-un ans en 1313. En 1619, son corps fut transféré dans l'église collégiale de Juliers et placé dans un tombeau qui est visité par un grand nombre de fidèles. Elle a laissé un grand nombre de lettres dont la plupart roulent sur des matières de spiritualité. — 6 novembre.

CHRISTINE DE VISCONTI (la bienheureuse), vierge du tiers ordre de Saint-Augustin, mourut en 1438, et elle est honorée à Spolète en Italie le 14 février.

CHRISTODULE (saint), *Christodulus*, abbé d'un monastère de l'île de Négrepont, est honoré chez les Grecs le 16 mars.

CHRISTOPHE (saint), *Christophorus*, martyr en Lycie, souffrit pendant la persécution de Dèce, l'an 250. Son zèle le portait à faire connaître Jésus-Christ aux païens, et parmi les personnes qu'il convertit au christianisme, on cite sainte Nicète et sainte Aquiline, qui eurent la tête tranchée pour la foi pendant la même persécution. Ses reliques, après avoir été portées à Tolède en Espagne, furent ensuite portées en France et placées dans l'abbaye de Saint-Denis. Ce saint a toujours été en grande vénération, soit en Orient, soit en Occident. Plusieurs églises ont été bâties en France, en Espagne et en Italie sous son invocation, et les fidèles ont souvent eu recours à son intercession en temps de peste. — 25 juillet.

CHRISTOPHE LE SABAITE (saint), martyr en Palestine sous les Sarrasins, dans le VIIIᵉ siècle. 14 avril.

CHRISTOPHE (saint), moine et martyr à Cordoue, pendant la persécution des Arabes, en 852, sous Abdérame II, roi de Cordoue. Ayant été incarcéré pour la foi chrétienne, il eut la tête tranchée, et son corps fut ensuite brûlé. — 20 août.

CHRISTOPHE DE CAHORS (le bienheureux), religieux de l'ordre de Saint-François, florissait dans le milieu du XIIIᵉ siècle, et mourut en 1272. On rapporte de lui qu'il domptait sa chair avec une cotte de mailles, en guise de cilice, et qu'il montrait un grand dévouement pour les lépreux qu'il soignait de ses propres mains. — 31 octobre.

CHRISTOPHE SCAGEN (le bienheureux), martyr à Delf en Hollande, fut mis à mort pour la foi catholique, avec le bienheureux Adrien d'Assendelf, par ordre du comte de Lumey, après le milieu du XVIᵉ siècle. — 24 décembre.

CHRODEGAND (saint), *Chrodegandus*, évêque de Séez, et frère de sainte Opportune, abbesse de Montreuil, sortait d'une illustre famille du territoire d'Hyesmes, en Normandie, et fut élevé sur le siège de Séez, vers le milieu du VIIIᵉ siècle. Après quelques années d'épiscopat, il résolut de faire le pèlerinage de Rome pour visiter les tombeaux des apôtres, selon une dévotion fort commune dans ce temps-là. Il confia, pendant son absence, le gouvernement de son diocèse à un de ses amis, nommé Chrodobert, qui se montra indigne de sa confiance et fit de grands ravages dans le troupeau commis à sa garde. Chrodegand, ayant été retenu longtemps à Rome ou dans d'autres lieux, ne fut de retour qu'au bout de sept ans, et Chrodobert, qui voulait garder l'évêché, le fit assassiner à Nonant. Sainte Opportune, vivement affligée de la fin tragique de son frère, alla chercher son corps et le fit enterrer au monastère de Montreuil dont elle était abbesse. Son chef fut transporté plus tard à Paris, dans l'église de Saint-Martin-des-Champs, et le reste de ses reliques au prieuré de l'Ile-Adam-sur-l'Oise. L'Église de France a mis Chrodegand au nombre des saints, et il est honoré à Séez le 3 septembre.

CHRODEGAND (saint), évêque de Metz, né dans le Brabant, d'une famille illustre, était proche parent du roi Pépin et fut élevé dans l'abbaye de Saint-Tron, où il fit de grands progrès dans les sciences et la piété. Son mérite le fit parvenir à la dignité de référendaire et de chancelier de France, et en 737, Charles Martel le fit son premier ministre. Il vécut à la cour comme dans un couvent, affligeant son corps par les jeûnes, les veilles et autres austérités, portant un cilice sous des habits de la plus grande simplicité, et n'accordant à la nature que ce qui lui était absolument nécessaire. Sa charité pour les pauvres ne connaissait point de bornes; il pourvoyait aux besoins d'une multitude innombrable de malheureux, et protégeait, avec une bonté paternelle, les veuves et les orphelins. Elu évêque de Metz en 742, Pépin, qui venait de succéder à Charles Martel, ne consentit à son sacre qu'à condition qu'il continuerait de remplir ses fonctions de ministre. Chrodegrand, qui avait une grande capacité, trouva le moyen de suffire à tout, sans négliger aucun des devoirs si nombreux et si difficiles que lui imposaient ses deux places. Pépin, devenu roi de France en 752, députa l'évêque de Metz vers le pape Etienne II, pour le prier de passer en France, afin de se soustraire à l'oppression des Lombards. Chrodegand accompagna lui-même le souverain pontife et le conduisit sans accident à travers les Alpes. L'année suivante, Pépin députa Chrodegand vers Astolphe, roi des Lombards, pour le conjurer, au nom des saints apôtres, de rendre au saint-siège les places qu'il lui avait enlevées, et de ne point assujettir les Romains à des superstitions incompatibles avec leurs lois. Chrodegrand s'acquitta dignement de son ambassade; mais il avait affaire à un prince inflexible qui ne voulait pas entendre parler de restitution. De retour dans son diocèse, le saint s'appliqua à rétablir la discipline ecclésiastique et à faire refleurir la piété. En 755, il fit du chapitre de sa cathédrale une communauté régulière, et donna à ses chanoines une règle fort sage qui renfermait trente-quatre articles. Un grand nombre d'évêques suivirent cet exemple, et il est regardé comme le restaurateur de la vie commune parmi les Chanoines. Il fonda les monastères de Saint-Pierre, de Gorze et de Lorsh, et les dota avec libéralité. C'est lui qui présida, en 665, au concile d'Attigny, où se trouvèrent 27 évêques qui s'engagèrent à faire célébrer cent messes par leurs prêtres, et à en dire eux-mêmes trente, pour chacun de ceux d'entre eux qui viendraient à mourir. Il mourut le 6 mars 766, et fut enterré dans l'abbaye de Gorze, à laquelle il avait légué de grands biens par son testament que nous avons encore. — 6 mars.

CHROMACE (saint), *Chromatius*, vicaire du préfet de Rome, sous l'empereur Carin, faisait exécuter les édits portés contre les chrétiens, et plusieurs furent envoyés au martyre par son ordre. Parmi ceux qui comparurent devant son tribunal pour cause de religion, on cite saint Tranquillin, qui avait été guéri de la goutte en recevant le baptême. Comme Chromace était cruellement tourmenté par la même maladie, il n'eut pas plutôt appris ce fait, qu'il résolut de se faire instruire de la religion chrétienne, afin d'essayer du même remède. Saint Sébastien, informé de cette disposition, l'instruisit des vérités de la foi et lui envoya le prêtre Polycarpe qui le baptisa, et à l'instant il fut délivré de son mal. Chromace, frappé de ce miracle, ordonna d'élargir les chrétiens qu'il avait fait emprisonner et leur donna un asile dans sa maison ; ensuite, il affranchit ses esclaves et se démit de sa place. Peu de temps après, ayant obtenu de l'empereur la permission de se retirer à la campagne, il y passa le reste de ses jours, dans la pratique de toutes les vertus chrétiennes, et mourut saintement. Il paraît qu'il survécut plusieurs années à saint Tiburce, son fils, qui s'était converti avec lui et qui souffrit le martyre en 286. — 11 août.

CHROMACE (saint), évêque d'Aquilée et confesseur, succéda, en 387, à saint Valérien, et s'illustra par sa piété et par sa science. Il n'était pas encore évêque, lorsqu'il se lia d'une étroite amitié avec saint Jérôme, pendant le séjour que celui-ci fit à Aquilée. Il contracta aussi une étroite liaison avec le célèbre Rufin, qu'il avait tenu sur les fonts de baptême; aussi Rufin l'appelle-t-il son père. Saint Chromace écrivit en sa faveur une lettre à saint Jérôme, à l'occasion de la fameuse dispute qui s'était élevée entre le saint docteur et Rufin, sur l'origénisme dont ce dernier était accusé. Saint Jérôme a dédié plusieurs de ses ouvrages au saint évêque d'Aquilée, qui fut aussi l'ami de saint Augustin, et le défenseur de saint Jean Chrysostome. Saint Chromace mourut le 2 décembre 406. Il a laissé dix-huit homélies sur saint Matthieu, où l'on trouve une explication de l'Oraison dominicale et d'excellentes maximes sur le jeûne, l'aumône et les vertus chrétiennes. Il s'exprime d'une manière correcte; ses idées ont de la justesse et de la précision. — 2 décembre.

CHRONION (saint), serviteur de saint Julien, martyr, fut arrêté avec son maître pendant la persécution de Dèce, et promené ignominieusement sur un chameau par les rues d'Alexandrie; on lui fit ensuite subir une cruelle flagellation et on le jeta dans le feu où il consomma son sacrifice l'an 251. Il pourrait bien être le même que saint Eune. — 27 février.

CHRYSANTHE (saint), *Chrysanthus*, martyr à Rome, était d'Alexandrie en Égypte. Il épousa sainte Darie qui était d'Athènes, et qui professait comme lui la religion chrétienne : il lui persuada de garder toute leur vie la continence, afin de servir Dieu d'une manière plus parfaite; ce qu'ils commencèrent à faire, dès le premier jour de leur mariage. Le zèle avec lequel les deux époux pratiquaient le christianisme, les fit arrêter à Rome où ils étaient venus se fixer, et après de nombreux tourments que leur fit souffrir le préfet Célérin, ils furent jetés dans une sablonnière où on les enterra tout vivants, en 383, sous l'empereur Numérien. — 25 octobre.

CHRYSANTHE, (saint), martyr à Pavie avec saint Fortunat, est honoré le 15 mai.

CHRYSANTIEN (saint), *Chrysantianus*, martyr à Aquilée, est honoré le 17 février.

CHRYSEUIL ou CHRYSOLE (saint), *Chrysolus*, patron de Comines et martyr, vint prêcher l'Evangile dans le territoire de Tournay, en même temps que saint Piat et saint Eubert. Quelques auteurs le font disciple de saint Denis de Paris. Il fit de la ville de Comines le théâtre de ses travaux apostoliques, et après avoir converti un grand nombre d'idolâtres, il souffrit le martyre sur la fin du IIIe siècle, sous l'empereur Maximien-Hercule, dans un lieu nommé aujourd'hui Nerlenghem; il fut enterré à Comines où il est honoré comme apôtre et comme patron. La tradition du pays porte que saint Eloi renferma ses reliques dans une châsse d'une matière et d'un travail précieux. Une partie de ses reliques fut portée plus tard à Notre-Dame de Lens et l'autre partie à Saint-Donatien de Bruges. En 1611, les chanoines de cette dernière ville envoyèrent à ceux de Tournay une côte qu'ils avaient tirée de la châsse du saint. — 7 février.

CHRYSOGONE (saint), *Chrysogonus*, martyr, arrêté à Rome par ordre de l'empereur Dioclétien, fut conduit à Aquilée où, après divers tourments, qui ne purent vaincre sa constance, il fut décapité et son corps jeté dans la mer. Son corps est à Venise; mais son chef se garde à Rome dans l'église de son nom, qui est un titre de cardinal-prêtre. L'Eglise a inséré le nom de saint Chrysogone dans le canon de la messe. — 24 novembre.

CHRYSOPHORE (saint), *Chrysophorus*, martyr avec saint Victor et plusieurs autres, souffrit sous Dioclétien. — 20 avril.

CHRYSOTÈLE (saint), *Chrysotelus*, prêtre et martyr en Perse avec saint Parmène et plusieurs autres, souffrit l'an 251, pendant la persécution de Dèce, comme on le voit par les actes des saints martyrs Abdon et Sennen. — 22 avril.

CHUDION (saint), l'un des quarante martyrs de Sébaste en Arménie, qui, l'an 320, sous l'empereur Licinius, furent condamnés par Agricola, gouverneur de la province, à être jetés dans un étang glacé, afin qu'ils y périssent de froid, pour n'avoir pas voulu sacrifier aux idoles. Ces quarante héros de la foi étaient de braves militaires servant tous dans le même corps. Ils ont été loués par saint Basile, saint Grégoire de Nysse, saint Gaudence de Brescia et par d'autres Pères. — 10 mars.

CHUMALD (saint), *Chumaldus*, missionnaire venu d'Écosse en Allemagne sur la fin du VIIe siècle pour y étendre le royaume de Jésus-Christ, fut le compagnon des travaux apostoliques de saint Rupert, premier évêque de Saltzbourg. — 27 septembre.

CÉLIE (sainte), *Celia*, l'une des nombreuses compagnes de sainte Ursule, fut mise à mort avec elle, près de Cologne, vers le milieu du vᵉ siècle. Elle est honorée comme vierge martyre à Pont-aux-Dames où se trouvent ses reliques.— 15 juillet.

CINCOGA (le bienheureux), martyr au Japon, souffrit pour la foi chrétienne avec le B. Acafoxe et vingt-huit autres. — 10 septembre.

CINDÉE (saint), *Cindeus*, prêtre de Syde en Pamphilie, fut jeté dans les flammes par ordre du président Stratonique, pendant la persécution de Dioclétien. Il échappa miraculeusement à ce supplice et à plusieurs autres et mourut en priant Dieu. — 15 juillet.

CINDÉE (saint), laboureur et martyr à Perge en Pamphilie avec saint Léonce et plusieurs autres, fut décapité par ordre du président Flavien, pendant la persécution de Dioclétien. — 1ᵉʳ août.

CINNAME (saint), *Cinnamus*, martyr, est honoré le 23 juin.

CIONE (saint), *Cionius*, martyr dont les reliques sont à Salerne, est honoré le 24 mai.

CIRAN ou SIGIRAN, *Cyranus* ou *Sigiranus*, abbé en Berri, né sur la fin du ivᵉ siècle, d'une famille illustre, était fils de Sigélaïc, qui devint ensuite évêque de Tours. Il reçut dans cette ville une éducation qui répondait à sa naissance, et lorsqu'il parut à la cour, il se fit estimer de Clotaire II, qui le nomma son échanson. Son père voulut le marier à la fille d'un seigneur de ses amis, nommé Adoald ; mais Ciran, qui avait pris la résolution de garder la continence et qui pratiquait à la cour toutes les vertus d'un solitaire, refusa cette alliance, et bientôt après, il quitta son emploi et renonça au monde, pour se consacrer à Dieu. Étant retourné à Tours pour visiter le tombeau de saint Martin, Modégisile, successeur de Sigélaïc lui conféra les saints ordres et le nomma archidiacre de Tours. Cette dignité lui fournit l'occasion de rendre de grands services au diocèse par son application à corriger les abus et à rétablir la discipline. Ses vertus et surtout, son immense charité pour les pauvres lui attirèrent la vénération du peuple. Mais son zèle lui suscita des ennemis puissants ; le gouverneur de la ville le fit mettre en prison, sous prétexte de folie. Son principal persécuteur ayant péri misérablement, peu de temps après, Ciran fut rendu à la liberté. Il se démit alors de son archidiaconé, distribua aux pauvres le reste de ses biens et accompagna à Rome un saint évêque d'Irlande nommé Fulvius, qui passait par Tours. Lorsqu'il revint d'Italie il alla trouver Flaocate, son ancien protecteur, qui était devenu, en 641, maire du palais du royaume de Bourgogne. Ce seigneur lui donna deux terres situées dans le diocèse de Bourges, sur les confins du Berry et de la Touraine. Saint Ciran y bâtit deux monastères, celui de Meaubec et celui de Lourey, qui prit, dans la suite, le nom de Saint-Ciran. Il y mourut l'an 657, et y fut enterré. Plus tard, quelques-uns de ses ossements furent

portés à l'abbaye de Saint-Taurin d'Evreux. — 4 décembre.

CIRION (saint), l'un des quarante martyrs de Sébaste en Arménie, qui, pour avoir refusé d'adorer les idoles, furent plongés nus dans un étang glacé par ordre d'Agricola, gouverneur de la province, sous l'empereur Licinius. Lorsqu'on les retira de l'eau, ils étaient tous morts ou mourants. On les jeta pêle-mêle sur un bûcher et l'on réduisit leurs corps en cendres, l'an 320. — 10 mars.

CISEL (saint), *Cæsellus*, martyr en Sardaigne, fut frappé par le glaive sous le président Delphe, l'an 303, pendant la persécution de Dioclétien. — 21 août.

CISTE (saint), *Cistus*, martyr en Ethiopie, est honoré le 22 novembre.

CITROINE (saint), *Citronius*, confesseur, florissait dans le viᵉ siècle et mourut vers l'an 580. Il est honoré près de Loudun en Poitou le 19 novembre.

CITTIN (saint), *Cittinus*, l'un des martyrs scillitains, ainsi dits parce qu'ils étaient de Scillite, ville de la province proconsulaire d'Afrique, qui furent arrêtés dans leur patrie et conduits à Carthage. Le proconsul Saturnin leur offrit la vie et la liberté, s'ils voulaient sacrifier aux dieux. Spérat, l'un d'eux, répondit, au nom de tous, par un refus énergique. — Le proconsul s'adressant alors à Cittin, pour lui faire envisager les suites terribles d'une désobéissance à l'empereur, il répondit : « Nous ne craignons de déplaire qu'à Dieu, notre unique Seigneur qui est dans le Ciel. » Saturnin les fit mettre en prison avec les ceps aux pieds : le lendemain il les fit comparaître de nouveau et les condamna à perdre la tête. Ils furent décapités l'an 200, sous l'empereur Sévère. — 17 juillet.

CIZY (saint), *Cizius*, patron de Rieux en Languedoc, fut mis à mort par les Sarrasins dans le viiiᵉ siècle et il est honoré comme martyr le 16 août.

CLAIR (saint), *Clarus*, premier évêque d'Alby et martyr, florissait dans le iiiᵉ siècle. Après avoir opéré un grand nombre de conversions, il versa son sang pour la foi qu'il avait prêchée et il est honoré à Alby le 1ᵉʳ juillet.

CLAIR (saint), vulgairement saint Clars, vint annoncer l'Evangile dans l'Aquitaine, et l'on croit qu'il fut martyrisé à Lectoure. Quelques hagiographes prétendent qu'il passa de l'Aquitaine dans l'Armorique, et qu'il est le même que saint Clair de Nantes. — 1ᵉʳ juin.

CLAIR (saint), premier évêque de Nantes, fut envoyé de Rome dans les Gaules, par le pape Eutychien, vers l'an 280, sous le règne de Probus ; c'est, du moins, l'opinion la plus probable. Il pénétra dans la Bretagne, avec le diacre Adéodat, qui était venu de Rome avec lui pour l'aider dans ses travaux apostoliques. En 878, ses reliques furent portées à l'abbaye de Saint-Aubin d'Angers. — 10 octobre.

CLAIR (saint), confesseur, honoré comme martyr à Loudun, florissait probablement dans le ivᵉ siècle.— 8 août.

CLAIR (saint), prêtre de Tours, né, au IVe siècle, d'une famille noble et riche, renonça de bonne heure au monde pour se mettre sous la conduite de saint Martin qui l'admit dans le célèbre monastère de Marmoutiers, et l'éleva ensuite au sacerdoce. Saint Sulpice-Sévère, qui était très-lié avec saint Clair, dit qu'il parvint en peu de temps à un haut degré de perfection dans la pratique des vertus chrétiennes. Saint Clair bâtit un petit monastère près de celui de saint Martin, et y reçut quelques disciples, entre autres un jeune homme, nommé Anatole, qui prétendait être favorisé de grâces extraordinaires, de visions et de conversations avec les anges qui venaient, disait-il, le visiter. Les gens simples le croyaient, mais saint Clair lui déclara nettement qu'il était un fourbe ou un visionnaire. Anatole le menaça de la colère de Dieu, s'il persistait dans son incrédulité sur ce point; mais voyant que le saint cherchait à détromper les faibles, en démasquant ses impostures, il dit un jour, en présence de tous les frères : « Cette nuit, Dieu doit m'envoyer du ciel une robe blanche ». Sur le minuit, on entendit un grand bruit; la chambre d'Anatole parut en feu. Tout le monde accourt, Clair comme les autres : chacun touche la robe, la trouve d'un blanc admirable ; l'étoffe parut même si extraordinaire, qu'ils crurent qu'il y avait du surnaturel dans le fait. Le saint, voyant cette disposition des esprits, dit à la communauté qu'il fallait prier Dieu de découvrir la vérité, et le reste de la nuit se passa à réciter des hymnes et à chanter des psaumes. Quand le jour parut, Clair voulut conduire Anatole à saint Martin, mais cet hypocrite, résistant de toute sa force, se mit à crier qu'on lui avait défendu de se montrer à l'évêque de Tours. La crainte qu'il eut d'être confondu par ce grand saint mit fin à ses révélations, ou plutôt à ses impostures. Saint Clair mourut quelques jours avant saint Martin, dont il avait été le fidèle imitateur. Quand celui-ci mourut, saint Sulpice-Sévère, qui s'était endormi dans sa cellule, crut voir le saint montant au ciel, accompagné du prêtre Clair, son disciple. Saint-Paulin composa son épitaphe. — 8 novembre.

CLAIR (saint), abbé de Saint-Ferréol à Vienne en Dauphiné, naquit dans cette ville vers le commencement du VIIe siècle. Il perdit son père étant encore enfant, et fut élevé dans la piété par sa mère, qui le conduisait souvent à l'église et dans les maisons religieuses, ce qui détermina la vocation du jeune Clair qui entra dans le monastère de Saint-Ferréol. Il s'acquit bientôt une telle réputation de sainteté, que l'évêque de Vienne le fit abbé de Saint-Marcel. Saint Clair devint aussi directeur des religieuses du monastère de Sainte-Blandine, où sa mère s'était retirée, et qui était habité par vingt-cinq veuves. Le saint abbé devint le modèle d'un supérieur accompli, et sa vertu fut déjà récompensée en ce monde par le don des miracles et par celui de prophétie. Dans sa dernière maladie il prédit à ses disciples les ravages des Vandales et des Sarrasins qui vinrent désoler la France environ 72 ans après. On lit dans ses actes que sainte Blandine lui apparut trois jours avant sa mort et lui fit connaître le moment où il devait quitter ce monde. En conséquence de cette vision, il se fit porter à l'église, s'y coucha sur un cilice et y rendit l'âme en priant, vers l'an 660. Il fut enterré dans l'église de Sainte-Blandine. Ses reliques, qui avaient été placées, depuis, dans l'église de Saint-Pierre, furent dispersées au XVIe siècle par les Huguenots. 1er janvier.

CLAIR (saint), ermite et martyr, né à Rochester, en Angleterre, dans le IXe siècle, quitta sa patrie, après avoir été élevé au sacerdoce, et passa dans les Gaules. Il se fixa dans le Vexin, au diocèse de Rouen, et y vécut, plusieurs années, dans la pratique des plus héroïques vertus, retraçant la vie admirable des anachorètes d'Orient. Souvent il sortait de sa retraite pour aller annoncer, dans le voisinage, les vérités du salut. Il mourut martyr de la chasteté ayant été assassiné vers l'an 894, par deux scélérats envoyés par une femme qui voulait se venger de ce qu'il avait refusé de consentir à sa passion. Le bourg où il fut massacré et qui porte son nom est devenu un pèlerinage célèbre. On visite aussi, par dévotion, un ermitage qui est près du bourg et où la tradition porte qu'il demeurait. —4 novembre.

CLAIR (saint), reclus, né sur la fin du Xe siècle, entra fort jeune dans le monastère de Sélingenstad, au diocèse de Mayence, y prit l'habit religieux, et s'y fit admirer par ses éminentes vertus. Le temps qu'il ne consacrait pas à la prière, il l'employait à l'étude; aussi acquit-il de profondes connaissances qui rendirent son nom célèbre dans la contrée. Mais la vénération et les éloges dont il était l'objet faisant souffrir son humilité, il prit la résolution de mener une vie plus retirée encore, et de rompre toute communication avec les hommes pour ne plus penser qu'à Dieu. Il quitta donc la communauté qu'il édifiait par ses exemples et qu'il instruisait par ses leçons, et se retira dans une petite cellule qu'il avait fait construire dans un lieu solitaire. C'est là que pendant trente ans, il se livra à la contemplation et à la pratique des plus étonnantes austérités. Lorsqu'on venait le consulter sur quelque point, il répondait comme saint Paul, *qu'il ne connaissait que Jésus crucifié*, que la croix était toute sa science et qu'il n'appartenait pas à un misérable tel que lui de donner son avis sur des choses importantes. Il mourut le 1er février 1045, et ses reliques reposent dans le monastère de Sélingenstadt où il est honoré d'un culte public. —1er février.

CLAIRE (sainte), *Clara*, vierge et martyre, était l'une des compagnes de sainte Ursule et fut mise à mort avec elle, par les Huns près de Cologne, vers l'an 453. Elle est honorée dans le diocèse de Soissons où il y a de ses reliques. — 16 mai.

CLAIRE ou **Cécile** (sainte), abbesse du Saint-Mont, née vers le commencement du vii° siècle, était fille de saint Romaric, et fut, avec Alzaltrude, sa sœur, une des premières religieuses du monastère fondé par leur père. Elle était encore très-jeune lorsqu'elle succéda, vers l'an 623, à la bienheureuse Macteflède, qui en fut la première abbesse; mais sa prudence, sa ferveur et ses autres vertus conciliérent tous les suffrages. Non contente des austérités prescrites par la règle, elle y en ajoutait de volontaires et se retirait souvent dans un oratoire, et les larmes de componction qu'elle versait en abondance lui firent perdre la vue. Elle gouverna pendant trente ans son monastère qu'elle entretint dans la plus édifiante régularité, plus encore par ses exemples que par ses leçons, et ne survécut guère à saint Romaric, étant morte vers l'an 654. Son tombeau devint célèbre par le concours d'un grand nombre de fidèles qui venaient implorer son assistance, surtout contre les maux qui affectent la vue. C'est même, dit-on, par suite des guérisons miraculeuses, opérées sur ceux qui souffraient des yeux qu'on lui a donné le nom de *Claire*, au lieu de celui de Cécile qu'elle portait de son vivant et sous lequel elle est peu connue aujourd'hui. Elle est honorée le même jour que sainte Claire d'Assise, aussi abbesse, et qu'elle précéda de six siècles. — 12 août.

CLAIRE (sainte), abbesse, né en 1193, à Assise, d'une famille noble et riche, eut pour père Favorino Scifio et pour mère Hortulane, qui étaient encore plus recommandables par leur vertu que par le rang qu'ils tenaient dans le monde. Elle montra dès l'âge le plus tendre une grande charité pour les pauvres, et surtout une piété extraordinaire. Elle récitait tous les jours l'Oraison dominicale et la Salutation angélique, un certain nombre de fois qu'elle s'était prescrit, et qu'elle comptait au moyen de petites pierres qu'elle portait sur elle, imitant ainsi, sans le savoir, quelques anciens anachorètes de l'Orient. Ses parents ayant voulu la marier, elle en fut très-affligée, parce qu'elle ne voulait d'autre époux que Jésus-Christ, et dans son embarras elle alla consulter saint François, son compatriote, qui jouissait déjà d'une grande réputation de sainteté. François lui parla de la vanité du monde, de la brièveté de la vie, de la nécessité d'aimer Dieu et de s'attacher à la poursuite des biens éternels. Cet entretien la décida à refuser l'établissement que lui proposait sa famille : le saint lui dit de revenir le trouver le jour des Rameaux. Ce jour étant arrivé, Claire, revêtue de ses plus riches habits, se rendit à l'église avec sa mère et ses sœurs, pour y entendre l'office ; mais, à la distribution des rameaux que chacun allait recevoir au pied de l'autel, elle resta modestement à sa place. L'évêque d'Assise, qui officiait, s'en étant aperçu, quitta l'autel pour lui porter un rameau, et elle alla à la procession avec les autres fidèles ; mais le lendemain, qui était le 18 mars 1212, elle se sauva de la maison paternelle, et accompagnée de quelques-unes de ses amies, elle se rendit au couvent de la Portioncule, où saint François vivait avec ses disciples. Il vint la recevoir à la porte de l'église, et ses religieux, qui portaient à la main des cierges allumés, chantaient le *Veni, creator Spiritus*. Arrivée devant l'autel de la Vierge, elle quitta ses riches vêtements, et saint François lui coupa les cheveux et lui donna un habit de pénitence, qui n'était autre chose qu'une espèce de sac qu'elle attacha autour de son corps avec une corde. Le saint la plaça, en attendant, chez les Bénédictines qui la reçurent avec de grandes marques d'affection. A la nouvelle de sa retraite, que l'on blâmait universellement dans le monde, sa famille vint au couvent des Bénédictines pour la tirer de sa solitude. On usa d'une telle violence à son égard que ses habits furent déchirés par les efforts que l'on fit pour l'arracher à l'autel qu'elle tenait embrassé. Montrant alors sa tête dépouillée de cheveux, elle déclara à ses parents que Jésus-Christ l'avait appelée à son service, qu'elle n'aurait jamais d'autre époux que lui et qu'elle espérait qu'il lui donnerait la force et le courage de résister à toutes les persécutions. On joignit les reproches aux mauvais traitements : on l'accusa de faire honte à sa famille par le genre de vie humiliante qu'elle avait embrassé; mais elle souffrit tout avec patience, et sortit victorieuse de tous ces assauts. Quelque temps après, François la transféra à Saint-Ange de Pauso, autre couvent de Bénédictines, situé dans le voisinage d'Assise. Sa sœur Agnès, qui n'avait que quatorze ans, vint l'y joindre, et sa famille employa vainement la force pour l'arracher de là, et fut obligée de céder devant sa résolution qui était inébranlable. Saint François lui donna aussi l'habit et la plaça dans une petite maison qui était contiguë à l'église de Saint-Damien, avec Claire qu'il établit supérieure de ce monastère naissant, dont il avait prédit l'existence cinq ans auparavant ; car lorsqu'il quêtait pour les réparations de l'église de Saint-Damien, il avait coutume de dire : *Aidez-moi à finir ce bâtiment; il y aura là un monastère de vierges qui, par leurs vertus, feront glorifier Notre-Seigneur dans toute l'Église.* La jeune abbesse, qui n'avait pas encore vingt ans, eut la consolation de voir sa mère Hortulane et plusieurs autres personnes de sa famille, venir embrasser avec elle les austérités de la pénitence. Sa communauté fut bientôt composée de seize religieuses, dont trois de l'illustre maison des Ubadini de Florence. On vit même des princesses renoncer aux plaisirs et aux grandeurs du monde, pour vivre dans la pauvreté, sous la conduite de Claire, et, en peu d'années, l'ordre des *Pauvres Clarisses* eut des monastères dans les principales villes d'Italie et d'Allemagne. Agnès, fille du roi de Bohème, en fonda un à Prague et s'y fit religieuse. On pratiquait dans ces maisons des austérités presque inconnues jusque-là aux personnes du sexe. Sainte Claire et ses filles allaient nu-pieds, couchaient sur la terre, ne parlaient que quand la nécessité, ou la charité l'exigeait. Non contente de faire quatre carêmes et de pratiquer les mortifications prescrites, sainte Claire portait toujours un cilice de crin, jeûnait toutes les veilles de fêtes, passait au pain et à l'eau les six semaines qui précèdent Pâques et Noël, et pendant ces deux carêmes, elle ne prenait aucune nourriture les lundis, mercredis et vendredis. La terre nue lui paraissait encore trop douce, elle la couvrait de brins de fagots, mettait sous sa tête un morceau de bois en guise d'oreiller, et se donnait fréquemment de rudes disciplines ; mais comme ce régime affaiblissait considérablement sa santé, saint François et l'évêque d'Assise lui enjoignirent de coucher sur un mauvais lit et de ne passer aucun jour sans prendre un peu de nourriture. Sa vie mortifiée n'altérait en rien la gaîté de son caractère ; le bonheur dont elle jouissait intérieurement se reflétait sur son visage, qui respirait la sérénité et le contentement. L'amour de sainte Claire, pour la pauvreté n'était pas moins admirable. L'ordre des Clarisses avait cette vertu pour principal fondement : il ne pouvait posséder aucun revenu fixe, et n'avait d'autre ressource que ce qu'il recevait tous les jours de la charité des fidèles. Sainte Claire ayant hérité d'une fortune considérable, à la mort de son père, elle la distribua tout entière aux pauvres et ne retint rien pour son monastère. Lorsque Grégoire IX voulut mitiger l'article de la règle qui avait la pauvreté pour objet, et qu'il proposa de doter la maison de Saint-Damien, elle le conjura de la manière la plus vive et la plus touchante, de n'y rien changer, et le pape se rendit à ses prières. Les autres ordres religieux ayant demandé à Innocent IV qu'il leur fût permis de posséder des biens, elle présenta une requête à ce pontife pour que le sien fût maintenu dans le privilège singulier de la pauvreté évangélique. Innocent le fit, en 1251, par une bulle qu'il écrivit, de sa propre main, et qu'il arrosa de ses larmes. Sainte Claire possédait aussi, à un haut degré, la vertu d'humilité, et toute son ambition était d'être la servante des servantes de ses religieuses. Elle lavait les pieds des sœurs converses, quand elles revenaient de la quête ; elle servait à table et se chargeait de donner aux malades les soins les plus rebutants, et lorsque dans ses prières elle demandait à Dieu leur guérison, qu'elle obtint plusieurs fois, elle les envoyait aux autres sœurs, afin qu'on ne lui attribuât pas le miracle. La dignité de supérieure n'était pour elle qu'un moyen de plus de se réserver les fonctions les plus basses et les plus humiliantes. Toujours la première levée, elle se rendait au chœur pour préparer elle-même tout ce qui était nécessaire pour l'office. Sa prière était en quelque sorte continuelle ; elle consacrait à ce saint exercice une bonne partie du temps que les autres sœurs donnaient au repos, prosternée par terre et les yeux baignés de larmes. Au sortir de la prière, elle paraissait comme enflammée : ses discours avaient alors une onction et une force qui inspiraient l'amour de Dieu et des biens célestes à tous ceux qui avaient le bonheur de l'entendre. L'empereur Frédéric II ayant ravagé le territoire de Spolette, qui appartenait au saint-siège, il laissa une armée composée, en grande partie, de Turcs qui portaient la désolation par tout le pays. Ils vinrent assiéger Assise, et attaquèrent d'abord le couvent de Saint-Damien, qui était hors des murs de la ville : déjà ils en escaladaient les murs, lorsque sainte Claire, qui était malade, se fit porter à l'entrée du monastère, avec un ciboire qui renfermait le saint sacrement, lequel fut placé à la vue des ennemis. S'étant prosternée devant Jésus-Christ, elle versa un torrent de larmes et lui adressa cette prière : *Serait-il possible, ô mon Dieu, que vos servantes ici rassemblées, et que vous avez nourries dans votre amour, tombassent entre les mains des infidèles ? Sauvez-les, Seigneur, et moi avec elles.* Sa prière finie, elle crut entendre une voix qui lui disait avec douceur : « Vous serez toujours sous ma protection. » Aussitôt une terreur panique s'empara des assiégeants et ils s'enfuirent avec précipitation. Quelque temps après, Assise fut de nouveau assiégée par Vitalis Aversa, général de Frédéric ; alors sainte Claire dit à ses religieuses que recevant leur subsistance de la ville, elles devaient l'assister, autant qu'il était en elles, dans la triste extrémité où elle se trouvait. Elle leur ordonna donc de se couvrir la tête de cendre et de demander instamment à Jésus-Christ la délivrance de leurs concitoyens. Après qu'elles eurent prié avec beaucoup de larmes, pendant un jour et une nuit, les ennemis levèrent le siège tout à coup et se retirèrent sans avoir fait aucun dégât. Claire avait une tendre dévotion envers la sainte Eucharistie qu'elle recevait très-fréquemment et toujours avec une ferveur extraordinaire. Elle vénérait aussi, d'une manière toute particulière, les mystères de la naissance de Jésus-Christ, et elle reçut plusieurs fois des grâces spéciales le jour de Noël. Jamais non plus elle ne méditait sur sa passion, sans fondre en larmes, et sans ressentir les plus vives ardeurs de l'amour divin ; c'est surtout dans ses maladies qu'elle s'occupait de ce touchant mystère, et sa santé fut très-mauvaise pendant les vingt-huit dernières années de sa vie. Quand elle était retenue au lit, elle faisait des corporaux et autres linges d'autel, à l'usage des différentes églises d'Assise. Ses souffrances ne lui ôtaient rien de sa gaieté et le seul adoucissement qu'elle se permettait, lorsque ses maux redoublaient, était de se coucher sur un peu de paille. Réginald, cardinal d'Ostie, qui devint pape sous le nom d'Alexandre IV, lui écrivit, et vint la visiter ; elle fut aussi visitée par Innocent IV qui fit le voyage de Pérouse à Assise uniquement pour la voir, et il eut avec elle des entretiens spirituels dont il retira beaucoup de consolation. C'est surtout dans sa dernière maladie que sainte Claire montra une patience admirable, ne parlant pas même des vives douleurs qu'elle ressentait. Comme on l'exhortait à la résignation, elle répondit : « Depuis que j'ai goûté l'amertume du calice de la passion de mon Sauveur, je n'ai trouvé, dans toute ma vie, rien qui ait pu m'affliger. Rien n'est insupportable à un cœur qui aime Dieu, au lieu que celui qui ne l'aime point ne peut rien souffrir. » Sa sœur Agnès, la voyant toucher à son dernier moment, la priait avec larmes de lui obtenir la grâce de ne pas lui survivre ; Claire l'assura qu'elle la suivrait bientôt ; ce qui arriva effectivement. Après avoir tendrement exhorté ses religieuses à persévérer dans la pratique de la sainte pauvreté, elle leur donna sa bénédiction. Durant son agonie elle se fit lire la passion de Jésus-Christ et expira tranquillement le 11 août 1253, dans sa soixantième année et la quarante-deuxième de sa profession religieuse. On l'enterra le lendemain, jour auquel l'Église a fixé sa fête. Le pape Innocent IV vint à ses funérailles avec un grand nombre de cardinaux. Alexandre IV la canonisa en 1255, et cinq ans après, son corps fut solennellement transféré dans le nouveau monastère construit, par ordre du pape, dans l'intérieur de la ville ; en 1265 on y construisit une église qui porte le nom de sainte Claire, et où l'on plaça ses reliques. Le pape Clément V en consacra le grand autel sous son invocation. L'ordre qu'elle avait fondé se partagea en deux : celui des Pauvres-Clarisses et celui des Urbanistes, ainsi dites parce que le pape Urbain IV leur permit de posséder des rentes et d'avoir des revenus. Les Capucines, les Annonciades, les religieuses de la Conception, les Cordelières, les Récollettes, etc., étaient des branches de l'ordre de sainte Claire. — 12 août.

CLAIRE (la bienheureuse), vierge de l'ordre de Citeaux, florissait dans le XIII° siècle et elle est honorée à Lieu-Notre-Dame, proche de Romorantin. — 4 août.

CLAIRE DE MONTEFALCO (sainte), vierge et abbesse, née à Montefalco, près de Spolette, vers l'an 1275, fut, dès son enfance, un modèle admirable de piété et de pénitence. Ayant fait profession chez les religieuses Augustines, elle se distingua tellement par sa ferveur, qu'on l'élut abbesse, quoiqu'elle fût fort jeune encore ; elle gouverna saintement sa communauté. Tous ceux qui avaient le bonheur de s'entretenir avec elle, se sentaient animés d'un ardent désir de tendre à la perfection. Profondément recueillie parce que son âme était constamment unie à Dieu, elle s'imposait une pénitence lorsqu'il lui arrivait de laisser échapper quelque parole qui lui semblait inutile. Elle aimait surtout à méditer sur les souffrances du Sauveur, et l'on révère, dit son cœur, dit le Martyrologe romain, le renouvellement des mystères de la passion de Notre-Seigneur. Elle mourut dans un âge peu

avancé, le 18 août 1308. Jean XXII avait ordonné le procès de sa canonisation, qui fut interrompu par la mort de ce pape. — 18 août.

CLAIRE DE RIMINI (la bienheureuse), veuve, née à Rimini, vers le milieu du XIII° siècle, d'une famille noble, se maria très-jeune, et étant devenue veuve quelque temps après, elle se livra avec ardeur à tous les amusements et à tous les plaisirs d'un monde frivole. Les malheurs de son pays, ceux même de sa famille, au milieu des guerres civiles qui désolaient sa patrie, ne furent pas capables de la faire rentrer en elle-même. Elle avait passé à de secondes noces, lorsque, étant entrée un jour dans l'église des Franciscains, il lui sembla entendre une voix qui lui disait : *Efforcez-vous, Claire, de dire un Pater et un Ave à la louange de Dieu et comme une ma que de votre souvenir, et de les réciter avec attention, sans penser à autre chose*. Cet avertissement, qu'elle ne comprit pas d'abord, la fit cependant réfléchir. Elle ouvrit enfin les yeux sur sa vie passée et résolut de l'expier par une sincère pénitence. Son mari lui permit de vivre en religieuse et d'en porter l'habit ; et comme il mourut peu de temps après, Claire se voyant libre de se consacrer entièrement à Jésus-Christ et de ne plus s'occuper que de sa propre sanctification, se dévoua à de grandes austérités, marchant nu-pieds, ne portant que des habits pauvres et grossiers, ne prenant pour toute nourriture que du pain et de l'eau, excepté les dimanches et les fêtes qu'elle y ajoutait un peu d'huile ; mais pendant le carême, elle ne vivait que de pain et d'herbes crues. Elle portait au cou, aux bras et aux genoux, des cercles de fer et avait le corps couvert d'une espèce de cuirasse de même métal, qu'on conserve encore à Rimini. Elle eut, dans les commencements, de rudes combats à soutenir contre ses anciennes habitudes, surtout pour triompher des tentations de gourmandise. Un jour qu'elle était presque vaincue sur ce point, Jésus-Christ, qu'elle priait avec ferveur, lui inspira de dire ces paroles : *Levez-vous, ô Christ, et secourez-moi ! levez-vous, ô vous qui êtes le défenseur des hommes, ô rejeton de David ! Alleluia*. Claire n'eut pas plutôt prononcé ces paroles qu'elle se sentit pleine de force contre la tentation ; mais voulant s'en préserver pour l'avenir, elle va chercher une bête dégoûtante, et après l'avoir fait rôtir elle la porte à sa bouche, en se disant à elle-même : *Mange gourmande, mange ce mets délicat*. Après cette victoire complète remportée sur elle-même, elle n'eut plus, dans la suite, aucune attaque de ce genre. A ces austérités elle joignait les veilles, passant en prières la plus grande partie des nuits ; pendant le carême, elle se retirait dans un réduit que lui offrait l'ancien mur de la ville : là, exposée au froid, à la pluie et à toutes les autres injures du temps, elle demandait à Dieu miséricorde, confessait ses fautes passées et récitait plus de cent fois par jour l'Oraison dominicale, en versant des larmes abondantes. C'est ainsi qu'elle passa les trente dernières années de sa vie. Elle puisait dans ses entretiens avec Dieu une tendre compassion pour les malheureux, et son propre frère en éprouva les effets, un des premiers. Il avait été proscrit, pour la seconde fois, par suite des troubles qui agitaient sa patrie, et il se trouvait malade à Urbin. Claire vola près de lui, lui donna tous les secours dont il avait besoin et l'aida à sanctifier ses souffrances. Le calme ayant été rétabli quelque temps après, elle revint à Rimini avec sa famille, et y continua ses œuvres de charité qu'elle savait très-bien allier avec ses pieux exercices et avec la sainte communion qu'elle recevait fréquemment. Les malheurs de la guerre ayant obligé les Clarisses de Begno de se réfugier à Rimini où elles se trouvaient dans une grande détresse, Claire n'en fut pas plutôt informée qu'elle alla, de maison en maison, quêter pour ces pauvres religieuses. Un jour qu'elles manquaient de bois, Claire ayant trouvé dans la campagne un tronc d'arbre, elle le chargea sur ses épaules, et étant entrée chez un de ses parents pour se reposer, celui-ci la voyant ainsi chargée commanda à un domestique de porter ce bois à sa destination, mais elle ne voulut pas y consentir, et après avoir remercié son parent de sa bonne intention, elle reprit son fardeau et le porta par la ville, sans être arrêtée par aucun respect humain. Un autre jour qu'il lui était échappé envers quelqu'un une parole qui n'était pas assez polie, le chagrin de lui avoir causé de la peine la fit retourner aussitôt à sa cellule, et prenant des tenailles, elle se tint la langue hors de la bouche pendant un temps si considérable qu'elle se la mit toute en sang, et qu'elle fut ensuite plusieurs jours sans pouvoir parler. Ce fut par cette sévérité à se punir de ses moindres fautes qu'elle parvint à dompter toutes ses passions et à se rendre maîtresse d'elle-même. Non contente de subvenir aux nécessités corporelles du prochain, elle était pleine de zèle pour le salut des âmes. Aussi réussit-elle à opérer la conversion de plusieurs pécheurs, parmi lesquels on cite une veuve de qualité, un usurier de Rimini et le seigneur de Mercatello. Ses charitables efforts ne furent pas toujours couronnés par le succès : quelquefois elle n'en retirait que des injures et des calomnies : on l'accusa même publiquement d'hérésie, mais sa patience triompha de ceux qui voulaient ternir l'éclat de ses vertus. Sa réputation de sainteté était si bien affermie, qu'elle détermina plusieurs personnes pieuses à se placer sous sa conduite, et ce fut pour répondre à leurs désirs qu'elle bâtit le monastère de l'Annonciation, qui porta ensuite le nom de Notre-Dame des Anges. Claire ne s'astreignit pas à la clôture dans cette maison ; mais elle continua à sortir pour vaquer aux œuvres de miséricorde. Elle poussa une fois la charité jusqu'à s'offrir en vente pour racheter un criminel condamné à avoir la main coupée. Ce qui fut cause que ce malheureux obtint sa grâce. Le Seigneur la favorisa du don des miracles, ainsi que du don de conseil, et lui inspira une si grande sagesse que les plus habiles en étaient dans l'admiration. Enfin, après avoir pratiqué pendant plus de trente ans, les vertus chrétiennes dans un degré héroïque, elle mourut le 10 février 1326, et fut enterrée dans l'église de son monastère, où l'on conserve ses reliques. Son culte fut approuvé en 1784 par le pape Pie VI. — 10 février.

CLAIRE GAMBACORTI (la bienheureuse), vierge, religieuse dominicaine, était fille de Pierre Gambacorti, gouverneur de Pise, et naquit dans cette ville en 1362. Son père la fiança, lorsqu'elle n'avait encore que sept ans, à un jeune seigneur nommé Somon de Massa ; mais la jeune Claire montrait déjà des dispositions bien prononcées pour un genre de piété plus parfait que celui auquel la destinait sa famille. Elle jeûnait souvent, priait beaucoup, et se plaisait à la lecture des livres de piété. Sa ferveur croissait avec son âge, et son désir était de n'avoir jamais d'autre époux que Jésus-Christ. Aussitôt qu'elle fut un peu maîtresse de ses actions, elle consacra les soins les plus dévoués et les plus affectueux à une pauvre malheureuse, dont tout le corps n'était qu'une plaie, et qui avait le visage tellement rongé, que ses yeux même avaient perdu leur forme. Claire oubliant son rang et la faiblesse de son âge, la servait habituellement, nettoyait ses plaies, lui exprimait la part qu'elle prenait à ses peines, et pour le lui mieux prouver, elle allait jusqu'à baiser ce visage qui faisait horreur. Elle n'avait que quinze ans lorsque mourut celui qui lui était destiné pour époux. Alors elle se coupe les cheveux pour montrer son renoncement au monde, quitte ses riches habits, et après avoir refusé les divers partis que son père et ses frères lui proposaient, elle sortit secrètement de la maison paternelle, et se retira dans un couvent de Clarisses où elle prit l'habit avec le nom de sainte Claire. Dès que son père fut informé de sa démarche, il en fut si accablé, que ses fils, accompagnés de quelques amis, se rendirent en armes au monastère, et en arrachèrent de vive force leur sœur, qu'ils ramenèrent chez leur père, et l'enfermèrent dans une chambre à laquelle ils ne laissèrent d'autre ouverture qu'une petite fenêtre pour lui passer des aliments. Personne n'avait la permission de la voir, excepté un saint homme, nommé Étienne, qui venait quelquefois la visiter et la consoler. Claire en avait grand besoin ; car Dieu l'éprouva par des peines intérieures et par la maladie qu'elle supporta avec patience et même avec une sainte joie. C'est ainsi qu'elle passa cinq mois entiers dans une captivité si rigoureuse, qu'elle resta une fois trois jours sans manger, parce que les domestiques avaient oublié de lui porter sa nourriture. Ayant eu ensuite un entretien avec Alphonse, ancien évêque de Jaën, et confesseur de sainte Brigitte, il l'engagea à persévérer dans sa vocation et dans le dessein de se consacrer à Dieu. Pierre Gambacorti se laissa enfin fléchir, et permit que sa fille entrât dans le monastère des Dominicaines de Pise. Quelque temps après il lui fit construire un monastère du même ordre, dont elle devint prieure dans la suite. Elle remplit cette maison de la bonne odeur de ses vertus, et le seul reproche qu'on pût lui faire, c'est qu'elle traitait son corps avec trop de rigueur; mais si elle était dure à elle-même, la tendre charité qu'elle avait manifestée envers le prochain, dès son enfance, sembla prendre encore, depuis son entrée en religion, de nouveaux accroissements. Elle en donna une preuve héroïque après les malheurs qui vinrent fondre sur sa famille. Jacques d'Appiano, secrétaire de son père, et qui avait toute sa confiance, le trahit indignement, et ce malheureux qui lui devait tout poussa l'ingratitude jusqu'à faire assassiner son bienfaiteur; il fit aussi empoisonner deux de ses fils. Claire, loin de se répandre en plaintes contre des crimes aussi horribles, étant tombée malade par suite du chagrin qu'elle en ressentait, voulut avoir pour se guérir du pain et du vin de la table du meurtrier de ses parents, comme elle en avait précédemment de la table de son père, afin de montrer à ce misérable qu'elle lui pardonnait. Elle fit plus: cet homme étant mort quelque temps après, et sa veuve craignant pour sa vie, à l'occasion d'un changement qui eut lieu dans l'État, Claire, non contente de la consoler et de lui donner de sages conseils, lui ouvrit dans son monastère un asile pour elle et ses deux filles, rendant ainsi le bien pour le mal, avec une charité qui trouverait peu d'imitateurs. La bienheureuse Claire mourut le 17 avril 1419, à l'âge de cinquante-sept ans et après en avoir passé trente-sept dans son monastère. Son corps demeura flexible et exhalait une odeur suave qui remplit toute sa cellule. La nouvelle de sa mort ne fut pas plutôt connue que le peuple se porta en foule au monastère pour lui donner des marques publiques de vénération, et plusieurs de ceux qui réclamèrent son intercession, en éprouvèrent les heureux effets. Le culte qu'on commença dès lors à lui rendre, et qui s'est continué sans interruption, fut approuvé par Pie VIII en 1830. — 17 avril.

CLAIRENT ou CLARENT (saint), *Clarentius*, évêque de Vienne en Dauphiné, florissait au commencement du VIIᵉ siècle, et mourut vers l'an 620. — 25 et 26 avril.

CLASSIQUE (saint), martyr en Afrique avec saint Luce et plusieurs autres, l'an 211, sur la fin du règne de Sévère. — 18 février.

CLATÉE (saint), *Clateus*, premier évêque de Brescia, et martyr, souffrit sous l'empereur Néron. — 4 juin.

CLAUDE (saint), *Claudius*, martyr en Afrique, est honoré avec saint Crispin et plusieurs autres. — 3 décembre.

CLAUDE (saint), martyr en Syrie, souffrit avec saint Paul et six autres. — 20 mars.

CLAUDE (saint), martyr à Alexandrie, était honoré autrefois à Carthage le 30 avril.

CLAUDE (saint), enfant et martyr à Byzance, avec d'autres jeunes chrétiens de son âge, subit diverses tortures et fut ensuite jeté dans une fournaise ardente; mais il en sortit sain et sauf, parce qu'une pluie survenue subitement éteignit les flammes. Il fut décapité par ordre du président Sylvain, l'an 273, sous l'empereur Aurélien. — 3 juin.

CLAUDE (saint), tribun et martyr à Rome, était époux de sainte Hilarie et père de saint Jason et de saint Maur. Il fut précipité dans le Tibre avec une grosse pierre au cou, vers l'an 283, sous l'empereur Numérien et par ordre de ce prince. — 3 décembre.

CLAUDE (saint), martyr, frère de saint Astère et de saint Néon, habitait avec eux la ville d'Eges en Cilicie, lorsqu'ils furent dénoncés comme chrétiens par leur belle-mère, qui désirait s'emparer de leurs biens. On les arrêta et on les mit en prison, en attendant l'arrivée de Lysias, proconsul de Cilicie. Aussitôt qu'il fut à Eges, il les fit comparaître devant son tribunal, et s'adressant à Claude: *Soyez sage, lui dit-il, et ne courez pas à votre perte à la fleur de votre âge. Croyez-moi, sacrifiez aux dieux; c'est le seul moyen d'échapper aux tourments préparés à ceux qui refusent d'obéir en pareil cas.* — *Le Dieu que je sers n'est point honoré par de pareils sacrifices. Ce qu'il demande, ce sont des bonnes œuvres, c'est une sainte vie. Vos dieux ne sont que des esprits immondes; ils n'exigent des sacrifices que pour perdre éternellement ceux qui les leur offrent.* — *Qu'on le frappe de verges pour le mettre à la raison.* — *Quand vous me feriez souffrir les plus cruels tourments, vous n'obtiendriez point ce que vous demandez.* — *Les ordres des empereurs portent que les chrétiens qui refuseront de sacrifier soient punis, et que ceux qui obéiront soient récompensés et honorés.* — *Les récompenses dont vous parlez sont temporelles et ne s'étendent point au delà de cette vie, au lieu que la confession de la foi en Jésus-Christ sera suivie d'une gloire éternelle.* Le proconsul l'ayant fait étendre sur le chevalet, on alluma du feu sous ses pieds; on lui coupa ensuite de la chair aux talons et on la lui présenta. *Votre feu et vos tourments*, dit Claude, *ne peuvent rien sur ceux qui craignent Dieu: tout cela les conduit à une vie qui ne finira jamais.* — *Qu'on lui applique les ongles de fer.* — *Vos supplices ne me feront aucun mal; pour vous, craignez un feu éternel.* — *Qu'on choisisse les morceaux de pots cassés les plus aigus pour lui déchirer les côtes, et que l'on y applique ensuite des torches ardentes.* — *Je regarde comme une grande grâce de souffrir pour Dieu, et l'avantage de mourir pour Jésus-Christ est plus précieux que toutes les richesses du monde.* — *Qu'on le reconduise en prison, et que l'on en fasse comparaître un autre.* Astère et Néon ayant ensuite montré la même constance, Lysias ordonna que les trois frères fussent crucifiés hors de la ville, et que leurs corps fussent abandonnés aux oiseaux du ciel. Cette sentence fut exécutée le 23 août 285, sous les empereurs Dioclétien et Maximien. — 23 août.

CLAUDE (saint), martyr à Rome, était conservateur des registres d'enrôlement militaire. Converti à la foi chrétienne par saint Sébastien, il fut baptisé par le prêtre saint Polycarpe. Comme il était occupé à rechercher les corps des saints martyrs, il fut arrêté par ordre du juge Fabien, qui, pendant dix jours, essaya de l'ébranler par ses menaces et par ses promesses; mais voyant qu'il ne gagnait rien, il le fit mettre à la torture et ordonna ensuite qu'il fût noyé; ce qui fut exécuté l'an 286, sous l'empereur Dioclétien. — 7 juillet.

CLAUDE (saint), martyr avec sainte Prépédigne, son épouse, saint Alexandre et saint Cutias, ses fils, était d'une naissance illustre et tenait un rang distingué dans l'empire. Ayant embrassé le christianisme, il fut envoyé en exil par ordre de l'empereur Dioclétien. Ce prince le condamna ensuite au supplice du feu qu'il subit avec sa femme et ses enfants l'an 295. Leurs précieux restes, qu'on avait jetés dans le Tibre, furent recueillis par les chrétiens d'Ostie et enterrés près de cette ville. — 18 février.

CLAUDE (saint), martyr en Espagne, était fils de saint Marcel le Centurion, et frère de saint Luperce et de saint Victorius, avec lesquels il fut décapité, par ordre du président Dignien, pendant la persécution de Dioclétien. Il est honoré à Léon le 30 octobre.

CLAUDE (saint), martyr à Rome, avec saint Nicostrate et trois autres, était sculpteur de profession. Ayant refusé, pendant la persécution de Dioclétien, de faire des idoles, il fut d'abord mis en prison, ensuite flagellé avec des fouets garnis de pointes de fer. Comme il persistait dans son refus, par motif de conscience, le prince ordonna qu'il fût jeté dans le Tibre avec ses compagnons, l'an 304. Leurs corps furent enterrés par les chrétiens dans le cimetière de la voie Lavicane, situé à trois milles de la ville. En 841, le pape Léon IV les fit transporter dans l'église des Quatre-Frères-Couronnés, laquelle est un ancien titre de cardinal-prêtre. — 8 novembre.

CLAUDE (saint), martyr à Rome avec saint Cyria et un autre, souffrit l'an 309 et fut mis à mort par ordre de Maximien Hercule, qui avait repris la pourpre et continuait de persécuter les chrétiens. — 26 avril.

CLAUDE (saint), l'un des quarante martyrs de Sébaste en Arménie, fut plongé avec ses compagnons dans un étang glacé, par ordre d'Agricola, gouverneur de la province. Lorsqu'on les retira de l'eau le lendemain, presque tous étaient morts de froid, et leurs membres gelés tombaient en morceaux. On les chargea sur des charrettes et on les brûla, l'an 320, pendant la persécution de l'empereur Licinius. — 10 mars.

CLAUDE (saint), évêque de Vienne en Dauphiné, florissait dans le IV° siècle. — 1er juin.

CLAUDE (saint), archevêque de Besançon, né à Salins vers l'an 603, étant entré dans l'état ecclésiastique, devint le modèle et l'oracle du clergé de Besançon. Il avait plus de quatre-vingts ans lorsqu'on l'élut archevêque de cette ville, en 685, après la mort de Gervais; mais son grand âge et la crainte que lui inspiraient les obligations attachées à l'épiscopat, lui firent prendre la fuite. Lorsqu'on eut découvert le lieu où il s'était caché, on l'obligea à se laisser sacrer. Après avoir gouverné son troupeau, pendant sept ans, avec tout le zèle et toute la sagesse d'un saint pasteur, il se démit de son siège, et se retira au monastère de Saint-Oyend, sur le mont Jura, et y prit l'habit. Il fut élevé, peu de temps après, à la dignité d'abbé. La sainteté de sa vie et son zèle pour la perfection évangélique lui firent donner les surnoms d'Antoine et de Pacôme, et l'on comparait à ceux de l'Egypte ses moines, qui joignaient au travail des mains la prière, la lecture, les jeûnes, les veilles, le silence et la pratique de toutes les autres vertus monastiques. Il mourut sur la fin du VII° siècle, âgé de près de cent ans, et fut enterré dans l'église abbatiale. Le monastère de Saint-Oyend prit le nom de Saint-Claude dans le XIII° siècle. On découvrit, en 1243, son corps, qui était sans aucune marque de corruption et on l'enferma dans une châsse d'argent. Ce lieu devint un des plus célèbres pèlerinages de France, et il se forma autour du monastère une ville qui prit son nom, et que Benoît XIV érigea en évêché, l'an 1743. Le corps de saint Claude était resté entier jusqu'en 1794 qu'il fut brûlé par des impies, à l'exception d'un os du bras qu'un fidèle sauva des flammes. La ville de Saint-Claude fut entièrement détruite par un incendie le 19 juin 1799, cinq ans après cette profanation, jour pour jour. — 6 juin.

CLAUDIE (sainte), Claudia, vierge d'Ancyre, capitale de la Galatie, et martyre, s'était exercée, dès son enfance, à la pratique de toutes les vertus. Elle fut arrêtée pour la foi, avec six autres vierges de la même ville. Théoctène, gouverneur de Galatie, les trouvant inébranlables, les livra à de jeunes libertins pour leur ravir cette virginité dont elles avaient toujours été si jalouses. Elles n'avaient, pour se défendre, que leurs larmes et leurs prières qu'elles adressaient à Jésus-Christ et qui touchèrent le cœur de ces impudiques, au point qu'elles n'essuyèrent, de leur part, aucun outrage. Le gouverneur ayant appris qu'elles avaient conservé leur chasteté, se proposa de les faire initier aux mystères de Diane et de Minerve et de les établir prêtresses de ces prétendues divinités. Les païens d'Ancyre avaient coutume d'aller tous les ans laver dans un étang voisin les images de leurs déesses. Ce jour arrivé, Théoctène força les vierges à être de la cérémonie. Les statues étaient placées chacune sur un char qu'on conduisait avec pompe. Les sept vierges furent aussi placées dans des voitures découvertes et conduites à l'étang, afin d'y être aussi lavées; on les mit toutes nues et elles étaient exposées aux regards de toute la populace. S'étant montrées insensibles aux promesses et aux sollicitations du gouverneur, et ayant repoussé avec indignation les anciennes prétresses de Diane et de Minerve qui leur présentaient la couronne et la robe blanche, qui étaient les emblèmes du sacerdoce qu'on voulait leur conférer, le gouverneur, transporté de colère, ordonna qu'on leur attachât de grosses pierres au cou et qu'on les jetât au plus profond de l'étang; ce qui fut exécuté. Saint Théodote l'Hôtelier, aidé de quelques fidèles, retira de l'étang les corps de sainte Claudie et de ses compagnons, et les enterra près de l'église des patriarches. Leur martyre eut lieu l'an 303, sous l'empereur Dioclétien. — 18 mai.

CLAUDIEN (saint), *Claudionus*, martyr à Perge en Pamphilie, souffrit l'an 250, pendant la persécution de Dèce. — 26 février.

CLAUDIEN (saint), martyr à Nicomédie, est mentionné dans le Martyrologe dit de saint Jérôme. — 5 avril.

CLAUDIEN (saint), martyr à Nicomédie, dans le IIIe siècle, endura, pendant trois ans, des tourments multipliés et finit sa vie dans une prison où il était renfermé avec sainte Basse, son épouse. — 6 mars.

CLAUDIEN (saint), martyr en Bithynie, est honoré chez les Grecs le 6 mars.

CLAUDIEN (saint), martyr à Troyes, souffrit vers l'an 273, pendant la persécution de l'empereur Aurélien. — 21 juillet.

CLAUDIEN (saint), martyr, était originaire de Corinthe, où il confessa la foi en 249 devant le proconsul Tertius, au commencement de la persécution de Dèce. Ayant ensuite passé en Egypte, il fut de nouveau tourmenté à Diospolis, capitale de la Thébaïde, en 284, sous l'empereur Numérien et sous le gouverneur Sabin. Il fut coupé par morceaux et l'on jeta ses membres palpitants aux pieds des compagnons de son martyre pour les effrayer. — 25 février.

CLAUDIEN (saint), confesseur, était frère de saint Vigile, évêque de Trente, et florissait sur la fin du IVe siècle. — 6 mars.

CLAUDIQUE (saint), *Claudicus*, martyr en Orient, est honoré chez les Grecs le 3 décembre.

CLÉMACE (saint), *Clematius*, qu'on croit avoir escorté, d'Angleterre en Allemagne, sainte Ursule et les vierges qui l'accompagnaient, est honoré comme martyr dans les Pays-Bas le 26 mai.

CLÉMENCE D'HOHENBERG (la bienheureuse), comtesse de Spanheim, se montra, dans le monde, le modèle des vertus chrétiennes, et après la mort du comte Crafton, son mari, elle se fit religieuse, et mourut l'an 1176. Elle est honorée en Allemagne le 21 mars.

CLÉMENT (saint), *Flavius Clemens*, consul et martyr, était neveu de Vespasien et cousin de Domitien. Ce dernier prince lui fit épouser sa cousine germaine, Flavie Domitille l'Ancienne, dont il eut deux fils, que Domitien destinait à être ses successeurs, et qui furent élevés par le célèbre Quintilien. Clément était consul avec l'empereur, lorsque celui-ci, apprenant qu'il avait embrassé le christianisme, le fit mettre à mort, l'an 95, et sa femme fut exilée pour la même cause dans l'île *Pandataria*. Il est nommé dans le Martyrologe de saint Jérôme sous le 9 novembre.

CLÉMENT (saint), martyr en Bithynie avec saint Apelle et un autre, souffrit sur la fin du Ier siècle.

CLÉMENT (saint), pape et martyr, était Romain de naissance et Juif d'extraction. Converti à la foi par les apôtres saint Pierre et saint Paul, il accompagna ce dernier à Philippe, l'an 62, et le suivit aussi dans d'autres voyages, partageant ses travaux et ses dangers; aussi l'apôtre l'appelle son coopérateur et le range parmi ceux dont les noms sont inscrits au livre de vie. Tertullien nous apprend que saint Pierre l'ordonna évêque. Selon certains historiens, il succéda à saint Anaclet, vers l'an 91, et selon d'autres il succéda à saint Lin, vers l'an 68, et ceux qui suivent ce dernier sentiment ajoutent qu'il fut exilé pour la foi dans la Chersonèse, pendant la persécution de Domitien, et que saint Clet lui fut substitué, de son vivant, sur la chaire de saint Pierre. Quoi qu'il en soit, tous conviennent que la chronologie des premiers papes est assez embrouillée; tous conviennent aussi que saint Clément souffrit le martyre vers l'an 100, pendant la persécution de Trajan. Nous lisons dans le Martyrologe romain qu'il fut précipité dans la mer une ancre qu'on lui avait attachée au cou. Son corps, transporté à Rome sous le pape Nicolas Ier, fut placé dans l'église qui avait été bâtie en son honneur, longtemps avant cette translation : cette église était un titre ou paroisse. Louis II ayant fondé l'abbaye de Cave près de Salerne, le pape Adrien II lui envoya des reliques de saint Clément pour enrichir l'église abbatiale. L'ancienne église du saint, dans laquelle saint Grégoire le Grand prêcha plusieurs de ses homélies, en a toujours conservé une partie. Saint Clément écrivit aux fidèles de Corinthe une lettre dont on faisait le plus grand cas dans les premiers siècles du christianisme, et qu'on plaçait immédiatement après les livres canoniques du Nouveau-Testament. Cette lettre qu'on lisait dans les églises, et qu'Eusèbe qualifie d'admirable, avait été perdue depuis le temps de Photius jusqu'au XVIIe siècle. Il écrivit aux Corinthiens une seconde lettre, dont il ne reste plus qu'un long fragment. On découvrit aussi, plus tard, deux autres lettres du même saint, adressées aux vierges et dont saint Jérôme fait mention. — 23 novembre.

CLÉMENT D'ALEXANDRIE (saint), docteur de l'Église, né dans la Grèce et probablement à Athènes, vers le milieu du IIe siècle, commença ses études dans sa patrie et alla les continuer en Italie. Il parcourut pour s'instruire l'Asie Mineure, la Palestine et l'Égypte : c'est dans ce dernier pays qu'il termina ses études philosophiques, sous saint Pantène, chef de la célèbre école d'Alexandrie. Comme le but de ses études était la recherche de la vérité, il finit par découvrir les erreurs de l'idolâtrie. Après sa conversion au christianisme il se mit à étudier la religion, et saint Panième étant parti pour aller porter l'Evangile dans les Indes, en 189, Clément fut choisi pour son successeur dans l'école des catéchèses d'Alexandrie, et ses leçons attirèrent un grand nombre d'élèves, parmi lesquels on cite Origène et saint Alexandre, qui devint évêque de Jérusalem. Comme la plupart de ceux qui venaient l'entendre étaient idolâtres, il commençait par les instruire de ce qu'il y avait de bon dans la philosophie païenne, insistent sur les points de morale qu'on découvre par les lumières naturelles, et c'est par la raison qu'il les conduisait à la foi. Il fut ordonné prêtre vers l'an 192, et dix ans après, la persécution de Sévère l'obligea d'abandonner son école pour se réfugier en Cappadoce, d'où il se rendit à Jérusalem et prêcha avec de grands succès. Il alla ensuite à Antioche, d'où il revint à Alexandrie, et partout où il passait il raffermissait le courage des chrétiens et en augmentait le nombre par les conversions qu'opéraient ses discours. Il mourut à Alexandrie, vers l'an 216, avec la réputation de l'homme le plus savant de son siècle. Parmi les nombreux ouvrages qu'il a composés, il nous reste son Exhortation aux Gentils, c'est-à-dire aux païens, où, pour faire sentir l'absurdité de l'idolâtrie, il donne un précis historique de la mythologie; ses Stromates ou Mélanges où l'on trouve divers morceaux détachés, sur la morale, sur la métaphysique, sur les hérésies, sur le paganisme, sur la théologie, et surtout sur la théologie mystique; le traité intitulé: Quel riche sera sauvé? qui est une explication de ces paroles de l'Evangile, adressée à un jeune homme riche: Allez, vendez vos biens et donnez-en le prix aux pauvres; le Pédagogue, qui est un abrégé de la morale évangélique, telle que la pratiquaient les chrétiens de son temps; on y trouve d'excellentes maximes pour arriver à la perfection. Ses écrits présentent quelques sentiments et quelques opinions qui manquent d'orthodoxie, ce qui infirme un peu son autorité dans les points de doctrine, mais il est certain qu'il a vécu et qu'il est mort dans la communion de l'Eglise, et qu'il condamnait toutes les hérésies qu'elle avait proscrites, et les quelques passages répréhensibles sont plutôt des citations qu'il avait puisées dans d'autres auteurs que ses propres idées : d'ailleurs saint Alexandre, qui avait été son disciple, et d'autres écrivains ecclésiastiques font un grand éloge de sa sainteté. Le style de saint Clément est fleuri, élégant, et quelquefois sublime, si l'on en excepte les Stromates, dont la diction est plus dure et plus négligée. Benoît XIV a fait une dissertation pour prouver qu'il n'y a point de raison suffisante d'insérer son nom dans le Martyrologe romain; mais il se trouve dans plusieurs calendriers, dans le Martyrologe d'Usuard, dans celui de l'Eglise de Paris, et dans les menées des Grecs. Combien d'autres saints ne se trouvent pas dans le Martyrologe romain et qui sont cependant honorés d'un culte public? — 4 décembre.

CLEMENT (saint), premier évêque de Metz, vint de Rome dans les Gaules, vers le milieu du iiie siècle, et choisit la ville de Metz pour le théâtre de ses prédications. Après avoir opéré la conversion d'un grand nombre d'idolâtres, et formé un troupeau qu'il gouverna saintement, il mourut en paix. Son corps fut enterré dans une chapelle qu'il avait fait construire hors des murs de la ville. Hérimon, l'un de ses successeurs, le leva de terre en 1090, et l'exposa dans la cathédrale à la vénération du peuple : il le rapporta ensuite dans l'église d'où il l'avait tiré, et le monastère de Saint-Félix, qui était attenant à cette église, prit dès lors le nom de monastère de Saint-Clément. Ce monastère ayant été renversé en 1552, lors du siége de Metz par Charles-Quint, les religieux rapportèrent dans la ville les reliques de saint Clément, qu'ils placèrent dans l'église du nouveau monastère qu'ils construisirent pour remplacer l'ancien. — 23 novembre.

CLEMENT (saint), martyr à Aquilée avec plusieurs autres, est honoré le 15 juin.

CLEMENT (saint), martyr à Rome, souffrit avec saint Céleste ou Celse. — 21 novembre.

CLEMENT D'ANCYRE (saint), évêque de cette ville, est un de ceux que les Grecs appellent Grands Martyrs. On lit dans ses Actes, qu'on lui fit endurer, par intervalles, divers supplices, durant l'espace de vingt-huit ans; mais ce fait n'est pas appuyé sur des monuments assez solides pour qu'il soit regardé comme incontestable. Ce qui est certain, c'est qu'il versa son sang pour la foi, sous l'empereur Dioclétien. Au commencement du ive siècle ses reliques furent transportées à Constantinople, où il y avait deux églises de son nom. Après la prise de cette ville par les croisés, son crâne fut apporté à Paris, et dans la suite il fut donné par la reine Anne d'Autriche, à l'abbaye du Val de Grâce, qu'elle avait fait rebâtir. — 23 janvier.

CLEMENT (saint), martyr à Cordoue, en Espagne, avec saint Zoïle et dix-huit autres, souffrit au commencement du ive siècle, pendant la persécution de Dioclétien. — 27 juin.

CLEMENT (saint), prêtre, florissait dans le ve siècle, et il est honoré à Lodi le 17 octobre.

CLEMENT (saint), prêtre, est honoré à Lyon le 20 janvier.

CLEMENT (saint), prêtre, est honoré à Volterre en Toscane, le 8 juin.

CLEMENT DE SAINT-ELPIDE ou D'OSIMO, (le bienheureux), général de l'ordre des Ermites de Saint-Augustin, né au commencement du xiiie siècle, se consacra dès sa jeunesse au service de Dieu, et se fit ermite de Saint-Augustin. Ses vertus et sa capacité l'élevèrent à la dignité de supérieur général de son ordre, et il en est regardé comme le second fondateur, par le soin qu'il prit de refondre la règle de l'institut en 1287, et de remettre en vigueur la discipline régulière. Sa compassion pour les âmes du purgatoire lui fit établir deux anniversaires solennels, chaque année, pour les fidèles défunts. Boniface VIII, lorsqu'il n'était encore que cardinal, l'avait choisi pour son confesseur, à cause de l'estime particulière qu'il avait pour lui. Le bienheureux Clément tomba malade à Orviète, en revenant de visiter les couvents d'Allemagne, et y mourut le 8 avril 1291. Clément XIII approuva son culte en 1761, et les Augustins célèbrent sa fête le 8 avril.

CLEMENTIEN (saint), *Clementianus*, martyr en Afrique, souffrit avec sainte Massarie et plusieurs autres. — 17 décembre.

CLEMENTIENNE (sainte), *Clementiana*, était honorée autrefois à Carthage le 17 décembre.

CLEMENTIN (saint), *Clementinus*, martyr à Héraclée en Thrace, souffrit avec saint Théodote et un autre. Il y a, dans le diocèse de Poitiers, deux paroisses qui portent son nom. — 14 novembre.

CLEOMÈNE (saint), *Cleomenes*, martyr en Crète avec plusieurs autres, qui, après de cruels tourments, furent décapités durant la persécution de Dèce, au milieu du III° siècle. — 23 décembre.

CLEONICE (saint), *Cleonicus*, soldat, qui, dans la persécution de Maximien, fut martyrisé par le supplice de la croix, sous le président Asclépiade. Il souffrit, l'an 306, à Amasée dans le Pont, avec saint Eutrope, son parent. — 3 mars.

CLEOPATRE (sainte), *Cleopatra*, religieuse de l'ordre de Saint-Basile, florissait dans le X° siècle, et elle est honorée chez les Moscovites le 20 octobre.

CLEOPHAS (saint), l'un des deux disciples de Jésus-Christ qui, allant de Jérusalem à Emmaüs, rencontrèrent leur divin Maître le jour de sa résurrection, et l'entretinrent, sans le reconnaître, de sa vie, de sa passion et de sa mort. Arrivés au bourg, Jésus-Christ fit semblant de vouloir continuer sa route; mais Cléophas et son compagnon lui firent observer qu'il était tard, et le prièrent de passer la nuit avec eux, ce qu'il accepta. S'étant mis à table pour souper, Jésus-Christ prit du pain, et l'ayant béni et rompu, il leur en présenta : c'est alors seulement qu'ils le reconnurent; mais il disparut aussitôt. Restés seuls, ils se dirent l'un à l'autre : « Est-ce que notre cœur n'était pas embrasé d'un feu inconnu, pendant qu'il nous parlait et qu'il nous expliquait les Ecritures? » Ils retournèrent sur le champ à Jérusalem, et ils allèrent apprendre aux apôtres la nouvelle de la résurrection. La tradition porte qu'il fut mis à mort par les Juifs, pour avoir confessé le nom de Jésus-Christ, et qu'il fut enterré à Emmaüs, dans la maison où il avait reçu le Seigneur à sa table. — 25 septembre.

CLER (saint), *Clerus*, diacre d'Antioche, et martyr, fut livré sept fois à la torture pour la foi chrétienne, qu'il confessa avec un courage invincible, et après une longue détention dans un cachot, il eut la tête tranchée. — 7 janvier.

CLERIDONE (sainte). *Chelidonia*, vierge près de Sublac, dans la Campagne de Rome, florissait vers le milieu du V° siècle. — 3 octobre.

CLET (saint), *Cletus*, pape et martyr, était disciple de saint Pierre, et devint l'un de ses successeurs, vers l'an 76, après saint Lin ou saint Clément; car il y a quelque obscurité dans la chronologie des premiers papes. Il versa son sang pour la foi l'an 83, pendant la persécution de Domitien, et fut enterré, près de saint Lin, dans l'église du Vatican, où l'on conserve ses reliques. Son nom a été inséré dans le canon de la Messe. Quelques auteurs l'ont confondu, mal à propos, avec saint Anaclet, son successeur; mais ce sont deux personnages distincts, deux saints différents, qui ont chacun leur culte à part, et qui sont distingués dans le Martyrologe romain. — 26 avril.

CLET (saint), confesseur à Tivoli, est honoré dans cette ville, et ses reliques se gardent dans l'église cathédrale. — 24 octobre.

CLIGNE (saint), *Clinius*, confesseur à Aquino, dans la Terre de Labour, au royaume de Naples, florissait dans le V° siècle. Il mourut à Saint-Pierre de la Forêt, près d'Itre. — 30 mars.

CLIMÈNE (saint), *Cleomenus*, martyr sur les confins de l'Egypte; fut percé de plusieurs coups de lance. — 5 juin.

CLITANE (saint), *Clitancus*, qui régnait sur une partie de l'Angleterre avec le titre de roi, est honoré le 19 août.

CLOTAIRE (saint), *Clotarius*, confesseur, florissait vers la fin du VIII° siècle, et mourut à Prom, vers l'an 800. Son corps se gardait à l'abbaye de Saint-Jacques, près de Vitry-le-Brûlé, en Champagne. — 7 avril.

CLOTILDE (sainte), *Clotildis*, reine de France, était fille de Chilpéric, roi des Bourguignons. Elle eut la douleur de voir son père détrôné et mis à mort avec toute sa famille, en 491, par Gondebaud, frère de Chilpéric. Ce cruel usurpateur ne fit grâce qu'à Clotilde et à sa sœur aînée, jeune princesse dont il n'avait rien à craindre. Clotilde, qui avait eu le bonheur d'être élevée dans la religion catholique, conserva la foi au milieu de la cour de son oncle, qui était arienne, et y donna l'exemple de toutes les vertus. Clovis, roi des Francs, frappé des éloges qu'il entendait donner à sa beauté, à son esprit et à ses belles qualités, envoya, en 493, des ambassadeurs à Gondebaud, pour demander la main de Clotilde. Sa demande fut accueillie favorablement; mais comme il était encore idolâtre, on mit pour condition que la princesse pourrait pratiquer sa religion en toute liberté. Le mariage fut célébré solennellement à Soissons l'an 493.

La jeune reine continua, sur le trône, les pratiques de piété et de mortification auxquelles elle s'était exercée dès son jeune âge; mais elle savait tellement observer toutes les bienséances que lui commandait son rang, que cette cour païenne admirait l'esprit de dignité et de sagesse qui animait sa conduite. Le respect et l'affection, tels étaient les sentiments qu'elle inspirait autour d'elle. On admirait aussi sa charité envers les pauvres. Pleine d'égards et d'attentions pour son royal époux, elle cherchait à gagner son amour et sa confiance, afin de l'amener à la connaissance de la vérité, et souvent elle lui parlait de la vanité des idoles et de l'excellence du christianisme : le roi l'écoutait avec plaisir ; mais le moment de sa conversion n'était pas encore venu. Elle obtint de lui que le premier fruit de leur union reçût le baptême ; mais il mourut bientôt après, et Clovis désolé s'en prit à Clotilde : *Mon fils*, lui dit-il, *n'est mort que parce qu'il a été baptisé au nom de votre Dieu: il vivrait encore s'il eût été mis sous la protection des miens*. Elle souffrit cette épreuve avec patience, et lorsque Dieu lui eut donné un second fils, elle le fit encore baptiser sous le nom de Clodomir ; comme il devint encore malade, Clovis outra alors dans une grande colère et fit à Clotilde les reproches les plus violents et les plus injustes, s'imaginant qu'il allait encore mourir, comme le premier, parce qu'il avait reçu le baptême ; mais la pieuse reine ayant adressé à Dieu de ferventes prières, obtint la guérison du jeune prince. Ce miracle apaisa Clovis et lui fit connaître la puissance du Dieu des chrétiens ; c'est dans cette circonstance qu'il promit d'abjurer le paganisme ; mais il ne se pressait pas d'exécuter sa promesse, quoique Clotilde la lui rappelât de temps en temps. Cette conversion, tant désirée par la reine, et à laquelle elle avait contribué plus que personne, arriva enfin. Le jour même que Clovis livrait aux Allemands la bataille de Tolbiac, le désordre se mit dans son armée, et il allait être vaincu et fait prisonnier. Il invoque ses dieux, mais en vain. Alors il s'adresse au Dieu de Clotilde, et promet de l'adorer, s'il remporte la victoire. Aussitôt les fuyards se rallient, reviennent à la charge et arrachent aux ennemis une victoire dont ceux-ci se croyaient sûrs. Clovis fit part à la reine de cet événement miraculeux et de l'engagement qu'il venait de prendre, bien résolu à l'exécuter au plutôt. Clotilde, transportée de joie, en rendit et en fit rendre à Dieu de solennelles actions de grâces. Clovis reçut le baptême en 496, à Reims, de la main de saint Remi, évêque de cette ville. Devenu chrétien, il montra beaucoup de zèle pour la religion : la reine l'encourageait par ses exemples et par ses exhortations ; c'est à sa prière que le prince fonda, à Paris, en 511, la grande église de Saint-Pierre et de Saint-Paul, qui porta dans la suite le nom de Sainte-Geneviève. Malgré l'empire qu'elle exerçait sur son cœur par l'ascendant de ses vertus, et quoique Clovis eût pour elle une vive affection, elle eut la douleur de voir plus d'une fois ses représentations et ses larmes impuissantes pour empêcher des cruautés et des injustices, que la colère et l'ambition firent commettre à ce prince, auquel l'histoire reproche des inclinations sanguinaires. Devenue veuve en 511, ses trois fils prirent le titre de rois : Clodomir à Orléans, Childebert à Paris et Clotaire à Soissons ; mais leurs divisions et les guerres qu'ils se firent entre eux, furent un sujet d'affliction pour leur mère, qui mit tout en œuvre pour les réconcilier. Après avoir vu Clodomir vaincu et tué, en 524, par Gondemar, roi de Bourgogne, elle vit, en 526, les deux fils aînés de cet infortuné prince égorgés par leurs oncles Childebert et Clotaire, pour s'emparer du royaume d'Orléans. Cet horrible massacre ayant achevé de lui rendre le monde insupportable, elle se retira à Tours, près du tombeau de saint Martin, où elle passa le reste de sa vie dans la prière, le jeûne et les autres pratiques de la pénitence, s'efforçant, par sa vie humble et mortifiée, de faire oublier qu'elle avait été reine, et que ses enfants fussent sur le trône. Elle prédit sa mort trente jours avant qu'elle n'arrivât, et lorsqu'elle vit venir ses derniers moments, elle envoya chercher ses fils Clotaire et Childebert ; elle les exhorta, de la manière la plus touchante, à servir Dieu et à observer ses commandements, à protéger les pauvres, à traiter leurs peuples avec bonté, à vivre ensemble en frères, et à conserver la paix entre eux. Elle ordonna ensuite que le peu qu'elle laissait fût distribué aux pauvres. Cela fait, elle ne s'occupa plus que de Dieu, et on l'entendait réciter les psaumes avec une ferveur admirable. Le trentième jour de sa maladie, elle reçut les sacrements, fit une profession publique de sa foi, et mourut le 3 juin 545. Elle fut enterrée, selon son désir, dans l'église de Sainte-Geneviève, et placée aux pieds de la sainte. Plus tard, son corps, à l'exception de son chef, fut placé dans une riche châsse et exposé, près de Vernon en Normandie, dans l'église abbatiale des Génovéfains ; au moment de leur expulsion, en 1792, l'un de ces religieux l'ayant caché, eut peur et le réduisit en cendres qu'il conserva, et qui se trouvent dans l'église de Saint-Leu à Paris. — 3 juin.

CLOU (saint), *Clodulphus*, fils de saint Arnoul, qui, de premier ministre de Clotaire II, devint évêque de Metz, naquit en 605 et fut élevé sous les yeux de son père. Ses progrès dans les sciences sacrées et profanes étonnaient ses maîtres. Il parut avec éclat à la cour des rois d'Austrasie et y exerça des fonctions éminentes sous Dagobert Ier et Sigebert II. Sa piété, sa probité et son mérite lui attirèrent la considération universelle qu'il fit servir au bien de la religion et au bonheur de l'État. Mais il se dégoûta des grandeurs humaines et prit la résolution de ne plus vivre que pour Dieu. Le second successeur de saint Arnoul sur le siège de Metz étant mort en 656, le peuple et le clergé de cette ville demandèrent saint Clou pour évêque, et le roi lui ordonna d'acquiescer à son élection. A peine eut-il été sacré qu'il s'appliqua, avec un zèle infatigable, à remplir les devoirs de l'épiscopat qu'il n'avait accepté qu'en tremblant. Il commença par faire une visite générale de son diocèse, afin de corriger les abus et de rétablir la discipline. Ne respirant que la gloire de Dieu et le salut de son troupeau, il annonçait la parole divine avec autant de force que d'onction. Il se faisait admirer et chérir de tous ses diocésains, mais surtout des pauvres dont il était le père, poussant la charité jusqu'à se priver du nécessaire pour subvenir à leurs besoins. Il mourut en 696, âgé de quatre-vingt-onze ans, après avoir gouverné quarante ans son église. Son corps fut transporté chez les Bénédictins de Lay, près de Nancy, en 959 ; mais on laissa quelques parties de ses reliques à Metz dans l'église qui porte son nom.—8 juin, 11 décembre.

CLOUD (saint) *Clodoaldus*, prêtre, était fils de C'odomir, roi d'Orléans, et petit-fils de sainte Clotilde. Il naquit en 522 et il avait à peine trois ans lorsque son père fut tué en Bourgogne, l'an 524. Clotilde le fit venir à Paris avec ses deux frères aînés, afin de les élever d'une manière conforme à leur illustre naissance. Mais en 526, Childebert, roi de Paris, et Clotaire, roi de Soissons, résolurent de faire mourir leurs neveux afin de s'emparer du royaume d'Orléans. Cloud échappa au massacre de ses deux frères par une espèce de miracle. Quand son âge le rendit capable de prendre une résolution, il se coupa les cheveux pour montrer qu'il renonçait au trône et qu'il se consacrait à Dieu. Plus tard, il trouva des occasions favorables pour remonter sur le trône d'Orléans, mais il ne voulut pas en profiter, préférant l'obscurité de sa retraite à tout l'éclat de la royauté. Il quitta sa première solitude pour se mettre sous la conduite de saint Séverin, qui vivait en reclus près de Paris, et il fit sous un aussi habile maître de grands progrès dans la perfection ; mais le voisinage de Paris contrariant le dessein qu'il avait de vivre inconnu au monde, il se retira en Provence et y opéra plusieurs miracles qui le mirent en vénération dans tout le pays. Voyant, de nouveau, sa solitude troublée par le grand nombre de visites qu'il était obligé de recevoir, il revint à Paris et il y fut accueilli avec transport. Le peuple ayant demandé qu'on l'élevât au sacerdoce, Eusèbe, évêque de Paris, le fit prêtre en 551, et saint Cloud exerça quelque temps les fonctions du saint ministère. Il se fixa ensuite à Nogent, village à deux lieues de Paris, et y bâtit une église. Bientôt il eut un grand nombre de disciples auxquels il enseignait la vertu par ses exemples plus encore que par ses instructions. Son zèle ne se bornait pas seulement à sanctifier ceux qui s'étaient placés sous sa conduite, il allait encore annoncer les vérités du salut dans les villages voisins. Il mourut vers l'an 560 à Nogent, où l'on gardait ses reliques et qui porte aujourd'hui le nom de Saint-Cloud. L'église qu'il avait bâtie et qu'il plaça sous la dépendance de l'église cathédrale de Paris, fut bientôt érigée en collégiale.—7 septembre.

CODRAT (saint), *Codratus* ou *Quadratus*, martyr à Corinthe sous le président Jason, souffrit pendant la persécution de Dèce, ou quelques années après, sous l'empereur Valérien.—10 mars.

CODRAT (saint), martyr à Hermopolis avec plusieurs autres, souffrit sous l'empereur Valérien.—9 mai.

CODRE (saint), *Codrus*, martyr en Orient, fut tiré à quatre chevaux : il est honoré chez les Grecs le 22 mai.

COEMGEN ou KEIVIN (saint), *Coengenus*, premier abbé de Gleandeloch en Irlande, fut le fondateur de ce monastère, qui devint ensuite un siége épiscopal, depuis longtemps réuni au siége de Dublin. Saint Coëmgen, qui florissait au commencement du xe siècle, mourut en 615, et il est patron de cette partie du diocèse de Dublin qui composait l'ancien évêché de Gleandloch.—3 juin.

COFFITELLE (le bienheureux), *Cufitella*, solitaire près de Scli dans le Val de Noto en Sicile, florissait au commencement du xve siècle et mourut en 1415.—4 avril.

COINDRE (saint), *Connidrius*, évêque en Irlande, mourut l'an 498, et il est honoré dans une petite île près de la côte irlandaise, le 17 novembre.

COINTE (sainte), *Cointha* ou *Quinta*, martyre à Alexandrie sous l'empereur Dèce : les païens l'ayant arrêtée, la conduisirent devant les idoles pour la contraindre à les adorer ; mais ayant refusé de le faire, ils la lièrent par les pieds, la traînèrent par les rues de la ville et la mirent en pièces par cet horrible supplice.—8 février.

COLLAETH ou COLLÉATH (saint), *Coenlaidus*, évêque de Kildare en Irlande, a été honoré, pendant plusieurs siècles, d'un culte public, le 3 mai.

COLLETTE (sainte), *Coleta*, réformatrice des Clarisses, était fille de Robert Boilet, charpentier, et de Marguerite Moyon. Elle naquit à Corbie le 13 janvier 1380 et montra, de bonne heure, un grand attrait pour les austérités de la pénitence. Ses parents, frappés des grâces extraordinaires dont Dieu la favorisait, la laissaient maîtresse de sa conduite. Son amour pour la pureté lui faisait fuir toute société, même celle des personnes de son sexe ; ou si quelquefois elle se trouvait avec ces dernières, alors ses conversations n'avaient d'autre but que d'inspirer le dégoût de la vanité et des dangers du monde. Elle vivait retirée dans une chambre de la maison paternelle, comme dans une solitude où elle partageait son temps entre la prière et le travail des mains. Alarmée du péril auquel sa beauté l'exposait, elle pria Dieu de lui ravir cet avantage dont d'autres sont si vaines, et elle devint si maigre et si pâle qu'elle était à peine reconnaissable. De son côté, elle contribua à ce changement par ses jeûnes et ses macérations. Toutefois, il lui resta toujours un certain air de majesté, de douceur et de modestie qui édifiait tous ceux qui la voyaient. Elle poussait si loin l'humilité qu'elle se regardait comme une grande pécheresse. Pleine de charité pour les malheureux, elle servait les pauvres et les malades avec une affection qui aurait suffi seule pour adoucir leurs peines. Après la mort de ses parents elle distribua tous ses biens en aumônes et se retira dans une maison de Béguines; c'étaient des femmes pieuses qui vivaient en communauté, sans faire de vœux, et qui tenaient le milieu entre les personnes du siècle et les religieuses. Sainte Collette, ne trouvant pas leur régime assez austère, entra, de l'avis de son confesseur, dans le tiers ordre de Saint-François, où elle passa trois ans; ensuite elle se rendit chez les religieuses de Sainte-Claire, dites Urbanistes, d'Urbain VI, qui avait mitigé leur règle. Sainte Collette se proposa de les ramener à leur austérité primitive, et c'est pour se préparer à cette réforme qu'elle se retira, avec la permission de l'abbé de Corbie, dans un petit ermitage où elle passa trois ans dans les exercices de la plus rigoureuse pénitence. De là elle se rendit chez les Clarisses d'Amiens et dans plusieurs autres couvents de l'ordre; mais avant de pousser les choses plus loin, elle alla trouver, à Nice, Pierre de Lune que la France reconnaissait comme pape légitime, sous le nom de Benoît XIII. Ce pontife la reçut avec bonté, lui promit sa protection pour l'œuvre importante qu'elle avait entreprise et lui donna le titre de supérieure générale des Clarisses, avec pouvoir d'établir, dans cet ordre, tous les règlements qu'elle jugerait convenable pour atteindre son but. Collette parcourut les diocèses de Paris, de Beauvais, de Noyon et d'Amiens, afin de ranimer, dans les différentes maisons de son ordre, le véritable esprit de saint François; mais elle eut à surmonter de grandes difficultés : on alla même jusqu'à la traiter de visionnaire et de fanatique. Sainte Collette, pleine de confiance en Dieu qui fait triompher, tôt ou tard, les entreprises qu'il a inspirées, souffrait avec calme et même avec joie, les contradictions et les injures auxquelles elle était en butte de toutes parts. Après avoir réussi en Savoie où les esprits étaient mieux disposés, elle eut la consolation de voir ensuite sa réforme adoptée successivement en Bourgogne, en France, en Flandre et en Espagne : elle l'introduisit aussi dans dix-sept maisons qu'elle fonda, de son vivant, et ces religieuses ainsi réformées prirent le nom de Pauvres-Clarisses, pour les distinguer des Urbanistes. Digne fille de sainte Claire, elle montrait pour la pauvreté un amour si grand, qu'elle voulait que cette vertu éclatât dans les maisons de son ordre et même dans les églises. Elle ne portait point de sandales et allait toujours nu-pieds. Son habit, d'une étoffe grossière, ne se composait que de morceaux cousus ensemble. Outre le renoncement total aux biens de la terre, elle s'efforçait aussi d'inculquer à ses religieuses le renoncement à la volonté propre, à l'exemple de Jésus-Christ, qui n'a jamais fait que la volonté de son père céleste, depuis le commencement de sa vie mortelle jusqu'à son dernier soupir sur la croix. Elle se plaisait à méditer la passion du Sauveur, et, tous les vendredis, elle vaquait à ce saint exercice, depuis six heures du matin jusqu'à six heures du soir, sans prendre aucune nourriture, et en versant des larmes abondantes. Sa ferveur pour ce touchant mystère redoublait encore pendant la semaine sainte. Lorsqu'elle assistait au saint sacrifice, elle ne pouvait modérer les transports de son amour pour Dieu; elle faisait éclater, dans cette circonstance, son amour pour le prochain, en priant pour la conversion des pécheurs et pour la délivrance des âmes du purgatoire. Sainte Collette mourut à Gand, après avoir reçu les sacrements de l'Eglise, le 6 mars 1447, âgée de soixante-six ans. Elle fut enterrée dans le monastère dit de Béthléem où son corps resta exposé à la vénération des fidèles jusqu'en 1782 que les Collettines de Gand, expulsées par l'empereur Joseph II, trouvèrent un asile à Poligny en Franche-Comté, et y transportèrent le corps de leur sainte fondatrice, qui est actuellement placé sous le maître-autel de leur chapelle. Clément VIII approuva l'office que les Franciscains récitent en son honneur et permit aux Clarisses de Gand de le célébrer solennellement. Pie VII la canonisa en 1807. — 6 mars.

COLLUTE (saint), *Collutus*, missionnaire et martyr en Egypte, fut un de ceux qui, sous la conduite de saint Recombe, prêchèrent l'Evangile dans le nord de ce pays. Le gouverneur instruit des nombreuses conversions qu'ils opéraient, les fit arrêter, au nombre de trente-sept, et leur donna le choix entre sacrifier aux dieux ou mourir. Ils ne balancèrent pas un instant et ils furent condamnés à divers supplices. Collute fut décapité, sans qu'on sache en quel siècle, mais il est probable que c'était dans le IIIe. — 16 janvier.

COLLUTH (saint), *Colleithus*, martyr, honoré chez les Grecs avec saint Barbre et un autre, est marqué dans les ménées et les synaxaires sous le 14 mai.

COLMAN (saint), *Colmanus*, premier évêque de Cloyne en Irlande, fut élevé dans le monastère de Louh-Eirc, alors gouverné par saint Finbarr, où se rendaient ceux qui voulaient se former dans les sciences et dans la vertu. Il fonda l'évêché de Cloyne dans la Mommonie et il mourut le 4 novembre 604. — 4 novembre.

COLMAN ELO (saint), abbé en Irlande, dans le VIe siècle, quitta, jeune, son pays, pour se consacrer à Dieu en prenant l'habit monastique, sur le mont Blandin dans le Leinster. Il passa ensuite quelque temps dans le monastère de Corner en Ultonie; de là il revint dans la province de Méath, sa patrie, où il fonda le monastère de Land-Elo, dont il fut le premier abbé, et d'où il reçut le surnom d'Elo, pour le distinguer de plusieurs autres saints de son nom. Il était très-lié avec saint Colomkille, avant que celui-ci n'eût quitté l'Irlande pour aller évangéliser les Pictes du Nord, vers l'an 565. Saint Colman se fit admirer par son détachement des créatures, par son amour pour les choses du ciel, et surtout par son ardeur pour la prière et la contemplation. Il mourut, dans un âge avancé, le 26 septembre 610. — 26 septembre.

COLMAN (saint), prêtre et martyr, était

originaire d'Irlande ; ayant fait un voyage à Rome pour visiter les tombeaux des saints apôtres, avec saint Kilien, son compatriote, le pape sacra évêque ce dernier, et l'envoya prêcher l'Evangile aux idolâtres de la Franconie, lui adjoignant pour compagnon saint Colman. Après de nombreuses conversions, Gosbert, duc de Franconie, qui venait de se faire baptiser, reçut des missionnaires l'ordre de se séparer de Geilane, sa belle-sœur, qu'il avait épousée après qu'elle était devenue veuve de son frère; mais celle-ci, pour se venger de ce qu'elle regardait comme un affront sanglant, et poussée par l'amour et l'ambition, profita de l'absence du duc pour faire assassiner saint Kilien et saint Colman. Leur martyre eut lieu à Wurtzbourg, en 688, et leurs reliques furent transférées, le siècle suivant, dans la cathédrale de cette ville par Burchard, qui en était alors évêque.—8 juillet.

COLMAN (saint), martyr en Autriche, était écossais de nation, et même du sang royal, selon quelques historiens. Il entreprit le pèlerinage de la terre-sainte, et étant arrivé à Stockeraw, ville à trois lieues de Vienne en Autriche, comme il venait de traverser un pays ennemi on le prit pour un espion et on l'arrêta. Il eut beau protester de son innocence : on lui fit souffrir mille tortures, et on le condamna ensuite à être pendu ; ce qui fut exécuté le 13 octobre 1012. La sainteté de sa vie, son courage héroïque dans les tourments et plusieurs miracles opérés à son tombeau, le firent révérer comme un martyr. En 1015 on transféra, à la prière de Henri, marquis d'Autriche, son corps à Mark, capitale des anciens Marcomans. Il est patron de plusieurs églises de cette partie de l'Allemagne, dont quelques-unes portent son nom. —13 octobre.

COLME (saint), *Columba*, moine en Irlande, florissait dans le VI° siècle, et son corps se garde à Tymlaglasse, dans la Mommonie, où il est honoré le 13 décembre.

COLME (saint), *Colmocus*, évêque des îles Orcades, célèbre par sa grande sainteté, florissait au commencement du XI° siècle et mourut en 1013.—6 juin.

COLOMB, (saint), *Columbus*, abbé en Irlande, était fils de Craimthaïn et naquit dans la province de Leinster. Il fut disciple de saint Finien et se montra fidèle imitateur de son maître. Il fonda le monastère de Tyrdaglas dans la province de Munster et il en devint ensuite abbé. Sa mort un peu après le milieu du VI° siècle. — 12 décembre.

COLOMB (saint), moine de Lérins et martyr avec saint Porcaire, son abbé, fut massacré par les Sarrasins, l'an 731. Porcaire, informé de l'approche de ces barbares, fit passer en Italie les plus jeunes de ses religieux, avec quelques enfants qu'on élevait dans l'abbaye. Il exhorta ensuite les moines qui restaient et qui étaient au nombre de 500, à mourir courageusement pour Jésus-Christ; ce qu'ils promirent tous. Mais à la vue des Sarrasins, Colomb et un autre moine, nommé Eleuthère, allèrent se cacher dans une grotte sur le rivage. Pendant qu'on massacrait la communauté, Colomb eut honte de son peu de courage et rejoignit ses frères, afin d'avoir part à leur triomphe. A peine se fut-il montré que les ennemis du nom chrétien, sur son refus d'abandonner la religion, le mirent à mort, et il est honoré avec saint Porcaire le 12 août.

COLOMBAIN (saint), *Columbanus*, confesseur à Gand, florissait dans le X° siècle et mourut en 959. Il mena longtemps la vie de reclus près de l'ancienne église de Saint-Bavon, et il est honoré le 13 février.

COLOMBAN (saint), *Columbanus*, abbé, né vers l'an 543 dans la province de Leinster en Irlande, se rendit à l'école de Cluin-Inys et il y apprit sous saint Silène la grammaire, la rhétorique, la géométrie, la poésie et les autres sciences qu'on enseignait alors dans cette abbaye. Il alla ensuite prendre l'habit à Bangor, célèbre abbaye dans le comté de Down où il se perfectionna dans les arts libéraux, et, très-jeune encore, il avait déjà composé un commentaire sur les psaumes. Son ardeur pour l'étude ne l'empêchait pas de se distinguer par sa piété et de se livrer aux pratiques les plus austères de la mortification. Son attrait pour une vie plus solitaire lui inspira le désir de quitter l'Irlande et de passer dans une contrée étrangère. Il demanda à saint Comgall, son abbé, la permission de quitter Bangor; ce qui ne lui fut accordé qu'avec peine, parce qu'on tenait à conserver un religieux d'un si rare mérite. Après avoir reçu la bénédiction du saint abbé, il partit avec douze moines, parmi lesquels étaient saint Gal et saint Déicole, et après avoir traversé l'Angleterre, il aborda dans les Gaules vers l'an 585 : partout où il passait, il annonçait la parole de Dieu avec d'autant plus de succès que la sainteté de sa vie donnait de la force à ses prédications. Ce qui excitait surtout son zèle, c'était de voir le relâchement dans lequel était tombée la discipline ecclésiastique, à cause des incursions des barbares, et aussi par la négligence des évêques. Ses vertus et celles de ses compagnons inspiraient la piété partout sur leur passage. Gontran, roi d'Orléans et de Bourgogne, invita Colomban à se fixer dans son royaume et lui permit de bâtir un monastère, là où il voudrait. Colomban choisit le château d'Anegrai, qui tombait en ruines et qui était situé dans la partie montagneuse du pays qui prit plus tard le nom de Lorraine. Ce monastère, qui n'existe plus depuis longtemps, se trouva bientôt trop petit pour contenir tous ceux qui demandaient à vivre sous sa conduite. Il en bâtit un second, vers l'an 600, celui de Luxeuil, qui devint le chef-lieu de son ordre. Il en bâtit ensuite un troisième à trois lieues de Luxeuil, lequel porta le nom de Fontaines, parce qu'il était situé dans un lieu où il y avait beaucoup de sources. Ces maisons avaient chacune un supérieur particulier et le saint fondateur résidait dans chacune successivement, adressant des instructions aux moines sur les devoirs de leur état. Il leur donna une règle qu'il tenait, dit-il, de ses pères, c'est-à-dire, qu'il avait vu pratiquer en Irlande, et qui est devenue célèbre; elle est suivie de deux pénitentiels, l'un qui prescrit les pénitences qu'on doit imposer aux moines, lorsqu'ils tombent dans quelques fautes, et l'autre qui est un recueil de pénitences canoniques pour toutes sortes de personnes et pour toutes sortes de péchés. Dans les premiers temps de l'institut, saint Colomban et ses disciples ne vivaient que d'herbes et d'écorces d'arbres. Leur pauvreté était telle que Dieu daigna, plusieurs fois, venir au secours de ses serviteurs d'une manière miraculeuse. Saint Colomban, d'après l'usage d'Irlande, célébrait la fête de Pâques le quatorzième jour de la lune, quand même ce jour tombait un dimanche. Les évêques de France l'en ayant repris, il consulta saint Grégoire le Grand. Le pape ne lui ayant pas répondu, il écrivit une seconde lettre, qui resta aussi sans réponse, et il est probable que saint Grégoire ne les reçut pas. Il écrivit ensuite aux évêques des Gaules assemblés en concile, pour les prier que chacun s'en tînt à sa propre coutume sur le temps où l'on devait célébrer la Pâque. Il s'adressa aussi, pour le même sujet, à Sabinien et à Boniface III, successeurs de saint Grégoire; mais leur court pontificat ne leur laissa pas le temps de lui faire parvenir leur décision. Quelques années après il encourut la haine de Thierri, roi de Bourgogne, ou plutôt celle de Brunehaut, son aïeule, qui régnait sous son nom. Colomban reprocha au prince sa conduite scandaleuse et l'exhorta à contracter un mariage digne de lui; ce que Thierri promit de faire; car il avait beaucoup de vénération pour le saint abbé. Brunehaut, qui craignait qu'une reine ne lui fit perdre le crédit qu'elle avait sur son petit-fils, trouva le conseil fort mauvais. Son ressentiment fut encore augmenté par le refus que fit le saint de donner sa bénédiction aux enfants naturels du roi. Ils ne peuvent, dit-il, hériter de la couronne, étant le fruit de la débauche; mais ce qui acheva de la rendre furieuse c'est que s'étant présentée à la porte du monastère, l'entrée lui en fut refusée par Colomban, qui s'était fait une loi de ne la permettre à aucune femme. L'occasion de se venger se présenta bientôt. Comme Thierri ne tenait pas la promesse qu'il avait faite de renvoyer ses concubines, le saint lui écrivit avec fermeté, lui reprochant son manque de parole et le menaçant de la peine de l'excommunication, s'il ne changeait sa conduite. Brunehaut représenta au roi qu'une lettre semblable était un outrage à la dignité royale et arracha à son petit-fils un ordre qui exilait le saint. On le conduisit d'abord à Besançon, où il fut très-bien accueilli par saint Nicet, archevêque de cette ville, qui le logea chez lui. Deux gentilshommes furent ensuite chargés de l'escorter jusqu'à Nantes et de ne pas le quitter qu'il ne fût embarqué pour l'Irlande. Des vents contraires ayant forcé le vaisseau à rentrer au port, Colomban se rendit auprès de Clotaire II, qui régnait sur la Neustrie, et lui prédit qu'en moins de trois ans, il serait maître de toute la monarchie française: prédiction qu'il avait déjà faite sur la route. Ensuite il passa par Paris et par Meaux pour se rendre à la cour de Théodebert, roi d'Austrasie, et frère de Thierri, qui le reçut avec bonté et lui promit sa protection. L'exil de saint Colomban eut lieu en 610, et cette même année, il écrivit aux moines de Luxeuil pour les exhorter à la patience, à l'union et à la charité. Quelques-uns de ses disciples, parmi lesquels on compte saint Gal, saint Eustase, saint Babolein, étant venus le joindre à Metz, il partit avec eux pour aller prêcher l'Evangile aux infidèles qui habitaient près du lac de Zurich, et qui étaient aussi cruels qu'adonnés aux superstitions de l'idolâtrie. Un jour qu'ils se préparaient à offrir un sacrifice, il leur demanda ce qu'ils voulaient faire d'une cuve pleine de bière qui était au milieu d'eux. Ils répondirent que c'était une offrande à leur dieu Wodan. Alors animé d'un saint zèle, il souffla sur la cuve qui se brisa avec un grand bruit, et la bière fut répandue. Il profita ensuite de la surprise que ce prodige inspirait aux barbares pour les exhorter à quitter le paganisme. Plusieurs se convertirent et reçurent le baptême; d'autres, qui avaient déjà été baptisés auparavant, et qui étaient retournés à l'idolâtrie, abjurèrent leur apostasie. Saint Gal enhardi par ces heureuses dispositions mit le feu aux temples des idoles et jeta dans le lac les offrandes qui s'y trouvaient; ce qui irrita tellement ceux qui restaient attachés à leurs superstitions qu'ils résolurent de le faire mourir et de chasser saint Colomban après l'avoir battu de verges. Ceux-ci, informés de ce dessein, se retirèrent à Arbon, sur le lac de Constance, où ils furent reçus par un saint prêtre, nommé Villemar, qui leur procura une retraite dans une vallée agréable, près de Brégentz. Ils y trouvèrent un oratoire dédié à sainte Aurél e, autour duquel ils se construisirent des cellules. Les habitants du lieu qui avaient eu autrefois quelque connaissance du christianisme, étaient retombés dans l'idolâtrie, et ils avaient même placé dans l'oratoire trois statues de cuivre doré qu'ils adoraient comme les dieux tutélaires du pays. Saint Gal, qui connaissait leur langue, en convertit un grand nombre par ses prédications; il mit les idoles en pièces et les jeta dans le lac. Ensuite Colomban aspergea l'église d'eau bénite, tourna autour avec ses disciples en chantant des psaumes et en fit ainsi la dédicace. Il fit des onctions à l'autel, mit dessous des reliques de sainte Aurélie et célébra les saints mystères. Le peuple, que ces cérémonies avaient beaucoup touché, s'en retourna avec la résolution de ne plus adorer que le vrai Dieu. C'est là l'origine du monastère de Brégentz, appelé plus tard Méréraw, le plus ancien de l'Allemagne. Il y avait trois ans que le saint abbé s'occupait de cet établissement lorsque Thierri devint, par la défaite et la mort de son frère, maître du pays. Colomban, persuadé que sa vie n'y serait plus en sûreté, passa en Italie avec plusieurs de ses disciples, en 613. Il fut bien accueilli par Aiguife, roi des Lombards, qui l'aida à fonder le monastère de Bobio, dans les montagnes de l'Apennin. Saint Colomban fit bâtir, dans le voisinage, un oratoire dédié à la sainte Vierge, près d'une caverne où il se retirait, seul pendant le carême et une grande partie de l'année, ne paraissant guère au monastère que les dimanches et les jours de fêtes. L'affaire *des trois chapitres* après avoir troublé l'Orient, agitait alors l'Occident, et surtout l'Italie. Saint Colomban, qui ne connaissait l'état de la question que par le rapport des Lombards, écrivit, à la prière d'Aiguife, une lettre à Boniface IV, dans laquelle il prenait la défense des *trois chapitres*, et s'élevait contre le pape Vigile, prétendant qu'il avait porté atteinte au concile de Chalcédoine. Sa lettre, dit un célèbre protestant, prouve qu'il n'était pas bien instruit des faits ; elle fournit même une preuve de son zèle pour l'honneur du siége apostolique et de la résolution où il était d'y rester inviolablement attaché. Clotaire II, étant devenu seul maître de la monarchie par la défaite de Sigebert, fils de Thierri, se rappela la prédiction de saint Colomban et lui fit proposer par saint Eustase, abbé de Luxeuil, de revenir en France ; mais il répondit qu'il ne pouvait quitter l'Italie et exhorta Clotaire à mener une vie plus chrétienne. Celui-ci, pour lui donner une marque de son estime, prit le monastère de Luxeuil sous sa protection spéciale et en augmenta considérablement les revenus par ses libéralités. Saint Colomban mourut à Bobio le 21 novembre 615, âgé d'environ soixante-douze ans. Il est regardé comme un des principaux patriarches de la vie monastique, surtout en France, où la plupart des moines suivirent sa règle jusqu'à Charlemagne, qui fit adopter partout celle de saint Benoît, pour garder l'uniformité. Outre sa règle, saint Colomban a laissé seize *discours* sur les devoirs de l'état monastique ; des *poésies* sur des sujets de morale et de piété qui prouvent qu'il était bon poëte, pour le siècle où il vivait, et qu'il connaissait l'histoire profane, et même la mythologie ; un *ouvrage* contre les ariens qui se trouvaient encore parmi les Lombards, et quelques lettres. — 21 novembre.

COLOMBE (sainte), *Colomba*, vierge et martyre à Sens où elle est honorée avec beaucoup de dévotion. Ses reliques qui se gardaient chez les Bénédictins de cette ville, furent dispersées par les huguenots dans le XVIe siècle. Il y avait déjà, du temps de saint Eloi, une chapelle de son nom à Paris, au rapport de saint Ouen, son historien. Sainte Colombe souffrit sous l'empereur Aurélien, vers l'an 273. Après avoir surmonté la peine du feu, dit le Martyrologe romain, elle fut frappée par le glaive. Il y a en France plus de trente paroisses qui portent son nom. — 31 décembre.

COLOMBE (sainte), vierge et martyre à Cordoue en Espagne, se montra, dès son jeune âge, fort zélée pour les exercices de la religion. Elle se rendait souvent chez sa sœur aînée, nommée Elisabeth, épouse de saint Jérémie que l'Eglise honore comme martyr, le 7 juin, et trouvait dans cette famille l'exemple de toutes les vertus. Sa mère, qui était veuve et qui voulait l'établir, faisait tous ses efforts pour la détourner de ces visites auxquelles elle attribuait l'aversion de sa fille pour le monde et pour l'état du mariage. Elisabeth et Jérémie ayant fait bâtir à Tabane, montagne située à deux lieues de Cordoue, un double monastère, ils s'y retirèrent avec leurs enfants et quelques personnes de leur famille. Lorsque Colombe fut libre de suivre sa vocation, elle vint se mettre sous la conduite de sa sœur qui gouvernait les religieuses, et se distingua par sa fidélité aux pratiques de la règle et surtout par son amour pour la prière et pour la lecture des livres saints. Les deux communautés ayant été chassées de Tabane par les Maures, celle des religieuses vint se réfugier à Cordoue, dans une maison voisine de l'église de Saint-Cyprien. La persécution contre les chrétiens inspira à sainte Colombe l'idée de sortir secrètement de la maison pour se rendre devant le tribunal du juge, et s'étant déclarée chrétienne, on l'arrêta et on la décapita le 17 septembre 853, sous le règne de Mohamed, roi de Cordoue. Elle fut enterrée dans l'église de Sainte Eulalie, et on l'honore comme vierge martyre le 17 septembre.

COLOMBIN (saint), *Columbinus*, abbé de Lure en Franche-Comté, Irlandais de nation, était l'un des douze religieux qui accompagnèrent saint Colomban, lorsque celui-ci vint en France, vers l'an 585. Lorsque saint Deicole ou Deil, dont il était le compatriote et le filleul, alla fonder, vers l'an 610, le monastère de Lure, il le suivit et saint Deil s'étant démis du gouvernement de ce monastère en faveur de Colombin, celui-ci le remplaça dans la charge d'abbé, vers l'an 620 ; mais on ignore combien de temps il survécut à saint Deil. — 13 septembre.

COLOMKILLE ou COLOMB (saint), *Columba*, abbé en Irlande et apôtre des Pictes, naquit en 521 à Cartan dans le comté de Tyrconnel et sortait de l'illustre famille de Neil. Son aversion pour le monde et son amour pour Dieu le portait, dès l'âge le plus tendre, vers la vie religieuse ; il se mit sous la conduite de saint Finian, évêque de Clonard. Il étudia l'Ecriture et les sciences divines dans la célèbre école de Bluain-Irard. Ayant été élevé au sacerdoce en 546, il devint maître à son tour et donna, avec succès, des leçons d'Ecriture sainte et de piété. Vers 550, il fonda le grand monastère de Dair-Magh, aujourd'hui Durrogh, dans le comté de King, ainsi que ceux de Doire ou Derry dans l'Ultonie, et de Surd dans le Leinster. Il composa, pour leur usage, une règle tirée en grande partie de celles des anciens moines de l'Orient. Son zèle contre le vice lui ayant fait encourir l'indignation de Dermot ou Dermitius, roi d'Irlande, il fut obligé de s'expatrier, vers l'an 565; il passa avec douze de ses disciples dans la partie de la Grande-Bretagne connue aujourd'hui sous le nom d'Ecosse, pays habité par les Pictes dont il devint l'apôtre. Il convertit au christianisme ceux d'entre eux qui étaient encore idolâtres et qui habitaient le Nord de la contrée au delà du mont Grampus. Après leur conversion, ils lui donnèrent la petite île de Hy ou d'Ione, située à quatre lieues de la terre ferme et qui de son nom fut appelée Y-Colom-Kille. Il y fonda un monastère dont il fut le premier abbé et qui, durant plusieurs siècles, fut le principal séminaire des Bretons septentrionaux. Il fut aussi pendant longtemps le lieu de sépulture des rois d'Ecosse, et d'une multitude innombrable de saints. Saint Colom-kille, pratiquait de grandes austérités, surtout par rapport au jeûne, il couchait sur la terre nue et n'avait qu'une pierre pour oreiller; mais il n'était ni sombre ni mélancolique: l'aimable gaieté qui paraissait sur son visage annonçait le calme de son âme et la joie sainte qu'il goûtait au dedans de lui-même. Aussi gagnait-il les cœurs de tous ceux qui l'approchaient, et ses vertus admirables, rehaussées encore par le don de prophétie et par celui des miracles, lui attiraient une telle vénération, que les rois eux-mêmes ne faisaient rien sans le consulter, et qu'en 570 Aïdan ou Edhan, successeur de Kinatel dont il était parent, voulut recevoir de sa main les ornements royaux. Quatre ans avant sa mort, c'est-à-dire en 593, il eut une vision qui lui fit répandre beaucoup de larmes, et dans laquelle les anges lui révélèrent que Dieu, touché des prières des Eglises de Bretagne et d'Ecosse, prolongerait encore sa vie de quatre ans. Lorsque ce terme fut écoulé, il dit un jour à Diermit, son disciple: c'est aujourd'hui le sabbat, c'est-à-dire, jour de repos; il sera véritablement tel pour moi, puisqu'il mettra fin à mes travaux. S'étant ensuite rendu le premier à l'église, pour les Matines, il se mit à genoux devant l'autel, et s'étant fait administrer le saint viatique, il donna sa bénédiction à ses religieux, et expira tranquillement l'an 593, âgé de soixante-seize ans. Il fut enterré dans l'île de Hy, mais son corps fut transporté, dans la suite, à Down en Ultonie, et déposé dans un caveau avec ceux de saint Patrice et de sainte Brigitte. — 7 et 9 juin.

COLONIC (saint), *Colonicus*, martyr à Eleutheropolis en Palestine avec saint Florien et quarante-huit autres, sous le règne de l'empereur Héraclius, fut mis à mort par les Sarrasins, pour la foi de Jésus-Christ, l'an 627. — 17 décembre.

COLOQUIL (saint), confesseur, est peut-être le même que saint Colomkille. — 16 mars.

COME (saint), *Cosmas*, médecin et martyr, était Arabe de naissance; il se rendit en Syrie avec saint Damien son frère, pour y apprendre les sciences et surtout la médecine. Il alla ensuite s'établir à Eges, ville de Cilicie où il exerçait gratuitement la profession de médecin, de même que Damien qui imitait son désintéressement et son attachement à la religion chrétienne qu'ils avaient tous deux le bonheur de professer, et à laquelle ils s'efforçaient de faire tous les jours de nouveaux prosélytes. La persécution de Dioclétien s'étant allumée en 303, les deux frères furent arrêtés par l'ordre de Lysias, gouverneur de Cilicie, qui, après leur avoir fait souffrir divers tourments, les condamna à la décapitation. Leurs corps furent transportés en Syrie et enterrés à Cyr. Théodoret, qui en était évêque, au ve siècle, dit qu'on les gardait dans une église de leur nom. L'empereur Justinien, ayant été guéri d'une maladie dangereuse par leur intercession, fit, par reconnaissance, agrandir et fortifier la ville de Cyr qui renfermait leurs reliques. Il donna aussi des ordres pour qu'on réparât leur église de Constantinople, et en fit bâtir une seconde dans la même ville sous leur invocation. Il y a aussi à Rome une église de leur nom, qui est un titre de cardinal-diacre, et qui possède une partie de leurs vénérables restes. L'église de Saint-Côme de Paris en possède aussi une portion. On lit leur nom dans le canon de la messe. — 27 septembre.

COME DE CRÈTE (saint), solitaire dans l'île de Candie, mourut vers l'an 706. — 2 septembre.

COMMINE (saint), martyr à Lyon avec saint Pothin, évêque de cette ville et quarante-cinq autres, fut décapité l'an 177, sous le règne de Marc-Aurèle. — 2 juin.

COMMUN (saint), *Communis*, est honoré comme martyr à Toscanelle près du lac de Bolsène en Italie, où l'on garde son corps. — 8 février.

CONAS (saint), est honoré par les Ethiopiens le 19 février.

CONCESSE (saint), *Concessus*, martyr de Rome avec saint Démètre et plusieurs autres, souffrit à Sirmich, et non à Rome, d'après le Martyrologe de saint Jérôme. — 9 avril.

CONCESSE (saint), martyr à Alexandrie avec saint Apollone prêtre et quatre autres, fut jeté dans la mer par ordre de l'empereur Maximin II, vers l'an 311. — 10 avril.

CONCESSE (sainte), *Concessa*, martyre en Afrique, était autrefois honorée à Carthage le 8 avril.

CONCHINNE (sainte), *Conchenna*, était sœur de saint Munnu, abbé de Hy, et mourut en 654. Elle est honorée dans la province d'Ultonie en Irlande le 13 mars.

CONCORD (saint), *Concors-dis*, prêtre et martyr à Spolette, fut arrêté vers l'an 178 dans un désert où il s'était réfugié pendant la persécution de Marc-Aurèle; conduit à Spolette devant Torquatus, gouverneur de l'Ombrie, il confessa généreusement Jésus-Christ. On employa d'abord les menaces et les promesses pour le vaincre dans un premier interrogatoire, et on le frappa à coups de bâton. Dans un second, on l'étendit sur le chevalet ; ce qu'il souffrit avec une patience héroïque, en s'écriant de temps en temps : Soyez glorifié, Seigneur Jésus. Trois jours après, Torquatus envoya deux soldats pour le décapiter en prison, s'il refusait de sacrifier à une idole que portait un prêtre qui les accompagnait. Concorde ayant craché sur l'idole, pour marquer l'horreur qu'il avait d'un tel sacrifice, un des soldats lui trancha aussitôt la tête. Le Martyrologe romain, qui le nomme le 1er janvier, lui donne la qualité de prêtre : d'autres martyrologes ne lui donnent que celle de sous-diacre, et le nomment le 2 janvier.

CONCORDE (saint), martyr à Nicomédie, était fils de saint Zénon et frère de saint Théodore : il souffrit l'an 303 pendant la persécution de Dioclétien. — 2 septembre.

CONCORDE (saint), martyr à Ravenne, fils de saint Valentin, mestre de camp, souffrit le martyre avec son père à Ravenne, dans la persécution de Maximien. — 16 décembre.

CONCORDE (sainte), *Concordia*, martyre à Rome avec saint Hippolyte, dont elle avait été la nourrice, fut arrêtée l'an 258, pendant la persécution de Valérien, et confessa Jésus-Christ ; ce qui lui valut d'être frappée avec des verges plombées. Elle expira dans ce supplice et son corps fut jeté dans un cloaque. Saint Irénée et saint Abonde l'en ayant retirée, y furent précipités à leur tour tout vivants, en punition de cette action charitable. Son corps fut inhumé dans le champ Véran, sur le chemin de Tivoli. — 13 août.

CONCORZ (saint), *Concordius*, évêque de Saintes, florissait au commencement du VIe siècle et mourut en 510. — 25 février.

CONDÉ (saint), *Condedus*, prêtre et ermite anglais, passa en France vers le milieu du VIIe siècle et se fixa dans une solitude près de Saint-Valery. La réputation de saint Lambert, abbé de Fontenelles, l'attira dans cette abbaye où il passa plusieurs années. Il se retira ensuite dans une île de la Seine nommée Belcinac, que le roi Thierri III lui avait donnée. Il y bâtit deux églises, l'une en l'honneur de la sainte Vierge et l'autre en l'honneur des saints apôtres Pierre et Paul. On croit qu'il mourut vers l'an 685 et ses religieux furent transférés à Fontenelles, lorsque l'île de Belcinac disparut sous les eaux de la Seine. — 20 octobre.

CONE (saint), *Conus*, moine du monastère de Saint-Benoît est honoré à Diano, dans le royaume de Naples, où l'on garde son corps sous un autel. — 3 juin.

CONGAL ou COMGELL (saint), *Congellus* ou *Congallus*, abbé en Irlande, naquit l'an 516 dans le nord de l'Ultonie, d'une famille distinguée. Il fut élevé par saint Fintan abbé du monastère de Cluain-Aidnech, situé au pied des monts Bladins, et il fit de grands progrès dans la perfection. Vers l'an 550, il fonda au comté de Down la grande abbaye de Bangor, qui devint aussi célèbre parmi les Irlandais que parmi les Bretons, l'abbaye du même nom, située dans le pays de Galles. Il eut, selon quelques historiens, jusqu'à trois mille moines sous sa conduite, tant à Bangor que dans d'autres maisons. Le plus illustre de ses disciples fut saint Colomban. Vers l'an 562, saint Congall passa dans le pays de Galles pour y fonder un monastère dans un lieu qui se nommait alors *la terre de Heth*. De retour en Irlande, il en fonda un autre appelé de son nom Celle-Congall, aujourd'hui Saynkille, qui a été uni à l'archevêché de Dublin. Après avoir joui d'une grande réputation de sagesse et de sainteté, et s'être placé parmi les plus célèbres fondateurs de la vie monastique en Irlande, il mourut le 10 mai 601, âgé de quatre-vingt-cinq ans. — 10 mai.

CONION ou CANION (saint), compagnon de saint Prisque, qui, dans la persécution des Vandales, fut exilé d'Afrique, après avoir souffert plusieurs tourments pour la vraie foi. Embarqués en 483, sur un vieux navire, il aborda sur les côtes de la Campanie, et s'étant chargé du gouvernement d'une église, il propagea merveilleusement la religion catholique. — 1er septembre.

CONOCAIN (saint), *Cuenegannus*, évêque de Quimper en Bretagne, était honoré autrefois dans l'église abbatiale de Saint-Sauve : son corps se garde à Montreuil en Picardie. — 13 octobre.

CONON (saint), martyr à Perge en Pamphilie, fut arrêté par ordre d'Epode ou Pollion, gouverneur de la province, l'an 250, pendant la persécution de l'empereur Dèce. Il souffrit avec saint Papias et deux autres. — 25 février.

CONON (saint), jardinier et martyr en Chypre pendant la persécution de Dèce, eut les pieds percés de clous, et en cet état fut forcé de courir devant un char ; mais la douleur qu'il ressentait l'ayant fait tomber sur ses genoux, il expira en priant Dieu. — 6 mars.

CONON (saint), martyr à Icône en Asie, ayant perdu sa femme, vivait dans la retraite avec son fils, uniquement occupé du service de Dieu et du salut de son âme. Quoique ses vertus et son mérite le rendissent digne d'entrer dans le cléricature, son humilité ne lui permit jamais d'acquiescer aux instances qui lui furent faites à ce sujet : seulement il consentit que l'évêque de cette ville fît lecteur son fils, qui avait alors douze ans, et qui, plus tard, fut élevé au diaconat. L'empereur Aurélien ayant porté un édit contre le christianisme, Domitien, officier de son armée, se rendit à Icône pour le faire exécuter. Conon fut arrêté l'un des premiers, et conduit devant le juge, qui, touché de sa vieillesse, lui demanda pourquoi il menait une vie si dure et si triste. Ceux qui vivent selon le monde, répondit Conon, sont ici dans les plaisirs et les délices, mais ceux qui vivent selon Dieu achètent le royaume du ciel par des peines et des croix..... Je suis d'ailleurs résolu à rompre tout commerce avec les hommes, pour être avec Jésus-Christ. On le fit étendre avec son fils sur un gril de fer tout rouge, puis sur des charbons qu'on allumait avec de l'huile. Pendant ce supplice, Conon disait au juge que ses ministres le servaient mal. Domitien les fit suspendre par les pieds sur une fumée capable de les étouffer; ensuite il ordonna qu'on leur coupât les mains avec une scie de bois. Eh quoi ! dit alors Conon, *ne rougissez-vous pas que des manchots triomphent de votre puissance?* — Les deux martyrs, ayant prié quelque temps et fait sur eux le signe de la croix avec ce qui leur restait de leurs membres, ils rendirent tranquillement l'esprit, vers l'an 275, après qu'Aurélien, dont on ignorait la mort à Icône, avait déjà quitté ce monde. Les reliques de saint Conon et de son fils se gardent à Acerra, près de Naples, dans une église qui porte son nom; on croit qu'elles furent apportées d'Asie au IXe siècle. — 29 mai.

CONON (saint), martyr à Bidane en Isaurie, est honoré chez les Grecs le 5 mars.

CONON (saint), moine de Penthucle en Palestine, florissait dans le milieu du VIe siècle. Il est loué par Jean Mosch, pour son admirable chasteté. — 19 février.

CONON (saint), évêque de Man, était fils d'Eugène III, roi d'Écosse, selon quelques Vies de saint Fiacre, et servit Dieu dès sa plus tendre enfance. Il se consacra au service des autels, et ayant passé dans l'île de Man, il fut chargé d'en gouverner l'Église en qualité d'évêque. Il y fit fructifier les semences de la foi que saint Patrice y avait jetées, et mourut vers l'an 648. Son nom a été en grande vénération dans les îles Hébrides, jusqu'à la prétendue réforme. — 26 janvier.

CONON (saint), moine de Nèse, monastère de l'ordre de Saint-Basile en Sicile, florissait au commencement du XIIIe siècle et mourut en 1236. — 28 mars.

CONRAD (saint), *Conradus*, évêque de Constance, était fils de Henri, comte d'Altorff, et fut placé, dès son bas âge, sous la conduite de l'évêque de Constance, pour y être élevé dans la célèbre école de cette ville. Il annonçait dès lors ce qu'il serait dans la suite, par son mépris pour les grandeurs humaines et par sa ferveur dans le service de Dieu. Après qu'il eût été élevé au sacerdoce, il fut fait prévôt de la cathédrale de Constance, qui était la première dignité du chapitre. Noting, évêque de cette ville, étant mort en 934, Conrad fut élu, tout d'une voix, pour lui succéder; mais on eut bien de la peine à lui faire accepter son élection. Saint Ulric, évêque d'Augsbourg, qui avait contribué à son élévation à l'épiscopat, et qui lui portait une vive affection, le visitait souvent pour jouir du plaisir qu'il goûtait dans sa société. Conrad, qui ne voulait plus rien posséder en propre, abandonna au comte Rudolfe son frère, tous ses biens, en échange de quelques terres situées dans le voisinage de Constance, et dont il fit don à la cathédrale et aux pauvres. Il avait déjà fait bâtir avant cela trois églises dans sa ville épiscopale, celle de Saint-Maurice, celle de Saint-Paul et celle de Saint-Jean l'Évangéliste. Il fit trois fois le pèlerinage de Jérusalem, selon la dévotion du temps; mais avec un esprit de piété et de pénitence peu commun. Il fuyait le commerce du monde, autant que cela lui était possible, afin d'éviter la perte du temps et les distractions que traîne à sa suite une vie trop répandue; et il considérait l'esprit de recueillement comme une qualité indispensable à celui qui exerce tous les jours les plus augustes fonctions, et surtout la célébration du saint sacrifice pour lequel il avait le respect le plus profond. On admirait sa charité envers les pauvres, son zèle pour l'instruction de son troupeau et toutes les vertus qui font les saints évêques. Après avoir rempli pendant quarante-deux ans tous les devoirs de l'épiscopat, il mourut en 976, et fut enterré dans l'église de Saint-Maurice. Plusieurs miracles s'étant opérés à son tombeau, le pape Calixte II le canonisa vers l'an 1120. — 26 novembre.

CONRAD (saint), archevêque nommé de Trèves et martyr, était primicier de l'église de Cologne, lorsque saint Annon, archevêque de cette ville, et régent de l'empire pendant la minorité de Henri IV, frappé de ses vertus et de son mérite, le fit nommer archevêque de Trèves; mais le peuple et le clergé de Trèves, qui n'avaient pas été consultés, résolurent de s'opposer à la prise de possession du siège archiépiscopal, dans la vue de maintenir le droit d'élection qu'on ne leur avait jamais contesté jusque-là. Conrad espérant que les choses s'arrangeraient lorsqu'il serait arrivé sur les lieux, se rendit dans son diocèse; mais à peine eut-il mis le pied sur le territoire qu'il venait administrer, que Déodoric, comte de Trèves, qui était allé l'attendre sur la route, le fit saisir par des soldats qui le jetèrent jusqu'à trois fois du haut d'un précipice, et lui coupèrent ensuite la tête. Cet horrible assassinat eut lieu l'an 1066. Le corps de Conrad fut transporté au monastère de Tholei où il fut enterré. Les miracles nombreux qui s'opérèrent à son tombeau ayant attesté sa sainteté, on commença à l'honorer comme martyr, et son culte n'a pas été interrompu. — 1er juin et 1er juillet.

CONRAD (le bienheureux), fondateur du monastère d'Engelbert, dans le pays d'Underwald en Suisse, fut tué en 1125 pour avoir voulu défendre les droits de cet établissement contre ceux qui s'efforçaient de l'en dépouiller par l'injustice et la violence. Il est honoré en Suisse, comme martyr, le 2 mai.

CONRAD (saint), religieux cistercien était fils de Henri le Noir, duc de Bavière ; il fut confié par son père à l'archevêque de Cologne, qui se chargea de son éducation. Le jeune prince profita si bien des exemples de vertu qu'il trouva dans la maison de ce pieux prélat, qu'il renonça à toutes les grandeurs humaines qui l'attendaient dans le monde, pour embrasser l'état religieux dans l'abbaye de Clairvaux, où il devint le modèle de la communauté, par son humilité, sa ferveur, son obéissance et son ardeur pour les austérités. Il fit, avec la permission de ses supérieurs, le pèlerinage de la terre sainte, et en revenant il mourut à Bari dans la Pouille, vers l'an 1225. Grégoire XVI a autorisé son culte en 1832. — 7 août.

CONRAD (le bienheureux), abbé de Villiers et cardinal, était fils du comte de Seyne. Après avoir quitté le monde pour entrer dans l'état ecclésiastique, il devint d'abord chanoine de Saint-Lambert à Liége; il fut ensuite successivement abbé de Villiers, de Clairvaux, de Citeaux, puis cardinal évêque de Porto et légat du saint-siége. Toutes ces dignités, qu'il ne dut qu'à son mérite, ne lui ôtèrent rien de son humilité; loin d'en être ébloui, il s'écriait, sur la fin de sa vie : *Que n'ai-je pu rester jusqu'à cette heure au couvent de Villiers, et y laver la vaisselle à mon tour?* Comme il assistait, en qualité de légat, à un synode tenu à Cologne, un curé se plaignit en sa présence de l'ordre des Dominicains qui venait d'être institué. *Ces frères, disait-il, sont arrivés ici pour notre perte; ils prennent part à la récolte d'autrui; ils confessent nos paroissiens et gagnent ainsi leurs bonnes grâces.* Le légat lui ayant demandé combien il y avait de paroissiens, Neuf mille, répondit le curé. *Homme téméraire,* s'écria alors Conrad, *ne savez-vous pas qu'au jugement de Dieu vous devez rendre compte de chacun d'eux? Pourquoi vous plaignez-vous de ce que d'autres viennent vous aider et diminuer gratuitement le fardeau sous lequel vous devriez succomber? Mais puisque vos plaintes prouvent clairement que vous êtes indigne de conserver vos fonctions, je vous prive dès ce moment de tous vos bénéfices ecclésiastiques.* Lorsqu'il fut de retour de sa légation, les cardinaux voulurent l'élever sur le siége apostolique, à la place d'Honorius III qui venait de mourir; mais ils ne purent le décider à accepter cette dignité. Le bienheureux Conrad mourut quelques mois après, l'an 1227. — 30 septembre.

CONRAD D'ASCOLI (le bienheureux), religieux franciscain, né en 1234, à Ascoli dans la Marche d'Ancône, d'une famille distinguée, se fit religieux dans l'ordre de Saint-François, et après avoir passé quelque temps à l'université de Pérouse et reçu la prêtrise, il fut envoyé à Rome où il se livra avec succès au ministère de la prédication. Chargé ensuite d'aller annoncer l'Evangile aux Maures d'Afrique, il en convertit plusieurs milliers; mais épuisé par les travaux apostoliques, il revint en Italie pour réparer sa santé, et accompagna en France le P. Jérôme, son général. Revenu à Rome, il ne cessa de travailler avec un zèle infatigable au salut des âmes, jusqu'à ce qu'il fut appelé à l'université de Paris, pour y professer la théologie. Les moments qu'il pouvait dérober à ses fonctions universitaires, il les employait à prêcher la parole de Dieu, à visiter les hôpitaux et à d'autres œuvres de religion, qui tendaient toutes à inspirer la pratique de la vertu. Le père Jérôme, son général, qu'il avait accompagné en France, qui était son compatriote et son ami, ayant été élu pape sous le nom de Nicolas IV, pour succéder à Honorius IV, en 1288, le rappela à Rome afin de profiter de ses lumières pour le gouvernement de l'Eglise. Conrad obéit; mais en passant par Ascoli, sa ville natale, il y mourut le 29 avril 1289 et y fut enterré. Nicolas IV lui fit ériger un petit mausolée, et Dieu manifesta sa sainteté par plusieurs miracles. En 1371, on leva son corps de terre et on le transféra avec solennité dans la nouvelle église construite à Ascoli en l'honneur de saint François. Son culte fut autorisé par Pie IV — 19 avril.

CONRAD D'OFFIDA (le bienheureux), Franciscain, né à Offida vers l'an 1241, entra dès l'âge de 15 ans dans l'ordre de Saint-François. Ses supérieurs, frappés de ses vertus, l'envoyèrent au mont Alverne, où le saint fondateur avait reçu, entre autres faveurs spirituelles, les stigmates qui ont rendu ce lieu si célèbre et où l'on n'admettait que les religieux les plus fervents de l'ordre, qui, élevés à la prêtrise, s'étaient rendus dignes de cette préférence par leur amour pour la prière et la contemplation. Conrad, qui se croyait indigne de cette honorable destination, s'y rendit par obéissance, et il y acquit une connaissance des choses divines qu'il ne devait pas à l'étude, mais à l'Esprit-Saint qui lui enseigna aussi à annoncer avec fruit la parole de Dieu. Il mourut le 12 décembre 1306, âgé d'environ soixante-cinq ans. Le pape Pie VII a permis de lui rendre un culte public, et il est honoré le jour de sa mort. — 12 décembre.

CONRAD (saint), solitaire, né en 1290, à Plaisance, d'une famille riche, entra dans l'état du mariage et hérita d'une fortune considérable à la mort de ses parents. Quoiqu'il eût des principes de religion, il se laissa aller aux plaisirs et aux vanités du monde, et négligea ses devoirs de chrétien, menant une vie dissipée et inutile pour le ciel. Etant un jour à la chasse, il alluma un grand feu pour forcer quelque bête fauve à quitter son terrier, mais il en résulta un incendie que Conrad ne put éteindre. Voyant l'impuissance de ses efforts, il prit la fuite, laissant la forêt sur le point d'être entièrement consumée. Comme le dégât était considérable, l'autorité fit des recherches pour en découvrir l'auteur, et arrêta un malheureux qu'on avait vu sortir de la forêt quelques heures avant que le feu n'éclatât. Il protesta d'abord de son innocence; mais, comme on n'ajoutait pas foi à ses dénégations, on l'appliqua à la question, et la violence des tortures lui ayant fait avouer le crime qu'il n'avait pas commis, on le condamna à mort. Conrad, désespéré de voir ainsi périr un innocent pour un fait dont il était seul coupable, alla trouver les magistrats, leur avoua la vérité et offrit de payer la valeur du bois consumé par son imprudence. Sa proposition fut acceptée; mais pour la remplir il fut forcé de vendre une partie de ses biens. Cet événement lui inspira la résolution de ne plus s'occuper que de son salut, qu'il avait négligé jusqu'alors. Après avoir fait partager à son épouse les nouvelles dispositions qui l'animaient, il mit ordre à ses affaires et ils partirent ensemble pour Rome. Conrad entra dans le tiers ordre de Saint-François, et sa femme se fit carmélite. Il se rendit ensuite en Sicile avec l'agrément de ses supérieurs, et s'y dévoua au service des malades ; puis, poussé par l'amour de la solitude, il alla se fixer sur une haute montagne, où il passa le reste de ses jours dans les exercices de la vie anachorétique. Il mourut en 1351, étant âgé de soixante-un ans. Les miracles qu'il opéra après sa mort lui ont mérité les honneurs que l'Église rend aux saints. — 19 février.

CONRAN (saint), *Conranus*, évêque d'Orkney, ou des îles Orcades, florissait dans le viie siècle, et se rendit recommandable par l'innocence de ses mœurs, par ses austérités et par son zèle à remplir tous les devoirs de l'épiscopat. Avant la prétendue réforme, le culte de saint Conran n'était pas moins célèbre dans ces îles que celui de saint Pallade et de saint Kentigern. — 14 février.

CONSOLATE (sainte), *Consolata*, vierge et martyre, est honorée à Reggio, dans l'État de Modène, où il y a une église de son nom. — 6 septembre.

CONSOLATE (sainte), vierge, est honorée dans une église de son nom à Gênes, le 5 décembre.

CONSORCE (sainte) *Consortia*, vierge qui florissait en Provence dans le vi^e siècle, était fille de saint Eucher II, qui monta sur le siège de Lyon en 523, et sœur de sainte Tullie. Une partie de ses reliques se gardait dans l'abbaye de Cluni. — 22 juin.

CONSTABLE (saint), *Constabilis*, abbé de Cave, près de Salerne, en Italie, florissait au commencement du xiie siècle, et mourut en 1124. — 17 février.

CONSTANCE (saint), *Constantius*, martyr au pays des Marses, était fils de saint Simplice et frère de saint Victorien. Après divers tourments, il fut décapité avec eux vers le milieu du iie siècle, sous le règne d'Antonin. — 26 août.

CONSTANCE (saint), évêque de Pérouse et martyr, souffrit avec plusieurs autres vers l'an 178, sous l'empereur Marc-Aurèle. — 29 janvier.

CONSTANCE (saint), martyr à Trèves avec saint Maxence et plusieurs autres, était l'un des principaux magistrats de cette ville, qui pendant la première persécution de Dioclétien souffrit de cruels supplices vers l'an 287, sous Rictio-Vare, préfet des Gaules. Dans le ive siècle, saint Félix, évêque de Trèves, transféra son corps dans l'église de la sainte Vierge, située hors des murs de la ville. — 12 décembre.

CONSTANCE (saint), est honoré comme martyr dans le marquisat de Saluces, en Piémont. — 8 septembre.

CONSTANCE (saint), confesseur, florissait à Rome dans la première partie du ve siècle. Il résista avec zèle aux pélagiens, qui lui firent essuyer beaucoup de mauvais traitements, ce qui lui a mérité le titre de confesseur. Il mourut vers l'an 418. — 30 novembre.

CONSTANCE (saint), évêque d'Aquino, dans le royaume de Naples, florissait au commencement du vi^e siècle. Saint Grégoire le Grand fait l'éloge de ses vertus, et dit qu'il était doué du don de prophétie. Il mourut vers l'an 524. — 1er septembre.

CONSTANCE, mansionnaire, dit le Martyrologe romain, c'est-à-dire sacristain de l'église de Saint-Etienne, près d'Ancône, se sanctifia par le zèle avec lequel il s'acquittait de son emploi, et par la pratique des vertus chrétiennes, ce qui le faisait regarder comme un saint dans tout le pays. Le don des miracles dont Dieu le favorisa, lui attirait des visites de toutes parts. Un paysan étant venu de fort loin pour le voir, le trouva monté sur une échelle, occupé à nettoyer les lampes de l'église, et n'apercevant qu'un homme d'une taille peu avantageuse et d'un extérieur fort ordinaire, il ne put croire que ce fût là le fameux Constance ; mais comme on lui dit que c'était lui-même, il s'écria tout désappointé : *Je pensais voir un homme parfait, et je ne vois pas même une figure d'homme.* Constance l'ayant entendu parler ainsi, alla l'embrasser et le remercia du jugement qu'il portait de lui, en lui disant : *Vous êtes le seul qui ayez su apprécier ce que je vaux ;* ce qui prouve jusqu'à quel point il portait la vertu d'humilité. Il mourut dans le vi^e siècle. — 23 septembre.

CONSTANCE (saint), évêque d'un siège qu'on croit être celui de Constantinople, est honoré dans plusieurs villes d'Italie, surtout à Bénévent, à Massa et à Capri. — 14 mai.

CONSTANCE (sainte) *Constantia*, martyre à Nocera avec saint Félix, souffrit sous Néron. — 19 septembre.

CONSTANT (saint), *Constans*, martyr en Afrique, souffrit avec saint Statulien et plusieurs autres. — 3 janvier.

CONSTANT (saint), martyr à Constance avec saint Alexandre, est honoré le 5 octobre.

CONSTANT DE FABIANO (le bienheureux), religieux dominicain, né à Fabiano, dans la Marche d'Ancône, au commencement du xve siècle, entra très-jeune encore dans l'ordre des dominicains, et il fut instruit dans la science des saints par le bienheureux Conradin de Brescia et par saint Antonin, depuis archevêque de Florence. Ces deux grands maîtres de la vie spirituelle, qui avaient conçu pour lui une vive amitié, l'élevèrent à un si haut degré de perfection, qu'il était déjà un sujet d'admiration pour tous les frères, avant même qu'il eût prononcé ses vœux, et il marcha avec une telle ferveur sur les traces de saint Dominique, qu'il semblait avoir hérité de son esprit. Il ajoutait des austérités de son choix à celles prescrites par la règle, couchant sur une natte de joncs et portant un rude cilice. Après les matines il restait ordinairement seul au chœur pour se livrer à la prière et à la méditation, et les moments qu'il ne consacrait pas à ce saint exercice, il les employait à l'étude de la théologie et à la lecture des livres saints. Pendant les récréations il se retirait à l'écart pour réciter l'office des morts et souvent le psautier : on lui a entendu dire que cette dernière pratique lui avait toujours réussi pour obtenir les grâces qu'il demandait à Dieu. Mais lorsqu'au milieu du xv° siècle, les Turcs étaient sur le point de s'emparer de Constantinople, plusieurs personnages élevés en dignité dans l'Eglise, et touchés du malheur qui menaçait les chrétiens d'Orient, prièrent Constant d'invoquer le ciel et de réciter le psautier en leur faveur. Il répondit qu'il l'avait déjà fait plus d'une fois, mais sans succès, parce que Dieu voulait punir ces schismatiques du crime de s'être séparés de l'Eglise romaine. Il prédit plusieurs événements, longtemps avant qu'ils n'arrivassent, et annonça la mort de saint Antonin, son ami, au moment même où elle avait lieu à Florence. Ce fait est rapporté dans les bulles relatives à la canonisation du saint archevêque. La sainteté du bienheureux Constant, sa science et son talent pour annoncer la parole de Dieu, attiraient beaucoup de monde à ses prédications. Il ne cherchait qu'à toucher et à convertir, sans s'embarrasser des grâces du style et des charmes de l'élocution ; aussi les conversions nombreuses qu'il opérait n'en étaient que plus frappantes. Ce fut par ses exhortations que les habitants d'Ascoli se décidèrent à rétablir un monastère de son ordre, où il fit observer la règle dans toute sa pureté. Il mourut à Ascoli, le 25 février 1481. Les nombreux miracles opérés à son tombeau en faveur des habitants d'Ascoli qui réclamaient son intercession, déterminèrent les fidèles à lui rendre un culte public, qui fut autorisé par Pie VII en 1821. Fabiano, sa patrie, qui possède son chef, l'a choisi pour son patron. — 25 février.

CONSTANTIEN (saint), *Constantianus*, solitaire dans le Maine, naquit en Auvergne, vers le commencement du vi° siècle, et quitta sa patrie, étant encore très-jeune, pour entrer dans le monastère de Micy, près d'Orléans, où se trouvait alors saint Frambourg, son compatriote. Ils prirent la résolution de se retirer dans un lieu plus désert, et allèrent habiter la forêt de Javron, dans le Maine. Saint Innocent, évêque du Mans, obligea ensuite Constantien à recevoir la prêtrise, afin qu'il pût exercer les fonctions du saint ministère dans les villages voisins. Son zèle, ses vertus, ses exemples et ses instructions contribuèrent au salut d'un grand nombre d'âmes, non-seulement sous l'épiscopat de saint Innocent, mort vers 542, mais aussi sous celui de saint Domnole, son successeur. La réputation de sainteté dont il jouissait était si grande que Clotaire Ier, passant par le Maine en 560 alla lui faire une visite et se recommanda à ses prières. Constantien lui prédit qu'il remporterait la victoire sur Chramne, son fils, qui s'était révolté contre lui et qu'il allait combattre en Bretagne. Le roi lui fit des présents considérables, qu'il employa à fonder un monastère. On ignore l'année de sa mort ; il fut enterré dans l'église de Javron, et son corps y resta jusqu'aux incursions des Normands. Alors une partie de ses reliques fut transportée à l'abbaye de Breteuil, dans le diocèse de Beauvais. — 1er décembre.

CONSTANTIN (saint), *Constantinus*, l'un des sept *Dormants* qui confessèrent la foi à Ephèse dans le milieu du IIIe siècle, pendant la persécution de l'empereur Dèce. Ayant été trouvés dans une caverne où ils s'étaient cachés, on en mana l'entrée, et ils *s'endormirent* dans le Seigneur, d'où le surnom de *Dormants* qu'on leur a donné. Leurs reliques, découvertes en 479, furent transportées à Marseille, et l'on montre encore près d'Ephèse la caverne où leurs corps furent trouvés. — 27 juillet.

CONSTANTIN (saint) confesseur à Carthage, est honoré le 11 mars.

CONSTANTIN (saint), évêque de Gap et confesseur, florissait dans le VIe siècle et assista, en 529 au 2e concile d'Orange, où l'on traita les principales matières qui concernent la grâce. Les détails de sa vie et l'année de sa mort sont restés inconnus ; ce qui n'empêche pas qu'il ne soit en grande vénération dans le diocèse qu'il gouverna avec beaucoup de zèle et qu'il édifia par ses vertus. Son crédit auprès de Dieu a souvent obtenu des guérisons miraculeuses à ceux qui imploraient son intercession. — 12 avril.

CONSTANTIN (saint), confesseur, est honoré à Bove, en Calabre, et il a donné son nom à une paroisse du pays. — 2 mai.

CONSTANTIN (saint), roi des Bretons et martyr, menait une vie assez déréglée, lorsqu'il fut converti par saint Gildas de Rhuys, et quitta le trône pour prendre l'habit religieux dans le monastère de saint David. S'étant joint à saint Colomb, il prêcha l'évangile aux Pictes septentrionaux qui habitaient le nord de l'Ecosse. Après avoir converti au christianisme tout le pays de Cantyr, il fut mis à mort par les infidèles, l'an 556, selon un ancien calendrier écossais, et enterré dans le monastère de Govane qu'il avait fondé sur la Cluyd. On l'honore comme martyr en Ecosse, où l'on bâtit plusieurs églises sous son nom. — 11 mars.

CONSTANTIN LE DRONGAIRE (saint), l'un des quarante-deux martyrs dits d'Amorio, parce qu'ils furent faits prisonniers dans cette ville en 836, et livrés au calife Moutassem. Ce prince les fit conduire à Bagdad et jeter dans un cachot si obscur, qu'ils ne pouvaient se reconnaître que par la voix, même en plein midi. Quoiqu'ils fussent d'un rang distingué, on ne leur donna pour vêtement que des haillons, et pour nourriture qu'un peu de pain et d'eau. Ce régime barbare avait pour but de dompter leur constance et de leur arracher un acte d'apostasie. Moutassem mourut en 842, avant d'avoir pu réussir dans son plan de perversion, et Vateck, son fils et son successeur, le continua avec une persévérance infernale pendant trois ans sans plus de succès. Honteux d'être vaincu par ces généreux chrétiens qui souffraient depuis près de neuf ans toutes les horreurs imaginables avec une patience inaltérable, il les condamna au dernier supplice. Par son ordre, ils furent donc conduits sur les bords du Tigre et décapités l'an 845. — 6 mars.

CONSTANTIN II (saint), roi d'Ecosse et martyr, était fils de Kenneth II, qui mourut en 854 ; mais Donald, frère de celui-ci et oncle de Constantin, lui succéda au préjudice du jeune prince qui ne monta sur le trône qu'en 858, après la mort de Donald. Pendant qu'il s'appliquait à civiliser ses sujets et à les rendre heureux, les Danois vinrent faire un débarquement sur les côtes d'Ecosse. Constantin marcha contre eux avec une petite armée rassemblée à la hâte et mit en fuite les troupes commandées par Nubba ; mais Hinguar, frère du général qu'il venait de vaincre, l'attaqua à son tour près du bourg de Cararia. Lorsqu'il vit les barbares maîtres du champ de bataille, il fit à Dieu cette prière : *Seigneur, ne permettez pas que ceux qui vous servent deviennent la proie des bêtes féroces.* Les Danois l'ayant pris, l'égorgèrent dans une caverne située près de Crail, sur le bord de la mer, l'an 874, après seize ans de règne. Son corps ayant été retrouvé par ses sujets, il fut enterré dans l'île d'Yone, où d'Y-Colonikille, sépulture ordinaire des rois d'Ecosse. Les miracles opérés à son tombeau le firent honorer comme martyr, et il est nommé dans le calendrier de King, sous le 11 mars.

CONSUL (saint), évêque de Côme, en Lombardie, florissait sur la fin du Ve siècle, et l'on garde son corps dans cette ville, où il est honoré le 2 et le 7 juillet.

CONTEST (saint), *Contestius* ou *Contextus*, évêque de Bayeux, naquit dans cette ville et fut ordonné prêtre par saint Maurieu, qui mourut vers l'an 480. Ayant été choisi pour lui succéder, il s'appliqua à marcher sur ses traces ; mais son zèle contre le vice lui fit des ennemis puissants. Les persécutions qu'on lui suscita le forcèrent à céder à l'orage pour quelque temps, et, quittant son siége, il se retira dans la solitude. Lorsque le calme eut été rétabli il revint à Bayeux et reprit avec une nouvelle ardeur le gouvernement de son troupeau. Il mourut au commencement du VIe siècle, vers l'an 510, et il est honoré le 19 janvier.

CONVOYON (saint), *Convoïo*, abbé de Rédon, était fils de Conon, homme distingué dans le pays, et naquit à Comblesac, en Bretagne, vers le commencement du IXe siècle. Il reçut une éducation digne de sa naissance, et ayant embrassé l'état ecclésiastique, Renier, évêque de Vannes, le fit archidiacre de son église ; mais il quitta cette dignité, et accompagné de cinq ecclésiastiques qui partageaient ses goûts pour la retraite, il s'arrêta dans une solitude nommée Rédon, au confluent de la Vilaine et de l'Oult, appartenant à Ratuili, qui la céda à Convoyon en 832. Le saint y ayant jeté les fondements d'un monastère, quelques voisins voulurent s'opposer à son établissement ; mais Nominoé, gouverneur de la Bretagne sous Louis le Débonnaire, le prit sous sa protection. Plusieurs personnes riches l'aidèrent de leurs libéralités, et le monastère étant terminé, il s'y forma une communauté nombreuse qui suivait la règle de saint Benoît. Les moines de Rédon se rendirent bientôt célèbres par la sainteté de leur vie sous la conduite de Convoyon qui en fut le premier abbé, et l'on venait de toutes parts demander le secours de leurs prières. Il y vint entre autres un aveugle nommé Goiflen, qui recouvra la vue en frottant ses yeux avec l'eau qui avait servi à laver les mains des religieux après la célébration du saint sacrifice. Saint Convoyon s'étant élevé avec force contre quelques évêques de Bretagne, qui s'étaient rendus coupables de simonie, l'affaire fit du bruit et fut portée à Rome. Le saint abbé s'y rendit lui-même, et eut plusieurs conférences avec le pape Léon IV, qui condamna, dans un concile tenu à Rome en 848, les évêques de Bretagne et proscrivit plusieurs abus qui s'étaient introduits dans leurs églises ; il fit aussi présent au saint du corps de saint Marcellin, pape, et Convoyon revint avec ce précieux trésor en 848. Il enrichit aussi son église des reliques de plusieurs autres saints, et surtout de celles de saint Apothème, évêque de Chartres. Les incursions des Normands obligèrent les moines de Rédon de quitter leur monastère pour se retirer dans celui de Plélan, que le prince Salomon leur avait fait bâtir. Saint Convoyon, à la vue des calamités qui affligeaient sa patrie, redoubla ses jeûnes, ses veilles, ses larmes et ses prières, afin de fléchir la colère céleste. Il mourut le 5 janvier 868. Son corps, enterré d'abord à Plélan, fut reporté plus tard à Rédon. — 5 janvier et 28 décembre.

COPPEN (le bienheureux), fermier hollandais, fut mis à mort pour la foi catholique par les calvinistes à Alcmaer, sur la fin du XVIe siècle. On le révère comme martyr le 2 juin.

COPRE (saint), *Coprius*, confesseur, florissait au commencement du IVe siècle, et mourut vers l'an 530. Il est honoré chez les Grecs le 24 septembre.

COPRÈS (saint), martyr à Alexandrie sous l'empereur Julien l'Apostat, souffrit vers l'an 362. — 9 juillet.

COQUE (sainte), *Coqua* ou *Cocha*, vierge, est honorée dans le Méath, en Irlande, le 6 juin.

CORBICAN (saint), *Corbicanus*, était Irlandais de naissance, et florissait dans le VIIIe siècle. Il vint se fixer dans les Pays-Bas, où il mourut. — 26 juin.

CORBINIEN (saint), *Corbinianus*, évêque de Frisingue, naquit à Châtres dans l'ancien diocèse de Paris, après le milieu du VIIe siècle. Il se sentit, dès son jeune âge, un si vif attrait pour la solitude, qu'il passa quatorze ans dans une cellule qu'il avait fait construire près d'une chapelle. La sainteté de sa vie, accompagnée du don des miracles, le mit en vénération dans le pays. Il donnait de sages conseils et des avis salutaires à ceux qui accouraient de toutes parts pour le consulter. Plusieurs disciples étant venus se placer sous sa conduite, il en résulta bientôt une communauté nombreuse, dont il était le supérieur. Mais les distractions auxquelles il se trouvait exposé lui firent chercher une nouvelle solitude où il pût vivre inconnu au monde. Il se rendit donc à Rome, et se retira dans une cellule près de l'église de saint Pierre, pour lequel il avait une tendre dévotion. Le saint pape Grégoire II, auquel il avait demandé sa bénédiction, s'aperçut bientôt que ses lumières et sa capacité égalaient ses vertus. Lui ayant donc représenté qu'il ne devait pas vivre pour lui seul, tandis que plusieurs nations manquaient d'ouvriers apostoliques, il le sacra évêque et le chargea d'aller prêcher l'Evangile. Corbinien revint dans sa patrie, où ses prédications produisirent de grands fruits. Dans un second voyage qu'il fit ensuite à Rome, il passa par la Bavière, où il convertit un grand nombre d'idolâtres. Arrivé en Italie, le pape lui ordonna de retourner dans ce pays et d'en faire le théâtre de ses travaux apostoliques. Il y revint donc, et le nombre des conversions allant toujours en augmentant, il fixa son siège épiscopal à Frisengen dans la haute Bavière. Son zèle pour le salut des âmes ne nuisait en rien au soin de sa propre sanctification, à laquelle il travaillait avec ferveur, ayant tous les jours des heures réglées pour méditer la loi de Dieu et pour réparer, par de saints exercices, les forces de son âme. Ayant reproché, avec courage à Grimoald, duc de Bavière, son mariage incestueux avec Biltrude, sa belle-sœur, ce prince, qui n'avait guère de chrétien que le nom, quoiqu'il eût embrassé le christianisme, fut choqué de cette hardiesse. Biltrude, plus furieuse encore, jura sa perte et soudoya des assassins pour lui ôter la vie; mais Dieu protégea son serviteur, et les deux coupables périrent misérablement bientôt après. Corbinien, qui avait été forcé de s'enfuir, revint à Frisengen après leur fin tragique, et y continua ses travaux jusqu'à sa mort, qui eut lieu en 730. Son corps se garde à Passau. — 8 septembre.

CORBRÉ (saint), *Corpreus*, surnommé le *Courbe*, évêque de Cluain-Mucnois en Irlande, florissait sur la fin du IXe siècle, et mourut vers l'an 899. — 6 mai.

CORCAIE (sainte), *Curcagia*, sœur de saint Finan, évêque en Irlande, florissait dans le VIe siècle. Elle est patronne de l'église de Kilcurcaige, à laquelle elle a donné son nom. — 21 juillet.

CORDULE (sainte), *Cordula*, vierge et martyre, l'une des compagnes de sainte Ursule, qui, épouvantée des supplices et de la mort des saintes vierges qui l'accompagnaient, se cacha; mais, le lendemain, se repentant de son peu de courage, elle se présenta d'elle-même, et reçut la couronne du martyre après toutes les autres, sur les bords du Rhin, près de Cologne, vers l'an 453. — 22 octobre.

CORÈBE (saint), *Corebus*, préfet et martyr à Messine, qui ayant été converti à la foi par saint Éleuthère, évêque en Illyrie, périt par le glaive sous l'empereur Adrien. Les martyrologes lui donnent le titre de préfet. — 18 avril.

CORENTIN (saint), *Corentinus*, premier évêque de Quimper, qu'on croit avoir été disciple de saint Martin de Tours, fut élevé sur le siège de Cornouailles ou de Quimper dans la Basse-Bretagne. On ignore les détails de sa vie et jusqu'à l'époque de sa mort; il florissait vers le commencement du Ve siècle. Il est patron titulaire de l'église de Quimper, qui a été appelée, de son nom, Quimper-Corentin. Plusieurs églises de France se glorifiaient de posséder de ses reliques, entre autres celle de Saint-Victor de Paris. — 12 décembre et 5 septembre.

CORMAC (saint), *Cormacus*, abbé de Durmagh en Irlande, homme d'une éminente sainteté, florissait sur la fin du VIe siècle et mourut vers 600. — 12 décembre.

CORNEILLE (saint), *Cornelius*, centenier romain ou capitaine d'une compagnie de soldats dans la cohorte italique, était en garnison à Césarée en Palestine sous le règne de Tibère. Quoique païen de naissance, il était religieux et craignant Dieu, ainsi que sa famille, faisait d'abondantes aumônes, priait continuellement et jouissait d'une grande considération chez les juifs. Un jour qu'il était occupé à prier, un ange lui apparut sous la figure d'un homme vêtu d'une robe blanche, et lui dit : *Corneille, vos prières ont été exaucées, et vos aumônes sont montées jusqu'à Dieu. Envoyez donc à Joppé, et faites venir Simon, surnommé Pierre, qui loge chez Simon le corroyeur, près de la mer; il vous dira ce qu'il faut que vous fassiez.* L'ange ayant disparu, Corneille appela deux de ses domestiques et un de ses soldats, homme craignant Dieu, et leur ayant fait part de sa vision, il les envoya à Joppé, où ils arrivèrent le lendemain. Pierre, qui était monté sur la terrasse de la maison pour prier, eut un ravissement d'esprit, pendant lequel il vit le ciel ouvert, et comme une grande nappe qu'on descendait sur la terre par les quatre coins, et qui contenait toutes sortes de quadrupèdes, de reptiles et d'oiseaux. Lorsqu'elle fut devant Pierre, une voix lui dit : *Levez-vous, Pierre, tuez et mangez.* Mais il répondit : *Non, Seigneur, car je n'ai jamais rien mangé de ce qui est impur et souillé.* La même voix lui dit : *N'appelez pas impur ce que Dieu a purifié.* La même chose s'étant répétée jusqu'à trois fois, la nappe et son contenu remontèrent au ciel. Pendant qu'il réfléchissait sur cette vision pour comprendre ce qu'elle pouvait signifier, ceux que Corneille avait envoyés à Joppé arrivent chez Simon le corroyeur, et demandent après Simon, surnommé Pierre. Comme celui-ci était toujours occupé de sa vision, l'Esprit lui dit : *Voici trois hommes qui vous demandent. Levez-vous donc; descendez et suivez-les sans aucune hésitation; car c'est moi qui les ai envoyés.* Pierre descendit vers eux, et leur dit : *Voici celui que vous cherchez.* Après qu'ils lui eurent exposé le sujet de leur voyage, il les fit entrer et les retint pour coucher. Le lendemain il part avec eux, accompagné de six frères de Joppé, et le jour suivant ils arrivent à Césarée, où Corneille les attendait, au milieu de sa famille et de ses amis. A la nouvelle que Pierre approche, il va au-devant de lui, et se prosternant à ses pieds, il l'adore. *Relevez-vous*, lui dit Pierre, *car je ne suis qu'un homme comme vous*, et s'entretenant avec lui, il entra dans la maison, où il trouva une grande réunion. Alors il leur dit à tous : *Vous savez combien un juif a horreur de fréquenter un étranger et même de s'en approcher; mais Dieu m'a fait voir qu'on ne devait réputer aucun homme impur ou souillé. C'est pourquoi je n'ai pas fait difficulté de me rendre à votre invitation. Je vous prie donc de m'apprendre pourquoi vous m'avez fait venir.* Corneille lui ayant alors exposé la vision de l'ange et l'ordre qu'il en avait reçu, ajouta: *Nous voici tous réunis ici pour écouter tout ce que le Seigneur vous a ordonné de nous dire de sa part.* Alors Pierre leur expliqua en peu de mots ce qui concerne Jésus-Christ, sa vie, sa mort et sa résurrection. Pendant qu'il leur parlait, l'Esprit-Saint descendit sur tous ceux qui écoutaient la parole divine, comme il était descendu, deux ans auparavant, sur les disciples de Jésus-Christ assemblés à Jérusalem. Ils se mirent à parler diverses langues, et ils glorifiaient Dieu d'une manière si admirable, que les fidèles circoncis, qui étaient venus avec Pierre, en furent frappés d'étonnement. Alors Pierre dit : *Peut-on refuser l'eau du baptême à ceux qui ont, comme nous, reçu le Saint-Esprit?* Et il commanda qu'on les baptisât au nom du Seigneur. Après cela, ils le prièrent de rester quelques jours avec eux ; ce qu'il fit avec plaisir. Bientôt la nouvelle du baptême de Corneille et des autres gentils, ses parents et ses amis, s'étant répandue dans toute la Judée, excita, parmi les apôtres et les frères, une grande surprise et même une espèce de scandale. Aussi lorsque Pierre fut revenu à Jérusalem, il rendit raison de sa conduite ; mais il n'eut besoin, pour sa justification, que de raconter les choses comme elles s'étaient passées. Alors les fidèles s'apaisèrent et glorifièrent Dieu, en disant : « Dieu a donc aussi fait part aux gentils des dons de la pénitence qui mène à la vie. » Quant au centenier Corneille, les voies miraculeuses par lesquelles il fut appelé à la foi, sont un garant qu'il répondit à cette vocation, quoique le reste de sa vie nous soit entièrement inconnu. Plusieurs l'ont fait évêque de Césarée ; d'autres croient qu'il fut évêque en Phrygie; mais tout cela sans fondement certain. Du temps de saint Jérôme, il y avait à Césarée, à l'endroit même où l'on prétendait que s'était autrefois trouvée sa maison, une église que sainte Paule visita en 385. Les Grecs font sa fête le 13 septembre ; mais il est nommé dans le Martyrologe romain sous le 2 février.

CORNEILLE (saint), martyr à Lyon, mourut en prison avec saint Pothin, évêque de cette ville, l'an 177, sous le règne de Marc-Aurèle. — 2 juin.

CORNEILLE (saint), pape et martyr, succéda à saint Fabien en 251, après une vacance de seize mois, occasionnée par la violence de la persécution de Dèce, qui ne permettait pas aux fidèles et au clergé de Rome de se réunir pour donner un pasteur à l'Eglise. Il y avait à l'assemblée qui se tint pour son élection seize évêques, dont deux Africains. Saint Corneille, après avoir exercé successivement les fonctions de tous les ordres inférieurs au sacerdoce, était prêtre de l'Eglise romaine au moment de son élection, et il avait été chargé, en grande partie, des affaires pendant la vacance du siége apostolique. C'était, au rapport de saint Cyprien, un homme d'une conduite édifiante, d'une pureté virginale et d'une humilité profonde. Il fallut, en quelque sorte, user de violence pour le faire consentir à son élévation. Dès que cette nouvelle fut connue du monde chrétien, les évêques, selon l'usage, lui écrivirent des lettres de congratulation et de communion. Comme si ce n'était pas encore assez pour rendre son pontificat difficile, de la persécution qui, quoique ralentie, n'était pas éteinte, il eut encore à combattre le schisme de Novatien, qui eut le triste honneur d'être le premier des antipapes. S'étant fait sacrer à Rome par trois évêques d'Italie, qu'il avait gagnés, il fut excommunié dans un concile de soixante évêques tenu à Rome en 251. On condamna ses erreurs, et l'on confirma les anciens canons qui ordonnent d'admettre à la pénitence publique ceux qui étaient tombés, lorsqu'ils témoignaient du repentir de leurs crimes. Ceux de ses adhérents, qui renoncèrent sincèrement à l'hérésie et au schisme, furent admis à la communion par le pape ; ce qui causa beaucoup de joie au peuple de Rome, comme nous l'apprenons d'une lettre du saint à saint Cyprien. Gallus, successeur de Dèce, s'imaginant que la peste qui ravageait l'empire était un effet de la colère des dieux, crut les apaiser en versant le sang des chrétiens. La persécution se ralluma donc, et saint Corneille fut arrêté le premier à Rome. Le courage avec lequel il confessa la foi le fit exiler à Centumcelles, aujourd'hui Civita-Vecchia. Saint Cyprien lui écrivit pour le féliciter du bonheur qu'il avait de souffrir pour Jésus-Christ. Le saint pape mourut le 14 septembre 252. Saint Jérôme dit qu'il fut ramené à Rome et qu'il y souffrit le martyre, et le Martyrologe romain marque la même chose : d'un autre côté, on lit dans le calendrier de Libère, qu'il s'endormit à Centumcelles le 14 septembre. Quoi qu'il en soit de cette opinion, nous dirons, après saint Cyprien : « Ne doit-on pas compter parmi les confesseurs et les martyrs les plus illustres celui qui se vit exposé si longtemps à la fureur des ministres d'un tyran barbare? celui qui courait continuellement les risques de perdre la tête, d'être brûlé, d'être crucifié...? » Il fut enterré dans le cimetière de Calixte ; mais au VIII° siècle, le pape Adrien I°r mit ses reliques dans l'église qu'il fit bâtir sous son invocation ; et dans le IX°, elles furent transportées à Compiègne, dans l'abbaye des Bénédictins, dite de Saint-Corneille. Une partie fut depuis transférée à Reims et à la collégiale de Rosnay en Flandre. Le nom de saint Corneille se lit dans le canon de la messe. — 16 septembre.

CORNEILLE (le bienheureux), martyr, était de Dorostate, aujourd'hui Wick, village du territoire d'Utrecht. Il habitait en qualité de frère convers le couvent des Récollets de Gorcum, ville de Hollande, lorsqu'il fut arrêté avec les autres martyrs de Gorcum et conduit par les calvinistes à Bril où il fut pendu, le 9 juillet 1572, en haine du catholicisme. Le pape Clément X le béatifia ainsi que ses dix-huit compagnons, l'an 1674. — 9 juillet.

CORNEILLE MUSIUS (le bienheureux), prêtre et supérieur des filles de Sainte-Agathe de Delf, naquit dans cette ville en 1503, et après avoir fait d'excellentes études à Louvain, il devint professeur à Gand. Chargé ensuite de l'éducation de quelques jeunes gentilshommes, il les accompagna en France, et de retour dans sa patrie, il fut nommé, en 1536, directeur des religieuses de Sainte-Agathe. Dans ses moments de loisir il cultivait les Muses et s'adonnait à des compositions poétiques. Estimé et chéri de tous ceux qui le connaissaient, par ses vertus et ses aimables qualités, son attachement à la foi catholique lui procura le bonheur d'obtenir la couronne du martyre, le 10 décembre 1572. Arrêté à Leyde, par ordre du comte de Lumey, chanoine apostat de Liége, ce des Adrets des Pays-Bas lui fit couper les oreilles, le nez, les doigts des mains et des pieds, et, après l'avoir fait mutiler d'une manière plus honteuse encore, il donna l'ordre de l'attacher à un gibet. Parmi ses nombreuses poésies on distingue des odes, des hymnes et un livre de prières. Ses vers sont d'un style pur, clair et facile. Il est nommé comme bienheureux, avec le titre de martyr, dans plusieurs calendriers, sous le 10 juillet.

CORNÉLIE (sainte), *Cornelia*, martyre en Afrique, souffrit avec saint Théodule et plusieurs autres. — 31 mars.

CORNIBOUT (le bienheureux), *Cornibutus*, convers de l'ordre de Citeaux, est honoré à Villiers en Brabant, le 30 juin.

CORRAD DI MACONIS (le bienheureux), Chartreux, florissait au commencement du xv° siècle, et mourut à Pavie l'an 1424. — 7 août.

COSME (saint), évêque de Majume en Palestine, était Grec d'origine, et avait embrassé l'état monastique dans sa patrie. Le monastère qu'il habitait ayant été pris et pillé par les Sarrasins, Cosme fut emmené captif à Damas. Le père de saint Jean Damascène, qui était ministre du calife, le racheta, et il n'eut pas plutôt connu son savoir et sa vertu, qu'il lui confia l'éducation de son fils. Celui-ci fit de grands progrès sous un aussi habile maître, et il fut élevé, malgré sa jeunesse et sa religion, aux premières dignités de la cour de Damas ; mais craignant pour son salut, au milieu des richesses et des honneurs, il prit la résolution de tout quitter pour ne plus servir que Dieu. S'étant démis de ses dignités, et ayant distribué ses biens aux pauvres, il se retira dans le monastère de saint Sabas en Palestine avec Cosme, qui désirait reprendre son premier état, et qui avait beaucoup contribué à cette détermination de son illustre élève. Cosme fut ensuite obligé de s'en séparer pour monter sur le siége épiscopal de Majume sur lequel on le plaça malgré lui. Il mourut après le milieu du viii° siècle, et il est honoré chez les Grecs le 14 octobre.

COSME (saint), évêque de Calcédoine, florissait dans le viii° siècle, et il se rendit célèbre par son zèle pour la défense des saintes images. Exilé par les iconomaques, il passa plusieurs années loin de son troupeau. Ayant pu remonter sur son siège, il mourut saintement, et son corps fut inhumé à Constantinople, dans l'église des saints apôtres. — 18 avril.

COSME ZAQUIYA (saint), armurier et martyr au Japon, souffrit l'an 1597 pendant la persécution de l'empereur Taycosama. Après plusieurs tourments, il fut crucifié près de Nangazacki, et il eut ensuite le côté percé d'une lance, comme son divin Maître. Urbain VIII l'a mis aux nombre des saints, et l'a déclaré martyr ainsi que ses vingt-cinq compagnons. — 5 février.

COT (saint), *Cottus*, martyr dans l'Auxerrois, assista au supplice de saint Prisque, et enleva sa tête lorsqu'il eut été décapité : il s'enfuit ensuite dans les bois avec la précieuse relique. Les païens s'étant mis à sa poursuite finirent par l'atteindre et le mirent à mort, vers l'an 275, sous le règne d'Aurélien. Son corps fut placé, plus tard, dans l'église que saint Germain d'Auxerre fit bâtir en l'honneur de saint Prisque. En 1480, Jean Baillet, évêque d'Auxerre, le tira du tombeau de pierre où il était pour le placer dans une châsse. — 26 mai.

COTOLAS (saint), frère du vénérable Acsui, est honoré en Egypte le 19 septembre.

COTTIDE (saint), *Cottidus*, diacre et martyr en Cappadoce, souffrit avec saint Eugène et plusieurs autres. — 6 septembre.

COTURNE (saint), martyr en Syrie avec saint Avent et plusieurs autres, est honoré chez les Grecs le 15 février.

COTYE (saint), *Cotyas*, martyr en Campanie, souffrit au commencement du iv° siècle avec sainte Lucie et plusieurs autres. — 6 juillet.

COTYLAS (saint), martyr en Egypte, souffrit avec saint Pallade et cent cinquante-cinq autres, parmi lesquels se trouvait un autre saint Cotylas, qui est aussi honoré le même jour. — 23 juin.

COUDELOC (le bienheureux), *Condilucus*, prêtre, moine et jardinier à Rédon, dans le diocèse de Rennes, florissait au ix° siècle. — 6 novembre.

COUHOIARN (saint), *Couhoiarnus*, moine bénédictin de l'abbaye de Saint-Sauveur, à Rédon, dans le diocèse de Vannes, mourut vers l'an 880, après avoir été informé par révélation, du jour de sa mort. — 15 et 25 janvier.

COURCODÈME ou CORCODÈME (saint), *Curcodomus*, diacre et martyr, fut envoyé de Rome dans les Gaules par le pape Sixte II, avec saint Pérégrin, premier évêque d'Auxerre, et quelques autres hommes apostoliques. Arrivé dans le territoire d'Auxerre vers l'an 257, il y prêcha l'Evangile sous la direction de saint Pérégrin, qui était chef de la mission, et il fut martyrisé dans l'Auxerrois. Du temps de saint Germain, il y avait sur son tombeau un oratoire, comme nous l'apprenons dans la Vie de saint Mamertin. — 18 mai.

COURONNE (sainte), *Corona*, femme d'un soldat et martyre en Syrie, s'étant trouvée présente lorsque le juge Sébastien faisait souffrir d'horribles tortures au saint martyr Victor, elle le proclama publiquement bienheureux à cause de sa constance. Aussitôt, elle vit descendre du ciel deux couronnes, l'une pour Victor et l'autre pour elle; lorsqu'elle eut certifié le fait à tous ceux qui se trouvaient là, elle fut démembrée entre deux arbres, par ordre du même juge, sous l'empereur Antonin. — 14 mai.

CRAPHAILDE (sainte), *Craphaïldes*, hôtesse de saint Lebwin ou Livin et martyre, fut convertie et baptisée par ce saint missionnaire. Elle fut massacrée avec lui par les païens, en 659, à Esche, près de Ninove en Flandre. — 12 novembre.

CRATON (saint), *Craton*, martyr à Rome, fut converti à la foi chrétienne avec sa femme et ses enfants, par saint Valentin, évêque de Terni : il fut ensuite martyrisé avec les mêmes peu de temps après. — 15 février.

CRÉDULE (sainte), *Credula*, martyre à Carthage, fut arrêtée dans cette ville, pendant la persécution de Dèce, et souffrit des tourments inouïs, par suite desquels elle perdit la vie. S. Cyprien parle d'elle dans sa lettre aux martyrs et aux confesseurs. — 17 avril.

CRÉMENCE (saint), *Crementius*, martyr à Saragosse en Espagne, souffrit pendant la persécution de Dioclétien, et après avoir survécu à des tourments qui ôtèrent la vie à plusieurs de ses compagnons, il fut réservé pour une seconde épreuve. Il la soutint avec la même constance que la première, sous Dacien, gouverneur de la province, et il remporta la palme du martyre, l'an 304. — 16 avril.

CRÉPIN (saint), *Crispinus*, martyr à Soissons, avec saint Crépinien, son frère, était d'une famille noble de Rome. Il vint avec son frère dans les Gaules à la suite de saint Quentin, sous le pontificat de saint Denis, vers l'an 260. Les deux frères s'arrêtèrent à Soissons, où ils prêchaient le jour, et leurs prédications soutenues par une vie sainte convertirent un grand nombre d'idolâtres. La nuit ils travaillaient de l'état de cordonnier, afin de n'être à charge à personne. Il y avait plusieurs années qu'ils vivaient de la sorte, lorsque Maximien-Hercule étant venu dans la Gaule-Belgique, on les lui dénonça comme chrétiens. Ce prince n'ayant pu les gagner ni par promesses ni par menaces, les mit entre les mains de Rictio-Vare, préfet du prétoire des Gaules. Ils furent livrés à de cruelles tortures, qu'ils supportèrent avec une constance héroïque : ils furent ensuite condamnés à perdre la tête, en 287. Dans le VIᵉ siècle on bâtit en leur honneur, à Soissons, une grande église dans laquelle saint Susèric transporta solennellement leurs corps, et saint Éloi enrichit de divers ornements leur châsse qui fut transférée à l'église de Notre-Dame de Paris, sous Louis XI, pendant l'horrible peste qui désola cette ville. Une partie de leurs reliques avait été portée à Rome et placée avec honneur dans l'église de Saint-Laurent. Saint Crépin et saint Crépinien sont patrons de la pieuse association des frères cordonniers établie à Paris, en 1645, par Henri-Michel Buche, surnommé le Bon Henri. — 25 octobre.

CRÉPINIEN (saint), *Crispinianus*, martyr à Soissons, frère du précédent, fut mis à mort avec lui, et il est honoré le même jour. — 25 octobre.

CRESCENCE (saint), *Crescentius*, martyr à Trèves avec saint Constance et plusieurs autres, sous le président Rictio-Vare, pendant la persécution de Dioclétien, souffrit vers l'an 287. — 12 décembre.

CRESCENCE (saint), enfant et martyr, était fils de saint Euthyme : il fut décapité à Rome, sur la voie *Salaria*, par ordre du juge Turpilius, pendant la persécution de Dioclétien. — 14 septembre.

CRESCENCE (saint), martyr en Afrique, souffrit avec plusieurs autres. — 20 décembre.

CRESCENCE (sainte), *Crescentia*, martyre dans la Lucanie, était Sicilienne de naissance et épouse de saint Modeste. Elle fut la nourrice de saint Guy qu'elle éleva dans la connaissance et la pratique du christianisme. Hilas, père de Guy, n'ayant pu le faire revenir à l'idolâtrie, se disposait à employer la force et les tourments pour le faire apostasier, lorsque Crescence et son mari le tirèrent des mains de ce père barbare et s'enfuirent avec lui en Italie; mais ils furent arrêtés dans la Lucanie, aujourd'hui la Basilicate, et mis à mort sur les rives du Filaro, après avoir surmonté les plus affreux supplices, tels que le plomb fondu, les bêtes et le chevalet, sous l'empereur Dioclétien, avant la fin du IIIᵉ siècle. — 15 juin.

CRESCENCE (sainte), martyre en Sicile, souffrit avec sainte Expergence et plusieurs autres. — 4 juin.

CRESCENT (saint), *Crescens*, disciple de saint Paul, vint, d'après le Martyrologe romain, prêcher l'Evangile dans les Gaules et fonda le siège épiscopal de Vienne en Dauphiné dont il fut le premier évêque. Après avoir converti un grand nombre d'infidèles et laissé une Eglise florissante, il retourna dans l'Asie Mineure, sa patrie, et exerça les fonctions épiscopales chez les Galates, jusqu'à la fin de sa vie qui se termina par le martyre pendant la persécution de Trajan. Quoique son apostolat dans les Gaules ne soit pas un fait incontestable, il est honoré comme apôtre à Vienne le 29 décembre. — 27 juin.

CRESCENT (saint), martyr à Tivoli avec ses six frères, était fils de saint Gétule et de sainte Symphorose. Il y avait déjà quelque temps que leur père, qui était un officier distingué, avait souffert le martyre lorsqu'ils furent arrêtés avec leur mère par ordre de l'empereur Adrien, sur la dénonciation des prêtres des idoles. Ce prince ayant fait consulter les oracles des dieux, ceux-ci répondirent, par la bouche des prêtres, que Symphorose et ses sept fils les tourmentaient tous les jours par l'invocation de leur Dieu. Il fit donc comparaître Symphorose avec ses fils, et employa d'abord la douceur pour les engager à sacrifier. Ceux-ci, animés par l'exemple de leur mère, s'y refusèrent comme elle, et furent les courageux témoins de son supplice. Le lendemain de la mort de leur mère, ils furent de nouveau conduits devant l'empereur, et comme leur fermeté ne se démentait point, il fit planter autour du temple d'Hercule sept pieux auxquels on les attacha, et l'on distendit leurs membres avec des poulies. Ensuite Crescent, qui était l'aîné, fut égorgé, et ses frères ayant subi d'autres genres de mort, ils furent tous jetés dans une même fosse qu'Adrien fit creuser le lendemain de leur supplice, qui eut lieu en 120. Après que la persécution eut cessé, les chrétiens les enterrèrent honorablement sur la voie Tiburtine, et plus tard l'on bâtit une église qui prit le nom d'église des Sept-Frères. On ignore à quelle époque leurs corps furent transportés à Rome dans l'église de Saint-Ange. — 18 juillet.

CRESCENT (saint), martyr à Corinthe avec saint Codrat et plusieurs autres, fut décapité par l'ordre du président Jason, pendant la persécution de Dèce ou celle de Valérien. — 10 mars.

CRESCENT (saint), martyr à Myre en Lycie, était parvenu à une grande vieillesse lorsqu'il fut brûlé vif pour Jésus-Christ, dans le IIIe siècle, mais on ignore pendant quelle persécution. Les Grecs l'honorent le 13 avril et les Latins le 15 du même mois. — 15 avril.

CRESCENT (saint), martyr avec saint Dioscoride et deux autres, souffrit à Rome, à ce que l'on croit. — 28 mai.

CRESCENT (saint), martyr à Tomes dans le Pont, souffrit avec saint Prisque et un autre. — 1er octobre.

CRESCENT (saint), martyr à Cordoue en Espagne avec saint Zoïle et dix-huit autres, souffrit au commencement du IVe siècle, pendant la persécution de Dioclétien. — 27 juin.

CRESCENT (saint), sous-diacre et confesseur à Florence, était disciple de saint Zénobe, évêque de cette ville, et florissait sur la fin du IVe siècle et au commencement du Ve. — 19 avril.

CRESCENT (saint), évêque en Afrique, fut exilé pour la foi orthodoxe, dans le milieu du Ve siècle, par Genséric, roi des Vandales, qui persécuta pendant tout son règne ceux qui ne voulaient pas embrasser l'arianisme.

Saint Crescent mourut dans le lieu de son exil, et il est honoré comme confesseur le 28 novembre.

CRESCENT (le bienheureux), *Crescentius*, prêtre de Padoue, florissait dans cette ville sur la fin du XIe siècle, et mourut en 1096. — 29 novembre.

CRESCENTIEN (saint), *Crescentianus*, martyr en Afrique avec saint Fortunat et un autre, est nommé, dans le Martyrologe de Bède sous le 13 juin.

CRESCENTIEN (saint), martyr à Carthage avec saint Victor et deux autres, souffrit l'an 258, pendant la persécution de l'empereur Valérien, le même jour, à ce que l'on croit, que saint Cyprien. — 14 septembre.

CRESCENTIEN (saint), martyr en Campanie avec saint Ariston et plusieurs autres, souffrit l'an 286, pendant la première persécution de l'empereur Dioclétien. — 2 juillet.

CRESCENTIEN (saint), martyr à Rome, souffrit avec saint Cyriaque et plusieurs autres. Leurs corps furent enterrés sur la voie *Salaria*, près du lieu où ils avaient été décapités, le 16 mars 303, sous le règne de Dioclétien ; mais ils furent transportés plus tard dans le cimetière de Lucine, sur le chemin d'Ostie, et cette cérémonie eut lieu un 8 août, jour où l'on célèbre leur fête. — 16 mars et 8 août.

CRESCENTIEN (saint), martyr à Ausbourg, souffrit l'an 304, le même jour que sainte Hilarie, mère de sainte Afre, sous l'empereur Maximien. — 12 août.

CRESCENTIEN (saint), martyr à Torre, en Sardaigne, est honoré le 31 mai.

CRESCENTIEN (saint), soldat romain et martyr à Citta-di-Castello en Ombrie, souffrit sous l'empereur Dioclétien. — 1er juin.

CRESCENTIEN (saint), martyr à Rome, est mentionné dans les actes du martyre de saint Marcel, pape. Il souffrit en 309, sous le tyran Maxence, et vers le milieu du IXe siècle son corps fut transféré dans l'église de saint Equice par le pape Sergius II. — 24 novembre.

CRESCENTIEN (saint), évêque en Afrique et confesseur, fut condamné à l'exil par Genséric, roi des Vandales, prince arien qui persécutait les catholiques. Il mourut loin de son troupeau vers le milieu du Ve siècle. — 28 novembre.

CRESCENTIENNE (sainte), *Crescentiana*, martyre à Rome, est mentionnée dans le premier concile tenu à Rome par saint Symmaque, pape, qui nous apprend qu'il y avait dans cette ville une église sous son invocation. — 5 mai.

CRESCENTION (saint), *Crescentio*, martyr à Rome avec saint Narcisse, souffrit pendant la persécution de l'empereur Valérien, et son supplice est mentionné dans les actes de saint Laurent. Il y avait près de Rome un cimetière qui portait son nom. — 17 septembre.

CRESCIN (saint), *Crescinus*, évêque de Vérone, florissait sur la fin du VIIe siècle. Il est honoré dans cette ville le 30 décembre.

CRESCONE (saint), *Cresconius*, martyr en Asie avec saint Ménalippe et plusieurs autres, est honoré chez les Grecs le 23 février.

CRESCONE (saint), évêque en Afrique, fut exilé pour la foi catholique, par Genséric roi des Vandales, vers l'an 430. — 28 novembre.

CRESPIN (saint), *Crispinus*, martyr en Afrique, souffrit avec saint Claude et plusieurs autres. — 3 décembre.

CRESQUE (saint), *Crescus*, martyr au Mugel, dans la Toscane, est honoré à Florence dans l'église de Saint-Laurent où l'on garde son corps. — 23 octobre.

CRESQUE (saint), martyr à Cave, dans le royaume de Naples, fut inhumé à Piovalcave où l'on garde son corps. — 24 octobre.

CRISON (saint), *Criso*, martyr en Afrique avec saint Cyriaque et plusieurs autres, est honoré le 21 juin.

CRISPE (saint), *Crispus*, disciple de l'apôtre saint Paul, était, avant sa conversion, chef de la synagogue de Corinthe. Lorsque l'apôtre vint prêcher l'Evangile dans cette ville, il fut l'un des premiers à ouvrir les yeux à la lumière de la foi, et il reçut le baptême avec toute sa famille. Les Grecs rapportent qu'il devint évêque de l'île d'Egine. C'est le même Crispe qui est mentionné par saint Paul dans sa première Epître aux Corinthiens. — 4 octobre.

CRISPE (saint), prêtre de Rome et martyr pendant la persécution de Dioclétien, enterra les corps de plusieurs saints martyrs par les mérites desquels il obtint de leur être associé dans la gloire éternelle, après avoir imité leur constance dans les tourments. — 18 août.

CRISPE (saint), martyr près de Rome avec saint Crispien, est honoré dans le monastère de Saint-Laurent de Palisperne où se gardent ses reliques avec celles de son compagnon, que les religieuses de ce monastère croient, mal à propos, être les précieux restes de saint Crépin et de saint Crépinien. — 27 juin.

CRISPIEN (saint), *Crispianus*, martyr avec le précédent, est honoré le même jour. — 27 juin.

CRISPIN (saint), *Crispinus*, martyr à Ravenne, souffrit avec saint Félix et plusieurs autres. — 18 juin.

CRISPIN (saint), martyr à Thagore, en Afrique, avec saint Jules et dix autres, est honoré le 5 décembre.

CRISPIN (saint), martyr en Afrique, pendant la persécution de Dioclétien, souffrit au commencement du IVe siècle. — 1er juin.

CRISPIN (saint), évêque d'Ecija, en Espagne, et martyr, fut décapité pour la foi l'an 303, sous l'empereur Dioclétien. — 19 novembre.

CRISPIN (saint), évêque de Pavie, florissait au milieu du Ve siècle. Il assista, en 451, au concile de Milan et souscrivit avec les autres Pères la lettre que le concile adressait au pape saint Léon. Il mourut en 466, et il eut pour successeur saint Epiphane. — 7 janvier.

CRISPIN de Viterbe (le bienheureux), franciscain, naquit à Viterbe le 13 novembre 1668, de parents pauvres, mais vertueux, qui lui donnèrent une éducation chrétienne. Sa mère, surtout, qui l'avait consacré de bonne heure à Marie, lui avait inspiré envers la sainte Mère de Dieu un respect et une confiance sans bornes. On voulut plus tard lui faire prendre le parti des armes, mais ayant été témoin de la profession religieuse de deux jeunes capucins, il en fut tellement frappé qu'il s'écria : *Je sens la croix de saint François dans mon cœur, et je veux l'y conserver à jamais.* Il fut admis comme frère lai dans un couvent de capucins, à Viterbe, et fit profession à l'âge de vingt-six ans. On le chargeait souvent de quêter pour la maison, et c'est en s'acquittant de cette fonction pénible qu'il sut trouver des occasions nombreuses d'exercer la charité envers le prochain, soulageant les pauvres, consolant les malheureux, et donnant à tous des avis salutaires propres à les conduire au salut. Personne ne donnait un meilleur conseil, et les personnages les plus distingués, les évêques, les cardinaux mêmes le consultaient comme un homme favorisé de Dieu. Les témoignages de vénération qu'il recevait de toutes parts, ne nuisaient ni à son humilité, ni à l'exactitude avec laquelle il s'acquittait des emplois plus que modestes qui lui étaient confiés, comme du soin de la cuisine et de la propreté de la maison. Le 1er mai 1750, il prédit sa mort prochaine, et bientôt il tomba dangereusement malade. Malgré une vie toute sainte, il fut saisi d'une vive frayeur; mais sa confiance en Dieu ne tarda pas à reprendre le dessus, et souvent on l'entendait s'écrier : *O mon Jésus! vous m'avez racheté par votre sang : assistez-moi à cette heure! Achevez l'œuvre de votre amour; assurez-moi de mon salut!* Il s'adressait aussi à la sainte Vierge : *O puissante et vénérable Mère de Dieu!* lui disait-il, *soyez mon avocate, mon refuge, ma protectrice; souvenez-vous de moi à ma dernière heure!* Ses prières furent exaucées, et il mourut dans les sentiments les plus admirables, le 19 mai 1750, âgé de quatre-vingt-deux ans et six mois. Sa fête a été fixée au 23 par Pie VII, en 1806. Ce pape dit de lui, dans le décret de sa béatification, qu'il était le père des pauvres, le consolateur des affligés ; pur et simple de cœur, rempli de dévotion envers la sainte Vierge, illustre par le don de prophétie et par celui des miracles. — 23 mai.

CRISPINE (sainte), *Crispina*, martyre à Thébaste en Afrique, née à Thagare, dans la province proconsulaire, d'une famille illustre, se maria et devint mère de plusieurs enfants. Ayant été arrêtée comme chrétienne, elle fut conduite à Thébaste, ville de Numidie, devant Anulin, proconsul d'Afrique, qui lui fit subir un long interrogatoire. Comme il la pressait de sacrifier aux dieux, elle résista avec un courage et une fermeté au-dessus de son sexe. Anulin la voyant inébranlable, la fit raser et on lui arracha la peau du dessus de la tête, ensuite on l'exposa en cet état aux moqueries de la populace. Ni ce traitement barbare, ni les larmes de ses enfants n'ayant pu l'ébranler, le proconsul prononça cette sentence : « Crispine, persévérant dans sa superstition, et refusant de sacrifier aux dieux, sera mise à mort, conformément aux édits des empereurs. » Crispine rendit grâces à Jésus-Christ de ce qu'il la délivrait ainsi des mains du proconsul. Elle fut martyrisée le 5 décembre 304, sous Dioclétien, et Maximien. Elle a été louée à plusieurs reprises par saint Augustin. — 5 décembre.

CRISPULE (saint), *Crispulus*, martyr à Torre en Sardaigne avec saint Gabin, souffrit dans le xi° siècle. — 30 mai.

CRISPULE (saint), martyr en Espagne, souffrit avec saint Restitut. — 10 juin.

CRONAN (saint), *Cronanus*, abbé de Cluain-Mic-Noïs en Irlande, est honoré dans cette île le 28 avril.

CRONIDAS (saint), préfet de la garde et martyr en Illyrie avec saint Philet sénateur et plusieurs autres, souffrit, à ce que l'on croit, sous l'empereur Adrien. — 27 mars.

CROTATE (saint), *Crotates*, martyr à Alexandrie avec saint Apollon et un autre, souffrit l'an 302, sous le règne de Dioclétien. — 21 avril.

CTÉSIPHON (saint), évêque en Espagne, fut ordonné à Rome par les saints apôtres, et envoyé en Espagne pour y prêcher la parole de Dieu. Après avoir évangélisé et converti à la foi de Jésus-Christ un grand nombre d'infidèles, il mourut en paix à Vierze. —15 mai.

CUANNE (saint), *Cuannacheus*, abbé en Irlande, fut d'abord moine de Lismor; il fonda ensuite dans la Connacie un monastère dont il fût le premier abbé. Il florissait dans le vii° siècle. — 4 février.

CUCUPHAT (saint), *Cucuphas*, martyr en Espagne, était originaire d'Afrique, et sortait d'une famille distinguée. Il quitta sa patrie pour se soustraire à la persécution de Dioclétien, et se rendit avec saint Félix dans la Mauritanie, d'où ils passèrent en Espagne. A peine furent-ils arrivés à Barcelone que Cucuphat fut arrêté et conduit devant Dacien, gouverneur de la province. Ayant refusé de sacrifier aux idoles, Dacien lui fit subir diverses tortures et le condamna ensuite à la décapitation, sous le règne de Dioclétien, vers l'an 303. Ses reliques furent apportées en France, et Fulrad abbé de Saint-Denis les fit placer dans l'église du monastère de Lébéran, qu'il venait de fonder dans le diocèse de Strasbourg. Elles y restèrent jusqu'en 835, que Hilduin, un de ses successeurs, les fit apporter à Saint-Denis. Il paraîtrait cependant qu'on n'apporta en France que le chef de saint Cucuphat et que son corps resta à Barcelone. — 25 juillet.

CUIMIN (saint), *Cuminus*, surnommé le Long, évêque de Cluain-Fert en Irlande, florissait dans le milieu du vii° siècle, et mourut en 661. — 12 décembre.

CULMACE (saint), *Culmatius*, diacre et martyr avec saint Gaudence, évêque d'Arezzo en Toscane, fut victime de la fureur des Gentils, sous l'empereur Valentinien, dans le iv° siècle. — 19 juin.

CUMEIN (saint), *Cumenus*, confesseur, est honoré à Druin-Druith en Irlande, le 12 janvier.

CUMIEN (saint), *Cumianus*, évêque en Irlande, florissait dans le viii° siècle et mourut à Bobbio en Italie. — 19 août.

CUNÉGONDE (sainte), *Chunegundes*, impératrice d'Allemagne, était fille de Sigefroi, premier comte de Luxembourg. Lorsqu'elle fut en âge d'être mariée elle épousa saint Henri, duc de Bavière, qui fut ensuite élu empereur d'Allemagne en 1002, sous le nom de Henri II. Cunégonde fut couronnée impératrice à Paderborn, le 10 août de la même année, et elle fit, à cette occasion, de grandes libéralités aux églises de cette ville. En 1014 elle accompagna l'empereur à Rome, et y reçut avec lui la couronne impériale des mains du pape Benoît VIII. Quoiqu'elle eût fait avant son mariage, et du consentement de son futur époux, vœu de chasteté perpétuelle, elle fut plus tard accusée d'adultère. Cette horrible calomnie fit impression sur le cœur de Henri. Sainte Cunégonde, pleine de confiance en Dieu, prouva son innocence en marchant nu-pieds sur des socs de charrue rougis au feu, et n'en reçut aucune atteinte. Cette épreuve, qui était usitée dans ce temps-là, ayant pleinement confondu ses accusateurs, Henri, honteux des soupçons qu'il avait conçus, lui demanda pardon publiquement, et dans la suite ils vécurent dans l'union la plus intime, appliqués l'un et l'autre à rendre heureux leurs peuples, à faire fleurir la religion et la piété, et à se sanctifier eux-mêmes. Sainte Cunégonde ayant été attaquée d'une maladie dangereuse, pendant qu'elle faisait une retraite dans la Hesse, fit vœu de bâtir un monastère, et lorsqu'elle fut guérie, elle fonda le monastère de Kaffungen, près de Cassel, dans le diocèse de Paderborn. Il n'était pas encore terminé, que la mort lui enleva l'empereur son époux, l'an 1024. Ce fut pour elle un coup bien sensible, mais elle le supporta avec résignation ; elle pria et fit prier pour le repos de son âme. Elle le recommanda surtout aux religieuses qu'elle venait d'établir à Kaffungen, et bientôt après elle alla se réunir à elles. Déjà elle avait employé la plus grande partie de ses biens en œuvres de religion et en aumônes ; mais elle voulut encore se défaire du peu qui lui restait, afin de se réduire à la pauvreté évangélique. Le jour anniversaire de la mort de l'empereur, elle invita un grand nombre d'évêques pour faire la dédicace de l'église de Kaffungen. Pendant la cérémonie, elle déposa sur l'autel un morceau de la vraie croix, et, après l'évangile, elle quitta l'habit d'impératrice pour se revêtir d'une robe fort pauvre : on lui coupa ensuite les cheveux, et saint Meinverc, évêque de Paderborn, lui donna le voile et lui mit au doigt un anneau comme gage de la fidélité qu'elle devait à son divin Époux. Dès lors, elle parut avoir entièrement oublié sa première dignité, et son plus grand désir était que les autres l'oubliassent aussi. A la prière, à la lecture, elle joignait le travail des mains, la visite des malades et les exercices de la pénitence. Les austérités auxquelles elle se livrait affaiblirent tellement sa santé qu'il n'y eut bientôt plus d'espoir de la conserver. L'idée qu'on allait la perdre plongea dans la consternation le monastère de Kaffungen, ainsi que la ville de Cassel. Sainte Cunégonde seule ne s'affligeait pas de sa mort prochaine. Couchée sur un cilice, lorsqu'on récitait près d'elle les prières des agonisants, elle s'aperçut qu'on préparait un drap mortuaire brodé en or, pour mettre sur son corps lorsqu'elle aurait cessé de vivre. Cette distinction mondaine, qu'on lui réservait après sa mort, la fit changer de couleur; et comme elle ne pouvait plus parler elle fit signe qu'on l'ôtât et l'on ne put la tranquilliser qu'en lui promettant qu'elle serait enterrée avec son habit de religieuse. Elle mourut le 3 mars 1040, et fut enterrée à côté de saint Henri, son époux, à Bamberg, comme elle l'avait désiré. Plusieurs miracles s'étant opérés à son tombeau le pape Innocent III la canonisa solennellement en 1200. La majeure partie de ses reliques se conservent dans la cathédrale de Bamberg, qu'elle avait fait bâtir conjointement avec Henri II. — 3 mars.

CUNEGONDE ou KINGE (sainte), reine de Pologne, était fille de Bela IV, roi de Hongrie, et petite-fille, par sa mère, de Théodore Lascaris, empereur de Constantinople. Elle épousa en 1239 Boleslas le Chaste, souverain de la Basse Pologne, et fit vœu de continence perpétuelle ainsi que son mari. Elle s'occupait presque uniquement de la prière et des exercices de la mortification, faisait d'abondantes aumônes, et allait elle-même servir les pauvres dans les hôpitaux. Comme la Pologne souffrait beaucoup par le manque de sel, elle obtint, dit-on, par ses prières, la découverte des fameuses mines de Willisca. Boleslas étant mort en 1279, elle prit le voile chez les Clarisses du monastère de Sandecs, où elle mourut le 24 juillet 1292. Alexandre VIII mit son nom dans le catalogue des saints en 1690, et on l'honore dans le diocèse de Cracovie et dans plusieurs autres endroits de la Pologne le 24 juillet.

CUNÈRE (sainte), *Chunera*, vierge et martyre, qu'on croit avoir été une des compagnes de sainte Ursule, est honorée à Rhénen près d'Utrecht. Saint Willibrord, évêque de cette dernière ville, fit la translation de ses reliques au commencement du VIIIᵉ siècle. — 12 juin et 19 octobre.

CUNIBERT (saint), *Cunibertus*, archevêque de Cologne, d'une famille noble d'Austrasie, fut formé à la piété par la bienheureuse Reine, sa mère. Il entra, jeune encore, dans l'état ecclésiastique, et devint archidiacre de Trèves. Ayant été placé sur le siège de Cologne, en 633, après la mort de l'archevêque Rémi, il fut un des plus grands prélats de son siècle, et se distingua par son zèle, sa piété et ses lumières. Dagobert Iᵉʳ, roi d'Austrasie, en fit son premier ministre et le mit à la tête de son conseil. Cunibert, dans ce poste éminent, ne se proposa jamais que le bien de l'Etat et celui de la religion.

Tant que le prince suivit ses conseils il régna avec gloire; mais les débauches scandaleuses auxquelles il se livra pendant quelque temps, malgré les représentations de Cunibert, ternirent ses belles qualités. Le saint archevêque fut aussi ministre de Sigebert, fils de Dagobert, qui lui succéda sur le trône d'Austrasie en 638, et que l'Eglise a mis au nombre des saints. Il fut encore chargé du gouvernement de ce royaume sous Childéric II. Il mourut en 664, laissant une grande réputation de sainteté : son nom se lit dans la plupart des Martyrologes, et on lui dédia à Cologne une église magnifique. — 12 novembre et 12 décembre.

CUNISSE (sainte), *Chunegundes*, vierge dont le corps se garde à Eischel, est honorée à Raperswil près de Bâle le 2 mai.

CUNISSE (la bienheureuse), *Cunegundis*, veuve de Frédéric II, comte d'Andech, mourut saintement en 1020, et elle est honorée à Diessen en Bavière le 6 mars.

CURONOTE (saint), *Curonotus*, évêque d'Icone en Lycaonie, et martyr, souffrit sous le président Pérennius pendant la persécution de l'empereur Valérien. — 12 septembre.

CUTHBERT (saint), *Cuthbertus*, évêque de Lindisfarne, né dans le voisinage de l'abbaye de Mailros, garda dans sa jeunesse les troupeaux de son père, et il s'efforçait de retracer dans sa conduite une partie des choses qu'il voyait faire aux moines ses voisins. Une nuit de l'année 631, qu'il priait selon sa coutume auprès de son troupeau, il vit monter au ciel au milieu des anges l'âme de saint Aidan, qui venait de mourir dans l'île de Lindisfarne. Cette vision miraculeuse produisit sur le jeune berger une impression si profonde, qu'il alla aussitôt prendre l'habit religieux au monastère de Mailros, dont saint Eate était abbé et saint Boisil prieur. Ce dernier ne l'eut pas plutôt aperçu, qu'il s'écria : « Ce jeune homme deviendra un grand serviteur de Dieu. » Il s'appliqua à lui donner l'intelligence des saintes Ecritures et à lui enseigner la science des saints. L'abbé Eate ayant été chargé du gouvernement du monastère de Reppon, fondé par Alcfrid, roi des Berniciens, il emmena Cuthbert avec lui et le chargea de recevoir les hôtes, emploi dont il s'acquitta avec les plus saintes dispositions, lavant les pieds aux étrangers qui se présentaient, les servant avec une humilité et une douceur admirables, et les traitant comme si c'eût été Jésus-Christ lui-même. Alcfrid ayant ensuite confié le gouvernement du monastère à saint Wilfrid, Eate revint à Mailros avec saint Cuthbert, et ce dernier fut fait prieur après la mort de saint Boisil enlevé par la peste qui désola l'Angleterre en 664. Cuthbert avait été atteint lui-même par le redoutable fléau; mais il en réchappa, et après sa guérison saint Boisil lui dit : « Mon frère, Dieu vous a rendu la santé, mais moi, je mourrai dans sept jours; ainsi vous n'avez plus qu'une semaine pour profiter de mes leçons sur l'Ecriture sainte. — Que puis-je étudier dans un espace de temps aussi court? — L'Evangile de saint Jean : sept jours suffiront pour le lire et pour faire nos réflexions sur ce que nous aurons lu. » Saint Cuthbert y prit un tel goût qu'il fit dans la suite, de cet Evangile, sa lecture favorite : il ne voulut pas même en être séparé à la mort, et l'on mit dans son tombeau, selon son désir, une copie latine de ce même Evangile. Non content d'édifier les moines par ses instructions et par ses exemples, il allait encore, tantôt à pied, tantôt à cheval, évangéliser les populations du voisinage qui vivaient dans une grande ignorance des vérités de la foi, faute d'églises paroissiales et de pasteurs. Aussi se transportaient-ils en foule là où ils savaient trouver un ministre de la parole de Dieu. Saint Cuthbert opéra de nombreuses conversions par son éloquence à laquelle personne ne pouvait résister : tous ses auditeurs le regardaient comme un ange envoyé du ciel pour leur enseigner la voie du salut, et ils allaient se jeter à ses pieds pour lui faire l'aveu de leurs fautes et apprendre la manière de les expier. Le monastère de Lindisfarne l'ayant choisi pour son prieur, il quitta Mailros pour se rendre à son nouveau poste et il devint bientôt le modèle de la communauté. Il possédait l'esprit de contemplation à un si haut degré qu'on l'eût pris moins pour un homme que pour un ange, et souvent il passait les nuits entières à s'entretenir avec Dieu. Lorsqu'il célébrait la sainte messe, ou qu'il réconciliait les pécheurs au tribunal de la pénitence, il versait des larmes de componction, et la vue seule de son extérieur était une prédication muette qui portait à la piété. Le désir d'une plus grande solitude le décida à se retirer, avec la permission de ses supérieurs, dans la petite île de Farne, à trois lieues de celle de Lindisfarne. Il bâtit un ermitage dans ce séjour affreux, où il n'y avait ni eau, ni arbres, ni blé ; mais on dit que Dieu accorda à ses prières une source dans le lieu même où était sa cellule. Il sema du blé qui ne vint point, puis de l'orge qui, quoique semé hors de saison, rendit une récolte abondante. Ayant fait construire à l'entrée de l'île une maison pour loger les frères qui venaient le visiter, il allait les y trouver pour les entretenir de matières spirituelles ; mais plus tard il prit le parti de ne plus sortir de sa cellule, se contentant d'instruire par la fenêtre ceux qui venaient le voir. Il consentit cependant à avoir, dans l'île de Coket, une entrevue avec une sainte abbesse nommée Elflède, fille du roi Oswi, laquelle gouverna le monastère de Whilby après sainte Hilde. Saint Cuthbert fut élu évêque de Lindisfarne dans un synode tenu en 684 à Twifort, dans le royaume de Northumberland par saint Théodore, archevêque de Cantorbéry ; mais on ne put le faire acquiescer à son élection, malgré les lettres qu'on lui écrivit et les députés qu'on lui envoya. Il fallut, pour l'arracher à sa solitude, que le roi Egfrid allât lui-même le trouver dans son île, accompagné du saint évêque Trumwin et de plusieurs autres personnages de distinction, qui tous ensemble, le roi à leur tête, se jetèrent à ses pieds le conjurant de la manière la plus pressante d'accepter un poste où l'appelait la volonté du ciel. Cuthbert se rendit à la fin, et sortit de son île, mais non sans verser un torrent de larmes. Le jour de Pâques, il fut sacré à Yorck par saint Théodore, assisté de six évêques. Le nouvel évêque, sans rien diminuer de ses austérités, s'appliqua à porter avec zèle un fardeau qu'il ne s'était laissé imposer qu'en tremblant ; il se regarda comme un homme dévoué au salut du prochain et ne pensa plus qu'à travailler à la sanctification du troupeau qui lui était confié. Plein d'une tendre charité pour les pauvres, il pourvoyait à leurs besoins spirituels et temporels. Les nombreux miracles qu'il opérait le firent surnommer le Thaumaturge de la Grande Bretagne : on rapporte qu'il guérit avec de l'eau bénite plusieurs personnes dont les maladies étaient réputées incurables. Il connut par révélation et fit connaître le moment précis où le roi Egfrid fut défait et tué par les Pictes, en 685. Après deux ans d'épiscopat, voyant que sa fin approchait, il se démit de son siège et retourna dans l'île de Farne pour se préparer à la mort. Hérefrid, abbé de Lindisfarne, alla le visiter et lui laissa deux de ses moines pour lui rendre les services que son âge et ses infirmités lui rendaient indispensables. Comme sa position allait toujours en empirant il demanda le viatique du corps et du sang de Jésus-Christ, qu'il reçut des mains de l'abbé Hérefrid. Il mourut le 20 mars 687 : il fut rapporté à Lindisfarne et enterré dans l'église, à la droite du grand autel. Son corps ayant été levé de terre onze ans après, on le trouva encore flexible et sans aucune marque de corruption. Les moines de Lindisfarne l'emportaient avec eux toutes les fois qu'ils étaient obligés de fuir à l'approche des Danois qui faisaient des incursions sur les côtes. En 875, l'évêque et l'abbé de Lindisfarne, pour échapper à ces mêmes Danois qui ravageaient le Northumberland, se sauvèrent avec la précieuse dépouille de leur père, et ils errèrent çà et là pendant sept ans, et s'arrêtèrent, en 882, à Concester, petite ville voisine de la muraille des Romains : l'évêque y fixa son siège. En 995, l'évêque Aldune, fuyant une nouvelle invasion avec le corps de saint Cuthbert, qui était resté sans corruption, et qui continuait d'opérer des miracles, se retira à Durham, dont il fit sa ville épiscopale. Plusieurs princes, entre autres le roi Alfred, donnèrent des biens considérables au monastère et à la cathédrale de cette ville que l'on avait bâtis en son honneur. Son corps était encore entier lorsque Henri VIII fit piller et détruire la châsse qui le renfermait, et il ne fut point brûlé comme celui de plusieurs autres saints. On trouva dans son tombeau une copie latine de l'Evangile selon saint Jean, faite d'après l'exemplaire de saint Boisil, et l'on ne peut douter de son authenticité, au rapport même de plusieurs protestants habiles qui l'ont examinée avec soin. La Vie de saint Cuthbert a été écrite par saint Bède dit le Vénérable. — 20 mars.

CUTHBURGE (sainte), *Cuthburga*, reine, vierge et abbesse de Winburn, en Angleterre, était sœur d'Ina, roi de Westsex. Elle épousa Alfred, fils naturel d'Oswi, roi des Northumbres. Alfred succéda à son frère Egfrid, tué dans un combat par les Pictes en 685. Comme elle avait pris la résolution de rester vierge toute sa vie, son mari lui permit d'exécuter son vœu, et elle se retira dans le monastère de Barking au comté d'Essex. Ayant ensuite fondé celui de Winburn, dans le comté de Dorset, elle en fut la première abbesse ; sa douceur et sa bonté la firent universellement aimer, surtout de ses religieuses qu'elle édifiait par ses exemples et ses discours, les exhortant à vivre en dignes épouses de Jésus-Christ, et à se détacher de toute affection terrestre pour ne soupirer qu'après le bonheur du ciel. Elle pratiquait elle-même, la première, ce qu'elle recommandait aux autres, et possédait à un haut degré l'esprit de prière et de mortification. Attaquée d'une maladie longue et douloureuse, pendant laquelle elle se fit administrer le saint viatique, elle mourut le 31 août, au commencement du VIII° siècle. Elle fut enterrée à Winburn, où l'on vénéra ses reliques jusqu'à la prétendue réforme. — 31 août.

CUTHMAN (saint), *Cuthmannus*, Anglo-Saxon d'origine, né dans la partie méridionale de l'Angleterre, fut employé dans son jeune âge à garder les troupeaux de son père. Il sanctifiait cette occupation par une prière continuelle, qui avait pour fondement l'esprit de simplicité, d'humilité et d'obéissance. L'habitude qu'il avait contractée d'être toujours uni à Dieu, épura tellement ses affections qu'il ne tenait plus à la terre. Après la mort de son père il pourvut à la subsistance de sa mère qui était très-âgée, et comme son travail était insuffisant, il implora la charité publique, ce qui l'obligeait à changer souvent de demeure, souffrant en esprit de pénitence et par dévouement filial ce qu'un tel état lui présentait de pénible. Se trouvant à Sténinges, il y bâtit une petite cabane pour se loger avec sa mère, et la vie qu'il y mena plutôt d'un ange que d'un homme ; sa cabane achevée, il commença la construction d'une église, et les habitants du lieu, touchés de son zèle, l'aidèrent dans son entreprise. Cuthman travaillait tout le jour et consacrait à la prière une partie de la nuit. *C'est ici, Seigneur*, disait-il, *le lieu de mon repos ; c'est ici que je viendrai chaque jour vous rendre mes hommages*. Il opéra un grand nombre de miracles pendant sa vie et après sa mort, qui arriva sur la fin du IX° siècle, ou au commencement du X°. Ses reliques étaient autrefois honorées à Sténinges. L'abbaye de Fécamp, en Normandie, en possédait aussi une partie, et célébrait sa fête le 8 février.

CUTIAS (saint), martyr, était fils de saint Claude et de sainte Prépédigne, et frère de saint Alexandre. Sa famille était illustre, et il fut mis à mort avec ses parents à Ostie sous l'empereur Dioclétien. — 18 février.

CYBAR (saint), *Eparchius*, reclus à Angoulême, naquit au commencement du VI° siècle. Ayant quitté sa famille qui s'opposait à sa vocation il se retira dans le monastère de Sédaciac en Périgord, gouverné par l'abbé Martin. Dieu manifesta sa sainteté en le favorisant du don des miracles ; et la vénération qu'on lui témoignait le détermina à se cacher dans une profonde solitude, afin de se soustraire au danger de la vaine gloire. Après en avoir obtenu la permission de ses supérieurs, il se fixa, vers l'an 540, dans une cellule près d'Angoulême, et l'évêque de cette ville, frappé de ses éminentes vertus, l'ordonna prêtre quelque temps après. Il retraçait la vie des anachorètes de l'Orient, et il redoublait encore ses austérités pendant le carême. Quoique reclus, il ne laissait pas de recevoir des disciples, qui, à son exemple, étaient continuellement occupés de la prière. Il trouvait dans les libéralités des fidèles de quoi fournir à ses besoins et à ceux des personnes qui vivaient sous sa conduite ; malgré sa pauvreté il trouvait encore moyen de soulager les malheureux, et il racheta un grand nombre de captifs. Il mourut le 1er juillet 581, après avoir passé environ quarante ans dans sa cellule. L'abbaye qui portait son nom garda ses reliques jusqu'en 1568, qu'elles furent brûlées par les huguenots. Il y a dans le diocèse d'Angoulême deux paroisses qui portent son nom. — 1er juillet.

CYLLINE (saint), *Cyllinius*, évêque de Fréjus, mourut en 406 et il eut pour successeur saint Léonce. — 13 février.

CYPRIEN (saint), *Cyprianus*, martyr à Corinthe avec plusieurs autres, souffrit pendant la persécution de Dèce ou pendant celle de Valérien. Il fut décapité par ordre du président Jason. — 10 mars.

CYPRIEN (saint), évêque de Carthage, docteur de l'Église et martyr, était fils d'un des principaux sénateurs de cette ville. Après s'être livré avec de grands succès à l'étude de la philosophie, des belles-lettres et de l'éloquence, il fut fait professeur de rhétorique dans sa patrie. Cyprien vivait d'une manière qui répondait à son illustre naissance et à son emploi, qui était alors très en honneur. Il dit lui-même, dans son Livre à Donat, qu'il avait vécu au milieu des faisceaux, qui étaient chez les Romains l'emblème de la plus haute magistrature ; mais il déplore en même temps le malheur qu'il avait eu d'être l'esclave du vice et des passions, alors qu'il était engagé dans les superstitions du paganisme. Il était déjà d'un certain âge lorsqu'il se fit chrétien. L'instrument dont Dieu se servit pour opérer sa conversion fut un saint prêtre, nommé Cécilius, le même, selon les meilleurs critiques, que l'Église honore le 3 juin. Cyprien s'étant lié avec lui d'une étroite amitié, il fut frappé de ses discours sur l'excellence de la religion chrétienne ; peu à peu il prit goût aux vérités de la foi et à la sainteté de la morale évangélique. Mais son cœur était encore dominé par l'amour du monde et par la force des passions. Ce qui lui paraissait beau en théorie lui semblait impossible dans la pratique, et il ne comprenait pas encore comment on pouvait devenir un autre homme en conservant le même corps. A peine eut-il reçu le baptême qu'il se trouva tout changé. Il voua la plus profonde reconnaissance à Cécilius, qu'il regarda toujours depuis comme son père; il joignit son nom au sien et se fit appeler Thascius Cécilius Cyprianus. Cécilius, de son côté, avait une si grande confiance dans son fils spirituel, qu'à sa mort il le chargea du soin de sa femme et de ses enfants. Le nouveau converti s'appliqua avec ardeur à l'étude de l'Ecriture sainte: frappé des éloges que les divins oracles donnent à la pureté et à la pauvreté volontaire, il embrassa la continence et donna ses biens aux pauvres. Il s'appliqua aussi à la lecture des anciens Pères et surtout de Tertullien, son compatriote, qu'il appelait son maître. Ses progrès dans la perfection furent si rapides, sa vie était si édifiante et son mérite si extraordinaire, que quoiqu'il fût encore néophyte, le peuple demanda avec de vives instances qu'on l'élevât au sacerdoce, ce qui eut lieu en 247. Un an à peine après son ordination, le peuple et le clergé de Carthage le choisirent pour succéder à l'évêque Donat qui venait de mourir. A cette nouvelle Cyprien voulut prendre la fuite; mais on alla investir la maison où il était. Voyant qu'il lui était impossible de s'échapper, il finit par acquiescer à son élection, qui fut approuvée par les évêques de la province. Il y eut cependant cinq prêtres de Carthage et quelques fidèles qui se déclarèrent contre lui, sous prétexte qu'il était nouveau converti: mais Cyprien usa envers eux de tant de bonté qu'il les eut bientôt amenés à d'autres sentiments. Il se montra dans l'exercice de ses fonctions doux et charitable en même temps que ferme et courageux. On remarquait sur son visage quelque chose de gai et de grave en même temps, qui inspirait l'affection et le respect. Son amour pour les pauvres, qui l'avait porté à leur distribuer ses biens, ne fit qu'augmenter lorsqu'il fut évêque. Dèce étant parvenu à l'empire, en 249, la paix dont l'Eglise jouissait fut troublée par une horrible persécution qui se fit sentir à Carthage au commencement de l'année 250. A peine l'édit contre les chrétiens eut-il été publié dans la ville que les idolâtres s'assemblèrent tumultueusement sur la place en criant: Cyprien aux lions! Cyprien aux bêtes! On le proscrivait nommément, et il fut expressément défendu de rien cacher de ce qui lui appartenait. Sa conversion l'avait rendu tellement odieux aux infidèles qu'au lieu de l'appeler Cyprien, ils l'appelaient Coprien, du grec κόπρος, qui signifie *fiente, excréments*. Comme on le cherchait de toutes parts, il consulta Dieu sur la conduite qu'il devait tenir dans une circonstance aussi difficile, et se détermina, en conséquence d'une révélation qu'il avait eue, à fuir de ville en ville, selon le conseil du Seigneur à ses apôtres. Si le clergé de Rome lui fit, plus tard, le reproche d'avoir abandonné son troupeau, c'est qu'il ignorait les motifs et les circonstances de la fuite du saint évêque, dont le séjour à Carthage n'eût fait qu'augmenter la fureur des païens, qui lui en voulaient personnellement. Quoiqu'absent de corps, il était en esprit au milieu de son peuple; il continuait à l'instruire et à le fortifier, soit par ses lettres, soit par ses vicaires, dont deux étaient évêques. Pendant la persécution il y eut à Carthage beaucoup de personnes qui moururent pour la foi, beaucoup qui subirent les tortures et la prison. Il y en eut d'autres qui offrirent de l'encens aux idoles, à la première sommation, et d'autres enfin qui renoncèrent Jésus-Christ au milieu des tourments. Autant le courage des premiers réjouissait le cœur du saint évêque, autant la chute des derniers le contristait. « Je suis affligé, écrivait-il à son clergé, du malheur de nos frères qui, renversés par la violence de la persécution, ont entraîné avec eux une partie de nos entrailles, et nous ont porté le même coup qu'ils ont reçu.... Il est plus besoin de larmes que de paroles pour exprimer notre douleur, pour déplorer nos blessures et la ruine d'un peuple autrefois si nombreux. » Aussitôt que l'orage fut dissipé, il s'appliqua avec zèle à étouffer le schisme de Novat et de Félicissime, deux membres de son clergé, dont la conduite avait donné lieu aux plus graves reproches, et qui, craignant la sévérité de saint Cyprien, levèrent contre lui l'étendard de la révolte. Ils attirèrent d'abord à leur parti cinq prêtres, ensuite un grand nombre de ceux qui étaient tombés pendant la persécution, et même plusieurs de ceux qui avaient généreusement confessé Jésus-Christ, mais qui se détachaient de leur évêque, sous prétexte qu'il traitait trop sévèrement ceux qui avaient eu la lâcheté de trahir leur religion devant les tribunaux, tandis que Novat recevait à la communion de l'Eglise tous ceux qui étaient tombés, sans leur imposer aucune pénitence canonique. Saint Cyprien, voyant que les remèdes employés jusque-là n'avaient servi qu'à rendre plus insolents les auteurs du schisme, envoya une commission aux évêques et aux prêtres qui administraient en son nom le diocèse de Carthage, pour qu'ils eussent à les excommunier; ce qui fut fidèlement exécuté. Novat s'étant rendu à Rome y excita un schisme contre le pape saint Corneille. Saint Cyprien écrivit, à ce sujet son livre de l'*Unité de l'Eglise*. L'affaire de ceux qui étaient tombés pendant la persécution, soit en sacrifiant aux idoles, soit en achetant des attestations qui portaient qu'ils avaient sacrifié, quoiqu'ils ne l'eussent pas fait, donna aussi beaucoup d'exercice à son zèle. La discipline alors en vigueur était que ni les uns ni les autres ne fussent admis à participer aux saints mystères qu'après avoir accompli la pénitence publique que les canons prescrivaient pour l'apostasie. Ceux qui, pendant le cours de leur pénitence, tomhaient dangereusement malades obtenaient l'absolution, et on les admettait à la communion de l'Eglise; et cette remise de ce qui leur restait à faire de la pénitence publique s'appelait indulgence. On l'accordait, non-seulement à ceux qui étaient en danger de mort, mais aussi à ceux qui dans le cours de leurs épreuves faisaient paraître une ferveur peu commune, ou à l'approche d'une persécution. Les martyrs et les confesseurs de la foi étaient aussi dans l'usage d'accorder des billets d'indulgence. Ceux qui étaient tombés et qui se présentaient munis de ces billets, obtenaient ordinairement leur réintégration dans le rang des fidèles. Le nombre de ces billets était devenu si considérable, qu'il en résultait un grand relâchement dans la discipline. Saint Cyprien, pour remédier à cet abus, écrivit aux martyrs et aux confesseurs les exhortant de ne plus donner aussi facilement de tels billets; il écrivit aussi au clergé de ne plus admettre aux sacrements ceux qui en étaient porteurs, sans s'être auparavant assurés de leurs dispositions. Il s'adressa également au peuple sur le même sujet, lui recommandant d'exhorter les martyrs et les confesseurs à conformer avec les règles prescrites par l'Eglise leur condescendance pour *les tombés*. Lucien et quelques autres confesseurs de Carthage lui envoyèrent une lettre assez vive pour justifier leur conduite à cet égard, et pour obtenir qu'il leur fût permis de la continuer; mais il ne céda point. Il s'adressa au clergé de Rome, dont le siège était alors vacant, et il en reçut une réponse où la doctrine qu'il soutenait sur ce point était formellement approuvée. Saint Corneille ayant été élu pape au milieu de l'année 251, saint Cyprien, qui était revenu à Carthage dès le mois d'avril, lui écrivit pour le féliciter de son élection, et ils prirent, de concert, de nouvelles mesures contre le schisme de Novat, qui troublait l'Eglise de Rome aussi bien que celle d'Afrique.

Il tint la même année, à Carthage, un concile nombreux dans lequel les schismatiques furent condamnés. On y décida aussi que ceux qui étaient tombés achèveraient le cours de leur pénitence; mais dans un autre concile, tenu dans la même ville, en 252, on leur accorda une indulgence plénière, à cause de la persécution de Gallus, successeur de Dèce. Saint Cyprien avait connu, par révélation, que cet empereur allait persécuter l'Eglise; il en écrivit à saint Corneille en ces termes « : Une tempête nous menace et un ennemi furieux va se déclarer contre nous : le choc sera bien plus terrible qu'il ne l'a été dernièrement. » Il veut parler ici de la persécution de Dèce dont il avait prédit la fin prochaine dans le moment où elle sévissait avec le plus de fureur. Le saint pape, ayant confessé généreusement la foi à Rome, fut exilé à Centumcelles. Saint Cyprien le félicita par lettre du bonheur qu'il avait de souffrir pour Jésus-Christ, et il prédit qu'ils auraient bientôt, l'un et l'autre, la gloire de remporter la couronne du martyre. La prédiction se vérifia bientôt pour saint Corneille, qui souffrit le 14 septembre 252. Il écrivit à saint Luce son successeur, pour le féliciter sur son exaltation. La peste terrible qui désola l'empire romain pendant plus de dix ans, ayant commencé à exercer ses ravages en Afrique, saint Cyprien exhorta les fidèles de Carthage à assister les victimes du fléau, sans distinction de croyance, et de pratiquer, envers leurs ennemis mêmes et leurs persécuteurs, la charité chrétienne qui, dans une telle circonstance, devenait un dévouement héroïque. Ses paroles et surtout son exemple enflammèrent tous les cœurs : les riches donnèrent des sommes considérables pour le soulagement des pestiférés et les pauvres offrirent leur travail. On organisa un service de secours qui profita surtout aux païens; car lorsqu'ils étaient attaqués de la contagion, ils se trouvaient abandonnés de leurs proches et de leurs amis qui prenaient la fuite, et on les jetait dans les rues où l'on rencontrait à chaque pas des moribonds qui imploraient l'assistance des passants. Un autre objet qui attira ensuite la sollicitude du saint évêque, c'était la conduite de son clergé. Il ne voulait pas que les ministres de l'Eglise se mêlassent des affaires du siècle, de peur que les occupations civiles ne fussent un obstacle à l'exercice des fonctions du ministère sacré. Quelques prêtres s'étant avisés, durant la persécution de Gallus, de ne mettre que de l'eau dans le calice lorsqu'ils célébraient les saints mystères, dans la crainte que l'odeur du vin ne les fît découvrir par les idolâtres, il s'éleva fortement contre cette nouveauté impie et sacrilége et défendit de s'écarter de l'ancienne pratique de l'Eglise sur un point aussi important. Ayant été informé, par huit évêques de la Numidie, que les barbares avaient emmené captifs un grand nombre de chrétiens, cette triste nouvelle lui fit répandre des larmes; ce qui le touchait le plus, c'était le danger auquel les vierges étaient exposées. Comme ces évêques lui demandaient des secours, il fit faire une quête parmi les fidèles de Carthage, et leur envoya une somme considérable, les priant de s'adresser toujours à lui dans de semblables occasions. Ayant été consulté, vers l'an 255, par dix-huit évêques de la même province sur la validité du baptême des hérétiques, il répondit qu'un tel baptême était nul et qu'on devait le réitérer : il fit ensuite confirmer sa décision dans un concile de soixante-douze évêques, tenu à Carthage. Il développe, dans sa lettre à l'évêque Jubaïen, écrite en 256, les raisons sur lesquelles il appuyait son opinion. Il partait du faux principe qu'on ne peut recevoir le Saint-Esprit de celui qui ne le possède pas dans son âme; il s'étayait aussi de la tradition de l'église de Carthage, tradition qui ne remontait qu'à un demi-siècle, et qui, de son propre aveu, avait commencé sous Agrippin, l'un de ses prédécesseurs. Dans le 3ᵉ des conciles qu'il tint à Carthage sur cette affaire, il déclara qu'il ne prétendait point séparer de la communion ceux qui étaient d'un avis contraire au sien; qu'il ne s'agissait pas de la foi, qui est partout la même, mais d'un point de discipline, sur laquelle chaque Eglise a ses usages et ses règles. Mais le pape saint Etienne, persuadé, avec raison, que c'était un point qui intéressait la foi, et effrayé du danger dont l'Eglise était menacée par ceux-là mêmes qui, d'un autre côté, montraient beaucoup de zèle pour la religion, convoqua un concile à Rome où l'on condamna le sentiment des évêques d'Afrique. Le pape rendit un décret qui portait que toute innovation était illicite, et que l'on devait s'attacher inviolablement à la tradition apostolique de l'Eglise. Il menaça même de retrancher du corps des fidèles les partisans de cette nouveauté. Saint Denis d'Alexandrie se fit médiateur et écrivit à saint Etienne les lettres les plus pressantes pour l'engager à suspendre l'exécution de cette menace. Saint Cyprien, qui avait eu le malheur de se tromper et de défendre une mauvaise cause avec trop de vivacité, s'en repentit depuis, comme on le voit par son livre de la Patience; et s'il fit une faute, elle fut effacée, selon saint Augustin, par sa charité et par son martyre. Le respect et la déférence qu'il montre ailleurs pour le saint-siège qu'il appelle la chaire de Pierre, l'origine de l'unité sacerdotale, la principale Eglise auprès de laquelle la perfidie ne peut avoir d'accès, prouvent assez qu'il ne contestait pas l'autorité du saint pape et ne laissent aucun doute sur la conduite qu'il aurait tenue, si le point en discussion avait été réglé auparavant par une décision du siège apostolique dont il reconnait toujours l'autorité. En effet, c'est au saint-siège qu'il adresse l'apologie de sa fuite pendant la persécution de Dèce; c'est au saint-siège qu'il a recours contre ceux qui, étant tombés dans la même persécution, voulaient forcer le saint évêque à les réconcilier à l'Eglise avant qu'ils eussent accompli la pénitence canonique; c'est au pape saint Corneille qu'il s'adresse pour faire approuver l'indulgence dont il avait usé envers quelques-uns d'entre eux, à l'approche de la persécution de Gallus : dans le temps même qu'il résiste à saint Etienne, il lui envoie des députés pour lui soumettre les raisons de sa résistance ; c'est donc contre toute bonne foi que son démêlé avec ce dernier pape est devenu un lieu commun pour tous ceux qui méprisent les décrets des souverains pontifes. Cette contestation était à peine terminée que Valérien, successeur de Gallus, suscita, en 257, la huitième persécution. Saint Cyprien ne cessait d'encourager son troupeau et de l'exhorter à souffrir courageusement le martyre. Il eut la consolation de voir un grand nombre de fidèles sceller leur foi de leur sang. Il montrait un zèle infatigable pour soutenir la constance des confesseurs et pour leur procurer les secours dont ils avaient besoin. Il s'appliquait aussi à faire honorer la mémoire des martyrs dont il allait bientôt augmenter le nombre. Il fut arrêté à Carthage l'an 257, et le 20 d'août il fut conduit dans la chambre du conseil. Aspasius Paternus, proconsul d'Afrique, lui dit : *Nos très-religieux empereurs, Valérien et Gallien, m'ont fait l'honneur de m'écrire qu'ils ordonnent à tous ceux qui ne professent pas la religion des Romains de l'embrasser sans délai avec tous ses usages et toutes ses cérémonies. Je vous ai donc fait comparaître pour savoir de vous quelle est votre foi et quelles sont vos intentions à cet égard. — Je suis chrétien et évêque : je ne connais qu'un seul Dieu qui a fait le ciel et la terre; c'est ce Dieu que nous adorons, nous qui sommes chrétiens; c'est à lui que nous adressons nos prières, pour nous, pour tous les hommes et surtout pour la prospérité des empereurs. — Persistez-vous dans cette déclaration? — Quand la volonté est droite et que Dieu la dirige, elle ne peut changer. — Disposez-vous donc alors à vous rendre, sans délai, à Curube, où les empereurs vous envoyent en exil. — Je suis tout prêt à partir. — Les ordres que j'ai reçus ne concernent pas seulement les évêques, mais aussi les prêtres de la province : donnez-m'en la liste. — Vos lois punissent avec justice les délateurs, et vous voulez que je le devienne, en vous donnant leurs noms et leurs demeures! Vous pouvez en faire la recherche. — Je commencerai à la faire dès aujourd'hui.....* Après cet interrogatoire, saint Cyprien se mit en route avec le diacre Pontius et quelques chrétiens, et la première nuit de son arrivée à Curube, qui était située près de la mer de Libye à 60 milles de Carthage, il eut une vision dans laquelle Dieu lui fit connaître qu'il mourrait bientôt pour Jésus-Christ. Il reçut aussi un envoyé de saint Xyste qui l'informait qu'on allait publier contre les chrétiens de nouveaux édits. Cyprien apprit, bientôt après, le martyre du saint pape; lui-même s'attendait à une mort prochaine. Plusieurs chrétiens d'un rang distingué lui conseillaient de se cacher et lui offraient une retraite assurée ; mais il n'en voulut rien faire. Il animait au combat les fidèles menacés, et se préparait lui-même, par un redoublement de ferveur, à paraître devant Dieu. Il était encore à Curube lorsque Galère-Maxime succéda à Paternus dans le gouvernement de l'Afrique. Le nouveau proconsul le rappela à Carthage, et lui assigna pour logement une maison de campagne qu'il possédait près de la ville, et qu'il avait achetée quelque temps après son baptême ; il s'en était dépouillé en faveur des pauvres; mais depuis, il en était redevenu propriétaire, et il désirait la leur donner de nouveau avec tout ce qu'il possédait : s'il ne le fit pas, ce fut pour ne pas aigrir les païens. Les édits étant arrivés à Carthage, au milieu du mois d'août 258, comme le proconsul était à Utique, il donna l'ordre qu'on lui amenât saint Cyprien ; mais celui-ci, qui voulait mourir à Carthage, au milieu de son troupeau, se cacha, bien résolu toutefois à se faire voir dans ses jardins quand le proconsul serait de retour. Galère-Maxime chargea deux officiers de se saisir de lui :

il se présenta avec un visage gai et tranquille qui annonçait le calme de son âme dans un moment aussi critique. Les officiers l'ayant fait monter dans une voiture, le conduisirent à une maison de campagne où le proconsul s'était retiré pour y rétablir sa santé, l'air y étant fort sain. Galère remit l'interrogatoire au lendemain et le martyr fut conduit à Carthage, où il passa la nuit dans la maison d'un des officiers qui l'avaient arrêté. Aussitôt que la nouvelle de son arrestation fut connue, toute la ville fut alarmée : les païens eux-mêmes, qui se souvenaient encore de la charité extraordinaire qu'il avait déployée durant la peste, étaient touchés de son sort. L'officier eut pour Cyprien les plus grands égards; il permit à ses amis de le voir et de souper avec lui. Le peuple se porta en foule dans le quartier où il se trouvait, et tout fut en rumeur dans cette cité qui était alors, après Rome, la plus populeuse de l'univers. Tous les fidèles accouraient pour voir leur évêque; les jeunes filles passèrent même la nuit à la porte de la maison, et le saint donna ordre de veiller à ce qu'il ne se passât rien que de conforme à la modestie. Le lendemain, qui fut pour lui un jour de joie, on le conduisit au prétoire, qui était éloigné d'environ un stade. Le proconsul ne paraissant point encore, on lui permit de s'asseoir sur un siége qui par hasard se trouvait couvert d'un linge; ce qui fut remarqué, parce que l'on avait coutume de couvrir ainsi, par honneur, le siége des évêques. Comme il était tout en sueur, à cause du chemin qu'il venait de faire, un soldat qui avait été chrétien lui conseilla de changer d'habits; et il se proposait de garder ceux du saint martyr, qui refusa en disant : il est inutile de remédier à des maux qui vont finir aujourd'hui. — Le proconsul étant arrivé, lorsqu'il fut assis sur son tribunal, on fit entrer le saint, et Galère lui dit : *Es-tu Thascius Cyprien?—Oui, je le suis.—N'est-ce pas toi qui es l'évêque de ces hommes impies et sacriléges qu'on nomme chrétiens ? — Oui, c'est moi. — Les très-religieux empereurs ordonnent que tu sacrifies aux dieux. — Je ne le puis. — Prends du temps pour y réfléchir. — Dans une chose dont la justice est évidente, on a bientôt pris son parti.* — Le proconsul, ayant pris l'avis de son conseil, continua ainsi : *Il y a longtemps que tu vis sans religion et sans piété, et que tu engages une foule de malheureux à conspirer, avec toi, contre les dieux de l'empire et contre leur culte : les très-illustres empereurs ont fait faire des démarches près de toi pour que tu ne reconnaisses point d'autres dieux que ceux qu'ils adorent eux-mêmes ; mais ils n'ont pu l'obtenir de toi. Ainsi étant convaincu des crimes les plus abominables, que tu ne t'es pas contenté de commettre seul, mais que tu as encore fait commettre à une infinité d'autres, il faut que ta mort serve à rappeler à leur devoir ceux que tu as entraînés, ou du moins à les effrayer, et que l'obéissance aux lois soit rétablie par ton sang.* Il écrivit ensuite sur des tablettes la sentence ainsi conçue : *Nous condamnons Thascius Cyprien à perdre la tête.* Le saint répondit : *Dieu en soit loué.* Les chrétiens présents s'écrièrent qu'ils voulaient mourir avec lui, et beaucoup le suivirent jusqu'au lieu du supplice, où il fut conduit par des soldats que commandaient des centurions et des tribuns. Arrivé au lieu de l'exécution, il ôta son manteau, se mit à genoux et fit sa prière. Il se dépouilla ensuite de sa dalmatique qu'il donna aux diacres qui l'accompagnaient, et ne garda que sa tunique de lin ; il se banda lui-même les yeux et un diacre lui lia les mains. Les chrétiens placèrent autour de lui des linges pour qu'ils fussent trempés de son sang. L'exécuteur, à qui il avait fait donner vingt-cinq pièces d'or, lui coupa la tête, le 14 septembre 258. Son corps, que les frères accompagnèrent, portant des flambeaux de cire et chantant des hymnes, fut enterré dans un champ voisin, sur le chemin de Mappale. On bâtit deux églises en son honneur, l'une sur son tombeau, qui fut appelée Mappalie, et l'autre dans l'endroit même où il souffrit le martyre, et qui fut appelée table ou autel de Cyprien, parce que le saint s'y était offert à Dieu en sacrifice; cette dernière est surtout connue par les sermons que saint Augustin y faisait ordinairement au peuple. Les ambassadeurs que Charlemagne avait envoyés au calife Aaron-al-Réchyd, au commencement du IXe siècle, obtinrent du roi mahométan d'Afrique, à leur retour de Perse, la permission d'ouvrir le tombeau de saint Cyprien, d'où ils retirèrent ses reliques qu'ils apportèrent en France ; elles furent d'abord déposées dans la ville d'Arles et transportées ensuite, avec la permission du roi, à Lyon et placées derrière l'autel de l'Eglise de saint Jean-Baptiste. Charles le Chauve les fit transférer à Compiègne et on les renferma avec celles de saint Corneille. La collégiale de Rosnay, près d'Oudenarde en Flandre, obtint une partie des unes et des autres. Les ouvrages de saint Cyprien sont : 1° le *traité du Mépris du monde ou de la Grâce de Dieu*; 2° le livre de la *Vanité des idoles* ; 3° les deux livres des *Témoignages* ; 4° le livre de la *Conduite des vierges* ; 5° le livre de l'*Unité de l'Eglise*; 6° le livre de *ceux qui sont tombés*; 7° le livre de l'*Oraison dominicale*, qui, au jugement de saint Augustin, est son chef-d'œuvre ; 8° le livre de la *Mortalité* ; 9° l'*Exhortation au martyre*; 10° le livre à *Démétrien* ; 11° le livre de l'*Aumône et des bonnes œuvres* ; 12° le livre du *Bien de la patience* ; 13° le livre de *la Jalousie et de l'Envie* ; 14° des *Lettres* au nombre de 83. Saint Jérôme et Lactance donnent de grands éloges à l'éloquence de saint Cyprien. Il a, suivant le second de ces Pères, une invention facile, variée, agréable, beaucoup de clarté et de netteté dans les idées. Sa diction est ornée et coulante, ses raisonnements solides et serrés. Il sait plaire, instruire et persuader. Ses lettres sont écrites avec plus de perfection encore que ses autres ouvrages. Son éloquence, mâle, naturelle et éloignée du style déclamateur, était propre à exciter de grands mouvêments. Il raisonne presque toujours avec autant de justesse que de force. Quoique son style ait quelque chose du génie africain, il est cependant d'une latinité plus pure que celui des autres Pères, si l'on en excepte Lactance. — 16 septembre.

CYPRIEN (saint), martyr à Brescia avec saint Savin, souffrit au commencement du IVe siècle. — 11 juillet.

CYPRIEN (saint), surnommé le Magicien, pour le distinguer de saint Cyprien de Carthage, né vers le milieu du IIIe siècle à Antioche, petite ville située sur les confins de la Syrie et de l'Arabie, et qu'il ne faut pas confondre avec la capitale de la Syrie, fut dévoué au démon dès son enfance par ses parents qui le firent élever dans les superstitions et les mystères impies du paganisme. Il s'appliqua à l'astrologie judiciaire et à la magie. C'est pour se perfectionner dans ces sciences occultes qu'il fit de nombreux voyages. Il se rendit à Athènes, au mont Olympe en Macédoine, à Argos en Phrygie, à Memphis en Egypte, dans la Chaldée et jusqu'aux Indes. Lorsqu'il eut été initié à tous les secrets de son art infernal, il se livra, pour l'exercer, aux crimes les plus horribles, jusqu'à égorger des enfants pour offrir leur sang au démon, et pour chercher, dans leurs entrailles palpitantes, la connaissance de l'avenir. Les connaissances funestes qu'il avait acquises lui servaient à séduire les vierges, mais elles vinrent échouer contre une vierge chrétienne, nommée Justine, sa compatriote, d'une naissance et d'une beauté distinguées. Un jeune homme qui était idolâtre, ayant conçu pour elle une violente passion et ne pouvant la lui faire partager, eut recours à Cyprien. Celui-ci, épris de la jeune vierge à son tour, mit en œuvre toutes les ressources de son art afin de réussir pour son propre compte. Justine s'arma du signe de Jésus-Christ et rendit inutile l'invocation des esprits de ténèbres. Cyprien, se voyant vaincu par un pouvoir supérieur, commença à réfléchir sur la faiblesse du démon. Celui-ci, craignant de perdre un homme par le moyen duquel il avait assujetti un si grand nombre d'âmes à son empire, lui livra de rudes assauts, afin d'empêcher sa conversion. Elle eut lieu cependant; mais le souvenir de ses crimes le plongeait dans une mélancolie qui approchait du désespoir. Prosterné la face contre terre, n'osant lever les yeux vers le ciel, il s'écriait, au milieu des larmes et des sanglots : Malheur à moi! malheur à moi! Dieu, touché de sa douleur, lui inspira l'idée de s'adresser au saint prêtre Eusèbe qu'il connaissait depuis longtemps : Cyprien ne lui eut pas plutôt confié ses peines qu'il se sentit consolé, et comme il y avait trois jours qu'il n'avait rien mangé, Eusèbe lui fit prendre un peu de nourriture. Le dimanche suivant, il le conduisit à l'assemblée des fidèles, et Cyprien fut singulièrement frappé du recueillement et de la piété dont étaient pénétrés les chrétiens. Il lui semblait voir, dans ces hommes célestes, des anges qui chantaient les louanges de Dieu. Ceux qui composaient l'assemblée furent très-étonnés de voir un prêtre introduire Cyprien parmi eux : l'évêque qui présidait pouvait à peine en croire ses yeux, ou du moins il ne s'imaginait pas que la conversion de celui qui causait sa surprise fût sincère; mais Cyprien dissipa ses doutes, le lendemain, en brûlant devant lui tous ses livres de magie, en donnant tous ses biens aux pauvres et en se mettant au nombre des catéchumènes. Quelque temps après, l'évêque le baptisa. Comme il avait scandalisé ou abusé un grand nombre de personnes, il fit un aveu public des artifices dont il s'était servi et confessa hautement ses fautes, ajoutant qu'il n'y avait qu'illusion dans ses opérations magiques. Le jeune homme qui aimait Justine et qui se nommait Agladius, fut si touché de cet exemple, qu'il se fit aussi chrétien. Saint Grégoire de Nazianze, parlant du changement opéré en Cyprien après sa conversion, en fait l'éloge le plus magnifique et ajoute qu'il demanda, par humilité, un des plus bas emplois de l'église. Eudoxie, citée par Photius, dit qu'il fut fait portier, mais que quelque temps après on l'ordonna prêtre, et qu'il fut ensuite élevé sur le siége épiscopal d'Antioche sa patrie. Lorsque la persécution de Dioclétien eut éclaté, il fut arrêté et conduit à Tyr devant le gouverneur de Phénicie, qui le fit déchirer avec des ongles de fer. Dioclétien ordonna ensuite qu'il fût amené à Nicomédie, chargé de chaînes, ainsi que Justine, qui avait été arrêtée à Damas, et ce prince les condamna l'un et l'autre à la décapitation. La sentence impériale fut exécutée sur les bords du fleuve Gallus, vers l'an 304. Quelques fidèles de Rome, qui se trouvaient à Nicomédie, emportèrent leurs corps dans leur patrie, et, sous le règne de Constantin, une dame romaine, nommée Ruffine, de l'illustre famille de Claude, fit bâtir, près de la place qui porte le nom de ce prince, une église sous leur invocation. Ces saintes reliques ont été transférées depuis dans la basilique de Latran. — 26 septembre.

CYPRIEN (saint), évêque d'Unizibir en Afrique et confesseur, souffrit divers tourments et la prison pendant la persécution qu'Hunéric, roi des Vandales, faisait souffrir aux catholiques pour les contraindre à embrasser l'arianisme. Condamné à l'exil avec près de cinq mille autres confesseurs, il distribua tous ses biens aux pauvres avant d'être conduit dans le désert affreux où le tyran l'avait relégué. Pendant le trajet, il consolait ses compagnons d'exil; mais il fut tellement maltraité par les ariens qui le conduisaient qu'il mourut peu après qu'il fut arrivé au lieu de sa destination, l'an 483. — 12 octobre.

CYPRIEN (saint), évêque de Brescia en Lombardie, florissait dans le milieu du VIe siècle et mourut en 552. Son corps se garde dans l'Eglise collégiale de Saint-Pierre d'Olivet. — 21 avril.

CYPRIEN (saint), évêque de Toulon, fut élevé dans le célèbre monastère de Saint-

Victor de Marseille. Il se rendit tellement recommandable par sa science et sa vertu, que saint Césaire, évêque d'Arles, voulant l'attacher à son église, l'ordonna diacre et le mena avec lui au concile d'Agde, tenu en 506. Dix ans plus tard, il le plaça sur le siège épiscopal de Toulon. Saint Cyprien assista aux différents conciles auxquels présida le saint évêque d'Arles, et eut beaucoup de part à tout ce qui s'y fit pour le maintien de la foi et de la discipline. Les Français s'étant emparés de la Provence, qui avait été assez longtemps sous la domination des Ostrogoths d'Espagne et des Visigoths d'Italie, ce changement de domination lui facilita les moyens d'extirper l'arianisme que ces maîtres étrangers avaient importé dans son diocèse, qu'il gouverna avec le zèle d'un saint pasteur. Il mourut au milieu du vi^e siècle, quelques années après saint Césaire, au rétablissement duquel il avait beaucoup contribué et dont il a écrit la Vie. Saint Cyprien fut enterré dans son église où l'on bâtit une chapelle sous son invocation. Il est honoré à Toulon, comme patron secondaire, le 3 octobre.

CYPRIEN ou SUBRAN (saint), abbé en Périgord dans le vi^e siècle, se consacra, dès sa jeunesse, au service de Dieu et prit l'habit dans un monastère dont l'abbé se nommait Savalon, vers le milieu du viiie siècle. Après avoir été, par ses vertus, le modèle de la communauté, il se retira dans une solitude près de la Dordogne, où il se construisit un ermitage, qui a donné naissance, dans la suite, à la petite ville de Saint-Cyprien. Il mourut sur la fin du vi^e siècle, et saint Grégoire de Tours rapporte qu'il opéra plusieurs miracles pendant sa vie et après sa mort. — 9 décembre.

CYR (saint), *Cyrus*, évêque de Carthage, n'est guère connu que par un sermon de saint Augustin qu'il prêcha le jour de sa fête, et dans lequel il fait l'éloge de ses vertus. — 14 juillet.

CYR (saint), évêque honoré à Gênes, florissait dans le vi^e siècle. — 29 juin.

CYR (saint), médecin d'Alexandrie et martyr, profitait des occasions que lui donnait l'exercice de son art pour désabuser ses malades des impiétés du paganisme, et pour les convertir à la foi de Jésus-Christ. Ayant appris qu'une femme chrétienne avait été arrêtée avec ses trois filles à Canope, il s'y rendit aussitôt, afin de les encourager à confesser Jésus-Christ avec courage; mais il fut arrêté à son tour, et accablé de coups. On lui brûla les côtés avec des torches ardentes, puis on mit du sel et du vinaigre dans ses plaies, pour les rendre plus douloureuses. Il fut enfin condamné à être décapité avec sainte Athanasie et ses filles; mais son supplice fut différé de quelques jours: il souffrit l'an 311, sous Maximin II. — 31 janvier.

CYR ou SYR (saint), premier évêque de Pavie, brilla par ses miracles et ses vertus apostoliques. — 9 décembre.

CYR ou CYRIC (saint), martyr, était fils de sainte Julitte, dame d'Icône, illustre par sa naissance et ses richesses, mais plus illustre encore par sa piété. Il n'avait que trois ans, lorsque la persécution de Dioclétien vint à éclater. Sa mère se sauva avec lui à Séleucie, mais voyant que les chrétiens y étaient aussi exposés qu'à Icône, elle se réfugia à Tarse en Cilicie, où elle fut bientôt arrêtée avec son enfant qu'elle tenait entre ses bras, et conduite devant Alexandre, gouverneur de la province, qui lui fit ôter son enfant. On eut beaucoup de peine à l'arracher de ses bras; le petit Cyr tendait ses mains vers elle; il témoignait par ses cris et ses pleurs toute la peine que lui causait cette séparation. Comme il était d'une figure intéressante, le gouverneur le prit sur ses genoux, afin de l'apaiser par ses caresses; mais Cyr avait toujours les yeux tournés vers sa mère et s'élançait vers elle de toutes ses forces; il égratignait le visage d'Alexandre, lui donnait des coups de pied dans l'estomac, et lorsque sa mère, au milieu des tourments, s'écriait: Je suis chrétienne, il disait aussi: Je suis chrétien. Le gouverneur, furieux, le prit par un pied et le jeta par terre. L'enfant eut la tête fendue en tombant sur les marches du tribunal et mourut baigné dans son sang, l'an 304. Sa mère remercia Dieu d'avoir accordé à son fils la couronne du martyre qu'elle obtint ensuite elle-même. Deux servantes qui l'avaient suivie dans sa fuite, enlevèrent secrètement les deux corps et les enterrèrent dans un champ près de la ville. On dit que saint Amateur, évêque d'Auxerre, ayant apporté d'Antioche les reliques de saint Cyr, en distribua aux villes de Toulouse, de Saint-Amand et de Nevers. Saint Cyr est le patron de cette dernière ville, ainsi que de plusieurs autres églises de France. Son culte était aussi fort étendu autrefois en Angleterre. — 16 juin.

CYRE (sainte), *Cyria*, martyre à Césarée, en Palestine, souffrit avec sainte Zénaïde et deux autres. — 5 juin.

CYRE (sainte), anachorète en Syrie, naquit avant la fin du ive siècle, d'une famille distinguée, qui lui fit donner une éducation digne du rang qu'elle devait tenir dans le monde; mais à peine arrivée à la fleur de l'âge, elle renonça, en 402, à tous les avantages que le siècle lui offrait, et abandonna la maison paternelle pour s'enfermer, avec sainte Marane, son amie, dans un petit réduit situé près de Bérée, leur ville natale. Ce lieu n'avait, au rapport de Théodoret, témoin oculaire, que les quatre murs, sans toit ni couverture contre les injures de l'air et l'intempérie des saisons. Le désir de se rendre agréable à Jésus-Christ, qu'elle avait choisi pour époux, lui faisait supporter avec joie le vent, la pluie, la neige et le froid des hivers, n'ayant pour lit qu'un drap grossier étendu sur la terre nue. L'habitation des deux recluses n'avait point de porte, mais une simple ouverture par laquelle on leur passait leur nourriture. Sainte Cyre vivait là dans un silence absolu, portant de grosses chaînes de fer qu'elle cachait sous sa longue robe. Ayant eu la dévotion de visiter les saints lieux, les deux saintes allèrent de Bérée à Jérusalem en vingt jours, sans rien manger; elles firent la même chose en revenant. Elles entreprirent ensuite plusieurs autres pèlerinages assez éloignés sans prendre aucune nourriture pendant qu'elles étaient en route. Il y avait déjà quarante-deux ans qu'elles avaient embrassé un genre de vie aussi rigoureux, lorsque Théodoret alla les visiter en 444. On ignore l'époque de la mort de sainte Cyre, dont on lit le nom dans le Martyrologe romain le 3 août.

CYRÉNIE ou CYRÈNE (sainte), *Cyrenia*, martyre à Tarse, en Cilicie, avec sainte Julienne, souffrit pendant la persécution de Maximin II, l'an 305. — 1er novembre.

CYRIACIDE (sainte), *Cyriacides*, martyre à Rome avec saint Cyriaque et plusieurs autres qui, après de cruelles tortures, furent décapités en 303 par l'ordre exprès de l'empereur Maximien. — 16 mars et 8 août.

CYRIAQUE (saint), *Cyriacus*, martyr à Rome, était fils de saint Exupère et de sainte Zoé et frère de saint Théodule. Il souffrit sous l'empereur Adrien et fut inhumé dans le cimetière auquel il a donné son nom. — 2 mai.

CYRIAQUE (saint), acolyte et martyr à Alexandrie, fut décapité avec saint Fauste, prêtre, et plusieurs autres, par ordre du président Valère, vers l'an 219, c'est-à-dire au commencement de la persécution de Dèce. — 6 septembre.

CYRIAQUE (saint), martyr à Pérouse avec saint Florence et deux autres, souffrit l'an 250, pendant la persécution de Dèce. — 1er juin.

CYRIAQUE (saint), missionnaire et martyr en Égypte, faisait partie de cette troupe d'hommes apostoliques qui, au nombre de trente-sept, se partagèrent l'Égypte pour conquérir à Jésus-Christ ce qui appartenait au démon. Ils se partagèrent en quatre bandes : celle à laquelle appartenait Cyriaque, avait pour chef Papias, et elle se dirigea vers la partie occidentale de la province. Le gouverneur, informé des nombreuses conversions qu'ils opéraient, envoya des soldats dans toutes les directions pour se saisir de leurs personnes et pour les lui amener dans la capitale. Lorsqu'ils comparurent devant lui, il essaya, par promesses et par menaces, de les amener à sacrifier aux dieux. Paul, qui était le supérieur général de toute la mission, répondit pour tous : Nous savons de science certaine qu'il vaut mieux mourir que sacrifier; ainsi ne nous épargnez pas. Sur cette déclaration, le gouverneur les condamna tous à mort. Ceux qui avaient évangélisé à l'occident furent attachés à des croix. Il est probable que leur martyre eut lieu dans le IIe ou le IIIe siècle. — 16 et 18 janvier.

CYRIAQUE (saint), martyr en Achaïe, est honoré chez les Grecs le 12 janvier.

CYRIAQUE (saint), martyr à Alexandrie, souffrit avec sainte Tharsice et plusieurs autres. — 31 janvier.

CYRIAQUE (saint), martyr à Rome avec saint Paul et un autre, est honoré le 8 février.

CYRIAQUE (saint), martyr à Tomes dans le Pont, avec saint Paul, est honoré le 20 juin.

CYRIAQUE (saint), martyr à Sébaste, fut chargé d'exécuter la sentence qui condamnait saint Antioque à être décapité; mais voyant qu'après lui avoir coupé le cou, il sortait de sa tête du lait au lieu de sang, il se convertit à la vue de ce prodige, et souffrit lui-même la mort sous le président Adrien. — 15 juillet.

CYRIAQUE (saint), martyr en Afrique souffrit avec saint Apollinaire et plusieurs autres. — 21 juin.

CYRIAQUE (saint), martyr à Corinthe avec vingt autres, est honoré chez les Grecs le 20 juillet.

CYRIAQUE (saint), martyr avec saint Exupère, est honoré le 22 mai.

CYRIAQUE (saint), soldat et martyr avec ses six frères, soldats comme lui, fut dépouillé de la ceinture militaire par l'empereur Maximien, parce qu'il était chrétien et qu'il ne voulait pas apostasier. Ses frères furent traités comme lui : on les sépara les uns des autres, et ils furent relégués en divers lieux où ils périrent de misère. C'est à Satales, en Arménie, qu'ils confessèrent Jésus-Christ et qu'ils furent privés de leurs grades. — 24 juin.

CYRIAQUE (saint), martyr à Nicomédie, souffrit avec deux autres en 303, et fut l'une des premières victimes de la persécution de Dioclétien. — 7 avril.

CYRIAQUE (saint), laboureur et martyr à Perge, en Pamphilie, avec saint Léonce et plusieurs autres, fut décapité par ordre du président Flavien, pendant la persécution de Dioclétien. — 1er août.

CYRIAQUE (saint), martyr à Nicomédie, souffrit avec saint Paulille et plusieurs autres l'an 303, pendant la persécution de Dioclétien. — 19 décembre.

CYRIAQUE (saint), diacre et martyr à Rome, fut arrêté au commencement de la seconde persécution de Dioclétien, et, après une dure détention, on le tira de son cachot pour lui faire subir le supplice du chevalet et de la poix fondue. On le distendit avec des cordes ; on le frappa à coups de bâton, et il termina son martyre par la décapitation, à laquelle il fut condamné par sentence de l'empereur Maximien, l'an 304. Son corps fut enterré par le prêtre Jean, sur la voie Salarienne, près du lieu où il avait été exécuté ; mais le 8 août suivant, le pape saint Marcel le fit transporter sur le chemin d'Ostie, dans le cimetière de Lucine. Il était à Rome dans l'église de Sainte-Marie *in Via Lata*, lorsqu'en 1049, le pape saint Léon IX fit don d'un de ses bras à l'abbaye d'Altoff, en Alsace. — 16 mars et 8 août.

CYRIAQUE (saint), martyr à Malaga, en Espagne, souffrit avec la vierge sainte Paule, l'an 305. Ils furent l'un et l'autre accablés sous une grêle de pierres. — 18 juin.

CYRIAQUE (saint), évêque d'Ancône, étant allé par dévotion visiter les saints lieux, fut martyrisé à Jérusalem, vers l'an 362, sous l'empereur Julien l'Apostat. — 4 mai.

CYRIAQUE (saint), qu'on fait l'un des compagnons de sainte Ursule, et l'un des conducteurs de cette troupe de vierges qui vinrent de la Grande-Bretage en Allemagne, est honoré comme martyr le 28 avril.

CYRIAQUE (saint), confesseur à Zéganée, dans la Lazique, est honoré chez les Grecs le 14 juin.

CYRIAQUE (sainte), *Cyriaca*, martyre à Samarie, était sœur de sainte Parascève, et souffrit dans le Ier siècle. — 20 mars.

CYRIAQUE (sainte), veuve et martyre à Rome, pendant la persécution de Valérien, avait consacré son temps et sa fortune au service des martyrs auxquels elle mérita d'être associée en versant son sang pour la foi. Le pape Sergius II transféra son corps dans l'église de Saint-Equice. — 21 août.

CYRIAQUE (sainte), surnommée par les Grecs Mégalomartyre, c'est-à-dire la grande martyre, quoiqu'elle n'ait pas versé son sang pour Jésus-Christ, était de Nicomédie, et fut arrêtée l'une des premières, au commencement de la persécution de Dioclétien. Ce prince l'avait condamnée à la décapitation ; mais elle mourut en priant Dieu, avant que la sentence n'eût été exécutée, l'an 303. — 7 juillet.

CYRIAQUE (sainte), vierge et martyre à Nicomédie, ayant reproché à l'empereur Maximin II son impiété et sa fureur contre les chrétiens, fut fouettée si cruellement que tout son corps était comme déchiqueté : elle fut ensuite brûlée vive avec cinq autres vierges, ses compagnes, l'an 311. — 19 mai.

CYRIE (sainte), *Cyria*, martyre à Aquilée, souffrit avec sainte Musque. — 19 juin.

CYRILLE (saint), *Cyrillus*, martyr en Syrie avec saint Paul et cinq autres, est honoré le 20 mars.

CYRILLE DE GORTINE, (saint), ayant été élevé, vers l'an 200, sur le siège épiscopal de cette ville, située dans l'île de Candie, à l'âge de trente-quatre ans, s'appliqua avec succès à la conversion des idolâtres, et il continuait, malgré son grand âge, à remplir tous les devoirs de saint évêque, lorsque l'édit de l'empereur Dèce fut publié à Gortine. Lucius, gouverneur de cette ville, fit arrêter Cyrille, qui avait alors quatre-vingts ans, et voulut le forcer à sacrifier aux dieux de l'empire. Comme il refusait avec un généreux courage, le juge le pressa d'avoir pitié de sa vieillesse, lui faisant observer qu'il y avait peine de mort contre ceux qui ne voulaient pas sacrifier. « Ne vous inquiétez pas de mon grand âge, répondit Cyrille ; le Dieu que je sers me promet de renouveler ma jeunesse comme celle de l'aigle. Je ne puis sacrifier à vos dieux, parce que quiconque reconnaîtra d'autres dieux que celui-là seul à qui cet auguste nom appartient, sera exterminé de dessus la terre. » Je sais, lui dit le gouverneur, que vous avez de la sagesse et de l'expérience ; faites-en usage dans la circonstance présente, en prenant les moyens les plus propres à vous sauver, vous et ceux qui tiennent à vous. — Je ne saurais montrer une plus grande sagesse qu'en faisant tous mes efforts pour ne pas me perdre, après avoir appris aux autres à se sauver. » Le juge, le voyant inébranlable, le condamna à être brûlé vif ; mais, étant sorti du feu sain et sauf, ce prodige frappa tellement Lucius, qu'il lui rendit la liberté. Apprenant ensuite qu'il continuait à prêcher la foi, il lui fit trancher la tête en 250. — 9 juillet.

CYRILLE (saint), martyr à Césarée, en Cappadoce, était natif de cette ville ou des environs. Il fut instruit de la religion chrétienne dès son enfance et à l'insu de son père. Celui-ci, voyant qu'il refusait d'adorer les idoles, lui fit souffrir toutes sortes de mauvais traitements, et finit par le chasser de sa maison. Le gouverneur de Césarée, ayant appris ce qui se passait, se fit amener le jeune Cyrille et tâcha de le gagner par la douceur. Renoncez à Jésus-Christ, lui dit-il, et je m'engage à vous faire rentrer dans la maison paternelle et dans les bonnes grâces de votre père, qui oubliera votre faute en considération de votre âge. « Si mon père me refuse l'entrée de sa maison, Dieu m'ouvrira la sienne. Je deviendrai volontiers pauvre ici-bas, pour être riche là-haut : je ne crains pas la mort parce qu'elle me procurera une vie meilleure. » Le juge, voulant l'intimider, le fit lier comme pour le mener au supplice ; mais la vue d'un grand feu, auprès duquel on le conduisit, n'ayant produit sur lui aucune impression, le juge le fit revenir devant lui. *Vous avez vu*, lui dit-il, *le feu que j'ai fait allumer pour vous brûler tout vif : j'espère que vous serez sage maintenant et que vous vous soumettrez à ma volonté et à celle de votre père.* — *Vous m'avez fait un grand tort en me rappelant. Je ne crains pas le feu, et je brûle du désir d'aller à mon Dieu ; hâtez-vous de me mettre à mort, afin que j'aie le bonheur de le voir plus tôt.* Et comme les assistants fondaient en larmes en l'entendant ainsi parler : *Pourquoi pleurez-vous ?* leur dit-il. *Réjouissez-vous, au contraire, de mon bonheur, et venez chanter un cantique de joie autour de mon bûcher. Ah ! vous ne savez pas quelle gloire m'attend, et vous ne connaissez point le royaume où je vais entrer.* C'est dans ces sentiments admirables qu'il retourna au bûcher dans lequel il fut consumé, vers le milieu du IIIe siècle, sous le règne de Dèce ou de Valérien, étant à peine âgé de dix-sept ans. — 29 mai.

CYRILLE (saint), martyr à Rome avec saint Bon, prêtre, et dix autres, souffrit, l'an 257, pendant la persécution de l'empereur Valérien. Il est mentionné dans les Actes du martyre de saint Etienne, pape. — 1er août.

CYRILLE (saint), martyr à Rome, se trouvait présent au supplice de sainte Anastasie, lorsque cette généreuse martyre, se sentant défaillir après qu'on lui eut coupé la langue, demanda par signe un peu d'eau pour se ranimer ; il s'empressa de satisfaire son désir. Cet acte de charité lui valut à lui-même la palme du martyre. Il souffrit le 28 octobre 249, sous le préfet Probus et sous l'empereur Valérien. — 27 et 28 octobre.

CYRILLE (saint), évêque et martyr en Afrique, souffrit avec saint Rogat et plusieurs autres. — 8 mars.

CYRILLE (saint), martyr avec saint Archélaüs et un autre, est honoré le 4 mars.

CYRILLE (saint), martyr à Philadelphie, en Arabie, souffrit avec saint Aquilas et plusieurs autres. — 10 août.

CYRILLE (saint), martyr à Antioche, souffrit avec saint Prime et saint Secondaire. —2 octobre.

CYRILLE (saint), évêque d'Antioche, florissait au commencement du IVᵉ siècle. Il succéda à Timée et il se rendit célèbre par sa science autant que par sa sainteté. On lit dans les Actes des saints martyrs Claude et Nicostrate qu'il eut beaucoup à souffrir pendant la persécution de Dioclétien, qu'il fut arrêté et qu'il mourut en prison. Il est honoré avec le titre de confesseur le 22 juillet.

CYRILLE (saint), l'un des quarante martyrs de Sébaste en Arménie qui, l'an 320, pendant la persécution de l'empereur Licinius, furent jetés dans un étang glacé, par ordre d'Agricola, gouverneur de la province, pour n'avoir pas voulu sacrifier aux idoles. Lorsqu'on les retira de l'étang, la plupart étaient morts de froid, et les autres avaient les membres gelés, au point qu'ils ne pouvaient plus marcher. On les mit sur des charrettes et on les conduisit sur un bûcher où leurs corps furent réduits en cendres.— 10 mars.

CYRILLE (saint), diacre d'Héliopolis, près du mont Liban, en Phénicie, et martyr, s'était signalé, sous le règne de Constantin et de ses fils, par son zèle pour l'abolition de l'idolâtrie. Il avait abattu et mis en pièces plusieurs idoles, au grand regret des païens qui, se sentant les maîtres, à l'avènement à l'empire de Julien l'Apostat, s'en vengèrent avec une cruauté inouïe. S'étant saisis de Cyrille, ils le tuèrent, lui fendirent le ventre et lui arrachèrent le foie qu'ils mangèrent. Cette atrocité eut lieu en 362, et Théodoret rapporte que tous ceux qui y prirent part, perdirent toutes leurs dents, que leurs langues pourrirent dans leur bouche et qu'ils devinrent aveugles. — 29 mars.

CYRILLE DE JÉRUSALEM (saint), évêque de cette ville et docteur de l'Eglise, né en Palestine vers l'an 315, s'appliqua de bonne heure à l'étude des saintes Ecritures, à la lecture des saints Pères, sans négliger les auteurs profanes et surtout les philosophes païens, où il allait chercher des armes pour combattre l'idolâtrie. Elevé au diaconat, en 344, par saint Macaire, évêque de Jérusalem, il fut ordonné prêtre l'année suivante, par saint Maxime, successeur de Macaire, qui le chargea d'annoncer à son peuple la parole de Dieu. Saint Cyrille nous apprend lui-même qu'il prêchait tous les dimanches dans l'assemblée des fidèles. Il possédait tellement l'Ecriture sainte, que ceux de ses discours qu'il faisait sans préparation ne sont, le plus souvent, qu'un tissu de passages ou d'allusions à divers endroits des livres sacrés. Saint Maxime lui confia aussi l'instruction des catéchumènes, c'est-à-dire, de ceux qui se disposaient à recevoir le baptême : il exerça, pendant plusieurs années, cette importante fonction avec autant de zèle que de succès, comme le prouvent ses Catéchèses qui sont parvenues jusqu'à nous. Il succéda, vers l'an 350, à saint Maxime. Le commencement de son épiscopat est devenu célèbre dans l'histoire par l'apparition d'une croix miraculeuse. Voici comme saint Cyrille rapporte lui-même ce prodige dans une lettre à l'empereur Constance: *Le 7 mai de l'an 351, vers les neuf heures du matin, il parut dans le ciel une grande lumière en forme de croix, qui s'étendait depuis la montagne du Calvaire jusqu'à celle des Olives. Elle fut aperçue, non par une ou deux personnes, mais par toute la ville. Ce n'était pas un de ces phénomènes passagers qui se dissipent sur-le-champ ; cette lumière brilla à nos yeux pendant plusieurs heures, et avec tant d'éclat que le soleil même ne pouvait l'effacer. Les spectateurs, pénétrés en même temps de crainte et de joie, courent en foule à l'église : vieillards et jeunes gens, chrétiens et idolâtres, citoyens et étrangers, tous n'ont qu'une voix pour louer Notre-Seigneur Jésus-Christ, Fils unique de Dieu, dont la puissance opérait ce miracle, et tous ensemble ils reconnaissent la divinité d'une religion à laquelle les cieux rendaient témoignage.* L'Eglise grecque honore, par une fête qu'elle célèbre tous les ans le 7 mai, l'apparition de cette croix miraculeuse. Dix ans après cette apparition, saint Cyrille fut témoin oculaire d'un autre prodige encore plus frappant. Julien l'Apostat ayant succédé à Constance en 361, la haine qu'il portait au christianisme qu'il avait déserté lui inspira le projet de rebâtir le temple de Jérusalem, afin de démentir la prophétie de Jésus-Christ qui portait qu'après sa destruction, il ne serait jamais reconstruit ; il assembla les principaux d'entre les Juifs, et leur demanda pourquoi ils n'offraient plus les sacrifices prescrits par leur loi. Ceux-ci lui ayant répondu qu'ils ne pouvaient sacrifier hors du temple de Jérusalem, qui n'était plus qu'un monceau de ruines, il leur ordonna de retourner dans leur patrie pour rebâtir le temple et pour remettre leur loi en vigueur, leur promettant de les aider de tout son pouvoir. Aussitôt les Juifs accourent de toutes parts à Jérusalem ; fiers de la protection de l'empereur, ils insultent les chrétiens et leur font les menaces les plus terribles. Ils ont bientôt amassé des sommes considérables ; les femmes juives, rivalisant de zèle avec les hommes, donnent jusqu'à leurs bijoux et leurs pierreries. Mais Julien charge ses trésoriers de fournir l'argent nécessaire pour l'entreprise, leur envoie d'habiles architectes qu'il fait venir des différentes provinces de l'empire, confie la conduite de l'ouvrage à des personnages de la première qualité et en donne la surintendance au comte Alypius, son ami intime, qu'il envoie sur les lieux pour en presser l'exécution. Les matériaux s'amassent avec une promptitude incroyable : on travaille nuit et jour à nettoyer l'emplacement de l'ancien temple et à démolir les vieux fondements. Quelques Juifs avaient fait faire pour ce travail des hoyaux, des pelles et des hottes d'argent, les femmes les plus délicates mettaient la main à l'œuvre et emportaient les décombres dans leurs robes les plus précieuses. A la vue de ces préparatifs gigantesques et de cette activité fanatique, saint Cyrille ne montrait pas la moindre inquiétude ; il disait hautement que les oracles divins auraient leur accomplissement, et que les efforts des Juifs ne serviraient qu'à vérifier plus parfaitement la prophétie du Sauveur, qui avait dit, en parlant du temple, qu'il n'y resterait pas pierre sur pierre. Cependant la démolition des anciens fondements allait être terminée, et l'on se disposait à poser les nouveaux ; mais c'était là que Dieu attendait ses ennemis pour les confondre. Écoutons à ce sujet, un auteur païen, panégyriste de Julien l'Apostat : *Pendant qu'Alypius*, dit Ammien-Marcellin, *assisté du gouverneur de la province, pressait vivement les travaux, d'effroyables tourbillons de flammes s'élancèrent des endroits contigus aux fondements, brûlèrent les ouvriers et leur rendirent la place inaccessible. Enfin cet élément persistant toujours, avec une espèce d'opiniâtreté, à repousser les ouvriers, on fut obligé d'abandonner l'entreprise.* Les auteurs chrétiens entrent dans de plus grands détails, et nous apprennent qu'outre les éruptions de feu, il y eut encore des tremblements de terre et des ouragans ; que la foudre tomba ; qu'on vit des croix imprimées sur les corps et sur les habits de ceux qui étaient présents, et qu'il parut dans le ciel une lumière éclatante, sous la forme d'une croix entourée d'un cercle. Plusieurs, poursuivis par les flammes, voulurent se réfugier dans une église voisine, mais ils ne purent y entrer, soit qu'une main invisible les repoussât, soit que la Providence permît qu'ils s'embarrassassent les uns les autres. « Quoi qu'il en soit, dit saint Grégoire de Nazianze, une circonstance dont tout le monde convient, c'est que lorsqu'ils voulurent éviter par la fuite le danger qui les menaçait, un feu sorti des fondements du temple les atteignit, consuma les uns, mutila les autres, leur laissant à tous des marques visibles de la colère céleste. » Ces éruptions recommencèrent toutes les fois qu'on voulut reprendre les travaux, et ne cessèrent que quand on les eut entièrement abandonnés. Saint Jean Chrysostome, saint Ambroise, Rufin, Théodoret, Socrate, Sozomène, etc., rapportent cet événement miraculeux et ne diffèrent que dans quelques légères circonstances de détail, et cette diversité, en prouvant qu'ils ne se sont pas copiés les uns les autres, donne encore plus de poids à leur témoignage. Les auteurs juifs le rapportent eux-mêmes d'après la tradition de leurs synagogues avec presque autant d'unanimité que les auteurs chrétiens. Plusieurs païens se convertirent, au rapport de saint Grégoire de Nazianze et de Théodoret. Nous lisons dans l'Histoire ecclésiastique de Socrate que les Juifs eux-mêmes, à la vue du prodige, s'écrièrent, dans un premier mouvement, que Jésus Christ était Dieu ; et s'ils ne se convertirent pas, leur aveuglement, qui a été prédit, prouve plus en faveur de la religion chrétienne que ne l'eût fait leur conversion. Dans l'intervalle de ces deux prodiges, saint Cyrille avait été obligé de quitter son siège pour quelque temps. Ayant eu un différend avec Acace, archevêque de Césarée, au sujet de quelques droits de juridiction qu'Acace, en qualité de métropolitain, revendiquait sur l'archevêque de Jérusalem, cette première contestation en fit naître d'autres que la diversité de doctrine sur la consubstantialité du Verbe rendit encore plus vives. Saint Cyrille, attaché de cœur à la foi de Nicée qu'il défendit toujours avec un grand zèle, irritait Acace qui était devenu un des plus fougueux partisans de l'arianisme. Celui-ci, poussé par sa haine, le cita devant un concile composé d'évêques ariens, qu'il avait convoqués à cet effet et qu'il présidait. Parmi les prétendus crimes qu'on lui imputait, un des principaux était d'avoir dissipé les biens de l'Église et d'avoir fait un usage profane des ornements sacrés. Ce qui avait donné lieu à cette accusation, c'est que dans une famine qui affligeait le territoire de Jérusalem, le saint archevêque avait vendu une partie des meubles et des ornements de son église pour assister une multitude de malheureux qui seraient morts de misère ; et cette action d'une charité sublime ne méritait que des éloges. Saint Cyrille ne voulut pas comparaître devant ce tribunal inique dont il ne reconnaissait pas la compétence, et, après aux premières sommations, Acace et ses adhérents prononcèrent contre lui une sentence de déposition. Saint Cyrille en appela à un tribunal supérieur ; mais son appel n'ayant produit aucun effet, il fut contraint de céder à la violence et il se retira d'abord à Antioche, puis à Tarse en Cilicie. Sylvain, évêque de cette dernière ville, le reçut avec honneur et lui permit d'exercer toutes ses fonctions, regardant comme nulle la sentence portée contre lui. Saint Cyrille fut rétabli par le concile de Séleucie, tenu en 359 ; mais les ariens, par leurs calomnies, vinrent à bout de le faire déposer, l'année suivante, dans un concile tenu à Constantinople. Les liaisons qu'il avait eues avec Sylvain de Tarse, Eustathe de Sébaste, Basile d'Ancyre et plusieurs autres évêques qui se mirent ensuite à la tête des semi-ariens, firent que quelques personnes le soupçonnèrent de partager leurs sentiments, et Sozomène l'en accuse positivement ; mais cet historien se trompe ; car les écrits et la conduite de saint Cyrille prouvent qu'il fut toute sa vie un fervent défenseur de la foi de Nicée. Il avait reçu, en 369, les décrets du concile de Sardique, conjointement avec saint Maxime son prédécesseur, et dans sa lettre à l'empereur Constance, il fait une profession explicite de croire la consubstantielle Trinité. Ajoutons qu'au concile général de Constantinople, tenu en 381, il condamna, avec les autres Pères, la doctrine des semi-ariens. Aussi les évêques orthodoxes, assemblés dans la même ville, l'année suivante, pour la condamnation d'Eunomius, rendirent à sa foi le plus éclatant témoignage, déclarant dans la lettre qu'ils écrivirent au pape Damase que le très-révérend Cyrille, évêque de Jérusalem, avait été élu canoniquement par les évêques de la province et qu'il avait souffert plusieurs persécutions pour la foi. A son avénement à l'empire, Julien permit à tous les évêques exilés de retourner dans leurs diocèses, soit afin de rendre odieuse l'intolérance de son prédécesseur, soit afin d'entretenir la division entre les orthodoxes et les hérétiques. C'est ainsi que le saint fut rendu à son église ; et il y avait peu de temps qu'il était de retour lorsqu'il fut témoin du miracle à jamais mémorable dont nous avons parlé, et qui eut lieu au sujet de la reconstruction du temple. A la vue d'un triomphe aussi glorieux pour le christianisme, saint Cyrille rendit grâces à la puissance de Dieu qui s'était déployée d'une manière si frappante, et continua ensuite de travailler avec zèle au salut de son troupeau. Son attachement immuable à la foi de Jésus-Christ l'avait rendu si odieux à Julien qu'il avait résolu, dit Orose, de le sacrifier à sa haine, lorsqu'il serait de retour de son expédition contre les Perses ; mais il n'en revint point. Saint Cyrille échappa donc au danger dont il avait été menacé ; mais il fut exilé de nouveau en 367, par l'empereur Valens qui protégeait l'arianisme ; il ne put rentrer dans son diocèse qu'en 378, lorsque Gratien monta sur le trône et ordonna que les églises fussent rendues aux évêques qui étaient en communion avec le pape Damase. Il s'appliqua, le reste de sa vie, à réparer les maux que le schisme et l'hérésie avaient faits dans son diocèse pendant son absence. Il assista, comme nous l'avons dit plus haut, au concile général de Constantinople en 381, et y souscrivit à la condamnation des macédoniens et des sémi-ariens. Il mourut le 18 mars 386, âgé de soixante-dix ans, après un épiscopat de trente-six ans. Saint Cyrille a laissé, outre une homélie sur le paralytique de l'Evangile, dix-huit catéchèses adressées aux catéchumènes et cinq mystagogiques adressées aux nouveaux baptisés. Il explique les dogmes de la religion chrétienne avec autant de netteté que de précision. Ses raisonnements ont beaucoup de force et de justesse, son style est simple et proportionné à l'intelligence de ceux à qui il s'adressait ; mais il sait s'élever quand la grandeur du sujet le comporte, et alors il est quelquefois sublime. — 18 mars.

CYRILLE (saint), patriarche d'Alexandrie et docteur de l'Eglise, était neveu du patriarche Théophile. Il fut nourri, dès son enfance, de la lecture des livres sacrés, sous les yeux de son oncle. Il s'appliqua aussi à l'étude de la tradition et il se pénétra tellement de la doctrine des anciens Pères, qu'il n'enseignait rien que d'après eux, comme il nous l'apprend lui-même. On voit par ses livres contre Julien l'Apostat, qu'il avait aussi une grande connaissance des auteurs profanes. Théophile étant mort en 412, saint Cyrille lui succéda sur le siège d'Alexandrie. Il débuta dans l'exercice de sa dignité patriarcale par un coup de vigueur contre les novatiens ; il s'empara des vases sacrés et autres meubles qui se trouvaient dans leurs églises et les fit fermer ; ensuite il chassa de la ville les Juifs coupables de plusieurs voies de fait contre les chrétiens. Oreste, gouverneur d'Alexandrie, fut vivement piqué de ce dernier acte d'autorité qu'il regardait comme un empiétement sur le pouvoir civil, et il en écrivit à l'empereur Théodose le Jeune. Cyrille lui écrivit aussi de son côté, pour lui faire connaître les excès auxquels les Juifs s'étaient portés, et il paraît que le prince ne désapprouva pas cette mesure, car leur expulsion fut définitive. Cependant la haine du gouverneur augmenta à ce point que la rupture devint publique. Cyrille, vivement affligé de ce scandale, mit tout en œuvre pour se réconcilier. Il fit les premières avances, et envoya demander à Oreste son amitié au nom des saints Evangiles ; mais tout fut inutile. Hypacie, païenne célèbre par son esprit et ses connaissances, professait alors à Alexandrie la philosophie platonicienne, et son école était fréquentée par un grand nombre de disciples. Comme elle était étroitement liée avec le gouverneur, le peuple s'imagina qu'elle était la cause du refus que faisait celui-ci de se réconcilier avec le patriarche, et, profitant de la première occasion qui se présenta, une troupe de furieux se jeta sur elle, la tira de sa voiture, et, après l'avoir mise en pièces, traîna ses membres dans les différents quartiers de la ville. Cyrille déplora plus que personne cette action horrible qui eut lieu vers l'an 415. Le saint patriarche, prévenu contre saint Jean Chrysostome, qui avait été injustement condamné dans le conciliabule du Chêne par Théophile, son oncle, refusa pendant plusieurs années de rétablir sa mémoire. Enfin, en 419, il mit le nom du saint patriarche de Constantinople dans les sacrés dyptiques. Alors le pape Zozime lui envoya des lettres de communion. Nestorius, élevé sur le siége de Constantinople en 428, ayant avancé publiquement qu'il y a deux personnes en Jésus-Christ, celle de Dieu et celle de l'homme ; que le Verbe ne s'est point uni hypostatiquement à la nature humaine ; qu'il ne l'a prise que comme un temple où il habite, et que par conséquent la sainte Vierge n'est pas mère de Dieu, mais seulement mère de l'homme ou du Christ, ces nouveautés impies excitèrent l'indignation des fidèles. Saint Cyrille n'eut pas plutôt reçu les homélies de Nestorius, qu'il se convainquit en les lisant que cet hérésiarque était coupable de toutes les erreurs dont on l'accusait. Il lui écrivit avec beaucoup de ménagements pour essayer de le ramener par les voies de la douceur; mais Nestorius, qui joignait l'entêtement à l'orgueil, et qui n'aimait pas à être contredit, fut vivement piqué de cette lettre, et y répondit avec la dernière hauteur. Le saint patriarche voyant ses espérances déçues, déféra l'affaire à Rome. Elle y fut condamnée dans un concile convoqué par le pape Célestin, l'an 430, et l'on porta contre Nestorius une sentence d'excommunication et de déposition que le pape adressa à saint Cyrille, en le chargeant de la faire exécuter si l'hérésiarque ne rétractait publiquement ses erreurs dans les dix jours après qu'on la lui aurait signifiée. Cyrille laissa passer le délai, et pour dernière monition, il lui écrivit une nouvelle lettre, à la fin de laquelle se trouvaient douze anathématismes ou articles que le patriarche de Constantinople devait souscrire, s'il voulait être reconnu pour orthodoxe; mais celui-ci refusa. Son opiniâtreté donna lieu à la convocation du troisième concile général qui se tint à Éphèse en 431. Il s'y trouva deux cents évêques, et saint Cyrille, y présida au nom du pape Célestin. Quoique Nestorius fût à Éphèse, il fit refus de comparaître. Son hérésie fut condamnée dans la première session, et après trois citations juridiques qui restèrent sans effet, on prononça contre lui une sentence de déposition dont on informa l'empereur. Six jours après, arrivent Jean d'Antioche et quatorze évêques d'Orient, qui avaient pris leurs mesures pour arriver trop tard, parce qu'ils étaient pour Nestorius et qu'ils ne voulaient pas prendre part au concile. Ainsi, au lieu de se joindre aux Pères d'Éphèse, ils tinrent un conciliabule dans lequel ils excommunièrent saint Cyrille et ceux qui étaient de son parti. On réclama des deux côtés la protection de l'empereur, qui donna ordre d'arrêter les deux patriarches d'Alexandrie et de Constantinople; mais le premier, quoique innocent, fut plus maltraité que le second, et il manqua même d'être envoyé en exil, tant était grand à la cour le crédit de Nestorius. L'arrivée des légats du pape changea la face des affaires; ils déclarèrent nulle la sentence portée contre saint Cyrille et confirmèrent la condamnation de Nestorius et sa déposition. Jean d'Antioche et ceux de son parti souscrivirent à cette condamnation en 433, et se réconcilièrent avec saint Cyrille. Celui-ci, de retour à Alexandrie, s'appliqua à maintenir au milieu de son troupeau le précieux dépôt de la foi, et à rétablir la paix que l'hérésie avait troublée pendant quelque temps. Il mourut le 28 janvier 444. Saint Célestin, qui avait conçu pour lui la plus haute estime, lui donne les titres de généreux défenseur de l'Eglise et de la foi, de docteur catholique et d'homme vraiment apostolique. Outre deux ouvrages sur le Pentateuque, des commentaires sur Isaïe et les douze petits prophètes et sur l'Évangile de saint Jean, il a laissé le livre intitulé le *Trésor*, celui sur la sainte et consubstantielle Trinité, les trois traités sur la foi, les cinq livres contre Nestorius, les douze anathématismes, avec leurs apologies au nombre de trois, le livre contre les anthropomorphites, les dix livres sur Julien l'Apostat, les homélies sur la pâque et plusieurs lettres. Le saint docteur répète en plusieurs endroits de ses ouvrages, qu'il ne recherchait point les fleurs de l'éloquence humaine. Son style manque quelquefois de clarté et d'élégance, et sa diction n'est pas toujours pure; mais la justesse des pensées, l'exactitude, l'orthodoxie, et la solidité avec lesquelles il expose les vérités de la foi et surtout le mystère de l'Incarnation, et les venge contre les attaques de ses ennemis, ont rendu ses ouvrages précieux. — 28 janvier.

CYRILLE (saint), évêque de Trèves, florissait au milieu du ve siècle et mourut vers l'an 458. Son corps fut inhumé dans l'église de Saint-Matthias, et dans la suite une partie de ses reliques fut portée à Prague. — 19 mars.

CYRILLE (saint), apôtre des Moraves, né à Thessalonique, vers le commencement du IXe siècle, d'une famille de sénateurs, était frère de saint Méthode et porta d'abord le nom de Constantin. Étant allé à Constantinople pour étudier les lettres et les sciences, il y fit de tels progrès, qu'on lui donna le surnom de Philosophe; mais il était encore plus recommandable par sa vertu que par ses talents. Lorsqu'il eut été promu au sacerdoce, il s'appliqua avec zèle à servir l'Eglise. Photius, jaloux de saint Ignace, qui avait été élevé sur le siége patriarcal de Constantinople en 846, ne négligeait aucune occasion de le décrier, et pour mettre à l'épreuve la capacité du saint patriarche, il avança que chaque homme avait deux âmes. Cyrille ne craignit pas de lui reprocher hautement une erreur aussi grossière; et comme Photius s'excusait, en disant qu'il n'avait pas eu, en la soutenant, l'intention de choquer personne, mais qu'il avait voulu seulement embarrasser saint Ignace: *Quoi!* reprit Cyrille, *vous lancez vos traits dans la foule, et vous prétendez que personne n'aura été blessé! Vous avez beau vous prévaloir de vos lumières, elles sont obscurcies par les vapeurs qui s'élèvent du fond de votre cœur avare et jaloux. Votre passion contre Ignace vous aveugle et vous plonge dans d'épaisses ténèbres.* Les Chazares, qui appartenaient à la nation turque, et qui habitaient une contrée voisine de la Germanie, sur les rives du Danube, ayant formé le projet d'embrasser le christianisme, envoyèrent une ambassade solennelle à l'empereur Michel III, et à la pieuse impératrice Théodore, sa mère, pour leur demander des prêtres qui voulussent se charger de les instruire. Théodore consulta saint Ignace, qui, après avoir examiné l'affaire, proposa de mettre saint Cyrille à la tête de cette importante mission. Ce choix fut agréé; mais comme les Chazares parlaient la langue turque, Cyrille se mit à l'étudier, et il l'apprit en peu de temps, parce que le zèle du salut des âmes l'animait à dévorer toutes les difficultés qui accompagnent un semblable travail. Aussitôt qu'il fut en état de se faire entendre, il se mit à prêcher l'Évangile, et ses prédications eurent le plus grand succès. Le chef reçut le baptême, et bientôt après la tribu entière suivit son exemple. Cyrille fonda des églises qu'il pourvut de bons ministres. Etant retourné à Constantinople, l'empereur et le peuple voulurent le combler de riches présents; mais il ne voulut rien accepter. Il fut chargé ensuite d'aller faire une mission chez les Bulgares, que saint Méthode, son frère, avait disposés à recevoir l'Évangile, en convertissant Bocchoris, leur roi. Les Bulgares, irrités de ce qu'il s'était fait chrétien, se révoltèrent et marchèrent en armes contre son palais : Bocchoris, plein de confiance en Dieu, se mit à la tête de ses gardes, et dissipa sans peine les rebelles. Peu à peu les esprits se calmèrent; le peuple prêta l'oreille aux instructions des saints missionnaires, et reçut le baptême à l'exemple du prince. De la Bulgarie les deux frères allèrent évangéliser les Moraves, sur la demande du pieux Rasticès, leur roi, qui reçut le baptême ainsi que la plus grande partie de ses sujets. Saint Cyrille et saint Méthode ayant été mandés à Rome par le pape Nicolas Ier, pour y recevoir le caractère épiscopal, lorsqu'ils y arrivèrent, sur la fin de l'année 867, le pape était mort. Cyrille se fit moine à Rome, et il paraît qu'il y mourut avant que d'avoir été sacré évêque : cependant le Martyrologe lui donne, ainsi qu'à saint Méthode, le titre d'évêque des Moraves. Il avait traduit en langue sclavone la Bible et la liturgie; et le pape Jean VIII permit, en 880, de se servir de cette traduction dans l'office divin et dans la célébration des saints mystères. Il est l'inventeur des lettres sclavones, comme on le voit par une lettre de Jean VIII à Suatopulek, duc de Moravie. Nous approuvons, y est-il dit, les lettres sclavones inventées par le philosophe Constantin (Cyrille) et ordonnons qu'on chante les louanges de Dieu en cette langue. On lui attribue aussi des apologues moraux, dont nous n'avons plus qu'une traduction latine, l'original grec étant perdu. — 4 février.

CYRILLE (le bienheureux), confesseur, succéda au bienheureux Brocard dans le gouvernement des Ermites du Mont-Carmel. Il mourut avant le milieu du XIIIe siècle et il est nommé saint dans le bréviaire de l'ordre de Malte, qui met son office au 6 mars.

CYRILLE (sainte), *Cyrilla*, vierge romaine, était fille de sainte Thryphonie, qui fut martyrisée sous Claude II, dit le Gothique. Après sa mort, qui arriva avant la fin du IIIe siècle, elle fut enterrée près de la ville, et, dans le IXe, le pape Sergius II fit transporter ses reliques dans l'église de Saint-Equice. — 28 octobre.

CYRILLE (sainte), martyre à Cyrène dans la Libye, fut cruellement tourmentée pendant la persécution de l'empereur Maximin II, et comme elle refusait de sacrifier aux dieux, on la força de tenir dans sa main des charbons allumés et de l'encens, dans l'espérance que la douleur lui ferait remuer la main, et qu'elle paraîtrait ainsi avoir offert un sacrifice; mais elle ne fit pas le moindre mouvement. On lui déchira ensuite le corps avec des ongles de fer, et elle expira dans ce supplice l'an 310. — 5 juillet.

CYRIN (saint), *Cyrinus*, martyr à Lentini, en Sicile, souffrit sous l'empereur Dèce, au milieu du IIIe siècle. — 10 mai.

CYRIN (saint), martyr à Alexandrie, souffrit avec saint Léonce et saint Sérapion, ses frères. — 15 septembre.

CYRIN ou QUIRIN (saint), martyr près de Rome, était, à ce que l'on croit, le second fils de l'empereur Philippe. Il était encore très-jeune, lorsque l'empereur Claude II le fit jeter dans le Tibre, en haine de la religion chrétienne, l'an 269. On pense que c'est ce saint Quirin dont les reliques se gardent à Tegernsée, en Bavière. — 24 mars.

CYRIN (saint), martyr à Rome, souffrit avec le pape saint Marcellin, l'an 304, sous l'empereur Maximien. — 26 avril.

CYRIN (saint), martyr, dont les reliques se gardent à Salerne, est honoré le 5 décembre.

CYRIN (saint), martyr dans l'Hellespont avec saint Primitif, souffrit vers l'an 320, sous l'empereur Licinius. — 3 janvier.

CYRION (saint), prêtre et martyr, souffrit avec saint Bassien, lecteur, et deux autres. — 14 février.

CYRION (saint), l'un des quarante martyrs de Sébaste, en Arménie, fut condamné avec ses compagnons à passer la nuit sur un étang glacé par le froid le plus rigoureux, par ordre d'Agricola, gouverneur de la province, parce qu'il refusait de se soumettre à un édit de l'empereur Licinius qui commandait aux chrétiens d'apostasier. Le lendemain, ces quarante héros de la foi chrétienne étaient morts ou près de mourir. On les chargea sur des voitures pour les conduire sur un vaste bûcher, où leurs corps furent réduits en cendres. Leur martyre eut lieu l'an 320, et saint Basile a fait un panégyrique en leur honneur le jour de leur fête. — 10 mars.

CYTHIN (saint), *Cythinus*, l'un des martyrs Scillitains, ainsi dits, parce qu'ils étaient de Scillite, ville de l'Afrique proconsulaire, fut arrêté avec saint Spérat et quatorze autres, l'an 200, pendant la persécution de l'empereur Sévère. Le proconsul Saturnin l'ayant interrogé, le fit mettre en prison avec les ceps aux pieds. Le lendemain il le fit comparaître de nouveau, et le trouvant aussi ferme dans son attachement à la foi, il le condamna à être décapité avec ses compagnons. — 17 juillet.

CYVRAN (saint), *Cyprianus*, confesseur, est honoré à Antigny-la-Gartempe, dans le Poitou. Il était autrefois patron d'une église abbatiale de Poitiers; c'est peut-être le même que saint Cyprien de Brescia. — 14 juin.

D

DABERT (saint), *Dagobertus*, évêque de Bourges, florissait au commencement du XIe siècle, et mourut en 1013. Son corps repose dans l'église de Saint-Outrille-du-Château. — 19 janvier.

DACE (saint), *Dacius*, martyr à Damas en Syrie, avec saint Césaire et cinq autres, est honoré le 1er novembre.

DACE (saint), *Datius*, martyr en Afrique avec saint Réate et plusieurs autres, souffrit dans le Ve siècle, pendant la persécution des Vandales ariens. — 27 janvier.

DACE (saint), *Datius*, évêque de Milan et confesseur, florissait au milieu du VIe siècle. S'étant rendu à Constantinople pour consulter le pape Vigile, il assista au concile tenu dans cette ville en 551, et dans lequel le patriarche Mennes fut suspendu de la communion de l'Église. Cette mesure irrita l'empereur Justinien contre le pape ; saint Dace partagea les mauvais traitements qu'on lui fit subir de la part du prince, et auxquels il ne survécut qu'un an, étant mort l'année suivante 552, peu après son retour d'Orient. Il est mentionné avec honneur par saint Grégoire le Grand. — 14 janvier.

DACIEN (saint), *Dacianus*, martyr à Rome, souffrit avec saint Arèce. — 4 juin.

DACIEN (saint), martyr à Smyrne avec saint Servilien, est nommé dans le Martyrologe de saint Jérôme le 27 février.

DACIEN (saint), l'un des quarante-neuf martyrs d'Abitine en Afrique, qui furent arrêtés dans cette ville, pendant la célébration des saints mystères, et conduits à Carthage pour y être jugés. Amenés devant Anulin, proconsul d'Afrique, Dacien et ses compagnons confessèrent Jésus-Christ avec un courage invincible. Le proconsul les fit reconduire en prison, où Dacien mourut par suite des mauvais traitements qu'il avait subis pendant son interrogatoire, l'an 304, pendant la persécution de Dioclétien. — 11 fév.

DACONNA (saint), *Dachonna*, confesseur, est honoré en Irlande le 6 septembre.

DADAS (saint), martyr à Ozobie, en Bulgarie, pendant la persécution de Dioclétien, souffrit avec saint Maxime et un autre. — 13 et 23 avril.

DADAS (saint), illustre Persan, qui souffrit le martyre vers le milieu du IVe siècle, était époux de sainte Casdoé et père de sainte Gabdélas. Dépouillé de ses dignités et de ses biens, par ordre du roi Sapor II, dont il était parent, il fut livré à de cruels supplices et périt ensuite par le glaive, après une longue détention. — 29 septembre.

DAFROSE (sainte), *Dafrosa*, martyre à Rome, sous Julien l'Apostat, était femme de saint Flavien et mère de sainte Bibiane et de sainte Démétrie, qui souffrirent aussi dans la même persécution. Son mari, qui était chevalier romain et qui avait à Rome un emploi considérable, ayant été envoyé en exil, où il mourut peu de temps après, Dafrose, après avoir été mise aux arrêts dans sa propre maison, par ordre d'Apronien, préfet de la ville, fut tirée de son logis pour être conduite au supplice. Elle fut décapitée près de Rome, l'an 362. — 4 janvier.

DAGALAIPHE (saint), *Dagalaiphus*, martyr à Césarée avec plusieurs autres, est honoré chez les Grecs le 28 mars.

DAGAN (saint), *Daganus*, évêque en Irlande, dans le VIIe siècle, avait été disciple de saint Mochoémoc et devint abbé d'Imbherdaoile, avant de recevoir la dignité épiscopale. Il est honoré à Dabnascorb, dans la Lagénie, le 13 septembre.

DAGÉE (saint), *Dagæus*, évêque d'Iniscoindègue en Irlande, avait été fondeur de cloches avant son élévation à l'épiscopat, et florissait dans le VIIe siècle. — 18 août.

DAGILE (sainte), femme d'un maître d'hôtel de Hunéric, roi des Vandales, avait déjà confessé la divinité de Jésus-Christ, sous le roi Genséric. Hunéric, son fils et son successeur, se montra, comme lui, partisan fanatique de l'arianisme, et persécuta les orthodoxes avec une violence inouïe. Dagile fut accablée de coups de bâton, l'an 484, et ensuite envoyée en exil dans un lieu inhabité, où elle ne pouvait recevoir aucun secours de personne. Joyeuse de souffrir pour la foi, elle quitta, sans verser de larmes, son mari, ses enfants, sa patrie, et se rendit dans le désert qui lui était assigné pour demeure. On lui permit, plus tard, de résider dans un lieu moins sauvage, où elle pourrait jouir de la compagnie de quelques autres confesseurs de la foi ; mais elle ne voulut pas profiter de cet adoucissement, et préféra subir sa peine dans toute sa rigueur, afin de mériter davantage. Elle resta donc où elle était, et l'on croit qu'elle y mourut quelques années après. — 13 juillet.

DAGOBERT II (saint), *Dagobertus*, fils de saint Sigebert, roi d'Austrasie, et de Himnehilde, naquit en 649, et perdit son père en 656. Il n'avait que sept ans lorsqu'il fut proclamé roi d'Austrasie ; mais Grimoald, maire du palais, le fit descendre du trône, pour y placer son propre fils Childebert, sous le prétexte que Sigebert lui avait légué sa couronne. Sigebert, en effet, l'avait désigné pour son successeur ; mais, alors, il n'avait point encore de fils, et cette disposition était révoquée, du moins implicitement, par la naissance de Dagobert. Celui-ci, dépouillé de ses États et chassé de France, se réfugia d'abord en Irlande, où il vécut ignoré, et on publia même la nouvelle de sa mort. La reine Himnehilde, sa mère, se retira à Paris, auprès de Clovis II, son beau-frère, et se plaignit vivement de l'injustice criante dont Grimoald s'était rendu coupable ; mais ses plaintes ne furent pas écoutées. Enfin, les principaux seigneurs de l'Austrasie secouèrent le joug de Childebert, qui fut détrôné après un règne de quelques mois, et ils offrirent la couronne à Clovis II, roi de Bourgogne et de Neustrie. Ses deux fils, Clotaire III et Childéric II, lui succédèrent ensuite en Austrasie. Les Austrasiens, ayant appris que Dagobert n'était pas mort, écrivirent à saint Wilfrid, évêque d'York, qui connaissait le lieu de sa retraite et qui l'avait assisté généreusement dans sa détresse. Wilfrid donna connaissance à Dagobert de la lettre de ses sujets qui réclamaient leur souverain légitime, et il lui procura les secours nécessaires pour repasser en Austrasie. Childéric II, qui vivait encore, ne lui restitua pas tous ses États, mais seulement l'Alsace et quelques provinces au delà du Rhin. Childéric ayant été assassiné par Bodilon, en 673, Dagobert se rendit à Metz et fut reconnu par tous les ordres du royaume. Il prit ensuite pour lieu de sa résidence les palais d'Isembourg et de Kirchein en Alsace, et s'appliqua à rendre ses peuples heureux. Il montra beaucoup de zèle pour la religion, fonda les abbayes de Surbourg, de Haslach et de Saint-Sigismond, fit rebâtir un grand nombre d'églises et de monastères, pourvut les diocèses de saints prélats, entre autres celui de Strasbourg, où il plaça saint Arbogaste et ensuite saint Florent. Il donna aussi de grands biens à l'église de cette ville, notamment le palais d'Isembourg, en reconnaissance de ce que son fils Sigebert, dangereusement blessé à la chasse, avait été guéri par les prières de saint Arbogaste. Saint Dagobert, pendant son exil, avait épousé une princesse anglo-saxonne, nommée Mathilde, de laquelle il eut un fils, Sigebert, dont nous venons de parler, et quatre filles, Irmine, Adèle, Bathilde et Ragnétrude, dont les deux premières sont honorées d'un culte public dans l'Église. Saint Wilfrid, n'ayant pu empêcher le démembrement de son diocèse d'York, prit le parti de porter ses plaintes à Rome, et arriva en Alsace au commencement de l'année 679. Dagobert, qui lui avait les plus grandes obligations, le reçut avec joie et le traita de la manière la plus honorable. Il lui offrit l'évêché de Strasbourg, alors vacant par la mort de saint Arbogaste; mais saint Wilfrid n'ayant pas jugé à propos d'accepter, et voulant continuer son voyage de Rome, Dagobert le combla de présents et le fit accompagner par Adéodat, évêque de Toul. Le saint roi d'Austrasie ayant été obligé de faire la guerre à Thierri III, qui régnait alors sur le reste de la France, Ebroin, maire du palais de celui-ci forma contre Dagobert une conspiration, dans laquelle entrèrent quelques seigneurs austrasiens, et le fit assassiner dans la forêt de Vaivre, près de Stenay, le 23 décembre 679, à l'âge de trente ans. La piété et les vertus de Dagobert lui ont mérité le titre de saint et même celui de martyr, à cause du genre de sa mort. Son corps fut porté à Rouen, et transféré, dans la suite, à Stenay. — 23 décembre.

DALLAIN (saint), *Dallanus*, martyr en Irlande, est honoré dans plusieurs églises de cette île qui portent son nom. — 29 janvier.

DALMACE (saint), *Dalmatius*, évêque de Pavie et martyr, souffrit, l'an 304, pendant la persécution de l'empereur Dioclétien. — 5 décembre.

DALMACE (saint), abbé de Constantinople, sortait d'une famille noble et porta les armes dans sa jeunesse. Il était marié, et avait le grade d'officier dans une compagnie des gardes, sous Théodose le Grand, lorsqu'en 383, il quitta tout pour ne plus servir que Dieu. Fauste, son fils, imita son exemple, et ils se mirent, l'un et l'autre, sous la conduite de l'abbé saint Isaac qui, en mourant, désigna Dalmace pour son successeur. Celui-ci fut donc élu abbé vers l'an 410, et comme il fut chargé du gouvernement de plusieurs autres monastères, on lui donna le titre d'archimandrite. Il se signala par son zèle contre le nestorianisme, et ayant été informé, par une lettre de saint Cyrille d'Alexandrie, qui présidait le concile général d'Éphèse, des attentats auxquels s'étaient portés les partisans de Nestorius, après la condamnation de cet hérésiarque, il sortit de son monastère, ce qui ne lui était pas arrivé depuis quarante-huit ans qu'il l'habitait, et alla trouver l'empereur Théodose, accompagné d'un grand nombre de religieux et d'une partie du clergé de la ville. Le prince le reçut très-bien et l'écouta avec une grande attention. Lorsque le saint lui eut exposé tout ce qui s'était passé à Éphèse contre saint Cyrille et les autres Pères du concile, il remercia Dieu de lui avoir fait connaître la vérité que les nestoriens lui cachaient, et promit de remédier aux maux que ses commissaires avaient causés contre son intention. Dalmace se rendit aussitôt à l'église de Saint-Moce, et informa le peuple de cette bonne nouvelle, qu'il transmit par lettre au concile. Les Pères d'Éphèse lui firent une réponse dans laquelle ils le louent de son courage à défendre la doctrine catholique, et le chargent d'agir en leur nom, dans l'intérêt de la foi. Les efforts qu'il fit pour répondre à cette haute marque de confiance lui valurent le titre honorable d'avocat du concile d'Éphèse. On croit qu'il mourut la même année, âgé de plus de quatre-vingts ans, et il est honoré chez les Grecs avec saint Fauste, son fils, le 3 août.

DALMACE (saint), évêque de Rodez, né dans cette ville sur la fin du ve siècle, se distingua de bonne heure par sa science et surtout par sa piété; c'est ce qui le fit élire, en 524, évêque de sa ville natale, malgré sa jeunesse. Son amour pour le jeûne lui faisait quelquefois passer plusieurs jours sans prendre de nourriture. Il était rempli de charité pour les pauvres, et animé d'un zèle généreux pour la décoration des églises. Ayant entrepris la reconstruction de sa cathédrale, comme il voulait faire un édifice remarquable par ses belles proportions, il le fit recommencer à plusieurs reprises, quoique les murs fussent déjà élevés à une certaine hauteur, et il le laissa inachevé, parce que la mort vint le surprendre avant qu'il y pût mettre la dernière main. En 535, il assista au 1er concile de Clermont, et, en 541, au IVe concile d'Orléans. Théodebert, roi d'Austrasie, qui avait pour lui beaucoup d'estime et d'amitié, le consultait souvent. Saint Dalmace, après un épiscopat de cinquante-six ans, pendant lequel il répara les ravages que les Visigoths, qui étaient ariens, avaient faits dans son diocèse, pendant qu'il était sous leur domination, par son testament, conjure Childebert II de lui donner pour successeur un saint évêque qui pût continuer le bien qu'il avait commencé. Après sa mort, arrivée en 580, le roi d'Austrasie, pour se conformer à ses dernières volontés, fit élire Théodose, archidiacre de Rodez, et déjoua, par cette nomination, les intrigues de plusieurs prétendants. Il y a dans le diocèse de Rodez, une paroisse qui s'appelle de son nom, Saint-Dalmasi.—13 nov.

DALMACE MONNER (le bienheureux), dominicain, né en 1291 à Sainte-Colombe de Farnez, près de Gironne en Catalogne, commença ses études dans cette dernière ville, et alla les continuer à Montpellier, dont l'université était alors très-célèbre. La plupart des étudiants qui suivaient ses cours, menaient une vie peu chrétienne, plusieurs même se livraient à de honteux déréglements; ce qui inspira à Dalmace un redoublement de vigilance sur lui-même, pour ne pas se laisser corrompre par leurs exemples. Lorsque ses études furent terminées, la crainte de se perdre dans le monde lui inspira la résolution de le quitter sans retour; ce qu'il fit en prenant l'habit de Saint-Dominique à Gironne, l'an 1314. Après sa profession, il fut chargé d'enseigner la théologie, et ensuite on l'établit maître des novices. Après vingt ans de séjour à Gironne, les applaudissements et les respects que lui attirait sa vie sainte le déterminèrent à quitter cette ville, et il se retira, avec la permission de ses supérieurs, à l'ermitage de la Sainte-Baume en Provence, où il se livra à des austérités extraordinaires. Il y était depuis trois ans, lorsque ses supérieurs le rappelèrent à Gironne; mais, pour ne pas trop contrarier l'attrait qu'il avait pour la vie anachorétique, ils lui permirent de se retirer dans une grotte qu'il fit creuser près du monastère. Il y passa les quatre dernières années de sa vie, et il n'en sortait que pour suivre les principaux exercices de la communauté. Il mourut le 24 septembre 1341, et il s'opéra plusieurs miracles à ses funérailles. Il se fit, en 1613, une translation solennelle de ses reliques, et c'est à cette occasion que la ville de Gironne lui érigea un superbe mausolée, et qu'on dédia un autel sous son invocation. Innocent XIII approuva son culte en 1721, et Benoît XIII, en 1726, permit au clergé du diocèse de Gironne et à tout l'ordre de Saint-Dominique, de célébrer sa fête le 24 sept.

DAMAS (saint), *Damas*, martyr de Cappadoce, souffrit au commencement du IVe siècle. Il est surnommé Thaumaturge par les Grecs, à cause des miracles nombreux opérés par son intercession, et saint Basile le Grand parle de sa fête dans la lettre qu'il adresse aux évêques du Pont. — 28 août.

DAMASE (saint), *Damasus*, pape, naquit à Rome l'an 306, d'un père espagnol, nommé Antoine, qui embrassa l'état ecclésiastique, soit du consentement de sa femme, soit après qu'il fut devenu veuf, et qui devint prêtre de l'église paroissiale de Saint-Laurent. Damase entra aussi dans le saint ministère et en exerça les fonctions dans la même église. Il était archidiacre de l'Église romaine en 355, lorsque le pape Libère fut relégué à Bérée, dans la Thrace, par l'empereur Constance, et il accompagna le pape dans son exil; mais il revint à Rome peu de temps après, et il eut beaucoup de part au gouvernement de l'Église, pendant l'absence de Libère. Il s'engagea, par un serment solennel, ainsi que le clergé de Rome, à ne jamais reconnaître d'autre pape que lui. Libère, revenu de l'exil en 359, remonta sur la chaire de saint Pierre, et Damase le seconda dans les mesures qu'il prit contre les progrès des ariens. Ce pape étant mort le 24 septembre 366, Damase, qui avait alors soixante ans, fut élu pour lui succéder: il fut sacré dans la basilique de Saint-Laurent, qui était son titre avant son pontificat; mais Ursicin, furieux de ce qu'il lui avait été préféré, souleva le peuple, qui se réunit tumultuairement dans l'église de Sicin, autrement dite basilique Libérienne, et aujourd'hui Sainte-Marie-Majeure, et détermina Paul, évêque de Tivoli, à l'ordonner évêque de Rome. Juventius, préfet de la ville, voulant éteindre ce schisme naissant, bannit l'antipape avec ses principaux adhérents. On arrêta ensuite sept prêtres de son parti, dans l'intention de les envoyer en exil; mais leurs amis les délivrèrent et se rendirent avec eux dans la basilique Libérienne. Quelques-uns de ceux qui étaient attachés à Damase accoururent avec des bâtons et des épées et assiégèrent la basilique: on en vint aux mains, et il y eut cent trente-sept personnes tuées. L'empereur Valentinien ayant permis à Ursicin de revenir à Rome, l'année suivante, comme il continuait à y exciter des troubles, il fut banni de nouveau; mais les schismatiques étaient toujours maîtres de l'église de Sainte-Agnès, hors des murs de la ville, et ils tenaient leurs assemblées dans les cimetières. Valentinien ordonna que cette église fût rendue au pape Damase, et Maximien, un des magistrats de Rome, chargé de cette affaire, fit mettre à la torture plusieurs des partisans d'Ursicin, sans que le pape eût contribué en rien à cette mesure cruelle que les schismatiques avaient eux-mêmes provoquée, en demandant une information où l'on emploierait les tortures. Le saint pape, loin d'approuver ces voies de rigueur, était le premier à en gémir: il avait fait vœu de demander à Dieu, par l'intercession de certains martyrs, la conversion de ceux des ecclésiastiques de son clergé qui persévéraient dans le schisme, et lorsque ses prières les eurent ramenés à l'unité, ils en témoignèrent leur reconnaissance, en ornant à leurs frais les tombeaux de ces martyrs. Les autres partisans d'Ursicin, qui ne pouvaient se dissimuler que Damase ne fût le pape légitime, parce que son élection, antérieure à celle d'Ursicin, avait été faite dans toutes les règles, finirent par se soumettre. Valentinien, voulant réprimer l'avidité de quelques ecclésiastiques qui faisaient faire des legs à l'Eglise au préjudice des héritiers, porta, en 370, une loi qu'il adressa au pape, et par laquelle il défendait aux clercs et aux moines de s'introduire dans les maisons des veuves et des orphelins, et d'en recevoir ni dons, ni legs, ni fidéicommis. Damase fit lire le texte de la loi dans toutes les églises de Rome, et prit des mesures efficaces pour qu'elle fût exécutée. Plusieurs membres du clergé en furent si mécontents, qu'ils se joignirent aux schismatiques ; mais ils rentrèrent ensuite dans le devoir. Il paraît, par un poëme de saint Damase, qu'il fit un pèlerinage à la châsse de saint Félix de Nole, pour remercier Dieu de ce qu'il avait échappé aux persécutions de ses ennemis, qu'il y suspendit son poëme, et qu'il y fit ses dévotions. En 368, il tint, à Rome, un concile contre les ariens, dans lequel Ursace et Valens, évêques dans la Pannonie, furent condamnés. Il en tint un autre dans la même ville, en 370, contre Auxence, évêque arien de Milan, et un autre, en 373, contre Apollinaire, évêque de Laodicée, qui niait que Jésus-Christ eût une âme humaine, et qui enseignait d'autres erreurs, auxquelles le pape dit anathème : ses décrets furent reçus dans le concile d'Antioche et dans le concile général de Constantinople, tenu en 381.

L'Illyrie orientale, qui renfermait la Grèce et la Dacie, ayant été cédée à Théodose, empereur d'Orient, par Gratien, fils de Valentinien, Damase s'opposa à ce que ces provinces fussent soustraites au patriarcat d'Occident, et se réserva, en conséquence, le droit d'en confirmer les évêques. Il choisit pour son vicaire dans ces contrées saint Ascole, évêque de Thessalonique, et dans la lettre qu'il lui écrit à ce sujet, il le charge de veiller à ce qu'il ne se fasse rien, dans l'Eglise de Constantinople, au préjudice de la foi, ou contre les canons, et condamne l'intrusion de Maxime le Cynique sur le siége de cette Eglise. Mais, sur la demande des députés de Théodose, il confirma l'élection de Nectaire, qui avait été choisi pour archevêque à la place de Maxime. Saint Jérôme ayant accompagné à Rome saint Paulin, évêque d'Antioche, et saint Epiphane, évêque de Salamine, qui se rendaient au concile que le pape avait convoqué à Rome en 382, pour mettre fin au schisme d'Antioche, Damase le retint auprès de lui, en qualité de secrétaire ; il le chargea de répondre aux consultations que les évêques lui adressaient de toutes parts, et l'engagea à corriger le Nouveau Testament sur le texte grec. Il fit rebâtir ou du moins réparer l'église de Saint-Laurent, qu'il avait desservie après son père, et qui porte encore aujourd'hui le titre de Saint-Laurent *in Damaso*, l'embellit de peintures qui représentaient plusieurs traits de l'histoire sainte, et lui fit don de patènes, calices, lampes, chandeliers, le tout d'argent, et d'un travail exquis ; il y ajouta des fonds de terre et des maisons. Il fit dessécher au Vatican les sources dont les eaux passaient sur les corps qui y avaient été enterrés : il décora les tombeaux d'un grand nombre de martyrs, et les orna d'épitaphes en vers, où l'on remarque un génie vraiment poétique. On lit, dans un Pontifical qui se garde à la bibliothèque du Vatican que, brûlant d'un désir ardent d'être réuni à Jésus-Christ, il fut saisi de la fièvre, et qu'après avoir reçu le corps et le sang du Seigneur, il leva les mains et les yeux au ciel, et qu'il expira, en priant avec beaucoup de ferveur, le 10 décembre 384, à l'âge de près de quatre-vingts ans, et après un pontificat de dix-huit. Il fut enterré près de sa mère et de sa sœur, dans un oratoire qu'il avait fait bâtir dans les catacombes voisines de la voie Ardéatine. Leurs tombeaux furent découverts en 1736. Dans les éloges que les écrivains ecclésiastiques ont donné à saint Damase, ils ont surtout relevé sa constance à maintenir la pureté de sa foi, l'innocence de ses mœurs, sa profonde humilité, sa charité pour les pauvres, son zèle à décorer les lieux saints et les tombeaux des martyrs, ainsi que son savoir extraordinaire. Saint Jérôme l'appelle un homme excellent, un homme incomparable, savant dans les Ecritures, le docteur vierge d'une église vierge, et Théodoret, qui le met à la tête des docteurs qui ont illustré l'Eglise latine, dit qu'il s'est rendu illustre par sa sainte vie, qu'il était plein de zèle pour instruire, et qu'il ne négligea rien pour la défense de l'Eglise apostolique. On remarque dans ses lettres beaucoup d'esprit et de goût, et dans ses poésies un style noble et élégant. Outre le recueil de ses épitaphes, il nous reste de lui quelques vers latins dans le *Corpus poetarum*, et les meilleurs critiques lui attribuent généralement les petits poëmes chrétiens qui ont été imprimés parmi les œuvres de Claudien. Saint Damase introduisit la coutume de chanter le *Gloria Patri* à la fin de chaque psaume. Le Martyrologe lui donne le titre de confesseur, et, en Italie, on l'invoque contre la fièvre. — 11 décembre.

DAMIATE (saint), *Damiates*, confesseur, est honoré en Ethiopie le 7 août.

DAMIEN (saint), *Damianus*, soldat et martyr en Afrique, est honoré le 2 février.

DAMIEN (saint), martyr, souffrit à Antioche. — 16 août.

DAMIEN (saint), martyr dans l'Abruzze, souffrit avec saint Valentin. — 16 mai.

DAMIEN (saint), médecin et martyr, était Arabe de naissance et frère de saint Côme. Il étudia la médecine en Syrie, et alla ensuite à Eges en Cilicie, pour y exercer la profession de médecin avec saint Côme. Les deux frères, appelés par les Grecs *Anargyres*, c'est-à-dire sans argent, parce qu'ils soignaient gratuitement leurs malades, étaient aimés et estimés de tout le monde, même des païens, quoique leur zèle pour la religion chrétienne qu'ils avaient le bonheur de professer fût connu, et qu'ils ne négligeassent aucune des facilités que leur fournissait l'exercice de leur profession pour faire des prosélytes. Lorsque la persécution de Dioclétien eut éclaté, ils furent arrêtés par Lysias, gouverneur de Cilicie, qui, après leur avoir fait subir diverses tortures, les condamna à perdre la tête. Après leur décapitation, qui eut lieu en 303, leurs corps furent transportés en Syrie et enterrés à Cyr. Théodoret, qui était évêque de cette ville au ve siècle, leur donne le titre d'illustres athlètes et de généreux soldats de Jésus-Christ. L'empereur Justinien, qui monta sur le trône en 527, fit agrandir et fortifier la ville de Cyr, en l'honneur des saints martyrs, dont les reliques se gardaient dans une église de leur nom. Ce prince ayant été guéri d'une maladie dangereuse par leur intercession, et voyant que leur église de Constantinople tombait en ruines, il leur en fit bâtir une autre dans la même ville. L'église qui porte leur nom à Rome, et qui est un titre de cardinal-diacre, possède une partie de leurs reliques, qui y furent portées du temps de saint Félix, bisaïeul de saint Grégoire le Grand. Les Bénédictins de Saint-Georges de Venise, la paroisse de Saint-Côme de Paris et l'église collégiale de Luzarches en possédaient aussi quelques parcelles. Leur nom a été inséré dans le canon de la messe. — 27 sept.

DAMIEN (saint), évêque de Pavie, florissait sur la fin du viie siècle, et s'illustra, non-seulement par ses vertus, mais aussi par son zèle contre les monothélites. Il mourut l'an 710, et il est honoré le 12 avril.

DANACTE (saint), *Danax-tis*, originaire d'un lieu nommé Aulone, fut martyrisé en Illyrie. — 16 janvier.

DANGE (saint), *Damnius*, prêtre, est honoré à Sainte-Marie d'Amole, au diocèse de Bologne en Italie, le 12 mai.

DANIEL (saint), le dernier des quatre grands prophètes, était du sang royal et fut conduit captif à Babylone, après la prise de Jérusalem, l'an 602 avant Jésus-Christ. Nabuchodonosor, qui changea son nom en celui de Balthasar, le fit élever à sa cour, et les progrès de Daniel dans les sciences furent rapides et brillants. Le prince, charmé de son esprit précoce et de ses belles qualités, le mit à la tête des gouverneurs de ses provinces et le déclara chef de tous les mages, à la suite de l'explication qu'il lui avait donnée, au sujet de la statue mystérieuse qu'il avait vue dans un songe. Nabuchodonosor s'étant ensuite arrogé les honneurs divins et ayant ordonné à tous ses sujets d'adorer sa statue d'or, Daniel refusa d'obéir à l'édit du prince, et ce fut à cette occasion que trois jeunes Hébreux, qu'il s'était adjoints dans l'administration des provinces, furent jetés dans une fournaise ardente, d'où ils sortirent sains et saufs : quant à Daniel, il ne paraît pas que son refus ait été puni. Nabuchodonosor eut ensuite un autre songe que Daniel expliqua, et dont la signification était que ce prince, en punition de son orgueil, serait chassé, pour quelque temps, de la société des hommes et réduit à celle des animaux dont il partagerait la nourriture, et

qu'après cela il remonterait sur son trône : ce songe prophétique eut son accomplissement. Daniel conserva son crédit à la cour de Balthasar, successeur de Nabuchodonosor, et ce prince lui demanda l'interprétation de mots qu'une main invisible avait tracés dans une salle où il donnait un grand festin. Sous Darius le Mède, il devint premier ministre ; mais la faveur dont il jouissait lui suscita des ennemis puissants qui lui tendirent des pièges. Comme son attachement à la religion de ses pères était connu, c'est de ce côté qu'on chercha à le perdre. On fit porter à Darius un décret qui ordonnait de l'adorer comme un Dieu, et Daniel ne voulant pas se rendre coupable d'un tel acte d'idolâtrie, fut précipité dans une fosse où l'on nourrissait des lions ; mais Dieu n'abandonna pas son serviteur. Le roi, qui ne l'avait livré qu'avec répugnance et uniquement parce que sa parole était engagée, passa la nuit dans l'inquiétude, et le lendemain, de grand matin, il se rendit à la fosse, et partagé entre la crainte et l'espérance, il s'écria : Daniel, serviteur du Dieu vivant, votre Dieu a-t-il eu le pouvoir de vous préserver de la fureur des lions ? Daniel répondit par un cri de : Vive le roi ! Le prince, transporté de joie, le fit retirer de la fosse, et ses accusateurs y furent précipités à leur tour et, dans un clin d'œil ils furent dévorés par les lions. On ne sait si ce fut sous le même règne qu'il fut livré une seconde fois au même supplice, pour avoir découvert la supercherie des prêtres de Bel, qui furent punis de mort, et pour avoir fait périr le dragon qu'on adorait à Babylone. Ces deux faits causèrent une telle indignation parmi les Babyloniens qu'ils allèrent trouver le roi, le menaçant de le détrôner s'il ne leur abandonnait Daniel. Il fut donc précipité dans la fosse aux lions, où l'on devait le laisser six jours. Non-seulement Dieu le préserva de la fureur de ces animaux féroces, mais il pourvut à sa nourriture par le moyen du prophète Habacuc, qu'un transporta par un ange, de la Judée à Babylone, avec le repas préparé pour ses moissonneurs. Le septième jour, le roi se rendit auprès de la fosse pour pleurer Daniel, qu'il croyait dévoré, mais il le vit plein de vie au milieu des lions tranquilles, quoique affamés. A la vue de ce prodige, il rendit hommage à la puissance du Dieu qu'adorait le prophète et il fit jeter dans la fosse ceux qui avaient voulu le perdre, et ils furent dévorés sous les yeux du roi. On croit généralement que le jeune Daniel, qui prit la défense de Susanne et qui convainquit de faux témoignage les deux vieillards ses accusateurs est le même que le saint prophète. Il était âgé d'environ quatre-vingt-huit ans, lorsqu'il mourut à Babylone, sur la fin du règne de Cyrus. Le crédit dont il jouissait sous ce prince lui fit obtenir un édit pour le retour des Juifs dans leur patrie : cet édit leur permettait de reconstruire le temple et de rebâtir Jérusalem. Des quatorze chapitres dont se compose sa prophétie, les douze premiers sont partie en hébreu, partie en chaldéen : les deux derniers qui contiennent l'histoire de Susanne, de Bel et du dragon ne se trouvent plus qu'en grec ; aussi leur canonicité n'est-elle devenue incontestable, même pour les catholiques, que depuis la décision du concile de Trente. Les Juifs ne lui donnent pas le titre de prophète ; mais Jésus-Christ le lui ayant donné, à plusieurs reprises, l'Eglise l'a toujours regardé comme tel : d'ailleurs ses prédictions sont si claires et leur accomplissement est si manifeste, que les ennemis de la foi chrétienne ont voulu le faire passer pour un historien qui avait écrit après coup : opinion qui se réfute d'elle-même, si l'on considère qu'Ezéchiel, son contemporain, parle de lui comme d'un prophète ; il est aussi nommé dans le premier livre des Machabées, et d'ailleurs il est certain que le canon des livres saints était formé plus de quatre siècles avant Jésus-Christ et que depuis cette époque les Juifs n'y ont ajouté aucun livre. Les reliques de Daniel furent transférées de Babylone à Alexandrie dans le IVe ou le Ve siècle et déposées dans l'église de Saint-Jean et de Saint-Cyr. Plus tard, elles furent transportées à Venise, et la ville de Verceil se glorifie de posséder l'os d'une de ses cuisses.—21 juillet.

DANIEL (saint), martyr à Padoue, est honoré le 3 janvier.

DANIEL (saint), martyr en Espagne, a donné son nom à une abbaye de religieuses située près de Gironne, où l'on garde ses reliques. — 24 avril.

DANIEL (saint), martyr à Césarée en Palestine, était Egyptien de naissance. Etant allé en Cilicie avec quatre de ses compatriotes qui étaient chrétiens comme lui, et qui se nommaient, après leur baptême, Elie, Jérémie, Isaïe et Samuel, pour visiter les confesseurs qui avaient été condamnés à travailler aux mines, il fut arrêté, ainsi que ses compagnons de voyage, aux portes de Césarée, l'an 309, sous le règne de Maximin II, qui continuait en Egypte et en Syrie la persécution commencée par Dioclétien. Interrogé sur sa patrie et sur le motif de son voyage, il avoua la vérité sans détour. Le lendemain, on le conduisit avec ses compagnons devant Firmilien, gouverneur de la province, qui les fit étendre sur le chevalet. Après qu'ils y eurent été tourmentés pendant longtemps, le gouverneur s'adressant à Elie, qu'il regardait comme leur chef, celui-ci répondit pour tous. L'interrogatoire fini, Firmilien les condamna à perdre la tête, et la sentence fut exécutée sur-le-champ.—16 févr.

DANIEL (saint), martyr à Nicopolis en Arménie avec saint Léonce et plusieurs autres, souffrit d'horribles tortures et fut ensuite brûlé vif par ordre du président Lysias, vers l'an 320, pendant la persécution de l'empereur Licinius. — 10 juillet.

DANIEL (saint), prêtre persan et martyr, fut arrêté pour la foi en 343, par ordre du gouverneur de la province des Razichéens, qui lui fit souffrir, pendant trois mois, les plus cruelles tortures, et après lui avoir fait percer les pieds, ordonna qu'ils fussent plongés pendant cinq jours dans de l'eau glacée. Comme les supplices ne pouvaient ébranler la fermeté du saint prêtre, le gouverneur le condamna à perdre la tête : il fut exécuté avec sainte Verda, qui avait partagé ses tourments, le 21 février 344, qui était la trente-quatrième année du règne de Sapor II. Les Actes de saint Daniel ont été écrits en syriaque par saint Maruthas. — 21 février.

DANIEL (saint), dit le Stylite, du grec *Stulités*, placé sur une colonne, naquit vers l'an 400, à Marathe, près de Samosate et entra, à l'âge de douze ans, dans un monastère du voisinage, où il se fit remarquer par une ferveur extraordinaire. Après y avoir passé plusieurs années, son abbé, que les affaires de l'Eglise appelaient à Antioche, le prit pour compagnon de voyage. En passant près du mont Thélanisse, ils allèrent visiter saint Siméon Stylite, qui permit à Daniel de monter sur sa colonne et d'aller près de lui. Il lui donna sa bénédiction et lui prédit qu'il aurait beaucoup à souffrir pour Jésus-Christ. L'abbé étant mort quelque temps après leur retour au monastère, les moines voulurent élire Daniel pour son successeur ; mais il prit la fuite et retourna près de saint Siméon. Après avoir passé quinze jours dans le monastère qui était au pied de la colonne, il entreprit le pèlerinage de la terre sainte ; mais saint Siméon lui apparut dans une vision, et lui ordonna d'aller à Constantinople. Il obéit et passa sept jours dans l'église de Saint-Michel, située hors des murs de la ville. Il se rendit ensuite à Philempore et se retira dans un petit temple qui n'était plus qu'un amas de ruines. Après y avoir passé neuf ans, il résolut d'imiter le genre de vie de saint Siméon, mort en 459, et dont il possédait la coupe, qui lui avait été donnée par Serge, son disciple. Un de ses amis lui fit construire sur une montagne solitaire, à quatre milles du Pont-Euxin et à sept de Constantinople, deux colonnes qui n'en formaient qu'une en quelque sorte, parce qu'elles étaient reliées ensemble par des barres de fer. Sur ces colonnes on en éleva une plus petite, terminée à sa partie supérieure par une espèce de tonneau entouré d'une balustrade ; c'est là que Daniel fixa sa demeure. Comme le climat était moins tempéré que dans la contrée où avait vécu saint Siméon, il avait aussi plus à souffrir de l'inclémence de l'air et de la rigueur des saisons. Vers l'an 463, le seigneur du lieu lui fit construire une autre colonne plus élevée que la première et également couronnée d'une balustrade sur laquelle il s'appuyait pour prendre du repos ; car l'espace était trop étroit pour pouvoir s'y coucher. La nécessité de se tenir toujours debout fit que ses jambes et ses pieds s'enflèrent et qu'il s'y forma des ulcères. Pendant un hiver, il devint tellement raide de froid que ses disciples furent obligés de monter sur la colonne, et de le dégourdir en le frottant avec des éponges trempées dans de l'eau chaude ; mais cet accident ne put le déterminer à quitter son genre de vie. Lorsque Gennade, évêque de Constantinople, l'ordonna prêtre, il dit, au bas de la colonne, les prières préparatoires, et il monta ensuite au haut pour achever la cérémonie de l'ordination. Daniel disait la messe sur sa colonne et y administra plusieurs fois la communion. L'empereur Léon, qui allait souvent le voir et qui avait pour lui la plus grande vénération, fit bâtir pour ses disciples un monastère au pied de sa colonne. C'est à ses prières qu'il fut redevable de la naissance d'un fils qui mourut jeune, il est vrai, mais parce que Dieu aima mieux le faire régner dans le ciel que sur la terre. Gubas, roi des Lazes, dans la Colchide, étant venu renouveler l'alliance qu'il avait faite avec l'empire, Léon le mena voir Daniel comme la merveille de ses Etats. Le roi barbare se prosterna au pied de la colonne et ne put retenir ses larmes à la vue d'un tel spectacle : le saint fut l'arbitre du traité conclu entre les deux princes. De retour dans son royaume, Gubas lui écrivit plusieurs lettres pour se recommander à ses prières : il lui fit même construire à ses frais une troisième colonne qui touchait aux deux autres, et celle du milieu, se trouvant la plus basse, pouvait alors servir d'abri à Daniel dans les temps orageux. Daniel, après bien des instances, consentit enfin à ce que l'empereur Léon fit couvrir d'un toit le haut de sa colonne. Il passait souvent plusieurs jours sans prendre aucune nourriture, et il ne mangeait que des herbes sauvages et des racines insipides. Beaucoup de pécheurs, touchés des discours pathétiques qu'il adressait du haut de sa colonne, et de son exemple, qui était une prédication plus éloquente encore que ses paroles, quittaient leurs désordres après l'avoir vu et entendu, et entraient dans la voie étroite que prescrit l'Evangile. A ce don de toucher les cœurs se joignaient le don des miracles et celui de prophétie. Les malades se faisaient conduire auprès de lui et il les guérissait en leur imposant les mains ou en les oignant avec l'huile qui brûlait devant les reliques des saints. Il avait prédit que Constantinople était menacée prochainement d'un grand incendie, et il exhorta le patriarche Gennade à prévenir ce désordre en ordonnant des prières publiques, deux fois la semaine ; mais on n'eut égard ni à sa prédiction, ni à ses conseils. L'incendie ayant réduit en cendres huit quartiers de la ville, en 465, alors on se rappela ce qu'il avait dit, et les habitants accoururent en foule au pied de sa colonne. Daniel, touché de leur malheur et de leurs larmes, les exhorta à fléchir la colère du ciel par la prière et le jeûne : il pleura aussi lui-même et pria pour eux, les mains élevées vers le ciel. Quelque temps après, il prédit aussi à Zénon que Dieu le délivrerait d'un grand danger, qu'il succéderait à l'empereur Léon, son beau-père, et qu'il serait ensuite quelque temps dépouillé de la pourpre impériale, mais qu'il remonterait ensuite sur le trône. En effet, ce prince, proclamé empereur en 474, après la mort de Léon, s'abandonna à toutes sortes d'excès, foulant aux pieds les lois de l'empire et celles de la vertu. Ses crimes et ses exactions le rendirent tellement odieux à ses sujets qu'il fut forcé, la seconde année de son règne, de s'enfuir dans l'Isaurie, d'où il était originaire. Basilisque, beau-frère de Léon, s'étant emparé du trône impérial, prit hautement la protection des eutychiens et ordonna aux évêques, sous peine de déposition, et aux moines, sous peine de bannissement, d'anathématiser le concile de Chalcédoine. Acace, patriarche de Constantinople, que le pape Simplice avait chargé de maintenir les décisions de ce concile, instruisit Daniel des maux que Basilisque causait à la religion : l'empereur, de son côté, porta des plaintes au saint contre Acace qu'il traitait de séditieux. Daniel répondit à ce dernier que Dieu dépouillerait de la puissance souveraine le persécuteur de son Église. L'envoyé du prince ne voulut pas se charger d'une telle réponse, et pria Daniel d'écrire lui-même à l'empereur. Acace et quelques autres évêques qui se trouvaient réunis, conjurèrent le saint de venir au secours de la religion ; leurs instances le déterminèrent à descendre de sa colonne et à se rendre à Constantinople, où les évêques le reçurent avec les plus vifs transports de joie. Basilisque, effrayé de la disposition où il voyait les esprits, se retira à Hebdomon, près de la ville. Daniel l'y suivit ; mais comme les plaies qu'il avait aux jambes et aux pieds l'empêchaient de marcher, on fut obligé de le porter, et un humble pénitent reçut, dans cette circonstance, un honneur qui n'était accordé qu'aux consuls. Arrivé au palais, les gardes lui en refusèrent l'entrée : alors Daniel secouant la poussière de ses pieds se fit reporter dans la ville. Basilisque, saisi de crainte, se hâta de courir après lui, se jeta à ses pieds, lui demanda pardon et promit d'annuler ses édits contre la foi. Le saint lui annonça que la colère divine allait le frapper ; puis, s'adressant à ceux qui se trouvaient là : *Cette humilité apparente*, leur dit-il, *n'est qu'un artifice qui cache des projets de cruauté, mais vous verrez bientôt éclater la puissance de celui qui renverse les grandeurs humaines.* Après avoir ainsi prédit la chute prochaine de Basilisque et opéré plusieurs miracles, il retourna sur sa colonne. Quelque temps après, Zénon vint fondre sur Constantinople avec une armée qu'il avait rassemblée dans l'Isaurie, et Basilisque se réfugia, tout tremblant, dans une église, déposa sa couronne sur l'autel et chercha un asile dans le baptistère avec sa femme et son fils. Zénon les relégua dans un château de la Cappadoce où il les fit périr dans la suite. Aussitôt qu'il eut été rétabli sur son trône, il alla voir Daniel, qui lui donna des avis salutaires. Le saint, parvenu à un âge avancé, prédit le moment de sa mort, et voulut, avant de sortir de ce monde, qu'on mît par écrit les instructions qu'il laissait à ses disciples. Il leur recommandait principalement la pratique de l'humilité, de l'obéissance et de l'hospitalité, l'esprit de mortification et de pauvreté, la paix, l'union, la charité, la soumission à l'Eglise et l'horreur pour l'hérésie. Trois jours avant sa mort, il offrit le saint sacrifice à minuit, et il eut une vision dans laquelle les anges le consolèrent. Il fut assisté dans ses derniers moments par Euphème, patriarche de Constantinople, et mourut sur sa colonne le 11 décembre, vers l'an 490, à l'âge d'environ quatre-vingt-dix ans.—11 déc.

DANIEL (saint), honoré en Ethiopie, fut surnommé le Misogène, c'est-à-dire l'ennemi des femmes, à cause de son grand amour pour la chasteté et des précautions extraordinaires qu'il prenait pour éviter tout rapport avec les personnes du sexe.— 11 janvier.

DANIEL (saint), évêque du pays de Galles au commencement du vi⁰ siècle, fonda, en 516, un monastère dont le chœur était si beau que la ville qui y fut bâtie ensuite fut appelée Bancor ou Bangor, c'est-à-dire *beau chœur*. Saint Daniel, qui avait été sacré par saint Dubrice, y fixa son siége épiscopal. Il avait assisté, en 512, au concile de Brévi, et il mourut en 545. Il fut enterré dans l'île de Berdsey. Cette île, déjà célèbre par la sépulture de saint Dubrice, qui s'y était retiré sur la fin de sa vie, reçut, selon Camden, la dépouille mortelle de plus de vingt mille saints ou religieux. La cathédrale de Bangor est dédiée sous l'invocation de saint Daniel, dont la vie n'est pas très-connue ; mais la vénération que les églises de la Grande Bretagne portaient à sa mémoire montre qu'elles avaient une haute idée de sa sainteté. — 23 novembre.

DANIEL (saint), l'un des sept Frères Mineurs qui furent martyrisés à Ceuta, en Afrique, le 10 octobre 1221, était provincial de son ordre dans la Calabre, lorsqu'il fut envoyé par saint François annoncer l'Evangile aux mahométans d'Afrique. Arrivé à Ceuta, avec six autres religieux, ils prêchèrent publiquement pendant trois jours dans les faubourgs, et pénétrèrent ensuite dans l'intérieur de la ville, pour y continuer leurs prédications. Le peuple, furieux d'entendre parler contre Mahomet, se saisit des courageux missionnaires et les conduisit à Mahomet, prince du pays. Celui-ci, voyant la grossièreté de leur habit et leur tête rasée, les prit pour des insensés, et les envoya au gouverneur de la ville pour qu'il leur fit subir un interrogatoire. Ils comparurent de nouveau devant le prince, qui les condamna à la décapitation. — 8 et 13 octobre.

DANIEL DE GÉRARMONT (le bienheureux), troisième abbé de Cambron, monastère de l'ordre de Citeaux, situé près de Mons, en Hainaut, mourut l'an 1232. — 20 janvier.

DANIEL (le bienheureux), religieux de Villiers, en Brabant, et cellérier de son monastère, est nommé dans le Ménologe de Citeaux sous le 26 décembre.

DANTE (saint), *Dantus*, l'un des quarante-neuf martyrs d'Abitine, qui, ayant à leur tête saint Saturnin et saint Datif, furent conduits à Carthage, chargés de chaînes et livrés, par le proconsul Anulin, à des tortures si cruelles, que Dante expira peu après dans la prison, où il avait été renfermé après son interrogatoire, l'an 304, pendant la persécution de Dioclétien. — 11 février.

DAPE (saint), *Dapius*, prêtre persan et martyr avec saint Sabore, évêque, et quelques autres, fut lapidé vers le milieu du iv⁰ siècle, pendant la grande persécution du roi Sapor II. — 20 novembre.

DAPIME (saint), *Dapimius*, martyr en Campanie avec sainte Lucie et un grand nombre d'autres, souffrit au commencement du iv⁰ siècle pendant la persécution de Dioclétien. — 6 juillet.

DARÈCE (sainte), *Daretia*, est marquée dans le Martyrologe hiéronymique sous le 19 juillet.

DARERQUE (sainte), *Darerca*, est honorée comme vierge en Irlande, le 6 juillet.

DARIE (sainte), *Daria*, martyre à Rome, était Athénienne de naissance et épouse de saint Chrysanthe. Après leur mariage, ils allèrent habiter Rome, et vécurent toujours dans la continence. Leur zèle à pratiquer le christianisme les fit bientôt reconnaître pour chrétiens par les idolâtres. Ils furent donc arrêtés, et, après avoir confessé Jésus-Christ au milieu des tourments, ils terminèrent leur vie par un glorieux martyre. Plusieurs infidèles, touchés du courage héroïque des deux époux, se convertirent à l'instant, et partagèrent leur couronne. Ils souffrirent sous l'empereur Numérien, selon le rédacteur de leurs Actes, et sous l'empereur Valérien, selon Baillet. On retrouva, sous le règne de Constantin le Grand, les corps de sainte Darie et de saint Chrysanthe, qui avaient été enterrés sur la voie *Salaria*, dans cette partie des catacombes qui portait leur nom. Le pape saint Damase décora leurs tombeaux, et composa une épitaphe en leur honneur. Leurs reliques furent portées, en 842, dans l'abbaye de Prum, dans le diocèse de Trèves, et, deux ans après, on les transféra à l'abbaye de Saint-Nabord ou de Saint-Avold, au diocèse de Metz. — 25 octobre.

DARIUS (saint), martyr avec saint Sirtille et soixante-dix-sept autres, est honoré chez les Grecs le 12 avril.

DARIUS (saint), martyr à Nicée avec saint Zosime et deux autres. — 19 décembre.

DARUDE (saint), abbé en Ethiopie, est honoré chez les Grecs le 21 décembre.

DASE (saint), *Dasius*, soldat et martyr à Nicomédie, avec saint Zotique et treize autres, souffrit l'an 303, pendant la persécution de Dioclétien, et, après d'horribles tortures, il fut précipité dans la mer. — 21 octobre.

DASE (saint), évêque de Dorostore, en Mysie, et martyr, s'étant opposé avec un zèle intrépide aux impudicités qui se commettaient à la fête de Saturne, fut mis à mort par ordre du président Bassus, pendant la persécution de Dioclétien. — 20 novembre.

DASE (saint), martyr, souffrit avec saint Herenne et un autre. — 5 août.

DASE (saint), *Dasias*, est honoré en Ethiopie le 30 août.

DATH (saint), *Dathus*, évêque de Ravenne

et confesseur, florissait sous l'empereur Commode, et mourut vers l'an 190. — 3 juillet.

DATIF (saint), *Dativus*, évêque en Afrique et confesseur, subit de cruelles tortures pendant la persécution de l'empereur Valérien. Il fut ensuite envoyé en exil par ordre du président de Numidie, et il mourut loin de son troupeau. Saint Cyprien lui écrivit, ainsi qu'aux autres saints confesseurs, de Curube, où il était relégué lui-même, et il les exhorte à persévérer généreusement dans la confession de Jésus-Christ. — 10 sept.

DATIF (saint), martyr en Afrique, avec saint Julien et vingt-huit autres, souffrit dans le III° siècle. — 27 janvier.

DATIF (saint), sénateur d'Abitine, ville de la province proconsulaire d'Afrique, fut arrêté l'an 304, pendant qu'il assistait à la célébration des saints mystères un jour de dimanche, et conduit avec quarante-huit autres à Carthage, où le proconsul Anulin faisait sa résidence. Pendant le trajet, quoiqu'ils fussent chargés de chaînes, ils chantaient des hymnes et des cantiques. Arrivés à Carthage, le proconsul commença l'interrogatoire par Datif, et il lui demanda s'il avait assisté à la *collecte*, c'est-à-dire à l'assemblée des chrétiens. Celui-ci répondit affirmativement. Anulin demanda ensuite le nom de celui qui présidait l'assemblée, et de celui chez qui elle se tenait, et, sans attendre la réponse du saint, il ordonna qu'on l'étendît sur le chevalet, et qu'on le déchirât avec les ongles de fer, pour le forcer à déclarer la vérité. Fortunatien, sénateur de Carthage et frère de Victoire, l'une des quarante-huit personnes arrêtées avec Datif, reproche à celui-ci d'avoir persuadé à sa sœur de se faire chrétienne, et de l'avoir emmenée à Abitine. Victoire s'adressant alors au proconsul, lui dit : *Il n'est pas vrai que je sois sortie de Carthage à la persuasion de qui que ce soit, ni que Datif m'ait entraînée à Abitine: j'y suis allée de mon plein gré.....* Comme Fortunatien continuait à accuser Datif, qui se justifiait du haut de son chevalet, le proconsul, sans vouloir écouter ses raisons, continuait à le faire tourmenter par les bourreaux, qui s'acharnent sur le martyr, lui déchirent la peau, entament les côtes, et mettent à découvert ses entrailles, sans que son courage faiblisse. Toutefois craignant, au milieu de ses tortures, de faire ou de dire quelque chose qui fût indigne du titre de sénateur et de chrétien, il répétait souvent ces paroles : *Seigneur Jésus, faites que je ne sois pas confondu!* Et sa prière fut aussitôt exaucée, car Anulin, se sentant troublé par une terreur secrète, cria aux bourreaux d'arrêter. Mais un infâme délateur nommé Pompéian produisit contre Datif une nouvelle accusation aussi peu fondée que la première. Le saint martyr se contenta de lui répondre: *Que fais-tu ici? viens-tu encore employer tes détestables artifices contre les serviteurs de Dieu? Sache que je ne crains ni ta malice, ni l'injuste puissance qui te protége: un sénateur, un chrétien triomphera toujours de l'une et de l'autre.* Mais comme dans un second interrogatoire il persistait à dire qu'il avait assisté à la collecte, le proconsul reprit sa première fureur et les bourreaux leur première férocité. On lui enfonce de nouveau les ongles de fer dans les côtés, et Datif répète sa prière : *Seigneur, faites que je ne sois pas confondu!* A la vue de son corps déchiré et de sa chair qui pendait par lambeaux, il disait de temps en temps : *Venez, Seigneur, à mon secours; conservez mon âme pour vous... Mon Dieu, donnez-moi la force de souffrir avec courage, avec joie.* — *Ne devriez-vous pas,* lui dit le proconsul, *donner aux autres l'exemple d'une parfaite soumission aux ordres des empereurs, au lieu d'en inspirer, comme vous l'avez fait, un esprit de révolte et de désobéissance?* — *Je suis chrétien,* répondit Datif, et cette parole, prononcée avec ce ton qui n'appartient qu'aux martyrs, fut comme un coup de foudre qui acheva d'atterrer le démon et le proconsul son digne ministre, qui ordonna aux bourreaux de le laisser, et il le fit conduire en prison, dans la vue de le réserver pour de nouveaux tourments; mais il y mourut bientôt après, par suite des tortures qu'il avait endurées, l'an 304, sous l'empereur Dioclétien. — 11 février.

DATIVE (sainte), *Dativa*, martyre en Afrique, était sœur de sainte Denyse, et elle versa son sang pour la foi orthodoxe l'an 484, pendant la persécution de Hunéric, roi des Vandales. — 6 décembre.

DAUDAS (saint), martyr en Thrace, avec quelques autres, est honoré chez les Grecs le 7 mars.

DAUSAS (saint), évêque et martyr à Bizades, sur les confins de la Perse, se trouvait dans le château de Bethzarde, sur le Tigre, lorsque cette place fut prise par les Perses en 362, et la 53° année du règne de Sapor II. Dausas y fut fait prisonnier avec Héliodore, son évêque, Lariabe ou Mariabde, prêtre, et un grand nombre de moines, de religieuses et de chrétiens. Comme on les conduisait en captivité, Héliodore, se sentant sur le point de mourir, donna l'onction épiscopale à Dausas, qui tous les jours célébrait en route les saints mystères. Lorsque les captifs furent arrivés sur les frontières de l'Assyrie, on leur dit d'adorer le soleil, ou de se résoudre à mourir. Sur trois cents qu'ils étaient, vingt-cinq renoncèrent à la religion, et furent récompensés de leur apostasie par des terres qu'on leur distribua. Les deux cent soixante-quinze autres, à la tête desquels était Dausas, furent massacrés. — 9 avril.

DAVID (saint), roi et prophète, était fils d'Isaï, de la tribu de Juda, et naquit à Bethléem, l'an 1085 avant Jésus-Christ. Sa jeunesse se passa à garder les troupeaux de son père, et il n'avait que vingt-deux ans lorsque Samuel le sacra roi, par l'ordre de Dieu, qui venait de rejeter Saül et sa race. Dans son état de berger, il s'était signalé par son courage contre les bêtes féroces, et il ne craignit point de se mesurer avec Goliath, qu'il tua d'un coup de pierre, et dont il apporta la tête aux pieds de Saül. Ce prince avait promis sa fille Merob au vainqueur du géant philistin; mais il manqua de parole à David, et s'il lui donna en mariage son autre fille Michol, il la lui fit acheter au prix de cent prépuces de Philistins. Jaloux de la gloire que son gendre s'était acquise par sa valeur, il essaya de lui ôter la vie, et David, pour mettre ses jours en sûreté, se réfugia auprès d'Achis, roi de Geth, qui lui permit d'habiter Siceleg. Cette ville ayant été saccagée, pendant l'absence de David, par les Amalécites, qui emmenaient les femmes et les enfants, David courut à leur poursuite avec sa troupe, les défit et leur enleva leur butin. Saül, dont le ressentiment était implacable, le poursuivait partout avec une armée nombreuse, et David, loin de lui rendre le mal pour le mal, lui fit par deux fois grâce de la vie, une fois dans une caverne, et l'autre fois dans sa tente. Saül ayant perdu une bataille contre les Philistins, ne voulut pas survivre à sa défaite, et, par sa mort, David devint roi de tout Israël, après avoir vaincu Isboseth, fils de Saül, et il reçut de nouveau l'onction royale à Hébron. S'étant ensuite rendu maître de la citadelle de Sion, il y fit sa résidence et y bâtit un palais, et Jérusalem devint ainsi la capitale de son royaume. Il y fit transporter l'arche, et forma dès lors le projet d'y bâtir un temple au vrai Dieu. Il venait de subjuguer les Philistins, les Moabites et les Ammonites, il avait rendu la Syrie tributaire, et il était à l'apogée de la gloire et de la puissance lorsqu'il ternit cet éclat par son adultère avec Bethsabée, dont il fit ensuite périr le mari. Le prophète Nathan vint, de la part de Dieu, lui reprocher ce double crime, et David en fit pénitence; mais les malheurs prédits par le prophète, en punition de sa faute, n'en fondirent pas moins sur lui et sur sa maison : un de ses fils viole sa propre sœur, et il est ensuite assassiné par son frère; celui-ci se révolte contre son père et veut lui enlever la couronne et la vie, et David ne remonte sur le trône qu'après la défaite et la mort du rebelle. Il régna encore quinze ans après la mort d'Absalon, et, avant de mourir, il désigne pour son successeur Salomon, l'un de ses fils, qu'il fait sacrer et couronner de son vivant. Il mourut l'an 1019 avant Jésus-Christ, à l'âge de soixante-dix ans, et après un règne de quarante. David s'est immortalisé par son zèle ardent pour la gloire de Dieu, par sa piété affectueuse et par ses vifs sentiments de pénitence, comme on le voit par ses Psaumes, qu'il écrivit sous l'inspiration de l'Esprit-Saint, et qui font une des plus belles parties de l'Ecriture sainte. C'est de tous les livres de la Bible celui qui a été le plus souvent expliqué et commenté. Le saint roi s'y montre tour à tour prophète, moraliste, théologien et toujours poëte; c'est sous ce dernier rapport que saint Jérôme l'appelle le Simonide, le Pindare, l'Alcée et l'Horace des chrétiens. — 29 décembre.

DAVID (saint), ermite à Thessalonique, s'illustra par ses vertus, qui le rendirent l'objet de la vénération publique. On venait le consulter de toutes parts comme un oracle, et ses exhortations convertirent un grand nombre de pécheurs. Il florissait vers le milieu du vi^e siècle. — 26 juin.

DAVID (saint), archevêque de Ménévie, et patron du pays de Galles, en Angleterre, était fils de Xantus, prince de la Cérétique, aujourd'hui le Cardiganshire, et de sainte Nun. Ses goûts vertueux et l'éducation toute chrétienne qu'il reçut le portant à se consacrer à Dieu, il renonça au siècle, et après avoir été promu au sacerdoce, il se retira dans l'île de Wight, sous la conduite du pieux et savant Paulin, qui avait été disciple de saint Germain d'Auxerre. On rapporte que saint David, en faisant sur lui le signe de la croix, lui rendit la vue qu'il avait perdue par suite de son grand âge, ou par l'effet des larmes qu'il versait en abondance dans la prière. Il sortit de sa solitude pour aller annoncer aux Bretons la parole de Dieu, et après avoir bâti une chapelle à Glastembury, il fonda près de là douze monastères. Le principal, qui était dans la vallée de Ross, près de Ménévie, devint une pépinière de saints solitaires, dont plusieurs furent élevés à l'épiscopat, entre autres saint Paterne, évêque de Vannes, qui fit le pèlerinage de la terre sainte avec son abbé, et qui fut sacré à Jérusalem par Jean III, patriarche de cette ville. David leur donna une règle fort austère. Ils s'appliquaient sans relâche au travail des mains, et, afin que ce travail fût plus pénible, et, par conséquent, plus méritoire, ils cultivaient la terre par eux-mêmes, sans employer le secours des animaux domestiques. Un silence que la nécessité seule pouvait faire rompre, une prière continuelle, tels étaient les moyens par lesquels ils sanctifiaient les fatigues de la journée. Le soir venu, ils vaquaient à la lecture et à la prière vocale. Ils ne mangeaient que du pain et des racines, dont le sel était le seul assaisonnement, et ils ne buvaient que de l'eau mêlée avec un peu de lait. Après le repas, ils passaient trois heures en oraison, et après un court sommeil, ils se levaient au chant du coq, et se remettaient à prier jusqu'à ce que l'heure du travail fût arrivée. Quand quelqu'un demandait à être admis dans le monastère, on le laissait à la porte dix jours entiers, pendant lesquels on l'éprouvait par des paroles dures, par des refus multipliés et par des travaux rebutants, afin de l'accoutumer à mourir à lui-même. S'il supportait cette épreuve avec constance et humilité, il était reçu dans la communauté; mais il laissait ses biens dans le monde, la règle défendant de rien recevoir pour l'entrée en religion. Tous les moines étaient obligés de faire connaître leur intérieur à l'abbé, de lui découvrir leurs pensées les plus cachées et leurs tentations les plus secrètes. Le saint fondateur de l'abbaye de Ross fut invité, en 519, au synode de Brévi, convoqué contre les pélagiens. Il y parut avec éclat, et confondit l'hérésie par la force réunie de son savoir, de son éloquence et de ses miracles. Saint Dubrice, archevêque de Caerléon, frappé de sa sainteté et de son mérite, le demanda pour son successeur. David, à cette proposition, fondit en larmes, et protesta qu'il ne se chargerait jamais d'un tel fardeau qui était au-dessus de ses forces. Il fallut, pour vaincre sa résistance, que les Pères du concile lui ordonnassent expressément d'acquiescer au choix de saint Dubrice. Il obtint cependant de transférer le siége de Caerléon, ville alors très-peuplée, à Ménévie, lieu retiré et solitaire, qui porte maintenant le nom de Saint-David. Peu de temps après son élévation à l'épiscopat, il tint à Victoria un synode où l'on confirma les actes de celui de Brévi, et où l'on fit plusieurs canons de discipline approuvés ensuite par le saint-siége, et qui servirent longtemps de règle aux églises bretonnes. Saint David possédait le don de la parole dans un degré éminent; mais ses exemples produisaient encore plus d'effet que son éloquence: aussi était-il regardé comme le modèle et l'ornement de son siècle. Il mourut en 544, dans un âge très-avancé. Saint Kentigern vit des anges porter son âme dans le ciel; quant à son corps, il fut enterré dans l'église qui porta depuis le nom de Saint-David, et auprès de laquelle se trouvaient plusieurs chapelles, dont la principale était dédiée à sainte Nun, sa mère, honorée autrefois en Angleterre le 2 mars. En 962, les reliques de saint David furent transférées à Glastembury. — 1er mars.

DAVID (saint), archevêque de Bourges, florissait dans le IXe siècle; son corps se gardait chez les religieuses de Saint-Laurent de cette ville. — 17 juin.

DAVID (saint), martyr, était frère de saint Romain, qui souffrit avec lui, et fils de saint Wladimir, duc de Kiow. Après la mort de leur père, arrivée en 1008, Zuantopelch usurpa leurs Etats et les fit mourir en haine de la religion chrétienne, qu'ils professaient. Ce crime eut lieu en 1010. Jaroslas, leur frère, échappa à ce massacre et régna après la mort du tyran. En 1072, les corps des deux martyrs furent transférés à Vislégorod, dans une église qu'on venait de bâtir sous leur invocation, et la cérémonie fut présidée par Georges, archevêque de Kiow, en présence des princes et des principaux seigneurs de la Russie. Saint David est connu chez les Moscovites sous le nom de Glèb ou Clèba, et il est nommé dans leur calendrier sous le 5 septembre; mais sa principale fête, qui est d'obligation parmi les Russes catholiques, se célèbre avec celle de son frère le 24 juillet.

DAVID (saint), abbé d'un monastère de l'ordre de Cluni, situé en Scandinavie, est honoré dans le Nord le 15 juillet.

DAVIN (saint), Davinus, confesseur à Lucques en Toscane, florissait dans le XIe siècle et mourut en 1051. — 3 juin.

DÉCENCE (saint), Decentius, martyr à Pesaro dans le duché d'Urbin, avec saint Maur, son frère, qui était diacre, souffrit au commencement du XIe siècle. — 28 octobre.

DÉCLAN (saint), Declanus, premier évêque d'Ardmore, siège présentement uni à celui de Lismore en Irlande, naquit dans cette île et se rendit à Rome, où il fut instruit dans la religion chrétienne. On croit même qu'il fut admis aux saints ordres et élevé à l'épiscopat avant de rentrer dans sa patrie. Il prêcha l'Evangile à ses compatriotes, quelque temps avant la mission de saint Patrice. Il mourut dans le Ve siècle, mais on ignore en quelle année, et il était honoré autrefois avec beaucoup de dévotion dans le vicomté de Dessée, anciennement de Nondesi, le 24 juill.

DÉCOROSE (saint), évêque de Capoue et confesseur, assista, en 680, au concile tenu à Rome sous le pape Agathon, et il mourut en 695. — 15 février.

DÉCRON (saint), Decronus, martyr à Sébaste avec saint Arion, est honoré chez les Grecs le 22 mars.

DÉCUMAN (saint), Decumanus, solitaire en Angleterre, fut tué par des voleurs, et il est honoré comme martyr le 27 août.

DÉFENDANT (saint), Defendens, martyr en Provence avec plusieurs autres, souffrit vers l'an 290, sous l'empereur Maximien et par son ordre. — 2 janvier.

DÉGANA (saint), prêtre d'Abyssinie, était honoré autrefois dans ce pays le 11 septemb.

DEGENHARD (le bienheureux), solitaire en Bavière, né au commencement du XIVe siècle, d'une famille illustre, renonça généreusement à tous les avantages de la terre pour s'attacher uniquement aux biens célestes. Il se plaça sous la conduite du bienheureux Herman, solitaire en Bavière; et après sa mort, arrivée vers l'an 1327, il passa plusieurs années sous la conduite du bienheureux Otton, frère de Herman, qui était venu habiter la même solitude. Après la mort d'Otton, arrivée en 1344, Degenhard s'enfonça dans un désert affreux, près de Pristenau où il passa près de trente ans et où il mourut, l'an 1374, dans un âge avancé. Sa sainteté a été attestée par plusieurs miracles authentiques, qui lui ont attiré la vénération des fidèles. — 3 septembre.

DÈGUE (saint), Dega, confesseur, est honoré en Angleterre le 16 août.

DÉICOLE, vulgairement DÉILE ou DÉEL (saint), Deicola, abbé de Lure, né en Irlande, vers le milieu du VIe siècle, se fit moine à Bangor, et fut, avec saint Gal, un des douze religieux qui accompagnèrent saint Colomban, lorsque celui-ci quitta l'Irlande en 585. Déicole le suivit en France et vécut sous sa conduite dans le monastère de Luxeuil. Sa vie austère et mortifiée ne l'empêchait pas d'être gai, et la joie spirituelle dont son âme était inondée paraissait sur son visage. Saint Colomban lui ayant un jour demandé d'où pouvait venir cet air de contentement qui éclatait dans tout son extérieur: *Il vient*, répondit Déicole avec sa simplicité ordinaire, *de ce que rien ne peut me ravir mon Dieu*. Lorsque le saint abbé de Luxeuil fut obligé de quitter la France en 610, son disciple se retira à trois lieues de Luxeuil, dans un lieu nommé Luthre, aujourd'hui Lure où Clotaire II fonda un monastère vers l'an 616. Il en confia le gouvernement à Déicole. Son éminente sainteté et ses nombreux miracles y eurent bientôt attiré une foule de religieux, et lui concilièrent la vénération des peuples ainsi que la protection des princes. Saint Déicole, parvenu à une grande vieillesse, se démit de sa dignité en faveur de saint Colombin, son filleul, qui était venu avec lui d'Irlande en France à la suite de saint Colomban. Il passa le reste de ses jours dans une cellule écartée, se livrant à l'exercice de la contemplation et vivant dans une entière séparation avec le reste des hommes. Quand il vit approcher sa fin, il se fit administrer le saint viatique en présence de tous les moines auxquels il adressa une exhortation touchante, leur recommandant vivement de rester toujours unis par les liens de la charité, de persévérer dans le service de Dieu et dans l'exacte obéissance à la règle. Il mourut entre les bras de saint Colombin, le 18 janvier, vers l'an 625, et fut enterré dans la petite chapelle qu'il avait fait bâtir près de sa cellule, en l'honneur de la sainte Trinité. Plusieurs églises, entre autres celles de Raou-aux-Bois et de Saint-Nabord près de Remiremont, possèdent de ses reliques. — 18 janv.

DÉKISE (saint), confesseur, est honoré en Éthiopie le 18 décembre.

DELPHIN (saint). *Voy.* CHAUMONT...

DELPHIN (saint), *Delphinus*, évêque de Bordeaux, assista en 380 au concile de Saragosse, où les priscillianistes furent condamnés. Ces hérétiques en ayant appelé au pape Damase, passèrent par l'Aquitaine pour se rendre à Rome, et essayèrent de répandre leurs erreurs dans cette province; mais le zèle et la vigilance du saint évêque firent échouer leurs criminelles tentatives. Il tint contre eux, en 385, un concile à Bordeaux où ils furent de nouveau condamnés. Il était intimement lié avec saint Phébade d'Agen, comme nous le voyons par une lettre que saint Ambroise leur écrivit, et dans laquelle il félicite l'Église des fruits qu'elle retirait de leur sainte union. Comme saint Paulin de Nole, avant qu'il n'eût quitté le siècle, résidait une partie du temps à Bordeaux, saint Delphin, qui le voyait souvent, contribua beaucoup, par ses entretiens, à lui inspirer le goût de la retraite et le désir de tout quitter pour servir Dieu sans partage. Il eut la satisfaction de le voir entrer dans les vues qu'il s'était efforcé de lui inspirer, et il le baptisa en 388. Saint Paulin conserva toujours la plus vive reconnaissance pour celui qui l'avait fait entrer dans les voies de la perfection évangélique. Il lui écrivit plusieurs lettres dans lesquelles il l'honore comme son maître et son père. Saint Delphin mourut le 24 décembre 403. — 24 décembre.

DELPHINE DE GLANDÈVES (sainte), *Delphina*, vierge et épouse de saint Élzéar, était fille unique de Sinna, seigneur de Pui-Michel, et naquit en 1283. Elle montra, dès l'âge le plus tendre, les plus heureuses dispositions pour la vertu. Elle n'avait que douze ans lorsqu'elle fut fiancée, par l'entremise de Charles II, roi de Sicile et comte de Provence, à Élzéar de Sabran, fils d'Hermangaud, comte d'Arian; et la cérémonie du mariage ayant eu lieu quatre ans après, les jeunes époux s'engagèrent, d'un consentement mutuel, à vivre dans la continence. Leur conduite pendant les sept ans qu'ils passèrent au château d'Ansois, dans le diocèse d'Apt, retraçait la vie des saints pénitents de la primitive Église, surtout par la manière dont ils pratiquaient le jeûne du carême, celui de l'avent et de plusieurs autres jours de l'année. Delphine et son époux se retirèrent ensuite au château de Pui-Michel, afin qu'éloignés du tracas des affaires mondaines, ils fussent plus libres de s'adonner exclusivement au service de Dieu. Delphine entrait dans toutes les vues d'Élzéar, qui était un modèle de toutes les vertus; sachant que les pratiques pieuses d'une femme mariée diffèrent de celles d'une religieuse, et qu'elle ne doit point séparer la vie active de la vie contemplative, elle distribuait tellement les moments de sa journée, qu'elle ne négligeait aucun de ses devoirs. On admirait surtout le soin avec lequel elle veillait sur ses domestiques, pour les maintenir dans la crainte de Dieu, dans l'amour de la vertu et dans la paix et l'union entre eux; elle les traitait comme s'ils eussent été ses enfants: aussi tous ceux qui étaient attachés à son service, touchés de sa bonté, l'aimaient comme une mère. La sainte comtesse alla habiter le royaume de Naples avec saint Élzéar, lorsque celui-ci prit possession du comté d'Arian, dont il venait d'hériter par la mort de son père; mais le peuple d'Arian, qui favorisait la maison d'Aragon contre les Français, s'opposait à l'installation du comte, et ce ne fut qu'à force de bienfaits que cette sainte famille put obtenir la soumission de ses vassaux révoltés, qu'elle préféra faire rentrer dans le devoir plutôt par la douceur que par la force des armes. Sainte Delphine, après avoir passé cinq ans en Italie, revint avec saint Élzéar à Ansois, où ils firent le vœu solennel de chasteté et entrèrent dans le tiers ordre de Saint-François, s'engageant à porter une partie de l'habit des Franciscains sous leurs vêtements ordinaires, et à réciter tous les jours certaines prières qui n'étaient cependant pas obligatoires sous peine de péché: alors leur vie, qui avait été jusque-là un objet d'édification universelle, présenta encore depuis un spectacle plus édifiant. On voyait deux époux, jeunes encore, d'une naissance illustre et jouissant d'une immense fortune, qui vivaient en religieux au milieu des grandeurs humaines. Saint Élzéar ayant été envoyé, en qualité d'ambassadeur, à la cour de France, et étant mort à Paris le 27 septembre 1323, sainte Delphine vivait encore lorsqu'il fut mis au nombre des saints par le pape Urbain V. Tant que Robert, roi de Naples, vécut, il ne voulut jamais lui permettre de quitter sa cour, dont elle était le modèle par ses vertus. Mais après sa mort, arrivée en 1343, la reine Sancie, sa veuve, que sainte Delphine avait formée aux exercices de la vie spirituelle et qui partageait son goût pour la retraite, ayant pris l'habit dans le monastère des Pauvres Clarisses, qu'elle avait fondé à Naples, elle ne voulut pas se séparer de sa chère Delphine, qui se fit un plaisir d'aller vivre avec elle. Sancie étant morte en 1353, sainte Delphine retourna au château d'Ansois en Provence, où elle continua l'œuvre de sa sanctification avec une ardeur qui ne se ralentit jamais. Elle mourut à Apt, le 26 septembre 1369, à l'âge de quatre-vingt-six ans. Elle fut inhumée dans l'église des Franciscains à côté de son mari. — 26 septembre.

DEME (saint), *Demes*, martyr en Grèce, souffrit avec saint Protion. — 12 avril.

DÉMÈTRE (saint), *Demetrius*, martyr à Rome, souffrit avec saint Concesse et plusieurs autres. — 9 avril.

DÉMÈTRE (saint), martyr en Afrique, est honoré le 14 août.

DÉMÈTRE (saint), évêque d'Antioche et martyr, souffrit avec saint Agnan, son diacre, et vingt-un autres. — 10 novembre.

DÉMÈTRE (saint), martyr à Ostie avec Honorius, est honoré le 21 novembre.

DÉMÈTRE (saint), martyr à Véroli, souffrit avec saint Blaise. — 29 novembre.

DÉMÈTRE (saint), martyr à Thessalonique, où il exerçait les fonctions de proconsul, amena, par ses exhortations, un grand nombre de païens à embrasser le christianisme. Ce zèle excita la fureur de l'empereur Maximien qui le fit percer à coups de lances. Son tombeau d'où sortait une liqueur qui guérissait les malades, fut pendant longtemps l'objet d'un grand concours de fidèles qui se rendaient à Thessalonique, pour y réclamer sa puissante intercession. Il avait dans cette ville une superbe basilique qui fut rebâtie par l'empereur Basile. La victoire célèbre que Michel IV remporta sur les Bulgares fut regardée par ce prince comme étant due à la protection de saint Démètre qu'il avait invoqué avant la bataille. — 8 octobre.

DÉMÈTRE DE DABUDE (saint), martyr chez les Grecs, souffrit vers l'an 307, pendant la persécution de Maximin II, surnommé Daza. — 15 novembre.

DÉMÈTRE (saint), évêque de Gap, florissait dans le ve siècle, et il eut pour successeur saint Constance. — 15 octobre.

DÉMÈTRE (saint), martyr à Constantinople, avec saint Julien et neuf autres, parmi lesquels était sainte Marie la patricienne, fut mis à mort dans le VIIIe siècle, par ordre de l'empereur Léon l'Isaurien, pour avoir placé sur la porte d'Airain une image de notre Sauveur. — 9 août.

DÉMÈTRE (saint), surnommé Scévophylace, c'est-à-dire *gardien des vases sacrés*, exerçait cette fonction dans l'église de Sainte-Sophie à Constantinople. Il mourut dans le VIIIe siècle. — 25 janvier.

DÉMÈTRE DE TAFILÈCE (saint), frère lai de l'ordre de Saint-François et martyr à Tanaha dans les Indes Orientales, fut mis à mort pour la foi chrétienne, l'an 1322, avec saint Jacques de Padoue et saint Thomas de Tolentin. — 1er avril.

DÉMÉTRIE (sainte), *Demetria*, vierge et martyre à Rome, était fille de saint Flavien et de sainte Dafrose, et fut arrêtée avec sainte Bibiane, sa sœur, après le martyre de leurs illustres parents. Apronien, gouverneur de Rome, leur ayant fait éprouver pendant un mois toutes les horreurs de la misère, sans pouvoir vaincre leur constance, les fit comparaître devant lui, et Dieu permit que Démétrie, après avoir généreusement confessé sa foi, tombât morte aux pieds du juge, l'an 363, sous le règne de Julien l'Apostat. Ses reliques furent découvertes plus tard dans le cimetière dit de Sainte-Bibiane, et le pape Urbain VIII, ayant fait rebâtir l'église construite sur le tombeau de cette dernière, les y plaça, en 1628, avec celles de sa mère et de sa sœur. — 21 juin.

DÉMÉTRIEN (saint), *Demetrianus*, diacre et martyr à Constance, dans l'île de Chypre, sous Maximien-Galère, souffrit avec saint Aristoclès, prêtre, et un autre, et il est honoré chez les Grecs le 23 juin.

DÉMOCRITE (saint), *Democrites*, martyr à Synnade dans la Phrygie Pacatienne, souffrit avec saint Second et un autre. — 31 juillet.

DENIS (saint), *Dionysius*, évêque et martyr, a été surnommé l'Aréopagite, parce qu'il était membre du célèbre tribunal de l'Aréopage, qui siégeait à Athènes. Il fut converti par l'apôtre saint Paul, lorsque celui-ci vint, en 51, prêcher l'Évangile à Athènes. Il devint ensuite évêque de cette ville et il y fut martyrisé vers l'an 95, pendant la persécution de l'empereur Domitien. D'après les ménologes des Grecs, il fut condamné au supplice du feu et brûlé vif. La cathédrale de Soissons se glorifie de posséder son chef, qui fut apporté de Constantinople en France, l'an 1205. Dans le moyen âge, on croyait qu'il était le même que saint Denis de Paris; mais cette opinion est depuis longtemps abandonnée. On a aussi attribué à saint Denis l'Aréopagite des ouvrages que d'habiles critiques ont prouvé n'être pas de lui, et dont le plus important est intitulé *de la Hiérarchie ecclésiastique*. Ils paraissent avoir été composés dans le ve siècle. — 3 octobre.

DENIS (saint), martyr à Perge en Pamphilie, dans le IIe siècle, fut transpercé de plusieurs coups de lance avec saint Socrate. — 19 avril.

DENIS (saint), évêque de Corinthe, florissait sous l'empereur Marc-Aurèle et fut l'un des plus illustres évêques du IIe siècle par ses vertus et par son éloquence. Non content d'instruire et de sanctifier son troupeau, il écrivit encore à plusieurs églises des lettres pleines d'un esprit vraiment apostolique, dont il ne nous reste malheureusement que quelques fragments conservés par Eusèbe. Dans l'une, adressée aux fidèles de Rome, le saint évêque de Corinthe les remercie des aumônes qu'ils avaient envoyées aux Corinthiens. Dans une autre, il se plaint que ses écrits aient été corrompus par les hérétiques qui s'étaient permis d'y faire des retranchements et des additions. Il combattit avec zèle et succès les hérésies de son temps, qui presque toutes prenaient leur source dans les écoles des philosophes et n'étaient qu'un amas de rêveries absurdes, mêlées à quelques superstitions du paganisme. Il montra de quelle secte de philosophes chacune d'elles tirait son origine. Il mourut avant la fin du II° siècle, mais on ignore en quelle année. Les Grecs l'honorent comme martyr le 20 novembre et les Latins comme confesseur le 8 avril. Le corps d'un saint Denis ayant été porté de la Grèce à Rome, le pape Innocent III en fit don aux Bénédictins de Saint-Denis près de Paris, et comme ces religieux croyaient déjà posséder le corps de saint Denis l'Aréopagite, ils prirent celui que le pape leur envoyait pour saint Denis de Corinthe, et ils en ont toujours fait la fête le 8 avril.

DENIS (saint), évêque de Vienne en Dauphiné et confesseur, fut le sixième évêque de cette ville et succéda à saint Just, vers le commencement du III° siècle. — 8 mai.

DENIS (saint), missionnaire et martyr en Egypte, s'était associé avec plusieurs autres pour aller porter la lumière de l'Evangile dans la partie orientale de cette province. Après avoir opéré de nombreuses conversions, ils furent arrêtés avec saint Paul, leur chef, par ordre du gouverneur d'Egypte, et n'ayant pas voulu sacrifier aux dieux, ce magistrat les condamna au supplice du feu, sans qu'on sache l'année, ni même le siècle de leur martyre. — 16 janvier.

DENIS (saint), martyr en Egypte, et compagnon du précédent, partagea son supplice, après avoir partagé ses travaux apostoliques, et il est honoré le même jour. — 16 janvier.

DENIS (saint), lecteur et martyr à Alexandrie, avec saint Fauste, prêtre, et dix autres, fut décapité par ordre du président Valère, pendant la persécution de Dèce. — 6 septemb.

DENIS (saint), martyr à Ephèse, était l'un des sept frères dormants qui confessèrent Jésus-Christ, l'an 250, pendant la persécution de l'empereur Dèce. S'étant ensuite retirés dans une caverne pour se soustraire à une nouvelle détention, on découvrit le lieu où ils étaient cachés et l'on en mura l'entrée, de manière qu'ils furent enterrés tout vivants. On retrouva leurs corps en 479 et ils furent transportés à Marseille. — 27 juillet.

DENIS (saint), martyr en Egypte avec saint Fauste et sept autres, confessa Jésus-Christ sous l'empereur Dèce, et après avoir subi de cruelles tortures, il fut envoyé en exil dans les déserts de la Libye. Arrêté de nouveau, quelques années après, pendant la persécution de Valérien, il fut conduit devant le président Emilien, qui le condamna à être lapidé. Ayant survécu à ce supplice, il fut jeté dans un cachot où il languit pendant douze ans, et mourut par suite des mauvais traitements et des privations qu'il eut à subir pendant sa longue détention. — 3 octobre.

DENIS (saint), évêque d'Alexandrie, naquit dans cette ville sur la fin du II° siècle et sortait d'une famille distinguée. Il s'appliqua avec succès à l'étude des sciences profanes; mais la lecture des Epîtres de saint Paul, en lui offrant des charmes qu'il n'avait pas trouvés dans les livres des philosophes, lui fit comprendre l'absurdité du paganisme dans lequel il avait été élevé, et il se fit chrétien. Lui-même nous apprend qu'il fut redevable de sa conversion à une voix qui se fit entendre à lui dans une vision. Son changement, qui était le fruit d'une conviction sincère et éclairée, fut si parfaite qu'il ne voulut plus vivre que pour Dieu. Foulant donc aux pieds les avantages temporels que lui offraient sa naissance, ses richesses et son mérite, il se mit au nombre des disciples d'Origène, qui faisait des catéchèses à Alexandrie. Ses progrès dans la science de la religion et dans la piété le firent élever au sacerdoce. Il remplaça Origène en 231, et en 248 il succéda, sur le siége d'Alexandrie, à l'évêque Héraclas. Peu de temps après, la populace de cette ville excita contre les fidèles une persécution qui donna plusieurs martyrs, et l'année suivante, Dèce ayant pris la pourpre et tué l'empereur Philippe, la persécution devint générale dans l'empire. Les édits de Dèce contre les chrétiens furent publiés à Alexandrie, l'an 250. Sabin, préfet d'Egypte, envoya des soldats pour se saisir de l'évêque Denis, qui resta quatre jours tranquille dans sa maison, pendant qu'on le cherchait partout, sans s'imaginer qu'il fût resté chez lui. Etant sorti de la ville pour se mettre en lieu de sûreté, il tomba avec sa suite entre les mains de ceux qui le cherchaient, et fut conduit à Taposiris. Plusieurs des fidèles du voisinage, ayant appris l'arrestation du saint évêque, volent à son secours et l'arrachent de force des mains de ses ennemis. Il se retira, avec deux de ses prêtres qui l'accompagnaient, dans un désert de la Libye, et y resta caché jusqu'en 251, ne cessant, quoique éloigné de son troupeau, de veiller sur lui et de consoler par lettres ceux qui souffraient pour la religion, et en leur envoyant des prêtres pour les fortifier dans la foi qu'ils soutenaient au péril de leur vie. Après la mort de Dèce, il revint à Alexandrie, et il n'eut pas plutôt appris le schisme de l'antipape Novatien, qui lui écrivit pour lui notifier son élection, qu'il lui marquait avoir été faite selon les règles canoniques, qu'il se hâta de lui répondre par une lettre dans laquelle il lui disait: *Vous devriez tout souffrir plutôt que d'exciter un schisme contre l'Eglise. Mourir pour la défense de l'unité est aussi glorieux, que de mourir pour la confession de Jésus-Christ.* Saint Denis écrivit aussi aux membres du clergé de Rome et aux confesseurs, qui, trompés par les apparences s'étaient laissé entraîner dans le schisme; et comme Novatien enseignait que l'Eglise n'avait point le pouvoir de remettre certains péchés, il ordonna, pour témoigner l'horreur qu'il avait de cette hérésie, de donner la communion à tous ceux qui la demanderaient à la mort. Il écrivit aussi à Fabien d'Antioche, qui penchait pour le rigorisme outré de Novatien envers ceux qui étaient tombés pendant la persécution, plusieurs lettres pour le ramener à des sentiments plus modérés.

La peste, qui avait commencé en 250, et qui fit surtout sentir ses ravages à Alexandrie, lui enleva une partie de son troupeau. Le saint évêque redoubla de zèle dans cette terrible circonstance, et procura à ceux qui étaient attaqués du fléau tous les secours qui dépendaient de lui : il inspira aux prêtres, aux diacres et même aux laïques les sentiments dont il était animé, et plusieurs de ceux qui se dévouèrent, à son exemple, moururent martyrs de leur charité. Saint Denis réfuta l'erreur des millénaires et se rendit dans cette vue à Arsinoé, où il eut une conférence avec leur chef Coracion, qui désavoua ses sentiments. Il écrivit au pape saint Étienne pour l'exhorter à ne pas séparer de la communion de l'Église les rebaptisants d'Afrique, à la tête desquels était saint Cyprien, et sa médiation produisit un effet salutaire. Valérien ayant excité une violente persécution, en 257, saint Denis fut arrêté avec plusieurs membres de son clergé, par ordre d'Émilien, préfet d'Égypte, qui les pressa vivement de sacrifier aux dieux de l'empire; mais n'ayant pu y réussir, il les exila à Céphron, dans la Libye, et ensuite à Collouthion, dans la Maréote. Ce dernier lieu, en rapprochant saint Denis de son troupeau, rendait plus faciles les rapports qu'il entretenait avec lui. Pendant son exil, qui fut de deux ans, il écrivit deux lettres pascales. Gallien ayant succédé, en 260, à Valérien son père, fait prisonnier par les Perses, saint Denis fut rendu à son Église. Quelque temps après, il fit condamner, par un concile tenu dans sa ville épiscopale, en 261, Sabellius, qui renouvelait l'hérésie de Praxéas, en niant la distinction des personnes divines. Il avait déjà écrit auparavant une lettre contre Sabellius, adressée au pape Sixte II, et dans une autre qu'il écrivit à Euphanor et à Ammonius sur le même sujet, comme il y insistait beaucoup sur l'humanité de Jésus-Christ, afin de prouver que le Père n'est pas le Fils, quelques personnes qui entendaient mal la doctrine du saint l'accusèrent d'hétérodoxie près du pape Denis, successeur de Sixte II. Ce pape en écrivit à l'évêque d'Alexandrie. Celui-ci adressa son apologie à Denis, évêque de Rome, c'est-à-dire, au pape saint Denis, se justifia sans peine, en montrant que quand il disait que Jésus-Christ était une créature, et qu'il différait du Père en substance, il ne parlait que de sa nature humaine, et que le Fils, quant à la nature divine, est de la même substance que le Père : il y établissait aussi la divinité du Saint-Esprit, comme on le voit dans plusieurs passages que Saint Basile nous a conservés ; mais son grand âge et ses infirmités ne lui ayant pas permis de se rendre au concile qui se tint à Antioche en 264, contre Paul de Samosate, évêque de cette ville, qui niait la divinité de Jésus-Christ, il réfuta ses erreurs par des lettres adressées à l'Église d'Antioche, et dans lesquelles il ne salue pas celui qui en était évêque. Saint Denis mourut à Alexandrie en 265, après un épiscopat de dix-sept ans. Saint Basile et les Grecs lui donnent ordinairement le titre de Grand, et saint Athanase l'appelle le docteur de l'Église catholique. Peu de temps après sa mort, on bâtit à Alexandrie une église sous son nom, pour perpétuer sa mémoire, qui se conservait encore mieux, dit saint Épiphane, par ses incomparables vertus et par ses excellents écrits. Outre son épître canonique à Basilide, il ne nous reste de lui que quelques fragments, par lesquels on voit qu'il possédait à fond le dogme, la morale et la discipline. Son style, noble et pompeux dans les descriptions, est pathétique dans les exhortations. — 17 novembre.

DENIS (saint), pape, était prêtre de l'Église romaine lorsqu'il fut élevé sur la chaire de saint Pierre en 259, pour succéder à saint Sixte II, qui avait souffert le martyre l'année précédente. C'était, au rapport de saint Denis d'Alexandrie, un homme admirable et d'un très-grand savoir. Saint Basile loue sa charité, qui s'étendait jusqu'aux provinces les plus éloignées. Les Goths ayant pillé la ville de Césarée, capitale de la Cappadoce, il écrivit aux habitants de cette ville pour les consoler, et leur envoya des sommes considérables pour racheter les prisonniers. Sa lettre fut gardée précieusement, et on la voyait encore du temps de saint Basile, archevêque de cette ville. Plein de zèle pour la défense de la foi, le saint pape condamna le sabellianisme, ainsi que le paulianisme, deux hérésies diamétralement opposées et dont la dernière enfanta celle d'Arius. Saint Athanase et saint Basile firent usage de ses écrits pour prouver, l'un la divinité de Jésus-Christ, et l'autre la divinité du Saint-Esprit. Le même saint Athanase dit que les Pères du concile de Nicée, en défendant la doctrine catholique, se servirent surtout des propres paroles du saint pape, qui mourut le 26 décembre 269. Il ne nous reste d'un grand nombre de lettres qu'il avait écrites, que quelques fragments conservés par Eusèbe. — 26 décembre.

DENIS (saint), premier évêque de Paris, et martyr, fut l'un des missionnaires envoyés dans les Gaules par le saint-siège au milieu du IIIe siècle. Il pénétra plus avant dans le pays que ses compagnons, et il s'avança jusqu'à Paris, où il établit son siége épiscopal. Nous lisons dans ses Actes qu'il y convertit un grand nombre d'infidèles, qu'il y bâtit une église et qu'il y établit un clergé pour partager avec lui les fonctions du saint ministère. Ces heureux fruits de son apostolat excitèrent la fureur des idolâtres, qui se saisirent de sa personne et le firent périr par le glaive, avec saint Éleuthère, qui était prêtre, et saint Rustique, qui était diacre. L'opinion la plus probable est qu'il souffrit en

272, sous l'empereur Aurélien. Les corps de saint Denis et de ses compagnons ayant été jetés à la Seine, en furent retirés par une femme chrétienne, nommée Catulle, qui les enterra honorablement près du lieu où ils avaient été décapités. On bâtit ensuite sur leur tombeau une chapelle, sur les ruines de laquelle on construisit, en 469, une église due aux pieuses exhortations de sainte Geneviève. Dagobert Ier, roi de France, fonda la célèbre abbaye de Saint-Denis, où l'on garde les reliques du saint apôtre, et qui a servi, depuis lors, de sépulture à nos rois. On a confondu longtemps saint Denis de Paris avec saint Denis l'Aréopagite. L'idée qu'il porta sa tête entre ses mains, après sa décapitation, est une erreur populaire qui a sans doute pris sa source dans d'anciens tableaux ou statues qui exprimaient de la sorte le genre de son martyre.—9 octobre.

DENIS (saint), martyr dans la Basse Arménie, souffrit avec saint Emilien et un autre.—8 février.

DENIS (saint), martyr à Alexandrie, fut décapité avec saint Ammone.—14 février.

DENIS (saint), martyr en Afrique avec quelques autres, est honoré le 27 février.

DENIS (saint), martyr à Corinthe avec saint Codrat et deux autres, fut décapité par ordre du président Jason, pendant la persécution de Dèce ou pendant celle de Valérien.—10 mars.

DENIS (saint), enfant et martyr à Byzance, souffrit avec saint Lucillien, qui avait été prêtre des idoles. Après divers tourments, il fut jeté dans une fournaise dont les flammes furent éteintes par une pluie survenue tout à coup. Le président Sylvain, loin d'être touché de ce prodige, le fit décapiter avec trois autres enfants de son âge, vers l'an 273, pendant la persécution de l'empereur Aurélien.—3 juin.

DENIS (saint), martyr à Aquilée avec saint Hilaire, son évêque, subit d'abord la torture du chevalet et divers autres tourments. Il fut ensuite décapité par ordre du président Béroine, vers l'an 283, sous l'empereur Numérien.—16 mars.

DENIS (saint), martyr à Synnade dans la Phrygie Pacatienne, avec saint Démocrite et un autre, est honoré le 31 juillet.

DENIS (saint,) martyr en Phrygie, souffrit avec saint Privat.—20 septembre.

DENIS (saint), martyr à Héraclée dans la Thrace, souffrit avec saint Bassus et quarante-un autres.—20 novembre.

DENIS (saint), martyr à Nicomédie avec plusieurs autres, est honoré chez les Grecs le 16 mars.

DENIS (saint), martyr à Césarée en Palestine, était de Tripoli en Phénicie. Se trouvant à Césarée l'an 304, pendant la persécution de Dioclétien, et ayant appris qu'Urbain, gouverneur de la province, se proposait, dans une fête publique, de faire combattre contre les bêtes les martyrs condamnés à mort, il se présenta hardiment dans l'amphithéâtre, chargé de chaînes, avec cinq autres chrétiens enchaînés comme lui, pour montrer qu'ils étaient disposés à tout pour la cause de Jésus-Christ. Ayant demandé au gouverneur comme une grâce d'être exposés aux bêtes avec les condamnés, celui-ci, pour toute réponse, les fit jeter dans un cachot avec les fers dont ils étaient chargés. Ils furent décapités quelques jours après.—24 mars.

DENIS (saint), martyr à Césarée en Palestine, avec le précédent, fut arrêté peu de temps après lui pendant qu'il portait des rafraîchissements aux chrétiens détenus dans les prisons; il partagea son supplice et il est honoré le même jour.—24 mars.

DENIS (saint), martyr à Rome pendant la persécution de Dioclétien, était oncle de saint Pancrace.—12 mai.

DENIS (saint), évêque de Milan et confesseur, fut élevé sur le siège de cette ville vers la fin de l'année 351, et succéda à saint Protais. Il est loué par saint Ambroise pour sa piété et son zèle à défendre la vraie foi. Il assista, en 355, au concile convoqué à Milan même par le pape Libère, qui voulait remédier aux maux causés à l'Église par les légats qu'il avait envoyés au concile d'Arles en 353, et qui avaient eu la faiblesse de souscrire à la condamnation de saint Athanase. Cette assemblée d'évêques dans sa ville épiscopale lui fit faire la connaissance de saint Eusèbe de Verceil, avec qui il se lia d'une étroite amitié, et qui le tira d'un mauvais pas où il s'était engagé avec les ariens. Comme ces hérétiques dominaient dans le concile et qu'ils étaient soutenus par la présence de l'empereur Constance, leur protecteur déclaré, ils voulurent faire signer aux orthodoxes la condamnation du saint patriarche d'Alexandrie. Eusèbe, pour éluder leurs instances, dit qu'il fallait avant tout souscrire aux canons de Nicée, et comme cette proposition mettait les ariens dans l'embarras, saint Denis s'offrit à souscrire le premier; mais Valens, évêque de Nursie, l'un des principaux défenseurs de l'arianisme, s'écria que de cette manière on n'en finirait pas; il lui arracha la plume des mains et déchira le papier qu'il allait signer. Alors il s'éleva un grand tumulte dans le concile, et les ariens, sous prétexte qu'ils n'étaient pas libres dans l'église, où se trouvait une grande foule de laïques, se rendirent au palais impérial, où ils présentèrent un écrit de l'empereur, contenant la doctrine d'Arius, que ce prince donnait comme une doctrine qui lui avait été révélée dans un songe. Les légats du pape, loin de se laisser surprendre par une supercherie aussi grossière, insistèrent de nouveau pour qu'on procédât à la souscription des canons de Nicée, et s'élevèrent avec force contre les prétentions de Constance, qui osait s'arroger le droit de juger les questions de la foi. Ce prince, qui écoutait la discussion caché derrière un rideau, ordonna d'un ton impérieux aux évêques catholiques de souscrire la condamnation de saint Athanase, et, sur leur refus, Lucifer de Cagliari, l'un des légats, fut envoyé en prison; mais Constance, voyant que cet acte de violence ne produisait pas l'effet qu'il en attendait, lui rendit la, liberté. Saint Denis, trompé par les artifices et les fausses promesses des ariens, signa enfin la condamnation de saint Athanase, à condition que les ariens recevraient la foi de Nicée, ce à quoi ils s'engagèrent. Mais il n'eut pas plutôt signé qu'il s'en repentit, et consulta saint Eusèbe sur les moyens à prendre pour réparer sa faute. L'évêque de Verceil trouva un expédient pour le tirer d'affaire. Comme on lui présentait aussi à lui-même, afin qu'il le signât, l'écrit qui condamnait saint Athanase, il observa qu'étant plus ancien que Denis, qui était en quelque sorte son fils, il n'était pas convenable qu'il ne signât qu'après lui. Les ariens convinrent qu'il avait raison et effacèrent la signature de l'évêque de Milan, afin que celui de Verceil pût signer le premier. Mais Eusèbe ayant atteint son but, lequel était de faire effacer le nom de son ami, il refusa de signer. L'empereur ne le possédant plus, condamna à mort les généreux défenseurs de la foi, contre lesquels il ne rougit pas de tirer l'épée, comme pour exécuter lui-même l'arrêt barbare qu'il venait de porter. Il se contint toutefois, et se borna à les envoyer en exil. Saint Denis fut relégué dans la Cappadoce, où il mourut quelques années après, vers l'an 361. Son corps fut renvoyé à Milan sous l'épiscopat de saint Ambroise, par saint Aurèle, évêque d'Ariarathe, et l'on rapporte que saint Basile le Grand eut part à cette translation.—25 mai.

DENIS (saint), est honoré à Augsbourg le 26 février, jour où l'on fit la translation de ses reliques; mais on ne sait rien de sa vie. —26 février.

DENIS DE GLUSCHINE (le bienheureux), mourut en Russie, et il y est honoré par les catholiques russes le 1er juin.

DENIS LE CHARTREUX (le bienheureux), surnommé aussi Denis Rikel, parce qu'il était né dans le village de ce nom, situé près de Loos dans le pays de Liége, l'an 1394, montra dès son jeune âge de grandes dispositions pour l'étude; ce qui détermina ses parents à l'envoyer à l'Université de Cologne, où il prit ses degrés et fut reçu docteur à vingt-deux ans. Il entra, en 1423, chez les Chartreux de Ruremonde et y fit profession. Modèle accompli de toutes les vertus, celles qui brillèrent le plus en lui, et qui l'élevèrent à une haute perfection, furent l'humilité, l'abnégation, la charité, la piété et l'esprit de prière. Il était presque toujours absorbé dans la contemplation; ce qui le fit surnommer le docteur extatique. Toute sa vie ne fut à bien dire qu'une prière continuelle, entremêlée de la composition de ses nombreux ouvrages, dont une grande partie roule sur la spiritualité et le mysticisme. Le cardinal de Case, légat apostolique en Allemagne, l'appela près de lui pour profiter de ses lumières dans la gestion des affaires de l'Église qui lui étaient confiées par le saint-siége, et Eugène IV dit de lui à cette occasion, que l'Église était heureuse d'avoir un tel fils. Denis rentré dans la solitude n'en sortit plus que pour réconcilier Arnoul, duc de Gueldre, avec Adolphe son fils, qui avait pris les armes contre lui. Il mourut en 1471, à l'âge de soixante-dix-sept ans. Son érudition était immense comme sa piété; mais son style manque souvent d'élégance et d'élévation. Parmi ses ouvrages, qui composent vingt-un volumes in-folio, on distingue ses *Traités mystiques*, qui se recommandent par leur exactitude, et que peuvent lire avec fruit ceux qui veulent s'instruire à fond sur cette matière. Il a laissé en outre des *Commentaires* sur l'Écriture sainte, un *Traité* contre le Coran, et beaucoup d'autres écrits qu'il serait trop long d'énumérer. Son *Traité de la guerre contre les Turcs* fut supprimé, par autorité supérieure, à cause de certaines visions singulières et de plusieurs applications forcées. Il y a aussi dans son *Traité du Purgatoire* des choses si extraordinaires, que Possevin croit qu'elles y ont été fourrées, après coup, par une main étrangère. Quoiqu'il n'ait pas été béatifié en forme, on lit son nom dans les martyrologes français, allemands et belges. Sa fête se célébrait autrefois avec beaucoup de solennité à la Grande-Chartreuse de Grenoble, où l'on conserve une partie de ses reliques.—12 mars.

DENISE (sainte), *Dionysia*, vierge et martyre à Lampsaque, ville de l'Asie Mineure, ayant été témoin de l'apostasie de Nicomaque qui, vaincu par les tourments, consentit à offrir de l'encens aux dieux, ne put s'empêcher de lui dire: *Fallait-il, malheureux, pour un moment de relâche te dévouer aux supplices éternels?* Le proconsul Optimus, qui l'entendit parler de la sorte, la fit approcher, et lui ayant demandé si elle était chrétienne: *Oui*, répondit-elle, *et c'est pour cela que je plains ce malheureux de n'avoir pas voulu souffrir quelques instants de plus pour arriver au bonheur céleste.—Mais vous, qui lui reprochez d'avoir obéi aux ordres de l'empereur, savez-vous que je puis vous traiter de la même manière, si vous n'achetez sur-le-champ le sacrifice qu'il a commencé en l'honneur de Vénus?—Je suis chrétienne et résignée à tout. Je me suis entièrement consacrée à Dieu, et je souffrirai mille morts plutôt que d'offrir de l'encens à l'infâme déesse de l'impudicité.—Par Jupiter, tu sacrifieras, ou je te ferai exposer dans un lieu de prostitution, après quoi tu seras brûlée vive.—Je ne crains pas vos menaces: le Dieu que je sers est tout-puissant, il saura me préserver de toute souillure.* Optimus la fit en effet conduire dans un lieu infâme, où elle fut livrée à deux jeunes débauchés; mais elle fut miraculeusement préservée de toute insulte par un ange qui vint à son secours sous la forme d'un jeune homme tout éclatant de lumière. A cette apparition, les deux libertins, saisis de frayeur, se jettent aux pieds de Denise, la suppliant d'intercéder pour eux, afin qu'il ne leur arrivât aucun mal. Elle les releva en leur disant que s'ils cessaient leurs attaques, ils n'avaient rien à craindre de son défenseur. Ayant appris le lendemain qu'on allait lapider les deux chrétiens qui avaient été torturés avec Nicomaque, elle parvint à tromper la vigilance de ceux qui la gardaient, non pour fuir, mais pour se joindre aux deux martyrs. Elle leur dit en arrivant auprès d'eux : Je viens mourir avec vous sur la terre pour vivre éternellement avec vous dans le ciel. Elle fut décapitée à l'âge de seize ans, par ordre du proconsul, l'an 250, sous l'empereur Dèce. — 11 mai.

DENISE (sainte), martyre à Alexandrie, fut lapidée pour la foi avec sainte Ammonarie et trois autres saintes femmes, l'an 250, pendant la persécution de l'empereur Dèce. — 12 décembre.

DENISE (sainte), martyre en Afrique, était sœur de sainte Dative et mère de saint Majoric. C'était une femme noble, distinguée par sa beauté, mais plus distinguée encore par ses vertus. Ayant été arrêtée par les ariens sous Hunéric, roi des Vandales, elle subit, sur la place publique, une flagellation si cruelle que son corps n'était plus qu'une plaie. Voyant que son fils Majoric tremblait à la vue des tourments qu'on allait lui faire subir à lui-même, elle lui dit : « Souvenez-vous, mon fils, que vous avez été baptisé au nom de la sainte Trinité dans l'Eglise catholique, notre mère ; conservons la robe du salut de peur que le maître du festin, nous trouvant sans cette robe nuptiale, n'ordonne à ses serviteurs de nous jeter dans les ténèbres extérieures. » Majoric, fortifié par cette généreuse exhortation, supporta avec constance les plus horribles tortures, et lorsqu'il eut rendu le dernier soupir, Denise embrassa son corps et remercia Dieu à haute voix. Elle l'enterra ensuite dans sa propre maison, afin de pouvoir plus souvent aller prier sur son tombeau. Les tourments qu'elle avait soufferts pour la foi catholique lui méritèrent la gloire d'être associée aux confesseurs de Jésus-Christ. — 6 décembre.

DENISE (sainte), diaconesse, est honorée chez les Ethiopiens le 8 avril.

DENTELIN (saint), *Dentelinus*, confesseur, était fils de saint Mauger, plus connu sous le nom de saint Vincent de Soignies, et de sainte Waltrude ou Vaudru. Il eut pour frère saint Landric, et pour sœurs sainte Aldétrude et sainte Madelberte, qui lui survécurent ; car il mourut à l'âge de sept ans, vers le milieu du VII° siècle. Les miracles qui s'opérèrent à son tombeau lui ont fait rendre un culte public. Son corps se gardait à Saint-Vincent de Soignies, lieu placé sous l'invocation de son père, et il est aussi patron de Rées dans le duché de Clèves, où une partie de ses reliques a été transportée et où il y a une église qui porte son nom. — 16 mars.

DÉOCHAR, ou DIÈGRE (le bienheureux), *Deocarus*, abbé d'Hernried, florissait dans le VIII° siècle, et s'était retiré dans un désert du diocèse d'Eischtadt. Il obtint de Charlemagne la permission d'y bâtir une petite église en l'honneur de la sainte Vierge. Sa réputation de sainteté lui ayant attiré plusieurs disciples, le prince fit élever pour eux un couvent à côté de l'église, et en donna le gouvernement à saint Déochar. Bientôt le petit couvent se vit entouré d'un village qui se changea en une ville, laquelle porte aujourd'hui le nom de Herrieden. Le saint abbé mourut au commencement du IX° siècle, et fut honoré d'un culte public immédiatement après sa mort. En 1317, son corps fut levé de terre par Philippe, évêque d'Eischtadt, qui l'exposa, dans un cercueil de marbre, à la vénération des fidèles. L'empereur Louis de Bavière donna une partie de ses reliques à la ville de Nuremberg, et une autre partie fut transférée à Eischtadt. — 7 juillet.

DÉODAT (saint), *Deodatus*, martyr à Sore dans le royaume de Naples, souffrit au commencement du IV° siècle. — 27 septembre.

DÉODAT (saint), évêque de Nole en Campanie, est honoré le 27 juin.

DEOGRATIAS (saint), évêque de Carthage, fut élevé, en 453, sur le siège de cette ville, qui était vacant depuis quatorze ans, par l'exil de *Quodvultdeus*. Genseric, roi des Vandales, s'étant emparé de Rome en 455, emmena en Afrique une multitude immense de captifs. Le saint évêque de Carthage vendit, pour racheter ces malheureux, jusqu'aux vases d'or et d'argent qui servaient au ministère des autels, et leur procura ensuite tous les secours que réclamait leur triste position. Il mourut en 457, et sa mort causa la plus vive douleur, non-seulement à son troupeau, mais aussi aux captifs amenés de Rome et d'Italie, qui perdaient en lui un père tendre et généreux, et aux malades qu'il visitait tous les jours, malgré son grand âge. Saint Eugène lui succéda. — 22 mars.

DEPPE (sainte), *Deppa*, est honorée comme vierge et martyre à Tournay, où se trouve son corps, tiré du cimetière de Priscille à Rome. Il est exposé dans l'église du collège des Jésuites. — 26 juin.

DERME (saint), *Derma*, solitaire, est honoré chez les Coptes le 15 mai.

DERPHUTE (sainte), *Derphuta*, vierge et martyre à Amide en Paphlagonie, ayant assisté au supplice de sainte Alexandra et de six autres femmes chrétiennes, les encouragea par ses exhortations, et recueillit, ainsi que sa sœur, au moyen d'éponges, le sang qui coulait de leurs blessures. Cet acte de religion irrita tellement les bourreaux, qu'ils les mirent aussi à mort, vers l'an 304. — 20 mars.

DESIGNAT (le bienheureux), *Designatus*, évêque de Maestricht, mourut vers l'an 520, et il est honoré dans cette ville le 12 mars.

DÉSIRAT (saint), *Desideratus*, évêque de Clermont en Auvergne, florissait sur la fin du VI° siècle et mourut en 602. Il est honoré à Saint-Allyre, où se trouvent ses reliques. — 11 février.

DÉSIRÉ (saint), *Desideratus*, évêque de Besançon, florissait sur la fin du IV° siècle. Il est honoré à Lons-le-Saulnier le 27 juillet.

DÉSIRÉ (saint), évêque de Bourges, succéda à saint Arcade et assista, en 549, au cinquième concile d'Orléans et au deuxième d'Auvergne, où l'on condamna les erreurs de Nestorius et d'Eutychès : on y fit aussi de sages règlements sur la discipline ecclésiastique. Il mourut peu de temps après, et son corps se garde dans l'église de Saint-Ursin. — 8 mai.

DÉSIRÉ (saint), religieux de Fontenelle, était fils de saint Vaneng, qui avait fondé le monastère de Fécamp, et comblé de ses libéralités l'abbaye de Fontenelle. Il prit l'habit religieux dans cette dernière maison, et s'y sanctifia par la pratique de toutes les vertus. Il mourut sur la fin du VII° siècle. On croit que ses reliques furent portées à Gand durant les incursions des Danois, et qu'elles sont restées dans cette ville. — 18 décembre.

DEUSDEDIT (saint), laboureur, édifia Rome par ses vertus et surtout par sa charité. Il s'appliquait à la culture de la terre et sanctifiait ses travaux rustiques par une prière continuelle. L'esprit de pénitence qui animait toutes ses actions et son amour pour les pauvres, auxquels il distribuait le samedi ce qu'il avait pu gagner pendant la semaine, l'élevèrent à une sainteté éminente. Il mourut sur la fin du V° siècle. Saint Grégoire le Grand fait de lui un bel éloge dans ses dialogues, et le Martyrologe romain lui donne le titre de confesseur. — 1er août.

DEUSDEDIT (saint), évêque de Brescia, est honoré dans cette ville le 10 décembre.

DEUSDEDIT ou DIEUDONNÉ (saint), pape, succéda à Boniface IV en 614, se signala par sa science et ses vertus, surtout par sa charité envers les malades, et l'on rapporte qu'il guérit un lépreux en l'embrassant. C'est le premier pape dont on ait des bulles scellées en plomb. Il mourut le 7 novembre 617, après un pontificat de trois ans. — 8 novembre.

DEUSDEDIT (saint), sixième archevêque de Cantorbéry, succéda, en 653, à saint Honoré, et mourut vers l'an 665 : il eut saint Théodore pour son successeur.— 30 juin.

DEUSDEDIT (saint), abbé du Mont-Cassin, succéda, vers l'an 833, à Apollinaire. Il y avait six ans qu'il gouvernait son abbaye lorsqu'il fut jeté en prison par le tyran Sicard, duc de Bénévent, qui le fit mourir de faim et de misère l'an 840. Son tombeau a été illustré par un grand nombre de miracles. — 9 octobre.

DEYAN (saint), catéchiste et martyr au Japon, était l'un des vingt-six qui, après plusieurs tortures, furent condamnés à mort par l'empereur Taycosama, l'an 1597. Il fut crucifié avec ses compagnons sur une colline près de Nangazacki, et il eut ensuite le côté percé d'une lance. Urbain VIII l'a mis au nombre des saints et l'a déclaré martyr. — 5 février.

DICÉE (saint), *Dicæus*, confesseur, est honoré chez les Grecs le 21 novembre.

DICTYN (saint), *Dictynus*, évêque d'Astorga en Espagne, est honoré le 2 juin.

DICUL (saint), *Dicullus*, solitaire en Angleterre, est honoré près d'Hamptoncourt le 11 février.

DIDACE, ou DIÉGO (saint), franciscain, né vers le commencement du XV° siècle au bourg de Saint-Nicolas, dans l'Andalousie, sortait d'une famille peu distinguée aux yeux du monde, mais il en reçut une éducation très-chrétienne et des leçons de piété qui portèrent leurs fruits. Didace, très-jeune encore, se plaça sous la conduite d'un saint prêtre, qui menait la vie érémitique dans une solitude du voisinage, imitant ses austérités, cultivant avec lui un petit jardin et s'occupant à faire différents ouvrages en bois. Quelques années après, il fut obligé de retourner chez ses parents; mais il n'y fit pas un long séjour, et renonçant entièrement au monde, qui n'avait jamais eu pour lui aucun attrait, il se retira chez les Franciscains d'Arrizafa, et y prit l'habit en qualité de frère convers. Il fut ensuite envoyé aux îles Canaries avec un religieux de son ordre, qui était prêtre. Il y déploya un zèle ardent pour la conversion des idolâtres; et, quoiqu'il ne fût que laïque, ses supérieurs l'établirent gardien d'un couvent qui venait d'être fondé dans une de ces îles nommée Fortaventure. Ayant été rappelé en Espagne, il habita successivement plusieurs maisons de son ordre, qu'il édifia par ses vertus. En 1450, il se rendit à Rome, avec Alphonse de Castro, pour assister à la canonisation de saint Bernardin de Sienne. Alphonse étant tombé malade en route, Didace le servit nuit et jour avec un soin et un dévouement admirables; et pendant tout le temps qu'il resta à Rome, il rendit les mêmes services à plusieurs autres franciscains qui se trouvaient malades. De retour en Espagne, il habita successivement les couvents de Séville, de la Saussaie et d'Alcala de Hénarez. Non content d'observer ponctuellement la règle, il y ajoutait des pratiques et des austérités non prescrites, afin de s'avancer toujours davantage dans les voies de la perfection. Son humilité était si profonde, qu'il se mettait au-dessous de toutes les créatures; il était tellement maître de ses passions et tellement détaché de toutes choses, qu'on ne remarqua jamais en lui aucun trouble ni aucune de ces émotions qui échappent quelquefois, même aux âmes les plus saintes. La passion du Sauveur était le sujet ordinaire de ses méditations, et sa prière était continuelle. Il eut plus d'une fois des ravissements, et Dieu le favorisa par d'autres grâces extraordinaires; il avait une tendre dévotion envers la sainte eucharistie, qu'il recevait souvent, et pour la sainte Vierge, qu'il honorait comme sa mère. Il passa les dernières années de sa vie à Alcala, où étant tombé malade, il redoubla de ferveur à l'approche de ses derniers moments. S'étant fait apporter une corde qu'il se mit au cou, il fixa ses yeux baignés de larmes sur un crucifix qu'il tenait à la main, et demanda pardon aux frères qui étaient en prières autour de son lit; ensuite il expira tranquillement le 12 novembre 1463. Il avait opéré plusieurs miracles pendant sa vie, et il en opéra plusieurs autres après sa mort, non, entre autres, sur la personne de don Carlos, fils de Philippe II, roi d'Espagne. Ce jeune prince s'étant fait en tombant une blessure que les chirurgiens jugèrent mortelle, il fut guéri aussitôt qu'on eut porté dans sa chambre la châsse du saint religieux. Philippe II, par reconnaissance, sollicita sa canonisation près du pape Sixte V, qui le mit au nombre des saints en 1588. Innocent XI fit insérer un office en son honneur dans le Bréviaire romain, et fixa au 13 de novembre sa fête, qui se célèbre cependant la veille dans l'ordre des Franciscains. — 13 novembre.

DIDE (saint), *Didius*, prêtre et martyr à Alexandrie, souffrit avec saint Pierre, son évêque, l'an 311, pendant la persécution de Maximin-Daïa. — 26 novembre.

DIDE (sainte), *Dida*, martyre en Asie, est honorée chez les Grecs le 17 novembre.

DIDIER (saint), *Desiderius*, lecteur de l'église de Bénévent et martyr à Pouzzoles, étant allé voir à Nôle saint Janvier, son évêque, qui avait été arrêté pour la foi, on se saisit de sa personne et on lui fit souffrir divers tourments. Timothée, gouverneur de la Campanie, envoya les saints confesseurs à Pouzzoles, où il se rendait lui-même. Ils y furent exposés aux bêtes dans l'amphithéâtre de cette ville, et le peuple, voyant que les bêtes les épargnaient, crut que ce prodige était un effet de la magie. Ils furent donc condamnés à perdre la tête, et la sentence fut exécutée l'an 305. Le corps de saint Didier fut rapporté à Bénévent vers l'an 400. — 19 septembre.

DIDIER (saint), évêque de Langres et martyr, instruisait et édifiait son troupeau, lorsque des barbares ayant fait une incursion dans les Gaules, vinrent fondre sur la ville de Langres. Didier, voulant préserver la ville épiscopale des maux dont elle était menacée, alla avec son clergé trouver le chef de ces barbares qui était païen, et que le Martyrologe romain appelle Vandale, mais il ne put le fléchir et il fut massacré avec ses prêtres, parmi lesquels on cite Vincent, son archidiacre. Il florissait au commencement du v° siècle, et l'on place son martyre vers l'an 411. — 23 mai.

DIDIER (saint), évêque de Vienne, naquit à Autun vers le milieu du vi° siècle, et succéda à Vérus sur le siége épiscopal de cette ville l'an 596. Il se rendit illustre par sa science et par sa vertu. Saint Grégoire le Grand lui recommanda les missionnaires qu'il envoyait dans la Grande-Bretagne, et le chargea de déraciner certains abus qui s'étaient introduits dans quelques églises de France. Comme il continuait d'enseigner les lettres humaines après son élévation à l'épiscopat, des personnes malintentionnées en prirent occasion de le décrier auprès du saint pape, le représentant comme un homme qui substituait les fables du paganisme à l'Ecriture sainte, et qui, d'une même bouche, chantait Jésus-Christ et Jupiter; mais saint Grégoire ayant fait approfondir l'accusation, rendit un témoignage public à son innocence. Didier s'éleva avec autant de courage que de prudence contre les désordres de Brunehaut, qui gouvernait l'Austrasie et la Bourgogne sous ses petits-fils Théodebert et Thierri. Un sermon sur la chasteté, qu'il prêcha en présence de cette princesse, fournit à celle-ci l'occasion de le perdre. Elle donna l'ordre à trois assassins d'aller l'attendre sur la route lorsqu'il retournerait à son église. Il fut tué en 612, dans un village de la principauté de Dombes, appelé depuis Saint-Didier de Chalarone, parce qu'il est près de la rivière de ce nom. Il eut pour successeur saint Domnole, et celui-ci saint Ethère, qui fit avec une grande pompe la translation du corps de saint Didier dans l'église des saints apôtres, située hors de la ville. — 11 février et 23 mai.

DIDIER (saint), évêque d'Auxerre, succéda à saint Aunaire en 605, et mourut vers l'an 632; il eut pour successeur saint Pallade. — 27 octobre.

DIDIER, ou GÉRY (saint), *Desiderius*, évêque de Cahors, né vers l'an 580, sur le territoire d'Alby, d'une famille noble, fut élevé à la cour de Clotaire II, alors roi de Soissons, où il fit de grands progrès dans les sciences humaines, et s'attira beaucoup de réputation par son éloquence. Ayant été fait trésorier de l'épargne, ou garde du trésor du roi, il remplit cette charge avec un grand désintéressement. Il vivait à la cour comme dans un cloître, consacrant à la prière et aux pratiques de piété les moments qu'il pouvait dérober à l'exercice de ses fonctions, à l'exemple de saint Arnoul, de saint Ouen et de saint Eloi, qui se trouvaient aussi à la cour et avec qui il était lié d'une sainte amitié. La pieuse Erchénéfrède, sa mère, lui écrivait souvent pour le fortifier dans les dispositions chrétiennes que la grâce avait mises dans son cœur, lui recommandant par-dessus tout d'aimer et de servir Dieu, d'être fidèle au roi, de vivre en bonne intelligence avec les autres personnages de la cour, et de les porter par sa conduite à glorifier le Seigneur. Dagobert, fils et successeur de Clotaire II, eut comme son père une grande confiance en Didier. Siagrius, frère de celui-ci, et qui était comte d'Alby, étant mort, il lui donna sa charge, à condition qu'il continuerait de vivre à la cour; mais Rustique, autre frère de Didier, qui était évêque de Cahors, ayant été assassiné par des scélérats, le peuple et le clergé de cette ville s'empressèrent de le demander pour pasteur. Le roi approuva l'élection par un acte daté du mois d'avril 629 et dont voici la substance : *Dagobert, roi des Français, aux évêques, aux ducs et à tout le peuple des Gaules. Nous devons apporter nos soins pour que les choix que nous faisons soient agréables à Dieu et aux hommes; et puisque le Seigneur nous a confié le gouvernement des royaumes, nous ne devons conférer les dignités qu'à ceux qui sont recommandables par la sagesse de leur conduite, par l'intégrité de leurs mœurs et par la noblesse de leur extraction. Ayant donc reconnu que Didier, notre trésorier, s'est distingué par sa piété depuis sa jeunesse...., que la bonne odeur de ses vertus s'est répandue jusque dans les provinces éloignées, nous accordons aux suffrages des citoyens et du clergé de Cahors qu'il soit leur évêque. C'est parce que nous croyons suivre en cela la* volonté de Dieu que nous nous faisons violence en nous privant des services d'un fonctionnaire auquel nous tenons beaucoup. Mais quoi qu'il puisse nous en coûter de le perdre, nous devons donner aux églises des pasteurs qui conduisent dans les voies de Dieu les peuples que nous confions à leurs soins. C'est pourquoi.... nous voulons et ordonnons que Didier soit sacré évêque de Cahors, afin qu'il prie pour nous et pour tous les ordres de l'Eglise, et nous espérons que par les prières d'un si saint pontife, Dieu nous prolongera la vie. Dans ce nouveau poste, Didier s'appliqua avec zèle à la sanctification de son troupeau. Plein de charité pour les pauvres, il ne se servait du crédit qu'il avait auprès du roi que pour faire du bien aux malheureux. Il fit réparer et construire un grand nombre d'églises, et comme sa ville épiscopale n'avait point de monastère, il y en fonda deux. Il choisit pour le lieu de sa sépulture le premier, qui était dédié à saint Amand de Rodez. Il étendit sa bienfaisance jusque dans l'Albigeois, sa patrie, et y fit aussi de pieux établissements. Il légua par son testament tous ses biens à son église, à la charge de pourvoir à la subsistance des pauvres qu'il nourrissait de son vivant. Il mourut sur le territoire d'Alby, le 15 novembre 654 : son corps fut rapporté à Cahors et enterré dans l'église de Saint-Amand. Plusieurs miracles s'opérèrent à son tombeau. Saint Didier était en correspondance avec les personnages les plus célèbres de son temps. Il nous reste de lui quelques lettres qui prouvent qu'il était savant pour son siècle, mais que le goût de la bonne latinité était alors perdu. — 15 novembre.

DIDIER (saint), abbé de Saint-Gal-en-Brenne, faisait dans le diocèse de Bourges, florissait sur la fin du VIIe siècle, et fut l'un des plus illustres disciples de saint Ciran. Il mourut en 705. — 19 octobre.

DIDYME (saint), *Didymus*, martyr à Laodicée, en Syrie, souffrit avec saint Diodore et un autre. — 11 septembre.

DIDYME (saint), missionnaire et martyr en Egypte, faisait partie de cette bande d'ouvriers évangéliques qui, sous la direction de saint Récombe, allèrent porter le flambeau de la foi dans le nord de la province, pendant que d'autres missionnaires, animés du même esprit, se dirigeaient vers les autres parties du pays. Le gouverneur, informé des conversions nombreuses qu'ils opéraient, envoya des troupes pour les arrêter, et ils furent amenés chargés de chaînes devant son tribunal. Sur leur refus de sacrifier aux dieux, ils furent condamnés à différents genres de supplices. Didyme et ceux qui avaient évangélisé avec lui la partie septentrionale, eurent la tête tranchée. — 16 janvier.

DIDYME (saint), martyr à Alexandrie, était un jeune chrétien qui se dévoua pour sauver l'honneur à sainte Théodore. Cette illustre vierge ayant été conduite, par ordre du préfet d'Égypte, dans un lieu de prostitution, Dieu inspira à Didyme la résolution de venir à son secours et de la tirer du danger où elle se trouvait. Il s'habille en soldat et se rend près de la jeune vierge. Celle-ci le prenant pour un libertin qui venait avec l'intention de lui ravir le trésor de la virginité, fuit devant lui, parcourt l'appartement dans tous les sens, dans la vue d'échapper à sa poursuite. Le faux soldat a beau la rassurer, elle ne l'entend pas d'abord ; mais Didyme finit enfin par lui faire comprendre qu'elle n'a rien à craindre de lui. *Je suis votre frère en Jésus-Christ*, lui dit-il, *et si j'ai eu recours à ce déguisement, c'est pour vous arracher de ce lieu. Changeons d'habits et je prendrai votre place pendant que vous vous sauverez.* Théodore obéit à son libérateur et sort sans être reconnue de personne, chacun la prenant pour le soldat qu'on avait vu entrer quelque temps auparavant. Peu après, un libertin étant venu pour assouvir sa passion, fut extrêmement surpris de trouver un homme au lieu d'une femme. Il alla aussitôt en donner avis à ses camarades. Le préfet, qui en fut informé, fit venir Didyme et lui demanda son nom. — *Je m'appelle Didyme.* — *Qui vous a engagé à faire ce que vous avez fait?* — *Dieu lui-même me l'a commandé.* — *Avant que je vous fasse mettre à la question, déclarez où est Théodore.* — *Je vous jure que je n'en sais rien. Tout ce que je puis vous en dire, c'est qu'elle est une véritable servante de Dieu, et qu'il l'a conservée pure et chaste pour avoir confessé son Fils Jésus-Christ.* — *De quelle condition êtes-vous?* — *Je suis chrétien et affranchi de Jésus-Christ.* — *Qu'on lui donne la question deux fois plus fort pour le récompenser de sa belle action.* — *Je suis à vos ordres ; faites de moi ce que vous jugerez à propos.* — *Par les dieux, tu peux t'attendre à être tourmenté de la bonne manière, à moins que tu ne sacrifies ; c'est le seul moyen d'être renvoyé absous de ton audacieuse témérité.* — *Ce que j'ai fait vous prouve que je ne crains point de souffrir pour la cause de Jésus-Christ, trop heureux d'avoir réussi à sauver une vierge de l'infamie, et à confesser publiquement le Dieu que j'adore. Quant à sacrifier aux démons, rien ne pourra m'y déterminer, ni les tourments, ni la mort même la plus cruelle.* — *Une telle audace ne doit point rester impunie, tu en seras pour ta tête ; et, parce que tu n'as pas obéi aux édits des empereurs, ton corps, après ton exécution, serajeté dans le feu.* — *Dieu tout bon, Père de Notre-Seigneur Jésus-Christ, soyez béni à jamais, pour n'avoir pas dédaigné mes vœux, pour avoir délivré votre servante et couronné votre serviteur d'une double couronne!* Conformément à la sentence du juge on le décapita, et son corps fut brûlé. Sainte Théodore accourut sur le lieu de l'exécution, demandant comme une grâce le droit de mourir à la place de Didyme, disant qu'elle la lui avait cédée, non pour ne pas mourir, mais pour ne pas être déshonorée. Cette pieuse contestation se termina par le supplice de l'un et de l'autre, en 304, sous le règne de Dioclétien. — 28 avril.

DIE (saint), *Dius*, est honoré à Césarée le 12 juillet.

DIE (saint), fondateur d'un monastère à

Constantinople, qu'il plaça sous la règle des Acémètes, était originaire d'Antioche, et mourut vers l'an 485. Les miracles qu'il opérait lui méritèrent le surnom de Thaumaturge. — 19 juillet.

DIÉ (saint). *Deodatus*, abbé d'un monastère dans le Blaisois, florissait dans le VII° siècle. Il était diacre et avait été disciple de saint Phalier. — 24 avril.

DIÉ, ou DIEUDONNÉ (saint), évêque de Nevers et fondateur du monastère de Jointures, dans les Vosges, naquit au commencement du VII° siècle, d'une des plus illustres familles de la France occidentale. Il fut instruit avec soin dans la science divine et dans les lettres humaines, et il possédait à un degré éminent les plus précieux dons de la nature et de la grâce. Après une jeunesse passée dans l'innocence et la pratique des vertus chrétiennes, le clergé et le peuple de Nevers, qui connaissaient son mérite et sa piété, l'élurent d'une voix unanime pour leur évêque, vers l'an 655. Il assista en 637 au concile de Sens avec saint Éloi, saint Ouen et saint Amand, qui étaient la gloire et l'ornement de l'épiscopat français. Saint Dié, imitant ces beaux modèles, remplissait ses fonctions en pasteur qui ne cherche que la gloire de Dieu et la sanctification de son troupeau; mais l'attrait qu'il éprouvait pour la solitude, lui fit quitter son siège; et après avoir averti ses diocésains de lui choisir un successeur, il quitta Nevers pour se retirer dans les montagnes des Vosges, qui faisaient partie du diocèse de Toul. Saint Bodon, évêque de cette ville, lui permit de construire des cellules pour lui et ses disciples. Il s'arrêta quelque temps à Romont où il opéra un miracle, en aidant par ses prières la pose d'une pièce de bois qu'on plaçait au sommet d'un édifice que le seigneur du lieu, nommé Asclépas, faisait élever. Cette pièce de la charpente qui était trop courte, se trouva agrandie tout à coup, et Asclépas, frappé de ce miracle, lui construire un monastère où saint Dié laissa deux de ses disciples, Villigot et Martin, qui s'y sanctifièrent et devinrent les patrons du prieuré de Romont. Le saint évêque vint ensuite dans un lieu nommé Argentile, aujourd'hui Sainte-Hélène, et il y commençait les fondations d'un monastère, lorsque les habitants voyant de mauvais œil son entreprise, l'obligèrent à la laisser inachevée. Il franchit donc les montagnes qui séparent la Lorraine de l'Alsace, et ayant pénétré dans la forêt de Haguenau, il s'établit dans cette partie, qui a depuis été appelée *Heiligenforst*, ou la Forêt sainte. C'est là qu'il fit connaissance avec saint Arbogaste, qui devint depuis évêque de Strasbourg, et qui y menait la vie érémitique. Mais ayant encore essuyé des désagréments de la part des populations du voisinage, il se rendit dans l'île de *Novientum*, appelée depuis Ebersmunster, où s'était formée, depuis 661, une petite communauté de solitaires qui le reçurent avec joie. La réputation de sa sainteté y attira bientôt un grand nombre de disciples qu'il conduisait dans les voies de la perfection. Les libéralités du roi Childéric II l'aidèrent à y bâtir une église en l'honneur de saint Pierre et de saint Paul, dans laquelle il plaça des reliques de saint Maurice, qu'il avait obtenues d'Ambroise, abbé de Saint-Maurice en Valais; il en fit lui-même la dédicace avec beaucoup de solennité et au milieu d'un grand concours de fidèles. Comme le gouvernement de l'abbaye d'Ebersmunster ne lui permettait pas de vaquer librement à la contemplation, il se démit de ses fonctions pour se retirer dans un lieu plus solitaire; il crut l'avoir trouvé près d'un bourg de la haute Alsace, nommé Ammerschwihr, et il y construisit un ermitage, d'où les habitants le chassèrent. Toutes ces traverses ne troublaient nullement la tranquillité de son âme, mais un seigneur du pays, nommé Hunon, en fut touché et lui offrit une de ses terres; saint Dié le refusa en disant qu'il n'avait pas quitté son évêché pour chercher ailleurs des domaines. Il résolut de se retirer dans un lieu si désert qu'il ne l'exposât plus à la jalousie d'aucun voisin. Il retourna donc dans les Vosges vers l'an 669, et s'arrêta dans une vallée près de la Meurthe, qu'il nomma le Val de Galilée, et qui s'appelle aujourd'hui le Val de Saint-Dié. Cette vallée, dont Childéric II lui avait fait don et qui était alors inhabitée, cessa bientôt de l'être par le grand nombre de personnes qui vinrent se placer sous sa conduite. Mais avant qu'il ne lui vînt des disciples, il vécut quelque temps dans une cellule, à côté de laquelle il avait bâti une chapelle qu'il dédia à saint Martin. Inconnu aux hommes et n'ayant de commerce qu'avec Dieu seul, il ne se nourrissait que d'herbes et de fruits sauvages. Bientôt il fut obligé de recevoir ceux qui se présentaient pour partager son genre de vie, et comme leur nombre allait toujours en augmentant, il fonda, à quelque distance de sa cellule, le monastère de Jointures, ainsi dit à cause de la *jonction* du ruisseau de Rothbach avec la Meurthe. Garébald, évêque de Toul, autorisa cet établissement, et le saint fondateur obtint de Numérien, évêque de Trèves, qui avait sur son monastère la juridiction métropolitaine, le privilége d'y exercer les fonctions épiscopales. Il donna à ses religieux la règle de saint Colomban, à laquelle on substitua ensuite celle de saint Benoît. Sur la fin de ses jours, il se retira dans son ancienne cellule, près de la chapelle de Saint-Martin, et de là, il continuait à gouverner sa communauté avec autant de zèle et de vigilance que s'il eût été présent. Plus sa fin approchait, plus il redoubla ses prières et ses austérités. Sur le point de mourir, il fit réunir autour de lui tous les frères, afin de leur donner ses derniers avis. Après avoir reçu le saint viatique des mains de saint Hidulphe, ancien évêque de Trèves, qui, comme lui, avait quitté son siége pour venir fonder le monastère de Moyenmoutier, à deux heures de celui de Jointures, il mourut entre ses bras le 19 juin 679. Son corps fut rapporté de sa cellule au monastère, et il fut enterré dans l'église de la Sainte-Vierge par son saint ami, qui hérita de sa tunique. La châsse qui renfermait ses reliques fut brûlée par les Suédois en 1635. L'abbaye de Saint-Dié, autour de laquelle se forma une ville qui porte son nom, fut sécularisée au milieu du xe siècle, et devint un célèbre chapitre de chanoines : elle fut érigée en évêché par Pie VI, en 1777. Ce siège épiscopal, supprimé en 1802, fut rétabli par Pie VII en 1821. — 19 juin.

DIÉ (saint), évêque de Vienne en Dauphiné, florissait sur la fin du VIIe siècle, et mourut vers l'an 710. — 15 octobre.

DIÉ ou Déobat (saint), religieux du monastère de Lagny, près de Paris, et confesseur, florissait vers la fin du VIIIe siècle. Son corps fut levé de terre environ deux siècles après sa mort. — 3 février.

DIÉMODE (la bienheureuse), recluse, après une jeunesse sanctifiée par la pratique de toutes les vertus, quitta le monde pour entrer dans le monastère de Wessembrunn. Lorsqu'elle y eut passé quelque temps, le désir de mener une vie plus retirée encore et plus austère lui fit demander à l'abbesse la permission d'aller s'enfermer dans une petite cellule située près de l'église. Cette demande lui aurait été refusée sans son directeur, qui, connaissant à fond ses dispositions intérieures, aurait craint de résister à la volonté de Dieu s'il se fût opposé plus longtemps aux instances de Diémode. C'est alors qu'elle put se livrer sans réserve à son goût prononcé pour une vie pénitente et mortifiée, se contentant le plus souvent d'un peu de pain et d'eau pour toute nourriture. L'oraison, le chant des cantiques, la lecture des livres saints, la réception de la sainte eucharistie, telles étaient les occupations de sa journée. Elle était en commerce de lettres avec la bienheureuse Herlucque, qui menait à peu près le même genre de vie à Empfach, et ces deux épouses de Jésus-Christ s'encourageaient mutuellement dans la pratique des austérités les plus étonnantes. Diémode s'appliquait aussi, par intervalles, à quelque ouvrage manuel, et surtout à copier des livres à l'usage de la communauté de Wessembrunn; et l'on y conservait, avant la destruction du monastère, plus de cinquante volumes transcrits de sa main. Elle mourut le 29 mars, au commencement du XIIe siècle, et son corps fut enterré dans la chapelle de la sainte Vierge, à côté de saint Thiento et de plusieurs autres saints personnages qui ont été inhumés dans le même monastère. — 29 mars.

DIERRY ou THIERRI Ier (le bienheureux), *Theodoricus* ou *Diedericus*, évêque de Metz, était proche parent de l'empereur Othon. Il fonda en 968, dans une île de la Moselle, tout près de sa ville épiscopale, l'abbaye de Saint-Vincent; et l'année suivante, ayant fait avec l'empereur un voyage en Italie, il rapporta de Rome une grande quantité de reliques, dont il enrichit l'église abbatiale. Il mourut en 984, et fut enterré dans cette même église. Lorsqu'on leva de terre son corps, plus de trois siècles après, on trouva intacte la chasuble violette dans laquelle son corps avait été enveloppé, et on la conservait comme une relique à Saint-Vincent, où il était honoré le 7 septembre.

DIETHGHER (le bienheureux), évêque de Metz et frère du comte Folmer, était moine à Hirsauge lorsqu'il fut élu abbé du monastère de Saint-Georges, dans la Forêt-Noire. Elevé malgré lui sur le siége de Metz, il abdiqua cette dignité quelques années après, pour se retirer à Cluny, où il mourut en simple religieux. Paul d'Hernried, son contemporain, rapporte qu'il s'opérait de nombreux miracles à son tombeau. Il est nommé, dans plusieurs calendriers, sous le 29 avril.

DIGNE (sainte), *Digna*, vierge et martyre à Rome avec sainte Émérite, souffrit au milieu du IIIe siècle, sous les empereurs Valérien et Gallien. Leurs corps se gardent dans l'église de Saint-Marcel. — 22 septembre.

DIGNE (sainte), martyre, était servante de sainte Afre, qui avait exercé à Augsbourg le métier de courtisane. Elle avait imité sa maîtresse dans ses désordres, et l'imitant aussi dans sa conversion, elle fut baptisée par le saint évêque Narcisse. Sainte Afre ayant été condamnée à être brûlée vive, Digne, après l'exécution, s'approcha de son corps, qu'elle trouva entier. Sainte Hilarie, mère de sainte Afre, en ayant été informée, le fit enlever secrètement pendant la nuit et enterrer dans le tombeau de sa famille. Le juge n'en eut pas plutôt avis, qu'il envoya des soldats pour saisir Hilarie, Digne et les autres personnes de sa maison qui l'avaient aidée à accomplir ce pieux devoir, et, sur leur refus de sacrifier, les soldats remplirent le tombeau d'épines et d'autres matières combustibles, y renfermèrent les saintes femmes et y mirent le feu. Le martyre de sainte Digne et de ses compagnes eut lieu le 7 août 304, sous l'empereur Maximien-Hercule. — 12 août.

DIGNE (sainte), vierge de Todi en Italie, est honorée dans cette ville le 11 août.

DIGNE (sainte), vierge et martyre à Cordoue, était religieuse dans un couvent situé à deux lieues de cette ville. Ayant appris le martyre de saint Athanase et de saint Félix, elle se sentit animée d'un zèle extraordinaire pour soutenir la cause de Jésus-Christ. Etant donc sortie secrètement de son monastère, elle se rendit à pied à Cordoue, où elle arriva vers les trois heures de l'après-midi. Elle alla sur-le-champ trouver les juges, et leur dit, avec une sainte hardiesse, que si les deux chrétiens qu'on venait d'exécuter étaient coupables, elle ne l'était pas moins elle-même, puisqu'elle partageait leurs sentiments, et qu'elle réclamait la gloire de mourir comme eux, pour la même cause. Sur l'ordre du roi Mohammed, qui était présent, le bourreau lui trancha la tête, l'an 853. Saint Euloge en fait mention dans son Mémorial des saints. — 14 juin.

DIMADE (saint), *Dimadius*, confesseur en Ethiopie, est honoré chez les Grecs le 5 septembre.

DIMIDRIEN (saint), *Demetrianus*, évêque

de Vérone en Italie, florissait dans le III° siècle. — 15 mai.

DINACH ou **DANACH** (sainte), religieuse en Perse et martyre, souffrit à Bethséleucie, l'an 343, pendant la persécution du roi Sapor II. — 20 novembre.

DINEVAUT (saint), *Donoaldus*, martyr dans le V° siècle, fut massacré par des impies à Milly, près de Beauvais. Ses reliques se gardent dans l'église de Saint-Lucien de Beauvais. — 11 août.

DIOCLÈCE (saint), *Diocletius*, disciple de saint Anthime, et martyr à Osimo, dans la Marche d'Ancône, sous l'empereur Dioclétien, souffrit avec saint Sisinne, diacre. — 11 mai.

DIOCLÈS (saint), martyr dans l'Istrie, avec saint Zoël et plusieurs autres, souffrit l'an 284. — 24 mai.

DIOCLÉTIEN (saint), *Diocletianus*, martyr à Osane, dans la marche d'Ancône, avec saint Florence, souffrit au commencement du IV° siècle. — 16 mai.

DIODORE (saint), *Diodorus*, martyr à Perge, en Pamphilie, souffrit en 251, pendant la persécution de l'empereur Dèce. — 26 février.

DIODORE (saint), prêtre de Rome, et martyr avec saint Marien, diacre, et plusieurs autres, fut enterré tout vif, avec ses compagnons, dans une sablonnière où ils s'étaient retirés pour célébrer la fête des saints martyrs, l'an 257, pendant la persécution de Valérien. Leurs corps furent découverts sur la fin du IX° siècle. — 17 janvier.

DIODORE (saint), prêtre de Rome et martyr, souffrit l'an 283, sous l'empereur Numérien. — 1er décembre.

DIODORE ou **DIOSCORE** (saint), martyr en Egypte avec saint Victorin et cinq autres, avait d'abord confessé Jésus-Christ à Corinthe, sa patrie, devant le proconsul Tertius, au commencement de la persécution de Dèce. Il passa ensuite en Egypte avec ses compagnons, qui étaient aussi ses compatriotes, et ils furent de nouveau arrêtés, comme chrétiens, à Diospolis, capitale de la Thébaïde ; et les plus cruels tourments n'ayant pu le faire renoncer à sa foi, il fut brûlé vif, l'an 284, sous l'empereur Numérien. Il est honoré chez les Grecs le 28 janvier, qui est le jour où il souffrit à Corinthe, et chez les Latins le 25 février.

DIODORE (saint), martyr à Aphrodysiade en Carie, sous l'empereur Dioclétien, fut lapidé par ses compatriotes, avec saint Rodopien. — 3 mai.

DIODORE (saint), martyr à Emèse en Phénicie, fut crucifié pour la foi. Il est honoré chez les Grecs le 13 juin.

DIODORE (saint), martyr dans la Campanie, avec sainte Lucie et plusieurs autres, souffrit au commencement du IV° siècle. — 6 juillet.

DIODORE (saint), martyr à Laodicée en Syrie, souffrit avec saint Diomède et un autre. — 11 septembre.

DIOGÈNE (saint), *Diogenes*, martyr à Rome, souffrit l'an 269, sous l'empereur Claude le Gothique, en un lieu dit les Sept-Colonnes. — 17 juin.

DIOGÈNE (saint), martyr en Macédoine avec saint Timothée, souffrit l'an 345, pendant la persécution des ariens, sous l'empereur Constance, qui protégeait ces hérétiques. — 6 avril.

DIOMÈDE (saint), *Diomedes*, martyr à Laodicée en Syrie, avec saint Diodore et un autre, est honoré le 11 septembre.

DIOMÈDE (saint), martyr en Afrique, souffrit l'an 250, pendant la persécution de Dèce. D'anciens calendriers nous ont conservé son nom, et nous apprennent qu'il fut l'un des compagnons de saint Mappalique. — 17 avril.

DIOMÈDE (saint), martyr à Nicée, souffrit avec quatres autres. — 9 juin.

DIOMÈDE (saint), martyr à Pamiers, dans les Gaules, souffrit avec saint Julien et sept autres. — 2 septembre.

DIOMÈDE (saint), médecin et martyr à Nicée en Bithynie, fut décapité pour la foi, l'an 304, sous l'empereur Dioclétien. — 16 août.

DIOMÈDE (saint), martyr à Philippes en Thrace, souffrit par ordre du préfet Agrippa, l'an 318, pendant la persécution de l'empereur Licinius. Les Grecs l'honorent, avec sainte Théodote, le 3 juillet.

DION (saint), martyr en Campanie avec sainte Lucie et plusieurs autres, souffrit au commencement du IV° siècle. — 6 juillet.

DIONAS (saint), martyr en Afrique, est honoré le 14 mars.

DIONATHÉE (saint), est honoré chez les Ethiopiens le 9 mars.

DIONTYRAS (saint), confesseur en Ethiopie, florissait vers le commencement du VI° siècle. — 3 décembre.

DIOSCORE (saint), *Dioscorus*, enfant et martyr à Alexandrie, fut arrêté pendant la persécution de l'empereur Dèce, étant à peine âgé de quinze ans. Il fut conduit devant le juge, qui, voyant sa jeunesse, s'imagina qu'il lui serait facile de le déterminer à offrir de l'encens aux idoles ; mais il fut trompé dans son attente : le jeune martyr ne se laissa ni séduire par les promesses, ni effrayer par les tourments. A la fin, touché de la sagesse de ses réponses, il le renvoya, sous prétexte de lui accorder un délai, à cause de son jeune âge, l'exhortant à profiter de ce sursis pour reconnaître son égarement. On ignore s'il fut rappelé plus tard, et s'il mourut pour la foi qu'il avait si généreusement confessée ; mais le Martyrologe romain lui donne le titre de martyr, et le nomme, avec plusieurs autres, sous le 14 décembre.

DIOSCORE (saint), missionnaire et martyr en Egypte, faisait partie de la troupe qui avait pour chef saint Papias, et qui alla prêcher l'Evangile dans la partie occidentale de cette province. Ils furent interrompus, au milieu de leurs succès, par des soldats qui vinrent, de la part du gouverneur d'Egypte, les arrêter, et les conduisirent devant son tribunal. Les exhortations et les tourments n'ayant pu les déterminer à sacrifier aux dieux, ils furent condamnés à être crucifiés, dans le III° siècle, à ce qu'il paraît; mais on ignore en quelle année. — 16 janvier.

DIOSCORE (saint), lecteur et martyr en Egypte, à qui le gouverneur de la province fit souffrir les plus horribles tortures, jusqu'à lui percer les ongles et lui brûler les côtés avec des torches enflammées; mais les exécuteurs, effrayés par l'éclat d'une lumière céleste, tombèrent à la renverse. Il fut enfin brûlé au moyen de lames a dentes. — 18 mai.

DIOSCORE (saint), martyr à Alexandrie, est honoré chez les Grecs le 20 août.

DIOSCORE (saint), martyr, souffrit avec saint Justinien et quatre autres. — 17 décembre.

DIOSCORIDE (saint), *Dioscorides*, martyr, est honoré à Smyrne le 10 mai.

DIOSCORIDE (saint), martyr à Rome, souffrit avec saint Crescent et deux autres. — 28 mai.

DIRIÉ (saint), *Desideratus*, prêtre et reclus, habitait une cellule du monastère de Gourdon en Bourgogne. Il florissait dans le VI° siècle, et mourut vers l'an 569. Son corps, qui avait été inhumé dans l'église abbatiale, fut transporté dans la suite à Châlons-sur-Saône, à l'hôpital des lépreux. Il se fit, en 878, une autre translation de ses reliques, à laquelle assista le pape Jean VIII, qui revenait du concile de Troyes. Saint Grégoire de Tours nous apprend qu'on l'invoquait, de son temps, contre le mal des dents. — 30 avril.

DISCIOLE (sainte), *Disciola*, vierge, était nièce de saint Salvi, évêque d'Albi. Née vers le milieu du VI° siècle, elle fut placée, jeune encore, dans le monastère de Sainte-Radégonde, à Poitiers, où elle fit de grands progrès dans la vertu, et devint le modèle de la communauté. On admirait surtout son détachement des biens terrestres et son humilité. Elle mourut avant la fin du V° siècle, l'an 583. — 10 mars et 13 mai.

DISIBODE ou DISEN, *Disibondus*, évêque régionnaire, né en Irlande au commencement du VII° siècle, embrassa la vie monastique, et rendit son nom célèbre par sa science et ses vertus, et surtout par son zèle pour le salut des âmes. Après avoir attiré dans les voies de la perfection un grand nombre de ses compatriotes, il se rendit en France vers l'an 652, et ses exhortations produisirent, dans tous les lieux où il passa, des fruits admirables, soutenues qu'elles étaient par une vie sainte, une profonde humilité et un grand amour pour la prière. Son style simple et touchant communiquait à ses discours une onction et une force qui pénétraient les cœurs. Les pécheurs, même les plus endurcis, ne pouvaient résister à la douceur, à la patience et à la charité qu'il déployait à leur égard. Le succès extraordinaire de ses travaux apostoliques le fit élever à la dignité d'évêque régionnaire. Il fonda, dans le diocèse de Mayence, un monastère qui fut appelé, de son nom, Disenbourg, et qui devint dans la suite une collégiale de chanoines séculiers. Saint Disen mourut vers l'an 700. — 8 septembre.

DITMAR ou THIETMAR (le bienheureux), doyen du chapitre de Brême et missionnaire, quitta son bénéfice pour se joindre à saint Wicelin, qui évangélisait les Slaves, et dont il avait été le disciple. Sa science et sa piété furent d'un grand secours à la mission. Il mourut l'an 1152, et il est honoré comme bienheureux le 17 mai.

D.VITIEN (saint), évêque de Soissons, mourut vers le commencement du IV° siècle, et son corps se garde dans l'église de Saint-Crépin-le-Grand. — 5 octobre.

DIVUE (sainte), *Deivota*, originaire de l'île de Corse, est honorée à Monaco, dont elle est patronne et où repose son corps. — 27 janvier.

DIVY (saint), *Diridagius* ou *Divagius*, évêque régionnaire en Bretagne, florissait dans le VI° siècle, et il est honoré à Loguivy, dont il est patron et auquel il a donné son nom; car il s'appelle, en latin, *locus Divagii*. — 1er mai.

DIZEINS ou DIZANS (saint), *Decentius*, évêque de Saintes, florissait dans le VI° siècle. Ses reliques se gardent à Ardres en Auvergne, où il est honoré le 23 juin.

DIZIER (saint), *Desiderius*, menait la vie érémitique dans une solitude du territoire de Pistoie, lorsque la réputation de saint Baront, qui était venu dans le voisinage bâtir une cellule entre deux montagnes, le décida à se mettre sous sa conduite, et Baront l'admit au nombre de ses disciples. Ils construisirent une église, et ils servaient Dieu ensemble dans les exercices de la pénitence et de la contemplation. Saint Dizier survécut quelques années à son maître. Après sa mort, arrivée dans le VII° siècle, il fut enterré près de lui dans l'église, et il s'opéra plusieurs miracles à leur tombeau. — 25 mars.

DIZIER (saint), évêque et martyr, l'un des prélats les plus pieux et les plus zélés du VII° siècle, était évêque d'une ville dont le nom latin peut signifier Rodez ou Rédon. Sa piété lui fit entreprendre le pèlerinage de Rome, afin de visiter les tombeaux des saints apôtres. En revenant d'Italie, il passa par la Suisse et fit quelque séjour dans le pays de Bade, où se trouvait alors un évêque accusé d'enseigner des erreurs à son peuple. Saint Dizier, qui était plein d'ardeur pour le maintien de la vraie foi, et qui avait eu le bonheur d'extirper l'hérésie qui désolait son propre diocèse, vint encore à bout, dans celui de Bade, de ramener à la vérité ceux que l'évêque avait séduits. Mais lorsqu'il se disposait à reprendre le chemin de sa ville épiscopale, il fut assassiné avec saint Rinfroy, son compagnon, dans un bois près de Delle en Alsace, à quatre lieues de Béfort, par les partisans de l'évêque de Bade, vers la fin du VII° siècle. On construisit plus tard, dans le lieu de son martyre, une église qui porte son nom, et qui est devenue un pèlerinage très-fréquenté; on y conduit surtout ceux qui sont atteints d'aliénation mentale. — 18 septembre.

DOCMAEL (saint), confesseur, florissait

dans le comté de Pembrock, au pays de Galles. Il se distingua par ses vertus, mais surtout par son amour pour la prière et pour la pénitence. Pénétré de reconnaissance envers Jésu-Christ, et vivement touché de ce qu'il a fait pour notre salut, il eût regardé comme un crime de ne pas lui consacrer toute sa personne. Il mourut saintement, dans le vi^e siècle, et il est patron de l'église de Pommerit-Jaudi, dans le diocèse de Saint-Brieuc, où il est connu sous le nom de saint Tule. — 14 juin.

DODE (sainte), *Doda*, vierge du diocèse d'Auch, est honorée le 28 septembre.

DODE (sainte), vierge et abbesse, était nièce de saint Baudri et de sainte Beuve. Elle succéda à celle-ci en 673, dans le gouvernement du monastère de la Sainte-Vierge, situé dans un des faubourgs de Reims et fit revivre en elle l'esprit qui avait animé sa bienheureuse tante. Après sa mort, dont on ignore l'année, mais qu'on peut placer vers la fin du viie siècle, son corps fut transporté, avec celui de sainte Beuve, dans l'abbaye de Saint-Pierre de Reims. — 24 avril.

DODOLEIN (saint), *Dodolinus*, évêque de Vienne en Dauphiné, florissait dans le viie siècle. — 1er avril.

DODON (saint), *Dodo*, moine en Thiérache, fut disciple de saint Ursmar et mourut en 725. Son corps se gardait au prieuré de Montier-en-Fagne. — 28 octobre.

DODON (saint), religieux de l'ordre de Prémontré et solitaire à Hasche-en-Faise, mourut en 1231. — 30 mars.

DOMECE (saint), *Domitius*, martyr avec sainte Pélagie et trois autres, est honoré chez les Grecs le 23 mars.

DOMECE (saint), moine persan, fut lapidé à Nisibe en Mésopotamie, avec deux de ses disciples, l'an 362, sous l'empereur Julien l'Apostat. Son tombeau a été illustré par un grand nombre de miracles. — 5 juillet et 7 août.

DOMICE (saint), *Domitius*, prêtre du diocèse d'Amiens, se retira dans la solitude et s'y livra avec ferveur à la pratique des vertus les plus austères et aux exercices de la plus rude pénitence. Il était déjà très-âgé, lorsque sainte Ulphe vint se placer sous sa conduite, après avoir quitté secrètement la maison paternelle, pour pouvoir servir Dieu, loin du monde. Domice l'accueillit sans difficulté, parce que sa vieillesse et la sainteté de sa vie le mettaient au-dessus de tout soupçon, et il permit à la jeune vierge de bâtir une cellule près de la sienne. Toutes les nuits, ils faisaient un assez long trajet pour assister aux matines dans une église, qu'on croit être celle de Saint-Acheul. Saint Domice mourut au commencement du viiie siècle. — 23 octobre.

DOMICE (sainte), *Domitia*, martyre en Thrace, est honorée le 28 décembre.

DOMINATEUR (saint), *Dominator*, évêque de Brescia en Lombardie, est honoré le 5 novembre.

DOMINGARD (saint), *Domingartus*, évêque en Irlande, florissait dans le vi^e siècle. — 24 mars.

DOMINIQUE (saint), *Dominicus*, martyr en Afrique, souffrit avec saint Victor et plusieurs autres. — 29 décembre.

DOMINIQUE (saint), évêque de Brescia en Lombardie, florissait sur la fin du vi^e siècle, et mourut vers l'an 602. — 20 décembre.

DOMINIQUE (saint), abbé de Sora dans le royaume de Naples, florissait dans le xe et le xie siècle. Il fonda plusieurs monastères et mourut en 1031, âgé de près de quatre-vingts ans. Il est célèbre par les nombreux miracles qu'il opéra pendant sa vie et après sa mort. — 22 janvier.

DOMINIQUE L'ENCUIRASSÉ (saint), moine en Italie, naquit au commencement du xie siècle, et montra de bonne heure le désir d'entrer dans l'état ecclésiastique. Ses parents, qui lui avaient permis de suivre sa vocation, firent un présent à l'évêque qui devait lui conférer la prêtrise. Dominique n'eut pas plutôt connaissance de cet acte de simonie, qu'il fut saisi d'horreur pour un crime si sévèrement puni par les lois de l'Eglise. Il ne voulut plus dès lors exercer aucune fonction du saint ministère, et il prit la résolution de se dévouer aux exercices de la plus rigoureuse pénitence, pour une faute qui ne lui était pas personnelle. Il se retira d'abord dans l'ermitage de Lucéolo, où il passa quelque temps; ensuite il alla se placer sous la conduite d'un saint ermite, nommé Jean, qui vivait avec dix-huit de ses disciples dans le désert de Montfeltre, sur les monts Apennins. On y pratiquait de grandes austérités : l'usage du vin, de la viande et de toute espèce de laitage y était interdit. On y jeûnait au pain et à l'eau tous les jours, excepté le jeudi et le dimanche. Le temps y était partagé entre la prière et le travail des mains, et la nuit on n'accordait que peu d'heures au sommeil. On passait toute la semaine dans un silence rigoureux, qu'on ne rompait que le dimanche au soir entre vêpres et complies, et l'on joignait à ce régime sévère de rudes flagellations. Dominique s'y distingua, entre tous, par sa ferveur et par son amour pour la mortification; mais après un séjour de quelques années, le désir de s'avancer encore davantage dans les voies de la perfection, lui fit demander à son supérieur la permission de se retirer au monastère de Fonte-Avellano, gouverné par le bienheureux Pierre Damien, et l'ayant obtenue, il s'y rendit en 1042. Quoique Pierre Damien fût accoutumé à voir de grands exemples de vertu, ceux de son disciple lui causèrent de l'admiration. Dominique portait toujours sur sa chair une cuirasse de fer qu'il ne quittait que pour prendre la discipline; c'est ce qui l'a fait surnommer l'*Encuirassé*. Il se livrait avec un soin particulier à des flagellations sanglantes, pendant lesquelles il récitait le Psautier, genre d'austérité qui, dans son siècle, était regardé comme une sorte d'équivalent de la pénitence canonique, laquelle commençait à tomber en désuétude. Comme il était souvent malade, son supérieur l'obligeait à boire quelquefois un peu de vin ; mais il y renonçait aussitôt qu'il se trouvait mieux, et, sur la fin de sa vie, il s'en priva entièrement. La nuit qui précéda sa mort, il récita encore Matines et Laudes avec les frères ; mais il expira le matin, pendant qu'on récitait *Prime* auprès de son lit, le 14 octobre 1060. Sa Vie a été écrite par le bienheureux Pierre Damien. — 14 octobre.

DOMINIQUE (saint), abbé de Silos en Castille, avait été profès du monastère de Saint-Milhan de la Cogolle en Aragon, et mourut l'an 1073. — 20 décembre.

DOMINIQUE ou DOMINGUE (saint), confesseur, mourut en 1109, et il est honoré à Calzada, dans la Vieille-Castille, le 12 mai.

DOMINIQUE (saint), instituteur de l'ordre des Frères-Prêcheurs, né en 1170 à Calaroga, château du diocèse d'Osma, dans la Vieille-Castille, était fils de Félix de Gusman et de Jeanne d'Asa, tous deux aussi recommandables par leurs vertus que par leur noblesse. Sa mère surtout, dont l'Église a autorisé le culte, fut favorisée d'un songe mystérieux lorsqu'elle était enceinte de Dominique, en l'honneur du saint abbé Dominique de Silos. Jeanne le forma de bonne heure à la piété, et il n'était encore qu'un enfant, qu'il se levait déjà la nuit pour prier Dieu, et se livrait déjà à des pratiques de mortification. L'archiprêtre Gumiel, frère de sa mère, fut son premier maître ; Dominique l'accompagnait à tous les offices de l'Église, et après avoir donné à l'étude et à à ses autres devoirs prescrits par son oncle le temps convenable, il consacrait le reste du jour à l'oraison, à des lectures pieuses et à des œuvres de charité, se privant, par esprit de pénitence, des amusements permis à son âge. A quatorze ans, il fut envoyé aux écoles publiques de Palentia, où il fit de la manière la plus brillante sa rhétorique, sa philosophie et sa théologie ; il y acquit aussi une parfaite connaissance de l'Écriture et des Pères. Ses progrès dans la perfection n'étaient pas moins étonnants. D'une pureté angélique, il veillait constamment sur son cœur et sur ses sens, affligeait son corps par de rudes austérités, et couchait sur des planches ou sur la terre nue. Toujours occupé de la présence de Dieu, il évitait avec soin ce qui aurait pu le distraire de ce saint exercice, parlant peu et jamais qu'avec des personnes vertueuses. Les exemples et les leçons de sa mère qu'il eut le malheur de perdre pendant qu'il était à Palentia, lui avaient inspiré une grande dévotion pour la sainte Vierge et un grand amour pour les pauvres. Une famine ayant désolé le royaume de Castille, il employa au soulagement des malheureux son argent, ses meubles et jusqu'à ses livres. Cette conduite charitable toucha tellement les maîtres, les étudiants et les bourgeois, que ceux-ci ouvrirent leurs greniers, et ceux-là leurs bourses, pour empêcher de mourir de faim les victimes du fléau. Une pauvre femme, dont le frère avait été pris par les Maures, vint un jour lui demander en pleurant quelque secours pour contribuer à son rachat. Dominique, qui n'avait plus ni or, ni argent, s'offrit à prendre la place du captif ; mais ce sacrifice héroïque ne fut pas accepté. Après avoir terminé ses études, et pris ses degrés, il enseigna l'Écriture sainte à Palentia, et y annonça la parole de Dieu avec un succès prodigieux : on venait de toutes parts l'entendre comme un oracle. Le pieux Diégo Azébédo, ayant été fait évêque d'Osma, en 1178, donna plusieurs prébendes de son chapitre à des Chanoines Réguliers de Saint-Augustin, à la tête desquels il mit en qualité de sous-prieur, Dominique, qui était son diocésain. Ce poste éminent fit encore briller davantage le zèle qu'il avait pour sa propre sanctification et pour celle du prochain. La conversion des pécheurs et des infidèles était surtout l'objet de ses vœux les plus ardents : il passait quelquefois les nuits entières dans l'église, occupé à prier pour eux, et il arrosait de ses larmes les marches de l'autel devant lequel il était prosterné. Il prêchait à Osma comme il l'avait fait à Palentia, et il prenait part à l'administration du diocèse. Son évêque ayant deviné, à la vue du dépérissement de sa santé, qu'il se livrait secrètement à des austérités extraordinaires, lui ordonna de mettre un peu de vin dans son eau : Dominique obéit, mais il ne discontinua pas les autres macérations par lesquelles il affligeait son corps. Azébédo ayant été chargé par Alphonse IX, roi de Castille, d'aller négocier le mariage du prince Ferdinand, son fils, avec la fille du comte de la Marche, voulut que Dominique l'accompagnât. Étant arrivés dans le Languedoc qui était alors rempli d'Albigeois, ils logèrent à Toulouse chez un de ces hérétiques, que le saint convertit dans l'espace d'une seule nuit. Les articles du mariage étant arrêtés, les deux envoyés retournèrent en Castille pour prendre les équipages destinés à aller chercher la princesse dans les États de son père, mais à leur arrivée à La Marche, ils la trouvèrent morte, et après avoir assisté à ses funérailles, ils renvoyèrent leur train et se rendirent à Rome pour demander au pape Innocent III la permission de travailler à la conversion des hérétiques du Languedoc. Le pape consentit à leur demande. En revenant d'Italie, les deux saints missionnaires visitèrent par dévotion le monastère de Cîteaux, et arrivés à Montpellier, en 1205, ils se joignirent à plusieurs abbés de cet ordre, que le pape avait déjà chargés de faire des missions parmi les hérétiques. Ils leur représentèrent qu'ils devaient, pour réussir, employer la persuasion et l'exemple, plutôt que l'intimidation, et imiter Jésus-Christ et les apôtres qui allaient à pied, sans argent ni provision, ni équipage : ces religieux, goûtant ces conseils, renvoyèrent leurs chevaux et leurs domestiques. Les Albigeois, qu'il s'agissait de ramener à l'Eglise, s'étaient rendus coupables des violences les plus horribles ; ils marchaient les armes à la main, portant dans les lieux d'alentour le pillage, la dévastation et le meurtre. Dominique, sans s'effrayer de la difficulté et des dangers qu'il allait courir au milieu de gens qui en voulaient surtout aux prêtres du Seigneur dont ils avaient déjà massacré un grand nombre, entreprit d'arrêter, par ses prédications, les ravages du torrent; et il y réussit : aussi, la conversion de ces hérétiques est-elle regardée comme le plus grand des miracles qu'il ait opérés. La première conférence avec eux se tint dans un bourg près de Montpellier; elle dura une semaine, et produisit les plus heureux résultats. Les missionnaires se rendirent ensuite à Béziers, où ils restèrent aussi huit jours, et y ramenèrent également beaucoup d'âmes à Jésus-Christ malgré les mauvaises dispositions de leurs auditeurs, dont la plupart se bouchaient les oreilles pour ne pas entendre la parole de Dieu. De là, Dominique se rendit, avec l'évêque d'Osma, à Carcassonne et ensuite à Montréal, où ils disputèrent, pendant quinze jours avec les quatre principaux chefs des Albigeois, et convertirent cent cinquante de ces hérétiques. Dominique rédigea par écrit une courte exposition de la foi, et prouva chaque article par le Nouveau Testament, la seule autorité qu'ils fussent disposés à reconnaître. Ce petit ouvrage ayant été remis aux principaux de la secte, afin qu'ils l'examinassent, ceux-ci, après avoir longtemps discuté entre eux sur son contenu, convinrent de le jeter au feu, disant que s'il brûlait, ils regarderaient comme fausse la doctrine qui y était exposée. Ils l'y jetèrent par trois fois, sans que les flammes l'endommageassent ; cependant il ne se convertit qu'un officier qui attesta depuis publiquement la vérité du miracle dont il avait été témoin oculaire. Les Albigeois ayant de nouveau proposé, dans une conférence tenue à Fangeaux, de jeter dans les flammes l'écrit dont nous venons de parler, on l'y jeta en présence de toute l'assemblée à laquelle assistaient les abbés de l'ordre de Citeaux, et l'épreuve ayant été répétée par trois fois, le papier se trouva intact : à cette vue un grand nombre de personnes des deux sexes abjurèrent leurs erreurs. Ce second miracle, qu'il ne faut pas confondre avec le précédent, eut lieu dans le château de Raymond Durford, où, pour en perpétuer le souvenir, on bâtit plus tard une chapelle en l'honneur de saint Dominique, et la postérité de ce Raymond donna même le château à l'ordre des Frères-Prêcheurs. Dominique voyant que l'éducation des enfants des catholiques était très-négligée, s'efforça de remédier à ce grave inconvénient, et fonda, en 1206, dans cette vue, le monastère de Notre-Dame de Prouille, près de Fanjeaux, et y mit des religieuses auxquelles il donna la règle de saint Augustin, avec quelques constitutions particulières qui furent approuvées par Grégoire IX. Un des buts de cet établissement était de former à la piété les jeunes filles qui devaient un jour vivre dans le monde, et on le regarde comme le berceau et le chef-lieu des Dominicaines. L'année suivante on tint une autre conférence dans le palais de Raymond Roger, comte de Foix, qui admit successivement les deux partis à sa table ; plusieurs Albigeois de distinction renoncèrent à l'hérésie, notamment celui qui avait été choisi pour juge et pour arbitre de la dispute, et qui avait été jusque-là un des plus fermes soutiens de sa secte. Après cette conférence, les abbés de Citeaux retournèrent dans leurs monastères, et l'évêque d'Osma, dont les deux ans étaient expirés, reprit le chemin de son diocèse après avoir établi Dominique chef de la mission, titre qui fut confirmé à celui-ci par le pape la même année. Le nouveau supérieur fit de sages règlements pour la conduite des prêtres qui travaillaient sous ses ordres. Le 15 janvier 1208, Pierre de Castelnau, légat du pape, ayant été assassiné par les gens du comte de Toulouse, cet attentat mit en feu toute la chrétienté. Innocent III fit excommunier le comte, et donna ses biens au premier occupant. On publia une croisade et on leva une armée pour marcher contre les Albigeois et pour subjuguer ces fanatiques turbulents et sanguinaires qui troublaient la paix publique. Dominique n'eut aucune part à ces préparatifs de guerre ; ses armes à lui étaient la douceur et la patience. Les injures, les affronts, les mauvais traitements qu'il essuyait de la part de ces hérétiques, les pièges qu'on lui tendait, les dangers mêmes dont ses jours étaient menacés ; rien ne pouvait ralentir son zèle apostolique, et il se serait estimé trop heureux s'il eût pu obtenir la conversion d'un de ces malheureux au prix de sa vie. L'un de ces hérétiques, qu'il ne connaissait pas, s'étant un jour offert à lui servir de guide, le conduisit exprès par des chemins remplis de pierres et d'épines, et Dominique, qui ne portait point de chaussure, eut les pieds tout déchirés. Il supportait cette méchanceté avec un calme angélique, et comme son guide en était confus lui-même, il le consola avec bonté, lui disant que ce sang qui coulait de son corps était le sujet de son triomphe; il en fut si touché, qu'il rentra dans le sein de l'Eglise. Un autre jour, les Albigeois apostèrent des scélérats pour l'assassiner entre Pouille et Fangeaux ; mais il eut le bonheur de ne pas tomber entre leurs mains, et comme les hérétiques lui demandaient ce qu'il eût fait s'il eût rencontré ces assassins : *J'aurais*, dit-il, *remercié Dieu, et je l'aurais prié de faire que mon sang coulât goutte à goutte, et que mes membres fussent coupés l'un après l'autre, afin de prolonger mes tourments pour enrichir ma couronne.* Cette réponse fit sur eux une profonde impression. Une pauvre femme, reconnaissant les erreurs de sa secte, déclara en même temps qu'elle ne pouvait y renoncer sans se priver des seules ressources qu'elle eût pour vivre. Dominique l'ayant entendue ainsi parler en eut l'âme percée de douleur. Il s'offrit à se vendre, en qualité d'esclave, afin de lui procurer de quoi subsister et de la mettre en état de faire son salut. Il se serait vendu, en effet, si la Providence ne fût venue au secours de cette femme par une autre voie. Lorsque l'armée des croisés approchait, saint Dominique fit tout ce qu'il put pour sauver ces hérétiques opiniâtres qui couraient à leur perte. Ayant remarqué que, parmi les croisés, il s'en trouvait plusieurs qui n'avaient pris les armes que pour piller et pour se livrer à toutes sortes de désordres, qu'il y en avait qui ignoraient les principaux mystères de la foi, et qui n'avaient pas la moindre idée des devoirs du christianisme, il entreprit la réforme de leur conduite avec le même zèle qu'il avait travaillé à la conversion des Albigeois : aussi le comte de Montfort, chef de la croisade, avait-il pour lui une singulière vénération. La désorganisation s'étant mise dans l'armée, parce que la plupart des croisés s'en retournaient chez eux après avoir servi quarante jours, ce général, qui s'était vu à la tête de deux cent mille hommes, n'en avait plus que douze cents lorsqu'il se retira à Muret, où le roi d'Aragon vint l'attaquer avec une armée cent fois plus nombreuse. Dominique lui ayant promis la victoire de la part de Dieu, il fit une sortie, le 12 septembre 1213, et mit ses ennemis dans une déroute si complète, que le roi d'Aragon resta sur le champ de bataille avec seize mille des siens. Cette prédiction, si pleinement vérifiée, fut la seule part que Dominique prit à la bataille, pendant laquelle il resta en prières dans l'église de la citadelle. Il sauva la vie à un jeune homme que les croisés voulaient livrer aux flammes, et les assura qu'il était destiné à mourir dans le sein de l'Église. En effet, quelques années après, il devint un fervent catholique, et entra même dans l'ordre de Saint-Dominique où il mourut saintement. Il n'approuvait jamais la violence et l'effusion du sang, et ne combattit jamais les hérétiques que par l'instruction, les pratiques de la pénitence, la prière et les larmes. C'est donc bien injustement que quelques écrivains modernes l'ont dépeint comme un prédicateur fougueux qui préférait se servir du bras séculier que de la persuasion ; il en est qui ont osé dire qu'il fut le promoteur de cette croisade et le complice des cruautés dont elle fut accompagnée, et que pour perpétuer dans l'Église l'esprit persécuteur, il suggéra l'idée du tribunal de l'inquisition. La vérité est que le saint n'employa jamais dans cette mission, que les sermons, les conférences et les miracles, et s'il déploya quelque part de la sévérité, ce fut contre les excès des croisés eux-mêmes. Les fatigues que lui causaient ses immenses travaux ne l'empêchaient pas de mener un genre de vie très-austère. Les jours de jeûne, et surtout pendant le carême, sa nourriture ne se composait que de pain et d'eau : il passait, avec son compagnon, une grande partie des nuits en prières, et ne couchait que sur des planches. Le désir de verser son sang pour la foi lui faisait braver avec joie tous les périls ; un jour il alla sans crainte au-devant d'une troupe de scélérats qui venaient d'assassiner, près de Carcassonne, un abbé et un moine de Cîteaux. Pendant qu'il faisait une mission à Castres, il fut, un jour, invité à dîner par l'abbé de Saint-Vincent ; son sermon fini, il resta dans l'église pour prier, et l'heure du repas venue, l'abbé l'envoya chercher par un clerc. Celui-ci prit le chemin de l'église où il espérait le trouver plutôt que partout ailleurs ; il l'y trouva en effet, mais ravi en extase et élevé de terre de plusieurs coudées. Il le considéra longtemps avec un étonnement mêlé d'admiration, et n'osa l'approcher que quand il fut doucement descendu à terre. Ce fut pendant son séjour dans le Languedoc que Dominique institua la célèbre dévotion du Rosaire, qui consiste à réciter quinze fois l'Oraison dominicale et cent cinquante fois la Salutation angélique, en l'honneur des quinze principaux mystères de Jésus-Christ et de sa sainte Mère, qui sont les fondements de la religion, mystères que les Albigeois ignoraient ou blasphémaient, et que le saint voulut faire honorer par une méthode simple et instructive. Outre le monastère qu'il avait fondé à Prouille, avec les libéralités des évêques voisins, il établit un institut qu'il nomma du *Tiers Ordre*, où l'on observait la plus exacte régularité, sans presque aucune austérité extraordinaire. Parmi les personnes qui s'y engageaient, les unes vivaient en communauté, et étaient de véritables religieuses, les autres continuaient d'habiter leurs propres maisons, et sanctifiaient leurs occupations ordinaires par certains exercices réglés : elles consacraient aussi une partie de leur temps au service des pauvres dans les prisons et dans les hôpitaux. Dominique continuait à porter l'habit des Chanoines Réguliers de Saint-Augustin qu'il avait pris à Osma ; mais il se sentait un désir ardent de ressusciter l'esprit apostolique dans les ministres des autels dont les scandales autorisaient la corruption parmi le peuple, et avaient servi de prétexte à la naissance de l'hérésie. Il pensa que le plus sûr moyen de réussir était d'instituer un ordre religieux dont les membres joignissent les exercices de la retraite et de la contemplation à l'étude des sciences ecclésiastiques, afin qu'ils pussent s'appliquer aux fonctions de la vie pastorale, et surtout à la prédication, de manière que, par leurs discours et leurs exemples, ils fussent en état de répandre les lumières de la foi, d'allumer le feu de la charité et d'aider les pasteurs à guérir les plaies que le vice et l'erreur avaient faites à leur troupeau. Il pria longtemps pour connaître la volonté de Dieu sur son projet, qu'il communiqua aux évêques de Languedoc et de Provence. Tous y applaudirent et le pressèrent de le mettre à exécution, jugeant que le modèle des prédicateurs était plus capable que personne d'en être le père. Seize des missionnaires qui travaillaient avec lui entrèrent dans ses vues, et Pierre Cellani, l'un d'eux, donna quelques maisons qu'il possédait à Toulouse, et où l'ordre naissant s'établit en 1215, sous la protection de l'évêque de cette ville. Le saint fondateur se rendit à Rome pour faire approuver son institut par le pape, et accompagna Foulques, évêque de Toulouse, qui se rendait au quatrième concile de Latran. Il fut reçu avec de grandes marques d'affection par Innocent III, qui gouvernait l'Église depuis dix-huit ans, et qui avait entendu parler de sa sainteté et de son zèle pour la prédication. Le pape loua le dessein de Dominique, et s'il fit d'abord quelque difficulté d'approuver le nouvel institut, c'est qu'on lui avait porté des plaintes sur la trop grande multiplication des ordres religieux; et il fit défendre, par le treizième canon du concile, d'en établir de nouveaux. Cependant il approuva de vive voix celui du saint, et lui ordonna d'en dresser les constitutions, afin qu'il pût les examiner. Dominique, après avoir assisté au concile, revint à Toulouse, au commencement de l'année suivante, et d'après l'avis de ses seize compagnons, il choisit la règle de saint Augustin, qui s'était lui-même distingué par son zèle pour la prédication; il y joignit certaines observances tirées de la règle des Prémontrés ainsi que quelques constitutions particulières. Il prescrivait aux frères des jeûnes rigoureux, une abstinence perpétuelle de viande et la plus entière pauvreté, voulant que les frères ne vécussent que d'aumônes, sans défendre toutefois aux maisons d'avoir quelques biens, pourvu qu'ils fussent possédés en commun. Honorius III ayant succédé à Innocent, Dominique se vit obligé de retourner à Rome; mais avant de partir, il acheva son couvent de Toulouse, et l'évêque lui donna l'église de Saint-Romain. L'évêque de Fermo en Italie lui fit présent de celle de Saint-Thomas et voulut avoir une maison de son ordre dans sa ville épiscopale. Arrivé à Rome au mois de septembre 1216, muni d'une copie de sa règle, il fut quelque temps avant de pouvoir obtenir audience du nouveau pape; mais une vision qu'il eut l'empêcha de perdre courage. Honorius approuva le nouvel institut et en confirma les constitutions par deux bulles datées, l'une et l'autre, du 26 décembre de la même année. Il retint Dominique à Rome plusieurs mois et le chargea de prêcher dans cette ville, ce dont le saint s'acquitta avec beaucoup de succès. Il proposa au pape d'établir dans son palais, pour l'instruction des personnes de sa cour, un maître des études relatives à la religion; Honorius entra dans ses vues et créa l'office de maître du sacré palais, dont il chargea Dominique, qui l'exerça le premier et qui, depuis, a toujours été confié à un religieux de son ordre. Pendant son séjour à Rome, il dicta des commentaires sur les Épîtres de saint Paul, qui ne sont point parvenus jusqu'à nous, mais auxquels les auteurs du temps donnent de grands éloges, ce qui en fait vivement regretter la perte. Il avait appris de saint Jean Chrysostome que ces Épîtres sont un trésor inépuisable d'instruction pour un prédicateur qui les médite avec assiduité : aussi, il en portait toujours un exemplaire avec lui.

et en recommandait fortement la lecture à ses religieux. Le pape lui ayant permis de retourner à Toulouse, au mois de mai 1217, il s'y appliqua à former ses religieux à la mission qu'il s'était proposée en les admettant dans son ordre, et bientôt il put en envoyer un certain nombre en Espagne, en Portugal et à Paris. Il forma ensuite des établissements à Lyon, à Montpellier, à Bayonne et dans plusieurs autres villes de France. Il retourna à Rome en 1217 : le pape l'invita à y fonder un couvent de son ordre, et lui donna l'église de Saint-Sixte. Il le chargea aussi d'enseigner la théologie dans le palais et de prêcher dans l'église de Saint-Pierre, où ses sermons attiraient un concours prodigieux. Dieu l'honora du don des miracles, au point qu'il fut surnommé le Thaumaturge de son siècle. Une femme nommée Guta-Dona, étant allée entendre une de ses prédications, à son retour chez elle, elle trouva son enfant mort dans le berceau. Accablée de douleur, elle le porte à l'église de Saint-Sixte, et le pose aux pieds du saint, ne s'expliquant que par ses larmes et ses soupirs. Le serviteur de Dieu, touché de son affliction, prie quelque temps avec ferveur, puis forme le signe de la croix sur l'enfant qui ressuscite. Le pape voulait que ce miracle fût publié en chaire; mais l'humilité du saint s'y opposa. Un ouvrier qui s'était tué en tombant d'une voûte du couvent de Saint-Sixte, où il travaillait, recouvra la vie de la même manière. Il ressuscita un troisième mort dans le monastère de Saint-Sixte; c'était le jeune Napoléon, neveu du cardinal Etienne de Fossa-Nuova. Ce cardinal fut nommé, par le pape, commissaire avec deux autres cardinaux et saint Dominique, pour réunir dans une maison cloîtrée les religieuses de Rome qui ne gardaient pas la clôture. Le saint ayant offert pour cet objet son monastère de Saint-Sixte, qui venait d'être achevé, se réservant de faire bâtir, pour ses religieux, un couvent à Sainte-Sabine, le pape agréa cet arrangement. Les religieuses de Sainte-Marie-Transtéverine furent les plus difficiles à gagner. Dominique, s'étant rendu chez elles avec les trois cardinaux, il leur parla avec tant de solidité et de charité, qu'elles se rendirent toutes, à l'exception d'une seule. Mais les commissaires ne se furent pas plutôt retirés, que les parents et les amis de ces religieuses accoururent pour les faire changer d'avis, et ils y réussirent au point qu'elles ne voulaient plus entendre parler de clôture. Le saint, pour leur laisser le temps de la réflexion, obtint du pape qu'on suspendrait les voies de rigueur, et après avoir recommandé l'affaire à Dieu, il retourna chez ces religieuses, et leur adressa un discours si touchant et si persuasif, que toutes s'engagèrent par vœu à faire ce que le souverain pontife exigerait d'elles, priant le saint de leur servir de directeur et de leur donner sa règle; ce qu'il leur accorda; mais en attendant la translation, il fit fermer le cloître, de peur que les communications avec le dehors ne vinssent de nouveau ébranler leur résolution. Ce fut le mercredi des cendres de l'an 1218 que l'abbesse et quelques-unes de ses religieuses allèrent prendre possession du monastère de Saint-Sixte, et pendant qu'elles étaient au chapitre avec saint Dominique et les trois cardinaux commissaires, pour traiter des droits, des revenus et de l'administration de la nouvelle communauté, on vient annoncer que Napoléon, neveu du cardinal Etienne, s'était tué en tombant de cheval. A cette nouvelle, le cardinal fut tellement saisi qu'il se sentit faiblir et s'appuya sur le saint, à côté duquel il était assis. Celui-ci, après lui avoir adressé quelques paroles de consolation, se fit apporter le corps du jeune homme et ordonna qu'on lui préparât un autel pour dire la messe. Il se rendit ensuite à l'église, suivi des trois cardinaux, des religieuses qui venaient d'arriver, des frères qui se trouvaient là, et d'une grande foule de peuple. Le saint, qui n'avait cessé de verser des larmes pendant la messe, eut une extase, quand il en fut à l'élévation, et parut élevé de terre d'une coudée; ce qui plongea les assistants dans un étonnement indicible. La messe finie, Dominique se rendit près du mort avec tous ceux qui se trouvaient à l'église, remit dans leur place les membres brisés et se prosterna ensuite pour prier. S'étant relevé, il fit le signe de la croix sur le cadavre, étendit les mains vers le ciel, et étant lui-même suspendu en l'air par une force invisible, il dit à haute voix : *Napoléon, je vous ordonne de vous lever, au nom de Notre-Seigneur Jésus-Christ*. A l'instant, Napoléon se leva, plein de vie, en présence de toute l'assemblée. Le pape, les cardinaux et toute la ville rendirent de solennelles actions de grâces au Seigneur qui daignait renouveler les prodiges qu'il avait opérés pour l'établissement de son Eglise. Yves, évêque de Cracovie et chancelier de Pologne, qui se trouvait à Rome lorsque ce miracle eut lieu, et qui en avait été témoin oculaire, pria le saint de donner l'habit de son ordre à ses deux neveux, saint Hyacinthe et saint Ceslas, ainsi qu'à deux autres personnes de sa suite. Dominique profita de cette circonstance pour envoyer quelques-uns de ses religieux en Pologne, afin d'y fonder un couvent. Il retourna ensuite en Languedoc, d'où il se rendit en Espagne, et y fonda deux couvents, l'un à Ségovie et l'autre à Madrid. En 1219, il repassa par Toulouse pour aller à Paris, où il arrivait pour la première fois, et où il convertit en peu de temps, par ses instructions, un grand nombre de pécheurs. André, roi d'Ecosse, qui se trouvait dans cette ville, conçut une grande estime pour le saint fondateur, et lui fit promettre qu'il enverrait quelques religieux dans ses Etats. Après avoir réglé tout ce qui concernait le couvent qu'il avait fondé dans la rue Saint-Jacques, d'où la plupart des Dominicains de France ont pris le nom de Jacobins, il quitta Paris pour retourner en Italie. Sur sa route, il fonda les couvents d'Avignon, d'Asti et de Bergame, et vint se fixer à Bologne, où le curé de Saint-Nicolas lui donna son église, du consentement de l'évêque, et entra dans son ordre. Le pape Honorius III, se trouvant à Viterbe, en 1220, saint Dominique alla le voir et poussa jusqu'à Rome, où il rencontra saint François d'Assise, chez le cardinal Hugolin, qui était l'ami commun de ces deux grands serviteurs de Dieu. De retour à Bologne, il tint, à la Pentecôte de la même année, un chapitre général des Frères Prêcheurs, auquel assistèrent tous les supérieurs de l'ordre, et le saint, qui n'avait porté jusque-là que le titre de supérieur, prit, par l'ordre du pape, celui de général. Mais il ne se distinguait de ses religieux que par une humilité plus grande et par des mortifications plus rigoureuses; car, malgré les fatigues incroyables de sa vie apostolique, malgré l'usage où il était de prêcher tous les jours, dans tous les lieux où il se trouvait, et même souvent plusieurs fois par jour, loin de modérer ses austérités il s'appliquait, au contraire, à les augmenter de plus en plus, et à refuser à la nature tout ce qui n'était pas absolument indispensable. Il était aussi très-rigide sur l'article de la pauvreté, pour lui-même d'abord, et ensuite pour ses religieux. Ce n'était pas sans répugnance qu'il admettait dans son ordre des personnes riches, et il prenait alors de sages précautions pour empêcher qu'ils ne portassent atteinte à cet esprit de pauvreté, qui lui fit prendre pour règle de refuser toujours les donations qu'on voulait lui faire. Ainsi, une personne de Bologne ayant formé le projet de donner ses biens au couvent de Saint-Nicolas, dressa l'acte de donation et le fit ratifier secrètement par l'évêque, espérant que l'autorité du prélat pourrait vaincre la résistance du saint fondateur; mais celui-ci refusa net et déchira l'acte en présence même du donateur. Pour maintenir son ordre dans cet esprit de désintéressement, il retrancha toutes les superfluités, et afin d'accoutumer ses religieux à n'être pas inquiets pour le lendemain, il voulut qu'on donnât aux pauvres, le jour-même, ce qui était de trop des besoins de la journée. Il possédait aussi l'humilité dans un degré éminent, et lorsqu'il entrait dans quelque ville, il priait Dieu de ne pas permettre qu'un pécheur tel que lui attirât sur le peuple la vengeance céleste. Il se regardait comme le serviteur de ses religieux, et lorsqu'il était en voyage, il désirait porter, autant qu'il était en lui, les fardeaux de chacun d'eux. S'il était quelquefois obligé de parler de ce qu'il avait fait, ce n'était jamais qu'avec la plus grande modestie; jamais il ne disait rien de sa naissance, du succès de ses entreprises, des heureux effets de ses prédications, et il mettait un grand soin à cacher ses bonnes œuvres, ses aumônes et les grâces qu'il recevait de Dieu. Quelquefois cependant il quittait cette réserve avec ses amis intimes, mais ce n'était pas la vanité qui le dirigeait alors; c'était uniquement pour montrer combien la miséricorde divine était grande à son égard. C'est ainsi que s'entretenant un jour avec un prieur de Cîteaux, qui devint, dans la suite, évêque d'Alatri, il lui avoua que ses prières avaient toujours été exaucées. *Pourquoi donc*, répliqua le prieur, *ne demandez-vous pas à Dieu qu'il inspire à maître Conrard le dessein d'entrer dans votre ordre?* Ce Conrard, Allemand de naissance, était professeur en droit et jouissait de la plus haute réputation. Le saint passa la nuit en prières dans l'église, et le lendemain, Conrard vint se jeter à ses pieds pour lui demander l'habit; ce qui était d'autant plus surprenant qu'il avait toujours montré beaucoup d'éloignement pour l'état religieux. Devenu Frère Prêcheur, il fut l'ornement de l'ordre par sa science et par sa sainteté. Saint Dominique avait pour maxime qu'on était maître du monde quand on était maître de ses passions; qu'il faut, ou leur commander ou devenir leur esclave; et qu'il vaut mieux être le marteau que l'enclume; aussi avait-il tellement maîtrisé les siennes, qu'il ne lui échappait jamais ni plainte, ni mouvement d'impatience, et qu'il jouissait d'un calme intérieur que rien ne pouvait troubler. Mais quoique plein de douceur et de condescendance pour le prochain, il était inflexible pour le maintien de la discipline qu'il avait établie parmi ses religieux, surtout sur le chapitre de la pauvreté. Saint François étant venu à Bologne, en 1220, fut si choqué de la magnificence avec laquelle le couvent de ses disciples était bâti, qu'il alla loger dans celui des Dominicains où tout respirait le détachement des choses terrestres, et il y passa plusieurs jours pour jouir des entretiens de saint Dominique, qui respiraient quelque chose de céleste. S'il conversait avec le prochain, c'était toujours sur des sujets de piété, et lorsqu'il voyageait, il avait coutume de dire à ses compagnons: *Marchez un peu devant, et laissez-moi penser à Notre-Seigneur*. Il avait aussi une tendre dévotion à la sainte Vierge, et il ne manquait jamais d'implorer son secours, quand il allait exercer quelque fonction du ministère. Quoique les missions qu'il faisait absorbassent la plus grande partie de son temps, cela ne l'empêcha pas de fonder, cette même année, des maisons de son ordre à Brescia, à Faenza et à Viterbe, ni de visiter celles qu'il avait fondées précédemment. Il envoya de ses religieux à Maroc, en Suède, en Norwège, en Irlande et en Angleterre, où treize d'entre eux, qui avaient Gilbert pour supérieur, fondèrent les couvents de Cantorbéry, de Londres et d'Oxford. En 1221, il tint, à Bologne, le second chapitre général de son ordre qu'il divisa en huit provinces. Cette même année, qui fut celle de sa mort, il envoya de ses religieux dans la Hongrie, la Grèce et la Palestine. S'étant rendu de Bologne à Milan, il dit au frère qui l'accompagnait: *Vous me voyez présentement en bonne santé, mais je sortirai de ce monde avant la fête de l'Assomption de la sainte Vierge*. Revenu à Bologne, il fut attaqué d'une fièvre qui, dès le principe, ne laissa aucune espérance; ce qui ne l'empêcha pas d'aller à l'office de la nuit, mais après matines, il fut obligé de retourner dans sa chambre. Quand il se sentit près de sa fin, il fit assembler ses religieux, et comme sa maladie ne lui avait rien ôté de sa tranquillité habituelle, dans un discours qu'il appela son dernier testament, il les exhorta tous à la pratique de l'humilité, de la pauvreté, à la fidélité à servir Dieu et à la vigilance sur eux-mêmes, pour se garantir des pièges de l'esprit impur. Comme ils fondaient tous en larmes, pour les consoler, il leur promit de ne jamais les oublier, lorsqu'il serait devant le Seigneur. Après avoir reçu les derniers sacrements, il ne cessa de prier jusqu'au moment où il expira, le 6 août 1221, étant âgé de cinquante et un ans. Le cardinal Hugolin, son ami et qui fut depuis pape sous le nom de Grégoire IX, n'eut pas plutôt appris sa mort, qu'il se rendit à Bologne: il fit la cérémonie de ses funérailles et composa son épitaphe. Comme il s'opérait un grand nombre de miracles à son tombeau, il le canonisa l'an 1234, après avoir fait lever de terre son corps qui fut solennellement transporté dans l'église où on le renferma plus tard dans un magnifique mausolée. — 4 août.

DOMINIQUE (sainte), *Dominica*, vierge et martyre, qui, poussée par un zèle ardent, mit en pièces les idoles des faux dieux. Arrêtée pour ce fait, elle fut condamnée aux bêtes; mais étant sortie de cette épreuve sans avoir reçu la moindre atteinte, elle eut la tête tranchée, sous le règne de Dioclétien. Son corps est conservé, avec beaucoup de vénération, à Tropée, dans la Calabre.

DOMINIQUE (sainte), vierge de Côme en Lombardie, florissait dans le vi[e] siècle. — 13 mai.

DOMITIEN (saint), *Domitianus*, martyr à Chiéti dans l'Abruzze, souffrit avec saint Légontien. — 5 février.

DOMITIEN (saint), martyr à Philadelphie en Arabie avec saint Cyrille et plusieurs autres, est honoré le 1er août.

DOMITIEN (saint), diacre et martyr à Ancyre en Galatie, souffrit avec saint Eutyche, prêtre. — 28 décembre.

DOMITIEN (saint), l'un des quarante martyrs de Sébaste en Arménie, servait avec ses compagnons dans l'armée de Licinius, lorsque ce prince porta, en 320, un édit qui ordonnait à tous les soldats de sacrifier aux dieux. Lysias, leur général, n'ayant pu leur arracher cet acte d'apostasie, les remit à Agricola, gouverneur de la province; mais celui-ci n'eut pas plus de succès auprès de ces généreux chrétiens. Il les condamna à passer la nuit, tout nus sur un étang couvert de glace, qui se trouvait près de Sébaste. Il avait eu la perfide précaution de faire tenir tout préparé un bain chaud pour recevoir ceux que la violence du froid aurait vaincus: un seul succomba à la tentation, mais il fut remplacé par l'un des soldats qui les gardaient, et le nombre de quarante ne fut pas entamé, comme ils l'avaient demandé à Dieu par une prière faite en commun. Le lendemain, on chargea les morts et les mourants sur des charrettes et on les conduisit sur un bûcher qui les réduisit en cendre. On recueillit cependant un grand nombre de leurs ossements, et la ville de Césarée en Cappadoce possédait quelques-unes de ces précieuses reliques, devant lesquelles saint Basile prononça, le jour de leur fête, un panégyrique en leur honneur. — 10 mars.

DOMITIEN (saint), évêque de Châlons-sur-Marne, succéda à saint Donatien et florissait dans le x° siècle. Après avoir travaillé avec beaucoup de zèle à confirmer la foi les nouveaux chrétiens et à augmenter leur nombre par la conversion des infidèles, il mourut en paix et fut enterré auprès de saint Memmie ou Menge et de saint Donatien, ses prédécesseurs. Ses reliques furent vérifiées en 1624. — 9 août.

DOMITIEN (saint), fondateur du monastère de Bébrou, au diocèse de Lyon, naquit à Rome dans le iv° siècle. Étant venu dans les Gaules, il se fit moine dans le monastère de Lérins, qui venait d'être fondé, et il se montra le modèle des fervents religieux qui habitaient ce saint lieu. Les louanges que lui attirait son éminente sainteté lui firent quitter Lérins pour aller fonder le monastère de Bébrou. Saint Adon, dans son Martyrologe, fait un bel éloge de saint Domitien, qui, après s'être rendu illustre par de grandes vertus et par d'éclatants miracles, mourut dans un âge avancé vers le milieu du v° siècle. Le monastère de Bébrou, dont il fut le premier abbé, prit dans la suite le nom de Saint-Rambert. — 1er juillet.

DOMITIEN (saint), evêque, né en France sur la fin du v° siècle, fut d'abord élevé sur le siége épiscopal de Tongres; mais celui de Maestricht étant devenu vacant, le peuple et le clergé de cette ville, connaissant son mérite et la réputation dont il jouissait, l'élurent pour évêque de leur ville. Domitien accepta malgré lui cette nouvelle dignité, mais il remplit avec un zèle infatigable les devoirs qu'elle lui imposait. Par sa science et sa sainteté il fut, à la lettre, la *lumière du monde* et le *sel de la terre*; c'est ce qu'on eut lieu de remarquer au v° concile d'Orléans, tenu en 541. Dans une disette extraordinaire qui désola son troupeau, comme les riches cessaient leurs aumônes, dans la crainte de manquer eux-mêmes du nécessaire, Domitien leur reprocha vivement leur dureté et leur peu de foi, les conjurant de ne pas laisser mourir de faim leurs frères; et pour qu'ils n'eussent rien à appréhender pour eux-mêmes, il les assura que la récolte prochaine, malgré les apparences contraires, suffirait à tous les besoins. Il délivra par ses prières les habitants de Huy d'un animal extraordinaire qui avait causé de grands ravages, et passa quelque temps dans cette ville, où il convertit plusieurs de ceux qui étaient encore idolâtres. Domitien connut par révélation l'époque de sa mort, et, sur la fin de sa vie, il visita par dévotion les tombeaux de plusieurs saints, entre autres celui de saint Servais, évêque de Tongres. Il mourut le 7 mai 560, et son corps fut enterré à Huy, dont il est patron. Il s'opéra un grand nombre de miracles à son tombeau, et son corps ayant été levé de terre sous Charlemagne, fut trouvé entier et bien conservé. — 7 mai.

DOMITIEN (saint), évêque de Mitylène en Arménie, naquit, dans le vi° siècle, d'une famille distinguée qui lui fit donner une brillante éducation. Après avoir passé sa première jeunesse dans l'innocence et la pratique des vertus chrétiennes, il s'engagea dans les liens du mariage; mais la mort lui ayant ravi peu après la jeune épouse sur laquelle reposaient toutes ses espérances de bonheur, ce coup lui fit comprendre la fragilité des choses humaines, et lui inspira la résolution de quitter le monde pour s'occuper uniquement de son salut; mais ce ne fut pas sans peine qu'il vint à bout de briser les liens qui l'attachaient au siècle, et de triompher des résistances de sa famille et de ses amis. La grâce lui donna la force dont il avait besoin, et une fois qu'il se fut entièrement donné à Dieu, il fit de tels progrès dans la vertu et il parvint en peu de temps à une perfection si éminente, qu'il n'avait encore que trente ans lorsque les fidèles et le clergé de Mitylène d'élurent d'une voix unanime pour leur évêque. Sa modestie l'empêchait d'acquiescer à son élection, mais on le força en quelque sorte d'accepter. Après avoir été promu aux ordres sacrés, et après qu'il eut reçu l'onction épiscopale, il prit en main l'administration de son diocèse, et devint le modèle de son troupeau. Son zèle infatigable, sa science et sa sainteté le firent bientôt citer comme l'un des plus grands prélats de l'empire. Sa réputation s'étendit jusqu'à Constantinople, et l'empereur Maurice le consultait souvent et faisait le plus grand cas de ses avis. Cependant loin d'abuser pour lui ou pour les siens du crédit dont il jouissait à la cour, il ne l'employait que pour rendre service aux autres; mais sa protection était toujours acquise à ceux qui avaient des plaintes ou des réclamations légitimes à faire valoir près de l'empereur. Les habitants de Constantinople avaient pour lui une telle vénération, que, quand il se trouvait dans leur ville, une foule immense se pressait sur ses pas, lorsqu'il paraissait en public, et lui prodiguait les marques du plus profond respect. Il mourut, vers l'an 602, dans cette ville, où il s'était rendu une dernière fois pour plaider la cause de la religion. La cour, le clergé et le peuple honorèrent de leur présence ses funérailles; son corps fut ensuite transporté dans sa patrie où il opéra plusieurs miracles. On célébrait sa fête, tous les ans, à Constantinople, dans l'église de Sainte-Sophie, avant qu'elle n'eût été convertie en mosquée. — 10 janvier.

DOMITIEN (saint), disciple de saint Landelin, l'accompagna lorsque celui-ci quitta l'abbaye de Lobes pour se retirer à Crépin, lieu situé dans une épaisse forêt du Hainaut, où ils se construisirent des cellules de branches. Bientôt Crépin devint un monastère dont Domitien fut l'un des principaux ornements. Vers l'an 652, il fit le voyage de Rome avec saint Landelin, et il mourut avant la fin du VIIe siècle. — 22 juin.

DOMITIUS (saint), ermite en Syrie, se retira dans une grotte sur les bords du torrent Mar-yas. La sainteté de sa vie lui avait acquis la vénération des populations d'alentour, qui venaient lui demander sa bénédiction et le secours de ses prières. Julien l'Apostat, traversant la Syrie pour aller faire la guerre en Perse, alla visiter Domitius. Voyant une grande foule réunie à l'entrée de sa grotte, il lui dit, d'un ton hypocrite, de ne pas courir après les louanges des hommes, puisque sa religion lui faisait un devoir de les fuir, et que celui qui s'est entièrement consacré à Dieu ne doit plus rien avoir de commun avec les vanités du monde. Le saint répondit qu'il s'inquiétait peu des sentiments que les hommes pouvaient avoir à son égard, mais qu'il ne refuserait jamais aux fidèles qui venaient le trouver, ni ses conseils, ni ses prières. Julien, irrité de cette réponse, fit murer l'entrée de la grotte, et Domitius, enterré tout vivant, consomma son martyre par le supplice de la faim, l'an 363. — 5 juillet.

DOMNE ou DONGE (saint), *Domnius*, premier évêque de Salone en Dalmatie, fut ordonné par saint Tite et mourut en paix sur la fin du Ier siècle. La dignité de métropole dont jouissait ce siège a été transférée à Spalatro. — 7 mai.

DOMNE (saint), *Domnus*, évêque d'Antioche, fut élu par le concile tenu en cette ville l'an 269, après la déposition de Paul de Samosate. Mais comme celui-ci, malgré la sentence du concile, s'obstinait à se porter pour évêque d'Antioche et qu'il continuait d'habiter la maison épiscopale, Domne eut recours à Aurélien qui venait d'être élevé à l'empire, et ce prince, quoique idolâtre, ordonna que la maison appartiendrait à celui des deux auquel l'adjugerait l'évêque de Rome, qui était alors Félix Ier. Cette décision fut exécutée et Domnus répara par son zèle les ravages causés par les erreurs et les scandales de son prédécesseur. Il ne faut pas le confondre avec un autre Domnus, qui occupait le siège d'Antioche du temps de saint Siméon Stylite, à qui il porta la sainte communion sur sa colonne. — 2 janvier.

DOMNE (saint), soldat et l'un des quarante martyrs de Sébaste en Arménie, qui après la prison et d'autres cruelles tortures furent exposés nus sur un étang glacé, au plus fort de l'hiver, par ordre d'Agricola, gouverneur de la province, l'an 320, sous l'empereur Licinius. Lorsqu'on les retira de l'étang, ils étaient presque tous morts de froid. On jeta leurs corps dans un bûcher où ils furent réduits en cendre. — 9 et 10 mars.

DOMNE ou ALOMNE (sainte), *Domna*, martyre à Lyon l'an 177, sous le règne de Marc-Aurèle, mourut en prison avec saint Pothin, évêque de cette ville. — 2 juin.

DOMNE (sainte), *Domna*, vierge et martyre à Nicomédie, souffrit avec plusieurs autres pendant la persécution de Dioclétien et n'obtint la double couronne, qu'après de longs combats. — 28 décembre.

DOMNIATE (sainte), martyre à Saint-Marc en Calabre, avec trois de ses fils dont l'un s'appelait Cassiodore, est honorée le 14 septembre.

DOMNICELLE (sainte), *Domnicella*, martyre avec sainte Principie et plusieurs autres, est honorée chez les Grecs le 11 novembre.

DOMNIN (saint), *Domninus*, martyr, souffrit avec saint Philémon. — 21 mars.

DOMNIN (saint), martyr à Thessalonique avec saint Victor et plusieurs autres, souffrit, au rapport des Grecs, sous l'empereur Maximien. — 30 mars.

DOMNIN (saint), autre martyr de Thessalonique, souffrit aussi sous le même empereur. — 1er octobre.

DOMNIN (saint), martyr, était l'un des officiers de la chambre de l'empereur Maximien-Hercule; voyant que la persécution contre les chrétiens allait toujours en augmentant, il s'enfuit, en 304, de Milan où ce prince tenait alors sa cour, et se dirigea vers Rome, dans l'intention de se tenir caché dans cette ville. Mais des soldats envoyés à sa poursuite l'ayant arrêté sur la voie Claudienne, entre Parme et Plaisance, ils lui coupèrent la tête. Il fut enterré sur le lieu même où il avait été décapité, et il s'opéra un grand nombre de miracles à son tombeau près duquel il s'est formé une ville qui s'appelle de son nom, Borgo-San-Domnino. — 9 octobre.

DOMNIN (saint), martyr à Émèse en Phénicie avec saint Théotime et plusieurs autres, souffrit l'an 310 sous l'empereur Maximin II. — 5 novembre.

DOMNIN (saint), diacre de Plaisance, mourut en 440, et il est honoré le 15 mars.

DOMNIN (saint), évêque de Vienne et confesseur, florissait au commencement du VIe siècle. Saint Adon, l'un de ses successeurs, dit, dans sa Chronique sous l'année 527, qu'il se distingua dans le siècle et dans l'Église, qu'il aimait à soulager les pauvres, à racheter les captifs et que sa vie était le modèle de toutes les vertus ; il place sa mort en 527. — 3 novembre.

DOMNINE (saint), *Domnina*, vierge et martyre avec plusieurs autres, est honorée le 14 avril.

DOMNINE (sainte), ayant été arrêtée pour la foi, en 285, fut conduite à Èges, capitale de la Cilicie, et comparut devant Lysias, gouverneur de la province, qui lui dit : *Vous voyez ce feu allumé et ces instruments de supplices ; tout cela est préparé pour vous; mais il ne tient qu'à vous de vous y soustraire en sacrifiant aux dieux. — Je ne crains que les supplices éternels et que le feu qui ne s'éteindra jamais. C'est pour n'y pas tomber que j'adore Dieu et Jésus-Christ son fils, qui a créé le ciel et la terre; car, pour vos dieux, ce ne sont que des œux de bois et de pierre. — Qu'on la dépouille de ses habits et qu'on la frappe de verges.* Cette sentence fut exécutée d'une manière si cruelle, qu'elle expira sous ses coups. L'un des bourreaux vint alors dire au proconsul : *Seigneur, cette femme a cessé de vivre. — Qu'on jette son corps dans le fleuve*, répondit Lysias, et il fut obéi à l'instant. — 23 août.

DOMNINE (sainte), martyre, était mère de sainte Bérénice et de sainte Prosdocé. D'une illustre famille d'Antioche, sa ville natale, elle se distinguait par une rare vertu, jointe à une grande beauté, et par les plus nobles qualités du cœur et de l'esprit. Comme la persécution de Dioclétien commençait à sévir, elle quitta sa patrie pour se sauver avec ses deux filles à Edesse en Mésopotamie; mais elle fut dénoncée par son propre mari, qui indiqua la route qu'elle avait prise. Arrêtée avec ses deux filles par les soldats que son mari accompagnait, et qui les conduisaient à Hiéraple en Syrie, où l'on devait leur faire leur procès, elles craignirent que leur beauté ne les exposât à la brutalité de leurs gardes : elles s'échappèrent donc de leurs mains et se jetèrent dans la rivière près de laquelle elles se trouvaient, après avoir laissé leurs chaussures sur la rive et pris la précaution de s'envelopper dans leurs vêtements, afin qu'après leur mort elles restassent couvertes selon les règles de la modestie. L'Eglise, qui les compte au nombre de ses martyres, a pensé que leur mort, quoique volontaire, avait été l'effet d'une inspiration de l'Esprit-Saint. Saint Jean Chrysostome a fait leur éloge. — 4 octobre.

DOMNINE (sainte), martyre en Lycie, sous l'empereur Dioclétien, souffrit l'an 303. — 12 octobre.

DOMNION ou DONGE II (saint), *Domnio*, évêque de Salone en Dalmatie et martyr, souffrit avec huit soldats. En 641, le pape Jean IV fit transporter leurs reliques à Rome et les déposa dans un oratoire placé près du baptistère de Constantin. — 11 avril.

DOMNION (saint), martyr à Bergame, est honoré le 16 juillet.

DOMNION (saint), prêtre de Rome, florissait sur la fin du iv° siècle. Saint Jérôme lui adressa sa préface d'Esdras, et il l'appelle un homme très-saint. Saint Augustin lui donne le nom de Père. — 28 décembre.

DOMINIQUE (sainte), *Domnica*, recluse à Constantinople, florissait dans le v° siècle et mourut vers l'an 489. — 8 janvier.

DOMNOLE (saint), *Domnolus*, évêque du Mans, était frère de saint Audouin, évêque d'Angers, et fut d'abord abbé du monastère de Saint-Laurent, près de Paris. Clotaire I°, roi de Soissons et ensuite de toute la France, voulant le récompenser des services qu'il en avait reçus, le fit proposer pour évêque d'Avignon, mais Domnole refusa. Ayant fait le voyage de Rome, vers l'an 542, il fut élu pendant son absence, par le clergé et le peuple du Mans, pour succéder à saint Innocent, qui venait de mourir ; mais ayant qu'il ne fût arrivé dans son diocèse, Siffroi, qui avait été chorévêque sous saint Innocent, s'empara du siège épiscopal, dont il fallut le chasser. Domnole, par ses vertus, s'acquit bientôt la réputation d'un des plus grands évêques de son siècle, et si l'on avait blâmé son attachement pour Clotaire, avant qu'il ne fût son souverain, ces impressions défavorables ne tinrent pas contre sa vie toute sainte. Il eut pour ami les plus illustres prélats de son temps, entre autres saint Germain de Paris. Tous les moments qu'il n'employait pas aux fonctions de l'épiscopat, il les consacrait à l'étude ou à la prière. Il passait une partie des nuits à l'oraison, macérait son corps par des jeûnes rigoureux, et se faisait lire des livres de piété pendant ses repas. Il avait une dévotion si tendre qu'il ne pouvait offrir le saint sacrifice sans verser des larmes abondantes. Entièrement détaché des biens terrestres, il versait des sommes énormes dans le sein des pauvres ; il fonda l'abbaye de Saint-Vincent du Mans, et il acheva celle de Saint-Georges, commencée par son prédécesseur. Il fonda encore un monastère et un hôpital entre Beaugé et la Sarthe, et il en confia le gouvernement à saint Pavin, qui était prieur de Saint-Vincent. Il faisait de temps en temps des retraites dans quelques-uns de ces monastères et surtout dans ceux de Saint-Vincent et de Saint-Calais. En 566 il assista au II° concile de Tours, célèbre par les beaux règlements qu'on y fit, et l'an 568, il assista à la dédicace de l'Eglise de Nantes. Après un épiscopat de près de quarante ans, il voulut se donner un successeur, et proposa l'abbé Théodulphe ; mais ce choix ne fut pas agréé, et on nomma, malgré lui, pour lui succéder, Baldégisile, maire du palais de Chilpéric. Domnole mourut quarante jours après, le 1° décembre 581, et fut enterré, selon son désir, dans le monastère de Saint-Vincent. On y conserva ses reliques jusqu'en 1793, à l'exception de son chef, qui était dans l'église de Chaume en Brie, où l'on fait sa fête sous le nom de saint Dôme. — 16 mai, 1° décembre.

DOMNOLE (saint), archevêque de Vienne en Dauphiné, succéda à saint Didier, l'an 612. Clotaire II, roi de Soissons, ayant fait mourir deux des fils de Thierri, roi de Bourgogne, Sigebert et Corbon, voulut aussi faire subir le même sort à leur frère Childebert ; mais il trouva moyen de s'échapper. Le bruit s'étant répandu qu'il était caché au monastère de Saint-Césaire d'Arles, Clotaire fit aussitôt arrêter sainte Rusticle qui en était abbesse, et on la conduisit à la cour sous bonne escorte. Ses calomniateurs regardaient sa perte comme certaine ; mais Dieu lui suscita un défenseur dans la personne de saint Domnole, qui prédit au roi qu'en punition des mauvais traitements qu'il avait fait souffrir à la servante du Seigneur, il perdrait son fils. Ce jeune prince mourut en effet presque aussitôt après cette prédiction, et Clotaire, frappé de ce trait de la vengeance céleste, eut égard aux représentations de Domnole, et permit à Rusticle de retourner dans son monastère. Quant au saint archevêque, il reprit aussi le chemin de son diocèse, qu'il continua de gouverner avec autant de piété que de sagesse. Parmi ses vertus on remarque surtout sa charité pour les pauvres et sa générosité pour le rachat des captifs, œuvre à laquelle il consacra des sommes considérables. Il mourut quelque temps avant le milieu du VII° siècle, et il eut saint Ethère pour successeur. — 14 et 16 juin.

DOMNUS I°" (saint), pape, succéda en 677, à Adéodat, et mourut en 679. Il mit fin au schisme de l'Eglise de Ravenne, qui se prétendait exempte de la juridiction du saint-siège. On lit son nom dans quelques calendriers, sous le 10 avril et le 13 mars.

DON ou DODON (saint), martyr, fut mis à mort par les Vandales au V° siècle, sur les bords de la Meurthe. On érigea dans la suite, sur le lieu de son supplice, un prieuré qui porta son nom, et ses reliques se gardaient autrefois dans une châsse de bois doré, à l'abbaye de Saint-Mansuy, près de Saint-Nicolas de Port, en Lorraine. — 7 avril.

DONAN (saint), *Donanus*, abbé de Tanglaud en Ecosse, florissait dans la première partie du XI° siècle, et mourut en 1040. Il est patron de la baronnie d'Achterles, et il y a dans la ville d'Aberdeen une église qui porte son nom. — 17 avril.

DONAT (saint), *Donatus*, martyr à Carthage, souffrit avec saint Sabin et un autre. — 25 janvier.

DONAT (saint), martyr à Fossombrone, souffrit avec saint Aquilin et trois autres. — 4 février.

DONAT (saint), martyr en Afrique, souffrit avec saint Juste et plusieurs autres. — 2° février.

DONAT (saint), martyr en Afrique, souffrit avec saint Papias. — 14 juillet.

DONAT (saint), martyr à Rome avec saint Léon et onze autres, est honoré le 1°" mars.

DONAT (saint), martyr en Afrique, souffrit avec saint Epiphane. — 7 avril.

DONAT (saint), martyr à Césarée en Cappadoce, souffrit avec saint Polyeucte. — 21 mai.

DONAT (saint), martyr en Afrique pendant la persécution de Dèce, souffrit avec saint Mappalique : il est nommé dans la lettre que saint Cyprien écrivit aux martyrs et aux confesseurs. — 17 avril.

DONAT (saint), martyr à Adrumète en Afrique, était fils de saint Boniface et de sainte Thècle. Il souffrit avec ses onze frères pendant la persécution de Dèce, et il est honoré à Bénévent le 1°" septembre.

DONAT (saint), martyr à Capoue avec saint Quince et un autre, est honoré le 5 septembre.

DONAT (saint), martyr, souffrit avec saint Rusticien et six autres. — 31 octobre.

DONAT (saint), martyr en Afrique avec saint Saturnin, est honoré le 10 novembre.

DONAT (saint), martyr avec saint Hermogène et vingt-deux autres, périt pour la foi chrétienne, dans un marais où il avait été précipité. — 12 décembre.

DONAT (saint), martyr avec saint Thémiste et quatre autres, est honoré le 24 décembre.

DONAT (saint), martyr à Alexandrie, souffrit avec saint Mansuet ou Mansuy. — 30 décembre.

DONAT (saint), diacre et martyr à Singidone en Mysie, souffrit avec plusieurs autres sous l'empereur Dioclétien. — 21 août.

DONAT (saint), martyr à Antioche avec saint Restitut et quatorze autres, souffrit au commencement du IV° siècle. — 23 août.

DONAT (saint), martyr à Nicomédie, est honoré le 30 avril.

DONAT (saint), martyr à Alexandrie avec sainte Apollone et quatre autres, fut jeté dans la mer par ordre de l'empereur Maximin II, vers l'an 310. — 10 avril.

DONAT (saint), martyr à Concordia avec saint Secondien et quatre-vingt-sept autres, souffrit pendant la persécution de l'empereur Dioclétien. — 17 février.

DONAT (saint), diacre et martyr au château de Léméné en Afrique, souffrit la mort avec saint Prime dans le IV° siècle, en défendant un autel contre les donatistes qui voulaient le profaner. Ceux-ci montèrent sur le toit de l'église et écrasèrent les deux saints sous une grêle de tuiles. — 9 février.

DONAT (saint), évêque d'Arezzo en Toscane et martyr, s'illustra par ses vertus et par le don des miracles. Saint Grégoire le Grand cite celui qu'il opéra en rétablissant dans son premier état un calice que les païens avaient mis en pièces. Ayant été arrêté par ordre du préfet Quadratien, sous le règne de Julien l'Apostat, comme il refusait de sacrifier aux dieux, il fut livré à diverses tortures et fut enfin décapité en 361. On conserve ses reliques à la cathédrale d'Arezzo. — 7 août.

DONAT (saint), évêque d'Euria en Epire, s'illustra par ses vertus sous le règne de Théodose le Grand et mourut en 387. — 30 avril.

DONAT (saint), florissait après le milieu du IV° siècle à Cassiope dans l'île de Corfou, et mourut l'an 387. Il est mentionné avec éloge par saint Grégoire le Grand. — 29 octobre.

DONAT (saint), prêtre et confesseur, exerça d'abord les fonctions du saint ministère près de Sistéron, et après avoir été le modèle du clergé, il se retira, sur la fin de sa vie dans une solitude, où il mena la vie anachorétique. Dieu le favorisa de plusieurs grâces extraordinaires, entre autres du don des miracles. Il mourut vers l'an 535, et ses reliques se gardent à Avignon. — 19 août.

DONAT (saint), martyr à Messine en Sicile, fut mis à mort pour la foi avec l'abbé saint Placide et plusieurs autres par le pirate Mamucha, vers l'an 546. — 6 octobre.

DONAT (saint), évêque de Besançon, était fils de Vandalène, duc de la Bourgogne Transjurane, et naquit sur la fin du VI° siècle. Il fut baptisé par saint Colomban, abbé de Luxeuil, et élevé dans cette abbaye, où il fit profession. Placé sur le siège de Besançon vers l'an 624, il assista en 630 au II° concile de Reims, et en 650 à celui de Châlons-sur-Saône. Il fonda dans sa ville épiscopale le monastère de Saint-Paul où il introduisit la règle de saint Colomban. C'est pour l'instruction des moines qui l'habitaient qu'il composa un ouvrage intitulé *Commonitorium.* Il mourut en 660 et il est honoré dans le diocèse de Besançon le 7 août. — 22 juillet.

DONAT (saint), évêque de Fiésoli en Toscane, fut surnommé le Scot parce qu'il était originaire d'Ecosse. Il florissait après le milieu du IXᵉ siècle, et il mourut en 892. — 22 octobre.

DONATE (sainte), *Donata,* martyre à Carthage, était de Scillite, ville de la province proconsulaire. Arrêtée avec saint Spérot et plusieurs autres et conduite à Carthage devant le proconsul Saturnin, celui-ci l'assura qu'on lui pardonnerait le passé, si elle sacrifiait aux dieux et voulait honorer l'empereur. Donate répondit : *Nous rendons à l'empereur l'honneur que nous lui devons comme souverain temporel ; mais nous n'offrons qu'à notre Dieu nos adorations et nos prières.* Elle fut condamnée à mort ainsi que ses compagnons, l'an 200 sous le règne de Sévère. — 17 juillet.

DONATE (sainte), martyre à Rome, souffrit avec sainte Pauline et plusieurs autres. — 31 décembre.

DONATE (sainte), martyre à Rome avec saint Cyriaque et plusieurs autres, fut décapitée pour la foi pendant la persécution de Dioclétien, le 16 mars 303, par ordre de Maximien, son collègue. Son corps fut enterré d'abord sur la voie *Salaria,* mais le 8 août suivant, le pape saint Marcellin le transféra dans le cimetière de Lucine, sur le chemin d'Ostie. — 16 mars et 8 août.

DONATELLE (sainte), martyre avec saint Léon et quatorze autres, est honorée le 1ᵉʳ mars.

DONATEUR (saint), *Donator,* martyr en Afrique, souffrit avec plusieurs autres. — 19 mai.

DONATIEN (saint), *Donatianus,* disciple de saint Cyprien et martyr, ayant été arrêté à Carthage par ordre du gouverneur Solon, lorsqu'il n'était encore que catéchumène, il mourut en prison quelques heures après avoir été baptisé ; c'est ainsi qu'il reçut presqu'en même temps la robe du baptême et la couronne du martyre, l'an 259, sous le règne de Valérien et de Galien. — 24 février.

DONATIEN (saint), martyr à Nantes, d'une famille illustre de l'Armorique, embrassa le christianisme dans sa jeunesse : après son baptême, il mena à Nantes la vie la plus sainte, et travaillait avec zèle à la conversion des idolâtres. Dans le nombre de ceux qu'il gagna à Jésus-Christ, on cite Rogatien, son frère aîné, qui, n'ayant pu recevoir le baptême, parce que le clergé s'était caché pour se soustraire à la persécution, fut bientôt après baptisé dans son sang. Le préfet des Gaules qu'on croit être le cruel Rictiovare, ayant reçu de l'empereur Maximien Hercule, l'ordre de faire adorer partout les statues de Jupiter et d'Apollon, et livrer à la mort ceux qui refuseraient de se soumettre, se rendit à Nantes pour y faire exécuter l'édit impérial. Donatien lui ayant été signalé non-seulement comme chrétien, mais comme séducteur de son frère et de plusieurs autres, le préfet le fit comparaître le premier. Donatien, lui dit-il, on nous a dit que non-seulement vous ne reconnaissiez pas Jupiter et Apollon.... mais que vous allez contre eux jusqu'à l'insulte et le blasphème, et que, prêchant au peuple je ne sais quelle autre vie, vous en entraînez plusieurs dans la secte du Crucifié.. — *Vous dites plus vrai que vous ne pensez, en me reprochant de vouloir en retirer plusieurs de leur aveuglement pour les faire passer à la connaissance du seul Dieu qui mérite nos adorations.* — Mets fin à tes remontrances, sans quoi tu seras bientôt condamné à mort. — *Vous tomberez vous-même dans le malheur dont vous me menacez, vous qui, enseveli dans la superstition, préférez les ténèbres de vos erreurs à la lumière de Jésus-Christ que vous ne voyez même pas.* A ces mots le préfet, furieux, le fit jeter dans un cachot, les fers aux pieds. Rogatien, qui comparut ensuite, ayant confessé sa foi avec le même courage, fut aussi jeté dans le même cachot, et ils passèrent la nuit en prières. Comme Rogatien s'affligeait de n'avoir pas reçu le baptême, Donatien, pour le consoler, s'adressa à Dieu du plus profond de son cœur, et lui dit : *Seigneur Jésus, qui dans l'ordre de votre justice, mettez sur la même ligne les désirs sincères et les effets .... faites que la foi pure de mon frère lui serve de baptême, et s'il arrive que le préfet nous fasse mourir dès demain, comme il l'a résolu, que le sang de votre serviteur soit pour lui une ablution et une onction sacramentelles.* Le lendemain, on les ramena devant le préfet siégeant sur son tribunal ; et comme ils montraient la même résolution, il les fit étendre sur le chevalet afin de briser au moins leurs corps, puisqu'il ne pouvait rien sur leurs âmes ; ensuite il ordonna à l'exécuteur de leur trancher la tête. Celui-ci, pour se rendre plus agréable à son maître, dont il connaissait la fureur contre les deux martyrs, leur enfonça une lance dans la gorge avant de les achever avec le glaive. On place leur mort glorieuse vers l'an 287. Ils furent enterrés près du lieu où ils avaient été exécutés : les chrétiens leur élevèrent, dans la suite, un tombeau au pied duquel les évêques de Nantes choisirent leur sépulture. On y bâtit, au Vᵉ siècle, une église desservie d'abord par des moines, ensuite par des chanoines, et qui est enfin devenue paroissiale. En 1145, leurs reliques furent transférées dans la cathédrale. — 24 mai.

DONATIEN (saint), successeur de saint Memmie et second évêque de Châlons-sur-Marne, s'appliqua, avec un zèle apostolique, à étendre le règne de Jésus-Christ, en convertissant les idolâtres et en affermissant dans la foi et la piété les fidèles confiés à ses soins. Il mourut vers le commencement du Vᵉ siècle, et fut enterré auprès de son prédécesseur. — 7 août.

DONATIEN (saint), huitième évêque de Reims, florissait dans le IVᵉ siècle et mourut vers l'an 389. On croit qu'il fut enterré dans l'église de Saint-Agricol, appelée depuis de Saint-Nicaise. Baudouin, comte de Flandres, ayant obtenu du roi Charles le Chauve les reliques de saint Donatien, les déposa dans l'église principale de Bruges, laquelle devint cathédrale lorsque cette ville fut érigée en évêché. — 14 octobre.

DONATIEN (saint), évêque en Afrique, subit diverses tortures pour la foi orthodoxe, pendant la persécution de Hunéric, roi des Vandales, qui était arien, et qui persécutait avec fureur ses sujets catholiques en 483 et 484. C'est pendant l'une de ces deux années qu'il fut exilé par ce prince avec plusieurs de ses collègues. — 6 septembre.

DONATIF (saint), *Donativus*, martyr avec saint Ampliat et deux autres, est honoré le 26 février.

DONATILLE (sainte), *Donatilla*, vierge et martyre à Tuburbe la Lucernaire, en Afrique, fut abreuvée de fiel et de vinaigre, frappée à coups de bâton, tourmentée sur le chevalet, brûlée sur un gril et ensuite frottée de chaux vive. Les bêtes auxquelles elle fut exposée en dernier lieu ne lui ayant fait aucun mal, on mit fin à ses tourments en lui coupant la gorge, ainsi qu'à sainte Maxime et à sainte Seconde qui avaient partagé ses combats. Selon le Martyrologe romain elles souffrirent sous les empereurs Valérien et Gallien ; mais il nous paraît que ce fut sous Dioclétien. En effet, on lit dans les Actes de sainte Crispine, qui fut martyrisée en 304, que le proconsul Anulin la menaça de la traiter comme il avait traité ses compagnes, Maxime, Donatille et Seconde. — 30 juillet.

DONNIN (saint), *Donninus*, enfant dont le corps se garde au Puy en Velay, est honoré à Avrilly le 16 juillet.

DONNIS (saint), *Domninus*, premier évêque de Digne en Dauphiné, était Africain de naissance, et il accompagna saint Marcellin d'Embrun, qui venait prêcher la foi dans les Gaules. Digne fut le principal théâtre de son zèle : il y convertit un grand nombre d'idolâtres qui formèrent une église dont il fut le premier pasteur. Il mourut après le milieu du IVe siècle, et il fut enterré dans sa ville épiscopale où l'on garde ses reliques avec celles de saint Vincent, son compatriote, qui devint son successeur, après avoir été le compagnon de ses travaux apostoliques. — 13 février.

DONORCE (saint), *Donortius*, évêque de Murthlac en Écosse, florissait vers la fin du XIe siècle. Dans le siècle suivant, le siége de Murthlac fut transféré à Aberdeen. — 20 août.

DONULE (saint), *Donulus*, prêtre et martyr, était un religieux de l'ordre de Saint-François qui s'embarqua pour l'Afrique, avec six de ses confrères, pour aller prêcher Jésus-Christ aux mahométans. Arrivés à Ceuta ils instruisirent, pendant trois jours, les chrétiens qui étaient dans les faubourgs. Pénétrant ensuite dans l'intérieur de la ville, ils annoncèrent l'Évangile aux infidèles. Ceux-ci, irrités d'une telle hardiesse qu'ils prenaient pour un attentat contre leur religion, les accablèrent d'outrages et de mauvais traitements, et les ayant arrêtés les conduisirent à leur prince, nommé Mahomet,

qui, voyant la pauvreté de leurs habits et leur tête rasée, les prit pour des insensés. Cependant il les renvoya au gouverneur de la ville qui leur fit subir un long interrogatoire, par suite duquel ils furent reconduits devant le prince. Celui-ci les condamna à la décapitation et la sentence fut exécutée le 10 octobre 1221, mais on ne fait leur fête que le 13.

DOR (saint), *Dorus*, évêque de Bénévent, est honoré le 20 novembre.

DORLAIE (sainte), *Dardulaca*, vierge en Irlande, florissait après le milieu du Ve siècle et mourut l'an 491. Elle est honorée à Kildare le 1er février.

DOROTHÉE (saint), *Dorotheus*, martyr à Tarse en Cilicie, souffrit avec saint Castor. — 28 mars.

DOROTHÉE (saint), premier chambellan de l'empereur Dioclétien et martyr à Nicomédie, s'était acquis une haute considération par les services qu'il avait rendus à ce prince dont il possédait la confiance, et qui le chargeait des affaires les plus importantes. Galère ayant fait mettre le feu au palais de Nicomédie et ayant accusé les chrétiens de ce crime, Dorothée fut arrêté, en 303, avec plusieurs autres officiers du palais qui étaient sous ses ordres. On le suspendit en l'air ; on le déchira à coups de fouets et l'on mit à nu ses entrailles sur lesquelles on répandit du sel et du vinaigre ; on le fit rôtir sur un gril et enfin on l'étrangla par ordre de Dioclétien lui-même, qui avait assisté aux divers supplices qu'on lui infligeait, et qui fit jeter son corps à la mer, de peur, disait-il, que les chrétiens ne l'adorassent comme un dieu. — 9 septembre.

DOROTHÉE (saint), prêtre, ou selon d'autres évêque de Tyr en Phénicie après saint Méthode, souffrit pour la foi qu'il confessa pendant la persécution de Dioclétien. D'après les anciens Martyrologes il ne mourut pas de ses tourments et vécut jusqu'au règne de Julien l'Apostat, et, selon les Grecs modernes, il fut mis à mort par les officiers de ce prince, en Thrace, l'an 362, à l'âge de cent sept ans. — 5 juin et 9 octobre.

DOROTHÉE (saint), confesseur à Alexandrie, eut beaucoup à souffrir de la part des ariens, qui le firent exposer aux bêtes sous le préfet Tatien qui les favorisait. On croit qu'il mourut l'an 375 et plusieurs hagiographes le placent le même jour que saint Dorothée de Tyr, c'est-à-dire le 9 octobre.

DOROTHÉE (saint), dit le Thébain, solitaire et abbé en Égypte, naquit à Thèbes, dans le IVe siècle. Jeune encore, il se retira dans un monastère où il passa quelque temps, s'exerçant aux pratiques de la vie ascétique sous la conduite des plus habiles maîtres en spiritualité. Il alla ensuite s'enfermer dans une caverne située à neuf milles d'Alexandrie, dans un désert traversé par la route qui conduisait de cette ville à Nitrie. Il y mena un genre de vie très-austère, joignant un travail continuel à une abstinence étonnante, et employant la plus grande partie du jour, et même les **heures** où le soleil darde ses rayons avec le plus de force, à porter des pierres pour construire des cellules à ses disciples. Pendant la nuit, il faisait des cordes et des paniers de feuilles de palmier, et avec le produit de son travail il se procurait pour chaque jour six onces de pain qui, avec une poignée d'herbes, composaient toute sa nourriture. Ses veilles étaient incroyables, même dans une vieillesse avancée; et quand ses disciples lui conseillaient de donner un peu plus de repos à son corps affaibli par l'âge, il leur répondait : *Ce corps est un ennemi qui cherche à me perdre; je suis donc résolu de le tenir en bride, afin qu'il ne se révolte pas.* Il y avait soixante ans qu'il menait la vie érémitique lorsque Pallade, qui écrivit depuis l'Histoire Lausiaque, vint se mettre sous sa conduite. Ayant un jour aperçu un aspic dans le puits, il n'osa boire de l'eau qui en avait été tirée ; mais saint Dorothée forma le signe de la croix sur le vase, et en but lui-même, en disant : Le démon perd tout son pouvoir en présence de la croix de Jésus-Christ. Il mourut à la fin du IVe siècle. — 5 juin.

DOROTHÉE (sainte), *Dorothea*, martyre à Aquilée avec sainte Euphémie et deux autres, souffrit divers tourments et fut décapitée pendant la persécution de l'empereur Néron. Son corps fut inhumé par saint Hermagore. — 3 septembre.

DOROTHÉE (sainte), vierge et martyre à Césarée en Cappadoce, souffrit diverses tortures par ordre de Sapricius, gouverneur de la province, qui voulait la contraindre à se marier ou à adorer les idoles; mais loin de se laisser entraîner, elle convertit même sainte Christèle et sainte Calliste, deux femmes apostates qu'on avait chargées de la séduire. Le juge, voyant que sa résolution était inébranlable, la condamna à perdre la tête, et comme on la conduisait au supplice, un jeune avocat, nommé Théophile, lui entendant dire qu'elle allait trouver son divin époux, lui demanda, en riant, des fleurs et des fruits du jardin de cet époux. Sainte Dorothée, par un effet de la toute-puissance de Dieu, tint sa promesse et lui envoya par un ange trois pommes fraîchement cueillies et trois roses, dans un petit panier que l'ange lui présenta, en lui disant : voilà ce que vous envoie la vierge Dorothée. Ce prodige frappa tellement Théophile qu'il se fit chrétien et souffrit le martyre peu après. On croit que sainte Dorothée souffrit pendant la persécution de Dioclétien. Son corps a été transféré à Rome et se garde dans l'église, au delà du Tibre, qui porte son nom. Tous les ans, le jour de sa fête, on y bénit des pommes et des roses, en mémoire du miracle qui opéra la conversion de saint Théophile. — 6 février.

DOROTHÉE (sainte), vierge d'Alexandrie, d'une des plus illustres familles de cette ville, se faisait remarquer par sa beauté et son esprit : ces charmes extérieurs étaient rehaussés par les plus nobles sentiments du cœur et surtout par une vive piété. L'empereur Maximin-Daïa, pendant son séjour à Alexandrie, en devint éperdument amoureux : il employa, mais en vain, les sollicitations, les prières et les promesses les plus brillantes pour la faire consentir à sa passion, mais Dorothée, qui était chrétienne et qui de plus avait consacré à Dieu sa virginité, repoussa avec horreur ses infâmes propositions. Maximin, qui se vengeait ordinairement de pareils refus par la mort, ne la fit cependant pas mourir, parce que l'amour qu'il avait pour elle, dit Eusèbe, l'emporta sur sa cruauté. Cependant Dorothée, craignant que le danger auquel elle venait d'échapper ne se renouvelât, s'enfuit secrètement d'Alexandrie, accompagnée d'une jeune vierge qu'elle avait associée à ses bonnes œuvres et à ses pieux exercices, et elle se retira dans une solitude ignorée des hommes, où elle passa le reste de sa vie dans la prière et les austérités de la pénitence. On croit qu'elle mourut sous le règne de Constantin. Quelques églises l'honorent le 6 février, avec sainte Dorothée de Cappadoce, et d'autres le jour suivant. — 6 et 7 février.

DOROTHÉE (sainte), veuve à Quidzine, dans le diocèse de Pomésane en Prusse, florissait au XIIIe siècle. — 25 juin.

DORYMÉDON (saint), sénateur et martyr, fut décapité à Synnade en Phrygie, vers l'an 280, par ordre du président Perennius, sous l'empereur Probus. — 19 septembre.

DOSITHÉE (le bienheureux), *Dositheus*, moine, florissait dans le VIe siècle, et passa les premières années de sa vie dans une ignorance profonde des vérités du salut. Ayant entrepris, par curiosité, le voyage de Jérusalem, après avoir visité les saints Lieux, il alla à Gethsémani où il vit un tableau représentant les supplices de l'enfer. Il demanda l'explication de ce tableau à une personne inconnue, qui se trouvait là, et il fut tellement frappé de ce qu'il entendait qu'il demanda à cette personne ce qu'il fallait faire pour éviter d'aussi terribles supplices : Jeûnez et priez, lui répondit-elle. Dosithée se mit aussitôt en devoir de pratiquer ces deux points, et son changement étonna tellement ses compagnons de voyage qu'ils ne purent s'empêcher de lui dire que sa manière d'agir ne pouvait convenir que dans un monastère. Il les pria de lui expliquer ce que c'était qu'un monastère et de lui en indiquer un. Alors on le conduisit à celui de l'abbé Séridon, qui était sur le territoire de Gaze. L'abbé voyant un jeune homme du monde, richement habillé et qui paraissait avoir été élevé dans le luxe et la mollesse, fit quelque difficulté de le recevoir; mais vaincu par ses instances, il le confia à un de ses moines nommé Dorothée, qui lui adressa plusieurs questions pour s'assurer de sa vocation, et à chacune Dosithée répondait par ces mots : *Je veux me sauver.* Dorothée alla faire son rapport à l'abbé Séridon et conclut à l'admission du jeune homme. L'abbé lui donna donc l'habit monastique et le remit entre les mains de Dorothée qu'il chargea de l'instruire. Celui-ci, qui avait beaucoup d'expérience dans les voies de Dieu et qui savait combien il est difficile de passer tout d'un coup d'une extrémité à l'autre, lui permit d'abord de manger autant qu'il voudrait; mais par des retranchements gradués, il le réduisit à huit onces de pain par jour. Ce fut aussi par degrés qu'il l'habitua aux autres exercices de la vie cénobitique; il lui apprit surtout à mortifier sa volonté dans les petites comme dans les grandes choses, et le plia tellement à l'obéissance qu'il n'agissait plus que par l'impulsion de ses supérieurs. Il y avait cinq ans que Dosithée habitait le monastère, lorsque les progrès qu'il avait faits dans la perfection lui firent confier le soin de l'infirmerie, et il s'acquitta de cet emploi avec une vigilance, une douceur et une charité qui le faisaient chérir des malades, au point que sa présence seule suffisait pour qu'ils se crussent soulagés. Mais sa santé ne tarda pas à se déranger : il lui atteint d'une langueur qui le minait insensiblement. Bientôt il ne lui resta plus de forces que pour vaquer à la prière, et encore ne pouvait-il plus prier longtemps; ce qui le jeta dans une peine qu'il communiqua à saint Dorothée avec sa simplicité ordinaire. Dorothée lui dit de ne pas s'inquiéter, parce qu'il suffisait que Jésus-Christ fût présent à son cœur. Comme il conjurait un vieillard respectable du monastère de prier Dieu pour qu'il le retirât de ce monde, il lui répondit : *Ayez un peu de patience, la miséricorde divine est proche.* Un instant après, le même vieillard lui dit : *Allez en paix, et lorsque vous serez en présence de l'adorable Trinité, priez pour nous.* Lorsque Dosithée eut expiré, il déclara aux frères que ce saint jeune homme les avait tous surpassés en vertu, quoiqu'il n'eût point pratiqué d'austérités extraordinaires. On ignore l'année de sa mort qui eut lieu au vi° siècle. — 23 février.

DOTTON (saint), *Dotto*, abbé, florissait dans le vi° siècle et fonda, dans l'une des îles Orcades, un grand monastère qui porta son nom dans la suite, et qu'il gouverna saintement pendant de longues années. Dans ses derniers moments, il répétait souvent ces paroles du Psalmiste : « Je me suis réjoui par ce qu'il m'a été dit : Nous irons dans la maison du Seigneur. » Il mourut âgé de près de cent ans. — 9 avril.

DOUAIN (saint), *Dubanus*, prêtre dans la Connacie, en Irlande, est honoré le 11 nov.

DOUCELIN (saint), *Dulcelinus*, confesseur en Anjou, florissait dans le x° siècle, et il est mentionné dans une bulle du pape Jean XVIII. Il est patron d'Allones et de Varennes. — 8 juillet.

DOUCIS (saint), *Dulcidius*, évêque d'Agen, succéda à saint Phébade vers l'an 398. Tout ce que l'on sait de son épiscopat, c'est qu'il fit transférer les reliques de sainte Foi dans l'église qu'il avait fait bâtir dans l'intérieur de la ville. Il transfera aussi dans une autre église d'Agen les reliques de saint Caprais et de ses compagnons, et mourut vers l'an 430. Il y a une partie de ses reliques à Cambaret dans le diocèse de Limoges, et il est patron de Loury dans le diocèse d'Orléans.

DRACONCE (saint), *Dracuntius*, évêque d'Hermopolis en Égypte, avait été sacré malgré lui par saint Athanase. L'empereur Constance le relégua, vers l'an 356, au château de Theubate, près de Clysma, sur les côtes de la mer Rouge. C'est son zèle contre l'arianisme et son attachement inébranlable à la foi de Nicée qui lui valurent cette persécution. Il fut visité par saint Hilarion en 358; mais on ignore l'année de sa mort. — 21 mai.

DRAUSIN (saint), *Drausinus*, évêque de Soissons, né dans le Soissonnais d'une famille aussi recommandable par ses vertus que par sa noblesse, fut élevé sous la conduite de saint Ansérie, son évêque, qui l'admit, en 649, au nombre des clercs de son église. Devenu ensuite archidiacre de Soissons, il s'appliqua avec beaucoup de zèle et de prudence à corriger divers abus, à maintenir la discipline ecclésiastique et à faire fleurir la piété. Bettolen, successeur d'Ansérie, s'étant démis de son évêché engagea le clergé et le peuple à élire Drausin. Quoiqu'il fût d'une faible complexion il n'eut pas plutôt été élevé à la dignité épiscopale, qu'il se livra avec une ardeur infatigable aux fonctions qu'elle lui imposait, visitant souvent son diocèse, et se montrant plein de charité pour les pauvres, les prisonniers et les pèlerins. En 657 il bâtit, à une lieue de Compiègne, l'abbaye de Saint-Pierre de Retondes, et y mit des religieux qu'il gouvernait lui-même. Il détermina Ebroïn, maire du palais, et Leutreude, son épouse, à fonder aux portes de Soissons un monastère de filles qui fut achevé en 661. Il mourut vers l'an 676 et fut enterré dans le monastère situé hors de la ville; mais son corps fut rapporté à Soissons, l'an 680, et placé dans la nouvelle église qu'on venait d'y bâtir. — 5 mars.

DROCTOVÉE (saint), *Droctoveus*, premier abbé de Saint-Vincent près de Paris, né vers l'an 535, dans le diocèse d'Autun, fut élevé dans l'abbaye de Saint-Symphorien, sous la conduite de saint Germain de Paris, qui en était alors abbé. Le roi Childebert ayant fondé, près de Paris, le monastère de Saint-Vincent, plus connu depuis sous le nom de Saint-Germain des Prés, saint Germain, qui occupait alors le siège épiscopal de cette ville, en confia le gouvernement à Droctovée qu'il fit venir d'Autun. Le saint abbé répondit dignement à ce choix et donna à ses religieux l'exemple de toutes les vertus. Son humilité, son amour pour la prière et pour les mortifications, sa charité envers les pauvres, sa sagesse et sa douceur lui attirèrent la vénération de tous ceux qui le connaissaient. Il mourut vers l'an 580, n'étant âgé que de quarante-cinq ans, et son corps fut inhumé dans l'église de son abbaye. — 10 mars.

DROGON, DREUX ou DRUON (saint), *Drogo*, reclus, né en 1102, à Epinoy en Flandre, perdit son père avant de naître et sa mère en naissant. Il montra dès son enfance de grandes dispositions pour la piété;

et à l'âge de vingt ans, ayant donné une partie de ses biens aux pauvres et cédé le reste à ses parents, il se revêtit d'un cilice et d'un habit grossier, quitta sa patrie à l'exemple d'Abraham, et après divers pèlerinages vint se fixer à Sebourg dans le Hainaut, où il s'engagea, en qualité de berger, à une dame fort pieuse nommée Elisabeth de la Haire. Il passa six ans dans cet état peu relevé, qu'il n'avait choisi que pour pouvoir plus facilement pratiquer l'humilité, l'obéissance et la mortification. Mais ses vertus lui attirèrent bientôt la vénération de tous ceux qui le connaissaient et surtout de sa maîtresse. La crainte de succomber à la tentation de la vaine gloire le détermina à quitter le pays, et à reprendre le cours de ses pèlerinages. Il fit neuf fois celui de Rome et avec de si saintes dispositions qu'il y trouvait une source abondante de mérites. Il revenait de temps en temps à Sebourg, et des infirmités, causées par ses grandes fatigues, l'obligèrent à y passer le reste de ses jours. Il se fit construire une petite cellule près de l'église, afin que de là il pût à tous moments se regarder comme étant au pied des autels. Il y vécut en reclus pendant quarante-cinq ans, retraçant par son genre de vie les austérités des premiers anachorètes. Il ne mangeait qu'un peu de pain d'orge pétri avec de la lessive, et ne buvait que de l'eau tiède, disant, pour déguiser cette mortification, que ses infirmités exigeaient un pareil régime. Il mourut le 16 avril 1186, âgé de quatre-vingt-quatre ans. Il est honoré comme patron des bergers le 16 avril.

DROSIDE (sainte), *Drosis-idis*, vierge et martyre à Antioche, fut brûlée vive pour Jésus-Christ au commencement du IVe siècle, pendant la persécution de Dioclétien; saint Jean Chrysostome a fait son éloge. — 14 déc.

DROUAUD ou DROUET (saint), *Droctoaldus*, évêque d'Auxerre, florissait au commencement du VIe siècle. Il mourut en 532 et il eut pour successeur saint Eleuthère. — 8 novembre.

DROZÈLE (sainte), *Drozela*, martyre, souffrit avec cinq autres. — 22 septembre.

DRUSE (saint), *Drusus*, martyr à Antioche avec saint Zosime et un autre, est honoré le 14 décembre.

DRUSE (saint), martyr à Tripoli, souffrit avec saint Lucien et quatre autres. — 14 déc.

DRUTHMAR (saint), *Druthmarus*, abbé de Corbie ou Corvey en Saxe, était religieux de Lorches, lorsqu'il fut nommé à cette dignité par l'empereur Henri III, sur la recommandation de saint Meinwerc, évêque de Paderborn, avec lequel saint Druthmar était uni par les liens d'une sainte amitié. Il gouverna cette célèbre abbaye en père aussi bon que sage, et il sut, par ses exemples et par ses instructions, maintenir ses religieux dans la plus exacte régularité et dans la ferveur la plus édifiante. Il mourut le 15 février 1046, et sa fête s'est célébrée de tout temps dans son abbaye. — 13 août.

DUBDALETHÉE (saint), *Dubdaletheus*, archevêque d'Armagh et métropolitain d'Irlande, florissait sur la fin du Xe siècle et mourut en 998. — 2 juin.

DUBITAT (saint), *Dubitatus*, martyr en Afrique, souffrit avec plusieurs autres. — 17 novembre.

DUBRICE (saint), *Dubricius*, évêque de Landaff et archevêque de Caerléon, né vers le commencement du Ve siècle, dans l'île de Miserbdil, après des études brillantes, ouvrit à Hentlan-sur-l'Avon dans le comté de Warwich, une école où il expliquait les saintes Ecritures. Après avoir enseigné sept ans dans cette école, il en ouvrit une seconde à Modch-Res-sur-la-Wye, et le nombre de ses disciples se monta jusqu'à mille, parmi lesquels on comptait saint Samson, saint Théliau et plusieurs autres que leurs vertus et leur science firent élever dans la suite à l'épiscopat. Le temps qu'il donnait à ses leçons ne l'empêchait pas de vaquer à la prière et de travailler à sa propre sanctification. Il avait reçu, bien jeune encore, l'onction épiscopale des mains de saint Germain, évêque d'Auxerre, lors du dernier voyage que cet illustre prélat fit chez les Bretons, l'an 446. Le pays de South-Wales fut le principal théâtre du zèle de saint Dubrice. Après avoir résidé quelque temps à Warwich, il transféra son siège à Landaff, d'où il passa, vers la fin du Ve siècle, à l'archevêché de Caerléon, après avoir établi saint Théliau pour son successeur à Landaff. Son grand âge le porta ensuite à se démettre de son archevêché en faveur de saint David, qu'il se fit donner pour successeur dans le synode tenu à Brévy, l'an 512, ou, selon d'autres, l'an 519, et il se retira dans l'île de Bardsey ou d'Enly, sur la côte de Caërnarvon, où il se prépara dans la solitude au passage du temps à l'éternité. C'est là qu'il mourut, âgé de plus de cent ans, et qu'il fut enterré. Dans la suite, son corps fut transféré à Landaff. — 14 nov.

DULAS (saint), martyr à Zéphire en Cilicie, qui, par ordre du président Maxime, fut fouetté de verges pour le nom de Jésus-Christ, mis sur un gril ardent, arrosé d'huile bouillante, et souffrit d'autres tourments. — 15 juin.

DULCISSIME (sainte), *Dulcissima*, est honorée comme vierge et martyre à Sutri dans le Patrimoine de Saint-Pierre. — 16 septembre.

DULE (sainte), *Dula* ou *Theodula*, martyre à Nicomédie, était servante d'un homme de guerre; elle mourut en défendant sa chasteté, ayant été tuée par celui qui voulait la lui ravir. — 25 mars.

DUMATHÉE (saint), *Dumatheus*, est honoré chez les Cophtes et chez les Ethiopiens le 12 janvier.

DUMINY (saint), *Dominius*, solitaire en Limousin, florissait au VIIe siècle. Son corps se garde dans l'église de Saint-Etienne du Gimel, où il est honoré le 13 novembre.

DUNA (sainte), martyre, était l'épouse de saint Arétas, gouverneur de Nagran, ancienne capitale de l'Arabie Heureuse. Elle fut mise à mort pour la foi avec son mari et ses filles, l'an 523, par ordre du juif Dunaan, qui avait usurpé le pouvoir suprême chez les Homérites, peuple de l'Arabie, sur la côte orientale de la mer Rouge. — 24 oct.

DUNSTAN (saint), *Dunstanus*, archevêque de Cantorbéry, né en 918 à Glastenbury, d'une famille illustre, fut élevé dans l'école de sa ville natale, tenue par des moines irlandais, et s'y distingua par la rapidité de ses progrès. Son oncle Athelme, archevêque de Cantorbéry, après avoir complété son éducation, le conduisit à la cour, et le roi Athelstan, qui était un prince sage et éclairé, retint près de lui le jeune Dunstan dont il était parent, et le traita avec une bienveillance si marquée, que cette distinction excita l'envie des courtisans. Ils ne négligèrent rien pour le mettre mal dans l'esprit du roi, et ils y réussirent. Cette disgrâce fit comprendre à Dunstan combien peu on doit compter sur l'amitié des princes de la terre. Comme il avait reçu, avant d'aller à la cour, la tonsure et les ordres mineurs, et qu'il avait passé sa première jeunesse dans une grande pureté de mœurs et dans la pratique de toutes les vertus, il résolut de se consacrer uniquement au service du roi du ciel, et prit l'habit monastique, de l'avis d'Elphège, évêque de Winchester, son oncle, qui l'éleva au sacerdoce quelques années après. Dunstan fut ensuite chargé de desservir l'église de Glastenbury, près de laquelle il fit bâtir un oratoire et une petite cellule où il passait dans le jeûne, la prière et le travail des mains, les moments qu'il pouvait dérober à l'exercice du saint ministère, fabriquant des croix, des vases, des encensoirs et autres objets destinés au culte divin, et copiant des livres de religion. Edmond ayant succédé en 941 à son frère Athelstan, eut occasion de connaître saint Dunstan, parce qu'il se rendait souvent par dévotion à l'église de Glastenbury, qui n'était qu'à neuf milles de son palais de Chedder; et il fut si charmé de son mérite et de sa piété qu'il lui donna le gouvernement du monastère. Edwi, son fils aîné, prince de mœurs dissolues, étant monté sur le trône en 955, le jour même de son sacre, il quitta brusquement la salle où étaient rassemblés les grands du royaume, et se retira dans une chambre du palais avec Ethelgive, avec laquelle il entretenait un commerce criminel, quoiqu'elle fût sa proche parente. Saint Dunstan le suivit et lui reprocha l'indignité d'une telle conduite; mais l'exil fut la récompense d'une démarche aussi hardie, et Dunstan, obligé de quitter l'Angleterre, se retira en Flandre où il passa un an. Comme Edwi joignait la tyrannie à la dépravation, les Merciens et les Northumbres secouèrent son joug et proclamèrent roi son frère Edgar, qui rappela le saint abbé de Glastenbury, l'honora de sa confiance, lui donna une place dans son conseil, et, en 957, le nomma évêque de Worcester. Saint Dunstan fut sacré par saint Odon, archevêque de Cantorbéry, et quelque temps après il fut obligé de se charger encore du gouvernement de l'église de Loudvet, dont le siège était vacant. Il fut élu archevêque de Cantorbéry en 961, pour succéder à saint Odon qui venait de mourir, et il fut forcé, malgré ses refus, d'accepter cette dignité. Le pape Jean XII, qui l'estimait singulièrement, le fit son légat en Angleterre. Dunstan, secondé par le roi Edgar, s'appliqua, de concert avec saint Oswald, son successeur à Worcester, et saint Ethelwold, évêque de Winchester, à réparer les maux que les incursions des Danois et la tyrannie d'Edwi avaient faits à l'Eglise. Il commença par la réforme des monastères, et afin de rendre uniforme la discipline monastique, il publia la *Concorde des règles*, ou le recueil des différentes règles combinées avec celle de saint Benoît. Il réforma aussi le clergé séculier, et publia à cet effet des règlements pleins de sagesse, connus sous le titre de *Canons*, publiés sous le roi Edgar. Quelques clercs avaient poussé l'oubli des lois ecclésiastiques jusqu'à se marier; saint Dunstan tint un concile à Cantorbéry, l'an 969, où ceux qui s'étaient rendus coupables de tels scandales furent privés de leurs bénéfices et chassés des églises; mais leur révolte contre cette décision du concile ayant excité des troubles, il en tint un autre à Winchester, en 975, qui leur ôta tout espoir d'être réintégrés dans leurs fonctions. Il ne montra pas moins de zèle contre les laïques, quels que fussent leur rang et leur puissance. Ainsi, le roi Edgar lui-même ayant abusé d'une vierge qui, pour se soustraire à ses sollicitations, avait pris le voile dans le monastère de Wilton, sans toutefois s'engager par des vœux, l'archevêque de Cantorbéry alla aussitôt le trouver, et comme le roi, selon sa coutume, lui tendait la main, Dunstan retira la sienne et lui dit : *Comment osez-vous toucher la main qui immole le Fils de la Vierge, vous qui avez enlevé à Dieu une vierge qui lui était destinée?... Je ne veux pas être l'ami d'un ennemi de Jésus-Christ.* Edgar s'étant jeté aux pieds du prélat témoigna son repentir par ses larmes et demanda une pénitence proportionnée à son crime. Le saint lui en imposa une de sept ans, qui consistait à ne point porter la couronne pendant tout ce temps, à jeûner deux fois la semaine, à faire d'abondantes aumônes, et à fonder un monastère pour y recevoir des vierges consacrées à Dieu. Edgar, se soumit à tout et fonda le monastère de Shaftsbury. Après les sept ans, c'est-à-dire en 973, saint Dunstan lui remit la couronne en présence des seigneurs et des évêques assemblés pour cette cérémonie. Edgard étant mort en 975, saint Dunstan sacra son fils Edouard, surnommé le Martyr, que l'Eglise a mis au nombre des saints, et qui ne faisait rien que par ses conseils : aussi son règne fut celui de toutes les vertus. Elfride, sa belle-mère, l'ayant fait assassiner en 979, pour faire monter sur le trône son fils Ethelred, cette mort tragique plongea l'Angleterre dans la consternation; mais personne ne le regretta plus vivement que le saint archevêque qui l'aimait comme un fils. En sacrant son frère Ethelred, il lui prédit toutes les calamités qui devaient arriver sous son règne. Ce fut vers l'an 983 qu'il donna l'onction épiscopale à Gaçon, nommé évêque de Landaff. Jusque-là les évêques du pays de Galles avaient dépendu de la métropole de Saint-David, et l'on ignore pourquoi ils en furent démembrés à cette époque pour appartenir à celle de Cantorbéry. Il visitait souvent les différentes églises du royaume, s'appliquant à extirper les vices, à combattre les erreurs, à corriger les abus, et faisant partout des instructions si touchantes, qu'elles attendrissaient les cœurs les plus endurcis. Le temps qu'il employait à ces visites, les soins qu'il donnait à son diocèse et aux affaires de l'Etat, ne l'empêchaient pas de vaquer aux exercices de la piété et surtout à la prière, à laquelle il consacrait ordinairement une partie de la nuit. Il se retirait de temps en temps à Glastenbury, afin d'être plus libre de converser avec Dieu. Plein de charité pour les pauvres, il leur donnait presque tous ses revenus. L'année de sa mort, il prêcha trois fois le jour de l'Ascension, quoiqu'il fût déjà malade, et pendant qu'il parlait son visage paraissait rayonnant de gloire. En finissant son troisième discours il se recommanda aux prières de son auditoire et annonça sa fin prochaine. Tout le monde fondait en larmes. Il retourna encore à l'église après midi, et indiqua le lieu où il voulait être enterré. Il alla ensuite se mettre au lit, et ayant reçu le saint viatique le surlendemain, qui était le samedi 19 mai 988, il expira tranquillement à l'âge de soixante-dix ans, et fut enterré dans la cathédrale, au lieu qu'il avait lui-même désigné. Une partie de ses reliques fut transférée à Glastenbury en 1012. — 19 mai.

DUTHAC (saint), *Duthacus*, évêque de Ross en Ecosse au XIII° siècle, se distingua par un zèle ardent pour la gloire de Dieu, une humilité profonde, une tendre charité envers les pauvres et les pécheurs, un grand amour pour la pauvreté et pour la mortification. Il fut favorisé du don des miracles et de celui de prophétie. Il prédit longtemps d'avance la terrible invasion des Danois qui, commandés par le roi Achol, fondirent sur l'Ecosse en 1263, et les Ecossais attribuèrent à son intercession et à celle de saint André, la victoire qu'ils remportèrent sur ces barbares. Saint Duthac était mort dix ans auparavant, c'est-à-dire en 1253. Son tombeau, placé dans l'église collégiale de Thane au comté de Ross, attirait avant la réforme un grand concours de pèlerins. — 8 mars.

DYMAS ou DYSMAS (saint), est le nom que quelques hagiographes donnent au bon larron qui fut crucifié avec Jésus-Christ. L'Evangile rapporte qu'il ne s'associa pas aux insultes et aux blasphèmes des Juifs, et que même il fit une remontrance à son camarade et l'exhorta à la crainte de Dieu. *Pour nous*, lui dit-il, *c'est justement que nous souffrons, et nos crimes nous ont mérité le supplice que nous subissons. Mais celui-ci n'a fait aucun mal*, ajouta-t-il, *en parlant de Jésus*. Puis tournant la tête vers le Sauveur, il lui dit : *Seigneur, souvenez-vous de moi lorsque vous serez dans votre royaume*. Jésus lui répondit : *Je vous dis en vérité que vous serez aujourd'hui avec moi en Paradis*. L'Eglise latine honore sa mémoire le 25 mars, et la grecque le 23 : ainsi son culte est authentique, mais le nom qu'on lui donne n'est pas aussi certain. — 25 mars.

DYMPNE (sainte), *Dympna*, vierge et martyre, était fille d'un prince d'Irlande et perdit sa mère étant encore en bas âge. Comme les femmes à qui elle fut confiée étaient chrétiennes, elles l'instruisirent des vérités de la foi et lui firent administrer secrètement le baptême. Son père, frappé de sa beauté, devint amoureux de sa propre fille, et dans l'aveuglement de sa passion il lui proposa de l'épouser. Dympne repoussa avec horreur une alliance qui est regardée comme une abomination, même chez les nations les plus barbares ; mais comme il renouvelait ses instances, elle prit la fuite, de l'avis d'un saint prêtre qui l'accompagna, et ils abordèrent sur les côtes de la Frise. Dympne, qui avait emmené avec elle quelques-unes des filles qui la servaient, devint leur supérieure dans une espèce de monastère où elles vivaient en communauté. Son père, à force de recherches, finit par découvrir sa retraite et il passa la mer pour la ramener de gré ou de force. Il fit d'abord mourir Gerbern, qu'il regardait comme l'auteur de son évasion, et voyant que Dympne ne voulait en abandonner la religion, ni retourner dans sa patrie, il la tua de sa propre main, vers le commencement du VII° siècle. On enterra son corps dans une bourgade du Brabant, que son tombeau a illustrée et qui s'appelle Ghèle. On y bâtit, dans la suite, une église qui porte son nom et qui devint collégiale dans le XVI° siècle. — 15 mai.

E

EANNE (saint), *Annarius*, évêque dans les Gaules, dont le siège n'est pas connu, florissait au V° siècle et il était honoré autrefois à Saint-Maixent en Poitou, le 1er novembre.

EANSWITHE (sainte), *Eanswida*, abbesse en Angleterre, était fille d'Eadbald, roi de Kent, et petite-fille de saint Ethelbert. Elle montra, dès son enfance, de si heureuses dispositions pour la vertu, qu'elle ne trouvait de plaisir que dans la prière et dans les exercices de la piété, et que du mépris pour les amusements et les vanités du monde. Elle ne voulut point s'engager dans les liens du mariage, parce que cet état, quoique saint en lui-même, lui paraissait incompatible avec la résolution qu'elle avait prise de se donner à Dieu sans partage ; et à force de persévérance, elle obtint du roi son père, la permission d'embrasser la vie religieuse. Eadbald fonda pour elle, en 630, un monas-

.ère près de Folkstone, dont elle eut le gouvernement, et qui fut le premier monastère de religieuses en Angleterre. Eanswithe y passa le reste de ses jours, travaillant sans relâche à sa propre sanctification et à celle de ses compagnes. Elle mourut le 31 août, mais on ignore dans quelle année du vii° siècle. La mer ayant englouti dans la suite une partie du monastère, les religieuses allèrent s'établir à Folkstone même, emportant avec elles les reliques de leur fondatrice, qui furent déposées dans l'église qu'Eadbold y avait fait construire en l'honneur de saint Pierre, et qui porta depuis le nom de Sainte-Eanswithe. — 12 septembre.

EATE (saint), évêque d'Hagustald en Angleterre, naquit vers le commencement du vii° siècle, et saint Aïdan, qui venait de fonder le monastère de Mailross sur la Tweed, et celui de Lindisfarne dans l'île de ce nom, le décida à quitter le monde, très-jeune encore, et lui donna l'habit. Il fit de grands progrès dans la perfection sous un tel maître, et lorsque celui-ci mourut, en 631, Eate lui succéda dans le gouvernement de ces deux monastères. Lorsqu'il fut nommé par le roi Alcfrid, abbé de Ripon, il emmena avec lui saint Cuthbert, qu'il avait admis au nombre des moines de Mailross, et dans un retour dans ce dernier monastère il le fit prieur à la place de saint Boisil, qui venait de mourir de la peste en 664. Plus tard il l'envoya gouverner, en son nom, le monastère de Lindisfarne dont il était toujours supérieur. Ce n'est que par les calendriers d'Angleterre que nous apprenons que saint Eate reçut l'onction épiscopale et qu'il fixa son siège à Hagustald. On ignore l'année de sa mort, qu'on doit placer avant la fin du vii° siècle, vers 687. — 26 octobre.

EBBE (sainte), *Ebba*, abbesse en Angleterre, était fille d'Ethelfrid et sœur de saint Oswald et d'Oswi, qui furent tous trois successivement rois des Northumbres. Elle naquit vers le commencement du vii° siècle, et son goût pour la vie religieuse lui fit quitter la cour et le monde. Aidée par les libéralités d'Oswi, elle fonda le monastère d'Ebchester dans la province de Durham, lequel était double pour des hommes et des femmes, sans communication entre les deux communautés, et dont elle eut le gouvernement jusqu'à sa mort. Elle compta au nombre de ses religieuses à Coldingham, sainte Etheldrède ou Audry, reine des Northumbres, qui y vint prendre le voile du consentement du roi Egfrid, son mari. Sainte Ebbe mourut en 683. — 25 août.

EBBE (sainte), abbesse du grand monastère de Coldingham, sur les frontières de l'Ecosse, lequel avait été fondé par une autre sainte Ebbe qui fait l'objet de l'article précédent, voyant son asile menacé par les Danois, qui venaient de faire une irruption dans le pays, fut saisie d'une vive frayeur, non pour sa vie mais pour sa chasteté. Ayant assemblé ses religieuses dans le chapitre elle leur fit un discours touchant sur le danger qu'elles couraient de la part de ces barbares, et se coupa ensuite le nez et la lèvre supérieure : toutes les religieuses eurent le courage d'en faire autant. Les Danois, les voyant ainsi défigurées, furent saisis d'horreur et n'attentèrent pas à leur pudicité, mais ils mirent le feu au monastère et les firent toutes périr dans les flammes, l'an 870. — 2 avril et 5 octobre.

EBBON (saint), *Ebbo* , archevêque de Sens, né sur la fin du vii° siècle, était comte de Tonnerre lorsqu'il quitta le monde pour se faire moine dans l'abbaye de Saint-Pierre le Vif. Saint Guerric, son oncle, s'étant démis, en 720, de l'archevêché de Sens pour prendre l'habit dans le même monastère, saint Ebbon fut tiré de sa solitude pour lui succéder. Il marcha sur les traces de son saint oncle et il se rendit célèbre par sa charité envers les pauvres, par ses austérités, son amour pour la prière et par son zèle pour l'instruction de son troupeau qu'il édifiait par ses exemples. Il fut favorisé de son vivant du don des miracles, et il mourut le 27 août 750. — 27 août.

EBBON (saint), prêtre et martyr, exerçait les fonctions de missionnaire parmi les Slaves ou Vandales occidentaux, lorsqu'il fut mis à mort en haine du christianisme avec saint Gothescalc, prince de ces peuples. Ils furent massacrés l'un et l'autre dans la ville de Lenzin, le 7 juin 1066, par des révoltés auxquels un attachement opiniâtre à l'idolâtrie avait fait prendre les armes. Saint Ebbon, saisi par ces furieux, fut poignardé sur un autel où ils l'avaient étendu pour l'égorger. — 7 juin.

EBERHARD ou EVERARD (le bienheureux), premier abbé d'Einsiedlen ou de Notre-Dame des Ermites en Suisse, né d'une famille illustre de la Souabe, était, à ce que l'on croit, cousin de Herman duc de Souabe et d'Alsace. Ayant embrassé l'état ecclésiastique, il fut d'abord prévôt de la cathédrale de Strasbourg ; mais en 934 il quitta cette dignité pour se retirer dans la solitude, et alla rejoindre le bienheureux Bennon, son ami, qui avait été chanoine de la même église et qui vivait en ermite dans un désert de la Suisse, où saint Meinrad avait jeté les fondements d'un monastère qui n'était pas achevé. La réputation de sainteté dont jouissait Eberhard lui attira bientôt un grand nombre de disciples, et pour les loger il consacra sa fortune à l'achèvement du monastère dont il fut le premier abbé. Il y fit construire une église en l'honneur de la sainte Vierge ; ce qui a fait donner à cette abbaye, devenue depuis si célèbre, le nom de Notre-Dame des Ermites ou d'Einsiedlen. Dans une famine qui, en 942, ravagea l'Alsace, la Bourgogne et la haute Allemagne, le saint abbé employa ses grands biens à se procurer une immense provision de grains pour servir à la subsistance des malheureux. Il mourut le 14 août 958, après avoir gouverné son abbaye pendant l'espace d'environ vingt-trois ans, et fut enterré près de l'autel de la sainte Vierge à côté du bienheureux Bennon. Son nom se lit dans plusieurs calendriers et Martyrologes, le 14 août, et à Einsiedlen le 11 mars.

EBERHARD ou ÉVRARD (saint), archevêque de Saltzbourg, né en 1085, à Nuremberg, de l'illustre famille des comtes de Bibourg, fut formé dès son bas âge à la piété par sa mère qui était un modèle de toutes les vertus. Ayant ensuite été placé chez les religieux du Mont-Saint-Michel de Bamberg, il y acheva son éducation et y fit de tels progrès dans la vertu et dans la science, qu'il devint plus tard un des principaux ornements de l'Eglise d'Allemagne. Après avoir été quelque temps chanoine de Bamberg, le désir d'une plus grande perfection le porta à entrer, en 1104, dans le monastère de Prufening près de Ratisbonne, où il devint bientôt le modèle de la communauté par sa régularité et sa ferveur. Ses deux frères et sa sœur ayant fondé le monastère de Bibourg près d'Ingolstadt, il fut obligé, malgré ses résistances et par l'ordre exprès du pape Innocent III, d'en prendre le gouvernement. Il y fit fleurir toutes les vertus, plus encore par ses exemples que par ses leçons. On admirait surtout sa charité pour les pauvres et les étrangers : il les recevait avec bonté, leur lavait lui-même les pieds, les soignait lorsqu'ils étaient malades, et ne les laissait jamais partir sans leur avoir donné les secours dont ils pouvaient avoir besoin, et tous ceux qui passaient par Bibourg étaient sûrs d'avance d'y trouver l'hospitalité la plus bienveillante et la plus généreuse. L'archevêché de Saltzbourg étant devenu vacant, le peuple et le clergé l'élurent d'une voix unanime, et quoiqu'il lui coûtât beaucoup de quitter sa retraite, il fut obligé d'acquiescer à son élection, dans la crainte de s'opposer aux desseins de Dieu. A peine eut-il pris possession de son siège qu'il s'appliqua à rétablir la paix entre son chapitre et plusieurs monastères de la ville, et à ramener les peuples à des sentiments de respect envers le clergé, qui avait beaucoup perdu de sa considération par suite des longues discordes entre le sacerdoce et l'empire. Il ne négligea rien pour réprimer les abus, et il régénéra en quelque sorte son diocèse. Le saint archevêque avait une telle dévotion envers la sainte Vierge, qu'il ne refusait jamais ce qu'on lui demandait au nom de Marie. Sa charité pour les pauvres était immense : non content de leur faire distribuer les secours dont ils avaient besoin, il allait jusqu'à les admettre à sa table, et lorsqu'ils étaient malades il allait les visiter : aussi était-il aimé et vénéré de tout le monde, et même de l'empereur Frédéric Barberousse qui le laissa tranquille pendant ses démêlés avec le saint-siège, quoique le courageux prélat se prononçât hautement contre lui et surtout contre les antipapes. Jamais l'empereur n'osa le persécuter, ni même le troubler dans l'administration de son église : il sut même rendre justice à sa noble fermeté, qu'il estimait plus dans le secret de son cœur que les lâches complaisances des évêques courtisans qui approuvaient ses schismatiques entreprises. Saint Eberhard étant allé en Styrie pour réconcilier le margrave Ottocar V et le commandant du fort de Leibnitz, les fatigues de ce long voyage épuisèrent ses forces, et il mourut en revenant, le 22 juin 1164, âgé de soixante-dix-neuf ans. — 22 juin.

EBORAS (saint), prêtre persan et martyr, avec saint Milles, évêque et un autre, souffrit l'an 346, sous le règne de Sapor II. — 13 novembre.

EBREGISE (saint), évêque de Maestricht, succéda à saint Perpète, l'an 620. Les détails de sa vie sont inconnus, mais son épiscopat ne fut pas long, puisque le B. Jean l'Agneau, son successeur, siégeait déjà en 624. — 3 novembre.

EBRÉGISILE (saint), *Ebregisilus*, évêque de Meaux, florissait dans le VIIe siècle. Il est honoré à Jouarre en Brie le 31 août.

EGAIN (saint), *Etchœnus*, évêque de Cluainfod dans le comté de Méath en Irlande, mourut vers l'an 600. — 11 février.

ECCLÈSE (saint), *Ecclesius*, évêque de Ravenne, était né dans cette ville et bâtit dans la maison paternelle l'église de Sainte-Marie-Majeure. Il mourut en 542 et son corps fut inhumé dans l'église de Saint-Vital de la même ville. — 27 juillet.

ECDICE (saint), *Ecditius*, l'un des quarante martyrs de Sébaste en Arménie, qui, n'ayant pas voulu sacrifier aux dieux pendant la persécution de l'empereur Licinius, furent livrés à plusieurs tourments par ordre d'Agricola, gouverneur de la province, qui les fit ensuite exposer nus sur un étang glacé où la plupart furent gelés. Ils souffrirent en 320, et saint Basile a fait leur éloge. — 10 mars.

ECDICE (saint), évêque de Vienne en Dauphiné, succéda à saint Sandou, au milieu du VIIe siècle. — 23 octobre.

ECOMÈNE (saint), *Ecomenes*, martyr en Egypte avec plusieurs autres, qui prêchèrent l'Evangile par leurs discours et leurs exemples et endurèrent la mort pour Jésus-Christ. — 16 janvier.

EDBERT ou EADBERT (saint), *Eadbertus*, évêque de Lindisfarne, s'était rendu célèbre par sa science des saintes Ecritures, par sa charité pour les pauvres et par ses autres vertus, lorsqu'il fut choisi, en 687, pour remplacer saint Cuthbert sur le siège de Lindisfarne qu'il occupa onze ans. Chaque année il allait passer dans un lieu solitaire le carême et les quarante jours qui précèdent Noël. C'est là, loin du commerce des hommes, il se livrait uniquement à la prière et à la contemplation, et pratiquait de grandes abstinences. Les moines de Lindisfarne ayant trouvé entier le corps de saint Cuthbert et intactes les étoffes qui l'enveloppaient, quoiqu'il fût enterré depuis onze ans, portèrent à saint Edbert, qui était alors dans sa solitude, les étoffes qui enveloppaient le saint corps. Edbert les baisa avec respect et ordonna que les reliques qu'elles avaient recouvertes fussent placées dans l'église, ajoutant que le tombeau de son saint prédécesseur ne resterait pas longtemps vide. Par ces paroles, il annonçait sa mort prochaine ; il mourut, en effet, le 6 mai 698, et fut enterré dans le tombeau de saint Cuthbert, où il s'opéra plusieurs miracles par son intercession. — 6 mai.

EDBURGE ou IDABERGE (sainte), vierge en Angleterre, était fille de Penda, roi de Mercie. Elle consacra à Dieu sa virginité et prit le voile dans le monastère d'Ormundescastre dans le Northampton, dont sainte Kunneburge, sa sœur, était abbesse. Après avoir édifié ses compagnes par une vie sainte, elle mourut sur la fin du VIIe siècle, ou au commencement du VIIIe. Quelque temps après ses reliques furent transférées à Peterburgh, et, vers l'an 1040, un moine nommé Balger les transporta en Flandre, dans l'abbaye de Berg-Saint-Vinnox, où elles furent brûlées dans l'incendie qui réduisit en cendres cette abbaye, l'an 1558. — 20 juin.

EDBURGE ou EADBURGE (sainte), *Eadburgis*, abbesse de Minstrey dans l'île de Thanet, en Angleterre, succéda à sainte Mildrède et fit bâtir une nouvelle église au batiale sous l'invocation de saint Pierre et de saint Paul. Saint Boniface, apôtre de l'Allemagne, lui écrivit plusieurs lettres qui témoignent de l'estime qu'il lui portait. Elle mourut vers l'an 751 et elle fut enterrée à Minstrey. Ses reliques furent transportées à Cantorbéry avec celles de sainte Mildrède, en 1055, sous l'archevêque Lanfranc, qui les déposa dans l'église de Saint-Grégoire. — 13 décembre.

EDELBURGE, ou EDILBURGE (sainte), reine, était fille de saint Ethelbert, roi de Kent. Elle embrassa le christianisme en même temps que son père et fut baptisée avec lui en 597. Elle épousa ensuite saint Edwin, roi des Northumbres, qui était encore idolâtre, mais il fut expressément réservé qu'elle aurait le droit de pratiquer sa religion, et saint Paulin, qui devint plus tard évêque d'York, l'accompagna en qualité de chapelain. Edwin, après avoir résisté quelque temps aux prières et aux sollicitations de son épouse, secondée par les instructions de saint Paulin, finit par se faire chrétien, et il fut baptisé le jour de Pâques de l'an 627. Six ans après, il perdit la couronne et la vie dans une bataille qu'il livra aux païens commandés par Penda, roi de Mercie. Édilburge supporta ce malheur avec courage et résignation. Obligée de se réfugier avec son fils et son petit-fils, près d'Eadbald, son frère, roi de Kent, elle fonda le monastère de Linning et elle y prit l'habit. Elle mourut vers le milieu du VIIe siècle, et son nom se lit dans le Martyrologe d'Angleterre, sous le 10 septembre.

EDELBURGE, ou AUBIERGE (sainte), *Edilburga*, abbesse de Faremoutier, était fille d'Annas, roi des Est-Angles, et de sainte Héreswide. Elle forma de bonne heure la résolution de consacrer à Dieu sa virginité, et ayant passé en France, vers le milieu du VIIe siècle, elle l'exécuta en prenant le voile dans l'abbaye de Faremoutier, alors gouvernée par sainte Fare, fondatrice et première abbesse de ce célèbre monastère. Sainte Sédride, qui était, par sa mère, sœur de sainte Edelburge, ayant succédé à sainte Fare vers 'an 655, fut remplacée à sa mort par Edelburge, qui gouverna saintement la communauté pendant un grand nombre d'années, et ne mourut que sur la fin du VIIe siècle. Son corps, au rapport de Bède, ne présentait encore de son temps aucune marque de corruption. On avait construit à quelque distance de l'abbaye une chapelle en son honneur, et cette chapelle, qui tombait en ruines, fut reconstruite l'an 1714. Sainte Edelburge est honorée dans le diocèse de Meaux sous le nom de sainte Aubierge, le 17 juillet ; mais le Martyrologe romain place sa fête au 7 du même mois. — 7 et 17 juillet.

EDÈSE (saint), *Edesius*, martyr à Alexandrie, et frère de saint Appien, martyr à Césarée, naquit en Lycie dans l'Asie Mineure, et s'adonna d'abord à l'étude de la philosophie ; il continua de porter l'habit de philosophe, même après qu'il eut embrassé le christianisme. Il se rendit à Césarée pour suivre les leçons de saint Pamphile, qui tenait dans cette ville une école célèbre. Pendant la persécution de Galère-Maximien, il confessa courageusement Jésus-Christ devant les magistrats, fut mis plus d'une fois en prison, et condamné ensuite aux mines de la Palestine ; mais ayant obtenu sa liberté, il se rendit en Égypte, qui avait alors pour préfet Hiéroclès, l'un des plus cruels persécuteurs du christianisme. Edèse alla le trouver pour lui reprocher ses horribles traitements envers les chrétiens, et surtout la manière indigne avec laquelle il exposait la pudicité des vierges. Hiéroclès, après lui avoir fait subir diverses tortures, le fit jeter dans la mer. C'est ainsi qu'il consomma son martyre, quelque temps après que saint Appien avait souffert à Césarée, l'an 306. — 8 avril.

EDIBE (saint), *Edibius*, évêque de Soissons, florissait dans le Ve siècle, et il est honoré le 10 décembre.

EDIGNE (sainte), *Edigna*, vierge qui florissait sur la fin du VIIe siècle, sortait du sang royal de France. Ayant consacré à Dieu sa virginité, elle quitta la cour et le monde pour vivre dans la solitude, occupée de la prière et des exercices de la pénitence, auxquels elle joignait les œuvres de miséricorde, surtout la charité envers les pauvres. Elle passa en Bavière et y fonda plusieurs monastères. Elle était parvenue à un âge avancé lorsqu'elle mourut après le commencement du VIIIe siècle. — 28 février.

EDIGRE (sainte), *Edigra*, est honorée comme martyre le 26 février.

EDILFLÈDE (sainte), *Ethelfledes*, est honorée en Angleterre le 12 décembre.

EDISTE (saint), *Edistius*, martyr à Ravenne, souffrit l'an 303, sous Dioclétien, et son corps fut inhumé sur le chemin de Lorette, près du lieu où il avait été exécuté. — 12 octobre.

EDITHE (sainte), *Editha*, vierge, était fille naturelle d'Edgar, roi d'Angleterre, et d'une dame illustre, nommée Wulfride, que ce prince avait enlevée, et qui devint plus tard abbesse de Wilton, après avoir refusé la main d'Edgar devenu veuf. Elle naquit en 961, et fut élevée dans le monastère où sa mère avait pris le voile. Aussi le Martyrologe romain dit, en parlant de sainte Edithe que consacrée à Dieu dès son enfance, elle avait ignoré plutôt que quitté le monde. Wulfride, que l'Eglise honore aussi comme sainte, ne négligea aucun soin pour former sa fille à la piété, et pour la guider dans les voies de la perfection. Charmée de ses progrès dans la vertu, elle se décida à l'admettre, malgré sa jeunesse, à la profession religieuse, après avoir obtenu le consentement du roi, lequel ne fut accordé que difficilement. Les douceurs qu'Edithe trouvait dans la vie contemplative ne l'empêchaient pas de servir les pauvres et de soigner les malades, surtout ceux qui avaient des ulcères dont le pansement révoltait le plus la nature. Ses abstinences et ses austérités avaient quelque chose d'extraordinaire dans un âge aussi tendre. L'idée que l'on avait de sa prudence et de ses autres vertus était si grande, que le roi son père voulut lui confier le gouvernement de plusieurs monastères, quoiqu'elle n'eût encore que quinze ans; mais son humilité lui fit refuser un honneur dont elle se croyait indigne: elle allégua sa grande jeunesse et resta toute sa vie simple religieuse. Edgar étant mort en 975, il eut pour successeur saint Edouard son fils, que l'Eglise honore comme martyr. Elfride, belle-mère de ce prince, l'ayant fait assassiner en 978, lorsqu'il n'avait que quinze ans, on assure que la noblesse, qui lui était très-attachée, voulut placer sur le trône sainte Edithe sa sœur; mais la vue d'une couronne ne fut pas capable de l'éblouir, et elle préféra l'obscurité du cloître à l'éclat du trône. Elle fit bâtir, à Wilton, une église sous l'invocation de saint Denis: saint Dunstan, archevêque de Cantorbéry, en fit la dédicace, et pendant la messe qu'il célébra en cette circonstance, il apprit, par révélation, qu'Edithe mourrait bientôt. En effet, quarante jours après cette cérémonie, elle s'endormit dans le Seigneur, le 16 septembre 984, âgée seulement de vingt-trois ans. Le saint archevêque, qui l'avait assistée dans ses derniers moments, l'inhuma dans l'église qu'elle venait de faire construire, et son tombeau devint célèbre par un grand nombre de miracles. — 16 septembre.

EDMOND ou EDME (saint), *Edmundus*, roi des Est-Angles ou Anglais orientaux, né en 840, était fils d'Offa, qui lui résigna sa couronne pour aller finir ses jours à Rome, dans les exercices de la pénitence. Il fut sacré au château de Burum sur le Stour, le jour de Noël 855, à l'âge de quinze ans. Ses heureuses dispositions, ses qualités morales et religieuses le rendirent le modèle des bons rois Il fit fleurir sous son gouvernement la paix, la justice et la religion, se montra le père de ses sujets et surtout des pauvres et des malheureux, le protecteur des faibles, des veuves et des orphelins. On admirait, dans un prince si jeune, son aversion pour les flatteurs, son amour pour la vérité, et son application à surveiller par lui-même toutes les branches de l'administration. Sa ferveur pour le service de Dieu rehaussait l'éclat de ses autres vertus. Il avait appris par cœur le Psautier à l'exemple des moines et de plusieurs personnes pieuses; et jusqu'à la réforme, on garda religieusement, comme une relique, le livre des psaumes dont il s'était servi. Les Danois, sous la conduite de Hinguar, ayant fait une descente en Angleterre, ravagèrent les Etats d'Edmond, qui, confiant dans la foi des traités, ne s'attendait nullement à cette agression. Il rassembla à la hâte quelques troupes et marcha contre ces barbares qu'il battit près de Telford; mais ils eurent bientôt réparé leurs pertes par l'arrivée de nouveaux renforts. Edmond se sentant trop inférieur en forces pour tenir la campagne, et ne voulant pas prodiguer inutilement le sang de ses sujets, se retira dans le château de Framlingham dans le comté de Suffolk. Hinguar lui proposa de lui laisser son royaume, à condition qu'il le reconnaîtrait pour souverain et qu'il lui paierait tribut; mais il refusa de régner à ce prix. Les Danois l'ayant investi à Hoxon sur la Waveney, il se cacha dans une église; mais il fut bientôt découvert: on le chargea de chaînes et on le conduisit à la tente du général ennemi qui lui réitéra ses propositions. Comme elles renfermaient des clauses contraires à l'intérêt de son peuple et à la religion, il les repoussa avec fermeté, ajoutant qu'il aimait mieux mourir que d'offenser Dieu. Hinguar, furieux de cette réponse, le fit attacher à un arbre et déchirer à coups de fouet. Saint Edmond souffrit, avec une patience invincible, cette cruelle fustigation pendant laquelle il invoquait le nom de Jésus-Christ. On lui décocha ensuite une grêle de flèches, au point que son corps en était tout hérissé, et Hinguar finit par lui faire couper la tête le 20 novembre de l'an 870. On bâtit, depuis, dans le lieu où il subit son martyre, un prieuré de moines qui portait son nom. Son corps fut enterré à Hoxon avec son chef qu'on avait retrouvé dans des broussailles, et transporté peu de temps après à Saint-Edmondsbury. On construisit sur son tombeau une église en bois que le roi Canut remplaça par une autre en pierre. Ce même prince fonda l'abbaye d'Edmondsbury, la plus belle qu'ait jamais possédée l'Angleterre: ses ruines font encore aujourd'hui l'étonnement des voyageurs. La sainteté d'Edmond fut attestée par plusieurs miracles, et un concile national d'Oxford, tenu en 1122, mit sa fête au nombre de celles qui étaient d'obligation dans l'Eglise britannique, et les rois d'Angleterre l'honoraient comme leur principal patron. Les historiens de cette nation font l'éloge le plus complet de ce prince et le considèrent comme un modèle accompli de toutes les vertus royales: ils relèvent surtout sa douceur, sa piété et son humilité. — 20 novembre.

EDMOND, ou EDME (saint), archevêque de Cantorbéry, né sur la fin du XIe siècle à Abingdon dans le Barkshire, eut pour père Raynaud, riche marchand de cette ville, qui se fit religieux dans le monastère d'Evesham, et pour mère Mabile, qui, non moins pieuse que son mari, resta dans le monde pour veiller à l'éducation de ses enfants, tout en menant la vie d'une religieuse. Elle habitua le jeune Edmond à réciter, à genoux, le Psautier, les dimanches et les fêtes, avant de prendre aucune nourriture, et à se contenter de pain et d'eau les vendredis. Une éducation aussi chrétienne lui rendit familière la pratique des plus belles vertus; il était doux, affable et si docile qu'il semblait n'avoir d'autre volonté que celle de sa mère et de ses maîtres. Après avoir fait, avec le plus grand succès, ses premières études à Oxford, il fut envoyé à Paris avec son frère Robert. Mabile leur donna à chacun un cilice, leur recommandant de le porter deux ou trois jours de la semaine afin de se prémunir contre les attraits de la volupté, et chaque fois qu'elle leur envoyait quelque chose, elle y joignait des instruments de pénitence pour leur rappeler la nécessité de la mortification. La maladie de cette vertueuse mère obligea Edmond à retourner près d'elle pour recevoir son dernier soupir. Elle lui recommanda son frère et ses sœurs, le chargeant de les établir dans le monde et lui donna sa bénédiction avant de mourir. Ses sœurs, aussi pieuses que belles, se décidèrent pour l'état religieux et il les fit entrer dans le monastère de Catesby, où l'on observait une exacte discipline sous la règle de saint Benoît. Il retourna ensuite à Paris, pour y continuer ses études, qu'il sanctifiait par de fréquentes aspirations vers Dieu, et ses maîtres le regardaient comme un prodige de science et de sainteté. Tous les jours, il assistait à l'office de la nuit dans l'église de Saint-Méry, entendait la messe de grand matin, et se rendait ensuite aux écoles publiques, sans avoir pris ni repos ni nourriture. Il continuait les pratiques de mortification auxquelles sa mère l'avait exercé dans son enfance, et il y en ajoutait encore d'autres qu'il s'était imposées lui-même. Rarement il faisait plus d'un repas par jour, et ce repas était loin d'être copieux: il dormait sur un banc ou sur la terre nue, quoiqu'il eût un lit dans sa chambre, afin de cacher ses austérités sur ce point, et il passa trente ans sans se déshabiller. Ce qu'il recevait pour son entretien était presque entièrement distribué en aumônes: il vendit même jusqu'à ses livres pour assister de pauvres étudiants qui étaient tombés malades. Il passa plusieurs semaines auprès d'un de ses condisciples, atteint d'une maladie grave, le veillant jour et nuit et lui rendant les services les plus rebutants. Après avoir terminé ses études, il fut reçu maître ès arts; et il enseigna publiquement les mathématiques; mais comme cette science aride contribuait à diminuer sa ferveur, il crut voir en songe sa mère, qui traçait en sa présence des figures de géométrie, et lui ayant demandé ce que tout cela signifiait elle ajouta qu'il valait bien mieux faire de l'adorable Trinité l'objet de ses études. Dès lors il ne voulut plus s'appliquer qu'à la théologie et se fit recevoir docteur en cette faculté. Il expliqua ensuite l'Écriture sainte, et toutes les fois qu'il prenait dans ses mains le volume qui contient les divins oracles, il le baisait respectueusement. Plusieurs années avant que d'avoir reçu les ordres sacrés, il récitait chaque jour l'office de l'Église. Lorsqu'il eut été élevé au sacerdoce il fut chargé d'annoncer la parole de Dieu, ce dont il s'acquittait avec le plus grand succès, et l'on ne pouvait l'entendre sans être édifié, soit qu'il prêchât, soit qu'il donnât ses leçons. Il retourna en Angleterre, l'an 1219, et enseigna à Oxford la logique d'Aristote; ce que personne n'avait encore fait avant lui, et ce qui ne l'empêchait pas de se livrer au ministère de la prédication. Les provinces d'Oxford, de Glocester et de Worcester furent le théâtre de son zèle, et il y fit des missions qui produisirent les plus grands fruits. Après avoir refusé plusieurs bénéfices, il accepta enfin un canonicat et la trésorerie de la cathédrale de Salisbury; mais il distribuait aux pauvres la plus grande partie de ce revenu, ne se réservant que ce qui était absolument nécessaire pour ses plus pressants besoins. Le pape Grégoire IX l'ayant chargé de prêcher la croisade contre les Sarrasins, il l'autorisa en même temps à recevoir un honoraire pour ses prédications; mais Edmond ne voulut pas user de ce dernier droit. On rapporte que prêchant un jour en plein air près de l'église de Worcester, un orage qui survint épargna son auditoire. Ses discours étaient si touchants que les pécheurs les plus endurcis se convertissaient. On cite, entre autres, Guillaume, comte de Salisbury, qui depuis longtemps menait une vie si peu chrétienne qu'il n'approchait jamais des sacrements, et qui ayant entendu un sermon du saint et conversé ensuite quelques heures avec lui, se convertit si parfaitement qu'il ne s'occupa plus que de son salut, pendant tout le reste de sa vie. Maître habile dans les voies intérieures, il forma plusieurs personnes au grand art de la prière et de la comtemplation, sur laquelle il a écrit des choses admirables dans son *Miroir de l'Église*. Le pape Grégoire IX l'ayant désigné pour remplir le siège de Cantorbéry, vacant depuis plusieurs années, le chapitre de cette église l'élut à l'unanimité; et cette élection, agréée par Henri III, fut confirmée par le pape; mais Edmond ne voulait pas y acquiescer et il fallut toute l'autorité de l'évêque de Salisbury pour vaincre sa résistance. Il fut sacré le 2 avril 1234, et sa nouvelle dignité ne lui fit rien changer à son genre de vie. Il s'appliqua d'abord à connaître les besoins spirituels et temporels de son troupeau, afin de pourvoir au salut de l'âme et du corps de ceux dont il était chargé. Les jeunes personnes sans ressources étaient surtout l'objet de ses soins; il les dotait et leur procurait un établissement, afin de mettre leur vertu à l'abri du danger. Plein de zèle contre les vices et les abus, il travaillait au rétablissement de la discipline, et c'est pour atteindre ce but qu'il publia ses *Constitutions*. Mais son zèle lui suscita des ennemis parmi son clergé, et même parmi les membres de son chapitre. On se déclara contre lui et l'on tâcha de paralyser ses pieux efforts. Le saint archevêque supporta avec une paix et une patience admirables les contradictions auxquelles il était en butte, et lorsqu'on lui représentait qu'il portait trop loin la douceur et la charité, il répondait que Jésus-Christ nous avait enseigné par son exemple à aimer nos persécuteurs et à recommander leurs âmes au Père céleste. Il disait que les tribulations étaient comme un miel sauvage dont l'amertume est mêlée de douceur, et qui doit nourrir notre âme dans le désert de ce monde. Il goûtait des consolations ineffables au milieu de ses peines : Dieu le favorisait de grâces extraordinaires, et on le vit plusieurs fois en extase. Il avait fait vœu de chasteté dans sa jeunesse, et jamais il ne porta atteinte à cette belle vertu par aucune faute. Henri III, qui avait épuisé ses finances par ses prodigalités, s'appropriait les revenus des évêchés et autres bénéfices vacants, qui étaient à sa nomination, et il imaginait des prétextes pour reculer le plus longtemps qu'il pouvait la nomination des titulaires. Edmond obtint de Grégoire IX une bulle qui l'autorisait à nommer aux bénéfices qui ne seraient pas remplis après une vacance de six mois; mais le roi s'étant plaint, la bulle fut révoquée. Le saint archevêque, pour ne pas paraître conniver à des abus qu'il ne pouvait empêcher, passa secrètement en France, afin de montrer combien il les improuvait. Il vint à la cour, et reçut un accueil distingué du roi saint Louis et de la famille royale. Il se rendit ensuite à Pontigny, qui était une abbaye de l'ordre de Cîteaux, dans le diocèse d'Auxerre, et qui avait déjà donné asile à deux de ses prédécesseurs, saint Thomas et Etienne Langton. Il y devint, par sa ferveur et ses austérités, un sujet d'édification pour tous les religieux, et il ne sortait de sa retraite que pour aller prêcher dans les villages voisins. Mais sa santé fut bientôt tellement délabrée que les médecins jugèrent qu'il devait changer d'air; il se rendit donc chez les Chanoines Réguliers de Soissy près de Provins en Champagne. Comme les moines de Pontigny pleuraient en le voyant partir, il leur dit pour les consoler qu'il retournerait chez eux à la fête de saint Edmond martyr, entendant par là que son corps serait reporté ce jour-là à Pontigny; c'est en effet ce qui eut lieu. Lorsqu'on lui administra le saint viatique, il dit, en présence du saint sacrement : *J'ai cru en vous, Seigneur; je vous ai prêché; j'ai enseigné votre doctrine. Vous m'êtes témoin que je n'ai désiré que vous sur la terre, et vous voyez que mon cœur ne désire autre chose que l'accomplissement de votre sainte volonté.* Le lendemain, il reçut l'extrême-onction, et il ne cessa jusqu'à la fin de baiser le crucifix et de coller ses lèvres sur les plaies du Sauveur. Il mourut à Soissy le 16 novembre 1242, et son corps, reporté à Pontigny, y arriva le 20, jour de la fête de saint Edmond, son patron; trois jours après, on l'inhuma avec beaucoup de solennité. Sa sainteté ayant été attestée par plusieurs miracles, Innocent IV le canonisa en 1247, et l'année suivante son corps ayant été levé de terre fut trouvé entier, les jointures mêmes étaient encore flexibles, quoiqu'il fût mort depuis six ans. La cérémonie de la translation se fit en présence de saint Louis et de la famille royale, du légat du saint-siège et de plusieurs archevêques, évêques, abbés et autres personnages de distinction. L'abbaye de Pontigny porta depuis le nom de saint Edmond. Il nous reste du saint archevêque de Cantorbéry, outre ses constitutions diverses qui renferment 36 canons, un livre de spiritualité qui a pour titre le *Miroir de l'Eglise* et qui est digne de la piété et de la science de son auteur, ainsi que plusieurs ouvrages qui n'ont pas encore été imprimés. — 16 novembre.

EDOUARD (saint), *Eduardus*, roi d'Angleterre et martyr, naquit en 962, et succéda en 975 à Edgar, son père, n'étant âgé que de treize ans. Il fut sacré par saint Dunstan, archevêque de Cantorbéry, qu'Edouard honorait comme un père et dont il suivait les avis avec une admirable docilité : aussi son règne fut le règne de toutes les vertus. Pieux, affable, plein de douceur et de bonté, il se rendit recommandable par une sagesse précoce et surtout par une grande pureté de mœurs. L'Angleterre s'applaudissait de voir sur le trône un prince aussi accompli et qui promettait un demi-siècle de bonheur à la nation ; mais sa mort tragique vint bientôt plonger le royaume dans un deuil universel. Elfride, sa belle-mère, avait en vain essayé de s'opposer à son couronnement, dans la vue de faire reconnaître pour roi le jeune Ethelred, qu'elle avait eu d'Edgar : cette intrigue n'ayant pas réussi, elle conçut une haine implacable contre Edouard et jura sa perte. Celui-ci, qui n'ignorait pas les criminelles dispositions de sa belle-mère, ne laissait pas de lui donner en toute occasion des marques sincères de respect et d'affection. Il se montrait aussi frère tendre et dévoué à l'égard d'Ethelred. Cette conduite était d'autant plus admirable que la politique n'y était pour rien et qu'elle partait du cœur. Elfride s'était retirée à Wareham dans le comté de Dorset. Un jour qu'Edouard chassait dans la forêt voisine, il alla lui faire une visite. La princesse crut le moment favorable pour exécuter l'horrible projet qu'elle avait formé depuis longtemps, et le fit poignarder par un de ses domestiques, le 18 mars 979. Le ciel se chargea de découvrir le corps de l'infortuné prince qu'on avait jeté dans un marais, et fit éclater sa sainteté par plusieurs miracles. On l'enterra dans l'église de Notre-Dame de Wareham, d'où il fut transporté trois ans après au monastère de Shaftsbury, et plusieurs églises ont obtenu de ses reliques. Quant à Elfride, elle quitta le monde où ses remords l'accablaient, et se retira dans le monastère de Wherwel qu'elle avait fondé, et où elle finit ses jours dans la pratique de la pénitence. — 18 mars.

EDOUARD LE CONFESSEUR (saint), roi

d'Angleterre, né en 1002, était fils du roi Ethelred II et d'Emma, fille de Richard Ier, duc de Normandie. Edmond II, surnommé *Côte de Fer*, qui succéda en 1016 à Ethelred, ayant été assassiné l'année suivante par un traître, ses deux frères, Edouard et Alfred, se réfugièrent en Normandie avec leur mère, pour échapper à Canut II, qui, régnant déjà sur une partie de l'Angleterre, s'empara par force des Etats d'Edmond, au préjudice des princes de sa famille. Emma quitta bientôt la Normandie, y laissant ses deux fils et repassa en Angleterre pour épouser le roi Canut. Après la mort de ce prince, arrivée en 1036, Edouard et Alfred se rendirent aussi dans leur patrie pour y visiter leur mère. Harold, fils et successeur de Canut, n'eut pas plutôt appris leur arrivée à Winchester qu'il les pria de se rendre à sa cour; mais sous cette invitation, en apparence fraternelle, il cachait le dessein de les faire périr secrètement. Emma, se défiant de ce qui se tramait et craignant quelque malheur pour ses fils, ne laissa partir qu'Alfred, à qui l'on creva les yeux et qui mourut quelques jour après. Edouard, apprenant cette nouvelle tragique, s'empressa de retourner en Normandie pour mettre sa vie en sûreté. Harold étant mort trois ans après, Canut III, son frère, surnommé le Hardi, lui succéda : alors Edouard repassa la Manche et fut reçu par le nouveau roi avec les égards dus à sa naissance; mais lorsqu'il eut demandé justice des meurtriers de son frère Alfred, Godwin, celui qui s'était saisi de la personne du jeune prince, protesta avec serment qu'il n'avait eu aucune part à sa mort et l'affaire en resta là. Canut le Hardi, que les Anglais appellent Hardi-Canute, mourut subitement en 1041. L'Angleterre, lasse de vivre sous la domination de rois étrangers, résolut de rétablir sur le trône un prince de la dynastie saxonne. Edouard n'était pas, il est vrai, l'héritier le plus direct de cette branche : un autre Edouard, son neveu et fils d'Edmond *Côte de Fer*, qui vivait à la cour du roi de Hongrie et qui avait épousé la belle-sœur de ce prince, avait des droits à la couronne de son père, usurpée par les Danois; mais le vœu du peuple et des grands se porta sur l'oncle qui était sur les lieux et dont les vertus ainsi que les grandes qualités avaient gagné tous les cœurs. Quelques historiens ont fait un reproche à saint Edouard, d'avoir accepté un trône qu'il savait bien, disent-ils, ne pas lui appartenir; mais il faut observer que les peuples du Nord, dans ces siècles surtout, ne se croyaient pas astreints à suivre toujours l'ordre de succession, et à la mort d'un roi, ils donnaient souvent la couronne à son frère ou à l'un de ses parents, de préférence à ses enfants, lorsque ceux-ci étaient trop jeunes, ou en pays étranger. Or Edouard, fils d'Edmond, était dans ce dernier cas et se trouvait à la cour du roi de Hongrie dont il avait épousé la belle-sœur. Quand son oncle se vit affermi sur le trône d'Angleterre, il le fit venir près de lui avec ses enfants et le traita comme son héritier. Cet Edouard surnommé Atheling, étant mort en 1057, saint Edouard traita de même son fils Edgar, et lui donna aussi le titre d'Atheling, qui équivalait à celui d'héritier présomptif de la couronne. Si le droit public d'alors n'était pas le même que de nos jours, comme on n'en saurait disconvenir, d'après des exemples nombreux où l'ordre de succession, tel que nous le comprenons aujourd'hui, nous paraît violé, ce serait mal raisonner que de juger ces temps d'après ce qui se passe dans le nôtre. D'ailleurs, en déférant la couronne à saint Edouard, il était difficile de faire un meilleur choix et de trouver un prince plus accompli. Plein de piété, de bonté et de sagesse, maître de ses passions qu'il avait su dompter par des efforts vertueux, s'il accepta le trône de ses pères, il ne fit aucune démarche pour y arriver. Il crut voir la volonté de Dieu dans le vœu national, et n'eut, en acceptant, d'autre but que celui de venir au secours d'un peuple malheureux, et il déclara hautement qu'il refuserait la plus puissante monarchie, si pour l'obtenir il fallait verser le sang d'un seul homme ; aussi tout le monde, sans en excepter les adversaires de sa famille, se félicitait d'avoir un saint pour roi: tous espéraient que les malheurs publics et privés allaient finir, et leur attente ne fut pas trompée ; car le règne de saint Edouard fut un des plus heureux qu'ait jamais vus l'Angleterre. Il avait quarante ans, lorsqu'il fut sacré le jour de Pâques 1042. Suénon, fils de Canut et frère des deux derniers rois, équipa une flotte en Norwége, pour venir attaquer l'Angleterre ; Edouard se prépara à repousser cette invasion qui n'eut pas lieu, parce que Suénon fut obligé de défendre la Norwége contre le roi de Danemark. En 1046, des pirates danois tentèrent une descente à Sandwick, et ensuite sur les côtes d'Essex ; mais on faisait si bonne garde qu'ils furent forcés de se retirer avant d'avoir pu ravager le pays, et cette tentative fut la dernière. A partir de cette époque, les Danois qui habitaient l'Angleterre se fondirent tellement avec la nation anglaise, qu'il n'est plus parlé d'eux comme d'un peuple à part : tant le nouveau roi sut les rallier à son gouvernement ! Edouard n'entreprit qu'une seule guerre, celle qui eut pour objet de placer sur le trône d'Ecosse Malcolm III, fils de Duncan, que Macbeth avait assassiné en 1040, pour s'emparer de son royaume. Les troupes du roi d'Angleterre remportèrent une victoire complète (1057) : l'usurpateur fut tué dans la bataille, et Malcolm proclamé roi d'Ecosse. Edouard, uniquement occupé du soin de rendre heureux ses sujets, diminua les impôts, et abolit le *danegelt ;* et comme il n'avait point de passions à satisfaire, ses revenus étaient employés à récompenser ceux qui le servaient avec fidélité, à soulager les pauvres, à doter les églises et à fonder des monastères. Les grands du royaume s'imaginant qu'il avait épuisé les finances par ses aumônes et autres bonnes œuvres, levèrent une somme considérable sur leurs vassaux, sans l'en prévenir, et la lui apportèrent comme un don que lui faisaient les peuples pour subvenir aux dépenses publiques. Le roi les remercia de leur bonne volonté ; mais il ne voulut pas de cet argent dont il n'avait pas besoin, et le fit rendre à ceux qui l'avaient donné. Un jour qu'il était à sommeiller dans un appartement de son palais où était sa cassette, il aperçut un de ses domestiques venir par deux fois prendre de l'argent ; comme il y revenait une troisième fois, il lui dit avec bonté qu'il s'exposait beaucoup, et l'engagea à se contenter de ce qu'il avait. Le trésorier du prince s'étant aperçu du déficit quelques instants après, se mit en colère contre le voleur. Edouard, pour l'apaiser, lui dit : « Ce malheureux avait plus besoin de cet argent que vous et moi. » On a reproché au saint roi d'avoir, dans cette circonstance, poussé la bonté jusqu'à l'excès : cela peut être ; mais on peut dire pour sa justification qu'il fit sentir au coupable la grandeur de sa faute et qu'il lui donna une réprimande dans le but de le corriger. Il avait d'ailleurs le droit de lui pardonner et de lui faire remise de la somme volée, puisque cet argent lui appartenait en propre et ne provenait pas des deniers de l'État. La nation désirait que le roi se mariât, afin d'avoir des héritiers de sa couronne ; mais il avait fait dans sa jeunesse le vœu de chasteté perpétuelle. Il céda cependant aux vœux de ses sujets, et ayant fixé son choix sur Edithe, fille de Godwin, comte de Kent et duc de Westsex, il lui fit part de son vœu, et ils convinrent qu'ils vivraient dans le mariage comme frère et sœur. Ce seigneur, qui devint le beau-père du roi, est le même Godwin, qui sous le règne précédent fut accusé par saint Edouard du meurtre de son frère Alfred, et qui s'en était purgé par serment. Dans la suite il se rendit coupable de plusieurs crimes, ce qui força le roi, son gendre, à lui ordonner de se rendre à Glocester, sous peine de bannissement, pour se justifier des accusations portées contre lui ; mais fier de ses richesses et de sa puissance, il refusa de comparaître et prit la fuite. Il revint ensuite avec une armée pour attaquer Edouard ; mais avant qu'on en vînt aux mains, celui-ci lui pardonna et le rétablit dans ses dignités. Pendant la révolte de Godwin, la reine Edithe, sa fille, fut renfermée dans un monastère, de peur qu'on ne se servît de son nom pour soulever les vassaux et les amis de son père ; mais lorsque Godwin fut rentré dans le devoir, le roi la rappela à la cour et la traita avec les mêmes égards qu'auparavant. Emma, mère du roi, ayant été accusée d'avoir des liaisons criminelles avec Alwin, évêque de Winchester, le roi chargea les évêques de prendre connaissance de l'affaire. La première assemblée tenue à Winchester n'ayant rien décidé, il s'en tint une seconde dans laquelle plusieurs des évêques furent d'avis qu'il ne fallait point donner suite à l'accusation : c'est ce que le roi désirait vivement ; mais Robert, archevêque de Cantorbéry qui s'en était laissé imposer par la calomnie, insista si fortement sur l'énormité du scandale et sur la nécessité d'y apporter un remède efficace, que l'on se décida pour le parti le plus rigoureux. Emma ne voyant aucun moyen de prouver son innocence allait être condamnée comme Suzanne, lorsqu'à son exemple elle eut recours à Dieu, et s'offrit à subir l'épreuve appelée *ordéal* ou *ordalie*. Le jour ayant été fixé, la princesse passa en prières la nuit qui précéda le jugement de Dieu ; et lorsque le moment fut venu, elle marcha, nu-pieds et les yeux bandés sur neuf socs de charrue tout rouges, placés dans l'église de Saint-Swithin à Winchester, sans se faire aucune brûlure. Le roi, frappé du prodige, se jeta aux pieds de sa mère, lui demanda pardon d'avoir douté de sa vertu, et donna des biens considérables à l'église de Saint-Swithin ; exemple qui fut imité par la princesse et par l'évêque de Winchester. Quant à l'archevêque de Cantorbéry, il fit le pèlerinage de Rome, en expiation de sa faute, et il alla ensuite s'enfermer pour le reste de ses jours dans le monastère de Jumièges en Normandie, dont il avait été abbé. Le saint roi publia un code de lois sages, connues sous le nom de lois d'Edouard le *Confesseur*, pour les distinguer de celles que les rois normands donnèrent dans la suite. Elles font encore partie du droit britannique, excepté sur quelques points qui ont été changés depuis. Elles pourvoient à la sûreté publique et assurent à chaque particulier la propriété de ce qu'il possède. Elles prononcent rarement la peine de mort ; mais, le plus souvent, des amendes dont le chiffre est déterminé pour chaque cas, afin de ne rien laisser à l'arbitraire des juges. Persuadé que c'était peu de faire des lois, si l'on ne veillait à leur observation, il s'appliquait à les faire exécuter et faisait rendre à ses sujets bonne et prompte justice, se proposant pour modèle le roi Alfred, qui ne cessait de surveiller la marche des tribunaux. Pendant son exil en Normandie, il avait fait vœu de visiter le tombeau de saint Pierre à Rome, si Dieu mettait fin aux malheurs de sa famille. Lorsqu'il se vit solidement assis sur le trône, il prépara de riches offrandes pour l'autel du prince des apôtres et disposa tout pour son pèlerinage. Dans une assemblée générale de la nation, il déclara publiquement le vœu qu'il avait fait et la résolution où il était de l'acquitter ; mais l'assemblée lui représenta si vivement les maux que pouvait occasionner son absence, que le bon roi en fut touché, et qu'il promit de consulter le pape. Léon IX, qui gouvernait alors l'Eglise, persuadé qu'Edouard ne pouvait quitter son royaume sans exposer son peuple à de grands dangers, le dispensa de son vœu, à condition qu'il distribuerait aux pauvres l'argent qu'il eût dépensé en allant à Rome, et qu'il doterait ou fonderait un monastère en l'honneur du prince des apôtres. En conséquence, il fit réparer le monastère de Saint-Pierre près de Londres, y fit des donations considérables, et, sur sa demande, le pape Nicolas II lui accorda (1059) des exemptions et des privilèges qui en firent la plus illustre abbaye de l'Angleterre. Elle fut appelée Westminster, c'est-à-dire monastère de l'Ouest, à cause de sa situation par rapport à Londres. C'est dans sa magnifique église qu'on couronne les rois et les reines de la Grande-Bretagne ; c'est là aussi qu'est leur sépulture, ainsi que celle des grands hommes de la nation anglaise. La dédicace en fut faite le jour de Noël 1065, en présence des principaux membres du clergé et de la noblesse. Saint Édouard signa l'acte de fondation, et fit insérer à la fin de terribles imprécations contre ceux qui oseraient violer les privilèges de son monastère, qu'il regardait, avec raison, comme un monument qui attesterait aux siècles futurs son zèle pour la gloire de Dieu et sa dévotion pour saint Pierre. Un autre apôtre pour lequel il avait aussi beaucoup de dévotion, c'est saint Jean l'Évangéliste, lequel, au rapport de plusieurs historiens, lui fit connaître d'une manière surnaturelle, que le moment de sa mort approchait. S'étant trouvé mal avant la cérémonie de la dédicace de Westminster, il voulut aussi bien y assister jusqu'à la fin ; mais au sortir de l'église, il fut obligé de se mettre au lit, et il ne pensa plus qu'à se préparer à la mort par la réception des sacrements. Voyant la reine qui fondait en larmes : *Ne pleurez pas*, lui dit-il, *je ne mourrai point, mais je vivrai : j'espère en quittant cette terre de mort entrer dans la terre des vivants, pour y jouir du bonheur des saints*. Il la recommanda ensuite à Harold son frère et à d'autres seigneurs, et leur déclara qu'elle était restée vierge. Il mourut le 5 janvier 1066, à l'âge de soixante-quatre ans, et dans la vingt-quatrième année de son règne. Dans sa dernière maladie, il donna à l'abbé de Westminster un anneau qu'il portait : on le conserva comme une relique, et l'on s'en servait pour guérir le mal caduc. Les principaux miracles que l'on produisit pour sa canonisation furent opérés après sa mort. De son vivant il avait guéri une tumeur chancreuse qui exhalait une odeur fétide, rien qu'en faisant le signe de la croix sur la personne qui en était atteinte. L'an 1102 son corps fut trouvé sans aucune marque de corruption, et il fut canonisé, en 1161, par Alexandre III. Sa fête est marquée au 5 janvier ; mais saint Thomas, archevêque de Cantorbéry, ayant fait la translation solennelle de ses reliques le 13 octobre 1163, sa fête principale fut fixée à ce jour, et le concile national d'Oxford, tenu en 1222, ordonna qu'elle serait d'obligation en Angleterre. — 13 octobre.

EDWIN (saint), *Edwinus*, roi du Northumberland et martyr, né en 586, était fils d'Alla ou Ella, roi de Déire. Lorsque son père fut mort, Ethelfred, roi de Bernicie, s'empara des États du prince défunt, au préjudice d'Edwin, qui se voyant ainsi dépouillé fut réduit à se réfugier auprès de Redwald, roi des Est-Angles ; mais celui-ci, gagné bientôt après par les instances et les promesses d'Ethelfred, allait le lui livrer lorsque Edwin fut prévenu par un ami qu'il avait dans le conseil de Redwald, de ce qu'on tramait contre lui, sous les dehors d'une généreuse hospitalité. Cette triste nouvelle le préoccupa beaucoup, et une nuit qu'il était sur la porte du palais, songeant aux moyens de se soustraire au danger qui le menaçait, un inconnu se présente à lui et l'assure qu'il récupérera le royaume de ses pères, et que même il deviendra le principal roi de l'Heptarchie, s'il veut prendre pour conserver sa vie les précautions qu'on lui indiquera. Edwin le lui promet, et aussitôt l'étranger lui mettant la main sur la tête lui dit de se ressouvenir de ce signe. Sur ces entrefaites Redwald ayant changé d'avis, ne pensa plus à le livrer à Ethelfred, à qui même il déclara la guerre : il le tua dans une bataille, et remporta, en 616, une victoire complète qui remit Edwin en possession, non-seulement du Déire, mais de tout le nord de l'Angleterre. Ayant demandé en mariage sainte Edelburge, sœur d'Eadbald, roi de Kent, et fille de saint Ethelbert, qui avait été le premier roi chrétien de l'Angleterre, il lui fut d'abord répondu qu'une chrétienne ne pouvait épouser un idolâtre, de peur que la foi et ses mystères ne fussent profanés par un homme qui n'adorait pas le vrai Dieu. Edwin promit de laisser à la princesse la liberté de pratiquer sa religion, et donna même à entendre qu'il n'était pas éloigné, lui-même, d'embrasser le christianisme. Edelburge lui fut accordée à cette condition ; et saint Paulin, qui était prêtre et qui fut depuis sacré évêque d'York, accompagna la princesse pour lui procurer les secours du saint ministère. Un assassin, envoyé par Cénigésile, roi de Wessex, manqua de tuer Edwin en le frappant avec un poignard empoisonné : il ne dut la vie qu'au dévouement de Lilla, son ministre et son ami, qui se jeta entre lui et l'assassin : il reçut le coup destiné au roi, et mourut sur-le-champ. Edwin fut blessé aussi, mais assez légèrement. On arrêta le coupable, qui tua encore un officier du roi en se défendant, et il fut mis en pièces. Le roi, échappé à un aussi grand, danger s'empressa de témoigner sa reconnaissance à ses idoles, mais saint Paulin lui ayant représenté que c'était un culte sacrilège, et que c'était aux prières de la reine qu'il était redevable de sa conservation, Edwin l'écouta avec plaisir et permit qu'on consacrât à Dieu la princesse dont la reine venait d'accoucher. Elle fut baptisée, avec douze autres personnes, par saint Paulin, le jour de la Pentecôte (625) et reçut le nom d'Eanflède. Edwin fit plus : il promit que s'il guérissait de sa blessure et s'il remportait la victoire sur un ennemi qui venait d'attenter si lâchement à sa vie, il se ferait chrétien. Il défit en effet le roi des West-Saxons, et renonça aussitôt au culte des idoles ; cependant il différait son baptême. Le pape Boniface V lui écrivit pour l'exhorter à tenir sa promesse, et joignit à sa lettre divers présents, tant pour lui que pour la reine. Edwin se fit donc instruire ; saint Paulin de son côté ne cessait de prier pour sa conversion, et le pressait de ne pas résister plus longtemps à la grâce. Ayant appris par révélation ce que l'inconnu, dont il a été question plus haut, avait prédit à Edwin, et l'engagement qu'avait pris ce prince, il lui mit la main sur la tête et lui demanda s'il se ressouvenait de ce signe. Alors le roi, tout tremblant, voulut se jeter à ses pieds; mais le saint l'en empêcha et lui dit avec douceur: *Vous voyez que Dieu vous a délivré de vos ennemis, et que, non content de cette faveur, il vous offre encore un royaume éternel. Pensez, de votre côté, à accomplir votre promesse en recevant le baptême et en conformant votre conduite à la sainteté de la religion que vous avez embrassée.* Le roi assembla les principaux membres de son conseil, et leur demanda leur avis. Coifi, grand prêtre des idoles, parla le premier, et déclara qu'il était prouvé par l'expérience que les dieux qu'ils adoraient n'avaient aucun pouvoir. Saint Paulin, prenant la parole à son tour, démontra avec force l'excellence et la nécessité de la religion chrétienne. Coifi applaudit à ce discours, et proposa de brûler les temples et les autels des idoles. Le roi lui ayant demandé qui les profanerait le premier, Coifi répondit que c'était à lui de donner l'exemple, puisqu'il avait été le chef du culte idolâtrique. Il demanda donc des armes et un cheval, deux choses que la superstition de ces peuples interdisait au grand prêtre, et étant monté sur le cheval du roi avec une épée à son côté et une lance à la main, il se rendit au principal temple qu'il profana en y jetant sa lance; ensuite on y mit le feu et on le détruisit. Ce fut le jour de Pâques de l'an 627 que saint Paulin baptisa le roi avec le prince Osfrid, son fils, et un grand nombre des principaux de la nation. La cérémonie eut lieu à York, dans une église en bois qu'on avait élevée à la hâte. Edwin la fit rebâtir en pierre, et cette église devint, plus tard, cathédrale. Il en fit bâtir une autre en l'honneur de saint Alban, dans un lieu qui prit le nom d'Albansbury, et qui s'appelle maintenant Almondbury. Le roi, après son baptême, non content de pratiquer lui-même l'Évangile, s'appliquait avec zèle à la conversion de ses sujets, qui s'estimaient heureux d'être gouvernés par un tel prince. Le bon ordre et la tranquillité dont on jouissait sous son règne avaient même passé en proverbe, et l'on assure qu'une femme, tenant son enfant dans ses bras, pouvait sans rien craindre aller seule d'une mer à l'autre, et que personne ne touchait aux bassins d'airain placés aux fontaines qui se trouvaient sur les grands chemins, pour puiser de l'eau: tant la police était bien faite, tant les lois étaient bien observées! Le saint roi, pour récompenser les services de saint Paulin, s'adressa au pape Honorius I*er*, afin qu'il lui accordât le *pallium*, ainsi qu'à saint Honoré, archevêque de Cantorbery. Le pape dans sa réponse, qui est de 632, le félicite sur sa conversion, et accorde, sur sa demande, le *pallium* aux deux métropolitains de ses États. Il y avait dix-sept ans qu'Edwin était sur le trône, lorsqu'il plut à Dieu de l'éprouver par des malheurs qui lui procurèrent une mort glorieuse. Penda, issu du sang royal de Mercie, s'étant proclamé roi des Merciens, leva l'étendard de la révolte contre le roi des Northumbres, dont il était le sujet, et vint lui livrer bataille à Heavenfield, aujourd'hui Hatfield, dans la province d'York. Le saint roi fut tué en combattant avec courage pour la cause de la religion chrétienne, que Penda voulait détruire, et qu'il persécuta ensuite tant qu'il vécut. Saint Edwin mourut l'an 633, dans la quarante-septième année de son âge et la dix-septième de son règne. Son corps fut enterré à Whitby, à l'exception de sa tête, qui avait été séparée du tronc par les Merciens, et qui fut placée dans l'église qu'il avait fait construire à York. Le Martyrologe de Florus et les calendriers d'Angleterre lui donnent le titre de martyr, et deux anciennes églises, dont l'une était à Londres et l'autre à Brève dans le Sommerset, l'avaient choisi pour leur patron principal.—4 et 12 octobre.

EFFLAM (saint), *Inflamannus*, prince hibernais et solitaire, quitta sa patrie pour venir habiter un désert de l'Armorique où il mourut en 512. Il y a une église de son nom à Saint-Michel en Grève, dans l'ancien diocèse de Tréguier.—6 novembre.

EGBERT (saint), *Egbertus*, prêtre et missionnaire en Irlande et en Écosse, était Anglais de naissance. Après avoir pris l'habit monastique dans sa patrie, il passa en Irlande avec saint Wigbert et saint Willibrord, dans la vue de se perfectionner dans la science des saints et dans la pratique de la perfection. Après douze ans de séjour dans cette île, il se sentit appelé à travailler à la conversion des idolâtres, et il demanda la permission d'aller évangéliser les peuples de la Frise, où saint Wigbert était déjà depuis deux ans, et où se rendaient saint Switbert et saint Willibrord avec dix autres missionnaires; mais saint Boisil, mort depuis vingt-six ans, lui apparut, au rapport de Bède, et lui conseilla d'aller exercer son zèle apostolique dans les îles situées entre l'Irlande et l'Écosse. Dans la même apparition, il lui fut dit de se rendre dans les deux monastères de Colombkille et de Magis, afin d'enseigner aux moines qui les habitaient la vraie manière de célébrer la fête de Pâques. Pendant qu'il travaillait au salut des âmes dans ces coins reculés du globe, il s'intéressait vivement à la mission de la Frise, dont il avait été le principal mobile et qu'il recommandait sans cesse à Dieu dans ses prières. La plupart de ceux qui y travaillaient étaient ou ses amis ou ses disciples, et, dans les rapports qu'il entretenait avec eux, il encourageait leur zèle et s'associait de cœur à leurs peines et à leurs succès. Il mourut dans l'île de Hiou-de-Jone, vers l'an 730, à l'âge d'environ quatre-vingt-dix ans. Bède qui écrivit son *Histoire ecclésiastique* vers l'année suivante, en fait un grand éloge, et donne le détail édifiant de ses vertus, de ses travaux apostoliques et de ses austérités.—24 avril.

EGBERT (saint), *Echberactus*, évêque de Trèves, florissait dans le x⁰ siècle, et mourut en 989.—9 décembre.

EGBIN, ou **ETHBIN**, *Egbinus*, solitaire en Irlande, né vers l'an 528 d'une famille noble d'Angleterre, fut envoyé en France par ses parents à l'âge de quinze ans. Placé sous la conduite de saint Samson, son compatriote, qui était alors évêque de Dol dans l'Armorique, celui-ci l'attacha au service de son église. Saint Egbin était diacre, lorsqu'ayant entendu un jour lire, à la messe, ces paroles de l'Évangile : Celui qui ne renonce point à tout ce qu'il possède ne peut être mon disciple, il prit la résolution de quitter le monde pour ne plus s'occuper qu'à servir Dieu dans la solitude. Saint Samson ayant approuvé son dessein, il se retira dans le monastère de Taurac, où il prononça ses vœux en 554. Il choisit pour son guide spirituel un saint religieux de Taurac, nommé Guignolé ou Winwaloé qu'il ne faut pas confondre avec le saint du même nom qui fut abbé de Landevennec, et l'assistait à la messe qu'il célébrait, trois fois la semaine, dans une chapelle distante d'une demi-lieue du monastère. Les moines de Taurac ayant été dispersés par une irruption des Français, vers l'an 560, Egbin mena quelque temps la vie érémitique, et passa ensuite en Irlande, où il séjourna vingt ans, dans une cellule qu'il s'était construite au milieu des bois. Ses austérités et ses miracles rendirent son nom célèbre. Il mourut le 19 octobre 610, âgé de quatre-vingt-deux ans.— 19 octobre

EGDUNE (saint), *Egdunius*, prêtre et martyr à Nicomédie, fut l'une des premières victimes de la persécution de Dioclétien, en 303. Pendu par les pieds, la tête en bas, il fut étouffé par la fumée qu'on faisait sous lui. —12 mars.

EGECE (saint), *Egetius*, évêque dans le Rouergue, florissait au commencement du vi⁰ siècle, et mourut vers l'an 525.—3 novembre.

EGELINDE (sainte), *Egelinda*, épouse de saint Florien, souffrit, à ce que l'on croit, avec son mari à Zeisselmaur, près de Lorch en Autriche, l'an 303, sous le président Aquilin, pendant la persécution de Dioclétien. Elle est nommée dans quelques Martyrologes avec saint Florien, sous le 4 mai.

EGELNOTH (saint), *Achelnotus*, archevêque de Cantorbéry, surnommé le *Bon*, florissait au commencement du xi⁰ siècle ; s'étant rendu à Rome pour y recevoir le *pallium* des mains du pape Benoît VIII, il passa par Pavie à son retour et il obtint des bénédictins de cette ville un bras de saint Augustin d'Hippone, dont il enrichit sa cathédrale. Il mourut en 1038. — 30 octobre.

EGELRED (saint), *Egildrithus*, moine de Croyland et martyr, venait d'assister à l'autel, en qualité d'acolyte, saint Théodore son abbé, pendant la célébration des saints mystères, lorsqu'ils furent mis à mort par les Danois. Ceux-ci, après s'être rendus maîtres du monastère, massacrèrent toute la communauté et incendièrent les bâtiments, l'an 870. Ces victimes de leur barbarie sont honorées comme martyrs le 25 septembre.

EGOBILLE, ou **SCUBICULE** (saint), *Scubiculus*, diacre et martyr, souffrit avec saint Nicaise et saint Quirin qu'il accompagnait dans leurs courses apostoliques. Arrêtés par les païens, ils furent décapités sur les bords de l'Epte, près de la Roche-Guyon dans le Vexin. Leurs corps furent enterrés dans une île formée par la rivière, et l'on bâtit dans la suite en leur honneur une chapelle sur leur tombeau. — 11 octobre

EGRILE (saint), *Egrilius*, martyr à Césarée en Cappadoce, est honoré le 2 novembre.

EGUIGNER (saint) *Finbarus*, martyr à Ploudéry en basse Bretagne, avec sainte Piale sa sœur et plusieurs autres, souffrit en 499. — 14 décembre.

EGWIN (saint), *Egwinus*, évêque de Worcester, en Angleterre, né au milieu du vii⁰ siècle, sortait de la famille des rois de Mercie. Il se consacra au service de Dieu, dès sa jeunesse, et ses vertus le firent élever sur le siège de Worcester, en 692. Persécuté par quelques ennemis puissants qui ne pouvaient lui pardonner la généreuse liberté avec laquelle il reprenait le vice, il fit le pèlerinage de Rome pour donner à leur fureur le temps de s'apaiser. De retour dans son diocèse, en 701, il fonda la fameuse abbaye d'Evesham et il fut aidé dans cette entreprise par les libéralités de Kenred, roi de Mercie, son parent. Il fit un second pèlerinage à Rome avec ce prince, qui venait de renoncer au trône pour s'assurer plus efficacement une couronne immortelle. Saint Egwin mourut le 30 décembre 717, et fut enterré à Evesham. En 1183, on fit la translation de ses reliques, et il paraît que cette cérémonie eut lieu le 11 janvier, jour où il est nommé dans les Martyrologes anglais.— 11 janvier.

EIGIL (saint), *Ægil*, abbé de Fulde, fut élu en 817 pour succéder à l'abbé Rutgar, qui fut obligé de donner sa démission à cause des plaintes que ses religieux avaient portées contre lui devant l'empereur Louis le Débonnaire. Ce prince ayant ordonné de procéder à l'élection d'un nouvel abbé, Eigil fut élu d'un consentement unanime et il eut bientôt rétabli dans la communauté l'esprit de paix et d'union. Il mourut en 822 et eut saint Raban-Maur pour successeur. Il est nommé dans plusieurs calendriers sous le 17 décembre.

EIMBÈTHE (sainte), *Eimbetha*, vierge, est honorée à Strasbourg le 16 septembre.

EINARD (saint), solitaire à Altène, dans le comté de la Marck, en Allemagne, est honoré le 25 mars.

EINARD (saint), *Eginardus*, dix-huitième abbé de Fontenelle, fut élevé à la cour de Charlemagne. Ayant embrassé l'état monastique, il était déjà abbé de Fontenelle, lorsque Louis le Débonnaire lui donna l'intendance d'Aix-la-Chapelle ; mais Einard, craignant de perdre dans ce poste l'esprit intérieur, retourna bientôt à son abbaye, dont il quitta le gouvernement pour y vivre en simple religieux. Il mourut en 829. — 18 mai.

ELADE, ou HELLADE (saint), *Elladius*, évêque d'Auxerre, fut d'abord engagé dans les liens du mariage ; mais il prit, du consentement de son épouse, la résolution de vivre dans la continence, et entra dans l'état ecclésiastique pendant que sa femme, de son côté, prenait le voile. Ayant succédé à saint Valérien sur le siége d'Auxerre, il convertit un grand nombre de païens, et gouverna saintement le troupeau confié à ses soins. Il mourut vers l'an 387, et fut enterré dans le cimetière du Mont-Atre, à côté de saint Valérien. Il eut pour successeur saint Amateur. — 8 mai.

ELAN (saint), *Alanus*, abbé en Languedoc, florissait dans le VIIe siècle. Il était patron de l'ancienne cathédrale de Lavaur. — 25 novembre.

ELAPHE (saint), *Elaphius*, martyr en Afrique, souffrit avec saint Théon et plusieurs autres. — 28 juin.

ELAPHE (saint), évêque de Châlons-sur-Marne, sortait d'une famille noble de Limoges, qui lui fit donner une éducation soignée. Il mérita, par ses vertus et par sa science dans les saintes Écritures, d'être élevé sur le siége épiscopal de Châlons, sous Sigebert, dont le règne commença en 561. Il marcha sur les traces de ses saints prédécesseurs et mourut en Espagne où il avait été envoyé en ambassade ; mais son corps fut rapporté à Châlons et enterré dans l'église de Saint-Jean-Baptiste, située hors des murs de la ville : on le transféra, plus tard, dans celle de Saint-Pierre. Il eut pour successeur saint Ludmier son frère. — 19 août.

ELCOM LIAUCAMA (le bienheureux), *Ealco-Liaucamas*, abbé de Lidlom, monastère de l'ordre de Prémontré, fut mis à mort en 1332 par des frères convers qu'il avait exhortés à se corriger de leurs désordres et à se confesser. Il est honoré comme martyr à Terporte, dans la Frise, le 22 mars.

ELE (la bienheureuse), *Ela*, comtesse de Salisbury et ensuite religieuse de l'ordre de Citeaux, mourut vers l'an 1200, et elle est honorée à Lacock en Angleterre le 1er février.

ELEAZAR (saint), *Eleazarus*, martyr de l'ancienne loi, était de race sacerdotale et l'un des principaux docteurs de la nation juive. Parvenu à un âge avancé, sa longue carrière avait été un modèle de fidélité aux préceptes divins et d'exactitude à tous ses devoirs. Antiochus Epiphane, roi de Syrie, qui depuis plusieurs années persécutait, par lui-même ou par ses fonctionnaires, les Juifs soumis à sa domination, se rendit à Jérusalem l'an 167 avant Jésus-Christ pour activer la persécution, se persuadant que c'était le meilleur moyen d'étouffer tout ferment de révolte. Comme Eléazar était l'un des plus illustres et des plus fervents observateurs des lois divines, il le fit comparaître devant lui et voulut lui faire manger de la chair de porc. On lui ouvrit la bouche et l'on s'efforçait de lui ingurgiter, malgré sa résistance, des morceaux de cette viande prohibée ; mais comme ces tentatives n'aboutissaient à rien, on le dépouilla de ses habits et on le frappa de verges jusqu'à lui mettre le corps tout en sang, pendant qu'un hérault lui rappelait, à haute voix, l'ordre royal. Ses amis, témoins de cette barbarie et touchés d'une fausse compassion, lui conseillèrent, pour se soustraire à ces tourments, de se procurer des viandes permises par la loi, afin qu'en les mangeant il fît croire qu'il avait exécuté les ordres du prince. Eléazar ne voulut pas se prêter à cette criminelle dissimulation, parce qu'elle répugnait à sa conscience, à la franchise de son caractère, et qu'elle eût été une pierre d'achoppement pour ses coreligionnaires. *Je ferais croire aux jeunes gens*, dit-il, *que moi, vieillard de quatre-vingt-dix ans, j'ai abjuré la religion des Juifs pour adopter celle des Gentils, afin de prolonger de quelques jours une vie qui touche à sa fin. En supposant que par cette lâcheté j'échappe aux supplices qui m'attendent, je n'échapperais pas à la colère du Tout-Puissant en cette vie, ni surtout en l'autre, tandis qu'en mourant courageusement, je laisserai à la jeunesse juive un exemple de constance qui honorera mes cheveux blancs et qui apprendra à mourir avec fermeté pour les saintes lois de la religion.* Alors les bourreaux, qui avaient cessé de le tourmenter, dans l'espérance qu'il se laisserait vaincre, recommencèrent à le frapper plus fort qu'auparavant, et il expira sous leurs coups en priant Dieu que sa mort mît fin aux malheurs de sa nation. — 1er août et 1er octobre.

ELÉAZARE (sainte), *Eleazarum*, martyre à Lyon, souffrit avec saint Minerf, son mari et leurs huit fils. — 23 août.

ELÉONORE (sainte), *Alienordis* ou *Eleonora*, martyre à Bermingham en Irlande, fut mise à mort pour la foi catholique par les hérétiques dans le XVIe siècle.—29 décembre.

ELERE (saint) *Elerius*, abbé de Gutherin, dans le Denbighshire, après s'être appliqué dans sa jeunesse à l'étude des lettres, se retira dans un désert où il passa plusieurs années. Il fonda ensuite à Gutherin, dans la vallée de la Clwde, deux monastères, l'un pour des hommes et l'autre pour des femmes : c'est dans ce dernier que se retira sainte Wénéfride dont on croit que la vie fut écrite par saint Elère. Il mourut vers le commencement du VIIIe siècle et fut enterré dans l'église du monastère qu'il avait fondé et dont il fut le premier abbé. Son tombeau était en grande vénération chez les Gallois. — 14 juin.

ELESBAAN (saint), roi d'Ethiopie, le modèle des bons princes, ne se proposait dans le gouvernement de ses Etats que la gloire de Dieu et le bonheur de son peuple. S'il prit les armes, ce ne fut que pour défendre la cause de la justice et de la religion contre Dunaan, Juif de nation, qui s'était emparé du souverain pouvoir chez les Homérites, et qui persécutait les chrétiens. Ceux-ci, dans leur détresse, s'adressèrent à l'empereur Justin l'Ancien, qui engagea saint Elesbaan à faire la guerre à l'usurpateur et à délivrer l'Arabie Heureuse de sa tyrannie. Le saint roi déféra aux conseils du prince et il remporta sur Dunaan une victoire complète dont il usa toutefois avec une grande modération. Il répara les maux que le tyran avait faits à la religion, mit sur le trône un chrétien plein de zèle, et, de retour à Axuma, sa capitale, il ne tarda pas à laisser sa couronne à son fils, et envoya son diadème à Jérusalem pour le consacrer au Sauveur des hommes. S'étant ensuite déguisé, il sortit secrètement de la ville et se retira dans un monastère situé sur une montagne déserte, n'emportant pour tout trésor qu'une coupe pour boire et une natte pour se coucher. Il voulut qu'on oubliât ce qu'il avait été dans le monde, avec lequel il rompit toute communication. Confondu avec les frères, sans autre distinction qu'une plus grande ferveur et des austérités plus rigoureuses, il était toujours le premier aux différents exercices, et sa nourriture ne se composait que d'eau et de pain auquel il joignait quelquefois des herbes crues. Il mourut vers le milieu du vi^e siècle. — 27 octobre.

ELEUCADE (saint), *Eleuchadius*, évêque de Ravenne et confesseur, succéda à saint Apollinaire dont il avait été le disciple, et il mourut vers l'an 112. Il nous reste un sermon de saint Pierre Damien en son honneur. — 14 février.

ELEUSIPPE (saint), *Eleusippus*, frère jumeau des saints Speusippe et Méneusippe, qui versèrent leur sang pour la foi de Jésus-Christ dans la Cappadoce sous l'empereur Marc-Aurèle. Leurs reliques furent apportées en France sous nos rois de la première race. — 17 janvier.

ELEUTHÈRE (saint), *Eleutherius*, évêque en Illyrie et martyr, était fils de sainte Anthie et du consul Eugène. Elevé dans la foi chrétienne par sa mère, qui avait embrassé le christianisme, il n'avait que quatorze ans lorsqu'il fut admis au service de l'Eglise romaine par le pape saint Anaclet. Il reçut plus tard l'onction épiscopale et fut envoyé par le saint-siège en Illyrie, pour prêcher l'Evangile. Les nombreuses conversions qu'il opérait excitèrent la haine des païens, qui le déférèrent aux magistrats. Arrêté et ramené en Italie, à Messine selon les uns, dans la Pouille selon d'autres, et à Rome selon une troisième opinion, il fut brûlé sur un gril, ensuite placé sur un lit de fer rougi au feu, et enfin plongé dans une chaudière d'huile et de poix bouillantes. Ces supplices ne lui ayant pas ôté la vie, il fut exposé à des lions qui ne lui firent aucun mal, et les bourreaux l'étranglèrent en présence de sa mère qui subit aussi le même genre de mort, sous l'empereur Adrien, vers l'an 120. — 18 avril.

ELEUTHÈRE (saint), pape, était Grec de naissance et originaire de Nicopolis. Il vint à Rome, et le pape Anicet le fit diacre de l'Eglise romaine. Ayant succédé à saint Soter en 177, il combattit avec zèle l'hérésie des valentiniens et les commencements de celle des montanistes, qui prit naissance sous son pontificat. S'il avait eu la douleur, en montant sur la chaire de saint Pierre, de voir Marc-Aurèle persécuter les chrétiens surtout dans les Gaules et particulièrement à Lyon, il eut aussi la consolation de voir le règne de Jésus-Christ s'étendre dans la Grande-Bretagne. Le roi Lucius, qui régnait sur une partie de l'île, sous la dépendance des empereurs romains, envoya à saint Eleuthère une ambassade solennelle et lui demanda des missionnaires pour instruire ses sujets, leur administrer les sacrements et célébrer au milieu d'eux les saints mystères. Cette demande causa la plus grande joie au saint pape, et il envoya au pieux roi deux hommes, saint Damien et saint Fugace, qui portèrent la foi dans des lieux où les Romains n'avaient pu pénétrer. Saint Eleuthère condamna Florin, lequel enseignait une doctrine qui faisait Dieu auteur du mal, et Blaste qui prétendait que la coutume de célébrer la Pâque le quatorzième jour de la lune de mars devait être adoptée par l'Eglise romaine. Il mourut en 192 et fut enterré sur la voie Salarienne. — 26 mai.

ELEUTHÈRE (saint), diacre et martyr avec saint Denis, premier évêque de Paris, souffrit vers l'an 272, sous l'empereur Aurélien. — 9 octobre.

ELEUTHÈRE (saint), soldat et martyr à Nicomédie, fut livré à d'horribles tortures, ainsi qu'un grand nombre d'autres chrétiens, accusés comme lui d'avoir mis le feu au palais de l'empereur Dioclétien. Il fut l'une des premières victimes de la persécution, et ses longs tourments se terminèrent par le supplice du feu l'an 303. — 2 octobre.

ELEUTHÈRE (saint), martyr à Anazarbe en Cilicie avec saint Léonide, fut livré aux flammes par ordre du président Lysias, pendant la persécution de Dioclétien. — 8 août.

ELEUTHÈRE (saint), martyr à Bysance, sortait d'une famille de sénateurs et souffrit sous l'empereur Maximien. Sous le patriarche Gennade, qui monta sur le siège de Constantinople en 458, un lecteur nommé Carise, qui était attaché à la chapelle de saint Eleuthère, s'était attiré des réprimandes et des corrections pour ses crimes. Gennade, ne sachant plus quel moyen employer pour réprimer ses désordres, chargea un de ses prêtres de s'adresser au saint lui-même pour obtenir la conversion du coupable. Le prêtre, qui était un des principaux membres du clergé de Constantinople, obéit, et se plaçant derrière l'autel, près du tombeau de saint Eleuthère, il fit cette prière : *Saint martyr de Jésus-Christ, le patriarche Gennade m'a chargé, moi pauvre pécheur, de vous dire que Carise, lecteur de votre chapelle, est un grand coupable : il vous prie de le corriger ou de le retrancher du nombre des vivants.* Chose étonnante ! le lendemain ce malheureux fut trouvé mort. — 4 août.

ELEUTHERE (saint), patriarche de Constantinople et martyr, fut élu par les catholiques en 484 pour remplacer Acace, fauteur des eutychiens, qui avait été excommunié dans un concile de Rome par le pape Félix III, l'année précédente. Il eut beaucoup à souffrir de la part de cet hérétique intrigant et ambitieux, qui se regardait toujours comme patriarche, ainsi que de la part de l'empereur Zénon. Son attachement à la vraie foi lui coûta la vie, vers la fin du règne de ce prince, après avoir siégé sept ans. On fit une translation de ses reliques en 881. — 20 février.

ELEUTHERE (saint), évêque de Tournay et martyr, naquit à Tournay même, vers le milieu du v* siècle, d'une famille chrétienne dont les ancêtres avaient été convertis par saint Piat, plus de cent cinquante ans auparavant ; mais la foi y avait beaucoup dégénéré depuis, soit par le commerce avec les païens qui formaient le plus grand nombre des habitants, soit par les désordres de la cour des rois Francs, qui faisaient alors leur résidence à Tournay. Eleuthère ayant été fait évêque de cette ville en 486, il trouva un vaste champ ouvert à son zèle : ramener les fidèles à la pratique du christianisme et convertir les idolâtres, tels furent les deux objets auxquels il s'appliqua avec une ardeur infatigable, et Dieu bénit ses travaux apostoliques. Il arracha aux superstitions du paganisme une grande multitude de Francs, et il eut la consolation de voir leur chef Clovis embrasser la foi en 496. Saint Eleuthère défendit le mystère de l'Incarnation attaqué par quelques hérétiques qui lui procurèrent la couronne du martyre en lui ôtant la vie le 1er juillet 532, après un épiscopat de quarante-six ans. On trouve dans la *Bibliothèque des Pères* trois sermons de lui, l'un sur l'Incarnation, un autre sur la naissance de Jésus-Christ, et le troisième sur l'Annonciation. On fit une translation de ses reliques en 897, et une seconde en 1164. C'est sans doute à l'occasion d'une de ces deux translations qu'il est honoré le 20 février.

ELEUTHERE (saint), évêque d'Auxerre, succéda à saint Droctuald sur la fin de l'année 532. Il assista à plusieurs conciles qui se tinrent à Orléans vers le milieu du vie siècle, et il eut une grande part aux sages règlements qui s'y firent sur la discipline. On croit qu'il mourut le 16 août 561, après un épiscopat de près de vingt-neuf ans. — 16 août.

ELEUTHERE (saint), abbé de Saint-Marc, monastère situé près de Spolette en Italie, se fit admirer par la simplicité du cœur et par l'esprit de componction qu'il possédait à un haut degré. Dieu le favorisa de grâces extraordinaires et surtout du don des miracles. Ayant délivré un enfant qui était possédé du démon, il le retint au monastère pour l'y élever, et dit un jour en le voyant : *Depuis que cet enfant est parmi les serviteurs de Dieu, le démon n'ose plus s'approcher de lui.* Comme ces paroles semblaient annoncer de sa part un peu de vanité, l'enfant fut de nouveau possédé. Alors Eleuthère, avouant sa faute avec humilité, ordonna un jeûne et des prières dans la communauté pour chasser le démon, et l'enfant fut délivré une seconde fois. S'étant démis du gouvernement de son abbaye, il se retira à Rome dans le monastère de Saint-André. Saint Grégoire le Grand, qui en était le fondateur et qui y vivait en simple religieux, se désolait de ne pouvoir, à cause de la faiblesse de son estomac, jeûner aucun jour de l'année, pas même la vigile de Pâques, jour où les enfants mêmes jeûnaient ; il engagea Eleuthère à venir à l'église avec lui afin de demander l'un et l'autre à Dieu la guérison de son infirmité. Celui-ci pria avec beaucoup de larmes, et saint Grégoire put jeûner selon son désir. On lui attribue encore d'autres miracles, et notamment la résurrection d'un mort. Il mourut vers l'an 585, et son corps fut reporté à Spolette où il est en grande vénération. — 6 septembre.

ELEUTHERE (saint), confesseur à Chiéti dans l'Abruzze, est honoré le 1er mai.

ELEUTHERE (saint), qu'on nomme aussi LOTHIER, est honoré avec le titre de confesseur à Arque près de Rome. — 29 mai.

ELFEGE (saint), *Elfegius*, surnommé le Chauve, évêque de Winchester, appartenait à l'une des plus illustres familles d'Angleterre et succéda en 935 à saint Brinstan. Sa sainteté éclata par le don des miracles et par celui de prophétie ; l'on trouve plusieurs de ses prédictions dans Guillaume de Malmesbury. Il décida saint Dunstan, son neveu, à renoncer à la cour et au monde pour embrasser l'état monastique ; il lui donna lui-même l'habit et il l'éleva ensuite au sacerdoce. On place sa mort en 953. — 12 mars.

ELFGET (saint), *Elfgetus*, moine de Croyland et martyr, était diacre et avait assisté en cette qualité saint Théodore son abbé qui venait de célébrer les saints mystères, lorsque les Danois, survenant tout à coup, firent irruption dans l'île et fondirent sur le monastère. Ces barbares massacrèrent l'abbé avec toute la communauté, et incendièrent ensuite les bâtiments. Ce massacre eut lieu en 870. — 25 septembre.

ELFLEDE (sainte), *Elfledis*, abbesse de Whitby en Angleterre, était fille d'Oswi, roi des Northumbres, et petite-fille, par sa mère, de saint Edwin. Elle naquit l'an 655, et la même année elle fut vouée au Seigneur par son père qui, se voyant attaqué par Penda, roi de Mercie, promit en outre de doter quelques monastères s'il triomphait de son ennemi. Il fut vainqueur en effet, et Penda perdit la vie sur le champ de bataille. Oswi envoya sa fille à sainte Hilde, alors abbesse de Heortea, et celle-ci l'emmena avec elle, lorsqu'elle alla prendre le gouvernement de Streaneshalch : c'est là que Enflède vint rejoindre sa fille en 670, après la mort d'Oswi. Sainte Hilde étant morte en 680, Elflède lui succéda dans la dignité d'abbesse de Whitby. Nous lisons dans la vie de saint Cuthbert, qu'elle eut avec lui une conférence spirituelle dans l'île de Coket. Elle mourut à l'âge de soixante ans, l'an 715. — 29 octobre.

ELFLÈDE (sainte), *Elsfledis*, abbesse de Rumesey en Angleterre, florissait sur la fin du xᵉ siècle, et mourut en 1006. Elle est honorée à Hamploncourt le 29 octobre.

ELGIVE (sainte), *Elgifa*, reine d'Angleterre, florissait après le milieu du xᵉ siècle, et mourut en 981. La fête de la translation de ses reliques se célèbre le 18 mai, et elle est honorée en Angleterre le 30 juin.

ELIAB (saint), *Eliabus*, confesseur en Ethiopie, est honoré le 2 décembre.

ELIDE (saint), *Elidius*, acolyte et martyr, accompagnait saint Prix, son évêque, lorsque celui-ci se rendit à la cour du roi Childéric II. En retournant en Auvergne avec saint Amarin, ils furent attaqués à Volvic par des assassins qui étaient chargés de tuer le saint évêque. Amarin, qu'ils prirent pour lui, fut immolé d'abord; ensuite Elide, qui cherchait à faire à son maître un rempart de son corps, mais qui ne put le préserver du coup mortel qui lui était destiné. Ce crime eut lieu le 25 janvier 674, jour où Elide est honoré avec saint Prix. — 25 janvier.

ELIE (saint), *Elias*, prophète d'Israël, était né à Thesbé en Galaad, l'an 912 avant Jésus-Christ. Il vint trouver le roi Achab et il lui annonça, de la part de Dieu, la sécheresse et la famine, deux fléaux qui allaient désoler son royaume. Achab irrité de ces menaces voulait le faire périr, mais il se cacha par l'ordre du Seigneur, et, dans le désert où il s'était réfugié, des corbeaux lui apportaient tous les jours sa nourriture. Il sortit de son asile par l'ordre de Dieu et se rendit à Sarepta, ville des Sidoniens, où il multiplia l'huile de la veuve qui lui avait donné l'hospitalité, et il ressuscita son fils. Il retourna ensuite vers Achab, qui rendait un culte idolâtrique à Baal, lui reprocha son crime, et ayant fait assembler le peuple il défia les prêtres de cette idole; un miracle décida en sa faveur, et les faux prophètes de Baal payèrent de leur vie leur imposture. La reine Jézabel, épouse d'Achab, voulut venger leur mort sur Elie. Il se retira de nouveau dans le désert où Dieu pourvut à sa subsistance par le ministère d'un ange. Il habitait le mont Horeb lorsque le Seigneur lui ordonna d'aller sacrer Hazaël et Jéhu, l'un pour régner sur la Syrie, et l'autre sur Israël. Il revint une troisième fois trouver Achab pour lui reprocher le meurtre de Naboth, qu'il avait fait tuer pour s'emparer de sa vigne. Il prédit à Ochosias, fils et successeur d'Achab, qu'il mourrait des suites d'une chute qu'il venait de faire, et il fit descendre le feu du ciel sur deux troupes de cinquante hommes que ce prince envoya successivement pour se saisir de lui. Il fut enlevé vivant sur un char qui le transporta dans les airs en présence de son disciple Elisée, vers l'an 893 avant Jésus-Christ, et l'on ignore ce qu'il devint. Lorsque Jésus-Christ se transfigura sur le Thabor, on le vit apparaître avec Moïse et s'entretenir avec le Fils de Dieu. Une opinion assez généralement répandue, sans être pour cela certaine, c'est qu'Elie n'est pas mort et qu'il reviendra parmi les hommes avant la fin du monde. Comme il habita quelque temps le mont Carmel avec ses disciples, les Carmes l'ont regardé comme leur fondateur et ont voulu faire remonter jusqu'à lui l'institution de leur ordre; mais cette prétention singulière a été réfutée par de bons critiques. Il y avait à Constantinople une église de son nom qui fut rebâtie par l'empereur Basile. — 20 juillet.

ELIE (saint), martyr à Tomes dans le Pont, souffrit avec saint Lucien et quatre autres. — 27 mai.

ELIE (saint), martyr à Ascalon avec saint Prome, était originaire d'Egypte. Lorsqu'il allait visiter les chrétiens de son pays qui avaient été condamnés aux mines, il fut arrêté aux portes d'Ascalon, et décapité par ordre de Firmilien, gouverneur de la Palestine, l'an 308, sous les empereurs Galère et Maximin-Daix. — 14 décembre.

ELIE (saint), martyr à Césarée en Palestine, était originaire d'Egypte. Comme il revenait avec quatre de ses compatriotes de la Cilicie, où il avait été visiter les confesseurs condamnés aux mines, il fut arrêté aux portes de Césarée et conduit avec ses compagnons devant Firmilien, gouverneur de la province. Ce magistrat, s'adressant à Elie, qui lui paraissait être le chef de la petite troupe, lui demanda son nom et sa patrie. *Je m'appelle Elie et je suis de Jérusalem*, entendant par là la Jérusalem céleste qui est la vraie patrie du chrétien. Or ce nom de Jérusalem était inconnu aux païens depuis qu'Adrien avait appelé Ælia la nouvelle ville qu'il avait fait bâtir sur les ruines de l'ancienne Jérusalem, et Firmilien s'imaginant qu'il s'agissait d'une ville que les chrétiens bâtissaient dans quelque coin de la terre pour s'y réunir et s'y fortifier, il crut de son devoir de se faire expliquer dans quel pays se trouvait cette cité mystérieuse dont il venait d'apprendre l'existence. Voyant qu'il ne pouvait obtenir par la douceur les éclaircissements qu'il désirait, il eut recours aux tortures, et par son ordre les bourreaux se saisissent d'Elie, lui attachent les mains derrière le dos, lui mettent les pieds dans les ceps et lui déchirent le corps à coups de fouets; mais n'en pouvant tirer aucune réponse qui lui parût satisfaisante, il le fit décapiter avec ses compagnons, qui portaient aussi des noms de prophètes, et qui s'appelaient Jérémie, Samuel, Isaïe et Daniel. Ils furent exécutés l'an 309, sous le règne de Galère et de Maximin II. — 16 février.

ELIE (saint), évêque en Egypte et martyr, fut brûlé vif avec deux autres évêques pendant la persécution de Dioclétien. — 19 septembre.

ELIE (saint), l'un des quarante martyrs de Sébaste en Arménie, qui, ayant refusé de sacrifier aux dieux et de renoncer à la foi chrétienne pendant la persécution de Licinius, furent condamnés par Agricola, gouverneur de la province, à être exposés nus dans un étang glacé. On les en retira morts ou mourants, et on brûla leurs corps l'an 320. Saint Basile a laissé en leur honneur un discours qu'il prononça le jour de leur fête. — 10 mars.

ÉLIE (saint), martyr en Perse avec saint Zanitas ou Zébinas et sept autres, fut arrêté à Hubaham, la dix-huitième année du règne de Sapor II, c'est-à-dire en 327. Saint Jonas et saint Barachise, son frère, qui furent martyrisés plus tard, ayant appris l'arrestation de ces neuf chrétiens, accoururent de Beth-Asa à Hubaham pour les soutenir dans la foi et les fortifier au milieu des horribles tortures qui les attendaient. Élie et ses compagnons triomphèrent par une mort glorieuse de tous les assauts qui leur furent livrés. — 27 mars.

ÉLIE (saint), moine de Gethrabbi, monastère situé au pied du mont Sinaï, fut accablé de coups par les Sarrasins qui avaient fait une incursion dans la contrée et mourut le lendemain par suite de ses blessures, vers l'an 580. — 20 novembre.

ÉLIE D'AXE (saint), moine du mont Sinaï et martyr, fut mis à mort par les Sarrasins dans le ve siècle, avec une partie de sa communauté. — 14 janvier.

ÉLIE (saint), patriarche de Jérusalem et confesseur, naquit en Arabie l'an 430, embrassa la vie monastique en Egypte et se mit ensuite sous la conduite de saint Euthyme, célèbre abbé dans la Palestine, dont il devint l'un des plus illustres disciples. Ce saint abbé, qui mourut en 473, lui avait prédit qu'il serait son successeur et qu'il deviendrait ensuite patriarche de Jérusalem. Il y avait quelque temps qu'il gouvernait le monastère de Saint-Euthyme lorsque le patriarche Anastase le manda à Jérusalem, l'ordonna prêtre et l'attacha à son église. Après la mort de Saluste, successeur de Martyre, il fut élevé en 493 sur le siège patriarcal de la ville sainte, et l'un des premiers actes de son administration fut l'établissement, près de son église, d'un monastère où il réunit en communauté les moines qui jusque-là avaient vécu séparés aux environs de la tour de David. Il gouvernait son église avec beaucoup de zèle, lorsqu'en 512 l'empereur Anastase, partisan des eutychiens, exila plusieurs évêques d'Orient, parmi lesquels se trouvait saint Flavien, patriarche d'Antioche. Élie envoya à ce prince une députation d'abbés à la tête desquels était saint Sabas, pour essayer de calmer la violence de la persécution; mais cette démarche n'eut pas le succès qu'on s'en était promis; elle valut cependant à Élie de n'être pas exilé avec les prélats qui avaient refusé de souscrire à la condamnation du concile de Chalcédoine. Mais comme il refusait de communiquer avec Sévère, patriarche intrus d'Antioche, Anastase, irrité de cet acte de courage et d'orthodoxie, ordonna à Olympe, duc de Palestine, de le chasser de son siège. Élie fut donc exilé à Aïla, l'an 517, et l'on mit à sa place un moine nommé Jean, dont tout le mérite consistait à professer l'eutychianisme. L'année suivante il fut visité par saint Sabas, et un jour il lui dit qu'il venait d'apprendre par révélation que l'empereur Anastase était sorti de ce monde et qu'il le suivrait dans dix jours. Il employa cet espace de temps à pourvoir au gouvernement des monastères dont il était supérieur, et il passa la semaine sans prendre d'autre nourriture que la sainte Communion et du vin trempé d'eau. Le dixième jour, qui était le 20 juillet 518, il fut atteint d'une légère indisposition, et il mourut ce jour même, à l'âge de quatre-vingt-huit ans. — 4 juillet.

ÉLIE (saint), dit le jeune, martyr à Damas, était originaire d'Héliotrope, et fut mis à mort par les Sarrasins en 780. — 1er février.

ÉLIE (saint), prêtre et martyr à Cordoue, souffrit en 856 pendant la persécution des Maures, sous le roi Mohammed. Il est mentionné par saint Euloge, dans son *Mémorial des Saints*. — 17 avril.

ÉLIE (saint), solitaire à Saint-Jules, qui est une île du lac d'Orta dans le Milanais, est honoré le 21 mars.

ÉLIE DE GALATRE (saint), moine de Salines, monastère de l'ordre de Saint-Basile en Calabre, florissait sur la fin du xe siècle et mourut vers l'an 1000. Il a donné son nom à la caverne du Mont-Palma, qu'il avait habitée quelque temps. — 19 juillet et 11 septembre.

ÉLIE (le bienheureux), abbé de Saint-Pantaléon de Cologne, mourut en 1042, et il est honoré le 12 avril.

ÉLIE (la bienheureuse), *Elia*, abbesse du monastère de Horréen à Trèves, est honorée le 20 juillet.

ÉLIEN (saint), *Elianus*, l'un des quarante martyrs de Sébaste en Arménie, qui étaient presque tous de la Cappadoce et soldats. L'empereur Licinius ayant publié des édits contre la religion chrétienne en 320, ils ne voulurent pas s'y soumettre. Ce refus leur attira de la part d'Agricola, gouverneur de la province, les menaces les plus terribles; mais, voyant qu'ils y étaient insensibles, il les fit conduire à un étang glacé dans lequel ils furent plongés nus, par un froid rigoureux. Lorsqu'on les en retira ils étaient morts la plupart et les autres mourants. On les chargea sur des charrettes et on les conduisit sur un bûcher auquel on mit le feu. Saint Basile a fait leur éloge dans un discours qu'il prononça le jour de leur fête. — 10 mars.

ÉLISABETH (sainte), épouse de saint Zacharie et mère de saint Jean-Baptiste, vivait avec son mari dans la pratique de la loi de Dieu, et elle était déjà parvenue à un âge avancé, sans que le ciel lui eût accordé le bonheur d'être mère. L'ange Gabriel vint annoncer à Zacharie, pendant qu'il remplissait les fonctions de son ministère dans le temple, que son épouse aurait un fils. Élisabeth était dans le septième mois de sa grossesse miraculeuse, lorsque sa parente Marie, mère du Sauveur, à qui l'ange Gabriel avait révélé cette particularité, alla lui faire une visite. Elle ne l'eut pas plutôt saluée que l'enfant d'Elisabeth tressaillit dans son sein. Elle fut remplie elle-même du Saint-Esprit, et elle s'écria : *Vous êtes bénie entre toutes les femmes et le fruit de vos entrailles est béni. Comment se fait-il que la mère de mon Seigneur vienne me visiter ?.... Vous êtes heureuse d'avoir cru, et tout ce qui vous a été dit de la part du Seigneur aura son accomplissement.* Marie resta avec Elisabeth environ trois mois, et lorsque celle-ci fut accouchée, ses voisins et ses parents vinrent la féliciter de la grâce que Dieu lui avait faite. Etant revenus huit jours après pour la cérémonie de la circoncision du nouveau-né, ils proposèrent de l'appeler Zacharie comme son père; mais Elisabeth voulait qu'il s'appelât Jean. On demanda par signe à Zacharie, qui était resté muet depuis que l'ange lui avait parlé, quel nom il fallait donner à son fils, il écrivit sur des tablettes qu'il s'appellerait Jean. Saint Pierre d'Alexandrie rapporte que deux ans après la naissance du saint précurseur, Elisabeth, obligée de le soustraire à la persécution d'Hérode, alla se cacher dans une caverne de la Judée, et qu'elle y mourut quelques années après, laissant son fils dans le désert, sous la garde de la Providence. — 10 février et 5 novembre.

ELISABETH (sainte), martyre avec saint Alexandre, évêque, et plusieurs autres, est honorée chez les Grecs le 22 octobre.

ELISABETH (sainte), vierge de Constantinople, fut surnommée la Thaumaturge à cause des nombreux miracles qu'elle opérait. Elle est honorée chez les Grecs le 24 avril.

ELISABETH (sainte), abbesse de Scouauge, née en 1129, dans l'archevêché de Trèves, entra dans ce monastère à l'âge de douze ans, et après y avoir fait profession, elle fut tout à coup plongée dans une sombre mélancolie, n'éprouvant plus que du dégoût pour les choses saintes et pour les exercices de piété. Il lui semblait qu'elle doutait des vérités les plus importantes de la religion, et qu'elle était même quelquefois dans une espèce d'incrédulité complète ; enfin elle tomba comme dans un profond désespoir, et fut tentée de se donner la mort. Mais elle mit sa confiance en Dieu qui ne permet pas que nous soyons tentés au delà de nos forces ; et à ces épreuves si pénibles, mais si méritoires, succédèrent des grâces et des consolations extraordinaires, comme elle le marque elle-même dans une lettre à sainte Hildegarde. *Vous avez sans doute appris*, lui écrit-elle, *que le Seigneur a daigné manifester sa bonté envers moi au delà de tout ce que je méritais, et qu'il m'a fait connaître des choses qui sont au-dessus de la raison et de la nature. Il m'a aussi fait connaître les maux qu'il réserve à son peuple, s'il ne recourt pas à la pénitence : mais je cache ces faveurs autant qu'il m'est possible.* Sainte Elisabeth mourut à trente-six ans, le 18 juin 1165. — 18 juin.

ELISABETH DE HONGRIE (sainte), née en 1207, était fille d'André II, roi de Hongrie, et Gertrude, sa mère, était fille du duc de Carinthie. Fiancée dès son enfance à Louis, fils de Herman, landgrave de Thuringe et de Hesse, elle fut élevée dès l'âge de quatre ans à la cour de son futur beau-père, et son éducation fut confiée à une dame recommandable par ses vertus, qui lui inspira le goût de la piété. Aussi Elisabeth montra-t-elle de bonne heure qu'elle serait un jour une grande sainte. Son attrait pour la prière la portait souvent à se renfermer dans la chapelle du château pour vaquer à ce saint exercice dans la posture la plus respectueuse et avec un recueillement qui tenait du prodige ; et lorsqu'elle ne la trouvait pas ouverte, elle s'agenouillait près de la porte ; mais c'est surtout lorsqu'elle était seule dans son oratoire qu'elle donnait une libre carrière à sa ferveur. Un jour que la landgrave conduisait sa fille et Elisabeth à l'église, elle s'aperçut que celle-ci ôtait, en entrant dans le lieu saint, la couronne de diamants qui ornait sa tête ; et comme elle lui en demandait la raison, Elisabeth répondit avec simplicité : *Comment pourrais-je paraître avec une couronne de diamants sur la tête dans un lieu où je vois Jésus-Christ couronné d'épines ?* La landgrave lui répondit qu'avec de pareils sentiments elle ferait mieux de se retirer dans un cloître. Les courtisans poussèrent les choses encore plus loin, et disaient qu'elle n'était pas digne de l'alliance du jeune prince et qu'il fallait la renvoyer en Hongrie. Elisabeth profita de cette épreuve pour s'affermir de plus en plus dans le mépris des choses terrestres. Elle apprit à porter sa croix à la suite de Jésus-Christ et à pratiquer la patience, l'humilité, la douceur et la charité envers ses persécuteurs. Le jeune Louis, qui avait perdu son père en 1216 et qui venait de voyager pour compléter son éducation, revint en 1221 dans ses Etats, que sa mère Sophie avait gouvernés pendant sa minorité. C'était un prince accompli, et fait pour paraître avec éclat sur le théâtre du monde ; mais ce qui ajoutait encore à ses belles qualités, c'était un amour sincère pour la piété. Il sut apprécier les vertus de sa fiancée qui avait alors quatorze ans, et il témoigna autant de surprise que d'indignation en apprenant la manière dont on l'avait jugée pendant son absence. Il lui envoya une corbeille de noces magnifique, qui renfermait entre autres présents deux cristaux qui souvraient de chaque côté ; dans l'un était un miroir, et dans l'autre une image de Jésus-Christ fort bien travaillée. Le mariage qui eut lieu bientôt après fut célébré par des réjouissances publiques, où éclata la plus grande magnificence. Elisabeth prit pour son directeur Conrad de Marpurg, prêtre plein de vertu et de science, prédicateur célèbre et digne par sa ferveur, son désintéressement et son amour pour la mortification, du choix de la sainte. Il s'appliqua à cultiver les grandes dispositions qu'elle avait pour la piété, et la fit marcher à grands pas dans les voies de la perfection ; mais , tout en encourageant son ardeur pour les pratiques de la pénitence, il fut plus d'une fois obligé de modérer son zèle pour les austérités corporelles, qui surpassaient celles des reclus. Elle passait en prières une partie des nuits, du consentement du pieux landgrave, et le jour, le temps qui lui restait libre, après avoir rempli ses exercices de religion, elle l'employait à des œuvres de charité et au travail des mains, qui consistait le plus souvent à carder ou à filer de la laine pour faire des habits aux pauvres et aux religieux de Saint-François ; ce qui ne l'empêchait pas de méditer les vérités du salut et surtout les mystères de la vie et des souffrances du Sauveur; car elle possédait le grand art de rendre sa prière continuelle. Son attrait pour la mortification la portait, lorsqu'elle mangeait à la table de son mari, à se priver de tout ce qui pouvait flatter la sensualité ; mais elle savait si bien s'y prendre que personne ne s'en apercevait : lorsqu'elle mangeait en son particulier, elle n'usait que d'aliments grossiers, et en si petite quantité qu'à peine étaient-ils suffisants pour satisfaire aux besoins de la nature. Étrangère au luxe et au faste dont elle était entourée, ce n'était qu'avec répugnance qu'elle se prêtait à ce qu'exigeait son rang. Le roi de Hongrie son père, ayant envoyé des ambassadeurs au landgrave, elle obtint de celui-ci qu'elle paraîtrait en leur présence sans habits somptueux ; mais Dieu donna tant de grâce à sa personne que la simplicité de son extérieur ne l'empêcha pas d'obtenir tous les suffrages. En l'absence de son mari, elle ne portait que des étoffes grossières, faites d'une laine qui n'avait point été teinte. Plusieurs de ses dames d'honneur s'efforçaient d'imiter ses vertus, mais elles ne la suivaient que de loin. Sa charité pour les malheureux était sans bornes; elle aimait à servir les pauvres et les malades, s'attachant de préférence à ceux qui avaient les infirmités les plus dégoûtantes. Dans une famine qui affligea l'Allemagne en 1225, elle vint au secours de tous ceux qui souffraient du fléau; et lorsque le landgrave, qui était alors dans la Pouille avec l'empereur Frédéric II, fut de retour, ses officiers lui portèrent des plaintes sur l'excessive prodigalité de son épouse ; mais lorsqu'il vit qu'elle n'avait pas aliéné ses domaines et qu'elle avait seulement distribué les récoltes qui en provenaient : *Je ne puis*, dit-il, *blâmer des charités qui nous attireront les bénédictions du ciel ; et nous ne manquerons de rien tant que nous la laisserons assister les indigents comme elle fait.* Le château de Marpurg, où le prince Louis faisait sa résidence, était bâti sur un rocher escarpé, en sorte que les infirmes ne pouvaient s'y rendre ; ce qui détermina Elisabeth à faire construire un hôpital au pied du rocher afin de les y recevoir ; elle les y visitait souvent et les soignait de ses propres mains. Elle fonda un autre hôpital où il y avait habituellement vingt-huit pauvres, et tous les jours on distribuait à la porte du château des provisions pour en nourrir neuf cents. Elle faisait élever à ses frais un grand nombre d'orphelins et d'enfants qui n'avaient aucune ressource, et faisait passer des secours aux indigents qui se trouvaient dans les différentes parties du landgraviat; en sorte que ses revenus étaient à la lettre le patrimoine des pauvres. Mais la prudence dirigeait sa charité : elle faisait donner du travail à ceux qui étaient capables de travailler, et le landgrave, pénétré d'estime et d'admiration pour sa conduite, devint lui-même l'imitateur de son épouse, ce qui l'a fait surnommer par les historiens Louis le Pieux. Il eut d'elle trois enfants : Herman, qui lui succéda; Sophie, qui épousa le duc de Brabant; et Gertrude, qui se fit religieuse et devint abbesse d'Aldembourg. Ce prince étant mort en 1227 à Otrante, où il s'était rendu pour joindre l'empereur Frédéric et les autres croisés qui se disposaient à passer dans la Palestine, Elisabeth, qui avait déjà versé bien des larmes à son départ, en versa encore de plus abondantes à la nouvelle de sa mort; mais bientôt les sentiments de la religion l'emportant sur ceux de la nature, elle prit la résolution de mourir à elle-même, au monde et à ses vanités. Se trouvant ainsi veuve à vingt ans, la régence lui appartenait de droit ; et telles avaient été les dernières volontés du landgrave; mais les principaux seigneurs se liguèrent contre elle : on lui reprocha d'avoir ruiné le landgraviat par ses aumônes, qu'il fallait réparer les finances épuisées, et que, comme le jeune Herman ne pouvait pas encore gouverner par lui-même, il était nécessaire de déférer la régence au prince Henri son oncle. Le peuple se laissa gagner par les intrigues des grands, et Henri fut mis en possession du gouvernement. Son premier acte d'autorité fut de chasser Elisabeth du château, et il le fit avec tant d'inhumanité, que non-seulement il lui refusa les choses les plus nécessaires à la vie, mais qu'il défendit même à tous les habitants de la ville de la recevoir ou de la loger. La princesse supporta avec une patience admirable ce traitement aussi cruel qu'injuste, et se retira sans proférer une seule plainte dans une auberge, ou, selon quelques historiens, dans une chaumière. A minuit elle se rendit dans l'église des Franciscains qui récitaient matines, et y fit chanter le *Te Deum*, pour remercier Dieu de ce qu'elle avait été jugée digne de souffrir. Le lendemain, il lui fut impossible de trouver un logement, parce que la défense du régent intimidait tout le monde, et elle passa tout le jour dans l'église. Le soir on lui apporta ses enfants que Henri avait aussi renvoyés du château. Elle ne put retenir ses larmes en voyant ces innocentes victimes de la barbarie de leur oncle, et qui n'étaient point encore en âge de sentir leur malheur, témoigner par leurs caresses la joie qu'ils avaient de revoir leur mère. Un prêtre l'ayant enfin reçue dans sa maison, ne put lui donner qu'une misérable chambre pour elle, ses enfants et ses femmes; mais la fureur de ses ennemis la força de sortir de ce triste asile. Ainsi la mère de tant de pauvres se trouvait réduite elle-même à demander l'aumône, sans qu'une situation aussi déplorable lui fît rien perdre de la tranquillité de son âme. Elle offrait à Dieu ses humiliations et lui demandait la grâce de ne vivre que pour lui : aussi était-elle inondée de consolations intérieures, et il lui arrivait même quelquefois d'avoir des ravissements. L'abbesse de Kitzingen au diocèse de Wurtzbourg, tante maternelle d'Elisabeth, lui offrit une retraite dans son monastère, et lui conseilla d'avoir recours à l'évêque de Bamberg, son oncle, prélat qui joignait la prudence à la charité, et qui jouissait d'un grand crédit. Elisabeth alla le trouver, et lorsqu'il la vit il ne put retenir ses larmes. Il lui procura un logement près de son palais, et comme elle était jeune et belle, il lui proposa de se remarier, parce qu'une nouvelle alliance était, selon lui, l'unique moyen de recouvrer ses droits et ceux de ses enfants; mais elle lui répondit qu'elle voulait rester veuve, et passer le reste de ses jours dans une chasteté parfaite. Vers le même temps, on rapporta d'Otrante en Allemagne le corps de son mari avec une grande pompe. Lorsque le convoi passa à Bamberg, la vue du cerceuil renouvela la douleur de la pieuse landgrave, et elle ne put retenir ses larmes; cependant elle se rendit à l'église, mais lorsqu'on ouvrit le coffre qui renfermait les ossements de son mari, elle fut sur le point de se trouver mal. Cependant elle fit à Dieu le sacrifice qu'il lui demandait, et alla même jusqu'à le remercier de ce que, dans sa miséricorde, il avait appelé à lui un prince si jeune encore, pour l'introduire dans le séjour de la gloire. Comme on reconduisait le corps du landgrave en Thuringe, elle pria les principaux seigneurs du landgraviat, qui faisaient partie du cortége funèbre, de plaider sa cause et celle de ses enfants près du prince Henri, qu'elle n'accusait pas des mauvais traitements qu'elle avait essuyés, les attribuant uniquement aux mauvais conseils qu'on lui avait donnés. Ces seigneurs lui promirent de se charger de ses intérêts; et, arrivés en Thuringe, ils représentèrent si vivement à Henri l'indignité de sa conduite, que quoiqu'il eût le cœur endurci par l'ambition, il promit de rendre à sa belle-sœur son douaire et même la régence : mais Elisabeth, instruite de ce qui se passait, déclara qu'elle renonçait au gouvernement, et qu'elle demandait seulement qu'il fût réservé à son fils. On la reconduisit donc au château d'où elle avait été chassée, et Henri honteux du passé cherchait à le lui faire oublier par ses égards et par sa déférence pour ses avis. Conrad, son directeur, qui l'avait suivie dans ses voyages, voyant l'aversion qu'elle avait pour les grandeurs de la terre et son amour pour la retraite, lui permit de faire en sa présence vœu d'observer la règle du tiers ordre de Saint-François, dont elle porta depuis secrètement l'habit sous ses vêtements ordinaires. Comme il était obligé d'habiter la ville de Marpurg, Elisabeth, pour être plus près de lui, quitta le château pour aller se loger dans une maison voisine de la sienne, et y passa les trois dernières années de sa vie dans la pratique des plus héroïques vertus. Elle parlait peu et toujours avec réserve et gravité. Il ne lui échappait jamais un mot qui tendît à donner bonne opinion d'elle-même. Dieu était le sujet habituel de ses conversations : pleinement résignée à sa volonté sainte, dans la mauvaise comme dans la bonne fortune, elle ne vivait plus que pour lui. Le vœu qu'elle avait fait d'obéir à Conrad, son confesseur, des mains duquel elle avait reçu un habit grossier fait de laine non teinte, a fait dire au pape Grégoire IX, qui était en correspondance avec elle, qu'elle portait l'habit religieux et qu'elle s'était soumise au joug de l'obéissance monastique. Elisabeth imitait donc la vie des religieuses autant qu'il était en elle; mais elle ne quitta point l'état séculier, afin de pouvoir continuer ses aumônes; elle y consacrait tous les revenus de son douaire, et par son testament, elle institua Jésus-Christ son héritier dans la personne des pauvres. Conrad, qu'elle s'était donné pour supérieur, s'apercevant qu'elle avait un attachement trop sensible pour deux de ses femmes, Gute et Isentrude, ce qui pouvait retarder ses progrès dans la perfection, lui proposa de les renvoyer, et quelque douloureux que fût pour elle ce sacrifice, elle obéit sans répliquer. Elle ne mangeait ordinairement que des herbes et du pain, et ne buvait que de l'eau. Les œuvres de miséricorde corporelle et spirituelle occupaient les moments qu'elle ne donnait pas à la prière, et, plus d'une fois, ses exhortations convertirent des pécheurs endurcis. Le roi de Hongrie, son père, voulut l'attirer à sa cour, mais elle refusa de quitter l'état humble et pauvre qu'elle avait embrassé. Lorsqu'elle sentit approcher sa fin elle redoubla de ferveur dans tous ses exercices. Avant de recevoir les derniers sacrements, elle voulut faire une confession générale de toute sa vie, et jusqu'à son dernier soupir elle ne cessa de méditer sur les souffrances du Sauveur. Elle mourut le 19 novembre 1231, n'étant âgée que de vingt-quatre ans. Son corps fut enterré dans une chapelle, près de l'hôpital qu'elle avait fondé. Plusieurs miracles s'étant opérés à son tombeau, Siffroi, archevêque de Mayence, en constata juridiquement quelques-uns et en envoya la relation à Grégoire IX qui, après une mûre discussion, la canonisa le jour de la Pentecôte 1235. L'année suivante le même Siffroi fit la translation de ses reliques à Marpurg. L'empereur Frédéric, qui assistait à la cérémonie, leva la première pierre du tombeau et fit don d'une magnifique couronne d'or, qu'il déposa sur la châsse. Les trois enfants de la sainte, les archevêques de Cologne et de Brême, ainsi qu'un grand nombre de princes, de prélats et de seigneurs assistèrent aussi à cette translation, et les précieuses reliques, renfermées dans une châsse de vermeil, furent placées sur l'autel, dans l'église de l'hôpital. En 1539, Philippe, landgrave de Hesse, l'un des soutiens du luthéranisme naissant, les fit ôter de la châsse et les fit enterrer dans l'église. On en conservait une partie dans l'église des Carmélites de Bruxelles et une autre partie dans la chapelle de la Roche-Guyon-sur-Seine. Le trésor électoral de Hanovre en possède aussi une portion considérable, renfermée dans une châsse précieuse. — 19 novembre.

ELISABETH DE PORTUGAL (sainte), eut pour père Pierre III, roi d'Aragon, et pour mère Constance, fille de Mainfroi, roi de Sicile. Elle naquit en 1271, et reçut au baptême le nom d'Elisabeth en l'honneur de sainte Elisabeth de Hongrie, sa grand'tante. Le roi Jacques d'Aragon, surnommé le Conquérant, et frère de Pierre III, se chargea du soin d'élever sa petite-fille et la laissa, en mourant, déjà toute pénétrée des plus sublimes maximes de la piété, quoiqu'elle n'eût point encore six ans. Pierre étant monté sur le trône en 1276, ne mit auprès d'Elisabeth que des personnes vertueuses dont les exemples pussent lui servir de leçons, et la jeune princesse profita si bien des soins que l'on prit de son enfance, qu'elle n'avait de goût que pour le service de Dieu et les pratiques de la religion. Son assiduité à la prière, son ardeur pour la mortification, sa charité pour les pauvres, son humilité, sa douceur, son horreur pour le péché et son éloignement pour les choses du monde montraient assez que Dieu l'avait comblée de bonne heure de ses grâces les plus précieuses, et qu'elle était fidèle à y correspondre. Chaque jour elle récitait le bréviaire avec autant de piété et d'exactitude que l'ecclésiastique le plus fervent. Elle épousa, à l'âge de douze ans, Denys, roi de Portugal, qui ne put refuser son admiration aux vertus de sa jeune épouse, et qui la laissa libre de suivre son attrait pour la perfection. Elle en profita pour se faire un règlement de conduite qui approchait beaucoup de celui des religieuses. Tous les jours elle se levait de grand matin; après une longue méditation, elle récitait matines, laudes et prime; ensuite elle entendait la messe et elle communiait souvent. Le reste de la journée était aussi saintement occupé. Elle travaillait à des ornements pour les églises ou à des habillements pour les pauvres, et par intervalles elle se retirait dans son oratoire pour y vaquer à de pieuses lectures : elle ne passait aucun jour sans réciter, dans l'après-midi, l'office de la sainte Vierge et celui des morts. Des journées aussi remplies ne lui laissaient aucun moment pour les inutilités du grand monde, la parure et le faste; aussi tout son extérieur décelait la simplicité et la mortification. Outre les jeûnes prescrits par l'Eglise elle ne prenait que du pain et de l'eau les vendredis et les samedis, ainsi que les veilles des fêtes de la Vierge et des apôtres. Elle passait de la même manière l'Avent tout entier et deux carêmes de dévotion, dont l'un commençait à la saint Jean-Baptiste et finissait à l'Assomption, l'autre durait depuis l'octave de cette dernière fête jusqu'à la Saint-Michel, et quand on lui représentait qu'un régime aussi sévère ne convenait point à son haut rang, elle répondait qu'une vie mortifiée était d'autant plus nécessaire sur le trône, que les passions y sont plus vives et les dangers plus grands. Ses aumônes étaient immenses; elle faisait faire une liste exacte des pauvres honteux de ses Etats et leur fournissait secrètement de quoi subsister selon leur condition; elle dotait les jeunes filles que la misère exposait au danger de se perdre, et les faisait établir convenablement : elle visitait les malades, les servait de ses propres mains et pansait leurs plaies les plus dégoûtantes. Elle fonda divers établissements de charité dans le royaume, entre autres un vaste hôpital près de son palais de Coïmbre, et à Torre-Novas une maison pour les femmes repenties, ainsi qu'un hospice pour les enfants trouvés. Tant d'exercices de piété, tant d'œuvres de miséricorde ne l'empêchaient point de remplir ses autres devoirs : elle veillait sur la conduite des personnes qui étaient sous sa dépendance, réglait ses affaires domestiques et se montrait pleine de respect et de soumission pour le roi son époux, dont elle supportait les défauts avec une patience angélique. Denys avait d'excellentes qualités comme roi et comme particulier; mais il souillait la sainteté de l'union conjugale par des amours illégitimes. Elisabeth, moins touchée de l'injure qu'elle en recevait que de l'offense de Dieu et du scandale qui en résultait, priait et faisait prier pour sa conversion. Elle poussait la magnanimité jusqu'à se charger des enfants qu'il avait eus de ses maîtresses, et ne négligeait aucun moyen pour regagner son cœur. Enfin elle y réussit : le roi eut honte de ses égarements, et après sa conversion, qui était en partie l'œuvre de la pieuse Elisabeth, il devint la gloire et l'idole de ses sujets. Mais avant cet heureux événement, il s'était passé un fait qui put y contribuer, et dans lequel on ne peut s'empêcher de reconnaître l'intervention divine. Elisabeth avait un page très-vertueux qu'elle chargeait de la distribution de ses aumônes secrètes. Un autre page, jaloux de la faveur dont il jouissait près de la reine, l'accusa d'entretenir avec elle un commerce criminel. Denys, ajoutant foi à cette horrible calomnie, et voulant se défaire sans bruit de celui qui en était l'objet, fit venir un maître de four à chaux et lui dit : « J'ai un page qui mérite la mort pour avoir encouru mon indignation; je vous l'enverrai vous demander si vous avez exécuté mes ordres. Aussitôt qu'il vous aura fait cette question, vous vous saisirez de lui et vous le jetterez dans le four, afin qu'il y soit brûlé vif. » Le roi envoya le page, comme il en était convenu; mais en se rendant au four à chaux, il passa devant une église et y entra pour adorer Jésus-Christ; et comme la messe était commencée il y assista ainsi qu'à une seconde qui se dit immédiatement après. Denys, impatient de savoir ce qui s'était passé, envoya le délateur au maître du four, pour savoir si celui-ci avait exécuté ses ordres relativement au premier page. Le maître du four, à cette question, le prenant pour celui dont le roi lui avait parlé, le saisit et le jeta dans le feu qui le consuma dans un instant. Le page de la reine étant sorti de l'église, continue son chemin, arrive au four et demande si l'ordre du roi est exécuté; et comme on lui répond affirmativement, il revient au palais rendre compte de sa commission. Le roi, étonné de son retour, le questionne sur la manière dont les choses se sont passées, et il n'en eut pas été plutôt instruit que, convaincu de la fausseté de l'accusation, il adora les jugements de Dieu, et n'eut plus depuis aucun doute sur la vertu de sa sainte épouse. Cependant il se conduisit encore envers elle avec beaucoup d'injustice dans une autre occasion. Ils avaient eu de leur mariage deux enfants, un fils, qui fut depuis Alphonse IV, et une fille nommée Constance, qui épousa Ferdinand IV, roi de Castille. Le jeune Alphonse, s'étant aussi marié avec une infante de Castille, se mit à la tête d'une conspiration contre son père. Elisabeth, vivement affligée de ces troubles, employa le jeûne, la prière et les aumônes, pour obtenir de Dieu le rétablissement de la paix dans sa famille et dans l'État: lorsque les deux partis étaient sur le point d'en venir aux mains, elle exhorta son fils, de la manière la plus pressante, à rentrer dans le devoir, et conjura le roi de pardonner au coupable. Ses efforts réussirent; et le pape Jean XXII lui écrivit pour la féliciter de la sage conduite qu'elle avait tenue dans une circonstance aussi délicate; mais on l'accusa auprès du roi d'avoir favorisé le parti de son fils; et ce prince, s'étant laissé prévenir contre elle, l'exila pour quelque temps à Alanquer. Elisabeth, loin de se laisser abattre par cette disgrâce qu'elle n'avait pas méritée, profita de son exil pour redoubler ses austérités et ses autres bonnes œuvres. Le roi ayant reconnu son erreur, la rappela et se montra plus que jamais pénétré d'amour et de respect pour elle. La sainte réconcilia aussi Alphonse la Cerda avec Ferdinand IV, son gendre, qui se disputaient la couronne de Castille, et celui-ci avec Jacques II, roi d'Aragon, son frère, n'épargnant ni ses peines ni ses voyages pour étouffer les divisions et les guerres qui traînent tant de maux à leur suite. Le roi Denys étant tombé malade sur la fin de l'année 1324, elle le soigna elle-même avec autant de zèle que d'affection; et pour lui obtenir de Dieu la grâce d'une sainte mort, elle distribua d'abondantes aumônes et fit prier pour lui dans tout le royaume. Denys, après avoir donné dans sa maladie des marques d'une sincère pénitence, mourut à Santarem le 6 janvier 1325, et aussitôt après Elisabeth se consacra à Dieu en prenant l'habit du tiers ordre de Saint-François; ensuite elle assista aux funérailles de son mari, et accompagna sa dépouille mortelle jusqu'à Odiveras, où il avait choisi sa sépulture. Après avoir fait un pèlerinage à Compostelle, elle revint à Odiveras pour y célébrer l'anniversaire de la mort du roi, et aussitôt après la cérémonie, elle se retira dans un monastère de Clarisses qu'elle faisait bâtir. Sa charité pour les pauvres, qui auraient été privés de ses secours, l'empêcha d'y faire sa profession solennelle; elle se contenta de porter l'habit du tiers ordre, et de vivre dans une maison attenant au monastère. Elle fut encore obligée de sortir de sa retraite pour empêcher la guerre entre Alphonse IV, son fils, et le roi de Castille, gendre de celui-ci. Déjà les deux rois étaient prêts de se livrer bataille, lorsqu'Elisabeth partit en toute hâte pour empêcher l'effusion du sang, et comme on lui conseillait de différer son voyage à cause des grandes chaleurs, elle répondit que la circonstance était si grave, qu'elle ferait volontiers le sacrifice de sa vie. A peine eut-on appris qu'elle était en route, que l'animosité diminua dans les cœurs. Arrivée à Estremoz, sur les frontières des royaumes de Castille et de Portugal, où était son fils, elle vint à bout de le décider à faire la paix, et le quitta en l'exhortant à mener une vie sainte. Les fatigues de ce voyage précipité lui causèrent une fièvre violente, et à peine fut-elle de retour qu'elle sentit que sa fin approchait. Elle se confessa plusieurs fois, reçut le saint viatique à genoux, au pied de l'autel, et ensuite l'extrême-onction. Malgré ses souffrances, elle paraissait remplie de joie et de consolations intérieures, et ne cessait d'invoquer la sainte Vierge envers laquelle elle avait toujours eu une grande dévotion. Elle mourut entre les bras de son fils et de sa belle-fille, le 4 juillet 1336, à l'âge de soixante-cinq ans, et fut enterrée chez les Clarisses de Coïmbre; son tombeau devint célèbre par un grand nombre de miracles. En 1612, on leva de terre son corps qui se trouva entier, et qui fut renfermé dans une châsse magnifique. Urbain VIII la canonisa en 1625, et fixa sa fête au 4 et au 8 juillet.

ELISABETH (la bienheureuse), connue en Suisse sous le nom de sainte Reine, était fille d'André III, roi de Hongrie. Elle renonça aux avantages de sa naissance royale et à sa patrie pour se faire religieuse dans l'ordre de Saint-Dominique. Après s'être illustrée dans le cloître par la pratique des plus sublimes vertus, elle mourut en Suisse l'an 1338, et elle y est honorée le 6 mai.

ELISABETH (la bienheureuse), que sa grande douceur fit surnommer la Bonne, naquit, en 1386 dans un bourg du diocèse de Constance. Elle consacra à Dieu sa virginité et prit l'habit du tiers ordre de Saint-François dans le monastère de Leuth, où elle se distingua par sa ferveur et sa régularité. Elle sut se sanctifier dans les emplois les plus humbles de la maison, et fit dans la perfection des progrès admirables. Elle mettait une si grande simplicité dans toutes ses actions qu'il était impossible de la voir sans l'estimer et la chérir. Dieu lui envoya des épreuves et des peines intérieures qui rehaussèrent encore l'éclat de ses vertus et qui furent récompensées par des faveurs extraordinaires et surtout par le don de prophétie. Elle mourut à trente-quatre ans, le 5 décembre 1420, et Clément XIII a approuvé son culte. — 5 décembre.

ELISABETH PICENARDI (la bienheureuse), vierge du tiers ordre de Saint-François, naquit en 1428, d'une famille noble de Mantoue, qui l'éleva dans la piété et la crainte de Dieu. Toute jeune encore, elle aimait à se retirer dans une petite cellule où elle s'occupait à prier et à méditer sur les vertus de la sainte Vierge. Sans goût pour les amusements du monde, la seule récréation qu'elle courût, était d'aller à l'église de Saint-Barnabé. Sa conduite édifiante lui mérita bientôt l'estime universelle, et des jeunes gens d'un rang élevé recherchèrent sa main; mais Elisabeth qui avait d'autres vues refusa toutes les propositions de mariage qui lui furent faites, et obtint de son père la permission d'entrer dans le tiers ordre des Servites, où elle prononça ses vœux. Alors elle entreprit un genre de vie plus parfait encore que celui qu'elle menait à la maison paternelle : sa prière était presque continuelle, et ses mortifications si grandes qu'elle ne cessait d'affliger son corps par les jeûnes, le cilice et d'autres pratiques de pénitence. La méditation des souffrances de Jésus-Christ et des douleurs de la sainte Vierge avait pour elle des charmes particuliers. Elle se confessait et communiait tous les jours, et ne manquait jamais à la récitation de l'office canonial. Un certain nombre de jeunes personnes de familles nobles, touchées de ses vertus, se mirent sous sa conduite, et Elisabeth les forma si bien à la piété qu'elles embrassèrent, à son exemple, le tiers ordre des Servites. Elle fut favorisée de plusieurs grâces extraordinaires : les historiens de sa vie assurent qu'elle obtenait tout ce qu'elle demandait par l'intercession de Marie, et non-seulement les Mantouans, mais encore les étrangers en étaient persuadés. Mais la vénération dont elle était l'objet et les dons qu'elle avait reçus du ciel, même celui de prophétie, ne portaient aucune atteinte à son humilité. Elle se regardait comme la dernière des créatures, et ne parlait jamais de sa personne que d'une manière désavantageuse. A l'âge de quarante ans elle fut atteinte d'un violent mal d'entrailles dont elle mourut le 19 février 1468. Son corps, selon son désir, fut porté à l'église de Saint-Barnabé où bientôt il s'opéra de nombreux miracles : on cite entre autres la guérison de Victoire de Gorno, sa nièce, qui était attaquée d'un cancer incurable. Aussi son tombeau fut, pendant plusieurs siècles, honoré par la dévotion des fidèles. Ses reliques, après diverses translations, furent déposées en 1779 dans la chapelle de la famille Picenardi, au diocèse de Crémone. — 19 février.

ELISÉE (saint), *Elisœus*, disciple d'Elie et prophète comme son maître, était fils de Saphat, et naquit à Abelmeula, ville de la tribu de Manassé. Il conduisait la charrue lorsqu'Elie se l'associa par l'ordre de Dieu, et lorsqu'il fut enlevé de ce monde dans un char de feu, il lui laissa, sur sa demande, son manteau et son esprit prophétique. Il sépara les eaux du Jourdain qu'il passa à pied sec et rendit potables les eaux de la fontaine de Jéricho. Par un autre prodige, il procura de l'eau aux armées des rois Josaphat et Joram, et leur prédit qu'ils seraient victorieux des Madianites. Des enfants l'ayant insulté comme prophète du Seigneur, il les menaça de la vengeance divine, et aussitôt deux ours, sortis de la forêt voisine, les mirent en pièces. Il multiplia l'huile d'une pauvre veuve et ressuscita le fils d'une femme de Sunam. Il guérit de la lèpre Naaman, général Syrien; mais cette lèpre passa à Giezi, domestique d'Elisée, en punition de ce qu'il avait reçu des présents du général. Il prédit à Joas, roi d'Israël, qu'il remporterait autant de victoires sur les Syriens qu'il avait frappé de fois la terre de son javelot. Il mourut à Samarie vers l'an 830 avant J.-C., et il fut enterré près de cette ville. Des voleurs ayant assassiné un homme pour le dépouiller, jetèrent son cadavre sur le lieu où reposait le corps du saint prophète, et ce contact rendit la vie à cet homme. Saint Jérôme dit, en parlant de ce même tombeau, qu'il fait trembler les démons. Ses reliques furent transférées à Alexandrie dans le milieu du ve siècle.— 14 juin.

ELMER (saint), *Elmerus*, confesseur en Hainaut, est honoré comme évêque par les chanoines de Molhaing près de Mariembourg, le 27 août.

ELOI (saint), *Eligius*, évêque de Noyon, né à Chatelac, bourg situé à deux lieues de Limoges, vers l'an 588, sortait d'une famille riche et pieuse qui l'éleva dans la crainte de Dieu. Son père, remarquant en lui beaucoup d'aptitude pour les ouvrages manuels, le plaça chez un orfévre de Limoges nommé Abbon, qui était maître de la monnaie de cette ville, et qui jouissait d'une grande réputation. Le jeune Eloi devint en peu de temps, très-habile dans sa profession; mais si l'on admirait son talent comme ouvrier, on admirait encore plus ses qualités aimables, ses vertus et surtout sa piété. Chrétien fervent, il remplissait avec exactitude tous les devoirs de la religion. Quelques affaires l'ayant obligé de faire un voyage de l'autre côté de la Loire, il y fit connaissance avec Bobon, trésorier du roi Clotaire II. Ce prince ayant voulu avoir un siège ou trône orné d'or et de pierreries, Bobon lui parla d'Eloi comme d'un homme capable de faire ce travail, et le roi lui fit remettre la quantité de matière jugée nécessaire pour la confection de l'ouvrage, et Eloi fit deux trônes au lieu d'un. Le roi à la vue du premier admira le travail d'Eloi et le félicita sur son habileté; mais à la vue du second, il admira encore plus sa probité, et le nomma aussitôt maître de la monnaie : on voit encore le nom du saint sur plusieurs pièces d'or frappées à Paris sous les règnes de Dagobert Ier et de Clovis II, son fils. Clotaire lui donna un logement dans son palais et il le consultait dans les affaires les plus importantes. Le crédit dont le saint orfévre jouissait à la cour, ne l'empêcha t pas de travailler de son état; il se plaisait surtout à faire de belles châsses pour les reliques des saints, et parmi celles qui sont sorties de ses mains, on cite celles de saint Quentin, de saint Crépin et de saint Crépinien, de saint Lucien, de saint Piat, de saint Séverin, de sainte Geneviève et de sainte Colombe. Il orna aussi avec magnificence les tombeaux de saint Martin de Tours et de saint Denis de Paris. En travaillant il avait toujours, ouvert devant lui, un livre sur lequel il jetait fréquemment les yeux pour s'instruire et pour s'édifier. Sa chambre était remplie de livres pieux, parmi lesquels la Bible tenait le premier rang. Quoiqu'il eût toujours vécu chrétiennement, il forma cependant le projet de rendre sa conduite encore plus fervente; il fit donc une confession générale de toute sa vie, s'imposa une rigoureuse pénitence, et quitta les habits somptueux qu'il portait à la cour pour en prendre de simples et grossiers. Le roi le voyant si mal habillé lui donnait quelquefois ses propres vêtements; mais tout ce qu'Eloi recevait, il le distribuait aux pauvres : sa charité était sans bornes. Si quelque étranger demandait où il demeurait, Allez dans telle rue, lui disait-on ; il demeure là où vous trouverez des pauvres rassemblés. Il ne mangeait ni pain ni viande, et jeûnait souvent plusieurs jours de suite : Il faisait enterrer les suppliciés et montrait beaucoup de zèle pour le rachat des captifs. Il en achetait jusqu'à cent d'un coup, surtout des Saxons que Clotaire avait vaincus et faits prisonniers et qu'on vendait par troupes nombreuses; ensuite il leur rendait la liberté, leur laissant le choix, ou de retourner dans leur patrie, ou de rester avec lui, ou d'entrer dans des monastères. Un de ces esclaves saxons, qu'il avait formé à la piété, parvint à une vertu si éminente qu'il est honoré le 7 janvier sous le nom de saint Théau. Tituen, de la nation des Suèves, qu'il fit son valet de chambre, remporta la couronne du martyre. Il priait avant de sortir de sa maison ; il priait en y rentrant ; et s'il arrivait que le roi le mandât et qu'il lui envoyât même message sur message, il ne partait qu'après avoir terminé ses exercices de piété, et le roi loin d'en être choqué l'en estimait davantage. Clotaire II étant mort en 628, son fils Dagobert, qui lui succéda, avait une si haute idée de la sagesse et de la prudence d'Eloi qu'il le consultait de préférence à son conseil, sur les affaires les plus importantes de l'Etat. La faveur dont il jouissait excita l'envie des courtisans qui employèrent la calomnie pour noircir sa réputation; mais Dagobert, certain de son innocence, n'en eut que plus de vénération pour lui, et le combla de ses libéralités, qu'Eloi employait en aumônes ou en pieux établissements. Le premier de ces établissements qu'il fonda fut le monastère de Solignac, à deux lieues de Limoges, sur un terrain donné par le roi; nous avons encore la charte de fondation de cette abbaye. Eloi l'ayant dotée, y fit venir des moines de Luxeuil, et la communauté devint bientôt très-nombreuse. Dagobert lui ayant fait don d'une belle maison à Paris, il la transforma en un monastère de religieuses dont sainte Aure fut la première abbesse Lorsque les bâtiments furent achevés, il s'aperçut qu'on avait pris un pied de terrain de plus que le roi n'en avait accordé, et pénétré de douleur et de remords, il vint se jeter à ses pieds en pleurant et lui demandant pardon. Dagobert, surpris et touché de cette délicatesse de conscience, doubla sa première donation; et quand Eloi se fut retiré, il dit aux courtisans : *Voyez l'exacte probité de ceux qui servent fidèlement Jésus-Christ. Mes officiers et mes gouverneurs m'enlèvent sans scrupule des terres entières, tandis qu'Eloi tremble d'avoir un pouce de terrain qui m'appartienne.* Le cimetière des religieuses, qui se trouvèrent bientôt au nombre de trois cents, fut placé hors de Paris, parce qu'il était alors défendu d'enterrer dans l'intérieur des villes, et le saint fondateur y fit bâtir une église sous l'invocation de saint Paul : cette église a donné naissance à une paroisse de Paris qui porte son nom. Dagobert, se proposant d'employer Eloi dans les affaires les plus importantes, voulut qu'il lui prêtât serment de fidélité, selon l'usage : celui-ci fit des difficultés, ne pensant pas avoir des raisons suffisantes pour faire un serment, et craignant d'offenser Dieu, et comme le roi le pressait d'obéir, il s'en excusa en versant des larmes. Le prince, découvrant alors la cause de son refus, admira sa délicatesse de conscience et la regarda comme un gage plus sûr de sa fidélité que tous les serments. Il le députa vers les Bretons qui faisaient de fréquentes incursions sur les terres du roi et dévastaient le pays. Eloi réussit dans sa mission, et détermina même Judicaël, prince des Bretons, à se rendre à Paris pour apaiser la colère du roi. Saint Ouen, jeune seigneur de la cour, fut si frappé des exemples de vertu que donnait Eloi, qu'il rechercha son amitié et se lia étroitement avec lui. Quoique laïques l'un et l'autre, ils travaillaient avec zèle à maintenir la pureté de la foi et l'unité de l'Eglise. Eloi procura la convocation d'un concile à Orléans, contre certains hérétiques, et fit chasser de Paris une troupe d'impies qui dogmatisaient dans cette ville. De concert avec son jeune ami, il attaqua la simonie, devenue commune en France depuis le règne de Brunehaut. Ils étaient secondés par deux saints personnages de la cour, Didier qui fut depuis évêque de Cahors, et Sulpice qui devint archevêque de Bourges. Plusieurs évêques, zélés pour le bien de la religion et pour la gloire de l'épiscopat, résolurent d'avoir pour collègues ces grands serviteurs de Dieu, et firent nommer, en 639, saint Eloi à Noyon pour remplacer saint Acaire qui venait de mourir : quelque temps après saint Ouen fut élu évêque de Rouen. Clovis II, fils et successeur de Dagobert, aurait bien voulu les retenir auprès de sa personne, et il lui en coûtait de se priver de leurs services; mais il les céda pour le bien spirituel des diocèses qu'ils étaient appelés à gouverner. Les deux amis se préparèrent à leur consécration par la retraite, la prière et le jeûne. Ils furent sacrés, l'un et l'autre, à Reims, le dimanche avant l'Ascension de l'année 640. Éloi s'étant ensuite rendu à la cour pour prendre congé du roi, partit pour son diocèse, qui renfermait alors les deux évêchés de Noyon et de Tournay, réunis depuis saint Médard et qui comprenait la haute Picardie et s'étendait depuis là jusqu'à l'embouchure du Rhin. Les provinces de Gand et de Courtrai ne renfermaient presque que des païens; et ils étaient si obstinés dans leurs erreurs qu'ils ne voulaient pas même entendre parler de l'Évangile. Le saint évêque de Noyon employa la première année de son épiscopat à réformer son clergé et à rétablir la discipline ecclésiastique; ensuite il s'occupa de la conversion des Flamands. Arrivé au milieu d'eux, il les trouva d'abord peu disposés à écouter ses instructions. Plusieurs étaient tellement attachés à leurs superstitions qu'ils entraient en fureur même à la vue du saint évêque, et qu'ils étaient à chaque instant prêts à le mettre en pièces. Éloi, qui eût désiré remporter la couronne du martyre, continuait de leur prêcher l'Évangile, et ne cessait de leur donner des marques de la plus sincère affection. Il avait soin de leurs malades, les assistait dans leurs besoins, les consolait dans leurs afflictions, et employait tous les moyens qu'une ingénieuse charité pouvait lui suggérer pour vaincre leur obstination. A la fin, ces barbares furent touchés du désintéressement, de la bonté, de la douceur et de la vie mortifiée du saint évêque. Plusieurs s'étant convertis, contribuèrent à la conversion des autres: l'ébranlement se communiqua de proche en proche, et l'on vit bientôt les idoles renversées, les temples détruits, et les populations venir en foule demander le baptême, que le saint évêque ne leur administrait ordinairement qu'après un an d'épreuve. Il profitait de cette année de catéchuménat pour adoucir la férocité de leur caractère, pour leur apprendre à renoncer à leurs penchants vicieux et cruels, pour leur inspirer des sentiments d'amour de Dieu et du prochain, en élevant leurs esprits vers les choses célestes. Il traitait avec une fermeté mêlée de douceur ceux qui retombaient après leur baptême, et loin d'abandonner à leur mauvais sort les pécheurs incorrigibles, il se conduisait envers eux comme un médecin charitable se conduit envers des malades frénétiques, contre lesquels il ne s'irrite pas, mais qu'il s'efforce de guérir malgré eux. Il s'appliquait à faire pratiquer aux nouveaux fidèles qu'il avait gagnés à l'Église les vertus des premiers chrétiens et les conseils évangéliques: aussi plusieurs personnes de l'un et de l'autre sexe se déterminèrent d'après ses avis à embrasser l'état religieux. Pour atteindre un résultat aussi satisfaisant, que de peines et de fatigues n'eut-il pas à essuyer? mais rien n'était capable d'arrêter l'activité de son zèle, pas même la crainte de la mort. Un jour de Saint-Pierre qu'il prêchait près de Noyon, il s'éleva fortement contre les danses qui étaient pour le peuple une occasion de plusieurs désordres. Son discours excita un mécontentement presque général; on murmura, et des murmures on passa aux menaces. L'année suivante il prêcha encore dans le même lieu et sur le même sujet. Les partisans de la danse déclarèrent hautement qu'il devait prendre garde à sa vie, et ceux qui avaient l'autorité en main, loin de réprimer le tumulte, abusèrent de leur influence pour soulever la population contre saint Éloi. Celui-ci, voyant l'opiniâtreté de leur malice, eut recours aux derniers remèdes: il retrancha les principaux coupables de la communion des fidèles et les livra à Satan. Cinquante d'entre eux furent visiblement frappés de Dieu; mais étant rentrés en eux-mêmes, le saint évêque leur obtint par ses prières une entière guérison. Il opéra d'autres miracles et fut même favorisé du don de prophétie: il prédit entre autres choses que la monarchie française serait divisée entre les trois fils de Clovis II, et qu'elle serait ensuite réunie en un seul royaume sous Thierri, le plus jeune des trois. Saint Ouen, qui rapporte cette particularité, écrivait avant l'entier accomplissement de la prophétie. Saint Éloi prêchait tous les jours; et l'on voit dans les fragments qui nous restent de ses sermons un style clair, simple, peu chargé d'ornements, mais touchant et pathétique. Il gouvernait son diocèse depuis dix-neuf ans lorsque Dieu lui fit connaître que sa dernière heure approchait. Il en fit part à ses disciples avant même qu'il tombât malade; et voyant qu'ils fondaient en larmes à cette triste nouvelle: *Ne vous attristez point, mes enfants*, leur dit-il, *mais félicitez-moi plutôt. Il y a longtemps que je soupire après la fin de cette vie, et que je désire être délivré des misères de ce monde, dont le poids m'accable*. Après six jours d'une fièvre qui n'interrompit point sa prière, il envoya chercher ses disciples et leur fit une exhortation qui leur arracha des larmes; lui-même ne put s'empêcher de pleurer. Il conjura le Seigneur de ne pas les abandonner, et de leur procurer un saint pasteur; ensuite il expira tranquillement en récitant le cantique *Nunc dimittis*, etc., le 1er décembre 659, à l'âge de soixante-dix ans. Sainte Bathilde, veuve de Clovis II, n'eut pas plutôt appris sa maladie qu'elle partit en hâte de Paris avec ses enfants et les seigneurs de sa cour, mais elle le trouva mort en arrivant. Elle voulait le faire transporter à Chelles; mais le peuple de Noyon ne permit pas qu'on lui enlevât le corps de son saint pasteur, et cette ville resta en possession de ses reliques. En 666, cinq ans après sa mort, il apparut à sainte Aure, abbesse du monastère qu'il avait fondé à Paris, et lui prédit qu'elle serait enlevée par la peste avec cent soixante de ses religieuses, ce qui eut lieu effectivement, ainsi que le rapporte saint Ouen, qui a écrit la vie du saint évêque de Noyon, son ami. — 1er décembre.

ELOPHE (saint), *Eliphius*, martyr, était frère de saint Euchaire et des saintes Libaire, Susanne et Manne. Né en Lorraine dans le IVe siècle, il était digne par ses vertus d'appartenir à une famille de saints. Son zèle pour la religion chrétienne lui attira la haine des Juifs et des païens qui le firent arrêter sous Julien l'Apostat. Ayant été mis en prison à Toul et élargi bientôt après, on l'arrêta de nouveau et on lui fit souffrir diverses tortures, qu'il supporta avec tant de courage que ce spectacle convertit plusieurs païens. Il fut ensuite décapité vers l'an 362, et enterré sur une montagne qui porta son nom dans la suite. On bâtit une église sur son tombeau où il s'opéra plusieurs miracles. Vers l'an 960, son corps fut transporté à Cologne dans l'église de Saint-Martin, et lorsqu'on fit l'ouverture de sa châsse sur la fin du XVe siècle, on le retrouva entier, à l'exception de la mâchoire inférieure. — 16 octobre.

ÉLOGUE, ou ÉULOGUE (saint), *Eulogus*, moine de Saint-Pierre de Lagny, mourut vers l'an 789, et ses reliques se gardent à Vazor, dans le diocèse de Namur. — 3 décembre.

ELPÈDE (sainte), *Elpis-Elpidis*, martyre de Lyon avec saint Pothin, évêque de cette ville, et quarante-cinq autres, souffrit l'an 177, sous l'empereur Marc-Aurèle. — 2 juin.

ELPHEGE (saint), *Elphegus*, archevêque de Cantorbéry et martyr, né en 953 d'une famille illustre d'Angleterre, qui lui fit donner une excellente éducation, prit de bonne heure la résolution de quitter le monde pour embrasser l'état monastique. Sa mère, par un excès de tendresse, voulut s'y opposer; ce qui ne l'empêcha pas d'obéir à la voix du ciel, et de se retirer dans le monastère de Derhester, au comté de Glocester. Après avoir passé quelques années, le désir d'une plus grande solitude le porta à s'enfoncer dans un désert dépendant de l'abbaye de Bath, où il vécut inconnu aux hommes dans les exercices de la contemplation et de la pénitence. Mais il ne put si bien se cacher que l'éclat de sa sainteté ne le découvrît; ce qui lui attira plusieurs disciples. Le gouvernement de la grande abbaye de Bath lui ayant été confié, il s'appliqua avec zèle à ranimer dans sa communauté la discipline, la régularité et la ferveur. Il fut élu, en conséquence d'une vision de saint Dunstan, pour succéder à saint Ethelwold sur le siège de Winchester, l'an 984, et son élévation donna un nouveau lustre à ses vertus. Il se levait tous les jours à minuit, et priait longtemps nu-pieds, même pendant l'hiver, ne mangeait de viandes que dans des occasions extraordinaires. A ces austérités il joignait une grande charité pour les pauvres, et ses aumônes étaient si abondantes qu'on ne voyait aucun mendiant dans son diocèse. Il le gouvernait depuis vingt-deux ans lorsqu'il fut élevé, malgré lui, sur le siége archiépiscopal de Cantorbéry. Lorsqu'il fut de retour de Rome où il était allé recevoir le *pallium*, il mit ses soins à étudier les besoins de son nouveau diocèse, afin de réformer les abus et de remédier aux désordres qu'il avait pu découvrir, et c'est pour atteindre ce double but qu'il tint, en 1009, un concile à Oenham, qui, entre autres règlements, confirma la loi qui ordonnait de jeûner le vendredi. Les Danois ayant fait une irruption en Angleterre, pénétrèrent dans la province de Kent et vinrent mettre le siége devant Cantorbéry. On conseillait au saint archevêque de sortir de la ville avant qu'elle ne fût entièrement investie; mais il répondit qu'il n'y avait qu'un pasteur mercenaire qui pût abandonner son troupeau dans le danger. Pendant le siége, il exhorta les habitants à s'armer de courage contre les événements, et à se mettre dans la disposition de tout souffrir, plutôt que de renoncer à leur foi; ensuite il leur administra l'Eucharistie et les recommanda aux soins de la Providence. Les Danois s'étant emparés de la ville, passèrent au fil de l'épée tous ceux qu'ils rencontrèrent. Elphège, qui s'était réfugié dans l'église, échappa des mains de ceux qui le retenaient loin du danger, et arrivé près des vainqueurs qui massacraient une population désarmée, il s'écria : *Quelle gloire y a-t-il à verser le sang des innocents? Tournez contre moi votre fureur, que j'ai provoquée en vous reprochant votre cruauté...* Les barbares, irrités de ce langage, se saisirent de sa personne ; et après avoir mis en sa présence le feu à la cathédrale, et lui avoir fait subir à lui-même les plus indignes traitements, ils le renfermèrent dans un horrible cachot. Il y était depuis sept mois lorsque les Danois furent atteints d'une maladie épidémique. Persuadés que ce fléau était une punition de leur cruauté envers le saint archevêque, ils le tirèrent de sa prison et le conjurèrent d'implorer en leur faveur les secours du ciel. Elphège, heureux de trouver une occasion de rendre le bien pour le mal, selon le précepte de l'Évangile, se mit en prières, et bientôt les barbares ressentirent les effets de son crédit près de Dieu. Ils furent sur le point de lui rendre la liberté; mais l'avarice l'emportant sur la reconnaissance, ils exigèrent pour sa rançon 3,000 marcs d'or. Elphège leur ayant déclaré qu'il ne pouvait faire un tel usage du patrimoine des pauvres, on le remit en prison. Le samedi de Pâques on le conduisit aux commandants de la flotte danoise, qui se trouvaient à Greenwich, et qui le menacèrent de la mort s'il ne payait la somme fixée. Il leur répondit qu'il n'avait d'autre or à leur offrir que la vraie sagesse, laquelle consiste à connaître et à servir le Dieu vivant : il leur prédit ensuite que s'ils refusaient d'ouvrir les yeux à la lumière, ils seraient un jour traités avec plus de rigueur que Sodome, et il ajouta que l'Angleterre ne serait pas longtemps sous leur domination. Les barbares furieux se jetèrent sur lui, le renversèrent par terre et le lapidèrent. Saint Elphège, à l'exemple de saint Étienne, priait pour ses bourreaux, et s'étant un peu relevé, il s'écria : *O bon et incomparable Pasteur, ayez compassion des enfants de votre Eglise, que je vous recommande en mourant.* Un Danois, qu'il avait récemment baptisé, fut touché de le voir souffrir si longtemps ; et par un trait de pitié digne d'un barbare, il l'acheva en lui fendant la tête avec sa hache d'armes, le 19 avril 1012, à l'âge de cinquante-neuf ans. Il fut enterré solennellement dans l'église de Saint-Paul de Londres, et l'an 1023 son corps, qui était encore entier, fut porté à Cantorbéry et placé près du grand autel de la cathédrale, où il est resté jusqu'à la dispersion de ses reliques sous Henri VIII. — 9 avril.

ELPIDE (saint), *Elpidius*, évêque et martyr dans la Chersonèse avec plusieurs autres évêques, est honoré chez les Grecs le 4 mars.

ELPIDE (saint), sénateur et martyr. Ayant confessé avec un généreux courage la foi chrétienne en présence de l'empereur Julien, dit l'Apostat, ce prince le fit attacher à la queue d'un cheval indompté. Ce supplice lui déchira tous les membres. Son corps fut ensuite jeté dans le feu, où il consomma son martyre, vers l'an 362. — 16 novembre.

ELPIDE (saint), évêque en Afrique et confesseur, fut exilé avec saint Prisque et un grand nombre d'autres évêques que Hunéric, roi des Vandales, fit chasser de leurs sièges, en 484, parce qu'ils refusaient d'embrasser l'arianisme. Embarqués sur un vieux navire, choisi à dessein pour qu'il fît naufrage, ils abordèrent contre toute attente sur les côtes de la Campanie. Ils y exercèrent le saint ministère dans différentes églises du pays, et saint Elpide mourut en paix dans son exil, sur la fin du ve siècle. — 1er septembre.

ELPIDE (saint), évêque de Lyon et confesseur, est honoré le 2 septembre.

ELPIDE, ou LUPÈDE (saint), *Elpidius*, abbé d'un monastère situé dans la Marche d'Ancône, a donné son nom à une ville du Picentin, qui se glorifie de posséder son corps. — 2 septembre.

ELPIDÉPHORE (saint), *Elpidephorus*, martyr en Perse avec plusieurs autres, souffrit, vers l'an 345, sous le roi Sapor II. — 2 novembre.

ELPIGE, ou ELPIDE (saint), *Elpigius*, martyr dont le corps se garde à Salerne, est honoré dans cette ville le 24 mai.

ELRIC (saint), *Aldericus*, porcher du monastère de Fussenich, près de Zulpich, dans le duché de Juliers, est honoré le 6 février.

ELSIAIRE (saint), *Adelsarius*, moine de Saint-Savin, près d'Argellès, dans le Bigorre, mourut en 1036. — 5 juin.

ELZÉAR (saint), *Eleazarus*, comte d'Arian, né en 1285, à Robians, dans le diocèse d'Apt, eut pour père Hermengaud de Sabran, qui fut fait comte d'Arian, dans le royaume de Naples. A peine fut-il né que sa mère, surnommée la bonne comtesse, le prit entre ses bras et l'offrit à Dieu, le conjurant de l'enlever de ce monde, après son baptême, plutôt que de permettre qu'il tombât jamais dans le péché mortel. Elle ne négligea rien pour lui inspirer de bonne heure l'amour de la vertu, et le jeune Elzéar répondit à ses soins au delà même de ce qu'elle aurait pu espérer. Sa compassion pour les malheureux le portait souvent à partager son dîner avec de pauvres enfants de son âge, et il s'attristait lorsqu'on ne lui donnait pas de quoi soulager ceux qu'il voyait dans la peine. Placé dans le monastère de Saint-Victor de Marseille, pour y être élevé sous la conduite de Guillaume de Sabran, son oncle, qui en était abbé, il y fit de grands progrès dans les sciences et dans la piété. Son attrait pour les austérités le porta à mettre sous ses vêtements une ceinture armée de pointes aiguës qui lui déchiraient le corps, et faisaient quelquefois couler son sang. Un oncle s'en étant aperçu lui défendit de continuer, tout en admirant son ardeur pour la pénitence. Il n'avait encore que dix ans lorsque Charles II, roi de Sicile et comte de Provence, le fit fiancer à sainte Delphine de Glandèves, fille de Sinna, seigneur de Pui-Michel, qui en avait douze, et, quatre ans après, la cérémonie du mariage se célébra au château de Pui-Michel. Le jour même de leurs noces, les jeunes époux s'engagèrent, d'un commun consentement, à passer toute leur vie dans la continence. Retirés au château d'Ansois, dans la famille de Sabran, ils y passèrent sept ans dans des austérités et des jeûnes qui rappelaient la conduite des anciens anachorètes. Elzéar quitta ensuite ses parents et s'établit, de leur consentement, dans le château de Pui-Michel avec son épouse, et deux ans après il perdit son père. Devenu possesseur d'une grande fortune, à l'âge de vingt-trois ans, il la regarda comme un moyen que la Providence lui fournissait pour soulager les malheureux et pour procurer la gloire de Dieu ; car les biens éternels étaient l'unique objet de ses désirs. La prière, la méditation de la loi de Dieu, la récitation quotidienne de l'office divin, étaient ses pieuses occupations. Il communiait plusieurs fois la semaine, et toujours avec une nouvelle ferveur. *Je ne pense pas*, disait-il un jour à sainte Delphine, *qu'on puisse imaginer une joie semblable à celle que je goûte à la table du Seigneur.* Il fut favorisé de plusieurs grâces extraordinaires dans la prière, à laquelle il consacrait une partie de la nuit. Sa piété n'avait rien de sombre ; il était d'une humeur agréable et gaie ; sa conversation avait beaucoup de charmes ; mais si l'on parlait de choses profanes en sa présence, son union constante avec Dieu l'empêchait alors d'écouter ce qu'on disait, et il savait trouver adroitement quelque raison pour se retirer dans sa chambre. Il administrait ses affaires temporelles avec autant de soin que de sagesse ; il était brave à la guerre, et remplissait avec fidélité tous les devoirs que sa position dans le monde lui imposait. Il avait dressé, pour sa maison, un règlement où tout respire l'ordre le plus parfait, la sagesse la plus admirable et la piété la plus tendre. Tout y était réglé dans le plus grand détail, et avait pour but de faire régner la paix, la justice, la religion et la charité. L'ardeur qu'il avait pour les œuvres de miséricorde le portait à visiter souvent les malades et surtout les lépreux ; il les pansait de ses propres mains, et allait jusqu'à baiser leurs ulcères. Chaque jour il lavait les pieds à douze pauvres, et souvent il les servait à table. Il avait des magasins remplis de provisions pour aider ceux qui étaient dans le besoin : il redoubla ses aumônes dans la disette qui se fit sentir en 1310. Etant passé dans le royaume de Naples, pour prendre possession du comté d'Arian, le peuple, opposé à la maison d'Anjou et porté pour celle d'Aragon, refusa de reconnaître ses droits. Elzéar n'opposa aux rebelles, pendant trois ans, que la douceur et la patience. Le prince de Tarente, son parent, s'étant offert à les faire rentrer dans l'obéissance par la force des armes, *Quoi !* lui dit le comte, *vous voulez que je commence mon gouvernement par des massacres ? J'espère, avec le secours de Dieu, venir à bout de soumettre les rebelles par des moyens moins violents.* Son espérance ne tarda pas à se réaliser. Les habitants du comté s'étant soumis d'eux-mêmes, invitèrent Elzéar à venir prendre possession de ses domaines, et l'aimèrent toujours depuis comme leur père. Il montra, dans une circonstance que nous allons rapporter, avec quelle grandeur d'âme il savait pardonner à ses ennemis. En parcourant différents papiers, il trouva des lettres qu'un officier, qui servait sous lui, avait adressées à Hermangand, son père, et dans lesquelles il lui conseillait de déshériter Elzéar, sous prétexte qu'il était plus propre à faire un moine qu'un guerrier : il ne voulut faire aucun usage de ces lettres et les jeta au feu. Il s'appliqua à bien faire administrer la justice dans le comté d'Arian, et punit sévèrement les magistrats coupables de malversations. Il allait lui-même visiter les malfaiteurs condamnés à mort, et il réussit plus d'une fois à inspirer des sentiments d'une sincère pénitence à ceux qui avaient été sourds aux exhortations des prêtres chargés de les préparer à la mort; et quand leur bien avait été confisqué, il le rendait secrètement à leurs femmes et à leurs enfants. Il écrivait un jour à sainte Delphine, qui était encore en Provence : *Vous désirez apprendre souvent de mes nouvelles : allez donc souvent visiter Jésus-Christ dans le saint sacrement. Entrez en esprit dans son cœur sacré : vous savez que c'est là ma demeure ordinaire, et vous êtes sûre de m'y trouver toujours.* Après cinq ans de séjour en Italie, il revint à Ansois, où il fut reçu avec de grandes démonstrations de joie. Peu de temps après, il renouvela solennellement avec son épouse le vœu de chasteté perpétuelle qu'ils avaient fait en société, au commencement de leur mariage, et ils entrèrent l'un et l'autre dans le tiers ordre de Saint-François, s'engageant à porter une partie de l'habit des Franciscains sous leurs vêtements ordinaires, et à réciter tous les jours certaines prières. Deux ans après, il fut rappelé en Italie par le roi Robert, qui le

créa chevalier d'honneur, titre dont il s'était rendu digne par ses services, et surtout par sa bravoure militaire. Le comte, suivant l'usage, passa la nuit en prières dans l'église, se confessa et communia le lendemain matin, jour de la cérémonie, pendant laquelle le roi ne put retenir ses larmes, à la vue de sa piété et de son recueillement. Il le choisit ensuite pour gouverneur de Charles, duc de Calabre, son fils, jeune prince qui avait d'heureuses dispositions, mais qui était d'un caractère fier et intraitable. Elzéar dissimula d'abord les défauts de son élève, pensant qu'il devait avant tout s'appliquer à bien connaître la trempe de son âme, et à gagner sa confiance. Ensuite il l'avertit avec douceur de ce qu'il y avait en lui de répréhensible, et lui fit sentir la nécessité de se corriger et d'acquérir les vertus qu'exigeaient son auguste naissance et sa qualité de chrétien. Charles, vivement touché, se jeta au cou de son maître, et lui dit : Il est encore temps de commencer, dites-moi ce que je dois faire. Alors Elzéar entra dans quelques détails et lui donna les instructions les plus propres à former son cœur et son esprit. Le jeune homme en profita pour se corriger de ses défauts, et pour acquérir un fonds de piété et de sagesse qu'il conserva toute sa vie. Robert voulant passer en Provence, nomma son fils régent du royaume, sous la conduite d'Elzéar, qui fut établi chef du conseil et chargé de presque toutes les affaires importantes. Voyant que les pauvres et les faibles n'avaient point de protecteurs à la cour, il demanda au duc Charles la grâce d'être fait leur avocat. *Quel office sollicitez-vous là*, dit le jeune homme en riant ? *Vous ne devez pas craindre de compétiteur. Je vous accorde l'objet de votre demande, et je mets sous votre protection tous les pauvres du royaume.* Elzéar fit faire un grand sac qu'il portait par les rues, et où il mettait les requêtes et les réclamations des malheureux ; il écoutait leurs plaintes avec bonté, leur distribuait des aumônes et n'en laissait aucun sans quelque consolation. Il se chargeait de plaider lui-même la cause des veuves et des orphelins, et leur faisait rendre bonne et prompte justice. Comme il était principal dépositaire de l'autorité royale pendant l'absence du roi, plusieurs personnes voulurent lui offrir de riches présents qu'il refusa ; et comme on lui représentait que c'était en quelque sorte manquer aux bienséances, *Il est plus sûr*, répondait-il, *de refuser tous les présents, que de discerner ceux que l'on peut recevoir sans inconvénient; et il n'est pas facile à un homme qui s'est mis sur le pied d'en recevoir, de savoir où il convient de s'arrêter.* Henri VII, empereur d'Allemagne, ayant tenté une expédition contre Naples, le roi envoya à sa rencontre Jean, son frère, et le comte Elzéar. L'empereur perdit deux batailles, et les Napolitains attribuèrent principalement la victoire à la prudence et à la valeur d'Elzéar. Le roi, pour le récompenser, lui fit de magnifiques présents que le saint accepta, dans la crainte de lui deplaire; mais il les distribua aussitôt aux pauvres. En 1325, Robert le nomma son ambassadeur près la cour de France, et le chargea d'aller demander en mariage, pour le prince de Calabre, la princesse Marie, fille du comte de Valois. Il fut reçu à Paris avec toute la distinction due à sa naissance, à son rang et à son mérite. Il réussit dans sa négociation, et le mariage fut arrêté; mais il tomba malade bientôt après. Par son testament, il donnait tous ses biens meubles à sainte Delphine, sa femme, et ses terres à Guillaume de Sabran, son frère. Il faisait aussi des legs à ses parents, à ses domestiques et aux hôpitaux. Lorsqu'il vit que sa fin approchait, il fit une confession générale de toute sa vie, quoiqu'on assure qu'il n'offensa jamais Dieu mortellement. Pour sanctifier ses souffrances, il se faisait lire la passion de Jésus-Christ, qui avait toujours été l'objet de ses méditations. Après avoir reçu le saint viatique et l'extrême-onction, il tomba dans une pénible agonie et mourut à Paris le 27 septembre 1323, âgé seulement de trente-huit ans. Pour se conformer à ses dernières volontés, on porta son corps en Provence et on l'enterra dans l'église des Franciscains de la ville d'Apt. Le pape Clément VI fit constater la vérité des miracles opérés par son intercession, et Urbain V signa le décret de sa canonisation, qui fut publié par Grégoire XI en 1369. Sainte Delphine vivait encore, lorsque son mari fut mis au nombre des saints. — 27 septembre.

EMAN (saint), *Emanus*, qu'on nomme aussi Amans, florissait au VIe siècle. Il a le titre de martyr parce qu'il fut tué avec saint Maurille et un autre: on l'honore dans le diocèse de Chartres le 16 mai.

EMAR (saint), *Ythamar*, évêque de Rochester en Angleterre, florissait au milieu du VIIe siècle et mourut en 656. — 10 juin.

EMÉBERT (saint), *Ablebertus*, évêque de Cambrai, né au château de Ham en Flandre, était fils du comte Witger et de sainte Amelberge, et frère de sainte Gudule et de sainte Rénilde. Il fut élevé dans la piété et se montra un digne membre d'une aussi sainte famille. Sa réputation de science et de vertu le fit placer vers l'an 707, sur le siége de Cambrai et d'Arras, vacant par la mort de saint Vindicien. Il marcha sur les traces de son prédécesseur dans le gouvernement de son vaste diocèse et il se retira, sur la fin de sa vie, dans un lieu solitaire pour se préparer à l'éternité. Il mourut dans la première partie du VIIIe siècle, et il est honoré à Maubeuge le 15 janvier.

EMÈLE (saint), *Emelius*, martyr à Alexandrie, souffrit avec saint Orion. — 17 août.

EMÈRE (saint), *Emerius*, abbé de Bagnols, dans le diocèse de Gironne en Catalogne, était Français de naissance et florissait au VIIIe siècle. Son corps se garde dans l'église de Saint-Estève de Guialbes. — 27 janvier.

EMERENTIENNE (sainte), *Emerentiana*, vierge et martyre à Rome, n'était encore que catéchumène lorsqu'elle alla prier sur le tombeau de sainte Agnès, qui avait été sa sœur de lait et qui venait de verser son sang pour la foi. Elle y fut assommée à coups de pierres par les païens, vers l'an 304. — 23 janvier.

EMERIC (saint) *Emericus*, fils de saint Etienne, roi de Hongrie, et de Gizèle, sœur de saint Henri, empereur d'Allemagne, naquit en 1002 et marcha de bonne heure, sur les traces de son père, l'imitant avec tant de ferveur qu'il fut bientôt un sujet d'admiration pour toute la chrétienté. Il se levait à minuit, récitait matines à genoux et faisait une courte méditation à la fin de chaque psaume. Saint Etienne ne se bornait pas à l'élever dans les maximes de la perfection, il le formait aussi au grand art de régner. On attribue à ce jeune prince l'excellent code de lois qui parut sous le nom de son père, et qui est encore aujourd'hui la base du gouvernement hongrois. On y trouve, en 55 chapitres, tout ce qui est nécessaire pour rendre les peuples heureux et chrétiens. Il était tout à la fois le soutien et la consolation du roi son père, qui avait perdu ses autres enfants, et il commençait à porter une partie du poids du gouvernement lorsque Dieu le retira de ce monde. Il mourut l'an 1032, âgé seulement de trente ans. Saint Etienne fut d'autant plus sensible à cette perte qu'il voyait en son fils toutes les qualités propres à bien gouverner un royaume nouvellement converti au christianisme. On rapporte des choses étonnantes de ses vertus et de ses miracles. Benoit IX le canonisa en même temps que son père, et il est honoré comme confesseur le 14 novembre.

EMERITE (sainte), *Emerita*, est honorée chez les Grisons, qui la croient sœur de Lucius de Coire, et ils prétendent que celui-ci est le même que saint Lucius, roi dans la grande Bretagne sur la fin du IIe siècle. Ils font sa fête le lendemain de celle de son frère, c'est-à-dire le 4 décembre.

EMÉRITE (sainte), vierge et martyre à Rome avec sainte Digne, fut condamnée au dernier supplice par le juge Gaius sous l'empereur Valérien, vers l'an 257. Son corps fut inhumé dans le cimetière de Commodille, sur la route d'Ostie, et ses reliques se gardent depuis longtemps dans l'église de Saint-Marcel. — 22 septembre.

ÉMÉRITE (saint), *Emeritus*, martyr à Carthage, fut arrêté à Abitine, ville de la province proconsulaire d'Afrique, avec saint Saturnin, saint Datif et quarante-six autres chrétiens, pendant qu'ils assistaient, un dimanche, à la célébration des saints mystères. Les magistrats d'Abitine, après leur avoir fait subir un premier interrogatoire, les envoyèrent chargés de chaînes à Carthage. A leur arrivée assemblée dans cette ville, le proconsul Anulin les interrogea de nouveau, et les livra à d'horribles tortures. Ayant demandé à Saturnin s'il n'était pas celui chez qui s'était tenue la dernière assemblée des chrétiens, Émérite n'eut pas plutôt entendu cette question, que fendant la foule, il se présenta devant le proconsul: *Celui que vous cherchez*, leur dit-il, *le voici*

C'est chez moi qu'on a célébré la collecte. Cette hardiesse déconcerta Anulin, qui ne fit pas semblant, pour le moment, de l'avoir entendu; mais lorsqu'il en eut fini avec Saturnin, il dit à Emérite : *Ton logis a donc servi à ces impies pour y tenir leur assemblée?* — *Oui, nous y avons fait la solennité du saint dimanche.* — *Pourquoi les admettais-tu, contre la défense des empereurs?* — *Parce que je ne pouvais refuser l'entrée à mes frères et que la célébration du dimanche est pour nous d'une obligation indispensable.* A cette réponse on l'étendit sur le chevalet. Au plus fort de ses tourments, il s'écriait : *O Jésus, venez à mon secours ; donnez-moi la patience.* Le proconsul l'interrompant : *N'as-tu pas chez toi de ces livres que vous autres chrétiens nommez les Ecritures?* — *Oui, j'en ai ; mais je les conserve dans mon cœur.* — *Ces Ecritures sont-elles chez toi, oui ou non ?* — *Je vous ai déjà dit que je les ai dans mon cœur.* Le proconsul voyant qu'il n'en pouvait tirer d'autre réponse le fit détacher de dessus le chevalet. Saint Emérite mourut en prison des suites de ce qu'il avait souffert, l'an 304, pendant la persécution de l'empereur Dioclétien. — 11 février.

EMÈTRE (saint), *Hemiterius*, vulgairement saint Madir, martyr en Espagne, servait avec distinction dans l'armée romaine, lorsqu'il fut mis à mort pour la foi à Calahorra, avec saint Chélidoine ; mais on ignore en quelle année et même sous quel empereur il souffrit. — 3 mars.

EMILE (saint), *Æmilius*, martyr en Afrique avec saint Caste, fut vaincu, ainsi que son compagnon, dans un premier combat pour la foi, au rapport de saint Cyprien ; mais Notre-Seigneur les rendit victorieux dans un second, et ils terminèrent glorieusement leur martyre par le supplice du feu, vers l'an 210, sur la fin du règne de Sévère. Saint Augustin fit un sermon en leur honneur le jour de leur fête, qui se célèbre le 22 mai.

EMILE (saint), martyr en Sardaigne, souffrit avec saint Félix et deux autres. — 28 mai.

EMILE (saint), martyr à Ravenne, souffrit avec saint Félix et plusieurs autres. — 18 juin.

EMILE (saint), martyr à Capoue avec saint Marcel et deux autres, souffrit au commencement du IVe siècle, pendant la persécution de Dioclétien. — 28 mai.

EMILE (saint), *Emilas*, diacre et martyr à Cordoue, fut emprisonné pour la foi par ordre d'Abdérame II, roi de Cordoue, et après une longue détention, il fut décapité avec saint Jérémie, l'an 852. Saint Euloge parle de leur martyre dans son Mémorial des saints. — 15 septembre.

EMILIE (sainte), *Æmilia*, martyre à Lyon avec saint Pothin, évêque de cette ville, et quarante-cinq autres, souffrit l'an 177, sous l'empereur Marc-Aurèle. — Il y avait aussi, parmi les martyrs de Lyon, une autre Emilie, qui est honorée le même jour. — 2 juin.

EMILIE BICCHIERI (la bienheureuse), *Æmilia*, vierge du tiers ordre de Saint-Dominique, née à Verceil le 3 mai 1238, d'une famille illustre, perdit sa mère de bonne heure, et pria la sainte Vierge de lui en tenir lieu : cette confiance filiale en Marie lui mérita des grâces toutes particulières. La prière, le jeûne, l'éloignement pour les plaisirs et les vanités du siècle, la charité envers les pauvres brillèrent en elle dès l'âge le plus tendre. Pierre Bicchieri, son père, la regardait comme la gloire et le soutien de sa maison, et formait déjà des projets pour son établissement dans le monde. Mais Emilie, qui avait d'autres vues, se jeta aux pieds de son père, et lui demanda son consentement pour suivre la voix du Seigneur qui l'appelait à son service dans l'état religieux. Bicchieri refusa d'abord; mais enfin, vaincu par les pressantes sollicitations de sa fille, il la laissa libre d'exécuter son pieux dessein. Emilie, qui avait alors 15 ans, s'essaya dans la maison paternelle au genre de vie qu'elle se proposait d'embrasser, et, en 1256, elle prit l'habit des religieuses de saint Dominique et entra dans un couvent de cet ordre, que son père avait fait construire et doter exprès pour y recevoir sa fille. Avant de quitter ce bon père, elle le pria de lui pardonner les fautes dont elle avait pu se rendre coupable envers lui ; elle lui demanda ensuite sa bénédiction d'une manière si touchante, que Bicchieri fondit en larmes et la bénit avec tendresse. Après qu'elle eut prononcé ses vœux, avec une joie qu'il serait difficile d'exprimer, elle ne voulut plus avoir aucune communication avec les personnes séculières. Les dames les plus distinguées de Verceil ne purent jamais la déterminer à venir au parloir; elle ne consentait à recevoir d'autre visite que celle de son père, qui mourut bientôt après la profession de sa fille. Dieu lui ayant révélé qu'elle le perdrait dans huit jours, cette annonce la plongea dans la plus vive douleur; mais résignée à la volonté divine, elle se soumit avec courage; et, lorsqu'après les huit jours écoulés on vint lui annoncer que son père était mort, elle supporta ce coup sans émotion, se contentant de prier avec ferveur pour une âme qui lui était si chère, et du bonheur de laquelle le Seigneur lui donna bientôt la consolante assurance. Ayant été élue malgré elle supérieure du couvent, elle ne s'en montra que plus humble, partageant avec les religieuses les travaux les plus abjects de la maison, les édifiant par ses exemples, plus encore que par ses instructions. Elle leur prescrivait des actes de vertu plus ou moins difficiles, selon le degré de perfection qu'elle leur connaissait ; mais ce qu'elle recommandait à toutes indistinctement, c'était la pureté d'intention, voulant qu'elles eussent en vue la gloire de Dieu dans toutes leurs actions, et qu'elles en fissent le motif de leur obéissance. Elle ne montrait pas moins de zèle pour entretenir la charité, et un moyen qu'elle imagina à cet effet, c'est qu'aux approches des principales fêtes, chaque religieuse se mettait à genoux devant ses compagnes, leur demandait pardon des mauvais exemples qu'elle leur avait donnés et des peines qu'elle leur avait causées, et leur donnait ensuite le baiser de paix : pratique admirable, et qui n'a pu être inspirée que par l'esprit de Dieu ! Elle se livrait à de grandes austérités et jeûnait au pain et à l'eau deux fois par semaine. Remplie de compassion pour les pauvres, elle défendait qu'on refusât l'aumône à aucun. Dieu la combla de faveurs extraordinaires. Un jour qu'elle n'avait pu communier avec ses sœurs, parce qu'elle était retenue auprès d'une infirme ; comme elle s'en plaignait amoureusement à Notre-Seigneur, un ange lui apparut et la communia en présence de toute la communauté. Trois religieuses malades furent guéries tout d'un coup, en recevant sa bénédiction. Elle arrêta, par ses prières et par le signe de la croix, un violent incendie qui menaçait de consumer le monastère. Outre le don des miracles, Notre-Seigneur la rendit participante des douleurs de sa passion, et surtout de son couronnement d'épines, à la suite d'une demande qu'elle lui en avait faite dans sa méditation. Parvenue à l'âge de 76 ans, elle tomba malade, et sentant que sa fin approchait, elle se fit administrer les derniers sacrements. Après avoir adressé quelques paroles d'édification aux religieuses qui fondaient en larmes, elle ne cessa de s'unir à Dieu par des oraisons jaculatoires et des versets de la sainte Ecriture, jusqu'à ce qu'elle expirât, en prononçant les saints noms de Jésus et de Marie, le 3 mai 1314. Son corps fut exposé pendant 8 jours, et plusieurs infirmes qui en approchèrent furent guéris. Le pape Clément XIV approuva son culte en 1769 et fixa sa fête au 17 août, qui est le jour de la seconde translation de ses reliques. —17 août.

ÉMILIEN (saint), *Æmilianus*, soldat et martyr à Cyrthe en Numidie avec saint Agape et saint Secondin, évêques, et plusieurs autres, pendant la persécution de l'empereur Valérien, était de famille équestre, et avait vécu toute sa vie dans une parfaite continence, faisant de la prière sa principale occupation, pratiquant des jeûnes rigoureux et passant quelquefois deux jours sans prendre aucune nourriture. Ayant été arrêté et incarcéré à Cyrthe, capitale de la Numidie, avec plusieurs autres chrétiens, il eut une vision, qu'il raconta en ces termes à ceux qui étaient détenus avec lui pour la même cause : *Il m'a semblé que mon frère, qui est païen, me demandait comment nous nous trouvions de l'obscurité de notre cachot et des rigueurs de la faim. Je lui ai répondu que la parole de Dieu servait de lumière et de nourriture aux soldats de Jésus-Christ. — Vous savez, a ajouté mon frère, que tous ceux d'entre vous qui persisteront dans leur opiniâtreté doivent s'attendre à mourir ; mais est-ce que vous espérez tous, de votre Dieu, une égale récompense ? — Je lui ai répondu : Levez les yeux au ciel : tous les astres que vous voyez ont-ils le même éclat? ne différent-ils pas en clarté, quoique leur lumière soit de même nature? De même, ceux d'entre nous qui ont le plus souffert et qui ont eu de plus rudes combats à soutenir, recevront une couronne plus brillante.* Cette vision ne contribua pas peu à fortifier Émilien et ses compagnons. Il avait cinquante ans lorsqu'il fut exécuté en 259. — 29 avril.

ÉMILIEN (saint), évêque et martyr à Trévi en Ombrie, est honoré le 28 janvier.

ÉMILIEN (saint), martyr dans la basse Arménie, souffrit avec saint Denis et un autre. — 8 février.

ÉMILIEN (saint), martyr à Membrèse en Afrique avec deux saints du nom d'Ammon et trente et un autres, souffrit dans le iiie siècle. — 9 février.

ÉMILIEN (saint), esclave et martyr à Dorostore en Mysie, sous Julien l'Apostat, se signala par un trait de zèle plus hardi que prudent, mais que le triomphe momentané du paganisme sous cet empereur explique, s'il ne le justifie complètement. Voyant avec la plus grande douleur le culte des faux dieux se ranimer, il entra dans un temple d'idoles, brisa les statues des dieux et dispersa les ustensiles qui servaient aux sacrifices. Après cette action courageuse que les lois de Constantin et de Constance, son fils, rendaient licite, il alla se dénoncer lui-même au président Capitolin. Celui-ci le condamna à être brûlé vif dans une fournaise ; ce qui fut exécuté l'an 362. On bâtit, sur son tombeau, une église en son honneur, et comme elle tombait en ruines sur la fin du xe siècle, l'empereur Basile la fit réparer avec magnificence. — 18 juillet.

ÉMILIEN (saint), médecin et martyr en Afrique, souffrit d'horribles tourments pour la foi catholique, l'an 484, sous Hunéric, roi des Vandales. Il était cousin de sainte Denise et de sainte Dative, dont il partagea les supplices et le triomphe. — 6 décembre.

ÉMILIEN (saint), évêque de Verceil, sur la fin du ve siècle, assista, en 501 et 502, aux conciles qui furent tenus à Rome par le pape saint Symmaque contre l'antipape Laurent. Il défendit avec zèle et succès la cause du chef légitime de l'Eglise, et il eut la consolation de la voir triompher. On place sa mort vers l'an 520. — 11 septembre.

ÉMILIEN (saint), vulgairement appelé Milhan, d'abord curé de la Cogolle en Espagne, ensuite solitaire, né sur la fin du ve siècle, à Vergèye, dans l'Aragon, de parents pauvres, qui l'employèrent dans sa jeunesse, à la garde des troupeaux, se mit, à l'âge de vingt ans, sous la conduite d'un saint ermite nommé Félix, qui demeurait à Bilibie, près de Najara. Lorsqu'il fut instruit des moyens de tendre à la perfection, il retourna dans sa patrie ; mais s'y voyant importuné par les visites de ses connaissances, il se retira dans les montagnes de Disterces, dans le diocèse de Tarragone, et y vécut dans la pratique des plus grandes austérités. L'éclat de ses vertus l'ayant fait connaître, l'évêque de Tarragone l'ordonna prêtre et le força d'accepter la cure de Vergèye. Sa charité pour les pauvres, son exactitude à remplir les devoirs de la charge pastorale et son zèle pour le salut des âmes lui suscitèrent des ennemis. Quelques-uns de ses confrères, qui ne l'imitaient pas, résolurent de le perdre, afin de n'avoir plus, sous les yeux, un confrère dont la sainteté blessait leur vue et faisait la censure de leur conduite. Ils vinrent à bout de prévenir l'évêque contre lui, et Emilien, obligé de quitter sa cure, retourna dans son ermitage qu'il n'avait quitté qu'à regret, et reprit avec joie son premier genre de vie. Il continua d'assister les pauvres, autant que cela lui était possible, et de recevoir avec bonté ceux qui venaient lui demander des avis spirituels. Pendant tout le carême, il restait enfermé dans sa cellule et ne voyait que la personne qui lui apportait à manger. Il fut favorisé du don des miracles pendant sa vie, et mourut dans un âge très-avancé, vers l'an 574. Il fut enterré dans la chapelle de son ermitage, et cinquante ans après, on y bâtit un monastère. Ses reliques furent transportées, au milieu du XIe siècle, dans un second monastère qu'on construisit au-dessous du premier, à trois lieues de Najara. Les Bénédictins le comptent parmi les saints de leur ordre, et sa Vie a été écrite par saint Braulion, évêque de Saragosse. — 12 novembre.

ÉMILIEN (saint), surnommé par les Grecs l'Homologète, c'est-à-dire le Confesseur, est honoré le 8 janvier.

ÉMILIEN (saint), évêque de Cyzique, dans l'Hellespont, eut beaucoup à souffrir pour le culte des saintes images, sous le règne de Léon l'Isaurien. Ce prince cruel et fanatique l'envoya en exil, où il mourut vers l'an 820. — 8 août.

ÉMILIEN (saint), confesseur en Bretagne, florissait dans le territoire de Rennes au IXe siècle, et il est honoré à Redon le 11 octobre.

ÉMILIENNE (sainte), *Æmiliana*, martyre à Rome, souffrit au commencement du IVe siècle, pendant la persécution de Dioclétien. Il y avait, autrefois, dans cette ville un titre ou église de son nom, dont il est fait mention dans le premier des conciles tenus à Rome, sous le pape saint Symmaque, en 499. — 30 juin.

ÉMILIENNE (sainte), vierge à Rome, était sœur de sainte Tharsille et tante de saint Grégoire le Grand. Elle se consacra à Dieu et se dévoua aux exercices de la vie ascétique, dans la maison du sénateur Gordien, son père. Elle fit de grands progrès dans la vie spirituelle, et atteignit un tel degré de perfection, qu'elle paraissait ne plus vivre dans un corps mortel. Sainte Tharsille, qui avait fait vœu de virginité le même jour que sa sœur, et qui avait partagé son genre de vie, étant morte le 24 décembre, apparut à sa sœur quelques jours après et l'invita à venir célébrer l'Épiphanie avec elle. Sainte Emilienne étant tombée malade, mourut le 5 janvier, vers le milieu du VIe siècle, et alla rejoindre sa sœur dans le ciel. — 5 janvier.

ÉMILION (saint), *Æmilianus*, abbé d'un monastère, dans le diocèse de Bordeaux, florissait au milieu du VIIIe siècle et mourut en 767. Il y a, près de Libourne, une église qui porte son nom. — 16 novembre.

EMMANUEL (saint), martyr en Orient, souffrit avec saint Quadrat et quarante-un autres. — 26 mars.

EMMANUEL (le bienheureux), moine d'une abbaye de la Frise qui appartenait à l'ordre de Cîteaux, florissait dans le milieu du XIIe siècle et mourut vers l'an 1170. Il est honoré à Crémone le 27 février.

EMMÉLIE (sainte), *Emmelia*, épouse de saint Basile l'Ancien, fut mère de dix enfants dont les plus célèbres sont saint Basile le Grand, saint Grégoire de Nysse, saint Pierre de Sébaste et sainte Macrine la Jeune, qui était l'aînée de cette famille de saints, et qui aida sa mère à l'élever dans la pratique de la vertu. Ses enfants, à l'exception d'un seul, qui mourut en bas âge, se distinguèrent tous par une éminente sainteté, et ceux qui restèrent dans le monde ne le cédaient pas en piété, dit saint Grégoire de Nysse, à ceux qui renoncèrent à tout pour servir Dieu. Saint Pierre de Sébaste, le dernier de ses dix enfants, était à peine né qu'elle perdit son mari, qui avait été persécuté avec elle et dépouillé d'une partie de ses biens, sous les empereurs Galère et Maximin II. Obligés de s'enfuir dans les bois avec leurs enfants en bas âge, ils passèrent sept ans dans un désert inhabité, et ce ne fut qu'en 313 qu'ils purent revenir habiter le Pont, qui était leur patrie. Plus tard, ils vinrent s'établir à Césarée, capitale de la Cappadoce, et c'est là que Basile termina ses jours. Lorsque sa famille fut en état de se passer de ses soins, elle prit la résolution de quitter entièrement le monde, et se retira dans un monastère de vierges qu'elle avait fondé, et dont sainte Macrine, sa fille, eut le gouvernement. Elle avait aussi fondé pour des hommes un second monastère, qui fut d'abord gouverné par saint Basile le Grand, et ensuite par saint Pierre de Sébaste, son frère. C'est là qu'elle mourut, vers l'an 370, et son corps fut placé dans un caveau, près de Césarée, à côté de saint Basile, son mari. Ils sont honorés l'un et l'autre le 30 mai.

EMMERAN (saint), *Emmeranus*, évêque et martyr, sortait d'une famille illustre du Poitou. Il était encore jeune lorsqu'il renonça aux avantages du siècle pour entrer dans l'état ecclésiastique. Son mérite et ses vertus le firent élever à l'épiscopat, sans qu'on sache quel diocèse des Gaules eut le bonheur de le posséder. Quelques auteurs le font évêque de Poitiers; mais ils ne s'appuient sur aucune preuve solide : ce qui est certain, c'est qu'il gouverna saintement son troupeau, prêchant la parole de Dieu avec un zèle infatigable, allant trouver jusque dans leurs maisons les pécheurs les plus endurcis, qui, touchés de ses exhortations pressantes, revenaient à Dieu et quittaient leurs désordres. Les pauvres trouvaient en lui un père tendre, et sa charité était sans bornes. Après avoir ainsi travaillé, pendant quelques années, au bonheur spirituel et temporel de son troupeau, il prit la résolution de le quitter pour aller évangéliser les Bavarois. Ce peuple avait embrassé le christianisme au commencement du vii° siècle, par suite des prédications de saint Rupert, qui en fut le premier évêque ; mais il se trouvait encore parmi eux beaucoup d'idolâtres, et un grand nombre de ceux qui s'étaient convertis et avaient souillé leur foi par de graves erreurs. Emmeran, arrivé en Bavière vers l'an 649, fut bien accueilli par le duc Théodon, qui commandait le pays sous le roi Sigebert III, et qui fit tous ses efforts pour fixer à Ratisbonne le saint missionnaire ; mais celui-ci refusa les offres du duc, en disant qu'il ne devait prêcher que Jésus crucifié. Après trois ans de travaux, qui furent suivis de conversions innombrables, il partit pour Rome, dans le dessein d'aller vénérer les reliques des apôtres et des martyrs, et de consulter le pape Martin Ier sur quelques difficultés. Mais une femme sans mœurs, qui avait juré sa perte, suborna une bande d'assassins, qui le surprirent près d'Aschaim, un peu au-dessus de Munich, sur l'Yser, et le massacrèrent de la manière la plus barbare le 22 septembre 652. Ils lui coupèrent les membres les uns après les autres, et laissèrent son tronc nageant dans le sang. Lambert, fils du duc Théodon, qui avait eu la principale part à ce crime, fut banni du pays et ne succéda pas à son père. Le corps de saint Emmeran fut enterré à Aschaim. Quelque temps après, Théodon le fit transporter solennellement à Ratisbonne, et déposer dans l'église de Saint-Georges, qui porta dans la suite le nom de Saint-Emmeran. On fonda dans la même ville, avant la fin du vii° siècle, un monastère qui prit aussi son nom, et dont quelques auteurs attribuent la fondation au duc Théodon lui-même. — 22 septembre.

EMYGDE (saint), *Emygdius*, évêque d'Ascoli et martyr, ayant été ordonné évêque par le pape saint Marcel, et envoyé dans cette ville pour prêcher l'Évangile, confessa généreusement Jésus-Christ dans la persécution de Dioclétien. Il reçut la couronne du martyre au commencement du iv° siècle. — 5 août.

ENCRATIDE ou ENGRATIE (sainte), *Encratis, dis*, vierge et martyre, née en Portugal, quitta secrètement la maison paternelle lorsqu'elle fut en âge de s'établir, parce que son père voulait la marier et qu'elle était résolue à consacrer à Dieu sa virginité. Elle se retira à Saragosse, où la persécution de Dioclétien faisait d'horribles ravages. Loin d'être effrayée du danger qui la menaçait, elle alla trouver Dacien, gouverneur de la province, et lui reprocha en face la barbarie avec laquelle il traitait les chrétiens. Dacien, choqué de cette sainte hardiesse, la fit saisir par ses bourreaux et la livra aux plus horribles tortures : on lui déchira les côtés, on lui coupa la mamelle gauche et on lui arracha une partie du foie, en sorte qu'on lui voyait le dedans du corps. Comme elle vivait encore, elle fut mise en prison, où elle mourut, par suite de ses plaies, en 304. L'an 1389, on découvrit, à Saragosse, ses reliques et celles de dix-huit autres martyrs qui souffrirent avec elle. — 16 avril.

ENDÉE ou ENNA (saint), *Endeus*, abbé en Irlande, naquit vers le milieu du v° siècle, d'un riche seigneur d'Ergall dans l'Ulster. Il avait pour sœur sainte Faine, abbesse de Kill-Aine, monastère situé sur les frontières du comté de Méath, laquelle, par ses pieuses exhortations, le détermina à quitter le monde pour embrasser, à son exemple, la vie religieuse. Il se retira dans le monastère de Rosnal, sous la conduite de Mansénus, qui en était abbé. Il retourna ensuite dans son pays, et fonda un grand monastère dans l'île d'Aran ou d'Arn, dans lequel plusieurs personnages, recommandables par leurs vertus, vinrent embrasser l'état monastique, ce qui fit donner à cette île le nom d'*Ile des Saints*. Il mourut après le commencement du vi° siècle, vers l'an 540, et fut enterré dans le cimetière d'une autre église de cette île, où l'on montre encore son tombeau. L'église principale d'Aran fut appelée, de son nom, Kill-Enda. — 21 mars.

ENGELBERT (saint), *Engelbertus*, archevêque de Cologne et martyr, était fils d'Engelbert, comte de Berry, qui avait épousé une fille du comte de Gueldres. Il montra, dès son enfance, de si heureuses dispositions pour la piété, que ses parents le destinèrent à l'état ecclésiastique, et lui procurèrent de riches bénéfices, même avant qu'il pût connaître l'usage qu'il en devait faire ; mais éclairé par le Saint-Esprit, il se préserva du danger auquel il était exposé, et il refusa l'évêché de Munster, que sa grande jeunesse l'empêchait d'administrer par lui-même. Étant devenu, plus tard, grand prévôt de l'église cathédrale de Cologne, il se déclara contre l'empereur Othon IV, excommunié, puis déposé par le pape Innocent III, et prit le parti de Frédéric II, que les électeurs venaient d'élever à l'empire (1212). Cette conduite le fit estimer à Rome, et il fut élu archevêque de Cologne en 1215, à la place de Thierri, qui avait été déposé à cause de son attachement à Othon. Il déjoua par sa prudence les intrigues de son prédécesseur et des autres partisans de l'empereur déchu, et s'appliqua avec succès à calmer les dissensions politiques. Plein de zèle pour la religion, il travailla au rétablissement de la discipline et au maintien des droits de son Église ; mais il devait passer par le feu des tribulations, afin d'être purifié des taches qu'une vie trop séculière lui avait fait contracter. Frédéric, comte d'Issembourg, son parent, s'était fait avoué de l'abbaye d'Essende, sous prétexte de la défendre, mais, dans le fait, pour piller ses biens ; de sorte que les religieuses étaient souvent obligées de se réfugier à Cologne pour implorer la protection de l'archevêque. Engelbert ne déploya pas d'abord assez de fermeté dans cette affaire, sans doute parce qu'il s'agissait de son parent ; aussi le pape et l'empereur le chargèrent d'agir avec plus de vigueur, et même de destituer l'avoué, s'il ne cessait ses vexations et ses rapines. L'archevêque commença par les voies de la douceur, et offrit même une pension considérable à Frédéric s'il voulait se conduire selon les règles de l'équité; mais ces démarches n'ayant abouti à aucun résultat, il ne laissa pas ignorer au comte la commission dont il était chargé, ce qui le rendit furieux. Il forma aussitôt le projet d'ôter la vie à Engelbert, et mit dans le complot des seigneurs et des princes auxquels sa famille était alliée; mais pour mieux déguiser son horrible projet, il afficha des désirs d'accommodement, et se trouva au rendez-vous que l'archevêque lui avait assigné à Zoest en Westphalie, pour prendre un arrangement amiable. L'archevêque, averti du danger que courait sa vie, se rendit cependant au lieu fixé pour l'entrevue, après avoir eu la précaution de faire une confession générale de toute sa vie, en cas que ses jours fussent en danger. Avant son arrivée à Zoest, il reçut la visite des évêques de Munster et d'Osnabruck, frères du comte Frédéric, qui étaient entrés dans le complot. Engelbert leur fit part de ce qu'il avait appris des desseins de leur frère; mais ils le rassurèrent. Il se rendit donc à Zoest, où tout se passa bien à l'extérieur, et l'on convint de se revoir à la diète de Nuremberg. Mais le comte, qui savait que l'archevêque devait aller le lendemain dédier une église à Swelme, posta sur la route des assassins, qui l'attaquèrent à l'improviste et le percèrent de plusieurs coups, le 7 novembre 1225. Il mourut en priant pour ses meurtriers et fut enterré dans l'église de Saint-Pierre de Cologne. Le comte fut condamné, l'année suivante, à périr par le supplice de la roue; et, dans la suite, on bâtit un couvent sur le lieu où saint Engelbert avait été tué. Sa sainteté fut attestée par plusieurs miracles, et son nom fut placé dans le Martyrologe romain, qui dit de lui qu'il souffrit le martyre pour défendre la liberté de l'Eglise et pour avoir obéi à l'Eglise romaine. — 7 novembre.

ENGELMER (le bienheureux), *Engelmerus*, solitaire et martyr, était fils d'un pauvre laboureur de Bavière. Né sur la fin du xie siècle, il était encore très-jeune lorsqu'il se mit sous la conduite d'un ancien évêque arménien, nommé Grégoire, qui avait quitté son siège pour vaquer uniquement au service de Dieu dans la retraite, et qui était venu habiter une solitude dans le voisinage de Passau. Engelmer avait déjà fait de grands progrès sous cet habile maître lorsqu'il eut le malheur de le perdre, et il continua son premier genre de vie, employant à des travaux manuels et aux bonnes œuvres le temps qu'il ne donnait pas à la contemplation, et se livrant aux plus grandes austérités. Les habitants du pays, qui le révéraient comme un saint, venaient de loin le consulter et se recommander à ses prières. Un compagnon qu'il s'était associé s'imaginant qu'il avait quelque trésor caché, ou jaloux peut-être de la vénération que lui attirait sa sainteté, 'assassina le 14 janvier 1125. Son corps, ayant été retrouvé quelque temps après, fut enterré honorablement. Il fut transporté, dans la suite, au monastère de Winstberg, et son tombeau y devint célèbre par les miracles qui s'y opéraient. — 14 janvier.

ENGLEMOND (saint), *Engelmundus*, abbé de Volsen, près de Harlem en Hollande, florissait dans le viiie siècle. — 21 juin.

ENIMIE ou ENMIE (sainte), *Enimia*, vierge du diocèse de Mende, florissait dans le viiie siècle. Il y avait autrefois dans le Gévaudan une église priorale qui portait son nom et qui possédait ses reliques. — 6 octobre.

ENKUA-MARJAM (saint), *Enkua-Marjamus*, confesseur en Ethiopie, est honoré chez les Grecs le 25 septembre.

ENNATHAS (sainte), vierge et martyre à Césarée en Palestine, était de Scythopolis, ville de la même province. Ayant été arrêtée à Césarée par un officier nommé Maxys, qui agissait de sa propre autorité et sans ordre du magistrat, fut dépouillée de ses habits et conduite par toutes les rues de la ville, une corde au cou, avec laquelle Maxys ne cessait de la frapper. C'est dans cet état qu'elle fut amenée devant Firmilien, gouverneur de la province, qui approuva la conduite de Maxys, et condamna Ennathas à être brûlée vive, le 13 novembre 308, sous l'empereur Maximin II. — 13 novembre.

ENNODE (saint), *Ennodius*, évêque de Pavie, né en 473 dans les Gaules, d'une des plus illustres familles de l'empire, fut élevé en Italie et cultiva, dans sa jeunesse, l'éloquence et la poésie. Il était marié et vivait dans le monde d'une manière peu conforme à la sainteté du christianisme; mais la grâce le ramena à Dieu, et, après sa conversion, qui fut aussi subite que sincère, il entra dans l'état ecclésiastique, du consentement de sa femme, qui, de son côté, s'engagea à vivre dans une continence perpétuelle. Ayant été ordonné diacre par saint Epiphane, évêque de Pavie, il s'appliqua à l'étude de la religion, et fit l'apologie du pape Symmaque ainsi que du concile de Rome qui s'était prononcé en sa faveur contre l'antipape Laurent. Sa réputation d'homme éloquent le fit choisir pour composer le panégyrique de Théodoric, roi d'Italie; son travail reçut des éloges universels. Il écrivit aussi la Vie de saint Epiphane de Pavie et celle de saint Antoine de Lérins. Il composa son *Eucharisticon* par reconnaissance pour saint Victor de Milan, en qui il avait une grande confiance et de qui il avait obtenu la guérison d'une maladie jugée incurable par les médecins. Ayant succédé, en 510, à Maxime, sur le siège épiscopal de Pavie, il marcha sur les traces de saint Epiphane, dont il avait été le disciple, et se fit admirer par son zèle et ses vertus. Le pape Hormisdas crut qu'il était plus capable que personne de travailler à la réunion des Eglises d'Orient et d'Occident, alors divisées par l'hérésie d'Eutychès, dont l'empereur Anastase s'était déclaré le protecteur. Il l'envoya donc, en 514, à Constantinople, avec Fortunat, évêque de Catane; il le chargea de faire recevoir les décrets du concile de Chalcédoine et les lettres de saint Léon contre Nestorius, Eutychès et Dioscore; de faire souscrire l'anathème porté contre Acace de Constantinople et Pierre d'Antioche, et d'engager l'empereur à rappeler les évêques qui avaient été exilés pour la foi. Anastase témoigna, à l'extérieur, un grand désir de la paix. En congédiant Ennode, il lui remit une lettre pour le pape, dans laquelle il déclarait qu'il condamnait Nestorius et Eutychès, et qu'il recevait le concile de Chalcédoine. Il promit aussi d'envoyer des ambassadeurs à Rome, pour régler les autres articles; mais il ne voulait que gagner du temps. Loin d'être disposé à rappeler les évêques bannis, il en exila quatre de l'Illyrie avant même qu'Ennode eût quitté Constantinople. Quant à ses ambassadeurs, il ne les fit partir qu'au milieu de l'année suivante (516), et cette démarche n'aboutit qu'à des protestations vagues pour le bien de l'Eglise. Le second voyage que le saint évêque de Pavie fit à Constantinople, en 517, ne produisit pas plus d'effet que le premier. L'empereur ne voulut pas admettre le formulaire dressé par le pape pour l'union des deux Eglises : il essaya même de gagner, par argent, les envoyés d'Hormisdas; mais voyant qu'ils étaient à l'épreuve de la corruption, il les fit embarquer secrètement sous la garde de quelques officiers qui avaient ordre de ne les laisser entrer dans aucune ville. Ennode trouva cependant le moyen de faire répandre partout, sur son passage, des protestations contre ce qui s'était fait. Les évêques qui en avaient reçu des exemplaires les envoyèrent à Constantinople, dans la crainte d'être compromis. L'empereur irrité fit tomber son ressentiment sur près de deux cents évêques, qui étaient sur le point de s'assembler à Héraclée, pour pacifier les troubles de l'Eglise d'Orient, et qu'il renvoya brusquement dans leurs diocèses. Comme Anastase avait fait défense de relâcher dans aucun port de l'Orient, et que le vaisseau qui portait Ennode était vieux et vermoulu, on ne pouvait guère espérer qu'il pût faire la traversée; cependant le saint évêque aborda sain et sauf en Italie. De retour à Pavie, il s'appliqua plus que jamais à la sanctification de son troupeau. Il mourut le 1er août 521, à l'âge de quarante-huit ans. Les papes Nicolas Ier et Jean VIII lui donnèrent le titre de grand et de glorieux confesseur. Outre les ouvrages dont nous avons parlé, saint Ennode a laissé quelques poëmes pieux sur la sainte Vierge, saint Cyprien, saint Etienne, saint Denis de Milan, saint Ambroise, saint Euphémie, saint Nazaire, saint Martin; sur les mystères de l'Ascension et de la Pentecôte, sur un baptistère orné de plusieurs tableaux de martyrs, enfin, un beau panégyrique de saint Epiphane de Pavie. — 17 juillet.

ENOGAT (saint), *Enogatus*, évêque de Quidalet en Bretagne, florissait au commencement du viie siècle, et mourut en 631. — 13 janvier.

ENTHÉE (saint), confesseur en Ethiopie, est honoré chez les Grecs le 10 août.

EOALD (saint), *Eoaldus*, martyr, était un des principaux habitants de la ville de Sens qui furent convertis au christianisme dans le iiie siècle par saint Altin et ses compagnons, envoyés de Rome dans les Gaules pour y prêcher l'Evangile. Il se joignit à saint Altin, l'accompagna à Orléans, à Chartres et à Paris, et ils opérèrent un grand nombre de conversions dans tous les lieux où ils passèrent; l'on cite, entre autres, celles de saint Agoard et de saint Aglibert qui habitaient Creteil, près de Paris. Etant venus rejoindre saint Savinien à Sens, ils y furent martyrisés avec lui et un grand nombre d'autres, vers l'an 273, sous le règne d'Aurélien. Leurs corps furent levés de terre en 847, et placés dans l'église de Saint-Pierre-le-Vif. On les cacha depuis pour les soustraire à la fureur des Normands; mais, en 1031, les reliques de saint Eoald furent renfermées, avec celles de saint Savinien, dans une châsse précieuse donnée par la reine Constance, épouse de Robert, roi de France, — 31 décembre.

EOARN (saint), *Eoharnus*, solitaire à Saint-Guétas, dans le diocèse de Vannes, florissait au commencement du xie siècle, et fut tué par un voleur l'an 1020. — 11 août.

EOBAN (saint), *Eobanus*, évêque et martyr, fut le compagnon de saint Boniface, archevêque de Mayence, dont il partageait les travaux apostoliques, et qui, l'ayant désigné pour son successeur, d'après le pouvoir qu'il en avait reçu du saint-siège, lui avait conféré l'onction épiscopale. Eoban le suivit lorsqu'il alla évangéliser le peuple qui habitait les environs de Dockum; c'est près de cette ville qu'ils furent massacrés par une troupe de païens, le 5 juin 755. — 5 juin.

EOLDE (saint), *Eoaldus*, évêque de Vienne en Dauphiné, florissait au commencement du viiie siècle, et mourut en 718. — 7 juillet.

EONE (saint), *Eonius*, évêque d'Arles, assista, en 499, à la conférence convoquée par saint Remi de Reims, et qui se tint à Lyon entre un grand nombre d'évêques des Gaules, et Gondebaud, roi de Bourgogne, avec les évêques ariens de son parti, qui y furent confondus et réduits au silence. Saint Avit, évêque de Vienne, avait obtenu du pape Anastase une juridiction plus étendue pour son siége, au détriment de l'église d'Arles. Saint Eone envoya le prêtre Crescent au pape saint Symmaque, successeur d'Anastase, pour lui exposer ses plaintes et pour soutenir les droits de son église. Le pape eut égard à ses réclamations, et remit les choses sur l'ancien pied. Saint Eone rendit encore à son église un autre service signalé, en se donnant pour successeur saint Césaire, son compatriote et son parent, auquel il conféra le diaconat et la prêtrise; ensuite il lui confia le gouvernement d'un monastère bâti dans une île formée par le Rhône, et situé dans un des faubourgs de la ville. En 501, sentant que sa fin ne pouvait pas être éloignée, il le demanda pour successeur, et ce choix fut unanimement ratifié par le clergé et le peuple Saint Eone mourut le 30 août 502. — 3 août

EPAGATHE (saint), *Epagathus*, l'un des martyrs de Lyon, était d'une famille illustre, et saint Grégoire de Tours le qualifie de premier sénateur de toutes les Gaules. Il se faisait admirer par son ardent amour pour Dieu, par sa tendre charité pour le prochain, et par la pureté de ses mœurs. A la vue des indignes traitements et des calomnies dont on accablait ceux qui avaient été arrêtés pour la foi, il ne put contenir son indignation. Assistant à l'interrogatoire des chrétiens arrêtés pour la foi, il demanda la parole pour défendre l'innocence de ses frères en religion, s'engageant à démontrer que l'accusation d'impiété et d'irréligion dont on les chargeait n'avait pas le moindre fondement; mais à l'instant sa voix fut couverte par les clameurs de la multitude. Le juge lui ayant demandé s'il était chrétien, il le confessa hautement, et on le mit aussitôt avec les martyrs, en qualité d'avocat des chrétiens, titre que le gouverneur lui donna par ironie, mais qu'il méritait si bien, et dont il se faisait gloire. Il fut condamné avec ses compagnons à être décapité, l'an 177, sous le règne de Marc-Aurèle. — 2 juin.

EPAIN (saint), *Spanus*, martyr en Touraine, était fils de sainte Maure, et fut martyrisé par les Goths, avec sa mère et ses huit frères. Ce massacre eut lieu avant la fin du IVe siècle, sous l'épiscopat de saint Martin, et le lieu de leur supplice est aujourd'hui une paroisse près de Chinon, laquelle porte le nom de Saint-Epain. — 23 octobre.

EPAPHRAS (saint), évêque de Colosses en Phrygie, que saint Paul avait placé à la tête de cette église, et qu'il appelle son compagnon de captivité, se montra le digne disciple d'un si grand maître, et, comme lui, versa son sang pour la foi qu'il prêchait. Son corps a été transporté à Rome, et il se garde dans l'église de Sainte-Marie-Majeure. — 19 juillet.

EPAPHRODITE (saint), *Epaphroditus*, évêque de Philippes, en Macédoine, que saint Paul, dont il était le disciple, appelle, dans l'Epître aux Philippiens, son frère, son coopérateur, son compagnon d'armes, et à qui il donne le titre d'apôtre des Philippiens, fut envoyé à Rome par les fidèles de Philippes, qui venaient d'apprendre que saint Paul était détenu en prison. Epaphrodite lui apporta de l'argent et lui rendit tous les services qui étaient en son pouvoir. Pendant son séjour à Rome, il tomba dangereusement malade, et, quand il fut guéri, saint Paul le renvoya en Macédoine, avec une lettre aux Philippiens, écrite l'an 62, et remplie de témoignages d'amitié pour eux, ainsi que pour leur digne évêque, dont il fait l'éloge, et qu'il leur recommande de recevoir avec joie et avec honneur. On croit qu'il mourut en paix sur la fin du Ier siècle. — 7 décembre et 17 mai.

ÉPAPHRODITE (saint), autre disciple des apôtres que saint Pierre établit évêque de Terracine, est honoré le 22 mars.

EPARQUE (saint), *Eparchius*, martyr, souffrit avec saint Domice et plusieurs autres. — 23 mars.

EPHÈBE (saint), *Ephebus*, martyr à Terni, en Italie, avec plusieurs autres, fut arrêté par ordre du consulaire Léonce, pendant qu'il priait auprès du corps de saint Valentin, et, après avoir confessé Jésus-Christ, il eut la tête tranchée, vers l'an 268, sous l'empereur Claude II, dit le Gothique. — 14 février.

EPHENIQUE (saint), *Ephenicus*, martyr à Milan, est honoré le 9 mai.

EPHREM (saint), évêque et martyr dans la Chersonèse, souffrit avec saint Basile et plusieurs autres saints évêques. — 4 mars.

EPHREM (saint), diacre d'Edesse, et docteur de l'Eglise, né vers le commencement du IVe siècle, à Nisibe, en Mésopotamie, d'une famille de cultivateurs qui avait confessé Jésus-Christ, sous Dioclétien et ses successeurs, fut consacré à Dieu dès son enfance; mais il ne reçut le baptême qu'à dix-huit ans. Il avait commis avant cette époque certaines fautes que la délicatesse de sa conscience lui grossissait extrêmement, et qu'il ne cessa de pleurer toute sa vie. Il parle surtout, dans sa *Confession*, de deux de ces fautes : la première, d'avoir en jouant chassé la vache d'un voisin sur des montagnes où elle avait été dévorée par des bêtes; et la seconde d'avoir douté si la Providence s'étendait à toutes nos actions. Lorsqu'il était occupé de cette idée, il lui arriva, en voyageant, d'être surpris la nuit au milieu de la campagne, et obligé d'y attendre le jour, en compagnie d'un berger qui avait perdu, dans le désert, le troupeau de son maître. Celui-ci les trouvant ensemble, les accusa de le lui avoir volé, et les fit mettre en prison. Là se trouvaient déjà sept personnes arrêtées pour des crimes dont elles étaient accusées faussement, quoiqu'elles fussent coupables sous d'autres chefs. Il y avait sept jours qu'Ephrem s'affligeait dans la prison, lorsqu'un ange lui apparut en songe et lui dit : *Je veux vous montrer avec combien de justice et de sagesse la Providence dirige tous les événements : ces prisonniers renfermés avec vous en fourniront bientôt la preuve*. Le lendemain, le juge les fit comparaître tous, et les appliqua l'un après l'autre à la question, pour les forcer d'avouer leurs crimes. Ephrem, saisi de frayeur, pleurait en attendant que son tour vînt; mais on le renvoya en prison, sans l'avoir torturé. Les autres détenus furent trouvés innocents des crimes qui avaient motivé leur arrestation, mais ils furent condamnés pour ceux que la question leur avait fait avouer, et dont ils n'étaient pas soupçonnés. Le voleur du troupeau ayant ensuite été découvert, Ephrem fut élargi, et ses doutes sur la Providence furent complétement dissipés. Depuis son baptême, qui eut lieu bientôt après cette aventure, il prit l'habit monastique, et se mit sous la conduite d'un saint abbé, qui lui permit de vivre dans un petit ermitage séparé de la communauté. Là il couchait sur la terre nue, passait une partie de la nuit en prières, et restait quelquefois plusieurs jours sans manger. Comme c'était la coutume alors que ceux qui menaient la vie anachorétique donnassent un certain temps au travail des mains, il s'occupait à faire des voiles de navires, dont le produit servait à fournir à sa subsistance, et ce qui lui restait, il le distribuait aux pauvres, ne réservant rien pour l'avenir. Il dit, dans son *Testament*, qu'il n'a jamais possédé ni bourse ni bâton, ni quoi que ce soit au monde, et que son cœur n'a jamais eu d'attachement pour l'or et l'argent, ni pour aucune sorte de biens temporels. Quoique né avec une forte propension à la colère, il en avait tellement triomphé, qu'on l'appelait ordinairement la *Douceur de Dieu* ou le *Pacifique*, et que jamais on ne le vit disputer ni contester avec personne. Son humilité, qui éclatait dans toutes ses paroles et dans toutes ses actions, brille surtout dans ses deux *Confessions*, dont la première commence par ces mots : *Ayez pitié de moi, vous tous qui avez des entrailles compatissantes*. Un jour qu'on le louait, il garda un profond silence, et toute sa personne éprouva une violente agitation, dans la pensée que si on lui donnait des louanges, c'est qu'on était trompé par son hypocrisie. Ayant appris qu'une ville voulait le choisir pour évêque, il contrefit l'insensé, afin d'échapper plus facilement aux instances qu'on lui faisait pour lui arracher son consentement. Une autre vertu qu'il posséda aussi dans un degré éminent, c'est l'esprit de componction qu'il puisait dans son amour pour Dieu, dans le souvenir de ses fautes, et dans la pensée habituelle du jugement dernier. Il dit dans sa première confession, qu'il ne saurait verser assez de larmes pour effacer les souillures de son âme, aussi ne cessait-il d'en répandre. Nous ne pouvons, dit saint Grégoire de Nysse, penser à ces larmes continuelles sans y mêler les nôtres. Il lui était aussi naturel de pleurer qu'aux autres hommes de respirer : nuit et jour ses yeux étaient humides, et jamais on ne le rencontrait qu'on ne vît ses joues mouillées. Cet esprit de componction anime la plupart de ses ouvrages. Il passa plusieurs années dans la solitude, et il y fut en butte aux persécutions de quelques moines relâchés ; mais les exemples et les conseils de saint Julien, qui menait le même genre de vie que lui, et avec lequel il s'était lié d'une étroite amitié, lui furent d'un grand secours pour supporter cette épreuve avec patience. Il puisait aussi de grandes consolations dans les entretiens de saint Jacques évêque de Nisibe, qui dirigeait sa conscience. S'étant rendu à Edesse, pour y vénérer des reliques qu'on croit être celles de saint Thomas, et pour visiter les anachorètes qui demeuraient sur les montagnes, chemin faisant, il fit la rencontre d'une courtisane qui fixa les yeux sur lui. Aussitôt Ephrem détourna la tête, et lui dit d'un ton brusque et sévère : *Pourquoi me regardez-vous ainsi ? — Parce que la femme*, répondit celle-ci, *a été formée de l'homme ; mais vous, vous devez toujours regarder la terre d'où l'homme a été formé*. Cette réponse le frappa, et il composa depuis, sur ces paroles de la courtisane, un traité qui n'est pas parvenu jusqu'à nous, et qui passait pour un des plus beaux qui fussent sortis de sa plume. Ayant été ordonné diacre, à Edesse, il se livra à la prédication. Quoiqu'il n'eût pas fréquenté les écoles publiques, et qu'il eût été en quelque sorte son propre maître dans l'étude des sciences humaines et divines, la nature l'avait doué d'un rare talent pour la parole ; son ignorance de la littérature profane suppléée en lui par un grand sens, une pénétration peu commune, et par la connaissance des livres saints dont il avait fait une étude approfondie. Il cultivait aussi la poésie et la dialectique. Comme il concevait les choses avec netteté, sa diction est aussi pure qu'élégante ; il possédait supérieurement la langue syriaque. Son éloquence vive, douce, pénétrante, allait au cœur, arrachait des larmes, et l'on ne pouvait résister à l'entraînement de ses discours. Dans ses écrits, la sublimité n'exclut pas la clarté ; il sait faire un usage heureux des figures propres aux langues orientales, ce qui donne à son style une grâce, une beauté qu'on ne peut faire passer dans une traduction ; on n'y remarque rien de recherché, rien d'étudié : tout coule de source, et il fait passer dans l'âme du lecteur les sentiments dont il était animé en écrivant. *Quel est l'orgueilleux*, dit saint Grégoire de Nysse, *qui ne deviendrait humble en lisant ses discours sur l'humilité ? Qui ne serait enflammé d'un feu divin en lisant son traité de la charité ? Qui ne désirerait être chaste de cœur et d'esprit en lisant les éloges qu'il donne à la chasteté ?* Le zèle du saint docteur convertit plusieurs idolâtres et un grand nombre d'hérétiques. Saint Jérôme donne de grands éloges à son livre de la *Divinité du Saint-Esprit*, contre les macédoniens. Il établit avec tant de force l'efficacité de la pénitence contre les novatiens, que, quoiqu'ils fussent les plus insolents de tous les hommes, ils ne parurent devant lui, dit saint Grégoire de Nysse, que comme des enfants timides. Il ne remporta pas de victoires moins éclatantes sur les millénaristes, les marcionites, les manichéens et les disciples de l'impie Bardesanes, qui niait la résurrection de la chair. Comme cet hérésiarque avait glissé ses doctrines dans des poésies qu'il répandait dans le public et qu'on chantait parmi le peuple, Saint Ephrem composa des vers qui renfermaient la réfutation de ses erreurs, et les fit apprendre aux habitants des villes et des campagnes pour les prémunir contre le poison des vers de Bardesanes. Apollinaire ayant commencé à dogmatiser vers l'an 376, enseignait que Jésus-Christ n'avait pas une âme humaine, et qu'elle était suppléée en lui par la personne divine, d'où il s'ensuivait qu'il n'était pas véritablement homme, puisqu'il n'avait pris qu'un corps sans âme, et qu'il ne s'était pas revêtu de la nature humaine tout entière. Saint Ephrem, oubliant son grand âge, attaqua l'apollinarisme avec tant de vigueur, qu'il le terrassa.

Il étouffa encore plusieurs autres hérésies naissantes, et triompha de la fureur des ariens sous Constance, ainsi que de celle des idolâtres sous Julien l'Apostat. Ce fut par suite d'un avertissement du ciel, comme il nous l'apprend lui-même, qu'il fit, vers l'an 372, le voyage de Cappadoce, pour visiter saint Basile, archevêque de Césarée. Arrivé dans cette ville, il se rendit à la grande église, où saint Basile était à prêcher. Après le sermon, le saint archevêque l'envoya chercher, et lui demanda, par un interprète, car Ephrem ne savait pas le grec, s'il n'était point ce serviteur de Jésus-Christ qui s'appelait Ephrem. *Je suis*, répondit-il, *cet Ephrem qui est bien éloigné du chemin du ciel*. Puis, fondant en larmes : *O mon père*, s'écria-t-il, *ayez pitié d'un misérable pécheur, et daignez le conduire dans la véritable voie*. Saint Basile lui donna des règles pour mener une vie sainte, et, après quelques entretiens spirituels, il conçut pour lui la plus grande vénération, et lui proposa de l'élever au sacerdoce ; mais Ephrem ne voulut jamais y consentir. Son compagnon de voyage reçut seul la prêtrise. De retour à Edesse, il se renferma dans une petite cellule, où il composa la dernière partie de ses ouvrages. Il sortit de sa retraite pendant une cruelle famine, pour voler au secours de son prochain, et surtout pour assister les pauvres. Il toucha le cœur des riches, qui ouvrirent leurs bourses aux malheureux, fit mettre des lits dans les places publiques d'Edesse, pour les malades qu'il visitait chaque jour, et qu'il servait de ses propres mains. Le fléau ayant cessé, il retourna dans sa cellule, et y écrivit ses soixante-seize *Parénèses* ou exhortations à la pénitence. Elles consistent principalement en prières si affectives que l'Eglise de Syrie en a inséré plusieurs dans son office. Comme il était atteint de la fièvre depuis quelque temps, il puisait des consolations dans la réception fréquente de la sainte Eucharistie, qui soutenait son espérance et enflammait son amour. Dans sa dernière maladie, il dit à ses amis et à ses disciples : *Ne permettez point qu'on me fasse d'éloge funèbre, quand on m'enterrera, ni qu'on enveloppe mon corps dans rien de précieux; n'élevez aucun monument à ma mémoire, mais traitez-moi en pèlerin ; car je suis véritablement pèlerin et étranger sur la terre comme mes pères l'ont été*. Ayant appris que quelques personnes préparaient de riches étoffes pour ses funérailles, il voulut qu'elles fussent vendues au profit des pauvres. Voici les dernières lignes de son *Testament* : *Je meurs, et sachez tous que j'écris ce testament pour que vous vous souveniez de moi dans vos prières après ma mort*. Ce trait, et beaucoup d'autres que nous pourrions rapporter, prouvent que l'Eglise de Syrie avait, au ivᵉ siècle, la doctrine que l'Eglise catholique a eue dans tous les temps. Il recommanda de nouveau qu'on ne déployât aucune pompe à ses funérailles, qu'on n'employât ni flambeaux ni parfums, qu'on ne plaçât pas son corps sous l'autel, et qu'on ne lui donnât

aucune marque de vénération, parce qu'il n'était, disait-il, qu'un abîme de corruption et de misère. *Traitez-moi ignominieusement*, dit-il à ses disciples, *afin de mieux montrer ce que je suis. Prenez mon corps sur vos épaules, et jetez-le dans le tombeau, comme l'abomination du monde*. Après leur avoir donné sa bénédiction, il les assura que Dieu leur ferait miséricorde, à l'exception d'Arad et de Polonas, renommés l'un et l'autre pour leur éloquence, et auxquels il prédit leur apostasie. Lorsqu'on connut que sa dernière fin approchait, toute la ville se rassembla à l'entrée de sa cellule pour entendre ses dernières instructions. Ce fut alors qu'une dame de qualité nommée Lamprotate, s'étant jetée à ses pieds, lui demanda la permission d'acheter un coffre pour renfermer son corps ; mais il n'y consentit qu'à condition que le coffre serait pauvre. Il exigea, en outre, qu'elle renoncerait elle-même à toutes les vanités du monde, et que, par esprit de pénitence, elle se priverait des choses dont sa condition pouvait lui rendre l'usage légitime pour vivre dans la pénitence. Ce furent ses dernières paroles. Il mourut dans un âge avancé, vers l'an 378. Saint Grégoire de Nysse, frère de saint Basile, prononça son oraison funèbre, qu'il termine par cette prière adressée au saint docteur : *O vous qui êtes présentement au pied de l'autel divin et devant le prince de vie, où vous adorez avec les anges l'auguste Trinité, souvenez-vous de nous tous, et obtenez-nous le pardon de nos péchés*. Les Grecs le peignent sous la figure d'un vieillard de haute taille, ayant un air doux et majestueux, un extérieur qui annonce la sainteté, et les yeux baignés de larmes. Ces larmes qu'il versait sans cesse, loin de défigurer son visage, semblaient au contraire en augmenter les grâces et la sérénité, en sorte qu'on ne pouvait le voir sans être pénétré de vénération. Outre les ouvrages de cet illustre docteur dont nous avons parlé, il nous reste de lui des sermons, des traités de piété, des prières, des ouvrages de controverse contre les ariens, les eunomiens, les manichéens, les Vies de saint Abraham, de saint Julien, solitaire, etc. Saint Grégoire de Nysse nous apprend qu'il avait commenté toute l'Ecriture sainte avec autant de clarté que d'érudition ; mais nous n'avons plus que ses commentaires sur les livres historiques et sur les prophètes. Ses écrits contre les hérétiques n'ont rien de sec ni de rebutant ; ils sont au contraire remplis de piété, d'onction et de charité, ce qui n'exclut ni la force des raisonnements, ni la solidité des preuves. Saint Grégoire de Nysse l'appelle le premier des docteurs, et Théodoret la lyre du Saint-Esprit. — 1ᵉʳ février et 9 juillet.

EPHREM (saint), évêque de Mélas, dans la Carie, fut enterré à Leuce, près de cette ville, et l'on y faisait sa fête le 24 janvier.

EPHYSE (saint), *Ephysius*, apôtre de la Sardaigne et martyr, né à Jérusalem, dans le iiiᵉ siècle, était encore païen lorsqu'il vint à Rome, où il exerça des fonctions publiques. Ayant été nommé gouverneur de l'île de Sardaigne par Dioclétien, avec la mission d'y combattre le christianisme, il se rendait à son poste, lorsqu'une vision céleste le frappa. Il aperçut dans les airs une croix éclatante de laquelle sortit une voix qui l'appela par son nom. Saisi de frayeur, il sent la lumière de la foi qui éclate dans son âme, et sur-le-champ, il sacrifie tout, emploi, honneurs, richesses, et après avoir reçu le baptême, il vint en Sardaigne pour y prêcher la religion qu'on l'envoyait persécuter. La nouvelle d'une conversion si étonnante étant parvenue à Rome, Dioclétien nomme un autre gouverneur nommé Jules qui fut chargé de se saisir d'Ephyse et de lui faire son procès comme chrétien. Arrivé à Cagliari, le nouveau gouverneur l'ayant fait emprisonner, et voyant que les menaces et les promesses étaient inutiles, il eut recours aux supplices, et pour un moment, il crut qu'il allait triompher du généreux martyr; car pendant qu'on le battait de verges, Ephyse demanda qu'on le conduisit au temple d'Apollon. Jules accède aussitôt à sa demande, s'imaginant qu'il était prêt à sacrifier. Arrivé près du temple, il se met à genoux et prie quelque temps avec ferveur : à l'instant l'édifice s'écroule avec un fracas épouvantable. La foule effrayée s'enfuit en désordre, et le gouverneur lui-même ne sait quoi penser d'un événement aussi étrange; mais sa cruauté n'en fut pas ralentie. Il fit reconduire Ephyse en prison, et après diverses tortures, il lui fit trancher la tête le 15 février, sur la fin du IIIe siècle ou au commencement du IVe. Il existe à Cagliari un souterrain profond que les habitants appellent la prison de Saint-Ephyse, où l'on vient implorer sa protection, ainsi que dans l'église bâtie en son honneur dans la même ville. — 15 janvier et 13 février.

EPICARIS (sainte), martyre à Rome, appartenait à une famille de sénateurs, et après avoir été meurtrie à coups de cordes plombées, dans la persécution de Dioclétien, elle fut décapitée. — 27 septembre.

EPICTÈTE (saint), *Epictetus*, évêque d'Assurite en Afrique, et martyr avec saint Jocond et plusieurs autres, était d'une grande douceur de caractère, comme nous le voyons par une lettre que saint Cyprien lui écrivit. Il souffrit au milieu du IIIe siècle pendant la persécution de Dèce. — 9 janvier.

EPICTÈTE (saint), martyr à Porto ou Port-Romain, quelques jours après le supplice de saint Hippolyte, évêque de cette ville, fut mis à mort pour la foi avec saint Martial et plusieurs autres, l'an 252, pendant la persécution de l'empereur Gallus. — 22 août.

EPICTÈTE (saint), martyr en Afrique, est honoré le 24 janvier.

EPICTÈTE (saint), martyr à Almyride en Scythie, avec saint Astion, est honoré chez les Grecs le 8 juillet.

EPICTÈTE (saint), est honoré en Espagne le 23 mai.

EPIGMÈNE (saint), *Epigmenius*, prêtre et martyr pendant la persécution de Dioclétien, baptisa saint Crescent, qui, quoique enfant, souffrit le martyre bientôt après : il fut lui-même décapité par ordre du juge Turpile. — 24 mars.

EPIMAQUE (saint), *Epimachus*, fut arrêté à Alexandrie avec saint Alexandre pendant la persécution de Dèce, en 250, et confessa courageusement le nom de Jésus-Christ. Il fut ensuite jeté dans une horrible prison, chargé de chaînes; mais comme sa constance n'était pas ébranlée, on l'accabla de coups; on lui déchira les côtés avec des ongles de fer; il fut jeté ensuite, avec saint Alexandre, dans une fosse pleine de chaux vive, où leurs corps furent consumés. Saint Epimaque souffrit le 12 décembre, jour où il est nommé dans le Martyrologe romain. Une partie de ses reliques fut transportée à Rome vers le milieu du IVe siècle, et placée sur la voie Latine, dans une crypte où l'on mit aussi, peu de temps après, le corps de saint Gordien, martyrisé à Rome sous Julien l'Apostat, et cette crypte donna son nom au cimetière de saint Gordien et de saint Epimaque, qu'on honore tous deux le 10 mai. Le précieux trésor que renfermait cette crypte fut transporté dans la suite à l'abbaye de Kampten en Souabe. Quant à l'autre partie des reliques de saint Epimaque, elle fut portée d'Alexandrie à Constantinople, et les Grecs font la fête de cette translation le 11 mars. — 12 décembre.

EPIMAQUE (saint), martyr en Ethiopie avec saint Azyrien, est honoré chez les Orientaux le 31 octobre.

EPION (saint), martyr avec saint Theon et plusieurs autres, est honoré le 26 février.

EPIPHANE (sainte), *Epiphania*, religieuse honorée à Pavie, était une princesse qui quitta la cour et le monde pour s'ensevelir dans le cloître. — 6 octobre.

EPIPHANE (saint), *Epiphanius*, évêque et martyr en Afrique, souffrit avec saint Donat et quatorze autres. — 7 avril.

EPIPHANE (saint), archevêque de Salamine en Chypre et docteur de l'Eglise, né vers l'an 310, dans la Palestine, s'appliqua dès sa jeunesse à l'étude de l'Ecriture sainte, et, afin de mieux pénétrer le sens des oracles sacrés, il apprit l'hébreu, l'égyptien, le syriaque, le grec et le latin. Les fréquentes visites qu'il faisait aux solitaires lui inspirèrent la résolution d'embrasser la vie anachorétique, et il se retira dans les déserts de l'Egypte. Etant revenu en Palestine, vers l'an 332, il bâtit près du lieu de sa naissance, un monastère dont il eut le gouvernement. Il se livrait à des austérités si grandes, qu'on crut devoir lui représenter qu'il les portait trop loin ; mais il répondit : *Dieu ne nous donnera le royaume des cieux qu'à condition que nous travaillerons à le mériter, et tout ce que nous pouvons faire n'a point de proportion avec la couronne de gloire qui nous est promise.* Aux macérations corporelles il joignait la prière et l'étude, lisant tous les bons livres qui se publiaient, et profitant de ses voyages pour étendre ses connaissances. Quoiqu'il fût déjà très-versé dans les voies de la perfection, il se mit, en 333, sous la conduite de saint Hilarion et passa vingt-trois ans dans son monastère. L'amitié de ces deux saints fut toujours si étroite que, ni la longueur du temps, ni la distance des lieux ne purent la refroidir. Durant la cruelle persécution que les ariens firent souffrir aux catholiques sous le règne de Constance, saint Epiphane sortit souvent de sa cellule pour voler au secours de la foi : il se sépara même de la communion d'Eutychius, évêque d'Eleutéropolis, qui, par des vues de politique, plutôt que par conviction, s'était attaché au parti que favorisait la cour. Il s'appliqua aussi à signaler les erreurs qu'il avait découvertes dans les écrits d'Origène. On venait le consulter de toutes parts, et on ne le quittait jamais sans avoir reçu les plus sages avis. Il était l'oracle de la Palestine et des pays voisins : sa réputation pénétra jusque dans l'île de Chypre, et l'Eglise de Salamine l'élut pour évêque vers l'an 367 ; mais il est probable que saint Hilarion, qui, après diverses pérégrinations, avait passé dans cette île, contribua à l'élévation de son ancien disciple et ami. Saint Epiphane ne renonça pas au gouvernement de ses religieux qu'il visitait de temps en temps ; il continua aussi de porter l'habit monastique et ne changea rien à son genre de vie : seulement ses abstinences étaient moins rigoureuses, lorsqu'il se trouvait dans le cas d'exercer l'hospitalité. Sa charité était sans bornes ; il distribuait aux pauvres tout ce dont il pouvait disposer, et plusieurs personnes riches, entre autres, sainte Olympiade de Constantinople, le faisaient le dispensateur de leurs aumônes. Les hérétiques eux-mêmes vénéraient sa sainteté ; aussi ne fut-il point enveloppé dans la persécution que les ariens suscitèrent aux catholiques en 371, et il fut presque le seul évêque orthodoxe qu'ils laissèrent tranquille dans cette partie de l'empire. Il fit, en 376, le voyage d'Antioche, dans la vue de ramener à la foi Vital, évêque de cette ville, qui était tombé dans l'hérésie d'Apollinaire ; mais ses efforts n'eurent aucun succès. Les dissensions qui troublaient l'Eglise d'Antioche, ayant obligé saint Paulin, évêque de cette même ville d'Antioche, à se rendre à Rome en 382, saint Epiphane l'accompagna, et pendant leur séjour dans cette ville, ils logèrent chez sainte Paule. Trois ans après, il eut la consolation de recevoir, à son tour, sainte Paule, qui allait se fixer en Palestine, et qui passa dix jours chez lui, à Salamine. S'étant trouvé à Jérusalem en 394, il y prêcha contre l'origénisme, en présence de Jean, patriarche de cette ville qu'il soupçonnait de pencher vers cette hérésie, et qui fut très-mécontent de son discours. Le saint se rendit à Bethléem pour visiter sainte Paule et saint Jérôme : il persuada au saint docteur de se séparer de la communion de Jean jusqu'à ce qu'il eût donné des preuves de son orthodoxie ; il conféra aussi la prêtrise à Paulinien, frère de saint Jérôme. Le patriarche se plaignit hautement de cette ordination, et soutint qu'elle était un attentat contre ses droits. Saint Epiphane, pour se justifier, lui écrivit qu'il avait pu ordonner un moine qui, en qualité d'étranger, n'était pas censé de la province de Jérusalem ; qu'il n'avait eu en vue que l'utilité de l'Eglise, et qu'il n'avait nullement pensé à porter atteinte à sa juridiction. « *Nous n'avons point désapprouvé*, ajoute-t-il, *de semblables ordinations qui ont été faites dans la province dont nous sommes métropolitain.* » L'affaire s'apaisa ; Paulinien suivit saint Epiphane à Salamine et lui demeura soumis comme étant de son clergé. Il tint en 401 à Salamine, un concile de tous les évêques de Chypre, dans lequel on condamna les erreurs d'Origène, et il se rendit ensuite à Constantinople pour engager saint Jean Chrysostome, patriarche de cette ville, à souscrire à cette condamnation, ce qu'il ne put obtenir. Pendant qu'il était à Constantinople, il accusa d'origénisme quatre abbés de Nitrie, qu'on appelait les quatre grands frères, à cause de leur haute stature, et que Théophile, patriarche d'Alexandrie, avait chassés de leurs monastères sous prétexte qu'ils étaient partisans des erreurs d'Origène. Saint Epiphane, trompé par Théophile, qui s'acharnait à leur poursuite, moins par amour de la vérité que par animosité contre saint Jean Chrysostome, qui, après s'être assuré de la pureté de leur foi, les avait admis aux saints mystères, les traita comme des hérétiques et refusa même de communiquer avec le saint patriarche qui s'était déclaré leur protecteur. Les quatre grands frères, en ayant été informés, allèrent trouver l'archevêque de Salamine, et Ammone, l'un d'eux, prenant la parole pour tous, lui dit : *Mon père, nous désirons savoir si vous avez vu nos disciples et nos écrits. — Non, jamais. — Comment donc nous avez-vous jugés hérétiques sans connaître nos sentiments ? — C'est qu'on me l'a certifié. — Nous avons agi autrement à votre égard, car nous avons souvent rencontré vos disciples et beaucoup lu vos ouvrages, entre autres l'Anchorat, et comme plusieurs le taxaient d'hérésie, nous en avons pris la défense. Vous ne deviez donc pas nous condamner sans nous entendre, ni parler aussi mal de ceux qui ne disent de vous que du bien.* Le saint leur témoigna son regret de les avoir mal jugés et les apaisa par ses manières affables. Il prêcha ensuite à Constantinople sans avoir demandé la permission au patriarche, et il y ordonna un diacre : ces deux faits, ainsi que celui de l'ordination de Paulinien à Bethléem, prouvent qu'il n'avait pas des idées très-nettes sur la juridiction ecclésiastique : peut-être croyait-il pouvoir se permettre, dans le diocèse d'un autre évêque, ce qu'il n'eût pas trouvé mauvais qu'on fît dans le sien ; d'ailleurs l'Eglise ne s'était point encore expliquée alors sur ce sujet d'une manière aussi explicite qu'elle l'a fait depuis. Le pape Urbain II examinant cette conduite de saint Epiphane, l'excuse à cause de sa bonne foi et de ses bonnes intentions. Le saint archevêque quitta Constantinople et s'embarqua pour retourner dans son diocèse, mais il ne put regagner Salamine, et il mourut en route, l'an 403, âgé de quatre-vingt-treize ans dont il avait passé trente-six dans l'épiscopat. Ses disciples bâtirent en Chypre une église en son honneur et placèrent son image parmi celles des saints. Dieu honora son tombeau par un grand nombre de miracles. Les écrits du saint docteur sont 1° le *Panarium*, qui contient l'histoire de vingt hérésies qui avaient précédé la naissance de Jésus-Christ, et de quatre-vingts autres qui s'étaient élevées depuis la promulgation de l'Evangile; 2° l'*Anchorat*, qui contient des preuves abrégées des principaux articles de la foi catholique; 3° le *Traité des poids et mesures des Juifs*, destiné à faciliter aux fidèles l'intelligence de la Bible; 4° *le Physiologue*, ou recueil des propriétés des animaux avec des réflexions mystiques et morales qui sont seules de saint Epiphane, le reste de l'ouvrage étant une compilation; 5° le *Traité des pierres précieuses*, où il explique les qualités des douze pierres qui étaient sur le rational du grand prêtre des Juifs; 6° deux lettres adressées l'une à Jean, patriarche de Jérusalem et l'autre à saint Jérôme; 7° un *Commentaire* sur le Cantique des cantiques, découvert dans le siècle dernier. Le style de saint Epiphane manque d'élégance et d'élévation: il est souvent dur, inculte et décousu; mais si sa diction est négligée, sa doctrine est pure. Les défauts qu'on lui reproche comme écrivain n'empêchent pas qu'on ne l'ait toujours regardé comme un des principaux docteurs de l'Eglise, dont on admire surtout la vaste érudition. — 12 mai.

EPIPHANE (saint), évêque de Pavie, était né en 447, et il n'avait que vingt ans lorsqu'il fut élevé à l'épiscopat. C'est un des premiers exemples de la dispense d'âge accordée par l'Eglise, et il la justifia en devenant l'un des plus recommandables évêques de son temps. Il jouissait de la plus haute considération auprès des empereurs Sévère, Anthelme et Olybrius, ainsi qu'auprès d'Odoacre qui mit fin à l'empire romain, et de Théodoric, roi d'Italie, son successeur. Cette considération, il la devait à son mérite, à son éminente sainteté et à ses miracles. Il désarma, par son éloquence et par sa charité, la fureur des barbares qui fondirent sur les débris de l'empire romain, obtint d'eux la liberté d'une multitude innombrable de captifs et fit décharger les peuples d'une partie des impôts dont on les écrasait; ses aumônes étaient immenses et son zèle infatigable. Il fut envoyé en ambassade vers l'empereur Anthelme et ensuite vers Evaric, roi des Goths, afin d'engager ces deux princes à faire la paix, et il réussit dans sa négociation. Odoacre ayant ruiné Pavie, saint Epiphane releva les églises, et la plupart des maisons furent reconstruites à ses frais. Il sut inspirer des sentiments d'humanité à Théodoric, au fort même de ses victoires. Il fit un long voyage en Bourgogne pour racheter les captifs détenus par le roi Gondebaud, et à son retour il mourut à Pavie en 497, à l'âge de cinquante ans et après trente années d'épiscopat. En 962, son corps fut transféré à Hildesheim en basse Saxe. Saint Ennode, qui fut son successeur après saint Maxime, a retracé les principaux traits de sa vie dans un beau panégyrique qu'il composa en son honneur. — 21 janvier.

EPIPHANE (sainte), *Epiphana*, martyre à Lentini, mourut après avoir eu les mamelles coupées par ordre du président Tertylle, sous l'empereur Dioclétien. — 12 juillet.

EPIPODE (saint), *Epipodius*, l'un des martyrs de Lyon, était d'une illustre famille de cette ville, et était encore très-jeune lorsque la persécution de Marc-Aurèle s'étant allumée dans cette ville, il se réfugia dans un bourg voisin de Lyon, avec saint Alexandre, son ami et son condisciple, qui partageait ses sentiments de piété et son ardeur pour la pratique de la vertu. Ils y vécurent quelque temps tranquilles, grâce au peu d'apparence de leur asile et à la fidélité de leur hôtesse, qui était une veuve chrétienne, nommée Lucie; mais on finit par les découvrir. Epipode, voulant se sauver au moment qu'on venait pour les arrêter, perdit un de ses souliers que la veuve conserva comme un riche trésor. Mis en prison avant d'avoir été interrogés, ce qui était cependant défendu par les lois romaines, on les conduisit trois jours après, devant le gouverneur, les mains liées derrière le dos, et ils n'eurent pas plutôt confessé qu'ils étaient chrétiens, que le peuple poussa d'horribles clameurs. Le magistrat, furieux lui-même, s'écria: *De quoi ont donc servi tous les supplices que nous avions employés contre les chrétiens, s'il est encore des hommes assez audacieux pour suivre la doctrine du Christ?* Il fit ensuite séparer les deux amis, de peur qu'ils ne s'encourageassent mutuellement. Alexandre ayant été emmené, il commença par Epipode, qui, étant plus jeune, paraissait plus facile à gagner. Il tâcha de le séduire par une bonté affectée, par de flatteuses promesses et par l'appât du plaisir, dont il lui fit un tableau attrayant. Epipode lui répondit qu'il n'avait garde de se laisser prendre à la douceur de ses paroles empoisonnées. — *Vous feignez*, lui dit-il, *d'être touché des maux que je me prépare; mais cette fausse compassion est une véritable cruauté. La vie que vous me proposez serait pour moi une mort éternelle...* Il parla avec tant de sagesse et de force de la différence qu'il y avait, en ce monde et en l'autre, entre les serviteurs de Jésus-Christ et les adorateurs des idoles, que le gouverneur lui-même ne put lui refuser son admiration. Mais la honte, le dépit et la fureur reprenant bientôt le dessus dans son cœur, il fit frapper à coups de poing cette bouche qui avait parlé avec tant d'éloquence. Le sang qui en sortait n'empêchait pas le saint martyr d'offrir à Dieu, à haute voix, le sacrifice de sa vie. Le juge ordonna qu'il fût placé sur le chevalet et qu'on lui déchirât les côtes avec des ongles de fer. Le peuple spectateur de ces tortures, trouve que le gouverneur procède trop lentement; il s'indigne et se dispose à se précipiter sur Epipode pour le mettre en pièces. Le gouverneur, inquiet de ce commencement d'émeute, donne ordre qu'on lui coupe de suite la tête, ce qui fut exécuté l'an 178. Les chrétiens enterrèrent son corps avec celui de saint Alexandre qui fut martyrisé deux jours après, sur une colline près de la ville, et il s'opéra des miracles nombreux et éclatants sur leur tombeau. Un jeune homme atteint d'une maladie contagieuse qui ravageait Lyon, fut averti en songe d'avoir recours aux remèdes que lui donnerait la veuve qui avait le soulier d'Epipode. Lucie répondit ingénument qu'elle n'avait aucune connaissance de la médecine; qu'à la vérité, elle avait guéri plusieurs malades par le moyen du soulier du saint martyr. En même temps elle fit la bénédiction sur un verre d'eau qu'elle présenta au malade qui recouvra aussitôt la santé. Saint Eucher et saint Grégoire de Tours parlent de la poussière du tombeau des saints martyrs qu'on emportait pour guérir les malades. Ce dernier rapporte que leurs corps furent déposés, au VI° siècle, dans l'église de Saint-Jean, qui prit le nom de saint Irénée. Leurs reliques ayant été découvertes en 1410, on en fit une translation solennelle. — 22 avril.

EPISTÈME (sainte), *Epistemis*, vierge et martyre à Emèse en Phénicie, était encore païenne lorsqu'elle épousa saint Galation; mais elle était tellement disposée à recevoir la foi, qu'elle embrassa la religion de son mari le jour même de leur mariage. Elle fit plus : elle s'engagea, d'après ses exhortations, à vivre avec lui dans une parfaite continence. Pour rendre plus facile l'exécution de leur vœu, ils se séparèrent et, pendant que Galation s'enfonçait dans une solitude au pied du mont Sinaï, elle se retirait dans une maison habitée par quatre vierges qui n'avaient aucun commerce avec le monde. La persécution excitée par Dèce ayant continué sous Gallus, son successeur, les deux époux furent arrêtés et conduits à Emèse. Le magistrat employa les tortures pour leur faire offrir de l'encens aux idoles, mais n'ayant pu les y forcer, il ordonna qu'ils eussent la tête tranchée. Cette sentence fut exécutée le 5 novembre 253. — 5 novembre.

EPITACE (saint), *Epitacius*, évêque et martyr en Espagne, souffrit avec saint Basilée. — 23 mai.

EPOLONÉ (saint), *Epolonius*, l'un des trois enfants baptisés par saint Babylas, évêque d'Antioche, souffrit le martyre avec lui, au milieu du III° siècle, pendant la persécution de l'empereur Dèce. — 24 janvier.

EPTADE (saint), martyr à Montélou, dans le diocèse d'Autun, était honoré dès le X° siècle dans une église qui portait son nom. — 22 août.

EQUICE (saint), *Equitius*, abbé en Italie, florissait au commencement du VI° siècle. Il peupla toute la Valerie de moines fervents qui vivaient dispersés dans les campagnes et dans les bois, partageant leur temps entre la prière et le travail des mains. Il les visitait souvent pour leur donner des instructions. Il parcourait aussi les bourgs et les villages, pour exciter le peuple à servir Dieu ; mais comme il n'était que laïque, quelques personnes désapprouvèrent cette conduite et le dénoncèrent comme un homme qui s'arrogeait indûment le ministère de la prédication. L'affaire fut portée à Rome et le pape en ayant pris connaissance, défendit d'inquiéter le saint abbé et lui permit de continuer le cours de ses exhortations, qui avaient pour principe le zèle du salut des âmes, et dans lesquelles l'esprit de Dieu lui servait de maître. Il passait le jour à travailler dans les champs lorsqu'il ne visitait pas ses disciples et le soir il retournait à son ermitage. Ses habits étaient pauvres, et tout son extérieur prêchait la pénitence. Dans sa jeunesse, il avait été en butte à de violentes tentations de la chair ; mais, par ses macérations et ses austérités, il en triompha au point qu'il finit par ne plus ressentir les atteintes de cet aiguillon. Dans sa vieillesse il avait consenti à se charger de la conduite d'une nombreuse communauté de religieuses. Il mourut vers l'an 540, et son corps se garde à Aquila dans l'église de Saint-Laurent, où il est honoré le 11 août.

ERARD (saint), *Erardus*, chorévêque de Ratisbonne, d'une des plus illustres familles de Bavière, et frère de saint Hidulphe, naquit à Ratisbonne et entra dans l'état ecclésiastique à l'exemple de son frère. Il fut fait ensuite évêque régionnaire pour Ratisbonne et la Bavière. Il tint avec saint Hidulphe, qui était alors archevêque de Trèves, sur les fonts, sainte Odille, fille d'Adalric, duc d'Alsace, qui était aveugle et qui recouvra la vue en recevant le baptême. Il mourut sur la fin du VII° siècle, ou au commencement du VIII°. — 8 janvier.

ERASME (saint), *Erasmus*, martyr à Antioche, est honoré le 5 novembre.

ERASME (saint), évêque de Formies et martyr, confessa Jésus-Christ à deux différentes reprises, d'abord sous Dioclétien, lorsque celui-ci n'était encore qu'auguste, et ensuite sous le même prince, lorsqu'il fut devenu empereur. Après avoir subi d'horribles tortures auxquelles il survécut, il mourut au commencement du IV° siècle. Deux siècles après, son corps était encore à Formies, au rapport de saint Grégoire le Grand ; mais en 842, il fut transporté à Gaëte avec le siège épiscopal, lorsque Formies eût été détruite par les Sarrasins. Il y avait autrefois une portion de ses reliques dans un couvent de religieuses près de Gournai, dans le diocèse de Versailles. Saint Benoît, qui avait beaucoup de dévotion pour saint Erasme, fit bâtir en son honneur deux églises, l'une à Véroli, et l'autre à Rome, comme on le voit dans la Vie de saint Placide. — 2 juin.

ERASME (sainte), *Erasma*, martyre à Aquilée avec sainte Euphémie et deux autres. Après avoir souffert plusieurs tourments, elle fut décapitée sous l'empereur Néron et inhumée par saint Hermagore, premier évêque de cette ville. — 3 et 19 septembre.

ERASTE (saint), *Erastus*, disciple de saint Paul et premier évêque de Philippes en Macédoine, où il souffrit le martyre, après un court épiscopat, était, à ce que l'on croit, originaire de Corinthe et il y exerçait les fonctions de trésorier de cette ville, avant qu'il ne s'associât aux travaux évangéliques de l'Apôtre. — 26 juillet.

ERBLAND (saint), *Ermelandus*, abbé d'Aindre en Bretagne, naquit à Noyon, d'une famille distinguée, et s'appliqua de bonne heure à la pratique de la vertu, ce qui le préserva pendant le cours de ses études, des vices si communs parmi la jeunesse des écoles. Il exerça la charge d'échanson sous le roi Clotaire III, et comme on cherchait à le marier, il quitta la cour avec l'agrément du roi et renonça au monde pour se consacrer à Dieu. Il se retira vers l'an 668, au monastère de Fontenelle, alors gouverné par saint Lambert. Quelque temps après sa profession, ses supérieurs le jugèrent digne d'être élevé au sacerdoce, et il fut ordonné par saint Ouen, archevêque de Rouen. Saint Pascaire, évêque de Nantes, ayant demandé à saint Lambert quelques-uns de ses disciples pour peupler un monastère qu'il voulait fonder dans son diocèse, l'abbé de Fontenelle lui envoya douze de ses religieux, sous la conduite de saint Erbland. L'évêque de Nantes les établit dans l'île d'Aindre, située à deux lieues de la ville. Ils y bâtirent deux églises sous l'invocation de saint Pierre et de saint Paul : Pascaire en fit solennellement la dédicace, et accorda plusieurs priviléges aux religieux. Childebert III confirma ce nouvel établissement et le prit sous sa protection. L'abbaye d'Aindre devint bientôt célèbre par le nombre des religieux et surtout par leur ferveur : on en tira diverses colonies pour peupler les monastères que la piété des fidèles fondait de toutes parts. Malgré les occupations multipliées que causait à saint Erbland le gouvernement d'une nombreuse communauté, il trouvait encore du temps pour satisfaire son goût pour la solitude, et il passait tous les carêmes dans l'île d'Aindrinette, peu éloignée de celle d'Aindre. Son âge et ses infirmités ne purent le décider à se relâcher de sa vie austère, ni à prendre le moindre adoucissement ; mais ne se sentant plus la force de continuer les fonctions de sa charge, il ordonna à ses religieux d'élire un autre abbé. Le choix tomba sur Adalfroi, qui n'en était pas digne ; mais la mort l'ayant enlevé peu après son élection, saint Erbland établit abbé un de ses disciples nommé Donat, qu'il instruisit à fond dans les devoirs d'un bon supérieur. Pour lui il passa le reste de sa vie dans l'état de simple religieux, ne s'occupant plus qu'à se disposer au grand passage de l'éternité. Il mourut vers l'an 710 et fut enterré dans l'église de Saint-Paul. Environ quinze ans après, son corps fut levé de terre et transporté dans l'église de Saint-Pierre. Nous lisons dans le Martyrologe romain que sa vertu a été manifestée par l'éclat de ses miracles. — 25 mars.

ERCANTRUDE (la bienheureuse), *Ercantrudis*, religieuse de Faremoutiers, fut élevée dans ce monastère dès son enfance. Elle y mourut saintement vers l'an 645. — 14 mai.

ERCONWALD (saint), *Erconwaldus*, évêque de Londres, était fils d'un prince anglais qu'on croit le pieux Annas, roi des Est-Angles et frère de sainte Ethelburge. Il naquit au commencement du VIIe siècle, et montra dès sa jeunesse beaucoup d'ardeur pour le service de Dieu. Ayant quitté sa patrie pour passer dans le royaume des Saxons orientaux ou d'Est-Sex, il employa ses grands biens à fonder deux monastères, l'un à Chertsey près de la Tamise, et l'autre à Barking, dans le comté d'Essex. Il fit abbesse de ce dernier, sainte Ethelburge, sa sœur. Il gouverna lui-même celui de Chertsey, et son éminente sainteté lui attira un grand nombre de disciples. En 675, le saint roi Sebba le tira de sa solitude pour l'élever sur le siége épiscopal de Londres, et il fut sacré par saint Théodore, archevêque de Cantorbéry. Il obtint de grands priviléges pour l'église de Saint-Paul, qui était cathédrale et dont il augmenta considérablement les bâtiments ainsi que les revenus. Saint Erconwald mourut en 686 après un épiscopat de onze ans ; il fut enterré dans la cathédrale, et son tombeau devint célèbre par un grand nombre de miracles. Son corps, renfermé dans une belle châsse fut placé au-dessus du grand autel en 1148, mais il disparut en 1533, par suite du fanatisme de la prétendue réforme. — 30 avril.

EREMBERT (saint), *Erembertus*, évêque de Toulouse, né au commencement du VIIe siècle, dans le territoire de Poissy, après être resté quelque temps dans le monde, alla se faire religieux à l'abbaye de Fontenelle, que saint Wandrille venait de fonder dans le pays de Caux, et qui lui donna l'habit monastique. Ayant été tiré de là pour être placé sur le siége de Toulouse, par ordre du roi Clotaire III, il gouverna saintement son diocèse pendant douze ans ; mais sa vieillesse et ses infirmités ne lui permettant plus d'exercer les fonctions de l'épiscopat, il s'en démit pour revenir à Fontenelle, où il mourut peu de temps après, l'an 671. — 14 mai.

EREMBERT (saint), vingt-deuxième abbé de Fontenelle, florissait dans la première partie du IXe siècle et gouverna ce célèbre monastère avec autant de sagesse que de fermeté. Il le préserva des troubles qui agitaient alors la Neustrie, par suite des premières incursions des Normands. Il mourut en 849. — 11 septembre.

EREMBERTE (sainte), *Eremberta*, vierge, nièce de saint Vilmer, honorée proche de Samer dans le Boulonnais, florissait dans le VIIIe siècle. — 8 juillet.

ERENTRUDE (sainte), abbesse de Nonnberg, à Saltzbourg, issue du sang royal de France, était nièce de saint Reyner, archevêque de Saltzbourg, qui la fit venir dans son diocèse avec quelques autres pieuses filles, pour y fonder un monastère dont sainte Erenthrude fut la première abbesse. Elle se fit admirer par ses vertus et surtout par son humilité, se plaisant à exercer dans la maison les fonctions les moins relevées, et qui contrastaient le plus avec son illustre naissance. Le temps qu'elle ne consacrait pas à la prière ou au gouvernement de sa communauté, elle l'employait à des œuvres de charité, comme à faire des habits pour les enfants pauvres et délaissés, à visiter les malades, à enseigner aux personnes du peuple les vérités de la religion. Elle mourut saintement dans le VIIIe siècle. — 30 juin et 4 septembre.

ERGNATE (sainte), *Ergnata*, religieuse en Irlande, est honorée le 8 janvier.

ERIC (saint), *Ericus*, roi de Suède et martyr, fils de Jeswar, d'une des plus illustres familles de Suède, fut élevé dans l'étude des sciences et dans la pratique des vertus. Il épousa Christine, fille du roi Jugou ou Jugelfe IV, et après la mort de Suercher, les États de Suède, qui jouissaient de la faculté d'élire leurs rois, touchés du mérite et des belles qualités d'Eric, le placèrent sur le trône en 1141. Cette élévation, loin de l'éblouir, ne fit que lui inspirer plus de vigilance sur lui-même et sur ses passions. Il assujettissait le corps à l'esprit par le jeûne et les austérités de la pénitence, et les soins du gouvernement ne lui firent jamais négliger la prière et les exercices de la piété pour lesquels il éprouvait un vif attrait. Les commencements de son règne furent troublés par l'élection de Charles, fils de Suercher, dernier roi de Suède. Les Goths lui offrirent la couronne, et il en serait résulté une guerre civile, si les deux partis n'eussent réglé à l'amiable qu'Eric régnerait sur les deux peuples, qui ne feraient plus qu'une seule nation, et que Charles lui succéderait après sa mort. La bonne administration de la justice fut un des premiers objets sur lesquels se porta sa sollicitude. Il fit recueillir les anciennes lois et constitutions de Suède, qu'il réunit en un code connu sous le titre de Loi du roi Eric. Il prit de sages mesures pour réprimer les abus et pour assurer la tranquillité publique. Content de son patrimoine, il ne levait aucune taxe sur ses sujets, dont il était le père plutôt que le roi. Les faibles et les malheureux étaient toujours assurés de sa protection : ils pouvaient en tout temps lui adresser leurs plaintes, et toujours elles étaient bien accueillies. Il poussait si loin la pratique de la charité, qu'il ne croyait pas déroger à la majesté royale en visitant les pauvres malades et en leur distribuant de ses propres mains des secours abondants. Il fit bâtir un grand nombre d'églises, et contribua par ses libéralités à la splendeur du culte divin. Quoique naturellement pacifique, il ne put se dispenser de marcher contre les Finlandais qui venaient faire de fréquentes incursions sur le territoire Suédois ; et, après avoir remporté sur eux une victoire complète (1154), il versa des larmes à la vue des cadavres étendus sur le champ de bataille. Ce qui ajoutait à sa douleur, c'est que les Finlandais étaient encore idolâtres. Il est bien triste, dit-il, que tant de malheureux aient péri sans avoir reçu la grâce du baptême. Lorsqu'il les eut entièrement soumis, il leur envoya saint Henri, archevêque d'Upsal, pour leur prêcher la foi et pour leur faire construire des églises. Un certain nombre de Suédois, opiniâtrément attachés au paganisme, formèrent une conspiration contre Eric, et mirent à leur tête Magnus, fils du roi de Danemark, qui portait ses vues ambitieuses sur le trône de Suède. Le saint roi entendait la messe le jour de l'Ascension, lorsqu'on vint l'avertir que les conjurés venaient l'attaquer. *Attendons au moins que le sacrifice soit fini*, répondit-il avec beaucoup de tranquillité, *le reste de la fête s'achèvera ailleurs*. La messe terminée, il se recommande à Dieu, fait le signe de la croix, et pour épargner le sang de ses fidèles sujets, qui voulaient sacrifier leurs vies pour sa défense, il marche seul vers les conjurés qui se jettent sur lui avec fureur, le renversent de son cheval et lui coupent la tête, après lui avoir fait souffrir mille indignités, en haine de la religion chrétienne, le 18 mai 1162. Son corps fut inhumé à Upsal, où il se trouve encore entier. Son tombeau fut illustré par un grand nombre de miracles, et la Suède honorait saint Eric comme son principal patron, avant qu'elle n'eût embrassé le luthéranisme. — 18 mai.

ERIGUE (le bienheureux), *Erricus*, pèlerin, florissait au commencement du XVe siècle. Son corps se garde à Pérouse, dans l'église paroissiale de Saint-André, où il est honoré le 12 février et le 13 mars.

ERINCHARD (saint), *Erinchardus*, prieur de Fontenelle, en Normandie, naquit dans le pays de Caux. Ayant pris l'habit monastique, il devint prieur de Fontenelle ou de Saint-Vandrille, sous l'abbé Teusinde. Malgré la mauvaise conduite de cet indigne supérieur, Erinchard sut maintenir la régularité dans le monastère, prit un soin particulier des biens de la communauté, et fit bâtir l'église paroissiale pour les fidèles du voisinage, qui jusqu'alors n'en avaient point eu d'autre que celle des religieux. Il mourut en 739, et il est honoré le 24 septembre.

ERLULPHE (saint), *Erlulphius*, évêque de Werden et martyr, né en Écosse, dans le VIIIe siècle, quitta sa patrie pour aller prêcher l'Evangile aux Saxons que Charlemagne venait de subjuguer, et sa mission produisit des fruits abondants. Ayant été ensuite élevé sur le siège épiscopal de Werden, il continua ses travaux apostoliques au milieu de ses diocésains, dont beaucoup étaient encore idolâtres. Plusieurs de ceux qui restaient attachés aux superstitions du paganisme, furieux de voir leur nombre diminuer tous les jours, résolurent de se défaire d'un homme qui menaçait les temples de leurs faux dieux d'une désertion générale, le massacrèrent en 830, dans un lieu nommé Eppokstorp. — 10 février.

ERMEL (saint), *Armarilus*, confesseur

dans le diocèse de Rennes, en Bretagne, avait demeuré sept ans à Paris dans de continuels exercices de piété. Il florissait au milieu du vi° siècle. — 16 août.

ERMELINDE (sainte), *Ermelindis*, vierge, née vers le milieu du vi° siècle, près de Louvain, sortait d'une famille qui tenait un rang distingué dans la France septentrionale, et montra, dès son enfance, un grand amour pour les exercices de piété. A l'âge de douze ans elle prit la résolution de consacrer à Dieu sa virginité, et ses parents, après avoir tenté inutilement de la retenir dans le monde, la laissèrent enfin libre de suivre sa vocation. Elle se retira dans un lieu solitaire nommé Bevec, où elle passait ses jours dans la prière, le jeûne et les mortifications, n'ayant aucune communication avec les hommes et ne sortant de sa retraite que pour se rendre à l'église. Ayant appris que deux jeunes seigneurs voulaient tendre des piéges à sa vertu, elle alla se fixer à Meldrick, aujourd'hui Meldraërt, en Brabant, et y retraça par ses austérités, ses veilles et son oraison, la vie des anciens solitaires. Elle mourut un 29 d'octobre, sur la fin du v.° siècle, et fut enterrée à Meldraërt, où son culte a toujours été fort célèbre depuis. — 29 octobre.

ERMEMBURGE (sainte), *Ermemburgis*, abbesse d'un monastère d'Angleterre, situé dans le diocèse de Cantorbéry, mourut vers l'an 690. — 19 novembre.

ERMENFROY (saint), *Ermenfridus*, abbé d'un monastère d'Ecosse, situé près de Glascow, florissait dans le vii° siècle et mourut vers l'an 670. Il est honoré à Cusance, en Franche-Comté, le 25 septembre

ERMENILDE (sainte), *Eormehenildis*, reine de Mercie, était fille d'Ercombert, roi de Kent, et de sainte Sexburge. Elle épousa Wulfère, roi de Mercie, qui se fit chrétien en se mariant, et qui promit d'extirper dans ses Etats les restes du paganisme ; mais la férocité de son caractère donna beaucoup d'exercice à la patience de sa sainte épouse. Sur de fausses accusations, il fit mettre à mort Wulfade et Rufin, deux de ses fils, qui sont honorés comme martyrs. Sainte Wereburge, sa fille, avait pris le voile lorsqu'il mourut en 675. Erménilde se voyant libre de renoncer au monde, se retira dans le monastère d'Ely, où se trouvait sa fille ainsi que ses deux tantes, sainte Withburge et sainte Audry : bientôt sainte Sexburge, sa mère, vint les y rejoindre. Elle succéda en qualité d'abbesse à sainte Audry, sa sœur, et lorsqu'elle mourut, sur la fin du vii.° siècle, sainte Erménilde, sa fille, lui succéda et marcha sur leurs traces. Elle mourut au commencement du viii° siècle, et elle est honorée le 13 février.

ERMIN ou ERME (saint), *Erminius*, abbé de Lobes, et évêque régionnaire, né à Laon dans le vii° siècle, embrassa l'état ecclésiastique. Après avoir été élevé au sacerdoce, il se joignit à saint Ursmar, abbé de Lobes et évêque régionnaire, qui, frappé de son mérite et de ses vertus, le choisit pour son successeur. En devenant abbé de Lobes (713), il fut en même temps sacré évêque, comme l'avait été saint Ursmar. Il édifia ses religieux par son humilité, par l'austérité de sa vie et par son amour pour la prière. Dieu le favorisa du don de prophétie. Saint Ermin mourut l'an 737. — 25 avril.

ERMINOLD (saint), abbé de Prufening et martyr, né dans le xi° siècle, d'une des premières familles de Souabe, fut élevé dans le monastère d'Hirschau, par l'abbé Guillaume, un des hommes les plus instruits et les plus vertueux de son siècle. Il fit, sous un tel maître, de grands progrès dans les sciences et dans la vertu. Après avoir terminé ses études et fait ses vœux de religion, il ne s'appliqua plus qu'à bien remplir ses saints engagements et à vivre en bon religieux. L'empereur Henri V, qui avait entendu parler du mérite et de la sainteté d'Erminold, le nomma, vers l'an 1110, abbé de Lorche, dans le Rhingau ; ensuite il dit en plaisantant au frère d'Erminold, qui était un de ses officiers : *Je viens de nommer votre frère à l'abbaye de Lorche, et je suis curieux de savoir comment vous reconnaîtrez cette faveur*. L'officier fit un don à l'empereur pour lui témoigner sa reconnaissance. Erminold l'ayant su, et s'imaginant que sa nomination avait eu lieu en vue de ce présent, ne voulut pas conserver un bénéfice qui lui paraissait entaché de simonie. Il revint donc à Hirschau ; mais saint Othon, évêque de Bamberg, le demanda pour abbé du monastère de Prufening qu'il venait de fonder près de Ratisbonne. L'abbé Guillaume consentit, quoiqu'à regret, à se séparer de son élève chéri, et Erminold alla avec quelques religieux prendre possession du nouveau monastère, qu'il gouverna avec une rare prudence. Sa douceur, son affabilité et ses vertus lui concilièrent bientôt le respect et l'affection de ses inférieurs. Henri V, désirant connaître l'abbé qui lui avait donné une si grande preuve de désintéressement et dont tout le monde publiait la sainteté, voulut un jour se rendre au monastère de Prufening, accompagné de sa cour, pour le voir et s'entretenir avec lui. L'on s'attendait qu'Erminold, prévenu de l'arrivée de son souverain, viendrait au-devant de lui à la tête de sa communauté pour lui présenter ses hommages. Mais comme ce prince bravait les anathèmes de l'Eglise lancés contre lui, le saint abbé était trop dévoué au saint-siège pour ne pas respecter la sentence d'excommunication dont Henri avait été frappé. Il se présenta donc seul à la porte de l'abbaye et dit à l'empereur : *J'aurais bien désiré vous recevoir avec les honneurs dus à votre rang ; mais je sais que l'Eglise vous a exclu de la communion chrétienne*. Saint Othon lui ayant représenté qu'on n'était tenu d'éviter la présence que de ceux dont l'excommunication était connue d'une manière certaine : *Et comment*, répliqua Erminold, *pourrais-je ignorer une cause dont j'ai moi-même, du haut de la chaire de vérité, fait part à mes ouailles?* Henri V, admirant la fermeté de ce nouvel Ambroise, et le courage avec lequel il avait osé lui dire la vérité, imposa silence à ses courtisans qui voulaient l'aigrir contre le saint abbé, et se retira sans entrer plus avant. Quelque temps après, comme il passait près de l'abbaye, les mêmes courtisans lui rappelèrent l'affront qu'il avait reçu d'un misérable moine et s'offrirent à aller le punir de son insolence; mais Henri leur défendit, sous peine d'encourir son indignation, de commettre la moindre violence contre l'abbé et ses religieux. Erminold s'appliquait avec zèle à établir la discipline dans sa communauté; il n'épargnait pour cela ni soins ni exhortations, et lorsqu'il voyait des moines qui se montraient indociles à ses salutaires avertissements, alors, malgré l'affection qu'il leur portait, ou plutôt à cause de cette affection, il se voyait contraint de recourir à des mesures plus sévères pour les ramener à la pratique des obligations de la vie monastique. Mais ses efforts furent inutiles envers quelques-uns, qui poussèrent la perversité jusqu'à former le projet de lui ôter la vie. Un jour qu'il traversait un corridor, l'un de ces malheureux lui asséna un coup si violent qu'il le fit tomber sans connaissance. Revenu à lui, Erminold ne proféra pas une plainte contre son assassin; il demanda même sa grâce, disant qu'il lui avait sans doute donné, sans le vouloir, quelque sujet de haine, et que d'ailleurs il regardait l'attentat que le ciel venait de permettre sur sa personne comme un juste châtiment de ses péchés. Sa blessure était mortelle, et il mourut le 6 janvier 1121, après avoir pardonné au meurtrier et avoir reçu les sacrements de l'Eglise avec les sentiments de la foi la plus vive. On l'enterra dans l'église de l'abbaye, et son tombeau fut illustré par plusieurs miracles. On lit son nom dans plusieurs martyrologes, et beaucoup d'églises célèbrent sa fête. — 6 janvier.

ERNEST (saint), *Ernestus*, abbé de Swifaltach, en Souabe, étant parti avec les croisés pour la terre sainte, prêcha l'Evangile en Orient et surtout en Perse. Il fut martyrisé à la Mecque, en Arabie, l'an 1148, et son corps fut rapporté à Antioche. — 7 novembre.

ERNIÉ (saint), *Erineus*, confesseur à Céaulcé, dans le Maine, est honoré le 9 août.

EROTHEÏDE (sainte), *Erotheïdes*, servante de sainte Capitoline, et martyre en Cappadoce, souffrit avec sa maîtresse sous l'empereur Dioclétien. — 27 octobre.

EROTIDE (sainte), *Erotis*, *dis*, qui, embrasée de l'amour de Jésus-Christ, fut victorieuse de l'ardeur du feu, supplice au milieu duquel elle expira. — 6 octobre.

ERPHON (saint), dix-septième évêque de Munster, florissait dans le xiᵉ siècle. — 9 novembre.

ERQUIMBOD ou ERKEMBODE (saint), évêque de Thérouanne, fut élevé par saint Bertin, qui lui donna l'habit. On l'élut malgré lui abbé du monastère de Sithiu, en 717. Il y avait treize ans qu'il remplissait, avec autant de zèle que de sagesse, les fonctions abbatiales lorsqu'il fut élevé, en 730, sur le siège épiscopal de Thérouanne, qu'il administra en digne évêque, sans cesser de gouverner ses religieux. Il mourut en 737 et il fut enterré avec pompe dans l'église de Notre-Dame de Saint-Omer. On y conservait son corps sous le maître autel, à l'exception de son chef qui était dans une châsse à part. —12 avril.

ERRY (saint), *Herus*, moine de l'abbaye de Saint-Germain d'Auxerre, mourut vers l'an 925. — 24 juin.

ESAS (saint), martyr en Egypte avec saint Pallade et cent cinquante-cinq autres, est honoré chez les Grecs le 23 juin.

ESDRAS (saint), prophète et historien, était de la famille d'Aaron, et exerça les fonctions de grand prêtre à Babylone pendant la captivité des Juifs. Le crédit dont il jouissait à la cour d'Artaxercès Longuemain fut très-utile à ses compatriotes. Il obtint de ce prince la permission de revenir à Jérusalem avec tous ceux de sa nation qui voudraient l'accompagner, et il rentra dans sa patrie à la tête d'une nombreuse colonie, avec de riches présents, des sommes d'or et d'argent considérables, pour l'achèvement du temple et la reconstruction de la ville : il était en outre porteur de lettres d'Artaxercès, en faveur de la nation juive. Arrivé à Jérusalem l'an 467 avant Jésus-Christ, il remit en vigueur les points de la loi qui étaient tombés en désuétude pendant la captivité, et obtint de ceux qui avaient épousé des femmes non juives, qu'ils les renverraient dans leur pays avec les enfants nés de ces mariages prohibés par le Deutéronome. Le peuple de la Judée, se trouvant réuni à Jérusalem pour la dédicace de cette ville dont on venait de rebâtir à la hâte les murs et les portes, il profita de cette affluence de monde pour faire en public la lecture des livres saints, qui fut écoutée avec beaucoup d'attention. Sa science de l'Ecriture lui donnait une telle autorité, que ses décisions étaient reçues comme des oracles : aussi les Juifs lui ont donné le titre de prince des docteurs de la loi. La tradition de la Synagogue porte qu'il recueillit tous les livres canoniques alors existants, qu'il en revit le texte et le purgea des fautes de copistes, qui s'y étaient glissées à la longue, et qu'il changea les anciens caractères hébraïques, dits samaritains, en caractères modernes, dits chaldaïques. Elle nous apprend aussi qu'il établit une école pour former des interprètes de l'Ecriture sainte, pour en expliquer les difficultés et pour veiller sur la pureté de son texte. Nous avons quatre livres sous le nom d'Esdras, dont les deux premiers sont seuls réputés canoniques par l'Eglise : le premier contient l'histoire des Juifs, depuis la première année de Cyrus jusqu'à la vingtième d'Artaxercès-Longuemain, et renferme une période de quatre-vingt-deux ans. Le deuxième, dont Néhémie est l'auteur, est une continuation de cette histoire, et renferme les événements qui se passèrent les trente années suivantes. Les deux derniers, quoique non canoniques, ne laissent pas que de jouir d'une certaine auorité, et ils ont été cités par la plupart des Pères. Plusieurs critiques attribuent à Esdras les Paralipomènes. — 13 juillet.

ESKILL (saint), *Æschillus*, apôtre de Sudermanie, évêque et martyr, était Anglais de naissance. Il accompagna, en qualité de missionnaire, Sigefrid ou Sifroy, son parent, qui allait prêcher l'Evangile aux Suédois. Une grande partie de cette nation avait précédemment embrassé le christianisme, par suite des prédications de saint Anschaire; mais elle était retombée ensuite dans ses anciennes superstitions après son départ. Les deux saints déployèrent autant de prudence que de zèle dans leurs travaux apostoliques, et lorsque Sigefride se trouva obligé de retourner quelque temps dans sa patrie, le roi Jugon et le peuple le prièrent de sacrer évêque Eskill, pour lequel ils avaient conçu une vénération profonde, et de le leur donner pour pasteur. La cérémonie de son sacre se fit dans un lieu nommé Nord-Hans-Kogh. Les efforts de saint Eskill, secondés par ceux du roi, produisirent des effets merveilleux, et des provinces entières se faisaient chrétiennes; mais les idolâtres, ayant massacré ce pieux prince, mirent sur le trône Swénon, dit le Sanguinaire. Cette révolution devint funeste aux progrès du christianisme en Suède, et les superstitions païennes reprirent le dessus. Un jour que les infidèles célébraient à Strengis une de leurs fêtes, saint Eskill, suivi de son clergé et de plusieurs chrétiens, s'avança vers eux et leur représenta avec force l'impiété de leur conduite; mais voyant l'inutilité de ses remontrances, il pria Dieu de manifester sa puissance par quelque signe éclatant. Aussitôt un orage s'élève et vient fondre sur l'assemblée : le tonnerre renverse l'autel et consume la matière préparée pour le sacrifice. Les païens attribuant ce prodige à la magie, se saisirent du saint évêque et le lapidèrent par l'ordre du roi. Il fut enterré sur le lieu même, et dans la suite on y éleva une église dans laquelle on exposa à la vénération publique ses reliques, dont la vertu opéra plusieurs miracles. Saint Eskill florissait dans le x° siècle. La Suède et les royaumes voisins l'honorèrent longtemps comme un des plus illustres martyrs de Jésus-Christ, et jusqu'à la reforme, ils célébrèrent sa fête le 12 juin.

ESNEU (saint), *Eadnochus*, évêque et martyr en Angleterre, était honoré autrefois à York le 19 octobre.

ESOPE (le bienheureux), *Esopus*, enfant, est honoré à Saint-Germain d'Auxerre le 9 septembre.

ESPÉRANCE (sainte), *Spes*, vierge et martyre à Rome, était fille de sainte Sophie et sœur de sainte Foi et de sainte Charité. Elle subit d'horribles tourments pour la foi et ensuite la mort dans le II° siècle, sous l'empereur Adrien. — 1er août.

ESPÉRANCE (sainte), *Exuperantia*, vierge, est honorée à Troyes le 26 avril.

ESTELLE ou Eustelle (sainte), vierge et martyre à Saintes, fut convertie à la foi chrétienne et baptisée par saint Eutrope, premier évêque de cette ville. Après le martyre du saint évêque qui avait été mis à mort par les païens, Estelle lui procura une sépulture aussi honorable qu'elle le put, au milieu des dangers d'une violente persécution. Cet acte de religieuse charité ayant fait connaître qu'elle était chrétienne, son père fit tous ses efforts pour la ramener aux superstitions du paganisme; mais ne pouvant y réussir, il la livra aux persécuteurs qui l'emprisonnèrent et lui firent subir d'autres tourments qui furent suivis de la mort. Elle reçut le coup mortel vers la fin du III° siècle, en prononçant le nom de Jésus. — 21 mai.

ESTÈVE (saint), *Stephanus*, martyr en Espagne, souffrit avec saint Honoré et un autre. — 21 novembre.

ESTREVIN (saint), *Estervinus*, prêtre et abbé de Wermouth en Angleterre, dont le vénérable Bède a écrit la Vie, succéda à saint Céolfrid, et il est honoré le 7 mars.

ETERNE (saint), *Æternus*, évêque d'Evreux, succéda à Maurusion vers l'an 600. Quelques auteurs le font compagnon des saints Vénérand et Maxime qui, venus d'Italie, scellèrent de leur sang, vers le commencement du VI° siècle, la religion qu'ils étaient venus prêcher dans les Gaules. Quoi qu'il en soit, il est honoré à Evreux comme martyr le 16 juillet. Il eut pour successeur saint Aquilin. Une partie de ses reliques se gardait à Evreux et l'autre partie à Acquigny. — 13 août et 1er septembre.

ÉTHELBERT ou ALBERT (saint), *Ethelbertus*, roi de Kent, monta sur le trône en 560. Les conquêtes qu'il fit sur les autres rois le rendirent le plus puissant monarque de l'Heptarchie, et on le désignait ordinairement sous le nom de roi d'Angleterre. Il épousa Berthe, fille unique de Caribert, roi de Paris, et comme il était encore idolâtre, il ne l'obtint qu'à condition qu'elle serait libre de professer le christianisme, ainsi que l'évêque Létard qu'elle emmenait en qualité d'aumônier et de directeur. Ethelbert, frappé des vertus de son épouse et de la vie exemplaire du saint évêque, sentit diminuer son attachement au paganisme, et son cœur était déjà préparé, en quelque sorte, à recevoir l'Evangile, lorsque saint Augustin vint le prêcher dans son royaume. Ce prince, ayant appris, en 596, que le saint missionnaire était arrivé avec ses compagnons dans l'île de Thanet, il lui fit dire de rester dans l'île, en attendant, et il fit expédier un ordre pour qu'on lui fournît toutes les choses dont il aurait besoin. Quelque temps après, Ethelbert se rendit en personne à Thanet, et donna son audience en plein air : la superstition lui faisant croire qu'il courrait moins de danger que dans une maison, en cas qu'Augustin voulût employer des opérations magiques. Les missionnaires arrivés près de lui exposèrent le but de leur venue et les avantages qui en résulteraient pour lui et pour ses sujets. Ethelbert, après les avoir écoutés avec beaucoup d'attention, leur répondit : *Vos discours sont beaux et vos promesses magni-*

fiques : *jamais on ne m'en a fait de semblables;
mais elles me paraissent un peu incertaines.
Cependant, puisque vous êtes venus de si loin
pour l'amour de moi, je ne souffrirai pas
qu'on vous moleste, et je vous autorise à prêcher dans mes Etats.* Il leur assigna de quoi
subsister, et voulut qu'ils fixassent leur résidence à Cantorbéry, sa capitale. Peu de
temps après il ouvrit les yeux à la lumière,
et renonça publiquement au culte des idoles.
Le zèle et la piété de Berthe secondaient les
instructions d'Augustin, et ne contribuèrent
pas peu à la conversion de son mari, qui fut
bientôt suivie de celle d'une grande partie
de la nation. Le roi de Kent, devenu chrétien, parut un homme tout nouveau, et les
vingt années qu'il vécut après son baptême,
furent entièrement consacrées à étendre la
religion et à convertir ses sujets. Il abolit le
culte des idoles, fit renverser leurs temples ;
ou les consacra au vrai Dieu. Celui qui était
à Cantorbéry fut converti en une église, qui
devint plus tard cathédrale. Il fonda aussi,
hors des murs de la ville, le monastère de
Saint-Pierre et de Saint-Paul, qui prit ensuite le nom de Saint-Augustin. Il fit aussi
construire plusieurs églises, entre autres
celle de Saint-André, celle de Rochester et
celle de Saint-Paul de Londres. Missionnaire
à son tour, il travailla à la conversion des
princes voisins, et gagna à Jésus-Christ Sé-
bert, roi des Saxons orientaux, et Redwal,
roi des Est-Angles ; mais ce dernier retourna
plus tard au paganisme. Saint Grégoire le
Grand lui envoya (600) plusieurs présents
avec une lettre dans laquelle il le félicite sur
son zèle pour la religion, et lui donne d'excellents avis par rapport à son salut. Ethelbert avait eu d'abord de rudes combats à
soutenir contre ses passions, contre le
monde et contre l'esprit de ténèbres ; mais il
en sortit toujours vainqueur, en employant
les armes que fournit l'Evangile, c'est-à-dire
la prière, l'humilité et la mortification. La
bienfaisance était aussi une de ses principales vertus, et ses sujets, surtout ceux qui
étaient dans le besoin ou le malheur, en ressentirent les heureux effets. Il les gouvernait en père plutôt qu'en maître, et faisait
régner dans ses Etats, la paix, la justice et
la piété. Il porta des lois si sages, qu'on les
observait encore en Angleterre plusieurs
siècles après sa mort, qui arriva l'an 616,
dans un âge avancé, puisqu'il avait été roi
de Kent pendant cinquante-six ans. Il fut
enterré dans l'église du monastère de Saint-
Pierre et de Saint-Paul, et, quelque temps
après, son corps fut levé de terre et placé
sous le grand autel. Il était patron de l'église
de Norwich et de plusieurs autres églises
d'Angleterre, sous le nom de saint Albert.
On entretenait une lampe toujours allumée
devant son tombeau où il s'opéra des miracles jusqu'aux temps de Henri VIII. — 24
février.

ÉTHELBERT (saint), roi des Est-Angles et
martyr, montra, dès l'âge le plus tendre, un
grand amour pour Dieu, et consacrait à des
exercices de piété tous les moments qu'on
lui laissait après ses heures d'étude Il était
encore très-jeune lorsqu'il succéda, en 749,
à son père Ethelred, et il régna pendant quarante-quatre ans avec beaucoup de sagesse
et de piété. Sa maxime ordinaire, celle dont
il faisait la règle de sa conduite, c'est que
plus un homme est élevé au-dessus des autres, plus il doit être humble et affable. Il
avait vécu dans le célibat jusqu'à un âge
assez avancé, lorsqu'il prit la résolution de
se marier, afin d'avoir un héritier de sa couronne et d'assurer par ce moyen la tranquillité de son royaume. Il jeta les yeux sur Alfrède ou Etheldrithe, fille d'Offa, roi de Mercie, princesse vertueuse, qui jouissait de la
meilleure réputation. Il fit donc une visite à
Offa, qui le reçut avec de grandes démonstrations d'amitié, et qui accueillit favorablement sa demande ; mais le mariage n'eut pas
lieu, parce que ce prince perfide, qui convoitait les Etats d'Ethelbert, d'accord en cela
avec la reine Quindrède, sa femme, le fit assassiner, l'an 793, par un officier de sa cour,
et s'empara de son royaume. Saint Ethelbert
fut enterré secrètement à Maurdine ou Mar-
den, et bientôt son tombeau fut illustré par
plusieurs miracles, ce qui fit qu'on leva de
terre son corps, qui fut transporté à Ferneby,
aujourd'hui Hereford, dans une belle église
qui porta depuis son nom. Wilfrid, successeur d'Egfrid, fils d'Offa, l'embellit encore et
y fit de riches donations. Ce dernier et Quindrède, son épouse, firent pénitence de leur
crime ; quant à Alfrède, elle se fit religieuse
dans le monastère de Croyland, fondé par son
père, et, après sa mort, elle fut honorée sous
le nom de sainte Etheldrithe. — 20 mai.

ETHELBURGE ou EDILBURGE (sainte),
Ethelburga, abbesse de Barking, était fille
d'Anna, roi des Est-Angles, et de sainte Hé-
reswithe, et sœur de saint Erconwal, évêque
de Londres. Après avoir consacré à Dieu sa
virginité dans un âge encore tendre, elle
quitta le monde et les grandeurs humaines
pour prendre le voile. Saint Erconwal ayant
fondé le monastère de Barking, dans le pays
d'Essex, vers le milieu du VII° siècle, il en
confia le gouvernement à sa sœur, et, dans
ce choix, il n'eut égard qu'à la vertu et non
à la parenté. Ethelburge précéda toutes ses
religieuses dans la voie de la perfection, et
son exemple leur inspirait un saint détachement de la terre et un grand désir d'être
réunies à leur divin époux. Plusieurs d'entre
elles étant mortes de la peste qui ravagea
l'Angleterre en 664, et qui enleva saint Bo-
sil, saint Cedde et un grand nombre d'autres
saints personnages, Ethelburge enviait leur
sort, et sa seule consolation était de penser
que Dieu la laissait sur la terre afin qu'elle
se rendît de plus en plus digne du bonheur
après lequel elle soupirait sans cesse. Après
sa mort, dont on ignore l'année, des miracles
éclatants attestèrent sa sainteté. Son corps
se gardait anciennement à Nunnaminstre,
dans le comté de Winchester. — 11 octobre.

ETHELDRÈDE ou AUDRY (sainte), *Edil-
trudis*, vierge et abbesse d'Ely, en Angleterre, était fille d'Anna, roi des Est-Angles,

et de sainte Héreswide, était sœur de sainte Sexburge, de sainte Wilhburge et de sainte Ethelburge dont il a été question dans l'article précédent. Née à Ermynge, dans le comté de Suffolk, elle fut élevée dans la piété, et se montra, par ses vertus, digne d'appartenir à une famille où brillait la sainteté. Ses parents l'ayant pressée de prendre pour époux Tombercht, prince des Girviens méridionaux, elle forma, ainsi que son époux, la résolution de vivre dans la continence. Après avoir passé trois ans ensemble, elle le quitta, de son consentement, pour se retirer dans l'île d'Ely, qui lui avait été donnée pour douaire. Elle y mena, pendant cinq ans, une vie toute angélique, dans la prière et la mortification, pratiquant la pauvreté volontaire, faisant sa principale occupation de bénir le Seigneur et de chanter ses louanges. Son dessein, en choisissant cette solitude, avait été d'y vivre inconnue au monde, et de n'avoir plus de commerce qu'avec Dieu; mais l'éclat de ses vertus la fit bientôt découvrir. Lorsque son mari fut mort, Egfrid, roi de Northumberland, lui offrit sa main et fit des instances si réitérées qu'il la détermina à l'accepter. Ils vécurent douze ans ensemble, mais toujours dans la continence, comme cela avait été convenu avant leur mariage. Etheldrède consacrait tout son temps à des exercices de religion et à des œuvres de charité. Quoiqu'elle vécût à la cour comme elle vivait dans sa solitude, elle soupirait cependant après le moment où elle pourrait quitter le monde une seconde fois, et elle se décida enfin à mettre à exécution son projet en vertu du droit que l'Eglise accorde aux personnes mariées qui n'ont pas consommé leur mariage. Elle s'en ouvrit à saint Wilfrid, archevêque d'York, qui, sachant que le roi Egfrid s'opposait à la retraite de son épouse, l'en détourna, lui conseillant de continuer à se sanctifier dans le monde; mais comme elle revenait souvent à la charge, il finit par lui donner le voile, et elle alla s'enfermer dans le monastère de Coldingham, alors gouverné par sainte Ebbe, tante d'Egfrid. En 672, elle retourna dans l'île d'Ely, où elle fonda un double monastère: elle prit le gouvernement de celui des religieuses, qu'elle conduisit dans les voies de la perfection, autant par ses exemples que par ses discours. Elle ne faisait qu'un seul repas par jour, excepté les grandes fêtes et quand elle était malade. Jamais elle ne portait de linge; jamais non plus elle ne se recouchait après matines qui se disaient à minuit; mais elle restait en prière à l'église jusqu'au lever des religieuses. Elle reçut dans sa communauté deux de ses sœurs, sainte Sexburge et sainte Wilburge, sainte Erménilde, épouse de Wulfère, roi de Mercie, et la fille de celle-ci, qui était sainte Wéreburge. Le roi son père la conduisit lui-même à Ely, accompagné de toute sa cour, et sainte Etheldrède vint processionnellement à la porte de l'abbaye pour recevoir la jeune princesse, qui était sa petite-nièce. La douceur et la patience, vertus qu'elle avait pratiquées toute sa vie, éclatèrent surtout dans sa dernière maladie. Elle mourut le 23 juin 679, et elle fut enterrée pauvrement, comme elle l'avait demandé. Son corps ayant été levé de terre en 694, sous sainte Sexburge, sa sœur, qui lui avait succédé, il fut trouvé sans aucune marque de corruption : on le renferma dans un coffre en pierre et on le plaça dans l'église du monastère. Bède rapporte que dans cette circonstance il s'opéra plusieurs miracles, surtout par le moyen des linges qu'on avait tirés de son tombeau. — 23 juin.

ETHELDRITHE ou ALFRÈDE (sainte), vierge et recluse à Croyland, en Angleterre, était fille d'Offa, roi de Mercie, et de Quindrède. Elle fut demandée en mariage, l'an 793, par saint Ethelbert, roi des Est-Angles; mais ce prince fut lâchement assassiné par l'ordre d'Offa, qui s'empara de son royaume. La reine son épouse trempa dans ce crime auquel Etheldrithe resta complètement étrangère. Il paraîtrait même que ce mariage n'était qu'un prétexte imaginé par Offa ou son épouse pour attirer le prince à leur cour, afin de pouvoir plus facilement le faire périr; car Etheldrithe aurait refusé cette alliance, parce qu'elle avait consacré à Dieu sa virginité. Quoi qu'il en soit, après ce tragique événement, elle quitta la cour et le monde et se retira dans les marais de l'île de Croyland, où elle vécut en recluse pendant quarante ans, retraçant, par son genre de vie, les austérités des anciens anachorètes, occupant son temps à la prière, au travail des mains, et se livrant aux exercices les plus rigoureux de la pénitence. Elle mourut en 834, et fut enterrée dans l'île qu'elle avait sanctifiée par ses vertus héroïques. Plusieurs miracles s'étant opérés à son tombeau, son corps fut transféré dans le monastère de Croyland. Les Danois y ayant mis le feu en 870, les reliques de sainte Etheldrithe furent réduites en cendres, ainsi que celles de plusieurs autres saints. — 2 août.

ETHELRED (saint), roi de Mercie et abbé de Bardney, succéda, en 675 à Wufère, son frère, quoique celui-ci eût un fils nommé Coenred, mais qui était encore trop jeune pour régner par lui-même. En acceptant la couronne, Ethelred ne perdit jamais de vue qu'il devait la remettre plus tard à son neveu. Il gouverna le royaume avec une grande sagesse et montra beaucoup de zèle pour la conversion de ses sujets qui étaient encore idolâtres. Il chargea sainte Wéreburge, sa nièce, de rétablir la discipline monastique dans toutes les maisons de religieuses de la Mercie, et lui fournit les moyens de fonder les monastères de Trentham, de Hambury et de Tutbury. Il fonda lui-même la collégiale de Saint-Jean-Baptiste dans le faubourg de West-Chester, et donna à saint Egwin un emplacement pour bâtir le célèbre monastère d'Everham. Vers l'an 703, il remit le sceptre entre les mains de Coenred, et se fit moine à Bardney, dont il devint ensuite abbé. Il mourut l'an 716 et il est honoré comme saint le 4 mai.

ETHELVIDE (sainte), *Ethelvides*, reine

en Angleterre, florissait au commencement du x⁵ siècle, et elle est honorée le 20 juillet.

ETHELWOLD (saint), *Ethelvoldus*, évêque de Winchester, sortait d'une famille honnête de cette ville et se mit, jeune encore, sous la conduite de saint Dunstan, alors abbé de Glastenbury. Ayant reçu de lui l'habit monastique, il remplit ses engagements avec toute la ferveur et l'exactitude d'un saint religieux. La prière et l'étude faisaient ses deux principales occupations, et saint Dunstan, qui connut bientôt son mérite, le fit doyen de sa communauté. En 950, il fut fait abbé du monastère d'Abingdon, fondé en 675, dans le Barkshire, par le roi Cissa, agrandi ensuite par le roi Ina, et doté richement, en 947, par Edred, roi d'Angleterre. Il y établit une régularité si parfaite, qu'elle servit depuis de modèle à plusieurs autres monastères. Il fit venir de la célèbre abbaye de Corbie un maître de chant et adopta les observances de celle de Fleury, sur les indications d'Oscar, l'un de ses disciples, qui s'y était rendu avec la commission de faire un rapport exact de ce qu'il aurait vu s'y pratiquer. Les incursions des Danois avaient causé de tels ravages en Angleterre, que toutes les abbayes se trouvaient alors désertes, à l'exception de celles de Glastenbury et d'Abingdon. Saint Ethelwode fut un des principaux restaurateurs de l'ordre monastique : il contribua puissamment à repeupler les monastères, à y faire refleurir le goût des bonnes études et l'amour des sciences que le malheur des temps avait fait négliger. Son mérite et ses vertus le firent élever sur le siège de Winchester, en 961, et il fut sacré par saint Dunstan, son ancien maître, qui était archevêque de Cantorbéry. Il s'appliqua d'abord à réformer les membres de son clergé, et, malgré ses efforts, plusieurs se montrèrent incorrigibles, entre autres les chanoines de la cathédrale. Après avoir assigné à ces derniers de quoi subsister, il les remplaça par des moines d'Abingdon, dont il fut tout à la fois l'évêque et l'abbé. Il mit aussi dans la nouvelle abbaye de Winchester, occupée par des Chanoines réguliers, des religieux qui furent gouvernés par un abbé. Il fit réparer le monastère de religieuses, établi dans sa ville épiscopale sous l'invocation de la sainte Vierge, et il acheta du roi Edgard les ruines et les terrains du monastère d'Ely, fondé par sainte Etheldrède, et détruit par les Danois en 870. Les libéralités de ce prince l'aidèrent à y rebâtir un célèbre monastère d'hommes qui fut appelé le monastère de Croyland, du nom de l'île dans laquelle il était situé. Il fit aussi reconstruire, en 970, celui de Thorney dans le Cambridgeshire, dont il avait également acheté les ruines. Saint Ethelwode, après s'être sanctifié en travaillant à la sanctification de son troupeau, mourut le 1ᵉʳ août 984, et fut enterré dans sa cathédrale, près du maître autel, où se trouvait déjà le corps de saint Swithin, l'un de ses prédécesseurs, qu'il avait fait lever de terre en 964. Plusieurs miracles s'étant opérés par son intercession, son corps fut levé de terre et déposé solennellement sous l'autel par saint Elphège, son successeur. — 1ᵉʳ août.

ETHELWOLD (saint), *Oidilvoldus*, prêtre anglais, prit l'habit au monastère de Rippon. Peu après la mort de saint Cuthbert, c'est-à-dire vers l'an 688, il se rendit dans l'île de Farne, pour habiter la solitude où était mort ce saint évêque, et il passa près de son tombeau les douze dernières années de sa vie. Il mourut vers l'an 703, et ses reliques furent transférées dans la suite à la cathédrale de Durham. — 23 mars et 11 juin.

ETHÈRE (saint), *Ætherius*, évêque et martyr dans la Chersonèse, souffrit avec saint Basile et plusieurs autres évêques. — 4 mars.

ETHÈRE (saint), martyr, subit divers tourments, entre autres le supplice du feu, et fut ensuite décapité pendant la persécution de Dioclétien. — 18 juin.

ETHÈRE (saint), archevêque de Vienne en Dauphiné, succéda à saint Domnole. L'événement le plus mémorable de son épiscopat fut la translation, dans l'église des Saints-Apôtres, hors de la ville, du corps de saint Didier, prédécesseur de saint Domnole : cette cérémonie eut lieu avec une grande pompe et au milieu d'un immense concours de fidèles. Il continua cette suite de saints évêques qui honorèrent par leurs vertus l'antique siège de Vienne, et il mourut un 16 de juin, après le milieu du vii⁵ siècle. — 16 juin.

ETHÈRE (saint), dix-huitième évêque d'Auxerre et confesseur, occupa ce siège depuis l'an 564 jusqu'en 570, année de sa mort. Il fut enterré dans l'église de Saint-Germain. — 27 juillet.

ETHERNAN (saint), évêque en Ecosse, est honoré dans ce royaume le 21 décembre.

ETIENNE (saint), *Stephanus*, premier martyr, était l'un des soixante-douze disciples et l'un des sept premiers diacres ordonnés par les apôtres, d'après le choix des premiers fidèles. Le texte sacré nous apprend que c'était un homme plein de foi et rempli de l'Esprit-Saint, et qu'il opérait des miracles éclatants à la vue de tout le peuple. Il prêchait l'Evangile avec tant de force et d'onction, que les Juifs qui venaient pour l'entendre et pour discuter avec lui ne pouvaient résister à la sagesse des discours que le Saint-Esprit mettait dans sa bouche. Quelques-uns d'entre eux, jaloux du succès de ses prédications et irrités de voir qu'il opérait tous les jours de nombreuses conversions, subornèrent de faux témoins pour l'accuser de blasphème contre Moïse et contre Dieu. Cette calomnie produisit une espèce d'émeute, à la suite de laquelle Etienne fut arrêté et conduit devant les magistrats. Les faux témoins se présentent et déposent qu'il ne cesse de déclamer contre le saint lieu et contre la loi; qu'ils lui ont entendu dire que Jésus de Nazareth détruirait le temple et qu'il changerait les observances prescrites par Moïse. Ceux qui siégeaient pour le juger s'aperçurent que son visage était comme celui d'un ange; le prince des prêtres lui demanda s'il convenait de ce chef d'accusation. Saint Etienne, profitant de la faculté qu'on lui donnait de se disculper, démontra qu'Abraham, le père des Juifs, avait été justifié sans le temple, qui n'existait pas encore ; que Moïse, en faisant ériger le tabernacle, avait prédit le Messie et la loi nouvelle ; que Salomon, en faisant construire le temple, ne s'était pas imaginé que Dieu pût être renfermé dans un édifice bâti par la main des hommes ; que le temple et les observances légales ne devaient pas durer toujours, et qu'une loi plus parfaite devait leur être substituée. Il reproche ensuite aux Juifs qui l'écoutaient, d'avoir des têtes dures, le cœur ainsi que les oreilles incirconcises, de résister toujours au Saint-Esprit et de ne pas valoir mieux que leurs pères, qui persécutaient tous les prophètes, et qui mettaient à mort ceux qui prédisaient l'arrivée du juste par excellence, de celui que vous venez, leur dit-il, de trahir et de livrer au supplice : et cette loi qui vous a été donnée par le ministère des anges, vous ne l'observez point. Ce discours les mit dans une telle colère, qu'ils grinçaient des dents et qu'on eût dit qu'on leur coupait le cœur par morceaux. Etienne portant ses regards en haut s'écria : *Je vois les cieux ouverts et le Fils de l'Homme qui est debout à la droite de Dieu.* Alors les Juifs jetèrent de grands cris, se bouchèrent les oreilles, et s'étant ensuite saisis de lui, ils l'entraînèrent hors de Jérusalem pour lui faire subir le supplice des blasphémateurs. Les témoins, qui, selon la loi, devaient jeter la première pierre, déposèrent leurs vêtements aux pieds d'un jeune homme, nommé Saul, qui fut depuis l'apôtre saint Paul, et qui par là participait à leur crime. Etienne, pendant qu'on le lapidait, fit cette prière : *Seigneur Jésus, recevez mon esprit.* Etant ensuite tombé sur ses genoux, il s'écria : *Seigneur, ne leur imputez point ce péché ;* et après ces paroles, il s'endormit dans le Seigneur, sur la fin de l'an 33. Son corps resta sur le lieu de l'exécution un jour et une nuit ; ensuite quelques fidèles l'enlevèrent secrètement par ordre de Gamaliel, qui le fit déposer dans son propre tombeau. L'an 415, le même Gamaliel apparut à Lucien, prêtre de l'église de Capharmagala, et lui indiqua le lieu où se trouvaient les reliques de saint Etienne. Lucien fit creuser à l'endroit indiqué et trouva trois coffres, avec une pierre sur laquelle étaient gravés en gros caractères les noms suivants : *Cheliel, Nasuam, Gamaliel, Abidas.* Les deux premiers sont syriaques : l'un signifie Etienne ou couronné, et l'autre Nicodème ou victoire du peuple ; le quatrième désignait le fils de Gamaliel. Lorsqu'on ouvrit le cercueil de saint Etienne, il s'en exhala une odeur très-agréable, la terre trembla et soixante-treize malades furent guéris. Le corps était réduit en poussière, à l'exception des os qui se trouvèrent entiers et dans leur situation naturelle. On laissa une petite partie des reliques à Capharmagala, et l'on transporta le reste, avec le cercueil, à Jérusalem, en chantant des psaumes et des hymnes, et on les déposa dans l'église de Sion. Cette cérémonie, à laquelle présida le patriarche Jean, eut lieu le 26 décembre, jour où l'Eglise fait la fête de saint Etienne. L'impératrice Eudoxie, femme de Théodose le Jeune, fit bâtir, sur le lieu où saint Etienne avait été lapidé, une église magnifique où l'on plaça les précieux ossements. — 26 décembre et 3 août.

ETIENNE (saint), pape et martyr, était Romain de naissance, et après s'être engagé dans les ordres sacrés, il fut fait archidiacre de l'Eglise de Rome sous les papes saint Corneille et saint Luce. Ce dernier, lorsqu'on le conduisait au martyre, recommanda à son clergé de le lui donner pour successeur. On eut égard à cette demande, et Etienne fut élu le 23 mai 253. Peu de temps après son élection, il reçut des lettres de Faustin, évêque de Lyon, et de quelques autres prélats des Gaules, auxquels se joignit saint Cyprien, qui dénonçaient Marcien, évêque d'Arles, comme ayant embrassé l'hérésie de Novatien, et comme refusant de réconcilier les pécheurs à l'article de la mort. Ces évêques priaient le pape d'employer son autorité pour empêcher qu'un hérétique opiniâtre ne troublât plus longtemps la paix des Eglises au grand détriment des âmes. *Il est nécessaire,* lui manda saint Cyprien, *que vous écriviez d'amples lettres à nos confrères des Gaules, et que vous fassiez savoir à la province d'Arles et au peuple de cette ville, que Marcien étant excommunié, on peut lui donner un successeur. Daignez ensuite nous faire connaître l'évêque qui l'aura remplacé......* Nous n'avons plus les réponses du saint pape ; mais on ne peut douter qu'il n'ait fait exécuter ce que proposait saint Cyprien. Cette affaire était à peine terminée dans les Gaules, qu'il s'en éleva une autre en Espagne. Martial, évêque de Léon et d'Astorga, et Basilide, évêque de Mérida, s'étaient rendus coupables du crime des *libellatiques,* qui consistait à obtenir, à prix d'argent, des *libelles* ou billets qui certifiaient qu'on avait sacrifié aux idoles, quoiqu'on ne l'eût pas fait. Martial, ayant été convaincu de ce crime et de plusieurs autres, fut déposé dans un concile. Basilide, qui craignait le même sort, donna sa démission ; s'en étant repenti, il se rendit à Rome, et vint à bout de l'en imposer à saint Etienne, qui le reçut à la communion comme évêque. De retour en Espagne, il présenta les lettres que le pape avait écrites en sa faveur, et quelques évêques ne balancèrent point de le regarder comme un leurs collègues. Martial, encouragé par le succès de Basilide, voulait aussi remonter sur son siège. Saint Cyprien, consulté par les évêques d'Espagne, répondit que ces deux hommes étaient, selon les canons, indignes de présider dans l'Eglise de Jésus-Christ et d'offrir des sacrifices à Dieu ; que l'élection et l'ordination de leurs successeurs étaient régulières et devaient subsister ; qu'Etienne, qui n'était pas sur les lieux, et qui ne connaissait pas le véritable état des choses qu'on avait eu soin de lui cacher, avait été trompé par Basilide, et que ses lettres devaient être regardées comme non avenues.

Il n'est pas douteux que le pape, dont aucune des parties ne contestait la juridiction, n'ait été dans la suite mieux informé, et qu'il n'ait ratifié ce qui avait été fait par les évêques d'Espagne.

Son pontificat est surtout célèbre par la question sur la validité du baptême donné par les hérétiques. Quelques Églises d'Afrique, notamment celle de Carthage, avaient sur ce point une doctrine différente de celle du reste de l'Église catholique. Saint Cyprien fit décider, dans trois synodes, que le baptême donné par un hérétique était toujours nul et invalide. Plusieurs évêques de Cappadoce, de Cilicie et de Phrygie, ayant à leur tête Firmilien, évêque de Césarée, se réunirent aux évêques d'Afrique. Saint Cyprien et Firmilien montrèrent trop de vivacité dans cette dispute, le dernier surtout, qui s'oublia jusqu'à parler de saint Etienne d'une manière tout à fait inconvenante; et saint Augustin dit qu'il ne peut rappeler ce que la colère lui fit dire contre ce saint pape. Étienne, voyant le danger dont l'Église était menacée, montra une constance et une fermeté invincibles, ne cessant de répéter que toute innovation était illicite et que l'on devait s'attacher inviolablement à la tradition de l'Église. Il alla même jusqu'à menacer les rebaptisants de les retrancher du corps des fidèles. Saint Denis d'Alexandrie se fit médiateur et empêcha, par ses lettres, que les choses ne fussent portées à cette extrémité. Le pape refusa de communiquer avec les députés des évêques d'Afrique, plutôt pour témoigner hautement son improbation que pour les exclure de sa communion. Il se disposait, dit saint Augustin, à séparer de l'Église ceux qui attaquaient la validité du baptême des hérétiques; mais il n'alla pas plus loin que la menace, parce qu'il avait les entrailles de la sainte charité. *Le pape Etienne, d'heureuse mémoire*, dit saint Vincent de Lérins, *évêque du siége apostolique, se croyant obligé de surpasser les autres évêques par la grandeur de sa foi, autant qu'il les surpassait par l'autorité de son siége, adressa à l'Église d'Afrique ce décret : Il ne faut rien innover, mais s'en tenir à la tradition. Ce grand homme, dont la prudence égalait la sainteté, savait que la piété ne permet jamais de recevoir d'autre doctrine que celle qui nous est venue de la foi de nos prédécesseurs, et que nous étions obligés de la transmettre aux autres avec la même fidélité que nous l'avions reçue; qu'il ne fallait pas mener la religion partout où nous voulions, mais la suivre partout où elle nous menait; que le propre de la modestie chrétienne était de conserver fidèlement les saintes maximes que nous ont laissées nos pères, et non pas de faire passer à la postérité nos idées personnelles. Quelle a donc été l'issue de cet événement? Celle qu'ont coutume d'avoir de pareils débats. On a retenu la foi antique et l'on a rejeté la nouveauté. En effet, le concile de Nicée, tenu dans le siècle suivant, porta une décision* solennelle contre ceux des rebaptisants qui avaient persisté dans leur sentiment, malgré le décret d'Etienne. Ce saint pape, célébrant un jour la messe, pendant la persécution de l'empereur Valérien, fut investi par des soldats envoyés pour le mettre à mort. Il resta courageusement à l'autel, acheva les saints mystères, et fut ensuite décapité sur sa chaire pontificale le 2 août 257, après avoir siégé cinq ans. Il fut enterré dans le cimetière de Calliste avec sa chaire qu'on montre encore aujourd'hui, comme teinte de son sang. Ses reliques furent transférées à Pise l'an 1680, et déposées dans une église qui porte son nom, à l'exception de son chef, qui se garde avec beaucoup de respect à Cologne. — 2 août.

ÉTIENNE (saint), sous-diacre de Rome et martyr avec le pape saint Sixte et plusieurs autres, fut décapité l'an 258, sous l'empereur Valérien. — 6 août.

ÉTIENNE (saint), martyr en Égypte avec saint Victor, est honoré le 1er avril.

ÉTIENNE (saint), martyr à Tarse en Cilicie, ou plutôt à Nicomédie en Bithynie, souffrit avec saint Castor. — 27 avril.

ÉTIENNE (saint), martyr à Rome avec saint Léonce et plusieurs autres, est honoré le 11 juillet.

ÉTIENNE (saint), martyr à Catane en Sicile, souffrit avec saint Portien et plusieurs autres. — 31 décembre.

ÉTIENNE (saint), martyr en Afrique avec saint Claude et trois autres, est honoré le 3 décembre.

ÉTIENNE (saint), martyr à Antioche de Pisidie, souffrit avec saint Marc, berger, et plusieurs autres, pendant la persécution de Dioclétien. — 22 novembre.

ÉTIENNE (saint), martyr en Angleterre avec saint Socrate, est honoré le 17 septembre.

ÉTIENNE (saint), premier évêque de Reggio en Calabre, est honoré le 5 juillet.

ÉTIENNE (saint), confesseur, honoré à Bayeux, florissait en Neustrie dans le ive siècle. — 25 octobre.

ÉTIENNE (saint), patriarche d'Antioche et martyr, fut persécuté pendant son épiscopat par les eutychiens et par Pierre le Foulon, qu'ils s'étaient donné pour évêque à Antioche. Chassé plusieurs fois de son siége, il fut toujours rétabli par la protection de l'empereur Zénon, qui favorisait les catholiques. A la fin, une nouvelle tempête, plus violente que toutes les autres, vint fondre sur lui. Les eutychiens se précipitent dans l'église où il célébrait les saints mystères, l'arrachent de l'autel, l'accablent d'injures, d'outrages et de coups; ils le jettent ensuite dans l'Oronte, où il fut noyé, en 481. L'empereur fit rechercher les meurtriers du saint patriarche et les condamna à mort. — 25 avril.

ÉTIENNE (saint), évêque de Lyon et confesseur, succéda à saint Rustique, sur la fin du ve siècle. Il assista, en 499, à la célèbre conférence qui eut lieu dans sa ville épiscopale, entre les évêques catholiques et les ariens, en présence de Gondebaud, roi de Bourgogne, et par suite de laquelle ces hérétiques se convertirent en grand nombre. Il était lié d'une étroite amitié avec saint Ennode de Pavie, et il mourut vers l'an 512. — 13 février.

ETIENNE (saint), abbé en Italie dans le VIe siècle, quitta le monde et ses biens périssables pour ne s'attacher qu'à Dieu. Il se rendit recommandable, surtout par son humilité, son attrait pour la prière et son amour pour la pauvreté. Saint Grégoire le Grand, qui l'appelle un homme saint et un modèle de patience, nous apprend que des anges l'assistèrent dans son agonie et conduisirent au ciel sa bienheureuse âme. — 13 février.

ETIENNE (saint), surnommé le Paracémomène, est honoré à Constantinople le 27 février.

ETIENNE (saint), dit de Chenolaque, moine d'un monastère de Constantinople, florissait au VIIIe siècle. — 14 janvier.

ETIENNE (saint), évêque de Cajazzo, dans le royaume de Naples, est patron de sa ville épiscopale, où l'on célèbre sa fête le 29 octobre.

ETIENNE LE JEUNE (saint), abbé et martyr, naquit à Constantinople, l'an 714, de parents riches et pieux, qui lui procurèrent les maîtres les plus habiles dans la science et dans la vertu. Ils le placèrent, en 729, dans le monastère de Saint-Auxence, situé près de Chalcédoine, obligés qu'ils étaient de prendre la fuite pour se soustraire à la persécution de l'empereur Léon l'Isaurien, qui faisait une guerre cruelle aux saintes images et à ceux qui prenaient leur défense. L'abbé lui donna l'habit ; l'année suivante il l'admit à la profession monastique, et le nomma, malgré sa jeunesse, procureur de la communauté, tant était grande déjà la bonne opinion qu'on avait conçue de sa sagesse et de sa capacité. Son père étant mort peu après, il fut obligé de se rendre à Constantinople pour régler ses affaires. Il vendit tout son bien et en distribua le prix aux pauvres. De deux sœurs qu'il avait, l'une était religieuse à Constantinople ; il emmena l'autre, avec sa mère, en Bithynie, les mit toutes deux dans un monastère près du sien, et, rentré dans sa solitude, il s'appliqua avec ardeur à l'étude de l'Ecriture sainte et des commentaires de saint Jérôme sur le livre divin. Il n'avait que trente ans lorsqu'il fut choisi pour remplacer l'abbé Jean dans le gouvernement de son monastère, qui n'était qu'un amas de petites cellules dispersées çà et là sur la montagne, une des plus hautes de la province. Etienne partageait son temps entre le soin des religieux et le travail des mains, qui consistait à copier des livres et à fabriquer des filets. Il n'avait pour vêtement qu'une peau de brebis, et il portait continuellement une ceinture de fer. Il lui venait tous les jours de nouveaux disciples ; une veuve de qualité se présenta aussi pour se mettre sous sa conduite, et il la plaça dans le monastère de religieuses qui était au bas de la montagne. Les fonctions de sa charge, qu'il exerçait depuis douze ans, ne lui laissant pas assez de temps pour vaquer à la prière autant qu'il l'eût désiré, il fit élire Marin pour abbé en sa place, et se retira dans une cellule plus étroite et plus écartée, afin de n'avoir plus de commerce qu'avec Dieu et de ne plus travailler qu'à sa propre sanctification. Constantin Copronyme, fils et successeur de Léon l'Isaurien, ayant fait assembler, en 754, à Constantinople, un prétendu concile entièrement composé d'évêques iconoclastes, il y fit décider que le culte des images était un reste d'idolâtrie, et l'on employa la violence pour contraindre les catholiques à souscrire, dans toute l'étendue de l'empire, à ce décret impie. L'empereur désirait surtout obtenir la signature d'Etienne, que sa sainteté avait rendu célèbre, et dont l'exemple pouvait avoir tant d'influence sur les autres moines. Le patrice Calliste fut donc chargé d'aller le trouver ; mais tous les efforts de ce haut fonctionnaire furent inutiles. Comme l'empereur lui avait envoyé des dattes et des figues, il dit à Calliste : *Remportez ces dons : l'huile du pécheur ne parfumera pas ma tête.* L'envoyé retourna d'autant plus confus qu'il s'était vanté de réussir. Constantin, furieux de la réponse qu'il avait faite au patrice, renvoya celui-ci au monastère à la tête d'une troupe de soldats, avec ordre d'arracher le saint de sa cellule ; mais on le trouva si affaibli par le jeûne que ses jambes ne pouvaient plus le soutenir : on fut donc obligé de le porter jusqu'au monastère qui était au bas de la montagne, où l'on devait le tenir sous bonne garde. On suborna ensuite des témoins, qui l'accusèrent d'avoir eu un commerce criminel avec la veuve dont nous avons parlé plus haut. Cette femme, qui avait pris le nom d'Anne en entrant en religion, protesta qu'elle était innocente et qu'Etienne était un saint. Ce refus d'accréditer la calomnie lui valut une cruelle flagellation ; on la renferma ensuite dans un monastère de Constantinople, où elle mourut bientôt après par suite de ces mauvais traitements. Constantin, qui voulait à tout prix trouver une occasion de perdre Etienne, imagina un autre moyen. Comme il avait défendu aux monastères de recevoir des novices, cette défense lui fournit l'occasion de tendre un piège au saint. Il lui envoya un de ses courtisans, nommé Georges Synclet, qui se jeta à ses pieds et le conjura de lui donner l'habit. Etienne, qui, en le voyant sans barbe, comprit qu'il était un homme de la cour, parce que l'empereur exigeait que ceux qui étaient attachés au service de sa personne fussent rasés, refusa de l'admettre et allégua la défense du prince. Synclet revint à la charge, et fit de si vives instances, se donnant pour un homme persécuté et dont le salut était en grand danger, que sa demande lui fut enfin accordée. Mais il s'enfuit secrètement du monastère, et retourna à la cour avec son habit de moine. Constantin le fit paraître dans l'amphithéâtre ainsi vêtu, et la populace, qu'on avait assemblée à dessein et excitée contre Etienne et contre l'ordre monastique, dépouille Georges de son habit, qu'elle met en pièces et qu'elle foule aux pieds. Des soldats se rendent au mont Saint-Auxence, en chassent les moines, brûlent le monastère, rasent l'église, enlèvent Etienne de sa caverne, le conduisent sur le bord de la mer en l'accablant d'outrages et de mauvais traitements, l'embarquent au port de Chacéldoine et le conduisent dans un monastère de Chrysopolis, près de Constantinople, où se rendirent Calliste et plusieurs évêques iconoclastes, avec un secrétaire d'État, pour lui faire subir un interrogatoire. Comme ils alléguaient l'autorité de leur prétendu concile, qu'ils appelaient concile général, le saint leur demanda comment ils osaient donner ce nom à un conciliabule tenu sans la participation de l'évêque de Rome et contre la disposition des canons. Il leur fit observer qu'il n'avait point eu l'approbation des patriarches d'Alexandrie, d'Antioche et de Jérusalem; il démontra la légitimité du culte que l'Église rend aux saintes images. Alors la bonté dont ils avaient fait parade d'abord se changea en fureur, lorsqu'ils se virent ainsi confondus. Calliste, de retour à Constantinople, dit à l'empereur: *Nous sommes vaincus, Seigneur; on ne peut résister au savoir et au raisonnement de ce moine : d'ailleurs il méprise la mort.* Constantin, ne sachant plus que faire, l'exila à Proconèse, île de la Propontide. Quand il y fut arrivé, il se retira dans une caverne, où il vécut des herbes et des racines qui croissaient autour de sa demeure. Les miracles qu'il y opérait remplirent tout le pays du bruit de sa sainteté et multiplièrent le nombre des défenseurs des saintes images, ce qui détermina l'empereur à le transférer dans une prison à Constantinople. On lui mit des fers aux mains et on lui serra les pieds entre deux morceaux de bois. Quelques jours après, s'étant fait amener devant lui : *Esprit bouché*, lui dit-il, *est-ce qu'en foulant aux pieds les images, nous foulons aux pieds Jésus-Christ ?* — *Non, sans doute.* — *Pourquoi donc nous traiter d'hérétiques ?* Etienne, pour toute réponse, prit une pièce d'argent, et demanda quel traitement mériterait celui qui foulerait aux pieds l'image de l'empereur, qui y était empreinte. Toute l'assemblée s'écria qu'il faudrait le punir sévèrement. *Eh quoi!* répliqua-t-il, *c'est un crime d'outrager l'image d'un empereur mortel, et l'on sera innocent si l'on jette au feu l'image du Roi du ciel!* On ne put rien lui répondre de raisonnable; mais sa perte était résolue. Constantin l'ayant condamné à être décapité, on était sur le point de lui couper la tête, lorsque le tyran changea d'avis et le fit reconduire en prison, le réservant à un supplice plus cruel. Ayant délibéré quelque temps, il ordonna qu'on le frappât de verges jusqu'à ce qu'il mourût. Ceux qui étaient chargés de cet ordre barbare n'eurent pas le courage de l'exécuter entièrement. Constantin, apprenant qu'il respirait encore, s'écria : Personne ne me délivrera donc de ce moine? Aussitôt une troupe de scélérats court à la prison, en tire le saint martyr tout enchaîné, le traîne par les rues, l'accablant de coups de pierres et de bâtons. Un de ces furieux lui déchargea sur la tête un coup si violent, qu'il fit jaillir sa cervelle. On continua d'insulter à son cadavre, jusqu'à ce que ses membres fussent mis en pièces et que ses entrailles fussent répandues sur la terre. Théophane met la mort de saint Etienne en 757; mais Cédrénus, qui mérite plus de confiance, la place en 764. — 28 novembre.

ÉTIENNE (saint), évêque de Bourges, florissait dans la première partie du IX° siècle, et mourut en 835. Il est honoré à Saint-Outrille du Château le 14 janvier.

ÉTIENNE (saint), surnommé le Poëte, florissait au IX° siècle, et il était moine de la laure de Saint-Sabas en Palestine. — 27 octobre.

ÉTIENNE LE THAUMATURGE (saint), moine de la laure de Saint-Sabas en Palestine, était neveu de saint Jean Damascène, et florissait dans le IX° siècle. Il fut surnommé Thaumaturge, à cause du grand nombre de miracles qu'il opérait. — 13 juillet.

ÉTIENNE D'HELSINGLAND (saint), évêque de cette ville et martyr, florissait dans le IX° siècle. Il souffrit l'an 889, et ses reliques sont à Norale. On l'appelle vulgairement en Suède saint Stempho, et il est honoré le 2 juin.

ÉTIENNE LE SYNCELLE (saint), patriarche de Constantinople, était fils de l'empereur Basile le Macédonien, et frère des empereurs Constantin VIII et Léon le Philosophe. Il monta sur le siège patriarcal en 886, après la seconde déposition de Photius, et mourut dans un âge peu avancé, l'an 893, après avoir édifié la cour et la ville par sa sainte vie. Il eut pour successeur saint Antoine, surnommé Gaulée, et il est honoré chez les Grecs le 17 mai.

ÉTIENNE (saint), roi de Hongrie, fils de Geisa, duc des Hongrois, et de la duchesse Sarloth, qui s'étaient convertis l'un et l'autre au christianisme, naquit en 977, à Strigonie, aujourd'hui Gran, qui était alors la capitale du pays, et il reçut au baptême le nom d'Etienne, en l'honneur de saint Etienne, premier martyr, qui était apparu à Sarloth, lorsqu'elle était enceinte, l'assurant que l'enfant qu'elle portait dans son sein achèverait d'abolir le paganisme du milieu de sa nation. Saint Adalbert, évêque de Prague, qui l'avait baptisé, et Théodat, comte d'Italie, furent chargés de sa première éducation; ils lui inspirèrent de bonne heure de vifs sentiments de piété et un grand amour pour la vertu. Geisa étant mort en 997, Etienne, qui avait vingt ans et qui venait d'être fait waywode ou général de l'armée, succéda au duc son père, et il n'eut pas plutôt pris en main les rênes du gouvernement qu'il s'empressa de faire une paix solide avec ses voisins, afin que les embarras du dehors ne vinssent pas troubler les soins qu'il voulait consacrer à la conversion de ses sujets, dont il avait fait son œuvre capitale. Souvent il remplissait lui-même les fonctions de missionnaire, et par des discours vifs et touchants, il exhortait les idolâtres à ouvrir les yeux à la lumière de l'Evangile. Il s'en trouva qui restèrent opiniâtrement attachés à leurs superstitions, et qui prirent même les armes pour les défendre. Ayant mis à leur tête le comte Zegzard, guerrier très-renommé, ils levèrent l'étendard de la révolte et formèrent le siège de Vesprin, dans la basse Hongrie. Etienne, plein de confiance en Dieu, se prépara à la guerre par la prière, le jeûne et l'aumône. S'étant placé sous la protection de saint Martin et de saint Georges, il marcha contre les rebelles, et quoiqu'il leur fût inférieur en nombre, il remporta sur eux une victoire complète, et tua leur chef de sa propre main. Pour signaler sa reconnaissance envers saint Martin, il fit bâtir, sur le lieu même du combat, un monastère en son honneur, qu'il dota richement, en lui donnant la troisième partie des dépouilles enlevées aux vaincus. Ce monastère, qui porte le titre d'archiabbaye, ne relève que du saint-siège. Etienne, délivré de cette guerre, fit venir dans ses Etats des prêtres et des religieux d'une grande piété, qui fondèrent des monastères, bâtirent des églises à l'aide des libéralités du pieux prince, qui établit un archevêché à Gran et dix évêchés qui en dépendaient. Pour faire confirmer ces érections, il envoya à Sylvestre II un ambassadeur qui était chargé en même temps de demander pour lui le titre de roi, titre que ses sujets le pressaient de prendre, et qu'il ne désirait que pour le plus grand bien de la religion et de l'Etat. Sylvestre II, qui venait déjà d'accorder la même faveur à Miceslas, duc de Pologne, fit quelque chose de plus pour Etienne; car outre une riche couronne, il lui envoya une croix d'or que, par un privilège spécial, il lui permit de faire porter à la tête de ses armées. Etienne, apprenant le retour de son ambassadeur, alla au-devant de lui et se fit lire les bulles du pape, qu'il écouta debout par respect, donnant ainsi à son peuple un exemple de la déférence que l'on doit aux ministres de Jésus-Christ. Il se fit sacrer par l'évêque de Coloctz, qui avait été son envoyé à Rome, et qui lui posa sur la tête la couronne qu'il en avait rapportée. Après cette cérémonie, qui fut très-solennelle, et qui eut lieu l'an 1000, le nouveau roi mit, par une déclaration publique, son royaume sous la protection de la sainte Vierge, envers laquelle il eut toujours une tendre dévotion, qu'il s'efforça de faire partager à ses sujets. C'est dans cette vue qu'il fit bâtir, à Albe-Royale, dont il fit sa résidence, une église magnifique sous son invocation. Il fonda beaucoup d'autres établissements religieux parmi lesquels on compte le monastère de Saint-Pierre et de Saint-Paul, à Bude, l'église de Saint-Etienne, à Rome, ainsi qu'une hôtellerie et un hôpital pour les pèlerins dans la même ville, une église à Jérusalem. Il ordonna qu'on payât les dîmes dans toute l'étendue de son royaume. Peu de temps après son sacre, le roi de Hongrie épousa Gisèle, sœur de saint Henri, roi de Germanie et ensuite empereur d'Allemagne; il trouva, dans son illustre beau-frère, un prince toujours disposé à seconder ses pieux desseins. Etienne abolit plusieurs coutumes aussi barbares que superstitieuses, publia des lois sévères contre le blasphème, le vol, le meurtre, l'adultère, l'incontinence et l'idolâtrie. Pour déraciner ces deux derniers crimes, il obligea à se marier ceux qui n'étaient ni ecclésiastiques ni religieux, et défendit aux chrétiens de s'allier à des infidèles. D'un accès facile, il permettait à tout le monde d'arriver jusqu'à lui, mais les pauvres étaient toujours les mieux accueillis. Il les prit sous sa protection spéciale, ainsi que les veuves et les orphelins, et déclara publiquement qu'il en serait le père. Ses aumônes étaient immenses. Un jour qu'étant déguisé et sans suite, il distribuait des secours aux malheureux, une troupe de mendiants se jeta sur lui, le renversa par terre et le maltraita jusqu'à lui arracher la barbe et les cheveux; ces misérables lui prirent ensuite sa bourse et gardèrent pour eux seuls ce qui était destiné au soulagement d'un plus grand nombre. Saint Etienne s'estimant heureux de souffrir pour Jésus-Christ s'adressa à Marie : *Vous voyez, ô reine du ciel*, lui dit-il, *comment je suis récompensé par ceux qui appartiennent à votre Fils, mon Sauveur; mais comme ils sont ses amis, je reçois avec joie ce traitement de leur part.* Cette aventure le détermina cependant à ne plus exposer ainsi sa personne. Les grands du royaume, qui, à peine sortis des ténèbres de l'idolâtrie, ne connaissaient encore guère l'humilité et la charité chrétienne, le raillèrent à cette occasion; mais, loin de s'en formaliser, il se réjouit d'avoir eu part aux opprobres de Jésus-Christ; aussi le ciel l'en récompensa par le don des miracles et par d'autres grâces extraordinaires. Il montra, sur le trône, toutes les qualités d'un grand roi et toutes les vertus d'un grand saint. Apôtre de ses sujets, il les civilisa et leur donna, par ses exemples, une idée de la perfection à laquelle une âme peut s'élever par la pratique de l'Evangile, dont il faisait en tout la règle de sa conduite. Il pratiquait les austérités de la pénitence comme un anachorète, vivant pauvrement au milieu du faste de sa cour, partageant son temps entre les devoirs de la religion et ceux de la royauté, et animant toutes ses actions par le principe de la gloire de Dieu. Son épouse et ses enfants s'efforçaient de marcher sur ses traces. Emeric, son fils aîné, modèle accompli des vertus les plus admirables et des qualités les plus distinguées, donnait l'espérance qu'il serait un digne successeur de son père; déjà il portait une partie du fardeau royal, et on lui attribue l'excellent code de lois qui parut sous le nom de son père, et qui est encore aujourd'hui la base du gouvernement hongrois. Mais il mourut à la fleur de l'âge, et saint Etienne fut d'autant plus sensible à cette perte que la mort l'avait déjà privé de tous ses autres enfants. Ce jeune prince, le soutien et la consolation de son père, emporta les regrets de tout le royaume et même de toute la chrétienté, qui l'honore comme un saint. Etienne supporta cette épreuve en chrétien, et continua de régner pour le bien de l'Eglise et de l'Etat. Quoique brave et expérimenté dans l'art militaire, il n'aimait rien tant que la paix. Aussi, dans aucune guerre, on ne lui reprocha jamais d'avoir été l'agresseur. Le prince de Transylvanie, son parent, étant venu fondre sur ses Etats, il lui livra bataille et le fit prisonnier; mais il lui rendit aussitôt la liberté, à la seule condition qu'il permettrait aux missionnaires de prêcher l'Evangile à ses sujets. Il eut aussi à soutenir une lutte opiniâtre contre les Bulgares, qui, après de nombreuses défaites, furent à la fin obligés de se soumettre. C'est alors que le saint roi prit la résolution de ne plus verser de sang, et il pria le Seigneur d'en éloigner de lui les occasions. Il n'employa donc plus d'autres armes que le jeûne et la prière; et avec ces armes il remportait la victoire. Ainsi les Besses, ennemis déclarés des Hongrois, firent une irruption sur leur territoire; mais la sainteté du roi leur inspira tant de vénération qu'ils s'en retournèrent tranquillement chez eux, après lui avoir demandé son amitié. Ayant appris que quelques Hongrois les avaient pillés pendant leur retraite, il fit pendre les coupables sur les frontières. Ayant été attaqué, en 1030, par Conrad II, empereur d'Allemagne, il se vit forcé de se mettre à la tête de son armée, espérant toutefois que Dieu ne permettrait pas qu'il y eût du sang répandu; et lorsque tout était disposé pour le combat, il demanda de nouveau la paix par l'intercession de la sainte Vierge; et alors, l'empereur, au grand étonnement de tout le monde, reprit la route de l'Allemagne avec autant de précipitation que s'il eût essuyé une défaite. Il y avait trois ans que saint Etienne était accablé par de cruelles maladies, lorsque quatre palatins, irrités de l'exactitude avec laquelle il faisait observer la justice, sans aucune acception de personnes, résolurent de profiter de l'état de faiblesse où le réduisait son mal pour lui ôter la vie. L'un d'eux entra la nuit dans sa chambre avec un poignard caché sous son habit; mais il n'eut pas plutôt entendu le roi, que la frayeur le saisit, et se voyant découvert, il se jeta aux pieds du prince qui lui accorda sa grâce: ses complices furent exécutés, parce que le bien de l'Etat l'exigeait. Sentant sa fin approcher, Etienne fit assembler la noblesse du royaume, pour lui recommander le choix de son successeur, l'obéissance au saint-siège et l'attachement à la religion: il mit de nouveau son royaume sous la protection de la mère de Dieu; puis ayant reçu les sacrements de l'Eglise, il mourut le 15 août 1038, âgé de soixante et un ans. Sa sainteté ayant été attestée par plusieurs miracles, Benoît IX le canonisa avec saint Emeric, son fils, et Innocent XII a fixé sa fête au 2 septembre. Son corps fut levé de terre quarante-cinq ans après sa mort, et renfermé dans une châsse qu'on plaça dans la magnifique église de la sainte Vierge de Bude. Sa mémoire a toujours été en grande vénération chez les Hongrois, qui ne prononcent son nom qu'avec attendrissement et enthousiasme: leur relique la plus précieuse est encore la couronne d'or que saint Etienne reçut du pape, et ils la regardent comme le signe caractéristique du roi légitime. Joseph II l'avait fait transporter à Vienne; mais, en 1790, elle fut rendue aux Hongrois, qui la reçurent avec une pompe et des réjouissances extraordinaires. Comme le saint roi fut l'apôtre de son pays, les souverains pontifes lui donnèrent le titre d'apostolique, ainsi qu'à ses successeurs. — 2 septembre.

ETIENNE (le bienheureux), évêque d'Apt en Provence, est connu pour avoir restauré sa cathédrale. On place sa mort en 1046. — 6 novembre.

ETIENNE IX (le bienheureux), pape, était frère de Godefroi le Barbu, duc de la basse Lorraine. S'étant fait religieux au mont Cassin, il fut élu abbé de ce célèbre monastère, et parvint ensuite à la papauté, après la mort de Victor II, en 1057. Il commença son pontificat par tenir plusieurs conciles, dans la vue de remédier au déréglement des clercs, et de soumettre à la pénitence canonique ceux qui avaient transgressé les lois de la continence. Ceux qui renvoyèrent leurs concubines et se soumirent à la pénitence n'en furent pas moins exclus du sanctuaire pour un temps, et privés pour toute leur vie du pouvoir de célébrer les saints mystères. Etienne s'appliquait avec zèle à remédier aux maux de l'Eglise; mais son pontificat, qui ne fut pas même d'un an, ne lui laissa pas le temps d'exécuter tout ce qu'il avait conçu pour le bien de la religion. Il mourut le 29 mars 1038, à Florence, où il est honoré comme bienheureux. — 29 mars.

ETIENNE DE MURET (saint), fondateur de l'ordre de Grammont, naquit au milieu du XIe siècle. Il était fils du vicomte de Thiers, premier gentilhomme de l'Auvergne, qui regardant son fils comme un enfant de bénédiction, qui appartenait plus à Dieu qu'à lui, l'envoya à Paris, lorsqu'il n'avait encore que douze ans, pour y être élevé par un saint prêtre de sa connaissance, nommé Milon, doyen du chapitre de cette ville. Etienne fit, sous ce maître habile, de grands progrès dans la vertu et dans les sciences divines. Quand Milon fut élu évêque de Bénévent, en 1074, il emmena avec lui son disciple, et il continua de l'instruire dans la connaissance de l'Ecriture et dans les voies de la perfection. Il résolut ensuite de l'attacher au service des autels et l'ordonna diacre; mais étant mort en 1076, Etienne se rendit à Rome, où il passa quatre ans, au milieu de grandes perplexités. Il lui semblait entendre une voix intérieure qui lui disait de quitter le monde : les réflexions qu'il fit sur les dangers du saint ministère et sur les avantages de la solitude le décidèrent à prendre ce dernier parti. S'étant adressé au pape Grégoire VII, il obtint la permission de se faire ermite et de suivre la règle d'une congrégation fort austère qu'il avait vue en Calabre. Il revint à Thiers pour mettre ordre à ses affaires, car ses parents étaient morts, et il eut de rudes assauts à soutenir contre ses amis, qui s'opposaient fortement à son dessein ; mais il partit secrètement sans leur dire adieu, et après avoir parcouru plusieurs déserts, il se fixa sur la montagne de Muret, dans le Limousin, qui n'était habitée que par des hôtes féroces. Il s'y consacra au service de Dieu par un vœu spécial, conçu en ces termes : *Moi, Etienne, je renonce au démon et à ses pompes ; je m'offre et me consacre sans réserve, au Père, au Fils et au Saint-Esprit.* Il l'écrivit et le scella avec un anneau qu'il garda toujours sur lui, ainsi que l'acte de sa consécration. Il se fit une cabane avec des branches d'arbres, et y passa quarante-six ans dans des austérités extraordinaires. Il ne se nourrissait d'abord que d'herbes et de racines ; mais des bergers ayant découvert sa retraite au bout de deux ans, ils lui apportaient du pain de temps en temps ; des paysans du voisinage firent ensuite la même chose. Saint Etienne portait sur son corps une haire de mailles de fer, et par-dessus un vêtement d'étoffe grossière, qu'il ne quittait ni l'été ni l'hiver. Lorsqu'il était forcé de prendre un peu de repos, il se couchait sur des planches arrangées en forme de cercueil. Le temps qu'il n'employait point à la prière, il le consacrait à l'adoration de la majesté divine, la face prosternée contre terre, et les délices qu'il goûtait dans la contemplation absorbaient tellement toutes les puissances de son âme, qu'il était souvent deux ou trois jours de suite sans penser à prendre aucune nourriture. Ce ne fut qu'à l'âge de soixante ans qu'il consentit à mettre quelques gouttes de vin dans l'eau qui lui servait de boisson. Le bruit de sa sainteté lui attira des disciples, auxquels il ne prescrivait que des mortifications modérées et proportionnées à leurs forces, étant aussi indulgent pour les autres qu'il était dur à lui-même. Il ne cherchait pas à faire mourir leurs corps, mais leurs vices. Cependant, s'il leur épargnait les austérités corporelles, qu'il pratiquait lui-même, il était ferme sur l'accomplissement des devoirs essentiels à la vie érémitique, tels que le silence, la pauvreté et le renoncement à soi-même. Il avait coutume de dire à ceux qui se présentaient pour être admis dans sa solitude : *C'est ici une prison où il n'y a ni ouverture ni ouverture pour sortir, et d'où vous ne pourrez retourner dans le monde que par la brèche que vous y ferez vous-mêmes.* Quoique supérieur de la communauté, son humilité était si profonde, qu'il prenait toujours la dernière place, et pendant que ses disciples étaient à table, il s'asseyait par terre au milieu d'eux, et leur lisait la Vie des saints. Dieu récompensa les vertus de son serviteur par le don des miracles et par celui de prophétie ; mais le plus frappant de ses miracles c'est le talent qu'il avait pour convertir les pécheurs les plus endurcis ; il était comme impossible de résister à la grâce qui accompagnait les discours qu'il leur adressait. Deux cardinaux, dont l'un fut depuis le pape Innocent II, envoyés en France en qualité de légats, attirés par sa réputation de sainteté, vinrent le visiter dans son désert ; ils lui demandèrent s'il était chanoine, moine ou ermite, et dans laquelle de ces trois classes il fallait ranger ses disciples. *Nous sommes,* répondit-il, *de pauvres pécheurs que la miséricorde de Dieu a conduits ici pour faire pénitence..... C'est le souverain pontife qui, conformément à notre demande, nous a imposé lui-même, pour l'expiation de nos péchés, les exercices que nous pratiquons. Nous n'avons ni le caractère, ni la sainteté des chanoines, ni des moines ; aussi n'en portons-nous pas l'habit. Nous sommes trop faibles et trop fragiles pour imiter la ferveur des ermites que la contemplation unissait tellement à Dieu, qu'ils oubliaient les besoins de leurs corps. Je le répète, nous ne sommes que de pauvres pécheurs qui, effrayés des rigueurs de la justice divine, travaillons avec crainte et tremblement à nous rendre propice Jésus-Christ au grand jour de ses vengeances.* Les légats quittèrent le saint, remplis d'admiration pour tout ce qu'ils avaient vu et entendu. Huit jours après, saint Etienne, averti par le ciel de sa fin prochaine, donna les avis les plus salutaires à ses disciples et leur parla surtout de la confiance en Dieu d'une manière si vive et si touchante, qu'il les délivra de l'inquiétude où ils étaient de ne savoir que devenir après sa mort. Il se fit ensuite porter à l'église où il entendit la messe et reçut les sacrements de l'extrême-onction et de l'eucharistie, après quoi il expira en répétant ces paroles de David : *Seigneur, je remets mon âme entre vos mains,* le 8 février 1124, à l'âge de soixante-dix-huit ans. Ses disciples l'enterrèrent secrètement pour éviter la trop grande affluence des populations voisines ; mais la nouvelle de sa mort ne fut pas plutôt répandue qu'on accourut de tous côtés à son tombeau, où il s'opéra beaucoup de miracles. Quatre mois après, ses enfants, inquiétés par les moines d'Ambazac, qui prétendaient que Muret était leur propriété, emportèrent le corps de leur bienheureux père, qui était leur seul bien, et allèrent s'établir à une lieue de là, dans le désert de Grammont, qui a donné son nom à l'ordre. On a de saint Etienne de Muret, 1° une règle divisée en soixante-quinze chapitres, et précédée d'un prologue, où il est dit que l'Evangile est la règle des règles, l'origine de toutes celles qui s'observent dans les monastères, et la vraie source où l'on doit puiser les moyens d'arriver à la perfection. Cette règle, qui n'est ni celle de saint Benoît, ni celle de saint Augustin, quoiqu'elle tienne des deux, fut approuvée par le pape Urbain III, en 1186, et fut ensuite mitigée par deux de ses successeurs. 2° Des instructions morales où l'on admire la beauté et la fécondité du génie, et qui sont remplies d'excellentes maximes touchant la vie spirituelle. — 8 février.

ETIENNE (saint), troisième abbé de Cîteaux, né en Angleterre vers le milieu du xi⁰ siècle, d'une famille noble et riche, fut élevé dans le monastère de S'herburne au comté de Dorset, où il fit de grands progrès dans les sciences et la piété. Mais le désir d'une plus grande perfection le porta à passer quelque temps dans les monastères d'Ecosse, qui renfermaient de grands modèles de vertu, de là il se rendit à Paris, ensuite à Rome. Son recueillement ne souffrit point de ces voyages, parce que l'esprit d'oraison et la récitation quotidienne de tout le psautier le tenait uni à Dieu. Comme il passait par Lyon, en revenant de Rome, il entendit parler des austérités étonnantes qu'on pratiquait au monastère de Molesme, qui venait d'être fondé par saint Robert, ce qui le détermina à s'y faire religieux. Les moines de Molesme vivaient alors dans la plus grande pauvreté ; souvent ils manquaient de pain, et n'avaient quelquefois pour nourriture que les herbes sauvages qui croissaient dans leur désert. Les libéralités de l'évêque de Troyes et les secours des fidèles du voisinage ayant fait disparaître cette pauvreté, le travail des mains, qui n'était plus une nécessité, fut négligé, et l'abondance engendra le relâchement, le mépris de la règle et d'autres abus. Le mal devint si grand que saint Robert quitta Molesme, et bientôt le bienheureux Albéric et saint Etienne allèrent le rejoindre dans la solitude de Hauz, où il s'était retiré. Les religieux de Molesme témoignèrent du repentir de leur conduite et obtinrent du pape un ordre qui obligeait l'abbé Robert à reprendre le gouvernement de son monastère ; Etienne et Albéric furent aussi rappelés par l'évêque diocésain. Mais comme les choses n'allaient pas mieux qu'auparavant, saint Robert, désespérant de réformer sa communauté, fit élire un abbé à sa place, et, avec l'agrément de Hugues, archevêque de Lyon et légat du saint-siège, il quitta Molesme, accompagné d'Albéric, d'Etienne et de dix-huit religieux. Ils allèrent se fixer dans la forêt de Cîteaux, située à cinq lieues de Dijon, et s'établirent sur un terrain qui leur fut cédé par Renaud, vicomte de Beaune. Ils abattirent eux-mêmes une certaine quantité d'arbres, se construisirent des cellules de leurs propres mains, et le monastère se trouvant achevé, ils y firent, le 21 mars 1098, jour de la fête de saint Benoît, une nouvelle profession de la règle du saint patriarche, et c'est de ce jour que l'on date la fondation de l'ordre de Cîteaux. Un an après, saint Robert fut obligé de retourner à Molesme, par ordre d'Urbain II, et, sur la demande de ses anciens religieux, Albéric fut élu en sa place abbé de Cîteaux ; après la mort de celui-ci, arrivée le 26 janvier 1109, saint Etienne fut choisi pour lui succéder. Le premier soin du nouvel abbé fut d'entretenir parmi ses religieux l'esprit de pauvreté et de recueillement : il employa de sages précautions pour empêcher les visites trop fréquentes des étrangers. Le duc de Bourgogne, bienfaiteur du monastère, eut seul la permission d'entrer dans l'intérieur de l'abbaye, et encore fut-il prié de ne plus tenir sa cour à Cîteaux comme il avait coutume de le faire dans les grandes solennités ; mais ce prince en fut offensé, et pour en marquer son ressentiment, il retira au monastère sa protection ainsi que les secours qu'il fournissait aux religieux. Alors manquant de tout, ils se virent forcés, saint Etienne à leur tête, d'aller mendier de porte en porte. Ayant appris un jour qu'un des frères avait reçu une aumône considérable d'un prêtre simoniaque, il ne voulut pas que la communauté, malgré sa détresse, y touchât ; mais il la fit sur-le-champ distribuer à des bergers qui se trouvaient sur les lieux. Quoique la règle de Cîteaux défende de mendier, ils crurent que la nécessité extrême où ils se trouvaient les autorisait à l'enfreindre sur ce point. Au reste, le saint abbé et ses religieux se rejouissaient d'un dénuement aussi complet, et qui leur fournit l'occasion de pratiquer les plus héroïques vertus. A cette épreuve en succéda une autre non moins délicate. La maladie ayant emporté, en 1111 et 1112, la plus grande partie des religieux, le saint abbé, quoique résigné à la volonté de Dieu, s'affligeait dans la crainte de voir bientôt sa communauté prendre fin. En effet, comme on attribuait cette mortalité à l'austérité de la règle, qu'on accusait d'être excessive, et à l'insalubrité du terrain, qui était marécageux, personne ne se présentait plus au monastère pour y être reçu. Saint Etienne ne cessait de recommander à Dieu par de ferventes prières son *petit troupeau* comme il l'appelait, et bientôt il eut la consolation de voir se présenter en 1113 trente et un sujets qui demandaient l'habit religieux, et à la tête desquels était saint Bernard ; il en vint d'autres, et le saint abbé se trouva en état de fonder la même année le monastère de la Ferté, celui de Pontigny l'année suivante, et ceux de Clairvaux et de Morimond en 1115. Outre ces abbayes qu'on appelle les quatre filles de Cîteaux, il en fonda encore quinze autres, et lorsqu'il mourut, son ordre en comptait cent. Pour y maintenir une exacte discipline, il s'était réservé sur toutes une inspection générale, et il y faisait faire des visites fréquentes. Il institua les chapitres généraux qui étaient inconnus avant lui ; le premier se tint en 1116 et le second en 1119. C'est dans celui-ci que le saint abbé publia les statuts appelés *Charte de charité*, que Calixte II confirma l'année suivante. Ce pape, lorsqu'il était archevêque de Vienne et légat du saint-siège, avait visité Cîteaux, en 1117 : le spectacle édifiant qu'il avait sous les yeux fit sur lui une impression si profonde, qu'il engagea saint Etienne à fonder le monastère de Bonnevaux dans son diocèse ; en mourant il ordonna que son cœur fût porté à Cîteaux et déposé entre les mains du saint abbé. Etienne fit faire un recueil des pratiques et des usages qui s'observaient dans son monastère et qu'il adressa à toutes les maisons de l'ordre, afin d'établir partout l'uniformité ; c'est ce recueil qu'on a appelé la *Livre des Us de Cîteaux*. Il fit aussi écrire une histoire abrégée des commencements de l'ordre, connue sous le nom d'*Exordium parvum*..... Aidé de ses religieux, il fit une copie latine de la Bible, et pour la rendre plus exacte, il se servit d'un grand nombre de manuscrits, qu'il confronta les uns avec les autres : il consulta aussi des juifs habiles qui lui expliquèrent le texte hébraïque et le mirent en état de corriger les endroits où le sens de l'original n'était pas bien rendu. Il fonda à Tart, l'an 1120, un monastère de filles, appelées d'abord religieuses de Cîteaux, et connues depuis sous le nom de Bernardines. En 1123, il fit un voyage en Flandre pour visiter le célèbre monastère de Saint-Waast d'Arras, où il fut reçu avec les plus grandes démonstrations de respect par l'abbé Henri et ses religieux. Il sortit encore deux autres fois de sa retraite, l'une en 1128 pour aller au concile de Troyes avec saint Bernard, et l'autre en 1132 pour aller trouver le pape Innocent II, qui était en France. Etienne, évêque de Paris et Henri, archevêque de Sens, le chargèrent d'arranger les démêlés qu'ils avaient avec Louis le Gros ; le saint abbé écrivit au roi qui eut égard à sa lettre. Se trouvant vieux et infirme, il assembla le chapitre général de l'ordre, en 1133, et déclara qu'il était résolu à donner sa démission, afin d'avoir plus de temps à lui pour se préparer à paraître devant Dieu, et qu'il fallait lui donner un successeur. On fut affligé de cette détermination, mais personne n'osa la contredire. Le choix du chapitre étant tombé sur un nommé Guy, on reconnut bientôt qu'il n'avait pas les qualités requises pour être chef d'ordre ; il fut donc déposé quelques jours après, et Raynard, moine de Clairvaux, fut élu à sa place. Saint Etienne survécut peu à cette élection. Les abbés de la filiation de Cîteaux, au nombre de vingt, n'eurent pas plutôt appris qu'il touchait à sa fin qu'ils se transportèrent près de lui, afin d'assister à ses derniers moments. Lorsqu'il fut à l'agonie, quelques-uns d'entre eux dirent qu'après une vie aussi sainte il ne devait pas craindre la mort ; il les entendit, quoiqu'ils parlassent tout bas, et leur répondit : *Je vous assure que je m'en vais à Dieu avec autant de crainte et de tremblement que si je n'avais jamais fait aucun bien; car s'il y a quelque chose de bon en moi, et si mon indignité a porté quelque fruit avec le secours de Jésus-Christ, je crains de n'avoir pas conservé la grâce avec autant de soin et d'humilité que je le devais.* Il mourut le 28 mars 1134 et fut enterré dans le tombeau du bienheureux Albéric, son prédécesseur, situé dans le cloître, près de la porte de l'église. Les Cisterciens l'honorent le 15 juillet ; mais le Martyrologe romain le nomme le 17 avril, jour que l'on croit être celui de sa canonisation. — 17 avril.

ETIENNE (le bienheureux), fondateur de la congrégation d'Obasine, naquit sur la fin du XIe siècle et s'engagea dans l'état ecclésiastique. Il était déjà élevé au sacerdoce lorsqu'il se retira avec un autre prêtre dans la forêt d'Obasine, désert affreux, à deux lieues de Tulle, où ils menèrent la vie la plus pauvre et la plus austère, se trouvant quelquefois réduits à n'avoir que des herbes pour toute nourriture. Eustache, évêque de Limoges, leur permit d'y construire un monastère pour recevoir ceux qui venaient se placer sous leur conduite, et d'y célébrer les saints mystères. Etienne, qui possédait un grand fonds de bonté et de douceur, n'en était pas moins rigide à faire observer à ses disciples les règlements qu'il leur avait prescrits, et l'on y pratiquait de grandes austérités. Tous les moments étaient consacrés à la prière, à la lecture et au travail des mains. On ne faisait qu'un seul repas et on ne le prenait que le soir. Etienne ne se regardait pas comme le supérieur, quoiqu'il le fût en effet ; il portait comme les autres frères l'eau, le bois, faisait la cuisine, et se réservait généralement ce qu'il y avait de bas et de pénible. Le silence était observé avec une telle exactitude que laisser échapper un mot, un sourire même, était regardé comme une faute. Il n'y avait cependant point de règle écrite ; mais Etienne était la règle vivante, enseignant par toutes ses actions la charité, la pauvreté et l'obéissance la plus entière. Au monastère des hommes il en ajouta un second pour les personnes du sexe, dont le nombre alla bientôt à cent cinquante. Elles vivaient dans une si grande séparation du monde et dans un tel détachement de toutes choses, qu'elles ne semblaient plus tenir à la terre que par les seuls liens qu'il ne leur était pas permis de rompre. Le bienheureux fondateur, craignant avec raison que la régularité qu'il réussissait à maintenir dans ses deux monastères ne s'altérât après sa mort, faute d'une règle écrite, demanda quelques religieux du monastère de Dalon, pour instruire les siens des usages de Cîteaux dont Dalon dépendait. Lui-même prit l'habit de cet ordre en 1142, et l'évêque de Limoges lui donna la bénédiction et l'établit abbé d'Obasine ; c'est ainsi que cette congrégation nouvelle passa sous la dépendance de Cîteaux. Etienne mourut le 8 mars 1154, jour où il est honoré chez les Cisterciens. — 8 mars.

ETIENNE (saint), évêque de Die, naquit à Lyon, en 1155 et sortait de l'illustre maison de Châtillon. Il montra dès son enfance un grand désir de la perfection ; ce qui le porta à quitter le monde, à vingt-six ans, pour se faire religieux à la Chartreuse des Portes, où son mérite et ses vertus l'élevèrent bientôt à la dignité de prieur. Mort au monde et à lui-même, il n'avait d'attrait que pour les exercices de la pénitence et de la contemplation: aussi Dieu le combla de ces délices ineffables, qui sont le partage de ceux qui se donnent à lui sans réserve. A quarante-huit ans, il fut tiré de sa solitude pour être placé sur le siège épiscopal de Die en Dauphiné. Sa nouvelle dignité ne lui fit rien changer à son premier genre de vie, et il alliait les pratiques du cloître aux fonctions pastorales. Plein d'une tendresse paternelle pour ses ouailles, il compatissait à tous leurs maux, se faisait tout à tous et se montrait le fidèle imitateur de celui qui ne dédaignait pas de converser avec les publicains et les pêcheurs. Il mourut vers l'an 1208 le 7 septembre, jour où il est honoré. Ses reliques furent brûlées par les calvinistes en 1561. — 7 septembre.

ÉTIENNE (le bienheureux), archevêque d'Otrante et martyr, remplissait depuis de longues années tous les devoirs d'un saint pasteur, et il était parvenu à l'âge de plus de quatre-vingts ans, lorsqu'en 1480, Geduc-Achmet, général des troupes que Mahomet II avait envoyées pour s'emparer de l'île de Rhodes, furieux d'avoir échoué dans son entreprise, vint attaquer Otrante. La ville fut emportée d'assaut après quinze jours de siége, et les vainqueurs, pour se venger de la résistance qu'on leur avait opposée, massacrèrent tous les habitants qui leur tombèrent sous la main. L'archevêque, qui venait de célébrer les saints mystères dans l'église métropolitaine, avait communié une partie de son troupeau et l'avait exhorté à souffrir courageusement la mort pour Jésus-Christ. Il retourna à la sacristie, revêtu de ses habits pontificaux lorsque les Turcs, se précipitant dans l'église, le massacrèrent et firent prisonniers les ecclésiastiques qui l'accompagnaient. Huit cents habitants de la ville, à la tête desquels se distinguait le bienheureux Antoine Primaldi, furent aussi faits prisonniers et ensuite massacrés pour n'avoir pas voulu abjurer la foi chrétienne. Le pape Clément XIV approuva leur culte en 1771. — 14 août.

EUBERT (saint), *Eubertus*, missionnaire et martyr, fut le compagnon des travaux apostoliques et de la mort glorieuse de saint Piat. Ce ne fut qu'après de cruelles tortures qu'il donna sa vie pour la foi qu'il prêchait, et l'on met son martyre sur la fin du III° siècle. Saint Eubert, que quelques écrivains appellent aussi saint Eugène, est patron de Lille en Flandre. Ses reliques, que l'on gardait anciennement à Séclin, furent depuis transférées dans l'église collégiale de Saint-Pierre de Lille, fondée en 1066 par Baudouin de Lille, comte de Flandre. Pauthier, évêque de Tournay, en fit la vérification en 1229, après avoir ouvert la châsse qui les renfermait. — 1° février.

EUBIOTAS (saint), confesseur à Copet dans la Sigriane, près de Cyzique, fut persécuté pour la foi sous Maximin II. et il est honoré chez les Grecs le 18 décembre.

EUBULE (saint), *Eubulus*, martyr, habitait Mandane lorsque le zèle pour la religion lui fit faire le voyage de Césarée en Palestine, dans l'unique dessein de rendre ses devoirs aux saints confesseurs qu'on y tourmentait par ordre de Firmilien, gouverneur de la province. Arrêté aux portes de Césarée avec saint Adrien qui l'accompagnait, le motif de leur voyage n'eut pas été plutôt connu qu'on les conduisit au gouverneur. Celui-ci, après les avoir fait déchirer avec des ongles de fer, les condamna aux bêtes. Adrien périt par la dent d'un lion le 5 mars ; mais Firmilien, qui désirait sauver Eubule, différa son supplice, et pendant deux jours il le conjura à différentes reprises de vouloir bien s'aider lui-même en sacrifiant aux dieux ; qu'à ce prix il révoquerait sa sentence et lui rendrait la liberté. Eubule, préférant une mort glorieuse à une lâche apostasie, fut condamné à l'amphithéâtre où les bêtes le mirent en pièces, le 7 mars 309, sous Galère et Maximin. — 7 mars.

EUBULE (sainte), *Eubula*, mère de saint Pantaléon, mourut à Nicomédie, et elle est honorée chez les Grecs le 30 mars.

EUCAIRE (saint), *Eucarius*, premier évêque de Trèves, fonda ce siége au III° siècle, et il est regardé comme l'apôtre de cette partie de l'Allemagne. Il bâtit, près d'une des portes de la ville, un oratoire qu'il dédia sous l'invocation de saint Jean l'Évangéliste, et dans lequel il fut enterré. Cet oratoire fut changé plus tard en une église qui porta le nom de saint Eucaire. La congrégation de clercs qui la desservait donna naissance au monastère de Saint-Eucaire et ensuite de Saint-Mathias. — 8 décembre.

EUCARISTE (saint), *Eucharistus*, martyr à Campanie, est honoré le 12 octobre.

EUCARPE (saint), *Eucarpius*, martyr avec saint Trophime, est honoré le 18 mars.

EUCARPE (saint), martyr à Amide en Paphlagonie, souffrit avec saint Phengout. — 7 septembre.

EUCARPE (saint), martyr en Asie, souffrit avec saint Bourdonien et vingt-six autres. — 25 septembre.

EUCHADE (saint), *Euchadius*, moine de l'île de Hy sur les côtes d'Écosse, florissait au commencement du VII° siècle, et fut l'un des plus illustres disciples de saint Colomkille. Il est honoré dans le comté de Galloway en Irlande le 25 janvier.

EUCHAIRE (saint), *Eucharius*, martyr en Lorraine, était frère de saint Élophe, de sainte Liboire, de sainte Susanne et de sainte Menne ou Maune. Il naquit dans les environs de Toul, au commencement du IV° siècle, et fut décapité pour la religion chrétienne par ordre de Salluste, préfet des Gaules sous Julien l'Apostat, près d'un bourg nommé Pompey, au confluent de la Meurthe et de la Moselle, vers l'an 362. Son corps fut porté à Liverdun par les chrétiens. Au XI° siècle Pierre de Brixey, évêque de Toul, fit bâtir dans cette ville une église sous son invocation, et y plaça dans une belle châsse ses reliques, qui furent brûlées en 1587 par les reîtres ou luthériens. On avait construit, sur le lieu où il fut martyrisé, une chapelle et un ermitage qui subsistèrent jusqu'au siècle dernier. Plusieurs historiens ont avancé, mais sans le prouver, que saint Euchaire avait été revêtu de la dignité épiscopale. — 20 et 27 octobre.

EUCHER (saint), *Eucherius*, évêque de Lyon, né vers l'an 380 d'une famille illustre qui occupait de hautes dignités dans l'empire, montra dès son enfance une piété extraordinaire qui ne fit que s'augmenter avec l'âge, et de grandes dispositions pour les sciences qu'il cultiva avec beaucoup de succès. Il fit l'admiration de son siècle par la beauté et la pénétration de son génie, ainsi que par l'étendue et la variété de ses connaissances. S'étant engagé dans le mariage, il eut plusieurs enfants, dont deux fils, Salone et Véran, qu'il plaça, jeunes encore, dans le monastère de Lérins que saint Honorat avait fondé, l'an 400, et dont il était le premier abbé. Dégoûté du monde et de ses biens périssables, il alla les rejoindre, vers l'an 422, du consentement de Galla, sa femme, qui de son côté se consacra à Dieu dans la retraite. Lorsqu'il eut pris l'habit monastique à Lérins, Cassien lui adressa, ainsi qu'à saint Honorat, quelques-unes de ses conférences, et il les appelle tous deux des modèles admirables. Eucher, qui désirait mener encore une vie plus solitaire, quitta Lérins pour se retirer dans l'île de Léro, aujourd'hui Sainte-Marguerite : c'est là qu'il composa son livre de la Vie solitaire. Vers l'an 334, il fut tiré, malgré lui, de son île pour être placé sur le siège de Lyon, où il se montra, dit Claudien Mamert, *un pasteur fidèle, humble d'esprit, riche en bonnes œuvres, puissant en paroles, accompli en tout genre de sciences, et de beaucoup supérieur aux plus grands évêques de son temps*. Il assista, en 441, au premier concile d'Orange où il se montra zélé défenseur de la doctrine catholique contre les semi-pélagiens. On lui attribue la fondation de plusieurs églises à Lyon, ainsi que d'autres établissements pieux. Nous apprenons encore de Claudien Mamert qu'il tenait, avec son clergé, des conférences dans lesquelles il donnait des marques éclatantes de sa science et de sa sagesse. Il fut lié d'amitié avec tous les grands hommes de son siècle et surtout avec saint Honorat et saint Hilaire d'Arles, avec Cassien, saint Paulin de Nole, Claudien Mamert, saint Sidoine Apollinaire, qui tous donnent de magnifiques éloges à son savoir et à sa sainteté. Il mourut vers l'an 454, après avoir vu ses deux fils élevés à l'épiscopat. Nous avons de saint Eucher, 1° un *Éloge de la solitude*, adressé à saint Hilaire d'Arles, où il peint le désert de Lérins avec des couleurs bien propres à le faire aimer ; le style en est aussi noble qu'élégant ; 2° un *Traité du mépris du monde*, composé en 427, et adressé à Valérien, son parent ; c'est un des ouvrages les plus estimés de l'antiquité ecclésiastique et dont la latinité est presque digne du siècle d'Auguste : on y admire la noblesse des pensées, l'énergie et la beauté de l'expression, la vivacité et le naturel des images ; ce qui faisait dire à Érasme que de toutes les productions des auteurs chrétiens, il n'en connaissait point de comparable à celle-ci ; 3° un *Traité des formules*, qui renferme une explication de quelques endroits de l'Ecriture, qu'il écrivit pour l'instruction de Véran, son second fils ; 4° les *Institutions*, autre ouvrage sur l'Ecriture, adressé à Salone, son fils aîné ; 5° les *Actes* du martyre de saint Maurice et de ses compagnons. On lui attribue aussi divers autres ouvrages tels qu'homélies, discours et commentaires sur l'Ecriture sainte. — 6 novembre.

EUCHER (saint), évêque d'Orléans, naquit dans cette ville, d'une famille illustre, qui le consacra à Dieu dès sa naissance. Aussitôt qu'il fut en état d'apprendre, on le confia à des maîtres habiles qui s'appliquèrent à lui former le cœur et l'esprit ; aussi surpassa-t-il bientôt, par sa science et par sa vertu, tous les enfants de son âge. La méditation de l'Ecriture, et surtout des Epîtres de saint Paul, où il lisait que la sagesse de ceux qui aiment le monde est une véritable folie aux yeux de Dieu, lui inspira un parfait détachement de toutes les vanités du siècle. Il résolut de tout quitter pour s'enfermer dans la solitude. Il se retira, vers l'an 714, dans l'abbaye de Jumiéges en Normandie, où il prit l'habit religieux. Il y avait sept ans qu'il remplissait avec ferveur tous les devoirs de la vie monastique lorsque l'évêque d'Orléans, son oncle, étant venu à mourir, le clergé et le peuple de cette ville s'adressèrent à Charles Martel, maire du palais, afin d'avoir Eucher pour évêque ; ce qui leur fut accordé. Lorsqu'on vint lui annoncer cette nouvelle, il fut pénétré de la plus vive douleur. Mais on l'obligea, malgré ses larmes et ses refus, à acquiescer à son élection. Après son sacre, qui eut lieu en 721, il se livra entièrement à l'accomplissement des devoirs que lui imposait sa nouvelle dignité. Procurer la gloire de Dieu, instruire son troupeau, corriger les abus, extirper les vices, faire refleurir la foi et la piété, tels furent les objets qui occupèrent constamment son zèle, que nul obstacle ne pouvait arrêter, parce qu'il était animé d'un tel esprit de charité qu'on l'aimait lors même qu'il faisait des réprimandes. Mais Dieu permit qu'il fût éprouvé par le feu de la tribulation. Comme Charles Martel prenait sans scrupule les biens des églises pour récompenser ses officiers et pour faire face aux dépenses militaires, saint Eucher blâma la conduite de ce prince qui, en ayant été informé par des hommes qui dénaturèrent les paroles du saint évêque et calomnièrent ses intentions, l'exila à Cologne, puis dans le château de Haspengaw près de Liége. Mais sa vertu l'y fit bientôt connaître, et Robert, gouverneur du pays de Liége, plein de vénération pour sa personne, le chargea de distribuer ses aumônes, et lui permit ensuite de se retirer au monastère de Saint-Tron, où il mourut le 20 février 743. Les miracles opérés à son tombeau vengèrent sa mémoire de la calomnie des méchants et attestèrent hautement sa sainteté. — 20 février.

EUCLÉE (saint), *Eucleus*, martyr à Perge en Pamphylie, souffrit avec saint Léonce et sept autres, qui furent condamnés à mort par ordre du président Flavien, au commencement du IV° siècle. — 1ᵉʳ août.

EUDALD (saint), *Eudaldus*, florissait au commencement du VIII° siècle, et mourut, vers l'an 735, à Ripol en Catalogne, où l'on garde son corps. Il est honoré à Dax en Gascogne le 11 mai

EUDE (saint), *Odo*, évêque d'Urgel en Catalogne, est honoré le 7 juillet.

EUDES (saint), *Odo*, premier abbé de Chaumillac ou Cormery en Velay, était d'une famille noble et riche, mais il quitta tous les avantages temporels qu'il pouvait se promettre dans le monde pour se faire moine. Chargé de gouverner le monastère à la fondation duquel il avait beaucoup contribué, il fit le voyage de Lérins pour s'instruire de la manière dont y vivaient les religieux, se proposant de former sa communauté sur le modèle de cette abbaye célèbre. C'est pendant ce voyage qu'il décida saint Chaffre, son neveu, à le suivre à Cormery, où il lui donna l'habit, et le chargea ensuite du temporel du monastère. Il mourut au commencement du VIIIe siècle, après avoir fait élire pour son successeur son neveu, qui marchait dignement sur ses traces, et après la mort de celui-ci le monastère de Cormery prit le nom de monastère Saint-Chaffre.—20 novembre.

EUDOCIE (sainte), *Eudocia*, martyre à Héliopolis, fut instruite dans la religion chrétienne et baptisée par l'évêque Théodote. Ayant été arrêtée pendant la persécution de Trajan elle fut percée d'un coup d'épée par ordre de Vincent, gouverneur de la province.—1er mars.

EUDOCIME (saint), *Eudocimus*, confesseur, sortait d'une famille patricienne de la Cappadoce. Il montra un grand zèle pour la défense des saintes images sous l'empereur Théophile et mourut avant le milieu du IXe siècle.—31 juillet.

EUDOXE (saint), *Eudoxius*, soldat et martyr à Mélitine dans la Petite Arménie avec saint Zénon, se dépouilla de ses insignes militaires pour ne pas participer à des actes idolâtriques, et fut imité par onze cent cinq de ses compagnons. Ils souffrirent sous l'empereur Dioclétien.—5 septembre.

EUDOXE (saint), martyr à Sébaste en Arménie avec saint Cartère et plusieurs autres, souffrit pendant la persécution de l'empereur Licinius.—2 novembre.

EUDOXE (saint), prêtre en Ethiopie, est honoré chez les Grecs le 14 septembre.

EUDOXIE (sainte), *Eudoxia*, martyre à Alexandrie, ou plutôt à Canope, avec sainte Athanasie, sa mère, et ses deux sœurs, souffrit l'an 249, au commencement de la persécution qui fut continuée sous l'empereur Dèce.—31 janvier.

EUFRAISE (saint), *Euphrasius*, évêque de Clermont, succéda à saint Aproncule sur le siège épiscopal d'Auvergne. En 506, il se fit représenter au concile d'Agde par le prêtre Paulin, et en 511, il assista, en personne, à celui d'Orléans, où l'on fit de sages règlements pour le maintien de la discipline ecclésiastique. L'année suivante il accueillit avec une généreuse hospitalité saint Quintien, évêque de Rodez, chassé de son siège par le parti des Visigoths, et pourvut libéralement à tous ses besoins, lui fournit un logement convenable et lui assura des revenus suffisants. Il mourut vers l'an 515, et il eut pour successeur le même saint Quintien.—15 mai.

EUFROY (saint), *Eufridus*, moine dans le comté d'Asti en Piémont, est honoré dans la cathédrale d'Albe, où l'on garde son corps. Il y a aussi à Quérasque une église qui porte son nom.—11 octobre.

EUGANDRE (saint), *Eugander*, est honoré par les Ethiopiens le 10 mars.

EUGENE (saint), *Eugenius*, martyr à Tivoli, était le plus jeune des fils de saint Gétule et de sainte Symphorose. Le lendemain du supplice de sa mère, il fut conduit devant l'empereur Adrien ainsi que six frères, et ce prince, n'ayant pu les décider à sacrifier aux dieux, les fit périr par divers genres de supplices. Eugène fut attaché à un pieu et on lui fendit le corps du haut en bas, l'an 120.—18 juillet.

EUGENE (saint), martyr à Rome, souffrit sous l'empereur Gallien avec sainte Lucille et plusieurs autres.—29 juillet.

EUGENE (saint), martyr, était le compagnon et le disciple de saint Denis, premier évêque de Paris, avec lequel il vint dans les Gaules, vers le milieu du IIIe siècle. Pendant qu'il s'appliquait à propager la lumière de l'Evangile, il fut arrêté et mis à mort par les païens à Deuil en Parisis, quelque temps après le martyre de son bienheureux maître. Son corps ayant été jeté dans l'étang des Marchais, fut découvert par révélation, et porté, près de Deuil, dans une chapelle qu'on avait bâtie pour y placer ses précieux restes, et l'on y fonda plus tard un prieuré. Les reliques de saint Eugène ayant été transférées de là dans l'abbaye de Saint-Denis, l'église de Tolède, qui prenait ce saint martyr pour saint Eugène, qui fut évêque de cette ville au milieu du VIIe siècle, obtint de l'abbé de Saint-Denis une partie de ses reliques, qui y furent transportées en 1565. Philippe II, alors roi d'Espagne, porta quelque temps la châsse du saint sur ses épaules royales, pendant la cérémonie à laquelle il assistait avec sa cour.—15 novembre.

EUGENE (saint), martyr à Néocésarée avec saint Mardonius et plusieurs autres, subit le supplice du feu, et ses cendres furent jetées dans le fleuve.—24 janvier.

EUGENE (saint), évêque et martyr dans la Chersonèse, souffrit avec saint Basile et plusieurs autres évêques.—4 mars.

EUGENE (saint), martyr en Syrie avec saint Paul et cinq autres, est honoré chez les Grecs le 20 mars.

EUGENE (saint), martyr à Trébizonde avec saint Candide et deux autres, est honoré chez les Grecs le 21 janvier.

EUGENE (saint), martyr, souffrit avec saint Apollone.—23 juillet.

EUGENE (saint), martyr en Cappadoce, souffrit avec saint Cottide, diacre, et plusieurs autres.—6 septembre.

EUGENE (saint), martyr à Damas, était fils de saint Paul et de sainte Tatte, qui, dénoncés comme chrétiens, subirent une cruelle fustigation et d'autres supplices au milieu desquels ils expirèrent.—25 septembre.

EUGÈNE (saint), qu'on croit avoir été page de l'empereur Dioclétien, fut l'une des premières victimes de la persécution excitée par ce prince en 303. Il souffrit à Nicomédie, et il est honoré chez les Grecs le 12 mars.

EUGÈNE (saint), aussi martyr à Nicomédie, pendant la même persécution, souffrit avec saint Pamphylien et deux autres.—17 mars.

EUGÈNE (saint), martyr à Cordoue, souffrit avec saint Zoïle et dix-huit autres, vers l'an 304, pendant la persécution de Dioclétien.—18 juillet.

EUGÈNE (saint), martyr en Arménie, fut livré aux plus horribles tourments et enfin à la mort par ordre du président Lysias, pendant la persécution de l'empereur Dioclétien. Son corps, apporté à Rome, dans la suite, fut placé dans l'église de Saint-Apollinaire.—13 décembre.

EUGÈNE (saint), prêtre et martyr sous Julien l'Apostat, ayant reproché à ce prince son impiété, celui-ci, furieux, le fit frapper avec la dernière barbarie. Il le relégua ensuite dans un vaste désert de l'Arabie, où il le fit décapiter avec saint Macaire.—23 janvier et 8 décembre.

EUGÈNE (saint), évêque de Milan et confesseur, est honoré dans cette ville le 30 décembre.

EUGÈNE (saint), diacre de Florence et confesseur, était attaché au service de cette Église pendant l'épiscopat de saint Zénobe, au commencement du v⁰ siècle. Il mourut en 422.—17 novembre.

EUGÈNE (saint), moine en Bithynie et père de sainte Marine, étant devenu veuf, résolut de passer le reste de ses jours dans le service de Dieu. Après avoir confié à l'un de ses parents sa fille unique, qui était encore très-jeune, il entra dans un monastère situé à dix lieues de la ville qu'il habitait. Il y observait avec tant d'exactitude toutes les règles de la vie cénobitique que l'abbé conçut pour lui une grande estime et une vive affection. Mais malgré le zèle et l'application qu'il mettait à s'avancer dans la vertu, le souvenir de sa chère enfant venait le distraire, et le chagrin qu'il avait d'en être séparé lui arrachait de temps en temps des soupirs. L'abbé s'apercevant qu'il était en proie à une douleur profonde, lui demanda pourquoi il était si triste ? — J'ai laissé dans la ville un enfant très-jeune, lui répondit-il en pleurant et en se jetant à ses pieds, et c'est son souvenir qui cause ma peine. — Puisque vous aimez tant ce fils, allez le chercher et amenez-le ici. Eugène alla donc chercher sa fille, dont il changea le nom en celui de Marin, et l'amena au monastère. Il l'instruisit dans les voies de Dieu, et lui fit faire de grands progrès dans la perfection. Elle avait dix-sept ans lorsqu'il mourut, et les derniers avis qu'il lui donna furent de bien observer la règle et de ne découvrir son sexe à personne. Il est honoré avec sa fille le 8 février.

EUGÈNE (saint), martyr en Afrique avec saint Aquilin et plusieurs autres, souffrit, à ce que l'on croit, pendant la persécution des Vandales, sur la fin du v⁰ siècle.—4 janvier.

EUGÈNE (saint), évêque de Carthage et confesseur, était un des citoyens de cette ville les plus recommandables par son savoir, sa piété, son zèle, sa prudence et sa charité : aussi les catholiques, qui avaient été privés d'évêque pendant vingt-quatre ans, à cause de la longue persécution que les rois vandales, qui étaient ariens, avaient excitée dans cette partie de l'Afrique, l'élurent d'une voix unanime, aussitôt que le roi Hunéric leur eut permis de pourvoir d'un pasteur leur Église désolée. Eugène ayant été sacré en 481, se conduisit dans l'épiscopat de manière à se faire respecter même des hérétiques; pour les orthodoxes, ils l'aimaient au point qu'ils se seraient estimés heureux de pouvoir donner leur vie pour lui. Ses aumônes étaient immenses eu égard à la modicité de ses revenus; mais il trouvait, dans le cœur de ses diocésains, des ressources assurées contre la misère des indigents ; d'ailleurs il se refusait jusqu'au nécessaire pour avoir de quoi assister les pauvres. Lorsqu'on lui représentait qu'il devait réserver quelque chose pour ses propres besoins, il répondait : *Le bon pasteur devant donner sa vie pour son troupeau, serais-je excusable de m'inquiéter de ce qui concerne mon corps?* Il jeûnait tous les jours et ne faisait qu'un léger repas qu'il ne prenait que le soir. L'estime que les ariens avaient eue pour lui se changea bientôt en haine, et Hunéric, jaloux de sa popularité, lui défendit de s'asseoir sur le trône épiscopal, de prêcher le peuple et d'admettre dans sa chapelle aucun des Vandales catholiques. Eugène répondit au roi avec une noble fermeté, et dit, à l'occasion du troisième article de cette défense, que Dieu lui commandait de ne point fermer la porte de l'église à tous les fidèles qui désiraient l'y servir. Hunéric, furieux de cette réponse, recommença ses persécutions d'abord contre ceux des Vandales qui professaient la vraie foi, et ensuite contre tous les catholiques indistinctement. Les évêques, les prêtres, les diacres et les laïques d'un rang distingué furent bannis, au nombre de quatre mille neuf cent soixante-seize. Eugène ne fut point enveloppé dans cette première proscription, sans doute, par un reste d'égards pour les habitants de la capitale; mais le roi fit dire aux orthodoxes qu'il appelait homoousiens, qu'ils eussent à Carthage, le 1ᵉʳ février 484, une conférence avec les évêques ariens. Le saint, voyant que les ennemis de la foi seraient en même temps juges et parties, répondit que comme il s'agissait de la cause commune de toutes les églises, on devait consulter et inviter à la conférence les églises d'outre-mer, et principalement l'Église romaine, qui est chef de toutes les autres. Un aveugle, nommé Félix, étant venu le trouver, le pria de lui rendre la vue, disant qu'il s'adressait à lui en conséquence d'une vision dont Dieu l'avait favorisé. Eugène s'excusa d'abord, donnant pour raison qu'un pécheur comme lui n'était pas fait pour opérer un miracle. Enfin, vaincu par les instances de l'aveugle, il lui dit : *Je vous ai déjà déclaré que je suis un pécheur et le dernier des hommes ; mais je prie Dieu de vous traiter selon votre foi et de vous rendre la vue.* En même temps, il forma le signe de la croix sur ses yeux, et aussitôt cet homme vit parfaitement. Toute la ville fut témoin de ce triomphe que la foi venait de remporter sur l'hérésie. Le roi fit venir Félix pour s'assurer du miracle, en examina minutieusement toutes les circonstances, et fut convaincu de la vérité du fait ; mais les évêques ariens lui persuadèrent qu'Eugène avait eu recours à la magie. Cependant on ouvrit la conférence au jour indiqué : les catholiques nommèrent dix des leurs pour parler en leur nom, et demandèrent qu'il y eût des commissaires chargés d'écrire ce qui se dirait de part et d'autre ; et comme on leur répondit que Cyrilla, patriarche des ariens, qui venait de s'asseoir sur un trône, exercerait cette fonction, ils demandèrent de nouveau en vertu de quoi Cyrilla s'attribuait le rang et la juridiction de patriarche. Les ariens qui ne savaient plus que répondre, remplirent de tumulte l'assemblée et obtinrent un ordre qui les autorisait à donner cent coups de bâton à tous les laïques orthodoxes qui étaient présents. Les catholiques présentèrent une confession de foi, qu'on attribue au saint évêque de Carthage, et qui était divisée en deux parties : la première établissait par l'Ecriture la consubstantialité du Fils de Dieu ; la seconde, qui confirmait la même doctrine par les écrits des Pères, n'est pas parvenue jusqu'à nous. Quand on en eut fait la lecture, les ariens trouvèrent mauvais que leurs adversaires prissent le nom de catholiques, quoiqu'il le leur fût donné universellement même par les hérétiques, et le tumulte qu'ils excitèrent obligea de rompre la conférence. Le 25 du même mois de février 484, le roi donna des ordres pour que la persécution devînt générale. Eugène fut arrêté, et après d'horribles tortures, il fut condamné au bannissement. Ne lui ayant pas été possible de dire adieu à ses diocésains, il trouva moyen de leur écrire une lettre qui nous a été conservée par saint Grégoire de Tours : *Je vous demande, avec larmes,* leur disait-il, *je vous exhorte, je vous conjure, par le redoutable jour du jugement et par l'avènement formidable de Jésus-Christ, de rester fermes dans la profession de la foi catholique. Conservez la grâce d'un seul baptême.... Que personne d'entre vous ne souffre qu'on le rebaptise. ...* Il parlait ainsi parce que les ariens d'Afrique rebaptisaient ceux qui embrassaient leur secte. *Si je retourne à Carthage,* ajoute-t-il, *je vous verrai encore en cette vie. Si je n'y retourne pas, je ne vous verrai plus qu'en l'autre. Priez pour nous, et jeûnez, parce que le jeûne et l'aumône ont toujours fléchi la miséricorde de Dieu ; mais souvenez-vous surtout qu'il est écrit que nous ne devons pas craindre ceux qui ne peuvent tuer que le corps.* Le saint évêque de Carthage fut conduit dans une contrée déserte de la province de Tripoli, et confié à la garde d'un évêque arien, nommé Antoine, homme barbare et féroce, qui le traita avec la dernière indignité ; ce qui ne l'empêchait pas d'ajouter, lui-même, des austérités volontaires aux mauvais traitements qu'il éprouvait, portant un rude cilice, couchant sur la terre nue et passant en prières une partie considérable des nuits. Etant tombé malade, Antoine l'obligeait à prendre des choses entièrement contraires à sa maladie ; mais il guérit cependant, par une protection spéciale de Dieu. Hunéric étant mort misérablement au mois de décembre de la même année, Gontamond, son neveu, qui lui succéda, rappela Eugène à Carthage en 488, fit rouvrir à sa prière les églises catholiques, et permit aussi aux prêtres et aux évêques exilés de rentrer dans leur patrie. Trasimond, son frère, lui ayant succédé en 496, persécuta par intervalles les catholiques. Ayant obligé Eugène de disputer en sa présence avec le patriarche des ariens, celui-ci fut confondu et réduit au silence. Ce triomphe valut au saint évêque une condamnation à mort, ainsi qu'à saint Vendémial, évêque de Capse et à saint Longin. Après que ces deux derniers eurent été exécutés, le bourreau tenait déjà levé le fer pour frapper Eugène, lorsqu'un envoyé du roi vint lui demander quelle était sa dernière résolution. *Je suis prêt,* dit-il, *à perdre la vie plutôt que la foi.* Cependant Trasimond eut honte de faire mourir un homme si vénéré pour sa science et sa vertu : il se contenta de l'exiler dans le Languedoc, province soumise à Alaric, qui, quoique arien lui-même, le laissa tranquille. Le saint évêque y fut aussi respecté qu'à Carthage, et le grand nombre de disciples qui vinrent se mettre sous sa conduite, l'obligea de fonder à Mianco un monastère qui prit dans la suite le nom de Saint-Amaranthe, à cause qu'il était situé près du tombeau de ce saint martyr, sur lequel saint Eugène se fit porter lorsqu'il se sentit près de sa fin. Après sa mort, qui arriva le 13 juillet 505, il fut enterré près du saint martyr : leurs reliques furent transférées plus tard dans la cathédrale d'Albi. — 13 juillet et 2 mai.

EUGÈNE (saint), évêque de Tolède et confesseur, fut élevé malgré lui sur le siège de cette ville, vers l'an 645. Il avait pris la fuite pour se soustraire au fardeau de l'épiscopat ; mais sa retraite fut découverte et les vœux du peuple, ainsi que les ordres du roi Receswinde, ne lui permirent pas de refuser plus longtemps. Il présida en qualité de métropolitain de toute l'Espagne, à deux conciles tenus à Tolède même et mourut vers l'an 657. Il a laissé des traités de théologie et quelques opuscules en prose et en vers sur divers sujets. Saint Ildefonse, qui lui succéda, fait un grand éloge de sa sainteté et de sa science. — 13 novembre.

EUGÈNE (saint), pape et confesseur, était

Romain de naissance et fut vicaire général de l'Eglise pendant la captivité du pape saint Martin, qui mourut martyr le 16 septembre 655, dans le fond de l'Asie où il avait été relégué. Ayant été élu pour lui succéder, il mourut le 1er juin de l'année 653, après un court pontificat qui ne lui permit pas de remédier aux maux de l'Eglise, surtout en Orient. Il eut pour successeur saint Vitalien. — 2 juin.

EUGENE DE MAGHER (saint), premier évêque d'Arasrathe en Irlande, fut inhumé dans le cimetière de sa ville épiscopale, et peu de temps après sa mort, l'on bâtit sur son tombeau une église qui porta son nom. Il est honoré à Londonderry dans la province d'Ulster, le 23 août.

EUGENIE (sainte), Eugenia, vierge et martyre à Rome sous l'empereur Valérien, avait réuni un certain nombre de vierges qu'elle formait au service de Jésus-Christ. Ayant été arrêtée par ordre de Nicétius, préfet de la ville, après plusieurs combats, elle fut décapitée vers l'an 258, et son corps enterré dans le cimetière d'Apronien sur la voie Latine. Saint Avit de Vienne en fait un bel éloge dans un poème adressé à sa sœur Fuscine, et son nom se trouvait anciennement dans le canon de la messe. En France, on faisait autrefois mémoire de sainte Eugénie à la seconde messe de Noël, et non de sainte Anastasie. — 25 décembre.

EUGENIE (sainte), martyre en Afrique avec saint Statulien et plusieurs autres, est honorée le 3 janvier.

EUGENIE (sainte), abbesse de Hohenbourg, née sur la fin du VIIe siècle, était fille d'Adelbert, duc d'Alsace et sœur de sainte Attale et de sainte Gandelinde. Ayant succédé, vers l'an 720, à sa tante sainte Odile ou Adèle, fondatrice et première abbesse de Hohenbourg, sous les yeux de laquelle elle avait été élevée dans la pratique de toutes les vertus, elle gouverna sa communauté avec tant de sagesse et de sainteté, qu'après sa mort, qu'on place vers l'an 735, on l'honora d'un culte public à Hohenbourg et dans plusieurs autres lieux de l'Alsace. Ses reliques, qui se gardaient dans son monastère, furent dispersées en 1622 par les Suédois qui brisèrent son tombeau, et il n'en reste plus que quelques portions. — 16 septembre.

EUGENIEN (saint), Eugenianus, martyr à Autun, est honoré le 8 janvier.

EUGRAPHE (saint), Eugraphus, martyr à Alexandrie, souffrit sous l'empereur Galère, au commencement du IVe siècle. — 10 décembre.

EULALIE (sainte), Eulalia, vierge et martyre à Barcelone, était de cette ville. Arrêtée comme chrétienne l'an 304 pendant la persécution de Dioclétien, elle fut livrée aux tortures du chevalet, des ongles de fer et du feu; elle souffrit en dernier lieu le supplice de la croix. On garde ses reliques à Barcelone et elle est patronne de plusieurs églises de France dans la Guyenne et le Languedoc. — 12 février.

EULALIE (sainte), vierge et martyre, née à Mérida en 292, d'une famille illustre, fit paraître dès son enfance un grand amour pour Dieu et un grand éloignement pour le monde. On admirait surtout en elle une rare modestie et une pureté angélique. Elle n'avait encore que douze ans lorsque parurent les édits de Dioclétien qui ordonnaient à tous les chrétiens de sacrifier aux dieux de l'empire. La mère d'Eulalie, inquiète de l'ardeur qu'elle montrait pour le martyre, crut devoir la conduire à la campagne; mais la jeune vierge s'échappa pendant la nuit, revint à Mérida, et se présentant au gouverneur Dacien qui était assis sur son tribunal, elle lui reprocha l'impiété dont il se rendait coupable en voulant faire abjurer la seule vraie religion. Dacien, étonné de cette hardiesse dans un âge si tendre, la fit arrêter, et employa d'abord les caresses, lui représentant avec douceur le tort qu'elle se ferait à elle-même et le chagrin qu'elle causerait à ses parents si elle persistait dans sa désobéissance aux édits; mais voyant qu'il ne gagnait rien par cette voie, il eut recours aux menaces, et après avoir fait étaler devant ses yeux les instruments destinés à la tourmenter, il lui dit qu'elle ne subirait aucune torture, si elle voulait prendre seulement du bout du doigt un peu de sel et d'encens. Eulalie, pour mieux témoigner l'horreur que lui inspirait une semblable proposition, renversa l'idole devant laquelle on l'avait conduite, et foula aux pieds le gâteau destiné pour le sacrifice. On rapporte même qu'elle cracha à la face du juge, action qu'on ne pourrait excuser qu'en disant qu'Eulalie était très-jeune et qu'elle agit avec irréflexion, entraînée qu'elle était par son ardeur pour le martyre. Dacien, furieux, donna ordre à deux bourreaux de lui déchirer les côtés avec des crocs de fer, et ils mirent à découvert tous ses os. Pendant ce supplice, elle comptait, avec un air calme et tranquille, les plaies qu'on lui faisait, disant que c'étaient autant de trophées de Jésus-Christ. On lui appliqua ensuite des torches ardentes sur la poitrine et sur les flancs; torture horrible qu'elle souffrit sans se plaindre, et n'ouvrant la bouche que pour louer le Seigneur. Le feu dont elle était entourée ayant pris à ses cheveux épars sur son visage, elle fut étouffée par la fumée et par la flamme. Prudence, qui a écrit en vers les Actes de sainte Eulalie, rapporte qu'au moment où elle expira, on vit sortir de sa bouche une colombe blanche, qui prit son essor vers le ciel. Un des soldats de la garde du gouverneur, à la vue de l'oiseau miraculeux, quitte son poste, saisi de frayeur et d'étonnement : un des bourreaux également témoin du prodige, éprouve les mêmes impressions. La neige qui tombait en abondance couvre le corps d'Eulalie et l'enveloppe comme un linceul. Les chrétiens l'enterrèrent près du forum où elle avait reçu la couronne du martyre, et l'on y bâtit dans la suite une église magnifique. Prudence dit que ses reliques furent placées sous l'autel et qu'on venait les vénérer de toutes parts. Saint Isidore de Séville rapporte, dans son Histoire des Goths, que ces barbares n'osèrent faire le siége de Mérida, effrayés qu'ils furent par les prodiges qu'Eulalie opéra en faveur de cette ville. — 10 décembre.

EULALIUS ou EULADE (saint), évêque de Nevers au commencement du VIe siècle, gouvernait son diocèse avec un zèle et une sagesse exemplaires, lorsqu'une maladie grave étant venue tout à coup fondre sur lui, elle le retint plus d'un an dans son lit, privé de l'ouïe et de la parole, et sans pouvoir faire aucun usage de ses membres. Saint Séverin, abbé d'Agaune, qui passait par Nevers, en allant trouver le roi Clovis, qui l'avait mandé pour le délivrer, par ses prières, d'une fièvre opiniâtre, guérit miraculeusement saint Eulalius, l'an 504. Celui-ci se leva sur-le-champ et célébra la messe au milieu d'un peuple immense qui s'était réuni pour remercier Dieu d'un miracle aussi frappant. Eulalius profita de la santé qui venait de lui être rendue, d'une manière aussi subite qu'inespérée, pour reprendre l'exercice de ses fonctions épiscopales qu'il remplit saintement jusqu'à sa mort, arrivée quelques années après. — 26 août.

EULAMPE (saint), *Eulampius*, martyr, souffrit avec saint Théodote et plusieurs autres. — 3 juillet.

EULAMPE (saint), martyr à Nicomédie l'an 303, pendant la persécution de Dioclétien, fut jeté dans une chaudière d'huile bouillante, et il en sortit le corps aussi intact qu'auparavant. Ce prodige convertit deux cents idolâtres qui furent décapités avec lui. — 10 octobre.

EULAMPIE (sainte), *Eulampia*, vierge et martyre à Nicomédie, ayant appris que saint Eulampe, son frère, était tourmenté pour Jésus-Christ, elle s'élança du milieu de la foule et étant arrivée près de lui, elle l'embrassa et l'encouragea à persévérer dans la confession de la foi. Cette démarche courageuse la fit associer à son martyre. Jetée avec lui dans une chaudière d'huile bouillante qui ne leur fit aucune brûlure, elle fut décapitée en même temps que lui, pendant la persécution de Dioclétien, l'an 303. — 10 octobre.

EULODE (saint), *Eulodius*, martyr en Espagne, souffrit avec saint Jules et trois autres. — 21 août.

EULOGE (saint), *Eulogius*, diacre de Tarragone et martyr, fut arrêté avec saint Fructueux, son évêque, au commencement de l'année 259, pendant la persécution de l'empereur Valérien, et conduit en prison. Quelques jours après, le président Émilien les fit comparaître l'un et l'autre, et, après un interrogatoire qui leur fournit l'occasion de montrer leur inébranlable attachement à la foi, il les condamna au supplice du feu. — 21 janvier.

EULOGE (saint), martyr à Constantinople, souffrit la mort pour la foi de Nicée pendant la persécution que les ariens excitèrent contre les orthodoxes sous le règne de Valens, protecteur déclaré de l'arianisme. — 3 juillet.

EULOGE (saint), évêque d'Edesse en Syrie et confesseur, était prêtre de cette ville, lorsqu'il défendit courageusement la foi catholique, sous l'empereur Valens, protecteur déclaré de l'arianisme. Le préfet Modeste s'étant rendu à Edesse pour engager les orthodoxes à se soumettre à l'évêque arien que Valens avait substitué de sa propre autorité à l'évêque catholique saint Barse, qui gémissait dans l'exil, il fit assembler les prêtres, les diacres et les notables de la ville et les harangua, employant tour à tour le raisonnement, les prières et les menaces, pour les entraîner dans l'hérésie. Mais voyant que tout le monde gardait un silence morne et désapprobatif, il interpella Euloge, comme le personnage le plus révéré et le plus influent de la ville et lui demanda si les ordres de l'empereur seraient exécutés. — *L'empereur aurait-il reçu, avec la couronne impériale, l'onction du sacerdoce ? ou pense-t-il que sa volonté doive être la règle de notre foi ? Si l'empereur se faisait païen, devrions-nous embrasser, à son exemple, le culte des démons ?* — *Il ne s'agit pas de cela, mais seulement de savoir si vous voulez reconnaître pour votre évêque celui que l'empereur a désigné.* — *Nous avons un évêque, le seul légitime, le seul véritablement évêque : tant qu'il vivra nous n'en reconnaîtrons point d'autre.* Cette réponse fut accueillie par de vives acclamations ; mais le même jour, Euloge fut exilé avec quatre-vingts catholiques. Relégué sur les confins de l'Égypte, il profita de son séjour dans cette contrée pour convertir les païens qui l'habitaient, et il y réussit, principalement par le moyen d'une école publique qu'il ouvrit pour l'instruction des enfants, secondé en cela par saint Protogène, son ami et son compagnon d'exil. Après la mort de Valens, arrivée en 378, Euloge put retourner à Edesse dont il devint évêque. Les détails édifiants de son épiscopat ne sont point parvenus jusqu'à nous, et l'on ignore même l'année de sa mort : seulement on sait qu'il assista, en 381, au concile général de Constantinople, et on trouve son nom parmi ceux des évêques qui en souscrivirent les décrets. — 5 mai.

EULOGE (saint), patriarche d'Alexandrie, était né en Syrie et embrassa, fort jeune, l'état monastique. Après s'être appliqué avec succès, à l'étude des belles-lettres, il se mit à étudier la science divine dans l'Ecriture sainte, dans les conciles et dans les ouvrages des Pères. Il se trouva bientôt en état de combattre l'hérésie des eutychiens, qui désolait alors l'Orient, et il fut bientôt regardé comme l'une des plus brillantes lumières de l'Eglise. Sa science était rehaussée par ses vertus et surtout par son humilité, par son amour pour la prière et pour les austérités de la pénitence. Saint Anastase, patriarche d'Antioche, le tira de sa solitude pour l'élever au sacerdoce, et il l'admit parmi les membres de son clergé. C'est pendant le séjour qu'il fit dans cette ville qu'il se lia d'une étroite amitié avec saint Eutychius, patriarche de Constantinople, qui y était exilé pour la foi, et il se réunit à lui pour combattre les ennemis de la vérité. Son zèle pour l'orthodoxie et sa sainteté le firent choisir par l'empereur Tibère II pour occuper le siége patriarcal d'Alexandrie ; mais ce prince était déjà mort lorsqu'il fut sacré en 583. Les affaires de l'Église l'ayant obligé à faire le voyage de Constantinople, l'année suivante, il y fit la connaissance de saint Grégoire le Grand : ils ne purent se connaître sans s'aimer, et saint Grégoire étant devenu pape lui adressa plusieurs lettres. Saint Euloge mourut vers l'an 606. Il avait composé d'excellents ouvrages contre les acéphales et les autres sectes des eutychiens et contre les novatiens d'Alexandrie, mais il ne nous reste que des fragments conservés par Photius. Saint Euloge avait aussi écrit un *Traité* contre les *agnoëtes*, espèce d'eutychiens qui prétendaient que Jésus-Christ, comme homme, ignorait plusieurs choses, entre autres le jour du jugement général. Il adressa ce dernier ouvrage à saint Grégoire le Grand, avec prière de l'examiner ; le saint pape le lui renvoya ensuite, lui marquant qu'il n'avait rien trouvé que d'admirable. Photius parle aussi de onze discours du saint patriarche dont il ne reste plus rien. — 13 septembre.

EULOGE L'HOSPITALIER (saint), était autrefois honoré dans la grande église de Saint-Mère à Constantinople le 27 avril.

EULOGE (saint), prêtre et martyr, né en l'an 800 d'une des plus illustres familles de Cordoue, passa les premières années de sa vie parmi les clercs de l'église de Saint-Zoïle, et s'y distingua bientôt par sa vertu et par sa science. Ayant été ordonné prêtre, il fut placé à la tête de l'école de Cordoue, qui était alors très-célèbre. Ses vertus et surtout son humilité, sa douceur, sa charité, lui concilièrent la vénération universelle. Il travaillait à sa propre sanctification par la prière, le jeûne et les veilles, et à celle des autres par ses leçons et par les avis salutaires qu'il donnait aux personnes qui le consultaient : lui-même visitait les monastères, afin de s'instruire toujours davantage dans les voies de la perfection. Les Maures ayant allumé, en 850, une persécution contre les chrétiens, Euloge fut mis en prison avec son évêque et une partie du clergé de Cordoue. Il profita du loisir que lui laissait sa détention pour composer l'*Exhortation au martyre*, adressée à Flore et à Marie, deux vierges qui furent martyrisées l'année suivante et qui employèrent, comme elles l'avaient promis, leur crédit auprès de Dieu pour faire rendre la liberté aux confesseurs : aussi furent-ils élargis six jours après que les deux saintes eurent été décapitées. La persécution qui avait commencé sous Abdérame II avant continué sous Mohamed, son fils, saint Euloge fit l'histoire des martyrs qui donnèrent leur vie pour Jésus-Christ : il la publia en trois livres sous le titre de *Mémorial des saints*. Après sa mise en liberté il fut obligé de vivre avec l'évêque Récafrède, qui s'était déclaré contre les martyrs et qui, trahissant la cause de Dieu, prêtait son ministère aux infidèles pour persécuter les chrétiens. Vivement affligé d'une telle société, dont il ne lui était pas libre de se séparer, il prit la résolution de n'exercer aucune fonction sainte, excepté la prédication ; il s'abstint même de célébrer, pour ne pas communiquer avec cet ennemi domestique. L'archevêque de Tolède étant mort en 858, saint Euloge fut élu, tout d'une voix, pour lui succéder ; mais il souffrit le martyre avant d'avoir pu prendre possession, et même avant la cérémonie de son sacre. Une jeune vierge d'une des plus illustres familles des musulmans de Cordoue, nommée Léocritie, ayant été instruite dans la religion chrétienne par une de ses parentes qui la fit baptiser, son père et sa mère n'en eurent pas plutôt connaissance qu'ils ne cessèrent de la maltraiter pour la faire renoncer à la foi. Elle fit part de sa situation à saint Euloge et à sa sœur Anulone, les priant de lui procurer un asile où elle pût pratiquer sa religion en liberté. Euloge lui fournit les moyens de s'échapper de la maison paternelle ; mais les parents de Léocritie ayant réussi à la découvrir, elle fut conduite devant le juge ainsi qu'Euloge, auquel le juge fit un crime de sa conduite en cette circonstance ; mais voyant que les menaces ne pouvaient le l'intimider, il le fit conduire au palais, afin qu'il comparût devant le roi, en présence duquel Euloge se mit à prouver la vérité du christianisme, mais on ne voulut pas le laisser parler et on le condamna à perdre la tête. Pendant qu'on le conduisait au supplice, un eunuque lui donna un soufflet pour avoir mal parlé de Mahomet ; le saint martyr tendit l'autre joue et en reçut patiemment un autre. Il mourut le 11 mars 859, et Léocritie fut décapitée quatre jours après. Les chrétiens enlevèrent leurs corps et les enterrèrent honorablement. — 11 mars.

EUMÈNE (saint), *Eumenias*, évêque de Gortyne dans l'île de Candie, et confesseur, a été surnommé par les Grecs, le Thaumaturge, à cause du grand nombre de miracles qu'il opéra pendant sa vie et après sa mort. — 18 septembre.

EUNICIEN (saint), martyr en Crète avec saint Théodule et plusieurs autres, confessa Jésus-Christ au milieu des tortures et fut ensuite décapité vers l'an 250, pendant la persécution de l'empereur Dèce. — 23 décembre.

EUNOBE (saint), *Eunobius*, est honoré en Ethiopie avec le titre de confesseur. — 20 septembre.

EUNOÏC (saint), *Eunoïcus*, l'un des quarante martyrs de Sébaste, qui étaient soldats et presque tous de la Cappadoce, refusa comme ses compagnons d'adorer les idoles. Agricola, gouverneur de la province, ne pouvant obtenir d'eux, ni par promesses, ni par menaces, qu'ils se soumissent aux édits impies que venait de porter Licinius, les condamna à être plongés, pendant un froid rigoureux, dans un étang glacé, situé près de la ville. Ils avaient presque tous perdu la vie lorsqu'on les en retira pour les transporter sur un bûcher où leurs corps furent réduits en cendres, l'an 320. Saint Basile a fait un discours en l'honneur de ces illustres martyrs que l'Église honore le 10 mars.

EUNOMIE (sainte), *Eunomia*, martyre à Augsbourg, était servante de sainte Afre. Après l'avoir imitée dans ses désordres, elle l'imita dans sa conversion et fut baptisée avec elle par saint Narcisse qui les avait instruites dans la foi. Ayant concouru à rendre les derniers devoirs à sa maîtresse, après son martyre, on lui fit un crime de ce devoir de religion et elle fut brûlée vive dans le tombeau de sainte Afre où elle avait été renfermée par ordre du juge Gaïus, l'an 304, pendant la persécution de Dioclétien. — 12 août.

EUNUCE (saint), *Eunucius*, évêque de Noyon, florissait dans le VII° siècle : son corps se garde dans l'abbaye de Saint-Éloi de cette ville, où on l'honore le 10 septembre.

EUNUCULE (saint), *Eunuculus*, martyr à Marseille, avec saint Hermès et vingt-sept autres, souffrit, à ce que l'on croit, vers l'an 290, sous l'empereur Maximien. — 1er mars.

EUNUCULE (saint), martyr à Nicomédie avec quelques autres, souffrit vers l'an 304, pendant la persécution de Dioclétien. — 11 mars.

EUNUS ou EUVE (saint), martyr à Alexandrie avec saint Julien, son maître, sous l'empereur Dèce. Comme saint Julien était tellement pris de la goutte qu'il ne pouvait marcher, on le plaça sur un chameau ainsi que son domestique, et on les promena par toute la ville, en les frappant à coups de fouets, et on les jeta dans un grand feu où ils furent brûlés à la vue de tout le peuple. Saint Eunus est appelé par les Grecs *Chronion*. — 30 octobre et 27 février.

EUPERGE (saint), *Eupergius*, confesseur, est honoré à Fréjus en Provence le 14 mars.

EUPHEBE (saint), *Euphebius*, évêque de Naples, se rendit célèbre par ses miracles au commencement du VIII° siècle, et il mourut en 713. — 23 mai.

EUPHEME (saint), *Euphemius*, martyr en Orient avec saint Apolloine, est honoré chez les Grecs le 1er mai.

EUPHEMIE (sainte), *Euphemia*, martyre à Aquilée avec trois autres, souffrit sous l'empereur Néron, et après plusieurs tourments, elle fut décapitée pour la foi chrétienne vers l'an 65. Son corps fut inhumé par saint Hermagore, premier évêque de cette ville. — 3 et 19 septembre.

EUPHEMIE (sainte), martyre à Amide en Paphlagonie avec six autres saintes femmes, est honorée le 20 mars.

EUPHEMIE (sainte), vierge et martyre, née à Chalcédoine, consacra à Dieu sa virginité et prit un habit dont la couleur sombre indiquait qu'elle avait renoncé aux plaisirs et aux vanités du monde, pour ne plus s'occuper que des pratiques de la piété et de la pénitence. Ayant été arrêtée sous l'empereur Galère, par ordre du magistrat Priscus, elle subit un interrogatoire qui lui fournit l'occasion de confesser Jésus-Christ. Il fut suivi de diverses tortures, après lesquelles on la mit en prison, où elle faisait ses délices de la prière. Elle fut ensuite condamnée à être brûlée ; ce qui fut exécuté l'an 307. Les principales circonstances de son martyre furent retracées sur un tableau qu'on voyait dans la grande église de Chalcédoine, du temps d'Astère, évêque d'Amasée, qui en fit la description. C'est dans la nef de cette superbe basilique, bâtie sur le tombeau de sainte Euphémie, que se tint, en 451, le concile général de Chalcédoine, qui proscrivit les erreurs d'Eutychès. Les Pères de ce concile attribuèrent principalement à l'intercession de la sainte l'heureuse issue de l'affaire pour laquelle ils s'étaient assemblés. On transféra depuis ses reliques dans l'église de Sainte-Sophie à Constantinople. Au VIe siècle, l'empereur Constantin Copronyme ayant voulu les faire jeter à la mer, on trouva moyen de les soustraire à la fureur de cet impie iconoclaste et on les porta à Sillivri, sur les bords de la Propontide. L'église de la Sorbonne de Paris en possédait une portion, du temps de saint Grégoire le Grand. Il y avait à Rome une église qui portait le nom de sainte Euphémie, la même, à ce que l'on croit, qui fut réparée par le pape Urbain VIII, et qui subsiste encore. L'Église grecque honore cette sainte avec la même dévotion que les plus célèbres martyrs, et sa fête est d'obligation dans presque tout l'Orient. Évagre rapporte que de son temps les empereurs, les patriarches et les fidèles se rendaient à Chalcédoine pour participer aux grâces extraordinaires qu'elle obtenait de Dieu à ceux qui réclamaient son intercession. — 16 septembre.

EUPHÉMIE (sainte), martyre en Éthiopie, a été surnommée la Crucifiée, sans doute pour indiquer le genre de son supplice. — 11 juillet.

EUPHÉMIE (sainte), n'est guère connue que par la grande dévotion qu'elle avait pour saint Michel, archange. Elle est honorée en Éthiopie le 6 juin.

EUPHÉMIE (la bienheureuse), abbesse d'Altmunster, était fille de Berthold, comte d'Andechs, et sœur de sainte Mechtilde de Diessen. Elle renonça à tous les avantages de la naissance et de la fortune pour se consacrer à Dieu dans le monastère d'Altmunster, situé entre Munich et Augsbourg en Bavière, où elle marcha à grands pas dans les voies de la perfection. Son mérite et sa sainteté la firent choisir pour abbesse de ce monastère. Elle se montra constamment un parfait modèle d'humilité, de mortification et de charité, jusqu'à sa mort qui arriva le 17 juin 1180. Son corps fut porté à Diessen, et enterré à côté de celui de sa sœur sainte Mechtilde. — 17 juin.

EUPHRAISE (saint), *Euphrasius*, évêque d'Auduxar en Espagne, fut ordonné à Rome par les saints apôtres, et envoyé en Espagne avec plusieurs autres missionnaires, pour y prêcher l'Évangile. Après avoir converti un grand nombre d'infidèles il mourut en paix à Anduxar, où il avait établi son siége et dont il fut le premier évêque. — 15 mai.

EUPHRAISE (saint), évêque en Afrique, florissait au milieu du IIIᵉ siècle. Il assista à un concile tenu à Carthage par saint Cyprien, qui lui adressa une de ses lettres. — 14 janvier.

EUPHRASE (saint), *Euphrasius*, martyr dans l'île de Corfou, avec six autres, fut converti à la foi chrétienne, ainsi que ses compagnons, par saint Jason, disciple de saint Paul. Avant leur conversion ils exerçaient le métier de brigands, et après ils versèrent leur sang pour Jésus-Christ sur la fin du Iᵉʳ siècle. — 29 avril.

EUPHRASIE (sainte), *Euphrasia*, martyre à Amide en Paphlagonie, souffrit avec six autres femmes. — 20 mars.

EUPHRASIE (sainte), vierge et martyre, ayant été arrêtée à Ancyre en Galatie, par l'ordre de Théoctène, gouverneur de la province, fut condamnée avec six autres vierges, arrêtées avec elle, à subir les outrages d'une troupe de libertins qui devaient leur ravir cette virginité dont elles étaient si jalouses. Dieu les protégea d'une manière miraculeuse en touchant le cœur de ces débauchés qui respectèrent leur vertu. Théoctène eut alors recours à un autre moyen : il voulut les établir prêtresses de Diane et de Minerve. Il les fit donc conduire hors de la ville, près d'un étang, pour les initier à leurs nouvelles fonctions; mais n'ayant pu vaincre leur résistance à l'apostasie, il les condamna à être précipitées dans l'étang, avec de grosses pierres au cou. L'ordre barbare fut exécuté et elles perdirent la vie sous les eaux, l'an 303, sous l'empereur Dioclétien. Saint Théodote, surnommé le Cabaretier, les enterra à Ancyre même, près de l'église des Patriarches, — 18 mai.

EUPHRASIE ou EUPHRAXIE (sainte), veuve, d'une illustre famille de Constantinople, alliée à la famille impériale, fut élevée de la manière la plus chrétienne, et profita des leçons de vertu qu'on lui donna dans son enfance. Elle était encore très-jeune lorsqu'elle épousa Antigone, jeune seigneur, qui était proche parent de Théodose et qui occupait à sa cour un poste distingué. Celui-ci, partageant les pieux sentiments d'Euphrasie, s'associait à ses bonnes œuvres, et leurs immenses revenus étaient presque exclusivement distribués en aumônes. Après la naissance d'une fille à qui on donna le nom de sa mère, et qui est honorée comme sainte le 13 mars, les deux époux s'engagèrent à passer le reste de leur vie dans la continence. Un an s'était à peine écoulé depuis l'émission de ce vœu qu'Antigone mourut de la mort des justes l'an 381. Théodose prit sa veuve et sa fille sous sa protection. Les partis les plus considérables de la cour recherchèrent la main de la jeune veuve, mais elle les refusa tous, et pour se mettre à l'abri des importunités auxquelles elle était exposée sous ce rapport, elle quitta secrètement Constantinople en 386, et se retira en Égypte où elle avait de grands biens. Elle visita la Thébaïde, fit des dons considérables à un grand nombre de monastères, et se fixa ensuite auprès d'une maison de religieuses qui, au nombre de cent trente, édifiaient toute la contrée. Euphrasie, qui allait souvent les voir avec sa fille, qu'elle avait emmenée avec elle, voulut leur assigner des revenus annuels, sans autre condition que de prier pour le repos de l'âme de son mari; mais la supérieure, au nom de toute la communauté, refusa cette offre généreuse, en disant qu'elles aimaient la pauvreté et qu'elles voulaient vivre et mourir pauvres. Elle accepta toutefois un peu d'huile pour l'entretien de la lampe de l'oratoire, et quelques parfums pour l'autel. La jeune Euphrasie, sa fille, n'avait que neuf ans lorsqu'elle obtint de sa mère la permission de se faire religieuse dans ce monastère, et comme cette vocation venait visiblement du ciel, Euphrasie la donna avec joie au Seigneur. Si elle ne prit pas elle-même le voile, elle n'en continua pas moins à vivre en religieuse, s'abstenant de vin, de chair et de poisson, et jeûnant jusqu'au soir. Un régime aussi austère affaiblit peu à peu sa santé, et lorsqu'elle connut que sa fin approchait, elle fit venir sa fille, qui avait alors dix ans, pour lui donner ses dernières instructions. Elle mourut en 390, et elle est honorée dans quelques églises avec saint Antigone, son mari, le 4 mars : dans d'autres églises on fait leur fête le 11 janvier.

EUPHRASIE (sainte), vierge, fille de la précédente et de saint Antigone, qui était proche parent de Théodose le Grand, et qui avait été gouverneur de Lycie, naquit à Constantinople en 480 et perdit son père l'année suivante. Sa mère ne voulut pas se remarier, quoiqu'elle fût jeune et riche; mais elle se retira avec sa fille en Égypte, où elle possédait des biens considérables, et fixa sa demeure dans le voisinage d'un monastère habité par cent trente religieuses qui faisaient l'édification de la contrée par leurs vertus et surtout par leurs austérités. Euphrasie, la mère, les visitait souvent, afin de s'avancer de plus en plus dans la perfection, à la vue de modèles aussi édifiants. Elle voulut même assigner des revenus au monastère; mais l'abbesse refusa au nom de ses religieuses, qui préféraient la pauvreté à l'abondance. La jeune Euphrasie, qui avait été fiancée à cinq ans à un jeune seigneur de la cour, n'en avait encore que sept lorsque se trouvant un jour avec l'abbesse du monastère, et celle-ci lui ayant demandé qui elle aimait davantage ou des religieuses avec qui elle se trouvait, ou de l'époux qui lui était destiné, Euphrasie répondit : *Je ne connais point mon fiancé et je n'en suis point connue, pour vous, je vous connais et je vous aime toutes.* — *Si vous nous aimez*, dit la supérieure en riant, *demeurez donc avec nous.* — *Je le veux bien, si ma mère y consent.* La pieuse mère, ravie de voir dans sa fille une disposition aussi parfaite dans un âge si tendre, donna avec joie son consentement; mais la supérieure, craignant qu'il n'y eût quelque chose d'enfantin dans ce désir, voulut éprouver sa résolution. *Ma chère fille*, lui dit-elle, *pour rester avec nous il faudra que vous vous consacriez entièrement à Jésus-Christ, que vous appreniez tout le Psautier, que vous jeûniez tous les jours, que vous pratiquiez des veilles et beaucoup d'autres mortifications.* — *J'espère être fidèle à tout*, répliqua la jeune postulante. Alors prenant entre ses mains une image du Sauveur que l'abbesse lui présentait, elle s'écria : *O Jésus, vous êtes mon Seigneur, je ne veux d'autre époux que vous seul, et je me consacre à vous pour le reste de ma vie.* Sa mère l'ayant ensuite menée devant une autre image du Sauveur, fit la prière suivante, les mains élevées vers le ciel : *Seigneur, recevez cette enfant sous votre protection : elle n'aime et ne cherche que vous; c'est à vous seul qu'elle se recommande.* Se tournant ensuite vers sa fille, elle lui dit : *Puisse le Seigneur qui a établi les montagnes sur des fondements inébranlables, vous confirmer toujours dans la crainte de son saint nom.* A ces mots elle la remit entre les mains de la supérieure, et sortit du monastère les yeux baignés de larmes. Quelques années après, étant tombée dangereusement malade, elle fit venir sa fille et lui dit : *Craignez Dieu : honorez vos sœurs et regardez-vous comme leur servante. Ne pensez point à ce que votre famille a été dans le monde, et ne dites jamais en vous-même que vous êtes issue du sang des empereurs. Soyez humble et pauvre sur la terre afin que vous méritiez de participer à la gloire et aux richesses du ciel.* L'empereur Théodose ayant appris que la veuve d'Antigone venait de mourir, envoya chercher sa fille Euphrasie afin de la marier au jeune seigneur à qui elle était promise, mais elle lui fit cette réponse : *Sachant, invincible empereur, que j'ai promis à Jésus-Christ de vivre dans une chasteté perpétuelle, voudriez-vous que je violasse ma promesse en épousant un homme mortel qui deviendra bientôt la pâture des vers? Je vous supplie, par les bontés dont vous honoriez mes parents, de disposer des biens qu'ils m'ont laissés en faveur des pauvres, des orphelins et des églises. Donnez la liberté à tous mes esclaves et accordez à mes fermiers une remise de tout ce qu'ils doivent, afin qu'étant délivrée du soin de mes affaires temporelles, je puisse servir Dieu sans obstacle. Priez le Seigneur qu'il me rende toujours digne de lui. J'ose demander la même grâce à l'impératrice, votre épouse.* Théodose ne put retenir ses larmes en lisant cette lettre, et l'ayant fait lire en plein sénat, les sénateurs pleurèrent aussi. *Voilà*, s'écrièrent-ils , *une fille digne d'Antigone et d'Euphrasie, elle fait honneur au sang illustre qui coule dans ses veines; c'est un saint rejeton d'une tige vertueuse.* L'empereur exécuta ponctuellement les intentions de sainte Euphrasie, qui, dégagée de tout soin terrestre, s'avançait à grands pas vers la perfection. Elle eut des combats à soutenir; mais les avis salutaires de son abbesse, à qui elle ouvrait son cœur, et qui était très-versée dans la conduite des âmes, la dirigèrent avec tant de sagesse, qu'elle triompha de tous les pièges du démon. Elle lui imposait quelquefois des pratiques dures et humiliantes; ainsi, un jour elle lui ordonna de transporter un tas de grosses pierres d'un lieu dans un autre. Euphrasie obéit sans répliquer, et cela pendant trente jours de suite. Cette parfaite obéissance, jointe à des austérités corporelles, lui procura bientôt une victoire complète sur l'ennemi du salut. La sévérité de la règle ne suffisant point à son ardeur pour la mortification, elle passait souvent deux, trois et quelquefois sept jours sans prendre aucune nourriture. Une servante du monastère lui demanda un jour avec aigreur pourquoi elle ne mangeait qu'une fois la semaine, et si par cette singularité elle voulait se distinguer des autres sœurs qui n'étaient point capables d'une pareille abstinence. Euphrasie ayant répondu qu'elle n'agissait ainsi que par ordre de la supérieure, la servante la traita d'hypocrite, qui cachait une vanité secrète sous des dehors humbles. Euphrasie se jeta aux pieds de son injuste accusatrice, lui demanda pardon, comme si elle eût été coupable, et la conjura de lui accorder le secours de ses prières; car elle joignait à toutes ses autres vertus une profonde humilité qui lui faisait choisir de préférence les fonctions les plus basses de la communauté, et qui sont ordinairement réservées aux personnes de service. Elle mourut en 410, âgée de trente ans, et après sa mort elle fut honorée du don des miracles, comme elle l'avait déjà été pendant sa vie. — 13 mars

EUPHRONE (saint), *Euphronius*, évêque d'Autun, se rendit recommandable par une sainteté éminente, par une prudence consommée et un profond savoir. Il n'était encore que prêtre lorsqu'il fit bâtir à Autun une église en l'honneur de saint Symphorien, et qu'il envoya à Tours du marbre pour orner le tombeau de saint Martin. Il était lié d'une étroite amitié avec les plus grands prélats de son siècle, entre autres avec saint Sidoine Apollinaire, évêque d'Auvergne, et saint Loup, évêque de Troyes. Il assista au concile d'Arles tenu en 475 contre les prédestinations, et eut beaucoup de part à la lettre adressée à Thalane d'Angers sur divers points de discipline. Il assista aussi, la même année, au concile tenu à Lyon sur le même sujet, et, selon quelques historiens, il fut du nombre de ceux qui y souscrivirent la lettre de Fauste de Riez, qui, tout en condamnant les erreurs de Pélage, n'était cependant pas exempte de semipélagianisme. Il mourut sur la fin du ve siècle, sans que l'on sache en quelle année; et il eut pour successeur saint Pragmace, qui occupait déjà ce siège en 490. Saint Euphrone fut enterré dans l'église de Saint-Symphorien qu'il avait fait bâtir et où il avait choisi sa sépulture. — 3 août.

EUPHRONE (saint), évêque de Tours, était petit-fils de saint Grégoire, évêque de Langres, dont la mémoire était en bénédiction par toute la France, et proche parent de saint Grégoire, qui lui succéda sur le siège de Tours. Étant entré fort jeune dans l'état ecclésiastique, il se fit bientôt connaître avantageusement par son mérite et par ses vertus. Le siège de Tours s'étant trouvé vacant, le roi Clotaire I*er* y nomma Caton, prêtre d'Auvergne, qui refusa d'abord, parce qu'il avait d'autres vues, et qui, quelque temps après, fit dire qu'il acceptait; mais le roi lui avait déjà substitué Euphrone, que le peuple et le clergé de cette ville lui demandaient avec instance, et qui fut sacré en 556. L'année suivante il assista au concile de Paris, où l'on fit de sages règlements touchant les biens ecclésiastiques, les ordinations des évêques et les mariages illégitimes. La ville de Tours ayant été brûlée par suite des guerres civiles qui désolaient alors la France, Clotaire contribua, par ses libéralités, à la faire sortir de ses cendres. Saint Euphrone ne négligea rien, dans cette circonstance, pour soulager son troupeau; il pourvut à la subsistance des pauvres, et trouva divers moyens de procurer des ressources aux infortunés habitants de sa ville épiscopale. Comme Clotaire les avait exemptés de la taxe, à cause de leur désastre, le saint évêque s'opposa au comte Gaison, qui voulait la faire rétablir sous Caribert, son fils. Il prit aussi le parti d'Émère, évêque de Saintes, contre Léonce de Bordeaux, son métropolitain, qui l'avait déposé sous prétexte qu'il avait été sacré pendant son absence, et contribua à le faire rétablir sur son siège. En 566, il assembla à Tours un concile où l'on fit vingt-sept canons de discipline. Quoique le roi Caribert lui témoignât une estime toute particulière, il allait rarement à la cour. S'étant mis en route pour Paris en 567, il revint sans se pas en disant que son voyage serait inutile parce que le roi venait de mourir; ce qui était vrai. Grégoire de Tours, qui fut quelque temps témoin de ses actions, assure que Dieu le favorisa du don des miracles. Sigebert, roi d'Austrasie, qui le vénérait singulièrement, le choisit pour faire la translation d'une portion de la vraie croix dans le monastère fondé à Poitiers par sainte Radegonde. Cette princesse, qui s'y était retirée, avait obtenu de l'empereur Justin cette précieuse relique. C'est à l'occasion de cette imposante cérémonie que Venance-Fortunat composa l'hymne *Vexilla regis prodeunt*. Saint Euphrone mourut le 4 août 573, après dix-sept ans d'épiscopat. — 4 août.

EUPHROSE (saint), *Euphrosius*, martyr à Thessalonique, est honoré chez les Grecs le 11 mars.

EUPHROSYN (saint), *Euphrosynus*, martyr en Orient, est honoré le 6 mars.

EUPHROSYN (saint), évêque et martyr à Nicomédie, souffrit avec saint Primien, prêtre, et neuf autres. — 1*er* janvier.

EUPHROSYN (saint), évêque d'une ville de la Pamphilie dont on ignore le nom, est honoré à Panzano en Toscane le 3 novembre.

EUPHROSYNE (sainte), *Euphrosyna*, vierge et martyre, était attachée au service de sainte Flavie Domitille et elle fut brûlée avec son illustre maîtresse à Terracine, par ordre du magistrat de cette ville, sous le règne de Trajan, vers l'an 99. — 7 mai.

EUPHROSYNE (sainte), vierge, née à Alexandrie vers l'an 414, était fille d'un personnage de grande considération, nommé Paphnuce. Dès son jeune âge, elle éprouvait un grand désir de se consacrer à Jésus-Christ dans l'état religieux; mais, voyant qu'il lui était impossible d'obtenir le consentement de son père, elle s'échappa secrètement de la ville et alla se présenter à l'abbé Théodose, qui gouvernait un monastère de 350 moines, près d'Alexandrie. Pour y être admise, et surtout pour n'être pas découverte par sa famille qui l'aurait réclamée, on dit qu'elle s'habilla en homme et qu'elle prit le nom de Smaragde. Un tel déguisement n'est pas permis, à moins que dans un cas d'extrême nécessité; mais on peut l'excuser dans Euphrosyne, à cause de la simplicité de son cœur et de ses pieuses intentions; elle était d'ailleurs très-jeune alors, et à peine âgée de dix-huit ans. L'abbé lui donna une cellule à part et la confia à un saint directeur, qui lui fit faire de grands progrès dans la perfection. Elle partageait son temps entre le travail des mains, la prière, les exercices de la vie religieuse et les pratiques de la mortification. Son père, qui visitait souvent le monastère, la voyait, sans la connaître, et recevait d'elle d'excellents avis pour la conduite de son âme : ce ne fut qu'au lit de la mort qu'elle lui découvrit qu'elle était sa fille Euphrosyne. Il fut si touché de cet exemple, qu'il quitta le monde et se retira dans la cellule que sa fille avait habitée pendant trente-huit ans. Sainte Euphrosyne florissait dans le v*e* siècle et mourut vers l'an 470. Ses reliques, qui furent apportées d'Égypte en France, sont honorées à Beaulieu près de Compiègne, le 25 septembre. — 1*er* janvier.

EUPILE (saint), évêque de Côme, florissait au commencement du vi*e* siècle; une moitié de ses reliques est à la cathédrale de cette ville dite Sainte-Marie-la-Neuve, et l'autre moitié à Saint-Abonde. — 11 octobre.

EUPLE (saint), diacre de Catane en Sicile et martyr, ayant été arrêté pendant la persécution de Dioclétien, par ordre du gouverneur Calvisien, et conduit à la salle d'audience, il n'eut pas plutôt aperçu le magistrat qu'il s'écria : *Je suis chrétien et je veux mourir pour Jésus-Christ*. Calvisien le fit approcher de son tribunal. Comme il tenait à la main le livre des Évangiles, le gouverneur lui demanda s'il l'apportait de sa maison. *Je n'ai point de maison*, répondit Euple; *mais j'avais ce livre avec moi lorsqu'on m'a arrêté*. Le juge lui ayant dit d'en lire quelque chose, il l'ouvrit et lut les passages suivants : *Bienheureux sont ceux* qui souffrent persécution pour la justice: car le royaume du ciel est à eux.... Celui qui veut venir après moi doit porter sa croix et me suivre.—Qu'est-ce que cela veut dire? C'est la loi de mon Dieu qui m'a été donnée. — Par qui? — Par Jésus-Christ, Fils du Dieu vivant. — Calvisien ayant recueilli les voix des membres du tribunal dit: Les aveux d'Euple prouvant qu'il est chrétien; qu'on le livre aux bourreaux et qu'on l'étende sur le chevalet. Lorsque cet ordre eut été exécuté, le gouverneur demanda au saint martyr s'il persistait toujours dans les mêmes sentiments. Alors Euple, faisant le signe de la croix sur son front avec celle de ses mains qui était libre, répondit: Je confesse de nouveau que je suis chrétien, que je lis les saintes Ecritures et que j'aimerais mieux mourir que de les livrer. Et comme on redoublait ses tortures, il adressa à Dieu cette prière: Seigneur, je vous rends grâces; Jésus, fortifiez-moi, puisque c'est pour vous que je souffre. Calvisien lui dit ensuite: Misérable, adore les dieux; adore Mars, Apollon, Esculape. —J'adore le Père, le Fils et le Saint-Esprit... Cette réponse lui ayant valu un redoublement de torture, il recommença à prier tant que ses forces le lui permirent, et après qu'on ne l'entendait plus, on lui voyait encore remuer les lèvres. Calvisien voyant que sa résolution était inébranlable, le condamna à perdre la tête et ordonna qu'on le conduisît au supplice, le livre des Évangiles suspendu à son cou. Un crieur public qui le précédait disait à haute voix: Voici Euple le chrétien, ennemi des dieux et des empereurs. Étant arrivé sur le lieu de l'exécution, Euple pria longtemps à genoux, ensuite il présenta sa tête au bourreau, qui la lui abattit d'un seul coup, le 12 août 304. Les chrétiens ayant enlevé son corps, l'enterrèrent après l'avoir embaumé. — 12 août.

EUPLE (saint), *Euplus*, martyr chez les Grecs, fut mis dans une peau de bœuf et exposé aux ardeurs du soleil, jusqu'à ce qu'il eût expiré. — 30 mai.

EUPORE (saint), *Euporus*, martyr en Crète avec saint Théodule et plusieurs autres, fut décapité sous l'empereur Dèce, après avoir souffert d'horribles tourments. 23 décembre.

EUPREPE (saint), *Euprepius*, évêque de Vérone et confesseur, qu'on croit avoir été disciple de l'apôtre saint Pierre, fut le premier évêque de cette ville et mourut en paix dans le 1er siècle. — 21 août.

EUPREPE (saint), martyr à Eges en Cilicie, était frère de saint Côme et de saint Damien. Il fut mis à mort avec eux l'an 303, pendant la persécution de Dioclétien. — 27 septembre.

EUPREPIE (sainte), *Euprepia*, martyre à Augsbourg, était servante de sainte Afre et avait imité les dérèglements de sa maîtresse, lorsqu'elles étaient idolâtres l'une et l'autre; mais elle l'imita aussi dans sa conversion et fut baptisée par l'évêque saint Narcisse qui l'avait instruite dans la foi chrétienne. Elle fut brûlée vive avec sainte Hilarie, mère de sainte Afre, par ordre du juge Gaius, l'an 304, pendant la persécution de Dioclétien. — 12 et 21 août.

EUPREPITE (saint), *Euprepetes*, martyr à Rome, souffrit avec saint Castule. — 30 novembre.

EUPREXIE (sainte), *Euprexia*, veuve, était mère de sainte Théognie et florissait en Sicile dans le IIIe siècle. On lui envoya de Rome le corps de sainte Agrippine, sa compatriote, qui venait d'être martyrisée à Rome pendant la persécution de l'empereur Valérien. Elle est honorée à Mène le 5 janvier.

EUPSYQUE (saint), *Eupsychius*, martyr à Césarée en Cappadoce, fut accusé d'être chrétien et jeté en prison pendant la persécution de l'empereur Adrien. Ayant été rendu à la liberté, il vendit tous ses biens et en donna une moitié aux pauvres et l'autre moitié à ses accusateurs, comme à des gens qui lui avaient rendu service. Arrêté une seconde fois, le juge Saprice le fit déchirer de coups et le condamna à mourir par le glaive. — 7 septembre.

EUPSYQUE (saint), confesseur, fut condamné aux mines de Phenne, après avoir été mutilé par ordre de Firmilien, gouverneur de la Palestine sous l'empereur Maximin II. Il est nommé dans les menées des Grecs avec saint Cartère sous le 5 novembre.

EUPSYQUE (saint), martyr à Césarée en Cappadoce, était d'une famille illustre. Marié depuis peu il souffrit le martyre avec plusieurs autres habitants de cette ville, pour avoir abattu le temple de la Fortune. Julien l'Apostat passant par Césarée lui fit ressentir les effets de sa vengeance de la manière la plus tyrannique, et non content du sang qu'il avait fait verser, il ordonna aux chrétiens de rebâtir le temple détruit; mais ils s'y refusèrent et bâtirent en l'honneur de saint Eupsyque une église dans laquelle saint Basile célébra la fête du saint martyr, huit ans plus tard, après avoir invité à cette solennité tous les évêques du Pont par une lettre que nous avons encore. — 9 avril et 7 juillet.

EUPURE (sainte), *Eupuria*, vierge, est honorée à Gaëte le 16 mai.

EUROSE (sainte), *Eurosia*, vierge et martyre en Aquitaine, fut mise à mort par les Sarrasins vers l'an 714: elle est honorée à Jacca en Aragon le 26 juin.

EUSANE (saint), *Eusanius*, prêtre, florissait au IVe siècle, il est honoré à Forconio près d'Aquila dans l'Abruzze le 7 juillet.

EUSÈBE (saint), *Eusebius*, martyr à Rome avec saint Pontien et deux autres, subit d'abord la torture du chevalet, les ceps, la fustigation, les torches ardentes, et fut enfin assommé à coups de cordes plombées, dans le IIe siècle, sous l'empereur Commode. — 25 août.

EUSÈBE (saint), diacre d'Alexandrie et martyr, se signala, pendant la persécution de l'empereur Dèce, par son courage à braver les dangers et par sa charité envers les confesseurs emprisonnés pour la foi, auxquels il rendit les plus grands services, et envers les martyrs dont il ensevelissait les corps. Lorsque saint Denis, son évêque, de qui nous apprenons ces détails, eut été arrêté, pendant la persécution de Valérien, Eusèbe ne voulut pas le quitter, et comparut avec lui devant le préfet Emilien. Il paraît cependant qu'il ne partagea pas son exil, mais qu'il continua ses secours aux martyrs et qu'il eut le bonheur de leur être associé. — 4 octobre.

EUSÈBE (saint), prêtre de l'Eglise romaine et martyr sous l'empereur Valérien, s'appliqua, lorsqu'il vit éclater la persécution de ce prince, à raffermir le courage de ses parents et de ses amis, sans rien négliger, d'un autre côté, pour amener au christianisme ceux d'entre eux qui étaient encore païens. On rapporte qu'un enfant paralytique à qui il administra le baptême, se trouva guéri après la cérémonie : ce miracle convertit saint Adrias et sainte Pauline, sa femme, que le pape saint Etienne baptisa avec leurs enfants, et qui se retirèrent avec saint Eusèbe dans une sablonnière située sur la voie Appienne, à un mille de Rome. Le greffier Maxime, que Valérien avait chargé de les arrêter, fut tout à coup possédé du démon, et ne dut sa guérison qu'aux prières d'Eusèbe et de ses compagnons. Ce prodige le convertit, et il fut baptisé par saint Etienne, qui lui donna préalablement les instructions nécessaires. L'empereur ayant appris la conversion de Maxime, le fit venir en sa présence, et la liberté avec laquelle il l'entendit parler contre les idoles l'emporta d'une telle colère qu'il le fit jeter du haut d'un pont dans le Tibre. Saint Eusèbe ayant retrouvé son corps l'enterra le 20 janvier 256, dans le cimetière de Calliste. Il fut ensuite arrêté lui-même avec Adrias et Pauline ainsi que plusieurs autres, et enfermé dans la prison Mamertine. On les en tira trois jours après, pour les effrayer par la vue des tourments dont on les menaçait, mais leur courage étant resté inébranlable, saint Eusèbe fut décapité avec saint Marcel, diacre, par ordre du juge Sécondien, le 20 octobre 256. Hippolyte, autre diacre, enleva secrètement leurs corps et les enterra dans la sablonnière qui leur avait servi quelque temps de retraite. — 20 octobre et 2 décembre.

EUSÈBE (saint), évêque de Laodicée et confesseur, souffrit pendant la persécution de l'empereur Valérien divers tourments auxquels il survécut. — 4 octobre.

EUSÈBE (saint), martyr avec neuf autres, est surnommé le *Palatin*, parce qu'il était officier du palais. — 5 mars.

EUSÈBE (saint), martyr avec saint Aphrodise et deux autres, est honoré le 28 avril.

EUSÈBE (saint), évêque de Cibaies en Hongrie et martyr, souffrit dans le IIIe siècle. — 28 avril.

EUSÈBE (saint), martyr en Phénicie, alla de lui-même trouver le préfet, et se déclarant chrétien, il fut livré à divers supplices et ensuite décapité. — 21 septembre.

EUSÈBE (saint), martyr à Corfou, fut brûlé pour la foi. Il a donné son nom à l'église abbatiale de Saint-Eusèbe de Constantinople, où il était honoré le 29 avril.

EUSÈBE (saint), prêtre et martyr à Rome, selon les uns, ou en Palestine, selon d'autres, possédait dans un degré éminent l'esprit de prière et toutes les vertus sacerdotales. Comme il déployait un grand zèle pour propager la foi chrétienne, il s'attira la haine des païens et il fut arrêté au commencement du règne de Dioclétien, et avant que les édits de persécution n'eussent été publiés. Conduit devant le président Maxence, ce magistrat lui dit : *Sacrifiez aux dieux de bon gré, sans m'obliger à vous y contraindre par la force.—Il est écrit dans une loi sacrée: Vous adorerez le Seigneur votre Dieu et vous le servirez seul. — Optez entre sacrifier ou souffrir les tourments les plus cruels.—Il est contraire à la raison d'adorer des pierres qui de toutes les choses sont la moins précieuse.— Les chrétiens sont une étrange espèce d'hommes : la mort leur paraît préférable à la vie.—Il serait impie de préférer les ténèbres à la lumière. — Les voies de douceur ne servant qu'à vous rendre plus opiniâtre, je vous déclare que si vous ne sacrifiez, vous serez brûlé vif. — Vos menaces ne m'effrayent point ; l'éclat de ma couronne se mesurera sur l'intensité des tourments que j'endurerai.* Alors Maxence le fit étendre sur le chevalet, où ses côtés furent déchirés par les ongles de fer. Pendant cette torture, Eusèbe s'écriait : *Sauvez-moi, Seigneur Jésus ; soit que nous vivions, soit que nous mourions, nous sommes toujours à vous.* Le juge, étonné de sa constance, le fit ôter de dessus le chevalet, et lui dit : *Connaissez-vous le décret du sénat par lequel il est ordonné à tous les sujets de l'empire de sacrifier aux dieux?—Les ordres de Dieu doivent l'emporter sur ceux des hommes.* Sur cette réponse, Maxence ordonna qu'il fût brûlé vif. Déjà les exécuteurs le conduisaient au bûcher, lorsque, frappé du calme et de la joie peinte sur le visage du saint martyr, il le rappela et lui dit : *Pourquoi courir à la mort que vous pouvez éviter ? Votre opiniâtreté me paraît inconcevable; changez donc de sentiment. — S'il est vrai que l'empereur m'ordonne d'adorer un métal insensible, qu'on me fasse comparaître devant lui.* Maxence le fit conduire en prison pour y passer la nuit, et dans l'intervalle il alla trouver Maximien, et lui raconta ce qui s'était passé. Le prince, sachant qu'Eusèbe en avait appelé à lui, se le fit amener le lendemain, et comme on lui disait qu'il serait touché de ses discours, il demanda si cet homme pourrait le faire changer d'avis. Non-seulement, dit Maxence, il est capable de vous faire changer, mais il peut opérer le même effet sur tout le peuple. Vous ne pourrez l'entendre sans vous sentir fortement ému et même porté à l'imiter. Maximien se l'étant fait amener, lorsqu'il parut, on fut frappé de l'éclat qui brillait sur son visage, de son aspect imposant et vénérable. Le prince, croyant remarquer en lui quelque chose de surhumain, lui dit : *Vieillard, puisque vous avez voulu paraître devant moi, parlez et ne crai-*

gnez rien. Et comme Eusèbe se taisait, il ajouta : *Répondez aux questions que je vais vous adresser. Je désire vous sauver la vie.— Si j'espère être sauvé par un homme, je ne dois plus attendre le salut que Dieu m'a promis : quoique vous surpassiez les autres hommes en pouvoir et en dignité, vous n'êtes pas moins mortel qu'eux. Je ne crains point de répéter ce que j'ai déclaré ailleurs : je suis chrétien, et ainsi je ne puis adorer du bois ou des pierres. Je ne veux adorer que le vrai Dieu dont j'ai éprouvé tant de fois la bonté. — Quel inconvénient y a-t-il,* dit l'empereur au président, *de lui laisser adorer le Dieu qu'il regarde comme supérieur à tous les autres? — Ne vous y trompez pas, prince, ce qu'il appelle Dieu est un certain Jésus que je ne connais point et qui était inconnu à nos ancêtres. Jugez-le donc selon l'équité et conformément aux lois; pour moi, je ne veux pas décider cette affaire.* Alors Maxence reprenant son interrogatoire de la veille, dit à Eusèbe de sacrifier aux dieux. — *Je ne sacrifie pas à des êtres qui ne voient ni n'entendent. — Sacrifiez, ou je vous condamne au feu, supplice dont ne pourra vous délivrer votre Dieu. — Ni le feu ni le glaive ne me feront changer, et je n'abandonnerai jamais la loi sainte que j'observe dès l'enfance. Faites de mon corps ce que vous voudrez, mon âme ne sera pas atteinte par vos tourments.* Le juge, désespérant d'en triompher, le condamna à la décapitation. Eusèbe ayant entendu sa sentence, fit cette prière : *Seigneur Jésus, je rends grâce à votre bonté, et je loue votre puissance de ce que vous me traitez comme un de vos disciples, en mettant ma fidélité à l'épreuve.* Alors une voix du ciel lui répondit : *Si vous n'aviez été trouvé digne de souffrir, vous n'auriez pu être admis au milieu des justes, dans la cour du Roi céleste.* Arrivé sur le lieu de l'exécution, il se mit à genoux, et c'est dans cette posture qu'il eut la tête tranchée, vers la fin du III° siècle. Il est nommé dans le Martyrologe dit de saint Jérôme sous le 14 août.

EUSÈBE (saint), martyr avec saint Néon et six autres, qui, après avoir été cruellement tourmentés pendant la persécution de Dioclétien, furent décapités.—24 avril.

EUSÈBE (saint), martyr à Andrinople avec saint Philippe, évêque d'Héraclée, et deux autres, souffrit l'an 304, sous l'empereur Dioclétien et non sous l'empereur Julien l'Apostat, comme le marque, par erreur, le Martyrologe romain.—22 octobre.

EUSÈBE (saint), martyr à Terracine, à qui les Martyrologes donnent le titre de moine, quoique l'état monastique n'existât pas de son temps en Italie, était un saint personnage qui ne s'occupait que de bonnes œuvres. C'est lui qui rendit les devoirs de la sépulture aux corps de saint Julien et de saint Cesaire, martyrisés à Terracine l'an 300. Il convertit aussi un grand nombre d'infidèles qu'il amenait au prêtre saint Félix pour qu'il leur conférât le baptême. Ayant été arrêté pendant la persécution de Dioclétien, il fut conduit devant le magistrat de la ville, qui, ne pouvant vaincre sa constance dans la foi chrétienne, le fit mettre en prison ; et comme il persistait dans son refus de sacrifier aux dieux, il fut condamné à mort et décapité dans la nuit même qui suivit le jour où sa sentence avait été prononcée, l'an 303. —5 novembre.

EUSÈBE (saint), pape, était Grec de naissance et succéda, l'an 310, à saint Marcel. Il montra un grand zèle pour le maintien de la pénitence canonique, surtout envers ceux qui étaient tombés pendant la dernière persécution. Cette fermeté lui attira des ennemis, entre autres Héraclius, homme turbulent, qui lui suscita des contradictions dont le saint pape triompha par sa patience. Ayant été exilé en Sicile par le tyran Maxence, il y mourut après quelques mois d'un pontificat agité, qui ne lui laissa pas le temps de faire tout le bien qui était dans son cœur. Son corps fut rapporté à Rome et placé dans les catacombes.—26 septembre.

EUSÈBE (saint), prêtre de Rome et confesseur, combattit avec beaucoup de zèle l'arianisme, sous l'empereur Constance, et se déclara hautement contre le pape Libère, lorsque celui-ci eut signé, en 357, la première confession de foi de Sirmich. L'empereur, irrité de cette conduite qui l'offensait d'autant plus qu'il était plus ardent défenseur de l'hérésie, lui assigna pour prison sa propre chambre où il passa sept mois dans une prière continuelle. Il mourut vers l'an 359 et il fut enterré dans le cimetière de Calliste. On bâtit à Rome une église de son nom, dans laquelle on gardait son corps et dont il est fait mention dans le premier des conciles tenus par le pape saint Symmaque, sur la fin du V° siècle. Comme elle tombait de vétusté, le pape Zacharie la fit rétablir au milieu du VIII° siècle. Les souffrances que saint Eusèbe endura pour la foi catholique lui ont fait donner par les uns le titre de martyr et par les autres celui de confesseur.—14 août.

EUSÈBE (saint), martyr, de Gaze en Palestine, était frère de saint Nestable et de saint Zénon, avec lesquels il fut arrêté par la populace de Gaze, sans ordre du magistrat, et traîné en prison après avoir été cruellement maltraité pendant le trajet. Les auteurs de cette arrestation s'étant ensuite rendus à l'amphithéâtre où l'on célébrait les jeux publics, se mirent à crier que les trois frères étaient des sacrilèges qui avaient profané les temples des dieux et attaqué la religion. Alors mille voix confuses demandent leur mort ; on court à la prison d'où l'on tire Eusèbe et ses frères, pour les massacrer, sans autre forme de procès. On les traîne par les pieds le long des rues, tantôt sur le dos, tantôt sur le ventre ; chacun s'arme de tout ce qui lui tombe sous la main : les uns les frappent avec des bâtons, les autres leur lancent des pierres ; les cuisiniers sortent avec des chaudières d'eau bouillante qu'ils versent sur le corps des saints martyrs et les percent avec leurs broches ; les femmes elles-mêmes viennent les piquer avec leurs fuseaux et autres instruments à leur usage.

Lorsqu'ils eurent cessé de vivre, on les traîna hors de la ville, dans le lieu où l'on jetait les bêtes mortes : là, on alluma un grand feu, et après les avoir brûlés, leurs os que le feu avait épargnés furent confondus avec ceux des animaux qui se trouvaient là, afin que les fidèles ne pussent les démêler. Mais une femme chrétienne, éclairée par une révélation du ciel, sut les reconnaître, et les ayant recueillis avec respect, elle les porta à Zénon, leur cousin, qui s'était sauvé à Majume. Ce Zénon étant devenu dans la suite évêque de cette dernière ville, il bâtit, hors des murs, une église dans laquelle il plaça ces précieuses reliques. Cependant ceux qui avaient pris part à ce crime horrible, voyant que le gouverneur de la province avait fait emprisonner les chefs de l'émeute, commencèrent à craindre les suites de leur barbare fureur. Mais Julien l'Apostat, qui régnait alors, affectant une clémence qui n'était qu'un effet de sa haine contre les chrétiens, désavoua la procédure du gouverneur, sous prétexte qu'en faisant périr deux ou trois galiléens, le peuple de Gaze n'avait fait que venger ses propres injures et celles de ses dieux. Saint Eusèbe et ses frères furent martyrisés l'an 362. — 8 septembre.

EUSÈBE (saint), évêque de Verceil, né en Sardaigne, au commencement du IV° siècle, d'un père qui mourut, à ce que l'on croit, en prison, pour la cause de Jésus-Christ, fut conduit, tout jeune, à Rome avec sa sœur par sa mère Restitute, et il y fut élevé dans la vertu et dans les sciences ecclésiastiques. Ayant été ordonné lecteur par le pape Sylvestre, une raison qui n'est pas connue lui fit faire un voyage à Verceil en Piémont, et l'évêque étant venu à mourir pendant qu'il se trouvait dans cette ville, le clergé et le peuple l'élurent d'une voix unanime, tant son mérite et sa sainteté les avaient frappés. Lorsqu'il eut reçu l'onction épiscopale, il s'appliqua à remplir avec zèle les obligations de sa nouvelle dignité, et commença par réunir dans sa maison les clercs de son église, afin de pratiquer avec eux les exercices des moines d'Orient. Saint Ambroise observe qu'il fut le premier qui ait uni en Occident la vie monastique à la vie cléricale. Sa principale occupation, ainsi que celle de la communauté au milieu de laquelle il vivait, était de louer Dieu, de vaquer à la prière, à la lecture ou au travail des mains. Le but de saint Eusèbe était de former de dignes ministres de Jésus-Christ, et le succès répondit à son attente. Plusieurs églises voulurent être gouvernées par ses disciples, et l'on vit sortir de son clergé un grand nombre d'évêques aussi recommandables par leurs vertus que par leurs lumières. Bientôt la ville de Verceil eut changé de face, et paraissait tout embrasée du désir de sa sanctification. On voyait les justes quitter le siècle pour se consacrer à Dieu et les pécheurs renoncer à leurs désordres pour embrasser la pénitence ; ces effets merveilleux étaient dus aux exhortations, et surtout aux exemples du saint évêque. Le pape Libère l'ayant député, avec Lucifer de Cagliari, vers l'empereur Constance, protecteur déclaré des ariens, il partit pour Arles dans les Gaules où l'empereur devait passer l'hiver de 354. L'objet principal de sa mission était d'obtenir la convocation d'un concile où l'on pût agir avec liberté. Constance parut consentir à la demande du pape, et il fut convenu que le concile se tiendrait à Milan, où ce prince devait se rendre au printemps suivant. Eusèbe voyant que les évêques ariens, quoique moins nombreux que les orthodoxes, seraient les plus forts parce qu'ils étaient soutenus par l'empereur, avait d'abord refusé d'assister au concile. Mais Libère et ses légats le déterminèrent à s'y rendre pour résister aux hérétiques ; ceux-ci, qui le craignaient, l'empêchèrent d'abord de paraître au concile, et ce ne fut qu'au bout de dix jours qu'il put parvenir à y être admis. Il présenta le Symbole de Nicée et demanda que tous les évêques le souscrivissent comme une règle de foi, avant d'entamer l'affaire de saint Athanase que les ariens se proposaient de faire condamner. Saint Denis de Milan, s'étant mis en devoir de souscrire, Valens, évêque de Murcie, le plus furieux des ariens, lui arracha la plume des mains et déchira le papier ; et pour empêcher que la proposition d'Eusèbe ne passât, le concile fut transféré dans le palais impérial. Alors l'affaire de saint Athanase fut mise en délibération, et plusieurs évêques catholiques, gagnés par les ariens ou intimidés par les menaces de Constance, signèrent la condamnation du saint patriarche d'Alexandrie. Saint Denis la signa aussi, parce que les ariens promettaient de recevoir, à cette condition, la foi de Nicée. Eusèbe découvrit le piège, et lorsqu'on lui présenta la plume pour signer à son tour, il fit observer qu'étant plus ancien que Denis, qui était en quelque sorte son fils, il n'était pas convenable qu'il ne signât qu'après lui. Les ariens ne sachant pas où il en voulait venir ne firent aucune difficulté d'effacer la signature de l'évêque de Milan, afin qu'Eusèbe pût signer avant lui. Ce n'était pas une question de préséance que le saint évêque de Verceil voulait soulever ; il ne voulait que faire effacer la signature de Denis, et lorsqu'il eut atteint son but, il refusa net de signer, et parla plus fortement que jamais en faveur de saint Athanase qu'il appelait le boulevard de la foi dans l'Orient. Alors l'empereur, qui, caché derrière un rideau, écoutait la discussion, fit venir Eusèbe, Denis et Lucifer de Cagliari, et les pressa vivement de souscrire à la sentence portée contre le patriarche. Ils lui représentèrent qu'il était innocent, et qu'après tout, on ne pouvait le condamner sans l'entendre. — *Je suis son accusateur, et vous devez m'en croire sur ma parole.* — *Il n'est point question ici,* dit Eusèbe, *d'une affaire civile, sur la décision de laquelle l'opinion de l'empereur doive influer.* — *Ma volonté doit passer pour règle ; les évêques de Syrie le reconnaissent ; obéissez ou vous serez exilés.* Les trois évêques lui ayant représenté qu'il rendrait un jour compte à Dieu de l'usage qu'il aurait fait de sa puissance, il entra dans une telle colère qu'il n'eut pas honte de tirer lui-même l'épée contre ces généreux défenseurs de la foi. Il fut sur le point de les condamner à mort; mais il se contenta de les exiler. Des officiers pénétrèrent dans le lieu saint, les enlevèrent du pied de l'autel où ils étaient prosternés en prières et les conduisirent dans les différents lieux assignés pour leur exil, Lucifer en Syrie, Denis en Cappadoce, et Eusèbe à Scythopolis en Palestine. Patrophile, évêque de cette ville, qui était arien, fut autorisé à le traiter comme il le jugerait à propos. Les mauvais traitements et les persécutions ne lui furent pas épargnés. Le pape Libère écrivit aux illustres exilés, les félicitant de l'honneur qu'ils avaient de souffrir pour Jésus-Christ et les exhortant à rester constamment attachés à la vraie foi. Eusèbe logea d'abord dans la maison du comte Joseph, où il fut visité par saint Epiphane, alors abbé en Palestine. Des députés de l'église de Verceil lui ayant apporté des secours, il ne put retenir ses larmes en apprenant que son troupeau détestait l'hérésie et qu'il était docile aux instructions des prêtres qu'il avait chargés de gouverner son diocèse pendant son absence. Il distribua aux pauvres et à ses compagnons d'exil la plus grande partie de ce qu'on lui envoyait de Verceil, ne se réservant presque rien pour lui-même. Mais il n'était pas au bout de ses épreuves. Le comte Joseph étant mort, les ariens et les officiers de l'empereur ne gardèrent plus de mesures à son égard : ils l'accablèrent d'outrages, jusqu'à le traîner par terre, renversé sur le dos ; puis l'ayant renfermé dans une mauvaise chambre, ils lui firent subir, pendant quatre jours, les plus indignes traitements, dans la vue de lasser sa constance; mais Eusèbe supportait tout avec une patience héroïque et sans laisser éclater une plainte. Cependant, lorsqu'il vit qu'on empêchait tout le monde, même ses diacres, d'approcher de sa personne, il écrivit à Patrophile une lettre dont la suscription portait : *Eusèbe, serviteur de Dieu et les autres serviteurs de Dieu qui souffrent pour la foi, au geôlier Patrophile et à ses officiers*. Après avoir exposé en peu de mots, au commencement de sa lettre, tout ce qu'il a souffert, il demande qu'il soit du moins permis à ses diacres de venir le voir. Il y avait quatre jours qu'il n'avait rien eu à manger, lorsque les ariens lui permirent enfin de retourner à son premier logement; mais environ un mois après, ils vinrent armés de bâtons assaillir sa demeure, firent une brèche dans le mur et, après s'être saisis de sa personne, ils le conduisirent dans un cachot avec un prêtre nommé Tégrin. Ils pillèrent ensuite tous ses effets et renfermèrent dans les prisons publiques les prêtres, les moines et les religieuses orthodoxes. Eusèbe, du fond de son cachot, écrivit à son troupeau une lettre qui est parvenue jusqu'à nous. De Scythopolis il fut transféré en Cappadoce, et de là dans la haute Thébaïde, d'où il écrivit à Grégoire,

DICTIONN. HAGIOGRAPHIQUE. I.

évêque d'Elvire, une lettre dans laquelle il l'exhorte à s'opposer courageusement à Osius, qui avait eu le malheur de tomber dans l'arianisme, et à tous ceux qui avaient abandonné la foi catholique. Il y marque un grand désir de terminer sa vie dans les souffrances; ce qui prouve qu'il joignait la fermeté d'un martyr au zèle d'un saint pasteur. Après la mort de Constance, arrivée en 361, Julien l'Apostat, son successeur, permit aux évêques exilés de retourner dans leurs diocèses. Eusèbe se rendit à Alexandrie, pour assister au concile tenu dans cette ville par saint Athanase, en 362, et où il fut décidé que les évêques qui avaient été trompés par les ariens, surtout à Rimini, et qui étaient repentants de leur chute, conserveraient leur dignité. D'Alexandrie il se rendit à Antioche, pour travailler à l'extinction du schisme qui désolait cette ville et que Lucifer de Cagliari venait encore d'augmenter, en ordonnant Paulin, évêque de cette ville. Il refusa de communiquer avec ce dernier, et se hâta de sortir d'Antioche. Lucifer, piqué de cette conduite, refusa à son tour de communiquer avec Eusèbe, ainsi qu'avec tous ceux qui, dans le dernier concile d'Alexandrie, avaient reçu à la communion les évêques précédemment tombés et leur avaient laissé leurs sièges. Telle fut l'origine du schisme de Lucifer, qui perdit, par son orgueil, le fruit de tout ce qu'il avait fait et souffert pour la cause de Jésus-Christ. Saint Eusèbe passa ensuite par l'Illyrie, confirmant sur son passage ceux qui étaient dans la foi, et ramenant à la saine doctrine ceux qui s'étaient égarés. Lorsqu'il fut de retour, l'Italie quitta son habit de deuil, suivant l'expression de saint Jérôme. S'étant joint à saint Hilaire de Poitiers, ils combattirent avec succès l'arianisme; mais ils ne purent faire quitter son siège à Auxence de Milan, malgré tous leurs efforts, parce qu'il trouva moyen de gagner la protection de l'empereur Valentinien. Saint Eusèbe mourut le 1er août 373, jour où il est nommé dans les anciens martyrologes, qui lui donnent le titre de martyr. On garde, dans la cathédrale de Verceil, son corps renfermé dans une châsse. On voit, dans la même église, un ancien manuscrit des Evangiles de saint Matthieu et de saint Marc qu'on dit être de la propre main du saint évêque, et que le roi Béranger fit couvrir de plaques d'argent, il y a près de neuf siècles. C'est sans doute à cause de la translation de ses reliques que sa fête est marquée, dans le Bréviaire romain, au 15 décembre. Saint Eusèbe avait traduit en latin le commentaire d'Eusèbe de Césarée sur les Psaumes ; mais cette traduction est perdue : il ne nous reste de lui que les lettres dont nous avons parlé plus haut. — 1er août et 15 décembre.

EUSÈBE (saint), prêtre d'Auxerre, était honoré autrefois dans cette ville avec saint Avit, diacre, le 3 mai, jour où s'était faite la translation de leurs reliques, comme on le voit par d'anciens manuscrits du Martyrologe hiéronymique. — 3 mai.

EUSÈBE (saint), évêque de Césarée en Cappadoce, était encore laïque lorsqu'il fut élu, en 362, pour succéder à Dianée, et l'un des premiers actes de son administration, fut d'élever au sacerdoce saint Basile qui se trouvait alors dans cette ville, et que Dieu destinait à être son successeur. Mais il paraît, d'après saint Grégoire de Nysse, qu'Eusèbe se laissa aller ensuite à quelques sentiments de jalousie contre Basile, dont les talents l'éclipsaient, et que ce dernier profita de cette circonstance pour quitter Césarée. L'empereur Valens s'étant rendu dans cette ville en 366, pour mettre les églises des catholiques entre les mains des ariens qu'il protégeait, Eusèbe, alarmé des dangers que courait la foi, se hâta de rappeler Basile qui l'aida à faire échouer cette tentative. Eusèbe fut si charmé des services qu'il en reçut dans cette circonstance, qu'il lui rendit son amitié et qu'il n'entreprenait plus rien sans le consulter. Il mourut en 370, et saint Grégoire de Nazianze fait de lui un bel éloge dans l'oraison funèbre de saint Basile qui lui avait succédé. Plusieurs manuscrits du Martyrologe hiéronymique, ainsi que les ménologes grecs, le nomment sous le 21 juin.

EUSÈBE (saint), évêque de Samosate et martyr, fut placé sur le siége de cette ville en 361; il assista la même année au concile d'Antioche, où se fit l'élection de saint Mélèce à laquelle il eut beaucoup de part. Quoique les ariens, soutenus par la protection de l'empereur Constance, qui se trouvait alors à Antioche, dominassent dans le concile, comme ils avaient une haute idée de la vertu d'Eusèbe, ils lui remirent l'acte d'élection de Mélèce. Mais celui-ci ayant prêché courageusement la foi catholique dans le premier discours qu'il fit au peuple d'Antioche, les ariens qui avaient compté sur lui, voyant qu'ils s'étaient trompés, résolurent sa perte, et engagèrent l'empereur à faire redemander à Eusèbe l'acte d'élection du patriarche, dans la crainte qu'on ne se servit contre eux d'une pièce dont ils ne pouvaient contester l'authenticité. Eusèbe répondit à l'envoyé du prince qu'il ne pouvait s'en dessaisir que du consentement de tous ceux qui l'en avaient rendu dépositaire. Comme on le menaçait de lui couper la main droite, s'il refusait d'obéir à l'empereur, il présenta ses deux mains, disant qu'on pouvait les lui couper l'une et l'autre, mais qu'il ne se prêterait jamais à l'injustice. Constance ne put s'empêcher d'admirer le courage héroïque du saint évêque, quoiqu'il déconcertât ses projets contre Mélèce, et il alla même jusqu'à lui donner publiquement des éloges. Eusèbe qui s'était rendu exactement aux assemblées et aux conciles des évêques ariens, dans le dessein de soutenir le parti de la vérité, ayant appris que cette conduite scandalisait quelques orthodoxes, il ne voulut plus avoir de commerce avec les hérétiques. Il assista, en 370, à l'élection de saint Basile, archevêque de Césarée, et se lia avec ce grand homme d'une sainte amitié qu'ils entretenaient par une correspondance suivie. L'empereur Valens s'étant déclaré le protecteur des ariens et le persécuteur des catholiques, saint Eusèbe mit tout en œuvre pour préserver son troupeau du poison de l'hérésie; il étendit aussi son zèle dans les diocèses voisins, et fit des voyages dans la Syrie, la Palestine, la Phénicie, pour affermir les orthodoxes dans la foi et pour pourvoir de dignes pasteurs les Églises vacantes. Dans ces courses il se déguisait en officier, de peur que, si on venait à le reconnaître, il ne lui fût plus possible de continuer le bien qu'il faisait pour le triomphe de la foi. Les ariens voyant que leur cause tombait dans le discrédit s'en prirent à Eusèbe, et obtinrent de l'empereur qu'il fût exilé en Thrace. L'officier porteur de l'ordre de Valens arriva le soir à Samosate, et en ayant informé l'évêque, celui-ci lui recommanda, dans son intérêt, de ne pas divulguer l'objet de sa mission; car, ajouta-t-il, si le peuple venait à savoir ce qui se passe, il y aurait une émeute, et je serais au désespoir qu'il vous arrivât du mal à mon occasion. Eusèbe assista, selon sa coutume, à l'office de la nuit, et quand tout le monde se fut retiré, il sortit avec un domestique fidèle, s'embarqua sur l'Euphrate, et se fit conduire à Zeugma, qui était à vingt-quatre lieues de Samosate. Aussitôt que la nouvelle de son départ fut connue, l'Euphrate se couvrit de barques montées par les habitants de la ville, qui couraient à la recherche de leur pasteur. L'ayant joint à Zeugma, ils le conjurèrent de ne pas les abandonner à la fureur des loups. Eusèbe les exhorta à mettre leur confiance en Dieu, et leur dit que les ordres de l'empereur ne lui permettaient pas de retourner avec eux. Ils lui offrirent de l'argent, des domestiques et toutes les choses qui pouvaient lui être nécessaires dans son exil, mais il n'accepta presque rien, et après avoir recommandé au Seigneur son cher troupeau, il continua son chemin vers la Thrace. Les ariens le remplacèrent, à Samosate, par un nommé Eunomius qui, voyant que tout le monde l'évitait et que personne ne se rendait aux assemblées dans les églises où il officiait, quitta son poste et sortit de la ville. Les ariens lui ayant substitué Lucius, homme violent et emporté, celui-ci fit bannir les principaux habitants de Samosate, entre autres le prêtre Antiochus, neveu de saint Eusèbe, qui fut relégué dans l'Arménie; mais ces rigueurs ne purent amener aucun catholique à communiquer avec lui, et il n'eut pas plus de succès que son prédécesseur. On rapporte que, traversant un jour la place publique où des enfants s'amusaient à jouer, ceux-ci ne voulurent plus se servir de l'instrument de leur jeu, parce qu'il avait touché aux pieds de sa mule, et le brûlèrent comme quelque chose de souillé. Après la mort de Valens, il fut permis à Eusèbe de retourner dans son diocèse où il arriva en 379. La même année, il assista au concile d'Antioche où se trouvaient la plupart des évêques de l'Orient, et où fut souscrite la lettre du pape saint Damase contre les principales hérésies de ce temps. Son exil parut avoir donné une nouvelle ardeur à son zèle : il recommença donc ses voyages pour procurer de bons pasteurs aux Eglises, et ce fut par ses soins que celles de Bérée, d'Hiéraples et de Cyr furent pourvues d'évêques catholiques. Ayant accompagné Marc, nouvel évêque de Doliche, qui allait prendre possession de son siége, comme il entrait dans cette ville toute remplie d'ariens, une femme hérétique lui lança du haut d'un toit une tuile qui l'atteignit à la tête et le blessa si gravement qu'il en mourut quelques jours après. Avant d'expirer, il fit promettre à ceux qui l'accompagnaient de ne faire aucune poursuite pour venger sa mort, qu'on place vers l'an 380. La meurtrière du saint évêque ayant été arrêtée par les magistrats, son procès était déjà commencé lorsque les amis d'Eusèbe, pour remplir ses dernières intentions, demandèrent sa grâce et l'obtinrent. Plusieurs Pères ont donné de grands éloges à ce saint évêque de Samosate ; saint Grégoire de Nazianze, entre autres, l'appelle *la colonne et le fondement de l'Eglise, la lumière du siècle... le don de Dieu... le soutien de la patrie.... la règle de la foi, et l'ambassadeur de la vérité.* — 21 juin.

EUSÈBE (saint), abbé d'un monastère de Syrie, situé entre Bérée et Antioche, embrassa dès sa jeunesse l'état monastique, dont il fut, dans son siècle, l'un des principaux ornements. Un jour qu'Ammien, son abbé, lisait l'Ecriture sainte, pour l'édification des frères, Eusèbe jeta par hasard les yeux sur des ouvriers assis dans un champ voisin ; ce qui lui causa une légère distraction dont il se punit d'une manière qui effraie la faiblesse humaine. Il se fit mettre un collier de fer attaché par une chaîne à une ceinture de même métal, qu'il porta le reste de sa vie, c'est-à-dire pendant plus de quarante ans, et qui tenait son corps dans une telle position, qu'il ne pouvait plus regarder qu'à ses pieds. Ayant été élu abbé, après la mort d'Ammien, sa pénitence était pour ses moines une prédication éloquente qui les portait à la perfection plus que les discours les plus touchants. Quoiqu'il ne fît qu'un repas tous les quatre jours ; il ne permettait pas à la communauté d'être plus de deux jours sans prendre de nourriture ; mais il leur recommandait la mortification des sens et l'exercice d'une prière continuelle, afin de sanctifier le travail des mains. Sa réputation de sainteté lui attira un grand nombre de disciples, qui se réunissaient autour de sa cellule, dont il ne sortait que pour se rendre à l'église, par une ouverture si étroite que son corps n'y passait que difficilement. Il mourut sur la fin du IVe siècle, et il est honoré le 23 janvier.

EUSÈBE (saint), évêque de Bologne et confesseur, assista, en 381, au concile d'Aquilée avec saint Ambroise. Celui-ci, dans son livre des Vierges, donne de grands éloges à l'état florissant de l'Eglise de Bologne sous un tel prélat, et surtout au grand nombre de vierges consacrées à Dieu qui en faisaient le plus bel ornement. Saint Eusèbe mourut vers l'an 400. — 26 septembre.

EUSÈBE (saint), prêtre et disciple de saint Jérôme, était de Crémone, et sortait d'une famille distinguée. Il renonça, dès sa jeunesse, aux avantages que lui promettait le monde pour se dévouer exclusivement au service de Dieu. Etant allé à Rome visiter les tombeaux des saints apôtres, il y fit la connaissance de saint Jérôme, qui était alors secrétaire du pape saint Damase, et se lia avec lui d'une étroite amitié. Le célèbre docteur se fit un plaisir de cultiver son mérite et de le diriger dans la carrière de la science et de la piété. Eusèbe accompagna son maître lorsqu'il retourna en Orient, l'an 385, et le suivit dans ses pieuses pérégrinations en Egypte, dont ils visitèrent les principaux monastères, et il se retira avec lui dans celui de Bethléem, où il se livra tout entier à la prière et à l'étude de l'Ecriture sainte. Après la mort de saint Jérôme, arrivée en 420, Eusèbe, à qui le saint docteur avait dédié ses commentaires sur Jérémie et sur saint Matthieu, fut choisi pour lui succéder dans le gouvernement du monastère. On croit qu'il mourut avant le milieu du Ve siècle. Il est honoré d'une manière spéciale à Crémone, sa patrie, le 5 mars, et à Bethléem le 19 octobre, quoique son nom ne se trouve pas dans le Martyrologe romain. On lui attribue un traité sur le mystère de la croix ; mais il n'est pas certain qu'il soit de lui. — 5 mars et 19 octobre.

EUSÈBE (saint), florissait au commencement du Ve siècle et mourut à Asique, près de Cyr en Syrie, où il est honoré le 15 février.

EUSÈBE (saint), évêque de Milan et confesseur, tint dans sa ville épiscopale, en 451, un concile où fut souscrite la lettre que saint Léon le Grand envoyait à Flavien, patriarche de Constantinople, sur l'incarnation du Verbe. Il eut saint Géronce pour successeur. — 12 août.

EUSÈBE DE THOLE (saint), moine du mont Sinaï et martyr, fut mis à mort avec plusieurs de ses confrères par les Sarrasins, dans le Ve siècle. — 14 janvier.

EUSÈBE (saint), évêque de Côme, florissait au commencement du VIe siècle et mourut vers l'an 525. Son corps se garde dans une chapelle qui porte son nom, à Saint-Abonde, et il est placé sous l'autel. — 22 mai.

EUSÈBE (saint), évêque de Fano, florissait dans le VIe siècle, et il est honoré le 18 avril.

EUSÈBE (saint), évêque de Trois-Châteaux, succéda à Victor, dont il avait été le député au IVe concile de Paris, tenu en 577. Il mourut vers l'an 600. — 23 mars.

EUSÈBE (saint), moine en Italie, est honoré à Plaisance le 24 septembre.

EUSÈBE DE STRIGONIE (le bienheureux), fondateur des Ermites de Saint-Paul, naquit à Strigonie vers la fin du XIIe siècle, et sortait d'une des plus illustres familles de la Hongrie. Après une jeunesse édifiante, il était déjà parvenu à un âge assez avancé, lorsqu'il prit la résolution de quitter le monde, et ayant distribué aux pauvres ses grands biens, il se retira dans une forêt. Bientôt il lui vint des disciples pour lesquels il fonda le monastère de Pisilie, sous le titre de saint Paul, premier ermite, et il donna à ce nouvel institut la règle des Chanoines Réguliers de Saint-Augustin. Il mourut dans son monastère le 20 janvier 1270. Son ordre s'étendit de la Hongrie dans l'Autriche et dans la Pologne, mais l'empereur Joseph II en décréta la suppression dans ses Etats sur la fin du siècle dernier. — 20 janvier.

EUSÈBE (le bienheureux), moine de Saint-Gal, fut tué d'un coup de faucille par des paysans qu'il reprenait de leurs vices. On conserve ses reliques dans son monastère, et il est honoré le 31 janvier.

EUSÉBIE (sainte), *Eusebia*, vierge et martyre à Marseille, était abbesse du monastère de Saint-Cyr, fondé par le célèbre Cassien, près de cette ville, lorsque les Sarrasins ayant pénétré en France sous la conduite d'Abdérame, et voyant que les barbares approchaient, elle détermina ses religieuses, au nombre de quarante, à se défigurer le visage afin de conserver leur chasteté par un expédient héroïque dont elle fut la première à donner l'exemple. Elle se coupa elle-même le nez, et toutes firent la même chose. Les Sarrasins étant arrivés, enfoncèrent les portes du monastère, et, saisis d'horreur à la vue d'un spectacle aussi hideux, ils massacrèrent les saintes épouses de Jésus-Christ, qui obtinrent ainsi la double couronne de la chasteté et du martyre, le 29 octobre 731. — 29 octobre.

EUSÉBIE ou YSOIE (sainte), abbesse de Hamay, était fille de saint Adalbaud et de sainte Rictrude, et sœur de saint Mauront et de la bienheureuse Glotsende. Née en 637, elle fut placée dès son jeune âge sous la conduite de la bienheureuse Gertrude, son aïeule, abbesse du monastère de Hamay, où elle prit l'habit. Gertrude étant morte en 649, sainte Eusébie, qui n'avait guère que douze ans, fut choisie pour lui succéder ; mais sa jeunesse ne lui permettant pas encore de remplir les fonctions attachées à sa dignité, sainte Rictrude, sa mère, qui était abbesse de Marchiennes, la fit venir dans son monastère, pour la former dans le grand art de gouverner une communauté. Eusébie retourna ensuite à Hamay, et quoique bien jeune encore, elle montra une sagesse au-dessus de son âge. Une humilité profonde, une douceur inaltérable, une abstinence rigoureuse, une inviolable pureté de corps et d'esprit, une fidélité parfaite à tous les points de la règle, lui concilièrent l'amour et la vénération de ses religieuses, dont elle était la mère par sa bonté et le modèle par ses vertus. Elle n'était âgée que de vingt-trois ans lorsqu'elle mourut, le 16 mars 660. La châsse qui contenait ses reliques ayant été envoyée de Hamay à Paris, en 1793, le corps de sainte Eusébie fut sauvé de la profanation, et déposé plus tard à l'archevêché ; mais il disparut pendant le pillage de ce palais en 1830, et il ne reste plus de ses reliques qu'un fragment qui avait été précédemment placé dans un reliquaire de l'église de Notre-Dame. — 16 mars.

EUSÉBIOTE (saint), *Eusebiotes*, martyr à Alexandrie, souffrit le supplice du feu pour la foi chrétienne. Les Grecs l'honorent le 27 mai.

EUSÉE (saint), *Euseus*, cordonnier à Serraval, près de Masseran en Piémont, florissait dans le xive siècle. Son corps se garde dans une église qui porte son nom. — 8 février.

EUSICE (saint), *Eusitius*, abbé de Celle, naquit à Périgueux, de parents pauvres, qui le vendirent à l'abbé de Percy. Il fut d'abord employé dans le monastère en qualité de domestique ; on l'admit ensuite au nombre des religieux. Devenu prêtre, il obtint la permission de se retirer dans un lieu solitaire, et il se fixa dans un désert du Berry. En 531, il prédit au roi Childebert Ier, qui marchait contre Amalaric, roi des Visigoths, son beau-frère, qu'il reviendrait victorieux, et cette prophétie eut son accomplissement. Eusice changea son ermitage en un monastère qui prit le nom de Celle, et qui fut bientôt peuplé d'un grand nombre de disciples. Il mourut vers l'an 542, et Childebert fit bâtir une église sur son tombeau. — 27 novembre.

EUSIGNE (saint), *Eusignius*, soldat et martyr, était parvenu à l'âge de cent dix ans, lorsqu'un jour, il rappela à Julien l'Apostat la piété de Constantin, sous lequel il avait servi, et lui reprocha d'être un déserteur de la foi de ses pères. Julien, irrité d'un langage aussi hardi, le condamna à perdre la tête, vers l'an 362, sans égards pour son grand âge et ses longs services. — 5 août.

EUSPICE (saint), *Euspicius*, abbé de Micy, était prêtre du clergé de Verdun lorsque les habitants de cette ville, qui s'étaient révoltés contre le roi Clovis, l'an 498, voyant que ce prince était sur le point de se rendre maître de la place devant laquelle il était venu mettre le siège, et craignant sa vengeance, le lui députèrent pour implorer leur pardon. Euspice, que sa sainteté rendait encore plus vénérable que ses cheveux blancs, alla se jeter aux pieds de Clovis et lui demanda, les larmes aux yeux, la grâce des coupables. Le roi se laissa toucher et entra dans la ville précédé du clergé et du peuple qui publiait à haute voix cet acte de clémence. Le roi, charmé de la sagesse et de la vertu d'Euspice, voulut le placer sur le siége de Verdun, qui était vacant par la mort de saint Firmin ; mais l'humble prêtre refusa et fit tomber le choix du prince sur saint Vannes, son neveu. Clovis détermina Euspice à le suivre avec un autre de ses neveux nommé Maximin, et il leur donna une terre où le saint vieillard fonda le monastère de Micy, dont il fut le premier abbé, et où il mourut dans un âge très-avancé, au commencement du vi^e siècle. — 14 juin et 15 décembre.

EUSQUÉMON (saint), *Euschemon*, évêque

de Lampsaque, vivait dans le viii⁰ siècle et fut exilé par les iconomaques, pour la cause des saintes images. — 14 mars.

EUSTACHE (saint), *Eustachius*, martyr, est appelé Eustate par les Grecs et se nommait Placide avant sa conversion. Il paraît être le même Placide qui servit avec distinction sous Vespasien et sous Titus, dans la guerre contre les Juifs, à la tête de la cavalerie romaine qu'il commandait, et que plus tard Trajan fit chercher par tout l'empire, pour lui confier le commandement des troupes qu'il envoyait contre les barbares; mais on ne put le découvrir, parce qu'en embrassant le christianisme il avait changé de nom et vivait dans la retraite. Après sa conversion, il distribua ses biens aux pauvres et s'appliqua à la pratique fidèle de la religion qu'il avait embrassée. Ayant été arrêté, par ordre du même Trajan ou d'Adrien, son successeur, avec sa famille, qui était aussi chrétienne, il fut condamné aux bêtes avec sainte Théopiste sa femme, et ses deux fils, Théopiste et Agape. Les bêtes ne leur ayant fait aucun mal, ils furent renfermés dans un bœuf d'airain, sous lequel on alluma du feu et ils y périrent étouffés par la chaleur. On croit que saint Eustache souffrit le martyr à Rome même, au commencement du ii⁰ siècle, et il y avait dans cette ville, dès les siècles suivants, une église de son nom qui est encore aujourd'hui un titre de cardinal. Le pape Célestin III l'ayant fait réparer sur la fin du xii⁰ siècle, mit sous le grand autel les reliques du saint martyr. Il est dit dans une charte de Philippe Auguste, de l'an 1194, que le corps de saint Eustache est dans la chapelle de son nom à Saint-Denis, ce qui ne doit s'entendre que d'une partie de ses reliques. La châsse du saint, qui était à Saint-Denis, fut pillée par les huguenots en 1567; mais avant cette époque on en avait tiré quelques ossements, qui furent placés dans l'église de Sainte-Agnès, aujourd'hui de Saint-Eustache, à Paris, où on les conserve avec vénération. Il est honoré chez les Grecs le 1ᵉʳ novembre, et chez les Latins le 20 septembre.

EUSTACHE (saint), prêtre et confesseur en Syrie, est honoré le 12 octobre.

EUSTACHE (saint), martyr à Nicée en Bithynie, souffrit vers l'an 312, pendant la persécution de l'empereur Maximin II, dit Daza. — 20 novembre.

EUSTACHE (saint), évêque en Afrique et confesseur fut exilé pour la foi, par Genséric, roi des Vandales, vers le milieu du v⁰ siècle, et mourut loin de son troupeau. — 28 novembre.

EUSTACHE (saint), surnommé Nisilon, d'une famille illustre de la Lithuanie, fut élevé dans l'idolâtrie, qui était alors la religion de son pays; mais ayant été converti au christianisme par un prêtre nommé Nestorius, qui lui administra le baptême, il se montra observateur si exact des devoirs du chrétien, qu'il préféra perdre la vie que de les transgresser. Olgerd, grand-duc de Lithuanie, dont il était chambellan, ayant voulu lui faire manger des viandes défendues un jour de jeûne, sur le refus d'Eustache, ce prince le fit mettre en prison, et, après diverses tortures, il le condamna à mort. Avant son exécution, qui eut lieu à Wilna le 13 décembre 1342, on lui meurtrit le corps à grands coups de bâtons, on lui cassa les jambes, et on lui arracha les cheveux et la peau de la tête; ensuite on le pendit à un grand chêne qui servait de potence pour les malfaiteurs, et où d'autres martyrs avaient déjà été attachés. Mais les chrétiens achetèrent du prince l'arbre et le terrain, et y bâtirent une église. Son corps est gardé dans l'église de la Trinité de Wilna, dont il est un des principaux patrons, et son chef est dans la cathédrale de la même ville. — 14 avril.

EUSTADE (saint), *Eustadius*, évêque de Bourges, avait d'abord été archidiacre d'Autun, et florissait au commencement du vii⁰ siècle. Il mourut en 607. — 31 décembre.

EUSTADIOLE (sainte), *Eustadiola*, première abbesse de Montenmoyen, florissait vers le milieu du vii⁰ siècle. Après s'être engagée dans les liens du mariage, se trouvant veuve avec une fortune considérable, elle consulta saint Florent de Bourges, son évêque, sur l'emploi qu'elle devait faire de ses richesses. Il lui conseilla de fonder un monastère de filles, connu dans la suite sous le nom de prieuré de Saint-Paul, où elle prit elle-même le voile. Elle fut ensuite établie abbesse de Montenmoyen, à la fondation duquel elle avait aussi contribué. Mais après sa mort, son corps fut inhumé, selon son désir, dans l'église de Saint-Paul, qu'elle avait fait bâtir, et il se fit plusieurs guérisons miraculeuses à son tombeau. — 8 juin.

EUSTASE ou EUSTRATE (saint), *Eustasius* ou *Eustratius*, martyr à Sébaste en Arménie, arrêté pendant la persécution de Dioclétien, fut d'abord cruellement tourmenté sous le président Lysias, ensuite sous Agricolaüs, qui le fit jeter dans une fournaise ardente. Saint Blaise, évêque de Sébaste, recueillit avec respect ses ossements, et exécuta fidèlement ses dernières volontés. Ses reliques furent portées à Rome dans la suite, et placées dans l'église de Saint-Apollinaire. — 13 décembre.

EUSTASE (saint), était le septième évêque de Naples. Sa fête, qui ne remonte qu'à l'an 1616, fut établie à l'occasion de la découverte de ses reliques, arrivée cette année. — 17 novembre.

EUSTASE (saint), abbé de Luxeuil, d'une famille noble de Bourgogne, fut élevé dans la piété et dans les sciences par Miget ou Miet, évêque de Langres, son oncle. Sa vocation le portant vers l'état monastique, il se retira dans le monastère de Luxeuil, alors gouverné par saint Colomban. Il fit, sous un tel maître, de si grands progrès dans la perfection, qu'il fut jugé digne de lui succéder dans le gouvernement de son monastère, lorsque le saint fondateur de Luxeuil fut exilé par Thierri, roi de Bourgogne, en 610. Eustase se trouva à la tête de six cents moines, qui le regardaient tous comme leur père.

Thierri étant mort, et Clotaire II s'étant emparé de ses Etats, envoya saint Eustase à Bobio en Italie, pour proposer à saint Colomban de revenir gouverner son monastère de Luxeuil. Mais il échoua dans sa mission, et, à son retour d'Italie, en 614, il se rendit à la cour de Clotaire, pour lui faire part de l'insuccès de ses instances auprès de son ancien supérieur. Comme il était accompagné de saint Chagnoald, alors religieux à Luxeuil, il s'arrêta quelques jours chez Agneric, père de celui-ci, qui demeurait près de Meaux et qui était un des principaux seigneurs d'Austrasie. Sainte Fare, fille d'Agneric, qui se trouvait malade, découvrit au saint abbé la résolution qu'elle avait prise de consacrer à Dieu sa virginité. Eustase dit au père que la maladie de sa fille ne venait que de ce qu'il l'empêchait d'exécuter sa résolution, et qu'elle en mourrait s'il ne consentait à ses pieux désirs. S'étant alors mis en prières, il lui rendit la santé en faisant sur elle le signe de la croix. Ensuite il alla trouver Clotaire, et lui remit la lettre dans laquelle saint Colomban le priait d'excuser son refus de quitter Bobbio, où sa présence était nécessaire. Revenu à Luxeuil, son zèle ne se borna pas à l'enceinte de son monastère; mais il alla prêcher l'Evangile aux habitants de la Franche-Comté et de la Bavière, dont plusieurs étaient idolâtres ou hérétiques. La réputation de sa sainteté était si bien établie, qu'un grand nombre de saints, même parmi les évêques, ne se conduisaient que par ses avis. Il mourut en 625, et eut pour successeur saint Walbert. Dès avant le XIIIe siècle, son corps fut porté à Vergaville, aujourd'hui du diocèse de Nancy, où l'on fonda un hôpital qui porta son nom. — 29 mars.

EUSTATHE (saint), *Eustathius*, martyr à Ancyre en Galatie, fut d'abord livré à divers genres de supplices, et jeté ensuite dans le fleuve Sangar; mais il en fut miraculeusement retiré par un ange, et une colombe descendue du ciel parut au-dessus de sa tête, l'invitant à y monter pour recevoir la récompense éternelle. — 28 juillet.

EUSTATHE (saint), patriarche d'Antioche, était de Side en Pamphylie, et il confessa généreusement sa foi, au commencement du IVe siècle, pendant la persécution de Dioclétien et de ses successeurs. Son savoir, son éloquence, et surtout son éminente sainteté, l'ayant fait placer sur le siége de Bérée en Syrie, il s'acquit bientôt une grande considération dans l'Eglise par son ardeur à maintenir la pureté de la foi et par la guerre qu'il faisait aux hérétiques de tous temps, surtout à l'impie Arius : ce qui lui mérita, de la part de saint Alexandre, patriarche d'Alexandrie, une lettre de félicitations, qu'il lui adressa en 323. L'année suivante, Eustathe fut élevé sur le siège patriarcal d'Antioche. Il s'opposa d'abord à sa translation, parce que les canons de l'Eglise défendent à un évêque de passer d'un siége inférieur à un supérieur; et s'il se rendit enfin, c'est qu'on lui prouva qu'il en résulterait un bien pour la religion. Mais au concile de Nicée, il travailla fortement à maintenir la discipline ecclésiastique sur ce point, et eut beaucoup de part aux règlements qu'on y fit pour défendre ces sortes de translations. Il ne se distingua pas moins, dans cette illustre assemblée, par son zèle contre l'arianisme. Théodoret nous apprend qu'il fut choisi par les Pères du concile pour officier en leur présence, et qu'il était assis le premier du côté droit, qui était le plus honorable. Après que l'empereur Constantin fut entré, il se leva et le félicita sur la grâce que Dieu lui avait faite en lui inspirant la résolution de protéger l'Eglise, qui devait à ses soins et à sa libéralité d'être réunie en concile pour décider le point de doctrine le plus important qui eût encore été agité depuis l'établissement du christianisme. Après la clôture de l'assemblée, il fut chargé d'en porter les décrets à l'empereur, pour qu'il leur donnât force de loi civile dans l'empire. De retour à Antioche, il y tint un concile pour rétablir la paix dans son Eglise, qui était déchirée par diverses factions. Il travailla ensuite à la réforme de son clergé, et, pour atteindre son but, il n'admettait aux ordres sacrés que les clercs dont la foi et les mœurs étaient éprouvées. Plusieurs de ceux qu'il avait refusés ayant depuis embrassé les erreurs d'Arius, montrèrent par là que le saint patriarche les avait bien jugés. Les soins qu'il donnait au salut de son troupeau ne lui faisaient pas négliger sa propre sanctification. Son attachement à la foi orthodoxe le porta à envoyer, dans les Eglises dépendantes de son patriarcat, des hommes capables de prémunir les fidèles contre les artifices des ariens; et comme Eusèbe, évêque de Césarée et célèbre écrivain ecclésiastique, montrait du penchant pour l'hérésie arienne, Eustathe l'accusa hautement de donner atteinte à la foi de Nicée : et ce fut la cause du violent orage qui s'éleva contre lui. Eusèbe, évêque de Nicomédie, arien déclaré, résolut, avec plusieurs évêques de son parti, du nombre desquels était Eusèbe de Césarée, de le perdre, à quelque prix que ce fût. S'étant trouvés réunis comme par hasard à Antioche, ils assemblèrent un conciliabule. Une femme sans mœurs, qu'ils avaient subornée, se présenta au milieu de l'assemblée, tenant sur son bras un enfant dont elle assura qu'Eustathe était le père. Le saint protesta qu'il était innocent, et représenta que l'Apôtre défendait de condamner un prêtre, à moins qu'il n'eût été convaincu par la déposition de deux ou trois témoins. Cette malheureuse étant tombée malade, prit la résolution de se rétracter avant de mourir; et ayant fait venir plusieurs clercs, elle déclara en leur présence que les ariens l'avaient engagée, par argent, à calomnier le patriarche; que toutefois le serment qu'elle avait fait n'était pas précisément un parjure, parce que le père de son enfant était un ouvrier en cuivre nommé aussi Eustathe. Les ariens voyant que cette première machination n'avait pas réussi, en imaginèrent une autre : ils accusèrent Eustathe de sabellianisme, accusation banale qu'ils faisaient contre tous ceux qui étaient attachés à la foi. Le patriarche et les autres évêques catholiques qui se trouvaient présents eurent beau se récrier contre la fausseté d'un pareil grief, ils ne furent point écoutés : on prononça contre le saint une sentence de déposition, et l'on offrit son siége à Eusèbe de Césarée, qui eut toutefois la pudeur de ne pas accepter. La nouvelle de la déposition de leur patriarche excita une révolte parmi les habitants d'Antioche, qui tenaient à leur pasteur ; et l'empereur Constantin, s'imaginant qu'Eustathe y était pour quelque chose, se persuada qu'il était coupable des crimes qu'on lui imputait : il lui envoya donc un ordre de se rendre à Constantinople, d'où il devait lui signifier le lieu de son exil. Le saint, avant de quitter Antioche, fit réunir les fidèles, et leur recommanda fortement de rester inébranlables dans la doctrine de l'Eglise, et cette exhortation pathétique en préserva un grand nombre du malheur de tomber dans l'hérésie. Il fut exilé, en 331, dans la Thrace, avec plusieurs prêtres et diacres ; de la Thrace, on l'envoya dans l'Illyrie. Il mourut à Philippes en Macédoine, l'an 338, et son corps fut rapporté à Antioche en 482, par Calandion, l'un de ses successeurs. Les Pères et les écrivains ecclésiastiques ont donné les plus grands éloges à la sainteté, au savoir, à l'éloquence de saint Eustathe : ils le comparent aux Athanase et aux Hilaire, pour le courage et le talent qu'il déploya dans la défense de la foi. Il fut un des premiers qui combattirent l'arianisme, et il le fit avec autant de clarté que de force. Nous n'avons plus ses ouvrages, et c'est une véritable perte, non-seulement pour la religion, mais aussi pour la littérature ; car Sozomène vante beaucoup la pureté de son style, la noblesse de ses pensées et l'élégance de ses expressions. — 16 juillet.

EUSTATHE (saint), prêtre, est honoré en Egypte le 12 octobre.

EUSTATHE DE CHARAN (saint), martyr, fut mis à mort par Isam, prince des Arabes, en haine de la religion chrétienne, et il est honoré le 14 mars.

EUSTAZE (saint), *Eustazius*, est honoré à Auch le 31 décembre.

EUSTÈRE (saint), *Eusterius*, évêque de Salerne, florissait vers le commencement du VIIe siècle. Son corps se garde dans l'église cathédrale de cette ville. Il y avait autrefois à Rome, hors des murs, une église qui portait son nom. — 19 octobre.

EUSTOCHE (saint), *Eustochius*, prêtre et martyr à Ancyre en Galatie, souffrit avec plusieurs autres sous l'empereur Galère. — 23 juin.

EUSTOCHE (saint), martyr avec saint Elpide et plusieurs autres, confessa la foi en présence de Julien l'Apostat. Ce prince, irrité de cette hardiesse, le fit attacher à la queue d'un cheval indompté. Son corps, tout déchiré, fut ensuite jeté dans les flammes et réduit en cendres, vers l'an 362. — 16 novembre.

EUSTOCHE (saint), évêque de Tours, d'une illustre famille d'Auvergne, succéda à saint Brice en 444. Il assista, en 453, au concile d'Angers, où il défendit avec chaleur les droits de l'Eglise, blessés par une loi de l'empereur Valentinien III, et prit une grande part à tout ce qu'on y régla sur la discipline. Il augmenta le nombre des paroisses de son diocèse, et fit bâtir dans sa ville épiscopale une église dans laquelle il plaça les reliques de saint Gervais et de saint Protais, que saint Martin avait reçues d'Italie. Il mourut en 461, et fut enterré dans l'église que saint Brice avait fait bâtir sur le tombeau de saint Martin. Saint Grégoire, l'un de ses successeurs, donne de grands éloges à son éminente sainteté. — 19 septembre.

EUSTOCHIE (sainte), *Eustochia*, vierge et martyre à Tarse en Cilicie, souffrit de cruels supplices sous le règne de Julien l'Apostat, et expira en priant Dieu. — 2 novembre.

EUSTOCHIE (sainte), *Eustochium*, vierge et abbesse, naquit à Rome vers l'an 364. Fille de sainte Paule et du sénateur Toxotius, elle descendait des Scipion et des Emile, deux des plus illustres familles de Rome. Elle était encore enfant lorsqu'elle perdit son père, et fut élevée par sa mère dans l'amour de Dieu et la pratique de la vertu. Elle montra de bonne heure un profond mépris pour les vanités du monde, un grand amour pour les pauvres, et une ferme résolution de n'avoir d'autre époux que Jésus-Christ. Sainte Paule avait inspiré à sa fille beaucoup d'éloignement pour le faste et les parures mondaines, voulant qu'elle fût toujours habillée avec une grande simplicité. Un jour qu'Eustochie se trouvait chez Prétextate, sa tante, celle-ci, pour faire plaisir à Hymétius, son mari, qui trouvait la mise de sa nièce trop négligée et trop au-dessous de son rang, se mit en devoir de la parer de riches atours et d'une toilette à la mode, conforme à celle des jeunes personnes de sa condition, avec l'intention de lui faire perdre le dessein qu'elle avait formé de rester vierge toute sa vie. Mais la nuit suivante un ange apparut à Prétextate, et lui dit : *Vous avez préféré les conseils de votre époux à ceux de Jésus-Christ, et vous avez osé porter sur la tête d'une vierge du Seigneur une main sacrilége ; pour vous en punir, cette main va se dessécher. Vous mourrez dans cinq mois, et si vous ne vous repentez de votre faute, vous serez précipitée dans l'enfer.* L'événement montra que le repentir était venu trop tard pour écarter l'effet de la menace, du moins quant à ce monde ; car elle mourut au bout des cinq mois. Eustochie avait à peine dix-huit ans lorsqu'elle prit, vers l'an 382, saint Jérôme pour son guide spirituel, et qu'elle s'engagea, par un vœu solennel, à rester toute sa vie dans l'état de virginité. Ce fut pour elle que le saint docteur composa, l'année suivante, son traité de la Virginité, plus connu sous le nom de *Lettre à Eustochie*, où il lui donne des instructions relatives au genre de vie qu'elle avait choisi, et qui était encore nouveau à Rome. Eustochie quitta cette ville avec sa mère en 384, et l'accompagna dans les voyages qu'elle fit en Chypre, en Syrie, en Egypte et en Palestine, et se fixa avec elle à Bethléem, dans le monastère de vierges que sainte Paule venait d'y fonder. Elle y vécut sous la conduite de sainte Paule jusqu'à la mort de celle-ci, arrivée en 404, qu'elle la remplaça en qualité de supérieure. Saint Jérôme continuait de la diriger dans les voies de la perfection; il lui donnait aussi des leçons d'Ecriture sainte et de langue hébraïque. Elle profita tellement sous un si habile maître, qu'on peut la regarder comme la personne de son sexe la plus instruite pour le siècle où elle vivait. Le saint docteur lui dédia ses commentaires sur Isaïe et sur Ezéchiel. En 416, une bande de scélérats, excités par les pélagiens, incendièrent les monastères de Béthléem, et firent mille outrages à ceux qui les habitaient. Les moines et les vierges prirent la fuite. Eustochie et la jeune Paule, sa nièce, coururent les plus grands dangers : leur habitation devint la proie des flammes, et les personnes qui leur appartenaient subirent en leur présence toutes sortes de mauvais traitements. Elles en informèrent le pape Innocent Ier, qui écrivit la lettre la plus pressante à Jean, patriarche de Jérusalem, pour qu'il eût à s'opposer aux violences des hérétiques. Sainte Eustochie mourut un an avant saint Jérôme, l'an 419, et fut enterrée auprès de sa mère. — 28 septembre.

EUSTOCHIE (la bienheureuse), religieuse de Sainte-Claire, de l'illustre famille de Calafato, par son père, et de celle des Colonne, par sa mère, naquit à Messine en 1430, et fut élevée d'une manière digne de sa naissance. Comme elle était aussi vertueuse que belle, plusieurs seigneurs de la Sicile recherchèrent sa main; mais elle refusa les partis les plus avantageux, décidée qu'elle était à n'avoir d'autre époux que Jésus-Christ. Ses parents mirent tout en œuvre pour la faire changer de résolution; ils allèrent même jusqu'à la maltraiter : rien ne put l'ébranler, et elle réussit enfin à entrer dans le monastère de Sainte-Claire de Bassicano. Son zèle pour l'exacte observance de la règle de son ordre la porta à solliciter auprès du pape Callixte III la permission de fonder un nouveau monastère, où cette règle serait rigoureusement observée : l'ayant obtenue, elle fonda, avec mille difficultés, le monastère du Mont-des-Vierges, dont elle devint ensuite abbesse. Elle s'y fit admirer par ses vertus, et surtout par sa tendre dévotion envers le saint sacrement de l'autel et envers la sainte Vierge, ainsi que par son amour pour les austérités. Elle mourut à l'âge de cinquante-quatre ans, le 20 janvier 1484. Les miracles opérés à son tombeau ont porté les fidèles à lui rendre un culte public, qui fut approuvé par Pie VI en 1782, et l'on célèbre sa fête le 28 février.

EUSTOLE (saint), *Eustolius*, évêque et martyr, souffrit à Nicomédie, et il est honoré le 7 juin.

EUSTOLIE (sainte), *Eustolia*, vierge, était née à Rome et mourut à Constantinople, sur la fin du VIe siècle. Les Grecs lui donnent le titre d'abbesse. — 9 novembre.

EUSTORGE (saint), *Eustorgius*, prêtre de Nicomédie, est honoré le 11 avril.

EUSTORGE Ier (saint), évêque de Milan, florissait dans la première partie du IVe siècle et mourut en 331. Saint Ambroise, qui fait de lui un bel éloge, lui donne le titre de confesseur. — 18 septembre.

EUSTORGE II (saint), évêque de Milan et confesseur, vécut sous Théodoric, roi des Goths, dont il fut très-vénéré. Il mourut en 518. — 6 juin.

EUSTOSE (saint), *Eustosius*, martyr à Antioche avec saint Démétrius, évêque, et vingt-un autres. — 10 novembre.

EUSTRACE (saint), *Eustratius*, supérieur du monastère d'Augare, près de Nicomédie au 9e siècle, est honoré chez les Grecs, le 9 janvier.

EUTHALIE (sainte), *Euthalia*, vierge et martyre à Leutini en Sicile, ayant embrassé le christianisme, fut mise à mort par son frère nommé Servilien qui, à la nouvelle de ce changement de religion, la perça d'un coup d'épée. Elle est aussi appelée Eulalie dans quelques martyrologes. — 27 août.

EUTHÉE (saint), martyr, souffrit avec saint Macrobe et un autre. — 7 mai.

EUTHYME (saint), *Euthymius*, diacre d'Alexandrie et martyr, mourut en prison pour Jésus-Christ. — 5 mai.

EUTHYME (saint), martyr à Nicomédie pendant la persécution de Dioclétien, encouragea au martyre plusieurs chrétiens dont il alla ensuite partager la couronne.

EUTHYME (saint), habitait Rome lorsqu'éclata la persécution de Dioclétien. Ayant quitté cette ville pour se réfugier à Pérouse, avec sa femme et son fils Crescence, il y mourut en paix vers l'an 309. — 29 août.

EUTHYME (saint), abbé en Palestine, naquit en 377, d'une famille noble et riche de Mélitine, ville de la petite Arménie, et fut le fruit de la dévotion que ses parents avaient au saint martyr Polyeucte. Il fut placé, dès son jeune âge, sous la conduite de son évêque, qui l'éleva dans la pratique des vertus chrétiennes et dans l'étude des sciences ecclésiastiques. Il lui conféra ensuite le sacerdoce et l'établit supérieur général de tous les monastères de son diocèse. Comme Euthyme se croyait redevable du bienfait de l'existence à saint Polyeucte, il lui voua une tendre dévotion, à l'exemple des auteurs de ses jours, et il se retirait souvent dans le monastère de son nom. Les fonctions de sa charge ne l'empêchaient pas de travailler à sa propre sanctification. L'amour qu'il avait pour la prière lui faisait ordinairement passer les nuits dans ce saint exercice, depuis l'Epiphanie jusqu'à Pâques, et pour y vaquer plus librement, il se retirait seul sur une montagne du voisinage. A l'âge de vingt-sept ans, il quitta secrètement sa patrie (404), alla visiter les saints lieux en Palestine, après quoi, il s'enferma dans une cellule près de la laure de Pharan, à deux lieues de Jérusalem. C'est là que, mort au monde et à lui-même, il ne conversait plus qu'avec Dieu, et joignait aux exercices de la contemplation le travail des mains, qui consistait à faire des paniers dont le produit servait à sa subsistance et au soulagement des pauvres. Après avoir passé cinq ans dans sa cellule, il se retira, avec un saint ermite nommé Théoctiste dans une caverne située entre Jéricho et Jérusalem, à quatre lieues de cette dernière ville. Ils y restèrent quelque temps inconnus, ne se nourrissant que d'herbes crues ; mais ayant été découverts, on vint de toutes parts les visiter, et, en 411, Euthyme commença à recevoir des disciples. Leur nombre fut bientôt assez considérable pour l'obliger à fonder un monastère dont il confia le gouvernement à Théoctiste. En 420, il bâtit près de là, sur le chemin de Jérusalem à Jéricho, une laure qu'il ne voulut pas non plus gouverner par lui-même, vivant dans un ermitage écarté, où les supérieurs venaient prendre ses avis le samedi et le dimanche ; ces jours-là ses disciples avaient aussi la liberté de venir le consulter, et il les accueillait toujours avec une douceur et une humilité qui lui gagnaient tous les cœurs. Il leur recommandait par-dessus tout, la mortification ; *c'est une vertu,* leur disait-il, *que vous pouvez pratiquer même à table ; vous n'avez, pour cela, qu'à en sortir avant que votre appétit ne soit entièrement satisfait ;* mais il réprouvait les jeûnes extraordinaires et les pratiques singulières, comme pouvant flatter la vanité et la volonté propre. Tous ceux qui étaient sous sa conduite s'efforçaient de retracer ses vertus, en imitant ses exemples. Euthyme fut favorisé du don des miracles. Aspébète, prince arabe, ayant inutilement consulté les médecins et les magiciens pour obtenir la guérison de Térébon, son fils, atteint d'une paralysie qui lui avait desséché la moitié du corps, le conduisit au saint abbé, qui le guérit sur-le-champ par une courte prière, accompagnée du signe de la croix. Aspébète, frappé de ce prodige, se convertit et reçut au baptême le nom de Pierre. Sa conversion fut suivie de celle d'un grand nombre de Sarrasins, et Juvénal, patriarche de Jérusalem, le fit évêque de cette nouvelle chrétienté. Le bruit de la guérison miraculeuse de Térébon lui attira un grand nombre de malades qui, se trouvant aussi guéris par ses prières, étendaient de plus en plus sa réputation, et lui attiraient de nombreuses visites. Son humilité et son amour de la solitude ne pouvant s'accorder avec cette affluence de visiteurs, il prit enfin le parti de se fixer ailleurs. Malgré les instances de ses moines, il partit avec un de ses disciples, nommé Domitien, et se rendit sur le rivage de la mer Morte, ensuite sur une montagne isolée, où il trouva un puits et les ruines d'un ancien édifice, près duquel il se construisit un oratoire. Cette montagne ne lui paraissant pas encore assez solitaire, il s'enfonça dans le désert de Ziphon et se fixa dans une caverne ; mais on finit encore par le découvrir et les visites recommencèrent. Il guérit plusieurs malades, entre autres un énergumène. Le pouvoir de ses prières, dit le moine Cyrille, auteur de sa Vie, s'étendait non-seulement sur les démons, mais encore sur les serpents et sur les bêtes les plus cruelles. Voyant de nouveau sa solitude troublée, il fut obligé de choisir une autre demeure et s'établit, toujours accompagné de Domitien, dans une retraite située à une lieue du monastère de Théoctiste, où il se rendait tous les dimanches, pour assister avec les moines à la célébration des saints mystères. Plusieurs de ses disciples ayant construit des cellules autour de la sienne, il se forma une nouvelle laure qui devint bientôt aussi célèbre que la première. Tous ces solitaires étaient dirigés par ses conseils et soutenus par ses exemples ; dans leurs peines et leurs tentations, ils s'adressaient à lui comme à l'oracle du ciel. Macon et Clémas, deux d'entre eux, ayant écouté les suggestions de l'ennemi qui les sollicitait à rentrer dans le monde, cachèrent cette tentation au saint ; mais il la connut par révélation, et étant allé les trouver, il leur parla avec bonté, les exhorta à la persévérance et finit par ranimer en eux le goût de la solitude. Dans une sécheresse qui désolait tout le pays, on vint processionnellement à sa cellule, en portant des croix et en chantant *Kyrie, eleison,* tant était grande la confiance qu'on avait dans son crédit près de Dieu ! Et comme on le conjurait de faire cesser le fléau : *Quoi !* répondit-il, *un pécheur tel que moi oserait-il se présenter devant le Seigneur, dont nos crimes ont allumé la colère. Il faut nous prosterner tous devant lui, et il nous écoutera.* Tous obéirent, et Euthyme, accompagné de quelques-uns de ses moines, alla se prosterner dans la chapelle. Aussitôt le ciel se couvrit de nuages épais, et il tomba une pluie si abondante que l'année fut extrêmement fertile. Comme les erreurs de Nestorius et d'Eutychès troublaient alors l'Eglise d'Orient, non-seulement il resta inébranlablement attaché à la foi catholique, mais il eut encore la gloire d'y ramener l'impératrice Eudoxie, qui s'était retirée en Palestine, lorsqu'elle fut devenue veuve de Théodose le Jeune. Elle avait pris chaudement la cause des eutychiens ; mais la triste nouvelle que sa fille Eudoxie, veuve de Valentinien, et ses deux petites-filles avaient été emmenées captives en Afrique par Genséric, roi des Vandales (455), la fit rentrer en elle-même. Saint Siméon Stylite, qu'elle consulta, lui répondit que ces malheurs étaient la punition du crime qu'elle avait commis en abandonnant et en persécutant la doctrine catholique ; il lui recommanda ensuite de se conformer aux avis de l'abbé Euthyme. Comme Eudoxie savait qu'aucune femme n'entrait dans l'enclos de la laure du saint, elle fit bâtir, à une lieue et demie de là, une tour, et l'envoya prier de l'y venir trouver. Euthyme se rendit aux désirs de la princesse, lui conseilla d'abjurer l'eutychianisme, de recevoir le concile de Chalcédoine, et de se séparer du faux patriarche Théodose. Elle reçut cet avis comme un ordre du ciel, et, de retour à Jérusalem, elle embrassa la communion de Juvénal, patriarche catholique de cette ville, et passa le reste de ses jours dans la pratique de la piété et de la pénitence. En 459, elle voulut assigner des revenus pour la subsistance de ceux qui habitaient la laure du saint abbé, mais celui-ci les refusa, en disant : *Pourquoi vous occuper de tant de soins? Bientôt vous paraîtrez devant le tribunal de Jésus-Christ; ne pensez donc plus qu'au compte que vous allez rendre de toute votre vie.* En effet, elle mourut peu de temps après. En 456, il avait reçu au nombre de ses disciples saint Sabas, alors âgé de dix-huit ans, et il le choisit avec Domitien pour le suivre dans la retraite qu'il faisait tous les ans au désert de Ruban, où la tradition porte que Jésus-Christ passa ses quarante jours de jeûne. Dans une de ces retraites, qui duraient depuis l'octave de l'Epiphanie jusqu'au dimanche des Rameaux, Sabas, tourmenté d'une soif ardente, fut pris d'une telle faiblesse, qu'il était près d'expirer. Euthyme s'étant mis en prières, frappa la terre de son bâton et il en sortit de l'eau qu'il fit boire à Sabas ; et cette eau miraculeuse le ranima et lui rendit ses forces. Deux autres de ses disciples, Elie et Macaire, à qui il avait prédit qu'ils seraient tous deux patriarches de Jérusalem, vinrent le trouver au commencement du carême de l'an 473, pour l'accompagner dans le désert où il avait coutume de se retirer pendant la sainte quarantaine. Il leur dit qu'il passerait la semaine avec eux, mais qu'il les quitterait le samedi. Trois jours après, il ordonna une vigile générale pour la fête de saint Antoine, qui devait se célébrer le lendemain. Le jour de la fête il exhorta ses moines à la pratique de l'humilité et de la charité, choisit Elie pour son successeur, prédit à Donatien qu'il le suivrait dans sept jours, et mourut le 20 janvier 473, à l'âge de quatre-vingt-quinze ans, après en avoir passé soixante-huit dans la solitude. Après sa mort, il apparut à plusieurs personnes, et il s'opéra un grand nombre de miracles à son tombeau. Saint Sabas, l'un de ses plus chers disciples, faisait sa fête tous les ans, et bientôt elle fut célébrée par les Grecs, qui lui donnent toujours le titre de Grand, et ensuite par les Latins. — 20 janvier.

EUTHYME (saint), évêque de Sardes et martyr, embrassa d'abord la vie monastique et fut ensuite tiré de sa solitude pour être placé sur le siège de Sardes en Lycie, sous le règne de Constantin VI et d'Irène, sa mère. Il parut avec éclat au second concile général de Nicée, tenu en 787, contre les iconoclastes, et fut ensuite exilé par l'empereur Nicéphore pour avoir donné le voile à une vierge qui avait pris la fuite, afin d'éviter les pièges tendus à sa chasteté. La mort de ce prince lui ayant permis de retourner à son église en 811, il prit hautement la défense de la doctrine catholique, persécutée par Léon l'Arménien, et il osa même plaider la cause de l'Eglise en présence de ce prince. Cette généreuse hardiesse le fit condamner de nouveau à l'exil. Rétabli une seconde fois sur son siège, son zèle à combattre les iconoclastes le fit reléguer au cap d'Acrite en Bithynie, où il fut renfermé dans une étroite prison. Il y fut frappé si cruellement à coups de nerfs de bœuf, qu'il en mourut huit jours après, vers l'an 820. — 26 décembre et 11 mars.

EUTHYME (saint), évêque de Madytes, dans l'Hellespont, fut surnommé le Thaumaturge, à cause du grand nombre de miracles qu'il opérait. — 2 et 18 avril.

EUTROPE (saint), *Eutropius*, premier évêque de Saintes et martyr, vint au IIIe siècle prêcher l'Evangile dans les Gaules, et son zèle pour la conversion des païens lui coûta la vie. Il versa son sang dans la ville de Saintes, et la violence de la persécution ne permit pas aux fidèles qu'il avait gagnés à Jésus-Christ de l'enterrer dans un lieu convenable. Dans la suite, on ne se souvint plus que de son zèle et de sa sainteté. Saint Grégoire de Tours rapporte que Pallade, évêque de Saintes au VIe siècle, ayant fait bâtir une église en l'honneur de saint Eutrope, et voulant y placer ses reliques, invita plusieurs abbés à la cérémonie de cette translation. Lorsque le tombeau eut été ouvert, deux abbés aperçurent un coup de hache à la tête du saint. La nuit suivante, saint Eutrope leur apparut et leur dit que c'était par ce coup qu'on lui avait ôté la vie ; c'est ainsi qu'on reconnut qu'il était martyr. Son chef se garde dans l'ancienne église cathédrale, aujourd'hui paroissiale, qui portait son nom. Elle fut rebâtie par l'évêque Léonce, l'un de ses successeurs, et Venance Fortunat a composé un petit poème en son honneur. Le reste de son corps fut détruit en grande partie par les huguenots au XVIe siècle ; on en récupéra cependant quelques parcelles qui se trouvent dans l'église de la Trinité, à Vendôme. — 30 avril.

EUTROPE (saint), martyr à Porto, est honoré le 15 juillet.

EUTROPE (saint), soldat et martyr avec saint Cléonice et un autre, fut crucifié à Amasée dans le Pont, par ordre du juge Asclépiade, pendant la persécution de l'empereur Dioclétien. — 3 mars.

EUTROPE (saint), lecteur de l'église de Constantinople et martyr, était d'une famille patricienne, et reçut une éducation distinguée. Quoique jeune encore, il s'était déjà fait remarquer par la sainteté de sa vie, lorsqu'il fut arrêté à l'occasion de l'incendie qui consuma l'église patriarcale de Sainte-Sophie, l'an 404. Comme il était très-attaché à saint Jean Chrysostome, qui venait d'être exilé pour la seconde fois, Optat, gouverneur de la ville, le fit mettre à la torture pour le forcer à révéler les auteurs de l'incendie, qu'on soupçonnait être les amis du saint patriarche. Cette cruauté ne servit qu'à faire éclater dans Eutrope, qui était d'une constitution frêle et délicate, la puissance de celui qui sait confondre ce qu'il y a de plus fort par ce qu'il y a de plus faible. Optat le fit d'abord battre de verges; on lui déchira ensuite le visage et tous les membres avec des ongles de fer, de manière que son corps n'était plus qu'une plaie sur laquelle on promenait des torches ardentes. Le saint martyr souffrit ces affreux supplices avec une fermeté héroïque, et ne cessa de réclamer hautement en faveur de la justice et de la vérité, indignement violées dans la cause du saint patriarche. On le fit transporter dans une prison, où il expira des suites de ses tortures, l'an 404. Selon Pallade, il expira sur le théâtre même de son supplice, en présence du peuple, frémissant d'indignation. Quoi qu'il en soit, Dieu attesta bientôt sa sainteté par de nombreux miracles. — 12 janvier.

EUTROPE (saint), abbé à Saintes, succéda à saint Martin dans le gouvernement du monastère que celui-ci avait fondé en cette ville. On ignore les détails de sa vie, ainsi que l'année de sa mort; mais on sait qu'il florissait vers le milieu du ve siècle. — 7 décemb.

EUTROPE (saint), évêque d'Orange, naquit au commencement du ve siècle, d'une famille noble et riche de Marseille. Il s'engagea d'abord dans les liens du mariage; mais, après la mort de sa femme, il entra dans l'état ecclésiastique. Eustathe, évêque de Marseille, frappé de l'éclat de ses vertus, l'engagea à recevoir la prêtrise; mais ce ne fut pas sans peine qu'il triompha d'une résistance qui provenait uniquement de l'humilité. Eutrope, devenu prêtre, embrassa un genre de pénitence très-sévère, dans la vue d'expier les fautes qu'il avait commises dans le monde, consacrant les jours et une grande partie des nuits à la prière et aux larmes, pratiquant des jeûnes rigoureux et d'autres austérités que lui inspirait sa ferveur. Il reçut une grande consolation de deux songes mystérieux, dans lesquels Dieu lui fit connaître que ses fautes étaient pardonnées. Le clergé et le peuple d'Orange l'élurent pour succéder à l'évêque Juste, qui venait de mourir. Après son sacre, il se mit en route pour aller prendre possession de son siège; mais il fut tellement effrayé de l'état de désolation où il vit sa ville épiscopale, que la guerre avait dévastée, qu'il prit la fuite, craignant de ne pouvoir bien gouverner un peuple aussi maltraité. Dieu permit qu'il rencontrât un saint homme, nommé Aper, qui lui fit sentir que sa fuite était contraire à la volonté du ciel. *C'est*, lui dit-il, *un piège que le démon vous a tendu. Allez donc prendre soin d'une église dont vous avez été établi pasteur: elle sera assez noble et assez riche, pourvu qu'elle soit ornée des vertus de ses enfants. C'est à vous de l'enrichir: prenez pour modèle saint Paul qui travaillait de ses mains pour pourvoir à ses besoins et à ceux des autres.* Eutrope, ranimé par cette exhortation, retourna sur-le-champ à Orange, où il se livra tout entier à la sanctification de son troupeau. Il menait une vie extrêmement dure, travaillait des mains et cultivait même la terre pour avoir de quoi vivre et de quoi assister les pauvres. On ignore l'époque de sa mort, mais il vivait encore en 475, puisqu'il signa en cette année la lettre de Fauste de Riez contre le prêtre Lucide, qui errait au sujet de la prédestination. Nous avons encore une lettre que saint Sidoine Apollinaire lui adressa. — 19 mai.

EUTROPIA (sainte), *Eutropia*, martyre à Alexandrie, qui, visitant les martyrs pendant la persécution de Dèce, fut associée à leurs tourments, et expira au milieu des supplices. — 30 octobre.

EUTROPIE (sainte), vierge et martyre à Palmyre en Syrie, n'avait que douze ans lorsqu'elle versa son sang pour Jésus-Christ sous le président Lysimaque, pendant la persécution de Dioclétien. — 15 juin.

EUTROPIE (sainte), martyre à Augsbourg, était servante de sainte Afre. Elle l'imita dans sa conversion comme elle l'avait imitée dans ses désordres, et fut baptisée par le saint prêtre Narcisse. Sa maîtresse ayant été martyrisée près d'Augsbourg, dans une île que forme le Lech, Eutropie, qui avait assisté de loin à son exécution, passa dans l'île et resta auprès de son corps. Sainte Hilarie, mère de sainte Afre, l'ayant fait transporter, la nuit suivante, dans le tombeau de sa famille; le juge, informé de ce fait, envoya des soldats, avec ordre de faire sacrifier Hilarie et les personnes qui l'avaient aidée dans ce pieux devoir. Sur leur refus, elles furent renfermées dans le tombeau où l'on mit le feu; c'est ainsi qu'Eutropie consomma son martyre, à Augsbourg, l'an 304, pendant la persécution de Dioclétien. — 12 août.

EUTROPIE (sainte), veuve, d'une famille distinguée d'Auvergne, florissait du temps de saint Sidoine Apollinaire. Après la mort de son mari, elle se consacra à la pratique de la pénitence et à toutes sortes de bonnes œuvres. La perte de son fils et celle de son petit-fils furent pour sa tendresse maternelle des épreuves bien sensibles, qu'elle supporta avec un grand courage. Sa patience fut aussi exercée par l'injustice de quelques hommes qui lui suscitèrent des procès pour la dépouiller de sa fortune. Elle mourut saintement vers le milieu du ve siècle. — 15 septembre.

EUTROPIE (sainte), vierge et martyre à Reims, était sœur de saint Nicaise, évêque de cette ville, et fut d'abord épargnée, lors de la prise de Reims par les Huns, qui, de la Germanie avaient fait irruption dans les Gaules, sous leur roi Attila; mais voyant qu'on ne lui faisait grâce de la vie que pour la réserver à d'autres dangers qu'elle redoutait plus que la mort, elle s'écria qu'elle aimait mieux mourir que de perdre sa foi et son honneur. A peine elle eut proféré ces paroles, qu'on la massacra, vers le milieu du ve siècle. Elle fut enterrée avec saint Nicaise dans le cimetière de l'église de Saint-Agricole. — 14 décembre.

EUTYCHE (saint), *Eutychius*, disciple de saint Jean l'Évangéliste, souffrit en différents pays où il allait prêcher la parole de Dieu, la prison, le fouet et le feu : il mourut en paix sur la fin du 1ᵉʳ siècle. — 24 août.

EUTYCHE (saint), martyr à Rome, fut enterré dans le cimetière de saint Calliste. Plus tard, son corps fut transporté dans la basilique de Saint-Laurent, et le pape saint Damase a composé son épitaphe en vers. — 4 février.

EUTYCHE (saint), martyr à Férentino, dans la Campagne de Rome, est honoré le 15 avril.

EUTYCHE (saint), diacre et martyr dans la Mauritanie césarienne, scella de son sang la foi chrétienne qu'il avait prêchée aux païens, dont il convertit un grand nombre. — 21 mai.

EUTYCHE (saint), martyr à Nyon, en Suisse, souffrit avec saint Zotique et un autre. —4 juin.

EUTYCHE (saint), martyr en Thrace avec saint Plaute et un autre, est honoré chez les Grecs le 29 septembre.

EUTYCHE (saint), martyr en Espagne, y souffrit avec deux autres.—21 novembre.

EUTYCHE ou TOY (saint), martyr en Espagne dans le iv⁵ siècle, est patron d'un prieuré dépendant de la Seauve. Il est honoré à Mérida sous le nom de saint Oye. — 11 décembre.

EUTYCHE (saint), prêtre et martyr à Ancyre en Galatie, souffrit avec saint Domitien, diacre. — 28 décembre.

EUTYCHE (saint), martyr à Alexandrie, avec plusieurs autres, fut mis à mort l'an 356 sous le règne de Constance, du temps que Georges, évêque arien, occupait le siège patriarcal de cette ville, dont il s'était emparé par violence. — 26 mars.

EUTYCHE (saint), évêque de Côme, florissait au commencement du vi⁵ siècle et mourut vers l'an 532. Son corps se garde à Vico sous le grand autel de l'église de Saint-Georges. — 5 juin.

EUTYCHE (saint), abbé d'un monastère près de Norcia en Italie, vivait en ermite dans une solitude et instruisait dans la religion les habitants du pays, lorsqu'il fut choisi vers l'an 528, pour gouverner un monastère du voisinage par l'élection des religieux. Il laissa son ermitage à saint Florent, son disciple, avec quelques brebis. Sous son gouvernement, la communauté prospéra pour le spirituel et pour le temporel. Il mourut vers l'an 540 et il fut enterré dans l'église abbatiale. Plus tard, son corps fut transporté avec celui de saint Spé, l'un de ses prédécesseurs, dans une autre église. En 1492, sa fête fut établie à Norcia et dans tout le diocèse, et elle y est d'obligation. — 25 mai.

EUTYCHE (saint), martyr en Sicile, était frère de saint Victorin et de sainte Flavie. Il fut massacré avec l'abbé saint Placide et un grand nombre de moines, vers l'an 546 par des pirates, qui firent une descente près de Messine, et dont le chef s'appelait Mamucha. — 5 octobre.

EUTYCHE (saint), patrice et martyr à Carres en Mésopotamie, fut mis à mort pour la foi chrétienne par Évélid, roi des Arabes, l'an 741. Ses reliques ont opéré un grand nombre de guérisons miraculeuses. — 14 mars.

EUTYCHÈS (saint), martyr, était attaché au service de sainte Flavie Domitille et fut exilé avec elle dans l'île Pontie. Rendu à la liberté sous l'empereur Nerva, les conversions qu'il opérait le firent arrêter de nouveau sous Trajan, et il fut condamné à mort par le juge Valérien. — 15 avril.

EUTYCHÈS (saint), martyr à Pouzzoles avec saint Janvier, évêque de Bénévent, et plusieurs autres, qui, après avoir souffert les chaînes et la prison, furent décapités l'an 305 pendant la persécution de Dioclétien, par ordre de Timothée, gouverneur de la Campanie. Saint Eutychès fut enterré avec honneur à peu de distance de Pouzzoles, et l'an 400, son corps fut transporté dans cette ville. — 19 septembre.

EUTYCHIE (sainte), *Eutychia*, veuve et martyre à Thessalonique, ayant été arrêtée avec sainte Agape et quatre autres chrétiennes, pour avoir refusé de manger des viandes immolées aux dieux, comparut devant Dulcétius, gouverneur de Macédoine. Lorsque son tour d'être interrogée fut venu, Dulcétius lui dit : *Eutychie, vous serez plus raisonnable que vos compagnes.* — *Leurs sentiments sont les miens.* — *Êtes-vous mariée ?* —*Mon mari est mort. — Y a-t-il longtemps ?* — *Depuis sept mois.* — *De qui êtes vous donc enceinte ?* — *Du mari que Dieu m'avait donné.* — *Croyez-moi, obéissez à l'édit des empereurs.* — *Non, seigneur, je suis chrétienne et servante du Dieu tout puissant ; je ne veux obéir qu'à lui.* — *Qu'on la mène en prison et qu'on ait soin d'elle, jusqu'à ce qu'elle soit accouchée.* Comme elle a le titre de martyre, dans les Actes de sainte Agape, il y a lieu de croire qu'elle fut exécutée peu de temps après la délivrance de son fruit, l'an 304, sous le règne de Dioclétien. — 3 avril.

EUTYCHIEN (saint), *Eutychianus*, martyr avec saint Stratège, fut brûlé vif pour la foi, et il est honoré chez les Grecs le 19 août.

EUTYCHIEN (saint), pape et martyr, succéda à saint Félix en janvier 275 et gouverna l'Eglise près de neuf ans. C'est lui qui ordonna qu'on ensevelirait les corps des martyrs dans des tuniques de pourpre. Il en ensevelit lui-même, de ses propres mains, trois cent quarante-deux, et il eut ensuite le bonheur de leur être associé le 28 décembre 283, ayant été mis à mort pour la foi, sous l'empereur Numérien, et il fut enterré dans le cimetière de Calliste. — 28 décembre.

EUTYCHIEN (saint), martyr à Nicomédie, fut d'abord condamné aux bêtes qui ne lui firent aucun mal ; il fut ensuite brûlé vif. — 17 août.

EUTYCHIEN (saint), martyr à Byzance, souffrit avec saint Diomède et plusieurs autres. — 2 septembre.

EUTYCHIEN (saint), martyr en Campanie, souffrit pendant la persécution de l'empereur Dioclétien. — 2 juillet.

EUTYCHIEN (saint), martyr, frère de saint Pascase et de saint Paulille, était Espagnol de naissance. Ayant été proscrit par Genséric, roi des Vandales, pour avoir refusé d'embrasser l'arianisme, il eut à souffrir dans son exil de cruels tourments par suite desquels il expira, vers le milieu du v° siècle. — 13 novembre.

EUTYQUE (saint), *Eutychius*, martyr à Nicomédie, était, à ce que l'on croit, page de Dioclétien et souffrit l'an 303, au commencement de la persécution de ce prince. — 15 mars.

EUTYQUE (saint), *Eutyquius*, l'un des quarante martyrs de Sébaste en Arménie, qui servaient dans les armées de l'empereur Licinius, et qui ne voulurent pas se soumettre à l'édit de ce prince qui défendait de confesser Jésus-Christ. Agricola, gouverneur de la province, les condamna à passer la nuit, tout nus, sur un étang glacé, et comme il faisait un froid rigoureux le lendemain, presque tous étaient morts. Leur martyre eut lieu l'an 320, et saint Basile, qui nous a conservé leurs noms, a aussi fait un discours en leur honneur. — 10 mars.

EUTYQUE (saint), patriarche de Constantinople, était moine d'Amasée, lorsque l'empereur Justinien, ayant eu occasion de le connaître, le prit en affection et le fit placer sur le siége de la ville impériale. Il présida en 553 au concile général tenu à Constantinople, où l'on condamna les trois chapitres. Justinien étant ensuite tombé dans l'erreur des incorruptibles, fit un édit pour rendre cette rêverie obligatoire dans l'empire. Eutyque refusa de le signer; le prince le fit déposer dans un synode et l'envoya en exil. L'empereur Justin le rappela en 565, et le patriarche remonta sur son siége et publia sur la résurrection des corps un ouvrage où il disait que les corps ressuscités seraient si déliés, qu'ils ne pourraient plus être palpables. Saint Grégoire le Grand, alors député du pape Pélage II à la cour de Constantinople, le détrompa de son erreur, peu de temps avant sa mort, qui eut lieu l'an 582, à l'âge de soixante-dix ans. En mourant, il voulut donner une marque publique de l'orthodoxie de ses sentiments sur la résurrection, et, prenant sa peau avec la main, il dit en présence de l'empereur: *Je confesse que nous ressusciterons tous en cette même chair*. Il est honoré à Venise, dans le monastère de Saint-George-Majeur, où se trouvent ses reliques. — 6 avril.

EUTYQUE (saint), surnommé l'*Esturomène*, est honoré chez les Grecs le 2 septembre.

EUTYQUE (saint), évêque de Noyon, florissait dans le VIII° siècle, il est honoré dans sa ville épiscopale le 10 septembre et à Tournay le 4 du même mois. — 4 et 10 septembre.

EUTYQUÈS (saint), soldat et l'un des quarante martyrs de Sébaste en Arménie, souffrit l'an 320, pendant la persécution de l'empereur Licinius, et fut exposé nu avec ses compagnons sur un étang glacé. Le lendemain leurs corps furent réduits en cendre sur un bûcher, par ordre du président Agricolaüs. — 10 mars.

EUTYQUÈS (saint), martyr, est honoré le 2 juillet.

EUVERTE (saint), *Evertius*, évêque d'Orléans, fut d'abord sous-diacre de l'Eglise romaine, suivant le martyrologe, qui nous apprend qu'il fut miraculeusement désigné pour le siége d'Orléans par le moyen d'une colombe. On sait qu'il assista en 374 au concile de Valence en Dauphiné; mais on ignore les autres détails de sa vie. Sa réputation de sainteté lui attira plusieurs disciples, entre autres saint Agnan, qu'il ordonna prêtre et auquel il confia le gouvernement du monastère des Orgérils, situé dans un des faubourgs d'Orléans. Saint Euverte, sentant sa fin s'approcher, demanda Agnan pour successeur; ce qui lui ayant été accordé, il quitta l'administration de son diocèse et mourut peu de temps après, le 7 septembre 391. Ses reliques furent depuis transférées à l'abbaye qui porte son nom à Orléans, et son culte était autrefois très-célèbre, non seulement en France, mais même en Angleterre. — 7 septembre.

EVAGRE (saint), *Evagrius*, martyr à Tomes en Scythie, souffrit avec saint Bénigne. — 3 avril.

EVAGRE (saint), martyr à Tomes dans le Pont, souffrit avec saint Prisque et un autre. — 1er octobre.

EVAGRE (saint), martyr à Rome, avec saint Priscien et plusieurs autres, est honoré le 12 octobre.

EVAGRE (saint), évêque de Constantinople, fut élu par les catholiques, après la mort d'Eudoxe, en 370. Les ariens, de leur côté, venaient d'élire pour le même siège Démophile de Bérée, et cette double élection excita des troubles dans la ville impériale. L'empereur Valens, qui se trouvait à Nicomédie, y envoya des troupes, avec ordre de se saisir d'Evagre et de le conduire en exil. On ignore le lieu où il fut relégué; ce que l'on sait, c'est qu'il mourut avant d'être rendu à son troupeau, vers l'an 380. La persécution dont il fut la première victime s'étendit sur un grand nombre d'orthodoxes, et elle a été décrite par saint Grégoire de Nazianze. Les Grecs et les Latins honorent saint Evagre comme confesseur le 6 mars.

EVANGÈLE (saint), *Evangelius*, martyr à Alexandrie, souffrit avec quinze autres. — 27 mai.

EVARISTE (saint), *Evaristus*, pape et martyr, succéda à saint Anaclet, sous le règne de Trajan. Sous son pontificat l'Eglise fut attaquée au dehors par la persécution et au dedans par divers hérétiques. On lui attribue l'institution des titres ou paroisses de Rome, ainsi que celles des diaconies. La plupart des martyrologes lui donnent le titre de martyr, et l'on croit qu'il souffrit, sous l'empereur Trajan, l'an 102. — 26 octobre.

EVARISTE (saint), martyr en Crète avec saint Théodule et plusieurs autres, subit divers tourments et fut ensuite décapité pendant la persécution de l'empereur Dèce. — 23 décembre.

EVARISTE (saint), martyr à Césarée en Palestine, était frère de saint Carpon et de saint Priscien : il souffrit pendant la persécution de l'empereur Dioclétien. — 14 août.

EVASE ou VAS, (saint), *Evasius*, évêque de Casal en Italie et martyr, est honoré le 1er décembre.

EVASE (saint), évêque de Brescia en Lombardie, est honoré le 2 décembre.

EVE (sainte), *Æva*, martyre à Abitine en Numidie, souffrit avec saint Félix et un autre. — 30 août.

EVE (sainte), *Eva*, martyre à Carthage, fut arrêtée à Abitine, ville d'Afrique, un dimanche pendant qu'elle assistait à la collecte, c'est-à-dire à la célébration des saints mystères. Saint Saturnin, saint Datif et quarante-six autres furent aussi arrêtés avec elle, et on les conduisit, chargés de chaînes, à Carthage. Elle comparut devant le proconsul Anulin, qui lui fit subir des tortures si cruelles, qu'elle mourut peu après dans la prison l'an 304, pendant la persécution de Dioclétien. — 11 février.

EVE (sainte), *Eva*, patronne de Dreux, est honorée comme vierge et martyre dans cette ville, où l'on garde ses reliques dans l'église de Saint-Etienne. — 6 septembre.

EVELLE (saint), *Evellius*, l'un des officiers de Néron, se convertit à l'occasion du martyre de saint Torpès, et il fut décapité pour la foi, peu de temps après qu'il eut embrassé le christianisme. — 11 mai..

EVELPISTE (saint), martyr à Rome avec saint Justin, apologiste de la religion chrétienne, fut arrêté en même temps que lui et conduit devant le préfet Rustique. Celui-ci l'ayant interrogé sur son état et sur sa religion, *Je suis esclave de l'empereur*, répondit-il, *mais je suis chrétien et affranchi de Jésus-Christ.* — *Est-ce Justin qui vous a rendu chrétien ?* — *J'allais avec plaisir entendre ses instructions, mais c'est de mes parents que j'ai appris la religion que je professe.* — *Où sont-ils, vos parents ?* — *Ils sont en Cappadoce.* Sur son refus de sacrifier aux dieux, il fut battu de verges et ensuite décapité avec saint Justin et plusieurs autres, l'an 167, sous l'empereur Marc-Aurèle. — 13 avril et 1er juin.

EVENCE (saint), *Eventius*, martyr à Rome avec le pape saint Alexandre, fut emprisonné pendant long-temps. Il fut ensuite livré aux flammes et enfin décapité par ordre du juge Aurélien, l'an 119, sous l'empereur Adrien. Son corps fut enterré avec celui de saint Alexandre sur la voie Nomentane. On le transféra dans la suite dans l'église de Sainte-Sabine. — 3 mai.

EVENCE (saint), l'un des dix-huit martyrs de Saragosse, souffrit pendant la persécution de l'empereur Dioclétien. Il fut mis à mort avec ses compagnons, par ordre de Dacien, gouverneur de l'Espagne, l'an 304. Ses reliques, ainsi que celles de ses dix-sept compagnons, furent découvertes en 1389. — 16 avril.

EVENCE (saint), évêque de Vienne en Dauphiné, florissait dans la seconde partie du VIe siècle et mourut en 586. — 3 février.

EVENT (saint), *Eventius*, évêque d'Autun, florissait sur la fin du IVe siècle et mourut vers l'an 405. — 12 septembre.

EVERGILE (saint), *Ebregisilus*, évêque de Cologne, fut élevé par saint Séverin, évêque de cette ville, qui lui conféra les saints ordres et l'employa dans le gouvernement de son diocèse. Après la mort du saint évêque arrivée en 403, Evergile fut élu unanimement par le clergé et le peuple pour lui succéder, comme étant le plus propre par ses vertus et par ses talents à continuer le bien commencé par saint Séverin et à défendre la foi de Jésus-Christ contre les hérésies qui infestaient alors les Gaules, et surtout contre l'arianisme. Evergile gouverna son troupeau avec autant de zèle que de sagesse. Il visitait souvent ses paroisses et ses monastères, afin de corriger les abus, de maintenir la discipline et d'animer son clergé dans l'exercice du saint ministère. Il n'entreprenait rien d'important qu'il ne s'y préparât d'avance par la prière, et comme il s'était retiré un soir dans l'église d'un monastère de Tongres, afin d'y solliciter pendant la nuit l'assistance du Seigneur sur un projet qu'il méditait, il y fut assassiné par des brigands, vers l'an 418. Son corps se garde dans l'église de Sainte-Cécile de Cologne. — 14 septembre et 24 octobre.

EVERILDE (sainte), vierge en Angleterre, née dans les ténèbres de l'idolâtrie, eut le bonheur de parvenir à la connaissance de Jésus-Christ. Après son baptême, elle quitta secrètement la maison paternelle pour se consacrer à Dieu dans la retraite. Saint Wilfrid lui assigna un lieu appelé la Demeure de l'Evêque, mais qui prit ensuite le nom d'Everildsham, ou Demeure d'Everilde. Plusieurs personnes de son sexe étant venues se placer sous sa conduite, elle les dirigea dans les voies de la perfection et ne cessa de leur donner l'exemple des plus sublimes vertus jusqu'à sa mort, arrivée le 9 juillet, sur la fin du VIIe siècle. Son nom se trouve dans un ancien manuscrit du Martyrologe d'Usuard, et autrefois, elle avait un office particulier qu'on récitait dans quelques églises le jour de sa fête. — 9 juillet.

EVERMER (saint), *Evermarus*, était un noble Frison qui, se rendant par dévotion à un célèbre pèlerinage, fut assassiné sur la route avec ses compagnons de voyage, l'an 702, par l'hôte qui l'avait logé la nuit précédente. Ce saint pèlerin est honoré comme martyr le 1er mars.

EVERMODE (le bienheureux), évêque de Salzbourg, avait embrassé l'état religieux chez les Prémontrés de Cambrai avant d'être élevé à l'épiscopat. Il mourut vers l'an 1178, et il est nommé dans un ancien martyrologe sous le 17 février.

EVIDE (saint), *Evidius*, est honoré comme martyr au diocèse de Gironne en Catalogne le 13 juin.

EVILASE (saint), *Evilasius*, martyr à Cyzique dans la Propontide, était prêtre des idoles, et en cette qualité il fut chargé du supplice de sainte Fauste, vierge et martyre. Il lui rasa d'abord la tête, ce qui était, pour les personnes du sexe, une espèce d'ignominie; l'ayant ensuite fait suspendre en l'air, afin qu'on la coupât en deux par le milieu du corps, les exécuteurs ne purent venir à bout de lui faire aucun mal. Evilase, étonné de ce prodige, crut en Jésus-Christ. On le livra, par ordre de l'empereur Maximien, aux plus cruels tourments, et ensuite il fut décapité avec sainte Fauste, vers la fin du III° siècle. — 20 septembre.

EVODE (saint), *Evodius*, évêque d'Antioche et martyr, succéda, en 41, à saint Pierre, lorsque cet apôtre transporta son siège à Rome. On croit qu'il souffrit la mort pour Jésus-Christ, sous Galba ou sous Othon. Saint Ignace, son successeur, dans sa lettre aux habitants d'Antioche, le loue comme ayant passé toute sa vie dans une exacte continence. Saint Evode avait composé des ouvrages qui ne sont pas parvenus jusqu'à nous et dont Nicéphore nous a conservé un fragment. — 6 mai.

EVODE (saint), martyr à Syracuse, est honoré le 25 avril.

EVODE (saint), martyr à Rome avec saint Honorius et un autre, fut enterré au champ Véran. — 19 juin.

EVODE (saint), martyr à Nicée en Bithynie, était fils de sainte Théodote: il fut frappé à coups de bâton par ordre de Nicétius, consulaire de Bithynie, et ensuite brûlé avec sa mère et deux de ses frères, au commencement du IV° siècle. — 2 août.

EVODE (saint), martyr, était frère de saint Hermogène et de sainte Calliste. — 2 septembre.

ÉVODE ou YVED (saint), évêque de Rouen, était fils de Florentin et de Céline, personnages distingués dans la Neustrie. Il entra dans la cléricature et fut employé au service de l'église de Rouen sous saint Victrice, et succéda à saint Innocent vers l'an 422. On ignore l'année de sa mort, qui eut lieu, à ce que l'on croit, dans la ville des Andelys. Son corps fut rapporté à Rouen et enterré dans l'église cathédrale. Il fut depuis transféré à Braine, dans le diocèse de Soissons, où il y avait une abbaye de Prémontrés qui portait son nom. — 8 octobre.

EVODE (saint), évêque du Puy, en Auvergne, succéda à saint Paulien, dans le milieu du VI° siècle. Il transporta le siége épiscopal de *Ruessium* à *Anicium*, qui est aujourd'hui le Puy. Il y a dans cette ville une église paroissiale de son nom où l'on conserve ses reliques. — 11 et 12 novembre.

EVRARD (saint), *Eberardus*, marquis de Frioul, était aussi comte de Taxandrie, dans les Pays-Bas. Il mourut au milieu du IX° siècle, et son corps est à Chisoing, en Flandre, dans une belle châsse d'argent. — 16 décembre.

EVRARD (le bienheureux), *Everardus*, archevêque de Sens, florissait dans le IX° siècle et mourut en 888. Son corps se garde dans l'église de Sainte-Colombe, où il est honoré le 1er février.

EVRARD (le bienheureux), comte de Nellembourg se fit moine dans l'ordre de Saint-Benoît et mourut sur la fin du XI° siècle. Il est honoré à Schaffouse en Suisse le 7 avril.

EVRARD DE STALEK (le bienheureux), fondateur de l'abbaye de Corumède, dans le Palatinat du Rhin, florissait au XII° siècle. — 30 novembre.

EVRARD (le bienheureux), comte de Mons, fondateur de l'abbaye d'Einberg, en Allemagne, et de celle du Mont-Saint-Georges dans la Thuringe, ayant pris part à la guerre du Brabant, se reprocha vivement une faute qu'il commit dans cette expédition. Il quitta secrètement sa patrie, revêtu d'habits pauvres, pour n'être reconnu de personne, et fit le pèlerinage de Rome et de Compostelle. A son retour, il s'engagea en qualité de porcher à l'abbaye de Morimond. Quelques années après, le domestique d'un officier, qui avait servi sous les ordres du comte Evrard, étant venu à la ferme qu'il habitait, pour demander son chemin, le reconnaît à sa voix et aux traits de son visage. Surpris d'une telle rencontre, il court en prévenir son maître qui, ayant accouru, reconnut à son tour le comte sous son déguisement, l'embrasse en pleurant de joie et lui témoigne le plus profond respect. L'abbé de Morimond, informé du fait, se rend à la ferme et questionne le saint pénitent, qui lui avoue la vérité et lui confesse son ancienne faute en versant un torrent de larmes. L'abbé le console, l'encourage et lui conseille de venir prendre l'habit religieux, dans l'abbaye, afin d'y continuer sa pénitence, sous une autre forme. Evrard obéit avec humilité et, après avoir fait profession, il fonda, en 1142, l'abbaye d'Einberg, et, quelque temps après, celle du Mont-Saint-Georges. Il mourut après le milieu du XII° siècle, et son nom se lit dans le Ménologe de Cîteaux sous le 20 mars, jour où il est honoré chez les Cisterciens. — 20 mars.

EVRE (saint), *Aper*, évêque de Toul, né dans le territoire de Trèves d'une famille noble, fut formé à la piété dès sa jeunesse, et montra de bonne heure une grande ardeur pour le service de Dieu. Son plus grand plaisir était de visiter les églises et d'imiter les exemples des saints personnages qu'il rencontrait dans ses pèlerinages. Il montrait aussi une grande charité pour les pauvres, et il allait quelquefois jusqu'à se dépouiller de ses habits pour les en revêtir. Lorsqu'il fut devenu maître de son bien, il leur distribua tout ce qu'il possédait. Le clergé et le peuple de Toul l'élurent pour évêque après la mort d'Ursus. Ses vertus le rendirent le modèle des évêques. Dieu fit éclater sa sainteté par le don des miracles, et il délivra plusieurs possédés par la vertu du signe de la croix. On rapporte qu'ayant demandé la grâce de trois malheureux condamnés à mort, et les magistrats n'ayant eu aucun égard à ses supplications, il s'adressa à Dieu et ils se virent tout à coup délivrés de leurs chaînes et rendus à la liberté. Il jeta les fondements d'une église de son nom dans un faubourg de Toul. Elle ne fut achevée qu'après sa mort, et l'on y plaça plus tard ses reliques. Saint Evre florissait dans le ve siècle. — 15 septembre.

EVREMOND (saint), *Evremondus*, abbé en Normandie, né vers le milieu du viie siècle, d'une famille noble de Bayeux, reçut une brillante éducation et se rendit à la cour du roi Thierri III, qui le traita avec distinction et l'honora de son amitié. Il s'engagea dans le mariage ; mais son dégoût pour le monde et son inclination pour la retraite le déterminèrent à quitter la cour, et, du consentement de sa femme qui prit le voile, il embrassa l'état monastique et fonda plusieurs monastères dans le pays Bessin, tant d'hommes que de femmes, entre autres celui de Fontenai. Saint Anobert, évêque de Séez, qui l'avait établi abbé de ce dernier monastère, le fit ensuite abbé du Mont-Maire, où il mourut vers l'an 720. Pendant les incursions des Normands, ses reliques furent portées à Creil, dans le diocèse de Beauvais : elles furent brûlées par les huguenots en 1567, à l'exception de son chef, qui se garde encore dans la même ville. — 10 juin.

EVROLS ou EVROULT (saint), *Ebrulphus*, abbé, né à Beauvais, fut élevé dans la piété et s'attacha de bonne heure au service de Dieu. S'étant mis sous la conduite d'un saint homme très-instruit des voies de la perfection, ses occupations habituelles étaient l'étude, la prière et le travail des mains. Son attrait pour une vie pénitente le porta ensuite à mener la vie de reclus. Il se construisit, près de Beauvais, une cellule et un oratoire. Il lui vint des disciples auxquels il servit de guide et de modèle. On croit qu'il florissait dans le viie siècle. Le Martyrologe de France le fait abbé de Saint-Fuscien, près d'Amiens. — 26 juillet.

EVROULT (saint), *Ebrulphus*, abbé d'Ouche, né en 517, à Bayeux, d'une famille distinguée, après avoir reçu une éducation conforme à sa naissance, se rendit à la cour de Childebert Ier, qui l'honora de sa confiance et lui donna un poste éminent. Evroult, pour complaire à sa famille, s'engagea dans le mariage ; mais il vivait à la cour en religieux plutôt qu'en homme du monde, employant à la prière et à la lecture de l'Ecriture sainte tout le temps dont il pouvait disposer. Il résolut enfin de rompre les liens qui le retenaient dans le siècle, et communiqua à sa femme le dessein qu'il avait formé de se retirer dans la solitude. Celle-ci, qui était très-vertueuse, donna son consentement et quitta le monde la première, parce qu'Evroult ne pouvait quitter la cour sans avoir obtenu l'agrément de Clotaire Ier, successeur de Childebert. Lorsque le prince, après plusieurs refus, eut enfin acquiescé à sa demande, il vendit ses biens, et après en avoir distribué le prix aux pauvres, il se rendit au monastère des Deux-Jumeaux, situé au diocèse de Bayeux, lequel venait d'être fondé par saint Martin, abbé de Vertou, et qui avait reçu son nom de deux jumeaux qui lui avaient donné leur fortune et y avaient pris l'habit. La vénération que lui attiraient ses vertus alarmant son humilité, il sortit du monastère avec trois religieux, et alla se fixer dans la forêt d'Ouche, au diocèse de Lisieux, où il fonda la célèbre abbaye qui lui porta son nom dans la suite. Les disciples qui lui arrivaient de toutes parts en firent bientôt une communauté nombreuse, qu'il conduisait dans les voies de la perfection autant par ses exemples que par ses discours. Il fonda quinze autres monastères, tant d'hommes que de femmes, mais il demeura toujours dans celui d'Ouche, où il mourut le 29 décembre 596, à l'âge de soixante-dix-neuf ans. Dieu le favorisa du don des miracles avant et après sa mort. Une partie de ses reliques se gardait à son abbaye, et l'autre partie à l'abbaye de Rebais. — 29 décembre.

EWALD (saint), *Ewaldus*, prêtre et martyr. On honore deux frères de ce nom, Anglais de naissance, qui, après avoir été élevés au sacerdoce dans leur patrie, visitèrent les saints personnages de l'Irlande, pour se perfectionner dans les sciences et la vertu. Saint Willibrord ayant passé la mer vers l'an 690 pour venir annoncer l'Evangile aux peuples de la Frise, les frères Ewald suivirent son exemple, et résolurent de faire de la Saxe le théâtre de leurs travaux apostoliques. En arrivant dans le pays, ils trouvèrent un fermier qu'ils prièrent de les conduire au prince du pays. Ils ne cessaient, pendant la route, de prier, de réciter des psaumes et de chanter des hymnes. Tous les jours ils offraient le saint sacrifice, portant avec eux des vases sacrés et une table bénite qui leur servait d'autel. Les Saxons, craignant qu'ils ne décidassent leur prince à renoncer au culte des idoles, formèrent le dessein de leur ôter la vie : ils massacrèrent d'abord Ewald le Blanc ; mais ils firent subir à Ewald le Noir de longs et cruels tourments avant de le mettre en pièces ; ils jetèrent ensuite dans le Rhin les corps des deux martyrs, qui furent miraculeusement découverts par un missionnaire nommé Tilman, qui était leur compatriote, et qui, après les avoir retirés du fleuve, les fit enterrer sur le lieu de leur martyre. Pépin, duc des Français, les fit depuis transporter à Cologne et placer honorablement dans l'église de Saint-Cunibert. On place leur mort vers l'an 695. Bède les nomme dans son Martyrologe ; ce qui prouve qu'on leur rendait déjà de son temps un culte public. En 1074, saint Aimon, archevêque de

Cologne, fit une nouvelle translation de leurs reliques, et donna leurs chefs à Frédéric, évêque de Munster; mais ils disparurent pendant les ravages sacriléges des anabaptistes, en 1534. Les deux Ewald sont patrons de la Westphalie. L'un est appelé Ewald le Blond et l'autre Ewald le Brun. — 3 octobre.

EXANTHE (saint), *Exanthus*, soldat et martyr à Côme, quitta Milan où il servait sous l'empereur Maximien, en 304, et se retira avec saint Fidèle et un autre à Côme. Des soldats envoyés à leur poursuite par ordre du prince, se saisirent de leurs personnes et les conduisirent au magistrat. On leur fit leur procès, et Exanthe fut condamné à avoir la tête tranchée. — 7 août.

EXPEDIT, *Expeditus*, martyr à Mélitine en Arménie, est honoré le 19 avril.

EXPERGENCE (saint), *Expergentius*, martyr en Sicile, souffrit avec plusieurs autres. — 4 juin.

EXPLÈCE (saint), *Explettius*, évêque de Metz, florissait vers l'an 400. Il est honoré le 27 juillet.

EXTRICAT (saint), *Extricatus*, martyr à Rome, souffrit avec plusieurs autres. — 3 juin.

EXUPÉRANCE, *Exuperantius*, diacre d'Assise en Italie, ayant été arrêté avec saint Sabin, son évêque, comparut devant le gouverneur Vénustien, qui le fit étendre sur le chevalet; après avoir été cruellement frappé à coups de bâton, après avoir eu le corps déchiré par des ongles de fer et les côtés brûlés avec des torches ardentes, il expira entre les mains de ses bourreaux, sous l'empereur Dioclétien, l'an 304. — 30 décembre.

EXUPÉRANCE (saint), évêque de Ravenne et confesseur : on croit qu'il florissait sous le règne d'Honorius, et qu'il mourut au commencement du v⁰ siècle, vers l'an 418. — 30 mai.

EXUPÉRANCE (saint), est honoré à Côme, où sont ses reliques. — 22 juin.

EXUPÉRANCE ou ESPÉRANCE (sainte), *Exuperantia*, vierge, florissait dans le vi⁰ siècle : elle est honorée à Troyes le 26 avril.

EXUPÈRE (saint), *Exuperius*, martyr à Attale en Pamphylie, souffrit dans le ii⁰ siècle sous le règne d'Adrien, avec sainte Zoé, son épouse, saint Cyriaque et saint Théodule, ses fils. — 2 mai.

EXUPÈRE (saint), martyr à Vienne en Dauphiné avec saint Séverin et saint Félicien, souffrit vers l'an 178, sous l'empereur Marc-Aurèle. Plusieurs années après leur martyre, ils firent connaître eux-mêmes, par révélation, le lieu où étaient leurs corps. Aussitôt l'évêque, le clergé et le peuple les allèrent chercher en cérémonie et les inhumèrent honorablement. — 19 novembre.

EXUPÈRE (saint), martyr en Syrie, souffrit avec saint Paul et cinq autres. — 20 mars.

EXUPÈRE (saint), l'un des principaux officiers de la légion thébéenne, fut mis à mort à Agaune, lors du massacre de cette légion, sous l'empereur Maximien, l'an 286. Il contribua, de concert avec saint Maurice et saint Candide, à entretenir les soldats qu'ils commandaient dans la généreuse résolution de souffrir la mort plutôt que de trahir leur foi, résolution qu'ils exécutèrent tous, sans exception. — 22 septembre.

EXUPÈRE ou SPIRE (saint), évêque de Toulouse, succéda à saint Sylvius, et s'illustra par ses vertus, mais surtout par sa charité envers les pauvres. Dans un temps de famine, après avoir distribué aux malheureux tous ses biens, il vendit, pour les soulager, jusqu'aux vases sacrés de son église, de sorte qu'il fut réduit, au rapport de saint Jérôme, à porter le corps de Jésus-Christ dans un panier d'osier, et son sang dans un calice de verre. Ce saint docteur dit, en parlant d'Exupère, qu'il souffrait la faim pour ses frères, et se condamnait aux privations les plus dures, afin de pourvoir aux besoins des autres. Il fit passer des secours au delà des mers jusqu'aux solitaires d'Egypte et des contrées voisines. Il eut la douleur de voir sa patrie ravagée par les incursions des Vandales et des Goths; mais il ne fut point témoin de la prise de Toulouse par ces barbares, étant mort avant que Wallia, roi des Goths, n'en eût fait la capitale de ses Etats. Saint Paulin le compte parmi les plus grands évêques des Gaules. Au commencement du v⁰ siècle, le pape Innocent I⁰ʳ lui adressa une décrétale concernant la discipline, et saint Jérôme, qui était en commerce de lettres avec lui, lui dédia son *Commentaire* sur le prophète Zacharie. Il termina l'église que saint Sylvius, son prédécesseur, avait commencée en l'honneur de saint Saturnin, premier évêque de Toulouse, et après en avoir fait la dédicace, il se proposait d'y transférer les reliques du saint apôtre : seulement il était retenu par la crainte de leur manquer de respect en les dérangeant de leur ancienne place. Averti en songe de ne pas différer cette cérémonie, Exupère présenta une requête à l'empereur Honorius, pour être autorisé à faire cette translation, qui eut lieu avec une magnificence proportionnée à la gloire de saint Saturnin et à la piété d'Exupère. On place sa mort vers l'an 416. — 28 septembre.

EXUPÉRIE (sainte), *Exuperia*, martyre à Rome, souffrit sur la voie Latine pendant la persécution de l'empereur Valérien. Elle appartenait à une famille distinguée, et était épouse de saint Olympe, tribun militaire, et mère de saint Théodule. Convertis par les instructions de saint Symphrône, ils furent baptisés par le pape saint Etienne, et peu après ils furent condamnés comme chrétiens au supplice du feu. Sur la fin du x⁰ siècle, leurs corps furent transférés par le pape Grégoire V dans l'église de Sainte-Marie-la-Neuve. Plus tard, Grégoire XIII les fit placer plus honorablement sous l'autel de la même église. — 26 juillet et 31 octobre.

ÉZÉCHIAS (saint), roi de Juda, fils et successeur d'Achaz, monta sur le trône l'an 727 avant Jésus-Christ, étant âgé de vingt-cinq ans. Il imita la piété de David, détruisit les autels élevés aux faux dieux, et mit en pièces le serpent d'airain, qui était pour ses sujets une cause d'idolâtrie. Il fit ensuite rouvrir les portes du temple et assembla les prêtres et les lévites pour le purifier. Après cette cérémonie, on immola les victimes prescrites et le culte du Seigneur, interrompu depuis quelque temps, se trouva rétabli. Le zèle du saint roi fut récompensé par les avantages qu'il remporta sur ses ennemis, et il reprit toutes les villes dont les Philistins s'étaient emparés sous le règne de son père. Il voulut aussi s'affranchir de la domination de Sennachérib, roi d'Assyrie, et refusa de lui payer les tributs auxquels Achaz s'était soumis; mais cette tentative ne fut pas d'abord couronnée de succès. Sennachérib marcha contre lui avec une armée formidable, et, après s'être rendu maître de plusieurs villes, il s'avançait vers Jérusalem. Ezéchias, trop faible pour lui résister, lui offrit la paix, qu'il n'obtint qu'aux conditions les plus dures: pour payer la somme exigée par le roi d'Assyrie, il fallut épuiser les finances de l'État et dépouiller le temple des richesses qu'il renfermait; mais à peine l'argent était livré, que Sennachérib, manquant à ses engagements, vint mettre le siège devant Jérusalem. Ezéchias s'adressa au Seigneur, qui envoya un ange à son secours. Cet ange extermina d'une seule nuit cent quatre-vingt-cinq mille Assyriens, et le lendemain Sennachérib se vit réduit à prendre honteusement la fuite. Ezéchias, attaqué d'une maladie mortelle, la quatorzième année de son règne, apprit par le prophète Isaïe qu'il mourrait bientôt et qu'il n'avait plus que le temps de faire ses dernières dispositions; mais Dieu, touché de ses prières, lui envoya le même prophète pour lui annoncer qu'il vivrait encore quinze ans. Isaïe confirma la certitude de cette prédiction en faisant rétrograder de dix degrés l'ombre du soleil sur le cadran d'Achaz. Le saint roi exprima sa reconnaissance par un beau cantique qui se trouve au XXXVIII° chapitre d'Isaïe, et qui commence par ces mots: *J'ai dit: Au milieu de mes jours*, etc. Mérodac, roi de Babylone, ayant appris sa guérison miraculeuse, lui envoya des ambassadeurs pour le féliciter. Le roi de Juda, sensible à cet hommage d'un puissant prince, montra à ses ambassadeurs tous ses trésors, et étala devant eux tout ce qu'il possédait de plus précieux et de plus rare; mais Isaïe vint lui reprocher cette ostentation, et lui prédire que toutes ces choses seraient enlevées et transportées à Babylone. Comme Ezéchias, repentant de sa faute, s'humiliait sous la main de Dieu, il obtint l'assurance que les malheurs prédits à son peuple n'auraient lieu qu'après sa mort. Nous lisons dans l'Ecclésiastique que, fidèle à suivre les avis d'Isaïe, il fit ce qui était agréable au Seigneur; qu'il répara les fortifications de la ville sainte; qu'il fit construire un aqueduc pour y amener des eaux, et qu'il fit creuser dans le roc un vaste réservoir pour les contenir. Il mourut, après vingt-neuf ans de règne, l'an 698 avant Jésus-Christ, et il eut pour successeur son fils Manassès. — 28 août.

EZECHIEL (saint), l'un des quatre grands prophètes, était fils du sacrificateur Buzi, et fut emmené captif à Babylone avec ses compatriotes, l'an 605 avant Jésus-Christ. Il commença à prophétiser la dixième année de la captivité, et il prophétisa vingt ans, jusqu'en 575 avant Jésus-Christ, qu'il fut mis à mort à Babylone par un prince de la nation, à qui il reprochait son idolâtrie. Il fut enterré dans le tombeau des patriarches Sem et Arphaxad: nous apprenons de saint Epiphane que, de son temps, ce tombeau était visité par un grand concours de fidèles qui s'y rendaient pour prier et invoquer l'intercession du saint prophète. Ses prophéties, renfermées dans quarante-huit chapitres, sont au nombre de vingt-deux, et disposées selon l'ordre des temps qu'il les a faites. Elles sont remplies de visions, de paraboles et d'allégories qui les rendent difficiles à comprendre, surtout au commencement et à la fin. La Synagogue n'en permettait pas la lecture aux jeunes gens avant l'âge de trente ans, sans doute parce que l'idolâtrie de Jérusalem et de Samarie y est représentée sous l'image de deux prostituées, dont les débordements y sont peints sous des traits qui pourraient n'être pas sans danger pour la jeunesse. — 10 avril.

EZECHIEL (saint), martyr à Césarée en Palestine, avec saint Elie et trois autres chrétiens d'Egypte qui étaient allés en Cilicie visiter les saints confesseurs condamnés aux mines. En retournant dans leur patrie, ils furent arrêtés aux portes de Césarée et condamnés à mort par ordre du gouverneur Firmilien, l'an 309, sous l'empereur Maximin II. — 16 février.

EZÉLÉIDE (sainte), vierge en Angleterre, est honorée le 7 mai.

EZON (le bienheureux), *Ezo*, s'appelait aussi Ereufroy, et était comte palatin. Il florissait dans le XI° siècle. Il fonda l'abbaye de Brauviller près de Cologne, et mourut l'an 1035. — 21 mai.

F

FABIEN (saint), *Fabianus*, pape et martyr, succéda en 236 à saint Antère, et son élection eut quelque chose de miraculeux. Eusèbe rapporte qu'au moment où le clergé et le peuple de Rome étaient réunis pour y procéder, une colombe, descendue d'en haut, alla se poser sur la tête de Fabien et que ce prodige réunit tous les suffrages en sa faveur, quoique personne n'eût d'abord songé à lui, parce qu'il était laïque et peu connu dans la ville. Il gouverna l'Église pendant quatorze ans avec autant de zèle que de sagesse, envoya saint Denis et d'autres missionnaires dans les Gaules, condamna Privat, évêque de Lambèse, qui répandait une nouvelle hérésie en Afrique, et bâtit plusieurs églises dans les cimetières où reposaient les corps des martyrs. Il avait tenu, la seconde année de son pontificat, un concile où furent condamnées les erreurs d'Origène, qui vivait encore, et dont la personne fut épargnée ; il n'est pas même certain que ses écrits y aient été condamnés. On ignore les autres détails de son pontificat. Il souffrit le martyre en 250, pendant la persécution de Dèce, comme nous l'apprenons de saint Cyprien qui, dans une lettre au pape saint Corneille, appelle saint Fabien un homme incomparable, et dit que la gloire de sa mort a pleinement répondu à la sainteté de sa vie. Son corps fut enterré dans le cimetière de Calliste, et, dans le IX° siècle, Sergius II le transféra dans l'église du titre d'Équice. — 20 janvier.

FABIEN (saint), diacre d'Aquilée et martyr avec saint Hilaire, son évêque, fut tourmenté sur le chevalet par ordre du président Beroine, et subit plusieurs autres tourments par suite desquels il expira, sous le règne de Numérien, vers l'an 283. — 16 mars.

FABIEN (saint), martyr à Catane en Sicile, souffrit avec saint Étienne et plusieurs autres. — 31 décembre.

FABIEN DE SYLVAROLLE (saint), fut massacré par des voleurs dans le IX° siècle, avec saint Augebert et deux autres. Il est honoré à Villers-en-Barrois, où on l'invoque contre la morsure des serpents. — 18 octobre.

FABIOLE (sainte), *Fabiola*, dame romaine, de l'illustre famille des Fabius. Ses parents lui ayant fait épouser un jeune Romain d'une naissance égale à la sienne, mais d'une conduite si déréglée, qu'elle se vit contrainte de se séparer de lui, elle profita du bénéfice des lois d'alors, qui autorisaient le divorce, et contracta un second mariage. Son dernier époux étant mort, peu de temps après cette union, qui était contraire aux lois de l'Évangile, elle eut un si grand regret de les avoir violées sur ce point important, qu'elle en fit une pénitence publique. Elle vendit ensuite ses biens, en distribua aux pauvres une partie du prix, et fonda, avec le reste, un hôpital à Rome, le premier établissement de ce genre qu'on y eût encore vu. Elle alla en Palestine visiter les saints lieux et eut plusieurs entretiens spirituels avec saint Jérôme, retiré à Bethléem, qui avait été quelque temps son directeur à Rome. De retour en Italie, elle se montra plus que jamais la mère des malheureux, accueillant dans son hôpital les malades les plus abandonnés, et les servant elle-même. Ses charités s'étendaient dans les provinces éloignées, dans les îles et sur les rivages de la mer : elle secourut des monastères situés sur les côtes de la Toscane. Elle mourut vers l'an 400, et saint Jérôme, dans son épitaphe, nous apprend que tous les pauvres de la ville assistèrent à ses funérailles, et que des miracles illustrèrent son tombeau. — 27 décembre.

FABIUS (saint), martyr à Rome, fut décapité sur la voie Salarienne pendant la persécution de Dioclétien. — 11 mai.

FABIUS (saint), soldat et martyr à Césarée, qui, refusant de porter les enseignes de la légion, fut d'abord incarcéré ; ensuite ayant subi un premier et un second interrogatoire, et persévérant à confesser Jésus-Christ, il fut condamné à la peine capitale. — 31 juillet.

FABIUS ou FABIO (saint), martyr à Vescove dans la Sabine, avec saint Maxime et un autre, souffrit l'an 304, pendant la persécution de l'empereur Dioclétien. — 11 mai.

FABRICIEN (saint), *Fabricianus*, martyr en Espagne, est honoré le 22 août.

FACHNAN (saint), premier abbé de Rosse en Irlande, florissait dans le VII° siècle. Cette abbaye est devenue plus tard un siége épiscopal. — 14 août.

FACILE (saint), *Faciolus*, est patron de Lucé, dans le Maine ; il est aussi honoré comme conservateur dans le Poitou, sous le nom de saint Fazion. — 7 septembre.

FACOND (saint), *Facundus*, martyr en Gallicie, était fils du martyr saint Marcel et frère de saint Primitif, avec lequel il fut mis à mort sur les bords de la Cée, par ordre du président Attique, l'an 304, pendant la persécution de Dioclétien. — 27 novembre.

FACONDIN (saint), martyr à Rimini, souffrit avec ses deux frères et sa sœur. — 2 septembre.

FACONDIN (saint), évêque de Tadine en Ombrie, est honoré le 28 août.

FAILE (sainte), *Failenna*, florissait en Irlande sur la fin du VII° siècle, et mourut vers l'an 700. Il y a dans la Connacie une église qui porte son nom. — 3 mars.

FAINE (sainte), *Faina* ou *Fanchea*, vierge et abbesse de Kill-Aine, sur les frontières du comté de Meath en Irlande, florissait sur la fin du V° siècle. Elle était fille d'un riche seigneur d'Ergall, dans l'Ulster, et sœur de saint Endée, qu'elle décida, par ses pieuses exhortations, à embrasser l'état monastique. — 1er janvier.

FALCONI (le bienheureux), abbé du monastère de la Trinité, est honoré à Cave dans le royaume de Naples. Il mourut l'an 1145. — 6 juin.

FALE ou FIDÈLE (saint), *Fidolus*, abbé en Champagne et confesseur, sortait d'une des premières familles de Clermont en Auvergne. Cette province ayant été le théâtre de la guerre que se firent, vers l'an 530, Childebert, roi de Paris, et Thierri, roi d'Austrasie, ce dernier fit prisonnier saint Fale, et l'emmena en Champagne. Il fut racheté par saint Aventin, qui menait la vie solitaire près de Troyes, et qui le reçut au nombre de ses disciples. Saint Fale, se proposant pour modèle son bienfaiteur, qui était devenu son maître, profita si bien de ses leçons et de seexemples, qu'il devint un des plus fervents de la communauté. Ses austérités étaient poussées si loin, qu'il passait les carêmes sans presque prendre aucune nourriture. Saint Aventin ayant changé son ermitage en monastère, à cause du nombre toujours croissant de disciples qui lui arrivaient, il établit Fale prieur, et il occupait cette dignité lorsque saint Aventin mourut, vers l'an 540. Fale fut choisi pour lui succéder dans le gouvernement de la communauté, et il se fit admirer dans son administration par un mélange de fermeté et de douceur qui produisit les plus heureux effets sur ses inférieurs. Il eut à lutter contre les menées de quelques personnes malintentionnées, mais il triompha de leur malice par sa patience, et sa bonté finit même par changer leurs dispositions à son égard. Il mourut après le milieu du VIe siècle, le 16 mai, jour où il est honoré. — 16 mai.

FAMIEN (saint), *Famianus*, moine de l'ordre de Cîteaux et prêtre, était natif de Cologne, et mourut en 1150. Il est honoré à Galèse en Italie, dans une église qui porte son nom. — 8 août.

FANDILAS (saint), *Fandila*, abbé du monastère de Pignamella et martyr. Indigné des tourments affreux que Mohammed, roi de Cordoue, faisait souffrir aux chrétiens pour les forcer à abjurer la foi, il alla le trouver dans l'intention de lui reprocher sa cruauté. Arrivé en sa présence, non-seulement il essaya de lui prouver que Mahomet n'était qu'un imposteur et un faux prophète, mais encore il le menaça de la colère de Dieu, lui et les siens, s'il ne cessait de verser le sang des chrétiens. Cette sainte hardiesse irrita tellement Mohammed qu'il le fit décapiter sur-le-champ, le 13 juin 853. Sa Vie a été écrite par saint Euloge, dans son Mémorial des saints. — 13 juin.

FANTIN (saint), *Phantinus*, abbé, habitait le monastère de S.-Mercure en Calabre, lorsque saint Nil le Jeune vint s'y fixer. Ils se lièrent d'une étroite amitié. Quelques années après, il sortit du monastère, poussé, à ce que l'on croit, par une inspiration divine, parcourant les campagnes et faisant des lamentations sur les églises et les monastères. Quand il rencontrait un moine, il le pleurait comme mort. Il couchait en plein air et ne vivait que d'herbes sauvages. Nil, sensiblement affligé de cette conduite étrange, le suivait dans ses excursions et s'efforçait de le ramener au monastère; mais Fantin l'assura qu'il n'y retournerait pas et qu'il mourrait dans une terre étrangère. En effet, lorsque les Sarrasins eurent détruit son monastère, prenant avec lui deux de ses disciples, Vital et Nicéphore, il se rendit dans le Péloponèse; il habita successivement les villes de Corinthe et de Larisse, et après avoir passé douze ans à Thessalonique, il alla mourir à Constantinople, sur la fin du Xe siècle, après s'être illustré par ses vertus et par ses miracles. — 30 août.

FARAILDE (sainte), *Farahldis*, vierge, née vers le milieu du VIIe siècle, était fille de sainte Amalberge et du comte Witgère, et sœur de saint Emebert, évêque de Cambrai, de sainte Rénilde et de sainte Gudule. S'étant mariée, elle vécut dans la continence, du consentement de son époux, après la mort duquel elle ne s'occupa plus que d'œuvres de piété et de pénitence. Elle mourut très-âgée, dans le VIIIe siècle. Son corps, pour la plus grande partie, se garde dans l'église de Saint-Bavon, qui est la cathédrale de Gand. — 4 janvier.

FARE (sainte), *Fara*, abbesse de Faremoutiers, fille d'un seigneur d'Austrasie, nommé Agneric, et de Léodégonde, était sœur de saint Chagnoald et de saint Faron. Elle naquit sur la fin du VIe siècle, et était encore très-jeune, lorsque saint Colomban, chassé de Luxeuil, passa chez Agneric avec Chagnoald, fils de celui-ci, qui était religieux à Luxeuil, et consacra sainte Fare au Seigneur, d'une manière toute particulière. Quelques années après, son père voulut la marier; mais elle déclara qu'elle voulait rester vierge, et comme Agneric refusait d'accéder à son désir, le chagrin lui causa une maladie de langueur qui faisait craindre pour ses jours. En 614, saint Eustase, successeur de saint Colomban à Luxeuil, qui revenait de son voyage d'Italie, et qui se rendait à la cour de Clotaire II, avec saint Chagnoald, fit une visite au père de celui-ci. Fare lui découvrit sa résolution de n'avoir jamais d'autre époux que Jésus-Christ. Alors Eustase déclara au père que la maladie de sa fille provenait de l'opposition que l'on mettait à son pieux dessein, et qu'elle en mourrait si on ne la laissait libre de l'exécuter. Il se mit ensuite en prières, lui rendit la santé en faisant sur elle le signe de la croix et la recommanda vivement à Léodégonde, sa mère, lui disant de la préparer à recevoir le voile quand il reviendrait de la cour. Mais il ne fut pas plutôt parti qu'Agneric persécuta de nouveau sa fille pour la faire consentir au mariage qu'il avait projeté. Fare s'enfuit dans l'église, et sur ce qu'on lui représentait que son père la ferait massacrer, si elle n'obéissait, elle répondit : *Pense-t-on m'effrayer en me menaçant de la mort? Ce serait un grand bonheur pour moi que de perdre la vie pour garder le vœu que j'ai fait à Dieu*. Le retour de saint Eustase réconcilia le père avec la fille, qui reçut le voile des mains de Gondoald, évêque de Meaux. Deux ans après, c'est-à-dire en 616, Agneric fit construire pour sa fille le monastère de Brige, qui plus tard fut appelé, de son nom, Faremoutiers. Comme il était double, saint Eustase y envoya saint Chagnoald et saint Walbert pour gouverner les hommes. Sainte Fare fut élue, malgré sa jeunesse, supérieure des religieuses, et leur donna la règle de saint Colomban dans toute sa pureté. On n'y buvait jamais de vin, et l'on s'abstenait de lait en avent et en carême; on y faisait trois confessions par jour, c'est-à-dire que les religieuses manifestaient à leur abbesse ce qui se passait dans leur âme. La sainteté de Fare donna bientôt une grande réputation à son monastère, et plusieurs princesses d'Angleterre passèrent le détroit pour venir se mettre sous sa conduite. On cite, entre autres, sainte Sédride, qui lui succéda, sainte Edilburge et sainte Héreswide, ses sœurs, et qui étaient filles du pieux Anna, roi des Est-Angles; sainte Earkongate ou Artongate, fille d'Ercombert, roi de Kent, etc. Saint Faron, son frère, qu'elle avait déterminé à quitter le monde pour embrasser l'état ecclésiastique, lui fut fort utile dans les contradictions qu'elle eut à essuyer. Un moine brouillon, nommé Agreste, attaqua la règle de saint Colomban, et prétendit qu'elle avait besoin d'être modifiée sur plusieurs points. Saint Romaric, fondateur du monastère du Saint-Mont, et saint Amé, qui en était le premier abbé, prirent d'abord son parti, mais ils l'abandonnèrent bientôt après. Sainte Fare tint ferme et ne voulut jamais permettre qu'on portât la moindre atteinte aux observances qu'elle avait établies. Quelque temps avant sa mort, elle fit son testament, par lequel elle léguait une partie de ses biens à ses frères et à sa sœur Agnétrude; mais elle en donna la plus grande partie à son monastère. Elle mourut le 3 avril, vers l'an 655, âgée d'environ soixante ans. En 695, on renferma ses reliques dans une châsse, et il s'y est opéré plusieurs miracles. — 7 décembre.

FARIA (saint), est honoré par les Cophtes et les Éthiopiens le 22 mars.

FARON (saint), *Faro*, évêque de Meaux, et frère de sainte Fare, naquit vers l'an 592, et fut élevé à la cour de Théodebert II et à celle de Thierri, son frère et son successeur. Il passa ensuite au service de Clotaire II, qui, en 613, devint maître de toute la France. Ce prince ayant fait mettre en prison des ambassadeurs saxons qui lui avaient manqué de respect, il voulait laver dans leur sang l'injure qu'il en avait reçue. Faron obtint de lui qu'il différât de vingt-quatre heures l'exécution de l'arrêt de mort qu'il avait porté contre eux. Ce terme expiré, le roi Clotaire, dont la colère était apaisée, leur pardonna et les renvoya chargés de présents. Saint Faron, comme on le voit par plusieurs chartes qu'il a écrites, exerçait les fonctions de référendaire ou de chancelier. Quoiqu'il vécût en bon chrétien dans l'état du mariage, il s'affligeait cependant de l'impossibilité où il se trouvait de servir Dieu sans distraction. Sainte Fare, sa sœur, l'excitait vivement à quitter la cour et à renoncer au siècle; enfin à la suite d'un entretien qu'il eut avec elle sur ce sujet, il se décida à suivre ses conseils. Ayant fait part de son projet à Blidéchilde, sa femme, elle y acquiesça et prit le voile. Faron, de son côté, ayant été admis dans le clergé de Meaux, en devint l'ornement, et succéda à l'évêque Gondoald, après la mort de celui-ci, arrivée en 626. A peine eut-il reçu l'onction épiscopale qu'il travailla avec un zèle infatigable au salut du troupeau qui lui était confié. Affermir les justes dans la vertu, ramener à Dieu les pécheurs qui s'étaient égarés, convertir les idolâtres qui se trouvaient encore dans son diocèse, tels étaient les principaux objets de sa sollicitude. Il était l'âme d'une infinité de bonnes œuvres: il provoqua la fondation d'un grand nombre d'établissements pieux qui avaient pour but le bien de la religion et la sanctification des âmes. Il fit entrer dans les voies de la perfection un grand nombre de personnes de l'un et l'autre sexe. Il assista, en 657, au concile de Sens, où il brilla par sa sagesse et ses lumières. L'éclat de sa sainteté attira près de lui plusieurs serviteurs de Dieu, entre autres saint Fiacre, à qui il donna un terrain dans la forêt de Breuil, qui lui appartenait, pour y construire un ermitage. Il fut favorisé du don des miracles, et il rendit la vue à un aveugle en lui administrant le sacrement de confirmation. Quelque temps avant sa mort il fonda aux portes de Meaux, dans une terre qui lui appartenait, le monastère de Sainte-Croix, qui porta depuis son nom, et il y mit des religieux de Luxeuil. Il mourut le 28 octobre 672, à l'âge d'environ quatre-vingts ans, après quarante-six ans d'épiscopat. Il eut pour successeur saint Hildevert, qui avait été son disciple. — 28 octobre.

FASTRADE (le bienheureux), *Fastradus*, abbé de Cîteaux, fut d'abord premier abbé de Campron dans le Hainaut. Il passa ensuite, avec la même qualité, à l'abbaye de Clairvaux, et ensuite à celle de Cîteaux. Il florissait dans le xii° siècle et mourut en 1164 à Paris, où il est honoré le 21 avril.

FAUQUES (saint), *Falcus*, solitaire dans l'Abruzze, était originaire de Calabre et florissait dans le xv° siècle. Après sa mort, arrivée en 1440, son corps fut porté de Plata à Paléna, où il est honoré par un nombreux concours de fidèles le 13 janvier et le 9 août.

FAUSTE (saint), *Faustus*, soldat et martyr, eut à soutenir pour la foi chrétienne qu'il professait de terribles assauts, dont il triompha par sa constance, sous l'empereur Commode, vers la fin du ii° siècle. — 7 août.

FAUSTE (saint), martyr pendant la persécution de l'empereur Dèce, au milieu du iii° siècle, vécut cinq jours sur la croix où il avait été attaché: ayant ensuite été percé de flèches, il termina ses souffrances avec sa vie. — 10 juillet.

FAUSTE (saint), martyr à Alexandrie avec saint Macaire et dix autres, fut décapité par ordre du président Valère, vers l'an 250, pendant la persécution de l'empereur Dèce. — 6 septembre.

FAUSTE (saint), martyr à Rome avec saint Bon, prêtre, et dix autres, est mentionné dans les actes de saint Étienne, pape, et souffrit pendant la persécution de l'empereur Valérien. — 1er août.

FAUSTE (saint), diacre et martyr à Alexandrie, souffrit pendant la persécution du même Valérien. Saint Denis, évêque de cette ville, dont il était le disciple et dont il avait partagé l'exil, fait mention de lui dans sa lettre à Germain. — 4 octobre.

FAUSTE (saint), martyr en Égypte avec saint Denis et plusieurs autres, eut beaucoup à souffrir pendant la persécution de Dèce. Arrêté de nouveau sous celle de Valérien, et conduit devant le président Emilien, il confessa Jésus-Christ de rechef au milieu des tourments. Emilien, après l'avoir fait lapider, voyant qu'il survivait à son supplice, le condamna à passer le reste de ses jours au fond d'un cachot, avec les compagnons de son martyre. Sa détention dura douze ans et il mourut vers l'an 269. — 30 octobre.

FAUSTE (saint), martyr à Rome, est honoré le 9 juin.

FAUSTE (saint), martyr à Rome, souffrit avec vingt-trois autres. — 24 juin.

FAUSTE (saint), martyr en Orient avec saint André le Stratiote et un autre, est honoré chez les Grecs le 12 juillet.

FAUSTE (saint), martyr à Antioche, souffrit avec saint Timothée. — 8 septembre.

FAUSTE (saint), martyr à Carthage, fut arrêté à Abitine, ville d'Afrique, un dimanche pendant qu'il assistait à la célébration des saints mystères, avec quarante-huit autres, qui furent tous chargés de chaînes et conduits à Carthage, l'an 304, pendant la persécution de Dioclétien. Le proconsul Anulin, les ayant interrogés l'un après l'autre, leur fit subir des tortures si affreuses, qu'ils expirèrent peu après dans la prison où ils étaient renfermés. — 11 février.

FAUSTE (saint), martyr à Cordoue, se présenta hardiment, avec saint Janvier et saint Martial, devant le gouverneur Eugène, qui s'était rendu à Cordoue dans le dessein de contraindre les fidèles à adorer les idoles, et lui dit : *Que prétendez-vous par une conduite si pleine d'impiété? Loin de persécuter les serviteurs du vrai Dieu, que ne les imitez-vous en embrassant humblement leur croyance?* Eugène, choqué de cette liberté, répondit à Fauste et à ses deux compagnons : *Misérables, qui êtes-vous?* — FAUSTE : *Nous sommes chrétiens; Jésus-Christ est notre Dieu, lui qui seul est le Seigneur, le maître et le créateur de toutes choses.* — *Quel désespoir vous fait ainsi courir de concert à votre perte?* — *Ce n'est pas le désespoir qui nous associe; mais vous, quelle fureur vous pousse à nous faire renoncer à notre Dieu?* — *Qu'on l'étende sur le chevalet, pour lui apprendre à nous parler avec plus de respect.* Puis s'adressant de nouveau à Fauste : *Les empereurs veulent que vous adoriez les dieux.* — *Il n'y a qu'un Dieu qui a tout fait, et nous ne subsistons que par lui. Et vous, quels sont vos dieux? En avez-vous d'autres que Satan?* — *Qu'on lui coupe le nez et les oreilles, et qu'on lui arrache toutes les dents de la mâchoire supérieure.* Après cette mutilation, Fauste n'en parut que plus gai. Il fut ensuite condamné avec ses compagnons à être brûlé à petit feu. En allant au supplice, il exhortait le peuple à rester fidèle à Jésus-Christ. Leur martyre eut lieu l'an 304, sous l'empereur Dioclétien. — 13 octobre.

FAUSTE (saint), diacre et martyr à Alexandrie, souffrit vers l'an 304, pendant la persécution de l'empereur Dioclétien. Il était alors très-âgé, puisqu'il avait déjà confessé Jésus-Christ un demi-siècle auparavant, sous l'empereur Dèce, avec saint Denis, son évêque, dont il partagea l'exil. — 19 novembre.

FAUSTE (saint), prêtre d'Alexandrie et martyr avec saint Pierre, son évêque, fut condamné l'an 311, pendant la persécution de l'empereur Maximin II, et par son ordre. — 26 novembre.

FAUSTE (saint), moine, était fils de saint Dalmace, célèbre abbé de Constantinople, et il quitta le monde en même temps que son père, vers l'an 383, pour se retirer dans le monastère de Saint-Isaac. Il était très-jeune alors; mais il marcha sur les traces de son père, et parvint comme lui à une haute perfection. On ignore s'il survécut à saint Dalmace, qui mourut très-âgé, en 431, et ils sont honorés l'un et l'autre chez les Grecs le 3 août.

FAUSTE (saint), évêque de Tarbes, florissait sur la fin du v° siècle, et il eut pour disciple saint Licar, qui devint dans la suite évêque de Conserans. Il est honoré à Tarbes le 28 septembre.

FAUSTE (saint), moine et martyr en Sicile avec saint Placide, son abbé, et plusieurs autres, tant moines que laïques, fut massacré vers l'an 546, par des pirates qui avaient fait une descente dans l'île, sous la conduite du fameux Mamucha, leur chef. — 5 octobre.

FAUSTE (sainte), *Fausta*, vierge et martyre à Cyzique dans la Propontide, avec saint Évilase. Celui-ci, qui était prêtre des idoles, ayant rasé la tête à Fauste, ce qui était une marque d'ignominie, voulant ensuite, après l'avoir suspendue en l'air, la faire couper en deux par le milieu du corps, sans que les bourreaux pussent venir à bout de lui faire aucun mal. A la vue de ce prodige, il se convertit et souffrit lui-même le martyre avec la sainte, qui eut la tête percée d'un instrument et tout le corps hérissé de clous; elle fut mise ensuite dans une poêle ardente, d'où une voix du ciel l'appelant, elle s'envola vers le Seigneur, sous l'empereur Maximien. — 20 septembre.

FAUSTE (sainte), vierge et martyre, est honorée à Fésenzac, dans le comté d'Armagnac. Son corps fut découvert dans le IX° siècle, sous le règne de Charles le Chauve; dans le XIII°, sous saint Louis, il fut porté au monastère de la Prée, dans le diocèse de Bourges. — 4 janvier.

FAUSTE (sainte), dame romaine d'un rang illustre, florissait sur la fin du III° siècle. Nous apprenons par une lettre que sainte Anastasie, sa fille, écrivit à saint Chrysogone que sa mère était un modèle de piété et de ferveur, et qu'elle forma Anastasie à la vie chrétienne dès le berceau. — 19 décembre.

FAUSTIEN (saint), *Faustianus*, l'un des sept voleurs que convertit saint Jason, souffrit le martyre pour la foi vers le commencement du II° siècle. — 29 avril.

FAUSTIN (saint), *Faustinus*, martyr et frère de saint Jovite, sortait d'une famille distinguée. Chrétien fervent, il se mit à prêcher l'Évangile dans un diocèse de Lombardie dont l'évêque s'était caché, à cause de la persécution. Son zèle excita la fureur des païens, et il fut arrêté avec son frère, qui était le compagnon de ses travaux apostoliques, par un seigneur nommé Julien. L'empereur Adrien, qui se trouvait alors à Brescia, les condamna à mort, sur le refus qu'ils firent de renoncer à Jésus-Christ, et la sentence fut aussitôt exécutée, vers l'an 121. La ville de Brescia qui possède leurs reliques, les honore comme ses principaux patrons, et il y a dans cette même ville une église fort ancienne qui est dédiée sous leur invocation. — 15 février.

FAUSTIN (saint), martyr à Pérouse avec saint Florence et plusieurs autres, fut décapité pendant la persécution de Dèce, au milieu du III° siècle. — 5 juin.

FAUSTIN (saint), martyr en Afrique avec saint Luce et plusieurs autres, est honoré le 15 décembre.

FAUSTIN (saint), martyr à Rome, était frère de saint Simplice et de sainte Béatrix. Il fut décapité avec son frère l'an 303, pendant la persécution de Dioclétien, et leurs corps furent ensuite jetés dans le Tibre. Sainte Béatrix les en retira et leur donna la sépulture dans le cimetière de l'*Ours coiffé*. Le pape Léon II transféra leurs reliques dans une église qu'il avait fait bâtir sous leur invocation. Elles sont aujourd'hui à Sainte-Marie-Majeure. — 29 juillet.

FAUSTIN (saint), martyr à Rome avec saint Cyriaque, diacre, et vingt-un autres, souffrit l'an 303, sous les empereurs Dioclétien et Maximien, et il fut enterré sur la voie *Salaria*, près du lieu où il avait été décapité. — 8 août.

FAUSTIN (saint), martyr à Rome, souffrit avec quarante-quatre autres. — 7 février.

FAUSTIN (saint), martyr à Rome avec saint Timothée et saint Vénuste, est honoré le 22 mai.

FAUSTIN (saint), évêque de Brescia et confesseur, florissait dans le IV° siècle, et mourut en 350. — 16 février.

FAUSTIN (saint), évêque et confesseur, florissait dans le IV° siècle, et est honoré à Cavaillon le 20 mai.

FAUSTIN (saint), confesseur à Todi, en Italie, est honoré le 29 juillet.

FAUSTINE (sainte), *Faustina*, vierge et martyre avec sainte Florienne, est honorée le 9 juillet.

FAUSTINE (sainte), dont le corps est dans la cathédrale de Côme, mourut vers l'an 600. — 15 janvier.

FAUSTINIEN, (saint), *Faustinianus*, évêque de Bologne, dont les prédications raffermirent cette Église ravagée par la persécution de Dioclétien, et la rendirent florissante, mourut avant le milieu du IV° siècle.— 26 février.

FAZIUS (saint), orfèvre, naquit en 1190 à Vérone, de parents pieux qui l'élevèrent dans la crainte de Dieu et lui firent apprendre l'état d'orfèvre. Il s'y acquit, en peu de temps, par sa conduite réglée, sa probité sévère et son habileté peu commune, de grandes richesses qu'il employait au soulagement des malheureux; mais cette brillante fortune dont il faisait un si noble usage excita la jalousie de ses confrères, qui le forcèrent de quitter sa patrie afin de se mettre à l'abri de leurs persécutions. Il se retira à Crémone, où il se fit admirer par sa bienfaisance. Il crut pouvoir retourner ensuite dans sa ville natale, mais sa présence réveilla l'acharnement de ses ennemis, qui parvinrent à le faire jeter dans une prison. Fazius supporta avec patience l'injustice de sa détention, la regardant comme une épreuve salutaire que Dieu lui envoyait pour épurer sa vertu. Son innocence ne tarda pas à être reconnue, et il recouvra la liberté d'une manière presque miraculeuse. Les villes de Vérone et de Mantoue étaient alors en guerre, et la première demanda des secours aux Crémonais. Ceux-ci les promirent à condition que Fazius serait élargi, et Vérone y consentit d'autant plus volontiers que personne n'était encore parvenu à prouver aucun des griefs qu'on lui imputait. Fazius, sorti de prison, ne voulut plus s'exposer à la perfidie des orfèvres véronais, mais il retourna à Crémone, où il se livra plus que jamais aux œuvres de charité, passant le jour à visiter les prisons et les hôpitaux, et la nuit presque entière à la prière. Il fit construire une petite chapelle et y fonda la congrégation du Saint-Esprit, pour le soulagement des prisonniers, des matelots et des pauvres. L'évêque de Crémone le nomma inspecteur général des monastères de son diocèse, et il conserva cette charge jusqu'à sa mort, qui arriva le 18 janvier 1272, à l'âge de quatre-vingt-deux ans. Il s'opéra plusieurs miracles à son tombeau, et sa fête se célèbre dans plusieurs diocèses d'Italie. — 18 janvier.

FEBRONIE (sainte), vierge et martyre, entra dès l'âge de trois ans dans un monastère de Sybapolis en Syrie, dont sa tante était supérieure, et y fut élevée avec tant de soin qu'à l'âge de dix-neuf ans elle était peut-être par ses qualités physiques et morales la jeune personne la plus accomplie qu'on pût trouver dans tout l'empire. Ces avantages étaient encore rehaussés par une tendre piété, par une modestie admirable, qui la rendaient un ange d'innocence et de pureté. Quoique si propre à briller avec éclat dans le monde, elle y avait solennellement renoncé et avait fait vœu de n'avoir jamais d'autre époux que Jésus-Christ. Sa tante, qui n'avait rien de si cher au monde que ce précieux trésor, ne la laissait pas voir aux étrangers; mais un mérite si rare ne pouvait rester caché, et plusieurs personnes qui en avaient entendu parler essayèrent, mais en vain, de pénétrer dans le monastère pour en juger par elles-mêmes. A la fin cependant une jeune veuve d'une famille distinguée, et qui n'était encore que catéchumène, obtint après de vives instances la permission de se revêtir de l'habit des religieuses, pour entrer dans la maison et pour passer quelque temps avec 'es saintes filles qui l'habitaient. Fébronie, qui n'aurait pas consenti à se montrer à une étrangère ni à lui parler, ne fit aucune difficulté de se lier avec la prétendue religieuse : elle lui parla d'une manière si touchante du bonheur qu'elle goûtait au service de Jésus-Christ, que la jeune veuve, qui était sur le point de se remarier, renonça sur-le-champ au monde et à l'alliance projetée, afin de passer le reste de ses jours dans la retraite avec Fébronie. Sa famille qui était idolâtre ayant appris qu'elle avait reçu le baptême et qu'elle s'était consacrée à Jésus-Christ, fut si frappée de ce changement qu'elle embrassa aussitôt le christianisme. On était alors au plus fort de la persécution de Dioclétien, et le préfet Lysimaque venait d'être envoyé à Sybapolis avec Sérène, son oncle, pour y exécuter les édits contre les chrétiens. À leur arrivée l'alarme fut générale, et chacun cherchait à se cacher : la supérieure du monastère déclara à ses religieuses qu'elles étaient libres de fuir pour mettre leurs vies en sûreté. *Pour moi, dit-elle, je suis décidée à attendre la mort ici, trop heureuse si j'obtiens la couronne du martyre : toute ma peine, c'est de ne savoir ce que deviendra Fébronie. — Ce que je deviendrai, ma tante? Je resterai ici sous la protection de mon divin Époux; je lui ai fait le sacrifice de mon cœur; je lui fais encore celui de ma vie, et je ne désire rien tant que de verser mon sang pour lui.* Déjà une compagnie de soldats, commandée par Prime, cousin de Lysimaque, arrivait aux portes du couvent qu'elle enfonce, se précipite sur les religieuses et allait immoler la supérieure qui était à leur tête, lorsque Fébronie, se jetant aux pieds des soldats, les conjure de la faire mourir la première. À la vue de tant de résolution et de beauté, ils s'arrêtent, ils hésitent jusqu'à ce que Prime étant survenu, leur ordonne de se retirer, et demande à Fébronie pourquoi elle n'a pas pris la fuite comme la plupart de ses compagnes; et sans attendre sa réponse il lui dit : *Allez, je vous donne la liberté : mettez-vous à couvert des insultes qui pourraient vous arriver.* Aussitôt il se rend près de Lysimaque et lui dit : *J'ai trouvé celle que les dieux vous destinent pour épouse. Son air indique qu'elle est d'une naissance distinguée, et sa beauté est incomparable.— Mais j'ai entendu dire à ma mère,* répondit Lysimaque, *que ces vierges enfermées dans les monastères sont les épouses de Jésus-Christ. Ce mariage me paraît donc une chose impossible.* Un soldat qui avait entendu le commencement de leur conversation alla dire à Sérène que Prime voulait marier son neveu à une fille chrétienne. Sérène entre en colère et fait venir Fébronie, qui se présente avec une telle expression de contentement et de paix, qu'il en fut tout interdit. *Êtes-vous libre ou esclave?* lui demanda-t-il d'abord. *Je suis esclave.— Et qui est votre maître? — Jésus-Christ, mon Sauveur et mon Dieu, à qui je me suis vouée dès l'enfance.— C'est dommage que vous soyez infatuée des principes de la secte chrétienne. Renoncez aujourd'hui à toutes ces erreurs, et sacrifiez aux dieux qui vous rendront heureuse. Dès aujourd'hui vous deviendrez ma nièce en épousant Lysimaque que vous voyez là devant vous et qui vous comblera d'honneurs et de richesses.* Et comme elle était enchaînée il ordonna qu'on lui ôtât ses liens. Alors Fébronie tenant d'une main ces chaînes qu'elle était si fière de porter, lui dit : *Je vous en prie, seigneur ne m'ôtez pas un ornement qui fait mon bonheur et ma gloire : sachez d'ailleurs que je ne consentirai jamais à la proposition que vous me faites: non, jamais je n'adorerai les démons, et ne pensez pas que parceque je ne suis qu'une femme, vos menaces et vos tourments puissent me faire changer de résolution ; je suis prête à supporter les plus grands supplices plutôt que de renoncer à Jésus-Christ, mon seul et unique époux.* Sérène outré de colère la fait fustiger au point que tout son corps n'est qu'une plaie; il ordonne ensuite qu'on l'étende sur un gril de fer pour qu'on la brûle à petit feu. Les païens eux-mêmes, témoins de cet affreux spectacle, n'en peuvent soutenir l'horreur; mais Fébronie paraît insensible et ne cesse de bénir le Seigneur de ce qu'il l'a jugée digne de souffrir pour lui. Son calme et son contentement achèvent d'exaspérer Sérène, qui lui fait briser les dents et déchirer le sein; voyant enfin que rien ne pouvait affaiblir son courage, il lui fait trancher la tête. Lysimaque et Prime, tous deux favorables aux chrétiens, le dernier surtout, dont la mère professait le christianisme, s'entretenaient avec admiration de l'héroïsme de Fébronie, dont ils venaient d'être témoins, lorsqu'on leur apporte la nouvelle que Sérène, devenu tout à coup furieux, s'est brisé la tête en se frappant contre un pilier. *Il ne fallait plus que ce dernier trait,* s'écria Lysimaque, *pour mettre le comble au triomphe de Jésus-Christ et à la gloire de sa servante; qu'on fasse emporter son corps; qu'on recueille même la terre qui a été teinte de son sang, et qu'on renferme ces restes précieux dans un riche cercueil.* Dès ce moment Lysimaque et Prime firent cesser la persécution et ils embrassèrent l'un et l'autre la religion de Jésus-Christ. Le martyre de sainte Fébronie eut lieu vers l'an 303. — 25 juin.

FÉCHIN (saint), *Fechinus*, abbé en Irlande, gouverna avec beaucoup de sainteté le monastère de Fobhar, aujourd'hui Foure, dans le comté de Méath, lorsqu'il fut emporté par l'horrible peste de 664, qui enleva quatre rois d'Irlande et plus de la moitié de leurs sujets. Il se forma auprès de son monastère un village où il est honoré avec une dévotion particulière, et plusieurs églises d'Irlande portent son nom. — 20 janvier.

FELAN ou FOELAN (saint), *Filanus*, abbé en Écosse, était Irlandais de naissance et sortait d'une famille illustre. Né sur la fin du VIIe siècle, il eut pour père un prince nommé Fériach, et pour mère sainte Kentigerne, dont les instructions et les exemples lui inspirèrent l'amour de la vertu. Il quitta de bonne heure le monde et sa patrie, pour entrer dans un monastère d'Ecosse, où il reçut l'habit des mains de Murdus qui en était abbé. Le désir d'une plus grande solitude le porta à s'établir dans une cellule, à quelque distance du monastère, et l'on eut bien de la peine à l'en tirer lorsqu'il eut été élu abbé par les religieux. Sa sainteté placée au grand jour brilla d'un plus vif éclat; mais il se démit de ses fonctions quelque temps après, pour se retirer à Sirach, près de Congan, son oncle maternel. Il bâtit une église près de laquelle il finit ses jours dans le milieu du VIII° siècle, après avoir été favorisé, pendant sa vie, du don des miracles. Il fut enterré à Straphilline où ses reliques ont toujours été l'objet de la vénération des fidèles. Les historiens d'Ecosse attribuent à sa protection la victoire mémorable que Robert Bruce remporta à Bonnocborn sur Edouard II, et qui fut si complète que ce prince repassa la Twed sur une barque, seul avec Spencer, son favori. — 9 janvier.

FÈLE (saint), *Felix*, confesseur, florissait dans le VI° siècle près de Spolette, où il est honoré le 16 juin.

FELICE (sainte), *Felix*, martyre avec sainte Cécile et deux autres, est honorée le 14 mai.

FELICIEN (saint), *Felicianus*, martyr à Vienne en Dauphiné, souffrit avec deux autres sous le règne de Marc-Aurèle. Quelques années après, leurs corps ayant été découverts par la révélation même des trois saints martyrs, l'évêque, le clergé et le peuple les transportèrent en cérémonie dans un lieu honorable. Ils ont été, depuis, portés à Romans, dans l'église de Saint-Pierre.— 19 novembre.

FELICIEN (saint), évêque de Foligny et martyr, reçut l'onction épiscopale des mains du pape saint Victor, et après avoir déployé un grand zèle dans le gouvernement de cette église naissante, il parvint à une grande vieillesse, qui fut couronnée par le martyre, au milieu du III° siècle, pendant la persécution de l'empereur Dèce. Ses reliques furent apportées en France par Thierri, évêque de Metz, l'an 969. — 24 janvier.

FELICIEN (saint), martyr en Afrique, souffrit avec saint Philippien et cent vingt-quatre autres. — 30 janvier.

FELICIEN (saint), martyr à Rome avec saint Fortunat et deux autres, est honoré le 2 février.

FELICIEN (saint), martyr dans la Lucanie, souffrit avec saint Hyacinthe et deux autres. — 29 octobre.

FELICIEN (saint), martyr, était frère de saint Prime, avec lequel il vivait à Rome dans la pratique de toutes les bonnes œuvres, secourant les pauvres, servant les martyrs dans les prisons et les accompagnant quelquefois jusqu'au lieu de leur supplice. Ils exhortaient à la persévérance les confesseurs de la foi et s'efforçaient de ramener à la religion ceux qui avaient eu le malheur d'apostasier. Malgré les démarches publiques auxquelles les entraînait leur zèle, ils échappèrent à plusieurs persécutions, et ils étaient déjà fort âgés lorsque Dieu les appela à la couronne du martyre. Les idolâtres ayant demandé leur mort, Dioclétien et Maximien, qui se trouvaient alors à Rome, donnèrent des ordres pour qu'on les arrêtât et qu'on les mit en prison. Ils leur firent ensuite subir une cruelle flagellation, après quoi ils les envoyèrent à Nomento, petite ville à quelques lieues de Rome, pour que le juge Promotus les traitât comme des ennemis des dieux. Celui-ci les fit appliquer à diverses tortures pour les forcer à offrir de l'encens aux idoles; mais comme ils se montraient inébranlables, il les condamna à perdre la tête; ce qui fut exécuté le 6 juin 286 Leurs corps furent enterrés par les chrétiens près de Nomento. Leurs reliques ayant été découvertes sur la voie Nomentane en 648, le pape Théodore les fit transporter à Rome et déposer dans l'église de Saint-Etienne sur le mont Célius. Sigebert rapporte dans sa chronique que les reliques de saint Félicien furent apportées en France par Théodoric, ou Thierri, évêque de Metz, vers l'an 969, sous l'empereur Othon I°°. — 6 juin.

FELICIEN (saint), soldat et martyr à Marseille. Chargé, avec deux de ses camarades, de garder la prison où était renfermé saint Victor, ils virent tout à coup une lumière miraculeuse éclairer le cachot, et le saint martyr qui chantait les louanges de Dieu avec les esprits célestes qui étaient venus le visiter. Ce prodige les convertit; ils se jettent à ses pieds et lui demandent le baptême. Aussitôt Victor les instruit à la hâte et fait venir des prêtres qui les mènent sur le bord de la mer et leur administrent le sacrement. L'empereur Maximien ayant appris le lendemain cette conversion, entra en fureur et ordonna qu'on fit sacrifier aux dieux ces soldats, ou qu'on les punît de mort. Victor les exhorta à confesser généreusement la foi qu'ils venaient de recevoir. Leur constance ne s'étant pas démentie, ils furent décapités par ordre de l'empereur vers l'an 290. — 21 juillet.

FELICIEN (saint), martyr à Ravenne avec saint Victorin et un autre, souffrit l'an 304, pendant la persécution de Dioclétien. — 11 novembre.

FELICIEN DE VAGE (saint), était honoré autrefois à Carthage le 29 octobre.

FELICIEN (saint), évêque et martyr, est honoré à Minden en Allemagne le 20 octobre.

FELICIENNE (sainte), *Feliciana*, martyre à Tomes dans le Pont, souffrit avec saint Paul et saint Cyriaque. — 20 juin.

FELICISSIME (saint), *Felicissimus*, martyr en Afrique avec le prêtre saint Rogatien, souffrit sous le règne de Valérien. Saint Cyprien les mentionne dans sa lettre aux confesseurs. — 26 octobre.

FELICISSIME (saint), diacre de l'Église romaine et martyr, souffrit avec le pape saint Sixte II, l'an 259, pendant la persécution de l'empereur Valérien. Son corps fut inhumé dans le cimetière de Prétextat.

FELICISSIME (saint), martyr dans la Pouille, souffrit avec saint Secondin. — 13 septembre.

FELICISSIME (saint), martyr à Nicomédie, est honoré chez les Grecs le 14 mars.

FELICISSIME (saint), martyr dans la Campanie avec saint Ariston et plusieurs autres, souffrit pendant la persécution de Dioclétien. — 2 juillet.

FELICISSIME (saint), martyr à Todi avec saint Héracle et un autre, souffrit l'an 303, pendant la persécution de l'empereur Dioclétien.

FELICISSIME (saint), martyr à Pérouse, souffrit vers l'an 304, pendant la même persécution. — 24 novembre.

FELICISSIME (saint), confesseur en Afrique, est honoré le 26 octobre.

FÉLICISSIME (saint), martyr avec saint Félix, est honoré à Verno, près de Melun, le 12 août.

FÉLICISSIME (saint), était originaire de Nocera, et mourut à Monte-Pulciano, où il est honoré le 15 juillet.

FÉLICISSIME (sainte), *Felicissima*, martyre en Afrique, souffrit avec saint Grégoire et saint Archélaüs. — 5 mai.

FÉLICISSIME (sainte), vierge et martyre à Falère en Toscane avec saint Gracilien, eut d'abord les mâchoires brisées à coups de pierres ; elle fut ensuite décapitée. — 12 août.

FÉLICITÉ (sainte), *Felicitas*, martyre à Rome, était une dame de cette ville aussi distinguée par ses vertus que par sa naissance. Devenue veuve, elle partagea son temps entre l'éducation de ses sept fils, le service de Dieu et la pratique des œuvres de charité. Comme ses exemples édifiants et son zèle pour la religion chrétienne contribuaient beaucoup à la conversion des païens, les prêtres des idoles, alarmés des pertes journalières que faisait leur culte, s'en plaignirent à l'empereur Antonin, et accusèrent nommément Félicité d'être la cause que plusieurs avaient embrassé la doctrine des chrétiens ; en conséquence, ils demandèrent qu'on l'obligeât ainsi que ses enfants à sacrifier aux dieux. Antonin chargea Publius, préfet de Rome, de faire droit à la requête des prêtres. Publius ayant donc fait comparaître l'illustre dame avec ses enfants, la prit à part et employa toutes sortes de moyens pour l'engager à sacrifier, ajoutant qu'en cas de refus il se verrait dans la nécessité de recourir à des voies de rigueur. *Apprenez à me connaître*, répondit Félicité, *et ne vous flattez pas de m'effrayer par vos menaces, ni de me séduire par vos promesses. J'espère avec l'aide de Dieu triompher des épreuves auxquelles vos assauts mettront ma fidélité.* — *Malheureuse ! comment la mort peut-elle vous paraître si désirable que vous exposiez non-seulement votre vie, mais aussi celle de vos enfants ?* — *Mes enfants vivront éternellement avec Jésus-Christ, s'ils lui sont fidèles ; mais ils doivent s'attendre à des supplices qui ne finiront point, s'ils sacrifient aux idoles.* Le lendemain il la fit comparaître de nouveau, et lui dit : *Ayez pitié de vos enfants qui sont à la fleur de leur âge et qui peuvent aspirer aux premières charges de l'empire.* — *Votre prétendue compassion est une véritable cruauté, et je serais la plus barbare des mères si j'y cédais.* Se tournant alors vers ses fils, elle leur dit : *Regardez le ciel où Jésus-Christ vous attend avec ses saints : persistez dans son amour et combattez généreusement pour vos âmes.* Publius la fit souffleter en lui reprochant la hardiesse qu'elle avait de conseiller la désobéissance aux ordres de l'empereur. Il interrogea ensuite séparément les enfants qui imitèrent le courage de leur mère, et voyant qu'il ne pouvait les ébranler, il envoya toute la procédure au prince. Antonin ayant pris connaissance de l'affaire, condamna les fils de Félicité à divers genres de supplices. Quant à leur mère, il lui fit trancher la tête quatre mois après leur martyre, l'an 150. Il y avait du temps de saint Grégoire le Grand une église de son nom sur la voie Salaria, dans laquelle ce pape prononça l'éloge de la sainte. Il y avait aussi près de Rome un cimetière du nom de Sainte-Félicité. — 10 juillet et 23 novembre.

FÉLICITÉ (sainte), martyre en Afrique, n'était encore que catéchumène lorsqu'elle fut arrêtée à Carthage pendant la persécution de l'empereur Sévère, avec sainte Perpétue et trois autres personnes qu'on renferma dans une maison particulière où elles reçurent le baptême. Quelques jours après, on les enferma dans une étroite prison, où elles eurent beaucoup à souffrir. On les conduisit ensuite devant Hilarion, intendant de la province, qui remplaçait le proconsul, et, comme elles confessèrent généreusement Jésus-Christ, elles furent condamnées aux bêtes, et renvoyées en prison jusqu'au jour des spectacles. Comme ce jour allait arriver et que Félicité était enceinte de huit mois, elle se désolait dans la pensée que son supplice serait différé jusqu'après ses couches, parce que la loi défendait d'exécuter les femmes pendant leur grossesse. Elle craignait que son sang ne fût confondu avec celui de quelques malfaiteurs, et ses compagnons partageant sa peine, se mirent tous en prières pour obtenir de Dieu qu'elle fût délivrée avant le moment du combat. A peine avaient-ils fini de prier, qu'elle commença à ressentir les douleurs de l'enfantement ; et comme ces douleurs lui faisaient pousser des cris par intervalles, un des gardes lui dit : *Si vous vous plaignez déjà maintenant, que sera-ce donc quand vous serez déchirée par les bêtes ?* Félicité lui fit cette belle réponse : *Maintenant c'est moi qui souffre ; mais là, il y en aura un autre avec moi qui souffrira pour moi, parce que je souffrirai pour lui.* Quand le jour des spectacles fut venu, on fit sortir de prison les martyrs pour les conduire à l'amphithéâtre. Félicité marchait avec joie, contente que son heureux accouchement lui permît de combattre aussi bien que les autres. Arrivée sur le lieu du combat, on lui ôta ses habits et on l'enferma dans un rets ; ensuite ou l'exposa à une vache sauvage. Mais la vue d'une jeune femme qui venait récemment d'accoucher, et dont les mamelles étaient toutes dégouttantes de lait, émut vivement le peuple, et on lui permit de reprendre ses vêtements. La vache, qui était furieuse, l'ayant beaucoup maltraitée, sainte Perpétue l'aida à se relever. Comme elles se disposaient à recommencer le combat, le peuple se lassant d'être cruel ne le voulut plus ; et comme elles n'étaient que blessées, on les amena sur la place, où elles furent égorgées avec les autres martyrs le 7 mars 202 ou 203, sous l'empereur Sévère. Le corps de sainte Félicité se gardait dans la grande église de Carthage au v° siècle, et son nom se lit dans le canon de la messe. — 7 mars.

FÉLICITÉ (sainte), martyre en Afrique avec saint Cyrille, évêque, et plusieurs autres, est honorée le 8 mars.

FÉLICITÉ (sainte), martyre près de Rome, souffrit sur le chemin d'Ardée avec saint Saturnin et vingt-trois autres. — 5 juin.

FÉLICULE (sainte), *Felicula*, vierge et martyre à Rome pendant la persécution de Domitien, n'ayant voulu ni épouser Flaccus, ni sacrifier aux dieux, fut punie du refus de cette alternative par la détention dans un cachot, où elle eut beaucoup à souffrir de la faim. Ensuite le juge, voyant qu'elle persévérait à confesser Jésus-Christ, la fit tourmenter sur le chevalet jusqu'à ce qu'elle eût rendu l'esprit ; puis ayant détaché son corps, on le jeta dans un égout. Saint Nicomède l'en retira et lui donna la sépulture sur la voie d'Ardée qui avait été le théâtre de son supplice. — 13 juin.

FÉLICULE (sainte), *Felicula*, martyre à Rome, souffrit avec saint Vital et saint Zénon. — 14 février.

FÉLIMY (saint), *Fedolimidus*, évêque de Cloyne en Irlande, était frère de saint Dermice et florissait dans le VI° siècle. — 6 août.

FÉLIN (saint), *Felinus*, soldat et martyr à Pérouse avec saint Gratinien, subit divers tourments et ensuite la mort dans le milieu du III° siècle, sous l'empereur Dèce. — 1er juin.

FÉLION (saint), *Felicio*, martyr à Tarse en Cilicie, souffrit avec saint Réflent et un grand nombre d'autres de l'un et de l'autre sexe. —10 mai.

FÉLIX (saint), martyr à Nocéra avec sainte Constance, souffrit sous l'empereur Néron. — 19 septembre.

FÉLIX (saint), l'un des sept fils de sainte Félicité et martyr, ayant comparu devant Publius, préfet de Rome, comme ce magistrat l'engageait à sacrifier aux dieux, il répondit : *Il n'y a qu'un Dieu, et c'est à lui que nous devons le sacrifice de nos cœurs : jamais nous n'oublierons l'amour que nous devons à Jésus-Christ. Ni vos menaces ni les raffinements de votre cruauté ne pourront nous ravir notre foi.* Publius le fit arrêter et mettre en prison. L'empereur Antonin ayant ensuite pris connaissance de cette affaire, ordonna que Félix fût frappé à coups de massue jusqu'à ce qu'il expirât ; ce qui fut exécuté vers l'an 150. — 10 juillet.

FÉLIX (saint), martyr à Saulieu près d'Autun, logea chez lui saint Andoche et saint Thyrse, que saint Polycarpe avait envoyés dans les Gaules pour y prêcher l'Évangile. L'hospitalité qu'il avait exercée envers ces saints missionnaires lui mérita le bonheur d'être associé à leur martyre et de partager leur triomphe ; ce qui eut lieu sur la fin du II° siècle. — 24 septembre.

FÉLIX (saint), l'un des douze martyrs Scillitains, ainsi dits parce qu'ils étaient de Scillite, ville de la province proconsulaire, fut conduit à Carthage avec ses compagnons l'an 200, pendant la persécution de l'empereur Sévère. A la suite d'un interrogatoire que lui fit subir le proconsul Saturnin, il fut condamné à la décapitation. — 17 juillet.

FÉLIX (saint), prêtre et martyr, était disciple de saint Irénée, évêque de Lyon, qui l'envoya prêcher l'Évangile à Valence en Dauphiné. Après y avoir converti un grand nombre d'infidèles, il fut arrêté avec saint Fortunat et saint Achillée, deux diacres qui le secondaient dans ses travaux apostoliques, et ils furent tous les trois condamnés à mort, vers l'an 212, par Corneille, magistrat de la ville. Dans la suite, on bâtit une église sur leur tombeau, et leurs reliques ont été depuis transférées dans la cathédrale de Valence. La ville d'Arles en possédait aussi une partie qu'elle partagea avec celle de Valence, après que celle-ci eut été dépouillée par les calvinistes du précieux trésor qu'elle avait conservé jusque-là avec la plus grande vénération. —23 avril.

FÉLIX (saint), martyr à Rome avec sainte Blande, sa femme, souffrit vers l'an 222, sous l'empereur Alexandre Sévère. — 10 mai.

FÉLIX (saint), martyr en Afrique avec saint Epictète, évêque, et dix autres, souffrit au milieu du III° siècle pendant la persécution de l'empereur Dèce. — 9 janvier.

FÉLIX (saint), martyr à Potenza dans la Lucanie, était d'Adrumète en Afrique. Arrêté pendant la persécution de Dèce avec saint Boniface, son père, sainte Thècle, sa mère, et ses onze frères, on les conduisit tous à Carthage, où ils confessèrent Jésus-Christ au milieu des supplices. Le proconsul l'exila en Lucanie avec trois de ses frères, Aronce, Honorat et Sabinien ; mais à peine y furent-ils arrivés que Valérien, magistrat de Dèce, les fit mourir, et leurs reliques se gardent à Bénévent. — 29 août et 1er septembre.

FÉLIX (saint), martyr en Afrique, souffrit avec saint Symphrone et plusieurs autres. — 3 février.

FÉLIX (saint), évêque en Afrique et martyr, subit diverses tortures pendant la persécution des empereurs Valérien et Gallien. Il fut ensuite condamné aux mines avec plusieurs autres saints évêques, dans le nombre desquels se trouvait un autre Félix qui est honoré avec lui le même jour. — 10 septembre.

FÉLIX DE NOLE, (saint), prêtre et confesseur, fils d'Hermias, Syrien d'origine, qui était venu s'établir à Nole après avoir longtemps servi dans les armées de l'empire, ne voulut servir que Jésus-Christ ; et quand la mort lui eut enlevé son père, il distribua aux pauvres la plus grande partie de ses biens, et fut successivement ordonné lecteur, exorciste, enfin prêtre par saint Maxime son évêque, qui l'employa dans le gouvernement de son église. La persécution de Dèce ayant éclaté avec fureur, Maxime, sachant que c'était surtout aux évêques qu'on en voulait, crut devoir se retirer dans les déserts, afin de se réserver pour les besoins de son troupeau, et chargea Félix de gouverner l'Église de Nole pendant son absence. Les persécuteurs, furieux de ne l'avoir pas trouvé, se saisirent de Félix et le conduisirent devant le magistrat qui, après l'avoir fait fouetter, ordonna qu'on le jetât dans un obscur cachot, avec des fers aux pieds et aux mains. Le pavé de sa prison était jonché de morceaux de verre et de pots cassés, en sorte que Félix était forcé de poser dessus, soit qu'il se tînt debout ou couché. Quelque temps après, un ange tout rayonnant de lumière descendit dans son cachot et ordonna au saint confesseur d'aller secourir son évêque qui était réduit à la dernière extrémité. A l'instant ses fers se brisent, les portes s'ouvrent, et Félix suit l'ange qui le conduit au lieu où était Maxime, qu'il trouve sans parole, sans connaissance et presque sans vie. Le froid et la faim, joints à la vieillesse et à l'inquiétude causée par le péril qui menaçait son troupeau, l'avaient réduit en ce triste état. Mais que peut faire Félix qui manque de tout ? Il a recours à la prière, et aussitôt il aperçoit une grappe de raisin sur des ronces ; il en exprime le jus, qu'il fait couler dans la bouche de Maxime. Celui-ci revient peu à peu à la vie, reconnaît son sauveur, l'embrasse et le prie de le ramener à son église. Félix le prend sur ses épaules, le porte à la maison épiscopale avant que le jour paraisse et le confie aux soins d'une pieuse femme ; ensuite il retourne chez lui et y reste caché : le feu de la persécution s'étant ralenti, il se remet à instruire le peuple comme auparavant. Les païens voyant que ses discours contribuaient à la ruine de leur culte, prennent le parti de l'arrêter : ils le rencontrent en chemin sans le reconnaître, et lui demandent où est Félix. Celui-ci leur donne une réponse ambiguë, et ils passent outre ; mais s'étant aperçu de leur méprise, ils reviennent sur leurs pas, et ne trouvent plus le saint, qui avait passé à travers une vieille muraille dont une toile d'araignée venait de recouvrir le trou. Il resta six mois caché dans une citerne où n'avait presque plus d'eau, et où une femme chrétienne lui apportait de quoi subsister. Il en sortit lorsque la mort de Dèce eut rendu la paix à l'Église, et il fut reçu à Nole comme un ange envoyé du ciel. Maxime, avant de mourir, désigna pour son successeur. Aussi fut-il élu à l'unanimité ; mais son humilité lui fit décliner cet honneur qu'il fit tomber sur Quintus, alléguant qu'il devait lui être préféré parce qu'il avait été ordonné prêtre avant lui. Quintus, qui le vénérait comme un père, ne faisait rien d'important sans le consulter, et se déchargeait sur lui d'une partie du fardeau qu'il lui avait en quelque sorte imposé. Le peu de bien que saint Félix s'était réservé avait été confisqué durant la persécution ; il aurait pu se le faire rendre après, à l'exemple de beaucoup de chrétiens ; mais il ne voulut faire aucune démarche, trouvant que la pauvreté était le plus sûr moyen de parvenir à la possession de Jésus-Christ. Il porta cet esprit de désintéressement jusqu'à refuser ce que les riches lui offraient, et pour n'être à charge à personne, il loua un coin de terre qu'il cultivait de ses propres mains, et il donnait aux pauvres une partie du produit qu'il en retirait : l'amour qu'il leur portait était tel que s'il avait deux habits, il leur donnait le meilleur ; souvent même il l'échangeait contre leurs haillons l'unique habit qui lui restait. Saint Félix mourut vers l'an 260 dans un âge fort avancé, et il fut enterré à Nole. On bâtit une église autour de son tombeau, que l'on visitait avec beaucoup de dévotion dans les siècles suivants. Le pape saint Damase, qui y était allé faire un pèlerinage, y fut guéri d'une maladie, comme il nous l'apprend lui-même dans un poëme que la reconnaissance lui fit composer en l'honneur du saint prêtre de Nole. Saint Paulin rapporte qu'au jour de sa fête il se trouvait à Nole un concours prodigieux de pèlerins, venant non-seulement de Rome et d'Italie, mais même des pays les plus éloignés, et qu'il s'y opérait de nombreux miracles. — 14 janvier.

FÉLIX (saint), prêtre de Sutri et martyr, employait les grands biens qu'il possédait à faire de bonnes œuvres et surtout à soulager la misère des malheureux. Quand il apprit que Turcius, envoyé par l'empereur Aurélien pour faire la recherche des chrétiens, arrivait, il assembla les fidèles pour les exhorter à demeurer fermes dans la foi et à ne pas craindre les tourments qui les menaçaient. Ayant été arrêté, il prit pour lui-même le conseil qu'il avait donné aux autres, et confessa Jésus-Christ avec intrépidité. Turcius l'ayant fait comparaître devant son tribunal, lui demanda pourquoi il poussait le peuple à mépriser la religion des Romains et les ordonnances de l'empereur. — *C'est que notre joie et notre bonheur consistent à prêcher Jésus-Christ et à procurer aux hommes la vie éternelle.* — *Quelle est cette vie ?* — *C'est de craindre et d'adorer Dieu le Père, Notre-Seigneur Jésus-Christ et le Saint-Esprit.* Turcius voyant qu'il ne pourrait le gagner, lui fit meurtrir la bouche avec une pierre pour le punir de ce qu'il trompait le peuple par ses paroles, et on le frappa jusqu'à ce qu'il expirât sous les coups, l'an 273 ; le diacre saint Irénée l'enterra auprès de Sutri. — 23 juin.

FÉLIX (saint), pape et martyr, était Romain de naissance et succéda à saint

Denis sur la fin de l'année 269. Son pontificat fut troublé par l'hérésie de Paul de Samosate, évêque d'Antioche, qui niait la divinité de Jésus-Christ et enseignait que ce n'était qu'un pur homme, dans lequel résidait le Verbe de Dieu. Après que cet hérésiarque eut été condamné et déposé dans un concile tenu à Antioche l'an 269, les Pères de ce concile écrivirent au pape saint Denis, qui mourut dans l'intervalle, et leur lettre fut remise à saint Félix, qui se prononça fortement contre ce précurseur du nestorianisme, et écrivit à ce sujet une belle lettre à saint Maxime patriarche d'Alexandrie. Cette lettre, dont nous n'avons plus qu'un fragment, conservé par saint Cyrille d'Alexandrie, contenait une excellente explication de la doctrine catholique touchant le mystère de l'Incarnation : elle fut lue avec de grandes acclamations dans les conciles de Chalcédoine et d'Éphèse. Lorsque l'empereur Aurélien eut publié un édit de persécution, Félix pourvut avec zèle aux besoins du troupeau, baptisa les catéchumènes avant le temps prescrit, encouragea les faibles et s'appliqua à faire de nouvelles conversions. Ses discours et ses exemples animèrent les fidèles au combat. Le Martyrologe romain, qui le nomme le 30 mai, dit qu'il souffrit le martyre sous Aurélien; cependant on croit généralement qu'il survécut quelques mois aux tourments qu'il avait soufferts pendant la persécution, et qu'il ne mourut que le 22 décembre 274. — 30 mai.

FÉLIX (saint), confesseur à Bagaïe, fut livré à de cruelles tortures pour la foi sous le règne de Gallien, mais ne perdit pas la vie, et mourut en paix quelques années après. — 20 septembre.

FÉLIX (saint), martyr à Aquilée avec saint Hilaire, évêque, souffrit, vers l'an 283, sous l'empereur Numérien. — 16 mars.

FÉLIX (saint), martyr en Istrie avec saint Zoël et trois autres, souffrit vers l'an 284, sur la fin du règne de Numérien. — 24 mai.

FÉLIX (saint), martyr à Héraclée en Thrace, souffrit avec saint Janvier. — 7 janvier.

FÉLIX (saint), martyr en Afrique avec saint Victor et un autre, est honoré le 9 février.

FÉLIX (saint), martyr à Marseille avec saint Hermès et vingt-huit autres, est honoré le 1er mars.

FÉLIX (saint), martyr à Rome avec sainte Spinelle, est honoré dans le monastère de Saint-Laurent de Palisperne, où se gardent ses reliques. — 27 juin.

FÉLIX (saint), martyr, souffrit avec saint Luciole et plusieurs autres. — 3 mars.

FÉLIX (saint), martyr en Afrique avec vingt autres, est honoré le 23 mars.

FÉLIX (saint), martyr en Toscane, est honoré le 14 septembre.

FÉLIX (saint), martyr en Afrique, souffrit avec saint Théodule et plusieurs autres. — 31 mars.

FÉLIX (saint), martyr à Alexandrie avec saint Arateur, prêtre, et plusieurs autres, mourut en prison. — 21 avril.

FÉLIX (saint), martyr à Séville en Espagne, est honoré le 2 mai.

FÉLIX (saint), martyr en Campanie avec saint Ariston et plusieurs autres, souffrit en 286, pendant la première persécution de l'empereur Dioclétien. — 2 juillet.

FÉLIX (saint), martyr à Uzale en Afrique avec saint Gennade, est honoré le 16 mai.

FÉLIX (saint), martyr en Sardaigne avec saint Emile, est honoré le 28 mai.

FÉLIX (saint), martyr à Apollonie en Macédoine avec saint Isaure, diacre, et plusieurs autres, subit diverses tortures et fut en suite décapité par ordre du tribun Triponce. — 17 juin.

FÉLIX (saint), martyr à Ravenne, souffrit avec saint Crispin et quelques autres. — 18 juin.

FÉLIX (saint), martyr en Afrique, souffrit avec saint Janvier et deux autres. — 10 juillet.

FÉLIX (saint), évêque de Pavie et martyr, est honoré le 15 juillet.

FÉLIX (saint), martyr à Nole en Campanie, souffrit avec sainte Julie et sainte Juconde. — 27 juillet.

FÉLIX (saint), martyr à Forconio, dans l'Abruzze ultérieure, était originaire de Siponte et souffrit avec saint Florence. — 25 juillet.

FÉLIX (saint), martyr à Verno, près de Milan, souffrit avec saint Félicissime. — 12 août.

FÉLIX (saint), martyr à Porto avec saint Martial et plusieurs autres, souffrit dans le IIIe siècle. — 22 août.

FÉLIX (saint), martyr à Terracine, baptisait les nouveaux convertis que lui amenait le moine saint Eusèbe. Ayant été arrêté avec lui et jeté dans la même prison, sur leur refus réitéré de sacrifier aux dieux, on leur trancha la tête la nuit suivante. — 5 novembre.

FÉLIX (saint), martyr à Tunis, ayant confessé Jésus-Christ, fut condamné à mort ; mais nous apprenons de saint Augustin que l'exécution ayant été différée d'un jour, il fut trouvée sans vie le lendemain lorsqu'on vint le chercher pour le conduire au supplice. — 6 novembre.

FÉLIX (saint), évêque de Nole en Campanie et martyr, fut favorisé, dès l'âge de quinze ans, du don des miracles. Etant devenu évêque, il confessa la foi avec courage et souffrit avec trente autres sous le président Marcien. — 15 novembre.

FÉLIX (saint), martyr en Orient avec saint Métrobe, est honoré chez les Grecs le 3 décembre.

FÉLIX (saint), martyr à Thagore en Afrique, souffrit avec saint Jules et plusieurs autres. — 5 décembre.

FÉLIX (saint), martyr à Rome, souffrit avec saint Calliste. — 29 décembre.

FÉLIX (saint), évêque de Spello en Ombrie et martyr, souffrit sous l'empereur Maximien vers l'an 290. — 18 mai.

FÉLIX (saint), martyr à Aquilée avec saint Fortunat, son frère, fut arrêté pendant la première persécution de Dioclétien. On l'étendit sur le chevalet, et quand on lui appliqua sur les côtés des torches allumées, elles s'éteignirent tout à coup par un prodige du ciel. Il fut ensuite arrosé d'huile bouillante, et comme il continuait à confesser Jésus-Christ au milieu de ces horribles supplices, on l'acheva en lui tranchant la tête, l'an 296. — 11 juin.

FÉLIX (saint), évêque de Thibare en Afrique et martyr, ayant été arrêté au commencement de la persécution de Dioclétien par Magnilion, magistrat de la ville, fut sommé de livrer les saintes Ecritures; mais il répondit qu'il se laisserait plutôt brûler vif que de se rendre coupable d'un tel crime, et il fut conduit devant le proconsul qui résidait à Carthage. Celui-ci l'ayant interrogé, le renvoya au préfet du prétoire qui se trouvait alors en Afrique, et qui, pour le punir de la généreuse liberté avec laquelle il confessait Jésus-Christ le fit charger de chaînes et renfermer dans une étroite prison. Au bout de neuf jours il le fit embarquer pour l'Italie, afin qu'il comparût devant l'empereur. Félix, placé au fond du vaisseau, fut quatre jours sans boire ni manger, et ce ne fut que quand on eut pris terre à Agrigente, en Sicile, qu'il put obtenir quelque nourriture. Les chrétiens le reçurent de la manière la plus honorable, partout où il passa. Arrivé à Venouse dans la Pouille, on lui ôta ses chaînes, mais ce fut pour le tourmenter, afin de lui faire déclarer s'il avait les Ecritures. Il répondit affirmativement, mais en protestant qu'il ne les livrerait jamais. Cette réponse lui valut une condamnation capitale. Conduit sur le lieu de l'exécution, il remercia Dieu de la grâce qu'il lui faisait, et reçut avec joie le coup qui termina sa vie en 303, à l'âge de cinquante-six ans, après avoir conservé intacte sa virginité, comme il le déclara au moment de sa mort. — 24 octobre.

FÉLIX (saint), prêtre de l'Eglise romaine et martyr, ayant été arrêté au commencement de la persécution de l'empereur Dioclétien, fut étendu sur le chevalet et livré à d'autres tortures. Comme il déployait une constance invincible, on le condamna à mort, et lorsqu'on le conduisait au supplice, un étranger, en le voyant passer, s'écria qu'il était aussi chrétien et qu'il voulait donner sa vie pour Jésus-Christ. On l'arrêta et il fut décapité avec saint Félix vers l'an 303. Il est connu sous le nom d'Adaucte, qui signifie adjoint, parce qu'il fut adjoint à saint Félix. Il y avait à Rome un cimetière du nom de Saint-Félix et de Saint-Adaucte, qu'un pape du nom de Jean fit réparer. Les reliques de ces deux martyrs furent portées, au milieu du IXe siècle, dans l'abbaye des chanoinesses d'Eschau par l'impératrice Irmengarde, femme de Lothaire, qui les avait obtenues du pape Léon IV. En 1361, Rodolphe, archiduc d'Autriche, les plaça à Vienne dans l'église de Saint-Étienne, qui est aujourd'hui cathédrale. — 30 août.

FÉLIX (saint), martyr à Rome, souffrit avec saint Cyriaque l'an 303, pendant la persécution de l'empereur Dioclétien. — 8 août.

FÉLIX (saint), martyr à Gironne en Catalogne, habitait Césarée en Mauritanie, lorsqu'il apprit que la persécution de Dioclétien était allumée en Espagne, et qu'elle avait pour ministre le cruel Dacien, gouverneur de la province. Il passa la mer avec saint Cucuphat, afin de se procurer la couronne du martyre qu'il obtint en effet l'an 303 à Gironne, où il était allé trouver le gouverneur. Il ne se fut pas plutôt déclaré chrétien que celui-ci lui fit subir des tourments affreux, au milieu desquels il perdit la vie. — 1er août.

FÉLIX (saint), lecteur et martyr en Afrique, était fils de saint Saturnin, prêtre d'Abitine, et fut arrêté avec son père, ses frères et plusieurs autres, pendant la persécution de Dioclétien, pour avoir assisté aux saints mystères un jour de dimanche, et après un premier interrogatoire dans sa patrie, il fut envoyé chargé de chaînes à Carthage, devant le proconsul Anulin. Celui-ci, qui venait d'interroger les compagnons de Félix, lui dit: *Je ne te demande pas si tu es chrétien, mais si tu as assisté à la collecte et célébré le dimanche, et si tu as chez toi des livres de ta religion.* — *Oui, nous l'avons célébré ce saint jour du dimanche, le plus solennellement que nous l'avons pu, et nous n'en avons laissé passer aucun sans nous réunir pour entendre la lecture de l'Ecriture sainte.* A cette réponse, le proconsul furieux le fit battre avec un bâton noueux, et cela d'une manière si violente et si prolongée, que saint Félix expira sous les coups l'an 304. — 11 février.

FÉLIX (saint), martyr à Carthage, était le compagnon du précédent, et mourut de la même manière, peu après lui, l'an 304, pendant la persécution de Dioclétien et il est honoré le même jour. — 11 février.

FÉLIX (saint), l'un des dix-huit martyrs de Saragosse, souffrit l'an 304, sous le président Dacien, pendant la persécution de Dioclétien. — 16 avril.

FÉLIX (saint), martyr à Milan, souffrit avec saint Nabord, vers l'an 304, sous l'empereur Maximien et par son ordre. Leurs corps, qui avaient été enterrés hors des murs, furent ensuite rapportés dans l'intérieur de la ville, et leur tombeau sur lequel on avait bâti une église attirait un concours prodigieux de fidèles du temps de saint Ambroise, qui constate le fait dans un de ses ouvrages. Leurs reliques sont présentement dans l'église de Saint-François. — 12 juillet.

FÉLIX (saint), troisième évêque de Metz, florissait sur la fin du IIIe siècle et au commencement du IVe, et l'on croit que son épiscopat fut de quarante-deux ans. Il avait succédé à saint Céleste, et il eut saint Patient pour successeur. — 21 février.

FÉLIX (saint), diacre et martyr à Gironne en Catalogne, souffrit avec saint Narcisse, son évêque, l'an 307. — 18 mars.

FÉLIX (saint), est honoré comme évêque à Lyon, et l'on croit qu'il florissait sur la fin ou IIIe siècle et au commencement du IVe. — 3 février.

FÉLIX (saint), enfant et martyr, est honoré à Auxerre le 5 septembre.

FÉLIX II (saint), pape et martyr, était archidiacre de l'Église romaine lorsqu'il fut placé sur le siége pontifical, pendant l'exil du pape Libère. Les uns le regardent comme pape légitime et les autres comme antipape, et lui contestent même son titre de martyr, quoique tous s'accordent à le regarder comme saint. Il paraît que Libère l'avait chargé de gouverner l'Église pendant son absence, avec le droit de lui succéder s'il venait à mourir en exil, à la seule condition de faire approuver ce choix par le clergé et le peuple. Quoi qu'il en soit, au retour de Libère, Félix quitta l'administration du saint-siége, et fut ensuite mis à mort pour la foi catholique à Cervêtre en Toscane, selon le Martyrologe romain et celui d'Usuard ; mais, selon quelques critiques, il mourut dans une de ses terres le 22 novembre 365. Outre sa science et ses vertus, ce qui le rend surtout recommandable, c'est qu'il ne fit aucune démarche pour remonter sur le trône pontifical, bien que l'occasion s'en fût présentée plusieurs fois. Son tombeau fut trouvé dans l'église des saints Côme et Damien l'an 1582. Il était placé sous l'autel avec plusieurs autres saints, comme l'indiquait une inscription rendant hommage à sa mémoire. — 29 juillet.

FÉLIX (saint), premier évêque de Côme, fut loué de son vivant par saint Ambroise, qui lui adressa une de ses lettres. Il fit bâtir l'ancienne cathédrale, dite de Saint-Carpophore, et mourut vers l'an 415. Saint Amance lui succéda.—14 juillet et 8 octobre.

FÉLIX (saint), évêque de Vérone, est honoré le 19 juillet.

FÉLIX (saint), évêque de Trèves, succéda, en 365, à saint Briton, et fut sacré par des évêques qui communiquaient avec Ithace, évêque espagnol, qui avait sollicité et obtenu la mort de Priscillien et de ses sectateurs. Saint Martin, évêque de Tours, qui se trouvait alors à Trèves, fit la même faute, c'est-à-dire qu'il communiqua aussi avec Ithace, en assistant à l'ordination de saint Félix, faiblesse qu'il se reprocha toute sa vie. Un concile tenu à Turin, quelque temps après, décida, d'après les lettres de saint Ambroise et du pape saint Sirice, qu'on n'accorderait la communion qu'à ceux qui se retireraient de celle de Félix. Celui-ci, ne voulant pas être la cause d'un schisme dans l'Église, se démit de l'épiscopat et se retira près de l'église de la Sainte-Vierge à Trèves, qu'il avait fait construire, ou du moins réparer. Il y passa le reste de ses jours, déplorant, à l'exemple de saint Martin, la faute qu'il avait commise, et n'ayant plus de commerce qu'avec Dieu. Il mourut au commencement du Ve siècle, dans les exercices de la pénitence et dans la pratique des plus sublimes vertus. — 26 mars.

FÉLIX (saint), évêque de Bologne, succéda à saint Eusèbe, et il eut pour successeur saint Pétrone. Avant son élévation à l'épiscopat, il avait été disciple de saint Ambroise et diacre de l'église de Milan. On place sa mort en 429. — 4 décembre.

FÉLIX (saint), martyr à Aurumète en Afrique, l'an 484, pendant la persécution de Hunéric, roi des Vandales, qui, fanatisé par les ariens, persécutait à outrance les catholiques, souffrit avec saint Vérule et plusieurs autres. — 21 février.

FÉLIX (saint), évêque d'Abbir en Afrique et confesseur, fut du nombre des quatre mille neuf cent soixante-seize catholiques qui furent exilés en 483 par Hunéric, roi des Vandales, pour avoir refusé d'embrasser l'arianisme. Il gouvernait son troupeau depuis quarante ans, et il était incapable de se mouvoir et même de parler, par suite d'une attaque de paralysie. Comme il ne pouvait ni marcher ni se tenir à cheval, on pria le roi de le laisser mourir à Carthage, mais il répondit : *S'il ne peut se tenir à cheval, qu'on l'attache avec des cordes à des bœufs qui le traîneront là où j'ai ordonné qu'il aille.* On le mit donc en travers sur un mulet, comme si c'eût été un tronc d'arbre, et il fut conduit avec les autres confesseurs au fond d'un vaste désert, où il mourut peu de temps après. — 12 octobre.

FÉLIX (saint), évêque en Afrique et confesseur, fut condamné à l'exil pendant la persécution d'Hunéric, roi des Vandales, en 483, et il mourut sur la terre étrangère, loin de son troupeau.—28 novembre.

FÉLIX III (saint), pape, Romain de naissance et bisaïeul de saint Grégoire le Grand, succéda à Simplice l'an 483. L'un des premiers actes de son pontificat fut le rejet de l'*Hénotique* de l'empereur Zénon, qui favorisait les eutychiens, et l'excommunication de ceux qui s'y soumettaient. N'ayant pu ramener par la douceur Acace, patriarche de Constantinople, qui troublait l'Église par son opposition au concile de Calcédoine, et apprenant qu'il s'obstinait à communiquer avec Pierre Monge, patriarche intrus d'Alexandrie et hérétique anathématisé, il prononça contre lui une sentence de déposition et d'excommunication. Cette sentence, envoyée à Constantinople, fut attachée au manteau d'Acace par des moines acémètes auxquels cette hardiesse coûta la vie. Acace, furieux contre le pape, fit ôter son nom des dyptiques, et se sépara de sa communion, lui rendant anathème pour anathème. En 487, saint Félix tint à Rome un concile pour réconcilier à l'Église ceux qui s'étaient laissés rebaptiser en Afrique pendant la persécution des Vandales, qui réitéraient le sacrement à ceux que la crainte des tourments ou de la mort déterminait à faire profession de l'arianisme. Saint Félix III est le premier pape qui ait employé l'indiction comme date et ordonné que les églises ne seraient dédiées que par des évêques. Il mourut en 492. — 30 janvier.

FÉLIX (saint), est honoré à Bourdieu en Berri avec le titre d'évêque. — 27 janvier.

FÉLIX (saint), abbé de Rhuis et confesseur, est honoré en Bretagne le 9 mars.

FÉLIX (saint), évêque de Gênes, florissait dans le vi⁰ siècle, et il eut saint Syr pour successeur. — 9 juillet.

FÉLIX IV (saint), pape, natif de Bénévent, monta sur la chaire de saint Pierre en 526, après le pape Jean I⁰⁰, et fut en partie redevable de son élévation à Théodoric, roi d'Italie, qui avait pour lui une grande vénération. Il gouverna l'Eglise avec beaucoup de zèle, de prudence et de sainteté. Athalaric, successeur de Théodoric, respecta, quoiqu'arien, ses vertus, et ce fut en sa considération qu'il donna un édit solennel qui consacrait les libertés et les priviléges de l'Eglise, en affranchissant les clercs de la juridiction des juges séculiers. Saint Félix mourut l'an 530. — 25 février.

FÉLIX (saint), évêque de Bourges, succéda à Probatien sur le siége de cette ville et fut sacré par saint Germain de Paris. En 573, il assista au concile tenu dans cette dernière ville et souscrivit à la lettre adressée au roi Sigebert, pour le supplier de ne pas soutenir Promotus, qui avait été nommé évêque de Chartres malgré le peuple et sans le suffrage du clergé. Il mourut en 576 et son corps fut trouvé entier douze ans après sa mort. On rapporte qu'un aveugle recouvra la vue à son tombeau, et Fortunat de Poitiers parle, avec éloge d'un vase précieux que saint Félix avait fait faire pour conserver le corps de Jésus-Christ. On croit qu'il est le même Félix honoré à Bourdieu avec le titre d'évêque le 27 janvier. — 1er janvier.

FÉLIX (saint), évêque de Nantes, né en 514, d'une des premières familles de l'Aquitaine, se rendit illustre par sa vertu, son éducation et son éloquence. Il était non-seulement orateur, mais aussi poëte, et il possédait la langue grecque à un tel degré de perfection, qu'elle paraissait être sa langue maternelle. Il s'était marié et avait trente-sept ans lorsqu'il fut choisi, en 550, pour successeur de saint Evémère sur le siége épiscopal de Nantes. Après avoir obtenu le consentement de son épouse, qui prit le voile, il reçut les saints ordres, et dès qu'il eut été sacré, il déploya, dans les règlements qu'il fit pour son diocèse, le zèle dont il était animé pour la discipline ecclésiastique. Il fit aussi briller ce même zèle dans les conciles tenus à Paris en 557 et 573, et dans celui de Tours en 567. Il montrait une grande charité pour les pauvres et considérait comme leur patrimoine les revenus de l'Eglise : il alla même jusqu'à vendre son propre bien pour leur en distribuer le prix, tant il craignait de laisser parmi son troupeau un indigent dont il n'aurait pas soulagé la misère. Il acheva la cathédrale de Nantes, commencée par son prédécesseur, et cette église, selon Fortunat, avait trois nefs, dont la principale était soutenue par de belles colonnes, avec une grande coupole au milieu. On y voyait de toutes parts des ornements qui charmaient les yeux par leur richesse et leur variété. L'archevêque de Tours, saint Euphrône, les évêques d'Angers, du Mans, de Rennes, de Poitiers et d'Angoulême assistèrent à la dédicace de ce beau monument, laquelle se fit avec une grande solennité et un grand concours de fidèles. Au commencement de son épiscopat, il avait obtenu la vie et la liberté de Macliau, frère de Canao, comte de Vannes, que ce seigneur barbare voulait faire mourir, comme il avait déjà fait mourir trois autres de ses frères. Saint Grégoire de Tours, qui succéda en 573 à saint Euphrône, se plaint quelque part que saint Félix se soit laissé prévenir par son frère Pierre, qui le trompait, et qu'il ait accordé sa confiance à un de ses neveux, qui ne la meritait pas ; mais ailleurs, il rend témoignage à son éminente sainteté. Guerrech II, comte de Vannes, ayant ravagé les diocèses de Rennes et de Nantes, et ayant même remporté un avantage sur l'armée que le roi Chilpéric Ier avait fait marcher contre lui, saint Félix alla le trouver et le décida à retirer ses troupes et à faire la paix avec le roi. Il mourut le 8 janvier 584, dans la soixante-dixième année de son âge et la trente-troisième de son épiscopat. Il est honoré le 7 juillet, jour de la translation de ses reliques. — 7 juillet.

FÉLIX (saint), moine à Fondi, dans la campagne de Rome, florissait au vi⁰ siècle. — 6 novembre.

FÉLIX (saint), évêque de Dummoc en Angleterre, naquit en Bourgogne sur la fin du vi⁰ siècle. Il s'engagea dans l'état ecclésiastique et il était prêtre lorsque Sigebert, héritier du trône des Est-Angles, se réfugia en France pour échapper aux dangers qui le menaçaient de la part de sa propre famille. Ce prince fut converti et baptisé par saint Félix, et lorsqu'il eut été rappelé par sa nation pour monter sur le trône de ses pères, il l'emmena avec lui, afin qu'il l'aidât à convertir ceux de ses sujets qui étaient encore idolâtres. Félix fut sacré évêque en Angleterre l'an 629, par Honorius, archevêque de Cantorbéry. Ses travaux apostoliques eurent tant de succès, qu'en peu de temps il ne restait plus un seul idolâtre dans le royaume de Sigebert, qui secondait de toute son autorité le zèle du saint évêque. Félix établit son siége à Dummoc, aujourd'hui Dunwich, dans le comté de Suffolck, et après un épiscopat de dix-sept ans, il mourut en 646. Ses reliques furent transférées, sous le roi Canut, à l'abbaye de Ramsey. — 8 mars.

FÉLIX (saint), évêque de Brescia en Lombardie, succéda à saint Dominique, et mourut vers l'an 652. — 23 février.

FÉLIX II (saint), évêque de Metz, florissait dans la première partie du viii⁰ siècle et mourut en 731. Il est honoré de temps immémorial dans l'église de Saint-Symphorien, où sont ses reliques. — 22 décembre.

FÉLIX (saint), martyr à Cordoue, était époux de sainte Liliose, et il fut arrêté avec elle et plusieurs autres chrétiens, pendant qu'ils assistaient à la célébration des saints mystères dans la maison de saint Aurèle. Condamné à mort par Abdérame II, roi de Cordoue, l'an 852, il fut exécuté à la porte du palais, et les chrétiens enterrèrent son corps dans le monastère de Saint-Christophe. — 27 et 30 juillet.

FÉLIX (saint), moine et martyr à Cordoue, souffrit en 853, sous le roi Mohammed. Saint Euloge a écrit l'histoire de son martyre dans son *Mémorial des saints*. — 14 juin.

FÉLIX (saint), moine et martyr à Frislar dans la Hesse, est honoré le 5 juin.

FÉLIX DE JANOCASTRE (saint), est honoré, dans le duché de Spolette, le 30 octobre.

FÉLIX (saint), martyr, fut mis à mort par des voleurs avec saint Augebert et plusieurs autres, dans le ixe siècle. Il fut inhumé à Sylvarolle, d'où son corps et celui de ses compagnons furent, dans la suite, transportés à Sessefontaine en Bassigny. Ils y sont invoqués contre la morsure des vipères. — 18 octobre.

FÉLIX (saint), prêtre et confesseur à Pistoie, est honoré le 26 août.

FÉLIX DE VALOIS (saint), coinstituteur de l'ordre des Trinitaires, né l'an 1127, après avoir passé quelques années dans le monde, où il possédait des biens considérables, le quitta dans la force de l'âge, et se retira dans une forêt au diocèse de Meaux, afin de vivre inconnu aux hommes, uniquement occupé du service de Dieu et du salut de son âme. Il joignait à une prière fervente et continuelle les austérités de la pénitence. Cette vie, qui rappelait celle des anachorètes de la Thébaïde, porta au loin le bruit de sa sainteté; et saint Jean de Matha, qui vivait aussi en ermite, en ayant entendu parler, résolut d'aller vivre sous sa conduite. Félix ne tarda pas à s'apercevoir que son disciple était déjà très-versé dans les voies intérieures. Il serait impossible de donner une idée de leurs veilles, de leurs jeûnes et de leurs macérations. Continuellement livrés à la prière ou à la contemplation, ils n'aspiraient qu'à allumer de plus en plus dans leurs cœurs le feu sacré de l'amour divin. Un jour qu'ils s'entretenaient ensemble, Jean de Matha fit part à Félix de la pensée qui lui était venue de se consacrer à la délivrance des chrétiens qui étaient captifs chez les mahométans. Félix comprit aussitôt que cette pensée venait de Dieu, et s'offrit à y concourir de tout son pouvoir. Nos deux saints n'étaient plus embarrassés que sur les moyens d'exécution. Ils redoublèrent leurs prières et leurs mortifications, afin d'obtenir de nouvelles lumières; ensuite ils partirent pour Rome, sur la fin de l'année 1197, et allèrent trouver le pape Innocent III, qui, connaissant leur projet, les reçut comme des anges envoyés du ciel, les fit loger dans son palais et leur accorda plusieurs audiences particulières, à la suite desquelles il approuva le nouvel institut. Les deux ermites, de retour en France, se présentèrent à Philippe-Auguste, qui favorisa leur ordre par ses libéralités. Le seigneur de Châtillon leur donna un lieu nommé Cerfroi, où ils bâtirent un monastère qui devint le chef-lieu de l'ordre des Trinitaires. Ils en fondèrent d'autres en France; saint Félix de Valois surtout, pendant que son collègue voyageait pour le rachat des captifs, établissait à Paris une maison de l'ordre sur l'emplacement d'une chapelle dédiée à saint Mathurin, d'où le nom de Mathurins donné aux Trinitaires de France. Il mourut à Cerfroi, le 4 novembre 1212, à l'âge de quatre-vingt cinq ans. Innocent XI transféra sa fête au 20 novembre. — 20 novembre.

FÉLIX DE CANTALICE (saint), capucin, né à Cantalice, dans l'État ecclésiastique, l'an 1515, de parents pauvres, mais vertueux, montra dès son enfance une piété si extraordinaire, qu'on ne l'appelait que le saint. Employé dans son enfance à la garde des troupeaux, il aimait à se retirer dans les lieux écartés, et surtout au pied d'un arbre, sur l'écorce duquel il avait gravé une croix, et il y priait souvent plusieurs heures. Lorsqu'il fut assez robuste pour se livrer à une occupation plus pénible, il entra au service d'un gentilhomme qui l'employait à la culture des terres. Peu à peu, il contracta l'habitude de méditer pendant son travail, et bientôt il acquit le don de contemplation. Il prenait occasion de tout pour s'élever à Dieu; mais rien n'agissait plus sensiblement sur son cœur que le souvenir des souffrances de Jésus-Christ. Il ne pouvait se lasser de contempler le mystère de la rédemption, qui excitait toujours en lui de vifs sentiments d'amour et de reconnaissance. Non content des fatigues attachées à son état, il passait une partie des nuits en prières, se livrait à des abstinences et à des jeûnes qui rendaient sa vie plus semblable à celle d'un ermite qu'à celle d'un cultivateur. Il trouvait moyen d'assister tous les jours à la sainte messe, sans que ses occupations en souffrissent. Il parlait peu, fuyait les amusements du monde et la société de ceux dont la conduite n'était pas édifiante; toujours gai, toujours content, d'une humilité et d'une patience inaltérables; quand quelqu'un l'insultait, il avait coutume de répondre : *Que Dieu veuille faire de vous un saint.* Sa vocation l'appelait à l'état religieux, et deux incidents, ménagés par la Providence, hâtèrent sa détermination. Un jour qu'il labourait, son maître s'étant présenté tout à coup en habit noir, les bœufs qu'il conduisait eurent peur, se jetèrent de côté, et Félix ayant été renversé, la charrue lui passa sur le corps, sans lui faire toutefois aucun mal. Il remercia Dieu de l'avoir ainsi préservé, et se sentit enflammé du nouveau désir de se consacrer à lui. Peu de temps après, ayant entendu lire la vie des Pères du désert, cette lecture augmenta encore son ardeur pour les austérités de la pénitence; aussi prit-il définitivement la résolution de se faire religieux, et, entre tous les ordres, il choisit celui des Capucins. S'étant rendu au couvent de Citta-Ducale, il demanda à être reçu en qualité de frère convers, et le gardien, en lui donnant l'habit, lui montra un crucifix; puis, après lui avoir représenté ce que le Sauveur a souffert pour nous, il lui expliqua comment un religieux devait imiter ce divin modèle par une vie de renoncement et de mortification. Félix, attendri jusqu'aux larmes, se sentit animé d'un désir ardent de retracer en lui les souffrances de Jésus-Christ. Pendant son noviciat, qu'il fit à Anticoli, il paraissait déjà tout pénétré de l'esprit de son ordre, qui est un esprit de pauvreté, d'humilité et de pénitence. Souvent il se jetait aux pieds du maître des novices, le priant de le traiter avec plus de rigueur que les autres qui étaient, selon lui, plus dociles et plus portés à la vertu. Ce mépris profond de lui-même le conduisit bientôt à une éminente perfection. Il fit ses vœux à l'âge de trente ans, l'an 1545. Quatre ans après, ses supérieurs l'envoyèrent à Rome, et il fut chargé de la quête du couvent. Félix se regarda comme le plus heureux des hommes dans un emploi qui l'exposait aux mépris et aux rebuts. Il s'en acquittait avec un recueillement, une sagesse et une modestie qui édifiaient tout le monde. Ses supérieurs lui permirent de distribuer aux pauvres une partie de sa quête, ce qui lui fournissait l'occasion de suivre son attrait pour la vertu de charité. Il visitait les malades et leur rendait les services les plus rebutants. Il avait un talent particulier pour attendrir les pécheurs et une onction admirable pour disposer les moribonds à paraître devant Dieu. Saint Philippe de Néri, qui s'entretint plusieurs fois avec lui, ne pouvait assez admirer la sainteté qui éclatait dans toute sa conduite. L'exacte vigilance de saint Félix sur lui-même et sur ses sens, jointe à de grandes austérités corporelles, lui firent conserver jusqu'à sa mort la plus inviolable pureté. Il ajouta encore beaucoup à la vie pénitente qu'il menait dans le monde : il marchait nu-pieds, portait un rude cilice, jeûnait ordinairement au pain et à l'eau, et passait les trois derniers jours du carême sans prendre aucune nourriture. Il ne dormait que deux ou trois heures par nuit, et le peu de repos qu'il prenait, c'était à genoux, la tête appuyée sur un fagot; et s'il se couchait, c'était sur des planches ou sur des sarments. Son obéissance était d'autant plus parfaite et plus ponctuelle, qu'il voyait toujours Jésus-Christ dans la personne de ses supérieurs. Son humilité le portait à se regarder comme le dernier de la communauté et comme indigne d'être compté parmi les religieux : il mettait tout en œuvre pour déguiser ses mortifications et pour cacher les faveurs extraordinaires qu'il recevait de Dieu, surtout les ravissements qu'il éprouvait dans la prière. Il composa, dans un style simple, mais plein d'onction, des cantiques spirituels qu'il ne chantait jamais qu'il ne fût dans une espèce d'extase, tant il était pénétré de l'amour divin. Après avoir ainsi exercé pendant quarante ans la fonction de quêteur au couvent de Rome, le cardinal protecteur de l'ordre, qui avait pour lui autant d'affection que de respect, engagea ses supérieurs à le décharger du soin pénible de faire la quête; mais Félix demanda instamment qu'on le laissât dans son emploi, parce qu'il savait que l'âme s'appesantit quand le corps est trop ménagé. Il prédit sa mort quelque temps avant sa dernière maladie, pendant laquelle il fut consolé par une vision. Après avoir reçu avec une grande ferveur les derniers sacrements, il expira tranquillement, le 18 mai 1587, à l'âge de soixante-douze ans, et son corps fut enterré à Rome dans l'église des Capucins. Plusieurs miracles, opérés par son intercession, ayant été juridiquement attestés, Urbain VIII le béatifia en 1625, et Clément XI le canonisa en 1712. La bulle de canonisation fut publiée en 1724, par Benoît XIII. — 21 mai.

FERCINTE (sainte), *Ferrocincta*, vierge et martyre, souffrit dans le VIᵉ siècle, et elle est honorée à Luray-sur-Creuse, en Poitou, le 13 novembre.

FERDINAND (saint), *Ferdinandus*, roi de Léon et de Castille, né en 1199, était fils d'Alphonse IX, roi de Léon, et de Bérengère de Castille. Bérengère, qui avait été obligée, en vertu d'un ordre d'Innocent III, de se séparer d'Alphonse, dont elle était parente au troisième degré, ayant hérité du royaume de Castille par la mort de Henri, son frère, arrivée en 1217, renonça à la couronne en faveur de son fils Ferdinand, qui avait alors dix-huit ans. Le jeune roi commença par étouffer les dissensions qui troublaient ses Etats, et qui étaient causées principalement par l'ambition d'Alvarès, régent du royaume pendant la minorité de Henri. Il épousa en 1219 Béatrix, fille de Philippe de Souabe, empereur d'Allemagne, la princesse la plus accomplie de son siècle. Dieu bénit cette union fondée sur la vertu, et il en sortit sept princes et trois princesses. Ferdinand, plein de zèle pour l'observation des lois, faisait rendre exactement la justice ; mais il pardonnait toutes les injures qui lui étaient personnelles. Son amour pour ses sujets lui faisait choisir avec un soin tout particulier les dépositaires de son autorité. Il mit à la tête de son conseil Rodrigue, archevêque de Tolède et grand chancelier de Castille, qui était un des hommes les plus recommandables de son temps. Il se guidait aussi par les avis de sa mère, princesse qui avait autant de capacité pour les affaires que de vertu. Il donna ordre aux jurisconsultes de dresser un code de lois qui pût servir de règle à tous les magistrats, et établit au-dessus des tribunaux une cour d'appel, connue depuis sous le nom de conseil royal de Castille. Alvarès, loin d'être reconnaissant du pardon qu'il lui avait accordé, cabala de nouveau et poussa le roi de Léon à faire la guerre à son propre fils. Ferdinand employa, pour fléchir son père, tous les moyens possibles, et lui écrivit plusieurs lettres très-pressantes, par lesquelles il s'offrait à lui faire toutes les satisfactions qu'il exigerait. Loin de conserver du ressentiment d'une aggression que rien ne justifiait, il le secourut ensuite dans les guerres qu'il eut à soutenir contre les Maures, et l'aida à étendre ses frontières vers l'Andalousie. Il s'appliquait à vivre en bonne intelligence avec les rois ses voisins, surtout avec ceux de Portugal et d'Aragon ; et loin de chercher à s'agrandir à leurs dépens, il poussa le scrupule jusqu'à rendre plusieurs places sur lesquelles ses droits ne lui paraissaient pas certains. Plein de zèle pour la religion, il fonda plusieurs évêchés, fit réparer avec magnificence plusieurs cathédrales, et assigna des fonds pour la construction d'un grand nombre d'églises, de monastères et d'hôpitaux, sans que ces dépenses aggravassent les charges de ses sujets, qui ne payaient presque point d'impôts. Un de ces prétendus financiers tels qu'on en trouve toujours auprès des princes, lui proposant un moyen de lever un subside extraordinaire pour faire face aux frais de la guerre qu'il soutenait contre les infidèles, le prince repoussa son projet en lui disant : *Je crains plus les malédictions d'une pauvre femme qu'une armée de Maures.* Ce fut en 1225 qu'il commença cette guerre sainte en attaquant Aben-Mahomet, roi de Baëca, qui se fit son vassal aux conditions qu'il voudrait lui imposer. En 1230 il se rendit maître de vingt des plus fortes places de l'Andalousie et des royaumes de Cordoue et de Jaën. Aben-Mahomet ayant été massacré par ses sujets, qui ne pouvaient supporter qu'il se fût rendu le vassal d'un prince chrétien, Ferdinand profita de cette circonstance pour s'emparer du royaume de Baëca, et pour ériger un évêché dans la capitale. Dans ces conquêtes il ne cherchait que la gloire de Dieu et non la sienne : aussi il s'appliquait à inspirer à ses soldats l'esprit de piété et la pratique des vertus chrétiennes. Lui-même leur en donnait l'exemple : il jeûnait strictement, portait un cilice en forme de croix, passait souvent la nuit en prières, surtout la veille d'une bataille, et attribuait à Dieu ses succès. Il faisait porter à la tête de son armée une image de la sainte Vierge, et lui-même en portait sur lui une plus petite qu'il attachait à l'arçon de sa selle, lorsqu'il allait au combat. Il employa à la construction de la cathédrale de Tolède les dépouilles remportées sur les infidèles, et donna plusieurs des villes qu'il avait conquises aux chevaliers de Calatrava, à d'autres ordres militaires, et même à l'archevêché de Tolède, à condition qu'ils les défendraient contre les mahométans. Ce fut au siège de Jaën, en 1230, qu'il apprit la mort du roi Alphonse, son père, qui lui laissait le royaume de Léon; mais ce ne fut qu'au bout de trois ans qu'il en devint paisible possesseur. En 1234 il emporta, après une longue résistance, la place d'Ubéda, pendant que l'infant Alphonse, son fils, battait, avec quinze cents hommes, l'armée d'Abenhut, roi de Séville, qui était sept fois plus nombreuse. Cette victoire fut attribuée à la protection du ciel : plusieurs prisonniers déposèrent qu'ils avaient vu à la tête des chrétiens l'apôtre saint Jacques, monté sur un cheval blanc, avec l'armure d'un cavalier, et plusieurs chrétiens attestèrent la même chose. La mort de la reine Béatrix, arrivée en 1236, tempéra la joie que causait cette longue suite de victoires; mais elle n'interrompit pas leur cours. Ferdinand acheva la conquête des royaumes de Baëca et de Cordoue. La capitale de ce dernier était entre les mains des infidèles depuis cinq cent vingt-quatre ans. Le roi de Castille et de Léon y entra en vainqueur le jour de la saint Pierre et saint Paul 1236, et la grande mosquée, chef-d'œuvre d'architecture moresque, fut convertie en église cathédrale. Il fit reporter à Compostelle, sur les épaules des Maures, les cloches qu'Almansor y avait fait apporter sur les épaules des chrétiens. Il se remaria l'année suivante avec Jeanne de Ponthieu, princesse du sang royal de France, dont il eut Éléonore, comtesse de Ponthieu et de Montreuil, qu'elle porta en mariage à Édouard Ier, roi d'Angleterre. Elle secondait Bérengère dans le gouvernement de l'État, pendant que Ferdinand était à la tête des armées et continuait ses conquêtes sur les Maures. Il leur prit, en très-peu de temps, vingt-quatre places, dont Ecija fut la première et Moron la dernière. Abendudiel, roi de Murcie, se soumit volontairement, et le roi catholique envoya son fils Alphonse prendre possession de la capitale, le chargeant d'y établir un évêché et d'y convertir les mosquées en églises. Trois ans après les villes de Lorca, de Mula et de Carthagène furent emportées; celles d'Arjona, d'Alcala, de Réal, d'Évora et de Jaën subirent le même sort; ainsi que plusieurs places qui dépendaient de ce dernier royaume. La prise de Jaën effraya tellement Benalhamar, roi de Grenade, qu'il se rendit au camp du vainqueur, et s'étant jeté à ses pieds, il s'offrit de se faire son vassal et de lui payer un tribut. Ses conditions furent acceptées, et, par sa fidélité à les observer, il obtint que son royaume passât à ses descendants. Abenhut, roi de Séville, étant mort, ses États se constituèrent en république. Ferdinand alla mettre le siège devant Séville, qui se défendit pendant seize mois, à l'aide de sa double enceinte de murailles, de ses cent soixante-six tours, et du fort de Triana qui protégeait le cours du Guadalquivir. Triana ayant cédé aux efforts des assiégeants, la ville se rendit le 23 novembre 1249, et les Maures qui l'habitaient obtinrent un mois pour disposer de leurs effets. Trois cent mille se retirèrent à Xérès, et cent mille passèrent en Afrique. Après la prise de la ville, Aloxof, qui en était gouverneur, étant arrivé sur un plateau qui dominait la place, s'écria, les larmes aux yeux : *Il n'y a qu'un saint qui ait pu s'emparer d'une ville si forte, et avec si peu de monde. Ce ne peut être que par une suite des décrets éternels qu'elle a été enlevée aux Maures.* Le vainqueur rendit de solennelles actions de grâces à Dieu, et implora la protection de la sainte Vierge devant sa célèbre image que l'on voit encore à Séville. Il fit rebâtir la cathédrale avec une telle magnificence qu'elle ne le cède à aucune église d'Espagne, si l'on en excepte Tolède. Après avoir réglé l'administration de sa nouvelle conquête, il y ajouta de nouvelles places, entre autres Xérès, Médina Sidonia, Béjar, etc. Il fut atteint de la maladie dont il mourut lorsqu'il se préparait à la conquête de Maroc, et lorsqu'il vit que sa fin approchait, il fit une confession publique de tous ses péchés, qui n'étaient autres que ces fautes légères dont les plus justes ne sont pas exempts. Ensuite il reçut le saint viatique des mains de l'évêque de Ségovie, la corde au cou et prosterné. Avant de mourir, il donna à ses enfants des avis salutaires suivis de sa bénédiction, et pendant son agonie il fit chanter les litanies et le *Te Deum*, ensuite il expira tranquillement le 30 mai 1252, à l'âge de cinquante-trois ans. Il fut enterré dans la cathédrale de Séville, devant l'image de la sainte Vierge, où l'on garde son corps. Son tombeau fut illustré par plusieurs miracles, et Clément X le canonisa en 1671. Saint Ferdinand, neveu de Blanche de Castille, a été souvent comparé à saint Louis, son cousin germain; comme lui il fut un roi législateur et un grand capitaine; son zèle pour la foi, sa piété, sa vie exemplaire, peuvent supporter avec avantage la comparaison, et, comme le saint roi de France, il vécut sur le trône en anachorète, sans que ses austérités nuisissent en rien à son administration qui changea la face de ses Etats. — 30 mai.

FERDINAND (le bienheureux), infant de Portugal, et vingt-troisième grand-maître de l'ordre militaire d'Avis, sous la dépendance de Cîteaux, mourut à Fez, en Afrique, l'an 1443. Son corps fut rapporté à Bataille, dans le diocèse de Leira, en Portugal, où il est honoré dans l'église de Notre-Dame de la Victoire, le 5 juin.

FERJEUX (saint), *Ferrutio*, diacre et martyr, était frère de saint Ferréol. Lorsque celui-ci fut envoyé par saint Polycarpe dans les Gaules, pour y prêcher l'Evangile, il l'accompagna, et, après l'avoir aidé dans ses travaux apostoliques, il fut martyrisé avec lui à Besançon, vers l'an 212, sous l'empereur Caracalla. — 16 juin.

FERNAND (saint) *Ferdinandus*, évêque de Cajas, en Italie, florissait au commencement du xi⁵ siècle, et mourut en 1024. — 22 juin.

FERREOL (saint), *Ferreolus*, premier évêque de Besançon, et martyr, fut envoyé dans les Gaules avec saint Ferjeux, son frère, par saint Polycarpe. Saint Irénée, dont ils furent les disciples, leur assigna la ville de Besançon pour théâtre de leurs travaux apostoliques, et on croit qu'ils y demeurèrent pendant plus de trente ans. Ayant été arrêtés sous l'empereur Caracalla par l'ordre de Claude, président de la province séquanaise, ils furent d'abord cruellement flagellés, ensuite on leur coupa la langue, on leur enfonça des alènes dans les jointures des pieds et des mains, et de grands clous dans la tête. Après leur supplice, qui eut lieu vers l'an 212, les fidèles enlevèrent secrètement leurs corps et les enterrèrent près de la ville, dans une grotte où les deux frères avaient coutume de se retirer la nuit, après s'être livrés de jour aux fonctions de l'apostolat. Leurs reliques furent découvertes en 370, sous l'épiscopat de saint Agnan. En 1819 elles furent transférées dans l'église de Notre-Dame, où elles sont l'objet de la vénération des fidèles.

FERREOL (saint), martyr à Vienne, en Dauphiné, avait le grade de tribun dans les armées impériales. Il habitait Vienne, dans les Gaules, lorsqu'il logea chez lui saint Julien de Brioude, qui avait embrassé comme lui l'état militaire, et qui, comme lui, professait la religion chrétienne. Crispin, gouverneur de la province, après avoir fait décapiter saint Julien, fit arrêter Ferréol sur le soupçon qu'il avait abandonné le culte de ses pères, soupçon que le tribun changea en certitude par son refus de sacrifier aux dieux; et comme le gouverneur, pour le déterminer, lui représentait le poste honorable qu'il occupait dans l'armée, et la nécessité où il était de donner l'exemple de l'obéissance aux édits du prince, Férréol lui répondit : *Je ne tiens pas autant que vous vous l'imaginez à mon grade et à mon traitement ; je ne demande que la vie et la liberté de servir Dieu. Si l'on ne veut pas me les accorder, j'aime mieux mourir que d'abandonner ma religion.* Crispin l'ayant fait battre de verges, l'envoya en prison, chargé de chaînes. Trois jours après, Ferréol se trouva miraculeusement débarrassé de ses fers, et voyant ses gardes endormis et les portes de la prison ouvertes, il s'enfuit par la route qui conduit à Lyon. Mais l'ayant quittée pour échapper à ceux qu'on avait envoyés à sa poursuite, il passa le Rhône à la nage, mais il fut repris sur l'autre rive. On lui lia les mains derrière le dos, et on lui fit reprendre le chemin de Vienne. Ceux qui l'avaient repris ne le reconduisirent pas jusqu'à la ville : ils lui tranchèrent la tête sur les bords du Rhône, vers l'an 304. Les fidèles de Vienne l'enterrèrent avec respect, et il s'opéra plusieurs miracles à son tombeau, sur lequel on bâtit une église. Cette église ayant été rasée, saint Mamert en fit construire une nouvelle dans l'intérieur de la ville, et y transféra ses reliques vers l'an 474. Saint Adon, évêque de Vienne, parle d'un autre translation qui eut lieu sous Wilicard, vers l'an 719. — 18 septembre.

FERREOL (saint), évêque d'Uzès, né dans la Gaule narbonnaise, en 521, succéda à saint Firmin, son oncle paternel, l'an 553. Son zèle lui suscita des ennemis qui le calomnièrent et le firent exiler à Paris ; mais son innocence ayant été reconnue, il lui fut permis de retourner dans son diocèse, vers l'an 558, et il mourut vers l'an 581. Il est auteur d'une règle monastique, imprimée parmi celles dont Holsténius a donné le recueil. Quoiqu'on ne lise son nom dans aucun martyrologe, son culte est très-ancien à Uzès et dans le Bas-Languedoc, où l'on célèbre sa fête le 4 janvier.

FERREOL (saint) évêque de Limoges, succéda à Exoge, dans le milieu du vi⁵ siècle. Ses diocésains s'étant révoltés, au sujet de quelques nouveaux impôts, il mit tout en œuvre pour les faire rentrer dans le devoir. Il leur rendit aussi de grands services pendant la guerre que se firent Chilpéric et Sigebert. Il assista au concile national de Mâcon, en 584, et mourut vers l'an 591. — 18 septembre.

FERRUCE (saint), *Ferrutius*, martyr à Mayence, servit d'abord dans les troupes de l'empire qui avaient quartier d'hiver à Mayence ; mais il quitta ensuite l'état militaire pour se consacrer plus particulièrement au service de Jésus-Christ. Le commandant de la ville, irrité de cette démarche, qu'il regardait comme une désertion, le fit renfermer, chargé de chaînes, dans un château situé de l'autre côté du Rhin, et que l'on croit être Cassel. Saint Ferruce y mourut au bout de quelques mois, par suite des mauvais traitements qu'il avait reçus, et fut enterré dans le château même par le prêtre Eugène, qui écrivit sur son tombeau l'histoire abrégée de son martyre. Sa sainteté ayant été attestée par un grand nombre de miracles, on transféra ses reliques au monastère de Bleidenstat, qui porta quelque temps le nom de Saint-Ferruce, et qui est à une lieue de Mayence. C'est aujourd'hui un chapitre de chanoines, qui est resté catholique au milieu des protestants. — 28 octobre.

FESTE (saint), *Festus*, martyr en Toscane, souffrit avec saint Jean. — 21 décembre.

FESTE (saint), diacre de Bénévent et martyr, étant allé à Nole visiter saint Janvier, son évêque, qui était emprisonné pour la foi, fut arrêté lui-même et conduit avec lui à Pouzzoles. Le lendemain de leur arrivée, ils furent exposés dans l'amphithéâtre ; mais les bêtes les ayant épargnés, ils furent décapités à un mille de la ville, l'an 305, et les chrétiens les enterrèrent honorablement. Vers l'an 400, le corps de saint Feste fut transféré à Bénévent. — 19 septembre.

FIACRE (saint), *Fiacrius*, anachorète, né vers le commencement du VIe siècle, sortait d'une illustre famille d'Irlande, et fut placé dans sa jeunesse sous la conduite d'un évêque des îles occidentales, qui l'éleva dans les sciences et la piété. Plein de mépris pour le monde et pour les avantages temporels qu'il pouvait s'y procurer, il quitta sa patrie à la fleur de l'âge, et, accompagné de quelques jeunes gens qui comme lui voulaient se consacrer au service de Dieu, il vint en France, et arrivé dans le diocèse de Meaux, où la réputation de saint Faron l'avait attiré, il obtint du saint évêque une solitude dans la forêt de Breuil, qui était sa propriété. Fiacre, après avoir défriché un coin de terre, s'y construisit une cellule avec un oratoire en l'honneur de Marie ; il se fit aussi un petit jardin qu'il cultivait lui-même. Continuellement livré à l'exercice de la contemplation ou de la prière, auquel il joignait le travail des mains, il pratiquait dans toute sa rigueur la vie érémitique, et partageait avec les indigents le fruit de son travail. Comme on venait le consulter de loin, il fit bâtir près de sa cellule un hôpital pour les étrangers, les pauvres, et surtout les malades, qu'il servait lui-même et auxquels il rendait souvent la santé par ses prières. L'entrée de son ermitage était interdite aux femmes ; cette règle, qu'il tenait des moines irlandais, il l'observa inviolablement toute sa vie, à l'exemple de saint Colomban, et c'est encore par respect pour sa mémoire que les femmes n'entrent pas encore aujourd'hui dans le lieu où il demeurait à Breuil, ni dans la chapelle où il fut enterré. Il fut visité par un seigneur, dont il était parent, nommé Chilain ou Kilain, qui revenait de faire le pèlerinage de Rome, et qui resta quelque temps avec lui. Ce fut par le conseil de saint Fiacre qu'il prêcha l'Evangile dans le diocèse de Meaux, et dans les diocèses voisins, sous l'autorité des évêques, et ses prédications produisirent des fruits admirables, surtout dans le diocèse d'Arras, où sa mémoire est encore en grande vénération. Saint Fiacre avait une sœur nommée Syra, qui mourut dans le diocèse de Meaux, où elle est honorée comme vierge. Il lui écrivait de temps en temps, et quelques auteurs font mention d'une lettre dans laquelle il lui traçait des règles de conduite. On dit aussi que des ambassadeurs d'Ecosse vinrent le trouver dans son désert pour lui offrir la couronne auquel sa naissance lui donnait droit, comme étant le fils aîné du roi qui venait de mourir, et que le saint répondit qu'il avait renoncé sans retour à toutes les grandeurs du monde pour s'assurer un bonheur éternel ; mais cette particularité n'est pas certaine, non plus que son origine royale, d'autant plus que l'Irlande passe pour avoir été sa patrie. Il mourut le 30 août 670, et fut enterré dans son oratoire. Les moines de Saint-Faron y placèrent deux ou trois prêtres pour desservir la chapelle et assister les pèlerins ; dans la suite ils y fondèrent un prieuré dépendant de leur monastère. La châsse de saint Fiacre devint bientôt célèbre par un grand nombre de miracles qui s'y opérèrent, et l'on y venait en pèlerinage de toutes les provinces de la France, ce qui a donné naissance au bourg qui porte son nom. La plus grande partie de ses reliques fut transportée à Meaux l'an 1568. Les grands ducs de Florence en obtinrent aussi quelques fragments en 1527 et 1695, et les déposèrent dans la chapelle de Loppaia, qui est une de leurs maisons de campagne. Saint Fiacre est patron de la Brie, et plusieurs églises de France sont dédiées sous son invocation. — 30 août.

FIBICE (saint), *Fibitus*, abbé d'abord, ensuite évêque de Trèves, florissait sur la fin du VIe siècle. — 5 novembre.

FIDAN (saint), *Findanus*, évêque de Coire, au pays des Grisons, florissait au commencement du IXe siècle, et mourut en 827. — 14 novembre.

FIDÈLE (saint), *Fidelis*, martyr en Afrique, est honoré le 23 mars.

FIDÈLE (saint), martyr à Edesse en Syrie, était fils de sainte Basse et frère de saint Théogone et de saint Agapet, avec lesquels il souffrit sous l'empereur Maximien. — 21 août.

FIDÈLE (saint), martyr à Côme en Lombardie, servait dans l'armée de l'empereur Maximien, et sa profession ne l'empêchait pas de remplir fidèlement les devoirs du christianisme. Il aimait à converser avec les évêques dans les différentes villes où il se trouvait, visitait les pauvres et les malades et travaillait à la conversion des infidèles. Maximien, qui se trouvait à Milan, fit mettre à exécution les édits contre les chrétiens : Fidèle, pour s'y soustraire, quitta les drapeaux avec saint Exanthe et saint Carpophore, et se retira à Côme ; mais le prince les fit poursuivre par des soldats qui se saisirent d'eux et les conduisirent au magistrat. Fidèle fut condamné à la décapitation, et l'on rapporte que son supplice fut suivi de coups de tonnerre et de prodiges qui effrayèrent le juge et les exécuteurs. Les uns placent son martyre en 290, les autres en 304. Son corps, qui se gardait dans l'abbaye d'Arone, fut transporté à Milan par saint Charles Borromée, l'an 1576, et placé dans l'église des Jésuites, laquelle porte son nom. Le bienheureux Pierre Damien a composé une hymne en son honneur, et il prononça son panégyrique le jour de sa fête. — 28 octobre.

FIDÈLE (saint), capucin et martyr, né en 1577, à Sigmaringen, petite ville de Souabe, fit ses premières études à l'université de Fribourg en Suisse. Il fit son cours de jurisprudence et fut reçu docteur en droit. Chargé ensuite, en 1604, d'accompagner trois jeunes gens de famille noble que leurs parents faisaient voyager dans les différents Etats de l'Europe, il s'attacha principalement à leur inspirer de vifs sentiments de religion. Il leur donnait lui-même l'exemple de la piété la plus tendre, car il menait une vie très-mortifiée, ne buvant jamais de vin, et portant toujours le cilice. Il ne laissait passer aucune grande fête sans s'approcher de la sainte communion, et, dans les villes par où il passait, il visitait les églises, les hôpitaux et assistait les pauvres, selon ses moyens, et même au delà ; car il lui arriva quelquefois de se dépouiller de ses habits pour les en revêtir. Après ses voyages, il obtint à Colmar une place dans la magistrature, et l'exerça avec beaucoup de distinction et d'intégrité, s'intéressant beaucoup au sort des indigents ; ce qui le fit surnommer l'*Avocat des pauvres*. Mais quelques injustices qu'il ne put empêcher le dégoûtèrent de sa charge ; et craignant de n'avoir pas assez de force pour résister aux occasions du péché, il quitta le monde et se retira chez les Capucins de Fribourg, où il prit l'habit en 1612, et reçut en religion le nom de Fidèle. Il donna son bien et sa bibliothèque au séminaire de l'évêque, et aux pauvres le reste de ses effets. Les mortifications prescrites par la règle ne suffisant pas à sa ferveur, il y joignit des austérités volontaires : l'avent, le carême et les vigiles, il ne vivait que de pain, d'eau et de fruits secs : on admirait sa ferveur, son humilité et son obéissance. Après qu'il eut fini son cours de théologie et qu'il eut été élevé au sacerdoce, il fut chargé d'annoncer la parole de Dieu et d'entendre les confessions ; double ministère qu'il remplit avec le plus grand succès, surtout à Weltkirchen, où il fut envoyé en qualité de supérieur du couvent, et où il opéra des conversions qui tenaient du prodige, entre autres celles de plusieurs calvinistes. La congrégation de la Propagande, que Grégoire XV venait d'établir, l'ayant chargé de prêcher les Grisons qui avaient embrassé le calvinisme, il s'associa huit religieux de son ordre, et dans les premières conférences qu'il eut avec ces hérétiques il convertit deux gentilshommes. Ayant pénétré dans le canton de Préligout, il opéra de nombreuses conversions qui furent attribuées plus encore à ses prières qu'à ses discours. Mais les calvinistes, qui avaient pris les armes contre l'empereur, résolurent de se défaire de saint Fidèle : celui-ci, informé de leur dessein, ne prit d'autres précautions que celle de se confesser, et continua ses travaux apostoliques ; mais il s'attendait à mourir, et signait ainsi ses lettres : *Frère Fidèle qui doit être bientôt la pâture des vers*. Il se rendit, le 24 avril 1622, de Gruch à Sévis, où il exhorta fortement les catholiques à rester inviolablement attachés à la foi. Pendant qu'il prêchait, un calviniste lui tira un coup de mousquet qui ne l'atteignit pas ; et comme on le priait de mettre sa vie en sûreté, il répondit qu'il ne craignait pas la mort et qu'il était prêt à verser son sang pour la cause de Dieu. Etant parti le même jour pour retourner à Gruch, il tomba entre les mains d'une troupe de calvinistes qui avaient un ministre à leur tête. Ils le traitèrent de séducteur, et voulaient le forcer à embrasser la prétendue réforme. *Je suis venu pour réfuter vos erreurs, et non pour les embrasser*, leur répondit-il, *et je n'ai garde de renoncer à la doctrine catholique qui est la doctrine de tous les siècles. Au reste, sachez que je ne crains pas la mort*. Un de la troupe l'ayant renversé par terre d'un coup d'estramaçon, il se releva sur les genoux, et fit cette prière : *Seigneur Jésus, ayez pitié de moi : sainte Marie, mère de Jésus, assistez-moi*. Il reçut ensuite un second coup, qui le renversa de nouveau par terre, baigné dans son sang : on le perça ensuite de plusieurs coups de poignards : c'est ainsi qu'il mourut martyr, à l'âge de quarante-cinq ans. Quelque temps après, les calvinistes furent défaits par les impériaux, comme le saint le leur avait prédit, et le ministre qui les commandait fut si frappé de cette prédiction qu'il se convertit et abjura publiquement l'hérésie. Le corps de saint Fidèle fut reporté à Weltkirchen, à l'exception de sa tête et de sa jambe gauche qui en avaient été séparées par ses meurtriers, et qui furent placées dans la cathédrale de Coire. De nombreux miracles s'étant opérés par son intercession, Benoît XIII le béatifia en 1729, et Benoît XIV le canonisa en 1746. — 24 avril.

FIDENCE (saint), *Fidentius*, évêque de Padoue, florissait après le milieu du second siècle. — 16 novembre.

FIDENCE (saint), évêque d'Hippone et martyr, souffrit dans le III° siècle, avec saint Calendion et dix-huit autres. Il y avait à Hippone une église qui leur était dédiée, et dans laquelle saint Augustin prêcha un discours en leur honneur. — 15 novembre.

FIDENCE (saint), martyr à Todi, souffrit avec saint Térence sous l'empereur Maximien. — 27 septembre.

FIDENTIEN (saint), *Fidentianus*, martyr en Afrique, est honoré le 15 novembre.

FIÈQUE (saint), *Fecus*, évêque de Sclept, dans la province de Lagénie en Irlande, mourut vers l'an 540. — 12 octobre.

FINBARR (saint), *Finbarus*, premier évêque de Corck en Irlande, né dans la Connacie, fut élevé dans le monastère de Louh-Eirc, la plus célèbre école de sciences et de vertu, qui fût alors dans toute l'île, et qui donna naissance à la ville de Corck. Etant devenu supérieur de ce monastère, il fut ensuite revêtu de la dignité épiscopale et compta parmi ses disciples des personnages célèbres par leurs lumières et leur sainteté, tels que saint Messan, qui lui succéda dans son monastère et dans son diocèse, et saint Colman, qui fonda le siège de Cloyne. Saint Finbarr, qui florissait dans le VIᵉ siècle, après dix-sept ans d'épiscopat, mourut à Cloyne, et son corps fut reporté dans sa cathédrale. Quelques années après il fut levé de terre et placé dans une châsse d'argent qu'on gardait dans une église de son nom. — 25 septembre.

FINAN (saint), *Finanus*, évêque de Lindisfarne, succéda à saint Aidan, au milieu du VIIᵉ siècle. Avant son élévation à l'épiscopat, il était moine de Hy, et il est honoré le 9 janvier et le 17 février.

FINE (sainte), *Fina*, ou *Seraphina*, vierge en Toscane, florissait dans le XIIIᵉ siècle, et mourut l'an 1253. Elle est honorée à Saint-Géminien, le 12 mars.

FINGAR (saint), *Fingarus*, martyr, était fils d'un roi d'Irlande, et il fut chassé de la cour par son propre père, pour avoir reçu honorablement saint Patrice et embrassé le christianisme. Il passa dans les Gaules, et se fixa dans l'Armorique, aujourd'hui la Bretagne, où il reçut un accueil favorable. Après la mort de son père il retourna en Irlande et en ramena plusieurs chrétiens avec lesquels il s'établit dans une solitude pour y pratiquer les exercices de la vie ascétique, comme il l'avait appris de saint Patrice. Il fut massacré avec sainte Piale, sa sœur, et ses compagnons, par un prince Breton, nommé Thewdric, vers l'an 455. Il est honoré dans le diocèse de Vannes, et il est patron d'une chapelle de la cathédrale de cette ville, ainsi que de plusieurs paroisses de la Bretagne, où on le nomme saint Guignes. — 14 décembre.

FINGEN, le bienheureux, *Fingenius*, abbé de Saint-Vannes, né en Ecosse, dans le Xᵉ siècle, quitta sa patrie et vint en France pour y embrasser la vie religieuse. Il passa quelques années dans le monastère de Saint-Félix de Metz, où il se fit admirer par ses vertus et surtout par son humilité. Ayant été chargé ensuite de gouverner le monastère de Saint-Vannes à Verdun, il y rétablit la discipline : l'esprit de ferveur y remplaça le relâchement qui s'y était introduit, et l'abbaye de Saint-Vannes, grâce au bienheureux Fingen, acquit bientôt une réputation de régularité qu'elle conserva pendant plusieurs siècles. Il reçut au nombre des religieux deux saints personnages, le bienheureux Richard, doyen de la cathédrale, qui lui succéda dans le gouvernement de l'abbaye, et le bienheureux Frédéric, comte de Verdun, et leur donna l'habit. Les soins de sa charge ne l'empêchaient pas de s'appliquer à la méditation des choses célestes, et il paraissait tellement absorbé dans la prière, qu'on aurait pu le prendre quelquefois pour un ange revêtu d'une forme humaine. Il mourut l'an 1004, le 7 octobre, jour où il est nommé dans plusieurs martyrologes. — 7 octobre.

FINIEN (saint), *Finianus*, évêque de Clonard, né dans la province de Leinster, après le milieu du Vᵉ siècle, fut converti au christianisme par les disciples de saint Patrice. Le désir de s'instruire de plus en plus dans la religion qu'il venait d'embrasser, le fit passer très-jeune encore dans le pays de Galles, vers l'an 490, et il vécut quelque temps avec saint David, saint Gildas et saint Cathmaël. Après une absence de trente ans, il revint dans sa patrie en 520, et les lumières qu'il avait acquises le mirent en état de ranimer en Irlande, la piété qui allait s'affaiblissant. Il établit des monastères et des écoles, dont la principale se trouvait à Cluain-Iraid, ou Clonard, d'où sortirent les saints Kiaran, Colomkille, et les deux Brendan. Il joignit à la dignité d'abbé celle d'évêque de Clonard, et il gouvernait son diocèse avec le même zèle et la même sagesse que son monastère, donnait l'exemple de toutes les vertus et surtout de la mortification, car il ne vivait que de pain et d'eau avec quelques herbes, couchait sur la terre nue et n'avait qu'une pierre pour oreiller. Il mourut le 12 décembre 552. — 12 décembre.

FINIEN (saint), évêque de Magbile, né en Irlande, au commencement du VIᵉ siècle, fit divers voyages pour se perfectionner dans les voies du salut, et revint ensuite dans sa patrie, où il fonda dans l'Ulster, le monastère de Magbile, qui devint un siège épiscopal dont il fut le premier évêque. Il est honoré comme le principal patron de l'Ulster, le 10 septembre.

FINIEN LOBHAR (saint), était de la famille des rois de Munster en Irlande, et naquit au milieu du VIᵉ siècle. Après avoir été formé à la vie religieuse par saint Brendan, il fonda le monastère d'Inis-Fallen, dans l'île de ce nom, celui d'Ard-Fisman, dans le comté de Tippérary et celui de Cluain-More-Madoc dans le comté de Leinster. Il mourut dans ce dernier, vers l'an 615. Le surnom de *Lobhar*, c'est-à-dire lépreux, lui a été donné à cause d'une espèce de lèpre dont il fut atteint, maladie cruelle qu'il supporta avec une patience héroïque. — 16 mars.

FINSÈQUE (sainte), *Finsecha*, vierge, honorée à Tryme, dans le comté de Méath, en Irlande, où sont ses reliques, mourut vers l'an 489. — 13 octobre.

FINTAN (saint), *Fintanus*, abbé d'Ednech,

dans la province de Lagénie, en Irlande, faisait observer dans sa communauté une règle fort sévère. Ses religieux ne se nourrissaient que d'herbes et de racines, et cultivaient la terre de leurs propres mains. Saint Fintan, qui florissait au milieu du VIᵉ siècle, eut un grand nombre de disciples, auxquels il inspira le véritable esprit de piété, ainsi qu'un ardent désir de la perfection, et dont le plus célèbre fut saint Comgall. — 17 février.

FINTAN (saint), surnommé Munnu, abbé en Irlande, de l'illustre famille de Neil, quitta le monde dès sa jeunesse et se consacra à Dieu dans le monastère de Hy, sous la conduite de saint Colomb. Ce saint abbé étant mort en 597, Fintan revint en Irlande, et fonda, au midi de la province de Leinster, un monastère qui fut appelé de son nom, Veach-Munnu. Sa sainteté et ses miracles lui attirèrent un grand nombre de disciples. Il mourut le 21 octobre 634, et l'ancien bréviaire des Scots fait mention de lui sous le nom de saint Mund, abbé. — 21 octobre.

FINTAN (saint), religieux bénédictin, puis ermite, naquit en Irlande, d'une famille illustre, vers l'an 800, et fut exposé dans sa jeunesse à des revers de fortune qu'il supporta avec courage et résignation. Fait prisonnier par les Normands, dans une de leurs descentes sur les côtes irlandaises, il fut vendu comme esclave; mais s'étant échappé, il se sauva en Ecosse, où il passa deux ans chez un évêque du pa s. Il se rendit ensuite à Rome, pour y visiter les tombeaux des saints apôtres, et c'est dans cette ville qu'il prit la résolution de passer le reste de ses jours dans la solitude. Il alla prendre l'habit religieux dans le monastère de Rhénau, en Suisse, où la discipline commençait à s'affaiblir. Son arrivée y ramena la régularité; son exemple fit naître une sainte émulation parmi les frères, qui s'appliquèrent à imiter ses vertus. Il donnait aux pauvres la plus grande partie de sa propre nourriture, et passait les nuits presque entières à l'église, dans les délices de la prière. Sur la fin de sa vie, il obtint de ses supérieurs la permission de se retirer dans une cellule isolée, afin de n'avoir plus de commerce qu'avec Dieu seul. Il y mourut à l'âge de soixante-dix-huit ans, le 25 novembre 878. — 25 novembre.

FIOR (saint), évêque d'Emonia, est honoré à Pole en Istrie, le 27 octobre.

FIRMAT (saint), *Firmatus*, diacre d'Auxerre, était frère de sainte Flavienne, avec laquelle il est honoré le 5 octobre.

FIRMAT (saint), diacre et martyr en Sicile avec saint Placide et trente autres, dont la plupart étaient moines, fut massacré par des pirates, près de Messine, en Sicile, vers l'an 546. — 5 octobre.

FIRME (saint), *Firmus*, martyr en Afrique, souffrit avec saint Statulien et plusieurs autres. — 3 janvier.

FIRME (saint), martyr à Rome, souffrit avec saint Fortunat et deux autres. — 2 février.

FIRME (saint), martyr à Nicée avec saint Gorgon, est honoré le 11 mars.

FIRME (saint), soldat et martyr, à Satales en Arménie, qui avec saint Orence et ses cinq autres frères, fut dépouillé du ceinturon militaire par l'empereur Maximien, parce qu'il était chrétien. Séparé de ses frères qui furent envoyés en divers lieux, il mourut après avoir beaucoup souffert pour la religion. — 24 juin.

FIRME (saint), martyr à Nicomédie, souffrit l'an 303, au commencement de la persécution de Dioclétien, et il est honoré chez les Grecs, le 6 avril.

FIRME (saint), martyr à Vérone avec saint Rustique, souffrit sous l'empereur Maximien. — 9 août.

FIRME (saint), martyr en Orient, pendant la persécution de Dioclétien, fut cruellement torturé, ensuite lapidé, et enfin décapité. — 1ᵉʳ juin.

FIRME (saint), évêque de Tagaste en Afrique, et confesseur, dont saint Augustin fait une mention honorable. — 31 juillet.

FIRMILIEN (saint), *Firmilianus*, évêque de Césarée en Cappadoce, était lié d'une étroite amitié avec Origène, et celui-ci se retira près de lui à Césarée pendant la persécution de l'empereur Maximin Iᵉʳ. Il prit parti pour saint Cyprien dans la question de la validité du baptême donné par les hérétiques, et l'on cite de lui une lettre au saint docteur, dans laquelle se trouvent alléguées toutes les raisons qui peuvent appuyer l'opinion des églises d'Afrique : le pape saint Etienne y est même traité avec peu de respect ; mais d'habiles critiques prétendent que cette lettre est d'un donatiste du IVᵉ siècle. Saint Firmilien assista ou, selon quelques auteurs, présida au concile tenu à Antioche, en 264, contre Paul de Samosate, évêque de cette ville. Il se rendait à un autre concile, qui se tenait dans la même ville pour le même objet lorsqu'il mourut à Tarse en Cilicie, l'an 272. Il est honoré chez les Grecs le 28 octobre.

FIRMIN (saint), *Firminus*, premier évêque d'Amiens et martyr, était originaire de Pampelune, et s'associa aux travaux de saint Honest de Nimes, apôtre de la Navarre. Ayant été sacré évêque, il prêcha l'évangile à Albi, à Agen, puis en Auvergne, en Anjou, à Beauvais et en dernier lieu, à Amiens, où il établit son siège. Il eut beaucoup à souffrir pour la foi, et après de cruelles tortures il fut décapité, vers l'an 287, par ordre du préfet Rictio Vare, sous l'empereur Dioclétien, et enterré par un de ses disciples, nommé Faustinien. Saint Firmin, dit le Confès, l'un de ses successeurs, fit bâtir une église sur son tombeau. Ses reliques ont été placées dans la cathédrale d'Amiens, à l'exception d'une partie que Dagobert Iᵉʳ donna aux moines de Saint-Denis. — 25 septembre.

FIRMIN (saint), soldat et martyr, était frère de saint Orence, de saint Firme et de quatre autres, tous soldats, qui, se trouvant à Satales en Arménie, furent dépouillés par l'empereur Maximien de leurs insignes militaires, parce qu'ils étaient chrétiens, et qu'ils ne voulaient pas abandonner leur religion. Il les exila en divers lieux, où ils moururent bientôt par suite des mauvais traitements qu'on leur fit subir. — 24 juin.

FIRMIN (saint), évêque d'Amiens et confesseur, était fils de Faustinien, l'un des premiers magistrats des Gaules, et il fut baptisé par saint Firmin, premier évêque d'Amiens, qui lui donna son nom. Il succéda à Euloge, second évêque de cette ville, et gouverna son église pendant quarante ans. Il mourut dans le IV° siècle, et fut enterré dans l'église de la Sainte-Vierge, aujourd'hui de Saint-Acheul, qu'il avait fait bâtir. Son corps fut levé de terre au VII° siècle par saint Salve, transporté dans la cathédrale, et déposé dans un caveau. En 893, Otger, évêque d'Amiens, donna une petite partie de ses reliques à la collégiale de Saint-Quentin. Le cardinal Simon, légat apostolique, plaça le corps de saint Firmin dans une nouvelle châsse, en 1279, et l'évêque Sabbatier en fit la vérification en 1715. — 1er septembre.

FIRMIN (saint), évêque de Metz et confesseur, florissait au commencement du VI° siècle, et assista en 506 au concile d'Agde. — 18 août.

FIRMIN (saint), évêque d'Uzès naquit l'an 513, et sortait d'une famille distinguée du territoire de Narbonne. Il fut placé à l'âge de douze ans sous la conduite de Norice, évêque d'Uzès, son oncle, qui le fit élever dans l'étude des sciences et dans la pratique des vertus chrétiennes. Les progrès du jeune Firmin furent si rapides que son oncle crut devoir l'élever au sacerdoce avant l'âge prescrit par les canons. Norice étant mort en 535, Firmin fut élu pour le remplacer, quoiqu'il n'eût encore que vingt-deux ans. Le nouvel évêque, malgré sa jeunesse, gouverna son troupeau avec un zèle et une prudence admirables, et, en travaillant à la sanctification des autres, il se sanctifiait lui-même par la pratique des vertus, et surtout par la prière et la mortification. Ce fut de son temps que l'église d'Uzès, qui avait été soumise aux métropoles de Narbonne et de Bourges, passa sous la juridiction de celle d'Arles. Saint Firmin assista au quatrième concile d'Orléans, en 541, et au cinquième, en 549; ces conciles avaient l'un et l'autre, la discipline pour objet. Il assista aussi au concile tenu à Paris l'an 551. Sa réputation ne se renferma pas dans les Gaules, mais elle pénétra jusqu'en Italie, et l'on trouve un grand éloge dans le poëte Arator. Il mourut à trente-sept ans, le 11 octobre 553, et eut pour successeur saint Ferréol, son neveu. — 11 octobre.

FIRMIN (saint), évêque dans le Gévaudan, florissait au VI° siècle. Son corps se garde à la Canourgue, près de Mende, où il est honoré le 14 janvier.

FIRMIN (saint), abbé de Saint-Savin, dans la Marche d'Ancône, florissait au commencement du XI° siècle, et mourut en 1020. — 11 mars.

FIRMINE (sainte), *Firmina*, vierge et martyre à Amélia en Ombrie, était selon quelques auteurs fille de Calpurnius, préfet de Rome. Elle convertit saint Olympiade, personnage consulaire, qui souffrit ensuite le martyre pour la foi, pendant la persécution de Dioclétien. Arrêtée elle-même pendant la même persécution, après diverses tortures, elle fut suspendue en l'air et brûlée avec des torches. — 24 novembre.

FIVETEIN (saint), disciple de saint Gerfroy, florissait sur la fin du IX° siècle, et mourut vers l'an 888. Il est honoré à Redon, dans le diocèse de Vannes, le 11 décembre.

FLACQUE (saint), *Flaccus*, martyr à Todi, en Ombrie, avec saint Térentien, fut livré à de cruelles tortures et à la mort, par ordre du proconsul Létien, sous l'empereur Adrien. — 1er septembre.

FLAIVE (saint), *Flavitus*, honoré comme évêque dans le diocèse de Châlons en Bourgogne, florissait à la fin du V° siècle et au commencement du VI°. — 30 avril.

FLAIVE (saint), concierge du château de Marcilly, près de Troyes en Champagne, mourut en 620, et il est honoré le 18 déc.

FLAMIDIEN (saint), *Flamidianus*, martyr près d'Elne en Roussillon, souffrit dans le IV° siècle. — 25 décembre.

FLAMIEN (saint), *Flamianus*, évêque en Irlande, est honoré le 18 décembre.

FLAMINE (sainte), *Fluminia*, honorée à Ambres, près de Lavaur, florissait dans le V° siècle. Son corps fut transféré à l'église de Saint-Hilaire, près de Royac en Auvergne, et cette église a porté dès lors le nom de Sainte-Flamine. On l'invoque contre les maux d'yeux. — 2 mai.

FLANNE (saint), *Flannanus*, abbé d'un monastère d'Armagh en Irlande, est honoré dans cette île le 24 avril.

FLAVE (saint), *Flavius*, martyr à Nicomédie, souffrit avec saint Auguste et saint Augustin, ses frères. — 7 mai.

FLAVE (saint), l'un des quarante martyrs de Sébaste, en Arménie, tous soldats et la plupart originaires de la Cappadoce, qui, par ordre d'Agricola, gouverneur de la province, furent placés nus sur un étang glacé. Lorsqu'on voulut les en retirer, ils étaient presque tous morts de froid. On conduisit leurs corps sur un bûcher et on les réduisit en cendres. Ces illustres martyrs, dont saint Basile a fait l'éloge, souffrirent l'an 320, pendant la persécution de l'empereur Licinius. — 10 mars.

FLAVIE DOMITILLE (sainte), *Flavia Domitilla*, vierge et martyre, était nièce de Flavius Clémens, qui avait été consul, et qui fut martyrisé par ordre de l'empereur Domitien, dont il était parent. Ce même empereur, qui était grand-oncle de Flavie Domitille, irrité de ce qu'elle avait embrassé le christianisme et reçu le voile des mains du pape saint Clément, la relégua dans l'île de Pontia, la quinzième année de son règne. Elle fut suivie dans son exil par deux de ses principaux domestiques, saint Nérée et saint Achilée, que leur martyre a rendus célèbres dans l'Église. S'étant rendue à Terracine après la mort de Domitien, comme elle s'appliquait à propager la religion, ce prosélytisme fut regardé comme un crime, et on mit le feu à la maison qu'elle habitait. Elle y fut brûlée avec deux filles qui la servaient, sainte Euphrosyne et sainte Théodora, au commencement du règne de Trajan. On voyait encore, sur la fin du IV⁰ siècle, les petites cellules dans lesquelles elle et les personnes de sa suite s'étaient logées, et sainte Paule les visita par dévotion, lorsqu'elle quitta Rome pour aller se fixer en Palestine. Le corps de sainte Flavie fut porté à Rome, dans la suite, et placé avec ceux de saint Nérée et de saint Achillée dans l'église qui porte leur nom, et qui est un titre de cardinal. — 7 mai.

FLAVIE (sainte), martyre, était sœur de saint Placide, abbé en Sicile, le même à ce que l'on croit qui avait été disciple de saint Benoit. Elle fut massacrée avec son frère et un grand nombre de moines, vers l'an 546, par des pirates, qui firent une descente sur les côtes près de Messine et incendièrent le monastère. — 5 octobre.

FLAVIEN CLÉMENT (saint), *Flavius Clemens*, neveu de Vespasien et cousin de l'empereur Domitien, avec lequel il fut consul en 95, fut condamné à mort par ce prince, l'année suivante, parce qu'il s'était fait chrétien, et qu'il ne voulut pas apostasier. Sa femme, Flavie Domitille, l'ancienne nièce de Domitien, fut, pour la même cause, exilée à l'île Pandataire, aujourd'hui Saint-Michel. On l'honore le 22 juin, jour où l'on fit une translation de ses reliques, qui sont dans l'église de Saint-Clément, pape. — 22 juin.

FLAVIEN (saint), diacre et martyr, était un disciple de saint Cyprien; l'année d'après le martyre de son maître, il fut arrêté avec plusieurs autres membres du clergé de Carthage, et emprisonné pour la foi. Après un premier interrogatoire devant le gouverneur Solon, qui remplissait, par intérim, les fonctions de proconsul, ils furent reconduits en prison, où ils eurent beaucoup à souffrir, surtout de la faim; ce qui n'empêchait pas Flavien de joindre des austérités volontaires aux privations qu'il éprouvait, et souvent il distribuait aux autres le peu qu'on lui donnait. Les saints confesseurs gémissaient depuis plusieurs mois dans leur prison lorsque Solon les fit comparaître une seconde fois, et ils furent condamnés à mort, à l'exception de Flavien. Ayant dit qu'il était diacre, ses amis, par une tendresse malentendue, soutinrent qu'il ne l'était point, et ce mensonge, auquel il n'eut aucune part, et qui le désolait même, parce qu'il lui enlevait la couronne, ne lui valut pas un long sursis. Lorsque les martyrs furent arrivés au lieu du supplice, Montan, l'un d'eux, demanda à Dieu, à haute voix, que Flavien leur fût réuni dans trois jours; et pour montrer qu'il était sûr que sa prière serait exaucée il déchira en deux le linge qui bandait ses yeux, afin d'en réserver une moitié pour Flavien; il voulut aussi qu'on lui laissât une place à l'endroit où ils seraient enterrés, afin qu'ils ne fussent pas séparés, même dans le tombeau. Flavien, de son côté, ne pouvait se consoler d'être privé du bonheur de verser son sang pour Jésus-Christ. Une des nuits qui précéda sa condamnation, il eut une vision dans laquelle une voix lui dit: *Prenez patience; vous avez été deux fois confesseur, et vous serez bientôt martyr.* Le troisième jour après la mort de Montan, le président le fit venir, et le peuple, qui aimait Flavien, s'écria qu'il n'était point diacre, et comme celui-ci réclamait, un centenier présenta un papier signé de plusieurs personnes notables, attestant qu'il n'avait jamais été élevé au diaconat. Alors le juge dit à Flavien: *Pourquoi recourir au mensonge pour vous procurer la mort?* — *Pouvez-vous croire que je sois coupable de cette faute, et ne devez-vous pas plutôt en accuser ceux qui soutiennent le contraire de ce que j'ai avancé?* Le peuple qui se flattait que les tourments le forceraient à se rétracter, demanda qu'il fût étendu sur le chevalet. Le juge y consentit d'abord; mais comme cet expédient ne produisit pas l'effet qu'on s'en était promis, le peuple voulut qu'on redoublât la torture; mais Solon refusa de se prêter une seconde fois aux désirs du peuple, et le condamna à perdre la tête. Flavien, au comble de ses vœux, marcha avec joie au supplice, accompagné de plusieurs prêtres et d'un grand nombre de fidèles, et même de païens; mais ces derniers se dispersèrent par suite d'une pluie qui survint. Flavien donna le baiser de paix aux frères, et leur raconta deux visions dont il avait été favorisé, une, entre autres, dans laquelle saint Cyprien lui apparut, et Flavien lui ayant demandé si l'on souffrait beaucoup d'avoir la tête tranchée, le saint lui répondit: *Quand l'âme est tout occupée des choses du ciel, le corps ne souffre rien; c'est comme si l'on avait un corps emprunté.* Flavien, qui jouissait d'une grande influence, engagea l'Église de Carthage à élire le prêtre Lucien pour successeur de saint Cyprien; ensuite il se fit bander les yeux avec le linge que lui avait laissé saint Montan, et fit sa prière, à laquelle le glaive du bourreau mit bientôt fin, ainsi qu'à sa vie. Il fut décapité l'an 259, sous les empereurs Valérien et Gallien. Saint Flavien, qui écrivit la première partie des Actes des martyrs qui le précédèrent de trois jours, est honoré avec eux le 24 février.

FLAVIEN (saint), martyr avec saint Modestin, évêque, et saint Florentin, prêtre, est honoré à Avellino, dans le royaume de Naples, le 14 février, jour où ses reliques furent apportées dans cette ville en 1180, et placées dans la cathédrale avec celles de ses compagnons. — 10 juin.

FLAVIEN (saint), martyr à Toulon, souffrit avec saint Mendrie. — 19 août.

FLAVIEN (saint), martyr sous Dioclétien, avait été préfet de Rome. S'étant converti, il fut arrêté comme chrétien et mis à mort avec plusieurs autres, à Civita-Vecchia. — 28 janvier.

FLAVIEN (saint), martyr à Rome, sous Julien l'Apostat, était un chevalier romain qui avait exercé à Rome les fonctions de préfet de la ville. Apronien, l'un de ses successeurs dans cette charge, le fit arrêter, et, après avoir confisqué tous ses biens, il le fit marquer au visage avec un fer rouge, et l'exila aux Eaux-Taurines, aujourd'hui Aqua - Pendente. Il y mourut, peu de temps après, par suite des tourments qu'il avait endurés pour la foi chrétienne, l'an 362. Saint Flavien était mari de sainte Dafrose et père de sainte Bibiane et de sainte Démétrie, qui furent aussi martyrisées dans la même persécution. — 22 décembre.

FLAVIEN (saint), évêque de Verceil, florissait dans le vi° siècle. — 25 novembre.

FLAVIEN (saint), évêque d'Autun, est honoré le 23 août.

FLAVIEN (saint), patriarche de Constantinople et martyr, était prêtre et trésorier de cette église, lorsqu'il fut élu pour successeur de saint Procle, en 447 ; mais cette élection ne plut pas à l'eunuque Chrysaphe, chambellan de l'empereur Théodose le Jeune, et il conçut dès lors le dessein de le perdre. Pour y réussir, il engagea le faible empereur, qu'il gouvernait à son gré, à lui demander quelque présent au sujet de son sacre. Flavien, en signe de paix et de communion, envoya à Théodose des *eulogies* ou pains bénits; mais Chrysaphe lui fit dire que c'était de l'or qu'on demandait. Le saint, ennemi déclaré de la simonie et de tout ce qui en aurait eu l'apparence, répondit avec fermeté qu'il n'avait pas d'autre or que les vases sacrés, et que les revenus de l'Église devaient être uniquement employés à la gloire de Dieu et au soulagement des pauvres. Alors l'eunuque ne gardant plus de mesures, mit tout en œuvre pour le faire déposer ; mais comme Pulchérie, sœur de l'empereur, le protégeait, il résolut d'éloigner des affaires cette princesse, et, pour y réussir, il persuada à l'empereur et à l'impératrice Eudoxie d'exiger que Pulchérie fût ordonnée diaconesse par l'archevêque. Le refus que fit celui-ci parut un crime, et la condamnation qu'il fit ensuite des erreurs d'Eutychès, qui était parent de Chrysaphe, acheva de rendre furieux ce dernier. Flavien ayant fait citer Eutychès dans un concile qu'il avait assemblé à Constantinople l'an 448, celui-ci dit qu'il ne reconnaissait qu'une nature en Jésus-Christ, la nature divine; et comme on voulait lui montrer l'impiété de sa doctrine, il répondit qu'il n'était pas venu pour argumenter, mais seulement pour rendre compte de sa foi. Il fut condamné, déposé du sacerdoce ainsi que du gouvernement de son monastère et excommunié. L'hérésiarque écrivit une lettre captieuse au pape saint Léon, pour le prévenir contre le concile, mais Flavien lui ayant écrit de son côté, il en reçut une belle lettre qui expliquait avec autant de solidité que de clarté le dogme combattu par Eutychès, et qui fut insérée depuis dans les actes du concile de Chalcédoine. Cependant l'empereur, sollicité par Chrysaphe, ordonna la révision des actes du concile de Constantinople, et indiqua un synode pour le mois d'avril 449. Il fut composé de trente évêques et présidé par Thalassius, archevêque de Césarée, attendu que Flavien aurait été regardé comme juge et partie. Eutychès y. fut de nouveau couvert de confusion. Flavien, que ses ennemis accusaient de favoriser le nestorianisme, se justifia complétement et présenta à Théodose une profession de foi où il condamnait les erreurs de Nestorius et d'Eutychès. Chrysaphe, sans se rebuter du mauvais succès de ses manœuvres, se ligua avec Dioscore, patriarche d'Alexandrie, et avec l'impératrice Eudoxie, qui se prononça d'autant plus volontiers contre Flavien qu'elle trouvait ainsi une occasion de mortifier Pulchérie qui le protégeait. On fit croire à Théodose qu'il fallait assembler un nouveau concile pour mettre fin à toutes ces disputes. Le faible empereur se laissa persuader et convoqua le concile à Ephèse. Il manda à Dioscore de venir le présider et d'amener avec lui dix métropolitains de sa dépendance, dix autres évêques de l'archimandrite Barsumas, homme dévoué aux ennemis de Flavien. Les autres patriarches et le pape saint Léon lui-même furent aussi invités au concile. Le pape y envoya des légats avec une lettre pour Flavien. L'ouverture de ce concile, connu dans l'histoire ecclésiastique sous le nom de brigandage d'Ephèse, se fit le 8 août 449. Il s'y trouva cent trente évêques d'Egypte et d'Orient, ainsi qu'Eutychès lui-même, accompagné de deux officiers de l'empereur et d'une troupe de soldats. Il fut facile de prévoir dès le commencement que tout s'y ferait par cabale et par violence. Les légats du pape n'eurent pas même la liberté de lire les lettres dont ils étaient porteurs. Après de vives contestations, Dioscore, à la tête des partisans d'Eutychès, prononça une sentence de déposition contre Flavien, et lorsqu'il commençait à la lire plusieurs évêques se jetèrent à ses pieds, le conjurant de ne pas passer outre. Les légats du pape protestèrent hautement, et l'un d'eux, le diacre Hilaire, forma opposition par le mot latin *contradicitur*, qui fut inséré dans les actes du concile. Mais rien ne put arrêter Dioscore, et pour triompher plus facilement de la résistance qu'il éprouvait, il appela à son secours les commissaires de l'empereur. Alors Procle, proconsul d'Asie, entra dans l'assemblée avec une troupe de soldats portant des chaînes, des bâtons et des épées. Les évêques effrayés souscrivirent tout ce qu'on voulut. Il n'y eut que les légats du pape qui se montrèrent inébranlables et protestèrent jusqu'au bout contre ces violences inouïes; l'un d'eux fut mis en prison, et Hilaire ne s'échappa qu'avec beaucoup de peine. Pour Flavien, il en appela au saint-siége de la sentence portée contre lui, et remit aux légats l'acte de son appel. Dioscore en fut si irrité qu'il se jeta sur lui avec Barsumas et quelques autres, qui le renversèrent par terre et le maltraitèrent si cruellement à coups de poing et à coups de pied, qu'il en mourut peu de jours après à Eripe, où il avait été exilé. Saint Léon, informé de tout ce qui s'était passé à Ephèse, écrivit au saint pour le consoler; mais il était mort quand la lettre arriva.

L'année suivante, Pulchérie étant devenue impératrice par la mort de son frère, fit transférer son corps à Constantinople, et il fut enterré avec les archevêques, ses prédécesseurs, en 451; le concile général de Chalcédoine le mit au nombre des saints martyrs, et rendit de grands honneurs à sa mémoire. Le légat Hilaire étant devenu pape en 461, fonda une église en l'honneur de la croix du Sauveur, dans laquelle il fit représenter le martyre de saint Flavien, pour lequel il avait une grande vénération. — 18 février.

FLAVIEN II (saint), patriarche d'Antioche et confesseur, monta sur ce siège en 496, et combattit avec fermeté pour la foi catholique sous l'empereur Anastase. Son zèle pour le maintien des décrets du concile de Chalcédoine et son refus de souscrire à l'*Hénotique* de Zénon, prédécesseur d'Anastase, le fit condamner par ce dernier à un exil qui dura autant que sa vie. Il mourut en 518, le 18 juillet, jour où il est honoré chez les Grecs. — 4 juillet.

FLAVIEN (saint), solitaire, mentionné dans les ménées des Grecs, est honoré en Orient le 16 février.

FLAVIENNE (sainte), *Flaviana*, vierge d'Auxerre, était sœur de saint Firmat, avec lequel elle est honorée le 5 octobre.

FLÉ (saint), *Fledus*, martyr, qui souffrit à ce que l'on croit, à Thessalonique, est honoré chez les Grecs le 1er juin.

FLIEU (saint), *Flavius*, évêque de Rouen, succéda à saint Godard et assista en 533, au second concile d'Orléans. Il mourut en 547, et ses reliques se gardent à Pontoise. — 23 août.

FLOBERDE (sainte), *Flodoberta*, vierge honorée à Amilly en Brie, florissait dans le VIIIe siècle. — 2 avril.

FLOCEL (saint), *Flocellus*, enfant et martyr à Autun, qui, après diverses tortures, fut mis en pièces par les bêtes auxquelles l'avait fait exposer le président Valérien, sous l'empereur Antonin. — 17 septembre.

FLOR (saint), *Flos, ris*, évêque d'Hémonia, est honoré à Pola en Istrie le 27 octobre.

FLORE (saint), *Florius*, martyr à Nicomédie avec saint Lucien, souffrit, à ce que l'on croit, sous l'empereur Dèce. — 26 octobre.

FLORE (saint), tailleur de pierres et martyr en Illyrie avec saint Laure, souffrit divers tourments et fut ensuite jeté dans un puits profond, sous le président Lycion. — 18 août.

FLORE (saint), martyr à Ostie, souffrit avec deux autres. — 22 décembre.

FLORE (saint), martyr à Catane en Sicile avec saint Étienne et plusieurs autres, est honoré le 31 décembre.

FLORE (sainte), *Flora*, vierge et martyre à Rome avec sainte Lucile et vingt-un autres, souffrit sous l'empereur Gallien. — 29 juillet.

FLORE (sainte), vierge et martyre, était l'une des compagnes de sainte Ursule; elle est honorée à Fribourg en Brisgaw, où l'on garde son corps. — 22 octobre.

FLORE (sainte), vierge, florissait dans le Ve siècle; elle est honorée à Comblé en Poitou, le 1er décembre.

FLORE (sainte), vierge et martyre en Espagne, née à Cordoue, d'un père mahométan et d'une mère chrétienne, fut élevée secrètement dans la pratique du christianisme. Son propre frère la dénonça au cadi de la ville, qui la fit battre de verges et frapper sur la tête, au point qu'on lui dénuda le crâne en plusieurs endroits; après quoi on la remit entre les mains de son frère pour qu'il la fit apostasier; mais elle parvint à s'échapper et se réfugia près de sa sœur à Ossaria. Quelque temps après, étant retournée à Cordoue, elle alla prier dans l'église de saint Acisele martyr; elle y trouva Marie, sœur de saint Valabonse, diacre, qui venait depuis peu de souffrir le martyre. Ces deux vierges, animées d'une sainte ardeur, allèrent se présenter au cadi qui, après un premier interrogatoire, les fit renfermer dans un cachot obscur, où l'on ne mettait que des femmes impies et corrompues. Saint Euloge, qui était alors en prison pour la foi, leur adressa son exhortation au martyre. Le cadi leur fit subir un second interrogatoire et les condamna à être décapitées; ce qui fut exécuté le 24 novembre 851, sous le règne d'Abdérame II. Saint Euloge et ses compagnons ayant été rendus à la liberté six jours après, attribuèrent leur élargissement aux prières que Flore et Marie leur avaient promis de faire pour eux dans le ciel. Saint Euloge a écrit l'histoire de leur martyre dans son *Memorial des saints*. — 24 novembre.

FLORE DE BEAULIEU (la bienheureuse), vierge et religieuse de l'ordre de Saint-Jean de Jérusalem, dit depuis de Malte, naquit à Maurs en Auvergne, d'une famille noble, entra, à l'âge de quatorze ans, à l'hôpital de Beaulieu en Quercy, et y fit profession. Ses vertus et surtout sa profonde humilité la rendirent le modèle de ses compagnes. Elle fut favorisée de faveurs extraordinaires, et surtout de ravissements lorsqu'elle recevait la sainte communion; elle opéra aussi des miracles pendant sa vie et après sa mort, qui arriva l'an 1247. Treize ans après, son corps fut levé de terre et exposé à la vénération des fidèles, par ordre de l'évêque de Cahors. Elle est honorée le 11 juin, jour où se fit cette cérémonie. — 11 juin.

FLORENCE (saint), *Florentius*, moine à Norcia en Italie, florissait dans le milieu du VIe siècle. Il est mentionné par saint Grégoire le Grand. — 23 mai.

FLORENCE (sainte), *Florentia*, martyre à Pérouse avec saint Cyriaque et deux autres, fut décapitée pendant la persécution de l'empereur Dèce. — 5 juin.

FLORENCE (sainte), martyre en Languedoc, se convertit à la vue du courage que montraient au milieu de leurs tourments les saints martyrs Tibère et Modeste, et fut associée à leur combat, ainsi qu'à leur couronne, sous l'empereur Dioclétien. Vers le VIIIe siècle on bâtit en leur honneur un monastère sur le lieu même où ils avaient été martyrisés, et qui se trouve entre Agde et Pézénas. — 10 novembre.

FLORENCE (sainte), vierge, sœur de saint Léandre et de saint Isidore, née à Carthagène d'une famille illustre, se consacra à Dieu dès sa jeunesse. Saint Léandre, son frère, lui adressa sa Règle monastique, où l'on trouve d'excellentes instructions sur le mépris du monde et sur l'exercice de la prière. Saint Isidore lui adressa aussi deux traités sur la virginité. Après sa mort dont on ignore l'année, mais qu'on peut placer au commencement du VII° siècle, elle fut enterrée dans la cathédrale de Séville à côté de saint Léandre. Saint Isidore fut aussi enterré près d'elle, quelques années plus tard. — 20 juin.

FLORENT (saint), évêque dans l'île de Corse, est honoré à Trévise, où sont ses reliques. — 2 mai.

FLORENT (saint), *Florens*, évêque de Vienne en Dauphiné et martyr, se rendit illustre par sa sainteté et par sa science. Il fut d'abord exilé sous l'empereur Gallien ; ensuite il versa son sang pour la foi vers l'an 268. — 3 janvier.

FLORENT (saint), martyr à Carthage, souffrit avec saint Catulin, diacre, et plusieurs autres. Leurs corps furent déposés dans la basilique de Fauste. — 15 juillet.

FLORENT (saint), soldat et martyr, était originaire de Siponte, et il souffrit à Forconio avec saint Félix son compatriote. — 25 juillet.

FLORENT (saint), martyr à Bonn avec saint Cassien et plusieurs autres, souffrit vers l'an 287, sous l'empereur Maximien. — 10 octobre.

FLORENT (saint), martyr à Thessalonique, fut brûlé vif après avoir subi divers tourments pour la foi. — 13 octobre.

FLORENT (saint), martyr à Trichâteau, est honoré le 27 octobre.

FLORENT (saint), martyr, était disciple de saint Anthime, prêtre et martyr à Rome. Il fut lapidé à Osimo, dans la Marche d'Ancône, pendant la persécution de Dioclétien. — 11 mai.

FLORENT (saint), prêtre, quitta son pays pour aller se mettre sous la conduite de saint Martin de Tours, qui l'éleva au sacerdoce, et l'envoya prêcher l'Evangile dans le Poitou. Ensuite il se retira sur le mont de Glonne, pour y mener la vie solitaire. Sa sainteté lui ayant attiré des disciples, il s'y forma un monastère connu depuis sous le nom de Saint-Florent le Vieux. Il y mourut vers le commencement du v° siècle et y fut enterré. Ses reliques ayant été transférées à Saumur, Hugues le Grand, comte de Vermandois, dans le XI° siècle, les enleva et les plaça à Roye. Quatre siècles après, Louis XI les ayant fait restituer à Saumur, la ville de Roye intenta un procès qu'elle gagna ; mais, comme il était difficile de faire exécuter la sentence, on partagea les reliques. Saint Florent est patron de Roye, où il est honoré le 22 septembre.

FLORENT (saint), diacre de l'église de Reims et martyr avec saint Nicaise, son évêque, fut massacré par des barbares qui vinrent faire une irruption dans les Gaules au v° siècle, et portèrent le ravage dans plusieurs de ses provinces. — 14 décembre.

FLORENT (saint), confesseur à Séville, mourut en 485. — 23 février.

FLORENT (saint), évêque d'Orange, s'illustra par ses vertus au commencement du VI° siècle, et mourut vers l'an 520. — 17 octobre.

FLORENT (saint), ermite dans l'Ombrie, florissait dans la première partie du VI° siècle, et eut pour maître saint Eutyche. Celui-ci ayant été élu abbé d'un monastère du voisinage, lui laissa sa cellule et son petit troupeau de brebis. Le jeune ermite se trouvant seul, pria Dieu de lui envoyer un compagnon dans sa solitude, et saint Grégoire rapporte que Dieu lui envoya un ours qui lui obéissait comme un chien fidèle et l'aidait dans la garde de son troupeau. Sur la fin de sa vie il se retira près de saint Vincent de Foligno. Il mourut vers l'an 540 et il fut enterré dans la cathédrale. Il est honoré le 1er juin jour de sa mort, et le 23 mai.

FLORENT (saint), évêque de Bourges, succéda en 644 à saint Sulpice le Debonnaire, qui l'avait désigné lui-même et qui l'avait pris pour son coadjuteur. C'est sous ce grand évêque qu'il apprit à gouverner un diocèse, et il justifia pleinement le choix de son prédécesseur, se sanctifiant lui-même en travaillant au salut de son troupeau. Une pieuse dame, nommée Eustadiole, l'ayant consulté sur l'emploi qu'elle devait faire de ses biens, il lui conseilla de fonder un monastère de filles ; elle y entra elle-même et y finit saintement sa vie. Quant à saint Florent, il mourut en 664, après un épiscopat de vingt ans. — 12 décembre.

FLORENT (saint), évêque de Strasbourg, né en Irlande d'une famille illustre, passa sur le continent dans l'intention de se perfectionner dans la piété. Après avoir visité plusieurs monastères, il s'établit dans une petite vallée de l'Alsace, près du ruisseau de Nasel, sur le versant oriental des Vosges. Il menait dans cette solitude une vie très-mortifiée, et ne sortait de sa cellule que pour aller travailler au salut des populations du voisinage. Dagobert II, roi d'Austrasie, qui habitait une partie de l'année le palais de Kirchheim, conçut pour lui une grande vénération, le fit venir à sa cour et le nomma au siège de Strasbourg, vacant par la mort de saint Arbogaste, arrivée en 678 ; mais il fallut faire violence à la modestie de Florent pour l'obliger à acquiescer à sa nomination. Aidé par les libéralités de Dagobert, il fonda le monastère de Haslach, à une demi-lieue de sa cellule, pour y réunir ses disciples ; ensuite il fonda à Strasbourg même l'hospice de Saint-Thomas, qui devint plus tard la célèbre collégiale de ce nom et qui est maintenant un temple protestant. Le saint évêque marcha sur les traces de son prédécesseur, imita ses vertus et surtout son zèle. Sur le point de quitter cette vie, il réunit son clergé autour de son lit, et lui adressa une exhortation pathétique pour l'engager à remplir dignement les fonctions du saint ministère. Il mourut le 7 novembre 693, et fut enterré dans l'église de Saint-Thomas. Comme il s'opérait une foule de miracles à son tombeau, l'évêque de Rachion leva de terre son corps et le transféra à Haslach. — 7 novembre.

FLORENTIEN (saint), *Florentianus*, évêque de Médile en Numidie et confesseur, fut exilé pour la foi catholique par Genséric, roi des Vandales, et mourut loin de son troupeau, vers le milieu du v° siècle.— 28 novembre.

FLORENTIN (saint), *Florentinus*, martyr à Véies, où se gardent ses reliques, est honoré le 16 octobre.

FLORENTIN (saint), évêque de Trèves, succéda à saint Séverin et florissait au commencement du iv° siècle. Il mourut en 314, et il eut pour successeur saint Agrice. — 16 octobre.

FLORENTIN (saint), prêtre et martyr avec saint Modestin, évêque, est honoré à Avellino dans le royaume de Naples, où sont ses reliques. — 10 juin.

FLORENTIN (saint), martyr à Pseudun, aujourd'hui Sémont, dans le diocèse d'Autun, où il vivait avec saint Hilier dans la pratique des vertus chrétiennes, lorsque les Vandales, qui ravagèrent les Gaules au commencement du v° siècle, vinrent fondre sur le Charolais. Saint Florentin fut dépouillé de tout ce qu'il possédait, même de la vie, qu'il aima mieux sacrifier que de renoncer à la foi. Après avoir eu la langue coupée, il fut décapité avec saint Hilier, le 27 septembre l'an 407. Leurs corps furent transférés de Pseudun à Lyon, dans le milieu du ix° siècle, et déposés dans le monastère d'Ainay, et dans la suite, leurs reliques furent distribuées dans plusieurs lieux. — 27 septembre.

FLORENTIN (saint), confesseur, est honoré à Boney, dans l'ancien diocèse de Toul, le 24 octobre.

FLORENTIN (saint), confesseur à Amboise, florissait dans le vi° siècle. Etant allé visiter saint Germain, évêque de Paris, ce prélat avec lequel il était lié d'une sainte amitié, le présenta au roi Clotaire I°; et dans le peu de temps qu'il resta à la cour il y opéra, par ses paroles et par ses exemples, une réforme notable dans les mœurs du roi et des seigneurs. — 1° décembre.

FLORENTIN (saint), abbé, né en 483, embrassa l'état religieux et se fit admirer par sa science et sa piété. Saint Aurélien, évêque d'Arles, a ant fondé dans cette ville le monastère dit des Apôtres, ce prélat, l'un des plus illustres de son siècle, ne trouva personne plus digne et plus capable que saint Florentin pour gouverner la nouvelle communauté, dont il l'établit abbé en 548. Il le gouverna jusqu'à sa mort qu'on place en 553, étant âgé de soixante-dix ans. Ses reliques, renfermées dans une châsse d'argent, furent transférées plus tard dans l'église paroissiale de Sainte-Croix, et renfermées dans un tombeau de marbre placé derrière le grand autel. On y lit l'épitaphe du saint en vers acrostiches, et c'est le premier exemple que nous fournit l'antiquité ecclésiastique de cette sorte de poésie. Ces mêmes reliques ont été placées dans l'église de Saint-Pierre de la même ville d'Arles. — 12 avril.

FLORENTINE (sainte), *Florentina*, vierge et martyre, est honorée à Sisteron le 31 août.

FLOREZ (saint), *Floregius*, confesseur, est honoré dans le Rouergue le 1° juillet.

FLORIBERT (saint), *Floribertus*, premier abbé de Saint-Pierre de Gand, florissait dans le milieu du vii° siècle et mourut en 660. — 1° novembre.

FLORIBERT (saint), *Floribertus*, évêque de Liége, fut d'abord abbé de Saint-Pierre de Gand, et c'est pendant qu'il remplissait cette fonction qu'il assista avec ses moines, aux funérailles de saint Bavon, à qui il avait permis de construire une cellule dans une forêt dépendant du monastère. En 727, il fut choisi pour remplacer sur le siége épiscopal de Liége saint Hubert, dont il était fils, selon quelques auteurs, et il mourut en 746. — 25 avril.

FLORIDE (saint), *Floridus*, évêque de Cita-di-Castello, en l'Ombrie, né dans cette ville vers le commencement du vi° siècle, ayant perdu de bonne heure ses parents, qui l'avaient fait élever dans l'étude des sciences et la pratique de la piété, s'engagea dans l'état ecclésiastique. Il était diacre, lorsque Totila, roi des Goths, s'empara de Cita-di-Castello, ce qui l'obligea à se réfugier à Pérouse, ville dont était alors évêque saint Herculan, sous la conduite duquel il se mit, et qui l'éleva malgré lui au sacerdoce. Des affaires importantes ayant nécessité sa présence à Todi, il guérit, dans cette ville, un homme possédé du démon. Les païens furent si frappés de ce miracle, qu'ils détruisirent un temple et un bois consacrés aux idoles. Pérouse ayant été prise par les Goths, qui massacrèrent saint Herculan en 546, Floride se sauva pour échapper à leur fureur, et revenu à Cita-di-Castello, il trouva cette ville détruite par les barbares, et il contribua puissamment à sa reconstruction. Ses concitoyens, par reconnaissance d'une part, et de l'autre, pour témoigner la vénération qu'ils portaient à ses vertus, l'élurent pour évêque. Comme il refusait de consentir à leurs vœux, ils le chargèrent de se rendre à Rome pour demander au pape Vigile un prélat de sa main; mais, en même temps ils écrivirent à celui-ci pour qu'il leur donnât Floride. Le pape fit droit à leur demande et leur renvoya le saint, après lui avoir conféré l'onction épiscopale. Il gouverna près de vingt ans son troupeau. Attaqué d'une pleurésie qui le conduisit au tombeau, il reçut les derniers sacrements des mains de Laurent, évêque d'Arezzo et mourut vers l'an 566, après avoir opéré plusieurs miracles pendant sa vie : et après sa mort, il s'en opéra aussi un grand nombre par son intercession. Les habitants de Cita-di-Castello l'ont choisi pour leur principal patron, et saint Grégoire le Grand le mentionne honorablement dans ses Dialogues. — 13 novembre.

FLORIDE (sainte), *Florida*, martyre en Afrique, souffrit avec plusieurs autres. — 18 janvier.

FLORIEN (saint), *Florianus*, soldat et martyr, né à Zeiselmaur, dans la Basse-Autriche, après le milieu du iii° siècle, fut élevé dans le christianisme, et servait dans les armées de l'Empire, lorsque Aquilin, gouverneur de la Norique, faisait dans la province des recherches contre les chrétiens. Florien ayant rencontré de ses compagnons d'armes qui étaient à la poursuite des fidèles, poussé par l'esprit de Dieu, il leur dit : *Pourquoi vous donner tant de peine pour les découvrir? Si vous voulez en trouver, rien n'est plus facile, puisque vous en avez un devant vous.* Les soldats l'ayant conduit au gouverneur, celui-ci lui demanda s'il était vrai qu'il fût chrétien. — *Oui, je le suis.* — *Imite tes camarades, sacrifie aux dieux, et tu échapperas au courroux de l'empereur.* — *Je ne le ferai pas.* — *Si tu ne veux pas obéir de bon gré, nous saurons t'y forcer par les tourments.* Alors Florien, levant les yeux vers le ciel, *Mon Seigneur et mon Dieu*, dit-il, *c'est en vous que j'ai placé mon espérance; je ne vous renierai jamais. C'est pour vous que je combats..... Donnez-moi la force de souffrir : placez-moi au nombre de vos vaillants soldats, des fidèles confesseurs de votre saint nom, afin que je vous loue et vous glorifie, ô vous qui êtes béni dans tous les siècles.* — *Que veux-tu dire avec toutes tes vaines paroles? Es-tu assez audacieux pour mépriser les ordres de l'empereur?* — *Tant que j'ai servi dans vos armées, j'ai servi mon Dieu en secret : aujourd'hui soldat, je suis encore soumis à vos ordres; mais comme chrétien, je n'obéis qu'à Dieu seul. Vous pouvez tout sur mon corps, rien sur mon âme, et il n'est point de puissance qui soit capable de me forcer à sacrifier aux idoles.* Cette généreuse réponse lui valut une cruelle flagellation, qu'il subit avec un courage héroïque; ce qui ne fit qu'augmenter la fureur d'Aquilin; il ordonna de redoubler les coups et d'arracher la chair de ses épaules avec des crochets de fer; mais voyant que rien ne pouvait vaincre sa résolution, il le condamna à être jeté dans la rivière d'Ens avec une pierre au cou; ce qui fut exécuté le 4 mai, pendant la persécution de Dioclétien, l'an 297 ou 304. Une pieuse dame, nommée Valérie, l'enterra dans sa campagne, près de Lorch. Plus tard, on y érigea une église avec un couvent. Saint Pétrone, évêque de Bologne, au v° siècle, obtint de Rome, où son corps avait été transféré, une partie de ses reliques qu'il déposa dans l'église de Saint-Etienne; et saint Florien, qu'on appelle aussi saint Florian, devint par là l'un des principaux patrons de Bologne. Dans le xii° siècle, le pape Luce III envoya une partie de ses reliques à Casimir, roi de Pologne, et depuis cette époque il est regardé comme un des principaux patrons de ce royaume. — 4 mai.

FLORIEN ou FLORIAN, (saint), martyr à Eleutéropolis en Palestine avec cinquante-neuf autres, fut massacré pour la foi de Jésus-Christ par les Sarrasins, sous le règne d'Héraclius, vers l'an 638. — 17 décembre.

FLORIENNE (sainte), *Floriana*, martyre avec sainte Faustine, est honorée le 9 juillet.

FLORIN (saint), *Florinus*, confesseur à Coblentz, mourut vers l'an 626. Son corps se gardait dans l'église abbatiale de Sconauge, dont il est patron. — 17 novembre.

FLORINE ou FLEURINE (sainte), *Florina*, vierge et martyre, était une des compagnes de sainte Ursule. Son corps a été transporté de Cologne à Tournay, où l'on fait sa fête le 6 juin.

FLORINE (sainte), *Florina*, vierge et martyre en Auvergne, est honorée le 1er mai.

FLOSCULE (saint), *Flosculus*, évêque d'Orléans, florissait sur la fin du v° siècle et vivait encore en 480; mais on ignore les détails de sa vie et même l'année de sa mort. En 1029, ses reliques, placées dans une châsse, furent transférées solennellement, par ordre du roi Robert, dans l'église de Saint-Aignan. Il est patron titulaire d'une église paroissiale d'Orléans, où il est honoré sous le nom de saint Flou. — 2 février.

FLOUR (saint), *Florus*, premier évêque de Lodève et apôtre d'une partie du Languedoc, prêcha l'Evangile dans la Gaule narbonnaise, dans les Cévennes et jusque dans l'Auvergne, où il mourut vers l'an 389. On bâtit une église sur son tombeau, et saint Odilon y fonda une abbaye que Jean XXII érigea en évêché, qui porte le nom de Saint-Flour. Ses reliques furent transférées dans la cathédrale, et il y est honoré comme patron, le 3 novembre.

FLOVIE (saint), *Flodoveus*, qu'on croit avoir souffert le martyre dans le v° siècle, est honoré comme patron, dans une église de son nom, près de Châtillon-sur-Indre, le 3 mai.

FOI (sainte), *Fides*, vierge et martyre, était sœur de sainte Espérance et de sainte Charité. Sainte Sophie avait donné à ses trois filles les noms des trois vertus théologales et les avait élevées dans l'amour de Dieu et le mépris du monde. Arrêtée avec ses sœurs, sainte Foi donna sa vie pour la cause de la religion, violemment attaquée sous l'empereur Adrien, dans le second siècle. L'une de ces trois saintes a toujours été fort célèbre dans les églises d'Orient et dans celles d'Occident. Les Grecs l'appellent Piste, de *pistis*, la foi. — 1er août.

FOI (sainte), vierge et martyre à Agen, sortait d'une famille distinguée de cette ville. Ayant eu le bonheur de connaître Jésus-Christ, dès son enfance, elle le servit avec une rare fidélité. Sa beauté et sa fortune la firent rechercher en mariage par les meilleurs partis, mais elle ne voulut avoir d'autre époux que son divin maître à qui elle consacra sa virginité. Elle partageait son temps entre la prière, les exercices pieux et les œuvres de charité. Dacien, gouverneur de la province sous l'empereur Dioclétien, étant arrivé dans la ville d'Agen pour y faire exécuter les édits de persécution, sainte Foi, qui était connue pour une chrétienne fervente, fut arrêtée l'une des premières et conduite devant le gouverneur. Pendant le trajet elle forma le signe de la croix sur les différentes parties de son corps, et s'adressant à son céleste époux, elle lui fit cette prière : *Seigneur Jésus, qui assistez toujours vos serviteurs, secourez-moi, fortifiez-moi, et daignez m'accorder la grâce de répondre d'une manière digne de vous à l'interrogatoire que je vais subir.* Dacien, prenant un ton de douceur, lui demanda son nom. *Je me nomme Foi, et je tâche de réaliser en moi ce que signifie ce nom. — Quelle est votre religion? — Dès mon enfance je sers le Seigneur Jésus-Christ en lui consacrant tout mon être. — Croyez-moi, ma fille, ayez égard à votre jeunesse, à votre beauté. Abandonnez la religion que vous professez, et sacrifiez à Diane, qui est une divinité convenable à votre sexe et qui vous comblera des plus précieuses faveurs. — Les dieux des nations sont des démons; comment pouvez-vous me conseiller de leur offrir des sacrifices? — Vous osez appeler nos dieux des démons? Il faut vous décider ou à leur offrir des sacrifices, ou à périr dans les tourments. — Non-seulement je suis prête à souffrir toutes sortes de tourments pour mon Dieu, mais je brûle de mourir pour lui.* Dacien fit apporter un lit d'airain sur lequel on lia le corps de la sainte avec des chaînes de fer; ensuite on alluma dessous un grand feu dont on augmentait encore l'ardeur en y jetant de l'huile et d'autres matières grasses. Les assistants, saisis d'horreur et de compassion à la vue d'un tel spectacle, se demandaient comment on pouvait traiter de la sorte une jeune vierge dont tout le crime était d'adorer Dieu. Dacien les ayant entendus, en fit arrêter plusieurs; et comme ils refusaient de sacrifier, ils furent décapités avec sainte Foi, sur la fin du IIIe siècle ou au commencement du IVe. Saint Caprais, qui s'était caché dans une caverne pour se soustraire à la persécution, fut si frappé du courage que sainte Foi avait déployé au milieu des tortures, qu'il alla hardiment se présenter au gouverneur et reçut aussi la couronne du martyre, peu de temps après. Au commencement du Ve siècle, saint Dulcidius, évêque d'Agen, fit transférer les reliques de sainte Foi dans la nouvelle église qu'il avait fait bâtir. Vers l'an 886, elles furent portées avec celles de saint Vincent d'Agen, à Conques, dans le Rouergue, et vers l'an 1363, le pape Urbain V en donna une partie aux moines de Cucufat en Catalogue. On honorait autrefois à Glastenbury, en Angleterre, un bras de sainte Foi : elle était patronne du prieuré de Horsam dans le comté de Norfolk, et l'église souterraine, bâtie sous celle de Saint-Paul de Londres, portait son nom ainsi que plusieurs autres églises, surtout en France, parmi lesquelles on peut citer celle de Longueville en Normandie. — 6 octobre.

FOILLAN (saint), *Foillanus*, moine et martyr en Hainaut, né au commencement du VIIe siècle, était fils de Fintan ou Fyltan, roi d'une partie de l'Irlande, appelée Munster ou Momonie. Saint Fursy et saint Ultan, ses deux frères, ayant quitté la cour et le monde pour embrasser l'état monastique, il suivit leur exemple, et fut ensuite élevé comme eux au sacerdoce. Saint Fursy ayant passé dans le royaume des Est-Angles, où il fonda le monastère de Knobbersburg, appelé depuis Burg-Castle, il en confia le gouvernement à Foillan, son frère, qu'il fit venir d'Irlande. Après la mort de saint Fursy, arrivée à Péronne vers l'an 650, Foillan et Ultan se rendirent en France. Quelques auteurs prétendent que le premier fit le voyage de Rome, et qu'il y fut ordonné évêque régionnaire; quoi qu'il en soit, il rejoignit son frère à Cambrai, et se rendit avec lui à Nivelle, où sainte Gertrude était abbesse. Ils se fixèrent dans un monastère d'hommes, situé dans le voisinage, et saint Foillan fut chargé, par la sainte abbesse, de donner des instructions à ses religieuses ainsi qu'aux populations environnantes. S'étant mis en route en 655, avec trois compagnons, pour se rendre au monastère de Fosse, que son frère venait de fonder, il fut massacré par des voleurs ou des infidèles dans la forêt de Sonie ou Soigne, aujourd'hui la Charbonnière, dans le Hainaut. On gardait avec beaucoup de vénération ses reliques dans l'église de Fosse, qui devint plus tard un chapitre séculier. — 31 octobre.

FOLCUIN (saint), *Folquinus*, évêque de Thérouanne et neveu du roi Pépin, quitta les emplois qu'il avait à la cour pour embrasser l'état ecclésiastique. Il fut élu évêque de Thérouanne en 817, et son premier soin fut de corriger, dans son diocèse, les abus occasionnés par les incursions des barbares et d'y rétablir la pureté de la foi et des mœurs. Il tint, à cet effet, divers synodes et assista à plusieurs conciles. Il fit en 846 la translation des reliques de saint Omer, le plus illustre de ses prédécesseurs, et le cacha dans l'église de Notre-Dame pour le soustraire à la fureur des Normands. En 843, Hugues, fils naturel de Charlemagne et abbé de Sithin, ayant enlevé à main armée le corps de saint Omer, le porta en triomphe à Lisbourg en Artois. Saint Folcuin, qui faisait la visite de son diocèse, n'eut pas plutôt appris l'enlèvement des reliques du plus illustre de ses prédécesseurs, qu'il se rendit à Lisbourg, avec ce qu'il put rassembler de ses vassaux et de personnes zélées pour la conservation du plus précieux trésor que possédât Thérouanne. A l'arrivée du saint évêque, Hugues et sa troupe prirent la fuite et abandonnèrent les reliques que Folcuin reporta solennellement dans l'église de Notre-Dame, d'où on les avait enlevées; mais pour les soustraire, dans la suite, à un pareil attentat, ainsi qu'à la fureur des Normands, il cacha la châsse dans un caveau qu'il fit recouvrir de terre. En 846, il enfouit de même le corps de saint Bertin sous l'autel de Saint-Martin, dans l'église de Saint-Pierre. Il mourut en faisant la visite de son diocèse, le 14 décembre 855, et son corps fut enterré à côté de celui de saint Omer. Il fut levé de terre le 13 novembre 928. — 14 décembre.

FORANNAN (saint), *Forannanus*, évêque d'Armagh, puis abbé de Vasour, né au commencement du xe siècle, d'une famille noble d'Irlande, quitta de bonne heure le monde pour se consacrer à Dieu. Il était jeune encore lorsque sa sainteté et son mérite le firent élever sur le siége épiscopal d'Armagh, une des villes les plus considérables de l'Irlande. Mais son attrait pour la solitude lui fit quitter son troupeau et sa patrie pour aller s'ensevelir dans quelque coin ignoré du monde. Il passa la mer avec saint Macelain et saint Cadroé, et arrivés dans la Gaule Belgique, ils se fixèrent dans le monastère de Vasencour ou Vascour, situé sur la Meuse, près de Liége. Forannan y vivait en simple religieux, lorsque le pape Benoît VII lui ordonna de remplacer l'abbé qui venait de mourir. Comme la communauté avait besoin d'une réforme, à cause du relâchement dans lequel elle était tombée, Forannan, sentant la nécessité de remédier aux abus dont il était témoin, alla trouver le pape Jean XIII pour lui demander ses conseils et l'appui de son autorité. En revenant, il s'arrêta quelque temps à l'abbaye de Gorze près de Metz, et à son retour il accomplit son entreprise et surmonta avec tant de succès toutes les difficultés, que l'abbaye de Vasour ou Vascour put bientôt être citée comme un modèle de régularité et de ferveur. Saint Forannan mourut le 30 avril 982. Son nom se trouve dans les Martyrologes de France, des Pays-Bas et de Saint-Benoît, et les religieux de Vascour célébraient sa fête le 30 avril.

FORKERN ou FORCHERN (saint), second évêque de Trim en Irlande, florissait vers la fin du ve siècle et succéda à saint Loman, qui l'avait baptisé et dont il était le disciple. Il mourut en 505. — 11 octobre.

FORT GABRIELLI (le bienheureux), ermite et religieux de Fort-Avellane, né sur la fin du xe siècle à Gubio, dans le duché d'Urbin, reçut une éducation chrétienne et conçut de bonne heure un goût décidé pour la vie solitaire. Il quitta sa famille et sa patrie pour se retirer avec de fervents ermites qui habitaient sur une haute montagne, aux confins de l'Ombrie et de la Marche d'Ancône. Il se fixa dans une caverne isolée et surpassa bientôt, par ses austérités, ceux qu'il était venu joindre. Quelques herbes crues avec un peu d'eau, telle était sa nourriture, un lambeau d'étoffe grossière lui tenait lieu d'habillement et la terre nue lui servait de lit. Le désir qu'il avait de pratiquer la vertu d'obéissance le porta à quitter cette vie d'ermite pour la vie de communauté. Il se rendit donc au monastère de Fort-Avellane, que le bienheureux Rodolphe venait de fonder, et l'an 1030 il y reçut l'habit des mains de Guy d'Arezzo, qui en était prieur. Il y passa les dix dernières années de sa vie dans une grande réputation de sainteté, et y mourut

DICTIONN. HAGIOGRAPHIQUE. I.

le 9 mai 1040. Il est honoré de temps immémorial à Gubio, sa patrie, et Benoît XIV approuva en 1756 le culte qu'on lui rend. — 9 mai.

FORTUNAT (saint), *Fortunatus*, diacre d'Aquilée et martyr avec saint Hermagore, évêque de cette ville, souffrit dans le 1er siècle, probablement sous Domitien. — 12 juillet.

FORTUNAT (saint), diacre et martyr à Valence en Dauphiné, fut envoyé par S. Irénée de Lyon, pour prêcher l'Evangile à Valence avec saint Félix et saint Achillée. Après de nombreuses conversions, ils furent arrêtés vers l'an 212 et après divers supplices ils furent décapités par ordre d'un officier nommé Corneille, qui faisait les fonctions de juge. On bâtit une église sur leur tombeau, et leurs reliques furent depuis transférées dans la cathédrale de Valence; une partie fut ensuite donnée aux Trinitaires d'Arles. — 23 avril.

FORTUNAT (saint), martyr à Smyrne, souffrit avec saint Vital et saint Révocat; il est honoré le 9 janvier.

FORTUNAT (saint), martyr à Rome, souffrit avec saint Félicien et deux autres. — 2 février.

FORTUNAT (saint), martyr, souffrit avec saint Félix et vingt-sept autres. — 26 février.

FORTUNAT (saint), martyr à Rome, souffrit avec saint Alexandre et deux autres. — 27 février.

FORTUNAT (saint), martyr avec saint Félix, saint Luciole et plusieurs autres, est honoré le 3 mars.

FORTUNAT (saint), martyr en Afrique avec saint Marcien, est honoré le 17 avril.

FORTUNAT (saint), martyr à Alexandrie, souffrit avec saint Arateur et plusieurs autres et mourut en prison. — 21 avril.

FORTUNAT (saint), martyr à Pavie, souffrit avec saint Chrysanthe. — 15 mai.

FORTUNAT (saint), martyr en Afrique, souffrit avec saint Lucien. — 13 juin.

FORTUNAT (saint), martyr en Campanie avec saint Eucariste, est honoré le 12 octobre.

FORTUNAT (saint), martyr à Sirmich, souffrit avec saint Agrippin et plusieurs autres. — 15 juillet.

FORTUNAT (saint), martyr à Singidone en Mysie, souffrit avec saint Hermogène. Leurs corps sont à Aquilée, où on les honore le 23 août.

FORTUNAT (saint), martyr à Rome, souffrit sur la voie Aurélienne. — 15 octobre.

FORTUNAT (saint), martyr en Afrique avec saint Faustin et plusieurs autres, est honoré le 15 décembre.

FORTUNAT (saint), martyr à Aquilée avec saint Félix son frère, subit la torture du chevalet et d'autres tourments ; il fut ensuite décapité sous les empereurs Dioclétien et Maximien. — 11 juin.

FORTUNAT (saint), martyr à Salerne avec saint Caïus et saint Anthès, fut décapité par ordre du président Léonce, pendant la persécution de l'empereur Dioclétien. — 25 août.

FORTUNAT (saint), lecteur et martyr à Venouse dans la Pouille, sous le règne de Dioclétien, souffrit avec saint Félix son évêque, dont le siége était en Afrique. — 24 octobre.

FORTUNAT (saint), prêtre dans l'Ombrie, s'illustra par ses vertus et par ses miracles. — 1er juin.

FORTUNAT (saint), évêque de Naples, florissait au milieu du IVe siècle et mourut vers l'an 355. — 14 juin.

FORTUNAT (saint), martyr à Adrumète en Afrique avec saint Vérule et vingt-un autres, souffrit dans le Ve siècle pendant la persécution des Vandales. — 21 février.

FORTUNAT (saint), évêque de Todi, qui, au rapport de saint Grégoire, pape, brilla par la vertu qu'il avait de chasser les esprits immondes, florissait du temps de l'empereur Justinien, lorsque Totila, roi des Goths, ravageait l'Italie. On attribue aux mérites de saint Fortunat la délivrance de sa ville épiscopale, assiégée par ces barbares. On lit dans la Chronique de Sigebert que ses reliques furent transportées en France sous l'empereur Othon le Grand, vers l'an 969. — 30 août et 14 octobre.

FORTUNAT (saint), évêque en Lombardie, était originaire de Verceil, et mérita par son savoir le surnom de Philosophe. Chassé de son siège par les Lombards, il se retira en France près de Chelles et fut très-lié avec saint Germain de Paris, dans le diocèse duquel il résidait, et qui lui témoignait la plus grande estime. C'est par sa prière que Fortunat composa la Vie de saint Marcel, évêque de Paris. Il mourut vers l'an 569, et le lieu où il fut enterré porte aujourd'hui son nom et possède ses reliques. Il y a en France deux églises dédiées sous son invocation. On l'honore sous le nom de saint Fortuné le 18 juin et le 1er mai.

FORTUNAT (saint), évêque de Poitiers, dont les prénoms étaient Venance-Honoré-Clémentien, naquit près de Trévise en Italie, avant le milieu du VIe siècle, et après avoir fait ses études à Ravenne, il alla s'établir à Tours. Sainte Radegonde, qui s'était retirée dans le monastère de Sainte-Croix à Poitiers, le fit venir auprès d'elle pour lui servir de secrétaire. Le roi Sigebert, son fils, le consultait souvent et avait pour lui une grande estime. Il fut ordonné prêtre à Poitiers en 565, et élevé sur le siége de cette ville quelques années après. Il mourut vers l'an 609, et l'on célèbre sa fête à Poitiers le 14 décembre. Saint Fortunat, qui était très-lié avec saint Grégoire de Tours et avec les plus grands prélats de son siècle, a laissé une Vie de saint Martin de Tours, en vers, des poésies, une explication du *Pater*, une explication du Symbole des Apôtres et de celui de saint Athanase, les Vies de saint Germain de Paris, de saint Aubin d'Angers, de saint Paterne d'Avranches, de saint Amand de Rodez, de saint Remi de Reims et de sainte Radegonde, l'hymne *Pange, lingua,*

gloriosi prælium certaminis: quelques critiques lui attribuent aussi le *Vexilla Regis,* qui est plus probablement de Claudien Mamert. Ses vers sont plus estimés que sa prose, qui est d'un style assez négligé. — 14 décembre.

FORTUNAT (saint), évêque de Fano dans le duché d'Urbin, florissait au commencement du VIIe siècle et mourut vers l'an 620. — 8 juin.

FORTUNATE (sainte), *Fortunata,* vierge et martyre à Césarée en Palestine, était sœur des saints martyrs Carpon, Evariste et Priscien, qu'elle précéda de quelques jours dans la confession de Jésus-Christ. Ayant été arrêtée, pendant la persécution de Dioclétien, et ne voulant pas obéir aux édits impies de ce prince, elle fut étendue sur le chevalet, livrée aux flammes et ensuite exposée aux bêtes. Comme elle vivait encore, après ces différents supplices, elle fut achevée par les confecteurs. Son corps fut transporté à Pouzzoles, puis à Naples sur la fin du VIIIe siècle, et il est exposé à la vénération des fidèles dans l'église de Saint-Gaudiose, où on le découvrit en 1561. — 14 octobre.

FORTUNATIEN (saint), martyr à Potenza dans la Basilicate, était fils de saint Boniface d'Adrumète et de sainte Thècle. Lorsque la persécution de Dèce éclata, le père, la mère et leurs enfants, au nombre de douze, furent conduits à Carthage où ils versèrent leur sang pour Jésus-Christ, à l'exception de Fortunatien et de trois de ses frères que le juge Valérien fit embarquer pour l'Italie; mais arrivés à Potenza ils furent mis à mort l'an 251. On fait leur fête à Bénévent où se gardent leurs reliques. — 28 août.

FORTUNIEN (saint), *Fortunianus,* martyr en Afrique avec saint Mappalique et plusieurs autres, fut arrêté pendant la persécution de Dèce et mourut dans un cachot, l'an 250. — 17 avril.

FORTUNION (saint), *Fortunio,* martyr, souffrit avec saint Janvier et plusieurs autres. — 17 février.

FOUCAUT (le bienheureux), *Fulcaldus,* évêque d'Auxerre, florissait au commencement du VIIIe siècle et mourut en 713. Son corps fut inhumé dans l'église de Saint-Eusèbe où il est honoré le 15 mars.

FOULQUES (saint), *Fulco,* abbé de Fontenelle, gouvernait en paix son monastère pendant que ceux de Jumiéges, de Saint-Ouen et de Saint-Pierre-en-l'Ile étaient brûlés par les Danois. Il détourna par ses prières les maux que faisait craindre un renégat qui s'était mis à la tête des barbares. Il mourut dans la première partie du IXe siècle et eut pour successeur saint Erembert. Il est honoré le 10 octobre.

FOULQUES (le bienheux), archevêque de Reims et martyr, sortait d'une famille illustre qui était alliée à Gui, duc de Spolette, et à Lambert son fils, qui furent l'un et l'autre empereurs d'Occident. Il fut élevé à Reims, et ayant embrassé l'état ecclésiastique, il obtint une place de chanoine dans cette ville.

Charles le Chauve l'appela ensuite à la cour. Il était abbé de Saint-Bertin, lorsqu'il fut élu archevêque de Reims en 883, après la mort de Hincmar. Il méritait cette dignité par son savoir et ses vertus, qui le rendaient un des personnages les plus recommandables de son siècle. L'approche des Normands avait fait transporter à Orbais le corps de saint Remi. Foulques le fit rapporter à Reims, et il s'opéra plusieurs miracles pendant cette translation. L'invasion normande avait causé de grands ravages dans une partie de la France, et le diocèse de Reims n'avait pas été épargné; le nouvel archevêque ne négligea rien pour y porter remède. Il s'appliqua d'abord à relever le culte divin et à rétablir la discipline ecclésiastique. Les deux écoles de son église, l'une pour les chanoines et l'autre pour les clercs de la campagne, étaient dans un triste état : il y fit venir deux maîtres célèbres, Remi, moine de saint Germain d'Auxerre, et Hucbaud, moine de Saint-Amand. Après avoir sacré, en 893, Charles le Simple, dont il devint le tuteur et le ministre, il tint à Reims un concile contre Baudouin II, comte de Flandre , qui usurpait les biens de l'Eglise et même les honneurs ecclésiastiques, jusqu'à prendre le titre d'abbé. Le concile, ayant égard aux services qu'il avait rendus à l'Etat et à la religion en repoussant les Normands, voulut bien suspendre la fulmination des censures qu'il avait méritées et se contenta de lui adresser, par l'intermédiaire d'Odilon, évêque de Cambrai, une lettre qui interdisait au clergé et aux fidèles d'entretenir aucun rapport avec lui, s'il ne venait à résipiscence. Foulques lui écrivit en particulier pour lui reprocher d'avoir chassé des prêtres de leurs églises, sans avoir consulté l'évêque; de s'être emparé du monastère de Saint-Vaast et d'une terre que le roi avait donnée à l'église de Noyon; enfin de ne pas garder au roi Charles la fidélité qu'il lui devait, l'exhortant à se corriger, sans quoi il se verrait obligé de l'excommunier. Eudes ou Odon, comte de Paris, s'étant fait proclamer roi de France en 888, Charles, trop faible pour détrôner l'usurpateur, voulait faire alliance avec les Normands; l'archevêque de Reims n'eut pas plutôt connaissance de ce projet qu'il lui écrivit une lettre très-pressante pour l'en détourner, et pour lui faire comprendre que c'était une mauvaise voie pour assurer sa couronne. *Le Seigneur, que vous offenseriez par une telle conduite,* lui dit-il, *ne tarderait pas à vous perdre. Si vous écoutez de mauvais conseillers, vous vous priverez tout à la fois de votre royaume terrestre et de celui qui vous est réservé dans le ciel. Mieux vaudrait pour vous n'avoir jamais vu la lumière que de devoir votre triomphe à l'assistance du démon, par une alliance avec les païens.* Cette lettre, pleine d'une sainte énergie, produisit son effet : Odon fit la paix avec Charles et consentit à ce qu'il régnât sur les provinces qui le reconnaissaient; et peu après la mort du comte de Paris, toute la France se soumit à Charles. Celui-ci, devenu plus puissant, voulut punir Baudouin de ses excès, et il vint assiéger Arras, s'en rendit maître et remit à Foulques l'abbaye de Saint-Vaast, que celui-ci échangea avec un seigneur contre celle de Saint-Médard de Soissons. Baudouin, pour se venger, jura sa perte et il le fit tuer dans la forêt de Compiègne par un nommé Wincmare, lorsque le saint prélat se rendait auprès du roi, l'an 900. Son corps fut reporté à Reims et enterré dans l'église cathédrale. Wincmare et ses complices furent excommuniés, et lui-même mourut misérablement peu de temps après. — 10 juin.

FOULQUES (saint), confesseur, florissait dans le XII⁰ siècle et il est honoré le 22 mai.

FOULQUES (le bienheureux), curé de Neuilly-sur-Marne, dans la Brie, brilla par ses vertus, surtout par son zèle et par son talent pour la prédication. Il entreprit de combattre les deux principaux vices qui régnaient alors, l'usure et l'impureté, et il opéra de nombreuses conversions dans les différents lieux où il allait faire des missions. Il fut un des principaux promoteurs de la croisade de 1190, à laquelle prit part Philippe-Auguste, roi de France, et Richard Cœur-de-Lion, roi d'Angleterre. Innocent III, connaissant l'effet que son éloquence produisait sur les grands et sur le peuple, le chargea de prêcher une autre croisade pour aller au secours des chrétiens de la Palestine, qui étaient retombés dans une situation aussi déplorable que celle dont on les avait tirés. Foulques, pour se conformer aux ordres du pape, prit la croix le premier à l'abbaye de Clairvaux, et par son exemple et ses exhortations, tant publiques que particulières, il détermina un grand nombre de personnes à s'engager dans la sainte expédition que le pape sollicitait. Ayant appris qu'une partie des princes et des seigneurs français se trouvaient réunis au château d'Ecris, entre Bray-sur-Somme et Corbie, à l'occasion d'un tournoi qui devait y avoir lieu, il s'y rendit et exhorta si fortement cette noblesse à prendre la croix que les comtes Baudouin de Flandre et Henri d'Enghien, son frère, Thibaut de Champagne et Louis de Blois, son frère, Simon de Montfort, Gauthier de Brienne, Etienne du Perche, Mathieu, baron de Montmorenci, et plusieurs autres seigneurs prirent la croix à l'instant même. Il ne lui fut pas donné de connaître les résultats de l'entreprise à laquelle il s'était voué, étant mort dans sa paroisse de Neuilly, le 2 mars 1201, jour où il y est honoré comme vénérable ou plutôt comme bienheureux. — 2 mars.

FOULQUES (saint), évêque de Pavie et confesseur, né après le milieu du XII⁰ siècle, en Ecosse, d'une famille pauvre, quitta sa patrie et se rendit à Plaisance en Italie pour y faire ses études. Comme il était obligé de mendier pour subvenir à sa subsistance, on rapporte qu'une servante, lui montrant un morceau de pain, lui dit qu'il ne l'aurait qu'à condition qu'il renoncerait à l'épiscopat. Foulques, qui était encore très-jeune, ne voulut pas se soumettre à cette condition,

Le maître de cette fille la gronda et se chargea de la nourriture du jeune étudiant qui alla ensuite étudier la théologie à Paris. De retour à Plaisance il fut nommé prévôt du chapitre de Sainte-Euphémie. L'évêque de Plaisance le fit ensuite archiprêtre et l'employa au gouvernement de son diocèse. Après la mort de cet évêque, Foulques fut élu pour lui succéder, et il y avait six ans qu'il occupait ce siège lorsque le pape Honorius III le nomma à celui de Pavie, où il vécut encore treize ans. Sa piété, son zèle et surtout sa charité le rendaient un modèle de sainteté, et ses vertus furent récompensées par le don des miracles. Il mourut vers l'an 1230, et il est honoré le 26 octobre.

FOULQUES (le bienheureux), évêque de Toulouse, était fils d'un riche marchand génois établi à Marseille. Comme il excellait dans la poésie, il passa sa jeunesse dans la profession de troubadour, allant dans les différentes cours où il chantait les princes et les dames. Mais voyant mourir les uns après les autres ceux qu'il avait chantés, il se mit à réfléchir sur la vanité des grandeurs humaines, et il résolut de quitter une profession frivole et un monde périssable. Il était marié et il avait deux fils. Il communiqua sa résolution à sa femme et à ses enfants, et il les détermina à embrasser comme lui l'état monastique dans l'ordre de Citeaux. Il prit l'habit dans le couvent de Touronet, dont il devint abbé dans la suite. En 1206 il fut nommé évêque de Toulouse, à la place de Raymond de Rabastein qui avait usurpé ce siège par suite d'une élection anti-canonique. Le diocèse dont on le chargeait était infesté d'hérétiques : il s'appliqua par ses instructions à les ramener à la vraie foi, et il en gagna un grand nombre, surtout par sa charité qui le faisait aimer et vénérer de tout le monde. Il assista à la célèbre bataille de Muret, et après la défaite des hérétiques, il essaya de sauver ceux de ses diocésains qui avaient échappé au fer des croisés, mais ses tentatives furent repoussées par ceux mêmes pour qui il s'intéressait. Il contribua de tout son pouvoir à la fondation de l'ordre des Frères-Prêcheurs, qui prit naissance à Toulouse même. En 1215 il dota généreusement le premier couvent de l'ordre, et la même année il se rendit à Rome avec saint Dominique pour assister au concile de Latran, afin de faire approuver le nouvel institut. A son retour il lui fit don de l'église de Saint-Romain et d'une autre située à Pamiers. Il mourut en 1231, et il est honoré le 25 décembre.

FRAIGNE (saint), *Fermerius*, confesseur en Angoumois, florissait dans le vi⁰ siècle. — 30 août.

FRAMBOURG (saint), *Frambaldus*, solitaire, né en Auvergne, sur la fin du v⁰ siècle, de parents nobles et riches, passa sa jeunesse à la cour des rois de France ; mais, dégoûté du monde et de ses faux biens, il alla vivre en reclus dans le lieu où est à présent le village d'Ivry près de Paris ; mais la proximité de cette ville l'exposant à des visites et à d'autres distractions, il se retira dans l'abbaye de Micy, près d'Orléans. Après y avoir passé quelques années pour se perfectionner dans les exercices de la vie religieuse, il s'enfonça dans une vaste forêt du Maine, et avec l'autorisation de saint Innocent, évêque du Mans, il y construisit une cabane de branchages et de chaume. On croit que le saint évêque l'ordonna prêtre et le chargea de l'instruction des populations du voisinage. Il mourut vers l'an 542, et fut enterré dans son ermitage. Plus tard ses reliques furent transportées dans la collégiale de Senlis, qui porte son nom. Il s'en fit, en 1177, une seconde translation à laquelle assistèrent le roi Louis VII et le légat du saint-siège. En 1673 les habitants d'Ivry en obtinrent une partie qu'ils placèrent dans la chapelle qui lui est dédiée, et ils érigèrent une confrérie en son honneur. — 15 août.

FRAMECHILDE ou FRAMEUSE (sainte), *Framechildis*, née au commencement du vii⁰ siècle, sortait de la race des rois allemands, et épousa le comte Badefroi ou Baufroy, l'un des principaux seigneurs de la cour de Dagobert 1ᵉʳ, dont elle eut sainte Austreberte, abbesse de Pavilly. Lorsque sa fille, qu'elle avait élevée dans la piété, voulut prendre le voile, elle s'y opposa d'abord, craignant que ce ne fût une illusion ou une idée passagère qui avait besoin d'épreuve ; mais lorsqu'elle vit que c'était Dieu lui-même qui la demandait, elle n'y mit plus aucun obstacle. Quoique dans une position brillante, et entourée de tous les prestiges du monde, elle sut se sanctifier par la pratique des vertus chrétiennes. Du consentement de son époux, qui est aussi honoré comme saint, elle consacra une grande partie des biens immenses qu'elle possédait à soulager les pauvres et à doter des églises. Elle fit bâtir celle de Marcôme, aujourd'hui Sainte-Austreberte, près d'Hesdin. Elle mourut dans une grande vieillesse sur la fin du vii⁰ siècle, un 17 de mai, et fut enterrée dans l'église de Marcôme. Baudouin, évêque de Thérouanne, leva son corps de terre en 1030, et plus tard ses reliques furent transférées à Montreuil-sur-Mer, à l'exception d'une partie qu'on garde dans l'église paroissiale d'Hesdin. — 17 mai.

FRANC (saint), *Francus*, solitaire à Assérigo dans l'Abruzze, florissait au xi⁰ siècle. — 5 juin.

FRANC (le bienheureux), religieux carme, florissait sur la fin du xiii⁰ siècle, et mourut en 1291. Il est honoré dans son ordre le 17 décembre, et à Sienne le 11 du même mois. — 11 et 17 décembre.

FRANC ou FRANQUE (le bienheureux), solitaire en Calabre, mourut au milieu du xv⁰ siècle. Son corps est à Francoville, qui a pris son nom : il y est honoré le 7 mai et le 5 décembre.

FRANCAIRE (saint), *Francarius*, confesseur à Clessé, près de Mortagne en Poitou, est honoré le 21 septembre.

FRANCHE ou FRANQUE (sainte), *Francia*, sœur de saint Gibrien, était née en Irlande. Sur la fin du v⁰ siècle, saint Gibrien quitta sa patrie avec ses cinq frères et ses trois sœurs, qui sont tous honorés comme saints dans l'Eglise. Arrivés dans les Gaules, saint Remi, évêque de Reims, leur assigna diverses solitudes sur les bords de la Marne, où ils menèrent la vie érémitique. Sainte Franche visitait de temps en temps saint Gibrien, qui était comme le sup rieur de cette famille de saints, et la dirigeait dans les voies de la perfection. Elle mourut dans le VIe siècle, mais on ignore en quelle année. — 7 mai.

FRANCHE (sainte), vierge, née à Plaisance, vers l'an 1172, d'une famille distinguée, fut élevée dans le monastère de Saint-Cyr, et y prit l'habit religieux à quatorze ans. Elle se distingua dans la communauté par ses mortifications et ses austérités, ne mangeant que du pain et en petite quantité avec quelques légumes non assaisonnés. Sa patience éclata surtout au milieu des maladies dont elle fut atteinte. Elle mourut à l'âge de quarante-six ans, le 25 avril 1218, et elle est honorée le même jour à Plaisance et dans son ordre. — 25 avril.

FRANCHY (saint), *Francoveus*, moine en Nivernais, a donné son nom à un village situé près de Saint-Sauge. — 16 mai.

FRANCISQUE ou FRANÇOISE (la bienheureuse), *Francisca*, servitesse, mourut en 1496, et elle est honorée dans son ordre le 4 juin.

FRANCISQUINE (la bienheureuse), *Franscischina*, du tiers ordre de Saint-François, mourut à Eugubio, dans le duché d'Urbin, en 1260, et son corps se garde dans une châsse à l'église de Saint-François où elle est honorée le 6 février.

FRANÇOIS D'ASSISE (saint), instituteur de l'ordre des Frères-Mineurs ou Franciscains, naquit à Assise dans l'Ombrie, l'an 1182, d'un père qui, quoique noble, exerçait la profession de marchand. Il reçut au baptême le nom de Jean; mais ayant appris la langue française, il la parla bientôt avec tant de facilité qu'on le surnomma le Français ou plutôt le François, comme on prononçait alors, et ce nom lui resta. Après des études superficielles Pierre Bernardon, son père, le mit dans le commerce. Il passa quelques années dans les occupations de son état et dans les amusements du monde qui partageaient son temps; toutefois il ne tomba dans aucun désordre grave, et l'on ne pouvait pas dire que sa conduite fût déréglée. On remarquait même en lui une tendre compassion pour les pauvres, et il s'était fait dès son jeune âge une règle de donner à tous ceux qui lui demanderaient pour l'amour de Dieu. Un jour qu'il était fort occupé, il refusa l'aumône à un malheureux; mais il s'en repentit aussitôt, et courut après lui pour réparer sa dureté; dès lors il s'engagea par vœu à ne jamais en refuser aucun, et il l'accomplit fidèlement toute sa vie. Cette charité, jointe à un heureux caractère, le faisait aimer de tout le monde. Affligé d'une maladie grave, il montra beaucoup de patience dans ses maux, et après sa guérison, comme il se promenait à cheval et habillé à neuf, il rencontra dans la plaine d'Assise un gentilhomme pauvre et mal vêtu : aussitôt il change de vêtements avec lui et se revêt de ses haillons. La nuit suivante il vit en songe un palais rempli d'armes marquées du signe de la croix, et il crut entendre une voix qui lui disait que ces armes étaient pour lui et pour ses soldats, s'ils voulaient porter la croix et combattre sous ses étendards. Ce songe mystérieux le rendit plus fervent dans la prière, lui inspira du mépris pour le monde, et augmenta son amour pour Dieu, au point qu'il ne pouvait entendre parler de lui sans éprouver une émotion secrète. Il se sentait fortement inspiré de commencer cette guerre spirituelle à laquelle le ciel l'appelait pour se combattre lui-même et pour triompher de la nature. Ayant rencontré un lépreux qui s'approchait de lui, il fut d'abord disposé à s'en éloigner avec horreur; mais, par un effort héroïque, il alla à lui, l'embrassa et lui donna l'aumône. Dans une autre vision, Jésus-Christ lui apparut attaché à la croix; ce qui fit sur son cœur une impression si profonde qu'il ne pouvait plus retenir ses larmes lorsqu'il pensait aux souffrances du Sauveur. Ayant fait ensuite le pèlerinage de Rome pour visiter les tombeaux des saints apôtres, il trouva un grand nombre de pauvres à la porte de l'église de Saint-Pierre, et donna ses vêtements à celui qui paraissait le plus nécessiteux. S'étant ensuite revêtu de ses haillons, il passa toute la journée dans la compagnie de ces mendiants. Souvent il visitait les hôpitaux et y servait les malades avec une charité si héroïque qu'il allait jusqu'à baiser leurs ulcères. De tels actes furent bientôt récompensés par des grâces extraordinaires. Un jour qu'il priait dans l'église de Saint-Damien, située hors des murs d'Assise, et qui était en très-mauvais état, il lui sembla entendre sortir du crucifix, devant lequel il était prosterné, une voix qui lui répéta par trois fois : *François, répare ma maison qui tombe en ruines.* Prenant ces paroles à la lettre, il crut qu'il lui était ordonné de réparer cette église, et, de retour à la maison paternelle, il y prit sans rien dire plusieurs pièces d'étoffe qu'il alla vendre à Foligny, ville à douze milles d'Assise : il en apporta le prix au prêtre qui desservait l'église de Saint-Damien, et lui demanda la permission de rester avec lui. Le prêtre lui accorda cette dernière demande, mais il refusa l'argent, soit qu'il doutât de la légitimité des moyens par lesquels François se l'était procuré, soit qu'il craignît la colère de Bernardon quand il viendrait à apprendre ce que son fils avait fait. François, ne voulant pas reporter la somme, la jeta sur une des fenêtres de l'église, et quelques jours après il se montra dans les rues d'Assise si mal vêtu que le peuple le poursuivait comme un insensé. Son père, en apprenant ce qui venait de se passer, entra dans une grande colère, le ramena chez lui et l'enferma dans une espèce de cachot après l'avoir cruellement maltraité. Sa mère lui ayant rendu la liberté pendant une absence de Bernardon, il retourna à l'église de Saint-Damien, où son père à son retour alla le trouver, l'accabla d'injures et de coups, et ne s'apaisa que quand il eut reçu l'argent qui était resté sur la fenêtre de l'église. Ayant ensuite proposé à son fils de renoncer à tous ses biens, François y consentit, et fit, en présence de l'évêque, la renonciation en bonne forme, et la poussant jusqu'à ses dernières limites, il se dépouilla même des habits qu'il portait, ne gardant plus que son cilice et le vêtement qu'exige la pudeur; ensuite il dit à son père : *Jusqu'ici je vous ai appelé mon père, mais je puis dire maintenant à bon droit* : NOTRE PÈRE QUI ÊTES AUX CIEUX, *mon seul trésor et mon unique espérance*. L'évêque, attendri jusqu'aux larmes, le prend dans ses bras, l'enveloppe de son manteau et ordonne à ses gens d'apporter de quoi le couvrir : on trouva par hasard un vieux manteau d'un domestique de l'évêché; François, l'ayant accepté avec reconnaissance, s'en revêt et aussitôt imprime dessus une croix qu'il trace avec du mortier. Il sortit ensuite de la ville et se retira dans un lieu solitaire où il fut rencontré par des voleurs qui lui demandèrent qui il était ? *Je suis*, leur répondit-il, *le héraut du grand Roi*. Cette réponse les irrita au point qu'ils l'accablèrent de coups et le jetèrent dans une fosse pleine de neige. Ce mauvais traitement le remplit de joie et il se mit à chanter les louanges de Dieu. Étant arrivé à un monastère, il se présenta comme mendiant, y reçut l'aumône, et continuant sa route, il se rendit à Gubio, où il fut reconnu par un habitant de cette ville qui le retira chez lui et lui donna un habit semblable à celui des ermites : François le porta deux ans. Pendant son séjour à Gubio, il visitait souvent l'hôpital des lépreux auxquels il lavait les pieds, les servait de ses propres mains, pansait et baisait même leurs ulcères. Mais l'idée qu'il devait réparer l'église de Saint-Damien l'engagea à ramasser des aumônes, pour subvenir aux frais de cette entreprise. Il se mit donc à quêter, priant ceux qu'il rencontrait de l'aider à reconstruire une église près de laquelle il leur prédisait qu'il y aurait dans la suite un monastère de vierges dont les vertus feraient glorifier Jésus-Christ dans toute l'Église : prophétie qui fut vérifiée cinq ans après par le moyen de sainte Claire et de ses compagnes. Il vint solliciter des secours jusque dans la ville d'Assise, où il avait tenu un rang considérable; mais il essuya de la part de ses parents et de ses anciens amis toutes sortes d'insultes, qu'il recevait avec joie, parce qu'elles l'exerçaient à la pratique des humiliations. Lorsqu'on travaillait aux réparations de cette église, il se mêlait avec les ouvriers, portait lui-même les pierres, servait de manœuvre, et lorsque l'ouvrage fut terminé, il fit aussi réparer une église de Saint-Pierre, à cause de la dévotion qu'il avait pour cet apôtre. Il se retira ensuite à un mille d'Assise, près d'une petite église appartenant à une abbaye de Bénédictins et que ces religieux nommaient Portioncule, parce qu'elle était sur une petite portion de terre de leur dépendance. François choisit ce lieu, d'abord parce qu'il était solitaire, ensuite parce que cette église, qui tombait en ruines, était dédiée à Notre-Dame des Anges ; qu'il avait une dévotion particulière pour ces esprits célestes, et surtout pour celle qui en est la reine. Il la répara et la choisit pour le lieu habituel de ses prières. En 1209, assistant un jour à la sainte messe, il fut extrêmement frappé de ces paroles de l'Évangile du jour : *Ne portez ni or, ni argent, ni provisions pour le voyage, ni deux vêtements, ni souliers, ni bâton*. La messe finie, il pria le prêtre de les lui expliquer, et les prenant à la lettre, il jette son argent, ôte sa chaussure, quitte son bâton et sa ceinture de cuir, se revêt d'un habit pauvre qu'il lie avec une corde et qui était celui des bergers et des paysans de ce canton de l'Italie. C'est cet habit qu'il donna l'année suivante à ses disciples, et auquel il ajouta un petit manteau avec un capuce. Il se mit ensuite à exhorter les pécheurs à la pénitence, et il le faisait avec une telle onction, que tous ceux qui l'entendaient en étaient attendris. Il commençait ses discours par ces paroles, qu'il dit depuis lui avoir été révélées : *Que le Seigneur nous donne sa paix !* C'était la salutation dont Jésus-Christ, et saint Paul, à son exemple, avaient coutume de se servir. Le don de prophétie et celui des miracles dont Dieu le favorisait lui firent une telle réputation de sainteté qu'il se vit bientôt entouré de disciples. Un des premiers fut Bernard de Quintavalle, qui tenait un rang distingué dans la ville d'Assise : frappé de la conduite extraordinaire de François, il l'invita un jour à souper et à coucher, dans l'intention de l'épier pendant la nuit ; et comme ils couchaient dans la même chambre, lorsque François le crut endormi, il se leva sans faire de bruit, et s'étant mis à genoux, les yeux levés au ciel et les bras étendus en croix, il répétait de temps en temps et avec beaucoup de larmes ces mots qu'il avait souvent à la bouche : *Mon Dieu et mon tout !* Bernard, qui l'observait à la lueur d'une veilleuse, se disait à lui-même : « C'est là certainement un serviteur de Dieu ». L'ayant encore mis à quelques autres épreuves, il le pria de permettre qu'il s'attachât à lui pour imiter son genre de vie; mais François répondit qu'il fallait consulter Dieu avant de rien décider, et que dans cette vue ils entendraient la messe le lendemain. Bernard, ne pouvant plus douter de sa vocation, vendit ses biens et les distribua aux pauvres. Son exemple fut suivi par Pierre de Catane, chanoine d'Assise, et François leur donna son habit le 16 août 1209. Il lui vint un troisième disciple, nommé Gilles, qui joignait à une grande vertu une simplicité admirable. Sur la fin de la même année, François se rendit à Rome et obtint du pape Innocent III une approbation verbale de son institut; et à son retour il se retira quelque temps avec ses disciples dans une cabane près d'Assise, sur le bord d'un ruisseau nommé Rivo-Torto. Il se rendit ensuite avec eux dans la Marche d'Ancône pour y prêcher la pénitence et ils revinrent se fixer à la Portioncule. Lorsque le saint fondateur se vit à la tête de cent vingt-sept religieux, il les assembla un jour et leur parla d'une manière très-pathétique, sur l'amour de Dieu, sur le mépris du monde, sur la nécessité du renoncement intérieur et de la mortification des sens; puis il ajouta : *Ne craignez point de paraître petits et méprisables, ni d'être traités de fous et d'insensés par les hommes; mais annoncez la pénitence avec simplicité, vous confiant en celui qui a vaincu le monde et qui parlera en vous par son esprit. N'allez pas perdre le royaume du ciel pour quelques avantages temporels, et gardez-vous de mépriser ceux qui vivent autrement que vous : Dieu est leur maître comme il est le vôtre, et il peut les appeler à lui par d'autres voies.* Il leur donna une règle qui n'était qu'un recueil des maximes tracées dans l'Evangile pour arriver à la perfection par la pratique des conseils évangéliques, avec quelques observances particulières pour entretenir l'uniformité dans leur manière de vivre. Il leur prescrit le travail des mains, mais sous la réserve de ne recevoir en échange que les choses dont ils ont besoin pour leur subsistance, et jamais d'argent. Il leur recommande de ne point rougir de mendier, en se rappelant la pauvreté de Jésus-Christ, et leur défend de prêcher nulle part sans la permission de l'évêque. Il porta sa règle à Rome, en 1210, pour la faire approuver par Innocent III. Ce pape se montra d'abord peu favorable à la demande de François, aimant mieux réformer les ordres religieux qui étaient établis que d'en établir de nouveaux; cependant, comme cette règle n'avait pour objet que la pratique des conseils évangéliques, Innocent donna son approbation, qui ne fut pourtant que verbale, et il avoua depuis qu'ayant consulté Dieu sur cette affaire, la volonté du ciel lui avait été manifestée d'une manière extraordinaire et en quelque sorte miraculeuse. François, revenu de Rome, se rendit dans la cabane de Rivo-Torto avec douze de ses disciples. Les Bénédictins lui ayant cédé leur église de la Portioncule, à condition qu'elle serait toujours regardée comme le chef-lieu du nouvel ordre, François en refusa la propriété et n'en voulut avoir que l'usage; aussi envoyait-il tous les ans à ses bienfaiteurs, par manière de redevance, un panier de poissons appelés *Laschi*, qu'on trouve dans une rivière du voisinage. Il avait grand soin de garantir ses religieux de l'esprit de propriété, et l'on pouvait dire d'eux qu'ils ne possédaient rien sur la terre. Un jour qu'ils lui demandaient laquelle de toutes les vertus était la plus agréable à Dieu, « c'est la pauvreté, répondit-il, parce qu'elle est la voie du salut, la nourrice de l'humilité et la racine de la perfection. » Il appelait l'esprit de pauvreté le fondement de son ordre, et plusieurs fois il lui arriva de faire démolir des maisons déjà bâties, et qu'on avait données à ses religieux, les trouvant trop vastes et trop somptueuses pour des hommes qui faisaient vœu de vivre pauvres et d'être logés pauvrement. Sa règle portait que les églises de l'ordre seraient basses et petites, et que les autres bâtiments seraient de bois. Il se rendit cependant aux représentations qu'on lui fit, qu'en certaines contrées le bois était plus coûteux que la pierre. A la vertu de pauvreté il joignait l'esprit de pénitence, et ses austérités étaient telles qu'il satisfaisait à peine aux besoins de la nature. Ingénieux à trouver des moyens de mortifier son corps, il ajoutait à la rigueur de la règle, couchait ordinairement sur la terre nue, ou dormait assis, la tête appuyée sur un morceau de bois ou sur une pierre. Ce qu'il mangeait était rarement cuit, à moins qu'il ne fût malade, et il mêlait des cendres à ses aliments, lorsqu'ils avaient été préparés au feu. Il ne buvait jamais que de l'eau et en petite quantité. Chaque année il se renfermait dans sa cellule, après l'Epiphanie, pour honorer le jeûne de Jésus-Christ dans le désert; il jeûnait aussi en l'honneur de la sainte Vierge, depuis la fête de saint Pierre et de saint Paul jusqu'à l'Assomption : il jeûnait encore quarante jours pour honorer saint Michel ainsi que les saints anges, et quarante autres jours pour honorer la fête de tous les Saints. Il résulte de là qu'il jeûnait presque toute l'année, en y comprenant le carême et l'avent. Cependant, comme le but principal de son ordre était la prédication de la parole de Dieu, il permit à ses religieux l'usage de la viande, pour ne pas affaiblir leurs forces de manière à les rendre incapables d'exercer cette fonction fatigante. Sa pureté n'était pas moins admirable que ses autres vertus. Dans les commencements de sa conversion, la chair lui livra de cruels assauts, et pour amortir le feu de la concupiscence, il fut quelquefois obligé de se jeter dans de l'eau à demi glacée. Un jour que la tentation était plus violente qu'à l'ordinaire il se donna une rude discipline, puis étant sorti de sa cellule, il alla se rouler dans la neige, et remporta sur le démon une victoire si complète qu'il n'eut plus, le reste de sa vie, aucune tentation de ce genre; mais il n'en fut pas moins vigilant sur lui-même, et il gardait si bien ses yeux en conversant avec les femmes, qu'à peine en connaissait-il une seule de vue. S'il prit la conduite du monastère de Sainte-Claire, ce ne fut par une exception bien motivée, et il ne voulut pas, en règle générale, que ses religieux dirigeassent des communautés de femmes, tant il redoutait pour lui et pour eux jusqu'à l'apparence du danger. Que dirons-nous de son humilité? Il se regardait comme le plus misérable des hommes; il aimait les opprobres et les humiliations au point de les rechercher avec autant d'ardeur que les autres les évitent. Souvent il publiait ses propres fautes, afin de diminuer la vénération que lui attirait sa sainteté. Les louanges et les honneurs étaient pour lui un véritable supplice. Un frère qui voyageait avec lui ayant eu une extase, vit dans le ciel un trône brillant, et une voix lui apprit qu'il était destiné à François. Alors il lui demanda comment il pouvait s'appeler, avec vérité, le plus grand des pécheurs, après cette vision. — *Si Dieu avait accordé au plus grand des pécheurs autant de grâces qu'à moi, il y aurait mieux répondu que je ne l'ai fait.* Il cachait avec le plus grand soin les grâces extraordinaires dont Dieu le comblait. Ce fut aussi par un effet de cette humilité qu'il ne voulut jamais se laisser élever au sacerdoce, et qu'il resta toute sa vie dans le diaconat, que lui avait conféré le pape Innocent III, en 1210. Mais plus il s'humiliait, plus Dieu prenait plaisir à l'élever. La véritable humilité conduit à l'obéissance ; aussi François ne négligeait-il aucune occasion de la pratiquer. Quoique supérieur, il consultait souvent les derniers de ses religieux et se soumettait à leurs avis. Dans ses voyages sa coutume était de promettre obéissance au frère qu'il prenait pour compagnon, et il regardait comme une des plus grandes grâces que Dieu lui eût faites, la disposition où il était d'obéir avec autant de facilité à un simple novice qu'au plus ancien et au plus prudent des religieux. Quelqu'un lui demandant comment devait se comporter celui qui voulait pratiquer la vertu d'obéissance, il répondit qu'il devait être, à l'égard de sa volonté, comme un corps mort. Nous avons déjà parlé de son amour pour Dieu, qui était si grand qu'il le faisait ressembler à un séraphin plutôt qu'à un homme : il paraissait ne vivre que de prière et de contemplation. Il s'écriait quelquefois, dans un saint transport : *Faites, ô mon Dieu, que la douce violence de votre amour me détache de toutes les choses sensibles et me consume entièrement, afin que je puisse mourir pour votre amour infini..... Mon Dieu et mon tout! qui êtes-vous, qui suis-je, sinon un ver de terre?* Ces vifs sentiments, il les exhalait dans de pieux cantiques. Dans la sainte ivresse de son amour, il ne pouvait retenir les affections brûlantes d'un cœur embrasé, et plus d'une fois il les rendit par des vers d'une sublime énergie ; c'est ce que l'on remarque surtout dans deux cantiques où il exprime tout ce qu'il ressentait d'ardeur pour l'amour divin. Il possédait à un très haut degré le don des larmes. Un de ses amis, passant un jour devant l'église de la Portioncule, et l'entendant gémir et sangloter, s'approcha de lui et fut étonné de le trouver tout baigné de larmes ; comme il lui en demandait le sujet : — *Je pleure la passion de mon Seigneur Jésus-Christ.* Ses yeux étaient comme deux fontaines qui coulaient sans cesse, en sorte que sa vue en fut considérablement affaiblie. Le médecin lui conseillant de modérer cette abondance de larmes, s'il ne voulait pas devenir aveugle : *L'esprit,* répondit-il, *n'a pas reçu la lumière pour la chair, mais la chair pour l'esprit ; ainsi le soin de conserver la vue corporelle ne doit point devenir un obstacle à la lumière spirituelle, ni aux consolations divines.* Son zèle pour le salut des âmes n'était pas moins ardent. Il avait coutume de dire, à ce sujet, que l'exemple, en cette matière, avait beaucoup plus de force que les paroles ; que l'on doit gémir sur le sort de ces prédicateurs qui se prêchent plutôt eux-mêmes qu'ils ne prêchent Jésus-Christ ou qui détruisent par leur conduite ce qu'ils établissent par leur doctrine. Il priait et pleurait sans cesse pour la conversion des pécheurs. Telle était la compassion qu'il leur portait, que non content de ce qu'il faisait pour eux en Italie, il résolut d'aller prêcher l'Évangile aux Mahométans et aux autres peuples plongés dans les ténèbres de l'infidélité, afin de les éclairer au péril même de sa vie. C'est dans cette vue qu'il s'embarqua pour la Syrie ; mais une violente tempête l'ayant rejeté sur la côte de Dalmatie, il fut contraint de revenir en Italie. En 1214 il partit pour Maroc, toujours avec le même dessein ; et quoiqu'il fût extrêmement faible, il devançait en route ses compagnons : une maladie le retint en Espagne ; ce qui, joint à d'autres obstacles, l'empêcha de passer en Afrique. Après avoir opéré plusieurs miracles en Espagne et fondé quelques maisons de son ordre, il retourna en Italie par le Languedoc, s'appliquant sur son chemin à faire glorifier Dieu, parcourant les villes et les villages pour instruire les peuples et les porter à l'amour de la vertu. Cependant, l'ordre des Frères Mineurs, nom qu'il avait donné à ses religieux, afin qu'ils se regardassent comme au-dessous des autres hommes, recevait tous les jours de nouveaux accroissements, et en moins de trois ans on comptait déjà soixante maisons, parmi lesquelles celles de Cortone, d'Arezzo, de Vergorête, de Pise, de Bologne, de Florence, etc. Dix ans après l'institution de l'ordre, c'est-à-dire en 1219, François tint le fameux chapitre général, dit des *Nattes*, parce que les religieux qui y assistèrent furent logés dans des cabanes formées avec des nattes, autour du couvent de la Portioncule. Il s'y en trouva cinq mille, et il en était resté un certain nombre dans chaque couvent. Plusieurs de ceux qui formaient le chapitre ayant prié le saint fondateur d'obtenir du pape la permission de prêcher partout, indépendamment de l'autorisation des évêques diocésains, il leur dit avec émotion : *Quoi! mes frères, vous ne connaissez donc pas quelle est la volonté de Dieu? Il veut que nous gagnions les supérieurs par le respect et l'humilité, et que nous gagnions ensuite les peuples par nos discours et nos exemples. Quand les évêques verront que vous vivez saintement, ils vous prieront eux-mêmes de travailler au salut des âmes qui leur sont confiées. Que votre privilége soit de n'avoir aucun privilége.* Il envoya de ses religieux en Grèce, en Afrique, en France, en Espagne, en Angleterre, et partout ils furent accueillis comme de vrais serviteurs de Dieu. Il se réserva la mission de Syrie et d'Égypte, dans l'espérance d'y trouver la couronne du martyre. Après avoir obtenu l'agrément du pape Honorius III, il s'embarqua avec onze de ses religieux, en 1219, et après avoir relâché à l'île de Chypre, il vint débarquer à Saint-Jean-d'Acre en Palestine, pendant que les chrétiens de la dixième croisade assiégeaient

Damiette et étaient eux-mêmes assiégés dans leurs retranchements par les infidèles. S'étant rendu au camp des croisés, il fit tous ses efforts pour les détourner de livrer la bataille, en leur prédisant qu'ils la perdraient, mais ses conseils ne furent point écoutés. Les croisés, après avoir essuyé une perte considérable, finirent enfin par se rendre maîtres de la ville. Pendant que les deux armées étaient en présence, François passa dans le camp des Sarrasins, sans craindre les dangers auxquels il s'exposait. Ayant été arrêté et conduit à Mélédin, soudan d'Egypte, qui lui demanda ce qu'il venait faire. — *Je suis envoyé,* répondit François, *non par les hommes, mais par le Dieu très-haut, pour vous montrer, à vous et à votre peuple, la voie du salut, et vous annoncer les vérités de l'Evangile.* Cette intrépidité étonna Mélédin, qui l'engagea à rester auprès de lui. — *Si vous voulez, vous et votre peuple, écouter la parole de Dieu, je consens à rester avec vous; mais si vous balancez entre Jésus-Christ et Mahomet, faites allumer un grand feu dans lequel j'entrerai avec vos prêtres, afin que vous voyiez quelle est la vraie religion.* — Le soudan ayant répondu qu'il ne croyait pas qu'il y eût aucun prêtre de sa religion qui voulût accepter ce défi, qu'il craignait d'ailleurs qu'il ne s'élevât à ce sujet quelque sédition, il offrit au saint des présents que celui-ci refusa, et quelques jours après il le fit reconduire au camp des croisés, dans la crainte qu'il ne fît des conversions parmi les mahométans. Toutefois, en le quittant, il lui dit : *Priez pour moi, afin que Dieu me fasse connaître la vraie religion, et me donne le courage de l'embrasser.* Depuis ce temps, le soudan se montra plus favorable aux chrétiens, et quelques auteurs ont prétendu qu'il avait reçu le baptême avant de mourir. François revint en Italie, et à son retour il apprit que les cinq religieux qu'il avait envoyés prêcher l'Evangile aux Maures d'Afrique avaient reçu la couronne du martyre dans le royaume de Maroc; mais la joie que lui causa cette nouvelle fut troublée à la vue des abus qui s'étaient glissés dans son ordre pendant son absence. Elie de Cortone, qu'il avait établi vicaire général, avait laissé introduire des nouveautés et des mitigations contraires à l'esprit de la règle; en conséquence il le déposa, et s'étant démis du généralat en 1220, il fit élire Pierre de Cortone, qui ne prit que le titre de vicaire général, par respect pour le saint-fondateur dont l'influence sur tout l'ordre ne fut pas diminuée par cette démission. En 1223, il obtint du pape Honorius III la confirmation de la célèbre indulgence, dite *de la Portioncule,* parce qu'elle avait été accordée à l'église de ce nom, à l'occasion suivante. Un jour de l'année 1221, que saint François y priait avec beaucoup de ferveur, il eut une vision dans laquelle Jésus-Christ lui dit de s'adresser au pape, qui accorderait une indulgence plénière à tous les vrais pénitents qui visiteraient cette église. Il alla donc trouver Honorius III, qui était alors à Pérouse, et qui approuva verbalement l'indulgence. En 1223, le même pape nomma sept évêques pour aller la publier à la Portioncule, et ils certifièrent, entre autres choses, que François avait appris par révélation, que Jésus-Christ avait ratifié lui-même la concession de l'indulgence. Honorius confirma aussi, par une bulle du 20 novembre de la même année 1223, la règle des Frères Mineurs, que François avait retouchée en plusieurs points, et qui n'avait reçu qu'une approbation verbale d'Innocent III en 1210. Le doyen du sacré collège ayant invité le saint fondateur à prêcher en présence du pape et des cardinaux, à cette occasion il parla avec tant de force et de dignité que toute l'assemblée fut touchée jusqu'aux larmes. L'ordre possédait sur le mont Alverne un couvent bâti par le comte Orlando Catanio, et François aimait beaucoup cette solitude. Il s'y était retiré en 1224, vers la fête de l'Assomption, accompagné du frère Léon, et il déclara qu'il ne verrait nulle autre personne avant la fête de Saint-Michel. On lui construisit donc une petite cellule, et son compagnon avait ordre de lui apporter tous les soirs un peu de pain et d'eau qu'il devait poser à l'entrée de la cellule : *Quand vous viendrez pour Matines,* ajouta le saint, *n'entrez point; dites seulement à haute voix:* DOMINE, LABIA MEA APERIES. *Si je réponds:* ET OS MEUM ANNUNTIABIT LAUDEM TUAM, *vous entrerez; sinon vous vous retirerez.* Le pieux disciple exécuta ponctuellement ce qui lui était prescrit, et souvent il était obligé, au moment de Matines, de s'en retourner, parce que saint François, en extase, ne l'entendait pas. Un jour qu'il n'avait point obtenu de réponse, il eut la curiosité de regarder à travers la porte dont les pièces étaient mal jointes; il le vit prosterné par terre et environné d'une lumière éclatante : il l'entendit en même temps répéter souvent ces paroles : *Qui suis-je, ô mon Dieu et mon très-doux Sauveur? Qui suis-je? un vermisseau et votre indigne serviteur.* Les visions et les communications du Saint-Esprit lui étaient familières; mais il n'en fut jamais plus favorisé que dans cette retraite du mont Alverne, pendant laquelle il mérita de recevoir sur son corps l'impression des cinq plaies de Notre-Seigneur. Un matin qu'étant en prières il s'élevait à Dieu par l'ardeur de ses désirs et s'unissait, par les mouvements d'un tendre amour, à celui qui par l'excès de sa charité a voulu être crucifié pour nous, il vit comme un séraphin, ayant six ailes éclatantes comme du feu, qui descendait vers lui du haut du ciel et qui s'arrêta près de lui sans toucher la terre. Entre ces ailes paraissait la figure d'un homme crucifié, c'est-à-dire, qui avait les mains et les pieds étendus et attachés à une croix. A ce spectacle, François fut surpris au delà de ce qu'on peut imaginer, et des sentiments divers agitaient son cœur. La présence de Jésus-Christ qui se montrait à lui sous la figure d'un séraphin, d'une manière si merveilleuse et si tendre, lui causait une joie inexprimable; mais la vue de son crucifiement le pénétrait d'une profonde tristesse, et il en avait l'âme transpercée comme d'un glaive. Réfléchissant que l'état des souffrances ne pouvait convenir à l'immortalité d'un séraphin, une lumière intérieure lui découvrit que l'objet de cette vision était de lui faire comprendre que c'est moins le martyre de la chair que le feu de l'amour qui transforme en une parfaite ressemblance avec Jésus crucifié. Après un entretien secret et familier, la vision disparut; mais l'âme de François resta embrasée d'une ardeur séraphique, et son corps fut extérieurement marqué d'une figure semblable à celle d'un crucifix, comme si sa chair, amollie et fondue par le feu, avait reçu l'empreinte d'un cachet: les marques des clous commencèrent à paraître dans ses mains et dans ses pieds, telles qu'il les avait vues; l'on remarquait, d'un côté, les têtes des clous rondes et noires, et leurs pointes longues et un peu recourbées, traversant les chairs, paraissaient de l'autre côté et se montraient hors de la peau. Il avait aussi, à son côté droit, une plaie rouge, comme s'il eût été percé d'une lance; cette plaie jetait souvent du sang qui trempait sa tunique et ce qu'il portait sur les reins. François, voulant dérober à la connaissance des hommes ce qui s'était passé en lui, s'enveloppait les mains et portait une chaussure qui empêchait qu'on ne vît ses pieds. Il ne parla jamais, même aux personnes en qui il avait le plus de confiance, de cette vision qu'avec beaucoup de réserve, ajoutant qu'il avait vu des choses qu'il ne découvrirait jamais. Malgré toutes ces précautions, plusieurs personnes virent, même de son vivant, les plaies miraculeuses imprimées sur son corps. Ce fait des stigmates de saint François est sans doute un des miracles les plus étonnants qui se soient jamais opérés, mais il est aussi un des mieux prouvés. Sans parler d'une foule de témoignages que nous pourrions citer ici, quelques personnes de Bohême l'ayant révoqué en doute, Grégoire IX donna contre eux, en 1237, une bulle dans laquelle il atteste la vérité du miracle, sur la connaissance personnelle qu'il en avait et sur celle qu'en avaient plusieurs cardinaux. Le même pape dit ailleurs, dans une lettre, que ces stigmates furent vus après la mort du saint par tous ceux qui voulurent les voir. Le pape Alexandre IV déclara, dans un sermon qu'il prêcha en 1254, qu'il avait vu lui-même les stigmates sur le corps du saint, lorsqu'il vivait encore; il assure la même chose dans une bulle de l'année 1255, laquelle est adressée à toute l'Église. En 1304, le pape Benoît XI, se proposant d'exciter dans les cœurs un plus grand amour pour Jésus-Christ crucifié, institua une fête avec un office propre, en l'honneur des Stigmates de saint François. Cette fête fut étendue à toute l'Église par Sixte IV en 1475, et par Paul V en 1615. La faveur, jusqu'alors sans exemple, que reçut saint François, fut la récompense de son ardent amour pour la croix de Jésus-Christ, qui était toute sa science, toute sa gloire et toute sa consolation en ce monde.

Comme il souffrait de grandes douleurs dans une maladie violente, on lui demanda s'il désirait qu'on lui fit une lecture, pour le distraire et le consoler: *Rien*, répondit-il, *ne me cause plus de joie que de penser à la vie et à la passion de Notre-Seigneur: j'y emploie continuellement mon esprit, et quand je vivrais jusqu'à la fin du monde, je n'aurais besoin d'aucun autre livre.* Les deux années qu'il vécut encore après sa retraite sur le mont Alverne ne furent plus qu'une longue suite d'infirmités et de douleurs. Son état étant devenu plus inquiétant, le cardinal Hugolin et Elie, qui était redevenu vicaire général de l'ordre, l'obligèrent à recourir aux secours de la médecine, et il se soumit avec simplicité à tout ce qu'on exigea de lui; mais quelque violent que fût son mal, il n'interrompait point sa prière. Il ne voulut point non plus interrompre le cours de ses larmes, quoique les médecins le jugeassent nécessaire pour la conservation de ses yeux: aussi lui arriva-t-il de perdre la vue quelque temps avant de mourir. Il demanda instamment qu'on le traitât après sa mort comme le dernier des hommes, et qu'on l'enterrât à l'endroit où l'on mettait les cadavres des suppliciés, ou sur une montagne près de la ville, nommée le Col-d'Enfer. Quelque temps avant sa mort, il dicta son testament dans lequel il recommandait à ses enfants d'honorer toujours les pasteurs et les prêtres, d'observer fidèlement la règle, et de travailler des mains pour l'exemple et afin d'éviter l'oisiveté; ce qui ne doit pas s'entendre de ceux qui s'occupent de la prédication et des autres fonctions du saint ministère. Il fit ensuite chanter un cantique qu'il avait composé pour louer Dieu au nom de toutes les créatures, et voulut qu'on le couchât sur la terre, le corps recouvert d'un habit pauvre qu'on lui avait autrefois donné par charité. Après avoir une dernière fois exhorté ses frères à l'amour de Dieu, à la pratique de la pauvreté, de la patience et de l'humilité, il donna sa bénédiction à tous ses disciples présents et absents. *Adieu, mes enfants*, leur dit-il, *restez toujours dans la crainte du Seigneur..... Pour moi, je vais à Dieu avec un grand empressement, et je vous recommande tous à sa grâce.* Après s'être fait lire l'histoire de la Passion, il se mit à réciter le psaume CXLI: *J'ai élevé ma voix vers le Seigneur*, et lorsqu'il eut fini le dernier verset: *Délivrez mon âme de sa prison*, etc., il expira tranquillement, le 4 octobre 1226, à l'âge de quarante-quatre ans. Le lendemain, qui était un dimanche, son corps fut porté solennellement de la Portioncule à Assise; le convoi s'arrêta devant l'église de Saint-Damien, où était sainte Claire avec ses religieuses, et on leur accorda la consolation de voir et de baiser les stigmates. Claire s'efforça de tirer le clou d'une des mains de son bienheureux père; mais elle ne put y réussir: seulement elle trempa un linge dans le sang qui en sortit. Le convoi s'étant remis en marche, on se rendit à l'église de Saint-Georges, où le corps fut enterré. Le cardinal Hugolin étant devenu pape, sous le nom de Grégoire IX, se rendit à Assise, et y ayant constaté la vérité de plusieurs cures miraculeuses, opérées par l'intercession du bienheureux François, il fit la cérémonie de sa canonisation dans l'église de Saint-Georges, le 16 juillet 1228. Il donna aussi une somme considérable pour faire bâtir une nouvelle église au Col-d'Enfer, auquel il donna le nom de Col-du-Paradis. Élie de Cortone y ajouta d'autres fonds et y fit construire un magnifique édifice, qui fut achevé en 1230, et le 25 mai de la même année on y transféra le corps du saint : la dédicace en fut faite par le pape Innocent IV l'an 1253. On ignora pendant plusieurs siècles en quel endroit de l'église reposaient les précieux restes de saint François d'Assise. On fit en 1818, avec la permission de Pie VII, des fouilles qui, après de longs travaux, amenèrent la découverte de son corps, le 12 décembre. A cette nouvelle le pape ordonna que ce précieux dépôt restât intact dans le lieu même où il avait été trouvé et qu'on y érigeât un monument à sa gloire. En conséquence on éleva un mausolée en marbre, qui recouvre le caveau où repose le corps tel qu'on l'avait trouvé ; seulement, Pie VII en fit extraire quelques reliques qu'il envoya à François II, empereur d'Autriche, qui les fit exposer à la vénération publique. Le même pape permit de faire la fête de l'Invention du corps de saint François, qu'on célèbre à Assise et dans l'ordre des Franciscains le 12 décembre. Outre l'ordre des Frères Mineurs, qui s'est subdivisé dans la suite en plusieurs congrégations, le saint fondateur institua aussi celui des Pauvres Clarisses, ainsi dit de sainte Claire, à laquelle il donna l'habit en 1212, et celui du tiers ordre pour des laïques de l'un et de l'autre sexe, qui restaient dans le monde et qui s'engageaient à certaines pratiques qu'ils observaient tous les jours, à certains moments de la journée : ce dernier ordre fut institué en 1221. — 4 octobre.

FRANÇOIS TARLAT (le bienheureux), religieux de l'ordre des Servites, est honoré à Sienne le 15 mai.

FRANÇOIS DE PETRELLO (saint), martyr à Arzingue en Arménie, était cordelier et exerçait les fonctions de missionnaire lorsqu'il fut mis à mort pour la foi chrétienne avec saint Monaud, son confrère, et un autre religieux de son ordre. Ils souffrirent dans le XIIIᵉ siècle. — 15 mars.

FRANÇOIS VENIMBÉNI (le bienheureux), franciscain, naquit en 1251 à Fabriano, dans la Marche d'Ancône. S'étant cru appelé d'une manière miraculeuse à l'état religieux, il entra dans l'ordre de Saint-François, auquel il donna la préférence, parce qu'atteint d'une maladie grave dans son enfance, il avait obtenu sa guérison par l'intercession du saint fondateur. Malgré son attrait pour l'oraison, il ne négligeait pas l'étude des sciences et il devint un célèbre prédicateur ; mais son humilité était aussi remarquable que ses talents. Ses entretiens avaient tant de force et d'onction qu'il détermina un grand nombre de personnes à quitter le monde pour se consacrer à Dieu, entre autres trois de ses neveux, qui pouvaient se promettre de grands avantages dans le siècle. Il avait une dévotion toute particulière au sacrifice de la sainte messe, qu'il offrait toujours avec une ferveur angélique, et l'on rapporte que, célébrant un jour une messe de mort, comme il finissait en disant : *Requiescant in pace*, on entendit plusieurs voix qui répondirent *Amen*, avec un cri d'allégresse. Il mourut le 27 avril 1322, à l'âge de soixante-onze ans. Pie VI approuva son culte en 1775, et on l'honore dans son ordre le 12 avril.

FRANÇOIS DE LIBRA (le bienheureux), florissait au commencement du XIVᵉ siècle, et mourut en 1322. Il est patron d'une église dans la Marche d'Ancône, et il y est honoré le 22 avril.

FRANÇOIS PATRIZZI (le bienheureux), religieux servite, naquit à Sienne dans le XIIIᵉ siècle, et sortait d'une famille distinguée. Il fut un saint dès sa première enfance, et il était encore très-jeune, lorsqu'à la suite d'un sermon du bienheureux Ambroise Sansédoni, auquel il avait assisté, il voulut se retirer dans un ermitage ; mais on vint à bout de le détourner de ce projet, en lui représentant qu'il ne pouvait abandonner sa mère, devenue veuve et aveugle. Lorsque la mort l'eut enlevée à son affection et à ses soins, il entra dans l'ordre des Servites dont il devint l'un des principaux ornements. Chargé par ses supérieurs du ministère de la parole, il opéra un bien immense par ses prédications. Il avait aussi un talent tout particulier pour ramener à la vertu les pécheurs plongés dans le vice, pour réconcilier les ennemis et pour apaiser les discordes. On le vit plus d'une fois exposer sa vie pour empêcher que Dieu ne fût offensé. Il mourut l'an 1328, et le culte qu'on lui rend fut approuvé par Benoît XIV en 1743. — 8 juin.

FRANÇOIS DE SOLES (le bienheureux), religieux franciscain, est honoré dans son ordre d'un culte public, qui remonte à l'année 1676, et qui fut autorisé par Clément X. — 20 juillet.

FRANÇOIS DE PAULE (saint), instituteur des Minimes, né en 1416 à Paule, petite ville de Calabre, de parents honnêtes qui après avoir vécu plusieurs années dans le mariage, sans avoir d'enfants, s'adressèrent à Dieu par l'intercession de saint François d'Assise, pour en obtenir un fils, s'engageant, si leurs prières étaient exaucées à consacrer ce fils au service du Seigneur. Ils eurent un fils à qui ils donnèrent au baptême le nom de François, par reconnaissance envers celui auquel ils s'en croyaient redevables. Cet enfant de bénédiction montra de bonne heure un grand amour pour la prière, la retraite et la mortification, ce qui détermina Martotille, son père, à le placer, dès l'âge de treize ans, chez les Franciscains de la ville de Saint-Marc. C'est là qu'il apprit les premiers principes des sciences, et qu'il jeta les fondements de cette vie austère qu'il mena toujours depuis, s'interdisant dès lors l'usage du linge et de la viande. Quoiqu'il ne fût pas tenu à l'observance de la règle, il ne laissait pas de la suivre dans tous ses points, et d'y ajouter même d'autres mortifications, donnant aux religieux l'exemple de la plus sévère pénitence. Après avoir passé un an dans ce monastère, il fit avec ses parents les pèlerinages d'Assise, de Rome et de Notre-Dame des Anges; ensuite il se retira, de leur consentement, dans une solitude peu éloignée de sa ville natale; mais ne s'y trouvant pas assez séparé de tout commerce avec le monde, il s'approcha des bords de la mer, et s'y creusa une caverne dans le coin d'un rocher, couchant sur le roc nu, et ne vivant que d'herbes qu'il cueillait lui-même ou que des âmes charitables lui apportaient. Il avait à peine quinze ans lorsqu'il entreprit ce genre de vie, et il en avait vingt environ lorsque deux compagnons vinrent se joindre à lui. Les habitants du voisinage leur construisirent à chacun une cellule avec une chapelle dans laquelle un prêtre de la paroisse venait leur dire la messe, et où ils se réunissaient tous les trois pour chanter les louanges de Dieu. Le nombre des disciples de François s'étant augmenté, il entreprit, en 1454, de bâtir, avec la permission de l'archevêque de Cosenza, un monastère et une église. Les populations d'alentour n'eurent pas plutôt connaissance de son projet qu'elles s'empressèrent de venir à son aide. Il y eut même des personnes distinguées par leur naissance qui voulurent mettre la main à l'œuvre, et François fit, dans cette circonstance, plusieurs miracles, parmi lesquels on cite la guérison d'une maladie qui avait été jugée incurable. Quand les bâtiments furent achevés, il y logea ses disciples et établit parmi eux la régularité, en les assujettissant à des pratiques uniformes. Pour lui, il ne diminua rien de ses premières austérités, et s'il ne couchait plus sur le roc, il n'avait d'autre lit qu'une planche ou la terre nue : une pierre ou un tronc d'arbre lui servait d'oreiller, et ce ne fut que dans sa vieillesse qu'il consentit à coucher sur une natte. Il ne donnait au sommeil que le temps absolument exigé par la nature, ne faisait qu'un seul repas par jour, sur le soir, et ne vivait ordinairement que de pain et d'eau; mais il passait quelquefois deux jours sans manger, surtout à l'approche des grandes fêtes. Il obligea ses disciples à faire un carême perpétuel, c'est-à-dire à s'interdire pendant toute l'année l'usage de la viande, des œufs, du lait, du fromage, du beurre, et généralement de toutes choses que les anciens canons ne permettaient pas durant la sainte quarantaine. Cette rigoureuse abstinence lui parut un point si essentiel à son ordre qu'il en fit l'objet d'un quatrième vœu, ajouté aux trois vœux ordinaires, et son but, en cela, était de réparer, au moins par une sorte de compensation, les abus auxquels se livraient la plupart des chrétiens pendant le carême. Il espérait que l'exemple de son ordre serait une leçon muette, mais peut-être plus efficace que tous les discours pour combattre le relâchement qui s'était introduit par rapport au jeûne quadragésimal. Il prit la *Charité* pour devise de son institut, et il fit de cette vertu la base de sa règle, afin qu'elle fût comme le caractère distinctif de ses disciples, et qu'ils fussent étroitement unis entre eux d'abord, et ensuite avec les autres fidèles, par les liens d'une sainte affection. L'humilité lui paraissait aussi un point de la plus haute importance; et cette vertu, il la possédait lui-même à un degré si éminent que, quoiqu'il fût honoré des papes et des rois, il se regardait comme le rebut du monde, et s'abaissait au-dessous de toutes les créatures. A l'entendre, il n'était qu'un misérable pécheur, et quoiqu'il fût éclairé de l'esprit de Dieu, il ne voyait en lui que bassesse et néant. C'est par un effet de cette humilité qu'il voulut que ses religieux portassent le nom de *Minimes*, comme pour marquer qu'ils étaient les *plus petits* dans la maison du Seigneur. Le supérieur de chaque couvent ne devait prendre que le titre modeste de *Correcteur*, et se souvenir sans cesse qu'il était le serviteur de tous, selon ces paroles de Jésus-Christ : *Que celui qui est le plus grand parmi vous devienne comme le plus petit*. L'ordre des Minimes fut approuvé par l'archevêque de Cosenza, en 1471, et confirmé, en 1474, par Sixte IV, qui nomma François supérieur général. François fonda, vers l'an 1476, deux nouvelles maisons de son ordre, l'une à Paterno, sur le golfe de Tarente, et l'autre à Spezza, dans le diocèse de Cosenza. Trois ans après il passa en Sicile, où il fut reçu comme l'ange du Seigneur; il y opéra plusieurs guérisons miraculeuses et y fonda un monastère qui donna bientôt naissance à d'autres. De retour en Calabre, il y fonda celui de Corigliano, au diocèse de Rossano. Quelques avis qu'il donna à Ferdinand, roi de Naples, et à ses deux fils aînés lui attirèrent une persécution de la part de ces princes. Ferdinand, pour cacher les motifs qui le faisaient agir, allégua pour prétexte que François avait bâti dans son royaume des monastères sans son consentement, et chargea un capitaine de ses galères d'aller l'arrêter à Paterno et de le conduire dans les prisons de Naples. L'officier partit sur-le-champ pour exécuter sa commission; mais lorsqu'il vit le saint, il fut si touché de son humilité et de la disposition où il était de le suivre, qu'il n'osa rien entreprendre contre lui, et, de retour à Naples, il parla si fortement au roi en sa faveur que Ferdinand consentit à lui laisser la liberté. Saint François de Paule possédait, outre le don des miracles, celui de prophétie. Il prédit, entre autres choses, la prise de Constantinople par les Turcs plusieurs années avant l'événement; il prédit aussi que ces infidèles s'empareraient d'Otrante, la place la plus importante du royaume de Naples, mais qu'elle serait reprise l'année d'après. — Les prodiges qu'il ne cessait d'opérer excitaient partout l'admiration; c'est pourquoi le pape Paul II avait chargé, en 1469, un de ses camériers de se rendre sur les lieux et de s'adresser à l'archevêque de Cosenza pour s'assurer de la vérité des faits que publiait la renommée. — L'archevêque rendit au serviteur de Dieu le plus glorieux témoignage, et dit ensuite au camérier : *Il ne tient qu'à vous de le voir et de l'interroger, afin d'en juger par vous-même.* Le camérier fit une visite à François, accompagné de Charles Pyrrho, chanoine de Cosenza, que le saint avait guéri d'une maladie dix ans auparavant. Lorsqu'ils arrivèrent au monastère, François travaillait avec les ouvriers aux fondations de son église; mais il ne les eut pas plutôt aperçus qu'il quitta son travail pour aller les recevoir. Le camérier s'étant mis en devoir de lui baiser la main, comme cela se pratique en Italie à l'égard des prêtres et des religieux, François s'y refusa, et se prosternant aussitôt à ses pieds : *C'est à moi*, lui dit-il, *de baiser vos mains, qui sont consacrées depuis trente ans, par l'oblation du saint sacrifice.* Le camérier, fort étonné, comprit par là que Dieu lui avait révélé depuis combien de temps il était prêtre, et, sans lui déclarer le sujet de son voyage, il lui témoigna le désir de l'entretenir. François le conduisit dans une chambre, et la conversation tomba sur le nouvel institut. Le député du pape, pour l'éprouver, lui dit qu'il avait introduit dans sa règle une rigueur indiscrète et des singularités blâmables, parla des illusions auxquelles exposent les grâces extraordinaires, et exhorta le saint à rentrer dans la voie commune où tant de grands hommes avaient marché avec succès. François reprit modestement les objections du camérier, et les réfuta toutes avec beaucoup de solidité; mais voyant que ses réponses n'étaient pas goûtées, il prit dans sa main des charbons ardents, et dit que Dieu obéissait à ceux qui le servaient dans la sincérité de leur cœur, paroles qui furent depuis insérées dans la bulle de sa canonisation. Le camérier, frappé du prodige de ces charbons qui ne le brûlaient pas, conçut pour lui la plus profonde vénération, et alla rendre au pape un compte fidèle de ce qu'il avait vu. Quelques années auparavant, François avait opéré un miracle encore plus frappant. Sa sœur Brigide, épouse d'Antoine d'Alesso, venant de perdre son fils, alla trouver François avec l'espérance qu'il lui procurerait quelque consolation dans sa douleur. Lorsqu'on eut achevé l'office pour le repos de l'âme du défunt, il fit porter le cadavre dans sa cellule, et se mit en prière. Quel ne fut pas l'étonnement de Brigide lorsque, quelques instants après, elle revit son fils plein de vie! Le jeune Alesso, ressuscité, entra chez les Minimes, s'y distingua par la pratique de toutes les vertus, et accompagna plus tard son oncle en France, lorsque celui-ci y fut appelé par le roi Louis XI. Ce prince, atteint d'une maladie de langueur, dans le château du Plessis-lès-Tours où il s'était renfermé, voyant que ni l'art de la médecine, ni les prières publiques qu'il faisait faire de toutes parts, ni les reliques d'un grand nombre de saints qu'il avait fait apporter dans sa chambre, ne pourraient le garantir de la mort qui s'approchait, et qui lui causait une frayeur excessive, envoya prier le thaumaturge de la Calabre, dont on publiait tant de merveilles, de venir en France pour lui rendre la santé, lui promettant, ainsi qu'à son ordre, les plus grands avantages. Cette promesse n'ayant nullement touché François, Louis mit le roi de Naples dans ses intérêts, et le conjura de lui envoyer le saint, qui répondit sans détour qu'on ne le déterminerait pas à tenter Dieu, et qu'il n'entreprendrait pas un voyage de quatre cents lieues pour un prince qui ne demandait un miracle que par des vues purement humaines; mais Louis, que son mal toujours croissant inquiétait de plus en plus, s'adressa au pape Sixte IV, qui envoya deux brefs au serviteur de Dieu, lui ordonnant de se rendre en France. François obéit sans délai, passa par Naples et par Rome, où il fut traité de la manière la plus honorable. Débarqué en Provence, qui était alors ravagée par la peste, il y opéra plusieurs guérisons miraculeuses. Le roi, en apprenant qu'il était arrivé dans ses États, fit compter 10,000 écus à celui qui lui apporta cette heureuse nouvelle. Il voulut que le dauphin, son fils, et les seigneurs les plus qualifiés de la cour allassent le recevoir à Amboise et l'amenassent au château du Plessis. Lorsqu'il en approchait, Louis se rendit à sa rencontre et se jeta à ses pieds, le conjurant d'obtenir de Dieu qu'il lui prolongeât la vie. François lui fit entendre que la vie des rois a des bornes comme celle des autres hommes, qu'il n'avait d'autre parti à prendre qu'à se soumettre avec résignation à la volonté du ciel, et qu'à se préparer à mourir saintement. Louis le logea dans son palais, lui donna un interprète, et eut plusieurs conférences avec lui, tant en particulier qu'en présence des seigneurs de la cour. François s'exprimait avec tant de sagesse, quoiqu'il n'eût aucune teinture des lettres, qu'au rapport de Philippe de Comines, qui l'entendit plusieurs fois, tout le monde était persuadé que le Saint-Esprit parlait par sa bouche. Ses exhortations et ses ferventes prières obtinrent au roi la grâce de rentrer en lui-même. Ce prince prit des sentiments plus chrétiens, se soumit à la volonté divine, et mourut dans les bras du serviteur de Dieu, le 30 août 1483. Charles VIII, son fils et son successeur, honora François d'une manière plus spéciale encore que ne l'avait fait son père, le consultant sur toutes les choses qui regardaient sa conscience et même sur les affaires de l'État. Tant qu'il resta au Plessis, il le visitait tous les jours, et il voulut qu'il tînt sur les fonts le Dauphin son fils. Il lui fit bâtir un couvent dans le parc du Plessis, et un autre à Amboise, dans le lieu même où il l'avait reçu lorsqu'il était allé à sa rencontre. Après qu'il eut été proclamé empereur de Constantinople par le pape Alexandre VI, il fonda sur le mont Pincio, à Rome, un autre monastère de Minimes pour la nation française. Vers le même temps François fondait celui de Nigeon près Paris, et deux docteurs qui, dans le conseil de l'évêque de Paris, s'étaient opposés à cet établissement, n'eurent pas plutôt vu le saint fondateur, qu'ils changèrent de sentiments et se mirent au nombre de ses disciples. La règle des Minimes n'avait pas eu jusque-là toute sa perfection : François la modifia en quelques points, et la fit approuver par Alexandre VI, et Jules II la confirma depuis. François obtint de Louis XII, successeur de Charles VIII, la permission de retourner en Italie ; mais cette permission fut presque aussitôt révoquée par ce prince qui le combla d'honneurs et de bienfaits, ainsi que ses disciples et ses parents. Le saint ayant connu par avance le moment de sa mort, se retira dans sa cellule les trois derniers mois de sa vie, afin de n'avoir plus aucune communication avec les hommes, et de ne plus s'occuper que de son éternité. Ayant été pris de la fièvre le dimanche des Rameaux, le jeudi saint il assembla ses disciples dans la sacristie qui servait de chapitre, leur recommanda l'amour de Dieu, la charité entre eux, et la fidélité à tous les points de la règle. S'étant ensuite confessé, il reçut la sainte eucharistie dans le costume qu'on la reçoit ce jour-là dans son ordre, c'est-à-dire, nu-pieds et la corde au cou. Il mourut le lendemain, 2 avril 1507, âgé de quatre-vingt-onze ans, et fut enterré dans l'église du couvent du Plessis, où il était mort. Léon X le canonisa en 1519. Son corps resta entier jusqu'en 1562, que les Huguenots le brûlèrent avec le bois d'un grand crucifix. Les catholiques retirèrent quelques-uns de ses os, que l'on plaça dans les couvents de son ordre. Les reliques qui étaient dans celui du Plessis sont présentement à l'église paroissiale de Saint-François de Paule à Tours. Les minimes furent nommés en France, les Bons-Hommes, du nom de Bonhomme que les courtisans de Louis XI donnaient à leur saint fondateur. — 2 avril.

FRANÇOIS D'ESTAING (le bienheureux), évêque de Rodez, fut d'abord chanoine de Lyon, ensuite abbé de Monétier-Saint-Châffre et enfin évêque de Rodez, où il mourut l'an 1529. Il est honoré dans le Rouergue le 1er novembre.

FRANÇOIS XAVIER (saint), jésuite et apôtre des Indes, naquit le 7 avril 1506, au château de Xavier dans la Navarre, et il était le plus jeune des fils de Jean de Jassa, l'un des principaux conseillers de Jean III, roi de Navarre. Il montra dès son enfance un caractère doux, gai, complaisant, qui le faisait aimer de tout le monde, et l'on découvrait en lui un esprit pénétrant, et beaucoup d'ardeur pour l'étude. Ayant appris les éléments de la langue latine dans la maison paternelle, il était âgé de dix-huit ans lorsqu'il fut envoyé à l'université de Paris, qui était regardée comme la première école du monde, et entra au collège de Sainte-Barbe, où il fit son cours de philosophie avec un grand succès. Il fut ensuite reçu maître ès-arts et enseigna lui-même la philosophie au collège de Beauvais, tout en continuant de loger à Sainte-Barbe, où saint Ignace de Loyola achevait alors ses études et méditait de former une société savante qui se dévouât tout entière au salut du prochain. Il jugea François Xavier propre à remplir ses vues, et lui fit part de ses projets ; mais Xavier, qui était rempli de pensées ambitieuses, et qui voulait réussir dans le monde, rejeta avec dédain la proposition d'Ignace ; il ne négligeait même aucune occasion de le railler et de tourner en ridicule la pauvreté dans laquelle il vivait. Ignace supportait ses mépris avec douceur et même avec gaieté, se contentant de répéter quelquefois cette maxime du Sauveur : *Que sert à un homme de gagner tout l'univers s'il perd son âme ?* Mais François Xavier, ébloui par la vaine gloire, se faisait de faux principes pour concilier l'amour du monde avec le christianisme. Ignace le prit alors par son faible, se mit à louer son savoir et ses talents : il applaudissait à ses leçons, et cherchait à lui procurer des écoliers. Ayant appris qu'il était dans la gêne, il lui offrit de l'argent, qui fut accepté. Xavier, qui avait l'âme généreuse, fut touché de ce dernier procédé, et sachant qu'Ignace était d'une naissance distinguée, il en conclut qu'il avait eu des motifs puissants pour embrasser le genre de vie qu'il menait ; il le regarda donc avec d'autres yeux. Les luthériens, qui avaient alors des émissaires à Paris, présentaient leurs nouveautés d'une manière si séduisante, que Xavier, naturellement curieux, prenait plaisir à les entendre ; mais Ignace vint à son secours et le préserva de la séduction. Le trouvant un jour plus attentif qu'à l'ordinaire à ce qu'il lui disait, il lui répéta encore cette maxime déjà citée : *Que sert à un homme de gagner tout l'univers s'il perd son âme ?* Il lui représenta ensuite qu'une âme aussi noble ne devait point se borner aux vains honneurs de ce monde, et que la gloire céleste était le seul objet digne de son ambition. Xavier comprit alors le néant des choses périssables et sentit s'allumer en lui l'amour des biens éternels. Ce ne fut cependant qu'après de violents combats qu'il se rendit aux impressions de la grâce, et qu'il résolut enfin de conformer sa vie aux règles de l'Évangile. Il se mit sous la conduite d'Ignace, qui le fit avancer à grands pas dans les voies de la perfection. Pour vaincre sa passion dominante qui était la vanité il ne cherchait plus que les occasions de s'humilier, et comme il n'est pas possible de remporter une victoire complète sur ses penchants sans mortifier la chair, il se revêtit d'un cilice et affaiblit son corps par le jeûne et par d'autres austérités. Lorsque les vacances furent arrivées, il fit les exercices spirituels, suivant la méthode de saint Ignace, et sa ferveur était si grande qu'il passa quatre jours sans prendre aucune nourriture. Ces exercices terminés, il parut changé en un autre homme : ce n'étaient plus les mêmes désirs, les mêmes vues ni les mêmes affections, il ne se reconnaissait plus lui-même, et l'humilité de la croix lui paraissait préférable à toute la gloire du monde. Il fit une confession générale de toute sa vie, forma le dessein de glorifier Dieu par tous les moyens possibles et de consacrer le reste de ses jours au salut des âmes. — Après avoir enseigné la philosophie pendant trois ans et demi, il suivit le cours de théologie, qu'il termina en 1535. L'année précédente, le jour de l'Assomption, Ignace réunit dans l'église de Montmartre ses compagnons, du nombre desquels était Xavier, et ils y firent tous vœu de renoncer au monde, de visiter la terre sainte et d'aller prêcher l'Évangile aux infidèles; ou, si cette entreprise ne pouvait avoir lieu, d'aller se jeter aux pieds du souverain pontife et de lui offrir leurs services pour s'employer aux bonnes œuvres qu'il jugerait à propos de leur désigner. Le 15 novembre 1536, ils partirent de Paris au nombre de neuf pour se rendre à Venise où Ignace leur avait donné rendez-vous. Ils traversèrent toute l'Allemagne à pied, malgré les rigueurs de l'hiver. Xavier, pour se punir de la complaisance que lui avait autrefois inspirée son agilité à la course et à d'autres exercices du corps, s'était lié les bras et les cuisses avec de petites cordes qui entrèrent si avant dans les chairs qu'on ne les voyait presque plus, par suite de l'inflammation qui était survenue; ce qui le mit bientôt dans l'impossibilité de marcher. Ses compagnons appelèrent un chirurgien qui déclara qu'il y avait du danger à faire des incisions, et qu'au reste le mal était incurable. Ils passèrent tous la nuit en prière, et le lendemain les cordes étaient tombées. Après avoir remercié Dieu de ce miracle, ils se remirent en route, et, arrivés à Venise le 8 janvier 1537, ils eurent une grande joie de retrouver Ignace, qui les distribua dans les deux hôpitaux de la ville pour y servir les pauvres, jusqu'au moment où ils s'embarqueraient pour la Palestine. Xavier, qui était à l'hôpital des Incurables, consacrait la nuit à la prière et employait le jour à rendre aux malades les services les plus rebutants. Il s'attachait de préférence à ceux qui avaient des maladies contagieuses, ou qui étaient couverts d'ulcères. Un de ces incurables était atteint d'une ulcère qui exhalait une puanteur si insupportable que personne n'osait en approcher. Xavier lui-même éprouvait de la répugnance à le servir; mais sentant que l'occasion qui se présentait de faire un grand sacrifice était trop précieuse pour la laisser échapper, il embrassa le malade, puis appliquant sa bouche sur l'ulcère, il en suce le pus. A l'instant sa répugnance cessa, et cette victoire héroïque remportée sur lui-même lui mérita la grâce de ne plus trouver de peine à rien : tant il est important de se vaincre une bonne fois. Ignace envoya ses compagnons à Rome pour demander la bénédiction du pape, avant leur départ pour les saints lieux. Paul III accorda à ceux d'entre eux qui n'étaient pas encore prêtres la permission de recevoir les ordres de tout évêque catholique. Xavier fut élevé au sacerdoce à Venise, le jour de Saint-Jean-Baptiste de l'an 1537, et après avoir fait avec ses compagnons vœu de chasteté, de pauvreté et d'obéissance, entre les mains du nonce, il se retira dans une chaumière abandonnée où il passa quarante jours exposé à toutes les injures de l'air, couchant sur la terre nue et ne vivant que de ce qu'il mendiait de porte en porte, afin de se préparer à célébrer sa première messe, qu'il dit à Vicence avec une telle abondance de larmes qu'il fit pleurer tous ceux qui y assistèrent. Il exerça ensuite les fonctions du saint ministère à Bologne, et la maison où il logeait fut depuis donnée aux jésuites et convertie en un oratoire. Ignace fit venir Xavier à Rome, pendant le carême de l'année suivante 1538, pour délibérer sur la fondation de l'ordre avec ses autres compagnons. Le voyage de la terre sainte étant devenu impossible par la guerre survenue entre les Vénitiens et les Turcs, ils offrirent leurs services au pape, comme ils s'y étaient engagés. Paul III accepta leurs offres et voulut qu'ils prêchassent dans la ville de Rome. En attendant de nouveaux ordres, Xavier exerça son ministère dans l'église de Saint-Laurent *in Damaso*, où il fit admirer son zèle et sa charité. Il fut ensuite chargé de remplacer Bobadilla, qui, désigné par saint Ignace pour aller, avec Simon Rodriguez, prêcher la foi dans les Indes orientales, sur la demande du roi de Portugal, était tombé malade, la veille de son départ de Rome. Xavier, joyeux d'être choisi à sa place, alla demander la bénédiction du pape, et quitta Rome avec Mascaregnos, l'ambassadeur de Portugal, le 15 mars 1540. Pendant le voyage, qui se fit par terre et qui dura plus de trois mois, il saisit avec une sainte avidité toutes les occasions de pratiquer la mortification, l'humilité et la charité, rendant à ses compagnons de route tous les services temporels et spirituels qui étaient en son pouvoir. Arrivés à Pampelune, l'ambassadeur lui proposa d'aller au château de Xavier pour dire adieu à sa mère et à ses amis; mais Xavier répondit qu'il remettait à les voir dans le ciel, où leur entrevue ne serait plus attristée par les larmes et le chagrin de se quitter. L'ambassadeur fut tellement édifié de ce sacrifice imposé à la nature, qu'il prit la résolution de renoncer lui-même au monde. Lorsque Xavier fut arrivé à Lisbonne, il rejoignit son confrère Rodriguez, qui logeait dans un hôpital, et ils s'occupèrent du soin des malades, et firent le catéchisme aux enfants dans les différents quartiers de la ville. Les dimanches et les fêtes, ils entendaient les confessions des personnes de la cour, et le roi, voyant leur zèle et le bien qu'ils opéraient, voulut les retenir dans son royaume : pour satisfaire en partie à son désir, il fut décidé que Rodriguez resterait et que Xavier partirait seul. Lorsqu'il fut sur le point de s'embarquer, le roi lui remit quatre brefs du pape qui l'établissait nonce apostolique, et lui donnait d'amples pouvoirs par les deux premiers : le troisième le recommandait à David, roi d'Ethiopie, et le quatrième aux autres princes d'Orient. Le saint missionnaire ne prit avec lui que quelques livres de piété, destinés à l'usage des nouveaux convertis, et refusa un domestique qu'on lui offrait, disant qu'il était en état de se servir lui-même ; et comme on lui représenta qu'il était contre les convenances qu'un nonce du saint-siége préparât lui-même sa nourriture et lavât son linge sur le tillac, il répondit qu'il ne devait pas craindre de scandaliser tant qu'il ne ferait pas le mal. En faisant ses adieux à Rodriguez qui l'avait accompagné jusqu'à la flotte, il lui découvrit un secret qu'il lui avait caché jusque-là. Lorsqu'ils étaient ensemble dans un hôpital de Rome, Rodriguez entendit Xavier s'écrier pendant la nuit : Encore plus, Seigneur, encore plus; et celui-ci ne voulut pas lui donner l'explication de ces paroles ; mais en le quittant au port de Lisbonne, il lui avoua que Dieu lui avait fait voir ce qu'il devait souffrir pour la gloire de Jésus-Christ, et que son ardeur pour les souffrances le portait à en demander de plus grandes, de là cette exclamation : *Encore plus, Seigneur, encore plus!* Il s'embarqua l'an 1541, le 7 avril, qui était le jour de sa naissance, sous la conduite d'Antoine Sousa, nommé vice-roi des Indes, qui voulut l'avoir à son bord. Le vaisseau contenait bien mille personnes, que Xavier regarda comme un troupeau confié à ses soins. Il catéchisait les matelots et prêchait tous les dimanches au pied du grand mât. Il avait fait de sa chambre une espèce d'infirmerie pour les malades, auxquels il rendait toutes sortes de services. Pendant la traversée, il coucha toujours sur le tillac, et ne vécut que d'aumônes, sans vouloir accepter la table du vice-roi, parce qu'il était, disait-il, de son devoir d'accomplir son vœu de pauvreté ; et s'il fut quelquefois forcé d'accepter les plats que le vice-roi lui envoyait de sa table, il les partageait avec ceux qu'il savait en avoir le plus besoin. Attentif à réprimer et même à prévenir toute espèce de désordre, il apaisait les querelles ou les disputes, et empêchait, autant qu'il était en lui, les jurements, les blasphèmes, les excès du jeu et les choses contraires à la modestie ; et cela avec tant de fermeté et de douceur en même temps, que personne ne pouvait s'en offenser. Un grande partie des personnes à bord ayant été atteintes de maladies graves, lui fournirent l'occasion de redoubler de zèle et de charité. Après cinq mois de navigation, la flotte ayant doublé le cap de Bonne-Espérance, aborda, sur la fin d'août à Mozambique sur la côte occidentale d'Afrique, où elle fut obligée d'hiverner. Xavier y tomba malade, et après sa guérison, s'étant rembarqué avec le viceroi, le 13 mars 1542, il arriva 16 à Mélinde, ville mahométane. Il se disposait à parler de religion pour faire sentir les absurdités du mahométisme, lorsqu'un des principaux habitants lui demanda s'il n'y avait pas plus de piété en Europe qu'à Melinde ; que des dix-sept mosquées quatorze étaient entièrement abandonnées, et que l'on ne fréquentait presque plus les trois autres. Cette conversation n'eut point d'autre suite, parce que le saint, tout en déplorant l'aveuglement de ce peuple, fut obligé de partir avec la flotte, qui, au bout de quelques jours, vint mouiller à l'île de Socotora, vis-à-vis le détroit de la Mecque. Xavier y trouva quelques traces de christianisme, mais défiguré ; et ce ne fut pas sans verser des larmes qu'il abandonna ces insulaires, qui paraissaient disposés à recevoir ses instructions. La flotte, remettant à la voile pour les Indes, entra dans le port de Goa le 6 mai 1542. Xavier étant descendu à l'hôpital de cette ville, demanda à Jean d'Albuquerque, qui en était évêque, la permission d'exercer les fonctions du ministère, lui présenta les brefs du pape, dont il ne voulait pas faire usage sans son autorisation, et se jeta à ses pieds, lui demandant sa bénédiction. L'évêque, frappé de la modestie de Xavier et de l'air de sainteté qui éclatait sur son visage, s'empressa de le relever; puis, après avoir baisé respectueusement les brefs du pape, il lui promit de l'aider de son autorité épiscopale. Xavier, après avoir passé la première nuit en prières, pour implorer l'assistance du ciel, commença sa mission par les chrétiens. Ils méritaient à peine ce nom, tant leur conduite était opposée au christianisme. Le saint avait coutume de consacrer sa matinée au service des malades dans les hôpitaux et à la visite des prisonniers. L'après-midi, il parcourait les rues de la ville, une sonnette à la main, pour avertir les parents et les maîtres d'envoyer leurs enfants et leurs esclaves au catéchisme. Il menait ensuite à l'église les petits enfants pour leur apprendre le Symbole des apôtres, les commandements de Dieu et les pratiques de la piété. La modestie et la dévotion de ces enfants étonnèrent tout Goa et produisirent bientôt un changement salutaire. Ses visites particulières et ses prédications publiques produisirent les plus heureux effets. Les pécheurs eurent honte de leurs désordres ; le repentir entra dans leur cœur, et ils venaient en foule décharger le poids de leurs consciences dans le tribunal de la réconciliation. Leurs larmes témoignaient de la sincérité de leur conversion. Alors on vit disparaître les scandales, les injustices, les usures, etc. ; ceux qui avaient des concubines, ou les épousaient, ou les renvoyaient; le bon ordre et la décence reparurent dans les familles. La réformation d'une ville aussi démoralisée que l'était Goa, opérée en aussi peu de temps, montra ce qu'on devait attendre du saint missionnaire. Au mois d'octobre de la même année 1542, il s'embarqua pour la côte de la Pêcherie, afin d'instruire les Paravas, qui s'étaient fait baptiser, mais qui conservaient leurs superstitions et leurs vices. Ayant pris terre au cap Comorin, il commença l'exercice de son ministère dans un village rempli d'idolâtres, qui lui dirent qu'ils ne pouvaient changer de religion sans la permission de leur prince ; mais leur opiniâtreté ne put tenir contre un miracle dont ils furent témoins : une femme en travail d'enfant depuis trois jours et souffrant des douleurs horribles n'eut pas plutôt cru en Jésus-Christ et reçu le baptême, qu'elle fut délivrée et parfaitement guérie. Non-seulement la famille de cette femme, mais les principaux habitants du lieu se convertirent, et le chef du pays, ayant permis l'exercice du christianisme, tous se firent instruire et baptiser. Encouragé par ce premier succès, il gagna la côte de la Pêcherie, et s'attachant d'abord à ceux qui avaient reçu le baptême, il leur enseigna la doctrine chrétienne. Il se donnait des peines infinies pour se perfectionner dans la langue malabare, et à force de travail, il parvint à traduire dans cette langue les paroles du signe de la croix, le Symbole des Apôtres, les commandements de Dieu, le *Pater*, l'*Ave*, le *Confiteor*, le *Salve Regina*, et enfin tout le catéchisme. Il apprit par cœur ce qu'il put de sa traduction, et se mit à parcourir les villages, allant, la clochette à la main, pour rassembler ce qu'il rencontrait d'hommes et d'enfants ; et après chaque instruction il leur recommandait de répéter dans leurs familles ce qu'ils avaient retenu. Les dimanches, il réunissait dans la chapelle les néophytes, leur enseignait les prières usitées parmi les chrétiens et leur expliquait les principales vérités de la foi, ainsi que les principaux points de la morale chrétienne. Il forma des catéchistes qui lui furent d'un grand secours pour achever les conversions que ses discours avaient commencées. Le nombre de ceux qui demandaient le baptême était si grand, que Xavier, à force de baptiser, ne pouvait presque plus lever les bras, et la ferveur de cette chrétienté naissante était admirable. La côte se trouvant désolée par des maladies, tous les habitants couraient au saint missionnaire, soit pour être guéris eux-mêmes, soit pour obtenir la guérison de leurs parents ou de leurs amis, et la santé était rendue aussitôt à ceux qui invoquaient avec foi le nom de Jésus-Christ et se faisaient baptiser. On lit dans le procès de sa canonisation qu'il ressuscita quatre morts dans cette contrée. Les brachmanes, qui étaient les prêtres du pays, eurent des conférences avec Xavier ; mais ni la solidité de ses raisons, ni la vue des miracles dont ils étaient témoins, ne purent les décider à se convertir ; ils s'opposèrent même, par des vues d'intérêt, aux progrès de l'Evangile. Xavier joignait aux fatigues de l'apostolat les austérités de la pénitence. Du riz et de l'eau composaient toute sa nourriture ; il dormait trois heures de la nuit tout au plus, et couchait dans une cabane, sur la terre, sans vouloir se servir des matelas et des couvertures qui lui avaient été envoyées de Goa, et dont il se servit pour assister ceux qui étaient dans le besoin. Quelles que fussent ses occupations extérieures, il ne cessait jamais d'être uni à Dieu et de s'entretenir avec lui ; et les délices qu'il goûtait étaient quelquefois si abondantes, qu'il conjurait la bonté divine d'en modérer l'excès. Après avoir passé un an au milieu des Paravas, voyant qu'il ne pou-

vait plus suffire seul à une moisson si abondante, il retourna, sur la fin de 1543, à Goa pour se procurer des coopérateurs. Mais il fut obligé de rester un an dans cette ville pour organiser le séminaire de Saint-Paul, qui avait été fondé pour l'éducation cléricale des jeunes Indiens, et dont on lui avait confié la direction. Il retourna chez les Paravas, en 1545, avec quelques ouvriers évangéliques, tant Européens qu'Indiens, qu'il distribua dans différents villages. Il passa avec quelques-uns dans le royaume de Travancor, où il baptisa de ses propres mains jusqu'à dix mille idolâtres dans l'espace d'un mois. On vit quelquefois un village entier recevoir le baptême en un seul jour. Il s'avança ensuite dans les terres ; mais comme il ne savait pas la langue du pays, il se contentait de baptiser les enfants et de donner ses soins aux malades. C'est alors que Dieu lui communiqua le don des langues, et il pouvait se faire entendre sans avoir besoin de trucheman. Ses prédications, suivies des plus étonnants succès animèrent contre lui les brachmanes, qui lui tendirent des pièges et employèrent plusieurs moyens pour lui ôter la vie ; mais Dieu rendit vaines leurs criminelles tentatives. Xavier était dans le royaume de Travancor, lorsque les Badages, qui ne vivaient que de rapines, y firent une incursion. Il se mit à la tête d'une petite troupe de chrétiens fervents, s'avança vers ces barbares, un crucifix à la main, et leur ordonna, au nom du Dieu vivant, de ne point passer outre, et de s'en retourner dans leur pays. Le ton d'autorité avec lequel il leur parla les remplit de terreur et ils se retirèrent en désordre. Le roi de Travancor, en reconnaissance de ce service, lui assura sa protection et lui donna le surnom de grand-père. Xavier prêchant un jour à Coulan, village du même royaume, et voyant que les idolâtres étaient peu touchés de ses discours, se fit ouvrir un tombeau où l'on avait enterré, le jour précédent, un mort qui sentait déjà mauvais : s'étant mis à genoux et ayant fait une courte prière, il ordonna au mort, par le nom du Dieu vivant, de revenir à la vie. Aussitôt le mort ressuscite et se lève plein de vie et de santé ; à la vue de ce prodige, tous se jettent aux pieds du saint et lui demandent le baptême. Il ressuscita, sur la même côte, un jeune chrétien qu'on portait en terre ; et ces miracles frappèrent tellement le peuple, qu'il ne resta plus, au bout de quelques mois, d'autres idolâtres que le roi et les personnes de sa cour. La réputation du saint se répandait au loin, et les Indiens le faisaient prier de toutes parts de venir les instruire et les baptiser. Ne pouvant suffire à toutes ces demandes, il écrivit à saint Ignace et à Simon Rodriguez, pour solliciter l'envoi d'ouvriers évangéliques, et dans les transports de son zèle, il aurait voulu changer les docteurs des universités de l'Europe en autant de prédicateurs de l'Evangile. Des députés de l'île de Manar l'ayant prié de venir chez eux, comme il ne

DICTIONN. HAGIOGRAPHIQUE. I.

pouvait s'y rendre lui-même, obligé qu'il était d'affermir la chrétienté de Travancor, il y envoya un missionnaire qui convertit un grand nombre de Manarois. Le roi de Jafanapatou, de qui l'île dépendait, ayant voulu les forcer à retourner à l'idolâtrie, plus de sept cents de ces nouveaux convertis aimèrent mieux sacrifier leur vie que de renoncer à Jésus-Christ. En quittant Travancor, Xavier se rendit à Cochin, pour conférer avec le vicaire général des Indes, sur les moyens de remédier aux désordres des Portugais, qui étaient un grand obstacle à la conversion des idolâtres. Il l'engagea même à faire le voyage de Portugal pour instruire le roi de l'état des choses, et lui remit une lettre pour ce prince, dans laquelle il le conjurait, par les motifs les plus pressants, de faire servir sa puissance à réprimer les scandales qui empêchaient la gloire de Dieu et le salut des infidèles. De là il se rendit à l'île de Manar, qui venait d'être arrosée par le sang d'un grand nombre de chrétiens : ses prières la délivrèrent de la peste qui y exerçait ses ravages. Il fit ensuite le pèlerinage de Méliapour, pour vénérer les reliques de saint Thomas, et pour attirer sur ses travaux la protection du saint apôtre. Après y avoir ramené à Dieu plusieurs pécheurs qui vivaient dans des habitudes invétérées, il résolut d'aller prêcher l'Evangile à Macacar et dans l'île des Célèbes. Etant arrivé à Malaca le 25 septembre 1545, il y convertit un grand nombre de mauvais chrétiens, de mahométans et d'idolâtres ; mais ne trouvant point d'occasion pour Macacar, il se rendit à l'île d'Amboine, où il exerça son zèle avec le plus grand succès, ainsi qu'à Ternate et dans d'autres îles du voisinage. Après un assez long séjour aux Moluques, il passa dans l'île de More, malgré toutes les représentations qu'on lui fit pour l'en détourner. Il en convertit les habitants, il est vrai, mais il serait difficile d'exprimer tout ce qu'il eut à souffrir dans cette mission. Obligé de retourner à Goa pour se procurer des missionnaires, il visita, chemin faisant, plusieurs des îles où il avait déjà prêché. Pendant qu'il se trouvait à Malaca, on lui présenta un Japonais, nommé Auger, qui s'était réfugié sur un vaisseau portugais, parce qu'il avait tué un homme dans son pays. Ce crime ne lui laissant plus aucun repos, on lui conseilla de s'adresser à Xavier pour en obtenir les consolations dont il avait besoin. Le saint lui promit la tranquillité de l'âme qu'il cherchait ; mais il ajouta qu'il ne pouvait la trouver que dans la véritable religion. Comme Auger savait un peu le portugais, il l'instruisit des mystères de la foi et lui proposa de s'embarquer pour Goa, où il se rendait lui-même. Le vaisseau que montait Xavier, allant droit à Cochin, fut assailli, dans le détroit de Ceylan, d'une tempête si furieuse, qu'on fut obligé de jeter toutes les marchandises à la mer, et le pilote ne pouvant plus gouverner abandonna le bâtiment à la merci des vagues. On eut l'image de la mort devant les yeux pendant trois jours et trois nuits. Xavier, après avoir entendu les confessions de l'équipage, se prosterna aux pieds d'un crucifix et pria avec tant de ferveur qu'il était comme absorbé en Dieu. Le navire, entraîné par un courant, donnait déjà contre les bancs de Ceylan, et tout le monde se croyait perdu, lorsque, sortant de sa chambre, Xavier demanda au pilote la corde et le plomb qui servaient à sonder, et les laissant aller jusqu'au fond de la mer, il s'écria : *Grand Dieu, Père, Fils et Saint-Esprit, ayez pitié de nous !* Aussitôt le vaisseau s'arrête, et le vent s'apaise. Débarqué à Cochin le 21 janvier 1548, il visita les côtes de la Pêcherie, et fut très-édifié de la ferveur des nouveaux convertis. Il fit quelque séjour à Manapor et retourna dans l'île de Ceylan, où il convertit le roi de Condé. Il arriva enfin à Goa, le 20 mars, et acheva d'instruire Auger et ses deux domestiques, que l'évêque de Goa baptisa solennellement, et donna à Auger le nom de Paul de Sainte-Foi. C'est alors que Xavier forma le projet d'aller prêcher l'Evangile au Japon ; mais en attendant que la navigation fût libre, il s'appliqua aux exercices de la vie spirituelle, afin de reprendre de nouvelles forces après ses travaux passés. On l'entendait quelquefois, au milieu des consolations célestes dont il était inondé, s'écrier : *C'est assez, Seigneur, c'est assez !* Quelquefois aussi on le voyait ouvrir sa soutane par devant, comme si son cœur n'eût pu contenir l'abondance des délices que Dieu lui prodiguait. Mais le plaisir qu'il goûtait dans l'oraison ne lui faisait pas négliger le soin des malades et des prisonniers, et ne ralentissait pas son zèle pour le salut des âmes. Pendant qu'il était à Goa, le P. Barzée et quatre autres jésuites y arrivèrent. Xavier leur désigna leur emploi et leur donna ses instructions. Ensuite il repartit pour Malaca, dans la vue de passer au Japon, et accompagné de Paul de Sainte-Foi, il débarqua, le 15 août 1549, à Cangoxima, dans le royaume de Saxuma, qui fait partie du Japon. Ayant déjà appris de Paul de Sainte-Foi les premiers éléments de la langue japonaise, il continua cette étude pendant les quarante jours qu'il passa chez lui à Cangoxima, et il convertit toute sa famille qui était une des plus considérées du pays. Il n'y a dans tout le Japon qu'une seule langue, mais qui se modifie par la prononciation et les accents, suivant la qualité des personnes auxquelles on parle. Xavier y fit de tels progrès, qu'il fut en état de traduire en japonais le Symbole des apôtres, ainsi que l'explication qu'il en avait faite autrefois ; et ayant appris cette traduction par cœur, il se mit à prêcher Jésus-Christ. Paul de Sainte-Foi, qui avait déjà parlé au roi de Saxuma du zèle de Xavier, de ses vertus et de ses miracles, lui procura une audience. Le prince fit au saint un accueil aussi gracieux qu'honorable, et lui permit d'annoncer la foi à ses sujets. Xavier opéra de nombreuses conversions ; mais il ne put gagner les bonzes qui étaient les prêtres du pays. Ici encore les miracles vinrent confirmer la doctrine qu'il annonçait. Il guérit, en le bénissant, un enfant qu'une enflure avait rendu très-difforme: il guérit aussi un lépreux qu'il ressuscita, et une jeune fille de qualité, morte depuis vingt-quatre heures. Après avoir passé un an à Cangoxima, il fut obligé de partir, parce que le roi de Saxuma, irrité de ce que les Portugais abandonnaient ses Etats pour transporter leur commerce à Firando, lui avait retiré la permission d'instruire les Cangoximains, et commençait même à persécuter les chrétiens. Xavier, en les quittant, les recommanda à Paul de Sainte-Foi, et les exhorta à rester fidèles à la grâce qu'ils avaient reçue. Après avoir obtenu d'eux la promesse qu'ils souffriraient plutôt l'exil et la mort que de renoncer à la foi, il se rendit à Firando, capitale d'un autre petit royaume, portant sur son dos, selon sa coutume, tout ce qui était nécessaire pour la célébration du saint sacrifice. Sur sa route, il prêcha dans la forteresse d'un prince, vassal du roi de Saxuma, et convertit plusieurs idolâtres, entre autres l'intendant du prince, homme âgé, qui joignait à une grande prudence un grand zèle pour la religion qu'il venait d'embrasser. Xavier lui recommanda d'avoir soin de la nouvelle chrétienté, qui s'assemblait tous les dimanches chez cet intendant pour réciter différentes prières et pour y entendre des lectures sur la doctrine chrétienne. Le roi de Saxuma lui-même redevint bientôt favorable aux fidèles et se déclara leur protecteur. Arrivé à Firando, Xavier fut bien reçu du roi, qui lui permit de prêcher l'Evangile dans ses Etats. Il y baptisa en vingt jours plus d'idolâtres qu'il n'en avait baptisé à Cangoxima pendant toute une année, et y laissant un des jésuites qui l'accompagnaient, il partit avec l'autre pour Méaco. Etant arrivé à Amanguchi, capitale du royaume de Naugato, ville où régnait une effroyable corruption de mœurs, il y prêcha publiquement en présence du roi et de toute sa cour; mais il ne retira guère de ses prédications que des insultes et des mépris. Après y avoir séjourné un mois, il continua sa route vers Méaco, marchant nu-pieds, malgré le froid, la neige et les mauvais chemins. En traversant les villages et les bourgs, il y prêchait et lisait au peuple quelque chose de son catéchisme. Il parla dans deux bourgs avec tant de force contre les idoles du pays, que les habitants s'attroupèrent pour le lapider, et qu'il eut beaucoup de peine à s'échapper de leurs mains. Comme la langue japonaise n'avait point de mot propre pour exprimer la souveraine divinité, il craignit que les idolâtres ne confondissent le vrai Dieu avec leurs prétendues divinités, et leur dit que, n'ayant jamais connu ce Dieu, il n'était pas étonnant qu'ils ne pussent exprimer son nom; mais que les Portugais l'appelaient *Deos*, mot qu'il prononçait avec une action et un ton de voix qui inspiraient aux païens mêmes de la vénération pour le saint nom de Dieu. Il arriva enfin à Méaco dans le mois de février 1551 ; mais il n'y resta que quinze jours, parce que les troubles occasionnés par les guerres civiles empêchaient qu'on ne l'écoutât. Etant donc retourné à Amanguchi, comme la pauvreté de son extérieur était un obstacle à ce qu'il fût reçu à la cour, il crut devoir s'accommoder aux préjugés du pays, et se présenta avec un appareil capable d'en imposer. Admis à l'audience du prince, il lui fit quelques présents, parmi lesquels se trouvait une horloge sonnante ; ce qui lui valut la protection du prince et la permission d'annoncer l'Evangile. Bientôt après il baptisa dans cette ville trois mille idolâtres. Dieu le favorisa de nouveau du don des langues, et il se faisait entendre des Chinois que le commerce attirait à Amanguchi, quoiqu'ils ne sussent que leur langue, et que lui-même ne l'eût jamais apprise. Il partit vers la mi-septembre pour Fuchéo, où le roi de Bungo faisait sa résidence. Ce prince, ayant entendu parler du saint, désirait ardemment le voir; aussi le reçut-il de la manière la plus honorable. Xavier, dans des conférences publiques, confondit les bonzes, qui, par des motifs d'intérêt, cherchaient partout à le traverser, et il eut le bonheur d'en convertir quelques-uns, ainsi qu'une grande multitude d'idolâtres qui venaient en foule lui demander le baptême. Le roi lui-même, convaincu de la vérité du christianisme, renonça aux impuretés contre nature, auxquelles il s'abandonnait ; mais un attachement criminel à quelques plaisirs sensuels l'empêcha de l'embrasser alors : plus tard cependant il quitta ces désordres et se fit baptiser. Xavier, ayant pris congé de lui, s'embarqua pour retourner dans l'Inde, après être resté au Japon deux ans et quatre mois ; mais comme il fallait des soins aux Japonais convertis, il y envoya trois jésuites, que d'autres suivirent bientôt après. En même temps il formait le projet de porter la lumière de l'Evangile dans la Chine. Après une traversée orageuse, à laquelle le vaisseau n'échappa que par la vertu de ses prières, il arriva à Malaca, où il fut reçu avec les plus grandes démonstrations de joie. Il pensait toujours à la mission de la Chine ; mais il ne savait comment passer dans cet empire; car il était défendu, sous peine de mort ou de prison perpétuelle, aux étrangers d'y pénétrer. Comme Xavier s'entretenait souvent de cette difficulté avec le gouverneur de Malaca, il fut résolu qu'on enverrait en Chine une ambassade au nom du roi de Portugal, pour demander la permission de faire le commerce, et que si on l'obtenait, cela ouvrirait la voie aux prédicateurs évangéliques. En attendant, il s'embarqua pour Goa, et arrivé à Cochin, il y baptisa le roi des Maldives, que la révolte de ses sujets avait contraint de se réfugier auprès des Portugais. Ayant débarqué à Goa dans le mois de février 1552, il se rendit au collège de Saint-Paul, où il guérit un malade agonisant. Il apprit avec une vive satisfaction les succès des missionnaires qu'il avait placés dans différentes parties de l'Inde, et envoya de nouveaux prédicateurs dans toutes les missions de la presqu'île en deçà du

Gange. Après avoir obtenu du vice-roi une commission qui nommait Jacques Pereyra ambassadeur en Chine, et donné à ses confrères les instructions qu'il jugea convenables, il leur fit les plus tendres adieux, et partit de Goa le 15 avril. Quand il eut abordé à Malaca, qui était alors ravagé par une maladie contagieuse, il se mit à soigner les malades et allait de rue en rue ramasser les pauvres gisant sur le pavé sans aucun secours : il les portait aux hôpitaux et au collége des Jésuites ; mais comme ils ne pouvaient tous y être admis, il fit construire pour eux des cabanes le long de la mer, et leur procura ensuite les remèdes et les aliments dont ils avaient besoin. Ce fut vers ce temps qu'il ressuscita un jeune homme nommé François Céavos, qui se fit jésuite plus tard. Lorsque la contagion eut cessé, il traita de l'ambassade de la Chine avec le gouverneur de Malaca, qui, loin de la favoriser, y mit des obstacles, et après un mois d'inutiles sollicitations, il s'embarqua sur un navire portugais, qui partait pour l'île de Sancian, sur la côte de la Chine. Il opéra plusieurs miracles pendant la traversée, et convertit quelques passagers mahométans. Il n'avait pour compagnons qu'un jeune Indien et un jeune Chinois, qui s'etait fait jésuite à Goa, et il se proposait de passer secrètement en Chine avec eux. Les marchands portugais de Sancian eurent beau lui représenter les difficultés et les dangers d'une pareille tentative, rien ne put ébranler sa résolution. Il commença par se procurer un bon interprète : un marchand chinois s'offrit de conduire le saint pendant la nuit à un endroit de la côte, éloigné des habitations ; mais il exigea pour ce service deux cents pardos, et fit promettre à Xavier que, s'il était arrêté, il ne découvrirait jamais celui qui l'aurait débarqué. Les Portugais de Sancian, qui craignaient que cette entreprise ne les rendît eux-mêmes victimes des Chinois, mirent tout en œuvre pour qu'elle n'eût pas lieu. Pendant ces délais, Xavier tomba malade et les vaisseaux portugais étant repartis, à l'exception d'un seul, il se trouvait dépourvu des choses les plus indispensables dans sa situation. D'un autre côté, l'interprète chinois ne tint pas l'engagement qu'il avait pris : cependant Xavier, ayant recouvré la santé, apprit que le roi de Siam se préparait à envoyer une ambassade magnifique à l'empereur de la Chine. Il résolut de faire tous ses efforts pour obtenir la permission d'accompagner l'ambassadeur siamois ; mais Dieu se contenta de sa bonne volonté. La fièvre le reprit le 20 novembre, et il eut alors connaissance du jour et de l'heure de sa mort. Il se retira dans le vaisseau qui était l'hôpital commun des malades, afin de pouvoir mourir dans la pauvreté ; mais comme l'agitation du navire lui causait de violents maux de tête et l'empêchait d'être aussi appliqué aux choses de Dieu qu'il le désirait, il se fit remettre à terre le lendemain. On le déposa sur le rivage, exposé aux injures de l'air et surtout à un vent du nord très-piquant. George Alvarez, touché de sa triste situation, le fit porter dans sa cabane. La maladie, accompagnée de symptômes alarmants, faisait tous les jours de nouveaux progrès : on le saigna deux fois ; mais le chirurgien, peu expérimenté, lui ayant piqué le tendon, Xavier tomba en faiblesse et en convulsion. Il lui survint un dégoût insurmontable pour toute sorte de nourriture, néanmoins son visage était toujours serein et son esprit calme. Tantôt il levait les yeux au ciel, tantôt il les fixait sur son crucifix, et ne cessait de s'entretenir avec Dieu en répandant beaucoup de larmes. Enfin, le 2 décembre 1552, il rendit doucement l'esprit, après avoir prononcé ces paroles : *Seigneur, j'ai mis en vous mon espérance, je ne serai point confondu.* Il était âgé de quarante-six ans, et en avait passé dix et demi dans les Indes. Il fut enterré le surlendemain : son corps avait été placé dans une caisse avec de la chaux vive, afin que les chairs, étant plutôt consumées, on pût emporter les os à Goa. Le 17 février de l'année suivante, on ouvrit le cercueil pour voir si les chairs étaient consumées ; mais lorsqu'on eut ôté la chaux de dessus le visage, on le trouva frais et vermeil comme celui d'un homme endormi. Tout le corps était entier et sans aucune marque de corruption. On coupa, pour s'en assurer davantage, un peu de chair près du genou, et il coula du sang : le saint corps exhalait une odeur plus suave que les parfums les plus exquis. La chaux n'avait pas même endommagé les habits sacerdotaux avec lesquels on l'avait enterré. Un vaisseau l'ayant ramené à Malaca, il y fut reçu, le 22 mars, avec les marques de la plus grande vénération, et la peste qui dépeuplait cette ville depuis quelques semaines cessa tout à coup. Au mois d'août suivant, il fut transporté à Goa, et le 15 mars 1554, on le déposa dans l'église du collége de Saint-Paul ; il s'opéra dans cette circonstance plusieurs guérisons miraculeuses. Jean III, roi de Portugal, fit dresser, par des personnes éclairées, habiles et d'une probité reconnue, des procès-verbaux de la vie et des miracles de François-Xavier, non-seulement à Goa, mais dans d'autres contrées des Indes. Il fut béatifié en 1619 par Paul V et canonisé par Grégoire XV en 1621. Les prodiges opérés aux Indes et en Europe furent si frappants, que plusieurs protestants ne purent en contester la vérité. Tavernier le compare à saint Paul, et reconnaît qu'il mérite à juste titre le nom d'*Apôtre des Indes*. Baldeus, dans son Histoire des Indes, après lui avoir donné les plus magnifiques éloges, s'écrie, en s'adressant directement à lui : « Plût à Dieu qu'ayant été si célèbre par votre ministère, notre religion nous permît de vous adopter, ou que la vôtre ne vous obligeât pas de nous renoncer ! » Le corps de saint François-Xavier, visité en 1744, fut trouvé parfaitement conservé et sans aucune marque de corruption. Il fut de nouveau découvert en 1782 et exposé durant trois jours aux yeux du public.
— 3 décembre.

FRANÇOIS RODES (le bienheureux), l'un

des martyrs de Gorcum, né à Bruxelles, était prêtre récollet, et se trouvait à Gorcum, lorsqu'il fut arrêté par les calvinistes, qui lui firent endurer des tourments affreux pendant une longue captivité, qu'il subissait avec dix-huit autres emprisonnés en même temps que lui. Conduit à Bril avec ses compagnons, il fut pendu en haine de la religion catholique par ordre de l'apostat Guillaume de Lamarck, comte de Lumey, le 9 juillet 1572. Clément X. le déclara martyr et le béatifia en 1674. — 9 juillet.

FRANÇOIS DE BORGIA (saint), général des Jésuites, né en 1510, à Gandie, petite ville du royaume de Valence, était fils de Jean de Borgia, duc de Gandie et de Jeanne d'Aragon, petite fille de Ferdinand V, roi d'Aragon. Il reçut au baptême le nom de François, parce que sa pieuse mère, étant enceinte de lui, s'était recommandée à saint François d'Assise et avait promis, si elle accouchait heureusement d'un fils, de lui faire porter son nom. Les premiers mots qu'on lui apprit à prononcer furent les noms sacrés de Jésus et de Marie, et dès l'âge de cinq ans, il savait déjà les premiers principes de la religion. Il se montrait pieux, doux, modeste, affable, et donnait des marques d'un cœur noble et généreux. Il fut confié dès l'âge de sept ans à des maîtres aussi habiles que religieux, sous lesquels il fit de rapides progrès dans les lettres et la vertu ; mais l'application à l'étude ne prenait rien sur ses exercices de piété, pour lesquels il éprouvait un attrait marqué. Il eut le malheur de perdre sa mère à dix ans ; et pendant la maladie qui la conduisit au tombeau, il passait souvent les nuits près d'elle dans sa chambre, priait pour elle avec beaucoup de larmes et se donnait une rude discipline, pratique de mortification qu'il continua toute sa vie. Dieu l'ayant appelée à lui, malgré les prières et les larmes de son fils, celui-ci, quoique vivement affligé de cette perte, se soumit avec résignation à la volonté divine, et s'appliqua à régler sa conduite sur les sages conseils qu'elle lui avait donnés. La ville de Gandie ayant été prise et pillée par des rebelles, qui portaient la désolation dans le royaume de Valence, François fut obligé de se sauver avec sa famille à Saragosse, et son oncle Jean d'Aragon, archevêque de cette ville, se chargea de son éducation et lui donna d'excellents maîtres pour lui apprendre les sciences et le former aux exercices convenables à un jeune homme de son rang ; mais François, tout en profitant de leurs leçons, s'appliquait surtout à faire des progrès dans la vertu. Deux sermons qu'il entendit, l'un sur le jugement dernier, et l'autre sur la Passion de Notre-Seigneur, le touchèrent si vivement, qu'il conserva toute sa vie une grande crainte de la justice divine et un grand désir de mourir pour celui qui l'avait racheté au prix de son sang. Etant allé à Baëça pour y visiter son aïeule maternelle, il y tomba malade, et souffrit, pendant six mois, de grandes douleurs qu'il sanctifia par sa patience ; et lorsqu'il fut rétabli, le duc de Gandie, son père, l'envoya à Tordésillas, près de l'infante Catherine, sœur de Charles-Quint, laquelle épousa, en 1525, Jean III, roi de Portugal. François, qui avait alors quinze ans, ne le suivit pas en Portugal, mais revint à Saragosse pour continuer ses études. Ayant terminé avec succès son cours de philosophie à l'âge de dix-huit ans, il se sentit pour l'état religieux une forte inclination qu'il aurait suivie sans l'opposition de sa famille, qui, pour le détourner de cette idée, l'envoya à la cour de Charles-Quint. François y montra une prudence au-dessus de son âge et se fit admirer par les plus belles qualités du cœur et de l'esprit, par son exactitude à ses devoirs et surtout par sa vertu. Chaque jour il entendait la messe, avait ses heures réglées pour la prière et les lectures de piété, et s'approchait des sacrements presque tous les dimanches et les principales fêtes. Quoiqu'il recherchât de préférence la société des personnes pieuses, il était affable envers tout le monde, et ne négligeait aucune occasion de rendre service. Ennemi de la médisance, inaccessible à l'envie, il n'était agité par aucune de ces passions si communes dans les cours des princes, parce qu'il réglait tous ses penchants d'après les règles de la morale. L'empereur, qui l'appelait le miracle des princes, résolut, de concert avec l'impératrice, de le marier avec Éléonore de Castro, qu'Isabelle avait amenée avec elle de Portugal. Le duc de Gandie ayant consenti à cette alliance, qui convenait sous tous les rapports, François et Éléonore s'y disposèrent de la manière la plus propre à attirer sur eux les bénédictions du ciel. L'empereur, à l'occasion de ce mariage, donna au saint une nouvelle preuve de son estime, en le faisant marquis de Lombay et grand écuyer de l'impératrice. Il l'admit ensuite dans son conseil, et conférait souvent avec lui sur les matières les plus importantes de l'Etat. Ennemi du jeu et des vains amusements du monde, François aimait la musique, excellait sur plusieurs instruments et chantait avec goût, mais jamais des airs profanes ; il composa même plusieurs motets que l'on chantait dans quelques églises d'Espagne. Il aimait aussi la chasse et y accompagnait souvent l'empereur ; mais comme cet exercice est très-dissipant, il avait alors recours à de fréquentes aspirations vers Dieu. D'ailleurs le spectacle de la nature et les merveilles de la création lui rappelaient le souvenir du Créateur. L'empereur ayant appris qu'il s'était appliqué à cette partie des mathématiques qui se rapporte à l'état militaire, voulut qu'il l'accompagnât dans la guerre qu'il fit à Barberousse, en 1535, et dans celle qu'il fit à la France, l'année suivante ; il le chargea ensuite d'aller porter à l'impératrice des nouvelles de sa santé et de ses succès. Ayant échappé, en 1535, à une maladie dangereuse, le marquis de Lombay prit la résolution de ne plus lire que des livres de piété, tels que la vie des saints, et surtout l'Ecriture sainte. Il portait toujours avec lui le Nouveau Testament avec un bon commentaire pour l'intelligence des textes difficiles. Deux ans après, il tomba de nouveau malade à Ségovie, où se trouvait alors la cour, et les médecins désespérèrent de sa vie. Comme il avait perdu l'usage de la parole, il priait dans son cœur pour obtenir la grâce de mourir saintement; mais, contre toute attente, il revint en santé. Ces maladies étaient autant de moyens que Dieu employait pour le purifier et pour le détacher du monde; car quoique sa conduite eût toujours été chrétienne, il avait encore une certaine affection pour les choses créées; mais le moment de sa conversion ne devait pas tarder. Il fut singulièrement touché de la mort de son aïeule paternelle, qui, après être devenue veuve, avait pris l'habit des Clarisses dans le couvent de Gandie, et cet événement ranima le désir qu'il avait eu de se consacrer à Dieu. Cependant le ciel avait béni son mariage par une heureuse fécondité : il était père de huit enfants, dont cinq garçons, et tous s'établirent avantageusement dans le monde, à l'exception de Dorothée, la plus jeune de ses filles, qui se retira chez les Clarisses de Gandie, où elle mourut fort jeune. L'impératrice Isabelle étant morte à Tolède, pendant la tenue des Etats de Castille, en 1539, le marquis de Lombay et son épouse furent chargés de conduire sa dépouille mortelle à Grenade où elle devait être inhumée. Quand le convoi fut arrivé à sa destination, on ouvrit le cercueil, selon l'usage, afin que le marquis jurât que le visage que l'on voyait était celui de l'impératrice ; mais ce visage était si défiguré qu'il était impossible de le reconnaître ; le cadavre d'ailleurs exhalait une odeur insupportable. François fit le serment ordinaire, parce que ses soins lui répondaient que c'étaient véritablement le corps de la princesse ; mais frappé du spectacle dont il venait d'être témoin, il se demandait à lui-même : Qu'est devenue cette beauté qu'on admirait il y a peu de temps? Il passa la nuit suivante sans dormir, prosterné dans sa chambre, occupé à prier et à réfléchir sur les vanités du monde et sur la nécessité de s'en détacher avant que la mort ne vienne nous arracher à nos illusions. Le lendemain, il assista à l'éloge funèbre d'Isabelle, prononcé par Jean d'Avila, qui peignit, avec des couleurs énergiques, le néant des choses humaines et la folie de ceux qui n'emploient pas cette vie passagère à s'assurer un bonheur éternel. Ce discours acheva la conversion de François, qui, le jour même, découvrit au célèbre prédicateur le fond de son âme et le désir qu'il avait de quitter le monde pour toujours. Jean d'Avila l'ayant confirmé dans ses pieuses résolutions, il s'engagea, par vœu, à entrer dans quelque ordre religieux, s'il survivait à sa femme. L'empereur le nomma vice-roi de Catalogne et commandeur de l'ordre de Saint-Jacques. François ne fut pas plutôt arrivé à Barcelone, lieu de sa résidence, que toute la province prit une face nouvelle; il la purgea des bandits qui l'infestaient, fit la guerre aux abus, en veillant sur les magistrats et autres fonctionnaires, donna ses soins à l'instruction publique et prit des mesures pour le soulagement des malheureux. Ces occupations multipliées ne lui faisaient pas négliger ses exercices de piété : il donnait, tous les matins, quatre à cinq heures à la prière, et récitait, chaque jour, l'office divin et le rosaire. Les fonctions de sa place, quoiqu'elles lui prissent une partie de ses journées, n'interrompaient point son union avec Dieu. Il ne soupait jamais, afin d'avoir plus de temps à donner à la prière du soir. Après avoir passé deux carêmes sans autre nourriture qu'un plat de légume et un verre d'eau par jour, il résolut de jeûner ainsi pendant toute l'année. Cependant sa table était toujours servie d'une manière conforme à son rang, et il intéressait ses convives par une conversation agréable, qui roulait ordinairement sur des sujets de piété : le plaisir qu'on avait à l'entendre empêchait qu'on ne remarquât la sévérité de son régime, qui, au bout d'un an, l'avait rendu extrêmement maigre. Jusqu'à son entière conversion, il ne communiait guère qu'une fois par mois ; mais lorsqu'il se fut donné à Dieu sans réserve, il se confessait toutes les semaines et communiait les grandes fêtes en public, et les dimanches en particulier. Le jésuite Araoz vint prêcher à Barcelone, ce qui fournit au vice-roi l'occasion de connaître l'institut, et d'entendre parler des vertus et des lumières de saint Ignace. Il lui écrivit pour le consulter sur ses communions, parce que quelques docteurs espagnols prétendaient qu'on ne devait pas permettre aux personnes engagées dans le monde de communier si fréquemment. La réponse d'Ignace le tranquillisa, et il continua de communier toutes les semaines, employant les trois jours qui précédaient la communion à produire des actes d'amour et de désir de s'unir à Jésus-Christ, et les trois qui la suivaient, en actions de grâces. Depuis ce temps, il ne cessa presque plus de confier la direction de sa conscience aux Jésuites, et il ne négligea rien pour étendre, en Espagne, leur institut, qui venait d'être approuvé par Paul III. Etant devenu duc de Gandie par la mort de son père, il fit agréer à Charles-Quint la démission de son gouvernement et se retira, en 1543, à Gandie qu'il fortifia pour la mettre hors d'insulte de la part des corsaires d'Afrique : il répara aussi l'hôpital de Lombay et y fonda un couvent de Dominicains. La duchesse Eléonore, qui partageait toutes ses bonnes œuvres, ayant été atteinte de la maladie dont elle mourut, François, qui lui était tendrement attaché, redoubla, pour obtenir sa guérison, les jeûnes, les prières et les aumônes. Un jour qu'il priait avec un redoublement de ferveur, il entendit comme une voix au-dedans de lui-même, qui lui disait : *Si vous voulez que je laisse plus longtemps votre femme en cette vie, elle guérira; mais je vous avertis que ce n'est ni votre avantage ni le sien.* François répondit en versant des larmes : Qui êtes-vous, Seigneur, et qui suis-je, pour que ma volonté se fasse plutôt que la vôtre? qui sait mieux que vous ce qui m'est convenable, et qu'ai-je à désirer hors de vous? Il offrit en même temps à Dieu la vie de la duchesse, la sienne propre, celle de ses enfants, et tout ce qu'il avait au monde. Depuis ce jour, Éléonore alla toujours en déclinant et mourut le 27 mars 1546. François était encore dans la douleur et les larmes que lui causait la mort de sa vertueuse épouse, lorsque le P. Lefèvre, le premier compagnon de saint Ignace, étant sur le point de quitter l'Espagne, pour retourner en Italie, alla lui faire une visite. Le duc fit une retraite sous sa conduite, conformément aux exercices spirituels de saint Ignace. Ils convinrent ensemble des moyens à prendre pour établir à Gandie un collége de Jésuites ; cette fondation fut commencée le 6 mai 1546, et François obtint du pape et de l'empereur, pour ce nouveau collége, les priviléges dont jouissent les universités. Pour conserver le fruit qu'il avait retiré de ses entretiens avec le P. Lefèvre, il composa plusieurs traités de piété, dont deux ont pour objet les moyens d'acquérir une parfaite connaissance de soi-même et une véritable humilité. Voulant remplir l'engagement qu'il avait pris d'entrer dans un ordre religieux, avant de se décider sur le choix, il consulta le ciel et se décida enfin pour celui des Jésuites. Il envoya un courrier à Rome pour prier saint Ignace de le recevoir dans son ordre, mais le saint fondateur lui répondit de différer l'exécution de son dessein jusqu'à ce qu'il eût pourvu à l'établissement de ses enfants, et qu'il eût achevé les fondations qu'il avait commencées ; il lui conseilla aussi de faire un cours réglé de théologie à Gandie et d'y prendre le degré de docteur. En 1547, le duc fut obligé de se rendre à Mouson pour assister aux États Généraux du royaume, convoqués pour réconcilier la noblesse avec son souverain. Il y était mandé d'une manière toute spéciale par Philippe, fils de Charles-Quint, à qui son père avait recommandé de le faire président. Sa vertu et sa prudence furent d'un grand secours au prince, et les choses s'arrangèrent à la satisfaction générale. Saint Ignace avait obtenu un bref du pape, par lequel il était permis à François de rester encore quatre ans dans le monde, après l'émission de ses premiers vœux qu'il fit dans la chapelle du collége qu'il venait de fonder. Ayant ensuite marié son fils aîné, il lui laissa son château et se retira dans une maison voisine de son collége. Il y étudia la théologie sous le docteur Perez qu'il avait fait venir de Valence. Les affaires qui le retenaient dans le siècle s'étant trouvées terminées en 1549, il fit son testament et acquitta lui-même les charges qui y étaient portées, et, après avoir recommandé à ses héritiers de protéger les Jésuites, les Dominicains et les Clarisses de Gandie, il partit pour Rome avec le second de ses fils et plusieurs domestiques. Pendant son voyage il se confessait et communiait tous les jours comme il avait coutume de le faire depuis trois ans. Son humilité eut beaucoup à souffrir des honneurs avec lesquels on le reçut à Ferrare, à Florence et à Rome, où il arriva le 31 août 1550. Le pape voulait le retenir dans son palais ; mais il préféra la maison des Jésuites. Saint Ignace étant venu le recevoir à la porte, François se prosterna à ses pieds et lui demanda sa bénédiction. Après plusieurs visites qu'il ne put se dispenser de faire et de recevoir, il se prépara dans la retraite à gagner le Jubilé. Il employa les sommes considérables qu'il avait apportées d'Espagne à la construction de la maison professe des Jésuites et à la fondation du collége romain, qui a produit, depuis, un si grand nombre d'ouvriers évangéliques, et que le pape Grégoire XIII acheva ensuite avec une magnificence digne du chef de l'Eglise. François écrivit de Rome à Charles-Quint pour lui demander la permission de faire passer son duché à son fils aîné. Il s'accuse dans sa lettre à ce prince d'avoir scandalisé la cour par une vie peu réglée, et d'avoir mérité d'être précipité dans le plus profond de l'enfer. Il remercie la miséricorde divine de l'avoir supporté si longtemps, et ajoute qu'il a de grandes obligations aux pères de la société de Jésus, qui, par pitié pour son âme, ont bien voulu le recevoir au milieu d'eux. *Je promets à Votre Majesté*, dit-il en finissant, *de prier Dieu, qui vous a rendu vainqueur de vos ennemis, de vous accorder aussi la victoire sur vos passions, de vous embraser d'amour pour lui et de vous faire chérir la croix de Jésus-Christ*. Ayant appris que Jules III voulait le faire cardinal, il obtint de saint Ignace la permission de sortir de Rome, où il était depuis cinq mois, et de s'enfuir secrètement en Espagne, où il passa quelque temps au château de Loyola. Il se retira ensuite chez les Jésuites d'Ognate, où il reçut la réponse de l'empereur à la lettre qu'il lui avait écrite. Ce prince, tout en lui témoignant la peine qu'il avait de le perdre, le félicite sur le courage qu'il avait eu de renoncer au monde, acquiesce à la demande qu'il lui avait faite pour son fils aîné, et promet de prendre sous sa protection ses autres enfants. François, après avoir fait une renonciation légale de tout ce qu'il possédait en faveur de son fils aîné, fit couper ses cheveux, se revêtit de l'habit des Jésuites et se rendit ensuite à la chapelle pour renouveler à Dieu le sacrifice de sa personne. Il reçut la prêtrise au mois d'août 1551, et dit sa première messe au château de Loyola. Ensuite il se retira dans un ermitage, près d'Ognate, avec quelques autres Jésuites, afin de se perfectionner dans la pratique des vertus particulières à l'état qu'il avait embrassé. Il recherchait, par humilité, les plus vils emplois de la maison, et aimait surtout à aller demander l'aumône, de porte en porte, dans les bourgades voisines. Souvent il parcourait les villages, une clochette à la main, pour rassembler les enfants, afin de leur apprendre leur catéchisme et leurs prières. Il instruisait les personnes de tout état, mais il s'attachait de préférence aux pauvres. Charles-Quint, rempli de vénération pour ses vertus, forma le dessein de le faire élever au cardinalat : le pape Jules III entra dans ses vues et la promotion fut arrêtée. A cette nouvelle, Ignace alla se jeter aux pieds du souverain pontife, et lui représenta que l'engagement de n'accepter aucune dignité ecclésiastique était un des principaux points de leur règle, et qu'y donner atteinte serait porter à l'ordre un coup funeste. François, de son côté, employait les larmes, les prières et les austérités pour écarter le danger qui le menaçait. Lorsque cet orage fut passé, Ignace lui ordonna d'aller prêcher dans les différentes parties de l'Espagne où l'on désirait l'entendre depuis longtemps. Après avoir produit les fruits les plus admirables dans la Castille et dans l'Andalousie, il passa en Portugal et parut se surpasser à Évora et à Lisbonne, et l'on ne pouvait assez admirer la sagesse d'un saint qui s'était instruit, non à l'école des hommes, mais à celle de Dieu même. Saint Ignace l'ayant établi supérieur général des Jésuites d'Espagne, de Portugal et des Indes, comme ses austérités faisaient craindre pour sa vie, il lui ordonna d'obéir sur ce point à un autre, et cette précaution était nécessaire. François fut encore chargé de la fondation de plusieurs maisons, ce qui, joint à ses autres travaux, lui laissait à peine le temps de respirer ; cependant il n'en était pas moins fidèle à ses pratiques ordinaires : il trouvait encore des moments pour visiter les hôpitaux et les prisons, et pour ramener les pécheurs à Dieu ; car il avait un talent merveilleux pour les exciter à la pénitence. Quand il apprenait que quelqu'un était tombé dans une faute grave, il allait le trouver et lui disait : C'est à cause de mon indignité que Dieu a permis que vous tombassiez dans cette faute : nous nous unirons ensemble pour faire pénitence. De mon côté, je ferai tel jeûne, telle prière, telle mortification ; que ferez-vous du vôtre ? Cette patience et cette humilité touchaient tellement les pécheurs qu'ils ne pouvaient lui résister. Sa mauvaise santé et le besoin que la société avait de sa présence en Espagne ne lui permirent pas de se rendre à Rome en 1537, pour concourir à l'élection du P. Laynez, second général des Jésuites et successeur de saint Ignace. La même année, Charles-Quint ayant abdiqué l'empire, et s'étant retiré au couvent de Saint-Just, dans l'Estramadure, François, qui savait que ce prince désirait le voir, se hâta de lui faire sa visite, et le trouva imbu de fortes préventions contre les Jésuites. Charles alla jusqu'à lui dire qu'il était étonné qu'il eût préféré leur société à tant d'autres ordres aussi anciens que respectables. François répondit que son choix avait été dicté par le désir de joindre les fonctions de la vie active et de la vie contemplative, et par la crainte qu'il avait des dignités ecclésiastiques. Il réfuta ensuite les raisons alléguées contre l'institut, par les ennemis des Jésuites. Le prince fut satisfait de ses réponses et rendit justice à des religieux qu'il avait mal connus. L'année suivante Charles-Quint le chargea d'aller trouver, de sa part, sa sœur Catherine, qui venait d'être veuve de Jean III, roi de Portugal, et de lui témoigner combien il était sensible à sa douleur. Il le chargea, en même temps, de traiter avec elle quelques affaires très-importantes. François resta plus longtemps en Portugal qu'il ne s'y était attendu, à cause d'une maladie dangereuse dont cette princesse fut atteinte, depuis qu'elle venait d'être nommée régente du royaume, pendant la minorité de don Sébastien, son petit-fils. De retour en Espagne, il alla rendre compte de sa mission à l'ex-empereur, qui s'entretint ensuite avec lui sur diverses matières de piété, et lui avoua, entre autres choses, que depuis l'âge de 21 ans, il n'avait passé aucun jour sans faire l'oraison mentale : il lui avoua aussi que son exemple avait contribué, pour beaucoup, à la résolution qu'il avait prise de quitter le trône et le monde ; ce qui détruit les contes imaginés pour expliquer l'abdication de ce prince. François était à Valladolid lorsqu'il apprit la mort de ce prince, qui eut lieu le 21 septembre 1558 : il prononça son oraison funèbre dans cette ville, et insista particulièrement sur le bonheur qu'il avait eu de quitter le monde, afin de remporter une victoire complète sur lui-même. Le P. Laynez étant mort en 1565, François fut élu pour lui succéder, le 2 juillet de la même année. Comme on connaissait son humilité, on avait su déjouer les mesures qu'il avait prises pour empêcher son élection, à laquelle il fut obligé d'acquiescer. Il fit de tendres exhortations à tous les pères qui composaient l'assemblée générale de l'ordre, et voulut leur baiser les pieds avant qu'ils se séparassent. Le premier usage qu'il fit de sa nouvelle dignité fut de fonder à Rome une maison pour le noviciat. Il soutint avec beaucoup de succès les intérêts de la société dans toutes les parties du monde, et déploya le plus grand zèle pour étendre les missions, et pour former des ouvriers évangéliques auxquels il traça lui-même les règles qu'il fallait suivre dans la prédication, pour qu'elle produisît des effets salutaires. Il perfectionna le collège germanique d'où sont sortis un si grand nombre d'excellents élèves destinés à instruire le nord de l'Europe. Sous son généralat, on vit arriver de toutes parts à Rome, des jeunes gens qui sollicitaient leur admission dans la compagnie de Jésus, et dont les plus connus sont saint Stanislas Kostka, Jean Berchmans, Antoine Raquai et Claude Aquaviva. La peste ayant désolé la capitale du monde chrétien en 1566, François vola au secours de ceux qui étaient atteints par le fléau ; il envoya dans les différents quartiers de la ville ses religieux, et plusieurs furent victimes de leur dévouement. Le saint pape Pie V l'ayant chargé de désigner un des pères de la société, pour prêcher devant lui et en présence du sacré collège, sur les devoirs du pape et des cardinaux, le saint général nomma pour prédicateur le P. Salmeron, et après lui, le P. Tolet; dans la suite ce furent toujours les pères les plus célèbres de la société qui remplirent cette importante fonction. Pour répondre plus pleinement encore au vœu du souverain pontife, il nomma d'autres pères pour donner des instructions religieuses à la garde pontificale et aux employés de la cour romaine ; ce qui produisit les plus heureux résultats. Le même pape demanda aussi à François des Jésuites pour réformer la daterie, pour traduire le catéchisme du concile de Trente dans la langue du pays, et pour soigner la belle et correcte édition de la Bible. Sur la proposition du général, des missionnaires de la société furent envoyés par le saint-siège en Allemagne pour ramener à la vraie église les chrétiens séduits par les doctrines de la prétendue réforme. Il était de toutes les entreprises qui intéressaient le bien de la religion, la gloire de Dieu et le salut des âmes. Que n'aurions pas à dire de ses vertus ? Nous avons déjà parlé de son humilité; elle était si profonde, qu'il se regardait comme la dernière des créatures et qu'il se jugeait indigne d'occuper une place dans le monde. Lorsqu'il fondait à Porto une maison de son ordre, ayant appris que l'inquisition venait de défendre la lecture de quelques traités qu'il avait composés, étant encore duc de Gandie, et cela sous prétexte qu'il y avait des erreurs, il garda un humble silence. L'accusation était mal fondée, et un nouvel examen eut pour résultat de faire déclarer orthodoxes les doctrines qui y étaient exposées. Les adversaires de la société lui causèrent plusieurs autres mortifications qu'il supporta avec la même tranquillité. Son amour pour la pauvreté éclatait dans toutes ses actions. En religion, il se servait toujours du même habit et le portait jusqu'à ce qu'il fût entièrement usé. La sœur de l'ambassadeur d'Espagne à Rome lui ayant dit un jour à table qu'il serait bien malheureux, si après avoir échangé ses richesses contre la pauvreté, il ne gagnait pas le ciel à la fin : *Oui, je serais bien malheureux*, répondit-il ; *mais quant à l'échange, j'y ai déjà beaucoup gagné.*—Son obéissance n'était pas moins admirable : lorsqu'on lui apportait, en Espagne, des lettres de saint Ignace, il les recevait à genoux, et avant de les ouvrir, il demandait à Dieu la grâce d'exécuter ponctuellement ce qu'elles contenaient. Pendant tout le temps qu'il lui fut prescrit d'obéir à un frère pour tout ce qui regardait sa nourriture, il ne mangeait ni ne buvait jamais que par son ordre. Ses austérités, qu'il poussait si loin qu'on fut obligé de les modérer, montrent jusqu'à quel point il était animé de l'esprit de mortification. Il faisait usage de divers instruments de pénitence qu'il dérobait à tous les regards et qui n'étaient connus que de Dieu. Il imaginait mille pieux artifices pour affliger son corps. Dans les maladies, il souffrait non-seulement avec patience, mais même avec joie, et prenait avec délectation les remèdes les plus dégoûtants, afin d'expier ce qu'il appelait son ancienne sensualité, et d'imiter Jésus-Christ abreuvé de fiel sur la croix. Un jour qu'il entendait la comtesse de Lerme, sa fille, se plaindre d'une maladie qui la faisait beaucoup souffrir : Dieu envoie, lui dit-il, les peines à ceux qui ne veulent point les supporter, et il les refuse à ceux qui désireraient souffrir pour lui. Il possédait l'esprit de prière dans un degré éminent, et il regardait comme un instant les heures qu'il consacrait le matin à ce saint exercice. Sa préparation à la sainte messe était toujours fort longue, et pendant son action de grâces, il était tellement absorbé en Dieu qu'on se trouvait souvent obligé d'aller le chercher à l'église. Lorsqu'il fit à Dieu son sacrifice en se consacrant à lui, il le fit complet et sans réserve. Ayant appris, à Valladolid, la mort de la comtesse de Lerme, celle de ses filles qu'il aimait le plus, et qui méritait cette préférence par ses vertus, plus encore que par ses grandes qualités du cœur et de l'esprit, il s'arrêta un instant dans la rue où il se trouvait, pria pour elle, et continua son chemin pour la cour où il se rendait alors. Y étant arrivé, il s'entretint avec la princesse, sans qu'on remarquât en lui rien de plus qu'à l'ordinaire, et en la quittant, il recommanda à ses prières l'âme de la comtesse. Eh quoi ! dit la princesse, a-t-on jamais vu un père si peu touché de la mort de sa fille ? —Madame, elle ne m'avait été que prêtée ; le maître l'a appelée à lui. Ne dois-je pas le remercier de me l'avoir laissée si longtemps et de l'avoir fait ensuite entrer dans sa gloire, comme je l'espère de sa miséricorde ? —François, les deux dernières années de sa vie, voyant sa santé s'affaiblir de jour en jour, voulut se démettre du gouvernement de la compagnie, mais on s'opposa à l'exécution de son dessein. Quoique déjà souffrant, il accompagna en France, en Espagne et en Portugal, le cardinal Alexandrin, neveu de Pie V, envoyé comme légat auprès des princes chrétiens pour solliciter leurs secours contre les mahométans. Sa santé se dérangea de plus en plus pendant cette légation, et, en revenant, il se trouva si mal à Ferrare, qu'il eut besoin d'une litière pour continuer sa route jusqu'à Rome. Pie V étant mort, une partie des cardinaux voulait l'élever sur la chaire de saint Pierre, mais ce projet ne fut pas exécuté ; il ne survécut d'ailleurs que quelques mois au saint pape. Sur la fin de sa vie, ses religieux le prièrent de nommer son successeur ; ils lui demandèrent aussi la permission de le faire peindre ; mais il ne voulut acquiescer à aucune de ces demandes. S'étant aperçu, pendant son agonie, qu'un peintre était entré pour faire son portrait, il en témoigna son mécontentement et tourna le visage de l'autre côté. Il mourut le 1er octobre 1572, âgé de soixante-deux ans, et il fut enterré dans l'église de la maison professe, où son corps resta jusqu'en 1617, que le cardinal duc de Lerme, son petit-fils, et premier ministre de Philippe III, roi d'Espagne, le fit transporter dans l'église de la maison professe des Jésuites de Madrid. Saint François de Borgia fut béatifié par Urbain VIII, en 1624, et canonisé par Clément X en 1671. Innocent XI fixa sa fête au 10 octobre. Outre les traités de piété dont nous avons parlé, il a laissé quelques autres ouvrages ascétiques écrits en Espagnol. — 10 octobre.

FRANÇOIS DE MEACO (saint), médecin japonais et martyr, pendant la persécution de l'empereur Taycosama, fut arrêté avec plusieurs autres chrétiens de sa nation et conduit à Méaco, où on lui coupa, ainsi qu'à ses compagnons, une partie de l'oreille gauche. On les promena ensuite de ville en ville, les joues couvertes de sang, afin d'effrayer les autres chrétiens, et lorsqu'ils furent arrivés sur une montagne près de Naugasacki, qui était le lieu destiné à leur supplice, on leur permit de se confesser; après quoi on les attacha à des croix, en leur liant les pieds et les mains avec des chaînes, et on les éleva en l'air. Lorsque les croix furent dressées, des bourreaux leur percèrent le côté avec une lance le 5 février 1597. Urbain VIII les mit au nombre des saints, et l'Eglise les honore le 5 février.

FRANÇOIS LE BLANC (saint), Franciscain et martyr au Japon, fut crucifié sur une montagne près de Nangazacki, avec vingt-trois autres, le 5 février 1597, par ordre de Taycosama, empereur du Japon. Urbain VIII l'a mis, ainsi que ses compagnons, au nombre des saints, et le Martyrologe romain les nomme sous le 5 février.

FRANÇOIS CARACCIOLO (saint), fondateur de l'ordre des Clercs Réguliers Mineurs, né le 13 octobre 1563, à Santa-Maria, dans l'Abruzze, reçut au baptême le nom d'Ascagne, qu'il changea en celui de François lorsqu'il entra en religion. Ses parents, aussi distingués par leurs vertus que par leur noblesse, donnèrent les plus grands soins à son éducation, et il fit de grands progrès dans les sciences, sans négliger la piété, pour laquelle il éprouvait un vif attrait. Il passa dans une innocence exemplaire l'âge le plus critique de la vie, grâce à la fréquente communion, ainsi qu'à une tendre dévotion envers la sainte Vierge, qu'il invoquait souvent, et en l'honneur de laquelle il jeûnait tous les samedis. Dès son jeune âge, il montrait une grande charité envers les pauvres; et lorsque les secours dont il pouvait disposer étaient épuisés, il se privait pour eux de ce qu'on lui donnait de meilleur dans ses repas, et le leur distribuait de la manière la plus touchante. A vingt-deux ans, il fut atteint d'une maladie qui le mit aux portes du tombeau, et qui lui fit faire de sérieuses réflexions sur la vanité des choses de la terre: elle lui inspira la résolution de se consacrer entièrement à Dieu, s'il revenait jamais en santé. Quand il fut guéri, il alla, du consentement de ses parents, étudier la théologie à Naples; et, après avoir reçu la prêtrise, il entra dans une confrérie de personnes pieuses, qui s'occupaient spécialement de préparer à la mort ceux qui étaient condamnés au dernier supplice, et de procurer les secours de la religion aux prisonniers et aux galériens : pendant toute sa vie, il ne cessa de s'occuper de cette bonne œuvre. En 1558, il s'associa avec Jean Augustin Adorno, d'une illustre famille génoise, et Fabrice Caracciolo, son parent, pour fonder un institut de prêtres qui allieraient les travaux de la vie active aux exercices de la vie contemplative. Réunis dans l'ermitage des Camaldules de Naples, ils y passèrent quarante jours dans le jeûne et la prière, pour attirer la bénédiction du ciel sur leur entreprise; puis ayant dressé un projet de règle qu'ils voulaient imposer à la nouvelle communauté, ils se rendirent à Rome pour la présenter à l'approbation de Sixte V. Ce pape les reçut avec bonté, et, après un mûr examen, il confirma leur institut sous le titre de Clercs Réguliers Mineurs. Le 9 avril 1589, ils firent tous trois leur profession solennelle, et ce fut alors que Caracciolo quitta le nom d'Ascagne pour prendre celui de François, sous lequel il a été canonisé. Aux trois vœux ordinaires, les Clercs Réguliers Mineurs en ajoutent un quatrième, celui de ne rechercher aucune dignité, ni dans leur ordre, ni dans l'Eglise. Ils font l'examen de conscience deux fois par jour, s'abstiennent de viande quatre fois par semaine et pratiquent d'autres austérités. Prêcher, confesser et donner des missions, telle est l'occupation de tous; mais les uns s'attachent plus spécialement aux hôpitaux et les autres aux prisons. Ils ont des maisons pour instruire la jeunesse et même des ermitages pour ceux qui désirent mener une vie entièrement solitaire. Une pratique particulière, prescrite par la règle, c'est l'adoration perpétuelle du saint sacrement. Le saint fondateur se livrait avec zèle à la prédication, faisait fréquemment des catéchismes et allait régulièrement, dès les premières heures du jour, au confessionnal, pour y entendre les ouvriers et les pauvres, les pauvres surtout qu'il se plaisait à instruire, à l'exemple du Fils de Dieu, se rappelant que c'était là un des caractères qu'il avait donnés lui-même pour établir la divinité de sa mission. Avant de faire profession, il leur avait distribué tous ses biens, et, plus tard, on le vit souvent mendier pour eux dans les rues. Plusieurs fois il leur donna ses propres vêtements, et il avait coutume de se priver, trois fois par semaine, de toute nourriture, afin de pouvoir leur distribuer, ces jours-là, la portion qu'il recevait de la communauté. Quoique supérieur général de son ordre, il se regardait, par humilité, comme le serviteur de tous, et ne dédaignait pas de remplir les emplois les plus bas, de balayer les chambres, de faire les lits et même de laver la vaisselle. Dieu le favorisa du don des miracles et de celui de prophétie. Il connut, par révélation, le moment de sa mort, dans un pèlerinage qu'il fit à Notre-Dame de Lorette, et mourut, peu de temps après, à Agnone, ville de l'Abruzze, où se trouvait une maison de son ordre. A sa mort, arrivée le 4 juin 1608, son ordre était déjà très-répandu dans les royaumes de Naples, de Portugal et d'Espagne. Saint François Caracciolo, béatifié par Clément XIV, fut canonisé par Pie VII en 1807. — 4 juin.

FRANÇOIS SOLANO (saint), Franciscain, était né dans le diocèse de Cordoue en 1549. Après avoir fait ses études chez les Jésuites, il entra dans l'ordre des Franciscains et il y fit profession dans le couvent de Montilia en Andalousie. Il s'y fit admirer par ses vertus et surtout par sa ferveur, qui lui faisait passer souvent des nuits entières devant le saint sacrement. Ayant été élevé au sacerdoce, il se livra avec zèle à la prédication; ses discours, quoique dépourvus d'une éloquence étudiée, avaient une efficacité singulière pour retirer les pécheurs de leurs désordres et pour les porter à la pratique de la vertu. Son mérite le fit parvenir aux différentes charges de son ordre; et après avoir été maître des novices, d'abord au couvent d'Anzana, près de Cordoue, ensuite dans celui de Monte, il fut élu gardien dans la province de Grenade. La peste ayant éclaté dans cette dernière ville, il s'y rendit en toute hâte, afin de servir les pestiférés, et, s'il ne mourut pas victime de son héroïque charité, c'est sans doute parce que Dieu le réservait à d'autres travaux pour sa gloire. En 1589, il passa en Amérique pour s'y consacrer aux missions, et le Pérou fut le principal théâtre de son zèle. Il employa les cinq dernières années de sa vie à évangéliser la ville de Lima. Divers miracles qu'il opéra rendirent encore plus puissante sa parole et ajoutèrent à l'idée qu'on avait déjà de sa sainteté; mais les louanges qu'on lui donnait de toutes parts ne l'empêchaient pas d'avoir de bas sentiments de lui-même. Le feu divin qui embrasait son cœur éclatait quelquefois d'une manière merveilleuse, et il eut plusieurs ravissements dans la prière. Atteint d'une maladie de langueur, qui acheva de purifier son âme, il s'écriait dans ses derniers moments : « Je me réjouis dans les choses qui m'ont été dites; nous irons dans la maison du Seigneur. *Lætatus sum*, etc. » Il mourut à Lima le 14 juillet 1610, en prononçant cette aspiration qui lui était habituelle: *Dieu soit loué*. Le vice-roi du Pérou et l'archevêque de Lima assistèrent à ses funérailles, qui furent magnifiques. Il fut canonisé en 1726, par Benoît XIII, et sa fête a été fixée au 24 juillet.

FRANÇOIS DE SALES (saint), évêque de Genève, fils de François, comte de Sales, et de Françoise de Sionas, tous deux aussi illustres par leur piété que par leur noblesse, naquit au château de Sales, à trois lieues d'Annecy, le 21 août 1567. Avant même qu'il fût au monde, sa mère l'offrit au Seigneur, le priant de le préserver de la corruption du siècle et de ne pas permettre qu'il devînt jamais son ennemi par le péché. Il fut très-faible dans ses premières années, et les médecins désespérèrent plusieurs fois de sa vie; mais, au sortir de l'enfance, il devint robuste, et les traits de son visage acquirent tant de charmes, qu'il était impossible de le voir sans l'aimer. A ces dehors avantageux, il alliait un naturel excellent, une grande pénétration d'esprit, une modestie et une douceur peu communes. La comtesse, attentive à éloigner de son fils jusqu'à l'apparence du vice, ne le perdait point de vue. Elle le menait souvent à l'église, lui inspirait le plus profond respect pour la maison de Dieu et pour les choses de la religion, lui lisait la vie des saints et joignait à cette lecture des réflexions à sa portée, le conduisait avec elle lorsqu'elle allait visiter les pauvres, et voulait qu'il fût le distributeur de ses aumônes. Le jeune François répondit parfaitement aux soins de sa vertueuse mère. Il faisait sa prière avec un recueillement et une dévotion au-dessus de son âge, aimait tendrement les pauvres, et lorsqu'il n'avait plus rien à leur donner, il se retranchait une partie de sa nourriture pour la leur distribuer. Sa soumission à ses parents et à ses maîtres était admirable, et, s'il lui arrivait de tomber dans quelqu'une des fautes si ordinaires aux enfants, il aimait mieux être châtié que d'éviter la punition par un mensonge. La comtesse, qui redoutait pour son fils le danger des écoles publiques, eût bien voulu que François fît ses études au château; mais le comte, qui savait que l'émulation contribue aux succès de l'éducation, ne fut pas de son avis, persuadé que Dieu conserverait dans son fils les dispositions dont il était l'auteur; il l'envoya, quoiqu'il n'eût que six ans, au collège de la Roche et ensuite à celui d'Annecy. Le jeune comte, qui joignait une conception vive à un jugement solide, fit de grands progrès à l'aide d'une excellente mémoire. Sa facilité pour le travail lui laissait encore du temps pour ajouter aux leçons de ses maîtres des exercices particuliers propres à étendre ses connaissances; mais son application à l'étude ne nuisait en rien à ses devoirs de piété. Il savait ménager des moments pour nourrir son âme par de bonnes lectures et surtout par celle de la vie des saints. Des dispositions si rares dans un enfant si jeune déterminèrent son père à l'envoyer à Paris pour y continuer ses études. La comtesse, qui allait être séparée de lui pour longtemps, lui donna les plus sages conseils pour l'affermir dans la vertu. Elle lui répétait souvent ces paroles de la reine Blanche à saint Louis : « Mon fils, j'aimerais mieux vous voir mort, que d'apprendre que vous avez commis un seul péché mortel. » François se rendit, en 1578, à Paris, sous la conduite d'un prêtre habile et vertueux. Il fit, avec le plus brillant succès, sa rhétorique et sa philosophie au collège des Jésuites; ensuite il prit, à l'académie, des leçons d'équitation, d'escrime, de danse, et se forma à tous les exercices convenables à sa naissance, non qu'il y prît goût, mais uniquement pour obéir à son père, dont la volonté était pour lui une loi sacrée, ce qui ne l'empêcha pas d'y exceller et d'y acquérir cet air aisé qu'il conserva toujours depuis. Il se livrait à l'étude du grec et de l'hébreu, sous Génébrard, pendant qu'il suivait un cours de théologie sous le P. Maldonat. Malgré tant d'occupations, il trouvait encore du temps pour méditer l'Ecriture sainte et pour lire des livres de piété, surtout le Combat spirituel, qu'il portait toujours sur lui. Il se plaisait dans la compagnie des personnes vertueuses, et surtout dans celle du P. Ange de Joyeuse, qui, de duc et de maréchal de France, s'était fait capucin. Les entretiens qu'il eut avec lui sur la nécessité de la mortification lui firent ajouter à ses pratiques ordinaires celle de porter le cilice trois fois la semaine. Comme il allait souvent prier dans l'église de Saint-Etienne-des-Grès, il y fit un jour le vœu de chasteté perpétuelle, et se mit sous la protection particulière de la sainte Vierge, afin qu'elle lui obtînt de Dieu la grâce de la continence. Il avait dix-sept ans lorsqu'il fit ce vœu, et c'est peu après que Dieu lui envoya une rude épreuve : d'épaisses ténèbres obscurcirent son esprit ; la paix intérieure dont il avait joui jusque-là disparut ; il tomba dans une mélancolie qui tenait du désespoir, et il s'imagina que Dieu, qu'il aimait tant, l'avait mis au nombre des réprouvés. Cette affreuse idée le jeta dans des angoisses indicibles ; il passait les jours et les nuits à pleurer, sans pouvoir prendre ni nourriture ni repos. Etant retourné à l'église de Saint-Etienne, il sentit renaître sa confiance à la vue d'un tableau de la sainte Vierge, devant lequel il se prosterna, conjurant la mère de Dieu d'intercéder en sa faveur, et de lui obtenir la grâce d'aimer de tout son cœur, en cette vie, celui qu'il aurait le malheur de haïr éternellement après sa mort. Sa prière était à peine finie, que le trouble disparut et qu'il recouvra sa première tranquillité. Son cours d'études étant terminé à Paris, en 1584, son père l'envoya étudier le droit à Padoue, sous le célèbre Gui Pancirole. Il se lia, dans cette ville, avec le P. Possevin, qu'il chargea du soin de diriger sa conscience et ses études théologiques. Ce pieux et savant Jésuite lui expliquait la *Somme* de saint Thomas, et lisait avec lui les controverses de Bellarmin ; mais il cherchait moins encore à instruire François qu'à le faire avancer dans les voies de la perfection où il marchait déjà à grands pas. Le jeune étudiant sut conserver une chasteté inviolable au milieu d'une jeunesse licencieuse, et triompha des pièges que des libertins tendirent plus d'une fois à son innocence. Ayant été atteint d'une maladie si grave, que les médecins les plus habiles épuisèrent inutilement toutes les ressources de leur art, il attendait, avec résignation et même avec joie, le moment où il irait se réunir à Dieu, l'unique objet de son amour. Son précepteur lui ayant demandé, en pleurant, ce qu'il voulait qu'on fît de son corps après sa mort : « *Qu'on le donne*, dit-il, *aux écoliers de médecine, pour être disséqué. Je m'estimerai heureux si, après avoir été inutile pendant ma vie, je suis de quelque utilité après mon trépas, et si je puis empêcher une de ces disputes qui s'élèvent entre les élèves en médecine et les parents de ceux dont ils déterrent les cadavres.* Mais il guérit, contre toute espérance, et fut bientôt en état de reprendre son cours de droit. Lorsqu'il l'eut terminé, il subit les épreuves ordinaires avec une distinction marquée, et reçut le bonnet de docteur. Il avait alors vingt-quatre ans, et il se disposait à retourner dans sa famille, lorsqu'il reçut une lettre de son père qui lui ordonnait de visiter l'Italie. Il se rendit donc à Ferrare et de là à Rome, où son premier soin fut de visiter les lieux consacrés par la religion, et il ne put retenir ses larmes à la vue des tombeaux des saints. De Rome, il alla à Notre-Dame-de-Lorette, et après avoir parcouru les principales villes d'Italie, il reprit la route de la Savoie. Toute sa famille, qui l'attendait au château de la Thuile, le reçut avec les plus grandes démonstrations de joie ; elle fondait sur lui ses plus belles espérances en le voyant réunir, au plus haut degré, les qualités de l'esprit et du cœur. Le jeune comte charmait, en effet, tous ceux qui le voyaient. Claude de Granier, évêque de Genève, et Antoine Faure, qui fut depuis premier président du sénat de Chambéry, ne l'eurent pas plutôt connu qu'ils conçurent pour lui les sentiments de l'amitié la plus sincère ; et quoique François ne fût que simple laïque, l'évêque le consultait sur les affaires de son diocèse. Comme il était l'aîné de la famille, son père lui avait ménagé une riche alliance, et lui avait obtenu, du duc de Savoie, une charge de conseiller au sénat de Chambéry ; mais il refusa l'un et l'autre, sans oser cependant déclarer le dessein qu'il avait de se consacrer au service des autels. Il s'en ouvrit à son précepteur, et le pria d'en parler à son père ; mais le précepteur ne voulut pas accepter une commission aussi délicate, et s'efforça même, par les motifs les plus pressants, de le détourner de sa résolution. François, voyant qu'il ne pouvait compter sur lui, s'adressa à Louis de Sales, son cousin, chanoine de la cathédrale de Genève, et le chargea de solliciter le consentement de son père. Celui-ci le donna enfin, mais non sans de grandes difficultés. La prévôté de l'église de Genève étant alors vacante, Louis la demanda au pape pour son parent, et elle lui fut accordée. Le jeune comte, qui avait ignoré les démarches de Louis, apprit avec la plus grande surprise sa nomination à cette dignité ; il ne voulait pas d'abord l'accepter, et ce ne fut qu'avec beaucoup de peine qu'on le détermina à en prendre possession. Lorsqu'il fut diacre, l'évêque le chargea de prêcher, et ses premiers sermons, qui furent très-goûtés, produisirent les plus heureux fruits ; aussi possédait-il toutes les qualités requises pour réussir dans la prédication. Il se prépara au sacerdoce avec une ferveur toute céleste, et lorsqu'il l'eut reçu, il se fit un devoir d'offrir tous les jours le saint sacrifice, ce dont il s'acquittait avec tant de piété, que l'on se sentait pénétré de dévotion en le voyant à l'autel. Il aimait à instruire les pauvres villageois, et partout où il allait, il s'attirait la confiance du peuple : sa bonté lui gagnait tous les cœurs. Un an après qu'il eut été ordonné prêtre, il établit à Annecy la confrérie de la croix. Les associés s'engageaient à instruire les ignorants, à consoler les malades et les prisonniers, à empêcher les procès, etc. Le nom de cette confrérie fournit à un ministre calviniste un prétexte pour écrire contre le signe sacré de notre salut ; mais François le réfuta solidement par un ouvrage intitulé l'*Etendard de la Croix*. Le duc de Savoie ayant repris sur les Génevois le duché de Chablais et trois autres bailliages qu'ils avaient usurpés, pria l'évêque de Genève d'y envoyer des missionnaires pour y rétablir la religion catholique qui en était bannie depuis soixante ans. L'évêque ne trouvant personne qui voulût se charger de cette mission, tant le succès en paraissait impossible, François s'offrit pour cette bonne œuvre, et son exemple fut imité par Louis de Sales, son parent. Cependant le comte de Sales, qui ne voyait que des périls dans l'entreprise dont son fils s'était chargé, mit tout en usage pour l'y faire renoncer, et comme les représentations les plus pressantes ne produisaient aucun effet, on y joignit les prières et les larmes ; mais tout fut inutile. François partit avec son parent le 9 septembre 1594, et quand ils furent arrivés sur les frontières du Chablais, ils renvoyèrent leurs chevaux et marchèrent à pied, afin d'imiter plus parfaitement les apôtres. Pleins de confiance en Dieu, ils appelèrent sa bénédiction sur leurs travaux par l'intercession de Marie et des saints patrons du pays. François commença la mission par Thonon, capitale du Chablais, où il n'y avait que sept catholiques. Il était obligé d'en sortir tous les soirs pour aller passer la nuit au château des Allinges, à deux lieues de là. Les calvinistes furent longtemps sans vouloir l'entendre ; ils attentèrent même à ses jours ; mais Dieu le sauva de leurs mains. Un complot formé contre sa vie ayant été découvert, il s'intéressa si vivement en faveur des coupables, qu'il obtint qu'on ne ferait point de poursuites contre eux. Ses parents et ses amis, alarmés du danger continuel où il était d'être assassiné, firent de nouveaux efforts pour le rappeler. Son père lui manda qu'il devait absolument abandonner une entreprise que toutes les personnes sensées désapprouvaient ; qu'il y avait une opiniâtreté condamnable à vouloir y persister, et que s'il ne revenait au plus tôt, il ferait mourir sa mère de douleur ; mais le saint, qui était plus touché de la gloire de Dieu que de tout le reste, demeura inébranlable, dans l'espérance que la lumière de la vérité finirait par dissiper les ténèbres de l'erreur, et son attente ne fut point trompée. Les soldats calvinistes de la garnison des Allinges furent sa première conquête ; les habitants du Chablais commencèrent ensuite par venir l'entendre ; bientôt ils accoururent en foule à ses discours, et plusieurs abjurèrent l'hérésie. Comme les ministres faisaient jouer toutes sortes de ressorts pour les retenir dans l'erreur, François leur proposa des conférences publiques ; mais ils ne voulurent jamais les accepter. Ceci joint aux violences qu'ils avaient employées contre lui et surtout contre un de leurs confrères qui s'était converti, rendit suspecte leur cause, tandis que la conduite toute apostolique du missionnaire, sa piété, sa douceur, sa charité, son zèle infatigable, étaient autant de voix qui criaient aux calvinistes que lui seul était le prédicateur de la vérité. Parmi les nombreuses conversions qui s'opéraient tous les jours, une des plus importantes fut celle du baron d'Avuli, qui jouissait d'une haute considération dans sa secte. Ce seigneur, indigné que la Faye, le plus fameux des ministres, eût lâchement reculé devant l'engagement qu'il avait pris d'entrer en dispute réglée avec François, conduisit celui-ci à Genève, et alors il n'y eut plus moyen d'esquiver la conférence qui dura trois heures ; mais toutes les fois que le ministre se sentait pressé, il se jetait sur une autre question, de manière que rien ne pouvait être décidé. Il ne se fut pas plutôt aperçu, par la contenance des assistants, que le désavantage était de son côté, qu'il rompit la conférence par un torrent d'injures contre François, qui les écouta avec sa douceur ordinaire, sans laisser échapper un seul mot d'aigreur. Le duc de Savoie, informé des succès du saint missionnaire, le manda à Turin, afin de conférer avec lui sur les moyens de conduire à sa perfection le grand ouvrage qu'il avait si heureusement commencé. Lorsque François fut de retour à Thonon, il se mit en possession de l'église de saint Hippolyte, la fit rétablir et y célébra les saints mystères, la veille de Noël, l'an 1597. Huit cents personnes y communièrent de sa main ; il prêcha avec son zèle accoutumé, et toute la nuit se passa à louer Dieu. Les fêtes suivantes, il continua les mêmes exercices de piété, et il voyait augmenter tous les jours le nombre des prosélytes. Le pape Clément VIII l'ayant chargé de travailler à la conversion de Théodore de Bèze, qui était devenu le chef des calvinistes après la mort de Calvin, il alla le trouver à Genève et lui proposa des conférences qui furent acceptées. Bèze, pressé par les raisons de son adversaire, fut ébranlé. Il s'écria même, en levant les yeux au ciel : *Si je ne suis pas dans le bon chemin, je prie Dieu tous les jours que, par son infinie miséricorde, il lui plaise de m'y mettre.* Après quatre entrevues, François espérait qu'une cinquième achèverait de dissiper tous les doutes du ministre ; mais ceux de Genève qui avaient pris de l'ombrage, observèrent si bien Bèze, qu'elle ne put avoir lieu. Qu'en serait-il résulté ? C'est le secret de Dieu ; mais il est un fait certain, c'est que Bèze, qui mourut peu de temps après, marqua une grande douleur de ce qu'il ne pouvait revoir François. La peste qui désolait la ville de Thonon fournit à celui-ci une nouvelle occasion de faire éclater son zèle et sa charité. Supérieur à tout sentiment de crainte, il se dévoua généreusement au service des pestiférés. Il volait partout où il y avait des malades, afin de leur procurer des secours temporels et spirituels. Les hérétiques, en comparant cette conduite à celle de leurs ministres, furent frappés de la différence; aussi, le calvinisme faisait-il tous les jours de nouvelles pertes, et des bourgs entiers venaient faire abjuration. C'est ainsi que, dès l'an 1598, les erreurs de Calvin furent universellement bannies du Chablais ainsi que des bailliages de Terni et de Gaillard. Il fallait, pour opérer ce merveilleux changement, un homme animé du zèle le plus pur, intrépide au milieu des dangers, insensible aux injures et aux calomnies, incapable de se rebuter par les obstacles, plein d'une douceur inaltérable; en un mot, il fallait saint François de Sales, et il semble que Dieu l'ait formé exprès pour cette entreprise, dans laquelle tout autre eût échoué. Un succès aussi prompt et aussi inespéré lui attira les éloges du souverain pontife, du duc de Savoie et de toute la chrétienté, mais son humilité n'en reçut aucune atteinte; il possédait cette vertu dans un degré si éminent, qu'il se réservait toujours ce qu'il y avait de plus pénible et de moins apparent dans la mission, laissant aux autres les fonctions les plus honorables. Mais il avait beau s'effacer, on savait toujours bien le distinguer, et il inspirait une telle confiance, que tout le monde le choisissait pour directeur. De retour à Annecy, l'an 1599, jamais surprise ne fut semblable à la sienne, lorsque l'évêque lui proposa de le faire son coadjuteur. Ce prélat n'ayant pu venir à bout d'obtenir son consentement, mit dans ses intérêts le pape et le duc de Savoie. François se soumit à la fin, mais ce fut uniquement dans la crainte de résister à la volonté de Dieu qui se manifestait par la voix de ses supérieurs; et ce qui prouve la sincérité de ses dispositions, c'est que la vue des dangers attachés à l'épiscopat l'effraya si vivement, qu'il en fit une maladie dont il pensa mourir. Dès qu'il fut rétabli, il partit pour Rome, afin de recevoir ses bulles et de conférer avec le pape sur plusieurs points relatifs aux missions de la Savoie. Le pape, qui ne le connaissait que de réputation, ne l'eut pas plutôt entretenu, qu'il conçut pour lui la plus haute estime. Il le nomma évêque de Nicopolis et coadjuteur de Genève, puis lui fit expédier ses bulles. François ayant fait un pèlerinage à Notre-Dame-de-Lorette, reprit la route d'Annecy et passa par Turin, pour presser la restitution des biens ecclésiastiques du Chablais, qui étaient entre les mains des ordres militaires de Saint-Maurice et de Saint-Lazare. Cette restitution que le pape avait ordonnée par plusieurs brefs, avait souffert de grandes difficultés; mais le saint vint à bout de les aplanir, et ces biens furent employés à établir des pasteurs dans le Chablais, à rebâtir des églises et des monastères, qui donnèrent au pays une face nouvelle. Ayant accepté, sur la demande des syndics d'Annecy, de prêcher le carême de 1600, il apprit, en se rendant dans cette ville, que le comte, son père, était dangereusement malade. Il accourut près de lui, et quoique pénétré de la plus vive douleur, il eut le courage de consoler sa famille, d'administrer les derniers sacrements à son père et de l'exhorter à la mort. Un mieux s'étant déclaré, il partit pour Annecy; mais quelques semaines après, il fut obligé de revenir au château pour y rendre les derniers devoirs au comte. Il retourna ensuite à Annecy où le rappelait la station du carême qui n'était pas terminée. Le bailliage de Gex ayant été cédé à la France par le duc de Savoie, le coadjuteur se rendit à Paris pour obtenir du roi Henri IV la permission de travailler à la conversion des calvinistes de ce pays. Reçu à la cour avec tous les égards dus à son rare mérite, il fut prié de prêcher le carême de 1601 à la chapelle du Louvre. Ses discours furent goûtés au-delà de tout ce qu'on peut dire, et opérèrent les fruits les plus admirables. Sachant qu'il y avait des calvinistes parmi ses auditeurs, il donna sur la prétendue réforme un sermon qui ouvrit les yeux à plusieurs d'entre eux, et notamment à la comtesse de Perdrieuville, qui abjura l'hérésie avec toute sa famille. Cette conversion fut suivie de celle de l'illustre maison de Raconis et de celle de tant d'autres, que le cardinal du Perron ne put s'empêcher de dire: *Je suis sûr de convaincre les calvinistes; mais pour les convertir, c'est un talent que Dieu a réservé à monsieur de Genève.* Le carême fini, les duchesses de Longueville et de Mercœur, qui connaissaient la modicité des revenus du coadjuteur et ses aumônes abondantes, lui envoyèrent une somme considérable dans une bourse fort riche. Il admira la beauté de la bourse sans l'ouvrir, et la rendant au gentilhomme qui l'avait apportée, il le chargea de remercier, de sa part, les deux princesses de l'honneur qu'elles lui avaient fait d'assister à ses sermons, et d'avoir contribué par leurs bons exemples aux fruits qu'ils avaient pu produire. Le roi, informé du talent de François pour la prédication, voulut l'entendre lorsqu'il fut revenu de Fontainebleau, où il était allé passer quelque temps. Il l'entendit en effet avec la plus grande satisfaction, et il conçut de lui une si haute idée, qu'il le consulta plusieurs fois dans la suite sur des matières de conscience; il voulut même l'attacher absolument à la France, et lui fit offrir une pension de 4,000 livres, en attendant le premier évêché vacant. *Pour l'évêché*, répondit François, *Dieu m'a appelé, malgré moi, à celui de Genève, et je me crois obligé de ne jamais le quitter. Quant à la pension, le peu que j'ai suffit pour m'entretenir; ce que j'aurais au delà, ne servirait qu'à m'embarrasser.* Accusé par des gens, tels qu'il s'en trouve toujours dans les cours, d'être l'espion du duc de Savoie, il n'eut connaissance de cette imputation que lorsqu'il allait monter en chaire; il prêcha comme à l'ordinaire. Henri IV, qui avait l'âme noble et grande, ne put croire qu'un homme dont la vie était si sainte, et chez qui tout respirait la candeur, eût joué le rôle odieux qu'on lui prêtait. Cette calomnie n'eut donc aucune suite, ou plutôt elle ne fit qu'augmenter la gloire du saint coadjuteur. Sa présence n'étant plus nécessaire à la cour, il prit congé du roi, et pendant qu'il retournait à Annecy, il apprit la mort de l'évêque de Genève, dont il était le successeur de plein droit. Il se rendit aussitôt au château de Sales qu'il avait choisi pour le lieu de son sacre, et se prépara à cette auguste cérémonie par une retraite de vingt jours. Il la commença par une confession générale, et s'y traça un règlement de vie dont il ne se départit jamais: rien de plus édifiant, de plus apostolique que ce plan de conduite, et quoiqu'il ne s'y prescrivit point de mortifications extraordinaires, il ne laissait point de porter le cilice et de prendre la discipline; mais il cachait ces sortes de pratiques avec d'autant plus de soin qu'il était plus ennemi de l'ostentation. Il fut sacré le 8 décembre 1602. A peine eut-il reçu l'onction sainte qu'il ne pensa plus qu'à se livrer tout entier à l'accomplissement de tous les devoirs de l'épiscopat, et surtout à la prédication. Moins jaloux de multiplier le nombre des ministres de l'Eglise que d'en avoir de bons, il n'admettait aux saints ordres que ceux qu'il avait trouvés capables, après un mûr examen. Il établit dans son diocèse, pour l'instruction des ignorants, des catéchismes solides qui se faisaient régulièrement les dimanches et les fêtes, et il ne dédaignait pas, pour leur donner plus de relief, d'exercer quelquefois lui-même la fonction de catéchiste. Les pasteurs se piquèrent d'émulation, et les adultes ne rougirent plus d'assister à ces instructions familières. Il publia un nouveau rituel, afin d'introduire une parfaite uniformité dans la dispensation des choses saintes, rétablit les conférences ecclésiastiques, bannit ou prévint tous les abus par des règlements pleins de sagesse. Rien ne s'opposant plus au rétablissement du catholicisme dans le bailliage de Gex, il partit avec quelques ecclésiastiques dignes de travailler, sous ses ordres, à l'extirpation de l'hérésie, et ses exemples, plus encore que ses discours, opérèrent une quantité prodigieuse de conversions. Les calvinistes, furieux, attentèrent plusieurs fois à sa vie; mais Dieu veillait à sa conservation, et bientôt il put rétablir les églises et les pasteurs dans le bailliage de Gex, comme il l'avait fait, quelques années auparavant, dans le Chablais. Cette mission terminée en 1602, il s'appliqua, l'année suivante, à la réforme des monastères, et commença par celui de Six, pour lequel il fit les plus sages ordonnances; mais les moines, ennemis de toute règle et accoutumés à une vie licencieuse, en appelèrent au sénat de Chambéry. Un arrêt de cette cour confirma ses ordonnances et l'autorisa à réformer l'abbaye. Ce fut à Six qu'il apprit la nouvelle d'une terrible catastrophe qui venait d'arriver à trois lieues de là. Les sommets de deux montagnes s'étant détachés avaient écrasé, dans leur chute, plusieurs villages avec la plupart de leurs habitants. Quoique les chemins fussent impraticables, il partit sur-le-champ, pour aller consoler cette partie de son troupeau. Son cœur fut vivement attendri à la vue de ces malheureux échappés, comme par miracle, et qui manquaient de tout, même d'habits et de maisons; il pleura avec eux, leur distribua tout l'argent qu'il avait, et leur obtint ensuite du duc de Savoie l'exemption de toute taxe. Il prêcha le carême de 1604 à Dijon, où on le désirait depuis longtemps, et ses sermons produisirent des effets admirables tant parmi les catholiques que parmi les calvinistes. Après la station, le corps de ville voulut lui témoigner sa reconnaissance par un riche présent; mais il ne fut pas possible de le lui faire accepter. Quelque temps après une abbaye considérable lui ayant été offerte de la part de Henri IV, il la refusa, en disant qu'il craignait les richesses, parce que moins il en posséderait, moins il aurait de comptes à rendre. Une autre fois que ce prince le pressait d'accepter une pension, il demanda qu'il lui fût permis de la laisser entre les mains du trésorier royal, jusqu'à ce qu'il en eût besoin. Ce grand roi, frappé de cette réponse, qui n'était qu'un honnête refus, ne put s'empêcher d'admirer un pareil désintéressement; mais déterminé absolument à lui faire du bien, il le prévint qu'il demanderait pour lui le chapeau de cardinal à la première promotion. Le saint évêque, qui n'aimait pas plus les honneurs que les richesses, répondit que les dignités ne lui allaient pas, et qu'elles ne pouvaient qu'apporter de nouveaux obstacles à son salut. Il sut de même traverser les vues de Léon XI, qui, pendant son court pontificat, eut dessein de l'agréger au sacré collège. L'approche du carême de 1606 l'obligea d'interrompre la visite générale de son diocèse, pour se rendre à Chambéry où le sénat l'avait invité à prêcher. Le même sénat ayant ordonné, vers le même temps, la saisie de son temporel, sur le refus qu'il fit de publier des monitoires pour une affaire d'une importance minime, qui ne méritait pas qu'on employât les censures ecclésiastiques, il répondit tranquillement à ceux qui lui signifièrent l'arrêt, qu'il remerciait Dieu de lui avoir rappelé qu'un évêque devait être tout *spirituel*. Au lieu de porter plainte au duc de Savoie, il continua de prêcher le reste du carême, comme si on ne lui eût pas fait injure. Cette conduite édifia toute la ville, et le sénat, honteux de son arrêt, accorda de son propre mouvement mainlevée de la saisie. En 1607, François reçut de Rome des lettres qui lui avaient été écrites de la part du pape Paul V, par lesquelles on lui demandait son sentiment sur la fameuse contestation qui divisait les Dominicains et les Jésuites, relativement à la manière dont la grâce agit sur la liberté de l'homme, et qui donna lieu à la tenue des congrégations dites *De auxiliis*. Le saint évêque fit une réponse, mais sans se prononcer ouvertement pour aucun des deux partis. Il est cependant aisé de voir dans son *Traité* de l'amour de Dieu qu'il penchait pour les Jésuites; du reste il n'aimait pas ces disputes *théologiques* qui roulent sur des questions obscures et inutiles au salut. Quelques-uns de ses amis ayant eu communication des lettres spirituelles qu'il avait écrites à une dame du monde, pour lui tracer des règles de conduite, le prièrent d'en former un corps d'ouvrage suivi, où il montrerait que la dévotion est de tous les états, et qu'elle regarde les simples fidèles comme ceux qui vivent dans les cloîtres. François se rendit à leurs instances, et composa *l'Introduction à la vie dévote*, livre admirable, qui fut reçu avec un applaudissement universel, et traduit dans toutes les langues de l'Europe. Henri IV, qui se plaisait à le lire, en faisait une estime singulière. La reine Marie de Médicis en envoya un exemplaire magnifiquement relié et enrichi de pierreries à Jacques Ier, roi d'Angleterre, qui, quoique ennemi de l'Eglise romaine, éprouvait en le lisant une satisfaction qu'il ne cherchait point à déguiser, et demanda aux évêques anglicans pourquoi ils n'écrivaient pas avec cette onction. Cependant un ordre religieux entreprit de critiquer l'ouvrage, accusant son auteur de permettre le bal, la comédie, etc. Un prédicateur de cet ordre, après avoir invectivé en chaire contre ce livre, poussa l'outrage jusqu'à le brûler en présence de ses auditeurs. Une scène aussi scandaleuse révolta tous les honnêtes gens; François seul apprit sans émotion l'affront sanglant qu'il venait de recevoir. Le général des Chartreux, après avoir lu *l'Introduction à la vie dévote*, avait conseillé au saint prélat de ne plus écrire, par la raison que sa plume ne pourrait rien produire de comparable à ce livre; mais il n'eut pas plutôt lu le *Traité de l'amour de Dieu*, qui parut quelque temps après, qu'il lui conseilla de ne jamais cesser d'écrire, puisque ses derniers ouvrages effaçaient toujours les premiers. La lecture qu'en fit Jacques Ier, roi d'Angleterre, le toucha si vivement, qu'il marqua un grand désir de voir l'auteur. Dès que le saint en fut informé, il s'écria: *Qui me donnera les ailes de la colombe pour voler dans cette île, autrefois l'île des saints, et aujourd'hui plongée dans les ténèbres de l'erreur? Oui, si le duc, mon souverain, veut le permettre, j'irai à cette nouvelle Ninive; j'irai trouver le roi pour lui annoncer la parole de Dieu au risque de ma propre vie.* Il aurait effectivement passé en Angleterre, si le duc de Savoie eût voulu y consentir; mais ce prince, extrêmement jaloux de son autorité, craignait que François, se trouvant à l'étranger, ne fît la cession de son droit sur la principauté de Genève; c'est pour la même raison qu'il lui refusa souvent la permission d'aller prêcher en France, où plusieurs villes sollicitaient le bonheur de l'entendre. Jean Pierre Camus, ayant été nommé évêque de Belley, en 1609, pria le saint de venir faire la cérémonie de son sacre. François se rendit à cette invitation, et dès lors ces deux prélats s'unirent par les liens d'une étroite amitié; ils se voyaient tous les ans et avaient ensemble des conférences sur différents points de spiritualité. Ce fut dans l'une de ces conférences que l'évêque de Genève dit ces paroles remarquables, au sujet de la correction fraternelle: *Les réprimandes sont une nourriture difficile à digérer: il faut si bien les cuire au feu de la charité qu'elles perdent toute leur âpreté; autrement elles ressemblent à ces fruits mal mûrs qui donnent des tranchées..... Un bon remède, quand on l'applique mal, devient poison: un silence judicieux est toujours meilleur qu'une vérité non charitable.* C'est à l'évêque de Belley que nous sommes redevables de l'ouvrage intitulé, *l'Esprit de saint François de Sales*, dans lequel on voit en effet l'esprit qui animait le saint. François fonda, en 1610, de concert avec sainte Jeanne Françoise de Chantal, l'ordre de la Visitation, auquel il donna une règle toute fondée sur l'humilité et la charité. Comme il voulait que son ordre fût accessible aux personnes d'un tempérament faible ou d'une complexion délicate, il ne prescrivit point de grandes austérités qu'il remplaça par la mortification intérieure, par l'esprit de pauvreté et de renoncement à soi-même. Le nouvel institut qu'il soumit immédiatement aux ordinaires fut confirmé par le pape Paul V, qui l'érigea en corps religieux, sous le titre de congrégation de la Visitation de Sainte-Marie. Comme la santé de François allait toujours en diminuant, dans la crainte de ne pouvoir plus suffire à ses nombreux devoirs, il voulut se choisir un coadjuteur, et son choix tomba sur Jean-François de Sales, son frère, non parce qu'il était son frère, mais parce qu'il le crut devant Dieu, le plus digne et le plus capable de continuer son œuvre. Il alla prêcher le carême de 1618 à Grenoble, où il l'avait déjà prêché l'année précédente, et il y convertit un grand nombre de calvinistes parmi lesquels on comptait le célèbre duc de Lesdiguières, qui fut depuis connétable de France. En 1619, il accompagna à Paris le cardinal de Savoie, qui allait demander Christine de France, sœur de Louis XIII, pour le prince de Piémont, et il prêcha le carême à Saint-André-des-Arts. L'affluence était si grande à ses sermons, que les personnes les plus distinguées avaient peine à y trouver place. Souvent il lui arrivait de monter en chaire deux fois par jour. Un de ses amis lui ayant représenté qu'il devait ménager davantage sa santé, il lui répondit en riant, qu'il lui en coûtait moins de donner un sermon, que de trouver des excuses pour s'en dispenser. D'ailleurs, ajouta-t-il, *j'ai été établi pasteur et prédicateur: ne faut-il pas que chacun exerce sa profession? Mais je suis surpris que les Parisiens courent à mes sermons avec un tel empressement, d'autant plus qu'il n'y a ni noblesse dans mon style, ni élévation dans mes pensées, ni beauté dans mes discours.* — *Croyez-vous*, dit son ami, *qu'ils y aillent chercher l'éloquence? Il leur suffit de vous voir en chaire; votre cœur parle par votre visage et par vos yeux, ne fissiez-vous que dire le Notre Père. Les expressions les plus communes deviennent tout de feu dans votre bouche... et voilà pourquoi vos paroles ont tant de poids et pénètrent jusqu'au cœur.* Le saint se mit à sourire et parla d'autre chose. Le mariage du prince de Piémont avec Christine de France ayant été conclu, la princesse choisit l'évêque de Genève pour son aumônier, et en l'attachant à sa personne, son dessein était de lui confier la direction de sa conscience; mais il refusa cette charge comme incompatible avec la résidence, et s'il consentit à la fin, ce fut à deux conditions, l'une qu'il résiderait dans son diocèse, et l'autre que quand il n'exercerait pas sa charge, il ne toucherait point le traitement qui y était attaché. Alors Christine, comme pour lui donner l'investiture de sa nouvelle dignité, lui fit présent d'un très-beau diamant qu'elle lui recommanda de garder pour l'amour d'elle. — *Madame, je vous le promets, tant que les pauvres n'en auront pas besoin. — En ce cas contentez-vous de l'engager et je le dégagerai. — Madame, je craindrais que cela n'arrivât trop souvent et que je n'abusasse de votre bonté.* La princesse l'ayant vu depuis à Turin sans le diamant, il lui fut aisé de deviner ce qu'il était devenu. Elle lui en donna un autre d'un plus grand prix encore, en lui recommandant bien de n'en pas faire comme du premier. — *Madame, je ne vous en réponds pas; je suis peu propre à garder les choses précieuses.* Christine parlant un jour de ce diamant, un gentilhomme lui dit qu'il était moins à l'évêque de Genève qu'à tous les *gueux* d'Annecy. François avait une si grande tendresse pour les pauvres, qu'il ne pouvait rien leur refuser; il leur donnait jusqu'à des pièces d'argenterie de sa chapelle et jusqu'à ses propres habits. Son intendant, que des aumônes excessives laissaient souvent sans aucun fonds, le querellait et menaçait quelquefois de le quitter. *Vous avez raison*, répondait le saint avec une naïveté admirable, *je suis un incorrigible, et qui pis est, j'ai bien l'air de l'être longtemps.* Un autre jour que la même discussion recommençait, il lui dit en lui montrant un crucifix: *Peut-on refuser quelque chose à un Dieu qui s'est mis dans cet état pour nous?* Il n'a pas tenu à la France qu'un si grand prélat n'ait été compté parmi les gloires de l'Église gallicane. Nous avons vu que Henri IV avait tout fait pour l'attirer dans son royaume, et le cardinal Henri de Gondi, évêque de Paris, fut si touché de son rare mérite, qu'il mit tout en œuvre afin de le faire son coadjuteur; mais François répondit, comme il l'avait déjà fait, dans d'autres circonstances semblables, qu'il ne quitterait jamais l'église de Genève que Dieu lui avait donnée pour épouse. Lorsqu'il fut de retour dans son diocèse après une absence d'un an et demi, il ne voulut point toucher cette année et demi de revenus, disant qu'il ne les avait point gagnés, et il en fit don à son église cathé-

DICTIONN. HAGIOGRAPHIQUE. I.

drale. Il reprit ses fonctions avec un nouveau zèle, surtout pendant la peste qui désola son troupeau. Qui pourrait s'imaginer qu'un saint si aimable pût avoir des ennemis? Il en eut cependant, mais il savait les gagner en n'opposant à leurs insultes et à leurs outrages que la bonté et les bienfaits. L'un d'eux, dont François s'était attiré la haine en retirant du désordre une courtisane qu'il entretenait, poussa la noirceur et la scélératesse jusqu'à contrefaire l'écriture de François, dans une lettre adressée à cette malheureuse, et dans laquelle il faisait tenir au saint évêque le langage du plus effronté libertin. Cette lettre étant devenue publique en imposa à un grand nombre de personnes et même au duc de Nemours. Le prélat fut traité d'infâme hypocrite et chargé des imputations les plus flétrissantes, qui, par contre coup, retombèrent sur les religieuses de la Visitation, et notamment sur leur supérieure, madame de Chantal, avec laquelle il était lié d'une sainte amitié; mais il supporta patiemment cette horrible calomnie, dans la pensée que Dieu lui-même prendrait soin de venger sa réputation, si cela importait à sa gloire. Ce ne fut toutefois qu'au bout de deux ans que le calomniateur, se voyant sur le point de paraître devant le Juge suprême, avoua la vérité en présence de plusieurs personnes, demanda pardon avec les sentiments du plus vif repentir et conjura tous les assistants de publier l'innocence du saint: celui-ci se trouva ainsi justifié de même que ses filles spirituelles, qui avaient partagé l'odieux de sa diffamation. L'affaiblissement graduel de ses forces lui fit comprendre que le terme de sa vie approchait; aussi lorsqu'il partit pour Avignon en 1622, fit-il entendre à ses amis qu'ils ne le reverraient plus. Il allait dans cette ville, en vertu d'un ordre du duc de Savoie, qui s'y rendait lui-même pour saluer Louis XIII qui venait de soumettre les huguenots du Languedoc. Il ne voulut pas, par mortification, contempler l'entrée du roi dans Avignon et passa en prières tout le temps que dura la cérémonie. Comme il revenait par Lyon avec la cour, l'intendant du Lyonnais et plusieurs autres personnes distinguées de la ville se disputèrent le bonheur de le loger, mais il trouva moyen de les mettre d'accord en logeant dans la chambre du jardinier de la Visitation. Quoique sa santé fût dans un état déplorable, il prêcha le jour et la veille de Noël; mais le lendemain il se trouva si mal qu'il fallut le mettre au lit, et bientôt on remarqua en lui tous les symptômes d'une apoplexie. Comme il conservait néanmoins toute sa connaissance, il demanda et reçut l'extrême-onction. On ne lui administra pas le saint viatique parce qu'il avait dit la messe le matin, et que d'ailleurs il avait de fréquents vomissements. Il ne s'occupa plus ensuite qu'à répéter avec une ferveur toute angélique certains passages de l'Écriture appropriés à son état. Comme les assistants fondaient en larmes, *Ne pleurez point, mes enfants,* leur dit-il, *ne faut-il pas que la volonté de Dieu s'accomplisse?* Quelqu'un l'ayant exhorté à dire avec saint Martin, Seigneur, si je suis encore nécessaire à votre peuple, je ne refuse pas le travail, il parut ne pas approuver cette comparaison, et fit un effort pour répondre qu'il était un serviteur inutile, dont Dieu ni son peuple n'avaient besoin. Il perdit ensuite la parole, et mourut le 28 janvier 1622, dans la cinquante-cinquième année de son âge, et la vingtième de son épiscopat. Son cœur, enfermé dans une boîte de plomb, fut porté à l'église de la Visitation de Bellecour; plus tard on le mit dans un reliquaire d'argent, ensuite dans un reliquaire d'or donné par Louis XIII. Comme le saint avait choisi Annecy pour le lieu de sa sépulture, on y transporta solennellement son corps, qui fut enterré dans une chapelle, à côté du sanctuaire de l'église de la Visitation. Il fut mis dans une belle châsse d'argent et placé sur l'autel, en 1661, lorsque Alexandre VII eut béatifié le serviteur de Dieu. Le même pape le canonisa quatre ans après, et fixa sa fête au 29 janvier, jour où son corps était arrivé à Annecy. La bulle de sa canonisation rapporte sept miracles authentiques opérés par son intercession, et parmi ces miracles on compte la résurrection de deux morts et la guérison d'un aveugle-né. On rapporte que quand on fit l'ouverture de son corps pour procéder à son embaumement, on trouva son fiel dur et comme pétrifié : on attribua ce phénomène physiologique aux efforts qu'il avait faits pour acquérir la douceur qui est de toutes les vertus celle qui a le plus brillé en lui. Nous apprenons de lui qu'il était naturellement vif et porté à la colère; mais, dès sa jeunesse, il se fit la plus grande violence pour réprimer les saillies de la nature, et vint à bout d'établir sur les ruines de sa passion dominante une vertu qui a fait son caractère distinctif. Ce fut surtout cette vertu qui dessilla les yeux des calvinistes et qui arracha plus de soixante-dix mille âmes à l'hérésie. Quelques personnes ayant un jour blâmé son indulgence pour les pécheurs, il leur répondit : *S'il y avait quelque chose de meilleur que la douceur, Dieu nous l'aurait appris; mais il ne nous recommande que deux choses, d'être doux et humbles de cœur. Me voulez-vous empêcher d'observer les commandements de Dieu, et d'imiter, le plus que je pourrai, la vertu dont il nous a donné l'exemple?...* Outre l'*Introduction à la vie dévote* et le *traité de l'amour de Dieu*, dont nous avons déjà parlé, saint François de Sales a laissé plusieurs volumes de lettres, dans lesquelles sa belle âme se montre tout entière, des controverses contre les protestants, des entretiens spirituels à l'usage des âmes avancées dans les voies intérieures, des sermons auxquels il ne veit pas la dernière main, si l'on en excepte celui de l'Invention de la sainte croix, des instructions pour les confesseurs et quelques opuscules sur des sujets de piété. — 29 janvier.

FRANÇOIS DE POSADAS (le bienheureux), Dominicain, né à Cordoue en 1644, de parents nobles, mais pauvres, qui l'élevèrent chrétiennement. Il montra de bonne heure un grand amour pour Dieu et une tendre dévotion envers la sainte Vierge, en l'honneur de laquelle il récitait tous les jours le rosaire, avec d'autres enfants de son âge qu'il avait formés à cette pratique. Sa pieuse mère, qui l'avait placé, dès l'instant de sa naissance, sous la protection de Marie, et qui désirait beaucoup le voir entrer un jour dans l'ordre de Saint-Dominique, n'eut pas plutôt sondé François sur ce point, qu'elle le trouva tout disposé à s'y conformer. Dès lors il se regarda, quoique tout jeune encore, comme déjà consacré à Dieu; il ne partageait ni les jeux ni les amusements de ses camarades, mais il donnait à la prière et à la méditation presque tout le temps qui n'était point employé à l'étude, fréquentait les sacrements avec la plus grande dévotion, et s'efforçait par toute sa conduite de devenir un digne membre de l'ordre de Saint-Dominique. Sa mère, étant devenue veuve se remaria à un homme qui le força d'apprendre un métier, et le confia à un maître brutal qui tous les jours l'accablait de coups, malgré son assiduité au travail. François, à force de patience et de douceur, vint à bout de gagner son affection au point qu'il en obtint des secours pour achever ses études, interrompues par son apprentissage. Sa mère ayant perdu son second mari, il la soigna en bon fils, et il attribuait plus tard au respect et aux égards qu'il avait eus pour elle les grâces dont Dieu le comblait. Il put enfin entrer chez les Dominicains l'an 1663, et après avoir fait son noviciat dans le couvent de la *Scala cœli*, près de Cordoue, il y prononça ses vœux. Dans les commencements, la communauté ne sut pas l'apprécier, et il fut en butte à la persécution et à la calomnie qu'il supporta sans se plaindre; mais on finit par lui rendre justice, et il fut ordonné prêtre à Saint-Lucar de Barméja. Employé au ministère de la prédication, ses sermons opérèrent des fruits immenses, et la foule était si grande que les églises se trouvant trop petites pour la contenir, il était souvent obligé de prêcher sur les places publiques. La force et la beauté de ses discours; le charme de sa voix, ses larmes, son extérieur, tout concourait à toucher et à convertir les cœurs : on le voyait quelquefois, le visage rayonnant, comme on représente les séraphins. Il menait, dans ses missions, la vie la plus mortifiée, faisant tous ses voyages à pied, souvent sans chaussure, ne portant point de provisions et n'ayant pour lit qu'un sac de paille, et souvent même la terre nue; ses succès n'étaient pas moins grands au confessionnal qu'en chaire; et l'onction de ses paroles y était presque irrésistible. Son zèle, aussi éclairé qu'il était ardent, faisait marcher à grands pas, dans les voies de la perfection, les âmes qu'il conduisait, et il s'appliquait surtout à les éloigner des dangers du monde et, en particulier, des spectacles profanes : son crédit sur les habitants de Cordoue fut assez grand pour obtenir la destruction du théâtre de cette ville. Rien ne le rebutait, rien ne l'effrayait, ni les fatigues, ni les dangers, ni les obstacles. Ses austérités et ses jeûnes, son humilité, son amour pour les pauvres le faisaient regarder comme un saint dans les provinces méridionales de l'Espagne. François de Posadas, après avoir refusé l'évêché d'Alquer en Sardaigne et celui de Cadix, après une vie passée dans les travaux des missions, mourut presque subitement, lorsqu'il venait de célébrer la messe, le 20 septembre 1713. Il a publié plusieurs ouvrages parmi lesquels on distingue le *Triomphe de la chasteté*, la *Vie* de la vénérable mère Léonarde du Christ, Dominicaine, la *Vie* de Christophe de Sainte-Catherine, celle de saint Dominique et des avertissements à la ville de Cordoue. Les démarches pour sa canonisation furent commencées bientôt après sa mort. Le décret de sa béatification fut promulgué par Pie VII, le 20 septembre 1818. — 20 septembre.

FRANÇOIS DE GIROLAMO (saint), jésuite, né en 1642, à Grottaglia, dans le royaume de Naples, montra, dès son jeune âge, de grandes dispositions pour les sciences et la vertu. Il n'avait encore que dix ans lorsqu'on le chargea de faire le catéchisme aux petits enfants. Ayant embrassé l'état ecclésiastique, et ayant été ordonné prêtre en 1666, il fut placé, en qualité de préfet, au collège des nobles de la ville de Naples. Un jour qu'il avait été obligé de punir un élève qui avait manqué au règlement ; le frère de celui-ci l'accabla d'injures et lui donna un soufflet. François, sans s'émouvoir, se jette à genoux et présente l'autre joue, selon le conseil de Notre-Seigneur. Ce fait n'eut pas plutôt été connu dans la ville, qu'il lui attira une estime et une admiration universelles. Le désir de mener une vie plus dégagée du monde lui fit prendre la résolution d'entrer chez les Jésuites en 1670. Après son noviciat, il fut employé à donner des missions dans les environs d'Otrante. Ayant fait les quatre vœux solennels en 1688, il fut chargé de diriger les missions dans le royaume de Naples, et il exerça pendant quarante ans cette difficile et importante fonction. Il serait trop long de citer tous les lieux où il fit entendre la prédication de la parole sainte avec le plus grand succès ; mais Naples fut surtout le théâtre de ses travaux évangéliques. Il préchait dans les communautés, les séminaires, les hôpitaux, les galères et les prisons, et l'on peut dire que toutes les classes de la société, mais surtout les enfants, les malheureux et les pauvres, éprouvèrent les effets salutaires de son zèle. Ses sermons, ordinairement courts, mais pleins de force et d'onction, avaient pour but de toucher les cœurs, de les exciter et de les disposer aux sacrements de pénitence et d'eucharistie ; aussi voyait-on souvent huit à dix mille personnes communier d'un seul jour, à la suite de ses vives exhortations. La conversion de ces malheureuses créatures qui, en prostituant leurs charmes, font la honte et le scandale des pays chrétiens, fut aussi l'objet de sa sollicitude, et il eut la consolation d'en ramener un grand nombre à la vertu. Un jour qu'il préchait dans la rue, l'une d'elles vint se jeter à ses pieds, fondant en larmes, et le suppliant de lui trouver un asile où elle pût rentrer en grâces avec Dieu. François la recommanda à l'assemblée, et bientôt une fenêtre s'étant ouverte, on jeta de l'argent sur le pavé. Aussitôt se tournant vers cette fenêtre, il s'écria : « Qui que vous soyez, qui avez fait cette bonne action, prenez courage; la grâce de Dieu est près de vous. » Le jour suivant, une femme vint se placer dans son confessionnal, lui dit que c'était elle qui avait jeté l'argent, et implora son secours pour opérer un changement de vie qu'elle méditait : elle fut depuis un modèle de régularité et de pénitence. Un des moyens de sanctification qu'il employait avec le plus de succès, surtout dans les monastères et les communautés, c'étaient les exercices spirituels de saint Ignace. Une retraite qu'il donna au séminaire de Naples, produisit des effets admirables ; il en fut de même dans les exercices qu'il donna à la confrérie de la Trinité : un pécheur scandaleux y confessa ses fautes devant tout le monde, et s'ensevelit ensuite dans la solitude, pour y faire une pénitence exemplaire. Dans le collège des jeunes nobles, on vit, à la suite de ses sermons, quinze élèves quitter le monde pour embrasser la vie religieuse. Il forma une association de marchands, dont tous les membres se faisaient remarquer par leur scrupuleuse probité, par l'exactitude à s'acquitter des pratiques pieuses qui leur étaient prescrites, et surtout par une grande charité envers le prochain. On ne peut donner ici le détail de tout ce qu'il opéra dans le cours de sa longue vie pour la gloire de Dieu, le salut de ses frères et sa propre sanctification. Il mourut à Naples le 11 mai 1716, après avoir montré, dans sa dernière maladie, une résignation et une patience inaltérables. Aussitôt que la nouvelle de sa mort fut connue dans la ville, on accourut en foule au lieu où son corps était exposé. Sur le soir, quand l'affluence ne fut plus aussi considérable, la duchesse de Lauria, épouse du gouverneur de Naples, se trouvant près du saint, pria un des pères de faire le signe de la croix, avec la main de François, sur la tête de sa fille âgée de dix ans, qui était estropiée, paralytique, hideusement contrefaite, et qui ne pouvait émettre que des sons inarticulés. Le religieux y consentit, et pendant ce temps-là les assistants récitèrent le *Miserere*. Aussitôt, au grand étonnement de tout le monde, la petite fille cria, en s'adressant à sa mère qui la tenait sur ses bras : Mettez-moi à terre, je suis guérie. La duchesse s'évanouit de joie, et, revenue à elle, elle se souvint que le père Girolamo lui avait autrefois promis que sa fille serait guérie après sa mort, et qu'il en avait obtenu l'assurance de saint Cyr et de saint François Xavier, à qui il l'avait recommandée. François Girolamo a été béatifié par Pie VII en 1806, et canonisé par Grégoire XVI le 26 mai 1839. — 11 mai.

FRANÇOISE (sainte), *Francisca*, veuve et fondatrice des Collatines ou Oblates, née à Rome en 1384, d'une famille noble, était fille de Paul Buxo et de Jacqueline Rofredeschi. Elle montra dès son enfance beaucoup d'inclination pour la vertu et surtout pour la chasteté. A onze ans, elle voulait se faire religieuse, mais ses parents n'y ayant pas consenti, elle entra par obéissance dans le mariage et épousa, en 1396, Laurent Ponzoni, jeune seigneur romain dont la fortune égalait la naissance. Elle sut, dans sa nouvelle position, conserver l'esprit de retraite et de prière, évitant avec soin les divertissements et les dangers du monde, mettant son plaisir à vaquer à la méditation et à visiter les églises; mais comme sa piété était éclairée, les devoirs que lui imposait son titre d'épouse n'en souffraient jamais. Elle avait coutume de dire à cette occasion qu'une femme devait laisser là tous ses exercices de dévotion, lorsque sa présence était nécessaire dans son ménage. Pleine de complaisance et d'égards pour son mari, qui la payait d'un juste retour, rien ne troubla la paix et la bonne harmonie, pendant les quarante ans que dura leur union. Elle élevait ses enfants de la manière la plus chrétienne, et la seule grâce qu'elle demandait à Dieu pour eux, était qu'ils pussent mériter une place dans le ciel. Elle traitait ses domestiques comme s'ils eussent été des membres de sa famille, et comme ses futurs cohéritiers dans le royaume céleste : de là le zèle qu'elle mettait à leur sanctification. Lorsque son mari lui eut permis de suivre son attrait pour la mortification, elle traita son corps avec une grande rigueur, s'interdit l'usage du vin, du poisson et de tout ce qui est capable de flatter le goût. Elle ne se permettait le gras que quand elle était malade : du pain dur et moisi était sa nourriture ordinaire, et pour en avoir de cette qualité, elle en échangeait du bon contre les croûtes que les pauvres avaient dans leurs poches. Elle avait soin de gâter ses meilleurs repas par des herbes sans assaisonnement, et ne mangeait qu'une fois par jour. Jamais elle ne portait de linge, pas même en maladie, et ses habits étaient toujours d'une étoffe grossière, et elle portait par-dessous une discipline armée de pointes de fer, avec un cilice et une ceinture de fer qu'elle échangea par ordre de son confesseur avec une ceinture de crin. S'il lui échappait, par fragilité, quelque offense de Dieu, elle se punissait sévèrement par où elle avait péché. Ainsi, par exemple, s'il lui arrivait de pécher par la langue, elle se la mordait jusqu'au sang. Une vie aussi sainte fit beaucoup d'impression sur les dames romaines, et plusieurs, frappées de son exemple, renoncèrent aux pompes et aux vanités du monde, pour se mettre sous la conduite des Bénédictins du mont Oliveto, espèce de confrérie où l'on se dévouait spécialement à Dieu sans quitter le monde, sans faire de vœux et sans porter d'habit particulier. Sainte Françoise fut éprouvée par diverses afflictions pendant les troubles qui accompagnèrent l'invasion de Rome par Ladislas, roi de Naples, et pendant le schisme qui déchirait l'Église sous le pontificat de Jean XXIII. Son époux fut banni de la ville avec Paulucci, son beau-frère, en 1415, après avoir vu ses biens confisqués et son fils aîné retenu en otage. Au milieu de ces calamités domestiques, elle ne perdit rien de la tranquillité de son âme, mais elle répétait, après le saint homme Job, Dieu m'a ôté ce qu'il m'avait donné, que son saint nom soit béni. Après l'extinction du schisme et des troubles qu'il avait produits, son mari fut rétabli dans ses biens; quant à elle, sa ferveur, que rien n'avait interrompue, alla toujours en augmentant, et Dieu la combla de faveurs signalées; son mari en fut tellement touché qu'il consentit, sur sa demande, à vivre avec elle dans une parfaite continence, et lui permit, en 1425, de fonder un monastère pour des religieuses auxquelles elle donna la règle de saint Benoît avec quelques constitutions particulières. Ce monastère s'étant bientôt trouvé trop petit pour contenir toutes les personnes qui voulaient entrer dans le nouvel institut, elle l'agrandit considérablement en 1433, et ce n'est qu'à cette dernière année qu'on rapporte la fondation de son ordre qui fut approuvé, en 1437, par Eugène IV. Les religieuses qui le composent prirent le nom d'Oblates, parce qu'en se consacrant à Dieu, elles se servent du mot d'oblation et non de celui de profession. On les appelle aussi Collatines, à cause du quartier de Rome où elles habitent. Elles ne font point de vœux et promettent simplement d'obéir à la mère présidente. Elles ont des pensions, héritent de leurs parents et peuvent sortir avec la permission de leur supérieure. Sainte Françoise, après la mort de son mari, alla partager leur retraite. Elle se présenta à la porte du monastère, nu-pieds et la corde au cou, demandant, comme une grâce, d'être admise au nombre des sœurs. Elle prit l'habit et fit son *oblation* le jour de la Saint-Benoît 1437. Loin de se prévaloir de sa qualité de fondatrice, elle se regardait comme la dernière de la maison, et ce ne fut qu'après bien des résistances, qu'on put lui faire accepter la place de supérieure générale de la congrégation. Dieu récompensa son humilité par des visions et par le don de prophétie : on lit dans le procès de sa canonisation qu'elle conversait familièrement avec son ange gardien. Ayant été obligée de sortir de son monastère pour aller voir son fils Jean Baptiste qui était dangereusement malade, elle fut elle-même attaquée d'une maladie mortelle. Elle prédit le moment de sa mort qui arriva le 9 mars 1440, à l'âge de cinquante-six ans. Sa sainteté fut attestée par de nombreux miracles, de sorte qu'on lui rendit un culte public immédiatement après sa mort. Son corps est à Rome dans une châsse magnifique. Paul V la canonisa en 1608. — 9 mars.

FRATERNE (saint), *Fraternus*, évêque d'Auxerre et martyr, souffrit vers l'an 480, sans qu'on connaisse la cause ni les circonstances de sa mort. — 29 septembre.

FRÉ (saint), *Fredus*, abbé en Irlande, était originaire de France, et il est honoré comme confesseur le 2 décembre.

FREDEBERT (saint), *Fredebertus*, évêque d'Agen, est honoré le 26 juillet.

FREDEBERT (saint), *Fridebertus*, évêque en Angleterre, florissait au VIIIe siècle. — 23 décembre.

FREDERIC (saint), *Fridericus*, évêque d'Utrecht et martyr, petit-fils de Radbod, prince des Frisons, fut élevé dans les lettres et la piété avec les clercs de l'église d'Utrecht, dont il devint le modèle par ses vertus, ses austérités et surtout par son ardeur pour la prière, à laquelle il consacrait une grande partie des nuits. Ayant été ordonné prêtre par Ricfride, son évêque, il fut chargé de l'instruction des catéchumènes, et Ricfride étant mort en 820, le clergé et le peuple d'Utrecht le choisirent pour son successeur. Frédéric n'eut pas plutôt appris son élection qu'il mit tout en œuvre pour échapper à ce fardeau de l'épiscopat ; mais on n'eut aucun égard à ses réclamations, et l'empereur Louis le Débonnaire l'obligea de se soumettre. Il fut sacré à Aix-la-Chapelle, en présence de l'empereur qui lui recommanda de travailler à la conversion des idolâtres qui se trouvaient encore dans la Frise. Lorsqu'il eut pris possession de son siège, il envoya dans le nord de la Frise des ouvriers évangéliques pour travailler à l'extirpation des restes du paganisme. L'impératrice Judith, seconde femme de Louis le Débonnaire et mère de Charles le Chauve, ayant, par une conduite peu régulière, donné lieu d'attaquer sa réputation, saint Frédéric lui fit des representations qui furent mal prises par la princesse, et qui valurent au saint évêque le ressentiment de cette femme altière et des persécutions. Il passa dans l'île de Walcheren, pour en évangéliser les habitants qui n'étaient chrétiens qu'à demi ; il s'appliqua surtout à détruire le scandale causé par leurs unions incestueuses. La destruction de cet abus qui était général dans l'île, lui coûta bien des exhortations, des larmes, des prières et des jeûnes. Il réconcilia ensuite à l'Eglise tous ceux d'entre eux qui avaient fait une sincère pénitence. Le mérite et la sainteté de Frédéric le faisaient regarder comme un des plus grands évêques de son siècle, comme on le voit par les éloges que lui donnaient ses contemporains, et surtout par le poëme que Raban-Maur composa en son honneur. La dévotion que saint Frédéric avait pour les trois personnes divines lui fit composer une belle prière en l'honneur de la sainte Trinité ; il y joignit une explication de cet adorable mystère contre les hérésies. Un jour qu'après avoir dit la messe, il faisait son action de grâces dans la chapelle de Saint-Jean-Baptiste, deux scélérats, que Judith, pour se venger de la généreuse liberté avec laquelle il l'avait reprise de ses désordres, avait chargés d'assassiner le saint évêque, le percèrent de plusieurs coups de poignard dont il mourut quelques instants après, le 17 juillet 838, en récitant ces paroles du psaume 114 : Je louerai le Seigneur dans la terre des vivants. Il fut enterré dans l'église de Saint-Sauveur d'Utrecht, appelée Oude-Munster. — 18 juillet.

FREDERIC (le bienheureux), prévôt de Saint-Vaast d'Arras, était fils de Godefroi, comte de Verdun et frère d'Adalbert, évêque de cette ville. Ayant succédé à son père, il fit don en 997 de son comté aux évêques de Verdun, avant d'entreprendre le pèlerinage de Jérusalem. En revenant de la terre sainte, il passa par Reims et séjourna quelque temps chez l'abbé Richard, doyen de la cathédrale, avec lequel il prit l'habit monastique à l'abbaye de Saint-Vannes à Verdun, alors gouvernée par le bienheureux Fingen. Un jour le duc Godefroi étant venu voir son frère Frédéric, il le trouva occupé à laver la vaisselle dans la cuisine. *Quelle occupation pour un comte!* lui dit-il avec un froid dédain. —*Vous avez raison, mon frère; elle est fort au-dessus de moi ; car qui suis-je, pour rendre le moindre service à saint Pierre et à saint Vannes, patrons de cette maison?* Il dit un jour à un religieux qui voulait l'aider à ôter sa chaussure : *A quoi me sert d'avoir quitté le monde, si sans nécessité je reçois de mes frères les services qu'on m'y rendait? je ne suis point ici pour être servi, mais pour servir.* Richard, qui était devenu abbé après la mort de Fingen, ayant été nommé ensuite à l'abbaye de Saint-Vaast d'Arras, emmena avec lui le bienheureux Frédéric, qu'il fit prévôt de la communauté. Il en exerça les fonctions jusqu'à sa mort, arrivée le 6 janvier 1020. L'abbé Richard ne conserva que ses entrailles à Saint-Vaast et fit transporter son corps à Saint-Vannes. — Le 6 janvier.

FREDERIC (le bienheureux), abbé d'Hirsauge, était issu d'une famille noble de Souabe, et il prit l'habit religieux à Notre-Dame des Ermites. Sa vertu et son mérite le firent mettre à la tête d'une colonie de moines, destinée à repeupler l'abbaye d'Hirsauge qui était devenue déserte. Il en prit le gouvernement en 1065, et non-seulement il y rétablit la discipline monastique, mais il en répara les bâtiments de concert avec Adelbert, comte de Calwi, et son épouse, qui l'aidèrent de leurs libéralités. Il eut ensuite à subir l'injustice de quelques hommes puissants qui parvinrent, par des accusations fausses, à le faire déposer. Il fut condamné à l'exil, et il mourut peu après, vers l'an 1070. — 8 mai.

FREDERIC (le bienheureux), évêque de Liège, florissait au commencement du XIIe siècle, et mourut l'an 1121. Il est nommé saint par Fisen, et il est honoré le 27 avril.

FRÉDÉRIC (le bienheureux), abbé de Mariengarten, naquit au commencement du XIIe siècle à Hallum, village de la Frise. Ayant perdu son père, encore enfant, il fut élevé par sa mère dans la crainte de Dieu et dans la pratique de la vertu. Afin de veiller de plus près sur ses premières années, elle lui fit commencer ses études à Hallum même, et il alla ensuite les terminer à Munster en Westphalie, où il se distingua par de brillants succès. Il fit aussi de grands progrès dans la piété. La prière, la mortification, la vigilance sur lui-même et la fuite du monde, tels furent les moyens qu'il employa pour conserver son innocence. Il avait une grande dévotion envers la sainte Vierge, saint Jean l'Evangéliste et sainte Cécile, par l'intercession desquels il demandait tous les jours la grâce de se conserver chaste et pur au milieu du siècle. Ayant été élevé au sacerdoce, ses compatriotes le demandèrent pour vicaire, et lorsque le curé vint à mourir, il fut nommé son successeur. Il passa plusieurs années dans ce poste modeste, uniquement occupé de ses devoirs, et donnant à ses paroissiens l'exemple de toutes les vertus. Mais il céda enfin au désir qu'il nourrissait depuis longtemps de fonder un monastère dans le lieu de sa naissance. S'étant rendu auprès de l'évêque d'Utrecht pour lui faire part de son projet, l'évêque l'approuva et l'encouragea en lui donnant sa bénédiction. Le bienheureux Frédéric alla passer quelque temps au monastère de Marienward pour s'y former à la discipline et aux habitudes de la vie religieuse, et revint ensuite à Hallum, où, par le secours de quelques âmes nobles et vertueuses, il fonda, près de ce village, vers l'an 1163, un monastère connu depuis sous le nom d'abbaye de Mariengarten, de l'ordre des Prémontrés. A peine cet établissement était-il formé qu'il se trouva trop petit pour contenir ceux qui se présentaient pour y être admis, et l'on fut obligé de construire de nouveaux bâtiments dans le voisinage. Dans la suite, on éleva deux autres monastères dépendant du premier, l'un près de Groningue, et l'autre près de Dockum, dans le lieu même où la tradition porte que saint Boniface fut martyrisé, ainsi que plusieurs maisons de religieuses. Le saint abbé fut chargé du gouvernement de ces différentes communautés jusqu'à sa mort qui arriva le 3 mars 1175, jour auquel les Prémontrés des Pays-Bas et de l'Espagne célèbrent sa fête, avec la permission du saint-siége. — 3 mars.

FREDLÉMID (saint), évêque de Kilmore en Irlande, était, à ce que l'on croit, frère de saint Dermod, et fut intimement lié avec saint Kiaran et saint Sénan. Il florissait dans le milieu du VIe siècle ; mais on ignore les détails de sa vie ainsi que l'année de sa mort. Quelques auteurs le confondent avec saint Felimy, évêque de Cloyne dans la même île, et qui vivait dans le même siècle. Il est honoré avec beaucoup de solennité dans le diocèse dont il fut le pasteur. — 2 août.

FRÉGAUT (le bienheureux), *Fredegandus*, prêtre dont le corps se gardait dans l'église des chanoinesses de Moutiers sur Sambre, près de Namur, est honoré à Dorne près d'Anvers le 17 juillet.

FREJUS (saint), évêque de Grenoble, florissait au milieu du VIIe siècle et mourut vers l'an 669. Il est honoré le 12 janvier.

FREMIN ou **PHRONYME** (saint), *Phronymus*, évêque de Metz, florissait au IVe siècle. — 27 juillet et 18 août.

FRESCENDE (la bienheureuse), *Frescendis*, vierge de l'ordre de Citeaux, est honorée à Douai le 30 juin.

FREVISSE (sainte), *Frideswitha*, vierge et abbesse, fille de Didan, prince d'Oxford, s'appliqua dès son enfance à ne vivre que pour Dieu. Une vertueuse gouvernante, nommée Algive, chargée de son éducation, lui inspira du mépris pour les biens périssables, et la jeune Frévisse, effrayée des dangers du monde, résolut d'embrasser la vie religieuse afin de mettre en sûreté son innocence. Didan, qui était lui-même rempli de piété, approuva son projet, et pour lui en faciliter l'exécution, il fonda à Oxford, vers l'an 730, en l'honneur de la sainte Vierge et de tous les saints, un monastère dont le gouvernement fut confié à sa fille. Frévisse ne négligea rien pour s'avancer dans les voies de la perfection et pour y faire marcher les religieuses confiées à ses soins. Mais Algar, prince de Mercie, ayant conçu pour elle une passion violente, résolut de l'enlever. La servante du Seigneur, instruite du danger qu'elle courait, se cacha pour s'y soustraire. On dit qu'Algar devint aveugle en punition de son criminel dessein, mais qu'il recouvra ensuite la vue par les prières de la sainte et qu'il fit pénitence. Sainte Frévisse se fit construire un petit oratoire à Thornbury près d'Oxford, et s'y renferma pour vaquer uniquement à la prière et à la contemplation. Elle mourut sur la fin du VIIIe siècle, et il s'opéra plusieurs miracles sur son tombeau. L'église dans laquelle elle fut enterrée porta son nom dans la suite. Avant la réforme, elle était honorée à Oxford comme patronne de la ville et de l'université. Sous le règne d'Elisabeth, on enterra la femme de Martin Bucer dans le tombeau de la sainte dont on avait profané les reliques. — 19 octobre.

FREZAUD (saint), *Frodoaldus*, évêque de Javoux, dans le Gévaudan, florissait au commencement du IXe siècle, et il mourut en 820. Son corps est à la Canourgue, dans une église qui porte son nom. — 4 septembre.

FRIARD (saint), *Friarius*, solitaire et reclus, né vers l'an 511 d'un laboureur du territoire de Nantes, suivit d'abord la profession de son père, et joignait aux travaux agricoles une prière continuelle, les jeûnes et les pratiques de la pénitence. Sa piété et son horreur pour le vice lui attirèrent souvent des railleries. Un jour qu'il liait des gerbes dans un champ avec quelques ouvriers, un essaim de guêpes vint les assaillir, et dans leur détresse, ils eurent recours à Friard. Que ce dévot, dirent-ils, qui prie Dieu sans cesse, et qui fait à tous moments le signe de la croix, vienne donc nous délivrer de ces guêpes. Le saint, peu sensible à leurs insultes, ne pensa qu'à leur porter secours, et ayant fait le signe de la croix, en disant ces paroles qu'il répétait souvent : Notre secours est dans le nom du Seigneur qui a fait le ciel et la terre, l'essaim prit la fuite, et les railleurs furent pénétrés de confusion, de reconnaissance et de vénération pour lui. Croyant que Dieu l'appelait à un genre de vie plus parfait, il se retira, avec saint Secondel, qui était diacre, dans l'île de Vindonite, formée par la Loire et située dans le diocèse de Nantes. Ils se construisirent, chacun, une cellule où ils faisaient leurs exercices en particulier. Secondel ayant été éprouvé par diverses tentations, Friard lui apprit à discerner les opérations de l'esprit de ténèbres d'avec celles de l'esprit de Dieu. Il eut encore d'autres disciples qu'il instruisit dans les voies de la perfection, et il était uni par les liens d'une étroite amitié avec saint Félix, évêque de Nantes, qui l'assista dans ses derniers moments. Il mourut sur la fin du VIᵉ siècle et fut enterré dans sa cellule. On bâtit dans la suite une église sur son tombeau où s'étaient opérés plusieurs miracles. Une partie de ses reliques se conserve dans l'église paroissiale de Besnay dont il est patron. — 1ᵉʳ août.

FRIDIEN (saint), *Frigdianus*, évêque de Lucques, était, selon quelques auteurs, fils d'un roi d'Uitonie en Irlande, que le désir de se perfectionner dans la vertu et dans les sciences ecclésiastiques fit passer en Italie dans le milieu du VIᵉ siècle. Son mérite le fit élever sur le siège épiscopal de Lucques, vacant par la mort de Géminien. Il arrêta, par ses prières, l'inondation de la rivière d'Auser ou de Serchio, qui menaçait de submerger la plus grande partie de la ville. Saint Fridien mourut en 578 et fut enterré dans l'endroit où est présentement l'église qui porte son nom. — 18 mars.

FRIDOLIN (saint), *Fridolinus*, abbé, né en Irlande ou en Écosse, sur la fin du VIᵉ siècle, quitta sa patrie pour venir prêcher l'Évangile dans les Gaules. Il fonda dans l'Austrasie, la Bourgogne et la Suisse plusieurs monastères dont le dernier fut celui de Sekingen, dans une île formée par le Rhin. Il y termina saintement sa vie en 538. Les habitants du canton de Glaris, dont il est patron, portent pour armes l'image de saint Fridolin. — 6 mars.

FRION (saint), *Fredulphus*, confesseur en Saintonge, florissait dans le VIIᵉ siècle. — 4 août.

FRISE (saint), *Fresius*, martyr au VIIIᵉ siècle, est honoré à Auch le 18 janvier.

FROBERT (saint), *Frodobertus*, abbé, né à Troyes au commencement du VIIᵉ siècle, fut élevé sous des maîtres habiles, dans l'école attachée à l'Église de cette ville. Sa piété et ses autres vertus engagèrent l'évêque à l'admettre dans la cléricature, et on lit dans sa vie que dès lors Dieu le favorisa du don des miracles. Il possédait dans un degré éminent cette simplicité que Jésus-Christ recommande dans l'Évangile ; il la portait même si loin qu'elle lui attira plus d'une fois des railleries et des outrages. Il passa quelques années dans le monastère de Luxeuil où sa sainteté le mit en grande vénération. Étant ensuite revenu à Troyes avec quelques religieux de Luxeuil, l'évêque le pria de se fixer dans son diocèse, et le roi Clotaire II lui donna, près de Troyes, un emplacement pour bâtir un monastère dit depuis Moutiers-la-Celle. Il s'y forma une communauté nombreuse et florissante que saint Frobert gouverna le reste de sa vie. La calomnie s'efforça en vain de noircir sa réputation ; on reconnut son innocence, et sa vertu brilla ensuite d'un plus vif éclat. Il mourut le 31 décembre 673, et fut enterré dans l'église de son monastère. Atulfe, évêque de Troyes, fit la translation de ses reliques en 873, le 8 de janvier, jour où l'on célèbre sa fête principale. — 8 janvier et 31 décembre.

FROILAN (saint), *Froilanus*, évêque de Léon en Espagne, était fils de sainte Froila et naquit à Lugo avant le milieu du Xᵉ siècle, et il n'avait que dix-huit ans lorsqu'il se retira dans un désert. Il lui vint des disciples ; ce qui donna naissance à un monastère dont il fut le premier abbé. Le plus illustre de ses disciples fut saint Attilan qu'il fit prieur de la communauté. Le roi Ramire III lui ayant donné des fonds pour établir un monastère dans tel lieu qu'il lui plairait, il en fonda deux, celui de Tabare et celui de Moranèle. Bermond II le nomma évêque de Léon l'an 990, et il gouverna seize ans ce diocèse. Il mourut l'an 1006 et il est honoré le 1ᵉʳ et le 3 octobre.

FROMOND (saint), *Fromundus*, martyr, est honoré à Rouen dans l'église de Saint-Lô. Il y a aussi dans le diocèse de Saint-Lô une église paroissiale qui porte son nom. — 24 octobre.

FRONT (saint), *Fronto*, premier évêque de Périgueux, fut ordonné évêque par l'apôtre saint Pierre, dit le Martyrologe romain, quoique quelques auteurs mettent sa mission un siècle et demi plus tard. Il vint dans les Gaules avec un prêtre nommé Georges, et convertit par ses prédications une grande multitude d'infidèles. Il mourut en paix, après s'être illustré par ses travaux apostoliques et par ses miracles. — 25 octobre.

FRONTASE (saint), *Frontasius*, est honoré comme martyr en Périgord le 2 janvier et le 28 août.

FRONTIGNAN (saint), *Frontinianus*, natif de Carcassonne dans le Languedoc, est honoré martyr à Albe dans le Montferrat le 6 septembre.

FRONTON (saint), *Fronto*, l'un des dix-huit martyrs de Saragosse, souffrit dans cette ville l'an 304, sous Dacien, gouverneur d'une partie de l'Espagne pendant la persécution de Dioclétien. Son corps ainsi que ceux de ses compagnons furent retrouvés à Saragosse en 1389. — 16 avril.

FRONTON (saint), abbé à Alexandrie en Egypte, florissait dans le x° siècle et se rendit illustre par sa sainte vie et ses miracles. Il mourut vers l'an 380. — 14 avril.

FROU (saint), *Fradulphus*, solitaire à Barjon, près de Grancey en Champagne, florissait sur la fin du vii° siècle. Il se lia d'une étroite amitié avec saint Merry, lorsque celui-ci quitta le monastère de Saint-Martin d'Autun, dont il était abbé, pour se retirer dans la solitude. Saint Merry étant allé se fixer en 697 dans une cellule située à l'entrée de Paris, saint Frou l'accompagna et l'on croit qu'ils y vécurent ensemble jusqu'à la mort du premier, arrivée vers l'an 700. On ignore combien de temps saint Frou lui survécut. Ses reliques sont à Paris dans l'église de Saint-Merry où il est honoré le 22 avril.

FROVIN (le bienheureux); *Frovinus*, abbé d'Engelberg près d'Underwald en Suisse, avait d'abord été religieux de Saint-Blaise, ensuite d'Ensiedeln ou Notre-Dame-des-Ermites, d'où il fut tiré vers l'an 1143 pour gouverner cette communauté. Il se rendit célèbre par sa sagesse et par ses miracles, avant et après sa mort qui eut lieu en 1178. Il a laissé deux ouvrages manuscrits qui prouvent qu'il était savant pour son siècle, un traité du Libre Arbitre et un autre sur l'Oraison dominicale. — 7 mars.

FRUCTE (saint), *Fructus*, martyr en Afrique, partagea les tourments et les triomphes de saint Mappalique pendant la persécution de Dèce. Il souffrit l'an 250, et son nom nous a été conservé par saint Cyprien. — 17 avril.

FRUCTUEUX (saint), *Fructuosus*, évêque de Tarragone et martyr, fut arrêté un dimanche, 16 janvier 259, pendant la persécution de Valérien. Lorsque les soldats vinrent pour se saisir de lui, il était couché sur un lit pour prendre un peu de repos ; et lorsqu'ils furent entrés, il leur demanda seulement le temps de mettre sa chaussure et les suivit avec joie. On le conduisit avec deux de ses diacres, Augure et Euloge, dans une prison obscure où il baptisa, le jour suivant, Rogatien qui était catéchumène. Il employa les six jours que dura son emprisonnement à consoler les fidèles qui venaient se recommander à ses prières, et les renvoyait après leur avoir donné sa bénédiction. Le vendredi, le gouverneur Emilien l'ayant fait comparaître avec ses deux diacres, lui dit : *Vous n'ignorez pas sans doute le dernier édit des empereurs?* — Je n'en ai aucune connaissance; mais, en tout cas, je vous déclare que je suis chrétien. — *Cet édit ordonne à tous les sujets de l'empire d'embrasser le culte des dieux.* — J'adore un seul Dieu, qui a fait le ciel, la terre, la mer et tout ce qu'ils renferment. — *Ne savez-vous pas qu'il y a des dieux?* — Je n'en sais rien. — *Eh bien, on vous l'apprendra.* Le gouverneur ayant ensuite demandé au diacre Augure s'il n'adorait pas Fructueux, et Augure ayant répondu qu'il n'adorait pas son évêque, il dit à Fructueux : *Vous êtes donc évêque?* — Oui, je le suis. — *Dites que vous l'avez été.* Et aussitôt il les condamna à être brûlés vifs. Les païens eux-mêmes ne purent retenir leurs larmes lorsqu'on conduisait les martyrs à l'amphithéâtre, car ils aimaient Fructueux à cause de ses vertus et de ses belles qualités. Pour les chrétiens, leur tristesse était mêlée de joie. Ils présentèrent au saint évêque un verre d'eau et de vin pour le fortifier; mais il le refusa en disant qu'il n'était pas encore l'heure de rompre le jeûne : il n'était que dix heures du matin, et l'on jeûnait, le vendredi, jusqu'à trois heures du soir. C'est dans le ciel, ajouta-t-il, que je romprai aujourd'hui le jeûne avec les patriarches et les prophètes. Lorsqu'il fut arrivé dans l'amphithéâtre, Augustal, son lecteur, s'approcha de lui, fondant en larmes, et lui demanda la permission de le déchausser. — *Mon fils, ne prenez pas cette peine; je me déchausserai bien moi-même.* Félix, soldat chrétien, l'ayant prié de se souvenir de lui dans ses prières, Fructueux répondit, en élevant la voix : *Je dois prier pour toute l'Eglise, répandue de l'orient à l'occident;* comme s'il avait dit, remarque saint Augustin : Restez toujours dans le sein de l'Eglise, et vous aurez part à mes prières. Martial l'ayant conjuré d'adresser quelques paroles de consolation à son troupeau affligé : *Mes frères,* dit-il, *le Seigneur ne vous laissera pas sans pasteur : il est fidèle dans ses promesses. Ne vous attristez point sur mon sort : une heure de souffrance est bientôt passée.* Lorsqu'on les eut attachés sur le bûcher, on alluma le feu, qui parut les respecter et qui ne brûla d'abord que leurs liens. Alors les martyrs, se trouvant les mains libres, les étendirent en forme de croix, pour prier selon la coutume des fidèles; et c'est ainsi qu'ils rendirent leurs âmes à Dieu, avant que le feu n'eût endommagé leurs corps. Deux chrétiens, Abilan et Migdone, qui étaient domestiques du gouverneur, les virent monter au séjour de la gloire; ils firent remarquer ce spectacle à la fille d'Emilien, qui le vit comme eux. Ayant couru avertir de ce prodige Emilien lui-même, il vint, mais il ne vit rien, son infidélité l'en rendant indigne. Les fidèles s'étant rendus à l'amphithéâtre la nuit suivante, ils enlevèrent le corps de saint Fructueux et ceux de ses compagnons, à demi brûlés, et se partagèrent ces précieux restes; mais, sur un avertissement du ciel, chacun rapporta ce qu'il avait pris, et on renferma le tout dans un même tombeau. Saint Fructueux a toujours été en grande vénération dans tout l'Occident, mais surtout en Espagne et en Afrique. Nous avons de saint Augustin un panégyrique qu'il prononça en son honneur le jour anniversaire de son martyre. — 21 janvier.

FRUCTUEUX (saint), archevêque de Brague, né à Vierz en Espagne, au commencement du vii° siècle, était fils d'un général d'armée, et tirait son origine du sang royal des Wisigoths. Il se sentit de bonne heure le plus vif attrait pour la solitude, et la mort de ses parents lui ayant permis de suivre sa vocation, il commença par disposer de la plus grande partie de ses biens en faveur des pauvres et des églises; ensuite il étudia les saintes lettres dans la célèbre école que l'évêque de Palencia avait établie pour l'éducation des clercs. De ce qui lui restait de son immense patrimoine il fonda plusieurs monastères, entre autres celui de Complute, ainsi dit parce qu'il était dédié à saint Justin et à saint Pasteur, martyrs de Complute, aujourd'hui Alcala de Henarez en Castille. Fructueux y prit l'habit religieux, et gouverna la communauté jusqu'à ce qu'il eût mis tout en bon état; après quoi il se donna un successeur et se retira dans un désert, où il avait pour vêtement un habit de peaux de bêtes, à l'exemple des anciens anachorètes. Il fonda aussi des monastères de filles, parmi lesquels on cite celui de None, ainsi dit parce qu'il était à neuf milles de la mer. Il établit dans tous une parfaite régularité, et nous avons encore deux règles dont il est l'auteur : la première, connue sous le nom de Complute, parce qu'elle était particulière à l'abbaye de ce nom, et la seconde, appelée règle commune, s'observait dans les autres monastères d'hommes et de femmes dont il était fondateur. Malgré son amour pour la retraite, saint Fructueux fut obligé d'en sortir pour être élevé sur le siège épiscopal de Dume, et en 656 le X° concile de Tolède le fit archevêque de Brague, parce qu'il possédait dans un degré éminent toutes les qualités que saint Paul exige dans un évêque : aussi remplit-il avec la plus grande édification tous les devoirs de l'épiscopat, sans rien diminuer des austérités qu'il avait pratiquées dans la solitude. L'envie lui suscita des persécutions, dont il triompha par la douceur et la patience. Dieu illustra sa sainteté par le don des miracles, même de son vivant. Etant allé à Mérida visiter le tombeau de sainte Eulalie, envers laquelle il avait beaucoup de dévotion, il s'arrêta dans un bois pour y faire sa prière. Un paysan qui passait, le voyant fort mal habillé et les pieds nus, le prit pour un esclave fugitif, l'accabla d'injures et en vint même aux coups. Fructueux, pour toute défense, fit le signe de la croix, et aussitôt le paysan devint furieux et se roula sur la terre, comme un homme qui est possédé du démon. Le saint archevêque eut pitié de lui et le guérit par ses prières. Lorsqu'il fut atteint de la maladie dont il mourut, on lui demanda s'il ne craignait pas la mort : Non, dit-il; car, quoique je sois pécheur, je regarde la mort comme un passage qui conduit à Dieu. S'étant fait transporter à l'église, il reçut l'absolution de ses péchés, et y demeura le reste du jour, prosterné devant l'autel, couché sur la cendre et les mains élevées vers le ciel. C'est dans cette posture qu'il expira le 16 avril 665. Ses reliques sont à Compostelle. — 16 avril.

FRUCTUEUX ou FRUTOS (saint), évêque de Ségovie en Espagne, mourut en 725. Il est un des principaux patrons de cette ville. — 25 octobre.

FRUCTULE (saint), *Fructulus*, martyr en Afrique, souffrit avec saint Luce et plusieurs autres. — 18 février.

FRUCTUOSE (sainte), *Fructuosa*, martyre à Antioche avec saint Restitut et quatorze autres, est honorée le 24 août.

FRUDOQUE (sainte), *Frudocha*, vierge en Ecosse, est honorée le 13 octobre.

FRUMENCE (saint), *Frumentius*, apôtre de l'Ethiopie, né à Tyr vers le commencement du IV° siècle, fut élevé dans les lettres et les sciences par un philosophe tyrien, nommé Mérope, qui était son oncle. Mérope, par le désir d'acquérir de nouvelles connaissances, entreprit un long voyage dans la Perse et l'Inde ultérieure, aujourd'hui l'Ethiopie. Il mena avec lui Frumence et Edèse, ses neveux, encore enfants. Lorsqu'il eut parcouru les pays qu'il voulait visiter, il s'embarqua pour revenir dans sa patrie; mais le vaisseau qui le portait, ainsi que ses neveux, s'étant arrêté dans un port pour s'y ravitailler, les habitants du pays, qui étaient alors en guerre avec les Romains, pillèrent le bâtiment et passèrent tout l'équipage au fil de l'épée. Frumence et Edèse, assis sous un arbre à quelque distance, étudiaient tranquillement leur leçon sans se douter de rien. Les barbares les y ayant trouvés, furent touchés de leur jeunesse et de leur ardeur pour l'étude : ils ne leur firent donc aucun mal, et les conduisirent à leur roi, qui faisait sa résidence à Axuma, ville qui n'est plus aujourd'hui qu'un village de l'Abyssinie, nommé Ascum. Le prince, qui remarqua de l'esprit et d'heureuses dispositions dans ces jeunes gens, prit un soin particulier de leur éducation; il fit ensuite Edèse son échanson, et Frumence son trésorier ou son ministre des finances. Quand il fut près de sa mort, il les remercia de leurs bons services, et, pour les en récompenser, leur rendit la liberté. Sa veuve, qui gouverna en qualité de régente pendant la minorité de son fils, les pria de rester à la cour pour l'aider de leurs conseils, et ils répondirent dignement à sa confiance. Frumence, qui avait la principale part aux affaires, et qui désirait faire connaître l'Evangile aux Ethiopiens, engagea plusieurs marchands chrétiens qui se trouvaient dans le pays à s'y établir. Il leur obtint de grands privilèges, et leur facilita les moyens de pratiquer leur religion : lui-même, par sa conduite, contribua beaucoup à rendre le christianisme respectable aux infidèles. Lorsque le jeune roi, nommé Aïsan, fut en âge de gouverner par lui-même, les deux frères quittèrent leurs emplois, malgré les instances qu'on leur fit pour les retenir, et Edèse retourna à Tyr, où il fut ordonné prêtre dans la suite; mais Frumence, qui avait à cœur la conversion de l'Ethiopie, se rendit à Alexandrie, afin de prier saint Athanase d'envoyer dans ce pays un évêque qui achèverait l'œuvre commencée. Saint Athanase assembla un synode en 331, et tous les évêques qui s'y trouvaient décidèrent que personne n'était plus propre que Frumence pour cette mission. Il fut donc sacré évêque des Ethiopiens, et reprit la route d'Axuma. Ses discours et ses miracles eurent bientôt opéré de nombreuses conversions, et jamais peuple n'embrassa la vraie foi avec plus d'ardeur et de promptitude. Le roi Aïsan reçut le baptême, ainsi que Sazan, son frère, qu'il avait associé au trône, et ils contribuèrent avec zèle à la propagation de l'Evangile parmi leurs sujets. L'empereur Constance, arien déclaré, haïssait Frumence à cause de son attachement à l'orthodoxie et de son amitié pour saint Athanase dont il partageait les sentiments. Ce prince écrivit aux rois d'Ethiopie une lettre menaçante, les sommant de livrer Frumence entre les mains de Georges, patriarche intrus d'Alexandrie; mais ils n'eurent aucun égard à cette lettre, et la transmirent à saint Athanase qui l'inséra dans son *Apologie à Constance*. Saint Frumence continua d'instruire et d'édifier son troupeau jusqu'à sa mort, dont on ignore l'année. Les Latins font sa fête le 27 octobre, et les Grecs le 30 octobre. — 27 octobre.

FRUMENCE (saint), marchand de Carthage et martyr en Afrique, endura d'horribles supplices et une mort cruelle vers l'an 484, pendant la persécution de Huneric, roi des Vandales, contre les catholiques qui ne voulaient pas embrasser l'arianisme. Saint Victor de Vite, dans l'histoire de cette persécution, mentionne aussi un frère de saint Frumence, qui portait le même nom de Frumence, qui souffrit avec lui, et qui est honoré le même jour. — 23 mars.

FULBERT (le bienheureux), *Fulbertus*, évêque de Chartres, né après le milieu du xe siècle, n'était pas d'origine française; mais il vint, très-jeune, en France, et suivit avec une grande distinction les cours de la célèbre école de Reims. Gerbert, depuis pape, qui y professait alors les mathématiques et la philosophie, se souvint de son disciple lorsqu'il fut élevé sur la chaire de saint Pierre, sous le nom de Silvestre II, et l'appela près de lui pour se servir de ses talents dans le gouvernement de l'Eglise. Fulbert revint en France après la mort de ce pape. En 1003, il devint chancelier de l'Eglise de Chartres. Il ouvrit dans cette ville une école de théologie qui fut bientôt fréquentée par un grand nombre d'élèves que la réputation du professeur y attirait, et parmi lesquels on compta le fameux Bérenger. Après la mort de l'évêque Rodolphe, il fut unanimement élu, par le clergé et le peuple de Chartres, pour lui succéder; mais il fallut presque user de violence pour le faire consentir à son élection, et avant de recevoir l'onction épiscopale, il écrivit à saint Odilon, abbé de Cluny, son ami intime, pour se recommander à ses prières et à celles de ses religieux. Le bienheureux Fulbert, chéri et vénéré de son troupeau, était regardé par les évêques comme leur père et leur maître. De toutes parts on s'adressait à lui pour le consulter, et il était, en quelque sorte, l'oracle de la France. Guillaume, comte de Poitou et de Guyenne, lui donna une grande preuve de son estime en lui conférant la charge de trésorier de Saint-Hilaire de Poitiers. Le roi Robert lui accordait aussi la plus grande confiance et lui demandait souvent des conseils. Le saint évêque instruisait lui-même son peuple, et veillait avec zèle au maintien de la discipline ecclésiastique. Il dressa des canons pénitentiaux et régla l'office divin, dans son Eglise, avec un ordre et une pompe qui touchèrent singulièrement les fidèles. Pénétré d'une tendre dévotion envers la sainte Vierge, il fit rebâtir en son honneur la magnifique église de Chartres, incendiée en 1020, et il établit dans tout son diocèse la fête de la Nativité de Marie, par l'intercession de laquelle il avait obtenu plusieurs fois des grâces signalées. On croit qu'il mourut le 10 avril 1029, au monastère de Saint-Père en Vallée, où il allait souvent se recueillir et se livrer à de pieux exercices. On lui donne généralement le titre de bienheureux; quelques auteurs même le mettent au rang des saints, et on lit son nom dans les litanies de l'Eglise de Poitiers. Ce grand prélat, aussi recommandable par ses vertus que par ses lumières, a laissé des épîtres, des sermons, des proses, des hymnes en vers latins. Ses épîtres sont écrites avec beaucoup de pureté pour son temps, et montrent combien il était considéré des princes contemporains avec lesquels il était en correspondance. — 10 avril.

FULBERT (le bienheureux), solitaire à Pacy en Gâtinais, florissait après le milieu du xiie siècle et mourut vers l'an 1176. — 2 août.

FULCRAN (saint), *Fulcranus*, évêque de Lodève, issu de l'illustre famille des comtes de Soustancion, fut élevé dans la piété et dans les sciences. Il se fit admirer, dès ses tendres années, par ses vertus et surtout par son amour pour la chasteté. Il fut élu malgré sa jeunesse par le clergé et le peuple de Lodève pour succéder à l'évêque Thierri qui venait de mourir. A cette nouvelle, Fulcran prit la fuite et se cacha; mais il fut découvert et conduit à Narbonne où il fut sacré le 4 février 949 par Emery, archevêque de cette ville. Le nouvel évêque se dévoua tout entier à la sanctification de son diocèse dont il changea la face en peu de temps. Tout ce dont il pouvait disposer était consacré au soulagement des pauvres, à la réparation des églises, des hôpitaux et des monastères. Il fonda celui de Saint-Sauveur et rétablit la discipline dans les autres maisons religieuses. Ayant adressé de vifs reproches à un évêque apostat, qui mourut bientôt après, la crainte que son zèle, trop ardent dans cette circonstance, n'eût contribué à cette mort, le jeta dans de grands scrupules. Il s'imposa une rude pénitence, et fit même le pèlerinage de Rome pour demander l'absolution de la faute dont il se croyait coupable. Il mourut le 13 février 1006, après 57 ans d'épiscopat, et fut enterré dans sa cathédrale placée sous l'invocation de Saint-Geniez. Les miracles opérés à son tombeau confirmèrent l'opinion qu'on avait déjà de sa sainteté : son corps, levé de terre vers l'an 1127, demeura sans corruption jusqu'en 1572, que les huguenots le jetèrent au feu, et il ne resta de ses reliques que quelques parcelles conservées à Lodève dont il est second patron. — 13 février.

FULGENCE (saint), *Fulgentius*, évêque de Ruspe en Afrique et docteur de l'Église, d'une famille illustre, était fils de Claude qui, ayant été dépouillé par les ariens de sa maison de Carthage, s'était retiré à Télepte dans la Byzacène, où Fulgence naquit en 468. Mariane, sa mère, étant devenue veuve bientôt après, se chargea du soin de former son cœur à la piété ; mais comme elle ne pouvait de même former son esprit aux sciences, elle le confia à des maîtres habiles qui lui enseignèrent le grec, le latin et les différentes parties de la littérature. Ses études furent marquées par des succès rapides et brillants ; il acquit surtout une connaissance profonde de la langue grecque qu'il parlait avec autant de facilité que de pureté. La prudence et la capacité qu'il déploya dans le maniement de ses affaires domestiques, qui étaient considérables, firent qu'on jeta les yeux sur lui, malgré sa jeunesse, pour la place de procurateur ou de receveur général des impôts de la Byzacène. Il ne fut pas longtemps dans ce poste sans éprouver un grand dégoût pour le monde : la lecture d'un sermon de saint Augustin sur cette matière lui inspira le dessein d'entrer dans l'état monastique. Il alla donc en 490 trouver l'abbé Fauste qui avait été exilé pour la foi catholique par Hunéric, roi des Vandales, et qui avait fondé dans la Byzacène un monastère de religieux, au nombre desquels il le pria de l'admettre. Fauste, voyant un jeune homme qui paraissait élevé délicatement, au lieu d'accueillir sa demande, lui dit : *Allez d'abord faire dans le monde l'apprentissage d'une vie détachée des plaisirs. Est-il croyable qu'ayant été élevé dans la mollesse et les délices, vous puissiez tout d'un coup vous faire à la dureté de notre régime, à la grossièreté de nos habits, à nos veilles et à nos jeûnes ?* Fulgence, les yeux baissés, répliqua modestement : *Celui qui m'a inspiré la résolution de le servir peut bien aussi me donner le courage nécessaire pour triompher de ma faiblesse.* Fauste, frappé de cette réponse humble et ferme, consentit à l'admettre provisoirement. Le bruit de sa retraite surprit et édifia en même temps toute la province, et son exemple ne tarda pas à avoir des imitateurs. Mariane n'eut pas plutôt connu la détermination de son fils qu'elle se rendit en pleurs au monastère, et dès qu'elle fut sur la porte, elle se mit à crier : *Fauste, rendez-moi mon fils ; rendez à la province son procurateur. L'Église fut toujours la protectrice des veuves : comment donc avez-vous la cruauté de m'arracher mon fils ?* Elle continua ses cris et ses larmes plusieurs jours de suite, sans que les paroles de Fauste pussent calmer sa douleur. C'était sans doute une rude épreuve pour Fulgence ; mais la voix de la grâce fut plus forte en lui que la voix de la nature, et cette preuve de vocation décida Fauste à l'admettre définitivement dans sa communauté. Alors Fulgence, au comble de ses vœux, et ne voulant plus s'occuper que des choses du ciel, laissa tous ses biens à son jeune frère. Plein d'ardeur pour la mortification, il s'interdit absolument l'usage du vin, de l'huile et de tout ce qui peut flatter le sens du goût, et il poussa si loin les austérités, qu'il tomba dangereusement malade, ce qui ne l'empêcha pas d'en reprendre le cours après sa guérison. La persécution des Vandales s'étant rallumée, Fauste fut obligé de prendre la fuite, et Fulgence, par son conseil, se retira dans un monastère voisin. Félix, qui en était abbé, voulut céder le gouvernement à Fulgence qui refusa d'abord ; mais à force d'instances on parvint à lui faire partager avec Félix les fonctions d'abbé, et ils gouvernèrent ensemble le monastère pendant six ans, avec un concert admirable : Félix était chargé du temporel, et Fulgence de l'instruction. Une incursion des Numides les obligea de se réfugier à Sicca-Veneria, dans la province proconsulaire d'Afrique, où un prêtre arien, informé qu'ils enseignaient la consubstantialité du Verbe, les fit arrêter et les condamna à être cruellement frappés. Les bourreaux s'étant saisis de Fulgence, Félix s'écria : *Épargnez mon frère, trop faible pour supporter ce supplice : tournez votre colère contre moi qui suis plus robuste.* Le prêtre leur ordonne de commencer par Félix, qui reçoit les coups avec patience et même avec joie : ensuite on frappe sur Fulgence avec une cruauté inouïe. Épuisé et près de succomber sous la violence des coups, il s'écrie qu'il a quelque chose à dire au prêtre. Son dessein était de se ménager par là un moment de relâche, et le prêtre ne doutant point qu'il ne voulût abjurer sa foi, fit cesser le supplice : mais il fut bientôt détrompé. Alors, plus furieux qu'auparavant, il ordonne aux bourreaux de redoubler de violence. Il fait ensuite raser les cheveux et la barbe aux deux confesseurs, les dépouille d'une partie de leur vêtement, et les renvoie dans un état si pitoyable, que les ariens eux-mêmes en furent indignés, et leur évêque s'offrit à punir lui-même le prêtre, si Fulgence l'exigeait. Il répondit que la vengeance était interdite aux chrétiens, et que pour eux ils ne voulaient pas perdre le fruit de leur patience, ni la gloire d'avoir souffert pour Jésus-Christ ; mais pour se soustraire à la fureur des hérétiques, il se retira avec son collègue à Ididi, sur les frontières de la Mauritanie ; ensuite il s'embarqua pour aller visiter les déserts d'Égypte, si célèbres par la sainteté des premiers solitaires qui les avaient habités. Le vaisseau ayant abordé en Sicile, Eulalius, évêque de Syracuse, le détourna de ce voyage en lui disant que le pays où il voulait aller était séparé de la communion de Pierre par un schisme perfide. Fulgence prit donc le parti de rester en Sicile, et quoiqu'il eût peu de fonds pour sa subsistance, il trouvait encore le moyen d'exercer l'hospitalité et de secourir les pauvres. Il fit en 500 un voyage à Rome pour visiter les tombeaux des saints apôtres, et comme il passait, un jour, sur la place *Palma aurea*, il aperçut Théodoric, roi d'Italie, sur un trône magnifique, entouré du sénat et d'une cour brillante. A la vue de ce spectacle, il s'écria : *Si Rome terrestre est si belle, combien doit être plus belle encore la Jérusalem céleste! Si Dieu environne d'un si grand éclat les partisans du siècle, que ne doit-il pas faire pour les habitants du ciel!* Après avoir été ordonné prêtre à Rome, il retourna en Afrique où il fut reçu avec une joie incroyable, et il bâtit dans la Byzacène un monastère qui fut bientôt rempli d'un grand nombre de religieux; mais comme la dignité de supérieur qu'il exerçait ne s'accordait point avec son humilité, il s'en démit et se retira dans un petit monastère situé sur le bord de la mer, et il partageait son temps entre la prière, la lecture, les exercices de la mortification et le travail des mains, s'occupant à faire des nattes et des parasols de feuilles de palmier. Mais on découvrit bientôt sa retraite, et l'évêque Fauste, qui avait des droits sur lui, l'obligea de venir prendre le gouvernement de son monastère. Trasamond, roi des Vandales, ayant défendu par un édit d'ordonner des évêques orthodoxes, plusieurs sièges d'Afrique se trouvaient sans pasteurs. Victor, primat de Carthage, ne voulant pas tenir compte de cette défense inique, se mit en devoir de faire élire des pasteurs dans les églises vacantes. Fulgence ayant appris que plusieurs villes le désiraient pour évêque, resta caché durant tout le temps des élections; l'on ne put, malgré les plus grandes recherches, découvrir sa retraite, et il ne retourna à son monastère que quand il jugea que tout danger pour lui était passé; mais la ville de Ruspe, qui était encore sans pasteur, le demanda, tout d'une voix, en 508. Aussitôt on court au monastère on tire Fulgence de sa cellule et on lui donne l'onction épiscopale, du consentement du primat que Trasamond retenait en prison pour avoir enfreint son édit. Cette dignité n'apporta aucun changement dans sa manière de vivre ni dans son habillement. La vieillesse même ne lui fit rien diminuer de ses austérités : seulement il consentit à faire usage d'huile, à cause de la faiblesse de sa vue, et quelquefois d'un peu de vin trempé d'eau, lorsque sa santé l'exigeait absolument; mais jamais, depuis son entrée dans un monastère jusqu'à sa mort, il ne mangea de viande. Sa bonté, sa douceur, son humilité, le firent aimer de tout le monde et même du diacre Félix, le seul qui se fût opposé à son élection; le saint évêque ne se vengea des intrigues de cet ambitieux qu'en le traitant avec la charité la plus cordiale. Il avait formé le projet de bâtir un monastère à Ruspe, près de son église, et d'en donner le gouvernement à l'abbé Félix, son ancien collègue; mais avant qu'il eût pu l'exécuter, Trasimond l'exila en Sardaigne avec six autres évêques catholiques. Quoique Fulgence fût le plus jeune de ces illustres exilés, tous cependant le regardaient comme leur maître et le consultaient comme un oracle : c'était toujours lui qui portait la parole ou qui tenait la plume dans leurs affaires communes, sans que cette honorable déférence lui fît jamais rien perdre de sa modestie. Le pape Symmaque, par une charité digne du père commun des fidèles, fournissait aux différents besoins des confesseurs; il leur écrivit une lettre pour les consoler et leur envoya les reliques de saint Nazaire et de saint Romain pour les animer à soutenir généreusement la cause de Jésus-Christ. Fulgence, qui habitait Cagliari, fit une espèce de monastère de la maison où il logeait, les affligés y trouvaient des consolations et les pauvres des secours. On venait le consulter de toutes parts, et ses réponses éclaircissaient les doutes, terminaient les différends et dirimaient les procès : c'est au milieu de ces occupations charitables qu'il composa plusieurs savants traités pour consoler et instruire les fidèles d'Afrique. Trasimond, informé que Fulgence était le plus puissant défenseur de la doctrine catholique, fut curieux de le voir, et l'ayant fait venir à Carthage, il lui fit remettre un recueil d'objections, avec ordre d'y donner une réponse nette et précise. Le saint se mit aussitôt à l'œuvre et composa un écrit qu'on croit être celui qui a pour titre : *Réponse aux dix objections.* Le roi, tout en conservant ses préjugés de secte, admira le talent de l'auteur et la solidité de ses raisonnements. Il envoya encore à Fulgence d'autres objections; mais pour s'épargner la honte d'une seconde défaite, il avait ordonné au porteur de les lui lire seulement, sans les lui laisser entre les mains. Le saint docteur refusa d'abord de répondre par écrit s'il n'avait pas une copie des objections; mais il se décida à composer une réfutation de l'arianisme intitulée *Les Trois Livres à Trasimond.* Ce prince en fut si charmé qu'il permit à l'auteur de séjourner à Carthage. Fulgence profita de la permission pour affermir dans la foi les fidèles de cette ville et pour démasquer les subtilités des hérétiques. Les évêques ariens, furieux des pertes continuelles que son zèle leur faisait éprouver, s'en plaignirent au roi et firent jouer près de lui tant de ressorts, qu'ils lui arrachèrent en 520 un ordre qui renvoyait Fulgence en Sardaigne. Au moment de s'embarquer, l'illustre exilé voyant un catholique nommé Juliatus qui fondait en larmes, lui dit : *Ne vous affligez pas de mon absence; elle ne sera pas longue, et bientôt nous reverrons la foi de Jésus-Christ fleurir dans ce royaume; mais ne divulguez pas ce secret que je vous confie.* C'était par humilité qu'il voulait tenir cachée cette prédiction que l'événement vérifia. Il opéra aussi d'autres miracles et surtout la guérison de plusieurs malades, qu'il attribuait à la miséricorde de Dieu ou à des causes naturelles. Il avait coutume de dire, au sujet de ses miracles : *On peut avoir le don d'opérer des prodiges et cependant perdre son âme.* De retour à Cagliari, il fonda un nouveau monastère. Il avait un soin particulier des moines surtout dans leurs maladies, mais il ne voulait pas qu'ils demandassent quelque chose, sa maxime étant qu'un moine doit tout recevoir comme venant de la main de

Dieu : la mortification de la volonté propre était aussi, selon lui, un des plus sûrs moyens de parvenir à la perfection. Trasimond étant mort en 523, eut pour successeur Hildéric, son fils, qui avait toujours eu un penchant secret pour les catholiques, et à qui son père avait fait jurer qu'il ne rappellerait jamais ceux qui étaient exilés pour la consubstantialité du Verbe. Mais Hildéric, pour éluder l'obligation qu'il se croyait imposée par son serment, avait signé, du vivant même de son père, un ordre pour rouvrir les églises orthodoxes. Malheureusement il ne soutint point cette première démarche, et comme il était d'un caractère faible, il ne put se résoudre à rompre les liens qui l'attachaient à l'hérésie. Cependant il rappela les évêques exilés, et le vaisseau qui les ramenait fut reçu à Carthage avec la plus grande joie : le rivage retentissait d'acclamations et de cris d'allégresse, qui redoublèrent encore lorsqu'on vit paraître Fulgence. Lorsqu'il se rendait, avec les autres confesseurs, à l'église de Saint-Agilée pour remercier Dieu, une forte pluie étant venue à tomber tout à coup, on vit combien il était vénéré par l'attention qu'on eut d'étendre sur lui des manteaux pour le mettre à couvert. Il retourna ensuite à Ruspe où il s'appliqua à réformer les abus qu'une cruelle persécution et sa longue absence y avaient introduits ; mais son zèle était tempéré de tant de douceur, qu'il gagna les cœurs les plus endurcis. Il avait un talent tout particulier pour instruire, et ses discours produisaient les plus heureux fruits. Boniface, primat de Carthage, l'ayant entendu prêcher, fondit en larmes, et remercia Dieu d'avoir donné un tel pasteur à l'Eglise. Au concile de Junque, tenu en 524, l'évêque *Quodvultdeus*, ayant voulu prendre le pas sur celui de Ruspe, fut condamné par les Pères qui voulurent que Fulgence gardât son rang. Le premier ne se soumit que par nécessité et demeura toujours persuadé qu'on avait fait injure à la dignité de son siège ; mais le saint, dans le concile de Carthage, tenu l'année suivante, obtint, plus encore par ses prières que par ses raisons, que *Quodvulsdeus* aurait la préséance sur lui. Lorsqu'il sentit que sa fin approchait, il se retira en 532 dans le monastère de Circine pour se préparer au passage de l'éternité. Mais les pleurs de son troupeau et les besoins de son diocèse le rappelèrent à Ruspe, quelque temps avant sa mort. Pendant sa dernière maladie, qui dura plus de deux mois et qui lui faisait souffrir les plus cruelles douleurs, il ne cessait de répéter ces belles paroles : *Seigneur, donnez-moi maintenant la patience, et plus tard le pardon*. Les médecins lui ayant conseillé des bains, il leur demanda s'ils auraient la vertu d'empêcher de mourir un homme mortel parvenu à la fin de sa carrière. Etant à l'agonie, il fit assembler ses clercs et ses moines, qui fondaient en larmes, les consola, demanda pardon à ceux d'entre eux qu'il aurait pu offenser, et leur donna des avis courts, mais touchants. Il mourut en 533, âgé de soixante-cinq ans, et fut enterré dans son église, contre la coutume du temps, et pour honorer ses vertus. On rapporte que Pontien, évêque d'une ville voisine, eut une vision qui lui apprit que Fulgence jouissait de la félicité du ciel. Ce grand homme s'était proposé saint Augustin pour modèle et se faisait gloire d'être son disciple. Ses reliques furent transportées vers 714 à Bourges et déposées dans l'église qui porta depuis son nom. Son chef est dans l'église du grand séminaire de la même ville. Outre les ouvrages dont nous avons fait mention, il nous reste de saint Fulgence : 1° les livres des *Deux Prédestinations* à Monime, 2° le livre de la *Foi orthodoxe* à Donat, 3° le livre à Victor *contre le sermon de Fastidiosus*, 4° le livre de *l'Incarnation du Fils de Dieu*, 5° le livre à Jean et à Vénérius, 6° le livre de *l'Incarnation et de la Grâce*, 7° le livre de *la Trinité* à Félix, notaire, 8° les deux livres de la *Rémission des péchés*, à Euthymius, 9° les trois livres *de la Vérité de la prédestination et de la grâce de Dieu*, 10° le livre de *la Foi* à Pierre, 11° des sermons, 12° des lettres. Les écrits du saint docteur annoncent un homme doué d'une grande pénétration d'esprit, qui rend ses idées avec beaucoup d'exactitude et de clarté ; mais la crainte de n'être pas assez compris le rend quelquefois diffus et le fait tomber dans des redites. Ses raisonnement sont solides et portent sur l'autorité de l'Ecriture et de la Tradition. — 1er janvier.

FULGENCE (saint), évêque d'Otricoli, près de Rome, florissait dans le vie siècle et mourut vers l'an 550. — 3 décembre.

FULGENCE (saint), évêque d'Atino, près du Mont-Cassin, est honoré le 29 septembre.

FULGOSE (saint), *Fulgosius*, confesseur en Egypte, est honoré chez les Grecs le 20 décembre.

FULRAD (saint), *Fulradus*, abbé de Saint-Denis, fils de de Riculphe et d'Ermangarde, qui jouissaient en Alsace de la considération due à leur haute naissance, était originaire de cette province où il possédait de grands biens et où il fonda plusieurs monastères. Il s'illustra par sa piété, par ses talents et sa capacité. Il fut honoré de la confiance des rois et des papes, et il rendit de grands services à l'Etat et à l'Eglise dans les diverses négociations dont il fut chargé. Pépin le Bref qui aspirait au titre de roi dont il exerçait déjà l'autorité, l'envoya en 751 consulter le pape Zacharie sur la transmission du trône, et Fulrad rapporta une réponse qui s'accordait avec les vues du prince. Quatre ans après il fit, au nom du roi, donation de l'exarchat de Ravenne et de la Pentapole au pape Etienne II. Son mérite l'éleva aux plus hautes dignités. D'abord abbé de Saint-Denis, ensuite conseiller du roi Pépin, chapelain de son palais, archiprêtre d'Austrasie, de Neustrie et de Bourgogne, et archichapelain ou, comme on dit aujourd'hui, grand aumônier de France, il exerça aussi cette dernière charge sous Carloman et sous Charlemagne. Il reçut, en 755, le pape Etienne II, qui était venu en France implorer la protection de Pépin, contre Astolphe, roi des Lombards, qui menaçait Rome. Le pape, avec sa suite, passa l'hiver à l'abbaye de Saint-Denis, et pour récompenser Fulrad de sa généreuse hospitalité, il accorda de grands priviléges à son abbaye. Fulrad fonda plusieurs monastères, entre autres ceux de Lièvre et de saint Hippolyte en Alsace, et le prieuré de Salone dans le diocèse de Metz. Il soumit ces maisons religieuses à l'abbaye de Saint-Denis, par son testament qu'il fit en 777. Il mourut en 784 et son corps fut enterré dans l'église de Saint-Denis. On lit son nom dans plusieurs Martyrologes, et, anciennement l'on célébrait sa fête le 17 février, sans doute parce que la translation de son corps, qui fut porté plus tard dans le monastère de Lièvre, eut lieu en ce jour. — 16 juillet.

FURSY (saint), *Furseus*, abbé de Lagny, fils de Fylton, roi de Munster ou de Momonie en Irlande, et frère de saint Ulton et de saint Foillan, quitta les grandeurs mondaines pour embrasser l'état monastique, et devint abbé d'un monastère dans sa patrie. Ayant ensuite passé en Angleterre, il y fonda, au moyen des pieuses libéralités de Sigebert, roi des Est-Angles, l'abbaye de Knobbersburg dont il confia le gouvernement à Foillan, pour aller rejoindre Ulton qui s'était retiré dans un désert. Les irruptions de Penda, roi de Mercie, les ayant troublés dans leur solitude, Fursy se rendit en France où le roi Clovis II et Archambaut, maire du palais, l'aidèrent à fonder le monastère de Lagny. L'évêque de Paris, connaissant son mérite, l'associa au gouvernement de son diocèse en le choisissant pour vicaire général. Pendant qu'il était occupé à faire bâtir un monastère à Péronne, il mourut à Froheim dans le diocèse d'Amiens, vers l'an 650. Archambaut fit porter son corps dans l'église qu'il avait fait construire à Péronne, et qui est devenue plus tard une collégiale. Il s'opéra plusieurs miracles à son tombeau, et la ville de Péronne l'a pris pour patron. — 16 janvier.

FUSCIEN (saint), *Fuscianus*, martyr, vint prêcher la foi aux Morins, avec saint Victorie, dans le même temps que saint Quentin la prêchait à Amiens, et ils établirent à Thérouanne le siège de leur mission. Ayant ensuite entrepris un voyage à Paris pour y visiter saint Denis, avec qui ils étaient venus dans les Gaules, ils passèrent par Amiens pour voir saint Quentin; mais un vieillard nommé Gentien leur apprit que ce saint apôtre venait d'être martyrisé, et les logea chez lui. Le préfet Rictiovare n'en eut pas plutôt connaissance, qu'il fit couper la tête à Gentien, et charger de fers Fuscien et son compagnon, qui furent conduits à Amiens, où on les décapita, après leur avoir fait subir les plus horribles tortures, vers l'an 286, sous l'empereur Maximien. Rictiovare leur fit enfoncer dans les narines et les oreilles des instruments de fer, et dans les tempes des clous rougis au feu; on leur arracha ensuite les yeux et on perça leurs corps de dards. Il y a dans le diocèse d'Amiens une paroisse qui porte le nom de Saint-Fuscien. — 11 décembre.

FUSCULE (saint), *Fusculus*, évêque en Afrique et confesseur, fut exilé par Hunéric, roi des Vandales, qui faisait une guerre cruelle aux catholiques, à l'instigation des ariens, dont il partageait les erreurs. Il avait confessé courageusement la foi de Nicée et subi divers tourments avant qu'il ne fût condamné au bannissement, l'an 483, avec un grand nombre de ses collègues. — 6 septembre.

FUSQUE (sainte), *Fusca*, vierge et martyre à Ravenne, n'avait que quinze ans lorsqu'elle se sentit animée du désir d'embrasser le christianisme. Elle en parla à Maure, sa nourrice, qui était aussi idolâtre, et celle-ci, loin de la détourner, voulut recevoir le baptême avec elle. Le père de Fusque, à la nouvelle de ce changement de religion, devint furieux et employa tous les moyens à sa disposition pour la conserver au culte des faux dieux; mais n'ayant pu réussir, il la livra à Quintien, gouverneur de la province, afin qu'il la punît selon les lois, aimant mieux la voir morte que chrétienne. Quintien la fit comparaître avec Maure et leur fit subir une cruelle fustigation ainsi que d'autres tourments; mais se voyant vaincu par leur constance, il les condamna à mort. Leur supplice eut lieu vers l'an 250 sous l'empereur Dèce. Leurs corps se gardent à Ravenne, dans une église qui porte le nom de sainte Fusque et de sainte Maure. — 13 février.

G

GABDELAS (saint), martyr en Perse, était fils de saint Dadas, parent du roi Sapor II, et de sainte Casdoé. Il fut livré à diverses tortures avec ses parents, qui avaient été dépouillés de leurs biens et de leur rang; après un long emprisonnement, il fut décapité avec eux. — 29 septembre.

GABIN (saint), *Gabinus*, martyr à Torre en Sardaigne, souffrit avec saint Crispule. On bâtit en leur honneur une église qui est devenue cathédrale. — 30 mai.

GABIN (saint), prêtre de l'Eglise romaine et martyr, était frère du pape saint Caïus et père de sainte Suzanne. Retenu longtemps en prison par ordre de l'empereur Dioclétien, dont on croit qu'il était parent, il y mourut pour la foi qu'il avait confessée avec constance. Après sa mort, arrivée en 296, sa maison et celle de saint Caïus, qui étaient contiguës, furent changées en une église. — 19 février.

GABRA-JOANNÈS (saint), est honoré sur les confins de l'Egypte et de l'Ethiopie le 23 novembre.

GABRA-MENFESKEDDE (saint), est honoré en Ethiopie le 1er mars.

GABRIEL (saint), archange, apparut à Daniel pour lui expliquer le sens d'une vision qu'il avait eue et qui se rapportait à la succession des empires. Il apparut encore à Zacharie pour lui annoncer la naissance de saint Jean-Baptiste. Six mois après, Dieu l'envoya à Marie, qui habitait Nazareth, pour lui annoncer qu'elle concevrait par l'opération du Saint-Esprit et qu'elle aurait un fils nommé Jésus, qui était le Fils du Très-Haut, et il lui fit comprendre que cette maternité ne l'empêcherait pas de rester vierge. C'est à cause de cette dernière apparition que les Grecs célèbrent la fête de saint Gabriel le lendemain de l'Annonciation, c'est-à-dire le 26 mars. Chez les Latins, cette fête se célèbre le 18 mars dans plusieurs pays. Les Bénédictins et les Franciscains l'honorent le 24 mars.

GABRIEL (saint), abbé du monastère de Saint-Etienne de Jérusalem, mourut vers l'an 489 et il est honoré chez les Grecs le 26 janvier.

GABRIEL (saint), martyr, fut fait prisonnier en 813 par Chrumnus, roi des Bulgares, à la suite d'une victoire qu'il venait de remporter sur les troupes de Michel Curopalate. Le successeur de Chrumnus n'ayant pu lui faire abjurer le christianisme, le condamna à périr au milieu des plus cruels supplices. Il est honoré chez les Grecs le 22 janvier.

GABRIEL (saint), l'un des vingt-six martyrs du Japon, fut crucifié pour la foi près de Nangasaki l'an 1597, pendant la persécution de l'empereur Taycosama. Il fut mis au nombre des martyrs avec ses compagnons par le pape Urbain VIII, et ils sont marqués dans le Martyrologe romain sous le 5 février.

GAÉTAN DE THIENNE (saint), *Gaetanus*, instituteur des clercs réguliers, dits Théatins, né en 1480 à Vicence d'une famille distinguée, fut placé par sa mère sous la protection de la sainte Vierge, aussitôt après sa naissance. Elle lui apprit de bonne heure la pratique des vertus chrétiennes, surtout de l'humilité, de la douceur, de la pureté et de la charité envers les pauvres. Gaëtan fut si docile à ces pieuses leçons, que dès son enfance on le surnommait déjà *Saint*. Occupé continuellement de la prière et de la méditation, les conversations inutiles et les amusements du monde n'avaient pour lui aucun charme, parce qu'il ne soupirait qu'après les biens de la vie future. Mais cet attrait pour les choses de Dieu ne l'empêchait pas de se livrer avec ardeur à l'étude qu'il sanctifiait par les pratiques de la piété, et il fit de grands progrès dans la théologie ainsi que dans le droit civil et canonique : il prit même le degré de docteur dans cette dernière faculté. Ayant ensuite embrassé l'état ecclésiastique, il fit bâtir à Rampazzo une chapelle à ses frais, afin de faciliter à ceux qui étaient éloignés de la paroisse les moyens de connaître et de pratiquer la religion. Cette bonne œuvre achevée, il se rendit à Rome, afin d'y mener une vie obscure et cachée ; mais malgré les précautions de son humilité, il fut découvert, et le pape Jules II l'obligea d'exercer l'office de notaire apostolique à la cour romaine. Gaëtan, qui s'était fait recevoir à Rome membre de la confrérie de l'*Amour divin*, revint à Vicence après la mort de Jules II, en 1513, et s'associa à la confrérie de Saint-Jérôme, instituée sur le plan de celle de l'*Amour divin* ; mais comme elle n'était composée que de personnes de basse extraction, ses amis l'accusèrent de déshonorer sa famille. Peu touché de ce reproche, il se dévoua tout entier aux plus humiliantes pratiques de la charité envers les pauvres et les malades de la ville, et surtout envers ceux de l'hôpital des Incurables, qu'il servait de ses propres mains, s'attachant de préférence à ceux dont les maladies inspiraient le plus de dégoût à la nature : il augmenta même considérablement les revenus de cet hôpital. Il se rendit ensuite à Venise, d'après l'avis de son confesseur, et s'y consacra au service des malades, dans l'hôpital qu'on venait de faire bâtir, et dont il est regardé comme un des principaux fondateurs, parce que, par ses libéralités, il contribua beaucoup à son achèvement. A ces œuvres de charité il joignait les austérités de la pénitence, l'exercice de la contemplation et les fonctions du saint ministère : aussi disait-on de lui qu'il était un séraphin à l'autel et un apôtre en chaire. De Venise il se rendit à Rome afin de conférer avec les principaux membres de la confrérie de l'*Amour divin* sur les moyens les plus efficaces de réformer les mœurs des chrétiens et de les ramener à la pratique de la religion. Tous convinrent que cette réforme ne deviendrait possible qu'autant qu'on commencerait par faire revivre dans le clergé cet esprit de zèle et de ferveur dont furent animés ceux qui les premiers annoncèrent l'Evangile. Il fut donc résolu qu'on instituerait un ordre de clercs réguliers, qui, dans leur manière de vivre, se proposeraient les apôtres pour modèles. Ce projet, à la tête duquel était Gaëtan, fut adopté par Jean-Pierre Caraffe, archevêque de Théate ou Chiéti, et depuis pape sous le nom de Paul IV, par Paul Conségliari, de l'illustre maison de Ghisleri ; et par Boniface de Colle, gentilhomme milanais. Ceux d'entre eux qui possédaient des bénéfices ecclésiastiques demandèrent à Clément VII la permission de s'en démettre ; dans la vue de ne s'occuper que de la bonne œuvre qu'ils avaient résolue ; et le pape ne la leur accorda qu'avec beaucoup de peine ; il la refusa même longtemps à l'archevêque de Chiéti. Les quatre serviteurs de Dieu dressèrent le plan de leur institut qu'ils présentèrent au pape, et qui fut examiné, en 1524, dans un consistoire de cardinaux qui firent d'abord difficulté d'admettre, comme contraire à la prudence, la clause qui interdisait aux membres du nouvel ordre tout revenu même commun, et qui ne leur assurait d'autre moyen de subsistance que les oblations volontaires des fidèles. Ils cédèrent pourtant aux instances des fondateurs qui leur représentèrent que ce genre de vie avait été celui de Jésus-Christ et des apôtres; en conséquence, il fut approuvé, le 24 juin de la même année, par Clément VII, et comme Caraffe, archevêque de Théate, en fut le premier supérieur, les clercs réguliers furent nommés *Théatins*. Le 14 septembre suivant, saint Gaëtan et ses trois compagnons firent leurs vœux dans l'église de Saint-Pierre du Vatican, et par ces vœux ils s'engagèrent à instruire les peuples, à soigner les malades, à combattre les erreurs dans la foi, à rétablir parmi les laïques l'usage des sacrements, à faire revivre parmi les ecclésiastiques l'esprit de leur état et à préparer à la mort les criminels condamnés au dernier supplice. La bonne odeur du nouvel institut se répandit bientôt au loin et amena de toutes parts de nombreux coopérateurs. Ils s'établirent d'abord à Rome dans la maison de Bernard de Colle, et lorsqu'elle fut devenue trop petite, ils en prirent une plus grande à Monte-Pincio. Rome ayant été prise en 1527 par les troupes de Charles V, un soldat, qui avait connu Gaëtan à Vicence, s'imagina qu'il avait de grandes richesses, en parla à son officier qui fit arrêter le serviteur de Dieu et lui fit souffrir mille indignités pour l'obliger à livrer un trésor qu'il n'avait pas. On le relâcha ensuite, mais tout meurtri des coups qu'il avait reçus, et il put s'échapper de Rome ainsi que ses compagnons, n'ayant que leur bréviaire et les habits qui les couvraient. S'étant réfugiés à Venise, ils s'établirent dans le couvent de Saint-Nicolas de Tolentin, et Gaëtan, qui fut élu supérieur de cette maison, par sa sainteté, son zèle pour la gloire de Dieu et pour la réforme du clergé, concilia à son ordre l'estime universelle. Cette estime s'accrut encore par le dévouement dont il fit preuve pendant la peste qui désola Venise, et par la charité qu'il déploya pendant la famine qui vint à la suite de ce fléau. De Venise Gaëtan se rendit à Vérone où, par sa prudence et par la vénération qu'il inspirait, il calma les esprits animés contre l'évêque de cette ville, à cause de certains règlements qu'il venait de faire pour le rétablissement de la discipline. Après qu'il eut rétabli la bonne harmonie entre le troupeau et le pasteur, il se rendit à Naples pour y fonder une maison de son ordre, dans un local donné par le comte d'Oppino; mais ce seigneur ne put jamais lui faire accepter la donation d'un fonds de terre qu'il y avait attaché. Les exemples et les prédications de saint Gaëtan produisirent bientôt une révolution générale dans les mœurs du clergé et du peuple de cette grande ville; mais les travaux du ministère ne lui faisaient pas négliger le soin de sa propre sanctification. Il avait des moments marqués pour ses exercices de piété, et il y consacrait jusqu'à six et sept heures de suite; aussi Dieu le favorisa de plusieurs grâces extraordinaires. Élu de nouveau supérieur de la maison de Venise en 1537, il en exerça les fonctions pendant trois ans et revint ensuite à Naples où il gouverna le couvent de son ordre jusqu'à sa mort. Ses austérités et ses travaux lui ayant causé une maladie de langueur, les médecins lui conseillèrent de renoncer à la coutume qu'il avait de coucher sur des planches. Mon Sauveur est mort sur la croix, répondit-il, laissez-moi du moins mourir sur la cendre. Il se fit donc coucher sur un cilice étendu par terre et couvert de cendres. Ce fut ainsi qu'il expira, après avoir reçu les derniers sacrements le 7 août 1547, à l'âge de soixante-sept ans. Il fut enterré dans le cimetière de Saint-Paul, qui était contigu à l'église du même nom, dans laquelle on garde présentement ses reliques. Saint Gaëtan a laissé plusieurs lettres remplies du feu sacré dont il fut embrasé toute sa vie. Plusieurs miracles s'étant opérés par son intercession, il fut béatifié en 1629 par Urbain VIII et canonisé en 1671 par Clément X. Louis XIV avait lui-même sollicité cette canonisation à deux reprises différentes, en 1655 et en 1664. — 7 août.

GAIEN (saint), *Gaianus*, martyr en Illyrie, est honoré à Rome, où ses reliques ont été transportées, et elles se gardent dans l'église de Saint-Venance près du baptistère de Constantin. — 10 avril.

GAIEN (saint), martyr à Éphèse avec saint Miggène et un autre, est honoré chez les Grecs le 16 mai.

GAIEN (saint), martyr, souffrit avec saint Platon. — 2 octobre.

GAIEN (saint), martyr avec saint Gaïus, était honoré autrefois dans l'église de Saint-Côme à Constantinople. — 5 mai.

GAIENNE (sainte), *Gaiana*, martyre en Arménie, fut écorchée toute vive pour la foi, vers l'an 310, sous le roi Tyridate, et par son ordre. Elle est honorée chez les Grecs le 27 septembre.

GAION (saint), *Gaio*, martyr en Illyrie, le 10 avril.

GAIUS (saint), martyr avec saint Gaïen, était autrefois honoré à Constantinople, dans l'église de Saint-Côme en Darée. — 5 mai.

GAIUS (saint), martyr dans une île située sur les côtes d'Écosse, souffrit avec saint Stolbrand et plusieurs autres. — 4 mars.

GAL (saint), *Gallus*, martyr en Afrique, était l'un des compagnons de saint Mappalique, et souffrit l'an 250, pendant la persécution de l'empereur Dèce. — 17 avril.

GAL (saint), fut consul en 511, et il est honoré à Antioche le 22 février.

GAL (saint), évêque de Clermont en Auvergne, naquit dans cette ville vers l'an 489 d'une famille illustre, qui l'éleva avec le plus grand soin. Lorsqu'il fut en âge de se marier, ses parents voulurent lui faire épouser la fille d'un sénateur; mais il s'enfuit secrètement de la maison paternelle et alla trouver l'abbé de Cournon, le priant de le recevoir au nombre de ses religieux. L'abbé mit pour condition qu'il obtiendrait le consentement de son père, et dès qu'il l'eut obtenu, il s'empressa de prendre l'habit monastique. Il se fit bientôt admirer par son ardeur pour la mortification et par sa fidélité à toutes les pratiques de la règle. La beauté de sa voix dans le chant des Psaumes et sa piété angélique charmaient tous ceux qui le voyaient et l'entendaient au chœur. Saint Quintien, évêque d'Auvergne, voulut l'attacher à son église, et l'ordonna diacre. Mais Thierri, roi d'Austrasie, l'appela à sa cour et l'y retint jusqu'en 527, que le peuple et le clergé d'Auvergne l'élurent pour successeur de saint Quintien. Il brilla sur ce siège par son humilité, son zèle, sa charité et sa douceur. Un jour qu'un homme brutal et emporté lui déchargea un coup sur la tête, il souffrit cette indignité sans manifester la moindre émotion, et désarma par cet acte de patience la colère de celui qui venait de le maltraiter. Evode, qui de sénateur était devenu prêtre, s'oublia un jour au point de l'apostropher de la manière la plus injurieuse, et le saint évêque se leva tranquillement et partit sans lui rien répondre, mais aussi sans lui témoigner aucun mécontentement, et il se mit à faire la visite des églises de la ville. Evode fut si touché d'une telle modération, qu'il courut se jeter à ses pieds au milieu de la rue et lui demanda pardon. Dieu le favorisa du don des miracles, et l'on rapporte qu'il arrêta par ses prières un incendie qui menaçait de consumer toute la ville, et que, dans une autre circonstance, il délivra son peuple d'une maladie épidémique qui sévissait dans les provinces voisines. Il forma plusieurs disciples, entre autres saint Grégoire de Tours, qui était son neveu. Le saint évêque de Clermont assista au IVe et au Ve concile d'Orléans et au concile d'Auvergne, tenu en 549. Il mourut vers l'an 553, et il est nommé dans les Martyrologes sous le 1er juillet.

GAL (saint), abbé en Suisse, né après le milieu du VIe siècle, d'une famille noble d'Irlande, embrassa l'état monastique à Beuchor dans le comté de Down, gouverné par saint Comgel, et célèbre surtout par son école que dirigeait alors saint Colomban. Gal se rendit habile dans la grammaire, la poésie et principalement dans l'Ecriture sainte. Il fut un des douze moines que saint Colomban amena avec lui en France, vers l'an 585. Gal le suivit à Anegray et à Luxeuil; mais la persécution qui vint fondre sur saint Colomban, en 610, atteignit aussi son disciple. Ils se retirèrent tous deux dans les États de Théodebert, roi d'Austrasie, et un prêtre d'Arbon leur procura une retraite dans un désert près de Brégentz, où ils se bâtirent des cellules qui ont donné naissance au célèbre monastère de Mareraw, le plus ancien de l'Allemagne. Ils annoncèrent l'Evangile aux païens des environs de Zug et de Zurich, et les décidèrent à briser leurs idoles et à les jeter dans le lac de Zurich.

Saint Gal, voyant ces heureuses dispositions, y jeta aussi les offrandes qui se trouvaient dans les temples auxquels il mit le feu; mais cette action hardie irrita tellement ceux qui restaient attachés à l'erreur, qu'ils résolurent d'ôter la vie à celui qui en était l'auteur. Les saints missionnaires, informés à temps, retournèrent à leurs cellules près de Brégentz. Saint Gal, qui connaissait la langue du pays, annonça Jésus-Christ aux habitants et fit un grand nombre de conversions. Il mit ensuite les idoles en pièces et les jeta dans le lac de Constance. Thierri, le persécuteur de saint Colomban, étant devenu maître de l'Austrasie en 612, saint Colomban se retira en Italie. Saint Gal, retenu par une maladie grave, ne put l'y suivre; lorsqu'il fut guéri, il remonta le lac et construisit à deux lieues de là quelques cellules pour lui et pour ceux qui désiraient servir Dieu sous sa conduite. Telle fut l'origine de la célèbre abbaye de Saint-Gall. Il se livra de nouveau à la prédication de l'Evangile, et ses discours soutenus par ses miracles convertirent presque tous les infidèles de ce canton; en sorte qu'il peut être regardé, à juste titre, comme l'apôtre du territoire de Constance. Il délivra du démon la fille de Gonzon, gouverneur du pays, et lui fit si bien sentir l'excellence de la virginité, qu'elle aima mieux se retirer au monastère de Saint-Pierre à Metz que d'épouser le fils du roi d'Austrasie. Les nouveaux chrétiens de Constance voulurent avoir saint Gal pour leur évêque; mais il refusa par humilité, et leur ayant proposé le diacre Jean, son disciple, qui fut élu d'une voix unanime, il fit, le jour du sacre du nouvel évêque, un discours qui se trouve dans la bibliothèque des Pères: le style en est simple, mais on y trouve beaucoup de solidité et d'onction. Saint Gal ne quittait sa cellule que pour annoncer les vérités de la foi, et le temps qu'il n'employait pas aux travaux apostoliques, il le consacrait dans son ermitage à la prière et à la contemplation. En 625, les moines de Luxeuil l'élurent pour abbé, après la mort de saint Eustase; mais il ne voulut point accepter cette dignité, parce qu'il craignait de perdre le trésor inestimable de la pauvreté dans un monastère qui était devenu riche, et qu'il redoutait les dangers que court le supérieur d'une communauté nombreuse et les obstacles qu'il rencontre pour y maintenir la régularité. Il mourut le 16 octobre vers l'an 646, dans un âge avancé. Il avait donné à ses moines la règle de saint Colomban; mais au VIIIe siècle ils embrassèrent celle de saint Benoît. L'abbaye de Saint-Gal, près de laquelle se forma une ville du même nom, acquit dans la suite une juridiction civile si considérable, que Henri Ier créa l'abbé prince de l'empire. — 16 octobre.

GAL II (saint), évêque de Clermont, florissait dans le VIIe siècle, et mourut vers l'an 650. — 1er novembre.

GAL (saint), évêque d'Aoste en Piémont, florissait dans le IXe siècle, et mourut vers l'an 844. — 5 octobre.

GALACTAIRE (saint), évêque de Lescar et

martyr, succéda à saint Julien, qui est regardé comme le premier évêque du Béarn, et assista, en 506, au concile d'Agde, dont il souscrivit les canons. Comme il était un des plus fermes soutiens de la foi contre les Visigoths qui étaient ariens, ces hérétiques se saisirent de lui, sous prétexte qu'il était ami des Francs, et qu'il entretenait des intelligences avec eux, et après lui avoir fait subir les plus barbares traitements, ils le mirent à mort en haine de la religion. On l'honore comme martyr dans son diocèse. Ses reliques qu'on gardait à Mimizan dans la Gascogne, ayant été transférées à Lescar, y furent religieusement conservées jusqu'en 1569, que les huguenots les profanèrent et les réduisirent en cendres. — 27 juillet.

GALACTION (saint), martyr, était honoré autrefois à Constantinople, dans l'église de Sainte-Euphémie, au faubourg de Pétra, le 22 juin.

GALATAS (saint), martyr à Mélitine en Arménie, souffrit avec plusieurs autres. — 19 avril.

GALATION (saint), martyr à Emèse en Phénicie, naquit dans cette ville et fut élevé dans la religion chrétienne par Leucippe, sa mère, qui avait été convertie par un serviteur de Dieu. A vingt-quatre ans, il épousa sainte Epistème, qui n'était pas encore chrétienne, mais qui était tellement préparée par la grâce à recevoir la lumière de la foi, que le jour même de leur mariage, elle embrassa la religion de son mari. Elle fit plus, et d'après les conseils de Galation, elle s'engagea à vivre dans la continence. Pour rendre plus facile l'exécution de leur vœu, Galation se retira dans une solitude près du mont Sinaï, pendant que son épouse se rendait dans une petite communauté de quatre vierges, qui ne s'occupaient que des choses du ciel. La persécution de Dèce ayant été continuée par Gallus, son successeur, les deux époux furent arrêtés et conduits à Emèse. Ni les tortures, ni la mutilation de leurs membres n'ayant pu les contraindre à offrir de l'encens aux idoles, ils furent condamnés à perdre la tête, et on les décapita le 5 novembre 253. — 5 novembre.

GALDIN (saint), *Galdinus*, archevêque de Milan et cardinal, né dans cette ville au commencement du XII° siècle, était de l'illustre famille de la Scala. Sa vocation le portant à embrasser l'état ecclésiastique, il s'y prépara par l'étude de l'Ecriture sainte, par une grande innocence de mœurs et par la pratique de toutes les vertus. Après avoir été élevé au sacerdoce, il devint successivement archidiacre et chancelier de l'église de Milan, sous les archevêques Bidald et Hubert, qui se déchargèrent sur lui d'une partie de l'administration du diocèse, alors rempli de trouble et de confusion à cause du schisme causé par l'antipape Victor, et de l'appui que l'empereur Frédéric Barberousse lui donnait ainsi qu'à ses partisans. Ce prince qui en voulait déjà à Milan, parce que cette ville prétendait avoir le droit exclusif de choisir ses magistrats, lui en voulut encore bien davantage lorsqu'elle eut reconnu Alexandre III pour pape légitime. Il vint l'attaquer avec une nombreuse armée, et après deux mois de siège il la força de se rendre à discrétion, l'an 1162. Il détruisit la ville, fit passer la charrue sur l'emplacement qu'elle avait occupé, et sema du sel dans les sillons. L'archevêque Hubert étant mort en 1166, Galdin, quoique absent, fut élu pour lui succéder, et il fut sacré par le pape qui le fit cardinal et légat du saint-siège. Le nouvel archevêque mit tout en œuvre pour porter du secours et de la consolation aux tristes restes de son troupeau, et pour éteindre le schisme qui désolait la province. Les Milanais, aidés par les peuples de la Lombardie, travaillèrent à rebâtir leurs maisons et leurs murailles; ils rentrèrent dans leur ville le 27 avril de l'année 1167. Frédéric marcha de nouveau contre eux, mais ils défirent son armée. Cet échec l'ayant rendu plus traitable, il consentit à s'aboucher avec le pape qui était à Venise. Saint Galdin soulageait avec une charité admirable ses malheureux diocésains. Il rétablit la discipline qui avait beaucoup souffert, étouffa toutes les semences de division, et se montra fort zélé à détruire les erreurs des cathares, espèce de manichéens, qui avaient profité des troubles occasionnés par la guerre pour s'introduire dans la Lombardie. On admirait en lui un zèle ardent pour le salut des âmes, une humilité profonde et un grand amour pour la prière; et les instructions qu'il adressait à son peuple au sortir de ce saint exercice, avaient une force et une onction auxquelles ne pouvaient résister les cœurs même les plus endurcis. Quoique l'état de sa santé ne lui permît déjà plus de célébrer la messe, le dimanche de Quasimodo de l'année 1176, il voulut encore prêcher. Il monta en chaire après l'Evangile et fit un long sermon qu'il débita avec beaucoup de feu; mais il ne l'eut pas plutôt achevé qu'il tomba dans une défaillance dont il ne revint plus. On le laissa dans le jubé pendant le reste de la messe, après laquelle il expira au milieu des larmes de son clergé et de son peuple. Dieu fit éclater sa sainteté par divers miracles. — 18 avril.

GALDRY (saint), *Valdericus*, florissait sur la fin du IX° siècle, et il est honoré dans le Languedoc où on l'invoque contre la pluie. Une partie de ses reliques est dans l'ancienne cathédrale de Mirepoix et une autre partie au Val-de-Grâce à Paris. Il y avait autrefois, dans le diocèse d'Alby, une église abbatiale qui portait son nom. — 16 octobre.

GALÉE (saint), *Galeus*, martyr à Carthage, est honoré le 24 janvier.

GALENE (sainte), *Galena*, martyre à Corinthe, fut jetée dans la mer avec saint Caliste et sept autres. — 16 avril.

GALGAN (saint), *Galganus*, ermite à Sienne en Toscane, florissait dans le XII° siècle et mourut l'an 1181. — 3 décembre.

GALLA (sainte), veuve, fille du patrice Symmaque, auquel Théodoric, roi d'Italie avait fait subir une mort aussi cruelle qu'injuste, montra, dès son enfance, un grand amour pour la vertu. Mariée fort jeune, et devenue veuve la première année de son mariage, elle ne pensa plus qu'à plaire à Dieu. Renonçant donc au monde et à tous ses biens, elle s'ensevelit dans la retraite, après avoir distribué en aumônes son patrimoine qui était considérable. Elle se fit faire ensuite une cellule sur le Vatican, près du tombeau des saints apôtres, où elle se retira pour se consacrer uniquement à la pratique des bonnes œuvres et à son attrait pour les austérités de la pénitence. Elle fut, par sa sainte vie, un objet d'admiration pour son siècle; les plus grands personnages dont s'honorait alors l'Eglise rendaient hommage à ses vertus sublimes, et nous avons encore les lettres que saint Fulgence lui écrivit du lieu de son exil. Le genre de vie qu'elle menait épuisa ses forces, et ses dernières années ne furent plus qu'un tissu de maladies auxquelles se joignit un cancer qui la fit horriblement souffrir; mais elle supporta tout avec une patience qui ne se démentit jamais. Elle mourut vers le milieu du vi^e siècle, et fut enterrée à Rome où il y eut plus tard une église qui porta son nom. — 5 octobre.

GALLE (sainte), *Galla*, épouse de saint Eucher, évêque de Lyon, sortait d'une des plus illustres familles des Gaules. On compte parmi ses enfants saint Salone et saint Véran, qui furent élevés à l'épiscopat, sainte Consorce et sainte Tullie, qui consacrèrent à Dieu leur virginité. Lorsque saint Eucher, après avoir élevé sa famille, alla prendre, en 422, l'habit monastique à Lérins, du consentement de sa femme, celle-ci, de son côté, quitta le monde pour ne plus s'occuper que du service de Dieu. Elle mourut vers le milieu du ve siècle et elle est honorée à Valence en Dauphiné le 1er février.

GALLE (la bienheureuse), est honorée à Clermont. Saint Grégoire de Tours nous apprend que de son temps il y avait, sur son tombeau, une inscription qui la qualifiait de *sainte mémoire*. — 31 mai.

GALLICAN (saint), *Gallicanus*, martyr à Alexandrie, fut un des principaux personnages de l'Empire, sous Constantin le Grand, qui l'honorait de son amitié. Ce prince l'ayant mis à la tête d'une expédition contre les Scythes, Gallican les défit complètement, et il reçut, pour récompense de ses exploits, la dignité de consul, à laquelle il fut élevé l'an 330. Ayant été converti à la foi chrétienne par saint Jean et saint Paul, qui servaient sous lui en qualité d'officiers, il se retira à Ostie avec saint Hilarin, et il fit de sa maison une espèce d'hospice où il recevait les étrangers et les malades, qu'il servait lui-même avec une grande charité. On venait de toutes parts admirer un homme qui avait été patrice et consul, lavant les pieds aux pauvres, dressant pour eux les tables, et leur rendant ainsi qu'aux malades les soins les plus affectueux. Chassé d'Ostie sous Julien l'Apostat, il se rendit à Alexandrie, où ayant refusé d'obéir au juge Raucien, qui lui commandait de sacrifier aux dieux, il fut décapité le 25 juin 362. — 25 juin.

GALLICAN (saint), archevêque d'Embrun dans le vi^e siècle, assista en 541 au ive concile d'Orléans. Les détails de sa vie ne sont pas connus non plus que l'année de sa mort. Tout ce qu'on sait, c'est qu'il mourut un 25 de juin, après avoir désigné saint Pélade pour son successeur. — 25 juin.

GALLIQUE (saint), *Gallicus*, martyr avec saint Justinien et plusieurs autres, est honoré chez les Grecs le 7 mai.

GALLON (saint), martyr, est honoré le 16 février.

GALLONE (saint), *Gallonius*, martyr en Afrique, est honoré le 11 juin.

GALMIER (saint), *Baldomerus*, serrurier, puis sous-diacre à Lyon, né dans le Forez, sur la fin du vi^e siècle, quitta sa province et se rendit à Lyon où il exerça l'état de serrurier, sanctifiant son travail par la prière et la mortification. Tous ses moments libres étaient employés à de pieuses lectures ou à d'autres bonnes œuvres. Plein de charité pour les pauvres, il leur distribuait le fruit de son travail, ne se réservant que le peu qui était nécessaire pour sa subsistance, et quelquefois il alla jusqu'à leur donner ses outils pour soulager leur misère. Sa maxime favorite était qu'il fallait toujours rendre grâces à Dieu au nom de Notre-Seigneur. Vivence, abbé de Saint-Just, puis évêque de Lyon, l'ayant vu un jour dans l'église, fut frappé de la ferveur avec laquelle il priait; mais il le fut encore bien plus, lorsque après avoir conversé avec lui, il vit combien il était versé dans la connaissance des voies intérieures. Il lui donna une cellule dans son monastère, afin de lui faciliter les moyens de tendre à la perfection. Galmier ne s'occupa plus que du soin de vaquer à la méditation des choses divines, et de pratiquer tout ce que la pénitence a de plus rigoureux. Il mourut vers l'an 650, après avoir été élevé au sous-diaconat sur la fin de sa vie. Son tombeau devint bientôt célèbre par les miracles qui s'y opérèrent, et par le grand nombre de fidèles que la dévotion y attirait. Ses reliques furent enlevées et dispersées par les huguenots dans le xvie siècle. — 27 février.

GAMALIEL (saint), Juif de Jérusalem, membre de la secte des Pharisiens et docteur de la loi, jouissait de la plus haute considération parmi ses concitoyens. Saint Paul se faisait gloire d'avoir étudié sous lui et regardait la qualité de disciple de Gamaliel comme un titre de recommandation près des Juifs. Lorsque le conseil de la nation délibérait sur les moyens de se défaire des apôtres, il montra indirectement que la religion chrétienne était l'œuvre de Dieu, et il le fit avec tant de prudence, que tout en plaidant la cause des apôtres il ne choqua personne. Il paraît qu'il crut en Jésus-Christ bientôt après, et qu'il se convertit même avant saint Paul. Lorsque saint Etienne eut été lapidé, il l'enterra à sa maison de campagne située à vingt milles de Jérusalem, et voulut lui-même être mis dans le même tombeau. En 415, saint Gamaliel apparut au prêtre Lucien, qui desservait l'église du bourg où se trouvaient son corps, celui de saint Abibon, son fils, ceux de saint Étienne et de saint Nicodème. On trouva ces précieuses reliques dans le lieu qu'il avait indiqué, et l'Eglise célèbre la fête de cette découverte miraculeuse le 3 août, jour où saint Gamaliel est honoré. — 3 août.

GAMELBERT (saint), *Gamelbertus*, prêtre, né à Michelsberg, village de Bavière, de parents riches, montra de bonne heure un grand éloignement pour les plaisirs du monde, et un goût marqué pour les pratiques de la religion. Ces dispositions auraient dû faire comprendre à son père que Dieu le destinait à son Eglise; mais le voyant fort et robuste, il voulut lui faire embrasser la carrière des armes. Gamelbert, qui redoutait les périls que pouvait courir son innocence dans cette profession, demanda respectueusement qu'il lui fût permis d'en choisir une autre qui exposât moins son salut. Ce refus indirect lui attira des menaces et des mauvais traitements. Ses propres frères l'accusèrent de lâcheté, et son père lui fit garder les troupeaux. Gamelbert souffrit tout sans se plaindre, et se soumit à tout avec résignation. Ayant un jour trouvé un livre, comme il ne savait pas lire, il le porta à un ecclésiastique du voisinage pour lui demander ce que c'était. Celui-ci, charmé des questions et des réponses du jeune homme, le prit en affection et lui apprit à lire et à écrire. Les progrès rapides qu'il fit dans les éléments des sciences humaines l'enhardirent à demander à son père la permission de faire ses études; ce qu'il n'obtint qu'après de grandes difficultés. Lorsqu'il les eut finies, ses maîtres, étonnés de ses succès et édifiés de ses vertus, décidèrent qu'il devait embrasser l'état ecclésiastique. Gamelbert, au comble de ses vœux, entra dans les ordres sacrés, et par une disposition singulière de la Providence, son père mourut le jour même qu'il fut ordonné prêtre. Par cette mort, il hérita de la maison où il était né, de l'église de Michelsberg et de plusieurs autres propriétés. Ayant été nommé curé de son village, pendant cinquante ans qu'il en exerça les fonctions, il remplit avec autant de zèle que de succès, tous les devoirs d'un saint pasteur. Ses exemples édifiants, sa vie simple et mortifiée, mais surtout sa charité pour les pauvres, le rendirent bientôt un objet de vénération pour tous ses paroissiens. Il poussait si loin cette dernière vertu qu'après avoir consacré au soulagement des malheureux tous ses revenus qui étaient considérables, il allait jusqu'à se priver du nécessaire pour pouvoir rendre ses aumônes plus abondantes; aussi dès qu'il sortait, il se voyait entouré d'une foule de pauvres qui l'appelaient leur père: ces témoignages de reconnaissance le rendaient si confus, que souvent il se hâtait de rentrer chez lui pour se jeter aux pieds de son crucifix et pour repousser les mouvements d'orgueil qui auraient pu s'élever dans son cœur; car il était aussi modeste que charitable. Après une longue carrière uniquement consacrée aux bonnes œuvres, il voulut, avant de mourir, visiter les tombeaux des saints apôtres, et, malgré son grand âge, il entreprit le pèlerinage de Rome. En revenant dans son pays, il ramena un jeune homme qu'il avait baptisé sur sa route et dont il prédit la sainteté future. Il mourut peu de temps après, le 27 janvier vers l'an 800. Lorsqu'il fut près de sa fin, il fit venir le jeune homme dont nous venons de parler, et qu'il avait appelé Uthon, l'institua son héritier et lui légua, avec ses grands biens, son amour pour les pauvres. Il le désigna aussi pour son successeur, et le bienheureux Uthon fut en effet curé de Michelsberg pendant quelques années avant de devenir abbé de Mettern. Les miracles opérés par l'intercession de Gamelbert le firent bientôt honorer comme saint, et son culte a été approuvé par plusieurs papes. — 27 janvier.

GANDALIQUE (saint), *Gandalicus*, martyr à Antioche, souffrit avec huit cent quinze autres, pendant la persécution de Dioclétien. — 22 juin.

GAON ou GAN (saint), *Gao*, abbé de Saint-Pierre-d'Oise, né dans le VIIe siècle, d'une famille illustre, était neveu de saint Vandrille, abbé de Fontenelle. Il fut d'abord religieux dans ce dernier monastère, et son oncle l'envoya à Rome chercher des reliques pour les églises qu'il faisait bâtir à Fontenelle. A son retour d'Italie, il fonda, dans un lieu nommé Ange, le monastère de Saint-Pierre, dont il fut le premier abbé et dans lequel il mourut. Saint Gaon, qu'on invoque contre la peste, est honoré le 26 mai et le 24 juillet.

GAREMBERT (saint), *Valimbertus*, abbé, est honoré le 31 décembre.

GARGILE (saint), *Gargilius*, martyr, souffrit avec plusieurs autres. — 27 septembre.

GARGUE (saint), *Garga*, abbé, est honoré chez les Éthiopiens et chez les Cophtes le 13 mai.

GARIBALD (saint), *Garibaldus*, évêque de Ratisbonne, florissait au milieu du VIIIe siècle et succéda au bienheureux Vichterp. Il est honoré le 8 janvier.

GARIMA (saint), abbé du monastère de Tigra en Éthiopie, fut l'un des neuf principaux propagateurs de la foi dans ce pays. Il est honoré chez les Grecs le 11 juin.

GARLACE (saint), *Garlatius*, religieux Prémontré, est honoré en Espagne, dans son ordre, le 20 janvier.

GASARIE (sainte), *Casaria*, est honorée à Saint-André près de Villeneuve d'Avignon, où l'on garde son corps avec une inscription qui porte qu'elle mourut en 523. — 8 décembre.

GASPARD (saint), *Gaspardus*, l'un des trois mages qui, conduits par une étoile miraculeuse, vinrent de l'Orient en Judée pour y adorer l'enfant Jésus. La tradition porte qu'ils furent baptisés, dans la suite, par saint Thomas, et qu'ils prêchèrent l'Évangile dans la Perse. On dit que leurs corps furent transportés à Constantinople sous les premiers empereurs chrétiens, ensuite à Milan, d'où l'empereur Frédéric Ier, après avoir pris et rasé cette ville, les fit transporter à Cologne, l'an 1162, et le monument qui les renferme est remarquable par sa richesse et par son travail. Plusieurs critiques ont contesté l'identité des corps qu'il renferme; quoi qu'il en soit, l'Eglise honore les mages le jour de l'Epiphanie, qui est aussi appelée, pour cette raison, la fête des Rois. — 6 janvier.

GASPARD-BON (le bienheureux), religieux minime, né à Valence en Espagne, l'an 1530, d'une famille pauvre, embrassa, dans sa jeunesse, l'état militaire, et sut conserver des mœurs pures dans une profession ordinairement si funeste à l'innocence. Il fit vœu, sur un champ de bataille, d'entrer dans l'ordre de Saint-François de Paule, ce qu'il exécuta en 1560, à l'âge de trente ans. Sa ferveur et ses austérités décidèrent ses supérieurs à l'élever au sacerdoce, afin de le mettre en état de rendre plus de services à la religion. Son mérite le fit élire par deux fois provincial de son ordre, emploi dont il s'acquitta avec autant de prudence que de zèle. Sur la fin de sa vie il fut affligé de douleurs aiguës qui ne lui firent rien perdre de sa sérénité et de sa patience. Il mourut à l'âge de soixante-quatorze ans, le 14 juillet 1604, et fut béatifié par Pie VI en 1786. — 14 juillet.

GATIEN (saint), *Gatianus*, premier évêque de Tours, l'un des missionnaires envoyés de Rome dans les Gaules avec saint Denis de Paris, par le pape saint Fabien, vers l'an 245, fit de Tours le principal théâtre de ses travaux apostoliques et y fixa son siège épiscopal. Il convertit un grand nombre d'idolâtres qu'il réunissait, pour la célébration des saints mystères, dans des lieux souterrains, pour se soustraire à la persécution. Souvent il fut obligé de se cacher lui-même, non qu'il craignît de donner sa vie pour Jésus-Christ, il soupirait au contraire après le martyre, mais parce qu'il voulait se réserver pour son troupeau. Il mourut sur la fin du IIIe siècle après cinquante ans d'apostolat, et son tombeau fut honoré de plusieurs miracles. Saint Martin, le plus illustre de ses successeurs, y allait souvent prier. La cathédrale de Tours porte, depuis le XIVe siècle, le nom de saint Gatien, et ses reliques, après plusieurs translations, furent brûlées par les calvinistes en 1562. — 18 décembre.

GAUCHER (saint), *Gaucherius* ou *Valterus*, chanoine régulier, né à Meulan vers l'an 1060, s'appliqua dans son jeune âge à l'étude de la religion et surtout de l'Ecriture sainte. Ayant fait connaissance avec Humbert, chanoine de Limoges, qui se trouvait alors à Meulan, et lui découvrant le désir qu'il avait de se consacrer au service de Dieu d'une manière toute particulière, *Mon fils*, lui dit le chanoine, *si votre cœur est d'accord avec vos paroles, si c'est sincèrement que vous voulez renoncer au siecle pour suivre Jésus-Christ, venez avec moi dans mon pays, et Dieu, qui a toujours égard aux bons désirs, vous fera trouver dans le Limousin quelque lieu conforme à vos inclinations, où vous le servirez selon l'inspiration de la grâce qu'il a mise en vous*. Gaucher, qui avait alors dix-huit ans, partit avec Humbert et un jeune homme nommé Germond, qui devint son disciple. Arrivés dans une solitude appelée depuis Chavagnac, Gaucher et Germond la trouvèrent propre à leur projet et s'y établirent. Ils passèrent trois ans, ignorés des hommes et seulement connus de Dieu, occupés de la prière, du travail des mains et des exercices de la pénitence. Mais leur genre de vie extraordinaire les fit bientôt découvrir, et leur réputation de sainteté se répandit dans les lieux d'alentour. Gaucher surtout excitait l'admiration, malgré sa jeunesse, ou plutôt on était surpris de trouver dans un jeune ermite tant d'expérience dans les voies intérieures, et l'on venait le consulter de toutes parts. Il lui vint des disciples en si grand nombre qu'il fut obligé d'aller s'établir dans une forêt voisine, nommée Aureil, dépendante du chapitre de Limoges, et il obtint la permission d'y bâtir un monastère. Des personnes du sexe ayant aussi demandé de vivre sous sa direction, il fut obligé de leur faire construire un monastère à quelque distance du sien. Il donna aux deux communautés la règle des Chanoines réguliers de Saint-Augustin, approuvée en 1063 par le pape Alexandre II, et qui avait pour but de réformer les clercs et surtout les Chanoines. Saint Gaucher avait de fréquentes relations avec les Chanoines de Limoges, et il était surtout lié d'une étroite amitié avec saint Etienne de Muret ou de Grandmont, dont la solitude n'était pas éloignée d'Aureil. Il mourut d'une chute, à l'âge de quatre-vingts ans, le 9 avril 1140, et il fut canonisé l'an 1194, par le pape Célestin III. — 9 avril.

GAUD (saint), *Valdus*, évêque d'Evreux, successeur de saint Taurin, après une assez longue vacance du siège, occasionnée par les incursions des Barbares, dut son élévation à Germain, évêque de Rouen, qui le donna pour pasteur à l'église d'Evreux. Jamais choix ne fut plus digne de l'assentiment universel. Saint Gaud, après avoir prêché de jour dans les villes et les villages, passait la nuit en prières, afin d'attirer sur ses travaux les bénédictions du ciel. Comme son diocèse n'était qu'à moitié converti, il réussit à amener à la connaissance de Jésus-Christ la plupart des infidèles qui se trouvaient à Evreux et dans les lieux d'alentour. Pendant un épiscopat de quarante ans, il abolit presque totalement les superstitions du paganisme dans cette portion de la Neustrie confiée à ses soins. Son grand âge et ses infirmités le portèrent à se démettre de son siège, après avoir désigné pour son successeur le prêtre Maurusion, qui lui succéda, et il se retira dans la solitude de Scicy près de Coutances, qui était alors habitée par saint Pair, saint Senier et d'autres saints ermites

Saint Gaud y passa ses dernières années de sa vie et mourut en 491. Il fut enterré dans l'oratoire de saint Pair, son ami, avec lequel il avait travaillé à la conversion des idolâtres de la Neustrie. Cet oratoire est devenu l'église paroissiale de Saint-Pair-sur-Mer. Les reliques de saint Gaud, découvertes en 1131, furent placées dans une châsse, la même année. L'évêque de Coutances tira d'une de ses jambes un os qu'il donna, en 1664, à l'église cathédrale d'Évreux ; et, un siècle plus tard, un autre évêque de Coutances donna à l'église paroissiale d'Acquigny, un os entier du bras du même saint, qui est honoré à Coutances et à Evreux le 31 janvier.

GAUDENCE (saint), *Gaudentius*, évêque de Rimini et martyr, ayant déchiré les actes d'un concile d'ariens, tenu dans sa ville épiscopale l'an 359, fut massacré la même année par ordre du gouverneur de la province qui était arien lui-même, et qui, en le faisant mourir, exécutait les volontés de l'empereur Constance. — 14 octobre.

GAUDENCE (saint), évêque de Tolède, florissait sur la fin du IVe siècle et mourut en 396. — 3 décembre.

GAUDENCE (saint), évêque de Novare et confesseur, né avant le milieu du IVe siècle de parents idolâtres, eut le bonheur de connaître la vraie foi qu'il embrassa avec ardeur. Ayant essayé de convertir sa famille, cette tentative lui attira des persécutions qui l'obligèrent à s'expatrier. Il se rendit à Verceil, près de saint Eusèbe, évêque de cette ville, qui l'ordonna lecteur. De là il se rendit à Novare et s'associa aux missions de saint Laurent, qui travaillait à la conversion des infidèles qui restaient encore dans cette ville. Étant allé à Milan, il vécut quelque temps sous la conduite de saint Martin, depuis évêque de Tours, qui habitait alors une solitude près de cette ville, et lui servit de secrétaire. Lorsque saint Eusèbe, son ancien maître, eut été exilé à Scythopolis en Palestine, à la suite du conciliabule de Milan, Gaudence alla l'y visiter et ne craignit pas les fatigues d'un long voyage ni les dangers qu'il avait à redouter des ariens. Eusèbe le renvoya à Verceil pour y prendre soin de son troupeau, et au retour du saint confesseur, il se rendit à Novare pour remplacer saint Laurent que les païens avaient massacré. Son zèle, son mérite et ses vertus inspirèrent à saint Ambroise, qui passait par Novare, l'idée de le sacrer évêque de cette ville ; mais Gaudence répondit que cette consécration se ferait par un autre. En effet, le saint archevêque de Milan étant mort peu après (397), saint Simplicien, son successeur, donna à Gaudence l'onction épiscopale. Celui-ci s'appliqua surtout à extirper les restes du paganisme du milieu de son troupeau, et ses efforts eurent un tel succès, qu'il convertit jusqu'aux meurtriers de saint Laurent, et qu'il ne resta plus un seul idolâtre dans Novare. Il réforma son clergé et établit la vie commune parmi les prêtres de sa cathédrale. Il fonda un grand nombre d'églises et établit de nouvelles paroisses qu'il pourvut de dignes pasteurs. Après un épiscopat de vingt ans, il mourut vers l'an 417, et il fut enterré dans une église qu'il avait fait construire près de la ville. — 22 janvier.

GAUDENCE (saint), évêque de Brescia, né vers le milieu du IVe siècle, fut élevé par saint Philastre, évêque de Brescia, qu'il appelle son père. Son mérite, ses talents et ses vertus lui firent bientôt une réputation qui blessait son humilité. Ce fut donc en partie pour se soustraire aux honneurs et aux applaudissements que lui attirait son éloquence qu'il fit le pèlerinage de la terre sainte, espérant qu'on l'oublierait peu à peu dans son pays. En passant par Césarée en Cappadoce, il alla visiter dans leurs monastères les sœurs et les nièces de saint Basile qui lui donnèrent des reliques des quarante martyrs et de quelques autres saints. Il était encore en Orient, lorsque saint Philastre mourut à Brescia. Le clergé et le peuple de cette ville demandèrent Gaudence pour son successeur ; mais dans la crainte que son humilité ne mît obstacle à leur dessein, ils s'engagèrent par serment à ne point recevoir d'autre évêque. L'élection ayant été confirmée par saint Ambroise qui était métropolitain et par ses suffragants, on écrivit à Gaudence, qui était en Cappadoce, pour hâter son retour. Il refusa d'abord de se rendre à une pareille invitation, et il ne céda qu'à la crainte de l'excommunication dont on le menaçait, s'il persistait dans son refus. Il fut sacré, en 387, par saint Ambroise, assisté des évêques de la province. Gaudence fit à cette occasion un discours où il montrait la plus profonde humilité. Il travailla, avec un zèle infatigable, à continuer le bien que saint Philastre avait commencé, et surtout à nourrir son troupeau du pain de la parole divine. L'impératrice Justine ayant privé de son emploi un seigneur de la cour, nommé Bénévole, parce qu'il avait refusé de rédiger un édit en faveur des ariens, ce seigneur se retira à Brescia, et comme sa santé ne lui permettait pas d'aller entendre saint Gaudence, il le pria de lui donner une copie de ses discours, afin qu'il pût les lire chez lui. C'est par ce moyen que dix-sept de ces discours sont parvenus jusqu'à nous. Le dix-septième fut prononcé à l'occasion de la dédicace d'une nouvelle église qu'il avait fait bâtir à Brescia, cérémonie à laquelle assistèrent plusieurs évêques qu'il y avait invités. Outre ces discours, saint Gaudence en a laissé trois autres dont le dernier est un des panégyriques qu'il prononçait, tous les ans, en l'honneur de saint Philastre, le jour de sa fête. L'évêque de Brescia fut un des députés que le concile de Rome, tenu en 405, et l'empereur Honorius, envoyèrent en Orient pour défendre devant Arcade la cause de saint Jean Chrysostome, qui le remercia, par une lettre que nous avons encore, de ce qu'il avait fait en faveur de sa cause. Cette députation n'eut pas le succès qu'on en espérait, et ceux qui la composaient eurent à essuyer des mauvais traitements de plus d'une sorte ; ils furent même emprisonnés dans la Thrace, et après leur élargissement on les embarqua sur un vieux vaisseau, afin de les exposer au danger du naufrage. La providence les protégea et leur traversée fut heureuse. Saint Gaudence, de retour au milieu de son troupeau, continua de l'instruire et de l'édifier jusqu'à sa mort, qui arriva vers l'an 420. Rufin l'appelle la gloire des docteurs de son siècle. — 25 octobre.

GAUDENCE (saint), évêque d'Arezzo et martyr avec saint Culmace diacre, fut mis à mort par les Barbares lors d'une irruption qui eut lieu sous l'empereur Valentinien III, dans le ve siècle. — 19 juin.

GAUDENCE (saint), évêque de Vérone et confesseur, fut inhumé dans l'église de Saint-Étienne. — 12 février.

GAUDENCE (saint), évêque de Coire, capitale des Grisons, en Suisse, est honoré le 3 août.

GAUDENCE (sainte), *Gaudentia*, vierge et martyre à Rome, souffrit avec trois autres.— 30 août.

GAUDIN (saint), *Galdinus*, évêque de Soissons et martyr, florissait au commencement du viiie siècle. Il fut victime du zèle avec lequel il s'éleva contre les désordres de plusieurs de ses diocésains, qui, irrités de ses réprimandes, se placèrent dans un lieu par où il devait passer, se jettent sur lui, le précipitent dans un puits et prennent la fuite. Les fidèles du voisinage, à la nouvelle de cet horrible attentat, s'empressent d'accourir au secours de leur saint pasteur; mais il avait cessé de vivre lorsqu'il fut tiré du puits. Le Ciel attesta sa sainteté par de nombreux miracles et son nom se lit dans plusieurs Martyrologes. — 11 février.

GAUDIOSE (saint), *Gaudiosus*, évêque de Brescia et confesseur florissait dans la première partie du ve siècle et mourut en 445.— 7 mars.

GAUDIOSE (saint), évêque d'Abitine et confesseur, fut exilé par Genséric, roi des Vandales, à cause de son attachement inébranlable à la foi catholique, et il mourut à Salerne sur la fin du ve siècle. Son corps se garde dans la cathédrale de Salerne. — 26 octobre.

GAUDIOSE (saint), évêque en Afrique, pendant la persécution de Genséric, roi des Vandales, fut exilé dans la Campanie avec saint Quod-Vult-Deus, évêque de Carthage, et plusieurs autres évêques. On les embarqua en 439 sur des vaisseaux pourris, sans rames ni voiles, ce qui ne les empêcha pas d'arriver heureusement au lieu de leur exil. Saint Gaudiose fonda à Naples, un monastère où il mourut, après s'être illustré par ses vertus et par ses miracles. On garde à Naples ses reliques dans une église qui lui est dédiée. — 28 octobre.

GAUDIOSE (saint), évêque de Tarragone, florissait dans le vie siècle et fut l'un des plus illustres disciples de saint Victorien d'Asane. Il mourut vers l'an 585 et il est honoré à Décoran en Aragon le 3 novembre.

GAULIEN (saint), *Gaulienus*, martyr à Gironne en Catalogne, souffrit avec plusieurs autres. — 31 mai.

GAUSBERT (saint), *Gausbertus*, évêque de Cahors, fut le directeur de saint Geraud d'Aurillac, et il mourut au commencement du xe siècle. — 10 décembre.

GAUSBERT (saint), ermite et fondateur du monastère de Monsalvy dans le diocèse de Saint-Flour, mourut vers l'an 1069.—27 mai.

GAUTHIER DE LODI (saint), *Waltherus*, fondateur de plusieurs hôpitaux, est honoré le 22 juillet.

GAUTHIER (le bienheureux), religieux convers de Clairvaux, est honoré dans son ordre le 8 mai.

GAUTHIER (le bienheureux), religieux de l'ordre de Cîteaux, sortait de la famille des barons de Burbeck. Il se distingua, dès sa jeunesse, par une grande dévotion envers la mère de Dieu qu'il invoquait souvent et qui le protégea, dans plusieurs occasions, d'une manière particulière. Ayant embrassé la carrière militaire, il la quitta bientôt après, parce qu'elle ne pouvait s'allier à son goût pour la prière et la retraite. Il entra chez les cisterciens de Hemmerode, après avoir distribué ses biens aux pauvres et aux églises, ne se réservant que le strict nécessaire. La haute idée qu'on avait de ses vertus et de sa sainteté lui fit donner la charge de recevoir les étrangers, fonction dont il s'acquitta avec autant de discrétion que de charité. Sa conversation était si touchante et si persuasive, que, dans les rapports qu'il avait avec les gens du dehors, il eut le bonheur de convertir plusieurs pécheurs endurcis. Il mourut le 22 janvier 1222, à Villers, monastère de l'ordre de Cîteaux dans le Brabant, et son tombeau a été illustré par des miracles. — 29 janvier.

GAUTIER (saint), *Walterus* ou *Galterus*, prêtre et martyr, s'associa aux travaux apostoliques de saint Boniface, archevêque de Mayence, et fut massacré avec lui par des païens, près de Dockum en Hollande, le 5 juin 755. — 5 juin.

GAUTIER (saint), *Gualterus*, abbé d'Esterp en Limousin, naquit vers l'an 990 et sortait d'une famille consulaire établie dans l'Aquitaine. Il fut élevé dans la piété, et sa vocation le portant à servir Dieu dans la retraite, il se mit sous la conduite du bienheureux Israël, Chanoine régulier de Dorat dans le Limousin. Étant devenu lui-même Chanoine de Dorat, il se distingua, parmi ses confrères, par son humilité, sa mortification et son assiduité à la prière. Ayant fait un jour, sur l'observation de la discipline, quelques remontrances qui déplurent à son prieur, il s'efforça de l'apaiser, mais il ne put y réussir. Il se retira donc dans le bourg de Confolens, à dix lieues de Limoges, et c'est près de ce lieu qu'était située l'abbaye d'Esterp, fondée pour des Chanoines réguliers. Il y fut admis et il en fut élu abbé en 1032. Loin de se prévaloir de sa dignité, il se mettait au dessous du moindre de ses religieux, et il veillait sur tous en particulier, comme s'il n'en avait eu qu'un seul à gouverner. A ces vertus si rares dans un supérieur, il joignait une telle charité envers les pauvres, qu'il allait jusqu'à jeûner et jusqu'à se priver du nécessaire pour qu'ils eussent des aumônes plus abondantes. Le pape Victor II, informé du talent extraordinaire qu'il avait pour la prédication, lui envoya des pouvoirs pour annoncer la parole de Dieu partout où il jugerait à propos, et ses instructions convertirent une multitude de pécheurs. Il devint aveugle sept ans avant sa mort, qui arriva le 11 mai 1090. Son tombeau fut illustré par plusieurs miracles et on l'honorait au monastère d'Esterp le 11 mai.

GAUTIER (saint), premier abbé de Saint-Martin, près de Pontoise, né au village d'Andainville en Picardie, dans la première partie du XIᵉ siècle, quitta le monde pour prendre l'habit de saint Benoît dans l'abbaye de Rebais, au diocèse de Meaux. Il fut nommé en 1060 abbé de Saint-Germain, depuis Saint-Martin, près de Pontoise, qui venait d'être fondé par les comtes d'Amiens et de Pontoise. Philippe Iᵉʳ, roi de France, avait pour lui une vénération singulière qui était partagée par les plus grands personnages du royaume; ce qui alarma son humilité, et lui fit prendre la fuite, pour se soustraire au danger de la vaine gloire. On le découvrit et on le ramena à son monastère, que le pape lui défendit de quitter à l'avenir. Il se renferma dans une petite cellule où il se livra aux plus grandes austérités, à la prière et à la contemplation, et dont il ne sortait que pour vaquer aux devoirs de sa charge. Pour être fidèle à la résolution qu'il avait prise d'avancer de plus en plus dans la perfection, il ajoutait, tous les jours, quelque chose à ses austérités ordinaires. Il s'opposa, avec force, à quelques maximes simoniaques qui avaient pour défenseurs des hommes puissants, et son zèle lui attira des persécutions qui contribuèrent à faire briller davantage ses vertus et surtout sa patience. Saint Gautier mourut le 8 avril 1099, et son corps fut levé de terre en 1153 par les évêques de Paris, de Rouen et de Senlis, qui constatèrent la vérité de plusieurs miracles opérés à son tombeau. C'est le dernier exemple que l'histoire nous fournisse d'un saint qui ait été canonisé par des évêques. C'est Alexandre III qui a réservé au saint-siège la canonisation des saints : auparavant les métropolitains jouissaient de ce droit. En 1655, l'abbé Gautier Montagu fit une seconde translation de ses reliques, et décora magnifiquement sa chapelle. — 8 avril.

GAUTIER (saint), abbé en Italie, né à Rome au XIIIᵉ siècle, quitta le monde dans sa jeunesse pour se livrer, dans la retraite, aux pratiques de la pénitence et aux exercices de la contemplation. Il bâtit à San-Serviliano, petite ville du diocèse de Firmo dans la marche d'Ancône, un monastère dont il fut le premier abbé. Il montra, toute sa vie, une grande dévotion pour la croix de Jésus-Christ et pour sa passion. On garde son corps dans l'église paroissiale de Saint-Marc, à San-Serviliano, où il est honoré le 4 juin ainsi que dans plusieurs autres églises du pays. — 4 juin.

GAUTIER (le bienh.), évêque d'Auxerre, fut mis à mort en 1244 pour la défense des droits de l'Eglise. Il est honoré à Quincy en Champagne, où se trouve son corps. — 15 octobre.

GAUZELIN (saint), *Gauzelinus*, évêque de Toul, né vers la fin du IXᵉ siècle, d'une illustre famille, après une éducation conforme à son rang, quitta le siècle pour se consacrer au service des autels. Ayant été élu pour succéder à Drogon sur le siège épiscopal de Toul en 918, il se montra le modèle des évêques par ses vertus. Un de ses premiers soins fut de remédier aux maux produits par l'invasion des Danois, de réunir son clergé qui avait pris la fuite à l'approche de ces barbares et de faire restituer aux églises les biens dont elles avaient été dépouillées. Les empereurs Henri Iᵉʳ et Othon, qui avaient pour lui la plus grande estime, secondèrent son zèle pour le rétablissement de la discipline ecclésiastique et la réforme des monastères. Il introduisit dans celui de Saint-Èvre de Toul la réforme de Saint-Benoît, inconnue jusqu'alors dans la Lorraine, et y mit Archambaud pour abbé. Il assigna des revenus aux moines, afin de leur ôter le prétexte de violer la règle faute de moyens suffisants pour subsister. Il n'exigea que deux choses pour prix de cette générosité : la première, qu'on réciterait tous les jours pour lui un *De profundis*, et la seconde, qu'on célébrerait un anniversaire pour le repos de son âme, le jour de sa mort. Il rétablit les études cléricales, à la tête desquelles il plaça le moine Adson, qu'il avait fait venir du monastère de Luxeuil. Il fonda le monastère de Bouxières pour des religieuses, et le dota richement : ensuite il commença l'église de Saint-Mansuy qui fut achevée par saint Gérard, son successeur. Il assista à plusieurs conciles, entre autres à celui de Verdun, en 947, et à celui de Mouson l'année suivante, où fut terminée la contestation entre les deux prétendants au siège de Reims Hugues et Artaud. Les quatre dernières années de sa vie, il fut atteint d'une maladie de langueur qu'il supporta avec une patience admirable. Après un épiscopat de quarante-quatre ans, il mourut le 7 septembre 962, laissant son troupeau inconsolable de sa perte. Son corps fut porté à Bouxières, selon qu'il l'avait prescrit, et enterré dans l'église du monastère. — 31 août et 7 septembre.

GAVIN (saint), *Gavinius*, martyr, est honoré au port de Bolaï en Sardaigne le 25 octobre.

GEBERN ou GERBERN (saint), *Gerebernus*, prêtre et martyr, était Irlandais de naissance et il avait été élevé au sacerdoce dans sa patrie. Sainte Dympne, qu'il dirigeait dans les voies de la perfection, lui ayant fait connaître les infâmes poursuites auxquelles elle était en butte de la part de son père, qui avait formé le projet monstrueux d'épouser sa propre fille, il l'exhorta à fuir en pays étranger et l'accompagna dans sa fuite. Le père de Dympne, qui était seigneur d'une partie de l'Irlande, ayant appris que sa fille habitait sur les côtes de la Frise, passa la mer pour lui offrir de nouveau sa main et la ramener en Irlande; mais, n'ayant pu la décider, il la tua de sa propre main et il fit éprouver le même traitement à Gebern. Leur martyre eut lieu à Kivremont en Brabant, sur la fin du VIIe siècle. Le corps de saint Gebern se garde à Sousbec dans le duché de Clèves. — 30 mai.

GEBHARD (saint), archevêque de Saltzbourg, dans le XIe siècle, sortait d'une illustre famille d'Allemagne. Il fit ses études à l'université de Paris, où il se lia d'une étroite amitié avec le bienheureux Altmann et saint Adalbéron, qui devinrent dans la suite, le premier, évêque de Passau, et le second, évêque de Wurtzbourg, et qui furent, avec le bienheureux Gebhard, les trois plus grands prélats de l'Église d'Allemagne, dans le XIe siècle. Gebhard ayant été ordonné prêtre en 1055 par Balduin, archevêque de Saltzbourg, devint chanoine de cette ville, et bientôt après Henri IV le nomma chancelier de l'empire. Balduin étant mort en 1060, il fut élu à l'unanimité pour lui succéder. La charité pour les pauvres, l'attachement au saint-siège et le zèle pour l'observation des saints canons, telles furent les principales vertus qui caractérisèrent le bienheureux Gebhard. Il dota plusieurs monastères et fonda la célèbre abbaye d'Admont, sur l'Ems, à la tête de laquelle il plaça le saint abbé Arnold. Le pape saint Grégoire VII, qui avait une estime particulière pour le saint archevêque, le fit son nonce apostolique en Allemagne. Dans les longs démêlés qui existèrent entre le saint-siège et l'empereur, Gebhard ne balança pas un instant pour se prononcer en faveur du vicaire de Jésus-Christ contre un prince ennemi de l'Église, et quoiqu'il assistât en 1076, à l'assemblée de Worms, il refusa de prendre part aux résolutions prises contre le pape, et il aima mieux encourir la haine de Henri et se dévouer à la persécution que d'imiter des prélats vendus au pouvoir. Mais à la diète générale des grands de l'empire tenue à Forcheim, l'année suivante, pour déposer Henri, il concourut à l'élection de Rodolphe de Souabe, et lorsqu'il vit que l'empereur déposé se proposait de revenir d'Italie, il fortifia quelques châteaux de ses domaines pour se défendre à tout événement. Ces précautions ne purent préserver son église du pillage et des dévastations qu'y commirent les partisans de Henri. Il voulut réclamer auprès de ce prince contre les injustices et les violences dont son diocèse était le théâtre; mais il fut envoyé en exil avec plusieurs autres prélats, parmi lesquels se trouvait son ancien condisciple et ami, le bienheureux Altmann, évêque de Passau. Henri mit sur le siège de Saltzbourg un intrus qui était l'indigne Berthold, comte de Mosbourg, qui acheva, par ses dilapidations, la ruine de cette malheureuse Église. Cependant la plupart des provinces de l'Allemagne firent un effort vigoureux pour secouer le joug du tyran.

Les habitants de Saltzbourg furent les premiers à donner l'exemple, et comme ils avaient pour leur évêque légitime une profonde vénération, ils se hâtèrent de le rappeler au milieu d'eux, après avoir chassé l'usurpateur de son siège. Saint Gebhard revint après un exil de neuf ans; mais les persécutions qu'il avait essuyées abrégèrent ses jours, et il mourut peu de temps après son retour, le 16 juin 1088. Il a toujours été honoré d'un culte public dans son diocèse. — 16 juin.

GEBHARD II, (saint), évêque de Constance, fils d'Uson, comte de Souabe, fut élevé dans l'école du chapitre de Constance. Des maîtres habiles cultivèrent avec soin les heureuses dispositions qu'il avait reçues de la nature et lui firent faire de grands progrès dans les sciences, tout en le formant à la vertu. Ayant embrassé l'état ecclésiastique, il devint chanoine de Constance et il se montra, par sa conduite édifiante, le modèle de ses confrères. Saint Conrad, évêque de cette ville, prévoyant que Gebhard lui succéderait un jour, ne négligeait rien pour le préparer à l'élévation que lui destinait la Providence, et il le traitait comme un fils chéri. Conrad étant mort l'an 976, il eut pour successeur immédiat Grauciolf, qui ne gouverna le diocèse que quelques années. Gebhard, élu vers l'an 980, se montra l'un des plus dignes pasteurs de l'Église et brilla par ses vertus, surtout par sa charité. Il employa la plus grande partie de ses biens patrimoniaux à fonder la célèbre abbaye de Pétershausen, située près de Constance, et qu'il fit commencer en 983. L'église, qui était magnifique, fut consacrée par Grégoire V en personne, l'an 996. Saint Gebhard mourut cette même année, le 27 août, après seize ans d'épiscopat. Son nom se lit dans plusieurs martyrologes. — 27 août.

GEBIZON (le bienheureux), moine du Mont-Cassin, est honoré dans l'ordre des Bénédictins le 21 octobre.

GÉDÉON (saint), juge de la nation juive, était fils de Joas de la tribu de Manassès, et fut choisi par le Seigneur pour délivrer Israël de la domination des Madianites. Un ange lui apparut lorsqu'il criblait, dans son aire, du blé qu'il se proposait d'emporter dans les montagnes où il allait se réfugier pour se soustraire aux coups de l'ennemi. L'envoyé céleste le chargea de délivrer ses compatriotes, lui promettant le succès de la part de Dieu. Gédéon, avant d'accepter cette mission, qu'il croyait au-dessus de ses forces, demanda qu'elle fût confirmée par des prodiges et elle le fut. Pendant qu'il offrait en sacrifice au Seigneur la chair d'un bouc et du pain azyme, l'ange qui avait ordonné ce sacrifice toucha, du bout de la baguette qu'il tenait à la main, la pierre qui servait d'autel, et il en sortit à l'instant une flamme qui consuma la chair et le pain; en même temps l'ange disparut à ses yeux. Le lendemain, il étendit sur la terre une peau de brebis avec sa laine, en priant le Seigneur de l'imprégner de rosée, pendant que tous les environs en seraient exempts; ce que le Seigneur lui accorda. Il demanda ensuite un prodige tout différent, et qui consistait à laisser sèche la toison pendant que les environs seraient humectés de rosée, et il fut encore exaucé. Alors ne pouvant plus douter de la vérité de sa mission, il la commença par abattre, de nuit, l'autel de Baal. Bientôt il fut connu comme celui qui devait sauver sa nation, et trente-deux mille hommes vinrent se mettre sous ses ordres. Ce nombre que le Seigneur trouvait trop considérable fut réduit à dix mille, et en dernier lieu à trois cents, auxquels il fit prendre d'une main une lampe cachée sous un pot de terre, et de l'autre une trompette. Il leur ordonna de sonner de la trompette et de briser leurs vases, aussitôt qu'ils lui auraient vu faire lui-même cette double opération. Les Madianites, croyant être attaqués dans leur camp par une armée nombreuse, furent saisis de frayeur, au point que, dans l'obscurité, ils s'entretuèrent, et ceux qui échappèrent à cette boucherie prirent la fuite, mais ils furent massacrés par la troupe de Gédéon. Lui-même tua de sa main Zébée et Salmana, les principaux chefs des Madianites, et Israël fut délivré de ces barbares qui occupaient le pays depuis sept ans. Il eut pour sa part des dépouilles les pendants d'oreilles arrachés aux ennemis, et il les consacra à la confection d'un éphod, espèce de ceinture des prêtres, laquelle devint dans la suite l'objet d'un culte idolâtrique. Les Juifs reconnaissants de leur délivrance voulurent lui déférer la puissance royale et le titre de roi pour lui et sa postérité; mais il refusa en disant : Je ne régnerai pas sur vous, ni moi ni mes enfants; c'est le Seigneur qui sera votre roi. Il continua cependant à gouverner comme juge, et son administration pleine de sagesse et d'équité dura quarante ans; il mourut vers l'an 1245 avant Jésus-Christ, laissant soixante-dix enfants, qu'il avait eus de plusieurs femmes, outre Abimélech, qu'il avait eu d'une Sichimite, et qui fit mourir tous ses frères pour s'emparer de la puissance souveraine. Gédéon est nommé comme saint dans le Martyrologe romain, sous le 1er septembre.

GÉDOUIN (saint), *Gilduinus*, diacre et chanoine de Saint-Samson de Dol en Bretagne, naquit en 1052, et il n'avait que vingt-quatre ans lorsqu'il mourut à Chartres en 1077. Son corps se garde à Saint-Père-en-Vallée. — 27 janvier.

GEGAR (saint), prince de Syrie, est honoré chez les Éthiopiens le 9 août.

GELAIS (saint), *Gelasius*, évêque de Poitiers, florissait dans le ve siècle, et il a donné son nom à une paroisse près de Niort. — 26 août.

GÉLASE (saint), *Gelasius*, martyr en Crète, au milieu du iiie siècle, fut décapité avec saint Théodule et plusieurs autres, pendant la persécution de Dèce, après avoir confessé Jésus-Christ au milieu des tourments. — 23 décembre.

GÉLASE (saint), martyr à Fossombrone, souffrit avec saint Aquilin et plusieurs autres. — 4 février.

GÉLASE (saint), pape, était Africain d'origine et Romain de naissance. Il succéda, en 492, au pape Félix III, et signala les commencements de son pontificat par un acte de fermeté qui attestait son zèle pour le maintien de la foi, en refusant d'envoyer des lettres de communion à Euphémius, patriarche de Constantinople, parce que celui-ci refusait d'effacer des dyptiques le nom d'Acace, l'un de ses prédécesseurs, qui avait montré trop d'attachement pour les Eutychiens. Ce refus n'allait pas cependant jusqu'à séparer de la communion de l'Église Euphémius, qui se conduisit ensuite en zélé catholique. Saint Gélase défendit avec vigueur, dans plusieurs de ses lettres, la prééminence de son siège, et dans le concile qu'il tint à Rome en 494, il fit voir que depuis l'établissement du christianisme, ce siège avait pris soin de toutes les églises du monde, et qu'on n'appelait point de son jugement à une autre église. Sans cesse il rappelait les règles anciennes, celles surtout qui concernaient les ministres de la religion. Il ordonna qu'on ferait quatre parts des revenus des églises, l'une pour l'évêque, la seconde pour le clergé, la troisième pour les pauvres, et la quatrième pour la fabrique. Après qu'il eut aboli la fête des lupercales, que les païens avaient coutume de célébrer en l'honneur de Pan, et qui était accompagnée de débauches et d'extravagances, comme plusieurs Romains, à la tête desquels se trouvait le sénateur Andromaque, voulaient la rétablir, il s'y opposa, et il publia à ce sujet le *Traité contre Andromaque*. Il ne déploya pas moins de zèle contre divers abus qui s'étaient introduits dans la Marche d'Ancône, extirpa la simonie et défendit, sous des peines sévères, le trafic aux ecclésiastiques. Il prit aussi diverses mesures contre les pélagiens et contre les manichéens: ayant appris qu'il y avait de ces derniers qui se cachaient parmi les fidèles de Rome, il imagina, pour les découvrir, un moyen qui lui réussit et qu'il d'ordonner la communion sous les deux espèces. Comme les disciples de Manès s'abstenaient de l'usage du vin, le regardant comme impur, leur obstination à ne vouloir communier que sous l'espèce du pain, même d'après la loi portée en 496, servit à les faire reconnaître. Le saint pape composa plusieurs hymnes sacrées et des préfaces qui ne sont pas parvenues jusqu'à nous. Il fit aussi, d'après un ancien recueil de messes, le *Sacramentaire* qui porte son nom. C'est dans le concile de Rome, dont nous avons déjà parlé, qu'il publia le célèbre décret qui contient le catalogue des livres canoniques de l'Écriture sainte. Il est le premier qui ait fixé les ordinations aux quatre-temps. Les mœurs de ce pontife, dit un historien, honorèrent son savoir et ses talents. Il était d'une rare piété, et donnait à la prière ou à de saints entretiens tout le temps que lui laissaient libre ses sublimes fonctions. Élevé à la dignité la plus éminente, il la regardait comme le plus pesant fardeau et comme une vraie servitude qui le rendait comptable envers tout le monde. Il nourrissait tous les pauvres qu'il pouvait découvrir, vivait lui-même en pauvre et dans la pratique des austérités les plus rigoureuses. Il mourut le 21 novembre 496, et eut pour successeur Anastase II. Les écrits qui nous restent de ce saint pape ont toujours été en grande estime dans l'Eglise. Ce sont, outre ceux que nous avons mentionnés plus haut, le *Traité du lien de l'anathème*, dont le but est de prouver qu'Acace ne pouvait être, après sa mort, absous de l'excommunication; le *Traité contre les Pélagiens*; le livre *des deux natures en Jésus-Christ, contre Eutychès et Nestorius;* quelques lettres qui ont beaucoup servi à Baronius pour écrire l'histoire ecclésiastique de ce temps. Le style de saint Gélase est plein de noblesse et d'élégance : seulement on y désirerait quelquefois plus de clarté. — 21 novembre.

GÉLASE (saint), moine de Raithe et martyr, fut mis à mort avec saint Paul, son abbé, et la plupart de ses confrères, l'an 373, par les Blemmyens, peuple barbare de l'Ethiopie, qui faisait une excursion sur les côtes de la mer Rouge. Il est honoré avec ses compagnons le 14 janvier et le 28 décembre.

GÉLASIN (saint), *Gelasinus*, d'abord bateleur et ensuite martyr à Héliopolis, en Phénicie, se fit baptiser sur le théâtre en dérision de nos mystères; mais il ne fut pas plutôt sorti du bain chaud où il s'était mis pour contrefaire l'immersion du baptême, qu'il professa hautement le christianisme. Les spectateurs, furieux de ce changement subit, se jetèrent sur lui et le lapidèrent, l'an 297, sous l'empereur Dioclétien. — 27 février.

GELVAS (saint), est honoré chez les Ethiopiens le 8 avril.

GEMBLE (saint), *Hyemulus*, martyr, fut massacré par des voleurs, à Ganne, près de Varèse, dans le diocèse de Milan. On l'invoque dans les temps de sécheresse. — 4 février.

GEMELLE (saint), *Gemellus*, martyr en Syrie avec saint Avend et plusieurs autres, est honoré chez les Grecs le 15 février.

GEMELLE (saint), martyr à Ancyre, en Galatie, endura pour la foi de cruelles tortures sous l'empereur Julien l'Apostat, et subit ensuite le supplice de la croix, l'an 362. — 10 décembre.

GEMELLIEN (saint), *Gemellianus*, martyr en Syrie avec saint Gémelle, est honoré le même jour. — 15 février.

GEMINE (saint), *Geminus*, l'un des quarante-sept martyrs de Lyon, fut décapité l'an 177, sous l'empereur Marc-Aurèle. — 2 juin.

GÉMINE (saint), martyr à Fossombrone, souffrit avec quatre autres. — 4 février.

GÉMINE (saint), martyr en Afrique pendant la persécution des Vandales, souffrit, à ce que l'on croit, l'an 484, sous le roi Hunéric. — 4 janvier.

GEMINE (saint), moine de Saint-Paternien de Fano, près de Narni, dans le duché de Spolète, mourut en 815. — 9 octobre.

GEMINIEN (saint), *Geminianus*, martyr à Rome avec sainte Lucie, souffrit pendant la persécution de l'empereur Dioclétien. — 16 septembre.

GEMINIEN (saint), évêque de Modène, s'illustra par ses miracles. Il assista au concile tenu à Milan contre Jovinien, en 390, sous saint Ambroise. — 31 janvier.

GEMME (sainte), *Gemma*, martyre en Afrique, souffrit avec plusieurs autres. — 20 avril.

GEMME (sainte), vierge et recluse, florissait au commencement du XVe siècle, et mourut en 1429. Son corps fut inhumé dans l'église de Saint-Jean, à Castro-Gorriano, près de Sulmone, dans l'Abruzze, et cette église porte depuis lors le nom de Sainte-Gemme. — 13 mai.

GEMMIEN (saint), *Gemmianus*, l'un des quarante-sept martyrs de Lyon, mourut en prison, l'an 177, sous le règne de Marc-Aurèle. — 2 juin.

GENCE (saint), *Gentius*, martyr en Espagne, est honoré le 29 mai.

GENCE ou GEINS (saint), solitaire, était originaire de Moteux, près de Carpentras. Son corps est à Bausset, dont il est patron. Il y a près de Mont-de-Marsan une église qui porte le nom de Saint-Gein. Il y en a une autre près de Limoges qui porte celui de Saint-Gence. — 16 mai.

GENDULPHE (saint), *Gendulphus*, était évêque dans les Gaules; mais on ne connaît ni le siège qu'il occupa, ni même le siècle où il vécut. L'église métropolitaine de Paris possède ses reliques, et son chef est exposé à la vénération des fidèles. Sa fête se célèbre de temps immémorial le 13 novembre.

GÈNE (saint), *Higinius*, confesseur, florissait dans le IVe siècle. Il est honoré à Lectoure et à Moissac le 3 mai.

GENEBAUD (saint), *Genebaldus*, premier évêque de Laon, aussi distingué par son savoir que par sa noblesse, fut fait évêque de cette ville par saint Remi, de Reims, qui venait de fonder ce siège. Il était marié, et après son ordination il se sépara de sa femme, pour vivre l'un et l'autre dans la continence, selon les lois de l'Eglise; mais il éprouva combien il est dangereux de compter sur ses propres forces. Les visites trop fréquentes qu'il permit à sa femme de lui rendre le firent tomber, et il en eut deux enfants étant évêque. Pénétré de remords pour avoir ainsi violé les engagements sacrés que lui imposaient les canons, il alla se jeter aux pieds de saint Remi son métropolitain, et dont il était le neveu par sa femme; celui-ci le reçut avec bonté et lui imposa la peine canonique qu'il avait encourue. Genebaud s'enferma dans une cellule, près de l'église de Saint-Julien, à Laon, et y passa sept ans entiers dans les pratiques de la pénitence, après quoi Dieu lui fit connaître que son péché était pardonné. Le scandale qu'il avait eu le malheur de donner à son troupeau étant ainsi effacé, il reprit le gouvernement de son église, et mourut vers le milieu du VIe siècle. — 5 septembre.

GÉNÉRAL (saint), *Generalis*, martyr à Carthage, est honoré le 14 septembre.

GÉNÉREUSE (sainte), *Generosa*, martyre à Carthage avec saint Spérat et les autres martyrs Scillitains, arrêtée et mise en prison par ordre du proconsul Saturnin. Ce magistrat, voyant leur persévérance à confesser Jésus-Christ, les condamna à être décapités, l'an 200, sous l'empereur Sévère.—17 juillet.

GÉNÉREUX (saint), *Generosus*, martyr en Syrie, souffrit avec saint Pompin et huit autres. — 15 février.

GÉNÉREUX (saint), martyr à Tivoli, est surtout honoré à Rome, dans l'église de Saint-Laurent, où se trouve son corps, qui est placé sous le grand autel. — 17 Juillet.

GÉNÉREUX (saint), *Generosus*, abbé de Saint-Jouin de Marnes en Poitou, florissait dans le VIIe siècle, et mourut en 682. — 10 Juillet.

GÉNÈS (saint), comédien et martyr à Rome, jouant sur le théâtre, en présence de l'empereur Dioclétien, les cérémonies de la religion chrétienne dont il s'était fait instruire dans le but impie de les représenter sur la scène, se coucha sur le théâtre, et feignant d'être malade, il s'écria : *Ah! mes amis, je sens sur moi un poids accablant et je voudrais bien en être délivré*. — *Que ferons-nous*, lui répondirent ses camarades, *pour t'ôter ce poids? Veux-tu qu'on te passe au rabot, pour te rendre plus léger? — Vous n'y êtes pas*, dit Génès : *comme je sens que ma fin approche, je veux mourir chrétien.* — *Et pourquoi? — Afin qu'après ma mort, Dieu me reçoive dans son paradis, comme un déserteur de vos dieux.* Aussitôt deux acteurs se présentent travestis l'un en prêtre et l'autre en exorciste, et se plaçant au chevet du prétendu malade, ils lui disent : *Que voulez-vous de nous, mon fils, pourquoi nous avez-vous fait venir?* Alors Génès, changé tout à coup par un prodige de la grâce, répondit, non plus pour continuer son rôle, mais sérieusement et en toute sincérité : *Je vous ai fait venir pour recevoir par votre ministère la grâce de Jésus-Christ, afin que par une nouvelle naissance je sois purifié de mes fautes.* On fait sur lui les cérémonies du baptême, ensuite on le revêt d'une robe blanche. D'autres acteurs habillés en soldats, et se disant envoyés par le préfet de la ville, se saisissent de lui, et feignant de le maltraiter, le mènent à l'empereur, qui applaudissait à la fidélité avec laquelle on reproduisait ce qui se passait à l'arrestation des martyrs. Lorsqu'il fut en présence du prince, celui-ci se prêtant de bonne grâce au rôle qu'on lui faisait jouer, commença une espèce d'interrogatoire et lui demanda s'il était chrétien. Alors Génès élevant la voix, parla ainsi : *Prince, et vous grands de l'empire, sénateurs, philosophes et citoyens, écoutez-moi. J'avais jusqu'ici une si grande horreur pour les chrétiens, que je ne pouvais même entendre prononcer ce nom, et que je me plaisais à aller les insulter au milieu des tourments qu'on leur faisait subir. Mes parents qui ont embrassé cette religion sont devenus pour moi un objet de haine et de mépris. J'ai étudié les cérémonies chrétiennes, afin de pouvoir les ridiculiser sur le théâtre et vous divertir en les parodiant. Mais, ô prodige étonnant! à peine l'eau du baptême a-t-elle touché mon corps, à peine ai-je répondu que je croyais, qu'à l'instant même j'ai aperçu une troupe d'anges tout éclatants de lumière qui sont venus se placer autour de moi, lisant dans un livre tous les péchés que j'ai commis depuis l'enfance ; ensuite, ayant plongé ce livre dans l'eau où j'étais encore, quand ils l'ont retiré, les feuillets en étaient aussi blancs que la neige, et l'on n'aurait pu se douter qu'il y eût jamais eu quelque chose d'écrit dessus. Vous donc, ô empereur, et vous Romains qui m'écoutez, et qui avez applaudi tant de fois aux profanations que j'ai faites de ces sacrés mystères, commencez à les révérer aujourd'hui avec moi; croyez que Jésus-Christ est le vrai Dieu, et espérez par lui le pardon de vos péchés.* Dioclétien, furieux de cette conversion, fit donner à Génès une cruelle fustigation, et le remit entre les mains de Plautien, préfet de Rome, pour qu'il le forçât à sacrifier aux dieux. Celui-ci lui fit en vain déchirer et brûler les côtés; pendant cette torture, il ne cessait de s'écrier : *Non, il n'y a point d'autre Dieu que celui que j'ai eu le bonheur de voir et que j'adore. Quand il faudrait subir mille morts, jamais je ne cesserai d'être à lui; jamais les tourments ne m'ôteront Jésus de la bouche; jamais ils ne l'arracheront de mon cœur. Mon seul regret, c'est d'avoir commencé si tard à le connaître et à l'adorer.* Plautien, ne pouvant vaincre sa constance, lui fit couper la tête le 25 août 286 ou 303, qui sont les deux époques où Dioclétien se trouvait à Rome. — 25 et 26 août.

GÉNÈS (saint), martyr à Arles, avait porté les armes dans sa jeunesse, et exerçait dans cette ville les fonctions de greffier public. Il n'était encore que catéchumène, lorsque Maximien Hercule, qui venait d'arriver dans cette ville, le chargea de transcrire un édit qui ordonnait de persécuter les chrétiens. Génès, indigné d'une injustice aussi criante, jeta ses registres aux pieds du magistrat, et sortit secrètement de la ville, afin de se soustraire à la mort. Maximien donna l'ordre de le tuer, en quelque lieu qu'on le rencontrât, et l'on fit, pour le découvrir, tant de perquisitions que l'on réussit enfin à se saisir de lui. Génès avait fait dire à l'évêque d'Arles qu'il désirait le baptême; mais la violence de la persécution ne permettant pas de le satisfaire sur ce point, l'évêque lui fit répondre que son sang versé pour Jésus-Christ lui tiendrait lieu du sacrement qu'il désirait. Il fut décapité sur les bords du Rhône, près d'Arles même, vers le commencement du IVe siècle, et l'on bâtit dans la suite un oratoire sur le lieu où il avait été martyrisé. Saint Génès est patron de l'église paroissiale de Lodève, ainsi que de plusieurs autres églises de France qui portent son nom. — 25 et 26 août.

GÉNÈS (saint), néophyte et martyr à

Thiers en Auvergne, souffrit au v⁵ siècle. — 28 octobre.

GÉNÈS (saint), évêque d'Auvergne, né vers le commencement du VII⁰ siècle d'une famille noble et riche, fut, dès son enfance, un modèle d'innocence et de piété, et renonça généreusement à tous les avantages qu'il pouvait se promettre dans le monde, pour se consacrer à Dieu. Etant entré dans l'état ecclésiastique, il devint membre du clergé d'Auvergne, fut ensuite élevé à la dignité d'archidiacre, et enfin à l'épiscopat, par le vœu unanime du clergé et du peuple, après la mort de Procule, arrivée en 656. Un de ses premiers soins fut d'extirper les hérésies de Novatien et de Jovinien, qui comptaient encore un certain nombre de sectateurs dans son diocèse. Il fonda l'abbaye de Manlieu dans le bourg de ce nom, ainsi qu'un grand hôpital à Clermont. Modèle de toutes les vertus, il se distingua surtout par une vie mortifiée et par une grande charité envers les pauvres. En se sanctifiant lui-même, il sanctifia son troupeau et forma plusieurs disciples, dont le plus célèbre fut saint Prix, l'un de ses successeurs sur le siège d'Auvergne. Saint Génès mourut vers l'an 662, et fut enterré dans l'église qu'il avait fait bâtir en l'honneur de saint Symphorien, martyr d'Autun, et qui porta depuis le nom de Saint-Génès.— 3 juin.

GÉNÈS DE GERGOIE (saint), comte d'Auvergne, gouvernait cette province avec tant d'intégrité et montrait tant de zèle pour le bien de la religion que le clergé et le peuple voulurent le nommer évêque après la mort de Gayroald, qui n'avait siégé que quarante jours. Le pieux magistrat, redoutant le fardeau qu'on voulait lui imposer, allégua les canons de l'Eglise qui défendaient d'élever à l'épiscopat un laïque et parvint à faire élire saint Prix. Ce choix fut confirmé par le roi Childebert II. Il seconda de tout son pouvoir le nouvel évêque, et comme il était sans enfants, il légua tous ses biens à l'église d'Auvergne : c'est par les conseils de saint Prix qu'il fonda dans un faubourg de Clermont le monastère de Chamalières pour des religieuses. Saint Prix ayant été assassiné en 674, Génès fut vivement affligé de cette mort qui privait le diocèse d'un saint prélat et qui lui enlevait à lui-même un ami ; mais il se consola dans la pensée qu'il avait au ciel un intercesseur de plus. Il lui survécut encore plus de trente ans et mourut vers l'an 710. — 5 juin.

GÉNÈSE (saint), *Genesius*, martyr, est honoré le 11 octobre.

GÉNÈSE (sainte), *Genesia*, vierge et martyre, est honorée en Piémont le 8 juin.

GENEST (saint), *Genetius*, prieur de Fontenelle et archevêque de Lyon dans le VII⁰ siècle, quitta le monde pour embrasser l'état ecclésiastique. Il avait un si grand amour des pauvres, que Clovis II voulut qu'il fût le distributeur des aumônes de la reine sainte Bathilde, son épouse. Genest ayant pris l'habit monastique à Fontenelle, devint prieur de cette abbaye, et par le moyen des secours qu'il obtint de sainte Bathilde et de Clotaire III, son fils, il agrandit et acheva les bâtiments du monastère. Son mérite et ses vertus le firent ensuite élever sur le siège archiépiscopal de Lyon. Ebroin, maire du palais, envoya en 675 une armée contre la ville de Lyon pour s'emparer de la personne du saint prélat, qu'il haïssait. Vaimer, duc de Champagne, qui commandait cette armée, ne put s'emparer de lui, comme il avait fait de saint Léger, évêque d'Autun, et les Lyonnais opposèrent une résistance si vigoureuse qu'il fut obligé de lever le siège de cette ville. Saint Genest étant allé visiter sainte Bathilde, qui avait pris le voile à Chelles et qui venait de tomber malade, fut atteint lui-même d'une maladie mortelle et mourut dans ce monastère l'an 679. — 3 novembre.

GENEST (saint), *Genisius*, moine de Saint-Benoît à Beaulieu dans le Limousin, fut tué à Aynac en Quercy par ses neveux, dans le XI⁰ siècle. L'église paroissiale d'Aynac fut dédiée sous son invocation, l'an 1200. — 30 avril.

GÉNETHLE (saint), *Genethlius*, évêque de Carthage, tint en 390 un concile dans sa ville épiscopale, où furent confirmés les canons d'un autre concile d'Afrique tenu en 349. Saint Augustin le mentionne avec éloge dans sa lettre à Eleuse. Il eut saint Aurèle pour successeur, et il est honoré le 7 mai.

GÉNÉVÉ (saint), *Geneveus*, supérieur du monastère de Dol en Bretagne, après saint Buzeu, et évêque régionnaire, florissait dans le VII⁰ siècle et mourut en 639. — 29 juillet.

GENEVIÈVE (sainte), *Genovefa*, vierge et patronne de Paris, née à Nanterre, bourg à deux lieues de Paris, vers l'an 422, d'une famille de cultivateurs, était âgée d'environ sept ans, lorsque saint Germain d'Auxerre et saint Loup de Troyes passèrent par Nanterre, se rendant dans la Grande-Bretagne pour y combattre l'hérésie de Pélage. Le peuple se réunit autour des deux saints, afin de recevoir leur bénédiction. Sévère et Géronce conduisirent leur fille Geneviève, et saint Germain n'eut pas plutôt remarqué la jeune vierge confondue dans la foule, qu'éclairé de l'esprit de Dieu, il la fit approcher avec ses parents, auxquels il prédit la sainteté future de leur fille, ajoutant qu'elle effectuerait la résolution qu'elle avait prise de servir Dieu, et que son exemple servirait à la sanctification des autres. Geneviève lui ayant dit qu'elle désirait depuis longtemps consacrer à Dieu sa virginité et devenir l'épouse de Jésus-Christ, il la conduisit à l'église, et pendant la récitation de l'office du soir, il tint la main étendue sur sa tête. Il la retint près de lui pendant le repas et ne la laissa partir qu'après avoir fait promettre qu'on la lui ramènerait le lendemain avant son départ. Geneviève étant retournée le matin avec ses parents près du saint évêque, celui-ci lui demanda si elle se souvenait de la promesse qu'elle avait faite à Dieu la veille. Oui, répondit-elle, je m'en souviens, et j'espère y être fidèle avec le secours de la grâce. Germain, charmé d'une réponse si fort au-dessus de son âge, l'exhorta à persévérer toujours dans les mêmes sentiments et lui donna une médaille de cuivre où était gravée la figure de la croix, lui recommandant de la porter à son cou, afin qu'elle lui rappelât sans cesse sa consécration à Dieu, et de ne point porter de bijoux ni de parures mondaines. Dès lors Geneviève parut ne plus rien avoir de l'enfance : pleine de ferveur pour les pratiques de la piété, elle ne s'estimait jamais plus heureuse que quand elle pouvait aller prier Dieu dans son temple. Un jour de fête que Géronce allait à l'église, elle ne voulut point que Geneviève l'accompagnât. Ennuyée de ses larmes et des instances qu'elle lui faisait à cette occasion, elle alla jusqu'à lui donner un soufflet; mais elle en fut punie par la perte de la vue, qu'elle ne recouvra que deux ans après, en se lavant les yeux avec de l'eau sur laquelle sa fille avait fait le signe de la croix, après l'avoir tirée du puits. Lorsque Geneviève eut quinze ans, l'évêque de Paris lui donna le voile sacré de la religion, et quoique Geneviève fût la plus jeune des trois vierges qui prenaient part à la cérémonie, l'évêque la tint à la première place, en disant que le Seigneur l'avait déjà sanctifiée : paroles qui faisaient allusion à ce qui s'était passé huit ans auparavant en présence de saint Germain. Lorsqu'elle eut perdu ses parents, elle quitta Nanterre pour se retirer à Paris chez sa marraine, et continua les austérités et les mortifications qu'elle pratiquait déjà depuis plusieurs années. Elle ne mangeait guère que deux fois la semaine, et sa nourriture ne consistait qu'en un peu de pain d'orge et de fèves. Elle s'interdit absolument l'usage du vin, et ne buvait jamais que de l'eau; ce ne fut qu'à l'âge de cinquante ans qu'elle apporta quelque adoucissement à ce régime, pour obéir aux évêques qui exigèrent qu'elle usât d'un peu de lait et de poisson. Sa vie pénitente, ses vertus angéliques, sa ferveur dans la prière, lui procurèrent un tel esprit de componction, que dans ses communications intimes avec Dieu, ses yeux étaient comme deux fontaines de larmes. Elle fut aussi favorisée de plusieurs autres grâces extraordinaires, dont elle parla avec ingénuité à quelques personnes. Les méchants profitèrent de cette circonstance pour la décrier. On la traita de visionnaire et d'hypocrite, et ces imputations calomnieuses ayant trouvé créance parmi le peuple, il se forma contre elle un orage qui allait éclater, lorsque saint Germain passa à Paris, se rendant une seconde fois dans la Grande-Bretagne. Le saint évêque, très-versé dans la connaissance des voies de Dieu, reconnut l'innocence de Geneviève, et confondit hautement la calomnie. Mais la persécution recommença bientôt après. Attila ayant fait irruption dans les Gaules à la tête d'une armée formidable, les Parisiens qui ne se croyaient pas en sûreté dans leur ville, résolurent de se retirer dans des places fortes. Geneviève, pleine de confiance au milieu de la consternation universelle, rassura le peuple et lui promit la protection divine, s'il avait recours au jeûne et à la prière. Quelques femmes, persuadées par ses discours, allèrent se renfermer avec elle dans le baptistère public, pour y implorer l'assistance du ciel. Mais la multitude traita la sainte de fausse prophétesse. On porta même la fureur jusqu'à vouloir attenter à sa vie, et l'on peut dire que c'en était fait d'elle, sans l'arrivée de l'archidiacre d'Auxerre, qui venait lui apporter des eulogies de la part de saint Germain. Cette marque d'estime, de la part d'un prélat aussi universellement révéré, fit rentrer en eux-mêmes les plus acharnés contre Geneviève et ils renoncèrent à leur horrible projet. Quand ils virent ensuite que l'événement avait justifié sa prédiction, et qu'Attila, sur le point de marcher sur Paris, avait pris une autre direction, ils conçurent pour elle une vénération qui alla toujours en croissant. Car outre le don de prophétie, Geneviève fut aussi favorisée du don des miracles, et elle en opéra d'éclatants en divers lieux, surtout à Paris, à Meaux, à Laon, à Troyes, à Orléans et à Tours. Pendant que Childéric, roi des Francs, assiégeait Paris, les habitants menacés de la famine, envoyèrent chercher des vivres jusqu'à Arcis-sur-Aube et même jusqu'à Troyes ; Geneviève, qui avait voulu accompagner le convoi, le ramena heureusement malgré les dangers de toutes sortes auxquels on était exposé. La ville ayant été prise, Childéric, quoique païen, rendit hommage à sa vertu, et fit, à sa prière, plusieurs actes de clémence. Clovis, son fils, qui lui succéda, accordait la liberté aux prisonniers toutes les fois que la sainte intercédait pour eux. L'éclat de sa sainteté porta son nom jusqu'en Orient et saint Siméon Stylite se recommanda à ses prières. La dévotion qu'elle avait envers saint Denis, premier évêque de Paris, la porta à lui faire bâtir une église dans le lieu même où il avait été martyrisé. Ce fut aussi à sa sollicitation que Clovis, devenu chrétien, bâtit la basilique des apôtres saint Pierre et saint Paul, qui fut achevée par sainte Clotilde. Enfin, après une vie de quatre-vingt-neuf ans, passée toute entière dans la pratique des bonnes œuvres, elle mourut cinq semaines après Clovis, le 3 janvier 512, et son corps fut enterré près de celui de ce prince dans l'église des Apôtres, qui n'était pas encore finie, et qui a pris ensuite le nom de Sainte-Geneviève. Lorsqu'on eut levé de terre son corps, on le plaça dans une châsse magnifique, faite par saint Éloi, et à l'approche des Normands, en 845, on l'emporta de Paris, où elle ne fut rapportée que dix ans après, en 855. Ses précieuses reliques furent brûlées en 1793, sur la place de Grève, par les révolutionnaires, qui changèrent en temple profane, sous le nom de Panthéon, la magnifique église qui lui était dédiée. Rendue à sa première destination sous le règne de Louis XVIII, on y replaça en 1822, celles de ses reliques qui avaient échappé à la fureur des impies, et elles y restèrent exposées à la vénération publique usqu'en 1830, que cette église reprit le nom de Panthéon. Sainte Geneviève est la patronne de Paris. — 3 janvier.

GENGOUL (saint), *Gengulphus*, martyr au viiie siècle, sortait d'une des plus illustres familles de la Bourgogne et fut élevé dans la piété. Pendant sa jeunesse, il se livrait à l'exercice de la chasse afin d'éviter l'oisiveté et d'apprendre le métier de la guerre. Il servit sous le roi Pépin, et la licence des camps ne lui fit perdre ni la crainte de Dieu, ni la fidélité aux maximes du christianisme. Il épousa une femme dont la naissance égalait la sienne, mais sa conduite ne répondait pas à son rang. Elle poussa l'oubli de ses devoirs si loin que saint Gengoul se vit forcé de demander une séparation de biens et de corps. Son unique désir était de passer le reste de sa vie dans les exercices de la pénitence, et dans la pratique des œuvres de miséricorde. Il poussait la charité envers les pauvres si loin qu'il leur distribuait presque tous ses revenus, se réservant à peine pour lui-même le strict nécessaire. Son indigne épouse, craignant qu'il ne le livrât à la sévérité des lois, le fit poignarder par le complice de son libertinage, le 11 mai 760. Le corps de saint Gengoul fut enterré à Avaux en Bassigni ; mais on le transporta quelque temps après à l'église de Saint-Pierre de Varenne au diocèse de Langres. On a fait, dans la suite, plusieurs autres translations de ses reliques, et son culte est fort répandu en France, en Allemagne et dans les Pays-Bas. Saint Gérard, évêque de Toul, lui fit bâtir une église dans sa ville épiscopale. — 11 mai.

GÉNITOUR (saint), *Genitor*, martyr en Touraine dans le ive siècle, fut mis à mort par les Goths avec sainte Maure sa mère et ses huit frères, dont le plus connu est saint Epain, qui a donné son nom au lieu où ils furent martyrisés. — 23 octobre.

GÉNITOUX (saint), *Genitus*, confesseur en Berri, florissait dans le ve siècle. Il y a au Blanc, ville du diocèse de Bourges, une église qui porte son nom. — 30 octobre.

GENNADE (saint), *Gennadius*, martyr à Uzale en Afrique, souffrit avec saint Félix — 16 mai.

GENNADE (saint), religieux de Fontenelle et abbé de Saint-Germer, sortait d'une illustre famille et fut élevé à la cour de Clotaire III, où il se lia d'une étroite amitié avec saint Ansbert, alors chancelier de France. Le désir de se consacrer uniquement au service de Dieu lui fit quitter la cour pour se faire moine à Fontenelle : saint Vandrille qui vivait encore lui donna l'habit, ainsi qu'à saint Ansbert, qui avait imité son exemple, et ils resserrèrent encore, dans la solitude, les liens qui les avaient unis dans le monde. Ansbert, qui fut abbé de Fontenelle après saint Lambert, étant devenu évêque de Rouen, tint dans cette ville, en 689, un concile où saint Gennade assista. Il y fut statué qu'on élirait toujours pour abbé de Fontenelle un religieux de ce monastère, et qu'il ne pourrait jamais déroger en rien à la règle de saint Benoît. Saint Ansbert ayant été relégué dans le monastère de Haumont en Hainaut, par Pépin, maire du palais, Gennade le suivit dans son exil. Il fut ensuite fait abbé de Saint-Germer dans le Beauvoisis ; mais il se démit de cette dignité quelques années après, et retourna à Fontenelle. Il y mourut au commencement du viiie siècle, et il fut enterré aux pieds de saint Vandrille. L'abbaye de Saint-Germer obtint, en 1681, une partie de ses reliques. — 6 avril.

GENNADE (saint), évêque d'Astorga en Espagne, était abbé du monastère de Saint-Pierre des Monts à Vierzo, lorsqu'il fut élevé à la dignité épiscopale au commencement du xe siècle, pour remplacer Ranulfe qui venait de mourir. Il avait rebâti le monastère de Vierzo, et l'on voit par son testament qu'il en répara plusieurs autres ruinés par les Sarrasins, et il en fonda quelques-uns dans son diocèse. Il se démit ensuite de son siège pour se retirer dans le monastère du Mont-du-Silence où il mourut en 921. Son corps fut inhumé dans l'église de Pégnalbes à laquelle il a donné son nom. — 25 mai.

GÉNOIN (saint), *Genuinus*, évêque de Seben, dans le Tyrol, se rendit célèbre par ses miracles. Ayant été chassé de son siège par les Lombards, il se réfugia à Bressenon où il mourut vers l'an 630, après s'être illustré par ses vertus et par ses miracles. — 5 février.

GENOU ou GENULPHE (saint), *Genulphus*, premier évêque de Cahors, fut envoyé de Rome dans les Gaules par le pape saint Sixte II, l'an 257, et après avoir subi divers tourments pour la foi, il se retira dans le Berri et mourut dans le lieu appelé depuis la Celle de Saint-Genou, au diocèse de Bourges, où il est honoré le 17 janvier.

GENTIEN (saint), *Gentianus*, martyr à Amiens, fut converti à la foi chrétienne par saint Fuscien et saint Victoric, lors de leur passage en cette ville. Comme il avait déjà quelque connaissance de la religion et qu'il désirait l'embrasser, il fit des démarches pour que les deux saints logeassent chez lui et ils acceptèrent sa demande. Dénoncé pour ce fait, Rictiovare, préfet des Gaules, lui fit trancher la tête vers l'an 286, pendant la première persécution de l'empereur Dioclétien — 11 décembre.

GENTIL (le bienheureux), *Gentilis*, Franciscain et martyr sur la fin du xiiie siècle, sortait d'une illustre famille de Matelica, dans la Marche d'Ancone, et entra, jeune, dans l'ordre de Saint-François où il fit d'excellentes études. Etant devenu prêtre, il fut nommé, deux fois de suite, gardien du couvent du Mont-Alverne, et il s'y fit remarquer par ses talents et par ses vertus. On admirait, dans ses discours, cette éloquence douce et persuasive qui va au cœur, et qu'il puisait dans ses entretiens avec Dieu : aussi ses prédications produisirent les plus heureux fruits. Ayant obtenu de ses supérieurs la permission d'aller prêcher l'Evangile en Orient, il fit de la Perse le principal théâtre de ses travaux apostoliques, et l'on élève à plus de quinze mille le nombre des Persans qu'il baptisa. Les Sarrasins, irrités des conversions nombreuses qu'il opérait, le massacrèrent pendant un pèlerinage qu'il faisait au tombeau de sainte Catherine. Un seigneur vénitien acheta son corps, qui fut rapporté à Venise et déposé dans l'église des Frères Mineurs de cette ville. Le pape Pie VI a approuvé le culte qu'on lui rend. — 5 septembre.

GEOFROY (saint), *Gaufridus*, évêque du Mans, étant allé faire un voyage à Rome, mourut à Anagny l'an 1255. Son corps fut rapporté en France et placé à la Chartreuse du Parc dans le Maine, où il est honoré le 3 août.

GEORGES (saint), *Georgius*, soldat de la légion thébéenne et martyr en 286, parvint à se sauver d'Agaune, pendant que Maximien faisait massacrer ses camarades, et il était parvenu près de Pignerol en Piémont, lorsqu'il fut atteint par ceux qu'on avait envoyés à sa poursuite, et mis à mort avec deux autres soldats. Leurs corps se gardent à Pignerol dans l'église de Sainte-Marie. — 24 avril.

GEORGES (saint), martyr, né en Cappadoce, d'une famille distinguée, alla s'établir en Palestine avec sa mère, lorsque celle-ci fut devenue veuve. Ayant embrassé la profession militaire, il se fit estimer de Dioclétien qui l'éleva aux premiers grades de l'armée. Mais lorsque ce prince eut publié, à Nicomédie, ses édits contre les chrétiens, Georges, qui se trouvait dans cette ville, se démit de tous ses emplois et osa même reprocher à l'empereur la cruauté de ces édits. Le P. Papebroch et d'autres hagiographes après lui, ont pensé que saint Georges était le même que ce jeune homme dont parlent Eusèbe et Lactance, et qui mit en pièces les édits qui venaient d'être affichés à Nicomédie. Quoi qu'il en soit de cette conjecture qui paraît très-probable, saint Georges fut arrêté, mis en prison et exécuté quelque temps après, le 23 avril 303. Il a toujours été en grande vénération chez les Grecs et chez les Latins. On comptait à Constantinople jusqu'à six églises qui lui étaient dédiées; il y en avait aussi une à Rome que saint Grégoire le Grand fit rebâtir. Saint Germain de Paris plaça une relique de saint Georges dans l'église de Saint-Vincent, aujourd'hui Saint-Germain des Prés, lorsqu'il en fit la dédicace. Plusieurs nations l'invoquent dans les temps de guerre, l'Angleterre surtout : avant la réforme, sa fête y était de précepte par tout le royaume. Saint Grégoire de Tours rapporte que, de son temps, son culte était déjà fort célèbre en France. Son corps fut porté en Palestine et il y avait sur son tombeau une église dont on attribue la fondation à Constantin le Grand. — 23 avril.

GEORGES (saint), apôtre du Velay, fixa son siège épiscopal à *Vellava* ou *Ruesium*, qui s'appela ensuite Saint-Paulien, d'un évêque de ce nom. Saint Evode transféra ce siége au Puy, à cause d'une église de la sainte Vierge, qui se trouvait dans cette dernière ville et qui était un pèlerinage très-fréquenté. On ne connaît pas le détail des travaux apostoliques de saint Georges, ni le temps où il vécut, quoiqu'il paraisse que ce fut au IV° siècle : il est honoré le 10 novembre.

GEORGES LE COZÉBITE (saint), moine dans l'île de Chypre au VI° siècle, est honoré comme confesseur chez les Grecs le 8 janvier.

GEORGES (saint), évêque de Vienne en Dauphiné, florissait dans le milieu du VII° siècle, et saint Adon, l'un de ses successeurs, place sa mort en 669. — 2 novembre.

GEORGES (saint), évêque de Nicomédie, florissait dans le VIII° siècle, et il a composé plusieurs hymnes en l'honneur de divers saints. — 30 décembre.

GEORGES (saint), surnommé Limniote, moine, ayant reproché à l'empereur Léon l'Isaurien l'impiété avec laquelle il brisait les saintes images et brûlait les reliques des saints, eut, par l'ordre de ce prince, les mains coupées et la tête brûlée; ce qui lui procura la couronne du martyre vers l'an 736. — 24 août.

GEORGES (saint), évêque d'Antioche de Pisidie, fut condamné à l'exil pour avoir pris la défense des saintes images et mourut avant son rappel dans le VIII° siècle. Il est honoré comme confesseur le 19 avril.

GEORGES (saint), archevêque de Débolte et martyr, accompagnait l'armée que l'empereur Michel Curopalate envoyait contre les Bulgares, et il était à la tête des ecclésiastiques qui donnaient des soins spirituels aux soldats grecs. Les Bulgares ayant remporté une grande victoire en 813, Georges fut fait prisonnier avec une partie des troupes et emmené en Bulgarie. Crumnus, le roi de ces barbares, n'ayant pu lui faire abjurer la religion chrétienne, le fit décapiter, et les Grecs l'honorent comme martyr le 22 janvier.

GEORGES (saint), évêque de Mitylène, dans l'île de Lesbos, sortait d'une famille noble et riche. Il quitta le monde pour embrasser l'état monastique et il se distingua surtout par sa charité envers les pauvres. Chassé de son siége par l'empereur Léon l'Arménien, parce qu'il soutenait avec zèle la cause des saintes images, il fut relégué à Chersone où il mourut vers l'an 816. — 7 avril.

GEORGES (saint), évêque d'Amastris en Paphlagonie, florissait au IX° siècle. — 21 février.

GEORGES (saint), martyr et religieux du monastère de Saint-Sabas en Palestine, fut envoyé, au milieu du IX° siècle, par David son abbé, en Egypte, pour recueillir des aumônes nécessaires à l'entretien du couvent. Mais ce pays, ravagé par les infidèles, ne pouvait pas même suffire à sa propre subsistance. Georges s'étant rendu à Carthage, l'évêque de cette ville lui conseilla de passer en Espagne pour y solliciter la charité des fidèles. Arrivé à Cordoue, Martin, abbé d'un monastère près de cette ville, lui fit l'accueil le plus empressé et le plus charitable ; il trouva aussi l'hospitalité la plus généreuse chez Aurèle, bourgeois de Cordoue, aussi distingué par ses vertus que par son rang. Georges fut arrêté par les Sarrasins avec Aurèle et sa famille ; mais on le relâcha ensuite comme étranger. Georges réclama contre sa mise en liberté, et déclara publiquement qu'il était chrétien comme les autres et qu'il voulait être traité comme eux. Ses désirs furent exaucés et il souffrit la mort le 29 juillet 852, sous Abdérame II, roi de Cordoue. Le récit de son martyre se trouve dans saint Euloge, qui nous a conservé une lettre que saint Georges adressa à tous les catholiques d'Espagne pour les exhorter à supporter courageusement la persécution des Maures, qui était alors dans sa plus grande violence. Ses reliques ayant été apportées à Paris avec celles de saint Aurèle, on fait la fête de cette translation le 20 octobre. Le Martyrologe romain lui donne le titre de diacre. — 30 juillet, 20 octobre.

GEORGES (le bienheureux), évêque de Lodève, avait été moine de l'abbaye de Conques dans le Rouergue. Il florissait dans la dernière partie du IXe siècle et mourut vers l'an 883. — 9 novembre.

GEORGES DE CREMONE (le bienheureux), religieux de l'ordre des Ermites de Saint-Augustin, est honoré à Milan le 16 août.

GEORGES LE JUSTE (le bienheureux), exerçait l'état de marchand drapier, et il est honoré à Béverlit dans les Pays-Bas, le 3 août.

GEORGIE (sainte), *Georgia*, vierge, est honorée à Clermont en Auvergne le 15 février.

GÉRALD (saint), *Géraldus*, évêque en Irlande, était Anglais d'origine et passa en Irlande où il embrassa l'état religieux dans le monastère de Mayo, dans la province de Connaught. Il devint successivement abbé et évêque de Mayo, où il fut enterré après sa mort arrivée en 732. Il avait fondé deux monastères, celui d'Elythérie, appelé depuis Tempul-Gerald, pour les hommes et celui de Teaghna-Saxon pour les filles : il mit à la tête de ce dernier sa sœur Ségrétie. — 13 mars.

GERAME (le bienheureux), *Gerasimus*, moine de l'ordre de Saint-Basile en Calabre, fut inhumé dans l'église de Saint-Ange à San-Lotero, un 14 de juin, jour où il est honoré. — 14 juin.

GÉRAN (saint), solitaire en Egypte, est honoré le 24 juin.

GÉRAND (saint), Chanoine de Saint-Gervais et archidiacre de Soissons, mourut en 915, et il a donné son nom à plusieurs paroisses, entre autres à Saint-Gerand-de-Vaux et à Saint-Gerand-le-Puy, dans le diocèse de Moulins où il est honoré le 28 juillet.

GERARD (saint), *Gerardus*, évêque de Velletri, florissait sur la fin du VIe siècle et mourut en 596. Il est honoré comme patron dans sa ville épiscopale. — 7 décembre.

GERARD (saint), abbé de Brogne, né sur la fin du IXe siècle, au village de Staves, dans le comté de Namur, était de l'illustre famille des ducs de la Basse-Austrasie. Il embrassa très-jeune la carrière militaire, et obtint un poste important à la cour de Bérenger, comte de Namur. Ses belles qualités et ses vertus lui concilièrent l'estime et l'affection de tous ceux qui le connaissaient. L'attrait qu'il avait pour la prière se manifesta un jour d'une manière sensible. Revenant de la chasse avec le comte et d'autres seigneurs, il les quitta pour aller se renfermer dans la chapelle de Brogne, qui appartenait à sa famille, et il y resta longtemps, prosterné devant l'autel. Heureux, s'écriait-il, en sortant de ce lieu où il avait peine à s'arracher, heureux ceux qui n'ont d'autre occupation que de louer sans cesse le Seigneur ! Pour suppléer à ce qu'il ne pouvait faire lui-même, il fit bâtir, à Brogne, en 918, une église où il mit des Chanoines chargés de la desservir. Envoyé en France par le comte de Namur pour y traiter d'une affaire importante avec Robert, comte de Paris, lorsqu'il fut arrivé aux portes de la capitale, il se sépara de ses compagnons pour aller visiter l'abbaye de Saint Denis. La ferveur des moines le frappa tellement qu'il demanda d'être reçu dans la communauté ; mais il ne pouvait exécuter une pareille résolution sans le consentement du comte. Ayant donc terminé l'affaire dont il était chargé, il retourna à Namur et il n'obtint ensuite qu'avec beaucoup de peine l'agrément de Bérenger, à qui il en coûtait de perdre un homme si capable et si dévoué à son service. Gérard, devenu libre, alla trouver Etienne, évêque de Tongres, son oncle, pour recevoir ses avis et sa bénédiction. Quand il eut réglé ses affaires temporelles, il retourna à Saint-Denis où il fut reçu avec joie, l'an 921. Après avoir fait profession il s'appliqua, avec une patience et une ardeur admirables, à perfectionner ses études ; car il n'avait guère reçu dans sa jeunesse d'autre éducation que celle qu'on donnait alors aux jeunes gentilshommes qui se destinaient aux armes ; et, au bout de cinq ans, on le jugea capable de recevoir les saints ordres. L'abbé de Saint-Denis l'envoya, en 931, fonder un monastère dans sa terre de Brogne, et lorsqu'il eut fini cet établissement, il se renferma dans une cellule près de l'église, et cela afin d'éviter les visites et d'avoir plus de temps pour vaquer à la prière, son occupation favorite. On l'arracha depuis à sa solitude, et on le chargea de mettre la réforme dans le monastère de Saint-Guislain, près de Mons, et d'y introduire la règle de Saint-Benoît. Arnold Ier, comte de Flandre, qu'il avait guéri miraculeusement de la pierre et qu'il fit entrer ensuite dans les voies de la pénitence, lui donna une inspection générale sur toutes les abbayes de ses Etats. Gérard rétablit la discipline dans les monastères de Saint-Pierre de Gand, de Saint-Bavon, de Saint-Martin de Tournai, de Marcaiennes, de Hanon, de Rhonai, de Saint-Vaast, de Turhoult, de Wormhoult, de Saint-Riquier, etc. Les monastères de Lorraine, de Champagne et de Picardie le reconnaissent aussi pour leur réformateur et pour leur second patriarche. C'est dans ces travaux utiles qu'il passa les deux dernières années de sa vie, sans rien diminuer de ses austérités ni de ses pratiques pieuses. Il fit le voyage de Rome pour obtenir du pape la confirmation des différentes réformes qu'il avait établies, et, à son retour, il entreprit une visite générale de ses monastères. Lorsqu'il l'eut terminée, il se retira dans sa cellule de Brogne, où il mourut le 3 octobre 957, et où l'on garde ses reliques dans l'église qui porte son nom. L'abbaye qu'il avait fondée fut unie à l'évêché de Namur, lorsque ce siége fut érigé par Paul IV. — 3 octobre.

GÉRARD (saint), évêque de Toul, naquit à Cologne, d'une famille distinguée. Il entra jeune dans la communauté des clercs qui desservaient la cathédrale de cette ville, et qui suivaient la règle des Chanoines Réguliers. Il y exerçait la fonction de cellerier, lorsque son mérite et ses vertus le firent singulièrement estimer d'Othon le Grand, et Brunon, archevêque de Cologne, duc de Lorraine et premier ministre de l'empereur son frère, le nomma en 963, pour succéder à saint Gauzelin, évêque de Toul. Gérard accepta par obéissance pour ses supérieurs ; mais il ne diminua rien de sa première ferveur. Chaque jour il récitait treize heures canoniales, joignant, selon une coutume assez usitée dans ces temps-là, l'office des moines et celui des chanoines. Après l'Ecriture sainte, l'ouvrage qu'il lisait avec le plus grand plaisir était la Vie des saints : il consacrait une partie des nuits à la prière et à la méditation, se livrait avec autant d'assiduité que de succès à la prédication, et envoyait des ecclésiastiques zélés et instruits, faire des missions dans les campagnes. Il fit rebâtir la cathédrale de Toul et l'enrichit considérablement ; il donna de grands biens au monastère de Saint-Evre, à celui de Saint-Mansuy, fondé par saint Gauzelin, ainsi qu'à celui de Saint-Martin, bâti sur la Meuse. Il fonda à Toul un hôpital et l'église de Saint-Gengoul. A l'exemple de son prédécesseur, il s'appliqua à ranimer les bonnes études en établissant des écoles ecclésiastiques, et fit venir pour les diriger des moines grecs et écossais, universellement estimés pour leur vertus et leur savoir. Cette protection accordée aux savants pendant près d'un siècle par saint Gauzelin et saint Gérard, fit fleurir en Lorraine les sciences et les lettres alors négligées presque partout ailleurs dans le xe siècle. Mais saint Gérard n'estimait la science qu'autant qu'elle était unie à la vertu ; il la faisait tourner au profit de la religion et des mœurs, persuadé que la piété est d'autant plus solide qu'elle est plus éclairée. Aussi n'admettait-il aux saints ordres que ceux qui étaient savants et pieux tout à la fois. Ayant fait le pèlerinage de Rome en 981, à son retour, il trouva son troupeau désolé par la peste et la famine. Il s'appliqua avec un dévouement héroïque à combattre ces deux fléaux, en prodiguant aux malheureux qui en étaient atteints, tous les secours spirituels et temporels dont il pouvait disposer. Malgré les soins multipliés que réclamait l'administration d'un vaste diocèse, il trouvait encore du temps pour vaquer aux exercices de la contemplation, pour pratiquer en secret des austérités, afin de se sanctifier lui-même en sanctifiant les autres. Saint Gérard mourut le 22 ou le 23 avril 994, après trente-un ans d'épiscopat. Le pape saint Léon IX, qui avait été un de ses successeurs sur le siége de Toul, le canonisa solennellement dans un concile tenu à Rome en 1050, et dans un voyage qu'il fit à Toul la même année, il ordonna qu'on levât de terre son corps et qu'on le plaçât dans une châsse, cérémonie qui eut lieu le 30 octobre suivant.—23 avril.

GÉRARD (saint), évêque de Chonad en Hongrie et martyr, né au commencement du xie siècle, sortait d'une famille patricienne de Venise. Il embrassa l'état monastique, et quelques années après sa profession il obtint de ses supérieurs la permission de faire le pèlerinage de Jérusalem. Lorsqu'il traversait la Hongrie, pour se rendre dans la terre sainte, le roi saint Etienne, charmé de son mérite et de sa piété, chercha à le retenir à sa cour, afin qu'il l'aidât à détruire l'idolâtrie parmi ses sujets. Gérard se rendit en partie à ses instances, mais il ne voulut pas vivre à la cour. Il se bâtit un petit ermitage dans le désert de Béel près de Vesprin, et y passa sept ans avec un compagnon, nommé Maur, occupé de la prière et des exercices de la pénitence. Saint Etienne l'ayant tiré de son désert pour utiliser son zèle et ses talents, Gérard se livra avec beaucoup de fruit aux fonctions du saint ministère, et surtout à la prédication de l'Evangile. Il fut ensuite placé sur le siège épiscopal de Chonad en 1037 ; et comme la plupart de ses diocésains étaient encore plongés dans l'idolâtrie, le nouvel évêque ne vit dans sa nouvelle dignité que des travaux et des croix, avec l'espérance du martyre. Il eut à essuyer des fatigues et des peines incroyables pour répandre la connaissance de Jésus-Christ. Il allait ordinairement à pied, et si quelquefois il se servait d'un chariot, c'était pour avoir plus de facilité de lire et de méditer. La sainteté de sa vie faisait encore plus d'impression que ses discours. Plein de charité, de douceur et d'humilité, on aurait dit que les penchants déréglés ne pouvaient plus rien sur lui. Une fois cependant, il éprouva un mouvement de colère, mais il s'en punit aussitôt, et après avoir demandé pardon à la personne offensée, il la combla de biens. Après avoir passé le jour dans les fonctions de l'apostolat, il donnait la plus grande partie de la nuit à la prière ou au service des malades et des pauvres ; on le voyait embrasser avec affection les lépreux et autres personnes attaquées de maladies dégoûtantes, que l'on pansait souvent dans sa chambre, et qu'il faisait même coucher dans son lit. Par amour pour la retraite il avait fait construire des ermitages ou des cellules près des différentes villes de son diocèse, afin de pouvoir y loger pendant le cours de ses visites, alléguant que ces solitudes étaient des lieux propres au repos; mais, dans la réalité, c'était pour pouvoir y reposer son âme ou la fortifier par la prière et la contemplation. Il avait sur la chair un rude cilice, et par-dessus un vêtement grossier fait de laine. Le roi saint Etienne, qui secondait son zèle de tout son pouvoir, étant mort en 1038, Pierre, son neveu, qui lui succéda, s'étant fait chasser du trône à cause de ses cruautés et de ses débauches, les Hongrois mirent à sa place, en 1042, un seigneur nommé Abas, qui manda Gérard pour faire la cérémonie de son couronnement. Celui-ci, qui regardait comme injuste le détrônement de Pierre, refusa de communiquer avec l'usurpateur, et lui prédit même que s'il persistait dans son injustice, on lui ôterait bientôt la couronne avec la vie. En effet, deux ans après, Abas fut détrôné par ceux mêmes à qui il était redevable de son élévation, et il porta sa tête sur l'échafaud. Pierre, rappelé en 1044, fut de nouveau chassé en 1046, et l'on offrit le trône à André, fils de Ladislas et cousin de saint Etienne ; mais on lui fit promettre qu'il détruirait le christianisme et qu'il rétablirait l'idolâtrie. Saint Gérard et trois autres évêques partirent pour Albe-la-Royale, dans le dessein de détourner le nouveau roi de cette promesse sacrilége. Etant arrivés à Giod, près du Danube, Gérard célébra la messe, et dit ensuite à ses collègues : *Nous souffrirons tous le martyre aujourd'hui, excepté l'évêque de Benetha.* Lorsqu'ils se disposaient à passer le fleuve, ils furent investis par le duc Vatha, l'un des plus zélés défenseurs de l'idolâtrie. Gérard fut assailli d'une grêle de pierres, on le tira de son chariot et on le traîna par terre. Le saint s'étant relevé sur ses genoux, fit la même prière que saint Etienne pour ceux qui lui ôtaient la vie ; à peine l'eut-il achevée qu'on le tua d'un coup de lance, le 24 septembre 1046. Les deux évêques Bezterd et Buld partagèrent avec lui la gloire du martyre, et celui de Benetha ne dut la vie qu'à l'arrivée du nouveau roi, qui le tira des mains des soldats prêts à l'immoler. Le corps de saint Gérard fut enterré près du lieu où il avait souffert, dans une église dédiée à la sainte Vierge ; mais on le transporta ensuite dans la cathédrale de Chonad, et sous le règne de saint Ladislas, le pape l'ayant déclaré martyr, ses reliques furent renfermées dans une châsse. Les Vénitiens les ayant obtenues, ils les firent transporter solennellement à Venise et les placèrent dans l'église de Notre-Dame de Muranof. —24 septembre

GÉRARD (saint), *Geraldus*, premier abbé de Sauve-Majeure dans le diocèse de Bordeaux, naquit vers l'an 1030 à Corbie, et fut élevé dans la célèbre abbaye de cette ville. Lorsqu'il fut en âge de faire profession, l'abbé Foulques lui donna l'habit et le chargea des fonctions de procureur. Le temporel de l'abbaye était dans un triste état par suite des guerres précédentes. Il était à peine guéri d'une maladie grave lorsqu'il accompagna son abbé à Rome, au Mont-Cassin et au Mont-Gargan ; et en repassant par Rome il y fut ordonné prêtre par le pape saint Léon IX. La fatigue de son voyage lui occasionna une rechute, et revenu à Corbie, il se préparait à la mort lorsqu'il recouvra tout à coup la santé, par l'intercession de saint Adélard, en qui il avait une grande dévotion, et ce fut pour lui témoigner sa reconnaissance qu'il écrivit sa Vie d'après celle de saint Paschase-Radbert. Il fit ensuite le pèlerinage de Jérusalem, et à son retour il fut nommé abbé de Saint-Vincent de Léon, pour remplacer son propre frère qui venait de mourir ; mais les religieux ne voulant pas se soumettre à l'exactitude de la règle, il se démit de sa charge et se retira à Saint-Médard de Soissons dont saint Arnould était abbé. Celui-ci ayant été chassé par un nommé Ponce, qui avait usurpé le pouvoir abbatial, Gérard lui succéda ; mais il fut chassé à son tour par le même usurpateur, ce qui le détermina à sortir de la province avec quelques-uns de ses religieux qui n'avaient pas voulu le quitter. Arrivé en Poitou il fut présenté à Guillaume VII, comte de Poitiers et duc de Guyenne, qui lui donna la terre de Sauve-Majeure pour y bâtir un monastère. Gérard, qui en avait pris possession en 1077, fit faire les constructions nécessaires et deux ans après il y reçut des religieux auxquels il donna la règle de Saint-Benoît telle qu'on l'observait à Corbie. Sa sainteté éclata par des miracles, de son vivant, et l'on venait, de toutes parts lui demander des avis. Lorsqu'il mourut en 1095, les populations d'alentour et une grande partie de la ville de Bordeaux se rendirent à son monastère pour assister à ses funérailles. Il fut canonisé en 1197, par Célestin III, et sa fête se célébra pendant plusieurs siècles le 13 octobre, qui était le jour de la translation de ses reliques. Nous avons de lui une *histoire de la translation du corps de saint Adélard abbé de Corbie*, ainsi qu'un *office* en l'honneur du même saint, auquel il se croyait redevable de la guérison d'un violent mal de tête. C'est lui qui introduisit dans la Guyenne l'usage de jeûner le vendredi et de faire abstinence le samedi. — 5 avril.

GÉRARD (saint), évêque de Potenza en Lucanie, florissait au commencement du XII° siècle et mourut l'an 1119. — 30 octobre.

GÉRARD (saint), prêtre et moine de Saint-Aubin, mourut en 1123. Son corps fut enterré à Saint-Aubin, et il est honoré à Angers le 4 novembre.

GÉRARD (le bienheureux), religieux de l'abbaye de Clairvaux, et frère de saint Bernard, embrassa d'abord la carrière des armes et combattit la vocation de son frère ; mais ayant été blessé dans un combat et fait prisonnier, il rentra sérieusement en lui-même, et dès qu'il fut rendu à la liberté, il se réunit à ses frères, à la tête desquels était Bernard, et avec lesquels il se présenta à Cîteaux, l'an 1113, demandant d'être reçu dans ce monastère au nombre des religieux. Saint Etienne, qui en était abbé, les admit avec joie et leur donna l'habit. Deux ans après il fut envoyé à Clairvaux avec saint Bernard, qui y devint son abbé, et où Gérard remplit plusieurs charges importantes. Son frère lui avait autrefois prédit qu'il se convertirait et qu'il écouterait la voix de Dieu lorsque son côté aurait été percé d'une lance. Il tomba malade en allant à Rome avec saint Bernard, en 1137, et fut miraculeusement guéri par les prières de son frère, dont il était tendrement aimé. Il mourut peu de temps après son retour d'Italie, le 13 juin 1138.—13 juin.

GÉRARD (le bienheureux), abbé de Fosseneuve en Italie, ensuite de Clairvaux, fut tué à Igny, en 1177, par un moine nommé Hugues de Basoches, qu'il avait puni pour ses crimes. Son corps fut reporté à Clairvaux et inhumé dans le cloître de l'abbaye. Son épitaphe lui donne le titre de martyr. — 16 octobre.

GÉRARD (saint), teinturier, florissait sur la fin du XIIe siècle et mourut l'an 1207. Il fut inhumé à Mouze dans le Milanais, sa patrie, et l'église où se trouve son corps a pris son nom. — 6 juin.

GÉRARD-MÉCATY (saint), frère servant de l'ordre de Saint-Jean de Jérusalem, dit depuis de Malte, mourut en 1242, et il est honoré à Villemagne près de Florence le 8 juin.

GÉRARD DE VALENCE (le bienheureux), de l'ordre de Saint-François, florissait dans la première partie du XIVe siècle et mourut en 1345, à Palerme en Sicile, où il est honoré le 30 décembre.

GÉRASIME (saint), *Gerasimus*, abbé en Palestine, né en Lycie vers le commencement du Ve siècle, embrassa l'état monastique. Il quitta ensuite sa patrie pour venir se fixer en Palestine à l'époque où l'hérésie d'Eutychès venait d'être condamnée par le concile de Chalcédoine. S'étant laissé entraîner dans cette hérésie par les artifices d'un moine vagabond et imposteur, nommé Théodose, qui séduisit de la même manière plusieurs autres solitaires, Gérasime, qui désirait faire connaissance de saint Euthyme, célèbre abbé qui habitait alors la solitude de Ruban, alla le voir, et après quelques entretiens avec lui, il reconnut ses erreurs et abjura l'eutychianisme. Son retour à la foi orthodoxe en ramena d'autres dans le sein de l'unité. Gérasime, qui lui fut toujours depuis étroitement attaché par les liens de la reconnaissance, se lia aussi d'amitié avec saint Jean le Silenciaire, saint Sabas et saint Théoctiste. Il expia, par une pénitence qui dura autant que sa vie, la faute qu'il avait faite en s'attachant à une doctrine condamnée par l'Église. Comme un grand nombre de disciples venaient se placer sous sa conduite, il bâtit, près du Jourdain, dans le voisinage de Jéricho, une *laure* composée de soixante-dix cellules, au milieu desquelles il fit construire un monastère où menaient la vie cénobitique ceux de ses disciples qui n'étaient pas encore assez parfaits pour mener la vie de reclus. Quoique cette dernière fût beaucoup plus rigoureuse, Gérasime y ajoutait encore des austérités volontaires, et il passait les carêmes sans prendre d'autre nourriture que le corps et le sang de Jésus-Christ. Saint Euthyme avait tant de vénération pour lui qu'il lui envoyait ceux de ses moines qu'il voulait faire parvenir à une haute perfection. L'auteur du *Pré spirituel* rapporte que Gérasime ayant guéri un lion qui s'était enfoncé une épine dans le pied, cet animal lui resta toujours tellement attaché qu'il expira de douleur lorsqu'il eut vu expirer son bienfaiteur. Saint Gérasime mourut l'an 475, le 5 mars, jour où il est honoré. — 5 mars.

GÉRASINE (sainte), *Gerasina*, martyre, honorée à Cologne, était, à ce que l'on croit, tante de sainte Ursule, et mère de sainte Avoye. Ses reliques se gardaient dans l'église du monastère de religieuses dit des Machabées. — 12 février.

GÉRAUD (saint), *Geraldus*, baron d'Aurillac, et patron de la haute Auvergne, né en 855, reçut une éducation vertueuse, et montra de bonne heure un grand attrait pour la piété. Comme c'était alors l'usage que les seigneurs conduisissent eux-mêmes leurs vassaux à la guerre, on le forma aussi aux exercices militaires ; mais sa mauvaise santé le retenant chez lui, il prit du goût pour l'étude de la religion, ainsi que pour la méditation de la loi divine, et il résolut de renoncer au monde. Après la mort de ses parents, il se dépouilla, en faveur des pauvres, de ses biens qui étaient considérables, ne se réservant que ce qui était absolument nécessaire pour sa subsistance. Il menait dans le siècle la vie d'un fervent religieux et se comportait en missionnaire à l'égard de ses vassaux. Après avoir fait le pèlerinage de Rome, il fonda, en 894, le monastère d'Aurillac qui devint très-célèbre par la science et la régularité des religieux. Saint Géraud pensait à s'y retirer lui-même ; mais il en fut détourné par saint Gausbert, évêque de Cahors, son directeur, qui lui représenta qu'il ferait beaucoup plus de bien dans le monde que dans un cloître. Il perdit la vue en 902, et cette affliction ne servit qu'à faire éclater davantage sa patience et sa résignation à la volonté divine. Il mourut à Cézeinac en Quercy, le 13 octobre 909, et son corps fut rapporté au monastère d'Aurillac où il fut enterré. Sa sainteté ayant été attestée par plusieurs miracles, on leva de terre son corps et on le mit dans une châsse d'argent, qui fut pillée par les calvinistes dans le XVIe siècle ; cependant on parvint à sauver quelques-uns de ses ossements. Il se forma près de l'abbaye une ville qui devint dans la suite la capitale de la haute Auvergne. Quant à l'abbaye elle-même, elle fut sécularisée et changée en un chapitre de Chanoines par le pape Pie IV, en 1562. La Vie de saint Géraud a été écrite par saint Odon, abbé de Cluny. — 13 octobre.

GÉRAUD (saint), archevêque de Brague en Portugal, était originaire du Quercy, et florissait sur la fin du XIe siècle. Il mourut l'an 1109, et il est honoré à Burgos en Castille le 5 décembre.

GERBAUD (saint), *Gerebaldus*, évêque de Bayeux, florissait dans le VIIe siècle et mourut en 685. Il est honoré à Senlis, où l'on garde son corps. — 7 décembre.

GERBAUD (le bienheureux), évêque de Châlons-sur-Saône, florissait sur la fin du IXe siècle. Il se rendit recommandable par son zèle et sa piété, et assista à plusieurs conciles, entre autres à celui de Troyes tenu en 878, et auquel présida le pape Jean VIII. Il découvrit dans l'église de Saint-Marcel les corps de deux de ses prédécesseurs, saint Agricole et saint Sylvestre. Il transporta les reliques du premier avec une partie de celles du second dans l'église de Saint-Pierre qu'il venait de réparer et les plaça sur l'autel. On ignore l'année de sa mort. Il est honoré dans son diocèse, le 12 juin.

GERBRAND (le bienheureux), *Gerbrondus*, abbé de Clercamp, monastère de l'ordre de Citeaux dans la Frise, florissait au commencement du XIIIe siècle et mourut en 1218. On l'honore à Foigny en Laonnois le 13 octobre.

GERBURGE (sainte), *Gerburgis*, vierge et seconde abbesse de Gaudersheim en Saxe, florissait dans le IXe siècle, et mourut l'an 854. — 24 juillet.

GERE (le bienheureux), *Gerius*, religieux camaldule, mourut en 1345, et il est honoré à Florence, le 5 août.

GÉRÉON (saint), martyr à Cologne, avec trois-cent-dix-huit autres, souffrit vers l'an 301 sous l'empereur Dioclétien. Son corps et celui de ses compagnons furent découverts dans le XIe siècle, comme on le voit dans une vie de saint Annon, évêque de Cologne. — 10 octobre.

GÉRÉTRUDE (sainte), *Geretrudis*, veuve en 655 : elle est honorée à Hamai ou Hamaige, près de Marchiennes en Flandre, le 6 décembre.

GÉRHOÉ (le bienheureux), prévôt de Reichersberg, né en Bavière, l'an 1093, embrassa l'état ecclésiastique, et après avoir reçu la prêtrise, il fut nommé grand écolâtre du chapitre d'Augsbourg, charge dont il s'acquitta avec autant de zèle que de sagesse. C'était alors l'époque des malheureuses dissensions entre les papes et les empereurs. La plus grande partie du clergé d'Allemagne, nommé aux dignités ecclésiastiques par l'empereur, et choisi parmi ses créatures, présentait le spectacle le plus affligeant. Gerhoé, pour remédier aux maux qui désolaient l'église d'Augsbourg, tenta d'introduire la réforme dans le chapitre de la cathédrale ; mais les chanoines s'y opposèrent, et l'évêque lui-même, partisan déclaré de Henri V, le chassa de la ville à cause de son attachement au saint-siège. Cependant la paix ayant été conclue entre les deux puissances, il fut rappelé et accompagna son évêque qui se rendait au concile tenu à Rome par Calixte II. A son retour d'Italie il reprit ses fonctions d'écolâtre ; mais il fut bientôt obligé de les quitter, tant la résistance des chanoines et leurs mœurs déréglées l'affligeaient, et il se retira dans le monastère de Raitembuch, où il se livrait à la prière, à la méditation et à la lecture des livres saints ; une conduite aussi édifiante choqua cette communauté qui était très-relâchée, et il fut encore obligé de quitter cet asile où il avait espéré finir sa vie dans une sainte tranquillité. Conrad, archevêque de Saltzbourg, plein d'estime pour Gerhoé, l'appela dans son diocèse, et en 1132 le nomma prévôt des Chanoines Réguliers de Reichesberg, et ne cessa de lui donner des marques de sa confiance. Il l'envoya plusieurs fois à Rome pour les affaires de son diocèse et pour les besoins de l'Église d'Allemagne. Les évêques de Passau et de Bamberg avaient pour le bienheureux Gérhoé les mêmes sentiments, et recouraient souvent à ses lumières et à son expérience. Les affaires qu'il eut à traiter avec le saint-siège lui méritèrent la confiance et l'estime des papes Calixte II, Innocent II, Célestin II, Eugène III et Alexandre III. Il mourut le 24 juin 1169, à l'âge de 76 ans, et il fut enterré dans l'église de son monastère de Reichesberg. Le bienheureux Gérhoé était non-seulement un des plus saints, mais encore un des plus savants hommes de son siècle, comme le prouvent ses ouvrages qui roulent sur plusieurs points de dogme, de morale et de discipline. — 24 juin.

GERKIN (le bienheureux), *Gerekinus*, frère convers de l'ordre de Citeaux, mourut en 1189, sans être sorti une seule fois du monastère d'Alvastre, où il avait pris l'habit. 25 juin.

GÉRI (le bienheureux), *Egirius*, fils du comte de Lunel en Languedoc, naquit au commencement du XIIIe siècle. Pénétré de bonne heure d'un souverain mépris pour le monde, il quitta ainsi que Fernand, son frère aîné, biens, parents, patrie, pour aller visiter les saints lieux, en vivant des aumônes qu'ils recevaient sur leur route. On ne sait rien de particulier sur sa vie, si ce n'est que Dieu daigna opérer plusieurs miracles en sa faveur ou par son intercession, et que partout où il allait on le révérait comme un saint. Il mourut à Monte-Santo dans les États de l'Eglise, vers l'an 1270, et les habitants du pays avaient une si haute idée de sa sainteté, qu'ils se disputèrent pour savoir quel lieu aurait le bonheur de posséder son corps. On assure que Dieu fit connaître par un miracle qu'il voulait que ce fût un petit hameau appelé Colombario, où le bienheureux Géri avait commencé à être malade. Le pape Benoît XIV approuva, en 1742, le culte qu'on lui rendait de temps immémorial. — 25 mai.

GÉRIN, ou GUÉRIN (saint), *Gerinus*, martyr, frère de saint Léger, fut accusé par Ebroïn, maire du palais, d'avoir trempé dans la mort de Chilpéric II. Cité avec son frère devant le roi Thierri et les seigneurs du royaume, comme on ne put se convaincre de ce crime, dont ils étaient innocents, Gérin fut séparé de son frère par ordre d'Ebroïn, attaché à un poteau, et assommé à coups de pierres. Pendant son supplice, on l'entendait répéter ces paroles : *Seigneur Jésus, qui êtes venu appeler, non-seulement les justes, mais encore les pécheurs, recevez l'âme de votre serviteur, auquel vous faites la grâce de terminer sa vie par une mort semblable à celle des martyrs.* Saint Léger, dont son ennemi avait différé le supplice jusqu'à ce qu'il eût été déposé dans un synode, profita de cet intervalle pour écrire à Sigrade sa mère, qui s'était faite religieuse dans l'abbaye de Notre-Dame de Soissons, et pour la consoler de la mort de Gérin, en disant qu'ils ne doivent s'attrister ni l'un ni l'autre de ce qui fait la joie des anges. On place le martyre de saint Gérin l'an 678, et son nom se lit dans le Martyrologe romain. — 25 août et 2 octobre.

GERLACH (le bienheureux), ermite, né au commencement du XIIᵉ siècle, d'une famille noble des environs de Maëstricht, fut élevé comme on élevait les jeunes gentilshommes de son temps, lorsqu'on les destinait à la carrière des armes, c'est-à-dire, que son éducation fut toute militaire. Il se distingua bientôt par sa bravoure ; mais il eut le malheur de se laisser entraîner, par l'exemple de ses compagnons d'armes, à des désordres qui plus tard lui causèrent un amer repentir. Dieu le retira de ses égarements par un de ces coups de la grâce dont il frappe ceux sur qui il a des desseins de miséricorde. Un jour qu'il se disposait à figurer dans un tournoi, au moment d'entrer dans la lice, il apprit la mort de son épouse. Accablé d'un malheur auquel il ne s'attendait nullement, il jette ses armes, et court s'enfermer dans sa maison pour donner un libre cours à sa douleur et à ses larmes. Les réflexions qu'il fit ensuite sur le néant des choses humaines, et sur le triste état où se trouvait son âme, lui inspirèrent la résolution de renoncer à l'état militaire pour embrasser les rigueurs de la pénitence. Après avoir réglé ses affaires, il prit congé de sa famille, sous prétexte qu'il allait voyager pour dissiper son affliction, et partit pour Rome, portant un rude cilice sous ses habits. Arrivé dans la ville sainte, il alla se prosterner aux pieds du pape Eugène III, et lui fit l'humble aveu de ses fautes. Le pape lui imposa l'obligation de visiter la terre sainte et d'y servir pendant sept ans les pauvres et les malades dans l'hôpital de Jérusalem. Gerlach obéit, et s'acquitta de sa pénitence avec tant d'humilité et de ferveur qu'il devint bientôt l'objet de la vénération universelle. Après que les sept ans furent écoulés, il vint de nouveau trouver le souverain pontife qui était alors Adrien IV, et le pria de lui tracer la règle de conduite qu'il devait suivre, et ce pape lui conseilla de passer dans la retraite le reste de ses jours. Le pieux pénitent, recevant cet avis comme un ordre du ciel, retourna dans sa patrie pour y distribuer ses biens aux pauvres, ne se réservant que le strict nécessaire. Après avoir fait vœu de s'abstenir de viande et de vin, et de ne jamais quitter son cilice, il se retira dans le creux d'un gros chêne, situé sur une des terres qu'il avait naguère possédées. Il n'en sortait que la nuit pour se rendre au couvent de Saint-Servais à Maëstricht, afin d'assister à l'office des moines. Il allait aussi, le dimanche, faire ses dévotions à Aix-la-Chapelle. Un tel genre de vie excita un étonnement universel : quelques personnes allèrent même jusqu'à y soupçonner un coupable mystère. Les moines de Gersen dénoncèrent Gerlach à l'évêque de Liége, l'accusant de rendre un culte au chêne qui lui servait de demeure. L'évêque fit abattre l'arbre ; mais, détrompé ensuite sur le compte du saint solitaire, il lui rendit pleine justice et le recommanda à l'abbé de Closteret, qui le prit sous sa protection. Le zèle avec lequel Gerlach reprenait les désordres de plusieurs membres du clergé, qui à cette époque affligeaient l'Eglise et scandalisaient les fidèles, lui attira de nouvelles persécutions ; mais cette fois, l'évêque de Liége le soutint contre ses ennemis. Il mourut le 5 janvier 1170, et son culte se répandit en peu de temps dans les diocèses de Liége, d'Aix-la-Chapelle, et dans les pays voisins. Dans la suite, on bâtit sur son tombeau une abbaye de religieuses Norbertines, qui porta son nom. — 5 janvier.

GERLAND (saint), *Gerlandus*, évêque d'Agrigente en Sicile, était originaire de Besançon, et parent du comte Roger, qui le fit venir en Calabre. Il devint chantre de l'église cathédrale de Mélit ; mais, révolté des désordres qui régnaient dans cette ville, il retourna à Besançon, d'où Roger le rappela pour le faire évêque d'Agrigente, en 1093. Il fut sacré par le pape Urbain II, et mourut en 1105, après un épiscopat de douze ans. Son corps se garde dans l'église cathédrale de Girgenti, laquelle porte maintenant son nom. — 25 février.

GERMAIN (saint), martyr à Durazzo en Albanie, avec saint Pérégrin et cinq autres, tous Italiens comme lui, s'était retiré dans cette ville pendant la persécution de l'empereur Trajan ; mais à la vue de l'évêque saint Aste, attaché à la croix pour Jésus-Christ, il fut si touché de ce spectacle qu'il s'écria qu'il était aussi chrétien. Le gouverneur de la province, informé de cette déclaration, le fit arrêter, et après un interrogatoire qui confirma le fait, il le fit jeter dans la mer ainsi que ses compagnons. — 7 juillet.

GERMAIN (saint), martyr à Césarée en Cappadoce, avec saint Théophile et deux autres, souffrit pendant la persécution de l'empereur Dèce, au milieu du IIIᵉ siècle. — 2 et 3 novembre.

GERMAIN (saint), martyr à Rome avec saint Saturnin et plusieurs autres, mourut en prison par suite des tortures qu'il avait subies pour la confession de Jésus-Christ. — 2 mai.

GERMAIN (saint), martyr à Tarse en Cilicie, souffrit avec sainte Sereine, et il est honoré chez les Grecs le 3 juillet.

GERMAIN (saint), diacre et martyr, à Pesaro, ou Pisaure dans le duché d'Urbin, souffrit avec saint Décence, son frère. — 28 octobre.

GERMAIN (saint), martyr près de Cadix en Espagne, subit diverses tortures telles que le fouet, la prison, la faim, la soif et la fatigue d'un pénible voyage qu'il fit chargé de ses fers ; il eut enfin la tête tranchée par ordre du lieutenant Viateur, pendant la persécution de Dioclétien. Son corps se garde à Mérida, où il fut inhumé. — 23 octobre.

GERMAIN (saint), martyr à Césarée en Palestine, était de cette ville et y demeurait, lorsque animé d'un saint zèle il alla avec deux autres chrétiens, Antonin et Zébin, trouver Firmilien, gouverneur de la province, pour lui reprocher sa cruauté envers les disciples de Jésus-Christ. Firmilien, irrité de cette sainte hardiesse, qu'il prenait pour de l'insolence, les condamna à être décapités ; ce qui fut exécuté sur-le-champ, l'an 308, sous l'empereur Galère. Leurs cadavres furent ensuite livrés aux bêtes. — 13 novembre.

GERMAIN (saint), évêque de Besançon et martyr, illustra son épiscopat par toutes les vertus qui font les grands prélats. Le temps, qui nous a privés de ses actes, n'a pas détruit les souvenirs de son glorieux martyre. On croit qu'il fut mis à mort en 372, selon les uns, et en 407, selon d'autres, par les ariens, qui le percèrent de flèches à Grand-Fontaine, village à deux lieues de Besançon. Son corps se gardait religieusement dans le monastère de Baume. — 11 octobre.

GERMAIN (saint), évêque d'Auxerre, né dans cette ville, vers l'an 380, d'une famille illustre qui l'envoya à Rome pour étudier le droit civil et l'éloquence. Ces cours achevés, il plaida avec distinction devant le préfet du prétoire. Il épousa ensuite une personne d'une grande noblesse, nommée Eustachia, et l'empereur Honorius l'éleva à des postes très-honorables, et en dernier lieu à celui de duc, ou général des troupes de sa province natale ; ce qui l'obligea de retourner à Auxerre. Germain aimait passionnément la chasse, et quand il avait tué quelque pièce de gibier, il en suspendait la tête aux branches d'un grand arbre qui était au milieu de la ville. Cet usage ne provenait chez lui que d'un fonds de vanité assez commun aux chasseurs. Cependant comme les païens faisaient par superstition quelque chose de semblable, c'était pour les chrétiens un scandale. Saint Amateur, évêque d'Auxerre l'en avertit plusieurs fois, mais inutilement. Il fit donc couper l'arbre un jour que le jeune duc était absent ; ce qui mit celui-ci dans une si grande colère qu'il menaça l'évêque de sa vengeance. Mais Dieu fit connaître à saint Amateur qu'il mourrait bientôt, et que Germain serait son successeur. En conséquence de cette révélation, il alla trouver Jules, préfet des Gaules, qui résidait à Autun, pour lui demander la permission de mettre Germain au nombre des clercs, et l'ayant obtenue, il revint d'Auxerre et assembla dans l'église les principaux de la ville avec le peuple. Germain n'y fut pas plutôt entré que l'évêque le fait saisir, lui confère la tonsure cléricale, le revêt de l'habit ecclésiastique, et lui apprend qu'il doit être son successeur. Celui-ci n'osa faire aucune résistance, de peur de s'opposer à la volonté de Dieu. Saint Amateur étant mort peu de temps après, Germain fut élu pour lui succéder, et il fut sacré, le 7 juillet 418, par les évêques de la province. Après sa consécration, il vécut avec sa femme comme si elle eût été sa propre sœur, et ne se nourrit plus le reste de sa vie que de pain d'orge qu'il ne prenait que le soir ; souvent il ne mangeait qu'une fois, et tout au plus deux fois par semaine. Il portait toujours le cilice sous son vêtement, dont il ne changeait que quand il tombait en lambeaux, et ne se couchait que sur des planches couvertes de cendres. Il exerçait l'hospitalité envers tout le monde, lavait les pieds des pauvres et les servait à table, pendant que lui-même était à jeun. Il se dépouilla de ses grands biens en faveur des indigents et des églises et fonda vis-à-vis Auxerre, de l'autre côté de l'Yonne, un monastère sous l'invocation de saint Côme et de saint Damien. Ayant découvert les corps de plusieurs saints martyrs qui avaient souffert avec saint Prisque ou saint Bry, il les retira de la citerne où ils étaient, et fit bâtir en leur honneur une église et un monastère qui porta depuis le nom de Saints en Puy-Saye. Il donna aussi des propriétés considérables à sa cathédrale. Au bout de quelques années d'épiscopat sa réputation était déjà si grande que le pape Célestin Ier le nomma pour aller au secours des Bretons qui étaient aux prises avec l'hérésie de Pélage, leur compatriote, et lui donna le titre de vicaire apostolique. Les évêques des Gaules lui associèrent saint Loup, de Troyes. Les deux prélats s'étant mis en route sur la fin de l'année 425, passèrent par le village de Nanterre, près de Paris, et saint Germain y consacra à Dieu sainte Geneviève, qui avait alors sept ans, et prédit sa sainteté future. S'étant embarqués sur la Manche ils furent assaillis par une tempête furieuse, que saint Germain apaisa d'une manière miraculeuse : lorsqu'ils furent arrivés dans la Grande-Bretagne, une foule immense vint à leur rencontre. Les églises se trouvant trop petites pour contenir tous ceux qui accouraient pour les entendre, ils prêchaient souvent en pleine campagne. Les chefs des pélagiens fuyaient devant eux, n'osant en venir à une dispute réglée ; cependant ils devinrent honteux, et fin d'une conduite qui faisait leur condamnation, et ils acceptèrent une conférence qui se tint à Vérulam. Les hérétiques parlèrent les premiers : les deux évêques leur répondirent ensuite avec tant de force, et par des arguments si solides et si bien appuyés sur l'Ecriture sainte, qu'ils réduisirent au silence leurs adversaires, et les nombreux fidèles qui étaient présents applaudirent par leurs acclamations à ce triomphe éclatant de la vérité sur l'erreur. L'assemblée ne s'était pas encore séparée qu'un tribun et sa femme présentèrent aux deux saints leur fille, âgée de dix ans et privée de l'usage de la vue, les conjurant de la guérir. Ceux-ci l'adressèrent aux pélagiens, qui ne voulurent pas tenter le miracle, mais ils se joignirent aux parents de la jeune fille pour obtenir des serviteurs de Dieu qu'ils priassent pour elle. Alors saint Germain, invoquant la sainte Trinité, appliqua la boîte de reliques qu'il portait toujours à son cou, sur les yeux de la jeune aveugle, et à l'instant elle recouvra la vue. A partir de ce jour la doctrine que prêchaient les saints évêques ne rencontra plus aucun contradicteur. Pour rendre à Dieu de solennelles actions de grâces de ce miracle, ils allèrent au tombeau de saint Alban, le premier et le plus illustre martyr de la Grande-Bretagne ; saint Germain le fit ouvrir et y déposa une boîte qui contenait des reliques des apôtres et de plusieurs martyrs ; ayant pris ensuite de la terre qui paraissait encore teinte du sang de saint Alban, il l'emporta avec lui, et la plaça dans une église qu'il fit bâtir à Auxerre sous l'invocation de ce saint. Les deux évêques étaient sur le point de repartir pour les Gaules lorsque les Pictes fondirent sur le pays des Bretons ; ceux-ci, s'étant rassemblés à la hâte, prièrent les deux saints de venir dans leur camp, afin de les protéger par leurs prières. S'étant rendus à cette invitation, ils s'appliquèrent à réformer les mœurs de ceux qui étaient chrétiens, et à convertir ceux qui étaient idolâtres. Plusieurs de ces derniers, désirant recevoir le baptême, on les y disposa pour la fête de Pâques qui approchait. On forma dans le camp une espèce d'église avec des branches entrelacées et l'on y baptisa les catéchumènes. Après les fêtes de Pâques, que l'armée célébra avec beaucoup de dévotion, saint Germain s'occupa de délivrer les Bretons du danger qui les menaçait ; mais comme il ne voulait pas qu'il y eût du sang répandu, il eut recours à un stratagème. S'étant mis à la tête des chrétiens, il fit voir qu'il n'avait point oublié son ancienne profession, et conduisit sa petite armée dans une vallée qui était entre deux hautes montagnes. Il ordonna ensuite à ses soldats, quand ils verraient l'ennemi, de répéter tous à la fois et de toutes leurs forces, le cri qu'ils lui entendraient pousser. Les Pictes n'eurent pas plutôt paru que Germain cria trois fois *alleluia*, et les Bretons sous ses ordres poussèrent le même cri que les échos des montagnes renvoyèrent avec un bruit effroyable. Les ennemis épouvantés, s'enfuirent en désordre, jetant leurs armes et laissant leurs bagages ; plusieurs même se noyèrent en passant la rivière. Le lieu où l'événement se passa, s'appelle encore aujourd'hui *Maes-Garmon*, ou le champ de Germain, et il se trouve dans le comté de Flint. Les deux saints ayant terminé leur mission, quittèrent l'île emportant avec eux les regrets et les bénédictions de tous les chrétiens. Saint Germain de retour à Auxerre vit avec peine que son peuple était surchargé d'impôts. Il se rendit à Arles, près d'Auxiliaire préfet des Gaules, afin d'obtenir un dégrèvement. Partout sur la route on accourait en foule pour recevoir sa bénédiction ; le préfet lui-même, sachant qu'il approchait d'Arles, alla au-devant de lui par honneur, et s'aperçut bientôt qu'il était encore au-dessus de ce que publiait la renommée. Il lui fit de riches présents et le pria de rendre la santé à sa femme, attaquée depuis longtemps d'une fièvre quarte. Il obtint l'objet de sa demande et accorda au saint la diminution d'impôts qu'il était venu solliciter. Le saint évêque, qui mettait en première ligne les intérêts spirituels de son troupeau, s'appliquait avec zèle à sanctifier les âmes qui lui étaient confiées ; mais pour ne pas négliger lui-même sa propre sanctification, il se retirait de temps en temps, dans son monastère de Saint-Côme et de Saint-Damien pour ne s'entretenir qu'avec Dieu et se renouveler dans la ferveur. Le pélagianisme, qu'on avait cru éteint dans la Grande-Bretagne, s'étant ranimé, il retourna chez les Bretons en 446, et prit pour compagnon de voyage Sévère, qui venait d'être nommé archevêque de Trèves. Leur mission eut un succès définitif, et ceux des hérétiques qui restèrent opiniâtres, ne trouvant plus de retraite, se virent obligés de quitter l'île pour toujours. Elaphe, un des principaux habitants du pays, présenta au saint son fils qui était à la fleur de l'âge, mais qui ne pouvait se servir d'une de ses jambes. Germain toucha la partie malade et la guérit en présence d'un grand nombre de personnes. Il ordonna saint Iltut prêtre, et saint Dubrice archevêque de Landaff, les chargeant du soin de plusieurs écoles qui devinrent bientôt célèbres. Celles de Hentlon et de Mochros, dirigées par saint Dubrice, comptaient jusqu'à mille étudiants. Saint Iltut qui était à la tête des écoles de Llan-Iltut, aujourd'hui Lanwit, et de Llan-Elty forma aussi des élèves illustres par leur sainteté et leur science, parmi lesquels on compte saint Gildas, saint Léonore, saint Samson, saint Magloire, saint Malo, etc. C'est aussi au zèle de saint Germain que les Bretons furent redevables du séminaire de Llan-Carvan, près de Cowbridge, et de la célèbre école de Benchor dans le comté de Flint. Lorsqu'il reprenait le chemin de son diocèse, il reçut une députation des habitants de l'Armorique, qui imploraient sa protection près d'Aétius, général romain, contre lequel ils s'étaient révoltés. Le saint alla trouver Bocoris, roi des Allemands, qu'Aétius avait chargé du soin de châtier les rebelles ; mais il ne put d'abord s'en faire écouter. Germain, sans se déconcerter, prend le cheval du barbare par la bride, et l'arrête à la tête de son armée. Bocoris, étonné de cette hardiesse, finit par s'adoucir et consentit même à retirer ses troupes, à condition que les Armoricains obtiendraient grâce d'Aétius ou de l'empereur, et saint Germain se chargea de la demander. Il partit donc pour Ravenne où l'empereur Valentinien III faisait sa résidence, et en passant par Milan, il guérit un homme possédé du démon. Il voulait entrer de nuit à Ravenne, afin d'échapper à la réception honorable qu'on lui préparait ; mais le peuple était sur ses gardes et ce ne furent que cris d'allégresse quand on l'eut reconnu. Saint Pierre Chrysologue, archevêque de cette ville, lui fit l'accueil le plus distingué, ainsi que Valentinien et sa mère Placidie. Cette princesse lui envoya un vase d'argent rempli de mets délicats, mais sans viande, dont elle savait qu'il s'était interdit l'usage, et Germain lui envoya à son tour un pain d'orge sur une assiette de bois. Placidie fit enchâsser l'assiette dans de l'or et garda le pain, qui opéra plusieurs guérisons miraculeuses. Il obtint pour les rebelles le pardon qu'il était venu solliciter ; mais une seconde révolte en empêcha l'effet. Pendant le séjour qu'il fit à Ravenne, il fut toujours accompagné de six évêques, qui lui virent opérer plusieurs miracles. Un des plus frappants est la résurrection du fils de Volusien, secrétaire du patrice Sigisvulte. Le saint ne fut appelé que quand le jeune homme était déjà froid. Ayant fait sortir tout le monde, il se prosterna près du corps et pria avec larmes. Sa prière finie, le mort fit quelques mouvements, puis ouvrit les yeux et remua les doigts, il se leva ensuite avec l'aide du saint, s'assit, et se retrouva plein de vie et de santé. Un jour que le saint s'entretenait avec les autres évêques sur des matières de piété, *Mes frères*, leur dit-il, *je vous recommande mon passage. Il m'a semblé, cette nuit, voir Notre Seigneur qui me donnait la provision pour aller dans ma patrie recevoir le repos éternel.* Etant tombé malade peu de jours après, toute la ville en fut alarmée ; l'impératrice lui fit visite en personne, et ce ne fut pas sans peine qu'elle lui promit de faire reconduire son corps à Auxerre, comme il le désirait. Il mourut le 31 juillet 448, après trente ans d'épiscopat. Placidie voulut avoir le reliquaire qu'il portait toujours sur lui : les six évêques dont nous avons parlé, se partagèrent ses vêtements : saint Pierre Chrysologue eut son capuchon et son cilice. Achole, préfet de la chambre de l'empereur, qui lui devait la guérison d'un de ses domestiques, fit embaumer son corps : l'impératrice lui revêtit d'habits précieux et donna un coffre de cyprès pour le renfermer : l'empereur fournit les voitures et l'escorte, et se chargea des frais du voyage. Le convoi fut des plus magnifiques, et le nombre des flambeaux était si grand que leurs lumières se faisaient remarquer de loin en plein jour. Partout où il passait, les populations accouraient pour donner des marques de leur vénération. Lorsqu'on fut au passage des Alpes, on y trouva le clergé d'Auxerre qui venait au-devant du corps de son pasteur. Arrivé à Auxerre, ses diocésains furent admis pendant six jours à lui rendre leurs pieux devoirs. On l'enterra ensuite le 1er octobre, dans l'oratoire de saint Maurice, que le saint évêque avait lui-même fondé. Cet oratoire fut depuis, changé en une église, qui a donné naissance à la célèbre abbaye de Saint-Germain. Saint Germain était autrefois patron titulaire de plusieurs églises d'Angleterre, et l'on avait élevé sur le lieu même où il prêcha, près de Vérulam, une chapelle où la dévotion attirait, avant la prétendue réforme, un grand nombre d'Anglais. — 31 juillet.

GERMAIN (saint), évêque de Péradame en Afrique, et confesseur, fut d'abord battu de verges par ordre de Hunéric, roi des Vandales, à cause de son attachement à la foi catholique. Il fut ensuite exilé par ce prince arien avec plusieurs autres saints évêques, l'an 483. — 6 septembre.

GERMAIN (saint), évêque régionnaire et martyr, était fils d'un seigneur écossais, nommé Audin, que saint Germain d'Auxerre convertit avec sa famille, lorsqu'il passa dans la Grande-Bretagne pour y combattre le pélagianisme. Il plut tellement au saint évêque que celui-ci voulut être son parrain et qu'il lui donna son nom. Le jeune Germain, élevé dans la pratique de toutes les vertus chrétiennes, quitta ensuite le monde pour se livrer aux fonctions du ministère évangélique. Il paraît qu'il était prêtre lorsqu'il passa la mer pour venir dans les Gaules, et il prêcha la foi aux habitants des bords de la Moselle. Comme il y opérait un grand nombre de conversions, Sévère, évêque de Trèves, le sacra évêque, sans toutefois lui assigner de territoire particulier, afin de lui laisser plus de liberté dans l'exercice de ses fonctions apostoliques. Germain fit un voyage à Rome pour visiter les tombeaux des saints apôtres, afin d'obtenir, par leur intercession, la grâce d'imiter leur zèle. De Rome il passa en Espagne et retourna ensuite dans sa patrie, gagnant partout des âmes à Jésus-Christ. Il revint dans les Gaules, évangélisa en Neustrie les villes de Bayeux et de Coutances, et il pénétra jusqu'en Picardie, où ses travaux furent couronnés par le martyre qu'il souffrit sur les bords de la Brêle, entre Aumale et Sénarpont, le 2 mai, vers la fin du ve siècle. On bâtit sur son tombeau une église qui porta son nom, et dans laquelle on plaça son corps. Au IXe siècle, la crainte des Normands le fit porter à Ribemont, dans le diocèse de Laon. Vers le milieu du XVIIe siècle, on rapporta une partie considérable de ses reliques dans l'église paroissiale de son nom à Amiens. Saint Germain est patron de plusieurs paroisses en Picardie et en Normandie. — 2 mai.

GERMAIN (saint), solitaire, était frère de saint Gibrien, et quitta l'Irlande, sa patrie, avec cinq autres de ses frères, ainsi que ses trois sœurs, qui sont tous honorés comme saints dans l'Église. Ils vinrent se fixer en France, sous l'épiscopat de saint Remi de Reims. Le saint évêque leur donna des solitudes sur les bords de la Marne. Ils y passèrent le reste de leur vie, loin du commerce des hommes et uniquement occupés du soin de leur salut. Leurs ermitages, qui n'étaient pas éloignés les uns des autres, leur permettaient de se visiter de temps en temps, et ils regardaient saint Gibrien comme leur supérieur, parce qu'il était leur aîné et qu'il avait été élevé au sacerdoce. Saint Germain est honoré le 3 décembre.

GERMAIN (saint), évêque de Capoue, succéda à Constantin, et fut envoyé, en qualité de légat, par le pape Hormisdas, vers l'empereur Justin, l'an 519, afin de mettre un terme aux maux qui désolaient l'Église d'Orient. L'empereur accueillit favorablement Germain, qui obtint ce qu'il demandait, entre autres la condamnation de Nestorius, d'Eutychès, de Dioscore, de Timothée Elurus, de Pierre Mongus, d'Acace et de plusieurs autres. Il obtint aussi que l'on effacerait des diptyques les noms d'Euphémius, de Macédonius, de Timothée, et ceux des empereurs Zénon et Anastase. Le légat et ses compagnons furent plus d'une fois exposés à la fureur des hérétiques; mais Dieu protégea leur vie, et ils en furent quittes pour quelques mauvais traitements qui n'empêchèrent pas Germain d'arriver sain et sauf dans son diocèse, qu'il gouverna encore vingt ans avec beaucoup de zèle et de sainteté. Il mourut vers l'an 540, et saint Benoît, dans une vision qu'il eut au Mont-Cassin, aperçut l'âme du saint évêque de Capoue portée par les anges dans le ciel. — 30 octobre.

GERMAIN (saint), évêque de Paris, né vers l'an 496, d'une famille noble du territoire d'Autun, fut élevé par le prêtre Scapillon, son cousin, qui vivait en solitaire à Luzi. Germain passa quinze ans avec lui dans tous les exercices de la vie anachorétique, priant, lisant l'Ecriture sainte et s'appliquant au travail des mains. Quoiqu'ils fussent éloignés de l'église d'une demi-lieue, ils ne manquaient jamais, quelque temps qu'il fît, l'office de matines. Saint Agrippin, évêque d'Autun, connaissant sa piété et son mérite, voulut l'avoir dans son clergé. Il lui conféra d'abord le diaconat, et trois ans après la prêtrise; ensuite il lui confia le gouvernement du monastère de Saint-Symphorien, situé dans un des faubourgs d'Autun. Lorsque les moines reposaient, il se rendait à l'église, où il passait ordinairement une bonne partie des nuits en prières. Dieu le favorisa du don des miracles et de celui de prophétie. Il vit un jour, dans un songe mystérieux, un vieillard vénérable qui lui présentait les clefs de Paris, en lui disant que Dieu lui confiait la conduite des habitants de cette ville, pour qu'il les empêchât de périr. Se trouvant ensuite à Paris, vers l'an 555, après la mort de l'évêque Eusèbe, il fut choisi malgré lui pour son successeur; cette dignité n'apporta aucun changement à sa manière de vivre qui fut, comme auparavant, simple, mortifiée et pénitente. La maison épiscopale était toujours entourée d'une foule de malheureux dont il était le père et l'ami. Il avait toujours plusieurs pauvres à sa table, qui était très-frugale; et, pour nourrir en même temps l'âme et le corps de ses convives, il faisait lire un livre de piété pendant le repas. Ses prédications eurent bientôt opéré un changement salutaire dans la ville de Paris, d'où l'on vit disparaître les désordres publics et les scandales : les pécheurs même les plus endurcis, touchés des exhortations du saint évêque, effaçaient leurs crimes par une sincère pénitence. Le roi Childebert qui, jusque-là, avait mené une vie peu chrétienne, se convertit aussi et, voulant racheter ses péchés par des aumônes, il envoyait de temps en temps au saint évêque des sommes considérables pour être distribuées aux pauvres. Un jour ce prince lui ayant envoyé six mille sous d'or, il en distribua trois mille. Quand Childebert le revit, il lui demanda s'il lui en restait encore : Germain répondit qu'il n'en avait distribué que la moitié, parce qu'il n'avait pas trouvé assez de pauvres. Donnez le reste au plus tôt, dit le roi; nous aurons toujours, Dieu aidant, de quoi donner; et faisant briser sa vaisselle d'or et d'argent il l'envoya chez l'évêque. Ce prince étant tombé malade au château de Chelles, Germain alla lui faire visite, et quoique les médecins jugeassent que son état ne présentait plus aucun espoir, le saint passa la nuit en prières pour solliciter la guérison du roi. Le lendemain il lui imposa les mains, et Childebert, se trouvant guéri tout à coup, donna par reconnaissance, à l'église de Paris et à l'évêque Germain, la terre de Chelles où s'était opéré le miracle, qu'il rapporte lui-même dans l'acte de donation. Comme il avait choisi pour sa sépulture la magnifique église qu'il avait fait bâtir en l'honneur de saint Vincent, afin d'y placer l'étole du saint martyr qu'il avait rapportée d'Espagne, le jour même de la mort du roi, qui arriva le 13 décembre 558, saint Germain en fit la dédicace, assisté de six autres évêques. A côté de cette église le prince avait fait bâtir un monastère auquel Germain donna pour abbé saint Droctovée, qui avait été son disciple à Saint-Symphorien d'Autun. Clotaire, frère de Childebert, ayant hérité de ses Etats, quitta Soissons pour se fixer à Paris. Il montra d'abord quelque indifférence pour le saint évêque; mais étant tombé malade il l'envoya chercher, et prenant son manteau, qu'il appliqua sur la partie de son corps où il souffrait, il se trouva guéri à l'instant même. Dès lors il ne cessa de traiter Germain avec les plus grands égards. Ce prince étant mort en 561, Caribert, son fils, eut pour sa part dans l'héritage paternel le royaume de Paris. Comme il se ressentait encore des préjugés du paganisme, il répudia Ingoberge pour épouser Méroflède, une des dames d'honneur de la reine. Après la mort de Méroflède, il épousa Marcovèse, qui était sœur de cette dernière, et qui avait porté le voile de religieuse, et cela pendant qu'Ingoberge vivait. Saint Germain mit tout en œuvre pour empêcher ces unions adultères, incestueuses et sacriléges; mais voyant que le roi persistait dans ses crimes, il l'excommunia ainsi que Marcovèse; et comme les deux coupables ne se corrigeaient point, Dieu vengea bientôt le mépris de sa loi et l'autorité de son serviteur. Marcovèse mourut quelques jours après la sentence, et Caribert ne tarda pas à la suivre. Après sa mort, arrivée en 570, ses trois frères se partagèrent son royaume; mais, n'ayant pu s'accorder sur la possession de Paris, que chacun voulait avoir dans son lot, ils convinrent qu'ils la posséderaient en commun, et qu'aucun ne pourrait y entrer sans le consentement des deux autres. Il fallut au saint évêque une grande prudence pour ne pas heurter tant d'intérêts opposés, et pour gouverner en paix son troupeau placé dans une position si bizarre qu'il avait trois maîtres au lieu d'un. Il réussit à maintenir la tranquillité publique tant que les trois frères furent d'accord ; mais Sigebert, qui avait épousé Brunehaut, et Chilpéric, qui avait épousé Frédégonde, animés l'un contre l'autre par les deux reines qui se haïssaient à mort, se déclarèrent la guerre. Malgré tout ce que put faire le saint évêque pour les empêcher d'en venir aux mains, Chilpéric attaqua Sigebert; celui-ci remporta la victoire et vint à Paris où il fut reçu en vainqueur. Saint Germain écrivit à la reine Brunehaut une lettre touchante que nous avons encore, la conjurant d'user de toute son influence sur Sigebert, pour obtenir de lui qu'il épargnât le royaume et la vie de son frère. Brunehaut, loin de suivre ce conseil, excita Sigebert à assiéger Tournay, où Chilpéric s'était retiré après sa défaite. Le saint évêque alla trouver Sigebert et lui dit : *Si vous faites grâce à votre frère, vous reviendrez victorieux; si au contraire vous avez le projet de lui ôter la vie, la justice divine vous frappera vous-même avant que vous ayez consommé votre fratricide.* Le prince ne tint compte de cette prédiction terrible que l'événement ne tarda pas à vérifier. En effet, Frédégonde, furieuse de l'état désespéré où se trouvaient les affaires de son mari, aposta deux assassins qui tuèrent Sigebert à Vitri, où il se trouvait alors avec son armée, marchant sur Tournay. Saint Germain, au milieu des bouleversements politiques et des troubles qui agitaient la monarchie, tantôt divisée, tantôt réunie, s'appliquait sans relâche à la sanctification de son peuple, à la réforme des mœurs et à la restauration de la discipline ecclésiastique. Il parut avec éclat dans plusieurs conciles, et fut le principal auteur des canons qu'on dressa dans celui de Paris, tenu en 557. Il assista à celui de Tours, en 566, et à un autre de Paris, en 573, auquel il souscrivit en ces termes : *Germain, pécheur, et quoique indigne, évêque de l'Église de Paris, au nom de Jésus-Christ.* On lui est redevable en grande partie de l'extirpation des restes du paganisme, car ce fut à sa sollicitation que Childebert porta un édit qui ordonnait de renverser les idoles dans tout le royaume, et qui proscrivait les danses ainsi que les autres divertissements par lesquels on profanait les dimanches et les fêtes. Il composa aussi une explication de la liturgie, dans laquelle il traite des cérémonies de la messe, des ornements sacerdotaux, etc. Son grand âge n'avait pas ralenti l'activité de son zèle, et ne lui faisait rien diminuer de la rigueur de ses austérités qu'il continua jusqu'à sa mort, arrivée le 28 mai 576, à l'âge de quatre-vingts ans. Il fut enterré, selon son désir, dans la chapelle de Saint-Symphorien qui était au bas de l'église de Saint-Vincent, laquelle prit, dans la suite, le nom de Saint-Germain. De la chapelle son corps fut transféré dans l'église en 754, avec une grande solennité. Le roi Pépin assista à la cérémonie avec Charles, son fils, qui fut depuis surnommé le Grand. Ce prince, qui n'avait alors que sept ans, fut tellement frappé des miracles dont il fut témoin en cette circonstance, qu'il en parlait souvent depuis. La crainte des Normands le fit transporter hors de Paris, pendant quelques années; mais on l'y rapporta en 846. Ses reliques se gardaient dans une belle châsse enrichie de perles et de pierres précieuses : elle devint la proie des révolutionnaires en 1793. L'épitaphe de saint Germain, qu'on lisait sur son tombeau, avait été composée par le roi Chilpéric, qui le représente comme un pasteur brûlant de zèle pour le salut des âmes, singulièrement aimé et respecté de son troupeau. — 28 mai.

GERMAIN (saint), patriarche de Constantinople, né en 638, était fils du patrice Justinien, et fut, dès sa jeunesse, un des principaux ornements du clergé de cette ville. Son mérite et ses vertus le firent élever sur le siège de Cyzique, d'où il fut transféré à celui de Constantinople en 715, et il se montra un généreux défenseur de la foi contre les monothélites et les iconoclastes. L'empereur Léon l'Isaurien ayant porté, en 725, un édit qui ordonnait d'ôter des églises les images qui s'y trouvaient, Germain refusa de s'y soumettre, et soutint, en présence du prince, lui-même, la légitimité du culte que l'Église rend aux représentations de Jésus-Christ et des saints, et lui rappela qu'à son avènement à l'empire, il avait promis de ne point changer les traditions de l'Église. Léon mit tout en œuvre pour gagner le patriarche; mais ne pouvant le séduire par ses promesses, ni l'intimider par ses menaces, il tâcha de l'irriter, afin que si, dans la colère, il lui échappait quelques paroles peu respectueuses, on pût le poursuivre comme ayant manqué de respect à la majesté impériale; mais, comme Germain ne donnait aucune prise sur lui, l'empereur, devenant plus furieux de jour en jour, saisissait toutes les occasions de lui faire éprouver les effets de son ressentiment. À l'entendre, ses prédécesseurs, les évêques et les vrais chrétiens n'avaient eu que des idolâtres : son ignorance et son entêtement dans l'erreur l'empêchaient de distinguer le culte absolu qu'on rend à Dieu, du culte relatif qu'on rend aux saintes images. La fermeté du patriarche était inébranlable au milieu des plus rudes épreuves. Il souffrait en disciple de Jésus-Christ, des maux auxquels il ne pouvait remédier; mais il fut forcé à la fin de quitter son église, qu'il gouvernait depuis quatorze ans, et se retira dans la maison de ses pères à Platanium : là il répétait souvent ces paroles d'un de ses plus illustres prédécesseurs, saint Jean Chrysostôme : *Quand je devrais mourir mille fois le jour, et souffrir même l'enfer pendant quelque temps, je regarderais tout cela comme rien, pourvu que je voie Jésus-Christ dans sa gloire.* Saint Germain mourut le 12 mai 733, âgé de quatre-vingt-quinze ans. Outre les lettres qu'il avait écrites pendant sa longue carrière, et dont il ne nous reste plus que trois, qui ont rapport aux iconoclastes, il avait composé d'autres ouvrages qui sont perdus, parmi lesquels on en cite un dont Photius admirait l'élégance ; c'est *l'Apologie de Grégoire de Nysse contre les origénistes.* — 12 mai.

GERMAINE (sainte), vierge et martyre avec sainte Honorée sa parente, fut massacrée par des soldats d'Attila en 451. Ses reliques se gardent à Bar-sur-Aube, et il y avait près de cette ville un prieuré qui portait son nom.—1er octobre.

GERMAN (saint), *Germanus*, abbé de Granfel et martyr dans le VIIe siècle, était fils d'un riche sénateur de Trèves qui le plaça, dès son enfance, sous la conduite de saint Modoald, évêque de cette ville. A peine fut-il âgé de dix-sept ans qu'il distribua aux pauvres tous les biens dont il pouvait disposer pour se retirer près de saint Arnoul, qui, après avoir quitté l'évêché de Metz et la place de premier ministre du roi Dagobert, s'était fait ermite auprès de Romberg, aujourd'hui le Saint-Mont en Lorraine. Son innocence et sa ferveur lui gagnèrent l'affection d'Arnoul, qui s'intéressa à sa perfection d'une manière toute particulière. German engagea Numérien, son frère, à venir partager sa solitude et son bonheur, et ils entrèrent tous deux, par le conseil de saint Arnoul, dans le monastère d'hommes que saint Romaric venait de fonder près de là, et dans lequel il avait introduit la règle de saint Colomban. German avait une ardeur admirable pour les austérités et les humiliations. Quelque temps après, il se rendit avec son frère dans le monastère de Luxeuil, alors gouverné par saint Walbert qui, connaissant son mérite et sa vertu, l'établit supérieur du monastère de Granfel, que venait de fonder le duc Gondon, l'un des principaux seigneurs de l'Alsace. German fut aussi chargé du gouvernement du monastère de St-Ursits et de celui de Saint-Paul-Zuvert, mais il faisait sa résidence dans celui de Granfel. Boniface, qui succéda au duc Gondon, était un seigneur d'un caractère barbare et cruel, sans humanité et sans religion. Il ne cessait de se livrer à toutes sortes d'injustices et de violences envers les moines et les pauvres de son duché. Le saint abbé souffrait en silence les maux qui ne tombaient que sur son monastère, mais il plaidait la cause des pauvres que Boniface opprimait et ruinait. Un jour que le duc ravageait leurs terres et pillait leurs maisons, German alla le trouver, et lui demanda grâce pour cette foule de malheureux qu'il écrasait. Boniface, feignant d'être touché de ses remontrances, promit de se corriger ; mais lorsque German retournait à Granfel, il fut assailli par ses soldats, qui le percèrent à coups de lance avec le bienheureux Randaut, son compagnon, vers l'an 666. Leurs corps furent reportés à Granfel, et on les mit plus tard dans une châsse qui a été exposée à la vénération publique jusqu'à la prétendue réforme.—21 février.

GERMANIQUE (saint), *Germanicus*, martyr à Smyrne pendant la persécution de Marc-Aurèle, ayant été condamné à être exposé aux bêtes, le proconsul Statius Quadratus, touché de sa jeunesse, l'exhortait à avoir pitié de lui-même et de conserver, du moins sa vie, si les autres biens n'avaient aucun attrait pour lui. Germanique, pénétré d'horreur pour le conseil du proconsul, lui répondit : *Vous qui êtes païen, vous pouvez tenir assez à cette vie périssable pour consentir à la prolonger au prix d'un crime : quant à nous, qui savons ce que nous gagnons par la mort, comment attacherions-nous une si grande importance à prolonger nos jours ici-bas? Notre existence fût-elle d'ailleurs plus précieuse, j'aimerais mieux la perdre mille fois que de la racheter au prix d'une apostasie.* Il descend dans l'arène d'un pas ferme et avec une contenance calme et décidée, et son visage brillait d'un éclat céleste. S'avançant vers un lion, qui venait à lui de son côté, l'animal furieux se jeta sur lui et le mit en pièces le 19 janvier de l'an 166, quelques jours avant le supplice de saint Polycarpe, dont il était le disciple.—19 et 29 janvier.

GERMER (saint). *Geremarus*, premier abbé de Flay en Beauvoisis, né à Wardes, près de Gournai, sur la fin du Ve siècle, reçut une éducation conforme à sa naissance, qui était distinguée, et il fit de grands progrès dans la piété et dans les sciences. Il passa ensuite quelques années à la cour de Dagobert Ier, qui estimait beaucoup son mérite et sa vertu. Domaine, qu'il épousa, était digne de lui sous tous les rapports, et quelques églises l'honorent d'un culte public. La crainte de se perdre dans le monde inspira à Germer la résolution de se retirer dans la solitude pour y vaquer au soin de son salut. Il consulta saint Ouen, qui approuva son projet. Après avoir fondé, près de Wardes, le monastère de l'Isle, il se retira, avec l'agrément du roi et le consentement de sa femme, dans celui de Pentale, situé entre Brionne et Pont-Audemer, et saint Ouen lui en confia le gouvernement, après lui avoir donné la tonsure cléricale et l'habit monastique. Germer devint un modèle de régularité et de ferveur pour la communauté ; mais, son zèle pour le maintien de la discipline lui attira des ennemis parmi les religieux, et quelques-uns essayèrent d'attenter à ses jours. Le saint abbé donna sa démission et se retira dans une grotte près du monastère, consacrant son temps à la prière, à la pratique des œuvres de pénitence et de charité, ainsi qu'au travail des mains. Saint Ouen venait de l'ordonner prêtre lorsque la mort de son fils Amalbert le remit en possession de tous ses biens ; mais ce ne fut que pour les consacrer au Seigneur. Il dota richement l'église de l'Isle, où son fils était enterré et fonda, en 655, dans sa terre de Flay, un monastère qui porta dans la suite le nom de Saint-Germer de Flay, et dont il fut le premier abbé. Il mourut vers l'an 658 et fut enterré dans l'église de son monastère. Il est un des patrons de Beauvais et ses reliques se gardent dans la cathédrale de cette ville.—24 septembre.

GERMIER (saint), *Geremares*, évêque de Toulouse, né à Angoulême sur la fin du Ve siècle, fit ses études à Toulouse et s'y rendit fort habile dans la connaissance de l'Ecriture. Lorsque cette ville eut été enlevée aux Visigoths par Clovis, l'an 506, il y fixa son séjour avec deux jeunes clercs nommés Placide et Prétieux, et s'y livra tout entier aux pratiques de la piété. Grégoire, évêque de Saintes, voulut l'attacher à son église et le fit sous-diacre. Après la mort d'Héraclien, évêque de Toulouse, le clergé et le peuple de cette ville le demandèrent pour pasteur. Germier fut sacré vers l'an 511, et s'appliqua ensuite tout entier à la sanctification de son troupeau, employant la prière et le jeûne pour attirer les bénédictions célestes sur les travaux de son ministère. Le roi Clovis, qui vivait encore et qui était rempli de vénération pour Germier, n'eut pas plutôt appris son élévation à l'épiscopat, qu'il lui fit, pour son église, des présents considérables. Dieu lui envoya des épreuves qu'il supporta avec une grande résignation. Prétieux, son disciple, avait écrit sa Vie, mais elle n'est pas parvenue jusqu'à nous ; ce qui fait que nous ignorons les détails de son long épiscopat, et même l'année de sa mort. On croit qu'il vivait encore en 560. — 16 mai.

GEROLD (saint), *Geroldus*, seigneur d'une partie de la Saxe, se sentit subitement touché d'un tel mépris pour le monde et ses grandeurs que, sans rien dire à personne, il quitta son palais, sa femme et ses enfants pour aller servir Dieu dans une solitude inconnue. Étant arrivé dans une forêt du Walgau, près de Feldkirck, sur la rivière de Lutz, il se construisit une cabane. Il y avait plusieurs années qu'il y vivait en ermite, joignant à la prière le travail des mains et pratiquant les plus grandes austérités, lorsqu'il fut découvert par Othon, comte de Jagberg, qui, dans une partie de chasse, poursuivait un ours. L'animal, serré de près se réfugia auprès du saint. Le comte ayant questionné celui-ci et ayant appris sa haute naissance et le genre de vie qu'il menait présentement, l'embrassa avec tendresse et lui fit don de la forêt qu'il sanctifiait par ses vertus. Il lui fit bâtir une église et un petit monastère destiné à recevoir ceux qui se présenteraient pour vivre sous sa conduite. Les premiers qui vinrent pour l'habiter furent les deux fils de Gérold, Cunon et Ulric, qui n'eurent pas plutôt appris en quel lieu leur père s'était retiré, qu'ils se rendirent en toute hâte près de lui. Son exemple et ses conversations les déterminèrent à quitter le monde et à prendre l'habit monastique. Gérold mourut de temps après, vers la fin du x° siècle, et fut enterré dans son église. Son tombeau devint illustre par les miracles qui s'y opérèrent bientôt après sa mort, et il est honoré d'un culte public dans le pays des Grisons et surtout à Coire, où l'on célèbre sa fête le 10 avril.

GEROLD (saint), *Giroaldus*, pèlerin et martyr, né à Cologne, se sentant une grande dévotion pour les pèlerinages les plus célèbres de la chrétienté, entreprit de faire celui de Saint-Jacques de Compostelle, de visiter ensuite les tombeaux des saints apôtres, ainsi que les lieux sanctifiés par la présence du Sauveur ; mais il n'eut pas la consolation de les achever. En traversant les Alpes, il tomba entre les mains d'une bande de voleurs qui le dépouillèrent et lui ôtèrent la vie, en 1241. Des passants trouvèrent son corps horriblement mutilé, et dans ses habits un livre sur lequel étaient inscrits son nom, sa patrie, avec plusieurs observations sur les choses édifiantes qu'il avait vues dans ses pèlerinages. On lui donna une sépulture honorable, et son tombeau fut illustré par plusieurs miracles. En 1651, l'archevêque de Cologne obtint du pape Innocent X des reliques de saint Gérold et les déposa dans l'église des Jésuites de cette ville. — 7 octobre.

GERONCE (saint), *Géruntius*, évêque de Talque en Espagne, alla prêcher l'Evangile dans ce pays, du temps même des apôtres, et après de nombreux travaux pour étendre le royaume de Jésus-Christ, il mourut en prison : ce qui lui a mérité le titre de martyr. — 25 août.

GERONCE (saint), martyr en Afrique, souffrit avec saint Paul et plusieurs autres —19 janvier.

GERONCE (saint), évêque de Milan, succéda à saint Eusèbe, et florissait dans le v° siècle sous l'empereur Valentinien III. Son corps se garde dans l'église de Saint-Symphorien.—5 mai.

GERONCE (saint), évêque de Cervia dans la Romagne, est honoré à Cagli sur la voie Flaminienne.—9 mai.

GERONTE (saint), *Gerontus*, martyr à Antioche, souffrit avec sainte Pollence et quelques autres.—9 décembre.

GERROLDE (saint), *Giroaldus*, abbé de Fontenelle, appartenait à une famille illustre et vécut longtemps à la cour de Charlemagne. Ce prince l'employa dans plusieurs négociations dont il s'acquitta avec succès. Mais le goût de la retraite lui fit quitter le monde, où il brillait, pour embrasser la vie monastique à l'abbaye de Fontenelle, qui portait déjà le nom de Saint-Vandrille, son fondateur. Il devint directeur et aumônier de la reine Gertrude, ensuite évêque d'Evreux. En 787, il se démit de son siège pour retourner à Fontenelle. Ayant été élu abbé, il établit une école pour l'instruction des religieux. Sur la fin de sa vie, il se retira dans la solitude de Pierre-Pont, en basse Normandie, où il mourut l'an 806.—14 juin.

GEROU (saint), *Gerulfus*, martyr, était originaire de Mérende, où son corps fut porté après qu'il eut été mis à mort pour la foi ; mais dans le x° siècle, il fut transféré à Dronghène près de Gand.—21 septembre.

GERTRUDE (sainte), *Gertrudes*, veuve et abbesse, avait épousé un seigneur nommé Rigomar. Étant devenue veuve, elle fonda le monastère de Hamoi ou de Hamage, près de Douai. Elle y prit l'habit et en fut la première abbesse. Elle survécut quatre ans, à saint Adalbaud, son petit-fils, qui fut massacré par des scélérats, et elle mourut en 649. — 6 décembre.

GERTRUDE (sainte), vierge et abbesse de Nivelle en Brabant, née en 626, était fille du bienheureux Pépin de Landen, maire du palais des rois d'Austrasie, et de la bienheureuse Itte ou Iduberge, sœur de saint Modoald, évêque de Trèves. Les exemples domestiques qu'elle avait tous les jours sous les yeux lui inspirèrent un grand amour pour Dieu et un vif attrait pour la piété ; aussi conçut-elle de bonne heure le dessein de faire vœu de virginité. Un jour qu'on la pressait de se marier, elle dit en présence du roi Dagobert : *J'ai choisi pour mon époux celui dont la beauté éternelle est le principe de toute la beauté des créatures, celui dont les richesses sont infinies, celui que les anges adorent.* Le roi, frappé de cette réponse, ne voulut pas qu'on gênât ses inclinations, et Gertrude, libre d'agir selon ses goûts, se retira dans le monastère de Nivelle que la bienheureuse Itte, sa mère, venait de fonder. Elle en devint abbesse en 647, quoiqu'elle n'eût que vingt ans, et sa mère vint se mettre sous sa conduite et y passa les cinq dernières années de sa vie. La jeune abbesse gouverna sa communauté avec un zèle et une prudence qui étonnèrent les personnes les plus consommées en vertus. A l'exercice presque continuel de la prière et de la méditation, elle joignait les pratiques les plus austères de la pénitence. On admirait son amour pour la pauvreté, sa charité pour les malheureux, sa douceur et son humilité. A trente ans, elle se démit de sa dignité en faveur de sainte Wulfetrude, sa nièce, et employa à se préparer à la mort, qu'elle attendait prochainement, les trois dernières années qu'elle vécut encore. Elle mourut en 659, n'étant âgée que de trente-trois ans. Il est des auteurs qui reculent sa mort jusqu'en 664. — 17 mars.

GERTRUDE ou GÉBERTRUDE (sainte), abbesse du Saint-Mont, près de Remiremont, était sœur de saint Adelphe et petite-fille de saint Romaric. Élevée dans le monastère de vierges fondé par son aïeul, elle y prit le voile et succéda, en qualité d'abbesse, à sainte Claire ou Cécile, sa tante, vers l'an 654. Saint Adelphe, qui était alors abbé du monastère des religieux situé tout près de celui des religieuses, l'aidait de ses conseils dans le gouvernement de sa communauté. On ignore combien de temps elle survécut à son frère, mort en 670. Elle fut enterrée au Saint-Mont, et son corps fut levé de terre en 1051, par ordre du pape saint Léon IX, qui autorisa le culte qu'on lui rendait depuis longtemps. — 7 novembre.

GERTRUDE (la bienheureuse), abbesse d'Altembourg, était fille de Louis VI, landgrave de Hesse et de sainte Élisabeth de Thuringe. Née vers l'an 1226, elle fut laissée orpheline dans un âge très-tendre et élevée dans le monastère d'Altembourg, où elle prit le voile. Elle édifia la communauté par ses vertus et surtout par son humilité, choisissant de préférence les occupations les moins relevées ; et comme on s'en étonnait à cause de son illustre naissance, elle répondit : « Plus on est grand aux yeux des hommes, plus il faut devenir humble aux yeux de Dieu. » Nommée abbesse dans un âge peu avancé, elle gouverna saintement sa communauté pendant un demi-siècle et mourut le 13 août 1297, âgée de soixante-dix ans. Le pape Clément VI permit aux religieuses d'Altembourg de célébrer sa fête. — 13 août.

GERTRUDE (sainte), abbesse, née après le milieu du XIIIe siècle, à Eisleben dans la haute Saxe, était fille du comte de Hackuborn et sœur de la bienheureuse Mechtilde. Placée à l'âge de cinq ans chez les Bénédictines de Rodersdorf, elle y fut élevée dans la piété, et lorsqu'elle fut en âge de faire ses vœux, elle fit profession dans le monastère dont elle devint abbesse l'an 1294. Un an après, elle se retira avec ses religieuses dans le monastère de Heldelfs, et gouverna ces deux communautés pendant quarante ans. Elle joignait à une vie toute mortifiée une grande douceur et une profonde humilité ; mais la prière et la contemplation furent toujours son principal exercice, dans lequel Dieu la favorisait des grâces les plus extraordinaires ; aussi les ravissements et les extases étaient, chez elle, un état presque habituel. Un jour qu'on chantait à l'église ces paroles : J'ai vu le Seigneur face à face, elle vit comme une face divine d'une éclatante beauté dont les yeux percèrent son cœur et remplirent son âme et son corps de délices qu'aucune langue ne saurait exprimer. Sainte Gertrude, qui avait appris le latin dans sa jeunesse composa dans cette langue son livre des *Révélations*, où elle fait le récit de ses communications avec Dieu et décrit les transports de son amour avec une ardeur et une vivacité de sentiment telles qu'on croirait entendre un habitant des cieux. Cet ouvrage, où elle propose divers exercices pour conduire à la perfection, est peut-être, après ceux de sainte Thérèse, le plus utile aux contemplatifs et le plus propre à nourrir la piété dans leurs âmes. Sa dernière maladie ne fut, à proprement parler, qu'une langueur produite par l'amour divin et par le désir d'être unie à son céleste époux. Elle mourut en 1334, et sa sainteté fut attestée par de nombreux miracles. Ses reliques, renfermées dans une belle châsse, se gardent dans le palais du duc de Brunswick-Lunébourg. — 15 novembre.

GERTRUDE (la bienheureuse), religieuse de l'ordre de Prémontré, est honorée le 13 août.

GERTRUDE DE L'OOSTE (la bienheureuse), religieuse appartenant à l'ordre des Béguines, florissait dans le milieu du XIVe siècle. Elle est honorée à Delf en Hollande le 6 janvier.

GERVAIS (saint), *Gervasius*, martyr à Milan, avec saint Protais, son frère, était selon l'opinion commune, fils de saint Vital et de sainte Valérie. Le juge Astase le fit battre avec des fouets garnis de plomb, jusqu'à ce qu'il expirât. Saint Ambroise, qui appelle saint Gervais et saint Protais les deux premiers martyrs de Milan, découvrit par une révélation du Seigneur, en 386, leurs corps dans leur situation naturelle et avec plusieurs marques qui constataient la vérité de ces reliques. Il s'opéra, pendant la cérémonie de la translation et de l'exposition de ces saints martyrs, un grand nombre de miracles dont les ariens eux-mêmes furent témoins ; ce qui contribua à rendre le calme à l'église de Milan que ces hérétiques persécutaient avec acharnement. — 19 juin.

GERVAIS (saint), martyr, était frère de saint Léon, patron de Bayonne et apôtre des Basques. Il partagea les travaux apostoliques de son frère ainsi que son martyre. Ils furent l'un et l'autre mis à mort par des pirates au commencement du xe siècle. — 1er mars.

GERVAISE (saint), *Gervasius*, martyr en Bourgogne, était, à ce que l'on croit, originaire du Mans et fut baptisé par saint Pavace, évêque de cette ville. On place son martyre sur la fin du ive siècle, et il est honoré à Châlons-sur-Saône le 6 juillet.

GERVASE (saint), *Gervasius*, est honoré à Pavie le 15 mai.

GERVIN (saint), *Gervinus*, abbé de Saint-Riquier, fut d'abord chanoine de Reims. Il se signala surtout par son zèle pour le salut des âmes. Il prêchait partout où il allait, et il passait quelquefois des jours entiers à confesser dans une cellule, qui, pour ce sujet, fut nommée la *Confession*. Des prêtres séculiers, jaloux du bien qu'il opérait principalement par ses prédications, l'accusèrent auprès du pape saint Léon IX de prêcher sans mission. Gervin se rendit à Rome pour se justifier et dit qu'il ne pouvait voir tant d'âmes périr faute d'instruction, sans se croire obligé d'employer, pour les instruire, le peu de talent que Dieu lui avait donné pour annoncer sa parole. Le saint pape lui permit de prêcher et de confesser partout où il se trouverait. Les quatre dernières années de sa vie il fut couvert d'une lèpre très-difforme qu'il supporta avec une grande résignation. Se sentant près de sa fin, il fit venir près de son lit les prêtres du monastère et leur confessa ses péchés avec de vifs sentiments de componction. Comme ils lui demandaient où il voulait être enterré, il répondit: *Je sais que vous n'en ferez rien ; mais ce serait une grande consolation pour moi si vous vouliez me mettre une corde au cou, traîner mon corps par les rues et le jeter ensuite à la voirie: c'est la sépulture que je mérite.* Il mourut sur la cendre et le cilice l'an 1075. — 3 mars.

GERY (saint), *Gaugericus*, évêque de Cambrai, né vers le milieu du vi^e siècle à Yvoy dans le duché de Luxembourg, fut élevé dans l'étude des lettres et dans la pratique de la piété. Saint Maguerie, évêque de Trèves, étant venu à Yvoy, eut occasion de connaître Géry, et il fut si charmé de son mérite et de sa vertu qu'il l'ordonna diacre. Le jeune ecclésiastique remplit les fonctions de son ordre avec zèle, s'appliquant surtout à l'instruction des fidèles. La réputation de savoir et de sainteté qu'il s'était acquise le firent nommer en 589 évêque de Cambrai et d'Arras, deux siéges qui furent unis pendant près de six siècles. Il vint à bout de purger son vaste diocèse des restes de l'idolâtrie ; mais la multiplicité de ses occupations ne l'empêchait pas de vaquer à la prière et de se recueillir, de temps en temps, dans la retraite pour converser avec Dieu d'une manière plus spéciale. Il fut honoré du don des miracles, et parmi ceux qu'il opéra, on cite la guérison subite d'un lépreux auquel il venait d'administrer le baptême à Yvoy. Saint Géry mourut le 11 août 619, après trente-neuf ans d'épiscopat, et fut enterré dans l'église de Saint-Médard qu'il avait fait bâtir. Charles-Quint l'ayant fait démolir pour y construire la citadelle, les Chanoines qui la desservaient emportèrent avec eux les reliques du saint évêque dans le monastère de Saint-Waast où ils se retirèrent, et qui a porté depuis lors le nom de Saint-Géry. — 11 août.

GETULE (saint), *Getulius*, mari de sainte Symphorose et martyr, avait servi dans les armées romaines en qualité de tribun ; mais lorsqu'il embrassa le christianisme, il donna sa démission et se retira dans le pays des Sabins. Adrien ayant appris qu'il avait changé de religion, envoya pour l'arrêter un officier nommé Céréal, qui fut converti par Gétule et par son frère Amance. Le prince chargea Licinius de les condamner à mort tous les trois, en cas qu'ils ne voulussent pas abjurer le christianisme. Il les retint en prison pendant vingt-sept jours, leur faisant endurer les plus cruelles tortures, afin de vaincre leur constance ; mais ne pouvant rien gagner sur eux, il les condamna à être décapités à Tivoli, vers l'an 118. Sainte Symphorose enterra leur corps dans une sablonnière qui lui appartenait. — 10 juin.

GHIRARD (saint), *Gerardus*, est honoré à Sinigaglia dans le duché d'Urbain, le 6 novembre.

GIBITRUDE (sainte), vierge et religieuse de Faremoutiers, était parente de sainte Fare, des mains de laquelle elle reçut le voile. Elle mourut vers le milieu du viie siècle, et l'on voit dans sa Vie qu'il était d'usage dans le monastère de faire dire trente messes pour le repos de l'âme des personnes qui y décédaient. — 26 octobre.

GIBERT ou GIBART (saint), *Gibardus*, abbé de Luxeuil et martyr à Martinvelle, avait quitté son abbaye, accompagné de ses religieux et de ses domestiques, à l'approche des Huns qui avaient fait une invasion dans l'Austrasie. Ces barbares, l'ayant trouvé, le mirent à mort avec sa suite, parce qu'il ne voulait pas renoncer à Jésus-Christ. Il fut percé de flèches, l'an 888, et enterré dans l'église de Martinvelle, où l'on fonda un prieuré pour honorer son tombeau. Il est honoré à Luxeuil le 14 février.

GIBRIEN (saint), *Gibrianus*, prêtre et solitaire, né en Irlande, passa en France, sur la fin du vᵉ siècle, avec ses cinq frères et ses trois sœurs, qui sont, comme lui, honorés d'un culte public. Ce sont: saint Hélan, saint Trésan, saint Germain, saint Abran, saint Pétran, sainte Franche, sainte Promptie et sainte Possenne. Arrivés dans le diocèse de Reims, saint Remi leur assigna des solitudes assez voisines les unes des autres, afin qu'ils pussent se visiter de temps en temps. Saint Gibrien, qui était comme le supérieur de cette sainte famille d'anachorètes, fixa sa demeure à Cole, où ses frères et ses sœurs venaient souvent le consulter pour se perfectionner dans le service de Dieu, et ils recevaient ses avis avec respect parce qu'il était l'aîné et que de plus il possédait la dignité sacerdotale. On ignore l'année de sa mort. Il fut enterré dans son ermitage et plusieurs miracles attestèrent sa sainteté. On bâtit sur son tombeau un oratoire qui fut détruit par les Normands. On sauva ses reliques et on les porta à Reims dans l'église de Saint-Remi. Il y a dans le diocèse de Châlons un village qui porte le nom de Saint-Gibrien. — 7 mai.

GILBERT (saint), *Gilbertus*, évêque de Meaux, naquit à Ham en Vermandois, avant le milieu du xıᵉ siècle, et fut élevé dans l'église de Saint-Quentin, dont il devint chanoine. Ayant été nommé archiprêtre de Meaux, il se concilia l'estime universelle par sa vertu et par sa science. L'évêque Erchenrade étant mort, Gilbert fut élu par le clergé et par le peuple. Obligé, malgré ses refus, d'acquiescer à son élection, il ne changea rien à sa manière de vivre, et il se dévoua tout entier au soin de son troupeau. Ce fut sous son épiscopat qu'on assigna aux membres du chapitre, dans les biens de l'église de Meaux, une part distincte de celle de l'évêque. Avant ce partage, l'évêque, économe des revenus de son église, en faisait la répartition aux clercs, aux chanoines et au service du culte, selon leurs besoins. Gilbert gouverna vingt ans son diocèse avec une sagesse, une douceur et un désintéressement qui le faisaient chérir de tous. Il assista en 1003 au concile de Chelles, tenu dans le palais du roi Robert, et il mourut le 13 février de l'année suivante. — 13 février.

GILBERT (saint), abbé de Fontenelle, était d'une illustre famille d'Allemagne, et quitta son pays avec Maurille, qui fut dans la suite archevêque de Rouen, et ils menèrent quelque temps la vie érémitique dans une solitude de la Normandie. Le duc Guillaume, surnommé depuis le Conquérant, avait pour Gilbert une estime singulière et contribua à le faire nommer abbé de Fontenelle en 10.3. Le saint abbé assista au concile provincial tenu à Lillebonne en 1080, et y défendit les droits de son abbaye, attaqués par l'archevêque de Rouen. C'était un homme qui avait autant de mérite que de sainteté et qui forma des disciples dont plusieurs furent appelés au gouvernement de divers monastères. Après sa mort, dont on ignore l'année, mais qu'on peut placer à la fin du xıᵉ siècle, il fut enterré dans l'ancien chapitre, et ses reliques furent portées plus tard dans le nouveau. — 4 novembre.

GILBERT (saint), abbé de Neuffonts, naquit au commencement du xııᵉ siècle d'une famille noble d'Auvergne, et il passa ses premières années à la cour du roi Louis le Gros, où il s'acquit une grande réputation de probité. Il fut l'un de ceux qui prirent la croix et qui accompagnèrent ce prince en Palestine, l'an 1147, et Gilbert, dans cette mémorable expédition, sut allier le plus brillant courage à la plus tendre piété. Revenu dans sa patrie, il résolut de renoncer au monde; mais comme il était marié, il fit part de sa résolution à sa femme. C'était sainte Pétronille ou Péronnelle, qui entra volontiers dans ses vues, et Ponce, leur fille unique, imita leur exemple. Après avoir donné la moitié de leurs biens aux pauvres, ils employèrent le reste à fonder deux monastères, situés en Auvergne, à une lieue l'un de l'autre, celui de Neuffonts pour des moines, et celui d'Aubeterre pour des religieuses. Sainte Pétronille se retira dans ce dernier, qui était placé sous l'invocation de saint Gervais et de saint Protais, et elle en eut le gouvernement jusqu'à sa mort. Gilbert fut le premier abbé de Neuffonts ou Neuf-Fontaines, où il mourut le 6 juin 1152, et son corps fut enterré dans le cimetière d'un hôpital qu'il avait fondé. Quelques années après il fut rapporté à l'église de Neuffonts, et cette abbaye prit le nom de Saint-Gilbert. — 6 juin et 30 octobre.

GILBERT (saint), fondateur des Gilbertins, né en 1084 à Semprimgham dans la province de Lincoln, fut élevé à l'ombre du sanctuaire, dans la pratique de toutes les vertus cléricales et dans l'étude des sciences ecclésiastiques. Après avoir reçu la prêtrise, il ouvrit une école où la jeunesse faisait de grands progrès dans les connaissances humaines et plus encore dans la piété. En 1123, il fut nommé curé de Semprimghau et de Tirington, deux paroisses dont son père était seigneur, et qui étant unies pouvaient être desservies par un seul pasteur; mais il ne se réserva, sur les revenus de ces deux bénéfices, que ce qui était absolument nécessaire pour sa subsistance, et distribuait le reste aux pauvres. Il se livra, avec un succès extraordinaire, à l'instruction de ses paroissiens, qui, dociles à sa parole, vivaient dans leurs maisons comme des religieux dans leurs cloîtres. Il donna la règle de Saint-Benoît à sept vierges qui s'étaient consacrées à Dieu dans une maison voisine de l'église, et celle des Chanoines réguliers à des hommes qui voulaient vivre en communauté sous sa conduite; mais après avoir consulté saint Bernard, il ajouta à l'une et à l'autre quelques constitutions particulières. Telle fut l'origine de l'ordre des Gilbertins, qui fut ensuite approuvé par Eugène III, et dans lequel Gilbert entra lui-même en qualité de religieux. Il en eut, pendant longtemps le gouvernement, et il ne s'en démit que quelques années avant sa mort. Non content des austérités de la règle, il ne se nourrissait que de racines et de légumes, et en si petite quantité, qu'on ne conçoit pas comment il pouvait subsister. Il avait toujours sur sa table un plat qu'il appelait le plat du Seigneur Jésus, et dans lequel il mettait ce qu'on lui servait de meilleur, pour le donner aux pauvres. Il portait habituellement le cilice, ne dormait que fort peu, et assis, employant une grande partie de la nuit à la prière. Une vie si sainte ne le mit pas à l'abri de la calomnie et de la persécution. Saint Thomas de Cantorbéry ayant été exilé par Henri II, Gilbert et les autres supérieurs de son ordre furent accusés de lui avoir fait passer des secours. L'accusation était fausse,[1] mais le saint abbé aima mieux être mis en prison et courir le risque de voir supprimer son ordre que de se justifier, dans la crainte de paraître blâmer une chose qu'il n'avait pas faite, mais qui en elle-même était juste et chrétienne. Il mourut le 4 février 1190, à l'âge de cent six ans, et fut canonisé l'an 1202 par le pape Innocent III. On attribue à saint Gilbert, outre les statuts des Gilbertins, les Exhortations à ses frères. — 4 février.

GILBERT (saint), évêque de Caithness en Ecosse, entra dans l'ordre des Chanoines réguliers et devint ensuite archidiacre de Murray, puis évêque de Caithness, vers l'an 1220. Il gouverna son diocèse avec une sainteté qui le rendait comparable aux pasteurs des premiers siècles : aussi fut-il favorisé du don des miracles. Après un épiscopat de vingt ans, il mourut l'an 1240, et il y a dans le bréviaire d'Aberdeen un office en son honneur. — 1er avril.

GILDAS L'ALBANIEN (saint), fils d'un roi breton, nommé Caunus, quitta la cour de son père pour embrasser l'état monastique, et après avoir visité les communautés religieuses de l'Irlande, il entra dans le monastère de Llan-Carvau, fondé par saint Cadoc. Il y enseigna pendant un an, et il copia le livre des saints Evangiles que l'on conserva longtemps dans l'église du monastère. Les Gallois portaient un tel respect à ce manuscrit, qu'ils s'en servaient dans leurs traités et dans leurs serments les plus solennels. Saint Gildas se retira ensuite, avec saint Cadoc, dans une île déserte, afin d'y mener la vie érémitique ; mais des pirates les ayant chassés de leur solitude, ils passèrent dans les îles de Ronech et d'Echni, d'où Gildas allait évangéliser les populations du voisinage. Quelques années après, il quitta les fonctions de missionnaire pour se retirer dans l'abbaye de Glastenbury, et il y mourut l'an 512, après avoir été favorisé, pendant sa vie, du don de prophétie et du don des miracles. — 29 janvier.

GILDAS, surnommé le Sage (saint), abbé de Rhuys dans le diocèse de Vannes en Bretagne, naquit, l'an 494, à Dumbriton en Ecosse, d'un seigneur breton qui le plaça très-jeune encore dans le monastère de saint Iltut, afin de lui procurer une éducation chrétienne. Ce monastère, appelé Llan-Iltut, du nom de son fondateur, était une école célèbre d'où sont sortis plusieurs personnages aussi distingués par leur science que par leur sainteté. Gildas y brilla sous ces deux rapports et il fit de grands progrès. Mais l'étude, loin de dessécher son cœur, ne servit qu'à l'entretenir dans le recueillement, parce qu'il savait trouver Dieu en tout : de là, cet amour de la retraite qui le porta à embrasser l'état monastique. Après sa profession, il visita les maîtres de la vie spirituelle, que saint Patrice avait formés en Irlande, afin de se perfectionner dans les pratiques de l'état qu'il avait embrassé, et dont il remplissait les devoirs avec une ardeur incroyable. Ses jeûnes avaient quelque chose de si extraordinaire, qu'on eût pu dire de lui, comme de saint Jean-Baptiste, qu'il ne mangeait ni ne buvait. Il n'avait pour vêtement, par-dessus son cilice, qu'une robe faite d'une étoffe très-grossière, et couchait sur la terre avec une pierre pour chevet. Il passa dans les Gaules vers l'an 527 et se retira dans la petite île d'Houat près de Rhuys, en Armorique. Cette solitude parut d'autant plus agréable à Gildas qu'elle était plus affreuse et qu'elle l'isolait davantage de toute communication avec les hommes. Mais il fut bientôt découvert par des pêcheurs, qui, édifiés de son genre de vie et touchés de ses discours, en parlèrent avec admiration aux populations du voisinage. On accourut de toutes parts à la demeure du saint anachorète, qui parlait avec une onction dont les cœurs les plus endurcis ne pouvaient se défendre. Le nombre de ses disciples devint bientôt si considérable, qu'il céda aux instances qu'on lui faisait de s'établir sur le continent, et quitta sa retraite pour se fixer dans la presqu'île de Rhuys, où il bâtit un monastère avec les secours d'un seigneur armoricain, nommé Guérech. Il donna les règlements les plus sages et les plus édifiants à sa communauté naissante ; mais elle devint bientôt si nombreuse, que Gildas résolut de se retirer dans un lieu plus solitaire, où personne ne pût l'interrompre ; il passa donc de l'autre côté de la pointe de Quiberon et s'enferma dans une grotte que lui offrit un rocher situé sur le bord du Blavet. Il visitait de temps en temps son monastère de Rhuys qu'il continuait de diriger par ses conseils, ainsi que plusieurs personnes du monde, entre autres Trifine, fille de Guérech, qui est honorée d'un culte public comme martyre. Il entreprit de combattre les dérèglements des Bretons par son discours de la *Ruine de la Bretagne*, dans lequel il leur rappelle cette multitude effroyable de crimes qui avaient allumé contre eux la colère de Dieu, et qui les avaient livrés à la fureur des barbares. Il y peint aussi, avec des couleurs énergiques, les dérèglements de plusieurs de leurs rois, et Constantin, l'un de ces princes, ouvrit les yeux et fit une conversion aussi éclatante que sincère. Dans un autre discours, Gildas attaqua les désordres du clergé de l'Armorique, qu'il accuse d'offrir rarement le saint sacrifice, de vivre dans une honteuse oisiveté et de déshonorer la sainteté de son état par des vices grossiers. Saint Gildas, après une longue vie consacrée à sa propre sanctification et à celle des autres, mourut dans l'île d'Houat en 570 ou en 581. L'on conserva longtemps ses reliques à l'abbaye de Rhuys, mais, en 919, la crainte des Normands les fit transporter dans le Berry, et on les plaça dans un monastère de son nom, fondé sur le bord de l'Indre. Saint Gildas est patron de la ville de Vannes, et il y a, en Bretagne, trois paroisses de son nom. — 29 janvier.

GILLES (saint), *Ægidius*, abbé, né vers le milieu du VII° siècle, d'une famille noble d'Athènes, voyant que sa science et sa piété lui attiraient l'admiration universelle dans sa patrie, résolut de la quitter pour fuir les applaudissements des hommes, et passa en France afin d'y mener une vie cachée dans quelque solitude. Il choisit pour demeure un ermitage situé dans un désert, près de l'embouchure du Rhône ; ensuite il séjourna quelque temps dans un lieu solitaire près du Gard, d'où il se rendit dans une forêt du diocèse de Nîmes. Il y resta plusieurs années entièrement occupé des exercices de la vie anachorétique. On rapporte qu'il fut nourri, pendant quelque temps, par le lait d'une biche de la forêt, et qu'un roi des Goths, étant à la chasse, poursuivit cet animal, qui se réfugia auprès du saint, ce qui le fit découvrir. Plusieurs miracles qu'il opéra firent bientôt connaître au loin sa sainteté. Le roi qui gouvernait alors cette partie de la France, et qui l'estimait singulièrement, ne put obtenir de lui qu'il quittât sa solitude ; il consentit cependant à recevoir les disciples qui se présentaient pour vivre sous sa conduite, et fonda un monastère, où la règle de saint Benoît s'est observée longtemps avec édification, et qui a été changé en une collégiale de Chanoines réguliers. Autour du monastère il s'est formé une ville qui porte le nom de Saint-Gilles. Ce saint abbé mourut vers le commencement du VIII° siècle. Ses reliques se gardaient dans son monastère, lequel était dès le X° siècle un pèlerinage célèbre : elles furent transportées dans l'église abbatiale de Saint-Sernin de Toulouse, lorsque les catholiques ravageaient le Languedoc. Saint Gilles est patron d'un assez grand nombre d'églises en France et dans d'autres pays. —1er septembre.

GILLES DE SAINT-IRÈNE (le bienheureux), religieux de l'ordre de Saint-Dominique et confesseur, né en 1190, à Vassèle dans le diocèse de Viseu en Portugal, était fils du duc Rodrigue Pélage, gouverneur de Coïmbre. Il fut destiné, par ses parents, à l'état ecclésiastique dès son enfance, et nommé très-jeune à plusieurs bénéfices. Il ne répondit pas d'abord à une destination si sainte : il eut le malheur d'employer à satisfaire ses passions les biens considérables qu'il tenait de l'Église, et loin de s'appliquer aux sciences cléricales, il se livra avec ardeur à l'étude de la physique et de la médecine : il se rendit même à Paris pour cultiver cette dernière science et y reçut le bonnet de docteur. Cependant, comme Dieu avait des vues de miséricorde sur lui, il lui ménagea l'occasion de mettre fin à sa vie licencieuse, par la rencontre qu'il fit de saint Dominique. Gilles fut si touché de ses discours et de ses exemples, qu'il résolut sur-le-champ de quitter le monde pour embrasser le nouvel institut que ce grand saint venait de fonder. En changeant d'état, il changea aussi de mœurs et devint un homme nouveau. A la vie molle et sensuelle qu'il avait menée jusqu'alors, il fit succéder la mortification et les austérités de la pénitence. Étant novice, il se plaisait surtout à rendre à ses frères les services qui coûtent le plus à l'orgueil. Le démon lui livra de rudes assauts, et de temps en temps il éprouvait de violents dégoûts pour le genre de vie qu'il avait embrassé ; mais il sut en triompher avec le secours de Dieu qu'il implorait dans la prière, et à la fin les souvenirs du monde ne produisirent plus sur lui d'autre impression que celle d'un amer repentir. Après qu'il eut fait ses vœux, il fut envoyé en Espagne pour y travailler à l'instruction des jeunes novices ; ensuite à Santarem pour y établir une maison de l'ordre, fondée par le roi de Portugal : de là il se rendit à Coïmbre. Cette ville avait été autrefois le théâtre de ses désordres, mais il l'édifia par sa sainte vie et ses touchantes prédications, et il eut la consolation d'y convertir un grand nombre de pécheurs. Rappelé en Espagne pour y exercer la charge de provincial, il s'en démit en 1242 ; mais il fut obligé de la reprendre dans la suite, et c'est en cette qualité qu'il passa dans l'île de Majorque pour y prêcher la parole de Dieu. Les Majorquins, qui n'étaient sujets de l'Espagne que depuis dix ans, et qui avaient vécu plusieurs siècles sous la domination des Maures, étaient très-superstitieux et très-ignorants. Le bienheureux Gilles, aidé de quelques-uns de ses confrères, fit refleurir la religion et la piété au milieu d'eux, et les laissa, en les quittant, des chrétiens aussi fervents qu'instruits. Il assista en 1249, au chapitre général de son ordre, tenu à Trèves, s'y fit décharger des fonctions de provincial qu'il n'avait reprises que par obéissance, et continua le cours de ses prédications, ne s'occupant que de la gloire de Dieu et du salut des âmes, sans négliger sa propre sanctification. Il mourut le 13 mai 1267, âgé de soixante-onze ans. Bientôt après, il fut honoré comme saint dans tout le Portugal, et Benoît XIV approuva en 1748 le culte qu'on lui rendait. — 14 mai.

GILLES (le bienheureux), Franciscain, l'un des premiers disciples de saint François, était un bourgeois d'Assise, qui n'avait point fait d'études et qui se montrait d'une merveilleuse simplicité. L'exemple de Bernard de Quintavalle et de Pierre de Catane, tous deux ses compatriotes et ses amis, qui venaient de se joindre à saint François pour imiter son genre de vie, le détermina, l'an 1209, à entrer dans l'institut naissant. Comme il ignorait le lieu où le saint se trouvait alors, il trouva trois chemins en sortant de la ville, et s'adressant à Dieu, il lui dit : « Seigneur, je vous prie, si je dois persévérer dans cette sainte vocation, de conduire mes pas vers votre serviteur. » Le chemin qu'il prit le conduisit dans une forêt, où il trouva le saint qui priait. Celui-ci, le voyant se jeter à ses pieds et lui demander d'être admis dans sa société, connut par une lumière surnaturelle que cette démarche venait de Dieu, et accueillit sa demande. Se présentant ensuite à Bernard et à Pierre, il leur dit : « Voici un bon frère, que Dieu nous a envoyé. » Comme ils retournaient à Assise pour donner l'habit à Gilles, ils rencontrèrent une pauvre femme, qui leur demanda l'aumône. Alors François dit à son nouveau disciple : « Mon frère, donnons-lui, pour l'amour de Dieu, le manteau que vous portez. » Gilles, l'ayant fait, vit cette aumône s'élever jusqu'au ciel. Dès lors la vie du bienheureux Gilles fut plus angélique qu'humaine ; aussi le saint l'aimait d'une affection toute particulière, et l'emmena avec lui dans la Marche d'Ancône. Gilles fit ensuite le pèlerinage de Jérusalem, tant pour satisfaire sa dévotion en visitant les saints lieux, que pour prêcher Jésus-Christ aux Sarrasins ; mais les chrétiens d'Orient le renvoyèrent en Italie, de peur qu'il ne fût victime de la persécution dont ils étaient menacés. A son retour, il se rendit à Rome, où il vivait du travail de ses mains. Il se louait à la journée ou à la tâche, se réservant toujours des heures pour la prière. Le cardinal-évêque de Tusculum, qui l'avait pris en amitié et qui se plaisait à sa conversation, le pria de demeurer chez lui et de recevoir de lui les choses nécessaires ; mais le bienheureux refusa de recevoir gratuitement la moindre chose; alors le cardinal lui proposa de venir manger à sa table ce qu'il gagnait par son travail, ce qu'il accepta. Un jour que la pluie avait empêché Gilles de vaquer à son ouvrage ordinaire, le cardinal tout joyeux, lui dit : « Frère Gilles, il faudra bien que vous viviez aujourd'hui de nos aumônes. » Gilles sortit sans rien dire, et allant trouver le cuisinier, il lui demanda pourquoi sa cuisine était si malpropre. « C'est, répondit-il, que je n'ai personne pour la nettoyer. » Gilles l'appropria pour deux pains, qu'il alla manger à la table du cardinal, sans toucher à aucun des plats, et le cardinal fut trompé dans son attente. De Rome, Gilles fut envoyé à Riéti et à Fabriano, où il séjourna quelque temps ; mais il passa la plus grande partie de sa vie au couvent de Pérouse. Le pape Grégoire IX, pendant qu'il habitait lui-même cette ville, fit venir le bon frère dans sa chambre. Celui-ci, en entrant, se prosterna devant le pape, lui baisa les pieds et lui dit : *Mon père, comment vous portez-vous? — Bien, mon frère. — Vous avez un grand fardeau à porter. — C'est vrai; aussi je vous prie de m'aider à ce qu'il soit moins lourd.— Pour moi je me soumets volontiers au joug du Seigneur. — Vous dites vrai, mon frère ; mais votre joug est plein de douceur et votre fardeau léger.* A ces derniers mots du pape, Gilles tombe en extase et y reste plusieurs heures. Son âme était si prompte à s'abîmer en Dieu, que le nom seul de paradis le transportait hors de lui-même. Les enfants mêmes le savaient et couraient après lui en criant : « Paradis ! paradis ! » et cela suffisait pour lui faire éprouver des ravissements. Un jour qu'il s'entretenait avec saint Bonaventure sur l'amour de Dieu, Gilles regardant son ignorance comme un obstacle à cet amour, le saint lui répondit : *Quand Dieu n'accorderait à un homme d'autre talent que celui de l'aimer, cela suffirait. — Quoi! un ignorant peut aimer Dieu aussi bien qu'un savant. — Bien plus, une bonne femme peut aimer Dieu plus qu'un docteur en théologie.* Le bienheureux sort aussitôt par le jardin, et se plaçant sur la route de Rome, il se met à crier : *Écoutez, hommes simples, écoutez bonnes femmes, vous pouvez aimer Dieu plus que le frère Bonaventure.* Il tomba ensuite dans une extase qui dura trois heures. Il mourut à Pérouse dans un âge très-avancé, l'an 1272, et son tombeau devint aussitôt l'objet de la vénération publique. Il fut honoré comme saint dans son ordre pendant longtemps, et maintenant encore on chante en son honneur une messe le jour de sa fête ; mais il ne paraît pas que son culte ait été formellement autorisé par le saint-siége. On a recueilli de lui des révélations, des prophéties et des maximes spirituelles. — 22 avril.

GILMER (saint), *Gislemarus*, est honoré comme patron à Bourg-Saint-Donnin, en Italie, le 16 septembre.

GINGURIEN (saint), *Gingurianus*, frère convers au monastère de Saint-Gildas de Rhuys en Bretagne, florissait dans le VIIe siècle, et est honoré le 27 septembre.

GIORZ (saint), *Gelasius*, confesseur à Plaisance en Lombardie, florissait dans le Ve siècle, et il est honoré le 4 février.

GIOSTE (saint), *Justus*, évêque et martyr, est honoré à Leche, dans la terre d'Otrante, le 25 août.

GIRARD (saint), *Girardus*, évêque de Velletri dans la campagne de Rome, était originaire des Gaules, et florissait dans le VIIe siècle. Il est patron de sa ville épiscopale, où on l'honore le 7 décembre.

GIRARD, abbé de Fontenelle, était religieux de Lagny lorsque Richard II, duc de Normandie, l'obligea de se charger du gouvernement de Fontenelle. Il fut tué au commencement du XIe siècle par un de ses moines, dont les mœurs étaient corrompues et la tête peu saine. En 1672, lorsqu'on rebâtit le chapitre, on retrouva son corps avec une inscription, qui indiquait sa dignité et son genre de mort. Il est honoré le 28 novembre.

GIRAUD (saint), *Geraldus*, évêque de Mâcon, fut élevé sur ce siége en 887, et après quarante ans d'épiscopat, il se retira dans la solitude de Brou en Bresse, l'an 927, et il y passa encore quinze ans dans les exercices de la vie érémitique. Il mourut dans un âge avancé, l'an 942. — 29 mai.

GIROUX (saint), *Geruntius*, confesseur,

honoré à Aire en Gascogne, est aussi appelé saint Girons, et il y a une ville de ce nom dans le Couserans. — 6 mai.

GISLE ou GISELAIN (saint), *Gisislenus*, porcher et ensuite ermite, florissait dans le xiie siècle. Il se retira dans la forêt de Grunwald près de Luxembourg et l'on y voit encore une grotte qu'il habita et qui porte son nom. L'auteur de la Vie de saint Athard rapporte de saint Gisle des choses admirables, mais singulières, qui sortent des règles ordinaires. Il est honoré à Cologne et dans la Belgique le 6 août.

GITTÉE (saint), *Gitteus*, martyr à Marseille, souffrit avec saint Hermès et plusieurs autres. — 1er mars.

GIVALE (saint), *Givalius*, martyr en Afrique avec saint Saturnin et plusieurs autres, qui ayant été arrêtés à Abitine, furent conduits à Carthage et condamnés à mort par le proconsul Anulin, l'an 304 sous l'empereur Dioclétien. — 12 février.

GLAPHYRE (sainte), *Glaphyra*, vierge d'Amasée dans le Pont, était attachée au service de Constance, épouse de l'empereur Licinius. Ce prince ayant voulu lui ravir l'honneur, elle contrefit l'insensée pour se soustraire au danger dont elle était menacée ; ensuite elle se mit sous la protection de saint Basile, évêque d'Amasée, qui parvint à la mettre à l'abri des infâmes poursuites de Licinius; mais cette action courageuse du saint évêque lui coûta la vie. Quant à Glaphyre, les uns disent qu'elle souffrit aussi le martyre vers l'an 320 ; d'autres prétendent qu'elle mourut en paix vers l'an 324. — 13 janvier.

GLASTIEN (saint), évêque dans le comté de Fife, en Ecosse, sa patrie, gouverna son troupeau avec beaucoup d'édification pendant plusieurs années. Lors de la guerre civile qui s'alluma entre les Ecossais et les Pictes, et dans laquelle ces derniers furent entièrement subjugués, il tint la conduite d'un digne ministre de Jésus-Christ, et se porta médiateur entre les vainqueurs et les vaincus, pour adoucir le sort de ces derniers. Il mourut l'an 830 à Kinglace, dans le comté de Fife, où il était honoré, avant la réforme, le 28 janvier.

GLORIOSE (saint), *Gloriosus*, prêtre du diocèse de Soissons, est honoré le 3 février.

GLORIOSE (sainte), *Gloriosa*, martyre à Laodicée, souffrit avec sept autres. — 26 juillet.

GLOSSINDE (la bienheureuse), *Clodesindis*, vierge et abbesse de Marchiennes, dans le viie siècle, était fille de saint Adalbaud et de sainte Rictrude. Elle était encore bien jeune lorsqu'elle perdit son père, qui fut assassiné par des scélérats, en 646. Sa mère, devenue veuve, fonda le monastère de Marchiennes, dont elle prit le gouvernement en 648, et où elle fit venir ses filles Glossinde, Eusébie ou Isoye et Adalsinde. Ces deux dernières quittèrent ensuite ce monastère pour aller dans celui de Hamaige ou Hamay, et elles y sont toutes deux honorées d'un culte public. Quant à Glossinde, elle ne se sépara point de sainte Rictrude, et lorsqu'elle la perdit, en 688, elle fut élue pour lui succéder dans la dignité d'abbesse. La communauté, qu'elle édifiait depuis quarante ans, la regarda comme une mère plutôt que comme une supérieure, et lui obéissait avec une affection toute filiale. La bienheureuse Glossinde mourut vers le commencement du viiie siècle. On ignore si elle survécut à saint Mauront, son frère, qui mourut abbé de Breuil en 706. — 30 juin.

GLOSSINE (sainte), *Clodesindis*, vierge et abbesse à Metz, fille du duc Wintron, un des principaux seigneurs de la cour d'Austrasie, résolut dès sa jeunesse de consacrer à Dieu sa virginité : ce qui lui attira plusieurs mauvais traitements de la part de ses parents, qui voulaient l'engager dans le mariage. Pour se soustraire aux persécutions auxquelles elle était en butte, elle se réfugia à Metz et y prit le voile, puis se retira à Trèves, près de Rothilde, sa tante, qui était une dame d'une grande vertu, et qui la dirigea dans les voies spirituelles. Lorsqu'elle n'eut plus besoin de ses conseils, elle revint à Metz, et y fonda, vers l'an 650, un monastère sur un fonds qui lui fut donné par sa famille. Elle y établit une communauté de vierges, qui vivaient déjà depuis quelque temps sous sa conduite, et qu'elle gouverna pendant six ans avec une sagesse admirable, pratiquant avec elles les conseils évangéliques, et leur donnant l'exemple de toutes les vertus. Glossine mourut à l'âge de trente ans, dans le viie siècle, et fut enterrée dans l'église des Apôtres, aujourd'hui de Saint-Arnoul. Ses reliques furent transférées, vingt-cinq ans après sa mort, dans l'abbaye de son nom. Les religieuses Bénédictines, qui l'habitaient au moment de la révolution de 1791, préservèrent ces saintes reliques de la profanation des impies, et, au rétablissement du culte, elles les remirent à l'évêque diocésain, qui les fit exposer de nouveau à la vénération des fidèles, dans l'ancienne église de Sainte-Glossine, qui est aujourd'hui la chapelle de l'évêché, où elles sont renfermées dans un très-beau reliquaire. — 25 juillet.

GLYCÈRE (saint), *Glycerius*, prêtre et martyr à Nicomédie, souffrit diverses tortures, et fut brûlé vif, l'an 303, pendant la persécution de l'empereur Dioclétien. — 21 décembre.

GLYCÈRE (saint), évêque de Milan et confesseur, succéda à saint Maternien : il florissait dans la première partie du ve siècle, et mourut en 432. — 20 septembre.

GLYCÈRE (sainte), *Glyceria*, Romaine, martyre à Héraclée, souffrit sous l'empereur Antonin et le président Sabin. On érigea en son honneur à Héraclée une église, où l'on gardait son corps qui fut illustré par plusieurs miracles. — 13 mai.

GLYCÉRIE (sainte), *Glyceria*, martyre avec saint Alexandre, évêque, et plusieurs autres, est honorée chez les Grecs le 22 octobre.

GNOFFE (saint), *Gnoffius*, ermite près du

mont Etna, en Sicile, florissait au commencement du XIVe siècle, et mourut en 1328. Il est patron de la ville de Castelbon, au diocèse de Messine. — 16 avril.

GOARD (saint), prêtre et solitaire dans le diocèse de Trèves, né sur la fin du Ve siècle, sortait d'une illustre famille de l'Aquitaine, et se distingua dès son enfance par une grande fidélité à tous les devoirs du christianisme. Ayant embrassé l'état ecclésiastique, il fut élevé à la prêtrise et remplit avec zèle les fonctions du ministère dans sa patrie ; il passa ensuite en Allemagne, l'an 519, et se fixant sur le territoire de Trèves, il s'y fit construire, près de la rive gauche du Rhin, une cellule avec un oratoire. C'est là qu'il mena pendant plus de soixante ans la vie anachorétique dans toute son austérité primitive. Comme il se trouvait encore beaucoup d'idolâtres dans son voisinage, il leur prêcha l'Evangile et en convertit un grand nombre. Il fut calomnié et persécuté ; mais son innocence fut bientôt reconnue, et Dieu lui-même se plut à faire éclater sa sainteté en le favorisant du don des miracles. Sigebert, roi d'Austrasie, lui offrit l'évêché de Trèves, qu'il refusa par humilité, en prétextant son grand âge pour déguiser le motif de son refus. Il mourut en 575 dans sa solitude, qui fut bientôt peuplée à l'occasion des pèlerinages qui se faisaient à son tombeau, et qui devint dans la suite la ville de Saint-Goard ou de Saint-Gower. Charlemagne y fit bâtir une basilique, où l'on plaça son corps, et ce prince s'était engagé par un vœu à ne jamais passer près de là sans aller rendre ses devoirs à saint Goard. — 6 juillet.

GOBERT (saint), *Gotbertus*, confesseur dans le diocèse de Reims, a donné son nom à une paroisse du diocèse de Soissons, où il est honoré le 23 novembre.

GOBERT (le bienheureux), religieux de l'ordre de Cîteaux, était de la famille des comtes d'Aspremont, et florissait dans le XIIe siècle. Il est honoré à Villiers en Brabant le 20 août.

GOBIN (saint), *Gobinus*, prêtre et martyr, né en Irlande dans le VIIe siècle, mérita par sa science et ses vertus d'être élevé au sacerdoce. Le désir de servir Dieu pleinement le porta à quitter sa patrie, vers le milieu du VIIe siècle, et à passer en France. Il se fixa d'abord à Corbény, où il n'y avait point encore de monastère ; de là il se retira à Laon, puis dans la grande forêt de Coucy, près de l'Oise, entre la Fère et Prémontré. Le roi Clotaire III, qui avait pour lui une grande vénération, lui donna l'emplacement nécessaire pour bâtir une cellule et une église que saint Gobin construisit avec l'aide des habitants du voisinage. Il la dédia sous l'invocation de saint Pierre. C'est là qu'il passa le reste de sa vie dans la prière, les austérités et le travail des mains. Des barbares du Nord de l'Allemagne étant venus ravager le pays, lui coupèrent la tête, en haine de son état. Le lieu où il fut martyrisé, et qui s'appelait le Mont de l'Ermitage, a pris le nom de Saint-Gobin ainsi que l'église qu'il avait bâtie, et où l'on garde son chef. — 20 juin.

GOBNATE (sainte), *Gobnata*, vierge et abbesse de Bornic, dans la province de Mommonie en Irlande, florissait dans le VIIe siècle. — 10 février.

GOBRIEN (saint), *Chomeanus*, évêque de Vannes en Bretagne, florissait au commencement du VIIIe siècle, et mourut en 725. Il est honoré dans sa ville épiscopale et à Saint-Malo le 3 novembre. — 16 novembre.

GODARD (saint), *Gildardus* ou *Gothardus*, évêque de Rouen, né à Salency en Picardie, était, selon l'opinion la plus commune, frère de saint Médard, évêque de Noyon. Il se signala dans son diocèse par la conversion des idolâtres, et contribua même à celle du roi Clovis. On ne connaît pas les détails de sa vie ; seulement on sait qu'il assista, en 511, au premier concile d'Orléans, et qu'après un épiscopat de vingt ans, il mourut peu de temps après avoir sacré saint Lô, évêque de Coutances, vers l'an 528. Il fut enterré à Rouen, dans l'église de la Sainte-Vierge, laquelle porta dans la suite le nom de Saint-Godard. Pendant les incursions des Normands, on transféra son corps à Saint-Médard de Soissons. Saint Ouen a composé en son honneur un poëme qu'on trouve dans Surius. — 8 juin.

GODARD (saint), *Godehardus*, évêque de Hildesheim, né en Bavière sur la fin du Xe siècle, fut élevé avec soin, et, après d'excellentes études où il fit de grands progrès dans les sciences et dans la vertu, il quitta le monde pour se faire moine dans l'abbaye d'Altaich. Il en devint successivement prieur et abbé, et sut y maintenir la plus édifiante régularité. Il fut ensuite chargé de réformer les abbayes de Hesfeld en Hesse, de Tergensée au diocèse de Frisingue et de Chremsmunster au diocèse de Passaw, mission difficile dont il s'acquitta avec succès. Il fut élu pour succéder à sant Bernward, évêque de Hildesheim, mort en 1020 ; mais il fallut tout l'ascendant de l'empereur saint Henri pour le faire acquiescer à son élection. Après son sacre, il se livra tout entier au gouvernement de son diocèse, et s'appliqua surtout à pourvoir aux besoins spirituels et corporels des indigents. Il institua des écoles pour former la jeunesse aux sciences ainsi qu'à la vertu, et veillait avec un soin tout particulier sur les élèves du sanctuaire pendant leurs études cléricales. Il bâtit des églises et des monastères, fonda des hôpitaux, entre autres celui de Hildesheim. Il mourut le 4 mai 1038, et fut canonisé en 1131 par Innocent II. Plusieurs églises d'Allemagne l'honorent comme leur patron. Il a laissé des lettres qui respirent la piété et qui prouvent qu'il était un des hommes les plus instruits de son siècle. — 4 mai.

GODEBERT (saint), *Godobertus*, évêque d'Angers, florissait dans le VIIe siècle. Il est honoré à Saint-Serge le 6 mars, qui fut le jour de la découverte de ses reliques. — 6 mars.

GODEBERTE (sainte), *Godeberta*, vierge à Noyon, née, dans le diocèse d'Amiens, d'une famille aussi distinguée par sa piété que par sa noblesse, fit à Dieu le sacrifice de sa virginité, et reçut, vers l'an 557, le voile des mains de saint Eloi, évêque de Noyon, en présence du roi Clotaire III, qui lui donna des fonds pour établir une communauté qu'elle gouverna saintement. Elle faisait part à ses sœurs des instructions qu'elle recevait de saint Eloi, et les exerçait dans la pratique de la perfection. Ses veilles, ses mortifications et ses prières étaient presque continuelles, et Dieu la favorisa du don des miracles. Elle mourut vers la fin du VIIe siècle ou au commencement du VIIIe. Ses reliques furent transférées dans la cathédrale de Noyon, et placées dans une châsse d'argent. — 11 avril.

GODEFROI (saint), *Godefridus*, évêque d'Amiens, né, vers le milieu du Xe siècle, d'une famille noble et vertueuse qui habitait le territoire de Soissons, eut pour parrain Godefroi, abbé du mont Saint-Quentin, dans le monastère duquel il fut placé à l'âge de cinq ans. Dès cet âge, il distribuait aux pauvres une partie de sa nourriture ; souvent même, à l'heure des repas, il se retirait dans un oratoire pour s'entretenir avec Dieu, pendant que la communauté était au réfectoire. Il consacrait une grande partie des nuits à la prière, et versait ordinairement des larmes abondantes pendant ce saint exercice. A l'âge de vingt-cinq ans, l'évêque de Noyon, frappé de ses vertus et de son mérite, le fit prêtre, malgré la répugnance que son humilité lui inspirait pour le sacerdoce. On lui confia ensuite le gouvernement de l'abbaye de Nogent en Champagne. Il y fit tellement refleurir la régularité et la ferveur, que deux abbés, touchés des merveilles qu'on en publiait, s'y retirèrent pour y vivre en simples religieux. Godefroi avait acquis un tel empire sur ses sens, qu'il ne prononçait jamais une parole inutile, et que ses yeux ne s'arrêtaient jamais sur aucun objet sans nécessité ; son silence et sa modestie étaient des preuves sensibles de son recueillement. Un jour qu'on lui servait à table quelque chose de mieux assaisonné qu'à l'ordinaire : *Est-ce que vous ne savez pas*, dit-il, *que la chair se révolte quand on la flatte ?* Un concile entier le pressant de prendre le gouvernement de l'abbaye de Saint-Remi de Reims, il s'avança au milieu de l'assemblée, et après avoir cité les canons en sa faveur, il s'écria : *A Dieu ne plaise que je méprise une épouse pauvre, et que je lui en préfère une plus riche!* Ayant été élu évêque d'Amiens en 1103, ce ne fut qu'après une longue résistance qu'il consentit à accepter cette dignité. Il fit son entrée dans la ville nu-pieds, et arrivé à l'église de Saint-Firmin, il adressa au peuple un discours très-pathétique. Son ameublement respirait la pauvreté et la simplicité d'un vrai disciple de Jésus-Christ. Chaque jour il lavait les pieds à treize pauvres, et les servait à table. Plein de zèle et de fermeté contre les abus qui s'étaient glissés dans son clergé, il parvint, non sans de grandes difficultés, à réformer le monastère de Saint-Valeri. Il ne montrait pas moins de sévérité contre les désordres des grands, et un jour de Noël qu'il célébrait les saints mystères en présence du comte d'Artois et de sa cour, il ne voulut point recevoir les offrandes, même des princes, parce que leur extérieur était trop mondain. Plusieurs de ceux qui avaient été ainsi refusés sortirent de l'église et y rentrèrent ensuite avec une mise plus simple, afin de n'être pas privés de la bénédiction du saint évêque. Ayant entrepris le voyage de Reims, pour conférer avec son métropolitain sur des matières importantes, il fut attaqué de la fièvre, et se fit administrer les derniers sacrements dans l'abbaye de Saint-Crépin de Soissons. Il y mourut le 8 novembre 1118, et y fut enterré. — 8 novembre.

GODEFROI (le bienheureux), comte de Kappenberg et religieux Prémontré, né, l'an 1097, au château de Kappenberg en Westphalie, descendait de Charlemagne du côté paternel, et sa mère était issue de la maison impériale de Souabe. Prenant pour modèle le bienheureux Herman, son aïeul, il se fit remarquer de bonne heure par une tendre piété et par un grand éloignement pour le monde. Sa naissance lui faisant une espèce d'obligation d'embrasser la carrière des armes, il s'en dégoûta bientôt à la vue des injustices et des cruautés qu'elle entraîne après elle : il y renonça donc pour entrer dans l'ordre des Prémontrés, que venait de fonder saint Norbert. Comme il était marié, il obtint sans peine le consentement de sa femme, qui suivit son exemple, ainsi que son frère Othon, sa sœur Béatrix et plusieurs autres de ses parents. Ils se préparèrent tous à la consécration au Seigneur par le jeûne et la pénitence. Godefroi distribua ensuite aux pauvres la plus grande partie de ses biens, ne se réservant que quelques maisons, avec le château de Kappenberg, qu'il employa à la fondation des monastères de Kappenberg, de Varlard et d'Ilmstadt, tous trois de l'ordre de Prémontré. Il se retira dans le premier, et y devint l'un des plus fervents religieux. Il priait presque continuellement, ne vivait que de pain et d'eau, s'imposait les plus grandes mortifications et ne sortait de sa cellule que pour rendre service aux malheureux. Après deux ans de retraite, il prit l'habit avec son frère Othon, et saint Norbert l'envoya en France à l'abbaye de Prémontré, afin qu'il servît de modèle à cette communauté naissante. Mais le saint fondateur ayant été nommé à l'archevêché de Magdebourg, en 1126, il écrivit à Godefroi pour l'appeler près de lui, afin de s'aider de ses lumières dans le gouvernement de son vaste diocèse. Godefroi, entièrement soumis aux ordres de son supérieur, partit aussitôt pour Magdebourg ; mais s'étant arrêté quelques jours au monastère d'Ilmstadt, il y tomba malade, et y mourut le 13 janvier 1127, à l'âge de trente ans. Le bienheureux Othon, son frère, transporta son corps à Kappenberg, en 1147, ainsi que Godefroi l'avait démandé en mourant; mais il laissa aux religieux d'Ilmstadt quelques-unes de ses reliques pour les dédommager de la perte de ce précieux trésor. Il s'opéra plusieurs miracles par l'intercession du bienheureux Godefroi, à qui on rendit bientôt un culte public ; on lui donne même le nom de saint dans plusieurs martyrologes, et il est honoré en Espagne le 16 septembre. — 13 janvier.

GODÉFROI DUNEN (le bienheureux), l'un des martyrs de Gorcum, né dans cette ville, avait étudié à l'université de Paris, où il professa avec distinction et dont il devint recteur. Il fut ensuite nommé curé en Hollande, près de la frontière de France; mais il avait résigné sa cure pour se retirer dans sa patrie, où il fut arrêté avec ses dix-huit compagnons par les calvinistes, et pendu à Bril le 9 juillet 1572. Il fut déclaré martyr et béatifié par Clément X en 1674. — 9 juillet.

GODÉFROI DE MERVEILLE (le bienheureux), Récollet et l'un des dix-neuf martyrs de Gorcum, fut arrêté avec ses compagnons, après la prise de cette ville par les calvinistes, qui lui firent subir d'horribles tortures, parce qu'il refusait d'abjurer la présence de Jésus-Christ dans l'eucharistie et l'autorité du pape. Il fut conduit à Bril avec le précédent martyr, et pendu le 9 juillet 1572. Il fut déclaré martyr par Clément X en 1674. — 9 juillet.

GODELIÈVE (sainte), *Godoleva*, vulgairement Godeleine, née dans le Boulonnais, d'une famille noble et riche, se montra, dès son enfance, un modèle de piété et de sagesse. Lorsqu'elle fut en âge de s'établir, son père la maria à un gentilhomme flamand, nommé Bertulphe ou Bertou. On ne pouvait faire un plus mauvais choix; car Bertou était un brutal sans éducation et sans principes, qui conçut, dès les premiers moments, une aversion si prononcée pour sa jeune épouse, qu'il ne pouvait même supporter sa présence. Animé encore par les instigations de sa mère, il la quitta, la laissant sans secours et sans consolation. Godelièvre supporta son malheur avec courage, et profita de son isolement pour se sanctifier par les œuvres de religion et de charité, employant son temps à la prière, à la visite des églises et des hôpitaux, à l'assistance des pauvres, à l'instruction de ses domestiques et au travail des mains. Une conduite si chrétienne, loin de faire impression sur Bertou et de le ramener à de meilleurs sentiments, produisit un effet tout opposé, et il conçut l'horrible projet de se défaire d'elle; mais comme il craignait la famille de sa femme, qui était puissante, il employa d'abord des voies détournées. Il commença par lui ôter tous ses domestiques et la fit dépendre d'un valet qui était chargé de l'accabler de mauvais traitements, et de ne lui donner, pour toute nourriture, que du pain et de l'eau. Godelièvre souffrait avec patience cette rude épreuve, et partageait avec les pauvres le morceau de pain qu'on lui donnait. Si on lui parlait des malédictions dont son indigne mari la chargeait, pour toute réponse elle priait Dieu avec ferveur, afin d'obtenir sa conversion. Bertou, qui avait pensé qu'elle mourrait de chagrin ou de misère, lui fit retrancher la moitié de son pain, qu'elle continua toutefois de partager avec les pauvres. S'apercevant enfin que sa vie n'était plus en sûreté, elle s'enfuit secrètement et se réfugia chez son père, qui porta plainte contre son gendre. Le comte de Flandre déféra l'affaire au juge ecclésiastique, qui prononça en faveur de Godelièvre. Bertou fit semblant de se soumettre, parce qu'il craignait le comte; il reprit donc sa femme, et promit de mieux la traiter à l'avenir. Celle-ci ne fut pas longtemps avant de s'apercevoir que la réconciliation n'était pas sincère; mais résignée à tout, elle abandonna à la Providence le soin de ses jours, qui étaient de nouveau menacés, et lorsqu'on s'attendrissait sur sa position. *La vie est si courte*, répondait-elle, *et les plaisirs qu'on peut donner à un corps qui va pourrir sont si peu solides, qu'il faut compter pour rien d'être hors d'état de les goûter.* Bertou, voulant rompre à tout prix des nœuds qui lui étaient insupportables, chargea deux de ses domestiques de lui ôter la vie, et prétexta un voyage pour Bruges, afin d'être absent le jour du crime. Ces deux scélérats l'étranglèrent pendant la nuit, et la remirent ensuite dans son lit pour faire croire qu'elle était morte subitement; mais personne ne se trompa sur la véritable cause de sa mort, qui arriva le 6 juillet 1070. Dieu attesta la sainteté de sa servante par plusieurs miracles, dont l'un frappa tellement Bertou et sa mère, qu'on assure qu'ils se convertirent et passèrent le reste de leurs jours dans la pénitence. L'an 1088, Ratbodon, évêque de Noyon et de Tournai, leva de terre le corps de sainte Godelièvre, ce qui était alors une espèce de canonisation. — 6 juillet.

GODESCALC (saint), *Godescalcus*, prince des Vandales occidentaux et martyr, fils d'Uton, aussi prince des Vandales, fut placé dans le monastère de Lemburg par Godescale, évêque de la Gothie, qui lui avait donné son nom, et qui le fit élever dans la religion chrétienne. Mais Uton ayant été tué par un Saxon, à cause de ses cruautés, Godescale, pour venger la mort de son père, apostasia et se joignit à Gneus, prince des Vinules, et à Anatrog, prince des Slaves. Ils attaquèrent les Saxons et ravagèrent leur pays; mais Godescale fut enfin pris par Bernard, duc de Saxe, qui le retint plusieurs années en prison. Après avoir récupéré sa liberté, voyant que ses Etats avaient été envahis par Ratibor, prince trop puissant pour qu'il pût le déposséder, il se retira chez les Danois avec ceux de ses sujets qui lui étaient restés fidèles. Un Saxon, avec qui il fit connaissance, le ramena à Jésus-Christ, et le roi Canut l'employa utilement dans la guerre qu'il faisait aux Norwégens. Godescale fit ensuite partie de l'expédition contre l'Angleterre, commandée par Suénon, neveu de Canut, et il se distingua tellement par ses exploits, que le roi de Danemark lui donna sa fille en mariage. A son retour d'Angleterre, il soumit toute la nation des Slaves, dont son père ne gouvernait qu'une partie, et força la plupart des Saxons à lui payer tribut. Ses victoires effrayèrent tellement ses ennemis, qu'ils le laissèrent plusieurs années en paix. Il surpassa tous ses prédécesseurs, non-seulement par sa puissance, mais aussi par sa sagesse, sa piété et son zèle pour la gloire de Dieu. Il bâtit un grand nombre d'églises dans ses Etats, fit venir des missionnaires pour porter le flambeau de la foi parmi les idolâtres soumis à sa domination, qui s'étendait le long de la côte septentrionale de l'Allemagne, depuis l'Elbe jusqu'à Mecklembourg. Il fonda des monastères à Aldenbourg, à Lubeck, à Magdebourg et dans d'autres lieux. Il honorait comme son père l'archevêque de Hambourg, et souvent il allait faire ses dévotions dans la cathédrale de cette ville. Aussi zélé qu'un missionnaire pour la conversion de ses peuples, Godescale leur expliquait, en langue slavone, les discours et les instructions des prédicateurs; mais il fut victime de son ardeur pour étendre le royaume de Jésus-Christ. Ceux de ses sujets qui restaient opiniâtrément attachés à l'idolâtrie, se révoltèrent contre lui et le massacrèrent dans la ville de Lenzin, le 6 juin 1066. Il a le titre de martyr dans les additions au Martyrologe d'Usuard, et il était honoré comme tel dans plusieurs églises du nord avant la réforme protestante. — 17 juin.

GODIN (saint), *Godinus*, confesseur, est honoré à Castelet, dans le Limousin, le 1er septembre.

GODON ou Gon (saint), *Godo*, évêque de Metz, succéda à saint Goéric en 647. Ce fut à sa sollicitation que saint Sigebert, roi d'Austrasie, fonda un célèbre monastère dans le voisinage de Luxembourg. Il mourut l'an 653. — 8 mai.

GODREMONT (saint), évêque en Islande, est honoré dans cette île le 1er février.

GODRICK ou GODRY (saint), *Godricus*, ermite en Angleterre, naquit, sur la fin du XIe siècle, d'une famille pauvre et obscure du comté de Norfolck, et il exerça, dans sa jeunesse, l'état de colporteur. Dans un de ses voyages, il prit terre à l'île de Lindisfarne, et la vie édifiante des moines qui habitaient l'abbaye de ce nom, et surtout ce qu'on lui raconta des actions admirables de saint Cuthbert, le frappèrent si vivement, que, se jetant à genoux, il demanda à Dieu, avec larmes, la grâce d'imiter la ferveur de ce saint. Il prit dès lors la résolution de se détacher entièrement des choses d'ici-bas, et laissant là son commerce, il commença par faire le pèlerinage de Jérusalem. De retour de la Palestine, il se rendit à Compostelle, où la dévotion à saint Jacques attirait un grand nombre de pèlerins. Il revint ensuite dans sa patrie, et un riche seigneur le prit pour son intendant; mais comme les domestiques de la maison se livraient à plusieurs désordres et commettaient même des injustices criantes, il en avertit son maître, qu'il prit le parti de quitter lorsqu'il vit qu'il ne pouvait empêcher les abus dont il s'était plaint. Après deux pèlerinages, l'un en France, l'autre à Rome, il se retira dans un désert près de Carlisle, pour se consacrer sans réserve au service de Dieu, et vécut en anachorète sous la conduite d'un saint homme, nommé Godwin, qui avait été religieux à Durham, et qui était très-versé dans les voies intérieures. Leur principale occupation était de louer Dieu le jour et la nuit. Godwin étant mort au bout de deux ans, Godrick fit un second pèlerinage à Jérusalem, et, à son retour, il passa quelque temps dans la solitude de Strèneshale, visita ensuite la châsse de saint Cuthbert à Durham, et se retira dans le désert de Finchal, à trois lieues de cette ville. Il choisit saint Jean-Baptiste et saint Cuthbert pour ses patrons et ses modèles. Tous ses moments du jour et de la nuit étaient occupés par la récitation des psaumes et par d'autres prières qu'il savait par cœur; car il n'était pas très-versé dans les connaissances humaines. Ses austérités étaient extraordinaires, et toutes ses vertus tenaient du prodige. Malgré son attrait pour le silence, il recevait, certains jours de la semaine, ceux qui venaient le voir, et ses discours respiraient la simplicité, la douceur et l'humilité. Il vivait sous l'obéissance du prieur de Durham, et ne faisait rien sans sa permission. Un moine de ce prieuré venait lui dire la messe dans un oratoire dédié à saint Jean-Baptiste et attenant à sa cellule, le confessait et lui administrait la sainte eucharistie. Son humilité le portait à se regarder comme le plus grand des pécheurs; à l'entendre, il n'était ermite qu'en apparence et religieux que de nom seulement. Il se donnait les titres de lâche, d'orgueilleux, d'hypocrite; mais plus il s'abaissait, plus Dieu se plaisait à faire éclater sa sainteté, surtout par le don des miracles dont il le favorisa. Pendant les dernières années de sa vie, il fut affligé de diverses maladies; mais quoique son corps parût ressembler à un cadavre, sa langue ne cessait de répéter les noms sacrés des trois personnes divines, et son visage avait quelque chose de céleste. Il mourut le 21 mai 1170, après avoir passé soixante-trois ans dans son désert. Son corps fut enterré dans l'oratoire de Saint-Jean-Baptiste, et son tombeau a été illustré par plusieurs miracles. — 21 mai.

GODROY ou GÉDROCE (le bienheureux), *Gedrocius*, Chanoine régulier de la congrégation des Mendiants dite de Sainte-Marie-du-Mètre ou de la Patience-des-Martyrs, florissait dans le XVe siècle, et mourut en 1485 au couvent de Saint-Marc, à Cracovie, où l'on fait sa fête le 4 mai.

GOÉRIC (saint), *Goericus*, évêque de Metz, sortait d'une des plus illustres familles de l'Aquitaine, où il exerça la charge de maire du palais, c'est-à-dire la première dignité de cette province qui porta pendant plusieurs siècles le titre de royaume. Il se maria et il eut deux filles, Précie et Victorine, qu'il éleva dans la piété et qui restèrent vierges toute leur vie. Lui-même était dans le monde un modèle de fidélité à tous les devoirs de la religion, et il était universellement respecté pour ses vertus, lorsqu'il perdit la vue. Il supportait ce malheur avec beaucoup de patience, lorsqu'une inspiration du ciel le porta à faire le pèlerinage de Saint-Etienne-de-Metz, afin d'obtenir, par l'intercession du premier des martyrs, la guérison de son infirmité. Il se mit donc en route avec ses filles, et, arrivé à Metz, il fut reçu avec honneur par saint Arnoul, qui était son parent. S'étant rendus ensemble dans l'église de Saint-Etienne, pendant qu'ils priaient l'un et l'autre avec ferveur, Goéric recouvra miraculeusement l'usage de ses yeux. Saint Arnoul, qui depuis quelque temps avait formé la résolution de quitter son siége pour se retirer dans la solitude, crut le moment d'autant plus favorable pour exécuter sa résolution, qu'une révélation lui avait fait connaître que Goéric lui succéderait. Il annonça donc son départ prochain, et comme cette nouvelle plongeait son troupeau dans les larmes, il dit à la foule des malheureux et des pauvres qui s'étaient réunis pour recevoir sa bénédiction et ses adieux : « Cessez vos gémissements et vos pleurs. Dieu vous donnera un pasteur qui aura pour vous des entrailles de miséricorde et qui vous secourra dans vos nécessités. » Ce pasteur, c'était Goéric, qui, ainsi désigné au suffrage public par son prédécesseur, fut élu peu de temps après, l'an 629. Plein de vénération pour saint Arnoul, dont il s'efforçait de retracer la vie, il le visitait souvent et fit des libéralités considérables à son ermitage, ainsi qu'au monastère du Saint-Mont, qui en était voisin, et qui était alors gouverné par saint Romaric. L'an 641, il se rendit, accompagné des évêques de Toul et de Verdun, dans ce monastère pour y faire la levée du corps de saint Arnoul, mort l'année précédente, et qui, de son ermitage, avait été transféré au Saint-Mont. Il ramena avec une grande pompe, dans sa ville épiscopale, le saint corps, et cette cérémonie fut accompagnée de plusieurs miracles. Saint Goéric fonda à Epinal un monastère de religieuses, qu'il plaça sous l'invocation de saint Maurice, et dont Précie, sa fille, fut la première abbesse. S'il ne quitta pas lui-même son siége comme il en avait le désir, pour se retirer dans la solitude, il n'en pratiquait pas moins toutes les austérités d'un anachorète, portant le cilice, passant deux jours et quelquefois trois, sans prendre aucune nourriture. Il remplissait depuis dix-huit ans toutes les obligations d'un saint évêque, lorsque Dieu l'appela à lui l'an 647. Trois siècles après, Thierri Ier, évêque de Metz, transporta ce saint corps à Epinal, dans l'église qu'il venait d'y faire bâtir. La communauté de vierges fondée par saint Goéric fut changée en un monastère de Bénédictines, sur la fin du xe siècle, par Adalbéron II, successeur de Thierri Ier, et il se forma peu à peu, autour de cet établissement, une ville dont saint Goéric est patron, et qui appartint aux évêques de Metz jusqu'au milieu du xve siècle. Ces Bénédictines furent ensuite sécularisées et formèrent un chapitre de Chanoinesses qui subsista jusqu'à la révolution. — 19 septembre.

GOHARD (saint), *Gunhardus*, évêque de Nantes, gouvernait saintement son diocèse, lorsque les Normands, appelés en Bretagne par le duc Nomenoé, qui s'était brouillé avec le duc Lambert, ces barbares ne se firent pas attendre longtemps. Etant arrivés aux portes de Nantes, ils escaladèrent cette ville le 24 juin 845, et assouvirent leur rage sur un grand nombre de fidèles que la fête de saint Jean-Baptiste y avait attirés. Saint Gohard se réfugia dans la cathédrale avec son clergé et une partie de son troupeau; mais les Normands enfoncèrent les portes, firent une horrible boucherie dans le lieu saint, et massacrèrent, avec beaucoup d'autres, le saint évêque, qui est honoré comme martyr le 25 juin.

GOINS (saint), *Gaudentius*, enfant et martyr à Comminges, fut mis à mort par les Sarrasins au commencement du viiie siècle. — 30 septembre.

GOIZENOU (saint), *Guscinovus*, évêque de Léon en Bretagne, florissait dans le viie siècle, et il est honoré à Quimperlé le 25 octobre.

GOLDROPHE (saint), *Goldrophes*, Chanoine régulier, est honoré en Portugal le 7 septembre.

GOLINDUCH (saint), martyr, souffrit avec sainte Théodote et plusieurs autres. — 3 juillet.

GOLINDUCHE (sainte), surnommée la martyre vivante, sortait d'une illustre famille des mages, et fut élevée dans leurs superstitions. Elle épousa l'un des premiers personnages de la Perse, dont elle eut deux fils. Trois ans après son mariage, elle apprit par un ange, dans une extase, les mystères de la religion chrétienne, qu'elle embrassa aussitôt après. Sa conversion étant devenue publique, les mages lui firent subir divers tourments pour la forcer à l'apostasie, mais elle triompha de leurs efforts. Dieu la favorisa du don des miracles et du don de prophétie, de manière qu'elle prédisait l'avenir et découvrait les choses cachées. Elle fit le pèlerinage de Jérusalem pour visiter les saints lieux, et, pendant qu'elle était sur les terres des Romains, l'empereur Maurice l'invita à venir à Constantinople; mais comme la dévotion était le seul mobile de son voyage, elle ne crut pas devoir déférer à cette invitation. Après avoir converti sa famille et un grand nombre de Persans, elle mourut au commencement du viie siècle, à Hiéraple, comme nous l'apprenons d'Etienne, évêque de cette ville, qui a écrit sa vie. — 11 juillet.

GOLVEIN (saint), *Vulvinnus*, évêque de Léon dans la Basse-Bretagne, florissait dans le vi^e siècle. Il se démit de son siége pour embrasser la vie érémitique à La Motte-Mérion, près de Saint-Didier, dans le diocèse de Rennes. — 1er juillet.

GOMBERT (saint), *Gundebertus*, solitaire et martyr, était frère de Nivard, évêque de Reims et beau-frère de Childéric II, roi d'Austrasie. Il épousa une personne de la plus haute noblesse, riche et vertueuse, nommée Berthe, avec laquelle il s'engagea à vivre dans la continence et dans la pratique des bonnes œuvres. Après la mort de saint Nivard, arrivée vers l'an 673, il fonda à Reims le monastère de Saint-Pierre-les-Nonnes. Il alla ensuite annoncer la foi aux Frisons encore plongés dans les ténèbres de l'idolâtrie, et il se fixa à Oldenzel, dans le diocèse d'Utrecht. Il y fit construire un monastère et un hospice qu'il dota richement, et dont une partie des revenus devait être affectée au rachat des prisonniers. Les Frisons, peu reconnaissants des bienfaits de Gombert, se jetèrent sur lui, un jour qu'il venait de terminer une mission évangélique, et lui coupèrent la tête, ainsi qu'à Berthe, son épouse, qui l'accompagnait. Le corps du saint fut porté au monastère d'Avenai, fondé par sa sainte épouse, pour être inhumé auprès d'elle, dans le même tombeau. — 29 avril.

GOMBERT (saint), *Cunibertus*, Chanoine, fut élu évêque de Wurtzbourg, dans le IXe siècle, mais il mourut avant d'avoir été sacré. — 11 mars.

GOMER (saint), *Gummarus*, solitaire, né au village d'Emblehem, à une lieue de Hire, dans le Brabant, d'une famille alliée à Pépin, qui devint ensuite roi de France, fut instruit dans les sciences humaines et dans les maximes de la piété chrétienne. Lorsque Pépin fut monté sur le trône, en 752, il le fit venir à sa cour, et non-seulement Gomer resta fidèle à tous ses devoirs religieux, mais il fut, au milieu des courtisans, un modèle de toutes les vertus, et se fit admirer par l'esprit de prière, de mortification et de charité qui l'animait. Pépin, qui savait rendre justice au mérite, lui confia les emplois les plus importants et lui fit épouser Gwin-Marie, qui était un parti digne de lui sous le rapport de la naissance et de la fortune, mais non sous le rapport de la vertu. C'était une femme vaine, capricieuse et d'un caractère intraitable ; elle donna à Gomer beaucoup de chagrins qu'il supporta sans se plaindre. Il employa, mais inutilement, tous les moyens pour gagner son cœur. Obligé d'accompagner Pépin dans les guerres de la Lombardie, de Saxe et d'Aquitaine, il ne revint qu'après huit ans d'absence, et il trouva toutes ses affaires domestiques dans l'état le plus déplorable. Gwin-Marie, par son mauvais caractère, s'était aliéné tous ceux qui dépendaient d'elle, et personne ne pouvait plus la supporter. Gomer, après avoir apaisé tous les différends qui s'étaient élevés pendant son absence, fit bâtir une chapelle à sa terre de Niverdone, dans le dessein de s'y retirer pour servir Dieu en paix. Cependant sa femme, voyant qu'il voulait la quitter, parut changer de conduite, mais elle redevint bientôt plus intraitable encore qu'auparavant. Gomer, réduit à la nécessité de s'en séparer, fit construire une cellule à côté de la chapelle, et alla y demeurer, du consentement de Gwin-Marie. Du fond de sa solitude, il ne négligeait pas ses affaires de famille dont il avait conservé la direction, et il ne cessait de prier pour la conversion de sa femme, qui rentra enfin en elle-même, et passa le reste de ses jours dans les exercices de la pénitence. Gomer mourut en 774, et fut enterré dans sa chapelle. Ce lieu devint bientôt un pèlerinage célèbre, et il s'y forma une ville qui s'appelle Lire ou Lière. Ses reliques furent placées dans une châsse dont les calvinistes s'emparèrent dans le XVIe siècle, mais les catholiques sauvèrent ses précieux restes, et les déposèrent dans l'église collégiale de Lire. Saint Gomer est honoré avec beaucoup de vénération dans le Brabant le 11 octobre.

GONÇALÈS D'AMARANTHE (saint), *Gundisalvus*, Dominicain, né en 1186 dans le diocèse de Brague en Portugal. Après avoir été élevé dans la piété par un pieux ecclésiastique, il fut placé sous la conduite de l'archevêque de Brague, pour être formé au service des autels. Elevé au sacerdoce, il fut nommé à la cure importante de Saint-Pélage de Brague, et remplit fidèlement tous les devoirs d'un saint prêtre. Voulant visiter les saints lieux, il se déchargea, avec l'agrément de l'archevêque, du soin de sa paroisse sur un neveu qu'il avait formé lui-même et auquel il confia son troupeau. Après avoir visité à Rome les tombeaux des saints apôtres, il se rendit à Venise, où il s'embarqua pour la Palestine et visita tous les lieux sanctifiés par les principaux mystères de la religion. Pendant mon absence, son neveu, voulant se rendre titulaire du bénéfice dont il n'était qu'administrateur, fit courir le bruit de la mort de son oncle, et fit fabriquer de fausses lettres pour attester la vérité de cette nouvelle. Ayant réussi, par cette criminelle imposture à se mettre définitivement en possession de la cure de Saint-Pélage, il lâcha la bride à ses mauvais penchants comprimés jusqu'alors, et lorsque son oncle revint pour reprendre le gouvernement de sa paroisse, son indigne neveu refusa de le reconnaître, et le chassa, après l'avoir accablé de mauvais traitements. Saint Gonçalès aurait pu sans doute faire valoir ses droits, mais tout en regrettant de se voir si mal remplacé, il s'applaudit de se voir privé d'un poste qu'il n'avait accepté qu'à regret ; il crut l'occasion favorable pour réaliser les projets qu'il nourrissait depuis longtemps, de se retirer dans la solitude, et alla se fixer dans le désert d'Amaranthe, sur les bords de la rivière de Tomaga. Il y bâtit un ermitage avec une chapelle, sous l'invocation de la mère de Dieu, et il y passait ses jours dans la prière et le travail des mains. Mais lorsqu'il connut l'ignorance et les vices des populations du voisinage, il se mit en devoir de les prêcher et de les catéchiser. Bientôt après, on venait le trouver de toutes parts pour le consulter comme un oracle et pour se recommander à ses prières comme à celles d'un saint. Cette affluence de visiteurs troublant sa solitude, et la vénération dont il était l'objet alarmant son humilité, il alla demander l'habit de saint Dominique au couvent de Guimanarès, dont on croit que saint Pierre Gonzalès était alors supérieur. Lorsqu'il eut fait profession, on lui permit de retourner dans son ermitage d'Amaranthe, pour donner des missions aux villages d'alentour. Bientôt les environs de sa cellule se peuplèrent, et il s'y forma une ville qui prit le nom d'Amaranthe; et comme la rivière de Tomaga séparait les habitations, il parvint, avec l'aide de ceux qui s'étaient établis sur les deux rives, à construire un pont devenu nécessaire. Il continua ses travaux évangéliques jusqu'à sa mort, qui arriva le 10 janvier 1259, à l'âge de soixante-douze ans. Peu de temps après, on l'invoqua comme saint, et plusieurs miracles s'étant opérés à son tombeau, les pèlerins vinrent le vénérer en telle affluence, que l'on en comptait par année plus de trente mille. Jean III fit bâtir, au lieu où était son ermitage, un couvent magnifique. Ce prince et ses successeurs sollicitèrent la canonisation du P. Gonçalès auprès de plusieurs papes. Pie IV, par une bulle de 1560, permit au clergé régulier et séculier, ainsi qu'à tout le royaume de Portugal, de l'honorer, et Clément X, par un bref de l'an 1671, étendit son culte à tout l'ordre de Saint-Dominique. — 10 janvier.

GONÇALÈS GARCIAS (saint), frère lai de l'ordre de Saint-François et martyr au Japon, fut crucifié sur une montagne, près de Nangazacki, avec vingt-trois autres, le 5 février 1597. Leur supplice eut lieu par ordre de l'empereur Taycosama, et Urbain VIII les déclara martyrs et les mit au nombre des saints. — 5 février.

GONDECHAR (saint), *Gundecarus*, moine et martyr, accompagnait saint Boniface, archevêque de Mayence, dans la mission qu'il faisait aux extrémités de la Frise. Il fut massacré avec lui et cinquante autres, par les païens, qui fondirent sur eux à l'improviste près de Dockum, le 5 juin 755. — 5 juin.

GONDÉCHAR (saint), évêque d'Aichstadt, né l'an 1019, d'une famille noble et riche de la province, entra dans la cléricature et devint Chanoine d'Aichstadt. Henri III, empereur d'Allemagne, le fit venir à sa cour et l'honora de son amitié; l'impératrice Agnès, son épouse, lui donna aussi sa confiance et le choisit pour son confesseur. Le pape Victor II, qui avait été évêque d'Aichstadt et qui, après son exaltation, continuait à administrer cette église, étant mort en 1057, Gondéchar fut élu pour le remplacer sur ce siége. Le cardinal Hildebrand, qui devint ensuite pape sous le nom de Grégoire VII, et l'empereur Henri IV assistèrent à la cérémonie de son sacre. Il montra dans ce poste éminent les vertus d'un saint évêque, mais surtout une telle humilité, qu'il se regardait comme le plus grand des pécheurs, une charité si ardente, qu'il consacrait ses immenses revenus à l'entretien des pauvres et des églises. Plein de zèle pour la gloire de Dieu et pour le salut de son troupeau, il se faisait tout à tous, pour gagner tout le monde à Jésus-Christ. D'une vie austère et mortifiée, il ne désirait rien tant que de souffrir pour l'amour de son divin Sauveur, méditant continuellement sur sa passion et faisant toutes ses actions dans la pensée qu'il rendrait un jour un compte détaillé aux pieds du souverain juge. Il mourut après dix-huit ans d'épiscopat, le 22 août 1075, et il est honoré comme saint dans son diocèse le 2 août.

GONDELBERT (saint), *Gondelbertus*, évêque de Sens et solitaire, quitta après quelques années d'épiscopat un siége où il s'était fait admirer par ses vertus et par sa sainteté, et, au grand regret de son troupeau, il se retira dans une solitude des Vosges pour ne plus s'occuper que de sa propre sanctification. Il y construisit d'abord une cellule et une chapelle en l'honneur de saint Pierre, sur un terrain que lui donna Childéric II, lorsque ce prince n'était encore que roi d'Austrasie. Bientôt il lui vint de nombreux disciples, et sa modeste cellule se changea, dès son vivant, en un vaste monastère, qu'il appela *Senones*, du nom de son église de *Sens*, et autour duquel se forma une ville du même nom. Lorsque saint Hidulphe voulut fonder, vers l'an 671, le monastère de Moyenmoutier, Gondelbert lui céda généreusement une partie des terrains qu'il tenait de la libéralité de Childéric. On croit qu'il mourut le 1er mars 676, pendant qu'il faisait un pèlerinage au tombeau de saint Pient, à Moyenvic. Le bienheureux Pierre Damien fait son éloge en parlant des saints évêques qui se retirèrent dans les déserts des Vosges, et parmi lesquels on compte, outre saint Gondelbert, saint Dié de Nevers et saint Hidulphe de Trèves. — 21 février.

GONDÈLE (saint), *Gunthleus*, prince du pays de Galles, était fils aîné du roi des Dimétiens, et après la mort de son père, il partagea le royaume avec ses frères qui, tous, le respectaient comme leur souverain. Il épousa Gladuse, fille du prince de Bragham, de laquelle il eut saint Cadoc, fondateur du célèbre monastère de Llan-Carvan. Après avoir donné sur le trône l'exemple de toutes les vertus, il quitta le monde pour se retirer dans un ermitage situé près d'une église qu'il avait fondée. Il y passa le reste de sa vie dans les plus grandes austérités, portant toujours le cilice, ne buvant que de l'eau et ne mangeant que de mauvais pain sur lequel il mettait ordinairement de la cendre, et encore il n'en voulait qu'autant qu'il l'avait gagné par le travail de ses mains. Il consacrait à la prière et à la contemplation une grande partie du jour et la nuit presque entière. Lorsqu'il se sentit près de sa fin, il fit venir saint Cadoc, son fils, et saint Dubrice, et il mourut entre leurs bras, sur la fin du ve siècle. Son tombeau fut illustré par plusieurs miracles. — 29 mars.

GONDÈNE (sainte), *Gundenes*, vierge et martyre à Carthage, confessa Jésus-Christ sur le chevalet à quatre reprises différentes, par ordre du proconsul Ruffin : elle fut ensuite déchirée par les ongles de fer et jetée dans un horrible cachot, d'où on la tira pour la décapiter, l'an 205, sous l'empereur Sévère. — 18 juillet.

GONDOIN (saint), *Gunduinus*, père de saint Bodon, évêque de Toul, et de sainte Salaberge, était un seigneur qui habitait le territoire de Toul, et qui est honoré le 30 octobre.

GONDOLF (saint), *Gundulphus*, évêque de Metz, florissait au commencement du ixe siècle et mourut en 823. Ses reliques sont honorées à Gorze le 6 septembre.

GONDOLPHE (saint) ou GONDON (saint), *Gundulphus*, évêque de Maëstricht, sortait d'une des plus illustres familles d'Austrasie et renonça de bonne heure à tous les avantages que lui promettait sa haute naissance pour se consacrer aux pratiques de la piété et aux exercices de la pénitence. Son savoir et ses vertus le firent élever sur le siège de Maëstricht, pour succéder à saint Monolphe, mort en 599. Marchant sur les traces de son glorieux prédécesseur, il visitait souvent son diocèse, afin de connaître par lui-même les besoins des pasteurs et des peuples. Il forma des missionnaires qui portèrent au loin la connaissance de l'Évangile et qui convertirent un grand nombre d'idolâtres dans les provinces qui touchaient à son diocèse, vers le nord. Il mourut le même jour que saint Monolphe, après huit ans d'épiscopat, et il fut inhumé dans l'église de Saint-Servais. Il eut pour successeur saint Perpète. — 26 juillet.

GONDON ou GONDULPHE (saint), honoré dans le Berry avec le titre d'évêque, est patron de la paroisse de Saint-Gondon, près de Gien. — 17 juin.

GONDULPHE (saint), *Gondulphus*, martyr à Zanchte en Belgique, fut massacré dans une église où il s'était retiré avec sainte Renelde et un autre chrétien nommé Grimoald. Ils furent mis à mort en haine de la religion par des Saxons qui avaient pénétré dans le pays, vers l'an 680, et ils furent enterrés dans l'église même où ils avaient perdu la vie. — 16 juillet.

GONÉRY (saint), *Gonerius*, prêtre et solitaire, florissait dans le viie siècle. Il passa plusieurs années dans un ermitage de la forêt de Buenguilly, près de Rohan. On l'honore à Plougrescant, dans l'ancien diocèse de Tréguier en Bretagne. — 4 avril.

GONSALOU (saint), *Gunsaldus*, solitaire en Limousin, florissait dans le viiie siècle. — 5 novembre.

GONSALVE (le bienheureux), *Gundisalvus*, religieux de l'ordre de Saint-Augustin, né à Lagos, ville maritime de la province des Algarves en Portugal, se fit remarquer dès sa jeunesse par la pureté de ses mœurs et par son application à l'étude. Ses condisciples avaient tant de respect pour son innocence, qu'ils n'osaient prononcer devant lui aucun mot qui pût blesser, même légèrement, la pudeur. Effrayé de la corruption du monde, il le quitta de bonne heure pour embrasser l'institut des Ermites de Saint-Augustin, et après sa profession, ses supérieurs l'employèrent au ministère de la prédication. Il s'en acquitta avec tant de succès, que sa réputation s'étendit dans tout le Portugal. Son mérite et ses vertus le firent élever à la dignité de prieur dans plusieurs couvents de son ordre. Il se faisait surtout admirer par son humilité, qui le porta à refuser constamment le titre de docteur qu'on voulait lui conférer, et dont sa capacité le rendait très-digne. Il se plaisait à instruire des vérités de la foi les enfants et les personnes ignorantes. Il mourut âgé de plus de soixante ans, vers la fin du xve siècle, et bientôt on lui rendit un culte public, qui a été approuvé par Pie VI en 1778. — 21 octobre.

GONTARD (saint), *Guntardus*, abbé de Jumiéges, naquit dans le xie siècle, à Sotteville, près de Rouen, et alla prendre l'habit monastique, bien jeune encore, à l'abbaye de Fontenelle, où il devint sous-prieur. Élu ensuite abbé de Jumiéges, il prit possession de sa dignité avec le consentement de Guillaume le Conquérant, roi d'Angleterre, qui continuait à gouverner son duché de Normandie. Les évêques de la province le députèrent en 1095, au concile tenu à Clermont par le pape Urbain II. Il se trouvait à Caen, lorsque le roi Guillaume y mourut, en 1097, et il l'assista dans ses derniers moments. On ignore combien de temps il lui survécut; mais il paraît qu'il mourut avant le commencement du xiie siècle. — 26 novembre.

GONTELIN (le bienheureux), religieux de l'ordre de Cîteaux, est honoré en Angleterre, sa patrie, et il est nommé dans le Ménologe cistercien, sous le 13 novembre.

GONTHIERN (saint), premier abbé de Quimperlé en Bretagne, est honoré dans cette ville, où se trouvent ses reliques. — 29 juin.

GONTHILDE (sainte), *Gunthildis*, vierge et abbesse dans la Thuringe, était Anglaise d'origine et avait pris le voile dans le monastère de Weinburn, dans le comté de Dorset. Saint Boniface, apôtre de l'Allemagne, ayant écrit à Tette, abbesse de ce monastère, laquelle était sa proche parente, de lui envoyer de ses religieuses pour former des vierges chrétiennes, elle fit partir pour la Thuringe, en 748, quelques-unes de ses religieuses, à la tête desquelles était sainte Liobe. Gonthilde, qui faisait partie de cette pieuse colonie, fut mise à la tête d'une communauté de religieuses, qu'elle gouverna saintement. Elle est honorée le 8 décembre.

GONTHILDE (sainte), vierge et abbesse de Biblisheim, dans le diocèse de Strasbourg, mourut en 1131. — 21 février.

GONTRAN (saint), *Guntramnus*, roi de Bourgogne, était fils de Clotaire Ier et petit-fils de Clovis et de sainte Clotilde. Il naquit en 525, et il avait trente-six ans lorsque son père, qui avait réuni sous son sceptre toute la monarchie française, lui laissa en mourant les royaumes d'Orléans et de Bourgogne. Monté sur le trône en 561, il eut une guerre à soutenir contre Caribert, roi de Paris, son frère, au sujet des limites de leurs États. Il en eut ensuite une seconde contre Chilpéric, son autre frère, qui était roi de Soissons, et qui venait d'assassiner Galeswinthe, sa femme. Comme cette malheureuse reine était sœur de Brunehaut, épouse de Sigebert, roi d'Austrasie, troisième frère de Gontran, ces deux princes réunirent leurs troupes pour punir le meurtrier. La paix ayant été faite avec Chilpéric, Gontran eut un nouveau démêlé avec Sigebert, pour la possession de quelques villes de la Provence, et comme ses armes furent heureuses, il gagna dans cette expédition la ville d'Arles. Il se brouilla encore avec celui-ci au sujet de l'érection de l'évêché de Châteaudun, ville qui était, il est vrai, du royaume de Sigebert, mais sous la juridiction spirituelle de l'évêché de Chartres, qui dépendait du royaume de Gontran. Ce prince en appela à la décision d'un concile qui fut tenu à Paris en 573, et qui lui donna gain de cause, en ordonnant la déposition de Promote, que Sigebert avait nommé évêque de Châteaudun. Après que ces dissensions intestines furent apaisées, Gontran eut à se défendre contre deux invasions étrangères, celle des Lombards, qui battirent ses troupes et retournèrent chargés de butin; mais l'année suivante, ayant de nouveau repassé la frontière, ils furent battus par Mommole, général de l'armée de Gontran; la seconde invasion, que le même général repoussa, fut celle des Saxons qui s'étaient établis en Italie. Gontran et Chilpéric, ayant à se plaindre de Sigebert, marchèrent contre lui en 579 et lui livrèrent bataille; mais ils furent vaincus : le roi de Bourgogne se réfugia à Tours, et la guerre se termina par la mort de Sigebert, assassiné par les ordres de la reine Frédégonde, sa belle-sœur. Gontran, las de ces guerres civiles, qu'il ne provoqua jamais, voulut tenter une expédition plus honorable; ce fut de refouler de l'autre côté des Pyrénées les Visigoths qui occupaient les plus belles provinces du midi de la France. Outre des troupes de terre, il fit équiper une flotte qui devait dévaster les côtes; mais des tempêtes dispersèrent ses vaisseaux, qui ne purent s'acquitter de leur mission. Son armée n'eut pas un meilleur succès, et Gontran, irrité contre ses généraux qui s'étaient laissés battre, les fit traduire devant un conseil de guerre qu'il présida lui-même. Faut-il s'étonner, dit-il à l'assemblée, *si nous sommes vaincus par nos ennemis? Nous avons abandonné les usages suivis par nos pères, qui bâtissaient des églises, mettaient leur espoir en Dieu, honoraient les martyrs et vénéraient les ministres du Seigneur; aussi avaient-ils pour eux la protection divine. Et nous, non-seulement nous ne craignons pas Dieu, mais nous dévastons ses temples, nous égorgeons ses prêtres, nous brisons et dispersons les reliques de ses saints... Si les malheurs de nos armes doivent être imputés à mes fautes, que Dieu en fasse retomber la punition sur ma tête; mais si c'est vous qui êtes les coupables, vous qui méprisez l'autorité royale et qui enfreignez mes ordres, ce sont vos têtes que la hache doit frapper.* On ignore quelle fut la sentence portée par les juges; mais les armes de Gontran furent plus heureuses dans une expédition en Bretagne contre Waroch, comte de Vannes, et dans une autre expédition dans le midi contre un nommé Gondebaud, qui se prétendait fils de Clotaire Ier et qui revendiquait sa part dans l'héritage de ce prince. Saint Gontran, malgré ces guerres nombreuses, avait des inclinations pacifiques et se montrait clément et généreux après la victoire. Quoiqu'il ne manquât pas de bravoure, il se mit rarement à la tête de ses armées, préférant se livrer aux soins de l'administration civile. Toute son ambition était de rendre ses peuples heureux, et son règne fut une ère de prospérité pour ses États, qui ne furent presque jamais le théâtre des guerres nombreuses auxquelles il prit part. Sa bonté et sa générosité éclatèrent surtout dans la famine suivie de la peste, qui ravagèrent la France en 582. Non content d'avoir pourvu à ce que les malheureux ne manquassent de rien, il s'efforçait encore par ses prières et par ses jeûnes de fléchir le courroux du ciel et d'arrêter des fléaux qu'il regardait comme un châtiment de ses péchés. Son application à faire rendre à tous bonne et exacte justice le portait à sévir contre les prévarications de ceux qui étaient chargés de l'administrer, et il fit de sages règlements contre la licence des gens de guerre. Sa facilité à pardonner les offenses qui lui étaient personnelles lui a mérité le surnom de *Bon.* Il pardonna à deux assassins que Frédégonde, sa belle-sœur, à laquelle il avait rendu les plus grands services, avait chargés de l'assassiner, et qui ne manquèrent leur coup, dit saint Grégoire de Tours, que par un effet de la miséricorde divine envers Gontran : il se contenta de faire emprisonner l'un d'eux et voulut qu'on épargnât l'autre, qui s'était réfugié dans une église. Content de ses États tels qu'il les avait reçus de son père, il préféra les bien gouverner que de les agrandir, et ne profita pas des occasions fréquentes qui se présentèrent pour usurper les domaines de ses frères et de ses neveux. Il prit ces derniers sous sa protection, lorsqu'ils furent devenus orphelins, et les préserva plus d'une fois du danger de perdre la couronne et la vie. Quelques historiens l'ont accusé d'incontinence, mais sans fondement solide. Il avait épousé, avant de monter sur le trône, Austrigilde, dont il eut deux fils, Clotaire et Clodomir, qui moururent jeunes, et une fille, nommée Clotilde, qui prit le voile, et qui lui survécut, comme on le voit par son testament. Il épousa ensuite Vénérande qui est traitée de concubine par certains auteurs, non qu'elle ne fût pas légitime, mais parce qu'elle ne porta pas le titre de reine, et après la mort de celle-ci, il se remaria avec Marcatrude : or, rien, dans ces unions successives, ne peut motiver la moindre accusation contre ses mœurs. Plein de piété et de respect pour la religion, il honorait les évêques comme ses pères et les consultait comme ses maîtres. Il fonda avec une magnificence vraiment royale plusieurs monastères, entre autres celui de Saint-Marcel, à Châlons-sur-Saône, ville où il faisait sa résidence, lorsqu'il n'habitait pas Orléans. Plusieurs conciles se tinrent sous son règne et par ses ordres, et l'on y fit de sages règlements sur la discipline, qu'il confirma par son autorité, et qu'il fit observer dans ses Etats. Comme il ne laissait point de successeur, il institua, par son testament, pour son héritier, Childebert, roi d'Austrasie, son neveu, qu'il avait adopté depuis quelques années. Il mourut le 28 mars 593, dans la trente-deuxième année de son règne et la soixante-huitième de son âge. Il fut enterré à Châlons, dans l'église de Saint-Marcel, et saint Grégoire de Tours rapporte qu'il fut témoin oculaire de plusieurs miracles opérés à son tombeau. Les calvinistes profanèrent ses reliques dans le xvi siècle, et l'on ne put sauver que son crâne, qui fut renfermé dans un reliquaire d'argent. — 28 mars.

GONZALÈS (saint), *Gundisalvus*, évêque de Moudogned en Galice, mourut au milieu du ix siècle, et il est honoré à Saint-Sauveur de Laureuçane, dans les Asturies, le 1er novembre.

GORDE (saint), *Gordius*, martyr à Césarée en Cappadoce, d'où il était originaire, servit d'abord dans les armées romaines, et il était parvenu au grade de centurion; mais il quitta le service aussitôt que Dioclétien eut rendu ses édits cruels contre les chrétiens et allumé le feu de la persécution, l'an 303. Il se retira dans la solitude pour y servir Dieu loin du monde, et non par crainte de verser son sang pour sa religion. Ce fut au contraire le désir du martyre qui le fit retourner à Césarée, et il choisit, pour faire son apparition dans la ville, un jour que tout le peuple était réuni dans le cirque pour célébrer des jeux en l'honneur du dieu Mars. Un corps exténué par le jeûne, une chevelure négligée, une barbe longue, des habits déchirés, attirèrent bientôt sur lui tous les regards; mais comme on découvrait à travers l'étrangeté de son costume un certain air de majesté qui inspirait la vénération, on soupçonna qu'il était chrétien, et lorsque l'on s'en fut assuré par sa propre déclaration, on le conduisit au gouverneur de la province. Celui-ci lui demanda qui il était, d'où il venait, et ce qui l'amenait dans la ville. Gorde répondit avec franchise à ces questions, et ajouta même, que s'il reparaissait à Césarée, c'était pour confesser publiquement Jésus-Christ. Ni les promesses ni les menaces ne purent le décider à obéir aux édits des empereurs : les prières et les larmes de sa famille, qui lui conseillait de se soustraire à la mort en feignant d'apostasier, n'eurent pas plus d'effet. Il fut donc condamné à la décapitation, et arrivé sur le lieu du supplice, il fit le signe de la croix et reçut avec joie le coup de la mort, vers l'an 320, sous l'empereur Licinius. Saint Basile a fait en son honneur un discours dans lequel il dit que plusieurs de ses auditeurs ont été témoins oculaires de l'exécution du saint martyr. — 3 janvier.

GORDIEN (saint), *Gordianus*, martyr à Nyon, en Suisse, souffrit avec saint Valérien et saint Maigrin. — 17 septembre.

GORDIEN (saint), martyr à Rome, fut décapité en 362 sous Julien l'Apostat, par ordre d'Apronien, préfet de la ville, et l'on déposa son corps dans un caveau avec celui de saint Epimaque, qu'on avait apporté d'Alexandrie à Rome, et ils ont donné leur nom à ce cimetière. Les reliques de saint Gordien furent depuis transférées à l'abbaye de Kempter en Souabe vers l'an 770. — 10 mai.

GORGE (saint), *Gorgius*, martyr en Egypte, souffrit avec saint Nicanor et plusieurs autres pendant la persécution de l'empereur Maximin II. — 5 juin.

GORGON (saint), *Gorgonius*, martyr à Antioche, souffrit avec saint Firme. — 11 mars.

GORGON (saint), chambellan de l'empereur Dioclétien, et martyr, fut arrêté à Nicomédie avec d'autres, à l'occasion de l'incendie du palais impérial, auquel G.lère avait fait mettre le feu pour en accuser les chrétiens. On lui fit subir d'affreuses tortures, et ensuite on le condamna à être étranglé, et Dioclétien fit jeter son corps dans la mer avec une meule au cou, l'an 303. Saint Damase a composé une épitaphe en son honneur; ce qui suppose que du temps de ce pape, les reliques de saint Gorgon avaient été transportées à Rome. Sigebert, dans sa *Chronique*, dit que saint Chrodegand, évêque de Metz, lors de son voyage à Rome, obtint du pape Paul Ier une partie du corps de ce saint, qu'il déposa dans l'abbaye de Gorze qu'il venait de fonder. C'est de là que ses reliques se sont répandues en France, et plusieurs paroisses l'ont choisi pour patron. Son culte a toujours été très-célèbre à Rome, et l'on trouve dans le sacramentaire de Gélase un office propre pour le jour de sa fête. — 9 septembre.

GORGON (saint), martyr à Saint-Pélin, dans l'Abruzze, avec saint Sébaste, souffrit l'an 362 sous l'empereur Julien l'Apostat. — 7 septembre.

GORGONE (saint), *Gorgonius*, martyr à Alexandrie, était fils de saint Zénon et de sainte Théodote, avec lesquels il souffrit. 2 septembre.

GORGONE (saint), martyr, était l'un des chefs préposés à la conduite de sainte Ursule et de ses compagnes qui vinrent de la Grande-Bretagne en Allemagne, et l'on croit qu'il fut mis à mort avec elles. Il est honoré dans les Pays-Bas le 11 mars.

GORGONIE (sainte), *Gorgonia*, était fille de saint Grégoire l'Ancien, évêque de Nazianze et sœur de saint Grégoire de Nazianze et de saint Césaire. Elle fut élevée dans la piété au milieu de sa sainte famille, qui était une école de vertu. S'étant engagée dans le mariage, elle devint le modèle des épouses chrétiennes, par son éloignement du monde et par son mépris pour les vaines parures. Le temps qu'elle ne consacrait pas à ses devoirs ou aux œuvres de charité, elle l'employait à la lecture des vies des Pères et de l'Ecriture sainte, au lieu de le perdre dans des conversations inutiles. Douée d'un esprit solide et cultivé, elle savait donner les plus sages conseils aux personnes qui la consultaient. Elle pratiquait des austérités étonnantes et d'autant plus admirables qu'elle n'était que catéchumène ; car la crainte de souiller son innocence baptismale la porta à ne recevoir le baptême que peu de temps avant sa mort. Elle éleva ses enfants comme elle avait été élevée elle-même, et elle eut la consolation de les voir marcher sur ses traces. Ayant été attaquée d'une paralysie qui ne lui permettait plus aucun mouvement, elle se fit porter à l'église et elle fut guérie tout à coup, au moment où elle priait avec ferveur devant l'autel. Ce premier miracle fut bientôt suivi d'un second, lorsqu'étant tombée de son char, cette chute, qui avait mis en danger sa vie, n'eut cependant aucune suite funeste, par un effet de la protection divine qu'elle avait invoquée. Elle mourut à Nazianze dans un âge peu avancé, vers l'an 372, et sainte Nonne, sa mère, qui vivait encore, lui ferma les yeux. Saint Grégoire de Nazianze, son frère, prononça son oraison funèbre : il y relève sa ferveur dans la prière, son humilité, sa résignation, son respect pour les ministres sacrés et pour les choses saintes, ses libéralités envers les pauvres, ses mortifications et son zèle pour l'éducation de ses enfants. — 9 décembre.

GORMAN (saint), évêque de Sleswick en Danemark, était moine d'Hirsauge lorsqu'il se rendit dans le Nord pour y prêcher l'Evangile. Il fut élevé à l'épiscopat vers le milieu du xᵉ siècle et mourut en 965. — 28 août.

GORTUNIEN (saint), *Gortunianus*, martyr, est honoré le 2 avril.

GOSLIN (le bienheureux), *Gosilinus*, abbé de Saint-Soluteur près de Turin, mourut en 1061 et fut enterré dans son monastère. Son corps, ayant été découvert en 1472, fut exposé à la vénération des fidèles. La ville de Turin ayant été prise en 1536 par François Iᵉʳ, avant le siége on transporta ses reliques dans l'intérieur de la ville, et on les plaça dans le prieuré de Saint-André. — 12 février.

GOSVIN (le bienheureux), abbé d'Aichin dans le Hainaut, florissait au milieu du xııᵉ siècle et mourut en 1166. — 9 octobre.

GOTALME (saint), *Gotalmus*, confesseur, est honoré en Irlande le 26 juillet.

GOTHARD (saint), *Gothardus*, ermite dans les Alpes, a donné son nom au Mont-Adule au pied duquel le Rhin prend sa source. Il est honoré comme confesseur à Milan le 25 février.

GOUFFIN (saint), *Vulfinus*, moine de Celles en Berry, florissait dans le vıᵉ siècle. Son corps se garde à Saint-Ysis. — 12 juillet.

GOURDAINE ou GORDAN (saint), *Gurda-*
nius, ermite à Anchin, florissait dans le xıᵉ siècle. Son ermitage fut changé en un monastère que fondèrent, en 1079, Sécher et Walther, deux seigneurs du pays. Le corps de saint Gourdaine fut porté à Soissons, ensuite à Douai. — 16 octobre.

GOURDIN (saint), *Gurdinus*, martyr en Afrique, souffrit avec saint Elaphe et plusieurs autres. — 28 juin.

GOUSTANS (saint), *Gulstanus*, frère convers de l'abbaye de Rhuys en Bretagne, mourut vers l'an 1009. Il est patron du Croisic, et il est honoré à Maillezais en Poitou le 27 novembre.

GRACILIEN (saint), *Gracilianus*, martyr à Falère en Toscane avec sainte Félicissime, eut les mâchoires brisées à coups de pierres pour avoir confessé Jésus-Christ et fut ensuite décapité. — 12 août.

GRADULPHE (saint), *Gradulphus*, abbé de Fontenelle, fut élevé à cette dignité en 1030, lorsqu'il était occupé à fonder le monastère de la Sainte-Trinité près de Rouen. Il gouverna cette abbaye avec tant de sagesse, que Mauger, archevêque de Rouen, voulut l'avoir pour coadjuteur ; mais saint Gradulphe mourut peu de temps après. Ses reliques furent dissipées par les calvinistes en 1572, et l'on ne put en recouvrer que quelques parcelles. — 6 mars.

GRAMACE (saint), *Gramatius*, évêque de Salerne, florissait dans le vᵉ siècle. Son corps se garde dans l'église de Saint-Bonose de cette ville. — 11 octobre.

GRAMAS (saint), *Gramatius*, évêque de Metz, mourut vers l'an 545. — 25 avril.

GRANE (saint), *Granus*, martyr à Alexandrie avec saint Apollone, prêtre, et quatre autres, souffrit au commencement du ıvᵉ siècle sous l'empereur Maximin Daïa. — 10 avril.

GRAPHE (saint), *Graphius*, martyr à Antioche sous l'empereur Dioclétien, souffrit vers l'an 300 avec saint Gandalique et un grand nombre d'autres. — 22 juin.

GRAS (saint), *Gratus*, évêque d'Aoste au pied des Alpes, florissait au commencement du ıxᵉ siècle et mourut en 810. — 7 septembre.

GRAT (saint), *Gratus*, martyr à Cadonac en Rouergue, souffrit avec saint Ansul. — 16 octobre.

GRAT (saint), martyr à Thagore en Afrique, souffrit avec saint Jules et plusieurs autres. — 5 décembre.

GRAT (saint), évêque de Carthage, florissait au milieu du ıvᵉ siècle. Il assista, en 347, au concile de Sardique, et deux ans après il en assembla un des évêques de toutes les provinces de l'Afrique, au sujet d'un grand nombre de donatistes qui demandaient de rentrer dans le sein de l'Eglise. Grat, qui le présidait, commença par remercier Dieu de ce que les schismatiques se soumettaient à l'autorité des pasteurs légitimes, et recommanda à ses collègues d'user d'un sage tempérament entre la trop grande indulgence et la trop grande sévérité, en réglant les conditions auxquelles les donatistes repentants seraient admis à la communion,

On fit dans ce concile treize canons de discipline qui sont parvenus jusqu'à nous. Grat se rendit ensuite près de l'empereur Constant pour faire appuyer par l'autorité impériale les règlements dressés au sujet des donatistes. On croit qu'il mourut peu de temps après qu'il fut de retour de cette légation, vers l'an 350. — 5 mai.

GRAT (saint), confesseur, est honoré à Autun le 14 mai.

GRAT (saint), évêque de Châlons-sur-Saône, d'une des plus illustres familles du royaume de Bourgogne, servit Dieu avec fidélité dès son enfance. Ses vertus et son mérite le firent placer sur le siége de Châlons, avant le milieu du VIIe siècle. Il assista vers l'an 648 à un concile qui se tint dans sa ville épiscopale et où assistèrent saint Ouen et saint Éloi. Son amour pour la solitude le portait à se retirer souvent dans un lieu désert, de l'autre côté de la Saône, là où se trouve à présent le faubourg de Saint-Laurent. Il quitta même ses fonctions dans le dessein de passer le reste de ses jours dans la retraite. Mais après avoir mené pendant plusieurs années la vie de reclus, comme son troupeau refusait de lui donner un successeur, afin de le forcer à remonter sur son siége, il fut obligé de reprendre le gouvernement de son diocèse. Il mourut, à ce que l'on croit, le 8 octobre 652, et fut enterré dans l'église de Saint-Laurent. Ses reliques furent transférées, vers l'an 970, au monastère de Paray-les-Moines. — 8 octobre.

GRATE (sainte), *Grata*, martyre à Lyon avec saint Pothin, évêque de cette ville, et quarante-cinq autres, fut décapitée sous l'empereur Marc-Aurèle, l'an 177. — 2 juin.

GRATE (sainte), veuve, était fille de sainte Adélaïde, aussi veuve : elle est honorée à Bergame le 25 août et le 1er mai.

GRATIEN (saint), *Gratianus*, martyr en Picardie, fut dénoncé à Rictiovare, préfet des Gaules, comme professant la religion chrétienne, et comme soutenant par ses exhortations le courage de ceux qui étaient arrêtés pour la foi. Le préfet l'ayant fait comparaître devant son tribunal, sur le refus qu'il fit d'apostasier et de sacrifier aux dieux, il le condamna à la décapitation, sous l'empereur Maximien, vers l'an 287. Saint Gratien a toujours été honoré dans le diocèse d'Amiens et dans celui de Paris. Ses reliques, qui se trouvaient à l'archevêché de cette dernière ville, disparurent en 1830, lors du sac du palais archiépiscopal. — 23 octobre.

GRATIEN (saint), évêque de Toulon et martyr, remplissait avec un zèle apostolique les fonctions de l'épiscopat, lorsque Évaric, prince arien, qui régnait sur les Goths d'Espagne et qui tenait sous sa domination les provinces méridionales des Gaules, excita contre les catholiques de ses États une cruelle persécution. Il voulut contraindre les évêques à embrasser l'hérésie arienne; mais n'ayant pu vaincre la constance de Gratien, il le fit mourir dans les supplices, le 23 octobre 473. — 23 octobre.

GRATINIEN (saint), *Gratinianus*, soldat et martyr à Pérouse avec saint Félin, souffrit de cruelles tortures et enfin la mort sous l'empereur Dèce, au milieu du IIIe siècle. Dans le Xe siècle, son corps fut transporté à Arone sur le lac Majeur. — 1er juin.

GRAULS (saint), *Gratulphus*, confesseur en Angoumois, florissait dans le VIIIe siècle. — 11 octobre.

GRÉGENCE (saint), *Gregentius*, archevêque de Taphar en Arabie, fut chassé de son siége en 520 par le juif Dunaan, qui s'était fait roi de l'Yémen; mais saint Elesbaan, roi d'Éthiopie, ayant défait cet usurpateur, rétablit Grégence sur son siége et fit rebâtir la cathédrale de Taphar, que Dunaan avait détruite. Abraamius ou Ariat, chrétien fort zélé, ayant remplacé le tyran juif, se conduisit par les conseils du saint archevêque et ils travaillèrent de concert à la conversion des juifs. Grégence eut avec eux une conférence publique où la vraie religion triompha d'une manière éclatante. Il mourut le 19 décembre 552, et il a laissé en grec un traité contre les vices, qui se conserve dans la bibliothèque impériale de Vienne. — 19 décembre.

GRÉGOIRE THAUMATURGE (saint), *Gregorius*, évêque de Néocésarée, dans le Pont, né dans cette ville, d'une famille distinguée, mais idolâtre, perdit dès l'âge de quatorze ans son père qui le destinait au barreau, et qui lui avait tracé un plan d'éducation, qui fut observé même après sa mort. Il fit son cours de rhétorique avec le plus grand succès, et l'on pouvait déjà prévoir alors qu'il serait plus tard un des plus illustres orateurs de son siècle. Il se livra ensuite à l'étude de la langue latine et à celle du droit romain, deux sciences nécessaire pour l'état auquel il se destinait. Sa sœur ayant épousé l'assesseur du gouverneur de la Palestine, fut mandée par son mari à Césarée où il résidait. Comme elle faisait ce voyage aux frais de l'État et qu'elle avait la liberté de mener avec elle les personnes qu'elle jugerait à propos, elle se fit accompagner par ses deux frères, Grégoire et Athénodore, qui, après avoir passé quelque temps à Césarée, se rendirent à Béryte où ils suivirent un cours de droit romain. Mais ils revinrent ensuite à Césarée pour y prendre des leçons d'Origène, qui venait d'y ouvrir son école, et qui reconnut bientôt dans les deux frères une capacité extraordinaire pour les sciences et de rares dispositions pour la vertu. Il s'appliqua donc avec un soin tout particulier à les faire sortir des erreurs du paganisme, en leur inspirant un grand désir d'arriver à la connaissance et à la possession de la vérité. Il commença par leur enseigner la logique, ensuite la philosophie naturelle, pour les amener à la théologie, en expliquant les saintes Écritures. Origène ayant été obligé d'interrompre ses leçons et de sortir de Césarée en 235, à cause de la persécution de l'empereur Maximin, Grégoire se rendit à Alexandrie et fréquenta pendant trois ans, l'école des philosophes platoniciens. Sa conduite était si régulière dans cette ville, que les étudiants, jaloux de sa vertu, qui faisait la condamnation tacite de leurs désordres, employèrent, pour s'en venger, le ministère d'une prostituée qui, pendant que Grégoire s'entretenait de sciences avec quelques savants de ses amis, vint lui demander le payement de ce dont ils étaient, disait-elle, convenus. Les amis de Grégoire, qui connaissaient l'innocence de ses mœurs, la repoussèrent avec indignation, comme une infâme calomniatrice. Mais lui, pour ne pas être interrompu plus longtemps dans sa conversation, pria un de ses amis de donner à cette malheureuse ce qu'elle demandait. Plusieurs ayant mal interprété cette action, lui firent des reproches, le soupçonnant d'être coupable. Ils ne tardèrent pas à être désabusés ; car cette prostituée n'eut pas plutôt reçu l'argent qu'elle réclamait, que le démon s'empara d'elle et la renversa par terre. Elle poussait d'affreux hurlements, s'arrachait les cheveux, et l'écume lui sortait de la bouche. Grégoire, touché de compassion, invoque le Ciel en sa faveur, et à l'instant elle est délivrée. On ignore s'il était déjà baptisé alors, ou s'il ne le fut qu'après son retour à Césarée, où il alla se ranger de nouveau parmi les disciples d'Origène qui, voyant la persécution finie, venait de rouvrir son école, en 238. Lorsque ses études furent terminées, il voulut, avant de se séparer de son illustre maître, lui donner un témoignage public de sa reconnaissance, par un panégyrique qu'il prononça en son honneur, devant un auditoire nombreux et choisi. Il loue l'excellente méthode d'Origène et remercie Dieu de lui avoir donné un tel maître; il rend grâces en même temps à son ange gardien, de l'avoir conduit dans une telle école. Il fait le plus beau portrait de ce grand homme et dit, entre autres choses, qu'il portait ses disciples à la vertu autant par ses exemples que par ses leçons. On trouve clairement exprimé, par ce panégyrique, le dogme de la divinité de Jésus-Christ. Ce magnifique morceau d'éloquence est peut-être ce que l'antiquité nous a laissé de plus parfait et de plus achevé en fait du fini des pensées et de l'élégance du style. Grégoire était à peine de retour à Néocésarée, qu'Origène lui écrivit une lettre, dans laquelle il lui donne des témoignages de la plus tendre amitié, et l'appelle son seigneur très-saint et son véritable fils. Il l'exhorte à consacrer au service de la religion les talents qu'il a reçus de Dieu, et de joindre la prière à l'étude de l'Ecriture sainte. Les compatriotes de Grégoire le voyant de retour au milieu d'eux, s'attendaient qu'il allait profiter de ses grands talents et de ses études profondes pour se pousser aux premières dignités; mais il renonça à toutes les espérances qu'il pouvait se promettre dans le monde pour se consacrer à Dieu dans la solitude. Phédime, archevêque d'Amasée et métropolitain de la province de Pont, instruit de son mérite et de sa vertu, résolut de le faire nommer évêque de sa ville natale, malgré sa jeunesse. Grégoire, instruit de ce projet, prit la fuite et se cacha pendant quelque temps; mais ayant été découvert, il acquiesça enfin à son élection, à condition qu'on lui laisserait le temps de se disposer à recevoir l'onction épiscopale. Sa demande lui fut accordée, après quoi on le sacra évêque (240) selon les cérémonies usitées dans l'Eglise. Ce fut vers cette époque qu'il mit par écrit son symbole, qui est une règle de foi concernant la sainte Trinité, laquelle lui fut donnée, au rapport de saint Grégoire de Nysse, dans une vision, par la sainte Vierge elle-même. Une nuit qu'il était absorbé dans une méditation profonde, il aperçut un vénérable vieillard qui se dit envoyé de Dieu pour lui enseigner les vérités de la foi, et qui était accompagné d'une femme d'un aspect surnaturel. Elle appela le vieillard Jean l'Evangeliste et le pria d'instruire Grégoire des mystères de la religion. Saint Jean, ayant répondu qu'il était tout prêt à obéir à la mère de Dieu, se mit à expliquer la doctrine céleste au nouvel évêque, qui la mit par écrit, et la vision disparut. Le saint fit de ce symbole la règle de ses instructions et le laissa à son église, qui, au rapport de saint Grégoire de Nysse, eut le bonheur d'être préservée de toute hérésie, notamment de celles des ariens et des semiariens, parce que ce symbole explique clairement la doctrine de l'Eglise sur la Trinité. Néocésarée était une ville riche et peuplée; mais les habitants, à l'exception de dix-sept, étaient tous idolâtres. Grégoire ne négligea rien pour les amener à la connaissance de l'Evangile, et son zèle fut secondé par le don des miracles; aussi les nombreux prodiges qu'il opéra lui ont-ils mérité le surnom de Thaumaturge. Un jour qu'il se rendait de sa ville épiscopale au désert, pour y passer quelque temps dans la solitude, il fut surpris par un violent orage, et se réfugia dans un temple d'idoles. En y entrant, il fit plusieurs fois le signe de la croix pour purifier l'air, et passa la nuit en prières avec son compagnon. Le prêtre chargé de desservir le temple étant venu le lendemain, les démons déclarèrent qu'ils ne pouvaient plus y rester, parce que l'homme qui y avait passé la nuit les forçait à se retirer. Le prêtre voyant qu'il ne pouvait les rappeler, courut après Grégoire et l'ayant atteint, il le menaça de porter plainte aux magistrats et même à l'empereur. Le saint lui répondit tranquillement qu'il avait reçu de Dieu le pouvoir de chasser et de rappeler les démons, à sa volonté. Le prêtre, tout étonné de lui entendre dire qu'il pouvait commander au démon, le pria de faire l'essai de son pouvoir en ordonnant aux démons de rentrer dans le temple. Grégoire y consentit et lui donna un morceau de papier sur lequel il avait écrit : *Grégoire à Satan* : Entre. Le prêtre mit le papier sur l'autel, et, ayant fait les oblations ordinaires, les démons rendirent leurs oracles comme auparavant. Le prêtre, rempli d'admiration, courut après le saint, et d'ayant rejoint, il le pria de lui faire connaître le Dieu auquel obéissait ceux qu'il adorait. Grégoire satisfit à ses désirs et lui expliqua les mystères de la foi chrétienne, lui faisant observer qu'ils étaient établis, non sur le raisonnement, mais sur les prodiges de la puissance divine. Alors le prêtre, montrant une grande pierre, demanda qu'il lui fût ordonné de changer de place et de se transporter dans un lieu qu'il désignait. Grégoire donna l'ordre, et la pierre obéit par le pouvoir de celui qui promit à ses disciples que leur foi serait capable de transporter des montagnes. Le prêtre païen se convertit à la vue de ce miracle et reçut le baptême. Les habitants de Néocésarée, qui entendaient parler des actions miraculeuses de Grégoire, le reçurent avec acclamation, quoiqu'ils fussent idolâtres. Ses amis, qui l'avaient suivi au désert, paraissant inquiets sur le lieu où il logerait, il leur reprocha leur peu de confiance en la protection divine. En effet plusieurs personnes lui ayant offert leurs maisons, il accepta celle de Musonius, un des habitants les plus distingués de la ville. Son premier discours, qu'il prononça le jour même de son arrivée, convertit un nombre d'idolâtres suffisant pour former une petite Église. Le lendemain, on lui présenta une foule de malades qu'il guérit, et comme le nombre des chrétiens allait toujours en augmentant, il fit bâtir une église pour leur usage. On rapporte que, manquant de place dans le lieu qu'il avait choisi, il fit, par l'effet de sa prière, reculer une montagne, qui laissa l'espace nécessaire à cet effet. Ce prodige frappa tellement les habitants, que tous s'employèrent avec ardeur à la construction de l'édifice, soit en travaillant eux-mêmes, soit en contribuant de leur bourse. Le Lycus, aujourd'hui le Casalmac, qui baigne les murs de Néocésarée, se débordait quelquefois avec tant d'impétuosité, qu'il entraînait les moissons, les troupeaux et les maisons avec leurs habitants. Grégoire s'approche du fleuve, sur le bord duquel il enfonce son bâton, et ordonne aux eaux, de la part de Dieu, de ne point passer cette borne. Saint Grégoire de Nysse rapporte que, depuis lors, le fleuve ne se déborda plus, et que le bâton même, ayant pris racine, devint un grand arbre. Pendant un voyage que faisait le saint évêque, deux juifs se placèrent sur son passage et l'un d'eux se coucha, contrefaisant le mort ; l'autre, feignant la désolation, demande à Grégoire de quoi faire enterrer son camarade. Le saint se dépouille de son manteau et le jette sur le prétendu mort : l'autre, tout joyeux, lui dit de se lever ; mais quel ne fut pas son étonnement de le trouver réellement mort. La sainteté et les miracles de l'évêque de Néocésarée lui attirèrent une telle réputation, qu'on venait le consulter de toutes parts, même pour des affaires temporelles. Deux frères, qui se disputaient un lac dépendant de l'héritage paternel, vinrent le prier de régler leur différend ; mais ils étaient tellement animés l'un contre l'autre, que le saint ne put les mettre d'accord, et qu'ils résolurent de décider la question par les armes. Grégoire, qui voulait prévenir l'effusion du sang, passa en prières, sur le bord du lac, la nuit qui précéda le jour fixé pour le combat, et lorsque le jour parut, on trouva ce lac desséché, ce qui termina la querelle. Les chrétiens de Comanes, dans le Pont, qui se proposaient d'élire un évêque, invitèrent Grégoire à venir présider à cette élection. Le saint se rendit à leurs désirs, et lorsqu'il fut arrivé, voyant que les voix se portaient sur les candidats qui n'étaient recommandables que par leur naissance, leur fortune, leurs talents ou la considération dont ils jouissaient dans le monde, il exhorta l'assemblée à choisir un homme d'un esprit apostolique, sans s'inquiéter des qualités extérieures, ajoutant que les apôtres avaient été pauvres et de basse condition. *S'il en est ainsi*, dit un plaisant, *il n'y a qu'à prendre Alexandre le charbonnier*. Grégoire, qui venait d'apprendre, par une révélation céleste, ce que c'était que ce personnage obscur en apparence, le fit venir, l'interrogea en présence du peuple, qui vit, par ses réponses, qu'il était bien au-dessus de ce qu'il paraissait être. C'était en effet un homme d'une origine illustre, qui avait renoncé à l'étude des sciences et à son rang dans le monde, pour vivre à Comanes déguisé en charbonnier. Grégoire, admirant une telle humilité, le présenta au choix du peuple, qui l'élut à l'unanimité. La persécution de Dèce ayant commencé, en 250, Grégoire conseilla à son troupeau de prendre la fuite, et de ne pas s'exposer témérairement au combat, de peur de n'avoir pas assez de courage pour résister aux ennemis de la foi, et il n'eut à déplorer aucune apostasie. Lui-même s'étant retiré dans le désert avec le prêtre idolâtre qu'il avait converti et élevé au diaconat, des soldats vinrent pour l'arrêter ; mais ils ne virent que deux arbres dans le lieu où le saint était avec son compagnon. De nouvelles perquisitions ayant été ordonnées, celui qui en était chargé trouva en prières l'évêque et son diacre, que les soldats avaient pris pour deux arbres, et persuadé qu'ils avaient échappé par miracle, il se jeta aux pieds de Grégoire, et ne voulut plus le quitter, après qu'il eut embrassé le christianisme. Les païens, furieux d'avoir manqué le pasteur, tournèrent leur rage contre le troupeau et emprisonnèrent tout ce qu'ils purent trouver à Césarée de fidèles, hommes, femmes et enfants. Le saint vit par révélation, du fond de sa retraite, les combats du saint martyr Troade, jeune homme distingué dans la ville, et qui, après plusieurs tourments, eut le bonheur de mourir pour Jésus-Christ. La persécution ayant fini avec la vie de Dèce en 251, Grégoire revint à Néocésarée, et fit la visite de son diocèse. Il établit de sages règlements pour réparer les abus, et institua des fêtes anniversaires en l'honneur des martyrs qui avaient souffert dans la dernière persécution. Une fête en l'honneur des divinités païennes ayant amené à Néocésarée une multitude immense, quelques-uns de ceux qui étaient trop serrés sur le théâtre où se donnaient les jeux et les spectacles, prièrent Jupiter de leur procurer de la place. Grégoire, qui en fut informé, dit qu'ils ne seraient pas longtemps trop serrés; en effet la peste vint bientôt dépeupler la ville et le pays d'alentour, et le fléau ne cessa que par la vertu de ses prières. La plupart des idolâtres qui restaient encore ouvrirent les yeux et se firent chrétiens. Les Goths et les Scythes ayant fait une irruption dans l'empire, sous Gallien, ils dévastèrent plusieurs provinces, entre autres celle de Pont. Des chrétiens qui avaient été pillés pillèrent à leur tour leurs compatriotes en achetant des barbares le produit de leurs déprédations. Un évêque ayant consulté Grégoire sur la pénitence qu'il fallait imposer à ces injustes acquéreurs, il lui répondit par son épître canonique, qui tient un rang distingué parmi les canons pénitentiaux de la primitive Eglise, et dans laquelle on lit : «Que personne ne se trompe soi-même, sous prétexte qu'il a trouvé une chose ..... car il n'est point permis de s'approprier ce qu'on a trouvé. Si en temps de paix, il nous est défendu de nous emparer de ce qui appartient à des ennemis, à combien plus forte raison est-il défendu de prendre ce que des malheureux abandonnent par nécessité et dans la seule vue de se soustraire par la fuite aux périls d'une invasion ?...... Ainsi parce que les Borades et les Goths exercent des injustices contre vous, il vous sera permis, pour vous indemniser, d'être des Borades et des Goths pour vos frères?» Il assista en 264, avec son frère Athénodore, qui avait aussi été élevé à l'épiscopat, au concile d'Antioche, tenu contre Paul de Samosate, évêque de cette ville, qui n'admettait qu'une personne en Dieu et qui faisait de Jésus-Christ un pur homme. Grégoire et son frère sont nommés les premiers parmi les Pères du concile qui souscrivirent à la condamnation de ces impiétés. On croit que le saint évêque de Néocésarée mourut le 17 novembre 270 ou 271, ne laissant plus dans la ville que dix-sept idolâtres, tandis qu'en y entrant il n'avait trouvé que dix-sept chrétiens. Il défendit qu'on l'enterrât dans un lieu à part, parce qu'ayant toujours vécu en étranger sur la terre, il ne voulait pas avoir une demeure à lui après sa mort. Les nombreux miracles qui lui ont fait donner le surnom de Thaumaturge sont rapportés par saint Grégoire de Nysse et par saint Basile, son frère ; selon ce dernier, l'évêque de Néocésarée était doué de l'esprit des prophètes et des apôtres, qui faisait revivre en sa personne les Moïse et les saint Paul. Outre son panégyrique en l'honneur d'Origène, son symbole et son épître canonique, saint Grégoire Thaumaturge a laissé une paraphrase de l'Ecclésiaste. On lui attribue aussi des sermons, mais qui ne sont pas de lui. — 17 novembre.

GRÉGOIRE (saint), martyr en Afrique, souffrit avec saint Archelaüs et un autre. — 5 mai.

GRÉGOIRE DE SPOLETTE (saint), prêtre et martyr, prêchait la foi avec beaucoup de zèle et de succès dans cette ville, au commencement du IVe siècle, lorsqu'à l'arrivée du général Flaccus il fut dénoncé comme un séducteur des sujets de l'empire et comme un contempteur des dieux. Flaccus l'ayant fait comparaître devant le tribunal, lui demanda d'un ton sévère s'il était Grégoire de Spolette. Oui, c'est moi qu'on appelle de ce nom. — C'est donc vous qui méprisez les empereurs ? — Je sers depuis mon enfance le Dieu qui m'a créé. — Quel est votre Dieu ? — C'est celui qui a fait l'homme à son image et à sa ressemblance, qui est tout-puissant et immortel, et qui rendra à chacun selon ses œuvres. — A quoi bon tant de paroles ? Faites ce qui vous est ordonné par les édits. — Je ne sais ce que signifie l'ordre dont vous me parlez, mais je sais ce que je dois faire. — Si vous voulez sauver votre tête, allez au temple et sacrifiez aux dieux : alors vous deviendrez notre ami, et les invincibles empereurs vous combleront de biens. — Je n'ambitionne pas une telle amitié ; je ne sacrifie pas au démon, mais à Jésus-Christ, mon Dieu. Flaccus le fit donc frapper avec des bâtons pleins de nœuds, et étendre ensuite sur un gril avec des charbons ardents placés dessous ; puis il le fit conduire en prison. Quelque temps après, on lui déchira les jambes avec des crocs en fer et on lui brûla les côtés avec des flambeaux allumés. Après ces diverses tortures il fut décapité l'an 304, sur la fin du règne de Dioclétien. — 24 décembre.

GRÉGOIRE L'ILLUMINATEUR (saint), évêque et apôtre de l'Arménie, naquit dans la province de Balhaven et sortait de la famille royale des Arsacides. Il fut élevé dans la religion chrétienne à Césarée en Cappadoce, où, après avoir reçu le baptême, il se sentit le désir d'aller évangéliser ses compatriotes, dont le plus grand nombre étaient encore idolâtres. Il retourna donc en Arménie, et ses prédications, soutenues par une vie sainte et par le don des miracles, opérèrent des conversions innombrables. Après avoir eu beaucoup à souffrir du roi Tiridate, il finit par le convertir lui-même, et lui administra le baptême avec une grande solennité. L'empereur Maximin Daïa, irrité des progrès que le christianisme faisait en Arménie, vint attaquer ce royaume avec une armée formidable ; mais il fut repoussé et obligé de se retirer avec confusion : c'est la première guerre de religion dont il soit parlé dans l'histoire ecclésiastique. Saint Grégoire, qui probablement était déjà prêtre, reçut l'onction épiscopale des mains de Léonce, évêque de Césarée, et ce fut Tiridate lui-même qui voulut le voir élevé à l'épiscopat, afin qu'il eût plus d'autorité pour continuer l'œuvre qu'il avait si heureusement commencée. De retour en Arménie, le nouvel apôtre reprit ses travaux apostoliques, porta le flambeau de la foi chez plusieurs nations barbares qui habitaient sur les bords de la mer Caspienne, et pénétra jusqu'au mont Caucase. Après avoir gouverné l'Eglise d'Arménie pendant trente-un ans, et après avoir sacré un coadjuteur qui devait lui succéder, il se retira dans une cellule à Mania, dans la haute Arménie. Il y finit ses jours, et il y fut enterré. Dans la suite, son corps fut transporté à Thordane, et les Arméniens prétendent qu'il fut transféré à Constantinople du temps de l'empereur Zénon, à l'exception de quelques-uns de ses ossements qu'ils conservent avec vénération. Il composa plusieurs discours remplis d'une sagesse toute divine, et il rédigea pour son troupeau une exposition de la foi chrétienne, le tout resté manuscrit, que l'on dit être à la bibliothèque royale de Paris. Il paraîtrait, d'après quelques auteurs, qu'il confessa la foi pendant la persécution de Dioclétien et qu'il souffrit diverses tortures auxquelles il survécut. On conserve à Naples, dans l'église des Bénédictins érigée en son honneur, les chaînes dont il fut garrotté, et des fragments de verges qui servirent à le frapper. Quant à l'époque de sa mort, on la place au temps où Constantin se rendit maître de l'Orient, c'est-à-dire vers l'an 324, quoique des écrivains le fassent mal à propos assister au concile de Nicée. Les ménologes des Grecs lui donnent le titre de martyr, parce qu'il avait beaucoup souffert pour la religion ; mais il mérite plutôt celui de confesseur. — 30 septembre.

GRÉGOIRE (saint), évêque et martyr, est honoré chez les Cophtes le 27 février.

GRÉGOIRE L'ANCIEN (saint), évêque de Nazianze, avait épousé sainte Nonne, de laquelle il eut sainte Grégoire de Nazianze, saint Césaire et sainte Gorgonie. Né vers l'an 287, il fut élevé dans les superstitions du paganisme, et devenu premier magistrat de la ville de Nazianze : il en remplit les fonctions avec beaucoup de zèle et d'intégrité. Il possédait toutes les vertus morales qui font l'honnête homme selon le monde, et il ne lui manquait que d'être chrétien. Sainte Nonne, son épouse, ne cessait d'employer auprès de Dieu les larmes et les prières, afin d'obtenir sa conversion : elle eut enfin la consolation de voir ses vœux exaucés. Grégoire reçut le baptême à Nazianze même, vers l'an 325, et son mérite le fit élever, quatre ans après, sur le siége épiscopal de cette ville, qu'il occupa pendant près d'un demi-siècle. Sur la fin de sa vie, comme son grand âge ne lui permettait plus de remplir facilement toutes les fonctions de la charge pastorale, il fit revenir près de lui saint Grégoire, son fils, et il l'ordonna prêtre le jour de Noël 361. Le saint évêque ayant signé, par complaisance pour quelques ariens modérés qu'il espérait ramener dans le sein de l'Eglise, la formule de Rimini, conçue en termes équivoques et captieux, cette démarche imprudente, quoique faite dans de bonnes vues, scandalisa plusieurs de ses diocésains : les moines surtout refusèrent de communiquer avec lui. Son fils ne négligea rien pour étouffer dans sa naissance cette division ; et il sut si bien manier les esprits, qu'il parvint à réconcilier le troupeau avec son pasteur, tout en sauvegardant les intérêts de la foi et l'honneur de son père. Celui-ci, qui n'avait consenti qu'avec peine à le voir s'éloigner de lui, le rappela une seconde fois, pour se décharger sur lui du gouvernement de son Eglise, qu'il ne pouvait plus administrer par lui-même. Il mourut l'année suivante (374), à l'âge de quatre-vingt-dix ans. Son fils prononça son oraison funèbre en présence de sainte Nonne et de saint Basile le Grand, et il fait un éloge touchant de ses vertus, surtout de son zèle et de son humilité. Saint Grégoire le père est honoré le 1er janvier.

GRÉGOIRE (saint), évêque d'Elvire en Espagne, florissait dans le IVe siècle. Il se montra l'un des plus zélés et des plus intrépides défenseurs de la foi catholique contre les ariens, et il refusa de souscrire à la formule de Rimini. Quoique lié d'amitié avec Lucifer de Cagliari, il ne partagea pas sa sévérité outrée contre les évêques qui avaient donné dans le piége tendu par ces hérétiques, et il se garda bien surtout de l'imiter dans son schisme. — 24 avril.

GRÉGOIRE DE NAZIANZE (saint), archevêque de Constantinople et docteur de l'Eglise, surnommé le Théologien, à cause de la connaissance profonde qu'il avait de la religion, naquit en 327 à Arianze, petit bourg près de Nazianze en Cappadoce. Il était fils de saint Grégoire l'Ancien, qui fut ensuite évêque de Nazianze, et de sainte Nonne, lesquels eurent trois enfants : sainte Gorgonie, saint Césaire et saint Grégoire, dont il est question dans cet article. Sa mère, qui le regardait comme le fruit de ses ferventes prières, le consacra à Dieu dès sa naissance. Le jeune Grégoire fit de grands progrès dans la vertu et dans les sciences divines, par la lecture des livres de piété et de l'Ecriture sainte. Il eut, dans sa jeunesse, un songe mystérieux qu'il rapporte en ces termes : « Il me sembla voir deux femmes d'une rare beauté, qui représentaient, l'une la chasteté, et l'autre la tempérance ; elles me caressaient comme leur enfant, et me disaient : *Venez avec nous, et nous vous élèverons jusqu'à la lumière de la Trinité immortelle.* » Cette apparition lui inspira une telle estime du célibat, qu'il prit la résolution de passer dans la chasteté le reste de sa vie. Après avoir appris la grammaire dans son pays, il alla étudier la rhétorique à Césarée en Palestine, d'où il se rendit à Alexandrie pour s'y perfectionner dans les sciences. Il se rendit ensuite à Athènes, qui possédait alors les plus habiles maîtres de l'éloquence ; mais pendant la traversée, le vaisseau sur lequel il s'était embarqué fut pendant vingt jours en butte à une tempête si violente, que les passagers et l'équipage avaient perdu tout espoir de salut. Grégoire, prosterné sur le tillac, n'était occupé que du salut de son âme, qui n'était point encore régénérée par le baptême, et renouvelait la promesse, qu'il avait déjà faite auparavant de se consacrer entièrement au service de Dieu en cas qu'il échappât au danger. Sa prière fut exaucée, et il aborda heureusement à Rhodes, puis à Egine, île peu éloignée d'Athènes. Lorsqu'il fut arrivé dans cette ville, il y retrouva saint Basile, avec lequel il avait déjà lié connaissance à Césarée en Cappadoce, avant de quitter l'Orient. On cite encore aujourd'hui ces deux grands hommes comme le modèle parfait d'une véritable amitié. La conformité de leurs caractères, la similitude de leurs goûts, une égale innocence de mœurs, un même esprit de piété, les rendaient inséparables. Ils ne connaissaient dans la ville que deux rues : celle des écoles publiques et celle de l'église. Les premiers parmi leurs condisciples, ils n'avaient entre eux d'autre émulation que celle de l'emporter l'un sur l'autre dans la pratique du jeûne, de la prière et des exercices de piété. Ils eurent pour compagnon d'études (355) Julien, qui fut depuis empereur. Des travers physiques et son excentricité de caractère leur firent présager que l'empire nourrissait un monstre dans son sein, et la suite prouva qu'ils ne s'étaient pas trompés. Grégoire quitta Athènes en 356, et en retournant dans sa patrie il passa par Constantinople, où il trouva son frère Césaire, qui était premier médecin de l'empereur Constance. Ses amis et ses connaissances voulurent le retenir dans cette ville, où on lui offrait pour perspective de grands succès dans le barreau ou dans l'enseignement de la rhétorique. Grégoire, sensible à ces instances, qui étaient un hommage rendu à ses talents, répondit qu'il portait ses vues plus haut, et que son dessein était de ne vivre que pour Dieu. La première chose qu'il fit, en arrivant à Nazianze, fut de recevoir le baptême des mains de l'évêque, son père, et il profita de cette circonstance pour exécuter l'engagement qu'il avait pris de renoncer au monde. Embrassant dès lors la vie solitaire, il ne se nourrissait plus que de pain, de sel et d'eau ; ses habits étaient d'étoffe grossière ; son lit, la terre nue ; son occupation de la journée, le travail des mains, ainsi que la prière et la contemplation, exercice auquel il consacrait encore une grande partie des nuits. Sacrifiant à Dieu tous les avantages qu'il avait acquis par ses études, et tous les succès qu'il pouvait s'en promettre dans le monde, il laissa là l'éloquence profane, dans laquelle il excellait, renonça aux livres qui traitaient de l'art oratoire, et se ferma volontairement la carrière des honneurs et des richesses. Cet admirable détachement des choses terrestres ne l'empêcha pas cependant de se charger du gouvernement de la maison de son père et de l'administration de ses affaires temporelles. Les austérités auxquelles il se livrait dérangèrent sa santé, et les souffrances qui en résultèrent furent pour lui non-seulement un sujet de patience, mais même de joie. Comme il avait été extrêmement gai dans sa jeunesse, il se punissait de cette gaieté par une abondance de larmes presque continuelle, et il finit par acquérir tant d'empire sur lui-même, qu'il vint à bout de maîtriser les mouvements de la nature. Son désintéressement lui faisait prodiguer en aumônes tout ce qu'il possédait, de manière qu'il était souvent plus pauvre que ceux qu'il soulageait. Comme sa position l'obligeait à avoir encore certains rapports avec le monde, il quitta tout pour aller joindre dans la solitude (358) son ami Basile, avec lequel il passait les jours et les nuits dans les jeûnes, les veilles, la prière, le travail des mains, le chant des psaumes et l'étude de l'Ecriture sainte. Mais son père, âgé de plus de quatre-vingts ans, le rappela, afin de se décharger sur lui d'une partie du gouvernement de son diocèse ; et afin qu'il pût lui être d'un plus grand secours, il l'ordonna prêtre par surprise, et en employant en quelque sorte la violence, parce qu'il savait que son fils n'aurait pas consenti à se laisser imposer volontairement le fardeau du sacerdoce. Grégoire, après son ordination, qui eut lieu le jour de Noël en 361, prit la fuite et se réfugia auprès de saint Basile pour lui faire part de sa douleur. Mais comme on le blâmait généralement d'avoir quitté son vieux père, qui avait besoin de ses services, il revint à Nazianze au bout de dix semaines, et y prêcha, le jour de Pâques, son premier sermon. Il en prêcha ensuite un second, qui porte le nom d'*Apologie*, parce qu'il y justifie sa fuite, en montrant les devoirs du prêtre, les dangers du sacerdoce et la responsabilité attachée aux fonctions du saint ministère. Son père ayant signé, sur la fin du règne de Julien (363), la confession de foi de Rimini, dressée par les ariens, cette démarche imprudente, quoique faite avec bonne foi, scandalisa ses diocésains, et plusieurs refusèrent de communiquer avec lui. Grégoire, prévoyant les suites funestes de cette division, ne négligea rien pour réconcilier le troupeau avec le pasteur, et il y réussit sans blesser en rien les intérêts de la foi. Il prononça à cette occasion un discours sur le rétablissement de la paix dans l'Eglise de Nazianze. Après la mort de Julien, il prononça contre ce prince deux discours, dans lesquels il démasqua avec une sainte liberté l'impiété et l'hypocrisie de cet apostat, afin de défendre l'Eglise contre les païens. Il eut la douleur de perdre, en 368, son frère Césaire, qui avait renoncé au monde pour ne plus vivre que pour Dieu, et que l'Eglise honore d'un culte public. Il en fait le plus bel éloge dans l'oraison funèbre qu'il prononça en son honneur. Environ quatre ans après, il perdit sa sœur, sainte Gorgonie, dont il fit aussi l'éloge. Saint Basile, qui était devenu archevêque de Césarée, nomma Grégoire évêque de Sasimes, dans la seconde Cappadoce. Il se soumit, en vertu de l'autorité réunie de son père et de son ami, et il fut sacré à Césarée par ce dernier, vers le milieu de l'année 372. Il revint ensuite à Nazianze, en attendant, pour prendre possession de son siège, une occasion qui ne se présenta jamais. L'évêque de Tyane qui, pour soutenir ses droits de métropolitain contre saint Basile, avait mis dans ses intérêts le gouverneur de la province, faisait garder tous les chemins, pour l'arrêter en route en cas que Grégoire voulût se rendre à Sasimes : et comme saint Basile lui reprochait de manquer de courage, il répondit qu'il n'était pas disposé à livrer bataille pour la possession d'une Eglise. Il continua cependant à gouverner celle de Nazianze sous son père, qui mourut l'année suivante, et dont il prononça l'oraison funèbre en présence de sainte Nonne, sa mère, et de saint Basile, son ami. Il voulait, après la mort de son père, retourner dans la solitude; mais on le pressa si vivement de ne point abandonner l'Eglise de Nazianze, qu'il consentit à en prendre soin jusqu'à ce que les évêques de la province lui eussent donné un pasteur. Comme l'affaire traînait en longueur, et que sa santé était très-dérangée, il se retira, en 375, à Séleucie, métropole de l'Isaurie. C'est là qu'il fut frappé du coup le plus sensible qui pût l'atteindre : nous voulons parler de la mort de saint Basile, son illustre ami, arrivée en 378. Il composa en son honneur douze épigrammes ou épitaphes, et prononça son oraison funèbre à Césarée, quelques années plus tard. Après la mort de l'empereur Valens, qui avait persécuté les catholiques et favorisé les ariens, les évêques s'appliquèrent à réparer les maux que l'hérésie avait faits. Aucune Eglise n'avait plus souffert que celle de Constantinople : depuis quarante ans elle gémissait sous la tyrannie des ariens; et le peu de personnes qui étaient restées fidèles, se trouvant sans pasteur et même sans église, s'adressèrent à Grégoire (379), dont ils connaissaient le savoir, l'éloquence et la piété. Leurs instances, appuyées par plusieurs évêques, le déterminèrent enfin à quitter sa retraite de Séleucie pour se rendre au milieu d'eux. Son extérieur pauvre et chétif, son corps exténué par les austérités et les maladies, le firent recevoir assez mal de la part des habitants de la capitale, et surtout de la part des hérétiques, qui composaient l'immense majorité de la population, et qui l'accablèrent de railleries, d'injures et de calomnies. Grégoire logea chez des parents qu'il avait dans cette ville, et les orthodoxes s'assemblaient dans leur maison, qui fut changée ensuite en une église à laquelle notre saint donna le nom d'Anastasie, qui signifie *résurrection*, parce qu'il y ressuscita en quelque sorte la foi catholique. Le nombre de ceux qui venaient l'entendre augmentant tous les jours, les ariens, pour neutraliser l'effet de ses instructions, redoublèrent leurs calomnies et eurent même recours à la violence : ils le poursuivaient à coups de pierre dans les rues, et le traînaient devant les magistrats, comme un brouillon qui ameutait le peuple. Grégoire souffrait tout avec autant de courage que de patience, et poursuivait son œuvre avec un zèle infatigable. Le temps qu'il n'employait point aux fonctions de son ministère était consacré à la prière et à la méditation; nuit et jour, il implorait avec larmes la miséricorde divine sur le troupeau dont il s'était chargé, et il ne se relâchait en rien du genre de vie qu'il

avait mené dans la solitude. Tous ceux qui venaient l'entendre ne pouvaient s'empêcher d'admirer son profond savoir, ainsi que la manière aussi claire qu'élégante avec laquelle il rendait sensibles les vérités les plus abstraites : c'est ce qui détermina les hérétiques et les païens à venir l'entendre, et un grand nombre se convertirent. Au milieu de succès aussi consolants, la seule chose qui affligeât Grégoire, c'étaient les applaudissements qu'on donnait à son éloquence, parce qu'il craignait que le poison de la vaine gloire ne se glissât dans son cœur. Plusieurs personnages célèbres vinrent se ranger parmi ses disciples, entre autres saint Jérôme, qui quitta les déserts de la Syrie pour venir étudier sous lui l'Ecriture sainte, et qui se glorifia toujours depuis d'avoir eu un tel maître. Maxime d'Alexandrie, philosophe cynique, s'étant aussi rendu à Constantinople, sut si bien déguiser, sous un extérieur hypocrite, l'orgueil, l'ambition et les autres vices dont il était infecté, qu'il en imposa à plusieurs personnes. Grégoire lui-même y fut trompé, et prononça son éloge en 379; mais il eut bientôt à s'en repentir : Maxime ayant gagné quelques laïques et un mauvais prêtre, se fit ordonner clandestinement évêque de Constantinople, et reçut l'imposition des mains de quelques évêques d'Egypte, qu'il avait fait venir à cet effet. A la nouvelle d'une ordination aussi irrégulière, le pape Damase écrivit une lettre par laquelle il déclarait nulle l'élection de Maxime, et l'empereur Théodose, qui était à Thessalonique, en témoigna aussi publiquement son indignation. A peine ce prince fut arrivé à Constantinople, qu'il signifia à Démophile, évêque arien, de recevoir la doctrine du concile de Nicée ou de sortir de la ville : Démophile prit ce dernier parti. Théodose donna à Grégoire de grandes marques d'estime, et lui dit en l'embrassant : *Les catholiques vous demandent pour évêque, et je vous assure que leur choix est très-conforme à mes désirs.* Il le mit ensuite en possession de l'église de Sainte-Sophie, de laquelle toutes les autres églises de la ville dépendaient. Pendant la cérémonie, le peuple demanda à grands cris Grégoire pour évêque. Le saint fit cesser ces cris, en disant que pour le moment on ne devait penser qu'à remercier le Seigneur d'avoir rétabli la vraie foi, et la modestie qu'il montra dans cette circonstance reçut de grands éloges de la part de l'empereur. On ne pouvait remplir le siège de Constantinople qu'après qu'un concile l'aurait déclaré vacant et aurait annulé l'élection de Démophile, ainsi que celle de Maxime le Cynique. Mais comme les évêques de tout l'Orient se trouvaient réunis dans cette ville, sous la présidence de saint Mélèce, patriarche d'Antioche, les Pères, à sa sollicitation, établirent canoniquement Grégoire évêque de Constantinople, malgré les larmes que son humilité lui faisait verser. Saint Mélèce étant mort pendant la tenue de ce concile, Grégoire y présida dans les dernières sessions. Les efforts qu'il fit pour rétablir la paix dans l'Église d'Antioche indisposèrent un grand nombre d'évêques qui ne voulaient point reconnaître saint Paulin, et ils se liguèrent contre Grégoire qui l'appuyait. Grégoire, qui n'avait accepté qu'avec peine sa nouvelle dignité, était tout disposé à s'en démettre, c'était ce que désiraient ses ennemis, qui poussèrent la scélératesse jusqu'à charger un assassin de lui ôter la vie ; mais celui-ci n'eut pas le courage de consommer son crime : arrivé près du saint, un remords subit s'empara de son âme, et il avoua tout en versant des larmes et se frappant la poitrine. Grégoire lui répondit : *Que Dieu vous pardonne comme je vous pardonne moi-même. Vous êtes présentement à moi par votre crime, mais je ne vous demande qu'une chose, c'est de renoncer à l'hérésie et de vous donner sincèrement à Dieu.* Cette douceur fit beaucoup de partisans au saint évêque, même parmi les ariens. Sur ces entrefaites, les évêques d'Égypte et de Macédoine étant arrivés au concile, quoiqu'ils fussent pour saint Paulin, ils ne laissèrent pas de se déclarer contre l'élection de Grégoire, alléguant que les canons défendaient de transférer un évêque d'un siège à un autre. Grégoire répondit que ces canons n'étaient plus observés en Orient, et que quand même ils seraient encore en vigueur, ils ne pouvaient le regarder, puisqu'il n'avait point pris possession du siège de Sasimes, et qu'il n'avait jamais occupé celui de Nazianze, en qualité d'évêque titulaire ; mais voyant que ces raisons ne produisaient aucun effet sur les esprits de ses adversaires, il s'écria en pleine assemblée : *Si mon élection cause tant de troubles, je consens à subir le sort de Jonas : qu'on me jette dans la mer pour apaiser cette tempête que je n'ai pas excitée. Si tous veulent suivre mon exemple, l'Église jouira bientôt d'une paix profonde. Je n'ai jamais désiré d'être évêque, et si je le suis, c'est contre ma volonté. S'il vous paraît expédient que je me retire, je suis prêt à retourner dans ma solitude. Je vous prie seulement de réunir vos efforts pour que le siège de Constantinople soit rempli par une personne de vertu et qui ait du zèle pour la défense de la foi.* Il sortit ensuite du concile, fort content d'être déchargé du fardeau de l'épiscopat, et laissant les Pères extrêmement surpris de cette démission inattendue, qu'ils eurent cependant la faiblesse d'accepter sur-le-champ. Grégoire s'étant rendu au palais, se prosterna aux pieds de Théodose, et lui ayant baisé la main, il lui dit : *Je ne viens pas, seigneur, vous demander des richesses ou des honneurs pour moi et les miens, ni solliciter votre libéralité en faveur des miens, mais je demande la permission de me retirer. Votre majesté sait que j'ai été placé malgré moi sur le siège de cette ville, et comme je suis devenu odieux, même à mes amis, parce que je n'ai en vue que les intérêts du ciel, je vous conjure de faire agréer ma démission. Ajoutez à la gloire de vos triomphes celle de rétablir la tranquillité dans l'Église de Dieu.* L'empereur, frappé d'une telle grandeur d'âme, n'accorda qu'avec peine ce que le saint évêque demandait avec tant d'ardeur. Grégoire fit ses adieux par un beau discours qu'il prononça dans l'église de Sainte-Sophie, en présence des Pères du concile et d'une foule immense. Il y parle avec modestie du bien qu'il a fait et de la droiture de ses intentions. Abordant ensuite le reproche qu'on lui avait fait sur la simplicité de son extérieur : *Je ne savais pas,* s'écrie-t-il, *qu'il fût de mon devoir de lutter de faste avec les consuls, les gouverneurs et les généraux d'armée ; j'ignorais qu'on pût se servir du bien des pauvres pour se nourrir délicatement, pour monter un beau cheval, pour se faire traîner dans un char pompeux, et pour entretenir une foule de domestiques. Si en agissant d'une autre manière je vous ai offensés, la faute est faite, et j'espère que vous me la pardonnerez.* Cependant les fidèles, surtout ceux qu'il avait gagnés à Jésus-Christ, étaient inconsolables de son départ. Ils le conjuraient en pleurant de ne pas les quitter, et Grégoire lui-même ne pouvait retenir ses larmes ; mais sa résolution était prise, et il sortit de Constantinople avant la fin de l'année 381, après avoir fait son testament, que nous avons encore, et qui est signé de six évêques et d'un prêtre. Il confirme la donation qu'il y avait faite de tous ses biens à l'Église et aux pauvres de Nazianze. Le peu qu'il s'était réservé pour vivre, il le léguait à quelques-uns de ses amis et de ses domestiques qui étaient dans le besoin. Il se retira à Nazianze, et ses efforts pour pourvoir cette ville d'un évêque ne réussirent que l'année suivante. C'est là qu'il composa le poëme sur sa vie, dans le but de détruire les calomnies qu'on publiait contre lui. Le mauvais état de sa santé l'obligea de se retirer à Arianze, sa patrie, où il vécut dans la plus profonde solitude, et, pendant le carême de 382, il garda un silence absolu, pour se punir de toutes les paroles inutiles qu'il se reprochait dans le passé. La retraite qu'il habitait était pourvue d'un jardin, d'une fontaine et d'un petit bois qui lui faisaient goûter les plaisirs innocents de la campagne, au milieu desquels il ne regrettait que l'absence de ses amis. Le jeûne, les veilles et la prière faisaient sa principale occupation. Il se livrait aussi à d'autres mortifications corporelles, comme nous l'apprenons de lui-même : *Je vis,* dit-il, *au milieu des rochers et des bêtes sauvages. Je ne vois jamais de feu ; je ne me sers point de chaussure, et une simple tunique fait tout mon vêtement. Je couche sur la paille, avec un sac pour couverture, et mon plancher est toujours arrosé des larmes que je répands.* Comme les apollinaristes avaient mis en vers leurs erreurs, il composa, sur la fin de sa vie, des poëmes sur les différentes vérités qu'ils attaquaient et sur divers sujets de piété. Il mourut, suivant l'opinion la plus commune, vers l'an 389, âgé de soixante-deux ans. En 950, l'empereur Constantin Porphyrogénète fit transporter ses reliques de Nazianze à Constantinople, et elles furent déposées dans l'église des Apôtres. Du temps des croisades, on les transporta à Rome, et on les plaça sous un autel de l'église du Vatican, où elles sont encore. Saint Grégoire a laissé des sermons, au nombre de cinquante-cinq, deux cent cinquante-cinq lettres, la plupart sur des sujets très-intéressants, des poëmes, au nombre de cent soixante-dix-huit, et deux cent vingt-huit épigrammes. On l'a souvent comparé à saint Basile, son ami; mais quoiqu'ils eussent de nombreux points de ressemblance, ils différaient cependant sous plusieurs rapports: saint Basile avait quelque chose de plus doux dans le caractère et dans le style; mais saint Grégoire a une éloquence plus fleurie et plus majestueuse; il conçoit les choses noblement, et il les exprime avec une délicatesse et une élégance inimitables, au point qu'Erasme n'osa entreprendre la traduction de ses écrits, dans lesquels on remarque un mouvement et une chaleur qu'on ne pourrait faire passer dans aucune langue. Il est regardé comme l'un des plus grands orateurs qui aient jamais existé; et le seul défaut qu'on lui reproche, c'est d'étaler trop de beautés oratoires. Ses vers sont pleins de douceur, d'harmonie et de facilité, et, pour leur trouver un point de comparaison, il faut remonter jusqu'à Homère. Il est incomparable pour la noblesse, la pureté et l'élégance du style, la variété des figures, l'élévation des pensées et la force des raisonnements. Il est aussi exact que sublime dans l'explication des mystères, ce qui lui a mérité le surnom de théologien par excellence. — 9 mai.

GRÉGOIRE (saint), évêque de Nysse, et frère aîné de saint Basile le Grand, naquit vers l'an 331. Il s'appliqua avec succès dans sa jeunesse à l'étude des lettres sacrées et profanes; ensuite il épousa Théosebie, dont les vertus ont été louées par saint Grégoire de Nazianze. Bientôt après, il quitta le monde pour se consacrer au service de l'Eglise, en qualité de lecteur; mais la passion qu'il avait pour l'éloquence lui fit ouvrir une école de rhétorique. Ce dernier changement d'état excita des murmures, et l'on trouva que l'emploi de rhéteur ne convenait pas à un membre du clergé. Saint Grégoire de Nazianze lui écrivit dans les termes les plus forts, et parvint à le ramener au service des autels. Appelé auprès de son frère, qui venait d'être nommé archevêque de Césarée, en 370, il l'aida dans le gouvernement de son diocèse. Jugé lui-même digne de l'épiscopat, il fut placé, en 372, sur le siège de Nysse, en Cappadoce; mais il fallut user de violence pour le faire consentir à son ordination. Son attachement à la foi de Nicée lui attira des persécutions de la part des ariens, qui le calomnièrent auprès de Démosthènes, gouverneur du Pont. Celui-ci envoya des soldats pour se saisir de sa personne, et Grégoire se laissa emmener sans opposer la moindre résistance; mais voyant qu'on n'avait pour lui aucun des ménagements qu'exigeaient le mauvais état de sa santé et la rigueur de la saison, il s'échappa des mains de ceux qui le conduisaient, et se mit en lieu de sûreté. Basile, son frère, craignant que cette fuite n'irritât Démosthènes, lui écrivit une lettre pour l'adoucir, le priant de faire examiner l'affaire de Grégoire dans la province, plutôt que dans les pays éloignés. Démosthènes assembla à Nysse un concile composé d'ariens; mais on ne voit pas qu'ils aient rien prononcé contre le saint évêque, qui avait la douleur de voir son siège occupé par un intrus vendu aux ariens. Ces hérétiques ayant perdu leur appui par la mort de l'empereur Valens, arrivée en 378, Grégoire eut la faculté de reprendre le gouvernement de son diocèse; mais la joie de son retour fut troublée bientôt après par la mort de saint Basile, pour lequel il avait autant de vénération que de tendresse. Il se transporta à Césarée pour rendre les derniers devoirs aux restes de son illustre frère, et assista ensuite (379) au concile d'Antioche. Les Pères du concile le chargèrent de parcourir les églises d'Arabie et de la Palestine, pour y réformer les abus qui s'y étaient introduits. Avant d'exécuter cette importante commission, il visita sainte Macrine, sa sœur, qu'il n'avait pas vue depuis huit ans, et qui gouvernait un monastère de vierges dans le Pont. Il n'arriva guère que pour assister à ses derniers moments, et après l'avoir vue mourir dans ses bras, il fit la cérémonie de ses funérailles. Au printemps de l'année 380, il entreprit le voyage d'Arabie et de Palestine, dont il avait été chargé par les évêques d'Orient, et l'empereur Théodose lui fournit une voiture aux frais du gouvernement. Saint Grégoire, pendant la route, chantait des psaumes avec ceux qui l'accompagnaient, et observait exactement tous les jeûnes prescrits par l'Eglise. Il commença sa tournée par l'Arabie, mais on ignore le détail des réformes qu'il y opéra. Quant à la Palestine, il y alla autant par piété que pour s'acquitter de sa commission, et visita tous les lieux consacrés par les mystères de la rédemption; mais les désordres dont il fut le témoin l'affligèrent beaucoup, et sa douleur était d'autant plus vive qu'il ne put les faire disparaître pendant le peu de temps qu'il y séjourna. Il assista, en 381, au concile général de Constantinople, et fut du nombre de ceux que les Pères désignèrent pour être dans l'Eglise d'Orient les centres de l'unité catholique, et avec lesquels il fallait être uni de communion pour être regardé comme orthodoxe. Il prononça en plein concile l'oraison funèbre de saint Mélèce, évêque d'Antioche, qui mourut pendant qu'il présidait l'assemblée. L'année suivante, il assista à un autre concile, tenu à Constantinople, contre Eunomius, et à un troisième tenu dans la même ville, en 394. Dans ce dernier, il fut placé parmi les métropolitains; c'était un honneur qu'on accordait à sa personne et non à son siège. Il mourut vers l'an 400. Les principaux ouvrages de ce saint docteur sont: 1° des *Homélies, Sermons et Discours*; 2° des *Commentaires sur l'Ecriture*; 3° des *Traités dogmatiques*; 4° des *Traités de Morale*; 5° des *Lettres*; 6° des *Panégyriques de saints*, et les *Vies de saint Grégoire Thauma-*

turge, de saint *Théodore*, de saint *Mélèce*, de saint *Ephrem*, et de sainte *Macrine*. Saint Grégoire de Nysse, digne frère de saint Basile, peut, comme lui, être comparé aux plus célèbres orateurs de l'antiquité, pour la pureté, l'aisance, la douceur, l'élévation et la magnificence du style; mais il se surpasse en quelque sorte lui-même dans ses ouvrages polémiques, où il déploie une pénétration d'esprit et une sagacité merveilleuses pour démasquer et confondre l'erreur. Le vii° concile général lui donna le titre de Père des Pères, et produisit ses écrits pour condamner les impiétés de Nestorius. Les écrivains ecclésiastiques ont fait le plus grand éloge de ses vertus, et surtout de sa foi, de l'innocence de ses mœurs et de son courage dans l'adversité. Quelques critiques lui ont reproché, et non sans raison, de trop donner à l'allégorie, et d'expliquer quelquefois, dans un sens figuré, des textes de l'Ecriture, qu'il aurait été plus naturel de prendre à la lettre. D'autres lui reprochent encore un certain penchant pour l'origénisme, surtout dans son *Traité de la Soumission du Fils ;* mais on le justifie en disant que les erreurs qu'on y trouve y ont été ajoutées après coup par les origénistes. — 9 mars.

GRÉGOIRE (saint), évêque de Girgenti, en Sicile, né près de cette ville, de parents nobles et vertueux, fit dans sa jeunesse un pèlerinage aux saints lieux, et il y embrassa la vie monastique. Il était encore en Orient lorsque se tint, en 553, à Constantinople, le v° des conciles généraux, auquel il assista. De retour dans sa patrie, il fut nommé d'une voix unanime évêque de Girgenti, l'Agrigente des anciens, et il s'appliquait à gouverner saintement son troupeau, lorsque deux prêtres de son clergé, jaloux de voir qu'il leur avait été préféré, le chargèrent de plusieurs imputations calomnieuses. L'accusation ayant été portée à Rome, Grégoire s'y rendit, et il lui fut facile de prouver son innocence. Saint Grégoire le Grand, qui occupait alors la chaire de saint Pierre, conçut pour lui une estime particulière, et le protégea contre de nouvelles calomnies provenant de la même source, et auxquelles il fut en butte dans la suite. Saint Grégoire mourut sur la fin du vi° siècle ou au commencement du vii°. — 23 novembre.

GRÉGOIRE (saint), évêque de Langres, naquit au milieu du v° siècle, et fut d'abord l'un des principaux ornements du sénat d'Autun. Après la mort de sa femme, il quitta les affaires et le monde pour ne plus s'occuper que des exercices de la vie chrétienne. Ses vertus l'ayant fait juger digne de l'épiscopat, il fut placé sur le siége de Langres, l'an 507, et se fit admirer par son zèle, son humilité, son attrait pour la prière et son goût pour la mortification. Sa sollicitude embrassait à la fois les chrétiens et les idolâtres, retirant les uns de leurs désordres, et arrachant les autres aux ténèbres de l'erreur. Il assista, en 517, au concile d'Epaone, et, en 535, à celui d'Auvergne. L'année suivante, il envoya des députés au iii° concile d'Orléans. Il mourut au commencement de l'année 541, à l'âge de quatre-vingt-dix ans, après trente-trois ans d'épiscopat. On l'enterra, sur sa demande, à Dijon, ville qui était alors du diocèse de Langres, et il fut placé près du tombeau de saint Bénigne, pour lequel il avait une grande dévotion. Il eut pour successeur saint Tétrique, son fils. — 4 janvier.

GRÉGOIRE (saint), évêque d'Auxerre et confesseur, florissait dans le milieu du vi° siècle. Il mourut après avoir gouverné son église pendant douze ans, et il eut pour successeur saint Optat. — 19 décembre.

GRÉGOIRE DE TOURS (saint), évêque de cette ville, sortait d'une des plus riches et des plus illustres familles d'Auvergne. Il était neveu de saint Gal, évêque de Clermont, et arrière petit-fils de saint Grégoire, évêque de Langres, en l'honneur duquel il quitta son nom de Georges Florent, pour prendre celui de Grégoire. Né le 30 novembre 539, il fut élevé par saint Gal, son oncle, qui lui conféra la tonsure. Grégoire ne s'appliqua que médiocrement à l'étude des belles-lettres, mais il fit de grands progrès dans les sciences ecclésiastiques. Ayant été ordonné diacre par saint Avit, successeur de saint Gal, il entreprit, en 573, un pèlerinage au tombeau de saint Martin de Tours, pour remercier Dieu de la guérison d'une maladie dangereuse, pendant laquelle il avait invoqué le saint thaumaturge de la France. Il se fit connaître si avantageusement à Tours, que, peu de temps après son départ, le clergé et le peuple de cette ville, qui venaient d'admirer son savoir, sa piété et ses autres vertus, l'élurent pour évêque, à la place de saint Euphrône, son parent, qui venait de mourir. Les députés, chargés d'annoncer à Grégoire son élection, le trouvèrent à la cour de Sigebert, roi d'Austrasie, et il fut sacré par Gilles, archevêque de Reims, le 22 août de la même année. Le nouvel évêque fit fleurir la religion et la piété dans son diocèse : il rebâtit sa cathédrale, fondée par saint Martin, et fit reconstruire plusieurs autres églises. Le duc Gontran s'étant réfugié dans l'église de Saint-Martin, qui était regardée comme un asile inviolable, Grégoire refusa de le livrer au roi Chilpéric, et ne permit pas qu'on violât les franchises de ce lieu vénéré. Il assista, en 577, au concile tenu à Paris, contre saint Prétextat, évêque de Rouen, à qui Frédégonde en voulait, parce qu'il avait béni le mariage de Brunehaut avec Mérovée, fils de Chilpéric, et beau-fils de cette méchante femme. Grégoire prit la défense de Prétextat, et reprocha même à quelques évêques leur indigne complaisance pour Frédégonde. Celle-ci ne pardonna pas à Grégoire d'avoir empêché l'effet de sa vengeance : elle le fit accuser faussement de plusieurs crimes par Leudaste, comte de Tours, et le saint évêque fut cité devant une assemblée de prélats convoquée, en 580, à Berni, près de Compiègne, par le roi, pour juger cette affaire. Grégoire fut renvoyé absous, et son calomniateur, traité comme il le méritait, périt misérablement bientôt après. L'évêque de Tours eut ensuite une dispute assez vive avec Félix, évêque de Nantes, au sujet d'une terre de l'église de Tours. Félix ayant ensuite résigné son siège à Burgondio, son neveu, qui n'avait que vingt ans, et qui n'était pas même tonsuré, Grégoire refusa de l'ordonner pour ne pas violer les canons, qui défendaient de nommer à l'épiscopat quelqu'un qui n'était point engagé dans les saints ordres. Au zèle pour le maintien de la discipline, il joignait un zèle plus ardent encore pour la pureté de la foi. Il défendit la divinité de Jésus-Christ contre les juifs, les ariens et autres hérétiques, confondit les différents ennemis de la religion, et en convertit plusieurs. Chilpéric, qui se mêlait de théologie, ayant composé un écrit où il détruisait quelques points du dogme catholique, il le montra à Grégoire, qui en signala les erreurs avec une fermeté vraiment apostolique dont le roi fut très-choqué. Ce prince avait aussi rédigé un projet d'édit en faveur du sabellianisme, qui anéantissait la distinction des personnes divines: mais Grégoire, secondé par saint Salve d'Albi, s'opposa avec un courage intrépide à sa publication, et réussit à le faire supprimer. Le saint évêque de Tours était doué d'une douceur et d'une bonté qui le faisaient chérir de tous, et qui s'étendaient même à ceux qui ne méritaient aucune compassion. Des voleurs ayant pillé l'église de Saint-Martin, on les arrêta et on fit leur procès. Grégoire demanda leur grâce à Chilpéric, qui leur laissa la vie. Estimé des rois Gontran et Childebert, il se servit du crédit qu'il avait sur ces deux princes pour maintenir la paix entre eux, et s'acquitta toujours avec succès des négociations importantes dont il fut chargé pour le bien de l'état et de la religion. Il présida, en l'absence de l'évêque diocésain, à la cérémonie des funérailles de sainte Radegonde, qui venait de mourir (387) dans le monastère de Sainte-Croix qu'elle avait fondé à Poitiers. Ayant été ensuite nommé commissaire pour éteindre le schisme que cette mort avait fait naître dans l'abbaye, il prit le parti de l'abbesse qu'on avait calomniée, et condamna les religieuses qui s'étaient soustraites à son obédience. Saint Grégoire, qui avait possédé la confiance de sainte Radegonde, posséda aussi celle d'Ingoberge, veuve de Caribert, roi de Paris. Cette princesse, aussi vertueuse que charitable, le nomma son exécuteur testamentaire, et voulut qu'il l'assistât dans ses derniers moments. Les priviléges et les exemptions de l'église de Tours ayant été attaqués, Grégoire en obtint le maintien et la confirmation en 589. On lit dans l'ancienne Vie du saint qu'il fit, en 594, le pèlerinage de Rome; que le pape saint Grégoire le Grand le reçut avec honneur, et qu'il lui fit présent d'une chaîne d'or. L'auteur ajoute que le pape, admirant les rares qualités de son âme, fut surpris de la petitesse de son corps, et que l'évêque de Tours répondit: *Nous sommes tels que Dieu nous a faits.* Ce voyage à Rome est regardé comme douteux par quelques critiques. La sainteté de saint Grégoire fut attestée, même de son vivant, par plusieurs miracles, qu'il attribuait, par humilité, à saint Martin et à d'autres saints, dont il avait coutume de porter les reliques. Il mourut, après vingt-deux ans d'épiscopat, le 17 novembre 595, et fut enterré, sur sa demande, dans un lieu où passaient tous ceux qui se rendaient à l'église, voulant, par cette disposition, qu'on foulât aux pieds son tombeau; mais son clergé lui érigea un monument à la gauche du tombeau de saint Martin. Sa Vie a été écrite par saint Odon, abbé de Cluni. Nous avons de saint Grégoire de Tours, surnommé le Père de l'histoire de France, 1° une *Histoire des Francs, depuis leur établissement dans les Gaules*, qui est tout à la fois ecclésiastique et civile, et qui, quoiqu'elle manque de méthode, contient beaucoup de choses qu'on chercherait inutilement ailleurs ; 2° deux livres de la *Gloire des martyrs* ; 3° un livre de la *Gloire des confesseurs* ; 4° quatre livres des *Miracles de saint Martin*, et un livre des *Vies des Pères*. Ses ouvrages ne brillent pas par la saine critique ni par la pureté du style ; il montre trop de crédulité pour certains faits merveilleux, et sa diction dure et barbare viole souvent les règles du goût, et quelquefois celles de la langue. — 17 novembre.

GRÉGOIRE LE GRAND (saint), pape et docteur de l'Eglise, né à Rome en 540, d'une famille aussi illustre que vertueuse, eut pour père le sénateur Gordien, qui, après la naissance de son fils, embrassa l'état ecclésiastique et devint diacre régionnaire. Sylvie, sa mère, imita l'exemple de son mari et quitta aussi le monde pour se consacrer au service de Dieu. Dans sa jeunesse, Grégoire étudia la grammaire, la rhétorique et la philosophie, ensuite le droit civil et canonique. Il fut créé préteur ou premier magistrat de Rome par l'empereur Justin II, en 573. Le signe distinctif de cette dignité était une robe de soie enrichie d'une magnifique broderie et recouverte de pierres précieuses qu'on nommait *trabée*; mais loin d'être ébloui par cet éclat extérieur, son mépris pour les grandeurs humaines et son amour pour les choses célestes lui faisaient consacrer à la prière et à la méditation tous les instants qu'il pouvait dérober aux obligations de sa place, et il n'était heureux que quand il pouvait se rendre dans quelque église, ou converser de Dieu avec de fervents religieux. Après la mort de son père, il fonda six monastères en Sicile, où étaient une partie de ses biens. Il fonda aussi à Rome, dans sa propre maison, le monastère de Saint-André, où il prit l'habit en 575. L'ardeur avec laquelle il se livra ensuite à l'étude de l'Ecriture sainte, au jeûne et aux autres pratiques de la mortification, lui occasionna une telle faiblesse d'estomac qu'il tombait en syncope, lorsqu'il ne prenait pas fréquemment de la nourriture. Ce qui l'affligeait le plus dans cet état, c'est qu'il ne pouvait jeûner le samedi saint, jour où tout le monde jeûnait sans même en excepter les enfants. Il s'adressa à saint Eleuthère, qui après avoir été abbé de Saint-Marc près de Spolette, était alors religieux au monastère de Saint-André, et le conjura de demander à Dieu la grâce de pouvoir jeûner au moins ce saint jour. Eleuthère se rendit à l'église avec Grégoire et, après avoir prié ensemble, ce dernier se trouva guéri tout à coup, et en état de faire plus qu'il n'avait demandé. C'est vers le même temps qu'il projeta la conversion des Anglais, et voici à quelle occasion : passant un jour sur le marché de Rome, il y vit exposés en vente des esclaves d'une grande beauté. S'étant informé de leur pays et de leur religion, on lui répondit qu'ils étaient de l'île de Bretagne et encore païens. *Quel dommage*, s'écria Grégoire, *que des créatures aussi belles soient sous la puissance du démon, et qu'un tel extérieur ne soit pas accompagné de la grâce de Dieu!* Il alla trouver aussitôt le pape Benoît Ier pour le prier instamment d'envoyer des prédicateurs évangéliques dans cette île; et comme personne ne se sentait le courage de se dévouer à une mission aussi difficile, il demanda au pape la permission de s'y consacrer lui-même ; et à peine l'eut-il obtenue, qu'il partit avec quelques religieux de son monastère; mais le peuple de Rome n'eut pas plutôt appris son départ, qu'il s'attroupa autour de Benoît Ier qui se rendait à l'église de Saint-Pierre, et lui cria : *Saint Père, qu'avez-vous fait? en laissant partir Grégoire, vous avez détruit Rome ; vous nous avez réduits à l'état le plus déplorable, et vous avez offensé saint Pierre.* Le pape voyant cette manifestation populaire, dépêcha des courriers qui atteignirent Grégoire, qui était déjà à trois journées de chemin, et le firent retourner. Peu après, il fut mis au nombre des sept diacres de l'Église romaine qui avaient beaucoup de part à l'administration des affaires. Pélage II, qui savait apprécier sa sagesse et sa capacité, dont il était secrétaire, l'envoya à Constantinople, près de l'empereur Tibère II, en qualité d'apocrisiaire ou de nonce apostolique, pour demander du secours contre les Lombards. La réception pompeuse que lui fit Tibère, et les marques d'honneur qu'il lui prodigua n'altérèrent en rien l'humilité de Grégoire, et pendant son séjour à Constantinople, il vécut en moine avec quelques religieux de sa suite, formant ainsi, au milieu de la cour, une petite communauté. Il fit en Orient la connaissance de saint Léandre, évêque de Séville, à la prière duquel il écrivit ses Morales sur Job, ouvrage dont l'Église chrétienne a toujours fait le plus grand cas. Eutychius, patriarche de Constantinople, qui avait mérité le titre de confesseur de la foi sous Justinien, enseigna ensuite que les corps des bienheureux ne seraient plus palpables après la résurrection, et qu'ils deviendraient plus subtils que l'air : il composa même un ouvrage pour soutenir son sentiment. Saint Grégoire, à la vue de cette hérésie naissante, voulut avoir avec le patriarche, des conférences particulières sur ce sujet, une entre autres en présence de l'empereur Tibère, dans laquelle il démontra clairement, par les Ecritures, que les corps des saints ne différeraient de ceux qu'ils avaient eus sur la terre qu'en ce qui porte l'empreinte de la mortalité, et qu'ils seraient palpables comme celui de Jésus-Christ après sa résurrection. Eutychius, qui avait d'ailleurs d'excellentes qualités et une conduite irréprochable, eut le bonheur d'ouvrir les yeux à la vérité et donna une rétractation publique de son erreur. Maurice, gendre de Tibère, lui ayant succédé en 581, voulut que Grégoire fût le parrain de son fils aîné. En 584, Pélage II ayant rappelé Grégoire, celui-ci rapporta à Rome un bras de saint André et le chef de saint Luc, dont l'empereur lui avait fait présent ; il plaça ces deux précieuses reliques dans son monastère de Saint-André. Le chef de saint Luc fut transféré depuis à l'église de Saint-Pierre, où il se garde avec beaucoup de vénération. Grégoire, heureux d'être rendu à sa chère solitude, fut élu quelque temps après abbé de son monastère, et il en conserva toujours le gouvernement, même après son élévation à la papauté. Un de ses moines, nommé Juste, ayant caché trois pièces d'or, révéla sa faute, étant sur le point de mourir. Le saint abbé, pour punir d'une manière frappante cette infraction de la règle, qui interdisait aux religieux d'avoir rien en propre, défendit à la communauté de visiter le malade et d'aller prier autour de lui, comme cela se pratiquait ordinairement : il se borna à lui envoyer un prêtre pour l'exhorter à la pénitence et l'assister dans ses derniers moments. Il fit ensuite enterrer les trois pièces d'or dans un tas de fumier avec leur possesseur ; mais, comme celui-ci était mort repentant, s'il le priva de la sépulture chrétienne, il ne voulut pas le priver en même temps des prières de l'Église, et il fit offrir pour le repos de son âme le saint sacrifice pendant trente jours consécutifs. On lit dans les Dialogues de saint Grégoire, qu'après la messe du trentième jour, Juste apparut à un de ses frères, et lui apprit qu'il venait d'être délivré des peines qu'il avait endurées après sa mort. Pélage II étant mort de la peste, au mois de janvier 590, le clergé, le sénat et le peuple de Rome, élurent Grégoire pour le remplacer. Lui seul s'opposa à son élection, et comme elle devait être, selon l'usage de ce temps, confirmée par l'empereur d'Orient, il écrivit à l'empereur Maurice sur lequel il avait beaucoup de crédit, une lettre très-pressante, pour le conjurer de ne pas ratifier le choix qu'on avait fait de lui pour successeur de saint Pierre ; il écrivit aussi dans le même sens à Jean, patriarche de Constantinople, et à d'autres personnages influents. Mais Germain, préfet de Rome, informé à temps, fit intercepter ces lettres et écrivit à l'empereur pour lui demander la confirmation du décret d'élection. Comme la peste continuait ses ravages, Grégoire, touché du malheur de ses concitoyens, leur fit un discours touchant pour les exhorter à fléchir la colère de Dieu par de dignes fruits de pénitence ; ensuite il proposa une procession solennelle, qui fut aussitôt résolue. Les fidèles, divisés en sept chœurs, partirent de sept églises différentes, pour se rendre dans celle de sainte Marie-Majeure, en chantant des litanies. Il y eut quatre-vingts personnes de la procession qui moururent en moins d'une heure pendant la cérémonie, tant le fléau sévissait avec violence! Grégoire, occupé à consoler et à secourir le peuple, paraissait ne plus songer aux suites de son élection ; mais ayant appris qu'elle avait été confirmée par l'empereur, sachant, d'un autre côté, qu'on avait placé des gardes aux portes de la ville pour empêcher sa fuite, il se déguisa, et s'étant mis dans un panier d'osier, il se fit emporter par des marchands ; et une fois hors de Rome, il se cacha dans les bois et les cavernes. Les Romains, inconsolables de sa fuite, passèrent trois jours dans la prière et le jeûne, afin d'obtenir de Dieu qu'il leur découvrît sa retraite. Leurs vœux ayant été miraculeusement exaucés, Grégoire ne crut pas pouvoir résister plus longtemps à la volonté divine, et se laissa ramener à Rome où il fut sacré le 3 septembre 390. Ayant été conduit, selon la coutume, à la confession de Saint-Pierre, il y fit une profession de foi qui est parvenue jusqu'à nous, et qu'il adressa après son exaltation, aux patriarches du monde chrétien : il y déclare qu'il reçoit les conciles généraux avec autant de respect que les quatre Evangiles. A peine fut-il assis sur la chaire pontificale, qu'on lui écrivit de tous côtés des lettres de félicitation, et pendant que l'Eglise se réjouissait, lui seul était dans les larmes. *Je suis tellement accablé de douleur,* écrivait-il au patrice Narsès, *que je peux à peine parler..... Je ne trouve que dégoût et affliction dans tout ce qui parait le plus agréable au reste des hommes.* Il écrivit aussi à la princesse Théoctiste, sœur de Maurice, et lui dit, entre autres choses, que l'empereur son frère, en approuvant son élection, ne lui a pas donné le mérite et les vertus qui lui seraient nécessaires ; et dans celle qu'il écrivit à saint Léandre, il lui dit : *Je ne puis retenir mes larmes, lorsque je pense au port dont on vient de m'arracher. Mon cœur soupire à la vue de la terre ferme où il ne m'est plus possible d'aborder. Si vous m'aimez, assistez-moi de vos prières.* Jean, archevêque de Ravenne et son ami, l'ayant blâmé d'avoir pris la fuite pour se soustraire à une dignité qu'il méritait à tous égards, Grégoire composa, pour sa justification, le livre du *Devoir des Pasteurs,* ou *le Pastoral,* ouvrage admirable, dans lequel il développe les dangers et les obligations de ceux qui sont chargés de la conduite des âmes, qu'il appelle l'art des arts. L'empereur Maurice envoya chercher à Rome une copie du Pastoral ; il fut traduit en grec par Anastase, patriarche d'Antioche, et trois siècles plus tard, il fut traduit en langue saxonne par Alfred le Grand, roi d'Angleterre. Les papes et les conciles lui ont toujours donné les plus grands éloges, et en ont recommandé la lecture aux pasteurs des âmes. Un des premiers actes de son pontificat fut la réforme du chant de l'Eglise : il réforma ensuite le sacramentaire qui renfermait ce que nous appelons aujourd'hui le Missel et le Rituel. Il adressait de fréquentes instructions au peuple, et l'on voit, par les quarante homélies qu'il a laissées sur les Evangiles, et par ses treize homélies sur Ezéchiel, qu'il parlait avec autant de clarté que de simplicité, et qu'il possédait l'éloquence du cœur, plus persuasive que celle qu'on puise dans les principes de la rhétorique. Sa charité pour les pauvres était immense et accompagnée de tant d'égards et de déférence, qu'il allait jusqu'à donner le nom de pères à ceux qui étaient d'un âge avancé. Ayant fait dresser une liste exacte de tous les indigents, il leur distribuait, au commencement de chaque mois, les provisions dont ils avaient besoin : chaque jour il envoyait des secours aux malades et aux infirmes, et il ne prenait jamais ses repas sans avoir distribué à quelques malheureux une partie de sa nourriture. Ayant appris qu'un mendiant était mort de faim au coin d'une rue, on dit qu'il s'abstint plusieurs jours de célébrer les saints mystères, dans la crainte de s'être rendu coupable de négligence à rechercher les malheureux. Il secourait aussi les étrangers qui venaient à Rome, et il en nourrissait douze à sa table tous les jours. Ses aumônes n'étaient pas toutes concentrées dans la ville, mais elles parvenaient jusqu'aux contrées les plus reculées. Il n'oubliait pas, dans ses œuvres de bienfaisance, les temples du Seigneur : il pourvut plusieurs églises des choses nécessaires au culte divin, celles surtout qui avaient le plus souffert, en Italie, des incursions des Lombards. Ces peuples ayant fait beaucoup de prisonniers, le saint pape s'employa de tout son pouvoir à les rendre à la liberté, et engagea les évêques de Fano et de Messine à y contribuer en vendant jusqu'aux vases sacrés. Plein de douceur envers les hérétiques, il ne voulait employer, pour les convertir, d'autres armes que celles de la persuasion. Il écrivit à l'évêque de Naples de les recevoir dans le sein de l'Eglise dès qu'ils se présenteraient pour y rentrer. *Je prends sur moi,* disait-il, *les inconvénients qui pourraient résulter de leur prompte réconciliation : une trop grande sévérité serait préjudiciable au salut de leurs âmes.* C'est ainsi que les saints, guidés par l'Esprit de Dieu, savent tempérer à propos les sages rigueurs des canons de l'Eglise. Il montra aussi une grande modération envers les schismatiques et les juifs d'Istrie. Pierre, évêque de Terracine, ayant enlevé à ces derniers leurs synagogues, Grégoire lui ordonna de la leur rendre, et lui recommanda de n'employer à l'avenir que les moyens propres à gagner les cœurs. Il tint la même conduite à l'égard des juifs de Sardaigne et de Sicile. Mais cette condescendance ne dégénérait pas en faiblesse, et jamais il ne se relâcha en rien de la sévérité de l'Evangile. Sa fermeté était d'autant plus inébranlable, quand il le fallait, qu'elle avait Dieu pour principe. *Vous connaissez mon caractère*, écrivait-il à Sabinien, son nonce à Constantinople, *et vous savez que je patiente longtemps; mais lorsque enfin le devoir m'y oblige, ma patience se change en courage et j'affronte gaiment tous les dangers.* D'une humilité profonde, il se regardait comme le dernier des hommes, comme un misérable pécheur qu'une indigne lâcheté empêchait de marcher dans les voies de la perfection. Son plus grand désir était d'être méprisé des hommes. Dans sa dix-neuvième homélie sur Ezéchiel, il s'applique à lui-même tout ce que le prophète dit des pasteurs indolents et mercenaires, et y déplore amèrement le malheureux état où il se croit être. C'est par un effet du même sentiment qu'il prenait, dans ses lettres, le titre de serviteur des serviteurs de Dieu, et ses successeurs ont adopté cette même formule. S'il eût été moins humble, son cœur n'aurait pu se défendre du poison de la vaine gloire au milieu des louanges et des applaudissements qu'il recevait de toutes parts, au sujet de ses ouvrages. Marinien, archevêque de Ravenne, lut ses commentaires sur Job aux fidèles assemblés dans l'église. Grégoire, affligé de voir qu'on faisait à ses écrits le même honneur qu'à ceux des Pères, écrivit à l'archevêque que son livre ne méritait pas d'être lu dans l'église, et qu'il ferait bien mieux d'y lire les commentaires de saint Augustin sur les psaumes. Rien dans son palais ne ressentait le luxe ou le faste; tout, au contraire, respirait la simplicité chrétienne. Sa table était frugale, malgré les richesses que possédait déjà l'Église romaine, et les biens considérables qu'il avait hérités de sa famille. Il savait cependant déployer dans l'occasion, une magnificence digne de son rang suprême. Protecteur éclairé des sciences et des arts, il encourageait et récompensait les talents : la ville de Rome, surtout, lui doit beaucoup sous ce rapport. Lorsqu'il monta sur la chaire de saint Pierre, l'Église d'Orient était agitée par les hérésies de Nestorius et d'Eutychès, et l'affaire des trois chapitres n'était pas encore terminée. En Occident, l'Angleterre était encore plongée dans les ténèbres du paganisme. Les Visigoths avaient établi l'arianisme en Espagne, les donatistes troublaient l'Afrique; un schisme déplorable désolait l'Istrie et les provinces voisines. L'Église gallicane était souillée par la simonie, et l'Italie gémissait sous la domination des Lombards, qui étaient les uns ariens, les autres idolâtres. Pour remédier à tant de maux qui affligeaient la chrétienté, il fallait un homme tel que Grégoire, un homme d'une sainteté consommée, d'une haute capacité, d'une fermeté à toute épreuve et d'un caractère conciliant. Il réussit à guérir toutes ces plaies de l'Église, et y employa la plus grande partie de son glorieux pontificat. Les Lombards, pour se venger de Romain, exarque de Ravenne, qui avait violé un traité conclu avec eux, reprirent Pérouse et les places dont il s'était emparé, et vinrent jusqu'aux portes de Rome dont ils firent le siège. Mais Grégoire, à force de prières et de présents, parvint à les éloigner, avant qu'ils ne se fussent emparés de la ville. Ayant ensuite reproché à Romain l'infraction du traité, laquelle avait été suivie de tant de maux, sa généreuse liberté lui attira l'indignation de l'exarque et même celle de l'empereur. Le saint pape, sans s'inquiéter de leurs sentiments à son égard, ne crut pas pouvoir se taire à la vue des exactions, des injustices et des violences dont se rendaient coupables, en Italie, les officiers de l'empereur. Les choses étaient poussées à un point, qu'en Corse on força des familles à vendre leurs enfants pour acquitter les impôts. Cette cruauté inouïe émut le cœur de Grégoire, et il écrivit à l'impératrice Constantine, la conjurant de la manière la plus touchante de s'intéresser au sort de tant d'infortunés, et de représenter fortement à l'empereur qu'il répondrait à Dieu de la conduite de ses employés, s'il ne réprimait pas de tels excès. La même année (592), l'empereur Maurice publia un édit qui défendait à tous ceux qui étaient fonctionnaires de l'État, d'entrer dans le clergé avant d'avoir rendu compte de leur administration, et à ceux qui étaient engagés sous les drapeaux d'embrasser la vie monastique. L'édit fut envoyé au pape et aux patriarches. Grégoire, qui était malade quand il le reçut, l'envoya aux évêques, quoiqu'il n'en approuvât pas la première partie; mais aussitôt qu'il put écrire, il adressa à Maurice une lettre aussi ferme que respectueuse, dans laquelle il le conjure de modérer la rigueur de sa loi relativement aux soldats; de leur permettre de passer de la milice du siècle dans celle de Jésus-Christ, parce que, leur fermer l'entrée des monastères serait souvent leur fermer l'entrée du ciel. Ce n'est pas qu'il prétendît qu'on dût recevoir, sans examen, à la profession monastique tous ceux qui se présenteraient, mais seulement ceux qui paraîtraient avoir une véritable vocation. L'empereur, déjà prévenu contre le saint pape, fut piqué des observations que contenait sa lettre et lui donna, dans plusieurs circonstances, des marques de son ressentiment. Cependant il finit par modérer la rigueur de sa loi, et permit de recevoir les soldats à la profession monastique après trois ans de noviciat. Grégoire, par une lettre adressée aux évêques de l'empire, témoigna la joie qu'il en ressentait. Il envoya à l'impératrice Constantine un voile qui avait touché les corps des saints apôtres, l'assurant qu'il s'était opéré plusieurs miracles par la vertu de semblables reliques; il lui promit aussi de lui envoyer de la limaille des chaînes de saint Pierre. On voit par plusieurs traits de sa vie, qu'il voulait qu'on respectât la croix, les reliques et les images des saints. Sérénus, évêque de Marseille, ayant mis en pièces quelques images de saints auxquelles des personnes grossières et nouvellement sorties du paganisme rendaient un culte superstitieux, Grégoire lui écrivit pour le louer de son zèle à réprimer les abus, mais il le blâma en même temps, d'avoir brisé les images. Sa sollicitude pastorale embrassait toutes les églises du monde chrétien. Jean le Jeûneur, patriarche de Constantinople, ayant fait battre un moine faussement accusé de manichéisme, celui-ci en appela à Grégoire du jugement porté contre lui. Le saint pape cassa la sentence du patriarche, lui fit une sévère réprimande, l'exhortant à demander pardon à Dieu et à renvoyer un favori qui abusait de sa confiance. *Si vous refusez,* lui disait-il, *de garder les canons de l'Eglise, je ne sais plus qui vous êtes.* Après avoir reçu la profession de foi du moine, il le rétablit dans tous ses droits. Il renvoya également absous Jean, prêtre de Chalcédoine, contre lequel on avait prononcé une injuste sentence au nom du même Jean le Jeûneur, qui avait pris dès l'an 589 le titre de patriarche œcuménique, dans un concile de Constantinople. Le pape Pélage II cassa les actes de cette assemblée. Saint Grégoire condamna aussi ce titre nouveau et fastueux, dont on pouvait abuser, et fit faire des observations au patriarche Jean, par son nonce, qui était à Constantinople ; il lui écrivit même plusieurs lettres à ce sujet ; mais ce moyen ne lui ayant pas réussi, il employa une autre voie, et ne prit lui-même que des titres très-simples. On le consultait de toutes parts comme un oracle. Dans le nombre de ceux qui recouraient à ses avis, on cite une dame nommée Grégoria, attachée à l'impératrice, et qui était tourmentée de scrupules par rapport à ses péchés passés, quoiqu'elle en eût déjà fait une confession exacte et sincère. Elle lui exposa par lettre l'état de son âme, et lui déclara que ses inquiétudes de conscience ne cesseraient que quand il lui aurait assuré qu'il savait par révélation que tous ses péchés lui étaient remis. *Ce que vous me demandez,* lui répondit Grégoire, *est une chose aussi difficile qu'inutile : difficile, parce que je suis indigne d'avoir des révélations ; inutile parce que vous devez toujours trembler pour vos péchés, et les pleurer jusqu'à la fin de votre vie, afin de les expier de plus en plus. Paul, qui avait été enlevé jusqu'au troisième ciel, craignait d'être réprouvé..... La sécurité est la mère de la négligence.* C'est en 596 qu'il envoya en Angleterre des prédicateurs évangéliques à la tête desquels il mit saint Augustin, prieur du monastère de Saint-André. Sa joie fut grande à la nouvelle des succès qu'ils obtinrent dans cette île ; il les félicitait par lettres, leur donnait des conseils et des encouragements. Il ménagea ensuite une paix solide avec les Lombards, après avoir ramené à l'unité leur roi Agilulfe, qui était arien. L'empereur Maurice ayant été détrôné et mis à mort en 602, par Phocas, celui-ci ne fut pas plutôt en possession de l'empire qu'il envoya à Rome son portrait et celui de sa femme Léontia ; ils furent reçus dans cette ville avec acclamations du peuple. Grégoire crut devoir adresser au nouvel empereur une lettre de félicitation sur son avènement à la couronne, l'exhortant à mettre fin aux injustices du règne précédent et à faire jouir ses sujets de la liberté et de la paix. Quelques critiques ont blâmé cette lettre parce qu'elle attaque la mémoire de l'infortuné Maurice, et qu'elle semble approuver l'élévation de Phocas, son meurtrier ; mais il est facile de justifier le saint pape. Ces torts qu'il impute à Maurice étaient réels, et en les signalant, c'était une leçon indirecte qu'il donnait à son successeur. Quant à Phocas, il était loin sans doute d'approuver son usurpation ; mais le bien général de l'Italie exigeait qu'il ménageât un homme qui possédait le souverain pouvoir. On lui reproche aussi la lettre flatteuse qu'il adressa à Brunehaut, si décriée par quelques historiens ; mais cette reine a eu des apologistes qui l'ont vengée de la plupart des forfaits dont on l'accuse. D'ailleurs, ne doit-on pas des égards et du respect, même aux mauvais souverains, quand on leur écrit? Le saint pape ne manquait ni de zèle, ni de fermeté envers les princes, lorsqu'il s'agissait des intérêts de Dieu ou du salut des âmes ; nous l'avons vu lorsqu'il s'agissait de l'édit de Maurice. L'application continuelle qu'il donnait aux affaires de l'Eglise augmentait encore les infirmités dont il était accablé depuis longtemps. Quelques semaines avant sa mort, il donna à l'église de Saint-Paul plusieurs fonds de terre pour subvenir aux frais du luminaire. Il mourut le 12 mars 604 dans la soixante-quatrième année de son âge et après un pontificat de treize ans et demi. Sa mémoire est en grande vénération chez les Grecs et les Latins. On garde ses reliques dans l'église du Vatican, et l'on a conservé longtemps son pallium, sa ceinture et le reliquaire qu'il portait à son cou. Un concile d'Angleterre, tenu à Cliffe, en 747, ordonna à tous les monastères de l'île de faire la fête de saint Grégoire, et le concile d'Oxford, tenu en 1222, la rendit obligatoire pour tout le royaume. De tous les papes, saint Grégoire le Grand est celui dont il nous reste le plus d'écrits. Il a laissé, outre les Morales sur Job, les Homélies et le Pastoral dont nous avons déjà parlé, quatre livres de *Dialogues,* quatorze livres de *Lettres,* une *Exposition du Cantique des cantiques.* Ce que l'on admire le plus dans ce saint docteur, ce n'est pas précisément le style, qui manque quelquefois de correction et de pureté, mais c'est son talent comme moraliste ; ses pensées sont nobles, vraies et solides ; sa composition, sans être bien relevée, a de la facilité et du nombre. Il est difficile de concevoir qu'il ait pu laisser autant d'écrits, quand on considère que, pendant son pontificat, il fut sans cesse occupé du gouvernement de l'Eglise, qu'il eut à traiter une infinité d'affaires importantes, qu'il était sujet à des infirmités continuelles, et qu'il consacrait une partie de son temps à la prière. Il tint plusieurs conciles à Rome pour maintenir la discipline ecclésiastique et pour réprimer l'incontinence des clercs. Il assujettit au célibat les sous-diacres, qui avaient été rangés jusqu'alors parmi les clercs inférieurs. — 12 mars.

GRÉGOIRE II (saint), pape, Romain de naissance, s'appliqua de bonne heure à l'étude de l'Écriture sainte et des sciences ecclésiastiques, et fut fait sous-diacre par Sergius Ier qui l'aimait beaucoup. Sa vertu et son mérite le firent élever aux places importantes de sacellaire et de bibliothécaire. En 709, il suivit en Orient le pape Constantin que l'empereur Justinien II fit venir à Constantinople, afin de terminer la contestation élevée au sujet des canons ajoutés au concile *in trullo*, et il y donna des preuves de sa capacité pour les affaires. Après la mort de ce pape, arrivée en 715, il fut élu pour lui succéder. Il signala les commencements de son pontificat par la déposition de Jean VI, faux patriarche de Constantinople, qui favorisait l'hérésie des monothélites. Il fonda deux monastères à Rome, et rebâtit celui du Mont-Cassin, qui avait été détruit par les Lombards. Plein de zèle pour la pureté de la foi et des mœurs, il tint à Rome plusieurs conciles, l'un en 721, contre les mariages illicites, un autre en 724 et un autre en 727 contre les *iconoclastes*, à la tête desquels était l'empereur Léon l'Isaurien. Dès l'année précédente (726), ce prince avait porté des édits sacrilèges contre les saintes images. Les évêques orthodoxes d'Orient refusèrent de s'y soumettre et s'adressèrent à Grégoire, qui essaya, mais inutilement, de ramener l'empereur à la saine doctrine. Il écrivit en même temps aux évêques de s'opposer avec courage aux progrès de l'hérésie que l'empereur s'efforçait d'établir par tous les moyens et surtout par la force. Léon, irrité contre le saint pape, donna des ordres pour le faire assassiner, et, sans la vigilance des Romains et des Lombards, le crime eût été exécuté. Les Grecs accusent saint Grégoire d'avoir engagé l'Italie à se soulever contre Léon l'Isaurien et à lui refuser le tribut; mais cette accusation est démentie par l'histoire. Le saint pape écrivait au prince persécuteur : *Les pontifes ne doivent point se mêler des affaires de la république, ni l'empereur de celles de l'Eglise.* Il se joignit à l'exarque de Ravenne pour conserver au prince persécuteur les provinces que l'empire avait conservées en Italie, contre les entreprises de Pélasius. Il est vrai qu'il envoya des députés à Charles Martel pour implorer sa protection, en cas que l'empereur vînt avec une armée pour faire exécuter son édit; mais qui pourrait lui faire un reproche de cette mesure de précaution contre un des plus grands dangers qui aient menacé l'Église ? Il est vrai encore qu'il excommunia Léon; mais ce prince, non content d'être hérésiarque obstiné, se montrait encore cruel persécuteur. Saint Grégoire II ne se borna pas à défendre la foi avec intrépidité; il voulut aussi la propager au loin. Comme plusieurs peuples de l'Allemagne étaient encore païens, il leur envoya des missionnaires parmi lesquels on compte saint Corbinien qu'il fit dans la suite évêque de Frisingue, et saint Boniface qu'il fit archevêque de Mayence. Il mourut le 10 février 731, après avoir siégé quinze ans et demi, et il fut enterré dans l'église du Vatican. Il a laissé dix-sept lettres, dont une à saint Germain de Constantinople, laquelle fut lue publiquement dans le second concile de Nicée. — 13 février.

GRÉGOIRE III (saint), pape, Syrien de naissance, succéda à saint Grégoire II. Il était prêtre de l'Église romaine, lorsqu'il fut élu par le clergé et le peuple romain, le 18 mars 731. Il avait déjà rendu de grands services à la religion, et s'était distingué par ses vertus et par sa science. Les pauvres, les veuves, les orphelins, les captifs et les malheureux trouvèrent en lui un père et un consolateur. En montant sur la chaire pontificale, il trouva l'Église d'Orient agitée par l'hérésie des iconoclastes. Il envoya des légats à l'empereur Léon l'Isaurien, qui persécutait les catholiques avec fureur, mais cette démarche solennelle n'eut aucun résultat. Grégoire voyant l'inutilité de ses efforts, tint, en 732, un concile à Rome, où l'on excommunia tous ceux qui rejetaient le culte des images et qui les détruisaient. L'empereur Léon, irrité des anathèmes lancés contre lui, confisqua les terres que l'Église romaine possédait en Sicile, et envoya contre le pape une flotte qui fut dispersée par la tempête. Comme l'Église d'Allemagne prenait tous les jours de nouveaux accroissements par les travaux apostoliques de saint Boniface, archevêque de Mayence, il érigea plusieurs évêchés dans ces contrées, et y nomma des sujets pleins de science et de zèle, qui secondèrent les travaux de Boniface et contribuèrent à augmenter le nombre des fidèles. Saint Grégoire eut la douleur, sur la fin de sa vie, de voir la ville de Rome prise par Luitprand, roi des Lombards, et les églises pillées par ses soldats. Il écrivit à Charles Martel des lettres très-pressantes pour lui demander du secours; mais ce prince mourut bientôt après, et Grégoire ne lui survécut que quelques semaines. Il mourut le 28 novembre 741, après un pontificat de dix ans et demi. C'est le premier pape qui gouverna en souverain l'exarchat de Ravenne, que les Grecs avaient abandonné, et dont la possession ne lui fut contestée par personne. On a de lui sept lettres dans la collection des conciles. — 28 novembre.

GRÉGOIRE DE DÉCAPOLIS (saint), florissait dans le VIIIe siècle, et il eut beaucoup à souffrir pour le culte des saintes images. On l'honore à Constantinople le 20 novembre.

GRÉGOIRE (saint), abbé et administrateur du diocèse d'Utrecht, naquit dans le pays de Trèves vers l'an 712, et il était le petit-fils de sainte Adèle, fille de Dagobert II, roi d'Austrasie. Étant allé, à l'âge de quinze ans, faire une visite à son aïeule, abbesse du monastère de Palatiole ou Paly, qu'elle avait fondé près de Trèves. Adèle lui dit de faire une lecture aux religieuses, en présence de saint Boniface, apôtre de l'Allemagne, qui se trouvait là, se rendant de la Frise dans la Hesse. La lecture finie, Adèle lui ordonna d'expliquer, dans la langue du pays, ce qu'il venait de lire en latin ; mais il répondit qu'il ne le pouvait pas, sans doute parce qu'il ne savait pas assez la langue teutonique. Saint Boniface fit pour lui la fonction d'interprète, et ajouta un commentaire fort pathétique, pour inspirer à ceux qui l'écoutaient l'amour de la vertu. Grégoire en fut si touché qu'il résolut de quitter le monde pour devenir le compagnon du saint missionnaire. Boniface l'emmena avec lui, se chargeant de lui servir de maître dans la science de la religion. On croit qu'il acheva ses études dans le monastère d'Orford ; il suivit ensuite, dans ses courses apostoliques, saint Boniface qui l'aimait comme un fils, et qui le fit abbé du monastère qu'il venait de fonder à Utrecht. Trois ans après le martyre de Boniface, arrivé en 755, l'Eglise d'Utrecht se trouvant sans pasteur, le pape Etienne II et le roi Pépin obligèrent Grégoire à en prendre soin, quoiqu'il ne fût que prêtre. Ses deux frères ayant été tués, les magistrats lui envoyèrent, sous bonne escorte, les meurtriers, afin qu'il décidât lui-même du supplice qu'ils méritaient, selon la coutume du pays. Le saint ne voulut point user de ce droit barbare, et il les laissa aller où ils voudraient, après leur avoir donné des secours et de salutaires avis sur la manière d'expier leur crime. L'Eglise d'Utrecht devint la plus florissante de la contrée sous son administration, grâce à son zèle, à ses instructions et à ses vertus, parmi lesquelles on admirait son amour pour la prière, son esprit de mortification, son humilité, sa douceur et sa patience dans les épreuves. Il mourut le 25 août 775, après avoir administré pendant vingt-deux ans le diocèse d'Utrecht, où l'on a toujours gardé ses reliques avec une grande vénération. Sa Vie a été écrite par saint Ludger, son disciple et apôtre de la Saxe. — 25 août.

GRÉGOIRE D'ACRIDE (saint), florissait en Bithynie au commencement du IXe siècle, et il mourut en 820. On rapporte de lui que, pour se mortifier et pour chasser les distractions, il récitait tous les jours le psautier, enfoncé dans une cuve remplie d'eau. — 5 janvier.

GRÉGOIRE (saint), abbé d'Ensiedeln ou de Notre-Dame des Ermites, naquit en Angleterre au commencement du Xe siècle, et sortait de la famille royale : il était même, selon quelques hagiographes, fils d'Edouard l'Ancien, et frère d'Athelston et d'Edmond, qui occupèrent successivement le trône. On croit qu'il était marié et qu'il quitta son épouse, du consentement de celle-ci, avant la consommation du mariage, pour se rendre à Rome, où il prit l'habit au monastère du Mont-Célius. Il y vivait depuis quelque temps dans la pratique des vertus de son nouvel état, lorsqu'une inspiration du ciel, manifestée par un ange, le conduisit, en 949, au monastère de Notre-Dame des Ermites, alors gouverné par le bienheureux Evrard, qui le reçut avec de grandes marques de vénération. Le bienheureux Thietland, qui succéda à Evrard, l'an 957, eut pour lui les mêmes sentiments, et, trois ans après, il se l'associa en qualité de coadjuteur. Grégoire fut chargé seul du gouvernement, après la mort de Thietland, arrivée en 963. Othon Ier, empereur d'Allemagne, dont la première femme était proche parente de Grégoire, donna à celui-ci le titre de prince du Saint-Empire, accorda à son monastère de grands biens, et confirma tous les priviléges dont il jouissait. Il alla même visiter le saint abbé avec sainte Adélaïde, sa seconde femme. Othon II et Othon III ne se montrèrent pas moins bien disposés envers Grégoire. On comptait, parmi les religieux d'Ensiedeln, saint Wolfgang, les bienheureux Cunon et Ulric, fils de saint Gérold, et sa communauté était en telle réputation que saint Gebhard, évêque de Constance, lui demanda de ses religieux pour peupler le monastère de Petershausen qu'il venait de fonder. Il était très-âgé lorsqu'il mourut en 996, et son corps fut enterré près de l'autel de saint Maurice ; il s'est opéré plusieurs miracles à son tombeau. Ses reliques furent levées de terre en 1609, et on l'honore d'un culte public dans son abbaye le 8 novembre.

GRÉGOIRE D'ARMÉNIE (saint), évêque de Nicopolis et reclus à Pluviers, dans la Beauce, florissait sur la fin du Xe siècle. Il naquit en Arménie, et après avoir distribué tous ses biens aux pauvres, il quitta le monde et se retira dans un monastère situé près de Nicopolis, où il fit l'admiration de la communauté par sa vertu et par sa science. L'évêque de Nicopolis, qui l'avait élevé au sacerdoce, étant mort, Grégoire fut élu pour le remplacer, et cette dignité ne changea rien à la manière de vivre qu'il avait pratiquée dans le cloître. Trouvant ensuite trop lourd le fardeau de l'épiscopat, qu'il n'avait accepté que malgré lui, il s'en démit par humilité, et passa en Occident avec deux religieux grecs. Après diverses pérégrinations en Italie et en France, il se fixa enfin à Pluviers, dans le diocèse d'Orléans. Il s'y construisit une petite loge, dans laquelle il mena, pendant sept ans, la vie de reclus, pratiquant les austérités les plus extraordinaires et surtout l'abstinence la plus étonnante. Il ne se nourrissait que de racines crues et de lentilles détrempées dans l'eau et germées au soleil, auxquelles il ne joignait que du pain d'orge, et tout cela en petite quantité, qu'il ne prenait qu'une fois ou deux par semaine. Il distribuait aux pauvres du voisinage les provisions que des personnes charitables lui apportaient de temps en temps, et il n'y touchait jamais lui-même pour sa propre subsistance. Il mourut un 16 de mars, au commencement du XIe siècle. — 16 mars.

GRÉGOIRE VII (saint), pape, né au commencement du XIe siècle, à Soano, dans la Toscane, s'appelait Hildebrand avant son élévation à la papauté. Fils d'un simple charpentier, il fut élevé par un oncle, abbé du monastère de Sainte-Marie sur le mont Aventin. Le pape Grégoire VI, ayant abdiqué en 1046, voulut être accompagné dans ses voyages par Hildebrand, dont il avait entendu parler avec les plus grands éloges. Ayant passé par Cluny pour visiter cette abbaye, alors une des plus célèbres du monde, saint Odilon, qui en était abbé, eut bientôt deviné les éminentes qualités du jeune Toscan, et le détermina à rester à Cluny, où il passa sept ans et fut, pour la communauté entière, un modèle de régularité et de ferveur. Etant devenu prieur, sa réputation s'étendit hors de l'enceinte du monastère, et lorsque Brunon, évêque de Toul, passa par Cluny en se rendant à Rome pour y prendre possession du siége apostolique sur lequel il venait d'être élevé, il crut devoir soumettre à Hildebrand les doutes qu'il avait sur la canonicité de son élection, laquelle avait eu lieu dans la diète de Worms, sur la proposition de l'empereur Henri III. L'austère religieux le blâma d'avoir accepté de l'empereur, son parent, une dignité qu'il ne devait tenir que du clergé et du peuple romain ; mais le voyant prêt à retourner à son évêché, et touché de ses dispositions humbles et soumises, il l'engage à continuer sa route, à condition qu'à son arrivée à Rome il fera ratifier son élection. Léon IX l'emmena avec lui, et le fit ensuite cardinal sous-diacre de l'Eglise romaine, et supérieur du monastère de Saint-Paul. Hildebrand fit disparaître les abus qui s'étaient introduits dans la communauté, remit en vigueur l'observation de la règle ; et bientôt la maison de Saint-Paul marcha sur les traces de celle de Cluny, grâce au nouvel abbé, qui montra, dans cette circonstance, les qualités qu'il déploya plus tard dans le gouvernement de l'Eglise. Sous Victor II, successeur de Léon IX, il fut envoyé en France pour extirper la simonie dont la plupart des membres du clergé de ce royaume étaient infectés. Dans un concile qu'il tint à Lyon en 1055, un archevêque, qui avait gagné par argent les témoins appelés pour déposer contre lui, se présenta hardiment devant les juges et dit au légat que Rome écoutait trop facilement les calomnies de vils délateurs contre les prélats et les membres les plus distingués du clergé. En conséquence il demanda que ses accusateurs fussent confrontés avec lui. Hildebrand, sans répondre à ces déclamations, lui demanda simplement s'il croyait que le Père, le Fils et le Saint-Esprit eussent une seule et même nature, une seule et même divinité. *Je le crois,* répondit l'archevêque. — *Eh bien!* reprit le légat, *pour preuve de votre innocence, dite à haute voix: Gloire au Père, au Fils et au Saint-Esprit.* Le coupable essaya, mais en vain, de répéter ces paroles : troublé et confus, il se jeta aussitôt à ses pieds, confessant son crime et demandant pardon. Plusieurs autres, qui étaient dans le même cas, imitèrent son exemple, et furent comme lui condamnés à une sévère pénitence, après avoir été déposés. Dans un autre concile qu'il assembla à Tours, la même année, Bérenger abjura ses erreurs par une rétractation solennelle qu'il signa, s'engageant par serment à soutenir la doctrine catholique sur la présence réelle. Le légat, qui le crut converti, le reçut dans la communion de l'Eglise. Le cardinal Hildebrand, de retour à Rome, continua à jouir de la plus grande influence dans les affaires, sous les papes Etienne IX, Nicolas II et Alexandre II, qui n'entreprenaient rien d'important sans ses conseils qui étaient toujours pleins de sagesse et de fermeté ; aussi l'Eglise prit-elle dès lors une face nouvelle, heureux présage de ce qu'elle allait bientôt devenir lorsqu'elle l'aurait pour chef. Alexandre II, qui lui devait son élection, étant mort en 1073, les cardinaux, assemblés pour lui donner un successeur, passèrent d'abord trois jours dans le jeûne et la prière ; ils se rendirent ensuite processionnellement dans l'église de Saint-Pierre, où les attendait une foule immense, qui, en les voyant arriver, s'écria : « Saint Pierre a choisi pour pape le cardinal Hildebrand. Nommez-le ; c'est lui que nous voulons. » On essaya de faire cesser ces cris ; mais les cardinaux, voyant qu'on ne pouvait obtenir le silence, se rendirent à des vœux si unanimes et si hautement manifestés. L'évêque Hugues, chargé de proclamer l'élection de Hildebrand, déclara, au nom des cardinaux, qu'ils l'avaient choisi d'un commun accord, et qu'ils le jugeaient, comme le peuple lui-même, seul digne d'occuper la chaire de saint Pierre. Le nouveau pape trouva l'Eglise dans un état déplorable. La simonie et le concubinage des clercs régnaient universellement dans le clergé. Henri IV, empereur d'Allemagne, trafiquait ouvertement des bénéfices et des dignités ecclésiastiques, nommant aux évêchés des sujets indignes, au point que celui qui offrait la plus grosse somme était sûr d'être préféré. Ce prince violent et brutal, sans foi et sans mœurs, ne visait à rien moins qu'à réduire les évêchés et les grandes abbayes au rang de fiefs séculiers, à s'emparer de l'autorité spirituelle, à traiter le souverain pontife comme un simple vassal de l'empire et à dépouiller l'Eglise de la liberté et de l'indépendance qu'elle tient de son divin époux, deux choses auxquelles est attachée son existence même. C'est dire assez combien il était urgent de porter un remède efficace à tant de maux. Sans le zèle énergique du grand pape que la Providence daigna donner à l'Eglise à cette désastreuse époque, il est impossible de dire ce qu'il en serait advenu. Grégoire s'attaqua d'abord à la simonie, comme la cause principale des vices qui infectaient le clergé. Il adressa en conséquence des lettres pressantes à tous les évêques de la chrétienté, leur recommandant de surveiller avec soin la manière dont on obtenait les bénéfices et de punir sévèrement les ecclésiastiques qui se rendraient coupables de quelque fait simoniaque. Il écrivit aussi à l'empereur Henri IV pour lui faire des remontrances sur le honteux trafic qu'il faisait des choses saintes. Henri, engagé contre les Saxons dans une guerre dont l'issue était assez incertaine, répondit au pontife par de belles promesses ; mais lorsqu'il eut triomphé de ses ennemis, il se conduisit comme par le passé. Voyant qu'il ne pouvait réformer les églises d'Allemagne, où le mal était cependant plus grand que partout ailleurs, Grégoire tomba dans un profond découragement, et il eut même la pensée d'abandonner à d'autres le gouvernement de l'Eglise. Voici ce qu'il écrivait à Hugues, abbé de Cluny : *Je voudrais pouvoir vous peindre les tourments qui m'agitent au dedans, les travaux journaliers qui m'accablent au dehors ... J'ai souvent conjuré Jésus-Christ de me retirer de ce misérable monde, s'il ne m'est pas donné de servir avec plus de succès notre mère commune. Une douleur inexprimable, une tristesse mortelle, empoisonnent ma vie. Je vois l'Orient séparé de nous par l'instigation du démon; et lorsque je reporte mes regards vers l'Occident, j'y trouve à peine quelques évêques dignes de leur titre et qui gouvernent leur troupeau d'après les règles de l'Evangile.... Parmi les princes de la terre, aucun à qui sa propre gloire ne soit plus chère que celle de Dieu, et qui ne soit disposé à sacrifier la justice à un gain sordide. Si je me considère moi-même, je sens que je succombe sous le poids de mes péchés, et ma seule ressource est dans l'immense miséricorde de Jésus-Christ. Si je n'avais l'espérance de réparer mes fautes passées par une conduite plus chrétienne et si je ne croyais pouvoir être encore utile à l'Eglise, j'en prends Dieu à témoin, rien ne pourrait me retenir plus longtemps à Rome, où, depuis vingt ans, je suis forcé de rester malgré moi.* Quoique son zèle fût paralysé en Allemagne par la mauvaise volonté de l'empereur, qui, loin de le seconder, protégeait au contraire les prélats scandaleux et simoniaques qui étaient ses créatures, cela ne l'empêcha pas de prendre quelques mesures vigoureuses : il déposa l'évêque de Bamberg, qui affichait publiquement les mœurs les plus dissolues et qui était accusé de simonie et de concubinage ; mais comme il ne pouvait rien gagner sur l'esprit de Henri, il convoqua à Rome un concile pour le rétablissement de la discipline et pour la réformation des mœurs du clergé. Comme la question que plusieurs historiens ont appelée la querelle des investitures était une question de vie ou de mort pour l'Eglise, et que Grégoire le comprenait mieux que personne, c'est dans ce concile qu'il porta le célèbre décret qui défendait à tout séculier, quels que fussent son pouvoir et sa dignité, de donner l'investiture des bénéfices ecclésiastiques. Cette grande résolution fut notifiée par des brefs dans toute la chrétienté. Henri IV, irrité du coup qu'on venait de lui porter, voulut le parer à sa manière, et soudoya des assassins pour se défaire du saint pape. Ces scélérats se jetèrent sur lui au moment où il allait célébrer la messe de Noël, et ils l'auraient infailliblement massacré, si le peuple, averti par le tumulte, n'eût volé au secours de son pasteur. Cet attentat, ajouté à tant d'autres, détermina Grégoire à citer l'empereur à Rome.

Il le somma de comparaître devant lui pour y rendre compte de sa conduite et pour se justifier des crimes qu'on lui imputait. Henri, de son côté, assembla à Worms un prétendu concile d'évêques de ses Etats, qui étaient ses complices et par conséquent intéressés comme lui au maintien des abus et des désordres que le saint pape voulait détruire; il fit prononcer contre lui une sentence de déposition, et en lui notifiant cet attentat schismatique, il ne lui donne que le nom de moine Hildebrand. A cette nouvelle, Grégoire, de l'avis unanime des évêques qui se trouvaient réunis autour de lui, fulmina une bulle d'excommunication contre Henri et renouvela celles qui avaient déjà été lancées contre la plupart des évêques de son parti. Cette excommunication souleva l'Allemagne entière contre l'empereur, qui se vit abandonné de tout le monde, tant il était méprisé pour sa conduite et détesté pour sa tyrannie. Les grands de l'empire s'assemblèrent en diète générale à Tribur sur le Rhin, le 15 octobre 1076, et décidèrent que si, dans un an, la sentence d'excommunication qui pesait sur Henri n'était pas levée, il serait déchu de l'empire. Henri, que ce dernier coup venait d'abattre, en passa par tout ce que voulut la diète. Une nouvelle assemblée des principaux seigneurs s'étant réunie à Augsbourg, le 2 février de l'année suivante (1077), afin de mettre un terme aux divisions qui désolaient l'Eglise et l'empire, Grégoire se mit en route pour s'y rendre en personne, malgré la rigueur de la saison, et il était déjà à Verceil, lorsqu'il apprit que Henri venait à sa rencontre pour lui donner pleine satisfaction. Il alla l'attendre à Canosse, ville des Etats de la comtesse Mathilde, où le prince arriva bientôt après. Le pape, qui se défiait avec raison de sa sincérité, voulut l'éprouver, et, avant de lever la sentence d'excommunication, il le fit attendre pendant trois jours dans l'intérieur de la forteresse, nupieds et le corps couvert d'un cilice. Le quatrième jour, il l'admit en sa présence, et après une réprimande ferme et paternelle il lui donna l'absolution. Henri, qui avait fait au pape les plus belles promesses, s'en retourna absous, mais non changé. A peine de retour en Allemagne, il fit les préparatifs d'une expédition contre l'Italie et en particulier contre Grégoire. Mais ses projets de vengeance furent blâmés hautement par les évêques et les seigneurs de ses Etats, et pour empêcher de nouveaux malheurs, ils s'assemblèrent à Forcheim où Henri refusa de se rendre. Grégoire, de son côté, lança contre lui une nouvelle bulle d'excommunication et déclara ses sujets déliés du serment de fidélité. En conséquence, la diète le déposa et les électeurs de l'empire nommèrent, pour lui succéder, Rodolphe, duc de Souabe. Le nouvel empereur, ayant été vaincu dans la fameuse bataille de Mersbourg, mourut à Wolckseino, par suite de ses blessures. Alors Henri fit prononcer de nouveau, dans le synode de Brinn, une sentence de déposition contre Grégoire, et cette assemblée schismatique élut en sa place Guibert, ancien chancelier de l'empire, et qui, devenu archevêque de Ravenne, avait été excommunié pour avoir dépouillé son église. Cet antipape prit le nom de Clément III, et Henri marcha sur Rome avec une armée pour le mettre de force sur le siége de saint Pierre. Saint Grégoire, plein de confiance dans la justice de sa cause, vit sans crainte l'orage qui se formait sur sa tête, et il attendait avec calme ce qu'il plairait à la Providence d'ordonner de lui. Sa personne ne l'inquiétait guère; mais les maux de l'Église le plongeaient dans une douleur profonde. Pendant que son ennemi s'avançait à marches forcées, il présidait tranquillement un synode à Rome, et faisait dresser de sages ordonnances sur les points les plus importants de la discipline ecclésiastique. Dans les lettres qu'il écrivait, dans cette circonstance critique, aux évêques et aux princes d'Italie, on remarque un grand amour pour l'Église, une piété sincère et une abnégation touchante de lui-même et de ses propres intérêts. Comme on lui proposait d'employer les biens et les revenus du saint-siége à se procurer des troupes pour sa défense, il repoussa cette proposition et répondit qu'il ne voulait pas faire de ces biens un pareil usage. Henri mit le siége devant Rome, la veille de la Pentecôte 1082; mais il ne put s'en rendre maître que le jeudi de la Passion 1084. Le lendemain, Guibert prit possession du trône papal; il se fit sacrer le jour des Rameaux dans l'église de Saint-Pierre, et le jour de Pâques il couronna Henri roi des Romains. Saint Grégoire, qui était bloqué dans le château Saint-Ange, en fut tiré par Robert Guiscard, prince de la Pouille, qui était accouru à son secours. Sorti de Rome, il se réfugia d'abord au Mont-Cassin, puis à Salerne, qui était une ville fortifiée. Le dépérissement de ses forces et l'affaiblissement de sa santé lui faisaient sentir que sa fin approchait. Alors il ne songea plus qu'à se préparer à paraître devant le souverain juge. Il protesta, en présence des cardinaux, qu'il n'avait jamais eu en vue que le bien de l'Église, la réformation du clergé et le rétablissement des mœurs parmi les fidèles. Il les fit assembler plusieurs fois autour de lui, et leur recommanda, avec les plus vives instances, de ne choisir pour son successeur que celui qu'ils croiraient, devant Dieu, le plus capable de conduire la barque de Pierre dans des temps aussi orageux, et leur désigna même ceux d'entre eux qu'il croyait les plus dignes de la tiare. Trois jours avant sa mort il leva toutes les sentences d'excommunication qu'il avait lancées, à l'exception de celles qui tombaient sur Henri et sur Guibert. Il conserva sa présence d'esprit jusqu'à sa mort, qui arriva le 25 mai 1085. Avant d'expirer, il prononça ces paroles du Psalmiste : *Dilexi justitiam et odivi iniquitatem*, et ajouta : *propterea morior in exsilio*. Son corps fut enterré dans l'église de Saint-Matthieu, à Salerne, et il s'opéra plusieurs miracles sur son tombeau. Le nom de saint Grégoire VII fut inséré dans le Martyrologe romain par ordre de Grégoire XIII, en 1580, et Benoît XIII fit placer son office dans le Bréviaire, avec une légende qui a été supprimée comme contraire aux droits des souverains, par les parlements en France, et par l'empereur d'Allemagne dans ses États. Des écrivains modernes ont reproché à ce pape, aussi zélé que courageux, d'avoir outrepassé les limites de l'autorité que Jésus-Christ a confiée à son vicaire, et cela au préjudice de la puissance temporelle, sur laquelle ils l'accusent d'avoir empiété. Sans établir ici une discussion que notre plan ne comporte pas, nous ferons remarquer qu'on ne peut pas juger un siècle avec les idées d'un autre siècle ; que la puissance impériale dans le moyen âge n'avait pas dans l'esprit des peuples, ni même dans l'esprit des princes, la même extension que plus tard. Cela est si vrai, que Henri IV lui-même, tout en prétendant que sa déposition était injuste, reconnaissait, dans une lettre qu'il écrivait à Grégoire, qu'un souverain ne pouvait être déposé pour aucun autre crime que pour celui d'avoir abandonné la foi. Telles étaient alors les idées reçues ; ce qui le prouve, c'est que l'opinion publique, en Allemagne, se tourna du côté du pape, et que la diète générale de Tribur décida que si Henri ne se faisait pas absoudre dans l'année, il serait déchu de l'empire, sans espérance de remonter jamais sur le trône. Cette résolution de la diète, qui nous paraît exorbitante, paraissait toute simple alors, puisque personne ne réclama, pas même celui qu'elle atteignait. Ce qui se passa à Canosse serait inexplicable dans notre siècle ; mais qu'on se figure que Henri, voyant s'approcher la fin de l'année, n'avait d'autre parti à prendre, pour échapper à la déchéance conditionnelle prononcée contre lui, que de se faire absoudre. Il sentait que ses destinées étaient entre les mains de Grégoire ; de là cette démarche humiliante dont il ne pouvait se dispenser sans renoncer à la couronne. On a taxé Grégoire de dureté, de barbarie ; mais si l'on envisageait bien sa position vis-à-vis de Henri, peut-être serait-on porté à lui reprocher le contraire, pour l'avoir absous sur des protestations hypocrites, arrachées par le seul désir de conserver le pouvoir. Si Grégoire ne se fût pas laissé fléchir, en lui refusant l'absolution, il délivrait l'empire d'un tyran et l'Église d'un oppresseur. Quoi qu'il en soit, l'Église, en le mettant au nombre des saints, n'a pas par là même canonisé les principes d'après lesquels il se régla dans quelques circonstances; mais elle a proposé à nos hommages et à notre imitation une vie consacrée à la pratique de la vertu, dévouée au bien de la religion et suivie d'une mort illustrée par des miracles. Saint Grégoire VII, sorti des derniers rangs de la société, ne dut son élévation qu'à son seul mérite. Homme en quelque sorte phénoménal par son grand caractère, sa fermeté héroïque et son esprit transcendant, il pesa sur son siècle de tout le poids de son génie, et le vaste plan qu'il avait conçu pour régénérer la société chrétienne eût peut-être reçu son accomplissement, sans l'opposition qu'il rencontra de la part de l'empereur Henri. Nous ajouterons que celui qui lit avec attention l'histoire d'Allemagne est porté à penser que les empereurs n'étaient élus qu'à condition d'être déposés s'ils manquaient aux engagements qu'ils prenaient en montant sur le trône : or, l'un de ces engagements, dans le moyen âge, était de protéger l'Eglise. Ainsi, un empereur qui violait le serment qu'il avait prêté en recevant le pouvoir, était censé abdiquer par là même, et les électeurs de l'empire rentraient dans leur droit. Si ce droit n'était pas formulé d'une manière explicite, on voit qu'il était dans les esprits et qu'on agissait sous son influence. Nous avons de saint Grégoire VII neuf livres de lettres écrites pendant son pontificat, qui fut de douze ans. — 25 mai.

GRÉGOIRE (saint), évêque d'Ostie et légat en Espagne, mourut à Berruègue, dans le royaume de Navarre, dans le XI° ou dans le XII° siècle. Son corps fut inhumé dans l'église de Saint-Sauveur de Pinave, où on le trouva en 1260. Cette église, située entre Viane et Logrono, a pris, à cause de lui, le nom d'église de Saint-Grégoire. On l'invoque contre les sauterelles, et il est honoré le même jour que saint Grégoire de Nazianze, c'est-à-dire le 9 mai.

GRÉGOIRE X (saint), pape, né au commencement du XIII° siècle, à Plaisance, sortait de l'illustre famille des Visconti, et reçut au baptême le nom de Thibaut. Il se fit remarquer, dès sa jeunesse, par sa piété et par son application à l'étude des sciences divines et humaines. Il suivit en Italie un cours de droit canonique, qu'il alla continuer à Paris et à Liége. Il était archidiacre de cette dernière ville, lorsqu'il s'éleva avec zèle et courage contre les désordres de Henri de Gueldres, évêque de Liége ; il lui fit, en plein chapitre, des remontrances qui lui attirèrent des persécutions de la part de ce prélat. Chargé par Clément IV, qui connaissait son mérite, de prêcher la croisade, il s'acquitta de cette commission au gré du pape, et parvint, non sans de grandes peines, à étouffer le feu de la discorde qui divisait les princes chrétiens. Saint Louis, qui avait pris la croix pour la seconde fois, étant mort en Afrique, l'an 1270, Thibaut, qui craignait que les croisés d'Orient ne fussent abattus par la nouvelle de cet accident, passa en Palestine pour les consoler, et il était occupé de ce pieux devoir, lorsqu'il apprit qu'il venait d'être élu pape en 1271, après une vacance du saint-siège de près de trois ans. Son élection eut cela de particulier, que les cardinaux réunis depuis longtemps à Viterbe, et voyant qu'ils ne pouvaient s'entendre sur le choix du successeur de Clément IV, firent un compromis par lequel ils remirent leurs pouvoirs à six d'entre eux, qui choisirent unanimement Thibaut, le 1er septembre 1271. Le nouveau pape fit les adieux les plus touchants aux chrétiens de la Palestine, et leur promit qu'il se souviendrait toujours d'eux. Il prit le nom de Grégoire X, et, étant arrivé à Rome, il fut intronisé le 27 mars 1272. Un des premiers actes de son pontificat fut la convocation du concile général de Lyon, qui s'ouvrit au mois de mai 1274. Il s'y trouva cinq cents évêques, soixante-dix abbés, et des ambassadeurs de presque tous les princes chrétiens. Les trois principaux objets dont le concile s'occupa furent le mauvais état où se trouvaient les affaires des chrétiens d'Orient, les vices et les erreurs qui défiguraient la face de l'Eglise, et enfin le schisme des Grecs. On laissa entrer à la IVe session les députés de la cour de Constantinople, et l'un d'eux abjura publiquement le schisme au nom de l'empereur Paléologue. Henri de Gueldres, dont nous avons parlé plus haut, y fut accusé par les députés de l'Eglise de Liége, et prévoyant qu'il serait déposé, il se démit de son évêché. Après le concile, Grégoire fit faire des préparatifs pour la croisade ; mais ils furent sans effet. Quoique le saint pape fût accablé par le poids des affaires, il n'en était pas moins exact à remplir les devoirs de la piété chrétienne, et au milieu de ses occupations, il s'entretenait avec Dieu dans son cœur et se plaisait à méditer la parole divine. Etant tombé malade en repassant les Alpes, il mourut à Arezzo, le 10 janvier 1276. C'est lui qui ordonna que les cardinaux, après la mort d'un pape, seraient renfermés dans un conclave, jusqu'à ce que l'élection fût faite : règlement sage qui empêcha que le saint-siége ne vaquât trop longtemps. Saint Grégoire X avait été professeur de théologie à l'Université de Paris, et il a laissé des lettres au nombre de cent deux. Saint Bonaventure, qui connaissait depuis longtemps ses mérites et ses vertus, contribua beaucoup à son élévation sur la chaire de saint Pierre, et posséda, tant qu'il vécut, toute sa confiance. — 16 février.

GRÉGOIRE CELLI (le bienheureux), de l'ordre des Ermites de Saint-Augustin, naquit en 1225 à Vérochio, dans le diocèse de Rimini, et sortait d'une famille aussi distinguée par sa piété que par sa noblesse. Sa mère étant devenue veuve lorsqu'il n'avait encore que trois ans, elle le consacra à la sainte Vierge, à saint Augustin et à sainte Monique. A quinze ans il entra chez les Ermites de Saint-Augustin, et il fit profession dans leur couvent de Vérochio, auquel il donna tous ses biens. Il y édifia pendant dix ans ses confrères ainsi que ses compatriotes, qui le surnommaient le bienheureux. Employé ensuite par ses supérieurs aux travaux du saint ministère, il convertit un grand nombre de pécheurs et combattit avec succès plusieurs hérétiques qui renouvelaient les erreurs d'Arius. En butte à la méchanceté de quelques religieux indignes de porter ce nom, Grégoire fut obligé de quitter le couvent qu'il habitait, et il se rendait à Rome, lorsque, passant dans le diocèse de Riéti, il trouva sur une montagne des ermites de son ordre, qui l'admirent dans leur solitude. Il passa avec eux le reste de sa longue vie dans les austérités et les autres pratiques de la perfection religieuse. Il mourut l'an 1343, âgé de cent dix-huit ans. On porte son corps en procession, dans les temps de sécheresse, pour obtenir de la pluie, et Clément XIV a approuvé son culte en 1769. — 22 octobre.

GRÉGOIRE LOUIS BARBADIGO (le bienheureux), cardinal, évêque de Padoue, né d'une famille noble de Venise, s'appliqua avec succès à l'étude des belles-lettres, tout en s'exerçant à la pratique des vertus chrétiennes. Il était encore très-jeune lorsqu'il accompagna Louis Contarini, ambassadeur de Venise, au congrès de Munster, où fut signé, en 1648, le célèbre traité de Westphalie. Fabio Chigi, qui devint pape dans la suite sous le nom d'Alexandre VII, et qui se trouvait alors à Munster en qualité de nonce du saint-siége, conçut pour lui la plus grande estime, et lorsqu'il fut élevé sur la chaire pontificale, il le nomma, en 1657, évêque de Bergame, le créa cardinal en 1660, et le transféra, en 1664, à l'évêché de Padoue. Grégoire se montra digne de ces faveurs du chef de l'Église, et il remplissait les devoirs de l'épiscopat avec tant de zèle et d'édification, qu'on le regardait comme un second saint Charles Borromée. Il fit bâtir le séminaire de Padoue, établissement magnifique, qui fait encore l'ornement de l'Italie et même de la chrétienté, et fonda un collége pour instruire la jeunesse dans les sciences et la piété. Bon et charitable envers les malheureux, auxquels il prodiguait les secours les plus abondants, il était dur à lui-même, et tellement mort au monde, qu'il ne perdait jamais la tranquillité de son âme au milieu des épreuves et des contradictions par lesquelles il plut à Dieu d'épurer sa vertu. Il mourut le 13 juin 1697, âgé de soixante-dix ans. Plusieurs miracles s'étant opérés à son tombeau, Clément XIII le béatifia en 1761. — 15 juin.

GRÉGORIE (sainte), *Gregoria*, vierge, florissait à Rome dans le VIᵉ siècle, et elle est louée par saint Grégoire le Grand. — 23 janvier.

GRIGNON DE MONTFORT (le vénérable Louis-Marie), missionnaire apostolique, naquit le 31 janvier 1673, en Bretagne, d'une famille noble, mais pauvre, de Rennes. Dès ses premières années, il montra ce qu'il devait être un jour, et déjà on l'entendait répéter souvent ces mots : *Dieu seul*, qui furent depuis sa devise familière. A l'âge de douze ans il entra au collége des Jésuites de Rennes, et il obtint, chaque année, les premiers prix dans ses classes. Après avoir terminé sa philosophie, il quitta sa ville natale pour aller étudier la théologie au séminaire de Saint-Sulpice, où une personne charitable s'était chargée de sa pension ; mais, à son arrivée à Paris, cette personne le fit entrer dans un autre établissement ecclésiastique, dirigé par l'abbé de la Barmondière. Ce changement affligea d'abord le jeune Grignon ; mais il commençait à se plaire dans la communauté, dont la régularité l'édifiait et dont il était lui-même le modèle, lorsqu'il apprit qu'il ne devait plus compter sur la pension qui lui avait été promise. Le digne supérieur, pour ne pas être obligé de renvoyer un sujet de si grande espérance, lui confia la fonction de veiller les morts de la paroisse, ce qui lui assurait une rétribution suffisante à son entretien. L'abbé de la Barmondière étant mort en 1694, son établissement tomba, et Grignon fut reçu par charité dans une communauté qui manquait de tout, et les privations qu'il y endura altérèrent sa santé au point qu'il fallut le transporter à l'Hôtel-Dieu. Il en sortit pour entrer à Saint-Sulpice, où des personnes généreuses payèrent sa pension. Ordonné prêtre en 1700, il fit un voyage à Nantes, et en revenant à Paris, il passa par Poitiers. Comme il disait la messe dans l'hôpital de cette ville, les pauvres furent si frappés de sa piété et de son recueillement, qu'ils le demandèrent et obtinrent pour aumônier. Il essuya dans ce poste de grandes contradictions ; mais on finit par l'apprécier et par lui rendre justice. Ce fut dans cette ville qu'il conçut le projet de fonder la communauté des Filles de la Sagesse, destinées à soigner les malades dans les hôpitaux. Il se livra ensuite aux missions, œuvre pour laquelle il s'était toujours senti un attrait prononcé, et il consacra à la ville de Poitiers les prémices de ses travaux apostoliques. Dieu bénit ses premiers essais ; mais l'évêque, trompé par de faux rapports, lui interdit la prédication dans son diocèse. Le vénérable Grignon se rendit à Rome, à pied, un bâton à la main, et, ayant obtenu une audience de Clément XI, ce pape lui conféra le titre et les pouvoirs de *missionnaire apostolique*, qu'il exerça d'abord dans son propre diocèse. Après avoir prêché dans différentes églises de la ville de Rennes, il se joignit à des prêtres qui allaient donner une mission à Dinan, et, sous leur direction, il s'acquitta avec un rare talent des humbles fonctions de catéchiste. Il donna ensuite à la garnison de cette ville une mission dont le succès surpassa ses espérances. De Dinan il fut appelé dans les diocèses de Saint-Brieuc, de Nantes, de La Rochelle, de Luçon, et partout ses prédications opérèrent des fruits admirables. Revenu à La Rochelle, où on lui avait procuré un modeste logement, dont il devait jouir jusqu'à sa mort, il continua dans ce diocèse les travaux de missionnaire, tant que sa santé le lui permit. C'est en donnant une mission à Saint-Laurent-sur-Sèvres qu'il fut atteint de la maladie dont il mourut, le 28 avril 1716. Il n'avait que quarante-trois ans, mais les fatigues et les austérités abrégèrent ses jours. Outre les Filles de la Sagesse, le vénérable Grignon fonda, pour continuer l'œuvre des missions, la communauté des prêtres du Saint-Esprit. Il a laissé quelques ouvrages, parmi lesquels nous citerons un recueil de cantiques, et la règle des Filles de la Sagesse. La cause de sa béatification se poursuit à Rome depuis quelques années.

GRIMBAUD (saint), *Grimbaldus*, abbé de Winchester, né à Saint-Omer, vers le milieu du IX° siècle, fut élevé dans l'abbaye de Saint-Bertin, et après d'excellentes études, il y prit l'habit monastique. Alfred le Grand, roi d'Angleterre, se rendant à Rome, passa par cette abbaye en 883, et ayant eu plusieurs entretiens avec le saint religieux, il conçut pour lui une grande vénération. Revenu dans ses Etats, il engagea Grimbaud à venir s'y fixer, et le nomma professeur de théologie à l'université d'Oxford, qu'il venait de fonder. Grimbaud se rendit à l'invitation du prince, et il enseigna plusieurs années à Oxford, où l'on montre encore sa chaire dans l'église de Saint-Pierre, qu'on prétend qu'il fit construire. Après la mort d'Alfred, arrivée en 900, il obtint du roi Edouard, son fils, la permission de se retirer à l'abbaye de Winchester, et lorsque les bâtiments furent achevés, ce prince l'en nomma premier abbé. Il partageait son temps entre le gouvernement de ses religieux, la prière et l'étude de l'Ecriture sainte. Dans sa dernière maladie il voulut, malgré son extrême faiblesse, recevoir à genoux le saint viatique, et pour que rien n'interrompît son union avec Dieu les trois jours suivants, il voulut rester seul avec celui qui le servait ; mais le quatrième jour, se sentant près de sa fin, il fit venir la communauté près de son lit, et expira tranquillement en présence de ses religieux. Saint Elphège, qui fut nommé évêque de Winchester en 984, leva de terre son corps, et après l'avoir fait renfermer dans une châsse d'argent, il le plaça dans l'église du nouveau monastère situé près de sa ville épiscopale, où étaient déjà les restes vénérés d'Alfred le Grand. — 8 juillet.

GRIMOALD (saint), *Grimoaldus*, prêtre et confesseur, est honoré à Ponte-Corvo près d'Aquin le 29 septembre.

GRIMOALD, (saint), martyr près de Soignies en Hainaut, fut mis à mort par des Saxons qui, ayant fait une irruption dans la basse Austrasie, y commettaient les plus grands ravages. A l'approche de ces barbares, il se retira dans l'église du lieu avec sainte Renelde, qui vivait en recluse dans une solitude du voisinage. Les Saxons les ayant découverts, les massacrèrent vers la fin du VII° siècle. Ils furent enterrés, l'un et l'autre, dans l'église même où ils avaient été martyrisés, et leurs tombeaux furent illustrés par plusieurs miracles. — 16 juillet.

GRIMONIE ou GERMAINE (sainte), *Germana*, vierge et martyre, était, à ce que l'on croit, fille d'un prince d'Irlande. Ayant eu le bonheur de connaître Jésus-Christ, elle reçut le baptême et fit le vœu de virginité. Son père, qui était idolâtre, fut irrité de ce changement de religion, et comme il ignorait le vœu qu'elle avait fait, il voulut la contraindre à accepter l'époux qu'il lui présentait. Grimonie, pour rester fidèle à Dieu et pour se soustraire aux persécutions auxquelles elle était en butte, quitta secrètement sa patrie, et s'étant embarquée elle passa dans les Gaules et se fixa dans une solitude près de la ville des Vermandois, où elle mena la vie anachorétique. On rapporte que son père, qui la faisait chercher partout, ayant fini par découvrir sa retraite, la menaça de mort, si elle ne voulait pas retourner au culte des idoles, et que, sur son refus il lui fit trancher la tête. Elle est honorée à Saint-Quentin le 29 avril.

GUALFARD (saint), sellier et ermite, né à Augsbourg, selon l'opinion la plus commune, avant la fin du XI° siècle, apprit dans sa jeunesse le métier de sellier, et, quoique simple artisan, il parvint à une haute sainteté. Il employait au soulagement des pauvres et des malheureux toutes les économies qu'il se procurait son travail, et se faisait universellement admirer par sa piété et l'innocence de ses mœurs. Le désir de servir Dieu d'une manière plus parfaite encore le porta à se retirer dans la solitude, et après avoir distribué en aumônes tout ce qu'il possédait, il partit pour l'Italie, et s'enfonça dans une épaisse forêt, au delà de l'Adige. Après y avoir passé plus de vingt ans, il fut rencontré, au moment où il venait puiser de l'eau dans le fleuve, par des pêcheurs de Vérone qui le reconnurent parce qu'il avait autrefois habité cette ville. Ils l'emmenèrent malgré lui, et on lui témoigna dans la ville tant d'attachement, et on lui fit tant d'instances qu'il consentit à y rester ; mais il ne changea rien à sa manière de vivre, donnant aux Véronais l'exemple de toutes les vertus et surtout d'une admirable simplicité. Il mourut le 30 avril 1127, et il est honoré comme patron des selliers dans la plupart des villes d'Italie. On conserve avec beaucoup de respect une partie de ses reliques à Augsbourg, sa patrie. — 30 avril.

GUDELIE (sainte), *Gudelia*, martyre en Perse, qui, ayant converti beaucoup de personnes à Jésus-Christ, fut arrêtée, sous le roi Sapor II, et refusa d'adorer le soleil et la lune ; c'est pourquoi on lui arracha la peau de la tête et on lui fit souffrir plusieurs autres tourments au milieu desquels elle expira, attachée à un poteau. — 29 septembre.

GUDILANE (saint), *Gudilas*, archidiacre de Tolède et ami de saint Julien, archevêque de cette ville, florissait dans le VII° siècle : il est honoré en Castille le 8 septembre.

GUDULE, (sainte), *Gudula*, vierge et patronne de Bruxelles, était fille du comte Witgère et de sainte Amalberge ; elle était sœur de saint Amebert et de sainte Renelde. Elevée dans le monastère de Nivelle dont sainte Gertrude, sa marraine et sa parente, était abbesse, elle y resta jusqu'à la mort de celle-ci, arrivée en 659, et retourna ensuite chez le comte son père. Les instructions et les exemples de sainte Gertrude la portèrent à consacrer à Dieu sa virginité, et elle se fit, dans la maison paternelle, une espèce de solitude où elle vivait dans le jeûne, la prière et la pratique des bonnes œuvres. Tous les jours, elle allait de grand matin à l'église de Saint-Sauveur de Morzelle, qui était à une demi-lieue du château de son père : une femme l'accompagnait avec une lanterne lorsque le jour n'était pas encore venu, et l'on rapporte qu'une fois, la bougie s'étant éteinte en route, sainte Gudule la ralluma par ses prières. Elle parvint à un âge avancé, continuant le genre de vie qu'elle s'était prescrit, et mourut le 8 janvier 712. Elle fut enterrée à Ham, près de Villevorde. Sous Charlemagne, son corps fut transporté à Saint-Sauveur de Morzelle. Ce prince, qui avait une grande dévotion pour sainte Gudule, y fit bâtir un monastère de filles, qui porta dans la suite le nom de Sainte-Goule. En 978, Charles, duc de Lorraine, dans les Etats duquel se trouvait le Brabant, fit transférer ses reliques à Saint-Géry de Bruxelles, et en 1704 on les plaça dans la magnifique collégiale de Saint-Michel, aujourd'hui de Sainte-Gudule. — 8 janvier.

GUDWALL, (saint), *Gudualus*, évêque de Saint-Malo, né dans le pays de Galles dans le vi⁰ siècle, se consacra à Dieu dès sa jeunesse. Il devint ensuite abbé du monastère situé dans l'île de Plécit, et habité par cent quatre-vingts moines qui vivaient dans une ferveur angélique. S'étant démis de sa dignité pour chercher une solitude plus profonde, il se retira dans le Devonshire, où il se construisit lui-même un ermitage. Sa réputation de sainteté lui attira des disciples, et leur nombre devint bientôt si grand, que son ermitage se changea en monastère, qu'il quitta encore pour passer en France. S'étant fixé dans l'Armorique ou la Bretagne, il y vécut, comme en Angleterre, dans les jeûnes, les veilles et la contemplation. Saint Malo, qui avait établi à Aleth le siège épiscopal qui porte aujourd'hui son nom, le désigna pour son successeur, lorsqu'il se démit de l'épiscopat. Saint Gudwal marcha sur ses traces, et après avoir rempli pendant quelques années tous les devoirs d'un saint pasteur, il se retira, à cause de son grand âge, dans la solitude de Guern, située dans le diocèse dont il venait de quitter le gouvernement. Plusieurs moines vinrent se placer sous sa conduite ; mais il vivait dans une grotte séparée d'eux, et ne s'occupait plus qu'à se préparer au passage de l'éternité. Il mourut le 6 juin, vers la fin du vi⁰ siècle. Pendant les incursions des Normands, ses reliques furent portées dans le Gâtinais, ensuite à Montreuil-sur-Mer et enfin à Gand, où elles sont restées dans le monastère de Saint-Pierre. — 6 juin.

GUENARD (saint), *Vinardus*, confesseur, florissait dans le viii⁰ siècle : il est honoré près de Langres et près de Noaillé en Poitou, le 11 octobre.

GUENAU (saint), *Guinoïlus*, abbé de Landevenec en Bretagne, d'une famille distinguée, fut placé sous la conduite de saint Guignolé, premier abbé de Landevenec, situé à trois lieues de Brest. Il prit ensuite l'habit et devint, par sa ferveur, le modèle de la communauté. Saint Guignolé, avant sa mort, qui eut lieu en 527, le désigna pour son successeur et Guénau fut élu abbé à sa place; mais il ne consentit à son élection qu'à condition qu'il ne gouvernerait que sept ans le monastère. Ce terme expiré, il passa en Angleterre avec douze de ses religieux, se proposant d'y vivre inconnu aux hommes ; mais sa sainteté manifestée par des miracles l'ayant bientôt fait découvrir, il prêcha l'Evangile sur les côtes d'Angleterre et même en Irlande, convertit un grand nombre d'idolâtres, ramena à la religion beaucoup de mauvais chrétiens, et réforma plusieurs monastères qui avaient dégénéré de leur première ferveur. La vénération dont il était l'objet lui faisant craindre de succomber à des tentations de vanité, il revint dans l'Armorique, et un seigneur du diocèse de Quimper lui donna l'emplacement pour bâtir un monastère. Saint Guénau en fonda un second dans l'île de Groie, et passa ensuite dans le pays de Cornouailles pour y vivre dans la solitude; mais il fut encore découvert, et obligé de bâtir un monastère pour les disciples qui lui arrivaient de toutes parts. Il mourut le 3 novembre vers l'an 570, et fut enterré dans l'oratoire du monastère. Son corps fut levé de terre trois cents ans après, et placé dans la nouvelle église. En 936, les moines, à l'approche des Danois qui étaient venus au secours du duc de Normandie, se sauvèrent à Paris avec les reliques de saint Guénau, et les déposèrent dans l'église de Saint-Barthélemy. On les porta ensuite à Courcouronne près de Paris, puis à Corbeil, dans une église dont Louis le Gros fit un prieuré de Chanoines réguliers. La cathédrale de Vannes, qui l'honore sous le nom de saint Guénaël, possède une partie de ses reliques. —3 novembre.

GUENISON (saint), *Vinizo*, moine au Mont-Cassin, florissait au milieu du xi⁰ siècle. — 26 mai.

GUENOCH (saint), *Guinochus*, évêque en Ecosse, mourut l'an 875. — 3 avril.

GUERAMBAUT (saint), *Verembaldus*, moine d'Hirsauge dans le Wirtemberg, refusa l'évêché de Spire et mourut en 965. — 10 novembre.

GUERDIN (saint), *Verdinus*, est honoré comme abbé, le 27 octobre.

GUEREC (saint), *Varocus*, confesseur, florissait dans le vi⁰ siècle, et il fut l'un des principaux disciples de saint Tugdual. Il est honoré à Lanternoc en Bretagne. — 17 février.

GUERIN (saint), *Guarinus*, abbé de Corvey en Saxe, florissait dans le ix⁰ siècle. Hilduin, abbé de Saint-Denis, lui envoya des reliques de saint Guy de Lucanie, rapportées de Rome par l'abbé Fulrad. —26 septembre.

GUERIN (le bienheureux), *Varinus*, évêque de Sion en Valais, naquit, à ce que l'on croit, à Pont-à-Mousson en Lorraine, sur la fin du xi⁰ siècle et prit l'habit monastique dans l'ordre de Cîteaux. Il fut mis à la tête des religieux qui allèrent fonder l'abbaye de Hautecombe, et il en devint le premier abbé. Ses vertus et son mérite le firent placer ensuite sur le siège épiscopal de Sion, où il mourut vers l'an 1160. Saint Bernard avec qui il était lié d'une sainte amitié, lui donne de grandes louanges dans une lettre qu'il lui écrivit. Le bienheureux Guérin, qui n'a jamais été canonisé, est appelé saint en Lorraine, et plusieurs paroisses de l'ancien diocèse de Toul se glorifient de posséder de ses reliques; mais une saine critique pourrait démontrer qu'il a été confondu tantôt avec saint Guérin ou Gérin, frère de saint Léger, évêque d'Autun, ou même avec saint Quirin, ou Cyrin, martyr. — 6 janvier.

GUERIN (saint), évêque de Palestrine et cardinal, né au commencement du XIIe siècle, d'une famille noble de Bologne, s'engagea dans la cléricature contre le gré de ses parents qui voulaient l'établir dans le monde; il entra ensuite chez les Chanoines réguliers de Saint-Augustin et fit profession dans le monastère de Sainte-Croix, à Pavie. Sa science et sa vertu jetaient un tel éclat qu'il fut élu évêque de Pavie par le clergé et le peuple de cette ville ; mais le saint religieux prit la fuite, et se cacha si bien qu'on ne put le retrouver, et il ne se montra que quand le siège qu'on lui destinait fut pourvu d'un pasteur. Le pape Luce II le fit venir à Rome, le créa cardinal et le sacra, en 1144, évêque de Palestrine. Ce pape lui fit don d'un équipage convenable à sa nouvelle dignité ; mais Guérin le vendit bientôt après et en distribua le prix aux pauvres. Il continua dans son diocèse les austérités qu'il pratiquait dans le cloître, annonçait fréquemment la parole divine à son troupeau, et remplissait avec autant de piété que de zèle toutes les obligations que lui imposait sa charge pastorale. Lorsqu'il fut sur le point de mourir, il fit venir près de son lit son clergé et lui donna les plus sages avis. Il mourut le 6 février 1159 et fut enterré dans l'église de Saint-Agapet et dans le tombeau même du saint martyr. Il est honoré dans son ordre et surtout à Bologne, sa patrie, le 6 février.

GUERRIC (le bienheureux), abbé d'Igny en Champagne, né à Tournay sur la fin du XIe siècle, ayant embrassé l'état ecclésiastique, devint Chanoine et écolâtre de l'église de sa ville natale. La réputation de saint Bernard, abbé de Clairvaux, lui inspira le désir de faire la connaissance d'un personnage aussi célèbre. Son but, en entreprenant ce voyage, n'était pas de quitter sa patrie; mais le saint abbé lui parla avec tant d'éloquence et d'onction, des avantages de la vie monastique, qu'il résolut aussitôt de devenir le disciple d'un maître aussi habile, et il se fixa à Clairvaux. Il fut nommé, en 1138, abbé d'Igny au diocèse de Reims, pour remplacer Humbert qui venait de donner sa démission. Sur la fin de sa vie, il fut affligé par de graves infirmités qu'il supporta avec courage et patience. Lorsqu'il se sentit près de sa fin, il se fit apporter ses homélies et les jeta au feu, de peur, dit-il, d'avoir transgressé la règle qui défend de publier aucun ouvrage sans la permission du chapitre général. Il ne survécut pas longtemps à saint Bernard, et mourut vers l'an 1157. Il nous reste du bienheureux Guerric des sermons qui prouvent qu'il avait beaucoup de talents pour la prédication, et que, sous ce rapport, il n'était guère au-dessous de son illustre maître. — 19 août.

GUETHENOC (saint), frère de saint Guignolé et de saint Jacut, était fils de saint Fragan et de sainte Gwen. Il naquit dans la Grande-Bretagne, vers le milieu du Ve siècle; mais il était encore enfant lorsque son père, qui était un des principaux seigneurs de l'île, passa la mer et se retira dans l'Armorique pour échapper à la fureur des Saxons, qui venaient de s'emparer de sa patrie. Il est probable que saint Guethenoc prit l'habit dans le monastère que saint Budoc avait fondé dans l'île des Lauriers, aujourd'hui l'Ile-Verte. Il est honoré en Bretagne, le 5 novembre.

GUI MARAMALDI (le bienheureux), Dominicain et inquisiteur général dans le royaume de Naples, né au commencement du XIVe siècle, sortait d'une famille distinguée de Naples, où il prit très-jeune l'habit de saint Dominique. Après s'être livré à la prédication dans les principales chaires de cette ville, il alla exercer le même ministère à Raguse, où il fonda, de concert avec les magistrats de cette ville, un monastère de son ordre, qui servit d'asile à plusieurs de ceux que ses prédications avaient décidés à quitter le monde pour embrasser l'état religieux. De Raguse, il fut rappelé à Naples pour y exercer les fonctions d'inquisiteur général de la foi dans ce royaume, auxquelles le pape l'avait nommé, et qu'il remplit avec sagesse, cherchant plus à ramener les hérétiques par la douceur qu'à les effrayer par la sévérité des lois. Il s'en démit sur la fin de ses jours pour vivre dans la retraite, se disposant au passage de l'éternité par la pratique des œuvres de pénitence et l'exercice de la contemplation. Il mourut le 25 juin 1391, et les miracles opérés à son tombeau le firent honorer comme bienheureux, et ses restes furent placés dans une chapelle qui prit son nom. Naples ayant été assiégée par les Français en 1598, les Napolitains cachèrent son corps, et depuis cette époque, il n'a plus été possible de retrouver ce trésor. En 1612 le chapitre provincial des Dominicains du royaume de Naples chargea le P. Séraphin de Nocéra de faire des instances auprès du saint-siège pour obtenir sa canonisation. — 25 juin.

GUIBERT (saint), *Vichbertus*, moine de Gorze et fondateur de l'abbaye de Gemblours, naquit en 892 et sortait d'une famille noble de Namur. Sa première profession fut celle des armes ; mais après avoir passé quelques années dans le service militaire, il se retira dans une de ses terres pour y servir Dieu dans la solitude. Il donna, en 936, son domaine de Gemblours, situé à trois lieues de Namur, pour y fonder un monastère, et fut secondé par Gisle, son aïeule, qui contribua de son côté aux frais de cet établissement. Il mit l'abbé Erluin à la tête de la nouvelle communauté, qu'il plaça sous la règle de saint Benoît. Il se retira ensuite à l'abbaye de Gorze près de Metz, et y devint le modèle des religieux par ses vertus. Ayant été accusé près d'Othon le Grand d'avoir aliéné des biens de la couronne, ce prince reconnut la fausseté de l'inculpation et confirma la fondation de Gemblours par lettres patentes données en 948, et qui contiennent entre autres priviléges, 1° que les moines pourront toujours choisir un abbé régulier, d'après la règle de saint Benoît ; 2° que l'abbé pourra bâtir un fort ou un château, pour protéger sa communauté et les reliques des saints contre les attaques des infidèles et des mauvais chrétiens ; 3° que l'abbé pourra choisir son avoué ou protecteur ; qu'il pourra établir des marchés publics et battre monnaie ; 4° que nul comte ni officier royal ne pourra y exercer aucune autorité sans l'autorisation de l'abbé ou de son avoué. Saint Guibert mourut à Gorze, le 23 mai 962, à l'âge de soixante-dix ans. — 23 mai.

GUIBORAT (sainte), *Viborata*, vierge et martyre, née dans le IX° siècle, d'une ancienne famille de Souabe, donna, dès ses premières années, des indices de la sainteté à laquelle elle parvint plus tard. Ses parents admiraient ses heureuses dispositions pour la vertu, lui laissaient une entière liberté de suivre son attrait pour les exercices de piété, et lui permirent de consacrer à Dieu sa virginité. Hitton, son frère, ayant été élevé au sacerdoce, elle se retira chez lui afin d'avoir plus de facilité encore pour servir Dieu et le prochain. Le frère et la sœur s'avançaient à l'envi dans les voies de la perfection, et ils firent ensemble le pèlerinage de Rome pour visiter les tombeaux des saints apôtres. Guiborat décida Hitton à quitter tout à fait le monde pour se faire moine à Saint-Gal. Pour elle, après avoir passé quelques années dans le monde qu'elle édifiait par sa vie austère et pénitente, comme elle accompagnait à l'abbaye de Saint-Gal Salomon, évêque de Constance, elle s'arrêta sur une montagne voisine et s'établit dans une cellule près de l'église de Saint-George ; mais les fréquentes visites qu'elle était obligée de recevoir lui inspirèrent le dessein d'embrasser l'institut des recluses. L'évêque de Constance bénit la cellule qu'elle avait choisie près de l'église de Saint-Magne, à quelque distance de Saint-Gal, et fit la cérémonie de sa réclusion. Ses miracles et ses prédictions rendirent bientôt son nom célèbre. Ayant fait venir avec elle une fille de qualité nommée Rachilde, attaquée d'une maladie incurable, elle lui obtint de Dieu une parfaite guérison. Rachilde, que sa bienfaitrice avait initiée aux exercices de la contemplation, embrassa aussi la vie de recluse, et l'Eglise l'honore d'un culte public. Guiborat reçut encore une autre compagne ; c'était Wendilgarde, petite-fille de Henri, roi de Germanie, et épouse d'un seigneur nommé Uldaric. Elle se croyait veuve, dans la pensée que son mari avait été tué à la guerre. L'évêque de Constance lui donna le voile et la consacra à Dieu. Uldaric, qui n'était pas mort, mais seulement prisonnier chez les Hongrois, ayant obtenu sa liberté, revint dans son pays et redemanda sa femme. Les évêques assemblés en synode décidèrent que la profession religieuse de Wendilgarde ne devait pas empêcher qu'on la lui rendît. Les Hongrois ayant recommencé leurs incursions, Guiborat, à leur approche, ne voulut pas prendre la fuite, comme on le lui conseillait. Ces barbares, irrités de ne lui point trouver d'argent, lui déchargèrent sur la tête trois coups de hache, dont elle mourut le 2 mai 924. Son corps fut déposé dans l'église de Saint-Magne.— 2 mai.

GUIBRANDE (sainte), *Vibrandis*, vierge de Rapperswil, mourut vers l'an 900, et son corps est honoré dans l'église paroissiale de Saint-Gal d'Eichsel près de Rhinfeld, le 3 juillet.

GUIDON (saint), évêque d'Acqui en Piémont, bâtit l'église cathédrale, qu'on appelle de son nom Guidonnée, et mourut vers l'an 1070. — 4 juillet.

GUIGNOLÉ (saint), *Winwaloëus*, abbé de Landevenec en Bretagne, fils de saint Fragan et de sainte Blanche, était frère de saint Guëthenoc et de saint Jagut. Son père, qui était proche parent de Cathoun, prince du pays de Galles, ayant été obligé de quitter l'Angleterre à cause de l'invasion des Saxons, passa dans l'Armorique et s'établit avec sa famille dans un lieu qui, depuis, a été appelé de son nom, Plou-Fragan. C'est là que naquit notre saint, vers le milieu du V° siècle. Sa pieuse famille l'éleva dans la crainte de Dieu ; mais elle s'opposa d'abord au désir qu'il avait d'embrasser l'état monastique ; cependant son père, touché de sa persévérance, lui permit de quitter le siècle et le conduisit lui-même au monastère de Saint-Budoc, dans l'île des Lauriers, aujourd'hui l'île Verte. Saint Budoc le reçut avec joie au nombre de ses religieux, et il conçut tant d'estime pour lui, qu'il le mit à la tête d'une colonie de onze moines qu'il envoyait fonder un monastère dans une île déserte, qui fut appelée ensuite Tibidi. Saint Guignolé et ses compagnons y construisirent de petites cellules. Trois ans après ils abandonnèrent cette île que les vents furieux rendaient inhabitable, et allèrent bâtir un monastère dans la vallée de Landevenec, à trois lieues de Brest, dont saint Guignolé fut le premier abbé. Depuis qu'il s'était fait moine, il ne portait pour tout habit qu'une tunique de peaux de chèvres qui couvrait un rude cilice. La communauté ne se nourrissait que de pain d'orge avec des racines bouillies, excepté le samedi et le dimanche, où il était permis de manger du fromage et des coquillages ; on n'y buvait que de l'eau mêlée quelquefois avec une décoction d'herbes sauvages. Quant au saint abbé, il se refusait les adoucissements qu'il accordait à ses religieux, et mêlait à son pain un peu de cendres dont il doublait la quantité en carême, temps pendant lequel il ne faisait que deux repas par semaine. Il couchait sur le sable ou sur des écorces d'arbres, n'ayant qu'une pierre pour chevet. Il possédait à un degré éminent l'esprit d'oraison, et son union avec Dieu était continuelle. Il mourut dans un âge avancé, le 3 mars, vers l'an 527, et fut enterré dans l'église qu'il avait fait bâtir, à l'endroit où l'on construisit dans la suite la maison abbatiale. Son corps fut transféré depuis dans la nouvelle église, et à l'approche des Normands, on le porta successivement en divers lieux, pour le soustraire à la fureur de ces barbares ; la plus grande partie de ses reliques restèrent à Blandinberg près de Gand et à Montreuil-sur-Mer. Il y a en France plusieurs églises dédiées sous son invocation. — 3 mars.

GUILLAUME (saint), *Guilelmus*, évêque régionnaire, florissait vers le VIᵉ siècle, et il est honoré à Laon le 10 septembre.

GUILLAUME DE GELLONE (saint), *Guilelmus*, duc d'Aquitaine et ensuite religieux, sortait d'une des premières familles de France. Il embrassa la carrière des armes et il se distingua par sa bravoure et par ses talents militaires ; ce qui lui valut l'estime et la confiance de Charlemagne. Ce prince lui confia un corps d'armée dans la guerre contre les Saxons et le mit ensuite à la tête d'une expédition contre les Sarrasins, qui s'étaient emparés du Languedoc. Guillaume les battit dans plusieurs rencontres et, pour prix de ses services, il fut créé duc d'Aquitaine. Il faisait sa résidence à Toulouse, capitale de son duché, lorsque Dieu l'ayant éclairé sur le néant des grandeurs humaines, il quitta le monde en 806, et se fit religieux, du consentement de sa femme et de Charlemagne. Il choisit, pour le lieu de sa retraite, le monastère de Gellone dans le diocèse de Lodève, qu'il avait fondé en 804, et il y reçut l'habit des mains de saint Benoît d'Aniane, qui lui servit de guide dans le nouvel état qu'il venait d'embrasser. Dans le siècle il était déjà un fervent chrétien et servait Dieu avec la même fidélité qu'il servait son prince ; mais le reste de sa vie, après sa profession, ne fut plus qu'une suite de bonnes œuvres. Il n'y avait point, dans la communauté, de moine qui fût plus humble, plus obéissant et plus mortifié. Il mourut le 28 mai 812, et fut enterré dans son monastère, qui prit son nom dans la suite, et qui s'appela saint Guillelm du désert. Il avait aussi fondé un monastère de religieuses, où se retirèrent ses deux sœurs, Albane et Bertane. — 28 mai.

GUILLAUME (saint), abbé dans les Vosges, était de famille noble et riche qu'il quitta pour se retirer, avec un autre gentilhomme, nommé Achéry, dans une solitude des Vosges, près de l'église de Belmont, se proposant d'imiter le genre de vie des anachorètes de la Thébaïde. La réputation de sainteté dont ils jouissaient leur attira des disciples, et Guillaume fut chargé du gouvernement de la communauté naissante. Il la conduisit dans les voies de la perfection par ses exemples plus encore que par ses discours, jusqu'à sa mort, arrivée vers le milieu du IXᵉ siècle. Son tombeau fut illustré par des miracles et on l'honora d'un culte public jusqu'à la prétendue réforme. Le monastère qu'il avait fondé, et qui eut pour second abbé saint Achéry, devint plus tard un prieuré, de l'ordre de Saint-Benoît, dépendant de l'abbaye de Moyenmoutier, et il était connu sous le nom de prieuré de Saint-Achéry. — 2 novembre.

GUILLAUME (le bienheureux), abbé de Saint-Bénigne de Dijon, naquit en Italie vers l'an 960, et sortait d'une famille noble de la Souabe. Après avoir étudié avec succès, dans sa jeunesse, les lettres divines et humaines, la réputation de saint Mayeul l'attira à Cluni où il se fit moine. Nommé ensuite abbé de Saint-Bénigne de Dijon, il réforma ce monastère ainsi qu'un grand nombre d'autres, parmi lesquels on cite celui de Saint-Germain des Prés, à Paris. Il était âgé de soixante-dix ans, lorsqu'il mourut à celui de Fécamp en Normandie, le 1ᵉʳ janvier 1031, avec la gloire d'avoir été l'un des principaux réformateurs de la discipline monastique. — 1ᵉʳ janvier.

GUILLAUME (saint), solitaire au Val-Saint-Jame dans le diocèse de Côme en Lombardie, était né en Provence et florissait dans le XIᵉ siècle. Il fut inhumé dans une église qui a pris son nom et où il est honoré le 28 mai.

GUILLAUME (saint), évêque de Roschil en Danemark, né sur la fin du Xᵉ siècle en Angleterre, embrassa l'état monastique et devint chapelain du roi Canut. Ayant suivi ce prince dans un des voyages qu'il fit d'Angleterre en Danemark, vers l'an 1027, il fut si touché du sort des Danois, dont la plupart étaient encore idolâtres, qu'il voulut rester dans le pays pour y prêcher l'Évangile. Après avoir gagné à Jésus-Christ un grand nombre d'âmes, il fut placé sur le siège épiscopal de Roschil, dans l'île de Zélande. Le roi Swein ou Suénon III, qui monta sur le trône en 1048, ayant contracté un mariage incestueux avec la fille du roi de Suède, sa proche parente, Guillaume employa d'abord les remontrances ; mais voyant qu'elles ne produisaient aucun effet, il eut recours aux censures ecclésiastiques. Alors le roi rentra dans le devoir et fit pénitence de sa faute. Le même prince ayant ensuite condamné à mort plusieurs personnes, sans observer les formalités de la justice, le saint évêque alla l'attendre à la porte de l'église et lui en ferma l'entrée. Aussitôt les officiers qui accompagnaient Suénon mettent la main à l'épée pour fondre sur Guillaume ; mais celui-ci, présentant sa tête, leur dit qu'il était prêt à mourir pour la défense de la justice si indignement outragée dans les victimes d'une sentence inique, portée par celui-là même que la Providence avait établi le père de ses sujets. Suénon, qui avait une profonde vénération pour le saint, rentra en lui-même et se soumit à la punition qu'il avait méritée : dès lors, la bonne harmonie ne fut plus troublée entre eux. Le roi seconda toujours l'évêque dans ses pieuses entreprises, jusqu'à sa mort, arrivée en 1067. Comme on portait son corps à Roschil où les rois de Danemark faisaient leur résidence et où ils avaient leur sépulture, on dit que saint Guillaume pria Dieu de ne point le séparer du prince, son ami, et qu'étant mort aussitôt après cette prière, ils furent enterrés ensemble. — 2 septembre.

GUILLAUME FIRMAT (saint), solitaire à

Mortain, naquit au commencement du xie siècle, d'une famille noble de Tours, et après avoir embrassé l'état ecclésiastique, il fut d'abord Chanoine de Saint-Venant. Il exerçait la médecine avec beaucoup de distinction; mais lorsqu'il eut amassé, dans cette profession, une fortune considérable, Dieu lui inspira le désir de renoncer entièrement au monde. Après avoir vendu tous ses biens dont il distribua le prix aux pauvres, il se retira, avec sa mère, dans une solitude près de Tours pour vaquer à la prière et à la méditation des vérités éternelles. Lorsqu'il eut perdu sa mère, il s'enfonça dans la forêt de Concise, près de Laval et s'y construisit un petit ermitage. Il s'y livrait depuis plusieurs années aux austérités les plus rigoureuses de la pénitence, lorsque quelques libertins, pour éprouver si sa sainteté était aussi solide que le publiait la renommée, payèrent une femme de mauvaise vie pour qu'elle allât tenter sa vertu. S'étant présentée à la porte de sa cellule, elle lui dit : *Saint prêtre, ouvrez à une pauvre femme qui s'est égarée dans les bois et qui craint d'être dévorée par les bêtes.* Touché de compassion, Guillaume lui donne un asile, lui allume du feu et lui présente même à manger. Pendant qu'il était occupé de ces soins charitables, cette malheureuse se débarrasse des haillons qui recouvraient des habits magnifiques, et se dispose à jouer le rôle infâme dont elle s'est chargée. Le serviteur de Dieu, alarmé du danger que court sa vertu, s'arme d'un tison et se brûle le bras jusqu'au vif. A la vue de cette action héroïque, la femme jette un cri et tombant à ses pieds, elle le conjure de lui pardonner sa démarche criminelle. Les libertins qui épiaient la conduite de Guillaume accoururent aux cris de cette femme, qui se convertit et fit pénitence. Guillaume quitta le pays et fit le pèlerinage de la terre sainte, où il eut beaucoup à souffrir de la part des Sarrasins, qui le plongèrent dans un horrible cachot. Ayant recouvré sa liberté, il revint en France et se fixa à Montille près de Mortain, où il mourut le 24 mai, sur la fin du xie siècle. Les habitants de Mortain enlevèrent son corps et l'inhumèrent dans l'église de Saint-Évroult de cette ville. — 24 mai.

GUILLAUME (le bienheureux), abbé de Hirschau, naquit au commencement du xie siècle et sortait d'une noble famille de Bavière. Il fut élevé à l'abbaye de Saint-Emmeran de Ratisbonne, et il fit de grands progrès dans les sciences humaines et dans la vertu. Il évitait avec soin la société des religieux peu édifiants, et ne fréquentait que ceux dont la conduite était exemplaire; mais cet esprit de ferveur, ce zèle pour la perfection ne nuisaient en rien au succès de ses études. Il apprit l'astronomie, les mathématiques, la poésie, et il donna plus d'une preuve de son savoir en ce genre. Il inventa une horloge très-ingénieuse et corrigea avec beaucoup de goût plusieurs des hymnes que se chantaient dans les offices de l'Église; il composa aussi quelques ouvrages de philosophie et d'astronomie, et un livre intitulé : « Coutumes et usages du monastère de Hirschau. » Les religieux de ce monastère ayant déposé, sur des accusations frivoles et calomnieuses, le bienheureux Frédéric, leur abbé, Guillaume, qui fut élu pour lui succéder, s'éleva avec force contre cette injuste déposition, et il ne voulut prendre le titre d'abbé qu'après la mort de Frédéric. Tant que celui-ci vécut, il le regarda toujours comme son supérieur et son maître. Pour ramener l'ordre et la discipline dans la communauté, il commença par délivrer le monastère de la tyrannie du comte de Calw. Voyant que les exhortations étaient inutiles, il le menaça de la colère de Dieu et des censures de l'Église, et s'appliqua par de ferventes prières à mettre le ciel dans ses intérêts. Le comte ayant été affligé coup sur coup de plusieurs calamités qu'il attribuait, non sans raison, à la vengeance divine, consentit enfin à laisser l'abbaye jouir en paix des droits et privilèges qui lui avaient été accordés ainsi que des biens dont elle était en possession. Cette première affaire arrangée, Guillaume s'occupa de rétablir parmi les religieux la régularité et la ferveur; mais sachant que quand il s'agit de réformer des abus invétérés, les exemples ont plus d'influence que les discours, il était le premier partout, dès que la règle avait parlé, et ne se distinguait des autres que par plus d'exactitude et de ponctualité. Aussi sa réputation attira au monastère un grand nombre de personnes qui se présentaient pour embrasser la vie religieuse sous sa conduite, et l'on compta bientôt plus de cent cinquante moines, non compris les frères lais. Il établit en outre, à l'exemple de ce qui se pratiquait à Cluni, une association de gens du monde, qui, tout en restant dans le siècle, observaient, autant que la chose était possible, la règle de Saint-Benoît, sous la direction d'un religieux choisi pour cela. Guillaume, qui venait de faire changer de face à sa communauté, craignant que l'oisiveté ne vînt bientôt détruire son œuvre, prit ses mesures pour que les moines fussent toujours utilement occupés. C'est dans cette vue qu'il établit des écoles dans l'intérieur du monastère, afin de former aux sciences les sujets qui montraient des dispositions pour l'étude; il en employa aussi un grand nombre à copier les ouvrages des Pères de l'Église. Pendant qu'il faisait chercher au loin, dans d'autres monastères, les coutumes et les usages qu'il voulait introduire à Hirschau pour perfectionner sa réforme, le célèbre Bernard, abbé d'un monastère de Marseille, étant venu en Allemagne en qualité de légat du saint-siège, conseilla à Guillaume de suivre autant que possible tout ce qui se pratiquait à l'abbaye de Cluni, qui, à cette époque, était regardée comme le modèle des abbayes. L'abbé de Hirschau y envoya donc, à plusieurs reprises, quelques-uns de ses religieux pour y étudier tout ce qui s'y pratiquait, afin que la communauté pût ensuite en faire son profit. Ces améliorations toujours croissantes donnèrent au monastère une telle réputation, que le nombre de ceux qui voulaient y être admis devenant toujours plus considérable, Guillaume fut obligé de fonder d'autres monastères. Aussitôt que son projet fut connu, tous les seigneurs du voisinage s'empressèrent de venir à son secours, en lui fournissant les fonds nécessaires. On cite entre autres le margrave Hermann, qui lui abandonna tous ses biens, pour aller se faire moine à Cluni. C'est avec ces fonds que furent construits, réparés ou agrandis les monastères de Reitembach, de Saint-George dans la forêt noire, de Chiemsé en Bavière, de Saint-Pierre d'Erfurt et plusieurs autres. Le bienheureux Guillaume, profondément affligé des funestes dissensions qui existaient entre l'empire et le saint-siége, resta inviolablement attaché au vicaire de Jésus-Christ; aussi, dans un voyage qu'il fit à Rome, Grégoire VII lui donna des marques éclatantes d'estime et lui accorda avec empressement tout ce qu'il demandait pour le bien spirituel de ses nombreux enfants. Guillaume, qui, sur plusieurs points, était plus avancé que son siècle, voyant le triste sort des serfs qu'on traitait comme des bêtes de somme, sans que personne songeât à leur apprendre les premiers éléments de la religion et à leur procurer les consolations de la foi, s'appliqua de tout son pouvoir à améliorer leur condition, soit en inspirant aux maîtres des sentiments d'humanité auxquels jusque-là ils avaient été trop étrangers, soit en établissant pour les serfs, des écoles et des catéchismes où on leur enseignait les choses nécessaires au salut. Comme il était un des hommes les plus savants de son époque, il faisait une estime particulière de la science; et lorsqu'il était consulté par les chapitres pour les élections d'évêques, il indiquait toujours, parmi les candidats proposés, celui qui lui paraissait le plus instruit. Ce n'est pas qu'il crût la vertu moins nécessaire que la science; mais il avait eu occasion de remarquer combien l'ignorance des premiers pasteurs peut introduire d'abus et de désordres dans l'Eglise, et il pensait qu'une vertu commune avait alors moins d'inconvénients que des lumières trop bornées. Il recommanda fortement à ses religieux de rester toujours attachés au saint-siége, et après une longue carrière, employée à des œuvres saintes, il mourut le 4 juillet 1091. Des miracles nombreux s'étant opérés à son tombeau, on commença bientôt à l'invoquer comme saint, et son culte n'a pas souffert d'interruption. — 4 juillet.

GUILLAUME DE NORWICH (saint), martyr en Angleterre, naquit en 1125, et il apprenait l'état de tanneur à Norwich, lorsqu'à l'âge de douze ans, il fut attiré chez les Juifs, quelque temps avant les fêtes de Pâques de l'année 1137. Lui ayant mis un bâillon dans la bouche pour étouffer ses cris, ils lui firent mille outrages, l'attachèrent à une croix et lui percèrent le côté, en dérision de la mort de Jésus-Christ. Ils mirent ensuite son corps dans un sac et le portèrent, le jour de Pâques, près des portes de la ville afin de le brûler; mais ayant été surpris par des gens qui passaient, ils s'enfuirent, laissant le cadavre du jeune martyr suspendu à un arbre. On bâtit à l'endroit où il avait été trouvé, une chapelle connue sous le nom de Saint-Guillaume-aux-Bois. Ce corps, que Dieu illustra par plusieurs miracles, fut porté, en 1144, dans le cimetière de l'église cathédrale, et six ans après, on le mit dans le chœur de la même église. Les calendriers anglais marquent la fête de saint Guillaume de Norwich le 24 mars.

GUILLAUME (saint), fondateur de la congrégation de Monte-Vergine, naquit en Piémont sur la fin du XIe siècle. Orphelin dès son bas âge, il fut élevé dans la piété par des parents de sa famille. Il fit à quinze ans le pèlerinage de Saint-Jacques de Galice, et se retira ensuite sur une montagne déserte, dans le royaume de Naples. Il y pratiquait les austérités les plus rigoureuses, et il employait la plus grande partie de son temps à s'entretenir avec Dieu dans la contemplation qui faisait ses délices. Sa retraite ayant été découverte, il alla s'établir sur une autre montagne, nommée El-Monte-Vergine, située entre Nole et Bénévent; mais il y fut encore découvert, et il ne put s'empêcher de recevoir des disciples, qui demandaient à pratiquer, sous sa conduite, les exercices de la vie ascétique. Telle fut l'origine des Ermites de Monte-Vergine, que l'on fait remonter à l'année 1119. Saint Guillaume mourut le 25 juin 1142. Sa congrégation, à laquelle il ne laissa point de règle écrite, fut mise sous la dépendance de l'ordre de Saint-Benoît par le pape Alexandre III. — 25 juin.

GUILLAUME (saint), archevêque d'York, fils du comte Herbert et d'Emma, sœur d'Etienne, roi d'Angleterre, né au commencement du XIIe siècle, renonça de bonne heure au monde pour se consacrer au service de Dieu. Après avoir distribué aux pauvres les biens dont il pouvait disposer, il entra dans les saints ordres et devint trésorier de l'église métropolitaine d'York, sous l'archevêque Tierston. Ce vénérable prélat ayant donné sa démission en 1144, pour se retirer chez les Clunistes de Pontefract, Guillaume fut élu par la plus grande partie des Chanoines et sacré à Winchester. Osbert, archidiacre d'York, homme brouillon et intrigant, désapprouva ce choix et fit agir tant de ressorts à Rome, que le pape Eugène III, qui venait de monter sur la chaire pontificale, non-seulement n'accorda pas à Guillaume le *pallium* qu'il était venu demander en personne, mais même nomma archevêque d'York Henri de Murdach, moine des Fontaines de l'ordre de Citeaux. Comme Guillaume n'envisageait l'épiscopat qu'avec frayeur, il se consola sans peine de ce refus du pape, et la perte de sa dignité ne lui inspira aucun regret. De retour en Angleterre, il se retira auprès de Henri, son oncle, évêque de Winchester, et se renferma dans une maison dépendante de l'évêché. Il y passa sept ans, occupé à la prière et aux exercices de la mortification, expiant dans les larmes de la pénitence, les fautes qu'il pouvait avoir commises. Henri de Murdach étant mort en 1153, Guillaume fut élu de nouveau archevêque d'York. D'après le conseil de ses amis, il retourna à Rome où les choses avaient bien changé de face. Anastase IV, successeur d'Eugène, l'accueillit très-bien et lui donna le pallium. Pendant qu'il revenait prendre possession de son siège, il rencontra Robert de Gaunt, doyen du chapitre d'York et l'archidiacre Osbert, qui lui défendirent l'entrée de la ville. Il supporta cette insolence avec autant de calme que de douceur, et continua sa route. Il fut reçu avec les démonstrations de la joie la plus vive. Le concours de peuple, à l'occasion de son entrée, fut si considérable, que le pont de bois qui est sur l'Ouse, au milieu de la ville, se rompit et qu'un grand nombre de personnes tombèrent dans la rivière. Guillaume, témoin de cet accident, fit aussitôt le signe de la croix sur l'eau et adressa au ciel une prière fervente. Tous furent retirés de la rivière sains et saufs, même les enfants, et l'on attribua leur conservation miraculeuse au crédit que le saint archevêque avait près de Dieu. Il se montra plein de charité pour ses ennemis et pardonna généreusement à ceux qui, par leurs calomnies, avaient indisposé contre lui le pape Eugène III. Il formait de sages projets pour le bien de son troupeau, lorsqu'il mourut peu de semaines après son intronisation, le 8 juin 1154. Il fut enterré dans la cathédrale d'York, et le pape Nicolas III le canonisa vers l'an 1280. Son corps fut ensuite levé de terre et placé dans une riche châsse qu'on exposa dans la nef de la cathédrale. Le roi Édouard Ier et les seigneurs de sa cour assistèrent à cette cérémonie durant laquelle il s'opéra plusieurs miracles. Cette châsse fut pillée lors de la prétendue réforme ; mais les reliques qu'elle contenait furent placées dans une boîte qu'on enterra dans la nef sous une pierre de marbre. Dracke, qui a décrit les antiquités d'York, découvrit cette boîte en 1732 et la remit à la place où il l'avait trouvée. — 8 juin.

GUILLAUME DE MALEVAL (saint), ermite et fondateur de l'ordre des Guillelmites, était, selon l'opinion la plus commune, un gentilhomme français qui, après avoir mené une vie licencieuse dans la profession des armes, fut touché subitement d'une grâce qui le fit rentrer en lui-même et il pénétra de la plus vive componction. Il se rendit à Rome, vers le milieu du XIIe siècle, pour visiter les tombeaux des saints apôtres, et pour demander au pape, qui était alors Eugène III, une pénitence proportionnée à ses fautes passées. Le pape, selon la manière dont on en usait alors envers les grands pécheurs, lui imposa le pèlerinage de Jérusalem. Guillaume, après avoir mis ordre à ses affaires, partit en 1145 pour la terre sainte et y passa huit ans. Il revint ensuite en Europe et se retira, en 1153, dans un désert de la Toscane. Quelque temps après, on le força de prendre le gouvernement d'un monastère situé dans l'île de Lupocavio, près de Pise ; mais la conduite des religieux l'affligea si vivement, qu'il les quitta pour aller dans un autre monastère situé sur le Mont-Pruno. Les religieux qui l'habitaient ne valant pas mieux que les premiers, il se détermina à mener seul un genre de vie qu'il avait tâché inutilement de faire embrasser aux autres, et se fixa en 1155 sur le territoire de Sienne, dans une vallée qu'on nommait l'Etable de Rhodes. C'était un lieu si affreux, que sa seule vue inspirait de l'horreur ; aussi lui a-t-on donné depuis le nom de Maleval, qui signifie mauvaise vallée. Il n'eut d'abord d'autre demeure qu'une caverne souterraine ; mais le seigneur de Buriano l'ayant découvert, lui fit construire une cellule. Guillaume fut quatre mois sans autre compagnie que celle des bêtes, vivant des herbes qu'il leur voyait manger. Ensuite il lui vint un disciple nommé Albert, qui ne le quitta plus et qui a écrit les dernières circonstances de la vie de son maître. Le saint ermite ne parlait de lui même que comme du plus misérable des hommes, que comme d'un criminel qui méritait la plus cruelle de toutes les morts ; de là cette ardeur pour les austérités de la pénitence. Il couchait sur la terre nue, ne mangeait que du mauvais pain et ne buvait que de l'eau, encore en si petite quantité qu'elle était à peine suffisante pour ne pas mourir. La prière, la contemplation et le travail des mains occupaient tous ses moments, et c'est pendant son travail qu'il enseignait à son disciple les voies de la perfection ; mais ses exemples étaient encore une instruction plus efficace. Quelque temps avant sa mort, il lui vint un second disciple, c'était un médecin nommé Renaud. Lorsque Guillaume se sentit près de sa fin, il demanda les sacrements, qui lui furent apportés par un prêtre de Châtillon de Pescaire. Il mourut le 10 février 1157, après avoir été favorisé pendant sa vie du don des miracles et du don de prophétie. Albert et Renaud enterrèrent son corps dans le jardin de l'ermitage ; ils continuèrent ensuite le genre de vie qu'il leur avait tracé, et eurent la consolation de voir leur petite communauté s'augmenter peu à peu. Ils bâtirent sur le tombeau de leur maître un ermitage plus considérable et une chapelle. C'est ainsi que se forma l'ordre des Guillelmites, ou Ermites de Saint-Guillaume, qui se répandit bientôt en Italie, en France, en Allemagne et dans les Pays-Bas. Le pape Grégoire IX mitigea l'austérité de leur règle et les mit sous celle de Saint-Benoit. Ils furent unis dans la suite aux Ermites de Saint-Augustin. — 10 février.

GUILLAUME (saint), confesseur, né dans le XIIe siècle, à Antioche en Syrie, embrassa la profession des armes et s'engagea ensuite dans le mariage. Après la mort de sa femme, il se retira dans une solitude pour ne plus s'occuper que de son salut, et il y fut suivi par son fils Pérégrin qu'il avait élevé dans la piété. Ils passèrent ensemble plusieurs années, occupés des exercices de la vie contemplative. Pérégrin obtint ensuite, de son père, la permission d'aller visiter la terre sainte. Après avoir satisfait sa dévotion, il entra dans un hôpital de Jérusalem, et il y resta pour soigner les pauvres et les malades. Guillaume, étonné de sa longue absence, partit lui-même pour aller à sa recherche, et étant arrivé à Jérusalem, il y tomba malade et fut porté dans l'hôpital où était son fils. Celui-ci, qui le reconnut sur-le-champ, lui prodigua les soins les plus tendres, et il eut la consolation de le voir bientôt guéri. Cette touchante circonstance augmenta encore la vive affection qu'ils avaient l'un pour l'autre, et ils prirent dès-lors la résolution de ne plus se séparer. De retour à Antioche, ils vendirent ce qui leur restait encore de biens, en distribuèrent le prix aux pauvres et se retirèrent à Poggia, dans le royaume de Naples. Guillaume y mourut saintement un 6 d'avril, sur la fin du xii° siècle. — 6 avril.

GUILLAUME ou VUILLAUME (saint), curé à Pontoise, florissait dans la dernière partie du xii° siècle et mourut en 1193. — 10 mai.

GUILLAUME TEMPIER (saint), évêque de Poitiers et confesseur, né au commencement du xii° siècle, était jeune encore lorsqu'il quitta le monde pour entrer dans la congrégation des Chanoines réguliers de Saint-Augustin, et il fit profession dans le monastère de Saint-Hilaire de Poitiers. Etant devenu abbé de ce monastère, son mérite et sa sainteté déterminèrent le clergé et le peuple de Poitiers à le choisir pour pasteur, après la mort de l'évêque Jean. Ferme et zélé, il s'appliqua à corriger les abus et à faire refleurir la piété parmi ses diocésains, qu'il instruisait par ses discours et qu'il édifiait par ses exemples. Il défendit les droits de son église contre les envahissements des seigneurs, et il obligea Othon, fils du duc de Souabe, à rendre hommage à l'église de Saint-Pierre de Poitiers dont il était féudataire. Le pape Luce III lui écrivit au sujet d'un abbé qui manquait à remplir les devoirs de sa place, et le chargea de lui donner une réprimande de la part du saint-siège. Il mourut l'an 1197, et il fut enterré dans l'église de Saint Cyprien. Les miracles opérés à son tombeau le firent bientôt honorer comme saint, et on l'invoque principalement contre le flux de sang. — 27 mars.

GUILLAUME (saint), abbé d'Eschil en Danemark, naquit à Paris vers l'an 1105 et sortait d'une famille illustre. Il fut élevé dans le monastère de Saint-Germain des Prés, dont Hugues, son oncle, était abbé. Lorsque ses études furent terminées, sa conduite édifiante et l'innocence de ses mœurs le firent juger digne d'être admis dans l'état ecclésiastique. Après avoir été promu au sacerdoce, il devint chanoine de la collégiale de Sainte-Geneviève du Mont ; mais sa régularité et sa ferveur déplurent à ses confrères, parce qu'ils y trouvaient la censure indirecte de leur vie peu réglée. Pour se débarrasser de sa présence qui les gênait, ils voulurent lui faire résigner son canonicat. Ce moyen ne leur ayant pas réussi, ils en employèrent un autre et le nommèrent à la cure d'Épinay, dépendante de leur chapitre. Le pape Eugène III, qui se trouvait à Paris en 1147, ayant eu connaissance de ce qui se passait dans leur collégiale, les en chassa, de concert avec le roi Louis le Jeune, et leur substitua des Chanoines réguliers tirés de l'abbaye de Saint-Victor. Alors Guillaume revint à Sainte-Geneviève et en fut élu sous-prieur, place qu'il remplissait avec autant de zèle que d'édification, lorsque sa réputation de sagesse et de sainteté parvint jusqu'en Danemark. Absalon, évêque de Roschild, l'un des prélats les plus recommandables de son siècle, résolut de l'attirer dans son diocèse et lui envoya pour cet effet, en 1172, le prévôt de son église. Guillaume, voyant qu'il s'agissait de la gloire de Dieu, accepta la proposition. Arrivé en Danemark, il fut chargé du gouvernement de l'abbaye d'Eschil, où Absalon avait établi des Chanoines réguliers. Le saint abbé s'y fit admirer par ses vertus, par son assiduité à la prière et par ses austérités. Il portait toujours le cilice, couchait sur la paille et jeûnait tous les jours. Il était pénétré d'un respect si profond pour l'auguste sainteté de nos mystères, qu'il ne pouvait s'approcher de l'autel sans verser des larmes abondantes. Pendant les trente années qu'il fut abbé d'Eschil, il eut à supporter les persécutions de seigneurs puissants, l'extrême pauvreté de son abbaye, la rigueur du climat et une longue suite de peines intérieures. Il triompha de toutes ces épreuves par sa patience et par sa confiance en Dieu, et il eut la consolation de voir la plupart de ses religieux marcher à sa suite dans les voies de la perfection. Il fonda en Danemark, pour des religieux de son ordre, l'abbaye du Paraclet, à laquelle Alexandre III donna plusieurs privilèges. Saint Guillaume était presque centenaire lorsqu'il mourut le 6 avril 1203, et il fut canonisé par Honorius III, l'an 1224. — 6 avril.

GUILLLAUME (saint), archevêque de Bourges, né au milieu du xii° siècle, sortait de l'illustre famille des comtes de Nevers, et fut élevé à Soissons par Pierre l'Ermite, son oncle, qui était archidiacre de cette ville. Le jeune Guillaume fit de grands progrès dans la piété et dans les sciences, et après avoir embrassé l'état ecclésiastique, il devint chanoine de Soissons, ensuite de Paris ; mais le goût de la solitude le porta à se retirer à l'abbaye de Grammont. Une contestation survenue entre les moines de cette maison le décida à la quitter pour entrer dans l'ordre de Cîteaux. Il y fit profession dans l'abbaye de Pontigny, où il fut élevé à la dignité de prieur. Nommé ensuite abbé de Fontaine-Jean, dans le diocèse de Sens, puis de Châlis, près de Senlis, loin de se prévaloir de sa dignité, il se regardait comme le dernier des frères. Henri de Sully, archevêque de Bourges, étant mort, le clergé de cette ville, qui ne pouvait s'accorder sur le choix de son successeur, députa vers Eudes, évêque de Paris et frère du défunt, pour le prier de venir l'aider dans une affaire aussi importante. Eudes, arrivé à Bourges, voyant que l'on avait proposé trois abbés de l'ordre de Cîteaux, recommandables par leurs lumières et leurs vertus, du nombre desquels était Guillaume, fit écrire leurs noms sur trois billets séparés et les mit sur l'autel où il devait célébrer la messe. Lorsqu'il l'eut finie, il pria Dieu de manifester sa volonté, puis tira un de ces billets qui se trouva être celui sur lequel était écrit le nom de Guillaume. Cette singulière élection eut lieu le 23 novembre 1200. Le saint abbé de Châlis n'en eut pas plutôt connaissance qu'il fallut pénétré de la plus vive douleur, et il fallut l'autorité de son supérieur général et celle du pape Innocent III pour l'y faire acquiescer. Il quitta donc Châlis, mais non sans verser bien des larmes, et se rendit à Bourges, où il fut reçu comme un ange envoyé du ciel. Avant de travailler à la sanctification de son troupeau, il commença par redoubler ses austérités, parce qu'il avait, disait-il, à expier ses propres péchés et ceux de son peuple. Il continua de porter son habit de religieux qui était le même l'été et l'hiver, et sous lequel il cachait un cilice. Il s'interdit pour toujours l'usage de la viande, quoiqu'il en fît servir aux étrangers qui mangeaient à sa table. Sa sollicitude pastorale, qui embrassait toutes les âmes qui lui étaient confiées, s'étendait d'une manière plus spéciale encore à ceux qui en avaient un plus grand besoin. Les pécheurs repentants trouvaient en lui un père plein de tendresse ; mais il montrait une fermeté inflexible envers ceux qui refusaient de se convertir, sans cependant employer contre eux la puissance du bras séculier, pratique qu'il n'approuvait pas, quoiqu'elle fût assez usitée alors. Des personnes puissantes prirent occasion de sa douceur pour attenter aux droits de l'église de Bourges, se flattant qu'il n'aurait pas le courage de leur résister ; mais Guillaume, qui savait déployer de l'énergie quand les circonstances l'exigeaient, repoussa leurs attaques avec succès, et il osa même, au risque de perdre ses revenus, résister à quelques prétentions de Philippe-Auguste, auquel il était d'ailleurs très-soumis pour tout ce qui concerne le temporel. Il triompha également des contradictions qu'il eut à essuyer de la part de son chapitre et de quelques membres de son clergé. Il ramena dans le sein de l'Eglise plusieurs de ceux qui étaient infectés de l'hérésie des Albigeois, et si la mort ne l'en eût empêché, il serait allé faire une mission dans le pays où elle exerçait le plus de ravages. La veille de l'Epiphanie de l'an 1209, il prêcha dans son église métropolitaine, pour prendre congé de son troupeau, avant d'entreprendre sa mission. Il avait la fièvre alors, et il ne fut pas plutôt descendu de chaire, que la maladie augmenta, et il fut obligé de se mettre au lit. Quatre jours après, il se fit administrer le sacrement de l'extrême-onction, ensuite celui de l'eucharistie. Il reçut ce dernier à genoux et fondant en larmes. Malgré sa faiblesse, il resta longtemps prosterné, priant, les bras étendus en forme de croix. La nuit suivante, il perdit l'usage de la parole, lorsqu'il commençait Matines ; mais il montra, par signes, qu'il voulait être étendu sur la cendre et le cilice. C'est dans cette situation qu'il expira, un peu après minuit, le 10 janvier 1209, après huit ans d'épiscopat, et il fut enterré dans sa cathédrale. Il s'opéra plusieurs miracles à son tombeau, ce qui fit qu'on leva de terre son corps en 1217, et l'année suivante, le pape Honorius III le mit au nombre des saints. Il avait choisi pour sa sépulture l'abbaye de Châlis ; mais le clergé et le peuple de Bourges ne voulurent jamais permettre qu'on leur enlevât la dépouille mortelle de leur saint pasteur. L'abbaye de Châlis obtint dans la suite un os d'un de ses bras. En 1399, le chapitre de Bourges donna une de ses côtes à l'église du collège de Navarre à Paris, et l'université de cette ville l'honorait comme patron de la nation de France. En 1562, les calvinistes brûlèrent ses reliques qu'on gardait dans la cathédrale de Bourges, et jetèrent ses cendres au vent. Saint Guillaume est honoré dans plusieurs églises de France. — 10 janvier.

GUILLAUME (saint), évêque de Saint-Brieuc, né en Bretagne, après une jeunesse passée dans l'étude des sciences ecclésiastiques et les pratiques de la piété, fut admis aux saints ordres par Josselin, évêque de Saint-Brieuc, qui l'attacha au service de son église. Après la mort de Sylvestre, second successeur de Josselin, Guillaume, qui depuis longtemps rendait de grands services au diocèse, fut élu évêque vers 1220. Il poussait si loin la charité pour les pauvres, que, non content de leur distribuer ce qu'il possédait, il empruntait souvent aux autres de quoi les assister. Aussi dur à lui-même que bon envers les autres, il couchait ordinairement sur la terre, quoiqu'on lui préparât tous les jours un bon lit. Plein de zèle pour la sanctification de son troupeau, il ne négligeait pas la sienne propre, et les devoirs multipliés de l'épiscopat ne l'empêchaient pas d'entretenir en lui l'esprit de recueillement et l'union avec Dieu. Il mourut le 29 juillet vers l'an 1234, et fut enterré dans sa cathédrale. Son corps fut levé de terre en 1248, et Innocent IV le canonisa cinq ans après. Ses reliques, qu'on conservait avec respect dans la cathédrale de Saint-Brieuc, furent brûlées par les révolutionnaires en 1793 ; cependant on en conserva quelques parcelles. — 29 juillet.

GUILLAUME ARNAUD (le bienheureux), de l'ordre de Saint-Dominique, était inquisiteur de la foi en Languedoc, lorsqu'il fut tué le 20 mai 1242, par des hérétiques qu'on nommait *bulgares* et qui étaient une secte de manichéens. Dix autres, tant religieux qu'ecclésiastiques, furent massacrés avec lui, et cette boucherie eut lieu à Avignon dans le château même du comte de Toulouse et par l'ordre de son propre bailli. Le collège des cardinaux, pendant la vacance du saint-siége, écrivit au provincial des Dominicains de Provence une lettre par laquelle il leur donne le titre de martyrs, attendu la cause et les circonstances de leur mort. — 20 mai.

GUILLAUME DE CARDAILLAC (le bienheureux), évêque de Saint-Papoul en Languedoc, florissait dans la première partie du xiv° siècle et mourut en 1347. — 13 février.

GUILLAUME DE NAUROSE (le bienheureux), religieux de l'ordre des Ermites de Saint-Augustin, mourut en 1369, et il est honoré à Toulouse le 18 mai.

GUILLAUME DE GOUDE (le bienheureux), Franciscain et martyr, fut mis à mort par les calvinistes à Guitremberg, près de Bréda en Hollande, l'an 1573. — 4 septembre.

GUILLAUME (le bienheureux), religieux de l'ordre des Prémontrés, naquit vers le milieu du xvi° siècle, d'une honnête famille de Mindelheim en Souabe; il se montra, dès ses premières années, un modèle de piété et se fit admirer par l'innocence de ses mœurs. Étant entré chez les Prémontrés du monastère de Roth, dans le diocèse d'Augsbourg, il se livra, avec une égale ardeur, à l'étude des sciences et à la pratique de la vertu. Les austérités de la règle ne suffisant pas à son attrait pour la mortification, il s'en imposait de particulières, et il parvint à un tel degré de sainteté qu'on le surnommait l'ange de la maison. Il était un ange, en effet, par sa pureté extraordinaire, et son triomphe sur les assauts que lui avaient livrés les démons contre cette vertu fut si complet, qu'il finit par obtenir de ce côté une paix inaltérable. Il mourut de phthisie le 28 mars 1588, et il s'est opéré sur son tombeau plusieurs guérisons miraculeuses. — 28 mars.

GUILLEBAUD (saint), *Willebaldus*, évêque d'Aichstadt en Franconie, né vers l'an 704, était fils de saint Richard, roi des Saxons occidentaux et frère de saint Winebaud ou Gombaud et de sainte Walburge. A l'âge de trois ans il eut une maladie si dangereuse que les médecins désespérèrent de sa vie. Ses parents désolés le portèrent au pied d'une croix élevée sur la place publique, et là promirent à Dieu de le lui consacrer, si la santé lui était rendue. Leur prière fut exaucée et l'enfant se trouva parfaitement guéri. Depuis ce moment, saint Richard ne regarda plus son fils que comme un dépôt que le ciel lui avait confié, et lorsqu'il eut six ans, il le plaça dans le monastère de Wallheim, sous la conduite de l'abbé Egbaud. Le jeune Guillebaud, dès qu'il put faire usage de sa raison, se montra pénétré d'amour pour Dieu et de mépris pour les biens terrestres. Il quitta le monastère en 721 et accompagna son père qui se rendait à Rome pour visiter les tombeaux des saints apôtres. En traversant la France, ils allaient prier dans toutes les églises que la dévotion des fidèles avait rendues célèbres, et qui se rencontraient sur leur route. Saint Richard ne put aller jusqu'à Rome, étant mort à Lucques le 7 février 722. Les deux princes ses fils, car Winebaud était aussi du voyage, après avoir rendu les derniers devoirs au roi, leur père, continuèrent leur route, et étant arrivés à Rome, Guillebaud se sépara de son frère et partit pour les saints lieux avec quelques seigneurs anglais. Ils ne vécurent pendant tout le voyage que de pain et d'eau, et n'eurent d'autre lit que le plancher de leurs chambres. Lorsqu'ils arrivèrent à Emèse, saint Guillebaud fut arrêté comme espion par les Sarrasins, qui le retinrent plusieurs mois dans une étroite prison, où il eut beaucoup à souffrir. Il fut enfin rendu à la liberté par l'entremise de quelques personnes qui, charmées de sa vertu et touchées de son malheur, firent connaître au calife son innocence. Arrivé en Palestine avec ses compagnons, ils parcoururent, et dans le même ordre que le divin Sauveur, tous les lieux qu'il avait sanctifiés par sa présence. Ils employèrent sept ans à ce pieux pèlerinage, et ils en rapportèrent des impressions qui ne s'effacèrent jamais de leurs souvenirs. Ils revenaient en Occident, lorsque Guillebaud tomba malade dans la ville d'Acre; et quand il fut guéri, il s'embarqua avec ses compagnons. De retour en Italie, l'an 728, il se retira dans le célèbre monastère du Mont-Cassin, qui venait d'être rebâti par le pape Grégoire II, et contribua beaucoup par ses exemples à y faire revivre l'esprit primitif de la règle de Saint-Benoît. Il fut d'abord sacristain, puis doyen, c'est-à-dire chef de dix religieux, ensuite portier, place importante et qui ne se donnait qu'à ceux qui avaient assez de vertu pour conserver le recueillement au milieu des distractions extérieures. Guillebaud avait passé dix ans au Mont-Cassin, lorsque saint Boniface, dont il était parent, étant venu à Rome en 738, le demanda à Grégoire III pour l'aider dans ses missions d'Allemagne. Grégoire accueillit cette demande, et désirant connaître Guillebaud, il le fit venir et fut très-satisfait des entretiens qu'il eut avec lui, surtout sur son pèlerinage de la terre sainte. Guillebaud, avant d'accepter la proposition de saint Boniface, voulait retourner au Mont-Cassin pour obtenir la permission de son abbé; mais le pape l'en dispensa et lui donna l'ordre de partir sans délai pour l'Allemagne. Il se mit donc en route, et arrivé en Thuringe, saint Boniface l'ordonna prêtre. Le nouveau missionnaire se montra puissant en œuvres et en paroles, et ses travaux obtinrent d'heureux succès. En 745, saint Boniface le sacra évêque d'Aischtadt. La vigne qu'on lui donnait à cultiver exigeait bien des fatigues et des sueurs; mais Guillebaud, par son zèle et sa patience, sut triompher de tous les obstacles. Sa douceur et sa charité le faisaient aimer de tous et surtout des malheureux. Il fonda un monastère où il établit la discipline qui s'observait au Mont-Cassin, et où il se retirait de temps en temps pour être plus libre de s'entretenir avec Dieu; mais son attrait pour la solitude ne lui faisait pas perdre de vue les besoins de son troupeau, au milieu duquel il vivait, comme dans un monastère, pratiquant des jeûnes rigoureux, dont il ne diminua rien malgré son grand âge. Il attira dans son diocèse saint Winebaud, son frère, que saint Boniface avait associé à ses travaux apostoliques et qu'il avait élevé au sacerdoce. Winebaud fonda le monastère de Heidenheim dont il fut le premier abbé. Douze ans après sa mort, qui arriva l'an 761, saint Guillebaud leva de terre son corps et le transféra à Aichstadt : sainte Walburge, leur sœur, assista à la cérémonie, à laquelle elle survécut encore sept ans. Quant à saint Guillebaud, il prolongea sa carrière jusqu'en 790 et mourut à quatre-vingt-sept ans, après quarante-cinq ans d'épiscopat. Son corps fut enterré dans sa cathédrale, et son tombeau ayant été illustré par plusieurs miracles, le pape Léon VII le canonisa en 938. Hildebrand, évêque d'Aichstadt, bâtit en son honneur une église dans laquelle il transféra ses reliques, dont une partie fut ensuite portée à Furne en Flandre. — 7 juillet.

GUILLEC ou WELLEÏC (saint), *Velleicus*, naquit en Angleterre vers le milieu du VIIe siècle. Lorsqu'il eut été ordonné prêtre il passa en Frise, pour s'associer aux travaux apostoliques de saint Willibrord et de saint Swidbert l'Ancien, qui évangélisaient les Frisons. Il était chanoine d'Utrecht, lorsqu'il succéda, en 713, à saint Swidbert dans le gouvernement de l'abbaye de Keiserswerdt qu'ils avaient fondée ensemble. Il mourut vers l'an 727, et il est honoré le 7 mars.

GUIMER ou GUITMAR (saint), *Guitmarus*, quatrième abbé de Saint-Riquier, florissait dans le VIIIe siècle et mourut vers l'an 750. Il y avait à Gournay en Normandie une collégiale qui portait son nom. — 10 décembre.

GUIMER (saint), évêque de Carcassonne, florissait dans le VIe siècle. — 13 février.

GUIMON ou UNNES (saint), *Vimo* ou *Unno*, troisième évêque de Brême, est honoré le 21 octobre.

GUIN (saint), *Gunninus*, évêque de Vannes en Bretagne, florissait dans le VIe siècle. — 19 août.

GUINGANTHON (saint), *Vinganto*, abbé d'un monastère en Bretagne, n'est connu que par la translation de ses reliques, qui furent apportées à Paris pendant les incursions des Normands et placées dans l'église de Saint-Barthélemi. — 17 octobre.

GUION (saint), *Vido*, abbé de Casaure, florissait dans la première partie du XIe siècle et mourut en 1045. Il est honoré à Peschiera en Italie le 23 novembre.

GUION (saint), *Guido*, abbé de Pompose, monastère de l'ordre de Saint-Benoît, sur le Pô, naquit après le milieu du Xe siècle, à Casemar, près de Ravenne. Après de bonnes études, il quitta le monde pour se mettre sous la conduite de Martin, abbé de Pompose, qui, s'étant retiré dans un ermitage, faisait gouverner sa communauté par celui qui était le premier en charge après lui. Trois ans après, Martin le fit entrer à Pompose même et lui donna l'habit. Guion fut ensuite chargé, malgré sa jeunesse, du gouvernement du monastère de Saint-Sévère, près de Ravenne, et, en 998, il fut élu abbé de Pompose, pour succéder à Jean l'Ange, qui venait de mourir. La haute idée que l'on avait de son mérite et de sa vertu y attira un grand nombre de serviteurs de Dieu, de manière que la communauté se trouva bientôt plus que doublée. Parmi ces nouveaux religieux, on comptait Albert son père et Gérard son frère, et quoiqu'il se montrât difficile pour l'admission des sujets, il fut obligé de fonder un monastère près de Pompose, pour placer ceux que celui-ci ne pouvait plus contenir. S'étant déchargé du soin du temporel sur des religieux probes et intelligents, il passait dans un ermitage le temps dont il pouvait disposer sans nuire aux affaires spirituelles, et il s'y livrait à son attrait pour la contemplation et pour les austérités. Herbert, archevêque de Ravenne, prévenu contre lui, voulut employer la force pour l'expulser de Pompose ; mais arrivé sur les lieux, il se trouva changé tout d'un coup, reconnut ses torts, rendit justice au saint abbé et le prit sous sa protection. Il y avait près de quarante-huit ans que celui-ci gouvernait son monastère, lorsqu'il fut mandé à Plaisance par l'empereur Henri III, qui se trouvait alors dans cette ville. Malgré sa mauvaise santé, il se mit en devoir d'obéir à l'ordre impérial ; mais arrivé à Parme, il se trouva si mal qu'il ne put se rendre qu'à Bourg-Saint-Domnin, où il mourut le 31 mars 1046, dans un âge avancé. Les Parmesans voulurent avoir son corps, et les miracles qui s'opéraient à son tombeau décidèrent Henri III à le faire transporter à Vérone, sept mois après, et on le déposa solennellement dans l'église de Saint-Zénon ; ce qui équivalait alors à une canonisation en forme. Plus tard le même empereur le fit transporter à Spire, et cette dernière ville l'a choisi pour son patron. Le bienheureux Pierre Damien, son disciple et son ami, nous apprend que son culte fut confirmé par le saint-siége. — 31 mars.

GUION (le bienheureux), d'abord moine de l'ordre de Cîteaux, ensuite abbé du monastère de Vaux, dans le diocèse de Paris, florissait au commencement du XIIIe siècle, et travailla avec un zèle infatigable à la conversion des albigeois. — 10 août.

GUIRAD (le bienheureux), *Vidradus*, abbé de Flavigny en Bourgogne, est qualifié saint par quelques auteurs. — 3 octobre.

GUIRAUD (saint), *Viraldus*, évêque de Béziers, né près de cette ville, fut élevé dans le monastère de Sainte-Marie de Cassien, où il prit l'habit des Chanoines réguliers. Il était prieur de son couvent, lorsqu'il fut élu évêque de Béziers ; mais son humilité lui faisant redouter le fardeau de l'épiscopat, il prit la fuite. Sa retraite ayant été découverte, on le ramena à Béziers, et on le força d'acquiescer à son élection. Il gouverna longtemps son troupeau, et il mourut en 1123. Son corps fut enterré dans l'église de Saint-Aphrodise, l'un de ses prédécesseurs, et son tombeau devint célèbre par les miracles qui s'y opéraient. — 5 novembre.

GUISLEIN (saint), *Gislenus*, abbé en Hainaut, né après le commencement du VIIe siècle, mena d'abord quelque temps la vie érémitique dans une forêt sur les bords de l'Aisne. Plusieurs disciples étant venus se placer sous sa conduite, il bâtit, en 631, un monastère qui porta dans la suite le nom de Celle. Il le dédia à saint Pierre et à saint Paul, y établit la règle de Saint-Basile ou des moines d'Orient. Il détermina, par ses pieuses exhortations, deux sœurs d'une illustre naissance à quitter le monde pour prendre le voile : c'étaient sainte Aldegonde et sainte Vaudru. Saint Guislein mourut le 6 octobre 681. Le monastère qu'il avait fondé embrassa, en 930, la règle de Saint-Benoît. Il s'y est formé, dans la suite, une ville qui porte aussi le nom de Celle, et qui est devenue une place forte. — 9 octobre.

GUMESINDE (saint), *Gumesindus*, prêtre et martyr à Cordoue, était né à Tolède, d'où il vint, encore enfant, habiter Cordoue, avec sa famille. Ses parents l'ayant offert à Dieu, il fut élevé à l'ombre du sanctuaire. Après avoir été promu au sacerdoce, il fut chargé, malgré sa jeunesse, de gouverner une paroisse de campagne. Lorsqu'en 851 la persécution d'Abdérame II, roi de Cordoue, était dans sa plus grande violence, il revint dans cette ville avec un moine nommé Servusdei, dans l'intention d'obtenir la couronne du martyre, et son attente ne fut pas trompée. Il fut mis à mort au commencement de l'année 852, et son martyre a été décrit par saint Euloge, dans son *Mémorial des saints*. — 13 janvier.

GUMIN (saint), *Cuminas*, surnommé le Confesseur, florissait en Irlande au milieu du VIIe siècle. — 11 novembre.

GUNDELINDE ou GONDELINDE (sainte), *Guendelindis*, abbesse en Alsace, était fille d'Adelbert, duc d'Alsace, et sœur de sainte Attale et de sainte Eugénie. Elle fut élevée par sainte Odile, sa tante, qui gouvernait les deux monastères de Hohenbourg et de Nieder-Munster ou Bas-Moûtier, ainsi dit parce qu'il était placé au bas de la montagne sur laquelle celui de Hohenbourg était situé. Après la mort de sa tante, Gundelinde fut élue abbesse de Nieder-Munster, en même temps que sa sœur sainte Eugénie devenait abbesse de Hohenbourg. Elles furent toutes deux investies de cette dignité vers l'an 722. Gundelinde marcha sur les traces de sa tante, et à sa mort, arrivée vers le milieu du VIIIe siècle, elle fut enterrée dans l'église du monastère. Plus tard, on plaça son corps dans une châsse d'argent qu'on mit sur l'autel, et il y resta jusqu'en 1342, que le monastère fut consumé par un incendie. Les guerres de religion qui désolaient alors l'Alsace, ayant empêché qu'on le rebâtît, les reliques de sainte Gundeliade furent transférées partie à l'église collégiale de Molsheim, et partie à l'abbaye de Notre-Dame-des-Ermites. — 28 mars.

GUNTHER (le bienheureux), religieux et solitaire en Bohême, né en 955 d'une des plus illustres familles de Hongrie, était proche parent de saint Henri, empereur d'Allemagne, et de saint Étienne, roi de Hongrie. Il passa la première partie de sa vie à la cour, et y occupa des emplois importants. Il pensait plus à servir son prince qu'à servir Dieu : l'ambition, le désir des richesses, l'amour du monde et de ses plaisirs, tels étaient alors les sentiments qui dominaient son âme. Mais saint Gothard, abbé de Hirschfeld, et depuis évêque de Hildesheim, fut l'instrument dont Dieu se servit pour opérer sa conversion. Gunther, docile à la voix de la grâce, se démit de ses charges, quitta la cour, et se retira avec saint Gothard au monastère de Nieder-Altach, pour laver dans les larmes de la pénitence ses fautes passées. Il fit ensuite le pèlerinage de Rome, pour implorer, par l'intercession des saints apôtres, le pardon de ses péchés et la grâce d'être fidèle à sa vocation. De retour à Altach, il y prit l'habit religieux ; mais, par humilité, il voulut n'être que frère lai et ne remplir que les plus vils emplois dans la communauté. Saint Gothard, qui aimait tendrement son fils spirituel, le dirigeait dans les voies de la perfection. Gunther y marcha d'abord à grands pas ; mais tout à coup, lui, qui n'avait voulu, à son entrée en religion, que les fonctions les plus humbles, demanda d'être abbé du monastère de Gellingen en Thuringe, qu'il avait richement doté en quittant le monde. Saint Gothard consentit à sa demande, sans lui faire aucune observation, espérant que plus tard il reconnaîtrait la faute que la vanité et l'ambition lui faisaient commettre, et il ne se trompait pas. Gunther perdit bientôt la paix intérieure : l'état de malaise où il se trouvait, ainsi que le mécontentement que son administration faisait éprouver aux religieux de Gellingen, le décidèrent à confier ses peines à celui qu'il regardait toujours comme son père. Saint Gothard lui ouvrit les yeux sur le danger de sa position, et lui conseilla de retourner à Altach pour y vivre en simple religieux comme auparavant. Gunther obéit, et aussitôt la paix rentra dans son âme, et il n'eut plus d'autre ambition que celle d'expier, par un redoublement d'humilité, la fausse démarche dont l'orgueil avait été le principe. Désirant ensuite mener une vie plus parfaite, l'an 1008, il se retira, avec la permission de ses supérieurs, sur une montagne à une lieue d'Altach, pour y retracer le genre de vie des anciens anachorètes de la Thébaïde. Quelque temps après, il s'enfonça, accompagné des religieux qui avaient voulu le suivre, au fond d'une forêt, où il construisit, avec des troncs d'arbres, plusieurs cellules et une petite église qui fut consacrée en 1019, sous l'invocation de saint Jean-Baptiste, par l'évêque de Passau. Il pratiqua, dans cette retraite, les austérités les plus rigoureuses, ne buvant que de l'eau, ne mangeant que des racines cuites sans aucun assaisonnement, et passant même quelquefois plusieurs jours de suite sans prendre aucune nourriture. Saint Étienne, roi de Hongrie, son parent, lui fit, à plusieurs reprises de vives instances pour l'attirer à sa cour. Gunther se rendit à la fin au désir du vieux roi, et cette visite fut très-utile à la religion; car voyant qu'Etienne, plein de respect et de vénération pour lui, était disposé à faire tout ce qu'il lui conseillerait, il lui proposa d'établir dans son royaume plusieurs nouveaux diocèses, de fonder des monastères et des églises. Il retourna, bientôt après, dans sa solitude, et y vécut encore plusieurs années. La veille de sa mort il fut découvert au fond de la forêt par le duc Briztislas. Ce seigneur poursuivait une biche qui se réfugia dans la cellule du bienheureux. Gunther, après lui avoir annoncé que le moment de sa mort approchait, lui recommanda ses religieux qu'il allait quitter. Le duc, ému jusqu'au fond de l'âme, le quitta les larmes aux yeux et revint le lendemain, accompagné de l'évêque de Prague; ils trouvèrent le saint plongé dans une espèce d'extase. Il expira tranquillement en leur présence, l'an 1045, à l'âge de quatre-vingt-dix ans. Son corps fut enterré dans l'église du monastère de Braunau, et son tombeau fut illustré par plusieurs miracles; ce qui le rendit l'objet de la vénération des peuples. Ses reliques furent détruites pendant la guerre des Hussites. — 9 octobre.

GUNTHIERN (saint), *Gunthiernus*, abbé en Bretagne, était un prince du pays de Galles, qui quitta, jeune encore, sa patrie, et passa dans l'Armorique pour y vivre en anachorète. Il se fixa dans l'île de Groie, située à une lieue de l'embouchure du Blavet. Grallon, comte du pays, fut si édifié d'une conversation qu'il eut avec lui, qu'il lui donna la terre de Quimperlé, pour y fonder un monastère dont il fut le premier abbé. Une année qu'une prodigieuse quantité d'insectes dévorait les moissons, Guérech 1er, comte de Vannes, envoya des députés à saint Gunthiern, afin de l'engager à prier Dieu pour obtenir la cessation du fléau destructeur qui menaçait de la famine tout le pays. Le saint envoya de l'eau qu'il avait bénite; on la répandit dans les champs, et les insectes périrent. Le comte, par reconnaissance, fit don à l'abbaye de la terre de Vernac, aujourd'hui Chervegnac. Saint Gunthiern, qui florissait dans le VIe siècle, mourut à Quimperlé, et il y fut enterré. Durant les incursions des Normands, son corps fut transporté à l'île de Groie, où on le découvrit dans le XIe siècle. Il fut rapporté à Quimperlé, dont il est patron ainsi que de plusieurs églises de Bretagne. — 29 juin et 3 juillet.

GURGILE (saint), *Gurgilius*, martyr en Afrique, souffrit avec saint Martial et vingt autres. — 28 septembre.

GURIE (saint), *Gurias*, martyr à Edesse, fut élevé dans cette ville; mais le goût de la retraite et de la méditation le porta à s'éloigner du tumulte pour aller vivre à la campagne. Saint Samone et saint Abibe vinrent partager son genre de vie. Il était parvenu à un grand âge, lorsqu'il fut arrêté avec Samone, l'an 304, lorsque la persécution de Dioclétien était dans toute sa violence. Antonin, gouverneur de la Mésopotamie, essaya, par de cruelles tortures, à les faire apostasier, et, ne pouvant y réussir, il les laissa en prison. Ils y étaient encore lorsque Musone, son successeur, entreprit, par de nouveaux tourments, de dompter leur résistance. Il les fit pendre par une main, avec des pierres attachées aux pieds, et les laissa six heures dans cette horrible position. On leur mit ensuite les entraves aux pieds pendant un jour, et l'on mura la porte de leur cachot, de manière qu'ils furent trois jours sans boire ni manger. Le quatrième jour on démura la porte. Deux mois après, le gouverneur les fit comparaître de nouveau; mais Gurie était si affaibli par les maux qu'il avait soufferts, qu'on fut obligé de le porter devant le tribunal. Musone les condamna l'un et l'autre à être décapités. On les chargea sur un tombereau, et on les conduisit sur une montagne près de la ville, où le bourreau leur coupa la tête, le 15 novembre 306, sous l'empereur Galère.—15 novembre.

GURVAL (saint), *Gurvallus*, évêque de Quidalet en Armorique, florissait dans le VIIe siècle, et il est honoré à Guerne, dans le diocèse de Saint-Malo, le 6 juin.

GUTHAGON (saint), *Guthago*, reclus, sortait du sang royal d'Irlande : il renonça au monde et se retira dans une solitude, pour s'occuper uniquement de la prière et des exercices de la pénitence. Ayant quitté son pays pour passer en Flandre, le bienheureux Gillon s'étant joint à lui, ils vécurent en reclus dans le village d'Oostkerk, sur le canal de Bruges, près de Knocken. Saint Guthagon mourut dans sa cellule; mais on ignore l'année et même le siècle de sa mort. Comme il s'était opéré plusieurs miracles par son intercession, Gérard, évêque de Tournai, fit, le 3 juillet 1059, la translation de ses reliques en présence des abbés de Duu, d'Oudenbourg et d'Ecékout.— 3 juillet.

GUTHLAC (saint), *Guthlacus*, ermite, né en 667 d'une famille noble d'Angleterre, servit d'abord dans les armées d'Ethelred, roi de Mercie, jusqu'à l'âge de vingt-quatre ans, qu'il se retira dans le monastère de Repandan. Ayant pris l'habit monastique, il se livra avec ardeur à la mortification et aux autres pratiques de l'état qu'il avait embrassé. En 699 il passa, avec la permission de son supérieur, dans l'île de Croyland, suivi de deux compagnons. Comme il y était arrivé le jour de la fête de saint Barthélemy, il choisit cet apôtre pour patron, et obtint depuis, par son intercession, plusieurs grâces signalées. Il fut éprouvé par des peines intérieures qu'il supporta avec courage, et qui lui valurent ensuite les plus douces consolations. Il fut ordonné prêtre par Hedda, évêque de Dorchester, qui était venu le visiter dans son ermitage. Il prédit au prince Ethelbald, qui était exilé et qui venait le voir de temps en temps, qu'il serait un jour roi de Mercie. Cette prédiction eut son accomplissement en 749 ; mais saint Guthloc n'en fut pas témoin, étant mort le 11 avril 714, à l'âge de quarante-sept ans. Lorsqu'il se sentit près de sa fin, il envoya chercher sainte Pegxue, sa sœur, qui vivait en recluse à quatre lieues de là. Pendant sa dernière maladie, qui dura sept jours, il disait la messe tous les matins. Il fut enterré dans l'île de Croyland, dont il est patron. — 11 avril.

GUY (le bienheureux), *Guido*, évêque d'Auxerre, florissait dans le milieu du xe siècle, et mourut en 961. —6 janvier.

GUY D'ANDERLECHT (saint), naquit dans un village près de Bruxelles, de parents pauvres, mais vertueux, qui lui répétaient souvent ces paroles de Tobie à son fils : « Nous serons assez riches si nous craignons le Seigneur; » il parut dès son enfance un modèle de toutes les vertus. Par un esprit de perfection, bien au-dessus de son âge, il se réjouissait d'être né dans un état que Jésus-Christ avait choisi, et il ne pouvait retenir ses larmes, quand il voyait l'attachement qu'ont presque tous les hommes pour les biens de la terre. S'il entendait les pauvres murmurer et porter envie aux riches, il les exhortait à la patience et à la soumission. Pour lui, sachant que la pauvreté rend semblable au divin Sauveur, il affectionnait les incommodités et les privations attachées à cet état pénible. Il partageait avec de plus pauvres que lui le peu de nourriture qu'il recevait, pratiquant tout à la fois la charité et la mortification. Il employait tous les jours quelques heures à la visite des malades, et leur procurait tous les secours qui étaient en son pouvoir. Ses parents, heureux de le voir dans de si saintes dispositions, ne négligeaient rien pour l'y faire persévérer, et ils eurent la consolation d'être témoins des progrès qu'il faisait dans la vertu, à mesure qu'il avançait dans la vie. Un jour que Guy priait dans l'église de Notre-Dame de Lacken, le curé du lieu, charmé de sa piété et de son recueillement, voulut s'entretenir avec lui, et fut surpris de le trouver si versé dans les voies intérieures. Il l'attacha à son église en qualité de bedeau, et Guy s'acquitta des fonctions de son humble emploi avec d'autant plus de plaisir qu'elles se rapportaient d'une manière plus ou moins éloignée à la décence du culte divin. Ne perdant jamais de vue le sentiment de la présence de Dieu, les moments dont il pouvait disposer, il les passait au pied des autels, et souvent il consacrait les nuits à la prière. A juger de sa conduite par son esprit de componction, on l'aurait pris pour le plus grand des pécheurs ; il se croyait tel en effet, et châtiait son corps par les plus rigoureuses pénitences. Un marchand de Bruxelles lui ayant proposé de l'associer avec lui pour faire un petit commerce, afin de se procurer de quoi assister plus abondamment les pauvres, le saint accepta dans la vue d'être plus utile au prochain; mais Dieu ne permit pas que l'illusion durât longtemps : le vaisseau sur lequel il avait une part périt en entrant dans le port. Guy, qui pour se livrer au commerce, avait quitté sa place de bedeau, se trouva sans ressources ; il reconnut son erreur, dont le principe était louable pourtant, puisqu'il avait sa source dans la charité, et bénit la Providence qui le remettait dans la voie dont il s'était éloigné avec de bonnes intentions. Comme sa modestie et sa douceur lui avaient attiré l'estime universelle, il regardait comme des épreuves les égards dont il était l'objet, et pour s'y soustraire il résolut de s'éloigner de sa patrie. En conséquence, il fit le pèlerinage de Rome et celui de Jérusalem. Il visita ensuite les lieux de dévotion les plus célèbres dans la chrétienté. Etant revenu à Rome, après ces pieuses pérégrinations, il y trouva Wandulfe, doyen de l'église d'Anderlecht, petite ville à une lieue de Bruxelles, qui se disposait à faire le voyage de la terre sainte avec quelques personnes de piété. Guy s'offrit à leur servir de guide, et sa proposition ayant été acceptée, il recommença le pèlerinage qu'il avait déjà fait. Lorsque le doyen revenait en Europe avec ses compagnons, ils furent tous emportés par une maladie contagieuse. Guy leur rendit les derniers devoirs, et revint dans sa patrie après sept ans d'absence. Le sous-doyen d'Anderlecht voulut le loger dans sa maison, en reconnaissance des soins qu'il avait donnés à Wandulfe ; mais la fatigue des voyages et les autres maux qu'il avait eus à souffrir lui causèrent une complication de maladies dont il mourut le 12 septembre 1012. Les chanoines d'Anderlecht l'enterrèrent honorablement dans leur cimetière, et les miracles qui s'opérèrent ensuite sur son tombeau décidèrent le chapitre à y bâtir une église dans laquelle l'évêque de Cambrai transféra ses reliques, au xie siècle. Elles furent placées, plus tard, dans la chapelle de Saint-Pierre, qui fut transformée en collégiale sous le nom de Saint-Guy. — 12 mai et 12 septembre.

GUY (saint), *Guidus*, comte de Doronage et solitaire, florissait sur la fin du xie siècle et mourut l'an 1099. On fonda entre Pise et Livourne une abbaye de religieuses qui portait son nom. — 20 mai.

GUY (le bienheureux), *Vido*, fondateur du monastère de Vicogne, près de Valenciennes, qui appartenait à l'ordre des Prémontrés, mourut en Bourgogne l'an 1147, et il est honoré dans son ordre le 31 mars.

GUY (le bienheureux), Franciscain, né à Cortone vers la fin du xiie siècle, embrassa l'état ecclésiastique et devint chanoine de Chiusi. Ayant un jour entendu prêcher saint François d'Assise, il fut si touché, qu'il quitta son canonicat pour devenir son disciple. Le saint patriarche le forma lui-même aux pratiques de la vie religieuse, et le chargea ensuite d'annoncer la parole de Dieu. Guy opéra des merveilles par la simplicité et l'onction de ses discours, soutenues par une vie toute sainte et par des austérités extraordinaires. Après une longue carrière passée dans le ministère de la prédication, il mourut à Cortone, sa patrie, le 12 juin

1250. Le pape Grégoire XIII permit de faire son office dans cette ville, et cette permission s'étendit à tout l'ordre des Franciscains. — 12 juin.

H

HABACUC (saint), l'un des douze petits prophètes, qu'on croit être le même qu'un ange emporta par les cheveux à Babylone, pour donner à manger à Daniel, alors dans la fosse aux lions, florissait vers l'an 606 avant Jésus-Christ, sous Joachim, roi de Juda. Ses prophéties, qui sont divisées en trois chapitres, annoncent la captivité de Babylone, le renversement de l'empire des Chaldéens, la délivrance des Juifs par Cyrus et celle du genre humain par Jésus-Christ. La prière *Domine, audivi auditionem tuam et timui*, un des plus beaux cantiques de l'Ecriture sainte, renferme des images sublimes et des sentiments profonds. On lit dans le Martyrologe romain que son corps fut découvert, par révélation divine, sous l'empereur Théodose le Grand, et les Grecs célèbrent sa fête le 15 janvier.

HABIBE (saint), *Habibus*, martyr en Perse, fut mis à mort à Hubaham, avec huit autres, l'an 326, sous le règne de Sapor II. — 27 mars.

HABIDE (saint), *Habidus*, martyr à Samosate, capitale de la Syrie Comagène, était né dans cette ville et sortait d'une famille sénatoriale. S'étant converti et ayant reçu le baptême, il fut arrêté avec quatre de ses compatriotes qui s'étaient faits chrétiens avec lui, et l'on s'empara de leurs personnes dans la maison de saint Hipparque, qu'on venait de saisir lui-même, et qui avait beaucoup contribué à leur conversion. L'empereur Maximien se trouvait alors à Samosate, après sa victoire sur les Perses, et y faisait célébrer des fêtes pour le cinquième anniversaire de son avènement à l'empire. Ayant fait comparaître ces jeunes chrétiens devant lui, il employa les promesses et les menaces pour les déterminer à sacrifier aux dieux ; mais voyant leur constance, il les fit charger de chaînes et renfermer dans des cachots séparés, défendant de leur donner à boire ou à manger jusqu'après les fêtes. Ce terme expiré, il se fit dresser un tribunal dans une prairie, près de l'Euphrate. Les martyrs, plus semblables à des spectres qu'à des hommes vivants, tant ils avaient souffert de la faim, furent conduits de nouveau devant lui et persistèrent dans la résolution qu'ils avaient prise de mourir plutôt que d'apostasier. En conséquence, Maximien les condamna à être crucifiés. On détacha de la croix Habide encore vivant, et, pour l'achever, on lui enfonça des clous dans la tête avec tant de barbarie, que sa cervelle rejaillit jusque sur son visage. Maximien avait ordonné que les corps d'Habide et de ses compagnons fussent jetés dans l'Euphrate ; mais un riche chrétien nommé Bassus les racheta secrètement des gardes et les enterra, pendant la nuit, dans une de ses fermes. Saint Habide souffrit l'an 287. — 9 décembre.

HABRILLE (la bienheureuse), *Habrilia*, vierge, est honorée à Mezrau près de Brégentz, sur le lac de Constance, le 30 janvier.

HADELIN (saint), *Hadelinus*, abbé de Celles, au diocèse de Liége, né en Aquitaine dans le VIIe siècle, quitta sa patrie et tout ce qu'il possédait, pour embrasser l'état monastique dans l'abbaye de Solignac, à deux lieues de Limoges, alors gouvernée par saint Remacle, son compatriote. Celui-ci ayant été ensuite nommé abbé de Cougnon, près de Bouillon, Hadelin l'y suivit, et lorsqu'il eut été élevé, en 650, sur le siége épiscopal de Maestricht, il emmena Hadelin avec lui et il le promut au sacerdoce. Après qu'il eut donné sa démission, en 662, pour se retirer à l'abbaye de Stavelo, il fut accompagné par son fidèle disciple. Mais ils se séparèrent dans la suite, et Hadelin alla se fixer dans une solitude, sur les bords de la Lesche, près de Dinant. La réputation de sainteté dont il jouissait décida plusieurs serviteurs de Dieu à venir se placer sous sa conduite. Pépin d'Héristal, maire du palais, étant venu le visiter avec Plectrude, sa femme, ils lui fournirent les moyens de bâtir un monastère, qui prit le nom de Celles, à cause des cellules auxquelles il fut substitué. Hadelin, qui en fut le premier abbé, continua d'édifier, par ses vertus, la communauté qui s'était réunie autour de lui. Lorsqu'il fut à ses derniers moments, il l'exhorta à se tenir toujours prête pour le passage de l'éternité, et après avoir reçu le saint viatique, il mourut vers l'an 690, et fut enterré dans son monastère. Dans la suite, on mit à la place des religieux des Chanoines qui, en 1338, furent transférés à Vicet, avec les reliques du saint. — 3 février et 11 octobre.

HADULPHE (saint), *Hadulphus*, moine et martyr, fut massacré avec saint Boniface, archevêque de Mayence, le 5 juin 755. — 5 juin.

HAGULFE (saint), *Hagulphus*, que quelques auteurs nomment aussi Hadulfe, évêque d'Arras, et en même temps abbé du monastère de Saint-Waast de cette ville, gouvernait ses religieux et ses diocésains avec une sagesse admirable. Sa mémoire est en grande vénération dans le pays ; mais on ne connaît pas le détail de ses actions ni l'année de sa mort. On croit qu'il vivait au VIIIe siècle, qu'il était fils de saint Ragnulfe, martyr, et qu'il souffrit lui-même une mort injuste vers l'an 728 ; c'est pourquoi on le révère aussi comme martyr le 19 mai.

HALLOIE (sainte), *Hadelauga*, vierge, florissait dans le VIII° siècle, et elle est honorée à Kitsing en Franconie le 2 février.

HALVARD (saint), *Halvardus*, martyr en Norwége, souffrit dans le XII° siècle, et il était honoré autrefois dans le Nord. — 14 mai.

HAMOND (saint), *Hamundus*, diacre et martyr, fut mis à mort avec saint Boniface, apôtre de l'Allemagne, près de Dockum, en Hollande, le 5 juin 755. — 5 juin.

HANULE (saint), *Hanulus*, est honoré chez les Ethiopiens le 28 février.

HARDOUIN (saint), *Harduinus*, prêtre de Rimini, florissait au commencement du XI° siècle, et mourut l'an 1009. Le bienheureux Pierre Damien nous apprend qu'il se rendit illustre par ses miracles. — 15 août.

HARDUIN (saint), *Harduinus*, religieux de Fontenelle, entra dans cette abbaye l'an 749. Après y avoir passé plusieurs années, le désir d'une plus grande séparation des hommes et d'une plus étroite union avec Dieu, le décida à se retirer, avec la permission de son supérieur, dans une grotte voisine du monastère, où il passa le reste de sa vie. Il mourut dans un âge avancé, l'an 811, et il fut enterré dans l'église abbatiale de Saint-Paul. — 20 avril.

EARIOLF (saint), *Herulfus*, évêque de Langres, fut l'un des douze prélats français qui assistèrent au concile tenu à Rome en 769, par le pape Etienne IV, contre les iconoclastes. Il mourut vers l'an 789, et il est honoré à Elvange en Souabe le 13 août.

HARMAN (saint), *Hartemannus*, évêque de Brixen dans le Tyrol, avait été d'abord Chanoine régulier de Neubourg et ensuite prévôt du chapitre. Il mourut l'an 1142, et il est honoré le 23 décembre.

HARTWICH (saint), évêque de Saltzbourg, d'une famille illustre qui avait de grands biens entre le Rhin et la Moselle, fut élevé sur le siège de Saltzbourg vers l'an 991. Comme sa cathédrale tombait en ruines, il la fit rebâtir à ses frais, et cet acte de générosité, qui lui coûta des sommes immenses, contribua beaucoup à lui concilier l'estime et la vénération de son diocèse. La peste et la famine ayant ravagé l'Allemagne en 994, saint Hartwich se dévoua pour procurer à son troupeau tous les secours spirituels et temporels dont il pouvait disposer; on le voyait accourir partout où les besoins étaient le plus pressants, sans être arrêté par la crainte d'être victime de son zèle et de sa charité. Il se serait même estimé heureux s'il eût pu, aux dépens de sa propre vie, sauver les jours de ses ouailles, s'efforçant de leur sauver la vie de l'âme, en les aidant à bien mourir. Le fléau le respecta, et il ne quitta ce monde que l'an 1023. — 14 juin.

HASÈQUE (la bienheureuse), *Hasecha*, vierge et recluse, honorée en Westphalie, mourut l'an 1261. — 26 janvier.

HATEBRAND (saint), abbé, embrassa d'abord l'état ecclésiastique; mais comme sa séparation d'avec le monde ne lui paraissait pas encore assez complète, il se décida à rompre les liens qui l'y retenaient encore, pour vivre dans une entière solitude. Il fut le premier, de concert avec le bienheureux Frédéric Mariengarten, à introduire la vie monastique dans la Frise, et y fonda, en 1183, une maison religieuse dont il fut le premier abbé. Son zèle pour la discipline lui fit quelques ennemis parmi ses subordonnés; mais il finit par les ramener au devoir, et même par gagner leur affection. Il mourut en 1198 et fut honoré comme saint peu de temps après sa mort. On transféra, en 1619, ses reliques dans l'église de Saint-Sauveur d'Anvers. — 30 juillet.

HATEMER ou HADUMAR (le bienheureux), *Hatumarus*, premier évêque de Paderborn, fut placé sur ce siége par Charlemagne, et mourut l'an 804. Il est honoré le 5 août.

HATTON (le bienheureux), d'une famille noble de Souabe, né au commencement du X° siècle, quitta le monde pour entrer dans le monastère d'Ottobuern, auquel il donna tous ses biens qui étaient considérables. Mais comme il aspirait à une perfection plus grande que celle du commun des religieux, il obtint de saint Ulrich, évêque d'Augsbourg, la permission de s'enfermer seul dans une petite cellule. Mais ses supérieurs ayant remarqué qu'il paraissait avoir trop d'attachement pour quelques objets qui servaient à son usage particulier, ils lui firent reprendre la vie commune, dans la crainte qu'il ne fût exposé à perdre l'esprit de pauvreté auquel on attribuait un si haut prix dans ces siècles de ferveur. Hatton se soumit sans réplique, reconnaissant la faute qu'il avait commise et s'estimant heureux d'édifier par son repentir ceux qu'il avait pu scandaliser par un manquement peut-être involontaire. Le bienheureux Hatton mourut vers l'an 985, et son tombeau ayant été glorifié par plusieurs miracles, ses reliques furent levées de terre et exposées à la vénération des fidèles, dans l'église abbatiale d'Ottobuern, l'an 1189. — 4 juillet.

HAVENCE (saint), *Habentius*, moine et martyr à Cordoue, était né dans cette ville, et il avait renoncé au monde pour prendre l'habit dans le monastère de Saint-Christophe, situé au midi de Cordoue, sur les rives du Guadalquivir. Il y vivait en reclus dans une cellule, et ne se montrait que par une petite fenêtre à ceux qui venaient le visiter. Il se livrait à de grandes austérités et portait toujours un cilice garni de lames de fer. Ayant appris le martyre de saint Isaac et de saint Sanche qui avaient été exécutés les jours précédents, il se rendit à Cordoue; il y trouva le prêtre Pierre, le diacre Valabonze et trois autres, et ils allèrent trouver le juge pour lui déclarer qu'ils étaient chrétiens, c'est-à-dire coupables du même crime que ceux qu'il avait envoyés au supplice. Le juge les condamna à la décapitation. La sentence fut exécutée le 7 juin 851, sous le roi Abdérame II, et leurs corps, qu'on avait attachés à des poteaux, furent brûlés quelques jours après, et l'on jeta leurs cendres dans le fleuve. Saint Euloge rapporte leur martyre dans son Mémorial des saints. — 7 juin.

HAVOIE ou HEDWIGE (sainte), *Hedwigis*, (la bienheureuse), vierge et abbesse du monastère de Mehren, de l'ordre des Prémontrés, née vers le milieu du XII° siècle, était fille du comte Lothaire et de la bienheureuse Hildegonde, et sœur du bienheureux Hermann. Sa mère étant devenue veuve fonda, vers l'an 1166, le monastère de Mehren, dont elle fut la première abbesse. Havoie, qui était alors très-jeune, prit le voile et acquit bientôt dans la communauté une grande réputation par ses progrès dans la vertu et surtout dans l'humilité. Hildegonde étant morte en 1183, Havoie fut élue pour lui succéder et marcha dignement sur les traces de sa sainte mère. Elle mourut dans un âge avancé, mais on ignore en quelle année du XIII° siècle se termina sa glorieuse carrière. — 14 avril.

HEDDE (saint), *Hedda*, évêque des Saxons occidentaux, florissait vers le milieu du VII° siècle, et faisait sa résidence à Dorchester et ensuite à Winchester. Il était Anglo-Saxon, et, avant son élévation à l'épiscopat, il était moine de l'abbaye de Sainte-Hilde. L'éclat de sa sainteté le fit choisir pour évêque des habitants de West-Sex, vers l'an 666. Il posséda l'estime et l'affection du roi Céawal, à la conversion duquel il avait beaucoup contribué et qui étant allé à Rome pour y recevoir le baptême, y mourut l'an 688. Ina, successeur de Céawal, eut pour lui les mêmes sentiments, et le saint évêque ne fut pas étranger aux lois pleines de sagesse que ce prince publia en 693, et qui sont les plus anciens monuments qui nous restent de la législation des Anglo-Saxons. Saint Hedde mourut le 7 juillet 705, après un épiscopat de près de quarante ans, et après sa mort, son vaste diocèse, dont il avait augmenté le nombre des fidèles par une multitude de conversions, fut divisé en plusieurs évêchés. — 7 juillet.

HEDWIGE ou HAVOIE (sainte), *Hedwigis*, duchesse de Pologne, était fille de Berthold III, comte d'Andech et du Tyrol, duc de Carinthie et d'Istrie. Elle avait pour sœur Agnès de Méranie, seconde femme de Philippe-Auguste, roi de France. Elle fut formée de bonne heure à la pratique de la vertu par sa pieuse mère, Agnès, fille du comte de Rattech, et placée ensuite dans le monastère de Lutzingen en Franconie. On l'en retira à l'âge de douze ans, pour épouser Henri, duc de Silésie. Ce mariage, auquel elle ne consentit que par complaisance pour ses parents, car elle eût préféré l'état de virginité, lui fournit l'occasion de ressembler à la femme forte, dont l'Esprit-Saint a tracé le portrait. Après que Dieu l'eut rendue mère de six enfants, elle résolut d'observer entièrement la continence, qu'elle gardait déjà les jours de fêtes ou de jeûne et tout le temps spécialement consacré aux exercices de la religion. Elle fit donc vœu, ainsi que son mari, de continence perpétuelle, en présence de l'évêque de Breslaw, l'an 1203, et pendant trente-trois ans que le duc vécut encore, il s'interdit l'usage de l'or, de l'argent et de la pourpre; il laissa même croître sa barbe, ce qui lui fit donner le nom de *Barbu*. Les habitants de la Grande Pologne ayant chassé Ladislas, leur duc, offrirent à Henri le gouvernement de leur pays en 1233. Sainte Hedwige fit tout ce qu'elle put pour le détourner d'accepter cette proposition, mais elle ne put y réussir. Henri, s'étant mis à la tête d'une armée, prit tranquillement possession de la principauté et porta dès lors le titre de duc de Pologne. La prédilection qu'il avait pour Conrad, son second fils, le lui faisait désirer pour successeur, au préjudice de Henri qui était l'aîné. Hedwige n'approuvait pas cette conduite qu'elle trouvait contraire à la prudence et même à la justice. Les deux frères conçurent l'un contre l'autre une haine implacable, et même avant la mort de leur père, ils en vinrent aux mains : Conrad fut défait, et mourut peu de temps après dans la retraite et la pénitence. Dès l'an 1203, Hedwige avait engagé son mari à fonder l'abbaye de Trebnitz; on employa quinze ans à la bâtir, et l'église ne fut dédiée qu'en 1219. On y entretenait mille personnes, dont cent religieuses; le reste de la communauté se composait de jeunes demoiselles de familles pauvres, qu'on y élevait gratuitement et qu'on établissait ensuite, lorsqu'elles ne se sentaient point de vocation pour la vie du cloître. La duchesse, qui avait été l'âme de cette fondation, nourrissait tous les jours dans son palais de Breslaw, treize pauvres, en l'honneur de Jésus-Christ et de ses douze apôtres, les servait à table et souvent même à genoux, avant qu'elle n'eût pris son repas. Elle lavait et baisait les ulcères des lépreux, et tous ses revenus étaient employés au soulagement des malheureux. Quoiqu'elle n'eût jamais aimé les parures et que sa mise eût toujours été d'une grande simplicité, cependant lorsque, du consentement de Henri, elle alla se fixer près de Trebnitz, elle ne porta plus qu'un vêtement grossier, toujours le même l'été comme l'hiver, et qui cachait un rude cilice. Hedwige, avant d'avoir quitté le palais, pratiquait déjà de plus grandes austérités que les moines les plus fervents; mais ensuite elle les redoubla encore et jeûnait tous les jours, excepté les dimanches et les fêtes qu'elle faisait deux repas fort légers : les mercredis et les vendredis, elle ne prenait que du pain et de l'eau. Elle passa quarante ans sans manger ni viande ni poisson, et elle ne dérogea qu'une seule fois à ce régime qu'elle s'était imposé; ce fut à l'occasion d'une maladie qu'elle eut en Pologne, et encore il fallut un ordre du légat du pape pour l'y déterminer. Elle se rendait à l'église plusieurs fois par jour, et cela nu-pieds, même en hiver, et l'on aurait pu quelquefois la suivre à la trace de son sang; mais elle portait sous son bras des souliers qu'elle chaussait lorsqu'elle rencontrait du monde. Jamais elle ne se servait du lit qui était dans sa chambre, mais elle couchait sur la terre nue. Elle consacrait une grande partie de la nuit à la prière, et pendant ce saint exercice, elle éprouvait de grandes consolations, quelquefois même des ravissements. Aussi humble qu'elle était fervente, elle se regardait comme la dernière des créatures et elle s'efforçait de dérober à la connaissance des hommes ses bonnes œuvres et surtout ses mortifications. Calme et résignée même dans les épreuves les plus pénibles, parce qu'elle voyait en toutes choses la volonté de Dieu, elle apprit avec tranquillité que son mari, blessé dans une bataille, avait été fait prisonnier par le duc de Kirne, et dit sans émotion qu'elle espérait le voir bientôt en liberté et jouissant d'une santé parfaite. Le vainqueur ayant repoussé toutes les offres qu'on lui faisait pour obtenir la délivrance du prisonnier, Hedwige alla le trouver en personne et sut si bien le toucher, qu'il lui accorda tout ce qu'elle lui demandait. Le duc de Pologne, frappé des exemples de vertu qu'il voyait dans son épouse, la laissait maîtresse de sa conduite : il finit même par marcher sur ses traces, se montrant le père de ses sujets, le protecteur des pauvres et des malheureux, vivant dans son palais comme un religieux, et s'appliquant à faire régner la justice et fleurir la piété dans ses États. Ce bon prince étant mort saintement en 1238, les religieuses de Trebnitz, dont il était le bienfaiteur, donnèrent en cette occasion des marques d'une vive douleur ; mais Hedwige, soumise aux décrets de la Providence, leur disait pour les consoler : *Voudriez-vous vous opposer à la volonté de Dieu ? Nos vies sont à lui, et nous devons nous soumettre, quand il juge à propos de nous enlever du monde ou de nous priver de nos amis.* Et l'on voyait par la sérénité de son visage encore plus que par ses paroles, combien chez elle la foi triomphait des sentiments de la nature. Devenue veuve, elle prit l'habit à Trebnitz et vécut sous la conduite de sa fille, qui en était abbesse ; mais elle ne fit point de vœux, afin de pouvoir continuer ses œuvres de charité et ses aumônes. Quelque temps après qu'elle eut été agrégée à la communauté, comme elle ne portait que des habits usés, une des religieuses lui dit un jour : — *Pourquoi portez-vous ces haillons ? Il vaudrait mieux les donner aux pauvres.* — *Si cet habit vous offense*, répondit la sainte, *je suis prête à me corriger de ma faute*, et elle en prit un autre sur-le-champ. En 1241, elle perdit son fils Henri, surnommé le Pieux, qui avait succédé à son père dans les duchés de Silésie et de Pologne. Ce prince, aussi plein de courage que de religion, ayant voulu s'opposer aux Tartares qui étaient venus fondre sur ses Etats, leur livra bataille près de Legnitz, et après des prodiges de valeur, il fut défait et tué. Hedwige qui, à l'approche de l'ennemi, s'était réfugiée avec les religieuses de Trebnitz dans la forteresse de Crosne, n'eut pas plutôt appris ce malheur, qu'elle s'empressa de consoler la veuve et la sœur de l'infortuné Henri. *Dieu a disposé de mon fils comme il lui a plu, leur dit-elle, et nous ne devons avoir d'autre volonté que la sienne.* Puis levant les yeux au ciel, elle fit cette prière : *Je vous remercie, mon Dieu, de m'avoir donné un tel fils, qui n'a cessé de m'aimer et de m'honorer, et qui ne m'a jamais causé le moindre déplaisir. Le voir vivre était pour moi un grand sujet de joie ; mais j'en ressens une bien plus grande de le voir mériter par sa mort d'être réuni à vous dans votre royaume. O mon Dieu, je vous recommande de tout mon cœur son âme qui m'est si chère.* Sa sainteté fut récompensée par le don des miracles. Elle rendit la vue à une religieuse aveugle, en formant sur elle le signe de la croix, et opéra plusieurs autres guérisons par la vertu de ses prières. Elle fut douée aussi du don de prophétie, et prédit entre autres, sa propre mort. Attaquée d'une maladie que personne ne croyait grave, elle voulut recevoir l'extrême-onction, et médita, jusqu'à son dernier soupir, sur la passion de Jésus-Christ. Elle mourut le 15 octobre 1243, et fut enterrée dans le monastère de Trebnitz. Clément IV la canonisa en 1266, et, l'année suivante, son corps fut renfermé dans une châsse. La fête de sainte Thérèse a fait transférer, par Innocent XI, celle de sainte Hedwige, du 15 au 17 octobre.

HEDWIGE (sainte), fille de Louis, roi de Hongrie et ensuite de Pologne, née en 1371, fut élue par les Polonais, en 1384, pour succéder à son père, lorsqu'elle n'avait encore que treize ans. En 1386, elle épousa Jagellon, grand duc de Lithuanie ; mais elle mit pour condition que ce prince, qui était païen, recevrait le baptême et qu'il établirait le christianisme dans son duché, qui dès lors fut réuni à la Pologne. Hedwige se fit admirer par sa charité pour les pauvres, par ses libéralités envers les églises, les monastères et les universités, par sa douceur, par sa bonté et son aversion pour le faste. Enlevée à l'amour de ses sujets à la fleur de son âge, elle mourut à Cracovie, en 1399, âgée de vingt-huit ans. Dlugoss lui attribue plusieurs miracles, et les historiens polonais lui donnent le titre de sainte, quoique son nom ne se lise point dans les martyrologes. On célèbre sa fête le dernier jour de février, qui est le 29 dans les années bissextiles. — 28 février.

HEGATRACE (saint), *Hegatrax-cis*, martyr sur les bords du Danube avec saint Arpilas et plusieurs autres, fut mis à mort en 370 par ordre du tyran Vinguric, qui régnait sur une partie de la nation des Goths. — 26 mars.

HEGÉMONE (saint), *Hegemonius*, martyr, est honoré à Autun le 8 janvier.

HEGESIPPE (saint), *Hegesippus*, auteur ecclésiastique et l'un des plus anciens Pères de l'Eglise, puisqu'il vivait peu après les apôtres, était Juif de naissance. Il était membre de l'Eglise de Jérusalem, lorsqu'ayant fait un voyage à Rome, il y séjourna plus de vingt ans. De retour dans sa patrie, il publia, l'an

133, une *Histoire ecclésiastique* divisée en cinq livres, laquelle commençait à la Passion de Jésus-Christ et allait jusqu'à l'époque où vivait l'auteur. Cet ouvrage, dont on ne saurait trop regretter la perte, montrait la suite de la tradition et établissait que, malgré de nombreuses hérésies, le dépôt des vérités enseignées par Jésus-Christ avait été conservé intact jusqu'au moment où il écrivait. Son témoignage avait d'autant plus de poids qu'il avait visité les principales églises de l'Orient et de l'Occident. Saint Hégésippe, au rapport de saint Jérôme, était rempli de l'esprit des apôtres et doué d'une profonde humilité, qui se manifestait jusque dans la simplicité de son style. Il mourut à Jérusalem dans un âge très-avancé, vers l'an 180. — 7 avril.

HEIMERAD (le bienheureux), moine de Corvey en Saxe, est honoré le 28 juin.

HEIRE (saint), *Heïrus*, était honoré autrefois à Auxerre le 24 juin.

HÉLAIN (saint), *Helanus*, prêtre et solitaire dans le diocèse de Reims, était né en Irlande. Il passa dans les Gaules sur la fin du ve siècle avec saint Gibrien et ses autres frères et sœurs, au nombre de huit, lesquels sont, comme lui, honorés d'un culte public dans l'Eglise. Saint Remi, à qui ils s'adressèrent, leur assigna des solitudes sur les bords de la Marne, et saint Hélain fut, dans la suite, élevé au sacerdoce. On lit son nom dans le Martyrologe romain, sous le 7 octobre.

HELCONIDE (sainte), *Helconides*, martyre à Corinthe, souffrit de nombreux tourments par ordre du président Pérennic, sous l'empereur Gordien. Elle subit de nouvelles tortures sous le successeur de Pérennic, et, après avoir eu les mamelles coupées, elle fut exposée aux bêtes et enfin décapitée, vers le milieu du IIIe siècle. — 25 mai.

HELDRAD (le bienheureux), *Heldradus*, abbé du monastère de Novalaise, au pied du Mont-Cénis en Piémont, était originaire de la Provence, et il est honoré le 13 mars.

HÉLEINE (saint), *Helenus*, solitaire à Arcis en Champagne, se rendit célèbre par ses jeûnes et florissait dans le VIIe siècle. Ses reliques se gardent à Troyes, dans l'église de Saint-Pierre. — 4 mai.

HÉLÈNE (sainte), *Helena*, martyre à Burgos en Espagne, souffrit avec sainte Centolle. On fit une translation de ses reliques sous le roi Alphonse X, dans le XIIIe siècle. — 13 août.

HÉLÈNE (sainte), impératrice, que quelques auteurs font naître à Drépane en Bithynie, naquit, selon l'opinion la plus probable, en Angleterre, à Colchester ou à York, vers l'an 247. Elle épousa, vers l'an 273, Constance Chlore, lorsqu'il n'était encore qu'officier dans l'armée. Le premier fruit de cette union fut Constantin le Grand, qui fut élevé sous les yeux de sa mère. Constance ayant été revêtu de la dignité de césar, en 292, il répudia Hélène pour épouser Théodore, belle-fille de Maximien Hercule. On ignore ce qu'elle devint depuis sa répudiation jusqu'au moment où Constantin, son fils, devenu empereur en 306, après la mort de Constance Chlore, l'appela près de lui, lui donna le titre d'Auguste et lui fit rendre tous les honneurs dus à la mère d'un empereur. Il paraît, par le récit d'Eusèbe, que sainte Hélène n'embrassa pas la foi en même temps que son fils; mais lorsqu'elle se convertit, ce fut d'une manière si parfaite, qu'elle pratiqua toujours, depuis, les plus héroïques vertus, voulant regagner, par sa ferveur, les années qu'elle avait passées dans les superstitions du paganisme. Rufin dit, en parlant de son zèle et de sa foi, que l'un et l'autre étaient incomparables. On admirait son amour pour Dieu, et saint Grégoire le Grand assure qu'elle allumait par ses exemples, dans le cœur des Romains, le feu dont elle était embrasée. Maîtresse des trésors de l'empire que son fils avait mis à sa disposition, elle ne s'en servait que pour soulager les malheureux, bâtir et décorer les églises. L'an 326, Constantin ayant formé le projet de bâtir une magnifique église sur le Calvaire, sainte Hélène, qui avait près de quatre-vingts ans, se chargea de l'exécution de cette pieuse entreprise, ce qui lui fournissait l'occasion de visiter les saints lieux. Arrivée à Jérusalem, elle se sentit un grand désir de retrouver la croix à laquelle Jésus-Christ avait été attaché. Comme les païens avaient élevé un temple à Vénus sur l'emplacement du saint sépulcre, elle le fit démolir, et lorsqu'on eut nettoyé la place, on se mit à creuser et l'on trouva le saint sépulcre dans lequel il y avait trois croix. Pour distinguer celle du Sauveur de celles des deux larrons qui avaient été crucifiés avec lui, saint Macaire, évêque de Jérusalem, les fit porter toutes les trois chez une dame qui était à l'extrémité, et qui ne ressentit aucun effet quand on lui appliqua les deux premières, mais à l'application de la troisième, cette dame se trouva parfaitement guérie. Sainte Hélène, au comble de la joie d'avoir découvert ce précieux trésor, fonda une église à l'endroit même où il avait été trouvé et y déposa la vraie croix, après l'avoir fait renfermer dans un riche étui. Elle en réserva une partie pour l'empereur son fils, qui la reçut, à Constantinople, avec beaucoup de respect. Elle en fit placer aussi une autre partie dans l'église qu'elle bâtit à Rome, et qui prit le nom d'église de la Sainte-Croix. Pendant son séjour dans la Palestine, elle orna d'édifices somptueux les lieux sanctifiés par les principaux mystères de la religion : elle rappela les exilés, rendit la liberté aux prisonniers et à ceux qui travaillaient aux mines, fit des dons et des aumônes considérables, et laissa partout des traces de sa libéralité. Avant de quitter la Palestine, elle fit rassembler toutes les vierges consacrées à Dieu, leur donna un repas et les servit de ses propres mains. A peine fut-elle de retour à Rome que, sentant sa fin approcher, elle donna à son fils les avis les plus sages pour le gouvernement de l'empire, et après lui avoir fait, ainsi qu'à ses petits-fils, un adieu fort touchant, elle mourut en leur présence au mois d'août 328. Son corps, placé dans une urne de porphyre, fut mis dans un mausolée construit en briques, et qui avait la forme d'une tour. Constantin érigea ensuite, au milieu de la grande place de Constantinople, une croix avec des statues, dont l'une le représentait et l'autre sa bienheureuse mère. Les reliques de sainte Hélène furent portées, en 847, de Rome au monastère de Hautvilliers, dans le diocèse de Reims. A l'époque de la destruction des monastères en France, les religieux de Hautvilliers, pour mettre en sûreté ces saintes reliques, les donnèrent à la confrérie du Saint-Sépulcre, à Paris, et elles sont à présent dans une chapelle de l'église de Saint-Leu. Une partie de ses ossements est restée à Rome, sous le maître-autel de Sainte-Marie-Majeure. —18 août.

HÉLÈNE (sainte), vierge, florissait sur la fin du IVᵉ siècle; elle illustra, par ses vertus, le diocèse d'Auxerre sous l'épiscopat de saint Amateur. —22 mai.

HÉLÈNE (sainte), vierge, est honorée à Troyes le même jour que saint Héleine d'Arcis, c'est-à-dire le 4 mai.

HÉLÈNE (sainte), vierge et martyre, était parente de sainte Ursule, et fut la compagne de son martyre. Son corps se garde à Cologne dans l'église de Saint-Jean-Baptiste, où l'on célèbre sa fête le 1ᵉʳ février.

HÉLÈNE ou OLGA (sainte), reine de Moscovie, était l'épouse d'Ihor ou Igor, qui fut tué en 945 par les Dreulans, lorsqu'il traversait leur pays, au retour d'une expédition contre Constantinople, et dans laquelle il avait échoué. Hélène, qui s'appelait alors Olga, et qui était encore idolâtre, vengea la mort de son mari et vainquit les Dreulans dans une bataille qu'elle commandait en personne. Elle régna ensuite plusieurs années avec autant de sagesse que de gloire. Parvenue à l'âge de soixante-dix ans, elle laissa le gouvernement à son fils Suatoslas, pour se rendre à Constantinople, où elle embrassa le christianisme et fut baptisée sous le nom d'Hélène. De retour dans sa patrie, elle s'appliqua, de tout son pouvoir, à y répandre la lumière de l'Evangile, et son zèle produisit les plus heureux effets. Elle ne put cependant obtenir la conversion de son fils, qui était sans doute retenu par des raisons de politique. Elle était déjà centenaire lorsqu'elle mourut après l'an 970, et elle est honorée chez les Russes le 11 juillet.

HÉLÈNE DE SKOFDE (sainte), martyre, d'une famille illustre de la Westrogothie en Suède, ayant fait, par dévotion, le pèlerinage de Rome, fut tuée à son retour par ses propres parents, dans son château de Skofde, vers l'an 1160. Ses reliques, renfermées dans une belle châsse, se gardaient anciennement dans une église de son nom, située dans l'Ile de Séland, à huit milles de Copenhague en Danemark. Elle fut canonisée, en 1164, par Alexandre III, et, avant la réforme, on faisait sa fête, dans les pays du Nord, le 30 juillet.

HÉLÈNE (la bienheureuse), religieuse de Sainte-Claire, sortait de la noble famille des Enselmine. Elle entra dès l'âge de douze ans au couvent d'Arcelles, près de Padoue, et elle s'y distingua par sa ferveur et sa piété. Mais ce qui excita surtout l'admiration, c'est qu'affligée pendant seize ans par des infirmités qui lui empêchaient tout mouvement du corps, elle ne laissa jamais échapper une plainte, et supporta ses maux avec une patience qui ne se ralentit pas un seul instant. Elle mourut dans son couvent l'an 1242, et elle est honorée le 3 novembre.

HÉLÈNE (la bienheureuse), duchesse de Pologne et religieuse de l'ordre de Sainte-Claire, née en 1235, était fille de Bela IV, roi de Hongrie. Elle montra dès ses plus jeunes années un grand mépris pour les choses de la terre et un grand amour pour Dieu. Elle épousa, en 1256, Boleslas V, duc de Pologne, surnommé le Pieux et le Chaste. Cette union, quoique parfaitement assortie dans ses rapports, n'aurait peut-être pas eu lieu, si Hélène n'eût consulté que ses goûts, qui la portaient vers la vie religieuse. Une de ses sœurs, nommée Marguerite, étant entrée dans un couvent de Dominicaines, la pieuse duchesse enviait son bonheur, et eût bien voulu pouvoir aussi se consacrer entièrement au service de Dieu. Mais le désir d'un état plus parfait ne l'empêchait pas de remplir avec beaucoup de fidélité et d'exactitude ses devoirs d'épouse et de mère. Sous ce rapport, elle avait tout lieu d'être satisfaite de sa position ; car son union avec Boleslas ne fut jamais troublée par le moindre nuage, et ses enfants persévéraient dans la piété qu'elle leur avait inspirée dès leur bas âge. Quoique environnée de la pompe des grandeurs, elle se faisait admirer par son éloignement du faste, par la simplicité de ses manières, et surtout par son amour pour les pauvres. Après la mort de son mari, arrivée en 1279, elle se retira dans le monastère des Clarisses de Guesne, où elle passa le reste de sa vie dans la pratique de toutes les vertus. Elle mourut le 6 mars 1298, et on l'invoqua presque aussitôt comme sainte. Son culte, autorisé d'abord par Urbain VIII, fut confirmé par décret de la congrégation des Rites, le 22 septembre 1827.—6 mars.

HÉLÈNE (la bienheureuse), veuve, florissait dans le XVᵉ siècle, et elle mourut en 1458. On l'honore à Udine dans le Frioul, sa patrie, le 23 avril.

HÉLÈNE DUGLIOLI (la bienheureuse), veuve, née en 1472, appartenait à une honnête famille de Bologne. Elle montra de bonne heure de grandes dispositions pour la vertu, et surtout beaucoup de soumission pour ses parents. Ce fut par un effet de cette docilité parfaite qu'elle épousa Benoît d'All'-Oglio, malgré le désir qu'elle éprouvait de se consacrer à Jésus-Christ. Elle vécut trente ans avec son mari sans que rien vint altérer la paix et le bonheur de leur union, qu'ils sanctifiaient par la pratique des bonnes œuvres : on assure même qu'ils observèrent, l'un et l'autre, la plus exacte continence durant tout leur mariage. La bienheureuse

Hélène, étant devenue veuve, se livra avec plus d'ardeur encore aux exercices de la piété, et mourut âgée de quarante-huit ans, le 23 septembre 1520. Les Bolonais avaient une si haute idée de sa sainteté, qu'ils commencèrent dès lors à lui rendre un culte public, qui fut approuvé en 1828, par Léon XII.—23 septembre.

HÉLIENNE (sainte), *Heliana*, vierge et martyre dans le Pont, souffrit avec saint Pontime et quelques autres qui sont mentionnés dans le Martyrologe de saint Jérôme. —18 août.

HÉLIER (saint), *Helerirus*, ermite et martyr dans l'île de Jersey, qu'on croit originaire du pays de Liége, fut attiré, vers le milieu du vi° siècle, à Nanteuil, dans le Cotentin, par la réputation de saint Marcou, fondateur et premier abbé de ce monastère. Après y avoir passé quelque temps dans la pratique de toutes les vertus religieuses, il profita de la permission que le saint abbé donna aux plus fervents de ses disciples, de passer dans l'île de Jersey, pour y mener la vie anachorétique. Il choisit, pour sa demeure, une caverne située dans un rocher de difficile accès, où il vécut dans l'exercice de la contemplation et les austérités les plus rigoureuses. Il y fut massacré par des barbares. Ses reliques furent transférées à l'abbaye de Beaubec, dans le diocèse de Rouen. La principale ville de Jersey porte le nom de Saint-Hélier.—16 juillet.

HÉLIMÈNE (saint), *Helimenas*, prêtre et martyr en Perse, dont le martyre est décrit dans les Actes des saints Abdon et Sennen, souffrit au milieu du iii° siècle. — 22 avril.

HÉLINVARD (le bienheureux), évêque de Minden en Saxe, florissait au milieu du x° siècle, et mourut en 958.—16 décembre.

HÉLIODORE (saint), *Heliodorus*, martyr à Mandes en Pamphilie, fut mis à mort par le président Festus, vers l'an 273, pendant la persécution de l'empereur Aurélien.—19 et 21 novembre.

HÉLIODORE (saint), martyr en Afrique, souffrit avec saint Venuste et soixante-quinze autres.—6 mai.

HÉLIODORE (saint), martyr à Moromile, en Phrygie, avec saint Néon et un autre, est honoré le 13 juillet.

HÉLIODORE (saint), martyr à Bysance avec plusieurs autres, est honoré chez les Grecs le 3 juillet.

HÉLIODORE (saint), évêque et martyr sur les confins de la Perse, fut arraché à son église, et emmené prisonnier avec neuf mille chrétiens par les Perses, qui, ayant fait une irruption sur le territoire de l'empire romain, passèrent le Tigre, s'emparèrent de la forteresse de Bethzarde, et massacrèrent la garnison. On ignore de quelle ville saint Héliodore était évêque : tout ce que l'on sait, c'est qu'il mourut en route, pendant qu'on le traînait en captivité. Voyant approcher sa fin, il avait eu la précaution de donner l'onction épiscopale au prêtre Dausas, pour le remplacer ; et en agissant ainsi, il pensait que la nécessité était assez pressante pour déroger aux canons, qui défendaient à un évêque d'en ordonner un autre, à moins qu'il ne fût assisté de deux collègues. On place sa mort l'an 362 de Jésus-Christ, et la cinquante-troisième du règne de Sapor II.—9 avril et 20 août.

HÉLIODORE (saint), évêque d'Altino en Italie, né au milieu du iv° siècle, en Dalmatie, s'attacha de bonne heure à saint Jérôme, dont il était le compatriote et dont il devint le disciple et l'ami. Ce fut pour ne pas se séparer de son maître qu'il ne mit pas à exécution le dessein qu'il avait de se retirer dans un monastère; mais il vivait dans le monde comme un anachorète, uniquement occupé des exercices de la piété, de l'étude des sciences, et surtout des sciences divines. Saint Jérôme ayant quitté Aquilée, où il avait passé quelques années avec Héliodore, celui-ci l'accompagna dans le voyage qu'il fit en Orient vers l'an 371, et le suivit dans la Thrace, le Pont, la Bithynie, la Galatie, la Cappadoce et la Cilicie, visitant les serviteurs de Dieu dont ces pays étaient peuplés. Lorsqu'ils furent arrivés à Antioche, ils s'y arrêtèrent quelque temps pour suivre les leçons d'Apollinaire, qui expliquait l'Ecriture sainte avec beaucoup de réputation ; et quoique ses erreurs n'eussent pas encore percé dans le public, Héliodore ne fut pas longtemps à s'apercevoir du venin que renfermaient ses leçons. D'Antioche, les pieux voyageurs se retirèrent dans un désert de la province de Chalcide, entre la Syrie et l'Arabie. Après y avoir passé quelque temps, Héliodore, tourmenté par le désir de revoir ses parents et sa patrie, voulut revenir en Europe, malgré tout ce que put faire saint Jérôme pour le retenir près de lui ; et la seule chose qu'il en obtint, fut la promesse qu'il viendrait le rejoindre, après avoir satisfait à ce qu'il regardait comme un devoir de la piété filiale. Saint Jérôme, après avoir attendu longtemps, ne le voyant pas revenir, lui écrivit une lettre pressante pour l'exhorter à rompre entièrement avec le monde ; mais Dieu avait d'autres desseins sur Héliodore. Après avoir rendu les derniers devoirs à sa mère, il se rendit à Aquilée, dont il connaissait déjà le clergé. Plusieurs de ses membres jouissaient d'une grande réputation de sainteté. Son mérite et sa piété l'ayant bientôt fait connaître, il fut nommé évêque d'Altino, qui dépendait de la métropole d'Aquilée. Il eût été difficile de faire un meilleur choix ; car saint Héliodore fut un des plus grands prélats de son siècle. Il se lia d'une étroite amitié avec saint Ambroise, qui était le boulevard de la foi en Occident, et, marchant sur ses traces, il s'opposa avec vigueur aux dogmes impies des ariens et des apollinaristes. Il assista, en 381, au concile d'Aquilée, où l'on condamna les évêques Pallade et Secondien, convaincus d'arianisme. A un zèle ardent pour la conversion des hérétiques et des pécheurs il joignait une tendre charité pour les pauvres. Il mourut vers l'an 390. Saint Jérôme n'oublia jamais son ancien élève, et dans une de ses lettres, il lui rend le témoignage d'avoir vécu dans l'épiscopat avec autant de ferveur et de régularité que dans un monastère. — 3 juillet.

HÉLION (saint), martyr à Tarse avec sainte Sereine, est honoré chez les Grecs le 3 juillet.

HELLADE (saint), *Helladius*, martyr en Libye avec saint Théophile, diacre, fut déchiré à coups de fouets, piqué avec des têts de pots cassés, sur lesquels on le roula, et enfin jeté dans le feu et brûlé vif. — 8 janvier.

HELLADE (saint), surnommé le Commentarèse, souffrit le martyre en Orient, et il est honoré chez les Grecs le 24 janvier.

HELLADE (saint), martyr, souffrit avec saint Crescent et deux autres. — 28 mai.

HELLADE (saint), évêque de Tolède et confesseur, florissait au commencement du vii° siècle. D'une naissance illustre, il parut avec éclat à la cour des rois goths, qui faisaient leur résidence à Tolède, et il eut une grande part dans l'administration de l'État. Quand les affaires publiques lui laissaient quelque relâche, il se plaisait à se retirer dans le monastère d'Agali, situé dans le voisinage de Tolède. Il finit par renoncer entièrement au monde pour y prendre l'habit monastique. Il combla cet établissement de ses libéralités et édifia la communauté par ses vertus. Il en était devenu abbé, lorsqu'on le tira de la solitude pour le placer sur le siège de Tolède, après la mort d'Aurase, vers l'an 614. Il se rendit recommandable par ses vertus et surtout par sa charité envers les pauvres. Sa sainteté brilla encore d'un nouvel éclat sur ce grand siège, et il mourut dans un âge avancé, l'an 632. Il eut pour suceseur saint Just, qui avait été son disciple à Agali, et qui l'y avait remplacé comme abbé. — 18 février.

HELLADE (saint), évêque et martyr en Orient, souffrit dans le vii° siècle. — 27 mai.

HELLANIQUE (saint), *Hellanicus*, évêque en Égypte, est honoré le 23 décembre.

HELMÉTRUDE (la bienheureuse), *Helmetrudis*, recluse à Iborg, dans le diocèse d'Osnabruck, florissait dans le xi° siècle, et elle est honorée à Herse en Westphalie le 31 mai.

HELTRUDE (sainte), *Hiltrudis*, vierge, florissait en Hainaut, dans le viii° siècle, sous le règne de Pépin, et mourut sous Charlemagne, vers l'an 790. Elle est honorée à Lessies le 27 septembre.

HEMME (sainte), *Hemma*, veuve, aussi illustre par ses vertus que par sa naissance, était proche parente de l'empereur saint Henri : s'étant engagée dans le mariage elle s'y sanctifia par la pratique fidèle de tous ses devoirs. Après la mort de son mari, elle fonda le double monastère de Gurk en Carinthie et prit le voile dans celui des religieuses, qui devaient être au nombre de soixante-douze, en l'honneur des soixante-douze disciples. Sainte Hemme mourut en 1045. Ce double monastère, qui était placé sous la règle de Saint-Benoît, subit des changements lors de l'érection de Gurk en évêché, l'an 1073. Celui des religieuses fut détruit, et les moines firent place à des Chanoines réguliers. — 29 juin.

HENRI (saint), *Henricus*, empereur d'Allemagne, fils de Henri, duc de Bavière, et de Giselle, fille de Conrad, roi de Bourgogne, né en 972, fut élevé par saint Wolfgang, évêque de Ratisbonne, l'un des plus savants et des plus vertueux prélats de son siècle. Sous un aussi habile maître, le jeune prince fit de grands progrès dans les sciences et dans la vertu ; et comme il lui était tendrement attaché, il ressentit une vive douleur lorsque la mort le lui enleva en 994. L'année suivante, il succéda à son père dans le duché de Bavière, et quoiqu'il n'eût encore que vingt-trois ans, il montra dans le gouvernement une sagesse et une maturité au-dessus de son âge. Il épousa, vers l'an 1000, sainte Cunégonde, fille de Sigefroi, comte de Luxembourg ; mais comme cette pieuse princesse avait fait vœu de virginité perpétuelle, elle l'en prévint avant d'accepter sa main, et Henri, de son côté, s'engagea à vivre avec elle dans une parfaite continence. L'empereur Othon III étant mort à Paterno en Italie, au commencement de l'année 1002, il se mit sur les rangs pour lui succéder, et il eut pour compétiteur Herman, duc de Souabe et d'Alsace ; mais la réputation de piété, de justice et de douceur dont jouissait le duc de Bavière lui fit donner la préférence, et il fut sacré roi des Romains le 8 juillet 1002, par Willigise, archevêque de Mayence, assisté de ses suffragants. Peu de temps après son élévation à l'empire, il se démit de son duché en faveur de Henri, son beau-frère. Comme il réunissait aux qualités qui font les grands princes les vertus qui font les bons chrétiens, il se proposa pour but le bonheur de ses sujets, la gloire de Dieu et l'exaltation de l'Église. Il assista en 1003 au synode qui se tint à Thionville, et fit assembler en 1005 un concile national à Dorsmond en Westphalie, pour régler certains points de discipline, et pour assurer l'exécution des canons. Il se rendit en 1007 au synode de Francfort pour y faire ériger en évêché la ville de Bamberg, qu'il affectionnait beaucoup ; mais cette érection étant combattue par les évêques de Wurtzbourg et d'Eichstadt, on convoqua un synode à Saltzbourg pour décider l'affaire. Henri s'y trouva encore ; et là, un genou en terre, il supplia les évêques de faire droit à son désir. L'érection ayant été décidée en 1007, il unit à cet évêché les abbayes de Schuttern et de Gengenbach et les dota richement. Plusieurs princes de sa famille, parmi lesquels se trouvaient Brunon, évêque d'Ausbourg, son frère, et Henri, duc de Bavière, son beau-frère, blâmaient l'usage pieux qu'il faisait de ses revenus, regardant comme perdu pour l'État et pour eux ce qu'il employait en bonnes œuvres. Le duc de Bavière poussa même les choses plus loin, et s'étant mis à la tête des mécontents, il déclara la guerre à l'empereur ; mais Henri le défit en bataille rangée, et après une victoire complète, il le rétablit dans son duché : il se montra également généreux envers les complices de sa révolte. Vers le même temps (1010), Hardouin ou Artovin, que les Lombards avaient proclamé roi, et qui s'était fait couronner roi d'Italie à Milan, fut aussi défait par Henri, qui marcha contre lui à la tête d'une armée; et après l'avoir vaincu en bataille rangée, il lui fit grâce et lui rendit ses domaines en lui faisant renoncer à son titre de roi qu'il avait usurpé. Hardouin, à qui Henri, en lui pardonnant, avait laissé ses domaines, qui étaient considérables, étant remonté sur le trône, en jouit tranquillement pendant plusieurs années. Mais lorsque l'empereur ne fut plus occupé ailleurs, il marcha contre lui à la tête d'une armée, le vainquit de nouveau, le dépouilla de tous ses biens, et s'il lui laissa la vie, ce fut à condition qu'il s'enfermerait dans un monastère. Il se rendit ensuite dans la Pouille et la Calabre, d'où il chassa les Sarrasins. Il passa les fêtes de Noël de l'an 1013 à Pavie avec l'impératrice, qui l'avait accompagné dans son expédition. Il alla jusqu'à Rome et y fit son entrée le 24 février 1014, suivi d'un grand nombre d'évêques, d'abbés et de seigneurs, tant d'Allemagne que d'Italie. Le pape Benoît VIII, qui était venu implorer son secours contre l'antipape, et qu'il venait de rétablir sur le saint-siége, le reçut sur les degrés de l'église de Saint-Pierre, et, après l'avoir introduit dans l'intérieur, il le couronna empereur et Cunégonde impératrice. Henri confirma et renouvela les donations faites au saint-siége par ses prédécesseurs et revint ensuite à Pavie pour y célébrer les fêtes de Pâques. En retournant en Allemagne, il passa par Cluni et il donna à cette abbaye le globe et la couronne d'or enrichie de pierres précieuses dont le pape lui avait fait présent. Il visita aussi d'autres monastères qu'il rencontra sur sa route et leur laissa des marques de sa libéralité. Arrivé à Strasbourg, il convoqua, le 23 juin 1014, une assemblée générale des seigneurs, tant ecclésiastiques que laïques, de ses Etats, et y publia plusieurs lois pour le bon gouvernement de l'empire. Il venait de repasser le Rhin, lorsqu'une armée de Polonais et d'Esclavons, qui étaient encore infidèles, ayant ravagé le diocèse de Meersbourg et détruit plusieurs églises, Henri marcha contre eux, et après avoir mis ses troupes sous la protection des saints martyrs Laurent, Georges et Adrien, il attaqua ces barbares et remporta sur eux une victoire complète. On assure que les trois saints apparurent pendant la bataille, qu'on les vit combattre du côté des impériaux, et que les infidèles, saisis d'une crainte subite, lâchèrent pied dès le commencement de l'action. Henri, qui avait communié la veille avec ses soldats, s'était engagé à rétablir l'évêché de Meersbourg, s'il était vainqueur, et il accomplit fidèlement son vœu. Peu de temps après, les princes de Bohême s'étant révoltés, il tourna contre eux ses armes toujours victorieuses, et les contraignit à rentrer dans le devoir. Il rendit tributaires de l'empire, non-seulement la Bohême, mais encore la Pologne et la Moravie, et y envoya des missionnaires pour évangéliser les idolâtres, et seconda en Hongrie les efforts du roi saint Étienne, son beau-frère, pour convertir ceux des Hongrois qui étaient encore dans les ténèbres du paganisme. Il fit bâtir la cathédrale de Bamberg, que le pape Benoît VIII consacra en 1020 sous l'invocation de Saint-Etienne, répara avec magnificence un grand nombre d'églises, rétablit plusieurs siéges épiscopaux, entre autres ceux de Heldesheim, de Magdebourg, de Bâle, de Misnie. Obligé de repasser les monts pour aller au secours de la chrétienté, et surtout du saint-siége, contre les Sarrasins et les Grecs, leurs alliés, il les chassa d'Italie et fut reçu à Rome de la manière la plus honorable. C'est pendant le séjour qu'il fit dans cette ville qu'une douleur aiguë lui contracta les nerfs de la cuisse et le rendit boiteux pour le reste de ses jours. Depuis qu'il fut atteint de cette infirmité, qui ne l'empêchait pas de monter à cheval, il n'entreprit plus aucune expédition militaire, non que son courage ou ses forces fussent diminués, mais parce que le reste de son règne fut paisible au dedans et au dehors, grâce à ses succès antérieurs contre ses ennemis. Car on peut lui rendre cette justice, que s'il fit la guerre avec un tel bonheur que jamais la victoire ne lui fît défaut, il ne cherchait pas la gloire des armes et il n'entreprit aucune expédition qu'il n'y fût obligé par les raisons les plus décisives, chose bien admirable dans un prince toujours heureux à la guerre. En retournant en Allemagne, il fit une seconde visite à l'abbaye de Cluni, et à son arrivée dans le Luxembourg, il eut, en 1023, avec Robert, roi de France, une entrevue sur les bords de la Meuse, qui faisait la limite de leurs Etats. L'empereur, passant par-dessus les longueurs du cérémonial, traversa le fleuve et vint embrasser Robert dans sa tente. Le roi de France lui rendit sa visite, et ils renouvelèrent leur ancienne amitié, qu'une guerre au sujet des droits de suzeraineté sur la Flandre avait un peu refroidie. Ces deux princes s'entretinrent des affaires de l'Eglise et de leurs États respectifs, ainsi que de la meilleure manière d'accroître le règne de la piété et de rendre heureux leurs sujets. Robert fit présent à Henri d'un livre d'Evangiles et de livres d'église dont les couvertures étaient garnies d'or, d'argent et d'ivoire, de reliquaires plus précieux par le travail que par la matière, et d'armes parfaitement ciselées et gravées. Henri lui fit don d'un lingot d'or pur pesant cent livres et le régala, ainsi que toute sa suite. Il continua ensuite sa route par Verdun, et étant allé trouver le bienheureux Richard, abbé de Saint-Vanne, qu'il honorait d'une confiance toute particulière, il déposa à ses pieds le sceptre et le diadème, le priant de l'admettre au nombre de ses religieux. Le saint abbé n'avait garde d'accepter une pareille proposition ; mais, sans la repousser directement, il fit promettre obéissance à Henri, après quoi il lui ordonna de rester sur le trône. De retour dans ses Etats, il les parcourut pour remédier aux désordres et aux injustices de ses délégués. Partout il laissait des marques de ses libéralités ; c'était surtout envers les pauvres et les églises qu'il se montrait généreux, sans pour cela épuiser les ressources de l'empire et sans mettre le désordre dans les finances. Après l'église de Bamberg, celle qui eut le plus de part à ses largesses fut la cathédrale de Strasbourg. S'y trouvant en 1012, il avait demandé aux chanoines de le recevoir au nombre de leurs confrères, tant il tenait peu aux grandeurs humaines et à l'honneur de porter la couronne ; aussi on a dit de lui que jamais on ne vit une humilité plus grande sous le diadème. Toujours prêt à reconnaître ses torts, il regardait comme ses meilleurs amis ceux qui le reprenaient de ses fautes. S'étant laissé prévenir contre saint Héribert, archevêque de Cologne, il n'eut pas plutôt reconnu son innocence qu'il alla se jeter à ses pieds pour lui demander pardon, et afin de réparer l'injustice involontaire dont il s'était rendu coupable envers lui, il le créa chancelier de l'empire et lui donna toute sa confiance. Les flatteurs n'avaient aucun accès près d'un prince aussi ami de la vérité et aussi en garde contre les séductions de l'orgueil et l'ivresse du pouvoir. Il domptait par la mortification les penchants de la nature, et vivait sur le trône comme il aurait vécu dans un cloître, s'il eût été libre de s'y retirer. Il aimait beaucoup la prière, et surtout la prière publique, assistait avec une piété édifiante au saint sacrifice et aux offices de l'Église, s'approchait souvent de l'auguste sacrement de l'autel et honorait la Mère de Dieu comme sa patronne. Il fit constamment présider la religion à ses conseils, la bonne foi à ses traités, et le zèle à ses entreprises pour le bien de l'Eglise et de l'Etat. Non-seulement il conserva des mœurs pures au milieu de la cour, mais il observa une continence perpétuelle dans l'état du mariage, de concert avec sainte Cunégonde. Saint Henri mourut au château de Grône, près d'Halberstadt, la nuit du 13 au 14 juillet 1024, dans la cinquante-deuxième année de son âge, et après vingt-deux ans de règne. Son corps fut inhumé dans la cathédrale de Bamberg, et les miracles qui s'opérèrent à son tombeau le rendirent l'objet de la vénération publique. Eugène III le canonisa en 1152, et le diocèse de Bâle le choisit pour son patron en 1348. — 15 juillet.

HENRI (saint), ermite, né vers le milieu du XI° siècle, sortait d'une illustre famille du Danemarck. Il se consacra de bonne heure au service de Dieu, malgré les instances de ses amis, qui l'exhortaient à entrer dans le mariage. Pour exécuter son pieux dessein, il quitta sa patrie et se retira dans l'île de Cotket, située au nord de l'Angleterre. Il y vécut en ermite dans les austérités de la pénitence, jeûnant tous les jours au pain et à l'eau, et ne mangeant qu'une fois en vingt-quatre heures. Il eut à subir de rudes épreuves de la part du démon et de la part des hommes ; mais leurs assauts réunis ne servirent qu'à perfectionner sa patience, son humilité et sa charité. Il mourut le 16 janvier 1127, et son corps fut enterré dans l'église de Notre-Dame de Tinmouth, sur la côte du Northumberland, à côté du tombeau de saint Oswin, roi et martyr. — 16 janvier.

HENRI (saint), archevêque d'Upsal et martyr, né en Angleterre vers le commencement du XII° siècle, alla prêcher la foi aux peuples du Nord, à la suite du cardinal Nicolas Breakspear, légat du saint siége, son compatriote, qui devint ensuite pape sous le nom d'Adrien IV. Ce cardinal le sacra, en 1148, archevêque d'Upsal, siége qui venait d'être érigé en métropole par Eugène III. Saint Henri, après avoir mis tout en bon ordre dans son diocèse et avoir sagement réglé tout ce qui concernait son église, s'appliqua avec zèle à la conversion des infidèles de la Suède, en quoi il fut secondé efficacement par le roi saint Eric. Ce prince ayant fait la conquête de la Finlande, en 1154, envoya dans cette province, qui était entièrement idolâtre, des missionnaires, à la tête desquels il mit l'archevêque d'Upsal. Pendant que saint Henri travaillait à la conversion des Finlandais, il fut lapidé, l'an 1157, par un meurtrier qu'il avait tâché, mais en vain, d'amener à des sentiments de pénitence. Il a été honoré comme apôtre de la Finlande et comme martyr jusqu'au XVI° siècle, que les hérétiques brisèrent son tombeau à Upsal et dispersèrent ses cendres. — 19 janvier.

HENRI (le bienheureux), abbé du monastère de Saint-Bernard, près de Rupelmonde en Flandre, florissait dans le XII° siècle. — 21 mars.

HENRI DE TRÉVISE (le bienheureux), né à Bolzano dans le Tyrol, de parents pieux, mais pauvres, qui, ne pouvant le faire instruire dans les sciences humaines, lui apprirent à aimer et à servir Dieu, ce qui est la vraie science du chrétien. Ne trouvant pas de quoi subsister dans sa patrie, le jeune Henri alla se fixer à Trévise pour y gagner sa vie en travaillant. Son application à l'ouvrage était infatigable, et il sanctifiait ses sueurs par l'union avec Dieu et par l'esprit de pénitence. Comme il ne savait pas lire, il s'efforçait de profiter des instructions publiques auxquelles il était très-assidu et très-attentif. Il assistait aussi avec exactitude aux offices de l'Eglise, entendait la messe tous les jours, pratiquait la confession quotidienne et la communion fréquente. Sa vie était très-mortifiée, et il donnait aux pauvres le peu qu'il pouvait faire d'économies ; mais comme il était en même temps très-humble, il s'appliquait à dérober à la connaissance des hommes ses aumônes et ses autres bonnes œuvres. Dans les maladies et les autres afflictions, on ne l'entendait jamais se plaindre. Lorsque des enfants ou d'autres personnes le raillaient sur sa piété, il leur répondait par des paroles de bénédiction et priait pour eux, de manière qu'on aurait été tenté de croire qu'il ne ressentait ni les injures, ni les affronts. Sa bonté, sa douceur et sa modestie le faisaient chérir et vénérer de tous ceux qui le connaissaient. Lorsque son grand âge ne lui permit plus de travailler, une personne charitable le retira chez elle, et Henri vivait des aumônes qu'on lui faisait chaque jour, sans jamais rien réserver pour le lendemain, donnant à ceux qui étaient encore plus pauvres que lui ce qu'il s'était retranché pour pouvoir les secourir. A sa mort, arrivée le 10 juin 1315, toute la ville accourut à la petite chambre où son corps était exposé, et trois notaires, placés par les magistrats, dressèrent les procès-verbaux d'un grand nombre de miracles qui s'opérèrent alors par son intercession. Chacun s'empressait d'emporter, comme une relique, quelque chose de ce qui avait servi à son usage. Les Italiens l'appellent saint Rigo, diminutif d'Arrigo, qui est une corruption du mot latin *Henricus*.— 10 juin.

HENRI-AMAND SUZON (le bienheureux), Dominicain, né en Souabe au commencement du xive siècle, fut élevé dans la vertu par sa mère, qui était très-pieuse, et, à treize ans, il quitta le monde pour entrer dans l'ordre de Saint-Dominique. Sa première ferveur s'étant ralentie, Dieu, qui l'appelait à une haute perfection, lui inspira des remords dont le jeune religieux profita pour devenir le modèle de la communauté. Il dépassa tous ses confrères par ses austérités, qu'il porta à un degré à peine croyable. A un rude cilice qui lui couvrait le corps, il joignit une chaîne de fer. Il portait sur la chair nue, entre les deux épaules, une croix de bois garnie de trente clous. Il pratiquait des jeûnes fréquents et rigoureux, couchait sur une table sans autre couverture que son vêtement, et ne prenait qu'un repas très-court, à la suite de longues veilles et de sanglantes disciplines; mais Dieu lui fit connaître qu'il devait modérer la rigueur de sa pénitence et se préparer des croix d'un autre genre. En effet, il fut assailli par des peines intérieures qui plongèrent son esprit dans des ténèbres épaisses, au point qu'il fut près de dix ans à lutter contre le désespoir. Après ces cruelles épreuves, la paix étant rentrée dans son âme, ses supérieurs l'employèrent au ministère de la prédication. La force de ses discours, soutenue par la sainteté de ses exemples, opéra des fruits merveilleux dans l'Allemagne, qui fut le théâtre de ses travaux apostoliques. Mais comme il attaquait hautement le vice, des gens qui ne voyaient en lui qu'un censeur importun le calomnièrent auprès de ses supérieurs, et la populace, prévenue contre lui par des accusations mensongères, voulut un jour le lapider. Comme on lui conseillait d'avoir recours aux magistrats pour se mettre à l'abri des mauvais traitements auxquels il était exposé, il répondit que ces périls n'empêchaient pas le fruit de ses prédications, il aimait mieux remettre ses intérêts entre les mains de Dieu que de les confier à la justice des hommes. Il fut en butte à une autre calomnie plus sensible et qui attaquait ses mœurs. Ayant appris qu'une malheureuse femme, qui était sa pénitente, cherchait à le tromper en lui cachant la conduite scandaleuse qu'elle tenait, il la traita avec la sévérité qu'elle méritait. Celle-ci, furieuse de voir qu'elle était démasquée, lui imputa les crimes les plus honteux; mais la justice divine le justifia bientôt. Cette femme périt misérablement, et ceux qui avaient accueilli trop facilement ces calomnies contre le bienheureux éprouvèrent aussi un châtiment exemplaire : c'est ainsi que ce qui devait le flétrir aux yeux du public ne servit qu'à augmenter la vénération qu'on lui portait. Dans ses prédications, il s'appliquait surtout à détruire une habitude criminelle alors malheureusement trop répandue en Allemagne, celle de blasphémer le saint nom de Dieu; et c'est pour l'extirper avec plus de succès qu'il établit à Strasbourg, à Augsbourg, à Ulm et dans plusieurs autres villes, la dévotion à l'adorable nom de Jésus, pour lequel il était lui-même pénétré du plus profond respect et de l'amour le plus tendre. Il avait gravé, avec un stylet, ce nom sacré sur sa poitrine. Après cette sanglante opération, prosterné devant le crucifix, il s'écria, en s'adressant à Jésus-Christ : *Seigneur, l'unique objet de mon amour, voyez le désir de mon cœur, et recevez ma bonne volonté. N'ayant pu, sans imprudence, porter le fer plus avant, achevez vous-même le sacrifice; et comme je suis marqué au dehors d'un caractère ineffaçable, gravez aussi dans le fond de mon cœur votre saint nom, d'une manière si intime, qu'il soit éternellement la vie de mon âme et toute ma consolation.* Le bienheureux Henri-Amand composa un office et des hymnes en l'honneur de la Sagesse éternelle, qui était le titre qu'il donnait de préférence à Notre-Seigneur. Il écrivit aussi plusieurs traités de dévotion, dont l'un, qui prouve dans son auteur une profonde connaissance des secrets de la vie intérieure, a pour titre : *Dialogue de la Sagesse éternelle avec son disciple.* Il aurait voulu que ces productions, qu'il tenait cachées, ne parussent qu'après sa mort, et qu'on en ignorât l'auteur; mais ses supérieurs, après en avoir fait examiner la doctrine, qui l'ont trouvée exacte, lui ordonnèrent de les publier pour l'édification des fidèles, et il obéit, quoiqu'il en coûtât beaucoup à son humilité. Tout le monde ne porta pas un jugement aussi favorable des ouvrages du bienheureux, et l'on calomnia sa foi comme l'on avait calomnié ses mœurs; mais depuis longtemps il était accoutumé aux croix, et il savait les sanctifier. Il n'opposa donc, à ceux qui l'accusaient d'hérésie que ses armes ordinaires, la douceur et la patience. Il mourut dans le couvent d'Ulm, le 25 janvier 1365, et les miracles opérés par son intercession le firent honorer comme saint par les peuples de l'Allemagne. Grégoire XVI, informé du culte qu'on lui rendait, l'approuva en 1831, et permit à l'ordre de Saint-Dominique d'en célébrer la fête. — 11 mars.

HENRICK (le bienheureux), *Henricus*, enfant massacré par les juifs à Weissembourg, est honoré le 29 juin.

HERACLAS (saint), évêque d'Alexandrie, né dans cette ville, était frère de saint Plutarque, martyr. Il se convertit en même temps que lui, pendant la persécution de Sévère, et Origène, qui tenait une école dans cette ville, fut l'instrument dont Dieu se servit pour les amener à la connaissance de la vérité. Héraclas, après avoir été le disciple d'Origène, devint son collègue dans la fonction de catéchiste. Son mérite le fit élever sur le siège d'Alexandrie, sa patrie, en 231, et après un épiscopat de seize ans, il mourut le 4 décembre 247. Il eut pour successeur saint Denis. Jules Africain rapporte qu'il fit exprès le voyage d'Alexandrie, attiré par la grande réputation d'Héraclas. — 14 juillet.

HERACLE (saint), *Heraclius*, martyr à Porto, souffrit avec trois autres. — 2 mars.

HERACLE (saint), martyr à Carthage avec saint Zosime, est honoré le 11 mars.

HERACLE (saint), martyr à Axipolis, souffrit avec saint Dase et un autre. — 5 août.

HERACLE (saint), martyr à Athènes, souffrit avec deux autres. — 15 mai.

HERACLE (saint), martyr à Nyon en Suisse avec saint Paul et trois autres, souffrit sous l'empereur Dioclétien, vers la fin du IIIe siècle. — 17 mai.

HERACLE (saint), martyr à Todi avec deux autres, souffrit l'an 303, pendant la persécution de Dioclétien. — 26 mai.

HERACLE (saint), soldat et martyr avec saint Alexandre, évêque, est honoré le 22 octobre.

HERACLE (saint), martyr à Vérulam en Angleterre, était un soldat qui exerçait les fonctions d'exécuteur public. Chargé de décapiter saint Alban, il se convertit à la vue des miracles opérés par le saint martyr pendant qu'on le conduisait au lieu du supplice, et jetant le glaive qu'il tenait à la main, il se prosterna aux pieds d'Alban, et demanda de mourir avec lui ou plutôt à sa place. Cette conversion subite retarda l'exécution, parce qu'il fallut du temps pour trouver un autre bourreau. Quant à Héracle, qui s'était déclaré hautement chrétien, il fut décapité avec le saint martyr qu'il avait refusé d'exécuter, et il fut baptisé dans son sang, l'an 303. — 22 juin.

HERACLE (saint), soldat et martyr à Sébaste en Arménie, avec trente-neuf autres soldats, souffrit l'an 320, pendant la persécution de l'empereur Licinius. Ce prince ayant publié un édit qui ordonnait d'adorer les dieux, chargea les chefs de ses troupes de le faire exécuter par les soldats. Lysias, qui commandait en Arménie, ne put vaincre la résistance de quarante soldats chrétiens, au nombre desquels se trouvait Héracle et les remit à Agricola, gouverneur de la province, pour qu'il leur arrachât un acte d'apostasie. Celui-ci, voyant que les tortures ordinaires ne produisaient aucun effet sur ces héros de la foi chrétienne, ordonna qu'ils fussent exposés nus sur un étang glacé, qui se trouvait près de Sébaste, et il fit tenir prêts des bains chauds pour recevoir ceux que la violence du froid aurait vaincus, et l'entrée dans le bain était une marque qu'ils se soumettaient à ce que l'on exigeait d'eux. Un seul eut recours à ce moyen, mais il mourut presque sur-le-champ, et il fut remplacé par un des gardes, qui avait vu quarante couronnes suspendues sur la tête des martyrs; c'est ainsi que la prière qu'ils avaient faite pour que leur nombre de quarante ne fût pas diminué reçut son effet. Le lendemain, les uns étaient morts, les autres sans mouvement. On les chargea sur des voitures, et on les conduisit sur un vaste bûcher, où leurs corps furent brûlés et leurs cendres jetées dans le fleuve. Les chrétiens sauvèrent quelques-uns de leurs os, et la ville de Césarée possédait quelques parties de ces précieuses reliques. Saint Basile, qui était évêque de cette ville, prononça, le jour de leur fête, un panégyrique en leur honneur. — 10 mars.

HERACLE (saint), prêtre d'Afrique et confesseur, subit divers tourments pour la foi catholique, pendant la persécution des Vandales, qui étaient ariens. Hunéric, leur roi, l'exila ensuite, l'an 484, avec plusieurs autres, tant évêques que prêtres. Ce prince les fit embarquer sur un vaisseau pourri, dans l'espérance qu'ils périraient sur mer; mais ils abordèrent heureusement sur les côtes de la Campanie, où ils finirent leurs jours en paix. — 1er septembre.

HERACLE (saint), évêque de Sens, florissait au commencement du VIe siècle et mourut en 507, après avoir bâti, dans sa ville épiscopale, l'abbaye de Saint-Jean l'Évangéliste. Son corps, placé dans une châsse, se garde à l'église de Saint-Étienne. — 8 juin et 9 juillet.

HERACLÉE (saint), *Heracleas*, martyr en Thrace, souffrit avec deux autres. — 29 septembre.

HERACLÉÉMON (saint), anachorète, était d'Oxyrinque en Égypte, florissait dans le IVe siècle, et il est honoré le 2 décembre.

HERACLIDE (saint), *Heraclides*, martyr à Alexandrie, était disciple d'Origène et n'avait pas encore reçu le baptême lorsqu'il fut décapité, avec saint Plutarque, par ordre du gouverneur Létus, vers l'an 210, pendant la persécution de l'empereur Sévère. — 28 juin.

HERACLIDE (saint), *Heraclidas*, martyr à Nicomédie, avec saint Lucien et plusieurs autres, souffrit l'an 250, pendant la persécution de l'empereur Dèce. — 26 octobre.

HERACLIDE (saint), évêque de Tamasse en Chypre et martyr, est honoré dans cette île le 17 septembre.

HERACLIE (sainte), *Heraclia*, est honorée en Egypte le 13 septembre.

HERACLIEN (saint), *Heraclianus*, évêque, est honoré à Pisaure le 9 décembre.

HERAIDE (sainte), *Herais, dis*, martyre à Alexandrie, se distingua parmi les disciples d'Origène, qui admettait dans son école des personnes de l'un et de l'autre sexe. Elle n'était encore que catéchumène, mais elle fut baptisée par le feu, selon l'expression du même Origène, c'est-à-dire qu'elle fut brûlée vive pour la foi, l'an 210, sous le règne de Sévère. — 4 mars et 28 juin.

HÉRARD (saint), *Herardus*, confesseur, est honoré le 13 novembre.

HERBERT (saint), *Herbertus*, archevêque de Conza, dans la Pouille, mourut vers l'an 1185, et il est honoré le 20 août.

HERCULAN (saint) *Herculanus*, soldat et martyr à Rome, se convertit à la vue des miracles opérés pendant qu'on torturait l'évêque saint Alexandre. Comme il confessait hautement Jésus-Christ, on lui fit subir de cruels tourments, et il fut ensuite décapité sous l'empereur Antonin. — 25 septembre.

HERCULAN (saint), martyr à Porto, souffrit sur la fin du II° siècle. — 5 septembre.

HERCULAN (saint), évêque de Brescia, est honoré le 12 août.

HERCULAN (saint), évêque de Pérouse et martyr, était moine dans cette ville, lorsqu'il fut tiré du cloître pour être placé sur le siége épiscopal, à la demande du clergé et du peuple. Son changement d'état ne changea rien à sa manière de vivre, et il fit refleurir dans son diocèse la piété et la discipline ecclésiastique. Pendant qu'il était occupé à diriger son troupeau dans la voie du salut, Totila, roi des Goths, vint mettre le siége devant sa ville épiscopale, et lorsqu'il s'en fut rendu maître, il ordonna qu'on coupât la tête au saint évêque, après lui avoir ôté une lanière de peau depuis le haut de la tête jusqu'à la plante des pieds. Un de ses lieutenants, chargé de l'exécution, eut horreur de cette barbarie, et ayant conduit Herculan sur les remparts, il lui trancha d'abord la tête avant de l'écorcher de la manière prescrite par Totila, et il jeta le corps par-dessus les murs de la ville. Quelques fidèles lui donnèrent la sépulture au pied des remparts. Quarante jours après les habitants, qui s'étaient sauvés où ils avaient pu, étant rentrés dans leurs domiciles avec la permission du vainqueur, le déterrèrent pour le transporter dans l'église de Saint-Pierre. Saint Herculan souffrit la mort vers le milieu du VI° siècle. Il se fit une translation de ses reliques en 936. — 7 novembre et 1er mars.

HERCULIEN (saint), *Herculianus*, officier et martyr sous Julien l'Apostat, se trouvait à Antioche lorsque le comte Julien, oncle de l'empereur, voulut substituer sur les étendards militaires les images des fausses divinités à la croix ou *labarum* que Constantin y avait fait placer. Déjà deux officiers chrétiens, Bonose et Maximilien, avaient protesté contre cette mesure, et avaient été livrés à d'horribles supplices, lorsque le comte, s'adressant à Herculien et à Jovien, autre officier qui partageait ses sentiments, leur dit : *Changez votre étendard et recevez celui où sont les images des dieux. Seigneur*, répondirent-ils, *nous sommes chrétiens nous-mêmes, et nous reçûmes le baptême le propre jour que Constantin, notre père et notre empereur, le reçut à Achiron, près de Nicomédie. Lorsque ce grand prince approchait de sa fin, il nous fit jurer d'être toujours fidèles aux empereurs ses fils et à l'Eglise, notre mère*. Alors Julien, furieux, les envoya au supplice avec Bonose et Maximilien, et tous donnèrent avec joie leur tête pour Jésus-Christ, l'an 363. Mélèce, évêque d'Antioche, suivi de quelques collègues et de plusieurs fidèles, les accompagna jusqu'au lieu de l'exécution et leur donna la sépulture chrétienne. — 21 août.

HERECTINE (sainte), *Herectina*, martyre à Carthage, en Afrique, fut arrêtée à Abitine avec quarante-huit chrétiens, pendant qu'ils assistaient, un dimanche, à la célébration des saints mystères. Les magistrats d'Abitine les ayant interrogés, et voyant qu'ils ne voulaient pas se soumettre aux édits, les firent charger de chaînes et les envoyèrent au proconsul Anulin, qui était à Carthage. Hérectine confessa généreusement Jésus-Christ, et mourut en prison par suite des tortures qu'on lui avait fait subir durant son interrogatoire, l'an 304, pendant la persécution de Dioclétien. — 11 février.

HÉRÉFROY (le bienheureux), *Herefcidus*, évêque d'Auxerre, mourut en 908, *orné de toutes sortes de vertus et admirable dans ses miracles*, dit Robert de Saint-Marien. Il est nommé saint dans une inscription mise au bas de son tableau qu'on voit dans l'église de Saint-Étienne d'Auxerre. — 23 octobre.

HÉRÈNE (saint), *Herenus*, martyr en Afrique, souffrit avec saint Donat et plusieurs autres. — 25 février.

HÉRÉNÉE (saint), *Herenæus*, martyr en Afrique, fut l'un des compagnons de saint Mappalique, et souffrit l'an 250, pendant la persécution de l'empereur Dèce. — 17 avril.

HERENIE (sainte), *Herenia*, martyre en Afrique, souffrit avec saint Cyrille, évêque, et plusieurs autres. — 8 mars.

HERENNE (saint), *Herennius*, martyr avec saint Dase et un autre, est honoré le 5 août.

HERESWIDE (sainte), *Heresvitha*, reine et religieuse, était nièce de saint Edwin, roi des Northumbres. Après avoir perdu son mari, dont elle eut sainte Sédride, elle épousa en secondes noces Annas, roi des Est-Angles, et devint mère de sainte Sexburge, de sainte Withburge et de sainte Ethelburge. Ayant ensuite quitté le monde, du consentement de son pieux mari, elle passa en France vers l'an 646, avec Ethelburge, sa fille, et sainte Ercongate, sa petite-fille. Elle prit le voile à Chelles, où l'on compta bientôt une autre reine, sainte Bathilde, qui avait fondé ou plutôt réparé le monastère alors gouverné par sainte Bertille, qui en

DICTIONN. HAGIOGRAPHIQUE. I.

42

fut la première abbesse. On ignore en quelle année y mourut sainte Héreswide. — 23 septembre.

HERIBALD (le bienheureux), *Heribaldus*, évêque d'Auxerre, avait d'abord été abbé du monastère de Saint-Germain de cette ville. Il florissait au milieu du ix° siècle, et il fut du nombre des évêques qui écrivirent au clergé de Paris pour lui apprendre l'élection d'Enée au siége de cette ville. — 25 avril.

HÉRIBERT (saint), *Heribertus*, archevêque de Cologne, né vers le milieu du x° siècle, à Worms, d'une des plus illustres familles d'Allemagne, étudia les sciences et les lettres dans le monastère de Gorze, en Lorraine. De retour à Worms, il fut fait prévôt de l'église de cette ville et devint ensuite chancelier de l'empereur Othon III, dont il avait mérité la confiance et à qui il rendit les plus grands services. Elu, sans s'y attendre, archevêque de Cologne en 998, pendant qu'il était à Bénévent près de l'empereur, il se rendit à Rome, et Sylvestre II lui donna le *pallium*. Arrivé à Cologne, il y fut sacré le 24 décembre 999. Le nouvel archevêque se fit admirer par son zèle, sa douceur, son humilité, son amour pour les pauvres et sa piété. Il pratiquait de grandes mortifications et portait toujours un cilice sous son habit. Saint Henri, successeur d'Othon, prévenu contre saint Héribert, ne rendit pas d'abord à son mérite et à sa vertu la justice qui leur était due ; mais, reconnaissant ensuite son erreur, il se jeta à ses genoux pour lui demander pardon des torts qu'il avait eus envers lui, et pour les réparer, il le nomma chancelier de l'empire et le consultait souvent dans les affaires importantes. Le saint archevêque était occupé à faire la visite de son diocèse lorsqu'il tomba malade à Duitz, où il mourut le 16 mars 1022. Il fut enterré dans le monastère qu'il avait fondé près de Cologne, de l'autre côté du Rhin, et après qu'on l'eut rasé, en 1376, ses reliques furent transportées à Siebourg, dans le comté de la Marck. — 16 mars.

HERINE (sainte), *Herina*, a donné son nom à une église de Lèche, dans le territoire d'Otrante, où elle est honorée le 5 mai.

HERLE (saint), *Heraclius*, martyr à Cortone avec saint Niderun et six autres, est honoré le 16 mai.

HERLINDE (sainte) *Harelindis*, abbesse de Fich, était fille du comte Adelard, et fut élevée avec sainte Renule, sa sœur, dans un monastère. Elles y prirent l'une et l'autre le goût de la vie religieuse, et leur famille voulant seconder leur vocation, bâtit pour elles le monastère de Fich, sur le bord de la Meuse. Elles y prirent le voile, et bientôt de jeunes vierges vinrent augmenter la communauté, qui était gouvernée en commun par les deux sœurs, que saint Willibrord et saint Boniface avaient établies abbesses. Après une vie passée dans la pratique de toutes les vertus du cloître, sainte Herlinde mourut le 12 octobre, vers l'an 745, et sa sœur ne lui survécut que peu de temps. — 12 octobre.

HERMAGORE (saint), *Hermagoras*, premier évêque d'Aquilée et martyr, avait été disciple de saint Marc l'Evangéliste. Il se signala par son zèle pour la propagation du christianisme, et ses discours, appuyés par de nombreux miracles, opérèrent la conversion d'un grand nombre d'idolâtres. Il fut décapité pour la foi qu'il prêchait, avec saint Fortunat, son diacre, pendant la persécution de Néron. Parmi les personnes qu'il avait converties et qui le précédèrent dans le ciel, on cite sainte Euphémie et trois autres saintes martyres auxquelles il rendit lui-même les devoirs de la sépulture. — 12 juillet.

HERMAN-JOSEPH (le bienheureux), *Hermannus*, Prémontré, naquit à Cologne, sous le règne de Frédéric Barberousse, de parents fort pauvres. Il entra dès l'âge de douze ans dans l'ordre des Prémontrés, et il fit profession dans le monastère de Steinfeld. Il se fit bientôt admirer par le haut degré de contemplation auquel il s'éleva et par les grâces signalées qu'il recevait du ciel ; mais d'un autre côté il fut éprouvé par les plus violentes tentations, dont il triompha par la confiance en Dieu et par la dévotion envers la sainte Vierge. Le mystère de l'Incarnation lui inspirait les plus vifs transports d'amour pour le Sauveur des hommes, et il était comme hors de lui-même quand on récitait à Laudes le cantique *Benedictus*. Il poussait si loin l'humilité, que, rencontrant un jour un paysan, il le pria de le frapper au visage ; et comme celui-ci était étonné d'une pareille proposition, Herman lui en expliqua le motif : *C'est*, dit-il, *qu'étant une créature si remplie de crimes et d'abominations, je ne serai jamais aussi humilié et aussi méprisé que je le mérite*. Il mourut le 7 avril 1236, et fut enterré dans l'église de l'abbaye de Steinfeld, où il y a un autel dédié sous son invocation. Il y avait de ses reliques chez les Prémontrés d'Anvers, chez les Religieux du Parc à Louvain et à Cologne, et chez les Chartreux, ainsi qu'à l'église paroissiale de Saint-Christophe. L'empereur Ferdinand II sollicita la canonisation et fit envoyer à Rome les preuves des miracles opérés par son intercession ; mais la canonisation n'eut pas lieu : son nom a cependant été inséré dans le Martyrologe des Chanoines réguliers de Saint-Augustin, lequel a été approuvé par Benoît XIV. Le bienheureux Herman, à qui sa chasteté fit donner le surnom de Joseph, a laissé un commentaire sur le Cantique des cantiques, et plusieurs ouvrages de piété qui lui donnent rang parmi les plus illustres contemplatifs. — 7 avril.

HERMAN (le bienheureux), solitaire, frère du bienheureux Otton, quitta le monde, ainsi que son frère, pour se faire religieux au monastère de Nieder-Altach, dans le diocèse de Cologne, où ils prirent l'habit en 1320 ; mais n'y trouvant pas toute la régularité qu'ils auraient désirée, ils en sortirent pour embrasser la vie solitaire. Herman se retira dans les environs de Zwischel, et s'y livra à des austérités si grandes qu'il ruina sa santé et mourut vers l'an 1326, victime de son ardeur pour les pratiques de la pénitence. Il fut enterré devant la porte de l'église de Richenach, où l'on construisit dans la suite une chapelle en son honneur. — 3 septembre.

HERMAS (saint), disciple des apôtres, et mentionné par saint Paul à la fin de son Epître aux Romains, habitait Rome, quoiqu'on le croie Grec d'origine, comme l'indique son nom. Quelques auteurs ont pensé qu'il était le même qu'Hermas, auteur du livre du *Pasteur*; mais cette opinion n'a pas prévalu. Les Grecs placent saint Hermas parmi les soixante-douze disciples, et ajoutent qu'il fut évêque de Philippes, en Macédoine, ou de Philippopolis, en Thrace. Il est nommé dans le Martyrologe romain le 9 mai.

HERMAS (saint), martyr à Rome avec deux autres qui expirèrent pendant qu'on les traînait sur un terrain raboteux et plein de pierres. — 18 août.

HERMAS (saint), prêtre et martyr à Mire en Lycie, avec saint Nicandre, évêque, sous le président Libanius. — 4 novembre.

HERMEL (saint), *Hermellus*, martyr à Byzance, était honoré autrefois chez les Grecs le 3 août.

HERMANGAUD (le bienheureux), *Hermangaudus*, évêque de la Seu d'Urgel, florissait au commencement du xve siècle, et mourut en 1025. Il est honoré à Bar en Catalogne, le 3 novembre.

HERMÉNIGILDE (saint), *Hermenigildus*, prince visigoth et martyr à Séville en Espagne, était fils de Lévigilde, roi des Goths, et fut élevé dans l'arianisme; mais ayant épousé Jugonde, fille de Sigebert, roi d'Austrasie, cette princesse, qui était catholique zélée, le ramena à la vraie religion, de concert avec saint Léandre évêque de Séville. Lévigilde donna à son fils une portion de ses Etats à gouverner et le mit à la tête d'un petit royaume, dont Séville était la capitale. Le jeune prince profita d'une absence de son père pour faire son abjuration solennelle. Lévigilde devint furieux contre son fils, à la nouvelle de ce changement : il le dépouilla de la royauté, et résolut de lui ôter ses biens, sa femme et la vie même, s'il ne revenait à l'hérésie. Herménigilde, considérant qu'il était prince souverain, se mit en devoir de se défendre contre l'injuste agression dont il était menacé, et tous les catholiques d'Espagne vinrent se joindre à lui ; mais ils étaient trop peu nombreux pour faire une longue résistance. Il envoya donc saint Léandre demander du secours à Tibère, empereur de Constantinople, qui mourut sur ces entrefaites, et Maurice, son successeur, fut obligé dans les commencements de son règne de repousser les Perses, qui faisaient des irruptions sur les terres de l'empire. Pour dernière ressource il s'adressa aux troupes romaines qui gardaient en Espagne le peu de possessions qui restaient aux empereurs dans ce pays. Les chefs de cette armée s'engagèrent par serment à soutenir sa cause : ils prirent en ôtage sa femme et son fils, sous prétexte de mettre en sûreté la vie de ce qu'il avait de plus cher ; mais Lévigilde les gagna par argent, et vint mettre le siège devant Séville. Herménigilde se défendit avec courage pendant une année entière ; mais ne pouvant tenir plus longtemps, il s'enfuit secrètement pour se rendre au camp des Romains, dont il ignorait la défection. Lorsqu'il en fut informé, il se retira à Cordoue, ensuite à Osseto, ville qui avait d'assez bonnes fortifications et où se trouvait une église célèbre dans toute l'Espagne par la dévotion du peuple. Le jeune prince s'y étant renfermé avec trois cents hommes d'élite y fut assiégé par son père, qui prit la ville d'assaut et y mit le feu. Herménigilde s'était réfugié dans l'église, et se tenait au pied de l'autel. Son père n'osant l'arracher de force de cet asile sacré lui envoya Récarède, son autre fils, pour lui promettre sa grâce, s'il se soumettait. Herménigilde, qui croyait à la sincérité de ces promesses, alla se jeter aux pieds de son père, qui l'embrassa et lui renouvela toutes les promesses qu'on venait de lui faire de sa part ; mais il ne l'eut pas plutôt mené dans son camp, qu'il le fit dépouiller de ses habits royaux et charger de chaînes avec ordre de le conduire prisonnier dans la tour de Séville (586). Lévigilde, après avoir mis tout en œuvre pour ramener son fils à l'arianisme, mais inutilement, le fit resserrer dans un cachot affreux, où on le traitait avec la plus grande barbarie. A toutes les instances qu'on lui faisait au sujet de la religion, il ne cessait de répéter ce qu'il avait d'abord écrit à son père : qu'il était pénétré de reconnaissance pour le bien qu'il lui avait fait, et qu'il en serait reconnaissant jusqu'au dernier soupir ; mais qu'il ne pouvait préférer une couronne à son salut éternel, et qu'il était prêt à sacrifier sa vie plutôt que la vérité. Il se livrait dans sa prison à une prière continuelle et aux exercices d'une austère pénitence, portant le cilice et ajoutant des mortifications volontaires aux peines qu'il endurait. Comme la fête de Pâques approchait, Lévigilde chargea un évêque arien d'aller offrir à son fils sa grâce, s'il voulait recevoir la communion des mains du prélat ; mais Herménigilde repoussa avec horreur une pareille proposition, et reprocha à l'évêque son attachement à l'hérésie. Le roi, informé du mauvais succès de cette démarche, prit le parti d'assouvir la haine qu'il portait à la foi catholique, et envoya des soldats pour le tuer. Ceux-ci, s'étant rendus dans la prison, lui fendirent la tête d'un coup de hache, le 13 avril 586. Saint Grégoire le Grand attribue aux mérites du saint martyr la conversion de Récarède, son frère, et celle de la nation des Goths d'Espagne. Lévigilde mourut accablé de remords, et pria saint Léandre d'instruire son fils Récarède dans la foi catholique. Les persécutions qu'il déploya contre son fils doivent moins lui être attribuées qu'à Goswinde, sa seconde femme, qui était une arienne outrée. Quant à saint Herménigilde, s'il fit une faute en se défendant à main armée contre son père, elle fut expiée par ses souffrances, et surtout par l'effusion de son sang. — 13 avril.

HERMÉNIGILDE (le bienheureux), moine espagnol florissait dans le x° siècle et mourut en 953 : il est honoré à la Salcède, près de Tuy en Galice, le 5 novembre.

HERMÈS (saint), disciple de saint Paul, qui le salue dans son Épître aux Romains, est honoré chez les Grecs, le 8 avril.

HERMÈS (saint), martyr à Rome, sous l'empereur Adrien, était un personnage distingué. Il fut mis en prison pour la foi par ordre du juge Aurélien, qui le condamna à être décapité, vers l'an 132. Le pape Pélage II fit orner avec magnificence son tombeau qui était sur la voie *Salaria*. Son nom se trouve dans les Martyrologes d'Occident, et plusieurs églises se glorifient de posséder de ses reliques. — 28 août.

HERMÈS (saint), exorciste à Ressare en Servie, est honoré le 31 décembre.

HERMÈS (saint), martyr en Afrique, souffrit avec trois autres. — 2 novembre.

HERMÈS (saint), martyr à Marseille, souffrit avec saint Adrien. — 1ᵉʳ mars.

HERMÈS (saint), martyr à Bologne avec deux autres, souffrit sous l'empereur Maximien et par son ordre, l'an 304. — 4 janvier.

HERMÈS (saint), diacre d'Héraclée et martyr à Andrinople avec saint Philippe son évêque, avait été élevé dès l'âge le plus tendre, dans le christianisme, et avait, comme il le dit lui-même, sucé la religion avec le lait. Étant ensuite entré dans la magistrature, comme il était d'un caractère bon et obligeant, il s'était fait chérir de tout le monde par son penchant à rendre tous les services que comportait l'exercice de sa charge. Devenu ensuite disciple de saint Philippe, évêque d'Héraclée, qui le fit diacre, il voulut être aussi le compagnon de son martyre. Lorsque Bassus, gouverneur de la Thrace, fut arrivé à Héraclée pour y faire exécuter les édits, comme il maltraitait brutalement le saint évêque, qui refusait de livrer les saintes Écritures, Hermès, qui était présent, ne put se contenir. *Juge cruel*, lui dit-il, *pourquoi ces violences envers ce saint vieillard? Quand vous auriez nos livres, et que vous pourriez même anéantir tous ceux qui sont répandus dans le monde, en sorte qu'il n'en restât pas un seul sur la terre, vous n'en seriez pas plus avancé; car, dites-moi, pourriez-vous les effacer du cœur des chrétiens? Sachez que la tradition s'en conserverait malgré vous jusqu'à la fin des siècles, et que nos enfants, en consultant leurs souvenirs ou ceux de leurs pères, seraient en état de les rétablir et d'en composer un bien plus grand nombre d'exemplaires que vous n'en auriez détruit.* Ce discours valut à Hermès mille coups qui lui furent appliqués par l'ordre du gouverneur, et il se retira tout couvert de contusions, dans le lieu où l'on conservait les livres saints et les vases sacrés. Publius, un des conseillers de Bassus, l'y suivit, et comme il voulait s'emparer de quelques-uns de ces vases, Hermès s'y opposa, et il en résulta une espèce de lutte où Hermès fut frappé au point qu'il avait le visage tout en sang. Le gouverneur, ayant connu le fait, blâma Publius et fit panser les plaies du saint diacre; mais il le fit arrêter avec son évêque. Pendant qu'ils étaient sur la place, le grand-prêtre Cataphronius étant venu à passer, suivi de sacrificateurs portant les choses qu'on devait offrir aux dieux, à cette vue, Hermès s'adressant aux chrétiens, s'écria : *Mes frères, détournons nos regards de ces offrandes abominables; ces mets diaboliques ne passent ici devant nous que pour nous souiller*. Le gouverneur, après avoir tout tenté, mais inutilement, pour déterminer Philippe à sacrifier, se tournant vers son diacre : *Et toi*, lui dit-il, *tu ne veux pas sacrifier non plus? — Non, je ne sacrifierai point, je suis chrétien. — De quelle condition es-tu? — Je suis décurion, et je fais profession de suivre en tout les sentiments de mon maître que voilà. — Si donc ce maître sacrifie, tu sacrifieras aussi ? — Je ne dis pas cela, mais je suis sûr qu'il ne le fera pas; car je connais sa fermeté, et j'en réponds comme de la mienne. — Je t'avertis que je te ferai brûler vif, si tu persévères dans ta folie. — Vous me menacez d'un feu, qui est presque aussitôt éteint qu'allumé...... — Sacrifie aux très-religieux empereurs, et dis seulement ces paroles : C'est pour la santé de nos princes que j'offre ce sacrifice. — Cela ne se peut : hâtons-nous d'arriver à la vie. — Si tu veux la trouver, cette vie, il faut te résoudre à sacrifier ; si non des supplices et la mort. — Juge impie, il n'est pas en ton pouvoir de nous y faire consentir.* Là-dessus, Bassus le renvoya en prison. Justin, l'ayant remplacé dans son gouvernement, fit comparaître Philippe, ensuite Hermès, à qui il conseilla de sauver sa vie en obéissant aux édits des empereurs; mais voyant que les menaces et les promesses ne pouvaient rien sur lui, il le renvoya en prison. Sept mois après, se trouvant à Andrinople, il y fit venir les saints martyrs, qui persévérèrent dans leur confession. Trois jours après, il les fit comparaître de nouveau. Quand ce fut le tour d'Hermès d'être interrogé, il parla avec beaucoup d'éloquence contre l'absurdité de l'idolâtrie et sur l'aveuglement de ceux qui adoraient les faux dieux. Quand il eut fini de parler, Justin lui dit : *Ne crois pas m'engager par tes beaux discours à me faire chrétien. — Plût à Dieu que vous le fussiez, seigneur, vous et tous ceux qui m'entendent! mais enfin n'espérez pas que je sacrifie jamais à vos dieux.* Philippe et Hermès ayant été condamnés à être brûlés vifs, Hermès, qui avait les pieds enflés à cause des tourments qu'il avait soufferts, ne marchait qu'avec peine pour se rendre au lieu du supplice, et lorsqu'il fut arrivé près de son évêque, il lui dit en souriant : *Hâtons-nous, mon cher maître, d'aller au Seigneur; quand nous serons arrivés au ciel, nos pieds ne nous seront plus nécessaires.* Il dit ensuite aux fidèles qui l'accompagnaient qu'il avait connu d'avance par révélation que Dieu le destinait à l'honneur du martyre.

On le descendit, ainsi que saint Philippe, jusqu'aux genoux dans une fosse que l'on remplit de terre. Pendant qu'on entourait de fagots le saint diacre, il eut encore le temps d'appeler un chrétien, qu'il aperçut dans la foule, et le chargea de rappeler à Philippe, son fils, qu'il eût soin de remettre entre les mains de ceux à qui ils appartenaient les dépôts qui lui avaient été confiés. *Dites aussi à mon fils,* ajouta-t-il, *qu'il évite comme un écueil tout ce qui peut amollir son âme; qu'il fuie l'oisiveté; qu'un travail honnête fournisse à sa subsistance et qu'il conserve la paix avec tout le monde.* Le feu l'empêcha de continuer, et Amen fut la dernière parole qu'on entendit distinctement. Son corps fut retrouvé intact, et il semblait n'avoir passé par le feu que pour en prendre l'éclat et le vif coloris. Son corps ainsi que celui de saint Philippe ayant été jetés dans l'Hèbre, par ordre de Justin, furent repêchés par des chrétiens, qui les enterrèrent dans une ferme nommée Ogestiron, à douze milles de la ville. Saint Hermès souffrit l'an 304, sous l'empereur Dioclétien. — 22 octobre.

HERMÈS (saint), évêque en Egypte et confesseur, fut exilé par l'empereur Constance, vers l'an 356, et il mourut loin de son troupeau. Il est un de ces confesseurs qui sont nommés dans le Martyrologe romain sous le 21 mai.

HERMIAS (saint), soldat et martyr à Comane dans le Pont, surmonta avec l'aide de Dieu, les plus cruels tourments ; ce qui convertit le bourreau qui était chargé de l'exécuter. Il fut décapité sous l'empereur Marc-Aurèle. — 31 mai.

HERMINE (saint), *Herminius,* martyr à Trévi avec trois autres, est honoré le 28 janvier.

HERMIONE (sainte), *Hermione,* martyre à Ephèse sous l'empereur Adrien : les Grecs la font fille de saint Philippe le Diacre, et l'honorent le 4 septembre.

HERMIPPE (saint), *Hermippus,* martyr à Nicomédie avec saint Hermocrate, son frère, et saint Pantaléon, souffrit l'an 303, sous l'empereur Dioclétien. — 27 juillet.

HERMOCRATE (saint), *Hermocrates,* frère du précédent, et martyr avec lui, est honoré le même jour. — 27 juillet.

HERMOGÈNE (saint), martyr à Antioche, souffrit avec saint Pierre, diacre, dont il était le serviteur. — 17 avril.

HERMOGÈNE (saint), martyr à Mélitine en Arménie avec plusieurs autres, est honoré le 19 avril.

HERMOGÈNE (saint), martyr à Syracuse en Sicile, souffrit avec saint Evode, son frère, et sainte Calixte, sa sœur. — 25 avril et 2 septembre.

HERMOGÈNE (saint), martyr en Afrique avec saint Zélote, est honoré le 6 décembre.

HERMOGÈNE (saint), martyr avec saint Donat et vingt-trois autres, fut jeté dans un marais. — 12 décembre.

HERMOGÈNE (saint), martyr à Singidone en Mysie, souffrit avec saint Fortunat. Leurs corps se gardent à Aquilée, où ils sont honorés le 23 août.

HERMOGÈNE (saint), martyr à Alexandrie avec deux autres, souffrit sous l'empereur Maximin II vers l'an 310. — 10 décembre.

HERMOLAÜS (saint), prêtre et martyr à Nicomédie, souffrit l'an 303, sous l'empereur Dioclétien. Il ramena à la profession du christianisme saint Pantaléon, médecin de Galère-Maximien, et le fit rentrer dans le sein de l'Eglise. Il convertit aussi les deux frères Hermippe et Hermolaüs. Ils furent arrêtés tous quatre dans la maison de saint Pantaléon, et après diverses tortures ils furent décapités, l'an 303, au commencement de la persécution de Dioclétien. — 27 juillet.

HERMON (saint), évêque de Jérusalem, mourut en 314. — 7 mars.

HERMYLE (saint), *Hermylus,* martyr à Singidone dans la Mysie, pendant la persécution de l'empereur Licinius, eut à subir d'affreux supplices, après lesquels il fut précipité dans le Danube vers l'an 320. -- 13 janvier.

HERNIN (saint), *Herninus,* solitaire, florissait en Bretagne, au commencement du VIᵉ siècle, et il mourut vers l'an 535. On l'honore à Loccarn, près de Montafilan, le 7 mai.

HÉRODION (saint), mentionné par saint Paul dans son Epître aux Romains, fut évêque de Patras, selon les uns, et de Tarse, selon d'autres. Les Grecs lui donnent le titre d'évêque et martyr et l'honorent le 28 mars. — 8 avril.

HÉRON (saint), évêque d'Antioche et martyr, succéda à saint Ignace, dont il avait été le disciple. Il s'appliqua à marcher sur ses traces, et, comme lui, il donna son sang pour Jésus-Christ. Saint Ignace lui adressa une de ses lettres. Il nous reste de saint Héron un discours où l'on trouve une invocation à son saint prédécesseur, par laquelle il le conjure de lui continuer dans le ciel le secours de ses prières. — 17 octobre.

HÉRON (saint), martyr à Alexandrie, était disciple d'Origène, qui l'arracha aux ténèbres de l'idolâtrie. Il venait d'être baptisé lorsqu'il fut arrêté par ordre de Létus, gouverneur d'Egypte, qui le fit décapiter l'an 210, pendant la persécution de l'empereur Sévère. — 28 juin.

HÉRON (saint), martyr à Alexandrie, avec plusieurs autres pendant la persécution de Dèce, fut brûlé vif, après avoir souffert d'horribles tortures l'an 250.—14 décembre.

HÉRON (saint), missionnaire et martyr en Egypte, se joignit à saint Papias et à sept autres hommes apostoliques pour aller prêcher l'Evangile dans la partie occidentale de l'Egypte. Le gouverneur, informé des conversions nombreuses qu'ils opéraient, les fit arrêter, et sur leur refus de sacrifier aux dieux les condamna au supplice du feu, mais on ignore pendant quelle persécution. — 16 janvier.

HÉRONDINE (sainte), *Herundo,* vierge romaine qui, au rapport de saint Grégoire le Grand, s'était illustrée en menant la vie érémitique sur les montagnes qui avoisinent la ville de Palestrine. Sainte Rédempte, autre vierge, vécut quelque temps sous sa conduite. Sainte Hérondine, qui florissait dans le vi° siècle, est nommée dans le Martyrologe romain le 23 juillet.

HÉROS (saint), soldat et martyr à Satales en Arménie, avec ses six frères, soldats comme lui, qui furent dépouillés de la ceinture militaire par l'empereur Maximien, parce qu'ils étaient chrétiens. Ils furent dispersés en divers lieux où ils finirent leur vie de misères et de douleurs. — 24 juin.

HERRUC (saint), *Herrucus*, évêque de Ferden en Westphalie, florissait dans le ix° siècle. — 15 juillet.

HÉRUMBERT (saint), évêque de Minden et confesseur, était un des missionnaires envoyés par Charlemagne pour travailler à la conversion des Saxons, vers l'an 772. Son zèle et ses prédications, soutenus par une vie sainte, opérèrent un grand nombre de conversions ; son savoir et son mérite le firent élever en 780 sur le siège épiscopal de Minden en Westphalie, que Charlemagne et le pape Adrien Ier venaient d'ériger. Il continua, étant évêque, ses fonctions de missionnaire, et mourut vers la fin du vIII° siècle. Le Martyrologe d'Osnabruck marque sa fête au 9 juillet.

HERVAG (saint), *Hervagus*, abbé et martyr en Egypte, est honoré par les Cophtes et les Abyssins le 12 décembre.

HERVÉ (saint), *Herveus*, à qui les Martyrologes de France donnent le titre d'exorciste, et qu'ils font fils d'Houardon, musicien de Childebert, roi de Paris, florissait dans le vi° siècle, et illustra l'Armorique par sa sainteté ; mais on n'a pas de détails certains sur sa vie. La seule chose qui soit constante, c'est l'ancienneté et la célébrité de son culte en Bretagne. Il a été honoré de tout temps à Nantes, où se gardaient ses reliques. — 17 juin.

HERVÉ (le bienheureux), trésorier de l'église de Saint-Martin de Tours, sortait d'une famille noble. Il se livrait avec ardeur à l'étude des sciences humaines, lorsqu'il se décida à quitter le monde pour entrer dans un monastère ; mais les moines ne voulurent pas lui donner l'habit, craignant le ressentiment de sa famille, qui était puissante, et qui n'avait pas donné son consentement. Son père ayant découvert sa retraite, vint l'en arracher de force, et le conduisit à la cour du roi Robert, suppliant ce prince de détourner son fils de sa résolution. Mais le pieux prince l'excita au contraire à y persévérer et le fit trésorier de Saint-Martin de Tours, se proposant de le faire évêque plus tard : il le nomma en effet à plusieurs évêchés, mais Hervé refusa toujours l'épiscopat. Quoiqu'il portât l'habit des Chanoines, il vivait en moine, portait le cilice et pratiquait de grandes austérités. Il forma le projet de rebâtir l'église de Saint-Martin, qu'il ne trouvait ni assez belle, ni assez vaste. Il commença cette grande entreprise l'an 1001, et il la termina sept ans après. Un grand nombre de prélats furent invités à la dédicace, et il pria saint Martin de manifester son pouvoir par quelque miracle éclatant, dans cette solennité.

Mais le saint lui apparut et lui dit que les miracles qui avaient été faits dans le passé suffisaient, et qu'il pouvait demander à Dieu des choses plus utiles, savoir le salut des âmes, surtout de ceux qui étaient employés dans cette église. Hervé se retira ensuite dans une cellule près de l'église. Lorsqu'il fut tombé malade et qu'il connut que sa fin approchait, il dit à ceux qui venaient le visiter, dans l'espérance de lui voir opérer quelque miracle, qu'ils priassent Dieu pour lui, mais qu'ils ne seraient témoins d'aucun prodige. Il mourut l'an 1012, en répétant cette prière : Seigneur, ayez pitié de moi. Il avait fondé le monastère de Beaumont-les-Nonnains. — 16 avril.

HERVÉ (saint), florissait dans l'Anjou, au commencement du xii° siècle et mourut vers l'an 1130. Il est honoré à Chalonne le 17 juillet.

HÉSYQUE ou HISQUE (saint), *Hesychius*, évêque en Espagne, fut ordonné par les apôtres, qui l'envoyèrent avec plusieurs autres évêques prêcher l'Evangile en Espagne. Après avoir converti un grand nombre d'infidèles il mourut en paix à Gibraltar, sur la fin du I° siècle. — 15 mai.

HÉSYQUE (saint), martyr à Durazzo en Albanie, était Italien de naissance ; mais il avait quitté sa patrie avec plusieurs de ses compatriotes, pour aller s'établir à Durazzo. La persécution de l'empereur Trajan ayant éclaté, saint Aste, évêque de cette ville, fut condamné au supplice de la croix. La constance avec laquelle il subit ce long martyre, frappa tellement Hésyque et ses compagnons, qu'ils s'écrièrent qu'ils étaient aussi chrétiens. Arrêtés par ordre du gouverneur de la province, ils furent jetés dans la mer. — 7 juillet.

HÉSYQUE (saint), martyr à Tarse en Cilicie avec sainte Sérène, est honoré chez les Grecs le 3 juillet.

HÉSYQUE (saint), soldat et martyr à Dorostore sur le Danube, dans la seconde Mysie, venait d'être arrêté comme chrétien, lorsque voyant passer saint Jules, qu'on conduisait au supplice, il lui cria : *Marchez avec courage et volez à la couronne que le Seigneur vous a promise. Souvenez-vous de moi, qui dois bientôt vous suivre, et recommandez-moi aux serviteurs de Dieu Pasicrate et Valention, qui nous ont précédés dans la confession du saint nom de Jésus.* Jules, après avoir embrassé Hésyque, lui dit : *Hâtez-vous, mon cher frère, de venir à nous. Ceux auxquels vous me chargez de vous recommander ont déjà entendu votre prière.* Hésyque souffrit le martyre quelques jours après saint Jules, l'an 302, sous le président Maxime, gouverneur de la seconde Mysie, aujourd'hui la Bulgarie. — 15 juin.

HÉSYQUE (saint), martyr à Pamiers dans les Gaules, souffrit avec plusieurs autres. — 2 septembre.

HÉSYQUE (saint), soldat et martyr à Antioche pendant la persécution de Dioclétien, ayant entendu publier l'édit de ce prince, qui portait que quiconque ne voulait pas sacrifier, eût à quitter les insignes militaires, se dépouilla sur-le-champ de son ceinturon et déposa ses armes. Il fut arrêté, comme il s'y attendait, et précipité dans l'Oronte avec une grosse pierre attachée aux bras. — 18 novembre.

HÉSYQUE (saint), martyr à Mélitine en Arménie, souffrit avec trente-deux autres pendant la persécution de Dioclétien. — 7 novembre.

HÉSYQUE (saint), évêque en Egypte et martyr à Alexandrie, souffrit avec beaucoup d'autres pendant la persécution de l'empereur Maximin II. — 26 novembre.

HÉSYQUE (saint), l'un des quarante martyrs de Sébaste en Arménie, ayant refusé d'obéir aux édits de l'empereur Licinius, qui ordonnaient de sacrifier aux dieux, fut condamné, avec trente-neuf de ses compagnons, tous soldats comme lui, à être exposé nu sur un étang glacé. Lorsqu'on les retira, la plupart étaient morts de froid, et Agricola, gouverneur de la province, qui les avait condamnés à ce supplice, fit brûler leurs corps sur un bûcher, l'an 320. Saint Basile a fait un discours en l'honneur de ces quarante héros chrétiens, qui sont honorés le 10 mars.

HÉSYQUE (saint), confesseur en Palestine, se mit sous la conduite de saint Hilarion, dont il fut un des plus célèbres disciples. Après avoir vécu longtemps avec lui dans son monastère de Palestine, il l'accompagna dans ses voyages. Après que son maître se fut retiré en Sicile, afin d'y vivre inconnu aux hommes, il se mit à sa recherche et, après avoir exploré l'Orient, il parcourut la Grèce, espérant qu'il l'y découvrirait. Lorsqu'il fut arrivé à Modon dans le Péloponèse, il apprit qu'il y avait en Sicile un prophète qui opérait des miracles, et aussitôt il s'embarqua pour cette île. A peine y fut-il arrivé qu'il apprit avec joie, dans le premier village où il commença ses informations, que le serviteur de Dieu y était déjà connu de tout le monde. Hésyque l'ayant enfin retrouvé le conduisit à Epidaure en Dalmatie; mais les miracles d'Hilarion ayant décelé sa sainteté, il passa en Chypre avec Hésyque, qui lui conseilla de se retirer dans un coin solitaire de l'île. Saint Hilarion y étant mort en 371, après avoir fait son testament par lequel il léguait à saint Hésyque son livre des Evangiles, son cilice et son manteau, Hésyque, qui était alors en Palestine, n'eut pas plutôt appris la mort de son maître, qu'il retourna en Chypre, et resta dix mois dans sa cellule près de son corps. Ensuite il l'emporta secrètement en Palestine et l'enterra dans son monastère près de Majume. On ignore l'année de la mort d'Hésyque, qui avait été persécuté avec son maître sous le règne de Julien l'Apostat. Les habitants de Gaze avaient même présenté à ce prince une requête pour demander leur mort; ce qu'ils eussent sans doute obtenu si Julien eut vécu plus longtemps. C'est à cause de cela que saint Hésyque est honoré du titre de confesseur. — 3 octobre

HÉSYQUE (saint), prêtre de Jérusalem, a laissé un commentaire sur le Lévitique et mourut en 434. — 28 mars.

HÉSYQUE (saint), solitaire à Saint-André, près d'Adranie en Bithynie, florissait dans le VIIIe siècle et mourut vers l'an 789. Il est honoré chez les Grecs le 5 et le 6 mars.

HIDULPHE (saint), *Hidulphus*, évêque de Trèves et fondateur du monastère de Moyenmoutier, naquit à Ratisbonne et sortait d'une des plus illustres familles de la Bavière. Il quitta le monde pour se retirer dans une solitude située sur le territoire de Trèves, et son exemple fut imité par saint Erard, son frère, qui devint dans la suite évêque régionnaire. Ils tinrent ensemble sur les fonts de baptême la fille d'Adalric, duc d'Alsace, qui était née aveugle, et qui obtint la grâce de la vue, en même temps que celle de la régénération. Le peuple et le clergé de Trèves l'ayant élu unanimement pour évêque, il fut obligé de céder à leurs instances, et remplit avec zèle tous les devoirs d'un saint pasteur. Vers l'an 665, il introduisit la règle de saint Benoît dans le monastère de Saint-Maximin, en augmenta considérablement les revenus et y établit la plus parfaite régularité. Il regrettait toujours la solitude dont on l'avait tiré malgré lui, et il enviait le bonheur des moines de Saint-Maximin, mais il lui paraissait difficile de rompre les liens qui l'attachaient à son Église. Ayant consulté sur ce point saint Jacob, évêque de Toul, qui ne blâma pas son projet de retraite, Hidulphe résigna son siège à saint Véomade, abbé de Saint-Maximin, après quoi il alla se renfermer lui-même dans le monastère de ce nom; mais voyant qu'il n'y trouvait pas l'obscurité qu'il désirait, il se retira secrètement vers l'an 671, sur les montagnes des Vosges, dans le diocèse de Toul. Sa réputation de sainteté l'y suivit et lui attira un grand nombre de disciples, pour lesquels il fonda le monastère de Moyenmoutier. Après avoir exercé quelque temps les fonctions d'abbé, il s'en démit en faveur de Leuthbald; mais celui-ci étant mort en 704, il reprit le gouvernement du monastère. Comme il n'était qu'à deux lieues du monastère de Jointures, fondé par saint Dié, qui avait quitté l'évêché de Nevers pour se retirer dans la solitude, ces deux serviteurs de Dieu se visitaient, une fois l'année, pour conférer ensemble sur des matières de spiritualité. Au jour convenu pour cette visite, ils partaient à la même heure, et dès qu'ils s'étaient joints, ils se mettaient à genoux, et après avoir fait leur prière, ils se donnaient le baiser de paix et s'entretenaient des maximes de la vie intérieure. Ce saint commerce dura jusqu'à la mort de saint Dié, qui expira dans les bras de saint Hidulphe en 679. Celui-ci, quoique parvenu à un âge très-avancé, s'occupait encore du travail des mains, afin de gagner ce qui était nécessaire pour sa nourriture et pour ses vêtements. Il mourut l'an 707. Ses reliques se gardaient dans son monastère, qui est maintenant une paroisse. Sa châsse fut détruite pendant la révolution;

mais ses reliques se conservent dans l'église de Moyenmoutier. — 11 juillet.

HIDULPHE (saint), époux de sainte Aye, et l'un des principaux seigneurs du Hainaut, avait le titre de comte et remplit de grandes charges à la cour du roi d'Austrasie. Il employait ses richesses à faire fleurir la religion. Sainte Vaudru, sa parente, l'ayant prié d'acheter la montagne de Castrilon, pour bâtir un monastère où elle désirait se retirer, Hidulphe accéda volontiers aux désirs de la sainte, et couronna d'un superbe édifice la cime de ce mont; mais comme sa beauté déplaisait à l'humilité de Vaudru, qui eût préféré une demeure moins somptueuse, la nuit suivante le monastère fut renversé par un ouragan. Hidulphe en bâtit un plus modeste sur le penchant de la montagne, avec un oratoire dédié à saint Pierre (643). Hidulphe et son épouse Aye, après avoir vécu plusieurs années dans la pratique de toutes sortes de bonnes œuvres, prirent la résolution d'entrer l'un et l'autre dans l'état monastique pour servir Dieu d'une manière plus parfaite encore, et après s'être dépouillés de tous leurs biens, Aye prit le voile dans le monastère de sainte Vaudru, et Hidulphe entra dans l'abbaye de Lobes qu'il avait contribué à fonder, et qui était alors gouvernée par saint Ursmar. Il avait aidé saint Landelin, non-seulement pour la fondation de Lobes, mais pour celle des autres monastères que ce saint abbé fit construire dans le pays. Il mourut dans un âge très-avancé, vers l'an 707. — 23 juin.

HIERAX (saint), martyr à Rome avec saint Justin et plusieurs autres, fut conduit avec eux devant Rustique, préfet de la ville, et interrogé à son tour sur sa religion, il répondit qu'il était chrétien et qu'il adorait le même Dieu que ses compagnons qui venaient d'être interrogés avant lui. *Est-ce Justin qui vous a rendu chrétien? — Je le suis depuis longtemps et je le serai toujours.* Sur cette réponse il fut condamné comme les autres à être fouetté et ensuite décapité, l'an 167, sous le règne de Marc-Aurèle. — 13 avril et 1er juin.

HIÉRON (saint), martyr à Mélitine en Arménie, souffrit avec plusieurs autres sous le président Lysias, pendant la persécution de l'empereur Dioclétien. — 7 novembre.

HIÉRONIDE (saint), *Hieronides*, martyr à Alexandrie, ayant confessé publiquement le nom de Jésus-Christ, fut pour ce seul fait précipité dans la mer par ordre de l'empereur Maximin II, avec saint Léonce et quatre autres. — 12 septembre.

HIÉROTHÉE (saint), *Hierotheus*, membre de l'Aréopage, converti par saint Paul avec saint Denis, est honoré à Athènes, le 4 octobre.

HIGBALD (saint), *Higbaldus*, abbé en Angleterre, est honoré le 13 août.

HILAIRE (saint), *Hilarius*, évêque d'Aquilée et martyr avec saint Tatien ou Fabien, son diacre, subit la torture du chevalet et plusieurs autres tourments, par ordre du président Béroine, l'an 283, pendant la persécution de l'empereur Numérien. — 16 mars.

HILAIRE (saint), martyr à Rome, souffrit avec saint Démètre et plusieurs autres. — 9 avril.

HILAIRE (saint), diacre et martyr à Viterbe, avec saint Valentin, prêtre, fut jeté dans le Tibre ayant une grosse pierre au cou; mais retiré miraculeusement du fleuve par le ministère d'un ange, il fut décapité sous l'empereur Maximien. Son chef se garde dans la cathédrale de Viterbe. — 3 novembre.

HILAIRE (saint), martyr à Nicomédie, souffrit pendant la persécution de Dioclétien. — 12 mars.

HILAIRE (saint), martyr à Alexandrie avec saint Apollone et plusieurs autres, fut jeté à la mer sous l'empereur Maximin II. — 10 avril.

HILAIRE (saint), évêque de Poitiers et docteur de l'Eglise, né au commencement du ive siècle, à Poitiers, d'une des plus illustres familles des Gaules, fut élevé dans les superstitions païennes, et s'appliqua, dans sa jeunesse, à l'étude de l'éloquence. La lecture de l'Ecriture sainte lui fit sentir les absurdités du polythéisme, et l'amena par degrés à la foi chrétienne. Après son baptême, il parut un homme tout nouveau et régla sa conduite sur les maximes de l'Evangile. Il exhortait aussi les autres à la vertu et les affermissait surtout dans la croyance du mystère adorable de la Trinité alors attaqué par les ariens, et quoiqu'il ne fût encore que laïque, il agissait déjà en homme revêtu du sacerdoce. Il était marié avant sa conversion, et sa femme vivait encore lorsqu'il fut élu évêque de Poitiers, vers l'an 353; mais il ne fut pas plutôt sacré qu'il se sépara d'elle pour vivre dans une parfaite continence. Il fit tout ce qu'il put pour décliner le fardeau de l'épiscopat; mais il fut obligé de céder aux instances de ses compatriotes, qui connaissaient ses vertus et ses talents. Après son élévation, il ne se regarda plus que comme l'homme de Dieu : il prêchait avec un zèle infatigable, et les pécheurs, touchés de ses discours, renonçaient à leurs désordres; mais les fonctions extérieures ne l'absorbaient pas tellement qu'il n'eût des heures réglées pour travailler à sa propre sanctification. Il n'y avait pas longtemps qu'il était évêque, lorsqu'il composa son Commentaire sur saint Matthieu, qui renferme d'excellentes instructions sur les vertus chrétiennes et principalement sur la charité, la prière et le jeûne. Il s'appliqua ensuite à défendre la foi contre les impiétés de l'arianisme qui, protégé par l'empereur Constance, faisait de grands progrès dans l'Occident, après avoir ravagé l'Orient. Il assista au concile de Béziers, tenu en 356, et se porta pour accusateur de Saturnin d'Arles qui y présidait et qui était un des principaux soutiens de l'arianisme dans les Gaules. Il se sépara, en plein concile, de sa communion et de celle des autres fauteurs de l'hérésie qui dominaient dans cette assemblée; et défendit avec fermeté la cause de saint Athanase. Peu après, il écrivit son *premier Livre à Constance*, lequel est en forme de requête adressée à cet empereur, pour le conjurer, par les motifs les plus pressants, de ne pas persécuter les orthodoxes, et pour leur permettre de pratiquer librement leur religion. Constance répondit à cette requête, par un ordre qui exilait en Phrygie saint Hilaire et saint Rhodan, évêque de Toulouse; mais les prélats des Gaules, qui étaient presque tous orthodoxes, ne voulurent jamais permettre que le siége de Poitiers fût occupé par un intrus, de sorte que, même pendant son absence, il gouverna toujours son église par ceux de ses prêtres à qui il avait remis ses pouvoirs. Il partit pour le lieu de son exil, sans adresser aucune plainte contre ses ennemis, et paraissant joyeux d'être jugé digne de souffrir pour Jésus-Christ. C'est en Phrygie qu'il composa ses douze *Livres sur la Trinité*, contre les ariens. L'an 358, il fit paraître le livre sur les synod s, dont saint Jérôme faisait tant de cas, qu'il le copia de sa propre main pendant son séjour à Trèves. Ayant appris que sa fille Apra, qu'il avait laissée dans les Gaules, pensait à se marier, il lui écrivit une lettre que nous avons encore pour l'engager à consacrer à Dieu sa virginité : il joignit à cette lettre deux hymnes de sa composition, dont l'une est, à ce que l'on croit, celle qui commence par ces mots : *Lucis largitor splendide*. Apra, que l'Eglise honore comme sainte, le 13 décembre, suivit le conseil de son père et mourut peu après qu'il fut revenu de son exil. Cependant l'empereur Constance fit assembler, en 359, à Séleucie en Isaurie, un concile presque tout composé d'hérétiques, pour anéantir les canons de Nicée. Saint Hilaire fut invité à ce concile par les ariens modérés, qui se flattaient de l'engager dans leur parti et de se servir de son éloquence pour confondre ceux qui enseignaient crûment la doctrine d'Arius. Il s'y rendit, en effet ; mais il prit avec courage la défense de la foi, sans qu'aucune considération humaine fût capable de le faire mollir; et quand il entendit les horribles blasphèmes qu'on proférait contre la divinité de Jésus-Christ, il sortit de l'assemblée pour se rendre à Constantinople. Lorsqu'il fut dans cette ville, il adressa à l'empereur une requête connue sous le nom de *second Livre à Constance*, et dans laquelle il demandait à ce prince des conférences publiques avec Saturnin d'Arles, l'auteur de son exil. Cette proposition alarma les ariens, qui craignant une dispute réglée, dont les suites ne pouvaient tourner qu'au désavantage de leur parti, engagèrent Constance à délivrer l'Orient d'un homme qui n'était, selon eux, qu'un brouillon et un perturbateur de la paix. C'est ainsi que le saint évêque de Poitiers fut renvoyé dans les Gaules, en 360, sans toutefois que le décret de son exil eût été formellement révoqué. En retournant dans son diocèse il traversa l'Illyrie et l'Italie, ranimant partout sur son passage la foi des chrétiens faibles et chancelants. Arrivé à Poitiers, il y fut reçu avec les démonstrations de la joie la plus vive, et son troupeau regarda comme un jour de triomphe celui où il avait eu le bonheur de revoir son pasteur. Saint Martin, son ancien disciple, l'avait rejoint sur la route, et saint Hilaire ne fut pas plutôt de retour qu'il lui donna un petit terrain, appelé Locociagune, aujourd'hui Ligugé, à deux lieues de Poitiers, où Martin bâtit le plus ancien monastère qui ait été construit dans les Gaules. Le premier soin d'Hilaire, après son retour, fut de faire assembler un concile à Paris, où l'on condamna les actes de celui de Rimini, qui avait omis le mot consubstantiel. Saturnin y fut déposé comme coupable d'hérésie et de plusieurs autres crimes. Ce concile produisit les plus heureux effets sur la foi, les mœurs et la discipline. Les ariens qui venaient de perdre leur plus ardent protecteur, par la mort de Constance, n'osèrent plus persécuter les catholiques. Après avoir rétabli la pureté de la foi dans les Gaules, Hilaire passa en Italie (364), pour aller au secours de l'église de Milan, alors opprimée par Auxence, évêque arien, qui s'était emparé du siége de saint Denis. Cet intrus, qui joignait l'hypocrisie à l'impiété, présenta une confession de foi équivoque à l'empereur Valentinien Ier, qui s'y laissa prendre. Hilaire démontra qu'Auxence était un fourbe qui déguisait ses véritables sentiments, mais les ennemis de l'Eglise l'ayant représenté lui-même comme un homme qui troublait la paix, l'empereur lui ordonna de sortir de Milan. Il revint donc à Poitiers où il mourut le 13 janvier 368. On fit dans la suite plusieurs translations de ses reliques qui étaient en grande vénération à Poitiers, et l'on croit que les calvinistes en brûlèrent une partie en 1561 ; une autre partie avait été transférée à l'abbaye de Saint-Denis. Outre les ouvrages dont nous avons déjà parlé, le saint docteur a laissé des *Commentaires sur les Psaumes*, le *Livre contre Constance*, le *Livre contre Auxence* et le *Livre des Fragments*. Il est un des premiers Pères latins qui aient commenté l'Ecriture sainte, et qui aient fait passer dans la langue latine les termes théologiques des Grecs, ce qui donne quelque obscurité à son style, qui est d'ailleurs noble, orné et souvent sublime. Les anciens ont donné les plus grandes louanges à saint Hilaire : saint Jérôme l'appelle un homme très-éloquent, et le compare au Rhône qui, par la rapidité de ses eaux, entraîne tout ce qu'il rencontre. Saint Augustin lui donne le titre d'illustre docteur de l'Eglise. — 13 et 14 janvier.

HILAIRE (saint), évêque de Toulouse, florissait dans le ive siècle. Ayant découvert les reliques de saint Saturnin, qui avait fondé le siége épiscopal de Toulouse, il entoura d'une voûte de briques le cercueil qui renfermait les restes précieux du saint apôtre, et il fit construire, par-dessus, une petite chapelle. — 20 mai.

HILAIRE (saint), évêque de Carcassonne, florissait dans le ive siècle. On transporta ses reliques dans une abbaye du Languedoc, qui prit son nom. — 3 juin.

HILAIRE (saint), martyr à Sémont dans le diocèse d'Autun avec saint Florentin, eut la langue coupée et fut ensuite mis à mort pour la foi, vers l'an 406, par des barbares qui avaient fait une irruption dans les Gaules. Ces deux saints vivaient ensemble et s'exerçaient, à l'envi, à la pratique des vertus chrétiennes, surtout au jeûne et à la prière. Au milieu du ixe siècle, leurs reliques furent transportées de Sémont ou Pseudun, dans le monastère d'Ainai à Lyon. — 27 septembre.

HILAIRE (saint), évêque d'Arles, naquit vers l'an 401 et sortait d'une famille illustre, qui lui fit donner une éducation digne du rang qu'il devait occuper dans le monde. Il se distingua par ses progrès dans les sciences humaines, surtout dans la philosophie et l'éloquence. Epris pendant quelque temps des avantages que lui promettaient, dans le siècle, sa fortune et ses talents, il fallut que saint Honorat, son parent, fondateur et abbé du monastère de Lérins, allât le trouver pour le détacher du monde et le gagner à Dieu. Les instances et les supplications du saint abbé ne produisirent d'abord aucun effet; mais trois jours après Hilaire, touché de la grâce, vendit tous ses biens à son frère, en distribua le prix aux pauvres et aux monastères; ensuite il se rendit auprès de saint Honorat aux prières duquel il était redevable de sa conversion, et se montra un homme tout nouveau. A peine entré à Lérins, il devint le modèle de cette sainte communauté, par son zèle, sa ferveur, ainsi que par son ardeur pour la prière et la mortification. Saint Honorat ayant été élu évêque d'Arles, en 426, emmena avec lui saint Hilaire, qui, regrettant bientôt sa solitude, retourna à Lérins; mais saint Honorat, qui l'avait rappelé près de lui, voyant qu'il ne revenait pas, alla lui-même le chercher à Lérins et l'obligea de le suivre : saint Honorat étant mort en 429, Hilaire reprenait le chemin de Lérins, lorsque les habitants d'Arles, qui le voulaient pour évêque, l'atteignirent sur la route et le ramenèrent dans leur ville où il fut élu unanimement par le clergé et par le peuple, quoiqu'il eût à peine vingt-neuf ans. Sa nouvelle dignité ne changea rien au genre de vie qu'il menait dans son monastère, et ne fit que donner un nouvel éclat à ses vertus. Il avait un talent singulier pour la prédication; lorsqu'il prêchait devant un auditoire distingué, il le faisait avec cette éloquence qui caractérise les grands orateurs; mais s'il parlait devant des gens simples et illettrés, il savait mettre ses discours à leur portée, sans jamais avilir la parole de Dieu par des trivialités, ni la compromettre par des ménagements indignes de la chaire. Un jour qu'il prêchait, le magistrat, suivi de ses officiers, entra dans l'église; mais aussitôt que saint Hilaire l'eut aperçu, il cessa de parler, et voyant qu'on s'étonnait de son silence, il dit qu'un homme qui négligeait les avis qu'on lui avait donnés à différentes reprises pour le salut de son âme, et toujours inutilement, ne méritait pas d'être nourri de la parole divine avec le peuple fidèle. Le juge, frappé de cette réflexion, rentra en lui-même, et le saint évêque continua son instruction. Un autre jour qu'il se disposait à prêcher, après la lecture de l'Evangile, voyant que plusieurs sortaient de l'église, il les fit retourner sur leurs pas, en leur adressant cette apostrophe : *Il ne vous sera pas aussi facile de sortir de l'enfer, si vous avez le malheur d'y tomber.* Il vivait pauvrement afin de pouvoir soulager un plus grand nombre de pauvres, et ne dédaignait pas de se livrer au travail des mains afin d'augmenter ses aumônes. Il vendit jusqu'aux vases sacrés de son église pour racheter les captifs, et en attendant qu'il pût les remplacer, il se servait de calices et de patènes de verre. S'il subvenait avec tant de charité aux besoins corporels de son troupeau, il en déployait encore une plus grande pour les besoins de l'âme. Plein de fermeté et de douceur tout à la fois envers les pécheurs, il demandait à Dieu pour eux la grâce d'une salutaire componction, et il ne les mettait jamais en pénitence, sans verser lui-même des larmes. Il se proposait en tout pour modèle saint Germain d'Auxerre avec lequel il était lié d'une sainte amitié, qu'il appelait son père et qu'il respectait comme un apôtre. Il fonda plusieurs monastères et y fit régner la plus parfaite régularité. Il assista aussi à plusieurs conciles, entre autres à celui d'Orange, tenu en 441, auquel il présida, et dans lequel Chélidoine, évêque de Besançon, fut déposé comme irrégulier, parce qu'il avait épousé une veuve avant son sacre, et parce qu'étant magistrat, il avait prononcé des sentences capitales. Chélidoine ayant appelé à Rome de la sentence portée contre lui, le pape saint Léon reçut son appel et tint un concile, en 445, pour juger l'affaire. Saint Hilaire se rendit aussi à Rome, de son côté, et siégea parmi les Pères du concile; mais, comme il ne se mit point en devoir d'établir que Chélidoine était irrégulier, il donna lieu de croire que la chose n'était pas prouvée, et saint Léon réintégra dans ses fonctions l'évêque déposé. Le concile alla même plus loin, et comme saint Hilaire lui-même avait été faussement accusé d'empiéter sur le droit des autres métropolitains, on le priva de l'autorité qu'il exerçait sur la province de Vienne. Le saint évêque d'Arles se trouva bientôt après engagé dans une autre affaire qui lui fit du tort à Rome. Préjecte, évêque de sa province, étant tombé dangereusement malade, il sacra celui qu'il lui destinait pour successeur; mais Préjecte étant revenu en santé, il se trouva que le même siège avait deux évêques. Saint Léon jugea que l'ordination du successeur d'un évêque encore vivant était irrégulière, et il défendit à Hilaire de sacrer à l'avenir aucun évêque. Le saint souffrit, sans se plaindre, la sévérité dont on usait à son égard, et il expia par sa patience la faute qu'il n'avait commise qu'avec de bonnes intentions. Saint Léon lui-même lui rendit pleine justice plus tard, et conçut de lui une si haute idée qu'il l'appelle un évêque de sainte mémoire, dans la lettre qu'il écrivit à son successeur. Hilaire avait succombé sous le poids du travail et des austérités, à l'âge de quarante-huit ans, le 5 mai 449. On avait une telle opinion de ses vertus que sa perte fut sensible même aux ennemis de la foi, et les juifs mêlèrent leurs chants funèbres à ceux des chrétiens, dans la cérémonie de ses funérailles. Il fut enterré dans l'église de Saint-Honorat d'Arles ; mais ses reliques furent transportées, au milieu du XIIe siècle, dans l'église de Sainte-Croix de la même ville. Saint Hilaire avait composé une *Explication du symbole*, très-louée par les anciens, ainsi que des *Homélies* sur toutes les fêtes de l'année, qui étaient aussi très-estimées ; mais ces ouvrages ne sont point parvenus jusqu'à nous. Parmi les opuscules qui nous restent de lui, on remarque l'*Oraison funèbre de saint Honorat*, son prédécesseur. Sa vie a été écrite par saint Honorat de Marseille, qui rapporte plusieurs guérisons miraculeuses qu'il opéra de son vivant et qui continuèrent après sa mort. — 5 mai.

HILAIRE (saint), pape, était originaire de l'île de Sardaigne. Il devint archidiacre de l'Eglise romaine sous saint Léon le Grand, qui l'employa dans les affaires les plus importantes, et à qui il succéda en 461. Son exaltation causa une joie universelle dans toute la chrétienté, et l'on s'applaudit de voir si heureusement réparée la perte immense qu'on venait de faire par la mort de son illustre prédécesseur. Il déploya un grand zèle pour le maintien de la foi et de la discipline. Il frappa d'anathème Eutychès et Nestorius et confirma les conciles généraux de Nicée, d'Ephèse et de Chalcédoine. Il tint aussi, en 465, un concile à Rome où il fut décidé que les causes des évêques appartiennent à la décision du siége apostolique. Saint Hilaire est le premier pape qui ait défendu aux évêques de choisir leurs successeurs. Il mourut en 468, après un pontificat de huit ans. On a de lui onze *Lettres* et quelques décrets. — 10 septembre.

HILAIRE ou CHÉLY (saint), évêque de Javoux, aujourd'hui Mende, florissait dans la première partie du VIe siècle et mourut vers l'an 540. — 25 octobre.

HILAIRE D'OISÉ (saint), confesseur, florissait dans le VIe siècle et mourut en 535. Il est honoré au Mans, dans une église qui possède son corps et qui porte son nom. — 1er juillet.

HILAIRE (saint), abbé de Galliata en Italie, né en Toscane l'an 476, n'avait encore que douze ans lorsqu'il trouva, parmi les livres de son père, les Epîtres de saint Paul ; il les lut avec avidité, et cette lecture fit sur lui une impression si profonde qu'il conçut le projet de quitter la maison paternelle pour se retirer dans la solitude. La crainte d'affliger ses parents qu'il chérissait avec tendresse, en retarda l'exécution pendant quelque temps. Enfin il s'adressa à un vénérable vieillard en qui il avait une grande confiance et le consulta sur sa vocation. Celui-ci, voyant sa grande jeunesse, lui conseilla d'abord de rester dans le sein de sa famille, l'assurant qu'il se rendrait plus agréable à Dieu par son obéissance à ses parents qu'en se vouant à la vie solitaire. Mais Hilaire, se sentant pressé par la grâce, lui demanda si le Sauveur n'avait pas ordonné de laisser approcher de lui les enfants, et s'il n'avait pas déclaré que le royaume des cieux leur appartenait. Le vieillard, reconnaissant dans cette question l'inspiration divine, le laissa libre de faire ce que sa conscience lui conseillait. Alors Hilaire s'enfonça dans une affreuse solitude de l'Apennin, où il demeura plusieurs années, inconnu à tous les hommes, ne vivant que d'herbes et de racines. Son père, après bien des recherches, étant parvenu à le découvrir, lui bâtit une cellule avec une petite chapelle, et bientôt après les populations du voisinage vinrent le visiter et se recommander à ses prières. Un riche gentilhomme de Ravenne, qui était encore païen, ayant été guéri par son moyen d'une maladie incurable dont il était atteint depuis plusieurs années, fut si touché de cette guérison miraculeuse, qu'il se convertit avec toute sa famille. Sa femme étant morte peu de temps après, il alla se joindre à Hilaire après avoir abandonné ses biens à ses enfants, ne se réservant qu'une terre qu'il donna à son bienfaiteur pour y construire un monastère. Telle est l'origine de la célèbre abbaye de Galliata, qui prit dans la suite le nom de Saint-Hilaire. Le saint fondateur y établit une règle très-austère, le silence y était perpétuel, les jeûnes fréquents et rigoureux. On y priait jusqu'à l'heure de none où l'on prenait le repas : on faisait ensuite une lecture édifiante et l'on chantait des cantiques jusqu'au soir. A minuit on récitait les Matines et l'on se remettait en prières jusqu'au matin. Théodoric, roi des Goths, alors maître de l'Italie, eut d'abord de grandes préventions contre le saint abbé, qu'on accusait d'exciter les peuples à secouer le joug des conquérants barbares qui les avaient asservis ; mais ayant reconnu la fausseté de cette accusation, il conçut pour lui tant de vénération et d'estime qu'il lui donna plusieurs domaines pour agrandir son abbaye. Saint Hilaire la gouverna pendant cinquante-deux ans et mourut le 15 mai 558, âgé de quatre-vingt-deux ans. — 15 mai.

HILARIE (sainte), *Hilaria*, épouse de saint Claude, tribun de l'armée, était mère de saint Jason et de saint Maur, qui furent martyrisés sous l'empereur Numérien, vers l'an 283. Lorsqu'elle eut inhumé ses fils, elle fut arrêtée elle-même par les païens, parce qu'elle priait sur leur tombeau, et elle expira sous les coups qu'ils lui portaient. Il y a près de Rome, sur la nouvelle voie *Salaria*, un cimetière qui portait son nom. — 3 décembre.

HILARIE (sainte), martyre à Rome, souffrit avec sainte Donate et plusieurs autres saintes femmes. — 31 décembre.

HILARIE (sainte), martyre à Augsbourg, était mère de sainte Afre. Après le supplice de sa fille, qui avait été brûlée dans une petite île formée par le Lech, elle s'y rendit, la nuit suivante, accompagnée de deux prêtres et ayant enlevé secrètement le corps de sainte Afre, elle le plaça dans le tombeau qu'elle avait fait construire pour elle et pour les siens, à deux milles d'Augsbourg. Le juge, ayant eu connaissance de cet enlèvement, envoya des soldats pour arrêter Hilarie et les trois servantes de sa fille qui l'avaient aidée dans cette œuvre charitable. Il recommanda à ceux qu'il avait chargés de l'exécution de cet ordre d'employer d'abord les voies de douceur et de leur proposer de sacrifier aux dieux. *Si elles y consentent,* ajouta-t-il, *vous les amènerez ici avec tous les honneurs qu'on rend aux personnes distinguées; mais si elles refusent, remplissez le tombeau de matières combustibles, et après y avoir renfermé ces femmes, mettez-y le feu.* Hilarie et ses compagnes ayant refusé de sacrifier, les soldats les enfermèrent dans le tombeau et les y brûlèrent; c'est ainsi que sainte Hilarie alla rejoindre, dans le ciel, sa bienheureuse fille l'an 304, sous l'empereur Dioclétien. — 12 août.

HILARIE (sainte), recluse en Éthiopie, est honorée chez les Grecs le 16 janvier.

HILARIEN (saint), *Hilarianus*, martyr à Trévi en Ombrie, souffrit avec saint Émilien, évêque de cette ville. — 28 janvier.

HILARIEN (saint), martyr, fut mis à mort par des impies, et son corps se garde à Espalion sur le Lot, où il est honoré le 15 juin.

HILARIN (saint), *Hilarinus*, martyr en Afrique, souffrit avec saint Statulien et plusieurs autres. — 3 janvier.

HILARIN (saint), martyr sous Julien l'Apostat, passa quelques années à Ostie dans une espèce de communauté fondée par saint Gallican, qui avait été consul et qui souffrit aussi le martyre sous le même prince. Ayant été arrêté à Arezzo, il fut battu de verges si cruellement, qu'il expira sous les coups, le 7 août 361. Ses reliques furent reportées à Ostie, et comme cette cérémonie eut lieu un 16 juillet, c'est en ce jour qu'on l'honore. — 16 juillet.

HILARIN (saint) moine et martyr à Saint-Seine en Bourgogne, fut massacré avec saint Altigien par les Sarrasins l'an 731. — 23 août.

HILARION (saint), *Hilario*, martyr avec saint Procle, souffrit sous le président Maxime, pendant la persécution de l'empereur Trajan. — 12 juillet.

HILARION (saint), martyr à Carthage en Afrique, n'était encore qu'un enfant lorsqu'il fut arrêté à Abitine avec saint Saturnin, son père, et conduit à Carthage. Après le martyre de son père, qui était prêtre, et de ses deux frères, saint Saturnin et saint Félix, lorsqu'on lui demanda à son tour s'il n'avait pas été à la collecte, *J'y suis allé, en effet*, répondit-il; *mais de mon propre mouvement et sans y être forcé.* Le proconsul Anulin l'ayant menacé de ces petits supplices dont on a coutume de châtier les enfants, Hilarion ne fit qu'en rire. *Je vous ferai couper le nez et les oreilles, et je vous renverrai en cet état.* — *Vous le pouvez; car je suis chrétien.* Anulin, dissimulant son dépit, l'envoya en prison, et le jeune martyr, en y entrant, dit d'un air gai: *Seigneur, je vous rends grâces.* Il mourut en prison peu après, l'an 304, sous l'empereur Dioclétien. — 11 février.

HILARION (saint), abbé, né l'an 292 à Tagathe, petite ville à cinq lieues de Gaze, de parents idolâtres, se rendit, très-jeune, à Alexandrie, pour y étudier la grammaire. C'est dans cette ville qu'il eut le bonheur de connaître la vérité, et dès qu'il eut reçu le baptême, il ne soupira plus qu'après les choses du ciel. Il avait à peine quinze ans, lorsqu'il entendit parler de saint Antoine, dont le nom était célèbre en Égypte, et il résolut d'aller le visiter dans son désert. Il fut si touché de tout ce qu'il vit, qu'il demanda au saint patriarche d'être reçu au nombre de ses disciples, afin de se former à la vie ascétique sous un aussi habile maître; mais le concours de personnes qui venaient trouver saint Antoine contrariant l'amour qu'il avait pour une entière solitude: *Je ne suis pas venu,* dit-il, *dans le désert pour y voir autant de monde que dans les villes.* Il reprit donc, vers l'an 307, le chemin de son pays, accompagné de quelques moines qui partageaient ses goûts. Ses parents étant morts pendant son absence, il donna une partie de ses biens à ses frères, et l'autre aux pauvres, sans rien se réserver pour lui-même. Il se retira ensuite dans un désert, situé à sept milles de Majume, et bordé d'un côté par la mer, et de l'autre par des marais. Comme on lui représentait que ce lieu était infesté de voleurs, il répondit qu'il ne craignait que la mort éternelle. Quelques-uns de ces brigands lui demandèrent s'il ne craignait pas d'être attaqué. *Un homme pauvre et nu ne craint point les voleurs.* — *Mais ils pourraient vous ôter la vie.* — *Cela est vrai; mais je tâche d'être toujours prêt à mourir.* Un tel courage et une telle ferveur sont admirables dans un enfant de quinze ans. Il était d'une santé si délicate, que le moindre excès de chaud ou de froid faisait sur lui la plus vive impression, et cependant, il n'avait d'autres vêtements qu'un sac, une tunique de peau que saint Antoine lui avait donnée et un manteau fort court. Il ne se coupait les cheveux qu'une fois par an, vers la fête de Pâques, ne quittait sa tunique que quand elle était usée, et jamais il ne lavait le sac dont il s'enveloppait, disant que ce n'était pas la peine de chercher la propreté dans un cilice. Il s'était interdit l'usage du pain, et pendant six ans, il n'eut pour toute nourriture que quinze figues par jour, qu'il mangeait au coucher du soleil. Lorsqu'il sentait quelque révolte de la chair, il se frappait rudement la poitrine, redoublait ses jeûnes et quelquefois même il était, dans ces circonstances, trois ou quatre jours sans manger; et quand il sentait son corps tomber en défaillance, il le soutenait avec quelques figues sèches et un peu de jus d'herbes Il se livrait à un rude travail, pendant lequel il priait ou chantait les louanges de Dieu. Il labourait la terre ou, à l'exemple des solitaires d'Egypte, il faisait des corbeilles pour se procurer les choses nécessaires. Lorsqu'il prenait son repas, il disait à son corps : *Si tu ne veux point travailler, tu ne mangeras point, et si tu manges à présent, ce n'est qu'à condition que tu travailleras ensuite.* Comme il savait par cœur une grande partie de l'Ecriture sainte, il en récitait quelques passages après ses prières ordinaires qu'il faisait toujours avec le plus profond recueillement, comme s'il avait vu de ses propres yeux le Seigneur avec lequel il s'entretenait. Il n'eut d'abord, pendant quatre ans, d'autre abri qu'une petite hutte, faite de joncs et de roseaux entrelacés ; mais il se construisit depuis une cellule de quatre pieds de large sur cinq de haut, et longue un peu plus que son corps, de manière qu'il pouvait s'y coucher ; mais dans la réalité, c'était plutôt un tombeau que la demeure d'un homme vivant. S'il apporta quelque changement dans sa nourriture, ce ne fut jamais que pour en diminuer la quantité. A l'âge de vingt-un ans il se condamna à ne manger par jour qu'une poignée d'herbes trempées dans de l'eau froide : Les trois années suivantes, il ne vécut que de pain desséché avec du sel et de l'eau, et depuis vingt-sept ans jusqu'à trente-un, que d'herbes sauvages et de racines crues : depuis trente-un ans jusqu'à trente-cinq il ne prit par jour que six onces de pain d'orge avec quelques légumes à moitié cuits et sans aucun assaisonnement ; mais s'apercevant que sa vue baissait, qu'il éprouvait des démangeaisons inquiétantes et que son corps se couvrait de pustules rouges, il ajouta un peu d'huile à ses légumes, et il continua ce dernier régime jusqu'à soixante ans, qu'il se retrancha le pain et ne prit plus par jour qu'une espèce de potage qui n'excédait jamais cinq onces. A quatre-vingts ans, c'est-à-dire, la dernière année de sa vie, il se réduisit à quatre onces de nourriture, qu'il ne prenait qu'au coucher du soleil, même les jours de fête, et dans sa dernière maladie. Le démon lui livra de violents assauts dont il triompha toujours : une oraison continuelle, de rudes austérités, un travail pénible, telles étaient ses armes ; et après la victoire, il n'en était que plus humble et plus vigilant. Il y avait vingt ans que saint Hilarion était dans son désert, lorsque Dieu le favorisa du don des miracles. Une femme d'Eleuthéropolis, que son mari maltraitait parce qu'elle était stérile, obtint par ses prières la grâce de devenir mère dans l'année. Quelque temps après, Elpidius, qui fut depuis préfet du prétoire, avait été avec sa femme et ses enfants visiter saint Antoine, et en revenant, il passa par Gaze. Ses enfants y tombèrent malades et ils furent bientôt réduits à un tel état, que les médecins désespéraient de leur vie. Aristhénète, leur mère, accablée de douleur, alla trouver saint Hilarion, qui, ne pouvant résister à ses instances et à ses larmes, se rendit à Gaze, invoqua le nom de Jésus sur les trois enfants, et aussitôt il se fit en eux un tel changement, qu'ils purent reconnaître leur mère et baiser, par reconnaissance, la main de leur bienfaiteur. Il délivra plusieurs possédés du démon, entre autres un jeune homme, nommé Marasitas, qui était des environs de Jérusalem, et Orion, l'un des plus riches habitants de la ville d'Aile. Ce dernier pria Hilarion d'accepter quelques présents, au moins pour les pauvres ; mais il les refusa en lui disant de les distribuer lui-même. Il rendit la vue à une femme de Falcïdie, près de Rhinocorure en Egypte, laquelle était aveugle depuis dix ans. Italique, chrétien de Majume, nourrissait des chevaux pour courir dans le cirque de Gaze contre un *Décemvir* qui adorait Marnas ; et sachant que son concurrent avait recours à des charmes magiques pour remporter la victoire, il pria Hilarion de bénir ses chevaux, lui représentant que la religion était intéressée dans cette affaire. Hilarion ne crut pas devoir lui refuser sa demande, et les chevaux d'Italique parurent plutôt voler que courir dans le cirque, tandis que ceux du *Décemvir* semblaient avoir des entraves aux pieds. A ce spectacle, le peuple étonné s'écria que Marnas était vaincu par le Christ, et il y en eut plusieurs qui se convertirent. Un jeune homme, qui avait conçu une passion violente pour une vierge de Majume, eut recours aux enchantements pour la faire correspondre à sa passion, et mit sous le seuil de la porte de la maison qu'elle habitait, une plaque de cuivre chargée de figures et de caractères cabalistiques. Aussitôt la vierge fut possédée du démon, et l'on prétendait qu'on ne pourrait la guérir qu'en ôtant le charme ; mais Hilarion voulut qu'on le laissât où il était, et cependant il délivra la possédée. Le démon s'était aussi emparé d'un homme de Franconie qui servait dans la compagnie des gardes de l'empereur Constance, qu'on nommait *Candidats*, à cause de leurs habits *blancs*. Il résolut de faire le voyage de la Palestine pour aller trouver Hilarion, et le prince lui donna des lettres de recommandation adressées au gouverneur de la province. Arrivé au désert, il trouva le saint en prières. Hilarion commanda au démon de sortir au nom de Jésus-Christ, et le Franc fut tout à coup délivré. Cet officier offrit au serviteur de Dieu dix livres d'or en reconnaissance de la grâce qu'il avait obtenue par ses prières ; mais le saint lui montrant un de ses pains d'orge, lui dit que quand on se contentait d'une semblable nourriture, on méprisait l'or comme de la boue. Tous ces miracles portèrent au loin sa réputation : on accourait de toutes parts à sa cellule, et plusieurs y venaient pour vivre sous sa conduite. Comme le nombre de ses disciples allait toujours croissant, il fonda pour eux un monastère, le premier qu'il y ait eu dans la Palestine ; c'est ainsi qu'il fut le fondateur de la vie monastique dans cette contrée, comme saint Antoine l'avait été en Egypte. Saint Hilarion fonda ensuite d'autres monastères, et il en faisait la visite à certains jours avant les vendanges. Ce fut dans une de ces visites qu'ayant vu les Sarrasins assemblés à Eleuse, dans l'Idumée, pour adorer Vénus, il demanda à Dieu leur conversion avec beaucoup de larmes, et il fut reconnu par plusieurs de ceux qu'il avait délivrés du démon ou guéris de leurs maladies : ils vinrent à lui et lui demandèrent sa bénédiction. Hilarion les accueillit avec bonté et les conjura d'adorer plutôt le vrai Dieu que des idoles de pierre. Ses exhortations les touchèrent si vivement que la plupart se convertirent et lui firent tracer le plan d'une église. Le prêtre même, qui était couronné de fleurs, en l'honneur des idoles, se rangea parmi les catéchumènes. Il était de retour en Palestine lorsqu'il apprit, par révélation, la mort de saint Antoine, son ancien maître, pour lequel il avait toujours conservé la plus tendre amitié et la plus profonde vénération ; saint Antoine, de son côté, n'avait pas oublié son disciple, et lorsqu'il lui venait, dans son désert d'Egypte, des personnes de la Palestine pour réclamer son crédit près de Dieu, il leur disait : *Pourquoi vous êtes-vous fatigués à venir si loin, puisque vous avez là mon fils Hilarion ?* Le saint abbé, qui avait soixante-cinq ans lorsque mourut saint Antoine, c'est-à-dire, en 356, résolut de quitter le pays, à cause du grand nombre de visites qu'il recevait depuis quelque temps. Comme le peuple assemblé ne voulait point consentir à son départ, il dit qu'il ne prendrait aucune nourriture jusqu'à ce qu'on lui laissât la liberté de s'en aller. On la lui accorda, lorsqu'il eut été sept jours sans manger. Il prit avec lui quarante moines, de ceux qui ne mangeaient qu'après le coucher du soleil, et se rendit à Péluse, ensuite à Babylone d'Egypte, et il gagna Aphrodite pour aller visiter les lieux sanctifiés par la présence de saint Antoine, et pour célébrer l'anniversaire de sa mort, à l'endroit même où Dieu l'avait appelé à lui ; après avoir marché pendant trois jours dans un désert affreux, il arriva, avec les moines qui l'accompagnaient, sur la montagne de saint Antoine, où il trouva deux de ses disciples, Isaac et Peluse, qui lui servirent de guides pour parcourir cette montagne qui n'était qu'un rocher escarpé, d'un mille de circuit. *C'est ici*, lui disaient ses guides, *qu'Antoine priait et chantait les louanges du Seigneur ; c'est là qu'il travaillait ; c'est dans ce lieu qu'il se reposait, lorsqu'il était fatigué ; ces vignes et ces arbres, c'est lui qui les a plantés ; il cultivait de ses mains cette pièce de terre ; il a creusé lui-même ce bassin, pour fournir de l'eau à son jardin, et cet ouvrage lui a coûté plusieurs années de travail.* Hilarion se mit sur le lit du saint et le baisa par respect. Il demanda qu'on lui fît voir l'endroit où saint Antoine avait été enterré. Alors Isaac et Peluse le tirèrent à l'écart, et on ne sait s'ils lui accordèrent l'objet de sa demande ; du moins ne lui montrèrent-ils point de tombeau. Ils lui dirent même que le saint avait expressément recommandé qu'on cachât le lieu où reposeraient ses restes, de peur que Pamphile, homme riche du pays, n'enlevât son corps et ne bâtit une église pour l'y placer. Saint Hilarion, de retour à Aphrodite, se retira dans une solitude du voisinage avec deux de ses disciples. Comme il y avait trois ans qu'il n'était point tombé de pluie dans la contrée, le peuple, qui le regardait comme un autre Antoine, vint le conjurer de demander à Dieu la cessation de la sécheresse. Hilarion, touché de la détresse des habitants, leva les mains et les yeux au ciel, et il tomba tout à coup une pluie abondante. Des serpents et d'autres bêtes venimeuses ayant infesté le pays, ceux qui en furent piqués trouvèrent leur guérison dans l'huile que le saint avait bénite. Hilarion, pour se soustraire à la vénération dont il était l'objet, se dirigea sur Alexandrie, afin de gagner le désert d'Oasis ; mais comme ce n'était pas sa coutume d'entrer dans les grandes villes, il s'arrêta dans un faubourg écarté où il y avait plusieurs moines, et en repartit le soir même, malgré les prières de ces moines pour le retenir plus longtemps, et il les quitta en leur disant qu'il était de son intérêt qu'il partît au plus tôt. En effet, il vint pendant la nuit des gens armés qui avaient ordre de le mettre à mort. Les habitants de Gaze avaient obtenu cet ordre de Julien l'Apostat, pour venger l'outrage prétendu fait à leur dieu Marnas. Les soldats voyant qu'il était parti, dirent qu'ils voyaient bien qu'il était un magicien et que c'était avec raison qu'on le regardait comme tel à Gaze. Hilarion s'étant fixé dans le désert d'Oasis, s'aperçut bientôt qu'il ne pourrait y vivre inconnu. Il résolut donc, au bout d'un an, de se retirer dans quelqu'île écartée, et après avoir traversé la Libye, il s'embarqua pour la Sicile avec un de ses disciples. Lorsqu'il fut débarqué il offrit, pour payer son passage et celui de son compagnon, un exemplaire de l'Evangile qu'il avait autrefois copié de sa propre main ; mais le maître du vaisseau, qui savait que les deux moines ne possédaient que ce manuscrit et les habits dont ils étaient couverts, ne voulut rien accepter, s'estimant heureux d'avoir pu rendre service à deux hommes qui, dans la traversée, avaient délivré son fils possédé du démon. Hilarion, ne voulant pas rester sur le bord de la mer, dans la crainte que quelque marchand de l'Orient ne le reconnût, s'avança à vingt milles dans l'intérieur et s'arrêta dans un lieu très-solitaire. Il y faisait chaque jour un fagot avec les branches qu'il ramassait ; son disciple allait le vendre dans quelque village, et le produit servait à acheter du pain. Diverses guérisons miraculeuses qu'il opéra trahirent encore sa sainteté, et il refusait les présents que les personnes guéries lui offraient par reconnaissance, disant qu'il devait donner gratuitement ce qu'il avait reçu gratuitement. Pendant ce temps-là saint Hésyque, un de ses plus chers disciples, le recherchait en

Orient. Ayant appris en Grèce qu'il y avait dans la Sicile un prophète qui opérait des miracles, il se rendit dans cette île, et à peine débarqué, il lui fut facile de le retrouver, tant ses miracles et son désintéressement l'avaient rendu célèbre parmi les insulaires. Cette réputation qui le suivait partout lui fit quitter la Sicile pour aller à Epidaure en Dalmatie, mais de nouveaux miracles l'y firent bien vite reconnaître pour un grand serviteur de Dieu. Saint Jérôme rapporte qu'il délivra le pays d'un énorme serpent qui dévorait les hommes et les bestiaux, et que la mer ayant menacé d'engloutir Epidaure, à la suite d'un tremblement de terre qui eut lieu en 365, les habitants de cette ville, effrayés, conduisirent Hilarion sur le rivage, comme pour l'opposer à la fureur des vagues. Le saint ayant imprimé trois croix sur le sable et étendu ses bras vers la mer, les flots, au grand étonnement des spectateurs, s'arrêtèrent tout à coup et s'élevant comme une montagne ils rentrèrent dans leur lit ordinaire. Hilarion ne désespérant pas de trouver un lieu où il pût rester inconnu s'embarqua, la nuit, pour l'île de Chypre, et lorsqu'il y fut arrivé, il se retira à deux milles de Paphos; mais trois semaines s'étaient à peine écoulées que ceux qui étaient possédés du démon dans toute l'île, se mirent à crier qu'Hilarion, le serviteur de Dieu, était venu dans le pays. Le saint, après les avoir délivrés, essaya de sortir de l'île; mais on l'observait si exactement, qu'il ne put effectuer son projet. Saint Hésyque, qui ne l'avait plus quitté depuis qu'il l'avait rejoint en Sicile, le détermina à se fixer dans un lieu solitaire qu'il lui indiqua, et qui était situé à douze milles de la mer, parmi des montagnes stériles et escarpées, où l'on ne trouvait que de l'eau et quelques arbres fruitiers. Hilarion y resta cinq ans, et continua d'y être favorisé du don des miracles. A l'âge de quatre-vingts ans, il écrivit son testament par lequel il léguait à saint Hésyque, qui était alors en Palestine, son livre des Evangiles, son cilice et son manteau. Plusieurs personnes pieuses de Paphos étant venues le visiter dans sa dernière maladie, il leur fit promettre qu'aussitôt qu'il aurait expiré, on enterrerait son corps avec les habits dont il se trouvait revêtu. A ses derniers moments, la crainte des jugements célestes était balancée dans son cœur par la confiance en la miséricorde de Jésus-Christ. *Pourquoi trembles-tu*, disait-il, en s'adressant à son âme, *il y a près de soixante-dix ans que tu sers le Seigneur; peux-tu encore redouter la mort?* Telles furent ses dernières paroles. Il mourut en 372, âgé d'un peu plus de quatre-vingts ans, et il fut enterré de la manière qu'il avait prescrite. Dix mois après, saint Hésyque enleva secrètement son corps et le transporta en Palestine, dans son monastère près de Majume. Sa vie a été écrite par saint Jérôme, qui assure qu'il s'opéra plusieurs miracles par son intercession, tant en Chypre qu'en Palestine. La fête de saint Hilarion se célébrait avec beaucoup de solennité dès le v° siècle. — 21 octobre.

HILARION DE PÉLÉCÈTE (saint), abbé d'un monastère de Constantinople, florissait dans le VIII° siècle. Saint Joseph de Thessalonique a composé des hymnes en son honneur. — 28 mars.

HILARION LE JEUNE (saint), abbé à Constantinople, était supérieur d'un monastère de Dalmates, et mourut en 845. — 6 juin et 6 juillet.

HILDE (sainte), *Hilda*, abbesse en Angleterre, née en 617, était fille de Héréric, neveu de saint Edwin, roi des Northumbres. Elle fut baptisée par saint Paulin, en 631, à l'âge de quatorze ans, et conserva toute sa vie la grâce de son baptême. Le désir de se consacrer entièrement à Dieu lui fit prendre la résolution de passer en France, pour prendre le voile dans le monastère de Chelles, où sainte Héreswide, sa sœur, était religieuse; mais, ayant appris sa mort, elle se retira dans le royaume des Est-Angles, alors gouverné par le pieux Anna, son beau-frère; mais saint Aidan la détermina à retourner dans sa patrie, où elle s'enferma dans un petit monastère situé sur la Wère. Un an après, on la fit abbesse du monastère de Heortea. Elle fonda ensuite le double monastère de Streaneshalch, et se rendit célèbre par sa sainteté et par la sagesse avec laquelle elle gouverna ses monastères. Elle entretenait une sainte liaison avec plusieurs évêques, et surtout avec saint Aidan : les princes mêmes allaient la consulter sur les affaires les plus difficiles et les plus importantes. Elle excellait non-seulement à donner des conseils, mais aussi à opérer des réconciliations, et à apaiser les querelles si communes dans ce temps de barbarie. Enflède, fille de saint Edwin et veuve d'Oswi, roi des Northumbres, se fit religieuse à Streaneshalch, où était déjà sa fille Elflède. Sainte Hilde mourut en 680, âgée de soixante-trois ans. Le monastère ayant été détruit par les Danois, dans le X° siècle, son corps fut transféré à Glastenbury. — 18 novembre.

HILDEBAUD (saint), *Hildebaldus*, archevêque de Cologne, florissait au commencement du IX° siècle. Le seul fait qu'on connaisse de sa vie, c'est qu'en 802 il sacra saint Ludger évêque de Munster. Il mourut l'an 818. — 3 septembre.

HILDEBERT (saint), *Childebertus*, IV° abbé de Fontenelle, reçut au nombre de ses religieux saint Wulfran, qui d'archevêque de Sens s'était fait missionnaire et était allé évangéliser les peuples de la Frise. Il se montra le père des pauvres et l'ami plutôt que le supérieur des religieux; aussi fut-il vivement regretté des uns et des autres à sa mort, qui arriva l'an 700. Il fut enterré à Saint-Vandrille où l'on conserva ses reliques jusqu'à la destruction de ce célèbre monastère, et où il était honoré le 18 février.

HILDEBERT (saint), abbé du monastère de Saint-Pierre de Gand et martyr, ayant voulu apaiser un soulèvement qui eut lieu dans cette ville, en 752, contre les saintes images, qu'une troupe fanatique regardait comme des instruments d'idolâtrie qu'elle s'efforçait d'enlever des temples chrétiens pour les mettre en pièces, fut victime de son zèle. Il paya de sa vie les énergiques représentations qu'il adressait à ces iconoclastes, et c'est pour cette raison qu'il est honoré comme martyr. —4 avril.

HILDEBERT (saint), xviiie abbé de Fontenelle, fut élu en 816, et il mourut l'année suivante. — 14 mars.

HILDEBURGE (la bienheureuse), recluse à Pontoise, naquit vers le milieu du xie siècle à Gallardon, petite ville de la Beauce. Elle était fille du comte Hervé, seigneur du pays, qui lui fit donner une éducation toute chrétienne. Elle épousa ensuite Robert, seigneur d'Ivrei, qui partageait les goûts vertueux de Hildeburge. Après quelques années d'une union sanctifiée par les bonnes œuvres, ils résolurent, d'un commun consentement, de quitter le monde, et Robert se retira à l'abbaye du Bec, où il prit l'habit. Hildeburge, de son côté, se fit construire une petite cellule près du monastère de Saint-Martin de Pontoise. C'est là qu'elle vécut en recluse, dans les exercices de la plus austère pénitence, à l'imitation des anciens anachorètes. Après avoir longtemps édifié la contrée par le spectacle de ses vertus, elle mourut saintement le 3 juin 1115. — 3 juin.

HILDEGARDE (sainte), *Hildegardes*, impératrice, était fille de Childebrand, duc des Suèves, et épousa, en 771, Charlemagne, qui venait de répudier Hermengarde, fille de Didier, roi des Lombards, que sa mère lui avait fait épouser malgré lui, et dont il était parent. Hildegarde sut bientôt gagner le cœur de son mari et porta sur le trône l'exemple de toutes les vertus : elle sut aussi par sa piété se préserver de la contagion du siècle ainsi que des écueils de la cour. Le Seigneur bénit son union avec Charlemagne par une heureuse fécondité, et pendant les douze années de son mariage, elle eut neuf enfants dont trois, morts en bas âge, la précédèrent dans le tombeau. En 778, elle voulut accompagner son illustre époux dans son expédition contre les Arabes d'Espagne ; mais sa grossesse avancée l'obligea de s'arrêter à Cassineuil, qui était une résidence royale. Charlemagne y passa avec elle les fêtes de Pâques et poursuivit ensuite sa route vers les Pyrénées. A son retour à Cassineuil, il trouva la reine qui venait d'accoucher de deux princes, Louis le Débonnaire et Lothaire : ce dernier mourut à l'âge de deux ans. Sainte Hildegarde mourut elle-même dans la fleur de l'âge à Thionville, le 30 avril 783, et sa mort plongea dans le deuil la monarchie française; car tout le monde avait admiré en elle l'assemblage des plus heureuses qualités du cœur et de l'esprit, et chacun lui rendait ce témoignage, qu'elle n'avait usé de son influence que pour faire le bien. Son corps fut enterré dans l'église de Saint-Arnould de Metz, où étaient les tombeaux de plusieurs princes français. Charlemagne lui fit ériger un magnifique mausolée. En 872, une partie de ses reliques fut transférée à l'abbaye de Kempten en Souabe, qu'elle avait fondée : on bâtit ensuite, près de cette abbaye, le monastère de Sainte-Hildegarde. Elle a été honorée de tout temps, comme sainte, le 30 avril.

HILDEGARDE (sainte), abbesse en Allemagne, sortait d'une illustre famille du comté de Spanheim et naquit en 1098. Placée à l'âge de huit ans dans le monastère de Mont-Saint-Disibode, elle y fut élevée par la bienheureuse Jutte, sa parente et sœur du comte de Spanheim, qui en était abbesse et qui lui donna le voile lorsqu'elle fut en âge de faire profession. Elle fut favorisée de plusieurs visions, et lorsque saint Bernard vint prêcher la croisade en Allemagne, il examina avec soin, ce qui se passait en elle et reconnut qu'elle était animée de l'esprit prophétique. Après la mort de Jutte, elle fut élue abbesse, et, malgré son attrait pour la contemplation, elle se prêtait aux besoins de ses filles spirituelles, comme si les détails de la communauté eussent occupé toutes ses pensées. Le nombre des religieuses s'étant beaucoup augmenté sous son administration, et le monastère se trouvant trop petit pour les contenir toutes, elle en choisit une partie avec lesquelles elle alla s'établir au Mont-Saint-Rupert, près de Bingheim. Elle fonda ensuite le monastère d'Eibingen, près de Mayence, et elle mourut le 17 septembre 1179, à l'âge de quatre-vingt-deux ans. Le monastère de Saint-Rupert ayant été brûlé en 1632 par les Suédois, les religieuses se retirèrent, avec les reliques de leur sainte fondatrice, au prieuré d'Eibingen. Sainte Hildegarde a laissé, 1° des *lettres* adressées, pour la plupart, aux personnes les plus illustres de l'Eglise et de l'Etat; 2° la *Vie de saint Disibode ;* 3° la *Vie de saint Rupert*, *comte de Bingheim ;* 4° des *discours* et trois *livres de révélations ;* 5° une explication de la règle de saint Benoît. Ses révélations, qui l'avaient rendue célèbre dans toute la chrétienté, furent examinées, en 1148, dans un concile que le pape Eugène III convoqua à Trèves pour cet objet, et où il assista en personne avec dix-huit cardinaux. Il en fit lui-même la lecture en présence des Pères du concile, et leur contenu fut trouvé, non-seulement irrépréhensible, mais même digne d'éloges ; ce dont les Pères rendirent grâce à Dieu. Le pape écrivit ensuite à la sainte, pour lui faire part de cette décision, lui recommandant de conserver par l'humilité, la grâce qu'elle avait reçue d'en haut.— 17 septembre.

HILDEGONDE (la bienheureuse), vierge de l'ordre de Cîteaux, née à Nüitz dans le diocèse de Cologne, au xiie siècle, suivit son père en Palestine ; mais celui-ci, qui craignait pour la pudeur de sa fille, l'habilla en garçon et lui fit porter le nom de Joseph. Ils s'embarquèrent en Provence, avec les croisés français, en 1147. Le père d'Hildegonde étant mort avant d'avoir atteint le terme de son voyage, elle continua sa route sous son nom supposé ; mais celui à qui son père l'avait confiée en mourant l'abandonna à la misère, après l'avoir dépouillée de tout ce qu'elle possédait. Elle fut obligée de mendier son pain, en attendant que le ciel eût pitié de son malheur. Après avoir séjourné quelque temps à Jérusalem, elle fut reconnue par un de ses parents, qui la ramena dans son pays. Elle se retira ensuite dans l'abbaye de Schonauge sous le même nom de Joseph, et s'y montra un parfait modèle de toutes les vertus monastiques. Elle mourut l'an 1188, et ce ne fut qu'à sa mort qu'on s'aperçut qu'elle était fille. Quoique son culte n'ait été autorisé par aucun décret spécial du saint-siège, l'ordre de Cîteaux et celui de Saint-Benoît ont toujours célébré sa fête le 20 avril.

HILDEGONDE (la bienheureuse), fondatrice du monastère de Mehren, était fille du comte Herman et de Havoie, de l'illustre famille des anciens comtes de Lidberge. Elle fut mariée de bonne heure au comte Lothaire, dont elle eut deux fils, Thierri et le bienheureux Herman, et une fille, la bienheureuse Havoie. L'exemple de sa mère et de sa sœur Gertrude, qui s'étaient retirées dans le monastère de Dunwald, fit sur elle une vive impression. Comme elle avait toujours eu une grande piété et beaucoup de goût pour la vie religieuse, elle aurait bien voulu pouvoir partager leur bonheur, et se consacrer aussi à Dieu; mais les devoirs qu'elle s'était imposés en se mariant, et surtout l'éducation de ses enfants, mettaient à l'accomplissement de ses vœux des obstacles qui semblaient pour longtemps insurmontables, lorsque la Providence vint en quelque sorte aplanir elle-même toutes ces difficultés. Le comte Lothaire mourut subitement; son fils aîné le suivit dans la tombe, et Herman se fit religieux au monastère de Kappenberg. Restée seule avec sa fille Havoie, elle ne pensa plus qu'à exécuter son projet; auparavant elle entreprit, en expiation de ses péchés, un pèlerinage au tombeau des saints apôtres, et fit employer en œuvres pies les grands biens que son époux lui avait laissés. A son retour de Rome, elle fonda un monastère à Mehren, près de Neuss, et le soumit à la règle des Prémontrés. L'archevêque de Cologne approuva cette fondation en 1166, et le pape Alexandre III donna, en sa faveur, une bulle datée de l'année 1179. Hildegonde y prit le voile avec sa fille Havoie, et devint supérieure de la communauté. Sa qualité de bienfaitrice de la maison et son titre d'abbesse ne la rendaient que plus humble et plus soumise à toutes les prescriptions de la règle; elle ne voulait être distinguée en rien des autres religieuses, sinon par plus de ferveur et de perfection. Elle mourut le 6 février 1183. Le bienheureux Herman, son fils, la fit enterrer près du maître-autel de l'église de Mehren. Sainte Hildegonde fut invoquée comme bienheureuse par les religieuses de son ordre et par les fidèles du pays, presque aussitôt après sa mort. — 6 février.

HILDEGRIN (saint), *Hildegrimus*, évêque de Châlons-sur-Marne, né vers le milieu du viii° siècle, d'une des familles les plus distinguées de la Frise, était frère de saint Ludger, évêque de Munster. Nommé évêque de Châlons par Charlemagne, il s'illustra par sa piété et par son zèle; mais on croit qu'il quitta son siège après la mort de saint Ludger, arrivée en 809, et que s'étant rendu en Allemagne, il fit transporter le corps de son frère à Werden, et qu'il lui succéda dans le gouvernement de cette abbaye. Quelques auteurs prétendent qu'il fut ensuite fait évêque d'Halberstadt; quoi qu'il en soit, Hildegrin laissa une mémoire vénérée partout où il exerça les fonctions du saint ministère. Ses vertus lui ont mérité une place parmi les saints, et son nom se lit dans plusieurs martyrologes. — 19 juin.

HILDELIDE, (sainte), *Hildelita*, abbesse de Barking, née en Angleterre, était une princesse anglo-saxonne qui passa en France vers le milieu du vii° siècle. Elle y prit le voile dans le monastère de Faremoutier ou dans celui de Chelles. Elle fut rappelée en Angleterre pour aider dans le gouvernement du monastère de Barking sainte Edilburge qui en fut la première abbesse. Hildelide lui succéda vers l'an 680, et après sa mort, elle fut enterrée dans l'église de l'abbaye. Elle est nommée dans les calendriers d'Angleterre, et avant la réforme les Anglais l'honoraient avec beaucoup de dévotion. — 24 mars.

HILDEMAN (saint), *Hildemannus*, évêque de Beauvais, quitta le monde pour se faire religieux dans l'abbaye de Corbie. Il fut tiré de cette solitude en 821, pour être placé sur le siége de Beauvais. Sur la fin de l'année 826, il se transporta à Corbie pour administrer les derniers sacrements à saint Adelard, abbé de ce monastère et son ancien maître, qui mourut entre ses bras le 2 janvier 827. En 829, il assista au concile tenu à Paris sur la discipline, et en 835 à celui de Thionville où Ebbon, archevêque de Reims, fut déposé pour avoir conspiré contre Louis le Débonnaire. Saint Hildeman avait aussi été accusé d'avoir pris le parti de Lothaire; mais c'était une calomnie dont il se justifia en plein concile, et il se joignit aux autres évêques qui rétablirent Louis sur le trône. Il se trouva depuis à quelques autres conciles assemblés pour les affaires de l'Église et de l'État, notamment à celui de Beauvais, tenu en 844. On croit qu'il mourut vers l'an 846, le 11 décembre, et fut enterré dans l'église de Saint-Lucien de Beauvais. Le Martyrologe gallican et celui des Bénédictins le nomment sous le 8 décembre.

HILDEMARQUE (sainte), *Hildomarga*, abbesse de Fécamp en Normandie, florissait dans le vii° siècle et mourut vers l'an 685. — 19 juin.

HILDEMER (le bienheureux), *Hildemarus*, prêtre et l'un des fondateurs du monastère d'Arouaise, près de Bapaume, menait dans ce lieu la vie érémitique avec deux compagnons, Conon et Roger, lorsque plusieurs disciples étant venus se mettre sous leur conduite, il s'y forma une communauté, qui devint, dans la suite, chef d'un ordre de Chanoines réguliers. Le bienheureux Hildemer menait une vie toute céleste, lorsqu'un clerc, qui avait fait semblant d'embrasser son institut, l'assassina sur la fin du XIᵉ siècle, l'an 1097. — 13 janvier.

HILDEVERT (saint), évêque de Meaux, fut élevé par saint Faron, évêque de Meaux, dans la pratique de la piété et dans l'étude des sciences divines et humaines. Le maître, charmé de la vertu et du mérite de son disciple, l'ordonna prêtre, et Hildevert devint un modèle accompli de la perfection ecclésiastique. Saint Faron étant mort en 672, Hildevert fut élu pour lui succéder sur le siège de Meaux, et il marcha dignement sur les traces de son illustre prédécesseur. Il se fit admirer par son humilité, sa douceur, sa charité, et sanctifia ses fonctions par l'esprit de prière et de retraite. Il mourut vers l'an 680, et fut enterré dans l'église qu'il avait fait bâtir à une lieue de Meaux. Plusieurs miracles s'étant opérés à son tombeau, on transporta son corps dans l'église cathédrale; vers la fin du XIIᵉ siècle, ses reliques furent transférées à Gournay en Normandie, et placées dans l'église collégiale de Saint-Guilmar, laquelle prit ensuite le nom de saint Hildevert, et possède encore son chef. Saint Hildevert est patron de Gournay, et on l'invoque contre l'épilepsie et la démence. — 27 mai.

HILDUARD (saint), *Hilduardus*, évêque de Toul, est honoré à Dikelven dans le diocèse de Gand et à Dendermonde où se gardent ses reliques. — 29 décembre.

HILIER (saint), *Hilarius*, martyr avec saint Prex, est honoré à Jouarre où l'on conserve une partie de ses reliques. — 16 octobre.

HILTRUDE (sainte), *Hiltrudes*, vierge et recluse à Liessies, était fille du comte Wibert, gentilhomme du Poitou, qui alla s'établir dans le Hainaut. La résolution qu'elle avait prise, étant très-jeune encore, de consacrer à Dieu sa virginité, lui fit refuser un mariage avantageux que lui proposait sa famille; elle s'enfuit même de la maison paternelle, afin de se soustraire aux instances qu'on lui faisait pour arracher son consentement; mais ayant appris que celui qu'on lui destinait épousait sa sœur Berthe, elle retourna dans le sein de sa famille, où elle fut libre alors de suivre ses inclinations. Après avoir reçu le voile des mains de l'évêque de Cambrai, elle se retira dans une cellule, près de l'église de Liessies, monastère gouverné par Gontrad, son frère. Plusieurs personnes de son sexe vinrent se mettre sous sa conduite, et elle les réunit en communauté. Uniquement occupée de la prière et des pratiques de la pénitence, elle évitait tout commerce avec les gens du monde et ne voyait que son frère avec lequel elle s'entretenait des choses de Dieu. Elle mourut, à ce que l'on croit, sur la fin du VIIIᵉ siècle, et fut enterrée dans l'église de Liessies, où l'on conserva ses reliques. — 27 septembre.

HIMÈRE ou HIMER (saint), *Himerius*, évêque d'Améria dans l'Ombrie, florissait sur la fin du Vᵉ siècle. Son corps, transféré dans la suite à Crémone, y est honoré le 17 juin.

HIPPARQUE (saint), *Hipparchus*, martyr à Samosate, tenait un rang distingué dans cette ville par sa fortune et son emploi. L'empereur Maximien, revenant victorieux de la guerre contre les Perses, voulut célébrer des jeux à Samosate, et tous les habitants eurent ordre d'y assister. Le troisième jour de la fête, Maximien demanda si aucun des magistrats n'avait méprisé les dieux et si tous avaient sacrifié; et comme on lui répondit que, depuis trois ans, Hipparque et Philothée ne paraissaient plus dans les cérémonies religieuses, il ordonna de les conduire au temple de la Fortune et de les obliger à sacrifier. Les officiers chargés de l'exécution de cet ordre se rendirent chez Hipparque et le trouvèrent avec Philothée et cinq autres chrétiens nouvellement convertis par leurs soins. Ils n'arrêtèrent d'abord que les deux premiers et les conduisirent à l'empereur, qui leur demanda pourquoi ils osaient lui désobéir et mépriser les dieux immortels. Hipparque répondit au prince qu'il rougissait pour lui de l'entendre donner le nom de dieux à du bois et à des pierres. Maximien lui fit donner cinquante coups avec des fouets plombés, et donna ordre de le mettre en prison. Philothée et les cinq autres furent aussi emprisonnés. Après les fêtes, l'empereur fit élever un tribunal hors de la ville près de l'Euphrate, et fit comparaître devant lui Hipparque qui avait une chaîne au cou. Sur son refus de sacrifier il fut étendu sur le chevalet, et après avoir été cruellement battu, il fut reconduit en prison. Il y resta depuis le 15 d'avril jusqu'au 21 juin, souffrant du supplice de la faim, l'empereur ayant ordonné de ne lui donner à manger que tout juste ce qu'il fallait pour l'empêcher de mourir. Les autres martyrs furent traités de même. L'empereur les fit comparaître une seconde fois; mais les trouvant inébranlables, il les condamna à être crucifiés. Pendant qu'on les conduisait au Tétradion, qui était le lieu où l'on exécutait les criminels, les principaux magistrats de la ville allèrent trouver Maximien pour lui représenter que Hipparque et Philothée étant leurs collègues, il fallait qu'ils rendissent compte des affaires qui leur avaient été confiées, et que les cinq autres étant sénateurs, on devait au moins leur donner la liberté de faire leur testament. Le prince ayant consenti au délai demandé, on dôlia les martyrs des cordes qui les garottaient et qui leur serraient la gorge et la bouche au point qu'ils ne pouvaient plus parler. Les magistrats, qui les avaient conduits sous le vestibule du cirque, leur dirent secrètement: *Nous vous avons obtenu un sursis sous prétexte de traiter d'affaires civiles ou publiques; mais dans la réalité nous n'avons eu pour but que de vous prier d'intercéder pour nous auprès du Dieu pour lequel vous mourez, afin qu'il répande ses grâces sur la ville et sur nous-mêmes.* Les martyrs leur donnèrent leur bénédiction et firent un discours au peuple. L'empereur, informé de ce qui se passait, envoya réprimander les magistrats, et étant monté sur son tribunal, il voulut voir les martyrs encore une fois. S'adressant à Hipparque pour l'exhorter à l'obéissance, ce vénérable vieillard porta sa main à sa tête qui était complètement chauve et lui dit : *Comme il n'est pas possible, selon le cours ordinaire de la nature, que ma tête soit de nouveau couverte de cheveux, il ne l'est pas non plus que je change de résolution pour vous obéir.* Maximien lui ayant fait clouer, sur la tête, une peau de chèvre qui avait encore son poil, il luidit en le raillant: *Voilà ta tête actuellement couverte de cheveux ; sacrifie donc puisque tu l'as promis à cette condition.* Les martyrs ayant été attachés à des croix que l'empereur avait fait planter vis-à-vis la porte de la ville, Hypparque mourut peu de temps après son crucifiement. Maximien avait ordonné que leurs corps fussent jetés dans l'Euphrate ; mais un riche chrétien, nommé Bassus, les racheta secrètement des gardes et les enterra, la nuit, dans une propriété qu'il avait à la campagne. Tout ceci se passa en l'année 287. — 9 décembre.

HIPPEAS (saint), missionnaire et martyr en Egypte, avec trente-six autres qui s'étaient partagés en quatre bandes pour aller prêcher l'Evangile dans les coins les plus reculés de cette province, fut du nombre de ceux qui allèrent planter la foi dans le midi, sous la conduite de saint Théonas. Les nombreuses conversions qu'ils opéraient déterminèrent le gouverneur à envoyer des soldats dans toutes les directions pour les arrêter, et sur leur refus d'adorer les dieux, il les condamna au dernier supplice. Hippéas et ceux qui avaient évangélisé le midi de la province furent brûlés vifs : on ignore pendant quelle persécution ils souffrirent le martyre. — 16 janvier.

HIPPOLYTE (saint), *Hippolytus*, évêque, docteur de l'Eglise et martyr, était, au rapport du pape saint Gélase, métropolitain d'Arabie, quoiqu'on ne sache pas au juste de quelle ville il était évêque. Il fut d'abord disciple de saint Irénée et de Clément d'Alexandrie, écrivit des commentaires sur plusieurs parties de l'Ecriture, entre autres sur lesquelles il détermina Origène, son disciple, à s'exercer sur le même sujet. Théodoret cite plusieurs de ses homélies. Il avait écrit à l'impératrice Sévéra, femme de Philippe, une lettre qui n'est pas parvenue jusqu'à nous, et dans laquelle il traitait du mystère de l'Incarnation et de la résurrection des morts. Il composa aussi une *Chronique*, qui finissait à l'an 222, et que l'on n'a pu encore retrouver, non plus que son *Traité sur le jeûne du samedi*, ni celui qui avait pour titre : *Si un chrétien doit communier tous les jours*. Il avait aussi composé des *hymnes* sur l'Ecriture sainte, un *Traité sur l'origine du bien et du mal*, un autre *contre Marcion*, un ouvrage contre les hérésies, dans lequel il réfutait trente-deux sectes, en profitant du travail de saint Irénée,

son maître. Dans son homélie contre Noë', hérétique, qui commença à dogmatiser en 245, il établit clairement la distinction des personnes divines, ainsi que la distinction des deux natures en Jésus-Christ : aussi se servit-on avec avantage de son autorité pour combattre les eutychiens. Il est aussi l'auteur d'un cycle pascal : c'était un système qu'il avait inventé pour trouver le jour de Pâques dans un cycle de seize ans : il ne nous en reste que la seconde partie, que Joseph Scaliger fit imprimer pour la première fois en 1583. Deux ans auparavant, c'est-à-dire en 1581, comme on faisait des fouilles sur le chemin de Tivoli, on trouva une statue de marbre qui représentait ce saint, assis dans une chaire, aux deux côtés de laquelle étaient gravés en caractères grecs deux demi-cycles, chacun de huit ans, ainsi que la liste de ses ouvrages. On découvrit aussi, en 1661, son livre de l'*Antechrist*, dont Eusèbe, saint Jérôme et Photius font mention. L'opinion la plus probable est que saint Hippolyte souffrit le martyre pendant la persécution de Dèce, et non sous Alexandre Sévère, comme le disent quelques martyrologes, qui le font en outre évêque de Porto en Italie, confondant cette ville avec Aden en Arabie, qui s'appelait alors *Portus Romanus*, de même que Porto en Italie. On a souvent confondu le saint docteur avec saint Hippolyte, prêtre d'une des églises de Rome, qui souffrit le martyre à Porto, ou plutôt à Ostie, et qui vivait dans le même siècle. On a aussi confondu quelquefois ce dernier avec saint Hippolyte, soldat et martyr converti par saint Laurent, à cause de l'identité des noms jointe à la similitude de leur supplice et à la simultanéité de leur fête. Saint Jean Chrysostome appelle saint Hippolyte une source de lumière, une fontaine spirituelle de l'Eglise, un docteur très-saint : saint Jérôme le qualifie aussi d'homme très-saint et très-éloquent. Sa diction, au jugement de Photius, est claire et grave ; il ne dit rien qui n'aille au but ; mais son style, quoique noble et élégant, n'est pas toujours d'une pureté attique. — 22 août.

HIPPOLYTE (saint), prêtre et martyr, surnommé d'Antioche, pour le distinguer de ses autres homonymes, et surtout de saint Hippolyte d'Ostie, qui, comme lui, avait adhéré au schisme de Novat, et qui était son contemporain, souffrit le martyre à Antioche, pendant la persécution de Dèce. Lorsqu'il fut arrivé sur le lieu du supplice, ses amis lui ayant demandé quelle était la véritable Eglise, il profita de cette question pour abjurer de nouveau les erreurs de Novat, et répondit qu'il fallait suivre la foi que tient la chaire de Pierre ; il tendit ensuite le cou au bourreau. — 30 janvier.

HIPPOLYTE (saint), prêtre de l'Eglise romaine et martyr, était titulaire d'une des anciennes paroisses de Rome. Ayant eu le malheur de s'engager dans le schisme de Novatien et de Novat, il expia cette faute par une rétractation publique et par un glorieux martyre. Ayant été arrêté pendant la persécution de Gallus, il fut conduit à Porto par le préfet de Rome, qui se rendait dans cette ville. Plusieurs chrétiens de son église l'y suivirent, et comme ils lui demandaient ce qu'il fallait faire pour marcher dans la voie droite, il leur répondit : *Fuyez le schisme exécrable de Noval, et retournez à la communion catholique. Que chacun de vous s'attache à l'ancienne foi, à celle que tient la chaire de Pierre. Je me repens du scandale que j'ai donné, et je rétracte ce que j'ai enseigné de contraire à ce que je vous dis maintenant.* Après avoir ainsi détrompé son troupeau, il comparut devant le préfet. En le voyant, le peuple s'écria qu'étant un chef des chrétiens, on devait lui faire subir un supplice extraordinaire ; et, là-dessus, le juge ordonna qu'il fût traité comme Hippolyte, fils de Thésée, dont il portait le nom. Aussitôt on choisit deux des chevaux les plus fougueux qu'on put trouver dans le pays ; on les attacha ensemble avec une longue corde, au bout de laquelle on lia le martyr par les pieds; ensuite on les excita à coups de fouet et par de grands cris. Les dernières paroles qu'on entendit prononcer à Hippolyte furent celles-ci : *Seigneur, ils déchirent mon corps; recevez mon âme.* Les chevaux le traînèrent encore longtemps depuis qu'il avait cessé de vivre. Les fidèles, fondant en larmes, le suivirent à la trace de son sang, qu'ils recueillaient respectueusement avec des éponges ; ils ramassaient aussi les lambeaux épars de sa chair et de ses habits, précieuses reliques qui furent portées à Rome et enterrées dans les catacombes, près d'un autel. Il souffrit l'an 252, à Ostie ou à Porto, mais plus probablement dans la première de ces deux villes, où il avait été jugé. — 13 août.

HIPPOLYTE (saint), martyr à Rome, était un chrétien fervent qui vivait retiré dans une grotte auprès de cette ville, et d'où il ne sortait que pour engager les païens à embrasser la foi. Lorsqu'il en avait converti quelques-uns, il les présentait au pape saint Étienne, qui les baptisait. L'empereur Valérien, informé de cette conduite, se disposa à persécuter les chrétiens, et Hippolyte en instruisit saint Étienne. Celui-ci exhorta les fidèles à se préparer aux épreuves qui les attendaient, et à s'occuper de la conversion de leurs parents et de leurs amis idolâtres, et à les lui amener pour recevoir le baptême. Hippolyte fit baptiser sa sœur Pauline et Adrias, son époux, ainsi que Néon et Marie, leurs enfants, qu'il avait élevés lui-même et instruits dans la religion. Ils se retirèrent dans la solitude d'Hippolyte, qui était une sablonnière près de Rome. Il y fut arrêté avec eux et renfermé dans la prison Mamertine, d'où on les tira trois jours après, pour les appliquer à la question. Hippolyte subit entre autres supplices celui des torches ardentes, et il fut battu avec des fouets plombés, jusqu'à ce qu'il expirât sous les coups, l'an 257. Il fut enterré dans la sablonnière qui lui avait servi de retraite; mais on croit que son corps est à présent à Rome, dans l'église de Sainte-Agathe. — 2 décembre.

HIPPOLYTE (saint), soldat et martyr à Rome, ayant été chargé de garder saint Laurent, emprisonné pour la foi, fut converti et baptisé par ce saint dans sa prison. Après avoir souffert diverses tortures, on l'attacha à des chevaux indomptés qui mirent son corps en pièces, les païens ayant voulu, par ce genre de supplice, lui procurer une mort semblable à celle d'Hippolyte, fils de Thésée, dont il portait le nom. Son martyre eut lieu l'an 258, pendant la persécution de l'empereur Valérien. — 13 août.

HYPPOLYTE (saint), martyr en Afrique, souffrit avec saint Félix et plusieurs autres. — 3 février.

HIPPOLYTE (saint), surnommé Nonne, martyr à Ostie, était un vieillard d'une grande vertu, qui donna la sépulture à sainte Aure. Quelques jours après, assistant à l'interrogatoire de saint Sabinien, intendant de cette sainte martyre, il dit à Ulpius Romulus, vicaire du préfet de Rome : *Si vous connaissiez le Christ, Fils de Dieu, vous ne tourmenteriez pas ainsi ses saints, pour les soumettre à vos vaines idoles; mais vous vous soumettriez vous-même au Créateur de l'univers et à ses serviteurs, et vous n'adoreriez pas des pierres muettes et sans vie.* Ce magistrat, irrité de ces paroles, lui fit lier les pieds et les mains, et précipiter dans un gouffre, où il périt le 22 août 269, sous le règne de Claude le Gothique. — 22 août.

HIPPOLYTE (saint), martyr à Alexandrie avec d'autres, est honoré chez les Grecs le 31 janvier.

HIPPOLYTE (saint), martyr à Fossombrone, souffrit avec saint Laurence. — 2 février.

HIPPOLYTE (saint), martyr dans la Pouille, est honoré à Plaisance le 30 janvier.

HIPPOLYTE (saint), évêque de Belley, avait été abbé de Saint-Oyend, aujourd'hui Saint-Claude, et, après s'être démis de son siège, il retourna dans ce monastère, où il finit ses jours l'an 760. — 20 novembre.

HIPPOLYTE GALANTINI (le bienheureux), fondateur de l'ordre de la Doctrine chrétienne, naquit à Florence, le 12 octobre 1565, de parents pauvres, mais pieux, qui s'appliquèrent à le former à la vertu. Il se conduisait d'une manière si exemplaire, dès sa première jeunesse, qu'il avait à peine douze ans lorsque Alexandre de Médicis, alors archevêque de Florence, et depuis pape sous le nom de Léon XI, le chargea d'enseigner les premiers éléments de la religion à d'autres enfants de son âge. Comme il lui fallait un état pour vivre, il apprit à fabriquer des étoffes de soie ; et il savait si bien ménager son temps, qu'il en trouvait encore pour travailler avec ardeur à sa propre sanctification et pour se livrer à la pratique des bonnes œuvres. On est étonné que, sans fortune, sans études et sans protecteur, il ait pu opérer tant de bien dans une ville telle que Florence. Il fonda une congrégation destinée à instruire des vérités de la religion et à former à la vertu les enfants des deux sexes, et même les adultes qui ignoraient les devoirs de la morale ou les dogmes de la foi. Le nombre des âmes qu'il retira, par ce moyen, de l'ignorance ou du désordre est incalculable. Le zèle du bienheureux Hippolyte eut des imitateurs dans toute l'Italie, et en peu d'années il s'y établit une multitude de congrégations modelées sur la sienne. Il mourut le 20 mars 1619, âgé de cinquante-cinq ans, après avoir été, pendant sa vie, favorisé plusieurs fois du don de prophétie. Il a été béatifié par Léon XII en 1825. — 20 mars.

HIRÉNARQUE (saint), *Hirenarchus*, bourreau et martyr à Sébaste en Arménie, pendant la persécution de Dioclétien. Ayant fait subir à sept femmes chrétiennes les plus cruelles tortures, la constance intrépide qu'elles déployèrent en confessant le nom de Jésus-Christ le frappa tellement, qu'il s'écria tout à coup qu'il était aussi chrétien. Le président Maxime, furieux de cette conversion, ordonna que Hirénarque fût précipité dans un marais, d'où il sortit sain et sauf. Placé ensuite sur un bûcher auquel on mit le feu, les flammes l'épargnèrent comme les eaux; et pour en finir, il fut décapité avec saint Acace, prêtre, et ils sont honorés l'un et l'autre le 27 novembre.

HISQUE (saint), *Hesychius*, prédicateur évangélique, est honoré à Carièse, ville d'Espagne, à présent inconnue. Il pourrait bien être le même que saint Hésyque, qui est honoré le 15 mai. — 1ᵉʳ mars.

HOLDE (sainte). — *Holda*, prophétesse à Jérusalem, fut consultée par le roi Josias sur le livre de la loi, trouvé dans le trésor du temple par les ouvriers qui y faisaient des réparations. Holde prédit aux envoyés du prince tous les maux que la colère de Dieu allait faire fondre sur le peuple; mais elle ajouta que ces maux ne commenceraient qu'après la mort de Josias, parce qu'il s'était humilié devant le Seigneur. Elle est honorée chez les Grecs le 10 avril.

HOMBAUD (le bienheureux), *Humbaldus*, évêque d'Auxerre, fut sacré à Milan par le pape Urbain II, sur la fin du XIᵉ siècle, et depuis son élévation à l'épiscopat, il ne mangea plus ni chair ni poisson. Il donna une partie de ses biens au monastère de Fontemoiz, qui venait d'être fondé. Il établit des Chanoines réguliers à Saint-Père et à Saint-Eusèbe, et mourut vers l'an 1114. Le catalogue des évêques d'Auxerre lui donne le titre de saint. — 20 octobre.

HOMBELINE (la bienheureuse), *Hombelina*, religieuse, était sœur de saint Bernard, et naquit l'an 1092. Saint Bernard ayant pris l'habit religieux à Citeaux, avec ses frères, Hombeline, qui héritait de leurs biens, se maria avec un seigneur, qui était parent de la duchesse de Lorraine. Elle menait une vie assez mondaine dans le siècle, lorsqu'elle alla visiter (1122) ses frères qui étaient alors à Clairvaux. Bernard, supérieur de la communauté, sachant que sa sœur arrivait avec une suite pompeuse et un train de grande dame, refusa de sortir pour la voir. Ce refus, dont elle comprenait le motif, la plongea dans l'affliction et les larmes. Désirant voir son frère à tout prix, « qu'il vienne, s'écria-t-elle, et je ferai tout ce qu'il me commandera. » Sur cette assurance, Bernard sortit avec ses frères de l'enceinte interdite aux personnes de son sexe et se rendit près d'elle. Dans l'entretien qu'ils eurent ensemble, il lui défendit les vanités du siècle et le luxe des habits, lui prêcha le renoncement aux plaisirs et la mortification chrétienne, et finit par lui proposer pour modèle de conduite l'exemple de la vénérable Alette, leur mère. Hombeline, touchée de la grâce, se conforma fidèlement aux avis de Bernard, et de retour chez elle, elle prit des vêtements simples et se livra aux pratiques de la piété et de la pénitence. Ce changement subit édifia tout le monde, et deux ans après elle obtint de son mari la permission de se consacrer à Dieu dans le monastère de B llette, que son frère avait fondé pour des religieuses dans le diocèse de Langres. Les grâces abondantes dont Dieu la favorisa la firent parvenir à un haut degré de sainteté. Elle faisait, par ses vertus, l'admiration de tous ceux qui la connaissaient et la joie de saint Bernard, qui la dirigeait lui-même dans les voies de la perfection. Elle prenait sur des planches le peu de repos qu'elle accordait à la nature, et souvent même elle passait les nuits entières à réciter des psaumes ou à méditer sur la passion de Jésus-Christ. Toujours la première aux différents exercices de la communauté, son exemple maintenait l'exactitude et la ferveur parmi les religieuses. Dans sa dernière maladie, elle fut visitée par saint Bernard, qui l'exhorta à la mort, et elle mourut dans ses bras, à l'âge de quarante-neuf ans, le 21 août 1141, jour où l'Église l'honore d'un culte public. — 21 août.

HOMBERGE (sainte), *Homberga*, femme mariée, florissait dans le XIIᵉ siècle, et elle est honorée à Saint-Mihiel dans le duché de Bar le 29 juin.

HOMOBON (saint), *Homobonus*, marchand, né à Crémone, au XIIᵉ siècle, fut élevé dans l'amour de Dieu et l'horreur du péché. Lorsqu'il fut en âge de se marier, ses parents, qui étaient dans le commerce, lui choisirent une épouse vertueuse. Il avait embrassé la profession de son père, et il s'y sanctifia par la pratique des vertus chrétiennes. Il avait acquis tant d'empire sur lui-même, qu'il possédait toujours son âme en paix, et qu'on disait de lui qu'il était né sans passions. Plein d'une tendre charité pour les pauvres, il les soulageait de tout son pouvoir, et après la mort de son père, qui lui laissa des biens considérables, il augmentait encore ses aumônes. N'attendant pas que les malheureux vinssent à sa porte, il allait lui-même les trouver jusque dans leurs réduits, et tout en soulageant leur misère, il les exhortait à se corriger de leurs fautes et à mener une vie plus chrétienne. Sa femme, quoique pieuse et charitable, trouvait cependant ses aumônes excessives et lui reprochait quelquefois d'appauvrir sa famille; mais Homobon représentait avec douceur que ce que l'on donne à Jésus-Christ dans la personne des pauvres profite au centuple. On rapporte que Dieu récompensa, même en ce monde, ses immenses charités, en multipliant plus d'une fois entre ses mains les secours qu'il distribuait. Il joignait à l'aumône le jeûne et la prière, à laquelle il consacrait un temps considérable : il n'interrompait pas même ce saint exercice pendant qu'il vaquait aux affaires de son négoce, et tous les lieux où il se trouvait étaient pour lui des lieux d'oraison. Toutes les nuits il assistait à Matines dans l'église de Saint-Gilles, et il n'en sortait que le matin, après la grand'messe. Il assistait au saint sacrifice avec tant de ferveur et de recueillement, que tous ceux qui le voyaient se sentaient eux-mêmes portés à la dévotion. Aussi ses exemples édifiants convertirent un grand nombre de pécheurs. Le 13 novembre 1197, il assista à Matines, comme à l'ordinaire, et resta prosterné, selon sa coutume, devant le crucifix, avant que le prêtre ne commençât la messe. Au *Gloria in excelsis* il étendit les bras en forme de croix ; aussitôt il tomba le visage contre terre. Ceux qui le virent en cette posture s'imaginèrent qu'il se prosternait par dévotion ; mais, quand on s'aperçut qu'il ne se levait pas à l'Evangile, on s'approcha de lui et l'on s'aperçut qu'il était mort. Sicard, évêque de Crémone, se rendit à Rome pour solliciter sa canonisation, et Innocent III le mit au nombre des saints l'année suivante (1198). Son corps, qui avait été enterré dans l'église de Saint-Gilles, fut levé de terre en 1356 et transféré dans la cathédrale de Crémone, à l'exception de son chef qui se garde à Saint-Gilles. Le célèbre Vida, compatriote de saint Homobon, a composé en son honneur une hymne qui commence par ces mots : *Beate pauperum pater*. Il est patron de Crémone ainsi que de beaucoup de confréries de marchands. — 13 novembre.

HONEST (saint), *Honestus*, prêtre et missionnaire, fut disciple de saint Saturnin, premier évêque de Toulouse, et porta le flambeau de la foi dans la Navarre. Il florissait après le milieu du III° siècle et il s'illustra par son zèle, sa science, ses vertus et par ses succès apostoliques. Il convertit, à Pampelune, saint Firmin qui devint son disciple et qui fut ensuite premier évêque d'Amiens. Les reliques de saint Honest se gardaient autrefois à l'abbaye d'Hyères en Provence. — 16 février.

HONGER (saint), *Hungerus*, évêque d'Utrecht, est honoré à Maso sur la Rure le 22 décembre.

HONNOU (saint), *Honulfus*, évêque de Sens, florissait au milieu du VIII° siècle et mourut en 761. Ses reliques se gardent dans une église près d'Arras. —19 décembre.

HONORAT (saint), *Honoratus*, martyr à Potenza en Italie avec saint Aronce et deux autres de ses frères, était fils de saint Boniface et de sainte Thècle. Arrêtés à Adrumète, pendant la persécution de Dèce, le père, la mère et leurs douze fils furent conduits à Carthage, où ils confessèrent Jésus-Christ. Le juge Valérien, après avoir fait mourir la plus grande partie de cette généreuse famille, envoya en Italie Honorat et les trois de ses frères qui survivaient aux tortures qu'ils avaient subies. Ils furent martyrisés à Potenza dans la Basilicate l'an 251, et leurs corps se gardent à Bénévent. — 28 août.

HONORAT (saint), martyr à Ostie, souffrit avec deux autres. — 22 décembre.

HONORAT (saint), martyr en Afrique avec plusieurs autres, est honoré le 29 décembre.

HONORAT (saint), évêque de Toulouse, florissait dans le III° siècle. Tout ce que l'on sait de lui, c'est qu'il donna l'onction épiscopale à saint Firmin premier évêque d'Amiens. — 21 décembre.

HONORAT (saint), évêque de Verceil, succéda à Limène et fut sacré par saint Ambroise, au commencement de l'année 397. Bientôt après son ordination, il se rendit à Milan auprès du saint docteur, qui venait de tomber dangereusement malade. Comme il prenait un peu de repos dans une chambre haute, il entendit une voix qui lui cria par trois fois : *Levez-vous et descendez promptement; car il va partir*. Il courut porter l'Eucharistie au saint, qui ne l'eut pas plutôt reçue qu'il rendit l'esprit. Saint Honorat mourut quelques années après, au commencement du V° siècle. — 28 octobre.

HONORAT (saint), évêque d'Arles, né dans les Gaules, d'une illustre famille, originaire de Rome, fut élevé d'une manière qui répondait à sa naissance, et il se rendit fort habile dans l'étude des belles-lettres. Il quitta de bonne heure les superstitions du paganisme pour embrasser la foi chrétienne, et il convertit ensuite saint Venance, son frère aîné. Dégoûtés, l'un et l'autre, des vanités du monde, ils auraient bien voulu tout quitter pour servir Dieu ; mais comme leur père, qui était païen, s'opposait à leurs vues, ils quittèrent secrètement la maison paternelle et s'embarquèrent pour la Grèce, sous la conduite d'un saint ermite nommé Caprais, dans le dessein de vivre inconnus dans quelque désert. Saint Venance étant mort à Mettrone, aujourd'hui Modon, dans la Morée, sur la fin du IV° siècle, saint Honorat, vivement affligé de cette perte, revint dans les Gaules pour soigner sa santé qui était très-mauvaise. Il vécut ensuite en ermite sur les montagnes de Fréjus, après quoi il se retira dans la petite île de Lérins, aujourd'hui l'île Saint-Honorat, et y fonda vers l'an 400 un monastère qui devint bientôt très-célèbre. Quelques-uns de ses disciples vivaient en communauté, et les plus parfaits, dans des cellules séparées : la règle qu'ils suivaient était tirée en partie de celle de saint Pacôme. Le saint fondateur du monastère de Lérins en fut aussi le premier abbé, et il ne pensait qu'à conduire ses religieux dans les voies de la perfection, lorsqu'en 426, il fut tiré de sa solitude pour être placé sur le siège d'Arles ; mais il succomba sous le poids de ses austérités et de ses travaux apostoliques en 429.

Son corps fut porté solennellement dans l'église de Saint-Genès, qui a pris le nom de Saint-Honorat et qui est située à un quart de lieue d'Arles. Il fut transféré à Lérins, l'an 1391. Saint Honorat avait écrit plusieurs lettres dont nous devons singulièrement regretter la perte, d'après l'éloge qu'en fait saint Hilaire, son disciple et son successeur, dans le beau panégyrique qu'il a composé en son honneur. — 16 janvier.

HONORAT (saint), abbé de Fondi, était le fils d'un fermier et n'eut de maître dans la vie spirituelle que l'Esprit saint. Dès sa jeunesse il montrait beaucoup de goût pour la mortification, et lorsqu'il fut maître de ses actions il quitta le siècle pour ne plus servir que Dieu. Il bâtit le monastère de Fondi dont il fut le premier abbé, et il y compta jusqu'à deux cents religieux dont il était comme la règle vivante. Il mourut vers le milieu du VIᵉ siècle. Après sa mort, sa sainteté éclata par des miracles, et saint Grégoire le Grand rapporte, dans l'éloge qu'il fait de lui, qu'une de ses sandales, appliquée sur un enfant mort, le rendit à la vie. — 16 janvier.

HONORAT (saint), évêque de Milan et confesseur, florissait dans le VIᵉ siècle et mourut à Gênes l'an 572. — 8 février.

HONORAT (saint), évêque d'Amiens, naquit au village de Port, dans le Ponthieu. Il fut élevé à l'épiscopat vers l'an 660, et il gouverna son troupeau avec beaucoup d'édification pendant trente ans. Il mourut l'an 690, et saint Salve fut son successeur. — 16 mai.

HONORATE (sainte), l'une des compagnes de sainte Ursule, est honorée comme vierge et martyre dans le diocèse de Chartres. — 16 avril.

HONORÉ (saint), *Honoratus*, évêque de Brescia en Lombardie, florissait dans la première partie du VIIᵉ siècle et mourut en 636. — 24 avril.

HONORÉ (saint), archevêque de Cantorbéry, Romain de naissance, embrassa l'état monastique dans sa patrie, et le pape saint Grégoire le Grand, qui connaissait ses vertus et ses lumières, l'associa aux hommes apostoliques qu'il avait chargés de travailler à la conversion de l'Angleterre sur la fin du VIᵉ siècle. Il fut élu, en 630, pour succéder à saint Just, archevêque de Cantorbéry, et il reçut à Lincoln l'onction épiscopale des mains de saint Paulin, archevêque d'York. Le pape Honorius Iᵉʳ lui envoya le *pallium* et lui écrivit en même temps une lettre qui portait que quand l'archevêché d'York serait vacant, celui qui aurait été élu pour remplir ce siège serait sacré par l'archevêque de Cantorbéry et réciproquement. Saint Honoré, qui avait beaucoup contribué à étendre, en Angleterre, le *royaume de Jesus-Christ*, lorsqu'il n'était que simple prêtre, y contribua encore davantage après son élévation. Il instruisait son troupeau par ses discours, l'édifiait par ses exemples et s'appliquait à mettre, partout où le besoin s'en faisait sentir, des pasteurs pieux et éclairés. Il mourut le 30 septembre 653. — 30 septembre.

HONORÉ (saint), martyr en Poitou, né à Buzançais, dans le diocèse de Bourges, sur la fin du XIIIᵉ siècle, embrassa l'état de son père, qui était marchand de bestiaux, et acquit une assez grande fortune ; mais il ne s'en servit que pour faire du bien aux pauvres et pour doter des jeunes gens vertueux. Un jour qu'il revenait de voyage, s'étant aperçu que ses domestiques avaient commis un vol, il leur en fit de graves reproches. Ceux-ci, irrités de ses remontrances, le tuèrent près de Parthenay en Poitou. A l'enlèvement de son corps, il s'opéra plusieurs miracles, et l'église de Thenezay lui fut dédiée sur la demande des habitants du lieu, qui possèdent son chef. Le reste de ses reliques fut transporté à Buzançais, sa patrie, dont il est le patron. En 1562, les calvinistes brûlèrent son corps et en jetèrent les cendres au vent. Saint Honoré fut canonisé en 1444. — 9 janvier.

HONORÉE (sainte), *Honorata*, martyre à Carthage, où elle fut conduite avec saint Saturnin, saint Datif et les autres martyrs d'Abitine, confessa la foi devant le proconsul Anulin, et mourut en prison l'an 304, sous l'empereur Dioclétien. — 12 février.

HONORÉE (sainte), vierge et martyre, avec sainte Germaine, sa parente, fut massacrée par les soldats d'Attila en 451. Elle est patronne de Bar-sur-Aube où l'on garde ses reliques. — 1ᵉʳ octobre.

HONORÉE (sainte), vierge et martyre, était une des compagnes de sainte Ursule et souffrit avec elle vers le milieu du Vᵉ siècle. Son corps a été transporté de Cologne à Tournai, où l'on célèbre sa fête le 6 juin.

HONORÉE (sainte), vierge, était sœur de saint Epiphane, évêque de Pavie, qui lui donna le voile vers l'an 471. Elle mourut vers l'an 500, et on fait sa fête le 11 janvier.

HONORINE (sainte), *Honorina*, vierge et martyre, souffrit dans le pays de Caux, en Normandie, dans le IIIᵉ ou dans le IVᵉ siècle, et fut enterrée dans le village de Graville, près l'embouchure de la Seine. Pendant les incursions des Normands au Xᵉ siècle, son corps fut porté à Conflans-Sainte-Honorine, au diocèse de Paris, où l'on fonda un prieuré. Il y a en Normandie plusieurs paroisses qui portent son nom. — 27 février.

HONORIUS (saint), martyr à Rome avec saint Evode et un autre, fut enterré au Champ-Véran. — 19 juin.

HONORIUS (saint), martyr à Alexandrie, souffrit avec saint Mansuet et plusieurs autres. — 30 décembre.

HONORIUS (saint), martyr à Ostie avec saint Démètre, est honoré le 21 novembre.

HONORIUS (saint), martyr en Espagne, souffrit avec saint Eutyche et un autre. — 21 novembre.

HORE (saint), *Horus*, missionnaire et martyr en Égypte, se livrait avec zèle à la prédication de l'Évangile dans la partie orientale de cette province, sous la conduite de saint Paul, qui fut arrêté avec ses compagnons par ordre du gouverneur. Conduits devant ce magistrat, leur refus de sacrifier aux dieux les fit condamner au supplice du feu, dans le II° ou le III° siècle. — 16 janvier.

HORMISDAS (saint), martyr à Trèves, souffrit avec saint Palmas et plusieurs autres, par ordre du président Rictiovare, l'an 287, pendant la persécution de Dioclétien. — 5 octobre.

HORMISDAS (saint), martyr, d'une des plus illustres familles de Perse, était fils d'un satrape, ou gouverneur de province. Le roi Vararanes V, qui continuait la persécution commencée par son père Isdegerde, fit venir Hormisdas, et lui ordonna de renier Jésus-Christ. *Vous me commandez là une chose injuste en soi et contraire à vos propres intérêts; car celui qui serait capable de violer la loi du Seigneur de toutes choses ne resterait pas longtemps fidèle à son prince, qui n'est qu'un homme mortel. Si c'est un crime digne du dernier supplice de vous refuser l'obéissance qui vous est due, ne serait-ce pas un crime plus grand encore de renoncer au Dieu de l'univers?* — Cette réponse, aussi sage que ferme, fit entrer le roi en fureur. Il dépouilla Hormisdas des biens et des dignités dont il jouissait; il lui fit même ôter ses habits, ne lui laissant qu'un morceau de toile qui lui ceignait les reins. Il le chassa ensuite du palais et le condamna à conduire les chameaux de l'armée. Hormisdas se soumit avec joie à ce traitement ignominieux ; et un jour Vararanes l'ayant aperçu par une fenêtre de son palais, et, remarquant que sa figure était hâlée par le soleil et son corps tout couvert de poussière, parut touché de l'état où il le voyait réduit. Il l'envoya donc chercher et il lui donna une tunique de lin, en lui disant : *Ne soyez pas si opiniâtre et renoncez enfin au fils du charpentier.* Hormisdas, transporté d'un saint zèle, déchira la tunique en présence du roi et lui dit ensuite : *Gardez votre présent, puisque vous voulez me le faire acheter par l'apostasie.* Vararanes, furieux, le fit chasser de sa présence, et l'on ignore ce qu'il devint depuis ; ce que l'on sait, c'est qu'il mourut saintement dans le v° siècle, et son nom se lit dans le Martyrologe romain, qui lui donne le titre de martyr. — 8 août.

HORMISDAS (saint), pape et confesseur, né à Frosinone, dans la campagne de Rome, succéda sur la chaire de saint Pierre à saint Symmaque, en 514. Il envoya une ambassade à l'empereur Anastase, qui reçut mal les envoyés du pontife, et ne voulut pas faire droit à leurs justes réclamations. Cependant Hormisdas vint à bout d'éteindre le schisme qui troublait l'Église d'Orient, et qui avait été causé par les eutychiens, c'est dans le concile tenu à Rome, l'an 518, que la paix fut conclue. C'est par la crainte de paraître favoriser les partisans de cette hérésie qu'il refusa d'approuver une proposition que lui soumirent quelques moines de la Scythie, et qui était conçue en ces termes : « Un de la Trinité a souffert dans la chair, » quoiqu'elle présentât un sens orthodoxe, comme le déclara plus tard Jean II. Saint Hormisdas veillait avec une attention infatigable sur toutes les églises, s'appliquait à maintenir le clergé dans la régularité, et il fit plusieurs sages règlements sur le culte divin et surtout sur la psalmodie. Il se fit admirer par ses vertus, et principalement par sa modestie et sa douceur. Il mourut le 6 août 523, après un pontificat de huit ans et quelques mois. Il a laissé un grand nombre de lettres qui ont été insérées dans la collection des conciles. Il avait été engagé dans le mariage avant d'entrer dans l'état ecclésiastique, et il eut un fils, saint Silvère, qui monta aussi sur la chaire de saint Pierre. — 6 août.

HORPRÈSE (saint), *Horpresius*, martyr en Égypte avec trente-six autres qui, s'étant partagés en quatre bandes comptant chacune neuf missionnaires, et à la tête desquelles était Paul, allèrent prêcher l'Évangile dans les différentes parties de la province. Le gouverneur, informé de leurs succès, les fit tous arrêter et comparaître devant lui. Paul, prenant la parole pour lui et ses compagnons, refusa la proposition qu'on leur faisait de sacrifier aux dieux. Ils furent condamnés à différents genres de supplices. Horprèse, qui avait évangélisé la partie orientale de l'Égypte, fut brûlé vif. On ne sait si leur martyre eut lieu dans le II° siècle ou dans le III°. — 16 et 18 janvier.

HORRÈS (saint), martyr à Nicée avec saint Theusétas et plusieurs autres, fut brûlé vif pour la foi. — 13 mars.

HORTASE (saint), *Hortasius*, martyr à Alexandrie avec le prêtre saint Potamon, souffrit vers le milieu du IV° siècle, sous l'empereur Constance, et fut condamné à mort par Philagre, gouverneur d'Égypte, qui était un arien déclaré. — 18 mai.

HORTENSE (saint), *Hortensius*, évêque, est honoré le 11 janvier.

HORTULAN (saint), *Hortulanus*, évêque en Afrique et confesseur, fut exilé avec plusieurs de ses collègues par le roi Genséric, pendant la persécution des Vandales. On croit qu'il occupait le siège de Tripoli. — 28 novembre.

HOSPICE (saint), *Hospitius*, reclus en Provence, nommé vulgairement saint Sospis, naquit au commencement du VII° siècle, et quitta le monde pour se retirer dans une tour abandonnée, près de Nice, en Provence. Il portait sous son cilice de grosses chaînes de fer, et ne vivait que de pain et de dattes. En carême, il redoublait ses austérités et ne se nourrissait alors que de certaines racines qu'il faisait venir d'Égypte, afin de retracer plus parfaitement le genre de vie des anachorètes de ce pays, qu'il avait visités afin de s'instruire par leurs exemples et par leurs discours, dans les maximes de la perfection. Il fut favorisé du don des miracles et de celui de prophétie : il prédit, entre autres choses, les ravages que les Lombards devaient faire dans les Gaules. Ces barbares étant venus jusqu'à sa tour, et voyant les chaînes dont il s'était lié, le prirent pour un malfaiteur que l'on avait ainsi renfermé. Hospice leur dit qu'il était en effet un grand criminel, digne du dernier supplice ; alors un soldat se dispose à lui fendre la tête : déjà il levait son arme, mais une force invisible retint son bras qui resta tellement engourdi, qu'il ne pouvait plus s'en servir. Hospice lui en rendit l'usage en faisant dessus le signe de la croix. Le soldat, frappé de ce double prodige, renonça au monde et servit Dieu jusqu'à sa mort auprès du saint reclus. Après avoir passé quinze ans dans sa tour, Hospice, averti par révélation du moment de sa mort, pria le supérieur d'un monastère voisin de venir le visiter, et lorsqu'il fut arrivé, il lui dit : « Faites prévenir l'évêque de Nice qu'il vienne dans trois jours pour donner la sépulture à mon corps. » S'étant fait ensuite ôter ses chaînes, il pria longtemps, prosterné la face contre terre. Lorsqu'il se sentit défaillir, il se coucha sur un banc qui lui servait de lit, et expira le 21 mai 681. Ses reliques se gardent dans la cathédrale de Nice, où il fut enterré par Austade, qui en était évêque. Un miracle opéré à Lérins par la poussière de son tombeau l'a fait mettre au nombre des patrons de cette île. — 21 mai.

HOU, HOÏLDE ou HOULDE (sainte), *Hoïldis*, vierge, était sœur de sainte Lindru, de sainte Ménehould et de plusieurs autres saintes, qui furent instruites dans la religion par un saint prêtre, nommé Eugène, et reçurent le voile des mains de saint Alpin, évêque de Châlons-sur-Marne, et restèrent toutes dans la maison paternelle jusqu'à ce que Lindru se retira dans un petit ermitage. Sainte Hou imita le genre de vie de sainte Lindru. On ignore en quelle année du v siècle elle mourut. Son corps resta dans le Perthois jusque vers l'an 1158 qu'il fut porté à Troyes et déposé dans l'église de Saint-Etienne. Un monastère de l'ordre de Citeaux, qui portait son nom et qui était situé près de Bar-le-Duc, possédait un de ses bras ; l'autre fut porté à Paris et placé sous le maître-autel des Petites-Cordelières du faubourg Saint-Germain. — 30 avril.

HOUARDON (saint), *Huardo*, évêque de Saint-Paul de Léon, succéda à saint Ténénan, et mourut au milieu du viie siècle. Il est honoré dans cette ville le 10 novembre.

HUBERT (saint), *Hubertus*, évêque de Liége, succéda sur le siège de Maestricht, vers l'an 708, à saint Lambert dont il avait été le disciple. On croit qu'il sortait d'une famille noble de l'Aquitaine, qu'il mena une vie assez mondaine à la cour de Thierri III et à celle de Pepin d'Héristal, maire du palais d'Austrasie. La tradition porte encore qu'étant dans le monde il aimait beaucoup la chasse ; aussi les chasseurs l'ont-ils choisi pour leur patron. On ignore par quel événement s'opéra sa conversion ; mais aussitôt que la grâce eut touché son cœur et qu'il eut pris la résolution de ne plus vivre que pour Jésus-Christ, il se mit sous la conduite de saint Lambert, évêque de Maestricth, qui l'éleva dans la suite au sacerdoce, et l'associa au gouvernement de son diocèse. Saint Lambert ayant été indignement massacré, Hubert fut élu pour lui succéder, et marcha dignement sur les pas de son saint prédécesseur, à l'école duquel il s'était formé. Rempli de charité pour les pauvres et de zèle pour le salut des pécheurs, il s'appliquait avec une ardeur infatigable à soulager les besoins corporels et spirituels de son troupeau, à détruire le vice et à extirper les restes de l'idolâtrie. Il prêchait avec tant de force et d'onction, que la parole de Dieu dans sa bouche était véritablement un glaive à deux tranchants, et le peuple accourait de bien loin pour entendre ses instructions. En 720, il transféra le corps de saint Lambert de Maestricht à Liége, qui n'était alors qu'un village : il le plaça dans une belle église qu'il avait fait bâtir dans le lieu même où il avait été martyrisé, et qui devint la cathédrale de Liége, lorsque l'année suivante Hubert y eut transféré son siége épiscopal. Depuis ce temps, la ville de Liége honore saint Lambert comme son principal patron, et regarde saint Hubert comme son fondateur. Saint Hubert pénétra ensuite dans la forêt des Ardennes, qui servait de retraite à un grand nombre d'idolâtres dont il opéra la conversion. Dieu, pour rendre ses travaux plus efficaces, lui communiqua le don des miracles. Un jour qu'il faisait la procession des Rogations avec son clergé, précédé de la croix et des reliques des saints, et qu'on chantait les litanies selon l'usage déjà établi alors, une femme possédée du démon troubla cette pieuse cérémonie ; mais le saint évêque lui imposa silence et la délivra en faisant sur elle le signe de la croix. Dans un temps de sécheresse, il obtint aussi de la pluie par ses prières. Instruit, par révélation, du moment de sa mort, un an avant qu'elle n'arrivât, il fit ses dernières dispositions, et plus le jour approchait, plus il redoublait ses prières, ses jeûnes et ses austérités. Il allait plus souvent au tombeau de saint Lambert et à l'autel de saint Aubin, afin de recommander son âme à Dieu par leur intercession. Ayant été consacrer, à douze lieues de Liége, la nouvelle église de Fur, en Brabant, il fit ses adieux à son troupeau dans le discours qu'il prononça à cette occasion. Après la cérémonie, il fut pris de la fièvre, et au bout de six jours, il mourut le 30 mai 727. Son corps fut rapporté à Liége et déposé dans l'église collégiale de Saint-Pierre. En 825, il fut transféré, avec la permission de Louis le Débonnaire, à l'abbaye d'Audain, dans les Ardennes, laquelle porta depuis son nom. Sa châsse est visitée par un grand nombre de pèlerins : on l'invoque surtout contre la rage, et il s'est opéré un grand nombre de cures miraculeuses par son intercession. Sa principale fête se célèbre le 3 novembre, sans doute à cause de quelque translation de ses reliques. — 3 novembre.

HUBERT DE MIRABELLO (le bienheureux), évêque de Valence, né en Espagne au milieu du xiie siècle, entra, très-jeune encore, dans l'ordre des Chartreux. Elevé sur le siége de Valence en 1199, il eut beaucoup à combattre pour la défense des droits de son église, mais sans jamais s'écarter de la douceur évangélique. Dans les guerres que le malheur des temps l'obligea à soutenir, il ne porta jamais les armes en personne. Dieu protégea visiblement sa cause dans plusieurs conflits qu'il eut avec des seigneurs, qui attaquaient à main armée les terres de son église. Il dompta la révolte d'un de ses vassaux, Gontard de Cabéol, qu'il fit renfermer dans la prison de Valence ; mais il lui pardonna bientôt après. Sa vie fut agitée par beaucoup de traverses qu'il supporta avec une grandeur d'âme qui lui valut l'admiration de ses ennemis mêmes, et après avoir gouverné vingt ans son diocèse, il mourut le 27 février 1220. Il est honoré comme bienheureux le 6 septembre.

HUGOLIN (saint), *Hugolinus*, Frère Mineur et martyr à Ceuta en Mauritanie, avec six de ses compagnons qui, ayant passé en Afrique pour prêcher l'Évangile aux mahométans, furent mis à mort par ces infidèles le 10 octobre 1221. Ils sont honorés comme martyrs par un décret de Léon X, et leur fête a été fixée au 13 octobre.

HUGOLIN (le bienheureux), de l'ordre des Ermites de Saint-Augustin, était natif de Mantoue et mourut à Cortone vers l'an 1469. Il est honoré dans son ordre le 21 mars.

HUGOLINE (la bienheureuse), *Hugolina*, vierge, est honorée à Verceil en Piémont le 8 août.

HUGON (saint), *Hugo*, prêtre de l'ordre de Saint-Jean de Jérusalem, dit depuis ordre de Malte, florissait au commencement du XIII⁰ siècle et mourut à Gênes vers l'an 1230. — 8 octobre.

HUGUES (saint), *Hugo*, évêque de Rouen, était fils de Drogon, duc ou comte de Champagne, et cousin germain de Pépin, roi de France. Elevé par Ansflède, son aïeule, qui lui inspira un grand mépris pour le monde, il renonça généreusement à toutes les grandeurs humaines pour prendre l'habit monastique à Fontenelle ou à Jumièges, sans qu'on sache laquelle de ces deux abbayes eut l'honneur de le compter au nombre de ses religieux : ce que l'on sait, c'est qu'il donna de grands biens à l'un et à l'autre. Placé ensuite sur le siège métropolitain de Rouen, l'an 722, il fut aussi chargé pendant quelque temps de l'administration des diocèses de Bayeux et de Paris ainsi que des abbayes de Fontenelle ou Saint-Vandrille et de Jumièges. Ce ne fut ni par ambition, ni par intérêt qu'il cumula ces bénéfices, mais pour empêcher qu'ils ne tombassent en des mains indignes ; d'ailleurs il en employait les revenus à des œuvres saintes, et il s'en débarrassa aussitôt que cela lui fut possible, c'est-à-dire, après y avoir réformé les abus les plus criants. Il mourut jeune à Jumièges après huit ans d'épiscopat, l'an 730. — 9 avril.

HUGUES (saint), prieur d'Ancy le Duc, naquit vers le milieu du IX⁰ siècle, de parents pieux, qui le consacrèrent au Seigneur dès l'âge de sept ans. Il fut élevé dans l'abbaye de Saint-Savin en Poitou, et il s'y distingua par sa ferveur. Le comte Badillon ayant rebâti, sur la fin du règne de Charles le Chauve, le monastère de Saint-Martin d'Autun, il y fit venir des religieux de Saint-Savin. Hugues fit partie de cette nouvelle colonie, et il détermina, par ses exhortations, le comte Badillon et l'un de ses neveux à embrasser l'état dans le monastère qu'ils avaient restauré. Il passa ensuite dans celui de la Baulme où il contribua beaucoup au rétablissement de la discipline telle qu'on l'avait établie en France sous S. Benoît d'Aniane. Plus tard, il passa en qualité de prieur dans le monastère d'Ancy le Duc, qui dépendait de celui de Saint-Martin d'Autun, et il y fit régner la plus exacte régularité. Tous ses inférieurs étaient pénétrés pour lui de l'estime la plus profonde et de la confiance la plus entière : il était aussi très-respecté des populations du voisinage, qui ne faisaient rien d'important sans l'avoir consulté. Il mourut vers l'an 930. — 20 avril.

HUGUES (saint), surnommé le Pèlerin, florissait dans le milieu du X⁰ siècle et mourut en 966. Il était autrefois honoré à Nauvigne dans l'Auxerrois, le 6 juin.

HUGUES (saint), abbé de Cluny, était fils du comte Dalmace, et naquit à Semur en Briennois, dans le diocèse d'Autun, l'an 1024. Destiné par son père à la profession des armes, et à l'église par Aremburge de Vergy, sa mère, il fut élevé par Hugues, évêque d'Auxerre, son grand-oncle, et fit de grands progrès dans les sciences et dans la vertu. Par déférence pour la volonté de son père, il s'appliqua à tous les exercices propres à former un militaire, mais son goût le portait à la fuite du monde, et, désirant le quitter pour toujours, il demanda et obtint du comte son père la permission d'entrer dans le monastère de Cluny alors gouverné par saint Odilon. Il y fit profession en 1040, n'étant encore âgé que de seize ans. Quelques années après, il fut élu prieur par toute la communauté, qu'il édifiait par ses vertus. On le députa ensuite en Allemagne, l'an 1046, pour négocier la réconciliation des moines de Payerne, abbaye dépendant de Cluny, avec Henri III, dit le Noir, qui fut couronné empereur la même année, et sa mission eut un heureux succès. Saint Odilon étant mort au commencement de l'année 1049, le prieur Hugues fut élu à l'unanimité pour lui succéder, et l'archevêque de Besançon le bénit le 22 février de la même année. Au mois d'octobre suivant, il assista au concile tenu à Reims par le pape saint Léon IX. Il reconduisit le pape à Rome et assista au concile qui y fut tenu contre les erreurs de Bérenger. L'empereur Henri III, qui l'estimait singulièrement, lui fit tenir un de ses fils sur les fonts du baptême, et il accepta pour médiateur entre lui et André, roi de Hongrie. Il reçut les derniers soupirs d'Étienne IX, qui mourut à Florence l'an 1058, et il fut honoré de la confiance de Nicolas II et d'Alexandre II, qui l'adjoignirent aux légats qu'ils envoyaient en France, de manière qu'il assista, en vertu des pouvoirs qu'il tenait du saint-siége, à presque tous les conciles qui se tinrent de son temps dans ce royaume. Il contribua à réconcilier avec l'empereur Henri IV, Grégoire VII, qu'il avait connu à Cluny lorsqu'il n'était encore que le moine Hildebrand et dont il resta toujours l'ami; il jouit aussi de l'estime des papes Urbain II et Pascal II. Saint Hugues joignait à toutes les vertus d'un fervent religieux une grande capacité pour les affaires, et l'abbaye de Cluny ne fut jamais plus florissante que sous son gouvernement; on venait s'y rendre de toutes parts comme dans un lieu où régnait la plus parfaite discipline. Le plus illustre de ceux qui vinrent y faire profession fut Hugues, duc de Bourgogne, qui laissa ses états à son frère Eudes pour prendre l'habit monastique. Lorsque Guillaume le Conquérant se fut emparé de l'Angleterre, il écrivit à l'abbé de Cluny pour lui demander de ses religieux, s'offrant à donner 100 livres d'argent pour chacun de ceux qu'on lui accorderait. Hugues répondit qu'il donnerait volontiers une pareille somme pour chaque bon religieux qu'on lui procurerait, si c'était une chose qu'on pût acheter, et la demande du prince n'eut aucun résultat. Saint Hugues, après avoir gouverné soixante ans sa communauté, mourut le 29 avril 1109, à l'âge de quatre-vingt-cinq ans, et le pape Caliste II le mit au nombre des saints en 1121. Il a laissé plusieurs lettres et des statuts pleins de sagesse pour ses moines et pour les religieuses de Marcigny, monastère qu'il avait fondé. — 29 avril.

HUGUES DE MACON (le bienheureux), évêque d'Auxerre, mourut vers l'an 1151, à Pontigny. — 10 octobre.

HUGUES (saint), évêque de Grenoble, né en 1053 à Châteauneuf en Dauphiné, était fils d'un brave officier, nommé Odilon, qui savait allier les devoirs du christianisme à ceux de sa profession, et qui se retira plus tard à la grande Chartreuse. Hugues montra de bonne heure de grandes dispositions pour les sciences et pour la piété, et lorsqu'il fut en âge de choisir un état, il s'engagea dans les saints ordres et fut fait chanoine de Valence. Il devint l'ornement de son chapitre par son mérite et par sa sainteté, en même temps que par sa bonté, sa modestie et ses qualités aimables, il se conciliait tous les cœurs. Hugues, évêque de Die, qui devint ensuite archevêque de Lyon, cardinal et légat du saint-siége, étant venu à Valence, fut si charmé du jeune chanoine, qu'il voulut l'attacher à sa personne, et l'emmena avec lui dans son diocèse; et pendant sa légation, il l'employa avec succès à la réforme de quelques abus qui s'étaient glissés dans le clergé. Le légat ayant ensuite tenu, en 1080, un concile à Avignon, il y fut question de donner un pasteur à l'église de Grenoble, que la conduite du dernier évêque avait réduite à l'état le plus déplorable. Le concile jeta les yeux sur Hugues comme plus capable que personne de remédier aux maux de cette église : ce choix était d'ailleurs conforme aux vœux du clergé et du peuple de Grenoble; Hugues fut le seul qui s'opposa à cette élection, tant était grande la frayeur que lui inspirait l'épiscopat. Il fallut, pour vaincre sa résistance, que le légat et les Pères du concile lui ordonnassent de se soumettre à ce qu'on exigeait de lui. Le nouvel évêque ayant suivi le légat à Rome, y fut sacré par Grégoire VII. La comtesse Mathilde voulut fournir à tous les frais de la cérémonie : elle lui fit présent de la crosse, de la mitre et des autres ornements épiscopaux, ainsi que d'une petite collection de bons livres, ne lui demandant pour toute reconnaissance que le secours de ses avis et de ses prières. Hugues, pendant son séjour à Rome, consulta le pape sur des peines intérieures qui le tourmentaient depuis longtemps : il s'agissait de pensées de blasphème contre la Providence. Grégoire le tranquillisa en l'assurant que cette épreuve était une marque de la miséricorde de Dieu à son égard. Hugues prit donc patience, se soumit à la volonté du ciel et trouva dans ces peines une source de mérites et même de consolations. Arrivé à Grenoble, il ne put retenir ses larmes à la vue des désordres dont il était témoin et qui étaient une suite des scandales de son prédécesseur. Le peuple, dont l'instruction avait été négligée, se livrait sans retenue aux vices les plus grossiers : il y avait même des crimes tellement autorisés par la coutume, qu'ils avaient en quelque sorte perdu leur difformité naturelle. Si l'on fréquentait encore les sacrements, c'était par habitude et sans y apporter les dispositions nécessaires; on ne s'acquittait pas mieux des autres obligations du christianisme. On usait de mille artifices pour pallier l'usure et la simonie : les biens de l'église avaient été usurpés par des laïques, et les revenus de l'évêché avaient été tellement dissipés, que Hugues ne trouva aucun fonds pour assister les pauvres, ni pour se procurer les choses de première nécessité. Avant de mettre la main à l'œuvre pour remédier à tous ces abus, il voulut intéresser le ciel en sa faveur par des prières ferventes et des jeûnes rigoureux. Aussi Dieu bénit-il ses travaux, et en peu de temps la face de son diocèse fut changée; mais à peine avait-il passé deux ans dans l'épiscopat, qu'il voulut s'en démettre par humilité. Se flattant que le pape ne s'opposerait point à sa résolution, il quitta son église et alla prendre l'habit de Saint-Benoît à l'abbaye de la Chaise-Dieu, au diocèse de Clermont. Grégoire VII ne fut pas plutôt informé de sa retraite, qu'il lui ordonna de retourner à Grenoble; Hugues obéit et reprit ses fonctions avec une nouvelle ardeur, s'appliquant surtout à l'instruction de son troupeau; ce qu'il faisait avec d'autant plus de fruit, qu'il avait un talent singulier pour la prédication. En 1084, il conduisit saint Bruno et ses compagnons dans un désert de son diocèse, nommé la Chartreuse, qui a donné son nom à l'ordre des Chartreux. Le choix de cette solitude avait été inspiré au saint évêque dans une vision qu'il avait eue la nuit qui précéda l'arrivée des serviteurs de Dieu. Il les visitait souvent et se plaisait tellement dans leur société, que saint Bruno était obligé quelquefois de lui rappeler qu'il était temps d'aller reprendre le soin de son troupeau. Il aimait tant à pratiquer la charité qu'après avoir épuisé en aumônes toutes ses ressources, il se proposait de vendre ses chevaux pour en distribuer le prix aux pauvres; mais saint Bruno l'en détourna en lui représentant qu'il n'était pas en état de faire à pied la visite de son diocèse, et qu'il devait ménager sa santé dont le dépérissement était sensible. Il fut, en effet, fort infirme pendant les quarante dernières années de sa vie; des maux de tête et d'estomac lui causaient de continuelles douleurs, et l'auraient souvent empêché, s'il eût eu moins de zèle, d'exercer ses fonctions épiscopales. Comme un autre Ambroise, il pleurait au confessionnal avec ses pénitents, et par là les faisait entrer dans les sentiments de la plus vive componction; il se jetait quelquefois aux pieds de ceux qui avaient des inimitiés déclarées, afin de les engager à la réconciliation. Mort au monde et à ses biens, rien n'égalait son désintéressement. Son amour pour les pauvres éclata surtout dans un temps de famine, il vendit, pour les assister, un calice d'or et la plupart de ses ornements épiscopaux; son exemple trouva des imitateurs, et les malheureux ne manquèrent plus de secours. Le désir de la solitude, qui n'était pas éteint dans son cœur, le porta à s'adresser au pape Innocent II pour en obtenir la permission de quitter son siège; mais elle lui fut refusée. Ses infirmités allaient toujours en augmentant avec l'âge; quelque temps avant sa mort, il perdit la mémoire et oublia tout, excepté ses prières, qu'il récitait presque continuellement; et comme on lui représentait que cette prière continuelle ne pouvait qu'aggraver son mal, il répondait que loin de se fatiguer en priant, cet exercice lui donnait au contraire de nouvelles forces. Il ne témoignait dans ses maux aucune impatience, ne laissait échapper aucune plainte; et s'il lui arrivait de causer involontairement de la peine à quelqu'un, il s'en excusait comme d'une faute et priait Dieu avec larmes de la lui pardonner. Il mourut le 1er avril 1132, âgé de près de quatre-vingts ans, dont il avait passé trente-deux dans l'épiscopat. Innocent II le canonisa deux ans après sa mort. Saint Hugues a laissé un *cartulaire* ou *Recueil de chartes* avec des remarques historiques fort curieuses, lequel se garde manuscrit à Grenoble; ce qui lui a mérité une place parmi les écrivains ecclésiastiques. — 1er avril.

HUGUES DE SEMUR (saint), évêque d'Auxerre, avait d'abord été abbé du monastère de Saint-Germain de cette ville, et florissait dans la première partie du xiie siècle. Il mourut en 1115, et il est honoré le 10 août.

HUGUES DE SAINT-VICTOR (le bienheureux), chanoine régulier de l'abbaye de ce nom, naquit dans le territoire d'Ypres en Flandre vers l'an 1097, et après d'excellentes études entra, en 1115, dans la congrégation des Chanoines de Saint-Victor. Il devint ensuite prieur de la maison de Paris, et y enseigna la théologie, depuis 1130 jusqu'à sa mort arrivée le 3 février 1142, à l'âge de quarante-quatre ans. Les rapports qu'on remarquait entre lui et saint Augustin du côté de la piété, du talent polémique et oratoire le firent appeler un second Augustin, ou la langue de ce grand docteur. Il a laissé des commentaires sur l'Ecriture sainte, qui se composent de notes littérales et historiques; des œuvres spirituelles où l'on trouve le *Soliloque de l'âme*, l'*Eloge de la charité*, un traité sur la manière de prier, quatre livres sur la *vanité du monde*; des traités théologiques, dont les principaux sont les deux livres des *Sacrements*. Les calendriers de France, qui le nomment le 5 juillet, ne lui donnent que le titre de vénérable; le pape Benoît XII, ayant fait lever de terre son corps, ordonna qu'il fût transporté dans l'église abbatiale, ce qui équivalut à un décret de béatification. — 5 juillet.

HUGUES (saint), évêque de Volterre en Toscane, florissait dans le xiie siècle et mourut l'an 1184. — 8 septembre.

HUGUES (le bienheureux), abbé de Bonnevaux, né vers le commencement du xiie siècle, sortait d'une famille noble, et il était encore très-jeune lorsqu'il quitta le monde pour entrer dans le monastère de Maisières en Bourgogne. Mais il eut des assauts à soutenir contre le démon qui le tentait sans cesse et le poussait à quitter le cloître pour retourner dans le siècle. Un jour qu'il était plus fortement tenté qu'à l'ordinaire, il se rendit à l'église comme pour consulter Dieu. S'étant endormi au pied de l'autel, il crut voir en songe Jésus-Christ et sa sainte mère, qui l'exhortaient à persévérer dans sa première résolution. Dès ce moment Hugues ne balança plus et ses combats intérieurs cessèrent pour faire place à une paix qui ne fut plus troublée. Saint Bernard, avec qui il était en correspondance, ayant appris que ses austérités lui avaient fait contracter une maladie grave, fit le voyage de Maisières et obtint de lui qu'il prendrait les moyens convenables pour réparer ses forces. Élu abbé de Bonnevaux en Dauphiné, son mérite et ses vertus le firent choisir par l'empereur Frédéric Ier pour son envoyé près du pape Alexandre III, et la paix qu'il était chargé de négocier entre le saint-siège et l'empire fut conclue à Venise, l'an 1177. Il mourut en l'an 1189, après s'être montré le digne imitateur de saint Bernard, qu'il avait pris pour modèle et dont il a écrit la vie. Comme Bonnevaux dépendait de l'abbaye de Cîteaux, les cisterciens l'honorent le 1er avril. — 16 mars.

HUGUES (saint), évêque de Lincoln, né en 1140, d'une des familles les plus distinguées de Bourgogne, ayant perdu sa mère à l'âge de huit ans, fut placé dans une maison de Chanoines Réguliers, voisine du château de son père, et fit de grands progrès dans les sciences et dans la vertu. Ayant accompagné, en 1159, l'abbé des Chanoines Réguliers qui visitait tous les ans la grande Chartreuse, la vie tout angélique de ceux qui habitaient cette sainte solitude lui inspira le désir d'embrasser leur institut. Les Chanoines Réguliers, à son retour, voulurent en vain le dissuader de son projet : convaincu que Dieu l'appelait à la vie de Chartreux, il se rendit secrètement dans leur désert et y prit l'habit. Le démon lui livra d'abord des assauts violents ; mais il en triompha par le moyen de la prière et de la mortification. Comme le temps où il devait être élevé au sacerdoce approchait, un ancien père qu'il servait, suivant l'usage des Chartreux, lui ayant demandé s'il voulait être prêtre, Hugues répondit avec simplicité que c'était là son plus vif désir. Le vieillard, craignant que cette réponse ne vînt de présomption et que Hugues ne comprît pas assez l'éminence de la dignité sacerdotale, lui dit d'un ton sévère : *Comment osez-vous aspirer à un état où les plus saints ne se laissent élever qu'en tremblant et par contrainte?* Hugues, saisi de frayeur, se prosterne par terre et demande pardon en versant des larmes. Le vieillard, touché de son humilité, le console, en lui disant qu'il connaît la pureté de son désir, et lui annonce que non-seulement il sera prêtre, mais même évêque. Il y avait dix ans que Hugues vivait retiré dans sa cellule, lorsqu'il fut élu procureur de son monastère, emploi dont il s'acquitta avec tant de prudence et de sainteté, que sa réputation se répandit par toute la France. Henri II, roi d'Angleterre ayant fondé à Witham, dans le Sommerset, la première Chartreuse qu'il y ait eu dans son royaume, on n'avait pu mettre la dernière main à cet établissement sous les deux premiers prieurs, et Henri voyant ces difficultés envoya Renaud, évêque de Bath, à la grande Chartreuse, pour demander Hugues qui paraissait l'homme le plus propre à gouverner le monastère de Witham. On refusa d'abord d'acquiescer à cette demande ; cependant, après plusieurs débats, il fut conclu, en chapitre, qu'on déférerait aux désirs du roi, et Hugues eut ordre de partir, quoiqu'il protestât que, de tous ses frères, il était le moins capable de répondre à la confiance du monarque anglais. A peine eut-il débarqué en Angleterre qu'il prit le chemin de Witham, sans se rendre à la cour, et son arrivée releva le courage du petit nombre de moines qu'il y trouva. Henri voulut le voir, lui donna mille marques de bonté, lui fit divers présents, et lui fournit tout ce qui était nécessaire pour achever la Chartreuse : les bâtiments furent bientôt terminés, parce que Hugues, par son humilité, sa douceur et la sainteté de sa vie, gagna le cœur de ceux qui avaient le plus traversé cette pieuse fondation, fit tomber les préventions qu'ils avaient contre les Chartreux, et bientôt la communauté devint nombreuse et florissante. On lit dans l'histoire d'Angleterre que Henri, repassant de Normandie dans la Grande-Bretagne avec son armée, fut assailli par une tempête si furieuse, que tout le monde, croyant toucher à sa dernière heure, ne voyait plus d'autre espoir de salut que dans un miracle du ciel, et que Henri fit cette prière : *Grand Dieu, que le prieur de Witham sert avec vérité, daignez par les mérites et l'intercession de votre digne serviteur, jeter un regard de pitié sur notre triste situation.* Aussitôt la tempête cessa, et le reste de la traversée fut heureux. Cet événement augmenta beaucoup la vénération que le roi et la plupart de ses sujets avaient pour la sainteté de Hugues. Henri, qui s'appropriait les revenus des évêchés vacants, s'était opposé, pendant longtemps, à ce qu'on remplît le siège de Lincoln ; mais enfin il rendit au doyen et au chapitre de la cathédrale la liberté d'élire un évêque. Le choix étant tombé sur le prieur de Witham, Hugues eut beau protester contre son élection, il fut obligé d'y acquiescer et de se laisser sacrer, le 21 septembre 1186, par Baudouin, archevêque de Cantorbéry. Il commença l'exercice de ses nouvelles fonctions par former un conseil épiscopal qu'il composa des membres les plus pieux et les plus éclairés de son clergé. Il remit en vigueur la discipline ecclésiastique et la purgea des abus qui s'y étaient introduits ; mais son zèle était tempéré par la douceur et l'affabilité. Il visitait souvent les pauvres, pour leur porter des secours et des consolations : il affectionnait surtout les lépreux, et on le vit plus d'une fois baiser leurs ulcères. Quelqu'un lui ayant dit un jour, en plaisantant, que ces baisers ne guérissaient pas les lépreux, il répondit : *Le baiser de saint Martin guérissait la chair des lépreux, et moi je les baise pour guérir mon âme.* Lorsqu'il s'agissait de faire quelque fonction importante de son ministère, il s'y préparait par de longues prières et par un jeûne austère. Lorsqu'il voyageait, il était si recueilli qu'il ne portait jamais ses regards sur le pays qu'il parcourait. Il récitait l'office divin avec une attention qui paraissait plus qu'humaine et avec une telle ponctualité qu'il lui arriva une fois de rester dans une hôtellerie pour satisfaire à ce devoir, quoiqu'on le priât de partir promptement, pour éviter d'être surpris par des voleurs qui infestaient le chemin qu'il devait prendre. Tous les ans il faisait une retraite à la Chartreuse de Witham, et il ne cessait de regretter cette solitude : il demanda même plusieurs fois au saint-siège, mais toujours inutilement, la permission d'y retourner pour y finir ses jours. Comme il savait s'élever au-dessus de toutes les considérations humaines, il ne craignait pas de donner des avis salutaires à Henri II, et ce prince, qui n'aimait pas être contredit, les recevait cependant avec une sorte de respect, quoique souvent il n'en fît pas usage. Les officiers du roi, surtout ceux qui étaient chargés de l'administration des forêts royales, exerçaient une tyrannie barbare sur les habitants des campagnes : quelques-uns d'entre eux se saisirent d'un clerc et le condamnèrent à une amende considérable. Hugues s'en plaignit, et après une triple citation il excommunia le chef de ces officiers. Le roi dissimula le mécontentement que lui causa ce trait de vigueur épiscopale, et quelque temps après, il demanda au saint évêque une prébende pour une personne de la cour. Hugues répondit avec une fermeté respectueuse que ces places étaient pour les clercs et non pour les courtisans, et qu'un roi avait d'autres moyens de récompenser les personnes qui étaient à son service. Henri le priant ensuite de recevoir à la communion de l'Eglise l'officier qu'il avait excommunié, il répondit qu'il ne réconcilierait le coupable que quand il reconnaîtrait sa faute et qu'il donnerait des marques d'un repentir sincère. Alors Henri se plaignit à Hugues de la manière dont il agissait à son égard et l'accusa d'ingratitude; mais le saint évêque lui représenta avec tant de douceur qu'il ne cherchait dans tout cela que la gloire de Dieu et le salut de sa majesté, que Henri finit par s'apaiser, et l'officier excommunié ayant témoigné un repentir fut absous et devint un des amis les plus dévoués du saint évêque. Il était alors d'usage que le clergé fît don au roi, chaque année, d'un manteau précieux, qu'on achetait avec les sommes levées sur le peuple, et les clercs se partageaient le surplus de l'argent. Hugues, avec la permission du roi, abolit cet usage : il supprima aussi les amendes pécuniaires qu'infligeait sa cour ecclésiastique, et leur substitua d'autres peines qui concouraient plus efficacement au bien de la religion. Il ne négligeait rien de ce qui pouvait contribuer à la décence du culte extérieur, et il mit la dernière main à sa cathédrale, qui est un des plus beaux édifices gothiques de l'Angleterre. Henri II étant mort en 1198, Hugues exhorta Richard, son successeur, à se rendre maître de ses passions et à ne pas opprimer ses sujets. Il défendit avec une généreuse liberté les immunités de l'Eglise sous le nouveau roi, comme il l'avait fait sous son père, et il tint la même conduite sous le roi Jean, qui monta sur le trône en 1199. Ce dernier prince l'envoya, en qualité d'ambassadeur, à la cour de Philippe-Auguste, pour conclure la paix entre les deux couronnes, et la réputation de sainteté dont il jouissait ne contribua pas peu à l'heureux succès de sa mission. Avant de quitter la France il voulut revoir la grande Chartreuse, et pendant qu'il était en route pour s'y rendre, il logea dans la Chartreuse d'Arnéria, où les moines lui demandèrent où qu'il y avait de nouveau. Etonné de cette question, il leur répondit qu'un évêque, obligé par état de vivre dans le monde, pouvait quelquefois savoir des nouvelles et même en parler, mais que cela était défendu à des religieux morts au monde et qui devaient ignorer ce qui s'y passait. De retour à Londres, en 1200, il se proposait de retourner à Lincoln où un concile devait se tenir la même année, mais il fut arrêté par la fièvre, qui était une suite de son excessive abstinence. Il prédit le moment de sa mort et s'y prépara par les exercices de la plus fervente piété. Le jour de la Saint-Matthieu on lui administra le saint viatique et l'extrême-onction, mais il vécut encore jusqu'au 17 novembre. Ce jour, il fit réciter l'office divin dans sa chambre par ses chapelains auxquels s'étaient joints des moines et des prêtres. Voyant qu'ils pleuraient, il les consola et les pria, chacun en particulier, de le recommander à la bonté divine. Il se fit ensuite étendre sur une croix de cendres bénites qu'on avait formée sur le plancher de sa chambre, et il expira en récitant le cantique *Nunc dimittis*, etc., âgé de soixante ans, dont il en avait passé seize dans l'épiscopat. On embauma son corps et on le porta solennellement de Londres à Lincoln, et lorsqu'on l'introduisit dans l'église, le roi Jean et Guillaume, roi d'Ecosse, mirent le cercueil sur leurs épaules ; le roi d'Ecosse, qui était l'ami particulier de saint Hugues, fondait en larmes. Son tombeau fut illustré par plusieurs miracles ; on cite trois paralytiques et d'autres malades qui y furent guéris. Honorius III le canonisa environ 20 ans après sa mort. — 17 novembre.

HUGUES DE LINCOLN (saint), martyr, né à Lincoln, en 1244, n'avait que onze ans, lorsque quelques juifs, dont le principal se nommait Joppin, s'étant saisis de lui, le 27 août 1255, lui crachèrent au visage, le battirent de verges, lui coupèrent le nez avec la lèvre supérieure, lui cassèrent une partie des dents, et après l'avoir crucifié, lui percèrent le côté avec une lance, en haine de Jésus-Christ. Joppin et ses complices, ayant été arrêtés par ordre de Henri III, furent condamnés, par le parlement assemblé à Réading, à être liés par les talons à de jeunes chevaux qui les traînèrent jusqu'à ce qu'ils fussent morts, et ensuite on pendit leurs cadavres à des gibets. — 27 août.

HUGUES (le bienheureux), religieux sylvestrin, né au commencement du XIIIe siècle, à Sierra-di-San-Quirico, dans la Marche d'Ancône, d'une famille noble, fut envoyé, après ses premières études, à l'université de Bologne, où il conserva, au milieu d'une jeunesse licencieuse, la piété et l'innocence de mœurs dans lesquelles il avait été élevé. Les dangers auxquels il se trouvait exposé dans le monde lui inspirèrent la résolution de le quitter, et il pria saint Sylvestre Gozzolino de le recevoir au nombre de ses disciples. Le père de Hugues ne fut pas plutôt informé du projet de son fils, qu'il mit tout en œuvre pour en empêcher l'exécution; mais celui-ci qui savait que préférer à Dieu son père ou sa mère, c'est se rendre indigne du royaume des cieux, resta inébranlable et s'engagea par des vœux solennels dans la congrégation des Sylvestrins. Il s'y fit admirer par ses vertus et surtout par son obéissance, son humilité, son amour pour la pauvreté et sa ferveur; aussi sa vie paraissait plus angélique qu'humaine. Dans ses conversations, il ne s'entretenait jamais que de ce qui pouvait contribuer à la gloire de Dieu et à l'édification du prochain. Saint Sylvestre, qui observait avec soin les progrès de la grâce dans son disciple chéri, en était dans l'admiration. Comme le bienheureux Hugues avait un tendre amour pour Dieu, par une conséquence nécessaire, il était plein de charité pour les hommes ; aussi il visitait souvent les malades, consolait les malheureux, reprenait les pécheurs et affermissait dans la bonne voie ceux qui y étaient entrés, et ces effets salutaires, il les produisaitpar une bonté toute paternelle, qui le rendait maître des cœurs. Hugues habita longtemps le monastère de Monte-Granario, et les habitants du lieu lui vouèrent la plus profonde vénération. Il mourut à Sasso-Ferrato sur la fin du xiiie siècle. Immédiatement après sa mort les habitants de Monte-Granario le choisirent pour leur patron, érigèrent un autel en son honneur et n'ont jamais cessé de célébrer sa fête le 10 septembre. Benoît XIV autorisa son culte en 1747. — 19 septembre.

HULBRIT (saint), *Hulbritus*, solitaire en Irlande, collègue de saint Gérold de Magheo, mourut sur la fin du viie siècle. — 24 avril.

HUMBERT DE MAROLLES (saint), *Humbertus*, prêtre et religieux, était fils du bienheureux Evrard, aussi distingué par sa vertu que par sa noblesse. Il naquit à Mezières-sur-Oise, au commencement du viie siècle et montra, dès son jeune âge, de si heureuses dispositions pour la piété, que ses parents le destinèrent au service des autels. Il reçut la tonsure cléricale à Laon et fut ensuite placé, par ses parents, dans un monastère pour y être instruit dans les sciences divines et humaines. Son mérite et sa vertu le firent élever au sacerdoce, et après son ordination, il resta encore quelque temps dans le cloître; mais il en sortit pour aller recueillir la succession de ses père et mère, et il reçut chez lui saint Amand et saint Nicaise, qui allaient à Rome visiter les tombeaux des saints apôtres, et il les accompagna en Italie. Il paraît même qu'il fit un second pèlerinage à Rome pour le même motif, et à son retour, il alla faire une visite à saint Amand à Elnone. Il se retira ensuite au monastère de Marolles en Hainaut, que le comte Rodobert venait de fonder, et comme il avait la résolution d'y finir ses jours, il lui donna la plus grande partie de la terre de Mézières ; ce qui l'a fait passer pour fondateur de ce monastère. Il paraîtrait même qu'il en eut le gouvernement, puisque les religieux sont appelés ses disciples. Saint Humbert mourut le 25 mars, vers l'an 682, jour où il est nommé dans plusieurs martyrologes. — 25 mars.

HUMBERT (saint), évêque des Est-Angles, est cité dans l'histoire d'Angleterre comme ayant couronné le roi saint Edmond. Cette cérémonie eut lieu, avec une grande solennité, le jour de Noël de l'année 855, au château de Bure sur la Stour. Après avoir possédé l'amitié et la confiance du saint monarque, pendant sa vie, il fut associé à son martyre. Les Danois le mirent à mort en même temps que ce prince, le 20 novembre 870. Avant la réforme, on lui rendait en Angleterre un culte publié dans plusieurs églises. — 20 novembre.

HUMBERT III (le bienheureux), comte de Savoie, né en 1136, succéda en 1149 à Amédée III, son père, mort à Nicosie en revenant de la croisade, et comme il n'avait que treize ans, il choisit pour conseiller et pour guide Aimé, évêque de Lausanne, l'un des plus illustres personnages de son siècle. Ce digne prélat le forma à la piété et à la science du gouvernement, et lorsque Humbert fut en âge de régner par lui-même, il se montra orné des qualités d'un grand prince, jointes aux vertus d'un fervent chrétien. Son père en mourant était redevable à l'abbaye de Saint-Maurice de sommes considérables qu'il avait empruntées pour la croisade, et il se fit un devoir d'acquitter religieusement cette dette sacrée en abandonnant aux religieux les revenus de plusieurs villages des environs. Pendant qu'il s'appliquait à rendre ses peuples heureux par une administration paternelle, le dauphin de Viennois lui déclara la guerre pour venger la défaite de son père, vaincu sous les murs de Montmélian par Amédée III, et il vint mettre le siège devant cette ville. A cette nouvelle, Humbert, qui faisait une retraite à l'abbaye de Hautecombe, quitta sur-le-champ ses pieuses méditations, et s'étant mis à la tête de ses troupes, il battit complétement le dauphin dans le même endroit où le père de celui-ci avait été défait par le père de Humbert. Après ce mémorable exploit, qui eut lieu en 1153, le comte de Savoie retourna dans la solitude de Hautecombe, qui était son séjour de prédilection. Il se rendit en 1158 à l'assemblée des princes d'Italie, convoquée à Roncailles par l'empereur Frédéric Barberousse, et il l'accompagna au siège de Milan. Frédéric ayant voulu ensuite lui faire prendre parti pour son antipape Octavien, contre Alexandre III, Humbert lui résista sans s'inquiéter des conséquences d'un refus qui lui était dicté par son attachement à l'Eglise. L'empereur, pour s'en venger, donna en fief aux évêques de Turin, de Maurienne, de Tarentaise, de Genève et de Belley, leurs propres diocèses ; ce qui équivalait à les déclarer indépendants du comte de Savoie. Cette mesure inique causa de grand troubles que Humbert sut réprimer. Lorsque ce même empereur eut été vaincu par les Milanais, il demanda au comte un passage par la Savoie, pour retourner dans son royaume des deux Bourgognes ; mais la négociation traînant en longueur, il fut obligé pour échapper aux poursuites de ses ennemis, de se déguiser en domestique et de repasser en fugitif par ces mêmes lieux qu'il avait traversés quelque temps auparavant avec un appareil de triomphateur. Henri, fils de Frédéric, vint envahir le Piémont, au commencement de l'année 1188, et il y exerçait des ravages inouïs. Humbert, au premier bruit de cette invasion subite, rassembla à la hâte une armée pour marcher contre lui, et il se disposait à chasser de ses états les troupes impériales, lorsqu'il fut attaqué à Chambéry de la maladie dont il mourut le 4 mars 1188, à l'âge de cinquante-deux ans, laissant sa couronne à son fils, Thomas Ier. Grégoire XVI approuva, en 1838, le culte qu'on lui rendait de temps immémorial. — 4 mars.

HUMILIANE (la bienheureuse), *Humiliana*, religieuse du tiers ordre de Saint-François, naquit en 1219, à Florence, d'une illustre famille de cette ville. Elle n'avait que seize ans, lorsqu'on la maria à un seigneur brutal, qui, après l'avoir long-temps maltraitée, finit par la chasser de chez lui. Humiliane n'opposa que la douceur et la patience aux mauvais traitements de son mari et s'en vengea plus tard, en lui prodiguant les soins les plus tendres dans une maladie qui le conduisit au tombeau. Elle eut même la consolation de le voir mourir dans des sentiments chrétiens qu'elle avait su lui inspirer dans ses derniers moments. Devenue veuve, elle entra dans le tiers ordre de Saint-François et s'enferma dans une tour située au bout du jardin de son père. Elle s'y livra aux plus grandes austérités, jusqu'à sa mort arrivée l'an 1246, à l'âge de vingt-sept ans. Le pape Innocent XI a autorisé le culte qu'on lui rendait de temps immémorial. — 19 et 23 mai.

HUMILITÉ (sainte), *Humilitas*, fondatrice des religieuses de Vallombreuse, naquit en 1226, d'une famille noble de Faenza dans la Romagne, et s'engagea dans le mariage par déférence pour sa famille; mais ayant déterminé son mari à passer leur vie dans la continence, elle suivit son attrait pour les bonnes œuvres et pour les austérités de la pénitence. Elle fonda pour des religieuses un monastère à Vallombreuse et y établit la règle de Saint-Benoît avec les constitutions de saint Jean Gualbert. Elle était abbesse d'un monastère de son ordre qu'elle avait fondé à Florence, lorsqu'elle mourut l'an 1310, âgée de quatre-vingt-quatre ans. Son corps se garde dans l'église de Saint-Salve, de la même ville. — 22 mai.

HUNÉGONDE (sainte), *Hunegundis*, religieuse de Hombières en Vermandois, naquit avant le milieu du VIIe siècle, d'une famille noble du Vermandois, et fut tenue sur les fonts de baptême par saint Éloi, qui lui inspira dans la suite la résolution de rester vierge toute sa vie; mais, après la mort du saint évêque de Noyon, arrivée en 659, les parents de Hunégonde voulurent l'engager dans les liens du mariage. Ne sachant comment éluder une proposition, qui devenait toujours plus pressante, elle obtint d'Eudalde, qu'on lui destinait pour époux, qu'ils feraient l'un et l'autre le pèlerinage de Rome avant la célébration de leurs noces; mais, lorsqu'elle fut arrivée dans la capitale du monde chrétien, elle demanda et reçut le voile des mains du pape saint Vitalien. Eudalde, irrité de cette démarche, qui faisait évanouir toutes ses espérances, repartit seul pour la France et la laissa à Rome. Après y avoir séjourné quelque temps pour satisfaire sa dévotion, elle y revint ensuite elle-même et se retira au monastère de Hombières, situé à deux lieues de Saint-Quentin. Eudalde, pénétré d'admiration pour celle qu'il avait aimée, voulut imiter son exemple. Il donna tous ses biens à l'abbaye de Hombières, se chargea des affaires que les religieuses avaient au dehors, et se fit en quelque sorte leur procureur. Hunégonde était en prière lorsqu'elle fut attaquée de la maladie dont elle mourut. Sentant approcher sa fin, elle se fit administrer l'extrême-onction et le saint viatique; ensuite, elle se fit placer sur la cendre, où elle expira un 25 d'août, vers l'an 690. — 25 août.

HUNFROY (saint), *Hunfridus*, évêque de Thérouanne, né dans le commencement du IXe siècle, entra fort jeune dans l'abbaye de Prum, au diocèse de Trèves. Ses vertus et ses talents l'ayant fait élire abbé, il y raffermit la discipline monastique. Il succéda ensuite au bienheureux Foulques sur le siége de Thérouanne en 856, et assista en 860 au second concile de Toul : l'année suivante, il fut chassé par les Normands, de sa ville épiscopale qui fut saccagée par ces barbares. Saint Hunfroy, désespérant de pouvoir réparer son église, manifesta le désir de se retirer dans un monastère ; mais le pape Nicolas Ier lui ordonna de rester dans son diocèse. Il retourna donc au milieu de son troupeau et s'appliqua à remédier aux ravages causés par la fureur des Normands. En 862, il publia une ordonnance épiscopale pour qu'on fêtât avec plus de solennité l'Assomption de la sainte Vierge. Les religieux de Saint-Bertin l'ayant demandé pour abbé, le roi Charles le Chauve agréa ce choix, et le saint évêque, sans quitter son siége, se chargea du gouvernement du monastère. Il mourut après quinze ans d'épiscopat, le 8 mars 871, et son nom se lit dans plusieurs martyrologes. Ses reliques ayant été transférées à Ypres, l'an 1553, elles y furent profanées par les hérétiques. — 8 mars.

HUNNE (sainte), *Hunna*, née avant le milieu du VIIe siècle, d'une des plus illustres familles de la Bourgogne, fut élevée dans la piété, et lorsqu'elle fut en âge de se marier, elle épousa un seigneur alsacien, nommé Hunon, qui était proche parent d'*Aticus*, duc d'Alsace. Les deux époux habitaient le château d'Hunawager, situé entre Ribeauvillé et Zellenberg, qui était le principal domaine d'Hunon, dont il a pris le nom, et qui devint, grâce à leur charité, une espèce d'hospice où les pauvres trouvaient la nourriture et l'habillement : les malades y étaient soignés avec une sollicitude toute maternelle par sainte Hunne, qui portait le dévouement jusqu'à laver de ses propres mains leurs habits et leur linge dans une fontaine voisine, qui fut longtemps un objet de vénération dans le pays. Les pauvres étaient à la lettre ses enfants, et elle ne semblait vivre que pour eux. Lorsqu'après plusieurs années de mariage, Dieu eut accordé à ses prières un fils, elle le fit baptiser par saint Dié, ancien évêque de Nevers, qui vivait en solitaire dans le voisinage et qu'elle aida, par ses libéralités, à fonder le monastère d'Ebersmunster. Le saint évêque voulut que cet enfant de bénédiction portât son nom, et comme il avait été consacré au Seigneur par sa mère, dès sa naissance, il fut élevé à Ebersmunster, où il prit l'habit et où il mourut en odeur de sainteté. Sainte Hunne, étant devenue veuve, continua de se sanctifier par les œuvres de miséricorde et les exercices de piété jusqu'à sa mort, qu'on place en 679, la même année que mourut saint Dié, qui l'avait dirigée quelque temps dans les voies de la perfection. Le pape Léon X, à la sollicitation du duc de Wurtemberg, la canonisa en 1520, et le 15 avril son corps fut solennellement levé de terre en présence de plusieurs évêques et d'un grand concours de peuple, et placé dans l'église d'Hunawihr. Il fut profané et brûlé vingt-neuf ans après, par les luthériens. — 30 novembre.

HURAS (saint), martyr en Éthiopie, est honoré chez les Grecs, le 23 octobre.

HUYERGNOVE (saint), *Hœarnuivus*, dont les reliques furent apportées d'Irlande en Bretagne : l'église de Saint-Magloire de Paris possédait un de ses doigts, qui se gardait dans la châsse de saint Louthiern. — 16 juin.

HYACINTHE (saint), *Hyacinthus*, martyr à Césarée en Cappadoce, et chambellan de l'empereur Trajan, ayant été accusé d'être chrétien, eut à subir divers tourments ; il fut ensuite jeté dans un cachot où il mourut de faim. — 3 juillet.

HYACINTHE (saint), martyr à Porto, fut condamné au supplice du feu et livré aux flammes, qui l'épargnèrent. On le précipita ensuite dans le fleuve, d'où il sortit encore sain et sauf. Il fut enfin décapité, par ordre du consulaire Léonce, sous le règne de Trajan. Une dame, nommée Julie, le fit enterrer dans une propriété qu'elle avait près de la ville. — 26 juillet.

HYACINTHE (saint), martyr à Rome, souffrit avec saint Zotique et deux autres, sous l'empereur Adrien. — 10 février.

HYACINTHE (saint), martyr au pays des Sabins, souffrit avec saint Alexandre et saint Tiburce. — 9 septembre.

HYACINTHE (saint), martyr en Lucanie avec trois autres, est honoré le 29 octobre.

HYACINTHE (saint), martyr à Rome avec saint Prote, son frère, étaient tous deux eunuques, c'est-à-dire, domestiques de sainte Eugénie. Ils souffrirent avec leur maîtresse l'an 257, pendant la persécution de l'empereur Valérien, ou, selon d'autres, en 304, pendant celle de l'empereur Dioclétien. Le pape saint Damase, qui a fait en vers l'épitaphe de saint Hyacinthe et de son frère, fit ôter, en 366, la terre qui recouvrait leur tombeau, et peu de temps après un prêtre nommé Théodore y bâtit une église que le pape saint Symmaque enrichit d'ornements et de vases précieux. L'an 1592, Clément VIII transféra leurs corps de l'église de Saint-Sauveur au delà du Tibre dans celle de Saint-Jean-Baptiste. — 11 septembre.

HYACINTHE (saint), martyr à Amastris en Paphlagonie, était un chrétien qui jouissait dans sa patrie de l'estime universelle, à cause de ses vertus et de ses belles qualités. Comme la plupart de ses compatriotes étaient encore plongés dans les ténèbres de l'idolâtrie, il s'appliquait avec zèle à leur faire connaître la lumière de la foi, et il réussit à en convertir un grand nombre. Mais ce qui paralysait une partie de ses efforts, c'est le culte que toute la ville rendait, de temps immémorial, à un arbre du voisinage, remarquable par sa beauté et sa grosseur. Plusieurs fois Hyacinthe s'était élevé contre cette superstition idolâtrique, mais voyant que ses paroles n'étaient pas écoutées, il fit abattre l'arbre afin de supprimer la cause du mal. Quoique l'opération se fût faite secrètement, on le soupçonna d'en être l'auteur, et l'on se précipita en tumulte sur sa maison, ce qui causa une émeute dans la ville. Les plus furieux l'accablèrent de coups, et le président Castrice, loin de le protéger contre une populace soulevée, le fit mettre en prison, où il mourut par suite des mauvais traitements qu'on lui avait fait subir. Son martyre eut lieu au commencement du IVᵉ siècle. — 17 juillet.

HYACINTHE (saint), religieux dominicain, né en 1185, au château de Sase, dans le diocèse de Breslau en Silésie, était fils du comte Eustache de Konski. Il montra dès l'âge le plus tendre de grandes dispositions pour la vertu et sut conserver son innocence pendant le cours de ses études, au milieu d'une jeunesse licencieuse, à Cracovie, à Prague et à Bologne : il prit, dans l'université de cette dernière ville, le degré de docteur en droit et en théologie. De retour dans son pays, Vincent, évêque de Cracovie, lui donna une prébende dans sa cathédrale, et l'associa au gouvernement de son diocèse. Hyacinthe justifia ce choix par sa capacité, son zèle et sa prudence, sans que les devoirs nombreux que lui imposait sa place lui fissent perdre l'esprit de prière et de recueillement. Il pratiquait des mortifications extraordinaires, assistait régulièrement à tout l'office divin, visitait et servait les malades dans les hôpitaux, et distribuait aux pauvres tous ses revenus. L'évêque Vincent, s'étant démis de son siége, eut pour successeur Yves de Konski, chancelier de Pologne, et oncle d'Hyacinthe. Le nouvel évêque, s'étant rendu à Rome en 1218, l'emmena avec lui ainsi qu'un autre de ses neveux, nommé Ceslas. Comme saint Dominique était alors dans cette ville, Yves le pria d'envoyer de ses religieux en Pologne, pour y exercer les fonctions de missionnaires : ses deux neveux entrèrent dans le nouvel institut, et ils obtinrent une dispense pour faire leurs vœux après six mois de noviciat, et Hyacinthe, alors âgé de trente-trois ans, fut mis à la tête de la mission que saint Dominique envoyait en Pologne. Comme la règle de l'ordre leur prescrivait de voyager à pied et sans provisions, ils ne prirent pas la même route que l'évêque de Cracovie, et après avoir traversé les États de la république de Venise, ils entrèrent dans la haute Carinthie et y séjournèrent six mois. Hyacinthe y donna l'habit à plusieurs personnes et y fonda un monastère de son ordre. Ils furent reçus avec de grandes marques de vénération par l'archevêque de Saltzbourg, et chemin faisant ils annoncèrent la parole de Dieu dans la Styrie, l'Autriche, la Moravie et la Silésie. Leur arrivée en Pologne fit éclater une joie extraordinaire, et les prédications de saint Hyacinthe, soutenues par le don des miracles, produisirent à Cracovie des effets merveilleux. Bientôt cette ville changea de face ; les vices disparurent, l'usage des sacrements fut rétabli, et l'on vit renaître les beaux jours du christianisme naissant. Hyacinthe fonda à Cracovie un couvent de son ordre, sous l'invocation de la sainte Trinité : il en fonda un second à Sandomir, et un troisième à Plosko dans la Moravie. C'est vers ce temps-là, qu'il opéra un miracle attesté par plus de quatre cents témoins, et rapporté dans sa bulle de canonisation. Se trouvant avec trois de ses compagnons sur le bord de la Vistule, dans l'intention d'aller prêcher à Visgrade, comme le fleuve était tellement débordé qu'aucun batelier n'osait se hasarder à les passer sur l'autre rive, Hyacinthe, ayant fait le signe de la croix, marcha sur les eaux à la vue d'une grande multitude de peuple qui l'attendait de l'autre côté de la Vistule. Après avoir prêché dans les principales villes de Pologne, il entreprit d'aller évangéliser les peuples barbares du Nord, et bannit l'idolâtrie de plusieurs contrées qui, jusque-là, avaient ignoré le vrai Dieu. Il fonda des monastères dans la Prusse et la Poméranie, à Cammin, sur l'Oder, à Prémislau, à Culm, à Elbin, à Kœnisberg, dans l'île de Rugen et dans la péninsule de Gédan, alors déserte, et où il prédit qu'il se formerait dans la suite une grande ville. En effet, Primislas, roi de Pologne, y jeta en 1295 les fondements de Dantzick. L'infatigable missionnaire parcourut le Danemark, la Suède, la Gothie et la Norwége, pays qui étaient encore en partie idolâtres ; il y fonda des monastères et y laissa de dignes ouvriers, capables de continuer le bien qu'il avait commencé. La fatigue que lui causaient ses travaux apostoliques et la rigueur du climat ne lui firent rien relâcher de la sévérité de la règle, à laquelle il ajoutait même des austérités extraordinaires. Il jeûnait au pain et à l'eau, les vendredis et les veilles des fêtes, couchait sur la terre nue, et même au milieu des champs ; mais autant il était dur à lui-même, autant il était charitable et compatissant envers le prochain, et la vue des malheureux lui arrachait des larmes. Il passa ensuite dans la basse Russie ou Russie Rouge, et engagea le prince ainsi qu'une grande partie de son peuple à renoncer au schisme des Grecs, pour se réunir à l'Eglise catholique. Il fonda des couvents à Limbourg et à Halitz, pénétra jusqu'à la mer Noire, et jusque dans les îles de l'Archipel : tournant ensuite vers le Nord, il pénétra dans le grand-duché de Moscovie, appelé aussi Russie Noire, et s'y livra à la conversion des idolâtres, des mahométans et des Grecs schismatiques. Le duc Voldimir resta attaché à l'erreur, mais il permit à saint Hyacinthe de prêcher dans ses Etats ; ce que la renommée publiait de sa doctrine et de ses miracles lui attirait une grande affluence d'auditeurs et la plupart ouvraient les yeux à la vérité. Un jour que les idolâtres étaient à genoux devant un grand arbre, qui se trouvait dans une île du Borysthène, aujourd'hui le Niéper, il fit en leur présence un miracle qui les détermina à abattre l'arbre, à briser leurs idoles et à embrasser la religion chrétienne. Ces nombreuses conversions irritèrent le duc, qui employa les menaces et même les persécutions contre ceux qui avaient embrassé le christianisme ; mais le ciel ne tarda pas à le punir de sa cruauté. Les Tartares étant venus, en 1231, assiéger Kiow, sa capitale, après l'avoir prise d'assaut, ils la réduisirent en cendres. Tandis que des ruisseaux de sang coulaient dans les rues, et que les édifices étaient la proie des flammes, saint Hyacinthe, tenant un ciboire d'une main et une image de la sainte Vierge de l'autre, sortit du couvent qu'il venait de fonder, passa au milieu de l'incendie et traversa le Niéper. Il retourna ensuite à Cracovie, et continua de prêcher à la ville et dans les campagnes. En 1233, il fit la visite des couvents qu'il avait fondés en Danemark, en Suède, en Prusse, en Moscovie, et pénétra jusque chez les Tartares. Saint Dominique, qui avait toujours eu le projet d'aller prêcher l'Evangile dans la Cumanie, pays habité par les Jazyges, qu'on regardait comme le plus barbare de tous les peuples infidèles, voyant qu'il ne pouvait l'exécuter par lui-même, y envoya quelques-uns de ses disciples, qui commencèrent leur mission en 1228. Hyacinthe voulut travailler aussi à cette vigne ingrate, et en peu de temps, il convertit un grand nombre de barbares, entre autres un prince du pays qui, en 1245, vint au concile général de Latran, avec plusieurs seigneurs de sa nation. Il parcourut la grande Tartarie, pénétra jusque dans le Thibet et jusque dans le Cathay, nom sous lequel on désignait alors une partie de la Chine : aussi quand d'autres missionnaires arrivèrent dans ces pays au XVIIe siècle, ils y retrouvèrent encore plusieurs vestiges de christianisme. Hyacinthe revint en Pologne par la Russie Rouge, et y convertit le prince Caloman et sa femme, qui, l'un et l'autre, vécurent dans la continence tout le reste de leurs jours. Il repassa aussi par la Podolie, la Volhinie, la Lithuanie, et fonda un couvent à Wilna. Après avoir parcouru environ quatre mille lieues, il arriva à Cracovie l'an 1257. Il y avait peu de temps qu'il était de retour, lorsqu'une femme de qualité lui ayant envoyé son fils pour le prier de venir faire des instructions à ses vassaux, le jeune homme se noya en traversant une rivière pour se rendre près de sa mère ; celle-ci, accablée de douleur, fit porter le cadavre de son fils aux pieds du serviteur de Dieu, qui après avoir prié quelque temps, le prit par la main et lui rendit la vie. Saint Hyacinthe tomba malade le 14 août, et Dieu lui fit connaître qu'il mourrait le lendemain, fête de l'Assomption de la sainte Vierge, qu'il avait toujours honorée comme sa patronne. Le jour suivant, il assista à matines et à la messe, reçut l'extrême-onction et le saint viatique au pied de l'autel, et mourut quelques heures après. Sa sainteté ayant été attestée par un grand nombre de miracles, il fut canonisé par Clément VIII en 1594. On garde ses reliques dans une magnifique chapelle érigée à Cracovie sous son invocation. Anne d'Autriche, épouse de Louis XIII, en obtint une portion, de Ladislas, roi de Pologne, et en fit présent aux Dominicains de la rue Saint-Honoré, à Paris. Saint Hyacinthe est appelé par les auteurs ecclésiastiques, l'Apôtre du Nord, et le Thaumaturge de son siècle. — 16 août.

HYACINTHE MARESCOTTI (sainte), *Hyacintha*, vierge, fille de Marc-Antoine Marescotti, comte de Vignanello, naquit en 1588, et reçut au baptême le nom de Clarisse qu'elle changea en celui d'Hyacinthe, lors de son entrée en religion. Sa première jeunesse fut assez pieuse; mais en avançant en âge elle prit du goût pour la parure et les vanités du monde, et quoique placée dans un couvent pour y perfectionner son éducation, elle ne s'occupait guère que de frivolités et se montrait très-dissipée. Le mariage de sa sœur cadette avec le marquis de Capimachi lui causa beaucoup de dépit et d'envie, lui fit perdre sa gaieté et sa bonne humeur, et la rendit capricieuse. Son père, voyant qu'il était difficile de vivre avec elle, lui proposa de se faire religieuse, et quoiqu'elle ne se sentit aucune vocation pour le cloître, elle céda néanmoins aux désirs de sa famille et prit le voile dans le monastère de Saint-Bernardin de Viterbe, du tiers ordre de Saint-François. Son entrée en religion ne changea ni ses goûts, ni son caractère : à peine entrée au couvent, elle s'y fit meubler avec luxe une chambre particulière, et ne remplissait qu'avec négligence et par manière d'acquit les devoirs imposés par la règle ; sa principale occupation était de satisfaire ses caprices et sa vanité. À côté de ces défauts, on remarquait en elle un grand amour pour la pureté, un profond respect pour les mystères de la religion et beaucoup de soumission pour ses parents: c'était uniquement en vertu de cette soumission qu'elle se trouvait au couvent. Il y avait dix ans qu'elle y vivait de la sorte, lorsqu'elle tomba sérieusement malade. Ayant fait appeler le confesseur de la maison, celui-ci, qui était un saint religieux de l'ordre de Saint-François, n'eut pas plutôt vu le luxe avec lequel la chambre d'Hyacinthe était décorée, qu'il refusa de l'entendre et se retira en lui disant, d'un ton sévère, que le paradis n'était pas fait pour les personnes vaines et superbes. « Il n'y a donc plus d'espérance pour moi, » s'écria-t-elle, toute consternée? Le confesseur lui répondit que le seul moyen de sauver son âme était de demander à Dieu pardon de sa vie passée, de réparer le scandale qu'elle avait donné à ses compagnes, et de commencer une vie toute nouvelle. Hyacinthe se rendit sur-le-champ au réfectoire, où la communauté était réunie, et là, fondant en larmes, elle se prosterna au milieu de la salle, demanda publiquement pardon des scandales qu'elle avait donnés. Cette démarche étonna et réjouit en même temps toutes ses compagnes ; mais la conversion d'Hyacinthe ne fit pas des progrès rapides dans les commencements ; il fallut une nouvelle maladie pour la déterminer à exécuter ses promesses dans toute leur étendue; mais alors son sacrifice fut complet. Embrassant avec ardeur les austérités de la pénitence, un fagot de sarments devint son lit, une pierre son oreiller, une vieille tunique son seul vêtement. Elle marchait presque toujours nu-pieds, et les mortifications qu'elle s'imposait n'avaient d'autres bornes que l'impossibilité d'aller plus loin sans mettre sa vie en danger. Les méditations fréquentes qu'elle faisait sur les souffrances de Jésus-Christ lui inspiraient une telle horreur de sa vie passée, qu'elle recherchait par des austérités de tout genre à en effacer jusqu'au souvenir. Toutes ses affections étaient concentrées dans un seul sentiment, l'amour de Dieu et du prochain ; et quoique renfermée dans l'intérieur d'un monastère, elle trouva moyen d'exercer sa charité au dehors. Pendant une épidémie qui désola Viterbe, elle fonda deux associations, l'une destinée à recueillir des aumônes pour les convalescents, les pauvres honteux et les prisonniers, et l'autre pour le placement des personnes âgées et infirmes dans un hôpital fondé à cet effet. Elle donna le nom d'Oblats de Marie aux membres de ces deux associations qu'elle dirigeait. C'est ainsi qu'elle passa les dernières années de sa vie, tout occupée du soin des malheureux dont elle était la mère. Dieu la favorisa de plusieurs grâces privilégiées, et surtout du don de la plus sublime oraison. Atteinte, à l'âge de cinquante-cinq ans, d'une maladie aiguë qui l'emporta en quelques heures, sainte Hyacinthe, malgré les douleurs atroces qu'elle souffrait, reçut les derniers sacrements avec un grand calme et une grande piété et mourut en 1640. Le cardinal Marescotti, son neveu, sollicita sa béatification, qui fut prononcée en 1726 par Benoît XIII, qui était de la même famille, et Pie VII la canonisa en 1807. — 31 janvier.

HYDRE (sainte), *Hydra*, est honorée à Sienne en Égypte le 8 décembre.

HYGIN (saint), *Hyginus*, pape et martyr, succéda l'an 139 à saint Télesphore. L'Église jouissait alors de quelque tranquillité, sous l'empereur Antonin, qui, sans aimer les chrétiens, ne voulait pas cependant qu'on les persécutât pour cause de religion. Le démon, jaloux de cette espèce de paix, suscita Cerdon pour la troubler par ses nouveautés. Cet hérésiarque, qui cachait la cruauté d'un loup sous la douceur apparente d'un agneau, vint de la Syrie à Rome, vers l'an 140, et se mit aussitôt à répandre des erreurs monstrueuses qui furent ensuite adoptées et propagées par Marcion. Il enseignait la doctrine des deux principes, l'un bon et l'autre mauvais, doctrine qui enfanta, plus tard, le manichéisme. Saint Hygin, à la vigilance duquel rien n'échappait, sépara de la communion des fidèles Cerdon, qui eut recours à l'hypocrisie et rétracta ses impiétés sans y renoncer dans son cœur, car il continua de dogmatiser en secret. Hygin n'eut pas plutôt été instruit de cette conduite qu'il l'excommunia une seconde fois. Comme si ce n'eût pas été assez d'un tel fléau dans l'Eglise de Dieu, Valentin, piqué de ce qu'on ne l'avait pas fait évêque, renouvela plusieurs impiétés de Simon le Magicien, auxquelles il joignit des absurdités de son invention, dont il infecta la ville d'Alexandrie; et ensuite il se rendit à Rome pour s'y faire de nouveaux disciples. Le saint pape essaya d'abord les voies de douceur pour le ramener à la vérité, mais cette bonté envers un novateur aussi opiniâtre que dissimulé, ne produisit pas tout l'effet que l'on avait droit d'en attendre; et comme il ne voulait pas se rétracter, saint Pie, successeur de Hygin, fut contraint de recourir aux voies de rigueur et de le chasser de l'Eglise, la première année de son pontificat. Saint Hygin mourut l'an 142, après avoir occupé, pendant près de quatre ans, la chaire de saint Pierre. Le Martyrologe romain lui donne le titre de martyr; cependant on croit généralement que s'il souffrit pour Jésus-Christ, ce ne fut pas jusqu'à donner sa vie, et qu'il mourut en paix. — 11 janvier.

HYPACE (saint), *Hypatius*, enfant et martyr à Byzance, souffrit avec saint Lucillien, qui, de prêtre des idoles, devint prêtre de Jésus-Christ. Après divers tourments, ils furent jetés dans une fournaise et ils en sortirent aussi sains qu'en y entrant. Saint Hypace fut ensuite décapité par ordre du président Sylvain, vers l'an 273, pendant la persécution de l'empereur Aurélien. — 3 juin.

HYPACE (saint), tribun et martyr à Tripoli, en Phénicie fut converti par le soldat saint Léonce et souffrit avec lui sous le président Adrien. — 18 juin.

HYPACE (saint), confesseur en Phrygie, florissait au milieu du ve siècle. — 17 juin.

HYPACE (saint), évêque de Gangres en Paphlagonie, revenant du concile général de Nicée, en 325, lorsqu'il fut attaqué sur sa route par des novations qui le lapidèrent en haine de la foi catholique dont il était l'un des plus zélés défenseurs. — 14 novembre.

HYPACE (saint), martyr du mont Sinaï, fut massacré avec plusieurs autres tant moines que laïques par les Sarrasins, dans le ve siècle. — 14 janvier.

HYPACE (saint), évêque en Lydie et martyr à Constantinople, avec saint André prêtre, fut mis à mort pour le culte des saintes images, vers l'an 730, sous l'empereur Léon l'Isaurien, après avoir eu la barbe brûlée et la peau de la tête enlevée. — 29 août.

HYPOLISTRE (saint) *Hypolister*, martyr, est honoré à Atripalde, dans le royaume de Naples, où il y a une église qui porte son nom. — 13 février.

I

IBISTION (saint), confesseur, est honoré chez les Grecs le 26 août.

IDABERGE ou EDBURGE (sainte), *Eadburgis*, vierge et religieuse, était fille de Penda, roi de Mercie en Angleterre, et sœur de sainte Kyneburge. Elle quitta le monde et la cour pour se consacrer à Dieu, et elle prit le voile dans le monastère de Dormundescastre, au comté de Northampton, dont Kyneburge était abbesse et où ses sœurs Kyneswide et Kynesdre étaient religieuses. On croit qu'elle mourut dans ce monastère, ou du moins, ce qu'il y a de certain, c'est qu'elle y fut enterrée vers la fin du viie siècle, puisque son corps y fut vénéré pendant longtemps, avant qu'il ne fût transféré avec ceux de ses trois sœurs à Peterburgh, qui est situé à deux milles de Dormundescastre. Vers l'an 1040, un moine nommé Balger porta ces reliques, avec celles de saint Oswald, dans l'abbaye de Berg-Saint-Vinox, en Flandre. Elles furent brûlées dans l'incendie qui consuma cette abbaye en 1588; mais une partie de leurs cendres furent recueillies et placées dans le tombeau qu'occupaient leurs ossements. — 20 juin.

IDE ou ITTE (la bienheureuse), *Ida* ou *Ita*, veuve, d'une des plus illustres familles de l'Aquitaine, naquit sur la fin du vi^e siècle, et était sœur de saint Modoald, évêque de Trèves. Elle épousa, très-jeune encore, le bienheureux Pépin de Landen, dont elle eut un fils nommé Grimoald et deux filles, sainte Gertrude et sainte Beggue. Son mari, qui était gouverneur d'une partie de l'Austrasie, fut fait maire du palais de ce royaume lorsque Clotaire II devint seul maître de la monarchie française, c'est-à-dire, en 614. Ide se sanctifia au milieu des dangers de la cour, et fut, ainsi que son illustre mari, un modèle de piété. Ses filles, formées par son exemple et par ses instructions, parvinrent, comme elle, à une éminente sainteté. Pepin étant devenu successivement premier ministre des rois Dagobert et Sigebert, l'un fils et l'autre petit-fils de Clotaire II, mourut saintement l'an 640, et la bienheureuse Ide, devenue veuve, prit en dégoût le monde qu'elle n'avait jamais aimé, et en 647 elle se retira dans le monastère de Nivelle, qu'elle avait fondé, et dont sainte Gertrude, sa fille, était abbesse. Elle passa les cinq dernières années de sa vie, obéissant à sa fille comme la dernière des religieuses et redoublant de ferveur à mesure qu'elle approchait de l'éternité. Elle mourut en 652 et son corps fut enterré à côté de celui de son mari. On les mit ensuite l'un et l'autre dans une châsse, ainsi que celui de sainte Gertrude, et on les exposa à Nivelle à la vénération publique. Les martyrologes de Flandres la nomment sous le 5 mai.

IDE (sainte), veuve, fille d'un seigneur que Charlemagne honorait de sa confiance, fut élevée dans la piété et se perfectionna dans le service de Dieu par les exemples d'Odile et de Gertrude, filles de Pepin, qui vivaient dans la virginité. Charlemagne la maria au comte Egbert et lui donna une dot considérable. Jamais union ne fut plus heureuse ni plus sainte ; mais Dieu lui ayant enlevé son mari, elle se trouva veuve à la fleur de l'âge ; mais loin de penser à se remarier, elle ne profita de sa liberté que pour s'appliquer plus exclusivement encore à la pratique des bonnes œuvres et aux exercices de la pénitence. Tous ses revenus étaient employés au soulagement des pauvres ou à la décoration des temples du Seigneur. Elle se fit construire une chapelle dans l'église qu'elle avait fondée près de sa demeure, et elle s'y retirait souvent, afin de se livrer en secret à son attrait pour la prière ; souvent elle y reçut du ciel des faveurs extraordinaires dont Dieu seul était témoin. Quoique la maladie qui la conduisit au tombeau fût longue et douloureuse, jamais on ne l'entendit se plaindre. Elle mourut après le commencement du IX° siècle, sous le règne de Louis le Débonnaire. 4 septembre.

IDE (la bienheureuse), fille de Godefroi le Barbu, duc de la basse Lorraine, et de Dode, sortait du sang de Charlemagne. Elle épousa Eustache II, comte de Boulogne, dont elle eut Godefroi de Bouillon, qui devint plus tard roi de Jérusalem, Eustache III, et Baudouin qui lui succéda sur le trône. Devenue veuve, elle sanctifia son veuvage par la pratique de toutes les vertus. Sa douceur, sa charité et sa piété la rendirent chère au peuple, qui l'aimait comme une mère et qui la respectait comme une sainte. Elle mourut le 13 avril 1113, à l'âge de soixante-treize ans, et son corps fut enterré dans l'abbaye de Saint-Waast, comme elle l'avait ordonné ; mais il a été, depuis, transporté à Paris et déposé dans l'église des religieuses du Saint-Sacrement, qui ont toujours célébré sa fête le 13 avril.

IDE DE NIVELLE (la bienheureuse), de l'ordre de Cîteaux, florissait dans le XII° siècle, et elle est honorée à Ramey, près de Namur, le 16 décembre.

IDE (la bienheureuse), première abbesse d'Argensole, monastère de la dépendance de Cîteaux, dans le diocèse de Soissons, mourut dans le milieu du XIII° siècle. — 25 mars.

IDESBAUD (le bienheureux), *Idesboldus*, abbé de Notre-Dame des Dunes, en Flandre, mourut en 1167. Cinq siècles après sa mort, son corps fut trouvé sans corruption. — 18 avril.

IE (sainte), *Ia*, martyre en Perse, fut massacrée ainsi que ses compagnes, avec neuf mille chrétiens captifs, sous le roi Sapor II, et par son ordre. On avait bâti en son honneur une église que l'empereur Justinien fit restaurer. — 4 août.

IGNACE (saint), *Ignatius*, surnommé Théophore, évêque d'Antioche et martyr, était disciple des apôtres, qui le placèrent sur le siège d'Antioche, après la mort de saint Evode, ou même de son vivant, selon quelques auteurs. Il fut un modèle de toutes les vertus épiscopales pendant quarante ans qu'il gouverna cette Eglise. Dans la persécution de Domitien, il ne cessa de veiller sur son troupeau et de l'exhorter à combattre courageusement pour Jésus-Christ ; et lorsque la paix fut rendue à l'Eglise, il s'en réjouit pour l'avantage des fidèles, mais il s'en affligea pour son propre compte, parce qu'il perdait l'occasion de donner sa vie pour la religion. Trajan, qui était parvenu à l'empire après Nerva, successeur de Domitien, ayant vaincu les Daces et les Scythes, résolut de tourner ses armes contre les Parthes, et étant arrivé à Antioche, le 7 janvier 107, il voulut que tous les chrétiens adorassent les dieux de l'empire, et cela sous peine de mort. Ignace, qui soupirait après le martyre, et qui n'était inquiet que pour son troupeau, ayant été arrêté et conduit devant l'empereur, celui-ci l'apostropha en ces termes : *C'est donc vous, mauvais génie, qui osez enfreindre mes ordres, et qui excitez les autres à se perdre misérablement ?* — *Le nom de mauvais génie ne convient pas à celui qu'on appelle Théophore.* — *Qu'entendez-vous par Théophore ?* — *Celui qui porte Jésus-Christ dans son cœur.* — *Croyez-vous que nous n'ayons pas dans nos cœurs les dieux qui nous font triompher des ennemis de l'empire ?* — *C'est une erreur d'appeler des démons ce que vous adorez : il n'y a qu'un Dieu, qui a fait le ciel et la terre ; il n'y a qu'un Jésus-Christ, son Fils unique, dans le royaume duquel je désire ardemment d'être admis.* — *Vous voulez sans doute parler de celui qui fut crucifié sous Ponce Pilate ?* — *Oui, de lui-même.* Trajan, irrité de ces réponses du saint évêque, prononça contre lui la sentence suivante : *Nous ordonnons qu'Ignace, qui dit porter en lui le Crucifié, soit lié et conduit à Rome, pour y être dévoré par les bêtes et pour servir de spectacle au peuple.* Saint Ignace, après avoir rendu grâces au Seigneur du bonheur qu'il avait de mourir pour sa cause, mit lui-même ses chaînes, pria pour son Eglise et la recommanda à Dieu avec larmes ; ensuite il se livra aux dix soldats chargés de le conduire à Rome, et qu'il appelle dix léopards, à cause de leur férocité et des traitements cruels qu'ils lui firent endurer pendant le voyage. La traversée, qui se fit dans une saison rigoureuse, fut encore allongée par des détours et des relâches sur plusieurs points de la côte. Cette manière de naviguer fournit au saint martyr l'occasion de confirmer dans la foi les Églises des villes par où il passait, les exhortant à fuir les schismes et les hérésies, à mépriser la vie présente pour ne soupirer qu'après les biens éternels. Partout où le navire s'arrêtait, les fidèles du voisinage accouraient pour le voir et pour lui rendre tous les services qui dépendaient d'eux. Arrivé à Smyrne, il profita de la liberté qu'on lui laissa de descendre à terre pour visiter saint Polycarpe, évêque de cette ville, et qui avait été comme lui disciple de l'apôtre saint Jean. Ces deux hommes apostoliques s'entretinrent des choses de Dieu, de l'état de l'Eglise d'Antioche et des autres Eglises d'Asie, que saint Ignace recommanda vivement à saint Polycarpe : ce dernier, en prenant congé du martyr baisa ses chaines avec respect. Avant de quitter Smyrne, il reçut les députés de l'Eglise d'Ephèse, à la tête desquels était Onésyme, évêque de cette ville; ceux de l'Eglise de Magnésie avec Damas, qui en était évêque, et Polybe, évêque de Tralles. Saint Ignace écrivit de Smyrne quatre lettres, qu'on peut ranger immédiatement après les Epîtres inspirées, et qu'on croirait dictées par le Saint-Esprit, tant sont admirables les instructions qu'elles renferment. La première est adressée aux Éphésiens ; la deuxième aux fidèles de Magnésie ; la troisième à ceux de Tralles, et la quatrième à ceux de Rome, qu'il conjure de n'employer ni leur crédit auprès des hommes, ni leurs prières auprès de Dieu pour empêcher l'exécution de la sentence portée contre lui. Après s'être rembarqué, il fit voile pour Troade, où il apprit que Dieu avait rendu la paix à l'Eglise d'Antioche. Cette nouvelle le consola et calma les inquiétudes occasionnées par la crainte qu'il ne se trouvât quelques personnes faibles dans son troupeau, si la persécution eût continué. C'est de Troade qu'il écrivit trois autres lettres, l'une à l'Eglise de Philadelphie, la deuxième à celle de Smyrne et la troisième à saint Polycarpe. Il eût bien voulu écrire aux autres Églises d'Asie ; mais ses gardes ne lui en ayant pas laissé le temps, il pria saint Polycarpe de le faire pour lui. De Troade, il arriva à Napoli, et de là à Philippes en Macédoine. Il traversa cette province à pied ainsi que l'Epire, et ayant trouvé à Epidamne, aujourd'hui Durazzo, un vaisseau prêt à partir, il s'y embarqua, toujours accompagné de ses gardes, traversa l'Adriatique, et s'arrêta dans plusieurs des villes qu'on rencontre sur ses côtes. Il aurait bien voulu pouvoir descendre à Pouzzolles, afin d'imiter saint Paul, mais de cette ville se rendit par terre à Rome ; mais cette permission lui ayant été refusée, il vint débarquer au port de Rome, aujourd'hui Porto. Comme la fin des jeux approchait, les soldats qui le conduisaient lui faisaient hâter sa marche, afin d'arriver encore à temps. Lorsqu'on sut à Rome que l'illustre martyr arrivait, une députation des fidèles de cette ville alla au devant de lui, et la joie de le voir était tempérée par la douleur de le perdre bientôt.

Comme plusieurs se proposaient d'agir auprès du peuple afin d'obtenir sa grâce, Ignace, connaissant par une lumière surnaturelle ce qui se passait dans leurs cœurs, les conjura encore plus vivement qu'il ne l'avait fait dans sa lettre, de ne pas mettre d'obstacle à son bonheur. Il se mit ensuite à genoux avec les frères pour prier Jésus-Christ d'avoir pitié de son Église et de faire cesser la persécution. Arrivé à Rome le 20 décembre, qui était le dernier jour des jeux publics, le préfet de la ville n'eut pas plutôt lu la lettre de l'empereur, que les soldats lui remirent, qu'il fit conduire Ignace dans l'amphithéâtre. Le saint martyr s'écria, en entendant les rugissements des lions : *Je suis le froment du Seigneur ; il faut que je sois moulu par la dent de ces animaux pour que je devienne le pain pur de Jésus-Christ.* A peine eut-il prononcé ce peu de paroles que deux lions s'étant jetés sur lui le dévorèrent en un instant, sans rien laisser de son corps que les plus gros et les plus durs de ses os, qui furent soigneusement recueillis par deux de ses disciples, qui l'avaient suivi jusqu'à Rome. Ils les rapportèrent à Antioche, et partout où ils passaient les chrétiens se présentaient en foule, et demandaient la faveur de les porter sur leurs épaules, de manière que cette translation eut l'air d'une marche triomphale. Ces précieuses reliques furent d'abord placées dans un cimetière près de la porte de Daphné : on les transféra ensuite solennellement, sous l'empereur Théodose, dans une église de la ville, qui avait été d'abord dédiée à la Fortune et qui prit le nom de Saint-Ignace. Elles furent reportées à Rome, sous le règne d'Héraclius, pour les soustraire à l'impiété des Sarrasins, et placées dans l'église de Saint-Clément, pape. Quelques parcelles de ces vénérables ossements furent données aux Chanoines Réguliers d'Arouaise, près de Bapaume, et aux Bénédictins de Liessies en Hainaut. — 1ᵉʳ février.

IGNACE (saint), martyr en Afrique, était oncle de saint Célérin : on croit qu'il souffrit pendant la persécution de Dèce, et il est mentionné avec honneur dans une lettre de saint Cyprien. — 3 février.

IGNACE (saint), patriarche de Constantinople, né en 797, était fils de Michel Iᵉʳ, empereur d'Orient, surnommé Curopalate, parce qu'il avait été maître du palais, et de Procopie, fille de l'empereur Nicéphore. Michel succéda en 811 à son beau-père : sa douceur et sa piété donnaient à espérer qu'il ferait le bonheur de l'Etat et de la religion ; mais l'Orient ne méritait pas d'être gouverné par un si bon prince, qui quitta de lui-même la pourpre, lorsque la révolte de Léon l'Arménien, général de l'armée, eut éclaté, et préféra renoncer à l'empire, après un règne de près de deux ans, que d'être l'occasion d'une guerre civile. Il embrassa l'état monastique avec toute sa famille. Ignace, qui avait alors quatorze ans, et qui s'était appelé jusqu'alors Nicétas, changea de nom en prenant l'habit religieux. L'usurpateur Léon, pour n'avoir plus rien à craindre de cette intéressante et malheureuse famille, assigna une demeure différente à chacun de ses membres, et fit eunuque Ignace, ainsi que le prince, son frère, pour qu'ils ne pussent laisser de postérité. Ignace, placé dans un monastère dont l'abbé était iconoclaste et d'un caractère violent, eut beaucoup à souffrir de cet indigne supérieur : on tendit à sa foi des piéges qu'il sut éviter, et il persévéra dans la doctrine de l'Eglise avec une constance au-dessus de son âge. Les épreuves et les mauvais traitements auxquels il était en butte servirent à sa sanctification. Il donna à la communauté une si haute idée de ses vertus et de sa capacité, qu'à la mort de son persécuteur, tous les moines l'élurent unanimement pour leur abbé, et la manière dont il remplit cette fonction lui attira l'estime et l'affection de tous ses inférieurs. Il fonda trois nouveaux monastères dans trois petites îles, et un quatrième sur le continent, qui prit le nom de Saint-Michel. En 846, il fut tiré de sa solitude pour être placé sur le siége patriarcal de Constantinople. Son élévation rehaussa l'éclat des vertus qu'il avait acquises dans la retraite; mais le zèle avec lequel il reprenait les pécheurs, et surtout les pécheurs publics, lui attira de cruelles persécutions. L'impératrice Théodora, veuve de Théophile et mère de Michel III, surnommé l'Ivrogne, avait, comme régente de l'empire pendant la minorité de son fils, confié une partie du gouvernement à son frère Bardas, qui portait le titre de César. Ce prince, à de belles qualités et à un grand talent pour l'éloquence et pour les affaires, joignait de grands vices : il était faux, rusé, cruel, sans mœurs, et il avait poussé le scandale jusqu'à quitter sa femme pour vivre publiquement avec sa belle-fille. Le saint patriarche employa les exhortations les plus pressantes pour le ramener à son devoir, mais inutilement; Bardas osa même, le jour de l'Epiphanie, se présenter à la communion avec les fidèles dans la grande église. Ignace refusa de l'admettre à la sainte table, et le déclara excommunié. Le césar, furieux, le menaça de la mort; mais ces menaces n'ayant pas effrayé le saint, il résolut de se venger d'une manière éclatante. Il s'appliqua d'abord à gagner les bonnes grâces du jeune empereur, son neveu, qui montrait déjà les inclinations les plus vicieuses, et à perdre le patriarche dans son esprit; ensuite il s'efforça d'éloigner de la cour l'impératrice, sa sœur, qui déjouait ses projets criminels, et qui d'ailleurs protégeait Ignace. Il persuada à Michel qu'il était temps qu'il régnât par lui-même, et lui conseilla de faire renfermer sa mère dans un couvent. Michel, qui voyait dans ce plan un moyen de se livrer plus facilement à ses penchants déréglés, l'approuva, et envoya chercher le patriarche, avec ordre de couper les cheveux à sa mère et à ses trois sœurs, pour les vouer à la vie monastique. Ignace refusa de se prêter à cette violence aussi contraire à la justice qu'à la religion, et Bardas représenta à l'empereur ce refus comme un acte de révolte. Michel n'en fit pas moins raser par un autre et renfermer dans un monastère les princesses ; il chassa de son siége Ignace, qui gouvernait depuis onze ans l'Eglise de Constantinople, et l'exila dans l'île de Térébinthe, où se trouvait un des monastères qu'il avait fondés. On essaya tous les moyens possibles pour lui arracher sa démission ; mais il ne voulut jamais la donner, afin de ne pas livrer son troupeau à la fureur de l'ennemi. Bardas finit par s'en passer, et par nommer de sa propre autorité, et sans observer aucune des formalités usitées dans l'élection des évêques, l'eunuque Photius, neveu du patriarche Taraise, et proche parent de l'empereur ainsi que de Bardas lui-même. Cet intrus, qui était laïque et qui occupait deux emplois considérables à la cour, possédait à fond la littérature profane, et après sa promotion il se livra avec succès aux sciences ecclésiastiques, mais les qualités du cœur ne répondaient pas chez lui à celles de l'esprit; il était fourbe, artificieux et prêt à tout oser pour satisfaire son ambition : il était, de plus, schismatique et partisan de Grégoire Abestas, évêque de Syracuse, qu'Ignace avait déposé pour ses crimes dans un concile tenu en 854. Photius reçut tous les ordres en six jours, l'an 858; mais son élection étant contraire aux canons il ne trouva d'abord aucun évêque qui voulût l'ordonner, et ce ne fut qu'à condition qu'il renoncerait au schisme pour embrasser la communion d'Ignace, qu'il le regarderait lui-même comme patriarche légitime, et qu'il ne ferait rien sans son consentement, qu'il reçut l'onction sainte. Deux mois s'étaient à peine écoulés qu'il foula aux pieds ses promesses et persécuta même avec cruauté les clercs attachés au saint patriarche. Il représenta ce dernier comme un factieux qui avait conspiré contre l'empire, et obtint, par le moyen de Bardas, qu'on enverrait des commissaires pour informer contre lui. On mit à la question ses serviteurs pour qu'ils déposassent contre lui, mais aucun d'eux ne voulut charger son maitre, qui n'en fut pas moins conduit dans l'île d'Hière et renfermé dans une étable à chèvres. De là il fut transféré à Prométe, près de Constantinople, où un capitaine des gardes lui cassa deux dents en le frappant sur la bouche, et où il fut jeté, les fers aux pieds, dans une obscure prison. Plusieurs évêques de la province, indignés d'une telle barbarie, s'assemblèrent dans une église de Constantinople et excommunièrent Photius. Celui-ci, de son côté, assembla ses partisans et prononça contre Ignace une sentence de déposition. Enfin au mois d'août 859, on le fit embarquer, avec quelques-uns de ses amis chargés de chaînes, pour l'île de Lesbos, et on les conduisit à Mitylène. Photius écrivit au pape Nicolas Ier une lettre pleine de faussetés, et l'empereur Michel envoya une ambassade solennelle pour confirmer le récit de Photius; quant à saint Ignace, il n'eut la liberté d'envoyer à Rome ni lettre ni députés. Le pape répondit à Photius avec beaucoup de circonspection et envoya deux légats à Constantinople, Rodoald, évêque de Porto, et Zacharie, évêque d'Anagni, chargés de décider, conformément à ce qui avait été défini dans le septième concile général, les questions concernant les saintes images : quant à l'affaire d'Ignace et de Photius, leur pouvoir se bornait à faire des informations qui seraient envoyées à Rome. Le pape, dans sa lettre à l'empereur, se plaignait de ce qu'on eût déposé Ignace sans consulter le saint-siège, et de ce qu'on lui eût substitué un laïque contre la disposition des canons : dans sa réponse à Photius il ne dissimulait pas les irrégularités qu'il trouvait dans son élection. Vers le même temps Ignace fut ramené à l'île de Térébinthe, et il eut la douleur de voir ses monastères pillés par des Scythes, qui tuèrent même plusieurs de ses domestiques. A peine les légats du pape furent-ils arrivés que Photius et l'empereur mirent tout en œuvre pour les gagner, et malheureusement ils y réussirent. Dans un synode tenu à Constantinople, l'an 861, et qui était composé de trois cent dix-huit évêques, les légats poussèrent la prévarication jusqu'à concourir à la déposition d'Ignace, sur la déclaration de soixante-douze faux témoins, qui attaquaient la canonicité de son élection. Ignace fut forcé d'y paraître en habit de moine et non avec les insignes de sa dignité. On lui fit subir de nombreux outrages, et l'on employa même la violence pour lui extorquer sa démission ; mais comme il montrait une fermeté inébranlable, l'empereur le fit enfermer dans le tombeau de Constantin Copronyme, où il fut livré à trois hommes féroces, qui avaient ordre de le tourmenter sans relâche. Après l'avoir longtemps tourmenté, ils le laissèrent presque nu sur le marbre du pavé, au plus fort de l'hiver. Pendant les quinze jours qu'il fut renfermé dans cette espèce de prison, sans qu'on lui donnât presque rien à manger, et sans qu'il lui fût possible de prendre un peu de repos, puisqu'on ne lui permettait ni de dormir, ni même de s'asseoir, l'un de ses geôliers, voyant qu'on ne pouvait dompter sa constance par les mauvais traitements, s'empara de sa main et lui fit tracer, de force, une croix sur le papier en blanc préparé d'avance pour recevoir sa signature. Photius ne fut pas plutôt en possession de cette espèce de blanc-seing, qu'il le remplit en ces termes : « Moi, Ignace, indigne patriarche de Constantinople, je confesse que je suis monté irrégulièrement sur le siége patriarcal, et que j'ai gouverné tyranniquement.» Après cette prétendue déclaration, on lui permit de se retirer dans le palais de Pose, bâti par sa mère, et qui était devenu sa propriété. Comme on l'y laissa tranquille quelque temps, il profita de ce moment de liberté pour informer le pape de tout ce qui s'était passé, et pour protester contre la démission qu'on lui attribuait. Sa lettre fut signée par dix métropolitains, quinze évêques et un grand nombre de prêtres et de moines. Théognoste,

abbé d'un monastère de Constantinople, se chargea de la porter à Rome, et il devait donner, de vive voix, les éclaircissements propres à expliquer l'affaire dans ses détails. Photius, de son côté, quoique ses intrigues lui eussent réussi jusqu'alors, n'était pas parfaitement rassuré pour l'avenir ; c'est pourquoi il obtint de l'empereur qu'on exigerait d'Ignace qu'il lût, dans le jubé de l'église des Apôtres, l'acte de sa condamnation ; qu'ensuite on lui coupât la main et qu'on lui arrachât les yeux. En conséquence, le jour de la Pentecôte, des soldats vinrent cerner la maison du saint patriarche ; celui-ci, voyant qu'il avait tout à craindre, résolut de se mettre en sûreté par la fuite. Il se travestit en esclave, et mit sur ses épaules un bâton avec un panier à chaque bout. L'obscurité de la nuit contribuant encore à favoriser son évasion, il s'échappa sans être reconnu, et se cacha, tantôt dans une île, tantôt dans une autre ; il fut même obligé de se réfugier dans des cavernes. Il ne vivait que d'aumônes, et l'on voyait le fils d'un empereur, le patriarche de la première ville de l'empire, réduit à la nécessité de mendier son pain. Photius et l'empereur firent faire les recherches les plus minutieuses, dans l'espérance de découvrir sa retraite ; les soldats envoyés à sa poursuite le rencontrèrent souvent, mais il était tellement méconnaissable qu'ils ne purent le reconnaître. Le commandant de la flotte chargé de le chercher dans les îles de l'Archipel et sur les côtes, eut ordre de le tuer partout où il le trouverait. Dans le même temps, la ville de Constantinople fut bouleversée par un tremblement de terre qui se fit sentir pendant quarante jours consécutifs. La population effrayée s'écria que le ciel voulait punir l'injuste persécution exercée contre le saint patriarche : de leur côté, l'empereur et Bardas, saisis d'une frayeur non moins grande, déclarèrent publiquement qu'Ignace n'avait rien à craindre et qu'il pouvait retourner dans son monastère ; c'est ce qu'il fit en effet, dès qu'il eut connaissance de cette déclaration. Aussitôt que le pape fut informé de l'indigne conduite de ses légats, il les traita de prévaricateurs, et déclara qu'ils avaient outrepassé leurs pouvoirs en consentant que Photius occupât le siége d'Ignace qu'il regardait comme seul patriarche légitime, Photius n'étant à ses yeux qu'un laïque. *Nous avons*, disait-il à l'empereur, *des lettres que vous avez adressées à Léon, notre prédécesseur, et à nous, par lesquelles vous regardiez comme canonique l'élection d'Ignace, à la vertu duquel vous rendiez hommage, et maintenant vous voulez le représenter comme usurpateur du siége patriarcal.* Dans une seconde lettre, adressée à tous les fidèles de l'Orient, il commence par condamner la prévarication de ses légats et par désavouer ce qu'ils avaient fait ; s'adressant ensuite aux patriarches d'Alexandrie, d'Antioche et de Jérusalem, ainsi qu'aux métropolitains et aux évêques, il leur ordonna, en vertu de l'autorité apostolique, d'avoir les mêmes sentiments que lui-même par rapport à Ignace, et de ne voir dans Photius qu'un intrus, avec injonction de publier sa lettre dans leurs diocèses respectifs, afin qu'elle fût connue de tout le monde. Photius, à qui les impostures et les falsifications ne coûtaient rien, supprima l'exemplaire qu'il avait reçu, et en fabriqua un autre qu'il postdata, et dans lequel il faisait parler Nicolas II comme s'il eût été dans ses intérêts et opposé à ceux d'Ignace. Sa fourberie ayant ensuite été découverte, il assembla à Constantinople, de concert avec l'empereur, un synode de vingt-deux évêques (866), dans lequel il eut l'audace de prononcer contre le pape une sentence de déposition et d'excommunication. Telle fut la première origine du schisme des Grecs. Il en fit publier de faux actes, afin de faire croire qu'il avait été œcuménique, et l'on y ajouta de fausses souscriptions pour donner à entendre que les députés des trois autres patriarches d'Orient, et plus de mille évêques, y avaient assisté. A la suite de ce prétendu concile, il écrivit une circulaire aux patriarches et aux principaux évêques de l'Orient, dans laquelle, voulant faire un schisme à tout prix, il s'élevait avec autant de mauvaise foi que de violence contre l'Eglise latine; mais il perdit bientôt après la dignité qu'il avait usurpée, en perdant l'empereur, son unique soutien, depuis la mort de Bardas, que l'empereur avait fait périr comme conspirateur. Après la mort du césar son oncle, Michel, incapable de régner par lui-même, s'était donné pour collègue Basile le Macédonien: quelque temps après, s'étant repenti de s'être dessaisi d'une partie de son autorité, il voulut la reprendre; mais Basile le fit assassiner pendant qu'il était ivre, et il ne fut pas plutôt seul maître du pouvoir qu'il exila Photius dans l'île de Scépé et qu'il rétablit sur le siége de Constantinople saint Ignace, qui en était banni depuis neuf ans. Son retour, qui eut lieu le 3 novembre 867, fut célébré dans la ville avec la plus grande pompe; mais, autant le patriarche avait paru grand dans l'adversité, autant il parut humble au milieu des honneurs et des applaudissements auxquels donna lieu sa réintégration. A peine fut-il remis en possession de son siége, qu'il sollicita près du pape et de l'empereur la convocation, à Constantinople, d'un concile, qui est le huitième concile général. Le pape Adrien II y présida par ses légats, qui firent casser tout ce qui s'était fait dans le synode de Photius: lui-même y fut cité et entendu, ensuite excommunié. Ceux de ses partisans qui reconnurent leurs torts furent admis à la pénitence. Saint Ignace gouverna encore son église pendant près de douze ans, et montra, par la manière dont il remplit jusqu'à la fin de sa vie les devoirs de l'épiscopat, que les épreuves et les persécutions n'avaient servi qu'à perfectionner ses vertus. Il mourut le 23 octobre 878, à l'âge de près de quatre-vingts ans, et son corps fut porté solennellement dans l'église de Sainte-Sophie, de là dans celle de Saint-Menne, où deux femmes possédées du démon furent délivrées par son intercession. Ses reliques furent transférées plus tard dans l'église de Saint-Michel, qu'il avait fait bâtir sur le Bosphore, près de la ville. — 23 octobre.

IGNACE (saint), abbé de Bathyriac, florissait sous les empereurs Nicéphore Phocas et Jean Zimiscès. Il mourut vers l'an 999, et il est honoré chez les Grecs le 27 septembre.

IGNACE DE LOYOLA (saint), fondateur de la société des Jésuites, né en Biscaye, l'an 1491, au château de Loyola, d'une famille distinguée dans le pays, montra dès son jeune âge une grande vivacité d'esprit, une passion ardente pour la gloire et un penchant marqué pour la colère, quoiqu'il fût d'ailleurs d'un caractère affable et obligeant. Elevé à la cour de Ferdinand V, auquel il était attaché en qualité de page, il eut pour mentor le duc de Najare, son parent, qui, voyant ses dispositions pour le métier des armes, lui fit apprendre tous les exercices propres à former un bon officier: aussi le jeune Ignace ne soupirait qu'après le moment où il pourrait quitter la cour pour entrer au service, afin de marcher sur les traces de ses frères qui venaient de s'illustrer au siége de Naples, et l'occasion s'en présenta bientôt. Le duc de Najare ayant été chargé de défendre la Biscaye contre les Français qui voulaient s'emparer de cette province, Ignace se signala dans plusieurs rencontres et donna des preuves d'un brillant courage. Dans ses moments de loisir, loin de se livrer au jeu ou à la galanterie, comme la plupart des autres officiers, il cultivait la poésie espagnole, et quoiqu'il n'eût aucune teinture des lettres, il composa un petit poëme en l'honneur de saint Pierre. Les Français ayant attaqué la Navarre, en 1521, et mis le siége devant Pampelune, Ignace fut laissé dans cette ville par le vice-roi pour soutenir le moral de la garnison et pour l'exhorter à faire une vigoureuse défense. Il monta un des premiers sur la brèche pour repousser les assaillants; mais il eut la jambe gauche blessée par un éclat de pierre, et la droite cassée par un boulet de canon. Les Navarrois, le voyant blessé, perdirent courage et se rendirent à discrétion. Les Français l'ayant fait prisonnier le traitèrent avec distinction, et on le transporta dans une litière au château de Loyola. Sa jambe droite ayant été mal remise, il fallut recommencer l'opération. Atteint d'une fièvre violente qui fit désespérer de sa vie, il reçut les derniers sacrements la veille de la fête de saint Pierre, et l'on croyait qu'il ne passerait pas la nuit; mais il guérit contre toute attente, et il attribua cette espèce de miracle à l'intercession de saint Pierre, envers qui il avait toujours eu une grande dévotion. Sa jambe, quoique guérie, restait déformée, et il se décida à faire couper un os qui faisait saillie sous le genou et qui l'empêchait de porter la botte avec grâce. Cette dernière opération l'obligeant à tenir le lit pendant quelque temps, il demanda des romans pour se désennuyer pendant cette inaction forcée; mais comme on ne trouvait point dans le château les ouvrages qu'il désirait, on lui porta la Vie des saints, qu'il lut d'abord uniquement pour passer son temps : bientôt il y prit un tel goût qu'il y passait les journées entières. Jusque-là sa conduite avait été régulière, mais non édifiante, et il avait mieux servi son prince que son Dieu. Cette lecture lui fit naître de nouveaux sentiments. Il admirait dans les saints l'amour de la solitude et de la croix : il considérait avec étonnement, parmi les anachorètes, des hommes de qualité couverts de cilices, exténués de jeûnes, ensevelis tout vivants dans des grottes et des cavernes. *Ces hommes étaient de même nature que moi*, se disait-il à lui-même; *pourquoi donc ne ferais-je pas ce qu'ils ont fait?* D'un côté, il se sentait pressé de les imiter; mais de l'autre, l'amour qu'il avait pour la gloire militaire, et une inclination secrète qui l'attachait à une personne de la cour de Castille, venaient ébranler ces projets de conversion. Enfin, il prit un parti décisif; et, triomphant de toutes ses irrésolutions, il se mit à marcher sur les traces des saints. Né avec une imagination vive, il la porta dans sa nouvelle conduite, et se livra avec ardeur aux veilles et aux austérités les plus rigoureuses. Une nuit qu'il était en prières, prosterné devant une image de la Vierge, il s'offrit à Jésus-Christ par sa sainte Mère, et leur jura une inviolable fidélité. Aussitôt il entendit un grand bruit dans tout le château; les vitres de sa chambre se cassèrent et la muraille se fendit, soit, dit un auteur de sa Vie, que Dieu ait voulu montrer par là qu'il agréait son sacrifice, soit que c'eût été un effet de la rage du démon, qui se voyait enlever sa proie. Une autre nuit, la sainte Vierge lui apparut, tenant l'enfant Jésus entre ses bras et tout environnée de lumière; cette vision purifia son cœur et effaça de son esprit toutes les images des voluptés sensuelles. Lorsqu'il fut entièrement guéri, il monta à cheval, sous prétexte d'aller rendre sa visite au duc de Najare; sa visite faite, il renvoya les deux domestiques qui l'accompagnaient, et se rendit seul, déguisé en pèlerin, à l'abbaye de Monserrat, où il fit une confession générale de ses péchés, souvent interrompue par ses soupirs et par ses larmes; ensuite il se consacra à Dieu par le vœu de chasteté perpétuelle. Son confesseur, qui était un religieux d'un grand mérite et d'une éminente sainteté, nommé Jean Chanones, approuva le plan d'austérités qu'il s'était formé, ainsi que la détermination qu'il avait prise de faire un pèlerinage à Jérusalem, et le confirma dans ses saintes résolutions. Ignace, ayant communié à Monserrat, le jour de l'Annonciation de l'année 1522, il suspendit son épée à un pilier proche de l'autel, comme une marque qu'il renonçait au métier des armes, laissa son cheval à l'abbaye et partit aussitôt, dans la crainte d'être reconnu, n'emportant que les instruments de pénitence qu'il avait demandés à son confesseur, et marchant le bourdon à la main, la calebasse au côté, la tête découverte et un pied nu, l'autre étant encore chaussé à cause de sa blessure. Il échangea en route ses habits avec ceux d'un pauvre; mais celui-ci, qui paraissait trop bien habillé pour un mendiant, fut arrêté sur le soupçon d'avoir volé les habits qu'il portait. Ignace, pour le faire élargir, fût obligé de confesser la vérité, mais il cacha son nom et sa qualité. Il se rendit à l'hôpital de Manrèse, afin de vivre confondu avec les pauvres et de pouvoir faire pénitence sans être connu. Il jeûnait au pain et à l'eau tous les jours, excepté le dimanche, qu'il mangeait des herbes cuites mêlées avec de la cendre. Il ceignit ses reins d'une chaîne de fer et prit un cilice sous son habillement de toile : trois fois par jour il se donnait la discipline, dormait peu et couchait sur la terre. Il affectait dans sa conduite les manières d'un homme du peuple, et lorsqu'il allait mendier de porte en porte, son extérieur était si étrange que les enfants le montraient au doigt, le suivaient dans les rues avec de grandes huées et lui jetaient des pierres ; ce qui le rendait tout joyeux d'avoir ainsi part aux opprobres de la croix. Il fut attaqué de deux tentations, l'une qui provenait du dégoût que lui inspiraient les ordures de l'hôpital, et l'autre de la honte qu'il ressentait de se voir confondu avec des gueux ; mais il en triompha. Les habitants de Manrèse finirent bientôt par découvrir qu'il n'était pas ce qu'il voulait paraître, et dès qu'ils eurent connaissance de ce qui était arrivé à ce pauvre à qui il avait donné ses habits, ils prirent pour lui d'autres sentiments, surtout en voyant la patience avec laquelle il supportait les moqueries et les outrages. Ignace, pour se soustraire à la tentation de la vaine gloire, alla se cacher dans une caverne obscure, creusée dans le roc, et située à six cents pas de la ville. Il y continua ses austérités et les porta à un tel point, qu'un jour on le trouva à demi-mort à l'entrée de sa caverne, et on le transporta à l'hôpital de Manrèse. La paix dont il avait joui dans les premiers moments de sa conversion fit bientôt place à des craintes et à des scrupules qui ne lui laissaient plus de repos ni le jour ni la nuit : il s'imaginait que tout ce qu'il faisait était péché. Une mélancolie profonde s'empara de son âme, et il tomba dans un état voisin du désespoir. Les dominicains de Manrèse, touchés de sa triste situation, le retirèrent chez eux. Cet état d'épreuve, par lequel il avait passé, lui fit acquérir un talent singulier pour guérir les consciences scrupuleuses. Dieu lui rendit non-seulement le calme intérieur et les douceurs spirituelles dont la privation l'avait tant accablé, mais il le favorisa de plusieurs grâces extraordinaires, telles que des ravissements et des extases dans la prière, ainsi que des connaissances surnaturelles sur les mystères de la foi. Quand il renonça au monde, il n'était que très-imparfaitement instruit des vérités de la religion et des devoirs du chrétien. Pour se prémunir contre les dangers de l'illusion, il communiquait à son directeur les lumières sublimes qui lui étaient communiquées dans l'oraison. Ignace, qui ne s'était d'abord proposé que sa perfection particulière, se sentit ensuite embrasé d'un désir ardent de travailler à la sanctification des autres. « Ce n'est pas assez que je serve le Seigneur, se disait-il à lui-même ; il faut que tous les cœurs l'aiment et que toutes les langues le bénissent. » Il commença par se défaire de ce qui aurait pu rendre son extérieur trop rebutant, modéra ses austérités, et se mit ensuite à exhorter les pécheurs à la pénitence. Les habitants de Manrèse, qui le regardaient comme un saint, comprirent alors mieux qu'ils ne l'avaient fait auparavant, que les humiliations volontaires auxquelles il s'était dévoué ne provenaient pas chez lui d'un travers d'esprit ni de bizarrerie, mais de l'inspiration de la grâce divine. C'est vers ce temps qu'il composa ses Exercices spirituels, qu'il retoucha dans la suite et qu'il publia en 1548 : ouvrage admirable, que le pape Paul III regardait comme un livre plein de l'esprit de Dieu. Avant saint Ignace, on ignorait cette méthode simple et facile dont il est l'auteur, qui a mis l'exercice de la méditation à la portée de tous, et qui a réduit, comme en art, la conversion du pécheur, qu'elle conduit par degrés et en peu de temps à la plus haute perfection : aussi on a dit de ce petit livre, qu'il avait plus converti d'âmes qu'il ne contenait de mots. Ignace avait passé dix mois à Manrèse lorsqu'il quitta cette ville pour faire le pèlerinage de la terre sainte. Il partit seul, sans argent, et s'étant embarqué à Barcelone, il aborda à Gaëte, d'où il se rendit à Rome, à Padoue et à Venise. Ayant trouvé dans cette dernière ville un navire qui se rendait en Chypre, il y prit place en qualité de passager ; mais comme la plupart de ceux qui montaient le bâtiment n'avaient aucun sentiment de religion et se livraient sans pudeur aux excès les plus honteux, Ignace, voyant qu'il ne pouvait les corriger par la douceur, leur fit de sévères réprimandes et les menaça de la colère de Dieu. Cette sainte liberté déplut à ces cœurs endurcis, et ils résolurent de déposer dans une île déserte ce censeur importun ; mais lorsqu'ils approchaient de la côte où ils se proposaient de le débarquer, un coup de vent les repoussa au large. Arrivé en Chypre, Ignace trouva dans le port un navire qui transportait des pèlerins à Jérusalem ; il se joignit à eux, et après être débarqué à Jaffa, il gagna à pied la ville sainte et visita, avec les plus vifs sentiments de piété et de componction, les lieux sanctifiés par la présence et les miracles du Sauveur. Il aurait bien voulu s'y fixer pour travailler à la conversion des musulmans ; mais le provincial des Franciscains, qui avait une pleine autorité sur les pèlerins, lui ordonna de renoncer à ce projet, et Ignace s'étant rembarqué pour l'Europe, aborda au port de Venise sur la fin de janvier 1524, d'où il retourna en Espagne. Quand il fut revenu à Barcelone, il suivit un cours de grammaire, sous Jérôme Ardibale, qui donnait des leçons publiques dans cette ville. Le but d'Ignace était de faire ses études cléricales, afin de se consacrer au service des autels et de travailler au salut des âmes. Mais comme il avait déjà trente-trois ans, et que les exercices de la vie militaire auxquels avaient succédé ceux de la vie contemplative avaient rendu son esprit peu propre à une étude telle que celle de la grammaire, il est incroyable combien il lui en coûta d'efforts pour apprendre les éléments de la langue latine. Quand il s'agissait, par exemple, de conjuguer le verbe *amo*, il faisait des actes d'amour de Dieu. *Je vous aime, ô mon Dieu*, disait-il, *vous m'aimez : aimer, être aimé et rien davantage*. Cependant, à force de se vaincre, il vint à bout de faire quelques progrès. Il lut plusieurs ouvrages latins, entre autres le *Soldat Chrétien* d'Érasme, mais il préférait l'*Imitation* de Jésus-Christ. Le fils de l'hôtesse chez qui il logeait se levait quelquefois la nuit pour observer ce qu'Ignace faisait dans sa chambre, et il le voyait tantôt à genoux, tantôt prosterné, le visage en feu et baigné de larmes. Il l'entendait s'écrier de temps en temps : *O Dieu mon amour et les délices de mon âme, si les hommes vous connaissaient, ils ne vous offenseraient jamais. Mon Dieu, que vous êtes bon de supporter un pécheur tel que moi!* Il savait si bien employer ses moments qu'il trouvait encore du temps pour travailler à la conversion des pécheurs : il rétablit la réforme dans le monastère des Anges. Ceux du dehors qui avaient part aux désordres des religieuses en furent extrêmement irrités, et Ignace se trouva en butte à leur ressentiment. Après deux ans d'études à Barcelone, il alla faire son cours de philosophie à l'université d'Alcala, et se logea dans un hôpital, où il ne vivait que d'aumônes. Il catéchisait les enfants, tenait dans l'hôpital des assemblées de charité et se livrait avec succès à la conversion des pécheurs. On cite, parmi ceux qu'il ramena à Dieu, un des premiers dignitaires de l'Église d'Espagne, dont la conduite était très-scandaleuse. Ce genre de vie lui attira, d'une part, des admirateurs, et de l'autre des ennemis. Quelques personnes l'accusèrent de magie ; quelques autres le représentèrent comme un visionnaire attaché au parti des *Illuminés*, qui venaient d'être condamnés en Espagne, et il fut déféré à l'inquisition ; mais après un mûr examen, il fut renvoyé absous par les inquisiteurs. Cité ensuite devant le grand-vicaire de l'évêque comme un homme qui s'arrogeait le droit de cathéchiser, quoiqu'il n'eût ni science ni mission, il fut mis en prison, et n'obtint sa liberté qu'après quarante-deux jours, avec défense de porter un habit particulier et de donner à l'avenir aucune instruction relative à la religion. Aussitôt après son élargissement, il alla mendier de quoi s'acheter un habit d'écolier, afin de se conformer à cette partie de la sentence qui concernait l'habillement. Ayant ensuite consulté Alphonse, archevêque de Tolède, ce prélat lui promit sa protection et lui conseilla de se rendre à Salamanque. A peine arrivé dans cette ville, il commença par travailler au salut des âmes, et l'affluence de ceux qui venaient l'entendre l'exposa encore à de nouvelles tribulations. Sur le soupçon qu'il introduisait des pratiques dangereuses, le grand-vicaire de Salamanque le fit emprisonner; mais ayant reconnu son innocence, il le relâcha au bout de vingt-deux jours et rendit hautement hommage à sa vertu. Ignace souffrait avec joie toutes ces épreuves et les fit tourner à son avancement spirituel. Il prit ensuite la résolution d'aller continuer, ou plutôt d'aller recommencer ses études à Paris. C'est alors qu'il se mit à faire usage de certaines choses qu'il s'était interdites jusque-là par mortification, et qu'il accepta de l'argent de ses amis, ce qu'il avait toujours refusé auparavant; mais il lui en fallait pour faire sa route et pour subsister dans un pays étranger. Il partit au milieu de l'hiver, et arriva à Paris au commencement de février 1528. Il employa deux ans à se perfectionner dans la langue latine et fit ensuite un cours de philosophie. Comme il logeait au collége de Montaigu, un voleur lui prit tout son argent, ce qui l'obligea de se retirer à Saint-Jacques de l'Hôpital, où les Espagnols étaient reçus; mais on ne leur donnait que le logement, et Ignace était contraint de mendier sa subsistance de porte en porte. Les vacances venues, il fit un voyage en Flandre, et il obtint des secours de ses compatriotes qui y étaient établis : il en reçut aussi de ses amis de Barcelone. Il étudia la philosophie au collége de Sainte-Barbe, pendant trois ans et demi; mais par une suite de son zèle pour le salut des âmes, il s'appliquait à convertir et à sanctifier les étudiants qui fréquentaient ce collége. Il en détermina un certain nombre à passer les dimanches et les fêtes dans la prière, les exercices de piété et la pratique des bonnes œuvres. Le professeur Pegna s'imaginant que ces jeunes gens négligeaient leurs études, s'en prit à Ignace et s'en plaignit à Govéa, principal du collége. Celui-ci résolut d'infliger à Ignace une punition humiliante, dans la vue de le déconsidérer parmi ses condisciples, afin que personne ne se joignit à lui. Pour cet effet, il fit assembler au son de la cloche tous les écoliers, ainsi que les régents; ces derniers étaient munis de verges pour frapper l'un après l'autre le coupable. Ce châtiment s'appelait la *salle*, et Ignace était disposé à le subir; mais considérant que les jeunes gens qu'il avait mis dans la bonne voie pourraient s'en scandaliser et quitter, par respect humain, leurs pieuses pratiques, il alla trouver le principal dans sa chambre, lui exposa modestement ses raisons, et lui dit qu'il était prêt à subir l'humiliation qu'on lui préparait, mais qu'il en résulterait des inconvénients pour ceux de ses condisciples qu'il avait tâché de gagner à Dieu. Govéa, sans lui rien répondre, le conduisit dans la salle où tout le monde était rassemblé, et là, se jetant aux pieds d'Ignace, il lui demanda pardon d'avoir ajouté foi trop légèrement à de faux rapports. S'adressant ensuite à ceux qui étaient présents, *Ignace*, leur dit-il, *est un saint qui n'a en vue que le bien des âmes, et qui souffrirait avec plaisir les plus infâmes supplices*. Aussitôt les principaux personnages de l'Université voulurent faire sa connaissance, et d'habiles docteurs vinrent le consulter sur des matières de piété. Pegna lui-même, devenu son admirateur et son ami, le fit exercer en particulier par un élève qui était très-avancé dans ses études, et qui joignait à une vertu rare une grande capacité. C'était Pierre Lefèvre, du diocèse de Genève, qui avait toujours fidèlement gardé le vœu de chasteté perpétuelle qu'il avait fait dans son jeune âge; mais comme il était violemment tenté sur l'impureté, il découvrit son état à Ignace, qui le délivra de ses peines intérieures. Il lui prescrivit un cours d'exercices spirituels, lui enseigna la méthode de faire la méditation et la pratique de l'examen particulier. C'est vers le même temps qu'il convertit saint François-Xavier, qui, quoique très-jeune alors, enseignait la philosophie avec beaucoup de distinction : il avait de grands talents, mais il avait aussi une grande ambition et il se proposait d'arriver aux honneurs et à la fortune. Il réussit à lui faire sentir le vide de la gloire mondaine, en lui répétant souvent cette parole de l'Évangile : *Que sert à l'homme de gagner l'univers entier, s'il perd son âme?* Il convertit aussi un jeune homme qui entretenait un commerce criminel avec une femme de la banlieue : sachant le chemin par où il passait, il alla l'y attendre, et lorsqu'il l'eut aperçu, il se mit dans un étang glacé, et lui cria : *Où allez-vous malheureux? N'entendez-vous pas la foudre qui gronde sur votre tête? ne voyez-vous pas le glaive de la justice divine prêt à vous frapper? Allez assouvir votre passion brutale, pendant que je souffrirai ici pour vous, afin d'apaiser la colère du ciel.* Cet impudique, effrayé, retourna sur ses pas et changea de vie. Non-seulement Ignace travaillait à retirer les pécheurs de leurs désordres, mais il s'occupait encore d'œuvres de miséricorde dans les hôpitaux. Un jour il aida à panser un malade tout couvert d'ulcères qui avaient un caractère contagieux. Il craignit que sa main, qui avait touché l'ulcère, ne lui communiquât le mal; mais surmontant aussitôt cette crainte, il se mit cette main dans la bouche, en disant : *Si tu as si peur pour une partie, que ne feras-tu point pour tout le corps?* Il s'associa, outre Pierre Lefèvre et François-Xavier, quatre autres compagnons, Jacques Laynez, Alphonse Salmeron, Nicolas Alphonse, surnommé Bobadilla, et Simon Rodriguez, qui s'engagèrent tous à renoncer au monde, à aller prêcher l'Évangile en Palestine, ou, si ce projet ne pouvait s'exécuter, à se mettre à la disposition du pape pour travailler à la gloire de Dieu de la manière qu'il jugerait le plus convenable. Comme Ignace n'avait pas terminé son cours de théologie et que plusieurs de ses disciples étaient dans le même cas, il leur donna jusqu'au 25 janvier 1537 pour achever leurs études; mais il voulut que le vœu proposé fût fait avant cette époque : aussi eut-il lieu dans la chapelle souterraine de Montmartre le jour de l'Assomption 1534. Pierre Lefèvre, qui venait d'être ordonné, y dit la messe à laquelle ils communièrent tous ; ensuite ils firent tous vœu, à haute voix, de passer en Palestine dans le temps prescrit ; et dans le cas où il leur serait impossible d'y pénétrer, d'aller se mettre à la disposition du pape, comme ils en étaient convenus, s'obligeant, de plus, à ne rien recevoir pour les fonctions de leur ministère. Ignace les entretenait dans la ferveur par des conférences et des exercices réglés ; mais sa santé se trouvant notablement dérangée, les médecins lui ordonnèrent de retourner pour quelque temps dans sa patrie, pour y respirer l'air natal. Après avoir exhorté ses compagnons à regarder comme leur supérieur Lefèvre, le seul d'entre eux qui fut prêtre, il partit pour l'Espagne où sa famille le revit avec la plus grande joie ; mais elle ne put le déterminer à venir habiter le château de Loyola : il alla loger à l'hôpital d'Azpétia, et la vue des lieux où il avait mené une vie mondaine lui inspira la pensée de renouveler ses anciennes austérités. Il se revêtit d'un cilice, se ceignit les reins d'une chaîne de fer, et toutes les nuits, il maltraitait son corps avec d'autant plus de rigueur que sa santé était rétablie. Il se mit ensuite à catéchiser les enfants et à donner des instructions au peuple : c'est dans une de ces instructions qu'il s'accusa lui-même publiquement d'avoir, dans son enfance, dérobé, avec plusieurs de ses camarades, des fruits dans un jardin ; et comme un innocent avait été mis en prison pour ce vol et condamné à restituer ce qu'il n'avait pas pris, Ignace, pour dédommager ce pauvre homme, qui était présent à son discours, lui fit don de deux métairies, et ajouta que cette réparation avait été une des principales causes de son voyage. Étant parti pour l'Italie, il arriva à Venise, sur la fin de l'année 1536, après avoir essuyé de grands dangers, tant sur terre que sur mer. Ses compagnons, dont le nombre s'était augmenté de trois, quittèrent aussi Paris et vinrent le rejoindre le 8 janvier de l'année suivante. A leur arrivée à Venise, ils se distribuèrent dans les hôpitaux, afin d'y servir les pauvres et les malades, jusqu'au moment où ils s'embarqueraient pour la Palestine. Après un séjour de deux mois dans cette ville, Ignace les envoya à Rome pour demander au pape sa bénédiction avant d'entreprendre leur voyage pour la terre sainte. Paul III les reçut avec bonté et autorisa ceux qui n'étaient pas encore prêtres à recevoir les saints ordres de quelque évêque que ce fût. Ceux qui étaient dans ce dernier cas furent tous ordonnés à Venise, ainsi qu'Ignace, par l'évêque d'Arbe ; ensuite ils se retirèrent dans un lieu solitaire, près de Vicence, afin de se préparer à la célébration de leur première messe. Saint Ignace, seul, attendit jusqu'au jour de Noël, tant la majesté des divins mystères lui inspirait de frayeur! Ils se dispersèrent ensuite dans les campagnes pour prêcher au peuple la nécessité de la pénitence, n'ayant pour vivre que le pain de la charité. La guerre entre l'empereur et les Turcs ne laissant plus la mer libre, il leur fut impossible de passer dans la terre sainte ; en conséquence Ignace alla, avec deux de ses compagnons, se jeter aux pieds du pape pour se mettre à sa disposition, lui et les siens. En se rendant à Rome il rencontra sur la route une chapelle ruinée dans laquelle il entra pour faire sa prière ; il eut un ravissement pendant lequel il vit le Père éternel qui le présentait à son fils, et celui-ci chargé d'une pesante croix, qui lui promit de lui être propice à Rome ; aussi lorsqu'il fut arrivé dans cette ville, le pape le reçut très-bien ; acceptant ses services, il le chargea de travailler à la réforme des mœurs par la voie des exercices spirituels et des instructions chrétiennes. Comme les membres de la société naissante ne savaient que répondre lorsqu'on leur demandait ce qu'ils étaient, Ignace leur répondit que puisqu'ils étaient associés pour combattre les hérésies et les vices sous la bannière de Jésus-Christ, ils n'avaient d'autre nom à prendre que celui de compagnie de Jésus. Après un voyage au monastère du Mont-Cassin, il convoqua à Rome tous ceux de ses compagnons qui étaient dispersés dans l'Italie, et lorsqu'ils furent tous réunis sur la fin du carême de l'année 1538, il leur communiqua le projet qu'il avait formé de se constituer en ordre religieux. Ils l'approuvèrent unanimement, après toutefois qu'ils eurent consulté Dieu pour connaître sa volonté. Aux vœux de pauvreté et de chasteté qu'ils avaient faits précédemment, ils résolurent d'ajouter le vœu d'obéissance perpétuelle à un supérieur qu'ils éliraient et auquel ils obéiraient comme à Dieu même : ils ajoutèrent par la suite un quatrième vœu, par lequel ils s'engageaient à aller partout où le souverain pontife les enverrait pour la gloire de Dieu et le salut des âmes ; qu'ils ne possédèrent rien en propre ni en commun ; que seulement les collèges de la société pourraient recevoir des revenus et des rentes pour la subsistance des écoliers. A peine les fondements du nouvel ordre étaient posés, que le roi de Portugal, Jean III, fit demander à Ignace six de ses compagnons pour les envoyer, en qualité de missionnaires, dans ses possessions indiennes, afin d'y travailler à la conversion des idolâtres ; mais il ne put en obtenir que deux, Simon Rodriguez et François Xavier : le premier n'alla pas plus loin que le Portugal, et Xavier s'embarqua seul pour les Indes, dont il devint l'apôtre. Le saint fondateur présenta à l'approbation du pape Paul III le projet de son institut, et une commission de trois cardinaux ayant été nommée pour l'examiner, elle se montra d'abord opposée à l'approbation, parce qu'elle trouvait que les ordres religieux étaient déjà en trop grand nombre ; mais elle finit par donner un avis favorable, et le pape approuva la compagnie de Jésus par une bulle datée du 27 septembre 1540. Ignace ayant été élu supérieur général, il fut obligé, malgré sa résistance, de se charger du gouvernement de l'ordre, et il entra en fonctions le jour de Pâques 1541. Il mit la dernière main à ses constitutions, dans lesquelles il traçait les règles que chacun des religieux devait suivre par rapport à sa propre sanctification, celle du prochain et pour l'éducation de la jeunesse : il ne leur prescrivit point d'habit particulier, leur laissant celui que les ecclésiastiques portaient alors, et ne les assujétit point au chœur, afin qu'ils pussent se livrer plus parfaitement aux fonctions du saint ministère. Le gouvernement de la société n'absorbait pas tous les moments du nouveau général; il faisait le catéchisme aux enfants et s'appliquait à d'autres bonnes œuvres. Il fonda une maison pour recevoir, pendant tout le temps employé à les instruire, les Juifs qui voulaient embrasser le christianisme, et une autre dite la Maison des *repenties*, pour les filles publiques qui désiraient quitter leurs désordres ; et comme quelqu'un lui représentait qu'il était rare que la conversion de ces sortes de personnes fût sincère, il répondit qu'il s'estimerait très-heureux d'empêcher un seul péché au prix des plus grands sacrifices ; il établit encore deux autres maisons pour les pauvres orphelins et pour les jeunes filles que la misère exposait à perdre l'innocence. Paul III lui demanda deux théologiens, pour assister en son nom, avec ses légats, au concile de Trente. Ignace choisit pour cette fonction Jacques Laïnez et Alphonse Salmèron, auxquels il recommanda de s'abstenir d'un vain étalage de savoir et d'éviter les disputes inutiles. Claude Lejai, aussi jésuite, qui assistait au même concile en qualité de théologien de l'évêque d'Augsbourg, ayant été nommé à l'évêché de Trieste par Ferdinand, roi des Romains, Ignace, craignant que l'élévation aux dignités ecclésiastiques ne fût préjudiciable à la compagnie, agit si bien près du pape qu'il obtint que ses religieux ne seraient pas promus aux dignités de l'Eglise, et il obligea les profès à s'engager, par un vœu simple, à ne jamais rechercher ces dignités, et même à les refuser quand on les leur offrirait, à moins que le pape ne les forçât de les accepter. Il donna à ceux de ces religieux qui enseignaient dans les colléges les instructions les plus sages et les plus propres à former leurs écoliers à l'amour de Dieu et à la pratique de la vertu, tout en prenant des mesures pour leur inspirer une salutaire émulation. Il dirigea la fondation du Collége Romain et le pourvut de tout ce qui pouvait le rendre florissant, afin qu'il fût le modèle de tous les autres : il contribua aussi à la fondation du Collége Germanique. Dans l'intérieur de la compagnie, il se conduisait avec tant de douceur et de sagesse qu'il gagnait tous les cœurs, et ceux mêmes qu'il était obligé de reprendre ne pouvaient s'empêcher de l'aimer. Voulant un jour avertir quelqu'un de son peu de soin à veiller sur ses yeux, il se contenta de lui dire avec bonté : *J'ai souvent admiré la modestie de votre conduite : j'observe cependant que quelquefois vous ne gardez pas assez bien vos yeux*. Il recommanda à un autre, qui tombait dans une faute à peu près semblable, d'en faire le sujet de son examen particulier ; car il regardait la modestie extérieure comme un moyen absolument nécessaire pour réprimer les saillies des sens et des passions. Il avait aussi une tendresse particulière pour les malades et leur procurait, avec un soin paternel, tout ce qui leur était nécessaire pour les besoins du corps et pour ceux de l'âme. Il recommandait, par-dessus tout, la pratique de l'obéissance et du renoncement à soi-même. En assignant leurs différents postes aux membres de la société, il avait égard aux inclinations et à l'aptitude de chacun ; mais il exigeait cependant qu'ils fussent tous dans une parfaite indifférence, et dans la disposition d'accepter et de quitter toutes sortes de places. Pour faire éviter plus sûrement le danger qui se rencontre dans la fréquentation des personnes du sexe, il défendit à ses religieux d'en voir aucune, étant seul ; et celui qui allait confesser une femme malade avait toujours avec lui un compagnon, tellement placé qu'il pût voir tout ce qui se passait. Le nombre des Jésuites et de leurs établissements allait toujours en augmentant, ce qui augmentait aussi les occupations et les fatigues du saint : aussi sa santé s'affaiblissait tous les jours; mais il était soutenu par une force intérieure qu'il puisait dans les pratiques de la vie spirituelle. Il obtenait des consolations ineffables et des grâces extraordinaires dans ses entretiens avec Dieu, mais surtout dans la célébration des saints mystères ; et ces faveurs célestes, il en était principalement redevable à son esprit de renoncement, d'obéissance, d'humilité et de charité, vertus qu'il possédait dans un degré éminent et qui éclataient dans ses paroles et dans sa conduite. Il était, depuis quinze ans, général de son ordre lorsque ses infirmités l'obligèrent de se faire donner un assistant, sur lequel il pût se décharger des plus pénibles fonctions de sa place, dont il avait voulu se démettre, mais que le pape lui avait ordonné de garder toute sa vie. Se voyant plus libre, il consacra tout son temps à se préparer à la mort, et la veille du jour où il devait sortir du monde, il envoya demander au pape la bénédiction *in articulo mortis*. Le lendemain, qui était le 31 juillet 1556, il expira tranquillement dans la soixante-cinquième année de son âge, et l'opinion universelle qu'on avait de sa sainteté fut confirmée par un grand nombre de miracles. Son corps fut enterré dans la petite église des Jésuites, dédiée à la mère de Dieu ; mais en 1587, il fut transporté dans l'église de la maison professe, que le cardinal Alexandre Farnèse avait fait bâtir ; il fut ensuite renfermé dans une châsse précieuse et placé, en 1637, sous le chœur de la chapelle de son nom, dans la même église, qui est une des plus belles de Rome. Saint Ignace fut béatifié, en 1609, par Paul V, et canonisé, en 1622, par Grégoire XV. Lorsqu'il mourut, son ordre comptait déjà douze provinces et plus de cent collèges, sans parler des maisons professes. Il avait eu la consolation de le voir se répandre en Italie, en Espagne, en Portugal, en Allemagne et dans les Pays-Bas, dans le royaume de Fez et dans l'empire de Maroc, dans le Congo et dans l'Abyssinie, dans le Japon et dans l'Amérique méridionale, et les missionnaires Jésuites, dont le plus illustre fut saint François-Xavier, avaient porté le nom de la société jusqu'aux extrémités de la terre; mais l'histoire de cette société célèbre n'appartenant pas directement à la biographie de son saint fondateur, nous sortirions de notre plan en parlant de ses vicissitudes, de sa destruction, de son rétablissement, des critiques et des éloges dont elle a été l'objet. Saint Ignace a laissé, outre ses *Exercices spirituels* et ses constitutions, des lettres qui décèlent une grande sagesse et une profonde piété. — 31 juillet.

IJALUTE (sainte), est honorée chez les Éthiopiens le 11 janvier.

ILDAURE (la bienheureuse), *Ildaura*, veuve, était mère de saint Rozeind, évêque de Dume, et florissait dans le x° siècle. — 20 décembre.

ILDEFONSE (saint), *Ildefonsus*, évêque de Tolède, naquit dans cette ville en 607. Après sa première éducation, il fut placé sous la conduite de saint Isidore de Séville, dont il devint le plus illustre disciple. Il prit ensuite l'habit religieux dans le monastère d'Agli, situé dans un faubourg de Tolède, dont il fut établi supérieur. Il remplaça Eugène sur le siège de cette ville et présida, en 659, au concile qui y fut tenu au sujet de la fête de l'Annonciation. Après avoir gouverné saintement son troupeau pendant près de dix ans, il mourut en 667, à l'âge de soixante ans, et fut inhumé dans l'église de sainte Léocadie, patronne de Tolède, pour laquelle il avait eu toute sa vie une grande dévotion. Saint Ildefonse a laissé beaucoup d'ouvrages, entre autres un *Traité des écrivains ecclésiastiques*, des sermons et des lettres; le plus célèbre est son *Traité de la Virginité perpétuelle de Marie*. On remarque dans ses écrits beaucoup d'érudition et une grande facilité de style. Sa Vie a été écrite par saint Julien, l'un de ses successeurs. — 23 janvier.

ILLUMINAT (saint), *Illuminatus*, confesseur, dont le corps est conservé avec respect dans le monastère de Saint-Marcien à San-Séverino, ville de la Marche d'Ancône, — 11 mai.

ILLUMINAT (saint), solitaire à Montalbane, près de Cita-di-Castello, est honoré le 8 juillet.

ILLUMINÉE (sainte), *Illuminata*, vierge, florissait à Todi vers le commencement du iv° siècle. — 29 novembre.

ILTUT (saint), *Eltutus*, abbé dans le pays de Galles, naquit après le commencement du v° siècle, dans le comté de Glamorgan, et il était proche parent d'Arthur, roi des Bretons, sous lequel il servit avec distinction. Il s'était acquis une grande réputation par sa valeur, lorsque saint Cadoc, abbé de Llan-Carvan et évêque de Landaff, le détermina à quitter la cour et le monde pour embrasser la vie monastique. Iltut fit, sous un maître aussi habile, de rapides progrès dans la perfection. Saint Germain d'Auxerre l'ordonna prêtre, lors de son dernier voyage en Angleterre, l'an 446, et lui donna pour mission d'ouvrir une école pour instruire dans la religion et dans les sciences la jeunesse bretonne. Iltut fonda le monastère et l'école de Llan-Iltut, aujourd'hui Lanwit, près de Boverton : il fonda aussi celle de Llan-Elty, près de Neath. C'est dans ces écoles que se rendaient en foule les enfants de la principale noblesse de l'île, et saint Iltut compta parmi ses disciples et ses religieux saint David, saint Gildas, saint Léonore, saint Samson, saint Magloire, saint Malo, saint Paul de Léon et un grand nombre d'autres illustres personnages, qui se rendirent célèbres par leur mérite ou leur sainteté. Le saint abbé joignait le travail des mains aux veilles, au jeûne et à la prière; mais ce genre de vie ne lui paraissant pas encore assez austère, il se démit du gouvernement de sa communauté pour se retirer dans une solitude plus profonde, où il passa trois ans dans la pratique des austérités les plus extraordinaires. Il avait entrepris un voyage en Armorique pour visiter quelques-uns de ses amis et de ses disciples, qui étaient venus se fixer dans cette partie des Gaules, et il mourut à Dol, dans le vi° siècle à l'âge d'environ cent ans. Il est patron d'une église qu'il avait fondée dans le Glamorgan. Il avait écrit deux lettres doctrinales, qui ne sont point parvenues jusqu'à nous. — 6 novembre.

IMELDA (la bienheureuse), vierge, née à Bologne l'an 1322, était de l'illustre famille des Lambertini. Elle montra dès son enfance de grandes dispositions pour la piété, et n'avait que dix ans lorsqu'elle entra dans le monastère des Dominicaines de Sainte-Magdeleine, afin de s'exercer à la pratique des vertus du cloître, en attendant qu'elle eût atteint l'âge requis pour faire profession. Cette sainte enfant devint le modèle de la communauté par sa ferveur, son obéissance et son exactitude à observer toutes les prescriptions de la règle. Sa dévotion envers Jésus-Christ dans l'eucharistie était si vive qu'elle ne pouvait assister au saint sacrifice sans verser une grande abondance de larmes. Comme son âge ne lui permettait pas de communier comme les religieuses dont elle enviait le bonheur, Dieu, qui connaissait la ferveur de ses désirs, daigna lui-même montrer par un miracle éclatant combien elle était digne de se nourrir du pain des anges. Un jour, pendant que les religieuses s'avançaient vers la table sainte, une hostie descendit visiblement d'en haut, et resta suspendue sur sa tête jusqu'à ce qu'elle eût été vue des assistants. Alors le chapelain, avec un respect mêlé d'admiration et de frayeur, vint la recevoir sur la patène et en communia la jeune vierge, qui, inondée de bonheur et transportée d'amour, expira sur-le-champ, l'an 1333, n'étant âgée que de 13 ans. En 1826, le pape Léon XII permit à l'ordre de Saint-Dominique de célébrer la fête de la bienheureuse Imelda, dont les reliques se conservent à Bologne. — 12 mai et 16 septembre.

IMIER (saint), *Himerius*, confesseur au diocèse de Bâle, né au commencement du VIIe siècle, d'une famille noble du territoire de Porentrui, fut élevé dans un monastère du pays, et y puisa le goût de la retraite. Après avoir distribué aux pauvres tous ses biens, il fit le pèlerinage de la terre sainte, et à son retour, il se fixa dans une vallée des montagnes du Jura, où il construisit une petite cellule et ensuite une chapelle en l'honneur de saint Martin. Sa sainteté lui attira de nombreux disciples ; ce qui nécessita la fondation d'un monastère, autour duquel il se forma un bourg qui porte son nom. Saint Imier, dont l'éminente vertu fut récompensée dès cette vie par des faveurs extraordinaires, mourut sur la fin du VIIe siècle. Dans le Xe, la reine Berthe, épouse de Rodolphe II, roi de Bourgogne, fonda une collégiale près de son tombeau. On l'honore dans le diocèse de Bâle le 12 novembre et dans celui de Besançon le 28 juillet. — 12 novembre.

IMPÈRE (sainte), *Imperia*, femme mariée, est honorée à Nauprouvoir près de Charroux en Poitou le 6 septembre.

INCISCOLE (saint), *Incischolus*, martyr dans l'île de Corfou, était un des sept voleurs convertis par saint Jason, et qui donnèrent leur vie pour la foi qu'ils avaient embrassée, 29 avril, sur la fin du Ier siècle.

INCONDE (sainte), *Incunda*, martyre à Nole en Campanie avec saint Félix et sainte Julie. — 27 juillet.

INCONDIEN (saint), *Incundianus*, martyr en Afrique, fut jeté dans la mer pour Jésus-Christ. — 4 juillet.

INDALÈCE (saint), *Indaletius*, premier évêque de Portilla, ayant été ordonné à Rome, par les apôtres, fut envoyé en Espagne pour y prêcher l'Évangile. Après y avoir converti un grand nombre d'idolâtres, il mourut en paix dans la ville de Portilla, où il avait établi son siège épiscopal. — 15 mai.

INDÈS (saint), martyr à Nicomédie, était l'un des principaux officiers domestiques de l'empereur Dioclétien, et il souffrit par ordre de ce prince, l'an 303. — 28 décembre.

INDRACT (saint), *Indractus*, martyr, fut massacré dans le VIIIe siècle par des voleurs à Scapvic, près de Pederton, dans le pays de Sommerset. Son corps fut porté à Glastenbury, où il a été honoré pendant plusieurs siècles. — 5 février.

INGÈNE (saint), *Ingen* ou *Ingenuus*, soldat et martyr à Alexandrie au commencement de la persécution de Dèce, se trouvant avec quatre de ses compagnons, chrétiens comme lui, dans l'enceinte du tribunal pendant qu'on interrogeait un chrétien, comme celui-ci paraissait se troubler et répondait avec peu d'assurance, ils craignirent qu'il ne cédât aux menaces ou aux promesses du juge. Ils lui faisaient donc des signes pour l'encourager à confesser Jésus-Christ. Leur agitation et leurs gestes les décélèrent aussitôt ; mais ils n'attendirent pas qu'on les arrêtât, et s'avançant au pied du tribunal, ils déclarèrent hautement qu'ils étaient chrétiens. Le juge les laissa libres quelques jours ; il les fit comparaître ensuite et les condamna à mort. Ils furent exécutés l'an 249. — 20 décembre.

INGÉNU (saint), martyr en Afrique, souffrit avec saint Théon et plusieurs autres. — 26 février.

INIGO (saint), *Eneco*, abbé du monastère d'Ogne en Espagne, se rendit célèbre par sa sainteté et par ses miracles. Il florissait dans le milieu du XIe siècle, et il est honoré à Burgos le 1er juin.

INJURIEUX (saint), *Injuriosus*, sénateur d'Auvergne, épousa vers l'an 500 sainte Scholastique, et le jour même de ses noces, il promit à Dieu de vivre dans une continence absolue, du consentement de sa femme, qui prit de son côté le même engagement. Quoiqu'ils se fussent appliqués à cacher aux hommes le secret de leur vœu, le Seigneur fit connaître miraculeusement, au moment de leur mort, l'héroïque résolution qu'ils avaient fidèlement observée pendant toute leur vie. Divers miracles attestèrent leur sainteté ; ce qui engagea les fidèles à les invoquer et à leur rendre un culte qui a été ratifié par l'Eglise. — 25 mai.

INNOCENCE (sainte), *Innocentia*, vierge et martyre, est patronne de Rimini, où l'on célèbre sa fête le 16 septembre.

INNOCENT (saint), *Innocentius*, martyr, était Athénien de naissance, et après avoir souffert diverses tortures pour la foi chrétienne, il fut décapité par ordre du président Triponce, avec saint Isaure, diacre, et plusieurs autres. — 17 juin.

INNOCENT (saint), martyr à Sirmich avec sainte Sébastie et trente autres, est honoré le 4 juillet.

INNOCENT (saint), sous-diacre de l'Église romaine et martyr pendant la persécution de l'empereur Valérien, fut décapité l'an 258, avec le pape saint Sixte II. — 6 août.

INNOCENT (saint), soldat de la légion thébéenne, souffrit en 286 avec saint Maurice et ses compagnons. Son tombeau fut découvert au milieu du VIIe siècle sur les bords du Rhône, et son corps fut levé de terre par les évêques de Genève, d'Aoste et de Sion. Les églises de Vienne et d'Angers obtinrent de ses reliques. — 22 septembre.

INNOCENT (saint), martyr à Gaëte, était originaire d'Afrique. — 7 mai.

INNOCENT (saint), évêque de Tortone et confesseur, eut beaucoup à souffrir pour la foi sous l'empereur Dioclétien, et il mourut en paix sous Constantin le Grand. — 17 avril.

INNOCENT Ier (saint), pape, né à Albano, l'an 360, fut élevé à l'âge de quarante-deux ans sur le saint-siège en 402, après la mort d'Anastase I*r*. Ce ne fut qu'avec peine et comme en tremblant qu'il acquiesça à son élection. En effet le gouvernement de l'Eglise présentait alors de grandes difficultés : Honorius tenait d'une main faible les rênes de l'empire d'Occident, et Alaric, à la tête d'une armée de Goths, menaçait de porter la désolation dans toute l'Italie. Innocent commença son pontificat par exhorter les fidèles à recevoir avec résignation les malheurs qui allaient fondre sur eux ; ce qui ne l'empêcha pas d'employer, pour les prévenir, tous les moyens que prescrivait la prudence. Il fit plusieurs démarches pour ménager la paix entre Alaric et Honorius, mais sans succès. Les Romains, commandés par Stilicon, beau-père de l'empereur, en vinrent aux mains avec les Goths en 403, et ces derniers furent défaits. Alaric, voulant prendre sa revanche, marcha sur Rome pour la saccager ; il l'épargna cependant, après en avoir exigé de fortes rançons ; mais sur le refus de l'empereur de lui donner le commandement de ses troupes, il vint fondre de nouveau sur cette ville, et cette fois il la livra à la fureur de ses soldats. Rien ne fut épargné que l'église de Saint-Pierre et de Saint-Paul, que le vainqueur, tout irrité qu'il était, avait ordonné de respecter comme un asile inviolable. Pendant ce pillage de la capitale du monde, qui, selon l'énergique expression de saint Jérôme, était devenue le tombeau de ses habitants, Innocent était à Ravenne avec Honorius, et après le départ des Goths, il revint à Rome, et sa présence contribua beaucoup à consoler son peuple, qui venait de supporter avec une patience admirable les plus grands désastres. Ce courage chrétien au milieu de l'adversité excita l'admiration des idolâtres, et ils se présentèrent en foule pour demander le baptême. Le saint pape profita de ces dispositions salutaires pour abolir dans Rome les restes du paganisme. Pendant que l'Italie était ravagée par les barbares, les autres parties de la chrétienté fournissaient à Innocent d'autres sujets de douleur. L'Eglise d'Espagne était troublée par un schisme qu'il fit cesser en écrivant aux évêques de cette contrée une lettre pressante pour les exhorter à la concorde et à l'observation des règles canoniques. L'Eglise d'Orient était encore dans un état plus triste, à cause de la persécution à laquelle était en butte saint Jean Chrysostome, patriarche de Constantinople. Quand il apprit que ce saint évêque avait été déposé par la cabale de ses ennemis, il ordonna un jeûne public dans la ville de Rome, afin d'arrêter ce nouveau schisme dont l'Eglise était menacée. Il accueillit l'appel du saint patriarche, et cassa l'inique sentence portée contre lui dans le conciliabule du Chêne. Il chassa de Rome les donatistes, condamna les novatiens et porta les premiers coups à l'hérésie de Pélage, qui commençait sous son pontificat à infester l'Eglise de Dieu. Les évêques recouraient de toutes parts à ses lumières dans les cas difficiles, et ses décrétales ainsi que ses lettres sont tout à la fois des monuments précieux pour la discipline, et des preuves immortelles de sa science et de sa sagesse. Il confirma les conciles de Carthage et de Milève, tenus contre les pélagiens, et mourut en défendant la grâce de Jésus-Christ en 417, à l'âge de cinquante-sept ans, et après avoir occupé quinze ans le saint-siége. — 28 juillet.

INNOCENT (saint), *Innocens*, évêque du Mans, né après le milieu du v*e* siècle, fut baptisé et élevé par saint Victoire, l'un de ses prédécesseurs. Il succéda, vers l'an 502, à saint Principe, et continua la chaîne des saints pontifes qui avaient gouverné jusqu'alors l'église du Mans. Il fit achever la cathédrale, et y fit placer les reliques des saints martyrs Gervais et Protais. Il favorisa l'établissement d'un grand nombre de solitaires dans les vastes forêts du Maine, et prit une part active aux principaux événements religieux qui eurent lieu de son temps. Saint Innocent mourut vers l'an 542, après un épiscopat de quarante ans. — 19 juin.

INNOCENT (saint) est honoré à Mérida, en Espagne, le 21 juin.

IONILLE (sainte) *Ionilla*, martyre à Orbat, en Cappadoce, avec sainte Léonille, sous l'empereur Marc-Aurèle, se convertit à la vue du courage que déployèrent les saints martyrs Speusippe, Eleusippe et Méleusippe en subissant leur supplice, et mourut comme eux pour la foi chrétienne. — 17 janvier.

INVELTE (sainte), *Invelta*, vierge, florissait dans le viii*e* siècle. Elle est honorée dans la basse Bretagne le 15 avril.

IONE (sainte), *Iona*, martyre en Ethiopie avec sainte Atrasesse, est honorée le 14 novembre.

IPHIGENIE (sainte), *Iphigenia*, vierge, en Ethiopie, fut baptisée par l'apôtre saint Matthieu, qui la consacra à Jésus-Christ. — 21 septembre.

IPPON ou EBBON (saint), prêtre et martyr, seconda avec zèle les efforts que faisait saint Godescalc, prince slave, qui régnait sur les Vandales occidentaux. Ceux de ses sujets qui étaient idolâtres et qui habitaient les provinces connues aujourd'hui sous les noms de Wagrie et de Mecklembourg, s'étant révoltés contre lui, le massacrèrent dans la ville de Leuzin, le 7 juin 1066. Après ce crime, inspiré uniquement par la haine du christianisme, ces barbares pénétrèrent dans l'église où saint Ippon célébrait alors les saints mystères, et, se saisissant de lui, ils l'étendirent sur l'autel et le poignardèrent. — 7 juin.

IRAÉE (saint), *Iraœus*, martyr en Ethiopie avec saint Athanase, est honoré chez les Grecs le 30 octobre.

IRAIDE (sainte), *Iraides*, vierge d'Alexandrie et martyre, étant sortie un jour pour aller chercher de l'eau à une source voisine de la mer, et ayant aperçu un vaisseau chargé de confesseurs de Jésus-Christ, laissa là sa cruche pour se joindre à eux, et elle fut conduite avec eux à Antinoé, où elle fut décapitée la première, après avoir subi divers tourments. Parmi les martyrs se trouvait un de ses frères nommé **Abadir.** — 22 septembre.

IRENE (sainte), *Irene*, martyre à Thessalonique, avec saint Irénée et saint Pérégrin, fut livrée aux flammes. — 5 mai.

IRENE (sainte), martyre en Afrique, fut arrêtée à Carthage au commencement de la persécution de l'empereur Dèce, et peu de temps après le supplice de saint Mappalique, elle subit de cruelles tortures par suite desquelles elle expira en louant Dieu, l'an 250. — 17 avril.

IRENE (sainte), martyre en Chypre, souffrit avec sainte Sophie. L'empereur Justinien lui fit bâtir à Constantinople, vers le milieu du VIe siècle, une église magnifique, qui ne le cédait guère à la célèbre basilique de sainte Sophie, sa compagne. — 18 septembre.

IRENE (sainte), martyre à Thessalonique, était sœur de sainte Agape et de sainte Chionie, et vivait avec elles dans la pratique des bonnes œuvres, lorsque parurent les édits de Dioclétien, qui ordonnaient, sous peine de mort, de livrer les saintes Écritures. Les trois sœurs trouvèrent moyen de dérober aux persécuteurs quelques volumes des livres sacrés; mais l'année suivante elles furent arrêtées pour avoir refusé de manger des viandes immolées aux idoles. Conduites devant Dulcetius, gouverneur de la Macédoine, celui-ci ayant interrogé les sœurs d'Irène, lui demanda pourquoi elle n'avait pas voulu obéir aux empereurs ? « C'est, répondit-elle, parce que je crains Dieu. » Le gouverneur ayant fait brûler vives les deux sœurs d'Irène, il fit comparaître celle-ci de nouveau, et lui adressant de vifs reproches de ce qu'elle avait caché les saints livres qu'on venait de saisir dans sa demeure, il lui dit : *Vous méritez le même supplice que vos sœurs ; mais je veux bien, toutefois, ne pas vous condamner, à condition que vous adorerez les dieux. Etes-vous disposée à manger des viandes immolées, et à sacrifier comme le prescrivent les édits ? — Non, je ne suis disposée à rien de tout cela, et si vous ne m'en croyez pas, j'en jure par le Dieu tout-puissant qui a créé le ciel et la terre. Je ne m'exposerai pas, pour vous faire plaisir, au feu éternel, qui est préparé pour ceux qui auront renoncé Jésus, le verbe de Dieu. — Qui vous a décidée à garder jusqu'ici avec un si grand secret ces méchants livres ? — C'est Dieu lui-même. Il nous commande de l'aimer aux dépens même de notre vie ; et nous étions résolues à nous laisser brûler vives plutôt que de livrer les Ecritures et de trahir ses intérêts. — Vous aviez quelques autres complices qu'il faut que vous me nommiez. — Hors Dieu seul qui voit tout et qui sait tout, nul autre n'en avait connaissance. Nous n'avions garde de confier ce secret à personne, dans la crainte qu'on ne nous décelât. — Mais où vous tîntes-vous cachées l'année dernière, lorsqu'on publia l'édit de nos très-pieux empereurs ? — Où il a plu à Dieu : dans les montagnes, dans le creux des rochers. — Qui vous nourrissait ? — Dieu prenait soin de nous, lui qui donne la subsistance à toutes ses créatures. — Votre père savait-il tout cela ? — Il n'en savait rien, vous pouvez m'en croire. — Vos voisins sûrement ne l'ignoraient point ? — Ils l'ignoraient ; d'ailleurs, vous pouvez les interroger, et faire toutes les recherches que vous jugerez nécessaires. — Lorsque vous fûtes de retour à la ville, les lisiez-vous ces livres en présence de quelqu'un ? — Non ; et notre plus grande peine était d'être privées de cette lecture, que nous ne pouvions plus faire comme avant la publication de l'édit. — Vos sœurs ont subi le sort qu'elles méritaient pour avoir caché dans votre maison ces livres impies. Pour vous, qui n'êtes pas moins coupable, je prétends vous punir d'une autre manière : vous serez exposée toute nue dans un lieu de prostitution, vous y vivrez d'un pain qu'on vous portera, chaque jour, du palais, et vous y serez gardée par des soldats qui ont ordre, sous peine de mort, de vous empêcher d'en sortir un seul instant.* Cette infâme sentence ayant été exécutée à la lettre, Dieu protégea sa servante au point que personne, même parmi les plus débauchés, n'osa s'approcher d'Irène, ni même lui adresser de moindre propos déshonnête. Le gouverneur l'ayant fait comparaître une troisième fois devant son tribunal, il lui demanda si elle persistait toujours dans son opiniâtreté et sa désobéissance. — *Ce que vous appelez opiniâtreté et désobéissance, moi je l'appelle piété et religion, et je vous déclare que j'y persiste. — Puisqu'il en est ainsi, vous subirez la peine que vous avez encourue.* Il demanda des tablettes, sur lesquelles il écrivit cette sentence : *Irène ayant refusé d'obéir aux empereurs et de sacrifier aux dieux, et persistant dans son attachement à la secte des chrétiens, nous ordonnons qu'elle soit brûlée vive, comme l'ont été ses deux sœurs.* Cette sentence fut exécutée sur-le-champ, et à l'endroit même où Agape et Chionie avaient souffert deux jours auparavant. Son martyre eut lieu le 5 avril 304, sous le règne de Dioclétien. — 1er et 5 avril.

IRENE (sainte), vierge et martyre en Portugal, née à Toncor, dans le VIIe siècle, fut élevée dans un monastère, ce qui lui inspira l'idée de consacrer à Dieu sa virginité. De retour chez ses parents, qui étaient distingués par leur naissance et leur fortune, elle vécut en religieuse, fuyant le monde, et ne sortant de sa retraite que pour se rendre à l'église. Comme elle faisait tous les ans un pèlerinage à l'église de Saint-Pierre, un jeune gentilhomme, qui la vit dans un de ces voyages pieux, fut tellement frappé de sa beauté qu'il conçut pour elle une passion violente. Comme il ne put la décider à enfreindre son vœu pour devenir son épouse, son amour se changea en fureur, et il la fit assassiner, en 663, par un scélérat, qui jeta son cadavre dans le Tage. L'abbé Sélio, oncle de sainte Irène, connut par révélation ce qui lui était arrivé, et se rendit, en procession avec ses moines, sur le bord du fleuve, où l'on retrouva son corps sur le rivage. Il le fit transporter dans un monastère de la ville de Scalabe, qui porta depuis le nom de Santarem ou de Sainte-Irène. Les prodiges opérés à son tombeau l'ont fait honorer comme sainte, et son culte est très-célèbre en Portugal, et même en Espagne. — 20 octobre.

IRENE (sainte), religieuse d'un monastère de Constantinople, est honorée chez les Grecs le 13 août.

IRÉNÉE (saint), *Irenæus*, martyr à Rome, avec saint Zotique et plusieurs autres, souffrit, à ce que l'on croit, sous l'empereur Adrien. Cependant Chastelain met leur martyre sous Dioclétien, l'an 304. — 10 février.

IRÉNÉE (saint), évêque de Lyon et martyr, né dans l'Asie Mineure, vers l'an 120, de parents chrétiens, fut élevé sous la conduite de saint Polycarpe, évêque de Smyrne, et de saint Papias, évêque d'Hiéraples, qui avaient été l'un et l'autre disciples de l'apôtre saint Jean. Il fit de grands progrès dans la vertu et dans la science de la religion sous ces deux maîtres, et surtout sous le premier, qui, selon saint Grégoire de Tours, l'envoya dans les Gaules, vers l'an 157, pour seconder le zèle de ceux qui propageaient la connaissance de l'Évangile. Arrivé à Lyon, il fut ordonné prêtre par saint Pothin, premier évêque de cette ville. L'église de Lyon le députa vers le pape saint Eleuthère, pour le prier de ne point retrancher de la communion les Orientaux qui continuaient de célébrer la Pâque le même jour que les juifs. Après s'être acquitté de son message, qui eut un heureux succès auprès du souverain pontife, il trouva la ville de Lyon en proie à une violente persécution. Saint Pothin, son évêque, venait d'être mis à mort pour la foi, et Irénée, à peine de retour, fut élu pour lui succéder. Outre le gouvernement de l'église de Lyon, il exerçait une sollicitude générale sur toutes les autres églises des Gaules, c'est-à-dire, des provinces qui avoisinaient la province narbonnaise, les seules qui fussent éclairées des lumières de la foi, le reste des Gaules n'ayant été converti qu'après l'arrivée de saint Denis et de ses compagnons. Commode ayant succédé, en 180, à Marc-Aurèle, son père, laissa en paix les chrétiens, et saint Irénée profita de ce moment de relâche pour écrire ses cinq livres contre les hérésies. Florin, prêtre de l'Église de Rome, avec qui il avait été lié dans sa jeunesse, et qui avait été en même temps que lui disciple de Polycarpe, ayant été déposé du sacerdoce par suite de ses erreurs dont l'une, entre autres, consistait à faire Dieu auteur du péché, il lui écrivit une lettre que nous n'avons plus, et dans laquelle il le conjure de la manière la plus touchante de penser avec quelle horreur Polycarpe, leur maître commun, s'il vivait encore, entendrait ses impiétés. Florin se rendit aux exhortations de son ancien condisciple; mais bientôt après il abandonna de nouveau la foi, et tomba dans l'hérésie des valentiniens. C'est contre cette dernière hérésie que saint Irénée composa son *Ogdoade*, ou réfutation des huit principaux éons auxquels Valentin accordait la création et le gouvernement du monde. Peu après il publia aussi son *Traité du schisme* contre Blaste, prêtre de Rome, qui avait troublé la paix de l'Église en célébrant la Pâque le 14 de la lune, prétendant que cette pratique était de précepte divin. Cette dispute sur la célébration de la Pâque s'étant renouvelée, le pape Victor menaça les Orientaux de les excommunier s'ils ne se soumettaient pas à la pratique de l'Église romaine; mais saint Irénée lui écrivit pour l'engager à ne pas presser avec trop de rigueur l'établissement d'une parfaite uniformité sur ce point de la discipline. Le pape eut égard à cette lettre, et usa de condescendance envers les Asiatiques. Après la mort de Commode, l'empire éprouva plusieurs révolutions auxquelles les chrétiens restèrent complètement étrangers; et comme l'élection de Sévère avait été confirmée par le sénat, ils s'attachèrent avec fidélité à ce prince, qui parvint à triompher de ses compétiteurs à l'empire, et qui parut disposé pendant quelque temps à favoriser le christianisme. Mais après dix ans de règne, les clameurs des idolâtres lui arrachèrent un édit de persécution, qu'il publia l'an 202, et qui fut exécuté à Lyon avec une rigueur plus grande que partout ailleurs. Saint Irénée souffrit le martyre avec un grand nombre de fidèles, qu'une ancienne épitaphe porte à dix-neuf mille, dont la plupart avaient été convertis par ses instructions et son zèle évêque. Son corps fut enterré par le prêtre Zacharie, près de ceux des saints martyrs Alexandre et Épipode, et ses reliques, placées plus tard dans une chapelle souterraine de l'église de son nom, se sont gardées à Lyon jusqu'en 1562, que les calvinistes les dispersèrent. Son crâne, retrouvé par un catholique, fut déposé dans l'église primatiale de Saint-Jean, où on le conserve avec respect. Les Pères de l'Église faisaient un grand cas des ouvrages de saint Irénée, dont l'érudition était immense. Tertullien dit que personne n'avait fait plus de recherches pour s'instruire de toutes sortes de doctrines. Saint Jérôme invoque souvent son autorité, et Eusèbe loue son exactitude; saint Épiphane l'appelle un homme très-docte, très-éloquent, et doué de tous les dons du Saint-Esprit, et Théodoret le regarde comme la lumière des Gaules occidentales. Comme il avait été disciple de saint Papias, auteur de l'erreur des millénaires, qui prétendaient que le Messie viendrait un jour régner sur la terre d'une manière corporelle, pendant mille ans, saint Irénée adopta les sentiments de son maître; mais alors le millénarisme n'avait pas encore été condamné par l'Église. — 28 juin.

IRÉNÉE (saint), martyr à Rome avec saint Abonde, retira le corps de sainte Concorde d'un cloaque où il avait été jeté après la mort de cette sainte, qui souffrit pendant la persécution de l'empereur Valérien. Il y fut jeté à son tour, pour le punir d'avoir rendu les derniers devoirs à une martyre. Saint Abonde, qui l'avait aidé dans son œuvre de charité, partagea son supplice. Le prêtre Justin retira leurs corps et les inhuma dans une crypte près de saint Laurent, qui avait été martyrisé deux semaines auparavant. — 26 août.

IRÉNÉE (saint), martyr à Rome, pendant la même persécution de Valérien, souffrit avec saint Antoine et vingt autres. —15 décembre.

IRÉNÉE (saint), diacre et martyr à Chiusi en Toscane, ayant donné la sépulture à saint Félix, prêtre de l'église de Sutri, qui venait de recevoir la couronne du martyre, il fut arrêté, pour ce fait, par Turcius, chargé de la recherche des chrétiens. Après l'avoir chargé de chaînes, il le fit courir nu-pieds devant sa voiture, depuis Sutri jusqu'à Chiusi. Irénée, renfermé dans la prison de cette ville, y fut visité et secouru par sainte Mustiole, dame d'un rang illustre et cousine de l'empereur Claude II. Turcius la fit comparaître pour lui faire rendre compte de sa démarche ; mais à sa vue, il fut tellement frappé de sa beauté qu'il résolut de l'épouser, et lui demanda sa main. Mustiole repoussa cette proposition, et Turcius, furieux de ce refus, déchargea sa colère sur les chrétiens qu'il détenait sous les verrous. Il n'épargna qu'Irénée, mais c'était pour donner à Mustiole le spectacle de son supplice. Il le fit étendre sur le chevalet, en présence de cette généreuse dame, forcée d'être témoin de ses tourments. Mais plus on torturait le saint martyr, plus il déployait de patience et de courage. Turcius, outré de la liberté de ses réponses, lui fit déchirer les côtés avec des ongles de fer, et appliquer sur les flancs des torches ardentes, avec ordre aux bourreaux de ne cesser de le tourmenter que quand il aurait cessé de vivre. Il mourut dans ce supplice vers l'an 273, pendant la persécution de l'empereur Aurélien. — 3 juillet.

IRÉNÉE (saint), diacre et martyr dans la Pentapole de Libye, avec saint Théodore, évêque, est honoré le 26 mars.

IRÉNÉE (saint), martyr en Arménie, souffrit avec saint Quintien. — 1er avril.

IRÉNÉE (saint), martyr à Thessalonique, fut brûlé vif avec saint Pérégrin et sainte Irène. — 5 mai.

IRÉNÉE (saint), martyr avec saint Or et saint Oropside, est honoré chez les Grecs le 22 août.

IRÉNÉE (saint), évêque de Sirmium et martyr, ayant été arrêté l'an 304, pendant la persécution de Dioclétien, fut conduit devant Probus, gouverneur de la Pannonie, qui lui dit : *Les lois divines obligent tous les hommes à sacrifier aux dieux.* — *Le feu de l'enfer sera le partage de quiconque leur offre des sacrifices.*—*L'édit des empereurs très-cléments porte qu'on sacrifiera aux dieux ou qu'on subira la peine décernée contre les réfractaires.* — *La loi de mon Dieu m'ordonne de subir toutes sortes de tourments plutôt que de sacrifier.* — *Ou sacrifiez, ou je vous ferai mettre à la torture.*—*Vous ne sauriez me faire un plus grand plaisir, puisque par là vous me rendrez participant des souffrances de mon Sauveur.* Le gouverneur l'ayant fait étendre sur le chevalet, lui dit : *Eh bien, Irénée, sacrifierez-vous maintenant ?* — *Je sacrifie à mon Dieu, en confessant aujourd'hui son saint nom.* Pendant qu'il était ainsi livré à une cruelle torture, sa mère, sa femme et ses enfants étaient autour de lui, fondant en larmes. Ses enfants lui embrassaient les pieds et lui criaient : *Mon père, ayez pitié de vous et de nous.* Sa femme, s'étant jetée à son cou, le conjurait de se conserver pour elle et pour eux. Sa mère poussait, d'une voix cassée, des cris déchirants auxquels se mêlaient les gémissements de ses domestiques, de ses voisins et de ses amis, de manière qu'autour du chevalet ce n'étaient que plaintes et lamentations. La constance d'Irénée n'en fut pas ébranlée : *Si quelqu'un me renonce devant les hommes, je le renoncerai en présence de mon Père qui est dans le ciel,* répondait-il à chaque nouvel assaut que lui livrait la tendresse de sa famille. *Quoi,* lui dit Probus étonné, *seriez-vous donc insensible à tant de douleur et à tant d'affection ? Il n'est pas indigne d'un grand courage de se laisser attendrir ; sacrifiez donc et ne vous perdez pas à la fleur de l'âge.* — *C'est pour ne pas me perdre que je refuse de sacrifier.* Là-dessus il fut envoyé en prison, où le gouverneur le fit tourmenter à plusieurs reprises. Quelques jours après il le fit comparaître de nouveau, et voyant qu'il ne pouvait le gagner par la douceur, il employa la violence et lui fit donner un grand nombre de coups de bâton. Il lui demanda ensuite, ce qu'il savait déjà bien, s'il était marié et s'il avait des enfants. Irénée ayant répondu négativement à toutes ces questions, Probus lui dit : *Mais qui étaient donc alors ces gens qu'on voyait naguère si affligés de votre sort ?* — *Notre-Seigneur Jésus-Christ a dit : Celui qui aime son père ou sa mère, sa femme ou ses enfants, ses frères ou ses proches plus que moi, n'est pas digne de moi. Aussi, lorsque je lève les yeux au ciel, vers le Dieu que j'adore, et que je pense aux promesses qu'il a faites à ceux qui le servent fidèlement, j'oublie que je suis père, mari, fils, maître et ami.* — *Mais vous n'en êtes pas moins tout cela ; sacrifiez donc par amour pour ceux qui vous sont si chers.* — *Mes enfants ne perdront pas beaucoup à ma mort, je leur laisse pour père le Dieu qu'ils adorent avec moi ; ainsi vous pouvez exécuter les ordres de l'empereur.* — *Je vous le dis pour la dernière fois, obéissez ; autrement je serai forcé de vous condamner.* — *Vous ne sauriez me faire un plus grand plaisir.* — Alors Probus prononça cette sentence : *Nous ordonnons qu'Irénée, pour s'être rendu réfractaire à l'édit des empereurs, soit jeté dans le fleuve.* — *Après tant de menaces, je m'attendais à un supplice extraordinaire, et vous vous contentez de me faire noyer. En agissant ainsi vous me faites tort, parce que vous me privez de l'occasion de montrer au monde que les chrétiens qui ont une foi vive méprisent la mort, sous quelque forme qu'elle se présente.* Probus, se croyant bravé, ajouta à sa sentence qu'Irénée, avant d'être précipité dans le fleuve, aurait la tête tranchée, et le martyr rendit grâces à Dieu de ce qu'il le faisait arriver à la gloire par un chemin de sang. Lorsqu'il fut sur le pont de Diane, d'où il devait être précipité dans le Bosweth, il ôta sa robe et fit cette prière : *Seigneur Jésus, qui avez daigné souffrir la mort pour le salut des hommes, commandez que le ciel s'ouvre et que les anges viennent recevoir l'âme de votre serviteur Irénée, qui donne sa vie pour la gloire de votre nom et pour votre sainte église de Sirmium.* Il reçut ensuite le coup qui sépara sa tête de son corps, et fut précipité dans le fleuve le 25 mars 304. — 25 mars.

IRÉNION (saint), évêque de Gazara en Palestine, florissait vers la fin du IV° siècle, sous le règne de Théodose le Grand. — 16 décembre.

IRINGARDE (la bienheureuse), vierge, de la famille des comtes de Zulphen, florissait au commencement du XII° siècle, et se montra pendant toute sa vie un parfait modèle de toutes les vertus chrétiennes. Trois fois elle fit le voyage de Rome, et chaque fois elle en rapporta des reliques dont elle enrichit l'église de Cologne. À sa mort elle donna tous ses biens, qui étaient considérables, à l'église de Saint-Pantaléon de cette ville, et Dieu ne l'eut pas plutôt retirée de ce monde, qu'elle fut invoquée comme sainte. On lit son nom dans les anciens calendriers, qui placent sa fête au 4 septembre.

IRMINE (sainte), *Irmina*, première abbesse de Horren, monastère de Trèves, était fille de saint Dagobert II, roi d'Austrasie. Après avoir été élevée dans la piété, ainsi que sainte Adèle, sa sœur, à la cour de son père, où régnaient toutes les vertus, elle fut fiancée au comte Herman ; mais la mort de ce jeune seigneur ayant fait manquer l'établissement projeté, Irmine s'en réjouit, dans la pensée qu'elle pourrait désormais n'avoir plus d'autre époux que Jésus-Christ. Elle fonda, vers l'an 676, du consentement du roi, son père, un monastère dans l'ancien château de Horren à Trèves, y introduisit la règle de Saint-Benoît, et s'y retira avec plusieurs compagnes dont elle fut la première abbesse. Elle fit l'admiration et les délices de sa communauté, par sa ferveur, son humilité et sa douceur. Une cruelle maladie ayant ravagé son monastère, elle fit venir saint Willibrord, apôtre de la Frise, qui, à la demande de la sainte abbesse, bénit la communauté et pria pour elle. Aussitôt la maladie disparut, et Irmine, pour témoigner à Dieu la reconnaissance de ce bienfait, donna aux églises et aux monastères du pays plusieurs riches domaines qu'elle possédait dans les environs. Saint Willibrord en reçut la terre d'Epternach, pour y fonder le monastère de ce nom, dont les bâtiments furent achevés l'an 701. Cette abbaye a toujours regardé sainte Irmine comme sa principale fondatrice, après saint Willibrord. Elle mourut vers l'an 710. — 24 décembre.

IRMONZ (saint), *Irmundus*, berger à Mond, dans le duché de Juliers, est honoré dans ce lieu, où il y a une église cémétériale de son nom. — 28 janvier.

ISAAC (saint), martyr à Pergame, avec saint Carpe, évêque de Thyatire, confessa Jésus-Christ pendant la persécution de Marc-Aurèle, et mourut dans les tourments. — 13 avril.

ISAAC (saint), martyr en Afrique, souffrit avec saint Maximien. — 27 août.

ISAAC (saint), martyr avec saint Sosithée, est honoré chez les Grecs le 10 décembre.

ISAAC (saint), évêque de Beth-Seleucie ou Carcha, ayant été dénoncé à Sapor II, roi de Perse, comme bâtissant des églises et séduisant beaucoup de monde, ce prince le fit arrêter avec plusieurs autres, la trentième année de son règne, c'est-à-dire l'an 339. Ayant comparu avec les autres confesseurs, devant Sapor, celui-ci lui reprocha la hardiesse qu'il avait eue de bâtir des églises ; mais, ne pouvant ébranler sa constance, il donna ordre à plusieurs des principaux de la ville, que la crainte avait fait apostasier, de l'entraîner hors des murs et de le lapider ; ce qui fut exécuté le même jour. — 30 novembre.

ISAAC (saint), martyr en Perse avec saint Bachtisoès, souffrit vers l'an 346, pendant la grande persécution du roi Sapor II. — 15 mai.

ISAAC (saint), martyr à Asmannje en Éthiopie, avec saint Alphée et plusieurs autres, est honoré chez les Grecs le 18 novembre.

ISAAC (saint), moine à Constantinople, et confesseur, avait sa cellule près de cette ville qu'il édifiait par sa sainteté, et dont il faisait l'admiration par ses prophéties. Il prédit à l'empereur Valens, qui se disposait à combattre les Goths, qu'il périrait dans cette guerre. Ce prince, irrité, fit mettre en prison Isaac, avec le dessein de lui ôter la vie à son retour ; mais il fut tué lui-même dans le combat, l'an 378, et Isaac rendu à la liberté retourna dans sa cellule, qu'il ne quitta plus que pour assister au concile général de Constantinople, tenu en 381. Il avait fondé sur le bord de la mer un monastère où ses disciples s'exerçaient sous sa conduite à la pratique de la plus sublime perfection, et dont le plus célèbre fut saint Dalmace, qui lui succéda. L'empereur Théodose l'honorait d'une estime toute spéciale. Il mourut sur la fin du IV° siècle. — 26 mai.

ISAAC BADASÉE (saint), est honoré en Éthiopie le 10 septembre.

ISAAC SALAËL (saint), moine du mont Sinaï et martyr, fut massacré avec une grande partie de la communauté par les Sarrasins, dans le V° siècle. Il est honoré avec ses compagnons le 19 novembre chez les Grecs, et chez les Latins le 14 janvier.

ISAAC (saint), solitaire, né en Syrie, quitta l'Orient pour n'être pas témoin des ravages qu'y faisait l'eutychianisme, et, ayant passé en Italie, il se fixa dans les environs de Spolette, où il se construisit un petit ermitage. Sa vie sainte, ainsi que le don des miracles et le don de prophétie que Dieu lui avait accordés, lui attirèrent des disciples qu'il dirigeait dans les voies de la perfection, leur enseignant surtout le détachement des choses créées. Il mourut vers le milieu du VIe siècle, et il fut enterré dans son ermitage. Dans la suite, son corps fut transféré à Spolette et placé dans une église qui a pris son nom. — 11 avril.

ISAAC (saint), moine et martyr à Cordoue, était né dans cette ville de parents nobles et riches, et il occupait la charge de greffier public lorsqu'il quitta le monde pour se retirer dans le monastère de Tabane, situé à sept milles de la ville. Après y avoir passé trois ans, sous la conduite de l'abbé Martin, il vint à Cordoue, et s'adressant au cadi, il lui dit : *J'embrasserais volontiers votre religion, si vous vouliez bien m'en instruire.* Alors le cadi, tout joyeux, lui répondit qu'il fallait croire ce que Mahomet avait enseigné, d'après les révélations de l'ange Gabriel, et il se mit à expliquer la doctrine du prophète. *C'est un menteur,* s'écria Isaac; *il est maudit de Dieu pour avoir attiré à sa suite tant d'âmes en enfer. Comment, avec toute votre science, pouvez-vous vous laisser séduire par de telles impostures, et pourquoi repoussez-vous la lumière du christianisme ?* Il continuait à parler sur ce ton lorsque le cadi, indigné, lui donna un soufflet; mais ses assesseurs lui représentèrent qu'il s'oubliait, et que la loi défendait de maltraiter les criminels. Alors le cadi se radoucissant, dit à Isaac : *Tu es peut-être dans l'ivresse ou dans le délire, et tu ne sais ce que tu fais ?* — *Ce n'est ni le vin, ni la fièvre qui me font parler; c'est le zèle de la justice et de la vérité, pour lesquelles je suis prêt, s'il le faut, à donner ma vie.* Le cadi, l'ayant envoyé en prison, fit son rapport au roi Abdérame II, et celui-ci, après en avoir pris connaissance, condamna à mort Isaac, pour avoir mal parlé du prophète. Après qu'on l'eut décapité, on pendit son corps par les pieds, et on le laissa exposé quelques jours, afin qu'il servît de spectacle à toute la ville. On le brûla ensuite et ses cendres furent jetées dans le Guadalquivir, l'an 851. — 3 juin.

ISAAC (saint), ermite en Pologne et martyr avec plusieurs autres, fut tué par des voleurs vers l'an 1005. — 12 novembre.

ISABELLE (la bienheureuse), *Isabella*, fondatrice de l'abbaye de Longchamp, près de Paris, était fille de Louis VIII, roi de France, et sœur unique de saint Louis. Née en 1225, elle n'avait pas encore deux ans lorsqu'elle perdit son père. La reine Blanche, sa mère, la fit élever dans la piété et dans l'étude des lettres divines et humaines; de manière qu'Isabelle devint un modèle de toutes les vertus et un prodige de science pour son siècle, au point qu'elle était en état de corriger ce que les chapelains de la cour écrivaient en latin. Dès l'âge de treize ans elle ne s'occupait que de la prière, de la lecture et du travail des mains, vivant comme une religieuse au milieu des pompes mondaines, pour lesquelles elle n'eut jamais qu'un profond dégoût. Résolue de rester vierge toute sa vie, elle refusa la main de Conrad, roi de Germanie et fils de l'empereur Frédéric II, quoique Blanche, saint Louis et le pape l'excitassent à consentir à cette alliance, qu'ils croyaient utile au bien de l'Église et de l'État. Isabelle déclara qu'elle avait consacré à Dieu sa virginité, et elle écrivit au pape que c'était quelque chose de plus grand d'occuper la dernière place parmi les vierges du Seigneur, que d'être impératrice et de tenir le premier rang dans le monde. Saint Louis finit par donner de justes éloges à la générosité de son sacrifice, et le pape lui écrivit pour la féliciter sur les dispositions où elle était. Isabelle, qui n'avait renoncé aux grandeurs humaines que pour servir Dieu avec plus de facilité et de ferveur, s'occupait sans relâche à la pratique des bonnes œuvres, et surtout aux exercices de la pénitence. Elle jeûnait trois fois la semaine, outre les jours prescrits par l'Église, et faisait distribuer aux pauvres les mets de sa table les plus délicats, ne se réservant que une nourriture grossière. Saint Louis l'ayant un jour trouvée occupée à confectionner un bonnet, la pria de le lui donner, l'assurant qu'il le porterait pour l'amour d'elle. *C'est,* dit-elle, *le premier ouvrage de ce genre que je fais, et il convient que les prémices de mon travail soient pour Jésus-Christ.* Le saint roi, édifié de cette réponse, la pria de lui en faire un semblable; ce qu'elle lui promit, en cas qu'elle reprît cette espèce de travail, et elle donna le premier à un pauvre. Ayant fondé, en 1252, le monastère de Longchamp, comme l'humilité était sa vertu favorite, elle voulut qu'il portât le nom d'*Humilité* de Notre-Dame, et y ayant mis des religieuses de Sainte-Claire, elle leur obtint du pape Urbain IV une dispense pour posséder des biens en propre. Après la mort de la reine Blanche, sa mère, elle se retira dans ce monastère; mais sa mauvaise santé l'empêcha de faire profession. En effet, les dix dernières années de sa vie, elle fut en proie à des souffrances continuelles. Elle parlait peu, et lorsqu'on lui en demandait la raison, elle répondait que c'était pour expier les péchés qu'elle avait commis par la langue; ce qui ne l'empêchait pas toutefois de s'entretenir volontiers avec des personnes religieuses, sur le bonheur du ciel et sur d'autres matières de piété. Saint Louis, qui l'aimait beaucoup, lui faisait de fréquentes visites, et le frère et la sœur s'édifiaient mutuellement. Sainte Isabelle mourut le 22 février 1270, après avoir opéré plusieurs miracles pendant sa vie; elle en opéra aussi après sa mort, et ses reliques furent placées dans l'église de Longchamp; Léon X la béatifia, et Urbain XIII permit de dire l'office en son honneur, le jour de sa fête, qui fut fixée au 31 août. Saint Louis assista à ses funérailles, et paya le dernier tribut à sa sœur par un discours plein d'onction qu'il fit aux religieuses pour les consoler de la perte qu'elles faisaient. — 31 août.

ISACE (saint), *Isatius*, évêque en Chypre et martyr, est honoré le 21 septembre.

ISACE (saint), martyr avec deux autres, souffrit pendant la persécution de l'empereur Dioclétien. — 21 avril.

ISAIE (saint), *Isaias*, le premier des quatre grands prophètes, était fils d'Amos et sortait de la famille royale de David. Il naquit vers l'an 810 avant Jésus-Christ. Le Seigneur le choisit dès son enfance pour être l'oracle de son peuple, et lorsqu'il allait commencer sa mission, un séraphin, descendu du ciel, prit sur l'autel un charbon ardent et en toucha ses lèvres pour les purifier. Il avait près de soixante-quinze ans lorsqu'il se mit à prophétiser, et il continua cette fonction pendant un demi-siècle, sous les rois Osias, Joathan, Achaz et Ezéchias. Ce dernier prince étant tombé dangereusement malade, Isaïe alla le trouver pour lui annoncer, de la part de Dieu, qu'il n'en reviendrait pas ; mais le Seigneur, touché par les larmes et les prières du saint roi, lui renvoya le prophète lui annoncer qu'il guérirait, et pour lui en donner l'assurance il fit rétrograder de dix degrés l'ombre du soleil sur le cadran d'Achaz. Ce prince eut pour Isaïe une grande vénération ; mais Manassès, son fils et son successeur, loin d'hériter de ses sentiments, se choqua des reproches que lui adressait le saint prophète sur ses impiétés, et pour se débarrasser d'un censeur importun qu'il haïssait, il le fit couper en deux par le milieu du corps avec une scie de bois, l'an 681 avant Jésus-Christ. Isaïe avait alors près de cent trente ans. Le Martyrologe romain nous apprend qu'il fut enterré sous le chêne Rogel, près du courant des eaux, et la connaissance du lieu de sa sépulture se conserva par la tradition jusqu'à l'an 443, époque où ses reliques furent transférées à Paneade, dans la basilique de Saint-Laurent. Isaïe parle si clairement de Jésus-Christ et de l'Eglise, qu'en le lisant on croit, dit saint Jérôme, lire l'Evangile plutôt qu'une prophétie. Il est regardé comme le plus éloquent des prophètes ; à la grandeur des pensées il joint la magnificence et souvent la sublimité du style, ce qui n'empêche pas qu'il n'excelle dans le simple et le gracieux lorsque ce ton convient à son sujet. On admire surtout son cantique sur la ruine de Babylone et celui dans lequel il fait un tableau du monde sous le règne du Messie. — 6 juillet.

ISAIE (saint), martyr à Césarée en Palestine, était Egyptien et souffrit avec quatre de ses compatriotes, qui, comme lui, portaient depuis leur baptême le nom d'un prophète. Etant allés en Cilicie pour visiter les chrétiens condamnés aux mines, en retournant dans leur pays ils passèrent par la Palestine et furent arrêtés aux portes de Césarée ; et comme on leur demandait le but de leur voyage, ils répondirent sans déguisement qu'ils venaient de visiter par dévotion les confesseurs de la foi. Le lendemain on les conduisit devant Firmilien, gouverneur de la province, qui les fit étendre sur le chevalet, et lorsqu'il les eut longtemps tourmentés, il demanda à celui qui paraissait le plus considérable d'entre eux comment il s'appelait ; celui-ci répondit qu'il s'appelait Elie, et que ses compagnons se nommaient Isaïe, Jérémie, Daniel et Samuel. Firmilien lui ayant ensuite demandé de quel pays il était, Elie répondit qu'ils étaient de Jérusalem, entendant la Jérusalem céleste, dont tous les fidèles sont citoyens. Comme le gouverneur comprenait qu'il s'agissait d'une ville nouvelle, du nom de Jérusalem, que les chrétiens construisaient en secret pour se mettre en lieu de sûreté, et peut-être pour lever l'étendard de la révolte, il ordonna qu'ils fussent appliqués de nouveau à la torture, afin de les forcer à déclarer dans quelle partie du monde cette Jérusalem était située ; mais n'ayant pu en tirer les éclaircissements qu'il désirait, il les condamna à perdre la tête ; ce qui fut exécuté sur-le-champ, l'an 309, sous le règne de Maximin II. — 16 février.

ISAIE (saint), ermite du mont Sinaï, fut martyrisé par les Arabes, en 373, avec saint Sabas et trente-six autres ermites, dont saint Nil a décrit le massacre. — 14 janvier.

ISAIE BONER (le bienheureux), religieux Augustin du monastère de Casimirie en Pologne, florissait dans le xve siècle, et mourut le 8 février 1471. Les Polonais l'honorent le 8 février.

ISARNE (saint), *Isarnus*, abbé de Saint-Victor de Marseille, fut élevé dans ce monastère et y fit de grands progrès dans la perfection, sous la conduite du saint abbé Wifroi, qui lui donna ensuite l'habit. Après la mort de ce dernier, les abbés des monastères dépendant de celui de Saint-Victor s'étant assemblés pour lui donner un successeur, Archiaric, abbé de Mont-Majeur, fit appeler les enfants qu'on élevait dans le monastère, et prenant par la main le plus jeune d'entre eux, il lui dit : *Mon fils, dites-nous, au nom de Jésus-Christ, quel est celui des religieux de l'abbaye que vous croyez le plus digne de la gouverner*. L'enfant prononça le nom d'Isarne, qui fut aussitôt élu par l'assemblée. Parmi les vertus qu'on admirait en lui, on remarquait surtout sa charité envers les malheureux. Le monastère de Lérins ayant été pillé par les Sarrasins et les moines traînés en captivité, Isarne employa des sommes immenses et se donna des peines incroyables pour les racheter, et il eut la consolation de les voir remis en liberté et rendus à leur monastère ; aussi ces religieux, pénétrés de la plus vive reconnaissance, ne l'appelaient plus que leur père. Saint Odilon, abbé de Cluny, qui était lié d'une sainte amitié avec Isarne, disait, en plaisantant, qu'il ne connaissait pas de plus grand hypocrite que l'abbé de Saint-Victor, voulant faire entendre qu'il cachait les plus sublimes vertus sous les dehors d'une grande simplicité. Isarne mourut le 24 septembre 1048. — 24 septembre.

ISAURE (saint), *Isaurus*, diacre d'Athènes et martyr à Apollonie en Macédoine, souffrit, avec plusieurs autres Athéniens, les plus cruelles tortures, et il fut ensuite décapité par ordre du tribun Triponce. — 17 juin.

ISCHYRION (saint), martyr en Egypte, était intendant ou homme d'affaires chez un magistrat de la province, lorsque la persécution de l'empereur Dèce éclata. Son maître ayant appris qu'il était chrétien lui ordonna de sacrifier aux idoles, et Ischyrion refusant d'obéir, il l'accabla d'injures; voyant ensuite que sa constance était inébranlable, il entra en fureur, et saisissant un pieu aiguisé qu'il trouva par hasard sous sa main, il le lui enfonça dans le ventre, et lui perça les entrailles. Saint Ischyrion souffrit l'an 250. — 22 décembre.

ISCHYRION (saint), commandant des troupes et martyr en Egypte, souffrit avec cinq autres militaires, qui subirent divers genres de mort pour la foi, pendant la persécution de Dioclétien. — 1er juin.

ISCHYRION (saint), évêque et confesseur, est honoré chez les Grecs le 23 novembre.

ISFROI (le bienheureux), *Isfridus*, évêque de Ratzbourg, succéda au bienheureux Evermode sur le siège de cette ville. Avant son élévation à l'épiscopat, il était religieux de l'ordre de Prémontré. Il gouverna son diocèse avec une grande sagesse et un zèle tout apostolique. Les miracles qu'il opéra pendant sa vie contribuèrent beaucoup à fortifier dans la foi les Vandales convertis par son saint prédécesseur. Krantz cite, parmi ces miracles, le changement d'eau en vin, et la guérison d'un aveugle par la récitation de ce verset du psaume 145 : « Le Seigneur délivre les captifs ; le Seigneur éclaire les aveugles. » Le bienheureux Isfroi mourut l'an 1204. — 15 juin.

ISIDORE (saint), *Isidorus*, martyr à Alexandrie en Egypte, fut décapité par ordre du général Numérien, au milieu du IIIe siècle, pendant la persécution de l'empereur Dèce. — 5 février.

ISIDORE (saint), aussi martyr à Alexandrie, ayant été arrêté comme chrétien pendant la même persécution, fut conduit dans cette ville avec saint Héron et plusieurs autres. Après d'horribles tortures, il fut condamné au supplice du feu et brûlé vif avec ses compagnons. — 14 décembre.

ISIDORE (saint), martyr dans l'île de Chio, souffrit, à ce que l'on croit, sous l'empereur Gallus, qui continua la persécution suscitée par Dèce, son prédécesseur. On voit encore, dans l'église qui porte son nom, le puits où la tradition de l'île porte qu'il fut précipité, et dont l'eau guérit souvent les malades qui en boivent. Son corps se garde dans l'église de Saint-Marc à Venise. — 14 et 15 mai.

ISIDORE (saint), martyr à Héliopolis en Egypte, est honoré le 10 juillet.

ISIDORE (saint), prêtre et ermite de Scété, se livrait, dans sa solitude, aux plus rigoureuses austérités, et s'exerçait sans cesse à acquérir la perfection, qu'il finit par posséder dans un degré éminent. Un jour cependant qu'il portait des paniers au marché voisin pour les vendre, il sentit un mouvement de colère s'élever dans son cœur, ce qui fut cause qu'il laissa là ses paniers et s'enfuit. Comme on l'exhortait, dans sa vieillesse, à modérer un travail trop fatigant pour son âge, il répondit : *Pourrions-nous rester oisifs, ou même nous ménager, lorsque nous considérons ce que le Fils de Dieu a fait pour nous ? Quand bien même mon corps serait la proie des flammes et que mes cendres seraient jetées au vent, tout cela devrait être encore regardé comme rien.* Etait-il tenté de désespoir, il disait au démon : *Dussé-je être damné, tu seras encore plus bas que moi en enfer. Dussé-je être précipité dans un malheur éternel, non, jamais je ne cesserai de servir mon Dieu.* Pour combattre les pensées d'orgueil, il se disait : *Suis-je tel que l'abbé Antoine, tel que l'abbé Pambon ou tel que les autres Pères, qui ont été si agréables à Dieu ?* Un des frères l'ayant un jour trouvé les yeux baignés de larmes, lui demanda pourquoi il pleurait : *Je pleure mes péchés,* répondit Isidore. *N'eussions-nous offensé Dieu qu'une fois, nous n'aurions point encore assez de larmes pour déplorer un aussi grand malheur.* Il mourut quelque temps avant l'an 391. — 15 janvier.

ISIDORE D'ALEXANDRIE (saint), surnommé *l'Hospitalier*, né en Egypte vers l'an 318, embrassa de bonne heure la vie anachorétique, et il s'était retiré dans la solitude de Nitrie lorsque saint Athanase, patriarche d'Alexandrie, l'en tira pour l'élever au sacerdoce et lui confier la charge de xenodoque ou d'hospitalier d'Alexandrie. Il fit l'édification de cette grande ville par le spectacle des plus sublimes vertus. Etant à table, il lui arrivait souvent de dire, les larmes aux yeux : *Moi qui suis une créature raisonnable, faite pour jouir de la possession de Dieu, je me sers de la nourriture des animaux, au lieu de manger le pain des anges.* Il ne porta, pendant toute sa vie, d'autre linge que la bandelette de lin que les prêtres avaient à la tête. Jamais il n'entra dans un bain ni ne mangea de viande ; il sortait toujours de table avant d'être rassasié. Il était si intimement uni à Dieu, qu'il lui arrivait quelquefois, dans les heures du repas, d'être ravi en esprit, au point qu'il ne pouvait plus parler ni se mouvoir. Il demeura inviolablement attaché au parti de saint Athanase, qui était celui de l'Eglise catholique, et après la mort du saint patriarche, arrivée en 373, il défendit avec zèle sa mémoire contre les calomnies des ariens. Il eut la gloire, comme son illustre maître, d'être en butte à la persécution de ces hérétiques. Théophile, qui monta sur le siège d'Alexandrie en 384, donna d'abord à saint Isidore les plus grandes marques d'estime et de confiance, jusqu'à le dépêcher à Rome vers le pape saint Damase ; il voulut même le faire élire patriarche de Constantinople après la mort de Nectaire ; mais le saint perdit les bonnes grâces de Théophile pour n'avoir pas voulu se prêter à l'injuste persécution suscitée à Pierre, archiprêtre d'Alexandrie. Un autre fait vint encore augmenter l'animosité du patriarche contre Isidore : une riche veuve avait remis à ce dernier mille pièces d'or pour fournir des habits et des aliments aux pauvres femmes de la ville ; mais comme elle craignait que Théophile, qui avait la manie de bâtir, n'employât cette somme en constructions, elle voulut qu'il ignorât cette libéralité. Le saint hospitalier se conforma de point en point aux intentions de la charitable veuve. Le patriarche, instruit de tout par ses espions, en fut extrêmement choqué et ne garda plus de mesures ; mais comme la conduite d'Isidore ne donnait aucune prise, il eut recours à de faux prétextes pour le chasser de son église. Le saint, sans se plaindre de l'injustice dont il était victime, retourna sur la montagne de Nitrie, où les solitaires lui firent l'accueil le plus respectueux. Il jouissait d'une telle réputation dans toute l'Egypte que Pallade, évêque d'Hélénople, ayant quitté son diocèse pour embrasser la vie ascétique, alla le consulter. Théophile, dont la vengeance n'était pas encore satisfaite, le poursuivit jusque dans le désert, et confondit sa cause avec celle de quelques moines de Nitrie qui avaient donné dans l'origénisme. Il lui fit souffrir, ainsi qu'à eux, des traitements si indignes qu'ils furent obligés de se réfugier à Constantinople, l'an 400. Saint Jean Chrysostome, après avoir exigé d'eux la condamnation des erreurs qu'on leur imputait, les reçut à la communion. Si saint Jérôme compte saint Isidore parmi les origénistes, c'est qu'il avait été trompé par son compte par les accusations de Théophile, qui, soit remords, soit politique, finit lui-même par se réconcilier avec sa victime, sans qu'il fût plus question de l'origénisme, et le rétablit, au synode du Chêne, dans la communion de l'Eglise. Saint Isidore mourut à Constantinople l'an 404. — 15 janvier.

ISIDORE DE PELUSE (saint), abbé d'un monastère d'Egypte, situé dans le voisinage de Peluse, sortait d'une famille distinguée d'Alexandrie, qui le fit élever dans l'étude des sciences humaines ; mais il renonça au monde pour se retirer dans la solitude, afin d'imiter le genre de vie de saint Jean-Baptiste, se contentant d'un seul habit de poil pour se couvrir et ne se nourrissant que d'herbes et de feuilles. Un de ses amis lui ayant envoyé un habit neuf, fait de poil, avec prière de lui faire présent du vieux qu'il portait, Isidore le remercia, par une lettre, de lui avoir donné, d'une part, de quoi se garantir du froid, et de l'autre, de le mettre dans le cas d'observer la défense que fait le saint précurseur, d'avoir deux habits. Sa science et ses vertus le firent élever au sacerdoce, et on le regardait comme un modèle de la perfection monastique. On voit par ses écrits qu'il était plein de zèle et d'amour pour Dieu. La plupart de ses lettres respirent l'ardeur la plus vive pour le salut des âmes et pour la conversion des pécheurs. Il s'éleva contre les vices avec une sainte liberté ; mais ces censures lui attirèrent des persécutions de la part d'hommes puissants qui se trouvèrent offensés de ses remontrances, et ils eurent même, à ce que l'on croit,

le crédit de le faire exiler. Saint Isidore ne se laissa pas abattre par l'injustice, et il disait à cette occasion : *Quelques calomnies que l'on invente contre la vertu, quelques louanges que l'on donne au vice, elles ne seront point capables de me faire abandonner l'une pour suivre l'autre.* Saint Isidore, qui mourut vers l'an 450, a laissé plus de deux mille lettres, qui, quoique très-courtes pour la plupart, renferment d'excellentes instructions. Plusieurs points de théologie, de morale et de discipline ecclésiastique y sont solidement traités, et plusieurs passages de l'Ecriture sainte éclaircis. Comme il avait été dans sa jeunesse disciple de saint Jean Chrysostome, sa manière d'écrire est pleine d'élégance, de solidité et d'onction ; son style est naturel, animé et concis. — 4 février.

ISIDORE (saint), évêque d'Hermopolis la Petite en Egypte, est honoré en Nitrie avec le titre de confesseur. — 2 janvier.

ISIDORE DE BOLOGNE (saint), évêque d'un siège qui n'était pas celui de la ville dont il porte le nom, est honoré en Italie le 18 septembre.

ISIDORE DE SÉVILLE (saint), archevêque de cette ville, né vers l'an 570 à Carthagène, était fils de Séverien, premier magistrat de cette ville, et de Théodora, tous deux recommandables par leur noblesse et leurs vertus, et frère de saint Léandre, archevêque de Séville, de saint Fulgence, évêque d'Ecija et de sainte Florentine, vierge. Il se consacra de bonne heure au service de l'Eglise, et fut initié à la science de la religion par saint Léandre qui était beaucoup plus âgé que lui et qui occupait déjà le siège de Séville. Isidore l'aida de tout son pouvoir à ramener dans le sein de l'Eglise les Visigoths qui étaient ariens. Saint Léandre étant mort vers le commencement du VIIe siècle, le zèle et la capacité qu'Isidore avait déployés pour le seconder dans le gouvernement de son église, le firent choisir pour lui succéder ; il fut, pendant tout son épiscopat, le personnage le plus illustre de l'Eglise d'Espagne et l'âme des conciles qu'on y tint de son temps pour le rétablissement de la discipline. On peut donc le regarder comme l'auteur principal de tout ce qui s'y fit alors d'important pour le maintien de la foi et des mœurs ; ce qui suffit pour donner une haute idée de son savoir et de sa sagesse ; aussi fut-il déclaré, dans un concile tenu à Tolède en 610, primat de toute l'Espagne ; et le roi Gondemar confirma par un édit cette décision. Il présida, en 619, le concile de Séville où il eut une dispute réglée avec un évêque de Syrie, nommé Grégoire, qui était de la secte des acéphales. Il réfuta si solidement l'hérésie des eutychiens, dont celle des acéphales était une ramification, que Grégoire s'avoua vaincu et embrassa sur-le-champ la doctrine catholique. Il présida aussi, en 633, le IVe concile de Tolède, le plus célèbre de tous ceux qui aient été tenus en Espagne. Cet honneur appartenait de droit à Juste, archevêque de Tolède ; mais le respect qu'on avait pour saint Isidore fit qu'on lui déféra unanimement la présidence, du consentement de Juste lui-même. Son âge et ses infirmités ne lui firent pas ralentir son zèle, et n'apportèrent aucun changement dans sa conduite. Pendant les six derniers mois de sa vie il redoubla ses aumônes avec une telle profusion, qu'on voyait tous les jours accourir chez lui une affluence de pauvres qui ne discontinuait pas depuis le matin jusqu'au soir. Lorsqu'il se sentit près de sa fin, il se fit conduire à l'église par deux évêques, dont l'un le couvrit d'un cilice et l'autre lui mit des cendres sur la tête. Levant alors les yeux au ciel, il pria avec beaucoup de ferveur et demanda à Dieu pardon de ses péchés; et après que les évêques lui eurent administré l'eucharistie, il se recommanda aux prières des assistants, remit à ses débiteurs tout ce qu'ils lui redevaient, exhorta son peuple à conserver la charité et fit distribuer aux pauvres ce qui lui restait d'argent. S'étant fait reconduire chez lui, il mourut le 4 avril 639, après trente-sept ans d'épiscopat. Son corps fut enterré dans la cathédrale de Séville, entre ceux de saint Léandre et de sainte Florentine. Il y resta jusqu'en 1063, que Ferdinand Ier, roi de Castille et de Léon, le fit transporter à Léon, dans l'église de Saint-Jean-Baptiste, où il est encore aujourd'hui. Saint Isidore avait une érudition immense : il savait le grec et l'hébreu, et avait une profonde connaissance des auteurs anciens, tant sacrés que profanes. L'Eglise d'Espagne, dont il fut l'oracle, le regarde comme son plus illustre docteur. Le viiie concile de Tolède, tenu en 653, lui donne les éloges les plus magnifiques et l'appelle le plus savant homme qui eût paru pour éclairer les derniers siècles, et déclare qu'on ne doit prononcer son nom qu'avec respect. Les ouvrages de saint Isidore sont : 1° une *Chronique* qui commence à la création et finit en 626; 2° l'*Histoire des rois des Goths, des Vandales et des Suèves*; 3° les livres des *Etymologies* ou *Origines des sciences*, ouvrage qu'il n'eût pas le temps d'achever et auquel saint Braulion, évêque de Saragosse, mit la dernière main; 4° le *Catalogue des écrivains ecclésiastiques*; 5° le livre de la *Vie et de la mort des saints de l'un et de l'autre Testament*; 6° les deux livres des *Offices divins*; 7° le livre de la *Nature des choses ou du monde*; 8° des *Commentaires* sur les livres historiques de l'Ancien Testament; 9° le livre des *Allégories de l'Ecriture sainte*; 10° les deux livres *contre les Juifs*; 11° différents ouvrages sur la grammaire, sur la morale et plusieurs lettres. Il paraîtrait même, d'après quelques critiques modernes, qu'il est aussi l'auteur de la collection des *Décrétales*, qui fut interpolée dans la suite et qui porte le nom d'Isidore *Mercator*. Cette collection de saint Isidore de Séville fut retrouvée manuscrite dans le siècle dernier. Le style de saint Isidore est clair, coulant, mais un peu négligé et sans élégance. — 4 avril.

ISIDORE (saint), moine et martyr à Cordoue, fut décapité par ordre du roi Mohammed, l'an 856. Il est mentionné par saint Euloge dans son *Mémorial des saints*. — 17 avril.

ISIDORE (saint), laboureur et patron de la ville de Madrid, né dans cette ville vers l'an 1110, de parents pieux mais pauvres, qui, ne pouvant le faire élever dans l'étude des sciences, lui inculquèrent de bonne heure l'amour de Dieu et l'horreur du péché. Il resta donc étranger aux connaissances humaines, et il paraît même qu'il ne sut jamais lire; mais le Saint-Esprit fut son guide dans les voies de la perfection : d'ailleurs la parole divine, qu'il allait écouter avec autant d'assiduité que d'attention, développa dans son âme la connaissance des vérités de la religion et lui inspira une vive résolution de pratiquer toutes les vertus qu'elle prescrit. De là, sa patience à supporter les injures, sa douceur à l'égard de ceux qui lui portaient envie, sa fidélité à obéir à ses maîtres, sa charité envers le prochain, son obligeance envers tout le monde; de là tous ces efforts vertueux qui le rendirent maître de ses passions, dans l'âge où elles se font le plus vivement sentir. Occupé, dès sa jeunesse, aux travaux agricoles, il se pénétra de l'esprit des anciens anachorètes et s'appliqua à retracer sous une autre forme l'austérité et la ferveur de leur vie. En labourant la terre il était constamment uni à Dieu, et tandis que sa main tenait la charrue, son âme était absorbée dans la méditation des choses célestes, et sa vie entière est la meilleure réfutation de ceux qui prétendent que leurs occupations ne leur permettent pas de s'appliquer à la piété. Jean de Vergas, habitant de Madrid, au service duquel il s'était engagé pour faire valoir une de ses fermes, sentait tout le prix du trésor qu'il possédait : aussi le traitait-il comme un frère, plutôt que comme un serviteur, et il le laissait libre d'assister tous les jours à la messe. Isidore, pour que le service de son maître n'en souffrît point, se levait tous les jours de grand matin, afin de pouvoir satisfaire tout à la fois à sa dévotion et aux devoirs de son état. Il distribuait aux pauvres une partie de ce qu'il gagnait, et ses inclinations charitables étaient partagées par son épouse. C'était Marie Torribia, avec laquelle il vécut dans la continence après la naissance d'un enfant qui mourut en bas âge : elle est honorée comme sainte en Espagne, et Innocent XII approuva son culte en 1697. Saint Isidore, parvenu à l'âge d'environ soixante ans, fut atteint d'une maladie qui l'emporta en peu de temps. Il prédit le moment de sa mort et s'y prépara par un redoublement de ferveur. Après avoir reçu les derniers sacrements avec une piété qui fit pleurer tous les assistants, il mourut le 15 mai 1170. Sa sainteté ayant été attestée par plusieurs miracles, on plaça son corps dans l'église de Saint-André à Madrid, vers l'an 1210; il a été déposé depuis dans la chapelle de l'évêché, où il se conserve frais et entier. Saint Isidore fut béatifié en 1619 par Paul V, à la sollicitation de Philippe III, roi d'Espagne, et il fut canonisé en 1622, par Grégoire XV, sur les instances de Philippe IV. — 10 mai.

ISIDORE (sainte), *Isidora*, martyre à Lentini en Sicile, est honorée le 17 avril.

ISMAEL (saint), martyr à Chalcédoine, s'étant rendu avec trois autres chrétiens près de Julien l'Apostat, en qualité d'ambassadeurs du roi de Perse, pour traiter de la paix, et ayant résisté à cet empereur qui voulait leur faire vénérer les idoles, ils furent frappés du glaive par son ordre et contre le droit des gens, l'an 362. — 17 juin.

ISMÉON (saint), évêque de Die, avait été d'abord chanoine de Lyon, et mourut l'an 1119. — 28 septembre.

ISRAEL (le bienheureux), né vers le milieu du xᵉ siècle, embrassa l'institut des Chanoines Réguliers à Dorat dans le Limousin, où il eut pour disciple saint Gautier. Il devint ensuite prévôt de Saint-Junien, puis revint à Dorat, en qualité de grand chantre. Il mourut saintement, le 22 décembre 1014. On fit la translation de ses reliques en 1639. Nous avons du bienheureux Israël une *Histoire de Jésus-Christ* en vers et en langue vulgaire, et cet ouvrage est peut-être le plus ancien qui existe dans cette langue. — 22 décembre.

ITHA (sainte), comtesse de Toggembourg et fille du comte de Kirchberg, reçut une éducation digne de son rang et montra, dès son enfance, un grand attrait pour la piété. Son goût la portait vers la retraite ; mais elle fut obligée, pour obéir à ses parents, d'épouser le comte Hartmann de Toggembourg, à qui elle apporta, dans le dot brillante, un trésor de vertus que ce seigneur ne sut pas apprécier. L'ayant crue infidèle, sur la dénonciation calomnieuse d'un domestique, il la précipita, sans autre information, dans les fossés du château, avec l'intention de la tuer ; ce qui serait arrivé infailliblement, si le Seigneur ne l'eût miraculeusement soutenue dans sa chute. Elle s'enfonça dans une affreuse solitude, située à quelques lieues du château, où elle passa dix-sept ans, privée de toute ressource humaine, n'ayant pour se garantir de la faim et du froid que ce qu'elle trouvait dans la forêt. Les hommes la croyaient morte et son existence n'était connue que de Dieu seul, lorsqu'un chasseur du comte son mari, la découvrit un jour, et la reconnut. Il en informa son maître qui, désabusé depuis longtemps sur le compte de son épouse, se rendit aussitôt près d'elle pour la reconduire au château ; mais Itha ne voulut plus retourner dans le monde. Le comte lui fit donc bâtir une maison solitaire près du monastère de Fischingen, où elle continua son ancien genre de vie. Sur la fin de ses jours, elle consentit à habiter le monastère, mais sans faire de vœux : elle mourut sur la fin du xɪᵉ siècle, et on lui donna le titre de sainte presque aussitôt après sa mort. Son culte a été approuvé par le saint-siége, et plusieurs confréries pour les personnes des deux sexes ont été érigées en son honneur. — 3 novembre.

ITHAMAR ou Emar (saint), *Ithamarus*, évêque de Rochester, florissait au milieu du vɪɪᵉ siècle et mourut en 656. — 10 juin.

ITHE ou ITE (sainte), *Itha*, abbesse en Irlande, naquit vers le commencement du vɪᵉ siècle, à Nandési et sortait du sang des rois de cette île. Elle renonça de bonne heure à tous les avantages qu'elle pouvait se promettre dans le monde et fit à Dieu le vœu de virginité. Elle se retira dans une solitude située au pied du mont Luach, sur le territoire du diocèse de Limerick, où elle fonda un monastère de religieuses, connu sous le nom de Cluaincredhail, et dont elle fut la première abbesse. Après avoir donné à sa communauté l'exemple de toutes les vertus et surtout du recueillement, de l'humilité et de la mortification ; elle mourut le 15 janvier 567. On faisait autrefois sa fête dans son monastère et dans plusieurs églises du comté de Waterford. — 15 janvier.

ITHÈRE (saint), *Itherius*, évêque de Nevers, florissait après le milieu du vɪɪᵉ siècle et mourut en 691. — 8 juin.

ITYÈRE (saint), *Imiterius*, confesseur et moine à Saint-Oyend, aujourd'hui Saint-Claude, dans la Franche-Comté. — 31 juillet.

IVES (saint), était évêque en Perse, lorsqu'il vint en Angleterre où il prêcha la foi au vɪɪᵉ siècle, vers le même temps que saint Augustin. Après une vie sanctifiée par les travaux de l'apostolat, par les veilles, la prière et le jeûne, il mourut en Angleterre et fut enterré à Slèpe, dans le comté de Huntington. Un laboureur trouva son corps revêtu d'habits pontificaux et encore entier le 24 avril 1001. L'on bâtit un prieuré de Bénédictins sur le lieu même où il avait été inhumé, et bientôt après il s'y opéra de nombreux miracles. Ce même corps fut ensuite transporté à l'abbaye de Ramsey, et au xvᵉ siècle, Alexandre V permit de bâtir, dans la province de Cornouailles, où son culte était devenu célèbre, une église en son honneur. Il s'est formé dans le comté de Huntington une ville qui porte le nom de Saint-Ives. — 23 avril.

IVES (le bienheureux), évêque de Chartres, né l'an 1035, d'une famille distinguée du Beauvoisis, se livra avec succès, dans sa jeunesse, à l'étude des belles-lettres et de la philosophie ; mais il joignait à cette étude la prière et les exercices de piété, et la gloire de Dieu était la fin à laquelle il rapportait toutes ses actions : ses délassements mêmes étaient des actes de vertu. Étant allé étudier la théologie à l'abbaye du Bec, sous le célèbre Lanfranc, il y fit des progrès aussi remarquables dans la perfection que dans la science. En 1078, il se fit Chanoine Régulier dans le monastère que Gui, évêque de Beauvais, venait de fonder près de cette ville, et il y donna, en y entrant, une partie de son patrimoine. Aussitôt qu'on eut connu son mérite, il fut chargé de professer la théologie et d'expliquer l'Écriture sainte. Il devint ensuite supérieur de la communauté qu'il gouverna pendant quatorze ans, et dans laquelle il fit fleurir la discipline, la ferveur et la science, de manière que le monastère de

Saint-Quentin devint si célèbre que les évêques et les princes lui demandaient des Chanoines formés à son école, pour réformer d'anciens chapitres et pour en fonder de nouveaux. Geoffroi, évêque de Chartres, convaincu de simonie et de plusieurs autres crimes, ayant été déposé par Urbain II en 1091, le clergé et le peuple de cette ville, qui connaissaient la vertu et le savoir d'Ives, le demandèrent pour pasteur. L'élection fut confirmée par le pape, et le roi Philippe Ier donna au prévôt de Saint-Quentin le bâton pastoral en signe d'investiture. Le nouvel évêque, pour se soustraire à quelques tracasseries que lui suscitait Richer de Sens, son métropolitain, alla se faire sacrer à Rome, et le pape, informé par lui que Richer travaillait au rétablissement de Geoffroi, prit des mesures pour arrêter cette tentative.

Ives, peu après son retour, fut invité à une assemblée d'évêques réunis pour délibérer sur le mariage que le roi Philippe se proposait de contracter avec Bertrade, troisième femme de Foulques, comte d'Anjou; ce mariage ne pouvait se faire qu'en répudiant la reine Berthe, de laquelle Philippe avait deux enfants. L'évêque de Chartres, plus courageux que ses collègues, mit tout en œuvre pour détourner le prince de son projet. N'ayant pu y réussir, il refusa d'assister à ce mariage scandaleux, de peur de paraître l'approuver par sa présence. Philippe indigné fit piller les terres de l'église de Chartres et renfermer Ives dans une prison; mais, sur les remontrances du pape et de plusieurs évêques de France, il lui rendit bientôt la liberté. Pendant sa détention, le saint évêque retint dans le devoir les principaux seigneurs de son diocèse, qui voulaient prendre les armes contre le roi. Ayant reçu d'Urbain II des lettres qui condamnaient la conduite de Philippe, il les tint secrètes le plus longtemps qu'il put, dans la crainte que les mécontents ne s'en autorisassent pour déclarer la guerre à leur souverain : il s'opposa aussi à la publication de l'anathème lancé par le pape contre Philippe. Il se rendit, en 1104, au concile de Beaugenci, convoqué pour absoudre le roi de la sentence d'excommunication portée contre lui. Philippe étant mort en 1108, Louis VI, dit le Gros, son fils, qui lui succéda, fut sacré à Orléans par Daimbert, archevêque de Sens. L'archevêque de Reims s'étant plaint qu'on avait empiété sur ses droits, Ives écrivit à ce sujet une lettre circulaire pour établir qu'on ne pouvait attaquer le sacre du roi Louis, ni par la raison, ni par la coutume, ni par la loi. Il mourut à l'âge de quatre-vingts ans, le 23 décembre 1115, après vingt-trois ans d'épiscopat. En 1570, Pie V permit à l'ordre des Chanoines Réguliers de dire un office en son honneur et fixa sa fête au 20 mai, jour où elle est célébrée dans le diocèse de Chartres. Ses reliques se gardent dans la cathédrale de cette ville. Le bienheureux Ives, qui fut dans son siècle le plus bel ornement de l'Eglise de France par ses vertus et son savoir, a laissé plusieurs ouvrages : 1° le *Décret* ou *Recueil des lettres des papes, des canons, des conciles, des écrits des Pères et des lois portées par les princes catholiques* ; 2° La *Panormie*, qui est un abrégé de son *décret*; 3° des *Lettres* au nombre de 288 ; 4° des *Sermons* au nombre de 24. Plusieurs critiques lui attribuent aussi le *Micrologue*, ouvrage qui traite des cérémonies de la messe et des fêtes de l'année. — 20 mai et 23 décembre.

FIN DU PREMIER VOLUME

www.ingramcontent.com/pod-product-compliance
Lightning Source LLC
Chambersburg PA
CBHW050320020526
44117CB00031B/1275